央企 管理会计案例精选

（中国中铁篇）上册

孙　璀　蒋占华 ◎ 主编

中国财经出版传媒集团

经济科学出版社

Economic Science Press

·北 京·

图书在版编目（CIP）数据

央企管理会计案例精选．中国中铁篇：上下册/孙
璀，蒋占华主编．－－北京：经济科学出版社，2023.11
ISBN 978 - 7 - 5218 - 5361 - 2

Ⅰ.①央…　Ⅱ.①孙…②蒋…　Ⅲ.①铁路企业 - 企
业集团 - 工业企业管理 - 管理会计 - 案例 - 中国　Ⅳ.
①F279.23②F532.6

中国国家版本馆 CIP 数据核字（2023）第 214118 号

责任编辑：何　宁　程辛宁　王文泽
责任校对：隗立娜　郑淑艳　杨　海　齐　杰
责任印制：张佳裕

央企管理会计案例精选（中国中铁篇）（上册）

YANGQI GUANLI KUAIJI ANLI JINGXUAN (ZHONGGUO ZHONGTIE PIAN) (SHANGCE)

孙　璀　蒋占华　主编

经济科学出版社出版、发行　新华书店经销

社址：北京市海淀区阜成路甲 28 号　邮编：100142

总编部电话：010 - 88191217　发行部电话：010 - 88191522

网址：www. esp. com. cn

电子邮箱：esp@ esp. com. cn

天猫网店：经济科学出版社旗舰店

网址：http://jjkxcbs. tmall. com

北京季蜂印刷有限公司印装

787×1092　16 开　99.75 印张　2250000 字

2023 年 11 月第 1 版　2023 年 11 月第 1 次印刷

ISBN 978 - 7 - 5218 - 5361 - 2　定价：298.00 元

（图书出现印装问题，本社负责调换。电话：010 - 88191545）

（版权所有　侵权必究　打击盗版　举报热线：010 - 88191661

QQ：2242791300　营销中心电话：010 - 88191537

电子邮箱：dbts@ esp. com. cn）

《央企管理会计案例精选（中国中铁篇）》
编委会

主　编：孙　璀　蒋占华

副主编：马永红　杨　涛　刘小勇　闫　刚　樊亚波　王大中
　　　　郝文明　薛　峰　沈孝祥　王　宏　戴国华　范站军

成　员：（按姓氏笔画）

于　滨	马金达	王　云	王　珊	王洪波	方永民
石光瑞	石　磊	冯晓平	朱　沛	朱润嘉	刘建华
刘　勇	汤福程	孙晓峰	李永杰	李奇伟	李　季
李逸云	李　斌	吴美丽	宋立其	张青友	张春光
张晶磊	陈华如	陈　卓	范沛霄	林　杨	林承群
周　涛	周　靖	孟晓伟	赵大志	胡　芳	钟传坤
聂永飞	贾　晔	高安荣	高　洋	郭晋宏	唐　浩
黄琰延	崔振国	彭　娜	雷启勇	綦　虎	熊喜佳
潘　冰					

序 一

红叶似火，稻谷满仓。在这个叠翠流金、硕果压枝的季节，股份公司财务金融系统汇编的《央企管理会计案例精选（中国中铁篇）》付梓，邀我作序并寄语下一阶段工作。我站在企业负责人视角，简要谈一谈我的个人看法。

党的二十大擘画了以中国式现代化全面推进中华民族伟大复兴的宏伟蓝图，对国资央企作出了"深化国资国企改革，加快国有经济布局优化和结构调整，推动国有资本和国有企业做强做优做大，提升企业核心竞争力"的重要部署，同时也提出了"完善中国特色现代企业制度，弘扬企业家精神，加快建设世界一流企业"的明确要求。财政部、国资委相继出台的系列深化管理会计工作的工作指引与有关要求，为新时代国有企业财务管理工作指明了方向。

时代是出卷人，我们是答卷人。中国中铁作为一家拥有129年历史的"百年老店"，在风云激荡的时代大潮中，驭浪而行、奋楫而进，秉承"永远的开路先锋"精神，传承红色基因，勇于跨越、追求卓越，参与建设了国内外一大批令世人瞩目的伟大工程、精品工程、民心工程，彰显了引领发展与振业兴邦的责任与担当。

近年来，面临极为复杂多变的国际国内环境、面临经济下行压力陡然加大的宏观形势、面临艰巨繁重的改革发展稳定任务，中国中铁始终高举习近平新时代中国特色社会主义思想伟大旗帜，全面贯彻党的二十大精神，坚决落实党中央、国务院决策部署及国资委工作要求，把握新发展阶段、贯彻新发展理念、构建新发展格局，坚持以公司"十四五"规划为引领，统筹量的合理增长和质的稳步提升，全力推进中国中铁高质量发展。

中国中铁坚持"稳中求进"工作总基调，实施以"一大任务""两项原则""三条底线""四强五优""六项工作"为核心的"123456"发展策略，全方位推进管理强企、改革强企、科技强企、人才强企、党建强企，着力构建现代化产业体系、着力防范化解重大风险，不断提升企业核心竞争力，为促进经济社会持续、绿色、开放、健康和共同发展筑牢央企之魂、贡献中铁之智、发挥中铁之力、展现中铁之举，全力打造世界一流企业的新样本、新标杆、新典范。

财务管理是企业管理的基础，是企业实现基业常青的重要保障，发挥着砥柱基石的关键作用。下一步，广大财务工作者要紧密围绕企业战略布局和发展方向，着力探索管理会计创新路径，立足实际、找准定位、演好四个角色，共筑效益提升和价值创造。一是扮演好真实客观反映经营管理活动成果的角色，要树立财务价值创造能力，在核算报告合规精准的基础上，构建业财融合的财务报告分析体系，开展价值跟踪分析，准确反映价值结果，深入揭示价值成因，用准确的财务语言反映真实的企业发展生态。二是扮演好深度融入生产经营和企业管理中心任务的角色，要树立战略财务思维能力，全面融入企业战略管理，综合研判宏观形势和微观环境，紧密围绕企业中心任务，改变固有思维，突破专业局限，达到"跳出财务看财务"到"站在业务看财务"，再到"浑然一体看财务"的三个境界。三是扮演好合理优化配置企业资源的角色，要树立跨周期财务管理思维能力，兼顾企业经济循环的各个环节，以永续经营为出发点，以计利长远为主视角，从全局谋划一域、以一域服务全局，积极、主动、科学地配置和引导资源流向，助力培育新的战略增长极。四是扮演好主动揭示问题、兼具自我修复机制的角色，要树立财务底线思维能力，健全财务内部控制体系，聚焦关键环节管控，精准施策，标本兼治。充分发挥财务部门天然数据优势和信息优势，采用信息化、数字化手段，建立风险量化评估模型和动态监测预警机制，实现风险"早发现、早预警、早处置"。

道固远，笃行可至；事虽巨，坚为必成。面向未来，中国中铁将以战略为统领，以规划为蓝图，顺应改革趋势，将管理会计应用全面融入企业战略发展大局，深度参与中国式现代化会计理论体系的构建，加快推动转型升级、提质增效，培育新动能、打造新优势，为构建世界一流财务管理体系提供"中铁方案"，努力在建设世界一流企业中走在前、做表率，为全面建设社会主义现代化国家作出新的更大贡献！

陈 云

中国中铁党委书记、董事长

序 二

2021 年，财政部在《会计改革与发展"十四五"规划纲要》中对管理会计工作提出"大力推动会计职能对内深度拓展，推进管理会计在加速完善中国特色现代企业制度、促进企业有效实施经营战略、提高管理水平和经济效益等方面发挥积极作用"的要求，为进一步加强会计管理、全面深化会计改革创造了有利条件、提供了根本遵循。中国中铁作为国有经济提供战略支撑作用的国资央企，秉承初心，赓续使命，积极践行《会计改革与发展"十四五"规划纲要》要求，探索实践与时代发展相适应的现代企业管理会计思路方法，系统总结近年来企业管理会计工具运用情况，汇编形成《央企管理会计案例精选（中国中铁篇）》，凝练管理精髓，激发内生动力，赋能高质量发展。本次共征集到实践案例 213 项，历经初评交流、专家评审和修改完善等阶段，最终选取兼具前瞻性、实用性、创新性，守正创新、可复制推广的优秀案例 103 项，在促进自身管理水平提升的同时，也为业界提供了中国中铁方案，汇聚更多力量。

回顾既往，中国中铁财务工作者始终高举开路先锋旗帜，深入贯彻中央和国家有关精神，紧密围绕企业战略布局和发展方向，踔厉奋发、笃行不怠，积极探索管理会计创新实践，共筑效益提升和价值创造；积极践行大商务管理，推动项目管理效益提升，共促"三增两控四提升"；全力打造符合中国中铁特色的"战略支撑型、财商融合型、效益导向型、风险防控型"和"规范化、标准化、集约化、数智化"的"四型四化"财务管理框架和体制机制，共建世界一流财务管理体系，全面助力企业高质量发展迈向新阶段。

往昔已展千重锦，明朝更进百尺竿。我们立足企业，吸纳和总结最新企业管理会计理论和应用实践成果，以翔实的案例、汇聚多方观点，全面、立体、多角度地展现相关管理会计工具方法在中国中铁企业管理发展过程中的运用。本书主要特点可以集中体现为以下几个方面：一是具有系统性。

本书遵循管理会计的原则与规范，按照管理会计框架体系，全书共分为"战略管理""预算管理""成本管理""运营管理""投融资管理""绩效管理""风险管理""管理会计信息化"八个主题章节，全面系统地展现了企业管理会计应用实践经验。二是具有实用性。本书从中国中铁的具体业务出发，兼顾点面平衡，覆盖全部财务管理职能要素、全级次企业、全业务板块。在案例层次分布上，既有优秀二级企业集团，也有三级企业、项目公司及项目部的案例；在案例所处行业及业态上，覆盖了工程基建、工业制造、房地产开发、金融投资等行业，也涉及投资、运营等不同阶段，并兼顾 EPC、PPP、BOT 等不同商业模式，对在实务中指导创新实践具有实用性。三是具有可借鉴性。本书的管理会计案例均来自各级企业切身真实管理实践，对管理会计工具应用背景、过程方法、取得成效进行了详细总结，并对后期推广应用提出相关实施建议，为同类企业开展管理会计运用提供了良好的借鉴价值。

本书汇聚了 23 000 余名中国中铁财务工作者的智慧与力量，其间数次修改，历经数月，终于以清晰明了的结构、丰富全面的内容、通俗易懂的语言呈现在大家面前，在总结典型示范实践经验、促进管理提升的同时，也为推动管理会计实践创新起到了引领作用。在此，要特别感谢老友蒋占华总，他承担了全书架构设计、整体策划等工作，全程为本书提供了强大的技术支持；感谢北京交通大学姚立杰教授、中央财经大学郑登津教授、中国能建资本与金融事业部副总经理刘爱军等专家，他们应邀为本书评审，提供了许多真知灼见；感谢马永红、刘小勇、王大中等一众同事，作为内部专家为本书提供专业与技术支持；感谢中国中铁各级财会学会同事的精心组织，为本书的精彩呈现提供了有力保障。

囿于中国中铁的发展水平与本人能力有限，这本案例集还存在许多不尽之处，恳请各位读者批评指正。

志之所趋，无远弗届；穷山距海，不能限也。在中华大地上，管理会计的"创新之花"仍在不断绽放。立足新起点，引航新征程，中国中铁将乘时代长风，把管理会计工作主动融入企业战略发展大局，不断深化和创新管理会计应用，固根基、强职能、谋发展，充分发挥管理会计工作在效益提升与价值创造中的重要作用，助力企业高质量发展行稳致远。

孙 璀
中国中铁党委常委、总会计师

目 录

CONTENTS

下册

第六篇　绩效管理

第七篇　风险管理

第一篇

战 略 管 理

战略地图在施工企业财务
集约化管理中的应用

【摘要】 本文从战略管理视角出发，以施工企业中铁一局集团第一建设有限公司为例，通过对财务战略目标可视化、提升客户的满意度评价、优化内部业务、提升学习与成长、运用战略地图管理工具，使财务集约化管理在施工企业管理中推行，有效降低了企业管理成本，有力促进财务履行服务、监督管理职能。

一、背景描述

（一）单位基本情况

中铁一局集团第一建设有限公司为中国中铁所属综合型三级公司，是中铁一局集团有限公司的标杆企业，公司主营区域为粤港澳大湾区（广东省、港澳特区）、海南省、贵州省、广西壮族自治区、湖南省。2022 年企业年营销额超 270 亿元，施工产值超 110 亿元。承建的多项工程荣获"国家优质工程奖""詹天佑奖""鲁班奖"等国家级奖项以及省、市级多项奖励。主营产品包括市政（含地铁）、公路、房建、城际铁路等投融资产品作为企业重要模块发展并逐步走向成熟，旨在打造全产业全方位城市建设运营综合服务商。

（二）财务管理现状分析

自 2015 年以来公司规模急剧增大，按照传统的项目财务管理模式，财务人员配置严重不足，影响到公司的财务业务提升；公司财务内控体系受到严重冲击，未能有效履行财务监督、服务职能；财务人员素质普遍较低，严重制约着公司的发展。为有效提升公司财务业务管理水平，提升人员整体素质，加强公司内控管理，公司进行了财务集约化管理的探索。

二、总体设计

（一）应用相关管理会计工具方法的目标

进一步聚焦"效益提升、价值创造"，抓住项目这个基本单元，以大商务理念指导项目财务管理实践，企业应用战略地图工具方法，不断深化财务管理模式，将项目财务人员及财务职能向中后台集中管理。优化财务人员的配置，降低企业固定成本，充分发挥财务集约化管理效应，形成优势互补、分工明确、横向协同、纵向联动的管理格局，提升协同管控能力。通过差异化的岗位设置，打开财务人员的上升通道。财务人员有更多的岗位历练，有更大的上升空间。

（二）应用相关管理会计工具方法的总体思路

根据公司生产经营指标，细化分解落实战略目标。依据生产经营体系，对客户（项目部）进行深入分析，寻求业务改善和增长的最佳路径。梳理业务流程及关键增值活动，从人员管理及职责划分入手，优化工作机制及管理模式，进一步建立健全项目财务管理内控制度确保财务内控健全。

（三）相关管理会计工具方法的内容

公司具有明确的愿景、使命和价值观，制定了合理的战略规划；公司的跨越式发展，也带来了一些管理难题，例如，财务目标（指标）不清晰、客户（项目部）满意度不高、内部流程（人力资源紧张）有待优化、学习与成长有待提高等。公司试图运用战略地图这一会计管理工具，从财务、客户、内部流程、学习与成长等维度，使公司财务管理目标清晰化，找准与客户的协同，完善内部流程，不断学习成长，以此来改变现状、推动发展。

（四）应用相关管理会计工具方法的创新

公司设定财务战略目标，细化分解"一利五率"指标，全面落实"一增一稳四提升"管理目标。确定业务改善路径，以大商务管理体系建设为统领，厘清财务与业务的职能边界，有效服务于项目生产经营。确定内部业务流程优化主题，试点取消项目财务机构设置，建立财务管理中心及分中心，实现集约化管理。确定学习与成长主题，培养一批优秀的财务骨干人才。有效促进财务更好地履行服务、管理和监督三项职能。聚集企业效益提升，财务集约管理实现价值创造，有效防范财务合规风险，发挥财务协同管理能力。

三、应用过程

（一）企业管理基本情况

1. 企业基本情况及组织机构

中铁一局集团第一建设有限公司前身为西北铁路干线工程局天兰工程处，成立于

1950 年 5 月，历经多次更名变迁。公司始终坚持"思路决定出路，人品决定产品"的核心经营理念和"诚信铸人、创新铸业"的企业精神，企业规模不断扩大，发展质量不断增强，企业品牌不断提升，成为集团公司在珠三角地区的明星企业。公司 11 次获评中铁一局"优秀企业"；10 次被评为中铁一局"四好班子"；7 次荣获中国中铁股份有限公司 20 强企业称号，其中 2016 年、2020 年取得"中国中铁三级施工企业 20 强"第三名、2022 年再获"中国中铁三级综合工程公司 20 强"第二名的成绩。企业荣获全国"工人先锋号"称号和陕西省总工会"模范职工之家"荣誉称号。公司正式员工总数 1 403 人，在建项目 60 个；2022 年公司实现新签合同额 275.26 亿元，营业收入 112.63 亿元，实现净利润 3.82 亿元。公司成立以来，累计中标 1 360.53 亿元，累计营收 768.21 亿元，实现上缴集团公司利润 22.37 亿元。公司现有固定资产 2.19 亿元，资产总额 74.18 亿元。

2. 财务管理基本情况

（1）财务人员：财务人员 88 人，男女比例 46：42。财务人员中合同制职工 75 人，劳务派遣 13 人，正式职工占比 85.23%。其中 35 岁及以下 73 人，30 岁及以下 51 人，财务人员平均年龄 30 岁。学历结构大学本科及以上 82 人（含 2 名研究生），占比 93.18%。财务团队年轻人较多，知识层次较高。

（2）机构设置：公司本部设置财务管理中心（与公司财务管理部"两块牌子一套人马"），根据公司生产经营布局，设置 11 个财务管理分中心，核算单位 276 个（含收尾项目及表外 SPV 公司），项目不再设置财务机构、不配备财务人员，原所属职能由财务管理分中心履行。

（3）岗位设置：公司财务管理中心设置主任 1 名，由公司财务管理部部长兼任；设置副主任 2 名，由财务管理部副部长兼任。财务管理分中心岗位设置：财务总监、财务经理、会计主管、会计、出纳岗位。其中财务总监 1 名，其他岗位根据分中心所管辖项目数量及规模进行定员配备。

（二）参与部门、人员和职责

1. 参与部门及人员

成立工作小组开展协调管理相关工作。公司总经理任组长，公司总会计师任常务副组长，公司各部门负责人为副组长，各项目部的项目经理及财务管理分中心的财务总监任组员，工作小组办公室设在公司财务管理部。牵头负责战略管理工作，并与其他业务部门、职能部门协同制定战略，做好战略实施的部门协调，保障战略目标得以实现。

2. 工作职责

主要负责调研分析、统筹指导，推进战略地图在财务集约化管理中应用工作落地实施。公司将战略总目标（财务维度）、客户价值定位（项目部维度）、内部业务流程及机构改革（内部流程维度）和学习与成长维度同战略关键绩效指标（KPI）链接，形成战略地图。运行过程中项目部及基层财务人员反馈运行效果、存在问题及改进措施，财务管理部收集汇总后及时向工作小组领导汇报整体工作进展情况，研究推进工作中的重大问题。

（三）会计工具方法的部署要求

1. 战略地图运用环境 SWOT 因素分析

（1）优势：战略地图能够将企业的战略目标清晰化、可视化，并与战略 KPI 和战略举措建立明确联系，为企业战略实施提供了有力的可视化工具。在施工企业财务集约化管理过程中应用战略地图，能找准目标方向和工作切入点，将战略目标有效落实，助推企业的持续健康发展。

（2）劣势：战略地图的应用，需要多维度、多部门的协调联动，实施成本高，并且需要与战略管理相融合，才能真正实现战略实施。要应用战略地图，不仅需要财务管理体系的变革，各业务部门和单元间也需要贯通；财务应根据战略地图绘制的总体战略目标、各个维度子目标要求，分析和保证目标经营活动在财务集约化管理的有效执行。

（3）机会：传统企业财务管理模式下，施工企业财务管理采取的分散式财务管理方法，无法满足企业财务管理战略地图应用的要求，导致企业在经营管理过程中，增加了企业财务管理和分析信息的难度，制约了财务监督职能作用的发挥，同时造成了大量的人力资源成本浪费的情况。在财务集约化管理模式下应用管理会计工具，能有效整合利用资源，在有效减少企业财务人员管理人力资源成本的同时，推进了战略管理地图在企业管理中的应用，促进了企业经营效益的有效提升。

（4）挑战：在应用战略地图的过程中，上下级要进行及时有效的沟通，因为战略地图在施工企业财务管理中的应用成败体现在沟通的效果上。这种沟通是双向的，而不是企业将管理目标单纯地下达给基层单位就结束沟通过程。企业必须准确知道战略地图的执行情况和效果，基层单位要及时将执行的情况向上级反映，上下联动，进行充分有效的沟通，共同推动战略地图在财务集约化管理中的应用。

2. 信息化条件

中国中铁拥有统一的财务共享平台，是战略地图在财务集约化管理中应用的基础和技术支撑，同时也是其是否能够顺利应用的保障。财务共享平台实现了业务的标准化、模块化、智能化；通过学习与成长，促使内部流程制度化、规范化；规范统一的服务有助于客户（项目部）对财务战略指标的落实。

（四）应用模式和流程

1. 战略管理地图（见图1）

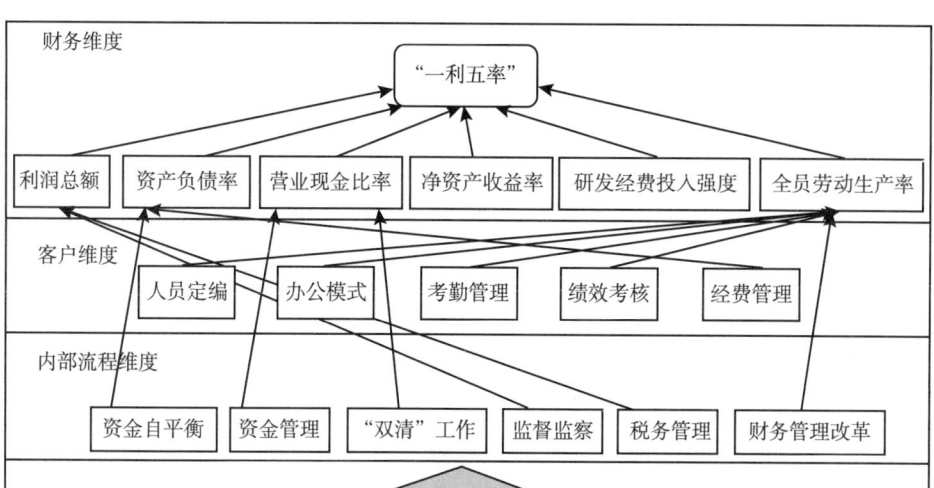

使命：奉献精品、员工幸福

财务维度

"一利五率"

利润总额　资产负债率　营业现金比率　净资产收益率　研发经费投入强度　全员劳动生产率

客户维度

人员定编　办公模式　考勤管理　绩效考核　经费管理

内部流程维度

资金自平衡　资金管理　"双清"工作　监督监察　税务管理　财务管理改革

学习与成长维度

选、育、用、留

人才引进　成长环境　用人机制　激励体系

图1　战略管理地图在财务集约化管理中的应用

2. 财务维度落实战略目标

财务目标服从于公司总体战略目标，是其他维度全部指标的最终目标。企业将"一利五率"纳入生产经营指标，即"利润总额、资产负债率、营业现金比率、净资产收益率、研发经费投入强度、全员劳动生产率"。根据 KPI 自上而下目标分解的原则，在确定了部门的 KPI 后要进一步将这些指标分解至各个岗位，结合各个岗位的工作职责。在分解明确各责任部门 KPI 的基础上，签订责任书，以督促各执行部门落实责任。企业的正常运行和持续发展离不开财务的保障，选择"一利五率"为财务管控目标，战略地图将财务维度置于地图框架的首层，保障财务维度成功才能使公司实现公司价值最大化。

（1）利润总额。企业在一定时期内通过生产经营活动所实现的全部利润，即企业的"税前利润"。利润的增长主要依赖于成本的降低和收入的扩大。财务将公司年度利润指标细分至项目部，降本增效提高利润总额。

（2）资产负债率。以衡量企业利用债权人提供资金进行经营活动的能力，通过将企业的负债总额与资产总额相比较得出，反映在企业全部资产中属于负债比率。财务下达年度"双清"工作指标，多措并举降低资产负债率。

（3）营业现金比率。经营现金净流入和投入资源的比值。企业在财务方面的战略目标是获得更多的资金支持，提高资金配置效率，以有限的资源为战略目标实现提供保障，同时防范财务风险。

（4）净资产收益率。企业净利润与平均净资产的比率，反映所有者权益所获报酬的水平，衡量企业盈利能力的重要指标。财务通过合理配置资本结构，降低经费总预算，减少非生产性支出，提高净资产收益率。

（5）研发经费投入强度。企业用于投入研发的经费占营业收入的占比。财务管理中心以科研立项为抓手，以财务管理分中心研发经费归集为考核，上下联动确保研发费投入强度。

（6）全员劳动生产率。全体劳动者在一定时期内创造的劳动成果与其相适应的劳动消耗量的比值。财务管理分中心通过减少人员配置，提高企业全员劳务生产率。

3. 客户价值定位维度优化服务

公司的目标在于实现股东价值最大化。广泛地倾听客户的声音，与客户建立长久稳定的联系，才能生产出客户需求的产品和服务，才能为客户创造价值，提升公司收入。财务集约化管理后，财务管理分中心的服务对象是项目经理部。因此，公司改善财务业绩、提升价值离不开项目部。公司若想实现预期的收入增长，明确项目部的价值主张必不可少。公司根据战略地图的框架以及项目部的需求，对人员实行定编、优化办公模式、严格考勤管理及绩效考核，提升对项目的服务质量，降低项目实际成本支出。

（1）人员配备实行定编。财务管理分中心所属在建项目合同额5亿元以下1人，5亿~10亿元2人，10亿~20亿元3人，20亿元以上4人，20亿元以上每增加30亿元增加1人。实际配备财务人员低于定编人员。参与财务管理分中心所属项目奖金及兑现的分配，按定编进行计提；财务管理分中心根据绩效评分后二次分配。分配系数：财务总监：5、财务经理：4、会计主管：3、会计：2、出纳：1.8，也可根据贡献大小及实际情况进行适当的调整。降低项目管理成本的同时，也极大地提高了财务人员的积极性。

（2）财务集约化办公模式。财务管理分中心人员采用"集中办公"和"现场办公"相结合的方式开展具体工作，落实"一切工作到项目"的管理原则，避免与项目现场管理脱节。首先集中办公地点应优先选择片区内规模较大的项目，其次为区域管理半径最小的项目。为更好地服务项目生产经营，对规模较大且跨度较大项目应选择财务经理或优秀的会计主管驻点项目办公。降低了现场管理经费，也保证了财务与项目管理的有效衔接。

（3）财务集约化考勤管理。财务管理分中心财务人员的考勤由办公地所在项目负责，驻点项目办公的财务人员由驻点项目负责考勤，据此计算工资，经分管领导审批后发放工资。日常作息、请销假需遵守办公地所在项目管理。对于没有驻点财务人员的项目，财务管理分中心应每周至少安排 1 天时间到分管项目现场办公，做好项目当期财务状况及重要经济信息反馈、与对口部门进行工作沟通对接及对现场进行必要的会计服务工作，具体工作应形成业务联系单，由项目负责人签字确认后，作为考勤的依据。

（4）财务集约化人员绩效考核。日常考核采用整体考核与个人考核相结合的方式：整体考核影响财务管理分中心的整体绩效工资；个人考核体现个人考核期工作表现。财务管理分中心的绩效考核分 = 片区分管领导考核分值×20% + 各项目经理考核分值的平均值×40% + 公司财务管理中心考核分值×40%。财务管理分中心财务绩效考核：公司财务管理中心将依据财务绩效考核表发起考核流程，分管领导、各项目经理考核分值按公司绩效考核管理办法执行。财务管理分中心绩效考核得分为财务总监绩效分值。其他人员考核：每季度末编报下一季度的个人工作计划，由财务总监进行确认；考核由财务总监根据计划完成进行打分，考核结果上报分管领导、财务管理中心。

（5）财务管理分中心经费。执行经费预算管理办法，年初由财务管理中心根据公司预算编制办法编制，公司财务管理部审核，报总经理办公会审批同意后执行。财务管理分中心相关费用不纳入项目经费考核，在兑现考核中予以剔除。财务管理分中心发生的经费按各项目当期完成的施工产值进行分摊，经分管领导批准列入各项目成本。

4. 内部流程维度优化调整

战略地图的财务和客户维度主要关注公司的目标客户群以及公司的财务成果；内部流程则对公司如何实施战略进行了具体的描述，通过财务管理中心及分中心流程的调整，与客户（项目部）相互依赖和相互补充，并且参与价值创造。以现金流自平衡为抓手，提高资金集中及周转率，改善资产质量，强化项目管控力度，做好税收策划管理，实现财商结合。

（1）推进现金流自平衡管理。公司以《工程项目现金流自平衡管理实施细则》为依据，制订详细的全周期现金流自平衡方案，按照股份公司以及集团公司的要求加快推进工程项目现金流自平衡管理系统上线运行。把项目现金流自平衡方案植入《工程项目现金流自平衡管理系统》，实行动态预警，刚性约束，全面提升项目管理水平，使项目在全周期管理过程中，"以收定支，收支平衡"实现项目经营性正向现金流。

（2）强化资金管控力度。完善公司资金管理办法，建立健全资金管理机制，加强资金集中审批监管工作，保证资金安全。完善资金内控体系，加强资金和资金链安全管理，防范资金风险。建立健全境外资金管理办法，防范资金风险。做好项目现金流自平衡工作，实现资金流正向流入；扩大资金集中管理幅度，创新资金集中管理方式。

（3）打赢"双清"攻坚战。全力开展"双清"管理工作，加快"两金"资产向货币资金的转化速度，提升盈余现金保障程度，降低资产负债率。完善清收清欠，收尾项目管理等相关制度文件，激励各级管理者积极性，严肃奖惩，全面落实"双清"工作目标任务。做到全员参与"双清"，群策群力不断创新方式方法寻找"双清"突破口。完善"双清"例会工作机制，逐级督导"双清"目标和"双清"措施落地见效，强化过程监管和责任落实。切实建立起重点项目主要领导亲自督导，片区分管领导包保，项目经理为第一责任人的"双清"工作体系。重点加大对逾期及投资项目"双清"工作力度，转变思维模式，多措并举化解"双清"工作难题。根据"双清"环境和形势变化，持续修订完善清收清欠专项奖惩办法，加大奖惩力度。完善"双清"考核体系，丰富考核兑现方式、方法、手段，强化考核兑现执行力，切实促进"双清"工作成效。

（4）加强财务监督监察机制。以风险和问题为导向，突出财务监察重点和专项财务监察。重点对财经纪律执行情况、不相容岗位分离执行情况、资金管理和金融管理关键环节的执行情况开展监察，防范系统性、倾向性、苗头性财务风险，确保公司财务监察范围覆盖所有项目。以"三线检查"（资金安全为底线、财经纪律为红线、会计信息质量提升为主线）为核心内容组织开展日常财务监察，以"四个管理"（工程项目现金流自平衡管理、现场经费预算管理、税务管理、"双清"管理）为核心内容组织开展专项财务监察，积极发挥财务监察在推进企业高质量发展过程中的保障支撑作用。落实问题整改，提升财务监察效果。根据检查反馈意见梳理问题、拟订措施，明确整改"责任、路线图、时间表"，保证改工作落实到位，实现财务监察闭环管理。

（5）持续夯实税务管理。以发票管理为抓手，重点关注增值税专用发票的风险防控；做好研发费用归集、研发费用加计扣除资料上报，降低企业所得税负。夯实税务基础工作业务，按期规范做好各类税费的申报、缴纳、核算工作。规范项目依法纳税，秉承集团公司"微观成本"管理理念，认真研读税法文件政策，加强项目不合理税费支出的整治管理工作，防范税收管理过程中的"跑冒滴漏"，促进企业提高纳税遵从度，有效降低企业税负。重视简易计税项目分包发票取得和差额抵减纳税，降低企业预缴税额；以"不含税成本孰低"为原则，做好一般计税项目价格比选，充分取得增值税专用发票，实现增值税"应抵尽抵"的管理目标。

（6）深化财务管理改革。以大商务管理体系建设为统领，厘清财务与商务的职能边界，深入开展财务管理改革，实现集约管理、有效制衡，培养一批优秀的财务骨干人才。进一步聚焦"效益提升、价值创造"，抓住项目这个基本单元，以大商务理念指导项目财务管理实践，充分借助财务共享中心的优势，深化财务管理模式，将项目财务人员及部分财务职能向中后台集中管理。减少财务人员的配置，降低企业用人成本，充分发挥财务集约化管理效益。

5. 学习与成长维度

公司的创新能力、改进能力和学习能力，是实现企业客户价值主张并打造内部流程核心能力的关键。注重对员工、制度和组织等方面的投入，才能保证企业的创新和长远发展。研发、服务和精益生产构成了企业的核心竞争力，而这需要依靠优秀的人才来实现。企业需要遵循公平、公开、公正的原则，建立起一套适合自身的"选、育、用、留"的人才培养体系。

（1）拓宽人才引进渠道。按照企业中长期战略发展进行储备的原则，持续加大校园人才引进力度，按照"重点高校确保数量，普通高校保证质量"的方针，在保证招聘计划完成的前提下，加大"双一流"高校毕业生吸引数量（不低于15%）。确保专业人才储备同步开展。研究分析目前主营业务流程，尝试与外部咨询机构合作，获取外部智慧；改进管理流程，加大智能办公和大数据分析应用力度，提高日常人员配置、干部选用、培训等科学性和时效性，提升人力资源管理效率。

（2）优化人才成长环境。企业文化是人才成长的土壤，是组织和个人共同认可的价值观。财务集约化管理后，除了要传承优秀文化和价值观外，还要结合公司发展历程和现状，重塑、凝练新的企业文化，正视组织复杂化、多样化和层级化后的意识形态管理，倡导积极、正向、团结的价值导向。加大优秀人才的选拔任用；持续采用轮岗交流、挂职锻炼、借调助勤等多种形式培养方式，不断加强重点培养对象在公司财务管理中心与分中心的双向交流任职。对于财务管理分中心财务总监实行计划性培养，对优秀人才优先进行适岗性锻炼，敢于压担子，给责任，用起来再提起来。牢固树立"人才建设、资质同行"的理念，公司加大培训体系建设，推广线上培训应用，加强网络资源利用，最大限度规避工学矛盾；丰富培训手段和教学方法，引入新的工具，提高培训收效；持续推进内训体系建设，调动内训师履职热情，发挥其在基层培训中的主力军作用；加强财务管理分中心之间交流和案例分享，催生内部学习、攻关、创新、创效和融合的氛围；建立标准化人才成长模型，把培训达标情况作为选拔使用的基本标准。

（3）创新人才选用机制。建立人才评估模型，对于施工企业财务人员能力素质进行指标化描述，对重点人才进行画像，通过人员资质、工作经历、培训经历、业绩描述等综合评估，勾勒人才任用标准；进一步优化考核评价体系，提升考核指标的科学性和适用性；加强财务管理分中心财务总监的管理监督；严格遵循谁管理、谁了解、谁评价的原则，扩大评价主体范围；评价组织要着重定量指标，既要关注结果也要考量过程；评价个体要考虑岗位本身价值差异，从简单的是否完成到完成的效率、效果和绩效扩展转变；提高考核结果的公平公开性和应用性，避免结果束之高阁；加大绩效反馈和改进，着实发挥绩效考核的意义；严格考核淘汰制度，确实不能适应岗位要求的，按规定清退。

（4）健全人才激励体系。激励保障机制是价值源泉的保障，完善薪酬年度调整原则，形成职工工资增长常态机制；提升职业等级评定和晋升的灵活性；提升职业等级作为职务晋升辅助的重要作用，让"长短腿"的双通道不断完善和对称；为专家型员工创造安心工作、安心研究的平台；因财务管理中心培养安排的轮岗、转岗员工，要保留职业等级，鼓励员工进行多专业尝试，提升个人综合素质。持续推进基于双通道的员工职业等级管理，从岗位价值导向岗位价值和个人价值导向过渡，实现薪酬调整双向机制。在住房、户籍、子女教育、医疗资源、企业年金、大病医疗等方面为员工提供保障，持续推进企业总部基地建设，让全体员工买得起房，大后方稳定，退休后有所养，解决后顾之忧。员工的个人价值最终转变成生产力，为公司的发展打下了良好基础。

四、取得成效

（一）应用相关管理会计工具方法前后情况对比

战略地图应用后，明确了财务管理深化改革，推进财务集约化管理的重点、目标，有目标地调整机构设置、人员配备。不仅工作效率得到了提高，还减少了财务人员的配置，降低企业用人成本，还有效解决了人力资源紧张与企业高速发展、规模扩展、财务内控制度之间的制约，充分发挥财务集约化管理效益。2022 年按照不相容岗位相分离原则各项目应配备财务人员 115 人，实行财务集约化后各分中心实际配备财务人员 70 人，减少 45 人，节约用人成本约 700 万元。

（二）对解决单位管理问题情况的评价

通过战略地图的运用，将财务部门战略进行可视化绘制，明确了各维度战略目标间的因果关系，推动部门战略融入具体的管控流程中，通过权责划分、管控业务，明确了管控重点和公司与项目部、财务管理分中心的职责分工，进一步明晰了财务管理各个层级的权利、责任和义务，健全了财务管理机制，形成了优势互补、分工明确、横向协同、纵向联动的管理格局。推动了公司财务管理运行机制的重塑，加强了公司内部资源整合、协调能力，达到了"1 + 1 > 2"的效果。

通过战略地图的运用，有目标地进行差异化的岗位设置，打开了财务人员的上升渠道，使得财务人员有更多的岗位晋升空间，有利于财务人员的成长，提升了财务管理团队的协同能力，摆脱了以往工程项目分散、财务人员单兵作战的弊端，同时有效提高了资金的安全性，建筑施工企业因施工地点分散，传统的财务管理忽视了财务在项目经营过程中的重要性，对资金安全意识不足，导致出现一个项目一个财务进行财务收支业务，部分财务人员素质不高，也缺乏相应的监督机制，开展财务工作只听项目领导安排，是一种较为松懈的财务管理制度；财务集约化管理制定了相应的规章制度，对财务的不相容岗位职责进一步明确，将资金安全提升了一个台阶，财务管理分中心人员集中办公能够相互监督、相互学习，有力提高财务人员的责任意识。借助财务共享，将各类财务业务流程化。

（三）对支持单位制定和落实战略的评价

战略地图的运用，能够推动公司有效配置内外部资源，将财务、客户、内部流程、学习与成长四个维度的战略目标与公司实行财务集约化管理有效融合、绑定，进而制定完善的绩效指标体系，引导职能部门、项目部按照目标提升业绩，推进战略落地。

（四）对提升单位管理决策有用性的评价

战略地图的运用，将公司战略管理变得更加简洁和直观，管理层能够清晰地看到公司财务集约化管理实行后的各项优点，如各财务管理分中心所属项目的目标、执行情况，能够直观地了解到战略的执行情况，有利于管理层科学决策，如资金支付安排、合作方引入以及物资集中采购。有效实现财务管理分中心所属各项目财务信息共享，更好地融入大商务管理体系建设，推进工程项目现金流自平衡管理。针对项目相同供应商欠款，以及相同供应商引入项目问题，按照轻重缓急和资金集中程度，统筹安排资金支付计划，能实现资金支付比例科学化，充分使用闲散资金，提高资金使用效率，降低公司对项目的资金救助压力和从源头上减少法律诉讼风险。

（五）对提高单位绩效管理水平的评价

战略地图的应用推动了财务集约化管理更加完善、科学的绩效指标体系的建立和执行，将财务管理分中心绩效考核分解到片区分管领导、公司职能部门和各项目部（客户），打破了以往单独一个部门进行绩效考核的局限性，能够更好地衡量财务管理分中心服务质量，有助于提高整体绩效管理水平。

五、经验总结

战略地图能帮助企业描述战略，从财务、客户、内部流程和学习与成长四个维度分析战略风险，并提出应对方案。其价值在于阐明了公司战略的作用和描述了各层面的战略与业绩期望值，要将其与战略管理相结合，不能只把战略地图当作战略实施的工具和方法，而是与整个战略管理流程相融合。战略地图的运用可以有效地让企业决策层从整个产业链的视角看到整体预期结果，从而作出更加科学的决策。战略地图的运用要重视顶层设计，要与绩效考核紧密相连，缺少了绩效考核的激励与约束，难以推动整个目标的成功执行，加强绩效管理一定意义上能够较为科学地避免传统绩效管理过程中对战略实施的忽视，避免战略与行动脱节，使得战略无法落地。

综上所述，本文通过对相关管理会计工具方法应用经验的总结，提出了进一步改进和发展的建议，旨在为企业在管理会计工具方法应用中提供有益的参考和启示。

（中铁一局集团第一建设有限公司　徐生辉　曾方连　梁明均　程建平）

浅析管理会计在大型施工企业物资采购战略中的运用

【摘要】在疫情放开和全球经济一体化背景下，当前经济企稳回升走向全面恢复的关键阶段，新时期大中型企业的财务工作面临新的形势与任务是建设世界一流财务管理体系，传统的管理会计已不能应对企业所面临的风云万变的复杂环境。大型施工企业要想在当前市场竞争中实现健康稳定发展，做好战略管理的建设和运用非常重要，其不仅关系着物贸企业成本控制水平，还影响着企业经济效益。然而，目前大型施工企业的物资采购管理仍存在诸多问题。对此，本文以大型施工企业集团下的物资子公司——A公司的物资采购、供应管理一体化和信息化建设的实施为例，探析管理会计与企业长期战略管理的融合，以此促进管理会计在大型施工企业物资采购战略中的运用，促使企业在市场竞争中实现健康长效发展。

建筑施工行业作为国民经济的主要支柱，推动国民经济增长和社会经济全面发展发挥着重要作用，近年来我国的房地产市场虽然紧缩，但基础建设、技术改革等固定资产投资仍保持着一定的规模。从消费结构上看，建筑施工行业是一个急需发展的行业；从城市化建设进程看，建筑施工行业有较大的空间。同时，建筑施工行业为广大的农村富余劳动力提供了大量的就业机会，为社会稳定起到了基础作用。

发展与竞争总是并存的，中国的建筑市场竞争异常激烈，尤其是大型的施工企业在改革与发展中尚存在突出的问题：一是行业竞争加剧了成本管理难度，由于自身体量带来的负担，大型施工企业在管理中最困难的就是控制成本，这也是过去多年粗放型管理留下的病根；二是随着市场化程度加深，为了保证企业在行业中的竞争力与参与度，建设项目遍布省市区县，造成管理分散，管理成本高，劳动密集度大；三是工程款拖欠常态化，垫资已经成为建筑业内公开的"潜规则"，虽然知道垫支风险大，资金需求量大，但为了拓展市场，施工企业只能负重前行。如何向上拓宽施工企业的竞争能力，实现成本能降、分散能管、资金能足呢？

目前建筑行业成本管控主要是原材料、固定资产和辅助材料，物资消耗约占项目总成本的60%～70%，物资是施工企业的重要组成部分，解决施工企业的成本问题、区域问题和资金问题成为施工企业物资采购的重点，作为中央建筑企业下属的二级机构，要寻求在市场中长期的绝对竞争优势就必须"开源节流"，降低采购成本是成本控制的源头，企业中的物贸公司是采购成本降低的实施者，因此在专业化的物贸公司开展区域化管理、战略供应商管理及资金管理等一系列财务管理工作，通过向上游借力，实现推动企业、增强自身竞争力的目标。

一、研究背景

（一）施工企业物资采购的背景

1. 行业趋势

在"十四五"期间，国家将继续加大基础设施建设的投资力度。主要体现在以下几点：一是重点领域包括交通、能源、信息通信、水利等；二是加强交通网络和物流体系建设，推进铁路、公路、水运等基础设施项目；三是加大新能源和清洁能源的开发和利用，提升能源安全和环境可持续性；四是将继续推进城镇化进程，提高城市化发展质量；五是重点发展中小城市和县域经济，改善农村居民生活条件；六是在住房建设方面，鼓励多渠道供应住房，解决住房困难问题。

一方面，基础设施建设重点领域发生变化、城镇化和住房建设发展方向改变，直接影响物资贸易行业的市场需求和业务规模；另一方面，物资价格透明度越来越高，供销双方对价格的敏感度提高，直接影响物资贸易利润空间，在物资贸易行业财务管理急需时收集客户需求及竞争对手信息，以寻求探索降低成本的机会，才能使财务管理和企业战略定位相匹配。

2. 上级单位要求

大型施工企业为推动企业高质量发展，提高采购效率，保障现场供给；统筹资金资源，推动均衡生产；降低项目成本，提升企业效益；做好源头防范，构建廉洁文化，企业采取措施加强内部管控，制定了一系列物资采购管理文件，推进采管分离，提升物资集中采购规范化与专业化水平。从长远战略规划出发，上级将其物资采购子公司定位为下属内部供应商，承担着满足项目物资需求的使命，通过集中采购模式，整合企业分散的采购资源，发挥规模采购优势，从供应商处获得更多价格优惠，达到降本增效的目的，获得优质资源是物资采购子公司的奋斗目标，同时也是提升企业竞争力的途径。

3. 自身发展的需要

随着集团公司战略采购工作的逐步推进，物资采购子公司业务规模进一步扩大，在日常采购配送工作中，对内部管理、外部沟通的及时性、准确性、业务数据分析、风险控制和领导决策能力提出了更高的要求。从计划、采购、配送、结算、支付等方面出发，通过运用价值链管理，实现关键业务流程化、标准化，确保责任落实、协同管理。

（二）施工企业物资采购及财务管理存在的问题

1. 供应商资源不稳定

多数施工单位因施工地分散且不固定，导致与供应商关系不稳定，无法形成长期的合作，对供应商的选择多数考虑偏重为低价中标，价低者优先，但对物资采购之后的产品服务和质量考虑较少，为后期供应埋下多种隐患，进而影响项目的成本和效率、项目合同工期施工，可能导致停工待料问题，严重时甚至会造成质量安全隐患等。

2. 物资单价较高

由于施工时间紧、任务重，大型重点项目"跑步进场"成为常态化，就存在对项目施工区域建设物资市场的前期调查广度和深度不够，对物资价格欠缺考量，比价标准不统一，虽然在采购环节进行了多家比价，却也未必是最优选择。

3. 物资实况管控难

财务作为核算部门，以业务人员提供的资料进行记录，核算资料的传递和物资实时收发的时间上存在差异，财务部门无法与业务部门同步跟踪物资的发货情况、在途情况和收货情况，不能及时掌握真实的物资实况信息，只能按照获取的部分不完整信息进行核对、预付资金，因此导致账面核算数据与实际发生情况间存在部分差异。

4. 到期账款统计困难

专业化的物贸公司面临众多供应商及需求供应项目，合作模式一般是多对多，且各供应商和需求涉及的供应物资产品种类也并不单一，这样导致购、销合同成倍增加。同时，各类合同的首付款和每期付款比例仍有不同，在业务量剧增的情况下，使得到期账款的统计更为复杂。随着采购及销售业务开展需要动态监控项目资金情况，每个合同到期应收账款和应付账款都需逐笔统计。如此繁重的统计整理工作过去一直以来用 Excel 表格进行记录，数据记录人员的水平和数据记录的及时性等因素都极易影响到期账款数据统计的准确性。

5. 账款回收期长

近年来，基建领域实行政府和社会资本合作（PPP）、"设计＋采购＋施工"总承包（EPC）、融资 EPC（EPC＋F）、"建设－经济－转让"（BOT）等多样的建设模式，这类模式出现的本质都是由于资金短缺，导致施工企业成为资金问题的最大"受害者"。工程款回收期长的问题一直困扰着施工企业，有的工程项目工程款拖欠甚至长达五六年之久。这种现状的连锁反应直接导致物贸行业收款难，市场普遍的回款期在 3～6 个月不等，垫资成本增加，销售毛利降低，给企业带来了潜在的财务风险，同时建筑施工企业资金周转困难，推高工程成本。

（三）物贸企业基本介绍

1. 物贸企业基本情况

A 公司成立于 2010 年，属于以建筑施工为主的集团公司下属的多元产业子公司，企业主要经营的业务板块分别是物贸、物流、商品混凝土地材和电商辅材。物贸板块主打内部集采和外部贸易业务；物流板块包含物流运输、装卸、仓储、第三方物流及钢制品加工、型材采购、粉煤灰中转等业务；商品混凝土地材板块包含商品混凝土、砂石料、外加剂贸易及周转料租赁、房屋铺面资产出租；辅助材料板块包含辅材贸易、油品贸易以及"电子商城"三大电子平台运营。近些年，A 公司物贸业务迅速发展，年营业收入从最初的几亿元发展到现在的 70 亿元，合作的工程项目覆盖全国约有 300 多个，覆盖面越来越广；公司物资采购供应的主营产品包含钢筋、钢绞线、水泥、外加剂、电线电缆、商品混凝土、地材等，商品类别也越来越多样化。

2. 公司战略目标

无论是个人还是企业做任何事情，在计划初期都会设立一个目标，为了实现这一目标需要通过一定的途径和方法才能实现。个人的目标可能是短期的、阶段性的，但对企业而言设立的目标一定是长期的、全面的、适应企业未来发展的，为了实现目标更需要做全周期的规划。持续经营、拓展市场、参与竞争并获取利益是企业经营的根本目标。后疫情时代无论是民营企业还是国有企业都在围绕如何转变经营理念、如何面对突发不可抗力因素、如何建立健全应对机制而展开思考，这对企业战略规划提出了新的要求。简单的经营计划并不适应、应对现有市场环境的变化，为了使企业在多变的市场环境中处于更有利的生存状态，必须制定一套可循环的、具有灵活性且可协调公司内外部优势资源的战略规划。

A 公司聚焦"对内服务 + 对外经营"模式，归集各项目的物资需求到战略采购主渠道，以市场换资源，培育优质资源渠道。结合通过共同考察、洽谈以及共同谈判或公开竞价的方式，确定战略资源渠道，明确战略采购定价机制，实现全过程公开。以此抓住当前市场环境的良好局面，完善市场布局，通过加大经营开发力度，创新业务模式，加强与同行业企业的合作，以战略规划为引领、以深化改革为动力、以业务战略为载体、以职能战略为抓手，推动企业高质量发展，努力把公司建设成业务结构优、区域竞争强、经济效益好、创新动力足、管理绩效突出的行业一流企业。

二、战略采购业财融合的探索与实践

（一）设置专业机构，拓宽业务资源

（1）由于工程物资种类繁多，为加强采购端优质资源渠道建设，A 公司首先根

据物资不同性质特征及资金占用量情况，将物资划分为重点管制（资金占用量多的主要物资）、简单管制（资金占用量少的辅助材料）和次要管制（介于前两种管制之间的物料）。针对主要物资，公司分品种遴选资信优良、实力雄厚、质量可靠的优质生产厂家建立长期、稳定合作关系，形成以优质生产厂家为主、其他社会资源为辅的战略采购供应网络，降低采购成本，缩短采购流程。对于辅助材料，公司选择搭建内部电子商城，在商城平台发布需求信息，寻找合适商家，提高辅助材料采购效率，降低采购供应成本。而其他物资，采用规范采购模式进行供应商筛选。

（2）A公司成立采购中心负责工程主要物资品种采购，根据上级单位采购指引清单，做好供应商资源的收集及引入管理，根据公司内区域项目部物资不同需求，采用最适合的采购方式，选择优质供应商完成集团内施工项目物资供应。主要对建筑钢筋、型钢、钢绞线、锚具、水泥、粉煤灰、外加剂、混凝土、砂石等物资品种大力推进战略采购，提升大宗材料集中采购规模和效益，扩展集团公司层面集中采购物资品种，提升采购层次与质量。同时，灵活采用战略采购、集中招募供应商、分阶段招标及价格锁定、浮动定价机制等方式，提升区域性集中采购和供应风险管控能力。有效破解采购管控困局，保障现场供给、推动均衡生产、促进降本增效，提高资源获取和供应保障能力。

（3）针对辅助材料采购存在的拖欠供货款、价格等突出问题，因地制宜搭建辅助材料内部电子商城，提高辅助材料采购效率，降低采购供应成本。一是通过集中招募供应商、制定常用辅助材料目录清单等方式，分区域、分类别引入辅助材料厂商入驻商城、上架产品，满足各项目对辅助材料的多样化、个性化需求，丰富商城资源。二是通过定期开展市场调查、发布采购限价等措施，对商城上架产品价格进行严格管控，确保采购价格符合市场行情，严控采购成本。三是通过线上下单、线上收货、线上对账、统付等方式，减少流转环节，满足各项目对辅助材料的及时性需求，优化采购流程。

（4）采购中心负责的其他物资采用规范的采购方式进行采购，采购方式包括战略采购、供应商集中招募采购、框架协议采购、招标采购、动态竞价采购、竞争性谈判采购、询价采购、单一来源采购、中铁鲁班商城采购、电子商城采购，采购方式适用范围如表1所示。

表1 采购方式适用范围

采购方式	适用范围
战略采购	适用于对企业生产经营有重大影响的大宗、通用、重要或市场稀缺的少数产品或服务
供应商集中招募	指通过发布包含资格条件等信息的招募文件并按招募文件对响应供应商进行评审、确定入围供应商名单供具体采购项目适用的一种集中采购形式
框架协议采购	适用于技术要求相对统一、采购频次高、能形成一定采购批量且供求市场相对稳定的产品或服务

续表

采购方式	适用范围
招标采购	适用于采购需求明确、有一定采购批量、市场竞争充分，单项合同估算金额在 200 万元以上的产品和单项合同估算金额在 100 万元以上的服务采购
动态竞价采购	适用于标准化程度高、有一定采购批量且市场竞争充分的产品或服务
竞争性谈判采购	适用于采购金额未达到招标条件，招标后没有供应商投标、没有合格标的或者重新招标未能成立，技术复杂或性质特殊、不能规定详细规格或者具体要求，采用招标所需时间不能满足用户紧急需要的或不能事先计算出价格总额的产品或服务
询价采购	适用于标准明确、资源充足，单项合同估算金额在 50 万元以下的产品或服务；单一来源采购适用于只能从唯一供应商处采购、应急采购或为了保证一致或配套服务从原供应商添购原合同金额 30% 以内的产品或服务
鲁班商城	满足辅助材料、办公用品、计算机软硬件等采购
电子采购商城	满足集团公司内部辅助材料、办公用品、机械设备租赁服务、周转材料租赁服务等采购

（二）构建信息共享机制，推动业财融合

1. 物贸业务信息平台的搭建

公司以合同执行过程中产生的"供应链业务流"为主线，搭建物贸业务信息平台。通过对计划、采购、配送、结算、支付等方面基础数据的录入管理，完成供应链的全流程电子化，通过系统来实现对供应商引入、物资采购计划、合同管理、对账结算及服务评价等工作的管理，推进物资采购及物资供应工作向信息化管理转变，帮助企业实现高质量发展。物贸业务信息平台应用逻辑总图如图 1 所示。

2. 物贸业务信息平台的作用

物贸业务信息平台主要功能包括基础数据库管理、合同管理、计划管理、招标采购管理、战略采购管理、投标管理、结算管理、供应商管理、财务报表管理和竞价管理，通过这些管理功能模块，实现对物贸业务供应链的标准化、系统化、全方位管理。实现物资计划到结算付款的全过程管理控制、数据收集分析和风险防控，解决不同层级、不同需求间数据重复填报问题，打通"信息孤岛"，帮助公司领导和职能管理部门进行全面把控，及时和准确地掌握企业生产经营情况。

3. 物贸业务信息平台在财务管理的运用

物贸业务信息平台集成了企业的各个功能部门和流程，包括采购、供应链管理、销售和财务会计等，通过信息共享和数据分析，实现各部门间的协同工作及业务和财务之间的无缝对接。将供应商、客户和企业内部的物流和库存信息整合在一起，实现实时的供应链可视化和数据共享。不仅能提高物资的采购和销售效率，还能协助企业优化库存管理，降低物资成本，并提供更准确的物流计划和交付信息，实现财务会计

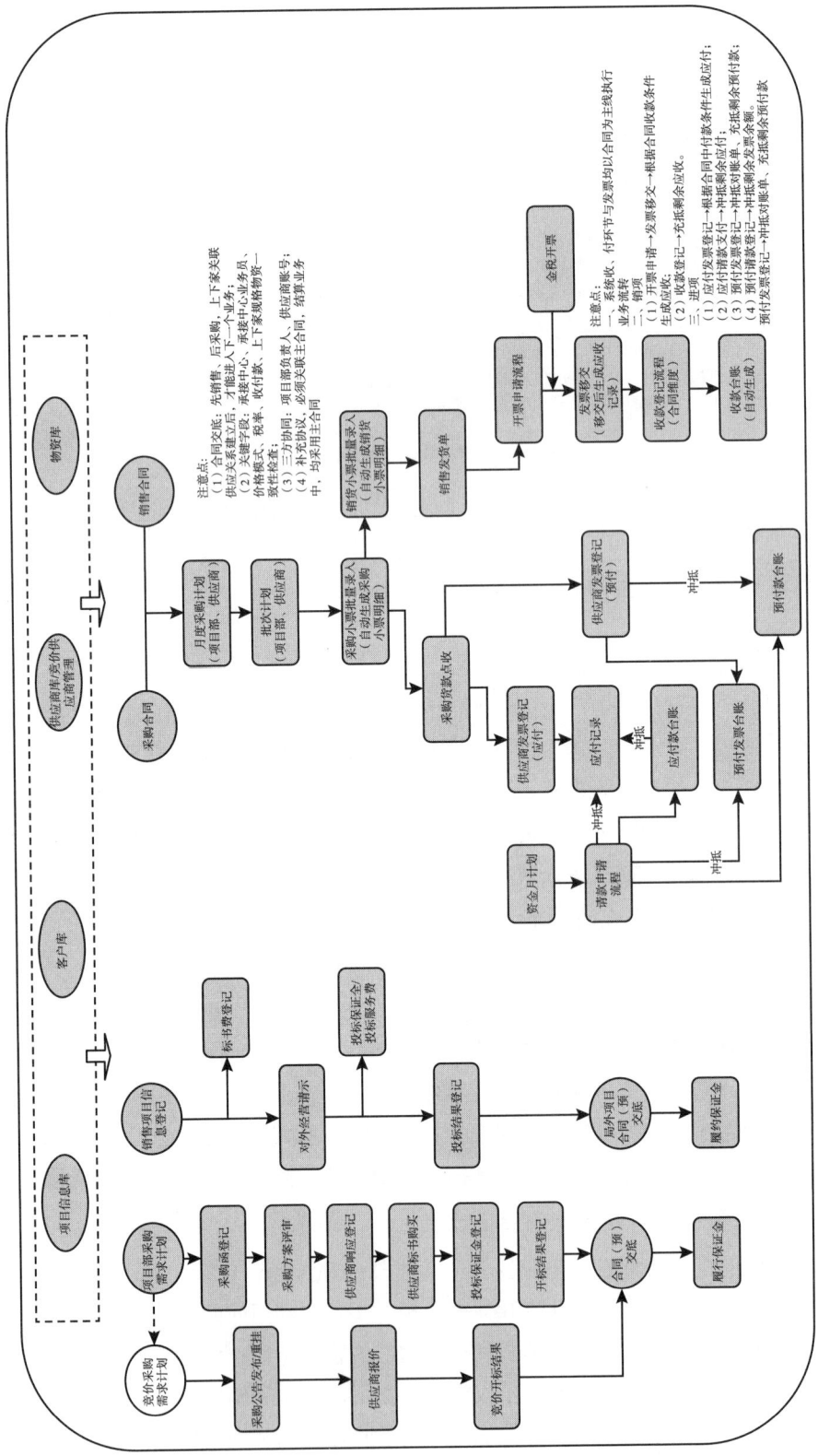

图1 物贸业务信息平台应用逻辑总图

部门与其他业务部门的紧密协作。财务数据可以实时同步到系统中，使各个部门能够及时了解企业的财务状况，作出更好的业务决策。各部门之间的信息共享和合作，进一步优化业务运营和财务管理，帮助企业进行财务预测和风险评估，提供更全面的财务管理，提高企业整体效益。

4. 电子商城的搭建与流程

A公司以阿里巴巴等采购平台为模板，搭建内部电子商城平台，实现对项目所需的工程辅助材料物资进行集中采购管理，内外部周转材料与机械设备内租与外租的信息化管理。通过多商家入驻、"点单"采购、限价控制、统一结算的模式，打通上下游管理，形成自有资源。通过信息化管理手段，将采购模式数字化，进一步强化了大商务成本管控，提高工作效率，降低采购成本，拓宽了企业经营范围，响应了集团构建大集采的战略部署，全面提质增效。电子商城业务操作流程图如图2所示。

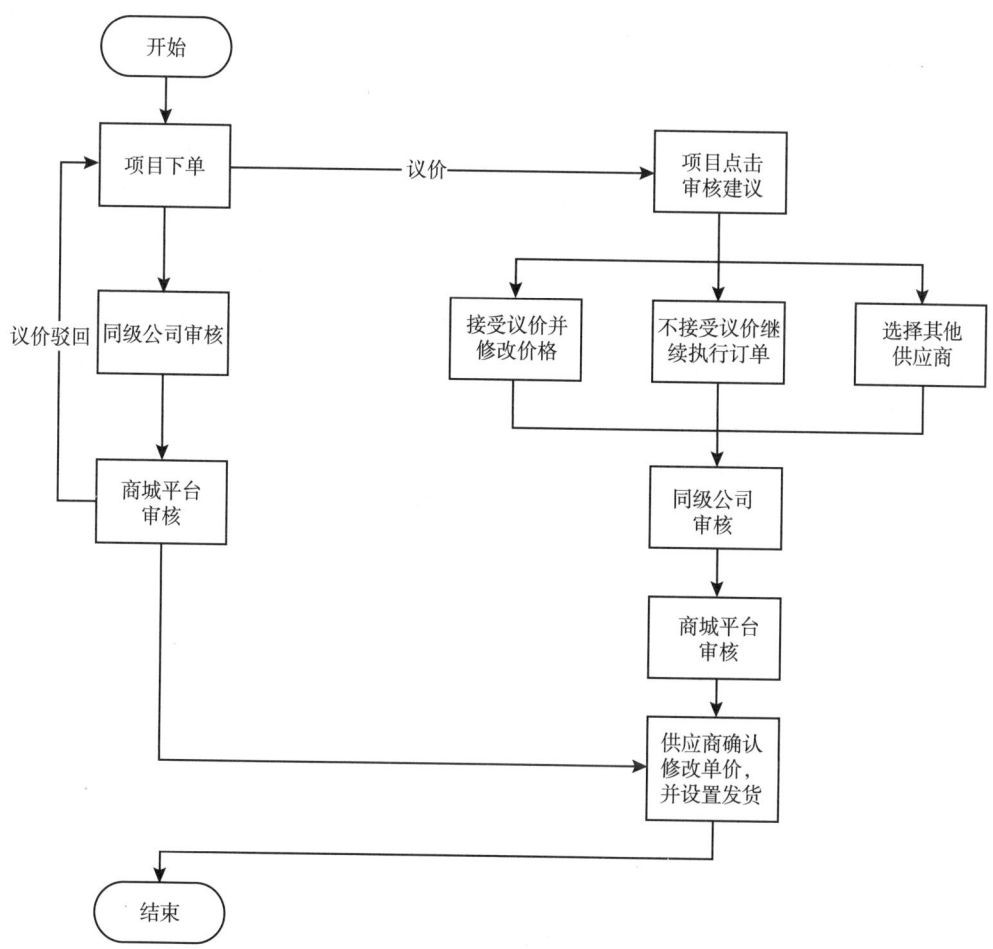

图2　电子商城业务操作流程

5. 战略采购流程的制定及规范

公司以实际物资流转流程为导向，制定标准化战略采购程序，市场调查→采购方案编制与评审→战略采购方案审定与实施→签订战略采购协议→提报物资需求计划→签订购、销合同→公司组织供应实施→供应保障及后续服务，有效地将物资供给端和需求端紧密联系在一起，节约大量资源匹配时间，提高了公司的服务效率。

（三）挖掘数据资产，融合业财资源

1. 通过数据分析，推动企业发展

通过收集、整理、分析财务和业务数据，整合所拥有的供应商及客户资源情况，及时为客户配置合理供应商，优化生产力布局。一方面，立足资源优势、找准发展方向，运用优质资源对接国家区域重大战略、区域协调发展战略、主体功能区战略，做到"到有鱼的地方钓鱼"，充分发挥既有优势效益；另一方面，分析资源劣势，找寻拓展空间，俗语言"涉浅水者得鱼虾，涉深水者得蛟龙"，只有坚持问题导向，敢于正视问题，才能更好地寻找管理新突破，推动企业的经营发展走深走实。

2. 实时数据共享，加强账款管理

通过对销售数据、客户信息、付款记录等数据源进行整合，实时数据共享和加强账款管理，更加全面地了解和管理账款情况，加强对账款数据的监管，减少逾期风险，提高收付款效率，当出现逾期账款或付款逾期等异常情况时，以便及时采取行动，从而降低企业的财务风险、增强企业的盈利能力。一方面，业务人员通过物贸业务信息平台查询到期应收账款情况（见图3）和应付账款情况，及时催收应收账款，提升资金回收效率，针对到期应付账款立刻办理清款，避免应付账款逾期诉讼风险；另一方面，财务人员通过查询供应商已发货未对账情况（见图4），掌握在途物资情况，控制公司对供应商的预付账款支付频率，规避资金风险。

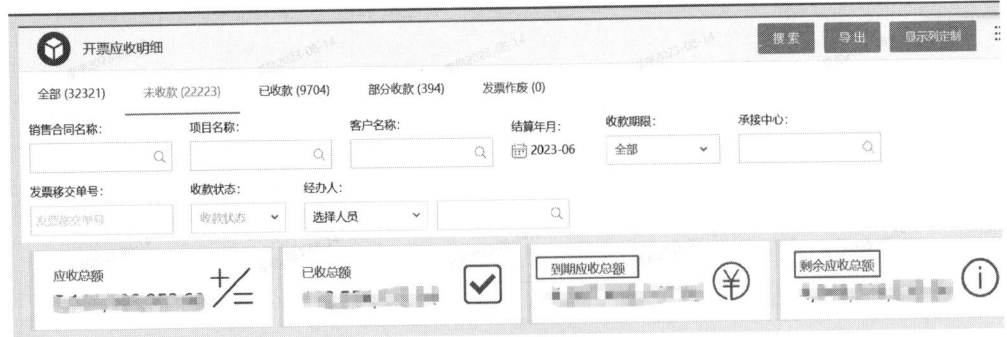

图3 到期应收账款情况

图 4 供应商已发货未对账情况

3. 分析业财风险，深化机制建设

通过收集历史数据，并对其进行趋势分析，对未来的情况进行预测和推测，以便作出合理的决策和规划，制定策略和措施来应对预测结果，最大限度地利用趋势分析来指导管理工作。一方面，运用主要物资历史价格数据，综合市场情况，分析物资未来走势，编制内部物资价格信息期刊，作为后续采购参考；另一方面，对项目利润率、履约情况、计划完整性及管理评价等进行考核，探索持续供应与应收账款的临界点，实现垫资预警，确保企业良性高质量发展，规避对外经营项目供应及资金风险，建立赊销额度预警制度。

（四）应用金融工具，保障资金运营

一方面，上级公司实施资金管控，保障物资采购资金按期足额支付。公司按施工企业、项目、月份等维度建立、登记战略采购物资的结算与支付台账，按期进行到期账款催收，对未及时、足额支付的项目，通过上级公司共享中心进行资金限制支付。项目不按时支付合同价款的，按季度进行清算，实施强行扣划。另一方面，对外支付物资采购款，通过集团统筹使用银行承兑汇票、代理付款、E信通等多种供应链支付方式，延长兑付时间，打好资金"时间差"，有效缓解资金支付压力，提高对供应商支付期的履约能力，获取供应商信用稳定采购成本。

三、战略管理在物贸行业管理中的成效

（一）优化供应商资源

通过物资供应商资源的积累与更新，供应商资源储备做到了"兵马未动，粮草先行"，A公司签约战略供应商36家，从钢材、水泥、钢绞线、型材、型钢及土工材料6大类物资扩展至目前26大类物资的战略资源，大大提高了现场保供能力。结合

集团公司施工项目在全国"多点开花"的分布情况，在一些战略供应商无法覆盖或者项目周边最优厂家规模不足以与集团签订战略合作的情况，参照战略采购模式，开展了厂家直供，共签订直供钢厂 17 家，直供水泥厂 18 家。建筑原材料事关社会影响、民生关注，质量是利益的保证也是企业形象，加强了采购端的优质资源建设的同时，在标准化、规模化采购下更要注重采购品质，选择高质量产品保证，在面对新的竞争形势，就要满足"价廉物美"的更高要求，对外提高竞争优势，对内规模采购品质优良的货源也能综合降低采购成本。

内部电子商城的建立，以数据分析内部需求变化，精准抓取信息并发布商品采购需求，集中招募供应商。目前，电子商城已累计开设店铺 147 家，累计销售额 51 398 万元，采购金额同比市场累计降低 8 246 万元，降低率 13.42%。模块化分析数据的呈现利于综合判断与决策，物贸行业的信息化管理实现了实时掌握物流信息、供应量及供应品种，为企业做好供应链发挥积极作用。

（二）盘活资产，提高设备使用率

通过电商平台管理资产，使各资产中心与项目盘活了闲置周转材料、机械设备等资产，提升周转材料和设备利用效率，降低外租成本，助力项目降低成本，实现供需信息共享。

（三）有效降低采购成本

通过扎根项目区域，长期进行市场调查，关注实时动态，了解市场行情，与供应商形成长期合作关系，做到"知己知彼"，掌握供应商的利润空间，合理化双方效益，实现共赢模式开展采购供应工作。2022 年通过战略采购方式 A 公司实现采购物资 70.23 亿元，采购成本比最高限价金额低 2.66 亿元，通过其他方式（招标、竞争性谈判、询价、标前等）采购物资 25.11 亿元，采购成本比最高限价金额低 2.33 亿元，合计比最高限价金额低 4.99 亿元，比最高限价低 4.97%，有效降低了采购成本，增加了企业效益。

（四）实时掌握到期账款情况

通过财务共享平台和物贸信息管理平台联动，有效结合"双数据"保障信息分析，财务系统及时在物贸信息管理平台获取各类物资品种的采购、销售、结算资料，包括赊销额度、应收账款、应付账款、在途物资、结存等数据，按账期显示分期收付款情况，既保障了供应支付又保障了债权回收。

（五）实现资金的集中价值

A 公司充分运用物资公司集中进行物资采购优势，降低资金回收风险。同时运用多种供应链金融模式，实现以时间换空间，降低资金成本。提高资金集中度，通过集采物资资金集中，增加了资金池的"蓄水"能力，便于合理筹划银行信用额度，降低了贷款规模，从而达到减少财务费用支出、降低资金成本。

（六）提升现场供应保障能力

本着"贴近现场、服务项目"原则，打造"集团主管，物流主采，项目主用"的管理理念，逐步设立川渝、云贵、西北、华东区域供应中心，A 公司 2022 年实现年累计采购供应总金额 122 亿元，集中采购供应金额 119 亿元，集采率 97.97%。同时利用公司物贸业务信息平台，建立高效有序的计划归集机制，切实发挥计划对集中采购的指导作用，合理筹划物资需用资金，切实做到计划供应、有序供应，满足现场生产需要，合理库存，推动采购供应工作更好地运行，2022 年公司 260 多个在建项目未出现停工待料情况，保证集团内成昆扩能改造项目、重庆东环线、重黔 13 标、兰张三四线、川藏项目等重难点工程建设。

（七）规范采购行为，廉洁风险问题

"诱惑"大、接触范围广、管理分散造成诸多廉洁风险问题，业务人员中频繁出现违规违纪行为。在集中管理模式下，使用完善的采购体系，一线人员不再具有采购职能，权限收拢归口，完善复核机制，一一击破廉洁风险点，既保护了采购人员也为企业破除利润流失风险，有利于廉洁管理与监督。

（八）提高供应产品服务质量

集中采购的体系建立后能够很好地对供应商进行售后评价，有利于对综合供应量、供应价格、供应时间、供应反应灵活度等进行评估，保留评级优秀的供应商，建立优良的长期合作关系，为企业建立完备的供应链。

四、结语

管理会计在大型施工企业物贸采购战略中的运用起到了"双保险"的作用，既要抓好主要生产经营活动，又要发展辅业经营；既重视生产采购，又重视其他价值链活动；既重视现有的经营范围内的活动，也重视各种可能的活动。因此，战略管理可以帮助企业寻找各种潜在的机会，合理化解可能出现的经营风险，如频繁开展多种经营而导致的扩张风险；市场环境导致的行业产业结构发生变化的风险；由于资产、客户、供应商等过分集中产生的风险；由于资金流动性差导致的资金风险等，以便从战略的角度最大限度增加企业盈利能力和企业价值创造能力，改变传统管理的决策信息模式，以整合企业的竞争优势为企业发展战略，突破并且发展了现代管理会计。

（中铁八局集团有限公司　方开信　黄　锐　刘维颖　李　艳　冉晓燕　廖慧敏）

中铁大桥局战略地图应用案例

【摘要】中铁大桥局是一家集桥梁科学研究、工程设计、工程建造、装备研发"四位一体"的大型工程公司。近年来，受中美贸易摩擦以及全球经济大环境总体增长乏力影响，全球基础设施投资速度放缓，公司所在行业面临信息化、工业化、智慧化、生态化方向的挑战。作为传统国有桥梁工程企业，中铁大桥局迫切需要进行战略转型，因此，加强战略管理、确保战略实施成为中铁大桥局的一项重要任务。

战略管理是对企业全局和长远谋划以及资源配置作出决策和管理的过程。战略管理是企业生产经营管理的指南针和路线图，是一切企业管理行为发生的基础，为企业持续经营提供重要保障。财政部 2017 年颁布的《管理会计应用指引第 101 号——战略地图》为集团进一步优化战略管理提供了重要工具。2016 年以来，中铁大桥局在战略管理中引入战略地图，通过这一管理会计工具，全面研究企业发展状况及战略路线，找出战略管理的重点与实施缺陷，以可视化的方式实现战略实施意图，厘清发展短板，有针对性地制定对策，全面提高中铁大桥局的核心竞争力。本案例是中铁大桥局提升战略管理水平的经验总结，可以在同行业中推广，供同行借鉴和参考。

一、背景描述

（一）单位基本情况

中铁大桥局集团有限公司（以下简称"中铁大桥局"）前身为创建于 1953 年 4 月的铁道部大桥工程局，2001 年 4 月改制为集团公司，现为中国中铁股份有限公司的全资子公司。中铁大桥局是一家集桥梁科学研究、工程设计、工程建造、装备研发四位一体的大型工程公司，现已形成了一批具有自主知识产权、处于国际领先地位的桥梁建造核心技术。

集团自成立以来，在做好国内桥梁工程相关业务、不断扩大国内市场份额的同时，大力实施"走出去"战略，积极参与国际市场竞争。截至 2020 年，共在国内外设计建造了 3 000 余座大桥，总里程 3 600 余公里。中铁大桥局共有员工 12 595 名，其中各类专业技术人员 8 000 余名。2020 年末，集团总资产和净资产分别达 439 亿元和 88.43 亿元，全年实现营业收入 433 亿元，利润总额 12.4 亿元。

中铁大桥局的组织结构如图 1 所示。目前集团在本部及各二级公司的财务部门均设立有管理会计机构或人员，主要负责战略管理、预算管理、成本分析、投融资管理和绩效评价等工作。

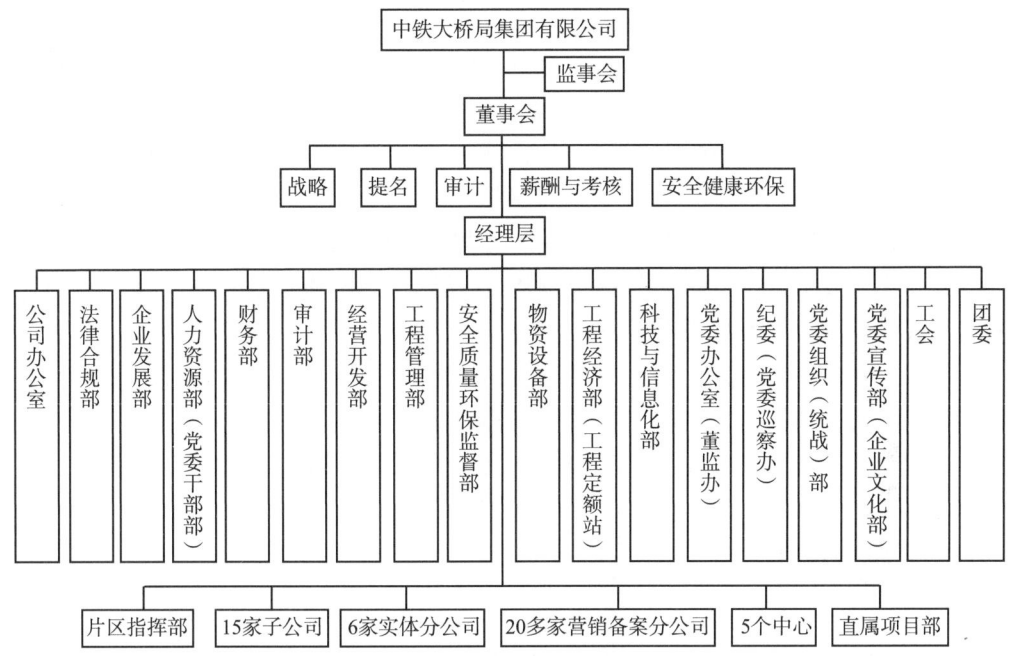

图1　中铁大桥局组织结构

（二）管理会计应用基础

1. 集团战略管理现状分析

2016年以前，中铁大桥局的战略管理整体较为粗放。集团每隔五年制定一次发展规划，战略分析仅包括宏观环境和行业环境的外部分析，仅对内部环境进行了简单分析。集团战略目标仅给出了今后五年营业额、净利润等主要经济指标的总体金额。一方面，总体指标没有细分到各个年度；另一方面，没有按照行业对目标任务进行分解落实。战略管理较多依赖经验而不是利用战略地图等管理会计工具。关键业务没有流程化，缺少战略评价、战略控制等重要程序。

2. 案例实施前存在的主要问题

一分部署，九分落实。战略管理，重在确定战略目标和目标分解和落实。2016年之前，公司战略管理主要存在两个问题。

第一，战略目标描绘不清晰。以公司"十二五"规划为例，集团仅确定了今后五年的部分主要经济指标总数，没有进一步细分到各年度，也没有和集团主要业务相结合进行分析。

第二，战略目标分解不到位。集团战略规划衔接协调机制尚未建立，各级各类规划存在不一致情况，尤其是规划目标与年度计划目标不能实现有机衔接，影响了集团总体战略目标的分解。

（三）选择相关管理会计工具方法的主要原因

战略管理是企业生产经营管理的指南针和路线图，是一切企业管理行为发生的基础，为企业持续经营提供重要保障。桥梁行业内外部环境的深刻变化，给中铁大桥局生产经营、战略管理带来严峻考验。中铁大桥局在战略管理中应用战略地图的主要原因有以下两个方面：

第一，明确战略目标。中铁大桥局引入战略地图，结合企业内外部环境综合分析，从四个维度全方位地描述公司的战略管理目标，切实解决战略全景分析、规划与执行、控制与评价等一系列问题。

第二，聚焦关键因素。基于战略地图的战略管理引导公司全体员工将精力聚焦在影响生产经营的关键因素上来，在分析的基础上把企业的战略目标分解为关键成功要素，确保公司能够更好地执行战略，最终实现公司战略目标。

二、总体设计

（一）应用相关管理会计工具方法的目标

中铁大桥局构建基于战略地图的战略管理工具，旨在实现以下目标：通过战略地图以清晰化、可视化的方式表达企业的战略目标，强化核心战略业务链条，提升企业的核心竞争力。

（二）应用相关管理会计工具方法的总体思路

总体思路是在战略地图框架统领之下，以平衡计分卡的四个维度之间的内在逻辑作为支撑，首先，运用战略环境分析模型 SWOT，了解中铁大桥局的行业背景、业务结构、发展前景等战略要素；其次，通过对平衡计分卡四个维度的目标设计，提出改善战略管理的路径，加强集团的资金管理、物资管控、项目管控、信息平台的完善、人才队伍的优化、组织机构、激励机制等；最后，提出对应的解决措施，解决集团目前存在的战略管理粗放、精细化管理水平不高的问题，从而提升集团的战略管理水平，如图 2 所示。

为便于操作，以战略地图实施过程中的平衡计分卡四个维度之间的前因后果与内在逻辑为支撑，采用 6 个步骤进行解析。

步骤 1：战略环境分析、战略选择和战略地图的引入；

步骤 2：财务层面目标设计；

步骤 3：客户层面目标设计；

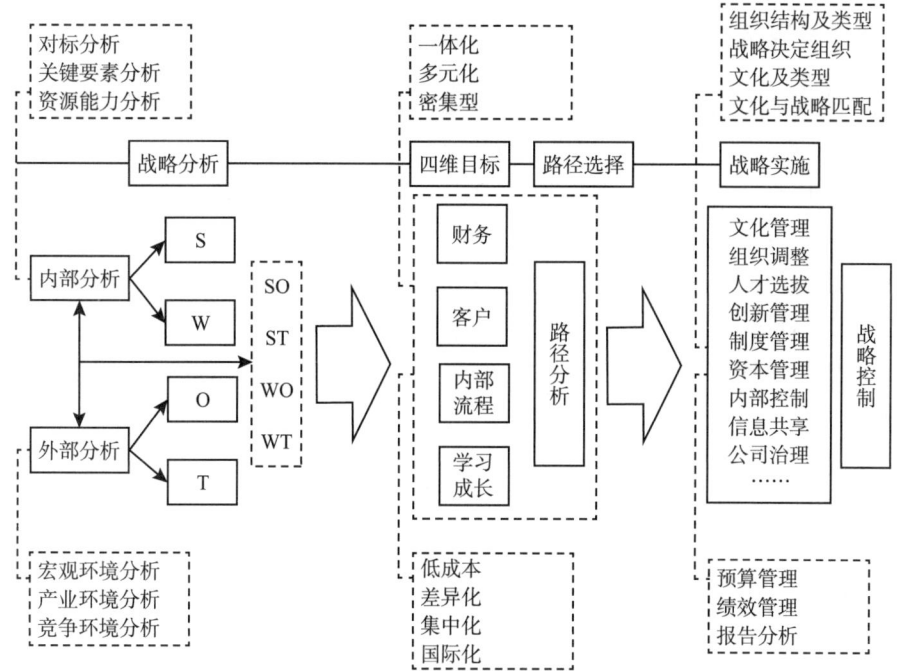

图 2 战略管理总体思路

步骤 4：内部流程层面目标设计；

步骤 5：学习与成长层面目标设计；

步骤 6：战略实施的保障措施。

然后对中铁大桥局的战略执行、战略管理的效果和经验进行总结。

（三）相关管理会计工具方法的内容

战略地图是由美国管理学家罗伯特·卡普兰和戴维·诺顿在平衡计分卡的基础上提出来的，其目的是全面正确地描述战略，形成管理者与员工之间的共识，促进战略的成功执行。他们曾经对失败的战略进行了研究，发现 70% 的公司失败原因不是因为笨拙的战略，而是笨拙地执行。平衡计分卡的确能解决企业的部分问题，但无法解决战略方面的问题，尤其是当企业没有或不能正确地描述战略时，便会导致企业内部管理人员与企业员工二者对企业战略的理解及执行产生分歧，从而影响战略意图的实现，故提出战略地图这一概念。

相比平衡计分卡，战略地图最大的改变是通过增加细节层和颗粒层，细化目标，将战略的构成要素及其相互关系提供以清单的方式固化下来，使得战略中无形资产与价值创造流程的关系、内部流程创造并传递客户价值主张的路径、客户价值主张如何产生财务成果等管理过程变得清晰可见，从而实现企业的战略目标。

（四）应用相关管理会计工具方法的创新

借助战略地图工具，将战略目标简单化、集成化和有效化，实现战略实施完成效率提升。进一步讲，战略地图使得平衡计分卡的财务、客户、内部流程、学习与成长四个层面的核心功能逻辑关系更加明确，层次结构更加分明，操作方式更加便捷有效。

基于战略地图的战略管理有利于中铁大桥局将精力聚焦在影响生产经营的关键因素上，针对不足的地方进行分析改进，特别是在分析的基础上制定企业的战略的路线方针，促使集团管理层能够更好地执行战略，以增强集团在市场环境中的竞争，具有重要的现实意义。

三、应用过程

（一）参与部门和人员

为确保战略管理成功实施，中铁大桥局成立了战略管理工作领导小组，集团主要领导担任组长，包括财务部在内的相关职能部门负责人担任成员，小组办公室设在集团公司企业发展部，具体负责组织、协调、具体落实相关工作。

为了准确了解集团战略管理工作开展情况，我们采用问卷调查方式，对中铁大桥局的各级管理人员发放问卷，从战略实施、组织管理、绩效评价等角度对集团战略管理存在的问题进行研究分析。问卷调查方式采用了无记名调查，参与问卷调查的管理人员共96人。本次调查的问卷全部发放并回收到位，其中收回3份无效问卷，问卷有效率达96.8%，符合统计要求，整体发放及回收情况统计如表1所示。

表1　　　　　　　　　　调查问卷发放回收统计情况

人员层级	发放数量（份）	回收数量（份）	有效问卷（份）	无效问卷（份）	问卷有效率（%）	分析样本量（个）
高层管理人员	11	11	11	0	100	11
中层管理人员	50	50	48	2	96	48
基层管理人员	35	35	34	1	97	34
合计	96	96	93	3	96.8	93

问卷调查采用选择式，每一问题都有对应的5个选项，经过最终统计，结果如表2所示。

角度	问卷问题	选项统计（份）				
		A	B	C	D	E
战略实施	公司经营理念和长期战略是否清晰、明确	18	61	18	2	1
	你对公司业务策略、发展目标及本部门工作目标了解吗	13	49	33	2	3
	公司的发展战略在内部具有一致的认知	8	36	40	14	2
	一旦决策作出，能感觉它们被有效执行	8	27	21	41	3
组织管理	公司能根据市场需求变化作出迅速反应	10	27	28	32	3
	公司晋升和淘汰机制清晰明确	2	26	46	20	6
	目前的组织结构设置能支撑公司战略目标的实现	6	28	34	30	2
绩效评价	公司对部门及中高层管理者有明确的考核指标	8	53	28	10	1
	实施绩效考核与实现公司战略目标有关联	1	18	25	46	9
	公司的各项绩效考核指标是合理的	2	30	34	32	2
	考核使您的工作表现得到公正客观的衡量	4	29	26	38	3
	考核结果得到了主动沟通，共同研究问题	7	42	29	19	3
	直接上级能与您就结果制订提升解决方案	9	25	30	32	4

表2   问卷调查选项统计情况

注：A–非常同意　B–同意　C–说不清楚　D–不同意　E–非常不同意。

（二）应用相关管理会计工具方法的要求

1. 清晰的战略规划

面对错综复杂的国内外宏观环境和激烈的市场竞争，中铁大桥局紧紧围绕国家战略规划和中铁大桥局主责主业，围绕一个愿景，紧盯三大目标，落实五强举措，构建了清晰的战略发展蓝图——成为主业突出、多元发展、核心竞争力强、具有桥梁特色的工程综合服务商。

2. 成熟的业务模式

从业务结构来看，中铁大桥局将紧盯大江、大河、大海建桥市场，做精做强建桥核心业务，打造建桥产业链；同时，"基建、房地产、服务业"三大业务协调发展，产业布局更加合理。从海外市场来看，中铁大桥局将立足全球配置资源，抓住国家"一带一路"倡议机遇，提升企业在全球的市场份额和品牌价值。

3. 复合型的人才队伍

进行战略管理分析的参与人员既要有较丰富的财税、管理会计专业知识，又要全面掌握公司业务模式的各个环节。项目组成员多数为研究生以上学历且具有知名金融机构、咨询公司、会计师事务所等工作背景，高素质的人才队伍为项目提供了智力保障。

4. 完善的信息系统

中铁大桥局不断深化财务共享中心建设，构建完成一个数据中心、一个云平台、八大业务信息平台，形成技术专用平台建设和信息共享、基于信息化的管理流程再造和信息系统对集团业务的支撑能力。该系统可为战略管理体系提供数据和信息技术支持。

（三）应用模式

1. 战略重点分析

建立科学的战略管理行为，必须明确战略重点。对于中铁大桥局，通过分析利益相关者的关注点来确定战略重点。最关键的利益相关者是建设单位和投融资单位（客户）、设备单位（厂家）、劳务单位、员工。通过对中铁大桥局管理人员的问卷调查，形成了利益相关者需求分析，如表3所示。

表3　　　　　　　　　　　　　　　利益相关者需求分析

利益相关者	主要需求	重要对策	可能涉及的维度
建设单位和投融资单位	以合同为载体，促进工期、质量、成本、环境、产值和协作目标的实现	加强过程控制，确保安全质量进度可控；落实标准化管理，建造优质工程	内部运营；学习和发展；客户
设备单位	及时拨付采购款	优化支付流程；减少承兑	内部运营；客户
劳务单位	及时开展验工计价，及时开展劳务结算，甚至超合同结算	加强过程控制和工程量核算，加强资金考核	财务；内部运营
员工	职业发展规划；良好的薪酬待遇；人文关怀；职业技能提升	培训与教育；完善薪酬奖励机制；建立良好的企业文化	内部运营；学习与发展

2. 基于战略地图的战略管理模式设计

好的战略一定是符合相关者利益，而且便于理解和执行的。通过科学的手段运用战略地图，能够建立起关键成功因素与关键绩效指标体系（KPI）的联系，实现对关键成功因素与关键绩效指标的跟踪监测，以便企业快速作出反应，对衡量战略实施过程的状态予以修正。根据以上分析和对中铁大桥局管理人员的问卷调查，将中铁大桥局的战略重点分解为关键成功要素，如表4所示。

表4　　　　　　　　　　　　　　　战略关键要素分析

战略重点	分解细化	对应维度
提高议价能力和管理水平，提高收益率，增加利润	提高中标价，降低采购价	财务
	加强物资设备管理，减少浪费	
	严格验工计价，防止效益流失	

战略重点	分解细化	对应维度
提高客户满意度，建立和谐客户关系	客户的满意度、认可度提升	客户
	品牌的美誉度提升	
完善业务流程，强化基础管理	业务财务一体化	内部流程
	优化流程设计	
提高员工职业素养和企业认同	民主管理	学习与成长
	职业规划与培训	
	员工对企业满意	

3. 战略地图绘制

把上述内容整理、形成战略地图，如图 3 所示。

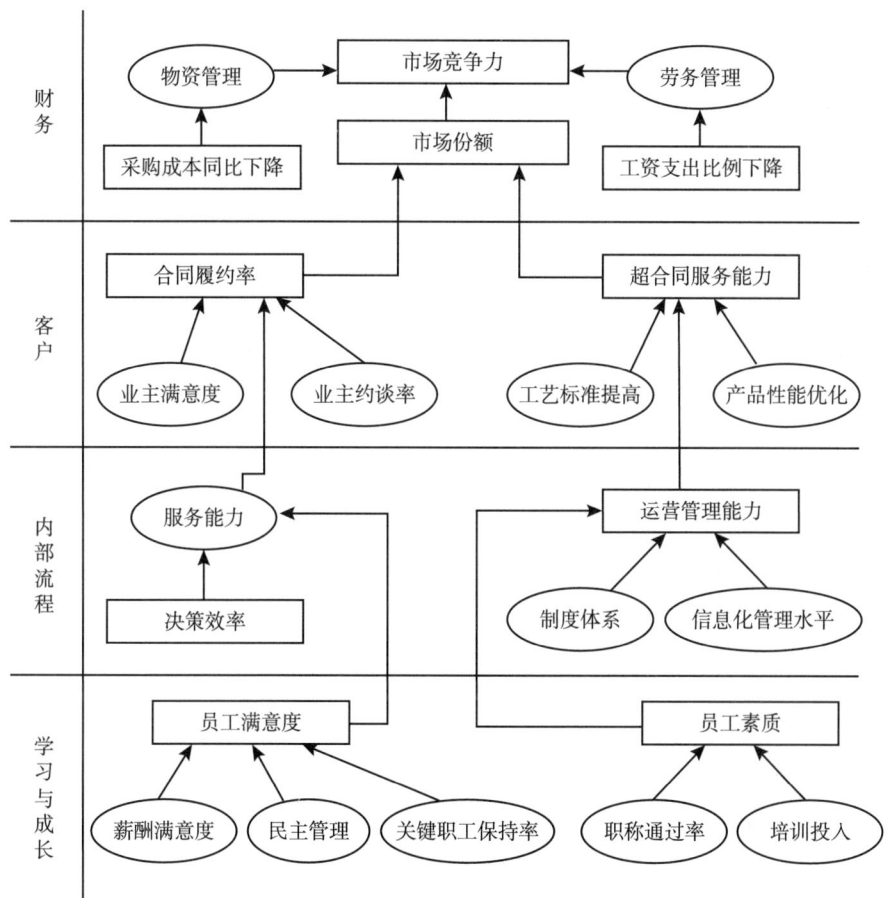

图 3　中铁大桥局的战略地图

（四）应用流程

1. 战略环境分析与战略选择

运用 SWOT 模型，了解中铁大桥局的业务结构、发展现状和方位等战略要素，找准关键成功因素，进行策略组合与对比：中铁大桥局仍处于重要战略机遇期，机会大于威胁、内部优势大于劣势，应充分利用自身优势抢抓外部机会，以发展弥补劣势，降低外部威胁的影响（见图 4、图 5）。因此，选择 SO 增长型策略。

优势（Strengths）	劣势（Weaknesses）
S1. 建桥产业链较完整 S2. 投融资创新能力强 S3. 专业人才优势明显 S4. 建桥装备优势突出 S5. 桥梁建造技术领先 S6. 企业文化影响深远	W1. 高端业务规模不大 W2. 发展不平衡问题依然突出 W3. 国际化程度较低 W4. 资产负债率偏高限制了投融资规模 W5. 项目管理水平有待提高、盈利能力有待进一步提升
机会（Opportunities）	威胁（Threats）
O1. 建筑业在经济下行压力下依然是相对稳定、活跃、市场较好的产业。 O2. 国家投融资体制改革带来走向高端市场的机会。 O3. 建筑市场的规范管理与改革有利于集团发展。 O4. 国家实施"一带一路"倡议，海外市场开拓空间大。 O5. 新型城镇化、城乡一体化有利于房地产长期稳定地发展。 O6. 维修管养市场前景广	T1. 经济增速放缓、宏观政策调整 T2. 铁路建设市场全面开放，竞争加剧 T3. 建设成本压力加大 T4. 投融资体制改革增加了市场竞争 T5. 海外经营风险增大

图 4　SWOT 分析

SO策略：依靠内部优势，利用外部机会	WO策略：利用外部机会，克服内部劣势
（1）抓住基建投资扩大机遇，立足建桥主业，以桥梁品牌带动铁路、公路、城际、轨道交通等土建业务发展。同时做大房地产、物资贸易与物流板块。 （2）发挥桥梁建设优势，多方式拓展海外市场。 （3）充分利用在桥梁产业链方面的纵向一体化优势，发展BT业务，发展桥梁设计、咨询、监理以及桥梁数字化管养、维修加固业务	（1）利用国内基础设施建设规划实施及基建投资扩大的机会，克服企业内部资源劣势制约。 （2）利用建筑业规范管理的机会，通过管理创新，提高资源配置效率。 （3）充分利用国家改革政策和建筑行业相关政策，规范现代企业管理制度，使管理机制更加灵活
ST策略：利用内部优势，规避外部威胁	WT策略：减少内部劣势，规避外部威胁
（1）利用企业在桥梁领域的自身优势，切实提高国内市场竞争能力，巩固行业地位。 （2）利用企业人才优势，扩大企业在国内、国际工程承包市场份额，降低外部环境威胁和风险	针对企业自身劣势，削减建筑业低端领域的业务量

图 5　策略分析

增长型策略：新常态下，高速增长和规模刺激性投资不复存在，行业同质化竞争和产能过剩将更加严重。中铁大桥局要立足自身，放眼全局，创新商业模式，通过联合投标、战略合作、股份合作等各种途径，集成各方优势，提高发展层级。

2. 财务层面目标设计

（1）财务维度关键成功因素。

项目是中铁大桥局的主要利润来源，是确保财务目标实现的核心要素。从财务维度看，项目创效管理目标大致可分为三个阶段：事前管理，实现源头创效；事中管理，实现管理创效；事后管理，实现二次创效。财务维度应以市场竞争能力为主题，具体包含三个目标，分别是：扩大市场份额，增加主营业务收入；提高物资管理能力，采购物美价廉的物资，降低采购成本；提高劳务队伍管理能力，严控工费支出。通过对桥梁行业标杆管理和企业常用关键财务绩效指标的分析，并结合集团实际，确定这一维度下的 KPI 为市场份额、物资采购成本控制、工费支出比例下降。

（2）业务改善的路径选择。

①加强资金管理，提升资金储备。财务部要始终坚持"现金为王"理念，健全"项目资金自平衡"内部刚性约束机制，坚持80%集中度目标不动摇。深入推进资金集中管理各项政策的实施，做好集中物资采购、集中资金支付、集中出纳业务、集中信贷保函等管控措施。

②加强物资管控，降低采购成本。物资设备部以"资源聚集，风险分散"理念为基础，进一步改进采购管理体制机制建立完善内部规章制度，优化集中采购流程，实现流程再造，依法合规开展集中采购和统一招标工作；有效整合采购业务人员、技术和流程等资源，按照供应链管理和全生命周期管理要求，创新采购供应模式，实现库存资源共享，防范采购风险。

③加强项目管控，做大做优效益增量。积极探索项目群管理、党建区域化管理等。人力资源部和工程经济部要将劳动生产率、工资总额、现场管理经费等核心指标与项目绩效考核挂钩，倒逼项目主动减员增效；工程经济部要强化责任成本权威性，规范审批权限，杜绝各种采购超验工计价结算、违规预付款，杜绝临时工程片面追求高标准等；审计部创新合作队伍选用方式，开展全过程审计试点，实行工程风险项目交叉审计。

3. 客户层面目标设计

（1）客户维度关键成功因素。

企业主要通过两种方式获取利润：一是节流，控制好成本；二是开源，增加客户投入，即客户层面。对于中铁大桥局，主要通过两个方面来衡量：一是合同履约能力；二是超合同履约能力，以高于合同标准交付工程，提升行业美誉度，创品牌。客户维度应以服务质量为主题，分解出两个战略目标：提高合同履约能力，提高业主满意度和忠诚度；提高超合同服务能力，提供增值服务带给业主超值体验。通过对铁路行业标杆管理和企业常用关键客户绩效指标的分析，并结合集团实际，确定这一维度的 KPI 为业主满意度、一次成优率、信用评价指数。

（2）业务改善的路径选择。

①严格履行合同。集团总部各业务部门要始终按照业主的安排部署和工期要求抓好现场施工管理，严格执行安全管理各项规章制度，突出重点环节，落实终端责任。集团各项目部，分、子公司要全面落实行业规范，科学组织，强化管理，实现全面创优，确保精品优质。

②加强标准化建设。要在确保工程质量合格率 100% 前提下，再创精品优品。一是制定创优规划。新上项目要明确创优方案，确保开工即优。二是强化过程创优。强力推进标准化管理，不断改进施工工艺，消除质量通病。三是确保竣工创优。做好联调联试、竣工验收和开通达标评定工作，打造一批具有影响力的国家级优质工程。

③重视信誉评价。安全质量环保监督部要将信誉评价工作责任目标分解到集团、项目各级领导、各个部门。以集团精细化管理要求为主导，对照现场安全质量问题扣分表、施工管理扣分表、铁路工程管理平台自动采集问题扣分表、质量监督检测中心抽检不合格项目及扣分表等，查找施工现场中存在的各类问题信息，全力减少一般不良行为，坚决杜绝较大及以上不良行为，守住"保 A"底线。

4. 内部流程层面目标设计

（1）内部流程维度关键成功因素。

中铁大桥局加强内部流程管理的关键在于推进业务财务一体化，建立与政府、业主、设计、监理、供应商的利益共同体，解决内部重点流程与重点工作的问题，找到集团与业主单位、相关合作方的平衡点。在内部流程维度应以运营管理能力为主题，分解出三个战略目标：积极推进业务财务一体化，全面推行综合管理信息系统运用；加强制度建设，优化业务流程；加强监察审计，促进集团运行质量持续向好。通过对铁路行业标杆管理和企业常用内部流程管理绩效指标的分析，并结合集团实际，这一维度下的 KPI 为决策效率、信息化管理水平、制度建设。

（2）业务改善的路径选择。

①完善信息平台。按照"智能型"集团要求，加强信息化建设，提升管控水平。针对集团各业务系统规章制度、业务流程存在的冗杂、落实不力等问题进行再梳理、再讨论、再部署，聚焦现有规章制度是否有效、工作流程是否能够优化、各项工作如何易于操作等问题，确保各业务流程精简高效。

②规范经济运行。加强效能监察和执纪审查，把依法合规全面融入企业决策运营各个环节，实现全业务、全层次、全员工、全流程覆盖。积极防范和化解各类重大风险，守住不发生重大风险底线。

③完善制度体系。法律合规部要围绕内控管理体系建设，科学配置重点领域、关

键部门和重要岗位的权力和职责，切实降低岗位廉洁风险系数。突出"早发现、早提示、早预警"，避免时过境迁、缺乏时效性。突出问题清单、交办落实，着力解决"由谁办""怎么办"和"办得怎么样"的问题，避免束之高阁、缺乏效用性。

5. 学习与成长层面目标设计

（1）学习与成长关键成功因素。

根据问卷调查暴露的问题，中铁大桥局在学习与成长维度应以员工素质、员工满意度为主题。分解出两个战略目标：培训计划完成率、人员资质满足率。员工满意度主要是薪酬满意度、关键职工保持率、职工合理化建议采用率。通过对铁路行业标杆管理和企业常用关键学习与成长绩效指标的分析，并结合公司实际，确定这一维度下的 KPI 为薪酬满意度、关键职工保持率、培训投入。

（2）业务改善的路径选择。

①控制人员总量、优化人才结构。集团总部应加强对员工总量增长的调控，严格把住"进口"，畅通"出口"，严格按照"三定"（定机构、定职责、定编制）要求控制职工总量。人力资源部应加强人力资源的分析评估，对各类岗位人员的离职、补充、配备和使用进行分类规划。

②大力实施人才培训工程。树立一线导向，把重大项目、急难险重工程、偏远地区挑战性强的项目作为培养选拔人才的重要领域，真正使一线项目成为人才成长的广阔天地。要制订培训、学习计划，要把培养苗子放到基层去，放在实践岗位上，走与职工群众相结合的成长之路。对特殊人才要研究特殊的待遇。

③创新人才评价及激励机制。人力资源部要重点全面强化岗位编制管理、人才评价管理、绩效考核管理等人力资源管理制度，构建岗位与能力匹配、权力与责任匹配、贡献与薪酬匹配、能力与职务匹配的新型人力资源管理体系，使各类管理技术人才各得其所、各尽其用，使想干事、能干事、干成事的人有机会、有舞台。

6. 战略实施的保障措施

采取必要的保障措施，是确保企业战略实施过程可控、实施效果符合预期的关键。中铁大桥局从组织建设、战略审查、绩效考核和战略分解等方面，切实保障未来战略规划目标的有效落实。

（1）加强组织建设，完善管理体系。

中铁大桥局下设战略管理委员会，是最高战略管理部门，在董事会的领导下进行战略。企业发展部是中铁大桥局的战略管理主管部门，主要切实履行职责，全面做好战略管理各项工作。

（2）加强绩效考核，建立落实机制。

要制定专门的战略与规划实施的考核办法，强化对战略与规划实施情况的监督和评价。全面实行 PDCA 循环管理，强化战略落地推进机制建设。加强过程督察，对执行效果不理想的下达整改通知书，限期完成整改。

（3）关键战略规划举措及实施计划。

从战略、组织、流程、信息化四个方面制定战略落地的关键举措和实施计划，严格落实战略反馈制度，定期召开战略反馈会议，及时掌握战略执行偏差，掌握重点工作 KPI 的推进情况，并落实责任到各部门，确保完成集团战略目标。

（五）在实施过程中遇到的主要问题和解决方法

1. 主要问题

（1）战略实施路径不够清晰。

根据前述对管理调查问卷，79% 的管理者认为公司长期战略与经营理念是清晰明确的；62% 的管理者对公司的业务策略、发展目标以及自己部门的工作目标了解，显示了中铁大桥局的战略定位得到广泛的理解和认知，有利于战略目标的达成。56% 的管理者质疑公司的发展战略在内部沟通有效性；65% 的管理者认为公司的决策无法有效地执行。这些结果表明中铁大桥局缺少系统而规范的战略管理体系，尚未形成基于战略目标的经营管理体系和实施路径。

（2）绩效考核与考核对象的关联性不强。

80% 的管理者认为目前的绩效评价体系与战略目标无关联性，说明中铁大桥局的战略绩效管理缺乏导向性和与战略目标、战略管控的系统关系。61% 的管理者认为目前的指标明确，认可其合理的有 32%，说明绩效考核指标基本是自上而下的下达模式，缺乏互动，不能准确反映各板块实际经营与管理状况，不利于不同板块的业务发展。另外，仅有 34% 的管理者表示上级能与其就结果制订提升解决方案，说明绩效管理过程控制基本不利于整体绩效的提升。

2. 解决方法

（1）加强宣传力度。

成功的战略实施需要通过加强宣传，让所有员工逐步了解基于战略地图的更多优点，转变他们对传统战略管理就是做规划的观念，以及新管理体系的好处，才能使所有人朝向企业的共同战略目标努力。有效实施基于战略地图体系还需加强培训和内部管理，提高领导者素质，增强战略意识，树立战略思维，通过培训使全员认识、理解并接受新的体系，才能获得最终成功。

（2）与激励机制全面挂钩。

公平公正地将薪酬、激励和绩效体系相挂钩是非常重要的。基于战略地图的激励机制全面挂钩后，中铁大桥局将根据绩效结果来对员工实施最终绩效的评定，结果运用于绩效奖金的发放、基本薪酬调整、职级晋升、个人发展和培训机会分配等，这将起到两大作用：一是促使员工更加关注对战略至关重要的指标；二是通过"共创共享"的集中收益分配来激励员工共同完成组织的战略目标。

四、取得成效

（一）应用相关管理会计工具方法前后情况对比

引入战略地图之后，中铁大桥局一是将战略目标多维度、多层次进行分解；二是将总体战略目标分解为各年度经营目标，再将年度战略目标分解为季度目标、月度目标；三是将战略目标分解为各部门工作目标，各部门将目标再具体落实个人，形成员工绩效考核目标。通过战略目标的层层分解，确保总体发展战略目标有效实施，切实落地。通过战略地图的实施，中铁大桥局经济效益逐年提高。

"十三五"期间，中铁大桥局新签合同总额从 2016 年的 483 亿元增加至 2020 年的 1 063 亿元，增长了 120.08%，实现营业收入从 272 亿元增长至 433 亿元，增长了 59.19%。同时，与"十二五"相比，中铁大桥局在"十三五"期间累计实现新签合同额 3 405 亿元，是"十二五"时期的 1.93 倍，完成规划目标的 141.88%；累计实现营业收入 1 742 亿元，是"十二五"时期的 1.43 倍，年均复合增长率 9.74%，完成规划目标的 102.47%；累计实现净利润 48 亿元，是"十二五"时期的 1.69 倍，完成规划目标的 128.00%，如表 5 所示。

表5 　　　　　　　　　　"十三五"时期经济绩效 　　　　　　　　　单位：亿元

指标	"十二五"小计	"十三五"规划目标	"十三五"实际完成					
			2016 年	2017 年	2018 年	2019 年	2020 年	小计
新签合同额	1 761	2 400	483	702	715	442	1 063	3 405
完成营业额	1 331	2 100	312	330	360	406	456	1 864
营业收入	1 217	1 700	272	293	350	394	433	1 742
利润总额	36.7	50.0	12.1	13.8	13.0	10.4	12.4	61.7
净利润	28.4	37.5	9.4	10.6	10.1	7.9	10.0	48.0

资料来源：中铁大桥局"十三五""十四五"发展规划。

事实表明，中铁大桥局实施战略地图工具后，对经营绩效的改善提升、业务的优化调整具有明显作用。

（二）对解决单位管理问题情况的评价

中铁大桥局运用战略地图进行了全面的战略规划，明确了关键战略目标，并确定了实现这些目标所需的关键业务流程和资源。同时，通过将战略目标转化为具体的绩效指标，帮助员工理解公司战略，进而将其转化为实际行动。

中铁大桥局对这些关键业务流程和资源进行了定量和定性的评估，以确保它们的实际运行状况与企业战略目标保持一致。成功识别了多个关键管理问题，如项目延期、成本超支、应收账款管理等，并为解决这些问题提供了有效的策略。提高了各级管理人员对企业战略目标和关键业务流程的认识和理解，增强了管理的针对性。

（三）对支持单位制定和落实战略的评价

战略地图为中铁大桥局提供了一个清晰的战略制定和执行框架。战略地图将集团的战略目标层层分解，与各个部门和员工的工作任务相结合。公司的各项工作都能够紧密围绕战略目标展开，提高了员工工作的针对性和有效性以及整体效率。例如，在战略地图的指引下，中铁大桥局在"科技创新"方面设定目标，通过搭建各级研发平台，加强开发新技术、新工艺，不仅能降本增效，还能提升企业竞争力，进而保持市场竞争优势。

（四）对提升单位管理决策有用性的评价

通过实施战略管理工具，中铁大桥局取得明显成效，成本明显降低，项目质量和客户满意度得到提升。同时，中铁大桥局在经营过程中，更加客观科学地进行决策，大大减少了主观判断对决策带来的不利影响，不仅提高了决策的质量和速度，减少了因决策失误导致的资源浪费，还提高了管理层对各业务单元和项目的透视能力，从而提高了决策有用性。

（五）对提高单位绩效管理水平的评价

按照战略地图框架，从财务维度看，中铁大桥局按照责权利相匹配原则，加强了资金、投资、担保、融资的集中化管理，优化了各层级财务资源配置。同时，充分发挥了集团财务资源聚合效应和理财功能，加强财务价值创造能力，以资金集中、保险集中、税收筹划、低成本融资等为重点着力降本创效，取得显著成效，为中铁大桥局提质增效作出了积极贡献。

从顾客维度看，中铁大桥局通过落实细分客户、差异竞争，不断扩大"朋友圈"，建立与客户实现不同层级的立体对接机制，提高了客户满意度，逐步形成一批金牌客户。

从内部流程维度看，中铁大桥局通过优化管理流程、缩短管理链条、减少管理层级，明显提升了工作效率。同时，通过分析并改进项目执行过程中的关键流程，减少项目延误和不必要的资源浪费，最大限度地提升了项目盈利水平。

在学习与成长维度，中铁大桥局注重员工的培训和发展，不断完善阶梯培养体系，畅通内部专家成长通道，形成外引内育的用人机制，努力打造"六支人才队伍"，使其能够更好地适应和应对战略管理的需求，也提高了公司整体绩效水平。

五、经验总结

（一）相关管理会计工具方法的基本应用条件

战略地图是非常有价值的战略管理工具。中铁大桥局的成功应用不仅仅依赖于工具本身，还要具备相关条件：

（1）中铁大桥局能够客观分析其所处的内外部环境是运用战略地图的前提。

（2）中铁大桥局在应用战略地图时厘清了各个维度之间的因果关系，将战略地图中的战略目标转化为具体的绩效指标，分配到财务、客户、内部业务流程、学习与成长四个维度上，并制定相应措施。

（3）中铁大桥局建立了较为完善的信息系统，能够定期更新数据，评估实际绩效与绩效目标之间的差距，并根据情况采取相应的措施，以及根据评估结果对战略进行适时调整。

（二）相关管理会计工具方法成功应用的关键因素

1. 中铁大桥局的目标设置清晰

企业目标主要是指战略目标和经营目标，战略目标规定企业长远发展目标，经营目标是战略目标的进一步具体化，为执行层日常经营提供中短期目标任务提供努力的方向。应用战略地图需要企业有明确的长期和短期目标。中铁大桥局作为一个大型国有企业，有明确的发展战略——"1234"战略。中铁大桥局战略规划体系分别为总体战略规划、专项战略规划和子企业战略规划，其战略目标清晰、体系完整、措施明确，总、分目标之间具有较好的逻辑关联性。

2. 数据可得性

战略地图的运作需要大量的管理经营、财务等实际数据支撑，因此企业的信息系统和数据采集能力必须健全。中铁大桥局十分重视数据的可得性和采集工作，例如，选择与企业战略目标紧密相关的关键绩效指标（KPI），并定期更新数据，确保管理团队能够及时调整战略目标。

3. 管理层的支持和全员参与

中铁大桥局管理团队对战略地图有深刻的了解和认知，积极推动其有效执行和应用。同时，鼓励全体员工积极参与，增强员工主人翁意识，确保各部门及分、子公司目标与企业总体战略一致。

（三）改进相关管理会计工具方法应用效果的思考

一方面，在战略地图设计过程中，由于各类目标繁多庞杂，难以充分考虑其关联性。中铁大桥局为了更全面准确地把握实际情况，还需进一步充实和优化战略地图，确保各目标之间的联系更加明晰、密切。另一方面，中铁大桥局在战略目标和指标体系设计过程中，可能存在一些界定模糊、设定不全面、不准确或可操作性不足的问题。这需要集团与各相关部门紧密协作，进一步明确定义和测量方法。

（四）相关管理会计工具方法在应用中的优缺点

1. 战略地图的主要优点

（1）战略地图可以直观地呈现出战略目标之间的因果关系。中铁大桥局通过绘制战略地图，能够清晰地展示各项战略目标之间的相互影响，从而帮助管理层更通透地理解战略的内在逻辑，避免片面追求某一目标而忽视其他关键因素。

（2）战略地图有助于沟通与协调。由于中铁大桥局的组织机构复杂庞大、人员众多，不同部门之间往往存在着信息孤岛和协同问题。通过共同参与战略地图的制定，各部门可以更好地理解彼此的工作重点，促进信息流动，从而增强协作效率，实现整体战略的一体化推进。

2. 不足之处

（1）制定战略地图需要大量的数据支持，涉及大量的调研和分析工作，可能会消耗较多的时间和人力资源。

（2）战略地图的制定过程较为复杂，需要管理团队具备较高的战略思维能力和综合分析能力。否则，可能导致战略地图的制定不准确，影响后续的战略执行。

（五）对发展和完善相关管理会计工具方法的建议

1. 应用深度与广度的权衡

战略地图一般更加关注于企业的核心目标，但往往忽视了与外部环境、竞争对手等相关的要素，如政治因素、法律因素以及其他自然因素等。建议在应用时不仅要综合考虑公司内部的目标，还应多关注外部影响因素。

2. 及时进行动态调整

市场环境、技术进步等因素可能导致中铁大桥局的战略目标发生变动，战略规划需要在战略评价的基础上不断进行完善和优化。因此，战略地图应当定期根据新的情况进行更新。

3. 员工参与度

员工是企业的重要资产，他们对于企业目标的认知和接受程度会直接影响到战略的执行效果。因此，建议在制定或调整战略地图时，要充分听取员工的意见和建议。

（六）对推广应用相关管理会计工具方法的建议

1. 持续更新、加强整合

由于公司的战略目标不是一成不变的，需要根据战略评价持续进行改进、调整和优化。因此，战略地图也应随着战略目标或市场变化时，及时进行更新，进而对绩效指标也需进行动态调整。

2. 管理层支持和员工培训

任何战略工具的实施都离不开管理层的高度重视和大力支持，高层管理需要了解并全力支持战略地图工具的使用，并在日常管理或企业文化中对其重要性进行强调。同时，加强对员工进行培训，倡导全员参与，使其了解战略地图工具应用的实际意义，夯实思想基础和群众基础，以便更好地执行企业战略。

3. 应用信息技术，确保数据质量

要利用现代信息技术，如大数据和人工智能，可以提高战略地图应用的准确性和效率。同时，要确保收集到的数据准确、全面、客观，以提高两种工具方法应用的有效性，否则将影响战略执行和决策。

（中铁大桥局集团有限公司　付小鸽　马振海　李　喆）

广州局深圳公司财务片区化战略管理实践

【摘要】随着中铁广州工程局集团深圳工程有限公司（以下简称"深圳公司"）的规模越来越大，业务范围不断拓展，管理幅度不断增加，而财务人员数量不足、质量参差不齐，导致管理效果欠佳，财务管理难以有效支持企业规模的不断扩张，公司的财务管理面临严峻挑战。为了提高财务管理对企业发展战略的有效支撑，提高财务管理的效率，有效防范因公司规模不断扩大而引发的风险，公司财务部综合考虑发展战略、区位因素、财务人员结构及素质、内部控制等要求以及财务管理的需要，运用管理会计工具——战略管理中的组织机构变革，适时调整财务组织结构，大力推行财务集约化管理。在实施片区管理过程中，采取先行先试、总结经验、逐步推广的方式，最大程度上减少战略变革的阻力，降低战略变革失败的风险。2016年深圳公司在陕西片区开始片区化管理试点，经过三年的试点，过程中不断总结经验，对片区划分、片区设立条件、片区办公模式、职能定位进行了明确，对片区财务负责人任职资格及片区人员安排进行了规范，对片区绩效考核制度进行了完善，建立健全了公司财务部、片区财务管理中心及项目部之间的沟通协调机制，财务片区管理相关制度在2019年趋于成熟，于2020年成立了六大财务片区，为公司的发展战略保驾护航，使管理难度有效降低，在大幅降低管理成本的同时，管理效果更为明显，公司财务管理制度得到有效落实，基础工作更加规范，资金集中度进一步提高，资金使用效率明显增强，人才培养效果更为明显，成熟人才流失率明显降低，对社会优秀成熟人才的吸引力有较为明显的提升。经过前后7年的试点、推广、总结提升，深圳公司财务组织结构更为合理，有力支撑公司发展战略，成为公司高质量发展的内生动力。本文以深圳公司实行片区化管理的背景为基础，全面总结了实行片区化管理的设计和部署、应用过程、取得成效和发展建议，为大型建筑施工企业的财务管理提供参考。

一、深圳公司财务系统片区化管理的背景

深圳公司于2011年2月在深圳市成立，隶属于中铁广州工程局集团有限公司，是世界双500强企业——中国中铁股份有限公司旗下的全资三级子公司。公司注册资

本 5.01 亿元，是一家拥有建筑工程施工总承包一级、市政公用工程施工总承包二级、桥梁工程专业承包一级、建筑装修装饰工程专业承包一级、建筑机电安装工程专业承包一级、地基基础工程专业承包一级等资质的综合性建筑企业。2016 年，在陕西片区试点财务片区化管理模式；2018 年，上线使用业财共享系统；2019 年 9 月，集团公司决议由深圳公司吸收合并置业公司，接收原置业公司持有的西咸置业股权，同年全面上线 N9 中铁财务公司账户；2020 年 1 月，全面实施财务片区化管理，成立六大片区，积极探索股份公司提出的"财务集约化管理"模式。2022 年底，经报批建立自有财务公司资金池。为适应建筑业"营改增"，深圳公司的财务核算模式较多，有总分包核算、集中核算、代局指核算等模式，同时还管理西咸置业，代管惠州置业及管理集团内以深圳公司资质中标的项目，公司目前共有项目 107 个（在建 43 个，收尾项目 64 个），主要分布在广东、海南、陕西、四川、山东、浙江和吉林等省份，共有财务人员有 92 人，其中 35 岁以下的财务数量达 80 人，占比 87%，财务队伍整体较年轻。

公司从 2011 年成立至今，坚持发展战略，迅速扩张，不断壮大，截至 2022 年底营业收入已突破 60 亿元，成为一家具有较强综合实力的建筑企业。随着企业规模不断扩大，项目数量不断增加，核算模式日趋复杂，业务形态更为庞杂，随之产生的问题也越来越多，财务资源、人力资源等资源愈加紧张，企业的发展需求与有限资源的矛盾日益凸显。外部环境也不容乐观，建筑企业利润率持续下滑，人力资源成本不断增加，由于企业业务特点，人员招聘的质量和数量无法满足企业发展的需求。摆在财务部面前棘手的问题就是资金不足、人员数量不足、质量不高、职业发展不通畅，人才流失率居高不下。为有效应对上述问题及风险，支持企业发展战略，助力企业高质量发展，在深入分析企业内外部环境及企业发展对财务管理需求的基础上，公司财务部决定启动财务组织架构变革，建立片区财务中心，推行财务集约化管理，旨在减少管理幅度，提高财务管控力度，便于资金统筹协调，集中管控，提高资金使用效率，人员直接管辖，畅通职业发展通道，降低人才流失率，有效解决资金与人力资源对企业发展的制约，助力企业发展战略。

二、片区化财务管理的总体设计和部署

（一）探索片区化财务管理的驱动因素

工程企业所管辖项目分散，具有地域分布广、生产周期长、独立财务核算的特征。由于公司迅速扩张，传统财务管理模式下的问题日益突出：一是财务人员的不足。为符合内控管理要求项目应配备两名及以上财务人员，人员配置不足使得公司管理存在较大的内控风险。二是财务监管难度大。随企业规模增大项目数量增加，财务人员分散、公司管理跨度增加，且项目财务人员长期受项目及公司双重领导，容易

丧失自主财务原则。三是财务新人培养缓慢不一。各项目财务人员综合素质及业务水平参差不齐，规模小及收尾项目核算单一，财务新人受单个导师培养，接触的项目业务有限。四是项目基础工作标准不一。由于各项目通常较为分散，各财务主管对于基础工作的处理通常"各自为战"，基于公司文件要求和个人经验，导致完成质量参差不齐，无法达到标准化、统一化。五是财务人员流失严重。工程企业流动性强，各项目的工期长短不一，财务常驻项目且经常流动导致归属感不强，离职率较大。

随着股份公司财务共享系统全面上线，推动了业务与财务进一步融合，业务单据传递突破了时间与空间限制，为财务片区集中管理提供了平台保障，便于财务人员更为高效地开展项目财务管理工作，实现财务人员虽离开现场但财务管理不脱离现场。为做好与时俱进，进一步提高财务管理机制，深圳公司积极探索了财务片区集中化管理模式——片区化管理。

（二）实行片区化财务管理的必要性

为了提高财务管理的效率和效果，建筑企业应当推行财务区域化管理。具体来讲，实行片区化管理的必要性为：第一，提高财务管理的效率。建筑企业在多个区域内开展业务，单一的财务管理模式已经无法满足需求。通过片区化管理，可以实现财务信息共享，统一财务报表和会计核算标准，提高财务管理效率，减少重复工作和错误。第二，降低成本。建筑企业在不同的区域内需要大量的人力资源和财务资源进行管理。通过财务片区的建设，可以将这些资源整合起来，降低企业成本，提高企业利润率。第三，提高财务风险管理能力。建筑企业在不同区域内的财务风险可能存在差异，财务片区化管理可以集中管理风险，并快速反映风险变化，提高企业风险管理能力。第四，提高企业管理透明度。财务片区化管理可以实现财务信息公开，增强企业透明度，提高企业形象和声誉。在财务共享中心建设的背景下，建筑企业推行财务片区化管理是必要的。通过建设财务共享中心，建筑企业可以实现财务共享、标准化和自动化，为区域化管理提供了强有力的保障。

建筑企业开展财务区域化管理工作后，有益于使财务管理更为细化、合理化，显著提高财务工作效率。企业采用财务区域化管理模式后，建立了公司层、财务片区中心以及项目部三个层面的模式，就公司层与财务区域化中心两个组织来说，均设立有出纳、资金管理以及财务分析等工作岗位，在财务管理工作中，各个职位能够形成及时的对接，既可以实现上下级信息数据的传输，还有平级之间信息数据的即时共享，展现了财务核算与财务决策职位彼此独立的基本特点，有益于推动财务工作实现专业化分工。

（三）财务片区化管理的相关管理会计工具——战略管理

实行片区化财务管理属于管理会计工具方法中的战略管理，战略管理是企业发展的重要组成部分，它涉及企业长期目标的规划、资源的分配、竞争环境的分析等多个方面。在战略管理中，组织结构变革是一项至关重要的任务。只有通过改变组织结构，企业才能适应内外部环境的变化，提高竞争力并实现长期发展目标。组织结构变革的目的是适应企业的发展，提高企业的生产效率和竞争力，优化资源配置和提高决策效率。

三、深圳公司片区化财务管理的应用过程

（一）实行片区化管理的具体做法

1. 先行先试

自 2016 年开始，深圳公司为解决成熟财务人员紧缺、财务团队"青黄不接"的现实问题，在经营项目相对集中的陕西片区试点实行财务片区管理，委派项目财务管理经验丰富的财务人员负责片区财务管理工作，实行双重领导制服务项目管理、迈出了财务片区管理第一步。

2. 明确了片区设立条件、片区划分及片区财务经理履职能力要求

一个区域内相对集中的有 2 个以上项目，特别是又属同一业主的区域，可以实行片区财务管理。片区划分可以按地域、业主或者兼顾考虑来作为标准。财务经理要识大体、顾大局，有较强的责任心和自我约束力，熟悉掌握各项规章制度和法律法规，基础工作扎实，思路清晰，具备带领好团队的领导能力和一定的组织协调能力。

3. 明确了片区财务定位及片区与项目部、公司之间的管理关系

片区财务定位分为四个方面，即服务项目、整合资源、强化集中、有效监督；片区财务属于公司委派财务，财务人员的任免提拔由公司直接确定，但项目部有人事建议权；财务人员的考核由公司与项目双重考核，其中在考核得分权重中，公司占比为80%，项目占比为20%，充分体现了财务人员委派本质。同时也明确了片区财务中心的具体职能权限，有助于公司有关制度在项目上落地执行。

4. 进一步明确片区财务定员定编及职责

片区财务定员定编原则：当片区项目个数在 4 个以下的，按最多 3 人标准配置财务人员；当片区项目个数在 4 个以上，按最多"N＋2"标准配置财务人员；其中，"N"等于规模超过 1 亿元的在建项目个数，也是指会计配置个数，"2"是指 1 个出纳、1 个片区财务经理。片区经理负责整个片区财务工作，片区会计负责指定项目的会计核算，片区出纳负责片区所有项目出纳业务。且可根据各片区的实际管理情况进行微调，如南沙片区各项目规模大小不一、各项目的税务工作较集中，就设立了片区

财务经理（片区财务经理负责统管片区内各项目财务工作，授予项目资金进行复核权限）、片区出纳（负责片区内各项目出纳工作，授予项目资金录入权限）和片区税务（负责片区内各项目税务工作），另外，片区出纳及税务兼任规模较小项目的财务主管。如2023年度南沙片区共负责项目24个（其中在建8个、收尾16个），片区财务人员15人（含2人见习生），由传统的1人独立地负责项目财务工作变成片区经理、财务主管、片区出纳、片区税务4人完成，片区的成立不仅满足了财务管理的内控要求，更优化了财务人力资源的配置，大大节约了财务人员。

5. 明确了片区财务薪酬标准、绩效考核方式、项目奖励分配及成本费用承担

在片区财务人员的双重考核中增加了公司考核的比重，充分体现了片区财务人员由公司委派的本质，同时也明确了片区财务中心具体职能权限，有利于财务独立监督作用的发挥。例如，授权片区财务无须请示项目经理，可直接上缴公司资金和发放员工工资；对于不合法收支业务有权拒绝办理等。片区财务经理享受项目副经理待遇标准，片区会计、出纳享受现有项目部财务副部长待遇，项目发放的所有奖励，财务人员按照所管理项目各项奖金总额的8%提取予以发放，片区财务人员按照公司确定的系数进行具体分配。片区财务工资、报销可以由公司本部直接发放或指定所在区域的项目予以发放或支付，片区财务工资等成本费用由公司财务部按照所管片区各项目年度已计价金额比例进行分摊承担。

6. 明确了片区财务办公模式

即实行集中办公与驻点办公相结合。原则倾向于集中办公，但分管各项目的财务人员必须每周至少在项目现场办公两天，完成包括但不限于收集资料、沟通业务、察看现场等工作。对于区域项目比较分散、项目与项目之间距离比较远的情况，可以采用"集中＋驻点"相结合的办公模式，即在大部分人集中一个项目办公的基础上，分派1个负责的会计人员到距离较远的项目驻地办公，但驻地会计人员受片区财务统一领导和管理，项目资金支付必须由片区出纳统一管理。在横向沟通上，集中办公大大节约了各财务主管相互的沟通成本，对各项业务的处理可以集思广益，提升工作效率；在纵向沟通上，片区财务中心的设立改变了公司以往"公司—项目"的财务管理模式，变为"公司—片区财务中心—项目"的模式，纵向来看，公司对接的大部分事务由项目的各个"点"变成了片区财务中心这一节点，减少了公司层的管理难度，提高了各项目的标准化、统一化，也提升了财务工作的及时性，做到了事事有人在、时时有人在。

7. 明确了片区财务组织关系、组织生活及廉政建设

片区财务人员的组织关系、组织生活纳入其办公驻地所在的项目部，片区财务人员的廉政建设由公司财务部、片区项目经理及驻地所在地项目经理负主体责任，自觉接受项目纪检委、党风廉政监督员和职工群众的监督。

8. 完善配套制度

经过几年的片区财务管理试点，2019 年，随着财务共享系统全面运行，根据集团公司深化改革 16 条要求，公司对陕西片区财务管理运行情况进行了系统性调研，以强化资金管理和加强财务资源整合为主线，按照"服务现场、整合资源、强化管理"的原则，公司制定出台了《中铁广州工程局集团深圳工程有限公司片区财务中心管理办法（试行）》，对片区成立条件（至少三个在建项目）、片区经理任职资格（能力、品学兼优）、定员标准（N＋2）及其责、权、利分配等事项进行了明确，为公司全面实行财务片区管理提供了制度保障。

9. 优化整合同一业主、同一地域的财务资源也是片区化管理的题中之义

片区化成立后，同一地域、同一业主的项目通过片区内部整合，梳理出同一类型项目的标准流程和标杆项目，优化和业主对接的时间和效率，可以大大缩短业主付款周期，提升"双清"工作的效率。另外，项目完工收尾后，收尾档案资料归档在片区可以统一整理、装订、移交，提升收尾工作的效率。

10. 全面实行财务片区化管理

2020 年初公司根据办法要求，分别遴选了 6 位"专业强、善沟通、有担当、顾大局"的财务片区经理，设立了陕西、广州、南沙、深圳、四川、海南六个片区财务中心，通过"集中办公，整合岗位，整合能力"，公司整体财务管理水平及风险管制能力得到有效提升。

（二）在实施过程中遇到的主要问题和解决方法

经走访、调研及反馈，在片区化的实行过程中，存在的主要问题：一是部分项目部门人员及项目经理暂时接受不了项目财务不再驻扎项目现场办公的客观事实；二是部分财务人员因自身工作责任心不强、缺乏换位思考等，增加了工作过程中对接沟通交流的难度。

针对上述存在的主要问题，相应办法举措主要为：一是对实施财务片区管理工作进行积极宣传引导，让项目层面充分了解，提升认知；二是提升财务人员自身综合素养，增加下沉项目现场频次和周期，主动对接工作，充分沟通交流，强化工作责任，着力解决项目实际问题；三是积极参加项目团队活动，主动融入项目工作生活，充分发挥财务工作在项目管理的功能和作用。

四、深圳公司实行片区化财务管理取得的成效

深圳公司于 2020 年初在集团公司的带领下成立了六大财务片区，经过 3 年的实践，取得了如下成效：

（一）公司财务指令得到有效落实

通过实施财务片区管理，进一步厘清财务片区项目管理边界，实现条块管理模式下，管理职能更为清晰，片区财务管理定位更为准确、片区财务在项目管理中的独立性得到强化，形成统一指挥、功能齐全、反应灵敏、运转高效的财务片区，确保公司财务管理"政令畅通、执行有力"。

（二）财务人力资源得到有效释放，为公司节约了人力成本

通过片区岗位整合，财务人员之间互相进行工作"补台"，切实地提高了财务人员工作效率，在满足不相容岗位相分离的同时，克服了效率不足而带来的效率损失风险及内控风险，财务人力资源得到有效释放。表1是实行片区管理后一年可以节约的人力资源成本明细对比：

按照标准配置每个在建项目需配备2名财务人员，收尾项目及代管分公司配备1名财务人员，合计应配置153人。成立片区后，项目配备财务人员仅需70人，节约了财务人员83人，按人均成本每年12万元计算，每年可节省成本996万元。

表1　　　　　　　　　　片区财务核算项目数量及人员数量统计

序号	片区名称	核算项目数量（含停工）				现有人员数量（不含助勤人员）（人）	备注
		在建项目数量（个）	收尾项目数量（个）	代管子、分公司项目（个）	合计（个）		
1	深圳片区	11	17	1	29	11	代管检测分公司
2	广铁片区	5	4		9	11	
3	四川片区	2	3		5	4	
4	陕西片区	3	3		6	3	
5	南沙片区	8	16		24	15	
6	海南片区	7	9	2	18	10	代管海南工程公司、深圳公司海南分公司
7	散户区	7	12		19	16	
	合计	43	64	3	110	70	
	标准人员配置（人）	2	1	1			在建项目2人，收尾及代管子、分公司1人
	标准人员配置需财务人员梳理合计（人）	86	64	3		153	
	节约费用	996万元					人均成本按12万元/年计算

注：本部及租赁分公司、物业分公司、收尾中心财务共计18人，在外助勤人员4人，片区项目人员54人，散户区项目人员16人，合计92人。

（三）基础工作更为规范，风险防控水平进一步提升

实行片区化管理，严格执行财务标准化、信息化建设，重点是严格统一各项目财税业务标准化，各项业务数据报表格式化，专业技能经验共享化，杜绝共性业务参差不齐、个性业务随心所欲现象，促进各项业务统一规范，相关数据及时准确，专业技能整体提升。自实行片区化管理后项目的审计及财务监察问题较成立片区以前减少了40%，财务风险大为降低。自片区成立以来，项目财务间的沟通机会增加，通过日常的业务交流，大家能够弥补自身在专业知识领域的短板，汇集多方意见，从中得出最优处理办法；同样对于出现的错误，大家也会引以为戒。报表决算期间片区集中讨论，相互帮助，避免同一问题在不同项目反复出现，减少了错误率，六大片区在成立以后平均报表决算报错问题数量较片区成立以前减少了60%，并且随着片区成立时间的增长，决算报错数量逐年降低。自2020年开始实行片区化管理后，在集团公司《关于三级单位财务决算考核评比情况的通报》中，深圳公司的决算工作连续两年（2021～2022年）得到了集团公司的好评。

（四）公司资金管理进一步强化，资金集中率明显提高

公司以财务片区管理中心为抓手，明确了员工工资发放及资金上缴，作为项目上报对外资金支付计划的前置条件，严格把关资金计划，控制对外支付比例发挥资金效用，公司资金管控程度进一步强化。以海南片区为例，在片区积极沟通协调及有限管理下，妇幼保健院项目资金集中度2021年1～2季度为99.13%，2021年3～4季度为97.07%、2022年1～2季度资金集中度为92.41%。新海港项目资金集中率更是达到了100%。在南沙片区，得益于公司对片区的资金集中事项上的授权，片区整体的资金集中度也得到提升，以黄阁四期为例，片区成立前，黄阁四期资金按上缴率集中，资金集中度很低不足50%，片区成立后，黄阁四期通过多种方式超额集中资金达1 479万元，集中的金额及效率得到大幅度提升。成立片区以后公司所属项目总体资金集中率较成立片区以前提高了55.3%，片区资金上缴率比散户区项目的资金上缴率多了50%左右，片区化管理增强了资金集中调配能力和抗风险能力。

（五）税务管理持续加强，效果显著

税务管理是一项涉及各个业务部门的系统复杂的管理活动，具有较强的专业性，在片区化改革之前，公司的各项制度与决策未得到有效执行，税务管理整体效果欠佳。主要影响因素有两个方面：一是片区化改革之前，项目税务管理的主要责任人是项目财务部长，难以统筹协调各个业务部门协同开展税务管理工作。二是税务管理相对来说专业性较强，项目财务部长大多数经验较少，知识储备不足，无法有效开展税务管理。片区化改革之后，上述问题得到了有效解决，公司重新定义本部财务部、片

区财务中心以及项目部在税务管理活动中的职能定位，本部财务部更多地专注于制度体系建设、监督管理、策划咨询，项目税务"管理职能"转移至片区财务中心负责人，便于更有效协调项目各个职能部门之间的工作，以获取职能部门的支持配合。片区化实施过程中，逐渐培养配备专业税务管理人员，协助片区财务中心负责人进行税务管理，有效解决了原来由项目财务部长直接负责，经验欠缺、知识储备不足的问题。制度化改革为税务管理全面提升创造了有利条件，公司财务部以片区化改革为契机，加强税务管理，优化税务策划方案，积极开展税务筹划，强化税务管控，严格考核管理，形成管理闭环，紧紧抓住片区财务中心这个管理核心，夯实片区财务负责人管理责任，推动公司各项税务管理制度有效落实，税务管理的成效主要体现在增值税、企业所得税两个主要税种的税负水平均明显下降：一是增值税管控效果明显，成立片区前（2019 年末），集中核算项目进项留抵 1 892 万元，截至 2023 年 6 月份应纳税额 5 590 万元，减少现金流出 7 482 万元；二是企业所得税税负大幅下降，片区化实施之后，企业所得税管理持续加强，通过高新技术企业税收优惠和研发加计扣除管理，企业所得税税负由 20% 降至 12% 。

（六）人才培养效果更明显有效

让原本各自分散的财务人员集中在一起，通过相互之间的沟通、学习，综合素质得到提升，而这种不断学习、不断提升的氛围对见习生、实习生的培养是大有裨益的。公司的导师带徒制度落实到片区，让见习生、实习生不仅有一个项目上的导师，更拥有了整个片区的导师，使财务新人更具有团队感、归属感，大大加快了培养的效率。片区财务团队按照"以强带新、以强扶弱"的工作思路，公司基础工作整体实现提高，公司财务阶梯式管理团队正在形成。一是片区专业能力强的优秀带头人通过"传帮带"，带动片区人才素质整体提升。如陕西片区，公司自 2011 年初进入陕西片区以来，中间在建项目个数由 1 个发展至 10 个，而公司给该片区调入的成熟财务人员实际上只有 3 人，然后公司每年再配置一定数量的见习生，倒逼靠片区财务经理自己培养财务人员，截至目前该片区累计已培养了成熟财务人员 10 人，为充实片区财务管理力量和加强公司财务队伍建设作出了较大贡献。二是鼓励各片区财务人员积极参加职称及注册考试，对于通过注册资格考试的财务人员，按照公司现有奖励政策，及时给予奖励补贴，营造良好的片区学习氛围。公司财务人员截至 2023 年 8 月底共计 92 人，其中高级会计师 4 人、中级会计师 22 人、注册会计师 2 人、税务师 2 人。成立片区以前考取会计师证书人数占比仅 5%，成立片区后占比为 44%，人数大幅提高，且取得会计师证书的人员 70% 以上是在成立片区以后 2020～2022 年期间取得的。三是利用网络建立片区共享数据信息平台，片区财务人员管理经验得以分享，各项目经济数据得以及时准确传达，促进片区财务管理质量整体提升。

五、片区化财务管理的经验总结

（一）关键成功因素

深圳公司启动财务组织结构战略变革以来，对企业财务管理所面临的内部外环境进行深入的战略分析，恰当地选择了财务片区化管理战略方案，稳步进行战略实施，取得了突出成效，成功的关键因素有以下几点。

1. 坚持高层次管理

财务组织结构变革涉及公司管理活动的各个方面，需要公司各层级管理人员和全体员工的参与和支持，更需要主要领导的支持。深圳公司片区化管理由主要领导亲自决策并推动，在公司各类会议上强调财务片区化管理的意义和影响，获得了基层单位负责人的理解与支持，为财务片区化管理的成功奠定了基础。在战略实施过程中，主要领导深度参与制度设计、人员安排、资源配置，是片区化管理成功实践的关键因素。

2. 坚持动态化调整

深圳公司财务组织结构变革战略实施过程中，坚持依照环境、战略、组织三者之间的动态协调原则。根据公司财务管理内外部环境的变化不断调整优化，以适应环境变化和企业发展。2020 年片区化管理在深圳公司全面推广，片区财务人员按"N＋2"进行配置。近两年，随着公司的发展和国家税制改革的不断深化，对税务管理水平提出了更高的要求，财务部在原来"N＋2"的人员配置基础上，由海南片区、南沙片区率先试点"N＋3"模式，增加税务专员岗位，负责财务中心税务管理工作，取得良好的效果，极大地提升了税务管理水平，公司准备在试点的基础上，总结经验和不足，向其他片区推广。深圳公司财务片区化管理制度实施大约已有 7 年之久，逐渐暴露出财务人员脱离施工一线、对项目服务保障不足的问题，于 2023 年初，公司调整财务人员集中办公模式，安排财务人员深入一线，主动参与项目管理，加强对项目的服务保障力度，坚持集中管理与强化服务并举，一方面，坚持资金管理、内部控制上的集中；另一方面，加强与施工一线的联系，提高服务保障水平。公司片区化管理坚持动态调整的原则，不断适应环境变化和公司发展需求，提高组织结构的柔性和韧性。

3. 合理控制变革节奏和范围，稳步推动战略变革方案落地

深圳公司财务片区化管理之所以能够稳步推进，取得良好效果，关键在于合理控制战略变革节奏和范围，实施渐进式变革管理，以时间换空间，克服变革阻力。深圳公司实施片区化管理，在整个集团范围内属于首例，无成功经验可以借鉴，属于摸着石头过河，在一开始，公司就采用渐进式变革管理的方式，首先，在 2016 年仅在陕西片区实施片区化管理，循序渐进，用 3 年的时间在实践中不断地发现问题，解决问题，完善制度，形成规范；其次，在较小的范围内实施变革管理，可以将管理难度和管控风险控制在可接受范围之内，更容易推动变革；最后，财务组织结构的变革影响范围较大，程度较深，大范围地调整财务人员的工作方式和财务管理程序，对财务人员和非财务人员均造成较大的影响，可能会面临诸多方面的阻力，合理控制变革的节奏和范围，更容易获得各层次管理者和全体员工的理解和支持。

（二）财务片区化管理的发展建议

财务集约化管理是财务发展的必然趋势，为准确理解《中国中铁关于开展财务集约化管理试点工作的通知》，进一步发挥财务管理在大商务管理体系中的重要作用，促进财务更好地履行项目服务管理和监督职能，妥善解决片区化管理实施过程中遇到的问题，建设一流的财务管理体系，深圳公司有以下建议：

1. 加强与项目部之间的联系和沟通，强化服务职能

调整"集中办公"的工作方式，使片区人员主动融入项目管理，加强与项目之间的沟通。一方面，加强项目人员对财务工作的了解，包括财务人员的工作职能、财务流程、风险管理等方面的内容，以及上述管理要求对项目的意义和作用，争取项目人员的支持，以便于顺利开展财务业务；另一方面，财务人员要强化服务职能，做好沟通，及时处理项目业务，主动了解项目情况，做好财务支持工作，保障项目工作顺利开展。

2. 积极主动了解项目业务，加强业务融合

首先，对新入职学员，在见习期满，对财务基础业务有相当的了解认识之后，可安排到项目各个部门进行轮岗，熟悉项目业务，了解项目运行情况，包括项目建设过程中材料设备的使用、劳务分包模式以及施工组织形式等内容，对财务人员加强项目成本管控、财税策划与执行、流程管控、服务监督颇有益处；其次，调整集中办公模式，走进项目，走进现场，了解现场具体施工情况，以便于理解项目管理，加强业财融合，支持项目管理。

3. 建立健全片区化管理绩效考核制度，充分调动财务人员的工作积极性

在原有的基础上加强考核制度的完善，根据公司对财务管理工作的要求，将财务工作清单量化作为考核依据，按工作节点进行考核，并作为奖励以及晋升的依据，克服考核的随意性。一是将公司、片区的财务管理要求表单化，使财务人员能够清楚了解自己的工作内容和考核权重，合理安排工作，全面提升工作质量；二是考核结果更具客观性，更有说服力，职员能够清楚地认识到自己工作的成果和不足，明确自己的努力方向。

4. 强化片区层的职能，充分发挥片区管理的作用，降低总部管理幅度

财务片区化管理实施过程中一个突出的问题就是财务片区层管理职能弱化，总部

直接管辖情况明显，直接影响总部管理职能发挥。造成上述问题的直接原因有两个方面：一是近些年来成熟人才流失严重，片区财务人员不足，无法承担片区管理职责；二是片区人才培养体系未建立，培养力度不足，导致片区财务人员无法满足财务片区管理职能的发挥。下一步，首先要加强高素质人才引进，因财务人员专业特殊性，应由财务部门主导财务人员招聘，大力引进优秀高素质人才；其次要建立健全人才培养体系，利用内外部资源加大人才培养力度，为片区尽快培养出预算、决算、税务管理、风险管控等方面的专门人才，充分发挥片区财务功能，降低公司管理幅度，减少管控风险。

5. 加强对片区的监督

管理层级的增加，意味着总部管理幅度的降低，这在一定程度上会减少总部对基层项目的管理和监督。总部应进一步完善管理监督体系，增强风险管控意识。将日常监督与定期检查相结合，监督检查与考核评价相结合，构建大监督体系，提高风险防控水平。一方面，要进一步梳理内部流程，完善内部控制，防堵漏洞，强化日常监督，杜绝财务风险；另一方面，继续完善财务监察制度，加强定期检查，提高检查的覆盖面和有效性。充分利用日常监督和定期检查的结果，对片区财务管理工作进行有效评价，兑现奖惩，全方面提供财务管理水平。

六、结语

"十四五"会计改革已经开启，区域化的财务管理需要打破固有观念，拓宽视野，对标全球领先，研究财务发展趋势，并基于对标切实分析自身不足，找出当前差距，锚定先进目标，顺应时代变革，坚持与时俱进和开拓创新，以新技术为基础推动智慧财务转型变革，构建真正业财一体化的价值体系，为企业发展贡献自身的力量。片区财务管理是集约化财务管理的一种形式，深圳公司推行财务片区化管理就是对这一财务管理形式的实践探索，虽然取得了一定成效，但还需在今后的实践中进一步总结和完善。随着公司项目集中度的提高及片区管理的持续推进，推行片区财务管理是一种必然的趋势，特别是在实行财务共享的今天，随着财务信息化程度提高，片区财务管理将更有效率和生命力。

（中铁广州工程局集团深圳工程有限公司　董佳琪　马甲成）

建筑施工企业对成员单位财务资源配置的研究
——以 X 集团为例

【摘要】近年来，建筑业市场规模持续扩大，但增速在波动中下滑，建筑施工行业竞争越来越激烈，行业利润空间被不断压缩，已进入微利时代，现代企业管理在推动企业盈利能力提升方面的作用也越来越重要。财务管理作为企业管理的中心环节，财务系统需准确把握新时期建筑业财务管理工作面临的形势与任务，进一步优化资源配置，推动资源向优势产业、优势单位、优势项目倾斜，不断提升财务资源的效益与效率，通过各业务板块之间资源配置充分体现投入产出导向，以推动企业财务管理机制体制的变革。

X 集团总部位于北京市，注册资本 34 亿元，是一家集工程设计、施工、科研、开发、投资于一体的国有综合性大型建筑集团。下辖 19 个子、分公司，9 个区域指挥部，在册员工 8 282 人。拥有建筑、铁路、公路工程施工总承包特级资质 4 项，具有军工涉密资质、市政公用、机电工程施工总承包一级资质等。2022年 X 集团年营业收入 350 亿元，净利润 3.5 亿元，经营性净现金流 10 亿元。

在此背景下，X 集团从大型建筑企业集团的视角出发研究企业集团如何高效地对成员单位进行财务资源配置并将其付诸实践。在两年的实践中，X集团以战略为引导，通过预算管理、绩效评价动态调整等多种方法相结合，优化对成员单位财务资源配置模型，并在以下几方面取得显著成效。一是调整对成员单位财务资源配置推动业务结构调整及优化市场布局，新兴板块新签公司规模突破百亿元，实现集团规模扩张实力增强。二是通过绩效动态调整约束机制，提高成员单位财务资源周转率，2022 年收回内部融资款达 8.3亿元。三是通过战略导向预算管理，结合财务资源配置精细化管理，提升了各成员单位的投入产出效率，推动成员单位效益提升。四是通过强化对成员单位的财务风险监管，提高了企业风险防范意识与风险防范水平。同时根据现有的经验，就建筑企业对成员单位进行财务资源配置提出可行性建议，提升建筑施工企业财务资源配置的效益与效率。

一、绪论

（一）研究背景

1. 行业背景

建筑行业是国家基础设施建设的主力军，是其他衍生行业赖以生存与发展的基础性产业，是国民经济增长的重要支持产业。建筑行业是劳动密集型行业，其特点是就业容量大，与其他产业关联度高，拉动国民经济的作用显著，关乎国计民生，在国家建设、经济发展和社会进步的过程中发挥着重要的作用。机遇与风险并存，建筑行业迎来大好的市场前景的同时要面对行业间的激烈竞争，在最严厉的《环境保护法》《民法典》的影响下施工投入日渐增长，压缩了有限的利润空间，整个行业已进入微利时代。建筑企业如何快速适应新的市场环境，如何顺势可持续发展，把握市场机遇，迅速做优做强，成为建筑企业共同面临的问题。

2022年国务院国资委印发了《关于中央企业加快建设世界一流财务管理体系的指导意见》（以下简称《指导意见》），明确财务管理是企业管理的中心环节，是企业实现基业长青的重要基础和保证。《指导意见》明确要着力推动四个变革：推动财务管理理念变革、推动财务管理组织变革、推动财务管理机制变革、推动财务管理功能手段变革。其中推动财务管理机制变革需要加强关键指标硬约束、加强资源配置硬约束、加强风控规则硬约束以及加强政策激励软引导。

在此背景下，为加快构建世界一流财务管理体系，X集团为准确把握新时期财务管理工作面临的形势与任务，强化研究建筑施工企业对成员单位财务资源配置问题，进一步优化财务资源配置，推动财务资源向优势产业、优势单位、优势项目倾斜，不断提升财务资源的效益与效率，通过各业务板块之间资源配置充分体现投入产出导向，以推动企业财务管理机制的变革，加速企业的提质增效。

2. X集团基本情况

X集团总部位于北京，注册资本32亿元，是一家集工程设计、施工、科研、开发、投资于一体的国有综合性大型建筑集团。下辖19个子、分公司，9个区域指挥部，在册员工8 282人。拥有建筑、铁路、公路工程施工总承包特级资质4项，具有军工涉密资质、市政公用、机电工程施工总承包一级资质，公路路基、钢结构、机场场道、建筑装饰装修工程专业承包一级资质，水利水电、矿山工程施工总承包三级资质，建筑行业（建筑工程）设计甲级、铁道行业设计甲Ⅱ级、建筑装饰装修工程设计专项甲级资质，公路行业设计甲级资质，测绘乙级、公路工程试验检测乙级资质，建筑咨询丙级，海外工程承包资质以及进出口贸易权。

X集团经营区域覆盖全国31个省、自治区、直辖市，以及巴基斯坦、孟加拉国、尼日利亚、安哥拉、赞比亚、马尔代夫等多个国家。拥有国家、省部级工法144项，国家级专利398项，国家行业、地方和全军建设标准规范12项，省部级以上科技进步成果86项。多次被评为"全国重质量守信用企业""全国用户满意企业""全国工程建设质量管理优秀单位""全国安全文化建设示范企业"，先后8次获得铁路工程信用评价A类，被中国建筑业协会评为AAA级信用企业，拥有AAA级企业资信。承建的180余项工程荣获国家和省部级大奖，其中鲁班奖10项、詹天佑奖3项、国家优质工程15项、国家钢结构工程金奖3项、全国满意工程8项。

（二）对成员单位财务资源配置研究的意义

财务资源是企业的核心资源，也是企业赖以生存发展的基础，财务管理的核心是财务资源的优化配置，围绕企业生产、发展、盈利布局和分配资源。财务资源具有天然的稀缺性，企业集团要实现其财务资源整体优势，一方面要通过决策权合理分配财务资源以提高决策效率；另一方面又需要加强控制以保证分派的权利得以深度贯彻，而控制的基本出发点是企业集团整体价值最大化，保障企业可持续发展。

建筑施工企业对成员单位财务资源配置进行研究的意义和目的主要在于以下三方面：

1. 实现效益最大化

通过对财务资源配置的研究，可以通过精准投入将有限的财务资源用到最需要的地方，最大化发挥财务资源贡献，避免一方面有的下属单位财务资源闲置浪费，或者将有限的财务资源投入风险性高、产出低的项目造成瑕疵资产；另一方面有的企业财务资源紧缺，好的项目因财务资源不足而无法运作的情况，实现企业可持续经营下的效益最大化目标。

2. 实现集约经营

通过对财务资源配置的研究，运用全面预算管理工具对成员单位的财务资源进行合理有效配置，并进行精准绩效考核，可以保障企业集团的战略规划在下属单位强力执行，实现集约化经营和产业化运作，减少成员单位间的同质化竞争和资产的重复配置，增加财务资源投入带来的收益总量和边际效应。

3. 提高财务风险控制能力

对成员单位的财务资源配置研究，一方面可以帮助企业集团控制风险，更加合理安排融资结构，优化长期和短期资本组成、债务资本和权益资本的组成，防范财务杠杆风险；另一方面资产在所属企业配置后，作为出资方通过经济运行预警，更深入洞察所属企业经营风险，实现全集团财务风险的有效控制，及时控风险、堵漏洞，全方位守护企业价值。

二、建筑施工企业财务资源配置研究总体设计

（一）建筑施工企业的界定

建筑企业是指从事建筑产品的生产、流通、服务性工作等经济活动，通过满足社会对建筑产品的需求来获取盈利，进行自主经营，实行独立核算，具有独立法人资格的基本经济单位，是建筑市场的主体和建筑经济活动的微观基础。建筑企业有广义和狭义之分，从狭义的角度，建筑企业是专指从事房屋、构筑物建造、设备安装活动及

附属产业的生产单位。这也是本文研究的对象，即通常意义的建筑施工企业。大型建筑施工企业经营的好坏，对国民经济的发展和社会稳定有着举足轻重的影响。

（二）对成员单位财务资源配置时存在的问题

X集团根据对自身情况分析以及调研多家同类型企业发现，建筑央企在对成员单位财务资源配置过程中普遍存在以下几个方面问题：

1. 财务资源配置效率欠佳

建筑央企有限的财务资源与无限的投资需求之间的矛盾仍然较为突出，各业务板块之间资源配置还需进一步优化。如何提升财务资源的效益与效率，使各板块之间资源配置充分体现投入产出导向，并推动有限的财务资源向优势产业、优势单位、优势项目倾斜，是目前需要解决的问题。

2. 财务资源配置"赤字率"过高

建筑央企主要是通过定向增发、发行永续债券、资产证券化、市场化债转股等非债务性融资方式筹资和债务性筹资。若不持续提高自身的盈利能力，这种主要依赖企业集团外部筹资来解决子企业财务资源配置问题的方式难以为继。

3. 财务资源投入与产出不匹配

带息负债超预算目标的子企业，占带息负债总额的比例较大，但贡献营业收入、净利润和经营性净现金流总额的比例较小；占财务资源总额较大比例的子企业，财务资源对营业收入贡献值在平均值之下，对净利润贡献值在平均值之下。部分子企业在经济运行过程中存在的问题，对企业集团整体财务资源配置形成"倒逼机制"，造成有限的财务资源配置到低效甚至无效的领域，不仅影响了企业集团整体财务资源优化配置，同时对其他子企业发展形成了"钳制"。

（三）X集团管理会计工具运用的总体设计

1. X集团管理会计方法运用的总体设计

X集团在对成员单位财务资源配置时，以战略管理为引导，以全面预算管理为基本方法，以绩效动态调整为修正工具，通过短板分析、贡献度分析、历史情况分析、经营特点分析等方法搭配建立财务资源配置模型，借助管理会计思想和方法实现财务资源配置的目标管控，为企业决策提供依据，实现管理会计对企业发展战略的全方位支撑。

2. X集团在运用管理会计方法上的创新

X集团在建立财务资源配置模型时，有以下几处创新：

一是打破传统按需配置财务资源的模式，建立可量化的财务资源配置模型，降低财务资源配置的主观性，强化资源配置逻辑支持。

二是将财务资源配置科目重分类，定额流动资金融资额度、专项融资以及透支类融资。在考虑灵活性的同时，强化预算约束。

三是结合规模维度、历史因素维度、资本性配置需要等多因素，设立对成员单位定额流动资金融资额度，实行余额预算管理。

3. X 集团在运用管理会计方法上的总思路

在国内已有的研究体系中，建筑企业集团财务资源配置研究主要集中在企业集团自身财务资源配置研究，如企业集团财务资源配置分析、资源配置模型优化、成员单位资源使用监管、战略需求下的资源配置模型等。尚缺乏建筑企业集团对成员单位的财务资源配置的研究。

本文基于建筑企业总部通过融资预算总量控制的模式来严格其二级集团的融资规模，同时严禁各三级单位直接对外融资的背景，研究建筑央企（二级企业）对成员单位（三级单位）的财务资源配置。下文所述建筑集团、建筑央企均指建筑央企二级企业，其成员单位均指建筑央企三级单位。

本文在研究建筑施工企业对成员单位财务资源配置时，仅选取有价格的财务资源作为配置对象，并以 X 集团优化财务资源配置为例，研究企业集团如何将有限的资金在各成员单位间进行分配。X 集团对成员单位进行财务资源配置具体从以下三方面着手：

（1）确定财务资源配置目标。

结合发展规划及经营现状，依托各成员单位个体差异，根据企业集团财务实力和财务需求，确定财务资源配置战略目标。

（2）优化财务资源配置模型。

梳理原有财务资源配置结构，建立可量化的财务资源配置模型，降低财务资源配置的主观性，强化资源配置逻辑支持。

（3）改进资源配置考核方式。

开展财务资源配置绩效评价，基于优化的财务资源配置模型，改进绩效考核方式，提高考核的客观性和准确性。并根据绩效评价结果动态调整模型参数，使资源配置更加合理，且能满足企业发展需要。

三、X 集团财务资源配置模型应用过程

（一）X 集团财务资源配置科目重分类

1. X 集团基本情况

X 集团总部位于北京，注册资本 50 亿元，是一家集工程设计、施工、科研、开发、投资于一体的国有综合性大型建筑集团。下辖 19 个子、分公司，9 个区域指挥

部，在册员工 8 282 人。拥有建筑、铁路、公路工程施工总承包特级资质 4 项，具有军工涉密资质、市政公用、机电工程施工总承包一级资质等。X 集团年营业收入 350 亿元，净利润 3.5 亿元，经营性净现金流 10 亿元。

2. X 集团对下属单位融资管理情况

"十四五"以来，X 集团坚持"稳字当头、稳中有进、稳中快进"总基调，聚焦"抓效益　创信誉"发展主线，多措并举稳增长。在融资管理方面，以集中管控、预算管控、控制风险、经济性为原则，对外融资业务进行集中管控，严禁未经批准对外开展任何融资业务。即 X 集团的成员单位不得独立对外直接或间接融资，除特殊情况外，获得资金支持的路径仅限于 X 集团对于成员单位的资金支持（下文将 X 集团对成员单位的直接资金支持称作"内部融资"）。

3. X 集团对下属单位资源配置情况

X 集团财务资源配置包括了企业的资本金、债务、供应链金融产品和其他资金来源的分配和使用。本案例的应用背景为，建筑央企成员单位不得从外部获得融资，财务资源配置仅包含企业的资本金及其母公司给予的内部融资。而资本金大多为初始投入，后续增减资较少发生，故在研究对成员单位的财务资源配置时，将资本金配置纳入内部融资中一个可供成员单位长期使用的资源来考虑。

原财务资源配置模式下，X 集团财务部年初对成员单位下达年末融资预算余额。各成员单位在融资预算范围内进行内部融资申请，X 集团针对各成员单位的融资需求进行一事一议决策，依托资金用途、事项重要性等主观事项进行决策是否同意融资。各成员单位的融资用途主要包含投资项目股权融资、现金保证金融资、设备购置融资、项目周转融资及内部清算融资等。预算内融资事项的一事一议审批在财务资源配置上缺乏规划性与效率，在财务资源有限的情况下容易出现配置不经济的情况。

鉴于存在的问题，国有企业改革三年行动和对标世界一流企业以来，X 集团优化原财务资源配置方式，对内部融资科目进行重分类，将原按照资金流向分类方式与融资预算余额管理的模式调整为定额流动资金融资额度预算与专项融资和透支类融资相结合的模式。

（二）X 集团财务资源配置模型重塑

X 集团作为一家国有综合性大型建筑集团，在优化财务资源配置时，考虑到施工类子公司规模占比较大，非施工类成员企业规模相对较小，故对非施工类成员单位的资金支持主要通过专项融资进行。

针对施工类成员单位，优化后财务资源配置主要包含三大部分：定额流动资金融资额度、专项融资、透支类融资。

1. 定额流动资金融资额度设定

定额流动资金额度指根据各成员单位发展规模、资源配置现状并结合各成员单位历史问题的差异情况，向成员单位配置的在一定时期内可以相对稳定使用的流动资金。定额流动资金实行余额预算管理，每个会计（预算）年度以"融资余额"预算形式下达，超过定额流动资金预算的部分纳入当年度有关单位融资归还目标。

在进行定额流动资金额度配置时，X集团以上一年财务资源配置现状和当年营业收入预算为起点，从规模维度、历史因素维度、资本性配置需求等方面入手，考虑营业收入、净资产、低效资产及财务资源占用情况等因素。以线性结构来推算出各成员单位当年应配置定额流动资金额度，即某成员单位定额流动资金额度 = a × 营业收入预算 − b × 实际净资产 + c × 低效资产。

（1）规模维度——营业收入。

在确定规模维度配置参数时，X集团结合其母公司对X集团配置的融资预算指标与营业收入预算的比重（历史水平均在16%上下波动）与过往X集团对成员单位资金配置时该比例的范围，来确定规模维度参数的边界值。随后，X集团将2021年各成员单位的营业收入划分为4个区间，通过插值法的方式确定每个区间对应的配置参数（取整）。得到成员单位4个区间对应的配置参数：

①营业收入预算≥40亿元时配置参数为19%；

②40亿元＞营业收入预算≥30亿元时配置参数为18%；

③30亿元＞营业收入预算≥20亿元时配置参数为17%；

④营业收入预算＜20亿元时配置参数为16%。

针对各成员单位当年营业收入预算确定该公司在规模维度上应配置的财务资源 = 配置参数 × 营业收入预算。

（2）资本性配置——实际净资产。

实际净资产是企业长期经营的基础，能够为企业提供充足的资金支持，增强企业的抗风险能力；是企业真正拥有的经营资本，包含企业的资本金。企业财务资源配置既包括企业的资本金也包括债务和其他资金来源的分配和使用。本文在研究建筑央企对成员单位财务资源配置时将资本金配置纳入实际净资产指标来考量。

在对成员单位进行财务资源配置时，考虑实际净资产是其已经拥有的经营资本，故该指标与应配置的定额流动资金为反向关系。鉴于此，X集团将实际净资产对应参数b暂定为1。

（3）历史维度——低效资产。

低效资产指的是企业拥有的某些低效资产，由于管理不善、技术落后、市场变化等原因未能有效利用，无法带来足够的收益，从而成为企业的负担和包袱。国家层面针对低效资产管理要求也趋于具体化和实效化，同时企业也需要通过技术创新、管理提升、市场开拓等手段来消化低效资产，加快处置和消化，增强企业的核心竞争力。

X集团作为重组单位，各成员单位均因历史遗留原因存在部分低效资产，而消化升级低效资产离不开财务资源的支持。影响低效资产消化升级的因素众多，目前尚缺乏有效的研究表明应对企业存在的低效资产配比多少财务资源。X集团在优化财务资源配置模型时，根据经验值暂按成员单位上一年的低效资产总量的30%来配置一定量的定额流动资金。即定额流动资产配置模型中低效资产配置参数 c 为30%。

2. 专项融资设定

除定额流动资金外，X 集团针对部分特殊事项设置专项融资额度，给予成员单位开展业务时更多的灵活性。此类别下主要包含：投资类项目融资、现金保证金融资、项目生产周转融资、设备购置融资和生产经营资产融资。

（1）投资类项目融资。

针对参与已完整履行决策程序的投资项目，若成员单位对该类项目股权出资暂时较为困难，可就该类股权出资进行专项申请。该类专项融资以股权出资为限额，按项目对应工程的收款与施工合同额的比例进行同比例偿还。

（2）现金保证金融资。

针对满足合规要求的项目须缴纳的现金保证金，在经营投标已获批准或者相关合同协议已签署的基础上，X 集团可对成员单位的该类资金需求"一事一议"进行审批。额度为约定现金保证金额度，期限以业主返还为限。

（3）项目生产周转融资。

针对成员单位部分工程项目在施工过程中出现的时间性资金缺口，在项目已按照合同约定及时足额办理已完工程量验工计价、足额收回工程款（含预付款、工程进度款、竣工结算款和质保金）的情况下，X 集团可以给予一定比例的专项资金支持。该类融资融资期限根据项目后续现金流入流出情况一事一议核算。

（4）设备购置融资。

针对成员单位在工程项目实施过程中因采购盾构机等大型设备而产生的资金需求，以设备购置已履行相关决策审批程序为前提条件，给予设备购置融资额度。同时根据设备种类不同确定融资期限。

（5）生产经营资产融资。

针对成员单位在生产经营过程中出现的因改扩建、技改等因素而产生的新购（建）办公用房、无形资产等生产经营资产的资金需求，以该事项已履行完成相关决策审批程序为前提条件，给予生产经营资产融资。额度以该事项实际需求资金为限，期限根据资金使用成员单位的既往效益水平核定。

3. 透支类融资

透支类融资指成员单位拖欠物资集采款或上级公司裁决而欠付其他单位的债务资金，此类别属于特殊偶然发生的严重违约事项。若发生时，除限期责令归还外，X 集团还会对成员单位就具体事项严重程度而进行处罚。

4. 财务资源配置结果体现

按照重塑后的财务资源配置模型，X 集团每年年初核定各成员单位应配置的定额流动资金、当年应归还的专项融资及透支类融资，并下达当年各成员单位的融资归还指标。

（1）定额流动资金核算。

在优化财务资源配置之前，X集团对各成员单位已进行财务资源配置，故在优化后模型中应配置的财务资源指标须剔除各成员单位过往已实际占用的财务资源。据此算出各成员单位尚可使用的财务资源。各成员单位尚可使用的财务资源＝定额流动资金额度－财务资源占用＝a×营业收入预算－b×实际净资产＋c×低效资产－财务资源占用。

若该指标大于0，则表示该成员单位定额流动资金融资预算尚有富余，当年可根据自身发展需要向X集团灵活申请资金支持。

若该指标小于0，则小于0的部分需要纳入当年各成员单位的融资归还目标，并作为考核的一部分。

（2）专项融资和透支类融资归还核算。

针对专项融资和透支类融资，X集团每年年初根据该类别发生的明细逐笔核算应纳入当年归还的金额，纳入成员单位融资归还目标进行考核。

X集团将定额流动资金核算出的尚可使用的财务资源与专项融资和透支类融资中当年应归还的数求和，得到该年度各成员单位的融资归还指标。

（三）财务资源配置绩效评价动态调整

对成员单位财务资源配置的优化和管理，需要建立科学合理的考核体系，而业绩考核作为考核体系的关键一环，可以通过对成员单位业绩、成本和风险等方面进行综合评估，从而对财务资源的配置进行动态调整和优化。

1. 贡献考核：提高资源配置效率和效益

传统考核通过计算实际完成指标与预算目标对比"百分制"来进行，传统模式下抽象掉了"各项指标绝对值大小"和"投入产出比"，考核得分方式缺乏科学性和公平性。X集团在优化财务资源配置模型时引入贡献考核系数，以占用财务资源为"度量衡"，按照"关键核心指标绝对值"大小的贡献度考核。引入相关参数旨在树立、厘清、强化机会成本意识，激励、引导各单位节约资源，提高投入产出效率，促进企业持续健康和高质量发展。同时将占用财务资源等纳入业绩考核范围，让成员单位主要领导和分管领导高度重视，通过充分发挥经营业绩考核目标的引领带动与薪酬管理的激励约束作用，为企业高质量发展提供持续不竭的内生动力。以X集团业绩考核为例，分析年度财务资源占用贡献考核。

（1）新旧考核预算完成度对比分析。

A单位的指标预算完成度为84%，B单位的指标预算完成度为102%，如果按照传统的实际完成指标与预算目标对比"百分制"考核，A单位的考核得分低于B单位，但是A单位指标完成值是B单位的164.71%，A单位绝对值贡献明显更大。因此持续完善体现投入产出的业绩考核管理体系，从规模和效率两个维度来衡量子企业的发展质量，提高了业绩考核的科学性和有效性，如图1所示。

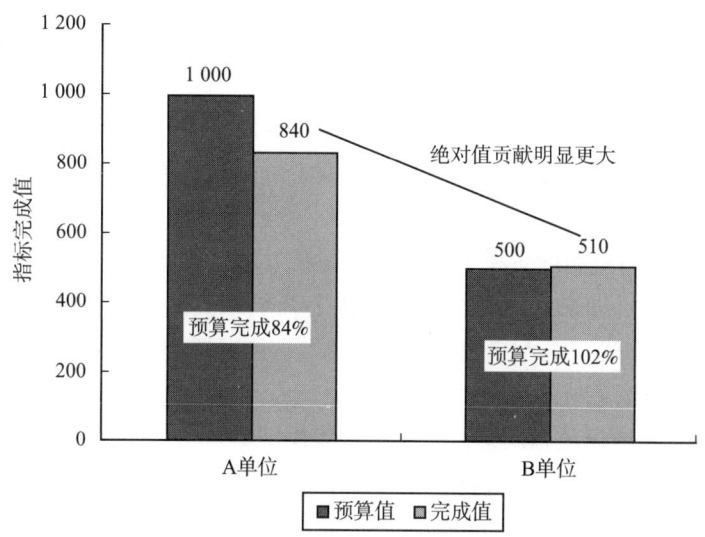

图1 A、B 两单位预算完成情况

（2）新旧考核财务资源产出对比分析。

每亿元财务资源产出新签＝年新签合同额÷平均财务资源，每亿元财务资源产出营收＝年营业收入÷平均财务资源，每亿元财务资源产出利润＝年净利润÷平均财务资源，财务资源＝净资产＋有息负债，平均财务资源＝年度内4个季度末数据÷4。

从表1可以看出，A 单位的"新签合同额、营业收入、净利润"三项核心指标规模均远高于 B 单位，但 A 单位占用的财务资源是 B 单位的 3.86 倍，而每亿元财务资源产出的"新签合同额、营业收入、净利润"指标分别仅为 B 单位相应指标的 35%、41%、69%。引入贡献考核，以占用财务资源为"度量衡"，按照"关键核心指标绝对值"大小的贡献度考核，故 A 单位年度贡献考核得分低于 B 单位。

表1　　　　　　　　A、B 单位年度贡献考核情况（以基建板块为例）

单位	占用财务资源（亿元）	新签合同额		营业收入		净利润		考核得分（分）
		完成值（亿元）	每亿元财务资源产出新签（亿元）	完成值（亿元）	每亿元财务资源产出营收（亿元）	完成值（亿元）	每亿元财务资源产出利润（亿元）	
A 单位	6.47	43.80	6.77	34.20	5.29	0.58	0.09	159
B 单位	1.67	32.10	19.20	21.40	12.80	0.21	0.13	168

2. 动态调整财务资源配置模型指标权重

对成员单位的财务资源配置模型需要根据绩效考核结果进行动态调整，以实现资源的有效配置和管理。X集团在对成员单位进行财务资源配置时，通过以下方法和步骤来实现这一目标。

（1）明确目标和指标。

X集团在对成员单位下达财务资源配置预算时设定了"融资归还""财务资源占用"等可以量化的指标，以便在预算执行过程中可以进行比较和评估。

（2）制订绩效考核方案。

针对优化的财务资源配置模型，X集团在绩效考核方案中将"融资归还""财务指标占用"纳入考核体系。同时在考核方法上调整原实际完成指标与预算目标对比"百分制"的考核方式，引入"投入产出占比""关键核心指标绝对值"等指标，优化考核方法，以确保考核的客观性和准确性。

（3）分析、评估，动态调整财务资源配置模型。

完成绩效考核后，X集团安排专人对绩效考核的结果和数据进行分析，包括X集团企业当年的业绩完成情况、下年的发展规模以及对不同成员单位的评估和评价等。

根据绩效考核完成结果，结合下年的发展情况，针对完成情况较好及后续营业收入预算出现增长的单位，在财务资源配置时给予一定程度正向倾斜。针对完成情况严重偏离的成员单位，分析其偏离的原因是时间性因素还是非时间性因素，并给予该成员单位一定时间整改期限，若在整改期限内能够实现好转，则按照参数给予财务资源配置；若整改期内仍严重偏离，则将缩减对其财务资源配置。

（四）X集团风控规则硬约束

按照国资委《指导意见》精神，明确推动财务管理机制变革时需要加强资源配置硬约束，X集团在优化对成员单位财务资源配置时，引入风控规则硬约束和设置有效的制度体系，来确保安全和有效的资源配置。主要体现在以下几方面。

1. 资产风险控制

在资源配置前，X集团从各成员单位的资产质量、业务规模、业务形态等多方面进行评估，并根据风险等级确定有效的资产配置范围，以避免成员单位在低效、高风险资源上浪费资金。

2. 财务风险控制

X集团制定《经济预警机制管理规定》，建立经济预警机制，运用财务指标对资金使用进行监控，例如，利润率、资产收益率等财务指标，以确保成员单位在资源配置中不会出现因资金不足而影响工程项目进度或出现财务危机的情况。

3. 业务质量控制

X集团设定明确的业务区域（通过划分区域指挥部）和业务类型（各成员单位

均有自身优势板块）的规定，保证成员单位在整个资源配置阶段中的业务质量和沟通渠道的有效性。此外，以制度的形式约定具体的业务标准和标准化操作流程。

4. 合规性风险控制

X集团建立项目合规风险识别机制，定期进行项目合规风险识别调查问卷及实地监察，确保成员单位在资源配置过程中符合国家相关的建筑标准、环境法规等政策规定，特别是在土地使用、市政工程和公共服务等方面必须严格遵守有关肃纪、合规和环保的政策规定。

5. 市场风险控制

X集团财务系统与营销系统、成本系统、工程系统建立联动机制，制定有效的市场监测和预警机制，追踪市场变化以及客户需求的变化，提前发现市场不稳定性，防范市场波动的冲击，保障资金安全。

四、X集团财务资源配置模型运用成效

以《指导意见》为指导，以国有企业改革三年行动为契机，以企业战略发展为导向，X集团优化财务资源配置模型，通过制度标准化、标准流程化、流程信息化形成一套完整的财务资源配置体系。

从成员单位的规模维度、历史维度出发，进行财务分析，优化后的财务资源配置模型，强化了内部融资的刚性约束，改变过去成员内部融资"只借不还""多借少还"的局面。

X集团优化财务资源配置一年多以来的运用效果具体体现在以下几个方面。

（一）集团规模扩张实力增强

在国家"一揽子"稳经济多重利好政策的背景下，X集团通过调整对成员单位财务资源配置来推动业务结构调整和优化市场布局，充分发挥传统板块优势，突出机场特色优势，积极开拓清洁能源、生态环保等"第二曲线"市场。2022年，X集团新兴板块突破百亿元，集团营业收入增幅达10%、新签合同额增长15%以上。

（二）资金利用效率进一步提高

作为央企子公司，X集团在资源方面有一定的优势，但财务资源的有限性决定了其要获得更好的效益务必提高财务资源的利用效率、提高资金周转率。X集团依托财务资源配置模型，2022年收回内部融资8.3亿元。为X集团后续财务资源再配置提供资金来源。

（三）成员单位经济效益得以提升

在大商务管理体系背景下，依托财务资源配置精细化管理，X集团在全面预算管

理的基础上，按照贡收贡效的原则，促进有限的财务资源流向优势产业、优势单位、优质项目，提升财务资源的投入产出效率，推动了成员单位效益提升，促进了 X 集团发展质量提高。2022 年 X 集团经营性现金流 10 亿元，获国家优质工程奖和鲁班奖 5 项，8 项工程入选"2022 年中国新时代 100 大建筑"。

（四）对成员单位财务风险监管能力得到提升

X 集团作为母公司，需要对成员单位经济运行情况进行有效的调控、协调和监管，确保成员单位良好的经营和发展态势。通过对财务资源配置预警管理，X 集团总部可以全面了解成员单位的发展状况，进而加强对成员单位的管理监督能力。X 集团通过对成员单位的财务风险监管，提高了企业风险防范意识与风险防范水平，提高了企业发展的稳健性和可持续性。

五、经验总结

优化建筑施工企业对成员单位财务资源配置是建设世界一流财务管理体系四个变革的重要组成部分，其目的是调配资源、优化业务结构，有效防范财务风险，从而提高企业的利润水平。财务资源配置的成功与否直接决定着企业集团对成员单位的财务管理水平，本文通过理论研究与案例研究相结合，研究建筑企业集团合理配置成员单位财务资源的方法，以实现资源配置的战略导向，实现财务资源和知识（资质、营销）资源的耦合效益。具体建议如下。

（一）财务资源配置模型推广具有可行性

建筑央企的成员单位在获得财务资源的途径上普遍具有共性——三级单位不得独立对外融资，须依托二级企业对其进行资金支持。因而在建筑央企对成员单位财务资源集中管控的模式下，X 集团的财务资源配置模型从前期模型设置，到过程中绩效评价动态调整，再到制定风险规则硬约束，均在建筑类企业中均具有普适性。财务资源集中管控既涉及建筑央企与成员单位之间的内部协作和资源共享，也充分考虑建筑央企的部门协同、发展规划、企业责任等多方面因素，因此这种资源配置模型在建筑央企中有着重要的推广价值和借鉴意义。

（二）财务资源配置使用监控建议

1. 经济运行监控

建筑施工企业在财务资源配置过程中应本着"简洁实用"的原则，选取反映经营规模、经济效益、发展质量、债务清偿的四类主要指标，设计经济运行监控指标体系，对成员单位的营业收入、净利润、资产负债率、融资归还等主要定量指标进行复核、对比和分析。查找成员单位在现有财务资源配置结构下经济运行中存在的主要风险，进一步增强财务资源配置的过程管控力度。根据经济运营监控评定的风险等级，采取约谈方式督促相关单位整改落实，加强财务资源配置相关预算指标过程把控力度，促进年度预算指标顺利完成。

2. 财务报告及信用风险监控

建筑施工企业应加强对成员单位财务报告及信用风险的监控，以确保财务报告的准确性、完整性和可信性，同时及时评估成员单位的信用状况，并采取相应的措施，控制防范信用风险。避免成员单位在资金使用过程中出现虚假财务报告、隐瞒财务信息等行为，对企业集团造成信用风险。

3. 资金流向审计、评估监控

建筑企业集团应对成员单位资金使用建立相应的审计、评估监控机制，强化监督严肃问责。如监控成员单位的资金流向和用途，检查是否有违法和不当行为，以及是否存在合规风险等。对于发现的管理问题密切跟踪，发现异常情况及时制止，同时督导警示问题整改。把强化警示问题、整改监督手段，纳入党委巡视、专项审计等检查范围。对于虚假整改、整改不力给企业造成的风险与损失，严肃追责问责，确保企业经济运行过程中的管控力度。

（中铁北京工程局集团有限公司　徐林峰　曲　东　张春光

李建安　王　茜　战智超　林　萍）

管理会计赋能跨境并购财务分析与企业估值

【摘要】 近年来，受地缘政治、经济周期因素牵引，疫情蔓延、债务累积等预期外因素叠加，世界经济缓慢复苏，总体呈现"高通胀、低增长、紧货币、高债务"的特点。工程行业与经济周期关系密切，亚非拉地区政府间、政府采购、优惠贷款项目呈减少趋势，市场中商业化、私人项目呈增长趋势。

为全面推进海外"双优"发展战略，做强做优中国中铁海外业务，2020 年股份公司作出"一体两翼 N 驱"海外机制体制改革重大决策。中铁国际集团有限公司（以下简称"中铁国际"）积极推进改革任务，九大区域总部陆续挂牌成立。除扎实做好商务引领、强化实体经营能力等内驱工作外，中铁国际同时围绕《海外体制机制改革方案》中提出的国际投融资战略设计，积极与国际投资银行、国内券商对接，寻找跨境并购项目机遇，尝试外驱发展策略，以求避开进入壁垒，迅速抢占潜在市场机遇，丰富商业化项目经验；匹配国际优势资源，升级新区域、新行业学习曲线；找到现成资产，通过协同效应做大企业规模，提高经营质量。

本文以中铁国际 2020～2022 年间参与对欧洲某国跨境并购项目为基础，展示并分析如何有效利用管理会计的逻辑、工具或模型对并购标的进行财务分析、价值评估和风险评估。传统财务会计主要是把企业视为一个整体，遵循会计准则及会计信息质量要求，为财务报告的使用者提供有用信息，概括已发生的事实。在跨境并购的情景下，不但要看到机会，也要识别风险，不但要"向后看"去分析总结，还要"向前看"预测判断。管理会计的准绳不再是要求可比性的准则，而是说得通的逻辑，数据的排列组合有极大灵活性，因此在本文中大量应用了管理会计的思维、理论及模型，在财务分析阶段主要开创性建立了两阶段财务分析法，即综合分析阶段和重点事项检查阶段，前者在管理会计报表体系下，应用关键因素分析法、横向比较分析法等提炼最具有指征意义的财务数据，后者以风险为导向，建立清单式分析任务，向蕴藏财务风险的纵深区域再进行一轮"重点突破"。财务风险的辨析也服务于标的公司估值，本文应用了现金流量折现模型及税息折旧摊销前利润（EBITDA）相对价值评估模型，在计算未来现金流量、可比公司价值、资本成本等过程中，对基本理论模型基于实际情况进行了修正，提高估值的准确性。

经过此次跨境并购业务，项目团队总结了一套适用于建筑企业跨境并购标的财务分析和价值评估的方式方法，提高了企业在跨境并购中对标的公司财务分析能力和风险管控能力，对行业内建筑企业在跨境并购业务开展具有一定的参考价值，也为企业进一步推动建立价值创造导向的管理会计体系积累宝贵经验。中资企业参与跨境并购交易不断增多，其中所出现的风险也日益增多。研究国有企业跨境并购相关问题在进一步了解国有企业跨境并购影响因素及经济效益的同时，有利于把握国有企业跨境并购的发展趋势，为国有企业开展跨境并购提供更有针对性的参考和建议，提高国有企业跨境并购的成功率。

一、背景描述

2020 年以来，受新冠疫情及地缘政治因素影响，全球经济增速放缓，金融和能源市场起伏不定，全球总需求不足，产业链、供应链收缩，对国际工程行业经济运行带来了极大冲击。但风险与机遇并存，疫情的冲击使得全球投资并购行为进入较低的窗口期，受流动性下降影响，许多企业资产估值降到历史最低点，为企业进入高端市场、增强国际影响力提供了良好的机遇。

《海外体制机制改革方案》中明确提出，打造股份公司海外投融资并购平台，大力推动公司围绕主业的投融资并购业务，不断增强公司的全球资源配置和跨国经营能力，提升公司境外投资并购和融资能力，努力实现公司境外资产整体上市，为公司海外业务转型升级和优质发展提供高端平台。

中铁国际围绕中国中铁"一体两翼 N 驱"发展新格局，立足"两翼"定位，全面落实股份公司海外优先发展战略，完善跨境并购制度管理，长期积极追踪并购潜在标的。2021 年经某投资银行推荐，中铁国际在候选公司中选出拟出售欧洲某工程公司股权的并购项目信息，随即组建项目团队，积极参加首轮非约束性报价，团队成员按专业分工组织可研材料的编写，按计划推进内外部必要程序。本文以该跨境并购案例财务部分工作为出发点，总结概括中铁国际在两轮报价前后在财务分析、企业估值等方面形成的有效工作方法，如何利用管理会计的逻辑、模型和理论识别跨境并购复杂环境下标的公司的财务风险，尽可能形成对标的公司客观公允的风险报酬认识，最后运用管理会计模型计算标的公司估值。

标的公司成立于 1985 年，是一家总部位于欧洲某国的中大型跨国性综合建筑类企业，市场布局涉及 15 个国家，主要项目分布于西班牙、拉丁美洲以及中东地区。公司业务类型涉及工程施工、维修养护、PPP 特许经营、建筑材料生产和销售，业务领域涉及铁路工程、道路工程、铁路维修、水利设施、水务整治、港口施工、房屋建筑等。根据"一体两翼 N 驱"改革重大部署，西欧、南美南部及中东地区属于中铁国际代管范围，但当前在上述地区的资源配置和经营力量有限，因此标的公司市场布局高度契合中铁国际目前所需。此外，标的公司在欧洲、南美地区已成功开发数个 PPP 项目，形成长期稳定资产回报，积累大量 PPP 项目开发、维护经验，可以为中铁国际业务拓展转型升级提供宝贵的经验，极大强化公司开拓拉美市场的核心竞争力。

然而机遇与风险并行，如不能有效识别标的公司财务报告后的隐藏风险，没有帮助管理层恰当决策，或提出过高的报价，隐藏的风险将转化为现实的风险。我们相信跨境并购中的卖方有美化财务报表的天然倾向，但是在复式记账基础上，利润是无法被凭空"创造"出来的，无非是在不同的会计年度和不同的会计科目之间进行腾挪，关键在于比对损益表和现金流量表，任何没有形成现金的收入都会在资产负债表中留下痕迹。因此项目团队应用管理会计的灵活性、应变性和逻辑性，对卖方提供资料进行了大量研究，整合数据、构建模型、分析总结，为管理层提供了真实有用的参考信息。

二、总体设计

（一）应用管理会计的目标

运用管理会计方法，将标的公司基于 IFRS 准则编制的财务会计报表、附注及披露，转化为管理会计口径报表及有用信息，将管理会计口径信息分类堆叠，划分维度，搭建分析模型，形成基本判断，识别标的公司经营风险、财务风险。针对识别出的风险，再回溯到分析步骤，做进一步专项分析，直到得到充分、恰当的分析结论，为项目整体交易安排提供有用信息。

在充分识别风险的基础上，运用管理会计资本成本及价值评估理论及模型，分别使用修正的直接价值评估法、间接价值评估法对标的公司进行估值。

（二）应用管理会计工具的思路及方法创新

建立了两阶段财务分析法，兼顾分析的范围与深度，有效过滤标的公司财务风险。第一阶段为整体财务状况分析，从盈利能力、资产负债情况、现金流及偿债能力三个维度对标的公司财务状况进行分析；第二阶段为逐项的检查清单分析，检查清单中的项目由四部分构成，一是在第一阶段工作中发现的风险点或敏感点，二是根据标的公司行业特性设定的重点检查项目，三是跨境并购活动中，常见的卖方通过美化财务指标、掩盖风险误导买方作出错误判断的高风险项目，四是企业日常财务工作中稽核、监管重点事项。

价值评估，分别使用现金流量折现方法（DCF）及相对价值评估模型对标的公司估值，每种方法下均对建筑板块、PPP 业务板块及房地产板块进行估值，在估值推算过程中，对很多步骤、方法进行合理性创新。在 DCF 下，用"自由现金流量现值 − 金融负债价值 + 现金存量"作为股权估值，其中现金流量使用存量订单与收入转化模型计算得出，加权平均资本成本使用了修正资产资本定价模型（CAPM）及近期交易 IRR 模型，对建筑板块业务及不存在活跃的区域市场使用 CAPM，对交易活跃的欧洲 PPP 市场使用 IRR 模型。在对建筑板块进行估值时，根据业务覆盖国别，从每个国家的无风险收益率开始推导，卸载系统杠杆、加载标的公司目标杠杆，计算该国别的股权资本成本，之后根据业务权重求解加权平均资本成本。使用在相对价值评估模型下，选用了三组可比公司：同业上市公司、近期同类交易及机构行业研究报告公司，计算每组比较对象市值与 EBITDA 比值，再求平均，计算标的公司股权价值，参考范围的扩大提升了相对估值模型下估值结果的综合性和准确性。

三、应用过程

（一）制定筛选标准，锁定标的公司

在标的筛选阶段，中铁国际首先通过有效的财务分析，判断财务资源配置情况，从财务视角找出经营短板。再通过内部合作，分析自身发展现状并与行业先进公司对标，得出跨境并购发展基本战略，即通过跨境并购业务的开展，优化国际市场布局、突出主业、调整业态结构、扩大盈利水平，并伴随跨境业务的展开，逐步融入当地市场，加强属地化经营，通过价值链整合以及产业协同全面提升经营水平和品牌影响力，为企业成为具有较强国际竞争力的基建领域承包商和投资商奠定良好基础。

其中财务状况分析应该服从于企业的发展战略，同时发展战略也受限于买方企业的自身财务状况。通过进一步拆解分析，中铁国际得出符合企业跨境并购业务要求的标的公司筛选标准，其中部分财务指标如表 1 所示。

表 1　　　　　　　　　　跨境并购筛选标的部分财务指标

并购要求	并购策略	参考指标	中铁国际指标	预期标的公司情况
按规划扩大营业额	营业额稳定，有增长潜力	营业额	11 亿美元	4 亿~7 亿美元并整体保持稳定增长
利润率稳步提高	标的公司应具备一定盈利能力	利润率	各口径利润率有待提升，存在提质增效空间	各口径利润率提示附加值高于中铁国际目前水平
有效控制财务风险，改善现金流情况	经营活动现金流量占比较大	现金流情况	收入、支出和余额结构基本合理，各比率指标基本处于同行业合理区间	近 3 年经营活动现金流量持续净流入，或者其他现金流情况良好的表征，具备自由现金流量"造血能力"
有效扩大企业规模	在企业资产规模内选取规模相匹配标的公司	总资产规模	约 15 亿美元	4 亿~8 亿美元
保障资产质量，稳定资产负债率	资产状况健康，资产质量高，债务风险可控	负债情况	公司资产负债率 68%	负债结构合理、比例适当

根据中铁国际制定的筛选标准，持续对欧洲某国市场 50 余家建筑企业进行财务数据收集及分析，整理筛选出 7 家符合企业并购需求的标的公司。通过与国际投行建立合作关系，与潜在卖方沟通交易意向，最终锁定该国某企业作为本并购案例的标的公司。

（二）管理会计应用于标的公司财务分析

在该跨境并购案例中，标的公司体量适中，市场区域分布广泛，涉及行业多样，而财务分析工作既要全面客观反映标的公司财务情况的全貌，又要细致入微辨识其中风险，工作难度较大，对专业性要求较高。项目团队利用财务管理、管理会计、审计及金融领域有关理论和实践方法，设计了一套财务分析工作方法，并证明其行之有效。

如前所述，分析方法由两阶段工作构成：第一阶段从三个维度对标的公司财务状况进行分析；第二阶段为由四部分构成的检查清单分析。

1. 第一阶段财务综合状况分析

（1）收入和盈利能力分析。

收入和盈利能力分析全面应用了财务管理中的比较分析法。汇总标的公司近年营收情况，运用趋势比较分析法与对往期情况作对比，进而结合标的公司提供数据对未来营收情况进行预测。每一步的分析均应判别不同指标的重要性，提取利于管理层决策的有用信息，如表 2 所示。

表 2 简化合并利润表 单位：万欧元

项目	2016 年	2017 年	2018 年	2019 年
营业收入	66 039	57 607	53 172	55 065
主营业务成本	− 37 955	− 33 046	− 32 695	− 31 030
主要期间费用（不含财务费用）	− 21 563	− 18 513	− 14 235	− 16 479
EBITDA	6 522	6 048	6 259	7 556
折旧摊销及其他非经常性收支	− 2 542	− 2 261	− 1 771	− 1 648
利息支出及少量汇兑损益及减值	− 1 438	− 2 454	− 2 121	− 3 313
企业所得税	− 1 052	− 579	− 894	− 877
净利润	1 490	754	1 543	1 718

国际并购交易一般不以净利润作为主要参考指标，尤其涉及大量的特许经营权和无形资产摊销会压低净利润数值，同时也不能反映标的公司产生现金流的能力。在企业价值评估现金流量模型方法下，企业价值是通过对企业未来自由现金流量以加权平均资本成本进行折现来计算的。自由现金流量满足了所有经营费用和税收以及资本支

出，但在债务支付之前的剩余现金流，它可以用于所有投资者分配的需要，以及支付债权人利息和本金等。

鉴于以上认识，进一步计算并分析标的公司自由现金流量情况，如表 3 所示。

表 3 整体经营成果比率指标 单位：万欧元

项目	2017 年	2018 年	2019 年	2020 年	2021 年（未审）	2022 年（预测）	2023 年（预测）
EBITDA	3 450	3 570	4 310	2 498	4 624	6 260	7 070
自由现金流量	1 180	3 970	5 690	2 320	1 734	2 776	4 548
净利润	430	880	980	− 1 491	1 273	1 650	2 440

首先，虽然标的公司过去几年会计净利润数值偏低，但是企业自由现金流量保持较高水平，显示标的公司为股东和债权人创造价值和持续经营的能力。标的公司自由现金流量的创造能力稳健，2021 年业绩迅速回升，但因复工复产需要，经营营运资本占用现金增加，自由现金流量的回升会相应滞后。与之相关的偿债能力分析见后文。

其次，运用横向比较分析法，将标的公司营收情况与区域范围内的相关可比企业进行类比对标分析，如表 4 所示。

表 4 同行业收入和盈利能力对比

项目	2018 年	2019 年	2020 年（预测）	2021 年（预测）	2022 年（预测）
A 公司					
营业收入（万欧元）	750 953	719 059	647 243	740 618	789 240
增长率（%）	3.50	− 4.25	− 9.99	14.43	6.57
EBITDA（万欧元）	124 608	131 955	99 053	128 355	143 130
增长率（%）	− 11.11	5.90	− 24.93	29.58	11.51
EBITDA 率（%）	16.59	18.35	15.30	17.33	18.14
B 公司					
营业收入（万欧元）	280 175	291 244	242 913	274 850	316 900
增长率（%）	7.87	3.95	− 16.59	13.15	15.30
EBITDA（万欧元）	36 115	35 018	32 100	40 300	49 400
增长率（%）	8.53	− 3.04	− 8.33	25.55	22.58
EBITDA 率（%）	12.89	12.02	13.21	14.66	15.59
（其余八家可比公司比较情况予以省略）					

通过与同行业同区域的可比公司对比，可以帮助企业快速定位标的公司的发展状态。例如，在本文中，同行业不同企业的非 EPC 业务占比直接影响其 EBITDA 率。上

述可比公司中，业务板块最为相似的 B 公司 EBITDA 率平均数约为 13.67%，EBITDA 增长率平均为 9.06%（标的公司分别约为 12% 和 15%）。B 公司的规模效应（成本协同）有助提升 EBITDA 率，但同时由于基数更大，增长率也相应较低。标的公司作为行业中型公司，可以更灵活捕捉市场机遇，未来潜在并购交易带来的协同边际也较高。

最后，项目团队还对标的公司不同业务板块和不同市场区域的营收情况进行展开研究，运用横向比较分析法，分析了各板块营收能力和功能定位、各市场区域对公司的财务贡献及发展潜力，并提取有用决策信息。

（2）资产和负债配置情况分析。

资产和负债情况是标的财务状况的直观表现之一，重点在于了解报表项目的组成和结构是否合理，并分析敏感报表项目的成因，判别其中潜在的财务风险。同时纵向观察对比各科目余额和变动情况以进一步寻找风险点和关注点。

标的公司无形资产主要由特许经营权形成，2019 年末总数约为 1.89 亿欧元，在特许经营权期限内摊销，可能对会计利润造成压力，但不影响现金流。标的公司的长期应收款由两部分组成：已提供服务的应收款和根据特许经营合同建造成本的回收款。由于这两项被列作长期资产，而且金额达 1.7 亿欧元（见表 5），项目团队又对两种情形进行剥离，真正意义上的长期应收款主要由工程承包板块造成，其余部分为合理确认的特许经营资产。

表 5　　　　　　　　　　　　无形资产和长期应收款报表项目　　　　　　　　　单位：万欧元

项目	2017 年	2018 年	2019 年
无形资产	15 555	16 666	18 888
长期应收款	3 333	15 555	17 000

"两金"是建筑行业企业普遍存在问题，本文根据行业特性，对"两金"进行了针对性分析，如表 6 所示。

表 6　　　　　　　　　　　　　　"两金"情况初步分析　　　　　　　　　　　单位：万欧元

项目	2017 年	2018 年	2019 年	2020 年	2021 年（第一季度）
存货	5 843	5 851	5 800	5 762	
已完未验		8 212	6 394	6 252	
已验未收（流动）	19 443	5 316	6 901	4 316	10 604
已验未收（非流动）		2 090	2 038	36	

项目	2017 年	2018 年	2019 年	2020 年	2021 年（第一季度）
其他应收款	3 648	3 377	3 790	3 787	
合计	28 934	24 846	24 923	20 153	

最终得出结论，"两金"构成的主体为建筑板块及其他板块合同资产、应收账款，"两金"占收入比较高，但增速并不明显，周转天数约 140 天，尚在接受范围内，但须引起警示事项。

通过对标的公司的预计负债进行分析，我们发现预计负债和计提费用主要由工程项目潜在额外支出、大额维修准备及诉讼等组成，总数约 8 724 万欧元，过半数发生时产生现金流出。

根据工程承包行业收入确认的规则，预计报表期间期末时点至履约完成收入将大于成本，应确认预计负债。项目团队对数据背后的经济事项逐一进行了解，大致摸清各个项目背后涉及的金额和潜亏可能性。预计和减值准备属重点关注事项，后续可对各事项发生的可能性、超额回拨、发生时间、支付金额等进行分析，并在后续对价谈判、股权收购协议（包括法律诉讼、索赔、付款方式等部分）中充分覆盖。

标的公司资产负债整体构成合理，报表项目各期期初期末余额变动与管理层披露信息，以及同时期经营活动的开展相符。往年多期收入的变动趋势并不与经营类应收账款的变动趋势相背离，符合逻辑。项目团队还在卖方提供资料中发现表外负债的附注，较大金额衍生品负债，以及与递延所得税资产对应的经营亏损，将在财务分析第二阶段中论述。

（3）现金流及偿债能力分析。

并购资产产生现金流能力的重要性不言而喻，并购活动中应务必警惕标的资产投后可能发生现金流不足，陷入经营困难的情况，须注意从卖方提供的资料中抽丝剥茧，不放过任何可能掩饰实际经营的线索，深挖后期可能导致现金流不足的情况。

本次并购业务中，项目团队通过利润表，结合公开渠道信息，以及资产负债表项目余额变动、管理层预计的未来资产支出情况，以倒推的方式分别制成了会计口径和管理口径现金流量表，其中管理口径自由现金流量的计算结果已在表 3 中列出。

财务会计维度下，企业经营、投资、筹资活动现金流分布较为合理。因管理层在特许经营项目上持续投入，投资和筹资活动现金流总量持续提高，资产负债率逐步提高，但由于项目本身特性以及多为无追索权性质的融资，未显著提供提高企业财务风险。财务管理维度下，标的公司自由现金流量往期持续为正，疫情期间也可维持，可持续为债权人和股东创造现金流，个别值得关注之处将结合负债合并论述。

根据管理会计理论，项目团队先将企业负债分为了经营性负债和金融性负债，经营负债主要关注点已在前文论述，分析偿债能力落脚在企业应对金融负债的能力方面。标的公司金融负债期末时点余额如表 7 所示。

表 7 金融负债的结构

项目	2019 年	2020 年（预测）	2021~2023 年预测平均
有追索权总负债（万欧元）	24 190	26 103	
无追索权总负债（万欧元）	35 081	43 550	
总金融负债（万欧元）	59 270	69 650	
有追索权净负债（万欧元）	11 646	15 497	
无追索权净负债（万欧元）	30 312	38 097	
净金融负债（万欧元）	41 959	53 594	53 594
EBITDA（倍）	8 035	4 810	10 203
总净金融债/EBITDA 倍数（倍）	5	11	5.5

2020 年底，标的公司无追索权净负债约为 3.81 亿欧元，主要由特许经营权项目形成，2018 年增资控股某子公司，2020 年收购南美洲某项目（80% 控股），因合并报表原因，导致相关资产和负债相关科目余额大幅增加。

2020 年底，标的公司有追索权净负债约为 1.55 亿欧元，其中 8 820 万欧元为欧洲金融机构长期借款。标的公司发行中公司债券的到期收益率可以反映资本市场对于标的公司前景的判断，该公司发行中债券到期收益率略高于同行业其他公司，但未提示值得关注的风险。

标的公司历史活动现金流足够覆盖利息支出，但如果考虑公司债券到期不进行循环继续发行，2021 年及 2022 年预计当期产生的现金流入不足以偿还债务本金和利息，压力集中在这两年体现，可能需要再融资或者股东贷款以应对潜在现金缺口。进一步讲，未来 5 年标的公司经营情况能否从疫情影响中充分恢复将直接影响公司长期偿债能力（见表 8）。标的公司债务情况，特别是未来期间即将到期的每笔债务还款金额和时点，在该并购业务后续工作中需要重点关注。

表 8 未来自由现金流量与债务的比较 单位：万欧元

项目	2020 年（估）	2021 年（估）	2022 年（估）	2023 年（估）	2024 年（估）
自由现金流量	4 119	3 667	7 533	8 970	无数据
偿还债务本金	−1 571	−3 830	−8 520	−3 560	−1 950

2. 第二阶段分析——检查清单分析

以下摘录若干条具有代表性的检查清单项目核查过程，论述项目团队如何综合运用财务会计和管理会计理论进行重点项目分析的。

（1）往期报表虚增收入、放大利润的检查。

通常跨境并购卖方有粉饰财务报表的倾向，但以复式记账为基础的会计处理之下，虚增的收入和利润是无法被凭空人为"制造"的，无非是在不同会计期间和不同会计科目之间辗转腾挪。进行财务分析，排除"美化"报表风险的关键在于利润表和现金流量表，任何没有形成现金的收入都会在资产负债表中留下痕迹。

基于上述认识，项目团队将利润增加导致资产增加的会计科目进行汇总，检查资产负债表货币资金、短期应收、长期应收、递延所得税资产、长期股权投资（负商誉导致期末余额增加）在各期期末余额的变动情况，根据变动反向检查了利润表和现金流量表，进行基本判断。

货币资金、短期应收余额基本保持稳定，变动趋势与实现收入和利润变动趋势相符，卖方资料提供未提示存在明显风险。过往四年卖方并购、股权交易活动未发生确认负商誉情况，没有发生过同时确认长投与营业外收入的情形。

卖方子、分公司层面共累计 11 844 万欧元税前净亏损，分布于三家不同子、分公司，均处于可抵扣所得税期限内。卖方将 11 844 万欧元中的一部分确认了递延所得税资产，大部分税前亏损未进行确认，符合谨慎性要求。

卖方长期应收款的变动趋势与货币资金、收入、利润的变动趋势存在背离，经重点检查，原因主要有两个方面：一是卖方三个特许经营权项目完工，按照"金融资产"模型进行计量；二是"金融资产"模式进行后续计量，需要按照摊余成本确认投资收益，收入和利润数据不再能反映实际现金流情况，长期应收款在特许经营期限内缓慢摊销。

（2）衍生品负债、表外负债的检查。

衍生品负债因为其复杂性和杠杆效应，企业判断或操作不当可能导致严重后果。

相关数据显示，2020 年期末存在 3 392 万欧元衍生品负债，引起项目团队警觉。经澄清与检查，该笔衍生品负债的成因是标的公司对欧洲某国境内两个特许经营权项目进行利率互换处理。两个项目初始贷款协议分别在 2010 年左右签订，无追索权，年利率为 3 个月欧洲银行间欧元同业拆借利率（Euribor）加金融机构边际利润率，贷款生效时，Euribor 为 2.39%，自 2016 年起各期限 Euribor 均转为负数，由于标的公司将进行利率掉期操作，将合同项下浮动利率置换为固定利率，由此根据 IFRS 9 套期会计准则使用 2020 年期末时点浮动利率为公允价值计算乘数，确认贷款协议剩余期限内全部的现金流出义务。管理层为特许经营项目做利率掉期操作并不罕见。项目团队根据相关资料重新计算衍生品负债贷方余额，认可该衍生品负债金额。考虑到目前国际经济形势、主要国家货币政策及欧洲区域信贷资金必要报酬率指标，项目团队认为 Euribor 短期内难以回调至 2.39% 左右水平，负债余额基本反映了较长时间内的客观事实。

根据卖方提供资料，2020 年期末存在表外负债 616 万欧元，其成因是为长期合作供应商进行反向保理，风险可控。

（3）在建及运营特许经营项目风险排查。

与国内工程承包企业"投资带动 EPC"模式一致，欧洲同行业公司近年来积极投身于特许经营项目，在建设期获取施工利润，在运营期获取稳定现金流。本文中，特许经营资产估值主要以各个项目未来现金流为基础计算。各个特许经营项目又因国别不同，监管环境不同，适用协议体系不同，为财务分析和风险判别工作带来较大的困难和复杂性。

在对标的公司进行分析期间，标的公司尚有一个位于南美洲某国的公路 PPP 项目处于施工阶段，直接投资主体为标的公司控股子公司，负责施工单位为标的公司参股经营关联方。项目团队分析认为卖方存在固有的虚增造价风险，对于剩余建设超期、超支及预期回报能否实现的风险管理未实现闭环。

鉴于此，项目团队制订了一套解决方案。一是该项资产待完工后再行交割，报价不因该项目超支而调整，将超期和超支风险完全转嫁给卖方；二是在股权转让协议中设定专门索赔条款，对该项目全周期因卖方责任导致的监管罚款、环保、劳工保障、营运资本均计入索赔范围；三是在该资产交割期间聘请知名事务所对项目进行全方位审计。

对于处于运营期的 PPP 项目，核查重点为卖方预期的现金能否实现。由于卖方未提供各特许经营项目的合同、可研、单体报表、财务模型及审计报告，对于处于运营期的项目并未调查充分，大量工作需在财务尽职调查阶段逐一落实。重点从合同安排、汇率风险、托管账户最低现金余额限制、分红及直接间接税费筹划等角度，全方位对运营阶段特许经营项目做进一步分析，每个可能影响项目未来现金流的因素都要做到彻底调查。

（三）管理会计应用于企业估值

对多元化经营的标的公司进行精确估值，通常按业务模块分别估值，最后加总。常用企业价值评估模型主要有两大类：相对价值评估模型和现金流量折现模型。

1. 建筑及其他业务板块的估值

对该业务板块的估值分为三个步骤进行：第一步采用 DCF，考虑到疫情影响使得标的公司的经营表现出现非线性波动，因此将 2021～2023 年作为增长期或疫情后的恢复期，将 2024 年及未来期间作为稳定增长期，根据经自主判断且调整后的标的公司两阶段自由现金流量，利用宏观数据精确计算加权平均资本成本（WACC）作为折现率，计算出公司企业价值，减去净负债作为股权价值。

在本文中，未来期间现金流调整过程首先根据订单储备情况修正了管理层提供的

2021~2023年EBITDA数据，再扣除经营营运资本和长期资产的增加额，进一步剔除非现金类收入（如备抵科目的转回）。2024年作为稳定增长期的基期，EBITDA使用疫情后调整的2022~2023年的平均值，该期后续期间自由现金流量考虑了在基期8 970万欧元基础上等比递增1%，形成永续增长现金流。两阶段增长预测下，所得税都考虑了每年880万欧元折旧摊销的抵税作用。标的公司记录在案的2020年子公司层面5 790万欧元税前亏损抵税效果具有不确定性，因此未考虑该部分价值。

关于折现率的考量，加权平均资本成本（WACC）的确定以资本资产定价模型为基础逐步计算得出，在应用资本资产定价模型时，选择了标的公司市场份额最大的8国别市场，分别通过公开研究报告确定各个国别的无风险报酬率、资产贝塔系数和股权风险溢价率，考虑公司规模溢价，计算股权资本成本。再进一步根据并购后资本结构及税后利息率，计算各个国别的WACC。每个国别的WACC，以业务比重赋予不同权重，计算整体估值适用的WACC。自由现金流量现值为企业价值，减金融负债加货币资金等于标的公司股权价值。

第二步采用可比相对价值评估模型下跨境并购活动常用的EV（企业价值）/EBITDA方法，对标的公司价值进行再次评估。该估值方法通常选用可比企业或可比交易的EV/EBITDA倍数的平均数，再乘以目标企业的EBITDA得出估值。该方法排除了税收环境、资本结构和折旧摊销等非付现费用的影响，适用于对跨国经营企业进行估值。EBITDA本身不涵盖非经常性项目，代表目标企业主营业务的运营绩效，得出的估值更有参考意义。

相对价值模型下EV/EBITDA选用的倍数是在公共信息渠道收集可比上市公司、行业研究报告、可比交易历史数据三类数据得出的。分别将三个统计范围的倍数乘以标的公司EBITDA，再计算平均值得出标的公司建筑板块企业价值为4.2亿欧元，股权价值评估结果为1.32亿欧元。

第三步将DCF估值方法和EV/EBITDA估值方法结果综合考虑，各自赋予50%权重，由于两种估值方法结果近似，相互印证，最终选用4.2亿欧元作为企业价值评估结果，1.32亿欧元作为标的公司建筑业务板块股权价值评估结果。

2. 特许经营业务板块

特许经营项目的估值不适用相对价值评估模型，且在实际估值分析过程中，标的公司位于不同国别或者区域的特许经营项目并不都具备活跃可用的交易数据可参考，因此可以采用股权资本成本作为折现率，将股权现金流量折现，得出标的公司特许经营板块重点项目各自的股权价值，再将各个项目股权价值加总得出该板块的股权价值评估结果，汇率风险在计算过程中也给予充分的考虑。

项目团队分别核算标的公司每个特许经营项目的投资总额，计算股权现金流量和折现率，考虑国别和汇率风险调整，得出特许经营业务板块的股权价值。

出于合理利用资本弱化降低所得税考虑，标的公司对于个别特许经营项目的出资有资本金和股东贷款两种形式，统一归为股权现金流量。对于股权资本成本的考虑，标的公司的 A、B、C 三个特许经营项目位于欧洲区域，股权资本成本参考欧洲市场可比交易案例买方付出对价为基础计算的 IRR 作为折现率，代表投资方的期望报酬率；位于拉丁美洲的 D 和 E 项目的资本成本通过修正的 CAPM 模型计算得出，计算方法与建筑及其他板块 DCF 估值方法下关于折现率的计算方法相同。

3. 不动产价值评估

在跨境并购交易中，对于不动产的估值通常由专业的地产评估机构对土地或者房产进行价值评估。在初始报价阶段暂时以不动产账面价值作为估值结果，并在报价文件进行特别说明，后续可以根据专业第三方评估结构进行调整。

4. 总体股权价值评估

标的公司的股权价值评估是各业务板块的股权价值评估结果之和，在本文中标的公司股权价值评估结果为 2.2 亿欧元。同时标的公司净负债价值 4.4 亿欧元，加总得出企业价值评估结果为 6.6 亿欧元。如按收购 80% 的股权比例计算，考虑少量交易费用，针对本次并购交易对价约为 1.76 亿欧元。

四、取得成效

本文展示了跨境并购活动在准备阶段和非约束性报价项目团队根据卖方提供资料和公开渠道信息，运用管理会计理论，执行财务分析和价值评估工作的全过程。第一阶段侧重全面，从营收能力、资产负债质量、现金流与偿债能力三个维度对标的公司财务情况进行全面扫描；第二阶段侧重重点，利用"检查清单工作法"，对存在"美化"报表倾向，卖方主动披露或可能潜藏的高风险事项，特定行业易发生风险点，财务稽核和内外部审计错报风险点，深挖事项或数据背后的原因。项目团队尽可能还原标的公司真正的财务情况与合理价值，为管理层提供决策有用信息。上述工作取得成效主要体现在以下几个方面：

一是通过管理会计的实践应用进一步推动企业管理会计体系的建设。在本成果中对标的公司的财务分析以管理会计为基础，融合财务会计与审计知识理论，在具有中国特色的管理会计体系基础上，进一步结合企业实际和自身特点，推动建立价值创造导向的管理会计体系。

二是切实提高企业跨境并购业务开展能力。通过此次并购活动中铁国际摸索总结出了一套适用于建筑企业跨境并购标的财务分析方法，提高了企业在跨境并购中对标的公司的财务分析能力，为今后跨境并购业务提供了可参照的研究模式，同时对行业内建筑企业的跨境并购业务开展具有一定的参考意义。

三是进一步强化企业风险管控能力。通过合理高效运用管理会计口径的财务分析，严把财务风险关，对标的企业的财务和经营情况进行全面细致的研究和排查，有效识别和规避潜在的财务风险，建立财务风险应对、控制和防范举措，进一步提高企业风险防控管理水平。

四是强化企业投融资能力，进一步推动中央企业海外投融资业务水平的发展。在跨境并购业务的开展过程中，中铁国际始终将"提质增效"企业发展策略作为行动方针，以提升资产质量和推进管理创新为出发点，强化企业境外投融资业务能力，进一步为提升国有企业海外投融资管理及决策水平的贡献力量。

五、经验总结

基于该并购案例，项目团队总结了一套适用于建筑企业跨境并购标的财务分析的方式方法，提高了中央企业在跨境并购中对标的公司财务分析能力和风险管控能力，对行业内建筑企业开展跨境并购业务具有一定的参考价值，也为企业进一步推动建立价值创造导向的管理会计体系积累宝贵经验。同时伴随着项目的推进和开展，项目团队也发现了一些问题和值得总结、改进之处。

一是分析层次有待更加系统化。本文中，标的公司为业态多样的跨国经营大中型集团企业，如何使财务分析工作更加系统化、精准化和程序化，进一步研究这些问题将有助于进一步提升企业财务分析质量和管理水平。

二是财务分析所依赖的理论和方法有待进一步丰富和提高，存在应用理论和方法不够丰富的问题，缺少专业范畴内更加前沿、新颖的元素。

三是公共渠道信息相对欠缺，数据获取存在一定困难。

合理地运用财务管理、管理会计理论对标的公司进行财务分析是跨境并购活动的关键要素之一，它使企业深入了解目标公司的经营和财务状况及潜在问题，评估目标公司的价值和风险的主要手段和依据，相关工作开展越彻底、越深入，越能揭示风险，越有助于企业制定有针对性的并购策略和交易模式，更好地预防并购风险，是确保企业跨境并购成功的必经之路。

（中铁国际集团有限公司　李奇伟　郎步云）

第二篇

预算管理

管理会计之资金预算应用
——工程项目资金自平衡管理实践

【摘要】 长久以来，资金都是建筑施工企业赖以生存和发展的"血液"，工程项目是组成企业的基本单元，项目资金管理水平直接影响施工企业发展质量，而资金管理一直是建筑施工企业管理的薄弱环节，受工程项目建设周期长、资金回收慢等自身特点的制约，加之没有对资金进行有效筹划和管控，对资金流没有足够重视，使企业"两金"占比逐年增高，资产负债率长期处于高位，导致企业投诉、诉讼案件增加，银行存款冻结，资金严重受限。在我国建筑业总产值和增加值稳步上升、建筑业发展持续向好的大环境下，建筑施工企业亟待改善资金管理模式，亟待加强资金筹划和管理。

为了提升企业资金管理水平，提高资金筹划能力，保持施工期间资金收支整体平衡，竣工后经营性现金净流量与利润相匹配，推动企业现金流正向流动，促进企业高质量发展，中铁六局集团石家庄铁路建设有限公司（以下简称"石家庄公司"）结合建筑企业特点和工作实践，开展工程项目资金自平衡管理。本文以该公司为例，对开展资金自平衡管理工作的关键环节、具体做法、存在的难点和主要应对措施进行了全面梳理分析。工程项目资金自平衡管理依托项目责任成本，采用预算管理手段，通过制订资金自平衡方案，规划公司资金收支，过程中对资金自平衡方案进行不断调整，实现公司整体资金，特别是工程项目全周期资金的平衡，最大限度地满足施工现场需求，提高资金使用效率，降低企业债务风险和融资成本，提升企业发展空间。

石家庄公司资金自平衡管理工作经过近 3 年的实践，综合利润率提升 2.21%，营业现金比率增长 0.75%，资产负债率降低 4.5%，"两金"增长持续低于同期产值增长比率，公司各项债务支付得到管控，涉诉案件数量较之前有所下降。笔者发现工程项目资金自平衡管理既是管理手段更是管理理念，石家庄公司通过对工程项目现金流的全周期策划和年度分解执行，不仅最大限度地满足施工现场需求，提升项目资金管理能力，还通过强化资金日常收支管理，提高了企业资金使用效率。

一、背景描述

（一）基本情况

石家庄公司 2004 年重组成立，前身为北京铁路局石家庄工程段，现隶属于中铁六局集团有限公司（世界 500 强企业中国中铁股份有限公司的全资子公司），年产值

30 亿元，是一家集建筑施工、建筑劳务、装饰装修、工程机械维修等于一体的大型综合性建筑企业，拥有总承包资质 4 项、专业承包资质 4 项，分别为铁路、建筑、公路工程施工总承包二级；市政公用工程施工总承包三级；桥梁工程专业承包二级；钢结构、环保、公路路面工程专业承包三级。目前业务涵盖铁路、公路、市政、房建、轻轨、装修装饰等领域，工程遍及全国 11 个省、自治区、直辖市。

公司机关设 13 个部室，3 个附属机构，下设 24 个工程项目部及 6 个专业化分公司。现有正式职工 1 216 人；各类专业技术人员 640 人，其中高级职称人员 105 人，中级职称人员 272 人，初级职称人员 263 人；一级建造师 66 人。

（二）企业现状、存在的主要问题

石家庄公司未执行工程项目资金自平衡管理时，"两金"占比逐年增高，资产负债率长期处于高位，非受限现金类资产规模较小，管理层对资金筹划认识不足，对资金流管理重视不够，公司收到工程资金仅着眼于解决当下问题，资金流不足导致民营企业平台投诉、诉讼案件增加，银行存款冻结等一系列严重后果，公司正常运转极大地依赖集团公司资金支持。若要满足施工现场正常资金需求，实现长足发展，石家庄公司必须依靠强有力的管理手段和措施，认真做好资金管理，扭转资金状况。

（三）选择相关管理会计工具方法的主要原因

（1）工程项目自身的特点决定了工程项目资金链条长、风险大。一般的工程项目都具有建设周期长、资金回收慢的特点，没有有效的资金筹划与管理，势必会出现过程中现金流收支不均衡、垫支工程资金的情况，一旦业主的资金链断裂，会给企业带来巨大的经营风险。

（2）工程项目施工过程中资金需求量大。大型工程项目的投资规模巨大，在施工过程中资金的流入流出量巨大，这些工程资金分散在不同专业和阶段，管理难度较大。

（3）有效的管理会计工具方法是工程项目成本控制的关键。资金是工程项目实施的物质基础，资金的有效循环和使用直接影响项目的成本水平。资金管理不到位，项目成本难以有效控制。

（4）有效的管理会计工具方法是资金流管理的重要手段。资金流状况直接反映企业经营与工程项目实施的情况，通过资金管理可以及时发现经营与施工中出现的问题，及时采取相应措施。

二、总体设计

（一）工程项目资金自平衡管理目标

（1）通过工程项目资金自平衡管理分解落实经营目标，并依托资金自平衡管理平台整合其他管理工具，反映工程项目实施情况。

（2）对工程项目资金进行前瞻性规划，实现在建工程项目资金自平衡。

（3）通过提升资金使用效率，改善现金流状况，让企业有可利用的沉淀资金，构建企业"资金池"，调剂余缺，保障企业正常运转，为企业争取更大的发展空间。

（4）通过工程项目资金自平衡管理提高企业风险识别的敏感度，增强企业抵御债务风险的能力。

（二）实施工程项目资金自平衡管理的总体思路

工程项目资金自平衡管理依托项目责任成本，采用预算管理手段，制订资金自平衡方案，规划项目资金收支，与项目利润管理相互印证，通过预算、执行、调整、再预算、再执行、再调整的方式，实现工程项目全周期资金有收有支，以收定支的平衡，最大限度地满足施工现场需求，提高资金使用效率，降低企业债务风险和融资成本。

（三）应用管理会计工具及内容

预算管理，是指企业围绕预算开展的一系列管理活动。预算管理旨在落实战略规划、优化资源配置、提高营运绩效、强化风险控制、推动企业战略规划实现。企业实施预算管理时，一般遵循以下原则：战略导向原则、过程控制原则、融合业务原则、平衡管理原则。

工程项目资金自平衡管理的实质是资金流量预算管理，主要是应用了管理会计工具方法中零基预算，配合滚动调整预算的方法，通过预算编制、预算审批、预算执行、预算调整、预算监控、预算考核，采用事前控制、事中控制、事后控制等全过程控制，强化对战略规划的决策支持、对战略实施的监督机制、对战略目标的标杆引导。

（四）应用预算管理工具的创新

为了加强工程项目资金管理，达到工程项目资金自平衡，石家庄公司在集团公司带领下，成立工程项目资金自平衡工作领导小组，颁布《工程项目资金自平衡管理实施细则》，依托公司商务部下达的工程项目责任成本，以项目部为主体，组织"自下而上报送汇总、自上而下批复下达"的沟通和审核过程，完成工程项目资金自平衡方案的制订，这个过程的实质是将责任成本、施工计划、组织方案与资金收支预算相结合，责任成本、施工计划、组织方案是工程项目资金自平衡方案的基础。各部门通过责任成本、施工计划、组织方案将方案进行落实和量化，得到具体的资金需求和最终结果。在方案执行过程中通过与实际情况进行比较，侧面反映责任成本、施工计划、组织方案的落实情况，当存在差异时分析差异原因，尽快消除不利影响，及时调整方案。

在日常管理中，通过强化指导、督促和考核，促进项目部主动加强资金筹划，动态掌握项目资金全貌；主动做好清收清欠，实现资金回流；主动做好成本管控，提升项目造血能力；主动做好合同谈判工作，在不影响信誉的前提下，尽可能地展期付款，充分利用承兑汇票等支付工具，让资金在企业内部进行有效的沉淀和周转。加强公司资金统筹力度，盘活资金存量，充分挖掘释放资金潜力，为工程项目成本管控争取空间，降低企业融资成本，更好地防范化解企业债务风险。

三、应用过程

（一）工程项目资金自平衡管理的组织机构

1. 领导机构

公司成立以党委书记、总经理为组长的工程项目资金自平衡工作领导小组。

2. 办事机构

工程项目资金自平衡工作领导小组办公室设在公司财务会计部，办公室主任由财务会计部部长担任。

3. 责任主体

项目部是落实资金自平衡工作的责任主体。

4. 部门职责

（1）项目部资金自平衡管理工作由项目经理牵头组织，相关部门协同配合。在执行过程中，按月编制资金自平衡方案执行情况表，按季分析自平衡方案的执行情况，依据重大变化调整资金自平衡方案。

（2）公司财务会计部负责牵头推动工程项目资金自平衡工作，对项目部上报的工程项目非自平衡资金救助方案汇总后提出初步意见，报总会计师确认后提交自平衡工作领导小组研究、确定；负责对项目部资金自平衡工作进行考核评价。

（3）公司商务部负责对工程项目劳务、其他直接费用分类平衡方案进行审核。

（4）公司物资机械设备部负责对工程项目物资、机械分类平衡方案进行审核。

（5）公司法律合规部负责对项目经济合同文本进行审核把关，对项目法律诉讼等问题造成的影响进行评估。

（6）其他部门基于自身管理职责对工程项目资金自平衡方案提出建议。

（二）工程项目资金自平衡方案的内容

工程项目资金自平衡方案的内容包括：总平衡方案、劳务分类平衡方案、物资分类平衡方案、机械分类平衡方案、其他直接分类平衡方案、其他间接分类平衡方案、方案说明、方案审批表。

（三）工程项目资金自平衡方案的编制及调整流程

工程项目资金自平衡方案的编制采用"上下结合"的方式，自下而上报送汇总、自上而下批复下达。

（1）项目经理召开项目部资金自平衡方案编制会议，形成工程项目资金自平衡方案。

（2）工程项目自平衡工作领导小组组织召开自平衡工作会议，各成员部门对上报的工程项目资金自平衡方案进行审核、讨论、修订（包括上下反复调整的过程）。

（3）工程项目自平衡领导小组审批、下达工程项目资金自平衡方案。

（4）项目部按月编制资金自平衡方案执行情况表，每季度末对工程项目资金自平衡方案执行情况进行分析，出现偏差时及时向资金自平衡领导小组提交分析报告，涉及调整的及时提交调整后的资金自平衡方案。

（5）工程项目自平衡工作领导小组对调整后的方案进行审核、讨论、修订（包括上下反复调整的过程）。

（6）工程项目自平衡领导小组审批、下达项目调整后的工程项目资金自平衡方案。

（7）工程项目自平衡工作领导小组建立资金筹划例会制度，定期或不定期对公司整体资金进行筹划和分析，实现公司层面的资金自平衡。至少每季度召开一次定期例会，不定期例会在项目申请资金救助时召开，例会形成公司资金筹划方案。

（四）工程项目资金自平衡方案的编制方法及实施要点

1. 工程项目资金自平衡方案编制方法及实施要点

工程资金自平衡方案是以资金流预算形式将整个工程周期的施工过程预先反映出来，是通过方案提前规划各职能部门在哪些时间节点要做什么，要做成什么样，根据收入确认情况、成本情况规划资金收支，以收定支，最终达到工程项目的资金自平衡，并通过施工过程中监控工程项目资金自平衡方案的执行情况，实现对施工过程以及资金收支的动态管控和调整。

下面以 A 工程项目资金总平衡方案为例说明方案编制过程：

A 工程位于京沪高速铁路、京广客运专线两大干线之间，线路长度 351.97 公里。合同价（含税金额）：104 734 万元。合同工期：2020 年 5 月至 2022 年 12 月。

A 工程项目资金总平衡方案如表 1 所示。

（1）工程项目资金流入测算。

工程项目全周期资金流入预算是依据合同额以及合同支付条款测算，年度资金流入依据年度预计完成投资额、施工组织设计和下达的施工计划编制，项目资金流入应细化到月度、季度、全周期。

表1

A 工程项目资金总平衡方案

序号	项目	相关指标	测算数据				合计	备注
			2020 年	2021 年	2022 年	2023 年		
1	项目总体预算	目标营业收入（万元）	41 285.31	49 153.00	14 295.69		104 734.00	
2		目标责任成本（万元）	39 382.60	46 821.67	13 668.73		99 873.00	
3		目标利润（万元）	1 902.71	2 331.33	626.96		4 861.00	
4		目标利润率（%）	4.61	4.74	4.39		4.64	
5	项目全周期总平衡	项目完工预计资金流入（万元）	45 535.50	44 237.70	13 818.80	1 142.00	104 734.00	
6		成本支出可支配资金总额（万元）	43 292.42	44 590.82	10 245.76	932.00	99 061.00	
7		其中：劳务分包（万元）	16 034.88	14 892.90	2 930.22		33 858.00	
8		材料费用（万元）	20 245.97	22 948.80	2 866.23	732.00	46 793.00	
9		机械费用（万元）	2 513.10	3 064.13	1 997.77	200.00	7 775.00	
10		其他直接费用（万元）	2 403.24	1 808.46	1 074.30		5 286.00	
11		间接费支付金额（万元）	2 095.23	1 876.53	1 377.24		5 349.00	
12		资金余缺（负数为资金缺口）（万元）	2 243.08	-353.12	3 573.04	210.00	5 673.00	

该项目施工合同收入条款约定如下：

计量周期：按季度计量；

预付款：按当年预计完成投资额（扣除甲供材料设备费）为基数计算预付款，预付款额度和付款方式约定为建筑、安装工程预付比例为10%；

月份预支工程款：承包人按不高于发包人批准下达的月份施工计划的70%预支工程款；

预付款的扣回：当年不抵扣预付工程款，从次年1月份支付上年度工程进度款中一次性抵扣上年全部预付工程款；

工程进度款：按批准的季度验工计价的90%扣除月份预支的工程款拨付；

工程质保金：核准的验工计价额的3%。

A工程各年资金流入测算如下：

2020年45 535.50万元；2021年44 237.70万元；2022年13 818.80万元；2023年1 142.00万元（质保金）。

（2）工程项目资金流出测算。

项目部根据项目施工组织策划、工程量清单计算月度、季度、全周期的劳务分包、物资采购、外部租赁、现场经费、税费等各项资金支出的金额。在确保农民工、职工工资保险及时支付的前提下，依据以收定支的原则，合理确定工费、料费、机械费的支付额度，达到收支平衡的状态，并形成分阶段、全周期的资金自平衡方案，使之在施工全过程中成为指导及卡控项目资金使用的依据。具体如下：

该工程预计全周期资金支出99 061万元，其中：支付工程款33 858万元；材料款46 793万元；机械费7 775万元；其他直接费5 286万元；间接费5 349万元。根据资金流入情况，项目部将全部支出合理分配至各年，其中2020年43 292.42万元，2021年44 590.82万元，2022年10 245.76万元，2023年932万元。

（3）工程项目资金收支对比结果。

通过项目资金收支测算可见，该项目在管控到位的情况下能够完成既定责任成本目标，在资金方面除了2021年需要公司调剂资金353.12万元外，2020年、2022年、2023年资金流入既能够满足现场资金需求，又能够将实现利润上缴公司，满足公司各项费用支出以及在各工程间调剂资金的用途。

（4）工程项目资金自平衡方案实施要点。

合理开展筹划，争取资金提前流入。项目部及早部署、优化施工组织，提前完成钢结构加工场、混凝土拌合站的配置，尽早达到开工条件，及时取得工程预付款及月度预付款。除此之外项目部通过合理筹划，在报送投资计划时尽可能在前期多安排部分投资计划，达到提前收取部分资金的目的，为顺利开展施工做好准备；深挖二次经营，对合同清单进行查缺补漏，挖掘索赔点，完善基础资料，及时做好签认；施工过程中加强盯控，加大清收清欠力度，多措并举，上下联动，加速资金回笼。

合理控制资金流出，确保资金支付合规有序，控制非必要支出。部门各司其职，严控项目成本费用支出，选择优质有实力的施工队伍，规范合同管理，对劳务分包单价进行严格管理，原则上不得超限价；物资部根据工程项目资金自平衡方案及施工现场进度，选购混凝土、钢筋等材料和机械设备时要货比三家，在综合考虑成本效益的原则下择优选定；加强对工期的优化安排，减少周转料购置租用；对间接费用支出按照预算审核把关，严控预算外支出；做好纳税筹划，增值税进销项匹配，坚持"应抵尽抵"原则，减少工程前期与税金相关的现金流出。

在工程项目施工过程中，当实际情况发生变化，例如，施工组织及方案发生变更或工程量变更，项目部须及时调整资金自平衡方案，使之更合理，更具有指导意义。

2. 公司整体资金自平衡方案编制方法及实施要点

公司资金自平衡方案是通过对企业一个年度内资金流入、流出的整体规划，满足企业按时兑付刚性债务，保障企业持续经营，总体把控企业债务风险。

编制公司资金自平衡方案应遵循的基本原则用以下等式表示：

期初余额＋资金收入－到期借款（票据）－固定费用支出－
工程项目各项支出－特殊事项支出＝预计结余

表2为石家庄公司2022年度资金自平衡方案。

（1）公司资金流入测算。

公司资金流入主要是内部资金流入与外部资金流入两部分。内部资金流入主要依靠工程项目工程资金收入，是公司资金流入的根本来源；外部资金流入是指外部借款（来源于集团公司资金支持），但外部资金的流入需要支付一定的资金成本。

财务部汇总项目部上报资金自平衡方案后，根据项目部当年预计产值测定公司内部资金流入；外部资金流入，需要根据公司资金流出预算综合考虑，向集团公司借入。

2022年公司整体资金流入295 381万元，其中工程资金收入形成资金流入285 381万元，集团公司借款资金流入10 000万元。

（2）公司资金流出测算。

公司资金流出除了支付项目各项支出外，还包含到期的刚性兑付、公司日常支出、税费支出、年底的利润上缴支出等。

财务部根据管理费预算测定日常支出，根据税务相关规定测定税费支出，此外公司还可以通过缴纳一定比例的保证金办理承兑汇票或其他金融工具的方式，延缓部分债务资金流出。

2022年公司整体资金流出289 618万元，其中偿还借款、到期票据等刚性支出23 000万元，固定费用支出15 820万元，项目各项支出250 798万元。

（3）公司资金收支对比结果。

2022年每个月末公司资金储备量结余均达1 200万元以上。在这一年时间中，公司通过分时段向集团公司借款、使用金融工具等方式，增加资金流入，减缓资金流出，

单位：万元

表2　石家庄公司 2022 年度资金自平衡方案

序号	项目	1月	2月	3月	4月	……	10月	11月	12月	合计
1	期初余额	15 891.00	10 647.00	5 264.00	10 722.00		5 851.00	3 044.00	13 464.00	15 891.00
2	资金收入	49 938.00	26 937.00	17 673.00	12 985.00		32 108.00	22 732.00	56 156.00	295 381.00
	集团借款	5 000.00	5 000.00				3 000.00			10 000.00
	A工程	2 870.00	3 283.00	856.00			1 217.00		2 521.00	13 818.80
	B工程	7 382.00	3 763.00	2 328.00				4 317.00	7 162.00	28 281.00
	C工程	1 356.00	2 678.00		7 382.00		6 228.00		3 888.00	28 777.00
	……									
3	到期借款（票据）	3 000.00	1 800.00	3 600.00	3 000.00		4 500.00	2 700.00	2 700.00	23 000.00
4	固定费用支出	1 285.00	1 285.00	1 285.00	1 485.00		1 285.00	1 485.00	1 285.00	15 820.00
	机关工资	260.00	260.00	260.00	260.00		260.00	260.00	260.00	3 120.00
	五险一金	900.00	900.00	900.00	900.00		900.00	900.00	900.00	10 800.00
	机关报销	125.00	125.00	125.00	125.00		125.00	125.00	125.00	1 500.00
	其他				200.00			200.00		400.00
5	工程项目各项支出	57 197.00	29 235.00	11 830.00	15 032.00		30 930.00	11 327.00	43 981.00	250 798.00
	A工程	1 600.00	2 300.00	600.00	750.00		543.00	582.00	1 530.00	10 745.76
	B工程	5 200.00	5 830.00	3 380.00	875.00		1 210.00	3 450.00	3 680.00	30 900.00
	C工程		500.00						1 000.00	2 000.00
	……									
6	特殊事项									—
										—
										—
7	预计结余	4 347.00	5 264.00	6 222.00	4 190.00		1 244.00	10 264.00	21 654.00	21 654.00
	下月办理票据资金	700.00		500.00	200.00		200.00	400.00	500.00	
	下月新增票据	7 000.00		5 000.0	2 000.00		2 000.00	3 600.00	5 000.00	

按时归还到期借款，兑付到期票据责任，为公司正常持续经营提供了较为充足的资金流量。

公司根据资金自平衡管理方案对项目部工程资金实行监管，充分利用工程资金沉淀间隙，在项目间合理调剂余缺，统筹安排主要材料的采购时间与采购数量，降低采购成本……从表2中可以看出，B工程2022年资金流出30 900万元，超出资金流入28 281万元，通过公司资金调剂2 619万元满足施工现场的需要。公司通过资金自平衡方案，对资金进行整体规划，在满足了施工现场需要的前提下，提高了资金使用效率，降低了刚性兑付风险和债务风险，提升了企业盈利能力。

（4）公司资金自平衡方案实施要点。

公司资金自平衡管理的实质是对现金流量的管理，遵循"全盘考虑，综合平衡，强化'双清'，集中管控"的原则，对所属各项目资金进行整体筹划，通过提前锁定主材成本、集中采购等方式，压降采购成本，对各项目债务进行集中管控，对参与多个工程项目建设供应商的支付比例从公司层面进行综合平衡。通过资金筹划，督促各项目按照合同约定和公司资金管理要求，应计尽计、应收尽收、应缴尽缴。

（五）具体实施过程中的监督及调整预算

工程项目资金自平衡方案是对资金全流程管理的事前控制，实行"总量控制、量入为出、保证重点、均衡支付"的原则，执行过程中要进行事中控制和事后控制。

在资金流转全过程中，项目部各部门将有关信息及时反馈到财务部，财务部将资金收支按月统计，编制资金自平衡方案执行情况表，对比预算数与实际发生数之间的差异。每季度末对资金自平衡方案执行情况进行分析，检查项目资金情况，发现以下情况及时向资金自平衡工作领导小组提交分析报告：一是营业现金比率较预算偏差超出5%；二是资金余缺较预算偏差超过500万元；三是合同金额发生重大变动；四是各年度施工产值计划发生重大变动；五是责任成本正式下达需调整预测数据，并对资金自平衡方案进行调整，履行方案调整手续。

表3为A工程资金自平衡方案执行情况。

表3　　　　　　　A工程项目2022年1~6月份资金自平衡方案执行情况

序号	项目	相关指标	2022年1~6月开累预算数	2022年1~6月开累实际数	差异	备注
1	项目总体预算	目标营业收入（万元）	7 260.00	7 850.00	−590.00	
2		目标责任成本（万元）	6 920.00	7 522.00	−602.00	
3		目标利润（万元）	340.00	328.00	12.00	
4		目标利润率（%）	4.68	4.18	0.01	

续表

序号	项目	相关指标	2022年1~6月开累预算数	2022年1~6月开累实际数	差异	备注
5		项目完工预计可收到现金（万元）	6 530.00	7 065.00	-535.00	
6		成本支出可支配资金总额（万元）	6 144.00	6 304.00	-160.00	
7		其中：劳务分包（万元）	1 530.00	1 682.00	-152.00	
8	项目全周期总平衡	材料费用（万元）	1 866.00	2 018.00	-152.00	
9		机械费用（万元）	1 497.00	1 329.00	168.00	
10		其他直接费用（万元）	574.00	632.00	-58.00	
11		间接费用支付金额（万元）	677.00	643.00	34.00	
12		资金余缺（负数为资金缺口）（万元）	386.00	761.00	-375.00	

A工程2022年上半年开累实际与资金自平衡方案预测数基本一致，营业现金比率与预算持平，说明该工程"双清"工作落实到位，做到了应计尽计，应收尽收，保证了工程资金的流入；资金结余较预算多出375万元，说明该工程资金自平衡方案落实到位，实际做到工程资金在公司一段时间的沉淀，达到了资金管控的目的。

（六）工程项目资金自平衡管理实施过程中出现的问题和解决方法

1. 对资金自平衡管理工作的重要性认识不足的问题

工程资金管理不单是财务部门的工作，而是与各业务系统息息相关的工作。公司自下发资金自平衡管理文件以来，通过组织全体人员对工程项目资金自平衡管理的一系列管理制度和管理要求进行学习交流，让项目资金自平衡理念深入人心，让大家更加深入地了解资金自平衡工作，促使人人树立"主人翁"意识，树立"现金为王"的资金管理理念。让每一个人都能认识到项目资金管理是与各业务系统与每一个人息息相关的工作，只有加强工程项目资金管理，才能稳步推进工程进度；才能保障薪酬如期支付；才能有效化解债务风险；才能为企业高质量发展贡献力量。

2. 资金自平衡方案数据与实际执行情况背离大的问题

目标利润的预测和对应施工节点成本支出的预计，同时受限于项目管理人员的综合素养和执行力水平。针对这一问题，公司开展各项培训（中层干部培训、商务培训、财务培训、业务骨干培训等），提高管理人员的业务水平、综合素养、执行能力，真正做到各项管理要求落实到项目日常管理中。

3. 资金自平衡方案执行过程中管控不到位的问题

方案制订后，不能很好地与项目管理相结合，管控不到位，导致资金自平衡管理流于形式，无法发挥预期的指导作用。应将资金自平衡管理方案与业务部门管理平台相结合，公司关注重点项目、项目关注重点事项进行监控、分析，将精力集中于重要事项的控制，提高控制效果。

四、取得成效

（一）通过工程项目资金自平衡管理促进项目管理提升

1. 促进项目部主动加强资金筹划，使业务融合更紧密

以收定支，资金的收支节点与施工组织节点相结合，通过资金节点反映工程进度，更加及时反馈问题，及时作出相应调整，控制现场经费，保障现场施工需求。

2. 促进项目部主动采取各种手段，做好成本管控

利用沉淀资金主动调控主材采购时间与规模，通过集中采购压降采购成本，2020年综合利润率1.38%，2022年综合利润率达3.59%，公司整体综合利润率提升了2.21%。

3. 促进项目部树立"现金为王"的理念，主动贡献正现金流

做好清收清欠，实现资金回流；做好合同谈判工作，利用资金筹划优势，压降成本，减少资金流出。公司营业现金比率由2020年的1.57%，上升至2022年的2.32%，资金自平衡管理工作引导的工程项目精细化管理功不可没。

（二）通过工程项目资金自平衡管理降低"两金"占比

"两金"占比高、融资规模高是施工企业的主要痛点，工程项目应收账款和已完工未结算款高居不下。项目层级要实现资金自平衡，首先就要降低"两金"，提高创收创现能力，让资产逐步变现，从而改善企业资产质量。公司通过资金自平衡管理，在企业规模持续做大的前提下，"两金"增长持续低于产值增长比率，资产负债率持续降低。2020年公司产值25亿元，"两金"总额13亿元；2021年产值28亿元，"两金"总额14.4亿元，"两金"增长10.77%较产值增长低1.23%；2022年产值31亿元，"两金"总额15.7亿元，"两金"增长9.03%较产值增长低1.69%。公司2020年资产负债率86.17%，2021年资产负债率83.73%，2022年资产负债率81.67%，企业盈利水平有所提高，偿债能力逐年向好。

（三）通过工程项目资金自平衡管理降低企业债务风险

项目资金自平衡管理是基于实际财务状况对资金预算和支出分配进行调整，将风险因素体现在资金预算中，从而提高抵御债务风险的能力。通过现金流预算，可以为企业预留部分应急资金，完善突发性债务风险应急预案，将债务风险的影响控制在最小范围。公司各项债务支付得到管控，涉诉案件数量较之前有所下降。

（四）通过工程项目资金自平衡管理提升企业发展空间

项目资金自平衡管理可以为公司争取一部分建设资金在企业内部一段时间的沉淀，间接形成企业"资金池"，可以集中力量重点解决一些制约企业发展的主要问题，解决个别项目临时周转的资金需要，解决影响企业信誉和品牌形象的问题，为企业的后续发展赢得空间。

五、经验总结

（一）相关管理会计工具方法的基本应用条件

1. 工程项目资金预算管理是企业管理中的内在要求

工程项目的特殊性决定了工程项目资金投入与资金回收的不同步性，例如，一是工程项目收到工程预付款时工程刚刚开工，项目不需要大量资金，存在资金收支不同步；二是支付的临时设施费用、周转材料的资金支付期在当期，资金收入期覆盖项目全周期，存在资金收支不同步；三是收到的工程质保金的时间一般在工程竣工验收一年以后，到时工程已经竣工，项目不需要资金，存在资金收支不同步。鉴于施工企业资金收支的上述特点，企业必须加强资金预算管理，确保工程项目全周期的资金供应，确保企业健康发展。

2. 工程项目资金预算管理是市场经济环境下企业生存发展的外在需求

市场经济环境下，企业的竞争是多方面的，资金的筹集、使用能力高低已成为企业竞争的主要方面，企业在市场中要生存发展下去，就必须加强资金的预算管理，合理筹集资金"降本增效"，提高企业的竞争力。

（二）对改进相关管理会计工具方法应用效果的思考

工程项目实施前编制的资金自平衡方案，一般使用零基预算编制方法，需要公司与项目部"两上两下"反复测算确定项目资金自平衡方案；当工程项目发生重大变化，需要调整预算时，一般使用滚动预算编制方法。实际应用过程中，要把工程项目的资金自平衡方案细化到年度、季度、月度的资金预算，工程项目资金预算是动态的，资金预算调整是常态的，它的编制过程是零基预算、滚动预算等多种方法综合使用的结果。

（三）相关管理会计工具方法在应用中的优缺点

1. 优点

资金预算通过工程项目资金的过剩或短缺的时期，使公司将暂时过剩的资金充分利用或在资金短缺暴露之前安排筹资；可以预测未来时期企业对到期债务的直接偿付能力；可以区分可延期支出和不可延期支出；可以帮助企业有效预计未来现金流量，科学地筹集资金。

2. 缺点

资金预算的编制对于工程项目管理人员的综合能力水平和公司的管理意识程度要求较高，是企业资金管理水平的集中体现，员工在短时间内难以达到较高水平，需要一个不断提高的过程。

（四）对发展和完善相关管理会计工具方法的建议

在应用资金预算时，是企业经营活动的全价值链的管理过程，涉及企业的生产预算、采购预算、责任成本预算、费用预算等所有环节，内容涉及生产经营、财务管理、物资管理等诸多管理系统，无论从专业性还是职责分工看，财务部门都不能确定一切。因此各个部门必须参与到资金预算管理的过程中来，明确各自的职责分工，不能只把资金预算看作财务部门的工作。

（五）对推广应用相关管理会计工具方法的建议

企业资金预算管理是永恒的主题，资金管理本身没有标准答案，本文以石家庄公司为例，阐述了公司整体资金特别是工程项目全周期资金自平衡管理的成功做法，希望给各位读者在工程项目资金全周期管理中提供参考。由于案例的局限性，并不一定适用所有工程项目的资金预算管理，各位读者在使用时要从工程项目的实际情况出发，根据企业的管理模式制定符合自身的资金预算方案。

（中铁六局集团石家庄铁路建设有限公司　江　坤　李元春　马桂荣

郝　莉　朱志锋　刘　远）

基于收款的滚动预算在工程项目资金支付管控中的运用

【摘要】 本文介绍工程施工企业基于收款滚动预算在资金支付管控中的运用。近年来，国家宏观经济政策调整，降杠杆、减负债、去库存等相关工作导致市场资金普遍紧张。建设单位履约能力不足，施工企业管理粗放、盈利能力降低，使得施工企业工程项目资金短缺，进而引起一系列劳务纠纷和债务纠纷。通过收款滚动预算在资金支付管控中的运用，以收定支，在保证刚性支出的基础上，依据收款滚动预算安排工程项目整个债务资金支付。严格按照经济合同约定划分债务类型，均衡安排资金，提升项目履约保障程度，实现工程项目资金自平衡管理，发挥资金收付款预算的优势，遏制劳务、债务纠纷，促进项目成本管控，防控项目经营风险，推动企业高质量发展。

一、背景描述

（一）企业基本情况

甲公司是世界 500 强企业——××股份有限公司下属的××集团有限公司的全资子公司，是具有多项一级施工资质的国有大型综合性建筑施工企业。公司以市政、铁路、公路、水电、房建、城市轨道交通等国内外大型工程项目施工为主营业务，第二产业涉及酒店、工业加工、物资设备租赁、工程检测等领域。企业年生产能力在 60 亿元人民币以上。公司成立半个世纪以来，立足西南，面向全国，先后参加了国内 30 多条新建铁路、复线铁路、客运专线、高速铁路的建设，承建了一大批具有社会影响的市政、公路、水电等重点基础设施建设项目。公司施工领域遍及全国 15 个省、自治区、直辖市，向社会奉献国优工程、省部级优质工程 30 余项。公司获得 3 项全国建筑企业最高奖——"鲁班奖"，参加过举世闻名的青藏铁路、京沪高速铁路建设。

（二）资金支付存在的主要问题

中小企业是建设现代化经济体系，实现经济高质量发展的重要基础，是扩大就业、改善民生的重要支撑。近年来，拖欠中小企业款项问题较为突出，党中央、国务院高度重视，习近平总书记多次作出重要指示，要求建立长效机制解决拖欠中小企业款项问题。为保障中小企业权益、农民工工资无欠薪问题，甲公司各类经济合同支付比例持续增长，资金支付压力越来越大。若无科学合理的筹划与管理，加强资金预算控制，企业将面临巨大的风险挑战。甲公司在资金支付方面存在以下问题：

1. 资金保障不充分，经营支撑力度不够

随着建筑业产业规模不断扩张，垫资经营模式逐渐演变为行业常态，业主账期延长、工程款催收压力剧增，现金流保障不足致使公司垫资困难，经营开发工作处处掣肘，这就对工程项目现金流自平衡管理、资金支付管控提出更高挑战。

2. 资金统筹不全面，业财融合深度欠缺

业务部门负责基础信息、数据、资料的收集，是资金支付管控的发起者。业务技能不熟练、大局意识不够，导致业务口出现资料收集不完整、结算滞后等情况。资金支付往往在对方催促、停供、停工的手段下疲于应付、顾此失彼，未有全面统筹、综合考量的大局观。同时，财务部门由于无准确的数据支撑，测算的现金流随着业务部门提供数据的不稳定性，扮演着"救火"的角色，导致测算的现金流缺乏可执行性、弹性不强，无法保证资金支付能够按轻重缓急、刚性、弹性地支付流向。由于缺乏业财一体化管理，业务链与资金链未能很好地融合，数据关联性不强，全面性不足，现金流预算控制流于形式。

3. 资金管控不科学，现金流稳定性不足

公司资金管控由于缺乏科学筹划，收款预算执行不到位，特殊例外付款事件频发，刚性支付增长，资金弹性预算不强，导致现金流处于持续下降波动的状态，出现月度现金流为负的状况，无法为企业提供稳定、强有力的资金保障，不利于企业正常经营活动的维持，不利于企业健康有序的发展。

4. 资金支付不均衡，债务诉讼风险加剧

公司下属各工程项目资金支付安排不合理，存在同类经济合同支付比例不相同，资金支付不均衡，出现部分高、部分低的现象，导致工程项目资金支付环境在一定程度上"显失公平"，民营企业清欠、农民工工资支付、债务诉讼的风险相应增加。

（三）选择滚动预算的原因——资金自平衡

公司作为一个管理主体，本身无法产生现金流，工程项目是企业资金来源的主要载体。工程项目资金自平衡是指准确并及时发现施工工程项目经济运行中出现的问题，防范亏损、及时止损，保证施工期间业主资金与成本支出间的现金收支平衡及竣工后经营性现金流与利润相匹配。工程项目资金不平衡必然导致公司现金流短缺、经营困难。如何保证公司能够健康有序、高质量发展，科学合理地筹划现金流是关键。合理运用滚动预算工具，通过收款预算与资金支付预算的联动，坚持"以收定支"原则，根据年度、季度、月度的存量资金进行统筹调配，均衡公司资金流，营造公平竞争、良性竞争的经营环境，缓解企业债务压力，推动工程项目、公司经营与生产质量持续改善和提高。

二、总体设计

（一）滚动预算相关概述

1. 滚动预算的含义

滚动预算是指企业根据上一期预算执行情况和新的预测结果，按既定的预算编制周期和滚动频率，对原有的预算方案进行调整和补充，逐期滚动，持续推进的预算编制方法。

2. 滚动预算的编制分类

滚动预算一般由中期滚动预算和短期滚动预算组成。中期滚动预算的预算编制周期通常为 3 年或 5 年，以年度作为预算滚动频率。短期滚动预算通常以 1 年为预算编制周期，以月度、季度作为预算滚动频率。本文主要采用短期滚动预算，以年度预算为统领，月度预算为基础，中期预算（一般是半年度）为调控的方式进行编制。

3. 选择滚动预算的意义

通过持续滚动预算编制、逐期滚动管理，实现动态反映市场，建立跨期综合平衡，从而有效指导企业经营、强化预算的决策与控制职能。滚动预算既能保证预算的连续性，又能保障企业结合近期目标与长远目标考虑未来的经营活动，使预算随着时间的推进，不断调整完善，更加贴合企业实际经营状况，有助于企业更好地调配资源，促进企业的良性发展。

（二）组织架构

公司预算管理委员会，负责预算管理的决策工作，下设预算管理办公室，牵头管理公司预算。参与的部门包括工程管理部、商务管理部、物资机械部、安质部、财务会计部、办公室、经营开发部、各工程项目等。其中，工程管理部负责下达年度产值计划；商务管理部负责工程项目的验工计价、清收计划等；财务会计部根据工程管理部、商务部管理部的产值、清收计划，结合相关经济合同，负责收款预算汇总编制；各工程项目部根据已经发生或预计即将发生的经济业务，提供相关基础业务数据，财务会计部结合相关经济合同的支付比例，综合考量预期利润率、职工工资、农民工工资、税金等因素后，汇总编制付款预算，提交预算管理委员会审核后下达工程项目资金支付预算。

（三）设计目标

针对公司工程项目资金收支联动性不强、资金支付安排不合理、预算执行不到位引起的债务诉讼、民企清欠、农民工工资支付保障不到位等一系列债务风险问题，本文结合组织形式、专业特点以及业务流程特点，运用滚动预算与现有的信息化工具，通过业财一体化、资金自平衡管理思路，实现收付款预算联动，以收定支，合理资源调配，盘活企业资金，在保证企业稳定经营的前提下，保障企业对资金存量的有序可控，促进经营性现金流良性循环，推动实现企业高质量发展的目标。

三、应用过程

基于收付款滚动预算的联动式管理，即采用"上下结合、分级编制、逐级汇总"的编制方式，以年度产值计划、验工计价与合同约定的收款比例确定年度总收款预算，在总收款额度确定的前提下，根据资金的使用分类以及各类经济合同的支付比例，确定总体付款额度，以收定支，实现企业资金自平衡管理目标。

（一）收款滚动预算编制

年度收款预算起到统领作用，自下而上编制，自上而下下达收款额度，以公司现有的工程项目为载体，通过对业主合同的研读，确定各类付款条件下，能够收到的款项。月度收款滚动预算以年度预算收款为前提，与年度收款预算进行匹配。月度收款滚动预算，以月份为滚动频率，使收款预算更贴合工程项目现场实际，在此基础上的付款预算才能够发挥资金支付控制的效用。收款滚动预算具体应用流程如下：

1. 年度收款预算的编制流程

（1）工程管理部：通知各工程项目部上报年度产值计划，并按业主合同工期要求以及公司相关管理要求进行审核，下达年度产值计划。

（2）商务管理部：根据工程管理部下达的年度产值计划，结合业主合同关于验工计价方面的要求及公司相关管理要求，下达年度清收计划。

（3）财务会计部：一是汇总上年到期尚未收回的存量债权；二是根据工程管理部、商务管理部下达的年度产值计划、清收计划，结合业主合同关于收款方面的要求及公司相关管理要求，计算汇总年度新增债权。通过对存量债权与新增债权相结合编制年度清欠计划，并提交预算管理委员会审核。

（4）预算管理委员会：负责收款预算的审定，财务会计部按预算管理委员会的要求，修订完善后，下达收款预算指标。

年度收款预算编制流程如图 1 所示。

2. 月度收款滚动预算的编制流程

（1）各工程项目按公司下达的年度收款预算，结合项目实际情况，对目标任务进行进一步分解，测算出每月、每季度收款额度，以确保年度收款预算的序时推进。

（2）每月月初各工程项目将分解的月度预算反馈至财务会计部进行汇总。

（3）各工程项目每月月底将收款进度、收款额度反馈至财务会计部，如果按业主约定的收款条件，应收回尚未收回的，本月收款额度计入下月收款滚动预算。

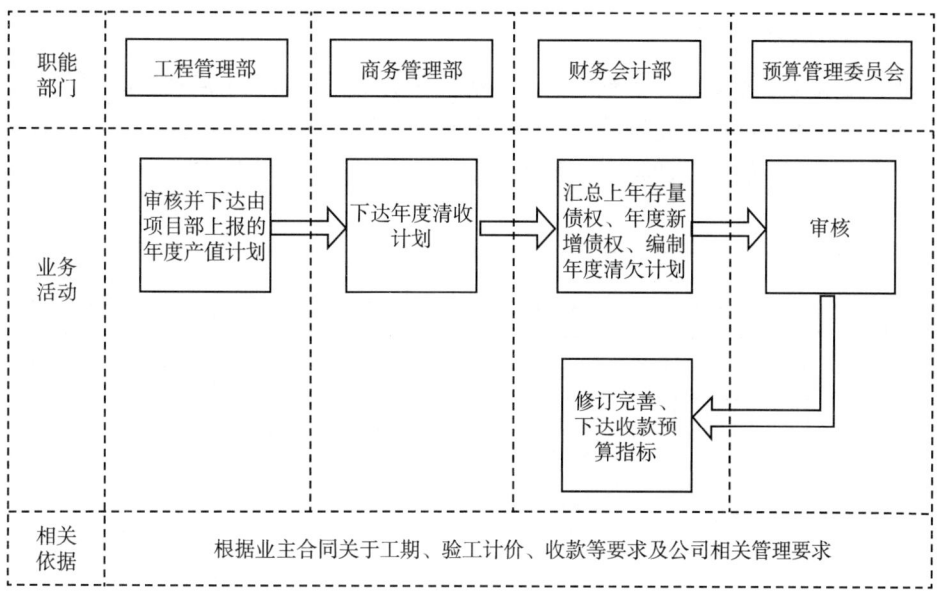

图1　年度收款预算流程

（4）财务会计部根据各工程项目月初反馈的月度收款预算以及月底收款进度、收款额度进行统计分析。对于未达预算的工程项目进行预警通报，并责令分析未达标预算的原因，提出解决方案，确保款项按预算进度收回。

（5）财务会计部根据各工程项目收款预算，形成付款预算的基础数据。

在年度收款预算编制基础上，进一步制定月度收款预算，如图2所示。

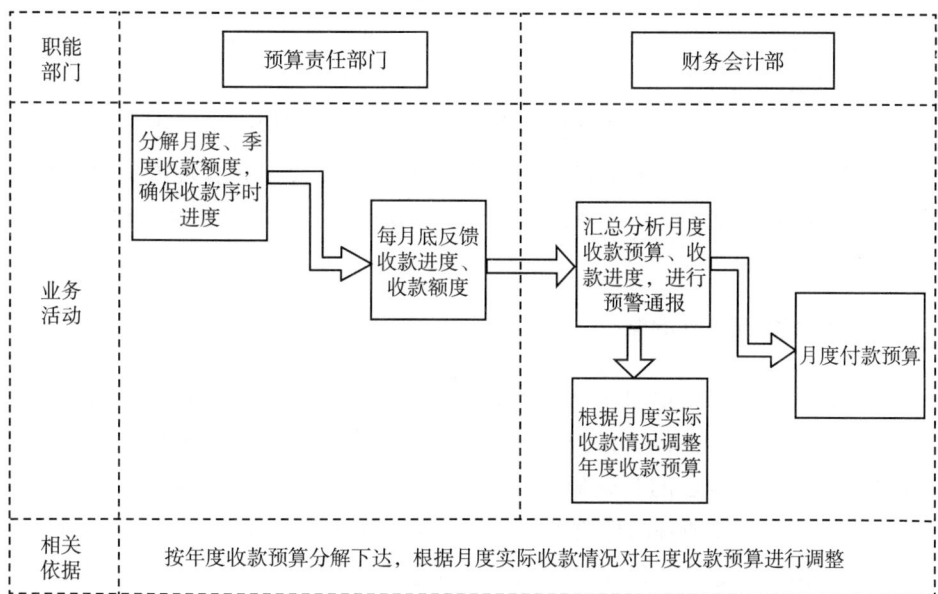

图2　月度收款预算流程

3. 中期预算的编制

由于受市场环境变化等客观因素的影响，年度预算会出现不同程度的偏差，那么就需要对年度预算进行补充调整，即中期预算的编制。中期预算下达后，各工程项目收款预算原则上一般不予调整，如图3所示。

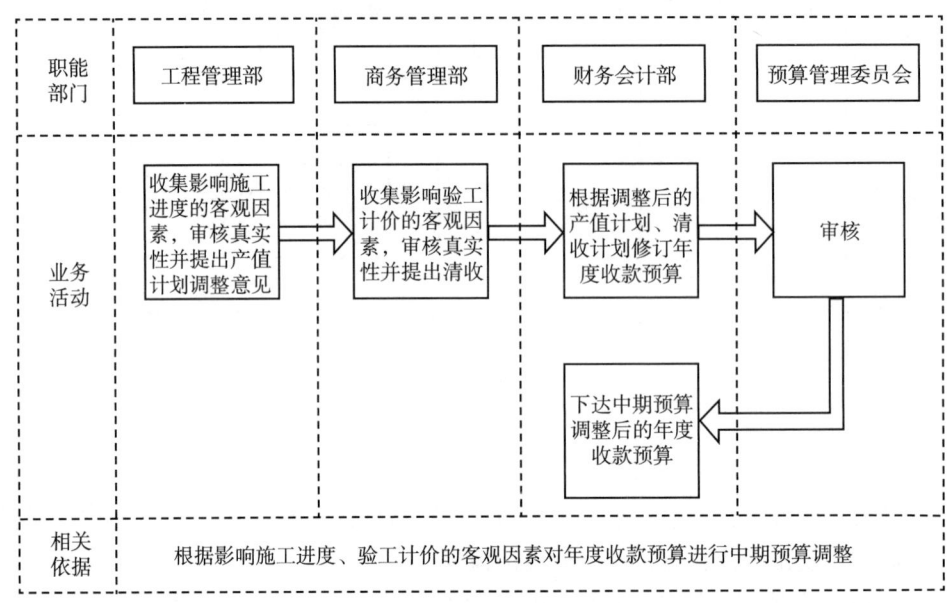

图 3 中期收款预算流程

（1）工程管理部收集各工程项目影响施工进度的客观因素，审核相关因素的真实性，并对年度产值计划是否调整提出意见，提交预算管理委员会审核。

（2）商务管理部收集各工程项目影响验工计价的客观因素，审核相关因素的真实性，并对年度清收计划是否调整提出意见，提交预算管理委员会审核。

（3）财务会计部根据工程管理部、商务管理部经提交预算管理委员会审核调整的产值计划、清收计划，编制中期预算调整的清收计划，并提交预算管理委员会审核后下达收款预算指标。

（二）付款滚动预算编制

付款滚动预算的编制以收款滚动预算数据为基础，按"以收定支"为原则，公司优先收取上缴资金、工程项目扣留预留资金（主要是预留一部分应急资金用以应对突发状况）后，以剩余的收款额度为基础控制工程项目资金支付额度。通过对债务的全级次统计，并按债务的性质进行分类，对不同性质的债务按不同的支付比例进行控制，从而达到债务的风险控制目标，提高公司资金管理水平。

1. 付款滚动预算编制基础

（1）上缴资金的内容。上缴资金包括年度目标利润、公司垫付的社保基金、资产折旧使用费等费用。

（2）全级次债务管理的统计分类。工程项目债务分为外部债务、内部债务两大类。外部债务包括劳务款、材料款、机械费、周转材料租赁费及其他债务。内部债务包括集团所属子公司之间的往来款项、公司内部实体单位之间的往来款项等。

工程项目全面的债务管理体系，要切实推进财务与业务信息的深度融合，确保财务与业务部门的相互支撑、协同推进。工程项目债务管理的"全面性"主要分为两个方面，一方面是债务确认要覆盖全面，对所有合作单位发生的业务要进行结算确认；另一方面是要紧贴施工现场实际情况，序时进度完成程度覆盖全面，规避入账滞后、超前入账的情况。

工程项目必须加强项目债务管理，建立健全债务管理机制，以保障资金支付安排能有效满足施工生产需要。工程项目债务管理应按债务类别划分对应责任部门，并落实到相关责任人，由责任人负责所属部门的全面债务管理。

①合同管理：工程项目合同条款中明确了债务确认时点、债务支付时点、延迟支付债务的违约责任等内容，债务管理责任人必须高度熟悉合同条款，确保债务管理合规合理。

②债务确认：工程项目债务管理责任人要保障债务确认的及时性，必须按照合同条款及时向合作单位进行债务确认，进行债务确认时要规避少计、漏计、多计，严格根据现场实际情况进行确认。

③其他管理：工程项目进行资金支付安排时，应以合作单位已结算且已足额开具了增值税发票的金额为基础。工程项目债务管理责任人在完成债务确认后，应在第一时间联动项目财务人员，通知合作单位按照当期结算金额开具增值税发票，确保结算金额与合同单位已开票金额一致。

（3）债务支出按债务风险控制优先级次支付。债务支付应区分刚性支出与弹性支出。刚性支出主要包括职工工资、社保、税金、水电费、民工工资等。弹性支出主要包括材料款、分包款、租赁款等。"抓重点、保生产"是项目资金对外支付先后顺序的一般原则。对各类债务按照轻重缓急，明确资金支付优先级次。税费、水电费、农民工工资等周期性刚性支出先行支付，余下债务按照是否制约施工生产考虑合同宽限期、支付周期等因素进行分类。因支付不及时导致班组停工、项目窝工待料、诉讼风险等制约施工生产的债务应先行支付，规避债务风险，对非制约施工生产债务可逐步适当地降低支付比例，调整支付结构。

（4）参考履约保障程度，均衡资金支付。履约保障程度是指工程项目已支付款项与按经济合同约定支付比例应支付款项之间的比率，旨在把控工程项目履约程度，使同类经济合同支付比例一致，从而降低工程项目债务风险。公司财务会计部负责审核各工程项目履约保障程度，同一类债务的资金支付比例应控制在该类债务履约保障程度±5%幅度以内，超过或低于该幅度的，由公司财务会计部督促工程项目重新分配，确有特殊原因的，须以书面报告的形式上报公司审批后方可执行。

2. 年度付款滚动预算的编制流程

年度付款滚动预算由预算委员会、财务会计部共同编制，如图4所示。

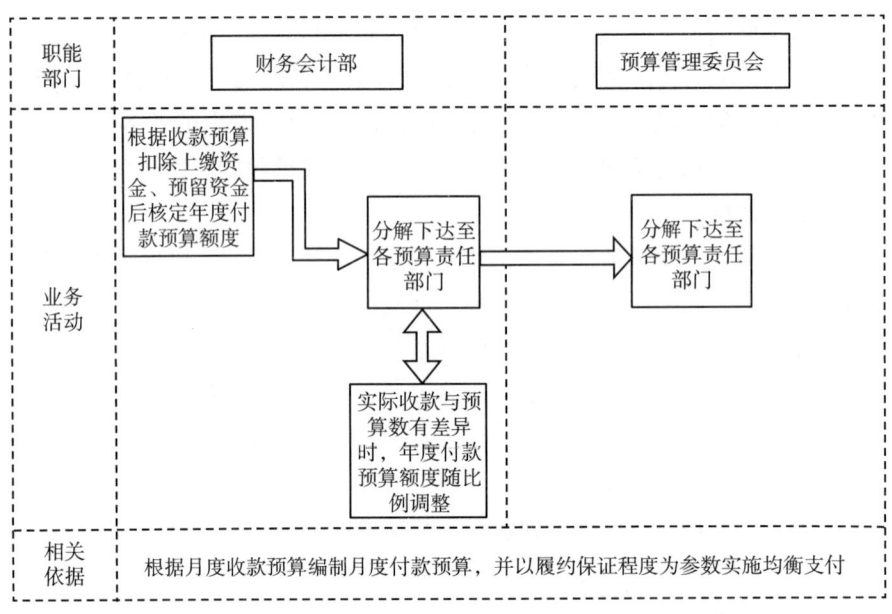

图4　年度付款预算流程

（1）每年年初，财务会计部根据收款预算数据，优先扣除上缴资金以及年度必要的预留资金，下达各工程项目的年度付款预算额度。

（2）年度付款预算额度作为当年工程项目资金支付的参考标准，在额度内执行各类资金支付，实际收款与预算数有差异时，年度付款预算额度随比例调整。

3. 月度付款滚动预算的编制流程

月度付款预算编制由工程项目各部门根据各类经济合同支付比例编制，工程项目财务会计部汇总完善后，提交公司财务会计部审核备案，如图5所示。

（1）工程项目预算责任部门每月月初编制月度资金付款预算，其中收款预算取自月度收款滚动预算数据，根据月度收款预算，按照"以收定支"的原则编制月度资金支付预算。

（2）各责任部门根据月度付款预算额度，按照不同性质的合同及支付比例，调整付款预算数据，在预算额度内确定合同及付款金额。在不超过月度付款总额度的情况下，针对不同性质的债务进行微调。

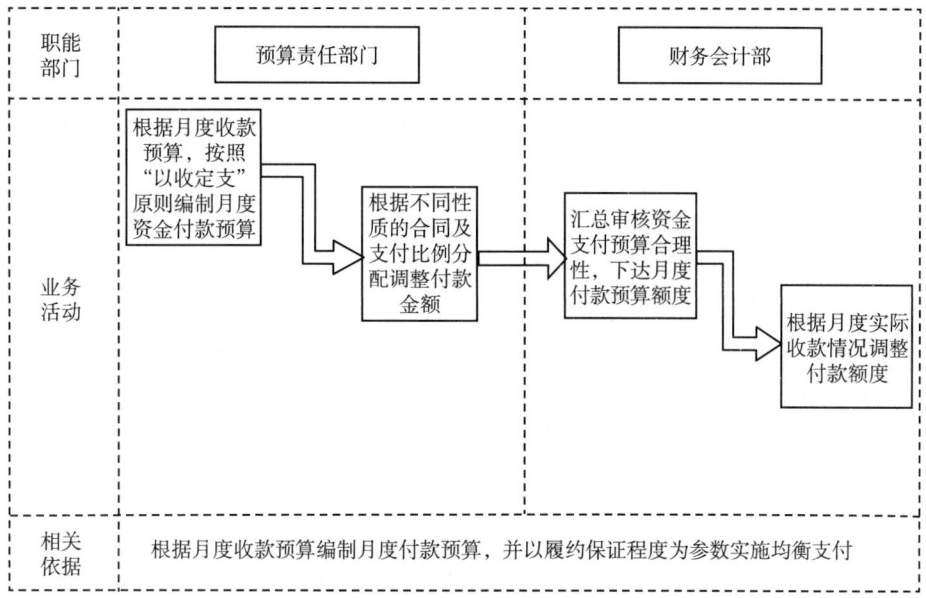

图5 月度付款预算流程

（3）财务会计部汇总各工程项目付款预算数据，以履约保障程度为参数，综合考虑支付宽限期审核各工程项目资金支付预算是否合理，并下达月度付款预算额度。

（4）月度实际收款与预算收款有差异时，月度付款实际额度相应调整；当月未用完的额度，顺延至下月。

4. 收付款滚动预算编制控制方法

（1）年度付款预算（实际）额度控制。

公式1：$Ly = C - B - D$

Ly：年度付款预算（实际）额度；

C：年度收款预算（实际）数；

B：年度上缴资金数；

D：年度必要的预留资金。

（2）月度付款预算（实际）额度控制。

公式2（资金支付预算额度）：$Lm_n = Y_n - S_n - G_n - KLm_{n-1}$

$$Y_n = KC_{n-1} + FC_n$$
$$S_n = KB + B \times n/12$$
$$G_n = D \times n/12$$

式中，Lm_n：月度付款预算（实际）额度；

Y_n：截至上期开累实际收款（KC_{n-1}）+本期预算收款（FC_n）；

S_n：截至上年度开累已上缴资金（KB）+本期应上缴资金（$B \times n/12$）；

G_n：本期应预留资金；

KLm_{n-1}：截至上期开累已支付款项。

公式3（弹性支出预算额度）：$FS_n = min(Lm_n - Fe_n, V_n)$

$$V_n = \sum_{i=1,j=1}^{r} X_i \times \alpha_{ij} + \sum_{i=1,j=1}^{r} Y_i \times \beta_{ij} + \sum_{i=1,j=1}^{r} Z_i \times \gamma_{ij} + \sum_{i=1,j=1}^{r} W_i \times \delta_{ij} - KLm_{n-1}$$

Fe_n：截至本期开累刚性支出；

V_n：按各类合同类型控制比例计算的付款额度；

X_i：第 i 份分包合同开累结算金额，其他类合同以此类推；

α_{ij}：第 i 份分包合同第 j 年支付限额比例，其他合同以此类推。

说明：资金支付预算额度以收款预算为基础，扣除应上缴资金及预留资金后，作为各工程项目资金支付预算控制额度，弹性支出预算额度采用双重控制标准：一是以总支付额度扣除刚性支出额度的净额作为控制标准；二是以各类型债务合同支付比例计算控制标准，取两者之间的较小数，如表1所示。

表1　　　　　　　　　　各类型合同债务支付比例控制标准　　　　　　　　单位：%

序号	合同类型	第一年支付比例	第二年支付比例	合同封闭支付比例	质保期满后支付控制比例
1	分包合同（X）	α1	α2	α3	α4
2	材料采购（Y）	β1	β2	β3	β4
3	机械租赁（Z）	γ1	γ2	γ3	γ4
4	其他合同（W）	δ1	δ2	δ3	δ4

5. 设置资金预算编制表格

为了统一管理各工程项目资金预算，便于财务会计部汇总统计，甲公司设计了统一的资金收付款预算编制表格，下发至各工程项目编制。

（1）年度收付款预算编制表格。

①年度收款预算表（见表2）。

表2　　　　　　　　　　　　　年度收款预算表

编制单位：　　　　　　　　　　　　年度：

序号	主合同编号	业主单位	合同名称	合同收款比例（%）	开累验工计价金额（万元）	开累已收款金额（万元）	年度收款预算（万元）
1	2	3	4	5	6	7	8 = 5×6 - 7
2							
⋮							
收款合计							

②年度付款预算表（见表3）。

表3 　　　　　　　　　　　　　　　　　　　年度付款预算表

编制单位：　　　　　　　　　　　　年度：　　　　　　　　　　　　单位：万元

序号	业主合同累计已收款金额	业主合同年度收款预算	年度上缴资金	年度预留资金	累计已付款金额	年度付款预算额度
1	2	3	4	5	6	7 = 2 + 3 − 4 − 5 − 6
2						
⋮						
付款合计						

（2）月度收付款预算编制表格。

①月度收款预算表（见表4）。

表4 　　　　　　　　　　　　　　　　　　月度收款预算表

编制单位：　　　　　　　　　　　月份：

序号	主合同编号	业主单位	合同名称	合同收款比例（%）	开累验工计价金额（万元）	截至上期累计收款（万元）	月度收款预算（万元）
1	2	3	4	5	6	7	8 = 5 × 6 − 7
2							0
⋮							
收款合计					0	0	0

②月度付款预算表（见表5）。

表5 　　　　　　　　　　　　　　　　　月度付款预算表

编制单位：　　　　　　　　　　月份：

截至上期累计收款（A）：			月度收款预算（B）：		本期累计应上缴资金（C）：		本期应预留资金（D）：	
上期开累刚性支出金额（E）：			本期刚性支出金额（F）：					
序号	合同编号	合同类型	对方单位名称	预算年度（第×年）（万元）	开累结算金额（万元）	支付比例限额（%）	累计已付款金额（万元）	月度付款控制额度（按收款）（万元）	月度付款控制额度（按支付比例）（%）
1	2	3	4	5	6	7	8	9 = A + B − C − D − E − F − 8	10 = 6 × 7 − 8
2									
⋮									
付款合计									

（三）具体案例运用——以 CN 工程项目为例

1. 工程概况

CN 项目施工区域为车辆段及其出入线部分。车辆段为房建、路基及其附属，出入线部分分为出入段线特大桥及出入段路基。车辆段作为××铁路的后勤保障基地，具备车辆停放及日常保养、车辆检修、设备维修、列车救援、系统维修、司机模拟培训等功能。合同采用固定总价承包方式，合同总价款 47 519 万元。每月根据确定的工程计量结果，按工程价款的 85% 向承包人支付工程进度款。

2. 运用滚动预算编制工程项目资金自平衡方案

（1）收款滚动预算的编制。20×2 年公司工程管理部下达产值计划 12 000 万元，商务管理部下达清收计划 12 000 万元，财务会计部下达清欠计划 10 200 万元，公司下达的目标利润率为 5%。

20×2 为工期第二年，产值按月份均衡分布，验工计价及收款在产值形成的次月完成，项目年度预留资金为年度收款预算的 10%。20×1 年基本数据如表 6 所示。

表 6   **CN 项目 20×1 年基础数据**

项目		公式	数据
业主结算及支付	业主开累验工（万元）	1	11 000.00
	施工利润率（%）	2	5
	开累负债（万元）	$3 = 1 - 1 \times 2$	10 450.00
	合同约定支付比例（%）	4	85
	开累应收进度款（万元）	$5 = 1 \times 4$	9 350.00
	实际收款（万元）	6	9 350.00
	资金缺口（万元）	7	——
上缴资金	上缴公司资金（万元）	$8 = 1 \times 2$	550.00
预留资金	预留资金（万元）	9	935.00
成本结算及支付	刚性支出	10	1 045.00
	弹性支出 分包支付（万元）	11	1 311.00
	材料款支付（万元）	12	4 547.00
	租赁款支付（万元）	13	525.00
	其他费用支付（万元）	14	437.00

以 20×2 年 1 月为例进行预算编制，以此类推。

①年度收款预算表（见表7）。

表7　　　　　　　　　　　　　　　**年度收款预算表**

编制单位：甲公司　　　　　　　　　　　　年度：20×2年

序号	主合同编号	业主单位	合同名称	合同收款比例（%）	开累验工计价金额（万元）	开累已收款金额（万元）	年度收款预算（万元）
1	2	3	4	5	6	7	8＝5×6－7
2	CN－20××－01	××投资公司	××施工总价承包合同	85	23 000	9 350	10 200
⋮							
收款合计					23 000	9 350	10 200

②月度收款预算表（见表8）。

表8　　　　　　　　　　　　　　　**月度收款预算表**

编制单位：CN项目　　　　　　　　　　　　月份：1月

序号	主合同编号	业主单位	合同名称	合同收款比例（%）	开累验工计价金额（万元）	截至上期累计收款（万元）	月度收款预算（万元）
1	2	3	4	5	6	7	8＝5×6－7
2	CN－20××－01	××投资公司	××施工总价承包合同	85	12 000	9 350	850
⋮							
收款合计					12 000	9 350	850

（2）付款滚动预算的编制。

①年度付款预算表（见表9）。

表9　　　　　　　　　　　　　　　**年度付款预算表**

编制单位：CN项目　　　　　　　　　　　　年度：20×2年　　　　　　　　　　单位：万元

序号	业主合同累计已收款金额	业主合同年度收款预算	年度上缴资金	年度预留资金	累计已付款金额	年度付款预算额度
1	2	3	4	5	6	7＝2＋3－4－5－6
2	9 350	10 200	600	1 020	8 415	9 515
⋮						
付款合计	9 350	10 200	600	1 020	8 415	9 515

②月度付款预算表（见表10）。

表10 **月度付款预算表**

编制单位：CN项目　　　　　　　　　　　　月份：1月

截至上期累计收款（A）：9 350 万元	月度收款预算（B）：850 万元	本期累计应上缴资金（C）：600 万元		本期应预留资金（D）：102 万元		
上期开累刚性支出金额（E）：1 045 万元	本期刚性支出金额（F）：95 万元					
序号	合同编号	合同类型	对方单位名称	预算年度（第2年）（万元）	开累结算金额（万元）	支付比例限额（%）	累计已付款金额（万元）	月度付款控制额度1（按收款）（万元）	月度付款控制额度2（按支付比例）（%）
1	2	3	4	5	6	7	8	9 = A + B - C - D - E - F - 8	10 = 6 × 7 - 8
2	FB - XX	分包合同	××劳务公司	20×2年	2 052.00	75	1 311.00		228.00
3	CL - XX	材料采购合同	××物资公司	20×2年	6 669.00	80	4 547.00		788.20
4	ZJ - XX	机械租赁合同	××租赁公司	20×2年	1 026.00	60	525.00		90.60
5	QT - XX	其他合同	××公司	20×2年	513.00	100	437.00		76.00
……									
付款合计					10 260.00		6 820.00	1 538.00	1 182.80

注：当月度付款控制额度1 > 月度付款控制额度2时，取两者中的较小值作为月度付款预算额度，即本月付款预算额度为1 182.80万元。

（3）资金时间性救助。

20×2年6月，因业主资金周转困难，连续4个月未按合同约定拨付工程款，CN项目产生资金时间性缺口，向甲公司提出资金救助，预计20×2年9月业主可恢复拨款，归还救助资金。甲公司根据业主验工及拨款、对外应支付金额情况计算救助限额。经计算，CN项目截至20×2年8月对外可支付金额14 060万元，业主开累拨款11 050万元，上缴资金650万元，资金救助限额3 660万元。具体如表11所示。

表 11   **CN 项目资金自平衡救助限额计算表**   单位：万元

项目		第一年	第二年	合计
当年验工（截至 20×2 年 8 月）	A	11 000	8 000	19 000
对应成本（利润率：5%）	B = A×(1−利润率)	10 450	7 600	18 050
对外可支付总成本 第一年拨付比例（75%）	C1 = B×75%		5 700	
对外可支付总成本 第二年拨付比例（80%）	C2 = B×80%	8 360		
对外可支付总成本 开累	D = C1 + C2	—	14 060	14 060
开累已上缴资金	E	550	100	650
业主开累拨款	F	9 350	1 700	11 050
本次可拨借款限额	G = D − F + E			3 660

（4）CN 项目管理提升。

CN 项目通过"以收定支"的原则编制收付款滚动预算。根据项目产值计划、合同约定的支付条款、成本费用支付比例控制，合理测算各期资金的流入和资金的流出，对过程中出现的资金缺口，通过申请资金救助的同时，与分包商、材料供应商友好协商降低支付比例、改变支付方式、约定宽限期等，积极采取措施化解因资金缺口带来的债务风险。CN 项目过程中对外支付维持在收款的 80% 上下，不存在付款超收款的情况。付款计划严格控制支付比例，公平合理，资金均衡支付，债务风险大大降低，实现了资金自平衡的管理目标，为甲公司贡献了正向的经营性现金流。

四、取得的成效

（一）经营性现金流显著改善，企业经营开发再上新台阶

通过实施资金收付款滚动预算，甲公司经营性现金流得到显著改善。近 3 年年度经营性现金流持续为正，既为公司合理安排生产经营提供了有力的资金保障，也为实现资源的优化配置、可持续发展作出了贡献。公司经营模式多方面发展，经营的深度、广度逐步提升，从原有的铁路工程为主，到目前逐步形成覆盖市政、公路、房建等领域的综合发展态势。

（二）工程项目"双清"活力激增，企业资金高效运转

甲公司以资金自平衡管理为基础，坚持"以收定支、先收后支、不收不支"原则，倒逼工程项目"眼睛向外"。通过资金"一盘棋"管理，从收支两条线做实、做优资金管控。通过制定月度滚动资金收支预算，提高资金管理灵活性，定期复盘月度、季度和年度资金供需关系、产值验工等客观影响因素，动态调整资金计划，做好

资金统筹调度工作，保障工程项目资金高效运行，资金自平衡率在往年基础上提高7.5 个百分点。

（三）资金支付管控科学、有序，项目管理履约创誉

持续开展资金滚动预测，稳步提升资金预测能力，提前预判资金缺口。加强资金余缺管理，合理统筹资金使用，保持合理资金存量。加强对债务的筹划分类，优先保障刚性支出，确保公司日常经营业务的顺利开展。同时，提高对弹性支出的管控力度，营造公平竞争、良性竞争、契约精神的良好氛围。降低了债务诉讼、拖欠农民工工资、民营企业清欠等风险债务的发生，进一步提升了企业信誉，树立了企业良好履约的形象。近 3 年，甲公司债务诉讼风险维持在安全可控范围，无拖欠职工工资、农民工工资现象发生，民企清欠投诉频率稳步下降。

（四）预算精确度显著提升，资金预算机制平稳运行

坚持以资金预算为抓手，完善业财一体化资金预算管理体系，严格预算内开支，完善资金预算编制、调整、执行、分析、考评机制。严格资金预算管控，强化资金预算刚性，加强对资金预算执行偏差的分析、通报与考核，使得资金预算管理不再流于形式，资金预算的可执行性、精确度稳步提升。

五、经验总结

（一）存在的主要问题

1. 商业信用运用不充分，预算编制量大，数据不精确

收付款联动预算管理，每年需编制年度预算、每月需编制月度预算、中期需编制调整预算。支付宽限期等商业信用运用不充分，仅仅依靠各类合同、债务、收款等台账，使用 Excel 表来编制预算，一方面编制工作量大，对人员素质要求高；另一方面人工手动编制难免出现纰漏，编制的预算数据不精确。

2. 上下联动、系统协同配合度不高

由于预算编制涉及多个部门，一个部门的数据传递不及时、数据不准确，将影响整个预算的编制工作，导致预算编制与下达不及时、数据偏差较大等问题，影响工程项目的正常施工。

3. 特殊事项兼顾力度不够，弹性不强

由于市场情况复杂多变，预算期内影响施工建设的因素较多。工程项目回款不及时、急需资金采购物资等特殊例外因素，势必将影响收付款预算的执行，弹性不强。

（二）解决方法

1. 利用信息化系统，科学预算，准确控制

充分利用各类信息化系统，加大各业务系统的联合，科学准确地提取数据，减少各业务部门的工作量，提高工作效率。

2. 加强各业务系统有机融合、高效联动、形成合力

以考核为导向，调动各业务部门的积极性。为保证预算的可执行性，提高编制预算人员的积极性，一方面通过各类培训加强预算人员的业务素养，提升预算编制的效率、质量；另一方面通过有效的考核方式，以预算的可接收性、可执行性、准确性等为考核基准，有效地引导各业务部门加强对预算编制的重视，提升各业务部门的配合度。

3. 设置主参数为主，辅助参数为辅的校正预算，提升预算弹性

为保障滚动预算的弹性，在保证基本预算的前提下，通过对影响工程项目施工的特殊事项的调研，对影响施工的主要因素按工程项目性质进行分类，哪些属于通用的特殊事项，哪些属于各类工程项目专有的特殊事项，设置辅助参数校正预算，提升预算的弹性。

（中铁八局集团有限公司　邱振宇　周世平　刘　海　胡　恒
祁正明　陈　静　徐　婷　黄　欢　张健一　张玉兰）

中铁隧道局一处重黔 12 标预算管理实践

【摘要】预算管理是管理会计工具之一，它是利用实施预算管理对企业内部各部门、各单位的资源进行分配、考核、控制，有效地组织和协调企业的生产经营活动，完成既定经营目标的管理活动，是兼具控制、激励、评价等功能的综合管理机制。

工程项目预算管理是一项全员参与、全过程控制的系统工程，主要是围绕如何推进全员参与工程项目预算管理，强化公司及项目两级预算管理责任，充分利用管理资源，构筑工程项目预算管理和运行的高效机制，从而提升项目盈利能力和企业核心竞争力。

本文是中铁隧道局一处重黔 12 标结合项目管理情况实施管理会计——预算管理工具的应用实践总结。项目对"预算目标"层层分解，责任到部门、到个人，人人有责，建立全员的"成本""效益"意识；同时提高部门和员工的参与度、加强对预算目标的认同感，使预算管理深入人心。科学编制预算目标和计划，严格执行预算、定期分析执行差异，发现问题立即拿出整改措施，最后对执行结果进行考核，贯彻事前计划、事中控制、事后考核全过程管控。项目部通过预算管理实现对项目各部门、各职能、各业务进行协调统一，对项目的人、财、物进行合理配置，进行全方位的管理。

案例重点总结项目实施预算管理的工作程序及方法，通过运用预算管理工具，辅助项目决策，指导项目管理活动，提升项目管控水平，实现项目效益最大化。

一、背景描述

（一）单位基本情况

中铁隧道局一处重黔 12 标位于重庆市彭水县保家镇境内，是设计时速 350 公里/小时的高速铁路，该标段正线全长 19.805 公里。主要工程包括隧道 19.752 公里/2 座，占线路总长的 99.732%；路基和桥梁 0.053 公里，占线路总长的 0.268%。项目合同总价为 14.87 亿元，2020 年 1 月 1 日开工，计划 2025 年 6 月 30 日竣工，总工期 66 个月。根据项目规模、进度要求，本项目采取"长隧短打"的施工方案，划分 7 个工区，9 个作业面平行作业。

项目部设置六部二室，作业层设置 7 个工区（架子队）、1 个钢结构厂、物资分供中心、炸药库和 3 个拌合站，划分为 14 个独立核算单元，实行"项目部 + 工区"一级责任成本管理模式。项目组织架构如图 1 所示。

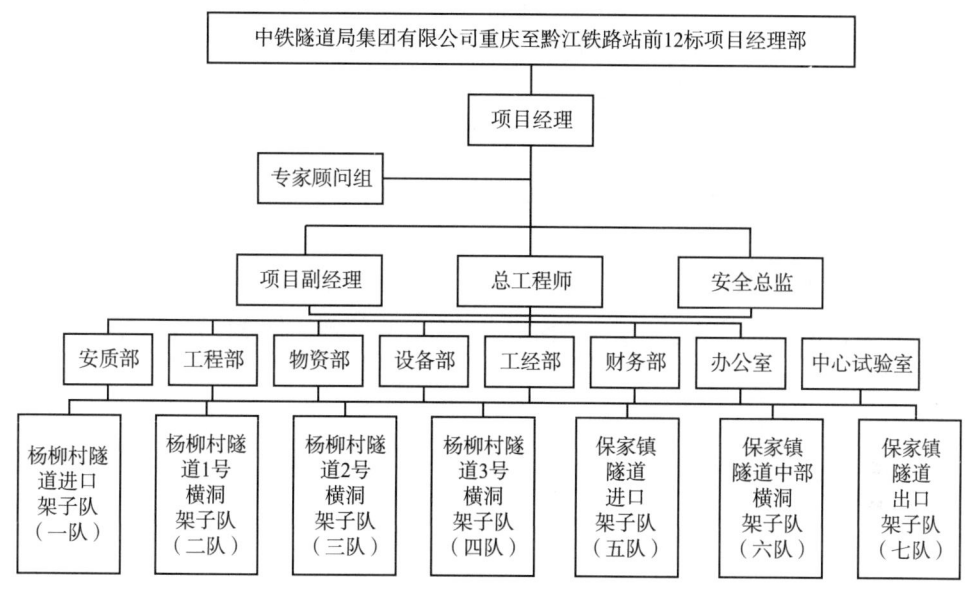

图 1   项目组织架构

（二）预算管理现状

随着工程项目预算管理理论的探索和完善，预算管理的理念和方法已被广泛认同和接受，但是由于工程项目外部环境差异较大，预算管理应用并没有形成成熟的实践经验，在项目管理中难以发挥控制、约束以及激励作用。

中铁隧道局一处重黔 12 标水文地质、工程地质、施工线路复杂，项目施工组织难度大，存在合同履约风险和合同管理风险。项目下设 7 个工区，9 个作业面平行作业，施工高峰期投入施工人员 1 000 ~ 1 200 人，项目下设成本单元多，为项目实施预算管理增加了难度。项目前期策划认识到以上管理难点，为切实加强项目安全质量进度履约管理，深度挖掘项目经济效益，要求严格推行预算管理，扎实开展项目预算管理基础工作，解决简单分解财务预算指标等浮于形式的预算管理问题，创新项目预算管理编制、执行、控制、考核等管理方法。通过实施预算管理，真正发挥预算管理对项目生产管理、成本管理以及计划管理的统领作用，挖掘预算管理对合同履约、项目创效的价值提升。

二、总体设计

（一）实施预算管理的目标

建立以业务流程为导向、以责任分工为基础、各相关职能部门相互协同、各预算管理层级密切联动的项目预算管理工作体系，形成分工明确、责任清晰、相互协同、高效配合的，涵盖预算决策、组织、编制、执行、控制、调整、监督、考评的工作机制和责任机制。通过全员参与、全面覆盖和全过程跟踪与控制，优化项目资源配置，严格过程监控，加强风险控制，提高管理运行质量，提升项目管理水平和创效能力，助力项目通过有限的资源投入，实现工期、质量、安全、环保水保、经济效益等策划目标。

（二）实施预算管理的程序和方法

1. 预算管理机构设置及职责

设立项目预算管理工作小组，全面负责项目预算管理。具体设置如下：

组长：项目经理；

副组长：总工程师；

成员：财务部、商务部、工程部、人力部、物资部、设备部、办公室以及各班组负责人。

项目预算管理工作小组主要职责如下：

（1）制定项目预算管理实施细则，明确各部门（班组）预算管理职责；

（2）编制项目全周期预算，根据工程进展调整全周期预算，编制及调整年度预算；

（3）分解预算目标，以签订目标责任书的形式下达到各业务部门及班组；

（4）组织预算过程控制和经济活动分析，提出整改措施；

（5）组织内部预算考核兑现工作。

项目预算管理实行项目经理负责制。项目部日常预算管理工作由商务管理部门牵头组织。

项目业务部门及作业班组的预算管理具体职责如下：

商务部：负责收入预算的编制，负责合同内收入顺利实现；负责实施调概索赔工作；负责组织作业层编制责任成本预算；核定委外合同限制性单价；负责责任成本的控制、分析与考核。

工程部：负责制订施工组织计划及落实科研项目，控制因安全、质量、进度、环保问题增加的工程成本；负责其他直接费、临时设施预算的编制与控制；负责工程数量的清理和核定，为内部、外部验工计价提供依据。

人力部：负责编制员工和其他从业人员需求计划；负责编制员工薪酬预算和其他从业人员劳动报酬预算；负责编制职工福利预算；对人工使用及费用预算进行控制。

设备部：负责编制施工机械设备预算，对机械设备的采购、保管和使用实施控制。

物资部：负责编制工程物资预算，对物资采购、保管和使用实施控制。

财务部：负责编制资金预算；负责其他费用预算的编制与控制；负责项目全周期预算和年度预算的编制与调整；负责工程款项的回收。

办公室：负责间接费用中办公费、会议费、差旅费、业务费，以及指挥车辆购置等费用预算的编制，对相关费用及支出情况进行控制。

各作业班组：根据可控性原则，负责将预算责任向下分解，并最终将收入、成本控制目标落实到个人。

2. 预算管理流程

（1）项目预算管理小组编制项目预算管理，报公司预算管理委员会审核。

（2）公司预算管理委员会对项目部上报的预算进行审核，针对发现的问题和偏差，及时提出调整意见，并反馈给项目部进行修正和完善，在充分沟通的基础上形成预算方案。

（3）经审核通过的项目预算管理方案由公司预算管理委员会审批，批准后下达给项目部执行。

（4）项目部对经审批下达的预算管理进行分解，并落实到各作业班组。

（5）项目部实施预算管理，并进行过程控制和分析，公司预算管理办公室对项目部开展预算管理进行监督。若需调整项目预算时，应按程序报公司预算管理委员会进行审核和审批。

（6）项目部对预算责任主体进行考核，公司对项目部年度预算和全周期预算执行情况进行考核。

3. 预算编制方法

编制收入预算，根据合同清单、变更条款约定、项目商务策划书等资料，考虑工程建设投资预算等内外部因素。编制成本预算，根据责任成本预算、投标价格测算、公司指导限价、供应市场情况、经济环境等，充分考虑主客观条件的影响，结合项目施工管理水平和内部施工定额，采用清单预算和滚动预算相结合的方法编制预算。

在列出各预算项目清单的基础上，对清单进行分析、取舍，并汇总编制预算的方法。预算编制以工程量清单为基础，充分考虑各项边界条件，对需要完成的工程量及对应的成本费用进行预测、加总后形成。

同时高度重视预算编制基础数据，收集充足、可靠的外部市场数据和内部数据，统一财务和非财务信息标准，保证预算编制基础数据的可靠、翔实、完整。以项目管理和业务计划为依据，根据上一期预算执行情况和新的预测信息，作为下一期滚动预算的编制基础。

采用清单预算和滚动预算相结合的方法编制预算，便于理解、方便编制、依据充分，预算数据和结果对应清晰；同时通过持续滚动预算编制、逐期滚动管理，实现动态反映、建立跨期综合平衡，从而有效指导项目管理纠偏，强化预算的决策与控制职能。

4. 预算分解

项目预算是项目的生产经营目标。为了便于项目预算管理的控制和考核，必须对预算按横向和纵向进行分解。

（1）横向分解，又称分项分解，将全周期预算细化到分项、分部工程。项目部根据项目特点，将项目全周期预算按单位工程、分项工程（如隧道、桥梁、路基、涵洞等）进行横向分解，便于项目部开展分部、分项工程预算节超的分析和对比，有利于查找节超原因。

（2）纵向分解，又称期间分解，项目全周期预算确定后，将全周期预算根据项目合同工期和会计年度分解为年度、季度、月度预算控制目标。通过对预算进行期间分解，便于项目部定期、及时地进行考核。

5. 预算执行

全周期预算分解和下达后，即进入预算执行阶段。

（1）生产预算的执行。生产预算是项目预算管理的基础，是实现项目履约的保障。生产预算执行要做好"计划、控制、反馈、考核"四个方面的工作。

计划：生产计划分解落实到各作业班组，计划的内容包括工程量、进度、时间、质量、安全等内容及目标。

控制：将月度生产预算分解到周计划、日计划，细化工作任务，及时进行总结、对比和考核，促进有效控制。

反馈：生产预算反馈的信息包括：预算执行情况、预算未完成原因、预算执行需要解决的问题。

考核：对生产预算完成情况进行考核，并严格兑现。

（2）收入预算的执行。收入预算管理关键在于做好"签认、上报、批复"三个环节。

签认：根据合同规定的计量规则，及时对完成的实物工作量进行验收，尤其是合同外实物工作量，要及时完善相关的手续，完成计量上报的基础工作。

上报：计量资料要及时上报给业主计价部门，尽量缩短审核周期，减少核减金额。

批复：完成的实物工作量得到及时批复，是实现营业收入的关键，是确保资金按时回笼的前提。

（3）责任成本预算的执行。责任成本预算执行的关键在于把握生产活动的"指令、实施、控制、核算、考核"五个基本环节。

指令：根据生产预算和责任成本预算下达生产指令，主要包括生产进度、数量、时间要求，以及材料消耗定额、费用开支标准等控制指标。

实施：作业班组按照生产指令组织施工生产，杜绝预算外的施工生产活动。

控制：业务部门和作业班组严格按照生产指令实施控制。

核算：业务部门按照成本费用支出的口径归集成本，反馈责任成本预算的执行结果。

考核：预算管理执行小组对预算的执行结果及时进行考核，严格奖惩兑现。

6. 过程控制

过程控制是项目预算管理的核心环节，项目部根据预算管理要求，对全部预算事项实施全方位过程控制，主要包括以价值计量的财务指标和以数量及进度描述的管理指标，将全部预算控制目标分解到预算责任主体并实施控制。

（1）责任成本控制。

严格成本预算控制责任，优化劳务用工管理，合理配置资源，对机械设备和大宗物料集中采购，严格其他直接费用、间接费用和大小临费用管理，降低和杜绝因发生安全质量事故、环保责任、停工窝工返工而产生的工程成本，加强修旧利废、革新工艺。

人工成本的控制，工程部门根据项目实施性施工组织方案，编制工序流程、工程设计数量及劳动力配备等资料，人力部门根据工程部门编制的劳动力相关资料，分工序和不同施工条件编制各工序的人工责任定额。应有针对性地减少或缩短工序的日消耗量，降低工日消耗。同时实行先进合理的劳动定额和定额控制；防止待工、窝工发生；不断改进施工工艺和操作方法，提高劳动生产率。

材料成本的控制，工程部门根据责任成本中的材料消耗数量、单价和单位工程量，参照材料消耗定额，制定出项目分工号、分工序的材料单耗定额，作为班组材料消耗定额的控制指标。根据限额领料规定，按施工计划和消耗定额领取施工用料，控制材料的数量消耗，把消耗环节作为控制的重点。

机械使用成本的控制，随着机械化装备程度越来越高，对机械使用费的控制越来越重要。设备部门根据责任成本分解项目机械使用费责任成本指标，按机械台班定额分解出单位工程单机单车台班费的各项费用定额，由此分解出各主要施工机械在各单项工程中的消耗定额指标。杜绝机械闲置情况发生，防止机械设备因固定费用高而造成机械使用费的亏损。

其他直接费用的控制，由于其他直接费用的内容较多，对其他直接费用的控制，主要是明确费用发生的控制对象，严格按照预算分解的指标进行过程控制，采取有针对性的控制措施，确保费用支出控制在预算范围内。

间接费用控制，间接费用中费用开支较大的主要是薪酬性支出、办公费、差旅费和交通工具费用，控制方法：一是总额控制，制订支出计划；二是提升管服人员能力，精简人员数量；三是严格车辆管理。

（2）收入控制。

及时办理验工结算，工程结算是实现营业收入的关键环节，工程结算滞后于实际产值将影响项目建设的顺利开展。项目部要大力抓好工程结算工作，认真研究合同条款，加强沟通和资料申报，追踪审批情况，最大限度地压缩已完工未结算金额，提高工程结算率。

重视二次经营工作，项目实施过程中通过开展优化设计、工程变更、索赔、调价调差等调整合同价款和有关费用指标的行为，深入研究合同条款，完善基础资料，加大经营力度，本着效益优先的原则，通过积极有效的二次经营，增加项目合同收入。

（3）资金控制。

强化资金回收管理，项目部建立应收款项回收的责任机制，明确责任人和回收目标，确保资金回笼速度与项目建设进度匹配。

严格资金使用管理，优化资金配置。项目部要统筹安排管理费上缴和各项支出，平衡资金需求，严格按计划控制支付，杜绝资金无序投放。

（4）对预算指标控制。

项目部建立预算指标的预警机制，保证预算执行处于受控状态。科学合理地设置预算控制指标，合理确定目标值，定期进行指标对比分析，确保预算指标过程受控。预算控制指标及参考值如表1所示。

表1 预算控制指标及参考值

序号	指标名称	计算方法	设定值	预警值
1	施工产值完成率	实际完成产值/预算产值	100%	低于90%
2	工程价款结算率	验工计价/实际完成产值	95%	低于85%
3	应收款项回收率	实际收到价款/验工计价	90%	低于80%
4	责任成本盈利率	1－（实际成本/责任成本）	95%	不足80%
5	应缴款项上缴率	实际缴款额/应上缴款项	100%	低于80%

三、应用过程

（一）重黔12标预算编制

项目预算管理小组根据项目策划会提出的各项管理目标，依据预算基础资料，按各自业务归口完成相关预算的编制，由财务部门进行汇总。本项目根据实施性施工组织方案，划分为14个独立核算单元。编制完成的项目全周期预算方案报公司预算管理委员会审核，并反馈审核意见，经过自上而下、自下而上充分沟通后，完成最终修订，如表2所示。

表2 项目全周期预算汇总 单位：万元

预算项目	行次	上报金额	批复金额	企业或项目部主责
一、经营成果	1	—	—	
1. 营业总收入	2	136 440.39	136 440.39	商务部
其中：合同内收入	3	136 440.39	136 440.39	
合同外收入	4	0	0	
2. 营业总成本	5	125 613.27	125 613.27	
其中：人工费	6	20 462.68	20 462.68	工程部、人力部
材料费	7	56 890.66	56 890.66	物资部
机械使用费	8	28 537.83	28 537.83	设备部
其他直接费	9	11 945.93	11 945.93	工程部
间接费用	10	7 776.17	7 776.17	
其中：（1）职工薪酬	11	5 039.88	5 039.88	人力部、财务部
其中：职工工资	12	3 896.24	3 896.24	
职工福利费	13	1 143.64	1 143.64	
（2）办公费	14	558.81	558.81	办公室
（3）会议费	15	0	0	
（4）差旅费	16	137.63	137.63	
（5）折旧费	17	112.01	112.01	财务部
（6）劳动保护费	18	209.30	209.30	工程部
（7）业务招待费	19	455.00	455.00	商务部、财务部
（8）其他	20	1 163.53	1 163.53	财务部
（9）财务费用	21	100.00	100.00	
分包成本	22	—	—	商务部
3. 营业毛利	23	10 827.12	10 827.12	
4. 税金及附加	24	327.00	327.00	财务部
5. 管理费用	25	10 233.03	10 233.03	
6. 财务费用	26	500.00	267.09	
7. 利润总额	27	-232.91	167.09	
8. 责任成本盈利率	28	0	0	
二、资金预算	29	—	—	
1. 初始向企业借支资金	30	0	0	财务部
2. 向企业上缴资金总额	31	14 326.24	14 326.24	
3. 约定质保金回收期	32	2027年7月31日	2027年7月31日	商务部、财务部

续表

预算项目	行次	上报金额	批复金额	企业或项目部主责
三、资本预算	33	——	——	
1. 机械设备购置金额	34	1 350.00	1 346.00	设备部
2. 办公用车购置金额	35	625.34	548.60	
四、项目基本情况	36	——	——	
1. 初始合同总金额	37	136 440.39	13 999.99	商务部
2. 已批准变更索赔金额	38	——	——	
3. 项目开工时间	39	2020 年 3 月 1 日	2020 年 3 月 1 日	工程部
4. 项目竣工时间	40	2025 年 7 月 31 日	2025 年 7 月 31 日	
5. 最多人力投入数量（人）	41	1 200.00	1 000.00	工程部、人力部
其中：职工数量（人）	42	150	150	

（二）重黔 12 标预算分解

项目部预算管理小组按照时间将全周期预算分解为年度、季度和月度预算，按照单项工程分解为路基、桥梁和隧道等预算，并将预算指标落实到各施工生产班组和部门，明确预算管理责任。

1. 分项工程预算分解

本项目主体工程为隧道工程，桥梁和路基工程占比极少。具体分解情况如表 3 所示。

表 3　　　　　　　　　　　分项工程预算分解　　　　　　　　　　单位：万元

序号	项目名称	预算收入	预算成本						
			人工	材料	机械	其他直接费	间接费	税金及附加	合计
1	拆迁及征地费用	1 593.73	227.11	767.89	350.83	72.91	96.60	7.32	1 522.67
2	路基	308.81	40.00	108.97	121.75	14.13	18.72	1.42	304.99
3	桥涵	190.38	62.13	77.08	41.70	8.71	11.54	0.87	202.04
4	隧道及明洞	118 790.08	18 351.76	52 685.06	25 714.95	5 628.47	7 199.96	545.75	110 125.96
5	轨道	6 569.05	1 617.60	2 888.58	1 270.97	300.54	398.16	30.18	6 506.03
6	通信、信号及信息	25.20	9.34	11.25	0.64	1.15	1.53	0.12	24.02
7	其他运营生产设备及建筑物	819.47	154.73	351.84	198.76	37.49	49.67	3.76	796.25

序号	项目名称	预算收入	预算成本						
			人工	材料	机械	其他直接费	间接费	税金及附加	合计
8	大型临时设施和过渡工程	2 344.09	0.00	0.00	0.00	2 448.82	0.00	0.00	2 448.82
9	污水处理及岩溶检测设备费	1 048.75	0.00	0.00	838.22	0.00	0.00	0.00	838.22
10	安全生产费	2 798.77	0.00	0.00	0.00	2 798.77	0.00	0.00	2 798.77
11	总承包风险费	1 269.87	0.00	0.00	0.00	634.93	0.00	0.00	634.93
12	激励约束考核费	682.20	0.00	0.00	0.00	0.00	0.00	0.00	0.00
	合计	136 440.39	20 462.68	56 890.66	28 537.83	11 945.93	7 776.17	589.42	126 202.69

2. 独立核算单元预算分解

本项目核算单元分为：项目部、工区、辅助单位共14个核算单元。根据项目全周期预算，依据每个单元的施工任务及资源配置计划，将成本预算分解到每个核算单元。具体分解情况如表4所示。

表4 独立核算单元预算分解 单位：万元

序号	核算单元	收入金额	责任成本							
		自完工程	人工费	劳务分包	材料费	机械使用费	专业分包工程费用	其他直接费	间接费	小计
1	项目部	11 440.78	0.00	0.00	0.00	0.00	6 847.53	2 311.13	4 860.95	14 019.61
2	一工区	15 411.79	2 151.00	259.92	6 957.15	1 880.82	189.22	1 307.95	516.31	13 262.37
3	二工区	27 083.23	3 999.54	490.30	7 404.74	4 904.28	319.51	1 556.79	671.86	19 347.02
4	三工区	17 673.04	2 569.47	358.97	5 020.00	3 581.44	98.01	1 072.91	612.35	13 313.15
5	四工区	15 301.76	2 535.43	319.78	4 334.44	2 950.60	85.92	1 031.94	546.85	11 804.96
6	五工区	19 735.88	2 989.01	315.19	5 710.58	3 418.34	718.71	1 483.11	509.30	15 144.23
7	六工区	15 999.69	1 230.44	1 947.18	4 666.99	3 569.03	510.38	1 374.71	566.48	13 865.22
8	七工区	13 794.22	2 660.72	228.73	4 395.69	2 582.99	346.19	1 523.65	482.86	12 220.82
9	钢筋加工厂	0.00	626.79	0.00	0.00	199.91	0.00	203.96	30.60	1 061.25
10	1#拌合站	0.00	346.47	0.00	0.00	648.13	0.00	280.43	37.40	1 312.43
11	2#拌合站	0.00	419.52	0.00	0.00	1 229.99	0.00	247.61	43.66	1 940.79
12	3#拌合站	0.00	188.29	0.00	0.00	354.77	0.00	261.02	34.42	838.51
13	物资中心库	0.00	198.72	0.00	0.00	216.00	0.00	0.00	19.53	434.25

序号	核算单元	收入金额 自完工程	责任成本							
			人工费	劳务分包	材料费	机械使用费	专业分包工程费用	其他直接费	间接费	小计
14	炸药库	0.00	530.98	0.00	0.00	304.20	0.00	160.00	13.06	1 008.24
	合计	136 440.39	20 446.39	3 920.06	38 489.59	25 840.50	9 115.48	12 815.21	8 945.63	119 572.86

3. 作业班组内部承包单价分解

项目作业班组承包价格根据项目施工组织安排测算工费，根据施工工程量与测算的工费价格测算总价，最后形成内部承包单价。

以仰拱衬砌班组为例，承包单价预算分解如表 5 所示。

表 5 作业班组内部承包单价分解

序号	围岩级别	人员配置		工资标准（元）	人工费（元）	人工费合计（元）	二三项材料（元）	人工、材料费用合计（元）	每延米单价（元/延米）	备注
		工种	人数（人）							
1	IIIa、IIIb 拱墙	队长	1	10 000	10 000	209 000	19 800	228 800	1 733.33	
		领工员	1	8 500	8 500					
		台车定位	4	7 500	30 000					
		关模工	3	7 500	22 500					
		浇筑混凝土	4	7 500	30 000					
		带模注浆	2	7 500	15 000					
		钢筋工	6	7 500	45 000					
		文明施工	1	4 000	4 000					
		防水板	4	7 500	30 000					
		割缝	2	7 000	14 000					
2	仰拱	仰拱	9	7 500	67 500	67 500	—	—	511.36	
3	仰拱开挖	钻工	3	9 500	28 500	36 000	15 332	4 707	373.59	
		打杂	1	7 500	7 500					

（三）重黔 12 标预算控制和分析

1. 主要控制措施

（1）生产预算控制主要采用下达季度、月度和周量化考核指标，并严格实施奖罚兑现。

（2）责任成本预算的控制主要采取开展班组承包、独立核算单位承包、实施定限额发料、物资采购采取模拟招标、物资集中加工配送、部门费用包干等控制措施。

（3）资金预算控制主要采用按月编制资金使用计划，加强审批及授权程序控制，严格预算外资金支付实施控制。

（4）物资预算控制由项目各工区根据现场进度情况，上报项目物资部，项目物资部统筹计划，钢结构厂及物资分供中心统一采购加工配送，降低采购及储存运输成本，盘活项目资源，提高利用率。

2. 预算执行分析

该项目预算管理分析主要通过项目月度成本分析会和季度经济活动分析会实施，现以该项目 2022 年第 4 季度经济活动分析情况为例，介绍项目预算管理分析情况。

（1）责任成本盈亏和成本预算执行情况。2022 年第 4 季度，项目完成不含税产值 8 401.72 万元，成本费用合计 8 038.21 万元，工程成本盈利 363.51 万元，盈利率 4.33%。第 4 季度成本预算执行情况如表 6 所示。

表 6　　　　　　　　　　2022 年第 4 季度成本预算执行情况

项目	预算成本（万元）	实际成本（万元）	降低额（万元）	降低率（%）
人工费	1 463.03	1 642.29	−179.26	−12.25
材料费	3 311.50	3 182.89	128.61	3.88
机械使用费	1 661.46	1 482.63	178.83	10.76
其他直接费用	998.78	963.97	34.81	3.49
间接费用	441.90	449.28	−7.38	−1.67
合计	7 876.68	7 721.06	155.62	1.98

从预算执行情况来看，人工费超出预算 179.26 万元，超支率 12.25%；间接费用超出预算 7.38 万元，超支率 1.67%。材料费、机械使用费和其他直接费均为节约。

项目分析人工费超支的主要原因是劳务资源紧张，工资增长快，用工价格高于预算价格。项目已在研究推进机械配套，减少人工用量，挖掘管控潜力，抵消工资增长带来的不利影响。

（2）物资消耗偏差分析。主要材料实际消耗与预算数量对比情况如表 7 所示。

表 7　　　　　　　　　　主要材料实际消耗与预算数量对比

序号	材料名称	材料型号	单位	预算量	实耗量	节超
1	盘圆	Φ6mm	t	83.50	78.50	5.00
2	盘圆	Φ8mm	t	156.38	124.48	31.90

续表

序号	材料名称	材料型号	单位	预算量	实耗量	节超
3	盘圆	Φ10mm	t	19.55	17.22	2.33
4	盘螺	EΦ8	t	2.03	1.99	0.04
5	圆钢	Φ16mm	t	4.21	3.74	0.47
6	螺纹钢	EΦ12	t	86.74	91.31	-4.58
7	螺纹钢	EΦ14	t	191.05	168.20	22.85
8	螺纹钢	EΦ16	t	1.30	1.11	0.19
9	螺纹钢	EΦ18	t	417.54	420.44	-2.89
10	螺纹钢	EΦ25	t	266.06	270.52	-4.46
11	等边角钢		t	38.76	35.36	3.39
12	工字钢	I14	t	11.74	8.05	3.69
13	工字钢	I16	t	18.02	17.83	0.19
14	工字钢	I18	t	177.89	187.06	-9.17
15	工字钢	I20a	t	237.27	223.05	14.22
16	工字钢	I20b	t	11.63	11.59	0.04
17	工字钢	22a	t	15.53	15.27	0.26
18	自拌混凝土	C20	m³	8 963.80	8 551.28	412.51
19	自拌混凝土	C25	m³	578.68	561.89	16.79
20	自拌混凝土	C25 喷	m³	14 796.98	15 307.52	-510.55
21	自拌混凝土	C30	m³	9 121.79	9 576.96	-455.17
22	自拌混凝土	C35	m³	15 716.00	16 166.70	-450.71
23	乳化炸药		t	147.15	129.45	17.70
24	非电毫秒雷管		发	160 964.13	100 190.00	60 774.13
25	导爆索		m	104 510.26	90 300.00	14 210.26

螺纹钢 Φ12 超耗 4.58t，超耗原因是衬砌作业中替代盘圆 Φ10 使用，盘圆 Φ10 消耗有节余；螺纹钢 Φ18 超耗 2.89t，超耗原因是用于衬砌钢筋定位和洞口支撑与加固模板等定额外用途；螺纹钢 Φ25 超耗 4.46t，超耗原因是使用 Φ25 螺纹钢进行横向水沟支模，地锚加固，过轨管固定，风水管悬挂等定额外用途；工字钢 Φ18 超耗 9.17t，超耗原因是用于接仰拱拱架及洞室口处接仰拱拱架使用；C25 喷射混凝土超耗 510.55m³，超耗原因是由超挖及围岩滑层、掉块增加喷射量以及喷射回弹控制不好；C30 混凝土超耗 455.17m³，超耗原因是仰拱边墙三角地带线性超挖，隧底围岩破碎，IIIa 围岩仰拱无初支，造成仰拱厚度增大，局部地质变化存在滑层；C35 混凝土超耗 450.71m³，超耗原因是围岩较软导致仰拱底部存在超挖，隧底局部渗水，浸

泡后围岩硬度进一步下降，清底作业极易超挖，造成超耗。

（3）机械费用偏差分析。

项目投入主要设备如装载机、空压机、通风机等总计 131 台（套），特种设备 4 台（套），各类非标设备 44 台（套），小型机具 165 台。2022 年 4 季度机械使用费 1 482.63 万元，如表 8 所示。

表 8   **工区机械使用费与预算对比情况**

工区	预算金额（万元）	实际金额（万元）	节超额（万元）	节超率（%）
一工区	196.78	192.9	3.88	1.97
二工区	291.15	260.5	30.65	10.53
三工区	285.36	244.19	41.17	14.43
四工区	193.25	165.71	27.54	14.25
五工区	282.00	235.56	46.44	16.47
六工区	192.36	197.81	−5.45	−2.83
七工区	220.56	185.96	34.60	15.69
合计	1 661.46	1 482.63	178.83	10.76

本期除六工区机械费超支 2.83% 外，其他工区均为节余。随着隧道施工快速掘进，机械费成本控制日见成效，如表 9 所示。

表 9   **工区机械使用费构成节超情况**

项目	核算单元：一工区完成产值			
	预算费用（万元）	本季度发生（万元）	节超额（万元）	节超率（%）
折旧费用	4.60	5.40	−0.80	−17.39
机械使用	5.20	4.34	0.86	16.54
租赁费用	13.60	14.75	−1.15	−8.46
配件消耗	15.36	14.88	0.48	3.12
电力	18.00	17.08	0.92	5.11
燃油费	17.23	16.19	1.04	6.04
机械人员工费	8.69	6.90	1.79	20.60
砼运输费用	26.52	26.57	−0.05	−0.19
出碴费用	64.39	63.09	1.30	2.02
润滑轮胎	3.00	2.80	0.20	6.67
喷砼	20.19	20.90	−0.71	−3.52
合计	196.78	192.90	3.88	1.97

一工区折旧费用、租赁费用、砼运输费用、喷砼费用略超出预算，其他费用均控制在预算之内。

工区机械使用费管控从固定费用和变动费用两个方面进行控制，固定费用主要是提高设备利用率，减少设备投入。变动费用主要是降低设备空载率、做实单机核算控制燃油消耗、加强维修保养减少设备故障率等控制重点。本期变动费用包括以下方面：一工区 1 台装载机维修前桥 1.56 万元；二工区 1 台空压机更换电脑板 0.94 万元，加工通风管 1.19 万元，装载机维修 1.54 万元；五工区输送泵配件费用 1.42 万元，检修凿岩台车发动机等 1.83 万元；六工区购买输送泵管 2.37 万元；七工区装载机更换夹钳总成、涡轮增压器、溢流阀等 1.4 万元；1 号拌合站更换叶片 0.81 万元；2 号拌合站检修斜皮带、更换托辊等 0.8 万元，更换搅拌机叶片、刮板、搅拌臂等易损件 4.77 万元。

（4）其他直接费偏差分析（见表 10）。

表 10   **其他直接费情况**   单位：万元

序号	费用分类	本期预算	本期合计	节超
1	临时设施	312.50	311.82	0.68
2	二次搬运费	26.58	28.41	−1.83
3	检测试验费	92.53	82.88	9.65
4	生产工具和用具使用费	5.24	3.00	2.24
5	设计及技术援助费	104.20	56.60	47.60
6	工程定位复测及点交费	165.00	177.51	−12.51
7	青苗补偿费	30.00	31.49	−1.49
8	安全生产费	245.00	255.77	−10.77
9	燃料动力费	17.73	16.49	1.24
	合计	998.78	963.97	34.81

本期其他直接费预算 998.78 万元，实际发生 963.97 万元，总额控制在预算之内，但是二次搬运费、定位复测费、安全生产费超出预算指标。

项目临建占其他直接费比重较大，本项目临时设施预算 5 054.36 万元，本季度发生成本 311.82 万元，开累发生 2 985.88 万元。项目部驻地采取租赁民房的方式，节约了大量临建费用，目前临时设施已基本完工，临建费用总体可控且节余。

二次搬运费超支原因是本期设备、材料调拨进场较多，导致费用超出预算指标。

（5）间接费用偏差分析。间接费用主要包括管服人员薪酬、办公费、差旅费、车辆费用、业务招待费等。本期间接费用节超情况如表 11 所示。

表 11   本期间接费用节超情况   单位：万元

序号	费用分类	本年预算额	本年发生额	节超
1	管服人员薪酬	277.03	291.54	−14.51
2	劳动保护费	11.51	13.75	−2.24
3	固资折旧及修理费	6.16	6.25	−0.09
4	环境保护费	0.5	0.36	0.14
5	低值易耗品摊销	8.25	10.99	−2.74
6	租赁费	3.36	2.75	0.61
7	办公费	7.08	5.21	1.87
8	差旅费	7.57	5.52	2.05
9	日常交通费	6.17	7.63	−1.46
10	燃料动力费	27.37	25.52	1.85
11	修理费	57.59	51.17	6.42
12	保险费	1.39	0.63	0.76
13	业务招待费	25.01	27.36	−2.35
14	其他	2.91	0.6	2.31
	小计	441.9	449.28	−7.38

项目本期间接费用预算 441.9 万元，实际发生 449.28 万元，超支 7.38 万元，超支率 1.67%。超支费用主要是管服人员薪酬、劳动保护费、低值易耗品摊销、日常交通费和业务招待费。

（四）重黔 12 标预算考核

1. 对独立核算单元的考核

项目部对工区根据施工产值计划和预算指标制定周、月度产值计划和生产预算，并严格按照奖罚机制进行考核，在月度劳动竞赛中从七个方面对工区进行考核，通过考核赶学比超，促进施工生产，考核表如表 12 所示。

表 12   2022 年 12 月预算管理执行情况考评表   单位：分

序号	考评对象	综合得分							平均/最终得分	等级
		"七抓七比"考核内容								
		抓疫比环境	抓基比安	抓细比质	抓期比度	抓本比益	抓标比形	抓团比谐		
1	一工区	8	18	15	20	0	7.2	7.1	75.3	合格
2	二工区	7	19	15	20	17	6.8	7	91.8	优秀

续表

序号	考评对象	综合得分							平均/最终得分	等级
		"七抓七比"考核内容								
		抓疫比环境	抓基比安	抓细比质	抓期比度	抓本比益	抓标比形	抓团比谐		
3	三工区	8.5	19.3	14.3	16.6	0	6.7	6.7	72.1	合格
4	四工区	8	18.6	14	19.4	17.2	6.9	6.8	90.9	优秀
5	五工区	8.5	20	15	19.6	3.2	7.5	7.4	81.2	良好
6	六工区	8	17	9.2	13.6	0	6.4	6.1	60.3	合格
7	七工区	8	17.6	12.4	20	5	7.2	7.3	77.5	合格

项目对工区预算执行情况建立考核机制，并严格执行，主要包括以下方法：

（1）开累责任成本盈利时，若本阶段责任成本盈利，按盈利额的20%进行奖励；若本阶段仅工程成本盈利，按盈利额的3%奖励；若本阶段工程成本亏损，按亏损额的0.5%处罚。

（2）开累工程成本盈利、责任成本亏损时，若本阶段责任成本盈利，按盈利额的5%进行奖励；若本阶段仅工程成本盈利，按盈利额的2%进行奖励；若本阶段工程成本亏损，按亏损额的0.5%处罚。

（3）开累工程成本亏损时，若本阶段责任成本盈利，按盈利额的3%进行奖励；若本阶段仅工程成本盈利，按盈利额的1.5%进行奖励；若本阶段工程成本亏损，按亏损额的0.5%处罚。

对存在征迁干扰、地质条件及施工组织方案重大变化、重大政策影响、不可抗力等非主观因素影响较大的工区，阶段考核时，项目预算管理执行小组通过专题会研究明确考核方案。

2. 对作业班组的考核

项目对作业班组进行主材、混凝土、超欠挖等控制要素的节超考核，制定了相应的考核细则，在当月内部计价中对超耗金额扣除，项目根据内部计价金额进行工费把控，作业班组长根据本班组预算执行情况提出作业人员工资分配建议，办公室审核、项管会审批。项目部整体把控作业班组工费，坚持"以丰补歉"的方式控制总体工费，平衡各月实发工费，保证作业队伍人员稳定。以衬砌组材料节超考核为例，如表13所示。

表13　　　　　　　　　2022年12月工区衬砌班组材料节超考核

序号	材料名称	规格型号	单位	定额量	本月节超			开累节超			
					实耗量	节超（±）	实际扣款	定额量	实耗量	节超（±）	实际扣款
1	螺纹钢	Φ14	t	0		0	0	56.19	55.63	0.56	0
2	螺纹钢	Φ18	t	3.76	3.64	0.12	0	3.76	3.64	0.12	0

续表

序号	材料名称	规格型号	单位	定额量	本月节超			开累节超			
					实耗量	节超（±）	实际扣款	定额量	实耗量	节超（±）	实际扣款
3	螺纹钢	Φ25	t	0	0	0	0	260.67	256.24	4.43	0
4	线材	Φ6	t	0	0	0	0	0.39	0.29	0.1	0
5	线材	Φ8	t	0	0	0	0	32.74	27.75	4.99	0
6	防水板	1.5mm	m²	0	0	0	0	844.8	768	76.8	0
7	无纺土工布		m²	0	0	0	0	844.8	906	−61.2	−205.63
8	长丝土工布		m²	0	0	0	0	35.2	0	35.2	0
9	中埋止水带		m	514.08	504	10.08	0	1 897.56	1 826	71.56	0
10	背贴止水带		m	514.08	504	10.08	0	1 927.34	1 874	52.62	0
11	冷挤压套筒	25mm	只	0	0	0	0	3 045.6	2 829	216.6	0
	合计									0	−205.63

3. 对业务部门的考核

为提升项目预算管理质量，推动全员参与、主体落实预算执行和控制，项目针对管理服务人员从预算执行、成本管控、工作质量、服务协作等方面进行客观评价，每月评选预算管理优秀部门，并给予一定奖励，激励管理服务人员主动工作、主动管理，全面落实预算管理工作。

四、取得成效

（一）项目工期可控

截至 2023 年 6 月重黔 12 标开累完成施工产值 10.61 亿元，占合同金额的 77.74%，超过工期进度，项目工期管理可控。

（二）项目履约较好

重黔 12 标在业主方渝黔铁路公司组织的综合评比中表现优秀，得到业主方认可。其中 2022 年上半年信用评价获得 A 级。

（三）资金正向流动

重黔 12 标资金管理可控，按时上交各项财务费用，对公司资金管理作出贡献，在公司 2022 年度资金管理考核中获得奖励。

（四）实现经济效益

项目成本管理取得成效，实现经济效益，截至 2023 年 6 月，项目开累完成产值 106 074.45 万元，工程成本 103 835.76 万元，工程成本盈利 3 238.69 万元，盈利率 3.05%，实现了项目责任成本管理目标。

五、经验总结

（一）科学编制是开展预算管理的基础

编制预算管理要依托科学的预算定额，充分考虑项目实施的影响因素，清醒认识项目管理能力，切忌好高骛远，从而保证预算科学合理，切合实际情况，为预算管理实施奠定基础。

（二）合理的预算分解是预算管理的关键

项目将全周期预算和年度预算分解到年、季、月，甚至是周和日，按单项工程分解到隧道、路基和桥梁，甚至是各单位工程的各个工序，并通过签订《目标责任书》，使预算目标得以分解落实到各责任主体，实现天天有预算、事事有目标、人人讲成本的管理目标。

（三）严格的过程控制是预算管理的核心

在项目预算管理实施过程中，应严格按管理制度控制预算执行，通过规范招标，降低材料采购价格，强化定、限额发料，推行班组承包提高工效降低工费，实行部门费用包干，遵守成本开支范围，严控非生产性支出，刚性执行预算管理分析，找准管理偏差，制定纠偏措施，验证执行情况，确保各项预算目标按期完成。

（四）刚性考核是开展预算管理的保障

必须坚持按《目标责任书》或《内部承包任务书》的规定，定期对预算责任主体进行考核，并刚性兑现，通过经济手段，激励和约束责任主体的生产管理行为，保证预算目标的逐步实现。

（五）严格项目预算管理考核兑现

预算执行过程中的及时考核和奖惩兑现，是预算得以顺利实施的重要控制手段，因此，在预算执行过程中，要根据不同的承包范围、对象，及时组织考核，并严格兑现，通过分析预算执行情况，分清主客观原因，主要针对因主观原因而导致预算无法完成的情况进行考核。同时，要结合分析的情况，适时对预算进行相应的调整，使得预算目标更切合项目实际情况。

（六）强化项目预算管理培训工作

项目预算管理是一项系统的工程，需要全员参与、全过程参与，因此，要加大培训工作，使所有管理人员熟悉和掌握项目预算管理的相关知识和技巧，明确自身在项目预算管理中所处的位置和职责，为项目预算管理的实施奠定基础。

（中铁隧道集团一处有限公司　殷小建　刘运锋　邢拥华

张东阳　张　洪　吕武洋　曹高峰）

施工企业的源头效益

——预算管理促进项目提质增效

【摘要】根据中国中铁推行的大商务管理体系，抓住预算目标体系、预算管理工具和预算管理程序三项重点工作，突出后台公司对基层项目责任成本预算目标的刚性引领，强化过程监督，合力查找盈利点和风险点。通过分析研究，查找不足，理论和实践相结合，突出可操作性，逐步完善预算管理体系建设，最终以促进项目提质增效。

以基层项目全周期为时间轴，以工程项目现金流自平衡管理为主线，从预算的源头策划、过程管控和考核评价三个维度进行分析管理，突出各阶段工作要点和工作成效。

一是源头策划，主要是项目管理策划，涵盖责任成本预算、现金流自平衡策划、税务管理策划、全周期资金预算和全周期成本费用预算五个方面，从管理会计的角度出发，以税务筹划增效、资金管理创效和成本管控节支三条主线为项目做好事前谋划。二是过程管控，主要是预算控制系统、季度经济活动分析、季度现金流自平衡分析和收尾管理策划，以共享预算控制系统作为管理工具，将责任成本分解到项目的部门、作业队等基层单位，以全周期预算作为基准，对各年度、各单位全过程预算细化管控，刚性引领，从成本、资金两个角度出发，及时分析，及时纠偏，严控工料机成本支出，压缩非生产性费用支出。三是考核评价，分析后台公司对基层项目的年度及期末考核评价，突出大商务管理中收入计价比、收入收现率、"两金"占营收比、现金流自平衡执行等定量和定性指标考核，突出业绩考核导向，强化结果运用，以倒逼项目领导和各管理层级做好源头策划和过程管控工作，最终促进项目降本增效，形成长效工作机制。

一、背景描述

（一）基本情况

1. 企业性质

中铁武汉电气化局集团有限公司，是世界双 500 强中国中铁股份有限公司旗下的全资子公司。作为中国电气化铁路的引领者，肩负"勇于跨越追求卓越"的企业精神，为中国高铁走向世界担当"电化先锋"。

2. 企业规模

企业拥有资产总额 159.5 亿元，注册资本金 90 296 万元，具有大型施工机械 400 余台，正式员工 8 300 人，其中各类工程技术人员和专业施工能手 2 100 多名，一级建造师资格 309 人，二级建造师资格 175 人，教授级高工 21 人，高级职称人员 559 人，中级职称人员 886 人。

3. 主营业务

主要从事铁路电气化、电力、通信、信号和城市轨道交通建设、公路交通、机电设备安装、输变电及工业与民用建筑、楼宇智能化、综合管廊、海绵城市、智慧城市等市政工程建设，拥有建筑工程施工、市政公用工程施工、通信工程施工、机电安装工程施工总承包一级等 "6 总 14 专" 共 20 余项建筑业企业资质。营业范围包括：施工总承包；专业承包；工程勘测、设计、监理、咨询；计算机、网络、通信、安防、智控、节能系统工程技术集成及运营维护；以及上述项目的技术开发、技术转让、技术咨询、技术服务；应用软件服务；合同能源管理服务；铁路和轨道交通运输及维护；土地开发、房地产开发以及交通、市政公用工程设施、水利水电工程设施、公路工程设施、公共生活服务设施、生态环保工程设施、健康养老、特色小城镇、园林绿化基础设施项目咨询、规划、勘察设计、建设、管理及运营维护；承装、承修、承试电力设施；通信、信号、电力、电气化工程设备器材制造；机械设备的研制、检测、维修；机械设备租赁；销售设备、材料；物流服务；承包境外工程和境内国际招标工程；对外派遣实施上述境外工程所需的劳务人员；工程招标代理；货物进出口、技术进出口、代理进出口（不含国家禁止或限制进出口货物或技术）（依法须经审批的项目，经相关部门审批后方可开展经营活动）。

4. 行业地位

中铁武汉电气化局始终站在世界轨道交通 "四电" 技术前沿，在智能装备制造、工程软件开发、工程调度信息化、BIM 技术应用等领域进行深度研究与应用，打造了海南环岛、汉十、哈牡、连镇、梅汕、蒙华及武汉、杭州、呼和浩特等铁路 "四电" 及城市轨道交通精品工程，目前正全面推进时速 350 公里/小时高速铁路 "四电" 系统集成技术研发，充分运用现代科技手段，为智慧交通、绿色环保建设插上腾飞的翅膀。

5. 行业发展前景

在不断创新铁路 "四电" 新技术的同时，中铁武汉电气化局大力发展 "四电 +" 战略，向房屋建筑工程、市政公用设施、智慧城市、海绵城市、综合管廊、运营维管及绿色环保、新能源等专业领域不断延伸，完善产业链条，构建可持续发展生态圈。借助物联网、5G 等新一代信息技术，开发出以 "中铁智联网"、智能装配式建筑为代表的一系列新兴产业，在智慧城市建设领域赢得广泛的社会声誉，同时在 "一带一路" 倡议下，立足国际化视野，逐步拓展海外市场。

6. 发展阶段

坚持主业突出、相关多元的发展战略，积极推动城市轨道交通、房屋建筑工程、市政公用设施、智慧城市、运营维管、地下管廊、海绵城市、绿色环保、新能源等专业发展和相关投融资项目开发。

7. 产业结构及发展模式

成都分公司是中铁武汉电气化局集团有限公司下设的分公司，主要立足于四川、云南、贵州等西南省份铁路、地铁及其他基建类施工及运营维管业务。

（二）当前的管理现状和存在的问题

近几年，施工企业的管理从原先的粗放化逐步优化改善为现在的制度化、标准化，加之现推行的大商务管理体系，当前企业在如何促进项目盈利管理方面得到了较大改观，但依然存在着许多不足之处，如盈利理念有待加强、对劳务队伍的过程管控不严、对分供商的议价主导权不足等问题仍然亟待解决。具体表现在以下几个方面。

1. 责任成本分解不到位、考核力度不够

按照管理规定，项目部应制定责任成本分解考核办法，将项目责任成本分解到项目部各责任主体，横向分解到部门、纵向分解到作业队。部分项目部对责任成本分解流于形式，对责任成本分解后考核机制未严格执行，责任成本意识不够，创效意识不足。

2. 成本过程监管不到位

项目过程管控核算分析数据在准确性、真实性、及时性方面存在较大偏差，过程核算中，后台公司在成本管控过程中缺乏行之有效的管理工具，难以直接发现项目管理过程中存在的隐性问题，导致无法"对症下药"，不能及时纠偏，存在效益流失的风险。

3. 分包管理质量不高、把控不严

部分项目在执行中存在体系化不高的情况，例如，办理准入预见性不足、招标采购（标段划分、总控数量、限价指标、时间节点）的谋划及组织不够、农民工工资管理不到位、结算清理滞后等，由此造成管理前后脱节、工作长期处于被动的情况，劳务成本居高不下。

4. 项目收尾结算策划不到位

部分项目对项目收尾策划不准确，导致项目最终成本把控不到位，项目进入收尾后仍然会产生大量成本费用，长期消耗项目形成的利润，效益水平大打折扣。

5. 技术基础薄弱

不少施工企业面临着技术力量薄弱，人才队伍流动性大等问题，部分项目由工作

2~3年的人员担任主管工程师，现场经验不足，有些也没有沉下心来搞技术管理，往往会造成材料计划提报不准确、物资浪费现象突出、现场返工较多等问题，源头管理上直接导致项目成本增加，利润流失较多。

6. 外部环境日趋复杂

当前市场环境下，订单合同概算价格与物资、人工等成本支出价格相比，利润空间有限，因此，做好内部管理，降本增效是目前企业持续经营，可持续发展的必要举措。

（三）选择基层项目预算管理的主要原因

基层项目是施工企业的效益来源地，是企业赖以生存的根本，随着收入端市场价格降低，成本端材料、人工价格日渐上涨，企业的利润空间处于逐步下滑的态势，当前中国中铁推行的大商务管理体系，目的就是通过投标标前策划、过程施工组织和期末二次经营全程全方位参与项目规划，充分挖掘项目效益潜力，最终推动企业高质量发展。

在当前市场竞争日趋激烈的环境下，做好内部管理降本增效已刻不容缓，因此，有效运用管理会计工具，强化预算管理引领作用，抓住预算目标体系、预算管理工具和预算管理程序三项重点工作，突出后台公司对基层项目预算目标的刚性引领，强化过程监督，合力查找盈利点和风险点，通过分析研究，查找不足，理论和实践相结合，突出可操作性，逐步完善预算管理体系建设，以促进项目提质增效为最终目标。

二、总体设计

（一）基层项目应用预算管理的目标

当前推行大商务管理体系，要在传统成本管理的基础上，强化经营开发、项目履约、成本管控、确权结算、考核激励各环节贯通穿透管理，多方协同联动，实现优揽、精管、细算、足收的目标，赢得市场和业主认可，提升企业经济效益和核心竞争能力。大商务有四项管理要素，即优揽、精管、细算、足收。优揽主要是投标前，强调的是经营质量；精管主要是履约实施阶段，要求在保证安全质量进度等前提下，以经济效益为中心，做好项目管理策划和商务策划双优化，成本要素全过程管控；细算要求做好二次经营、开源节流等；足收就是要做好收尾管理，确保颗粒归仓。大商务管理是企业管理体系的重要组成部分，推行大商务管理是中国中铁高质量发展的必然需求，既是贯彻落实中央要求、充分发挥国有企业功能的重要举措，又是贯彻落实国有企业改革三年行动、推动企业治理体系现代化的重要任务，是效益提升的内在要求，也是增强企业竞争力的有力保障。

在基层项目推广应用预算管理，可以很好地融入大商务体系，是为了进一步提升项目效益，更好地实现财商融合，促进项目管理降本增效，推动大商务管理体系落实落地的有效工具，是目前企业大商务管理体系的需要，也是解决企业当前面临的生存和发展压力的需要。

（二）基层项目应用预算管理的总体思路

全面预算管理是指围绕企业发展战略目标，对一定期间的经营、投资、财务等业财融合活动，全流程、分层级配置资源的总体安排和量化表述，对执行过程进行监督分析，对执行结果进行考核评价，推动实现公司整体战略目标的管理活动。

全面预算管理根据期间分为年度预算、项目全周期预算和滚动预算。年度预算期间为公历1月1日至12月31日；项目全周期预算每个项目周期编制一次，是项目的总体预算；滚动预算每个滚动期间编制一次，是在预算目标不变情况下编制后续期间的各项预算数据，使相应滚动期间内的各项预算内容更符合生产经营活动的实际情况。

在项目基层推行预算管理，其指标体系更贴近项目实际，以基层项目全周期为时间轴，以工程项目现金流自平衡管理为主线，从预算的源头策划、过程管控和考核评价三个维度进行分析管理，为项目管理团队提供阶段性的目标，掌握实时进展，更好地促进项目盈利。

（三）全面预算管理的内容

1. 全面预算遵循的原则

（1）战略引领、价值创造。全面预算目标服从于公司中长期发展战略，服务于公司价值最大化目标，并在此基础上引领提高财务资源投入产出效率，促进公司高质量发展。

（2）统一组织、分级管理。公司预算管理委员会统一组织公司全面预算管理工作，各层级预算责任单位服从公司全面预算总目标要求，执行和落实各自归口负责的预算指标。

（3）业财融合、全面覆盖。全面预算以业务预算为起点、业务驱动财务，财务与业务有机融合、相互促进；全面预算横向覆盖各责任单位所有职能部门，纵向延伸到最基层的经济单元，促进资源合理配置。

（4）过程控制、严格考核。全面预算目标一经确定，非外部环境和内部条件发生重大变化，各责任单位不得随意进行调整，以保证预算的刚性。通过月度快报等多种方式进行过程监督、分析，以年度财务报告为基础，严格按照业绩考核规定的流程和方法进行考核，为经营决策提供有效支撑。

2. 全面预算管理内容

主要包括业务预算、资本预算和财务预算等目标的制定、编制、审批、分解、执行、控制、调整、分析和考评等。一是业务预算，反映企业在预算执行期内日常发生的各种具有实质性生产经营活动的预算，是其他预算的基础，主要包括新签合同额（销售）、营业额、施工（生产）成本（含直接材料、人工成本、机械使用费、分包成本、制造费用等）、重点投资项目、期间费用、研发费用、环保和节能减排支出、信息化支出、安全生产费支出、对外捐赠支出等预算。二是资本预算，反映企业在预算执行期内为完成特定投资项目的预算，包括投资预算和融资预算。投资预算分为短期投资预算和长期投资预算，包括权益性投资、金融工具投资、固定资产购建、无形资产投资等资本性支出预算和基础设施建设投资等经营性投资预算。三是财务预算，反映企业在预算执行期内有关资金收支、财务状况和经营成果的预算。财务预算根据统一的会计政策，以业务预算、资本预算等专项预算为基础，以财务收支、资金收支为主线和核心，编制资产负债表、利润表、现金流量表等预计财务报表。

（四）基层项目应用预算管理的创新

从管理会计的角度出发，以事前谋利、事中控制和事后总结三大要素，说明各阶段的重点工作，以基层的经济单元作为分析要件，推动成果实现。

一是源头策划，主要是项目管理策划，涵盖责任成本预算、现金流自平衡策划、税务管理策划、全周期资金预算和全周期成本费用预算五个方面，从管理会计的角度出发，以税务筹划增效、资金管理创效和成本管控节支三条主线为项目做好事前谋划。二是过程管控，主要是预算控制系统、季度经济活动分析、季度现金流自平衡分析和收尾管理策划，以共享预算控制系统作为管理工具，将责任成本分解到项目的部门、作业队等基层单位，以全周期预算作为基准，对各年度、各单位全过程预算细化管控，刚性引领，从成本、资金两个角度出发，及时分析，及时纠偏，严控工料机成本支出，压缩非生产性费用支出。三是考核评价，分析后台公司对基层项目的年度及期末考核评价，突出大商务管理中收入计价比、收入收现率、"两金"占营收比、现金流自平衡执行等定量和定性指标考核，突出业绩考核导向，强化结果运用，以倒逼项目领导和各管理层级做好源头策划和过程管控工作，最终促进项目降本增效，形成长效工作机制。

三、应用过程

（一）全面预算组织机构和管理内容

1. 全面预算组织机构

预算管理委员会为全面预算管理的领导机构，其组成人员如图1所示。

主任：总经理；副主任：总会计师、主管有关业务的副总经理；委员：各部门负责人。

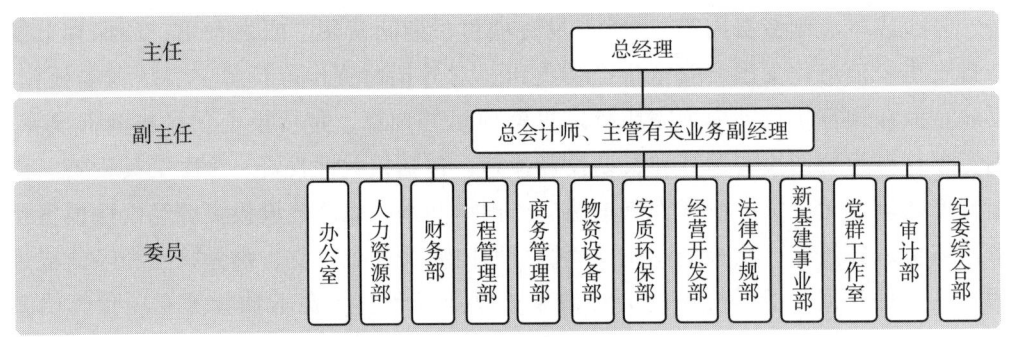

图1 预算管理委员会机构设置

2. 预算管理委员会的主要职责

（1）制定全面预算管理的基本政策制度及相关办法；

（2）组织审核预算方案和调整方案，报经党委常委会，总经理办公会研究审定；

（3）监督预算执行，协调解决预算编制、执行、控制、调整和监督考评中的重大问题；

（4）根据全面预算执行结果进行考评和奖惩。

（二）预算管理在项目基层推广应用中的总体部署

预算管理工具是管理会计工具应用的具体表现，应合理有效运用管理会计工具，结合主客观因素、外部生产经营环境和内部管理制度规范，通过项目的总体策划，进行全周期预算编制并有效执行。通过事前谋划、事中控制和事后总结三个阶段实施预算全过程管控，以实现项目效益提升，促进企业的高质量发展为最终目标。

1. 科学制定预算目标

企业在制定和实施预算管理目标时，应当充分体现出预算自身所具有的激励约束机制，同时应当确保预算目标制定的可行性和先进性，考虑外部发展环境的同时还要确保预算目标与企业自身发展的目标匹配性，充分挖掘企业内部资源的整合、配置能力，提升资产使用效率，增收节支，最大限度激发企业的创效活力。良好的开端是成功的一半，因此，科学合理制定项目预算目标是在预算管理第一阶段"事前谋划"，是预算管理的重点。

2. 监督控制预算执行

企业制定了预算管理目标，过程中不管不问，同样会导致预算体系的纸上谈兵，落不到实处，得不到目标结果，对预算执行过程进行监督，确保事中控制的有效性是最终促成预算目标实现的重要环节。对预算目标真正实现管控作用主要体现在以下几个方面，一是依靠预算指标对项目的生产经营活动进行日常管控，确保生产经营活动严格按照预算实施；二是过程中突发事件、生产经营环境的重大变化会对整个项目实施方案带来巨大影响，这时应体现出管理过程中的弹性机制，综合研判影响因素后对预算目标进行合理的调整；三是要运用科学的管理制度和管理工具对预算的标准化执行进行行之有效的控制，强化刚性引领。因此，过程中严格控制预算执行是在预算管理第二阶段"事中控制"，是预算管理的难点。

3. 严格考核预算结果

在项目实施完成后，应当严格考核，奖罚分明，注重结果导向，突出价值创造，充分激发项目管理人员创效的积极性。同时，在结果考核时应当更加注重对预算管理全过程的考核评价，取其精华，去其糟粕，总结提炼，举一反三，以进一步完善预算目标体系建设。因此，过程中严格控制预算执行是在预算管理的第三阶段"事后总结"，是预算管理的落脚点。

（三）预算管理在项目基层推广应用的具体应用模式和应用流程

1. 事前谋划

项目预算第一阶段的重点是源头策划，主要内容是项目管理策划，涵盖责任成本预算、现金流自平衡策划、税务管理策划、全周期资金预算和全周期成本费用预算五个方面，从管理会计的角度出发，以资金管理增效、税务筹划创效和成本管控节支三条主线为项目做好事前谋划，确保预算管理工具运用到项目生产经营的全过程，实现全员参与、全程管控。

（1）责任成本预算。责任成本预算是以项目实现履约为前提，在项目标准成本控制下，依据责任成本预算编制办法并经过公司和项目部协商一致确定的由项目部控制的成本总额。

责任预算的组成包括收入预算、责任成本预算、责任成本利润额（率）、变更索赔创效额（率）、综合利润率。具体如下：一是收入预算。收入预算为不含增值税的合同收入，收入应当与责任成本预算匹配。二是责任成本预算，由直接成本预算、专项费用预算和现场经费预算组成，直接成本是指为完成工程实体和临时工程所消耗的人工、材料、机械费用和施工过程中所采用的必要措施费用。责任成本预算中将其分为人工费、材料费、设备费、施工机械使用费、现场运杂费、措施费和特殊施工增加费、专业分包费用；专项费用预算是指青苗补偿费、检验试验费用、安全生产费、地方性收费、施工配合费、风险包干费等；项目部现场经费预算则由项目部管理人员、作业队管理人员和预配中心管理人员费用组成。包括项目部定员定编人员的工资、五险一金、工会经费、职工教育经费、办公设备及生活用品购置费、日常办公费、生产指挥车辆费、差旅费、通讯费、固定资产折旧和使用费、业务招待费、财务费用、印花税、车船税、城市建设维护税、教育费附加、水电费、项目部生产生活房屋租赁（建设）费等现场管理服务所发生的费用。三是责任成本利润额，等于收入预算减去责任成本预算。四是变更索赔收入不纳入收入预算，变更索赔收入和创效指标另行编制。变更索赔创效率=（变更索赔预算创效额/收入预算）×100%。五是项目综合利润率，等于责任成本利润率加变更索赔创效率。

通过规范工程项目各阶段经济效益目标管理，是强化一次经营质量考核，推行工程项目经济承包，激发项目端活力和全员争先创效动力，实现优揽、精管、细算、足收目标的重要抓手。按照细分管理、精准控制的要求，明确一次经营成果和二次经营目标，能有效提升一次经营质量，促进项目成本管理工作，提高项目经济效益水平。

（2）项目现金流自平衡策划。工程项目现金流自平衡指项目施工期间以业主拨付的工程款，不对上级单位融资和欠款，实现与项目成本费用支出之间的现金收支平衡；项目竣工后基于对业主应收款项，实现与成本费用支出对应的各类应付款项的债权债务的平衡；实现项目终结后经营性现金净流量与实现利润的平衡。现金流自平衡策划是项目管理策划的一项重要内容，与项目责任成本目标利润相辅相成，主要从资金管理的角度出发，以实现经营性现金净流量与项目实现的最终利润匹配。

项目开工一个月内应秉承合规性、及时性和目标性原则，根据项目合同管理、施工组织、责任成本、目标利润等情况按时编制，应主要涵盖五个方面内容：一是项目基本情况，包括项目管理模式、内外部经济关系、项目核算方式、合同金额、工期、付款条款、质保金条款、组织机构、施组策划和管理目标。二是总平衡方案，包括合同资金总收入：根据合同资金支付条款结合业主甲控及代付情况，综合考虑项目工期、施工产值计划、验工计价等情况编制资金总收入方案，分解各年度资金收入。成本费用总支出：按照以收定支原则，遵循管理目标，匹配应收账款、债务风险管控等编制总支出方案，分解各年度资金支出。各阶段自平衡情况：项目施工期间由业主拨付的工程款，在不对上级单位融资，并保证安全、质量、工期的基础上，实现成本费用支出之间的现金收支平衡、项目竣工后基于对业主应收款项，与成本费用支出对应的各类应付款项的债权债务的平衡、项目终结后经营性现金净流量与实现利润的平衡。三是分类平衡方案，根据项目施工组织、施工产值计划、人力资源投入计划、材料采购计划、机械设备投入计划等情况，结合业主资金支付进度编制分类平衡方案，包括人工成本支出、材料采购成本支出、机械设备使用成本支出、分包成本支出、其他直接费支出、间接费支出、其他类支出。四是非"自平衡"救助方案，包括对"不经济、难以为成本支出对象接受"评估原则具体的定性、定量分析，对哪一类分类平衡方案的救助，不能执行"自平衡"方案的原因分析，所需资金是"永久性缺口"还是"时间性缺口"的陈述和评估、期限、金额、还款措施等。五是责任落实及奖惩，即依据上级文件要求，明确项目责任人的职责及奖惩兑现方案。

工程项目现金流自平衡管理实质上来说，是以项目责任成本管理和债务支付筹划为一体的工程项目现金流预算管理，强调工程项目现金流自平衡，并不是要求工程项目每时每刻都实现现金流平衡，而是要求逐步树立现金流预算管理的理念，以现金流为"镜子"，及时暴露工程项目建设过程中存在的突出问题，为公司统筹治理和资源配置提供抓手。直面工程项目的资金盈缺实际，认真分析原因，厘清责任，对于先天不足或周期内波动的资金缺口，及时提供必要的金融资源支持，避免出现债务违约造成的效益流失、项目管理团队不稳定、企业信誉受损等各类问题；对于资金充裕的项目，提高站位，通过激励政策导向和债务支付卡控，努力实现资金集中，做大资金池，提高企业整体的资金调剂能力。

（3）税务管理策划。税务管理策划即风险防控和税务筹划的结合，有效防范风险，合理税务筹划是关键。税务筹划，即指在纳税行为发生之前，在不违反法律、法规（税法及其他相关法律、法规）的前提下，通过对纳税主体的涉税事项作出事先安排，以达到节税目标，或合理运用国家及地方财税政策，积极主动采取措施，争取退（抵）税和财政返还，为企业税务管理作出突出贡献，带来经济利益的一系列筹划活动。近年来，随着国家税收红利政策逐渐普及，税务筹划已成为一项切实为企业经营创造效益的管理活动，因此，项目实施初期制定税务管理策划方案是事前谋划的另一重要环节。

税务策划方案应主要涵盖五个方面内容，一是项目基本情况，包括项目合同收入、成本要素构成、管理目标、纳税主体与税务登记情况、合同情况与增值税计税方法、税种认定情况。二是全周期分类税费策划情况，包括增值税管理：销项税额总体情况、进项税额测算情况、预缴增值税情况、增值税税负；附加税管理及策划：城市维护建设税、教育费附加、地方教育附加；企业所得税管理及策划：总体情况、税会差异情况；个人所得税管理及策划；印花税管理；耕地占用税管理；资源税管理及策划；水利基金；环境保护税等。三是税费缴纳情况，包括各项税种预缴或现金缴纳情况。四是涉税风险防范，包括各项潜在的涉税风险分析、应对措施和有关法律法规、制度规范。五是税务创造价值，包括税收优惠、应对举措和税收政策依据。

（4）全周期资金预算。项目在现金流自平衡策划方案的基础上，遵循依法合规、确保安全、预算控制、效益优先的资金管理原则，以收定支，快收缓付，合理制定各年度资金收支预算，确保现金流自平衡有序执行，为制定"双清"工作计划，提高"双清"工作成效，做好农民工工资支付、民企债务支付等方案支撑，有序安排资金支出。

（5）全周期成本费用预算。项目部基于下达的责任成本预算和现金流自平衡分类平衡方案中各项支出预计，根据施工组织策划安排，确定年度产值、营收、利润等目标，拟定各年度成本构成要素，确定分年度的成本费用预算。

2. 事中控制

项目预算第二阶段的难点是过程管控，主要是预算控制系统、季度经济活动分析、季度现金流自平衡分析和收尾，以共享预算控制系统作为管理工具，将责任成本分解到项目的部门、作业队等基层单位，以全周期预算作为基准，对各年度、各阶段、各单位预算细化管控，刚性引领，从成本、资金两个角度出发，及时分析，及时纠偏，严控工料机成本支出，压缩非生产性费用支出。

（1）将各项目分年度的成本费用预算录入预算控制系统，细化分解为人工费、材料设备费、机械使用费、劳务费、间接费、其他直接费几大类。以系统预算刚性约束项目年度成本费用支出，对于单项成本超支的实施过程中可以在大类别成本科目下进行动态调整，如间接费中办公费和差旅费可以在过程中调整预算，无须履行预算调整程序，如材料设备费超支，需从劳务费、机械费等方面进行调整的则需要履行调整手续，经后台公司审核通过后予以调整。

（2）定期开展经济活动分析。开展形式自下而上进行，针对项目管理过程中的重难点问题，深入查找不足，重点抓住项目盈亏、责任成本执行情况、"双清"工作、债权债务管理、资金收支情况、自平衡管理情况、全年各项经济指标完成情况等事项，对标对表分析技术体系、施组方案、项目策划、预算管理、收尾策划等对项目整体经济效益的影响，根据项目实际情况，寻找效益提升的突破点，制定切实可行的应对措施，以达降本增效目的。

（3）定期组织现金流自平衡分析。围绕"一切工作到项目"的总基调，将企业管理聚焦到工程项目，以点带面，以现金流管控为抓手，通过资金的流动，引导企业的动态管理和资源的有效配置，实现企业整体的正向现金流。项目于每季度终了后及时对自平衡执行情况进行总结分析，项目党工委书记应对方案执行、资金融通、融资偿还、奖惩方案等发挥管控职能，组织项目管理团队对方案执行情况进行分析并形成书面报告，发现问题及时纠偏。根据经济活动分析会议内容，及时梳理现阶段项目资金情况和预计整体资金情况，发现资金管理过程中存在的重难点问题，杜绝以拖欠、赖账方式实施、应付自平衡方案，出现"纸面富贵"的假象。后台公司对项目自平衡执行情况同时进行评估，及时发现问题、及时预警、及时报告，尽早填补管理漏洞，及时止损。

（4）做好项目收尾策划。项目正式进入收尾阶段后，由后台公司收尾管理领导小组指导项目部编制收尾策划，对收尾项目后期预计产生的工作量和费用进行梳理，明确各项工作完成时间节点、预算及责任人。主要在于以下四项重点工作：一是人员管理，收尾管理领导小组根据项目收尾策划和项目收尾进展情况，及时做好人员分流工作。项目管理团队各方面责任不发生改变，不能因人员调离而免除相关责任，仍然由原项目管理团队承担相应的收尾管理职责，项目"铁三角"和财务负责人要对收尾全过程负责，调出收尾项目的其他相关人员，当收尾项目需要时，必须回项目协助处理相关业务。二是预算及费用管理，收尾项目所有费用采用预算管理，费用预算包括项目从收尾开始至项目完结还需发生的人工、材料、机械及间接费等所有费用。项目部应于收尾一个月内编制收尾项目预算，上报公司收尾管理领导小组，经收尾管理领导小组审批后按照批复预算刚性执行，并根据批复预算录入共享系统预算管理模块，加强费用管控。原则上收尾项目不得超预算列支费用，若因客观因素影响，发生超出预算费用时，须由项目部提出书面申请，分析预算超支原因，报收尾管理领导小组，按规定审批后增补预算，预算调整每个项目最多调整一次。三是资金管理，收尾项目资金支付按公司资金管理办法规定执行，按季度上报资金计划，在公司批复的计划内使用。四是竣工结算管理，收尾项目部要做好跟踪落实变更索赔、竣工清算、外部审价等工作，相关责任人不因工作岗位的调动而改变。

3. 事后总结

项目预算第三阶段的落脚点是考核评价，通过对预算目标体系经济指标的考核，建立完善考核体系，运用绩效挂钩、超额利润、股权激励等措施，及时兑现奖惩。同时总结分析后台公司对基层项目的年度及期末考核评价体系，找出优缺点，强化大商务管理中收入计价比、收入收现率、"两金"占营收比、现金流自平衡执行等定量和定性指标考核，突出业绩考核导向，强化结果运用，以倒逼项目领导和各管理层级做好源头策划和过程管控工作，最终形成长效工作机制，促进项目效益提升。

（四）在实施过程中遇到的主要问题和解决方法

实施过程中的三个阶段主要问题包括以下几点。

（1）源头策划方面问题主要体现在自平衡方案编制质量不高，分类平衡方案数据不准确，部分项目责任成本核定及分解工作相对滞后，自平衡方案中数据依据不充分。

解决方法：应根据大商务管理要求，加强业财融合，权责分明，项目部在方案编制过程中应根据施组策划，内外部管理因素，及时编制方案，后台公司组织相关部门认真分析项目情况，充分考虑各项因素，确保数据准确完整，下发项目遵照执行。

（2）过程管控方面问题主要体现在：一是责任成本分解不及时、不到位，对各阶段、各层级成本管控较为粗放，缺乏细化管理。二是现金流自平衡过程管理与策划存在较大偏差，一方面主要在于结算负债在合同签订过程中与付款约定不匹配，导致自平衡执行存在偏差；另一方面是部分项目施工后期自平衡方案与实际存在偏差，存在潜亏的项目不能完整执行。三是季度现金流自平衡和经济活动分析不深入，主要在于部分项目分析报告质量不高，仅简单罗列账面已发生数据，对后期预计资金流出及结算负债情况没有进行深入分析，导致反映的问题不准确，未能及时暴露项目潜在的问题。

解决方法：一是加强部门联动，深入项目了解实际情况，对各项成本要素做到心中有数，细化各项成本管控措施。二是加强过程管控，要将确定的分类方案在合同条款中得到全面落实，对执行方案存在偏差的找出原因并采取措施，对相关责任人严肃问责，及时治亏减亏。三是提高分析报告质量，后台公司对各项目分析报告加强指导，提出工作要求，突出分析成效，不拘泥于账面数字，及时组织季度评估，发现存在的隐性问题，进行预警及纠偏，保证自平衡有效落地。

四、取得成效

（一）应用相关管理会计工具方法前后情况对比

通过项目全周期的预算管理工具，项目部在当前管理基础上得到了有效提升，当前在建项目的施工组织能力和预期效益水平均得到了较大提升，进一步完善大商务管理体系。当前抓实两个策划，落实两个优化，优化创效 3 000 余万元，强化分包、分供策划，推广技术方案经济比选、集采集付、租用分离、落地价后再谈判等手段，节约成本 2 000 余万元，在建项目中，传统的铁路四电项目预期利润率可达 10% 以上，项目税务筹划创效额也已达 200 余万元。

（1）各项目按要求制定了责任成本分解考核办法，将项目责任成本分解到项目部各责任主体，横向分解到部门、纵向分解到作业队，策划效益。

（2）后台公司在项目成本费用过程核算中，运用有效的管理工具和措施，可以发现项目管理过程中存在的隐性问题，及时发起预警通知，及时纠偏，治亏减亏，管住效益。

（3）项目对项目收尾策划重视程度提高，公司审核费用时将最终成本与目标责任成本相对比，减少项目进入收尾后产生的成本费用支出，留住效益。

（4）通过搭建全级策划、全程管控、全员创效的管理理念，建立完善考核评价机制，倒逼各项目管理层级自我提升，项目现场从技术管理、商务管理和财务管控各方面均较前有较大提升，各管理层级想去创效、乐于创效，物资浪费及现场返工现象大大减少，锁住效益。

（二）对解决单位管理问题情况的评价

1. 预算管理是加强项目基础管理工作的需要

当前管理资源与企业发展速度、现场项目管理实施不相匹配，项目上缺乏大量有经验的管理人才，加上公司后台管控流于形式，致使一些好的管理制度和控制手段没有得到很好的落实，企业有制度、有办法，也有一些好的现场管理的经验，但是往往在过程中没有得到落实，所以导致出现了问题，管理中不能及时发现并整改项目管理基础工作中的薄弱环节，项目管理存在大量的管理漏洞，开展预算管理，就是要通过项目管理与控制过程分析，发现管理与控制过程中的不合规行为，找出管理的薄弱环节，有针对性地采取措施来规范项目管理，切实堵塞管理漏洞，夯实项目管理基础，提高项目盈利水平。

2. 预算管理是提高企业生产经营正确决策的需要

当前制度体系下，对企业的基础管理和经济效益等信息的真实性和准确性提出了更高的要求，管理越来越规范，要求越来越严格，同时每年度的考核评价体系在与时俱进，更接近企业的实际经济运营情况，企业经营生产、项目考核兑现、员工薪酬管理等都需要企业全面准确地掌握项目成本账簿，预算管理有助于为管理者开展生产经营活动提供正确的决策依据。

3. 预算管理是增强项目盈利能力，提高公司发展质量的需要

项目创效引领是企业生存和发展的根本保证，项目整体盈利水平较低是当前施工企业面临的最大问题。由此可见，项目经济状况面临的严峻形势已经足以威胁到企业的正常生产经营，项目管理水平和盈利能力亟待提高，因此，预算管理工作对提高公司整个项目管控能力，对提高项目管理水平和盈利、提升企业发展质量都具有十分重要而现实的意义。

五、经验总结

（一）预算管理推广的基本条件

预算管理在项目基层得以推广应用的基本条件主要在于以下三点：一是需要搭建合理的预算管理体系，对项目的前期策划有指引，中期过程有监督，项目终了有考核评价。二是需要配套的管理制度和管理流程，完善的制度是一切工作的导向，项目需要做什么？怎么做？哪些能做？哪些不能做？都有相应的制度规范，强化内控运行，助推价值创造。三是需要拥有对应的人才储备，任何管理制度、管理工具的运行都需要人去完成，项目管理团队和后台公司各司其职、各尽其责，才能顺畅运行。

（二）预算管理成功应用的关键因素

预算管理在项目基层得以推广应用的关键因素在于以下四点：一是项目需要具备完备的管理团队，主要管理人员的思想认识和业务水平需要达到一定的高度，项目履约过程中需要有创效意识，同时具备能创效的能力，善于发现问题并解决问题。二是后台公司需要具备完整的管理链条，各业务部门长期相互合作，协调联动，履行监督职能，及时协助项目解决实际困难。三是针对项目需要制定完善的考核评价体系，有共性目标和差异化指标，并能及时兑现奖惩。四是盈利文化的创建，企业的各个层级、每位员工都必须提高认识，充分认识预算管理工作的重要意义，做实做细，高度重视项目实施前的管理策划工作，善于对标对表，取长补短，全面推动项目管理标准化、成本管理标准化建设，查找问题和不足，真正把控人、机、料等项目关键成本因素，强化考核，切实增强项目全员责任的意识，营造全员参与的氛围。

（三）对改进预算管理应用效果的思考

预算管理要在项目基层得以推广应用，取得实际成效，除了思想认识的提高、管

理制度的完善、人才力量的提升，还需要进一步完善管理工具和平台的搭建，当前各大企业努力搭建管理系统工具，建立数据库模型，目的就是更有利于对比分析，发现隐性问题，提供具有参考意义的数据分析模型。如将项目现金流自平衡方案与资金预算相结合，建立资金监管系统，设立年度资金收支预算和现金流目标，定期用于分析存在的问题，以提高现金流筹划质量；再如，将企业建造的同类型历史项目的施工组织情况、成本要素构成和实现的管理目标等构建数据库平台，通过内部相互对比发现盈利点和风险点，找到管理优势和薄弱环节，知道哪里可以优化，哪里需要强化，为企业的生产经营提供数据参考，利于过程管控，助力效益提升。

（中铁武汉电气化局集团有限公司成都分公司　张自斌　汪嘉琪）

全周期现金流预算在 FZY 项目投资策划中的运用

【摘要】广东佛肇云高速公路有限公司是一家从事 FZY 高速公路项目（以下简称"FZY 项目"）投资、建设、运营的独立法人项目公司，项目总投资 202.98 亿元，高速路总长 89.885 公里，建设期 4 年，运营期 24 年 10 个月，FZY 项目采用 BOT + EPC 模式，由广东省政府授权省交通运输厅为项目实施机构，与项目公司签署特许经营协议，项目公司通过使用者付费收回投资及合理回报。特许经营期满后，项目无偿移交给广东省政府或其指定机构。本文从 FZY 项目为什么需要进行投资策划为切入点，提出了投资、建设、运营过程中存在的七个问题，如征拆标准变化、特殊管线迁改、文物古树避让、地方要求变化、"三改"工程等，针对这些存在的问题，项目实施前需要做好重新勘探调查和深入做好工程建设设计，尽最大可能降低征拆费用、建安费用投资，持续优化施工组织方案，控制建设工期等方面工作。项目投资策划总体思路是：投资策划的核心指标是资本金内部收益率和全投资内部收益率，这两者是由全周期现金流量所决定，包含了投资、建设、运营等各个周期，全周期的现金流量是由投资总额、车辆通行费收入、利息支出等因素决定，而投资总额是由征拆费用、建安成本费用等因素决定，车辆通行费收入是由车流量、车型系数、一型车每公里单价三个因素决定，利息支出是由利率、工期、贷款使用计划等因素决定，笔者以现金流量预算为基础分析工具，利用资金时间价值进行折现，从影响投资收益率的各个相关因素着手，提出了 FZY 项目全周期的投资策划方案，建立了全周期现金流预算的投资策划模型，计算投资内部收益率等关键指标，根据关键指标计算结果详细分析了提高投资内部收益率可以采取降低投资额、增加营业收入、降低经营成本、利息支出、所得税支出五个方面的措施。并针对这些措施产生的经济效果进行了评价：一是通过降低征拆补偿费、建安工程费的投入，FZY 项目总投资额由 202.98 亿元降低至 148.77 亿元，降低了 54.21 亿元，总投资降低后，资本金内部收益率绝对值增加了 8.63%，全投资内部收益率绝对值增加了 2.91%；二是一型小汽车综合费率由 0.6 元/公里提高至 0.68 元/公里，则运营期内通行费收入由 332 亿元提高至 376 亿元，全投资内部收益率绝对值增加了 1.49%，资本金内部收益率绝对值增加了 1.12%；三是将营业成本降低 2% 后，全投资内部收益率增长至 7%，资本金内部收益率增长至 5.69%；四是降低利率后，FZY 项目全周期利息支出由 50.04 亿元降低至 31.88 亿元；

五是按照公共基础设施项目企业所得税实行"三免三减半"政策执行，本项目运营期前六年企业净利润增加了 36 213 万元，自有资金收益率绝对值增加 0.22%。从投资策划前后实际效果看，资本金内部收益率由 -1.73% 提高至 6.90%，全投资内部收益率由 2.72% 提高至 5.63%，FZY 项目投资策划的效果是明显的。根据 FZY 项目投资策划可以总结出：开展投资策划要具备高速公路投资管理经验的人才队伍，投资策划要早准备早谋划，投资策划要聚焦重点环节，投资策划要深入，不断完善现金流量预算管理和数据分析模型等五条经验值得大力推广。

一、案例背景

（一）企业设立情况

广东佛肇云高速公路有限公司（以下简称"FZY 项目公司"）是一家从事 FZY 高速公路项目投资、建设、运营的独立法人项目公司。公司成立于 2023 年 1 月 18 日，注册资本金 1 亿元。FZY 项目公司建立了规范的法人治理结构，设立股东会、董事会、监事会及经营机构，依据《中华人民共和国公司法》和《公司章程》行使职权。董事会由股东各方委派或推荐的 5 名人员共同组成，其中职工代表董事 1 名。监事会由股东推荐的 3 名人员共同组成，其中职工代表监事 1 名。管理层由总经理 1 名、副总经理 1 名、总工程师 1 名、总会计师 1 名、总经济师 1 名组成，均由董事会聘任。FZY 项目公司建设期共设置 8 个职能部门：征地协调部、设计管理部、工程管理部、商务部、安质环保部、财务融资部、法律合规部、综合管理部。FZY 项目公司运营期共设置 7 个职能部门：路产管理部、养护管理部、财务融资部、商务部、安质环保部、收费管理部、综合管理部。

FZY 高速公路（肇庆高要至云浮罗定段）起于肇庆市高要区莲塘镇（接肇明高速公路机场支线），终于罗定市围底镇，与云茂高速相接。路线全长约 89.885 公里（桥隧比 50.49%），另设云城互通连接线 4.1 公里（国道 G324 线改造），镇安互通连接线 2.3 公里。全线桥梁总长 33 470 米/76 座，其中特大桥 7 103 米/6 座（新兴江特大桥主孔跨径为 150 米）；隧道 11 915 米/9 座，其中特长隧道 6 090 米/2 座；设互通式立交 12 处，连接线 2 处，收费站 8 处，服务区 2 处、停车区 1 处、管理中心 1 处。

（二）项目总投资

FZY 项目总投资包含建安工程费、土地征拆费、工程建设其他费用、预备费、建设期贷款利息等。最终总投资以经审计的竣工决算为准，竣工决算原则上不得突破项目批复概算（调整概算），FZY 项目总投资工程可研估算 202.98 亿元，平均每公里造价 2.26 亿元，其中建安费 136.77 亿元（占估算总投资的 67.38%），征地拆迁费

33.81 亿元（云浮段 26.62 亿元，肇庆段 7.18 亿元），工程建设其他费 5.98 亿元，预备费 15.89 亿元，建设期利息 10.52 亿元。如表 1 所示。

表 1 项目总投资估算表

分项	费用名称	总数量	总金额（万元）	单位指标（万元）
1	第一部分 建安费	89.885 公里	1 367 759	15 217
101	临时工程	89.885 公里	34 197	380
102	路基工程	36.962 公里	116 191	3 144
103	路面工程	36.962 公里	58 953	1 595
104	桥梁涵洞工程	23.362 公里	340 182	14 561
105	隧道工程	11.915 公里	231 720	19 448
106	交叉工程	12 处	427 470	35 622
107	交通及沿线设施	89.885 公里	91 846	1 022
108	绿化及环保工程	89.885 公里	10 364	115
109	其他工程	89.885 公里	21 767	242
110	专项费用	2 笔	3.50	1.75
2	第二部分 征地拆迁费	89.885 公里	338 086	3 761
201	土地使用费	10 965.5 亩	261 047	24
202	拆迁补偿费	89.885 公里	77 039	857
3	第三部分 工程其他费	89.885 公里	59 823	666
301	建设项目管理费	89.885 公里	26 024	290
302	研究试验费	89.885 公里	800	9
303	项目前期工作费	89.885 公里	21 330	237
304	专项评价（估）费	89.885 公里	2 768	31
305	联合试运转费	89.885 公里	449	5
306	生产准备费	89.885 公里	359	4
307	工程保通管理费	89.885 公里	2 704	30
308	工程保险费	89.885 公里	5 389	60
4	第四部分 预备费	89.885 公里	158 910	1 768
5	第一部分至第四部分合计	89.885 公里	1 924 578	21 412
6	建设期贷款利息	89.885 公里	105 232	1 171
7	公路基本造价	89.885 公里	2 029 810	22 582

（三）项目运作模式

1. 本项目采用 BOT + EPC 模式

由广东省政府授权省交通运输厅为项目实施机构，通过公开招标方式确定社会投资人。中铁股份公司作为联合体牵头人，与中铁南方、中铁交通、中铁一局、中铁七局、湖南省交规院组成联合体进行投资建设，联合体各方共同出资成立 FZY 项目公司，省交通运输厅协助项目公司办理报批报建、协调政府负责征地及拆迁。省交通运输厅与项目公司签署特许经营协议，特许经营期内，项目公司通过使用者付费收回投资及取得合理回报。特许经营期满后，项目无偿移交给广东省政府或其指定机构。

2. 建设分级管理模式

项目建设管理分为三个层级，第一层级为 FZY 项目公司，负责项目的融投资、建设、运营管理等；第二层级为施工总承包单位，负责项目实施过程中的统筹管理和协调现场施工；第三层级为施工单位，负责各自管段内的具体施工。

（四）进行投资策划的原因

FZY 项目工程可行性研究（以下简称"工可"）单位自 2019 年开始调研并策划线路走向，完成时间较早，4 年多以来社会环境发生了较大的变化，如征拆标准变化、特殊管线迁改、文物古树避让、地方要求变化、"三改"工程等，项目单位造价达 2.25 亿元，投资成本偏高、股东收益率偏低，如果按照工可的标准进行项目建设很可能会造成投资超概和运营期收益偏低。因此，需要深入对项目投资进行策划，确保项目建设期投资总额不超概算，并且想方设法增加运营期的营业收入和降低营业成本，满足股东投资收益率要求。当前 FZY 项目面临着七个方面的问题。

1. 征拆标准变化

本项目经过地区的地方政府已经发布新的征地拆迁补偿标准，建设期间耕地占用税和水田占补平衡指标、被征地农民养老保障费、高标农田建设费等发生了政策变化，征地拆迁费用可能会增加。

2. 涉铁涉路、特殊管线迁改费用高

本项目 5 次与其他高速公路交叉，2 次上跨铁路、下穿深南高铁（筹建），多次跨越国道、省道，跨越新兴江航道、白石河及众多支流河道、堰塘。与产权单位和行政主管部门的协调工作量大，手续办理内容多、费用高。

本项目沿 600kV 特高压电力走廊走行，对线路制约较大。35kV 及以上高压线电力线路、军警通信电缆等特殊管线采用资金补偿，费用高。

3. 文物古树保护和迁移影响工期

本项目沿线地下埋藏文物古迹可能性大，古树名木较多。可能造成项目改线、工

期延误、投资扩大等风险。

4. 地方要求变化

特许经营权合同5.4.5约定，"在交工日前的任何时候，甲方有权对已经政府相关部门批准的设计方案进行适当的修改。由于上述原因导致建设费用的增加，由乙方负责承担；但增加的建设费用超过工程总投资概算8%的，甲方应当给予合理补偿。"建设过程中，因地方新增工程或提高标准修改方案增加投资，概算8%以内的投资无收益。

5. 设计质量不高

前期勘察报告投入人力物力不足，勘察报告质量不高，影响了对土石比例、桥梁桩基长度和土石成分、隧道围岩类别的研判，增加无谓的工程措施，造成过度设计。设计标准和结构外观形式多，不利于施工组织，增加了施工成本。

6. 地质变化大、勘探难度大

FZY项目后半段以岩溶地质为主，存在隐伏岩溶和崩塌滑坡，降水和地下水相对丰富。由于详勘深度不够可能造成实施时遇到地质条件变化大，建设过程中对不良地质处理等动态管控不及时，均可能造成投资增加。

7. 运营期通行费收入增加难度大

通行费收入与高速路走向和位置相关性大，运营期内提高通行费收入难度很大，一般只能增加一些辅助性收入，如场地出租收入、商业运营等。

（五）从投资—建设—运营全周期开展投资策划

1. 重新做好现场勘察设计

针对前述投资策划存在的各种问题，项目实施前需要重新勘探调查和深入做好工程建设设计，尽最大可能降低征拆费用、建安费用投资等。

2. 优化施工组织方案，控制建设工期

FZY项目BOT合同约定的建设工期为4年，我们可以对全线控制性工程，如新兴江大桥、高枧隧道、新田隧道、伍村枢纽、双稳枢纽、民强枢纽（原龙塘枢纽）、寻龙枢纽（原寻贤枢纽）等进行设计优化，在线路选择上进一步优化，尽可能绕避开征拆困难地点，优化施工组织方案，合理缩减工期完成建设，减少项目建设成本和融资成本。

3. 打造生态文化旅游路线

2022年8月8日广东省人民政府办公厅发布的《广东省"十四五"干线公路养护管理提升行动方案》指出，推进"公路＋旅游"融合发展，推进以地方特色为主题的特色服务区建设，项目建设期间可以结合当地经济和旅游文化，打造集旅游观

光、特色展示、综合商业及娱乐于一身的特色服务区，增加运营收入。

4. 车流量导入

可扩大与 G2518 深岑高速相交的龙塘枢纽匝道互通能力，进一步导入南宁—广州的车流量，可增加项目的车流量，提高后期运营收益。

5. 推动产业园开发

可利用云城互通连接线 4.1 公里（国道 G324 线改造），推动云浮政府"石材产业园"开发，促进货运车流导入。

6. 实施绿色节能，节约运营成本

依据《中华人民共和国可再生能源法》和国家发展改革委发布《关于进一步完善抽水蓄能价格形成机制的意见》，可在 FZY 项目实施光伏发电，并在沿线适宜的高地进行抽水蓄能电站开发工作，解决运营期自身用电需求，节约用电成本。

二、总体设计

（一）FZY 项目投资策划总体思路

FZY 项目投资策划的核心指标是资本金内部收益率和全投资内部收益率，这两者由全周期现金流量决定，包含了投资、建设、运营等各个周期，全周期的现金流量由投资总额、车辆通行费收入、利息支出等因素决定，而投资总额是由征拆费用、建安成本费用等因素决定，车辆通行费收入是由车流量、车型系数、一型车每公里单价三个因素决定，利息支出是由利率、工期、贷款使用计划等因素决定，我们通过层层深入分析每个投资环节，可以找出与现金流量息息相关的因素，因此，我们以现金流量为基础分析工具，从影响投资收益率的各个相关因素着手，做好 FZY 项目的投建运一体化投资策划方案。

（二）资本金内部收益率和全投资内部收益率

1. 全投资现金流量构成

现金流入项目。包括车辆通行费收入和其他辅助收入，其他辅助收入包括广告、路产损害赔偿收入、清障救援收入、服务区租赁收入、加油站收入等。

现金流出项目。全投资内部收益率的资金流出项目包括建设投资、经营成本、税金及附加、调整所得税；资本金内部收益率的资金流出项目包括资本金支付、经营成本、税金及附加、归还贷款本息、企业所得税。

2. 全投资内部收益率和资本金内部收益率计算方法

按照住房和城乡建设部、交通运输部联合颁布的《公路建设项目经济评价方法与参数》，主要通过编制现金流量表，计算项目财务内部收益率，计算公式如下：

$$FNPV(i) = \sum_{1}^{n} (CI - CO)_m \times (1 + i)^{-m}$$

其中，FNPV(i) 是指财务净现值，即全周期全投资现金流量折现值之和，CI 是现金流入，CO 是现金流出，全周期从第 1 期到第 n 期，m 是指第 m 期，（CI - CO）$_m$ 是指第 m 期的净现金流量，i 为财务内部收益率。

当 FNPV(i) = 0 时对应的 i 值是内部收益率，而根据 CO 不同可以分别计算出全投资内部收益率和资本金内部收益率。

当 $\sum_{1}^{n}$ [（营业收入$_m$ - 经营成本$_m$ - 税金及附加$_m$）×（1 - 所得税税率）+ 折旧与摊销$_m$ × 所得税税率 - 建设投资（不含利息不含增值税金）$_m$]/（1 + IRR)^m = 0 时，IRR 就是全投资内部收益率；

当 $\sum_{1}^{n}$（营业收入$_m$ - 经营成本$_m$ - 税金及附加$_m$ - 运营期借款利息$_m$）×[（1 - 所得税税率）+ 折旧与摊销$_m$ × 所得税税率 - 资本金出资$_m$ - 借款本金归还$_m$]/（1 + IRR$_m$)^m = 0 时，IRR$_m$ 就是资本金内部收益率。

其中，营业收入$_m$ 是指第 m 期的营业收入，经营成本$_m$ 是指第 m 期的经营成本，税金及附加$_m$ 是指第 m 期的税金及附加，折旧与摊销$_m$ 是指第 m 期的折旧与摊销，建设投资（不含利息不含税金)$_m$ 是指第 m 期的建设投资（不含利息不含税金）。

三、应用过程

从以上分析公式可以看出，提高内部收益率 IRR 和 IRR$_m$，我们可以采取的主要措施有：降低投资额、增加营业收入、降低经营成本、降低利息支出、降低所得税支出五个方面，本次策划以财务融资部为牵头部门，征地协调部、设计管理部、工程管理部、商务部、安质环保部等部门配合，从各自的职能职责开展投资策划。下面笔者将围绕这五个方面进行阐述，深入分析如何提高内部收益率。

（一）降低投资额主要措施

1. 通过设计优化降低总投资

设计优化是指在技术性分析和经济性分析综合论证的基础上选择最优设计方案，一方面根据交通量预测结果、技术标准规范、建设项目的地位和功能、项目沿线地形地质条件等来确定本项目设计技术标准；另一方面建设项目技术标准直接影响设计时速、车道数、路基宽度、桥隧比例等关键指标，这些指标将进一步影响未来现金投入和营业收入。因此，综合考虑技术标准、工程造价和经济效益等因素，设计优化措施有：

一是加强设计图纸的审核，推行限额设计，优化图纸并做好优化前后经济对比；做好造价分析，跟踪估、概算审批进度；量化不同阶段投资控制具体目标，对投资估算、设计概算、施工图预算的准确率进行控制。

二是优化线路纵坡，减少高填深挖路段，尽量做到填挖平衡，合理消化沿线弃方，合理降低桥梁长度和高度，对于桥梁高度不高，且有条件以填方路基通过的路段，进行技术经济性比较，减少桥梁数量。

三是优化线路走向，在满足规范的前提下，优化桥梁、隧道位置，减少桥梁和隧道规模，同时应尽量避让重要电力通信设施、工业厂矿厂房、古树和集中居住的村落等，降低三电迁改及拆迁费用。

四是对控制性工程进行优化，缩短隧道长度，改善枢纽互通方式，减少全线控制性工程数量和难度，降低工期影响。

五是优化互通立交方案，选择合理的主线跨越方式，减少工程规模，同时应合理布置匝道位置，尽量减少互通占地，降低立交桥高度或变为通道，减小立交桥跨度，降低梁体设计高度，降低施工难度和节约工程投入。

六是优化调整服务区、停车区、养护工区等功能区整体布局，减少占地面积和挖、填方数量，降低项目用地成本投入。

七是加强对地勘、设计单位进行监督管理，避免设计系数过于保守超过设计规范要求造成投资浪费。

2. 控制征地拆迁费用

一是研究国家和地方征地拆迁政策文件，掌握各地方征地拆迁标准，摸清征拆补偿费底数，与地方政府沟通，力争采用地方政府费用包干的方式签订征地拆迁协议，确保征拆风险可控。

二是防止抢建、抢种、抢栽情况发生，在确定路线后，项目公司加强与地方政府指挥部、征地拆迁机构沟通协调，暂停沿线相关用地或经营权审批，或及时按程序发布征地公告，禁止沿线乱种乱建，必要时采取地面拍照、无人机航拍的方式对沿线所有建筑物、种植物、厂矿企业进行航拍留底，为开展补偿谈判提供证据材料。

三是通过调坡优化减少填方、挖方等土石方工程量，减少弃方数量，减少红线用地和拆迁数量。

四是调整功能区整体布局，优化占地面积，减少挖、填方数量。

五是通过调整线路走向避让电力线路、国防电缆、管线迁改、古树数量。

3. 控制建安工程费用

一是优化桥梁墩台、桥型、跨径、上部梁体结构型式、结构尺寸、配筋，尽可能统一全线桥跨类型、墩柱结构等，缩短建设工期，降低施工成本。

二是合理划分施工工区，标段内施工任务平衡，确保均衡生产，避免窝工、减少周转性料具投入、杜绝机械频繁进出场，避免标段之间调配土石。

三是根据建设计划安排，制定供图计划和交地计划，严格按时间节点提供图纸和移交施工场地，保证现场连续施工不中断。

四是要提前规划永临设计，做好机电（临时电力设施与正式电力设施）、道路（临时道路与正式道路）的永临结合设计方案，减少临时工程和临时发电设施数量，降低临时工程成本和施工燃油发电成本投入。

五是合理部署大临工程。全线统筹规划，合理选址和设置，确保总体经济。

六是物资设备采供。主要物资设备要充分发挥集中采购优势，降低材料供应价格。充分利用隧道弃碴和路基石方加工碎石、机制砂，标段间有偿调剂，减少采购费用。

（二）增加营业收入的主要措施

1. 提高服务质量增加车流量

一是加强公路养护。做好日常养护，保障公路处于良好的状态，并合理安排大中修时间和布局，尽可能把对道路通行的影响降到最低。

二是加强排障救援管理，及时处理道路事故，避免造成大规模拥堵。

三是提高公路信息化管理程度，推广使用智慧道路先进设备，加强道路监控、大力推广 ETC 不停车收费。

四是加强收费员的熟练操作能力，提升整体收费业务水平，规范文明用语，强化文明礼仪。

五是广泛开展人性化服务，以人为本、注重细节，努力提升高速公路服务水平。加强服务区商业管理，禁止强卖和欺诈乘客的行为，丰富各种旅行商品，方便司乘人员。

六是美化公路周边环境，抓好道路绿化，提高行车舒适度，加强路面整洁维护，及时清扫，保证沿线环境美丽整洁。

2. 通过桥隧叠加来提高收费标准

根据《国务院办公厅关于印发深化收费公路制度改革取消高速公路省界收费站实施方案的通知》《交通部、国家发展改革委、财政部关于切实做好货车通行费计费方式调整有关工作的通知》《广东省人民政府关于调整收费公路车辆通行费计费方式的批复》，自 2020 年 1 月 1 日零时起，全省高速公路计费方式如下：

一是车型分类执行《收费公路车辆通行费车型分类》，四车道高速公路收费费率为 0.45 元/标准车公里，六车道及以上高速公路收费费率为 0.6 元/标准车公里，大型桥梁、隧道项目执行原批复的客车收费标准。

二是 1~4 类客车的收费系数分别为 1：1.5：2：3（其中 40 座以上大型客车执行 3 类客车收费系数）；1~6 类货车及专项作业车车型的收费系数分别为 1：2.1：3.16：3.75：3.86：4.09，六轴以上货车在 6 类货车收费系数基础上，按每增加一轴收费系数增加 0.17 计；专项车的收费标准参照货车执行。

三是根据《广东省交通运输厅 广东省发展改革委关于征求完善高速公路桥梁隧道收费政策有关事宜意见的函》，对 2020 年以后（含 2020 年开工）新建高速公路项目实行以基准收费标准为基础、叠加桥隧收费的政策征求意见，新建高速公路及其桥梁、隧道同时满足造价、规模两方面指标的，可实施桥梁隧道独立收费。

本项目单公里造价 2.26 亿元，超过粤东北地区平均造价 1.85 亿元；长度在 1 000 米以上的隧道有 4 座。即满足"两个指标"要求，可以实现桥隧叠加收费。通过桥隧叠加收费具体方案，测算得到本项目主线一型车收费标准分别为 0.68 元/标准车公里。具体测算如表 2 所示。

表 2 桥隧叠加收费计算

类型		长度（公里）	收费系数	收费（元）	备注
1. 桥梁（最大跨径）	150～300 米（含）	0.66	3.00	1.19	0.66×0.6×1.19＝1.19
	300～400 米	0	4.00	0	
	400 米及以上	0	5.00	0	
	小计	0.66	—	1.19	
2. 隧道（长度）	1 000（含）～2 000 米	3.01	1.60	2.89	3.01×0.6×1.6＝2.89
	2 000（含）～3 000 米	0	2.00	0	
	3 000 米以上	6.09	2.50	9.14	6.09×0.6×2.5＝9.14
	小计	9.10	—	12.02	
3. 非桥隧里程		80.12	0.60	48.07	80.124×0.6＝48.07
叠加收费标准	合计（1＋2＋3）	89.89	0.68	61.29	61.29/89.885＝0.68

（三）降低运营成本的措施

运营成本主要包括职工薪酬、管理费、日常养护小修费用、大中修费、隧道机电费、联网收费管理费等。

一是提高智能化应用，建立高度集成、数据共享、界面良好、易用性强、扩展性高的办公自动化系统、管理信息系统、决策支持系统，形成一个功能强大，能够适应项目管理全过程需要、可多项目扩展应用的协同工作平台。

二是项目公司按照"管理规范化、检评科学化、生产社会化"的要求，实行"管养分离"，以公路养护质量为核心，以路面养护为中心，以桥隧养护为重点，坚持全面养护原则，建立合同化管理、市场化运作的养护体系。对小修保养，以内部施工队伍为主；对专业性较强的专项养护和大中修工程，以社会化队伍为主。强化养护现场管理力度，抓好养护合同的监督实施和履约管理，形成预防性养护和全面养护相结合的市场化养护管理机制。

三是隧道机电费主要是电费，本项目所在地区日照充足，可以在两边路坡铺设光伏板，一次性投入后可以降低电费开支，多余电量可以实现并网发电。

四是积极营造良好的经营环境。对外争取政策，减少社会对经营者的干扰，对内统一服务标准，加强日常管理，确保公司与经营者实现双赢。

（四）降低利息支出主要措施

一是明确思路目标，优化融资方案。FZY 项目筹备期，项目公司组织力量深入研究了可研报告，找出有利于债务融资的条件，经反复与金融机构磋商，不断优化债务融资方案，通过竞争性谈判或者招标方式选择低成本贷款资金。

二是根据 FZY 项目建设需要，引入不同期限的资金，既要在项目前期引入三年期中短期低成本资金，又要着眼长远引入与项目同周期的长期资金，满足项目在不同阶段差异化融资需求。

三是在贷款合同中设置允许提前还款的约定，这样可以提高项目公司融资主动性，即使在项目运营期，我们仍然可以继续展开利率优化的竞争性谈判，提取低利率贷款归还高利率贷款。

四是根据投资计划定期制定资金需求计划，按需做好资本金投放和贷款提取，尽量减少资金冗余，提高资金使用效率。

（五）降低所得税支出主要措施

根据《中华人民共和国企业所得税法》第二十七条第（二）项，《中华人民共和国企业所得税法实施条例》第八十七条、第八十九条，《财政部 国家税务总局关于公共基础设施项目享受企业所得税优惠政策问题的补充通知》，《国家税务总局关于实施国家重点扶持的公共基础设施项目企业所得税优惠问题的通知》等文件精神，国家重点扶持的公共基础设施项目企业所得税将施行"三免三减半"政策，企业从事国家重点扶持的公共基础设施项目的投资经营的所得，自项目取得第一笔生产经营收入所属纳税年度起，第一年至第三年免征企业所得税，第四年至第六年减半征收企业所得税。通过申请"三免三减半"政策，可以降低项目公司所得税支出，增加企业净利润。

（六）建立全周期现金流预算管理模型

本项目建立全周期现金流预算管理模型的基本数据：总投资 202.98 亿元，建设期 4 年，运营期 24 年 10 个月，资本金比例 20%，银行贷款比例 80%，贷款利率 4.2%，运营管理费、日常养护费、隧道机电费年均增长率 3%，初始年运营管理费 2 440 万元，日常养护费 15 万元/公里·年，大修费按照第 7 年 10 507 万元、第 13 年 24 269 万元、第 19 年 14 471 万元、第 24 年 34 785 万元计算。银行借款还本付息按照最大还款能力计算，两对对向服务区加油站经营权转让费在运营期第一年收到 5 亿元，通行费按照0.68元标准计算。

1. 通行费收入

年收费收入 = $\sum$ 各车型的年平均日交通量×该车型收费标准×年收费天数×(1 - 免费系数)×收费里程

（1）收费里程按89.885km计算；

（2）年收费天数取365天，小客车考虑20天节假日免费，取345天；

（3）考虑推广ETC后的通行费优惠5%，结合粤通卡推广工作的实际进度和本项目的通车时间，本项目通车后粤通卡收费率达90%来计算；

（4）考虑到一些非收费车辆（如军车、消防车、政府用车及交通管理车等）的存在以及"绿色通行"政策的影响，收费交通量取预测交通量的98%。

根据工可报告车流量测算结果，按照一型车收费标准分别为0.68元/标准车公里计算运营期内车辆通行费总收入3 763 256万元。具体计算明细如表3所示。

表3　　　　　　　　　　　　通行费收入预测表　　　　　　　　　　　单位：万元

年份	标准车	客一	客二	客三	客四	货一	货二	货三	货四	货五	货六	系数	收入
2028	38 044	29 103	5 131	1 162	4 681	4 668	2 396	6 104	7 693	1 645	16 084	1.61	78 669
2029	43 355	33 283	5 888	1 359	5 512	4 974	2 518	6 689	8 958	1 944	18 431	1.62	89 557
2030	49 408	38 064	6 756	1 590	6 491	5 299	2 646	7 330	10 432	2 297	21 121	1.62	102 024
2031	52 667	40 607	7 191	1 719	7 044	5 475	2 722	7 710	11 207	2 445	22 538	1.63	108 660
2032	56 140	43 321	7 654	1 860	7 645	5 658	2 799	8 111	12 040	2 602	24 051	1.63	115 741
2033	59 843	46 216	8 147	2 011	8 297	5 847	2 879	8 532	12 936	2 770	25 664	1.63	123 298
2034	63 790	49 305	8 671	2 175	9 005	6 042	2 960	8 975	13 897	2 948	27 387	1.63	131 365
2035	67 997	52 600	9 230	2 353	9 772	6 244	3 045	9 441	14 930	3 138	29 224	1.63	139 976
2036	70 115	54 192	9 524	2 491	10 200	6 205	3 005	9 594	15 499	3 229	30 295	1.64	144 235
2037	72 299	55 833	9 829	2 638	10 646	6 167	2 966	9 749	16 090	3 322	31 405	1.64	148 644
2038	74 552	57 523	10 143	2 793	11 112	6 128	2 928	9 906	16 704	3 418	32 556	1.65	153 211
2039	76 874	59 265	10 467	2 957	11 598	6 091	2 890	10 066	17 341	3 517	33 748	1.65	157 940
2040	79 269	61 059	10 801	3 131	12 106	6 053	2 853	10 229	18 002	3 619	34 985	1.65	162 837
2041	80 548	62 024	10 966	3 179	12 394	6 054	2 858	10 328	18 342	3 674	35 591	1.65	165 409
2042	81 847	63 004	11 133	3 227	12 689	6 054	2 863	10 429	18 689	3 730	36 207	1.66	168 025
2043	83 168	63 999	11 303	3 276	12 992	6 055	2 868	10 530	19 042	3 787	36 833	1.66	170 686
2044	84 509	65 011	11 476	3 326	13 301	6 056	2 874	10 632	19 402	3 845	37 471	1.66	173 393
2045	85 873	66 038	11 651	3 377	13 618	6 056	2 879	10 736	19 769	3 903	38 119	1.66	176 146
2046	87 258	67 081	11 828	3 429	13 943	6 057	2 884	10 840	20 142	3 963	38 779	1.66	178 947

年份	标准车	客一	客二	客三	客四	货一	货二	货三	货四	货五	货六	系数	收入
2047	87 994	67 647	11 928	3 457	14 060	6 108	2 908	10 932	20 312	3 996	39 106	1.66	180 456
2048	88 736	68 218	12 029	3 487	14 179	6 160	2 933	11 024	20 484	4 030	39 436	1.66	181 978
2049	89 485	68 793	12 130	3 516	14 298	6 212	2 958	11 117	20 657	4 064	39 769	1.66	183 514
2050	90 240	69 374	12 233	3 546	14 419	6 264	2 983	11 211	20 831	4 098	40 104	1.66	185 062
2051	91 001	69 959	12 336	3 576	14 541	6 317	3 008	11 305	21 007	4 133	40 443	1.66	186 623
2052	91 787	70 563	12 442	3 606	14 666	6 371	3 034	11 403	21 188	4 169	40 792	1.66	156 862

2. 增值税留抵退税

建设期建安费用增值税税率为9%，其他费用税率为6%，运营期通行费增值税税率为9%，根据《财政部 税务总局 海关总署关于深化增值税改革有关政策的公告》第八条规定，自2019年4月1日起，试行增值税期末留抵税额退税制度。项目公司由于前期建设阶段投入较大，进项税留抵金额较大，一般在项目运营后满足增值税留抵退税条件，通过申请增值税留抵税款，可以有效缓解项目公司经济压力，同时提前偿还贷款，减少利息费用支出，增加净利润。表4是增值税及附加测算。

表4　　　　　　　　　　　　　**增值税及附加测算表**　　　　　　　　　单位：万元

序号	项目	合计	建设期				运营期			
			第1年	第2年	第3年	第4年	第1年	第2年	第3～24年	第24.83年
一	增值税	255 009								12 873
1	销项税合计	321 071					10 754	7 542	……	13 211
2	进项税合计	66 062	38 832	15 533	2 589	10 355	−15 337	204	……	338
2.1	建设期进项税	129 441	38 832	38 832	25 888	25 888			……	
2.2	运营期进项税	14 285					196	204		338
2.3	进项留抵退回	77 665		23 299	23 299	15 533	15 533		……	
3	抵扣后进项税余额		38 832	54 365	56 954	67 310	41 219	33 880	……	
二	税金附加	25 501								1 287
三	增值税及附加合计	280 510							……	14 160

根据测算结果，若项目公司能在建设期第二年满足增值税留抵退税条件，在其他条件不变的情况下，项目公司可取得增值税留抵退税共77 665万元。

3. 经营成本

运营成本分为运营管理费、日常养护费用、大中修费用、隧道机电费用、高速公路结算收费。运营期内共计 260 610 万元，运营期内平均年运营成本 116.77 万元/公里；初始年运营成本为 4 756 万元（不含大修），初始年运营单位成本 52.91 万元/公里。

运营管理费由日常管理费用和主营业务管理费用两部分组成，根据投标单位运营管理经验，运营首年为 2 440 万元，每年按 3% 递增，运营期 24 年 10 个月管理费共计 88 124 万元。

日常养护费用评价基年的公路养护管理及小修费为 15 万元/公里（不含隧道机电费），运营初年为 1 348 万元/年，在项目建成通车后，随着交通量的增加，养护管理费用相应提高，在运营期内考虑 3% 的年均增长幅度，运营期共计 48 700 万元。

大中修费用中共包括两次大修、两次中修的费用，其中：第 7 年、第 19 年中修费用分别为 117 万元/公里、161 万/公里；第 13 年、第 24 年大修费用分别为 270 万/公里、387 万/公里。运营期 24 年 10 个月大中修费用共计 84 042 万元。

隧道机电费用是指隧道管理所、通风、照明等费用。根据测算，本项目运营期间，特长隧道按 500 元/延米·年，长隧道按 400 元/延米·年，中隧道和短隧道按 300 元/延米·年计价。运营初年隧道机电费用为 509.35 万元/年，在运营期内考虑 3% 的年均增长幅度，运营期 24 年 10 个月隧道机电运营费共计 18 398 万元。

联网收费管理费执行广东省发改委《关于高速公路联网收费结算服务费标准问题的复函》规定，按阶梯式费率计取，运营首年以 459 万元计，运营期 24 年 10 个月联网收取管理费共计 21 345 万元。根据以上分析，我们得出运营成本测算结果如表 5 所示。

表 5　　　　　　　　　　　　　　运营成本测算

序号	项目	合计	运营期					
			第 1 年	第 2 年	第 3 年	第 4 ~ 23 年	第 24 年	第 24.83 年
一	成本合计（含税）	260 610	4 756	4 944	5 145	……	44 321	8 171
1	运营管理费（万元）	88 124	2 440	2 513	2 588	……	4 815	4 133
2	日常养护费（万元）	48 700	1 348	1 389	1 430	……	2 661	2 284
3	大修费用（万元）	84 042	0	0	0	……	34 785	0
4	隧道机电费（万元）	18 398	509	525	540	……	1 005	863
5	高速公路结算收费（万元）	21 345	459	518	586	……	1 055	891
5.1	联网结算中货币结算比（%）		10	10	10	……	2	2
5.2	非现金结算的结算服务费（万元）		419	473	535	……	1 036	875
5.3	现金结算的结算服务费（万元）		39	45	51	……	19	16

4. 利息费用

本项目资本金以外的建设资金通过银行贷款解决，根据融资合同约定：融资期限根据项目建设及运营周期需要,暂定 28 年 10 个月,设定 3~5 年的还本宽限期;利率根据市场利率水平,与 LPR 挂钩,建设期贷款利率按工可 4.2% 测算,全周期利息支出 500 412 万元,其中建设期利息 109 103 万元,全周期按照当年现金流的最大支付能力还款。

5. 所得税支出

按照公共基础设施项目企业所得税实行"三免三减半"政策测算,本项目运营期前六年的所得税减少了 36 213 万元。

6. 投资总额

根据项目建设进度计划,按照总投资 202.98 亿元计算,本项目建设期的投资和筹资计划如表 6 所示。

表 6　　　　　　　　　　　　　投资计划与资金筹措

序号	项目	合计	第 1 年	第 2 年	第 3 年	第 4 年
1	项目总投资计划（万元）	2 029 809.97	584 739.64	598 419.80	418 589.83	428 060.70
1.1	年度资金投入进度（%）	100	30	30	20	20
1.2	建筑安装工程费（万元）	1 367 758.51	410 327.55	410 327.55	273 551.70	273 551.70
1.3	土地使用及拆迁补偿费（万元）	338 086.14	101 425.84	101 425.84	67 617.23	67 617.23
1.4	工程建设其他费用（万元）	59 823.26	17 946.98	17 946.98	11 964.65	11 964.65
1.5	预备费（万元）	158 910.11	47 673.03	47 673.03	31 782.02	31 782.02
1.6	建设期利息投入进度（%）		7.00	20.00	32.00	41.00
1.7	建设期利息（万元）	105 231.95	7 366.24	21 046.39	33 674.22	43 145.10
2	资金筹措计划（万元）	2 029 809.97	608 943	608 943	405 962	405 961.97
2.1	资本金（万元）	405 962.00	116 947.93	119 683.96	83 717.97	85 612.14
2.2	银行贷款（万元）	1 623 847.97	467 791.71	478 735.84	334 871.86	342 448.56

7. 建立综合分析模型

本项目按 4 年建设期、24 年 10 个月运营期计算,第 1~4 年为建设期,运营收费期从第 5 年开始,最后一年的 10 个月计为 0.83 年。总投资按 202.98 亿元、一型车收费标准按 0.68 元/公里计算。根据前述 1~5 项分析,按照以下公式建立全投资内部收益率和资本金内部收益率分析模型:

模型 1:当 $\sum_1^n$[(营业收入$_m$ - 经营成本$_m$ - 税金及附加$_m$)×(1 - 所得税税率) + 折旧与摊销$_m$×所得税税率 - 建设投资(不含利息不含增值税金)$_m$]/(1 + IRR)^m = 0 时,全投资内部收益率 IRR = 3.53%。

模型 2：当 $\sum_1^n$（营业收入$_m$ － 经营成本$_m$ － 税金及附加$_m$ － 运营期借款利息$_m$）× [（1 － 所得税税率）＋ 折旧与摊销$_m$ × 所得税税率 － 资本金出资$_m$ － 借款本金归还$_m$]／（1 ＋IRR$_m$）^{m} ＝ 0 时，资本金内部收益率 IRR$_m$ ＝ 1.49％。

四、投资策划效果评估

（一）降低总投资的优化效果

1. 征拆补偿费

在项目中标后，中铁南方投资集团有限公司与项目公司领导拜访了项目所在地主要领导，落实在投标前承诺的承担征拆费用的事宜，并且协助项目所在地政府落实银行贷款解决资金问题，目前该市境内征地拆迁费 26.62 亿元由项目所在地政府承担，并且签订了征拆合同。

2. 建安工程费

在工程可研建安费 136.77 亿元基础上，通过设计优化，施工图预算控制在 123.10 亿元以内（不含物价涨跌引起的建安费用增减），降低了 13.67 亿元。

3. 工程建设其他费

在工程可研其他建设费用 5.98 亿元基础上，通过招标方式优化，其他建设费用可以控制在 5.38 亿元以内，降低了 0.6 亿元。

4. 预备费

在工程可研预备费用 15.89 亿元基础上，通过设计优化和深度设计，减少不可预见费用发生，预备费可以控制在 6.77 亿元以内，降低了 9.13 亿元。

5. 融资成本

在工程可研建设期借款利息支出 10.52 亿元的基础上，通过降低融资利率（由 4.2％降至 3.05％），加强建设资金计划管理降低资金冗余，建设期借款利息支出控制在 6.7 亿元以下，可以降低 3.82 亿元。

综合以上措施，FZY 项目总投资额由 202.98 亿元降至 148.77 亿元，优化降低额是 54.21 亿元，降低率是 26.7％，具体总投资成本费用优化情况如表 7 所示。

表7　　　　　　　　　项目总投资成本费用优化

序号	费用名称	可研估算（万元）	投资优化后（万元）	降低额（万元）	降低比例（％）
1	土地使用及拆迁补偿费	338 086	68 259	269 827	79.8
2	建筑安装工程费	1 367 759	1 230 983	136 776	10.0

序号	费用名称	可研估算（万元）	投资优化后（万元）	降低额（万元）	降低比例（%）
3	工程建设其他费用	59 823	53 841	5 982	10.0
4	预备费	158 910	67 654	91 256	57.4
5	建设期贷款利息	105 232	67 000	38 232	36.3
6	总投资	2 029 810	1 487 700	542 110	26.7

接下来再来分析全投资内部收益率和资本金内部收益率，FZY 项目总投资优化后的投资收益率指标明显提高了，其中资本金内部收益率绝对值增加了 8.63%，全投资内部收益率绝对值增加了 2.91%。

（二）增加营业收入的投资效果

一型小汽车综合费率由 0.6 元/公里提高至 0.68 元/公里，则运营期内通行费收入由 332 亿元提高至 376 亿元，其他收入（广告、服务区商业运营）按照通行费收入 2% 计算，总投资按照优化后的 148.78 亿元计算。全投资内部收益率绝对值增加了 1.49%，资本金内部收益率绝对值增加了 1.12%。

运营期通行费收入在 376 亿元的基础上每提高 5%，全投资内部收益率随之提高了 0.36% ~ 0.37%，资本金内部收益率随之提高了 0.55% ~ 0.58%。

（三）降低运营期营业成本的投资效果

运营期营业成本合计 26.06 亿元，占比较少，对于投资收益率影响减少，我们将营业成本降低 2% 至 22.27 亿元后，全投资内部收益率增长至 7%，资本金内部收益率增至 5.69%。

（四）降低利息支出的投资效果

总投资按 148.78 亿元计，银行贷款利率按工程可研的 4.2% 计算的资本金收益率为 6.55%，目前 FZY 项目公司已经与农业银行签订了贷款合同的成本是 3.05%，资本金内部收益率与可研比较，绝对值提高了 0.35%，由 6.55% 提高至 6.9%，全周期利息支出由 50.04 亿元降至 31.88 亿元，运营期净利润由工可测算的数额 113.29 亿元增至 128.54 亿元。

（五）降低所得税支出的投资效果

按照公共基础设施项目企业所得税实行"三免三减半"政策执行，本项目运营期前六年企业净利润增加了 36 213 万元，自有资金收益率绝对值增加 0.22%。

五、策划总结和经验推广

（一）投资策划工作的基本条件

（1）BOT 高速公路必须取得政府部门批文后才能开建。

（2）工可的车流量测算基本符合实际情况，偏差度不超过 5%。

（3）设计有效性。投资策划工作要符合实际情况，不能为了策划的经济效益而不考虑项目建设的特殊性，否则会造成实施层面与策划层面脱节，造成项目公司内部矛盾，不利于今后的项目建设。

（4）执行有效性。一旦投资策划得到大家认可，管理层要严格执行，想方设法去解决建设过程中出现的问题，确保投资策划目标实现。

（二）投资策划的优缺点

优点：能够提前在筹备期了解建设项目的特点、难点、重点环节和优化方向，提前准备资源和锁定资源价格，为投资节约奠定良好的基础。投资策划准备充分和深入，可以提前协调好地方政府、银行、税务等部门的关系，加快推进专项规划、专项设计、项目融资、征拆拆迁等工作，达到提前建成通车目标。

缺点：高速公路策划管理人才队伍不足，高速公路投资策划需要很强的专业性和经验性人才，两者缺一不可，一方面投资专业本身就是一门学科，需要系统地掌握投资知识、投资理论、投资实务等专业技能，具备较强的组织、决策、管理、协作能力；另一方面投资策划人员应掌握高速公路建设经验，精通投资组成、工程设计、工程管理、预算控制等综合能力。

（三）主要经验

FZY 项目在建设期前期进行投资策划后，取得效果明显，根据以上分析资料，在项目中标后，按照总投资 202.98 亿元、一型车 0.6 元/公里、贷款利率 4.2% 等基本前提条件，我们测算的资本金内部收益率是 −1.73%，全投资内部收益率是 2.72%。经过投资策划后，总投资降至 148.78 亿元、一型车收费标准提高至 0.68 元/公里、贷款利率降至 3.05% 等，资本金内部收益率提高至 6.90%，全投资内部收益率提高至 5.63%，如果在运营期内还能再实现增收节支，资本金内部收益率和全投资内部收益率还有提高的可能性。因此，从上述分析可以看出，FZY 项目投资策划的效果是明显的，其主要经验如下：

1. 具备高速公路投资管理经验的人才队伍

项目公司有一批经验丰富的投融资管理、设计管理、商务管理、工程管理、征拆管理、运营管理的中高层人才，没有这些经验丰富人员，投资策划将是纸上谈兵，因此，在投资前公司要引入和培养一批专业人才。

2. 投资策划越早越好

根据 BOT 协议约定，FZY 项目开工建设包含设计和施工两个方面，如果前期投资策划不翔实，勘探与设计不深入，盲目开工建设，可能会在建设过程出现大量的设计变更情况，投资成本可能会不可控，一旦出现此情况会造成资金缺口，项目可能在建设过程中间停工，成本费用会继续陡增，很可能造成实际投资额超出概算额。因此，前期的投资策划工作未完成前，不建议开工建设。

3. 投资策划要聚焦重点环节

项目前期投资策划阶段工作量较大，因此，我们需要聚焦重点环节，项目公司前期工作重点要放在征地拆迁补偿标准、特殊管线迁改、全线控制性工点、施工图预算、融资合同等环节，通过优化投资策划方案，尽可能避开征拆费用高、征拆难度大、施工难度大、工期影响大的地区，确保不发生投资超概。融资策划要根据金融市场环境优化融资方案，持续降低融资成本。

4. 投资策划要深入

项目公司要组织专班深入现场，掌握一手资料，根据项目特点和实际情况，制定专项动态设计方案，提高施工图设计质量，实现设计与施工的有效融合，初步设计预算、施工图预算要尽最大可能与项目现场实际情况一致，有利于控制投资。

5. 不断完善现金流量预算管理和数据分析模型

现金流量要根据项目策划的总投资开始，逐项分析各种影响现金流量的因素，建立符合项目实际的预算管理和数据分析模型初稿，根据项目实际变化情况修正模型，不断完善模型的参数，用模型来指导项目投资策划。

（中铁南方（广东）投资有限公司　陈　沛　张向斌　欧春芳

广东阳信高速公路有限公司　陈达飞

广东佛肇云高速公路有限公司　吴　金）

勘察设计企业全面预算管理研究

——以 LY 公司为例

【摘要】近年来，经济体制改革逐步深入，市场竞争日益激烈，勘察设计企业面临着复杂化、多样性的挑战。勘察设计企业要想在市场竞争中获得长远发展，必须提升企业自身管理水平。全面预算管理是现代化企业管理中的重要工具，能够对企业的经营活动、投资活动、企业各部门的活动作出合理全面的资金安排，实现全员管控、全方位科学配置企业资源。全面预算管理的内容主要包括预算目标制定、预算执行、预算的监督考评等内容。本文介绍了全面预算管理在勘察设计企业 LY 公司中的应用。LY 公司是从事铁路、城市轨道交通、公路、市政建设等工程勘察、设计、咨询、监理、项目管理、总承包业务为主的大型企业集团。针对预算编制缺乏业务支撑、可行性不高、预算控制偏差较大、考核制度不完善以及预算信息化程度不高等问题，LY 公司引入了全面预算管理机制，全面提升了公司的成本管控水平，实现了企业降本增效，促进了业财融合以及企业战略目标的实现。

培育具有全球竞争力的世界一流企业是国有企业在新时代的发展目标和方向，根据国家"十四五"规划和 2035 年远景目标，勘察设计企业必须适应新形势、新发展、新变化。通过对 LY 公司的研究，力求树立起先进的预算管理理念，为铸造世界一流的勘察设计企业助力。凡事预则立不预则废，因此预算的重要性比较显著。虽是老生常谈，但要充分发挥好预算作用，并非一件易事。全面预算管理以企业战略方向为引导，预测经营环境、确定经营目标，将目标下达至各个单位。企业通过预算进行有效管控，实现经营管理目标，提高资金运转效率，推动企业全面发展。本文立足现状，守正创新，对企业加强预算工作的有效策略进行研究，建立全面预算管理体系，使全面预算在企业内部管控中发挥核心作用。

一、背景描述

（一）单位基本情况

LY 公司是主要从事铁路、城市轨道交通、公路、市政建设等工程勘察、设计、咨询、监理、项目管理、总承包业务为主的大型企业集团，尤其在电气化、隧道以及通信信号等专业领域位居中国领先地位，处于国际先进水平。5 年来营业收入规模以

5%的速度逐年增长，其中2022年实现营业收入90亿元。

自成立以来，LY公司采用多专业协同经营策略，建立了相应的现代企业法人治理结构、梳理内部流程，明确财务管理权限，同时实施全面预算管理。LY公司希望将全面预算管理运用到公司的管理控制中，将其贯穿整个公司生产经营的管理机制，使其成为公司内部控制管理的核心工具。通过全面预算管理，LY公司充分调动积极性，并以此为基础来分配各自权利和责任范围，可以形成公司内部层次清晰、分工明确的管控体系，使公司的整个管理控制体系更加科学流畅。

在实施过程中，公司实现了从无到有，由浅入深的变化，管理能力也逐渐得到了提升，但许多问题随之而来。例如，成本预算工作起步晚，基础薄弱，且勘察设计行业项目合同额大小差距较大，项目数量多等特点导致预算管理工作浮于表面。并且，LY公司属于建筑设计类单位，与宏观政策、行业发展趋势、市场环境有较大关联性，以至于不同年份收支状况不稳定又影响了预算准确性，增加了预算管理工作的难度。

（二）管理现状分析和存在的主要问题

1. 预算编制缺乏业务支撑

推行全面预算管理之初，由财务部门牵头，业务部门及生产单位主动参与度较低，影响了预算编制的准确性。由于对全面预算管理认识不到位，理解上有偏差，涉及的业务部门认为预算管理只是财务部门的职责，缺乏主动参与的意识。对于专业种类和业务板块较多的企业，如果没有业务部门的参与会使全面预算管理力度得不到有效的保障，全面预算管理无法通过业务下沉到各项环节。LY公司属于勘察设计单位，由于工作形式和组织特点，在项目的设计阶段，时间往往很紧，任务难度较高，大多数编制预算都是在不了解合同金额的前提下进行的，不可避免地会导致预算错配现象。同时，在项目图纸交付完成后，往往还需要进行项目的变更设计、相关结构的调整以及设计回访等，而这些复杂的不确定因素会导致全面预算管理受到严重制约。

另外，在外部环境日益复杂的背景下，仅靠财务部门事后记录分析是远远不够的，还需要财务部门联系业务部门走向前端预测。企业业财融合度不高，会导致由财务部门主导的全面预算管理无法与实际生产经营活动产生有效的联系和共鸣。

2. 定额标准可行性不高

作为勘察设计企业，LY公司的各项成本、费用定额的制定是一项复杂、耗时的系统工程，涉及企业的各个方面。在进行工程项目的估算中，人工成本费用的计算量通常占据了绝大部分。但在进行人工费用的估算和预算过程中，一般设计人员会身兼多职，这种现象往往会导致预算管理出现较大的误差。而且各工程项目往往在不同的地区、不同的环境条件以及不同的气候环境中，勘察成本和费用都有较大的差别。准确地把握这些不确定因素，是公司全面有效地进行预算管理的基础。

在市场经济条件下，环境竞争性和可变动因素直接影响预算的准确性。制定各项成本、费用定额必须通过对生产经营深入了解，参照以往的标准，同时结合年度的实际需要，才能符合公司发展的目标，否则难以制定合理定额标准。

3. 反馈滞后，预算控制偏差较大

LY 公司在运行过程中对预算的执行控制需要进一步完善。首先部分预算单位未对超支情况进行刚性控制，对于项目超支采取默许的态度，这使得个别预算编制单位无视预算目标，随意开支各项成本费用，致使预算执行工作处于一种无序状态。其次，财务核算与预算指标并没有很有效地挂钩，各部门、各分院无法掌握正确的预算执行数据，编制与控制未能紧密联系。最后，由于控制的滞后性，财务部门只能通过会计系统事后的数据进行分析，一方面不能及时反映市场的变化；另一方面也不能有效地控制各项成本费用的支出。

若想实现所制定的预算目标，应及时观察全面预算管理工作的执行情况。目前，公司更加注重预算编制的信息，在预算执行时较为随意，其关注环节多出现在事中控制、事后控制等，给全面预算执行的效果带来较大隐患。有时在进行预算分析时，未能严格遵照企业实际经营状况，极大降低了经营管理效果，难以保证预算目标的实现。

4. 预算考核机制不够完整

LY 公司的职能部门既是预算执行的监督部门，负责预算的执行、调整和考核评价，同时也是预算的执行部门。这样会带来预算监督和执行的缺位，使全面预算管理的执行存在缺陷。

企业在制定的年度目标计划实施与考核方案中，虽然将预算管理纳入考核，但并没有真正起到预算考评的作用，考核不严格，考核结果也不与员工薪酬挂钩。同时，企业缺乏对考核过程的监督，监察部门、内部审计部门全面预算管理考核评价过程缺乏独立性，没有建立明确的内部监督管理制度，对于需要内部监督和内部审计的工作的界定存在模糊认识，使得考核评价失去了一定的客观性和严肃性。在整个考核系统中，预算管理起不到约束和激励的作用，预算考核基本失去意义。

并且，LY 公司作为工程勘察设计企业，一般采用合同额、营业收入、利润及收款额等财务指标对各经营单位进行考核，但未与各预算单位的执行率相挂钩，首先，这种考核方式会导致业务部门不重视全面预算管理工作，对实施全面预算管理造成较大阻力。其次，在考核过程中重财务指标，轻非财务指标，各经营单位容易着眼于短期考核指标，偏离企业战略目标，全面预算资源分配的协调功能失效。最后，考核结果一般仅与各预算单位负责人挂钩，与部门全员关联度不大，会使部门负责人与部门员工的目标不统一，全员作用不明显，直接导致对预算控制缺乏约束。

5. 预算信息化程度不高

在时代快速发展过程中，信息技术已经深入企业经营管理活动中，以信息化系统对企业事务进行处理，可以有效推动企业现代化发展。企业的信息化建设进程缓慢，预算编制与执行面临的困难相对较多，数据不够稳定，不利于企业健康运转。LY 公

司预算管理中运用信息技术程度有待进一步提高，员工更加习惯于手动完成工作，导致预算工作效率相对较低，对数据的分析不足，影响了预算执行反馈的及时性和高效性，不能有效控制各项成本费用支出。企业未能搭建出合适的预算信息系统，部分信息技术软件较落后，降低了全面预算管理与信息技术的融合性，使财务预算分析出现更多问题，预算信息的执行情况也难以判断，降低了全面预算管理工作的专业性。

（三）选择全面预算管理实现阶段目标的动因

LY 公司开始实施预算管理，各业务部门的参与度不够，偏重年度预算目标的确定，执行过程中对有可能发生的变动情况，考虑不够全面，对企业当前经营活动的指导性不足。近年来，勘察设计企业业务一体化、多元化、全国化、国际化发展趋势日益明显，越来越多的勘察设计企业已形成集团化发展的业务形态，因此如何加强集团化管控成为勘察设计企业的新课题，而全面预算管理对集团化管理有极其重要的作用。全面预算管理是企业为实现一定期间的战略规划和经营目标，运用现代网络与信息技术，按照一定程序编制造价预算、资本预算、薪酬预算、财务预算等的综合管理系统，是企业在集团范围内优化资源配置、提高运行质量、改善经营效益的有效管理工具和管理机制。

二、总体设计

（一）应用全面预算管理方法的目标

LY 公司预算编制本着实事求是，既考虑往年实际，也考虑年度工作计划与企业运营发展需要。过程中加强业务部门的参与程度，明确各部门预算目标和责任，对各类费用进行细化分析，对预算指标层层分解，提高年度预算的合理性，确保预算切实可行，实现资源的有效、合理分配。

（二）应用全面预算管理方法的总体思路

第一，LY 公司需要明确公司层面的综合业务规划，制定中长期目标，包括战略规划、市场规划、网络规划等，指导业务部门的工作方向。第二，根据中长期的战略导向与战略目标，LY 公司需要制订年度业务计划，公司管理层向其下级单位业务部门设定分解后的业务目标。各级业务单位对目标制订业务计划，提出投资需求。第三，根据以上的目标以及业务计划，各级业务单位需要预测完成目标所需要的资源、成本、投资等，编制年度预算。第四，LY 公司需要客观准确及时地记录公司发生的业务活动及消费的资源，将实际发生的与预期进行差异分析，重点关注例外项的管理。第五，根据目标完成情况以及公司的激励制度，进行业绩评估并奖励完成规划的业务人员及管理层。

（三）全面预算管理方法的内容

全面预算管理是企业围绕发展战略，运用现代网络与信息技术，集业务预算、资本预算和财务预算于一体的综合管理体系，是企业对一段时期的生产经营活动、投资活动、资金活动的总体安排和量化表述，是企业按照组织、编制、审批、执行、控制、分析、调整、考核、奖惩等一系列流程进行，融企业关键问题于一体的，一整套全方位、全过程和全员参与的计划、管理和控制活动。

全面预算管理是集团企业以其中长期的战略目标为总体方向，对未来的经营、投资和筹资活动，以财务指标为结果进行充分、全面的预测和规划，并定期对执行过程进行跟踪监控，对实际完成指标情况与预算指标的差异进行深刻的分析和检讨，及时有效地改善和调整经营活动和经济决策，以帮助管理者提升企业管理效率，能够合理有效地实现整体战略目标。

全面预算管理与传统预算模式之间的区别在于，其不仅融入现代化的战略管理，且通过对预算的监督执行，还能对传统管理模式进行替代和优化。因此，全面预算管理的有效实施，对企业管理效率的提升和战略达成有着至关重要的作用。通过制定以整体战略规划为基准点的全面预算管理，集团企业可以确保集团企业各项经营计划及相应业务目标的达成，同时有效提高目标达成的有效性和准确性，这样不仅能进一步降低企业的经营风险，也将大大提高企业的项目预算执行力度。

三、应用过程

（一）组织机构及方式——建章立制，预算管理有章可循

LY 公司的全面预算管理，在公司预算管理委员会的领导下和预算管理办公室的指导下，建立以业务流程为导向、以责任分工为基础、各预算单位与相关部门相互协作的工作体系，形成分工明确、责任清晰、相互协同、高效配合的，涵盖预算决策、组织、编制、执行、控制、调整、分析、考评的工作机制和责任机制，提供有效的预算管理组织保障。LY 公司制定了一系列相得益彰、简化可行的管理制度，如《全面预算管理办法》《本部预算管理实施细则》等制度，基本做到每项经费都有相应的制度可遵循。要想改变标准或行为，都须先修订制度，全体员工守护着制度。制度与红绿灯一样，是规则，更是对企业、对员工的最大爱心。

（二）参与部门和人员——发挥各专业优势，全员分工，工作事半功倍

预算科目类别多，例如，收入指标、安全经费、教育经费、党团活动经费、业务费、学会会费、出国经费、低值易耗品摊销等。如果各部门自行直接申报预算，这些费用将难以控制。财务部认真研究了这些费用发生动因，建议把相关费用的预算审核

权、报销控制点设置在相关部门，发生某类费用较多的部门成为控制的积极参与者，取得了事半功倍的效果。

（1）财务部代表预算管理办公室牵头组织预算管理各项工作。负责机关管理费预算和基建办费用预算的审核，负责编制工会经费、折旧与摊销等预算。

（2）人力资源部负责编制各预算单位薪酬预算、职工教育经费预算、人员保险预算以及劳务用工费用预算等。

（3）经营计划部负责项目的收支预算审核及汇总编制工作。负责编制设计责任险预算、直管项目产值预算等，同时负责经营机构经营费用预算的审核及汇总工作等。

（4）科技部负责编制专利、专有技术、著作权等无形资产预算、科研费用预算等。负责审核各预算单位科研费用预算，并负责向预算编制部门提供集团立项科研项目资料；根据各单位的需求和集团软件购置的总体计划安排，负责编制各单位的软件需求预算；负责编制各预算单位软件费用摊销、网络费用预算等。

（5）综合服务部门根据各单位的需求和集团固定资产投资的总体计划安排，负责编制各预算单位固定资产需求预算；编制各预算单位办公大楼物业费用（含水、电）的分劈预算；编制辅助生产单位（车队）费用预算及分劈；负责审核各预算单位固定资产维修费用、运行费用预算，租赁费用（不含直管项目）预算，以及员工伙食费用、通讯费、取暖费等有关费用预算等。

（6）安全质量管理部门负责编制和审核各预算单位安全生产费用预算。

其他部门职责明确，全员积极参与，并根据单位部门特点有着不同的审核权、控制权、建议权。

（三）应用全面预算管理的资源、环境、信息化条件等部署要求

LY公司的全面预算管理，是在预算管理委员会的领导下和预算管理办公室的指导下，建立的以业务流程为导向、以责任分工为基础、各预算单位与相关部门相互协作的工作体系。全面预算管理流程分为：预算编制、预算控制、预算调整、预算考核。每年初根据支出总量控制目标启动全面预算编制工作，预算下达后，由各预算执行单位及相关的职能部门共同进行预算控制，按季度对预算执行情况进行分析，根据实际的生产经营情况变动进行预算调整，并在全年生产经营活动结束后，根据全年的预算执行情况进行预算考核。整个预算过程得到集团管理层的高度重视与支持，公司信息化平台配套完善，使得各项工作能够顺利开展。

（四）具体应用模式和应用流程

1. 全面预算组织体系

集团公司设立集团预算管理委员会，作为预算管理的领导机构，预算管理委员主任由集团公司主要领导担任，委员由集团公司经理层和相关职能部门负责人组成。预

算管理委员会的主要职责：制定集团公司预算管理的基本原则和目标；根据集团公司战略规划和年度经营目标审核企业预算方案和调整方案，并报董事会批准；协调解决集团公司预算编制、执行、控制和监督考评中的重大问题；根据预算执行结果进行考评和奖惩。日常事务授权总经理办公会批准细化方案。

预算管理委员会下设预算管理办公室，办公室设在集团公司财务部，相关部门为成员，负责全面预算管理的日常工作。预算管理办公室的主要职责：组织集团公司预算的编制、审核、汇总及报送工作；根据预算管理委员会的审核意见和董事会的批准意见，组织批复和下达集团公司所属各预算执行单位的预算指标；组织拟定集团公司预算的调整方案；协调解决集团公司预算的编制、执行、控制和监督考评中的有关问题；监督和分析集团公司预算完成情况，提出考评建议；组织开展预算管理的相关培训工作。

集团公司所属各单位、各部门为预算执行单位。预算执行单位应在预算管理办公室的指导下，具体组织开展本单位（部门）的预算管理工作，严格执行经批准的预算方案。预算执行单位的主要职责：负责本单位（部门）预算编制和上报工作；负责将本单位预算指标层层分解，落实到各部门、各环节和各岗位；按照授权审批程序严格执行各项预算，及时分析预算执行差异原因，解决预算执行中存在的问题；及时总结分析本单位预算编制、执行和管理的情况，并配合实施预算考核和奖惩工作；配合集团预算管理机构做好预算的综合平衡、执行、监督等工作。

（1）完善了各层级组织体系的战略导向职能。

LY 公司明确了各级组织体系职责职能，使之与战略导向的全面预算管理相匹配。决策层职责包括：制定战略规划；审议并批准战略目标和计划；制定战略目标和计划。经理层落实战略目标和计划，分解预算目标，确保战略规划能在各级组织体系层层落实。

（2）引导了预算执行单位积极参与成本预算管理。

为了让生产单位参与到全面预算管理中，首先，要求各预算执行单位应建立健全本单位的预算管理机构，配备专（兼）职预算管理人员，按照集团公司预算管理办公室的要求开展本单位（部门）的全面预算管理工作，加强了生产单位对预算的重视程度。其次，通过让生产单位更多地参与到预算工作中，提升业务在预算管理体系的重要性，这样才能提高预算的准确性和合理性，为全面预算管理提供更好的实施环境。

2. 预算编制流程

LY 公司在进行预算编制时采用了"上下结合、分级编制、逐级汇总"的编制程序。收入预算以在手合同为依据逐级编制，同时对直接控制费用与职能控制费用采用了分别编制的程序，即直接控制费用预算由各预算执行单位自行编制后上报汇总，而职能控制费用预算由相应费用的主责职能部门进行汇总编制，分摊至各预算执行单位。

（1）明确了战略导向与战略目标。

预算管理办公室根据上级公司下达的预算编制通知和要求，结合具体形势，在对本年度预算预计完成情况和下一年度市场情况等进行综合分析的基础上，依照集团公司发展战略，确定预算编制的基本原则。

预算管理办公室下达预算编制通知，启动预算编制工作。各单位（部门）根据预算管理办公室下达的文件，按照要求编制并将主要预算目标表在规定的时间内上报预算管理办公室。

（2）业财融合，共同编制。

全面预算管理应当遵循"自上而下，由下而上、上下结合、分级编制、逐级汇总"的程序进行，既要区分不同主体预算编制的差别，又要进行集中审核、汇总，进而形成全面预算管理报告。各分部预算应相辅相成，密切相关，形成一个完整的体系，共同实现公司内部控制和管理目标。年度预算经批准下达后，成为各预算执行单位日常生产经营、投资和筹资活动的年度目标，是考核各预算执行单位经营者绩效的主要依据。各预算执行单位应对本单位全面预算管理指标进行分解，横向分解到各业务流程，纵向深入到各预算责任中心。各预算执行单位应将分解下达的年度预算指标结合业务特点，细化为分期预算，层层落实全面预算管理执行责任。各预算执行单位及职能部门编制完直接控制费用预算后，汇总至预算主责部门，预算主责部门与预算执行单位进行沟通后，形成初步审核金额。预算主责部门根据预算执行单位的类型决定，如负责生产的预算单位汇总至生产管理部门；负责市场经营的部门汇总至市场管理部门；财务部负责汇总审核职能费用预算。预算主责部门对各预算单位的人员情况与生产经营情况应有充分的了解并对其有着直接或间接的控制权，由预算主责部门在预算管理办公室之前进行初步审核，能有效地提升预算金额的可靠性及预算编制的全面性，减轻预算管理办公室的压力。

（3）避免"一刀切"，丰富编制内容。

预算管理委员会根据往年数据及预算年度的总体预算需要，确定预算支出总量控制目标，结合往年预算执行情况及预算年度的生产经营情况，编制预算方案，下达预算编制通知。在预算编制通知中，明确各预算执行单位及职能部门的分工，确定需要编制的预算的费用类别，将本年度预算要求下达至各预算单位，避免预算编制"一刀切"。预算执行单位及职能部门分别编制直接控制费用预算和职能控制费用预算。预算执行单位需要编制分包费、差旅费、租赁费等与生产经营活动密切相关的直接控制费用，并须得到上级与专业部门的审核。

（4）科学建立定额标准，避免了出现预算松弛现象。

定额预算是一项管理难点，通过定额和定率标准判断各项目预算填制的准确性，减少预算偏差。可以从以下两个方面进行，一是根据本企业的历史数据总结。如部门差旅费的办公费的人均标准。二是科学组织生产定额编制，并对特殊情况进行系数调整。例如，新建铁路项目涉及复杂程度工天调整系数规定如下所示：

- 当95%≥路基长度≥90%时，路基专业增加10%工天，当路基长度≥95%时，路基专业增加20%工天，并结合实际调整桥、隧专业工天；
- 当桥梁长度≥25%时，每增加5个百分点，桥梁专业增加10%工天，最多增加50%，并结合实际调整路基、隧道专业工天；
- 当隧道长度≥15%时，每增加5个百分点，隧道专业增加10%工天，最多增加50%，并结合实际调整路基、桥梁专业工天。

（5）因事而定，守正创新，灵活运用预算工具。

一套完整科学的机关预算，是要用心用脑用流程编制的，而不是简单加总、硬砍。不仅要采取上下结合等基本原则，还要经过系列合规程序以及科学的编制方法。多大的脚穿多大的鞋，贴近实际、发挥作用的预算就是好预算。不同类别费用可采取不同的预算方法，例如，固定性与变动性分类管理、人均观点、定额观点等。需要采用增量方法的，就立足基期考虑现期变化；需要采用零基方法的，就枚举各项开支计划。严肃中有灵活，灵活而非滥用。例如，允许因折旧年限、社保基数等政策性刚性变化导致的费用增加；根据经营机构的特点，采取了弹性预算编制方法，即关注投入产出比例，建立起 $y = a + bx$ 的线性方程，有效控制了成本费用，并得到认可，减少了争议；对利润中心，不仅关注成本费用的合理性，更要关注收入实现与"两金"指标，统筹分析管控。

3. 全面预算执行控制情况

全面预算控制的原则和目的：各预算执行单位应当充分发挥全面预算管理的指导和控制作用，实行"先算后花，先算后干，松紧结合，适当偏紧"的原则，严格执行经批准的年度预算，加强预算的刚性约束。集团公司全面预算管理由总经理组织经理层全面负责实施，各相关职能部门和预算执行单位对经理层负责。预算目的是通过防范相关风险，促进全面预算管理在推动企业实现发展战略过程中发挥积极的作用。

全面预算控制的方式和流程：为保证全面预算管理的顺利实施，对预算进行控制应采用一般授权、特别授权等方式，对预算控制的有关内容进行授权控制，以达到事前、事中、事后全过程控制，建立预算监管机制、从上到下层层授权和从下到上层层负责的管控系统。

LY公司按照相应程序切实加强对重大事项和预算执行情况的跟踪监督，明确预算内、超预算或预算外事项的审批、追加、调整程序和权限。预算额度内事项：预算内事项依照集团公司现有审批办法规定的权限进行审批、控制。超预算事项：须由相关单位或部门提出追加预算申请，说明追加预算的原因、依据和预计金额，按规定权限审批后追加预算。预算外事项：须由相关单位或部门提出预算外支出申请，说明预算外支出的原因、依据和金额，按规定权限审批。

（1）推进了业财融合，实现了个体和整体的密切关联。

引导生产单位参与全面预算管理工作，加深各生产单位对于全面预算管理的认识，使生产单位与财务部产生共鸣，进一步推进业财融合，也可以在一定程度上解决个体与整体脱节的问题，防止部门的个体目标与单位整体目标的偏离。各预算执行单位应将分解下达的年度预算指标结合业务特点，细化为半年度、季度或月度预算，层层落实预算执行责任，推进业务财务深度融合。为确保预算目标的实现，各单位应建立和完善有效的内控制度，建立各项管理措施和办法并保证其有效实施；建立严格的资金审批、支付、授权制度以及标准定额制度，加强企业内部控制管理，严格控制预算外支出；预算控制应按照预算指标和核算主体采取兼容核算的方法，以预算指标为内容设置相应科目，以核算主体为单元设置相应的辅助明细进行核算；各预算执行单位对下达的年度预算应根据管理需要制订详细可行的季度分解计划，季度分解计划应按项目编制，尽可能细化，做到可操作、可考核，统筹计划，加强管理；建立预算执行报告制度，通过信息双向反馈机制，及时反映预算执行情况。

（2）控制了预算执行偏差，实现信息化动态管理。

LY 公司的预算控制充分利用了财务共享平台的预算管理模块来进行。财务共享平台的预算模块，可以全面地控制各预算执行单位的预算执行。通过会计记录以及预算分析，对各单位阶段执行偏差进行预警。表 1 是对所属单位 2021 年 10 月份营业收入与利润指标完成情况的反馈及预警。

表 1　　　　　　　　**所属单位 2022 年 10 月营业收入及利润完成**

指标	项目	一公司	二公司	三公司
营业收入	预算（万元）	19 300	82 900	35 000
	累计完成（万元）	14 112	46 730	29 853
	月度累计完成预算进度（%）	73.12	56.37	85.29
	预警线（完成率）（%）	75.00	75.00	75.00
	偏差（%）	−1.88	−18.63	10.29
	上年同期完成（万元）	10 760	35 375	31 560
净利润	预算（万元）	2 590	10 000	3 000
	累计完成（万元）	2 172	7 580	2 270
	累计完成预算进度（%）	83.87	75.80	75.67
	预警线（完成率）（%）	75.00	75.00	75.00
	偏差（%）	8.87	0.80	0.67
	上年同期完成（万元）	493	7 331	2 086

对其他指标也都及时反馈、及时预警。由于篇幅限制，不再展开。

（3）允许例外进行预算调整。

预算一经批准下达，一般不得调整。各预算执行单位在预算执行过程中，确因市场经营环境、监管政策等发生重大变化导致预算编制基础和假设产生重大变化，或发生重大临时预算项目出现重大不可控因素等，可以申请调整预算，但必须按照规定履行相关的审批程序。

（4）通过分析支持决策与战略。

在经营过程中，存在政策性变革。预算人员发挥预算能力，快捷并较为准确地为管理层提供决策依据。例如，当市场情况要求增加差旅费标准时，管理层对决策不确定，于是财务部门提供了测算依据支持了领导决策。

4. 预算考核评价的现状

全面预算管理的考评是对全面预算管理实施过程和实施效果的考核和评价，包括对企业经营业绩的考评和对预算执行者的考评。考评是全面预算管理顺利开展的重要保障，是评价预算执行单位经营绩效的重要方法。

全面预算管理的考评由预算管理办公室牵头，组织相关职能部门成立联合考评组，对各自职能范围内各预算执行单位的预算编制和执行情况进行考评。全面预算管理考核分为季度考核、半年度考核和年度考核。按照考核内容不同，考核周期也不同。在每个预算年度结束后，将预算执行单位的预算完成情况与年度经济责任制考核相结合，与预算执行单位负责人的薪酬挂钩，与预算执行单位负责人的任免、奖惩挂钩。

（1）强调了考核的客观性和独立性。

通过独立的财务系统提取考核评价所需要的会计信息，确保考核评价所需要的基础数据的客观性和独立性，因此提高会计信息的质量，加强对会计信息质量的控制，是预算考核评价的基础。在考核数据及时、准确的基础上。要确保考核评价流程的公平、公开。

（2）丰富了考核指标体系。

全面预算考核采用定性考核与定量考核相结合的方式。定性考核主要内容是对预算工作的及时性、准确性、合规性、完整性等指标进行考核。定量考核主要是对各预算责任组织所承担的具体预算指标的完成情况进行考核，主要包括对企业经营业绩的考评和对预算执行部门的考评。

（3）实现了奖惩并举，做到了考核结果全覆盖。

将预算考核评价综合得分与工资总额进行挂钩。首先，将考核结果超额完成的目标的部分乘以相应的奖励系数，确定预算考核达标的部门奖励工资总额。其次，根据部门职级或项目团队的贡献分配部门奖励工资总额。最后，将不同职级或者各个项目团队的奖励工资总额分配到个人。同样，在实施惩罚措施时也应当覆盖到个人，通过不达标的得分乘以相应的惩罚系数，以此基数核减相应预算编制单位的下一年度的部门预算工资总额，通过部门工资总额的两次分配，提高各预算编制单位全体对预算执行的重视，在最大程度上确保了预算执行的力度和效率。

四、取得成效

近年来，LY 公司持续推进全面预算管理的实际运用和执行差异分析，取得了较好的效果。对费用进行分类管控，科学有效地制定预算指标，满足了生产经营及管理需要。同时通过财务共享平台的预算模块，提高了预算管理的信息化水平。实时进行预算控制机监督，能及时准确提供预算执行数据，全面提升了公司的成本管控水平，实现企业降本增效，人均收入增长率、劳动生产增长率、利润增长率都分别达到2%、4%、5%的增长，实现高质量发展的目标。

五、经验总结

（一）全面预算管理成功应用的关键因素

（1）各职能部门实质性参与。企业各职能部门都承担着不同的管理职责，分别掌握着企业各种资源分配的实施过程，只有各职能部门真正参与编制和执行，才是真正意义上的全面预算管理。

（2）考核指标结构合理。采用定性考核与定量考核相结合的方式。这些指标同时也要分布在各个层次的预算中，导向性强，这样才能让预算真正成为战略落地实施的有效工具，同时有利于解决考核导致的短期行为。

（3）预算分析有章可依且守正创新。预算分析需要形成定期分析制度，包括月度、季度、年度。定期分析有利于强化预算执行思维，保持预算的过程控制；同时预算的月度和季度分析不只是看结果，更重要的是形成对以后时期预算执行的指导。并且分析形式多样，针对实际问题，具体问题具体分析，不拘泥于传统。

（4）各年度预算保持连续性。要想让预算担负起承接战略，真正成为战略落地实施的工具，关键是保持各年度预算的连续性。企业发展战略是长期性的，而预算往往是短期的，战略目标需要分解到各个年度去实施，每年度预算只承接一部分或一个阶段的目标。只有使预算保持了连续性，才能形成与战略的一致性。

（二）全面预算管理在应用中的优缺点

1. 全面预算管理的优点

全面预算管理是落实治理机制的手段，是一种管理机制，更是一种资源配置机制。具有全覆盖、全流程、全员参与等特点，贯穿于企业全部价值创造过程。在全面预算的编制及执行过程中，需要全体工作人员的配合。首先，全面预算管理有利于企业资源的有效配置。当下，工程勘察设计企业也出现了分支机构多、业务多元化、业务链条长、资金规模大的特点。实施全面预算管理，可将企业业务活动和资源联系起来，通过有限的资源不断调整业务活动，实现对各类业务的有效整合，实现企业价值最大化。其次，全面预算管理有利于战略目标的实现。企业既要制定长远、宏观的战略目标，又要将目标进一步细化，使各部门员工都能明确工作方向。市场环境的变化以及国家相关政策的颁布实施，都对企业战略目标的实现产生着重大的影响。构建科学合理的预算管理体系，可以让企业不断总结经验教训，同时纠正偏离的方向，为目标的实现打下坚实的基础。通过一系列的程序，如预算的制定和实施、评价和评估、修正和调整，实现阶段性目标和企业的战略目标。最后，全面预算管理有利于提升企业管理水平。全面预算管理是以风险为导向的，是企业内部控制体系中的重要组成部分。它的制定和实施过程需要企业各部门反复协商和讨论业务内容和指标、业务权限和流程，找到最佳的方式和方案，达到目标一致、行动一致。企业通过全面预算管理，开展有效的分析与考评，既能调动全体员工的积极性，又能促使管理人员及时发现工作中存在的问题，并通过不断总结经验和修正预算数据，提升企业的管理水平。

2. 全面预算管理的缺点

首先，全面预算管理是一个管理的全方位的过程，全面预算管理是一种要想达成预算目标就必须进行全量化实施的管理，因此管理内容复杂带来的是管理指标的烦琐，以及在管理过程中涉及的敏感复杂利益关系。其次，全面预算管理得过于严格，有时影响工作效率，市场灵敏度也有待提升。

（三）对发展和完善全面预算管理的建议

LY 公司全面预算管理执行控制阶段下一步的工作重点和难点在于项目预核算，其核心问题在于如何建立项目人工成本定额标准。由于前述原因，建立起更先进、更精准的项目人工成本定额仍然是值得继续研究探讨的。

预算通过环环相扣、细致连接、相互制约促进的系统来保证目标的实现。用好预算，发挥好预算作用，就应该以战略目标为导向，通过全面的预测和筹划，科学、合理配置企业各项财务和非财务资源，对执行过程进行监督、分析、评价、反馈，指导经营活动的改善和调整，并且要守正创新，结合企业实际，灵活运用好预算工具，推动目标实现。

（中铁第六勘察设计院集团有限公司　方永民　刘　彦

王　辉　刘　钰　郑婧怡）

中铁重工有限公司全面预算管理研究

【摘要】 全面预算管理是目前管理会计工具中的核心组成部分，能够为企业决策提供有力的支持。2022 年中铁重工有限公司发布了《中铁重工有限公司全面预算管理办法》，明确指出企业全面预算管理的应用和实施应该将财务、资本和业务有机融合，即融合性原则。从相关文献和企业实践来看，将业财融合嵌入全面预算管理能够进一步提升管理绩效，促进企业发展。

本文从公司的实际情况分析出发，对中铁重工有限公司的全面预算管理现状、存在的问题及原因进行了分析。研究发现中铁重工近年来开展的全面预算管理体系在公司的经营业绩、运营效率、服务水平等方面实现了一定提升。同时，中铁重工有限公司的预算管理体系和管理程序也存在一些不足：一是全面预算制定与公司战略结合不够紧密；二是全面预算管理文化建设不够夯实；三是全面预算编制的基础信息不对称，指标分配不合理；四是全面预算信息系统支持不力；五是预算考核指标有待健全。

为解决以上问题，完善全面预算管理体系，具体包括以下改进措施：第一，要以战略为导向，深化资源统筹配置，加强纵横一体化的全面预算综合平衡与目标协同，促进价值链与业务链有机融合，完善预算编制方法，运用管理创新成果，提升预算管理的科学化、精益化水平；第二，强化过程分析控制，确保预算执行可控、能控、在控，保证预算调整符合实际；第三，细化考核指标，进一步传导和落实预算责任，增强激励约束作用；第四，以员工为本推进企业全面预算管理文化建设，同时加快业财共享平台技术升级，为全面预算管理工作提供坚实保障。

一、中铁重工有限公司全面预算管理应用现状

（一）中铁重工有限公司简介

中铁重工有限公司的前身即武汉中铁工程机械厂，是中国铁路工程集团有限公司（以下简称"中铁工"）全资子公司。本公司于 1958 年由原石家庄修配厂从石家庄迁到武汉，与武昌分局铁厂合并成立铁道部武汉铁路局工程机械厂，1959 年开始建设下马庙厂区，更名为武昌配件厂，1964 年改名铁道部基本建设总局武汉工程机械修配厂，1966 年 4 月定名为武汉工程机械厂，2001 年 7 月中铁工与铁道部脱钩，工厂归属中铁工管理，工厂更名为武汉中铁工程机械厂。2007 年 7 月经上级公司中国中

铁同意改名为中铁重工有限公司。2008年5月28日中铁重工有限公司与另外两家企业战略重组成立中铁科工集团有限公司，成为其下属的全资子公司。2019年12月11日经中铁科工集团有限公司第三届董事会第四十三次会议审议通过，中铁重工有限公司从中铁科工集团有限公司分立。公司的主要经营范围为铁路、公路、隧道、建筑、港口、站场、市政工程施工装备设计、制造、安装及维修；各类起重、运输及轨道交通设备的设计、制造、安装及维修；桥梁、钢结构、轨道交通配件的设计、制造、安装及服务；桥梁、钢结构、轨道、城市地下管廊、机电设备安装、房屋建筑工程、供水及污水处理工程、管道工程、水利工程、电力工程、电气工程、通信工程施工；建筑工程用材料及配件、机电设备配件及器材的制造和销售；厂房、产品、仓储租赁；产品技术服务及转让；劳务分包；货物及技术进出口。（涉及许可经营项目，应取得相关部门许可后方可经营）。2022年度，本集团的实际主营业务为钢结构制造与安装和工程设备和零部件制造。

（二）中铁重工有限公司全面预算管理发展经历

中铁重工有限公司的预算管理虽然开展多年，但对下属分公司管理较为粗放。这使得整体在管理水平、竞争力、经营理念等方面比较滞后，缺少市场意识。同时，之前的预算管理体系不健全，以财务人员为主进行预算的编制，各部门没有有效的沟通与合作，制定的指标局限于收入与利润，并没有与企业战略目标联系起来。

针对管理中暴露的问题和薄弱环节，中铁重工有限公司通过改制与内部管理相结合，狠抓企业内部管理。集团党委会决定2017年开始在全集团范围内推广全面预算，预算管理工作由财务管理部牵头组织，其他相关部门配合。财务管理部陆续发布了相关的预算制度、预算报表、预算大纲等，并针对收集的预算数据进行汇总和分析。至此，中铁重工有限公司全面预算框架完成了基本建设。2022年9月，中铁重工正式发文"关于印发《中铁重工有限公司全面预算管理办法》的通知"，经党委会讨论决定，中铁重工有限公司2023年全面预算工作由财务处牵头开展，至此，全面预算管理进入了新的篇章。

（三）中铁重工有限公司全面预算管理制度

中铁重工有限公司的全面预算总体分为五大部分，分别是总则、机构和部门职责、预算编制与审核、预算的执行与调整、预算的考核与评价，如图1所示。

图1 中铁重工有限公司预算制度

1. 总则

2022 年 9 月中铁重工有限公司总部根据《中铁高新工业股份有限公司全面预算管理办法》等相关规定，结合公司实际情况，制定了《中铁重工有限公司全面预算管理办法》，规定了全面预算管理的构成、预算机构、预算控制、预算调整、预算考核等内容。

预算构成：公司的全面预算包括经营（业务）预算、资本预算和财务预算三个部分。

（1）经营（业务）预算是指对采购、生产、销售等经营活动编制的预算，涉及采供、生产、安装等多个环节。主要反映业务数量和价格两个要素。业务数量主要包括原材料采购量、原材料库存量；原材料消耗量、能源消耗量、人员数量、产量以及等业务量；产品销量、装运量、提供服务业务量、产成品库存量等。价格主要包括原材料采购价，工程、设备、劳务等项目的价格，产品销售价、储运价等。

（2）资本预算是对资本投入（变动）编制的预算。包含股权投资、股权（产权）交易、固定资产投资、安全环保投资、研发投入等内容。资本预算要始终围绕集团公司总体战略和发展规划，坚持聚焦主业、围绕核心、量入为出的投资理念，以提高效益、价值创造为目标。

（3）财务预算是根据经营（业务）预算和资本预算编制的预算，它是用数字反映企业未来一定期间的现金收支、利润水平和财务状况的预算。财务预算的内容通常包括"利润预算""资金预算"和"资产负债预算"。

2. 机构和部门职责

中铁重工有限公司预算管理机构根据"上下结合，分级实施，权责明确，配合高效"原则，实行纵向一体化的垂直管理，具体由预算决策机构、预算管理机构和预算责任部门组成，分别负责预算的决策审批、组织管理和执行上报职能，如图 2 所示。

（1）预算决策机构：根据《中铁重工有限公司管理办法》各级企业应成立预算管理委员会，作为全面预算管理的领导机构，预算管理委员会的主任应由企业主要负责人担任，成员为企业管理层及各相关职能部门负责人。

主要职责：①制定企业全面预算管理的基本原则和目标。②根据企业战略规划和年度经营目标审核企业全面预算编制方案，相关内容执行董事办公会批准。③协调解决企业全面预算编制、执行、控制和监督考评中的重大问题。④根据全面预算执行结果进行考评和奖惩。

（2）预算管理机构：预算管理委员会下设预算管理办公室，作为全面预算管理日常工作机构。全面预算管理的牵头部门设在财务管理部门，负责预算管理办公室的日常工作。成员部门还包括：企业主管战略规划、市场营销、投资运营、人力资源、财务管理、科技技术、安全生产等相关职能部门。

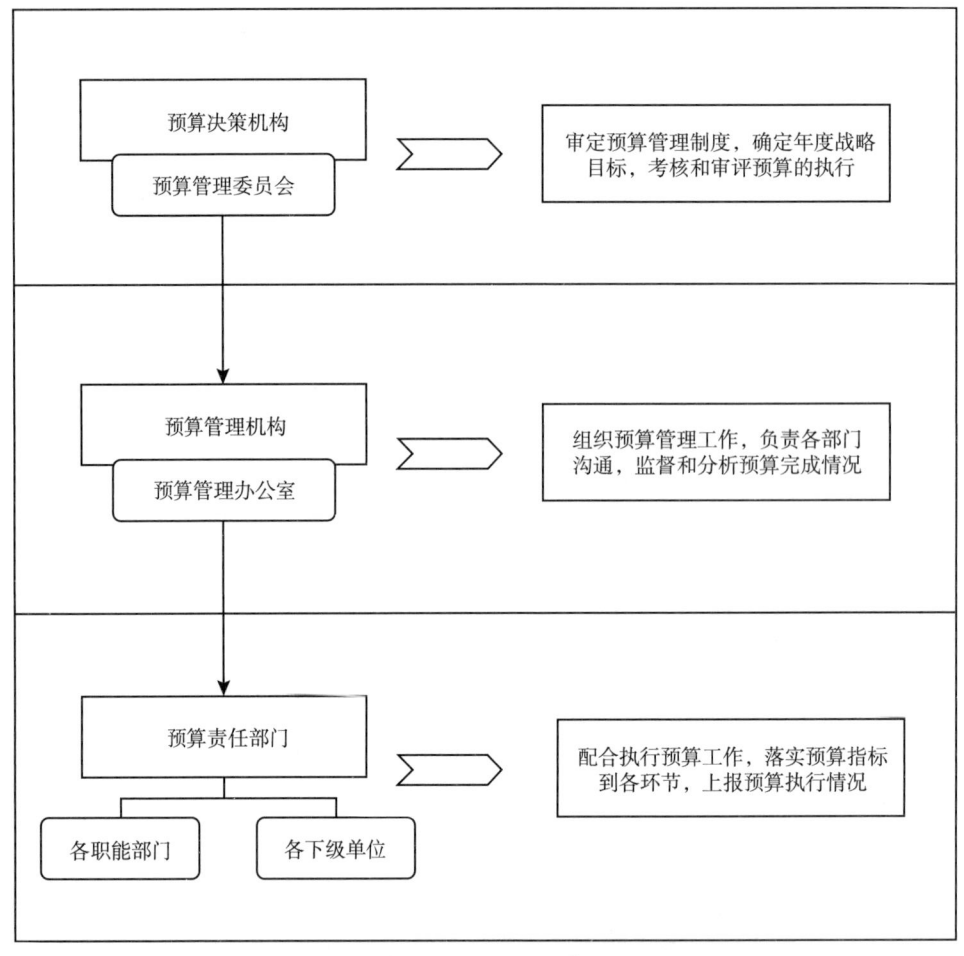

图 2　中铁重工有限公司预算管理框架

主要职责：①组织预算的编制、审核、汇总及报送工作。②根据预算管理委员会的审核意见和执行董事办公会的批准意见，组织具体批复和下达预算指标。③组织拟订企业的全面预算调整方案。④协调解决企业全面预算编制、执行、控制和监督考评中的有关问题。⑤监督和分析企业预算完成情况，提出考评建议。⑥组织开展全面预算管理的相关培训工作。

（3）预算责任部门：由预算管理委员会统一领导，组织开展本部门或者本单位的具体预算管理工作，严格执行经批准的预算方案，预算办公室设在财务管理部，成员部门还包括：规划发展管理部、人力资源管理部、科技技术管理部、市场营销管理部门、投资管理部及其他相关管理部门。各部门预算编制分工如表 1 所示。

表 1   **各部门预算编制内容与分工**

部门名称	预算种类	职责分工
财务管理部	财务预算	牵头组织开展企业全面预算管理各项工作,负责预算管理办公室日常工作;根据业务预算、资本预算,负责编制经营成果、资产负债和现金流量等财务预算;编制企业年度融资预算;组织开展企业全面预算执行、分析、调整和考核工作
规划发展管理部	业务预算	负责企业规划目标对年度预算的战略引导工作;分析预测国家宏观经济运行形势及宏观经济政策对企业年度预算编制及执行的影响
人力资源管理部	业务预算	分析预测市场人工成本变动形势及国家有关政策;编制企业年度工资总额及人工成本预算,并定期对执行情况进行分析、调整和控制
科技技术管理部	业务预算	分析预测国家科研支出及节能减排相关政策;编制公司年度科研支出、信息化管理软件预算,节能减排支出预算,并定期对执行情况进行分析、调整和控制
市场营销管理部	业务预算	分析预测年度市场环境及政策;编制企业年度新承揽任务预算,并定期对执行情况进行分析、调整和控制
投资管理部	资本预算	分析预测年度投资环境及国家相关政策;编制企业年度股权投资预算,并定期对执行情况进行分析、调整和控制

3. 预算编制与审核

预算编制坚持以战略规划为引领,以战略目标为依据,正确分析判断市场形势和政策走向,科学预测年度生产经营目标,合理配置内部资源,实行总量平衡和控制。预算编制应以"上下结合、分级编制、逐级汇总"的程序进行,"以业务驱动预算",各项预算相辅相成,密切关联,前后衔接。预算编制和审核流程分为四个步骤。

(1)制定和下达总控目标。

预算管理委员会在每年 11 月上中旬会同其他业务部门,在充分考虑当前宏观经济形势基础上,结合公司实际经营状况,运用预算管理的统筹平衡机制,对来年的总控目标提出专业意见,由企业党委会予以审定。财务部门于 11 月下旬以审定后的总控目标为依据,向公司所有部门与下属单位印发预算大纲,要求各部门和单位严格遵循预算编制原则,开展来年的预算编制工作。

(2)编制和上报各级单位预算草案。

各分公司于每年的 12 月中旬依据企业总部下达的预算总控目标和预算编制大纲,组织编制预算草案,对收支和需求以及平衡能力进行优化,完成预算草案,决策程序顺利完成后通过正式文件上报给总部。

(3)编制与下达公司预算草案。

财务部门在每年 12 月中下旬与公司各个部门一起审核预算责任部门与各级单位上呈的预算草案意见,并加以初步平衡,同时有必要举办年度预算汇报会,提出预算审核工作意见和相关报告，汇集成企业整体的预算草案意见，然后上报企业党委会议审定。第二年1月，财务部门向企业职工代表大会提交预算草案，审议通过后，通过财务管理系统以正式文件的形式下达。

（4）编制与上报各级单位预算执行控制方案。

各级单位于1月底前，以公司总部下达的预算方案为依据，将预算责任予以分解划分至各个部门，形成清晰的项目明细和年度预算控制方案，履行决策程序上报公司总部。

4. 预算的执行与调整

在完成预算的编审任务后，预算管理办公室负责组织全面预算管理的审核和报送工作，并按照预算管理决策机构的审议决策批复下达所属子企业的预算。批复下达的预算作为各级企业生产经营、投资和融资等经济活动的年度目标。及时向各业务职能部门及所属单位进行全面预算指标的分解，横向分解到各业务流程，纵向深入到各预算责任中心。在预算执行的过程中，各预算责任主体根据有预算不超支、无预算不开支的原则，落实预算管理工作，不可私自调整已通过审批的预算方案。严格依据企业管理制度，切实加强投资、融资、担保、重大资金收支、物资设备采购等重大事项管控和成本费用预算执行情况的跟踪监督，明确超预算或预算外的预算追加、调整审批程序和权限。

预算一经批准下达，一般不得调整。企业在预算执行过程中，确因市场经营环境、监管政策、会计政策等发生重大变化导致预算编制基础和假设产生重大变化，或发生重大临时预算项目、出现重大不可控因素等，可以按照程序申请调整预算。预算调整的程序主要分为两部分：一是提出申请，一般在年度中期提出，由各单位向上级单位预算管理办公室提交，申请内容包括阐明调整项目、调整原因、调整幅度、调整建议及调整后对全面预算的影响等。二是审核和批复预算管理办公室对调整申请进行审核。对符合预算调整原则的申请，形成预算调整方案并上报预算管理委员会，预算管理委员会审核同意后，由预算管理办公室具体批复下达相关预算执行机构。

5. 预算的考核与评价

为强化效益意识、发挥监督职能、调动员工积极性。中铁重工有限公司定期对预算执行情况进行考核和评价，包括预算指标考核（定量考核）和预算工作评价（定性考核）两部分。

公司从两个方面来定性评价预算管理工作。首先，评价年度预算编制的质量，针对业务假设与实际符合情况进行考察；对一些关键性的预算编制参数设定的准确性进行考察；对保障和监督预算执行的措施的有效性进行考察；对一些主要预算指标的年度变化的合理性进行考察。

其次，评价预算执行过程。在评价年度预算执行时，根据项目预算落实状况进行细化，考察项目预算安排和实际执行之间的偏差程度，相关的预算执行分析是否及时且保证质量等。对于定量的考核，中铁重工建立了预算考核指标体系，该指标体系由预算管理、资金管理、工程管理和关键业绩四个方面的指标构成，各指标参照《中铁工业所属单位经济运行预警管理办法》分阶段对年度预算目标进行考核。并且对多项考核指标设置出预算目标，涵盖营业收入、净利润、经营性净现金流量以及"两金"余额等关键财务数据，以效益为中心，聚焦企业三大责任，突出经济责任考核，如表 2 所示。

表 2　　　　　　　　中铁重工有限公司 2023 年主要指标预算

序号	指标	目标	预算目标值
1	营业收入（亿元）	确保目标	28.00
		奋斗目标	30.00
2	净利润（亿元）	确保目标	1.20
		奋斗目标	1.30
3	经营性净现金流（亿元）	确保目标	1.00
		奋斗目标	1.30
4	"两金"余额（亿元）	确保目标	25.00
		奋斗目标	23.83
5	营业额（亿元）		32.50
6	新签合同额（亿元）		52.00
7	融资预算（亿元）		5.80
8	负债端供应链控制比例（%）		18.00
9	净资产收益率（%）		12.77
10	资产负债率（%）		77.79
11	研发投入强度（%）		3.25
12	全员劳动生产率（%）		40.35
13	资金集中度（%）		80.00
14	保险集中度（%）		70.00
15	业务招待费（万元）		27.00
16	对外捐赠（万元）		0

6. 中铁重工全面预算管理阶段运行情况

全面预算管理作为近年来中铁重工有限公司提高管理水平的重要实践，经过不断梳理和改进，建立了纵向一体化的预算管理机构，制定了"上下结合、分级编制、逐级汇总"的预算编审流程，搭建了立体的预算管控平台，构建了多维的预算考核指标框架，形成了较为完善的预算管理体系。随着全面预算管理工作的持续推进，中铁重工有限公司在多个方面取得一定成效，包括生产发展提速提质、经营业绩保持稳健、企业管理持续规范等方面。

第一，全面预算管理促进中铁重工有限公司发展提速提质。中铁重工有限公司通过强调预算对生产的导向作用，积极落实改制改革多项配套措施，及时调整项目结构和人员队伍，加强各级单位的项目质量督查工作，推进项目的负面清单治理，强化预算的量化考核。

第二，全面预算管理有利于中铁重工有限公司经营业绩保持稳健。在全国制造和建筑行业生产成本上升和市场规模缩小的背景下，中铁重工有限公司通过加强全面预算管理工作，切实推进企业成本优化工作，持续优化项目和产品标准化。截至2023年上半年，公司累计营业收入为 1 402 639 701.46 元，达到预算进度的半年度目标，完成进度的50%。同时，累计实际利润总额为 62 714 876.46 元；累计净利润为 60 169 167.06元，超过预算进度，完成预算进度的50%；"两金"余额 2 500 262 624 元，符合预算进度。这些数据表明，中铁重工有限公司在2023年的前几个月取得了良好的业绩表现，实现了超额增长和盈利能力的提升。

二、中铁重工有限公司全面预算管理的成果与问题分析

（一）中铁重工有限公司全面预算管理取得的成绩

1. 思想意识方面

通过调研发现，2022年中铁重工有限公司推行全面预算管理，取得了一些积极的成效。首要是思想意识方面。以前公司和各单位部门的预算通常都是由财务部负责，其他部门参与较少，这样下来会出现预算编制部门"用不动"业务部门的情况，即使形成了预算，业务部门通过找领导想办法调整指标，最终导致全面预算变成了一纸空文，无法形成刚性约束。长此以往，预算编制部门失去了积极性，全面预算也成了走过场。

通过公司层面对全面预算进行规范与要求，各部门和分公司的领导重视程度有所提升，一把手亲自挂帅，统筹协调预算工作的开展，为全面预算工作扫清了障碍。员工层面，通过把预算指标分解到各个部门，各个部门有了压力和动力，员工参与度较之前有了较大的提高。

2. 工作方法方面

为了保证预算管理的科学性和有效性，中铁重工有限公司通过预算大纲，对各个基层单位的预算编制提出了明确的要求和指导。预算大纲主要包括：钢箱梁生产单位主要产品的产量、指导价格、主要原材料的指导价格、各单位的职工薪酬、研发支出等关键因素。通过统一标准，避免了各单位预算编制基础不一样的情况，减少了信息

差，一定程度上减少了人员的重复劳动，提高了预算编制的效率和质量。

经过对预算管理的不断摸索与完善，中铁重工有限公司已经基本实现了全面预算管理工作的统一部署和有序推进。公司各个基层单位都把全面预算管理工作作为一项重要内容纳入绩效考核中来，极大地调动了基层单位领导和员工参与全面预算管理工作的积极性，提升了企业管理层、基层、管理机构之间的有效沟通。同时，通过定期的预算执行分析和评价，对各个板块和单位的经营业绩进行监督和考核，及时发现和解决预算执行中存在的问题和风险，促进了各个业务板块和单位之间的协同效应，实现了公司整体利益最大化。

3. 业财融合方面

业财融合，是业务与财务融合的简称，是指业务发展与财务管理相结合，业务和财务融为一体，从企业的整体去思考业务开展是否符合集团发展的目标方向。以往预算多是"重财务、轻业务"，为了克服以上问题，按照从业务决定财务的基本思路，中铁重工有限公司建立了反映整个生产过程的业务报表，从经营层次考虑按成本动因进行的各种预算的批准，以避免控制标准不清楚、基础不充足、为了控制而进行控制的情况。在管理层面，预算目标的制定多人参与，整合并优化了企业资源，提高了预算、控制、协调、决策、考核的合理性和科学性，使公司内部的管理更加科学化、规范化，有利于总部可以更好地对下属单位进行管控。

通过全面预算管理优化资源配置，统筹考虑如何将公司利益最大化；将总体目标层层分解为经营、投资、财务等方面的具体工作目标，也构成了绩效考核的重要数据来源；销售、生产等预算目标制定采用增量预算的方法，参考上年基数，原则上只能增加，这样安排虽然给予生产部门较大的压力，但同时也激发了公司发展的潜力。

（二）中铁重工有限公司推行全面预算管理遇到的问题与原因分析

1. 全面预算制定与公司战略结合不够紧密

预算与战略结合不紧是指企业在制定和执行预算的过程中，没有充分考虑和体现企业的战略目标和方向，导致预算管理与战略规划相脱节，无法为企业的长期发展提供有效的支撑。可能会造成以下问题：一是预算目标与战略目标不一致，导致资源配置不合理，浪费或缺乏。二是预算管理缺乏动态调整机制，不能及时反映市场变化和竞争环境，降低预算的有效性和灵活性。三是预算管理缺乏绩效考核和激励机制，不能有效激发员工的积极性和创造力，影响预算目标的实现。

企业当前预算管理更多是下一年的经营工作安排，决策层对预算的概念停留在定量的如业务量、收入、利润等预算指标，只关心经营的效率与费用支出的多少，却忽略了部门的操作流程以及价值创造等。这使得从领导层到基层员工都只在乎眼前利益，没有发挥出全面预算管理在提升企业价值方面的功能。这样的预算管理模式与全面预算管理相差甚远。

2. 全面预算管理文化建设不够夯实

中铁重工有限公司从 2022 年才逐渐开展全面预算，对全面预算管理的重要性认识仍有欠缺，使得全面预算管理没有发挥真正的作用，会形成口号多、落实少的情况。许多员工对于全面预算管理还是缺少了解，还不清楚预算管理到底是什么，出现了典型的"上热中温下冷"的情况。

同时各单位对接全面预算的部门多是企管部门或财务部门，牵头部门缺少生产、研发、销售等部门的配合，即使有参与，也仅仅是被动地接收上级指派的任务，有的员工甚至认为预算完全是浪费时间和精力，导致工作成果差。这主要是由于企业对全面预算管理推行的宣传不足所致。因此，想要全面预算深入人心，必须加强集团全面预算文化的建设，但同时也不能急躁，要做好打持久战的准备。

3. 全面预算编制的基础信息不对称，指标分配不合理

在中铁重工编制全面预算时，通常采用增量预算或零基预算的方式。其中，增量预算是根据以往的业绩和市场情况，预测下一年的收入和支出，并在此基础上进行调整。而零基预算则是从头开始制定预算，不考虑以往的业绩和市场情况。由于全面预算制定时间较紧，对下属单位更多地采用的是增量预算。又由于各分公司和总部层面获取信息的方式不一样，存在信息不对等的情况。这就容易出现业绩好的分公司被要求做得更好，而差的分公司只要保持现状的情况。这种不公平的资源分配方式会导致企业资源分配不合理和浪费，也会降低下属公司的磋商积极性。

4. 全面预算信息系统支持不力

中铁重工有限公司的预算数据来源和编制十分依赖业财共享平台，涉及共享没有的数据和资料，由于各部门与分公司之间使用不同的数据统计方式，导致信息资源在公司上下、部门之间上下无法进行有效共享，孤岛效应严重，互相传输的数据都要二次加工处理，还有许多信息需要人工输入，效率低下、容易出错。同时，信息系统的事前控制功能较差，预算控制只能靠财务指标变动来提醒，并不能实现事前控制。

5. 预算考核指标有待健全

目前，中铁重工有限公司的考核指标体系主要围绕 KPI 指标管理展开，整个预算工作的重心放在结果性指标、定量指标和财务指标上，对过程性指标、定性指标和业务指标的考核比重相对缺少，这种指标体系不能充分体现中铁重工有限公司的业态，难以实现业务与财务的深度融合，无法向基层清晰传递战略导向，对优化配置、综合平衡企业的核心资源与投资需求的难度增加，影响企业预算考核的效果和效力，长期来看，严重阻碍预算管理工作的有序开展，业务行为与经营目标的脱节，不利于激发各级单位、各业务环节的合力。

以上从中铁重工有限公司全面预算管理的成绩、问题和原因三个方面进行了分析。首先，概括了公司在全面预算管理方面取得的几项主要成绩；其次，详细介绍了

中铁重工有限公司在全面预算管理中存在的四个方面的问题，并分析了造成这些问题的原因。下面将探讨如何优化公司全面预算的缺陷以及应对推行全面预算产生的问题。

三、全面预算管理问题的对策

在充分了解中铁重工有限公司预算管理工作中存在的问题后，本文在遵循目标管理、全面管理、匹配适应、成本效益等原则的基础上，从业财融合的视角切入，提出了由预算目标与编制、预算执行与调整、预算基础管理工作、预算考核指标四个部分组成的改进建议。

（一）预算目标与编制环节以战略目标为导向

预算目标与编制环节的改进重点为深化资源统筹配置，加强纵横一体化的全面预算综合平衡与目标协同，促进价值链与业务链有机融合，完善预算编制方法，运用管理创新成果，提升预算管理的科学化、精益化水平。

首先，要以企业战略为指引，将中铁重工有限公司总体战略规划先分解为3~5年内较为明晰的、可实现的中长期规划，明确本年的年度任务和中长期任务，并由此确定本年度全面预算管理的短期预算目标和长期预算目标。其次，在确定全面预算管理的目标以后，应运用科学有效的分解方法，遵循科学分解和便于操作相结合的原则，将预算目标细化到企业的各预算责任主体的不同生产环节。最后，在预算编制中要充分考虑宏观环境和各预算责任主体生产经营情况，平衡公司整体资源供应和各预算责任主体的资源需求，确保预算目标既具有较强的可实现性，同时又满足公司发展战略要求。

具体的执行步骤为：第一步，中铁重工有限公司各预算责任主体根据公司总体规划和总控目标，进行预算方案的编制，将分解好的预算指标交各预算责任主体负责人审核。第二步，各预算责任主体及时完成各所属预算范围内的预算指标分解，将完成后的分解资料及时汇报至财务部。第三步，公司财务部将收集的预算资料结合公司战略发展目标、年度预算任务、历史执行情况、未来市场环境预测，进行指标的综合平衡，对综合平衡后的预算分解指标进行审核并报预算管理委员会。第四步，根据全面预算管理流程，预算分解方案经预算管理委员会审核后，提交党委会审议，并形成会议纪要。第五步，公司财务部根据党委会审议结果，下达预算指标。按照批准的预算指标，相关预算责任主体负责人与预算管理委员会主任或公司分管领导签订年度业绩合同。第六步，各预算责任主体在财务部的指导下，将所属单位的预算指标细化到员工，经过内部审批流程后，各预算责任主体负责人与相关预算责任人签署年度员工业绩任务书。

（二）加强预算管理文化工作，健全信息系统建设

预算基础保障应从预算管理文化建设工作和信息系统建设两方面开展。在预算管

理文化建设工作方面，管理人员要把全面预算管理的理念内化为企业文化的一部分，利用企业文化对员工行为的影响和激励，保证全面预算管理有效实施。具体来说，可以采取以下几种措施：一是增加培训和沟通，通过定期举办培训会议、座谈会等形式，向员工普及和深入介绍全面预算管理的基本概念、方法和流程，并邀请成功实施过全面预算管理的其他企业或专家分享经验和教训。二是加强制度建设，预算管理制度不应只与整个预算责任主体或部门负责人的业绩考核挂钩，普通员工也应纳入管理制度的直接影响范围，如将员工在参与编制和执行全面预算中所作出的贡献与其个人收入和职位晋升挂钩，并及时给予表彰或批评，从而将普通员工与预算管理工作密切绑定，培养员工工作中的预算意识。三是建立反馈和改进机制，通过建立有效的信息收集和汇报机制，及时监测并评估各部门在执行全面预算过程中遇到的问题和困难，并提供相应的支持或指导，同时根据实际情况调整或优化相关政策或程序。企业要让预算编制成为全员参与的活动，这样才能提高员工对预算的接受度，也能消除管理层和员工之间信息不对称引发的困扰，为实现企业全面预算管理目标提供保障。

在信息系统建设方面，除了要利用好现有的财务共享平台外，还要继续加快平台升级，使之成为业财横向融合的数据共享平台，大力推进业务和财务的一体化建设，实现业务与财务的横向深度融合和数据实时共享。同时优化平台数据分析功能，新数据分析方法，创建关键指标分析体系，实现对海量的实时的业财数据建立业财分析模型，以可视化、可交互、多维度的方式展现出来，并从中获取"有效"的信息，以满足对预算执行过程的诊断和分析，从而实现预算执行过程的监督。

（三）实施有效的预算执行和控制机制

公司应该适当增加零基预算的比例和范围，对一些重点部门和项目进行重新审视和评估，从实际需要和可能出发，确定合理的预算费用。多种预算方式的结合可以帮助中铁重工更好地应对环境变化，提高成本效益，与战略目标保持一致。同时，也应该改进增量预算的方法和标准，不仅考虑历史业绩，还要考虑市场竞争、行业发展、客户需求等因素，给予子公司更多的灵活性和激励机制。保持公司的稳定性和连续性，避免过度削减有利于长期发展的投入。总之，公司应该根据自身特点和外部环境，灵活运用零基预算和增量预算相结合的方式编制全面预算，并定期进行监控和调整。

同时还要加强预算动态管理，健全预算控制机制，公司财务部整理各预算责任主体预算收入与支出情况，找出其中存在的问题，及时与预算责任主体沟通，了解预算执行过程，发现工作中的不足，敦促其加以整改，通过规范化的检查监督，提高各责任单位预算执行效率。公司预算管理委员会应综合分析各预算责任主体执行情况，计算各指标完成分数，给出精准评价结果，对于预算执行不到位的责任主体，责令其向预算管理委员会提交报告，总结自身问题并给出整改措施。公司预算管理委员会也要结合市场环境变化和预算执行情况，对预算实施动态调整，避免预算目标成为空中楼阁。各责任主体、财务部和预算管理委员会要全面系统地分析预算执行情况，总结预算执行经验教训，同时结合预算调整前后情况，分析预算调整工作是否准确符合公司发展要求和预算执行工作需要，为日后预算编制与调整工作积累经验。

（四）预算考核环节改进

预算考核环节的改进重点为细化考核指标，进一步传导和落实预算责任，增强激励约束作用。

中铁重工有限公司作为一家国有企业，既承担着创造经济价值的任务，也肩负着重大的社会责任。因此，在指标考核设计方面，除了采用 KPI 指标作为预算考核的重要指标以外，还可以引入经济附加值（EVA）的考核，要以价值为指引，明确考核导向。目前企业价值已经成为公司业绩评价的重要参考指标，EVA 能准确反映企业创造价值的能力，由销售利润率、资本周转率、加权平均资本成本率和投入资本等因素决定。首先，在设计业绩考核指标应以 EVA 的提升为核心，重点考察上述因素相关指标。其次，细化预算指标分解考核办法，层层传导管理责任。要改变目前简单考核指标最终结果的方法，将各综合性指标进行细化分解，分析各指标背后的业务驱动因素，并层层分解、细化指标，才能实现责任压力的有效传导，促进业务目标与财务目标的协调统一，激发各业务部门与财务部的工作合力，真正发挥考核促进管理的作用，提高预算执行落实水平。

（五）小结

本文对中铁重工有限公司全面预算管理的问题提出了对策，对于预算目标与编制，强调企业战略指引对预算目标设立的重要性，强调预算编制应全面考虑宏观环境和各预算责任主体生产经营情况。对于预算执行与调整，强调预算动态管理的重要性，提出调整应充分考虑预算执行情况和市场环境变化。对于预算考核，强调价值创造为考核的主要方向，以价值创造与业务的关联为指导，细分考核指标。对于基础保障，强调预算管理文化建设工作要以员工为本，使预算管理与每位员工相关联，同时要加强信息系统建设，助力预算管理全过程效率提升。

（中铁重工有限公司　朱宏乾　王龙其　余清清等）

信息化赋能视角下的资金预算管理

【摘要】 资金预算管理是全面预算管理活动的一项关键内容，而对于多层级、集团化的企业，如何做好资金计划及执行的管理，更加具有挑战性。强化资金预算管理是优化企业资金管理的重要工作，可作为加强企业财务管理、促进企业财务转型升级的关键路径。借助信息化赋能资金预算管理，能够提高企业资金管控水平，进而可以提高企业价值。

长期以来，资金管理基本采取人工对接信息、填写统计、汇总汇报、分析反馈。并未真正实现数据信息化管理、自动数据分析、大数据融合管理，因此管理过程中无法避免地会出现人工录入统计的错误，以及耗费大量人力、精力进行基础数据加工导致效率低下的情形。在信息化管理、大数据利用的背景下，亟须改变这种管理模式。为进一步夯实各层级资金预算数据准确性、增强管理所需各类资金预算数据可得性、提高各层级资金预算报送及批复的效率，W 公司积极探索资金预算管理系统的建设。旨在强化企业业财融合提高预算精益管理、提升企业资金预算管控信息化水平、严格企业资金审批流程、严格企业资金信息反馈制度加强事后监督核查，从而就能够保障企业资金的有效利用，促进企业提高效益。

目前，W 公司该项工作尚在探索建设期，拟具体通过整合合同管理、资金计划上报审批、执行情况分析，实现对于资金预算的闭环式、实时、可视、可控的管理系统建设。本文将基于 W 公司信息化赋能视角下的资金预算管理进行剖析，并分析企业的实践情况、阶段性成果及探索方向。

一、背景描述

（一）单位基本情况

W 公司全面贯彻创新、协调、绿色、开放、共享的新发展理念，紧紧抓住国家新型城镇化建设和文化、旅游、康养等产业发展机遇，发扬"勇于跨越、追求卓越"的企业精神，恪守"尊重自然、营造空间、回馈社会、造福大众、创造生活"的开发宗旨，坚持"投资、开发、施工、运管"四商一体的角色定位，坚持立足西南、辐射全国、走向海外的发展策略，努力与各级政府、各界伙伴深化合作，全方位、多元化汇聚资源，力争将 W 公司品牌推广至全国更大更广的范围，让人民、社会、企业共享绿水青山，共赢合作发展，共创美好未来。

W公司定位为特色地产和城乡综合开发的旗舰企业，积极服务新型城镇化发展和乡村振兴战略，加快打造以特色地产、文旅康养为主责主业的核心竞争力，积极探索中国中铁城市综合开发业务发展的新路径、新模式，努力建设成为国内一流的城市综合开发运营商。

（二）单位管理现状分析和存在的主要问题

目前，W公司的资金管理遵循严控账户、大额审批、计划管理、集中调度、诚信守约、有偿使用、风险监控的基本原则。同时，W公司对资金收支实行月度计划管理，按月进行滚动更新。在具体管理上采用分层管理的方式（见图1），在资金统筹管理层面、板块资金管理层面、法人单位资金管理层面、项目资金管理层面有侧重地开展工作。

从资金管理工作的现状来看，主要是基于年度预算管理开展融资工作及预算执行管理，预算执行的核心在于资金收支的日常管理（见图2）。

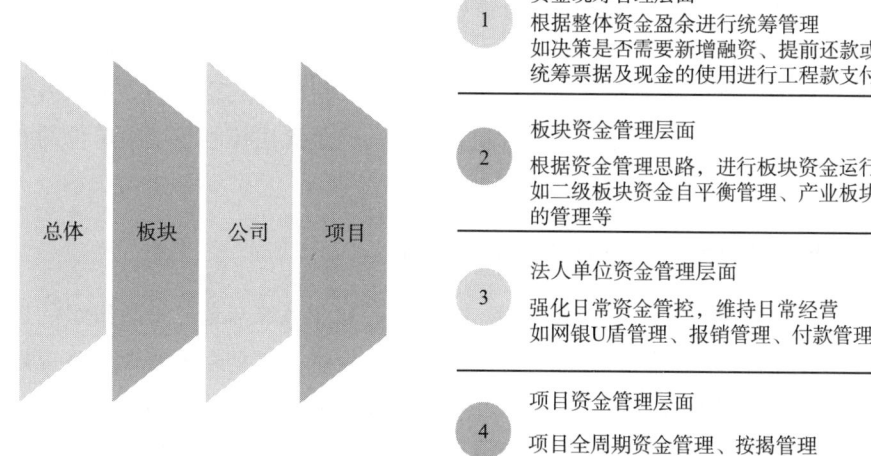

图1 分层管理示意

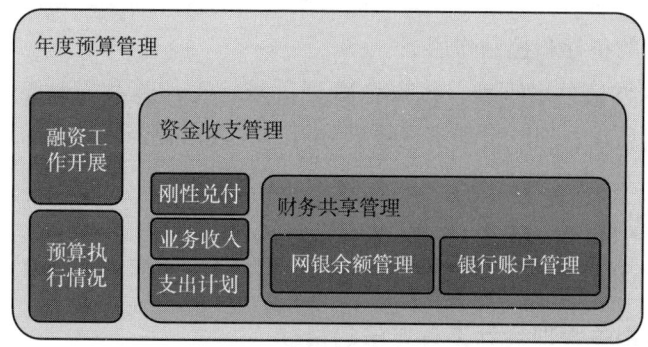

图2 资金管理工作内容

因此除年度资金预算外，日常的资金管理工作中各层级公司仍有定期、大量的数据汇总上报及分析工作。资金管理日常工作的特点主要有多维度、频率高、时效性强、双向沟通。从具体管理内容来讲：一是资金余额管理，主要包括资金日报、资金周报；二是资金计划管理，主要包括滚动资金计划的多层级审批；三是执行情况分析，主要包括实际收支情况汇总；四是相关报送表出具，主要包括月度例行需报送上级单位的相关报表；五是台账管理，主要包括合同付款台账、票据台账、融资台账等。

基于目前的管理现状，存在的问题主要有：一是尽管 W 公司内部已经建立了财务共享中心，应用全面预算管理系统等信息化系统，然而其智能化水平仍然有待提高。资金管理基本采取人工对接信息、填写统计、汇总汇报、分析反馈，管理过程中无法避免地会出现人工录入统计的错误，资金预算管理急需信息化赋能。二是在执行资金预算管理过程中缺乏实时反馈，严重影响传递资金预算信息的及时性，存在财务人员反复查询汇总的情况，导致资金预算管理工作效率低下。三是现有系统人机交互能力不强，仅仅是通过物理方式来传递信息，资金计划报送、各层级审核、批复的机制未能通过系统控制等方式刚性地嵌入业务流程中。四是上级单位无法直接穿透地获取实时、可视、可控的各层级相关基础数据，在日常管理过程中需临时进行数据统计且无法高效地控制统计数据准确性。五是目前工作开展大量依赖共享文档，虽然该方式较传统的办公软件可以节省部分汇总的时间和人力，但是无法控制各填报单位的查询权限。

（三）选择相关管理会计工具方法的主要原因

管理会计是通过运用管理会计工具方法，融合财务和业务等活动，参与组织的规划、决策、控制和评价，为组织的管理活动提供有用的信息，推动组织实现战略规划的会计活动。管理会计遵循战略导向、融合性、适应性、成本效益的原则。

本文主要应用到的管理会计工具方法是滚动预算与企业信息化管理相结合。

（1）W 公司采用逐月滚动的方式，基于年度资金预算不断延伸补充预算，逐期向后滚动，使预算期始终保持三个月。能够使近期的预算与实际情况更相适应，有利于充分发挥预算的指导和控制作用。

（2）积极探索信息化管理，将资金管理诉求、工作流程及标准嵌入信息系统，分步实现数据信息化管理、自动实现数据分析、大数据融合管理。

二、总体设计

（一）应用相关管理会计工具方法的目标

（1）业财融合促进管理。依托系统平台功能，实施资金支付和预算管理模式改革，实现业务部门自主提报资金计划和支付申请，构建和实践以业财联动为核心的资金预算管理体系。搭建业财交流平台，打破业财隔阂，深化应用市场信息，共同优化预算调整和资金安排，提升一体化经营能力。

（2）细化管理颗粒度。业务源头加强资金支付管控，原则上仅次月到期款项纳入付款计划，减少提前付款带来的资金压力。财务部门提高资金预测颗粒度，实现集团内上级单位对整体管辖范围内的合同维度的支付情况实时可视、可控，便于整体统筹资金收支安排，加大内外协调。

（3）动态监管强化资金链安全。现金流是企业命脉，是检验资金预算和效益相匹配的基本手段，资金预算是现金流的晴雨表。通过系统实现动态监控现金流，促进资金合理配置，预警提前应对，化解债务风险。助力优化借款和还款时机，降低资金使用成本，同时有效防范资金风险。

（4）降本增效助力财务集约化管理。通过系统管理，逐步释放财务人员在低效工作上的人力投入，聚焦价值提升，为企业财务人员长期集约化管理奠定基础。

（二）应用相关管理会计工具方法的总体思路及内容

分步实施搭建资金管理系统（见表1），嵌入资金预测模型，即按"期初余额 + 收款 – 付款 + 借款 – 还款 ＝ 期末余额"，从下至上各层级实施资金收支网格化精准管理，开展未来三个月的滚动资金预测。与此同时，集成执行情况及预算情况实现资金闭环管理。

表1   **资金管理系统总体思路**

		周报					
执行情况	期初余额	日报	日报	日报	日报	日报	期末余额
		年累实际收支情况表					
		合同管理	业务计划提报	财务审核	集团审批	计划生成	
预算情况		三月滚动资金计划					
		相关报送表及分析表					

（三）应用相关管理会计工具方法的创新

（1）科学划分管理主体，落实责任归位。业务部门是具体业务的管理责任单位，能够根据合同和业务运行实际，精确测算资金支付时间和额度，并承担民企清欠的主体责任。通过系统权限设置，赋予业务部门自主提报资金支付计划权限，支撑业务人员根据合同和批复的资金计划额度发起支付申请，业务部门负责人审批后进入财务审批环节。新的管理模式下，业务部门管结算也管资金预算，并且承担依规支付、及时清理民企账款和农民工工资的责任。每一笔付款都要经过认真梳理和严格确认，避免资金流失风险，从而实施高效、节约化的月度预算，建立月度资金预测，掌握近一个月的收款计划平衡对外付款。

（2）建立反馈机制，实现数据闭环。通过日报、周报动态监控调整，合理配置资金。预算生效后，要定期查看资金系统中现金流预算执行情况，月度对执行情况进行修正完善。每月下旬提前考虑调整次月资金预算，将最近一期三个月资金预算与月度执行情况进行数据对比分析，动态调整。差异较大时通过协调内外供应商和客户，优化回款和支付；如出现现金流短缺，可考虑匹配融资业务。

（3）整体筹划设计，分步上线实施（见图3）。考虑与上级单位开发不重合、衔接现有的管理，W公司采用小步快跑的方式，在整体的设计框架下，分批次进行系统开发、测试及运用。该项工作是一个系统化、长期的工作，做好长期跟踪、分步优化、逐步集成的工作部署及准备。

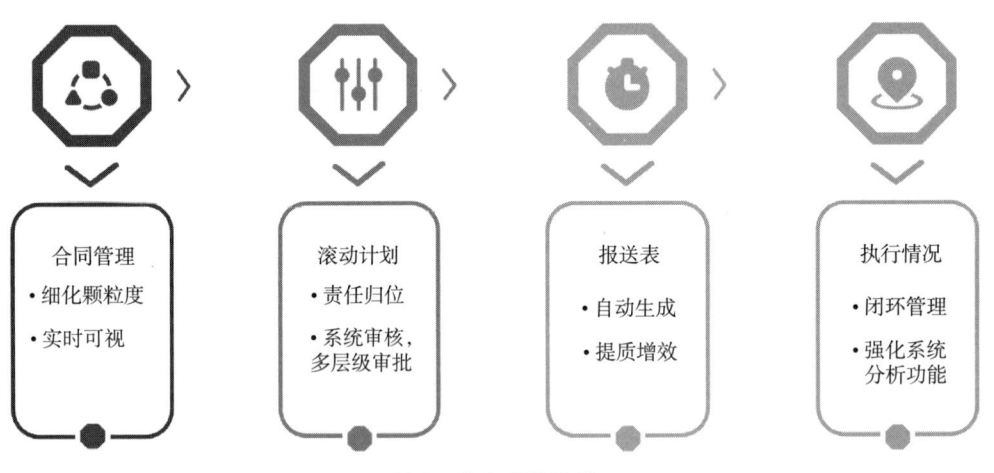

合同管理
· 细化颗粒度
· 实时可视

滚动计划
· 责任归位
· 系统审核，多层级审批

报送表
· 自动生成
· 提质增效

执行情况
· 闭环管理
· 强化系统分析功能

图3　分步实施计划

三、应用过程

（一）参与部门和人

资金预算管理系统项目由W公司财务部牵头组织开展专项工作，负责协调整体资源、把控关键节点、督促推进实施；调动各项目财务骨干，成立专项工作小组，具体负责基础调研、明确需求、出具方案、梳理表样、配合测试等工作的推进落地；W公司所属各公司相关财务人员参与前期的业务梳理、专题讨论、需求调研，以及后期的系统测试、优化建议等工作；具体代码重构升级、系统功能修复优化等系统研发工作由产业研究院主导，与财务部联合推动项目整体成果的落地。

项目正式启动至今近两个月，目前已完成目标及方案制订、调研及需求梳理、表样及界面确定、首批功能上线及测试。但整体来看尚处于开发期，预计项目全部完成实施需用时约一年。

（二）管理会计工具方法的部署要求

（1）环境方面。主要是通过梳理工作思路，充分讨论沟通，结合 W 公司及下属公司的工作诉求，统一工作目标、思路及节奏。通过整体工作部署及研讨，W 公司财务系统达成一致认识：大数据时代，企业发展速度日益加快，内部资金活动变得越来越频繁，为避免资金浪费等问题出现，应通过加强预算管理控制，实现提高资金使用效率的目标，企业只有提高资金预算管理能力，才能够立足于市场。而基于资金预算管理的系统建设探索是将资金预算管理工作落到实处的重要抓手。因此，尽管财务日常工作繁多，精力较为分散，本次工作推进通过人员集中成立专项工作的方式，短期内对重难点工作进行讨论、攻克及推进。

（2）资源方面。一是人力资源方面。本文旨在构建和实践以业财联动为核心的资金预算管理信息系统，因此项目集合财务人员、系统开发人员、相关业务人员共同协作所需的人力资源，并在整个推进过程中注重横向跨部门、纵向拉通各层级的专项研讨及沟通，充分听取意见建议，不断调整优化。二是业务资料资源方面。一方面，项目前期对业务全流程进行了充分的梳理及调研，梳理套表，结合日常报送及管理诉求，细化了开发表样间勾稽关系，完成体系搭建；另一方面，又结合系统开发特点以及各参与方意见，对资金管理上线工作的节奏和批次、权限分配及管理、填报频率及展示界面、工作衔接等具体事宜进行了梳理，为后续系统的持续开发和完善奠定了良好的基础。

（3）信息化条件方面。一方面对现有的信息化系统资源的功能进行梳理，包括久其系统、共享系统、司库系统等，避免重复开发导致的资源浪费；另一方面产业研究院在开发过程中关注已有开发功能、流程的嫁接和使用，以提高开发效率。同时鉴于本次开发应用于管理会计，且涉及各层级跨部门的人员填报、审核、查询等功能，尤其关注展示界面对于管理工作的友好性。

（4）沟通机制方面。建立信息沟通渠道，例如，建立工作群、组织专项研讨会、集中办公等方式，及时传递信息促进沟通和协作。

（三）具体应用模式和应用流程

本文的应用模式及流程梳理如图 4 所示。

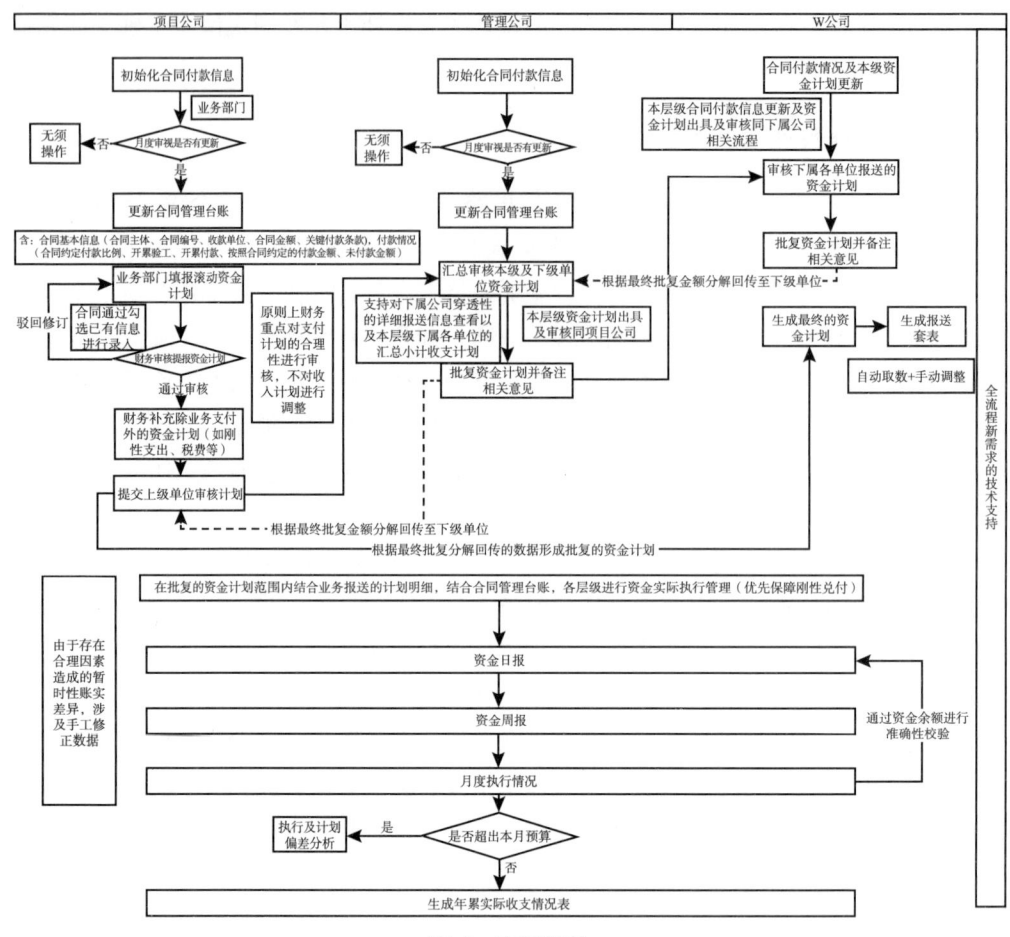

图 4　应用流程

（四）在实施过程中遇到的主要问题和解决方法

在这个复杂的系统建设探索工作中，有诸多的问题，也是一个不断发现问题解决问题的过程。较为突出的问题及解决方法有如下几个。

（1）整体开发过程中，需要参与人员在正常的工作之余，投入大量的业余时间进行调研、研讨、设计、开发、测试等工作。在开发及推行期间，势必存在并行使用的阶段，短期内给相关工作人员带来工作量的增加。该问题是任何有突破性的工作探索过程中都会面临的问题及困难，路虽远，行者将至。只要工作的方向正确，坚定目标统一认识，以短期的投入换取长期的收益是可行的。在高度信息化的当今社会，随着市场经济的不断深入，企业规模的不断扩大，企业内部的组织生产方式以及管理方式产生了比较大的改变。为了应对这种前所未有的挑战，在竞争中立于不败之地，企业必须寻求先进科学的管理方法，资金预算管理系统建设的探索正是顺应了这一要求。我们应该认识到，财务工作全面系统化及财务人员的转型是未来的趋势。

（2）受限于开发周期、系统服务器、人员配备、审批流程等客观因素，系统的全面建设落地无法一蹴而就。针对该问题，结合预计效益、开发周期、需求的紧急性等因素，项目组与开发人员进行了多轮研讨，并对开发的节奏及实现功能批次进行了划分，逐步开发并完善系统功能。一期开发主要通过系统支撑精细化、多维度的数据承载，通过嵌入校验、自动计算等功能，提高支撑合同维度的资金管理数据质量；二期开发通过资金预算填报、审核、批复功能的实现，贯通财务与业务、下级与上级单位的资金管理流程，并实现数据的层层读取及自动汇总；三期实现常用报送表的自动输出及基础分析，长期探索资金全链条闭合管理及决策的支撑可能性。

（3）系统运行初期，功能及运行较预期会存在差异，存在诸多的漏洞需要通过测试进行发掘并通过技术人员后期的调试持续进行修复优化。以目前已经上线的合同管理系统为例，存在权限设置遗漏、导出模板字段不全、显示界面有误等问题（见表2），需在后续发版的时候一并解决。针对该问题，项目组组织相关填报人员在系统发布正式版本后，第一时间积极地进行测试，尽可能覆盖全部的需求及设计的功能。对于测试中遇到的问题和漏洞，及时整理并反馈给开发同事，加强沟通，持续优化，直至完善。

表2 合同管理系统测试问题汇总

序号	问题概述	问题具体描述	建议
1	查询权限	目前登录账号权限，可以查询到公司内部所有公司导入的合同付款信息	根据组织结构显示登录权限所在公司及下属单位的合同清单
2	显示界面	目前导入的合同信息仅能显示合同名称、合同编号、合同主体、收款单位、合同金额、合同状态、创建人、更新时间，需要增加导入模板中其他的合同信息（开累验工、开累付款、开累支付比例、未付款比例）	增加显示字段
3	导出模板	当前导出模板字段不全	修正该功能
4	导出已录入信息	当前导出已录入合同信息显示不全	修正该功能同导入模板
5	筛选字段	筛选字段目前有合同名称、合同编号、收款单位，需增加：付款单位，未付款余额的范围（两个未付款），如大于××小于××	增加通过未付款金额的区间进行筛选
6	导入信息不全	存在模板导入之后系统显示行数小于实际模板行数，导入不全的问题	需定位具体原因修正
7	字段设置	合同导入模板中"合同付款条件"受字段限制，导致无法导入	增加"合同付款条件"字段的字数
8	显示界面	已导入的"合同主体"字段正常，但是在合同查询界面显示为乱码	建议修正为导入信息

（4）资金预算数据受外部环境、管理决策、经营情况的影响变化快，从管理需求来看对于时效性要求高，资金预算管理系统的搭建在准确性及时效性方面需要存在一定的取舍。例如，从原始数据管理来看，W公司将管理颗粒度细化到了合同，近三个月的资金预算管理维度包括合同、项目、业务板块、费用类型等，在层层审批的过程中，上级单位很难在短时间内对报送的合同支付计划逐项进行审批，经过多轮研讨，当前按照审批整体的支付额度进行系统开发。这样处理虽然牺牲了最终定稿版资金计划的精细度，但是好处也是很明显的：一方面有效缩短预算填报及审批的周期；另一方面给予所属公司、项目一定的自主权，在控制额度内，结合实际的经营管理情况安排支付。

四、取得成效

（一）应用相关管理会计工具方法前后情况对比

截至目前W公司资金预算管理系统完成一期开发，已实现合同管理模块上线应用。前后对比主要体现在以下几个方面。

（1）助力源头管理归位。应用前，由于在资金预算由财务进行汇总报送，在时间紧张的情况下，原本应由业务部门负责管理的源头数据，或由财务人员代为填制、核对和报送，但是由于财务人员对业务真实情况掌握得没有业务部门充分，导致预算停留在数据表面而无法深入，长期不利于责任归位及深度的业财融合。应用后，通过系统权限设置，可将录入权限开放给对应的业务部门，自动实现责任归位，由业务部门负责源头的数据填报，财务人员站在整体财务资源效率的角度进行审核。

（2）有效提高数据质量。应用前，大量基础数据的准确性高度依赖于填报人员和审核汇总人员的责任心、耐心和细心，虽然可以通过逻辑性或公式校验对大批量数据进行初步的审核，但是无法避免数据在系统外填报汇总过程中的漏报、错报和检查漏洞，大批量的基础数据质量无法保证。应用后，通过系统将校验及检查的公式嵌入，从填报源头杜绝错报（当存在与数据校验相悖的信息录入时，系统自动提示报错），可大大提高录入基础数据的质量。

（3）实现数据实时可视。应用前，日常资金管理中常因决策需要，从各层级至下对合同的付款情况从不同维度进行单独的统计，耗费大量财务及相关业务人员的时间和精力，而统计的数据基本上只能一次性使用，工作效率低下。应用后，在按照一定频次进行数据更新的情况下，系统支撑各层级实时掌握所属单位全部的合同付款情况，系统支撑一竿子到底的数据展示及自主根据设置条件进行筛选及模糊查询，有效支撑日常的管理决策需求。

已实现功能界面如图5、图6、图7所示。

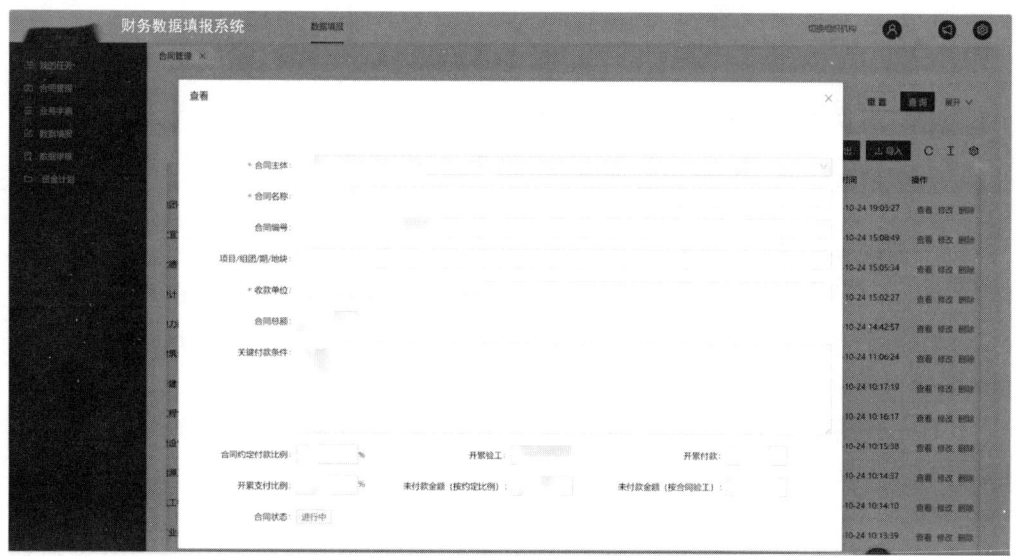

图 5　合同管理系统展示界面 1（系统截图）

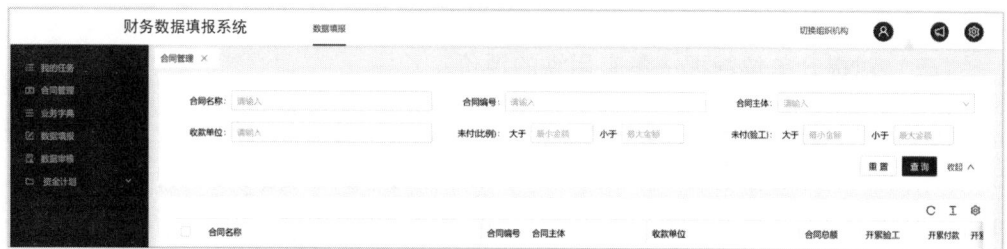

图 6　合同管理系统展示界面 2（系统截图）

图 7　资金计划审批展示界面（系统截图）

随着后续资金预算管理系统的持续开发，预计将逐步实现工作目标，除以上应用前后的对比外，还可以强化过程控制，建立有效的反馈机制及平台，统一各类报表及分析的格式，实现一体化管理要求，助力标准化建设。

（二）对解决单位管理问题情况的评价

尽管资金预算管理系统尚处于实施开发阶段，已上线功能尚处于优化完善过程中，但针对当前资金预算管理的问题及痛点能有效地解决。具体体现在以下几方面。

（1）通过信息系统化的管理，可有效避免各层级人工录入统计的计算错误，有效提高数据质量。

（2）支持预算管理过程中，信息获取的及时性，避免重复的人工查询统计工作，长期看能有效提高资金预算管理工作效率。

（3）为企业管理后续的流程优化搭建了平台，有助于长期的管理机制建设。

（4）让各层级实时可视化地掌握所属企业合同执行情况及资金预算情况。各级单位可以通过系统多维度查询或模糊筛选合同执行情况，有效支撑日常资金管理及决策。

（5）通过系统设置规范各相关管理主体的管理权限。

（三）对提升单位管理决策有用性的评价

使管理者快速有效地查询各单位、业务板块、合同的资金预算情况，为管理者制定有针对性的资金管理措施或决策提供可靠数据来源。管理者依靠系统，极大地提高了管控的能力，并且可以基于大数据进行深度分析，为有力控制资金预算提供技术手段和管理工具。

五、经验总结

（一）相关管理会计工具方法成功应用的关键因素

（1）全面梳理工作范围，做好前期调研及讨论，为具体的实施提供良好基础。项目启动初期，W公司用一周的时间对资金管理的工作范围进行了全面的梳理（见表3）、调研及讨论。主要由两部分构成：一是日常报送资金相关套表整合方面，包括资金日报、资金周报、票据台账、刚性支出情况表、滚动资金计划表、明细支出表、资金计划及执行套表、账实余额核查、资源占用表、融资规模滚动表。二是日常资金管理工作支持方面，包括资金支付计划明细审核、资金计划汇总上报及各级审批、资金执行情况与计划对比、刚性兑付管理、账实差异管理、日常报送表样的自动抓取工具。

（2）明确工作目标，确定开发实施阶段性目标。基于前期的摸排及方案讨论，与系统开发工程师逐一对开发的表样及功能需求进行研讨分类，结合工作目标及预期开发周期，制订分阶段的开发计划如表4所示。

表3

前置工作范围梳理

资金相关外报资料梳理

序号	文件名	上报时间	频次	报送格式	主要内容	上收单位	是否需要板块配合	需板块填报事项	汇总事项
1	重大融资事项一览表	每周周五	1次/周	表格	融资事项的基本要素、业务进展、汇报事项	上级单位	是	口头沟通进展	更新填报融资情况及需求提示事项
2	融资事项推进计划表	不定期	1次/周	表格	融资事项的计划表、推进进度及预计落地环节及时间	上级单位	是	更新融资事项工作计划表	审核计划合理性、汇总报送
3	刚性资金计划	每周三前	1次/周	表格	内部往来、刚兑保障、紧急支付、资金缺口解决方案	上级单位	是	近期付款统计跟进监管资金提取	计划表全面更新、结合资金缺口及融资事项情况编制计划、更新内部往来表
4	资金指标	每月 23、31 日	2次/月	数据	资金回收、资金峰值	上级单位	是	资金回收统计表	资金回收数据审核、汇总
5	合并资金收支表	每月 23、31 日	2次/月	表格	合并层面分月资金收支情况	上级单位	是	资金收支表	1. 汇总各板块收支数据 2. 核对资金余额
6	本年资金执行与计划	每月 23 日	1次/月	表格 备注说明 系统填报	本年资金收支实际数、未来 2 季度资金计划情况、资金缺口及解决	上级单位	否		根据滚动资金计划及融资情况、填报表格、补充说明、汇报完成系统录入
7	近三个月滚动资金计划	每月 23 日	1次/月	表格 说明专题会	上月资金计划及执行偏差分析、近三个月滚动资金支计划、资金缺口及解决方案、相对应的文字说明	上级单位	是	各板块资金计划、工程及营销等合同支付台账	1. 上月资金执行偏差分析 2. 汇总各板块资金计划 3. 资金编制缺口资金计划方案
8	久其融资、授信统计表	每月 27 日	1次/月	系统填报	更新久其融资、担保、授信情况	上级单位	是	久其担保、视同刚性债务表	数据审核、汇总、报送
9	债务刚性资金台账	每月 27 日	1次/月	表格	根据刚性支付台账报送未来 15 个月刚性支付数据	上级单位	否		数据填报

续表

资金相关外报资料梳理

序号	文件名	上报时间	频次	报送格式	主要内容	上收单位	是否需要板块配合	需板块填报事项	汇总事项
10	资源占用表	每月27日	1次/月	表格	填报目前刚兑余额	上级单位	否		数据填报
11	账实核查	每周三前	1次/周	表格对比图	根据网银截图核对日报额、账面余额是否一致	上级单位	是	网银组图、账面余额截图、差异核实限进	1.核对差异情况、汇总差异原因反馈
12	项目资金日报	每日下班前	1次/日	表格	银行余额	项目公司	是	银行余额核查、票据余额变动、收支情况	数据审核、汇总、报送
13	W公司资金日报	每日下班前	1次/日	表格	财务公司及外部银行余额、各类应链金融余额	上级单位	是	银行余额、票据余额	数据审核、汇总、报送
14	资金日报衔接表	每周五	1次/日	表格	银行余额	项目公司	否		对每日各公司的收支进行分类编报
15	W公司资金周报	每周五中午之前	1次/周	表格	资金余额、回款情况、未回情况、下周预计付款及明细	上级单位	是	资金余额、销售回款	1.根据资金日报审核资金余额 2.审核汇总销售回款数据 3.根据刚性资金计划填制下周预计付款
16	上级单位资金周报	每周五11点前	1次/周	表格	资金余额、回款情况	上级单位	是	资金余额、销售回款	1.根据资金日报审核资金余额 2.审核汇总销售回款数据
17	票据明细表	每周五	1次/周	表格	票据、E信开具明细表	上级单位	是	票据、E信开具明细	根据资金日报更新已还款数据及E信明细
18	外部银行账户信息表	每月底	1次/月	表格	银行账户基本信息、N9账号	上级单位	是	核对反馈变动情况	1.审核信息、汇总 2.根据上级单位要求格式报送

表4

开发计划

序号	报表名称	填报期间	填报数量	填报方式	统计方式	审核方式	分类	工期计划	备注
1	台账合同明细表	一次性初始化	底表	一次性初始化	无统计	无审核	底表	7月26日	导出功能存在漏洞，需于下次发版时统一修复
2	合同明细开累填报	月度	多行	选择产生新增的填写	无统计	无审核	关联台账	7月26日	导出功能存在漏洞，需于下次发版时统一修复
3	近三月支付计划表	月度	多行	选择产生新增的填写	统计增行、合并层面不填	流程引擎、逐级审核、结果是否向子单位展示、汇总部分	引用台账-合同明细表	8月11日	根据插件是否可用工期可能会有延后
4	近三月回款计划表	月度	多行	选择产生新增的填写	统计增行、合并层面不填	流程引擎、逐级审核、修改、汇总部分手填	底表	8月11日	根据插件是否可用工期可能会有延后
5	年累实际收支情况表	月度	单行	固定填写	累加数字、计口径报送表	现有表格审核、生成上级单位报表	底表	8月17日	同步启动单行报表的模板整理，先开发填报数动取数
6	资金缺口（最近一期）情况表	月度	单行	确认引用、填写、关联近三月支付计划表（本月）	累加数字、无审核、关联近三月支付报送表	生成上级单位统计口径表	引用近三个月支付计划表	8月17日	同步启动单行报送表的模板整理，先开发填报数据动取数
7	资金缺口（最近两期）情况表	月度	单行	确认引用、填写、关联近三月支付计划表（次月）	累加数字、无审核、关联近三月支付报送表	生成上级单位统计口径表	引用近三个月支付计划表	8月17日	同步启动单行报送表的模板整理，先开发填报数据动取数
8	资金缺口（最近三期）情况表	月度	单行	确认引用、填写、关联近三月支付计划表（次次月）	累加数字、无审核、关联近三月支付报送表	生成上级单位统计口径表	引用近三个月支付计划表	8月17日	同步启动单行报送表的模板整理，先开发填报数据动取数

续表

序号	报表名称	填报期间	填报数量	填报方式	统计方式	审核方式	分类	工期计划	备注
9	回款情况表	月度	单行	固定填写、关联近三个月回款计划表	累加数字、无审核、关联近三个月回款计划表后生成上级单位统计口径表四个字段	引用近三个月回款计划表	8月17日	同步启动单行报送表的模板整理。先开发填报数据，后开发自动取数
10	外部贷款情况表	月度	单行	固定填写	累加数字、无审核、生成上级单位统计口径报送表	底表	8月17日	同步启动单行报送表的模板整理。先开发填报数据，后开发自动取数
11	融资途径表	月度	多行	选择产生新增的填写	无审核、增行、生成上级单位统计口径报送表、明细	底表	8月23日	最后一批次开发
12	预计外部还款表	月度	多行	选择产生新增的填写	无审核、增行、生成上级单位统计口径报送表、明细	底表	8月23日	最后一批次开发
13	利息支出表	月度	单行	固定填写	累加数字、无审核、关联近三个月支付计划表	引用近三个月支付计划表	8月17日	同步启动单行报送表的模板整理。先开发填报数据，后开发自动取数
14	土地款表	月度	多行	选择产生新增的填写	无审核、增行、生成上级单位统计口径表、明细	底表	8月23日	最后一批次开发
15	承兑汇票	月度	单行	固定填写	累加数字、无审核、生成上级单位统计口径支付计划实际支付表	引用近三个月支付计划表	8月17日	同步启动单行报送表的模板整理。先开发填报数据，后开发自动取数
16	其他收入	月度	多行	选择产生新增的填写	无审核、增行、生成上级单位统计口径报送表、明细	底表	8月23日	最后一批次开发

续表

序号	报表名称	填报期间	填报数量	填报方式	统计方式	审核方式	分类	工期计划	备注
17	其他支出	月度	多行	选择产生新增的填写	无审核、增行、生成上级单位统计口径报送表、明细	无审核、生成上级单位统计口径报送	底表	8月23日	最后一批次开发
18	期间费用支出	月度	单行	固定填写	累加数字、无审核、关联近三个月支付计划报送表	生成上级单位统计口径报送实际支付	引用近三个月支付计划表	8月17日	同步启动单行报送表的模板整理
19	税费支出	月度	单行	固定填写	累加数字、无审核、关联近三个月支付计划报送表	生成上级单位统计口径报送实际支付	引用近三个月支付计划表	8月17日	同步启动单行报送表的模板整理
20	工程款现金支出	月度	单行	固定填写	累加数字、无审核、关联近三个月支付计划报送表	生成上级单位统计口径报送实际支付	引用近三个月支付计划表	8月17日	同步启动单行报送表的模板整理
21	月末资金存量简表	月度	单行	固定填写	累加数字、无审核、生成上级单位统计口径报送表		底表	8月17日	同步启动单行报送表的模板整理

（3）积极推行并运用系统建设成果，不断优化完善。系统建设是一个长期的过程，要避免成为阶段性、运动式的工作，建设成果需要在实践中不断完善。短期内需投入人力和精力进行开发和测试，中期不可避免地会存在原有管理方式与系统方式的并行阶段，因此需坚定地推行并鼓励各单位积极运用系统建设成果，并为长期的系统建设探索贡献力量。

（二）相关管理会计工具方法在应用中的优缺点

（1）在应用中的优点。通过将滚动资金预算等管理工具嵌入信息系统，规范了日常资金管理及数据报送的工作，提升了工作效率及管理单位的管控能力，可实现自动汇总及分析，有效支撑管理需求。

（2）在应用中的缺点。开发周期长，功能实现与预想存在差异。涉及各层级单位要实际运用，推行过程中会有一定程度的阻力。当前股份公司从上至下都很重视财务信息化建设工作，在持续开发的过程中可能存在系统间功能重合的情况。

（三）对发展和完善相关管理会计工具方法的建议

（1）紧盯开发计划，跟进开发上线、测试应用等关键节点，积极推进工作进程。当整体开发进度出现偏差时，及时沟通调整。

（2）将资金预算系统建设工作作为长期的重点工作，在过程中不断修复和优化。

（3）为保障落地及有效应用，对所属各单位做好宣贯及培训等相关工作。

（4）当前股份公司从上至下都很重视财务信息化建设工作，在开发的过程中要格外关注与上级单位相关工作的协同和系统对接可能性，避免重复投入开发的情况。

（四）对推广应用相关管理会计工具与方法的建议

（1）提升全员大数据意识，建立系统化的数据采集和使用机制，对于企业长期经营发展至关重要，资金预算系统的开发和使用是财务系统发展及企业长远发展的基石。

（2）推广应用过程中，做好经验、教训的总结和复盘，坚持长期主义，沿着工作目标，持续优化改进，有意识地为管理会计工具未来的复制推广积累财富。

（中铁置业　杨延富　高海龙　罗国强　刘　峰

胡　攀　蔡　冀　刘　冰　琚岚德）

基于全面预算管理的国有矿业
企业成本管控案例研究
——以 LM 矿业公司为例

【摘要】近年来国有企业改革、转型发展的政策频频落地，通过改革实现高质量发展成为管理共识和必要路径，尤其在"国有企业改革三年行动"的推动下，一大批国有企业走上高质量发展道路，企业会计职能在改革的浪潮下也需寻求转变，如何将管理会计理论更好地应用到企业的转型发展和价值创造中去，是企业和管理人员共同面临的一项重大的变革。作为广泛运用的现代企业管理理论和"管理会计指引体系"的重要内容，预算管理和成本管理一直是理论研究和实践运用的重要方向和课题，利用预算管理的工具方法进行成本控制具有很强的实践价值。在矿业企业，将预算和成本管理理论，科学有效地融合到企业管理体系、流程和系统中，能对企业的经营管理和健康发展产生巨大的推动作用。

　　本文主要研究的是全面预算管理下的成本控制方法。在成本控制理论和全面预算管理理论的基础上，以某央企下辖的 ZT 资源集团和集团下属的 LM 矿业公司为研究对象，采用理论与案例相结合的研究思路，总结基于全面预算管理的成本控制方法，分析案例企业基于全面预算管理的成本管理应用过程，总结提炼管理成果，分析存在的缺陷和管理风险，针对性地提出改进对策，以期为有类似情形的其他企业提供借鉴。

一、背景描述

（一）研究对象基本情况

　　ZT 资源集团是某央企的二级集团公司，按照现代化企业管理模式运营，主要经营铜、钴、钼、铅、锌、银等有色金属的开采、冶炼、销售及配套的贸易、物流、工程服务等业务，采取"一体两翼"发展模式，以矿业业务为主体，以贸易物流服务和矿山工程服务为两翼，构建了纵向一体化的稳固发展格局，现有在产矿山 5 座，其中境外矿山 4 座，境内 1 座。

　　LM 矿业公司是 ZT 资源集团下辖的一家境内现代化矿业企业，国家级高新技术企业，于 2006 年成立，现设 16 个职能部门、4 个生产单位，员工 650 人。公司主要产成品为钼精矿，另有少量的铜精矿，钼矿石储量约 8.14 亿吨，钼金属量 75.18 万吨，按照矿石采选 1 500 万吨/年、生产钼金属量 1.15 万吨/年设计，矿山开采服务年限 51 年，矿山建设投资共计 43.10 亿元，单体钼矿规模居亚洲前列。采矿生产采用露天开采，选矿工艺采用目前先进的半自磨＋球磨＋顽石破碎 SABC 工艺流程，现有矿山设备 694 台套，主要包括采掘设备、破碎磨矿设备、筛选设备、洗选设备、自动化控制设备，以及其他辅助设备。现场管理建立了通信、GPS 调度、视频监控、在线监测、DCS 控制等自动化系统，安全、生产、管理工作实现可视化、自动化、数字化和集成化。

（二）矿业企业成本管理特点和普遍存在的主要问题

1. 成本管理特点

LM 矿业公司是集采掘、加工、销售一体化运营的企业，其成本构成复杂，具有以下特点：一是成本管理涉及面广。矿山基建、采掘、加工、销售等各环节都会涉及大额成本支出，具有流程长、节点多、成本内容差异大等特点。二是成本标准不易统一。各环节的成本构成要素多且随着内外部条件的影响在不断变化中，使得矿业企业成本难有精准适用的控制标准。三是单位成本受规模影响突出。矿业企业前期建设投资巨大，工程建设和设备投资超 40 亿元，生产期每年仍需超亿元的生产设备更新、科研设备、生产基建和智能化信息化无形资产投入，这些投入的折旧摊销需要由产成品承担，产量规模的变化会较大程度影响单位固定成本。四是变动成本要素多、控制难度大。采掘、加工环节的成本投入种类多、数量大，采购需求面广，出现管理漏洞的可能性大，稍有不慎，难以及时发现成本管理的非正常流失。五是对成本的考核评价工作难度大。成本类型的复杂性决定了考核评价一般采取对各成本管理中心的结果性评价，难以对管理过程的有效性、效益性进行客观评价。

2. 存在的主要问题

一是员工参与成本管理的意识不强。当前普遍存在把成本和效益的责任归集到领导和部室负责人身上的认知，而车间、班组等实际成本使用者只顾生产，不顾投入，成本意识、责任意识淡薄，不懂、不愿参与成本管理。二是对成本管理的范畴理解不全。从运营周期看，一般成本管理注重对生产过程的管理，容易忽视前期投入、安全投入和环境恢复等非生产性成本以及三项费用、研发费用等期间成本；从成本要素看，一般注重主要成本、常态性成本管理，对细节成本、偶发性成本关注较少。三是成本归集确认不准确、不及时。数据反馈不及时、不完整，无法为管理提供可靠的决策数据支撑，难以在过程中及时通过成本问题表象发现成本管理中存在的系统性、根源性管理缺陷。四是成本管理方法陈旧。预算阶段成本预算科学性、指导性不强，预算偏差大，成本控制无方向；采购阶段成本管控粗放，采购价格不经济、采购质量不可靠、采购与消耗不匹配；生产阶段物资消耗不合理，设备维护不及时，生产组织不顺畅，造成额外损失。五是成本管理手段过于单一。成本管理体系不完备，数据传递、信息沟通不畅，各部门单打独斗缺少协同，对技术创新、管理创新的减支增效功能认识不足，缺少有效的考核激励机制。

（三）选择相关管理会计工具方法的主要原因

1. 成本管理体系不完善

原有的成本管理呈现碎片化，能关注到常规成本、主要成本，但无法从全周期层面去系统管控全要素成本；能看到部分微观成本事项，但缺少站在宏观角度去管理成本的能力和意识。

2. 成本管理手段不精细

粗枝大叶、单打独斗式的成本管理手段，管理效率低、成效差，延续传统的成本管理方式，缺少高效、创新的管理方式，管理人员缺乏主动作为的积极性和管控成本的手段。

3. 过程管控力度不强大

业务预算和成本预算的科学性、指导性差，成本管控压力不能准确传导到各生产单位和业务部门，绩效激励等政策作用发挥不充分，无法激发人员的成本管理责任意识，导致管控没有抓手，管理无处落脚。

二、总体设计

（一）应用相关管理会计工具方法的目标

1. 实现年度经营目标和战略目标

通过实施全面预算管理，将经营目标与战略目标进行分解，通过业务预算、专门决策预算和财务预算，对未来一定期间内的经营活动和相应的财务结果进行全面预测和筹划，明确目标责任；围绕目标，规划最优资源投入方式，科学配置财务和非财务资源，将有限的资源进行最大程度的整合；对执行过程进行监督和分析，对执行结果进行评价和反馈，指导经营活动的改善和调整，推动实现经营和战略目标。

2. 完善企业管理体系提升管理效率

通过基于全面预算管理的成本管理研究，结合"大商务管理模式"在矿业企业的融合运用，形成一套科学、高效并在实际运行中产生积极效果的成本管理体系，形成宏观、微观管理相结合，涵盖全周期、全要素的成本管理体系，让现有的资源发挥出更大的管理成效。

3. 降低企业经营风险提升经济效益

通过市场环境、内部环境的分析，充分识别企业面临的内外部风险和机遇，改变传统的管理手段，构建立体联动、协同管理的工作机制，加大成本管控力度，激发各级管理人员的主动性和责任意识，主动防范各类经营风险，维护企业健康经营环境，不断提升企业经济效益。

（二）应用相关管理会计工具方法的总体思路

实施基于全面预算管理的成本控制，一是对企业内外部环境、优劣势和资源条件进行分析，结合上级发展要求、管理原则等，确定企业成本控制目标与应采取的方法策略，预测决策有关事项，调配相应的资源；二是对企业未来一定时期的经营、财务和成本费用管控等作出一系列具体计划，构建基于内外部环境和企业实际的成本管理体制机制；三是按照构建的成本管理体系，在实际运行中做好具体落实，在实践中根据环境变化和实际管理需要，不断补充完善、修订调整管理机制中的不足和缺陷，在改革、创新中不断提升成本管理水平；四是科学开展预算调整和考核评价，在中期根据环境变化和发展实际，按照"结合实际、适度收紧"的原则，对年度预算目标、战略规划目标进行中期调整。在期末及时开展考核评价，配套激励与约束机制，将各级管理者的个人利益与企业目标、经营成果挂钩，充分利用考核评价结果，激发管理人员的积极性，让企业成本管理拥有良性发展的内控机制和管理队伍。

（三）相关管理会计工具方法的内容

为了更好地服务企业的经营管理活动，提升管理的科学性和有效性，根据财政部印发的《管理会计应用指引》，本文采用的管理会计工具方法主要包括以下几个。

1. 预算管理体系

全面预算是在将企业的发展目标具体化、数字化的基础上，发展起来的一种针对现代企业管理制度的重要管理工具。全面预算是对企业的所有业务活动进行预算管理，在这个过程中预算编制是全方位的，预算执行是全过程控制的，针对全面预算业务要建立相关内部控制制度，涉及预算各业务阶段要有具体工作流程，预算关键环节的主要风险点要有预算风险实施的具体控制措施。

2. 作业成本法

以"作业消耗资源、产出消耗作业"为基本理论，它以作业为中心，根据作业对资源消耗的情况，通过对所有作业活动进行追踪动态反映，将资源成本分配到作业中，然后根据产品所耗用的作业量，最终将成本分配到产品，完成成本对象的成本归集、计量，评价作业业绩和资源的利用情况，作业成本法能及时发现不良经营业绩的根源，快速追踪到产生异常成本的作业和流程，提高管理人员的成本意识并促进生产，有助于企业分析成本，在矿业企业应用作业成本法的空间巨大。

3. 绩效管理

绩效管理的核心是绩效评价和激励管理。绩效评价是对一定时期内企业营运效率与效果进行综合评判的管理活动，是企业实施激励管理的重要依据；激励管理是调动企业员工的积极性、主动性和创造性，激发企业员工工作动力的管理活动，是促进企业绩效提升的重要手段。一个成功的绩效考核和激励制度能够让全面预算和作业成本管理得到有效落实，让改革和创新有抓手，让各方资源有效运用到目标实现和规范管理中。

（四）应用相关管理会计工具方法的创新

1. 预算管理体系的创新和预算机制的有效运用

一是夯实预算基础。每年由集团公司（母公司）牵头，对每家矿业公司的成本要素编制、补充、修订预算定额，编制依据是历史成本管理数据、行业先进单位经验数据和周边同类企业综合数据等，矿业公司根据预算定额，结合市场变化，把控成本要素的消耗量和采购价，将市场变化信息及时反馈到集团公司，为下一期预算定额提供最新的基础数据支持。二是明确预算层级分工。年度预算编制采取集团公司与矿业公司分别独立编制，"两上两下"审核沟通，集团公司决议通过后由矿业公司根据集团公司的预算批复进行预算分解，将各项经营目标分解为各业务管理目标，围绕目标由矿业公司制定具体保障措施，最终将目标分解到各生产单位、业务部门和管理流程中。三是强化规划导向指引。由集团公司牵头编制总体战略规划，提出战略目标，作出战略部署，矿业公司根据内外部环境变化和管理需求，结合实际做好规划任务分解，提出完成目标保障措施，积极实施技术创新和管理创新驱动目标实现。

2. 作业成本法在矿业企业的具象化运用

LM 矿业公司以采矿厂、选矿厂、公司本部为三个成本作业中心，以钼精矿、铜精矿为最终成本归集对象，对照集团公司下发的年度生产任务，分解下发季、月、周、日各周期计划，执行公司级部署、厂级组织、班组级落实的组织管理模式，全面加强采、选、尾生产作业管理，保障实现稳产达产。推行矿山责任成本管理、车间模拟股权及内部三级市场化，实现生产要素向最优配置、成本管控向一线延伸、工序关系向契约转化。聚焦"效益提升、价值创造"中心目标，全面构建具有矿山特色的大商务管理体系，实施全层级、全要素、全过程成本管控。

3. 具有矿业企业特色的绩效评价和激励机制

创新矿山特色责任成本考核管理方式，促进各成本责任中心对成本要素（人、材、机）进行优化配置，采用月度预考核兑现、年底考核清算方式，每月下达责任成本计划，按月提取绩效考核奖励基数，根据考核结果每月兑现发放，确保考核兑现及时性，年底实施考核清算，保证全年考核的科学性。实行"企业贡献积分"管理，构建"个人价值积分"模型，探索建立关键创效责任矩阵管理体系，按牵头主责、主要配合、其他配合三个责任层次，层层落实部门单位创效措施和管理责任。

三、应用过程

（一）组织架构及成本管理体系建设情况

LM矿业公司采用直线职能型组织架构，按经营管理职能划分业务部门和生产单位并由公司本部经理层指挥，职能部门从事专项业务管理，生产单位从事专业生产管理，实行领导统一指挥与职能部门参谋、指导相结合，具有快速、灵活、维持成本低且责任明确等组织架构优点。

财务部是企业预算管理牵头部门；商务管理部是成本综合管理牵头部门；人力资源部是绩效考核组织部门；采矿厂、选矿厂等生产单位是具体矿产品生产作业管理机构；其他部室各司其职的同时围绕成本管控形成了一套较为完善的协同管理体系。商务管理部每月组织由分管生产、成本的领导，成本管理相关部门以及生产单位参加的成本分析会，财务部每季度组织由公司主要领导及分管领导，所有部门及生产单位参加的经济运行分析会，建立计划、执行、分析、整改提升的闭环成本管控机制。

（二）应用相关管理会计工具方法部署要求

1. 重新构架了成本管理体系

在组织机构设置上，将财务核算成本模式，转变为业财融合、商务牵头的作业成本管控模式，由简单的成本归集、反馈管理，转变为计划目标分解—资源要素采购管理—资源要素消耗管理—作业成本归集分析—成本要素执行偏差分析—重点管控成本要素分析—成本管理问题总结—成本管理下一步工作重点—下一周期计划目标分解的闭环式成本管理。在新的成本管理体系中，成本管理是所有部门、所有人员的责任，个人的绩效薪酬与成本管理贡献、经营成果直接挂钩。

2. 强化财务部、商务管理部在成本管理体系中的牵头作用

财务部的预算目标分解、核算归集和各阶段的经营结果执行偏差分析等职能得到进一步加强，尤其是定期的经营结果报告和经济运行分析工作，为企业的全面、准确掌握经营态势、发现管理问题提供了重要支持；将原有的成本部变更为商务管理部，将原先只关注单一生产成本的职能，转变为企业"成本经济"全链条业务管理，从只关注微观成本，向宏观成本、全要素成本管理转变。

3. 调动全员参与成本管理的主动性和积极性

在管理机制上，将各部门、各单位、各岗位人员的成本管理职责予以明确，明晰

成本管控流程节点上的责任和工作标准，对偶发性成本事项建有预案应对机制，确保成本管理无漏项；在考核机制上，一是提升考核的及时性，按月考核、月度奖惩，二是提升考核公正性，以经营成果和目标成效为考核依据，按统一标准评价，采用贡献积分制，表彰突出贡献人员；在激励管理上，实施内部契约化激励，将薪酬待遇与企业经营成果挂钩，个人收入能增能减。

（三）具体实施模式和应用流程

1. 三级管控，预算先行

集团公司根据业务预算和市场判断，结合矿业公司分析编制的预算资料，经过规定程序形成集团公司下发给矿业公司的年度预算目标，包括业务预算、财务预算、投资预算等；矿业公司根据市场和企业实际，将集团公司下达的年度预算目标进一步分解，在分解过程中将企业的年度经营目标转化为各项业务目标和完成目标的具体保障措施；业务部门、生产单位根据职能分工和预算分解目标，确定重点工作任务、过程管控的主要方向和需解决的重点难题。

2. 瞄准目标，完善机制

围绕"效益提升、价值创造"中心目标，不断调整完善企业运行机制和成本管控体系。一是管生产必须管成本。各生产单位是 LM 矿业公司的主要资源消耗机构，除了要完成生产任务目标、质量安全目标外，成本管控也是一项核心管理目标，围绕消耗的劳务分包、原材料、动力资源、设备维保、安全投入等成本要素，建立内部市场化考核标准，按照作业成本法评价资源消耗和责任目标完成情况。二是成本管理事关全员。构建了全员参与成本费用管理的内控机制，设立的采矿厂、选矿厂、公司本部三个成本作业中心基本涵盖了公司全体人员，虽然成本管理责任大小、具体成本管理职责内容不同，但每个机构、人员在成本、费用管控上均有相应职责，有对应的管理目标。

3. 强化保障，夯实基础

LM 矿业公司建立组织机构，配强专业人才，制定配套制度，为推进成本管理提供强有力的组织、人才和制度保障。一是加强组织保障，成本管理是"一把手"工程，构建了主要领导统筹抓总、总经济师分管主抓、商务管理部与财务部主责主推、各系统协同联动、各层级主动参与的工作体系。二是加强人才保障，通过调整优化岗位配置，配备专职、兼职商务人员 51 人，占公司总人数的 8.10%。从中国建筑、华友钴业引进商务专业人才，成本管理骨干下沉生产一线，让各作业成本中心均有成本管理专员，从一线车间班组推进实践创新。三是加强制度保障，出台《大商务管理实施办法》《管理责任制实施细则》《责任成本考核细则》《大商务管理督导检查实施细则》等 6 项制度文件。编制《大商务管理手册》以及《设备管理分册》《税务管理分册》《费用管理分册》，明确各板块成本管理目标、关键控制点，厘清关键流程，制定《矿山效益提升三年行动方案》。

4. 抓好引领，协同融合

推进大商务成本管理与生产、物资、设备、财税、安全、法务等系统联动，促进各业务系统高效衔接。将成本管理视角从生产角度提升到更加宏观的企业运营角度，让各业务部门均有参与成本管控的途径和责任。一是业财融合提升成本管控能力，建立企业各项业务数据和财务数据及时沟通和共享机制，将企业各项经济业务活动背后的数据信息的深层次价值进行深度挖掘，有效推动业务活动的开展与执行，推动企业对业务进行更加高效的管理，为企业决策提供数据支撑，充分发挥财务管理与成本管理的协同效应；二是智能矿山增强成本管理效能，围绕高效生产和精细化的成本管理需求，建立覆盖全面、数据互通的信息化管理系统，各项管理业务均在系统中实施，确保数据的完整和不同业务部门数据勾稽的准确，提高沟通效率，降低资源消耗浪费和过程管理缺陷。

5. 改革创新，打通路径

围绕重点领域和关键环节，创新矿山特色管理方式，推动大商务管理向基层纵深推进。一是推行矿山责任成本管理。创新矿山特色责任成本考核管理方式，促进各成本责任中心对生产要素进行优化配置。二是推进内部三级市场化。明确公司、厂矿、车间班组三级市场主体，制定标准单位成本、标准内部定额、标准产品价格等内部市场要素，实施契约化考核。三是探索推行多维度激励机制。加大有酬激励力度，员工浮动工资占比达65%以上；推出企业贡献积分，可在"积分超市"兑换物品；实行无酬激励，从学历、职称、司龄、职业能力、创新能力、人事测评、突出贡献、遵章守纪等维度，构建个人价值积分模型，实现以管理效能提升为导向的激励管理。四是建立关键创效责任矩阵管理体系。明确营销、科技、生产、设备、质量、成本、财税、生态、管理、人才、文化 11 个关键创效点，夯实部门、生产单位的管理责任，确定创效方向。

（四）在实施过程中遇到的主要问题和解决方法

1. 预算目标设定的科学性、可靠性受到多方因素的困扰

从客观因素看，外部宏观环境变化的不确定性，造成部分预算指标编制基础不可靠，尤其是在近年外部环境快速变化的趋势下，更多地利用历史数据和编制时点对外部环境变化的预测，并不能保障预算目标的科学性；从内部因素看，因实施多层级预算管理和目标考核管理，上一级希望压实发展目标，而下一级总是希望减小目标压力，在预算编制阶段就会造成目标对抗和预算基础预估的不统一，影响预算的客观性。

为提高预算的科学性和预算目标的可靠性，在预算编制阶段，以上一级编制为主，下一级积极配合，强化对业务预算的编制管理，充分收集各方面信息，提升预算

编制基础的预判可靠性，在业务预算的基础上开展财务预算。在每年中期结合上半年的预算基础实际执行情况和外部环境变化，对年度预算目标进行合理修正，提升预算目标的可靠性。

2. 系统性的企业成本控制分析和手段难度较大

大商务成本管理在实际运用的过程中，发现全面预算管理虽然已经做到了整体有计划，但计划与实际的偏差、过程难以监控、结果难以评价等问题突出；在信息化系统建设过程中也发现基础数据的收集分析工作量巨大，以及成本信息的失真问题等；成本控制工作抓不住重点、原有的制度方法不尽如人意，缺乏系统性的企业成本控制手段。

采用月度成本分析、季度经济运行分析以及月度、年度考核等方式，强化成本控制分析管理工作；在信息化建设中，统一数据标准、畅通数据通道，在系统中开展多维度标准化分析，实现经营结果的准确、高效反馈；完善成本管理相关制度体系，以大商务管理为抓手，系统性地完善成本管控手段，堵塞管理漏洞。

四、取得成效

（一）应用相关管理会计工具方法前后情况对比

1. 应用前

预算目标仅用于年度考核，预算对企业日常管理没有指导、约束作用；成本管理各自为政，仅关注生产成本，成本分析工作缺失，成本管理问题不能及时发现；人员成本意识差，缺少考核监督程序，人员参与成本管理主动性不强。

2. 应用后

企业的组织构架设置将成本管理提升到更高位置，制定了一系列的成本管理相关制度，形成了可靠的成本管理体系，对矿业公司的全生命周期、全要素的成本管理形成有效的管控。

一是瞄准年度预算目标，抓好公司年度成本策划。通盘考虑企业发展长期目标和近期目标，积极综合资源禀赋、采矿、选矿、尾矿、设备效率等各环节生产能力，以集团公司（母公司）下达的年度任务目标为技术经济红线，提高生产任务指标保障系数，从严制定年度计划指标，层层分解至厂级、车间、班组。

与年度计划指标相比较，2022 年矿石损失率、贫化率、原矿处理量、钼回收率、钼金属量、铜金属量均完成任务目标（见表1），全年经过成本管理策划增效 5.44 亿元。

表1 LM矿业2022年实际完成情况与年度预算对比

指标名称	单位	年度计划	2022年实际	增幅
采矿指标				
损失率	%	2.5	0.53	78.80%
贫化率	%	2.5	1.48	40.80%
选矿指标				
处理原矿量	万吨	15 000.00	16 000.70	6.67%
钼回收率	%	88.00	88.14	0.16%
铜回收率	%	35.00	39.56	13.03%
钼精矿量	吨	27 984.00	29 892.08	6.82%
铜精矿量	吨	4 923.00	5 263.38	6.91%
钼精矿品位	%	50.00	52.14	——
铜精矿品位	%	16.00	19.39	——
钼精矿金属量	吨	14 000.00	14 946.04	6.76%
铜精矿金属量	吨	787.50	1 020.57	29.60%

二是宏观上对照设计指标，抓好矿业企业生命周期成本策划。根据矿业企业发展的周期性规律，按照公司发展所处的阶段特点，以设计指标为技术经济底线，统筹推进生产要素优化配合、生产工艺深度磨合、经济社会效益深入融合，围绕矿石损失率、矿石贫化率、钼金属量、钼回收率等重点工艺指标，优化资源配置，加强生产组织，努力实现帕累托最优，最大限度创造经济效益。

从矿产品增效情况来看，2022年钼金属量提高3 462.04吨（见表2），按年内均价27.57万元/吨估算，增加经济效益约9.54亿元；铜金属量提高228.57吨，按年内均价63 371元/吨估算，增加经济效益约0.14亿元，以上合计增加经济效益约9.68亿元。

表2 LM矿业2022年实际完成情况与设计指标对比

指标名称	单位	设计指标	2022年实际	增幅
采矿指标				
损失率	%	3.00	0.53	82.33%
贫化率	%	3.00	1.48	50.67%
选矿指标				
处理原矿量	万吨	15 000.00	1 600.70	6.67%
钼回收率	%	87.00	88.14	1.31%

续表

指标名称	单位	设计指标	2022 年实际	增幅
铜回收率	%	35.00	39.56	13.02%
钼精矿量	吨	22 518.00	29 892.08	32.75%
铜精矿量	吨	4 950.00	5 263.38	6.33%
钼精矿品位	%	51.00	52.14	——
铜精矿品位	%	16.00	19.39	——
钼精矿金属量	吨	11 484.00	14 946.04	30.15%
铜精矿金属量	吨	792.00	1 020.57	28.86%

三是微观上聚焦创效目标,抓好关键环节成本策划。打好成本策划"组合拳",推动"供—产—销"链条畅通衔接。强化采购策划管理,依据采购项目特点,考虑项目的整体性、专业性,积极探索推行"大标段""集中采购"等模式,达到以量换价的目的,2022 年集中采购率为 98.16%。强化生产策划管理,以保障关键设备运转为核心,制订设备运转计划,依据设备运行状态筹划检修安排,依据检修计划统筹备件采管,实现设备运行、检修、备品备件供应等全过程策划管理,稳定提升生产系统运行能力,2022 年设备运转时间增加 10.84 天。强化产品销售策划管理,结合库存及下游供需动态销售,预判上下游价格预期,动态调整定价时间、定价频次、定价波幅,提升市场创效能力,全年销售均价较市场均价高出 83 元/吨。

(二)对解决单位管理问题情况的评价

1. 加强了生产计划管理,从源头优化成本支出

执行公司级部署、厂级组织、班组级落实的组织管理模式,全面加强采、选、尾生产作业管理,保障实现稳产达产。以保障关键设备运转为核心,依据生产计划合理编制设备运转、检修计划,统筹备件采管,实现设备运行、检修、生产保供等全过程预管理。2022 年,设备平均运转率 89.56%,较设计值高 7.37 个百分点,较年计划提高 6.42 个百分点,全年运转时间增加 10.84 天,创下年度设备运行指标最高水平,降低了单位产品成本。

2. 强化了成本要素管理,全覆盖监控各类成本支出

以三大作业成本中心的成本费用管理为抓手,准确核算、全面归集各类成本费用支出,利用信息化系统实时监控各类成本支出,每月分析归集成本与预算目标的对比差异并找出形成差异的主客观原因,紧抓因管理原因未同步完成预算的事项,明确责任单位和人员,制定下一步改进措施,并在绩效考核中予以扣分,遏制同类问题的重复发生。在季度经济运行分析中拟订下一季度成本管控重点任务并制订成本控制计划。2022 年,LM 矿业公司的生产成本较考核目标降低 2.04%,生产责任成本降低 0.68%。

3. 激发了各级管理人员动能，管理效益性大幅提升

将企业的经营成果与个人的管理绩效相挂钩，激发员工的"主人翁"意识，将成本管理责任融入岗位职责中，倡导降本减支、杜绝浪费的经营氛围；定期实施考核评价，保持管理压力，为各项管理创新、技术创新提供土壤。2022 年，LM 矿业公司全年各业务板块管理创效事项超 50 项，兑现责任成本考核累计约 2 700 万元。

（三）对支持单位制定和落实战略的评价

基于全面预算的成本管理体系建设，是矿业企业实施高质量发展的一项重要举措。一是从管理有效性看，预算管理与成本管理同为管理会计的重要管理工具，在利用理论设计成符合企业实际的管理体系后，朝着共同的企业高质量发展目标，发挥出相辅相成、联动发力的作用；二是从推动管理提升看，预算管理、成本管理、绩效管理融入企业内控体系，引导各项管理工作在体系内顺畅实施，为企业推进战略发展提供内生动能；三是从实施效果看，企业的管理体制、机制灵活高效，成本管理的系统性更加全面，设定的战略目标通过年度预算的形式得到充分落实。

（四）对提升单位管理决策有用性的评价

科学、全面、公允的预算管理，为企业的发展提供了方向和目标，为管理决策提供了落脚点，围绕预算目标，企业的各项管理活动实现有序组织推动；信息化系统及时反馈的经营成果数据和常态化的成本分析结果，为企业管理决策提供了关键数据支持；通过提升管理人员积极性、主动性，增强管理团队的凝聚力、执行性，为企业的日常经营管理提供了巨大的智力支持。

（五）对加强单位过程管控与监督的评价

科学编制和使用"预算编码"管理，并在各类决策程序中要求将预算事项和对应编码在议案中进行说明，做到决策与预算编制和成本管控紧密相连，融为一体，坚决防止无预算支出，对单位的合规性管理和内控管理起到很大提升作用。同时，预算编码根据安措费、投资计划、科研计划、制造费用等类别进行分类编制，便于业务部门对应操作的同时，也便于主责部门协调联动进行配套流程审核与动态监督，提升了单位全年预算和成本管控的执行率与规范性。

（六）对提高单位绩效管理水平的评价

实施基于全面预算的成本管理，重塑了企业的内控管理架构，完善了管理体系，企业运行效率大幅改善，管理绩效显著提升。一是管理不再盲目。在管理制度和管理流程的规范下，企业各项管理动作井然有序，每个管理环节都有对应管理岗位和人员，基本杜绝缺位管理，各级管理人员能围绕同向的管理目标协同发力。二是管理不

再无力。前面所述的矿业企业普遍存在的成本管理问题，LM 矿业公司在产生问题的底层逻辑上予以解决，管理的有效性大幅提升，年度预算目标、中长期规划目标均能超额实现。三是企业经济效益得到大幅提升，2020～2022 年 LM 矿业公司分别完成净利润 0.24 亿元、6.05 亿元和 16.53 亿元，且利润增幅远超营收增幅，实现了跨越式发展。

五、经验总结

（一）相关管理会计工具方法的基本应用条件

1. 现代化企业治理体系的支持

LM 矿业公司在集团公司（母公司）的支持下，建立了现代化的企业治理体系，能主动引进科学、有效的管理手段并结合企业管理实际，实现管理工具的有效融合落地，在建设基于全面预算的成本管理体系的过程中，企业管理层发挥决定性作用，用改革、创新的精神不断完善企业治理体系。

2. 信息化管理工具的使用

全周期、全要素的成本管理，数据量大、数据整合难度大，如果没有信息化管理系统的支持，成本管理的准确性、及时性将会大打折扣，也不利于数据分析和管理提升。

（二）相关管理会计工具方法成功应用的关键因素

1. 企业领导层的大力支持

管理革新需要有领导层的牵头和鼎力支持，实施基于全面预算的成本管理需要有统一的规划蓝图，有坚定的实施信心，否则在推进的过程中各种困难会影响改革的成效，最终将难以成功。

2. 科学的理论基础在实践中快速产生实效

成本管理变革在实践中解决了诸多管理中的问题，让管理人员认可改革行动，管理标准进一步统一，系统性、规范性的管理让人员的工作效率大幅提升。

3. 管理人员的积极性和能动性得到充分调动

实施基于全面预算的成本管理，让管理人员的管理价值得到充分展现，个人绩效随着经营成果的改善也大幅提升，在考核和激励政策的带动下，管理人员的工作主动和创造性得到发挥。

（三）对改进相关管理会计工具方法应用效果的思考

矿业企业在生产经营进入成熟稳定期后，基于全面预算的成本管理将会进入常态化运行，在内部环境的逐步稳定和挖潜增效的难度越来越大后，预算目标将难以加压，可能导致成本管理的改革、创新动能消失，进入管理维持阶段，还需要有新的改革动能注入企业管理提升中。

（四）相关管理会计工具方法在应用中的优缺点

1. 优点

通过运用预算管理体系、作业成本法和绩效管理等管理会计工具，让企业的成本管理更加系统、全面，管理手段更加科学、高效，为企业创造了巨大的经济价值和管理价值，形成了较为实用、有效的成本管理体系。

2. 缺点

预算目标会传导到成本管理系统上的各岗位、各人员上，如果制定的目标与内外部环境变化不符，失去科学性、客观性、合理性，在考核评价机制压迫下，可能会导致成本管理系统无法正常运行，甚至出现为保目标实施数据造假的可能。

（五）对发展和完善相关管理会计工具方法的建议

要发展、完善基于全面预算的成本管理，可考虑从管理人员减负、进一步提升管理效率上入手，在信息化、智能化上要做进一步的研究、投入，在数据分析的标准体系建设上多下功夫，可以进一步减少管理人员冗余，缩短管理链条长度。

（六）对推广应用相关管理会计工具方法的建议

1. 管理理论一定要和企业实际相结合

管理不能照搬照抄，管理会计工具的运用一定要与企业环境、内部需求相融合，要以目标为导向，构建适合自身的管理体系。

2. 实施改革一定要有强大的领导机构

走出原有的管理舒适区，构建新的管理体系会有很多阻碍，如果没有领导团队的管理定力和改革手段，将难以实现预期目标。

（中铁资源集团有限公司　钱叶胜　李　鹏　石同情）

求精务实　提质增效
——A 信托公司全面预算管理优化之路

【摘要】自 2018 年起，中央和地方政府颁布了一系列信托业务宏观调控政策，全力推进信托行业业务转型、回归本源，信托行业面临着传统业务缩减、行业市场竞争加剧、创效能力下降、信托风险暴露等突出问题。A 信托公司以增量预算为主的预算模式已不能满足公司发展需要，探寻新的适合当前形势的预算管理模式迫在眉睫。为更好地适应市场和行业发展形势，加快推进转型升级，实现可持续发展，A 信托公司在深入分析、反复论证的基础上，通过重组预算主体、调整预算编制方法、强化预算执行管理、优化预算考核保障等手段，有效应对行业变革、业务转型带来的变化。本文详细介绍了全面预算理论、A 信托公司全面预算管理优化背景，深入分析了信托公司从跨越式发展阶段过渡到高质量发展阶段面临的种种困难与问题以及采取预算管理优化的必要性与紧迫性，通过三年多举措、滚动式优化调整，持续提升了预算管理的针对性与有效性，以期为处于或将要处于同类发展境遇的企业提供些许参考与借鉴。

一、全面预算管理的基本理论

（一）全面预算管理的内涵

全面预算管理是一个基于财务计划控制的体系，它涉及对企业的所有财务资源和活动进行详细的配置、考核和管理。全面预算管理反映的是企业未来某一特定期间内全部生产、经营活动的财务计划，它以实现企业目标利润为目的，以销售预测为起点，进而对生产、成本及现金收支等进行预测，并编制预计损益表、预计现金流量表和预计资产负债表，反映企业在未来期间内财务状况和经营成果。

（二）全面预算管理的意义

实施全面预算可以明确并量化企业的经营目标、规范企业的管理控制、落实各责任中心的责任、明确各级责权、明确考核依据，为企业的发展提供保障。具体意义表现在以下四个方面：

1. 落实战略

全面预算管理作为一个能够引导、控制和调整企业运营行为的策略工具，确保企业始终沿着实现预定目标的正确路径前进，将五年为一期的总体战略目标分解为五个一年期的小目标，一步一个脚印踏踏实实地落地完成。

2. 自我控制

预算作为一根"标杆"，使所有预算执行主体都知道自己的目标是什么、应当如何去完成预算、预算完成与否、如何与自身利益挂钩等，从而起到约束和激励作用。

3. 资源配置

全面预算管理能将企业资源加以整合与优化，通过内部优化来将资源调配至最需要的地方，达到资源利用效率最大化。

4. 监督管控

全面预算管理的推行，使高层管理者能准确把握企业经营的全过程，将自身职能逐渐集中于对资源的长远规划和预算执行情况的考核上。

（三）全面预算编制的方法

预算编制是实行全面预算管理的基础，也是预算管理能否有效实施的关键因素。

1. 企业常用的预算编制方法

企业应该本着经营活动规律及自身业务特点、管理水平、生产经营周期和管理要求的原则，选择运用合适的预算编制方法。对于发展规模相对较大的企业而言，通常采用滚动预算法来进一步提高整体预算编制工作的周期性和风险排除效率，同时可以采用弹性预算法来进一步实现企业发展过程中对于预算编制问题的灵活调整和多维度解决。

2. 信托公司常用预算编制方法

增量预算法是指以以前期间的预算或者实际业绩为基础，结合预算期业务量水平、有关降低成本的措施，通过调整有关原有费用项目预算额编制预算的方法。这种方法相对简单、省时省力，得出的预算相对稳定且变化循序渐进，适用于往年稳定发展的传统业务。

零基预算法是对预算收支以零为基点，对预算期内各项支出的必要性、合理性或者各项收入的可行性及预算数额的大小进行逐项审议决策，从而予以确定收支水平的预算方法。零基预算法完全不考虑以往的预算情况，而是从一个全新的、所有预算项目都为"零"的角度出发进行预算编制。相较于增量预算法，零基预算一切从"零"开始，无须参考传统预算编制时所取基数，摆脱了增量预算的刚性需求，也避免继续延续前期预算中的不合理之处。另外，零基预算逐一审核每项收入、支出的可行性，能有效提高新业务预算编制的科学性和合理性。

二、A信托公司情况介绍

（一）公司概况

A信托公司是经中国银行保险监督管理委员会批准，以金融信托为主营业务的非银行金融机构。1980年10月正式成立，是我国较早设立且连续经营未曾中断的信托机构之一。历经转制、合并、重组后，A信托公司正式成为国资委控股央企集团下属二级子公司。A信托公司因改革开放而生，随改革开放而强。近年来，A信托公司坚持以新发展理念为引领，坚持稳中求进、推进高质量发展，行业评级连续6年保持最高A级，在业内外享有广泛声誉。

（二）组织架构

A信托公司根据《中华人民共和国公司法》《中华人民共和国信托法》《信托公司管理办法》等法律、法规和规范性文件的规定，建立了由股东会、董事会、监事会和经营管理层组成的"三会一层"治理架构，形成了权力机构、决策机构、监督机构和管理层之间权责明确、运作规范、相互协调和相互制衡的机制。同时，A信托公司董事会设立了战略及投资发展委员会、信托委员会、关联交易管理委员会、风险管理与审计委员会、提名与薪酬委员会、全面预算管理委员会6个专门委员会。经理层下设22个一级部门，根据不同职能分别划分为前台、中台、后台三类。前台部门包括9个业务部门负责信托业务拓展、1个财富管理部门负责信托资金募集；中台部门为前台部门业务行为进行审批、监督；后台部门为前台部门、中台部门提供战略指导、业务支持与服务保障，如图1所示。

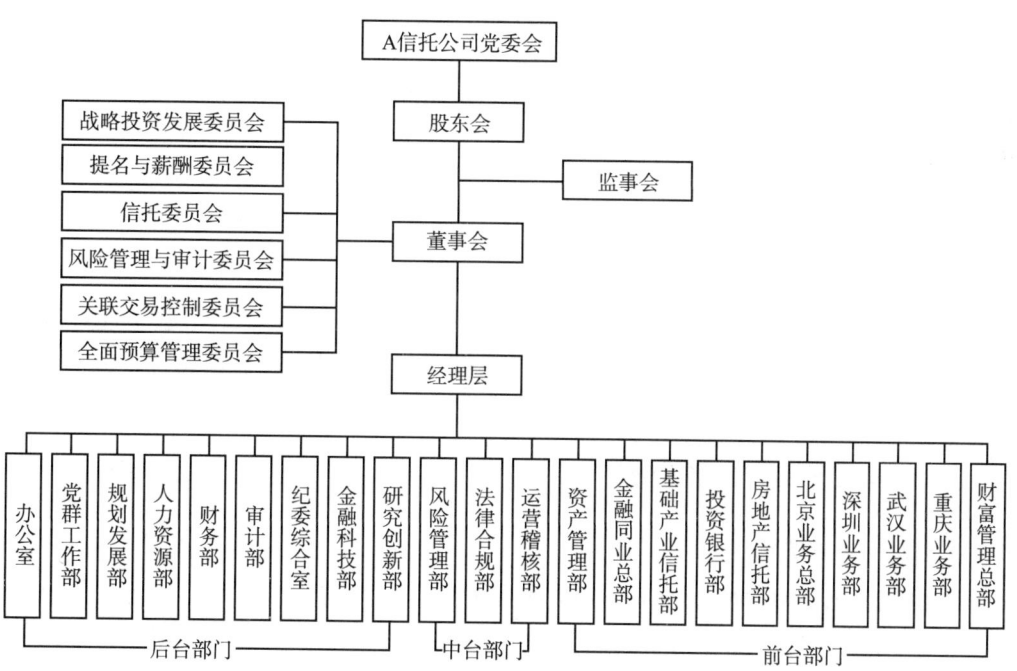

图1 A信托公司组织架构

（三）业务概况

A 信托公司现有的经营业务主要分为自营业务和信托业务两大类。自营业务主要包括：自营贷款、自营证券、金融产品投资、不动产租赁；信托业务主要包括：资产管理、投资银行、服务信托、财富管理等。其中，信托业务是 A 信托公司主要收入来源。近 10 年来，A 信托公司果敢抓住行业发展机遇，深耕房地产信托、政信信托与金融同业业务，各项经营效益指标屡创新高，资本实力、行业影响力不断增强，实现跨越式发展。2017 年末，A 信托公司受托管理资产规模达 4 343 亿元，较 10 年前增长 20 倍；2017 年营业收入 24.5 亿元，较 10 年前增长 17 倍；实现净利润 14.5 亿元，较 10 年前增长 15 倍；同时，总体风险可控，拨备覆盖率高，流动性充沛，可持续发展能力强。

（四）发展近况

2018 年，对信托行业发展影响深远的重磅政策"资管新规"颁布，A 信托公司面临着去杠杆、去通道、破刚兑等多重监管压力，加之房地产调控、市场违约风险加剧，信托业务拓展难，竞争激烈，经营压力加大。2018 年，由于存续业务规模大，各项指标仍然运行高位；2019 年，规模趋于稳定但当年新增大幅下滑，利差大幅收窄，收入、利润指标快速下滑。2020 年初，监管机构发布"两压一降"政策，明确要求"压降信托通道业务规模，压缩违规融资类业务规模，加大对表内外风险资产的处置"。A 信托公司经营发展面临三大压力：一是传统业务发展难以为继，业务转型创新压力大；二是实体经济风险暴露蔓延，风险防范化解压力大；三是经济指标开始掉头向下，资本保值增值压力大。

三、A 信托公司全面预算管理情况

由于经营环境连续发生重大、不可逆的不利变化且政策影响的不确定性难以预计，A 信托公司董事会拟通过推动全面预算管理优化，提升预算管理能力，引领、推动经营发展。

（一）全面预算管理基本情况

1. 预算编制模式

A 信托公司采用"两上两下"预算编制模式。年初与年中，预算执行主体分别编制、上报预算方案与预算调整方案，谓之"两上"；全面预算管理部门根据上报的预算方案与预算调整方案，分解、批复预算与中期预算，谓之"两下"。

2. 预算编制内容

A 信托公司预算内容包括：业务预算、投资预算、财务预算和资金预算。由于主要利润来源为信托业务两端价差收入，自营业务成本少，因此将新签合同额、信托项目现金收入、信托产品销售额与业务管理费用支出作为核心预算指标进行管控并分解到各预算执行主体。前三项指标由前台部门编制，一般采用增量预算方法编制预算，费用预算指标公司由全员编制。投资预算、财务预算与资金预算由财务部及相关部门共同编制，不进行分解。

3. 预算编制方法

2019 年以前，A 信托公司经营业绩 10 年连续攀升，一直采用增量预算编制方法编制预算，引导发展。

4. 预算过程管理

A 信托公司财务部作为全面预算管理办公室，定期对业务部门预算执行情况进行统计、分析、监测和通报，及时测算并评估全年预算目标达成情况并向管理层汇报。

5. 预算目标考核

A 信托公司作为央企控股的信托公司，薪酬总额受到央企工效挂钩政策的约束，但因信托行业市场化程度高，业务人员薪酬只能贴近市场、采取按量提成的方式核算。由于新签合同收入不是最终的效益，因此难以作为核心指标考核提成。同时，预算完成率受目标设定影响，也不能作为考核提成的依据，只能将实际完成量作为考核基数。从根子上讲，计件工资模式下，业务人员充满干劲儿。在经济上行周期，绝大多数预算主体均能超额完成目标，如果将现金收入作为薪酬考核指标只会加剧薪酬端供需矛盾。因此，现金收入预算完成率只能作为政治性指标定性考核。公司经营预算考核如表 1 所示。

表 1   **A 信托公司经营预算考核**

项目	业务部门		财富管理部门	公司全员
核心指标	新签合同收入	现金收入	销售规模	业务及管理费用
编制方法	增量预算	增量预算	增量预算	增量预算
资源配置	新增存量客户收入—打折 自有资金—有偿使用 其他资源—有偿使用		存量客户—打折 其他资源—有偿使用	—
预算考核	与薪酬基本不挂钩	提成制	内部定价、提成制	—

（二）全面预算管理存在的问题

2020 年初，全面预算管理委员会多次组织会议研讨预算管理情况并认为：在经营环境好、业绩持续上行的高速发展时期，A 信托公司通过核心指标设置、增量预算编制方法、市场化考核的方式，抓住了全面预算管理的关键，简约而不简单，从机制上有效引领了公司健康、可持续发展。但由于经济形势、监管政策、市场环境发生重大不利变化，现有的全面预算管理机制难以适应新的发展需要，主要存在六个方面的冲突点。

1. 执行主体任务庞杂

面对经营环境急剧变化，各预算主体任务多而复杂，疲于奔命，首尾难顾周全，已经陷入"既要又要还要"的尴尬境地。多个业务预算执行主体既要为确保利润拓展符合监管要求的传统业务，又要为谋求业务转型创新而投石问路；既要拓展业务搞生产，又要处置存量项目风险保稳定；既要全力清收资产端资金，又要确保项目出险后资金端流动性不出问题。并且，各部门多项任务并没有在预算中明确目标、匹配资源，进而造成任务不清、手段不足、业绩贡献难以计量。

2. 指标体系不全不优

面对经营环境急剧变化，单纯追求业务高增长的预算指标体系，略显简单，难以将错综复杂的管理要求表达在预算方案中，如不及时优化调整，无法正确引导信托公司高质量发展。一是预期性指标过于单一。一方面，单纯的新签合同额指标难以衡量入市门槛高、市场竞争激烈、毛利率极低的转型创新业务的业绩贡献，难以鼓励转型创新业务实现破局，各预算主体视"不产粮"的转型业务为鸡肋，拓展相关业务消极怠工；另一方面，指标仅追求总量，不追求品质，没有从目标上将鼓励类业务、限制类业务与压降类业务区别开来，进而无法衡量不同业务种类的底线、上限与奋斗成效，难以精准引导业务结构优化调整。二是约束性指标中对风险的考虑不足。一方面，对风险防范的前瞻性考虑不足，对新增风险的防范停留在定性考核、事后考核，没有事前约束指标量化风险；另一方面，对"金融风险攻坚战"的紧迫性不足，缺乏存量风险处置指标设置，职能化的资产处置部门因奖励不够而动力不足，因惩罚机制不明而畏首畏尾，进而导致资产处置周期长。三是资源性指标把握不全、攥得不紧。未将传统业务规模指标作为稀缺资源来掌握、切分，各预算主体先到先得，私下拼抢额度的情况十分严重；未将集团内服务对象与区域划分好，业务端受限后，内部竞争加剧，价格竞争、风控条件弱化的情况时有发生；未将产品销售作为重要资源类指标参与配置，缺乏引导机制，导致资金结构难以优化、资金成本难以下降、个别部门多吃多占。

3. 预算编制方法单调

面对经营环境急剧变化，增量预算编制方法面临重大挑战，传统的自上而下、不低于 GDP 增速且层层加码的目标设定方法，与当前的市场环境不相适应，与业务转型发展的方向不相适应，与当前的风险管理要求冲突严重。从具体业务上看：一是鼓励业务无历史数据作为参考。资产证券化、标品信托、慈善信托等是新领域、新业务，无法适用增量预算编制方法。二是限制类业务与压降类业务预算编制基础发生变化。由于受监管额度的限制，展业条件变差，不同的预算编制基础决定了没有办法沿用增量预算编制方法。三是不同预算编制方法各行其道。预算目标确定采用逻辑较为简单的刚性增长，而预算执行层因贴近市场而采取零基预算方法上报方案，两种方法相冲突，全面预算管理"两上两下"的操作方法形似而神不似，预算执行部门与预算管理部门很容易陷入讨价还价的局面。

4. 资源配置不够精准

高增长时期，绝大部分资源多、周转快，即便暂时性供不应求，也都能在发展中迎刃而解。行业进入下行周期，资金、人员、渠道等资源紧张，供需关系矛盾日益突出，特别是业务转型、风险处置等事项更需要新增资源支持。但是，存量的自有资金、销售通道、传统业务额度已被少数部门大额占用，如不打破现状，一味坐等增量资源出现再投放，很可能出现前方打仗不够子弹的情况。新形势下，如何把有限的资源上收，把蛋糕切好、分好，需要推倒重来的勇气，也需要零基预算的思维。

5. 引导不够督促不严

由于坐惯了增长的高速列车，信托从业人员视增长为常态，对业绩下滑的敏感性不够。过程中，预算管理部门对预算执行部门的引导力度、督促力度略显不足，特别是对预算执行偏差采取的办法不多、措施乏力，很可能到中期时陷入不得不调整预算的处境或全年预算完成率偏低的情况。同时，由于难以解释现有预算编制基础下以增量预算为基础的目标值体系的合理性，从而进一步增加了过程督导的难度。

6. 考核计量模式单一

在信托行业低风险、高增长时期，公司更看重当前的经济效益，在目标设定与业绩考核方面以利润贡献论英雄，对业务部门的业绩考核采取基本薪酬＋提成薪酬的方式，低固薪、高激励。新发展环境下，一把尺子量到底的考核模式面临四大突出问题：一是转型创新业务因利薄而无人问津，业务转型"迈不开腿"；二是新进业务团队因没有存续业务积累，只能领取极低的固薪而"留不住人"；三是传统业务有违监管政策且积聚金融风险，但因利润高而"刹不住车"；四是部门作为考核主体，新增业务贡献与存续风险损失两抹平，名义上贡献共享、风险共担，实质上两相拖累、吃大锅饭，在利益分配上"算不好账"。

四、A信托公司全面预算管理优化过程

（一）全面预算管理优化目标

A信托公司董事会经过反复研讨决定，通过预算管理优化，强化预算功能，充分发挥全面预算管理作用，将落实监管机构业务压降要求、转型升级与风险处置的自我发展要求统一到预算管理之中，以此为手段，促进各项经营目标达成，实现高质量发展。具体来说：

一是让预算目标更合理。预期性目标总体合理、单项合适，各预算执行主体"跳一跳能够得着"，积极性高，潜能得到发挥。约束性指标找得准，经营发展的防线设得好，底线安得合适，安全垫越来越厚。

二是让资源配置更精准。引导各项生产要素投向风险更小、效益更高的领域，未雨绸缪，确保未来可见的几年之内资源的利用效率保持在合理区间。

三是让过程管理更充分。人人心中有预算，在工作中有目标感，落实任务有责任感，未完成任务时有危机感。

四是让考核机制更到位。激励约束机制更有效、更到位，更能激发全员努力拼搏、干事创业的热情，在奋斗中创造价值。

（二）A信托公司全面预算管理优化过程

面对外部环境深刻变化以及变化影响的不可预测性，A信托公司管理层拟摸石头过河，引用管理实验室的做法，通过预算管理优化、再优化，逐步推动经营管理提升。

全面预算管理优化第一年（2020年）

全面预算管理的主要任务：一是优化业务结构，包括：不折不扣地执行银保监业务压降任务，保合规；继续开展风险相对较低、限制相对较少的资本市场业务、产融结合业务，保利润；鼓励开展资产证券化、标品、长租房等转型创新业务，保未来。二是引导项目风险防范与化解，包括：去存量与防增量，保安全。

全面预算管理优化主要举措包括以下几方面。

1. 预算执行主体赋能

对业务预算执行主体赋能：业务部门既是新业务拓展主体，又是转型创新类业务实践主体；既是存量压降类业务的压降主体，又是存量风险化解主体。

2. 业务指标体系优化

（1）优化业务预算目标体系。

①设立三级递进目标制（见图2）。采用确保目标、奋斗目标、挑战目标三级递

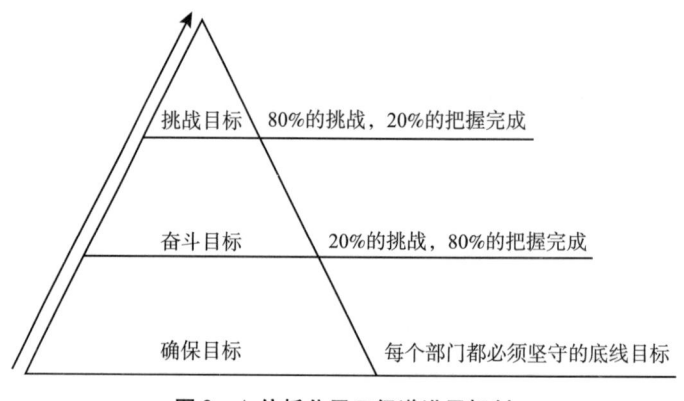

图2　A信托公司三级递进目标制

进的方法来设定新签合同额目标。确保目标是每个业务部门必须完成的底线；奋斗目标，有20%的挑战、80%的把握，一定数量的部门摸高能够着，跃跃欲试；挑战目标，有80%的挑战、20%的把握，鼓励领头羊或具有挑战精神的部门。

②增设转型创新业务保底目标。各部门鼓励类业务总体新签合同额不得低于20%，如表2所示。

表2　　　　　　　　　A信托公司新签合同收入额预算目标　　　　　　　　单位：亿元

部门	整体预算			其中：①产融结合业务	②转型升级创新业务	
	确保目标	奋斗目标	挑战目标		标品业务	服务信托
A业务部门	4.0	4.4	4.8	0.7	0.6	0.2
B业务部门	3.5	3.9	4.2	1.4	0.2	0.2
C业务部门	2.2	2.4	2.7	0.6	0.3	0.1

（2）增设业务压降指标（见表3）。

表3　　　　　　　　　A信托公司存续压降类业务压降目标　　　　　　　　单位：亿元

部门	金融通道业务			融资类业务		
	确保目标	奋斗目标	挑战目标	确保目标	奋斗目标	挑战目标
A业务部门	450	650	800	5	8	11
B业务部门	15	44	50	4	5	8
C业务部门	120	156	166	14	35	40

（3）增设风险防范与化解指标。

分层次设定指标：总体看存量，设定不良资产率指标；个体看各预算主体的风险增量与风险压降量。

3. 预算编制方法优化

（1）业务预算。改变以往逐年递增的惯性思维，由原来的增量预算编制方法调整为零基预算编制方法。在总体目标设定时，结合现有市场环境、资源禀赋（指标额度、合同储备）与风险容错能力进行测算，假定不同情境下的业绩指标影响，"事前算赢"，择优确定总体预算确保目标、奋斗目标与挑战目标。具体到业务：一是限制类业务。按监管指标额度×预期收益率预算新增新签合同；二是鼓励类业务对标行业，按人均规模增量×预期收益率预算新增新签合同；三是压降类业务，结合存量业务清单与压降目标，制订业务压降预算方案，除去自然到期结束项目，无法在压降期内结束的项目按照融资对象、业务性质、金额大小逐一筛选确定压降时限，清单式制定总体压降预算。

（2）风险处置预算。将风险项目进行分类，分为清收类、处置类、盘活类，采用零基预算的方法，清单式拟订风险处置预算。

4. 资源配置方法优化

（1）自有资金资源分配。一是按主动管理项目规模比例分配额度，超过部分以收取资金占用费的形式迫使已占用部门归还自有资金，促进现有资金回收，加快资金盘活。二是存量与新增自有资金优先向鼓励类业务倾斜，支持转型创新。

使用自有资金认购正常类项目的，除按信托合同收取投资收益外，另计收资金占用费，具体费率如表4所示。

表4 A信托公司资金占用费率 单位：%

期限	0.5亿元及以下	0.5亿元（不含）~1亿元（含）	1亿元（不含）~3亿元（含）
3个月以内（含）	不收取	0.50	0.70
3个月（不含）~6个月（含）	0.50	0.70	1.00
6个月（不含）~12个月（含）	0.70	1.00	1.20
12个月（不含）~24个月（含）	1.00	1.20	1.50
24个月（不含）以上	1.20	1.50	1.70

（2）销售渠道资源分配。由于市场流动性变化与货币政策调整，资产荒与资金荒交替变化。在募集资金渠道拥堵、排队时，坚持四个原则：一是按目标任务分配总量；二是转型创新业务优先上柜募集；三是产融结合业务优先上柜募集；四是再按单个项目经济效益优先上柜募集。通过销售渠道的总体把控，引导销售资源投放到更符合公司整体利益的地方。

（3）同时，采取先申请后批准的方式，逐个对照清单，对限制业务额度、人力资源、薪酬资源进行再分配。

5. 预算执行过程优化

（1）积极引导员工主动作为。为进一步调动全体员工积极性和创造性，引导激励各部门围绕整体转型方向主动作为，A信托公司在全公司范围内展开劳动竞赛，以实际行动推进全年经营目标实现。全面预算管理办公室负责对参与竞赛的业务部门进行新签合同收入和现金收入的数据统计与核实，定期公布月度进步奖并颁发流动红旗，激发部门员工的荣誉感、使命感。同时评优评先至个人，对于超额完成月度预算目标的部门或个人按月授予"特别贡献奖"，调动有潜力的个人深挖产能。除了精神激励外，及时的绩效鼓励也不可或缺，原本年末核算的绩效奖励提前到季度结算。员工有了及时落进口袋的现金激励，也就更加有干劲儿去努力完成既定目标。

（2）建立预算执行预警机制与督导机制。全面预算管理办公室充分利用信息化手段，对各部门预算执行情况进行动态、多维分析，对数据进行横向比较（部门间）和时间上的纵向比较（与以往年度），计算投入产出、人均产能等指标，对预算完成进度滞后于时间进度或者数据同比变化偏差大的部门实施预警，并在月度经营例会进行通报。同时，责令其详细分析预算完成不佳或同比、环比下降大的原因，并提出下一步努力方向和措施。

（3）通过信息化手段提升预算过程管控。A 信托公司加大金融科技投入，开发了管理驾驶舱系统，打通了与非标资产管理系统接口，实现了信托业务数据实时传输。管理层可以通过管理驾驶舱实时跟踪项目新签合同收入额及现金收入完成情况，大大提升了对预算过程的管控效率。

6. 预算考核体系优化（见表 5 ~ 表 7）

（1）将新签合同收入纳入绩效考核，考核当年展业贡献；

（2）将业务压降作为否决指标纳入部门负责人任职考核；

（3）推出考核加成与核减机制。①加成：鼓励产融结合类业务，服务集团主业；鼓励创新破局，首单新签合同收入额与现金收入同时额外加成；鼓励创新冲量，资产证券化、标品等业务非等比例加成。②核减：限制类业务新签合同与现金收入按完成数打折考核；限制类业务占用自有资金加大打折考核力度；鼓励类业务未达基本线的部门，限制类业务打折考核；压降类业务未完成的，现金收入专项打折考核。

表 5 A 信托公司产融结合业务考核标准

业务	项目	标准
鼓励类业务	企业资产证券化	项目规模×0.3% 计入新签完成及当年现金收入
	服务信托	200%
	三合一、F＋EPC、非房股权业务	120%
指标管控类业务	房地产股权	85%
	非房地产非标融资	85%
	房地产非标融资	75%

表 6 A 信托公司非产融结合业务考核标准

业务	项目	标准	
		非房地产	房地产
鼓励类业务	信贷资产证券化	项目规模×0.3% 计入新签完成及当年现金收入	
	服务信托	150%	
	交易类标品业务	120%	

业务	项目	标准	
		非房地产	房地产
鼓励类业务	权益类投资	120%	—
	非金融同业通道	110%	—
指标管控类业务	权益类投资	—	70%
	非标融资	70%	50%
	金融同业通道	70%	50%

表7　　　　　　　　　　A 信托公司转型创新类业务考核标准

项目	考核比例	产融结合类		
		完成率≥70%	30%≤完成率<70%	完成率<30%
转型升级创新类	完成率≥70%	执高原则取值不高于100%	70%	60%
	30%≤完成率<70%	70%	60%	55%
	完成率<30%	60%	55%	50%

通过以上优化措施的实施，全面预算内容更加丰富，经营工作重点更加突出，过程管理更加充分，考核指挥棒的方向更加精准，年度经营工作重点较优化前执行更加到位。从发展成效上看，体现在业务压降工作得到100%落实、业务转型工作迈出新步伐。但是，经过一年的磨炼发现，各预算环节仍有较大提升空间。主要体现在：一是预算主体责任需要进一步明确，特别是对项目风险及业务转型的主体责任，既不能全民皆兵，也不能谁空了谁干；二是目标体系与资源配置体系的衔接仍要强化；三是考核体系需要与时俱进，精简易懂。

全面预算管理优化第二年（2021 年）

全面预算管理的主要任务与方向：一是资产分布更优，业务结构更优，经营工作更稳；二是转型业务专业化水准更高，步伐更快；三是资产处置能力向专业化发展。

全面预算管理优化的新举措主要体现在以下方面。

第一，预算执行主体再优化。

（1）划小预算执行单元。暂不打破现有一级业务部门设置，在部门中按团队设立业务分部，将业务拓展目标、风险处置目标分别下穿到业务分部，阻隔项目风险在管理上的交叉感染，促进不同业务团队各司其职，让有风险的团队放下经营包袱，让无风险的团队更有经营动力。

（2）重点转型创新业务集中试点。在分部设立管理实验室，鼓励有转型创新业务经验的部门开荒探路，作出模板，总结经验以备后续推广。

（3）设立资产管理部专职资产处置，鼓励有条件的部门将风险项目移交到资产管理部进行处置。

第二，预算指标体系再优化。

（1）将预算目标明确到业务分部。

（2）将新增规模、存续规模作为重点转型业务的核心考核指标，将做大规模、扩大行业影响力作为业务培育期的头等大事，暂时性忽略效益指标。

第三，预算编制方法再优化。

继续采用零基预算的方法编制业务预算，压降业务预算按清单编制、限制类业务预算按项目储备与人均新签合同收入综合考虑、转型创新业务预算值对标上年行业新增均值；风险处置预算结合风险项目清单，采用零基预算方法编制，有松有弛掌握资产处置节奏，避免目标过高、压力过大而导致低价贱卖抵债资产，避免盘活资产节奏过快或久拖不决。

第四，资源配置管理再优化。

为转型创新业务、资产处置业务腾出专项自有资金头寸与投资额度、腾出专项销售资源、腾出专项人员编制、腾出薪酬额度。

第五，预算执行过程再优化。

将业务分部作为劳动竞赛参赛主体，直接进行考核、奖励与预警，政策针对性更强、更精准。

第六，预算考核政策再优化。

（1）设立业务分部负责人岗位，给予管理身份、薪酬待遇与预算执行责任，明确进入标准、退出机制。

（2）聘请专业化机构，优化薪酬体系，固化考核政策。引导薪酬资源集中向公司核心业务、核心痛点聚集，以支撑战略转型下的业务高质量发展。

根据公司转型升级战略鼓励发展方向以及占用公司直销资源、自有资金等情况，将主要信托业务分为 A 类业务、B 类业务和 C 类业务三类，如表 8 所示。

表 8　　　　　　　　　　A 信托公司业务分类考核标准

业务	分类	单体信托项目当年收益率	分类标准
A 类业务	A1 类	≤0.5‰	监管鼓励类
	A2 类	>0.5‰且≤1‰	
	A3 类	>1‰	
B 类业务			不占用公司资源的业务
C 类业务			占用公司资源的业务

对主要业务部门的激励薪酬包括目标薪酬和绩效薪酬两部分。业绩目标薪酬考核内容挂钩新签合同额；绩效薪酬考核内容挂钩业务部门实现的现金收入，按照 A 类、B 类、C 类三类业务现金收入为基数 × 对应业务类别的比例计算绩效薪酬（见表9）。对于 B 类及 C 类业务的净现金收入是指部门对应信托业务实现的现金收入（含信托项目的佣金收入、咨询费收入等），核减部门应承担的公司内部销售成本、信托项目风险成本、公司自有资金占用费、部门运营费用等的净收入。

表9　　　　　　　　　　　A 信托公司绩效薪酬提成标准

薪酬	考核指标	业务类别	考核标准
目标薪酬	新签合同额		部门考核基数 × 0.5 × 部门新签合同完成率
绩效薪酬	现金收入	A1 类	不超过现金收入 × 15%
		A2 类	不超过现金收入 × 10%
		A3 类	不超过现金收入 × 7%
		B 类业务	不超过现金净收入 × 6%
		C 类业务	不超过现金净收入 × 4%

通过预算管理再优化，对经营工作重点的落实力度进一步加强，具体体现为业务压降工作全面完成、实践确认了可以规模化发展的转型创新业务与业务分部、资产处置专业化能力实现再提升。同时，通过反复实践，总结发现预算管理优化后的新问题：一是业务转型初级阶段四处探路、遍地开花的模式，不适用于部分专业性较强的业务，如资产证券化业务、标品投资业务与家族信托业务；二是由于疫情冲击、经济下行，资产处置工作进入"啃硬骨头"阶段，法律专业性要求更高，对资源整合能力要求更高；三是原有的单兵作战的"赛马式"业务拓展模式不适合央国企企业集团业务的拓展，而集团作战方式更有利于推动央国企企业集团业务落地。

全面预算管理优化第三年（2022 年）

全面预算管理的主要任务与方向：一是资产分布向央国企迁移；二是转型业务向规模化发展；三是资产处置能力再提升，资产盘活更快、处置价格更优，流动性更有保障。

全面预算管理优化的新举措主要体现在以下方面。

第一，预算执行主体再优化。

（1）组建专业化市场经营部门。在上年试点的基础上，将资产证券化、家族信托独立为一级部门，专项承揽、承做某项业务；重组证券投资总部，专事标品业务。

（2）组建专门从事央国企业务承揽工作的经营开发部门。

（3）组建专业化资产管理部门。设立资产经营部、重组资产管理部，负责接收存续风险项目并做好后期清收、处置或盘活工作，让专业的人做专业的事。

第二，预算指标体系再优化。

（1）为新设的证券投资总部设立年末规模余额指标，并辅以新签合同收入额与现金收入指标（两指标目标值相同）。

（2）资产证券化部与家族信托办公室设立承揽、承做与年末余额规模指标，由于资产证券化业务相对成熟，辅以新签合同收入额与现金收入指标（两指标目标值相同）。

（3）为经营开发部设立央国企业务总体指标与自行承揽指标。

（4）为资产经营部设立资产盘活规模指标。

第三，预算编制方法再优化。

对转型创新业务，按照零基预算的方法，结合资源禀赋、对标行业上年均值进行目标设定。

第四，资源配置管理再优化。

（1）人员配置优化。积极引导传统业务人员向转型业务转移；招录市场化、专业化员工补充新设的 6 个专业部门。

（2）销售资源优化。组建标品业务销售通道，全力支持标品业务资金募集。

（3）继续为转型创新业务、资产处置业务腾出专项自有资金头寸与投资额度。

第五，预算考核政策再优化。

（1）引入"收入保障 + 规模折算"的机制。针对三大重点发展的业务，参考信托同业，同时将经济效益与规模贡献作为业绩提成基数，两端权重逐年调整。

（2）经营开发部门业绩双算机制。部门绩效薪酬理论上来自承揽业务，但实际操作中并不从承做部门扣减而是从薪酬大盘中专门调配，避免了部门间的利益冲突。

（3）资产处置部门内部移交定价、处置提成机制。引入第三方专业机构对移交资产进行评估确定内部移交定价，通过评估挂牌公开交易规范出售环节合规。

（4）增加鼓励业务乘数与保底机制，为转型创新业务与资产处置业务托底。

通过预算管理再优化，将业务转型、资产处置朝着专业化、规模化方向迈进一大步。在机制设定上，预算目标、资源配置与考核倾斜是相互联系的，扶持的重点随着业务的发展、经营重点的改变而改变，最终引导这些新设部门度过培育期，确保自食其力，尽快成为主要利润来源。

（三）成效分析

A 信托公司通过一系列预算优化措施，极大地调动了员工积极性，全体员工不再是被动等待上级安排工作，而是坚决将政策落实规模压降，积极抢订单创造效益，主动打硬仗拓展转型业务，有效促进公司健康平稳发展。

一是规模压降任务全面完成。2020 年、2021 年分别压降金融通道信托业务规模1 118 亿元、1 015 亿元，非标信托业务 2021 年压降规模超过 100 亿元，顺利打赢了规模压降的攻坚战。

二是阶段性实现业务转型升级。2022 年管理信托资产规模企稳回升，重新站上 3 000 亿元台阶，较年初增长 21%。特别是监管机构鼓励的转型创新业务得到了快速发展，如证券市场业务规模从 2021 年的 15 亿元增长至 2022 年的 262 亿元，增长了 16.47 倍，家族信托业务规模从 1 亿元增长至 2022 年末的 11 亿元，如表 10 所示。

表 10 　　　　　　　A 信托公司转型业务发展变化情况 　　　　　　　单位：亿元

序号	项目	2021 年	2022 年	2023 年 6 月末
1	证券业务	15	262	391
2	资产证券化	552	719	701
3	家族信托	1	11	15
4	长租房服务信托	26	46	54

三是引导人力资源正向流动。公司员工在转型发展的引导下，两年间超 20 人从传统业务部门、中后台部门调动到创新业务部门和资产清收部门，一方面转型效果不好的业务部门人员得到精简；另一方面调动了员工的积极性和创造性，为公司转型发展发挥优势。

四是引导业务部门转型提质。经过两年的发展，两个传统业务部门因业务后继无力，业务转型不及预期被淘汰；与此同时也有业务部门转型效果显著，业绩利润逐年提升。例如 C 部门从 2020 年的预算完成第六名，经过发展 2021 年预算完成第五名，2022 年第二名；K 创新部门，原业务团队在传统 B 部门快速发展，公司考虑其发展规模和发展速度，在原有团队基础上给予人力和资源配置，组建 K 创新部门，鼓励其持续推动专业化发展。

五是经济效益得到有效保障。2022 年 A 信托公司国资委合并口径实现营业收入 22.75 亿元，同比下降 2%；净利润 6.08 亿元，同比下降 27%（见表 11）。虽然两项指标受行业下行大环境影响均同比下滑，但降幅低于行业 31%、40% 的平均降幅。在 60 家披露年报的信托公司中，A 信托公司营业收入排名第 17 位，同比上升 9 位；净利润排名第 25 位，同比保持稳定。说明 A 信托公司发展总体保持稳健。

表 11 　　　　　　　A 信托公司主要财务数据变动情况

序号	指标	项目	2022 年	2021 年	同比变动
1	营业收入	金额	22.75 亿元	23.31 亿元	−2%
		行业排名（母公司口径）	17 位	26 位	上升 9 位
2	净利润	金额	6.08 亿元	8.3 亿元	−27%
		行业排名（母公司口径）	25 位	25 位	稳定

五、思考与启示

（一）先进的预算管理要高站位接地气

高站位，就是要把预算主体的发展方向、目标要求与发展痛点清晰地表达在预算中，将预算作为引领发展的主线；接地气，就是目标设定、分解下达与资源配置贴近预算主体的能力与诉求，并且紧密联系，预算管理合规、合适、不离谱。

（二）考核政策是预算管理的核心保障

要什么，就考核什么；考核什么，大家就重视什么。预算考核对预算管理效能的发挥起到举足轻重的作用。针对经营重点任务，必须敢于下重注、赋予高权重，突出核心目标。A 信托公司面对经营情况的巨大变化，及时将业务压降、转型创新、风险处置纳入核心指标并进行考核，确保了任务的高效完成。

（三）预算指标是经营目标表达的载体

指标是经营工作目标与要求的表达载体。指标选得准，针对性增强；指标不对路，目标易踏空。A 信托公司在行业快速发展时期，在风险可控的前提下，将现金收入设为核心指标，以效益为中心，以效益论英雄、"抓到老鼠就是好猫"，有效引领跨越式发展；在行业下行周期，以风险与转型并重，将业务转型规模与风险处置收款作为核心指标，有效确保了转型步伐快、经济运行稳。

（四）编制方法对路能够避免讨价还价

预算编制前事前算赢、摸清底数，才能对总体目标的确定、分解做到心中有数，才能避免预算执行者与预算管理者多重讨价还价。同时，预算编制方法选择恰当、保持一致，才能确保两级预算主体处于一个频道，不至于南辕北辙。

（五）资源配置是确保预算完成的关键

目标很大而资源有限是预算主体常常需要面对的窘境。在预算管理过程中，要有零基预算的思维与举措破解预算资源僵化、固化的情况，根据目标需要重新布局。带兵打仗需要子弹，只有做好资源的优化配置，才能提高投入产出效率。

（六）过程引导将影响预算完成的效率

抓好预算过程管理，及时做好汇总、分析、通报、奖优、预警、罚劣，才能让各预算主体坐不住、等不得，产生"时时放心不下"的责任感、"一刻都等不得"的使命感、"马上要掉队"的危机感，才能提高预算执行效率，确保预算完成。

（七）管理并非一日之功难以一蹴而就

推动预算管理提升，需要有推倒重来的试错精神，更需要持之以恒的耐心定力，以持续不断地应对变革过程发现的新问题、新挑战，提出新思路、新举措，将变革推进向更深领域。同时，任何管理升级都不是一蹴而就，要有精益求精的工匠精神，反复实践，反复总结、持续优化，直至确立一套适应新形势的制度体系，为公司可持续、高质量发展保驾护航。

（中铁信托有限责任公司　李正斌　马东开　石光瑞　张利彬　史亚伟　张桃安）

第三篇

成 本 管 理

责任成本分析在地铁项目成本控制中的应用

【摘要】对于处于微利时代的建筑企业而言，成本管理无疑是其获取更大收入的关键，因此，它不仅需要构建一套完善的企业制度，还需要采取科学的财务管理措施，以及加强对各种费用的监督，以确保其合规性、可持续性，从而使其获取更多的收入，并且可以更好地开拓市场，从而获取更多的商机，进而获取更大的社会价值，以确保公司能够达到预期的经营效益，并使其获得更高的市场价值。

本文旨在探讨天津地铁 X 号线 X 标段成本控制的有效性，以责任成本控制为理论基础，深入剖析该项目存在的问题，并给出有效的改善建议，以期实现项目成本的有效控制，从而提升项目的收益。本文旨在深入探讨如何建立一个有效的责任成本控制体系，以满足施工项目的特殊性、责任成本的复杂性以及管理流程的复杂性，使得一线管理人员能够更加轻松地掌握并应用这一控制体系。提高项目成本管理效果，进一步促进执行者综合素质提升。

一、成本控制研究的目的和背景

在市场经济条件下，各建筑工程施工企业的共同目标是如何加强和改进成本控制，不断提高施工企业的管理水平，以节约成本、最大限度地提高企业的经济效益为手段来面对当前竞争日益激烈的建筑市场。建筑工程施工成本控制是指在工程成本的形成过程中，指导、监督、调节和限制工程建设过程中所消耗的人力资源和费用支出，及时预测并纠正未来，在成本控制方案的范围内控制各项建设费用。工程项目成本控制是建筑企业管理的一项重要内容，那么行业内共同关注和迫切需要解决的关键问题，就是如何合理地将成本控制在预期内，以确保经济效益最大化，从而提高企业的市场竞争力。

在经济组织中，工程项目的施工建设位于第一层级，占有重要地位。企业管理的主要目的是盈利。在此情况下，公司作为利润中心，应承担建设项目的成本责任，清晰定义其"责""权""利"，实行项目成本的责任制管理制度，并将项目成本核算作为项目管理的主要内容使建筑施工企业在追求经济效益和提高管理效率的同时，也在扩大其生存空间。考虑到当前的情况，为确保人人都认清成本控制的重要性并正确解读施工单位所面临的通病，我们需要考虑工程项目成本控制过程中的各影响因素及各个环节。通过分步实施和责任到人，以激发大家的积极性，从项目开始就构建体系，从而增强员工对成本控制的关注度。

（1）改变管理层和员工的思维方式，从而实行责任成本管理，在转变观念之前，不考虑生产成本，偏重产值，忽略利润。应从注重劳动生产率、增收创效、利润率、重视现金流等角度改变管理模式，最终提高企业的经济效益。

（2）严格的成本核算可以提高项目成本管理的准确性，提高项目实施速度，提高项目质量等，成本管理的有效性直接影响到成本的质量，刺激项目的进度，从而提高项目的整体回报。

（3）建立成本管理责任制，可以增强员工的积极性，培养员工的责任感，提高资源利用率，最终提高整体工作效率。

二、责任成本管理理论

责任成本是指在组织系统范围内将成本责任分解到各岗位，由各责任主体承担相关管控责任的管理方法。责任预算是进行成本目标控制的重要手段。这种方式使项目的各种经济责任之间条理有序，能够对成本进行精确地掌握，从而使得管理有序，加强成本控制。责任成本管理首先要确定责任成本目标，其次对责任目标进行分解，成立责任中心，实现责任中心与责任目标的对应，最后达到实现责任目标的目的。

责任成本理论的主要特点是它总是集中在两个要素上：负责人和责任，负责人在分担责任后，将把责任建立在节约成本、任何业务流程或与项目建设费用相关的变更上，实现通过建立奖惩机制，根据项目收益情况对相应人员进行奖罚，并直接挂钩个人收入，这种模式可以充分调动项目管理人员的主观能动性，最大程度增加项目利润。

利润是企业经营的核心目的，失去了利润企业将不复存在，利润的高低决定企业的发展质量和速度。建筑企业的利润与施工项目利润具有极强的关联性，项目成本管理作为建筑企业管理的重心，建筑企业开展责任成本管理的根本目的就是项目取得利润最大化。其实质可用公式表达为：责任成本＝责任收入－应上缴利润。

三、地铁施工项目成本管理特点

（一）施工周期长

大部分地铁工程都是政府优先处理的项目，往往需要较长的施工期才能完成。在地铁施工过程中，地下管道、管线等也需要移动，而且地铁施工要求高，检查频繁，施工过程中经常因突发情况而导致延误的出现。事实上，不少地铁的服务期限其实比合同规定的还要长。

（二）施工难度大

与其他建筑行业相比，地铁的建设是困难的。不仅更多地受到外部冲击，其特殊之处还在于：协调工程量大，施工过程中需要进行管线拆迁、改变交通管制、靠近房屋建筑物保护等工作；在设计的影响下，很多工程为了缩短建设周期，往往以预攻图为标书，开工后再从施工细节逐步看，这些都是典型的"三管齐下"工程，建筑工程第一阶段的计划就会因为前期设计图纸简单而举步维艰，工程复杂性的变化，在施工过程中经常遇到复杂的地质条件，导致不可预测的变化，在这种"三边"施工条件下，初步设计不能完全满足所有施工条件；高价地铁建设项目是一个大城市的城市基础设施，投资规模大，需要项目顺利实施，这就需要承包方提供更高水平的技术和管理服务；施工风险大、地铁项目建设周期长、经济环境波动、人工材料成本上升、沿线复杂的条件，以及跨越线路与地基所面临的种种风险。

四、天津地铁 X 号线 X 标段成本管理案例分析

近 20 年来，我国城市地铁进入了快速发展阶段。尤其现在城市发展非常快，国家对发展城市地铁也开始大力扶持。在这样的背景下，中国的地铁规模日益壮大，但仍远低于日本等国家，具有巨大的发展前景。特别是"十三五"期间，我们正式启动新的城镇化规划，城镇化速度在 30% ~70% 之间，市场规模将快速增长。据国家统计局数据显示，到 2020 年末我国城市化率已超过 60%，到 2025 年将达 65.5%。天津市总人口超过 1 560 万，城镇化率约为 84%。2020 年，全国有 60 多个城市开通了近 8 000 公里的线路。全国地铁市场的巨大需求为大型建筑公司带来了发展机遇。同时，兴建地铁是一项新的基建，我们在管理这类工程方面经验不足。

（一）天津地铁 X 号线 X 标段概况

天津地铁 X 号线 X 标段主要工程为车辆段土建施工及全线铺轨施工。合同内工程包括单体建筑 14 个，总建筑面积 118 028.72 平方米。铺轨辅助线长 1.28 公里，正线单线长 30.48 公里（其中左线长 15.25 公里，右线长 15.23 公里），车辆段场区轨道及出入段线长 22.08 公里。

共包含两个单位工程，分别为基地综合工程和轨道工程，其中基地综合工程共计包括路基工程、站场道路工程、附属建筑、管线（道）工程、建筑与结构工程等 21 个子单位工程。

车辆段综合基地占地面积 41.7 公顷，铺轨辅助线长 1.28 公里，正线单线长 30.48 公里（其中左线长 15.25 公里，右线长 15.23 公里），车辆段场区轨道及出入段线长 22.08 公里。标段内共包含单体建筑 14 个，总建筑面积 118 028.72 平方米，其中停车列检库建筑面积 41 835.20 平方米，联合检修库建筑面积 53 373.91 平方米。

工程于 2014 年 8 月 25 日以集团公司名义中标，中标标价 17.95 亿元，合同工期 2014 年 8 月至 2016 年 6 月，因业主出现重大设计变更，自 2014 年 12 月至 2016 年 4 月停工，合同竣工日期调整至 2019 年 2 月。于 2021 年 1 月 13 日完成竣工结算审核，核定结算金额 97 773.27 万元。

人员定额：下设五部两室，定员 42 人，其中：领导班子成员 5 人、工程部 18 人、安质部 4 人、财务部 3 人、工经部 6 人、物机部 6 人、综合办公室 3 人。

（二）天津地铁 X 号线 X 标段施工成本管理现状

1. 费用要素的成本构成

X 标段项目部的核算方法以会计核算为主，辅以各种形式的统计核算。项目成本核算主要分为两部分。第一部分是项目建设成本，即直接成本。直接成本是指完成合同所发生的、可直接计入成本核算对象的各项费用支出，主要包括人工费、材料费、机械使用费、其他直接费用。

（1）人工费。是指直接从事建筑安装工程施工的生产工人开支的各项费用，包括工资、奖金、工资性质的津贴、生产工人辅助工资、职工福利费、生产工人劳动保护费等。

（2）材料费。包括施工过程中耗用的构成工程实体的原材料、辅助材料、构配件、零件、半成品的费用和周转材料的摊销及租赁费用。

（3）机械使用费。包括施工过程中使用自有施工机械所发生的机械使用费和租用外单位（含内部机械设备租赁市场）施工机械的租赁费，以及施工机械安装、拆卸和进出场费。

（4）其他直接费用。包括施工过程中发生的材料二次搬运费、临时设施摊销费、生产工具使用费、安全生产费、检验实验费、工程定位复测费、工程点交费、场地清理费等。

成本的第二部分是间接费用。间接费用是指施工单位为组织和管理施工生产活动所发生的施工间接费支出。其具体的费用及其主要内容包括：管理人员薪酬、劳动保护费、固定资产折旧费及修理费、房屋租赁费、物料消耗、取暖费、水电费、办公费、差旅费、业务招待费、保险费等。

2. 项目核算经营结果

截至项目竣工结算，天津公司项目部开累主营业务收入 70 329.75 万元、其他业务收入 38.23 万元、营业成本 60 686.28 万元、税金及附加 431.04 万元、财务费用 −0.89 万元、研发费用 2 524.94 万元、减值损失 20.96 万元、营业外收入 −2.99 万元，开累利润 6 709.05 万元，利润率 9.63%。实际经营情况如表 1 所示。

表 1　　　　　　　　　　　　　项目经营情况　　　　　　　　　　　　单位：万元

序号	项目	审计核定金额
1	一、账面验工计价	72 194.81
2	加：已验工未入账	
3	加：已完工未计价	

序号	项目	审计核定金额
4	减：超验	
5	二、项目实际产值	72 194.81
6	减：增值税	1 865.05
7	三、项目主营业务收入	70 329.75
8	四、项目其他业务收入	38.23
9	五、账面成本	65 194.84
10	加：应计未计成本	1.29
11	减：多列或不属于本项目成本	4 509.85
12	六、实际成本	60 686.28
13	七、项目毛利	9 681.71
14	八、管理费用（研发）	2 524.94
15	其中：上级单位管理费	
16	九、财务费用	− 0.89
17	其中：上级单位资金占用费	
18	汇兑损益	
19	十、税费及附加	431.04
20	十一、营业外收（−）支（+）净额	− 2.99
21	十二、资产（信用）减值损失	20.96
22	十三、项目利润	6 709.05

3. 项目利润完成情况

项目开累利润 6 709.05 万元，较责任成本目标利润 9 775.84 万元（目标利润率 13.90%）减少 3 066.79 万元。未完成目标利润的主要原因如下：

（1）项目赶工，调整施工组织安排，增加成本。项目部在停车列检库施工时，为保障后续钢结构吊装及装饰装修工程的节点工期，于 2017 年 12 月进行冬季施工，较责任成本增加热风炮、篷布等措施费，增加成本 59.10 万元。

在联合检修库、停车列检库施工时，混凝土罐车因场地限制无法进入浇筑点，项目部增加地磅运送混凝土 2 452.00 立方米、泵送单价 18.50 元/立方米，金额 4.54 万元；施工基本完成后，对上述工号的部分未完成浇筑的位置增加 29 米泵车运送混凝土 1.48 万立方米，单价 30.00 元/立方米，金额 44.42 万元。增加 25 米混凝土泵车运送 302.00 立方米，单价 20.00 元/立方米，金额 0.60 万元。

项目部为了赶工，调整施工组织安排进行夜间施工，累计增加照明设备（LED 投光灯、电缆线、爆闪灯等）支出，经项目部统计，增加成本 5.11 万元。

项目部原计划由相关劳务队伍自带木模板完成现场水泥浇筑作业，并要求木模板在完成每道工序后进行拆除周转使用。但实际复工后，现场作业面全面展开，为满足施工生产进度，取消了木模板拆除周转使用，而是新增木模板在多个作业面同时施工。

（2）停工期间经费支出，增加成本。项目部因业主重大设计变更，自 2014 年 12

月至 2016 年 4 月停工，经项目部统计，期间累计增加经费支出 795.65 万元。项目复工后积极收集资料，向业主上报索赔事项，但未能取得批复，以上内容全额增加成本。

（3）因环境保护要求，增加成本。一是项目部根据业主有关"文明施工 5 个百分百"的要求，对现场全部土面裸露体进行苫盖，累计购置密目网、防尘网等 513.22 万元，且因苫盖面大、土方施工多层作业，又专门外聘人员进行上述施工，增加人工费用 53.79 万元，以上合计较责任成本增加 567.01 万元。二是项目部根据天津市建委关于扬尘环保的专项要求，增加购置扬尘监控设备成本及现场测点服务费 70 万元。

（4）竣工验收及结算滞后，施工任务不饱和导致人员闲置，增加经费支出 392.02 万元。

项目部在 2019 年 2 月合同工期结束后，进入工程验收及竣工结算阶段，现场施工任务不饱和，且为保持完整编制，管理人员未能进行及时调配。期间平均在岗职工约 60 人（含劳务派遣人员 10 人），经项目部统计，增加经费支出约 392.02 万元（月均每人 6.54 万元）。

（三）天津地铁 X 号线 X 标段成本管理的主要问题

1. 成本过程控制方法缺少科学性

项目部没能制定出一套适合自身项目的成本控制体系，仅仅是照搬集团公司已有的成本管理方面的相关制度，责任成本预算编制不全面且更新不及时，在成本控制阶段只是进行了事后成本分析工作，仅从财务角度披露的数据进行分析探究，事前和事中的成本预测和决策工作仍然做得不够充分，对项目已经存在的问题缺乏更进一步的分析。

项目部于 2017 年 10 月取得公司批复责任成本预算，确定目标利润率为 13.90%。项目责任成本预算内容不全面，显示的合同额仅为 43 153.35 万元，与竣工结算施工任务额偏离较大，并且仅对站场路基工程、综合楼、停车列检库、联合检修库、工程车库、物资总库、咽喉区的结构及建筑工程进行了成本测算，而上述工号对应的装饰装修、给排水及消防工程均无责任成本，出现了以部分业主合同清单项测算整体情况的现象，造成目标利润率与项目整体情况无法匹配，丧失了指导作用。

2. 分析工作流于形式，丧失对现场的管控作用

项目部于 2020 年第二季度开展责任成本分析工作。本次责任成本分析仅以表格形式统计了各工号实际成本数据，并以项目部自测责任成本比较偏差情况，主要问题：首先，项目部自测责任成本缺乏支撑性资料且无公司审批；其次，项目部仅以表格及数据的方式列示偏差金额，未开展偏离原因分析，缺少工、料、机及经费成本分析说明，对材料价格上涨、消耗材料节超及扣款情况、停工期间经费超支情况等影响经济效益的重要内容未进行披露，造成责任成本分析的结果无法满足对现场的管控。

3. 成本考核制度存在缺失

没有明确"责""权""利"责任制分权管理方式，没有达到权力、责任以及利益

的和谐统一，导致在考核及分析的过程中有责任不承担、有权力不使用、有利益不给予等问题。施工现场生产用具领用自如，材料节超、设备损耗不受重视，导致付出与回报不成正比，长此以往，将降低职工的工作积极性与思想高度，使成本管理形同虚设。

4. 成本预算管理工作需进一步加强

天津地铁 X 号线 X 标段开工前，公司已下达了一套责任成本，可是已制定的责任成本存在缺乏现实根据、组织架构不完整、方法不完善等不足之处。如果使用粗放的成本控制手段，来引导项目整体成本控制工作，达不到预期的控制效果则成为必然结果。

在进行成本控制过程中，项目应注重材料成本、分包成本、安全生产费、资金流，不应只将重心放在为了完成合同中业主对具体施工节点的约定上。天津地铁 X 号线 X 标段因业主重大变更，为赶工期，造成了各项成本超出预算的现象。

五、施工企业项目责任成本控制体系的建立

针对项目出现的问题公司拟成立责任成本机构。该机构是施工企业项目责任成本控制体系架构的基础。责任成本机构应成立领导小组，一般分为两个架构：第一个领导小组是施工企业层面，需公司总经理和公司机关相关的职能部门组成。领导小组主要职责是制定责任成本管理办法，并下达有据可依的责任成本，对项目进行考核兑现等。第二个领导小组是项目层面，由项目经理和各职能部门以及工区组成，主要职责是对责任成本进行划分，对责任成本进行二次分解，负责对项目内部各部门进行考核兑现等工作。在机构的建立过程中，要优先选择素质高、有责任心、肯担当的业务骨干。项目经理是项目责任成本控制工作的第一责任人，选人要慎之又慎，项目经理的作为影响着责任成本控制的最终结果。

（一）责任成本实施流程

责任成本管理应以合同为依据，围绕合同的订立及履约开展，遵循"谁管理、谁负责"的基本原则，实行系统管控、分类管理。责任成本管理应实行"大成本、全周期、全链条"的管理理念，我们将责任成本管理工作分为 4 阶段和 22 环节（见图 1、图 2），

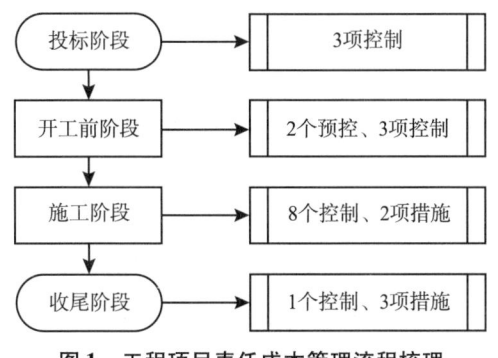

图 1　工程项目责任成本管理流程梳理

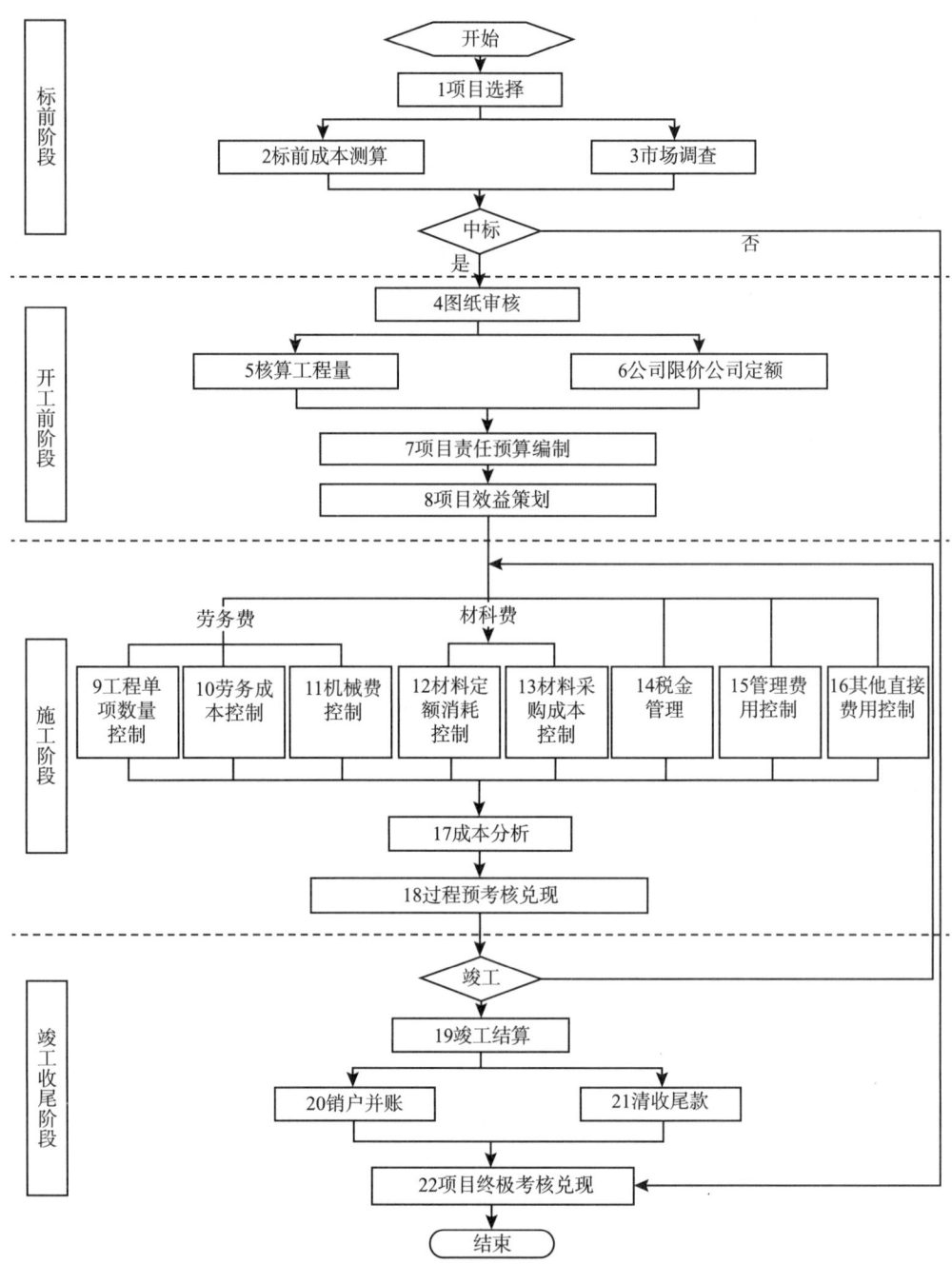

图2　工程项目责任成本管理流程梳理

形成项目经营承揽、施工方案预控和成本预测、项目责任预算、项目责任目标分解、项目工程量和成本控制、项目成本核算和分析、项目考核兑现等环节，闭合整个项目责任成本管理全过程、建立高效的管理流程，形成科学、有效、完善的项目成本控制方法。

（二）完善项目成本控制小组组织结构

1. 简洁高效的项目成本管理机构

项目成本管理第一责任人是项目经理，项目各部门负责人为成员，做到责任到人。同时，从量化的基本原则出发，实现成本控制的转移，在每一个工作流程中都要进行成本优化。根据各个业务部门的职责范围、考核要求进行责任划分。

2. 加强人、材、机的管理

（1）劳务费控制：人工费是项目总成本占比第二的成本类型，绝不应忽视人工成本控制，有效地管理人工成本同样可以给项目带来利润。我们应基于预算限定严格掌控合同单价，严格按照预算定额与分包单位签署合同。人工是工程项目运作的关键，我们需要根据项目实际施工节点和安排具体需求调整人员分布，合理规划施工人员的人数，避免大量人手导致效率减低，出现因人员过多而造成的窝工现象，从而增加了人工成本。

（2）材料费控制：是指施工过程中所耗费的原材料、辅助材料、构配件、零件、半成品或成品、工程设备的费用，包括材料的原价、运杂费、运输损耗费、采购及保管费材料费，工程构成工程实体的重要组成部分，也是工程成本构成的主要组成部分。工程材料的价格具有一定波动性，在工程成本中占较大比重。应选择价格低、运费少、质量好的供应商同时认真落实材料进场计量和验收工作。对数量不够、质量达不到要求和规范的材料不只不进场验收，还要向供货商要求索赔；严格限额领料制度，按照预算物资的消耗损耗定额，对于物资的接收，做到按需领取，坚持余料回收，避免物资浪费；引进节能环保的新材料新产品，既能有效降低地铁建筑材料的造价和使用量，又能提高资源的利用效率，提高企业效益，达到控制成本的目的。例如，在建筑中进行混凝土拌制时，会用粉煤灰代替一部分水泥。因此，通过减少水泥材料的使用，大大提高了水泥的性能，最终实现降低成本，达到了成本控制的目标；加强现场管理，材料合理计划，减少资金占用，进场合理堆放，减少二次搬运，减少仓储和堆积损耗。但特别强调的是，必须在保证工程质量和施工进度的前提下，才能降低材料成本，不能以"偷工减料"去节约成本。

（3）机械费控制：一个新的工程项目会使用各类大中小型机械设备，这些机械设备的售价低的要十多万元，高的可达上百万元。对小型设备来说，这可能相对可以接受，但是，对大中型设备，因为价格昂贵，直接购买会极大地增加资金占用和设备的日常维修保养开销。若选择租赁，需要考察市场上对于这类设备的供应是否充足，避免在工程施工中出现无设备可用的状况。建筑施工公司通常选择以月租的形式对机械设备进行租赁，这可能会导致机械设备的闲置，增加工程成本。因此，必须根据项目的实际需求和公司的具体条件，全面评估，选择使用成本最低的方法，以降低机械成本。

3. 加强项目责任成本的考核

经过精细的成本考核分析，责任成本控制部门不仅要能够准确地掌握项目盈亏，而且要能及时发现并纠正失误。此外，通过严谨的考核分析，可以为各个责任中心提供可靠的业务指导，从而更好地完善责任成本管理体系。为了更好地管理企业的成本，我们需要建立一套完善的考核机制，以便更加客观、准确地评估项目负责人及全体职工的表现，并依照考核结果给予适当的激励。这样，不仅可以激发全体职工的工作积极性，而且可以有效地推动责任成本控制机制，从而达到预定的管理目标。

（1）考核原则：在进行奖励或者惩罚方面，应根据客观情况进行评估，做到及时性、科学性、公平性。并确保遵守相关管理办法及制度，以责任合同规定应上缴的利润金额为计算基础，通过各部门之间的成果给予适当的报酬，并确保每个人都得到相应的回报。希望通过这种方式，鼓舞每个人的积极性，并最大限度地提升整个项目的业务水平，获得更高的利润。

（2）考核内容：项目的考核应以员工的工作表现、职责、成就、效率等多个维度来衡量，并将其细分为多个指标，每个指标都有一个明确的得分，并附上详细的文字说明。

（3）实施绩效考核时遵循的原则：为了保证公平、准确、有效的考核，我们应该遵循以下原则：透明度高、效率高、合理性高、可靠性高。我们应该建立有效的监督机制，定期对考核结果进行审查，项目各责任中心自负盈亏，这也是责任成本控制的重要表现方式。项目中的每一位成员都应该承担相应的责任，实现风险共担、利益共享。实际成本与责任成本偏差形成亏损的部分应当采取风险抵押金和效益工资的抵减其所带来的亏损，而实际成本与责任成本偏差形成利润的部分，则应当将其全额拨付给相关人员，无须再向上级单位上缴超额利润。

（4）建立奖惩机制：为了有效地实施责任成本考核，我们必须构建一套完善的激励与约束措施。此外，我们还必须结合员工的表现，以及其他因素，合理设计出一套完善的激励与约束体系，以此激励员工不断提高自身的能力，并为其带来更多的回报。通过岗位工资×岗位系数＋绩效计算方式，多维度的绩效考核和统一的绩效表现，以及多种权重系数的权衡，此外，还需要通过责任成本领导小组的审查，以及其他相关的绩效管理措施，来实现对员工的有效激励。为了实现更好的绩效，我们必须不断改进方法，以尽可能地降低施工成本，并尽可能地提升效益。必须不断改进薪酬福利机制，并且通过适度的奖惩来鼓励员工团队，让每个人都能发挥自己的才能。

目前，我国地铁建设进展迅速。城市化进程特别迅速，政府更加重视地铁建设。总括来说，地铁市场迅速扩展，对建筑公司来说是一个好机会。与此同时，越来越多的建筑施工企业开始进驻地铁施工项目，这也加剧了市场竞争的激烈性，参与其中的施工企业的利润水平也受到了影响。因此，企业必须从内部成本控制入手，构建责任成本管理体系，确保体系的科学性和合理性。只有这样，才能确保建筑公司符合市场竞争，使效益最大化。

（中铁三局集团有限公司　王思琪）

变动成本法在地铁管片生产基地经营决策中的应用

【摘要】面对日益激烈的市场竞争环境，企业要求得长期的生存和发展，就需要关注成本这条企业的生命线，拥有成本优势才能在市场中站稳脚跟。本文介绍了变动成本法在地铁管片生产基地短期经营决策中的应用，在阐明企业的现实境况与存在问题基础上，进一步说明实施变动成本法的必要性，从而引出变动成本法的理论依据，比较变动成本法和完全成本法应用的不同，在进行成本性态分析的基础上，举例说明变动成本法在企业经营决策中的具体应用。通过对变动成本法的应用，企业经营决策效率、成本控制意识、会计信息质量等方面均得到较大提升，在应用过程中同时还总结出一系列变动成本法的应用条件、成功关键因素以及优缺点等方面的经验，提出变动成本法推广应用的建议，指出变动成本法在加强企业内部经营管理方面的优势，从而促进变动成本法在企业中的应用，推动企业可持续发展。

一、背景描述

（一）单位基本情况

2010 年初，A 公司为适应国内城市轨道交通发展的大趋势，应对铁路建设市场变化，在开拓占领铁路、公路市场的同时，将参与城市轨道交通建设制定为公司战略转型发展的大方向。2010 年 8 月，A 公司成功进入成都地铁市场，在成都市青白江地区建设第一家地铁管片生产基地，该基地拥有三条管片自动生产线，年生产能力 2.7 万环，先后中标成都地铁 1、2、3、4、6、7、8、9、10、13 号线共计 20 余万环地铁管片生产任务。

A 公司现有的三条管片生产线，是由 A 公司自主设计、建设完成，也是目前西南地区最先进的管片自动生产线，该工程获中国中铁科技一等奖；地铁管片产品"衬砌管片室内水自流循环养护池"和"衬砌管片干湿热养护系统"获实用新型专利授权，该技术纳入股份公司首批"重点节能低碳技术"目录库；由基地生产的预制混凝土衬砌管片产品荣获"四川名牌"荣誉称号，参与建设的成都轨道交通 7 号线地铁荣获"国家优质工程奖"。

基地现有专业技术人员 14 人，技师 25 人，高级技师 10 人，特级技师 3 人，90%以上的直接生产员工具有 10 年以上的实践经验，其中大部分具有中、高级技能水平。

（二）存在的主要问题

1. 市场竞争加剧，业务规模萎缩

根据调查统计，目前成都地区内的管片生产基地除 A 公司管片基地外还有 9 家，9 家管片基地中仅 1 家成立于 2006 年，早于 A 公司地铁管片生产基地，其余 8 家均在 2014 年后成立，且新成立的管片生产基地以平均每年新增一家的速度稳步增长，市场竞争趋于白热化。随着成都地区管片生产市场竞争的加剧，A 公司地铁管片生产基地近年来业务规模逐渐下滑，难以在成都地区保有稳定的市场份额，特别是四川 SW 轨道交通科技有限公司于 2019 年 3 月成立后迅速占有市场，成都轨道交通 13 号线、17 号线、19 号线、27 号线、30 号线、8 号线二期、资阳线、成眉线等均有其参与，A 公司地铁管片生产基地的优势已然不是非常突出。

2. 合同订单不足，面临停工风险

囿于地铁管片产品属性的特殊性，A 公司只能采取订单生产销售模式，即根据业主订单的需求量和交货期来进行生产安排，并据此进行验工结算实现销售，当后续无合同订单接续时，将面临停工的风险。目前，A 公司在手合同成都地铁 13 号线管片生产任务即将完工，后续仍无合同接续，面临停工。停工期间，将持续发生固定性的折旧、摊销及管理费成本，对 A 公司利润将造成损失。

3. 资源闲置浪费，价值发挥受限

A 公司自 2010 年投资建立管片生产基地以来，经过 10 多年的发展，该基地现拥有自动化生产线三条，年生产能力达到 2.7 万环。近年来，随着管片业务规模的萎缩，市场占有率下降，部分设备因产能利用不足而闲置，闲置时间越长，其减值就越大。根据企业会计准则的规定，闲置资产依然需要计提折旧，并且根据《中华人民共和国企业所得税法实施条例》的规定，房屋、建筑物以外闲置资产计提的折旧不得税前扣除，这对企业来说是一种双重压力。企业闲置资产因常年计提折旧而不产生效益，极易造成资源浪费，影响企业整体经济运行质量。

（三）选择变动成本法的主要原因

1. 基于企业经营发展战略的需要

根据成都市轨道交通第五期建设规划，在 2024 年至 2029 年拟开建 12 号线一期、9 号线二期、16 号线一期、23 号线一期、18 号线四期等 10 个项目，总规模 199.83 公里，有着巨大的地铁管片潜在市场。面对日益激烈的市场竞争，A 公司试图通过实行成本领先战略来降低产品成本，使其低于竞争对手的成本，甚至能长期处于行业低水平状态，以构建竞争优势。在此情况下要求企业产品成本核算更加准确，能够提供更加科学有效的成本信息，以便于成本控制，同时为管理层进行经营决策提供强有力的支撑依据。

2. 盘活闲置资源，提高投入产出效率

A 公司地铁管片基地实行工厂化管理，多年来从事地铁管片生产，通过长期的生产实践，储备了经验丰富的专业人才。实现生产所需的厂房、设备、人才一应俱全，软硬件实力皆具备。由于地铁管片生产受制于区域限制和政府地铁建设规划影响较大，合同订单呈现出"青黄不接"之势。为避免长期停工，企业须频繁变更短期经营决策，承接一些临时订单，在"有利可图"情况下持续进行生产，以盘活现有闲置资源，从而提高资产利用效率，促进资产有序流转，实现资产价值最大化。同时由于城市轨道建设项目资金流较好，地铁管片业务资金回收较快，有力保障了企业生产经营现金流。

二、总体设计

（一）应用变动成本法的管理目标

通过应用成本性态分析，比较变动成本法和完全成本法下产品的盈利能力，为正确制定经营决策、科学进行成本计划、成本控制、成本定价与考核提供有用信息。

（二）应用变动成本法的总体思路

A 公司应用变动成本法，按照成本性态分析、变动成本计算、损益计算三个程序进行。

1. 变动成本法概述

变动成本法，是指企业以成本性态分析为前提条件，仅将生产过程中消耗的变动生产成本作为产品成本的构成内容，而将固定生产成本和非生产成本作为期间成本，直接由当期收益予以补偿的一种成本管理方法。

成本性态，是指成本与业务量之间的相互依存关系。按照成本性态，成本可划分为变动成本、固定成本和混合成本。

变动成本，是指在一定范围内，其总额随业务量变动发生相应的正比例变动，而单位成本保持不变的成本。

固定成本，是指在一定范围内，其总额不随业务量变动而增减变动，但单位成本随业务量增加而相对减少的成本。

混合成本，是指总额随业务量变动但不成正比例变动的成本。

2. 变动成本法的理论依据

管理会计理论认为，产品成本与期间成本是不同的概念，应当明确区分。产品成本是在产品生产的过程中发生的，随产量变动而变动，根据这一原则，只有直接材料、直接人工以及变动制造费用是在产品生产过程中发生的。期间成本不随产品实体流动，而随生产经营期间变动，对于这部分成本应当在发生当期计入损益，由当期销售收入补偿。

固定制造费用是为企业提供一定的生产经营条件，以便保持生产能力而发生的成本，同产品的实际产量没有直接联系，既不会因产量的提高而增加，也不会因产量的下降而减少，实质上是与特定会计期间相联系所发生的费用，和企业生产经营活动持续经营期的长短成比例，并随时间的推移而消逝。故变动成本法下固定制造费用属于期间成本，应当在其发生的当期全部列入损益，作为该期销售收入的扣减项。

3. 变动成本法与完全成本法的比较（见图1）

基于变动成本法，完全成本法则是指在计算产品成本和存货成本的时候，需要在一定期间内将生产过程中消耗的直接材料费用、直接人工费用、变动制造费用和固定制造费用等全部归纳到产品成本和存货成本计算的成本方法。

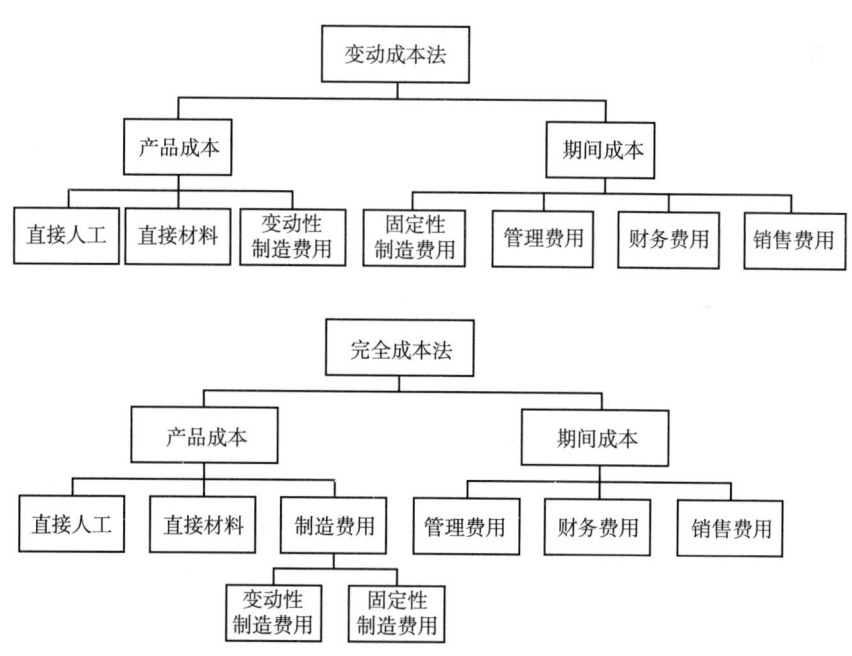

图1 变动成本法与完全成本法成本构成的比较

（1）成本构成不同。

①变动成本法将生产过程中消耗的变动生产成本作为产品成本的构成内容，而将固定生产成本和非生产成本作为期间成本。

变动成本法下产品成本＝直接材料成本＋直接人工成本＋变动制造费用

期间成本＝固定制造费用＋管理费用＋财务费用＋销售费用

②完全成本法把全部成本按经济用途分类，将全部生产成本作为产品成本的构成

内容，非生产成本作为期间成本。

$$完全成本法下产品成本 = 直接材料成本 + 直接人工成本 + 变动制造费用$$
$$+ 固定制造费用$$

$$期间成本 = 管理费用 + 财务费用 + 销售费用$$

（2）对利润影响不同。在变动成本法下，利润的计算通常采用贡献式损益确定程序计算营业利润；而在完全成本法下则必须按传统式利润确定程序计算营业利润。两种方法下计算营业利润的公式如下：

$$变动成本法下营业利润 = 营业收入 - 变动成本 - 固定成本 = 营业收入 - （直接人工 + 直接材料 + 变动制造费用） - （固定制造费用 - 管理费用 - 财务费用 - 销售费用）$$

$$完全成本法下营业利润 = 营业收入 - 营业成本 - 期间成本 = 营业收入 - （直接人工 + 直接材料 + 变动制造费用 + 固定制造费用） - 管理费用 - 财务费用 - 销售费用$$

变动成本法下，固定制造费用全部计入当期损益，抵减当期销售收入。完全成本法下，固定制造费用计入产品成本，当本期存在期末存货时，本期发生的固定制造费用需在期末存货和本期销售存货之间分配，以至于本期销售存货的成本会减少。因此当本期存在期末存货的情况下，变动成本法下计算的营业利润会低于完全成本法下计算的营业利润；当本期不存在期末存货的情况下，变动成本法下计算的营业利润会与完全成本法下计算的营业利润一致。

4. 应用思路

（1）以成本性态分析为基础，计算产品成本。在变动成本法下，为加强短期经营决策，按照成本性态，企业的生产成本分为变动生产成本和固定生产成本，非生产成本分为变动非生产成本和固定非生产成本。其中，只有变动生产成本才构成产品成本，其随产品实体的流动而流动，随产量变动而变动。

（2）比较完全成本法和变动成本法下产品盈利能力，作出管理决策。完全成本法下，如果合同订单单价低于单位生产成本，企业往往会放弃该订单。变动成本法下，如果合同订单在企业的生产能力范围内，且生产能力无法转移，同时不另外追加投入专属成本，只要该订单的单价大于该产品的单位变动成本，就应当接受订单；如果接受订单需追加投入专属成本，则接受订单的条件应当满足接受订单产生的边际贡献大于追加投入的专属成本；如果企业生产能力可以转移，则生产能力转移可能产生的收益作为接受订单的机会成本，当接受订单产生的边际贡献大于该机会成本时，订单可以接受。

三、应用过程

（一）管理体系及职能职责

建立主要领导挂帅，总经济师具体负责，系统分管领导、项目分管领导协同负责的商务管理体系，下设以商务管理部为组长，工程管理部、财务部、人力资源部、物资机械部等部门为组员的成本测算工作小组，并进行职责分工。

（1）商务管理部：负责分包成本等测算；项目分包限价；收集同行业同地区利润指标数据；收集行业或地方政府相关预算定额、施工定额；企业内部定额、政府发布的相关调价政策文件，指导成本测算工作。

（2）工程管理部：负责牵头组织现场施工调查工作。负责组织施工图审核；负责提供施工组织设计、重难点工程施工方案、临时工程施工方案以及主要工料机资源的配置计划；负责组织核定材料用量、材料消耗系数；负责组织清理工程数量、运距及临时工程数量计算；负责安全生产所需资源配置计划；实验室负责核定设计配合比、编制试验检测大纲。

（3）财务部：负责现场管理费用测算、财务费用测算及财税筹划；明确自有设备折旧、周转材料及机具摊销标准。

（4）人力资源部门：负责初步制定人员配置标准、人员薪资标准等费用。

（5）物资机械部：依据工程部门提供的设备及物资需求方案，负责组织制定设备、物资（周转材料）配置方案；负责材料、周转料、机械设备采购及租赁的价格调查；提供自有大型机械设备单机核算测算指标。

（二）分解成本，进行成本性态分析

按照成本性态，对各项成本进行分解，将地铁管片常见生产成本按相应标准进行分类，如表 1 所示。

表 1   地铁管片常见成本分类情况

总成本	变动成本		劳务分包工费
			直接材料费
		变动制造费用	维修费
			燃动费
			外租设备
			场内汽车转运费
			生产用工具费
			试验检验费
			安全生产、环保费
			运输费
			周转料摊销
	固定成本		固定资产折旧
			无形资产摊销
			管理费
	混合成本		后勤辅助费用

变动制造费用受决策行为影响，通常可以在不同时期改变或者降低其总额，根据其特性，将维修费、燃动费、外租设备费等划分为变动制造费。

固定成本为企业生产提供基础保障，一般不能在短时间内改变，其总额不会轻易降低，只能通过扩大生产量来降低单位成本，如固定资产折旧、无形资产摊销、管理费等。

混合成本总额随业务量变动但不成正比例变动，根据其性质内容，将后勤辅助费用划分为混合成本。

（三）变动成本法在短期经营决策中的具体应用

以×××市供排水系统提升 PPP 项目衬砌管片投标测算为例。

根据招标方发布的招标文件公告，相关信息如下：

物资类别：×××市供排水系统提升 PPP 项目衬砌管片；规格型号：每环管片宽 1.1 米，外径 3.8 米，内径 3.2 米，混凝土强度等级 C50；质量标准/技术要求：GB T 22082 - 2017。

管片实行浮动价结算，结算单价 = 供应期《成都工程造价信息》中成都市对应钢材的 13% 含税信息价×每环用量 + 供应期《成都工程造价信息》中新都区、双流区、新津区 C50 商品混凝土 3% 含税信息价的平均价×每环用量 + 固定加价。该结算单价均为货到交货地点的到站价，包括材料费、运输费、产品装卸、堆砌、中转、仓储等到达交货地点前的所有运杂费、保险费、出库费、利润、包装保护费、税金以及修复缺陷所需要的全部费用，不含管片安装时用的防水材料、管片螺栓材料费用及安装费用。具体情况如表2、表3所示。

表2　　　　　　　　　　1.1 米每环管片钢筋需用量

规格型号	2023 年第五期含税信息价（元/吨）	钢筋用量（千克）						
		A 型	B 型	C1 型	C2 型	D 型	E1 型	E2 型
HPB300φ6	4 530	3.34	1.91	1.91	1.72	1.11	1.72	1.91
HPB300φ8	4 270	37.06	34.08	32.75	31.62	10.11	31.62	32.72
HRB400Eφ14	4 110	116.92	93.83	88.54	88.54	35.58	88.54	88.54

注：税率 13%。

表3　　　　　　　　　　1.1 米每环管片混凝土需用量

规格型号	单位	2023 年第五期新都区、双流区、新津区含税信息价均价（元/立方米）	混凝土用量（立方米）						
			A 型	B 型	C1 型	C2 型	D 型	E1 型	E2 型
C50	立方米	585.38	0.863	0.788	0.761	0.761	0.202	0.761	0.761

注：税率 3%。

1. 收集资料，进行成本测算

A 公司管片基地经过长期的发展，积累了大量的历史成本资料，经过查询历史成本数据结合目前实际情况，测算出拟投标地铁管片完全成本法下单位成本为 7 342.49 元/环，具体成本如表4所示。

表4　　　　　　　　　盾构管片成本明细

序号	成本项目	单位	数量	单价（元）	金额（元）	单方费用（元）
1	人工费				1 215.00	360.00
1.1	劳务分包费	环			1 012.50	
1.2	辅助后勤	环			202.50	
2	材料费				3 843.70	1 138.87
2.1	主材费用				2 302.08	
2.1.1	钢筋	吨	0.58	3 830	2 217.57	657.06
2.1.2	PVC 预埋管		36.00	0.88	31.86	9.44
2.1.3	吊装孔预埋件		7.00	7.52	52.65	15.60
2.2	砼费	立方米	3.375	434.44	1 466.25	434.44
2.3	二、三项材料费				75.37	22.33
3	机械费				102.63	30.41
3.1	维修费				34.39	
3.2	燃动费				67.50	20.00
3.3	外租设备				0.74	
4	其他费用				445.93	132.13
4.1	场内汽车转运费				40.00	
4.2	生产用工具费				4.19	
4.3	试验检验费				29.03	8.60
4.4	安全生产、环保费				51.61	
4.5	运输费				412.84	95.14
5	周转材料				1 172.08	347.28
6	固定资产折旧				202.50	60.00
7	无形资产摊销				91.74	
8	管理费				177.17	79.68
	成本合计				7 342.49	2 175.55

注：产品名称：盾构管片；规格型号：I 型（外径3.8 米、内径3.2 米、幅宽1.1 米）。

2. 分解成本，计算两种不同成本核算方法下的产品单位成本

因该规格型号地铁管片在企业的生产能力范围内，且生产能力无法转移（即不生产则会停工，无法用于出租赚取租金或者产生其他收益），同时无须另外追加投入专用设备等产生增量成本。在此情况下，两种不同成本核算方法下的产品单位成本如表5所示。

表5　　　　　　　　　　　两种核算法下管片成本明细　　　　　　　　　单位：元/环

序号	成本项目	变动成本法	完全成本法
1	人工费	1 215.00	1 215.00
1.1	劳务分包费	1 012.50	1 012.50
1.2	辅助后勤	202.50	202.50
2	材料费	3 843.70	3 843.70
2.1	主材费用	2 302.08	2 302.08
2.1.1	钢筋	2 217.57	2 217.57
2.1.2	PVC预埋管	31.86	31.86
2.1.3	吊装孔预埋件	52.65	52.65
2.2	砼费	1 466.25	1 466.25
2.3	二、三项材料费	75.37	75.37
3	机械费	102.63	102.63
3.1	维修费	34.39	34.39
3.2	燃动费	67.50	67.50
3.3	外租设备	0.74	0.74
4	其他费用	445.93	445.93
4.1	场内汽车转运费	40.00	40.00
4.2	生产用工具费	4.19	4.19
4.3	试验检验费	29.03	29.03
4.4	安全生产、环保费	51.61	51.61
4.5	运输费	412.84	412.84
5	周转材料	1 172.08	1 172.08
6	固定资产折旧		202.50
7	无形资产摊销		91.74
8	管理费		177.17
	成本合计	6 871.09	7 342.49

注：产品名称：盾构管片；规格型号：I型（外径3.8米、内径3.2米、幅宽1.1米）。

变动成本法下，该型号管片单位成本 6 871.09 元/环；完全成本法下，该型号管片单位成本 7 342.49 元/环。

3. 方案比选，进行管理决策

经分析，若基地停工不生产，每个月仍会产生固定资产折旧、无形资产摊销以及管理费等固定成本共计 20 万元；若继续生产，在保证投标利润的前提下，能对固定成本有一定的弥补，减少停工损失的同时盘活闲置资源。因企业生产能力保持相对稳定，短期内不需要考虑固定成本。管理层讨论后决定以变动成本法下测算的成本单价 6 871.09 元/环为基础，按照目前地铁管片生产的成本利润率 3.8% 计算收入单价为 7 133 元/环，并以此收入单价进行投标报价，最终 A 公司以略低于竞争对手 26 元/环的报价，险胜于竞争对手取得该合同订单。

（四）在实施过程中遇到的主要问题和解决方法

1. 存在的问题

变动成本法的使用前提是成本能准确划分为固定性成本和变动性成本，但在现实的生产活动中，还存在着部分混合成本，而混合成本的分解并不具有很强的客观规律性，甚至难以分解和精确计算。

2. 解决方法

根据混合成本性质内容，直接采用混合成本分解方法之一"账户分析法"来确定，即根据成本账户及其明细账的内容，结合其与产量的依存关系，直接判断其比较接近的成本类别，将其视为变动性成本或者固定性成本。账户分析法较为简便易行，但比较粗糙且带有主观判断。

四、取得成效

（一）提高了数据处理效率，能够快速地作出经营决策

企业在进行短期经营决策的时候，可以直接根据变动成本法计算出的结果进行分析。接受订单还是放弃订单，都可以根据变动成本法得出的数据进行分析决策，不需专门对于数据进行特殊处理，减少了数据处理的时间，简化了数据处理的步骤，使得企业的决策者在做短期决策时，拥有更好的参考，能够更加快速地得出决策结果。

（二）产品成本信息更加准确，会计信息质量得到提升

变动成本法下产品成本只包括生产过程中的变动成本，在简化成本计算工作的同时，避免了固定性制造费用分摊的主观随意性，从而提高了产品成本信息的客观性和准确性。采用变动成本法计算产品成本，在一定程度上也可以防止管理者利用固定成

本的分配人为调节企业利润，避免企业会计信息失真的现象发生，从而有效提高会计信息质量。

（三）部门成本责任划分更加清晰，成本控制意识得到加强

变动成本具有单位成本不可变的特点，异常变动的成本可以被视为成本控制的警报信号，如果某个产品或项目的变动成本发生了较大变化，可由变动成本的单位成本不变性去探究其原因，并对某一时期成本数额较大的变动实施重点监控。运用变动成本法对产品成本进行核算，使得各种生产制造费用落实到了相应部门，调动了部门成本控制的积极性，督促部门主动采取优化生产组织、提高原材料的利用率等方式降低产品成本，从而达到降低产品定价的目的，使企业在激烈的市场竞争中占据优势。

五、经验总结

（一）变动成本法的应用条件

1. 企业会计核算基础工作扎实，会计人员素质较高

实行变动成本法所需的资料庞杂，并且对资料的规范性要求较高，这就要求企业会计核算基础工作必须扎实，以便能够随时提供所需的资料。变动成本法涉及对固定成本和变动成本的划分，要求企业能够建立较好的成本性态分析基础，具有划分固定成本与变动成本的科学标准，以及划分标准的使用流程与规范。要求会计人员必须具备系统、全面的会计理论知识和较强的业务实践能力，能够及时、全面、准确地收集与提供有关产量、成本、利润以及成本性态等方面的信息，准确进行会计核算。

2. 市场竞争环境激烈，短期经营决策较为频繁

随着市场竞争日趋激烈，企业市场占有率下降，随时面临停工风险，为在日趋激烈的竞争环境中求得长期的生存和发展，就需要关注成本这条企业的生命线，拥有成本优势才能在市场中站稳脚跟。在此情况下，企业的成本信息则成为企业对加强经营活动的事前规划和日常控制的重要依据，按照完全成本法提供的会计信息就越来越不能满足企业获取成本优势进行决策的需要。在企业生产任务不饱和的情况下，需承接一些临时订单以维持日常经营，产品定价随时发生变化，经营决策频繁进行。在完全成本法下，若订单单价低于单位生产成本，企业往往会放弃该订单，但在变动成本法下则可能得出相反的结论。如果订单单价高于变动成本计算的产品成本，并且能够补偿增加的专属成本，则订单可以接受，因为不论是否接受订单，固定性成本均已发生，接受订单只要能补偿变动生产成本就有利可赚，这样决策无疑会给企业创造效益。

（二）变动成本法成功应用的关键因素

1. 能准确划分变动成本和固定成本

变动与固定是相对数量变化而言的，判断变动与否，依据其单位成本是否随产量的变化而变化。若划分不准确，应用该数据进行决策时将会导致严重的错误。并且变动成本与固定成本在某些特定的环境下可能发生转换，因为变动与固定是相对产量在某一范围内而言的，当产量超过这一范围时，原划分的变动成本和固定成本则有可能发生变化，需要重新对成本性态进行分析划分。

2. 企业盈利能力较强，有足够的利润支撑

变动成本法下要求全部的固定制造费用直接计入当期损益，作为当期销售收入的扣减项，当企业当期固定成本较高时，将会导致当期利润减少，严重时可能会导致企业亏损。因此，要求企业有较强的盈利能力，能够支撑企业暂时的利润减少带来的影响，这是实行变动成本法坚实的基础。

（三）变动成本法的应用创新

完全成本法下，把固定性制造费用计入产品成本中，随着产量的增加，单位产品负担的固定性制造费用就会降低，相应产品的单位成本也会越来越低，在这种情况下会给决策者带来一种误解，使得决策者认为产品利润随产量的增加而增加，导致决策者作出错误的决定，造成生产过剩，库存积压。

变动成本法下，企业利润的计算可以用贡献式损益公式来表示，即营业利润 =（销售单价 − 单位变动成本）× 销售量 − 固定成本。由于变动成本法有着单位成本不可变的特点，从公式可以看出，变动成本法下利润随着销量的增加而增加，对企业决策起着目标导向的作用，促进企业以销定产。对于地铁管片生产基地来说就可根据线下施工进度来组织生产，以需定供，以供定产，避免完全成本法下盲目生产导致库存积压的情况。因此，变动成本法核算有利于企业压降存货，是企业压降"两金"的有效措施手段。

（四）变动成本法应用的优缺点

1. 变动成本法的主要优点

（1）区分固定成本与变动成本，有利于明确企业产品盈利能力和划分成本责任。变动成本法下固定成本不计入产品的生产成本，各产品的生产成本不受产量的影响，能够正确反映产品的盈利能力。在销售量较大的情况下，单位变动成本的变动对企业利润的影响会非常明显。在销售量较小的情况下，固定成本的变动对企业利润的影响更为明显。变动成本法下各部门成本责任更加明确，有利于企业进行成本控制，促进企业成本精细化管理，使得成本分析和控制更为科学、有效。

（2）保持利润与销售量增减一致，促进以销定产。采用变动成本法计算利润，产量的高低与存货的增减对营业利润没有影响。在销售单价、单位变动成本、产品销售结构不变的情况下，企业的营业利润直接与产品的销售量挂钩，随同销量同方向变动，促使企业管理者重视销售，根据市场需求以销定产。同时变动成本法揭示了销售量、成本和利润之间的依存关系，使当期利润真正反映企业经营状况，有利于企业经营预测和决策。

2. 变动成本法的主要缺点

（1）计算的单位成本并不是完全成本，不能反映产品生产过程中发生的全部耗费。变动成本法仅将变动制造费用计入产品成本，将固定制造费用计入期间费用。但是传统概念的产品成本是为生产产品而发生全部成本，按照《企业会计准则》的要求，无论是变动制造费用还是固定制造费用都应当计入产品成本中，因为固定制造费用也是由于生产产品而发生的耗费，如果产品成本中不包含这部分费用，则会造成对产品成本的低估，不符合会计准则的要求，也不能满足对外财务报告的要求。

（2）不能适应长期决策的需要。变动成本法以成本性态分析为基础，以相关范围内固定成本和单位变动成本固定不变为前提条件，短时间来看是成立的。但从长期来看，由于技术进度和通货膨胀等因素的影响，单位变动成本和固定成本很难固定不变。因此变动成本法提供的信息只在一定的相关范围内有效，可用于经营规模不变、生产能力不变的短期决策。不能提供长期决策，诸如经营规模扩张、生产能力增减所需的全部成本支出资料，故变动成本法对短期经营决策有明显作用，但不适合长期决策。

（五）对推广应用变动成本法的建议

采取变动成本法和完全成本法相结合的"结合制"使用会计核算方法。在制造（间接）费用会计科目下设置"变动制造（间接）费用"和"固定制造（间接）费用"两个二级科目，分别核算登记日常经济业务发生的费用。变动制造（间接）费用仍按照一定标准分配计入产品成本中，固定制造（间接）费用按期单独列示，只在需要时作简单调整。这样期末通过传统成本核算思路可以看出产品的全部成本，符合传统成本观念，也可以通过简单调整获取产品变动成本数据，便于企业内部决策管理。

企业对内进行管理决策时，可以通过使用变动成本法计算产品成本；而在对外财务报告时，则可以通过使用完全成本法计算产品成本。这两种合作方式相结合可以有效在企业内部反映产品的盈利能力，同样完全成本核算的计算方式还可以为企业保障足够的利益，这样既能更真实地提供产品的生产盈利能力资料，也利于企业作出正确的生产经营决策。因此，企业在进行长期决策时，采用完全成本法，在进行短期决策时，采用剔除固定制造费用后的变动成本法。

（中铁八局集团有限公司　周世平　刘　海　赵雪彤　卢　鑫　张健一　张玉兰）

城市轨道交通工程站后标建设全周期
成本管理的探索与实践

【摘要】近年来，随着各地方政府财政对各类基建项目的费用预算指标越来越低；施工行业人工及材料价格逐年上涨；国内各施工单位的工艺水平逐渐标准化，施工企业通过二次经营、改进工艺等方式实现创效创收已越发艰难，这在各地城市轨道交通建设项目中尤为明显。在开源困难的情况下，只有通过对成本进一步地细化管控才能达到节流的效果，从而在竞争激烈的城轨市场环境中做到凸显核心竞争力，促成公司长远发展。大环境的改变迫使管理手段升级，要求管控有效和进一步降低项目成本以提高项目效益，同时坚持"以收定支"的原则，贯彻"方案决定成本，方案更决定效益"的理念，在此基础上D公司决定以成本领先战略为目标，以在建工程项目全周期成本管理为主要工具，通过对工程施工项目成本的控制和压减，达到降本增效的基本目标。

    D公司总部位于四川省成都市，公司拥有机电工程施工总承包一级资质，铁路电务、电气化、建筑装饰装修等7项专业承包一级资质，市政、通信两项总承包二级资质，环保、公路机电等3项专业承包二级资质和铁路等3项总承包三级资质。公司主要从事铁路"四电"、机电安装及装饰装修工程、自动化控制、智能网络建设等施工。参与了全国14个城市的地铁，西南、华东、华南区域的市政工程和全国多条主要干线铁路、公路的施工建设。随着市场竞争愈发激烈和公司规模的扩大，管理上的问题也逐渐暴露出来，成本管理问题尤为突出，D公司迫切需要探寻出一条降低企业成本的道路，以达到降本增效的目标。

一、项目全周期成本管理实施背景

（一）外部环境的影响因素

1. 打造世界一流品牌的需要

随着我国建筑行业的飞速发展，施工企业能否在竞争激烈的市场环境中发展生存，除了通过提升工艺水平，确保自身位于行业领先地位之外，还需要企业具有能够提供高质量、低成本的建筑产品的能力。通过降低成本以实现节流是企业提高效益的常用方法。其中，对工程的全周期成本管控是重要环节之一。其贯穿于工程项目全过程，对于建筑施工企业而言，成本管控是在保障项目工期和施工质量的前提下，运用管理手段对人工、材料、机械、现场经费等费用进行管控，以将项目成本最大限度地控制在预控总成本之内为基础，进一步实现降本创效，从而提高企业效益，实现企业目标。进而在竞争越发激烈的建筑行业里能够稳住脚跟，以物美价廉的建筑产品巩固市场，以高质高效的运转模式打造公司形象，全面提升公司市场竞争力，并向其他相关领域辐射和拓展，为成为世界一流建筑企业巩固基础。

2. 满足企业转型升级的需要

我国经济进入高速发展阶段已久，传统行业经济发展的形式和模式都逐渐趋于完善。在这样的大时代背景之下，传统的建筑行业施工组织策划形式已然无法更好地满足时代的发展和进步。"高质量、高效率、提素质、重安全"的组织形式在当前形势下尤为重要。施工企业需要形成一张集质量、效率、素质、安全为一体的管理网络，将施工过程中各个阶段联系在一起，通过各个环节的紧密配合，在实现完成高质量高标准的建设任务的同时，还能够有更加完备和更加高效率的管理体系。因此，施工企业运用工程项目全周期成本管理这一工具已成为降本增效的必由之路。这不仅能完善和优化传统的企业管理模式，而且也有利于促进管理会计的进一步发展。以此为基础，会计人员由财务会计转变为管理会计越来越重要。身处网络信息大爆发的时代，建筑行业的运营模式已经有了日新月异的变化。施工企业如果一味故步自封、按传统模式运转，只会被具有更加先进和高效的管理模式的公司所取代。所以，建筑施工企业应注重自身管理模式的优化和创新，以实现自身的快速转型，来应对社会飞速发展带来的机遇和挑战。在此阶段，作为公司效益指标的控制和考核部门的财务部要将管理会计和财务会计充分融合在一起，站在管理会计的角度谋未来，站在财务会计的角度保当下。充分掌握企业经营与发展情况的同时，也能使企业获取最大化经济效益，加快企业实现转型升级，在发展迅猛的时代背景下，争做行业标杆，为祖国的建设和发展贡献出一份力量。

3. 优化管理模式，提升资源利用效率的需求

我国正处于一个飞速发展的阶段，很多在过去我们认为是最优方法的管理模式在现如今看来已经逐渐跟不上社会发展需求。所以项目管理模式的转变和优化已迫在眉睫。如何满足项目自身优化资源配置、提升运营效率已经成为企业发展的主要目标。然而管理模式的转变和优化也不能人云亦云。盲目跟随别人、依葫芦画瓢只会加重负担，效果不一定能达到预期目标。只有从自身实际情况出发，点对点逐项梳理，以新方法代替旧手段，不断优化自身资源配置，通过对各项流程、系统的优化提升员工工作效率，正视项目管理过程中存在的问题，并提出优化方案解决。从而实现高质量发展的目标。围绕守正创新、提质增效开展工作，通过对各项数据反馈的信息进行筛查比对，查找管理过程中的薄弱环节并加以完善。从管理理念、开发理念、施工理念、创效理念等方面进行优化，才能切实做到对项目成本的管控，达到预期目标，提升运

营效率，增强企业的核心竞争力。

（二）实现大商务管理目标的必然要求

近年来，各施工企业推行大商务管理模式以提升项目管理水平和创效能力。大商务管理是股份公司的一项战略决策。推行大商务管理与项目管理效益提升三年行动，是推动企业高质量发展的破题之策。大商务管理是施工企业积极应对日益激烈市场竞争的关键一招，也是价值创造、提升效益的有力抓手。把大商务管理作为"一把手"工程，切实发挥大商务管理合力，坚持"全系统联动、全过程管控、全员价值创造"，持续推动大商务管理落地见效，其核心是坚持"一切工作到项目"。这是施工企业在面对如今复杂多变的社会环境下，实现企业高质量发展、建设一流企业的必由之路。而工程项目全周期成本管理正是将大商务管理模式落实到具体施工项目的行之有效的管理工具之一。该工具将针对施工项目前期测算、过程管控、收尾提速中存在的一系列管理问题进行更加科学、系统的优化，从而推动项目全周期成本管理体系的正常运转。全面搭建公司大商务管理体系，不断实现项目经营生产综合效益最优。

（三）提高竞争力，实现企业长远发展

企业发展要实现效益提升，开源节流尤为重要。目前，建筑行业发展较为成熟，施工企业通过二次经营、工艺革新和方案优化等方式实现开源的目标愈发艰难。在这样的大背景之下，各大企业细化管理，注重成本管控，力求通过减少不必要的成本达到节流效果，实现企业降本增效的最终目标。而如何有效地实现对施工项目成本管控则是施工企业管理水平的体现。管理工作要一级做给一级看，一级带着一级干，一棒接着一棒传，把效益至上的精神贯彻落实到成本管控的细节之处。不断加强组织领导，建立起党委统筹总抓、分管领导主管主抓、业务部门主责主推的大管理体系，有效推动各职能部门业务协同、各层各级广泛参与的管理格局，确保工作有方向、有目标、不走偏、不变样。持续加强调查研究和成本管理的统筹协调、政策指导、督查问效等工作。同时，施工企业要积极对标行业其他优秀企业、大胆探索降本增效的方式方法，闯出新路。积累并创造更多成熟的管理经验。项目管理人员要做到"懂技术、会管理、精算量、善商务"，逐步实现"实际工作能力＋职业资格"的管理模式。由内而外，自下而上推动企业高质量发展，在竞争激烈的市场中稳住自己的一席之地，并向其他相关领域辐射和拓展，为企业长远发展奠定坚实基础。

提及工程项目成本管理，固有的想法便是"这是财务部门的工作""财务总拿成本预算卡我买材料""项目亏损都是后期突发状况造成"等，这种态度是极为片面和不负责任的。为纠正不良思想，提高公司管理水平，D公司根据大商务管理要求，运用全周期成本管理方法对华东地区 S 市城市轨道交通 A 项目（以下简称"A 项目"）进行管理。这种管理方法考虑了项目从投标、进场施工到完工交验的工程项目全过

程，最大限度地优化项目的经济效益。

二、项目全周期成本管理举措

以往的项目成本管理方法相对落后，工程成本失控风险较大。完工项目审计一个亏一个的情况屡见不鲜。D公司力求革新，用责任成本管理和全周期成本管理的"药"来治疗工程项目成本失控导致亏损严重的"病"，利用科学、高效的方法做到了对项目各阶段预算和成本的准确估算。通过对项目每个阶段的资源需求、劳动力成本、材料费用等进行综合分析，在项目初期阶段制定出合理的预算和成本控制目标，在过程中加大控制力度，严控成本支出，最终实现预期利润目标。在项目建设期，通过对投入产出比的分析，可以及时发现潜在的问题和风险，并采取有效的措施，降低不必要的成本支出，确保项目按计划推进，还可以促进项目成本管理方法的持续改进和优化。同时，在对项目成本的分析中，企业可以找到潜在亏损的症结，并对症下药，以降低项目风险，同时杜绝工程建设产生多余且不合理的成本，达到降本增效的目标，提高企业的综合竞争力。

（一）重视施工准备工作，夯实成本管理基础

1. 做好充分准备，提高投标成功率

华东地区是我国经济最发达的地区之一，轻工、机械、电子工业在全国占主导地位，铁路、水运、公路、航运四通八达，拥有发达的交通网络和基础设施，这里基建市场广阔。S市是华东重要的中心城市之一。D公司在S市涉足了多个基建领域，涵盖了地铁、铁路、公路和市政等。同时以大商务管理为核心，深入贯彻"区域经营、滚动经营"双轮驱动的经营模式；全面落实"阵地经营、属地经营"的经营思路。针对S市城市轨道交通项目的经营工作，专门组建市场经营开发小组，统筹地区营销策划工作。选调公司商务、技术、报价骨干人员、市场营销精英人员参与其中。通过研读招标文件，理清投标思路，充分运用投标技巧，在投标报价阶段准确测算工程成本，提出并制定相应的增收创效和风险防范的措施和思路。不仅做到"知己知彼"，而且为最终成本测算和利润预测奠定基础。公司统一标前成本测算和标后责任成本控制的方法及价格体系，以各专业具有通用性或代表性的工程或工点为基础，配套现行工程造价标准，建立了工程量清单成本指标，通过标前成本测算，D公司对A项目的各项成本进行详细的分析和预测，及时发现成本管控风险，采取有效的控制措施，提高项目的成本控制能力。2022年S市中标项目5个，中标金额10亿余元；近5年华东区域中标项目17个，累计中标金额32亿余元，如图1所示。

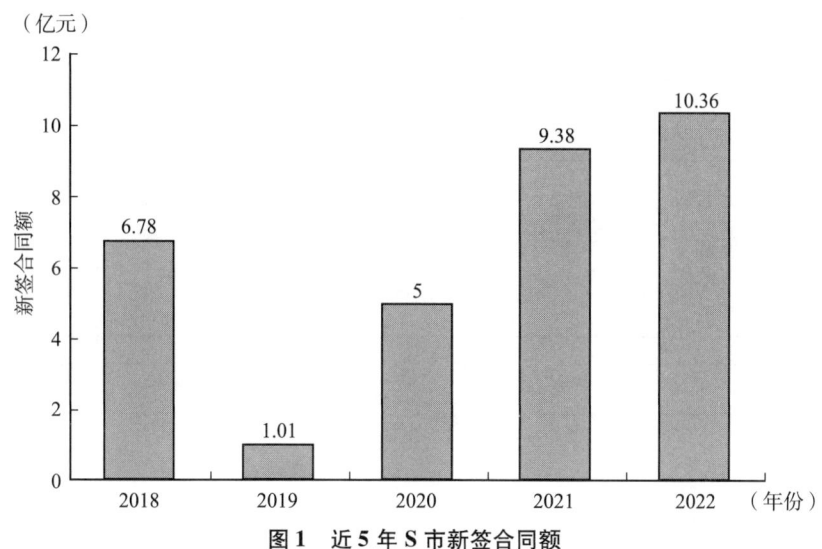

图1　近5年S市新签合同额

2. 区域一体化生产经营，助力企业高效协同发展

A项目中标之后，为贯彻"区域生产经营一体化"理念，项目部在D公司分管领导的指导下，与各部门联动以市场及工程两方面为抓手，保证施工工艺、质量的基础上不断开拓，包括以下措施：一是结合A项目特点合理配备项目领导成员、确定组织机构设置，定岗定员；二是进行施工现场布局和生产要素资源配置，针对工程量及时、准确地确定劳务队伍的数量、材料的价格、主要周转材料和机械设备的配置；三是细化工艺，针对重难点工序进行技术方案和整个项目的施工方案交底；四是根据图纸梳理排查错项漏项，并根据招投标情况，结合现场实际情况确定二次经营方向；五是市场竞争态势分析，对竞争对手的实力、优势和劣势进行深入了解，以便找出与之存在差距并制定相应的赶超策略，同时选择可靠的合作伙伴，通过合作提高自身竞争力；六是地域差异化管理，需要综合考虑当地的政策法规、文化、劳动力市场、供应链、自然环境和市场竞争等因素，制定相应的管理策略和措施，以提高企业的适应能力和竞争力；七是注重风险管控，确立正确的经营目标和方向，放弃劣质资源，跟进优质项目；八是公司应尽社会责任，诚信经营，树立良好口碑，确保做到"经营为生产搭平台，生产为经营赢口碑"的良性循环。D企业在开拓新市场的同时，深耕细作S市建筑市场，通过提高客户满意度和忠诚度，实现了业务的稳定增长。如图2所示。

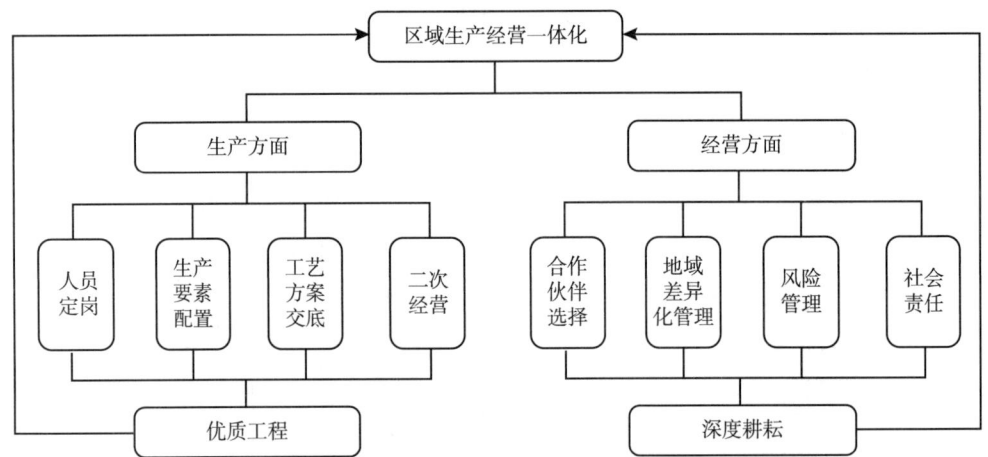

图2　D企业区域生产经营一体化理念

3. 构建高效施工调查体系，保障工程质量与安全

根据A项目实际特点，组织开展施工调查工作，对项目沿线及各站点的施工条件、交通情况、水电使用、材料运输规划、土建作业面交接及预留孔洞等情况进行调查并形成《A项目施工调查报告》。对施工过程中存在的重难点、风险点、盈亏点、机会点进行分析，做好前期的管理策划工作，积极与业主、监理、设计院等地盘管理单位沟通。根据以往经验，对施工过程中可能会面临的各种不确定因素提前介入，安排部署并提出优化方案，进行优化协调。在工程进行中逐步转变为价值，在优质履约的同时实现盈利。

4. 重视施工图纸比对，保障提质增效关键环节

施工调查报告确立后，A项目对施工图进行全面、细致的梳理。公司依据审核无误的施工图数量编制项目经理部责任成本预算，项目经理对施工图数量进行实测审核，并以实测数量作为编制责任成本预算的依据。项目部积极开展与设计单位的沟通工作，及时核对合同清单与施工图数量的差异，寻找二次经营突破口。A项目在施工期间通过现场实际工作量与施工图的不断校对，除了及时更新完善施工图外，还根据施工现场实际情况，建立了工程数量台账，为施工过程中的工程数量控制做好准备。通过项目部人员不断努力，在开工前，A项目就完成了部分设计变更并落实到图纸，实现了综合创效127.53万元，实现项目提效创收开门红，如表1所示。

表1　　　　　　　　　　　　　　设计变更明细

序号	变更内容	变更明细	涉及金额（万元）	推进情况
1	夹层电缆支架	环网电缆在交电所夹层有8米预留电缆，环网专业未给该部分预留对应的支架数量。通过图纸会审将该部分电缆支架增加到变电专业。每所增加20套，共计200套支架，每套综合单价380元	7.6	已落实图纸会审

序号	变更内容	变更明细	涉及金额（万元）	推进情况
2	接触网和环网使用的后扩底锚栓材质由无锈钢改为镀锌锚栓	材料成本高，数量大，存在亏损风险。51 000套锚栓，每套节约17元	86.7	已落实在设计联络纪要，资料已签字
3	接触网	招标量大于招标图量，存在审计风险。标段分界以设计图纸为准，增加右线第38锚段（195米），接触网条公里综合单价约100万元	19.5	已与设计沟通，蓝图已出
4	架空地线	标段分界以设计图纸为准，增加架空地线架设2个锚段（1 865米）	13.73	已与设计对接，蓝图已出
合计			127.53	

5. 发挥施工组织方案在降本提质增效中的决定性作用

实施性施工组织是在施工组织方案的基础上，结合工程项目的具体情况，对施工过程中的各项活动进行细化、量化和具体化的一种施工管理方法。它是指导施工现场各项活动有序、高效进行的操作性文件。其主要目的是确保工程施工按照施工组织方案的要求顺利进行，提高工程质量，降低工程成本，实现安全生产和文明施工。实施性施工组织方案编写由项目经理组织，项目总工协助，各部门参与，工程部具体负责。首先是通过研讨会确定编制总体思路及编制分工，再由工程部具体负责实施。其次初稿完成后项目经理组织内部评审，工程部根据评审意见进行修改。修改完善后报项目总工程师复核、项目经理审批，最后报上级及建设单位批准执行。通过编制实施性施工组织，可以使施工现场的各项活动更加具体、明确，有利于工程质量的提高和工程效益的实现。同时，实施性施工组织也为施工现场的各项管理活动提供了操作性指南，有利于提高施工管理水平。确保施工组织方案的准确性和可行性是项目前期管理策划的重中之重，也是项目实现预期利润的重要保障。A项目在进场初期面临设备转运问题，站后标项目不像土建施工，站点由自己管理，站后标需要其他地盘管理单位配合进场，所以如何制订设备转运方案是一个较为复杂的问题。A项目人员根据实际勘察情况，根据地盘管理单位施工工序，优化施工组织方案，采用汽车吊加叉车转运的方式将设备转运进场，该方式较传统轨道车转运设备更加高效并且节约成本。在设备安装时，A项目在施工现场设置了设备调试平台，到场的设备先在调试平台安装调试，完成安装并确认检查无误后，作为样板间，指导正线大面积施工。通过这样的方法不仅提高了二次接线的一次成型率，也减少设备调试时间，进一步实现施工效率的提升。

6. 限价体系基础上优化责任成本管理

责任成本管理通过明确项目责任、制订成本计划、实施成本控制、进行成本核算和分析，以及对成本绩效进行考核，从而达到有效控制工程项目成本、提高企业经济效益的目的。项目责任成本管理水平直接体现在项目效益上，依据"总体性""可控性""及时性"的原则，按人工费、材料设备费、机械使用费、其他直接费、管理费等费用要素编制项目全周期责任成本预算，是成本、进度、安全、质量等各管控要素的结合体，是企业生产能力的体现。在施工准备阶段，由主责部分组织，其他各业务部门紧密配合，以施工调查、营销交底、管理交底、项目风险分析及应对措施、成本责任中心、盈利能力分析和核算单元划分、变更索赔策划等为基础，根据成本管理办法、定编定额，对工、料、机等相关限价标准，编制责任成本预算，明确项目各项成本指标。项目部是责任成本管理的执行层，在责任成本管控中发挥着重要的作用，成本能够得到有效控制，是项目获利的基础保证，将责任成本严格控制在测算范围内，达到预期目标，为企业长期的良性健康发展打下坚实基础。

（二）控总量管过程，落实成本领先战略目标

如果将工程项目比作人体，那么前期的招标文件、施工蓝图就是人体的骨骼；施工期间的各项成本就是人体的血肉、器官；工程末期的收尾和清概则是人体的灵魂。人是否有活力、是否健康，就要看各项器官是否符合健康标准。同样，工程施工中确保项目正常运作，各"器官"也不能出现问题。该项目从"提质""增效"两个方面入手，对项目部各管理重点环节进行重点掌控，将"人人都是商务人员，事事都是商务活动"的大商务管理理念落到实处。以管理目标定管理手段，以手段保项目效益，这样才能实现管理效益两手抓，推动企业实现高质量发展，如图 3 所示。

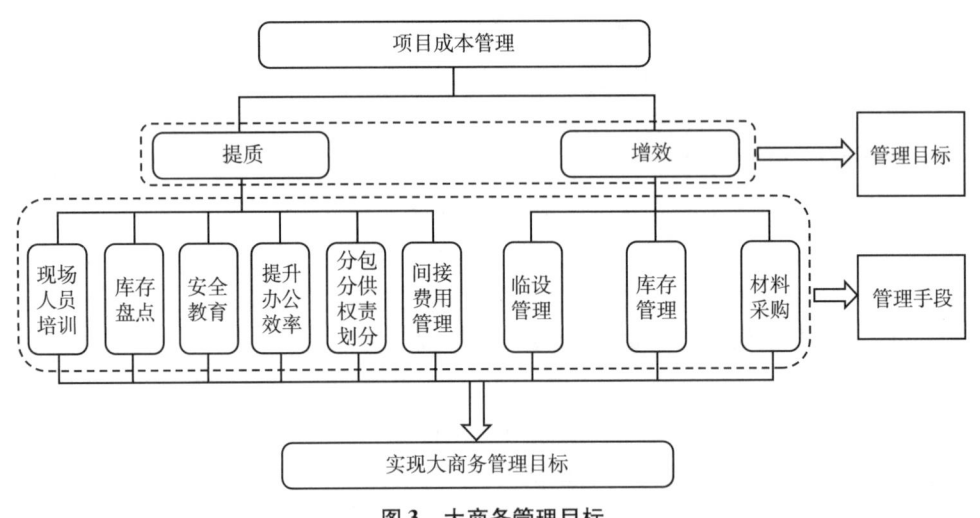

图3　大商务管理目标

1. 高标准，助项目成本管理提质

（1）提高管理团队素养，落实定责追责制度。加强工程成本管理，提高成本核算准确性，解决施工过程中存在的问题，必须贯穿"层级壁垒"，建立大商务管理贯通联动工作保障机制。项目管理团队组织项目人员、现场负责人和带班人员的职业培

训并进行方案和施工交底，在保证施工质量的同时要求现场带班人员要做到对材料消耗量心中有数。施工现场发现设备损坏等造成效益流失现象时能区分是材料自身问题还是施工安装过程中造成的损坏，并划清费用界限。通过对项目员工的培训，让项目员工认识到了施工项目管理者不仅是领导的责任，更是项目每一位员工的义务和责任，真正做到了"全系统联动、全过程管控、全员价值创造"的大商务管理要求。

（2）强化库存监管，保障价格安全。库存管理是施工企业项目成本管理的一个重要环节，D公司建立了完善的库存管理制度，明确各部分、各岗位的职责与权限，确保库存管理工作有序进行，并定期对库存物资进行清查，及时发现和处理库存物资的异常情况，确保库存数据的准确性。同时，根据项目的施工情况，设定合理的库存预警水平，及时调整采购计划，避免材料积压或供应不上的情况。与供应商建立长期稳定的合作关系，采取合理的采购策略，降低库存成本。此外，还通过安装摄像头，对库房进行全方位监控，确保物资的安全。

（3）加强交底，降低事故风险。A项目工程部在作业前需要对作业人员进行全面细致的技术交底，遵循五不开工原则，做到未进行技术交底的工序不得施工，以此科学高效地组织施工，保障工艺合格、质量达标，在此基础上形成书面记录备查。项目安质部定期开展对分包单位作业人员的安全警示教育，培养和增强现场施工人员安全意识，要对临时用电、动火作业、高空作业、吊装作业等危险程度较高的作业进行警示教育和操作培训，确保施工人员在工作前状态良好，能够严格按章合规操作。只有做到了工艺达标不返工、安全质量同步抓，才能顺利推动工程进度，避免因返工造成额外的成本支出。

（4）用好信息系统，促业财部门深度融合。D公司运用业财共享平台集成办公，该平台集合同评审、线上流程审批、成本核算等功能于一体，实现了合同签订、物资采购、材料收发、分包结算、财务审批等环节的相互联动，有效地提高了办公效率，以往需要两周才能完成的流程，时间缩短到了一周以内，提高了业务办理效率。同时，A项目构建大部室框架，将以往的工程部、物机部、实验室、班组整合为生产部；安质部和办公室整合成为安置办，部门间存在问题能够更快速地得到解决和落实，有效地提升了办公效率，降低办公成本。

（5）规范分包管理，堵漏挽损防效益流失。对分包方管理的工作主要包含两项内容：一是核查分包方各项资质证明，确认分包方获得施工必备的资格证书；二是现场监督分包方施工人员作业是否符合规范、要求。对"不服管、能力差"的分包公司予以清退，降低管理难度和管理成本。在此基础上，A项目还严格执行公司分包分供扣款文件，及时扣减为分包单位垫付的费用及"三超一漏"费用，保证了项目效益不流失。

A项目根据施工进度，合理预测施工高峰期及平缓期，避免分包队伍在作业面少的时候大量增加作业人员，引起成本增加和不安定因素。作业面、作业人员和材料消耗量相互匹配，严格执行发料管理要求，落实领料员制度。项目部各部门各司其职，界定扣款事由，落实扣款责任，对各类应由分包单位承担的成本及时在计价或支付中扣除。堵塞"三超一漏"缺口，实现垫付及扣款费用"应扣尽扣"。通过该项举措，A项目已追回成本8万余元。

（6）严格控制经费支出，避免铺张浪费。A项目自成立以来始终秉承"勤俭节约"的理念，贯彻落实D公司厉行节约、反对铺张浪费的要求，以落实中央八项规定为重点，严格执行有关管理制度并编制年度经费预算。在满足业主要求和施工生产需求的前提下，项目管理过程中严控不必要的成本支出，努力降低管理经费。实行总额控制、年度编制经费预算，杜绝不合理的成本开支。按照项目规模、组织机构及人员设备测算现场管理费，纳入责任成本目标进行总额控制，严格控制非生产费用的支出。通过这些举措，项目部将年度经费预算控制在650.68万元，占当年项目部预计产值的4.57%，与以往工程相比，占比下降1.56%，进一步降低工程成本。

2. 做比较，为项目择优创效

（1）严控临设费用，提高驻地选址性价比。项目部临时设施的搭建是工程项目管理细致与否的体现，项目部选址除了需要考虑项目总体规模、区位因素及价格因素之外，还需要考虑作为公司在该区域的主要经营办公地点等条件是否具备，针对不同的需求作出判断。A项目以责任成本限价为最高标准，对满足项目需求的房屋进行比选，最终列出较为可靠的三种方案。

方案一：商务写字楼+住宿。该驻地距离施工现场近；人员办公、住宿便于管理；办公区域自带装修，符合办公、生活要求，能节约装修费用；周围生活便利，方便安排临时来访人员食宿。但现有会议室小，需重新改造。临建费用269.3万元。

方案二：某央企驻地板房。该项目基地临时土地使用延期手续及费用已交至2024年8月，覆盖A项目整个周期；该项目基地整体打包，所有设备全部可利旧；员工集中，便于管理；场地大，后期可做部分材料堆放；距离现场近，交通方便；但该单位由于未完全离场，项目基地需要共用半年，整体接手费用较大；接手后将同时接手临建到期后的拆除复垦费用，根据测算，至少需要50万元；形象展示在没有完全移交前，仍为原企业的形象展示，临建费用350.5万元。

方案三：商业区二层，独立2楼整层，方便项目管理；周边生活配套齐全，与后续2、4、7号线延长线有交叉区域；但因为属于商业临街门市，不能独立划拨车位，不方便停车；无法解决员工住宿；装修改造较大，装修费用较高，临建费用364.5万元。比选方案如表2所示。

表2　　　　　　　　　　　　　　项目部驻地比选方案　　　　　　　　　　　　单位：万元

备选方案	租赁	装修	办公用品	设施购置	合计	备注
方案一	231.3	22	8	8	269.3	商务写字楼
方案二	298.5	50（复垦）	2	8	350.5	某央企
方案三	288.5	40	18	18	364.5	商业区二层

经过总体比较后，项目部采用方案一建立项目部驻地。在保证低成本的同时，合理规划办公、住宿区域。确保员工能够有舒适的办公环境和住宿条件。节省成本 80 余万元/年。在不超责任成本预算的前提下，再实现降低成本的目标。

（2）关注材料市价，优化采购流程，严控支付比例。近年来随着材料价格波动性上涨，给施工企业带来的成本压力也越来越大，材料单价的确定很大程度上决定了工程的最终盈亏。A 项目针对材料采购的特殊性，单独建立了物资采购总体策划，认真做好市场调查的同时也考察了供应商履约能力，结合项目实际情况制订物资采购计划方案。以责任成本预算为上限，采购人员每天关注主要材料价格的浮动变化，结合施工进度安排物资采购。采用分批下单和提前锁定的方式进行主材采购：在材料价格有上涨趋势前下单，及时锁定材料价格。同时采用分批次下单的方式，避免高价时买入过多材料而导致材料成本升高和库存材料的堆积。A 项目物资材料预计成本为 1.2 亿元，其中主要电缆耗材预计成本 4 212 万元，项目物机部通过实时跟踪铜价变化，根据现场施工进度作出合理预判，将电缆采购分成多次进行，其中第一次下单 364 万元，占总量的 16.83%，第二次下单 977 万元，占总量的 28.89%，第三次下单 624 万元，占总量的 13.69%，以此类推，最终电缆成本为 3 796 万元。通过分批下单，该项目实现了电缆成本降低 415.93 万元，下降比例 10%。同时分批到货，缓解了料库的堆放和防盗压力，间接降低维护费 10 万元。

此外，对厂家的货款支付也是成本管控的细节之处。货款支付从现金流和项目利润的角度也影响着项目整体收益。项目物机人员在与材料厂商签订合同时就约定"背靠背"支付条款，在收到业主工程款后按约定比例支付欠款，避免材料商以"断供"等恶劣方式催收欠款，造成项目部现金临时性大量流出。同时，有助于保障项目资金正常运转，达到项目资金自平衡，保障资金正常流动，避免对公司造成不良影响。

按需采购控成本，计划支付保施工，票据结算拓口碑。通过项目物机部、财务部双部门紧密配合，严格遵照落实大商务管理要求，细化项目管理，A 项目在物资管理方面相较于以往有了值得肯定的进步。

（3）把控施工进度，做到材料到库即用。A 项目对工程进度及材料到库的时间进行合理规划，尽量在物资材料使用前一周左右时间到货，避免材料过早入库造成材料堆积，需要租赁较大面积的库房，提升不必要的成本支出和保管成本。料库选址和项目部临建选址一样，也需要综合考虑其地理位置、交通情况、存储容量、抗自然灾害能力和防盗能力。项目部库房选点时存在三处库房备选，其中：

库房一：面积 1 500 平方米。内有航吊，可以减少一定的临租设备费用。库房外空间比较小，车辆进出不便，离施工地较远。只具备 2 相电，不能提供使用加工机械的三相电源。报价 77.76 万元/年。

库房二：面积 2 000 平方米。离项目部和工地较近，但价格较高。库房不能安排值守人员住宿，人员要服从物流园区的统一管理。报价 96 万元/年。

库房三：面积 1 500 平方米。附带约 1 400 平方米的空地，可以用于堆放光、电缆。

方便管理。交通便利。但离施工地较远。报价 65 万元/年。比选方案如表 3 所示。

表3 项目部库房比选方案

比选方案	租赁总价（万元）	备注
方案一	116.64	（租期 1.5 年）
方案二	144.00	（租期 1.5 年）
方案三	97.5	含 1 400 平方米空地（租期 1.5 年）

通过比较三家库房优缺点，最终选定为方案三，降低项目成本约 19 万元。项目部额外在库房安装视频监控系统，成本花费 0.3 万元，通过监控系统与库管人员相结合的管理办法，每年降低库房管理成本约 6.9 万元，同时也降低了库房管理难度。

（三）收尾再发力，持续推进"双清"工作

1. 收尾工作提早安排

A 项目每月核定工程完工进度，当进度接近 90% 时，按照公司收尾管理规定对项目资产处置、资料移交、交工验收、工程消缺、清收清欠、债务支付等重要事项进行安排和推进，促进收尾项目效益提升。A 项目严格落实收尾施工组织设计和收尾期成本预算，严格执行经费预算审批和限额使用制度，经费预算纳入经济运行监控分析预警系统实时监控。项目部根据实际工程进度情况，提前向 D 公司申请人员分流，让项目部一线员工能够快速投入新工程的建设中。既能够通过自己辛勤付出获取相应劳动报酬，又实现了降低收尾工程人工成本的管理目标。

2. 重视竣工资料的制作、整理与归档

项目自工程开工就安排人员在施工过程中准备竣工资料，资料完成度与现场施工进度保持同步，持续推进。以现场成果为基础，保竣工资料真实性。项目部要求资料员做到及时、准确、高效地完善竣工资料，减少在工程后期因单独增添资料员而导致项目效益受损的情况出现。这样做有利于提高项目整体效率的同时达到节约人工成本的目的，彰显企业应有的管理水平。

3. 紧跟工程进度，及时清收清欠

工程完工交验过后，最后一场"双清"攻坚仗才正式打响。项目部每月召开收尾项目工作推进会，按"一项一策"原则，制订和落实节点计划。相关职能部门密切配合，加快推进缺陷整改、竣工验收、竣工资料移交、竣工结算和欠款清收等工作。"双清"工作具体经办责任人，每周按时与业主、设计院等单位取得联系，及时知晓完工审计工作的进展情况，并根据对方提出的要求紧密配合，推进开展"双清"工作，并在内部例会上通报推进进度和亟须解决的重难点问题。项目部在这样的氛围之下，自项目经理到普通部员，全部牢固树立了"清收就是创效、清欠就是创现"

的管理意识，积极主动地配合完善结算资料和签认手续。真正树立起了"落袋为安"的"双清"工作意识，将"双清"工作作为收尾管理工作的主线，利用政策红利寻找突破，拓宽回款渠道，及时回笼资金，加强"两金"压降，改善资产质量，为工程画上完美的句号。

（四）全过程中应注重的细节

1. 严格执行农民工工资代付制度

为全面贯彻落实党中央、国务院及国家相关部委关于农民工实名制及根治拖欠农民工工资工作的部署和要求，进一步加强农民工实名制及工资支付管理工作，建立长效机制，确保农民工的合法权益，促进企业健康、平稳和可持续发展。工程项目部不仅注重工程质量、安全方面的问题，还重视农民工工资的发放工作。严格执行农民工工资代付制度能够确保农民工工资及时足额发放，从源头减少不稳定因素，遏制恶性群体事件的发生，避免影响企业后续的经营工作和考评得分，也有助于提升公司整体形象和公司软实力。A项目从农民工切身利益出发，在施工现场各站点均配备了人脸识别考勤机，每月根据考勤情况直接代付农民工工资，避免分包公司直接或间接拖欠农民工工资，保障了广大农民工的合法权益。

2. 合理安排资金支付

经营性现金流是项目运作的血液，只有血液流通了，项目才能正常运作。如何根据收款合理、高效地安排资金支付，是项目管理者管理水平的体现。现金支取要做到四个"坚持"，保持施工期间业主拨付款项与成本支出之间的资金收支平衡，竣工后的经营性现金流量与利润匹配；加强资金流入流出管理，杜绝资金超付的现象，实施全过程、全周期现金流管控。保证项目资金实现自平衡。此外，合理利用银行存款利息，各类款项在不违约的前提下尽可能少支缓付，让资金尽可能留存于项目部账户，结算应收利息，以积少成多的方式，为项目效益再增添一份助力。

3. 重视甲方及上级部门的意见和建议

A项目部完成施工任务离不开D公司的大力支持，同样，公司的发展也离不开项目部的辛勤付出。公司要立足于新的市场，就不能缺少项目部所做的贡献和获得的成绩，这需要项目部以优质工程为基础，积极评先创优，打造公司的品牌，打响公司知名度，这样才能源源不断地为后续经营工作提供业绩支持，为公司的战略部署打下坚实基础。

三、项目全周期成本管理成果

A项目共有管理人员10名，生产工人19名，共计29人。一年多来，项目部人员同心协力，在新运作模式下紧密配合，共同克服了种种困难，最终达到了预期目标。因A项目采用公司专家组指导项目部的模式开展投标工作，使其标前测算成本更加准确，从而在投标报价阶段更具有竞争力；同时，A 项目采用"区域生产经营一体化"的经营管理思路，施工生产和市场经营同步推动，保证生产任务高质高效完成的同时，以现场为展示平台，向业主和潜在客户展现 D 公司的工艺水平，助力区域经营工作开展；在前期施工调查过程当中，项目相关人员积极与设计和业主对接，优化施工方案，大量减少工程后期返工和调整的时间及成本；项目获取施工蓝图后，项目经理带头核对施工图纸与现场实际情况差异，并找出二次经营突破点，效果显著；项目完善了限价体系，严格落实责任成本预算管理与考核机制，将责任成本细化分解至具体费用类型，更能准确控制成本支出；项目部还利用空闲时间段加强对员工、分包负责人、现场施工人员进行安全、工艺和责任认定等方面的培训，不仅提高了项目部现场管理水平，还加强现场施工人员安全意识，防范安全事故的发生。强化了现场施工负责人的责任划分意识，对分包单位进行了"三超一漏"扣款，应扣尽扣、堵漏挽损，避免效益流失；项目部严控管理费用，通过比价选优，使临建及材料成本有了更进一步的下降，实现降本增效的目标。

（一）实现企业降本增效目标

工程自开工以来，按照大商务管理的具体要求，以成本管理为重心，围绕项目效益，坚持"以收定支"的原则，贯彻"方案决定成本，方案更决定效益"的理念，D 公司以成本领先战略为目标，以在建工程项目全周期成本管理为主要工具，通过对工程项目成本的管理和控制，取得显著的成效，实现企业降本增效目标。其中，实现间接费用占比降低 1.56%；主材成本及维管费节约累计 425.93 万元；临设费用成本节约 100 万元；库房人工成本节约 14 万元；分包成本节约 8.1 万元；二次经营创效收益 127.53 万元，合计创效 675.56 万元，利润率提高 3.77%，如图 4 所示。

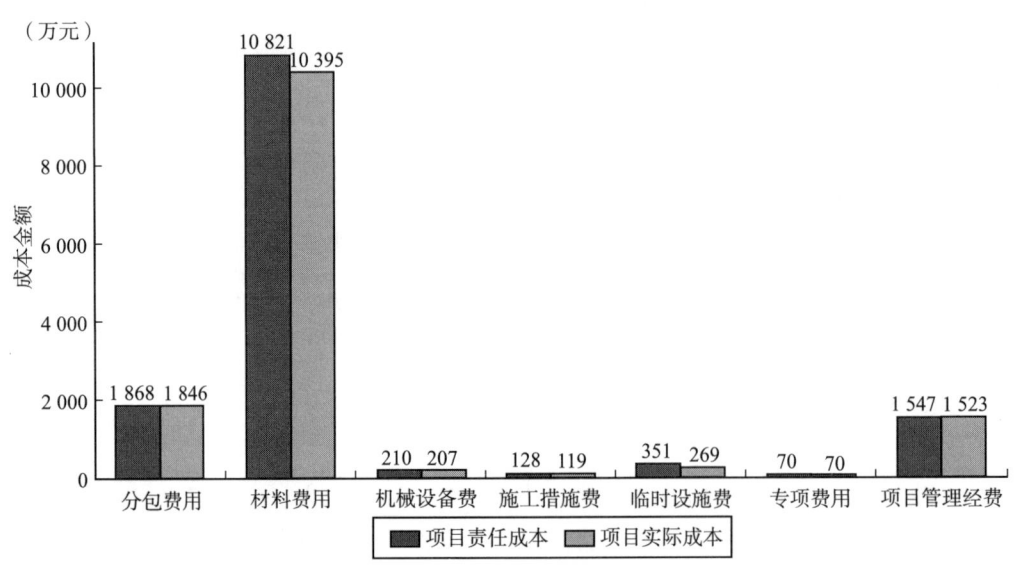

图 4 项目责任成本与项目实际成本对比

（二）项目管理水平显著提升

通过全周期的成本管理，项目部更好地了解投入和产出，确保项目能按时交付。提高了有限资源的利用效率，更有效地分配和利用项目库房，规划材料进出库时间，确保库房得到最佳利用并获得最大收益。同时，结合责任成本预算管理，项目部利用有效的成本管理手段，不仅建立了项目部与分包单位良好的沟通渠道和协作机制，还促进项目部内部成员之间的协调性，提高了沟通效率，同时，缩短了从提报采购计划至材料到达现场的周期，实现物料供应再提速，如图5所示。

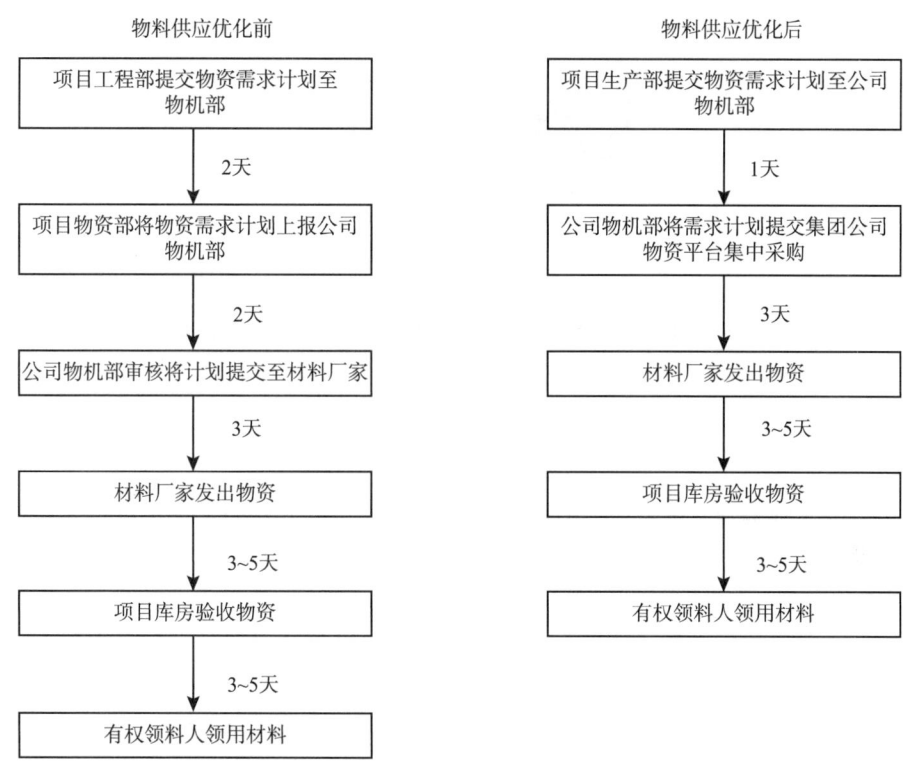

图5 物料供应优化前后对比

（三）实现企业高质量发展，市场经营效果突出

D公司以A项目为试点推行工程项目部全周期成本管理方法，在项目部全体职工的共同努力下，取得了显著成效，A项目获得了2022年S市级优质工程、获得2022年第四季度及2023年第二季度S市住建局企业履约信用考评"AA"级、2021年轨道交通获得"轨道功臣杯"建功立业劳动竞赛"优胜单位"等一系列荣誉。A项目坚持以成本管理为导向，落实大商务管理和责任成本预算管理要求，激发了项目施工生产的积极性和主动性，打通成本要素协同管理，推动项目管理能力的全方位提升，

实现了效益再突破。保证公司高质量长远发展；重视生产的同时也不忘对市场的开发，2019年进入S市城市轨道交通市场后，在后续第三期规划中，共中标5个项目，中标金额近10亿元，中标数量和体量均位居前三，市场份额明显提高，市场话语权更加突出，如图6所示。

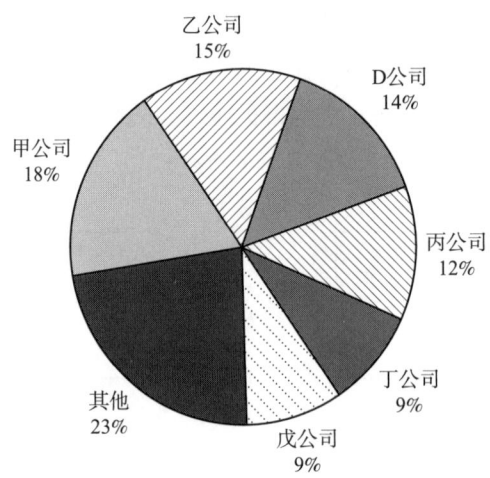

图6　各公司占S市地铁6、7、8、S1号线市场份额比重

四、项目全周期成本管理经验总结

项目部做到了凝心聚力、贯通联动，圆满完成了A项目的施工建设任务的同时，对全周期成本管理有了深刻的体会和认识，总结出经验和方法后，在公司内推广这一管理模式。

一是在项目开始之前，项目管理层就要明确项目成本管理的目标，即降本增效。这能够确保项目团队对成本管理有清晰的认识和共同的目标，并为之而共同努力。

二是根据项目特点和目标，制订具体的成本管理计划，包括成本估算、成本控制、成本跟踪、成本分析等环节，确保每个环节都有明确的操作方法和标准。这能够让员工知晓目前处于什么阶段，应该完成的工作是什么和如何进行现阶段的工作。

三是在项目执行过程中，需要各个部门建立健全成本管理制度，包括成本控制制度、成本核算制度、成本报告制度等，通过这些制度将管理标准量化和明确，确保成本管理工作有序进行。同时，项目部需要实时收集成本数据，通过收集到的项目成本数据，对项目成本进行监控和跟踪，确保项目成本在可控范围内。对于超出预算的成本，要及时分析原因，采取相应的措施进行调整。

四是在项目结束后，对项目成本进行全面的分析，找出成本管理中存在的问题和不足，提出改进措施，为未来项目成本管理提供参考，提高成本管理效率和准确性。

通过运用全周期成本管理这一工具，D公司不仅在A项目前期、中期还是后期都更加注重成本管理，确保项目成本管理覆盖其全周期，提高了项目整体效益，还培养出了一支具备成本管理专业知识和技能的团队，为 D 公司成本管理工作提供人才保障。以优质的项目管理能力，为市场经营开发工作打下坚实基础，更有利于深入推进大商务管理，实现效益再提升。

（中铁八局集团有限公司　赵承健　冷衍金　曹　帅　游洪鉴　周泽军　冷　容）

管理会计在城市轨道交通项目成本费用控制中的应用探析

【摘要】随着我国经济发展进入新常态，企业发展面临日益复杂的内外部经济环境，经营困境逐渐显现。在这种背景下，企业亟须转变经营管理模式，优化内部控制体系，持续加强成本控制水平，以增强市场竞争力。新形势下管理会计成为实现企业长期发展的有力工具，能够为企业提供更为全面、准确的信息，从根本上实施科学合理的资源配置，助力企业降低成本、提升效益。本文旨在探讨管理会计在城市轨道交通工程项目成本控制中的应用，并通过对C公司的案例研究，深入剖析其实际效果和存在的问题。以C公司的管理会计应用为例，展示了在新形势下如何通过全面预算管理、成本控制、蓝海型战略管理会计和盾构业绩管理等手段，有效控制项目成本，提升盈利空间。然而，本文也揭示了管理会计在实际应用中存在的问题，包括企业管理制度不够完善、员工参与度不足以及缺乏系统的管理会计理论体系等。针对这些问题，本文提出了一系列优化对策，包括转变成本控制观念、健全成本控制制度、加快信息化建设、完善绩效考核方案以及强化人才队伍建设等，旨在进一步提升管理会计在成本控制中的效果，以期为城市轨道交通建设领域提供更具实践价值的管理经验和决策支持。

一、管理会计与成本控制相关概述

（一）管理会计的内涵

管理会计又称对内报告会计，它是基于管理的会计，它的本质是满足企业的生产经营管理需要的会计信息系统，它由财务会计信息系统和管理会计信息系统两部分组成，着重为企业管理者进行最优决策，改善经营管理，提供重要决策支持。管理会计是企业的战略、业务、财务一体化最有效的工具，是辅助决策者决策的重要会计分支，其功能主要包括预测、规划、控制、监督、激励与考核等方面。

（二）管理会计与成本控制的关联性

管理会计与成本控制之间存在非常紧密的联系，管理会计本身就是会计与管理之间的有机结合，管理会计提供的数据与分析是成本管理的重要基础，同时成本控制也是管理会计重要的应用方向。

（三）管理会计在企业成本控制中的重要性

在企业经营决策中，管理会计的应用能够帮助各级管理者正确规划企业经营方向，同时也可以实现对企业各项经营活动的有效控制。相较于其他会计工具，管理会计更倾向于使用企业的各类财务数据，结合财务数据对企业未来发展进行全方位预测，并集中展现企业内部经营存在的各类问题，通过计算机软件和数学模型算法为企业企业决策者提供对企业最有利的解决方案。综合来看，如果企业能够合理使用管理会计工具，那么就能够显著提高企业成本控制的管理水平，最终给企业带来较为显著的综合收益。

二、城市轨道交通工程主要成本费用构成及管理方面的问题

（一）城市轨道交通工程主要成本费用构成

本部分数据来源于 C 公司截至 2022 年底各区域收尾项目成本费用数据，因收尾项目成本费用基本确定，因此该部分数据较为准确，能够真实反映城市轨道交通工程主要成本费用构成比例。

图 1 统计的是截至 2022 年各区域成本费用占比，图 2 统计的是各区域成本费用加权平均数占总成本比例。

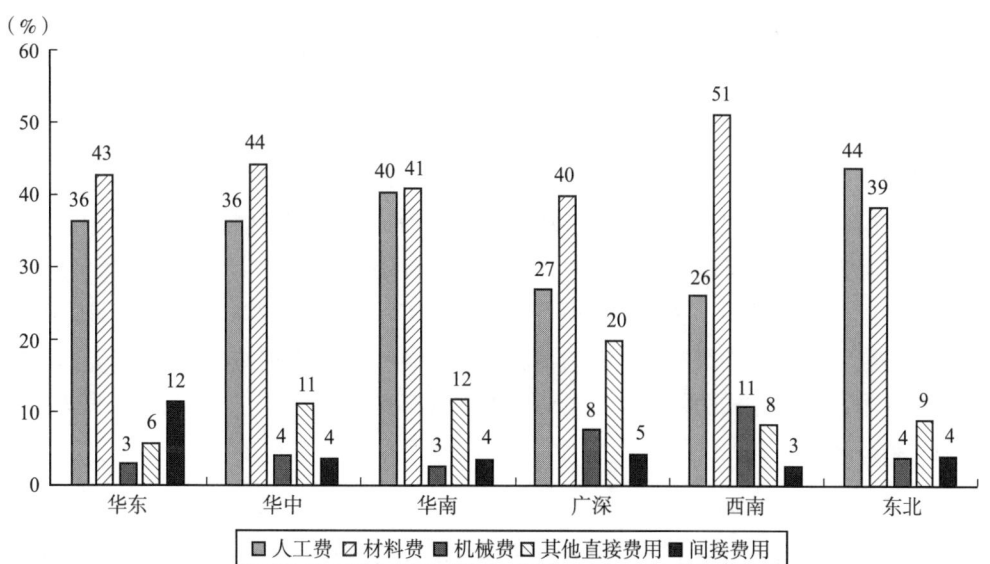

图 1　C 公司各区域成本费用构成占比

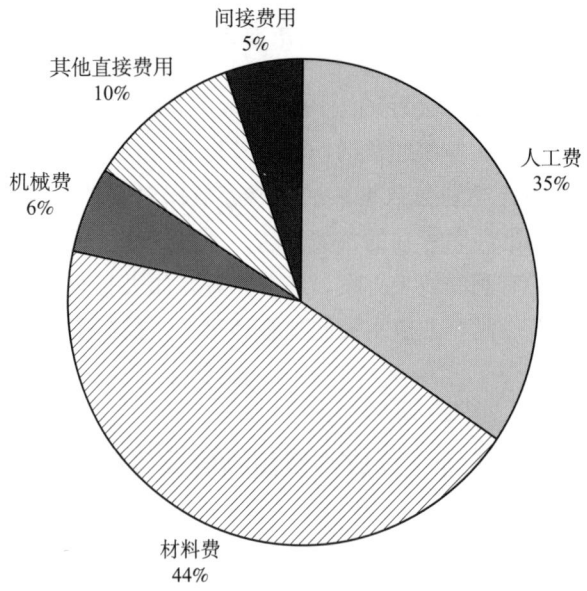

图2　C公司各区域成本费用加权平均数占总成本比例

1. 人工费

人工费是城市轨道交通工程成本中较为重要的一项，在城市轨道交通工程中，人工费一般占工程项目成本的35%。且人工费用具有一定弹性，需要参照当地的经济发展条件和施工企业的资金，并结合工程的预定进度、设计方案、预计人力资源使用量等来确定实际的人工费用，确保人工费用的支出与预算成本的偏差在规定可控的范围内。

2. 材料费

材料费是城市轨道交通工程中花费最大的一项费用，在城市轨道交通工程中，材料物资费用一般占工程项目成本的44%。所用材料分为主要材料和辅助材料，这些材料可由甲方提供也可自行采购。甲方供材料和自购材料在材料规格、数量、单价上与定额相比会产生差异，从而影响项目成本。在实际施工过程中，由于施工现场的管理水平不足，可能会导致施工材料的消耗量与合同中所规定的数量有所出入。此外，材料的运输与库存方式的差异，也会对成本中材料费产生影响，这就需要物资人员做好采购和运输工作。

3. 机械使用费

机械使用费是针对施工过程中的机械设备来说的，其所花费的成本并不大，在轨道工程中，机械使用费一般占施工总成本的6%。项目投标文件中编制的施工机械使用费是根据工程规模、施工方案确定的，项目开工后实际使用的机械设备型号和所需的数量及施工方案可能与定额存在一定的差异，工作效率也有所不同，从而影响项目成本。如果发生所需施工机械数量增加，费用大量超支，而又无特殊原因时，应考虑改变原施工方案，避免亏损。但是机械设备一旦发生损坏，其维修费用和所耽误的工程进度所造成的亏损将是巨大的，所以在机械的投入中，需要工程企业按照投标文件中所提及的施工器械种类、信号与数量的需求，并按照相应的施工方案来进行选用，确保实际使用过程中与设计方案差异在可控范围内。

4. 其他直接费

其他直接费用于核算施工企业进行合同建造时发生的除直接人工费、直接材料费、机械使用费、间接费之外的其他成本。主要包括临时设施费、折旧费、安全生产费、燃料动力费、征地拆迁费等。

值得一提的是安全生产费，在小型工程中占成本的比重较小，但是在城市轨道交通工程这种大型工程中，成本占比并不小。特别是在 2022 年新印发的《企业安全生产费用提取和使用管理办法》中将城市轨道交通工程安全生产费的提取标准提高至3%，足见其重要性。

5. 间接费

间接费又可称为管理费，由施工企业发生的施工、生产单位管理人员职工薪酬、固定资产折旧费、财产保险费、房屋租赁费、办公费等间接费用构成，通常占工程项目成本的5%左右。

（二）城市轨道交通工程成本管理原则

1. 成本费用预算刚性管理

坚持"无预算不支出，超预算不报销"原则，一是由 C 公司负责项目责任成本总预算，下达分部分项责任成本清单；二是严控临时设施投入，减少非直接性工程费用；三是联动各部门结合项目施工策划，编制全要素、全周期项目经费预算，并将经费全面分解到责任部门及各施工年限。

2. 严禁挤列项目成本费用

一是坚守经营管理红线和底线，禁止通过广告宣传费、文明施工费、临时用工、零租设备等虚假业务，设立"小金库"；二是严肃财经纪律，杜绝成本费用串列、挤列现象，严禁公司管理费、经营中心人员工资、差旅、业务费用挤列项目管理费用。

3. 遵循成本费用核算界限

不得混淆资本性投入与项目成本界限；业务宣传费与安全生产费界限；大宗材料、设备支出、劳务分包成本与研发费用界限；管理人员薪酬与直接人工成本界限；新开项目成本与完工项目成本界限；当期（年）成本费用与次期（年）成本费用界限。

4. 遵循权责发生制原则

以真实业务为前提，及时办理会计核算业务，做到分包工程收方计价、物资采购及设备周转材料租赁结算、材料收支结存、职工薪酬支付不跨月，其他日常费用报销不跨季；不得滥用会计准则，通过预提、预列、盘存、冲销等方法，随意调整成本、费用、收入、利润；不得违反准则及上级会计核算规定，少摊、多列周转材料、工具用具采购成本，少提、多计固定资产折旧费用。

5. 严守会计核算完整性真实性原则

所有成本费用支出，必须取得合法有效的凭据，除员工薪酬、社保及差旅补贴外，所有成本费用核销均须取得发票、财政专用收据等税前扣除凭证，提供预算、计划、合同、收方计价、送货单、过磅单、断面测绘记录、卷尺记录且需提供信息查验等原始依据，按月完成结算，并在 30 个工作日内提交财务部门整理归档，按照审批权限，经（经办人、证明人、审批人）三人签字确认，方可办理财务列账，保证业务真实、依据充分、程序完整。

（三）城市轨道交通工程成本管理方面问题

对于城市轨道交通工程成本管理的关键点而言，最重要的是以下四个方面：施工成本应不超过下达责任成本；施工工期应不超过合同约定工期；施工质量应符合验收要求；施工安全应确保零事故，在此基础上，工程项目才能争取获取更大的利润。

1. 责任成本编制随意，施工过程缺乏管控

目前，不少施工项目开工前没有编制责任成本测算，即使有编制，大多也是项目部聚在一起通过"拍脑壳"的方式确定各类成本费用的预算金额，既不重视结合现场实际配置资源，也不重视施工组织设计中的降低成本措施。更有甚者，有些企业领导为了创业绩，树形象，打开市场，竟不顾成本，盲目投标，拿到活就干。结果投标即亏损，责任成本更是亏得一塌糊涂，公司内部拆东墙补西墙，用大量的资源填补亏损，导致企业发展进入恶性循环，发展局面愈加艰难。

项目部关心利润却对成本开支状况较少过问，成本管理缺乏事前和事中的控制和管理。平时开展经济活动分析及责任成本分析时流于形式，质量不高、内容单一、分析片面、解决措施没有针对性，完全未起到过程管控指导作用。仅仅在项目进行到中期、面临审计巡查、上级检查甚至项目收尾时才对已发生的成本进行全面核算，以致出现亏损时找不出问题的症结，更提不出应对的措施，导致成本管理失控，那时已为时过晚，无力回天。

2. 忽略项目工期成本，逐步侵蚀项目利润

城市轨道交通施工企业对工期成本的重视度普遍不足，总怀揣着"盾构一响，黄金万两"的心态，重视盾构掘进过程工期进度，忽视盾构施工前后的工期，对于

每一个施工项目而言，其施工工期和成本目标并不是孤立的，而是相互联系、相互制约的。项目部虽然对工期有明确的要求，但对工期与成本的关系很少进行深入研究。

在工期滞后的情况下，一是项目间接费用会随着工期延长而增加，包括职工薪酬、折旧费、保险费、租赁费、办公费等。二是导致施工成本增加，工期滞后分为在建期间施工进度缓慢和停工。在建期间施工进度缓慢会导致现场租赁的周转料、施工机械时间延长，增加材料和机械成本。同时，工期的延长等于人工效率低，导致人工费增加。三是违反承包合同工期约定的罚款，在常规合同中均有对不满足施工工期进行处罚的条款，严重情况下，可导致违约解除合同关系。

3. 施工质量缺陷频发，消缺费用与日俱增

长期以来，我国城市轨道交通施工企业未能充分认识质量和成本之间的辩证统一关系，大部分项目部存在片面追求经济效益，而忽视质量的情况。以 C 公司为例，在项目盾构掘进期间，过度追求工期进度，忽视防水堵漏质量，导致消缺费用与日俱增，每年均需支付大额消缺费用，甚至致使前期盈利项目功亏一篑，由盈转亏。

因未达到质量标准而付出的额外质量成本，既增加了成本支出，又对企业信誉造成不良影响，极大地限制了公司片区滚动经营开发任务，影响全局发展形势。

4. 工程安全事故频发，直接加大成本支出

城市轨道交通工程施工过程中，总体可分为两个阶段：土建工程施工阶段和盾构施工阶段，无论哪个阶段，施工现场安全风险点都非常多，稍有不慎，就会发生安全事故。

由于国内统计部门没有建立相关的城市轨道交通安全事故的统计数据库，笔者通过大量资料、文献查阅、互联网搜索等手段，共收集到了 2018～2022 年间 84 起城市轨道交通施工事故案例，虽然事故案例并不全面，但通过城市轨道交通事故的统计，仍然可以看出城市轨道交通工程安全事故频发的现状。如图 3、图 4 所示。

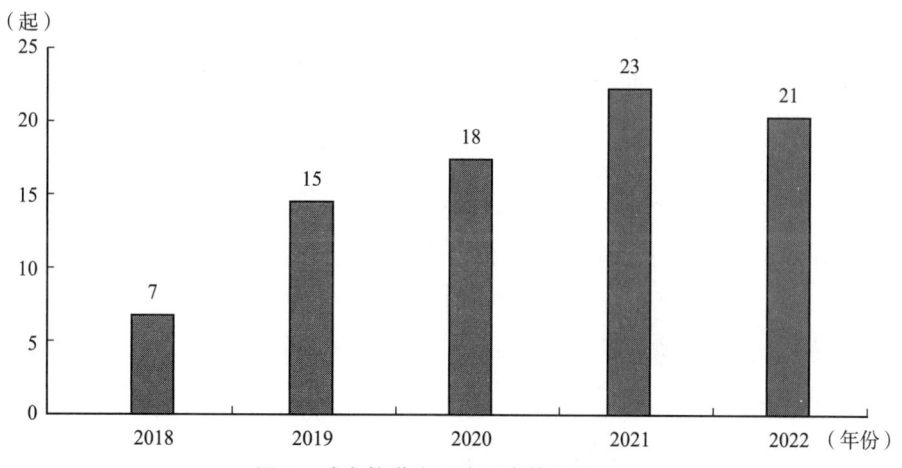

图 3　城市轨道交通施工事故数量统计

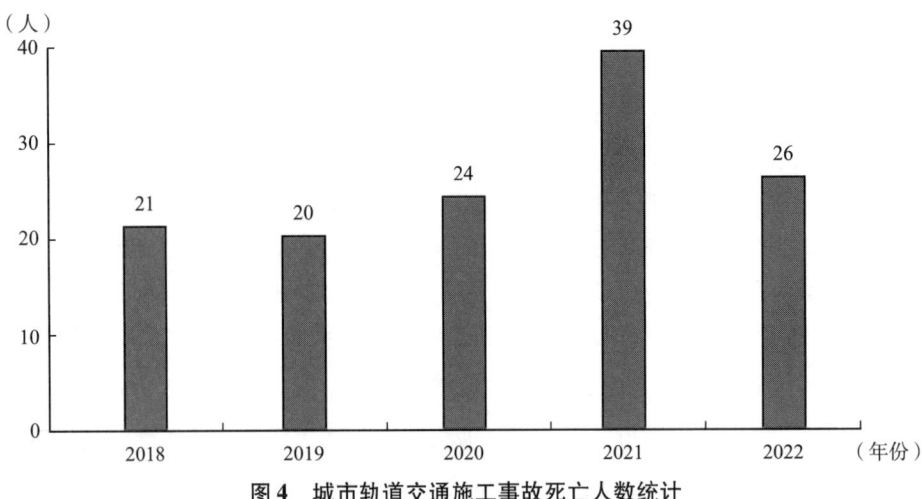

图4　城市轨道交通施工事故死亡人数统计

　　施工现场由于违规操作、违章指挥或安全隐患未及时整改等管理原因导致的安全事故，将直接影响项目的整体进程从而导致成本增加：一是安全事故产生的外部单位罚款、现场停工整改，造成罚款及停工损失；二是上级单位对项目整体的履约评价靠后，影响经营开发任务，遏制企业良性发展；三是政府主管部门将事故单位作为重点监督对象从而加大力度、频次检查，循环往复，加大迎检支出。

三、管理会计在 C 公司的应用现状及问题分析

（一）公司背景

1. 公司概况

　　C 公司是以轨道交通、城市建设为主的施工企业，汇集了城市轨道交通和城市建设施工领域的优秀人才、先进设备和优势力量，践行"精工良建、品臻致远"宗旨，在城际铁路、轻轨地铁、综合管廊、水利水电、市政道路、高速公路等施工领域积累了丰富经验。公司秉持专业化、科学化、标准化施工理念，以"干一项工程，树一座丰碑"为目标，全力打造精品工程，多次荣获省级用户满意建筑工程、全国用户满意工程、国家级优质工程鲁班奖等省部级以上荣誉。公司大力开展科研创新，形成了国家专利 65 项、海外专利 6 项、软件著作权 3 项，荣获中国城市轨道交通协会科技进步奖 1 项、中国施工企业管理协会高推广价值专利大赛优胜奖 2 项、省级企业管理现代化创新成果奖 3 项、中施企协首届微创新大赛二等奖 1 项。

2. 公司组织机构

　　C 公司内部设置包括行政机构、党群机构、其他机构，具体组织结构如图 5 所示。

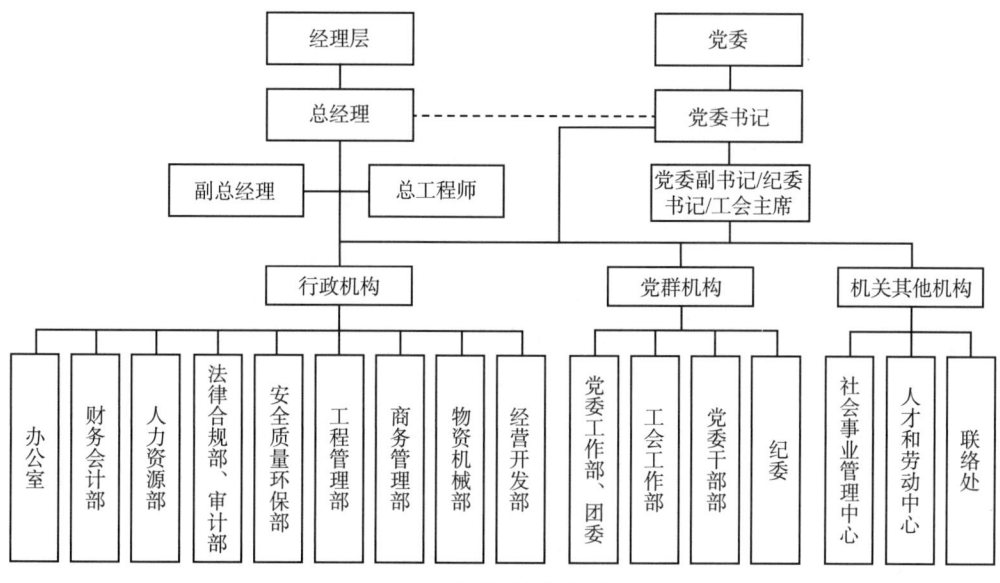

图 5　C 公司组织结构

3. 管理会计的应用

近年来，我国建筑行业普遍存在着过度竞争的现象，想要在行业中长久立足十分艰难。尽管如此，城市轨道交通建设仍旧以惊人的增长速度在建筑行业中脱颖而出，成为行业黑马。本文通过分析 C 公司近几年管理机制的变化，发现其将财务的重心正在由传统会计向管理会计逐渐转变，充分利用管理思维，帮助领导者、管理者进行高效、准确的决策，合理规划企业预算，控制企业成本，最终提升企业核心竞争力。

（二）管理会计的具体应用

如今市场竞争激烈，环境相对复杂，企业想要顺利发展需要保证合理的成本，建筑施工行业更需要注重成本控制。城市轨道交通工程项目的主要方向为轨道交通和城市建设，保证施工安全高效和低成本缺一不可，结合行业需求及时调整项目成本就显得十分重要。本文从以下四个方面逐步介绍 C 公司如何发挥管理会计思维的最大效用，在项目全周期中有效控制成本费用，不断提升利润空间。

1. 实施全面预算管理

C 公司在成立后，印发了关于实施全面预算管理细则的文件，建立了一套涵盖企业各类生产要素、贯穿企业生产经营全过程、将各项业务预算和财务预算融于一体的全方位、全过程、全员参与的综合管理系统。公司内部设有预算管理委员会，该委员会由总经理领导，副总经理以及公司财务会计部、安全生产部、市场营销部、物资机械部、人力资源部、商务管理部、综合管理部等部门负责人组成。此外，公司财务会计部牵头组织、各预算管理职能部门合作，共同组成预算管理办公室，负责公司的日常预算管理工作。

具体而言，首先，C公司预算管理办公室内部成员根据实际需要和各自的主要职责进行划分，分为预算编制工作的主责部门和配合部门。主责部门与配合部门积极合作，联系各工程项目业务对口部门，收集相关预算编制所需的基础资料。随后，主责部门进行预算报表的编制、汇总和审核，并及时将部门负责人审核后的预算资料提交给财务会计部，以确保上下层级之间的预算资料报送口径一致、时间统一，提高编制质量和效率。在整个过程中，工程项目预算是C公司预算的关键组成部分，C公司的预算以工程项目预算为基础，以保持一致性和衔接性。

其次，在预算执行过程中，由于市场环境、经营条件、政策法规以及不可抗力等客观因素，可能会导致预算编制基础失效或预算执行结果产生重大偏差。为应对这些情况，C公司预算管理办公室允许对预算进行调整。

最后，借助财务共享中心，C公司预算管理办公室整合了各工程项目人料机费用、直接费用和间接费用等数据，定期或不定期监控预算指标完成情况，及时发现和纠正预算执行中的偏差，这有助于推动预算管理的信息化和网络化水平的不断提升，增强预算预警和应对能力。

2. 实施成本控制管理

在企业各个方面都达到最优配置的情况下，成本将会成为企业管理层面最关键的突破点。因此，降低成本成为企业经营过程中的长期目标。通常，企业采用科学技术和组织变革等方法来实现增效降本的目标。在业财融合的背景下，C公司根据自身发展状况和内部管理模式，采用了成本控制战略。借助信息平台作为整体的信息支持保障，实现了公司各层级的有效融合，从而实现成本卓越运营管理，可见C公司成本管理实践需要一个强大的信息中心作支撑。

C公司采取了精细化的成本管理方法，即以财务共享中心、2.0系统和工程管理系统为核心，搭配各部门日常收集整理的基础数据资料，将成本管理引导到工程项目的每个子项的成本数据管理上。C公司认识到，成本精细化管理需要将管理会计嵌入工程项目施工的各个环节中。项目财务甚至每月都会花一定的时间参与现场施工，深入了解现场情况，将管理会计的原则融入现场生产中，准确把握成本的动态变化和变动成因，及时对每个环节的成本问题进行调整。

根据近年的数据，C公司的营业成本增长速度低于营业收入增长速度，同时人工成本率和材料成本率呈现下降趋势，这表明C公司的成本控制管理初见取得了成效。2016～2022年C公司营业收入增长率和营业成本增长率如图6所示。

C公司2018～2022年人工成本率与材料成本变化如图7所示。

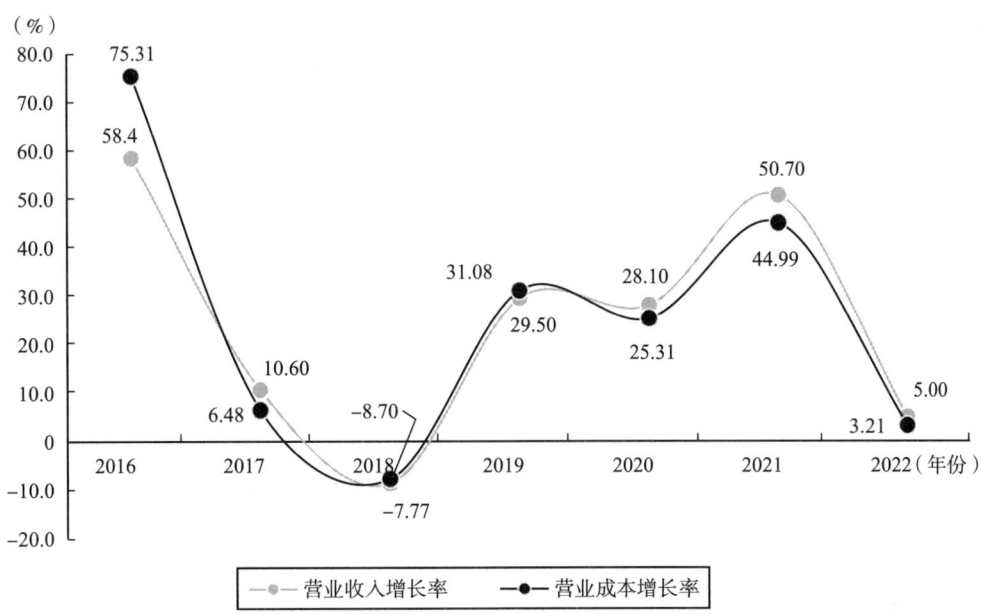

图6　C公司2016～2022年营业收入增长率和营业成本增长率

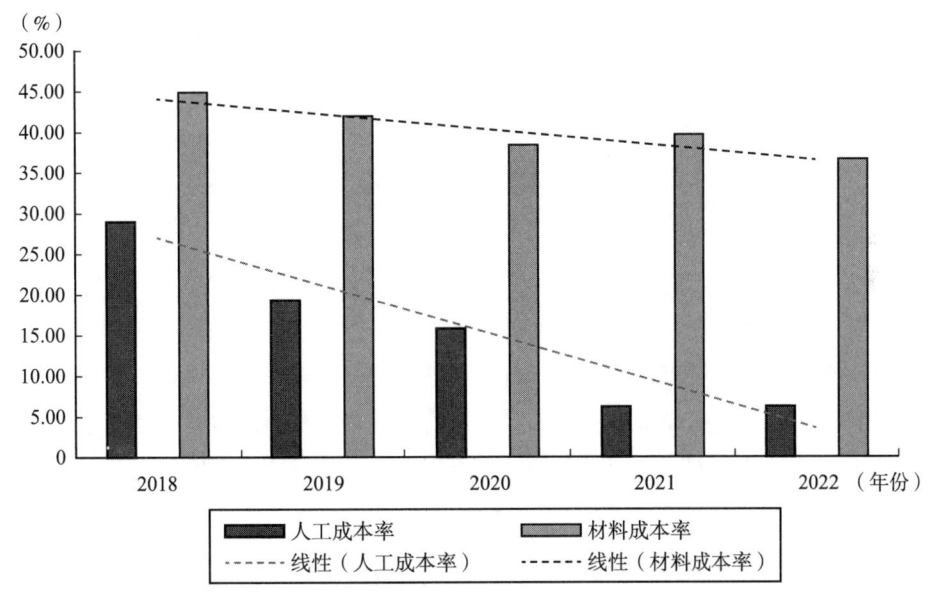

图7　C公司2018～2022年人工成本率和材料成本率变化

3. 实施蓝海型战略管理会计

蓝海型战略管理会计与传统战略模式截然不同。这一战略方法不将竞争对手作为衡量标尺，避免把精力消耗在竞争对手上，而是专注于满足客户需求和实现企业内部价值增值（即价值创新），着眼于开辟全新且尚未被探索的市场和领域，以期彻底摆脱传统竞争模式，创造"蓝海"。在这种战略环境下，战略管理会计的目标是在未开发领域创造全新价值，而不是与竞争对手在老旧市场上进行竞争。

C公司成立于2015年，主要专注于轨道交通和城市建设领域，并在业务拓展方面取得了显著的成绩。然而，由于城市轨道交通建设行业竞争激烈，竞争对手纷纷下压投标报价成本，C公司不得不转变策略，着眼于"差异化"。公司决定避开竞争激烈的无差异化市场，转向注重作业安全质量、不易施工却被忽视的核电建设市场，开始了"蓝海战略"的实施。从C公司投标的情况可以看出，非城市轨道的投标数量逐年增加，非城市轨道项目中标占比也呈上升趋势，如图8所示。

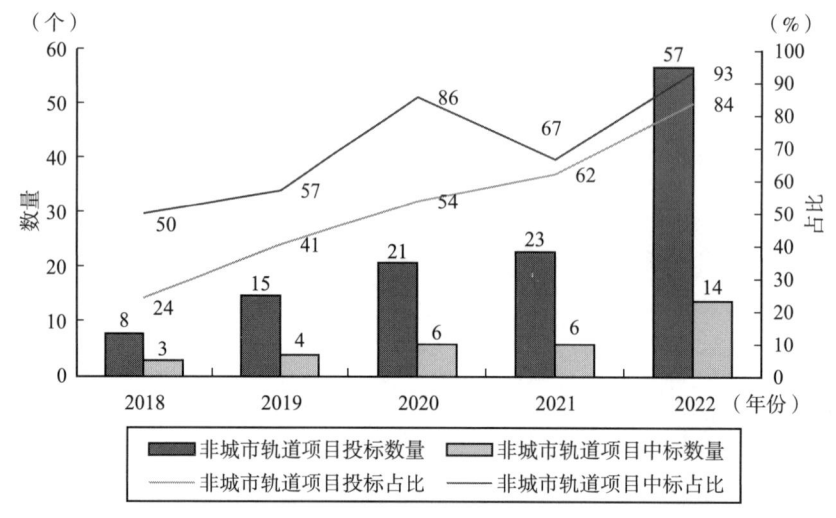

图8　C公司2018～2023年非城市轨道项目投标、中标情况

在2020年底，C公司自主招投标并最终中标了一项核电排水工程，该工程涵盖了盾构工作井、排水隧洞和海上转换井。这次C公司首次采用泥水盾构施工排水隧道，也是公司首次涉足核电建设市场的项目。自参与核电建设以来，该项目获得了业主单位颁发的4份表扬信，在核电建设市场树立了良好的声誉。此举不仅为C公司在核电建设市场的进一步发展打开了大门，同时也奠定了成功实施管理会计思维模式的基础。

4. 实施盾构业绩管理

C公司在业绩管理方面采用了由下至上的管理模式。具体而言，各项目部成立盾构施工人员薪酬考核管理小组，由项目经理领导，项目书记、总工、安全总监、商务部、办公室、物机部、工程部、安质部、财务部、现场领工共同组成。考核管理小组负责建立健全项目部各项薪酬考核管理制度、人员定期考核和收入调控等工作。管理小组下设办公室，由项目部商务部负责组织员工定期考核、资料收集及岗薪对应等工作。班组人员由各班组负责人进行考核评定，班组负责人由部门负责人、现场领工及副经理进行考核；考核结果由商务部负责收集统计。

主要将盾构施工一线员工（主要包括盾构司机及临聘安全员、掘进班组人员、地面班组人员、泥水班组人员、维保班组人员、后勤班组人员等）薪酬分为基本工资（岗位不同，基本工资不同）、考核工资或超环奖励和其他津贴三部分。根据盾构施工的特点，薪酬模式分为：盾构施工准备阶段（即盾构自下井组装至始发或出洞至设备退场）实行基本工资加考核工资和其他津贴的薪酬模式；盾构掘进阶段（即盾构始发至盾构出洞期间）实行基本工资加超环奖励和其他津贴的薪酬模式。

在这一过程中，每个工程项目结合项目的实际情况，采用灵活的管理会计方法，对盾构队伍的业绩进行指标化，每月需根据施工计划掘进一定环数，超过一定工程量后，根据不同的地层情况，设置不同环数有不同奖励。

（三）管理会计具体应用中存在的问题分析

1. 企业管理制度不完善

公司要想得到长久的发展，离不开完善的管理制度和各个部门的积极配合。虽然管理会计早已在全国范围有所提及，但 C 公司目前尚未充分落实管理会计，主要是因为建筑行业以往粗犷式的管理模式虽然已逐渐被社会淘汰，但企业管理制度尚未完全适应新的需求，导致管理会计的实施并不顺利。例如，一个工程项目需要进行施工进度追赶，想尽可能将项目工期提前，管理会计就必须综合考虑增加的人工费用、机械费用以及其他费用带来的潜在收益，需要充分利用成本管理的工具方法实现最大效益。现实未必如此，更多依赖于管理者以往的经验，但施工项目面临体量大、周期长、经济环境多变等因素的影响，过度依赖施工经验进行项目管理可能会带来更大的风险。

2. 员工参与积极性不足

C 公司主要由财务部门来实施管理会计制度，尽管这有助于提升财务管理价值，却不能给工程项目带来明显的收益。这种现象一定程度上遏制了项目领导层的积极性。同时，实施全面预算管理的前提是各部门充分了解招标文件、财务状况、工程概况等相关资料，并结合工作经验，细化工程管理每个环节，充分协调施工生产和财务管理的关系，合理压缩施工成本。当前，部分员工将预算管理视为仅限于管理层和财务部门的职责，这导致了预算管理编制过程中的主动性不足，员工的参与度不高，违背了预算管理全面性原则，使得预算管理无法达到预期的效果。

3. 未形成系统的管理会计理论体系

在过去几十年的中国管理会计发展历程中，国内学者主要借助规范性文献或翻译外国文献来探索研究路径，结合中国国情深入广泛地探讨西方管理会计理论仍需进一步深化。虽然已取得了一些进展，但目前的管理会计理论体系尚未能够充分与中国企业财务发展的现状紧密结合。

严密的管理会计理论体系是引领和推动管理会计实践的基石。然而，在我国的相关研究中，仍然存在许多方法和领域上的局限性。当前的研究尚未形成具有特色的应用工具和理论模型。此外，我国经济形势发生了重大变革，以往人口红利已经不再是我国经济发展的优势。即将到来的是管理红利时代，通过提升企业管理水平来提高企业效率是新的发展趋势。在此背景下，C公司建立的管理会计理论体系极其重要。但是，从目前的情况来看，C公司尚未成功构建完整的管理会计理论体系。

4. 管理人员专业水平不足

统计数据表明，我国基层财务人员已经严重饱和。随着报考会计专业以及考取会计证书的热潮持续高涨，我国会计人才的数量呈现显著增长。人才数量的增长是一个积极的信号，然而大多数会计从业者仍从事着较为基础的会计工作，如出纳、助理会计等。与此对比的是，市场急需高素质的管理会计人才，这在会计人才市场中形成了供需不平衡的现象。随着全球化的加剧和市场竞争的日益激烈，C公司提出需要引进高水平的管理会计人才，以充分发挥其在内部经营管理方面的优势。然而，目前C公司的财务会计人员主要还是以财务会计为主，更多的是将自身定义为账房先生，从事简单的记账、报告工作，这一现状反映出C公司人力资源管理存在不合理的地方，不利于C公司的长远发展。针对这一问题，C公司需要引进优秀的管理会计人才，以解决现有人才结构的短板。无论是通过引进新的管理会计人才，还是通过培训使传统会计人员进行角色转变，这些举措都有助于提升公司的管理水平。C公司需要积极思考将管理会计的专业知识和技能纳入现有团队，从而更加高效地分析数据、制定战略，为企业的长足发展注入新的活力。

5. 考核和激励制度落实不到位

一个成功的管理方法需要落实考核和激励机制，以激发员工的积极性和责任感。随着信息技术水平的提高，C公司引进了"预算管理"系统，使得预算使用和结余情况可以实时查看。然而，目前该系统仍然存在较多的问题。一是分析手段相对不足，分析周期长，导致数据积聚严重，同时，对过去的数据分析也难以准确反映当时预算使用的真实情况，因此有效的管理经验难以积累。大多数工程项目在成本超支方面重罚不重奖，这导致员工编制预算时倾向于高估预算目标，而不是运用积累的经验来削减不必要的成本支出，为企业降低成本、提升效益。

此外，在实施盾构业绩管理过程中往往忽略了"考核制度"的有效落实。考核中因考核目标是根据施工计划来设立的，很可能偏离了施工实际情况，项目部只针对超过考核目标设立"超环奖励"，此处缺失对未完成目标的考核，例如，未完成考核目标的一定比例，进行一定的经济处罚，有奖有罚才更能充分调动员工的积极性，吸引优秀人才。

四、管理会计在C公司成本控制中的优化对策

（一）转变成本控制观念

企业各级管理者要加深对管理会计的认知深度，改变以往对会计只是算账的固有

认知，了解管理会计在企业成本控制管理中的关键性作用。首先，各级管理者要主动学习和使用管理会计理念对企业进行经营管理和成本控制。其次，企业财务人员对于管理会计的认知与把握也十分重要。当前企业的外部信息和业务信息是管理会计的主要信息来源，而作为这些信息处理者的财务人员，其业务管理水平将在一定程度上决定企业管理者对生产经营的参与度和企业管理效率的高低。因此，企业各级领导可以多组织财务人员进行学习培训和管理实践活动，使财务人员充分掌握管理会计的知识和技能，并将相关的管理会计工具方法应用到企业成本控制中。

（二）健全成本控制制度

企业各级管理者要深刻认识到做好管理会计工具方法应用的价值和加强企业成本控制建设的重要性，要树立成本控制工作优先意识，并建立健全企业成本控制管理制度。通过规范成本预算编制，细化成本预算管理工作分类，明确成本预算管理编制、执行、监督、考核管理等各项工作程序与流程，将企业短期、中期、长期战略目标和企业当前实际发展情况科学有机结合起来，构建一套完整统一的企业成本预算控制管理制度，为更加有效地应用管理会计工具方法提供良好的制度基础。

（三）加快管理会计信息化建设

企业应紧跟信息时代的步伐，对在企业成本控制中应用管理会计提出更高要求。首先，企业应着重提升各个信息系统的智能化水平，因此可积极引入"大数据"技术，提高对企业各类信息的收集、储存、分析和处理的效率。其次，智能化的信息系统将实现对基础财务工作的替代，可以将财务人员从基本的账务处理、税务管理等基础工作中解放出来，而财务人员的主要精力则转移至预算控制、营运资金管理、作业成本法和绩效评价上去，这种会计对内职能的转变能发挥财务人员的管理职能，提高财务人员企业管理的参与深度，从而有效加强企业对成本的管控。最后，企业内部的各个信息系统之间要实现数据口径上的统一和技术标准上兼容，并实现各个部门之间的数据共享。企业应加强管理会计成本控制一体化建设，打造企业数据库，实现成本信息的沉淀和价值数据的筛选、利用、分析。除此之外，企业还应注重加强数据安全机制建设，确保企业的信息安全。

（四）完善绩效考核方案

在企业的持续发展过程中，绩效考核方案扮演着至关重要的角色。有效的绩效考核与激励机制不仅能够激发员工的积极性，更是不可或缺的管理工具，尤其在提升企业的成本控制水平方面具有重要意义。因此，在企业成本控制过程中，要想加快管理会计转型速度，调动工作人员学习与利用管理会计工具的积极性与主动性，可从创新绩效考核机制建设入手。特别是对于城市轨道建筑企业而言，其具有建设周期长、成本构成复杂、人员流动性大、考核周期长等特点。很多项目管理人员在建设施工中可能会调离，导致他们无法参与项目考核，从而无法发挥绩效考核的激励作用，这种情况在很大程度上可能导致管理人员忽视项目的成本控制。为了克服这一问题，建议在城市轨道交通建筑企业中重新审视考核方法，可以考虑采用分部分项工程单独考核、缩短考核周期等方式。这样的调整能够更准确地反映不同阶段的绩效表现，同时也能更及时地调整员工激励措施，从而更好地激发他们的工作积极性。例如，C 公司推行的盾构掘进内部承包制，将盾构掘进承包给公司员工，根据当月掘进计划与全周期计划，每月按照掘进情况对内部承包队进行考核计价，贯通后进行全周期考核。这种方式让员工做自己的老板，大大提高了员工的工作激情，同时加快了整体盾构掘进进度，有效降低了项目部整体施工工期。这不仅压缩了项目部管理费支出，更实现了公司与员工的双赢局面。

（五）加强人才队伍建设

人才是企业管理水平高低的决定性因素，优秀稳定的管理会计团队与人才是企业成本管理控制提升的基石。因此，加强管理会计人才队伍建设对提升企业管理会计工具应用有效性具有重要影响。在此过程中，企业可建立完善的社会招聘制度，引进高素质、高能力的管理会计人才，从而有效快速提高企业管理会计工具的应用能力；同时，企业要有针对性地建立管理会计人才培训机制，为包括财务人员在内的所有员工提供学习平台，不定期邀请专家学者对管理会计的新知识和新政策进行系统培训和再教育。积极组织技术交流、专业比武等活动，以此丰富管理会计人员管理会计工具应用经验，提升其管理会计工具应用能力；依托企业文化建设，促进先进管理会计工具方法、成本控制工具与方法等在成本控制中的引入与实施，强化员工创新意识与创新能力，让管理会计工具应用在企业成本控制中更加灵活、更加科学。

（六）以目标为导向，加强过程纠偏

城市轨道交通等建筑企业有别于制造企业等，其成本构成更加复杂多样，每个建筑项目都有自己独特的成本构成。因此，在项目实施过程中必须提高管理会计工具应用水平。在工程项目实施时应该结合本项目特点制定项目成本全周期预算、年度预算、季度预算、月度预算。通过年度、季度经济活动分析，月度成本分析等方式，及时反馈实际生产经营过程中的各项成本消耗情况对比。通过对实际情况的判断，对施工过程中投入和产出等信息进行全面分析汇总，及时发现存在的问题，制定切实有效的纠偏措施，提高项目成本控制水平；并同步做好数据的收集整理工作，及时录入公司信息系统，为以后项目的管理会计开展提供数据支撑。

五、结论与展望

（一）结论

信息技术时代下，各行各业竞争日渐激烈，建筑行业受到大经济形势的影响，要保持竞争力就必须积极应对，管理会计的推行为企业降本增效提供了新的机遇和挑战。相较于传统会计工具，管理会计更趋向于充分利用企业财务数据，结合这些数据进行全面预测，凸显企业内部潜在问题，通过数学模型和计算机软件为企业决策者提供最优解决方案。

本文以 C 公司为例，阐述了城市轨道工程项目如何在时代的冲击下，尝试借助管理会计来经营决策，不断提升企业价值。虽然，实际应用中也出现了一些问题，如企业管理制度尚待完善、团队成员素质亟待提升、信息系统的薄弱等问题影响了企业的成本管控战略的实施。综合而言，对管理会计工具的合理应用，能够显著提升企业成本控制水平，最终带来显著的综合收益。

（二）研究局限与展望

管理会计在城市轨道交通工程项目成本控制中的应用研究具有重要的实际意义和研究潜力，本文仅以 C 公司作为研究个例，未涵盖更广泛的行业范围，因此研究结论的普适性还需进一步验证。同时，对于管理会计的具体应用方法和策略，本文尚未进行更深入的探讨，未能充分揭示其实践层面的细节。因此，本文在探讨管理会计在城市轨道交通工程项目成本控制中的应用方面还存在一些局限性。

在未来的研究中，可以从以下几个方面进行拓展。首先，可以通过对多个公司的实际案例进行比较，进一步验证管理会计在不同行业中的应用效果，以及解析其对于成本控制的普适性作用。其次，可以对管理会计在实际应用中的具体方法和策略进行更加详尽的阐述，以提供更具体的操作指南。此外，还可以结合现代信息技术的发展，深入探讨管理会计与信息化建设的融合，如何通过数字化、智能化手段更好地支持成本控制等。同时，也可以对管理会计在风险管理、投资回报、战略管理等更多领域的应用进行深入研究，为企业提供更全面的管理决策支持。

综上所述，管理会计在城市轨道交通工程项目成本控制中的应用已经初步展示了其重要性和效益。然而，仍然需要深入地研究来挖掘其更广泛的应用领域，为企业持续创新、可持续发展提供更加有力的支持。

（中铁八局集团有限公司 徐 健 周 波 张晓梅 胡 恒

黄 越 李 伟 温忠林 岳 菊）

项目全周期成本管控在中铁大桥局二公司的应用

【摘要】 中国建筑行业经过多年蓬勃发展，市场竞争日趋激烈。施工企业能否在竞争中立于不败之地，关键在于企业能否在为业主提供质量高、工期短、造价低的项目产品的同时，能够通过有效的成本管控手段获得较为可观的经济利益，实现可持续发展。施工企业间的竞争实质上就是成本的竞争，提升项目成本管理水平，降低项目综合成本，成为大多数企业的长期经营战略。

中铁大桥局二公司通过树立"项目成本全员全过程管控"理念，形成"人人都是成本管理者，人人都是价值创造者"的统一认识，建立了项目全周期成本管控体系，公司前后台协同推进，统筹开展成本筹划及各环节工作，有效降低了项目成本，实现了项目盈利最大化目标。项目全周期成本管控从宏观成本和微观成本两个角度入手，在方法、理念和手段上进行创新，管理手段和措施贯穿于整个成本管控环节。

项目全周期成本管控应用取得了明显成效：一是公司新签合同额屡创新高，特别是在大江大河和跨海大桥项目上发挥出传统市场和技术优势，巩固了建桥国家队的龙头地位；二是随着经营规模的增长，项目成本偏差保持在可控范围之内，每一项任务均分解落实到具体人员，再辅以科学合理的激励约束，在成本压减、核算等方面获得显著改善；三是通过开展通用设备集中采购、框架协议租赁、集采简化设备采购（租赁）流程等方式，节约了项目二次寻源时间，为公司遴选出一批优质设备供应商，分期付款的支付方式既缓解了公司资金压力，也推进企业资源配置水平稳步提升；四是充分利用增值税留抵退税政策，从单纯匹配销项税额扩大进项税额留抵基数到调整筹划思路，实现预缴税款充分抵减，全方位释放税务资金占用，压降了项目资金成本；五是建立了成本预算管理体系，明确了成本预算管理机构，通过编制项目责任成本目标书将绩效考核与目标完成情况挂钩，并由公司工程技术部、商务部、财务部等专业部门针对收尾项目竣工验收、档案移交、竣工结算、尾款清收进行统一布置推进，收尾项目销号责任落到实处。

一、背景描述

（一）单位基本情况

中铁大桥局集团第二工程有限公司（以下简称"中铁大桥局二公司"），前身为原铁道部大桥局第二桥梁工程处，1953 年创立于武汉市，2001 年 6 月脱离铁道部，改制为现名，现隶属于世界 500 强中国中铁股份有限公司，是江苏省建筑业综合经济实力五十强企业。

中铁大桥局二公司是国家建设部核定的一级大型桥梁专业化施工企业。具有市政公用工程施工总承包一级、桥梁工程专业承包一级等多项资质。主营桥梁、道路、港口、码头工程。多年来，中铁大桥局二公司坚持桥梁主业，一直追踪和引领国内外桥梁施工先进技术，在我国各大干支流以及海上修造大型、特大型桥梁 200 余座，其中武汉、南京、九江、芜湖长江大桥等特大型公铁两用大桥被誉为中国建桥史上的四个里程碑。

凭借着丰富的施工经验、不断创新的进取精神及高度的质量责任意识，中铁大桥局二公司创建了一项又一项具有重大影响的优质工程，荣获国家科学技术进步特等奖 2 项、中国建筑工程最高荣誉鲁班奖 12 项、国家科学技术进步奖 12 项、中国最高科学技术创新詹天佑金奖 11 项，乔治·理查德森大奖 2 项，以及发明专利、实用新型专利等各类荣誉数百项，始终处于我国大型科技型桥梁建设企业综合实力第一方阵，被业界誉为中国建桥"国家队"。中铁大桥局二公司拥有中高级专业技术管理人才 511 名，占职工人数比例 26.2%，2022 年实现新签合同额 160 亿元，完成营业额 75 亿元。

（二）单位管理现状和存在的主要问题（见表 1）

表 1　　　　　　　　　　中铁大桥局二公司 SWOT 矩阵

S（优势）	O（机会）
（1）"科学研究、工程设计、土建施工、装备研发"四位一体优势，综合实力较强； （2）建桥国家队，多项詹天佑、鲁班奖，具有良好的业界口碑； （3）具有很强的地缘优势，公司位于南京，业务主要分布珠江三角洲经济圈、长江三角洲经济圈和环渤海湾经济圈； （4）具有高素质的管理和技术人才	（1）国家战略为企业转型高质量发展提供机遇和动力； （2）通过跨江、跨海大桥的建设，中国桥梁建设已进入世界前列； （3）建筑行业具有广阔的发展前景； （4）互联网数据云区块链信息技术的进步为企业的发展提供了强大的助力
W（劣势）	T（威胁）
（1）产品结构较为单一； （2）成本控制制度不完善、体系不完整； （3）缺少优秀的战略合作伙伴	（1）世界经济环境复杂多变，经济复苏回暖路阻且长； （2）人口红利下降推动劳务成本上升； （3）桥梁建筑市场进入门槛低，行业整体利润率下降； （4）行业内竞争对手实力的增强

（三）选择相关管理会计工具方法的主要原因

施工企业成本控制，是一项周期长、复杂程度高、涉及面广的工作，在项目管理过程中占有举足轻重的地位。在市场竞争日益激烈的今天，如何在保证质量安全的前提下有效降低工程项目成本，已经成为施工企业能否持续发展的关键。加强项目成本控制是项目管理的永恒主题。本文在探讨成本控制理论的基础上，结合中铁大桥局二公司项目成本控制的现状，提出了实施项目全生命周期的成本动态管控，并从宏观成本和微观成本两个角度提出了具体的措施和对策，从而提升企业的管理水平和参与市场竞争的优势。

二、总体设计

（一）应用相关管理会计工具方法的目标

树立成本管理系统思维，建立全周期成本管控体系，前后台协同推进，统筹开展成本筹划及各环节工作，推动企业成本管理工作规范有序开展，促进企业效益提升。

（二）应用相关管理会计工具方法的总体思路

项目成本包括公司层面的宏观成本和项目层面的微观成本两个方面。宏观成本管理主要是指项目成本管理过程中，对不受或较少程度受到项目自身影响的成本管理行为，是相对于项目微观成本的企业综合成本管理，涉及以后台管理为主的项目整体标段选择、管理层级设置、内部施工区段划分、安全质量管理、工程成本预控管理、变更索赔策划以及经济承包责任管理等方面。项目全周期成本管控的总体思路是，积极引入战略成本管理体系，从宏观成本和微观成本两方面着手，在巩固差异化优势的同时降低项目综合成本。

（三）相关管理会计工具方法的创新

1. 形成项目全周期成本管控的理念创新

通过宣贯"项目成本全员全过程管控"理念，公司上下形成"人人都是成本管理者，人人都是价值创造者"的统一认识，建立了项目全周期成本管控体系，从宏观成本和微观成本两个角度入手，统筹开展成本筹划及各环节工作，贯穿项目管理全过程。

2. 实现前后台多级次管理的手段创新

项目宏观成本通过公司后台前期筹划和过程监控纠偏得以管控，项目微观成本通过项目筹划方案在前台工程项目的具体落实得以管控，前后台协同推进项目成本管理，从而实现项目盈利最大化目标。

三、应用过程

（一）组织机构及参与部门

中铁大桥局二公司成立了提质增效三年行动（大商务管理）工作领导小组，由公司总经理任组长，公司总经济师、总会计师任副组长，商务部、财务部、工程技术部、物机部、人力资源部、市场营销中心等业务部门各司其职，如图1所示。

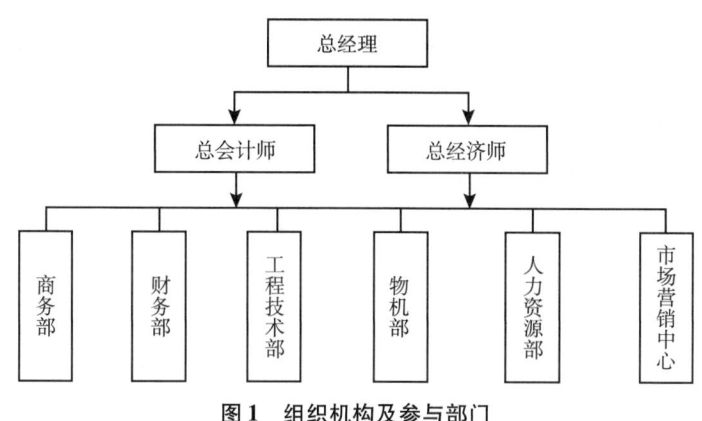

图1　组织机构及参与部门

（二）相关管理会计工具方法的内容

1. 项目成本构成

项目综合成本是指工程项目从启动、计划、实施、控制，到交付业主正常使用全周期所耗用的人力资源、物质资源、设备资源、资金资源等支出的全部货币表现总和，是整个过程的所有费用支出，具体包括公司层面的宏观成本和项目层面的微观成本两个方面。

项目宏观成本管理是相对于项目微观成本的企业综合成本管理，涉及以后台管理为主的项目整体标段选择、管理层级设置、内部施工区段划分、安全质量管理、工程成本预控管理、变更索赔策划及经济承包责任管理等方面，项目宏观成本管理不受或较少受到项目自身影响。项目微观成本由劳务成本、材料成本、机械成本、期间费用、相关税费构成，其中劳务成本、材料成本、机械成本等直接资源成本占比达85%以上。直接资源成本除了受采购环节的影响外，还与项目投标价格、项目设计方案、项目施工组织等有着直接的因果关系。

2. 目标成本管理

目标成本法是一种以市场为主，以顾客需求为导向，在产品规划设计阶段就着手努力运用价值工程进行功能成本分析，达到不断降低成本，增强竞争能力的成本管理方法。目标成本是在产品生产准备前下达给技术、生产等职能部门的产品成本控制目标，即产品在市场上可能接受的销售价格减去合理利润和税金后允许发生成本的最大限额。

3. 责任成本控制

责任成本是指特定的责任中心在其所承担的责任范围内所发生的各种耗费，从实质上来说，责任成本制度是企业内部的一种管理制度，具体说就是要按照企业生产经营组织系统建立责任成本中心，按成本责任的归属进行成本信息的归集、控制和考核，从而将经济责任落实到各部门、各单位和具体执行人。

（三）应用相关管理会计工具方法的资源、环境、信息化条件等部署要求

1. 树立正确的管理理念

现代企业管理是一种战略管理，是一种资源整合式的信息管理。管理出效益是一种观念而不仅是流于形式的口号，要从思想上认识到全周期成本管控的必要性。

2. 高层领导的支持

全周期成本管控涉及经营管理活动的方方面面，没有上下合作与推动，特别是高层领导的直接参与，管理任务不可能完全落实，也达不到预期的效果。

3. 扎实的管理基础

全周期成本管控不是一项孤立的工作，做好全周期成本管控需要扎实的管理基础来支撑。要建立业务操作标准，完善业务管理工作程序；要明确质量控制制度，强化质量控制；还需要完备而准确的原始记录、系统有效的会计数据结构、高效的内部会计信息支持系统和传递系统、灵敏的会计反馈系统和对异常变动的反应系统、完善的财务会计信息分析系统、财务预警系统和预算自调节系统、权威性的预算决算与考评体系。

4. 完善的制度体系

全周期成本管控要真正落实并发挥效益，必须要形成一种管理制度与规则。当企业的规章制度深入人心，员工会自觉主动地去遵守执行，项目全周期成本管控才能发挥其最大的成效。

5. 全体员工的积极参与

要充分调动全体员工的积极性，动员员工积极主动参与全周期成本管控的实施和控制，全体员工都直接或者间接地参与项目成本管理过程并享受管控成果，从而为更好地实施项目成本管控献计献策，保证战略目标的实现。

（四）具体应用模式和应用流程

1. 项目前期经营阶段

（1）稳定自身市场，拓展新增业态。中铁大桥局二公司在跨江跨海大桥建设中拥有业界较好的专业口碑，针对跨江跨海重点项目组建跟踪团队，制定责任矩阵，明确具体项目负责人，提前介入，超前谋划。根据每个项目特点在不同阶段情况分别制订跟踪计划，安排技术、商务人员对接业主、设计院、咨询单位、代理单位等客户，深化前期工作，实现重点项目精准营销。对于划分多个标段的重点项目，根据项目特

点、施工管理、质量控制、进度控制、成本控制等要求，积极对接客户，争取有利于公司的标段划分，尽可能地做大单合同体量。抓住重点项目稳定自身传统市场的同时，及时掌握市政桥梁、地铁轨道、风电等新增业态市场项目信息，积极参与项目投标，通过多投标，扩大市场份额，实现一主多元发展。

（2）利用品牌优势，优选优质项目。利用地处华东地区的地缘优势，广泛收集项目信息，优选优质项目。通过广泛宣传展示建桥国家队形象，提升自身品牌知名度，通过互联网和在建项目进行线上和线下的宣传活动，切实提升自身的品牌效应，维护与竞争对手的差异化优势。集中"科学研究、工程设计、土建施工、装备研发"四位一体优势，参与桥梁研究，引领桥梁设计施工发展方向。通过在建项目新材料、新技术、新工艺的使用向潜在客户进行宣传和推介，推动桥梁设计施工向更高、更新发展，保持公司的技术领先地位，中标更多优质项目。

（3）对标业内标杆，升级管理流程。中国建筑、中铁四局是建筑行业成本管理较好的标杆企业，公司树立"指标对标为先导，管理对标为核心，绩效提升为目标"的工作思路，通过横向对标行业内标杆企业的成本指标找出差距，纵向对标行业内标杆企业的成本管理战略和实施流程来完善、升级自身的成本管理战略和流程，推进公司的整体成本管理能力和水平提升。对标实践也充分表明，运用标杆管理，能够激发员工竞争意识，营造全员参与成本控制的氛围，不断完善和改进成本管理，实现降本增效。

（4）管理策划先行，指引工作方向。在项目组织施工前期需要做好项目管理策划，管理策划的重点放在技术方案、主要物资、机械、分包、税收、保险、人力资源、风险管控等方面。通过项目管理策划制订完善的实施方案及应对措施，使项目管理人员明确认识到项目管理的重点、要点和难点，确保后续各项工作能提前策划，有序推进，同时为项目在经营过程中的"开源""节流"明确了方向。

（5）加强人才引进，健全激励机制。企业的竞争也是人才的竞争，优秀的人才可以提升企业的综合竞争实力。公司推进一主多元的业态发展战略，也需要引进更多的技术、管理人才。公司建立多元化的激励机制，如建立公平的竞争环境、设计富有挑战性的职业生涯、提供公平合理的晋升机会等有效调动员工积极性和工作热情，有利于稳定内部优秀人才和引进外部优秀人才。

2. 项目合同履约阶段

（1）优化施工方案，减少直接资源占用。项目中标后，结合招标及投标文件，编制施工组织设计，结合工程的规模和创优要求对施工进度、安全生产、施工质量、资源配置等制定详细的保证措施，以确保项目建设的正常开展。在施工准备阶段，从时间、费用、顾客满意度等多方面进行经济比选，严格控制非关键线路工期，给主体工程施工留下更多的施工时间；临建策划在满足生产需求的情况下，严格控制建设规模与标准；主体工程施工方案通过使用新工艺、新材料、高科技设备的使用提高施工质量、降低安全隐患、减少施工成本、提高业主满意度，同时引入更多机械化、信息化的设备也能够降低劳务人员的投入，降低劳务成本。

（2）下达责任成本，树立目标导向。中铁大桥局二公司目前采用以目标成本为导向的成本管理方法，制定了目标成本管理制度以保障目标成本管理的实施。在项目初期，公司根据项目施工组织设计进行经济测算并确定项目目标成本，项目责任成本目标书是公司商务部门依据招投标文件、施工设计图、建设工程施工合同、实施性施工组织设计、劳务、材料、机械市场价格、税务政策等，对工程项目的整体盈利、亏损点进行充分分析后，编制形成项目责任成本，再经公司审核后形成的。项目责任成本目标书明确了整个施工项目的费用总成本，锁定项目要实现的责任利润，明确了项目上缴利润或亏损限额，指定了项目终结考核目标，作为项目成本管理考核的依据并与项目领导团队的薪酬考核相挂钩。

（3）培养战略合作伙伴，形成区域成本优势。建筑企业需要稳定的供应商来保证物资、劳务人员、机械设备的供应，长期、稳定、优质的供应商将使工程项目的成本更加可控，管理更加容易，通过招标、竞谈等方式寻找战略合作伙伴，建立共同利益，实现深度合作和共赢，通过战略合作伙伴在所处领域的资金、技术、管理等优势，降低区域内项目成本。2020年公司在建项目达到34个，项目分散且大型机械设备需求较多，为解决大型机械设备供应不足、费用高的问题，公司通过机械设备租赁战略合作招标，与三家实力强劲的机械设备租赁公司签订了机械设备租赁战略合作协议，锁定了大型机械设备的供应及租赁价格，在机械设备紧张、租赁价格上涨的情况下，确保了在建项目的大型机械设备的供应与租赁价格成本的控制，同时战略合作协议的签订也减少了项目部单项招标或临时采购的时间成本，提高了项目竞争力。

（4）利用互联网区块链技术，降低直接资源采购成本。建设工程项目工期一般较长，多则三五年，少则几个月，这一特点决定了项目实施阶段的物资、机械、人工等生产要素会受政策、市场影响而发生较大的变动，这就需要实时关注生产要素市场价格的变动，传统模式下询价范围小且无法进行全面比较，而利用互联网区块链技术询价不仅面广而且可以在施工区域内方便快捷地寻找到优质供应商。例如，项目部每个月将所需要的辅材计划集中上报公司物资管理部，物资管理部通过阿里巴巴寻找支付方式合理、价格优惠、服务好的供应商对项目进行供应，大大降低了项目部直接资源采购成本。

（5）引入业财共享系统，实现全员全周期成本管理。业财共享系统打通了成本管理中各成本要素资源从合同评审、合同签订、合同结算、预算审批、资金支付、合同封闭全流程管理环节，对接合同评审系统、成本管理系统、资金系统平台。业财系统的引入将各项成本管理都纳入一个平台进行部门协作信息共享，公司各业务部门也可以通过业财共享系统实现对工程项目各项费用支出进行监督和管理，提高了工作效率，降低了管理成本。

（6）合规税务策划，降低成本及现金流压力。公司建立系统的税务管控思维，以管理创效为导向，建立增值税前、后台协同工作机制，从顶层设计到落地实施全流程合法合规地进行增值税管控，合理降低增值税实际税负。其实质是始终围绕增值税纳税申报公式，即"增值税应纳税额＝销项税额－进项税额－预缴税款"这根主线，在遵从税法的前提下，灵活运用税率差异方法、扣除方法、延期纳税方法、退税方法等税收筹划基本方法，日常工作中从平衡增值税进销项、控制增值税预缴、申请增量留抵退税、防控增值税涉税风险、严格增值税考核等方面加强增值税各环节管理，最终实现"在不含税成本不增加的前提下，总体税负只降不增"的税收管理目标，盘活工程项目建设资金，实现项目资金自平衡，压降税务成本和占资。

（7）开展经济活动分析，强化过程纠偏。公司定期召开项目经济活动分析会，会议由负责生产管理的各要素部门参加，通过对施工进度、资源配置、税务策划及资金运用、生产耗费和成本控制等情况进行全面分析，将项目实施过程中的实际成本与责任成本进行对比分析，计算成本控制偏差造成的影响，研究查明原因，对项目过程中的成本控制工作及时进行总结并群策群力提出合理建议，加强了项目过程中的成本管控，确保成本总目标的实现。中铁大桥局二公司经济活动分析责任成本比较如表2所示。

表2　　　　　　　　　　　　　　　责任成本比较

202×年×季度　　　　　　　　　　　　　　　　　　单位：元

序号	工程项目	本期			开累		
		责任成本收入	实际成本	盈亏	责任成本收入	实际成本	盈亏
		A	B	C = A − B	D	E	F
1	100 章	1 069 914	1 146 562	− 76 649	8 984 252	7 147 735	1 765 376
2	200 章				2 954 086	2 936 971	17 115
3	300 章				35 183	7	35 176
4	400 章	18 258 103	23 312 122	− 5 054 019	100 089 168	110 626 183	− 10 537 015
5	600 章						
6	施工措施费	2 279 127		2 279 127	2 875 419	658 680	2 216 739
7	机械费	4 600 096	1 261 092	3 339 004	12 329 483	4 419 417	7 910 066
8	砼拌合费	2 122 651	2 094 913	27 738	9 010 681	9 002 919	7 762
9	专项费用	1 206 340	1 356 286	− 149 946	10 098 828	8 792 980	1 305 848
10	现场经费	2 425 395	1 849 846	575 549	13 022 748	13 625 499	− 602 751
11	税金	2 923 468	2 923 468		15 525 617	15 525 617	
12	考核基金						
13	暂列金						
	合计	34 885 094	34 638 014	247 080	192 355 920	191 440 564	844 216

3. 项目收尾销号阶段

（1）收尾项目集中管理，交验"双清"统筹布置。主体施工完成以后，项目进入施工生命周期的最后阶段，然而，收尾并不代表着收获，由于工程竣工与工程资料移交、工程结算等工作进行得并不同步，工程在收尾阶段仍然有大量的工作。在这一阶段，项目将会通过清算来确认项目最终的实际效益，由于工程变更索赔未批复，竣工结算不能办理，中铁大桥局二公司成立了收尾办，建立了收尾项目集中管理工作机制，对竣工验收、竣工资料移交、竣工结算、工程款清收实行统筹管理，一体化推进。

（2）形成成本预算管理闭环，强化全员成本业绩考核。建立成本预算管理体系，明确成本预算管理机构，通过编制项目责任成本目标书将绩效考核与目标完成情况挂钩，项目结束后对目标成本完成情况进行考核，形成闭环。另外，成本业绩的考核不应仅针对项目领导层，而应将范围扩大至所有项目员工，每个员工的业绩指标都要纳入个人所负责工作对项目成本管理的贡献，全员参与成本考核才能够从制度上实现全员参与成本管理。全员成本业绩考核可以给员工提供更多的激励，以此促使提高成本管理的积极性。

（五）在实施过程中遇到的主要问题和解决方法

项目全周期成本管控方法在中铁大桥局二公司成本管控能力的提升方面发挥了重要作用，但在整个管控体系推行的过程中，仍然存在着一些不足有待改进。

1. 战略成本管理意识薄弱

项目宏观及微观成本管理具有辩证统一的关系，抓好项目宏观成本管理是项目微观成本管理顺利实施的基础。良好的宏观成本管理环境，是项目微观成本管理得以有效实施的前提。战略成本管理是近些年才兴起的成本管理模式，公司在战略管理方面起步较晚。在生产经营管理过程中偏重控制项目施工过程中所产生的成本，而从整体角度对企业的全周期运营成本管理考虑不足。

2. 忽视成本事前控制

中铁大桥局二公司在工程项目开发的前期定位、概念方案、规划设计阶段并没有结合企业战略目标形成合理的目标成本并进行有效管理，忽视施工前项目招投标和设计阶段的成本管理工作，对项目施工组织、施工工艺、资源投入、报价方案的内容在规划设计阶段决定项目微观成本和企业效益的宏观经济性的成本跟踪管理不足。公司应在项目开发前期尤其是规划设计阶段提前介入对于项目目标成本的分析制定以及各项成本管理措施的筹划。

3. 缺乏全员参与成本管理的广度和深度

中铁大桥局二公司建立了相对完整的成本管理模式，但除成本、财务人员外，公司员工还没有提升到"人人都是参与者、管理者"的认识高度，对成本管理工作缺乏耐心与责任心，甚至现场管理人员对成本管理存在一定的抵制心理；少部分管理者由于长期以来使用传统成本管理模式积累了一定经验造成思维固化不愿意作出改变，这直接对成本管理工作产生了负面影响。

要想在中铁大桥局二公司构建并实施有效的成本全周期管控体系，不仅需要在全公司范围内普及树立先进的成本管理理念，还要将成本管理工作成果与绩效考核挂钩，充分调动员工的积极性，为有效推行战略成本管理体系打下坚实的基础。

四、取得成效

（一）应用项目全周期成本管控前后情况对比

1. 新签合同额上新台阶（见图2、图3）

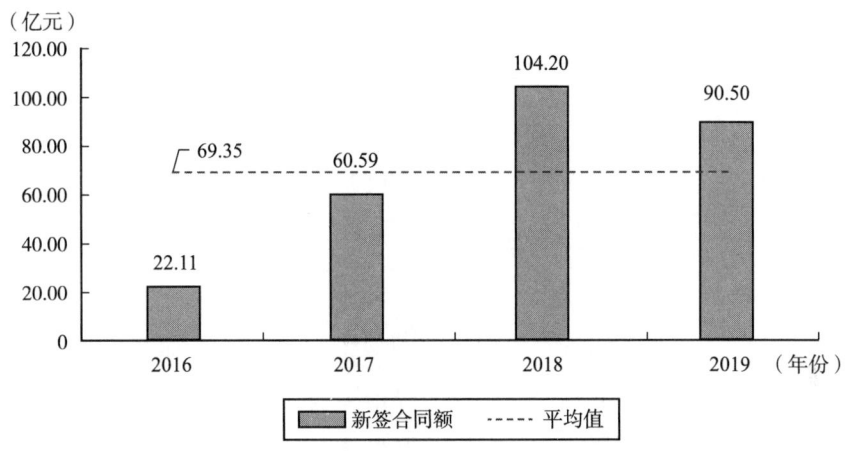

图2　实施全周期成本管控前新签合同额

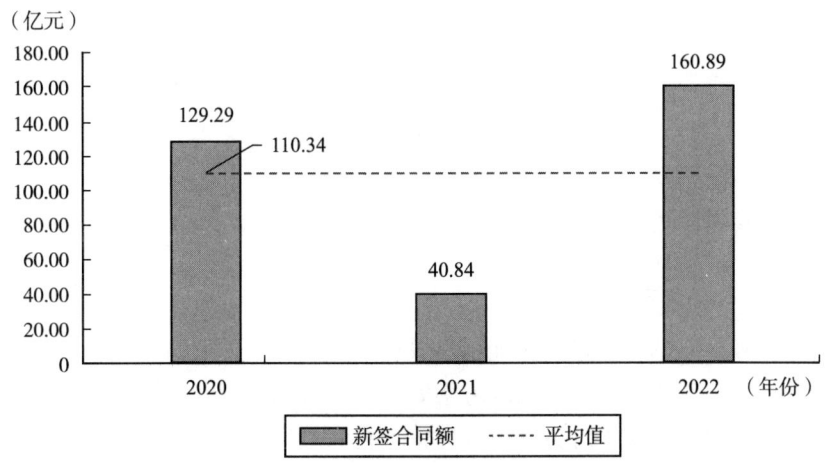

图3　实施全周期成本管控后新签合同额

2. 公司盈利水平得到增强（见图4、图5）

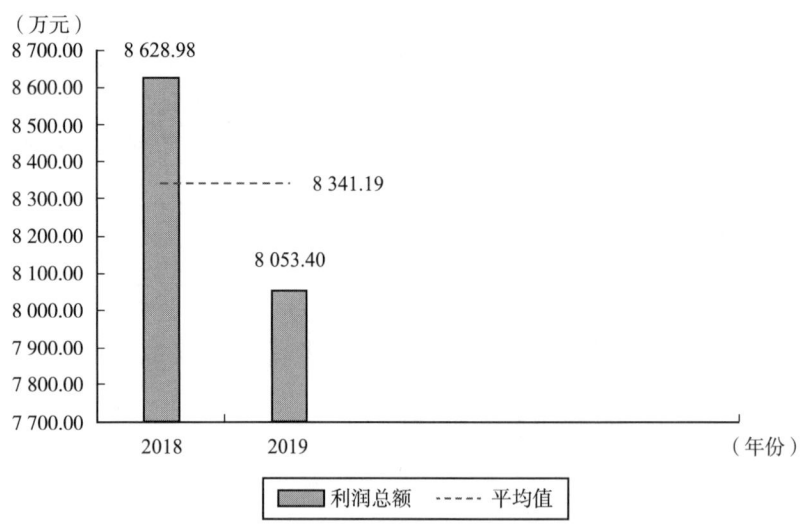

图4　实施全周期成本管控前利润总额

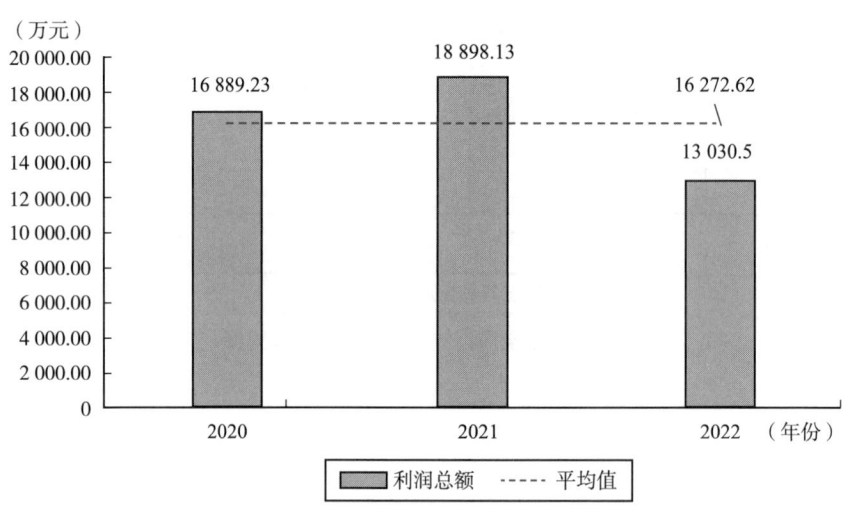

图5　实施全周期成本管控后利润总额

（二）对解决单位管理问题情况的评价

1. 进度成本得到有效控制

公司设计和施工的衔接进一步加强，设计事业部建立了大临方案数据库，项目部驻地、钢筋厂房、混凝土工厂等设计方案实现了模块化，可以根据项目规模和红线用地大小快速合理搭配形成设计方案，临建策划在满足生产需求的情况下，严格控制建设规模及标准，大大提高了项目中标后快速进场施工能力，同时节约出来的时间也可以给主体工程施工留下更多的工期。从成本控制的角度讲，以往项目结束后才会对总承包进行核算，过程中发现成本超支也是到了无法弥补的时候才想方设法改变这一不良状态，实施项目全周期成本管控之后，能够使成本偏差保持在可控范围之内，同时科学合理地强化成本考核，确保每一个任务能够具体到人，从而在成本缩减、核算等方面获得显著改善。

2. 企业资源配置水平稳步提升

实施项目全周期成本管控前，公司 2018 年物资集中采购供应金额 14.2 亿元，集采率 94.82%；2019 年物资集中采购供应金额 17.76 亿元，集采率 94.31%，年均物资集中采购供应金额 15.98 亿元。实施项目全周期成本管控后，公司 2020 年物资集中采购供应金额 26.03 亿元，集采率 97.55%；2021 年物资集中采购供应金额 35.87 亿元，集采率 97.16%；2022 年物资集中采购供应金额 19.89 亿元，集采率 97.63%，年均物资集中采购供应金额 27.26 亿元。随着区域一体化经营推进，根据项目设备策划方案，片区化市场调研后，公司开展通用设备集中采购与框架协议租赁工作。2022年实施的汽车起重机、施工升降机、电动振动锤集中租赁最终平均报价较市场价分别低 15.28%、39.72% 及 3.94%。截至目前公司在建项目采用集中租赁模式租赁使用履带式起重机 156 台、塔式起重机 90 台，与市场价对比，共节约成本约 2 400 万元。通过集采简化设备采购（租赁）流程，节约项目二次寻源时间由 7 天缩短为 3 天，为公司遴选出一批优质设备供应商，并采用分期付款较大程度缓解公司资金压力。

3. 增值税管控策划形成体系

在推进增值税全过程管理体系的建设过程中，公司财务部门与税务机关工作人员深入沟通，反复交流，建立了良好的企税关系，推进税法理论在企业税务管理实践的融合应用，提升了企业税务管理能力。公司财务部门充分利用增值税留抵退税政策，深度挖掘政策精髓，打通实操障碍，从单纯匹配销项税额扩大进项税额留抵基数到转换调整筹划思路，实现预缴税款间接退税，全方位释放公司总体增值税占资，极大缓解企业资金压力。2020 年 7 月底公司成功办理第一期退税，取得退税资金 3 948 万元。在增值税管控措施逐步落实到位，总体成本综合增值税率呈下降趋势的情况下，公司充分利用进销项错配期间，于 2021 年 7 月成功办理第二期退税，取得退税资金 6 317 万元。2021 年 8～10 月，公司认真研究税收政策，转换策划思路，积极寻找新的税收筹划点，经过公司后台总体筹划，前后台通力配合，实现预缴税款抵税 16 073 万元，预缴税款余额从最高峰 16 970 万元降至 897 万元，为申报第三期留抵退税创造了有利条件，2021 年 10 月税款所属期申请办理第三期留抵退税，取得退税资金 9 911 万元。

4. 收尾项目销号责任落到实处

公司建立了成本预算管理体系，明确了成本预算管理机构，通过编制项目责任成本目标书并将绩效考核与目标完成情况相挂钩，收尾项目完成销号成为兑现项目终结考核的先决条件。公司通过中铁 E 通建立收尾工作群，每周由收尾项目经理汇报项目销号工作进展，定期召开公司收尾工作专项会议，由工程技术部、商务部、财务部等专业部门针对项目竣工验收、竣工档案、竣工结算、尾款清收进行统一布置，收尾项目销号责任落到实处。

（三）对提升单位管理决策有用性的评价

深入推进项目全周期成本管控以来，公司树立成本管理系统思维，建立并完善了成本全周期管控体系，前后台协同推进，统筹开展成本筹划及各环节工作，有效推动企业成本管理工作规范有序，对提升企业的经济效益和社会效益等具有明显效果。深入推进项目全周期成本管控以来，公司树立成本管理系统思维，建立并完善了成本全周期管控体系，前后台协同推进，统筹开展成本筹划及各环节工作，有效推动企业成本管理工作规范有序，对提升企业的经济效益和社会效益等具有明显效果。

五、经验总结

（一）项目全周期成本管控成功应用的关键因素

1. 良好的企业执行文化

公司根据成本要素的构成，建立项目责任成本管理责任矩阵，各项目部对照责任矩阵各司其职，做好责任成本管理的各项工作。标前成本是投标决策的关键依据，营销中心、商务管理部及技术部门在所有项目投标前都要进行标前成本测算工作，把控投标风险，为后续投标决策做好参考。项目中标开工后，公司依据施工合同、施工图纸、施工调查报告、项目管理策划书、实时性施工组织设计和施工方案、公司自有周转材料、机械设备折旧的有关规定以及项目限价等编制项目责任成本，经过公司评审及批准后下达。公司下达责任成本后，项目经理及时组织相关部门对责任成本进行交底，明确各部门的任务分工及时间节点，厘清成本控制思路，制定控制措施。过程中定期举行项目经济活动分析会，各成本要素部门与财务部进行财务账面成本核对，确定项目实际成本并汇总各要素成本，计算项目产值收入和已完工程的实际成本，形成项目的经营成果文件，分析应形成当期或开累的成本控制成果，总结当期成本控制经验，查找成本偏差原因，制定改进措施或方案。每年定期进行成本督察，由公司领导带队，组织相关部门对在建项目成本管理工作进行检查，帮助项目部查实原因、找出问题，制定纠偏措施及督促落实。公司人力部门下达具体的项目成本考核及奖惩实施办法，公司按年度对项目责任成本进行考核，公司对考核完成责任成本目标或目标利润的项目部要及时兑现奖励，对未完成责任成本目标或目标利润的项目部根据相关办法进行问责。

2. 规范的系统流程

项目推进过程中要加强各项资源要素的管控。加强分包管理，优选信誉好、管理强、有实力、有担当的分包队伍，加强引进分包队伍数量的控制，提高与分包队伍的议价能力，合理降低分包成本；规范分包合同的签订，严控补充合同签订流程等相关管理规定；分包工程完成后，必须及时签订封账协议，规避法律纠纷，锁定分包成本。加强采购供应全过程管控，规范采购行为，发挥集采优势，提高集采质量和效益；加强现场物资材料消耗管理，严格执行"月核算、季分析"要求，切实降低材料损耗率，按照分包合同约定，严控辅材采购种类和数量，做好材料核销扣款工作；充分发挥周转材料信息平台功能，提升周转材料利用率。以"经济适用"为原则，合理选择施工设备，严格设备进场验收管理，确保进场设备技术性能完好；要加强现场设备调度使用管理，提高现场设备利用率，杜绝设备使用费超标、机械使用率不高等问题。公司相关领导层要负责招标控制价管理，项目所有成本支出须经商务经理的审核和项目经理的批准。强化项目全周期资金策划与运作，加强工程项目现金流"自平衡"管理，健全完善资金收支管理制度，逐级压实责任，提升项目现金流"自平衡"能力。强化内部审计作用，在发挥对内过程监督的同时，防范外部审计风险。充分发挥企业各职能部门的监督管理作用，做到安全质量达标、成本控制有效、目标利润的实现。项目及时进行成本动态分析，促进建筑施工企业的业财融合，从预算、计划、结算、分析等环节，实现项目成本的动态分析，通过软件数据时刻掌握信息，发现计划与实际的差异，区分数量差异、价格差异，提出预警，对项目作出动态分析，查找差异原因，动态解决问题，以实现全员参与、全过程分析。

3. 强化激励约束的刚性原则

首先，公司要建立行之有效的项目成本管理体系，将成本计划具体下达到每个施工环节、岗位，将执行结果与绩效考核挂钩；各个管理环节考核目标的制定也要与成本控制相结合，业务达标的同时更要成本控制达标，现场施工人员不但要从安全质量进度抓起，更要从成本控制着手，从而改变成本管理环节中认为成本管理只属于财务部门的错误观念。其次，项目管理要实行奖惩制度。项目开工前要做好成本计划的编制与审核，项目规划采用动态与静态管理相结合的方式，项目一旦超出成本计划，绝不能简单地追加资金的投入，要客观分析原因，对于由于主观原因造成的超成本计划现象，应加大处罚力度；在成本计划控制内的节约，确保工程质量安全符合标准的，要给予奖励；通过激励措施提高成本管控的有效性，形成现场成本管理人人有责、人人负责的局面，将成本管理变被动为主动，这样对节省资源、降低成本会有很明显的效果。

（二）项目全周期成本管控在应用中的优缺点

1. 项目全周期成本管控在应用中的优点

（1）有利于及时把握运营风险，保证建设项目预期目标的实现。公司发展过程中受各类因素的影响，如市场环境、国家政策等，同时还受项目建设周期、项目过程管理、企业资金状况、施工人员个人素质的影响，由此可见公司的运营风险是随处存在的，科学合理地实施成本管控，全面考虑建筑施工项目过程中所涉及的影响因素，通过预估运营风险来制定相对应的成本管控方案，能够保证合理控制风险成本，获得更高的经济效益，保证建筑项目顺利完成并且实现预期目标。

（2）有利于细化项目成本构成，合理提升经济效益。将项目成本管控贯穿建筑施工全周期，对公司的经济效益起着直接的影响力，更加明确了公司项目成本管控的作用。建筑工程项目成本管控范围包括人工成本、材料成本、机械成本、间接成本及其他直接成本等。实施项目成本管控要求企业能够细化项目成本，对项目经营全周期进行管理及控制，并对这些成本进行有效的调节和监督，挖掘盈利点、堵住失血点，围绕公司和项目管理关键环节开展全周期、全要素、全管理环节、全产业链增收创效和降本增效活动，科学管控项目成本，保证公司的经济效益。

（3）有利于及时总结成本管控经验，增强公司竞争实力。在现代企业的项目管理中项目成本管理是其中极为重要的一个环节，能够让公司在激烈的市场竞争中获得更大的市场空间，提升自身参与市场竞争的能力，因此需要以科学合理的管理办法来做好项目成本管控。公司的项目成本在管理控制中一般是分为事前计划、事中管控、事后总结三个部分，需要有针对性地对可能造成成本变动的因素进行预判，实时注意项目的进度，在项目完成后需要总结成本管控的经验，保证公司的资产完整性、安全性，及时发现成本管理中存在的错误，并进行及时的纠正，保证项目活动的开展顺利。通过项目成本管控为公司开展项目提供参考和借鉴，增强公司项目的核心竞争力，增强公司的综合实力。

（4）有利于优化区域营商环境，促进公司由高速发展向高质量发展转型。公司产值规模经过较快扩张之后急需转变发展方式，按照中央提高全要素生产力的要求，真正把"苦练内功、精细管理、内生增长"视为企业发展的立身之本，使公司发展逐渐从单纯依靠经济高增长、行业大扩张的时代红利，转变到依靠精准把握市场、创新产品供给、增加科技含量、打造精良品质、加强成本管理、提升服务水平上来，不断适应新的经济社会环境和行业发展要求。公司应尊重经济规律，转变考核机制，使考核导向从规模和速度，转换到质量和效益上来，切实发挥引领高质量发展的"指挥棒"作用，把成本管控的要求贯彻到企业发展的各领域和全周期，让所有的业务板块和具体项目，都做到"资产有收入、收入有利润、利润有现金流"，形成高质量发展的强劲微观基础。

（5）有利于防范合规性风险，确保公司实现可持续发展。依法合规经营是所有企业长久发展的前提和基础，是所有企业的经济责任与社会责任，这是企业发展的大前提，在此前提之下，企业要保持可持续发展的关键经营目标的实现以及不断提高在竞争领域中持续盈利增长的能力，项目施工过程中面临各种不确定因素造成的合规风险的可能性，这种风险无疑会加大项目成本，压缩项目的利润空间。降低成本必须从合规风险管理人手，通过风险识别、风险预测、风险评估后采取相应的措施来避免可能产生的合规风险，从而实现利润最大化，确保公司实现可持续发展。

2. 项目全周期成本管控在应用中的缺点

（1）对管理人员的能力素质要求比较全面。推进项目全周期成本管控需要多部门协同合作，对管理人员的综合素质要求也比较全面，如工程设计人员在进行施工组织设计时不仅要对安全质量技术标准精通，也要对成本核算比较熟悉，了解公司周转材料的库存现状，财务人员在进行成本核算时，也要对前段业务流程比较熟悉，才能及时发现成本管控漏洞。

（2）全员参与性不够。部分员工并没有形成人人都是参与者、管理者的成本管理意识，对成本管理工作缺乏耐心与责任心，现场生产人员对成本管理的参与度尚待提高。

（三）对发展和完善项目全周期成本管控的建议

1. 建立责权利统一的科学管理机制

公司要紧紧围绕发展战略，以提升企业经济效益和市场竞争能力为目的，强化"一切工作到项目，一切活动为效益"的导向，以项目管理效益提升专项行动为载体，积极推行项目全周期成本管控，推动企业实现内涵式高质量发展。实际工作过程中围绕制度体系、组织体系、责任体系、执行体系、评价体系五个方面建立成本管控前、后台协同工作机制，前后台联动，共同推进公司成本管控工作。

2. 强调动态过程管理

项目全周期成本管控贯穿了项目全生命周期，由于项目的独特性和唯一性，也造成其成本管控过程不可能重新来过，因此，只能在项目全生命周期动态监控成本管控情况，反馈项目成本管控的措施效果，及时发现并纠正执行中存在的偏差和问题，根据市场变化和客户评价来动态调整和实施行动计划，以适应多变的市场环境，实现成本管控目标。

3. 前后台联动全员参与

形成公司领导层到项目经理部各管理层级、各管理环节的穿透协同，实现经营开发、合同管理、项目策划、组织模式、施组方案、设计优化、分包分供、成本收入、财金税务、确权结算、考核兑现等业务管理的综合集成，突出成本效益主线，构建目标引领、系统联动，全程创效、全员参与、全要素覆盖的成本管理体系。

（四）对推广项目全周期成本管控的建议

1. 建立盈利光荣、亏损可耻的价值观导向

强化"经济效益为中心"的目标导向，突出价值创造、效益提升，明晰经营创

效和管理创效责任，科学确定企业和项目管理者的共同目标，建立从标前联动、合同签约、项目策划、过程履约到竣工结算全链条的激励约束机制。探索推行项目风险抵押金制度，项目承包、模拟股权等多种形式的激励机制。大力提高项目竣工结算率和目标考核兑现率，锁定项目成本利润，要以创效越多收入越高、亏损越多处罚越重为考核导向，做到真考核、真奖惩、真兑现，充分激发项目活力和全员创效积极性，以持续提升管控成效。

2. 实施全员风险抵押提高成本管控参与度

在项目推进全周期成本管控过程中，实施全员风险抵押制度，使项目管理团队全员参与到项目成本管控中，完善责任成本考核兑现办法，让项目管理团队能够享受责任成本目标超额利润带来的收益，提高全员参与的积极性。

（中铁大桥局集团有限公司　邓明玲　肖　琪　吴越婷　杨俊娴）

价值链成本管理在中铁大桥局物资公司的应用

【摘要】随着我国市场经济不断发展，当今建筑企业之间的竞争愈演愈烈，利润空间不断被压缩，如何在竞争激烈的建筑市场中脱颖而出，占主营业务成本60%左右的材料成本管理至关重要。为全面贯彻新发展理念，构建新发展格局，中铁大桥局集团物资有限公司分析了行业发展背景及公司传统成本管理方式下存在的问题，通过波特五力模型和波士顿矩阵分析法，确定了实行价值链成本管理战略。根据价值链成本管理要求，成立了价值链成本管理领导小组，印发了价值链成本管理创效专项奖励办法，完善了成本管理制度，开展了激励与考核，建立了监督体系，实行PDCA循环（戴明环）价值链成本管理，确保了价值链管理持续提升。在实际执行中首先从企业内部成本费用管理出发，梳理成本费用管理薄弱环节，并不断地进行改进，确保降费增效；加强供应链金融产品支付管理，增加国有大行授信，停用城商行授信，确保支付承兑汇票承担的价外费用（贴息费用）最低；拓展厂家资源，实行年度区域招标，降低各项目材料采购和运输成本；分析价格规律，利用地域价格差异和时间价格差异降低材料采购成本，利用铁矿石、煤炭等原材料价格变动趋势进行筹划降低采购成本；加强应收账款确权和回收管理，降低资金占用成本；加强周转材料的标准化通用化设计，确保周转材料在各个工地流转使用，降低集团周转材料使用成本。其次做好价值链纵向管理，利用公司成本管理优势，实行经营纵向延伸，降低整个供应链采购成本；参与上游新材料研发，打破国外垄断，降低新材料采购成本；进行战略协作获得价格优惠降低成本，协调运输方式降低采购费用；参与下游生产经营，加强采购计划管理，降低材料管理成本；派出驻场监理，协调材料按时生产供应，确保产品质量，实现全流程降本。加强横向管控，实行标杆管理，学习标杆企业先进成本管理方式方法，持续改进，形成公司成本管理高地，提高管理效率，降低成本支出；组织联合招标，实现规模经济效益降低采购成本；利用部分品种管理优势，实行业务互换，进一步降低优势品种采购成本；实行内部经营单位横向融合，降低销售费用和收款费用。公司通过"全员、全过程、全要素"价值链成本管理，降低了成本费用，增加了企业内生活力，适应了当前百年未有之大变局，形成了价值链成本管理企业文化，奠定了公司高质量发展的文化根基，形成了全价值链成本管理体系，达到了集团公司"保供应、保质量、控风险、控成本"的物资管理目标。

一、背景描述

（一）企业基本情况

中铁大桥局集团物资有限公司（以下简称"中铁大桥局物资公司"）是中铁大桥局集团有限公司（以下简称"集团"）全资控股独立法人企业，因修建武汉长江大桥而成立，历经 70 年发展，已成为一个集物资经营管理服务、物流仓储、周转料租赁、商务宾馆于一体的现代化物贸企业。公司坚持以建成现代化综合型价值链成本管理企业为目标，以"服务大土木，精耕产业链"为经营理念，以"做大配送、做强经营、做优桥梁专用物资"为经营策略，着力抓好钢材的区域集采和桥梁专用产品、水泥、劳保用品的战略采购，优质高效做好项目物资区域集采配送服务。目前，中铁大桥局物资公司已构建以武汉为轴心，辐射华东、华南、西南、华北、长三角片区等国内大部分地区的物资经营储运网络和完整的物资经营管理服务体系，年营业收入近 40 亿元。

（二）行业发展背景

近年来全球经济持续衰退，经济下行压力不断加大。我国随着高铁、高速公路网络建设逐渐完善，部分基建领域投资饱和，建筑行业上行周期可能面临终结，基建行业发展环境复杂严峻，各建筑企业纷纷实行相关多元化发展战略，导致各建筑企业业务逐步趋同，建筑企业之间的竞争愈演愈烈。在此背景下，建筑企业利润空间被不断压缩。如何在竞争激烈的建筑市场中脱颖而出，对占工程项目成本 60% 的材料采购成本的管理水平至关重要。而作为中铁大桥局物资公司，同样面临供给侧结构性改革后建材市场由需方市场转为供方市场，供方市场话语权不断增加，议价权不断提高，物资采购成本不断攀升等问题，公司"保供应、保质量、控风险、控成本"的企业社会责任面临新的挑战。

（三）现存主要问题

公司主要客户是集团各个施工项目部，根据集团采购管理规定转移定价主要采用成本加成法，即在采购单价的基础上加一定比率或一定金额的管理费形成销售价格，在需方市场环境下公司的话语权较大，采购单价可以得到很好的控制，集团利益可以得到很好的维护，同时辅助于投标销售，尽可能地降低集团采购单价并确保质量，公司的盈利水平能够得到保障。供给侧结构性改革以来，钢材市场逐步由买方市场转为卖方市场，同时因环境保护和"双碳"的推行，水泥厂家在秋冬季节进行限产，水泥价格逐年攀升，水泥市场也逐步转为卖方市场，各项价外费用增加，使得居于中铁大桥局供应链中心环节的物资公司成本管理难度加大，公司 2018 年净利润比 2017 年增加 2%，2019 年公司的净利润比 2018 年降低 8%，同时集团的施工材料成本逐步增加，说明传统的成本管理模式难以适应新的经济形势变化，公司的生存和发展面临着严重威胁，集团的施工采购成本管控难度加大。

（四）主要选择原因

公司在建材市场竞争中都依赖于其他企业，形成了产业簇群。公司的价值链在某种程度上是公司经营的外部延伸，包括原材料生产厂家、运输企业、服务提供商、客户。集团的材料采购成本与整个价值链成本息息相关，也与企业成本控制相关。要实现集团物资采购成本最优，质量控制最好，采购风险最低，就涉及整个价值链成本管理。2019年以来，为了改变新形势下公司成本管理困难局面，中铁大桥局物资公司积极引入价值链成本管理模式，持续推进战略成本管理，取得了显著效果。

二、总体设计

（一）价值链成本管理内涵

价值链成本管理是指公司从设计、采购、交货、售后等基本活动以及辅助活动成本等进行管理，从企业内部、外部等各方面进行成本分析，从全局的角度明确公司经营战略成本管理的方向，加强内外部成本管理，激发企业内部降本增效活力，实行全价值链条、全流程、全业务、全方位的全员参与成本管理，提升企业竞争力，实现高质量发展。其中，"内部"，即实现价值链成本管理这个核心点企业本身，"外部"即价值链的纵向和横向管理。纵向指价值链上的生产厂家、运输及其他服务供应商、工程项目部及其他合作伙伴等。横向指价值链上的竞争对手。公司处于纵横两向价值链的交接点，是价值链成本管理的中心。

（二）价值链成本管理目标

中铁大桥局物资公司采用了波特五力分析模型来分析公司在建材行业成本管理中遇到的困难和问题。在企业面潜在的同行和当前的竞争者威胁方面，当前大量拥有雄厚资金的央企纷纷进入建筑材料市场，利用材料购销获取超过活期存款利息的利润，同时各个民营物贸公司大量涌入各施工项目，建材市场竞争激烈，但是这些单位在材料质量保障上存在不可控性。在供应商和公司本身的议价能力上，中铁大桥局物资公司处于价值链的中间环节，因供给侧结构性改革等导致大宗物资市场由需方市场转为供方市场，各个厂家议价能力强，公司的议价能力相对弱化，厂家对桥梁专用产品采取订货制，只有支付定金才进行排产；厂家对于大宗材料实行先付款后发货的销售政策。在新材料的威胁方面，国内桥梁科技飞速发展，新材料不断地在各个超大型项目中应用，但是新材料的研发需要一个过程，可能导致项目停工待料。根据当前的市场状况和"保供应、保质量、控风险、控成本"的企业使命，公司需要执行成本导向型管理战略，从企业内外部综合考虑成本动因，实行价值链成本管理，降低整个价值链成本，提高企业核心竞争力，实现降低整个集团项目施工材料成本的目标。

为了进一步分析公司内部各材料品种的成本管理现状，采用了波士顿矩阵分析法。经分析，大桥局物资公司桥梁专用品种成本管理优势明显，资源占用较少，在集团内市场占有率高，同时积极向中铁四局、广州局等其他工程局扩展，属于成本管理的"明星"品种；水泥品种成本管理有一定优势，资金占用相对较低，在项目招标中单价优势明显，属于"现金牛"品种。大宗材料中的钢筋类供应商多，竞争激烈，利润率低，资金回款较为困难，属于成本管理"问号类"品种。劳保等产品销售量小，利润率低，资金回款非常困难，属于成本管理"瘦狗"类品种，但是为了确保集团内各个项目生产安全，必须严格执行集团集采政策，同时做好后台管理降成本。针对公司成本管理"明星类、现金牛"类产品，公司需要进一步扩大经营规模，获得规模经济效应。"问号"类品种实行规模经济效应的同时，在质量和成本相同的情况下可与其他同行进行业务互换降低成本。在针对各品种材料成本管理差异化战略管理的同时，对全部产品实行供应链成本综合管理，实现低成本战略管理目标，降低各品种材料综合成本。

（三）价值链成本总体思路

面对当前企业发展困境，建立先进的价值链成本管理理念，拓展价值链成本管理内涵，聚焦公司内部管理费用、销售费用及财务费用管理；纵向价值链上延伸到上游的上游和下游的下游，进行年度招标，参与上游研发，派出驻场监理，融入下游生产经营，合理配置资源，形成纵向成本管理一体化，提高服务质量和效率；横向价值链上对标标杆企业，联合招标和业务互换，加强成本管控，实现公司整个价值链成本最低，功能最大。

具体完成的工作包括成立了价值链成本管理领导小组，将公司各部门纳入价值链成本管理机构，贯彻价值链成本管理理念，完善制度管理，严格预算与绩效考核，实施 PDCA 循环价值链成本管理，确保持续成本管理创效。聚焦企业本身成本管理，在企业内部导入价值链成本管理系统思维，以提质降本增效为中心，不断梳理成本管理薄弱环节，做好支付管理，拓展厂家资源，研究建材市场价格规律，利用地域及时间差异，降低采购成本，不断增强企业的核心竞争力。做好纵向价值链的成本管理，延伸产业链至上游的上游或者下游的下游开创新的价值链成本管理点，参与上游研发，进行战略合作，派出驻厂监理，实现上游价值链降本增效；融入下游生产经营，合理筹划配置材料资源，提高服务质量和效率，实行年度招标等措施，降低下游采购成本。做好横向价值链的成本管理，对标标杆企业，联合招标及业务互换扩大成本管理优势品种规模，增加横向价值链规模经济效益。公司践行价值链成本管理，助力企业在市场环境剧变、利润压缩的百年变局中保持强有力的竞争力，实现企业高质量发展。

三、应用过程

（一）加强组织建设，营造成本管理企业文化

1. 成立供应链成本领导小组，保障成本管理理念举措落地

为了应对成本管理压力，促进企业高质量发展，聚焦价值链管理，提升企业经济效益和市场竞争能力，不断激发公司内生活力和全员成本管理能力，公司领导班子经多次调研讨论，形成"价值链成本全员管理"的经营决策，作为企业核心能力和企业战略管理。成立了价值链成本管理创效工作领导小组，在该领导小组的领导下建立了价值链成本管理体系，公司各职能部门、各经营单位全员参与价值链成本管理，各职能部门进行细化研究，共同制定并印发了公司价值链成本管理创效专项奖励办法，每个季度进行一次预考核兑现，年终清算。同时公司一名副总会计师通过了上海国家会计学院的高级管理会计培训，四名会计获得了中高级管理会计师专业能力证书，提供了供应链成本管理理论支持。

2. 贯彻供应链成本管理理念，培育全员成本管理企业文化

公司在各层级会议上对价值链成本管理进行广泛宣讲，将公司面临的经营成本管理压力和"价值链成本管理"方案传达到公司每个职工，三年来"价值链成本管理"理念得到全公司的广泛认同和深入践行，全员成本管理积极性大大提高。公司各单位（部门）首先从企业本身价值链成本管理出发，其次向纵向和横向延伸，逐步培育全员成本管理创效体系文化。

3. 开展供应链成本融合讲坛，全面落实成本费用管理要求

机关各部门广泛开展与经营单位的供应链成本业财融合讲坛，财务部重点讲解供应链金融产品的使用对价外费用的影响，要求各经营单位加强供应链金融产品的管理，降低采购价外费用。审计部重点讲解在审计过程中发现的成本管理共性问题和个性问题，并提出整改要求。大商务管理部对成本管理进行培训，加强采购、销售管理。经营开发部对采销方案进行重点讲解，提出在采购方案中成本管理策划应注意的问题。通过业财融合讲坛，各经营单位不断改进成本管理措施，后台部门不断了解经营过程，深挖价值链管理的薄弱环节，价值链成本管理不断实现从理论到实践转换。

（二）加强制度建设，提供成本管理体系保障

公司为了加大内外部成本要素的整合和配置力度，构建适应市场、经济高效、安全可控的价值链成本管理体系，组织进行制度梳理，制定或修订多项成本管理制度，进行宣贯落实，建立完善成本管理体系，确保各项成本管理制度落到实处，并按照

PDCA 循环管理模型不断提升价值链成本管理水平，推动公司成本管理不断向纵深发展。

1. 梳理管理环节，完善成本管理制度

公司价值链成本管理领导小组牵头组织各部门梳理影响成本管理的制度及流程，通过不断的优化完善，制定或修订了合规管理办法、采销一体化部门过程管控要点、仓库管理办法、发票管理办法、预付账款管理办法、资金支付管理办法、税务管理办法、项目经营决策工作流程、绩效考核管理办法等数十项管理制度，进一步加强了计划管理、收付款管理、仓库管理、经营方案管理等薄弱环节，固化了价值链成本管理成果，以点带面，在公司各经营单位推广实施，服务前台，防范风险，降低了成本费用。

2. 加强制度宣贯，确保管理措施落实

制定或修订管理制度的目的是解决成本管理中的薄弱环节，堵塞漏洞，开源节流，提高成本管理效益。公司制定或修订的各项文件，首先征求各部门的评审意见，形成共识，然后上会研究并发布施行。发文主管部门负责召开制度宣贯交底会议，将文件的主要内容、文件修订内容、执行中注意的问题等各个方面向全公司进行宣贯，同时与各经营单位（部门）进行充分交底，让全员了解制定或修订制度的原因、变化的内容、关键环节等各个方面，确保所有人员学习制度、了解制度、遵守制度，为价值链成本管理落到实处提供制度保障。

3. 严格预算管理，确保成本管理提升

公司原来制定预算时，实行自下而上的编制方式，各经营单位往往按照其前一年的实际经营完成情况来制定下一年的预算指标，造成一定的预算松弛，导致对成本管理激励政策变成了短期激励，甚至形成了鞭打快牛。公司为了实行供应链成本管理，在制定预算时，对相同性质的经营单位实行一致预算政策，并且新一年的预算指标不能少于往年指标，用短期预算的形式形成长期激励的目标，价值链成本管理好的经营单位绩效考核分配多，管理差的单位分配少，促使各经营单位形成价值链成本管理比学赶超，形成公司成本管理核心竞争力。

4. 落实激励考核，确保管理成果落地

为了促进基于价值链成本管理深入发展，公司价值链成本管理领导小组每个季度对各单位（部门）的全员降本创效成果进行预考核，按一定比例预发，在年终进行清算。同时要求各经营单位（部门）按照价值链成本管理贡献成果大小差异化进行分配，贡献大多分配，贡献小少分配，分配结果报公司考核领导小组审批后发放，保证了价值链成本管理的稳定性和可持续性。

5. 建立监督体系，确保管理提质增效

为了提高公司成本创效能力，推进公司成本治理体系和成本治理能力现代化建设，确保各项成本管理措施落实落地，实现成本管理出效益的目标，公司建立了大监督管理体系，将供应链成本管理纳入公司的纪检监督、巡察监督、审计监督和职能部门监督，不断地发现成本管理中的薄弱环节和存在的问题，督促各机关部门和经营单位进行整改，防范成本管理风险，真正促进全公司各单位（部门）深入开展价值链成本管理，督促各单位（部门）及时对本期的价值链成本管理成果进行总结，并在公司半年度和年度经济活动分析会上进行分析，利用 PDCA 循环管理确保价值链成本管理不断地完善、巩固、应用和提升，促进公司成本管理效益持续提升。

（三）做好内部管理，强化企业管理降低成本

实行价值链成本管理，首先应做好企业本身成本管理，不断强化机关和经营单位费用管控，降低管理和销售费用；加强应收账款及资金管理，降低财务费用。从价值链金融、资源、价格规律入手，不断降低采购成本，实现企业内部管理提升创效。

1. 加强管理筹划，降低各类费用支出

机关各部门从本部门角度出发，加强成本管理，进行成本管理筹划，压减管理支出。行政服务中心针对公司电力开户沿用的是改制前的公司名称，增值税进项税无法抵扣，经多次与电力公司沟通，成功变更户名，收取专用增值税发票抵扣增值税进项税，一年降低电费成本 1 万多元；针对公司中央空调实行温度控制管理，要求只有在达到规定的高温或者低温的情况下才能开机，最大限度地降低中央空调无效运转费用。资产管理部针对办公用耗材消耗量大的问题，经过调研确定了公司机关低值易耗品及办公用品限额消耗管理，每人每月最高限额 50 元，一年节约办公及低值易耗品费用 20 余万元。因公司对集团内各项目进行保供，各项目回款缓慢，公司不得不开出承兑汇票支付材料采购款，产生了大量承兑汇票保证金沉淀，对保证金存款银行仅支付活期存款利率。为了提高金融业务话语权，积极开拓银行资源，经过努力，授信银行从 4 家增加至 8 家，再与银行谈判，实现了保证金存款按定期存款利率结算，一年节约财务费用数十万元，同时依托集团公司与各大银行谈判，降低银行承兑汇票保证金比例 5% 以上，降低了营运资金占用，加快了营运资金周转效率。经过各部门不断地进行梳理、改进、提升，公司各项成本费用得到了有效管控。

2. 做好支付管理，降低采购价外费用

公司的主营业务成本，主要发生在对上游企业的采购成本中，因此采购成本是物资公司价值链创效的重中之重，需要超前筹划，实现降本增效。

因供给侧结构性改革、碳中和、环境保护等政策执行，上游企业话语权增加，利用其强势市场地位，对待价值链中游的公司支付供应链金融产品收取贴现息，其贴现息率是根据银行对其融资政策确定的，不同的供应链金融产品贴息率不同，同一类金融产品不同期限贴息率不同，各供应链金融产品因其兑付方信用级别的不同导致资金成本不同，国家政策性银行及大型国有商业银行的兑付违约概率非常低，能确保到期兑付，其贴现成本最低；全国性股份制商业银行贴现率次之；然后是城商行；之后是

各大型企业集团财务公司开出的承兑汇票；贴现成本最高的是其他价值链金融产品，名称新颖，其兑付人是办理该项金融产品的企业，实质是办理企业的商业承兑汇票。鉴于各类金融产品对材料价外费用的影响，公司积极开拓银行资源，经过艰苦谈判，公司的授信银行由最初的4家增加至8家，并停用了2家城商行，所有的授信银行都是国有大行和全国性股份制商业银行，降低了公司承担的材料采购贴现成本，利于厂家背书转让，促进整个供应链和谐发展，从而降低采购成本。同时，对于合同约定的预付款，经营人员采取小额多批的支付管理，降低了公司资金占用成本。

3. 拓展厂家资源，优化项目采购成本

投资项目的特殊性决定了施工企业建设项目地域分散、交通条件各不相同的特征，导致各工程项目处于天南海北，分散化严重。而各大钢厂、水泥厂位置固定，距离工地远近不同，造成运费各不相等，产品出厂价格各异，为了降低材料采购成本，公司一方面积极拓展厂家资源，在各个区域储备厂家资源；另一方面在各个区域进行年度招标，分区域一次性年度招标，签订框架协议。在具体项目上，再根据年度招标价格和运费来确定具体供应厂家，然后进行价格再谈判，实现降低成本费用的目标。

4. 分析价格规律，利用价格差异降本

建材价格受市场供求关系影响围绕价值上下波动，有波动就有成本管理基础。国内建材价格受季节、铁矿石、煤炭等资源价格影响不断波动，对价值链上游企业的经营成本影响较大，中铁大桥局物资公司充分掌握上游产品的市场价格变动规律，利用价格变动规律降低采购成本。

有地域差异就有价格差异，有时间差异就有价格差异，在公司价值链成本管理下，有价格差异就有成本管理效益，公司要求所有经营人员每天上班第一件事就是了解各区域市场价格，积极筹划利用稍纵即逝的市场机会来进行成本管控。北方项目在冬季为了保证施工质量，在恶劣的低温气候条件下进行冬休，导致北方的厂家处于销售淡季，库存量大，资源占用较多，建材产品销售价格远远低于南方市场价格。公司经营人员积极了解市场价格变化情况，利用冬季南北方地区价格差异，购买钢材水运到南方项目进行销售，降低了集团各项目的采购成本。同时北方钢材在冬季时价格较低，夏季价格高，根据供需关系形成了价格变动曲线，公司在冬季时积极与客户沟通，了解客户需求，开出银行承兑汇票购入大宗材料，第二年价格上涨时再进行销售，销售回款再进行银行承兑汇票兑付，实现了额外的时间差异降本。同时实施跟踪分析资源的变动情况，利用资源变动规律提前布局，获得价格变动成本管理收益。

5. 加强收款管理，降低资金占用成本

集团各个项目的利润加上中铁大桥局物资公司材料管理形成的利润是集团公司各项目的最终利润，但是建设单位长期因资金紧张一般无法按合同支付，产生了大量的应收账款，导致项目的实际利润是账面利润，随着时间的推移应收账款价值不断降低，还另外承担了营运资金借款利息费用，施工利润不断被侵蚀。为了应对该问题，公司成立"双清"中心，督促各经营单位按时结算和收回应收账款，实行应收账款回收与经营人员年度绩效工资挂钩，并对应收账款回收终身负责，年末经营人员负责的应收账款有余额的，年终考核绩效只兑现85%，预留15%，待应收账款全部清理完毕后再支付。按月召开资金暨"双清"工作会议，对应收账款进行分析研究，解决应收账款管理中存在的问题和困难。经过应收账款管理，公司的银行借款余额逐年降低，到2022年公司还清了全部银行借款，降低了公司财务费用，同时将压力传导给集团各项目部，促使项目部加强应收账款管理，降低集团应收账款成本占用。

6. 加强设计管理，降低周转材料成本

各勘测设计院在进行工程设计时，为了突出项目个性，设计的工程实体各不相同，造成辅助施工的周转材料型号各异，各项目需要根据图纸购买大量的周转材料，施工完成后新上项目无法使用，造成大量浪费。管理会计理论认为，成本是设计出来的。在价值链成本管理要求下，公司积极与设计公司沟通，对集团的钢模板、安全爬梯等进行标准化设计，使周转材料通用性大大加强，避免一套周转材料只能在一个项目使用造成成本浪费；同时加大与勘测设计院联系沟通，使各新建工程的承台墩身等设计标准化，确保集团周转材料在各个工地流通使用，大大降低了集团周转材料成本。

（四）做好纵向研究，实现互利共赢降低成本

推进价值链成本管理，需要认真做好纵向价值链研究，与上下游深度合作，了解上下游的需求，做好材料购销管理，实现互利共赢降成本。

1. 探索经营延伸，实现价值链条延伸降本

为了实现纵向价值链成本管理，公司积极与上游企业进行沟通，了解上游企业的各项需求，利用公司的物资供应成本管理优势为上游企业服务。在公司开展价值链成本管理后，所属经营分公司了解到上游某钢厂需要采购钼矿，其作为钢的合金元素，能够提高钢的强度和抗蚀性、耐热性等多种性能，市场价格较高。第四经营分公司积极进行市场资源调研，充分利用物资管理优势，经过努力成功地与某钼业公司合作，多次中标上游某钢厂的钼原料采购，降低了钢厂的采购成本，增进了与上游厂家的互利关系，弥补了集团内部经营利润率低的问题，降低了供应链成本。

集团内各公司都购置了大量的周转材料，用于各项目的施工，但是各公司周转材料管理相对粗放，部分周转材料闲置，发生了大量仓储等管理费用。在价值链成本管理要求下，公司牵头开发了周转材料租赁网络平台，将各公司的周转材料纳入平台管理，集团各个项目就近租赁使用集团内各项周转材料，盘活了各公司的周转材料，提高了周转材料使用效率，降低了集团施工周转材料成本，同时降低了周转材料仓储成本和管理成本。

2. 参与上游研发，利用技术优势降低成本

物资公司需要积极参与上游企业的技术研发，打造价值链成本管理新高地；加强

与上游企业战略合作，降低采购成本，实现互利共赢。

作为上游的厂家，虽然占据着市场话语权，但是其新产品研发离不开大型建筑企业集团的推动和支持。公司积极跟踪各预可研铁路及公路跨江跨海大型桥梁项目，在项目立项阶段积极与勘测设计院进行联系，充分了解该项目新材质设计要求，先行介入各大钢厂EVI技术营销模式，积极参与了Q500qE高强钢、耐候钢、不锈钢复合板及2000MPΦ7高强度缆索钢丝等材料的推广应用，实现了Q500qE钢种和2000MPΦ7高强度缆索钢丝短期内从实验室小批量试制到工业化、批量化大生产的转变，一方面确保了集团大型项目桥梁专用产品用料；另一方面在采购时，对方考虑我方的参与免收集团产品专利费或者研发成本费用，大大降低了集团新型材料的采购成本。

针对国际垄断产品，公司积极与科研院所和上游厂家进行沟通，积极进行研发，生产符合要求的产品，打破国外垄断降低产品采购成本。国外某项目需要架设钢梁，但是监理方要求使用欧标的高强螺栓，国外主要供货方是英国TCB公司，在国际上处于垄断地位，其销售单价比国内螺栓价格高出10多倍，国内某钢梁制造企业与监理方多次沟通无果，影响了钢梁架设。公司了解情况后，积极联系科研院所，并与上海一家高强螺栓厂达成战略合作意向，由该公司研发生产高强螺栓并发往工地，经监理同意使用，为该项目节约成本1 000多万元，同时将国产产品推向了世界，实现了供应链企业合作共赢。原桥梁缆索为日本和韩国垄断，单价高，供应等受控制，为了降低集团施工成本，物资公司引进了一名材料学博士，带领几名研究生积极参与国内各厂家研究，生产出了符合标准的高强度缆索，并参与制定（修订）了多项国家标准或行业标准。通过参与实现了2 000兆帕等缆索国产化，为国内项目施工缆索成本每吨节约1万多元。

3. 进行战略合作，有效协调筹划降低成本

为了实现价值链成本管理目标，公司积极与各厂家联系互动互访，了解各自的经营情况及成本利润情况，签订战略合作协议，形成命运共同体，加强产品生命周期管理，约定新的工地优先使用对方的材料，如有新的工艺新的材质材料出现时，积极参与对方的研发，促进钢厂新材料的研发和产品的更新换代。同时各大钢厂承诺给予公司一定的价格优惠和优先排产支持，促进相互发展。在执行合同的过程中，积极进行运输筹划，与对方进行协调，大批量的材料发货在满足项目施工前提下，尽可能地采用水运或者火车运输方式，降低运输等成本费用。

4. 加强下游管理，实现互利共赢降低成本

公司要实现价值链成本管理目标，就要积极参与客户生产经营，积极对客户的材料需求进行统筹安排，确保公司提供高质量的服务，获得高质量服务效益。公司对各大型项目委派了专业物资人员，负责对项目的材料供应进行管理，公司要求各派出人员积极参与项目的生产经营，了解项目的施工组织设计和月度施工计划，合理配置材料资源，既防止采购计划无效导致超额库存，造成资金提前支付，增加资源占用成本；又避免项目停工待料发生固定费用损失，达到以高质量管理服务降低项目成本的目的。

为了实现价值链成本管理战略目标，提前筹划，在项目施工图纸出来后，汇总各项目的材料需求，利用规模效应实行年度招标，增加了供应商之间的竞争，避免了单个项目招标降价力度小的不足，大大降低了各项目的材料采购成本。

5. 派出驻厂监理，确保质量效率降低成本

为了更好地服务各客户，公司积极与各大厂商进行协商，派出了驻厂监理进行生产和发运协调。生产前协调厂家优先安排我集团的材料生产，确保材料按时供应到位，防止施工停工待料损失；在生产过程中进行监造，确保材料质量，降低质量成本支出；生产后积极与厂家销售部门协调，优先装船发货，确保各项材料按施工计划运输到位，降低材料周转费用，杜绝停工待料紧急增加的运输周转费用，实现价值链全流程降本。

（五）加强横向管控，实现资源整合降低成本

物资公司高质量发展，需要进行横向价值链成本管理，了解企业在行业中的竞争地位、成本管理水平、服务质量等各方面的情况，进行行业分析，将企业之间的成本管理差距作为价值链成本管理的短板，不断提升企业竞争力，实现持续健康发展。同时进行横向联合，降低价值链成本。

1. 实行标杆管理，实现管理提质增效降本

公司多次组织了对标活动，先后到中铁物贸武汉公司、浙商中拓集团（湖北）有限公司、中铁四局集团物资工贸有限公司、中铁二局集团物资有限公司等单位进行对标，学习对方的管理方法、流程和成本管理工具，并与公司的实际情况进行比较，找出管理差距，进行优化，持续改进，形成公司的成本管理高地，在公司弱势方面形成与其他公司同等的竞争力，在成本管理上更具有竞争力，获取竞争优势。中铁物贸武汉公司、中铁四局集团物资工贸有限公司都开发了系统软件加强材料购销管理，使得各项业务流程化、标准化、规范化。经对标后公司积极研究，开发了高达系统等管理软件，在 OA、中铁 E 通等系统上增加了相应模块，实现了经营成本方案评审、材料购销结算等系统化，提升了公司数字化运营管理水平，将实行成本管理的全过程数字化、标准化、透明化、规范化，防范了各种经营风险。如经营成本方案中提出了修改意见，流程立刻返回到发起人，由发起人修改，实现全审批过程流程化、标准化，规避了风险成本，提高了后台部门的办事效率，抓住了稍纵即逝的市场机会，避免了因审批流程导致市场机会流失，降低了公司材料购销机会成本。

2. 组织联合招标，增加规模降低采购成本

针对单个项目招标，会造成招标数量少，对厂家的吸引力不足，达不到降价最大化的目标。巢马城际铁路先行标桥梁钢板需求量大，为了降低采购成本，公司积极与

业主、中铁四局、中交二航局进行沟通，将各标段桥梁钢板招标争取到集团公司招标中心进行，委托公司办理，增加了招标规模，使得巢马项目的桥梁钢板采购单价大幅度降低，为项目部节约了大量采购成本。

3. 实行业务互换，利用成本管理优势降本

在行业竞争中，每家企业都有各自业务优势和不足。根据波士顿矩阵分析，在公司各业务板块中，公司在桥梁钢板、水泥板块中优势突出，利润率相对较高，属于公司的"明星业务和现金牛业务"；而钢筋业务因市场竞争激烈，内卷严重，利润率相对较低属于"瘦狗"业务。部分资金状况非常好的单位利用闲置资金进行材料购销，目的是获得高于存款利率的收益，公司经营人员开拓创新，加大横向沟通力度，积极搜集各项信息，将公司利润较低成本影响较小的钢筋业务与对方的水泥、桥梁专用产品等业务进行互换，进一步增加公司"明星"类和"现金牛"类业务的规模，提高了公司在钢厂和水泥厂的合作地位，进一步获得了规模经济效应，进一步加强了"明星"类业务和"现金牛"业务成本管理优势，降低了公司的采购成本。

4. 内部横向联合，充分发挥优势降低成本

公司目前业务分为桥梁专用产品板块、水泥板块、钢筋板块、周转料租赁板块、招标中心板块、国际贸易等板块。桥梁专用产品板块与各大钢厂沟通密切，特别擅长钢材的采购。而部分项目需要型钢，这些项目与桥梁钢事业部的联系较少，桥梁钢事业部无法有效进行市场开发，而作为钢筋板块经营的经营分公司非常了解项目需求。为了实现横向融合发展，各经营分公司与桥梁钢事业部深度融合，由各经营分公司进行市场开发和销售，回收销售款；桥梁钢事业部积极与钢厂进行沟通，进行排产和发运，确保按时供应，实行成本管理成果共享。各经营单位无须增加采销管理人员，降低了公司的销售费用和收款费用。

四、取得成效

（一）适应了新形式成本管理的需要

公司经营及管理人员在价值链成本管理体系下，从不同角度创新，从细节入手，从大局出发，探索实行了价值链成本全员创效管理，强化了企业内部管理，增加了企业内生活力，加快了资金回收，银行借款余额逐年下降，至2022年全部还清银行借款，降低了成本费用，确保了项目材料供应，保证了项目材料质量，同时部分对冲了资源价格上涨对集团施工成本增长的压力，获得了良好社会效益和经济效益。2020年公司利润总额在面对疫情与经济下行叠加的情况下实现了逆势增长10%以上，2021~2022年利润总额继续保持上涨态势，三年来公司新签合同额都在80亿元以上，实现了集团"保供应、保质量、控风险、控成本"的物资成本管理目标，为公司的高

质量发展奠定了成本管理基础。公司 2020 ~ 2022 年都被评为集团"四好班子""红旗单位""先进单位",被湖北省授予"文明单位"称号,多人获得了省部级各类奖章。

(二) 形成了全价值链成本管理体系

公司价值链成本管理探索,形成了良好的供应链合作体系,公司的采购资源不断扩大,目前与国内主要大型钢厂和水泥厂、缆索厂等都建立了牢固的合作伙伴关系,与众多的大型厂商签订了框架合作协议,仅在广东省,公司就有水泥合作伙伴 28 家。2020 年以来与公司发生业务往来的大型厂商有 220 多家,还与很多厂家建立了合作意向,合作单位遍布全国各地,极大地丰富了公司采购资源,在建筑材料价格上涨中尽最大可能降低物资采购成本,提高了服务质量,公司不仅实现了集团公司内部各项目的保供,还积极开发了股份内、中铁建、中交、中化学等局外市场,2020 年以来与公司发生业务往来的集团外部大型客户 65 家。近年来集团外部营业收入比重由30% 多上升至 50% 以上,公司的局外市场份额随着价值链成本管理的开展而迅速增加。公司的"朋友圈"越来越大,大大提升了公司在建材价值链中的市场地位,公司价值链成本管理效果越来越好,真正实现了集团公司降本增效落地的要求,形成了公司开源节流的价值链成本管理生态体系。

(三) 促进了企业内部成本管理提升

公司价值链成本管理探索与应用,形成了 PDCA 循环成本管理体系,不断地发现企业成本管理中存在的问题和风险,并研究整改方案,再下一个 PDCA 循环中进行改进,周而复始不断完善企业管理薄弱环节,防范了企业风险,促进了企业高质量发展。

(四) 形成了公司全员成本管理文化

公司全员牢固树立了价值链成本管理理念,突出了价值创造,强化了全流程成本管理,树立了动态成本效益观念,实现了传统成本管理向价值链成本管理转变,塑造了全员、全方位、全要素、全业务链条、全管理环节协同联动的价值链成本管理文化。勤俭办企业深入人心,形成了"人人心中有责任,人人肩上有成本"的独特企业文化。在公司面对国内外市场竞争困难时期形成合力,不断开拓创新,公司新签合同额、营业额和利润总额等逆势上涨,经济效益逐年提升,为今后公司高质量发展打下了坚实的文化思想根基,实现了成本管理提升,助力公司高质量完成"十四五"规划。

五、经验总结

(一) 转变思维方式是实现供应链成本管理的基础

传统的成本管理方式运行了数十年,形成了固有思维和习惯,价值链成本管理是一套全新的管理会计理论体系，必须从体系入手，加大宣传力度，逐步转变传统成本管理思维惯性，实现从拒绝到接受再到全员全要素价值链成本管理的转变。如原周转材料是项目需要什么规格型号就购买什么规格型号，导致周转材料差异性大，无法通用，对职工个人虽无影响，但造成大量浪费和闲置，实行供应链成本管理后，经营人员逐步掌握到成本是设计出来的管理会计理论，加大各方面的沟通协调，从设计入手，周转材料的通用性大大加强，成本管理效益逐渐显现。

（二）实行长期预算是实现供应链成本管理的关键

实行长期激励，必须深刻分析影响企业高质量发展所存在的问题，并针对问题进行研究，找到解决方法。公司原有预算主要是从下到上的模式进行编制，导致部分预算松弛，各经营单位往往只关注当年的经营成果完成情况，对长期的发展缺乏考虑，公司根据发展需要，将短期预算目标与长期预算目标相结合，促使各经营单位从本单位（部门）长期利益考虑，积极践行供应链成本管理，取得了较好效果。

（三）建设数智系统是实现供应链成本管理的基石

对各经营单位进行价值链成本考核离不开数字化智能系统，分析供应链成本管理的成效与存在问题离不开数字化智能系统。公司建立了高达系统、周转材料租赁核算平台，积极利用集团财务共享系统、股份公司 OA 系统、E 通系统，加强对供应链成本的管理和提升，确保了供应链成本管理持续开展。

（四）建议实现各供应链成本管理数字系统的贯通

虽然当前公司供应链成本管理取得了实质性成果，但是高达系统、周转料租赁平台、财务共享系统、OA、中铁 E 通无法实行对接，各系统各自为政，成本管理还有大量的数据性的工作需要人工完成，及时性不够，系统化、数据化还有待加强，重复性工作仍然大量存在，人工费用还有待降低，成本效率还有待提高。需要实现各系统的融会贯通，为公司决策提供实时管理会计信息。

（中铁大桥局集团有限公司　李守锋　阮春萍　石墨子）

目标成本法在中铁隧道局
EPC 项目的运用与实践

【摘要】中铁隧道局集团有限公司市政工程公司作为中央建筑企业中铁隧道集团旗下的重要三级公司，其经营范围集隧道工程、桥梁工程、水工隧洞工程、公路工程、城市轨道交通工程、市政公用工程等多项工程于一体。随着总承包（EPC）模式在工程建设项目的应用日益增多，EPC 项目成本管控是亟待解决的重要问题。本文从 EPC 项目成本管控的角度出发，以"目标成本法"为工具，对 EPC 项目的目标成本进行设定、分解，并在过程中进行控制、改善与提升，在实际应用中取得良好的成效，为企业打造具有竞争优势和价值创造的能力。供相关企业参考。

一、背景描述

（一）案例背景

在全球化竞争环境下，建筑市场已经进入成熟阶段，建筑市场的产品差异化正在逐渐缩小，施工企业对产品市场价格影响能力有限。为了实现项目既定的利润目标，必须从成本控制入手，实行成本领先策略；企业为了获得工程项目竞相压价，导致施工利润空间大大缩减，严重影响了建筑施工企业的经济效益和未来发展。2014 年至今，随着经济危机渐远，我国深化改革也已进入深水区和攻坚期，国家发布一系列政策，加速推进以 EPC 模式为代表的工程总承包模式。因此，EPC 模式在工程建设项目的应用日益增多。

所谓 EPC 模式是指"设计＋采购＋施工"总承包（EPC），承包商负责工程项目的设计、采购、施工、安装全过程的工作，向业主交付具备使用条件的工程。EPC 合同采用固定总价合同，即项目最终的结算价为合同总价加上可能调整的价格。一般情况下，业主允许承包商因费用变化调整合同价格的情况很少，只有在业主改变施工范围、施工内容等情况下才可以进行调整。在 EPC 模式下，工程总承包企业承担了大部分的责任和风险，总承包商需要对项目的安全、质量、进度和造价全面负责，所以 EPC 项目对承包商的成本管理能力提出了更高的要求。

目前普遍应用的施工项目成本管理方法是根据投标当时的报价、施工方案、技术方案、资源耗用水平及施工组织管理模式等对项目的毛利进行测算，项目的盈亏往往要等到工程结算时才能真实掌握，即"收入＝成本＋利润"。这样的成本管理方法没有在整个施工过程对项目成本进行全周期管控，难以满足 EPC 项目的成本管理要求。因此，要加强 EPC 项目的成本管理与控制，突破传统的成本管理方式方法，就需要引入目标成本管理方法，即无须等到工程完工交验，就可以预测成本和利润。

JH 项目部是中铁隧道局集团有限公司市政工程公司首次中标的 EPC 项目。EPC 项目管理属于固定总价合同，合同总价按照概算价一定比例下浮，如果运用传统成本法管理 EPC 项目，无法锁定项目利润、成本。市政公司通盘考虑 EPC 项目特点，建立了一套与当前形势相适应的成本目标体系，要求以市场为最终目标导向，以目标售价和利润目标为基础确定产品的目标成本，在企业特定的项目中应用目标成本法，即收入 – 目标利润 = 目标成本。

（二）研究目的

目标成本管理作为一种重要的管理手段，是企业生产经营的重要组成部分，也是企业的管理者根据市场情况，以目标利润为中心，通过科学制定目标、分解目标、实施目标分析与控制、对目标成本的持续改进、考核目标等措施，进行成本决策分析以实现经济运行质量优化、促进经济增长、提高企业效益的一项现代化管理方法。它使企业更专注于自身内部的管理与控制，从内部着手降低成本，以取得在市场竞争中的地位，并获得更大利润。

二、目标成本法的总体设计

（一）理论依据

目标成本法起源于日本，日本丰田汽车公司员工经过几十年的努力探索，将科学的管理原理与本国独特的经营机制相结合，形成科学的管理方法。现在世界上越来越多的企业采用这种方法，它的核心在于制定目标成本，通过各种方法不断地改进工序和产品设计，使产品成品达到或者小于其目标成本。

目标成本是基于某一特定产品的销售价格，在考虑必要利润因素后倒推出的产品预期成本。即从传统的成本管理模式"收入 = 成本 + 利润"，转变为"收入 – 目标利润 = 目标成本"。

目标成本法是确定目标成本以及围绕目标成本落实而展开的一系列成本控制活动的总称。它不仅是一种成本控制方法，也是企业在既定营销策略下进行利润规划的一种方法。目标成本管理过程由价格引导，关注顾客，以产品和流程设计为中心，并依赖跨职能团队。目标成本管理从产品的开发的最初阶段开始，贯穿产品的生命周期，并将整个价值链纳入其中。

目标成本管理的核心程序，按照确定的应用对象，成立跨职能部门团队、收集相关信息、计算容许成本、设定目标成本、分解可实现的目标成本、落实目标责任成本、考核成本管理业绩以及持续改善等程序进行。

目标成本法管理分三阶段：第一阶段是根据产品的目标价格及必要的利润，即可测定产品的目标成本。如何将已确定的目标成本真正地落到"实处"，这里的"实处"包括两层含义，即第二阶段和第三阶段。第二阶段是事前控制，将目标成本落实到产品设计中，落实到可以实现的"图纸"上，用目标成本来真正约束产品设计。第三阶段是事中控制，将目标成本真正转化为产品制造过程的发生成本，并通过持续改善，最终将实现目标利润。

EPC 项目即工程总承包企业按照合同约定，承担工程项目的设计、采购、施工、试运行服务等工作，并对承包工程的质量、安全、工期、造价全面负责。EPC 模式是当前国际工程承包中一种被普遍采用的承包模式，也是在当前国内建筑市场中被我国政府和现行《中华人民共和国建筑法》积极倡导、推广的一种承包模式。这种承包模式已经开始在包括房地产开发、大型市政基础设施建设等在内的国内建筑市场中被采用。

但传统成本分析法适用的建筑合同采用工程量清单计量，施工企业通常根据招标文件、合同、施工组织设计、施工方案，结合市场价格、企业管理水平和合同中的项目，对合同中的项目进行全面计算，也就是"正算"，收入随着工程量清单的变化而变动：即收入 = 成本 + 利润，总承包价无法确认，需要项目完工审计结算后才能确定，传统成本法无法对 EPC 项目的成本分析。立足于当前 EPC 项目的大量涌现，需要探索出一条适合 EPC 项目的成本管理办法，结合 EPC 项目固定总价合同的特点，围绕着目标成本开展一系列的活动，从目标成本的设定、目标成本的分解、目标成本的分析与控制、目标成本的持续改善等方面，确保目标成本的实现。

（二）目标成本的设定

由于 EPC 项目一般都很复杂，不同的项目又有很大的差异，在不确定其成本的情况下，采取"目标利润"的计算方法，只能通过"倒算"的方法，即"目标销售额 – 目标利润"来获得。

公司在投标前会对项目的经济效益进行初步测算，但在投标过程中由于市场竞争、投标策略等原因，一般会通过放弃或减少报价中预计利润、通过不平衡报价的方法增加中标机会，实际中标价格往往会低于预期，所以在项目中标后，需要通过对中标价格进行重新分解，确定项目的目标利润。目标利润是在保证工程质量、进度、安全、环境等前提下，项目部必须而且通过努力才可以达到的目标，是在全面考虑项目经济上的合理性、技术上的可行性和生产上的可能性等要素基础上，确定出来的管理目标。

EPC 项目确定目标成本是一项系统的工作，企业不仅要有相应的管理制度和流程，还要有一支对项目成本构成非常了解的管理团队，以及能够及时了解并掌握在工程建设中的有关市场价格信息的成本计量人员，在这两个条件同时满足的情况下，制定的目标成本过程的控制才会较为合理。

（三）目标成本分解

EPC 项目经理部通常采取"上下结合、分级编制、逐级汇总"的"混合式"方法进行。依据公司下达目标成本草案，督促项目经理部有关部门进行过程分解控制。一方面，介绍目标成本价格制定的有关依据，让其能完全了解和认同，以便在未来的建设中可以参考和实施；另一方面，也要认真倾听，及时发现不合理或是遗漏之处，及时加以纠正和改进。这样上下协调、反复沟通的过程能够有效避免目标成本脱离实际，从而提高目标成本编制的科学性、合理性与可行性。

EPC 项目在确定目标利润的情况下，在现有基本数据的前提下，计算出项目的目标成本单价。

首先，在直接成本中，按照人工（劳务）成本、材料成本、机械成本等对每个单项进行分类，而人工成本则是按照人工或劳务分包的方式，对每个单项的造价都进行单独计算。由于工程项目通常比较复杂，而且各项目之间存在着很大的差别，在不知道其成本的前提下，难以预先确定目标利润。目标成本的确定通常是在招标之前对工程项目进行了初步估算，并在招标之后对其进行正式的编制与改进。材料费以本地市场上的原材料（或甲方提供的一种原材料的价格）计算，并在适当的情况下计算损失；机械使用费以施工组织（施组）计划配置的设备数量、工期进度，实行单机核算计算租赁费（或机械使用费）。对专业分包工程，可将其直接纳入工程造价清单中，也可将其纳入工程造价中。

其次，在工程水电、场地租金、大小临设施费用、安全文明施工、规费等项目中，应与招标文件和施工组织设计等有关内容挂钩，并在项目成本控制中分别列出。成本包含关于项目经理部的定岗定编、薪酬标准、管理成本使用的局限性等信息。现场经费包括管理人员的工资、日常开支以及其他的管理成本，并没有出现在合同的数量清单中，要根据企业的有关制度，并根据合同工期等因素来测算，将其详细地列出。

最后，制定目标成本报告书，包括有关价格的测算依据、单价包含的内容、材料单价的确定依据、材料的损耗标准、材差的处理、目标成本的调整原则等。

（四）目标成本的过程分析与控制

项目经理部在项目实施之初，就对项目目标成本进行了研究和了解，EPC 项目通过对全过程成本控制的统筹规划，寻找可能降低成本的切入点。

在全过程中，定期或不定期地进行成本分析，动态地比较所产生的成本与所设定的成本，找到造成成本差距的因素，并适时地提出相应的措施。因设计更改而导致的工程造价与目标造价的变动，须编制更正报告并上报有关主管部门。在进行工程造价与目标造价的比较分析时，应全面地考虑造成造价偏差的因素。

首先，研究项目中的真实成本与目标成本的计算方法，分析项目中存在的"串"项；其次，研究项目实际成本计算方法的时效性、精确性、完整性；最后，研究由于业主变更、物料价差等因素导致的目标成本与真实成本之间的差异。只有在排除某些不受控制的或者是异常的情况下，才能找到造成成本差别的原因，并给出行之有效的对策，这就需要相关部门的工作人员进行全面的合作、统筹考虑。但是在建设期间，因为工程是以分部（项）进行的，因此，在此期间为了进行造价分析，需要比较已经发生的实际成本和已完工的分部（项）工程对应的目标成本，此时，要进行分析的目标成本应为已完成的部分工作量，再加上相应的目标单价所得出的成本，这与要确定已完工的工程量有关。

通常，EPC 项目的建设期间，都是由业主或者委托第三方监督机构，对其进行周期性的计算（也就是验工计价），以保证工程进度或者是对产值的计算。通过将验工计价和目标成本相结合，使工程实例中的项目数量达到一个新的水平。验工计价是以合同工程量清单为基础，因此，在此基础上，对其进行编制、汇总，可以使用相同的口径进行对比、分析。在具体的分析中，可以将重点放在量差和价差两个方面。

在量上：如果业主测量的数量比实际完工的数量和所消耗的材料要大得多，如果是由于施工方案优化等因素，那么由于数量上的不同而带来的利润很有可能是真实的，否则，将会对是否足够的实际成本进行分析。如果业主实测的总工程量比实际工程量少、使用的总工程量比实际工程量少，或者出现未实测的设计变更，这些都要被考虑在内。若发生此种情形，则此部分所造成之亏损为虚亏，相反，有可能为实际成本超支。

在价格上：要与业主签订的合同价格相联系，对目标价格和实际价格之间的差额进行分析。对实际造价单位价格超过目标造价单位价格所引起的损失，应予以重视，并对损失的原因进行分析、查明。如果是由于实际成本单价比目标成本单价低而导致的利润，则要注意工程项目中的目标成本单价和工程项目中的实际分包费单价之间的对应关系，并排除因计算方法不同而产生的影响。

（五）目标成本持续改善、考核评价情况

EPC 项目的目标成本管理在具体的实施中不应当是"一次性"的，而应视为一个连续的循环过程，企业总是循着目标成本的"确定→分解→实现→再确定→再分解→……"这样一个循环过程，以达到成本的持续改善。在成本管理的持续改善过程中需要通过引进新的施工技术或方式、管理控制程序与方法等，以降低既定设计、产品功能定位下的产品制造环节的成本。

在制定目标成本之前，已经与项目经理部（成本管理责任主体）进行了充分的交流，并且得到同意，通常情况下，在施工期间，原有的目标成本是不会进行调整的。但是，在建设的过程中，在原有的基础上如果发生重大的变化（重大的工程变更，材料价格的大幅变动），就会造成原有的计算结果有很大的偏差，这时就需要对

原有的目标成本作出相应的调整。在对诸如业主和设计变更之类的增加（调整）工作内容进行更改时，应该在有关部门对其进行核查之后，再对增加（调整）工作内容部分进行追加核定，并将其与原有的目标成本合并在一起。同时在评价目标成本时，也要考虑到一定的非量化因素，要适当地掌握影响成本控制的外在客观因素。经过目标成本的考核，成本管理小组需要就考核情况和结果撰写考核报告，指出问题，找出原因，并为企业实行奖惩提供根据。

三、目标成本法在项目中的具体运用

（一）项目基本情况介绍

JH 隧道及 ZW 路隧道工程位于 MN 市西区，包括两条市政隧道土建工程、隧道装修工程、隧道设备安装工程、道路及管线工程、JH 一期甩项工程等。项目工程体量大、专业类别多，工期紧，工程施工影响范围内管线众多，且基本位于围护桩下方，前期管线迁改任务艰巨。项目采用设计、采购、施工 EPC 模式。总工期 730 日历天。合同总价约 92 224.55 万元。

（二）目标成本的设定

项目中标价格 84 609.68 万元（不含税价），参据同类项目历史平均利润水平，结合投标竞价因素，按照价值工程最小的方案，重新对各管理价值链进行了详细规划和优化，确定项目目标利润，由此确定目标利润为 10 836.91 万元，成本控制目标则为 73 772.76 万元。项目部据此签订经济责任状，作为项目绩效考评依据。

项目施工地处沿江一带，地址围岩差，多工点交叉作业，工期紧张，工程毗邻多个在建项目，周边环境复杂；工程体量大、专业类别多，工期紧，如何合理均衡投入资源组织施工确保本工程工期顺利履约是本工程施工重点及难点。为确保工程顺利履约。项目中标后，公司组织人员对施工现场查勘，协同设计院复核图纸，项目为确保目标成本的实现，在公司内部集中精兵强将对 EPC 项目进行优化。

第一，价值功能的运用。EPC 项目中一般采用固定总价合同，设计变更这条路走不通，实现企业利润的核心是价值功能的运用，即在确保规模和使用功能的前提下积极优化设计方案，在限额设计的框架内做好"减法"。中标后，项目立即组织人员核算初步设计图纸工程量，分析概算是否存在缺项、少量情况；同时测算土建工程直接成本，掌握盈亏情况，有方向地进行设计优化（做加减法），加大科研经费的投入，在满足安全、质量的前提下细化初步设计方案，减少设计过剩现象发生，降低项目成本，通过价值功能运用后相较于概算工程量成本节约 5 800 万元。

第二，商务管理优化。考虑项目施工地点集中，多个工作面同步施工，工期紧张，合理划分各区段，对工序衔接导致交叉作业较多，在同一区段内劳务分包策划中尽量将交叉多的作业打包交由一家企业施工完成,减少内耗。同时根据各区段分别引进劳务分包队伍,按照该种分包方式预计缩短工期 2 个月,经测算减少现场经费 216 万元。

第三,物资管理优化。通过合理使用周转材料管理,充分利用公司现有闲置资源,减少公司周转料的二次转运成本和存放压力,调入系梁、斜支座等周转料。通过此项举措,节约成本达 268.2 万元。完工后剩余的物资妥善处置,监督到位;可周转使用地做好清查、交接工作,按公司规定做好摊销工作,这部分工作虽然不能再降低目标成本,但要做到不浪费。

第四,现金流平衡优化。为确保项目现金流平衡,根据专项工程的不同,结合建设合同有关商务条款,确定不同的支付比例、支付方式和支付时间。发挥分公司资金集中管理的优势,最大限度发挥资金使用效率,实现最优的资金管理成本。本项目利润率可观,但中间计量支付比例低,通过针对不同的分部分项设计不同的过程支付比例,充分发挥资金集中的优势,通过办理银行票据等金融产品延期支付方式,盘活现金流,预计降低财务费用 47 万元左右。

第五,施工工艺优化。隧道临江巨厚砂卵石层渗透性强、涌水量大,降水难度大,项目当前设计采用"钻孔灌注桩 + 桩间高压旋喷止水 + 外排咬合高压旋喷止水"围护结构形式,如果采用地下连续墙、咬合桩作为围护结构,会导致造价过高,不够经济。急需探索砂卵石地层新型地下水控制技术与工艺,在工程安全和经济性中寻找平衡点,兼顾安全性及经济性,进行目标成本及公司当前相关估计相比较,确定成本差距,将联合设计院及高技术水平学校采用跨部门的团队合作方式:(1)高压旋喷桩施工工法优化研究,通过改装施工机具,改进施工工艺和加固参数,提高对砂卵石地层的止水效果。(2)提出一套完整的新型止水帷幕设计、施工技术参数指标,形成一套适应于深厚砂卵石层的新型止水帷幕施工工法;研究新型止水帷幕工法在不同设计参数(如桩长、桩间距、桩墙搭接长度等)下,对于砂卵石地层的隔水效果。(3)对止水帷幕浆液性质进行改进,加入氢氧化钠、水玻璃、硫酸钙等固化剂,形成早强型水泥,研究早强浆液对止水帷幕强度、渗透性等特性的影响。形成课题研究,运用智慧工地系统技术,通过三维设计平台,对项目进行精确设计和模拟,演算具体的施工投入所需资源及时间,一旦发现在演算过程中超过目标成本,就得重新返回设计阶段,运用价值工程技术再设计。只有在目标成本实现的前提下,才进行最后的实际施工阶段。本项优化预计节约 483.4 万元。

(三)目标成本分解

项目采取"上下结合、分级编制、逐级汇总"的"混合式"方式对成本分解进行传达,依据公司下达目标成本草案,强调和充分发挥设计在整个工程建设过程中的主导作用,促进工程项目建设整体方案不断优化。围绕着企业创造价值的观点,实现建设项目的进度、造价和质量控制符合建设工程承包合同约定前提下,项目组织相关人员，成立目标成本小组，结合公司下达成本草案把成本降低的目标分解到工程的分部分项，通过运用 BIM5G 技术，如果成本能达到目标成本的要求，就表示该项任务结束，否则还需要运用价值工程重新加以调整，以达到目标要求。通过上下相互沟通，只有在目标成本实现的前提下，才能下达目标成本控制指标。根据分部分项工程及其成本构成，项目目标利润及目标成本分解如表 1 所示。

表 1　　　　　　　　　　目标利润及目标成本分解　　　　　　　　　单位：万元

序号	名称	分解收入	目标利润	目标成本
一	分部分项工程费	84 609.68	10 836.91	73 772.76
1	隧道（二期）土建－主线敞开段	1 026.47	211.48	814.99
1.1	围护及支撑工程	325.08	140.45	184.63
1.2	土石方及降水工程	130.76	45.09	85.67
1.3	内部结构及防水	570.63	25.94	544.69
2	隧道（二期）土建－主线暗埋段	51 127.62	11 090.10	40 037.52
2.1	围护及支撑工程	19 463.53	8 525.79	10 937.74
2.2	土石方及降水工程	4 761.59	1 062.83	3 698.76
2.3	内部结构及防水	26 902.50	1 501.48	25 401.02
3	隧道土建	8 429.78	1 524.29	6 905.49
3.1	围护及支撑工程	3 121.13	1 084.42	2 036.71
3.2	土石方及降水工程	575.42	171.76	403.66
3.3	内部结构及防水	4 733.23	268.11	4 465.12
4	隧道（二期）装修	2 659.35	392.83	2 266.52
4.1	建筑装饰工程	2 659.35	392.83	2 266.52
5	道路装修	1 516.51	225.33	1 291.18
5.1	建筑装饰工程	1 516.51	225.33	1 291.18
6	道路工程	5 247.86	885.82	4 362.04
6.1	道路新建及改造工程	2 268.16	314.10	1 954.05
6.2	道路改造工程1	89.72	24.43	65.30
6.3	道路改造工程2	431.26	79.03	352.22
6.4	道路改造工程3	299.86	42.45	257.41
6.5	隧道路面工程	1 735.05	344.02	1 391.03
6.6	一期隧道路面工程	406.36	80.33	326.03
6.7	成品公交车站	17.45	1.45	16.00
7	人防建筑工程	183.92	36.78	147.13
7.1	建筑装饰工程	183.92	36.78	147.13

序号	名称	分解收入	目标利润	目标成本
8	交通设施工程	203.81	40.76	163.05
8.1	交通安全设施	203.81	40.76	163.05
9	绿化工程	254.76	50.95	203.81
9.1	中央分隔带绿化	254.76	50.95	203.81
10	综合管线工程	624.32	349.03	275.29
10.1	管线综合工程	624.32	349.03	275.29
11	隧道（一期）剩余工程	987.74	197.55	790.19
11.1	建筑装饰工程	987.74	197.55	790.19
12	交通保通便道工程－交通疏解便道工程	0.00	−42.17	42.17
12.1	交通保通便道工程	0.00	−42.17	42.17
13	隧道安装工程	9 429.45	1 885.89	7 543.56
13.1	路灯安装工程	145.47	29.09	116.37
13.2	信号灯安装工程	121.49	24.30	97.19
13.3	综合监控安装工程	1 895.49	379.10	1 516.39
13.4	供电安装工程	1 675.14	335.03	1 340.11
13.5	空调、通风安装工程	732.57	146.51	586.06
13.6	给排水、消防安装工程	445.66	89.13	356.53
13.7	隧道动力与照明安装工程	4 413.63	882.73	3 530.90
14	其他费用	2 918.09	1 306.23	1 611.87
14.1	优质工程增加费	917.43	917.43	0.00
14.2	标化工地增加费	343.12	343.12	0.00
14.3	BIM 技术费	91.74	0.00	91.74
14.4	管线迁改	883.57	0.00	883.57
14.5	管线迁改（给排水）	34.11	0.00	34.11
14.6	绿化迁移费及道路标识件拆除	288.01	13.92	274.09
14.7	场地准备费及临时设施费	87.16	87.16	0.00
14.8	隧道主体至管理中心费用工程	168.05	28.38	139.68
14.9	一期项目管养费	18.35	−131.65	150.00
14.10	交改安保费	38.69	0.00	38.69
14.11	桩基检测配套费	10.07	10.07	0.00
14.12	创文费	37.80	37.80	0.00
二	机械费		−2 394.97	2 394.97
三	其他直接费		−2 998.47	2 998.47
四	间接费		−1 924.53	1 924.53

（四）目标成本过程控制与分析

项目通过定期与不定期相结合的形式，对目标成本过程控制分析，通常采取横向与纵向对比，对目标成本控制影响因素的比较重要的情况进行分析，结合现场实际，针对影响的因素进行分解，实行各种资源的优化来实现目标成本。

根据某期的现场实际情况进行分析如下：

当月进行基坑施工，工程基坑从上而下依次穿越杂填土、粉质黏土、圆砾层、细砂层、卵石层、强风化粉砂岩、中风化粉砂岩；工程周边水系发达，地下水丰富，且隧道深度范围内存在强透水层（圆砾、卵石层），项目涉及工作内容多、专业多，工程规模大，工期紧。且与周边多个在建项目同步施工，工序组织相互干扰，施工组织难度大。

为确保目标成本的实现，加上因技术的进步，施工流程的改变，成本可能是不断下降的，项目在深化目标成本及大力推广施工过程中进行改善策略，有可能改变原来的"目标成本"，具体措施如下：

第一，针对土石方工程实际成本超出目标成本，项目调整施工工序，计算出土装运时间，合理配置适量的车辆，确保相关工序的衔接施工，减少设备的不充分利用，提升施工进度效率，通过合理调配资源节约成本4.52万元。

第二，本阶段施工地质较差，根据施工优化要求，开展新技术《临江高渗透砂卵石地层复杂基坑群施工灾变机理及风险控制研究》，运用BIM技术，通过价值工程技术分析，解决当前难题，新技术的运用使本次节约成本77.68万元。

第三，施工组织优化。根据双层隧道结构特点及工程周边环境，施工场地狭窄，如何组织好现场资源配置及双层隧道施工顺序，是本工程的一个重难点。

优化方案：（1）做好施工的总体协调，按单位工程划分进行合理组织安排，划分成三个区，避免交叉施工影响。（2）合理划分施工作业面优化；考虑工期安排，结合项目是施工场地，双层隧道施工顺序等，选择按桩号进行横向分包，减少施工衔接管理成本以及摩擦成本，本项优化节约成本58万元。

在确保工期、安全及质量的前提下，在过程中通过目标成本的控制，实现如下目标，具体如表2所示。

表2 某期成本盈亏

序号	成本核算对象	可验工收入（万元）	目标利润（万元）	目标成本（万元）	实际成本（万元）	偏差率（%）	目标成本盈亏（万元）	项目成本盈亏（万元）
	∑ 合计	4 521.73	21.50	4 500.24	4 463.27	0.82	36.97	58.47
一	分部分项工程	4 122.45	−379.23	4 500.03	4 432.91	1.49	38.77	−310.46
1.1	土石方工程	312.44	15.22	297.22	292.70	1.57	4.52	20.26

序号	成本核算对象	可验工收入（万元）	目标利润（万元）	目标成本（万元）	实际成本（万元）	偏差率（%）	目标成本盈亏（万元）	项目成本盈亏（万元）
1.2	钻孔灌注桩工程	0.00	0.00	0.00	0.00		0.00	0.00
1.3	高压旋喷桩工程	60.92	24.50	36.42	29.83	18.09	6.59	31.08
1.4	钢支撑安拆工程	298.57	155.70	142.87	138.78	2.87	4.10	159.80
1.5	喷射混凝土	43.35	4.57	38.78	23.60	39.14	15.18	19.75
1.6	主体结构及防水工程	3 224.96	−588.76	3 813.72	3 736.03	2.04	77.68	−511.08
1.7	道路工程	111.42	21.45	88.96	89.48	−0.58	0.49	21.94
1.8	降水井工程	70.78	−11.91	82.05	92.38	−12.59	−9.69	−21.60
二	措施费	195.51	195.51	0.00	14.86		−14.86	180.64
三	规费	203.78	203.78	0.00	15.49		−15.49	188.29
四	税金	406.96						
五	合计	4 521.73	21.50	4 500.24	4 493.27		6.97	28.47

针对各分部分项工程成本的要素，根据目标成本法控制原则，要求加强过程控制、突出重点、刚性控制与柔性控制相结合等，对主要材料物资的目标成本进行管理。

在执行目标成本过程中立足于产品性能与产品成本之间平衡，通过调整施工工艺流程来降低目标成本，强调"部件的标准化""产品批次化生产模式"，通过以下决策来降低目标成本：

第一，在保证项目质量和安全的基础上，钢筋加工程序通过经济效益的比对，降低目标成本。钢筋加工过程各种部件均能标准化，根据现场实际情况，合理布置钢筋加工厂位置，调整各项加工设备的摆放，减少非增值作业，强化技术交底，采用自动化钢筋设备，减少人力的投入及不必要的钢材消耗。采用此项流程改造节约成本184.53万元。

第二，优化材料管理。项目属于市政 EPC 项目，混凝土成品全部外购，为确保供应时间及产品质量，项目部全面梳理各混凝土公司到施工现场的路径、所需时间，以及混凝土浇筑所需时间，合理调配资源。现场生产人员与后勤管理随时联动，在确保产品供应时间及质量前提下，及时进行混凝土各项的数据公布，对每个工作面浇筑混凝土进行节超分析，发现问题及时调整施工各项参数。通过此项举措节约成本17.46万元。

第三，为降低设备较多、工地交叉作业等安全风险，合理调整施工设备安全步距，合理配置设备；加强设备进场验收管理，确保设备性能，适时调配设备，提高设备利用率，避免造成设备闲置。加强现场巡查力度，查看是否存在未作业怠速运转设备现象。此项活动虽未产生经济利益，但确保了项目安全生产，避免资源的浪费。

第四，采用新工艺、新设备，确保结构实体质量。侧墙与板（中板、顶板）分两次施工，避免侧墙与板一次施工时大面积砼收缩产生裂缝和侧墙振捣不到位、不密实产生渗漏；采用大块钢模板台架施工侧墙，提高侧墙的平整度和质量。

第五，加强防水施工质量控制。严把材料进场检验关，确保防水材料满足施工规范要求；进行严格管控卷材搭接、接头等部位施工质量；加强对成品保护管理。

第六，加强结构施工过程质量控制。严格管控钢筋安装、模板安装、混凝土浇筑等施工工序，加强混凝土现场施工过程管理，对模板接缝质量、模板变形控制、脱模剂效果、砼捣固、砼养护等环节和工艺加大管控力度。

第七，收集材料价格调差信息，项目安排专人及时收集可调差的建材市场造价信息的工作，为后期材料调差工作做好基础，此项工作虽不产生效益，但对收尾项目工作产生积极意义。

经过改进目标成本控制达成的效果，主要材料节超情况如下，钢材量差节约375.99吨，量差节约184.53万元，价差超耗398.03万元；混凝土量差节约362.25立方米，量差节约17.46万元，价差超耗63.49万元；防水材料量差超耗86.51平方米，量差超耗0.18万元，价差节约2.35万元。如图1所示。

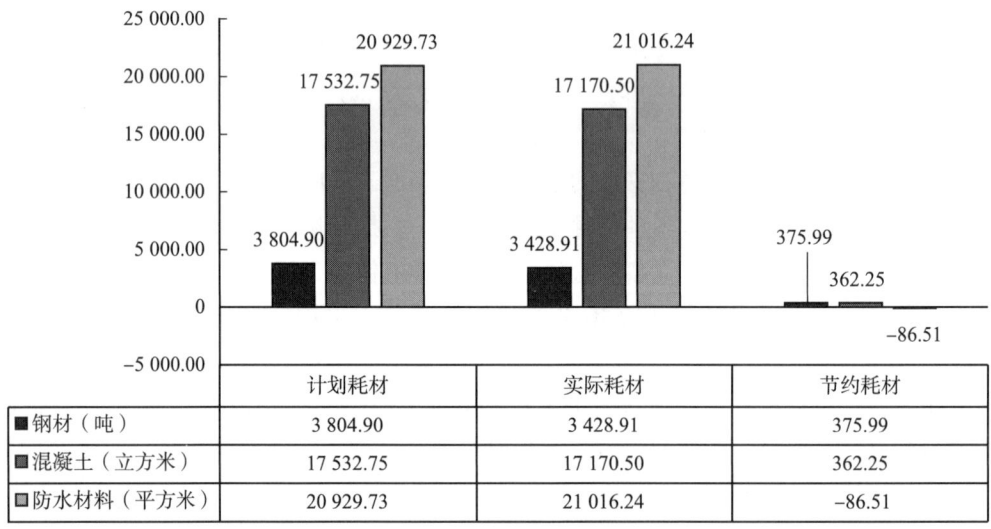

	计划耗材	实际耗材	节约耗材
■钢材（吨）	3 804.90	3 428.91	375.99
■混凝土（立方米）	17 532.75	17 170.50	362.25
■防水材料（平方米）	20 929.73	21 016.24	−86.51

图1 主要材料节超情况

（五）目标成本持续改善、考核评价情况

在项目实施工程过程中，项目部定期编写目标成本执行情况的分析报告，召开成

本分析会，向各部门通报该项目成本执行情况，各部门明晰了成本控制职责范围，制定了具体应对措施，针对职责范围的问题落实到责任人和整改时间；建立了成本动态跟踪方案，每月按照公司要求进行成本分析。施工期间项目部又因地制宜地围绕目标成本控制实施了一系列举措。

项目收尾管理对项目成本存在重大影响，主要体现合同约定"工程未达到创'钱江杯'要求的，优质工程增加费1 000万元不予支付，另外，承包人需另行向发包人支付人民币2 000万元工程质量违约金"。为确保顺利评杯，项目在持续改善成本过程中加大了科研的投入。项目工程完工后适时组建收尾小组，做好"钱江杯"评杯各种工作，为企业争收创收将优质费落袋为安，同时完成各项收尾清理工作，以免成本超额外增加。

该项目虽然是不平衡报价中标，在全体员工共同的努力下，在实施目标成本管理后项目圆满完成预测目标利润，最终的利润率将会超出预计目标利润1%以上，取得了良好的业绩。

四、应用与实践成效

经过目标成本法在EPC项目的应用与实践，主要得出了以下几点成效：

一是该项目的盈亏达到公司的预期目标，通过按目标成本管控方法和运用价值工程方法，严格控制资源投入；通过成本分析，持续改善成本；同时，通过加大科技研发的投入，项目最终利润率将超出预计目标利润1%以上，取得了良好的业绩。

二是目标成本的改善，使新技术、新成果的研究出成效。目标成本的核心就是通过产品的不断设计、新技术投入，以及成本的持续改善来扩大施工过程中可能存在的成本降低空间，控制产品成本。项目完成《临江高渗透砂卵石地层复杂基坑群施工灾变机理及风险控制研究》研究报告1份、学术论文3篇、发明专利1项、实用新型专利1项、企业级工法1项等。以上大量新成果、新技术在项目的运用，确保了合同顺利履约，为项目策划采用"确保钱江杯、争创国优"的创优方案打下坚实的基础。

三是推行目标成本法，增强管理意识，目标利润制定从项目概预算出发，协调不平衡报价，以此形成一个全过程、全员参与的成本管控体系。从事前成本规划，将成本分解到分部分项工程，各工班、各个工段乃至个人，通过定期不定期的目标成本对照分析，以开展专题分析的方式，让全体员工知道成本、关心成本，提升员工的成本责任感，使企业内部成本意识普遍增强，管理更加到位。

四是促进优质人才培养，在具体的成本管理执行过程中，必须有高效的组织结构做支撑。建立业财融合的内部管理制度，跨职能部门合作，能够强化复合型人才的培养。

五是有利于投资方控制总价，节约成本。EPC模式下一次招标，一个合同，招标程序缩减，合同关系简化，招标成本减少，同时固定总价合同，控制总投资。合同责任界面清晰、明确，避免了传统模式中设计、施工责任不清导致的扯皮。

六是取得良好的社会与企业效益。项目六登红榜，项目党建工作荣获地方红色工地优秀项目、地方晚报红色工地打卡点、地方市防疫优秀企业等诸多地方荣誉，公司荣获"先进基层党组织标杆""四好班子""先进集体"等诸多荣誉。

五、经验总结

EPC 项目如何运用目标成本使项目运转更好、更快，为企业打造具有竞争优势和价值创造能力是本文总结的重点。通过本文总结提炼，将用于传统制造业的目标成本法与 EPC 项目的成本管理相结合，并根据 EPC 项目经营状况，系统地将理论与实际相结合，找到成本管理的切入点，提出优化解决方案，得出以下结论：

（1）引入目标成本法这种科学管理工具可以使公司成本得到有效控制。首先，EPC 模式是当前国际工程承包中一种被普遍采用的承包模式，也是当前我国建筑市场积极倡导、推广的一种承包模式。建筑企业所处市场完善，使得目标成本法有了运用的空间，在成本管理的过程中以市场价格为导向，进而确定目标成本，帮助企业迎合市场需求。其次，每个环节、每项费用的支出都可以划分到相应部门，确认成本责任主体部门，落实员工成本管理职责，通过制定考核机制对成本管理工作进行监督，激发员工成本管理的积极性。

（2）通过研究发现，目标成本法在 EPC 项目的应用仍有许多需要优化的地方。一是在公司制定目标成本和分解成本的过程中，需要重视企业价值链的运用；二是在运用目标成本法的过程中，引入动态成本监控的方式，可以实时监控每一项成本的发生，在实际成本与计划成本发生偏差时及时控制成本费用；三是目标成本考核机制是实现成本管理的有效手段，可以激励员工主动寻找缩减成本的方法，调动员工工作的主观能动性。

（3）要想成功运用目标成本法，EPC 项目必须采取一定的保障措施：一是培养协同管理思想，将企业拥有的资源进行整合和协调，上下一心，实现企业价值最大化；二是实行目标成本考核机制，通过严格实行考核机制并配备奖惩措施，将企业利益与个人利益结合在一起；三是注重管理会计人才的吸纳与培养，促进企业财务部门工作人员从财务会计向管理会计的转型，真正参与 EPC 项目经营管理；四是保证服务质量，实施成本管理不是简单地一味地降低服务质量，企业应当在保证服务质量的基础上进行成本管理。

（中铁隧道局集团有限公司市政工程公司　傅国彬）

作业成本法在高速公路机电工程的应用

【摘要】三公司机电分公司曾经历了电气化铁路接触网市场低谷，近年来，公司积极适应市场需求变化，抢占先机主动求变，深耕细作高速公路机电市场。机电分公司认识到企业若想实现可持续发展，节约成本、加强成本管理是重中之重。现阶段建筑施工企业大多使用传统的成本核算方式，对成本的核算较为粗放，成本管理机制完善性较差。因此，传统的成本核算方式已逐渐无法满足公司成本管理需求。机电分公司为提升项目管理能力，将作业成本法应用到高速公路机电工程的成本核算中，力求完善自身成本管理体系，加强成本控制，不断提高利润水平和市场竞争力。

本文以东环高速机电工程为例，运用作业成本法，将工程划分为监控系统、通信系统、收费系统三大作业中心，基于业财融合依据成本动因将资源分配到作业中心，对其进行成本核算，并在施工过程中动态反馈成本执行信息，分析责任成本执行情况，为成本管控和绩效考核提供有力支撑。分析各作业对产出的贡献，确认核心增值作业，改善非增值作业，提高资源利用率，使企业各项作业活动达到价值最大化。同时项目也从作业有效控制入手，保障全面质量管理实施落地。

作业成本法提供了更加真实的成本信息，使得机电分公司更加关注项目资源耗费，对工程成本有了更深入的掌控，也有助于优化成本结构，提升项目盈利能力。作业成本法根据作业将成本进行分配，对于成本的责任划分会更加清晰，有助于落实成本责任，完善考核机制。从作业角度制定成本预算，也使预算更加精确，提高成本预测和控制能力。更为准确的成本信息提供更有效的决策依据，有利于管理人员在招投标、预算、生产调整等方面进行更科学、高效的决策，以增强该企业在市场上的竞争能力。

一、背景介绍

（一）项目基本情况

厦蓉高速公路龙岩东联络线 E1 合同段机电工程（以下简称"东环高速机电工程"）位于福建省龙岩北部，由三公司机电分公司负责施工。该工程合同额 5 305 万元，合同工期 13 个月，缺陷责任期 12 个月。实际施工日期：2021 年 8 月至 2022 年 6 月。

本项目主线起点龙岩市新罗区曹溪镇至王庄收费站段、铁山收费站至终点段

（K20＋815.160）为双向四车道，路基宽 24.5 米；王庄收费站至铁山收费站段为双向六车道，路基宽 32.0 米。按高速公路等级标准建设，设计速度为 80 公里/小时。

（二）单位项目管理现状和存在的主要问题

当前，三公司机电分公司正处于国有企业改革的关键时点，如何在项目管理中深化国有企业三项制度改革，以有效的经济考核来提升项目效益，以员工的主动成长赋予企业新活力、新动能等方面还有很大的改进空间。

（1）项目成本管理体制不完善，仍停留在传统的成本核算体系中，管理方式粗放与高质量精细化要求相比尚有差距。

（2）工程项目的总体管控能力还有待加强。部分项目管理策划落实不到位，项目成本预算精度不够，生产要素建设还不能完全满足企业高质量发展的需求。

（3）项目绩效核算科学性不足，薪酬分配与岗位贡献不够匹配。需要进一步优化考核机制，将考核指标细化、量化、标准化，将提质增效融入生产经营全过程。

（三）选择作业成本法的原因

作业成本法是一种基于活动的成本管理方法，相比于传统成本法，作业成本法更着重于"寻其因，谋其策"的追根求源。它以作业为核心，以"作业消耗资源，产出消耗作业"为原则，按照资源动因和作业动因将费用追溯或分配至各作业中。在这个过程中，企业深挖内部潜力，发现降低成本的因素，建立起符合企业实际情况的定额标准，提高自身经营管理水平，这对强化优势提高市场竞争力有着重要意义。

（1）管理层意识到工程建设成本精细管理的价值。机电分公司曾经历了主业铁路接触网市场低谷，积极破局才闯入新的基建领域，企业管理者会更关注行业发展趋势，也会更加注重成本管理。作业成本法使得成本控制更加有效，进而提供更有价值的管理信息，为制定战略，调整管理方针提供有效信息支撑。

（2）具备实施作业成本法的基本条件。近几年来，机电分公司致力于高速公路机电市场的开拓，其承建的三淅高速公路卢氏至寺湾 2016 年获交通运输部"绿色公路"称号，周南高速 2021 年荣获"国家优质工程"奖，2021 年首次获得福建市场信用评级 AA 级。经过不断的实践，机电分公司积累了一定高速公路工程管理经验，培养了一批机电施工技术人才，具备推行作业成本管理的所必要管理制度和组织机构。

（3）福建省地理条件决定。福建省素有"八山一水一分田"之称，山间水源丰富，高速公路隧桥相连，对施工安全性要求较高；地处亚热带季风气候，灾害天气频繁，有效施工时间少；沿线植被丰茂，施工环保要求高。特殊的地理条件对施工提出了更高的要求，促使项目部寻求全员参与、责任明确、降低风险的成本管理方法。

二、总体设计

（一）预期目标

随着经营环境等因素的改变，企业也要转变成本管理理念。通过作业成本法的实施，促使企业从偏成本核算到向兼顾成本核算和成本控制转变；从单一要素控制向项目总成本控制转变；从施工事后控制向事前成本规划控制转变管理；从静态成本管理向动态成本管理转变。

通过在东环高速机电工程实施作业成本法，大力推行全面质量管理，优化工序控制成本，引导员工参与管理，增强员工责任心，进而找到企业新的利润增长点。

（二）总体设计

作业成本法是把预期总成本合理地分配到产品中的一种分配方法。其核算原则是通过作业来分配施工过程中产生的资源费用，通过对资源费用准确合理地归集、分配，使产品的成本信息更加清晰。基于此，作业成本法的具体实施步骤如下：

（1）确认作业，划分作业中心。将机电安装施工项目成本细化，以确定成本动因，为不同的成本动因分别设置作业成本单元。东环高速机电项目以分部分项建立作业中心，划分作业单元，为后续项目成本管控和绩效考核打下基础。

（2）根据成本动因将资源分配到每个作业单元，明确责任成本。东环项目部组织相关人员对图纸和施工方案进行研讨，优化施工流程，将耗用的资源分配到每个作业单元。并结合预算成本相关数据，将项目成本管控责任细化到作业单元。资源与作业单元的合理分配，可以明确各作业单元负责人所对应的成本职责。

（3）进行动态反馈和持续改进。及时的核算、详细的分析有助于项目管理层及时发现执行的偏差，对于关键作业部位的动态反馈，有助于管理层捕捉增加价值的机会，持续改进管理机制。

（4）根据高速公路机电作业流程和成本特性，明确增值作业和非增值作业的范围，提高必要的增值作业或短期内无法消除的非增值作业的效率，减少作业消耗的时间和资源，从而使企业各项作业活动达到价值最大化。

三、应用过程

机电分公司对作业成本法在高速公路机电工程的应用高度重视，成立了东环高速机电工程成本控制执行小组（见图1），以经理为组长，财务部长为副组长，安质部、工程部、商务部等相关业务部门组成联合工作组，明确职责权限及工作机制。

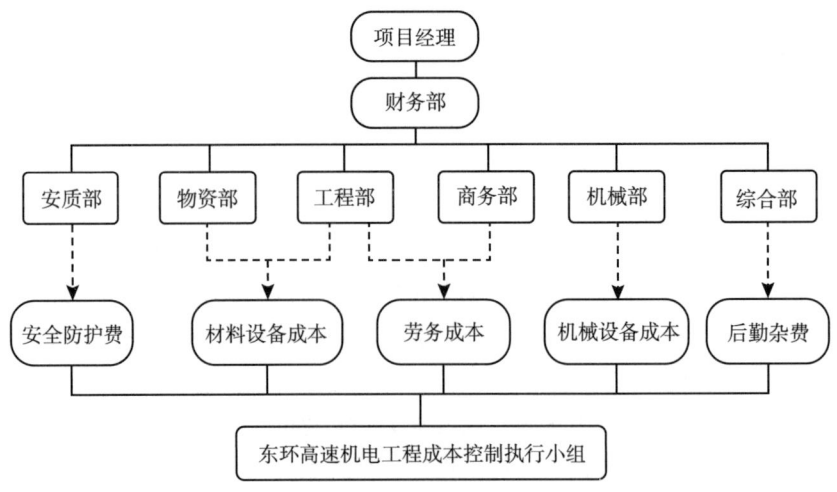

图1　成本控制执行小组

东环高速机电工程项目起于龙岩市新罗区曹溪镇崎濑，由既有厦蓉高速公路设置曹溪互通接出，穿铁山隧道到达终点曹溪村，设置富溪互通与莆永高速公路衔接，主线全长20.775公里。施工区段王庄收费站至铁山收费点之间14.62公里路线为开放段，兼具城市快速路功能，新建辅道约7.6公里。全线设置互通两处，收费站两座，出入口6处。主要工程量有：全线的监控系统、通信系统、收费系统工程等供货、安装、缺陷修复及保修。

项目部共配备人员8名，施工车辆4台，施工机具23件，项目部下设3个机电作业班组。

经过前期施工调查，财务人员会同技术、经营人员制定了推行作业成本法的管理方案，提出基于分部分项进行作业分类，基于作业控制促使全面质量管理实施落地，基于动态反馈持续提升盈利能力，基于业财融合从价值守护型转向价值创造型，基于项目价值链分析实现项目效益最优化、企业价值最大化。

（一）根据分部分项进行作业分类，建立作业中心

夏蓉高速龙岩高速公路东环线机电安装工程分为监控系统作业、通信系统作业、收费系统作业，3个分部工程又可以细分为29个分项工程，这些分项工程又由若干个作业单元组成。结合项目施工作业进度安排分别由机电作业一队、机电作业二队、机电作业三队负责施工，财务核算相应分为3个作业中心进行作业成本核算。

各作业中心负责作业内容如图2所示。

项目部组织技术、商务、工班长人员对施工方案进行研讨，统筹考虑各分部工程的工期要求，做好班组的协调与沟通，实现项目各专业工程有效衔接。树立系统工程管理理念，合理安排施工顺序，组织均衡、连续生产；以关键线路为主线，进行工期、资源优化。

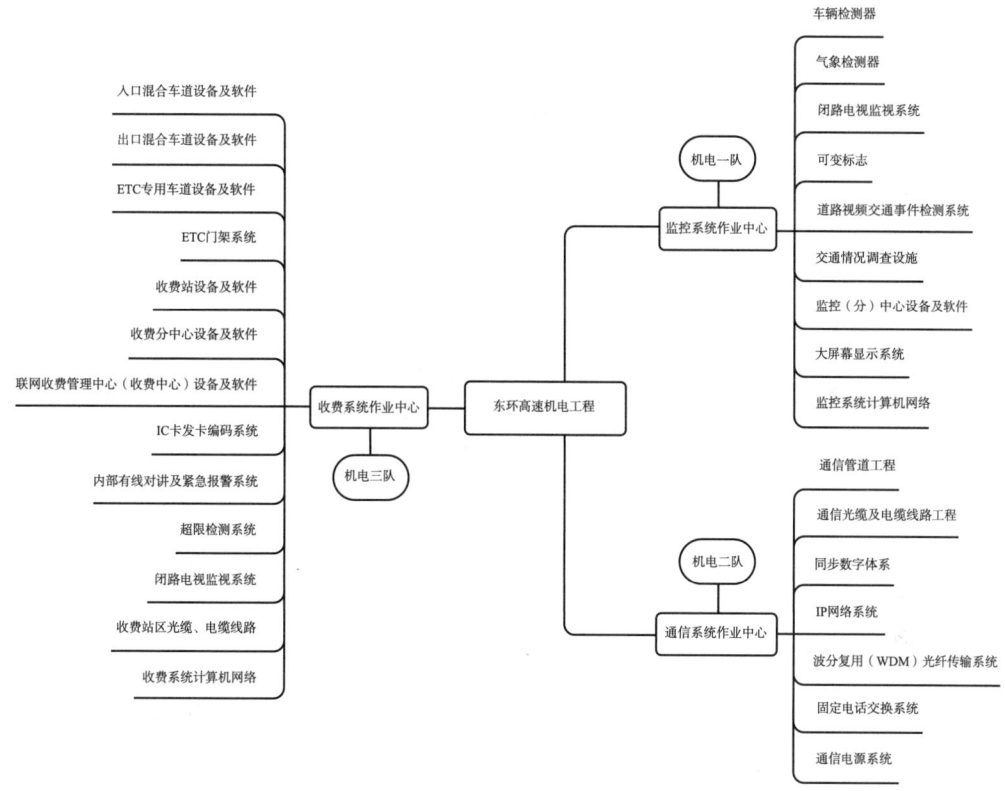

图 2 作业中心划分

梳理出各单元作业的工序，核定资源耗用和作业耗用，明晰班组作业层可控成本和后方管理层可控成本。提前约定物资、劳务分包结算细节条款，如大型电气设备指导安装、厂家配合检测条款，劳务安装中辅料、安全防护用具和高价值工具的费用分摊方法和结算模式，尽可能缩减不可控因素和成本。

项目实施全面预算管理，预算管理以业务为先导，以财务为协同，将预算管理嵌入项目施工作业的各层面和环节，做到全员参与、业务全面覆盖、流程全面追踪。财务人员会同商务及物资、机械部门编制项目成本预算时，"以支定收"，规划工程进度及甲方验工验收时间节点，统筹谋划资金收款计划；编制资金预算时，"以收定支"，合理利用金融工具时间效应，合理平衡进度和资金的矛盾。

（二）以作业控制为手段，保障全面质量管理的实施落地

开局关乎全局，起步决定后程。对机电施工企业而言，安装作业伊始就是质量控制的开局。作业管理的本质是为了生产高质量的产品，细化流程并不是花拳绣腿摆架子，而是提前预防安全风险，清除质量隐患的稳扎稳打。

项目在绘制作业工序流程图时，标注了每一工序的作业注意事项，明确施工准备材料要求和作业条件，规范工艺流程、分步施工要求，作业应达到的质量标准和检测

方法。新型设备、新型工艺由技术主管现场站岗指导施工，建立了网络示范、书面技术交底签字制度，严格执行完工复检制度。

（1）以关键工序的可控制性来考虑作业流程优化。如监控摄像机安装原作业流程如图 3 所示。

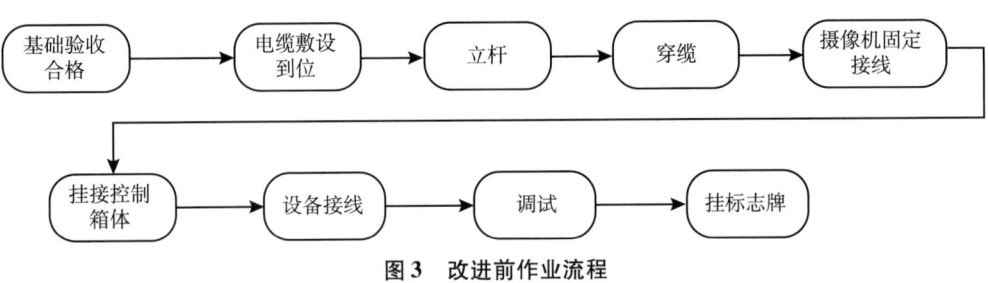

图 3　改进前作业流程

经工班长与安装人员沟通，自 10 月铁山收费站施工，改变施工流程如图 4 所示。

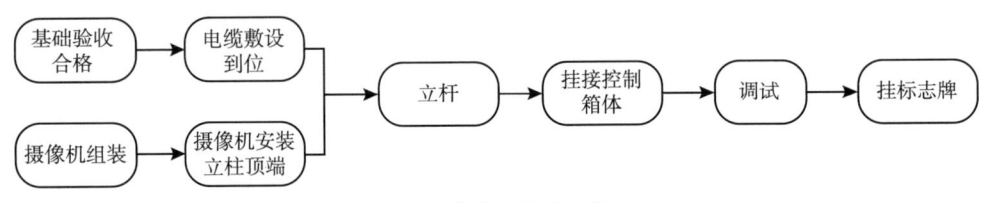

图 4　优化后作业流程

优化流程后，摄像机的相关结构安装件预先与立柱连接，接好相应的引下缆线后再立杆，减少了调试工序，同时也保证了安装一次到位。

再如光电缆铺设，考虑该项目涉及桥梁区段较多，将桥架敷设作业独立出来，明细列出相关的 7 项指标（见表 1），施工总检测指标由原来的两大项 17 个检测细化到 3 大项 29 个检测指标。

表 1　　　　　　　　　　　　光电缆桥架敷设作业技术指标

序号	技术指标	桥架敷设要求
1	吊（支）架间距	桥架水平敷设时，吊（支）架间距一般为 1.5～3 米，垂直敷设时固定在建筑物构体上的间距宜小于 2 米
2	左右偏差	桥架及槽道的安装位置应符合设计图规定，左右偏差不应超过 50 毫米
3	水平度偏差	桥架及槽道水平度每米偏差不应超过 2 毫米
4	垂直度偏差	垂直桥架及槽道应与地面保持垂直，并无倾斜现象，垂直度偏差不应超过 3 毫米
5	拼接处水平度	两槽道拼接处水平度偏差不应超过 2 毫米

序号	技术指标	桥架敷设要求
6	衔接处要求	金属桥架及槽道节与节间应接触良好安装牢固，无松动
7	整体要求	吊（支）架安装应保持垂直平整，排列整齐，固定牢固，无歪斜现象

经铁山收费站作业实践，电缆及塑料管道施工安装合格率达100%，施工合格率大大高于以往同类高速公路收费站光缆施工。

东环高速机电工程项目部在2021年9月~2022年6月施工中，先后优化单元作业流程12项，细化关键作业质量检测节点17处，与机电分公司以往高速机电相比，不仅提高了工程质量，而且降低了劳务工时。

（2）质量管理落实到每一项作业过程中。项目上制定了分项工程检查表，建立劳务协作队工程质量一次检查合格率台账，并重视检查结果的分析整改，杜绝劳务管理简单粗暴"以罚代管"。2021年9月在项目开工半个月后，技术员发现气象检测仪单位施工中技术复检指标合格率较低，故召开专项技术会诊。工班长、具体施工人员现场复盘，技术部和安质部及时发现了预检流程中漏项，重新做了技术交底单。队长组织工班长、劳务工进行专项学习，逐一实操考核，过关后方准予上岗作业。采取此措施后，气象检测仪单位按照一次质量检测合格均达100%。

重视操作人员的技能提升。作业的保障需要高素质的操作人员，而操作人员并不等同于项目自有管理人员，但项目部的管理必须涵盖、重视现场操作人员。东环高速机电项目每有新设备、新材料到库，技术部联合物资部安排相关机电作业队劳务安装人员进行观摩学习，讲解安装要点和配套使用耗材，并请经验丰富的劳务工人录制安装示范视频。该项目施工涉及新材料、新工艺共计12项，项目部均组织了劳务队技术学习和考核。劳务协作队技能的提升，保障了该项目的质量检测合格率。在项目交验工质量检测中，经两家不同的检测机构复检，单项目质量合格率均达100%。

东环高速机电工程项目劳务协作队季度信用星级评定如表2所示。

表2　　　　　　　　　　　劳务队信用考评

考核季度			项目部		
评定得分			评定等级		
评定内容	投标承诺	当季数据（考核人员录入）	考核部门	评价规则	得分
现场负责人	A	B	商务部	实际A，满分；实际B，经项目部评审B经历和能力与A持平或更高，满分，否则不得分	

续表

考核季度			项目部		
评定得分			评定等级		
评定内容	投标承诺	当季数据（考核人员录入）	考核部门	评价规则	得分
技术负责人	A	B		实际A，满分；实际B，经项目部评审B经历和能力与A持平或更高，满分，否则不得分	
安全负责人	A	B	商务部	实际A，满分；实际B，经项目部评审B经历和能力与A持平或更高，满分，否则不得分	
作业人员	共A人	B		实际投入B人，得分B/A×本项应得分×100%，无特殊工种证不计人数，超计划投入不加分	
小型机具	共A台	B	工程部	实际投入B台，得分B/A×本项应得分×100%，超计划投入不加分	
进度管理	A	B		已完工程实际费用B（实际完成工程量乘以合同单价），得分B/A×本项应得分×100%，超进度计划不加分	
质量管理		日常检查发现次数B1		日常质量检查每发现施工质量不符合设计和规范要求1次减1分，公司检查通报1项扣5分，业主或监理通报1起扣10分	
		公司检查通报次数B2			
		业主或监理通报次数B3	工程部、安质部		
安全管理		日常检查发现次数B1		日常安全检查每发现违章行为1次得分为本项应得分减1分，公司检查通报1项扣5分，业主或监理通报1起扣10分	
		公司检查通报次数B2			
		业主或监理通报次数B3			
物资管理		日常检查发现次数B	物资部	每发现1次物资超耗的，得分为本项应得分减1分	
文明施工管理		日常检查发现次数B	安质部、综合部	施工现场、临时驻地发生违反文明施工1项得分为本项应得分减1分	
劳动合同备案		劳动合同备案数量A | 实际现场人员数量B		实际现场人员B，得分B/A×本项应得分×100%，备案合同与实际人员不符的不计人数	
工资发放		考勤总人数A | 实际工资发放人数	商务部	实际工资发放人数B，得分B/A×本项应得分×100%，超考勤人数不得分	

续表

考核季度			项目部		
评定得分			评定等级		
评定内容	投标承诺	当季数据（考核人员录入）	考核部门	评价规则	得分
得分小计					
加分项					
合理化建议			商务部	合理细化建议每被采纳的，1 条加 1 分，最高不高于 5 分	
否决项					
凡符合否决情形之一的，则直接认定为黑名单施工企业					

（3）对作业的控制也体现在施工组织理念的转变。高速公路机电工程中尤其以监控系统和收费系统为系统工程，工程技术含量高，智能化程度高，新材料、新设备集中应用了现代最先进的应用前沿科技。这必然要求施工管理人员和作业人员不断更新技术知识和作业技能，提高工业化建造程度和高精度技术检测水平。东环高速机电项目通过引入品牌厂家合作，利用工厂规模作业机具和现代检测技术软件，实现机电安装工厂化预配，施工区段短程封闭实施机械化流水作业。购买高精度自动检测软件，提高安装精度和作业效率，降低作业劳动强度，减少检测作业成本和调试时间，把机电安装行业的施工管理提高到一个新的高度。

东环高速机电项目部用于购买厂家技术服务费达 192 万元，但同时劳务费较以往同机电安装项目相比大幅下降。当然劳务费下降，也有作业流程改进、推行全面质量管理的因素。

与实行传统成本核算的项目对比如表 3 所示。

表 3 劳务成本对比

项目	项目 A	东环高速机电项目	差异
工期	13 个月	13 个月	无
工程合同收入	5 301.1 万元	5 304.5 万元	基本相同
劳务成本	1 393.1 万元	773.14 万元	降低 619.96 万元

（三）动态反馈成本执行信息，分析责任成本执行情况

（1）分析资源动因和作业动因。在明确项目作业单元、作业流程的基础上，根

据项目资源动因和作业动因将费用合理地分配到每个作业中心是应用作业成本法的关键环节。资源动因是把资源库价值分派到各作业中心的依据，作业动因是作业贡献于产品的方式与原因，反映产品消耗作业的数量标准。本项目中，项目自管人力资源选择"出勤天"作为资源动因，材料资源选择"材料耗量"作为资源动因。劳务费和机械费按照作业动因分析，分别选择"劳务人工时"和"车辆台班"作为分配基础。其中，机械作业由租赁的2辆大巴车和1辆汽车吊、1辆汽车随车吊负责，车辆使用时段和租赁单价差距较大，故机械费用又细化为大巴车台班和吊车作业台班，如表4所示。

表4   成本动因

资源	成本动因	主责部门
人工	出勤天数	作业中心负责人
劳务	人工工时	商务部、工程部
主材	材料耗费	物资部、工程部
辅材	材料耗费	劳务协作队、安质部
机械	大巴车台班、吊车作业台班	机械部
直接费（技术检测费）	检测次数	工程部、安质部

该项目吊车租赁费用每月汽车吊2.55万元、汽车随车吊2.85万元，费用含吊车司机工资、燃油、车辆维修等。需要使用吊车配合的作业单元，项目集中安排在2022年1月进行，以提高大型机械施工效率，节省成本支出。

（2）及时核算作业中心月度成本。本项目的三大作业中心，根据项目承揽总合同分解，监控系统、通信系统、收费系统的合同收入金额分别如图5所示。

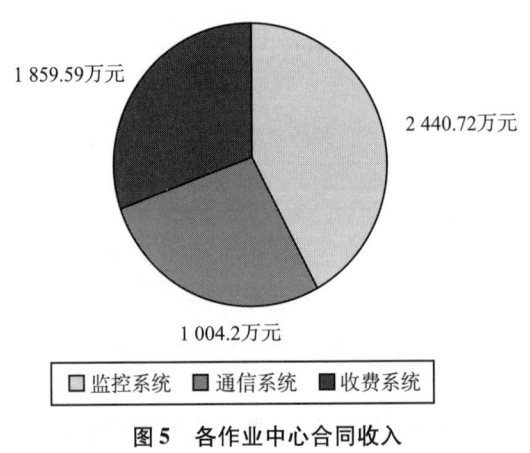

图5 各作业中心合同收入

三大分部作业中，通信系统机电分公司之前年度施工中涉及最多，施工经验最为丰富，监控系统和收费系统之前机电安装很少涉入，而收入和预算成本占比重又较大，需要特别关注。在项目策划阶段物资部提交的材料预算中，监控系统和收费系统的材料就体现了新材料、新设备增多，要求的施工工艺也不断更新，具有专业配套、功能齐全、系统复杂、功能全面的高效低排、绿色智能的高速公路智慧交通的特点。

下面是选取 2022 年 1 月项目施工相关财务资料进行分析：

项目部技术部门根据月度施工计划，结合设备状态提报各作业分部的月度工程施工计划，并报三个机电作业队，经项目部各部门协调后由经理审批。商务部根据分部、分项、单元计划施工数量编制当月预算成本。

机电作业队根据项目下达的施工计划，进行人员安排，准备安装工机具。负责人需提前一天将派工单交给作业人员，派工单内容如图 6 所示。

派 工 单

人数：项目部人数×人；施工人数×人；

区段主要负责人：××

明日计划施工项目内容

1. 溪互通通车路段布控，（382－4）门架钢筋、模板制作。

2. 富铁山收费站 1、2、10 道称台，富溪互通通车路段（382－4）外场摄像机基础、F 型情报板基础，（384－4）外场摄像机基础、F 型情报板基础养护。

3. 铁山隧道设备安装。

4. 铁山桥外钢管安装。

5. 富溪互通通车路段、铁山桥、铁山隧道等材料运输摆放。

6. 王庄大桥 K5＋000 路中情报板基础拆模养护，K6＋975F 型情报板基础基坑清理、钢筋绑扎，K4＋900 摄影机基础拆模养护，收费站内广场入口摄影机基础基坑清理、钢筋绑扎。

7. 王庄收费站配电房、通信机房上走线架安装。

机械工具使用：施工车辆 4 辆

安全措施：配备安全帽、反光锥、手电筒、头灯发电机、电钻等，班前安全讲话、严格按照隧道作业、施工做好安全布控摆好安全警示牌，项目部安全员巡查与班组安全员现场检查相结合。

图 6　施工作业派工单

同时，技术部门根据施工作业计划提交限额领料单（见图 7）。因限额领料需要按照当月的施工计划分施工单项明细到每一项材料，故本文未详细列举当月限额领料明细。月底，物资部门根据限额领料单统计当月各作业班组领用材料情况交财务部门。

东环项目**分核算单元（单位工程、站、区间、所、亭等）物资限额领料单

专业：					作业队（预配车间）、外协队伍：						施工地点：						
序号	物资名称	规格型号	单位	限额数量	领用						结存	退库		实用数量	节超数量	物资单价	节超金额
					数量	签字日期	数量	签字日期	数量	签字日期	预警(80%)	数量	退料人				
	主 材																
1																	
2																	
	辅 材																
1																	
2																	

审核：　　　　　　编制：　　　　　　日期：

说明：1．限额数量=需用数量×（1+消耗系数），已发数量=发料数量之和，结存数量=限额数量-已发数量，实用数量=已发数量-退库数量
　　　节超数量=限额数量-实用数量，节超金额=物资单价×节超数量
　　2．当结存数量超过限额数量的80%时，电子台账自动给出预警信号；
　　3．甲供物资需单独建账。

图7　限额领料单格式

监控系统作业中心2022年1月材料统计情况如表5所示。

表5　　　　　　　　　　2022年1月监控系统作业中心材料统计

序号	类别	材料（设备）名称	规格	单位	数量	单价（元）	金额（元）
1	主材	48V 3X 10A 高频开关电源	PEMU－48/10B－M3－30	套	1	52 476.11	52 476.11
2	主材	48V 100AII 阀控式密闭铅酸蓄电池组	CB－121000	组	1	12 252.21	12 252.21
3	主材	GPON 网络平台（含 PC 机软件）	UNM2000	套	1	50 030.97	50 030.97
4	主材	GPONOLT 设备（8 路光扣）	GPON 设备（AN5516）	台	1	30 629.20	30 629.20
5	主材	GPONOLT 设备（4 口）及保护箱	GPON 设备（AN5121）	台	30	4 759.29	142 778.70
		……	……				
25	辅材	包塑金属软管	φ32	米	500	17.96	8 980.00
26	辅材	包塑金属软管	φ50	米	420	24.27	10 193.40
27	辅材	管卡	φ50	个	500	3.40	1 700.00
		……	……				
42	辅材	接线盒	定制	个	12	37.62	451.44
43	辅材	电源排插	定制	个	9	118.81	1 069.29
	其中：主材						3 201 443.15
	辅助材料						130 758.83

物资：　　　　　　工班长：　　　　　　　　　　2022 年 1 月 31 日

财务根据各个作业中心的车辆台班数，计算三个作业中心的机械费用如表6所示。

表6 **2022年1月机械费用分摊**

机械费用	监控系统作业中心	通信系统作业中心	收费系统作业中心	合计
大巴车台班（班）	28	11	14	53
吊车台班（班）	20	6	11	37
分摊大巴车费用（元）	76 424.15	30 023.77	38 212.08	144 660.00
分摊吊车费用（元）	29 189.19	8 756.76	16 054.05	54 000.00

根据劳务人工时分摊劳务费，1月项目直接费用全部为技术软件检测费，故以检测频次作为直接费分摊基数，如表7所示。

表7 **2022年1月劳务费、直接费分摊**

分摊基数	监控系统作业中心	通信系统作业中心	收费系统作业中心	合计
劳务人工时（小时）	2 066	690	1 236	3 992
分摊劳务费用（元）	1 011 781.06	337 913.33	605 305.61	1 955 000.00
技术检测频次（次）	18	16	11	45
分摊直接费用（元）	897 497.72	797 775.76	548 470.83	2 243 744.31

项目间接费发生种类较多，既有驻地租赁费、办公费、差旅费，也有安全费用、宣传费、水电费等，无法使用单一分配基数。一般传统成本核算中，间接费视同为因管人所发生的，常使用人工费和劳务费合计作为分配基数，本项目采用传统分配方法分配各作业中心间接费。

月底，财务汇总三个作业中心工、料、机、劳务费等各项费用，总计如下：

2022年1月，监控系统作业中心预算成本621.3万元，实际费用576.9万元；通信系统作业中心预算成本344.3万元，实际费用321.8万元；收费系统作业中心预算成本738.8万元，实际费用716.6万元。三个作业中心的成本节约率分别为7.14%、6.53%和3%。可以看出监控系统作业中心成本执行情况最好（见表8），收费系统作业中心的成本控制效果相对较差。需要详细查看费用结构，找出费用控制和降低的关键因素，需进一步追踪分析，总结具体节约办法和采取的措施，继而在其他作业中心推广使用。

表8 2022 年 1 月监控系统作业中心成本分析

费用	预算成本（元）	实际发生成本（元）	节超额（元）	节超率（%）
人工费	154 000.00	151 860.35	2 139.65	1.39
材料费（主材）	3 233 084.10	3 201 443.15	31 640.95	0.98
材料费（辅材）	155 352.62	130 758.83	24 593.79	15.83
机械费	117 500.26	105 613.34	11 886.92	10.12
劳务费用	1 354 120.20	1 011 781.06	342 339.14	25.28
直接费用	920 210.00	897 497.72	22 712.28	2.47
分摊间接费用	280 000.00	270 132.66	9 867.34	3.52
合计	6 214 267.18	5 769 087.11	456 180.07	7.34

各作业中心机电施工队通过动态调整施工组织、作业面，不断提高成本执行能力，项目费用得到了有效控制。最终该项目责任成本利润达 8.01%，综合毛利率达 3.39%，较传统成本核算项目综合利润率提升了 1.7%。

（3）分析作业中心责任成本执行情况。作业成本管理法中各项费用的计算都是为了准确划分成本责任，即这一项费用由谁主导、应该由谁负责、有无浪费的问题。责任成本的考核，就是为了找到成本管理的漏项和短板，找到持续改进的方向，并用奖优罚劣来激发员工的责任心和创造性。

以 2022 年 1 月为例，因作业成本法的实施，监控系统作业中心工、料、机等实际费用均比当月计划进度预算成本有所降低，财务需要具体分析成本降低原因。如 1 月材料消耗和劳务费较预算降低幅度都较多，此财务采用了赢得值曲线分析方法。

赢得值法的三个基本参数值表示项目的实施状态，并以此预测工程可能的完工时间和完工时可能的费用。三个基本值：已完工工程预算费用 BCWP = 已完工工程量 × 预算单价；计划工程预算费用 BCWS = 计划工程量 × 预算单价；已完工工程实际费用 ACWP = 已完工工程量 × 实际单价。费用绩效指 CPI = BCWP/ACWP，进度绩效指标 SPI = BCWP/BCWS。

财务分析着重从费用绩效指数（CPI）和进度绩效指数（SPI）分解该项目不同时期材料和劳务费出现偏差的原因，采取针对措施，调整费用预算和进度计划。

2022 年 1 月，监控系统作业中心已完工作量预算费用 BCWP = 119.5 万元，已完工工程实际成本 = 101 万元，查看项目的进度计划和预算费用计划 = 135.4 万元。进一步分析费用偏差 CV = 119.5 - 101 = 18.5（万元），进度偏差 SV = 119.5 - 135.4 = - 15.9（万元），表明项目进度落后原计划进度，但是因工序改进劳务费节约 18.5 万元，该劳务分包队伍今后应增加施工管理人员和施工人员，保证完成预定施工进度。

如果 CPI 和 SPI 都小于 1，相当于给劳务队伍"亮了黄牌"，劳务队格外加强各项管理制度约束和人员操作技能培训。经过项目部和劳务队采取加派劳务人员、增加作业面等补救措施，2022 年 2 ~ 3 月在完成预定工程进度情况下，物资消耗及劳务费均有所降低，分别比预算额度降低 4.3% 和 6.5%。

在分析施工项目成本趋势时，主要采用因素对比分析法，根据工程量清单和作业成本核算结果，以"作业"为核心分析目标成本的执行情况，能够更快地发现成本控制节点，寻找成本偏差的原因。通过作业认定可以对施工过程进行动态监控，可以根据不同时点的成本控制成果及时对施工方案进行调整，提升管理工作的计划性和灵敏性。

（四）充分利用业财融合，从价值守护型转向价值创造型

项目部组织全体员工学习业财共享系统，树立业务创造价值、财务提升价值的理念。业财核销系统不仅仅是报销核算体系，更是移动数据库和网络资源库，要充分发挥共享系统业务流、资金流、数据流的价值。各业务部门在系统中建立项目各类管理台账，动态更新，实现项目数据资源共享，减少重复工作，提高项目决策合力。

利用经济运行监控分析预警系统平台数据，动态检测项目成本消耗情况，综合把控费用和收入、资金和付款、进度和收款情况。分析位于橙色预警区的具体原因，立查立改，作出纠偏预案；重视位于红色警示区的报警，责任到人落实整改；预测数据走向态势，举一反三深入剖析，并制定相关制度。例如，该项目自 2021 年 11 月份以来，为预防资金预警，财务部门会同商务部及时签认项目分部结算，与甲方单位协商沟通拨款季度，以保函替代质保金，提高结算收款率。

（五）分析项目作业价值链，改善或降低非增值作业

（1）分析确定关键作业。东环高速机电工程项目材料费占预算总成本的 68.85%，故需要对材料费进行重点把控。一是规范项目物资计划管理，加大物资集中采购力度，通过招标谈判降低采购成本。该项目共签订物资设备采购合同 40 份（含补充合同 3 份），合同总额 3 831 万元，项目部通过集中采购物资成本降低了 607.82 万元，降低率 14.02%。二是树立实时库存、零库存的理念，协调厂家根据作业进度配送到中心料库，降低材料保管成本。

（2）改善或降低非增值作业，降低成本。如东环高速机电工程项目部，运输作业主要是施工区间运输，主要运输工具是中巴车。将三个作业区段施工队的施工用料由项目部统一协调运输，提高车辆利用效率，使灵活性增强，体现了资源集中的思想。

经实际调查了解，整理出项目管理全程中非增值作业，并制定出改善措施或方法，如表 9 所示。

表 9   非增值作业统计

序号	非增值作业描述	改善措施或方法
1	每日作业工机具、材料准备	工具设置专业工机具箱，由工班根据作业安排提前准备，中心料库分作业分部存放物资，设置备料区，工班只负责清点，减少备料时间
2	工程缺陷二次作业	增强质量意识，加强技术交底和日常考核，将首检合格率作为职工奖金、劳务队费用结算条款之一
3	安全防护作业	必须不折不扣执行。职工、劳务队安全用品上线后一次配齐，设置专职安全员两名，负责全区段安全监督检查，违规必罚，对提出合理可行的安全改进措施给予奖励。加强安全培训学习，提高安全意识
4	工区作业垃圾清理	划分责任区，督促劳务队责任到人，每日工完场地净
5	已经完工项目二次恢复作业	埋入地下设施及时覆盖，人（手）井盖进行绑扎或加焊。施工过程中，经常与业主和有关施工单位进行协调，避免其他施工单位在后续施工时将已安装好的设备污染和损坏，必要时派专人看护或者设置智能警报装置

（3）加强整体经营理念，识别增加价值的机会。东环高速机电项目意识到顾客价值的增加不仅仅存在于项目的经营、工程的质量，而且存在于服务和维护、品牌形象、绿色建造等方面。放远眼光，以智能管控、科研创新来提升项目整体的溢出价值。如项目 QC 科研小组对高速公路现状进行调查发现，随着取消省界收费站、人工收费车道的减少及高速收费智能化的发展，收费站现场的工作人员正在逐步减少，容易发生行人、非机动车误入高速，但发现率低、发现不及时、处置不及时等问题。该项目成立了"杜绝行人误闯入高速收费站的安全预警系统应用"科研课题小组，项目部领导对此科研活动特别重视，并在人力物力上给予足够支持。小组对现场情况详细调查，结合自动监控系统特点制定出详细的施工方案，并且在安装后进行调试，大大提高系统各模块之间的连通性。该自动安全预警系统对收费站发生行人、非机动车闯入事件实时监测及预警，发现率达 98% 以上，大大降低了收费站后期运营的安全经济成本。此科研设备应用得到了甲方单位认可，并在后期合同价款变更中给予了批复，增加相应合同收入 80 万元。

四、取得成效

（一）管控能力显著提升

机电分公司所承揽的各个工程的施工特点和工艺流程都有所不同，工程量和材料、劳务的单价差距较大。作业成本法将施工流程划分成作业单元，依据成本动因归集到各个作业中心，让成本在分摊的过程中与项目进度、产值、效益形成科学的配比关系，提高成本核算的价值。第一，使财务核算信息更全面、更精准。第二，公司管理层能够掌握工程项目经营优势。第三，能够帮助项目部发现成本节约的方法，从而提高项目收益。

随着"产品消耗作业，作业消耗资源"这一理念的引入，使得项目成本管理的重心不再仅停留于工程产品设计层面，更深入到项目末级施工班组、安装人员，关注资源消耗的过程和原因，让成本管理更贴合施工现场，明确每项资源消耗在了哪个环节，这个环节是否能进行成本节约。使成本管理更加精细化，施工过程逐步有序地向标准化过渡，有利于实现生产流程优化和资源分配高效，显著提升项目整体管控能力。

（二）预算体系更加完善

项目预算随着建设进度动态调整。项目部以月单位对各个作业中心成本控制情况分析评价，关键作业甚至以旬、星期为阶段，以作业单元为阶段评价对象，分析资源使用和成本额节超情况。以此为依据找出成本控制关键环节，并制定下一步的作业方案，进行成本修正。同时东环高速机电项目与公司"四电"项目进行横向对标，学习优秀经验，提升预算科学性，作业成本法资源利用率。

在预算制定阶段，以作业或作业中心为单元拆分目标成本，建立作业成本计划，提升预算的准确性。作业控制需要预测施工过程中出现的隐性成本，提高成本预算的预见性和全面性，使作业施工过程中费用耗费有据可依，减少与业主、分包方变更合同带来的麻烦，也使预算体系更加完善。

（三）成本结构持续优化

高速公路机电安装工程施工的每一个环节都有大量的资源消耗，这是机电分公司在进行工程项目成本管理的重点。作业成本法可用于分析资源消耗的原因，进一步优化作业价值链，完善项目成本管理体系。

东环高速机电项目主要对作业中心的责任成本进行分析，每月成本核算对比费用要素与月初成本预算的差异，通过优化劳务队施工组织、提高作业效率、加强绩效考核等手段达到降低成本的目的。项目前期在对东环高速机电工程成本结构进行预测时，发现材料预计成本和劳务定额成本分别占项目全周期总成本的68.85%和20.04%，财务部门会同物资部、商务部结合工程进度计划制订了详细分项材料和劳务计划。并根据实际进度执行情况，及时调整单元控制定额。最终东环高速机电项目实际成本较作业预算成本降低了297.77万元，降低率5.82%（见表10）。作业成本法的运用，为东环工程成本结构持续优化提供助力，保证了项目的盈利能力。

表10　　　　　　　　　　　东环高速机电项目成本节超明细

费用明细	作业预算成本（万元）	实际成本（万元）	节超额（万元）	节超率（%）
直接人工费	202.10	196.69	5.41	2.68
材料费	3 525.02	3 496.12	28.90	0.82

续表

费用明细	作业预算成本（万元）	实际成本（万元）	节超额（万元）	节超率（%）
机械费	16.53	14.08	2.45	14.82
劳务成本	1 026.00	773.14	252.86	24.65
其他直接费用	350.00	341.85	8.15	2.33
责任成本合计	5 119.65	4 821.88	297.77	5.82

（四）考核机制深入推进

东环高速机电工程以三大作业中心系统进行定期考核，分析各个作业中心的收入、成本及利润等情况（见表11），查找利润率偏差的原因及可控程度，更正管理中的不足之处，完善考核机制，提高全员成本管理意识。

表11 各作业中心毛利率

项目	监控系统作业中心	通信系统作业中心	收费系统作业中心
合同收入（万元）	2 440.72	1 004.20	1 859.59
作业中心成本（万元）	2 204.61	924.05	1 693.22
作业中心毛利（万元）	236.11	80.15	166.37
作业中心毛利率（%）	9.67	7.98	8.95

（1）建立"人工费用与生产效率联动"机制。首先核定已完工工程量所包含人工费用。其次核清已完工工程量劳务分包施工总额，清晰知道工程量的完成是谁干出来，全体员工要全程监管。最后核定员工薪酬控制总额，并核算月度生产奖励总额，突出多劳多得，多贡献多收获。

（2）建立"薪酬总额与项目运营联动"机制。首先解决施工过程前期工程量完成不足、工费提取不足问题。其次将员工薪金的计算总额交还作业队、工班组，由他们核算，提升效率。最后要加大效益激励。通过业绩考核、责任审计，对超额利润进行再次分配激励。

（3）建立"生产奖励与整体效率联动"机制。首先，员工工资总额与人工费效益挂钩，与效率关联，实现多劳多得。其次，考虑工资与项目整体效益挂钩关联，增加效益激励。通过业绩考核、责任审计，对超额利润进行再次分配激励。最后，将员工薪金的计算、核定交还作业队、工班组，由他们核算；在核定奖励总额的前提下，奖金的分配权交还各管理责任层级主体。

（五）竞争优势显著增强

建筑行业的竞争越来越激烈，企业间为了获得项目而不断压低投标价格，这就要求竞标企业有一定的优势，企业要考虑从哪些方面创造价值，从哪些途径降低成本。作业成本法的融入，为此提供了有效的解决途径。

项目上应用了作业成本法之后，可以得到更为准确真实的成本数据，而且能清晰地看清成本走向，能够更加真实地了解实际生产过程中每部分费用损耗情况，这些都为管理层决策提供了有力的支持。管理层可以基于这些数据定位公司经营战略，调整成本控制方针，增强企业市场竞争力。

五、经验总结及推广应用

东环高速机电项目作业成本法的成功应用，离不开项目管理层的重视和员工的积极配合。管理层必须下定控制成本、提升质量的决心，必须彻底转变等、要、拖的工作方式，这样才能在整个团体内形成重视过程、重视效率、重视绩效考核的氛围。员工经过学习、接受、奖励的过程，才会真正积极参与管理，接受新的成本核算办法，作业成本法才能找到持续生存的土壤。

作业成本管理的有效实施同时需要企业具备相应完善的财务核算体系和绩效考核机制。作业中心的合理划分，成本动因的选取，相关考核细节的制定，都是作业成本管理的关键因素。生产、技术、机械、财务等职能部门的积极联动，才能在生产过程中达到技术、经济、效益的和谐统一。

有效的作业成本法应用需要高素质的知识型、技术型员工。在推行作业成本法的过程中，设备的更新、技术的换代、质量的提升，归根结底都要落实到哪些人去操作、哪些人去执行，否则企业经济效益和社会发展目标的实现就是镜中花水中月。完善公司的人才管理体系，培养专业复合型人才，将成功经验在公司各个项目部进行推广，这都有助于完善作业成本法在项目管理中的推广，提升竞争优势。

虽然，现阶段作业成本法的实施成本相对于传统成本法而言较高。但是，从企业长远发展、打造高质低价的行业优势来看，作业成本法有助于企业建立规范的施工工序、标准的作业流程，在条件合适的作业单元、分项作业面开展现代化、机械化、自动化安装作业有着重要的示范和引领作用。

作业成本法的推行要求管理者充分了解公司的内外部变动情况，建立企业内部网络化、智能化的信息流、数据流尤为重要。企业要主动推动数字化转型，主动规划智能化作业。不积跬步无以至千里，不积小流无以成江海。展望基建行业人工智能作业的前景，也许技术瓶颈的突破并不需要太长时间。岁月无声，时光清浅，十年弹指一挥间，站在时代风口，当我们积极创造条件、合作科技攻关时，我们终将创造新的奇迹。

（中铁电气化局集团有限公司　刘　娟　郝文明　李　季　邓云锋　丁瑞芳
郭　玮　侯鸿武　李宜钏　张裕宸　李秉霖　姬安燃　代文佳）

建筑施工企业统筹存量资金采购降本增效的案例

【摘要】在当前新形势发展的情况之下，建筑行业面临的竞争越发激烈，且施工企业普遍存在工期长、应收账款多、企业垫支大等问题，如何加强企业资金管理，提高资金的使用效率和效益，有效降低企业经营风险，全面提升施工企业在建筑行业的竞争水平，就成了当今建筑施工企业的重中之重的管理任务。

本文以中国中铁旗下一家优质三级工程公司为研究对象，介绍了该工程公司在面临复杂多变的经济环境下，结合当前发展现状和实际情况，通过统筹公司整体资金，利用资金优势优化采购方案，实现公司整体降本增效的案例。本文首先进行了背景介绍，包括单位的基本情况、单位管理的现状等，表明了该公司面临着存量资金不断增长和资金创效亟待提升的问题。其次介绍了存量资金采购的内容、总体思路、创新以及应用过程，着重阐述了其应用过程，根据实际工作内容大致可以分为部门人员分工、存量资金的筹集和保障、资金支持项目的选择、物资类别的选择、实施过程的管理要点，初步形成了一个完整的管理方式。随后介绍了应用存量资金采购的具体案例及取得的成效，表明通过统筹策划，选择资金回款情况好的项目，并对资金敏感性高的材料运用存量资金采购方案，能够取得较高的资金收益率，达到降本增效的效果。最后根据管理实践，作出经验总结，包括实现存量资金采购应用的关键条件、实现降本增效的关键因素及优缺点以及对发展完善、推广的建议。

一、背景描述

（一）单位基本情况

某工程集团有限公司是世界 500 强企业——中国中铁股份有限公司的全资企业。是集勘察设计、房地产开发、工程施工、设备安装、装修装饰、路桥隧道、钢结构、机械制造等为一体的大型现代国有企业。集团具有国家房屋建筑施工总承包、铁路工程施工总承包和公路工程总承包三项特级资质。集团注册资本金 104 亿元，年经营规模和营业收入均超千亿，在册员工超万人。集团总部位于北京市，目前拥有分子公司 20 家，业务分布在全国 31 个省、自治区、直辖市和亚洲、非洲、大洋洲等 20 余个国家和地区。

某工程集团 D 分公司（以下简称"D 分公司"）是集团所属分公司之一，公司总部位于北京市，公司成立以来，企业规模持续扩大，经济指标实现稳定增长，企业综合实力不断增强。D分公司"十四五"时期坚持高质量筑根塑魂，引领高品质精益发展，力推"1337"战略落地，即"瞄准一个目标，实现三大突破，形成三大竞争优势，推动七大能力提升"。2018～2022年，累计完成新签合同额515.66亿元，完成营业额214.51亿元，实现利润总额6亿元，企业经营规模和发展质量进一步提升，并在2021年度、2022年度连续两年被评选为中国中铁三级工程公司20强单位。

（二）单位管理现状和存在的问题

1. 单位管理现状

D分公司近年来进入了快速扩张时期，并不断加强公司资金管理，强化现金流管控，加大了对工程项目的资金监管与资金集中工作，近几年公司整体货币资金存量不断增长，其中2022年相较于2020年的货币资金存量实现了翻倍增长，具体如图1所示。

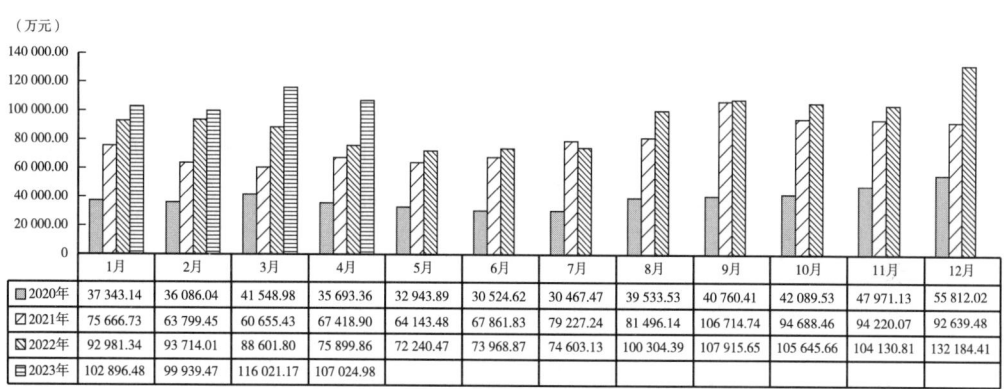

（万元）

	1月	2月	3月	4月	5月	6月	7月	8月	9月	10月	11月	12月
2020年	37 343.14	36 086.04	41 548.98	35 693.36	32 943.89	30 524.62	30 467.47	39 533.53	40 760.41	42 089.53	47 971.13	55 812.02
2021年	75 666.73	63 799.45	60 655.43	67 418.90	64 143.48	67 861.83	79 227.24	81 496.14	106 714.74	94 688.46	94 220.07	92 639.48
2022年	92 981.34	93 714.01	88 601.80	75 899.86	72 240.47	73 968.87	74 603.13	100 304.39	107 915.65	105 645.66	104 130.81	132 184.41
2023年	102 896.48	99 939.47	116 021.17	107 024.98								

图1　2020年1月至2023年4月公司整体货币资金余额

2. 存在的主要问题

按照50亿的总资产规模测算，D分公司货币资金存量基本达到了总资产的20%～25%，货币资金存量相对充足，虽然能够有效应对债务风险，但是同时意味着大量的冗余的资金没有发挥出应有的价值，资金的使用效率和效益不高。因此，如何充分利用存量资金创造更多的价值，是当前急需解决的问题。

（三）选择存量资金采购的主要原因

作为一家三级工程公司，主营建筑施工工程，当前市场环境投资业务风险较大，且公司货币资金存量规模整体不大，因此投资业务参与的概率较低。然而，回归主业，利用存量货币资金压降现有工程在施项目的成本，不失为一个能够短期见效的选择，并且在该方面，企业已经积累了较为丰富的管理经验，能够保障企业取得成效。当前经济形势下，"现金为王"的理念得到普遍认同，尤其是部分上游材料供应商对资金的敏感度较高，现款支付与账期支付以及不同支付比例的价格差异较大，充分利用企业资金优势，合理提高部分材料的付款比例，能够大幅降低采购成本，提升企业市场竞争力。

二、总体设计

（一）应用存量资金采购的目标

应用存量资金采购的目标是在充分保障企业整体资金安全的前提下，通过提高资金的使用效率，全面降低企业采购成本，实现存量资金的价值创造。同时，通过存量资金采购，宣贯资金的有偿使用理念，让各项目的管理者充分认识到资金的价值，从而在企业管理中更加重视资金管理，进而提升资金的价值创造。

（二）应用存量资金采购的总体思路

应用存量资金采购的总体思路就是使用存量货币资金，通过与供应商谈判付款条款的方式来压降采购成本，达到公司整体降本增效的目的。为此需要框定存量资金采购的适用范围、厘清企业实施部门级主要责任分工、研究具体实施方案、进行成果统计和监督督导。

（三）应用存量资金采购的创新性

在财务人员分工高度专业化的今天，资金管理、业财融合的相关工作机制是很多单位管理工作缺失的一部分，尤其是对于大型国有企业来说，内部管理程序分化特别严重。在股份公司推动大商务管理体系建设的大背景下，糅合财务、招采、商务、物资各部门一起建立部门联动工作机制，共享资金管理和物资价格等数据，协同压降采购成本，提升企业价值创造，既开创了业财融合工作机制的一个新篇章，又为企业降本增效添加了一个新的思路。另外，存量资金采购具有灵活多变、适应性强的优势，可以根据不同企业存量资金情况，选择不同规模的采购方案，从而达到普遍推广的效果。

三、应用过程

自 2022 年以来，基于公司存量资金较大的基本面，为了提高资金效益，降低公司及综合成本，D 分公司统筹组织各部门联动，使用适当规模、合理期限、小额垫资的方式，形成了公司《存量资金采购方案》，并实施应用取得了不错的效果。

（一）实施部门及主要职责分工

存量资金采购主要涉及工程项目管理的资金、效益、采购、物料管理等方面，延伸至 D 分公司组织架构上对应财务部、商务管理部、招标采购部及物资机械部。各部门依据日常工作涉及的内容，在存量资金采购的推进流程中主要职责分工如下。

招标采购部：负责物资类别的选择；负责选择适合此方案实施的项目并制定采购方案；选择供应商和确定付款条件，审定成本费用基准价格以及压降价格金额；负责定标前的封样移交等。

物资机械部：协助招标采购部确定付款条件和物资类别的选择；负责采购合同签订；采购数量的审核；使用过程监督；对已选用的供应商进行评价监督等。

商务管理部：协助选择适合此方案实施的项目；提供施工图预算量；负责催促项目及时验工等。

财务部：协助选择适合此方案实施的项目；负责资金筹集、分配、借出统计、资金收回、成果统计分析等。

（二）存量资金的筹集和保障

存量资金采购的前提条件是确保公司整体存量资金保持优势，保持企业规模持续增长、经营质量不断提高、经营活动现金净流量持续增长。

1. 健全经营源头管理，保障承揽优质工程

持续加强企业经营开发能力，健全经营源头，牢固树立风险源头管控意识，在项目跟踪阶段，通过多种渠道开展调查，深入了解建设方资信状况、建设资金来源与履约保障，对其履约能力进行详细评估，对承接项目作出科学理性决策，合理权衡取舍，最大限度地承接优质工程。

2. 强化"双清"管理，保障企业现金流充盈

加强"双清"管理，提升"两金"周转和收入实现率，树立全系统全周期管理理念。首先，将管理职能前置，将"两金"压控融入项目策划全周期，做到未雨绸缪，防患于未然，从根本上防范大额"两金"占用风险；其次，在项目履约阶段做好过程管控，积极推进验工计价，做好债权回收；最后，在项目竣工结算阶段做好确权清欠工作。同时，充分利用重要时点、重要节假日清欠以及加强考核奖罚兑现，激发项目"两金"压控内生动力。

（三）资金运作的原则

1. 有偿借出原则

存量资金采购应坚持有偿出借的原则，在同等付款周期、同质量标的物前提下，

公司总部和项目部一起通过询价比价、公开招标等方式确认标的物的基准价及付款周期，在双方达成共同认可的公允价格后，通过缩短付款周期，压降标的物采购价格，压降后形成的资金收益按照公司总部与项目部5：5的分配原则共享。区域公司或项目部自身资金较好的，区域公司或项目部可全额出资，公司总部不参与效益分成。

此原则在降低材料成本的前提下同时保证了项目层以及公司总部的收益分配，同时鼓励自己较好的区域公司或项目部主动提高资金策划能力，积极利用自有资金进行采购创效，压降采购成本。

2. 短期拆借原则

公司总部垫付资金时间最长为150天，150天内归还公司总部垫款，分成原则不变；归还日期每延迟一天，调整"压价资金收益"总额的1%至公司总部；超过30天，全部"压价资金收益"归公司总部所有，且超过30天后按照资金管理办法计入项目借款计算利息。项目部收款后，公司总部财务部有权对逾期欠款进行回收。

该原则规定的公司总部最长150天的垫付时间，能够极大程度缓解项目短期的资金压力，解决项目时间性资金缺口；对于逾期不归还公司垫付资金的项目部进行效益压缩甚至收取利息，能够保证公司总部垫付资金按时收回，为下一次集中采购提供保障。

3. 滚动创效原则

对于按期归还而且创效明显的项目部，可适当提高资金支持额度；对于还款失信且管理不善的项目部取消资金支持。

该原则旨在保障资金安全，促进效益最大化。鼓励履约能力强的项目扩大存量资金采购规模，杜绝逾期项目占用公司总部资金，从而为项目和公司总部带来越来越高的效益。

（四）资金支持项目的选择

为保障存量资金采购顺利实现，需要挑选具有资金归还能力的项目。良好的回款能力和稳定的现金流能保障项目部按期付款，锁定降本效益，同时也能保障公司总部垫资资金如期偿还。资金支持项目的选择应从三个方面进行考虑：一是项目的经济效益情况；二是下游单位付款条款（业主）与上游单位付款条款（分包及材料供应商）是否相匹配；三是业主单位付款履约能力，合同付款条款、支付方式，是否能够按期足额支付工程款。

因经济效益情况在项目建设期无法有效准确测算，且部分项目可以通过存量资金采购压降成本，将潜亏消化掉，实现扭亏或盈利，因此经济效益情况仅作为挑选适合项目的辅助筛选因素；除非项目的预期经济效益特别差，无法可靠估计扭亏，则可将效益情况作为否决项，以此预防因较大亏损导致资金无法收回的风险。

交易上下游的付款条款相匹配的情况，长期看是根据合同约定的付款比例来进行测算，但是工程项目中不按合同约定比例付款的现象普遍存在，既存在业主不按合同约定比例对总承包方付款，也存在总承包不按合同约定比例对分供商付款的情况，因此实践中我们选择了更为直接的判断方式：项目资金流水规模及日均资金存量余额。通过分析项目层存量资金情况以及经营活动现金流入、流出的发生额，可以清晰地判断项目的整体支付履约能力和偿还能力，具有一定的风险防范作用。

业主单位付款履约能力分析主要依据总包合同条款分为按月、季度或者节点支付，业主资金来源分为企业自筹、财政拨款、JR 项目专项建设资金、铁路资金、专项债资金等，以及通过分析总结业主实际付款频率，来判断业主付款履约能力，以此作为选择参与项目的一个重要参考维度。

在 D 分公司实践推进方案的过程中，根据在施项目过去半年按时回款分析，一览数据如表 1 所示。

表 1 施工项目回款情况

收款节点	项目总数（个）	其中：按时回款		其中：未按时回款		其中：无回款	
		项目个数（个）	比例（%）	项目个数（个）	比例（%）	项目个数（个）	比例（%）
月	34	28	82.35	6	17.65	—	—
季度	11	4	36.36	4	36.36	3	27.27
合计	45	32	71.11	10	22.22	3	6.67

根据业主资金来源收款分配情况一览如表 2 所示。

表 2 业主资金来源情况

业主资金来源	6 个月收款金额（万元）	占比（%）
企业自筹	176 428.81	66.96
财政拨款及专项建设资金	35 599.11	13.51
铁路资金	13 823.27	5.25
含专项债	27 466.11	10.42
含政府投资	10 150.00	3.85
合计	263 467.30	100

根据项目部预付款条件、资金流入及货币资金存量情况预计项目未来半年资金情况，最终筛选出三个梯队的候选项目，清单明细如表 3 所示。

表3 项目计划存量采购规模

序号	梯队	项目	计划存量采购的规模限制（万元）	备注
1	第一梯队	仙桃项目	3 000	
2	第一梯队	绍兴项目	3 000	
3	第一梯队	常山项目	2 000	
4	第一梯队	北京项目	2 000	第一梯队，2022 年下半年有非常健康的现金流的项目
5	第一梯队	太康项目	2 000	
6	第一梯队	绍兴东项目	1 000	
7	第一梯队	铁岭项目	1 000	
8	第一梯队	杭州项目	1 000	
9	第二梯队	雄安项目	2 000	第二梯队，2023 年全年收款计划金额大、具有预付款条款的项目，筹划空间较大
10	第二梯队	舟山项目	1 500	
11	第三梯队	唐山项目	2 000	第三梯队，具有相当规模的资金存量，但是2023 年收款金额具有不可靠估计性的项目
12	第三梯队	衢州项目	1 000	
13	第三梯队	宜昌项目	500	

为了方便公司招标采购部门大力推进存量资金采购方案，此处我们适当扩大了部分计划试行的存量资金采购规模，由公司招标采购部拟定采购方案后，通过召开部门专题会，结合涉及项目的实际资金情况，审议具体方案的可执行性。且根据招标采购部询价及谈判情况，可在拟定的项目清单外适当增加小金额存量资金采购方案，以部门专题会的形式一事一议进行分析。

（五）物资类别的选择

存量资金采购的物资类别需要具备以下几个特征：

（1）资金对价格敏感度高。

（2）材料为项目急需且易于核算、保管、验收。

（3）能够快速使用并转化为产值。

根据建筑业行业特性，D 分公司经过对各类建筑材料进行调研、比选和谈判，选定了以下几类材料作为存量资金采购的材料范围：

1. 钢筋

价格敏感系数较高，月付、季付以及各种不同的付款比例价差均很大，但是由于钢筋的合同额都相对较大，需要的资金量规模也特别大，因此要特别重视履约风险管理。D 分公司对三个重点区域市场的 14 个具有代表性的项目的钢筋价格及主要付款比例进行了比较，发现同一市场内付款比例的价差能达到 80～100 元每吨，占钢筋款平均单价 4 100 元每吨的 2% 左右，按半年作为估算融资期，折算年化 4% 以上。具体价格情况如表 4 所示。

表 4　　　　　　　　　　　　　　重点区域钢筋价格

项目名称	所在省	钢筋含税价格（网价上浮价）（元/吨）	合同签订时间	主要付款比例
大城项目	河北	83	2023 年 5 月	月付 100%
雄安项目	河北	110	2022 年 12 月	季付 95%，六个月付 100%
廊坊项目	河北	150	2023 年 6 月	月付 80%，三个月付 100%
保定项目	河北	160	2022 年 6 月	月付 80%，三个月付 100%
东西湖项目	湖北	70	2022 年 8 月	月付 100%
武汉项目	湖北	90	2021 年 11 月	月付 95%，六个月付 100%
宜昌项目	湖北	120	2022 年 4 月	月付 90%，六个月付 100%
武汉项目	湖北	160	2022 年 9 月	季付 95%，四个月付 100%
衢州项目	浙江	82	2022 年 12 月	月付 100%
常山项目	浙江	100	2022 年 11 月	月付 90%，三个月付 100%
杭州项目	浙江	135	2021 年 11 月	月付 80%，三个月付 100%
绍兴项目	浙江	148	2023 年 3 月	月付 70%，三个月付 100%
温州项目	浙江	165	2022 年 11 月	次月付 100%
舟山项目	浙江	225	2023 年 4 月	次月付 90%，三个月付 100%

2. 加气块

加气块单价受付款方式影响较大，以秦皇岛某项目为例，付款达 100% 的采购单价在 294 元/立方米，付款不足 60% 的单价在 330 元以上，单价差距达到了 50 元，按照该项目总量 10 200 立方米考虑可以节省 51 万元以上，只需提前支付约 98 万元，年化资金收益率 52%。两个已执行的合同具体价格情况如表 5 所示，付款条款对材料价格影响极大。

表 5　　　　　　　　　　　　　　秦皇岛项目加气块价格

项目名称	材料名称	单位	所在省	加气块含税价格（元/立方米）	合同签订时间	主要付款比例（%）
秦皇岛项目	加气块	立方米	河北	314	2023 年 4 月	70
秦皇岛项目	加气块	立方米	河北	294	2023 年 4 月	100

3. 砂石料、水泥等地材

包括水泥、砂石、毛渣等地材，现金采购比供货商垫资采购能够大幅降低垫资成本，以湖北某项目地材总共 6 000 万元算，按照 100% 比例现款支付可以节省约 600 万元，资金年化收益率 10%。部分调研过的区域及项目的具体价格情况如表 6 所示。

表 6 部分项目水泥价格

项目名称	所在省	42.5 水泥含税价（元/吨）	32.5 水泥含税价（元/吨）	合同签订时间	主要付款比例
常山项目	浙江	630	580	2021 年 12 月	月付 80%
温州项目	浙江	530	500	2022 年 12 月	月付 70%
杭州项目	浙江	520	450	2023 年 1 月	月付 60%
东西湖项目	湖北	475	暂无报价	2022 年 9 月	月付 50%，一年内 80%
武汉项目	湖北	460	暂无报价	2022 年 5 月	月付 60%

4. 电缆、高低压柜等安装材料

此部分材料对现金流依赖性较强，采用 100% 现款采购或者预付款采购的采购单价相比货到后按月支付货款的付款方式可降低采购单价 10% 以上，存量资金支付可以轻松达 10% 的资金年化收益。

5. 五金类零星采购线上直采

公司总部可通过与目前市场上流通的几大直采平台（京东直采、华筑采等）合作，由公司总部主导各项目零星五金材料的采购，与采购平台线上交易，直采支付，缩短产品供应链环节，减少中间商垫资成本，采用此方式采购预计能整体降低零星材料采购成本 15%。

（六）实施过程中的管理要点

（1）计划实施阶段：为保证采购规模合理、物资质量达标，需要在计划实施阶段由拟实施的项目按照生产计划编制物料采购计划，招标采购部负责按照物资技术要求进行标前样品确认并进行封样，再将封样样品移交项目部物资部及公司总部物资机械部。此环节是控制物资采购质量的关键流程，如果管理不到位会出现超采或采购量满足不了实际需求，甚至出现滥竽充数的重大质量风险。

（2）实施阶段：需要由物资机械部负责采购合同签订、票据收集、账单核实、数量统计、基准总价及执行总价资金汇总；负责使用过程的监督，确保数据真实有效；评价供应商供货能力及监督质量要求，确保实际采购支付数量不超总控计划及施工图预算；按月对供应物资的数量、供货金额进行统计归集。采购实施阶段及物料使用阶段需要极强的现场管理职能，确保采购计划、使用管理、履约管理满足要求，对于到场的现金购买的物资，各项目责任人必须按照物资管理要求，对其数量、质量、规格、型号等进行全面验收，并妥善保管和使用，确保标的物高效足额投入到工程实体。

（3）资金使用与收回：财务部门应该单独核算存量资金使用与收回的时间节点，以保障垫资收益能够准确衡量，D分公司未单独开立银行账户单独核算，为保障存量资金专款专用，采取公司总部代付的方式保证该部分资金支出。同时为保证资金回收的及时性，各工程项目需要及时上报验工计价，力争多验超验，及时将材料部分的产值转化为有效验工，需要重点避免大量材料消耗无法转化为有效产值的情况发生。

（4）方案的非正常终止：财务部门与物资管理部门应定期抽查存量资金采购的执行情况与经济效益兑现情况，D分公司规定项目应该在150天内偿还存量采购款。因此，当发现项目收款的基本面发生变更，可能会导致垫资资金不能及时收回时，需要及时中止方案。同理，当物资管理部门发现现金采购的物资管理无法满足方案要求，出现超耗、额外损失时，应及时中止方案。

（七）**具体应用的流程介绍**

D分公司在存量资金采购业务推行时，由财务部牵头，联动商务管理部对项目账面资金平均余额、业主资金来源、总包合同条款、历史收款情况等数据进行分析，筛选出符合存量资金采购条件的项目，并根据合同大小及资金规模初步制定存量资金采购上限。招标采购部通过与项目物资部门联动筛选出未来半年到一年内急需且易于核算、保管、验收的物资类型与需求规模，初步编制存量资金采购方案。随后财务部、商务管理部、物资机械部、招标采购部四部门协同一事一议审议存量资金采购方案。将专题会审议通过后的拟实施方案报公司分管领导及主要领导审议。经公司领导批准同意后，由物资机械部牵头完成协议价的采购合同签订或签订付款条款变更的补充协议。协议签订完成，进入正常履约阶段，财务部门按照物资部门的物料使用与结算进度安排配资，并阶段性进行经济效益与采购规模测算，对于经济效益达标，采购规模在决策范围内的，可按照方案循环进行，直至材料采购完成。对于过程中经济效益不达标或者逾期偿还资金导致效益损失的，视情况中止采购流程。最终在采购完成或中止后，考核存量资金采购获取的资金效益，在分公司总部和项目间进行效益分成，并视效益情况完成考核兑现。具体流程如图2所示。

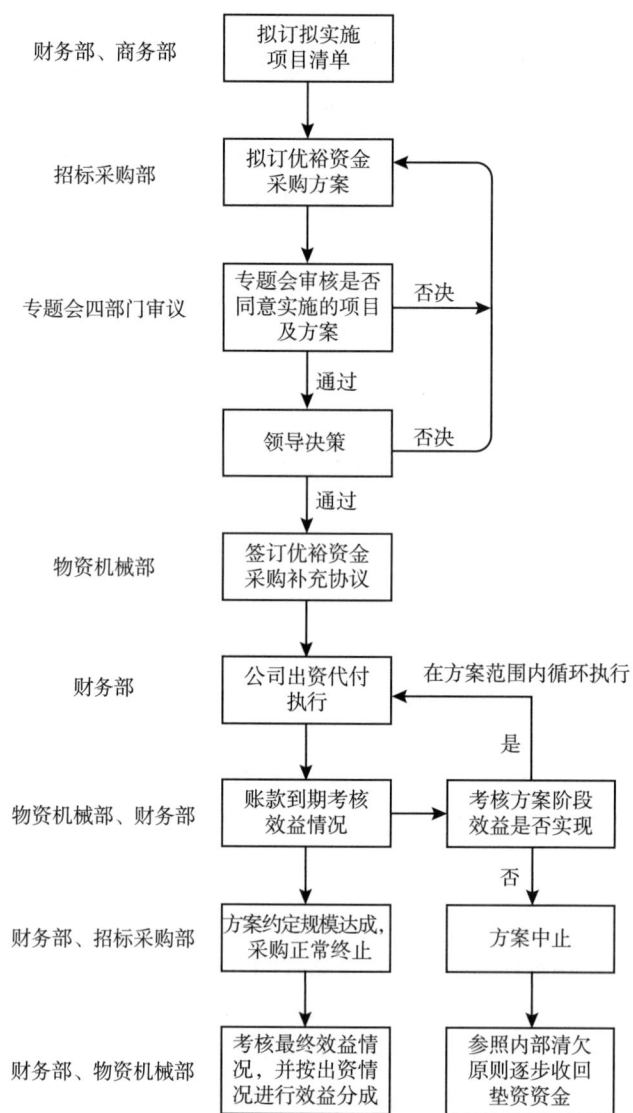

图2 存量资金采购流程

（八）实施过程中遇到的问题和解决措施

1. 实施过程中遇到的问题

（1）专题会召开频繁，影响部门工作效率，流程推进缓慢。

（2）资金存量的工程项目参与配合度不高。

（3）项目短视、资金收支预测不准，资金策划能力不足。

2. 为解决问题而采取的措施

（1）针对审批环节多，流程推进缓慢的问题，D分公司设计了存量资金采购方案预审核的 OA 审批流程，将部门专题会转化为线上审批流程，有需求的项目可以按照既定的模板申请存量资金采购额度，极大地提升了流程推进速度。

（2）针对资金存量的工程项目参与配合度不高的问题，经过总结分析，公司出资的方案更适合于资金情况整体较好，但短期内出现一定时间性缺口的项目。对于资金始终富余的项目，公司总部职能部门开展业务指导，鼓励其使用自有资金全额进行存量资金采购，公司总部不参与经济效益分成。同时继续强化"现金为王"和资金有偿使用理念的宣贯工作，参与的项目数量有了显著的提高。

（3）针对项目短视、资金收支预测不准，资金策划能力不足的问题，下发《全面加强资金策划的通知》，鼓励项目加强资金收支计划，提高资金策划能力，督促项目提前预测下阶段的资金盈亏情况，从而提前作出相应对策。同时对资金内部有偿使用及资金策划创效工作通过加强监督与引导，明确资金管理相关奖惩规则，积极倡导资金管理优秀的项目进行经验交流等形式，全面促进公司整体的资金管理水平提升。

四、具体案例成果介绍

（一）秦皇岛项目加气块采购

秦皇岛项目 2022 年初公开招标加气块，约定支付进度款比例为 70%，定标单价为 250 元/立方米，后因材料成本上涨导致供货商要求上调单价，项目在未报公司同意的情况下口头答应了对方的调价，后由于货款支付不及时，供货商停止供货，后报公司招标采购部按同样的付款方式进行重新招标后定标价为 314 元/立方米，经分析，目前秦皇岛市市场加气块确实出现了单价上涨的情况，平均采购单价上涨了 50 元左右，公司招标采购部和中标单位沟通后，对方同意使用公司存量资金采购方案将付款比例调整至 100%，采购单价下调 20 元/立方米为 294 元/立方米。该方案涉及标的物10 200 立方米，总合同价款由 320.28 万元压降至 299.88 万元，基于秦皇岛项目资金基本面情况，该采购方案由分公司总部全额垫资，每次支付后 150 天项目全额偿还垫资款，合计需垫资 299.88 万元，实现压降收益 20.4 万元，资金收益率 6.8%，折算年化收益 16.33%。

（二）S 火车站东广场电缆采购

S 项目通过公开招标的方式拟采购 66 067 米电缆材料，合同约定付款方式有两种：

方案一：货款分期支付，每期付款均是先开票后付款，每批电缆进场前 20 天甲方向乙方支付该批货物总价 30% 的定金，发货前支付该批货物全部货款，如乙方未及时提供正规的增值税专用发票或办理请款手续，甲方有权将当月付款延迟一个月支付，如发生纠纷，则延后至纠纷最终解决后 30 天内无息付清。货款的支付并不视为甲方免除乙方对交付货物质量的保证责任，乙方交付的货物仍应满足法律法规规定及本合同约定的合理使用期限。

方案二：货款分期支付，每期付款均是先开票后付款，每批电缆进场前20天甲方向乙方支付该批货物总价30%的定金，每批电缆货到现场后30天内支付至该批货款的80%，全部供货完成支付至总结算金额的97%，余下3%作为质保金，在质保期满6个月后，如无质量问题，无息支付。如乙方未及时提供正规的增值税专用发票或办理请款手续，甲方有权将当月付款延迟一个月支付，如发生纠纷，则延后至纠纷最终解决后30天内无息付清。货款的支付并不视为甲方免除乙方对交付货物质量的保证责任，乙方交付的货物仍应满足法律法规规定及本合同约定的合理使用期限。（若采用方案二，则不含税单价报价在方案一的基础上上浮18%）。

标的物市场总价802.57万元，方案一总共需要支付802.57万元，方案二总共需要支付947.03万元（含802.57万元货款及144.46万元垫资费用），根据项目工期安排，计划分3个月完成进货，以7月10日为基准日期，具体支付时间如表7所示。

表7　　　　　　　　　　　不同支付方式比较　　　　　　　　　　金额：万元

时间	付款节点及支付比例	支付金额	累计付款	支付金额	累计付款
		方案一	方案一	方案二	方案二
7月10日	第一批电缆进场前20天30%付款	80.26	80.26	94.70	94.7
7月30日	第一批电缆进场100%付款	187.27	267.53	0	94.7
8月10日	第二批电缆进场前20天30%付款	80.26	347.79	94.70	189.4
8月30日	第二批电缆进场100%付款	187.27	535.06	0	189.4
8月30日	第一批电缆80%付款	0	535.06	157.84	347.24
9月10日	第三批电缆进场前20天30%付款	80.26	615.32	94.70	441.94
9月30日	第三批电缆进场100%付款	187.27	802.59	0	441.94
9月30日	第二批电缆80%付款	0	802.59	157.84	599.78
10月30日	第三批电缆80%付款	0	802.59	157.84	757.62
11月30日	供货完成一个月97%付款	0	802.59	161.00	918.62
三年后5月	质保期满6个月	0	802.59	28.41	947.03
合计		802.59		947.03	

我们可以看到，截至全部电缆进场完毕（10月30日），方案一支付金额802.59万元，方案二支付金额947.03万元。测算支付金额与提前付款期，以30天时限对每次付款金额差额进行折算，得到方案一比方案二提前支付593.07万元（账期30天），而取得的资金压降收益有144.46万元，资金收益率24.36%，折算年化收益292.30%。方案最终定为公司总部出资200万元，项目自己出资602.57万元以方案一的方式支付材料款。

（三）项目自有资金存量采购方案

（1）大城项目钢筋需求量 10 000 吨，钢筋价格组成方式为网价加调整价格组成计价方式，按照廊坊市市场情况，80% 付款比例调整价格为 150 元/吨，经项目与中标单位协商付款方式至 100%，实现每吨调整价压降 67 元，压降后调整价为 83 元/吨。钢筋平均网价约 4 300 元每吨，初始合同总价 4 450 万元，按 80% 付款比例计算应付款 3 560 万元。调整付款比例后合同总价为 4 383 万元，按 100% 付款比例应付款 4 383 万元，提前支付 823 万元现金，取得压降资金收益 67 万元，直接按一年的账期计算资金收益率约为 8.14%。

（2）廿里项目加气块需求合计 8 337 方，根据浙西区域市场基准价格，80% 付款比例时加气块单价为每方 279 元，经公司总部统筹，项目团队与供应商沟通，将付款比例调整到 100%，可以每方压降 20 元，压降后单价为每方 259 元，谈判前合同额为 232.60 万元，按 80% 付款比例应付款 186.08 万元。谈判后合同额为 215.93 万元，应付款 215.93 万元，提前支付 29.85 万元，实现成本压降 16.67 万元，直接按一年期的账期计算资金收益率为 55.85%。

（3）雄安项目钢筋合同签订了两种付款方式：

①次月 15 日前向乙方支付本次结算金额的 95% 的货款。

②甲方在第 3 个月 15 日前向乙方支付本次结算金额的 95% 的货款。

两种付款方式的价格压降了 20 元每吨，已供货 6 387 吨，实现成本压降 12.77 万元。按照雄安新区市场每吨钢筋网价均价 4 000 元计算，提前两个月的账期支付了相应款项，标的物 6 387 吨，降价前合同总价 2 567.57 万元，应付款 2 439.20 万元。降价后合同总价 2 554.80 万元，应付款 2 427.06 万元，提前支付了 2 427.06 万元（两个月账期），取得压降资金收益 12.77 万元，两个月资金收益 0.0526%，折算年化收益 3.2%。

五、经验总结

（一）实现基本应用的关键条件

根据 D 分公司存量资金采购的实施具体情况总结经验，可得出实行存量资金采购的基本应用条件有三点：

（1）分公司内部存量资金较大，急需提高资金使用效率和效益。

（2）项目因阶段性资金短缺，存在高价采购部分对价格敏感度高的材料的风险。

（3）投入的资金能在期限内及时收回。

（二）实现降本增效的关键因素

根据 D 分公司存量资金采购的实施具体情况总结经验，可得出成功实现存量资金采购降本增效的关键因素有三点：

（1）标的物的采购价格对资金敏感程度较高。

（2）投入的物料能够及时转化为产值以保证相关资金及时收回。

（3）守住资金援助底线，防止变相垫资的情况发生。

（三）实行存量资金采购的缺点

D 分公司实操，总结出以下几点存量资金采购的缺点：

（1）资金的收回不可预见性较高，项目部欠款逾期风险较大。

（2）方案仅能对资金、效益尚可的项目进行锦上添花，对于潜亏项目无法做到雪中送炭的作用，存在应用局限性。

（3）资金收益的核算取决于招标询价、物资合同与采购谈判情况，业务人员主观因素可能对收益率产生影响，当合同条款不合理时会出现偏离常规的资金收益率。

（4）过度使用存量资金采购，将对公司总体现金流产生较大影响，从而导致企业债务风险加大，逾期违约成本稀释存量资金采购的创效收益。

（四）对发展和完善该案例的建议

在实施过程中，需要重点关注风险管理及效益实现情况，严格核算口径，防止借存量资金采购发生变相借款的情况，具体应从以下几个方面关注。

1. 关于试点项目范围的变更要求

视公司整体存量资金规模与开展此项业务的迫切程度综合考虑，可适当降低工程项目甲方付款比例要求、延长偿还期限的限制等措施，但应注意保障以下几点：

（1）付款比例不高的项目，应控制存量资金支付规模，在风险可控的情况下实现低成本采购，在业主严格按照付款比例支付的情况下（即能形成稳定可靠的现金流）可按总包合同金额一定比例为最高上限进行滚动存量资金采购，物资部应注意设置预警阈值，及时暂停订料送货，以此保证风险在可控范围之内。

（2）对于延长偿还期限的项目，应按照期限延长压降效益，效益无法达到的不得加入存量资金采购，偿还期限 3 个月以内的，应达 3% 以上的成本压降；偿还期限 6 个月以内的，应达 6% 以上的成本压降，并减半存量资金采购规模，偿还时间不得超过 6 个月。加强违约责任的执行，并在违约日即刻停止存量资金采购，并视同按内部借款开始计息。

2. 关于经济效益要求

（1）综合贷款市场报价利率（LPR）及供应链票据贴现利率，大概得出资金的无风险利率低于 3%，存量资金采购应设置最低收益门槛，偿还期限 3 个月以内的，公司总部应取得垫资资金 3% 以上的效益分成；偿还期限 6 个月以内的，公司总部应取得 6% 以上的效益分成。视存量资金采购的效益情况，收益率高的方案优先执行。

（2）物资部门需进一步细化价格获取机制及采购成本压降比例，形成分属地、分材料、分付款条款的价格库，保证措施能够切实有效并产生真实经济效益。

3. 关于规模控制与风险控制的要求

（1）基于存量资金采购，是公司总部资金较为充裕的情况下发起的主动垫支创效行为，相当于内部借款的另一种形式，应该按照上级公司现金流自平衡管理办法在合同额的百分比及累计一定金额的范围内执行，对于超过该比例或金额的，应单独上会决策制定金额规模，保证风险可控。

（2）对于业主支付比例较低，但是信用好、循环流畅的项目，按照减半规模进行限制。

（3）对于到期未偿还的项目，逾期即日起物资部门应停止继续采购，保证控制合同违约风险，或者有预期偿还困难的，提前终止采购。

（4）以上规模控制不应该从财务付款金额来控制，应该从物资采购规模来控制，应付账款余额（含未入账已购料部分）不得超过规模设置的上限，因为未按规定控制采购上限，导致款项无法回收的，追究物资部门责任。

（5）对于欠交公司指标款，或欠交代垫款超过 30 万元的项目（含资金调剂流入、借款），一票否决，不得参与存量资金采购。

4. 关于核算与数据统计管理要求

（1）为控制分公司整体垫支规模，公司总部财务部可开立专用账户核算整体存量资金，并通过该账户单独支付、收取涉及的款项，在总额度内自由支付，并方便统计所有项目的支付与偿还情况与实际业务发生日期，不与内部往来相互掺和影响数据质量；支付时统一由项目发起代付款流程，保证专款专用，保证支付效率；还款时由项目自主将款项支付至此账户。

（2）对于核算分成效益，因为体现为成本压降，项目应额外确认未入账成本增项，将相应金额汇款至公司基本户，计入独立的内部往来科目不清算，最终审计时调增审计成本。

（五）对推广应用该案例的建议

为实现该管理思路的横向推广，相关单位应首先做到限制工程项目资金支出，通过 AB 户或其他方式限制项目资金权限，集中资金，视项目管理能力强弱分类拨付运营资金，并督促项目过紧日子，避免因管理缺位导致的现金不正当流出。通过这种方式逐步形成总部资金池。如果公司总部对工程项目的资金管理权限欠缺，可能无法督促项目进行足够细致的采购决策，或无法形成自己的资金池用于后续采购创效。

其次针对工程项目的市场地位情况，利用资金优势，逼迫供货方去主动下调价格，对于价格不敏感的材料，敢于谈判提出对方垫资的条款，可适当放松成本管控要求。对于价格敏感的材料，严守成本底线，必须保障资金支出。一紧一松，全面实现项目采购成本最低。各公司应形成自己的招采价格体系，做到各种材料、各种条件下的价格清晰明确，从而为决策资金投资方案提供最基础的数据支持。

最后就是守好资金管理红线，严格区分存量资金采购、项目资金救助以及尾款支付压降的区别，管理红线是资金的可收回性，次要才是资金的创效收益。如果资金无法保障收回，则该投资为失败的投资。

（中铁建工集团有限公司华北分公司　钟　乐　张谱京　刘　博）

工程项目现场经费包干制管理模式应用研究

【摘要】随着人工成本的增加，工程项目现场经费占营业收入的比例持续偏高，受施工环境、市场环境的影响，现场经费超全周期责任成本预算的情况时有发生，统计发现，个别体量小的项目现场经费占营业收入比例达 20% 以上，现场经费成为吞噬项目利润的主要因素之一，严重制约着公司的高质量发展，为了有效地控制现场经费，优化工程项目的人力资源配置，提高项目的盈利能力，迫切需要一套科学的现场经费管理体系，来达到控制现场经费的目的。

为了做到严控非生产性费用支出，贯彻落实"厉行节约，反对浪费"的精神，提升企业效益，实现利润最大化目标，推动企业高质量发展，A 企业多年来尝试研究并制定符合企业实际的现场经费管理模式，先后采用了以项目实际配置人员进行测算的现场经费管理体系、以定员定编模式测算并控制现场经费的管理模式，但是经过实践证明，传统模式下的现场经费不降反增，效果不明显，经过反复摸索研究，制定了《现场经费包干制管理办法》，本着节约奖励、超值处罚的原则，从招投标环节开始、贯穿于成本测算、目标责任书下达、年度考核、竣工考核的项目全周期管控过程，管控效果明显，经过推广运用，A 公司所属 29 个在建项目充分认识到现场经费管控对项目盈利的作用，一定程度上达到了压缩非生产性费用开支人人有责的目标，年度项目现场经费占营业收入比例同比下降 2.1%，节约费用合计 4 400 万元。

本文通过近三年来现场经费包干制管理模式在工程项目中的运用以及所达到的效果进行分析，探讨该模式下现场经费控制的效果及可推广性。

一、背景描述

（一）企业基本情况介绍

A 公司是注册在北京的建筑央企，共有 14 个管理部门，公司现有员工 697 人次，现有在建项目 50 个，收尾项目 30 个，竣工项目若干，主营业务为机场建设、房建、市政等基础设施建设，项目分布于全国各大中型城市及部分中小城市。

（二）企业现场经费管理的现状及存在的主要问题

随着市场经济的发展和经济全球化进程的建设，建筑行业市场竞争愈发激烈，为确保所在行业有足够的市场份额，不仅要有规模较大的基建工程，多数时候规模较小的市政、房建、机场工程也是建筑企业激烈的竞争资源，尤其是 A 公司，规模较大的合同标的一般不超过 10 亿元，多数合同分布在 1 亿～5 亿元范围，约占 30% 的合同额在 1 亿元以内，按照建筑行业的人员配置要求，主要管理人员及职责不得缺失，从而导致规模小的项目现场经费占营业收入比例明显偏高。

（三）选择相关管理会计工具方法的主要原因

1. 树立起现场经费管控的理念

目前，项目管理层控制现场经费的责任感和使命感不强，将费用的控制视为项目负责人和公司总部的责任，感觉与自己无关，在很多项目管理环节上存在着浪费现象，如生产任务不饱满的项目人员配置过多、临时驻地过于讲排场、办公用品使用率和利用率不高等。通过现场经费包干制管理能够增强项目管理人员的成本管控意识，树立现场经费管控的理念，从而更好地压降非生产性支出。

2. 目标成本法

目标成本法是指企业以市场为导向，以目标售价和目标利润为基础确定产品的目标成本，从产品设计阶段开始，通过各部门、各环节乃至与供应商的通力合作，共同实现目标成本的成本管理方法。目标成本法一般适用于制造业企业成本管理，也可在物流、建筑、服务等行业应用。

现场经费包干制管理能够更好地给予项目明确的全周期经费控制目标，通过合理确定全周期现场经费包干金额，科学分解年度、季度经费金额，能够更好地将现场经费的目标成本贯穿于项目管理的全过程中。通过对已发生数据的收集汇总、整理分析，并与目标经费金额进行逐项对比，深度剖析差额形成原因，归纳总结项目管控过程中的优劣行为，为项目优化资源配置，降低非生产性费用支出提供更有力依据。

二、总体设计

（一）应用相关管理会计工具方法的目标

按照 A 公司厉行节约、勤俭办企的相关管理要求，本着节约成本支出，提高盈利能力的宗旨，按照现场经费支出与产值挂钩的原则，以节约奖励、超支罚款的手段，促进项目管理层动态调整项目人员结构和数量，使得项目平均管理人员与完成产值、经费支出正相关，从而提升项目的经费管理水平，进一步压降非生产性费用支出。

（二）应用相关管理会计工具方法的总体思路

包干制管理的总体思路是在尽可能考虑项目实际情况的前提下，确定项目的总体费用，影响费用总额的因素包括：人员数量、薪酬标准、费用构成、当地的消费水平等。

第一步先找到项目规模、工期长短与项目人员配置的关系，确定项目人员配置情况。第二步确定项目的年度人均薪酬。第三步确定项目其他间接费支出。第四步结合项目管理实际根据以上三步推出包干制现场经费管理模型。第五步为有效推广，建立相关配套考核机制。

（三）应用相关管理会计工具方法的内容

成本管理是指企业生产经营过程中各项成本核算、成本分析、成本决策和成本控制等一系列科学管理行为的总称。以 A 公司所管理项目为样本，通过确立项目规模、工期、人员的关系建立包干制现场经费管理模型。根据模型应用于不同规模、工期的项目上，来确定平均人员配置数量，确定全周期现场经费总额，从而进行目标现场经费的控制管理，并通过考核机制促进包干制现场经费管理的实时纠偏。

（四）现场经费包干制管理模式与传统管理模式的对比分析

传统现场经费测算一般采用零基预算法，按照人力资源下发的定员定编及岗位设置测算职工薪酬预算；按照项目计划采购或已采购的办公设施测算办公费的预算；按照计划配置的车辆和项目实际已发生的车辆使用费计算车辆使用费及燃油费；按照预计可能发生的奖励支出预测项目可能发生的各项奖励支出，对各项费用的测算结果汇总得出项目全周期项目现场经费预算，按照工期分劈得出年度现场经费预算。

现场经费包干制管理的测算基础是以一定规模的合同额按照相对科学合理的方式确定现场管理人员数量，以及项目按照一定方式确定的年度人均费用计算得出的项目年度现场经费预算，是按照目标成本法管理理念，在先确定费用标准的前提下，再根据费用总额配置人员的管理方式，最终通过预算和考核相结合的方式达到费用控制的目标。

三、应用过程

（一）组织机构及方式

A 公司下属各项目部财务部每季统计汇总现场经费情况，并分析及定期通报，对超过按产值分解的经费指标的情况，要及时上报项目管理层，须建议按照后续施组及产值预估完成情况动态调整项目管理人员，以减少超支额。并对后续过程管控持续盯控，加强纠偏管理。

（二）参与部门

为了解决现场经费预算不足、经费占营业收入比例较高、现场经费压减困难等诸多问题，近年来由 A 公司财务部牵头，商务管理部、物资设备部、人力资源部等部门协同配合制定并下发了《A公司现场经费包干制管理办法》，在A公司所属各项目推广执行，经过近年来包干制管理的执行，现场经费管控达到一定的效果。

（三）应用相关管理会计工具方法的资源、环境、信息化条件

A公司上线运行的财务共享管理系统中设置了预算管理模块，通过对预算管理模块中的现场经费财务明细科目进行统筹设置，可将现场经费全周期预算及年度预算指标通过共享系统进行卡控管理，有效规避了人为管理过程中的主观错误，能够保证下达指标的绝对权威性。

同时为简化预算调整的流程，A公司正在研究在共享系统中直接以表单的形式进行调整审批，能够使调整变化一目了然。

（四）具体应用模式和应用流程

通过对样本所列项目的现场经费分析，项目现场经费的主要组成部分是职工薪酬部分，约占项目现场经费总数的95%，员工薪酬标准由归属单位的薪酬管理办法决定，由此可以得出，项目现场经费的决定因素主要为项目管理人员人数，因此只要确定了项目的人员配置，便可测算出较为合理的现场经费总额及年度现场经费预算，因此本文所述的现场经费包干制管理的主要思路是首先确定项目人数这一变量；其次是解决薪酬标准的问题。具体步骤如下：

第一步：确定项目人员配置情况。

项目人员配置情况受项目规模（合同额）、工期长短的影响较大，为了分析人数受以上因素的影响程度，将项目合同额定义为p，金额单位为万元；定义工期为t，以月为单位；定义N为项目人员总数。则 $N = at + bp + z$。

为分析N，t，p三者的关系，本文选取了本公司29个在建项目的人员配置情况如表1所示。

表1　　　　　　　　　　　　　在建项目人员配置情况

序号	项目名称	合同额（万元）	工期（月）	管理人数（名）
1	项目1	5 469.88	12	18
2	项目2	26 079.29	24	24
3	项目3	86 817.43	36	32
4	项目4	19 995.00	18	22
5	项目5	62 879.00	30	26
6	项目6	10 786.92	18	19
7	项目7	45 654.14	24	30
8	项目8	13 751.93	24	18

序号	项目名称	合同额（万元）	工期（月）	管理人数（名）
9	项目9	10 238.04	15	16
10	项目10	43 626.29	30	30
11	项目11	17 872.99	18	22
12	项目12	120 000.00	36	35
13	项目13	11 890.27	12	20
14	项目14	16 217.00	12	19
15	项目15	36 436.00	30	22
16	项目16	12 367.80	12	19
17	项目17	89 773.00	24	36
18	项目18	160 000.00	30	42
19	项目19	21 405.88	12	22
20	项目20	3 111.30	6	19
21	项目21	14 935.28	15	21
22	项目22	18 430.66	24	18
23	项目23	1 239.29	9	13
24	项目24	300 000.00	36	50
25	项目25	2 361.47	15	16
26	项目26	45 712.00	24	24
27	项目27	31 109.60	21	22
28	项目28	19 452.79	15	26
29	项目29	121 981.95	27	40

但是在现实中，很难用一个复杂的公式来达到控制经费的目的，为了便于找出 N，t，p 三者的关系，又不影响将合同额与合同工期进行计算，得出年度产值即 $A = \dfrac{p}{t} \times 12$，为消除偏离值较大的样本，对样本数进行了移动平均，如表2所示。

表2　　　　　　　　　　　年度平均产值与管理人数的移动平均

序号	项目名称	年度平均产值（万元）	管理人数（名）
1	样本1	4 921.41	14.5
2	样本2	5 039.80	16
3	样本3	3 679.53	17
4	样本4	6 172.92	18

序号	项目名称	年度平均产值（万元）	管理人数（名）
5	样本 5	8 045.65	18
6	样本 6	8 203.31	18.5
7	样本 7	11 704.14	19
8	样本 8	14 292.40	19
9	样本 9	9 295.20	19
10	样本 10	9 056.44	19.5
11	样本 11	11 919.25	20.5
12	样本 12	12 639.11	21.5
13	样本 13	12 622.66	22
14	样本 14	13 244.86	22
15	样本 15	17 990.14	22
16	样本 16	19 591.40	22
17	样本 17	15 408.28	23
18	样本 18	17 947.82	24
19	样本 19	24 003.80	25
20	样本 20	20 356.92	26
21	样本 21	19 194.65	28
22	样本 22	20 138.79	30
23	样本 23	23 194.83	31
24	样本 24	34 469.57	33.5
25	样本 25	42 443.25	35.5
26	样本 26	49 550.35	38
27	样本 27	59 107.10	41
28	样本 28	82 000.00	46

为便于分析，借助 Excel 表格，把样本值在表格中生成散点图，如图 1 所示。

通过绘制样本的散点图得出项目基本满足幂函数的要求，并且满足：当 $R^2 = 0.9979$ 对应的曲线拟合，基本满足 $N = m \times A^n$。为精确预测 A，N 的关系，拟对满足条件的幂函数的回归分析与预测：对 N，A 同时取对数函数，再进行回归分析，结果如表 3 ~ 表 6 所示。

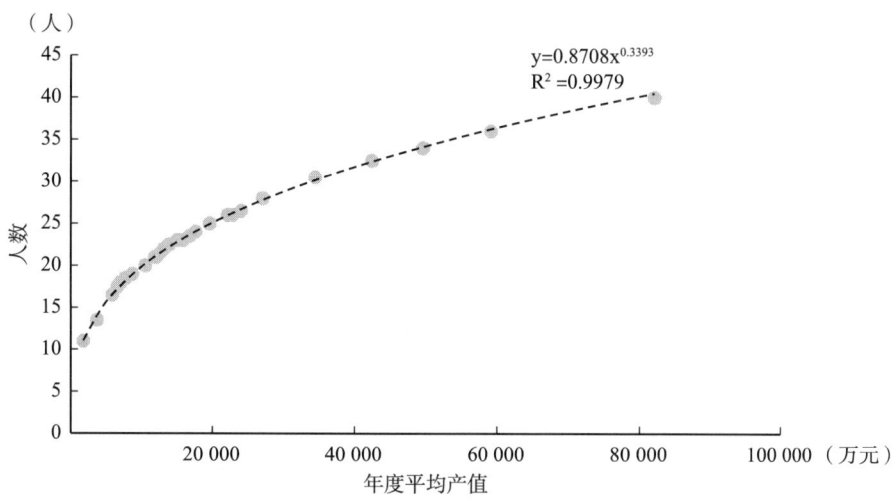

图 1   项目人数与年度产值关系散点图

表 3   回归统计

项目	结果
Multiple R	0.999914
R Square	0.999829
Adjusted R Square	0.961367
标准误差	0.042145
观测值	27

表 4   方差分析

项目	df	SS	MS	F	Significance F
回归分析	1	269.7008	269.7008	151 843.8	8.03E−49
残差	26	0.04618	0.001776		
总计	27	269.7469			

表 5   标准误差

项目	系数	标准误差	t Stat	P−value	Lower 95%	Upper 95%	下限 95.0%	上限 95.0%
Intercept	0	#N/A	#N/A	#N/A	#N/A	#N/A	#N/A	#N/A
7.479176	0.325177	0.000834	389.6715	1.68E−50	0.323462	0.326893	0.323462	0.326893

表 6   残差输出

观测值	预测 2.39789527279837	残差	标准残差
1	2.66988	−0.18497	−4.47263
2	2.820442	−0.01708	−0.41303

观测值	预测 2.39789527279837	残差	标准残差
3	2.857368	0.033004	0.798019
4	2.880568	0.009803	0.237043
5	2.909617	0.008154	0.197166
6	2.949816	− 0.00538	− 0.13001
7	3.012489	− 0.01676	− 0.40518
8	3.051635	− 0.00711	− 0.17198
9	3.052426	− 0.0079	− 0.1911
10	3.058534	− 0.01401	− 0.33879
11	3.072811	− 0.00476	− 0.11505
12	3.084898	0.006144	0.148566
13	3.103294	0.010222	0.247154
14	3.128318	0.090557	2.189659
15	3.145576	− 0.01008	− 0.24378
16	3.164346	− 0.00735	− 0.1776
17	3.179073	− 0.00102	− 0.02465
18	3.213676	0.0052	0.125724
19	3.253098	0.004998	0.120858
20	3.263588	− 0.00549	− 0.13278
21	3.279727	− 0.00258	− 0.06243
22	3.318522	0.013683	0.330849
23	3.397397	0.02033	0.491568
24	3.465063	0.016177	0.391149
25	3.515408	0.010953	0.264834
26	3.572757	0.010762	0.26023
27	3.679209	0.00967	0.233822

从检验结果来看，幂函数的显著性最强，当指数 R = 1/3 时，可在一定程度上拟合，进一步分析测试，得出 N，A 的函数方程：$N = 21 \times A^{\left(\frac{1}{3}\right)}$，即按照年产值 1 亿元的标准配备 21 名管理人员，标准按照 A^(1/3) 的比例递减的原则增加人员配置是较为合理的配置方案。

第二步：确定项目的年度人均薪酬 M。

按照传统经费测算的原则，人员工资按照 A 公司薪酬管理办法确定各岗位的薪酬标准，再根据定员定编确定年度薪酬总额以及全周期薪酬总额，其中不可控因素对薪酬总额的确定造成极大影响，导致测算不准确，进而在执行中发生经费不足或者结余过多的问题。

为了解决以上问题，需要对不可控因素进行剔除，在现场经费测算中仅对符合稳定性这一条件的因素进行考虑，如表 7 所示。

表 7   费用构成情况

序号	费用构成	稳定	浮动	其他
1	月度工资	●	○	○
2	"五险一金"及工会经费	●	○	○
3	职工福利费	●	○	○
4	教育经费	○	○	●
5	绩效工资	○	●	○
6	年终兑现	○	●	○
7	安全奖	●	○	○
8	劳动竞赛奖励	○	●	○
9	其他奖励	○	●	○
10	补充医疗	○	○	●
11				

经过测试，A 公司固定支出为表中的 1、2、3、7 项内容，按照 A 公司的管理模式，浮动性质的经费支出，如奖励、兑现等支出，属于项目不可控费用，费用支出总额由后方公司考核决定，因此，A 公司在测算成本时选择了 1、2、3、7 项作为现场经费测算的固定费用支出，浮动费用不作为考核内容，在测算时予以剔除。最初得出：

$$M = 12 \times \sum (月度工资，"五险一金"及工会经费，职工福利费，安全奖)$$

第三步：确定项目其他间接费支出。

（1）可预见性的固定费用支出。可预见的固定费用支出是指生活办公临建费等，针对此类固定费用支出，因其发生与项目人员正相关性较小，故不列为考核项。

（2）其他费用支出。A 公司在测算其他费用支出时，遇到了以下矛盾：按照项目部的意见要求按照实际情况给予预算，按照这类测算模式，与传统模式下的现场经费管理并无二样，因此，公司经过测算按照公司对项目的指导意见：如每个项目标准配备一台商务车、两台皮卡车，每个部门配备一台打印机等配置要求，A 公司按照人均年收入的 10% 予以确定。

第四步：现场经费包干制管理模式的形成。

为了兼顾公平，提升管控效率，压缩人工成本，需对各项目人员设定上限确保按照模型计算的人员数量无限增大，为了达到管控目标，A 公司人员上限设置为 55 人次。受行业影响，A 公司项目竣工结算周期较长，少则一两年，多则七八年，但是按照管理需要收尾至竣工阶段的管理仍由原项目人员管理，从而导致部分项目出现人员长期无法分流，占用人力资源，尤其是对于合同额较小的项目，经测算每月的管理费用支出超过一个百分点，项目工期每延长一个月，盈利能力降低 1%，或者亏损增加 1%，为了鼓励项目压缩工期、及时分流了人员，提高人员效率，设定人员的最低标准为年人均产值不低于 400 万元。项目管理费支出占营业收入的比例不高于 5%。二者取最小值。

综上所述，公司现场经费测算的模型如下：

（1）项目人均年产值≥400 万元，即 I/T/N≥400；

（2）人员数量配置为 N = 21 × A$^{(\frac{1}{3})}$，（N≤55）；

（3）全周期现场经费总额≤合同额×5%。即 C≤I×5%；

（4）年人均费用 = 年人均薪酬×110%；Pc = M×110%。

（5）全周期现场经费总额 = 合同工期×年均费用，即 C = T×Pc = T×M×N×110%。

第五步：相关考核配套机制的建立。

为了能够有效推广现场经费包干制管理在 A 公司的实施，A 公司主责部门牵头研究实施方案，制定了以项目经理为主要责任人的配套考核机制，一是明确项目党政主要领导为现场经费管理的第一责任人，项目财务部为现场经费管理的主责部门，项目其他人员共同负责现成经费包干制的实施；二是明确了按照现场经费节约额的 70% 对以上人员进行奖励，按照超值额的 10% 对以上人员进行处罚。奖罚比例按照项目党政领导占比不低于 50% 的原则进行分配。

（五）在实施过程中遇到的主要问题和解决方法。

1. 一套班子负责的多个项目如何执行现场经费包干制管理

一套班子负责多个项目的全周期现场经费，公司人力资源部要在下达新项目机构成立文件时，约定好人员岗位设置情况，避免重复岗位的设置；重复期间的经费只计算因新项目而新增加的人员的经费，未重复期间的经费按照新项目的合同工期减去重复的期间乘以定员定编人员计算，两者相加为新项目全周期现场经费。

2. 现场经费调整

全周期现场经费一经下达原则上不再进行调整，如测算基础发生变化（如业主签署工期延长令等），项目部可根据实际情况编制调整现场经费的报告，上报公司预算管理办公室审议。公司预算管理办公室审议确定符合调整条件，提交公司预算管理委员会审定批准。

四、取得成效

2020～2022 年，A 公司在全公司范围对现场经费包干制管理进行了推广运行，先后对公司所属各项目进行了现场经费考核，成效显著。

1. 超预算项目个数和比例逐年下降

2020 年执行包干制管理的项目 22 个，超年度预算的项目 16 个，占比 72.73%，2021 年执行包干制管理的项目 26 个，超年度预算的项目 15 个，占比 57.69%；2022 年执行包干制管理的项目 29 个，超年度预算的项目 12 个，占比 41.38%。

2. 现场经费占营业收入的比例逐渐减少

A 公司所属 29 个在建项目年度项目现场经费占营业收入比例同比下降 2.1%，节约费用合计 4 400 万元。

3. 项目管理人员对现场经费管控的意识在不断加强

通过现场经费包干制管理，A 公司所属项目充分认识到现场经费管控对项目盈利的作用，一定程度上达到了压缩非生产性费用开支人人有责的目标。同时，通过考核机制的配套落实，使项目管理人员更加意识到现场经费管理已经关乎切身利益，必须加强现场经费的管理，以期得到更大奖励。

五、经验总结

（一）相关管理会计工具方法的基本应用条件

（1）压降非生产性费用支出的需求。工程项目现场经费占营业收入的比重持续上升，甚至个别体量小的项目占比达 20%，压降非生产性费用支出已经迫在眉睫。

（2）提升项目盈利水平的需求。当前建筑施工行业竞争愈发激烈，行业净利润率不断下滑。随着各投标清单子项的价格越来越透明，工程直接费的盈利空间已然有限。通过加强自身管理，降低现场经费支出，已成为新的提升盈利水平的有效手段。

（二）相关管理会计工具方法成功应用的关键因素

（1）全面预算是以企业发展战略为导向，在对未来经营环境预测的基础上，确定预算期内经营管理目标，逐层分解、下达于企业内部各个经济单位，并以价值形式反映企业生产经营和财务活动的计划安排。实行现场经费包干制管理既是全面预算的一种表现形式，又是企业充分利用管理会计工具向内探寻盈利空间的一种创新。这种创新能够为企业多渠道提升盈利能力提供新思路、新方法。

（2）在实施现场经费包干制管理的过程中，通过配套考核机制，将项目管理层真正地推到了经费管理的最前沿。节约奖励、超支罚款的原则也将极大限度地激发项目管理层的主观能动性，使其在压降现场经费额上下真功夫。

（三）对改进相关管理会计工具方法应用效果的思考

施工项目普遍存在工期滞后、竣工结算久拖不决的现象，占用大量人力资源。但各施工细分市场（如房建、民航、铁路、公路、市政等）并不尽相同，在建立现场经费包干制管理模型中是否需要按细分市场分别建模值得考虑。

A公司应积极探索项目区域化管理，同一区域或者相近区域配置同一套管理人马，将对降低现场经费产生积极影响。

（四）相关管理会计工具方法在应用中的优缺点

（1）现场经费包干制管理模式的优势：基于目标成本法下的项目成本管控目标之一的现场经费管理，如何准确地测算出现场经费的管控目标尤为重要，现场经费包干制管理的目标便是科学合理地制定不同规模项目费用的标准和控制目标，并以此作为项目管控的重要依据，基于现场经费包干制模式下确定的现成经费的管理目标对愈发激烈的市场竞争下的施工企业有着极为重要的意义：一是对项目节约成本，提高盈利能力极为重要；二是对市场开发中现场经费的取费具有积极的指导意义，对提高市场竞争力，扩大市场占有率意义重大。

（2）传统现场经费管理的劣势：在一定程度上是一种事后控制的手段，事后控制对管控意义不大：传统现场经费测算是在基本事实已形成的前提下确定的，A公司的绩效管理文件要求项目成立一个月内下达目标责任书，但在这个时点，项目的雏形基本已经形成，测算只是对实际现状的预测，如人员定员定编是在项目签订施工合同，成立项目经理部后确定的；现场资源的配置是在人员进场后按需规划后再进行的测算，基本事实已形成。对压减非生产性费用支出作用不大。项目主要领导对现场经费的重视程度不够：基于事实的现场经费测算成为项目负责人争取目标利益的筹码，按照A公司绩效管理要求，超额完成目标利润是项目经理追求的基本目标，以既成事实的人员和设施进行现场经费测算并下达目标责任书是项目经理最基本的要求，这就导致项目经理对已形成的项目团队被动接受，并承担着因此带来的现场经费支出，不能引起项目管理人员对现场经费管控的重视。

（五）对发展和完善相关管理会计工具方法的建议

（1）推进现场经费包干制管理要尽可能地通过信息化手段建立经费预警控制系统，并保证经费数据的准确性与时效性。若准确性与时效性无法保证，那么过程纠偏、年度考核控制则成为空谈，仅能等项目终结后进行全周期考核，偏离了向内提升管理压降非生产性支出的初心。

（2）推进现场经费包干制管理需要持续不断地优化考核评价方案，根据项目管理层管理权责大小及分工优化奖罚分配比例，以便激发项目管理层的忧患意识、责任心、荣誉心。

（六）对推广应用相关管理会计工具方法的建议

因施工细分行业较多，施工组织配置要素各不相同，且各施工企业管理水平参差不齐，现场经费包干制管理要在施工企业中得到推广应用，须采用适合本细分行业或本公司现场经费特点的样本进行重新测定，才能够较为科学地得出全周期现场经费管理目标额，从而使其发挥出更高的效用。

此外还应加大现场经费预算模块的建设，为高效动态获取历年数据样本及观测现场经费压降比例提供有力支撑。

（中铁北京工程局集团机场工程分公司　王慧青　李献翠　张　帅）

基于大商务管理模式下 PPP 项目降本增效案例分析

【摘要】近年来，国内大型建筑企业都在推行"大商务管理体系"，强化经营开发、项目履约、成本管控、确权结算、考核激励，各环节贯通穿透管理，多方协同联动，实现优揽、精管、细算、足收的目标，赢得市场和业主认可，提升企业经济效益和核心竞争能力。特别是对于 PPP 项目要坚持"全生命周期管理"原则，大商务管理降本增效重点是要挖掘盈利点、聚焦风险点、堵住失血点、管控成本点围绕企业和项目管理关键环节开展全过程、全管理环节、全产业链的降本增效活动。

在 PPP 项目大商务管理策划、实施过程中凸显了成本管理降本增效的重要性。大商务管理中涉及的财务融资管理、物资战略采购管理、施组创新管理、设计优化管理等都是成本管控的关键环节。本文结合 BH 高速公路 PPP 项目降本增效取得的成果，对如何优化、实施基础设施类 PPP 项目管理，实现成本管控，提高价值创造，助力提升经济效益水平，实现大商务管理"效益提升、价值创造"目标进行了论述。BH 高速公路 PPP 项目自 2022 年 7 月实施以来，坚持以"高质、高效、高标准"为原则，项目中标后 20 天内圆满完成了项目公司注册，30 天内依法合规实现了项目开工建设，成功承办了本桓、沈山、凌绥三条高速公路集中开工仪式，各项工作快速推进，各项管理体系高效运转。同时深刻践行股份公司和集团公司项目管理策划要求和大商务管理方案，结合项目实际，坚持目标引领、系统联动、全程创效、考核兑现，聚焦开源节流，制定并实施了"1909"大商务成本管理实施细则，开展了一系列有针对性的成本管控工作，运用成本会计标准成本法和全生命周期测算法进行成本测算和卡控，项目公司对比于可行性分析增加收入 640 万元，降低投资 7 亿元，直接节约成本 49 亿元，总计创效 56 亿元。

一、背景描述

（一）单位基本情况

BH 高速公路 PPP 项目总投资约 263.71 亿元，路线总长 254.94 公里，其中 BH 主线路线全长 208.21 公里，完全利用段 32 公里；新建 KD 支线全长 46.73 公里。BH 主线及 KD 支线均设计采用双向四车道高速公路标准，设计速度 100 公里/小时，路基宽度 26 米，设计荷载采用公路 – I 级。

1. 项目运作模式

本项目采用 PPP 模式中"建设—运营—移交（BOT）"的运作方式，项目公司在 PPP 合作期间负责本项目的投融资、建设、运营、维护及移交等工作；PPP 合作期限届满后，项目公司将本项目设施及相关权益完好、无偿、不设任何权利负担地移交给辽宁省 XX 集团。项目合作期设定为 44 年，其中，建设期 4 年，运营期 40 年。

2. 项目融资模式

根据本项目投资协议，本项目资金来源包括：项目资本金、建设期投资补助、债务融资资金。一是项目资本金设定为总投资的 20%，即 52.74 亿元；二是项目建设期投资补助约 49.04 亿元，其中，预计可获得车辆购置税补助资金为 46.68 亿元，政府方建设期投资补助 2.36 亿元；三是债务融资总额约 161.93 亿元。

3. 项目收入来源

BH 高速公路项目收入来源为使用者付费（主要是根据政府相关部门批准的收费标准获取本项目车辆通行费收入、广告经营收入、服务设施经营收入）、依据绩效评价结果获得的可行性缺口补助、其他可能取得的经营收入。

（二）单位管理行业现状分析和存在的主要问题

建筑企业面对着大型基础设施类 PPP 项目也存在着诸多的成本管控问题，PPP 项目一直面临着投资规模大、周期长、融资额度高、建设风险高等困境，如国家宏观调控政策变化、建筑材料市场供求变化、材料市场价格变化、环水保政策性变化、施工设计变动等。目前，普遍采用手工采集的方式填制、录入的数据准确程度及及时性均难以得到保证，工作效率低下。诸多的建筑企业无法选择系统可行的管理会计工具来建立项目大商务成本管控模块以保障数据运行稳定，无法为管理者决策提供价值信息，更加无法充分应对风险变化带来的挑战和机遇。企业很难从项目全生命周期的角度，统筹考虑投资、建设、运营和维护等工作，难以借鉴和运用系统的管理会计工具来整合全生命周期资源，降低项目全周期成本，避免传统模式下分散开展工作造成的工作衔接不畅、相互适应匹配不充分的状况。企业大商务成本管理必将面临重大挑战，管理会计工作需要主动融入、转型升级才能提高价值创造。

（三）选择相关管理会计工具方法的主要原因

建筑企业成本管理必将面临重大挑战，成本管控工作需要主动融入、转型升级才能提高价值创造。传统的成本管理工作倾向于静态管理，主要以企业日常经济活动带来的财务会计基础数据核算对比为主，大多是事后管控。企业运用管理会计工具对成本管控活动控制较为薄弱，参与成本预测、决策管理活动较少。随着大商务管理的推进，成本管控更多参与企业招投标、大商务策划、经济运行管理等方面。如何选择相关管理会计工具方法，优化、实施 PPP 项目的成本管控，实现"降本增效"是企业迫在眉睫需要解决的问题。

二、总体设计

（一）应用相关管理会计工具方法的目标

针对 BH 高速公路项目成本管理存在的问题，提出可行的解决方案，探究大商务管理模式下基础设施类 PPP 项目的成本管理中"降本增效"创效点，提高成本管控效益，以实现以下几个目标。

（1）在满足 BH 高速公路项目年度投资计划资金需求，督促项目公司注册资本金及时到位，争取政府车辆购置税补助按时甚至提前到位，降低债务融资成本。

（2）细化债务融资计划匹配投资计划，通过管理会计工具测算融资成本，通过合理筹措提款、还款节点，降低债务融资成本。

（3）实现建设期留抵退税，减少项目建设期间资金压力，降低综合资金成本，补充运营期前期资金缺口问题。同时测算运营期企业所得税税负，实现全生命周期降本增效目标。

（4）通过集中管控采购成本，进一步压实责任、细化节点和目标任务，实现降低物资采购成本。

（5）通过"全线一盘棋"的指导思想，遵循"经济、适用、环保、快捷"的原则，运用标准成本法统筹全线大型临时设施（以下简称"大临"）规划，严格审核各参建单位大临设施方案，严防超标准建设、重复建设实现施工组织和设计优化，实现降本增效。

（二）应用相关管理会计工具方法的总体思路

本文基于 BH 高速公路项目大商务管理模式下运用管理会计工具中的标准成本法及全生命周期测算法探究基础设施类 PPP 项目的成本管控方法和管理策略，提高项目成本管理水平，实现企业降本增效。通过 BH 高速公路项目案例阐述与分析，践行各职能部门成本管控履约职责，实现总体成本管控目标。

（三）相关管理会计工具方法的内容

本文运用相关管理会计工具方法主要包括成本管理类和投资决策类相结合；其中成本类的全寿命周期成本管理是一种计算发生在生命周期内的全部成本的方法，通常被理解为产品生产周期成本法，以此来量化产品生命周期内的所有成本。成本类标准成本法，又称标准成本会计，是管理会计的重要组成部分，以预先制定的标准成本为基础，用标准成本与实际成本进行比较，核算和分析成本差异的一种成本计算方法，也是加强成本控制、评价绩效的一种成本控制制度。它的核心是按标准成本记录和反映实际成本的形成过程和结果，并借以实现对成本的控制。标准成本控制，主要是运用成本会计方法，对企业经营活动进行规划和管理，将标准成本与实际成本比较，以衡量业绩，并按照例外管理的原则，注意对不利差异的纠正，以提高管理效率，不断降低成本。信息化赋能内部管理主要是依靠信息化技术手段实现信息的及时转化，向内部管理层提供及时有用的决策信息，包括全面预算是否有效执行、管理效率与管理短板、资源现状及其配置效率、价值创造能力评价、决策的支撑信息等经营者关注的主要问题等。

（四）应用相关管理会计工具方法的创新

BH 高速公路项目为深刻践行股份公司和集团公司项目管理策划要求和大商务管理方案，BH 高速公路项目建立了系统的成本核算机制，针对财务融资、商务投资、建管物资、设计变更、运营管理等方面进行系统对比，形成事前测算、事中执行、事后分析系统成本管控程序，通过财务共享中心和成本系统形成经济数据汇总，通过项目全生命周期的经济活动分析形式形成指标对比分析，直观反映"降本增效"措施实施前后效果差异变动。通过结合项目实际，坚持目标引领、系统联动、全程创效、考核兑现，聚焦开源节流，制定并实施了"1909"实施细则，开展了一系列有针对性的工作，实现"降本增效"目标。

三、运用过程

（一）参与部门和人员

项目研究课题由 BH 高速公路项目公司财务总监提出，集团公司财务部全程提供意见指导，项目公司财务融资部牵头组织，商务部、建管部、设计部、运营部等协助，通力合作完成。

（二）应用相关管理会计工具方法的部署要求

1. 设定贷款利率与项目可行性缺口补助的参数公式

可行性缺口补助 =[中选社会资本投报的可行性缺口补助 +（经政府审定的实际项目总投资 - 招标时项目总投资）×0.054 - 运营期当期长期贷款余额 ×（4.185% - 认定贷款年利率）+（招标时预估的车辆购置税补助资金 - 实际拨付的车辆购置税补助资金）× $\dfrac{认定贷款年利率 \times (1+认定贷款年利率)^{40}}{(1+认定贷款年利率)^{40}-1}$

结合上述公式并按照合同约定，实际上利率的风险承担规则为当实际利率低于4.185% 的收益部分，社会投资人与政府方五五共享；实际利率超过 4.185% ，但不超过 6.5% 的利息损失部分，社会投资人与政府方五五承担；当实际利率超过 6.5%，实际利率大于 4.185% 的利息损失，政府只承担 1.1575%（5.3425% − 4.185%），其余部分社会投资人自行承担，具体通过补助方式予以调整。

2. 构建项目运营前期现金流

BH 项目合作期设定为 44 年（建设期 4 年，运营期 40 年）。项目实施方案贷款期限按 34 年测算（4 年宽限期，30 年还款期），运营成本和还本付息前五年平均 10.8 亿元（其中每年还本付息 9.6 亿元），由于运营前期客流处于培育期，运营收入和补贴收入预测前十年平均每年 9.3 亿元，采用管理会计标准成本法及全生命周期成本法核算 BH 高速公路运营期现金流，通过对比分析现金流调整银团贷款的还款节点，避免运营期资金缺口触发债务违约的风险，调整还款年限并设定好银行还贷结构，做好运营前期资金流策划，降低融资成本。

3. 建立信息沟通渠道

及时将投资、融资、建设等信息汇总传递，促进沟通和协作，形成统一的建设、运营预算系统模块，并随着项目建设进度情况及时予以调整。

（三）具体应用模式和应用流程

1. 搭建债务融资管理平台

项目公司采用管理会计工具全生命周期成本法搭建债务融资管理平台确定可行性缺口补助与银行贷款利率、投资总额变动关系，拟通过银团贷款方式筹措建设资金实现债务融资计划匹配投资计划，满足投资建设资金需求，通过融资管控，降低债务融资成本。债务融资贷款期限与特许经营期期限 44 年匹配，结合资本金到位时间、年度投资计划等情况，做好每笔贷款资金提款时间安排，尽量推迟提款时间或采取分笔提款方式。运营期根据资金收支结余情况，合理安排还款时间和还款额度；根据金融环境宽松程度，随时与银团做好合同谈判准备，适时调整利率，减少利息支出。

2. 设定税务管理目标和措施

本项目建设期预计增值税进项留抵税额 15.2 亿元，建设阶段应以实现建设期留抵退税为核心，需要对纳税信用等级评定、增量留抵退税等方面提前进行规划，及时与税务机关、财政机关进行沟通，争取早日满足退税条件，全额取得留抵退税款，可减少项目公司建设期间资金压力，降低综合资金成本；运营期需以降低企业所得税税负为主要目标，能够补充运营期前期资金缺口问题。

3. 建立全生命周期成本预算管理模型

主要包括假设参数设置模块（招投标项目总投资、投资计划、适用税种及税率、融资结构及参数、施工利润、报价标的），投资估算、融资筹措计划、还本付息计划、总成本费用、项目收入、增值税及附加、施工利润、财务费用、整线现金流、社会资本方现金流（不含利润）、静态收益、敏感分析等模块。各职能部门依据职责分工填报对应模块，同时可以提取其他模块数据信息进行校验分析，针对有分歧的地方及时提出，经过论证后予以确定，降低了管理成本也提高了工作效率。

（四）在实施过程中遇到的主要问题和解决方法

1. 内控机制不健全，控制预测相对薄弱

管理会计工作主要以收集和分析已经实现的数据为主，这些数据只能给决策者提供可靠的既定数据支持，成本管理缺乏对事前预测和事中控制的参与，造成成本管理与前期经营投资市场环境脱离。成本管理人员在处理业务时，仅停留在处理数据上未归集延伸对市场经济状况进行研究，对怎样有效管控企业成本也没有进行及时分析，如此就造成管理者决策不够精准，影响到建筑企业乃至建筑行业今后的发展方向。特别是在具体操作环节，建筑企业依旧未对成本内控机制进行优化，内控机制不完善的情况依旧非常普遍，极大地影响到企业的长远发展，特别是在全面预算与执行工作中，不能充分发挥出成本管控价值，这使得建筑企业与市场经济产生脱节现象。在工程项目立项、审核过程中，因为缺少以精细化的成本控制为基础，造成工程成本偏高，影响到建筑施工企业的经济收益。管理者不能及时了解分析市场经济动态，将会造成企业成本费用开支实际情况与预算相差过大，给企业的降本增效带来许多阻碍。解决方法是项目公司的领导对成本管理降本增效高度认同，调动各部门工作积极性，分管领导积极帮助协调工程管理、人力资源管理、技术管理、商务管理等各部门工作，确保各部门协调配合提高了成本管理工作效率。同时，建立了完善的成本管理规章制度，明确工作流程、工作目标，确保各项工作有章可循。

2. 需要明确融资策划目标，制定针对性的融资措施，方可实现融资预期效果

在融资策划阶段通过测算投标阶段财务模型数据、借款还本付息数据，分析得出需要考虑以下两个问题：一是依据招投标阶段财务模型数据，确定可行性缺口补助与银行贷款利率、投资总额变动关系，需要争取降低银行贷款利率，最大化地获取低于实施方案4.185%产生的利息收益。二是由于运营前期客流处于培育期，运营收入和补贴收入预测前十年资金收入无法覆盖资金支出，资金存在缺口问题，容易触发债务违约，努力争取将贷款期限与特许经营期期限44年匹配，增加贷款宽限期，宽限期内只付息不还本，将还本付息方式由等额本息还款调整为尽力还款方式，优化运营期资金流，以确保运营前期资金收入覆盖还本付息，避免债务违约。三是建设期选取项目前期贷款（短期贷款）或其他组合方式低成本的融资方式，降低资金成本，进而降低总投资，获取低于4.185%利息产生的分成收益。

针对上述情况，项目公司精心设计银团竞争性谈判方案，加大竞争力度，全力实现融资策划目标。BH高速公路项目银团组建经历了四个阶段：融资推介和对接阶段、银团竞争性谈判方案设计阶段、组织竞争性谈判会议阶段、银团组建和合同签署阶

段。通过四个阶段的努力确定项目贷款银团牵头行和参团行，并根据项目融资总额和融资邀约需求，实现了期望的融资条件和目标。

第一阶段：融资推介和对接阶段。

项目投资合同签署后，组织召开了首次项目融资对接会议，沟通对接过程中，向各大金融机构明确表达了前期贷款及长期贷款额度、贷款期限要与项目特许经营期匹配、延长宽限期、灵活还款方式、较低融资成本等诉求，由各家银行向总行沟通并申报项目取得批复。

第二阶段：银团竞争性谈判方案设计阶段。

结合项目实际情况，根据项目融资策划要点，有针对性地制订竞争性谈判方案和银团组建方案。竞争性谈判方案设计的要点如下：

（1）结合融资实际情况，将融资策划必须突破的要点设置为入围条件。例如，BH 高速公路项目将贷款期限不低于 44 年（含宽限期）、贷款利率在项目全周期内不高于最近一期中国人民银行授权全国银行间同业拆借中心公布的 5 年期以上 LPR 减 XXBP、"银团贷款仅以 PPP 合同约定的收益权质押，不要求项目公司股东提供担保或流动性支持"设置为入围条件。

（2）拉大融资最高报价利率和最低报价利率分差，引入二次报价机制。由于意向参与 BH 项目融资银行较多，为了获得较低的融资成本，在融资竞争性谈判方案设计时，将参与报价利率最高者得分最低，报价利率最低者得分最高，分差设置为 20 分，其余按内插法计算得分，同时引入二次报价机制，加大了竞争力度。

（3）设置并加大宽限期的阶梯式得分分值，鼓励金融机构增加宽限期年限。

（4）设置鼓励牵头行全额贷款批复和承诺包销的得分机制，防范若出现个别参团行退出导致融资额无法覆盖贷款总额的风险。

（5）将前期贷款融资利率和条件一并设置为竞价条件，以便选出最优利率。

（6）设定评分方法为综合评审法，客观分值和评委打分分值比例设置为 80%：20%，在确保客观公正的同时，还可防范恶意报价或以低于成本价中标，避免后期组团和放款埋下隐患和障碍。

（7）设置了第一顺位牵头行组团不成功的让位和选择机制，防止银团组建过程中窝工返工，耗时耗力。

第三阶段：组织竞争性谈判会议阶段。

在竞争性谈判方案确定后，待各项条件全部成熟后，向跟踪项目有意参与的所有银行发出竞争性谈判融资邀请文件，并按确定时间组织召开银团贷款竞争性谈判会，BH 项目共有 14 家金融机构递交了竞争性谈判文件并参加了竞谈会，通过竞谈综合评选出 8 家银行进行组团。

第四阶段：银团组建和合同签署阶段。

（1）向银团牵头行送达银团筹组授权书。

（2）督促牵头银行组织召开银团会议，根据响应竞争性谈判融资条件，与各参团行协商一致，组建银团。

（3）银团成员行按照牵头行条件全部完成最终贷款条件审批。

（4）牵头行起草银团贷款合同文本，经合同谈判后确定合同文本。

（5）履行银团合同等融资文件履行决策程序后签订合同。

通过公开邀约比选方式确定项目贷款银团牵头行和参团行，并根据项目融资总额和融资邀约需求，实现了期望的融资条件和目标。

3. 税收策划周期长，政策不明导致管理会计工具运用较为薄弱

由于 PPP 项目的业务具有综合性和复杂性，税务政策的执行直接影响到 PPP 项目收入成本的确认口径，再加上 PPP 项目的规模较大、持续时间较长，税务成本的高低对 PPP 项目的经济效益影响尤其重大，这也导致管理会计工具运用数据支撑性降低。基于该问题，BH 项目提前谋划税收规划工作，成立了税务规划领导小组，组长由财务总监担任，组员包括各部门负责人，完善日常税务工作；财务融资部在税务策划领导小组计划决策下拟订税务师事务所招标方案，通过竞争性谈判方式选聘税务师事务所作为项目公司的税务咨询机构，综合考虑公司生产经营和财税管理活动全流程，按照对公司影响的重大程度，充分利用税收优惠政策，分析、测算各税种计税依据、税率和纳税额，完成项目公司税务规划方案，统筹安排并有效推进税务规划工作；进一步规范公司涉税业务，将税务管理融入日常生产经营和管理流程。合理运用管理会计工具和国家税收政策，做好税务内部控制及税务规划，防范税务风险。

四、取得成效

（一）应用相关管理会计工具方法前后情况对比

1. 应用管理会计工具前

项目成本综合测算分析数据停留在最初的可研分析数据支持且全周期为建设期 4 年、运营期 30 年与实际的全周期 44 年（建设期 4 天、运营期 40 年）存在较大的数据偏差；未形成系统一致性的全生命周期投融资、建设、运营一体化平台多维度分析，建设性数据较少，具体实施方案不成熟导致推进难度增大。成本测算数据只能给决策者提供可靠的既定数据支持，成本管理缺乏对事前预测和事中控制的参与，造成成本管理与前期经营投资市场环境脱离。

2. 应用管理会计工具后

BH 高速公路项目通过标准成本法、全生命周期测算法等综合测算形成多维度降本增效数据分析，成本管理工作快速推进，各项"降本增效"体系高效运转。同时项目深刻践行股份公司和集团公司项目管理策划要求和大商务管理方案，结合项目实际，坚持目标引领、系统联动、全程创效、考核兑现，聚焦开源节流，制定并实施了

"1909"实施细则，开展了一系列有针对性的工作，增加收入640万元，降低投资7亿元，直接节约成本49亿元，总计创效56亿元。其中重点体现在以下几个方面：

（1）高效保障投资建设资金，为匹配融资贷款创造条件。BH高速公路PPP项目自2022年9月1日全面开工建设以来，通过与各股东方、政府部门的积极沟通，抓住国家政策利好形势，成功获批国家开发银行政策性开发性金融工具26亿元，3个月内股东资本金出资到位26亿元，首期出资比例达项目公司注册资本金的近50%，快速高效保障项目投资建设资金的同时，为匹配项目融资贷款创造了根本条件。

通过协调政府将本项目车辆购置税补助资金纳入年度财政支出预算，加快资金拨付进度。开工不到8个月，实现车辆购置税补助资金到位25亿元，占项目车辆购置税补助资金总额的53.56%，相比投资建设进度，实现资金提前超额拨付，提前收取的车购税资金节约建设期利息达8 300万元。

（2）全面实现融资方案目标，债务融资成本大幅降低。按照BH高速公路项目实施方案和利率风险承担规则，为加强债务融资成本控制，在充分考虑项目40年运营期及运营前期可能存在资金缺口等问题的情况下，结合项目公司贷款金额、贷款期限、宽限期、还款方式、融资利率上限等基本条件。通过竞争性谈判，全面实现了44年超长贷款期限（与特许经营期限完全匹配）、8年贷款宽限期、股东无须提供担保、灵活还款方式、较低贷款利率（项目前期贷款利率为LPR3.65%减116基点、项目银团贷款利率为LPR4.3%减131基点）等预期目标，大幅降低了贷款利息支出，与控制利率4.185%相比预计节约利息支出超45.1亿元（其中建设期节约利息支出5.35亿元，运营期节约利息支出39.75亿元），而且有效平滑了项目运营前期还款压力，弥补了运营期前期的资金缺口，债务融资工作取得良好成果。

图1为根据可研报告利率4.185%，贷款年限30年测算得出运营期前10年项目公司具体收支情况，根据可研数据测算得出，项目公司运营期前10年存在资金缺口，现金流出高于现金流入。图2为根据项目公司通过银团贷款确定贷款利率2.99%、贷款年限40年测算的运营期前10年数据。运营期前10年除第10年更新改造外，项目公司不存在资金缺口，项目公司资金流入大于资金流出。

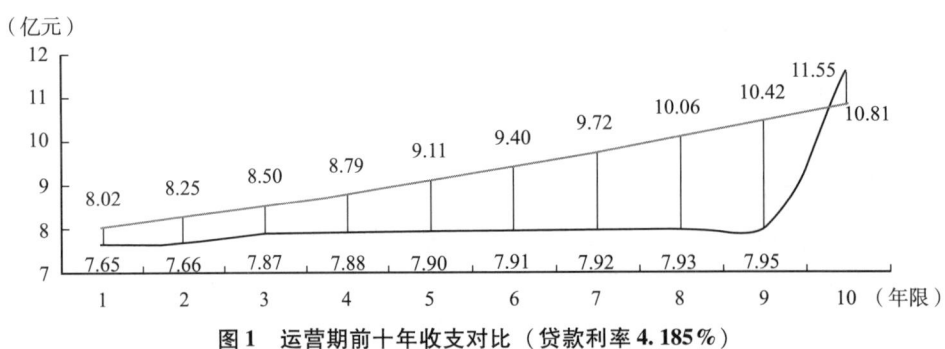

图1 运营期前十年收支对比（贷款利率4.185%）

注：现金流入=使用者付费+政府补助。

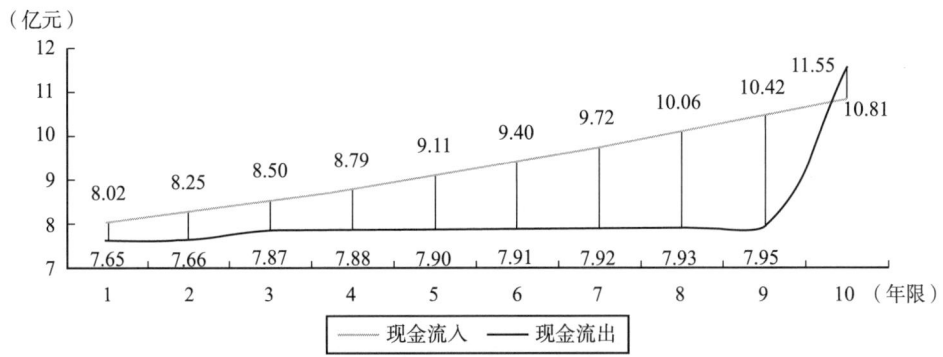

图2　运营期前十年收支对比（贷款利率 2.99%）

注：现金流入 = 使用者付费 + 政府补助；现金流出 = 还本付息 + 运营支出。

测算数据得出，项目公司在第10年、第15年、第22年、第28年、第29年会存在一定资金缺口（见图3）。图4为根据项目公司银团贷款确定利率及贷款年限测算得出结果，根据测算结果可以看出，现金收支状况得到极大改善，有效解决了资金缺口问题。

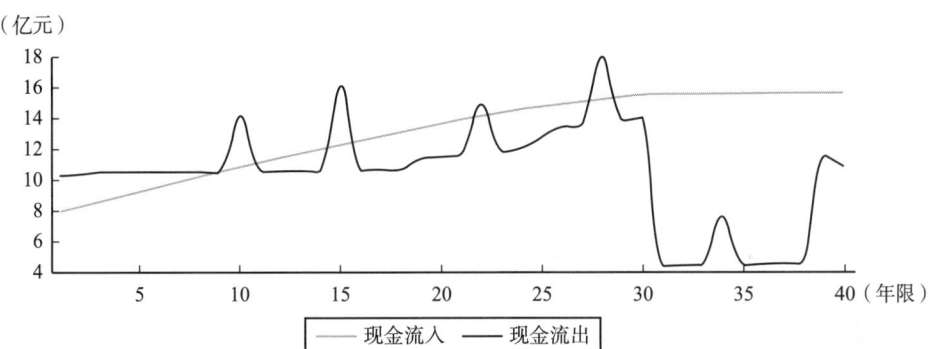

图3　运营期收支对比（贷款年限 30 年；贷款利率 4.185%）

注：现金流入 = 使用者付费 + 政府补助；现金流出 = 还本付息 + 运营支出。

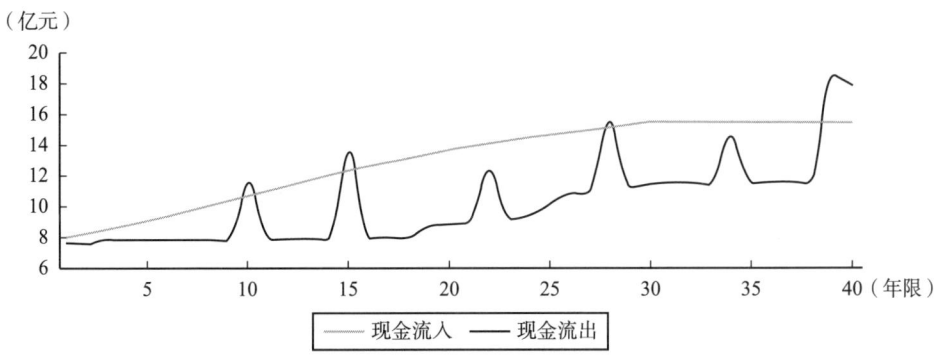

图4　运营期收支对比（贷款年限 40 年；贷款利率 2.99%）

注：现金流入 = 使用者付费 + 政府补助；现金流出 = 还本付息 + 运营支出。

根据表1和表2的测算数据可以得出，建设期项目前期贷款利率（短期贷款）为2.49%，较可研利率测算可节约利息支出5.35亿元，项目贷款利率（长期贷款）确定为2.99%，运营期测算可节约利息支出39.75亿元，合计节约45.1亿元。

表1　　　　　　　　　　　　建设期利息支出对比　　　　　　　　　单位：万元

建设期合计		建设期			
		第1年	第2年	第3年	第4年
当期借款	1 619 355.81	305 890.03	470 550.93	488 573.51	354 341.35
可研测算付息（4.185%）	132 121.43	6 400.75	22 647.78	42 717.45	60 355.45
实际付息（2.49%）	78 609.88	3 808.33	13 475.02	25 416.12	35 910.41
节约利息	53 511.55	1 827.69	6 466.93	12 197.70	17 234.11

表2　　　　　　　　　　　　运营期利息支出对比　　　　　　　　　单位：万元

运营期合计		运营期						
		第1年	第2年	第3年	……	第28年	第29年	第30年
可研测算付息（4.185%）	1 253 515.20	67 770.04	66 598.56	65 378.06	……	11 082.67	7 538.83	3 846.67
实际付息（2.99%）	855 991.44	48 418.74	47 399.36	46 349.51	……	22 255.38	4 721.40	2 395.47
节约利息	397 523.75	19 351.30	19 199.20	19 028.55	……	11 172.71	2 817.43	1 451.20

（3）开展全周期多税种规划，有序推进税务管理创效。建立了全程防控的税务管理体系，以现有财税政策为基础，对项目进行全流程、多主体、全税种的税务管理分析，重点从增值税留抵退税、企业所得税优惠政策、建设期补助及政府可行性缺口补助的处理、前期费用承接、运营方式选择等方面梳理涉税事项并对可能存在的涉税问题及风险进行了合理规划应对，结合项目实际情况对公司能否享受"三免三减半"政策进行分析、增值税留抵退税与"三免三减半"税收优惠政策税务规划事项有的放矢并制订了方案，明确了各项税费规划的目标、措施，对项目实施所处不同阶段税务规划和创效的重点指明了方向，以防范各种税务风险，降低税负成本，更好地促进项目的健康开展。

（4）获得属地政府优惠扶持，财务价值创造多点开花。依据项目公司与属地政府签订的《战略合作框架协议》，项目公司积极与属地政府沟通对接，申报房租补贴、高管人才补贴等相关资料，目前属地政府已对项目公司拨付房租补助226万元，项目建设期4年可获得政府房租补贴640万元，其他各项优惠政策也同步在推进落实中。获得属地政府的大力支持，得益于项目筹备期间的超前谋划，一定程度上减少了项目公司的运行成本，为项目公司实现多渠道、全方位降本增效树立了典范。

（5）集中统筹，物资创效。在疫情防控和市场波动等各种不利因素考验下，扎实推进物资采购工作，进一步压实责任、细化节点和目标任务，实现了物资采购降本增效。集采物资（建筑钢筋、水泥、型钢、防水材料、土工材料、外加剂、中空锚杆）采购总金额对比预算材料价节约成本6.36亿元，对比区域同类项目降低采购成本1.28亿元。在建筑钢筋采购方面，加强与中铁物贸沟通，最终降低50元/吨让利施工单位，直接节约采购成本390万元。地料管理方面，就沿线河沙货源扎实开展调查，并积极与相关单位进行充分沟通，确定河沙由属地市政府统一供应，采购价格由市场采购价148元/立方米直接降低至85元/立方米，节约采购成本4410万元。公司统一协调各工区开展隧道洞渣利用，计划建设隧道洞渣利用加工厂14处，加工碎石及机制砂287万方。经测算，自加工碎石及机制砂成本约40元/立方米，较清单价节约成本9728万元，较市场价总价节约成本13538万元。

（6）优化施组，大临创效。按照"全线一盘棋"的指导思想，遵循"经济、适用、环保、快捷"的原则，统筹全线大临设施规划，严格审核各参建单位大临设施方案，严防超标准建设、重复建设，全线共计优化减少预制梁厂5座、钢筋加工厂2处、混凝土及沥青拌合站各1座，压减投入3500万元。实施永临结合，优化供电点配置，将全线160台临时用电变压器，与全线100处永久用电点位有效结合，永临结合率达53%，节约成本7000余万元。

（7）加强优化，设计创效。一是全线控制性工程摩天岭隧道设计优化，减少140米浅埋暗挖段，增加现场取土10.5万方，解决了工区部分借方严重不足问题，并节省投资约1484万元；二是完成全线最大跨度桥梁主桥桩长优化，减少投资304万元；三是紧盯施工设计图出图变化，浑江大桥维持原桩基直径，调整主筋直径满足规范要求，及时制止了施工图不利变化带来的损失约600万元；四是碱厂公铁分离式方案上跨方案优化为下穿，估算建安费投资减少3000万元，可节省岩溶桩基处理及成孔冗余成本约3586万元，故碱厂公铁分离式方案能节约造价约6586万元。

（二）对支持单位制定和落实战略的评价

利用项目融资、车流量、投资预算等大数据等信息化手段实现项目全周期44年投融资管理、车流量测算管理，优化融资提款、集材采购、设计变更过程成本管控运用，夯实项目"降本增效"成本管控基础，逐步完善大商务管理体系，实现目标引领、系统联动、全程创效、考核兑现，聚焦开源节流的良好局面。结合区域社会经济及交通现状分析与发展预测，根据区域内历年运输量和交通量的发展变化情况，着重调查研究本项目所在区域内的经济特征、运输结构以及经济与公路运输的关系，通过对区域内现状交通量调查和机动车起止点（OD）调查，并根据历年来公路交通量发展与经济发展的相关性，运用科学方法并在对通道综合运输系统深入分析的基础上，分析预测将来区域内的交通需求，进而论证本项目的建设理由、工程建设规模及技术标准。

（三）对提升单位管理决策有用性的评价

通过相关管理会计工具运用方法的实施达到大商务管理"降本增效"的目标，管理层通过 BH 高速项目建设期、运营期大商务成本测算模型直观地了解项目整体建设运营情况。为管理者制定有针对性的决策措施、问题整治、风险规避、投融资决策提供可靠的数据来源。管理者依靠系统，极大地提高了成本管控决策能力，并且利用大数据的深度分析，为 4 年建设期、40 年运营期提供了技术手段。在成本管理会计标准化的基础上进行工程投资估算，并提出工程实施方案。对项目进行国民经济评价和财务分析，进一步论证项目建设的可行性。结合项目实际情况进行节能评价、土地利用评价、工程环境影响分析、社会评价、风险分析和社会稳定风险分析报告。

（四）对提高单位绩效管理水平的评价

相关管理会计工具方法的实施能够为项目公司管理人员在工作中提高成本管理大商务理念，落实责任纠偏，完善绩效考核和奖励分配提供依据；为认真落实集团公司大商务管理的理念和要求，扎实推进项目"1909"实施细则走深走实，提升系统管理水平，提升商务创效能力，争创大商务管理示范线，为集团公司、股份公司聚焦"效益提升，价值创造"、建成中国中铁"王牌投资公司"，奠定了坚实的基础！

五、经验总结

（一）相关管理会计工具方法的基本应用条件

1. 公司完善内控机制，提升成本管理的需要

BH 高速公路项目投资额大、运营周期长，如果公司成本管控不规范可能导致项目的建设和运营偏离初始。成本管理要求从传统模式向综合性创新模式转变，成本管理人员从处理数据归集延伸至市场经济状况进行研究，有效管控企业成本为管理者及时了解与分析市场经济动态提供了强有力的依据。

2. 项目生命周期成本需求

BH 高速公路项目统筹考虑投资、建设、运营和维护等工作，利用其先进技术和管理经验，提高项目在全生命周期内的建设和运营的效率与质量。通过项目的全生命周期整合，降低项目全生命周期成本，避免了传统模式下分散开展工作造成的工作衔接不畅，相互适应匹配不充分的状况。

3. 市场经济下，行业发展趋势

随着市场经济的高速发展，建筑施工企业面临着诸多的机遇，特别是"十四五"

规划贯彻实施，PPP 基础类建设在得到了巨大的发展机会的同时，也面临着更大的竞争。迫切需要企业充分发挥出成本管控价值，规避企业与市场经济产生脱节现象。

（二）相关管理会计工具方法成功应用的关键因素

首先，BH 高速公路项目的高管人员对大商务成本管理"降本增效"高度认同并认真履行相关文件要求，充分调动了各部门工作积极性，分管领导积极帮助协调工程管理、人力资源管理、技术管理、商务管理等各部门工作，确保各部门协调配合提高财务管理工作效率。项目以"高质、高效、高标准"为原则，项目中标后 20 天内圆满完成了项目公司注册，并确立了"54321"建设期总体工作思路，明确了指导思想和奋斗目标，各部门及时参照股份公司、集团公司相关规章制度制定了项目公司大商务成本管理规章制度，建立了完善的成本管理规章制度，明确工作流程、工作目标，确保成本管理各项工作有章可循。其次，各部门严格落实各项制度，严格按照规定开展财务管理各项工作，促进成本管理工作水平提高。最后，成本管理系统工作正常运行是项目公司经济业务顺利开展的重要前提，财务融资部和商务部提前筹划、逐项梳理成本系统工作快速运转所需的基本要件和流程，加强与集团公司主管部门、政府单位及主管税务机关的沟通对接，在最短的时间内完成了项目公司外部银行账户开立、税务登记、财务共享平台系统设置、成本管理系统，促进了成本管理工作水平的提高。

（三）对改进相关管理会计工具方法应用效果的思考

在应用标准成本法和全寿命周期成本管理法测算过程中，BH 高速公路项目建设期 4 年总投资预测数据及 40 年运营期的贷款、还款、车流量收入、服务区收入、政府可行性缺口补助、运营期养护成本摊销数据随着施工进度、投融资的开展和外部经济环境变化而逐步修订，而不是一次测定的数据，在方案实施过程中充分使用标准成本法、全生命周期测算法、因素分析法等多种管理会计工具，充分发挥管理会计工具的综合使用效果。

（四）相关管理会计工具方法在应用中的优缺点

1. 优点

相关管理会计工具方法在应用中的优点主要体现在通过将标准成本法、全生命周期测算法等管理会计工具运用到 BH 高速项目的投融建及运营管理相关信息系统中，科学直观地反映了项目整体投建运作情况，规范了现场施工，提高了成本卡控力度，提升了成本管控能力，实现了项目"降本增效"目的。

2. 缺点

标准成本法及全生命周期测算法等多种成本管理会计工具的结合使用对项目公司各部门员工特别是财务、商务、建管和运营部的一线职工的知识储备、专业技能和工作经验都有着更高水平的要求，各部门通力合作，对综合性复核人才的要求更加急迫，职工在短时间内难以达到较高层次的水平，这也导致相关管理会计工具方法在应用中推进较为缓慢。标准成本需要根据市场价格波动频繁更新，导致成本差异可能缺乏可靠性，降低成本控制效果。

（五）对发展和完善相关管理会计工具方法的建议

1. 明确管理会计岗位职能

管理会计是企业管理的核心地位，为企业的计划、评价、控制服务，进行财务信息的收集、分析和预测。而且专职的管理会计和兼职管理会计无论从对企业的熟悉情况上还是对工作内容研究深度上都有质的区别。相对于财务会计，管理会计人才需要更强的会计知识和财务管理知识，需要站在更高的层次来看企业的财务管理和成本管控问题，企业应当加强培养管理会计综合型人才。在管理会计工作中，要建立采集和挖掘数据分析系统，加强大数据价值挖掘的技术研究与开发，以便有效地挖掘具有巨大政治、社会、科技、经济和自然价值和有利于提升企业竞争力的数据。

2. 加快管理会计信息化建设

企业应该积极开发具有融企业内外环境信息、销售、采购、财务、资金等一体化的管理会计软件或平台，使管理会计可以通过信息系统和大数据库轻松快捷地获取有用数据，并通过信息系统高速计算处理管理会计的各种复杂的公式、模型，为管理决策层提供及时而有价值的信息，企业应更加明确管理会计岗位职责和内容，避免增加管理成本。

（六）对推广应用相关管理会计工具方法的建议

PPP项目中管理会计岗位对从业人员的综合能力要求很高，在具备财务专业技术能力、税务筹划能力、财务管理能力的基础上，还需具备战略管理会计能力，将传统的管理会计提升至战略管理会计的高度。随着大商务管理模式的推进，管理会计岗位与商务部的联动也更加密切，在项目大商务管理策划、项目实施过程中更加凸显了成本管控"降本增效"的重要性。深化企业业财融合，健全管理会计信息系统使得各职能部门与财务部门的业务融合是管理会计在企业发展管理中的必经之路。大商务下管理会计工作通过了解企业工作运转流程、细分市场变化，根据财务报表数据进行系统测算与分析，通过对事前、事中、事后等环节的预测、控制和服务，使财务会计逐步发展为管理会计职能。BH高速公路PPP项目在成本管理、融资管理、税务管理等方面对基础设施类PPP项目成本管控具有一定的适用性，为企业降本增效贡献了财务力量。

BH高速公路PPP项目"降本增效"案例实施成果显著，成功的关键在于公司领导对大商务管理工作和管理会计岗位职能的深刻认识和高度重视，从项目筹备期就结合本项目实际情况，超前谋划、深度发掘项目全生命周期降本增效点，明确目标、制定措施、推进落实，致力于将本项目打造成为系统内部示范项目，树立大商务"降本增效"标杆典范。企业实现大商务管理"效益提升、价值创造"的目标，需要统筹全局了解政府政策、经营环境、融资环境、项目整体情况等诸多重要因素，通过策划项目生产组织管理、大商务管理、合同管理、投资管理、融资管理、设计优化管理、建设期管理、运营期管理、项目重大风险管理，明确保障措施和加强考核管理。做到立足新发展阶段，贯彻新发展理念，构建新发展格局，推动"揽好活、干好活、算好账、赚好钱、强品牌"，坚持"发展优先、质量第一"，以提高经济效益为中心，把管理作为第一任务，不断提升管理和效益水平，才能实现企业高质量发展。

（中铁（辽宁）本桓高速公路有限公司　王聪明　薛军亮

赵大志　张　君　胡　顺）

目标成本法在中铁交通高速公路运营管理中的应用

【摘要】 随着市场经济的快速发展，企业生存与发展面临着激烈的竞争，为了在市场上占据一席之地，企业需要根据战略及实际管理需求对原有的成本管理作出调整和优化，传统的成本管理存在着一定的滞后性，难以指导企业的发展与实践，在新的经济形势下，企业需结合自身未来的发展方向，科学实施目标成本法。本文介绍了目标成本法在中铁交通投资集团高速公路运营项目成本管理中的应用。针对高速公路多种运营模式和多种管理模式并存、不可控运营成本难以控制等问题，中铁交通借助目标成本法对区域内高速公路进行管理体系财务目标成本管理的手段，通过在事前设定预算收入与成本目标，事中分析执行，事后评价结果的全过程控制，提升了成本管控能力，有效降低了高速公路运营成本，较好地支撑了企业战略目标的落实。

一、中铁交通投资集团背景描述

（一）中铁交通投资集团基本情况

中铁交通投资集团有限公司（以下简称"中铁交通"）是中国中铁最早成立的专业投资建设、运营服务管理类全资子公司，是中国中铁高速公路板块投资、建设、运营的专业化公司。拥有公路工程、市政公用施工总承包一级资质，主营高速公路投资、建设、运营，交通、市政等基础设施项目投资、建设，土地整理开发，城市轨道交通及铁路总承包，房地产开发。中铁交通致力于"全力建设国内领先、行业一流的高速公路产业集团"专业定位，持续做强做优高速公路投资运营业务。中铁交通注册资本金80亿元，净资产214亿元，管理总资产超过669亿元，项目累计投资及新签合同额3 216亿元。公司经营业务主要有四大板块：一是高速公路"投建营"一体化；二是城市基础设施建设；三是城市轨道交通及铁路；四是房地产及片区开发。

（二）管理会计应用基础

1. 中铁交通高速公路运营管理现状

中铁交通作为中国中铁高速公路运营管理的标杆企业，已运营15条高速公路1 388公里，运营资产963亿元，运营管理年限将近10年，在高速公路运营管理方面积累了一定的经验，高速公路运营成本形成了初步数据资源。

2. 成本管理存在主要问题

随着中国中铁高速公路项目运营业务整合到中铁交通管理及中铁交通自身高速公路项目的规模增加，从片区内几个省运营管理到全国范围内运营管理的模式转变，之前的成本管理模式也逐步出现了短板。

（1）成本管理覆盖的范围窄。在高速公路运营管理采取传统成本控制方法和模式的时候，成本控制工作存在着不全面现象。成本控制过程对成本动因、成本习性、成本之间的因果关系、资源的耗费情况都了解不深，成本出现差异的时候难以找到根源，成本控制如果不能做到追根溯源，那么它也就失去了工作原本的意义。

（2）成本控制工作适用范围狭窄。传统的成本控制工作站在运营管理的各个环节的角度开展，各个职能部门在此基础上制定本部门的工作目标，并依次下达工作指标给各个责任中心，并在期末据此进行指标的考核和绩效的评价。这种成本控制模式适用的范围比较狭窄，只适合单一的企业主体，却忽视了企业作为核算主体和服务对象、上级管理部门以及其他业务单位之间的联系，这种成本控制方法是一种战术性成本控制方法，只针对企业内部而言。

（3）缺少战略目标导向，各期成本波动较大。以前，基层单位运营公司的成本预算管理理念是根据公司当年业务计划编报年度预算，然后根据上级单位批复的预算指标来安排预算支出，公司只要确保各项成本费用年度支出没有超批复预算即可。正是由于缺少一个长期整体的战略目标导向，导致各年度的成本费用预算编制和批复，完全是基层单位与上级单位的博弈结果。今年争取的预算多，成本费用就多花点，反之则少花点。结果，导致同一成本费用项目，各年的支出会存在一个波动性。

（4）更多是事后成本核算，成本管控的价值创造不明显。以前，基层运营公司的成本管理工作更多是在事后核算统计上，没有发挥事前成本预测和成本控制的作用。企业成本管控的重点，更多关注的是预算执行过程中如何控制年度成本支出总额，确保其预算不超上级下达的指标。企业没有事前成本控制意识，发挥主观能动性，没有想过如何在年度预算的编制工作中怎样控制成本、压减成本，如何通过成本控制来提高公司效益，为企业创造更多的价值。说到底，以前的成本管控仅仅是为了节约而节约，没有思考如何将企业的预算资源用到最需要它的地方，避免在不必要的地方上门造成浪费，未能通过成本管控助推企业的价值创造。

（三）选择目标成本法的主要原因

1. 高速公路运营管理持续发展需要

当前，我国高速公路总里程已达 17.7 万公里，"十四五"期间将规划新改建 2.5 万公里，到 2035 年还将构建"全国 123 出行交通圈"和"全球 123 快货物流圈"，高速公路市场发展仍然平稳向好。随着全国高速公路网络趋于完善，市场重心将逐步由投资建设向运营维养倾斜，形成中国交通基础设施行业的下一个风口。中国中铁将高速公路项目运营业务全部整合到中铁交通，将其打造为"投建营"一体化平台，能够使中铁交通进入区别于其他投资公司的发展赛道，为后续专业化实体化发展奠定了基础，进而为中国中铁在高速公路领域树立具有强大竞争力的市场品牌。

2. 目标成本法可以帮助企业降本增效

截至目前，中国中铁共投资 39 条高速公路（不含招商中铁 11 条和股权投资项目），总投资额 5 775 亿元，总里程 4 572 公里，分布在 18 个省（自治区和直辖市）。目前已运营 19 条共 3 073 公里（含中铁交通实质接管高速公路 10 条），在建及待建 20 条共 2 384 公里，中铁交通对中国中铁所有高速路进行接管整合，秉承"忠于托付"经营理念，顺利接管了 12 条已运营高速公路，这无疑对中铁交通的运营管理能力提出了更高要求。在此重大转型发展阶段，中铁交通严格落实股份公司"立标准、树品牌、增效益"要求，树牢大运营思维，构建大运营格局，深刻把握"三中心一基地"发展定位，全力打造"中铁高速"品牌，补强中国中铁高速公路项目运营业务，提升企业在高速公路市场的整体竞争力和长期可持续发展能力。

二、总体设计

（一）应用目标成本法的管理目标

应用目标成本法以不断变化的市场信息为导向和满足消费者需求为前提，同时保证目标利润的实现。中铁交通实施的目标成本法，主要应用在中国中铁范围内高速公路运营项目的成本管控，其旨在通过目标成本的设定和实现，尽最大可能降低运营成本，提升区域内高速公路集中运营管理价值创造。

（二）应用目标成本法的总体思路

1. 确定总目标成本

在应用目标成本法的过程中，中铁交通设定三个层级的总目标成本。首先是集团层的目标成本，"集团容许成本 = 委托运营中心管理费收入 - 利润"，即从集团层次保证委托运营项目的可营利性和成本可控制；其次是运营中心的目标成本，"可实现的目标成本降低 = 集团容许成本 - 当前运营中心预计成本"，即明确运营中心的成本降低目标；最后是明确运营中心高速公路各管理处的成本降低目标。

2. 确定分级的目标成本

运营中心的目标成本确定后，需将目标成本进行分解至各部门、各管理处、收费站，直至将目标分解落实到了最末端的责任主体。

3. 目标成本的执行和落实

运营中心根据集团公司下达的各项制度与预算指标结合市场需求和目标成本要素设定、评审、确定最终的成本目标方案。

4. 目标差异分析和制度措施

方案初步确定后，通过目标成本过程监控、分析成本结果是否在目标成本范围内，如果超出目标成本，要制定成本降低的措施并实施。

（三）应用目标成本法的内容

目标成本法的核心工作是确定目标成本，中铁交通集团通过优化运营体系考核奖惩机制，充分放权赋能，市场化运作管理，实行预算刚性管控、总额和人工费用包干，完善分配机制，倒逼责任落实。持续推进标准化体系建设，在养护定额统编、机电检测统采、商业资源统购、形象标准统一上强化管理。

（四）应用目标成本法的创新

针对高速公路多种运营模式和多种管理模式并存、分散运营管理模式运营成本难以控制、无法集中管理以实现规模效益等问题，中铁交通借助目标成本法对区域内高速公路进行管理体系构建集中管理的手段，通过在事前设定预算收入与成本目标，事中分析执行，事后评价结果的全过程控制，提升了成本管控能力，提高了企业运营管理业务一体化、标准化，较好地支撑了企业战略目标的落实。希望本文提出的建议对高速运营单位有一定的参考价值，从而使企业能够更加科学有效地进行管理工作，也希望这些建议能为我国其他应用目标成本法的企业提供一些参考。

三、应用过程

（一）公司组织架构与目标成本管理组织机构的设立

1. 公司组织架构

中铁交通经过多年的治理结构建设，搭建了"集团总部、运营中心、运营管理处"三级运营管理架构。

2. 目标成本管理组织机构的设立

集团总部成立由运营管理、财务、商务、人力等部门组成的运营成本管理机构，同时集团下发正式文件成立运营中心组织机构及所属各高速管理处，明确项目组织机构的人员和工作职能。

（二）目标成本管理参与部门和人员配置

参与部门有高速运营中心运营管理部、路产养护部、综合部、财务管理部、各高速管理处部门、收费站，其中牵头部门为财务管理部，其他部门为配合部门。

人员配置：运营中心领导、运营中心部门及管理处负责人、部门骨干。

（三）应用目标成本管理的部署要求

1. 建立组织机构保证实施

每个层级的目标成本的确定下发，都是一个"从上而下"又"从下到上"的管理过程，因此，高速公路的运营中心就是这个保证实施的"上下结合"的核心机构。

2. 建立流程制度保证实施

通过建立及完善目标成本管理的相关制度文件，覆盖目标成本制定、目标成本分解、目标成本下达、目标成本调整、目标成本执行、目标成本分析、考核评价等过程，指导目标成本管理工作。

3. 与绩效管理相结合

建立一个完善的奖惩制度，将目标成本管理水平纳入集团相关负责人、运营中心、管理处部门、员工的绩效考核中，调动员工的积极性，提高目标成本管理效益。

（四）目标成本法的具体应用

下面以中铁交通西南运营中心的东格高速公路管理处为例，介绍一下目标成本法在高速公路运营管理中的具体应用。

1. 科学组织目标成本的测算和编制

（1）成立目标成本管理的组织机构。按照机构简化高效的原则，中铁交通对高速公路运营项目实行区域化管理，成立西南运营中心及东格高速公路管理处，有机结合全面预算管理工作的组织机构设置，实行两个机构、一套人马合并实施开展目标成本管理工作，成立由东格运营管理处总经理为组长，各部门负责人为成员的目标成本管理工作现场小组，负责东格管理处目标成本管理工作，下设日常联络办公室，办公室设在路产管养部，由路产管养部负责人兼任办公室主任，负责牵头开展运营业务目标成本的短期、中期、长期的测算和控制方案的编制，对照《委托运营管理协议》附件中的运营服务费收入清单，按照上级下达的年度目标收入、目标利润，做好目标成本的控制工作。

（2）开展运营成本基础资料搜集和分析测算工作。主要做好养护成本、人工成本、收费运营成本、征收业务成本、其他成本五项成本的测算：一是综合考虑东格高速开通运营的因素，参考省内高速公路养护预算定额，借鉴已开通运营相邻相似兄弟单位的历史经验数据，结合东格高速的桥隧、道路、护坡及收费站、服务区等运营基础设施的分布及数量，做好道路管养及能耗的成本测算；二是以中铁交通印发的《高速公路运营管理处机构设置及定员定编指导意见》为指导原则，按照西南运营中心批准的东格高速人员定岗定编方案，结合东格高速运营管理实际需求，做好人员岗位数量及人工成本的测算；三是根据企业管理各项规定精神，认真做好收费运营成本中各项经费指标的取值取数，依据资料搜集和分析重点做好三公费用、车辆费用、水电能耗费用、业务宣传等费用支出的编制；四是参考云南省交通厅对高速公路联网收费服务费的取费标准，合理测算征收业务成本的联网服务费；五是根据集团公司安全生产费计提标准，结合东格高速的实际运营里程和道路安全运营的各项影响因素，做好安全生产费用的测算。

（3）计算管理处目标成本。认真编制运营目标成本分解预算底稿。运营中心各部门按照业务分工对运营项目各项目标成本费用进行分解，综合办公室负责填报收费运营成本表和人工成本表、固定资产预算表，路产管养部负责填报养护成本预算表和安全生产及其他成本预算表，运营管理处负责填报征收业务成本表，要求在经过调查研究的基础上提供翔实的编写说明。

（4）确定目标成本。目标成本的确定履行三个层级审核程序：一是管理处分解的目标成本预算由运营中心审核后提交中铁交通运营管理部门审核，根据审核意见后进行二次修改；二是运营中心根据修改后的目标成本进行审核；三是中铁交通成本管理部门进行运营目标成本会审，形成审议意见，确定目标成本，并以预算文件正式下达。

2. 认真做好上级下达目标成本的分解执行

（1）设定目标成本。集团公司根据市场需求、竞争环境、预期利润等因素设定并下达运营中心目标成本，运营中心及时做好集团公司下达各项成本预算指标的文件传达。

（2）分析成本构成。运营中心根据集团下达目标成本进行分析，了解各个成本项目的构成和比例。

（3）分解管理处目标成本。结合委托运营管理实际情况，根据高速公路运营期成本费用支出内容，东格高速公路管理处基于成本费用内容的目标成本分解如表1所示。

表1　　　　　运营中心对各管理处的指标分解　　　　单位：万元

项目	营业收入	营业成本合计	营业外收入	营业外成本	利润总额	所得税	净利润	备注
西南运营中心	17 668	15 101	0	0	2 567	0	2 567	
中心机关	0	837	0	0	−837		−837	
昆倘	2 252.37	2 101	0	0	151		151	
玉楚	7 982.30	5 296	0	0	2 686		2 686	

续表

项目	营业收入	营业成本合计	营业外收入	营业外成本	利润总额	所得税	净利润	备注
东格	1 798.71	1 719	0	0	80		80	
寻沽	1 793.19	1 522	0	0	272		272	
威围	1 383.08	1 361	0	0	22		22	
瓮开	2 458.62	2 265	0	0	194		194	

东格管理处目标成本分解情况如表2所示。

表2   **东格管理处目标成本分解**

序号	项目	金额（万元）	占比（%）
1	营业成本	1 709	99.42
1.1	养护成本	565	32.85
1.2	运营成本	202	11.74
1.3	征收成本	15	0.87
1.4	其他成本	45	2.62
1.5	人工成本	882	51.33
2	期间费用	10	0.58
2.1	销售费用	10	0.58
	合计	1 719	100.00

从表2可以看出，销售费用、征收成本和其他成本在总成本中的占比都很低，目标成本能否实现关键是看运营成本、养护成本和人工成本的控制水平，尤其是人工成本，因其一项就占了总成本的一半以上。

针对成本费用主要业务开支的发生部门不同，进一步基于责任部门对目标成本进行分解，然后由各责任部门对负责的目标责任成本进行控制执行，如表3所示。

表3   **东格管理处各部门目标成本分解**   单位：万元

序号	项目	金额	综合办公室	路产管养部	运营管理部
1	营业成本	1 709			
1.1	养护成本	565		√	
1.2	运营成本	202	√		
1.3	征收成本	15			√
1.4	其他成本	45		√	

序号	项目	金额	综合办公室	路产管养部	运营管理部
1.5	人工成本	882	√		
2	期间费用	10			
2.1	销售费用	10		√	√
	合计	1 719			

3. 采取关键控制措施，实现目标成本

目标成本法的应用，往往是确定目标成本容易，实现目标成本比较困难。所以，如何采取关键的成本控制措施和控制手段，努力避免实际成本偏离目标成本，确保企业确立的目标成本能够变成可以实现的目标成本，是企业目标成本法实施能否成功的关键。从表2目标成本的分解可以看出，东格高速公路管理处目标成本的关键在人工成本（占比51.33%）、养护成本（占比32.85%）、运营成本（占比11.74%）。

成本的控制措施及取得成效：

（1）提高认识，明确管理处总体目标。根据上级单位提出的"人工成本总额包干""运营成本总额包干"的战略指导意见，中心要求各管理处必须提高认识，认真领会上级单位的工作指示精神，以上级单位下达的2023年度运营项目运营成本和人工成本总额控制目标值作为各管理处各项业务工作开展的前提，无预算超预算的经济活动坚决不得发生，必须控制好管理处的年初成本总额。

（2）实事求是，控制人工成本。一是根据上级单位规定的管理处定员定编通知，同时结合管理处实际业务开展情况，合理配置各部门岗位人员，避免出现人浮于事的情况，从而降低用工成本。二是在岗位薪酬标准制定上，结合地方经济总体水平，合理设定岗位人员薪资标准，与大城市所在地的管理处有所差异，真正做到"一企一策"，控制人工成本支出。三是倡导正常休息休假，偶尔发生的加班原则上适当安排补休，严格控制员工加班，减少加班工资支出。

通过以制度形式统一明确了运营管理处的机构设置及定员定编后，巡查员调整为每班2人、收费员调整为每班3人、监控员调整为每班2人，避免了管理处人员定编忽高忽低的情况，最大限度节约了员工数量，节约人工成本。2023年，管理处目标成本较2022年实际成本减少227万元，如表4所示。

表4　　　　　　　　　　2023年人工成本目标与上年实际成本　　　　　　　单位：万元

项目	2022年实际成本	2023年目标成本	目标成本较上年实际成本
人工成本	1 109	882	−227

（3）防治结合，降低养护成本。一是积极开展预防性养护。通过对道路前期质

量验收情况结合后续定期检测及每年度发生的养护工程统计，对以后年度作出科学决策，采用前中期投入进行预防性养护，以延长大修时间，减少大修频次，从而降低养护成本。二是认真做好及时性养护。加强对路段上巡视巡察，通过采用智能设备，提高发现问题能力，及时解决道路出现的问题，防止病害越演越烈，避免出现"头痛医头，脚痛医脚"等"无用工程"，达到花小钱解决大问题的目的，节约养护成本。三是提高作业人员水平。通过开展业务培训，业务会议等，提高养护作业人员水平，针对道路病害存在问题，提出最优处理方案，降低维护成本。四是加强项目管控能力及责任心，保证养护工程的质量合格，提高使用时间，降低维修频率，达到降低养护成本的目的。五是加强物资设备采购管理。管理处严格物资设备的采购管理，达到招投标管理规定的必须通过招投标途径采购，其他零星采购也严格执行询价比选工作流程，通过货比三家务求买到物美价廉的物资设备，降低采购成本支出。

2023 年，通过采取各种防治结合的养护措施，管理处上半年实际成本较 2022 年实际成本的一半减少 96 万元（即使会存在上下半年养护成本不均衡的情况，但也不会偏差 96 万元这么多）。总的来说，养护成本也得到了一定程度的下降。

（4）细微处着手，节俭办企控经费。由于管理处水电费为项目公司开立的账户，由项目公司代付，因此管理处的主要管理经费为车辆使用费、办公费、工装费、宣传费、排污绿化费、低耗品摊销和业务招待费等。

一是树立节俭观念。严格执行上级单位勤俭办企业十不准等相关规定，要求各管理处严格贯彻落实节俭办企业规定，节能减排，做到人走灯灭，合理控制空调开关时间，不得铺张浪费，降低企业管理经费。二是加强车辆管理。在用车审批上，尽量安排集中用车出行，避免增加不必要的重复派车；在车辆用油管理上，要求为单位公务车办理中石油的单位加油卡，严格加油登记管理；在车辆通行费管理上，要求各管理处的公务车都要办理 ETC 通行卡，一车一卡定期结算，避免驾驶员现金交款凭票报销带来的管理混乱；在维修保养上，通过询价比选后确定一家车辆维修保养的定点合作单位，按季度结算维修费用并对公转账，确保服务质量的同时也适当压降了维修费用。三是推行无纸化办公、办公用品定期集中采购，同时加强对办公用品采购申请的审核审批，加强资产台账管理，定期进行自查盘点，坚持"满足需求为主，避免铺张浪费"，控制办公费用支出。四是严格贯彻执行中央八项规定精神，加强对业务招待费支出的审批管理，严禁违规接待超标准接待，严控招待费支出。五是加强财务预算管理，加强报销付款审核把关，完善报销付款的事前、事中、事后附件资料，规范管理经费报销行为。

通过采取各种节俭节约措施，2023 年，管理处运营成本目标成本较 2022 年实际成本减少 164 万元，如表 5 所示。

表5		2023年运营成本目标与上年实际成本	单位：万元
项目	2022年实际成本	2023年目标成本	目标成本较上年实际成本
运营成本	366	202	−164

4. 目标成本执行结果分析与考核

（1）月度统计分析。每月初，中心财务部会对各高速公路管理处截至上月末的各项成本费用进行统计分析，然后在月度例会上通报预算执行基本情况。同时，将各管理处的预算执行情况统计表发送各管理处，方便各管理处及时掌握各项成本费用的最新使用情况并及时纠偏。

（2）召开经济活动分析会议。根据要求按季度开展经济活动分析会议，各管理处根据财务部统计的各项预算指标实际完成情况，认真做好预算节超分析工作，查找预算超支的原因，为下一步成本管控研究制定相应措施。

（3）年度终了，对年度成本费用预算执行情况进行分析，对年度目标成本进行统计分析，为成本考核提供基础数据支撑，考核结果直接与管理处负责人业绩考核挂钩。

（五）实施过程中遇到的主要问题和解决办法

1. 遇到的问题

（1）总额包干与单项费用管控的双重管理矛盾。总额包干管理，理论上更加符合目标成本管理的思路。因为上级单位下达的成本费用总额包干目标值，其实就相当于是企业要确定的目标成本值。但是，在实际管理过程中对单项费用发生额进行过程管控，也挫伤了一部分管理积极性。

（2）固定成本支出管控压力大。虽然采取目标成本法能够倒逼企业采取各种成本管控措施来帮助企业实现既定的战略目标利润，但是因为最低薪酬及社保标准等限制，那么即便企业再如何压减成本费用支出也是无法实现的。即使是变动成本，压减的空间也是有限度的，不可能无限度压减，更不用说即便是没有营业收入也要正常发生的固定成本支出了。

（3）受不可控因素影响。企业每年制定战略目标利润，确定目标成本，都是基于企业每年的生产经营内外部环境相对不变的基础上的。如果企业所处的环境发生较大变化，则企业的目标成本必然也会相应发生增减变动。例如，不可预见的自然灾害导致当年企业高速公路所属路段发生了泥石流、边坡坍塌等灾害，为了道路安全畅通，必须及时进行抢修，发生的这些灾害抢修成本都是企业在目标成本的基础上额外增加的。所以说，目标成本会受到不可控因素的影响，而且往往增加的成本也是比较大的。

2. 解决方法建议

（1）确立管理模式，给予必要自主权。上级单位要明确企业的预算管理模式，在下达企业战略目标分解指标后，要同时给予基层单位适当的预算管理自主权，以便于基层单位灵活安排各项成本费用的预算指标，根据业务工作的轻重缓急自主决定成本费用的使用安排，最终顺利实现企业的目标成本，完成企业利润目标。

（2）合理确定战略目标利润。企业在确定年度目标成本时，应该在确定企业年度营业收入后，在成本费用基础资料收集和分析测算等摸底工作的基础上，客观分析确定企业的战略目标利润，从而确保企业的年度目标成本相对客观真实并具有可操作性。

（3）建立目标成本调整机制。应用目标成本法与全面预算管理一样，也要根据企业周围环境的变化，不断调整企业的管理措施和方法。建立目标成本动态调整机制，定期或不定期对企业年初确定的目标成本进行调整，方能抵消不可控的客观因素给企业带来的不利影响。

四、取得成效

（一）情况对比

在应用目标成本法之前，中铁交通投资集团基本采用传统的成本管理方法，传统的高速公路运营管理成本控制建立在企业运营管理的内容的基础上，根据上年或历史数据计算出成本的大致范围并进行成本控制。新的成本控制模式注重对成本注入思想和倒推成本思想的运用，站在市场竞争和企业效益最大化的角度来进行成本管理和控制，这是对现代成本控制思想的重要运用。从运营管理企业的收入减去所需的盈利的角度去设定成本，从而确定出目标成本，使得高速公路运营管理的业务和成本紧密联系在一起，将整个运营管理体系视作成本的总成，并运用价值工程的手段来实现成本控制目标。

应用目标成本法后，公司以市场为导向，以公司的长期发展计划为制定成本目标基础，实现运营管理过程中的成本控制，拓展了运营管理的价值创造新模式，提升了市场竞争力。

从表6可以看出，2023年，管理处为能实现既定战略目标利润，结合年度委托运营服务费收入，最终确定的目标成本较上年度实际成本减少331万元。采取目标成本法后，管理处2023年的总成本费用目标确定为1 719万元，较年初预算2 220万元降低了501万元。经过管理处各责任部门的努力，通过采取一系列成本费用控制措施，上半年实际发生598万元，较半年度目标成本降低了262万元，增加了企业收益。

表6 2023 年各项成本与上年比较情况 单位：万元

序号	项目	2022 年实际成本	2023 年目标成本		2023 上半年实际成本	目标成本较上年实际成本	截至上半年本年实际成本较目标成本
			全年	半年			
1	营业成本	2 050	1 709	855	598	−341	−257
1.1	养护成本	541	565	282	174	24	−108
1.2	运营成本	366	202	101	48	−164	−53
1.3	征收成本	30	15	8	0	−15	−8
1.4	其他成本	4	45	22	5	41	−17
1.5	人工成本	1 109	882	441	371	−227	−70
2	期间费用	0	10	5	0	10	−5
2.1	销售费用	0	10	5	0	10	−5
	合计	2 050	1 719	860	598	−331	−262

（二）对解决企业问题情况对比

以前的成本预算管理，往往是根据基础企业与上级企业的博弈结果来决定。成本费用预算争取得多，当年企业盈利就下降；反之，当年上级企业管控严格，成本费用下达额度减少，当年企业盈利就增加。企业每年度的经营业绩经常处于忽高忽低的状态，给外界一种企业成长不稳定的错误认知。采取目标成本法后，企业每年度的成本费用都与企业的战略目标利润联系在一起，企业通过各种控制措施，努力实现年度目标成本。因为企业的战略目标通常都是平滑增长，不会变动起伏很大。因此，企业的经营业绩避免了忽高忽低的窘境，经营业绩相对更加稳定。

以前企业的成本管理都是事后核算统计，即便是发现某个成本费用超出年度预算了，最多也是分析一下原因，然后对相关责任部门、人员进行处罚。最终，受损害的还是企业的利益。采取目标成本法后，成本管控不再是为了节约而管理，而是考虑如何发挥企业成本管控作用，合理运用成本管控措施，为实现企业战略目标利润而进行成本管理。采取目标成本法后，成本管理不再是财务事后核算，而是财务部门协调目标成本管理领导小组，通过事前确定目标成本，事中努力控制实现目标成本，从而为企业创造更多的经营效益，真正做到财务创效。

（三）对企业制定和落实战略的评价

（1）精细化成本管理。目标成本法强调通过对产品或服务的目标成本进行分析，可以更加精确地确定成本构成和成本控制的重点，帮助企业制定合理的战略目标和成本预算。

（2）战略定位和竞争优势。目标成本法可以帮助企业分析产品或服务的市场需求、竞争对手和消费者偏好等因素，从而明确战略定位和竞争优势，为企业制定相关战略提供有力支持。

（3）绩效评价和激励机制。目标成本法可以将目标成本与实际成本进行比较，帮助支持企业评估绩效和激励员工，通过激励机制提高绩效和达成战略目标。

（4）决策支持和风险管理。目标成本法可以为企业提供决策支持，帮助其在制订战略方案时预测和评估各种风险和不确定性因素，从而降低风险并增加决策的准确性。

（四）对提升企业管理决策有用性的评价

（1）提供准确的成本信息。目标成本法通过对产品或服务的目标成本进行分析，可以提供准确的成本信息，帮助企业管理者作出更加明智的决策。准确的成本信息可以帮助管理者了解产品或服务的成本构成、成本差异和成本效益，从而作出更加合理的决策。

（2）帮助确定产品定价。目标成本法可以帮助企业管理者确定产品的目标成本，从而帮助确定产品的定价策略。通过分析产品的目标成本与市场需求的匹配程度，管理者可以决定产品的定价水平，以实现利润最大化或市场份额最大化的目标。

（3）优化资源配置。目标成本法可以帮助企业管理者优化资源的配置，以实现成本最小化的目标。通过分析产品或服务的目标成本，管理者可以识别和优化不必要的成本和浪费，合理配置资源，提高资源利用率，从而降低单位的总体成本。

（4）支持战略决策。目标成本法可以为企业管理者提供支持战略决策的依据。通过分析产品或服务的目标成本，管理者可以评估不同战略方案的可行性和成本效益，从而选择最佳的战略方案。这可以帮助企业管理者更好地制定战略目标、规划资源和实现战略目标。

（五）对提供企业绩效管理的评价

（1）设定明确的目标。目标成本法通过分析产品或服务的目标成本，可以帮助企业设定明确的目标。通过确定目标成本，企业可以为各个部门和团队设定具体的绩效目标，明确工作重点和期望的结果。

（2）监控绩效表现。目标成本法提供了一个衡量绩效的标准。通过与目标成本进行对比，企业可以评估绩效表现。如果实际成本低于目标成本，则绩效良好，反之则需要进一步分析和改进。

（3）识别问题和改进机会。目标成本法可以帮助企业发现问题、改进问题。如果实际成本超过目标成本，单位可以分析成本差异的原因，并采取相应的措施来降低成本、提高效率，从而改进绩效。

（4）激励和奖励机制。目标成本法可以作为一个激励和奖励机制的基础。企业可以设定目标成本，并与员工的绩效考核和奖励挂钩。当员工能够实现或超过目标成本时，可以获得相应的激励和奖励，激发员工的积极性和工作动力。

（5）支持决策和资源分配。目标成本法可以为企业的决策和资源分配提供支持。通过分析产品或服务的目标成本，企业可以评估不同决策和资源分配方案的成本效益，从而作出更明智的决策和合理的资源分配。

五、经验总结

（一）目标成本法的基本应用条件

（1）具有健全的成本管理制度。企业进行成本管控的前提是具有健全的成本管理制度，能够明确各部门的职责和成本核算原则，具有规范化的成本管理流程，可以充分利用现代化信息技术，及时、准确地获取与成本有关的财务和非财务信息。

（2）以成本降低或成本优化为主要手段。

（3）成立跨部门团队。企业在进行目标成本的制定、分解、实施和考核之前，需要成立由企业各部门组成的跨部门团队。

（二）目标成本法成功应用的关键因素

需要管理层的支持，需要业务部门和财务部门深度沟通，也需要业务部门各位领导和同事的认同和支持，企业内部需要有完善内控管理环境和管理系统，要有效确保企业实现利润的相关制度能够长期稳定地进行。

（三）管理会计工具方法在应用中的优缺点

（1）优点。目标成本法是以企业的预算为基础，根据企业的经营目标，在成本预测、成本决策、确定目标成本的基础上，进行目标成本的分解，对成本进行事前测定，日常控制分析和事后考核，全过程成本管理，强调企业寿命周期成本的全过程和全员管理，有助于提高成本管理的效率、效果和经济效益及市场竞争力。通过应用管理会计工具，企业可以提升内部管理水平，对企业规划、决策、控制、评价活动，建立有效的战略价值导向，从而实现企业利润的目标。

（2）缺点。其应用不仅要求企业具有各类所需的人才，更需要各有关部门和人员的通力合作，管理水平要求较高；如果企业的预算体系不健全，那么目标成本法的实施就失去了保障。

（四）对发展和完善相关管理会计工具方法的建议

结合企业实际情况，充分了解我国管理会计工具体系，选择适应的管理会计方法。要深化业财融合，业务部门与财务部门的融合，是管理会计在企业运用中的必然产物。从业务部门来说，在业务开展的全过程，要有经营思维和风险意识，要清晰地认识到业务开展需要为公司创造价值和利润，控制和规避风险，减少损失，也是创造价值。从财务部门来说，要深入业务活动中，特别是将财务管理前移到业务前端，通过对数据的预测和分析，反馈给业务部门及决策层，通过把握业务流程的关键控制点和潜在风险点，实施有针对性的改进，降低运营风险，使企业的管理决策更加科学。

（五）对推广应用相关管理会计工具与方法的建议

（1）管理会计将管理与会计有机地结合在一起，管理、规划、控制企业的经营活动，对企业的未来进行科学规划，合理使用企业的经济资源，调动企业的积极因素。管理会计方法以协助管理者借鉴学习、确立决策目标、规划决策、评价决策业绩，需要改变传统的思维模式，从事务性和审批性的工作中抽身出来，熟悉业务、深入业务、抓住关键控制点，风险控制的思维从合规向价值创造转移，不能简单地向业务部门说"不"，而是要在控制风险的前提下，灵活应对，给出解决方案，使企业获得更多的经济效益。

（2）业财融合，使管理会计参与业务流程的方方面面，通过对事前、事中、事后等环节的预测、控制和服务，使财务部门的职能发生质的改变。财务会计转变为管理会计。财务部门只有及时了解业务信息，快速作出企业数据分析，并将信息及时传送至管理层，才能使管理层的决策发挥作用。

（中铁交通投资集团有限公司　郭晋宏　李胜云　齐秀文　蒙　泽　杨志浩）

总承包模式下的资金管理与成本管控

——以中铁广投为例

【摘要】近年来，随着国民经济的高速发展，我国基础设施建设进入蓬勃发展的阶段。随着市场环境的变化，建筑企业不断创新、革新、优化项目施工管理模式，总承包模式被企业广泛应用在大型基础设施项目建设中。中铁（广州）投资发展有限公司（以下简称"中铁广投"）作为中国中铁股份有限公司下属专业总承包公司，积极应对市场变化和竞争，探索优化总承包企业管理模式，秉持项目资金自平衡理念，利用项目及公司优质资源，通过集约化管理实现项目资金统筹管理，同时依托中国中铁股份公司司库平台的建设，实现"母子"联动，推动资金管理平台化、数据化、智能化，提高资金效率，降低财务成本，防范财务风险。

一、背景描述

（一）总承包模式的发展历史

根据住房和城乡建设部《关于进一步推进工程总承包发展的若干意见》的规定：工程总承包是指从事工程总承包的企业按照与建设单位签订的合同，对工程项目的设计、采购、施工等实行全过程的承包，并对工程的质量、安全、工期和造价等全面负责的承包方式。工程总承包一般采用设计—采购—施工总承包或者设计—施工总承包模式。建设单位也可以根据项目特点和实际需要，按照风险合理分担原则和承包工作内容采用其他工程总承包模式。

20世纪80年代以来，国务院及各部委陆续出台有关工程总承包的文件，工程承包市场出现了新的趋势，在越来越多的投资项目中，业主开始采用工程总承包的建设方式，政策与法律规范性文件的发布作为工程总承包发展历程的主要标志，我国推行工程总承包模式历程大致分为试点阶段（1984~2002年）、推广阶段（2003~2013年）、全面推进阶段（2014年至今）三个阶段。目前工程总承包正处理大力发展的阶段，在房地产、市政建设、高速公路、铁路项目等领域已全面实行总承包模式，并在浙江、上海、福建、广东、广西、湖南、湖北、四川、吉林、陕西等省份启动试点。

总承包模式在我国发展的历史较短，但已成为我国建筑行业未来发展的必选方向，在国内总承包项目建设过程中，项目财务管理工作是工程总承包环节中至关重要的一环，项目建设资金是项目总承包建设过程中的血脉。面对总承包项目建设工期较长、资金体量大，建筑企业资金管理人员面临着巨大的挑战，优化资金管理和成本控制对于财务管理人员和企业发展具有十分重要的意义。

（二）总承包模式下企业资金管理面临的问题

随着建筑工程行业的快速发展，建筑企业规模不断扩大，行业竞争格局越发激烈，且当前市场环境变化较快，房地产项目和地方政府基建类等项目资金来源面临巨大挑战，建筑企业面临的资金风险随之升高。经分析总结，建筑企业目前面临的资金风险主要存在以下问题。

1. 资金分散，流动性差

以中铁广投为例，目前主要承接广州地铁 11 号线、13 号线二期、7 号线二期等项目，项目业主均要求项目开立专项账户，用于资金监管和独立核算，项目过多便会导致公司银行账户数量增多，资金分散，流动性变差，难以保证和提高资金的集中使用和统筹管理，增加流动性风险。

2. 资金占用多，周转率下降

建筑工程项目普遍实行招投标制度，在项目前、项目中、项目后期建筑企业会分别开立投标保函、履约保函、预付款保函、工资支付保函等工程类保函或者缴纳保证金，此类工程类保函或相关保证金会占用建筑企业资金，降低公司资金流动性，因此如何降低保证金比例减少资金占用，提高资金周转率便成了财务管理人员所需要研究的课题。

3. 应收预付账款的失衡

建筑企业在中标工程后，为保证项目的正常推进和项目工期，面对业主的压力，经常会在项目资金筹备不足的情况下开工建设，前期会进行垫付资金，增加项目的预付账款，且随着当前建材市场供需关系的变化，建筑材料市场基本实行预付供货，到后期项目工程的全面开工，为保证项目工程的正常进行，建筑企业会进行资金垫付，该阶段的垫付体量较大，从而增加企业的资金压力。另外，在施工过程中，业主能否按时支付工程款也会对建筑企业造成资金压力，财务人员要及时与业主保持沟通，确保应收账款的质量。应收账款和预付账款的失衡也是造成施工企业资金压力的重要因素，这就对资金管理人员提出了较高要求。

（三）中铁广投的基本情况

1. 公司基本情况

中铁（广州）投资发展有限公司（以下简称"中铁广投"）是在中铁广州建设有限公司（2017 年成立）的基础上，于 2020 年 10 月重组设立的一家全资二级央企。中铁广投是一家以城市投资建设、运营为主业的城市运营商，代表中国中铁股份有限公司（以下简称"股份公司"）在大湾区履行"统筹协调、开发服务、监管维护、高端经营、立体经营、大项目经营、总承包经营、投资经营"的职能，负责对总承包项目经营和管理工作。

中铁广投目前累计在广州市投资近 350 亿元，先后投资和承建广州市中心城区地下综合管廊、广州地铁 11 号线、13 号线二期、7 号线二期、南沙大岗先进制造业基地区块开发、南沙庆盛枢纽科创教育核心区区块综合开发、白云机场 T3 航站楼交通枢纽工程、南沙至珠海（中山）城际、广州地铁 8 号线北延段支线工程、广佛西环项目等一大批具有代表性的重大项目。

2. 公司财务情况

公司自 2017 年成立至 2022 年末，货币存量由 1.83 亿元发展至 9.53 亿元，应收账款及存货总额由 2.7 亿增加至 21.3 亿元，总资产由 5.84 亿元发展至 63.9 亿元，实现 5 年翻 10 倍。

（四）成立总承包公司的必要性

1. 践行国家"十四五"规划

《"十四五"建筑业发展规划》提出，鼓励和引导建设内容明确、技术方案成熟的工程项目优先采用工程总承包模式。因此，设立总承包公司是股份公司践行国家"十四五"建筑业发展战略，落实建筑业高质量发展的有力措施。

2. 适应建筑央企发展趋势

专业化的总承包公司是大型建筑央企的重要组成部分，代表总公司负责重大总承包项目的前期跟踪、统筹指挥、现场履约，中建、中交、中冶、中国能建等建筑央企都有独具特色的专业总承包公司，在对外洽谈业务、拓展市场过程中发挥着越来越重要的作用。股份公司对比其他建筑央企，目前缺少专业化的总承包公司，因此需要一个具备自主品牌、资金实力、人员团队、既有的项目经验等多维度综合优势的总承包公司。

3. 落实股份公司深化改革

按照股份公司改革发展部署和主要领导要求，把中铁广投逐步改造为专业化的总承包公司，提高资源整合和自主品牌管理能力，形成总承包管理规模效益，打造专业化、职业化、市场化总承包企业。股份公司整合现有资源，支持中铁广投转型发展，打造具有核心竞争力的总承包管理一流品牌。

4. 突破拐点拓展"第二曲线"

公司目前主要使用股份公司资质开展总承包项目管理，涉及业务包括市政公用工程、公路与桥梁工程、城市综合管廊工程、交通枢纽工程、轨道交通工程等。公司在经营开发过程中，充分利用自身市政公用工程总承包一级、建筑工程总承包二级资质，大力开拓"第二曲线"的市场机遇，力争拓展河道疏浚、水利枢纽、海上风电等潜在专业领域，并尝试通过重组或并购等方式，获取相关专业施工资质，在资源丰富且具备条件的区域设置三级机构，在供应链条和生产链条管理上配备要素型分公司，形成集团化经营，实现规模和效益的跨越式发展，完善股份公司总承包项目新兴产业布局。

二、总体设计

（一）总体目标

通过对总承包项目资金管理设计，将降低资金成本，提高资金使用效益；加强项目资金监管力度；推进资金有序支付，保障资金安全；加强银行账户风险排查，降低资金管控风险；推进资金智能化发展作为资金管理的主要目标。

对总承包项目的资金管理，计划分为四个阶段目标：第一阶段：制度建设，统一总承包资金管理模式；第二阶段：设定目标成本，采集管理数据；第三阶段：优化资金管理方案，渗透项目资金全周期管理；第四阶段：建立总承包项目资金管理数智化平台。

（二）实施措施

随着公司转型的发展，专业总承包项目的高效管理既是机遇也是挑战，如何将管理会计有效应用在公司项目的管理中，提高公司财税管理质量，为公司及项目管理创造价值成为公司发展必须面对的问题。资金管理作为公司财务体系管理中的重要一环，通过适配的管理会计工具，结合公司发展目标，公司采取了以下管理措施。

1. 制度建设

在成本管理中，资金管理也是项目各领域成本中重要的一环。通过与行业对标，结合企业所在地的金融环境，将资金管理通过设定目标利润、确定目标成本、目标成本设定与分解的评价和确认、目标成本责任考核等，建立适合公司管理的资金管理制度，例如，通过资金计划管理，实现资金使用的前期、中期、后期管控，在资金管控过程中合理利用金融工具，保证项目现金流自平衡，降低项目在施工过程中可能出现的现金流紧张的情况，提高资金使用效率，降低了企业融资成本。

2. 建立共享中心，优化人员配置

根据公司规模设置虚拟共享中心，在共享中心设置出纳、稽核等岗位，通过共享中心的集约化管理，提高资金管理效率，增强资金管控力度，为公司资金管理的规模效益助力。同时简化了项目审核流程，降低了资金管控风险。

3. 通过目标成本管理，助力公司成长期

目标成本法的主要优点：一是能突出全过程成本管理，有助于提高成本管理的效率和效果；二是能强调项目寿命周期成本的全过程和全员管理，有助于提高客户价值和产品市场竞争力；三是谋求成本规划与利润规划活动的有机统一，有助于提升项目服务的综合竞争力。

随着国内建筑业的发展，公司在转型的过程中需建立满足发展需求的新型管理模式。目前国内市场缺少重大总承包项目管理的经验，公司只有通过根据传统 EPC 管理经验作为参考，通过设立目标利润、确定目标成本等成本管理，践行管理理念的有效性。

三、应用过程

在资金管理中，市场环境的变化是目标成本法下需考虑的重要因素。目标成本法是指以目标价和目标利润为基础确定产品的目标成本，根据对业务端需求分析，寻找行业对标或业务类型的同业对比，通过与项目关联方的沟通与管理，通过前端经营部、商务部等跟业主的商榷，通过财务部与金融机构的谈判，经过各部门、各分部乃至与供应商等项目供应链上下游的通力合作，共同实现目标成本。

（一）资金计划管理

企业应用成本管理工具方法，一般按照事前管理、事中管理、事后管理等程序进行。中铁广投在《中国中铁股份有限公司资金支付管理规定》《中国中铁股份有限公司工程项目现金流自平衡管理暂行办法》等有关规定下，制定《中铁（广州）投资发展有限公司资金管理办法》《中铁（广州）投资发展有限公司工程项目现金流自平衡管理办法（暂行）》，坚持无计划不支出，执行资金计划管理，实行事前报计划、事中控进度、事后核计划。通过资金计划的管理，严格把控总承包项目资金收支情况，实现项目资金自平衡，不占用公司资金资源。强化经营性现金流管控，树立"现金为王"的理念，努力追求施工工程项目自身现金收支平衡，实施负债管理，及时发现亏损及其原因并及时止损，保持施工期间业主支付资金与成本支出之间的现金收支平衡及竣工后经营性现金净流量与利润匹配。

（二）资金集中管理

依据《中国中铁股份有限公司资金与资金集中管理办法》制定《中铁（广州）投资发展有限公司资金集中管理办法》，加强资金集中管理，充分利用和发挥总承包项目资金存量的规模效应。通过对项目全年生产计划摸底，结合项目自平衡管理要求，下达项目资金集中指标。根据资金集中度指标完成情况的分析，包括项目全年度资金管理及现金流情况。

（三）统筹办理各类融资类业务

合理利用优质资源。在各大商业银行与股份公司签订的总对总协议框架下，充分利用企业优质资源，以信用评级 AAA + 的优势从银行争取到信用授信，办理银行承兑业务免除保证金、免除敞口费，办理保函免保证金等优惠，减少公司资金占用和流出，提高公司资金流动性，降低财务费用。

经过对当地金融市场的充分调研，及同行业相关业务的对标管理，利用公司良好资质，发挥公司统筹协调的功能，针对跨区域、参建单位多、金融资源不统一的项目进行统一协调对接，如与业主充分沟通，统一由公司办理保函类业务，以收集的行业对标情况为成本费用目标上限，实现公司降低财务费用的目标。

（四）主要问题和解决方法

1. 在制定目标值域的过程中存在的主要问题

（1）跨区域管理差异，设定目标或难以实现。重大型总承包项目一般存在跨地区或者多方业主的情况。在地方政策不同，业主不同的情况下，社会环境对总承包项目资金管理也存在不同的要求。如广州市要求建立民工工资实名制管理，要求广州市在建项目民工工资必须通过经过住建委备案的银行发放，执行专款专用制度。又如根据业主要求，将工程款分类为进度款、风险包干费、总承包管理费等若干明细，分别在不同商业银行办理结算，要求实行专款专用管理。由于结算机构的不同，就难以发挥资金集中的规模效益。

（2）跨单位数据统计，目标不统一或成为责任落实的阻碍。总承包项目参建单位众多，由于各单位管理设定目标利润、目标成本不同，企业运营发展目标存在差异，企业管理的风险偏好的不同，将导致各参建单位需要做两次甚至多次数据统计，即总承包项目数据统计和参建单位所属二级管理单位数据统计等。工作量巨大，且在统计过程中由于差异化而造成数据准确性降低，从而影响总承包项目数据分析，导致分析结果失真。

（3）跨专业数据分析，目标完成情况或存在偏差。总承包部各部门数据联动性较低。随着股份公司大商务管理暨项目管理效益提升系列部署，各单位数据统计平台不断升级。在总承包项目的管理中，通过不同专业的数据获取和分析，作业流程中的前后端联动，同样存在不小的挑战。如商务部门的计价金额及计价周期，与财务入账及回款周期的差异；工程部门的项目产值进度与财务中完工百分比计算的差异；项目建材的价格波动及设备租赁等，与项目全面预算或存在的差异，都是影响项目成本管理的重要因素。

2. 根据以上主要问题，公司采取的解决措施

（1）建立统一管理制度，满足双向管理需求。建设单位众多，各主体管理标准存在差异。由于总承包项目是由系统内参建单位共享完成，各参建项目均有实际管理主体，即二级管理单位。针对项目管理存在双向上级管理情况，采取依据总公司管理目标，结合各二级单位管理框架，根据项目管理要求制定满足双向管理需求的管理制度。

（2）充分利用一体化平台，建立统一数据管控流程。由于各参建单位管理制度不同、目标责任不同、考核标准不同等，各项数据统计存在差异，针对该问题，公司将加强资金管理信息化建设，通过统一流程、统一表格、统一平台进行数据管控及数据分析。

（3）建立差异化考核制度，强化项目管控力度。总承包项目管理中，具体业务部门、各项目层级的责任分解不够，制度建设的穿透性不强，制度执行效果不及预期，取得的资金管控数据准确性不高。针对该类问题，建立项目差异化考核制度，强化项目管控力度，加强资金管控能力，促进设定目标完成。根据对各参建单位资金支付实行等级管理，结合项目差异化考核排名分 A、B、C 类，其中 A 类是指被经理部连续评为三次第 1 名，可以上调上级管理费 1%（暂定各参建单位上级管理费计提比例为 3%）且下调资金支付免批额 ×× 万元；B 类是指被经理部连续评三次评为第 2、第 3、第 4 名，上级管理费比例且资金支付免批额不做调整；C 类是指连续三次被评为倒数第 1 名，下调上级管理费 1% 且上调资金支付免批额 ×× 万元。

四、资金管理及创效分析

通过对资金目标成本管理，不仅优化了公司资源配置、改善了内部治理、强化了内控运行、降低了资金管控风险、保证总承包项目资金自平衡，还有效创造了资金管理的时间价值，降低了资金管理成本。

（一）降低业主与总承包公司沟通成本，消除信息不对称

总承包公司的成立在一定程度上降低了业务与施工企业间的沟通成本。以广州地铁项目为例，A 建筑央企与股份公司所承包项目均以联合体进行承建，但中铁广投作为总承包公司可对参与施工建设的联合体公司进行管理，包括工程建设、资金支付等，大大提高了与业主之间的沟通效率，降低了营销和沟通成本，避免了信息不对称。

（二）加强项目资金监管力度

1. 稳定经营性净现金流

公司制定《资金管理办法》，各单位按照管理办法每月上报资金计划表，通过公司审批决策程序，资金支付严格控制在计划范围内。如 202× 年，各单位本年累计收款 140 多亿元，支付各类项目进度款 130 多亿元。坚持以收定支原则，控制公司合并层面经营性净现金流为正。

2. 资金计划审批程序

根据公司资金管理办法，各单位每月定期上报资金计划，通过资金计划汇总提前把控当月资金收支总体情况。

3. 工程款支付审批程序

在资金计划基础上，增加工程款支付审批流程，加强资金支付过程中的监控力度，实行资金支付超标预警，从而进一步巩固净现金流达标。

4. 差异化考核

公司以全面预算为抓手，给各层级单位下达相关指标，并通过差异化考核促进各单位提高管控力度，以此形成资金收支情况前、中、后全周期管理。

5. 较好完成经营性净现金流指标

公司202×年上半年经营性净现金流1.4亿元，超额完成下达经营性净现金流指标1 800万元。

（三）实现总承包项目管理资金自平衡

通过对各项目专项指标分析，制订资金收支目标计划。收入计价比反映验工计价对营业收入的确认度，收入收现率反映收到的现金对营业收入的确认度，计价回款率反映资金回笼对验工计价的确认度，三个指标相辅相成，可综合反映各项目的在产值、验工计价、实现营业收入等情况，资金回款率反映整个业务链流程中的执行程度。

由图1可以看出各总包部开累收入计价比、收入收现率、计价回款率三项比率基本处于均衡状态，收入计价比大部分为100%左右，收入收现率大部分在90%以上，计价回款率大部分在90%以上，各项目整体完成度偏差较小。

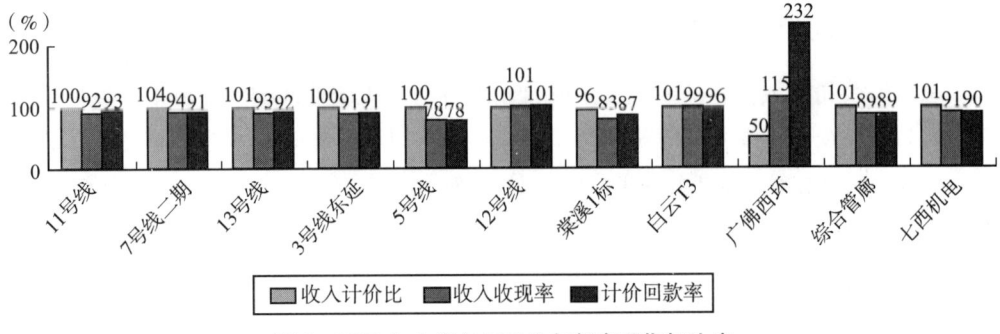

图1　2023年上半年开累总包部专项指标比率

各项目资金来源由业主方按合同足额支付工程款和预付款，各总承包部按"以收定支"原则制订资金拨付计划。公司所属直管、代管总承包项目11个，均实现现金流自平衡，实施自平衡管理项目达100%。

（四）降低资金成本

1. 优化保函开立流程，实现资金零占用

总承包公司的成立极大地优化了项目前、中、后期保函开立的流程，减轻项目联合体成员公司的负担，实现公司资金零占用。以广州某城际铁路项目为例，中铁广投作为专业总承包公司，肩负股份公司总承包项目管理职能，在金融机构有敞口类信用额度 50 亿元，可代表中铁联合体在金融机构以信用方式为业主开立履约、预付款、工资支付等工程类保函。

2022~2023 年，中铁广投充分利用注册所在地金融市场优势，与业主充分沟通并征得同意后，以公司名义出具保函。通过与几家大型金融机构的竞争性谈判，比选出价格最有优势的银行办理，较原费率直接降低保函手续费 130.03 万元，充分发掘财务工作的价值，如表 1 所示。

表 1 保函费用对照

时间	保函种类	办理保函金额（万元）	保函参考费率（%）	保函手续费（万元）	保函费率（%）	保函手续费（万元）	节约成本（万元）
2022 年度	履约保函	2 948.57	0.10	2.95	0.10	2.95	0
		177 393.09	0.10	461.93	0.10	461.93	0
		91 901.65	0.10	462.57	0.10	462.57	0
	预付款保函	3 005.43	0.10	6.01	0.10	6.01	0
		44 851.41	0.10	56.06	0.10	56.06	0
	小计	320 100.15	—	989.53	—	989.53	0
2023 年上半年	履约保函	55 037.78	0.10	256.84	0.08	205.47	51.37
		77 614.81	0.10	381.61	0.08	303.65	77.96
		4 700.00	0.10	2.39	0.10	2.39	0
	预付款保函	143 022.00	0.10	444.51	0.10	444.51	0
		22 117.57	0.10	20.27	0.10	20.27	0
		1 999.66	0.10	2	0.07	1.3	0.7
	合计	304 491.82	—	1 107.62	—	977.59	130.03

2. 减免财务手续费

中铁广投在各大商业银行与股份公司签订的"总对总"协议框架的基础下，充分利用企业优质资源，以信用评级 AAA + 的优势从银行争取到信用授信，办理银行承兑业务免除保证金、免除敞口费，办理保函免保证金等优惠，从而减少公司财务费用及资金流出，提高了公司资金流动性。

（五）提高资金使用效益

通过加强资金管控力度，提高资金使用效益，公司采取了以下措施。

1. 银承等额置换现金

公司通过信用方式办理银行承兑汇票等额置换项目资金，达到资金集中的目的，为公司增加财务利息收入。2022年1月~2023年6月，公司合计办理六月期银行承兑汇票5.17亿元，置换项目资金，提高存款利息收入约327万元。

2. 签订协定存款提高存款资金收益

公司在建项目由于受到业主资金监管影响很大，项目资金均由业主拨款到业主指定银行办理结算业务。在2023年5月银行存款利率降低前，通过与各大商业银行签订协定存款协议，提前锁定一年期资金存款利息利率，保证了公司利息收入（见表2）。2022年取得财务利息收入517.6万元，2023年上半年取得利息收入595.2万元。

表2　　　　　　　　　　　　银行账户协定存款统计

序号	单位/项目名称	银行	银行存款利率（%）	存款利率种类	到期日
1	公司本部	中国建行	1.55	协定存款约定利率	2024.1.18
		中国农行	1.55	协定存款约定利率	2023.9.27
		广州发展银行	1.90	协定存款约定利率	2024.5.12
2	11号线项目	交通银行	1.80	协定存款约定利率	2023.12.19
3	13号线2期项目	中国建行	1.55	协定存款约定利率	2023.12.1
		中国工行	1.15	协定存款约定利率	2025.12.31
4	7号线2期项目	广州农商银行	1.45	协定存款约定利率	到销户为止
5	T3项目	中国银行	1.25	协定存款约定利率	2024.7.25
		中国建行	1.25	协定存款约定利率	2024.7.25
6	广佛西环项目	民生银行	1.25	协定存款约定利率	2024.8.25
7	八支项目	中国建行	1.25	协定存款约定利率	2024.8.1
8	南中珠项目	中国工行	1.25	协定存款约定利率	2024.6.10
9	物资分公司	中国建行	1.45	协定存款约定利率	2023.11.28

3. 利用地方专项债集中发行契机加快资金回收

在广州市财政局与广州市地铁集团的充分沟通认可下，采用政府专项债资金支付广州市在建地铁项目工程款。公司在建项目地铁11号线、地铁13号线、白云机场T3等项目，专项债通过地铁、财政局直接资金拨付至各总包部。截至2023年6月，公司在建项目共收到专项债15.6亿元，提前锁定资金回收期，保证了项目正向净现金流。

（六）防范资金管理风险

资金管理工作是建筑企业盈亏的重要因素之一，资金管理风险是资金管理工作中的重中之重，同时也对建筑工程总承包企业提出了更高的要求，做好项目资金预算，实现收支平衡，保证资金流动性，降低资金成本，同时应做到项目工程进度与资金支付进度相匹配，防范资金超进度支付的风险，杜绝资金出现流动性风险。要不断提高资金管理人员素质和思想站位，防范资金管理风险。

五、经验总结

公司在初期发展的过程中，通过加强资金管理，从降低资金管理成本的角度，取得了一定成效，在此基础上总结管理经验，同时也分析管理过程中的不足，扬长避短，并设定未来发展目标。希望通过管理会计工具的运用，能够有效地提升企业管理会计的工作效率，为企业的发展提升市场竞争力，积极营造企业发展的文化氛围，以可持续发展为目标制订企业发展的相关计划，完善企业的制度，提升企业的经济效益。

（一）成功经验

1. 总承包项目资金管理中可发挥的规模效益

总承包公司较传统承包单位因资金体量较大，在与金融机构谈判过程中具有规模效应，占据绝对优势，可以提高资金收益率，充分发挥规模效应。

2. 建立总承包经济指标体系、落实经济责任制、控制经营全过程

总承包公司可量化项目建设过程中的经济指标，对项目进行统一管理，资金管理和工程管理分机构管理，压实经济责任和施工责任，对项目前期、中期、后期全过程管理发挥积极作用。

3. 以项目整体进行策划，建立统一的管理制度

总承包公司可以对项目整体资金进行策划，对管理的不同项目实行统一的资金管理制度，做到项目财务管理数智化、资金管理规范化，财务管理人员可随时接手管理公司任一项目资金工作。

4. 设定目标成本、利润管理

目标成本管理成功应用的关键，除了制订总承包项目全周期管理的指标计划，建立相配置的管理考核制度并严格落实，也是目标成本管理的重要环节。通过定期获取财务指标数据，分析实际值与目标值的偏差值与偏离度，及时调整偏离较大的指标，实现过程中把控，切实做到严格落实总承包项目的目标成本管理。

在目标管理中还需结合总承包项目全面预算管理，实现全周期把控，有条不紊实现资金按计划管控。

（二）未来展望

1. 继续优化和完善项目管理制度

继续将管理会计工具运用在总承包项目的全生命周期管理中，通过从不同维度分析影响总承包项目建设的因素，如项目所在的不同区域，项目所属不同行业小类，项目施工建设所处不同建设周期等，将管理会计工具合理地运用在项目的不同阶段、不同空间中，不断地优化和完善项目管理制度。在总承包公司统一管理的大框架下，结合管理会计工具的运用，分析不同变量下如何从财务管理角度实现项目管理利益最大化。通过不断优化和完善项目管理制度，实现项目管理目标。

2. 加强业财税信息化，建立与各业务模块数据联动机制

总承包项目作为独立的综合体，若将项目建筑施工周期、安全生产质量、项目成本管理等作为总承包项目的生命主线，项目的财税管理则作为引线，贯穿在总承包项目全周期管理中。加强业财税信息化，建立各业务模块数据联动机制，打造数智化平台，是提升总承包项目管理质量的有效手段。

3. 建立项目数据库，引入机器人分析数据，提升财务数智化能力

以完善的管理制度为纲，借助司库体系搭建一体化平台，获取有效财税数据，建立高质量数据库，引入机器人分析数据模型，提高财务数据分析能力，为数据使用者提供及时有效的财务数据。

4. 完善绩效考核制度，提高风险分析能力

绩效考核作为项目优质管理的基础，也是实现项目管理目标的有效手段，建立和完善考核制度是项目管理中必要的一环。在总承包项目资金管理中，应通过有效的绩效管理完成目标计划，从而达到降低资金成本，提高资金使用效益的目的。在为资金管理提质增效的同时，不能忽视资金管理中所存在的风险。追求项目利益最大化与风险管理属于同等重要的地位，如何平衡二者之间的关系，是项目财务管理中必要的研究课题。

（中铁（广州）投资发展有限公司　张　赟）

变动成本法在勘察设计企业员工激励机制设计中的应用

【摘要】作为技术密集型企业的勘察设计企业，武汉分公司在行业下行背景下积极开展"向管理要效益、向创新要效益、向人才要效益"的管理创新探索，从"定额计价"的管理科学工程化研究入手，对人力资源、技术资源进行量化管理。针对员工激励机制引导不足的问题，本文以构建员工激励机制为研究目标，创造性应用变动成本法等管理会计工具方法，对人工成本进行性态分析，将人工成本分解为固定人工成本、变动人工成本和混合人工成本，进而分析得出固定人工成本的控制是人工成本动态控制的关键，并提出了对固定成本调整优化思路，然后基于武汉分公司的管理实际，建立了基于职位序列的积分制薪酬激励机制，设计了不同的职位序列薪酬晋升通道，达到了全员激励的效果。

　　本文借用变动成本法的管理会计工具，运用成熟的人力资源管理理论，首先介绍了武汉分公司在成本管理方面的现状及存在的问题；其次推导论证了固定人工成本是人工成本总额管控的关键，进而分析推论出工资总额的优化是成本管控的着力点；最后提出了薪酬制度设计的思路，并基于此构建了适合公司实际的职位序列的积分制薪酬激励模式，针对不同职位序列依据绩效设计浮动薪酬，提出薪酬的再设计方案，从而在解决目前企业薪酬体系存在问题的同时，为后续持续改进提供了思路，并向其他勘察设计行业的企业提供了经验借鉴。

一、背景描述

（一）单位基本情况

中铁大桥勘测设计院集团有限公司武汉分公司是中铁大桥勘测设计院集团有限公司所属分公司。武汉分公司是国家认定的高新技术企业，员工规模300余人，是集规划、咨询、勘测设计、科技研发、工程总承包于一体的新型勘测设计企业。作为技术密集型企业的武汉分公司坚持以科研提升企业核心竞争力，以创新促进企业转型升级，以成果转化培育产品产业化，取得了一批极具影响的创新成果，逐步打造了独有的新型转体桥、铁水联运及江海联运、嵌套式集疏运体系和生态货运铁路技术体系。武汉分公司在行业"风急浪高"的背景下砥砺前行，不断通过管理科学工程化研究探索，在量化岗位及岗位职能等企业管理方面进行探究，并应用于统计、分析、考核、评价与监控等人工成本管理的方方面面。

（二）人工成本管理现状及存在的问题

1. 人工成本管理现状

勘察设计企业的主营业务是根据项目的规模、技术要求向建设单位提供相应的设计图纸和咨询服务，设计人员利用自己的经验、技术，通过调研、设计、修正、出图等多环节来开展工作，有研究指出勘察设计企业人工成本占总成本的比例为60%～70%，各个细分行业在人工成本含量这一指标上略有差异，人工成本占主要地位是勘察设计行业的成本特点，武汉分公司在人工成本管控方面主要是通过构建科学灵活的薪酬制度体系，对基础薪酬和绩效薪酬两大板块采取针对性的制度设计，以实现人工成本管控目的，进而激发员工工作积极性，提升人力资源效能。

2. 人工成本管理存在的问题

（1）人工成本管理意识不强。勘察设计企业管理层更倾向于对技术、质量的管理，对成本管理的意识不强，普遍认为成本管理及控制仅仅是财务部门的工作，在企业日常运营管理中忽视分析人力资源消耗的资金和物资的波动规律，缺乏对人工成本的优化控制，导致企业人工成本管理工作水平不高、办法不多。

（2）人工成本管理目标不明确。勘察设计企业往往没有设定人工成本管理目标，对人工成本的管理没有系统梳理，在人事费用率、人工成本含量的指标设定上未做细化要求，人工成本管控的目标不清晰，导致人工成本管理无据可依。

（3）人工成本难预测、人力资源易冗余。勘察设计行业的业务普遍具有周期性、临时性的特征，通常难以准确预测，发生业务变动时，容易造成人力资源的浪费，如在业务临时增多时，可能会出现由于补员专业技能欠缺，以数量代替质量的问题，导致人工成本增加；而在业务淡季时，可能出现工作量不饱和的情形，降低了人力资源的经济效益。

（4）薪酬激励作用发挥不足。勘察设计企业的薪酬体系普遍分为基础薪酬和绩效薪酬两大部分，绩效薪酬同业绩、工作量、效果直接挂钩，同时根据业务和业态的变化进行适应性调整，而基础薪酬往往按职称、职级设定，变动较小，在同一职级情况下难以拉开区分度，不能起到激励员工主动性的作用。

（三）人工成本管理工具的选择

在财政部《管理会计应用指引第300号——成本管理》中，列明成本管理领域应用的管理会计工具方法，一般包含目标成本法、标准成本法、变动成本法、作业成本法等。

1. 变动成本法的主要内容

变动成本法，是指企业以成本性态分析为前提条件，仅将生产过程中消耗的变动生产成本作为产品成本的构成内容，而将固定生产成本和非生产成本作为期间成本，直接由当期收益予以补偿的一种成本管理方法。

成本性态，是指按照成本与业务量之间的依存关系，也就是成本随着业务量（生产量、工作时间等）的变化而变化的属性。变动成本法通常用于准确分析各种产品的盈利能力、正确制定经营决策、科学进行成本计划、成本控制和成本评价与考核等方面。

2. 变动成本法研究人工成本管控的可行性

人工成本是指雇主在雇佣劳动力时产生的所有费用，按人社部门有关文件规定，人工成本范围包括职工工资总额、社会保险费用、职工福利费用、职工教育经费、劳动保护费、工会费及其他人工成本支出。

根据人工成本性态的不同，可将其分为变动成本、固定成本和混合成本三类。变动人工成本是指一定时期和一定工作量范围内，其总额随着工作时间和工作量变化的成本，通常包括计件工资、计时工资、职工福利费用等；固定人工成本是指一定时期和一定工作量范围内，其总额不受工作量变动影响的人工成本，通常包括基本工资、工龄工资、社会保险费用、公积金等；混合人工成本是指混合了固定与变动人工成本两种不同性质的人工成本，通常包括加班费、劳动保护费、各项津补贴等。

基于变动成本法的人工成本性态分析在企业生产管理中已得到广泛应用，通过对人工成本的性态分析，企业管理者可明晰各类人工成本与工作量、工作时间的变动关系，为企业制定分配决策、生产计划、人工成本预算提供依据，人工成本的性态分析是有效控制和分析人工成本的重要手段，因此，使用变动成本法来分析人工成本，进行人工成本管控是可行的。

二、总体设计

（一）研究目标

本文从成本管理工具中的变动成本法入手，对勘察设计企业的人工成本进行性态分析和分解，并采取针对性的管控措施，总体研究目标是实现人工成本的科学管理和有效控制，对基础薪酬部分运用变动成本法进行再分析，实现按累计综合表现的年度波动，进一步调动员工的工作积极性。

（二）总体思路

为实现上述研究目标，本文按五个步骤推进：一是进行人工成本的性态分析；二是分析判断固定成本的管控为人工成本管控的核心；三是对固定成本按变动成本法进行再分析；四是进行相应的制度设计；五是论述新制度的实施效果。基于上述步骤，形成技术路线如图1所示。

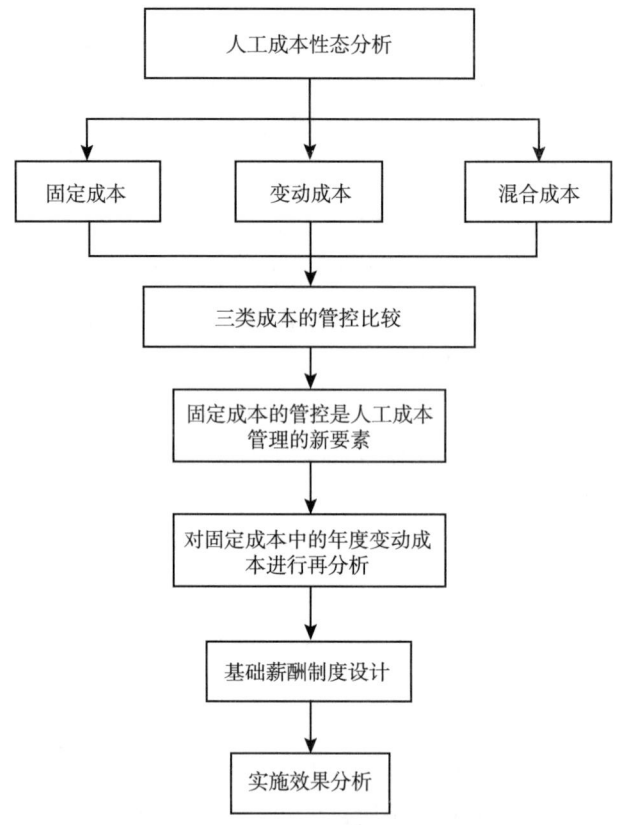

图1　勘察设计企业员工激励机制研究的技术路线

（三）应用的内容

在武汉分公司员工激励机制研究中，一是根据变动成本法的原理进行人工成本的性态分析，确定勘察设计企业人工成本中的固定成本、变动成本和混合成本；二是对三类成本进行分析，总结得出勘测设计企业人工成本管理的着力点为固定成本的管控；三是对过固定成本进行分析，然后进行机制设计，建立了基于岗位工资系数的基本工资、福利待遇调整机制；四是总结提炼应用管理会计工具的实施效果。

（四）应用管理会计工具的创新

"惟创新者进，惟创新者强，惟创新者胜"，武汉分公司坚持把创新作为引领企业发展的第一动力，创造性地将变动成本法等管理会计工具应用于人员激励、人工成本管控等多方面，实现管理会计的应用拓展，为公司成本管理、人力资源效能提升提供专业化财务管理建议，解决公司管理的痛点、难点问题：一是建立了人工成本的统计分析制度，将人工成本分解为固定成本、变动成本和混合成本，人工成本管控的分析不仅关注总量，更应该是总量分析、结构分析、效益分析的集合；二是明确了人工成本管理的目标，通过机制设计将公司的人工成本的管控同实际的经济效益挂钩，更好地实现人工成本管理的目标；三是丰富了精益成本管理的理念，将精益成本管理贯穿于人工成本管理的全过程，以管理出效益，充分发挥员工的智慧和创意。

三、应用过程

（一）单位基本情况

武汉分公司是技术密集型的中型勘察设计企业，其销售的主要产品为设计图纸和咨询服务，机构设置由职能管理部门、生产业务处室、销售部门组成。随着公司管理科学工程化研究的推进探索，公司在人员量化评价、精益成本管理、数字化信息化等多方面积极开展探索应用，如开展人力资源、技术资源的财富化研究，推进大、中、小勘察设计项目的独立核算等，一系列的创新探索夯实了武汉分公司管理创新的文化之基，也为管理会计工具的运用提供了良好的土壤。

（二）参与部门和人员

武汉分公司"员工激励机制研究——使用变动成本法进行人工成本管控"的研究，由公司会议研究成立小组，由公司领导任组长，财务部、人力资源部负责人任副组长，财务部、人力资源部部门员工为小组成员，进行人工成本、激励机制的制度设计和管控，同时抽调各生产处室骨干协助开展部门人工成本的统计分析。

（三）应用变动成本法等管理会计工具的资源、环境、信息化条件要求

武汉分公司能顺利使用变动成本法等管理会计工具开展人工成本研究，主要是因为有较为先进的信息化管理系统。武汉分公司采用的是中国中铁开发的财务共享平台，该平台是中铁中铁同浪潮集团联手打造的高效、透明、互联互通的"区块链＋财务管理"信息化管理系统，通过该平台系统，实现了会计信息全记录、数据影像可溯源、财务风险可把控、财务数据可分析等功能，先进的信息化管理系统为管理会计工具的应用提供了强有力的支撑。

（四）具体应用模式和应用流程

下面以武汉分公司应用变动成本法进行人工成本的管控来构建员工激励机制为例，介绍变动成本法等管理会计工具在员工激励机制的设计中的综合运用。

1. 人工成本的性态分析

变动成本以成本性态分析为前提，将成本划分为固定成本、变动成本和混合成本，如图2所示。

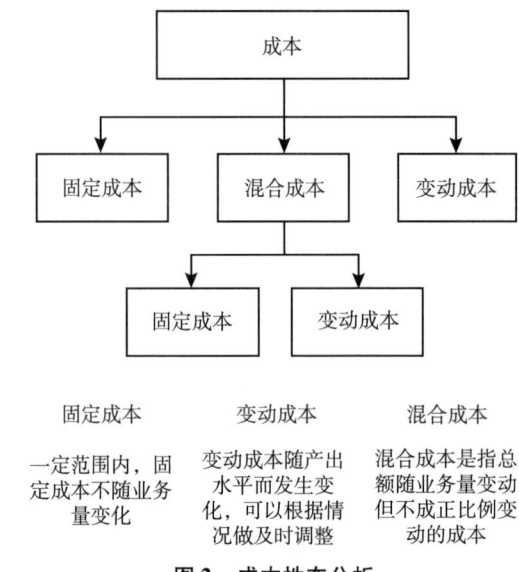

固定成本   变动成本   混合成本

一定范围内，固定成本不随业务量变化   变动成本随产出水平而发生变化，可以根据情况做及时调整   混合成本是指总额随业务量变动但不成正比例变动的成本

图2　成本性态分析

勘察设计企业的核心资产是"人才"，其产品是人的劳动及服务，有研究表明勘察设计企业人工成本占总成本的比例为60%～70%，具体到武汉分公司，其人工成本占总成本的绝对主体地位，如表1所示。

表1　　　　　　　　　　　武汉分公司2020～2022年人工成本占比情况

年份	人工成本总额（万元）	扣除外协费用后的总成本（万元）	占比（%）
2020	9 868	16 043	61. 51
2021	10 569	14 923	70. 82
2022	11 805	18 591	63. 50

从上述的人工成本占总成本的比例可以发现人工成本的管控对于勘察设计企业成本控制来说是重点。勘察设计企业的人工成本由工资总额、社会保险费、补充保险费用、福利费用、培训教育经费、工会经费、住房费用、辞退费用及其他人工成本组成，按变动成本法的性态分析将人工成本分解为固定成本、变动成本、混合成本三类，如图3所示。

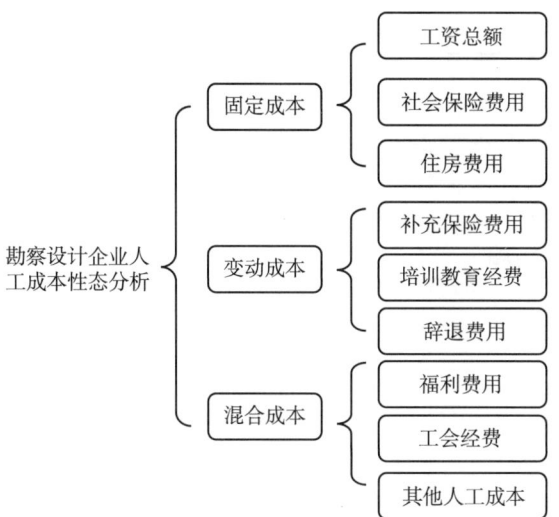

图3 勘察设计企业人工成本性态分解

2. 三类成本的比较分析

在人工成本总额中，工资总额又占绝对的主体地位，按照变动成本法的性态分析方法同样可将工资总额分解为固定成本、变动成本、混合成本。勘察设计企业的工资总额由岗位工资、效益工资和津补贴组成，岗位工资可认为是固定成本、效益工资是变动成本，而津补贴是混合成本。

效益工资重激励，是"企业业绩分红"，是企业从年度业绩目标中超出的部分中，拿出一定数额的业绩奖金，根据员工贡献情况，有差别地分配给企业员工，效益工资可通过各种奖金核算制度来确定；津补贴重补偿，是补偿职工在特殊条件下的劳动消耗及生活费额外支出的工资补充形式，如高温津贴、保健津贴、交通补贴、通信补贴等，津补贴的占比往往较小，在工资总额的管控研究中可适当忽略；岗位工资重基础，是以岗位劳动责任、劳动强度、劳动条件等评价要素为依据支付给职工的劳动报酬。

从上述岗位工资、效益工资、津补贴的定义可以看出在工资总额的管控方面，基于岗位的劳动责任、劳动强度、劳动条件的岗位工资进行调整优化最为可行。

3. 固定成本管控的机制设计

下面将以武汉分公司在工资总额的固定部分的调整来进行管理会计工具的运用。

（1）薪酬体系现状。武汉分公司在转型发展中逐步建立了一套与企业发展特点相适应的薪酬体系，目前的薪酬实行分级管理，员工薪酬主要包括岗位工资、工龄工资、保障工资和效益工资四个部分，其中工龄工资、保障工资的标准由公司统一确定，效益工资的分配根据各项奖励文件单独确定，岗位工资根据职称、职级分为九个等级，如表2所示。

表2 武汉分公司岗位工资调整标准

岗级	岗位系数	岗位系数	岗位工资标准（元/月）	保障工资	工龄工资
1	正处职、正高职称	5	—		
2	副处职	4	—		
3	高级职称、高级技师	3.8	—		
4	正科职、中级职称、技师	3	—		
5	副科职、正科级	2.7	—	** 元/月	每满1年，增减 ** 元
6	副科级	2.5	—		
7	助理职称、高级工	2	—		
8	员级职称、中级工、干事	1.5	—		
9	初级工、普工、见习生	1	—		

（2）存在的问题。随着武汉分公司生产经营规模和业务范围的不断扩大，人员规模及结构也发生了较大变化，现行的薪酬体系已不能很好地适应公司发展的需要，在执行过程中逐渐显现出一些问题，主要包括以下几个方面：

一是工资分配机制存在着较为明显的平均主义倾向，基本上以职称或岗位等级确定岗位工资标准，阻碍了岗位责任和岗位价值的体现；二是薪酬制度的激励效果不佳，分配方式较单一，长期激励不足，没有体现个人与企业同步发展、工资与效益相匹配的增长机制；三是缺乏配套的绩效考核办法，缺乏对员工业绩的考核，导致出现员工工作积极性不高、工作缺乏动力、工作任务执行不到位等情形；四是工资的引导激励机制不足，岗位工资仅按职务、职称或技能等级来区分，同级别人员在岗位工资方面的应有的差别没有得到合理体现，不能体现对关键核心岗位、特殊贡献员工的精准激励；五是职业发展通道不健全，岗位序列设置和岗位等级设置与人员结构不匹配、岗位层级单一，职业发展通道不畅通。

武汉分公司开展的人力资源财富化研究对人员职称、年龄的分布数据显示，同职称人员在不同的年龄段的人力资源净收益差距较大，如表3所示。

表3 武汉分公司人力资源净收益情况（按职称、年龄） 单位：万元

职称类别	人均净收益	30岁以下	30~40岁（含）	41~50岁（含）	50岁以上
高级	16	—	16	23	4
中级	12	4	15	3	-2.2
初级	6	10	27	1	-3

注："人力资源净收益"是指公司在人力资源上的投入与产出的差值。人力资源净收益大于零，表示公司在当年度个体、群体人力资源上的产出大于投入；人力资源净收益小于零，则表示产出小于投入。

从表3可以看出，同职称人员的人力资源价值差异巨大，如果仅以职称确定岗位工资，岗位工资的激励作用较差，甚至会产生负面激励，因此，现行的薪酬管理办法亟待优化。

（3）优化薪酬体系的思路。根据上述情况，武汉分公司紧密结合公司文化、发展战略和改革方向，系统、全面、科学地考虑各项影响因素，借鉴岗位薪点工资制度"薪点"和宽带薪酬制度中的"职群"的概念，根据不同类型的人员需要层次的不同，强化对不同类别员工的薪酬激励功能，可以通过划分职位序列，从员工等级评定与薪酬挂钩几个方面优化公司的薪酬体系。

一是优化员工职位序列，构建员工职业晋升通道。武汉分公司根据行业特点和公司实际，将员工岗位划分为四大类：专家序列、专业技术序列、综合管理序列、技能操作序列。这样划分有两个方面的作用：一方面，针对职位序列的不同，制定不同的薪酬定位和策略，不仅具有灵活性和稳定性的特点，同时也增强了薪酬的市场竞争力和内外部公平性；另一方面，针对员工的特点、能力和条件及发展意愿，有不同的职位序列可以选择，每个序列有相应的晋升空间，员工有足够的发展空间。

二是进行员工等级评定，岗位职位级数的升降采用积分制。积分制是以岗位工作责任为基础，以员工绩效为导向，对员工等级以积分的方式进行确定的机制。员工账户积分增加，员工薪酬水平随之提高，而当员工的积分累积到一定程度时，员工的等级得到相应的提升，享受相应级别的薪酬和待遇。积分制能够对员工起到激励约束作用，不仅要考虑岗位因素，而且还需考虑员工的个人表现和绩效，同时也可考虑技术等级、职称等因素。

三是将企业薪酬体系与员工等级挂钩。武汉分公司现行的岗位工资制度中，岗位工资制度同职称职级挂钩，薪酬无法及时体现员工个人努力和贡献，违背了薪酬激励的时效性原则，无法调动员工的工作积极性和工作热情。通过岗位序列的划分和积分制评定，可以让现行薪酬制度中不可变的岗位等级系数动起来，可以有效地激励员工，员工的成长和进步可以带来积分的增加、级别的提升和薪酬的增长。选择薪酬体系与积分挂钩的方式，使员工可以达到创造更好绩效以提高薪酬的目的，同时也能解决原有层级内分配上的"吃大锅饭"问题。

（4）薪酬制度设计。基于以上薪酬调整优化思路，武汉分公司对薪酬管理办法进行了重新设计，主要从明确薪酬的构成及内容、确定岗位序列、进行薪酬等级设置并划分层级三个方面来优化薪酬制度。

首先，确定薪酬的构成及内容。为了建立切实可行的薪酬激励机制，武汉分公司实行岗位绩效工资制，根据岗位价值、责任和贡献确定员工的劳动报酬。员工薪酬由岗位工资、工龄工资、绩效工资、专项奖励和津补贴五个单元组成。

其次，确定岗位序列。公司根据现有各岗位的工作内容、性质及特点，设置了专家、专业技术、综合管理和技能操作四个序列。

最后，划分岗位等级和岗位层级。对于专家序列综合考核专家称号、层级进行划分，包含院士、大师、国家级专家、省部级专家、公司高级专家、一级专家、二级专家 7 个岗位等级共 13 个岗位层级；专业序列以专业技术职务聘任等级划分为 6 个岗位共 18 个层级；综合管理序列划分为 5 个岗位等级共 23 个岗位层级；技能操作序列以技能等级为主线划分为 7 个岗位等级 19 个岗位层级。

经过上述三个步骤，武汉分公司形成了以岗位绩效工资制为基础的宽带薪酬，建立了专家、专业技术、综合管理、技能四个岗位工资序列，并制定出了岗位晋升积分套档定级调整机制，如表 4 所示。

表 4 武汉分公司薪酬体系

专家序列			专业技术序列			综合管理序列			技能操作序列		
岗位等级	岗位层级	岗位工资系数	岗位等级	岗位层级	岗位工资系数	岗位等级	岗位层级	岗位工资系数	岗位等级	岗位层级	岗位工资系数
院士		10	正高级工程师	一级	5.5	公司高管及比照高管管理人员	一级	4.8	工匠技师		5.2
国家级大师		8.5		二级	5.2		二级	4.6	特级技师		4.6
国家级专家		7		三级	4.9		三级	4.4	高级技师	一级	4.2
省部级专家		6.5		四级	4.6		四级	4.2		二级	3.9
高级专家	一级	4.8	高级工程师	一级	4.6	部门正副职	高级职员 一级	4.2		三级	3.6
	二级	4.6		二级	4.4		二级	4		一级	3.6
	三级	4.4		三级	4.2		三级	3.8	技师	二级	3.4
一级专家	一级	4.4		四级	4		四级	3.6		三级	3.2
	二级	4.2		五级	3.8		五级	3.4		四级	3
二级专家	二级	4	工程师	一级	3.8	中级职员	一级	3.6		五级	2.8
	一级	4.2		二级	3.6		二级	3.4		一级	2.8
	二级	4		三级	3.4		三级	3.2		二级	2.6
	三级	3.8		四级	3.2		四级	3	高级工	三级	2.4
				五级	3		五级	2.8		四级	2.2
			助理工程师	一级	2.5	初级职员	一级	2.4		五级	2
				二级	2.2		二级	2	中级工	一级	2
			技术员		1.5		三级	1.5		二级	1.5
			无职称技术人员		1		四级	1	初级工（普工）	一级	1.5
										二级	1

（5）员工激励机制运行的保障。一是明确了岗位序列、等级、层级套改规则。为有效保证新旧薪酬制度的顺利衔接，公司根据实际，充分考虑员工现有专家层级、职称等级、职务等级、技能等级以及业绩考核情况，形成了各序列岗位层级套改对应

条件表，如专家序列套改对应条件如表 5 所示。

表 5　　　　　　　　　　　　专家序列岗位层级套改对应条件

套改结果			套改对应条件	
等级	层级	初始积分	资格条件	任职年限
院士	—	—	中国科学院院士、中国工程院院士	—
国家级大师	—	—	全国工程勘察设计大师	—
国家级专家	—	—	享受国务院政府特殊津贴专家、中国中铁特级专家	—
省部级专家	—	—	省级工程勘察设计大师、省级学术和技术带头人、中国中铁专家	—
高级专家	一级	12 分	聘任为副总工程师、副总经济师、副总会计师，且近三年业绩考核为优秀	12 年及以上
高级专家	二级	6~11 分	聘任为副总工程师、副总经济师、副总会计师	6~11 年
高级专家	三级	0~5 分	聘任为副总工程师、副总经济师、副总会计师	0~5 年
一级专家	一级	12 分	聘任为部门总工程师，且近三年业绩考核为优秀	12 年及以上
一级专家	二级	6~11 分	聘任为部门总工程师	6~11 年
一级专家	三级	0~5 分	聘任为部门总工程师	0~5 年
二级专家	一级	12 分	聘任为部门副总工程师，且近三年业绩考核为优秀	12 年及以上
二级专家	二级	6~11 分	聘任为部门副总工程师	6~11 年
二级专家	三级	0~5 分	聘任为部门副总工程师	0~5 年

套改时充分考虑制度的顺利过渡，对于同时可套用两个序列的人员，按照"就高原则"确定岗位工资系数。

二是确定各序列岗位层级调整标准。在确定岗位等级的同时规定岗位调整所需的资格条件和积分条件，以保证在同一序列的调整中有据可依，如表 6 所示。

表 6　　　　　　　　　　　　专家学历岗位层级调整一览

岗位等级	资格条件	积分（F）条件
院士	中国科学院或中国工程院院士	—
国家级大师	全国工程勘察设计大师	—
国家级专家	享受国务院政府特殊津贴专家、中国中铁特级专家	—

岗位等级		资格条件	积分（F）条件
省部级专家		省级工程勘察设计大师、省级学术带头人、中国中铁专家	—
高级专家	一级	任二级高级专家	F≥12分
	二级	任三级高级专家	F≥6分
	三级	聘为高级专家	F<6分
一级专家	一级	任二级部门总工程师	F≥12分
	二级	任三级部门总工程师	F≥6分
	三级	聘为部门总工程师	F<6分
二级专家	一级	任二级部门副总工程师	F≥12分
	二级	任三级部门副总工程师	F≥6分
	三级	聘为部门副总工程师	F<6分

三是明确岗位层级确定及调整规则。岗位层级根据员工数量、平均年龄及职业发展年限等因素划分为Ⅰ~Ⅵ6个层级，岗位层级的调整因素包括资格条件和积分条件，按照积分累计增减、逐级调整的方式进行，积分与年度绩效考核结果直接挂钩，如表7所示。

表7　　　　年度积分调整规则

年度绩效考核结果		积分（F）分值
部门正副职及各级专家	评定要求	
Ⅰ级	占比20%以内及90分以上，且部门平均净收益>公司生产部门平均净收益	3分
Ⅱ级	占比40%以内及85分以上，且部门平均净收益>公司平均净收益	2分
Ⅲ级	80分以上，且部门平均净收益>10万元	1.5分
Ⅳ级	70分以上，且部门平均净收益>0万元	1分
Ⅴ级	60分以上，且-10万元<部门平均净收益<0万元	0分
Ⅵ级	60分以下，或部门平均净收益<-10万元	-3分
年度绩效考核结果		积分（F）分值
一般员工	评定要求	
Ⅰ级	占比20%以内及90分以上，且个人净收益>部门平均净收益>公司平均净收益	3分

年度绩效考核结果		积分（F）分值
一般员工	评定要求	
Ⅱ级	占比40%以内及85分以上，且个人净收益＞部门平均净收益（或＞公司平均净收益）	2分
Ⅲ级	80分以上，且个人平均净收益＞10万元	1.5分
Ⅳ级	70分以上，且个人净收益＞0万元	1分
Ⅴ级	60分以上，且－10万元＜个人净收益＜0万元	0分
Ⅵ级	60分以下，或个人净收益＜－10万元	－3分

四、取得成效

（一）构建了完善的人工成本控制制度

在应用变动成本法之前，武汉分公司对于人工成本的管控仅限于对人工成本总额与工资总额进行总量分析，如何管控人工成本总量是人工成本管理的重点。武汉分公司将变动成本法应用于企业人工成本分析后，通过逐项辨别人工成本中的各类成本，更好地了解了人工成本构成现状，能够有针对性地对各项成本进行管控，找到了调整优化人工成本结构的关键点，构建了完善的人工成本控制制度，减少了人工成本控制的主观性，为合理控制有效成本、降低无效成本提供了依据。

（二）提升了人力资源管理效率

优化人工成本管控是企业获取优秀人力资源并发挥其作用的必然手段，作为技术密集型企业的勘察设计企业，人工成本管控不仅是会计核算问题，更是企业内部经营管理问题。在应用变动成本法对企业人工成本进行分析后，武汉分公司对于人工成本管理的重点从单纯地为降低成本而控制人工成本支出，转变到了人工成本投入产出效率上，即更多地考虑人工成本的"性价比"。不仅实现了多维度、多角度的人工成本分析评价，为人工成本管控提供了新思路，更是通过财务数据与人力信息的互联互通，为企业人才评价、人才决策等提供了可靠的依据，提升了人力资源管理效率。

（三）设计了新的员工激励机制

应用变动成本法分析人工成本为优化薪酬制度、制定与实施新的薪酬管理办法提供了有效依据。针对研究过程中发现的问题，武汉分公司修订了薪酬管理办法，以更好地激励员工工作积极性，实现工效挂钩。新修订的薪酬管理办法中，员工的岗位工资与划分的岗位序列、岗位层级、岗位等级对应，明确了等级晋升通道，弥补了旧管理办法中岗位工资单一性的缺点，能够激发员工努力工作向上晋升的动力。以应用变动成本法分解人工成本，进而找到人工成本控制及员工激励机制设计的关键点，是从人工成本控制到人力资源管理的转变，促进了企业人才战略的进一步完善与落实，为企业人才开发、人才激励的整体性、长期性提供了保障。

（四）提高了企业经济效益

随着市场竞争日趋激烈和人工成本的刚性增长，人工成本占企业成本的比重日益增长，人工成本投入对企业经济效益的影响逐步增大，加强人工成本控制有利于企业降本增效，合理控制人工成本有利于企业提高经济效益，实现战略目标。应用变动成本法对企业人工成本进行分析与控制，提高了武汉分公司的人工成本投入产出效率，增强了企业的核心竞争力，进而提高了企业的经济效益，企业人力资源效能得到显著提升，薪酬改革实施前后（2020～2022年）的劳动生产率、人均营收、人均净利润的复合增长率分别为：8.71%、4.35%、10.98%，人员创效水平得到显著提高。

五、经验总结

（一）变动成本法等成本管理会计工具的基本应用条件

1. 信息化是手段

没有强大的信息系统，再好的管理会计工具也难以落地实施。武汉分公司基于中国中铁财务共享平台和协同管理平台，基本可实现财务数据的"互联互通、实时提取、科学管理"，全面且细致的会计基础数据为管理会计工具的运用提供了应用基础。

2. 人才是基础

管理会计的应用需要复合型人才，对会计业务、财务管理、人力资源管理及行业发展情况都要熟悉，武汉分公司积极推进跨部门跨学科的人员轮岗锻炼，积极培养复合型人才。由财务领军人才代理研究小组学习《管理会计基本引导》和《管理会计应用指引》，推动理论与实践相结合。

（二）管理会计工具方法成功应用的关键因素

1. 要有强有力的组织保障

在开展管理会计工具的应用研究过程中，武汉分公司领导高度重视，抽调多个部门的骨干，形成了由财务部牵头，人力资源部、研发中心、图文信息所等多部门配合的方向明确、上下同心的课题攻关组，确保了研究的顺利开展。

2. 要有强有力的制度保障

要建立固定成本管控的制度体系，需要搭建项目推进计划（甘特图），并建立开展定期或不定期的研究推进会议制度，以保证项目向前推进。

（三）对改进相关管理会计工具方法应用的思考

企业在人工成本的核算中，财务管理部门应注重人工成本统计核算的日常管理，充分利用信息化手段逐步实现统计分析的智能化，在管理会计工具的运用过程中不能完全拘泥于会计指引的条条框框，切勿生搬硬抄，应该密切联系企业管理实际务实管理，将管理学的工具内化于心、外化于行，以优化管理流程、提升企业管理水平为目标开展管理会计工具应用工作。

（四）相关管理会计工具在应用中的优缺点

1. 优点

可以简化成本计算工作，避免固定成本费用分摊中的主观臆断性，同时能有效地促进企业管理者重视成本控制，利于对公司人工成本、部门人工成本进行总量分析、结构分析和效益分析。

2. 缺点

一是对固定人工成本和变动人工成本的划分比较粗糙，可随着研究的深入进一步细化成本类别；二是数据样本量偏少，成本管控机制设计的数据仅对比薪改前后的一期数据，数据对比分析容易受到特殊值和其他干扰因素的影响。

（五）对发展和完善相关管理会计工具的建议

1. 建议研究制定应用变动成本法进行人工成本管控的应用指引

当前的人工成本的性态分析主要是依据主观判断，制定具体可操作性强的应用指引，有利于推广变动成本法等成本管理工具的广泛使用，有利于企业在经营管理中有效开展人工成本管控。

2. 从管理会计角度看企业管理

加强对管理会计工具的学习和探讨，从管理会计的视角推进企业的战略管理、预算管理、运营管理、成本管理、风险管理等，利用管理会计工具加强企业各方面的分析，为企业管理决策提供依据。

（六）对推广应用相关管理会计工具的建议

变动成本法等管理会计工具要在企业管理中得到推广应用，必须以解决企业的问题为出发点。复杂的理论，总归要回到具体的案例，按照简洁有效、现实可行的原则，把各种管理会计工具的应用进行细化分解，并附上相应的成熟案例，加以宣传推广，真正地实现管理会计工具"从实践中来，到实践中去"。

（中铁大桥勘测设计院集团有限公司武汉分公司　邹永辉　方雨晨　李　静　宁海枫）

目标成本管理在水利信息化行业中的运用

【摘要】在企业管理工作中成本管理非常重要，直接影响着企业经营效益。中铁水利信息科技有限公司成立于1992年，是一家专业从事信息化的高科技企业。由中铁水利水电规划设计集团有限公司投资建立，依托中铁水利设计的人才、技术优势，服务水利信息化建设。主要从事水利信息化规划、可行性研究、系统设计、工程实施等全方位服务。目标成本管理在成本管理中的应用十分广泛，该方法研究的是为企业经营获利而对各项成本进行控制与实施的过程。目标成本法虽然是一种常见的企业成本管理方法，主要以市场为导向，关注企业生产过程中消耗的成本与产生的利润，但是根据公司实际情况可知目前这种方法是简单而有效的一种管理模式。在运用了目标成本管理后，公司近三年的收入有了显著的提升，即使在经历了三年疫情的大环境下，也呈现出了逐年上升的趋势，并且保证了净利润率维持在一个稳定的比例。以原材料和制成品的市场价格为参数，分析比较成本构成指标，采购部门可以根据不同供应商提供的信息掌握市场价格变化，提前规划并根据公司需求发布相关招标文件，最大限度地发挥潜力，确定先进合理的目标成本和目标利润。科技是第一生产力，未来的竞争将会是科技的竞争，公司通过降低部分费用标准如差旅费、招待费，转而加强对研发的投入，促进技术创新、改进以及引进，从而提升公司的核心竞争力，为公司带来更高的利润。在应用目标成本管理法时，会在经营各个阶段综合各方面实际情况确定目标成本，之后再对确定的目标成本进行具体管控。其宗旨：首先要提升企业成本管理水平；其次是提高公司获利水平。

一、背景描述

（一）单位基本情况

中铁水利信息科技有限公司成立于1992年，是一家专业从事信息化的高科技企业。由中铁水利水电规划设计集团有限公司投资建立，依托人才、技术优势，服务信息化建设。主要从事方案编制、软件开发、系统集成和硬件研发生产。

中铁水利信息科技有限公司（以下简称"中铁水利信息"，原江西武大扬帆科技有限公司），注册地为江西省南昌市，注册资金1 000万元人民币，是中铁水利设计集团有限公司全资子公司。2021年公司以认缴方式增资变更注册资金5 000万元人民币。

中铁水利信息依托中铁水利设计的人才、技术优势，服务水利信息化建设。主要从事水利信息化规划、可行性研究、系统设计、工程实施等全方位服务。业务范围包括基于 BIM + GIS 技术的水利工程建设管理、水利工程运行管理、水旱灾害防御、河湖监管、灌区及水资源管理、智慧水利平台开发，闸门、泵站、供水水厂等自动化项目的研发与实施，大坝安全监测、水雨情及量测水等智能感知硬件的研发及实施。中铁水利信息是国家认定的高新技术企业，通过 CMMI5 认证，质量体系/环境管理体系/职业健康安全管理体系/信息技术服务管理体系/信息安全管理体系/云服务信息安全管理体系认证，拥有电子与智能化专业承包二级、双软企业、水文水资源调查评价、ITSS 信息技术服务运行维护、CCRC 信息安全服务、安防工程设计施工企业等资质。获得百余项专利及软件著作权。公司连续四次荣获省级青年文明号，认定为江西省省级企业技术中心、南昌市水利安全监测与预测预警工程技术研究中心、南昌市级企业技术中心、江西省专精特新中小企业、江西省大数据示范企业、南昌市科技示范企业、十大 IT 企业、江西省用户满意十佳 IT 企业、江西省软件产业十强企业、江西省优秀 IT 企业、全国水利建设市场 AAA 级信用企业（最高）、AAA 级重合同守信用企业、全国志愿者服务金奖等称号。

公司目前设有 8 个部门，分别为综合办公室及人力资源部、经营开发中心、研发部及规划设计部、财务部、工程部、系统集成部、运营及客户服务部、技术与安全质量部。

（二）管理会计应用基础

"十四五"期间，公司以技术能力提升为引领，巩固在江西省水利信息化市场的地位，提升水利信息化优质服务能力，发展水利信息化全产业链的能力；积极探索多元领域新业务，形成稳定的发展支撑；进一步推动国有企业改革，健全法人治理机构，探索混合所有制改革，优化内部组织运作体系，重点提升技术服务能力、市场经营能力、项目管理能力、科研创新能力，实现中铁水利信息经营模式、业务增长方式和管理模式的全面升级。

到"十四五"末期，中铁水利信息将成为立足水利信息化领域，具备水利及涉农领域信息化全生命周期服务能力，形成"一体化服务、双元支撑、三维市场"的"123"战略布局，成为水利行业一流、涉农领域知名的信息化全方位服务商。

目前，很多企业都深知将降低成本工作列入重点工作范围，不仅可以为管理工作带来便利，也可以为企业带来效益。然而，公司的成本管理还存在着一些问题。

1. 制定目标不够全面

在目标成本管理过程中，仅把目光放在原材料这种直接成本上，面对人工、办公费用等其他间接费用方面考虑较少。然而，企业面对市场竞争压力越来越大，只考虑直接成本很可能会造成决策的失误。

2. 管理缺乏人性化因素

很多人认为成本管理只是企业的领导和财务人员的事，成本控制在成本管理中占重要位置，其他员工只是为了完成领导交办的"成本控制"目标工作，缺乏主动性，呈现"自上而下"的管理模式。实际上，员工在各个环节都应起主导作用，只有所有员工提高了积极性，企业的业绩才能得到真正的提升。

3. 忽视价值链分析

在市场上，真正有意义的是整个经济过程的成本，企业必须清楚与材料、产品有关的整个价值链中的所有成本。部分企业管理者比较重视在成本生产与采购方面的控制，而忽略了营销、服务、后勤方面成本控制。成本分析的方法过分依赖于会计方法和制度，而没有从战略角度上全局加以考虑。

（三）选择目标成本管理的主要原因

在企业整个经营过程中，需要投入的成本其实就是为了获取利益必须进行的成本投入或垫支的资金成本。当投入的成本过高，就会导致利润降低，甚至负利润，企业将出现经营不善等后果。目前，市场竞争日渐激烈，控制产品、材料采购价格成为利润形成的主要原因之一。倘若没有进行控制与管理就会处于被动状态，致使企业经营效益受损。对企业而言，要提高利润水平，就必须拥有较强的市场竞争力，同时降低企业的成本。所以，目标成本管理成为企业进展和奋斗的方向，也是衡量经营水平的重要标准之一。

目标成本管理是企业收益性管理目标，也是对外经营和对内管理所希望达到的目标管理。在整个管理过程中，要在各个环节制定相对应的管理制度，接受目标成本管理方法对各项成本进行分解、执行。从而提高企业成本管理水平。

二、总体设计

（一）应用目标成本管理目标方法的目标

在市场经济中，利润最大化与成本最小化是企业永恒的主题。任何一个企业要做到利润最大化，就必须对成本、费用等进行控制，达到成本最小，这是需要遵循的原则。

（二）应用目标成本管理会计工具方法的总体思路

1. 加强控制措施，减少无效损耗

在企业成本管理中，要做好日常管理工作，尽量减少不必要的损耗。如事先做好计划避免造成产品积压的浪费，操作要合乎规范避免造成动作损坏的浪费，时间安排方面避免出现"闲"的浪费，等等。

2. 加强企业管理，促进技术创新

重视技术提高、进步，对降低成本有着重要的作用。只有技术提高、进步才能更容易被市场接受，技术的提高、进步会提升生产力，创造更大的价值，推动经济的发展。

（三）应用目标成本管理会计工具方法的内容

企业目标成本管理主要是负责对企业运行成本进行合理的控制和管理。通过对企业成本控制有助于明确企业管理方向，减少资源浪费，优化组织结构，营造良好的企业文化，提升企业生产经营的效率等，对企业经济发展意义深远。

首先，目标成本管理模式实现了简单而有效的成本控制，在企业成本管理中目标成本法通过成本控制体系的建立能够有效提升工作效率。其次，目标成本管理模式能够对成本进行事前控制、事中控制以及事后控制。目标成本法确定成本控制目标这就是成本事前控制。最后，目标成本管理模式在实际的核算工作中能够层层分解目标成本，从而为目标成本提供更加精确全面的成本信息，提升企业成本管理的科学性。

（四）应用目标成本管理会计工具方法的创新

企业在现代市场经济发展模式下，日益走向服务性领域，知识产权的比重不断提高，就使得知识成本的比例升高，所以在已有的传统性核算方式上有进行改革创新的必要性和紧迫性。

成本企划又称为"事前控制"，主要是从市场的需求出发，按客户的需求在开发、策划、设计、服务等方面进行管理。通过预算收入、利润目标直接测算出目标成本，同各环节、各部门以及供应商紧密合作会直接实现对企业目标成本的管理与创新。基本方式主要包括对目标成本的"设置—分解—实现—再设置……"多重循环的环节。每一个环节都是对成本的一次缩减，一直到最后对成本的缩减达到最大化，才暂时结束。一旦实际成本小于目标成本就可以进行下一个循环，它是一种多重循环挤压达到降低成本的方法。

三、应用过程

（一）参与部门和人员

目标成本管理过程采取跨部门合作及价值链上全部成员参与，包括供应商、服务提供商，并成立由研发中心、工程部、系统集成部、经营开发中心、财务部、质量与安全部、运营与客户部组成的跨部门团队，负责目标成本制定、计划、分解、下达与考核，并建立相应的工作机制，有效协调有关部门之间的分工与合作，能及时、准确取得目标成本所需的信息。

（二）应用目标成本管理方法的资源、环境、信息化条件

近年来企业之间竞争非常激烈，价格已不再是企业能够左右的，企业能做的就是管控成本。中铁水利信息从事水利信息化工程有十多年，有相对成熟的成本管理经验。公司自主研发的"全生命周期平台"有效应用实现各个环节的全面监督，助力施工的规范化，提升企业成本控制力度。应用"全生命周期平台"将目标管理成本工作与企业管理的各环节进行有效整合，设立明确的工作目标对管理过程进行约束，收集整理各部门的工作记录，建立信息化管理档案，将保证信息内容的完整性、准确性。

（三）具体应用模式和具体应用流程

1. 目标成本管理基本模式

目标成本管基本模式一般包含以下内容：目标成本预测、目标成本决策、目标成本计划（目标成本分解）、目标成本落实和控制、目标成本核算、目标成本分析、目标成本考核等内容。本文认为目标成本应包括为实现利润目标所发生的所有耗费；确定目标成本需要考虑其科学、有效、具有竞争力并和企业的发展战略相结合；实现目标成本的途径要从全过程、全方位着手进行分析和研究，有效地利用价值工程和作业管理。

2. 编制项目目标成本估算

在项目应标前由经营开发中心运用成本效益分析对项目进行可行性判断，确定项目合同价格。合同签订后由经营开发中心提供项目的预算书，制定目标收入和目标利润。

3. 编制项目成本预算及下达流程

项目进入实施阶段，由公司下达任务书并任命项目经理，项目经理制订更为精细的成本计划，制定成本实施目标（包括设备材料、差旅费、人员培训费）。根据制定的目标成本公司下达、分解到各个生产部门及职责部门。

4. 项目施工阶段的成本控制

目标成本下达到各个生产部门及职责部门后，各部门各责任人要对应责任环节，组织施工计划、施工方案、材料采购、设备进场、人员配备，加强对目标成本测算并下达流程过程的规范性控制。

（1）材料成本控制。公司建立供应商库，寻找有实力的供应商，供应商不定时根据产品及时调整产品价格。采购部门要及时了解和掌握市场价格信息，根据项目清单上设备品牌型号及需要进场的时间分时段采购，非常规设备进行询价比价后再进行采购。对于大宗材料采取招标方式，合理确定每次材料采买的数量，尽可能减

少资金及材料积压，同时加强供应商的合同管理，避免或减少经济纠纷给项目带来的损失，及时供货，保证不耽误施工，从而有效降低材料采购成本。仓库人员要进行材料点收后方能入库，按清单发货，对小型工具的发放要有工程人员签字，使用完要及时回收，对库存物资要及时通报施工部门，减少资金占用，回避库存积压风险。

（2）分包工程成本控制。为了对施工分包费进行有效控制，项目经理要对上报的分包商进行信息调查，验证资质，对报名入库的分包商进行资信核查，是否满足施工要求，有无施工资金的垫资能力等。与选中的分包商签订和履行规范的合同，建立稳定的分包关系。及时、准确地做工程量确认工作，严格把关，如果分包商不能达到公司的要求，将其在供应商库中除名。

（3）工程进度控制。分析影响工程进度的因素，采取措施消除不利因素影响，确保工程进度按照项目规划实施，在保证工程质量的前提下，通过加快施工进度、缩短工期，有效地降低成本。

（4）搞好技术开发，利用科技水平提高效益。公司立足于水利信息化工程，对于监测雨水情监测核心的 YF. YDJ－01 型遥测终端机、激光水位计以及大坝安全监测的核心装置 YF. MCU－02 型大坝安全监测数据自动采集装置，我们进行自主研发、自主生产，这样既能提升质量又达到降低成本的目标。

（5）通过持续改进满足客户需求。持续改进主要发生在生产阶段，通过不断改进生产流程和工艺，利用更先进的管理方法，如 YF. YDJ－01 型遥测终端机的不断更新，由原来的 2G 模块变成了现在的兼容 2G/3G/4G 模块，能兼容更多类型的水位计闸位计和流量计；支持阀门控制等加强功能，加强全面质量管理，降低成本，提高客户满意度。

5. 财务和业务流程改造

（1）提高目标成本的预算能力。在企业目标成本管理中，成本预算能力是最核心内容，而目标成本预算是否合理，直接影响到项目成果。财务部门作为数据中心，将类似项目的成本作为目标成本，并分析对标产品的市场发展趋势，合理预测价格。

（2）财务加强对企业财务状况核算、分析。财务部门加强对财务状况、经营成果和现金流量等方面进行记录、计算和分析，每季度按项目编制项目成本表，编制经济运行分析报告，财务人员帮助生产经营人员了解各项数据背后的信息。通过这些工作，帮助企业了解经营状况，制定科学的经营决策。

6. 公司资源投入

（1）建设企业信息化系统。企业通过自发研制的《全生命周期平台》作为目标成本法管理的重要工具，提高业财融合。把已签订合同录进平台，将经营、生产、财务信息集成在这个平台上，由于目标成本在平台上已经预设，可以实时控制项目的最终成本。

（2）制定国家标准、行业标准，提高信息质量。公司参编国标《信息技术生物特征识别数据交换格式第5部分：人脸图像数据》，主编的《堤防工程管理信息系统建设要求》和《小型水库工程管理信息系统建设要求》两项团体标准，在工程管理信息系统建设领域的科技创新，填补了国内外在堤防和小型水库的信息化建设中相关技术标准的空白。公司在成本管理中通过优化研制产品，提高质量节约成本。

7. 目标成本分析与考核

每月财务部门及时核算成本并编制项目成本报表，项目经理每月召开一次项目调度会，对各项目的进度、费用支出进行分析总结，综合分析项目成本完成情况。在项目结束时对工程项目成本进行总的评价，技术质量部按公司要求不定时到项目组检查施工情况，并做好准备验收或验收工作，尽可能竣工成本降到最低。

（四）在实施过程中遇到的主要问题和解决方法

1. 强化外包队伍能力

以前有部分分包队伍水平有限或是责任心不强，导致质量得不到保障，造成返工增加工程施工成本，近几年公司规范了供应商库，只有合格的供应商才能入库，有效避免了返工现象。

2. 加强成本控制

目标成本直接影响到企业的经营状况和企业未来持续性发展，企业经济管理与员工的利益密不可分，水利施工由于经常在室外工作，天气的原因占很大的因素，下雨天无法施工，以前会有施工人员窝工，企业加大目标成本重要性的宣传力度，让员工提升成本控制意识，建立大局观念，并对项目进行现场抽查、核查项目经理周总结，结合绩效考核制度，实行多做多得，大大提升了施工人员的积极性。

3. 加强成本控制力度

目标成本管理融入了企业经营管理、生产、研发等各个方面，要实现成本管理工作的有效落实，就需要加强企业成本控制力度，现在通过公司自主研发的"全生命周期平台"能在项目全过程中有效应用实现各个环节的全面监督，助力施工的规范化，提升企业成本控制力度。

4. 加强人才培养，提升员工素质

加强施工人员的业务能力，对新员工进行"传、帮、带"，以老带新，通过带岗者的言传身教，使新员工充分获取实践经验，对专业技术技能存在的弱点、缺点，有针对性地请公司业务能手进行培训，通过培训提高他们的技术水平，促进企业专业技术素质的整体提升。

四、取得成效

（一）应用目标成本管理会计工具方法前后直接效果对比

1. 公司收入稳步增加

在运用了目标成本管理后，公司近三年的收入有了显著的提升，即使在经历了三年疫情的大环境下，也呈现出了逐年上升的趋势，并且保证了净利润率维持在一个稳定的比例，如图1所示。

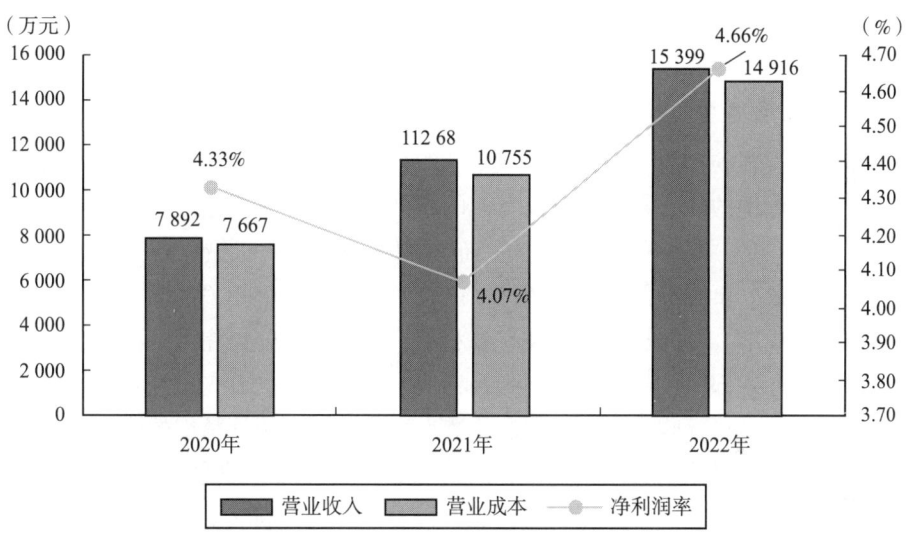

图1　2020～2022年收入成本及净利润率对比

2. 管理问题得到改善

与以往的成本管理相比，公司的成本计划一般都是从原材料的采购开始，按照工艺流程从前到后一步步计算，到最后一步就是计算成本，最终确定成本，控制方面几乎没有主动性。而现在公司建立了供应商库，目标成本以供应商先进水平和机组历史最佳水平为基础，以原材料和制成品的市场价格为参数，分析比较成本构成指标，采购部门可以根据不同供应商提供的信息掌握市场价格变化，提前规划并根据公司需求发布相关招标文件，最大限度发挥潜力，确定先进合理的目标成本和目标利润，从而使成本管理从"花了算"变为"算了花"，进而转变为主动预警。

3. 战略目标得到巩固及落实

科技是第一生产力，未来的竞争将会是科技的竞争，公司通过降低部分费用标准如差旅费、招待费，转而加强对研发的投入，促进技术创新、改进以及引进，从而提升公司的核心竞争力，为公司带来更高的利润。与此同时，公司也十分注重前期的宣传和后期的服务工作，不断加强对外宣传和后期的质量保障，立足省内，拓展省外。公司利用各种激励制度和培训的方法来激发员工工作的积极性。只有员工工作的积极性提高了，生产的效率才会大大提升。从另一个角度来说，也就降低了生产成本，这是企业目标成本管理当中软文化的管理。企业要不断给员工及各部门进行企业文化和经营目标的培训，使企业的全体成员形成一股合力，统一思想，凝聚共识。此外，目标成本管理将客户的需求放在突出位置，以市场为导向，对提高企业额经济效益有重要作用。随着社会生活水平的不断提高，客户需求呈现出多元化的状态，这是企业发展面临的新挑战，目标成本管理有利于满足客户需求，在成本控制方面会取得更好的效果，公司在研发设计环节按照客户的需求进行成本控制，从设计环节加强成本控制，可以有效降低生产成本，提高经济效益，充分满足客户需求从而得到客户更多的认可，进而提高企业的核心竞争力，在市场竞争中占据有利地位。

4. 管理决策有用性提升

目标成本管理的控制与实施是一项复杂的系统工程，这就需要做到以人为本，全员参与。人是管理的核心和动力，没有人的积极性，就不可能做好管理工作。以往公司各个部门都只是"自扫门前雪"，上层布置的任务也只是机械化地完成，缺少沟通和交流，这导致办事效率低，公司领导不能及时准确地了解相关情况，而且增加了许多人为和时间成本，资源也没有得到有效利用。而现在，公司注重整体概念，建立部门联合机制，让各部门成员共同参与到目标成本管控当中。首先由经营开发中心人员编制预算书，制定目标收入和目标利润；其次由项目经理规划精细的成本计划；再次各个生产部门负责具体的实施及配合；最后业务人员应收集业主反馈，并完成验收。财务部门也要及时核算成本并编制项目成本报表，将成本利润变化情况及时告知公司相关领导和决策人。各部门分工合作，加强联系，有效地提高了员工的积极性，为公司带来了更多的发展动力。

（二）应用成效评价

1. 对解决单位管理问题情况的评价

企业经济管理中要提高经济收益，必须有效控制成本，避免企业运营中出现资金浪费或闲置的情况，增加企业经济收益，从而提高企业整体经济收益。通过目标成本管理，从客户需求出发，增强企业的满意度，可以扩大企业的客户群，从而提高经济效益，目标成本管理从设计环节进行成本控制，可以有效提高资金使用率，在企业经济管理中应用目标成本管理，可以根据企业实际发展情况优化设计及生产环节，实现提升企业经济收益的重要目标。

2. 对支持单位制定和落实战略的评价

目标成本管理是企业实现生存和发展、不断适应外部环境变化、抵抗经营风险、增强企业竞争力的重要保障。企业选择和制定与目标成本管理相适应的企业战略尤为重要。不同的企业战略为达到企业目标起到了概括性和指导性的作用。如成本领先战略，通过建立供应商库节约降低成本；服务差异化战略，通过提供安全员培训、设备安装，智能数据分析的服务，获得业主认可，扩大企业市场占有率。因此，从成本的角度分析、选择和优化企业经营战略，使其更加符合成本效益原则，把成本控制理念贯穿企业战略管理的始终。

3. 对提升单位管理决策有用性的评价

在新时代发展的过程中，企业对目标成本管理的利用能够使企业更加明确管理工作内容，运用新颖的形式体现经济管理作用及价值。在开展管理工作的过程中，企业需要明确市场需求，运用创新型理念开展管理工作。部分企业的成本控制意识比较薄弱，要使得企业的经济管理工作达到要求，就需要健全管理信息系统。在这个过程中，管理人员要强化自身的目标成本管理意识，使得管理目标更加明确。管理信息系统能够完善目标管理计划，对管理方式进行较好的规划，使企业的经营成本得以控制。

4. 对提高单位绩效管理水平的评价

绩效管理策略的制定应符合企业实际，强调绩效考核的公平、公正。以往公司的发展并没有注重产业链的全盘发展，管理者只是注重采购方面的成本，这是有局限性的，会造成其他成本费用的增加，利润的减少。目标成本管理是一种在市场导向的驱动下的管理方式，现在公司通过对目标成本分析与考核，管理者更加注重前期、技术、营销、服务的成本控制。通过对这些数据的分析和把控，建立合理的利益分配机制，同时运用多种方式激励员工。奖罚分明，把握尺度，严肃处理营销人员的违规事件。合理设立绩效指标，严格执行绩效考核，并定期修正绩效考核制度。

五、经验总结

（一）目标成本管理会计工具方法的基本应用条件

各部门根据项目实际情况，对可能发生的成本效益进行预估，制订精细的成本计划，以达到成本实施目标。

施工阶段，对材料成本、分包工程成本进行管控。通过对采购材料的数量单价总价进行不同管理方式，减少经济纠纷，及时供货不耽误施工，减少资金占用，回避库存积压风险；对分包商严格核查资信，签订和履行规范的合同，建立稳定的分包关系，工程量确认及时准确，在施工阶段严格把控完成施工阶段工程量的情况下不超预算成本。

完成某一项目后，公司对该项目进行复核，对可进一步优化成本的点持续改进，如提高业务质量、提升科技水平等。不断提升生产工艺，利用更先进的管理方法，给客户更全面可靠的解决方案；立足水利信息化工程，加强自主研发、自主生产，提升质量的同时也能降低成本。

（二）目标成本管理会计工具方法成功应用的关键因素

1. 激发动力，提升效率

目标成本管理的控制与实施，从预算制定到盘中实施到事后回顾，都离不开员工的职业素养与执行力。公司可利用各种激励制度激发员工的积极性与行动力，通过培训或以老带新等方式提升员工素养。员工素养与积极性的提升将大大提高工作效率，换个角度便是降低生产成本。

2. 通力协作，保质增效

对于目标成本的控制及实施，需要公司全员参加、整体参与。方案的制订、实施的把控，能达到的成效在于人员的管理方面。各部门通力协作，在自己专业的方面提出专业的方案，最终组合出一套适合公司实际情况、保证质量并能提升效率的成本管控实施工具。

3. 技术研发，科技提升

科技是第一生产力，目标成本管理的控制与实施离不开企业的科技水平。科技水平是成本控制的支撑，加强研发，积累技术，提高生产力，降低单位生产成本。

（三）对改进目标成本管理会计工具方法应用效果的思考

目标成本的控制及实施，需要公司多部门协作，对市场信息进行整合分析，考虑公司经营的内外部环境，从而确定目标成本，分解实施，然后进行成本分析与考核，制定出配套的制度与管理办法。实施管理与考核方面是目前公司的薄弱环节，项目相关人员应加强实施管理、工程阶段工程量记录，实施阶段把控好各项支出，制定一套完善科学的成本考核管理方法。

（四）目标成本管理会计工具方法在应用中的优缺点

优点：保证工程质量、功能的前提下，可以以较少的投入、最低的成本消耗，获得更多的利润。

缺点：流程繁多，预算准确难度大，人员工作量大。

（五）对发展和完善目标成本管理会计工具方法的建议

一是组织相关培训，提升物资采购、生产人员、人事行政等素养；二是制定科学完善的事中管理制度，对生产进度，物资使用等管控清晰，记录明晰；三是制定科学完善的成本考核管理办法，并严格执行。

（六）对推广应用目标成本管理会计工具方法的建议

一是企业对市场调研清晰，能够了解客户方各项要求，准确测算市场份额与产品价格，以产品市场价格指导设计生产；二是企业具备一定的研发能力，能够保持一定的科技水平，维持产品竞争力并降低产品单位成本；三是企业内部管理制度完善、整体执行力强，与外部供应商、分销渠道等联系紧密。通过内外部合作密切、产品同步工程缩短产品上市周期、提高产品质量、降低产品成本。

（中铁水利信息科技有限公司　陈　敏　邓燕军　黄伟鹏　罗水民　徐　响）

价值链视角下公司成本管理对策及研究

【摘要】 随着国家经济的持续发展，工业化集约程度不断提高。党的二十大报告明确指出，要把经济发展着力点放在实体经济上，制造业作为实体经济的基础，是国家经济发展的不竭动力。当前我国正面临着由制造大国向制造强国、中国制造向中国创造不断转变的关键节点，但现阶段制造业依旧面临着先进制造供给不足、要素成本上升等诸多问题，为此提升企业的核心竞争力，推动制造业健康发展，不断优化成本管理显得尤为重要。

本文基于价值链视角从五个部分对公司成本管理进行分析研究。第一部分介绍研究背景、意义；第二部分对国内外有关价值链视角下成本管理方面研究进行阐述；第三部分就成本管理理论、价值链理论等基础进行梳理；第四部分结合公司整体经营状况，分别就内外部价值链来评析公司当前所处经济周期背景，从外部产业链竞争态势分析中可知，虽然装备制造业发展受到了一定的阻碍，但以公司为代表的国有制造业企业优势依旧较为突出，因此为了巩固以推动企业进一步发展，在深刻把握经济发展周期规律后，构建了专属企业自身的盾构产品外部价值链体系；从内部价值链分析可知，盾构产品需要根据项目方调整来进行设计生产，重型装备非标品意味着在成本管控流程中所兼顾的环节极其复杂且庞大，公司全面落实"大商务"理念以来，分别就原材料采购、生产流程管控、人工成本进行了科学的梳理，推动了公司采购端数字化升级、"零缺陷"质量管理理念等多种举措，构建了全方位可续的实时动态的内部价值链成本管理体系。

党的二十大报告指出，国有企业是国民经济的主导力量，是社会主义经济建设的基石，坚持把发展经济的着力点放在实体经济上，推进新型工业化，加快建设制造强国。本文旨在通过对公司价值链成本管理优化经验的案例研究，溯源经营过程中存在的问题以及公司所才采取的举措，巩固核心竞争力，实现企业经济效益提升。

一、引言

党的二十大报告明确指出，实体经济对当前经济建设起着至关重要的作用，制造业作为体经济的基础，是推动我国经济高质量发展的不竭动力之源。重型装备制造业作为制造业中的重要组成部分，是衡量一个国家科技水平和经济实力的主要标志之一。改革开放以来，我国重型装备制造业在经济和技术上都得到了充分的发展，然而，随着国内外经济形势的日益复杂，当前重型装备制造业发展也面临不少挑战。

如何有效地实施成本管理，是企业经营中绕不开的话题，重型装备制造业行业由于产品非标准化、成本结构复杂、总额波动大、生产周期长等特点，使得其成本控制难度大。从企业日常经营实践活动的角度来看，企业经营绩效提升与企业成本是否得到有效的控制有显著关系。价值链成本管理作为企业战略成本的管理的重要内容，通过对企业采购、生产以及销售全链条的分析，结合企业内部和外部的两个视角，能够更全面科学地制定成本管控措施实现既定目标。

为持续优化产业战略布局，公司在顺德、上海、德阳、肇庆、杭州、洛阳、天津、中山、昆明等多个地区拥有外协加工、总装生产基地。随着产业园正式投产，公司开启了4.0智能工厂建设新阶段，企业生产制造向着智能化、信息化迈进。

本文以本公司为例，进行价值链视角下成本管理研究，通过对公司价值链过程中存在的问题及采取的措施溯源，为制造类企业在价值链成本管理上提供参考。

二、文献综述

（一）国外有关企业价值链成本管理研究

波特（Porter，1985）认为针对有关企业产品研发、生产等活动的企业价值链分析可以全面地、整体地了解企业生经营状况并有助于提升企业的竞争力。杰弗里·雷鲍特和约翰·斯维奥克（Jeffrey F. Rayport and John J. Sviokla，1995）认为企业有效的利用虚拟价值链不仅有利于提升企业战略制定的科学性，强化提升对实物价值链的管控，进而为企业创造更多的价值。海因斯（Hines，1998）认为产品价值链是制造业企业生产的核心环节，对企业绩效的提升起着关键性作用。埃里克（Eric，2007）认为企业应当借助新型互联网技术来实现企业价值链成本管理，以此实现对企业管理效率的提升。亨利（Henry，2009）认为通过提升企业价值链分析能力以减少企业经营中噪声进而降低企业经营成本。泰勒（Taylor，2009）认为在全球供应链体系中运用价值链管理技术可以有效地压缩交货时间、降低成本。希尔顿（Hilton，2014）认为价值链中对客户财务概况、付款等信息板块的管理，可以提升企业的市场策略的制定并提升企业经济效益。萨曼特里等（Sumantri et al.，2016）认为价值链视角对企业所处的外部竞争对手分析有助于发现自身的不足进而优化自身从而提升自身的竞争力。世界贸易组织（WTO，2019）提出科技进步在提升生产力的同时也推动全球贸易方式的转变，当前机器人、大数据等最新发展对全球生产分工产生着深远的影响。阮帅（Shuai Ruan，2020）认为战略管理和价值链分析相结合可以明细企业生产经营的各项成本支出，解决传统成本管理存在滞后性和不及时性问题。克里斯托弗和塞拉（Christopher and Sheila，2020）认为企业强化对上游供应商和下游客户的管理有助于提升企业实现增值的目的，而价值链成本管理可以较为科学的实现。

（二）国内学者有关企业价值链成本管理影响研究

管亚梅（2004）认为相较于传统的会计体系，价值链会计体系通过将企业内部各环节成本和价值相结合更能为企业进行成本分析。赵文力（2005）认为基于价值链的成本管理有效地解决了传统成本管理中忽略外部价值的影响及与生产环节和其他环节成本之间的关系。胡永铨和江慧芳（2009）提出在全球化的背景下，立足全球化产业链角度对技术、生产和产业三个方面的创新有助于提升企业在全球范围内的竞争力。程晓静（2011）认为进行产业结构化升级、提高自主创新能力等方式才能提高我国的产业链价值。纪顺洪和陈兴淋（2016）认为随着我国产业体系的趋于成熟，原有的传统财务分析方法并不能较为客观地反映出企业真实绩效，而基于价值链的财务分析体系恰好可以弥补这一缺点。白雪（2018）认为在企业成本管理的过程中只着重于企业内部的生产制造流程，很容易闭门造车，无法全面地分析企业经营成本。供应链战略成本管理基于整体角度对企业各项成本进行分析，促使企业持续发展。任重和宋燊通（2020）通过实证研究认为互联网技术和价值链模型相结合，使得企业在成本管控的分析更加精确。

价值链和成本管理相关理论的发展得益于国内外学者的持续深入与研究。当前企业的经营管理不仅取决于企业自身生产成本的管理，如何有效的处理上游和下游市场变化也尤为重要，相较于传统的成本管理理念，基于价值链的成本管理更为科学。虽然基于价值链的成本管理理论已趋近成熟，但相较于国外研究，我国在价值链成本管理方面的研究存在诸多不足，虽然当前我国学术界已形成了相对完整的价值链成本管理体系，但有关价值链成本管理的案例研究相对较少，如何将理论和实践相结合也是本文的研究目的。

三、基础理论分析

（一）价值链视角下成本管理

重型装备制造企业因产品非标，导致成本结构复杂且总额存在较大波动，叠加生产周期长、设备成套性，如何有效地实现企业生产成本的管理成为企业日常运营的重中之重。传统成本管理方法侧重于对生产各项环节的简单汇总，然后对企业各项资源实行统一的管理，但仅将眼光放在生产流程中的料工费，虽然可短期内获得效应，但因忽视了对企业生产制造环节发生的各项资源耗费活动的管理和调整，并不利于企业长期发展。

成本管理理论的研究发展目前主要分为广义和狭义，广义区别于狭义在于以企业整体发展战略为依据进行的成本管控，并将企业价值链融入企业日常成本管理的全面成本管理理论，其理论以企业整体发展战略为依据进行企业成本管理活动，核心在于对企业成本净值的管理，通过对企业生产过程中各流程的管控和分析实现对成本的预算和管控，借助价值链视角摒弃无法提升企业效益的因素，在传统基础上更多地考虑到企业内进产销等的各个环节，以此推动企业持续发展。

（二）价值链理论

价值链概念最早由波特提出，旨在对每一个可能影响企业利润的环节进行分析，以此来为管理者全面地展示企业所处的行业状况。价值链分为整体性和易变性两个特点。整体性主要包括强调企业生产加工制造过程是围绕价值链展开，所创造的价值最终将反馈到整个价值链中。易变性强调的是由于行业、公司自身的特殊性，为此企业必须制定属于自身特有的价值链体系，才能更好地协助企业的发展。

通常来讲价值链分为内部、外部两种，内部价值链进一步划分为基本活动和辅助活动两种，其旨在对企业从原料采购、生产制作到最后的销售全流程各个环节进行分析，找出阻碍内部价值增值的原因，通过改善企业销售策略、减少费用支出、规范生产流程以实现企业降本的目的，同时为管理者提供更为真实全面的企业成本管理信息。

外部价值链分为纵向和横向，纵向强调对企业所处上下游情况进行分析了解，通过发现自身所存在的问题并以强化合作为目的完善企业的各个环节，以此来降低企业生产成本。横向则侧重对同业竞争者态势的分析，通过比较分析发现自身价值链管控存在的不足，取其精华、去其糟粕来减少成本消耗，缩小差距。

（三）价值链成本管理理论

价值链成本管理不局限于追求企业的短期利益，如何谋求企业长期可持续发展更为重要，该理论认为企业需要对那些关乎未来成长的经济影响因素进行管理，要不断优化横向、纵向价值链，注重对下游客户的信息管理、提升存货周转效率等为公司价值链上的成本控制产生实质性帮助。当前企业发展早已不局限于单纯的竞争和合作关系，从外部价值链的角度来看，企业已无法独立于市场发展，企业之间的交流也越发重要，当前公司所处的市场竞争格局较为激烈，如果能够和价值链的上下游的供应商和购买商形成相互依存的共同发展的良性关系，更能推动公司的长期健康发展。基于内部价值链的视角，对企业产品生产链所能涉及的所有环节进行定量管理，在重视成本消耗较大的环节的同时兼顾没有耗费太多成本但发生频率较高的环节从而实现真正意义上的成本控制。

四、价值链视角下公司成本管理体系分析

公司当前所实施的价值链成本管理可以分为内部和外部，其中外部主要是基于行业竞争生态环境的自我调整，而内部价值链是对内部生产全流程的自我修正。如何在充分认识到外部竞争趋势的前提下，进一步优化企业自身的生产成本管理，以提升企业整体盈利状况，是供应链视角下成本管理的最终目的。

（一）公司概况

1. 公司简介

近年来，公司紧密围绕"盾构产业化，一主多元化"战略发展规划，专注做好盾构产品，目前公司产品以多种直径、多种型号的复合式土压平衡盾构为主，并成功制造多种型号泥水盾构、硬岩盾构和 TBM。组织架构形式采用的是职能型，根据不同的职能部门划分 13 个职能部门、6 个二级机构、9 个专业车间，以及物流中心、综合班、起重班。

2. 公司业务流程

公司以盾构机生产制造为主，当前的业务主要为承接中铁装备集团母公司的订单，采购部门根据订单合同及库存原材料决定采购量，生产部门进行生产并检验后，达到标准后由集团公司交付客户。运营流程如图 1 所示。

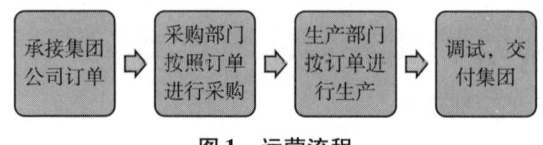

承接集团公司订单 ➡ 采购部门按照订单进行采购 ➡ 生产部门按订单进行生产 ➡ 调试，交付集团

图 1　运营流程

（二）基于价值链视角下公司外部价值链管理

外部价值链分析以公司为中心，分别就横向和纵向视角基于其所处行业的整体发展状况对其产业链上下游以及行业现状进行分析，以此对外部竞争环境和格局获得充分的认知，识别当前竞争势态下企业经营存在的不足，以对企业生产及经营策略进行调整。

1. 行业结构升级

"双碳"目标提出后，在构建"双碳"双循环新发展格局的背景下，国内新能源发电产业"风—光—储—备"市场多点耦合爆发。进一步促进了工程机械行业向电动化、绿色化、智能化加速转型升级，从产品的全生命周期来看，相比于传统工程机械，电动化工程机械的综合成本更低。"机械化换人，电动化换能、智能化减人"已

成为行业共识,工程机械行业进入系统化、智能化、绿色化制造的新时期。

从宏观政策角度看,中央和地方政府近几年出台有关工程机械行业发展的相关政策表明,对于高污染、高耗能的工程机械产品应逐步退出市场,鼓励混合动力工程机械、纯电动工程机械在非道路移动机械领域内逐渐普及。

2. 行业周期调整

基于图 2 所统计的数据,2015~2023 年我国装备制造业总体而言处于平稳增长的态势,年均增长率处于 8%~12%,2020~2021 年由于疫情期间停产停工对装备制造业的冲击出现大幅波动。结合对中国装备制造业 PMI2020~2022 年波动分析,2020年初因疫情初发,PMI 指数急剧下滑,2020 年下半年疫情得到控制,PMI 指数快速恢复。通常而言,PMI 指数 50% 为扩张与收缩的临界点,50% 以下意味着行业进入调整期。2015~2022 年间,我国装备制造业 PMI 指数整体处于 50% 以下,而疫情对整个行业产生了进一步的冲击。整个行业进入调整周期,企业需要更为科学地调整价值链。

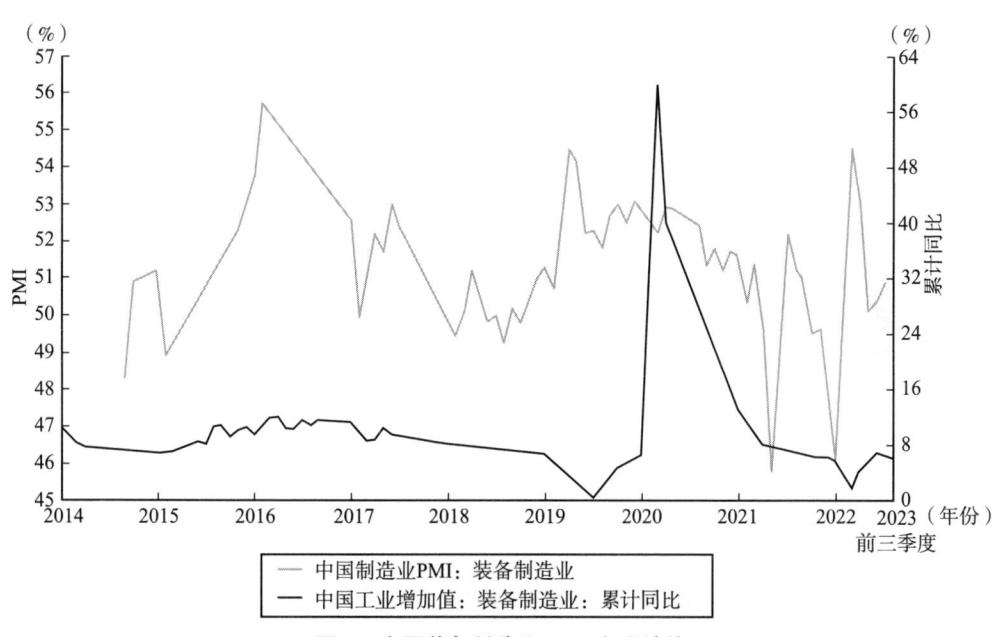

图 2　中国装备制造业 PMI 和累计值

资料来源:Wind 数据库。

基于图 2 和图 3 所统计的数据可知,从 PMI 企业规模来看,当前我国大型企业 PMI 指数均高于行业均值,虽然整个行业处于紧缩期,但抗风险能力依旧存在较强的优势。公司作为国内大型装备制造业的典型代表,在行业处于调整周期时,如何进一步凸显自身的优势显得尤为重要。

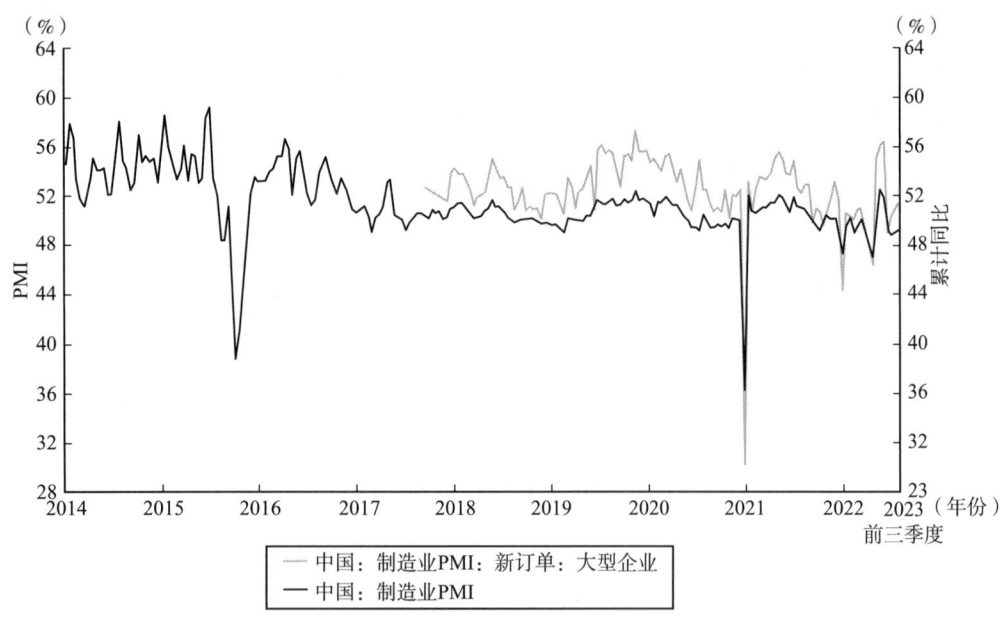

图3　中国制造业采购经理人（PMI）指数

资料来源：Wind 数据库。

3. 重型装备制造业产业链

基于图 4 Wind 统计数据可知，截至 2022 年，我国重型建筑机械和设备企业共计 3 574 家，主要分布在山东、河南、江苏、安徽四省；在对重型建筑机械和设备的上下游供应商的细分中可知，该行业上游共涉及涵盖钢材、驱动、液压、仪器仪表系统 3 000 多家、其中以钢材、轴承领域的企业居多；下游涵盖土木工程、建筑、市政、水利和采掘等高达 10 000 多家，其中以土木施工行业需求最大最为典型。由此可见，目前我国重型建筑机械行业产业链范围广，纵深长；公司产品为非标品，需要根据下游项目方的特点来进行专项设计并制造，为此对供应链的把控在公司的生产制造中尤为重要。

4. 公司外部价值链管理举措

对以盾构生产制造为核心的产业链纵向和横向分析可知，疫情后，重型装备制造业行业整体景气程度不容乐观，随着我国经济进入调整周期，当前重型装备制造业的竞争越发激烈，不过在以企业体量为参考系数的数据分析中，虽然整体发展环境并不完全友好，但对于类似公司这样体量的企业而言，凭借着自身成熟的供应链、生产体系以及深厚市场品牌效应，其优势依旧十分明显。为在日益激烈的环境中进一步巩固自身优势，公司基于价值链视角对外部成本管理实施了一系列优化措施。

（1）果断抓住政策机遇。

产业政策端。当前我国正处于中国制造向中国创造，制造大国向制造强国转换的关键节点，随着中央和地方政府出台一系列积极的财政政策以及货币政策，公司积极

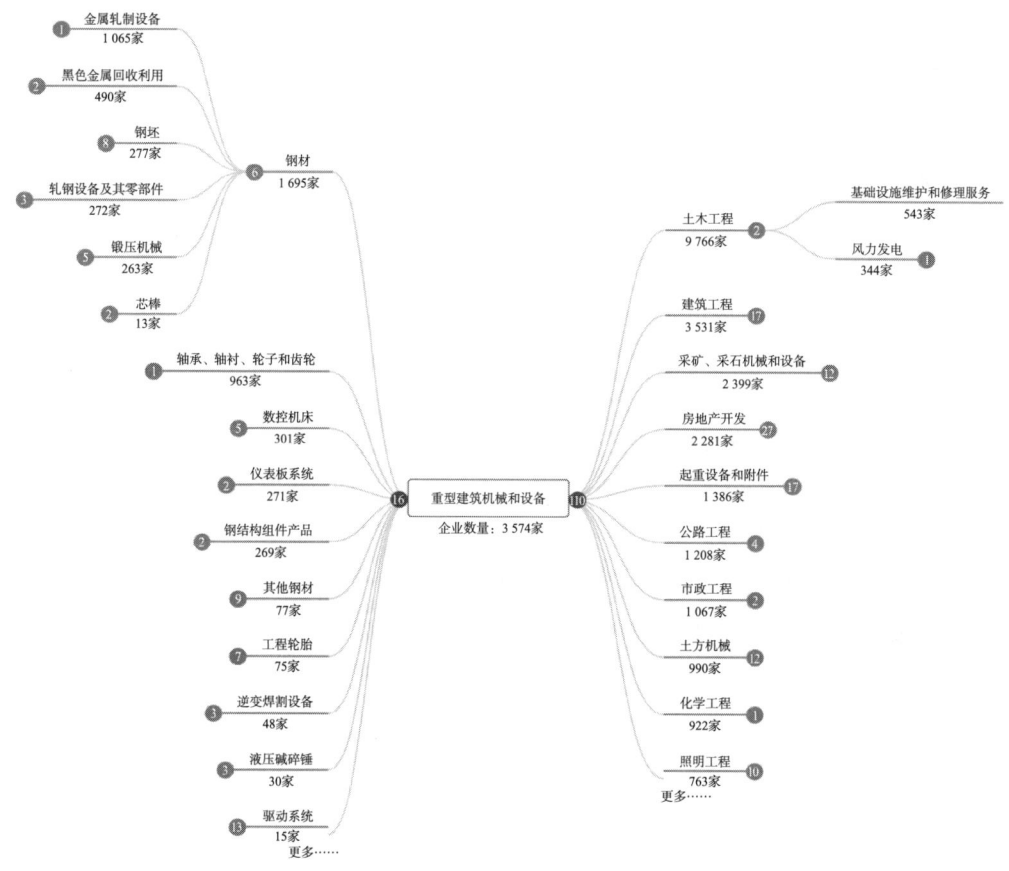

图4　重型建筑机械和设备产业链

抓住历史机遇，深入践行"三个转变"重要指示精神，深入贯彻落实"国企改革三年行动""科改示范行动"部署，在推动盾构制造全面智能化的同时，积极探索科技创新体制机制改革，配合集团公司共同打造"河南省盾构及掘进技术国际联合实验室"高端创新平台和"河南省地下工程技术与装备创新团体"等国内盾构及掘进技术领域唯一的国家公共研究平台。

（2）构建公司供应链体系。

供应链管理端。对上游供应商，公司基于自身制造周期和生产流程，优化采购环节，通过梳理年度采购计划、季度对比分析，在切实做好生产与采购的平衡的同时，基于以往的生产经验和深入的市场调研，搭建了以供应商品质、效率、配合度等为指标的公司内部采购商信息管理系统，同时为了防止"卡脖子"事件发生，公司通过和地方政府、机构、研究所合作，积极推进零部件的国产替代化。在下游需求端，公司建立跨部门协调联动机制，对产品与技术规划、设计与研发、配套工法研究、智能制造等方面进行统筹协调，使盾构设计及制造周期均有一定程度缩短；在缩短交付周期的同时，结合公司资金现状优化采购类合同资金支付条款；做好内外部单位应收款项的回收，减少公司资金占用，同时通过采取分管领导挂帅基地项目驻点，按照项目优先级分类集中供应物资，明确项目管理职责分工等系列措施，多举措确保产品的质量缩短产品交付时间。

（三）公司内部价值链简况

1. 公司内部价值链

内部价值链针对的是企业内部作业流程各个环节的定量分析，找出生产流程中的增值和非增值环节，在摒弃一些非必要的增值环节外，尽可能地将非增值环节调整为增值环节，由此为企业创造更多的利润。

由图5可知，公司价值链由辅助和基础活动共同组成，其中采购活动主要针对原材料、辅助材料的采购，仓储管理；生产活动主要涉及盾构机的制造和组装；物流运输涉及产品物流运输服务。辅助活动主要为人力资源管理、企业文化建设、财务管理以及信息管理等。其主营业务流程从采购部门开始，采购部门依据业主方的项目特点，不断平衡年度生产与采购之间的关系。生产部门按照合同图纸领取材料进行加工制作，待生产完工之后经由调试后发货。

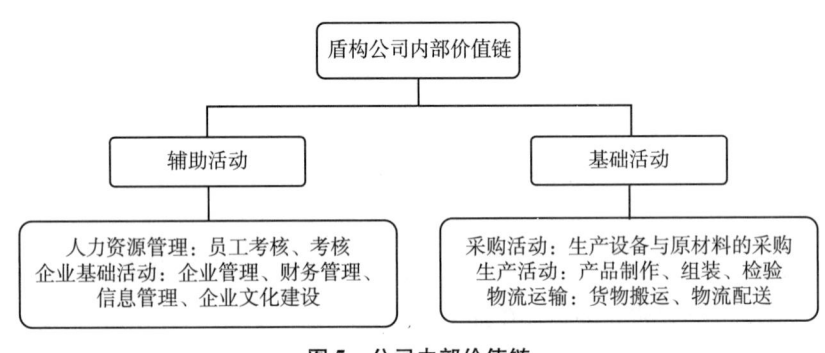

图5 公司内部价值链

2. 公司成本管理现状

（1）公司成本管理流程。公司当前的成本管理主要分为事前对成本预算管理、事中对企业各个环节的成本核算、事后对基于项目的成本决算统计，通过成本支出情况分析，发现问题采取针对性措施以降低企业成本支出。自全面落实"大商务"管理理念以来，公司紧随装备集团公司改革发展步伐，在新时期下积极践行"三个转变"，纵深推进"三项管理变革"和"三项制度改革"，聚焦全面落实管理效益提升三年行动各项要求。通过健全组织体系、坚持目标导向、突出价值创造，全方位提升公司项目管理效益。

（2）公司生产流程。公司当前以盾构机的生产制造为主，主要成本消耗集中在盾构机生产环节，因盾构机是依据工程地质和水文地质条件进行"量体裁衣"的大型专用设备，在制造的过程中需要根据客户项目的特点选择合适的机型并设计、制造符合地质特点的刀盘刀具、驱动系统、控制系统等，作为集光、机、电、液、传感、信息技术于一体的非标品，首先是确定图纸及原材料、配件采购，此处主要根据客户项目特点来进行产前的规划，其次就是整个制造中的关键环节涵盖车间下料、机加工、工序检验、组件组装调试环节，最后就是出厂交付。如图6所示。

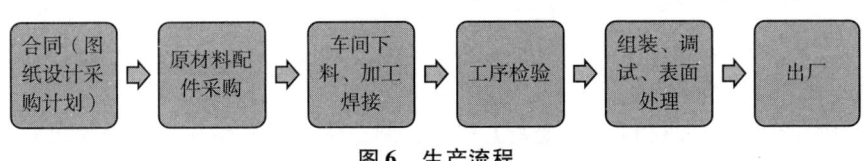

图6　生产流程

3. 基于价值链视角下公司内部成本管理

（1）公司产品成本构成。

公司产品成本主要由采购、生产及其他构成。如表1所示。

表1　　　　　　　　　　　　　　　公司产品成本构成

产品成本项目	项目内容
采购成本	生产制造过程中原材料采购及各项支出
生产成本	直接材料：用于直接生产过程中消耗的原材料 直接人工：制造人员的工资等 制造费用：资产的折旧等
其他成本	其他与生产制作有关的成本

公司当前的成本管理主要在产品的生产制造环节，在公司全面大商务没有全面落实之前，单一的生产成本管理方法忽视了与其他各个环节之间的联系，未将价值链的上下游紧密地衔接，致使成本管理过程中存在不足。

（2）采购成本变化。

公司采购成本涵盖企业向供应商购进的材料产生材料存储费等各项费用支出。

基于表2所统计的数据可知，公司作为盾构制造板块，主要承接企业盾构机生产制造，2022年公司结合公司资金现状，通过资金及金融资源与采购供应链支付的统筹管理，优化资金支付方式，通过资金支付方式转变，降低既有输入成本，实现供应商采购降本。

表2   公司近四年采购成本   单位：%

采购成本项目	采购成本占比			
	2019 年	2020 年	2021 年	2022 年
材料价款	100.00	100.00	100.00	99.91
降本优化				0.09

注：因涉及非公开财务数据，确保公司信息的安全性，表中数据仅以比例的形式进行分析展示，下同。

（3）生产成本变化。

公司生产成本由原材料、直接人工费用、制造费用及其他构成。表3仅对2020～2022年公司其中三项成本费用的波动比例进行分析。

表3   公司 2020～2022 年生产成本同比波动   单位：%

成本项目	2020 年	2021 年	2022 年
直接材料	0.32	1.56	0.32
直接人工	− 0.17	− 1.15	0.30
制造费用	− 0.11	− 0.40	− 0.26

注：上述数据在剔除部分项目后得出。

结合上文对企业采购成本比例分析以及表3所统计的数据，直接材料是公司产品生产成本的主要构成，从2020～2022年公司直接材料占比情况来看，直接材料所占比重一直较高，主要归因于随着中铁装备智能化产业园产能大幅提升，原外购部件例如盾体、驱动箱、机头架等结构件，由整体外购转为产业园自制。从2020～2022年公司直接人工同比增幅来看，在2021年公司正式推行大商务管理模式后，直接人工占比下降幅度为三年之最，因2022年外购转自制，2022年直接人工占比有所增长。近年来，公司构建公司材料、人工等全要素的成本费用预算责任体系，通过明确部门、车间、项目之间的职责分工，切实实现公司资源的有效配置及分配。

4. 公司内部价值链管理

（1）材料管理。

公司分别从原材料采购、入库、领料三个方面入手，针对盾构机产品非标特点，基于生产项目的动态性，不断完善公司原材料收发机制，具体如下：一是优化采购行为，采购部门通过梳理年度推送计划对应的采购执行情况，对比季度计划额采购率，切实做好年度生产与采购的平衡。二是强化材料管理，物资管理部门牵头细化材料收发数据，按照使用项目进行发料，对满足条件的 ERP 项目，以季度为单位统计发料金额占入库金额的占比，对发料不及时的项目进行原因排查；建立原材料库存管理机制，探索合理的库存限额，提高原材料周转率。三是强化供应商管理优化资金支付，持续提升上游供应商的谈判实力，结合公司资金现状优化采购类合同资金支付条款。

（2）生产流程管理。

公司生产部门细化月度产值计划，推行总成件及整机内部承包，实现产值与车间承包收入联动，有效推动项目进度，提高生产效率；质量部门建立并推动"零缺陷"质量管理理念，通过压实全员质量责任、推进质量风险识别及分类分级管理，持续提升产品质量水平。

生产部门结合生产过程梳理优化，统一生产标准，降低生产工时，提高生产效率；工艺部门通过编制工艺文件及可视化作业指导书、设计优化工艺流程，以实现降本目标。

（3）人工成本管理。

一是试行季度末位淘汰制，落实好人员市场化退出工作，优化人才队伍，开展全员绩效考核、加强一线人员技能培训等措施。二是完善绩效考核指标库，打造"绩效结果价值链"，以价值链为基础，分析各单位在价值链中的位置、产出、贡献度等内容，保证各单位的绩效目标在公司目标之内。三是强化"以经济效益为中心"的目标导向，搭建价值创造型薪酬分配激励体系。推行项目承包制和管理技术人员承包制，建立工资总额动态监控机制，完善成本管控体系，优化绩效激励措施。四是持续聚焦管理标准化和价值创造，全面提升公司管理效率和管理效益。减少了常设组织机构总量 14 个，实现了机关人员与一线人员配比由 1∶3 降低为 1∶5。

五、优化总结和措施

每一个企业都是在设计、生产、销售、发送和辅导其产品的过程中进行各种活动的集合体，所有这些活动可以用一个价值链来表示。社会主义市场竞争态势下，企业与企业之间的竞争，早已不再局限于某个环节的竞争，如何实现企业内外部价值链成本管理，将直接影响到企业在整个价值链的综合竞争力。公司在成本优化管理经验的基础上，持续优化企业价值链管理。

（一）集团指示为引，优化顶层设计

1. 构建"大商务"为核心的制度体系

公司结合集团公司大商务管理各项要求和相关文件，制订并发布工业产品大商务体系建设实施方案、公司自制结构件成本管理制度、劳务分包、运输、厂房及设备租赁、主要外协结构件合同费用审核管理办法、自制部件出入库管理办法、降本增效实施方案、项目目标成本管理办法（试行）等系列制度，基于公司机构改革后各环节的成本管控职责变化，确保总目标的一致性及成本管理效能的达成。

2. 优化组织结构

公司根据工业产品大商务体系建设实施方案，为进一步落实公司作为成本管控中

心的模式定位，优化公司机构及定员设置，提高管理效率、效益，成立了商务管理部，并增加了大商务管理职责；公司进行了组织机构改革，对公司所有中层干部岗位实行"全体起立、择优聘任"机制。

（二）构建全要素成本管理体系

1. 强化源头意识

一是从项目策划源头强化项目风险识别和方案管控，坚持从工期、成本、质量、安全四个维度对项目进行全面管控；二是细分项目策划方案。按照生产方案决定生产成本的理念，通过对项目生产过程的预判，细分项目各项生产要素的风险识别，在策划阶段完成包括生产组装场地选择、生产人员的组织、工艺技术和生产机具的准备、配件的供应、结构件供方的选择，完成生产、技术、质量、成本、安全风险的识别以及各项生产要素管控方案的策划。

2. 优化成本管控系统

持续完善成本数据库，通过对历史产品成本数据的回溯，细化各成本要素的统计，建立系统性的材料、人工及其他直接费用的成本分类标准。加强成本数据的横向对标分析，着重分析影响成本的关键要素，建立模块化项目成本分类的数据基础台账。在成本核算中，利用量化数据库的分类数据实现快速的成本对比，为项目成本管控、经营报价、商务谈判提供数据支持；强化成本差异分析，开展成本专项分析，形成库房物资管理、分包费用审核管理、工时管理、驻外项目管理、自制结构件成本管理、同类型项目各要素成本差异分析、辅耗材定额管理等专项检查分析，对发现的影响成本管理的工作重点开展成本监督，督促问题及时整改，规避成本管理风险。

3. 成本考核科学化

细分责任成本数据清单，规范项目成本归集流程及时间节点。依据组织变革后的各系统部门职责分工，提出时间节点等规范要求，明确责任成本归口，提高成本归集及时性；依托月度对账机制，助推成本考核，持续跟踪、督促责任部门对未完成事项进行自查整改，压实成本管控责任；健全了目标成本考核责任制。

（三）提高生产流程效率

1. 优化工艺方法

对设计方案及工艺进行审核，优化设计，避免浪费；加强与设计人员沟通交流，对合理化建议、图纸设计问题和设计优化建议等讨论分析，实现降本增效；积极推进工艺变革，沟通使用标准，推进盾体制造工艺优化。

2. 优化采购管理

加强材料管理水平，识别原始物料清单（BOM）冗余，完善标准 BOM，并对有计划未领用物料进行原因分析并整改；加强积压物资消耗工作，降低积压物资增长，全面梳理积压物资消耗情况，积极消耗积压物资，降低积压物资增长率。

3. 强化生产组织

加强生产计划管理，及时沟通客户需求信息，提高生产计划准确率；建立标准化作业流程，优化工序，减少不增值作业和节约辅耗材的用量；通过物流运输系统平台，打通物流信息流，实现物流管理工作高效快捷；持续提升项目管理水平，以达到压缩工期、降低倒运、运输费用和工位占用成本；积极推进工艺变革和优化，推进加工制造工艺优化，实现降本增效的目的。推进智能制造，智能焊接机器人的推广与应用以及新型吊装方案等科研项目的积极推进，可以改变传统的工艺，实现降本增效。

4. 优化间接费用分摊

成本核算更精准，扩大追溯至个别产品的成本比例，增加直接费用的列支范围，将人工费用和其他能直接计入项目成本的费用直接列支至项目，减少分配对成本的扭曲；改变制造费用的分摊模式，由产值法分摊变为以直接人工为原则和产值法相结合进行，采用多种成本动因作为间接成本的分配基础。

（中铁工程装备集团盾构制造有限公司　胡亚萍　柯贤正　张　凯）

第四篇

运营管理

管理会计视角下固定资产全寿命周期管理在建筑企业的应用

【摘要】本案例介绍了管理会计视角下全寿命周期管理工具在建筑企业固定资产管理中的应用。案例单位是大型建筑企业，主业是铁路、公路、房建、市政、城市轨道交通等建设。针对企业固定资产管理中存在的缺乏成本控制意识、退役管理不科学、资产信息化管理程度低等问题，案例单位引入全寿命周期管理工具，以固定资产中的机械设备为例，按照全过程、集成化、信息化的设计思路，有计划分阶段建立固定资产全寿命周期管理体系，逐步发展为公司的战略管理工具，加强了固定资产的管理，提高固定资产运营质量和水平，促进企业的长远发展。

一、背景描述

（一）单位基本情况

ZT公司具有公路工程施工总承包特级资质和公路行业甲级工程设计资质，拥有铁路和市政总承包以及桥梁、隧道、公路路基和公路路面专业承包等多项一级资质，是涉足铁路、公路、房建、市政、水利水电、城市轨道交通、园林绿化、机电安装等工程的综合性建筑央企。公司设置了15个本部职能部门、1个事业部制单位、2个二级管理中心、9家专业化分公司和若干个工程项目经理部。目前，公司在建项目分布在国内21个省、自治区、直辖市和非洲刚果（金）、南美洲玻利维亚等国家。截至2022年底公司有员工近2 200人，其中各类专业技术人才近1 510人，占员工总数的68.64%；公司拥有大型设备盾构机及后配套设备14台（套），900吨制运架设备4套（其中1套为900吨运架一体机），180吨及以上公铁两用架桥机及梁场起重设备5台（套），4000型及以上沥青搅拌站及路面施工摊铺机、压路机配套设备4台（套），120立方米/小时及以上砼搅拌站33台（套）。

（二）存在的主要问题

（1）设备调配力度不足导致固定资产在使用周期内利用率低。固定资产在使用周期内，涉及多个工程项目，部分工程项目缺乏应有的成本控制意识，依据固定资产折旧费作为固定资产利用率考量，这种做法存在一定问题。企业倾向于购买新设备，希望得到更高的生产效能。然而，这种做法导致了部分可利用设备的闲置。因此，在固定资产管理中，应该更加全面地评估资产利用率，考虑到设备的实际需求和寿命周期成本，避免单纯以折旧费用作为衡量标准，从而更加有效和经济地使用固定资产。个别项目缺乏主人翁意识，同类型项目之间设备调配力度不足，未协调利用本公司已有设备而选择购置新设备，加大企业成本。

（2）日常维护不及时，由于固定资产的定期维护未能及时进行，仅在面临问题时才对其进行检修和后续维护。此外，在设备使用的早期阶段，对设备保养的重视程度不足，忽视了对固定资产的维护工作。因此，设备损坏问题变得严重，人为地缩短了固定资产的使用寿命，进而限制了固定资产创造潜在价值的可能性。

（3）在固定资产退役管理方面存在多个问题。首先，企业未能建立完善的管理制度，缺乏专门针对固定资产退役的规划和标准。退役管理主要依赖于操作者的经验和实际使用情况，不具备科学性和一致性。其次，企业对于固定资产退役的剩余价值认识不足，特别是在处理大型资产时，未能充分回收资金。这一问题的根源在于管理不善，企业未能最大化固定资产退役的潜在价值。因此，建立科学的固定资产退役管理制度，并加强对剩余价值的认知和管理，对于企业提升固定资产退役价值至关重要。

（4）资产管理信息化程度低，建筑企业具有施工生产的流动性、生产周期长、涉及面广等特点，固定资产种类繁多、数量庞大、分布广，没有强大的资产管理系统进行有效管理，仅靠人工登记台账管理固定资产，容易漏记、错记，导致固定资产管理混乱。

（三）选择全寿命周期管理固定资产的主要原因

通过对 ZT 公司资产管理问题的深入分析，可以明确指出，存在的问题主要在于资产管理的分散性，未能有效地从资产的整个寿命周期成本效益角度进行系统管理。为了克服传统管理模式下固定资产存续各阶段人为割裂的问题，本案例引入资产全寿命周期管理的先进理念。该理念的主要目标是实现资产的系统化和动态化统筹管理，致力于提升企业固定资产管理的质量和效能。此外，本研究认为应该加强对固定资产全寿命周期管理的考核，以降低企业资产管理风险，提高资产的使用效率，并进一步优化企业的经济效益和社会效益。综上所述，这一改革方向有助于推动企业的持续、稳定和健康发展。

二、总体设计

（一）应用全寿命周期管理资产目标

引入全寿命周期管理的主旨在于基于长期经济效益，以整体协调工作理论和系统论为理论基础，将固定资产视为一个完整的系统实体，从计划、采购、运维、处置等全流程的综合视角，全面考虑各个环节的相互关系和作用，以实现统筹管理的目标。

在保证安全运行基础上，确保系统效能、控制风险，进而制订一个整体最优的管理方案，实现全寿命周期内最合理高效的资产管理，降低管理成本和提高固定资产使用效益，使企业长期利益最大化。

（二）应用全寿命周期管理资产总体思路

资产全寿命周期管理已成为固定资产管理领域广泛关注的研究议题。该方法涵盖了三个核心理念：全过程思维、集成化思维和信息化思维。全过程思维强调对固定资产的整个寿命周期进行系统化管理，包括前期规划、采购、运营、维修技改和报废。集成化思维旨在通过协调管理资产的购建、使用、维修、报废和退出等环节，以及相关部门的合作，实现高效统一的资产管理。信息化思维要求建立资产管理信息系统，以确保资产全寿命周期管理在信息化环境下有序展开，保障资产的安全稳定运营，同时最大限度降低管理成本，满足企业精益化管理的需求。这三个核心理念的有机融合将显著提升企业资产管理的效益和优化结果，并为相关领域的研究提供深入的理论探索和实践指导。

（三）应用全寿命周期管理资产的内容

ZT 公司固定资产管理基本框架已有一定基础，在梳理固定资产管理工作时，将固定资产管理分为前期策划、计划采购、验收转固、运行维护和报废处置五个阶段。在具体实施过程中，制定固定资产管理制度、优化流程、提高信息化水平、加强人员培训。

三、应用过程

（一）单位组织架构基本情况，以及管理会计专门组织机构及运作方式

为确保固定资产全寿命周期管理工作的推进，公司设立了固定资产全寿命周期管理领导小组，并致力于全面促进固定资产的管理工作。固定资产全寿命周期管理领导小组成员包括：组长为总经理，副组长为总会计师、主管物资设备副总、主管经营开发副总、主管工程施工副总，成员为机关各部门负责人。该领导小组负责制定和执行固定资产全寿命周期管理的相关策略和计划，协调各相关部门之间的合作，确保固定资产管理工作的顺利进行。通过这一机制，公司能够更好地实现对固定资产全寿命周期的综合管理和监控，提升固定资产的价值实现和运营效率，以达到公司长期经济效益的最大化目标。

固定资产全寿命周期管理小组下设办公室，负责领导小组的日常工作，办公室设在公司设备部。小组由设备部牵头，其他部门配合，负责固定资产制度的建立和完善，对固定资产管理精神的贯彻、培训、考试以及对项目部固定资产全寿命周期管理

工作的推进进行业务指导和考核评价。

（二）全寿命周期管理固定资产的资源、环境、信息化条件等部署要求

1. 资源要求

公司设备部、物资部、办公室、精测部、试验室、财务管理部分别指定一名负责资产管理的人员担任固定资产全寿命周期管理工作联络员，承担日常资产管理的实施、协调及指导项目业务工作。设备部负责机械设备管理、物资部负责小型机具管理、办公室负责指挥车辆及办公设备管理、精测部负责测量仪器管理、试验室负责试验设备管理、财务管理部负责所有设备的核算工作。

2. 环境要求

公司积极转变固定资产管理思路，制定完善相关制度文件，明确划分相关责任，确保落实到个人，有效规范管理流程。

3. 信息化要求

公司使用机智管家软件、大型设备远程监控系统、业财共享平台，要求系统管理员熟悉系统架构、系统功能模块及系统业务流程、熟练掌握系统管理中的组织机构用户管理。权限分配及工作流程，具体负责系统运行环境的管理，指导用户计算机可核算的环境部署，确保系统正常运行。组织培训各系统使用人熟练掌握系统操作流程。

（三）具体应用模式和应用流程

1. 构建固定资产全寿命周期管理体系

为了有效推动固定资产的全面管理，公司设立了固定资产全寿命周期管理领导小组，并着眼于构建固定资产全寿命周期管理体系。该体系基于对公司固定资产管理现状和问题的分析，结合固定资产管理理论和实践，旨在实现全员统一思想认识，确立现代管理工具在固定资产管理中的重要性。公司强调员工的全过程思维、集成化思维和信息化思维，以落实全寿命周期管理理念。

（1）树立全寿命周期管理理念。

为此，公司采取了多种举措，包括创造良好的学习氛围、制定切实可行的行动方案以及建立科学的考评体系等。在不同的管理阶段，公司追求优化组织机构设计、完善策划阶段、优化使用维护阶段和改进报废处置阶段等目标。通过这些举措，公司将全寿命周期管理的观念融入管理层次，提高全员对固定资产管理的认识和能力，实现固定资产的高效管理和优化利用。

首先，为了创造良好的学习氛围，公司采取了组织专业管理团队举办专题讲座和组织管理人员参观先进企业的措施。通过这样的举措，公司的管理人员能够在学习中领悟先进的管理经验，并通过比较不同企业间的差异以及内部部门间的协作，加深对

工作流程及存在问题的理解。在这一过程中，公司管理层能更加认识到学习现代知识和先进的管理技术对于企业的重要性，激发员工的学习热情。

其次，公司结合各层级和岗位员工的情况，制订了切实可行的方案。行动方案从组织领导、学习内容、学习方式、考核评估以及阶段提升等方面进行制定，旨在将全寿命周期管理理念贯穿于公司各级管理和各个工作岗位。这样的方案能够促使全寿命周期管理理念的深入人心，并实施到公司的各级管理层和具体工作岗位中。

最后，公司确立了一套科学的考评体系，用于评估和推动目标的实现。公司将考核评估分阶段进行，针对决策层、管理层和执行层的不同层级进行评估，通过动态总结和修订等方式完善考核工作。这种科学的考评体系有助于提升公司各级员工对全寿命周期观念的理解和现代管理工具的应用能力，并进一步推动全寿命周期管理理念在公司内部的贯彻和实施。

（2）各管理阶段的构建目标。

公司通过完善组织机构设计，构建清晰的管理层级和职责分工，实现上下联动和横向协调的组织管理体系。在策划阶段，公司综合考虑内外部环境，选择最佳的投资时机和方案，提高固定资产的利用率。同时，通过优化设计使用维护阶段，建立设备检查制度、规范信息传递，降低维护成本。在报废处置阶段，公司建立有效的资产报废处置程序和审批控制，提高资产的回收和再利用水平，节约人力成本。在绩效评价方面，公司确保固定资产在各个阶段的质量得到保证，以提高效率，满足企业需求。综上所述，通过优化设计与绩效评价，实现固定资产全寿命周期内的低成本、高效能管理。

（3）固定资产全寿命周期管理体系各阶段的管理内容。

在公司固定资产的全寿命周期管理中，必须明确各个阶段的管理内容，并划分相应的管理工作，以体现全过程思想和集成化思想的理念。具体而言，我们将以施工机械设备作为公司的主要固定资产，通过案例讨论前期策划、采购建设、运行维护和退役处置等全寿命周期管理。

①前期策划。

在前期策划阶段，公司需要对全寿命周期内各个阶段的管理内容进行详细规划和策划，以便选择最佳的设备投资时机和方案，以实现投资效益的最大化。

工程开工前，公司设备策划组与项目部根据施工组织设计、对施工设备进行策划，结合施工方案、工程量、施工工艺、工期等情况，编制"机械设备配置计划表"，报经资产主管领导审批同意后才可配置。在配置方式上，优先安排使用公司自有设备（含分公司设备），针对市场保有量较多的设备采用租赁或外协队伍自带方式，提倡轻资产管理。

本着前瞻性、科学性、经济性、先进性的原则，重点发展、加大推广先进性自动化、智能化施工装备，公司 GZ 高铁项目积极投入智能钢筋加工设备、梁场智能设备等，提升公司施工装备实力，展现装备精良的企业形象。

坚持重大装备配备的分析论证制度，积极开展国内外厂商设备技术交流，新开工JW高铁项目、GZ高铁项目等采购提梁、运梁、架梁设备前优先组织技术交流会，充分了解市场最新的大型运梁、架梁设备的设计结构、技术性能、功效、配置、发展动态等方面资讯，为采购选型做好技术支持，充分了解市场后再与供应商谈判，保证了设备技术先进、配套合理、技术优良，实现设备资源配置最优化，解决了传统管理模式下未充分了解市场行情及设备技术性能盲目采购，导致资源配置不合理的情况。

公司某新开工高铁项目采用运梁车运至跨线门机进行提梁上桥、运梁车运输、架桥机架设，预制箱梁共计599片，计划架梁工期为14个月，就采购或者租赁一套单导梁运架设备进行前期市场调查和策划，具体方案如下：

采购。经市场询价比对，预计该设备采购总价款为2650万元，按照工作量法计提折旧，设备总产量为1500片。净残值5%。

租赁。预计项目架梁工期14个月内的裸机租赁费810万元+280万元（设备进出场费+安拆费+维保费+安全评估费+取证费）+336万元（管理操作团队费）=1426万元，预制箱梁599片，平均每片租赁费为2.38万元。

根据项目现有生产技术条件，平均每年预制箱梁约500片，每片可产生经济效益5万元。公司在资产投资决策中，从资产获得直到最终报废整个生命周期的时间价值角度来考虑，分析其未来成本和效益，通过净现值法对设备采购和租赁两种方案进行评价决策。两种方案测算如表1和表2所示。

表1　　　　　　　　ZTQJS公司某高铁项目设备采购现金流量　　　　单位：万元

序号	项目名称	合计	第1年	第2年	第3年
1	现金流入	7 632.50	2 500.00	2 500.00	2 632.50
1.1	经济效益流入	7 500.00	2 500.00	2 500.00	2 500.00
1.2	净残值回收	132.50			132.50
2	现金流出	2 650.00	2 650.00		
2.1	设备采购支出	2 650.00	2 650.00		
3	现金净流量	4 850.00	−150.00	2 500.00	2 500.00
4	NPV（折现率6%）	4 182.53			

表2　　　　　　　　ZTQJS公司某高铁项目设备租赁现金流量　　　　单位：万元

序号	项目名称	合计	第1年	第2年	第3年
1	现金流入	7 500.00	2 500.00	2 500.00	2 500.00
1.1	经济效益流入	7 500.00	2 500.00	2 500.00	2 500.00

序号	项目名称	合计	第 1 年	第 2 年	第 3 年
2	现金流出	3 570.95	1 190.32	1 190.32	1 190.32
2.1	设备租金支出	3 570.95	1 190.32	1 190.32	1 190.32
3	现金净流量	3 929.05	1 309.68	1 309.68	1 309.68
4	NPV（折现率6%）	3 500.80			

从表 1 和表 2 的净现值对比来看，该设备的采购方案比租赁方案更为经济。同时考虑到自 2017 年第一台大吨位单导梁架桥机投入市场后，下导梁架桥机的使用率逐渐降低，而公司现有的架桥机全部为双下导梁形式，设备施工工艺落后，功效较低。通过对设备采购和租赁两种方案的比对，也为了保持公司在大型运架施工市场中的优势，最终公司决定采购一套单主梁运架设备。

②采购建设。

设备采购除坚持上级公司采购管理基本原则外，还遵循"技术先进、配套合理、经济适用、安全可靠、节能环保"和"总体拥有成本最优"的原则。禁止选用国家明令淘汰、禁止交易或禁止使用的设备，或未取得许可生产和已经报废的特种设备。技术复杂的大型设备选型组织技术方案论证。

ZTQJS 公司成立设备采购领导小组，由公司总经理任组长，公司主管设备的副总经理任副组长，作为成员的设备采购小组负责公司层面设备招募协议采购、竞争性谈判、集中招标采购方案及结果的审定。下面分别从采购计划、采购审批、采购权限及采购方式、设备验收四个方面介绍采购建设阶段的管理。

第一，采购计划。

通过固定资产全寿命周期管理，精准预算固定资产采购计划，以价值最大化、管理规范化为目标，达到高效配置资源的目的。结合公司年度中标情况和发展战略，拟订公司年度设备投资计划。年初公司依据本年度企业整体经营情况，以及在建项目施工需求，编制年度设备投资预算，报经公司财务部、集团公司审核。

项目有采购需求时，根据项目设备配置计划及施工安排，进行初步市场调查，将调查结果报经公司设备部审批，按照审批意见实施采购计划。

第二，采购审批。

公司采购实行逐级审批制度，单台（套）价格在 1 000 万元及以上，或同一工程项目预估总金额在 2 000 万元及以上的设备投资，需求单位要从必要性、可行性方面进行论证，形成《设备购置可研报告》，否则视为无效申请，采购审批权限如图 1 所示。

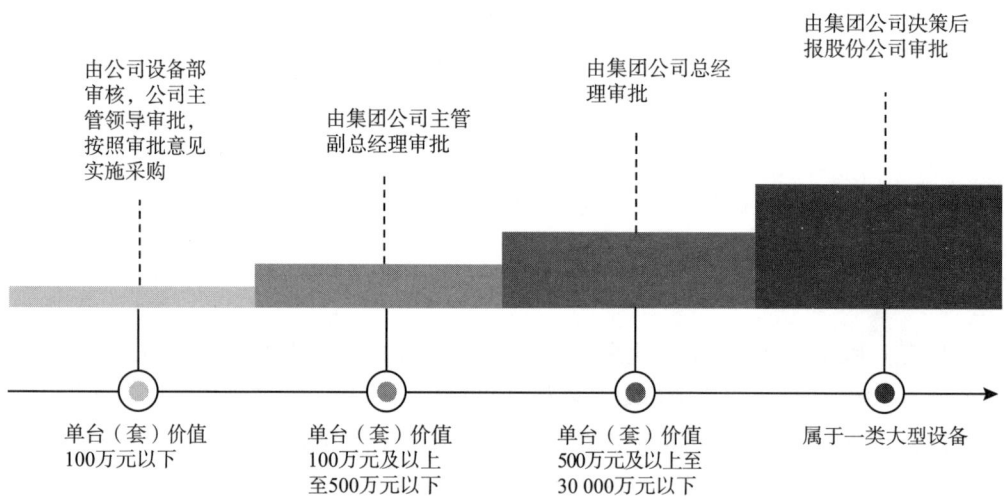

由公司设备部审核，公司主管领导审批，按照审批意见实施采购

由集团公司主管副总经理审批

由集团公司总经理审批

由集团公司决策后报股份公司审批

单台（套）价值100万元以下

单台（套）价值100万元及以上至500万元以下

单台（套）价值500万元及以上至30 000万元以下

属于一类大型设备

图1　公司采购审批权限

第三，采购权限及采购方式。

为遵守设备采购实施集团公司采购管理办法的相关规定，推动采购管理的标准化、规范化、集约化和信息化，公司充分利用电子商务平台。在设备采购中，一类、二类大型设备，以及通用重点设备、其他可进行批量采购的设备，由股份公司和集团公司进行组织，实行集中采购的方式。集中采购以外的设备，公司按集团公司采购批复意见组织或授权项目组织实施。采购方案按照经济性、先进性与安全性并重的原则确定评审方法。

公司设备部根据设备类型及采购单价实施不同采购程序。单台设备原值50万元以下实施电子商务平台线上询价采购，特殊情况经公司领导审批同意后实施线下询价采购；单台设备原值50万~200万元以下设备实施电子商务平台公开竞谈采购；200万元以上设备实施电子商务平台招标采购。

针对项目采购同类设备较多的情况，实施集中采购，达到以量换价的效果。ZT公司XK铁路项目、XS高铁项目、NJ房建项目设备采购、设备租赁量大，公司在充分掌握市场采购单价的基础上进行了竞谈，增加"针对大客户专项优惠方案""功效能耗"评审要素及权重比例，XK铁路、XS高铁两个项目累计采购新设备68台，采购总价2 828.52万元，与股份公司招募协议采购价比对节约采购成本497.68万元。在取得客观经济效益的同时，最大限度地争取到付款及售后承诺的优惠，与优质供应商形成互惠互利，风险共担的良好关系，效果显著。

第四，设备验收。

采购单位是设备验收的责任主体，如果新采购设备初验不合格或在质保期内发现质量问题，设备使用（保管）单位应积极与公司设备部或供应商联系解决，并做好文字及图像记录，如问题解决不及时或不彻底，依据合同条款向供应商进行索赔。对于大型成套设备，如盾构机、铁路搬提运架等，建议对关键部件进行第三方检测。这样可以确保设备的质量和性能符合标准，提高安全性和可靠性。资产使用单位严格按照公司规定验收资产，验收标准如表3所示。

表3 公司设备验收标准

项目	验收标准	
	单台（套）价值500万元及以上	单台（套）价值500万元以下
验收权限	公司设备部组织设备供应方、使用单位等相关人员验收	资产使用项目组织验收
验收依据	采购合同、招投标文件、产品说明书、装箱单	
验收内容	按《设备进场检查记录表》进行验收，进场后需要安装调试的设备，待安装调试完后，再对设备性能进行验收	

注：设备使用（保管）单位记录验收结果并保存验收记录，设备到达工地15日内，各项目填写《新机械设备到达通知单》并上报公司设备部。

③运行维护。

公司需要加强对机械设备的运行和维护管理。这涉及设备的日常运行监控、定期检查和维护保养、故障排除和修复等工作，以确保设备的安全稳定运行，并延长设备的使用寿命。公司通过设备部、财务部和实物管理部门的协同工作，对固定资产进行全寿命周期管理。设备部负责分析资产设备运行情况，制订维护计划和方案，并监督各实物管理部门的设备维护工作。财务部负责准确计算固定资产价值，组织资产清查、折旧计提和价值评估。实物管理部门负责固定资产的定期检查、维护和提出改进建议。这些部门的协同合作确保了固定资产的有效运行和价值管理。

运行维护阶段包括维修保养和清查盘点两个部分内容。ZT公司改变原来设备出现问题才检修的做法，日常加强机械现场监控力度，进行定期检查，对特种设备实行周检，通用设备实行月检。对存在的设备故障、安全隐患问题及时进行整改落实，做到闭环处理。设备维修分为零修、项修和大修。设备修理按照相关修理规程和技术标准进行，设备项修和大修每年初编制维修计划，按照维修计划进行。积极推广设备状态监测和故障诊断技术的应用，优先考虑采用高效低耗的先进维修技术。这样可以减少维修过程中的污染排放，并实现维修废弃物料的回收利用。通过这些措施，我们能够提高维修效率，减少资源消耗，同时降低环境负荷。

固定资产清查盘点定期或不定期进行，固定资产管理部门组织对本单位拥有的固定资产进行实物清点，登记造册；将实物按品种、数量、型号等与管理部门的固定资产台账进行核对，与财务部门的固定资产账目核对，同时清查企业是否存在低效无效资产，分析了解资产的运营质量和运营水平。

ZT公司清查了公司所有机械设备，自有设备共计1 034台，入账原值总额为66 169.64万元，净值总额为30 676.66万元，其中使用年限已达10年的设备212

台，占比为 20.5%，包含盾构机、架桥机、门式起重机、叉车、砂浆拌合站、装载机、混凝土输送泵等设备。清查发现有 82 台设备已无法使用，属于无效资产；18 台设备使用效率和效益较低且不存在特别战略安排，属于低效资产；其他设备性能都能够满足使用要求。公司共有 17 台工作量计提折旧的大型设备，其中：盾构机 9 台，原值 2.94 亿元，目前只有 3 台有工作量；架桥机 6 台，原值 3 586.00 万元，目前有 2 台有工作量。

针对以上清查结果及运行问题，积极寻找各种途径，最大限度地提高资产利用率。具体方式如下：

第一，对低效资产进行升级改造或返厂整机大修，提升设备性能，在企业内部合理调配资产，加强资产综合运用价值。随着铁路建设施工设备越来越趋于智能化以及地铁盾构区间隧道断面设计不断扩径，公司部分盾构机和架桥机无法满足施工需求，为了资源重复利用及迎合市场需求，对这些设备技术升级或改造。针对 11 台具备技术改造的设备，公司邀请设备改造专业单位，逐一对每台设备进行针对性改造设计，一方面为满足新开工项目使用要求，另一方面确保设备改造升级具有一定的前瞻性和市场竞争力。具体为：31 号盾构机由适应管片外径 6 米升级为适应管片外径 6.2 米，用于 HZ 地铁 2 号线项目；海瑞克 465 号、466 号盾构机由适应管片外径 6 米升级为适应管片外径 6.2 米，用于 HZ 地铁 3 号线项目；ZT32 号盾构机由适应管片外径 6 米升级为适应管片外径 6.7 米，132 号盾构机由适应管片外径 6.2 米升级为适应管片外径 6.7 米，用于 HZ 地铁 3 号线项目；将原型号 JQ900 架桥机和 YL900A 运梁车整合升级为 HZQDY900 运架一体机，用于 HS 铁路项目；对现有 6 台性能较低的拌合站返厂整机大修，提升设备性能，满足项目使用需求；将 2013 年及以前出厂的 5 台混凝土搅拌站按新机标准整修投入 XK 高铁项目使用，其中 2 台升级改造为智能化拌合站；将 2008 年出厂的 2 台混凝土搅拌站按新机标准整修投入 XS 高铁项目使用。这些设备技术升级或改造，节约了新购买机械设备成本。

第二，部分使用年限已达 10 年的设备已无法达到施工或现场要求，为进一步利用资源，公司对其技术改造，降级使用，提高资产使用效率和效益。例如，将 2006 年出厂的 2 台 50 吨和 2009 年出厂的 2 台 50 吨、1 台 60 吨门式起重机降级改造为 40 吨门式起重机。门机改造后公司收取设备使用费，且已改造完成项目仍在产生收益。

第三，为了鼓励项目使用公司既有旧设备及盘活公司闲置资产，ZT 公司下发了《设备资产内部使用及对外出租管理办法》，依据文件要求使用本单位既有旧设备，设备使用费实行年度递减方式收取，收回设备原值后，继续使用按设备原值的 5% ~ 20% 每年收取使用费，已接近报废或降低标准使用的设备，经公司鉴定后不再收取设备使用费，使用单位自修自用。既有设备满足内部使用后仍有闲置，可在闲置期间对外出租，为公司增效创收。

第四，对于不再有使用价值的资产按照既定的核销程序办理核销手续。ZT 公司设备部联合下属分公司对 SY 基地资产进行了核查，共清理出存放时间长、机况差、维修再利用不经济、转场存放增加成本的资产 82 项，该批设备资产履行报废审批后，处置采取两步进行。一是进行线下市场询价，掌握报废设备市场行情；二是将每一类资产询价的最高价作为底价，利用"中拍平台"等网络拍卖平台进行拍卖，以最高报价进行处置，与传统线下调查寻源价格相比溢价率为 21.05%，通过改变传统处理方式，为公司处置增效，共计处置金额 364.53 万元。

④报废处置。

公司制定了资产处置的文件，文件中明确规定了资产处置工作程序及处置审批权限。

成立设备报废（报损）鉴定领导小组。由总经理任组长，主管设备的副总经理任副组长、组员由公司设备部、工程部、技术中心、安质部（特种设备）部门人员组成。

成立设备处置领导小组。由总经理任组长，由主管副总经理、总会计师任副组长，组员由公司设备部、财务部人员组成。

公司设备报废必须要达到表 4 中报废条件之一，即可以批准报废。

表 4 公司设备报废条件

序号	报废条件
1	国家明令淘汰的
2	主要结构和部件损坏严重无法修复（包括因事故及意外灾害造成严重损坏）或修复费用过大而不经济的
3	机型陈旧、技术性能低，无利用改造价值的
4	能耗过大、环境污染超标，无法改造，继续使用得不偿失的
5	因改建、扩建工程需要，必须拆除且无利用价值的
6	经鉴定无利用改造价值的

需处置资产项目初步鉴定后，向公司提交处置申请，公司组织鉴定小组鉴定完成后通过以线下询价与竞拍相结合的方式处置废旧设备，实现公司资产收益最大化；网络竞拍处置的市场化运作保证了公司资产处置的"公开、公正、公平"，避免"暗箱操作"等不廉洁问题和公司资产流失现象的发生，创新了管理思路、提升了企业合规化管理。

第一步：线下废旧设备资产信息收集。

采用传统设备处置模式，先进行线下市场调查，最大化地扩散处置信息，充分地收集汇总处置报价信息，掌握处置市场行情。

第二步：引入线上竞拍。

首先，选择拍卖平台。经过市场调查，在众多拍卖平台中，中拍平台发布信息量大、回收设备供应商数量多且资质信誉较好，成交率较高，基于中拍平台，公司邀请数家可靠、成交量大的拍卖公司进行商谈，选择服务好、处置流程简单、佣金较小的拍卖公司，签订委托处置协议。积极与拍卖公司沟通协商，降低佣金比例以扩大竞拍回收商数量。

其次，实施竞拍。将线下市场调查的最高处置价作为标底进行挂网，竞拍商提前缴纳拍卖风险抵押金，若竞拍商在最终拍卖价成交阶段反悔，风险抵押金不予退回。

最后，处置成交。以高于标底的拍卖标准成交，低于标底的选择线下成交或择期重新组织拍卖。

2022 年，公司通过线下询价及线上竞拍相结合的方式，共计处置收益金额364.53 万元，线上拍卖成交价格与传统线下单一调查寻源价格相比溢价率平均约21.05%。2 月处置盾构机配件等一批废铁，XA 片区平均废钢价格在 3 100～3 136元/吨，线下询价最高价 3 520 元/吨，线上拍卖最高价为 3 480 元，选择线下询价成交。6 月处置门式起重机等一批废铁，XA 片区平均废钢价格在 2 930～2 980 元/吨，线下最高报价 3 340 元每吨，线上拍卖最高价 3 540 元/吨，选择线上拍卖成交，拍卖较线下询价溢价率约5.98%。6 月处置叉车 2 台，线下最高报价40 000 元，线上拍卖最高价 56 000 元，选择线上拍卖成交，拍卖较线下询价溢价率约40%。

2. 构建固定资产信息化管理系统

ZT 公司使用"机智管家软件"对设备实行线上后台管理。一是解决设备当场验收、设备维修、保养、检查，设备管理数据的整理；二是解决人员进场培训、每日设备出勤签到（自带定位）、设备管理、操作人员证件是否在有效期提醒等功能。使用项目验收设备后依据验收单录入固定资产管理系统，设备信息录入该系统后其电子终端使用手机可手持移动，与固定资产管理信息系统同步，利用大数据进行跟踪识别，将跟踪识别的信息自动反馈到固定资产管理系统进行处理，达到管理信息系统与条码管理技术的信息融合，实现了从设备验收、维修、保养、检查、设备出勤签到、调拨等信息一体化。设备录入该系统后可以打印电子二维码标签，贴至相应的机械设备，通过电子标签标注每项固定资产，为每一项固定资产都赋予一个唯一的二维码标识，具有准确的可识别性，不再使用普通纸质标签，纸质标签因空间限制只能登记资产编号、资产名称、使用部门等简要信息，而且随着时间的推移，失去黏性而卷边甚至完全脱落。电子二维码标签的应用优势，包括：数据传输速度快，准确性高；操作简单，易于推广；设备简单，信息反馈及时。通过手机 App 或者采集终端进行扫描，识别固定资产二维码，智能化显示资产详情，例如，入账日期、资产编码、资产原值、使用人、流转情况及其他一些关键信息，减轻了人员汇总管理的工作量，提升管理效率；加强全员的参与性，提高员工在思想这一层面上的重视程度；让管理的触角深入到最基层，最快、最准确地了解当前固定资产的使用状态，并确保资产信息的相关完整程度，提高固定资产配置的合理性，全面提高固定资产的实际使用效率。

公司使用"大型设备远程监控系统"，借助计算机技术、传感技术、数据分析、信息技术等构建的以监控大型设备施工为核心，以数据分析、预警、报警、集中管控为主线，以 ZT 装备云平台为数据反馈载体，建立的大型设备监控体系。借助互联网，将所有盾构机、架桥机等大型设备全部集中管控，企业直接参与到项目关键工序的施工过程中。运用信息化手段通过对大型设备的后台监督，及时了解设备动态情况、施工工序和概况等，通过数据及影像反馈发现问题、对施工操作人员违章操作等及时制止，消除隐患，实现安全质量控制。通过完善大型设备远程监控系统，优化数据传输，充分发挥集中管理、安全质量卡控的作用。

公司使用财务共享平台资产管理系统核算资产初始计量、调拨、折旧、减值、更新改造、价值重估等，使财务业务流程化、规范化，与业务系统实现数据共享，促使各管理主体和存续阶段有机组合成一个联系紧密、目标一致的整体。

3. 提高固定资产管理相关人员专业能力

人员的频繁调整导致相关人员专业能力不强，需要从以下几个方面着手：

（1）意识决定行为，行为决定结果。公司先从规范制度方面着手，提高固定资产相关人员管理意识。全面整合公司《固定资产管理制度》等相关规定及办法并印发成册，发放至各部门及相关管理人员，加强对制度的重视、学习和理解，自上而下提高对固定资产管理的重视，严格按照相关制度进行工作和管理。

（2）公司每年采取不定期轮训、待岗冬休培训、一对一培训、集中培训、AB 库选拔等方式进行培训，对新中标项目主管采取上岗前强化培训，邀请上级公司管理层或专业人员进行培训，增强专业知识学习，营造良好的管理氛围。

（3）通过培养内部员工或吸引外部的管理人才，扩大固定资产管理人才队伍，为企业资产的科学管理提供良好的环境条件。

（4）层层落实责任，固定资产管理的相关部门有责任保证所管辖范围内资产有效、完整地用于管理和生产活动中。可通过绩效考核等方式惩罚，增强相关人员固定资产管理意识。

（四）在实施过程中遇到的主要问题和解决方法

1. 实施过程中遇到的主要问题

（1）资产数据口径不统一，系统对接过程复杂。

（2）资产报表统计缺失，不能精确追踪到资产的业务状态。

2. 解决办法

（1）多维度的资产管理体系。从业务维度，对资产进行规范标准、全程闭环，资产状态基于流程驱动，有据可查。从财务维度，业务系统与财务系统、采购系统进行打通，从前端采购控制至财务折旧，保证业财一体。从实物维度，通过设备与流程对设备盘点，使实物盘点更便捷高效，实现线上、线下资产统一管理。

（2）将资产的状态与业务流程实现协同关联。通过资产全寿命管理工具，可快速了解资产全周期信息并发起相关业务流程，实现资产与业务的一体化与协同性。将业务流程与资产状态进行关联，自动更新、自动处理，减少人工维护带来的数据滞后与错误风险。

四、取得成效

（一）增强项目成本节约意识，促进公司资产高质量发展

运用固定资产全寿命周期管理以来，公司项目成本意识增强，从以前只考虑各自项目资产管理到从公司整体利益出发，在公司内部合理调配资产，加强了固定资产的使用效益和管理效率，促进了资产的高质量发展。2022年，大型设备改造再利用，产生效益299.59万元，且使用项目仍在产生收益，对性能较低的拌合站返厂整机大修后再使用，节约了5台设备采购费550万元；企业内部统筹资产，节约采购成本288万元。及时处置无效资产，减轻了现场存放设备场地紧张及看管压力，减少闲置无价值资产资金占比，形成资金回流，缓解公司现金压力。

（二）提高固定资产管理意识，提升企业整体运营效率

公司在固定资产管理水平方面取得了持续进步。公司上下提高了固定资产管理意识，摒弃了过去的粗放型资产管理理念，引入全寿命周期先进理念，通过提高资产全寿命周期管理安全、成本、效能等目标的协调性与一致性，促进企业整体运营效率效益提升。

（三）全面梳理业务流程，确保资产管理标准化、精细化、准确化

公司加强固定资产全过程管理，成立专门的领导小组，制定相关制度文件，厘清各部门、项目在管理过程中的职责，结合管理需求，系统地将前期策划、采购建设、运行维护、退役处置的业务流程进行全面梳理，并通过信息系统予以记录和实施，实现了业务的横向协同、流程的整合和衔接，并使设备的全寿命周期价值、信息和实物得以有效关联流转，逐步让资产管理向标准化、精细化、准确化方向发展。

（四）及时提供固定资产实时情况，助力管理层科学决策

全寿命周期管理是管理会计应用中一项重要的管理工具，对于提升单位管理决策的实用性发挥了重要作用。企业管理层能够及时掌握每项固定资产各个阶段的情况，作出科学的决策，对其进行系统的分工，对每个部门、团队和个人明确责任，并分阶段、分部门地落实企业愿景。

（五）建立科学全面的绩效评价体系，提升固定资产使用效率

固定资产全寿命周期管理的实施使得资产管理部门、资产使用部门、资产管理员和资产使用者的管理意识和重视程度得到显著提升，从而改变了"重金轻物、重购轻管"的态势。此外，实施固定资产全寿命周期管理后，建立了一套科学、全面的固定资产绩效评价指标体系。检验各单位资产的利用情况并避免资产闲置或浪费。通过客观、真实地反映资产使用情况，规范管理有效提高了资产使用效率。同时，该体系可针对薄弱环节定期调整工作方向，并制定具体的改进措施以进一步提升绩效。

五、经验总结

（一）固定资产全寿命周期管理的基本应用条件

固定资产全寿命周期管理工具应用条件要有一套行之有效的管控机制；有专门负责全寿命周期管理固定资产的领导小组，对固定资产实施统一管理，领导小组作为固定资产管理决策机构，细化各部门职责，明细各部门具体任务，确保各部门之间的业务有效协调及相互监督；有一套固定资产管理信息系统，便于管理固定资产。

（二）固定资产全寿命周期管理成功应用的关键因素

企业开展业务活动是为了实现价值增值，全寿命周期管理是一种能够降低成本、提升效率和竞争优势的管理方法。企业管理层认识到了全寿命周期管理的重要价值，高度重视全寿命周期管理在固定资产管理中的运用；对传统粗放式管理模式进行了变革和创新，规范了固定资产管理行为，成效很显著；加大了对固定资产管理、使用人员的培训，提高综合素质及战略思维，保证全寿命周期管理的顺利实施，同时为适应资产强化管理需求，完善技术支撑体系。

（三）对改进固定资产全寿命周期管理应用效果的思考

ZT 公司的战略目标是实现价值最大化，仅靠制度管理对战略目标的作用有限。成功应用全寿命周期管理除了合适的环境与条件、可靠的数据与信息支持，还有有效的团队合作以及积极塑造的管理文化。将全寿命周期管理纳入企业的文化建设，灵活运用多元化的落实途径，鼓励员工发挥积极性、主动性和创造性，共同实现企业的发展目标。

（四）固定资产全寿命周期管理在应用中的优缺点

1. 固定资产全寿命周期管理在应用中的优点

增强项目成本管理节约意识，提高固定资产管理意识，使得资产管理标准化、精

细化、准确化，实现了固定资产优化配置；为企业长远战略目标的实现提供动力；提升固定资产使用效率。

2. 固定资产全寿命周期管理在应用中的缺点

针对固定资产的管理，实现固定资产全寿命周期管理的理念未普及；业务范畴更新快、新业务突飞猛进涌现，导致全寿命周期管理工作更新滞后。

（五）对发展和完善全寿命周期管理的建议

为了适应 ZT 公司的业务范畴和复杂程度，保证最大化利用管理会计工具，需要采取一系列的整合和应用措施。

（1）提高有关部门重视程度，需要相关部门相互协调、配合完成相关工作；提升理论与实践的契合度，提高相关管理人员综合素质，对固定资产管理全面分析，为管理层决策提供有价值的信息。

（2）加强全周期管理框架设计。在固定资产全寿命周期管理系统的设计中，应明确系统的目标，并涵盖固定资产管理的全过程。同时，建立完善的技术支撑体系，注重标准成本与效能分析系统的设计，以提供更好的支持。在固定资产全寿命周期管理系统的框架设计中，应综合考虑固定资产的可靠性和经济性。

（3）完善技术支撑体系。为适应资产强化管理需求，固定资产管理系统应是通用且实用的软件系统，包括系统管理、数据管理、制度管理、统计分析、查询打印和辅助工具等功能。系统管理确保稳定和安全，数据管理提供准确和及时的资产数据，制度管理规范流程和规程，统计分析支持决策和评估，查询打印便捷获取和输出资产信息，辅助工具提升操作效率。这样的系统能够规范和高效地支持固定资产管理工作。

（六）对推广应用全寿命周期管理固定资产的建议

1. 固定资产管控理念渐入人心

在各个企业中，针对固定资产的管理，实现固定资产全寿命周期管理的理念普及。通过建立整合性的管理体系，有效地管理固定资产。在全寿命周期管理的基础上及国有企业改革的新形势下，通过知识传播、技术创新和综合智能等手段，巩固固定资产管控理念的重要性。这样可以达到让每个人都明确其责任与义务，促使每一个事务都能取得"有效"的结果。

2. 构建实物资产在线管理平台

为了实现固定资产管理的及时性和准确性，需要构建一个实物资产在线管理平台。通过对现有资产业务类型的规范化整理，优化相关系统功能，确保业务类型能够真实而准确地反映实际业务含义。在此基础上，实现实物资产处理的实时反馈至财务管理信息系统，能够实时监控资产的新增、调拨、检修、报废等业务信息，并对不合规的业务进行及时预警和整改。

3. 引入实物资产管理技术手段

借助信息技术的不断革新，引入新的实物资产管理技术手段，将管理效果提升到一个新的水平。通过应用最新的技术工具，实现实物资产与资产数据之间的关联。在国有施工企业面对要求管理资产精益化的情况下，为了保值增值国有资产，遵循固定资产全寿命周期管理的新理念，应通过完善"新增－运行－退出－评价"的全寿命周期管理并广泛应用智能新技术，提高固定资产精益化管理水平，使固定资产投资结构更加合理。

（中铁七局集团第三工程有限公司　吕康禄　杨　龙　白娟宁

杨希忠　魏　梅　刘　军　蒋文元）

敏感性分析在城市轨道交通 BOT 项目的应用

【摘要】本案例介绍了敏感性分析在 BOT 项目的应用。案例单位的甲公司为从事城市轨道交通运营的 BOT 项目公司，其收入的主要来源为政府补贴，而出于项目政府补贴的设计初衷。一方面，既要基本保证社会投资人在满足覆盖运营成本前提下的合理回报，故而政府补贴的算法中采取了成本加成的方式进行考核计算，这一逻辑可能会出现成本与收入及利润呈现正相关的趋势；另一方面，政府方又希望能尽可能地以最小的代价完成 BOT 模式所要达成的投资目的，即鼓励社会资本方要节约成本，采取节约激励的方式从而影响政府补贴的计算金额，进而直接影响的是运营主体项目公司的收入金额，这一逻辑可能会出现成本与收入及利润呈现负相关的趋势。对于项目公司而言，面对这一冲突矛盾，如何平衡好项目公司的成本、收入和利润三者的关系就显得尤为重要。经过分析及实践，可以采用敏感性分析这一管理会计工具，探寻各项经济指标中对政府补贴额最敏感的参数，测算成本、补贴、利润三者之间平衡临界点，合理控制与政府方的分成比例，在保障社会资本方权益和收益的基础上，同时达成政府方所期望的收益分成目标，充分体现 BOT 项目所倡导的合作共赢的精神理念，确保本 BOT 项目实现全生命周期运作。

一、背景描述

（一）单位基本情况

甲公司是一家 BOT 模式运作的项目公司，负责 T 市的 2 号线地铁 B 包（机电、信号通信、车辆等除土建工程之外的部分）投资、建设和全线运营，由某央企作为社会资本方与 T 市政府以 PPP 融资方式组建而成，双方签订 PPP 合同明确各自的权利义务与合作机制，合作期为 25 年。

甲公司于 2019 年开始 2 号线 B 包建设、2021 年初全线建成竣工投入运营，迄今已两年半有余，甲公司 2045 年将 2 号线地铁全部设施设备移交给当地政府。

PPP 合同约定，甲公司享有 2 号线票务收入、非票收入与政府可行性缺口补贴（以下简称"政府补贴"）的收益和权益（见图 1），甲公司的营业收入也来源于此，而三项收入中，政府补贴比重最大，约占总营业收入的 85% 以上，从这个角度上讲，甲公司更像当地一家"政府预算单位"，因此研究政府补贴的构成、补贴机制和计算依据至关重要。

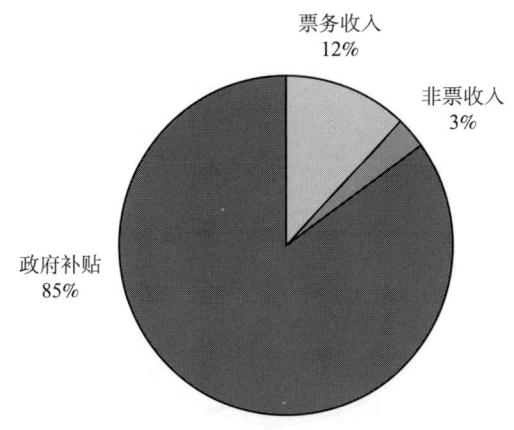

图1　甲公司营业收入构成

（二）应用基础

甲公司是为 T 市 2 号线投融资、建设、运营及最终移交这一特殊目的而设立组建 SPV 公司，虽然甲公司营业执照中的经营范围项目较多，但实质性的经营业务较为单一，在当下至未来很长时间内，难以突破轨道交通客运服务这一框架，难以脱离 2 号线地铁这一平台。从战略发展、组织框架、人力资源等方面看，短期内缺乏大规模开发新经营市场的空间和潜力。目前甲公司随着建设期应付账款逐步支付、增值税留抵退税款的消化、日常客票现金收入不足以支撑巨额的运营成本开支，存量资金即将"告罄"，所以政府补贴款的足额、及时到位，对于甲公司能够正常运营 2 号线地铁尤为重要。

因此回归研究 PPP 合同，探寻政府补贴机制的内在含义，争取获得更多的补贴款，是甲公司赖以立足生存的关键，也是甲公司新的经济增长点。同时，甲公司是其所属央企集团在 T 市树立的一张"名片"，也是全国范围 BOT 项目运作的"试验田"，所以，甲公司应该积极、灵活地运用管理会计工具，潜心钻研本公司与当地政府在政府补贴方面及其他利益方面的关联规律，弄懂并理清政企双方利益分成的规则和博弈点，努力做好央企集团 BOT 项目的"先行者"。

（三）选择敏感性分析工具的主要原因

如图 2 显示，政府补贴的组成结构，包括财务成本补贴、投资摊销补贴、资产租赁补贴、运营成本补贴四大部分。简单解释而言，投资摊销补贴是对于 PPP 项目资产摊销成本的补贴，财务成本补贴是对于贷款利息支出的补贴，资产租赁补贴是对于租赁政府方设施费用的补贴，运营成本补贴是对于 2 号线正常运营维护成本的补贴。

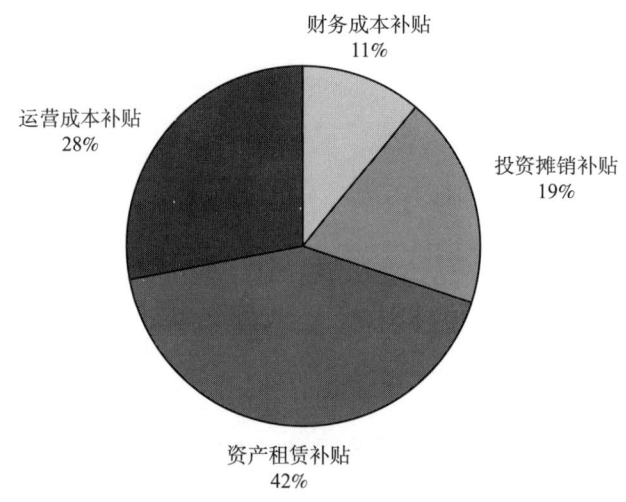

图 2　政府补贴的组成结构

四项政府补贴之中，从金额变化角度而言各有不同，投资摊销补贴、资产租赁补贴基本是固定金额补贴，而财务成本补贴随着中国人民银行不定期公布的 5 年期人民币贷款市场报价利率（LPR5Y）的调整而变动，不受主观意识影响，且浮动较小，主观能动影响最大的则是运营成本补贴，且运营成本补贴的计算依据众多国家和社会宏观经济指标和甲公司实际成本水平为参数，这些参数中，有的对甲公司政府补贴和利润影响敏感，有的影响则微乎其微，此种情况，适用于敏感性分析这种管理会计工具来进行探索剖析。本案例中，只对运营成本补贴进行敏感性分析。

二、总体设计

（一）敏感性分析的目标

本案例主要是采用敏感性分析工具，试探甲公司在不同实际成本条件下，对政府补贴和利润"此消彼长"式的影响，即获得的政府补贴金额的多少，同时对应的利润总额水平的多少，在此过程中得到结论：将实际成本控制在何种程度，才对甲公司最为有利。

（二）敏感性分析的总体思路

总体思路分为三个步骤：第一步，首先要分析运营成本补贴计算原理；第二步，测算各项社会宏观经济指标和甲公司自身实际成本指标对政府补贴和利润在 25 年运营期的影响程度；第三步，敏感性分析在 2021 年、2022 年实际运用的成果。

运营成本补贴的计算，需要先明确、厘清三个成本概念：实际车公里日常运营成本、约定车公里日常运营成本和车公里计算日常运营成本。

（1）实际车公里日常运营成本，指的是单位运营车公里分摊的除大/架修费用、符合资本化条件的设备系统更新改造、追加投资、折旧摊销费用、财务费用外的客运业务简单日常运营、维护及管理成本，简单而言，就是甲公司运营2号线每一运营公里实际耗费的成本，计算公式：实际车公里日常运营成本 = 年度实际运营成本总额/年度列车运营公里。

（2）约定车公里日常运营成本，可以理解为是政府方"期望"的一个"上限值"，即甲公司的实际车公里日常运营成本应该努力控制在这个"期望值"以下。指的是PPP合同中约定的以运营里程为计价基础、根据招标确定的在运营期年单位运营车公里日常运营成本（不含增值税）。基准约定车公里日常运营成本以2017年价格水平为基础，基准约定车公里日常运营成本为22.14元/车公里，计算年度具体约定价格在2017年底工资和物价水平基础上，根据工资、物价水平、行车计划调整等因素变化按照调整公式进行调整。也就是说，从2017年开始，以后的每一年都要依据当年相关经济指标重新测算。

PPP合同对约定车公里日常运营成本，设置了一个较为复杂的计算公式，如下所示：

补贴年度约定车公里日常运营成本 = $K \times$ ｛测算定员数 × 当年T市非私人单位在岗职工平均工资（万元）× $(1+15\%) \times (1+62.5\%)$ + 当年运营万车公里 ×（测算车公里平均牵引用电量 × 当年轨道交通平均电价)/$(1+16\%)$ + [测算年度日常维修车公里成本/$(1+16\%)$ + 测算年度营运车公里成本/$(1+10\%) \times (\prod\limits_{i=1}^{n} cpi_i \times 0.5 + \prod\limits_{i=1}^{n} ppi_i \times 0.5)$] + 测算年度平均每站动力照明耗电量（万度）× 车站数 × 当年轨道交通平均电价/$(1+16\%)$｝× $(1+5\%)$)/当年运营万车公里

其中，K为约定车公里日常运营成本补贴调整系数，K = 乙方投标确定的基准约定车公里日常运营成本/以2017年基期价格为基础计算的运营车公里日常运营成本（均不含增值税），测算得到K = 0.9402；i = 计算年度，计算的基期为2017年；cpi_i = 第i年cpi指数，为变动值；ppi_i = 第i年ppi指数，为变动值。

各项测算指标取值如下：

测算定员数为1 500人，为固定值。

测算车公里平均牵引用电量为2.07度，为固定值。

测算年度日常维修车公里计算成本为2.44元，为固定值。

测算年度营运车公里成本为3.45元，为固定值。

测算年度平均每站动力照明耗电量为200万度，为固定值。

测算当年轨道交通平均电价为0.634451元/千瓦时，为变动值。

测算当年运营万车公里，根据实际运营里程数计算，为变动值。

以上公式中，当年T市非私营单位在岗职工平均工资、当年CPI、当年PPI、当年轨道交通平均电价、当年运营万车公里五项参数为变量（见表1），其他参数均为固定值。

表1   约定车公里日常运营成本计算参数

项目	类型	说明	动态特征
测算当年 T 市非私营单位在岗职工平均工资	变量	测算年度平均每站动力照明耗电量	固定值
测算当年 CPI	变量	测算定员数	固定值
测算当年 PPI	变量	测算车公里平均牵引用电量	固定值
测算当年轨道交通平均电价	变量	测算年度日常维修车公里计算成本	固定值
测算当年运营万车公里	变量	测算年度营运车公里成本	固定值

车公里计算日常运营成本，是计算政府补贴的"直接"参数，运营成本补贴由其直接计算：

当年运营成本补贴 = 当年车公里计算日常运营成本 × (1 + 利润调节率)

其中，利润调节率由当年中国人民银行公布的 LPR5Y 和甲公司期望收益率组成。

该车公里计算日常运营成本的确定可以简单理解为"孰低法"，是根据当年实际发生的车公里日常运营成本与约定运营车公里日常运营成本进行比较，根据激励机制进行奖励或惩罚。

当实际发生的车公里日常运营成本大于或等于约定运营车公里日常运营成本，市政府补贴按照约定运营车公里日常运营成本计算；当实际发生的车公里日常运营成本小于约定运营车公里日常运营成本，市政府补贴按照实际车公里日常运营成本 + 实际车公里日常运营成本与约定车公里日常运营成本差额的一定比例计算。

实际发生的车公里日常运营成本小于约定运营车公里日常运营成本情况下，市政府对节约部分奖励补贴按照表2约定累进比例进行计算。

车公里日常运营成本节约 = 约定车公里日常运营成本 − 实际车公里日常运营成本

表2   车公里日常运营成本节约奖励补贴机制   单位：%

任一运营年度车公里日常运营成本节约额	市政府奖励成本节约的补贴比例
对于车公里日常运营成本节约占约定车公里日常运营成本不超过10%（含）	40
对于车公里日常运营成本节约占约定车公里日常运营成本10%（不含）至不超过20%（含）	50
对于车公里日常运营成本节约占约定车公里日常运营成本20%（不含）以上部分	60

通过 PPP 合同计算运营成本补贴公式可以看出，约定车公里日常运营成本是"标杆"数值，无论实际车公里日常运营成本多少，都是围绕约定车公里日常运营成

本这一"标杆"进行运营成本补贴金额的计算,所以研究影响运营成本补贴的变动值参数尤为重要,采用敏感性分析工具,研究判断参数是否为敏感性因素。

三、应用过程

(一)项目组织

甲公司成立了 2 号线全生命周期运营成本补贴额测算小组,由财务管理部牵头,商务合约部、企业管理部、人力资源部、运营事业部、生产技术部、审计法务部等部门配合,分工如下:

(1)商务合约部负责收集测算运营期 25 年的 CPI、PPI 指标;

(2)企业管理部负责收集分析国家、地方财经政策;

(3)人力资源部负责收集测算运营期 25 年的 T 市非私营单位在岗人均工资水平;

(4)运营事业部负责收集测算运营期 25 年各个年度的列车运营里程数;

(5)生产技术部提供技术支持;

(6)审计法务部负责校对数据;

(7)财务管理部汇总整合全部数据,作出最终分析判断。

该小组专门对 2 号线未来 25 年各个年度的运营成本补贴进行科学合理的测算,通过实际车公里日常运营成本、约定车公里日常运营成本的变动,分析对政府补贴和利润的影响。

(二)数据资源与环境要求

1. 实际车公里日常运营成本的数据测算

测算实际车公里日常运营成本,原始基础数据来自国家现行政策及取费标准,甲公司的可研报告、投标文件、实际情况的原始数据及增长趋势。

2 号线运营成本按照第三方咨询机构提供数据测算,运营成本包括人工成本、动力费用、日常维修费用、营运费用和管理费用。成本测算周期为 2021~2045 年共计 25 年,并根据预测的居民消费价格总指数(CPI)、工业生产者出厂价格指数(PPI)、人工工资和电价增长对运营成本进行调整。

(1)人工成本。

人工成本分为运营人工成本及安检人工成本。

①运营人工成本是指项目公司在轨道交通运营组织与管理活动使用劳动力而发生的各项费用总和,包括基本工资和各项工资性附加。运营人员包含了轨道运营组织与管理活动中的所有工种,包括但不限于:驾驶、调度、车辆检修、触网检修、电气检修、机修、通号检修、工务、保洁、值班、安全员、后勤保障、客运区域站长、场站

管理人员和专业技术人员等，含车辆段、维修基地的员工，不包含非运营业务中的任何人员及安检人员。本案例测算将运营人员分为管理人员、技术人员和一般工作人员（除安检）三类。

定员：参考国内运营公里定员统计数据，运营人工数量正线指标为 60 人/公里 ～ 75 人/公里（包含安检、保洁人员等）；本案例测算中运营人工数量（不含安检、保洁人员等）按照初期 55 人/公里、近期 58 人/公里、远期 60 人/公里考虑。管理人员、技术人员和一般工作人员（除安检）分别占人数的 15%、45%、40%。

根据本项目招标文件，线路全长为 23.647 公里。

运营人工成本单价即运营人员年人均工资总额以 2017 年 T 市城镇非私营单位就业人员年平均工资 71 026 元，根据以往经验，管理人员工资为基本工资上浮 70%，技术人员工资为基本工资上浮 10%，一般工作人员（不含安检）工资为基本工资下浮 30%，工资性费用相关费率按照 62.50% 测算。工资自运营期第二年起以 8.73% 的增长率增长，以后以每五年增长率下降 1% 进行计算。

第一，2021 年人员按照 763 人测算，其中管理人员 92 人，技术人员 114 人，一般工作人员（除安检）557 人；2022 年人员按照组织架构定编 807 人测算，其中管理人员 116 人，技术人员 148 人，一般工作人员（除安检）543 人。

第二，按照 PPP 合同人员增长比例，2023 年人员增长 1.06%，2030 年人员增长 1.034%。根据增长比例测算出 2023～2029 年的人员数量为 856 人/年，其中管理人员 123 人、技术人员 157 人、一般工作人员（除安检）576 人；2030～2045 年的人员数量为 885 人/年，其中管理人员 127 人、技术人员 162 人、一般工作人员（除安检）596 人。

第三，劳务派遣人员 2021～2045 年按照 12 人/年进行测算。

第四，薪酬标准测算依据《甲公司薪酬管理制度（暂行）》、薪酬架构体系，均已考虑人员晋升、工龄增长的变化。

第五，社会保险及住房公积金按照工资总额的 37.15% 计提，其中社会保险占 25.15%，住房公积金占 12%。职工教育经费按工资总额的 1.5% 考虑，工会经费按工资总额的 2% 考虑，福利费按工资总额的 12% 考虑。

第六，2021 年人均收入从 10 月份起按 5% 增幅，2022～2035 年人均收入按每年 5% 增幅，2036～2045 年按每年 3% 增幅进行测算。

②安检人工成本。

安检人工成本是指项目公司在轨道交通运营安检活动中使用劳动力而发生的各项费用总和，包括基本工资和各项工资性附加。

$$年安检人工成本 = 12 人/站 \times 站点数 \times 安检人工成本单价$$

其中：根据本项目招标文件，全线共设置 23 座车站。安检人工成本单价即安检人员年人均工资总额以 2017 年 T 市城镇非私营单位就业人员年平均工资 71 026 元为基数下浮 40%，工资性费用相关费率按照 50% 测算。工资自运营期第 2 年起以 8.73% 的增长率增长，以后以每 5 年增长率下降 1% 进行计算。

（2）动力费用。

动力费用主要分为牵引用电费（牵引及车载空调电）和动力照明用电费（包括车站、控制中心和车场等的环控、照明及机电设备用电）。

本项目测算以 35 ~ 110 千伏以下电价增长率为基础进行测算，2017 年电价为 0.6345 元/千瓦时，运营期间，电价调整以 –11.22% 为增长率，并以此增长率以每 5 年下降一次进行计算。

①牵引用电量初期取 2.45 度/车公里、近期 2.75 度/车公里和远期 2.95 度/车公里。

②动力照明以耗电量结合本项目特征和其他类似项目经验，初期取 7 200 万度/年、近期 81 400 万度/年、远期 8 800 万度/年。

（3）日常维修费用。

日常维修费用由车辆日常维修费用（不含架修和大修）和其他设备设施维修费用两部分组成，运营期内根据预测的 CPI 和 PPI 进行调整。

①车辆日常维修费用：包括列车日常检查、维修和定修以及工程车及工艺设备日常维修费用。项目车辆日常单位车公里维修参照相类似线路比较后特征年分别为初期 1.03 元/车公里、近期 1.61 元/车公里、远期 1.61 元/车公里计算。

②设备维修费用：指除车辆以外，轨道、路基、车站建筑等设备日常维修费用。根据其他项目经验，设施设备日常维修标准在 1.5 ~ 2.0 元/车公里，维修费用总额占维修建筑及设备资产原值的 15% ~ 20%，本次测算按照初期 1.9 元/车公里，近期 2.0 元/车公里，远期 2.2 元/车公里进行测算。

③A 部分维修费：包括车站、区间、控制中心等部分的维护维修费用。根据其他项目经验，本次测算按照 A 部分建筑安装工程费用的 3%，在运营期内平摊支出。

（4）营运费用。

营运费用分为直接营运费用和间接营运费用，运营期内根据预测的 CPI 和 PPI 进行调整。

①直接营运费用。直接营运费用是指地铁运营过程中实际消耗的直接用于营运的成本所产生的费用，包括水费、燃气费、车辆保洁费、车站保洁费、事故费、计量费、制票费、清洁费、牵引照明以外的耗电费等。本次测算按照 1.8 元/车公里进行测算。

②间接营运费用。

本项目间接营运费用即安检成本包括安检设备租赁或设备折旧摊销、设备的维护维修、设备更新的费用及其相关管理费用等（不含人工）。平均每个站点需要配备通道式 X 射线安全检查设备 2 ~ 3 台，手持金属探测器 4 ~ 6 台，防爆设施等相关设备，每个站点的设备购置、安装、培训及维修维护的分担成本为初期 8 万元/站、近期 10 万元/站、远期 12 万元/站测算。

（5）管理费用。

管理成本包括办公经费、低值易耗品、公共安全经费以及项目公司作为一般企业应承担的行政事业性缴费等。管理成本根据本项目多次成本测算推估，按照其他各项成本加和的 2% 测算，运营期内根据预测的 CPI 和 PPI 进行调整。

（6）保险费。

根据《中华人民共和国保险法》等相关法律和行政法规的规定，并结合项目的实际情况，考虑项目公司在运营期将投保公众责任险、雇主责任险、财产一切险等险种。本次考虑每年保险费率为运营期初不含税资产原值的 0.1% 进行测算，运营期内根据预测的 CPI 和 PPI 进行调整。

2. 约定车公里日常运营成本的数据测算

由于 PPP 合同中计算约定车公里日常运营成本的公式较为复杂，测算小组将其拆解，利用 Excel 表分解为五个板块，分别是人工成本、牵引电费、日常维修成本、营运成本、动力照明电费，单元格之间设置公式便于计算，测算出运营期 25 年各个年度的约定车公里日常运营成本，2021～2023 年约定车公里日常运营成本计算如表 3 所示。

表 3   2021～2023 年约定车公里日常运营成本计算分解

项目	2021 年	2022 年	2023 年
K 值	0.9402	0.9402	0.9402
测算定员数（人）	1 500	1 500	1 500
测算当年 T 市城镇非私营单位人均收入（万元）	9.350	10.580	11.270
本企业高于 T 市人均收入的比率（%）	15	15	15
社保费用占工资总额的比率（%）	62.5	62.5	62.5
测算当年薪酬总额（万元）	26 209.219	29 657.063	31 591.219
测算当年总车公里数（万车公里）	1 427.405	1 322.947	1 423.970
测算车公里平均牵引用电量（千瓦时/车公里）	2.070	2.070	2.070
测算当年轨道交通平均电价（元/千瓦时）	0.4988	0.5828	0.6134
电费税率（%）	16	16	16
测算当年牵引电费总额（万元）	1 270.533	1 375.861	1 558.680
测算年度日常维修车公里计算成本（元/车公里）	2.440	2.440	2.440
测算年度营运车公里成本（元/车公里）	3.450	3.450	3.450
维修成本适用税率（%）	16	16	16
运营成本适用税率（%）	10	10	10
测算年度日常维修车公里计算成本（元/车公里）（不含税）	2.1034	2.1034	2.1034
测算年度营运车公里成本（元/车公里）（不含税）	3.1364	3.1364	3.1364
测算当年 CPI	1.0866	1.1083	1.1866
测算当年 PPI	1.0954	1.1403	1.1954

续表

项目	2021 年	2022 年	2023 年
测算当年 CPI、PPI 综合值	1.0910	1.1243	1.1910
测算当年日常维修成本总额（万元）	3 275.6974	3 128.6470	3 567.3395
测算当年运营成本总额（万元）	4 884.2552	4 664.9945	5 319.1105
测算年度平均每站动力照明耗电量（万千瓦时度）	200	200	200
测算年度车站数（个）	23	23	23
测算当年动力照明电费总额（万元）	1 978.00	2 311.10	2 432.44
企业管理费用比率（%）	5	5	5
补贴年度约定车公里日常运营成本（元/车公里）	26.02	30.70	30.83

在本案例具体实施计算过程中，由于 CPI 与 PPI 指标往往形成"剪刀差"趋势，因此将二者指标合并进行测算分析；当年运营万车公里数据，在没有特殊情况下，各个年度数据相差不大，因此忽略变量，简化计算。

原定的约定车公里日常运营成本的五项变动值，当年 T 市非私营单位在岗职工平均工资、当年 CPI、当年 PPI、当年轨道交通平均电价和当年运营万车公里，合并删减为三项：

（1）当年 T 市非私营单位在岗职工平均工资；

（2）当年 CPI、PPI；

（3）当年轨道交通平均电价。

（三）应用模式和应用流程

1. 变动参数在 25 年运营期内的影响

在不同前提假设情况下，某一参数对约定车公里日常运营成本和运营成本补贴的影响。

前提假设 1：CPI 与 PPI 指标在 25 年运营期变动，其他参数均不发生变化。具体如图 3 所示。

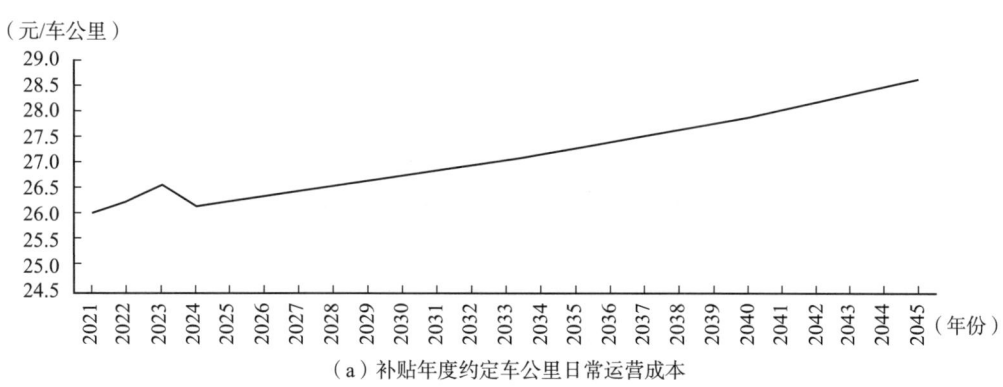

（a）补贴年度约定车公里日常运营成本

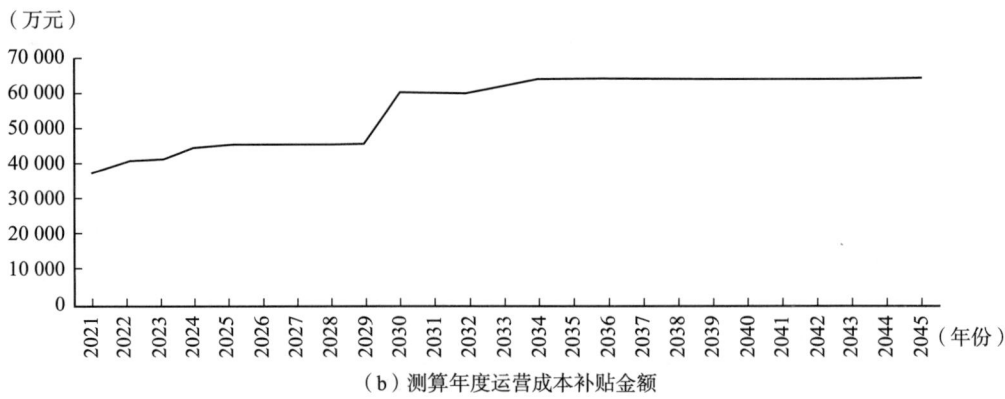

（b）测算年度运营成本补贴金额

图 3　25 年运营期约定车公里日常运营成本与运营成本补贴测算

前提假设 2：电价指标在 25 年运营期变动，其他参数均不发生变化。具体如图 4 所示。

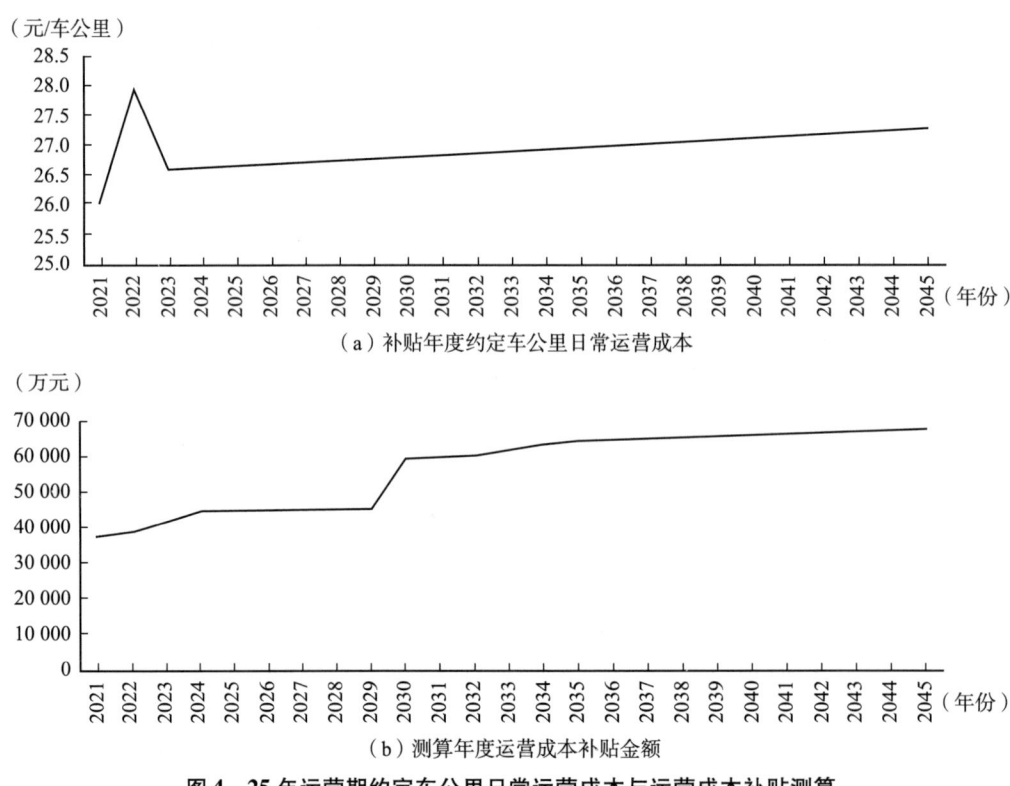

（a）补贴年度约定车公里日常运营成本

（b）测算年度运营成本补贴金额

图 4　25 年运营期约定车公里日常运营成本与运营成本补贴测算

前提假设 3：当年 T 市非私人单位在岗职工平均工资在 25 年运营期变动，其他参数均不发生变化。具体如图 5 所示。

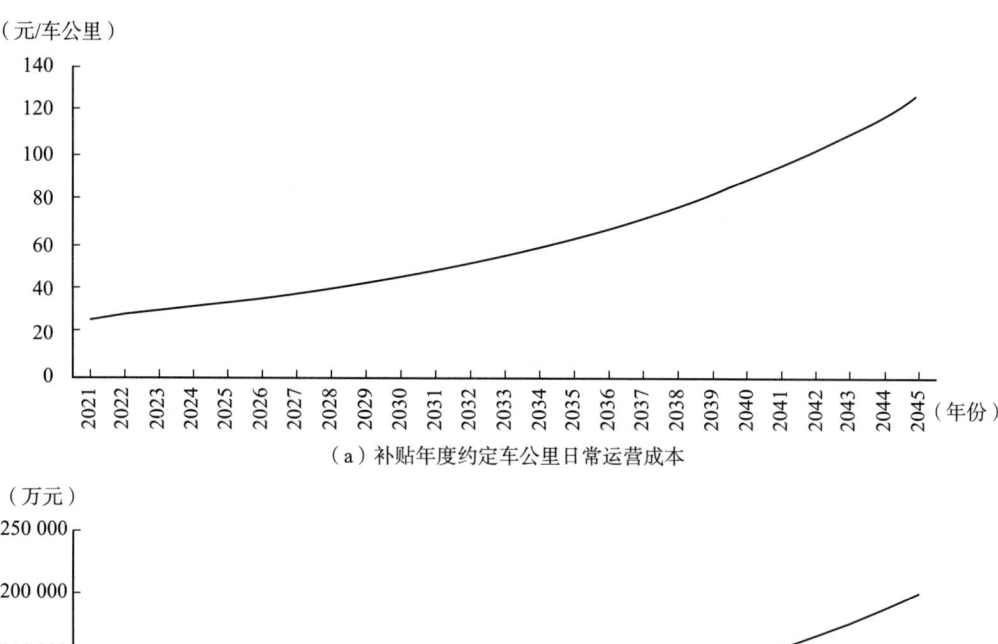

（a）补贴年度约定车公里日常运营成本

（b）测算年度运营成本补贴金额

图5　25年运营期约定车公里日常运营成本与运营成本补贴测算

从图6和图7中，可以清楚地看到，当年T市非私人单位在岗职工平均工资对约定车公里日常运营成本和运营成本补贴金额影响是最为敏感的。

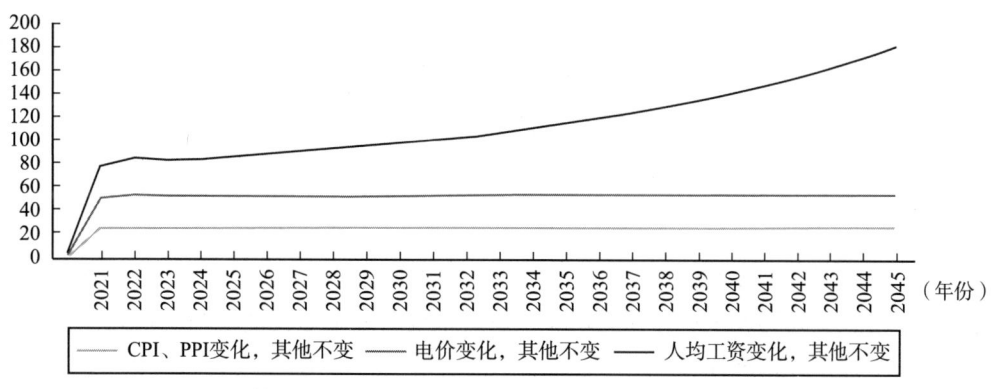

图6　敏感性参数对约定车公里日常运营成本的影响趋势对比

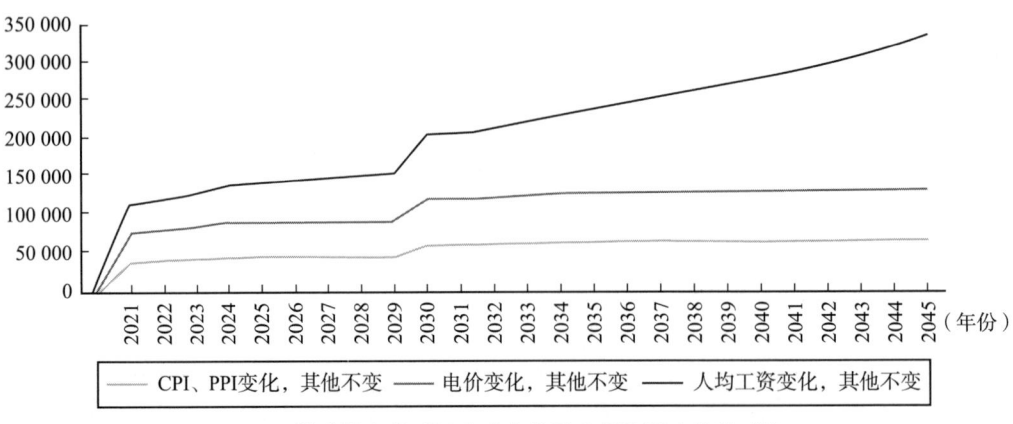

图7 敏感性参数对运营成本补贴金额的影响趋势对比

甲公司根据当前熟知掌握的国家财经政策、宏观经济变动规律、T市社会消费平均水平及中长期公司发展规划，结合实际车公里日常运营成本和约定车公里日常运营成本的25年期预测，整合其他经济要素，汇总编制测算了整个运营期25年的收益情况，并简要描述了实际、约定车公里日常运营成本对运营成本补贴和利润的影响，具体如图8和图9所示。

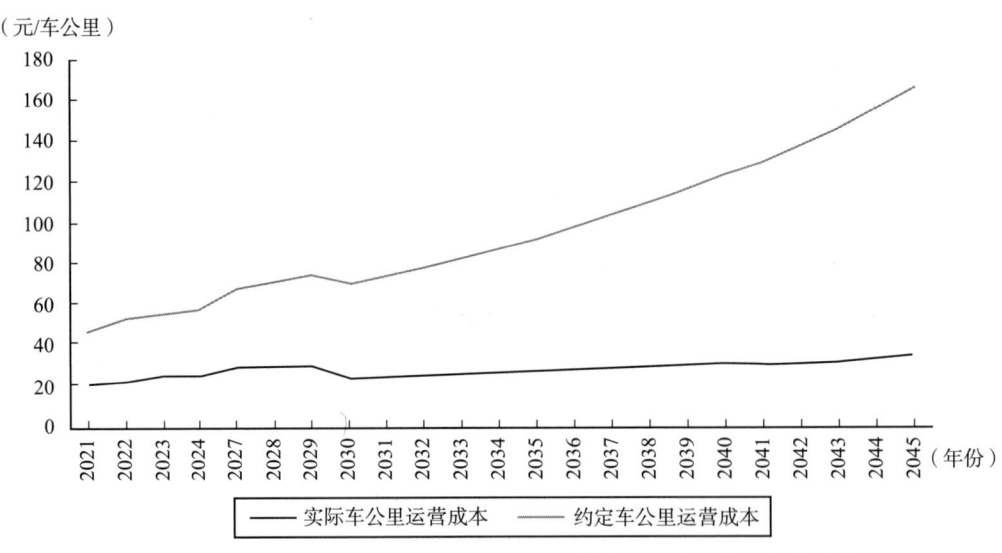

图8 实际、约定车公里日常运营成本对运营成本补贴、净利润的影响

从图8和图9的数据变动趋势可以看出，随着时间推移，甲公司实际车公里日常运营成本增长变动幅度很小，而约定车公里日常运营成本增长变动幅度较大，并拉动着运营成本补贴大幅度提高。

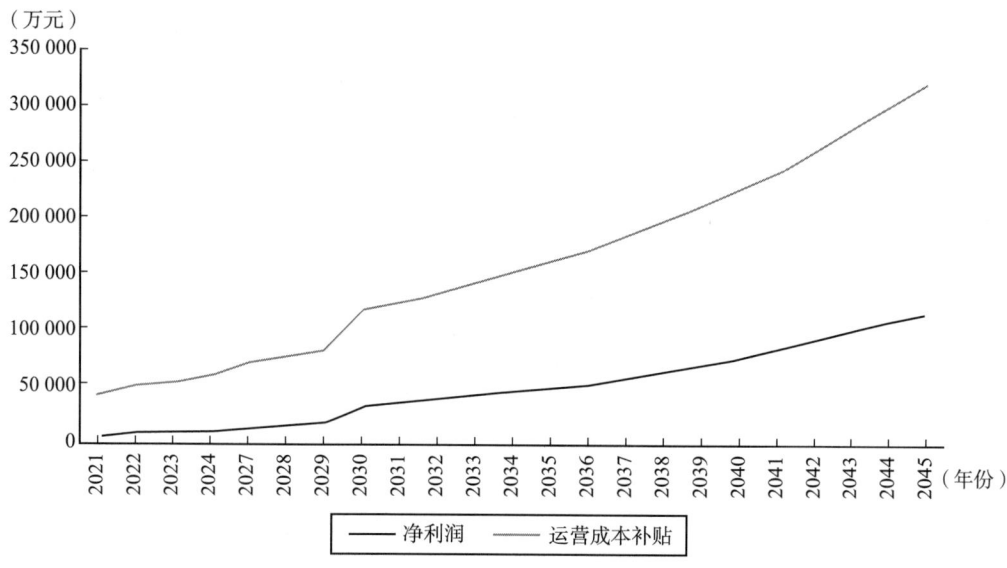

图9 实际、约定车公里日常运营成本对运营成本补贴、净利润的影响

通过测算25年全运营期的收益情况，分析发现，实际车公里日常运营成本逐年增幅较约定车公里日常运营成本会逐渐拉大距离，前者增长的"加速度"远小于后者，导致节约空间越来越大，换言之"机会成本"增大，甲公司"损失"的运营成本补贴也会逐步增加，因此应该适度追加运营成本以获得足额的运营成本补贴、维持日常运营资金需求。

数据测算显示（见图10），运营初期前五年（2021～2025年）当实际车公里日常运营成本控制在约定车公里日常运营成本的75%～85%范围，成本水平最为适度，可以获得较多的运营成本补贴，同时保证了净利润水平。

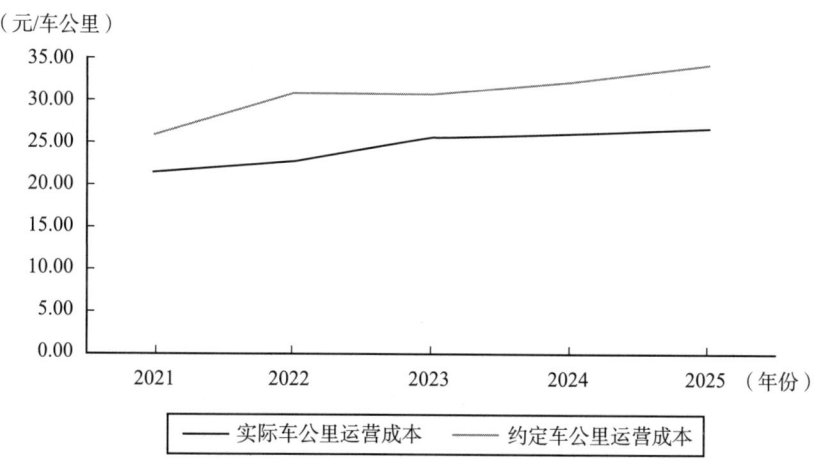

图10 前五年（2021～2025年）实际、约定车公里日常运营成本测算趋势

因此，甲公司应努力控制实际车公里日常运营成本，使其维持在约定车公里日常运营成本的75%~85%，以期实现价值最大化。

2. 敏感性分析在2021年、2022年的实际应用

甲公司目前已经经历2021年、2022年两个完整运营年度，通过敏感性分析，合理调整增长运营实际成本，增加对企业有益必要的科技和安全投入，不但促进了企业的经济良性运行，使甲公司获得了更多的政府补贴，同时利润也得到提高。

（1）2021年甲公司相关经济数据。

根据实际数据计算，2021年T市非私营单位人均在岗工资标准9.35万元，2021年CPI和PPI指标分别为1.0866、1.0954，2021年轨道交通平均电价为0.4988元/千瓦时，结合其他固定值参数进行计算：

2021年补贴年度约定车公里日常运营成本 $= 0.9402 \times \{1\,500 \times 9.35 \times (1 + 15\%) \times (1 + 62.5\%) + 1\,427.4049 \times (2.07 \times 0.4988)/(1 + 16\%) + [2.44/(1 + 16\%) + 3.45/(1 + 10\%) \times (1.0866 \times 0.5 + 1.0954 \times 0.5)] + 200 \times 23 \times 0.4988/(1 + 16\%)\} \times (1 + 5\%)/1\,427.4049 = 26.02$（元/车公里）

2021年甲公司财务账面实际日常运营成本总额为31 168万元，实际车公里日常运营成本为21.84元/车公里，市政府奖励成本节约金额4.18元/车公里，2021年利润调节率12.39%，计算得出2021年运营成本补贴为38 023万元，同时2021年甲公司财务报表净利润为4 445万元。

2022年初，甲公司对2021年成本执行情况进行细致分析，2021年实际运营成本执行率为92%，通过梳理成本项目，分析发现：有部分设备运用科技提升的成本项目没有实施，人工费中薪酬的增幅小于T市当年平均工资的增幅，有部分管理活动未开展，等等。因此造成了2021年实际车公里运营成本较约定车公里运营成本少了16%。在编制2022年成本计划时，充分考虑了此点，努力控制车公里节约额度。

（2）2022年甲公司相关经济数据。

根据实际数据计算，2022年T市非私营单位人均在岗工资标准10.58万元，2022年CPI和PPI指标分别为1.1083、1.1403，2022年轨道交通平均电价为0.5828元/千瓦时，结合其他固定值参数进行计算：

2022年补贴年度约定车公里日常运营成本 $= 0.9402 \times \{1\,500 \times 10.58 \times (1 + 15\%) \times (1 + 62.5\%) + 1\,322.95 \times (2.07 \times 0.5828)/(1 + 16\%) + [2.44/(1 + 16\%) + 3.45/(1 + 10\%) \times (1.1083 \times 0.5 + 1.1403 \times 0.5)] + 200 \times 23 \times 0.5828/(1 + 16\%)\} \times (1 + 5\%)/1\,322.95 = 30.70$（元/车公里）

2022年甲公司财务账面实际日常运营成本总额为32 862万元，实际车公里日常运营成本为24.84元/车公里，市政府奖励成本节约金额5.86元/车公里，2022年利润调节率12.19%，计算得出2022年运营成本补贴为41 216万元，同时2022年甲公司财务报表净利润为6 877万元。

2023 年初，甲公司对 2022 年成本执行情况进行细致分析，2022 年成本执行率为 91%，执行比率上较 2021 年有所降低，但执行的实际值运营成本总额较 2021 年增长 5%，实际车公里日常运营成本较 2021 年也增长了 14%，同时推动运营成本补贴的增长。

（3）对于运营初期的甲公司来说，由于每月客流量远小于前期调研水平，每月的客运票务收入不足以支撑日常成本现金流开支，实现甲公司资金自平衡的关键是政府补贴款的足额、及时到位。因此，在假定政府补贴款在每年都能够足额、及时拨付甲公司的前提下，那么运营成本补贴款带来的现金流和净利润二者之间，"鱼与熊掌不可兼得"，甲公司经过慎重考虑，认为还是应该牢固树立"现金为王"的理念，还是优先于选择前者。

综上所述，甲公司在 2022 年成本追加、新增投入方面做了充分考虑和全盘布局：

第一，薪酬和福利待遇方面。对部分已经定职定级的员工提高岗位工资，设立公司特殊贡献奖项，适当提高年终奖的水平，使甲公司实际年度人均薪酬与 T 市非私营单位平均在岗人员工资保持合理的增长机制；为电客车运控员（列车司机）等封闭空间作业的员工增设心理活动室、解压室，聘请心理专家做压力疏解辅导，提高站务员年休假损失补偿津贴，增加基层检修作业员工体检项目，提升员工工装质量，设置"三不让"帮扶救助资金；等等。

第二，乘客服务和线路运营方面。地铁行业需要拉近与乘客的距离，需要与市民有着更多的互动才能培育、刺激客流。2022 年，甲公司投入大量资金，做了一系列"亲民"活动、打造公司特有的 IP 品牌。例如：在地铁车站开展系列志愿服务活动；在车站设置自助口罩机、图书借阅机、雨伞自助机等便民设备；自动体外除颤仪（AED）全线车站配置率实现 100%；开设母婴室，满足母婴群体哺乳护理需求。不断加强与社会组织联动，增强乘客对于地铁服务的认同感，多角度展示企业良好形象。"冷、暖"车厢上线进一步提升人性化的运营服务细节，彰显地铁温度和人文关怀。2022 年全年服务热线受理乘客事务 26 013 项，工单办结率及回复率均为 100%，全年累计收到市民乘客热线表扬 902 通、乘客感谢信 1 078 封、锦旗表扬 426 面，乘客满意度得分 281.52 分，取得了市民口碑与行业影响力双丰收。

第三，内控管理和体系建设方面。甲公司下大力气，在行业标杆建设、专家咨询、国家认证方面投入大量成本，取得"三体系"认证和交通运输部安全生产标准化一级企业认证，聘请国内同行业专家、咨询机构，结合运营管理特点开展"提质强安、四标建设"工作。一是标准化车站建设，全线车站实行板块化、清单化、流程化、定置化管理，高质量打造省级安全文化示范车站，建成消防标准化车站。二是标准化班组建设，对机自、车务、调度共计 59 个班组进行全面建设，制定推广标准化流程 122 项，制作巡视流程图 45 个。三是标准化设施设备建设，完成标准化维护作业工艺卡 195 个，标准化维护作业视频 185 个，标准化应急流程图 94 个。四是标准化业务流程建设，完成标准化业务流程 146 个，标准化课件制作 193 个，经过上述一系列管理活动，全面提升了员工岗位技能、整体服务质量和管理效益。

第四，科技提升和安全投入方面。为了增强 2 号线全线的设施设备安全质量、可靠运行，甲公司投入了大量人力、物力、财力，进行科技与安全方面的强化提升（见表 4），对既有土建设施、机电设备的部分功能做以优化升级，对存在风险隐患的处所、部件进行缺陷克服，通过一系列科技活动，科技赋能安全与生产，成果广泛注入 2 号线地铁运营、作业、检修、维护的各个方面，取得了良好的效果。

表 4 　　　　　　　　　　2022 年新增（科技、安全）成本项目

序号	新增重点成本项目	金额（万元）
1	接触网一体化维护装置项目	85.80
2	智能运维系统云平台搭建项目	90.00
3	环氧地坪导视系统	97.00
4	计量实验室建设项目	150.00
5	员工实训基地建设项目	152.00
6	能源监测技术改造项目	162.06
7	车站编播系统	185.00
8	主变电站远程智能巡视系统	192.00
9	安全评估咨询项目	304.00
10	信号系统增加强扳道岔功能	317.00
11	合计	1 734.86

以上四个方面的成本措施，稳定了员工队伍，提升了员工工作士气、服务质量，擦亮了甲公司在 T 市的企业形象与品牌，保障了 2 号线的安全运营，为未来甲公司在 T 市可持续经营开发和长期合作打下了坚实的基础。更重要的是，充实了甲公司运营成本，合理控制了实际车公里运营成本与约定车公里运营成本的节约空间，既增加了运营成本补贴金额，又在与政府方利益分成方面分配比例得当，政企双方均对此表示满意，充分体现了 BOT 项目社会资本与政府方合作共赢的精神。

四、取得成效

（一）敏感性分析使用前后的效益对比情况

采用敏感性分析工具，提升了甲公司成本控制能力水平，在不损失较大利润的前提下，争取了更多的政府补贴款。如图 11（a）显示，甲公司在 2021 年获得运营成本补贴 38 023 万元、实现净利润 4 445 万元，在 2022 年获得运营成本补贴 41 216 万元、

实现净利润 6 877 万元，同比上年，增加政府补贴款 3 193 万元，增加净利润 2 432 万元，获得了良好的经济效益。

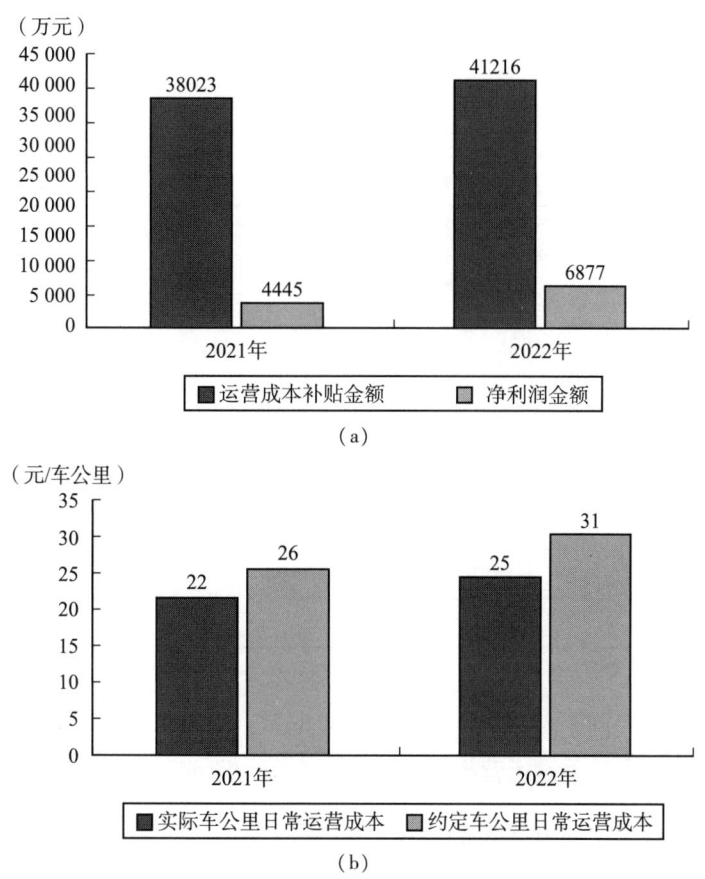

图 11　2021 年、2022 年重点指标对比

如图 11（b）显示，2022 年实际车公里日常运营成本较上年提高了约 14%，运营成本有的放矢，在重点成本管控环节上，不吝费用，足额投入，不仅仅直接取得了经济效益，同时甲公司在轨道交通运营指标方面也获得了优秀的成绩，2022 年运营指标均优于 2021 年水平，如表 5 所示。

表 5　　　　　　　　　　2021 年、2022 年甲公司运营指标统计

序号	指标	单位	公司目标要求	2021 年度累计	2022 年度累计	环比（%）
1	列车运行图兑现率	%	≥99.5	99.99	100	0.01
2	列车准点率	%	≥99.4	99.97	100	0.03
3	列车服务可靠度	万车公里	≥50	2 889.52306	∞	∞

序号	指标	单位	公司目标要求	2021年度累计	2022年度累计	环比（%）
4	有效乘客投诉率	次/百万人次	≤3	0.282	0.243	-13.83
5	自动售票机可靠度	%	≥99.0	99.79	99.99	0.2
6	储值卡充值机可靠度	%	≥98	99.72	99.98	0.26
7	自动检票设备可靠度	%	≥99.5	99.90	99.99	0.09
8	自动扶梯可靠度	%	≥99.0	99.94	99.98	0.04
9	垂直电梯可靠度	%	≥99.0	99.86	99.96	0.1
10	车站乘客信息系统可靠度	%	≥99.0	99.60	99.99	0.39
11	列车乘客信息系统可靠度	%	≥99.0	99.98	99.998	0.018
12	信号系统故障率	次/万列·公里	≤0.8	0.0087	0	-100
13	供电系统故障率	次/万列·公里	≤0.15	0	0	—
14	屏蔽门故障率	次/万次	≤0.46	0.458	0.110	-75.98
15	列车退出正线运营故障率	次/万列·公里	<0.20	0.03	0	-100
16	车辆系统故障率	次/万列·公里	<4	0.03	0	-100

尽管甲公司在同行业内起步晚，仅运营两年多，但列车运行图兑现率、列车准点率、列车服务可靠度等关键运营指标已经位列全国行业前列水平。

（二）甲公司管理问题情况的评价

在甲公司运营初期近三年内，成本管理理念一直以"降本节支"为主流，特别是在电费、营运费用、管理费用方面，曾经一味压降开支而影响了生产运营和现场服务。例如，为了省电关闭地铁站内部分通道的照明设置，引起了乘客不满投诉；为了节约车辆油耗减少通勤车开行次数，引起了员工的抱怨；等等。后经过敏感性分析测算比较，成本节约降低后，政府补贴也随之减少，得不偿失。因此甲公司转变思路，对于成本节约措施不搞粗放型的"大开大合"、不搞形式主义，成本控制和生产运营、服务质量不能顾此失彼，谨而慎之，促进了甲公司精细化成本管理进程。

（三）甲公司制定和落实战略的评价

甲公司秉承"提供绿色智能轨道交通产品和服务，为品质生活提速"的企业使命，坚持以"建设精品工程、树立合作典范、营造幸福地铁"为战略目标，制定了"三步走"发展战略。

用三年时间，成为一个运行安全高效、管理规范有序、服务周到温馨的地铁运营商；用五年时间，尽快成长为行业内管理有特色、业务有创新、发展有突破的品牌服务商；用十年左右时间，努力成长为运营品牌响亮、业务链条科学、企业发展坚实的标杆企业。

甲公司若想实现以上的"宏图伟业"，首先，应明确维系好与当地政府良好的合作关系是首要条件，是确保政府补贴能够足额、及时到位的前提保证；其次，应该摆正运营初期战略方向，在运营初期，对于甲公司而言，现金流的意义大于净利润的意义，获得足额的运营成本补贴是安全稳定运营2号线地铁的关键所在；最后，甲公司的3~10年中长期规划，必须保证其相应的运营成本大额投入，在保证利润水平前提下，采用敏感性分析控制成本、补贴、利润三者的平衡点有助于甲公司的长治久安。

本案例是T市乃至所在省域范围首个交通行业BOT模式运作的大型项目，甲公司在战略决策中，在实现可行性研究报告中所期望的利润和收益后，不应止步于此，还应该巩固既有经营成果，深入与地方政府的合作，力争树立在所在区域BOT项目"标杆"形象，平衡与当地政府、融资银行、供应商、合作商的利益关系，尤其是要合理与当地政府分享运营收益所得，联合当地政府化解运营中出现的各种风险，真正做到"风险共担，收益共享"，同时，借助2号线地铁这一平台，为所在央企集团经营战略"冲锋陷阵"，深挖广扩当地政府其他可经略的资源，例如，追踪即将获批建设的3号线地铁、2号线延伸线、地方铁路建设、厂矿专用线建设等，以点连线到成面，全方位铺开，努力形成区域内规模经济，产生规模效益。

（四）甲公司管理决策有用性的评价

由于PPP项目可研报告、投标文件中的25年全周期运营收益均是以2017年物价、取费水平进行测算，距今时间较长，诸如人民银行长期贷款利率、税率、CPI、PPI、地区人均工资、地方政府长期债利率等一系列的国家政策、国情发生了较大变化，相当一部分测算参数随之发生了较大变动，其价值参考性有所降低，因此采用敏感性分析工具重新对成本、补贴、利润进行测算，立足运营初期、展望未来20余年全运营周期，树立全盘筹划的宏观时空观念，并对未来的经济风险提前研判，有助于甲公司在全运营周期内实施积极、动态的成本管理，积累了公司成本管理的宝贵经验。

（五）甲公司绩效管理水平提高的评价

人力资源是企业发展的内在动力源泉，绩效管理是激励员工的最佳机制，而员工薪酬体系的建立，薪酬年度增长幅度，则是企业决策层需重点关注的事项。人工费成本作为甲公司敏感性成本因素，通过敏感性分析工具，适当调整增加各层级员工的薪酬水平，追加人工费用投入，既能够合理控制运营成本的增长水平，又能以此推动绩效管理制度落地，一举两得。

五、经验总结

（一）敏感性分析的基本应用条件

敏感性分析适用于存在多种经济指标变量的企业，且前提假设为：能够保证某一指标参数（不确定性因素）发生变动时，其他指标参数保持不变，在此状态下测算分析该指标参数对目标的影响敏感程度。

（二）敏感性分析应用的关键因素

敏感性分析应用的关键因素，是能够在众多不确定性因素中，找到对目标值最具影响力的敏感性因素，且当该敏感性因素发生变动后，对目标值的影响能够科学合理计量和测算，定性定量分析。

（三）敏感性分析应用效果的改进思考

在本案例中，利用可预见的经济指标增长趋势、甲公司发展壮大的初步规划，采用敏感性分析工具对甲公司在 T 市 2 号线地铁的 25 年运营期收益进行了测算，并运用到了运营初期 2021 年、2022 年，从各种报表与报告上的统计数字上看，确实收到了显著效果，但是在甲公司实际经济运行过程中，2021 年、2022 年两个年度内存在一些特定的、突发的因素，诸如新冠疫情严重影响客流和客票收入、交通运输业免征增值税等，这些因素或多或少对净利润产生了影响，所以还应该在分析中将这一部分因素剔除。

在未来几年，甲公司应该继续运用敏感性分析，将其运用的效果在 2023 年及以后更多的年度内对比分析，继续印证实际车公里日常运营成本、约定车公里日常运营成本项下的指标参数对政府补贴和净利润的敏感性影响。

（四）敏感性分析在应用中的优点与缺点

1. 优点

本案例中的甲公司，PPP 模式运营合作期 25 年，众所周知，风险投资收益与时间（回收期）的关系，通常情况下，回收期越长，则无法全额回收投资的风险就越大。对于动辄 10 年、20 年以上漫长的 PPP 合作期而言，不可预见的各类风险随着时间推移而逐渐增大，例如，国家政策导向、通货膨胀、银根紧缩、自然灾害，甚至是局部战争等，任何一项都可能影响投资回收预期，更严重的可能直接终结 PPP 合同，终止政府方与社会资本方的合作。

采用敏感性分析工具，可以敏锐地探索研究国家宏观经济指标、地方社会发展状况与公司自身经济利益的关系，从而抓住宏观经济浪潮的契机，掌握与政府博弈谈判的主动权，维护公司自身权益。

2. 缺点

本案例中敏感性分析方法，是指从成本发生一系列变化的分析角度研究政府补贴和利润的影响程度，时间跨度从当前时间点直至到未来二十多年，受社会经济变动影响较大，本身带有一种不确定性因素。另外，本案例中是通过逐一改变影响成本相关变量数值的参数，来分析成本变动影响大小的规律，缺点是每次只允许一个参数发生变化而假定其他参数不变，与实际情况可能不符。

（五）敏感性分析在应用中的完善建议

未来要进一步研究敏感性分析中多个敏感性因素变动对某一个或一组关键指标影响程度，其所需要了解的知识体系、计算内容更为复杂，需要更深层次地探索。

（六）敏感性分析在应用中的推广

甲公司所在央企是一家特大型集团公司，涉猎城市建设、交通投资运营等领域，其旗下全资子公司和合资子公司不乏此业态，而甲公司成立较早，综合性较强，是集团中的"排头兵"，通过敏感性分析获取的研究结果，对于所在集团未来战略投资发展，和其他兄弟公司都起到了参考和示范作用，可以进一步推广分享经验，共同进步，共同完善发展。

（中铁电气化局集团有限公司　刘　娟　邓志军　樊鸿钢　郝文明

李　季　杨春燕　蔡民长　朱　静　马皓洁）

大商务管理模式下工程项目资金创效管理案例分析
——以 J 铁路项目为例

【摘要】为贯彻落实习近平总书记党的二十大报告关于企业高质量发展的要求，提高建筑企业竞争能力，实现"上下联动""系统协同"的大商务管理要求，提高工程施工项目资金管理能力以及资金创效能力，实现项目资金自平衡，本文构建了新型资金创效管理模式，该管理系统将业财融合摆在首要位置，是高效运转的资金创效管理系统，是全员、全过程的资金管理模式。

一、案例背景

大商务管理模式下工程项目资金创效管理是指在工程项目施工的过程中，在资金自平衡的前提下，通过深入项目管理、压降费用和各项非必要支出，提高资金周转速度和资金利用效率以实现财务资金创效，提高项目经济效益的财务管理手段。

（一）研究背景

1. 工程项目资金周期长

工程项目合同额较大，施工周期较长，施工内容复杂，资金周转周期长。工程项目计量结算复杂，合同约定付款周期为月度、季度甚至是结点付款，付款流程长，需要业主、监理、审计的层层审核，资金周转速度与其他行业相比较慢。

2. 施工企业业主资金紧张，付款条款严苛

受经济下行的影响，建筑施工企业的合同质量逐渐降低，合同约定的付款比例越来越低，施工企业垫资现象屡见不鲜，资金支出比例逐渐降低，票据支付比例越来越高，进一步挤压了资金空间，工程项目的资金创效能力面临着更大的挑战。

（二）研究意义

1. 贯彻落实习近平总书记党的二十大报告相关要求

探究工程项目资金创效管理是贯彻落实习近平总书记党的二十大报告相关要求。党的二十大报告指出，高质量发展是全面建设社会主义现代化国家的首要任务。建筑企业高质量发展离不开充足的现金流作为支撑，充足的资金是企业实现高质量发展的保证。

2. 提升建筑企业综合竞争能力

新冠疫情对经济产生了一定的负面影响，使建筑企业全链条资金链普遍紧张，项目收款愈发困难，资金创效管理的重要性不言而喻。资金创效管理可以帮助企业合理安排资金使用，提高资金使用效率和资金使用价值，保持资金充裕，提升建筑企业的竞争力。

3. 贯彻落实大商务管理的要求

大商务管理要求财务人员应该深度融入工程项目管理，实现"上下联动""系统协同"的要求，深化、优化和完善财务工作机制、手段、方法，强化财商融合，着力在"开展资金策划、控制税负水平、揭示经营风险、管控经费支出"等方面与各业务系统有机融合、高效联动、形成合力，有效保障项目履约能力、促进项目成本管控、防控项目经营风险，推动企业高质量发展。

（三）资金创效管理现状及存在的问题

1. 工程施工项目资金预算执行力度不够

施工企业目前已经能够做到要求施工项目设置完整的预算管理体系，但实际管理中仍存在问题。项目人员普遍对资金预算的认识不全面，资金预算质量较低，不能服务于工程管理；现有的资金预算在一定程度上与施工进度结合不紧密，与工程施工生产脱节，有"闭门造车"的嫌疑；项目人员缺乏全周期资金策划的认识，收款以后超计划的大额支出，导致在主体结构或者竣工阶段出现资金缺口；在进行编制资金预算时，未能合理预估原材料、人工等成本费用的价格波动，导致资金预算难以真正落地。

2. 部分项目资金使用效率较低

国内大多数施工企业已经基本实现资金集中，但是部分项目受限于业主资金监管，不能自由支配资金。导致合同质量较高的项目尽管账户上有大额资金，但是除了银行活期存款利息外并不能为项目创造更多额外的收益，导致项目资金周转率低，一定程度上导致"资金浪费"的现象。

3. 工程项目成本管理水平参差不齐

在实践中发现部分项目人员对项目资金和成本的管控力度不够大，在支付分包工程款和材料款时，没有充分利用资金手段，进一步压降支出，做到以收定支。

（四）案例选择的原因

本文选取了合同额近 10 亿元的某铁路项目作为研究对象，主要是因为该铁路项目工期合适，工程施工内容比房建项目更为复杂，资金充裕，资金管理的手段以及创效方式有很大的发挥空间。同时该项目财务负责人具备丰富的工程项目财务管理经验，为该案例研究提供了高质量的人才动力。

二、资金财务创效基本理论

本文意图构建新型资金创效管理模式，该模式是在战略指导下的、以编制资金预算为前提的资金创效管理系统。该管理系统将业财融合摆在首要位置，强调进一步加强业务系统之间的横向协同，是一个高效运转的资金创效管理系统。新型资金创效管理模式贯穿工程施工项目始终，是全员、全过程的资金管理模式，主要涉及 4 个维度，分别是财务指标维度、利益相关者维度、内部流程维度、学习与成长维度，4 个维度紧密相连、层层递进、缺一不可。新型资金创效管理模式如图 1 所示。

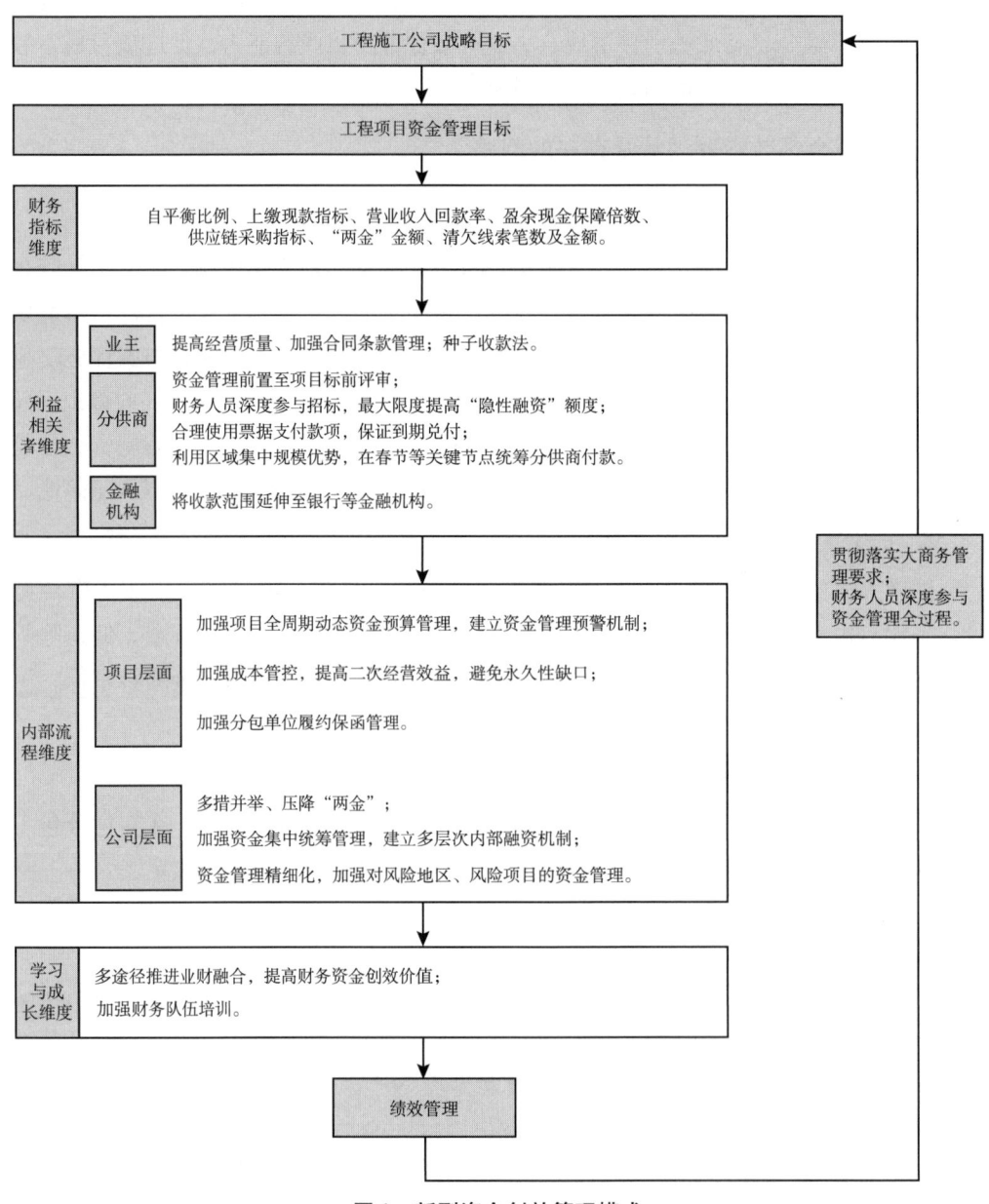

图 1　新型资金创效管理模式

（一）工程施工项目资金创效管理目标

工程施工项目新型资金创效的目标为：以战略目标为出发点，在完成大商务管理财务指标以及上级单位现金流预算指标的基础上，实现资金自平衡，提高资金价值，实现财务资金创效，为公司的高质量发展提供资金支持。

（二）利益相关者维度

1. 提高项目承接质量，加强工程施工合同条款管理

市场经营是资金管理的开端，市场经营开发质量的高低，直接决定了后期资金管理工作的难易程度以及资金管理工作的重点方向。市场经营开发工作，决定了业主的企业性质、资金实力、信用评价水平、按期支付工程款的履约能力，而前述因素对后期的资金管理工作影响巨大。如果承接的工程项目业主资金实力雄厚，银行信用评价高，较为容易从银行等金融机构取得贷款，则项目工程款的回收相对来说比较容易，在项目盈利的前提下，项目基本上能够实现资金自平衡管理，更有甚者可以有充足的资金储备，为公司提供资金支持。

2. 资金管理前置至项目标前评审

财务人员应积极参与项目标前评审，对业主资信情况、资金状况、资金来源、履约能力、付款条款等方面进行分析调研，进而提高项目承接质量。重点关注业主资金来源是否为自有资金，如果业主资金来源为自有资金，应对其资金的稳定性进行评价。如果业主资金为贷款资金或者政府专项债资金，应重点关注业主是否存在其他大额借款、是否有严重影响其银行信用评价的未决事项。就付款方式而言，大部分业主以银行存款的形式支付工程款项，但是受到经济下行的影响，越来越多的业主以票据形式支付工程款，如果业主不得不以支付票据的形式支付工程款，则应在合同条款中对票据期限进行相关约定，期限越短越容易变现，尽最大努力为公司谋取利益。

3. "种子收款法"

"种子收款法"是一种长期、有筹划的收款方法。通过与业主积极沟通，获取业主资金到账的时间、金额，以及业主年度资金付款计划等信息。项目部要在年初和每月月初将产值计划以及资金需求上报业主，不断暗示并强化业主应于合同付款节点支付工程款，应付工程款项就像一粒种子在业主方扎根，财务人员将这粒种子在春天（年初）的时候播种在业主心里，慢慢生根发芽，到了夏天当初的"种子"长成了参天大树在业主心里扎根，业主也会为了按时支付工程款提前筹划，因此等到合同约定的收款时间点，项目部可如约将工程款收回。

4. 财务人员深度参与招标，最大限度提高"隐性融资"额度

（1）建立优质分供商名单。资金管理包括收款管理和支出管理，而分供商招标是资金支出管理的第一环。资金实力强、垫资能力强的分供商能够有效缓解工程项目资金压力，为建筑企业提供"隐性融资"额度，分供商垫资能力越强，工程项目抵抗经营风险的能力越强。

（2）建立招标财务指标评价体系，深度参与招标流程。项目财务人员要切实参与到主体工程如主体劳务、钢筋混凝土等重要分供商招标，框架招标采购协议中明确规定分供商在投标时须提供财务报表和投标文件递交前 5 日银行出具的存款余额证明，筛选出具备资金保障能力的优质分供商。对于钢筋和混凝土等主材招标，必要时可以去分供商公司现场考察，更深入地了解分供商垫资能力。在进行评阅分供商提供的财务报表时，应根据银行存款余额以及增长率、流动比率、应收账款周转率、销售净利率、权益净利率等相关财务指标对其偿债能力、营运能力、盈利能力、发展能力等进行评价，在此基础上对分供商垫资能力进行打分。同时，要重点关注分供商是否存在大额一年内到期应偿还借款，如果存在大额流动负债，应谨慎考虑。

5. 合理使用票据支付款项，保证到期兑付

财务人员在编制资金计划时，除了用银行存款支付以外，还应考虑使用票据等支付手段。如果考虑使用票据支付分供商款项，在编制资金预算时应预留一定资金保证票据到期时能够足额兑付。

6. 利用区域集中规模优势，在春节等关键节点统筹分供商付款

在工程施工项目较为集中的区域，钢筋、混凝土、桩基及基坑支护工程等材料以及分包采取框架协议采购区域招标，一家分供商服务于多个工程项目，项目在中秋、春节等传统节日要统筹支付大额分供商款项。工程施工公司应充分利用区域集中规模优势，筛选出节前付款前 30 大 A 类分供商名单，统筹付款计划，压降付款金额，降低成本，提高资金时间价值。

7. 将收款范围延伸至银行等金融机构

部分业主的工程款资金来自银行贷款，因此贷款银行贷款额度申请、放贷的审批效率一定程度上影响着施工项目款项的回收。首先，施工项目收款账户开户行应与业主贷款付款行保持一致，防止恰逢贷款银行考核节点延期下拨工程款。遇到元旦、春节等关键收款节点，贷款银行贷款额度不足、贷款行审批流程滞后，也成了按时收款的巨大阻碍。一般而言，银行大额贷款要提前向总行申请预算额度并经层层审批，耗时长，且受金融政策的影响存在一定的不确定性。因此，财务人员应将收款范围延伸至业主贷款行，与业主贷款银行保持良好的合作关系，督促业主及时上缴贷款审批材料，全过程跟踪业主贷款下拨流程，过程中出现程序性问题时第一时间协调资源进行沟通，保证按计划回收工程款。

（三）内部流程维度

1. 加强项目全周期动态资金预算管理，建立资金管理预警机制

新型资金管理模式要求工程项目编制全周期动态资金预算，此处的全周期动态资金预算为广义的资金预算，贯穿于项目施工全过程。项目应提前一周编制下个月的收付款计划，并随时对年度资金预算、全周期资金预算进行纠偏。项目开工前，根据计划预算的各项指标进行全周期的收支排列，并针对出现资金短缺的时间段进行重点预警分析，关注人材机价格在合同总价中的比例，以及施工过程不同阶段的比例是否合理，提前发现资金短缺的原因。针对资金缺口采取专项措施，不能一味地向上级公司借款，而应该想尽一切办法增加收款、压缩付款，保证项目实现资金自平衡。遇到中秋、春节等重要节日，应紧紧把握有利时机，在争取超收超验的同时，提前与分供商沟通，制订合理的付款计划，做好项目维稳。从而推动相关项目负责人有针对性地控制成本，并针对导致项目资金短缺的点，进行设计变更和改进，激发项目资金活力，提高盈利点。

2. 加强成本管控，提高二次经营效益，避免永久性缺口

项目要树立正确的成本管理观念，加强施工现场材料的盘点力度和成本核算分析力度；对施工材料以及施工设备进行规范化管理；深入研究钢筋、混凝土等主材市场价格趋势，对项目成本进行动态化管理；加强税务筹划，随时关注国家以及当地税务政策，为工程项目降低税负，减少支出，提高项目管理效益。

另外，二次经营工作是工程项目提高效益的关键手段，必须在确保完美履约的前提下将二次经营增效作为一项重要工作开展。二次经营的重点工作是变更索赔能否顺利，工程施工项目应建立二次经营台账，全面梳理、准确统计二次经营涉及的收入、成本，明确企业二次经营着力点，确保二次经营能够真正提高公司效益。

3. 多措并举压降"两金"

（1）"两金"压降常态化管控措施。工程施工公司应持续性做好"两金"压降工作，提高资产质量及"两金"周转率，改善企业现金流，将清收清欠工作进行常态化管控。常态化管控措施包括：年初下达绩效包干项目收款指标以及年度收款考核指标。利用日常会议对"双清"工作进行总结部署，全员参与、全程推进、全面清理。定期开展"双清"专项行动，利用中秋、国庆、春节等有利时点推进收款。开展季度劳动竞赛，与工程公司下属分公司签订目标责任书并进行奖励。加强大客户、老客户业主的关系维护，加快收款进度。

（2）"两金压降"专项化管控措施。除了上述常态化管控措施外，"双清"工作应该有的放矢，不应"一刀切"，在施项目、竣未结项目、竣已结项目应采取不同的措施回收工程款、压降"两金"。针对竣工项目合同资产居高、竣结未销号项目收款周期长等问题，公司应组织召开竣工结算推进会及竣结项目收款工作推进会，梳理结算痛点难点，明确管控目标及责任人，公司分管领导包保，下属单位有序实施，合力推进竣结销项工作。针对诉讼及风险项目，公司应组织召开风控推进会，分析现有风险项目动态及业主履约能力，对诉讼项目进展盯控。

4. 加强资金集中统筹管理，建立多层次内部融资机制

由于建筑施工企业涉及的资金量大，加上各项目资金状况、抵御经营风险的能力千差万别，资金集中管理有利于公司总部管理层从公司层面调节资金、全面统筹，缓解各项目间资金错配的状况，提高财务管理效率以及财务价值创造能力。公司应逐渐成立内部融资机制，将资金统筹规范化、合理化，最大限度地降低资金管理风险。

5. 资金管理精细化，加强对风险地区、风险项目的资金管理

工程施工公司的存量项目多则有上百个，并且各个项目的实际情况也不一样，增加了管理难度，但是同一施工状态、同一地区以及同一业主的项目资金管理具有共同特征，因此在资金管理中，要善于归纳总结提炼，"因材施教"，切忌盲目照搬。例如，针对竣结项目，工程公司要高度重视小额欠款回收工作，加强小额欠款回收力度。资产无"大小"之分，均是公司的资产，财务人员应制定专项制度和年度竣已结项目应收账款压降计划，将其纳入经济活动分析及公司年度经营责任指标进行考核。

同时，工程公司尤其要加强对风险地区、风险项目的资金管理。在实践中，公司总部将借款下拨给工程项目以后，疏于对借款项目资金使用的管理。对于资金风险较大的借款项目，应要求其上报资金支付明细，并经公司总经理、总会计师、总经济师审批后才可支付，严格管控借款项目的资金使用。加强对"永久性缺口"项目的专项治理工作，聚焦风险项目、亏损项目预警。加强中期审计、专项审计等内部审计，及时发现项目资金管理存在的问题，及时理清后续管理思路，第一时间挽回经济损失，守住风险关口。

6. 加强分包单位履约保函管理

施工项目应积极督促分包单位办理履约保函，切实加强履约保函管理，当出现违反合同约定的情形时，根据履约保函相关规定及时扣款，维护项目权益，增加项目资金流入，最大程度降低损失。

（四）学习与成长维度

1. 多途径推进业财融合，提高财务资金创效价值

除了日常财务管理工作，财务人员应紧紧围绕"财务价值创造"，从资金创效、税务创效、管理创效的角度致力于项目管理效益提升，坚持"一切创效到项目"，推动财务创效在项目层面走深走实，全面提升财务价值创造能力。

2. 加强财务队伍培训

资金管理工作离不开高素质财务管理团队，因此工程公司应制定完备的大商务管

理培训制度,应倡导财务人员深度参与项目管理,驻扎项目施工现场,了解实际项目施工生产真实情况,积极参加项目例会、监理例会、到工地现场参观;邀请工经部门、物资部门等大商务管理部门的骨干对财务人员进行建筑业务知识方面的培训;积极筹划"项目全过程管理实践"课程,邀请具有资深项目管理经验的外部专家对项目全过程管理进行深入讲解,让参加培训的财务人员更加全面系统地了解项目管理,为资金管理工作打下坚实的理论基础。

(五)绩效管理

1. 全口径统计工程项目欠款金额

各项目欠款统计口径事关项目资金管理考核,工程项目借款金额本质上是资金缺口,影响工程项目资金管理效果。对于工程项目而言,借款不仅仅指工程项目向公司通过总经理办公会审批所借款项,还包含未能及时上缴的指标款、个税、工会经费、五险一金、公司为项目垫付的票据保证金等其他款项。如果工程施工公司为了经营管理需要,成立专业公司,则工程项目借款应该也包含对专业公司的应付未付款项,专业公司与工程项目之间实行市场化管理,倒逼工程土建项目及时归还对专业公司的欠款。

2. 资金管理考核规则与战略紧密相连

资金管理考核制度应该与工程公司的战略紧密相关,根据战略需要进行调整。资金管理考核制度不是固定不变的,应该符合公司发展要求,与公司组织架构相适应。市场环境瞬息万变,资金管理考核制度也应该灵活多变。"考核"只是手段,提高资金管理质量才是考核真正的"目的",是否能够提高工程公司项目自平衡比例、是否有利于工程项目提高资金管理水平、是否能够为公司的发展提供充足的资金保障是检验资金管理考核制度好坏的唯一标准,资金管理考核制度应不断推陈出新以适应时代的要求,正所谓"黑猫白猫,抓住耗子的就是好猫"。

资金管理考核是财务管理考核中最重要的考核,包含对收款、借款的考核,目前收款指标已经引起了各工程项目部的重视,但是对借款考核的关注程度不够,主要是与借款考核所占的比重以及考核方式有关。如果考核方式恰当,则会起到真正的管理效果。以某工程施工公司为例,2022 年度修改考核规则,将工程项目欠缴的指标款、社保、个税等纳入考核范围,同时提高借款考核比重,通过考核制度的转变,该工程施工公司借此清理指标款、社保等相关款项接近 8 000 万元。

3. 定期更新借款台账,将考核常态化

工程施工公司应定期更新借款台账,并在公司内部予以公布,增强财务人员主人翁意识,提高项目部忧患意识,将资金自平衡管理压力由公司总部传导至各工程项目部,并在公司内部形成"资金自平衡攀比心理"。以某工程施工公司为例,每月统计并更新借款台账,并在公司月度财务部例会、经济活动分析会等各项大会上予以通

报，宣贯资金自平衡的紧迫性，倡导各项目部"勒紧裤腰带过紧日子"，为各项目人员戴上"紧箍咒"，取得显著成效。每次在更新后的借款台账公布前后，项目部纷纷归还公司欠款，无形中提高了各项目的资金管理能力。

三、J 铁路项目概况

（一）业主单位信息

N 铁路有限公司作为以省为主投资铁路项目的出资主体，承担了投融资、建设、运营管理、沿线综合开发等多项职能，资质高、信誉良好、履约能力强。

（二）项目建设资金来源

J 铁路项目所属的城际铁路总投资 517.8 亿元，铁路沿线城市人气旺盛、经济发达，作为沪宁城市带一条新的疏解通道，立项前就引起社会资本的关注。并且业主先后与 30 多家银行、券商等金融机构建立业务联系，并与近 10 家银行签署战略合作协议。

（三）项目施工重难点

1. 站房地质条件复杂，工期紧，任务重

拟建铁路站房南侧 A 轴线邻近既有新长铁路，框架柱中心距离既有铁路轨道边距离约 12 米，站房桩基承台基坑开挖无放坡条件，施工时需做护坡桩支护，施工过程中需做好防护措施、加强现场管理安排防护员看守，防止物料坠落及人员随意进入至营业线内，保证邻近营业线施工安全。地质条件复杂，桩基施工难度大，工期紧。

2. 承轨层施工

承轨层施工与轨道桥梁同时施工且承轨层与轨道桥梁结构平行，各承轨层施工需穿越桥梁施工现场，导致材料搬运困难，承轨层直接影响后续施工进度，需承轨层与轨道桥梁安排合理施工工序及规划施工通道互不影响，加快施工进度，完毕后才能进行后续高架层施工。

3. 双向立体管空间钢桁架屋盖结构吊装难度大

站房空间立体钢桁架屋面结构投影面积达 36 464 平方米，站房南北进深 172 米、东西面宽 212 米，站房主体最高点距广场地面 49.5 米，距站台面 39.5 米；最大跨度 60 米，构件截面尺寸大、构件种类数量多，单榀主桁架较重，施工方案与工艺受场地、工况限制，安装难度大。

4. 立面弧形装饰施工难度大

站房进站厅屋面檐口最高点 39.5 米、最低点 7 米，弧形高差 32.5 米；且正立面檐口 J 轴线外挑 17.5 米；双曲面弧形板放样加工制作精度要求高、现场安装难度大。

5. 室内外装饰工作量大

站房需在 4 个月内完成 41 653 平方米站房，1 017 平方米落客雨棚及悬挑；21 952 平方米站台雨棚装饰装修，材料质量要求高、工作量大。

（四）合同付款条款

总包合同约定按月预支工程款，承包人按发包人批准的实施性施工组织设计和下达的施工计划，提出月份用款计划；发包人审核后，按不高于下达的月份施工计划的 70% 预支工程款。关于季度结算工程款，按批准的季度验工计价的 90% 扣除月份预支的工程款和应抵扣的工程预付款拨付。竣工结算工程款按批准的竣工结算值（末次验工计价）的 97% 扣除已拨付的工程款后拨付；剩余款项待承包人履行全部合同义务后拨付。

（五）全周期资金策划表

根据总包合同投资计划及施工计划，财务人员联合工程技术部、经营预算部及物资部对本项目收款与付款进行对比列示，本着"宏观把控、成本细化"的原则，对本项目资金存量进行对比分析，如表 1 所示。

表 1　　　　　　　　　　J 铁路项目资金存量对比　　　　　　　　　单位：万元

序号	时间节点	形象进度	收款			付款			资金余额
			产值	验工计价	计划收款	现场管理费	分包款	材料款	
1	2021 年 10 月	桩基	353		0	0		0	0
2	2021 年 11 月	桩基	5 629		1 400	6		6	1 388.00
3	2021 年 12 月	桩基、主体开始	5 048		6 300	384	200	2 272	4 832.00
4	2022 年 1 月	桩基结束、主体	7 305	11 029	14 200	712	5 620.00	5 547.00	7 153.00
5	2022 年 2 月	主体	6 977			200		1 225.00	5 728.00
6	2022 年 3 月	主体	7 377		3 500	175	879.00	2 638.00	5 536.00
7	2022 年 4 月	主体	7 037	21 658	12 700	272	1 600.00	3 397.00	12 967.00
8	2022 年 5 月	主体结束	7 488		2 100	478	650	1 649.00	12 290.00
9	2022 年 6 月	二次结构开始	7 045		7 000	2 312	2 600.00	2 351.00	12 027.00
10	2022 年 7 月	二次结构	7 431	21 570	10 015	550	5 022.42	523.64	15 945.94
11	2022 年 8 月	二次结构	7 279		3 795	200	4 550.70	268.12	14 722.12
12	2022 年 9 月	二次结构结束	7 008		3 606	200	9 275.16	357.32	8 495.64

续表

序号	时间节点	形象进度	收款			付款			资金余额
			产值	验工计价	计划收款	现场管理费	分包款	材料款	
13	2022 年 10 月	装饰装修开始	5 534	21 719	6 918	500	6 338.76	438.71	8 136.17
14	2022 年 11 月	装饰装修	4 982		2 187	180	2 613.72	481.29	7 048.16
15	2022 年 12 月	装饰装修	5 671		2 770	160	3 524.80	682.3	5 451.06
16	2023 年 1 月	装饰装修结束	4 823	16 187	6 614	400	9 752.77	272.28	1 640.01
17	2023 年 2 月		3 000	3 000	2 100	70	2 857.30		812.71
18	2023 年 3 月				600	70	816.37		526.34
19	2023 年 4 月			4 823	1 952	300	0		2 178.34
20	2023 年 5 月					550	0		1 628.34
21	2023 年 6 月						0		1 628.34
22	2023 年 7 月						0		1 628.34
23	2023 年 8 月						0		1 628.34
24	2023 年 9 月	竣工清概					41.02		1 587.32
25	2023 年 10 月						0		1 587.32
26	2023 年 11 月						0		1 587.32
27	2023 年 12 月						0	2 946.86	-1 359.54
28	2024 年 1 月						57.43		-1 416.97
29	2024 年 3 月						0		-1 416.97
30	2024 年 9 月				6 789		5 312.97		59.06
31	2025 年 3 月				5 440		1 924.75		3 574.31
合计			99 986	99 986	99 986	5 545.00	63 637.17	25 055.52	3 574.31

通过对表 1 分析可得：根据合同收款条件约定，J 铁路项目如果能严格按照施工计划完成月度产值目标，施工过程中资金状况良好，长期有资金存量，可策划创效点；项目竣工后清概过程中，可能存在尾款收款时间长，债务到期的时间性缺口，此时应加快清概进度，并与优质合作商谈判延期无息支付。

四、J 铁路项目创效方案

（一）充分利用资金优势，提高资金使用价值

1. 利用资金优势提高付款比例，降低成本

现金流是企业的生命线，对现金流的准确预测与评估能更好地为项目决策提供依

据。作为财务人员，要对项目的资金状况有充分的了解和把控，项目资金自平衡方案就是最好的工具和载体，根据项目进度和收付款情况，对自平衡方案的持续更新，能让财务部更好地参与到项目的管理与决策中去。项目初期，财务部牵头经营预算部、工程技术部及物资部，对 J 铁路项目资金自平衡进行测算，预计 J 铁路项目资金状况良好，可提高付款比例降低采购成本。

J 铁路项目钢筋采购采用公司框架协议的 A 公司，经测算项目资金状况良好，可提高付款比例降低采购成本，与供应商谈判，付款比例从 95% 提高到 100%，综合费用实现每吨按照当日基准价下浮 16 元，比框架协议按照当日基准价上浮 50 元（结算后次月付款），每吨优惠 66 元。J 铁路项目预计钢筋用量为 2 万吨，累计节省费用约130 万元。

J 铁路项目混凝土采购在当地进行询价招标，谈判过程中，为提高供应商对项目的资金信心，财务人员用最短的时间开立银行账户，付款比例从 75% 调整至 85%，实现当期国标商品砼单价下浮 21.3%，铁标商品砼单价下浮 7.3%，如表 2 所示。

表 2   J 铁路项目商砼优惠明细

序号	名称	型号规格	单位	数量	2021 年 10 月信息价除税（元）	下浮率（%）	不含税单价（元）	下浮单价（元）	下浮总价（元）	税率（%）
1	国标商品砼	C15	立方米	2 800	637.25	21.3	501.52	135.73	380 044	3
2	国标商品砼	C25	立方米	3 200	666.96	21.3	524.9	142.06	454 592	3
3	国标商品砼	C30	立方米	945	686.77	21.3	540.49	146.28	138 234.6	3
4	国标商品砼	C40 抗渗	立方米	1 775	726.38	21.3	586.66	139.72	248 003	3
5	国标商品砼	C40	立方米	9 000	726.38	21.3	571.66	154.72	1 392 480	3
6	国标商品砼	C50	立方米	2 500	770.94	21.3	606.73	164.21	410 525	3
7	铁标商品砼	C40 抗渗	立方米	9 000	726.38	7.3	688.35	38.03	342 270	3
8	铁标商品砼	C40	立方米	7 500	726.38	7.3	673.35	53.03	397 725	3
9	铁标商品砼	C50	立方米	15 500	770.94	7.3	714.66	56.28	872 340	3
10	铁标商品砼	C40 水下	立方米	16 800	726.38	7.3	683.35	43.03	722 904	3
合计				69 020					5 359 117.6	

按照合同 2021 年 10 月信息价计算，经调研，国标商品砼按照需求量及付款情况下浮约 15%～18%，该项目国标商品砼比市场优惠 3.3%～6.3%，合计节省成本约94 万～179 万元；铁标商品砼只用于铁路项目，无市场优惠对比，合计节省成本约467 万元。其中提高付款比例的 10% 采购款，资金时间成本约 5 万元。综上，该项目商品砼预计节省成本约 546 万～641 万元。

2. 通过降低银行手续费、提高协定存款利率等方式创效

业主指定临时监管户为某银行。开户前就银行手续费、协定存款利率问题与银行谈判，指明项目合同额接近 10 亿元、资金收款状况良好、资金月存量大，该行认同并与项目达成友好合作关系，免除银行支付手续费，并上浮 57.5BP 挂牌公告的协定存款利率（约 1.75%），预计将为项目带来不低于 100 万元的收益。

选定某银行开立农民工工资存款账户，开户前就银行手续费、协定存款利率问题与银行谈判，指明项目将为 2 000 余名工人支付超过 1 亿元农民工工资，不管是办卡量还是现金流（三方监管协议约定账户余额不低于 100 万元作为农民工工资保证金），都能为银行带来实质性收益，客户经理推荐该行特有的办理通知存款业务，计息为 1.8%，预计将为项目带来不低于 10 万元的收益。

3. 通过支付预付款的方式获取收益

根据项目资金存量对比，策划支付某供应商预付款，换取对方融资成本让利。最初与该供应商约定月进度款付款比例 70%，季度进度款付款比例 85%，验收封账后付款至结算的 90%。财务人员通过与合作银行沟通获得相应的贷款信息，该供应商的银行贷款成本约 4% ~ 5%，项目通过探讨决定将沉淀资金提前支付，预计获得让利 100 万元。

在公司资金管理办法的要求内，项目部要通过优化资金配置，创新财务管理，实现资金创收最大化。铁路项目受业主单位资金监管，限制和制约了资金使用的灵活性，J 铁路项目从提高银行存款利息、创新资金使用方式方面，探索获取资金效益最大化的模式与方法。

（二）积极开展互利合作

J 铁路项目与分包单位是合作与共赢的关系。在总承包合同额内，项目可见的效益是一定的，财务人员应在确保安全、质量的情况下，降低成本，做大效益，实现可分配基数的最大化，建立利益共同体关系是最有效的措施与方法。以往机械、周转料等一般采取甲供的方式，造成现场管理困难，浪费严重的情况，如果转变合作模式，共担风险、利益同享，激励分包管理的积极性，将获得更大的效益。

（三）税务筹划

税务筹划是财务人员必修课，其直接目的就是降低税负，减轻纳税负担。J 铁路项目从"低税负"和"滞延纳税时间获取货币的时间价值"两个方面来开展项目的税务筹划工作。低税负，就是要求对增值税专用发票应开尽开，降低项目成本，最大程度抵扣销项税额、降低增值税普通发票无法抵扣的情况；对于给业主开具增值税专用发票，在规定的最晚时间开具完成，以充分抵扣分包工程发票，并获得预缴税款"延后时间"的货币时间价值。

由于铁路项目不允许存在未上报审批的专业分包，专业分包统招分签，劳务部分签订清包工合同，适用3%税率，节省6%的纳税现金流成本，一般计税项目竣工后税务汇算清缴，但过程中480万元可投入到施工生产中，有效缓解项目资金压力，以一年期人民币贷款市场报价利率（LPR1Y）3.7%计算，预计创效17.76万元。

（四）费用管控

1. 加强费用审批

一般情况下，费用的审批都要经历几个环节：首先业务部门各个负责人审批，然后领导会签，最后财务部审批。由于涉及切身利益，业务部门的审批人都会对本部门的费用支出给予通过。虽然看起来业务部门也对费用支出把关，但效果一般，财务部实际就成了费用审批兜底的部门。基于此，J铁路项目财务部在项目部会议上提出费用管控的要求。一是明确业务部门和财务部门的审批目标和责任，业务部门对费用支出的合理性、真实性负责，财务部门对合规性负责。二是发挥自查自纠的作用，采用抽查的方式，对于审批过的费用进行审查，审查真实性、合理性和合规性。发现有问题，找相关的审批人进行追责，并作出整改。三是财务审批前置。财务部要加强与业务部门的沟通，充分理解业务逻辑，提前介入费用的审批，把握业务报销的财务合规性问题。从而达到严格控制非生产性费用支出的目的，特别是招待费、办公费、差旅费、房租费等日常业务。新冠疫情期间该项目要求，出差时尽可能选择公共交通工具，若无法乘坐公共交通工具，则选择网约车，价费低于出租车，且运输费税额可计算抵扣。

J铁路项目申请研发课题，预计投入3 000万元科研经费，研发支出严格按照相关要求列支，企业的研发费用若是形成相应的成果，可以加计抵扣企业所得税，预计可获得公司分劈税收优惠30万元。

2. 降低保险费用

根据合同约定，J铁路项目须购买工程一切险和团体意外险，业主指定合作公司代理该项目保险业务，经过三轮报价，经纪公司代理的保费费率从1.1‰降到0.75‰（保费从210万降到141万），J铁路项目就此费率与保险公司签订合同并出具保单。因集采保险费率远低于0.75‰，此项保险费用将为项目带来审计风险，J铁路项目再次与经纪公司进行谈判，剔除合同额中的规费等非施工项价款，保险公司重新评估J铁路项目综合风险因素，同意签订付款让利协议及让利承诺书，保险费率从0.75‰降为0.5‰，保费节省46.98万元。

（五）降两金，提高业主付款比例

业主单位N铁路有限公司建设资金充足，按照合同付款比例的约定，季度验工计价付款至90%，竣工结算付款至97%，J铁路项目联调联试验收后，已满足竣工验收的条件，但是各相关部门对于初步验收的审批需要较长时间，J铁路项目可以以保障通车运营为由，与指挥部沟通突破合同付款比例限制、提前支付部分工程款；质保金合同条款约定待承包人履行全部合同义务后拨付，J铁路项目计划与业主单位协商，以保函的形式置换质保金。

五、创效成果

（一）创效成果分析

综合考虑项目资金自平衡情况，J铁路项目探索更多创效节点，通过多元化创效方式使经济效益实现进一步突破，更好地实现项目利润目标，同时，探索可行性的创效方式和经验，为公司的高质量发展注入新活力。

1. 付款让利

钢筋采购：付款比例从95%提高到100%，每吨单价比框架协议单价优惠66元，截至目前共使用钢筋19 622.353吨，合计节省成本约1 295 075.30元；资金时间成本约22 221.36元（协议利率1.725%，占用时间约3个月）。综上所述，钢筋采购创效约1 272 853.94元。

优惠金额为19 622.353×66 = 1 295 075.30（元）；资金时间成本为103 055 587.30×0.05×1.725%×0.25 = 22 221.36（元）；创效金额为1 295 075.30 − 22 221.36 = 1 272 853.94（元）。

商品砼采购：付款比例从75%调整至85%，国标商品砼单价下浮21.3%（市场下浮约16%，实际比市场价下浮5.3%），铁标商品砼单价下浮7.3%。截至目前，丁铁路项目使用混凝土114 077.36吨，累计结算66 803 116.73元，比市场价优惠4 802 473.28元。考虑资金时间成本（协议利率1.725%，占用时间约3个月）28 808.84元，混凝土采购创效金额4 773 664.44元（见表3）。

表3　　　　　　　　　　　混凝土采购情况

单位	数量（t）	结算金额（元）	优惠金额（元）	固定利率（%）	资金时间成本（元）	创效金额（元）
A混凝土有限公司	102 523.86	60 980 695.27	4 415 536.42	1.73	26 297.92	4 389 238.50
B混凝土有限公司	6 855.00	3 338 903.14	224 616.59	1.73	1 439.90	223 176.69
C混凝土有限公司	4 698.50	2 483 518.32	162 320.27	1.73	1 071.02	161 249.25
合计	114 077.36	66 803 116.73	4 802 473.28	—	28 808.84	4 773 664.44

保险采购：保险费率从0.75‰降为0.5‰，保费节省469 759.46元（见表4）。

表4 保险采购情况

保险单位	险种	定价（元）	协商价格（元）	优惠金额（元）
T财产保险股份有限公司	建筑工程一切险	704 639.21	469 759.48	234 879.73
W财产保险股份有限公司	建筑施工人员意外伤害险	704 639.21	469 759.48	234 879.73
合计		1 409 278.42	939 518.96	469 759.46

2. 税务筹划

专票应开尽开，截至现在（进项税＋预缴增值税）与不含税成本的比例为9%，一般计税的纳税方式下，J铁路项目进项取得专票情况较好。统招分签后清包工合同适用3%税率，节省约4 957 092.24元纳税现金流，以一年期LPR利率3.7%计算，预计货币资金成本创效183 412.41元（见表5）。

表5 税务筹划情况 单位：元

序号	单位名称	清包工合同明细		节省现流创效	
		结算金额	不含税金额	6%现金流	资金时间成本
1	Q建筑劳务有限公司	31 902 792.55	30 973 585.00	1 858 415.10	68 761.36
2	R建筑劳务有限公司	32 433 613.05	31 488 944.71	1 889 336.68	69 905.46
3	E建筑劳务有限公司	3 007 472.75	2 919 876.46	175 192.59	6 482.13
4	H建筑劳务分包工程有限公司	2 045 064.26	1 985 499.28	119 129.96	4 407.81
5	N建筑劳务有限公司	4 433 038.63	4 303 921.00	258 235.26	9 554.70
6	J建筑劳务有限公司	985 727.51	957 017.00	57 421.02	2 124.58
7	O建设有限公司	715 149.60	694 320.00	41 659.20	1 541.39
8	P环境工程有限公司	5 006 511.94	4 860 691.20	291 641.47	10 790.73
9	L建设工程有限公司	1 149 134.33	1 115 664.40	66 939.86	2 476.77
10	K建设工程有限公司	1 902 085.55	1 846 685.00	110 801.10	4 099.64
11	G科技发展有限公司	1 516 160.00	1 472 000.00	88 320.00	3 267.84
合计		85 096 750.17	82 618 204.05	4 957 092.24	183 412.41

3. 资金创效

截至2023年3月31日，已收取银行存款利息1 754 413.54元，其中协定存款超额利息收入约1 449 806.92元（见表6）。

表6   资金创效情况

资金创效	协定存款利率	已收取利息	固定利率	超额利息收入
	1	2	3	4 = 2 - 2/1 * 3
X 银行	1.73%	1 683 971.81	0.30%	1 391 107.15
Z 银行	1.80%	70 439.73	0.30%	58 699.78
合计		1 754 413.54		1 449 806.92

截至 2023 年第一季度，该项目预计创效金额约 814.95 万元。

（二）创效对比分析

在充分考虑项目部固定资金、流动资金、上缴指标款及效益最大化的创效方案策划的前提下，将 J 铁路项目进行创效前后的资金收支进行对比分析，具体情况如下：

项目资金余额警戒线：农民工工资保证金 100 万元；收款不确定性的项目应急运转资金 1 000 万元。

指标款：铁路项目资金受限，占用挪用建设资金的行为将影响信用评价，过程中上报付款计划，指挥部审批同意后预计上缴 5% 指标款。

创效方案前后对比分析如表 7 所示。

表7   J 铁路项目资金盘活对比情况   单位：万元

序号	时间节点	资金策划前项目支出情况				策划前资金余额	资金策划后项目支出情况				策划后资金余额
		分包款项	机械材料	固定性支出	合计		分包款项	机械材料	固定性支出	合计	
1	2021 年 10 月	0	0	0	0	0	0	0	0	0	0
2	2021 年 11 月	0	6	100	106	1 294	0	0	2	2	1 398
3	2021 年 12 月	0	692	210	902	6 692	200	2 272	375	2 847	4 851
4	2022 年 1 月	6 906	3 237	465	10 608	3 424	5 620	5 547	730	11 897	7 154
5	2022 年 2 月	2 399	5 006	150	7 555	8 866		1 225	199	1 424	5 730
6	2022 年 3 月	1 987	4 298	180	6 465	7 565	878	2 638	179	3 695	5 535
7	2022 年 4 月	1 923	2 894	480	5 297	11 525	1 560	3 396	312	5 268	12 967
8	2022 年 5 月	826	2 173	200	3 199	13 567	650	1 649	478	2 777	12 290
9	2022 年 6 月	2 066	1 455	200	3 721	14 777	2 597	2 351	2 306	7 254	12 036
10	2022 年 7 月	5 022	554	550	6 126	16 815	3 428	1 470	265	5 163	16 573
11	2022 年 8 月	4 551	458	200	5 208	15 350	3 120	1 088	965	5 173	15 000
12	2022 年 9 月	9 275	568	200	10 043	8 860	3 574	1 512	582	5 668	12 932
13	2022 年 10 月	6 339	739	500	7 577	8 148	7 898	1 155	792	9 845	5 987
14	2022 年 11 月	2 614	781	180	3 575	6 708	388	1 730	335	2 453	8 234

序号	时间节点	资金策划前项目支出情况				策划前资金余额	资金策划后项目支出情况				策划后资金余额
		分包款项	机械材料	固定性支出	合计		分包款项	机械材料	固定性支出	合计	
15	2022年12月	3 525	902	160	4 587	4 738	5 497	1 366	379	7 242	2 492
16	2023年1月	9 753	292	400	10 445	907	8 604	1 571	880	11 055	2 237
17	2023年2月	2 857	0	70	2 927	890	205	25	523	753	2 884
18	2023年3月	816	0	70	886	3	17	50	214	281	4 203
19	2023年4月	0	0	300	300	668	1 151	125	121	1 397	3 226
20	2023年5月	0	0	550	550	668	3 000	200	320	3 520	2 106
21	2023年6月	0	0	0	0	668			100	100	2 006
22	2023年7月	0	0	0	0	668	1 000	500	50	1 550	456
23	2023年8月	0	0	0	0	668			50	50	406
24	2023年9月	41	0	0	41	627			50	50	356
25	2023年10月	0	0	0	0	627			10	10	346
26	2023年11月	0	0	0	0	627			10	10	336
27	2023年12月	0	0	0	0	627	300		10	310	26
28	2024年1月	57	0	0	57	570	1 700	1 000	0	2 700	4 326
29	2024年3月	0	0	0	0	570			0	0	4 326
30	2024年9月	4 240	0	0	4 240	3 118	2 000	1 000	0	3 000	1 326
31	2025年3月	1 925	0	0	1 925	4 193	2 000	1 000	0	3 000	1 492
合计		67 122	24 056	5 165	96 343		55 387	32 870	10 237	98 494	1 492

注：策划后固定性支出包括 4 064 万元指标款。

通过资金策划前后对比分析，J 铁路项目资金策划前（不含指标款）合计支出约 96 343 万元，资金策划后（含 4 064 万元指标款）合计支出 98 494 万元，含税成本减少约 1 913 万元。

从资金余额对比分析不难看出，受资金监管影响，2022 年收到业主年度预付款后，J 铁路项目存在长期大额资金沉淀的情况，仅产生低额的银行存款利息，资金无法有效利用，创造更高的货币资金价值。这更需要财务部从全周期的角度出发，寻求优质的分供商合作伙伴，通过良好的企业信誉与合作关系以及共同利益为高质量工程施工作为担保，而不是通过工程款的手段，从合同上明确预付款让利条款，从而实现资金效益最大化。

主体工程竣工后，项目后期的资金管理同样十分重要，根据合同约定，竣工结算工程款按批准的竣工结算值（末次验工计价）的 97% 扣除已拨付的工程款后拨付，竣工结算工程款及质保金款项通常受地方政府投资影响，无法按时拨付，财务人员要保持与业主单位的沟通和联系，必要时联合线路标段与业主单位，向投资单位要求履约，保证项目的后续资金补给。同时，及时完成分供商封账结算，扎实成本，在资金充足的情况下谈判付款让利，实现项目效益最大化。

通过前后收支对比分析发现，多元化的创效方式充分发挥项目沉淀资金的货币时间价值、良好的对外沟通降低项目的社会关系成本、专业有效的管理措施降低项目的费用成本，若全周期资金策划实现效益最大化，可实现项目利润的重大突破。

六、总结

为贯彻落实习近平总书记党的二十大报告提出的"高质量发展"的相关要求，建设世界一流财务管理体系，本文以大商务管理为背景构建了新型工程施工项目资金创效管理模式，为工程施工公司的高质量发展提供了充足的资金保障，提高了资金使用价值和公司经营效益，充分展现了央企担当！

（中铁建工集团第四建设有限公司　樊　珍　任印开）

房地产开发企业税务管理案例研究

【摘要】房地产企业经营周期长、涉税金额庞大，税务规划管理对企业发展至关重要。增值税、土地增值税和企业所得税作为房地产企业三大重要税种，对项目经济效益的影响重大。财务部在前期立项阶段提前介入进行税务筹划具有重大意义。同时，对不同开发阶段项目三大税种进行测算的动态监测，也均离不开各业务部门的信息沟通与支持。H 房地产公司高度重视税务管理及税收规划，本案例针对增值税留抵退税、关联方借款利息扣除、企业所得税退税、土地增值税清算前税务筹划等方面，结合实操案例，对涉及的主要税种、主要的税务政策进行深入解读，对重点业务的收税规划要点进行总结分析。经过总结分析，房地产企业在进行全周期税务管理时，需要在可研阶段，加强对税务规划存在的重视程度；在开发过程中，动态调整销售节奏，均衡项目不同产品之间的盈亏，避免虚增利润导致企业所得税预缴过多，推高企业所得税税负。财务人员需要牵头，组织各业务部门人员对企业各个环节的经营活动安排提前规划、完善考虑，促进了生产经营全环节全公司各业务部门的密切配合，有效降低企业税收成本，提高了资金使用效率，为未来各房地产项目同类业务的操作提供了范本。

一、案例背景

（一）基本情况

H 房地产公司成立于 2002 年，公司注册资本 10 亿元，是一家集城市投资、地产开发、商业运营、物业管理于一体的综合性投资企业，资产总额逾 250 亿元。公司孕育打造的品牌已连续 3 年荣获中国商业地产项目品牌价值 TOP10，荣获"2021 中国房地产产品力优秀品牌"。近年来，H 房地产公司全面优化城市经营布局，发展城市、区域战略深耕，不断完善组织管理架构，设立了雄安、昆明、成都、华东 4 个城市区域公司，业务布局了京津冀、华东、华中、西南、东北五大区域市场。目前，公司下辖 15 家全资子公司、6 家控股公司、4 家参股公司、3 家代集团管理公司。公司成立以来，累计开发建设了 30 多个项目。

（二）房地产企业管理现状与普遍存在的问题

1. 目前管理现状

房地产公司涉及税种较多，税负较重。尤其是土地增值税清算过程比较复杂，且各城市区域政策存在差异，加之销售市场的变动，工程进度变化，成本造价的调整等，不同开发阶段测算结果会存在较大差异。增值税、土地增值税、企业所得税作为房地产企业三大重要税种，财务部在前期立项阶段提前介入进行税务筹划具有重大意义。对不同开发阶段项目三大税种进行测算的动态监测，也均离不开各业务部门的信息沟通与支持。

2. 普遍存在的问题

（1）项目开发前期进项税额资金占用问题。

项目前期开发建设会产生大量进项税额，但在预售阶段并无销项税额产生，这样就会导致进项税额远远大于销项税额的情况发生，形成大量的留抵税额，导致占用企业资金，无形中推高资金成本。

（2）项目竣备后成本的扣除问题。

目前土地增值税相关税法政策中没有明确关于房地产开发项目竣工备案后发生的成本能否在清算中扣除的规定。但从各地区土地增值税清算的实际情况来看，税务机关一般以竣工备案为时点作为成本归集的结束时点，在项目竣备后发生的成本存在不可扣除的风险。

如果相关成本合同是在竣工备案之前签署的，合同结算时可以将后续发生的成本前置，该部分后续发生的成本也是可以扣除的；如果是在竣工备案之后签署的合同，则税务机关一般不认可该合同成本进行扣除，因而该问题存在不确定性。

（3）房地产开发企业完工产品的成本归集和分摊。

完工项目开发产品的成本归集和分摊，对企业来说存在较大税务筹划空间和涉税风险。完工产品成本的归集与分摊，在企业所得税汇算清缴及土地增值税清算时也存在一定差异。如何合理地进行成本归集和分摊，对房地产开发企业具有一定挑战。

二、具体案例应用及分析

（一）增值税留抵退税案例分析——以 A 项目为例

A 项目为一般纳税人，成立于 2016 年 10 月 25 日，主要经营范围为房地产开发经营、物业管理。A 项目于 2018 年 3 月取得建筑工程施工许可证并开始建设，2020年 7 月取得一期预售许可证并开始预售。2019 年 1 月～2022 年 5 月项目纳税评级均为 B 级，项目所属期 2019 年 3 月期末留抵税额为 1 443.36 万元。本案例以 A 项目为例，通过分析 2022 年留抵退税，为企业创造可利用现金流。

1. 案例内容

（1）工作目标与总体思路。

工作目标：实现增值税留抵退税。

总体思路：从 2019 年财政部、国家税务总局、海关总署发布的《关于深化增值税改革有关政策的公告》开始，我国逐步建立了增值税增量留抵退税制度。受新冠疫情影响，2022年为支持小微企业和制造业等行业的发展，国家发布《财政部 税务总局关于进一步加大增值税期末留抵退税政策实施力度的公告》（下文简称《公告》），进一步扩大了留抵退税的适用主体，加大了增值税期末留抵退税的实施力度。根据房地产行业的特点，项目前期开发建设会产生大量进项税额，但在预售阶段并无大额销项税额产生，这样就会导致进项税额远远大于销项税额的情况发生，形成大量的留抵税额。按照目前税务政策，可通过实现增值税留抵退税，提高企业资金使用效率。

2019年~2022年4月，A项目已完成2次增量留抵退税，实现退税金额3 012万元，其中2021年5月完成留抵退税1 864万元，2022年4月完成留抵退税1 148万元。对此，房地产开发企业可以结合《公告》政策，积极促成达到可以申请留抵退税的条件，提高纳税评级为A级或B级，并在达到条件后尽快向税务机关申请存量退税，减轻企业资金压力。

（2）案例实施具体过程分析。

根据《公告》第一条规定，加大小微企业增值税期末留抵退税政策力度，将先进制造业按月全额退还增值税增量留抵税额政策范围扩大至符合条件的小微企业（含个体工商户，下同），并一次性退还小微企业存量留抵税额。

根据《公告》第三条规定，"适用本公告政策的纳税人需同时符合以下条件：（一）纳税信用等级为A级或者B级；（二）申请退税前36个月未发生骗取留抵退税、骗取出口退税或虚开增值税专用发票情形；（三）申请退税前36个月未因偷税被税务机关处罚两次及以上；（四）2019年4月1日起未享受即征即退、先征后返（退）政策。"

根据《公告》第八条规定，允许退还的留抵税额计算公式为：允许退还的存量留抵税额＝存量留抵税额×进项构成比例×100%。进项构成比例为2019年4月至申请退税前一税款所属期内已抵扣的增值税专用发票（含税控机动车销售统一发票）、海关进口增值税专用缴款书、解缴税款完税凭证注明的增值税额占同期全部已抵扣进项税额的比重。

A项目2021年度被税务部门认定为小微企业，同时符合公告要求的其他4个条件，故符合公告中申请存量留抵退税的要求。2022年5月，在完成4月所属期增值税纳税申报后，向主管税务机关提交了增量和存量留抵退税的申请。

通过计算，退税金额共2 367.50万元，退税计算如表1所示。

表1 　　　　　　　　　　　　A项目退税计算

序号	项目	金额
（1）	2019年3月期末留抵税额（万元）	1 443.36
（2）	申请退税前——税款所属期的增值税期末留抵税额（万元）	2 368.15

续表

序号	项目	金额
（3）	2019 年 4 月至申请退税前——税款所属期已抵扣的增值税专用发票（万元）	4 022.24
（4）	2019 年 4 月至申请退税前——税款所属期已抵扣的海关进口增值税专用缴款书注明的增值税额（万元）	0.00
（5）	2019 年 4 月至申请退税前——税款所属期已抵扣的解缴税款完税凭证注明的增值税额（万元）	0.00
（6）	2019 年 4 月至申请退税前——税款所属期全部已抵扣的进项税额（万元）	4 023.35
（7）	存量留抵税额 [若（2）>（1），则（7）=1；若（2）<（1），则（7）=2，万元]	1 443.36
（8）	进项构成比例 [=（3）+（4）+（5）/（6），%]	99.97
（9）	本期申请退还的存量留抵税额 [=（7）×（8），万元]	1 442.96
（10）	本期申请退还的增量留抵税额 {=[（2）-（1）]×（8），万元}	924.54
（11）	本期申请退还的期末留抵税额合计 [=（9）+（10），万元]	2 367.50

2. 案例取得的成效

2022 年 5 月 16 日，A 项目已收到留抵退税金额 2 367.50 万元，累计取得增值税留抵退税 5 379.51 万元。2022 年以来，A 项目所在省份为优化留抵退税办理流程、增加留抵退税效率，相关退税申请均可在电子税务部门进行提交，无须至大厅办理。申请留抵退税不仅为项目节约了资金占用，也为其他兄弟公司提供了参考。

H 公司近几年开发项目中（见表 2），符合税务优惠政策条件的项目 6 个（含 A 项目），累计办理增值税留抵退税 22 205.35 万元，切实降低了企业税负，减少了资金占用，提升了企业效益。

表 2   H 公司近几年项目退税情况   单位：万元

项目名称	办理时间	退税金额
A 项目	2021 年 5 月 14 日；2022 年 4 月 10 日；2022 年 5 月 16 日	5 379.51
V 项目	2020 年 7 月 27 日；2021 年 11 月 2 日；2022 年 4 月 12 日	8 551.18
W 项目	2020 年 9 月 15 日	3 709.52
X 项目	2020 年 4 月 1 日；2020 年 11 月 25 日	3 172.48
Y 项目	2019 年 11 月 18 日；2020 年 9 月 18 日	1 070.21
Z 项目	2022 年 5 月 23 日	322.45
增值税留抵退税合计		22 205.35

3. 案例小结

留抵退税的办理，不仅在资金占用方面节约了资金，对于增值税税负低于预征（3%）或全周期增值税税负的情况，留抵退税直接节约了企业税金，降低了企业税负。

房地产项目公司能够完成留抵退税的关键因素在于作为企业税务人员的积极性和申请退税的及时性。税务人员应积极关注并研究国家税收政策，对于本企业适用的优惠政策要积极靠拢。在符合条件时，及时与税务机关展开沟通，申请退税。

留抵退税也存在着一定的风险。例如，在退税完成后，应在按照一般计税方法确定需要缴纳城市维护建设税、教育费附加、地方教育附加时，在原计税依据中扣除退还的增值税期末留抵税额。由于税务人员疏忽，对于国家规定的不熟悉，可能会导致附加税多缴纳的风险。实务操作中应进一步加深对国家税收政策的研究，加强对进项、销项税额的把控，稳定形成增量留抵，满足退税条件并申请退税，增加企业当期可利用现金流。

（二）因土地增值税清算导致企业所得税退税案例分析——以 B 公司为例

鉴于房地产开发企业和开发项目的特点，一般房地产企业成立子公司作为项目公司，预售阶段需要预缴企业所得税和土地增值税，后期项目清算时由于补缴大额土地增值税导致清算当年发生大额亏损，如果没有后续开发项目，则此亏损无法在后期进行弥补，导致项目利润分布不合理，前期多缴纳企业所得税。由于此类现象普遍存在，国家税务总局发布 2016 年第 81 号公告规定，房地产开发企业按规定对开发项目进行土地增值税清算后，在向税务机关申请办理注销税务登记时，如注销当年汇算清缴出现亏损，应按照以下方法计算出其在注销前项目开发各年度多缴的企业所得税税款，并申请退税，本案例依据该政策，向税务机关申请退税，目前税务机关已在履行内部审批手续。

1. 案例内容

（1）工作目标与总体思路。

工作目标：实现因当年土地增值税清算补交税金导致的企业所得税亏损而发生的退税。

总体思路：根据《关于房地产开发企业土地增值税清算涉及企业所得税退税有关问题的公告》（以下简称《公告》）企业按规定对开发项目进行土地增值税清算后，当年企业所得税汇算清缴出现亏损且有其他后续开发项目的，可以在以后年度弥补亏损；清算后当年企业所得税汇算清缴出现亏损，且没有后续开发项目的，可以按照公告要求计算出该项目由于土地增值税原因导致的项目开发各年度多缴企业所得税税款，并申请退税。房地产开发企业开发项目缴纳的土地增值税总额，应按照该项目开发各年度实现的项目销售收入占整个项目销售收入总额的比例，在项目开发各年度进行分摊，并计算各年度及累计应退的税款。退税申请提交税务部门后，及时沟通与反馈，尽早实现退库。

（2）案例实施具体过程分析。

以 B 项目为例，该项目于 2012 年开始销售，2014 年 11 月取得竣工备案表，2014 年进行完工产品清算，按照实际毛利汇算企业所得税，于 2021 年 6 月 25 日完成土地增值税清算，清算总税额为 4.55 亿元，前期预交 1.02 亿元，清算补缴金额 3.53 亿元。由于土地增值税清算补缴税款致使 2021 年度企业所得税汇算清缴亏损，且无后续开发项目，符合 2016 年国家税务总局《关于房地产开发企业土地增值税清算涉及企业所得税退税有关问题的公告》第二条相关规定。该项目充分利用专项税务政策，对项目自 2011～2021 年各年按照公告对企业所得税重新计算。根据规定，2011～2021 年各年度应分摊的土地增值税 = 土地增值税总额 ×（项目年度销售收入 ÷ 整个项目销售收入总额），具体计算过程如表 3 所示。

2. 案例取得的成效

经计算，B 项目由于土地增值税原因导致项目开发各年度多缴纳企业所得税税款，可取得企业所得税退税款 8 474.97 万元。项目目前在争取专项税务政策，并按要求准备退税资料，向主管税务机关提出退税申请，目前税务机关已在履行内部审批手续。

3. 案例小结

《公告》适用于利润型房地产开发项目，土地增值税税负较高，同时补缴年度企业所得税汇算清缴需形成亏损。由于土地增值税原因导致项目开发各年度多缴纳企业所得税税款实现退库，关键取决于各年度分摊土地增值税后实现的调整后应纳税所得额是否计算准确，底稿是否完整，相关资料是否充分。在此基础之上，积极与主管税务机关沟通进度，信息及时调整和反馈，从而尽早地实现企业所得税退库。

（三）关于关联方借款利息在企业所得税汇算清缴中扣除问题的案例分析——以 C 项目为例

2020 年 C 项目接受关联方 M 企业（C 项目的股东方，为非金融企业）债权性投资与其权益性投资的比例为 12∶1。本案例以 C 项目为例，通过分析 C 项目与其关联方之间的借贷业务发生的借款利息在是否可以全额在企业所得税汇算清缴中合理扣除，为关联方独立交易原则的应用提供参考。

1. 案例内容

（1）工作目标与总体思路。

工作目标：证明关联方借贷行为符合独立交易原则从而实现借款利息全额在企业所得税前扣除。

总体思路：积极寻找证明材料佐证该借款行为符合独立交易原则，或者该企业税负不高于境内关联方，以期在计算应纳税所得额时将支付给境内关联方的利息支出予以扣除。

表3

B 项目退税计算

单位：万元

序号	项目	计算过程	2011年	2012年	2013年	2014年	2015年	2016年	2017年	2018年	2019年	2020年	2021年	以后年度	小计
1	预缴土地增值税		0.00	757.56	3 012.25	1 850.86	1 616.37	2 643.93	236.75	0.00	96.72	0.00	0.00	0.00	10 214.44
2	当年企业所得税实际扣除		0.00	757.56	3 012.25	1 850.86	1 616.37	2 643.93	236.75	0.00	0.00	0.00	0.00	0.00	10 117.72
3	补缴土地增值税		0.00	0.00	0.00	0.00	0.00	0.00	0.00	0.00	0.00	0.00	35 261.79	0.00	35 261.79
4	总计税收收入		523 173.33	523 173.33	523 173.33	523 173.33	523 173.33	523 173.33	523 173.33	523 173.33	523 173.33	523 173.33	523 173.33	523 173.33	523 173.33
5	当年销售收入		0.00	10 665.60	226 353.17	82 846.06	41 589.92	79 242.34	3 101.17	33 766.73	8 392.07	20 435.78	16 780.49	0.00	523 173.33
6	分摊土地增值税	=(5/4)× 土地增值税总额	0.00	927.09	19 675.48	7 201.30	3 615.16	6 888.05	269.57	2 935.13	729.47	1 776.36	1 458.62	0.00	45 476.23
7	应纳税所得额调整	=(2-6)	0.00	-169.54	-16 663.23	-5 350.43	-1 998.78	-4 244.12	-32.82	-2 935.13	-729.47	-1 776.36	-1 458.62	0.00	-35 358.51
8	当年应纳税所得额		3.11	1 862.28	33 292.62	42 205.29	43 469.07	28 136.31	2 495.42	2 695.70	6 289.44	8 180.00	-42 346.29	0.00	126 282.96
9	调整后应纳税所得额	=(7+8)	3.11	1 692.74	16 629.39	36 854.86	41 470.29	23 892.20	2 462.60	-239.44	5 559.97	6 403.64	-43 804.91	0.00	90 924.46
10	调整后应纳所得税额	=(9×25%)	0.78	423.19	4 157.35	9 213.72	10 367.57	5 973.05	615.65	-59.86	1 389.99	1 600.91	-10 951.23	0.00	22 731.11
11	已缴纳企业所得税		0.78	465.57	8 323.16	10 551.32	10 867.69	7 034.08	623.86	673.92	1 572.36	2 045.00	0.00	0.00	42 157.31
12	应退企业所得税	=(11-10)	0.00	42.38	4 165.81	1 337.61	499.70	1 061.03	8.20	733.78	182.37	444.09	0.00	0.00	8 474.97
13	实退企业所得税		0.00	42.38	4 165.81	1 337.61	499.70	1 061.03	8.20	733.78	182.37	444.09	0.00	0.00	8 474.97
14	亏损结转（调整后）	=(-12/25%)	0.00	0.00	0.00	0.00	0.00	0.00	0.00	0.00	0.00	0.00	0.00	0.00	0.00
15	应补企业所得税	=(10-11)	0.00	0.00	0.00	0.00	0.00	0.00	0.00	0.00	0.00	0.00	0.00	0.00	0.00
16	累计退税额		0.00	42.38	4 208.19	5 545.80	6 045.50	7 106.53	7 114.73	7 848.51	8 030.88	8 474.97	8 474.97	0.00	8 474.97

（2）案例实施具体过程分析。

根据 2008 年《财政部 国家税务总局关于企业关联方利息支出税前扣除标准有关税收政策问题的通知》的规定：

第一，在计算应纳税所得额时，企业实际支付给关联方的利息支出，不超过以下规定比例和税法及其实施条例有关规定计算的部分，准予扣除，超过的部分不得在发生当期和以后年度扣除。企业实际支付给关联方的利息支出，除符合本通知第二条规定外，其接受关联方债权性投资与其权益性投资比例为：金融企业，为 5 : 1；其他企业，为 2 : 1。

第二，企业如果能够按照税法及其实施条例的有关规定提供相关资料，并证明相关交易活动符合独立交易原则的；或者该企业的实际税负不高于境内关联方的，其实际支付给境内关联方的利息支出，在计算应纳税所得额时准予扣除。

根据《中华人民共和国企业所得税法》第四十一条规定，独立交易原则，是指没有关联关系的交易各方，按照公平成交价格和营业常规进行业务往来遵循的原则。

据此，为使关联方借款利息全额税前扣除，C 项目积极寻求资料证明借款虽来源于企业关联方，但符合独立交易原则。首先，M 企业作为 C 项目的股东，明显是利益相关者，为关联方；其次，证明该交易符合独立交易原则，可通过查找同期 M 企业向无关联公司的贷款利率进行对比，证明其符合独立交易原则，具体如下：

2019 年 M 企业向 C 项目贷款 24.98 亿元，贷款利率 9.5%，另据 C 项目了解，同期 M 企业向不具关联关系的 N 公司提供贷款 13 亿元，利率 12%，二者贷款利率大致相当，因此可证明 M 企业贷款给 C 项目的行为符合独立交易原则，其实际支付的利息支出应在计算所得税应纳税额时予以扣除。

2. 案例取得的成效

依据政策规定，找寻相关证明材料，使得股东方借款利息得以扣除，节省税金支出 5 100 余万元。

3. 案例小结

本案例可以合理扣除股东方借款利息的关键因素，在于能够有效收集到相关证明符合独立交易原则的材料，主要包括股权结构、借款凭证、利率、借据、发票等，做实此次借款，使得借款利息得以扣除。

此外，如果独立交易原则的证明材料不充分，我们可以尝试证明企业的实际税负不高于境内关联方。根据 2005 年国家税务总局关于印发《纳税评估管理办法（试行）》指出的关于内资企业所得税评估分析指标及使用方法，税负率 = 应纳所得税额 ÷ 利润总额 × 100%。因此，影响税负率的因素还包括未弥补亏损、不征税收入等因素。

（四）土地增值税清算前税务筹划案例分析——以 D 项目为例

D 项目开发项目类型主要包括商业、办公、地下商业、地下车库、库房。总建筑面积 211 710.94 平方米，其中：总可售面积 187 777.24 平方米，公共配套设施面积 23 933.70 平方米。

该项目已售面积 155 474.41 平方米，其中普通住宅已售面积 0 平方米，其他类型房地产已售面积 155 474.41 平方米；未售面积 22 417.86 平方米，自用及出租面积 9 884.97 平方米，已售比例 82.80%。本案例主要通过分析 D 项目土地增值税清算前的日常管理行为，总结对土地增值税清算产生的影响。

1. 案例内容

（1）工作目标与总体思路。

工作目标：土地增值税的清算工作是房地产开发企业后期项目清算阶段的重点工作，企业应在保证土地增值税清算的准确性，避免税务风险的前提下，最大程度上节约税款，降低企业税负。

总体思路：企业一般根据《土地增值税暂行条例实施细则》、《国家税务总局关于房地产开发企业土地增值税清算管理有关问题的通知》（2006 年）、《国家税务总局关于土地增值税清算有关问题的通知》（2010 年）、《土地增值税清算管理规程》以及各地方的土地增值税清算管理文件进行土地增值税清算。清算前一般需进行清算对象的选择、清算时点的确认、清算收入的审核与确认、扣除项目的确认等。

（2）案例实施具体过程分析。

由于 D 项目全部为其他类型房地产，无普通住宅，故无须分别计算增值额。具体分析如下：

①把握好公共配套移交的节点和依据。

物业用房及人防车位作为常见的公共配套设施，一般在完成移交并提供相关证明资料即可列入扣除范围。

一是公共配套对物业移交的证明资料，形式不限，有双方签字盖章能列明事项即可。

二是人防设施对人防办移交的证明资料，政府对人防设施的移交材料以各地政策为准，可事先与业务部门沟通，办理手续时与政府部门做好资料的交接。以北京为例，随着政府优化营商环境，简化办事流程，证明性材料办理简单，只需人防办出具已接收说明即可被税务机关承认移交，作为扣除依据。

D 项目初稿中项目的不可售面积为 23 933.7 平方米，其中已做移交的允许扣除的公共配套设施等面积为 3 578.86 平方米，但企业其他不可售均属于公共配套及人防设施，均已做移交，属于允许扣除范围，在土增清算前，积极协调业务部门及时提供移交证明，使得清算成本分摊比例由 84.47% 提高为 93.46%。

注：清算成本分摊比例 =（已售面积／总可售面积）×（1 - 不允许扣除面积／总建筑面积）

②销售节奏直接影响企业税负。

《土地增值税清算管理规程》规定，符合下列情形之一的，主管税务机关可要求纳税人进行土地增值税清算，其中包括：第一，已竣工验收的房地产开发项目，已转让的房地产建筑面积占整个项目可售建筑面积的比例在85%以上，或该比例虽未超过85%，但剩余的可售建筑面积已经出租或自用的；第二，取得销售（预售）许可证满三年仍未销售完毕。

就多数房地产目前的销售现状来说，一般先进行地上业态的销售，再进行地下业态销售，若因销售战线拉长，满足了税务部门要求清算的条件，会对土增清算产生较大影响，建议销售安排地上、地下配比销售。

以D项目为例，土地增值税清算期间，未售地下商业面积1.99万平方米，通过与销售部门积极沟通，将地下部分打包销售处理，增加收入不含税金额15.57亿元（平均单价为10 476.19元/平方米，原单方成本为19 664.32元/平方米），将地下商业纳入清算范围，降低其他商品房的增值率13.5%。

注：土地增值税清算时，已全额开具发票的，按照发票所载金额确认收入；未开具发票或未全额开具发票的，以交易双方签订的销售合同所载的售房金额及其他收益确认收入。

③在收取工程款发票时仔细核查发票的合规性及取得发票的及时性。

发票取得的合规性和及时性对后期土增清算成本扣除影响较大。根据2016年国家税务总局《关于营改增后土地增值税若干征管规定的公告》第五条，关于营改增后建筑安装工程费支出的发票确认问题，土地增值税纳税人接受建筑安装服务取得的增值税发票，需在发票的备注栏注明建筑服务发生地县（市、区）名称及项目名称，否则不得计入土地增值税扣除项目金额。取得工程款发票备注不符合规定：项目名称未备注或备注错误，开具发票内容未涉及成本事项均不得收取；北京市税务机关核定扣除成本项时，扣除合同成本量的核定主要对发票金额及发票的合规性较为严格，在验工时点取得发票显得尤为重要。

④合同签订内容的注意事项。

合同内容签订时避免出现明显"红线外"字眼的施工内容，税务机关会直接认定为红线外事项，不允许扣除，例如：地块外某道路工程施工、红线外电力工程等。

若合同范围确实包含红线内外工程，结算时必须准确划分红线内外工程量、工程造价，便于税务机关做红线内工程量的扣除，避免无法区分将全部合同额做不可扣除项调整。

根据2006年《国家税务总局关于房地产开发企业土地增值税清算管理有问题的通知》规定，房地产开发企业销售已装修的房屋，其装修费用可以计入房地产开发成本。对于精装修费用支出，如果属于与房屋不可分离，如果分离将会导致房屋结构、功能损坏的部分，应当允许在计算土地增值税时加计扣除。但是，对于家具、电视机等可以分离的物品，不得作为房地产开发成本，在计算土地增值税时不得加计扣除。在合同签订过程中，尽量明确装修费用内容，以证明其不可移动性，减少不可扣除风险。

除。在合同签订过程中，尽量明确装修费用内容，以证明其不可移动性，减少不可扣除风险。

例如，D 项目证明其存在的大部分公寓装修为墙体嵌入式家具，为房屋的组成部分，并且拆除后丧失其功能的；机械车位在合同内容和提供施工工法等佐证资料来证明其不可拆除及拆除后不可再次使用。将两项内容在最大限度内列为成本扣除范围。

2. 案例取得的成效

2021 年 5 月开始进行数据审核及多轮测算，最终在成本事项应扣尽扣的基础上，经多方沟通，确定项目应缴纳税款 4.54 亿元，补交税款 3.52 亿元，增值率为 40.79%，减少应交税款 0.94 亿元。

3. 案例小结

通过 D 项目的案例，项目在土增清算前要着重注意公配及人防的移交、单方成本低的地下业态和地上业态的配比的销售（重点把握好销售节奏和销售业态的平衡性）、取得发票及施工合同过程管理。

（五）关于地下车位的土地增值税筹划案例——以 E 公司为例

E 项目四个住宅地块均已竣工备案并交付使用，地上可售部分已完成清盘。四个地块均达到了税务部门土地增值税清算的标准，项目面临日趋严峻的土地增值税清算压力。而地下车位在住宅户数 1∶1 配比捆绑销售之后，仍剩余 1 018 个地下车位尚未销售。地下车位为负增值，经初步测算，按照目前预测的动态成本考虑，在剩余地下车位未售的状态下进行土地增值税清算，项目将比完全销售状态下多缴纳 3 105.66 万元。本案例通过分析地下车位不同情况去化的条件下对土地增值税清算影响的金额，从而选择最优筹划方案。

1. 案例内容

（1）工作目标与总体思路。

在剩余地下车位未售的状态下进行土地增值税清算，E 项目面临多缴土地增值税的风险。为此，项目拟通过地下车位打包销售的方式，将负增值的地下车位纳入土地增值税清算，来降低土地增值税的税负。同时在企业所得税中早日将车位的亏损实现，降低企业所得税税负。

如表 4 所示，"住宅 02、04、07 地块其他项目"土地增值税增值率随车位的销售有明显降低，其中五折销售车位会进一步降低土地增值税增值率，从而降低土地增值税税负。

表4 在不同销售情况下土地增值税其他项增值率及税负影响

	版本	住宅02 其他项目	住宅04 其他项目	住宅07 其他项目	住宅10 其他项目
增值率	剩余车位未售清算	95.97%	72.39%	45.28%	−12.56%
	正常价格打包车位清算	49.35%	37.18%	41.33%	−19.38%
	五折打包销售车位清算	39.48%	28.24%	39.70%	−23.96%
	版本	其他项目 （万元）	其他项目 （万元）	其他项目 （万元）	其他项目
清算税额	剩余车位未售清算	5 266.63	3 831.13	3 060.73	—
	正常价格打包车位清算	3 533.50	2 579.58	2 939.75	—
	五折打包销售车位清算	2 825.74	1 958.47	2 823.95	—

以住宅02为例，在剩余车位未销售清算的情况下，增值率为95.97%，若车位按照正常价格打包销售，增值率可降低至49.35%，若以五折打包销售，增值率可降低至39.48%，增值税税负预计从5 266.63万元降至2 825.74万元。此外由于住宅10地块其他项土地增值税增值率为负增值，故车位销售对该地块其他项土地增值税税负无影响。

（2）遇到的困难。

①车位打包销售备案的政策限制：依据项目所在市房屋产权交易中心《关于建设项目剩余车位（库）整体转移或部分转移的处理意见》，建设项目剩余车位（库）转移条件：建设项目办理首次（初始）登记已满2年，且项目房屋分户产权办理面积达可售总面积80%以上，其中可售总面积不含车位（库）面积及建设单位自持部分。

项目所在的地区要求更高，地下车位仅限本小区的业主购买；同一业主购买的地下车位超过2个的无法备案过户；目前该地区尚未有房地产项目住宅地块地下车位打包销售的成功案例。

②销售价格不得低于平均售价10%的限制：依据《四川省税务局财行处土增税清算复审指导口径》（2022年1月4日）文件，纳税人转让房地产成交价格低于同期同类房地产平均销售价格10%（含）以上的，税务机关应要求其提供书面说明及相关证明材料。若成交价格无正当理由，按同期同类平均交易价格进行调整。上述正当理由是指存在以下情形之一：采取政府指导价、限价等非市场定价方式销售的；法院以判决方式转让的；以公开拍卖方式转让的；属于保障性住房、人才公寓销售（政府回购）的；销售的房屋结构或功能存在明显缺陷的；经主管税务机关认定的其他合理情形。成都项目地下车位前期销售均价为12.48万元/个，该售价为住宅限价，与市场对比存在明显溢价，且车位与住宅按照1:1捆绑销售的情况下实现的。剩余车位难以按照销售均价正常去化。需要突破不得低于平均售价10%的限制。

③内部购买方持有车位期间的税费问题。

内部购买方购买车位后主要需考虑契税及房产税，每年需要缴纳的房产税将增加内部购买方的税费负担，但经测算，交易价格越低，缴纳的契税和从价计征房产税的基数就越低。

如表5所示，按照五折销售额计算内部购买方固定资产组资成本，为5 830万元（6 355/1.09），需缴纳契税175万元（5 830×3%），每年按照从价计征房产税需缴纳49万元（5 830×70%×1.2%），比较正常销售额12 710万元，可以降低税费负担225万元（350+99-175-49）。

表5 　　　　　　　　　　　内部购买方购买车位对税费的影响　　　　　　　　　　单位：万元

地块	车位（个）	正常销售			五折销售		
		销售额	契税金额	从价计征房产税	销售额	契税金额	从价计征房产税
住宅02地块	407	5 159	142	40	2 579	71	20
住宅04地块	371	4 527	125	35	2 264	62	17
住宅07地块	70	844	23	7	422	12	3
住宅10地块	170	2 180	60	17	1 090	30	8
合计	1 018	12 710	350	99	6 355	175	49

（3）案例实施具体过程分析。

①政策方面，目前E项目已与当地多家房地产企业一道，共同与政府方面持续沟通，阐明目前房地产开发企业面临的地下车位困局，争取政策方面的放开。

②售价限制方面：依据《四川省税务局财行处土增税清算复审指导口径》（2022年1月4日）文件，税务部门认可的合理理由低于平均售价10%的交易方式包括：法院以判决方式转让的；以公开拍卖方式转让的。故E项目拟采取公开拍卖方式进行转让，突破不能低于平均售价10%的限制。相应则需要E项目履行内部决策程序，完成评估、资产拍卖审批等手续。购买方须履行固定资产购置审批手续。如按照平均售价的90%计算，购买方每年房产税为88万元，如按照正常售价的5折计算，购买方每年房产税金额为49万元。

③购买方税费问题：物业公司接收打包资产后，可转租给第三方运营公司，第三方运营再面向业主出租车位，物业公司按照业主租金的固定比例向第三方运营公司收取租金。车库运营前期收益较少，该方案可有效规避从价计征带来每年49万元的房产税。

④人防车位的筹划：人防车位收益承诺归全体业主所有，可作为公共配套设施成本，降低清算单位土地增值额。根据《四川省税务局财行处土增税清算复审指导口

径》（2022年1月4日），公共配套设施建成后产权属于全体业主所有的，其成本、费用可以扣除。针对人防设施，纳税人应当提交书面说明，承诺其产生的全部收益归全体业主所有，在项目内显著位置张贴公示7日以上，并在当地媒体刊登公告，且经公证，可以作为公共配套设施予以扣除。

2. 案例取得的成效

如车位打包销售成功实现，按照目前动态成本预测，有望降低成都项目土地增值税税负3 105.66万元；如能实现五折销售价格，则土地增值税税负将再降低1 444.67万元。

3. 案例小结

案例实施成功的关键因素在于攻克车位打包销售备案的政策限制，规避税务部门认定不合理售价，妥善处理打包销售后物业持有地下车位的税务问题。针对地下车位难以去化，且对土地增值税影响巨大的事项，需要在项目开发早期进行筹划，通盘考虑。如该项目住宅稀缺，对车位捆绑销售的比例为1∶1，如将捆绑比例提高为1∶1.5，则基本无须担忧剩余车位难以去化的问题。

三、案例总结及展望

（一）案例实施成功的关键因素

1. 可研测算阶段，前期规划中税务人员参与的重要性

重视土地取得条件对后期税务处理的影响，通过提前规划，减少因前期既成事实导致的后期税务筹划空间降低的情况。

2. 项目开发建设阶段，各项目按照验工进度取得增值税专用发票的及时性

所有业务的增值税专用发票做到应取尽取，经办部门按照规定及时移交发票并入账，按期完成进项税发票勾选认证以及纳税申报工作，实现税款抵扣，有效延迟增值税和企业所得税的支付时间。结合国家减税降费环境，充分利用增值税留抵退税政策，降低企业资金占用成本，提高资金使用效率。

3. 项目开发预售阶段，产品推售节奏的综合性

去化难度大、建造成本高的亏损业态，可通过营销手段与畅销产品同期搭配销售，均衡企业所得税各业态间成本的扣除，避免虚增利润导致企业所得税预缴过多，推高企业所得税税负。

4. 项目竣工备案阶段，总分包结算并开具发票的积极性

成本及时入账，增加增值税进项税扣除，降低增值税资金占用以及后期进项税无法扣除的风险；避免账面成本与结算差距较大，企业所得税缴纳时间提前，导致后期退税困难；提前规划已签约未执行完成的合同剩余金额以及剩余未签约待执行的合同签订情况，在竣工备案前完成已确定经济业务合同签订，事前做好统筹，降低土地增值税清算成本不可扣除风险。

5. 合同评审阶段，事前风险识别的敏感性

加强业务财务之间的有效沟通，在合同评审阶段充分发挥业财融合的作用。一是明确合同是否含税及税率，按照验工（验收）金额取得增值税专用发票，同时结算后取得全额增值税发票；二是将事前风险识别融入业财方案与合同评审当中，实现业务活动与税务管理工作的有机结合，对潜在风险的有效识别，有利于企业做好税务筹划工作。

（二）新项目开发税务管理工作展望

1. 享受普通住宅增值率不超过20%免征土地增值税政策

按照税法规定，普通住宅增值率不超过20%的，免征土地增值税，若未能提前做好税务筹划，很有可能存在普通住宅增值率跳点。

在开发建设前期进行土地增值税测算时，如果普通住宅增值率较低，享受免税机会较大的情况下，应该进行合理的税务筹划，合理调整普通住宅部分销售价格、适当增加普通住宅专属成本，以争取享受普通住宅免税优惠。

2. 新项目土地增值税清算税务筹划

（1）清算单位的筹划。在新项目同一地块同时存在普通住宅、商业、办公的情况下，普通住宅的增值率容易超过20%而无法享受免缴土地增值税的税收优惠。可考虑合理拆分为2个工程规划许可证，增加普通住宅的土地成本，进而调整普通住宅的土地增值率至20%以下。

（2）多个清算单位的房地产项目，人防设施集中建设于部分地块，可有效调节各期地块土地增值额。人防车位多期开发的房地产项目，人防配套设施集中建设在一个清算单位的，经过上述"公示、公告、公证"三个环节后，相应成本费用可在该清算单位作为公共配套设施予以扣除，而不是根据受益原则进行均摊，人防车位集中建设于住宅增值率过高的地块，可有效降低住宅增值率。

（3）人防车位以转让永久使用权的方式进行销售，可有效降低清算单位内其他类型房地产的增值额。根据《四川省税务局财行处土增税清算复审指导口径（2022年1月4日）》，纳税人依法配建的人防工程，或利用地下人防设施建造的车位，有偿转让且能办理权属转移登记手续的，应计算收入，并准予扣除成本、费用；不能办理权属转移登记手续的，但明确为转让永久使用权的，计算收入，扣除相应成本、费用。在清算单位内商业增值比例偏高的情况下，可将人防车位以转让永久使用权的方式进行销售，参与其他类型房地产的土地增值税清算，且分摊土地成本，可有效增加其他类型房地产的扣除成本，降低增值率。

（4）开发费用的筹划。开发费用在条件允许的情况下，尽量归集至总承包合同项下，做大开发成本扣除金额。根据《四川省税务局财行处土增税清算复审指导口径（2022年1月4日）》，项目工程建设过程中向各类市场主体支付的咨询费、管理费、服务费，如房屋测绘费、空气检测费、工程管理费、造价审核费、招标代理服务费、前期物业费、开荒保洁费、亮化工程费、档案装订费、产权登记手续费等支出，不得计入房地产开发成本，应作为房地产开发费用扣除。第三方采购的检测费用，咨询服务费，单独向物业采购的前期物业服务、开荒保洁等费用等税务部门不予认可开发成本。在条件允许的情况下，归集至总承包合同项下，避免税务部门认定成开发费用而减少扣除金额。

（中铁诺德城市运营服务有限公司　李志刚　杜晓康　张永生

崔会颖　曹文浩　赵金龙　郭　静）

统筹工程项目税务管理策划，
促进财务管理价值创造

【摘要】"营改增"以来，某工程集团结合自身资质与管理现状，将集团公司的增值税管理架构设定为以直属项目部模式为主的管理架构，此种架构在"营改增"之初帮助企业顺利完成从营业税分散管理向增值税集中管理的过渡。然而，随着"营改增"的深入及企业规模的不断扩张，这种模式本身也逐渐展现出一些弊端，最主要的问题就在于形成了庞大的进项与预缴留抵规模，造成了资源浪费。为了应对此种情形，某工程集团在充分调研、仔细研究税收政策的基础之上，分析大量留抵构成的原因，制定了以劳务分包低税率取票为政策抓手，以授权分公司税务管理、就地预缴时将专业分包材料设备款纳入分包费用扣除为重要措施的税务策划基本架构。并于 2021 年 11 月下发文件《某工程集团增值税进项税额筹划管理要求》，明确了此次税务策划的主旨与目标、主责部门和辅助部门；于 2023 年 5 月下发《关于加强集团公司增值税进销平衡管控的通知》，针对性加强公司增值税进销平衡管控，减少涉税资金占用，提高集团公司现金使用效率和增值税管理水平。在策划方案实施过程中，某工程集团各层级财务人员各司其职，主责部门与辅助部门紧密配合，完成了既定税务策划目标，扭转了原有留抵增长趋势，广大财务人员也在此次管理策划活动中得到了专业技能的提升。

一、背景描述

（一）单位基本情况

某工程集团是世界 500 强企业中国中铁股份有限公司的全资子公司。2002 年改制定名为某工程集团有限公司，企业注册资本金 103.91 亿元。集团总部共设 19 个职能部门，下设 16 家分子公司、8 个直属机构、6 个区域总部等各类型机构。截至 2022 年底，在施工程项目 594 个，员工总量 17 873 人。某工程集团具有建筑、铁路、公路 3 项施工总承包特级资质，31 项施工一级资质，10 项工程设计甲级资质，1 项工程勘察甲级资质，2 项工程监理甲级资质，1 项城乡规划甲级资质，2 项房地产开发一级资质。聚焦于投资融资、设计咨询、工程建造、城市运营以及工业制造五大业务领域，统筹协调路内、路外、海外三大市场，形成了投资、设计、施工、安装装饰、运营管理一体化的全产业链发展优势。

（二）存在的问题

2016 年 5 月 1 日建筑行业"营改增"之后，某工程集团结合自身资质与管理现状，将集团公司的增值税管理架构设定为以直属项目部模式为主的管理架构，全集团绝大多数以某工程集团资质中标的工程项目均纳入集团公司直属项目部，这些项目部虽然在管理范畴属于某工程集团所属各二级子分公司，但纳税主体范畴均属于某工程集团纳税主体，从资质共享与业务流程设置相结合的角度来看，可以理解为管理设计上的代管与纳税主体设计上的直属管理相结合的模式。该模式优势在于节约管理成本、集中进项抵扣资源、强化合规性建设、降低税务管理风险，在"营改增"之初帮助企业顺利完成从营业税分散管理向增值税集中管理的过渡，然而，随着"营改增"的深入及企业规模的不断扩张，这种模式本身也逐渐展现出一些弊端。

（1）由于建筑行业自身的收入成本结构、进销项确认时间性差异、就地预缴税制、企业经营规模扩张等原因，某工程集团纳税主体每年确认的增值税应税销售额及每年的平均进项预缴留抵税额均规模庞大（见表 1），众所周知，这些进项和预缴留抵均是企业"真金白银"垫支的，过量的留抵规模本质是对企业现金资源的一种占用与浪费。

表 1　　　　　2019～2021 年一般计税增值税销售额及平均进项预缴留抵税额　　　　单位：亿元

项目	2019 年	2020 年	2021 年
一般计税增值税销售额	337.92	457.72	628.42
平均进项预缴留抵税额	5.73	5.92	8.61

注：表中 2020 年平均留抵税额较 2019 年增长较少的原因关键在于 2020 年某工程集团曾申请过 3.51 亿元的留抵退税。

（2）由于某工程集团进项留抵规模较大，致使其在申请留抵退税时也会因额度大而成为地方财政的负担。此外，因工程项目大都分散于各地区，此种模式还无法享受工程项目在机构所在地免预缴的政策优惠，形成一边大量留抵一边预缴的不利情形。

（3）增值税管理中"高税率取进项票"的传统观念，直接增加了进项税涉税资金的支出，叠加建筑行业的发展现状与企业规模不断扩张的影响，加快了进项税留抵规模的增长速度。

（三）政策支持与管理背景

（1）随着国家连续两次调低增值税税率后，工程项目进销项税额不匹配的问题表现日益突出，各建筑企业均不同程度地出现了预缴增值税和增值税进项税额留抵双高的现象，这一现象逐渐引起各个层级领导的重视，通过工程项目税务管理策划加以缓解，逐渐成为企业税务管理的重点。

（2）Z公司近年来推行大商务管理，坚持工程项目管理全过程创效，而控制增值税涉税资金占用规模，统筹工程项目税务管理策划无疑是促进财商融合与财务管理创效的重要突破口，更与目前强调的工程项目现金流自平衡与负流管控相契合。

（3）税收政策的可选择性为工程项目税务管理策划创造了合规性空间。劳务分包、专业分包计税方式的可选择性，机械设备租赁使用税目税率的可选择性，购买自产或外购设备并提供建筑劳务税收政策的可选择性，分包扣除政策的进一步明确，增值税纳税主体的授权等都为建筑施工企业项目税务管理策划创造了空间。

（4）工程项目税务管理策划也在共享中心与财务集约化的大背景下为项目部财务人员指明了新的可以贡献财务管理价值的工作发展方向，广大财务人员可以借助税务管理策划活动加深对税收政策的理解，提高与业务人员合作的能力，进而更好地去实现个人层面的业财融合。

二、总体设计

（一）转变传统观念

传统的增值税管理观念都是强调"高税率取票"，从而推迟或者避免形成应纳增值税和附加税费，但此种管理理念其实是有默认前提的，即增值税纳税主体整体上处于应纳税或者"进销平衡"状态，像某工程集团这样长时间处于大额留抵状态，高税率取票的传统观念不再适用，需要通过制度规范和政策宣传等途径加以调整，扭转广大业财人员的取票习惯。

（二）明确策划目标

总体来说，此次某工程集团税务管理策划活动的目标在于实现集团本部纳税主体的进销平衡，扭转留抵占资不断增长的长期趋势，实现财务管理创效。

（三）找准政策抓手

在所有可以使用的工程项目税务策划工具中，某工程集团通过前期的项目试点与政策研究，最终选择将劳务分包低税率取票这一措施作为控制增值税涉税资金占用的主要政策抓手，具体原因有如下三点：一是建筑业本身就有以清包工方式提供建筑服务，可以选择使用简易计税方法的政策空间，可确保该措施的合规性；二是劳务分包商与工程总包商、专业分包商不同，其成本绝大多数均为人工成本，通常不存在大量进项预缴留抵占资的情形，这就导致合同签订时要求对方采取简易计税模式低税率开票，对方不会因为寻求利用留抵资源而不予配合，策划方案可行性较高；三是就成本占比来说，劳务分包成本约占某工程集团工程施工成本的15%，规模适中，相较而言，机械租赁成本占比仅仅约2.5%，规模太小，而专业分包成本占比约38%，规模太大，虽然上述两类成本本身也有低税率取票的政策空间，但并不适合作为主要的政策抓手与工具。

（四）设定阶段计划

某工程集团计划从2021年底下发文件《某工程集团增值税进项税额筹划管理要求》起，用大约半年的时间，即2022年上半年作为政策宣传实施窗口期，再以2022年6月末11家子分公司所属集团直属项目进项预缴留抵金额15.04亿元为基点，预计用1年的时间实现留抵金额降低30%的设定目标，并进一步提出了增值税留抵金额2023年较年初压降50%，2024年实现零留抵的目标。

三、应用过程

（一）某工程集团税务管理策划机理再分析

据统计，某工程集团已竣已结项目的增值税税负率（即项目全周期销项税额减进项税额占项目总收入的比例）为1.86%，即使扣除项目在工程所在地的真实预缴率1.1%［真实预缴率＝名义预缴率×（1－分包扣除率）＝2%×（1－45%）＝1.1%，某工程集团所属项目平均分包扣除率约为45%］，企业机构所在地增值税缴纳比率仍应该在0.76%。

那么，某工程集团进项预缴留抵理论分析与现实不符的根本原因在哪呢？答案就在于工程项目进销项确认的时间性差异与不断扩大的一般计税项目收入规模相互叠加，促成了进项预缴留抵规模的不断扩大，即单个项目进项确认早于销项的时间性因素在不断扩大的收入规模加持下，形成了一种不加以管理策划再就无法自然扭转的趋势。

不难看出，企业若要通过管理策划转变上述趋势，可以从以下三个角度着力：一是延缓甚至扭转某工程集团纳税主体的收入规模扩张趋势；二是通过部分成本项目低税率取票，降低增值税涉税资金占用，去对冲进销项确认的时间性差异；三是通过管理策划（包括适度提高分包扣除率）减少工程项目就地预缴。

（二）某工程集团税务管理策划措施设置

如上所述，某工程集团将劳务分包低税率取票这一措施作为控制增值税涉税资金占用的主要政策抓手是有深层次原因的。从另外两个着力角度，企业以授权分公司履行增值税纳税义务作为控制纳税主体收入规模的重要措施，以强调预缴分包扣除包含专业分包材料、设备款作为减少工程项目就地预缴的主要措施，此外，在项目所在地成立分公司并进行增值税管理授权本身其实也可以减少就地预缴税额。

之所以将授权分公司履行纳税义务作为控制纳税主体收入规模的重要措施，是因为该项措施的政策源起在于2017年《国家税务总局关于进一步明确营改增有关征管问题的公告》，从政策发布之日起，部分以某工程集团名义承接的工程项目即应业主或当地政府的要求采用了该模式，由于有税收条文的背书，本身并不违反《中华人民共和国建筑法》第二十八条禁止非法转包的规定，此种模式在合规性方面并不存在任何问题，同时还可以减少就地预缴税额，具备推广价值。

之所以将强调预缴分包扣除包含专业分包材料、设备款作为减少工程项目就地预缴的宣传措施，是因为2019年《国家税务总局关于国内旅客运输服务进项税抵扣等增值税征管问题的公告》（以下简称"31号公告"）出台前，关于工程项目就地预缴增值税能否将专业分包开具的材料、设备款销售发票作为扣除依据一直是一个饱受争议的话题，该公告的出台实际上是对此种情形作出原则性的肯定，但更多的具体抵扣的细节是需要项目部财务人员主动与地方税务部门去进行沟通的，企业将该措施作为减少工程项目就地预缴的重要措施，一方面是因为此项措施本身具有导向宣传作用，另一方面是此项措施还能够凸显出财务管理的价值创造性。

上述两种策划措施之所以仅仅作为重要措施加以宣传，而非主要政策抓手，是因为这两种措施受客观环境影响因素较大，不像劳务分包低税率策划更易于由企业自身的政策来加以主导。

图1为某工程集团控制增值税涉税资金占用措施设置。

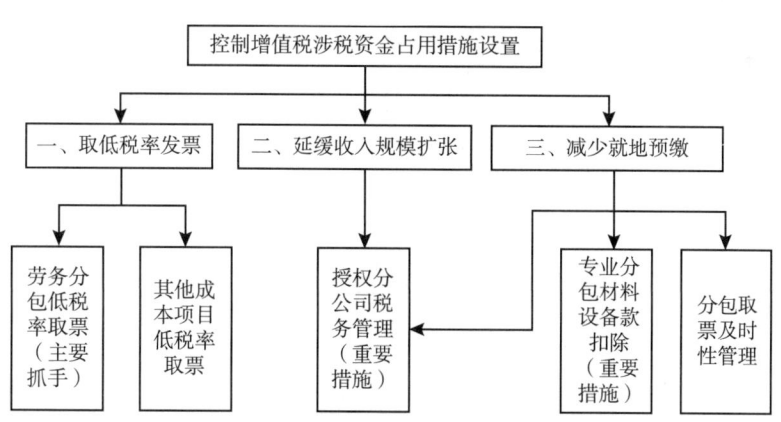

图1 控制增值税涉税资金占用措施设置

（三）某工程集团税务管理策划流程设置

目前，某工程集团的管理架构分为集团公司、子分公司、项目部三个基本层级。

按照《某工程集团增值税管理办法》规定：集团公司负责制定全集团的增值税管理办法，指导各子分公司建立增值税管理的内控流程；子分公司负责审核涉税合同，对所属项目部的增值税管理进行指导和监督；项目部作为具体执行机构，负责该项目的全周期纳税策划管理、增值税发票管理、增值税税金计算、汇总纳税信息传递等工作。

按照《某工程集团税务管理办法》的规定，企业税收策划的步骤为：第一，对涉税事项进行税务策划可行性分析；第二，确定相关部门的工作职责；第三，根据国家税收优惠政策及本单位实际情况制定工作流程；第四，各业务部门按照相应的工作职责落实税务策划方案并实施；第五，对税务策划结果进行检查评价和考核。

总体来说，某工程集团此次税务管理策划活动的流程设置是按照上述规定执行。

集团公司层面，某工程集团财务部在对增值税涉税资金占用问题进行摸底调研及政策研究的基础之上，于2021年11月10日下发文件《某工程集团增值税进项税额筹划管理要求》，文件主要内容如下：一是首次明确了"在增值税纳税主体本身存在大量进项税留抵的背景下，工程项目部在选择进项发票时，在税收政策允许的前提下，优先选择低税率发票，从而降低进项税留抵金额，减少企业资金占用"这一管理策划主旨；二是明确了策划牵头部门与配合部门，即牵头部门为财务部，配合部门为商务部、物资设备部和法务部；三是明确了策划的政策抓手、重要措施和其他措施；四是明确了策划的最终目标，即用大约三年的时间实现纳税主体进销平衡。

子分公司层面，宣传执行集团公司层面所制定的政策，努力寻求各归口部门的配合，加强合同涉税条款审核，督促各项目部通过编制全周期纳税策划书的形式贯彻集团所制定的政策，并向各项目部下达具体管控指标。

项目部层面，结合项目部具体情况设置纳税策划措施，寻求各归口部门配合，提前做好合同策划，努力完成子分公司下达的管控指标，并将上述管理行为体现于全周期纳税策划书的编制与实施当中。

图2为某工程集团税务管理策划流程设置。

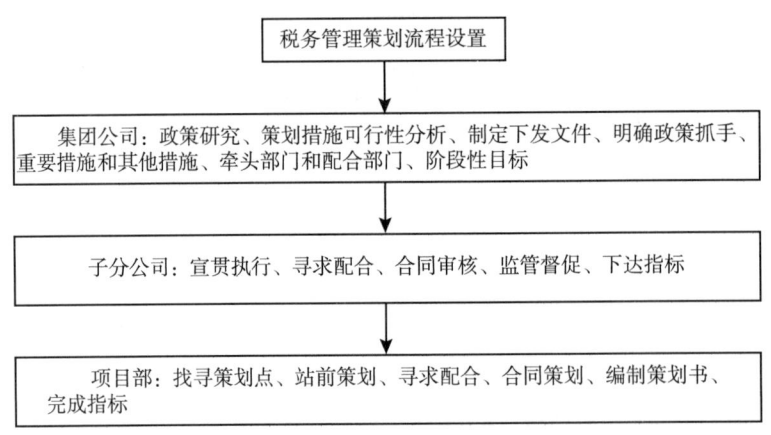

图2　税务管理策划流程

（四）税务管理策划措施应用过程详解

劳务分包低税率取票方面，该项措施的政策依据来自"营改增"纲领性文件财政部、国家税务总局《关于全面推开营业税改征增值税试点的通知》中关于一般纳税人以清包工方式提供建筑服务可选择简易计税方式的规定，该项措施的关键在于项目部财务人员对于劳务分包的界定和税收政策的理解，实际上此项措施仅限于主体工程的劳务分包，包含于各类专业分包合同如：钢结构、幕墙、建筑电气、通风空调、电梯、给排水与供暖中的劳务，并不建议将劳务金额单独分劈出来签订低税率劳务分包合同，而是应于材料一起签订专业分包合同。在管理流程上，各工程项目在招标时应向劳务分包商提供3%税率发票作为中标条件，已签订的9%高税率的合同可通过补充协议更改。

授权分公司税务管理方面，该项措施的主要管理级次在于各子分公司。各子分公司层面在工程项目经营投标过程中，对于有授权意愿的工程项目，财务与经营人员应依据《某工程集团经营性分公司管理规定》《某工程集团纳税主体管理办法》等文件，结合主客观环境，提前做好沟通，在收到业主发出工程中标通知书一个月之内明确增值税纳税主体，承接该项目的经营人员须对本项目做合同交底，并形成书面记录，避免后期出现由于沟通不利而导致的纳税主体变更、发票作废、纳税损失的被动局面。一旦某工程项目通过三方协议纳入分公司税务管理范畴，所有的后续税务管理事项将依据分公司纳税主体展开。

专业分包材料设备款就地预缴分包扣除方面，该项措施得以落实的关键在于项目部财务人员对31号公告政策的理解与工程所在地税务机关的沟通，从而事先与项目部业务人员在某些专业分包合同的合同名称、合同对应的施工内容、合同关于发票开具的条款等方面进行事先策划，进而顺利地实现专业分包材料设备款就地预缴分包扣除。

其他控制增值税涉税资金占用措施还包括：水泥混凝土、砂石料、砖、瓦选择3%低税率增值税发票，配备操作人员的机械租赁按照建筑服务选择9%或者3%低税率增值税发票等，一些措施如专业分包适用甲供工程政策低税率取票将由各子分公司层级与项目部层级依据具体的管控目标完成情况统一安排策划。

（五）本次税务管理策划活动的创新点

（1）某工程集团结合建筑企业的增值税管理现状，提出了控制增值税涉税资金占用的概念，与目前工程项目财务管理创效，工程项目现金流自平衡与负流管控的主旨相契合。

（2）某工程集团在税务管理策划过程中，遵循现象形成的机理，分别从不同的角度去探寻解决问题的途径，并结合税收法规条文，确定管理策划的抓手与主要措施，且每一类措施均经得起合规性检验。

（3）某工程集团在税务管理策划过程中，注意对事情本身度的把握，从进销平衡的长久保持去选择策划措施，并注重策划牵头部门与配合部门之间的提前沟通与密切合作。

（六）税务管理策划实施过程中遇到的主要问题和解决办法

"营改增"以来，工程项目全周期纳税策划书的编写就纳入了建筑施工企业税务管理的议事日程，但由于在策划目标、策划内容、系统性建设与信息反馈等方面缺乏理论支撑而往往流于形式，在本次税务管理策划活动中，某工程集团各子分公司普遍要求各工程项目部将控制增值税涉税资金占用作为编制策划书的主要内容丰富其中，提前筹划，通篇考量，一方面以编制全周期纳税策划书为手段来控制增值税涉税资金占用，另一方面通过此次税务管理策划活动来加强全周期纳税策划书编制系统性建设，并借此提高广大工程项目财务人员的税务管理策划能力，为项目部财务人员找寻出新的可以有所作为的工作努力方向。

最终，借助此次税务管理策划活动，某工程集团总结出如下全周期纳税策划书编制经验：一是涉税数据区分年度编写，从而与控制增值税涉税资金占用活动相契合；二是结合项目实际进行纳税筹划，强调项目财务人员与业务人员、当地税务局的提前沟通；三是除了增值税之外的其他税种的管理策划主要从防范税务风险的角度去考虑，重在一个提醒备忘；四是要做好定期反馈分析与经验总结工作，此项工作也是与控制增值税涉税资金占用活动密切相关的。

四、取得成效

截至 2023 年 6 月底，11 家子分公司所属集团直属项目部进项及预缴留抵 10.27 亿元，较 2022 年同期 15.04 亿元降低 31.71%，此外，2023 年上半年，集团母公司平均增值税进项及预缴留抵为 6.31 亿元，较 2022 年同期下降 36.5%，无论是从 6 月末的时点数看还是从 2023 年上半年的平均数看，某工程集团均完成预定计划。

从 2022 年初开始至 2023 年 6 月底一年半时间，某工程集团所属各直属项目部累计通过劳务分包低税率取票节约涉税资金占用 8.29 亿元，通过设立分公司并授权减少就地预缴节约涉税资金占用 1.41 亿元，通过专业分包材料设备款扣除节约涉税资金占用 0.59 亿元，三项数据均较企业开展税务管理策划之前有较大幅度的提升。

2023 年上半年，某工程集团劳务分包低税率取票率达到 96.99%，较开展税务管理策划活动前的 43.57% 有了显著提升，作为此次策划活动的政策抓手，该项措施为实现某工程集团既定策划目标起到了至关重要的作用。

在管控收入规模扩张方面，通过授权分公司进行税务管理，某工程集团纳税主体 2022 年一般计税增值税销售额 641.89 亿元，2023 年上半年仅为 222.31 亿元，已经扭转了税务管理策划活动开展前连续数年收入规模快速增长的趋势，从而为企业控制涉税资金占用奠定了基础。

五、经验总结

针对此次税务管理策划案例的成功，某工程集团总结有效经验如下：

（1）在如此大规模的企业，如此众多的工程项目中开展一次成功的税务策划活动，政策抓手应尽量保持逻辑简单，易于宣传，易于操作，从而确保各个部门在短时期内开展协作，形成合力，实现策划目标。

（2）在集团公司制定出大的方针政策，给出总的策划方案后，各子分公司可以依据自身的实际管理情况，有侧重点地遵循与采纳。例如：一公司对于劳务分包低税率取票的传统延续；二公司关于授权分公司税务管理的传统延续；四公司由于铁路项目较多，专业分包中所含钢结构设备价值较大，从而更应重视专业分包材料设备款的分包扣除；等等。

（3）在集团公司、子分公司的政策指导与指标下达的背景之下，各工程项目财务人员应在编写纳税策划书时与业务人员有效沟通，通过对成本构成和业主要求的了解，结合相关税收法规，找到项目部降低进项与预缴资金占用的纳税筹划点，向业务人员提出在合同签订、发票取得、业主沟通等方面的配合方案，并将其写入纳税策划书，对节税成果进行客观预期，并定期反馈复盘，检验成果。

六、具体工程项目案例

（一）工程基本情况

工程名称：某分公司 A 铁路工程项目

签约合同价：23.49 亿元，不含税金额 21.55 亿元、增值税 1.94 亿元。

工程进度付款：按批准的季度验工计价的 90% 扣除月份预支的工程款和应抵扣的工程预付款（备料款）

（二）项目进销项情况匡算

由表 2 可知，如不经策划，项目部全周期进项税额为 15 720.19 万元，全周期需缴纳各项税费合计为 4 668.09 万元。

表 2　　　　　　　　　　　　项目进销项情况匡算

序号	税种/税目	计税基数		税率（%）	税额（万元）	价税合计（万元）
		项目	金额（万元）			
1	销项税	预计结算值/(1+9%)	215 485.02	9	19 393.65	234 878.67

续表

序号	税种/税目	计税基数		税率（%）	税额（万元）	价税合计（万元）
		项目	金额（万元）			
2	减：进项税	专业分包合同金额	7 975.55	9	717.80	8 693.35
3		劳务合同金额	50 429.96	3	1 512.90	51 942.86
4		材料合同金额	72 100.46	3，13	7 178.90	79 279.36
5		机械设备金额	9 416.96	13	1 224.20	10 641.16
6		装饰装修合同金额	47 365.50	3，13	4 684.50	52 050.00
7		间接费用金额	6 698.11	综合测算	401.89	7 100.00
8		小计	193 986.54	—	15 720.19	209 706.73
9	应缴增值税	销项税 – 进项税	3 673.46			
10	加：附加税——城建税	销项税 – 进项税	3 673.46	7	257.14	
11	加：附加税——教育费附加	销项税 – 进项税	3 673.46	3	110.20	
12	加：附加税——地方教育附加	销项税 – 进项税	3 673.46	2	73.47	
13	企业所得税	预计结算值/（1 + 9%）	215 485.02	0.2	430.97	
14	印花税	分包合同加总包合同不含税总额	409 471.56	0.03	122.84	
15	应纳税额合计				4 668.09	

（三）分成本类别税务策划

在税收政策允许的前提下，对劳务分包、机械租赁、其他费用采购优先选择低税率发票，从而降低进项税留抵金，减少项目资金占用。具体举措不一一列举。

（四）经策划后项目整体税负情况

由表2、表3对比可得，经策划项目可以节省预缴增值税及附加244.25万元，在集团公司整体进项留抵较大的情况下，可节省进项税资金占用894.96万元。

表3   增值税、附加税及利润分析

项目名称		金额（不含税）（万元）	税率（%）	增值税额（万元）	价税合计（万元）
营业收入、销项税额		215 485.02	9	19 393.65	234 878.67
成本、进项税额	材料成本	76 555.98	13	9 952.28	86 508.26
		23 181.66	3	695.45	23 877.11
	租赁成本	2 274.34	13	295.66	2 570.00
		7 142.62	9	642.84	7 785.46
	专业分包成本	7 975.55	9	717.80	8 693.35
	劳务分包成本	70 643.55	3	2 119.31	72 762.86
	间接费用成本	6 698.11	综合测算	401.89	7 100.00
	成本合计	194 471.81	——	14 825.22	209 297.04
预缴环节全部可抵扣分包额		93 341.67			
预缴增值税		2 597.01			
预缴城建税及附加		311.64			
全周期缴纳增值税		4 568.43			
项目全周期取得进项税额		14 825.22			
经策划，节省预缴增值税及附加（相比表2）		244.25			
经策划，节省进项税资金占用（相比表2）		894.96			

（五）税务策划执行情况

由表4可得项目2022年通过"设备+人"模式累计扩大分包扣除金额1 575.17万元，节约进项税额57.81万元；通过取得低税率材料发票节约进项税额55.99万元。通过税务策划2022年累计节约进项税额113.80万元。

表4   2022年节税降费执行情况

模式	序号	机械租赁（正常税率13%）/材料采购及设备租赁	本年发生额（含税）（万元）	税率（%）	节约税率（%）	节约税金（万元）
一、通过"设备+人"模式	1	重庆LR机械设备有限公司	519.02	9	4	19.05
	2	成都ZR工程机械租赁有限公司	954.90	9	4	35.04
	3	温州AW建筑工程有限公司	101.25	9	4	3.72
	金额小计	——	1 575.17	——	——	57.81

续表

模式	序号	机械租赁（正常税率13%）/ 材料采购及设备租赁	本年发生额（含税）（万元）	税率（%）	节约税率（%）	节约税金（万元）
二、通过取得低税率材料发票模式	1	成都 BX 建筑机械租赁有限公司	234.59	3	10	22.78
	2	贵州 JR 建材有限公司	52.46	3	10	5.09
	3	贵阳 XQ 物资经营部	209.14	1	12	24.85
	4	QK 商贸有限公司	25.94	3	13	3.27
	金额小计	—	522.13	—	—	55.99
节约进项税额合计		—	—	—	—	113.80

由表5可知2023年1～6月通过"设备＋人"模式累计扩大分包扣除金额2 418.31万元，节约进项税额88.75万元，通过取得低税率材料发票节约进项税额78.72万元。通过税务筹划2023年1～6月累计节约进项税额167.47万元。

表5　　　　　　　　　　　2023年1～6月节税降费执行情况

模式	序号	机械租赁（正常税率13%）/ 材料采购及设备租赁	本年发生额（含税）（万元）	税率（%）	节约税率（%）	节约税金（万元）
一、通过"设备＋人"模式	1	重庆 LR 机械设备有限公司	905.47	9	4	33.23
	2	四川 ZM 贸易有限公司	57.40	9	4	2.11
	3	成都 ZR 工程机械租赁有限公司	856.52	9	4	31.43
	4	温州 AW 建筑工程有限公司	598.92	9	4	21.98
	金额小计	—	2 418.31			88.75
二、通过取得低税率材料发票模式	1	成都 BX 建筑机械租赁有限公司	495.06	3	10	48.06
	2	重庆 YS 建筑设备租赁有限公司	61.60	1	12	7.32
	3	贵州 JR 建材有限公司	110.13	1	12	13.08
	4	贵阳 XQ 物资经营部	86.33	1	12	10.26
	金额小计	—	753.12	—	—	78.72
节约进项税额合计		—	—	—	—	167.47

该策划案例的优点在于项目部财务人员在计算工程项目全周期初始税负情况的基

础之上，结合工程项目实际情况找出具体策划点，在此基础上计算出通过努力可以实现的节约增值税涉税资金占用金额，并设立定期反馈机制，列举出各类节税措施的节约增值税涉税资金占用成果。不足之处在于涉税数据没有区分年度编写，从而无法与控制增值税涉税资金占用活动相契合。

（中铁建工集团财务部 江永璞 崔振国 仲闫立 齐乾宇 李灵丰）

西安地铁 9 号线 PPP 项目运营初期
成本管理的现状和思考

【摘要】西安地铁 9 号线 PPP 项目的运营收入主要是"使用者付费 + 政府可行性缺口补贴",作为投资人而言,投资收益是重要的考虑因素,开源节流是取得投资收益的重要保障,节流的最根本途径就是运营成本管理。西安地铁 9 号线 PPP 项目作为中国中铁第一条自主运营的城市轨道项目,运营成本管理可借鉴的经验不足,所以研究其运营初期成本管理,把握运营成本变化的规律,对于后续中国中铁轨道交通 PPP 项目运营成本管理具有十分重要的借鉴意义。

一、背景描述

(一) 西安地铁 9 号线 PPP 项目基本情况

1. 项目情况

西安市地铁临潼线 (9 号线) 一期工程 PPP 项目 (以下简称"西安地铁 9 号线 PPP 项目") 是西安市主城区连接东北部外围组团——临潼副中心城市的外围线路,是一条以疏解交通功能为主,规划引导作用为辅,兼顾旅游交通的城市轨道交通线路。9 号线投资概算 138.89 亿元,自纺织城站 (地铁 1 号线终点站) 引出,止于秦陵西站,全长 25.296 公里,均为地下线路。全线共设车站 15 座,香王车辆段 1 座,在纺织城和芷阳广场各设主变电站 1 座,控制中心与 4 号、5 号、6 号线合设于 4 号线航天城车辆段内,配属 B 型车 29 列。

西安市地铁临潼线 (9 号线) 一期工程采用 PPP 模式建设。西安市政府授权西安市轨道交通建设办公室为项目实施机构,授权西安市轨道交通集团有限公司为政府出资代表。中国中铁股份有限公司 (简称"股份公司") 通过竞标,中选本项目社会投资人,与西安市轨道交通集团共同出资设立西安中铁轨道交通有限公司 (以下简称"项目公司")。项目公司负责本项目投资、建设、运营及维护、追加投资和更新改造,特许经营期 30 年,其中,建设期 4 年,运营期 26 年;特许经营期满时,项目公司将本项目资产无偿移交给市轨道办或市政府指定的其他机构。本项目资本金为总投资的 30%,由股东按持股比例出资 (其中,股份公司持股 60%,政府方出资代表西安市轨道交通集团有限公司持股 40%),总投资的 70% 以项目公司为主体,由项目公司通过银行贷款解决,以建设期信用及运营期《特许经营协议》项下收益作为担保条件，股东方不提供担保。

2. 项目投资回报机制

政府授予项目公司特许经营权，项目公司取得"使用者付费 + 可行性缺口补助"，社会投资人通过"利润分配 + 清算"的方式收回投资并取得合理回报。

（1）收入来源。包括票务收入（含超额票务收入分成）、非票务收入（含超额非票业务收益分成）及政府补贴。

（2）定价机制。本项目运营票价实行政府定价管理。市政府根据相关法律法规和社会经济发展状况、9 号线旅游线路的定位，制定并适时调整本项目运营票价。

（3）调整机制。第一，车公里服务费调价机制：项目开通初期运营后，以 3 年为一个价格周期对车公里服务费价格进行调整。第二，车公里可变成本调整：对于实际运营中各年度实际车公里数（运营里程）较约定车公里数出现的差异，对差异部分根据车公里可变成本单价相应计算项目可变成本调整额，纳入对项目公司的专项补贴调整范围。车公里可变成本与约定车公里服务费同步调整。

（4）票务收入不足风险分担。实际客流低于预测客流造成实际票务收入不足基准票务收入水平时，低于约定值的部分风险由市政府承担，高于约定值至 100% 部分的客流风险由项目公司承担。

（5）超额票务收入分成。项目实际票务收入大于基准票务收入，市政府和项目公司按照约定的超额累进方式就超额票务收入（项目实际票务收入–基准票务收入）进行分成，市政府承诺其分成部分优先用于抵减市政府当年补贴。

（6）超额非票业务收益分成。运营年度全部非票业务收益小于基准非票业务收益，其差额风险由项目公司承担。运营年度全部非票业务收益大于基准非票业务收益，对于每个实现超额收益（全部非票业务收益 – 基准非票业务收益）的运营年，市政府和项目公司应按照表 1 约定的超额累进分成比例进行分成。市政府承诺其分成部分优先用于抵减市政府当年需为乙方提供的补贴。

3. 项目投资控制情况

项目中标后，对项目进行了投资策划，西安地铁 9 号线一期工程总投资控制概算范围以内，实现了部分投资节约。

4. 项目运营管理情况

西安地铁 9 号线于 2017 年 1 月正式开工建设，2020 年 12 月 8 日顺利通过工程竣工验收，2020 年 12 月 13 日顺利通过初期运营前安全评估，2020 年 12 月 28 日正式开通初期运营。

（1）人员配置及用工方式。项目公司目前定编 1 260 人，目前实际在岗人数少于定编人员，主要由西安地铁派驻、中国中铁派驻、校招和社招等四部分人员构成。其中，管理岗占比约 5.64%、专业技术岗人员占比约 11.54%、生产服务岗人员占比约 81.8%、建管中心占比约 1.02%。项目公司从 9 号线自主管理、自主运营的实际出发，参照西安地铁及国内同行业管理经验设置岗位，主要由管理序列、业务技术序列、客运系列、调度序列、乘务序列、运维序列六个序列构成。所有人员均与项目公司签订劳动合同，属于公司正式员工，每位员工根据所在岗位类别、职级、薪酬标准关系及薪档档幅核定具体薪酬。

（2）2020～2022年财务情况及报表。2020年项目公司处于建设期，基本不产生毛利，只有少量营业外收支和坏账损失。2021年进入运营期后，受新冠疫情及沿线开发迟滞影响，票务收入、非票收入严重低于预期，无法弥补各项经营成本，因此各年毛利率呈现负数；2021年公司根据《特许经营协议》确认政府补贴，当年全部收支相抵后净利润为负数。2022年公司进行了绩效考核，确认政府补贴，确认2021年考核后补贴差额，当年全部收支相抵后有所盈利。

（3）项目运营模式。根据《特许经营协议》、财政部《关于进一步加强政府和社会资本合作（PPP）示范项目规范管理的通知》（2018年）、《关于推进政府和社会资本合作规范发展的实施意见》（2019年）文件有关规定，西安地铁9号线采用自主运营的模式。由项目公司，负责本项目的投资—建设—运营管理。项目公司借鉴城市轨道交通行业惯例和西安市轨道交通线网惯例经验，严格按照《特许经营协议》中关于运营服务相关要求。其中，对于涉及运营安全、服务质量、核心业务及前台业务等采用自主运维模式；针对非核心业务、受资质影响业务等采用委外模式。项目公司主要通过公开招标方式来确定具体承担单位，受制于地铁委外项目市场化程度高、竞争激烈、资质限制等综合因素影响，目前西安地铁9号线体制内运营单位较少。

项目公司高度重视委外单位管理，严格落实"委外不委责"管理原则，通过开展季度履约检查、安全监督、随机抽查、主办部门日常监督管理等方式，推行统一准入机制、统一管理机制、统一调度指挥、统一标准化建设、统一评价考核和培训的"五统一"管理理念，力求将委外单位纳入公司整体管理序列，确保委外项目维保质量，风险整体可控。西安地铁9号线运维管理模式，如表1所示。

表1　　　　　　　　　　西安地铁9号线运维管理模式

工作内容		运维		备注
		管理模式		
合计		西安9号线	西安地铁	
核心业务自营	调度	自营	自营	
	票务	自营	自营	
	客运组织管理	自营	自营	
	乘务	自营	自营	
	车辆日常维修	自营	自营	
	供电（含接触网）	自营	自营	（除柔性接触网维护外）

续表

工作内容			运维		备注
			管理模式		
合计			西安9号线	西安地铁	
核心业务自营		AFC	自营	自营	
		综合监控	自营	自营	
		屏蔽门	自营	自营	
		通信（不含公安通信）	自营	自营	
		信号	自营	自营	
专业设备设施委外	受资质影响	电扶梯	委外	委外	
		FAS及气灭设备	委外	委外	
		结构沉降观测	委外	委外	
	法律法规规定	消防、防雷、特种设备、计量、公共场所卫生等检测	委外	委外	
	利用专业公司优势	通风空调、给排水、低压配电设备	委外	委外	
		公安通信	委外	委外	
		供电外部电源维护	委外	委外	
		工建（含轨道、房建结构、隧道、装饰装修等）	委外	委外	
其他		安保（含安检设备）	委外	委外	
		保洁、物业	委外	委外	
		各类设备设施大中修	委外	委外	
		专业零部件维修	委外	委外	
		专项设备维修、故障应急处理等	委外	委外	

（二）西安地铁9号线PPP项目运营初期成本的现状分析

运营期总成本主要由简单运营成本、建设期形成的资产摊销、财务费用（主要是贷款利息）组成。

同特许经营协议的财务模型数据对比，运营两年总成本同比减少，其中，简单运营成本增加财务费用（贷款利息）减少、建设形成资产摊销模式发生变化同比减少。

简单运营成本增加主要增加的是人工成本和营运费上。其中，人工成本增加的原因：一是工资水平同西安地铁保持持平并略有提升，导致人均总体水平超出投标预计；二是根据政府方要求委外模式同西安地铁基本保持一致，同时要求职工人数同投标人数保持一致。营运费增加的主要原因为投标成本以外项目还包括物业费、工器具、标示标牌、校验检测、交易服务费、防疫费用等费用，费用项目超出投标预计。

（三）加强西安地铁 9 号线 PPP 项目运营初期成本管理的原因

西安地铁 9 号线 PPP 项目的运营收入主要是"使用者付费＋政府可行性缺口补贴"，作为投资人而言，投资收益是重要的考虑因素，开源节流是取得投资收益的重要保障。由于项目的票价是由政府进行定价，客流受项目车站环境影响较大，非票收入明显亏损严重；所以节流运营成本管理是取得投资收益的最根本途径。西安地铁 9 号线 PPP 项目作为中国中铁第一条自主运营的城市轨道项目，运营成本管理可借鉴的经验不足，所以研究其运营初期成本管理，把握运营成本随着运营年限的递增变化的规律，对于后续中国中铁轨道交通 PPP 项目运营成本管理具有十分重要的借鉴意义。

二、总体设计

（一）西安地铁 9 号线 PPP 项目运营初期成本管理的目标

通过对运营初期成本进行管理，达到降低运营成本的目的，实际发生运营成本低于特许经营协议运营成本的目标。

运营期总成本主要由简单运营成本、建设期形成的资产摊销、财务费用（主要是贷款利息）组成。简单运营成本由薪酬、电费、维修和备品备件、税费、管理费和其他费用组成。

（1）建设期形成的资产摊销是和项目的建设期内选用设备及房屋建筑物等资产投资相关的，对其控制主要是在项目建设阶段对造价的合理控制来实现的，一旦投资中资产金额确定，摊销在未来运营期间是相对不变的。

（2）财务费用，主要是贷款的利息，确定了贷款的偿还方案及贷款的利率，贷款利息在未来运营期间也是相对不变的。

（3）简单运营成本中的管理费用、人工费用、运行维护费、材料费、电费等费用支出属于可控费用，可以通过公司的各种制度、加强成本管理的措施及人力资源统一策划进行一定控制，从而以达到降低运营成本的目标。

（二）西安地铁 9 号线 PPP 项目运营初期成本管理的整体思路

通过对简单运营成本的管理和控制，在保证项目正常运营和运营安全的前提下，合理降低简单运营成本，增加投资人的投资收益。

（三）西安地铁 9 号线 PPP 项目运营初期成本管理的思考

1. 加强人力管理，降低运营人工成本

要加强公司的部门设置及人员数量的顶层设计，避免部门的重叠性和无效性，要明确规定和设置每一个部门的职能，实现部门职能必须设立的岗位，规定每一个岗位应承担的工作任务及职责。部门的岗位相互衔接，提高整个部门的业务流程，提高工作效率，避免造成人员的浪费。要稳定员工队伍，关心员工，适度提高福利待遇。另外，还要加强培训，进行专业知识的培训、能力培训，提高员工的素质，从而有效地控制人员的流失。

2. 运用科学手段降低能耗

通过调研学习，研究使用技术革新、科技手段更新淘汰旧的、高耗能的设备，达到节能的目的。利用远程监控技术，建立科学有效的自动化集成系统，监控用能设备的用能时长、用能状况，分析判断用能设备的运行状况，合理地调度能源负荷，使用能设备长期处于最佳的用能状态。建立科学完善的预算管理机制，做好节能降耗工作。针对班组的工作消耗，积累原始数据，建立数据库，进而分析制订出消耗计划定额来确定采购备品备件数，争取以最低的库存满足维修的备品备件需要，降低库存成本。

3. 建立合理的维修方式，降低维修费用

对于设备维护维修工作，采取逐渐将市场成熟的设备系统委托给专业化的维护公司来做，公司只配少量的技术骨干来指导、监督、配合外委单位的维护维修工作，自己不再成立庞大的维护队伍，以降低维修费用。委外维修是将设备系统委托给维护市场已经成熟的专业化公司去做，从而达到降低维护费用的目的。

4. 实施精细化管理，降低管理费用

改变粗放式管理，精细化管理保障成本控制。现代企业对精细化管理强调的是细分对象、细分职能和岗位细化分解每一项具体的工作，细化管理制度的各个落实环节，进一步拓展成本控制职能，分类确定不用的部门责任内容、标准和范围。

三、应用过程

（一）西安地铁 9 号线 PPP 项目公司组织架构

依据《特许经营协议》及西安地铁 9 号线运营期管理实际，项目公司运营期设置了 7 个职能部门，5 个生产部门及因建设收尾设置建设管理中心，具体如图 1 所示。

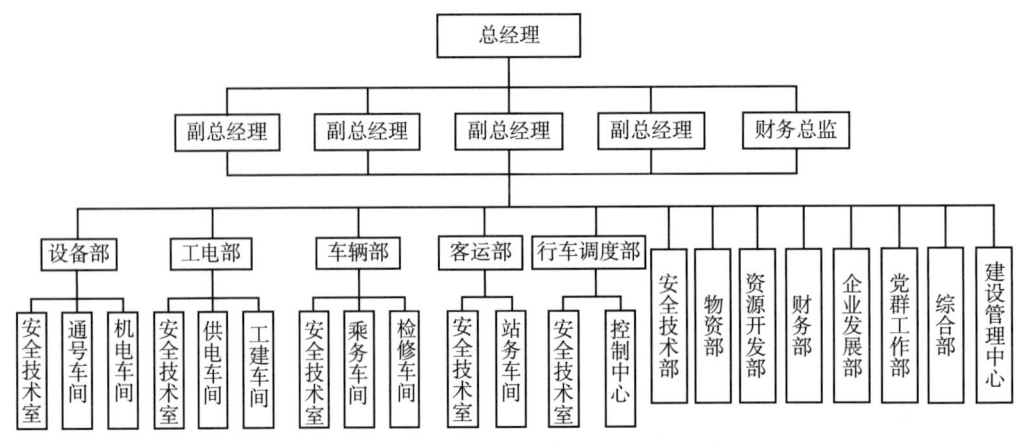

图1 西安中铁轨道交通有限公司组织架构

（二）西安地铁9号线PPP项目简单运营成本预算分项及成本管理的部门

1. 人工成本预算

由公司综合部管理，反映公司预算年度内生产部门和管理部门的人工成本总额，包括工资薪金、福利费、社会保险费、住房公积金、工会经费、职工教育经费。

2. 能源消耗预算

由公司工电部管理，主要在生产预算基础上，按照能源消耗产生费用的项目及其以前年度实际发生额，反映公司预算年度内用于生产管理的水、电、暖耗用支出，根据预算期合理控制成本、费用的要求编制。

3. 修理维护预算

由公司车辆部管理，主要依据营运水平、设备役龄、劳务、备品备件等情况的变化，进行某些增减来估算汇总编制，反映公司预算年度内生产部门各车间用于修理维护专业生产设施、设备而预计领用的消耗性材料、备品备件、高价互换配件、工器具支出，以及委托外部单位对上述专业生产设施、设备进行修理维护的支出，同时提供本部门年度维修计划。

4. 其他成本费用预算

由公司各部门管理，反映上述成本以外的其他成本费用预算情况。

（三）西安地铁9号线PPP项目运营成本管理的运用

1. 人工成本方面

公司稳步推进组织架构及岗位定编优化研究，结合运营前两年经验积累及充分调研借鉴国内其他PPP项目、行业先进管理经验，开展组织架构"回头看"相关工作，在确保安全、服务前提下，通过优化生产组织流程，按照业务整合、专业融合的思路，有序、稳步推进组织架构及岗位定编优化，进一步提高单位管理效率及降低运营成本。

2. 能耗费方面

公司对于能耗费采用管理与技术手段双重措施进行管控，主要集中最大能耗电费的管控上。一是采用中压能馈型再生制动装置，每座牵引降压混合变电所装设一套中压能馈型再生制动能量回馈装置，车辆段装置一套中压能馈型再生制动能量吸收装置；二是加强日常用能管理，各类用能设备实行"谁使用、谁负责"的原则，落实好各项节能管控措施；三是实施差异化节能管控措施，对所辖车站、车辆段用能设备进行全面梳理，在适应实际使用需求的基础上落实差异化的节能管控措施。

3. 委外费及物资消耗方面

公司通过开通前两年运营磨合及维修实践验证，以设备设施安全运行为前提，进行成本管控。一是开展修程修制创新研究，改进现有维修模式，将现有"计划修为主，故障修为辅"的维修模式，逐步研究过渡到"计划修、故障修、专项修并重"，实现设备设施修程更加科学合理；二是从设备设施整个特许经营期全寿命周期考虑，研究维修与设备更新相匹配，进一步降低维修养护成本及合理控制更新改造费用；三是充分考虑委外管理与运营管理组织架构匹配性，委外人员与运营内部人员的专业融合，合并优化委外项目，降低委外项目管理成本，实现集中维保发展模式，做大委外规模，通过合理的价格吸引优质专业化委外单位，推动市场良性发展，实现运营维保安全平稳、经济；四是同时逐步研究、推广人工智能、信息化技术等在运营维护方面的应用。探索日常巡检信息化、可视化，同步线上电脑和移动端系统，实现全息感知、实时分析、动态多点位跟踪卡控，提高人员工作效率；五是采用建立消耗定额和计划采购严格把控物资消耗量，采用线上、线下多渠道询价把控物资价格，通过多种方式管控物资消耗。

4. 其他费用

公司严格按照预算控制，坚持预算外费用不经审批不得发生原则。预算控制原则为按照费用项目进行控制，其中有归口部门的，按照此项费用的总金额进行控制，无归口部门的按照各部门的费用项目进行控制。

（四）西安地铁 9 号线 PPP 项目 2023 年运营成本管理的测算

2023 年预计总成本同比 2022 年总体降低。其中，简单运营成本增加，财务费用减少。

人工成本同比 2022 年增加，主要的原因为：一是职工薪酬随工作年限调档、职称晋升导致增加；二是人员社保基数随全员完成定岗，工资全额发放后基数调整增加；三是职工教育受新冠疫情影响，原先应该开展的内外部培训及强制取证延缓至2023 年开始，故导致差距较大。

能耗费同比 2022 年实际减少，主要原因在于 9 号线开通后一直处在建设期，用电不稳定，前期预估 9 号线用电量与实际出入较大，股份公司年底结算周期与西安地铁不一致，导致多余费用未及时充抵成本，导致同比能耗减少。

修理维护费同比 2022 年实际增加，一是 2023 年为过保后首年，原先部分备件和高价互换件由原厂家提供，过保后需自行采购，导致材料消耗增加；二是过保后原先由厂家代为维护的专业设备，现需进行委外维保，导致委外维修增加，例如，新增电扶梯维保费用、机电系统 UPS 故障修、自动售检票系统故障修、电客车及工艺设备主要部件故障返厂维修、污水管道疏通接驳项目等；三是过保后既有委外项目委外范围扩大，例如，风水电维保、公安通信系统维保等。

营运费同比 2022 年实际减少，减少的主要原因为新冠疫情政策调整后，安保测温人员减少，同时防疫物资及检测费用减少。

其他管理费同比 2022 年实际增加，增加的主要原因为：一是 2023 年为工装发放周期，增加工装费用；二是 2023 年处于董事会及监事会换届周期，单位主要会议陆续召开，同时监事会本年开展审计，故费用增加；三是根据档案管理规定，2023 年开始对于前期档案归档，增加档案归档费用；四是前期软件系统脱保后，需增加软件服务费；五是新冠疫情政策调整后，加大宣传力度，2023 年新增主题专列宣传费用。

财务费用相比 2022 年减少，主要原因为：一是本年贷款利率降低；二是存款利率经过筹划，存款利率有所上升。两方面因素叠加导致财务费用降低。

四、取得成效

在加强运营成本管理过程中，西安地铁 9 号线 PPP 项目 2022 年的运营成本低于协议约定的运营成本，低于集团公司下达的运营成本管控目标，2023 年上半年运营成本发生数仅占集团公司下达运营成本管控目标的 40%，初步取得了一部分成效。

五、经营总结

（一）运营筹备阶段

1. 运营筹备

制订运营筹备方案及实施计划，明确运营期组织架构、编制规章制度及制定专项方案；运营人员准备和培训取证；分专业开展工程介入并建立问题库，移交接管组织及人员培训工作，后勤（安保、保洁和办公物资）及开通物资保障，车辆到段验收调试取证，行车、客运、乘务、票务筹备及生产组织，参与各阶段验收，资产清点及接管，综合联调，试运行演练及开通初期运营等开通前准备，尾工施工管理等工作。

2. 超前谋划介入工程建设

工程介入工作分为运营参与技术审查和运营参与工程建设两部分内容。通过提前开展工程介入，将运营需求前置在工程的规划和设计阶段，有效避免工程返工或对后续运营工作产生影响。同时运营人员提前参与工程建设，熟悉、掌握各专业系统设备，确保各专业实现设计功能和投入使用后的稳定运行，保证开通质量和运营安全。

3. 充分运用综合联调，发现解决设备问题

运营全过程参与综合联调，组织相关专业人员全过程参与设备单调，系统功能联动测试以及针对开通初期运营要求的 34 项功能测试，可有效检验设备运行状态及存在的问题，从设备出厂到安装的根源上杜绝重大设备问题出现，对后续运营所造成的影响。

4. 试运行阶段

通过为期 3 个月的试运行，检验各系统及设备的安全性、可靠性和稳定性；全面掌握设施设备操作流程，组织实施运营演练，采集关键指标数据；西安地铁 9 号线在试运行期间制订预案并开展公司级演练 17 项，检验和提高不同状况下的应急处置能力，优化和完善相关应急预案，为开通初期运营夯实基础。

（二）运营初期阶段

西安地铁 9 号线 PPP 项目自 2020 年 12 月 28 日开通初期运营至今，截至 2023 年 6 月 30 日安全运营 915 天，累计运营里程、开行列车列次与特许经营协议要求相符；各项运营服务指标均优于《特许经营协议》约定。2022 年、2023 年，项目公司通过了政府组织的建设期、运营期（2021 年、2022 年）绩效考核评价，运营质量优于《特许经营协议》约定，取得优秀成绩，也获得政府相关部门和社会各界的认可。2021 年西安市城市轨道交通服务质量评价中，9 号线位列西安地铁线网第五，乘客满意度测评位列西安地铁线网首位；项目公司分别荣获 2021 年、2022 年西安市交通运输行业"安全生产先进单位"称号；2022 年华清池站荣获陕西省建设工会"梦桃式"班组称号；2023 年顺利通过西安市交通运输局组织的西安地铁线网运营期安全评估，目前正开展安全生产标准化体系认证，预计将于 2023 年 5 月底取得安全生产标准化一级认证。届时，项目公司将成为国内轨道交通 PPP 项目首个取得该项认证的单位。项目公司积极适应由投资建设向运营组织的角色转换与职能定位，以安全运营、优质服务为核心，以履行《特许经营协议》为出发点，以降本增效为目标，突出结果考核导向与过程控制管理相联系，推动西安地铁 9 号线 PPP 项目运营管理可持续发展。

1. 五年规划谋划引领发展

西安地铁 9 号线 PPP 项目立足自身实际，统筹管理基础与务实发展，组织编制了《第一个五年计划（2021—2025 年）》，明确了 2021～2025 年期间各年度的工作目标

和重点工作任务。通过践行"强基固本"（2021年），"稳中求进、素质提升"（2022年）发展策略，西安地铁9号线日常运维管理水平切实得到了提升，运营服务质量均优于《特许经营协议》约定。

2. 多措并举突破单线人员管理瓶颈

为进一步巩固运维人才队伍建设，打破西安地铁9号线PPP项目单线人才培养的局限，夯实涵盖调度指挥、客运服务、通信信号、设备维修、安全技术等30多个专业技术人员技能，项目公司先后通过实施了"重实绩、重贡献，奖勤罚懒、奖优罚劣"的薪酬激励方案，构建了关键环节岗位人才储备蓄水池，开展了岗位技能比武、实战演练、"璞玉成金、众建贤才"等特色活动，实现了薪酬待遇与责任、能力、绩效深度匹配，以专业促个人成长，以规范提团队效能。

3. 完善的管理体系赋能管理效益

着眼于城市轨道交通项目运营组织管理的可持续发展，构建了由通用基础标准、服务提供标准、服务支撑与保障标准、服务质量与评价标准等构成"四位一体"的标准化管理体系。标准化管理体系涵盖企业管理类标准139项、技术管理标准90项、应急预案类46项，并随项目运营管理实践不断优化完善，切实发挥着"管理出质量""管理出效益""管理促发展"的作用。

4. 坚持安全为本，服务为魂

安全是西安地铁9号线PPP项目的生命线，项目公司以企业安全生产标准化达标为主线，以双重预防机制为抓手，通过狠抓责任落实、动态管控风险、排查治理隐患、推进智慧消防、规范安保管理、提升检修质量、完善应急体系，稳步推进"乘客安全乘车、员工安全生产、设备良好运转、行车组织有序、环境安全和谐"的平安运营目标实现。截至目前，西安地铁9号线运营安全生产工作形势总体稳定，各项安全指标均满足《特许经营协议》及城市轨道交通行业要求。项目公司以"乘客需求为导向，客运服务是灵魂"的指导思想，全方位践行"诚心诚意，恒久为您"的服务理念。通过服务热线、微信互动平台、微博公众号、乘客满意度调查等多种途径倾听乘客诉求，用力提升服务质量；结合西安地铁9号线旅游线路的功能定位，打造了"因为这一'橙'，爱上这一城"为主题的"骊玖橙旅"服务品牌，用情铸造服务品牌。历经两年硬件设备升档与软件服务实力提升，西安地铁9号线整体服务质量得到明显的跨越提升，赢得了广大市民的一致好评。

5. 全面统筹、多方位成本管控

西安地铁9号线PPP项目存在投资规模大、运行周期长、回报慢等特点，各个阶段的管理，构成最终整个项目的收益，所以要把项目作为一个不可分割的整体进行成本管控，对于各个阶段要有机地联系在一起。一是前期招采阶段要做缜密的可行性研究，对于项目所在地成本水平和发展趋势要认真地做市场调研；二是建设期严把施工质量，在不超概算的前提下加大软硬件投入，通过加大前期投入减少后期运营成本；三是运营阶段从管理和技术两个方面进行成本管控，管理方面对标行业先进企业在各成本项目上找差距抓提升，技术方面通过采用新技术、研发新技术、鼓励科研技改等方式，对于运营成本进行管控。

6. 智慧运维助力生产提质增效

以技术创新为导向，顺应智慧运维与云计算、大数据、5G 等新技术融合，力求通过"需求＋数据"双重驱动，打造以生产运维为核心，兼顾综合治理的多元一体化的智慧运维管理系统。西安地铁 9 号线 PPP 项目先后上线了"施工调度＋设备维修"系统、车辆段检修信息采集及管理系统、智慧安防信息管理平台等 6 项智慧化运维管理系统，开展了"中压能馈型再生制动装置""FAS、气灭立柜转至自动位智慧化管理""电客车检修规程周期优化"等 10 余项技术创新项目，切实提升了设施设备维保质量，保障了运行效果，节约了牵引耗能耗，降低了项目运营维护成本。

（三）当前运营管理中存在的主要难点、痛点

1. 人才培养与晋升问题

西安地铁 9 号线 PPP 项目作为项目公司自主运营的单条轨道交通项目，岗位设置与人员配置均"一一对应"，岗位相对固化，人员晋升空间有限，一定程度制约了广大员工技能提升动力和公司长远发展的活力，无形中加大了人力成本的支出。

2. 项目公司管理痛难点

在西安地铁 9 号线 PPP 项目实际运营管理及重大决策事项中，政府方与社会资本方的关注点不一致。其中，政府方更关注于安全、社会影响及服务质量，社会资本方更关注于投资收益与成本控制。由此导致沟通时间成本偏高、部分决策落地难的情况。存在由此导致的部分节约成本的措施无法进行。

3. PPP 项目公司政府方参与项目管理的界面和深度问题

西安地铁 9 号线 PPP 项目公司政府方参与项目管理的界面和深度需要进一步思考，例如，党组织关于"三重一大"决策界面和深度与项目公司法人治理体系决策程序如何融合的问题亟须进一步探索，由于政府方参与度过高，影响了社会投资人对于成本管控的难度加大。

4. 解决措施

考虑到项目公司的性质和中铁方与股东方（西安市轨道交通集团）存在站位不同、理念不同、观念不同，在平时的运营成本管理工作中，需要在满足西安市轨道交通集团方权益的情况下，通过加强沟通，增强股东方认可度、支持度，通过在具体事务的处置中秉承求同存异等来解决相关问题，同时需要派驻高管和董事与西安市轨道交通集团派驻领导多策略性地沟通，向西安市轨道交通集团派驻高管的真实意图是通

过科学合理的成本管理使股东双方获得的经济利益最大化，是为了项目公司的长远利益和长远发展，获得对方充分理解和信任。另外，中国中铁还要向政府各方讲好 PPP 项目的真正要义、中铁优点和特色，依托西安地铁 9 号线 PPP 项目在西安取得的良好经济效益和社会效益，提高中国中铁、中铁城投在陕西的品牌知名度，打造好"西安中铁"品牌，让"西安中铁"品牌获得陕西省轨道集团领导层的认可，为拓展未来西安其他轨道交通等项目奠定良好基础。

六、结语

通过对西安地铁 9 号线 PPP 项目运营初期成本管理的现状和思考，对项目的运营成本管理进行简要的描述和思考，希望能给大家带来一些借鉴。轨道交通 PPP 项目在竞争激烈的市场经济环境下，在国家对于 PPP 项目严控的要求下，想生存下去和发展下去，除了需要社会投资人的资本实力，同时需要对项目进行科学及有效的管理，成本管理将成为轨道交通行业运营管理的最重要组成部分及赖以生存的保障。

（中铁新丝路建设投资管理有限公司　张红军　王　亮　王艺阳　邓少雄　闫敏媛）

资金自平衡在勘察设计类企业营运资金管理中的应用

【摘要】营运资金贯穿于企业日常生产经营活动中，其状况能够及时、细致地反映企业某阶段的财务经营状况，是企业经营管理的重点。营运资金管理的好坏直接关系到企业能否健康生存与发展。近年来，从世界经济形势来看，主要发达经济体增长动力不足，经济金融领域风险不断加大；从国内经济形势来看，我国经济仍存在结构性问题和周期性矛盾，地方政府财政显性债务规模持续上升，债务付息支出增速较高，新项目投资意愿下降。勘察设计类企业从食物链的上游不断下移，面临"两金"持续走高、企业营运能力降低、资金使用效率低下的问题。基于此背景，如何提高企业营运资金管理水平，实现企业高质量发展，成为勘察设计类企业面临的主要问题。本文将采用案例分析法，通过案例对企业的营运资金管理作出全方位分析，针对企业在营运资金管理方面存在的问题，提出相应的解决措施，即如何实现资金自平衡。本文通过对资金自平衡具体应用的系统性分析，说明了资金自平衡方法有利于促进企业经营效益的提高、经营质量的优化，同时也将有利于企业稳健可持续发展。本文研究的价值在于：在理论层面，由于我国的国家制度和经济体制发展的特殊性，因此，我国企业在营运资金管理方面无法完全借鉴国外的研究成果，本文以本土企业作为研究对象，充实了国内关于营运资金管理的案例研究。在现实意义层面，案例中关于营运资金管理问题的解决措施研究能够为其他企业的资金管理提供一定的借鉴。

一、背景描述

（一）单位基本情况

中铁第六勘察设计院集团有限公司（以下简称"集团公司"）隶属于中国中铁股份有限公司，是一家具有工程设计、工程勘察综合甲级等资质的大型、综合性、国际化企业集团，业务主要涵盖勘察、设计、科研、咨询、监理、项目管理、工程总承包等领域。

截至 2022 年底，集团公司全年累计荣获省部级科技进步奖 15 项、发明专利奖 4 项、微创新大赛成果奖 2 项、优秀勘察设计奖 102 项、优秀工程咨询成果奖 4 项、QC 成果奖 7 项。获得授权知识产权 246 项，包含国内发明专利 53 项，境外专利 5 项。开展外部科研课题 8 项、内部重大重点课题立项 21 项，主持编写规范标准 26 项。

目前，集团公司下设 8 家子公司、12 家分公司、3 家专业设计院、5 家事业部制单位和东、西、南、北、中等区域经营机构及 14 个职能管理部门。

（二）营运资金管理存在的问题

1. 流动资产周转速度较慢

企业营运资金管理主要是针对企业的流动资产和流动负债的管理。企业流动资产周转速度可以反映企业利用流动资产的效果。

如图 1 所示，根据 2017～2021 年集团公司报表分析可以得出集团公司的流动资产周转速度较慢，平均周转天数在 300 天左右，并且呈现出周转速度越来越慢的趋势。导致集团公司流动资产周转速度变慢的主要原因是，占其绝大比重的应收账款及应收票据清收清欠困难导致的账期较长，呆账、坏账的可能性较大。

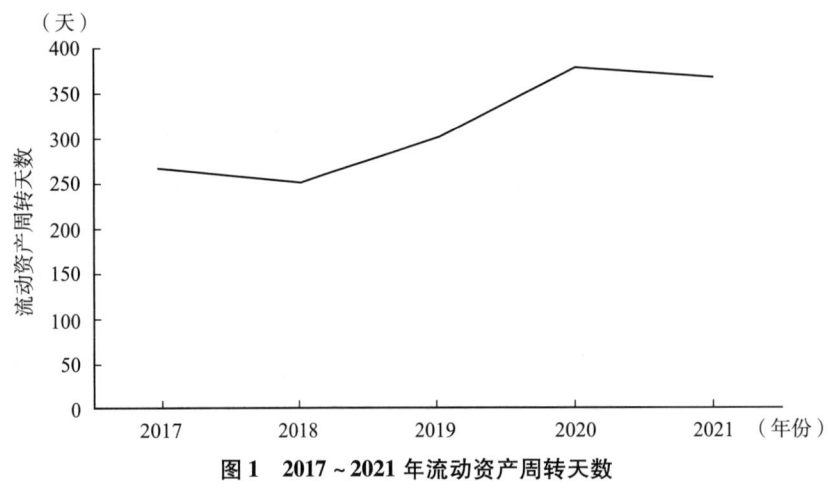

图 1　2017～2021 年流动资产周转天数

总体可见，集团公司呈现出较差的资产流动性，营运能力持续性减弱，风险资产有待进一步消化。另外，图 1 中数据显示，集团公司在一个经营周期勉强能完成一个周转，甚至还要延续到第二个经营周期，这说明集团公司存在着较为严重的资金占用情形。

2. 应收账款占比较大且坏账风险较高

集团公司应收账款占流动资产的比例超过了 30%，占比较大，如图 2 所示，这说明集团公司现金回笼情况比较差，对集团公司经营形成了较大的资金占用压力，集团公司不得不通过供应链融资方式去补充现金流，长此以往，集团公司的负债压力增加，财务费用和应收账款的管理费用也随之增加，集团公司财务状况将陷入恶化趋势。

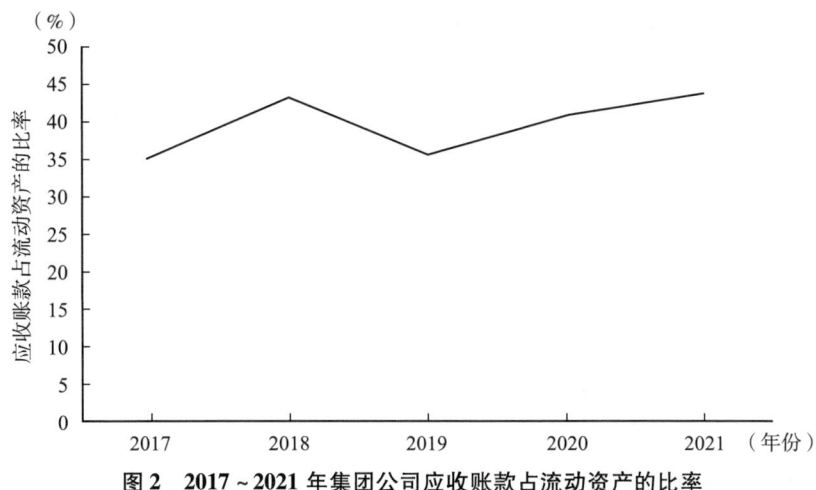

图 2　2017~2021 年集团公司应收账款占流动资产的比率

3. 流动负债比重大且债务结构不合理

如图 3 所示，集团公司流动负债占负债总额的 90% 以上，这说明集团公司短期偿债压力较大。短期债务会较大程度占用营运资金，从而使集团公司其他经营活动的资金使用空间被挤压。

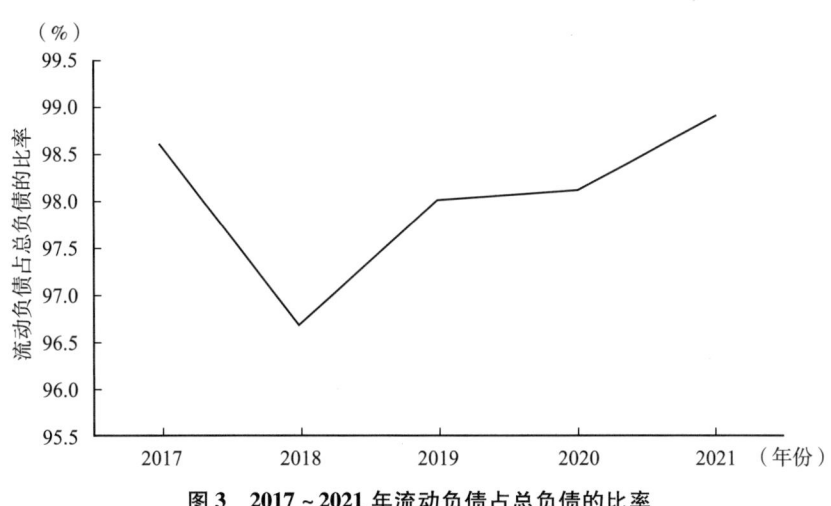

图 3　2017~2021 年流动负债占总负债的比率

（三）选择资金自平衡的原因

1. 勘察设计类企业面临"两金"压降的困境

由于经济下行，勘察设计类企业面临僧多粥少的局面，目前勘察设计类企业普遍存在增收缓、结利慢、收款难的问题，由此决定了勘察设计企业与投资单位签订勘察设计类合同和经营管理活动中的被动性和不公平特征。例如，投资方要求勘察设计单位未签合同先行勘察设计的问题，即使按照进度应该支付进度款，一般也要以各种借口推迟付款或支付部分等，但盈利是企业经营的最终目标，没有效益产出，一切都是徒劳，在行业竞争下行压力不断加大的情况下，使得勘察设计类企业必须加强对营运资金的统筹管理，以满足正常生产经营需要和解决生存问题。

2. 企业稳定发展的需要

集团公司具有项目数量多，但合同金额不大；生产周期长，但管理分散；时间跨度大，但资源配置不集中；资金平衡协调难度大等特点。这一切问题的解决，都需要以资金为基础，所以，资金是影响企业稳定发展的重要因素，企业现金流不足往往会引起项目进程延缓，进而增加企业债务风险和维稳压力。因此，现金流问题已成为集团公司持续生存发展的关键因素，树立"现金为王"的管理理念，以现金流自平衡为导向将成为企业稳定健康发展的关键。

3. 提升风险防控能力

当前，企业高质量发展接续攻坚，面临的风险挑战明显增多。越是爬坡过坎，越要强基固本、蹄疾步稳，持续做好各项防风险、打基础、利长远工作。应该说，越是行业下行，越是市场萎缩，企业对资金的需求越迫切，越需要企业充分地开展自救，全力做好资金引起的风险防控工作。

二、总体设计

（一）应用资金自平衡的目标

1. 资金管控层面

基于勘察设计类企业的生产经营特点及项目核算管理实际，勘察设计类企业资金自平衡管理的目标是生产单位在遵循以收定支、确保上缴、合理负债的基本原则下，基于与业主签订的合同，在做好"双清"工作的基础上，及时足额收回资金，通过合理调整负债方案的策划和实施，依规合法并合理维持对供应商一定规模的负债，实现资金收入覆盖各项成本费用资金支出，从而实现项目全生命周期资金收支平衡的管控目标。

2. 企业治理层面

资金自平衡借助账户分置，实现资金收支两条线管理，厘清集团公司与生产单位资金管理权限，既确保集团公司对生产单位资金管理的主体地位，也将日常资金管理权限交由生产单位，充分发挥其资金管理的积极性。

（二）应用资金自平衡的总体思路

集团公司各生产单位资金自平衡以"以收定支"为主线，含义是聚焦市场，紧盯主业收款，以对业主债权和结算负债形成的营运资金维持日常生产活动。具体原则如下：

（1）统一收款，分户管理。依托资金集中管理平台，生产单位收款账户统一纳入集团财务部管理，生产单位专设付款账户，核算其日常资金支出和缺口调剂款。

（2）先分后支，自行支配。各生产单位完成收款认领经确认无误后，提交资金分割申请表，根据规定扣留应上缴的资金，将剩余资金支付给生产单位，专户资金由生产单位根据实际需要自行支付。

（3）科学预测，合理收取。集团公司要以年初生产单位收入、利润预算为主，结合特定项目具体情况，合理收取应上缴资金。

（4）规范管理，监督支付。生产单位对专户资金自主审批，但应符合集团公司资金管控要求，对于特殊事项的资金支付，要严格按集团公司规定执行。

三、应用过程

（一）组织机构及运作方式

集团公司实行生产单位资金自平衡当年，应核定拨付所属生产单位资金，具体核定方式见资金自平衡具体应用部分。集团公司账户分置后，专户资金属于生产单位管理的资金，由其履行内部决策程序后进行支付，但支付内容、支付比例及相关附件应符合集团公司相关资金管理规定。各生产单位根据年初预算指标计算各季度应上缴的资金，然后填写资金分割申请表，待集团公司审批后将剩余资金拨付生产单位。

原则上集团公司不代付各类资金，如确因生产经营需要，由集团公司代付。各生产单位要尽量做到资金收支平衡，对确因客观原因不能做到资金自平衡的，经生产单位申请，履行审批程序后，集团公司可给予资金调剂。

（二）主要参与部门和人员

集团公司成立生产单位资金自平衡工作领导小组，主任由集团公司主要领导担任，副主任由分管财务、商务的领导担任，成员由财务、审计、商务等职能部门组成，小组办公室设在集团财务部。各生产单位比照集团公司成立本单位资金自平衡工作领导小组，统筹规划本单位资金管理，确保资金自平衡运转有序。

生产单位主要领导是资金自平衡的第一责任人，财务分管领导、财务部负责人是第二责任人。

（三）资金自平衡的具体应用

为更好地阐释资金自平衡的应用过程，特选取了集团公司有代表性的 A 生产单位。A 生产单位为集团公司的独立核算单位，它是一个多专业综合性勘察设计类单位，目前已获得集团铁道行业甲级、市政行业（桥梁工程、轨道交通工程）专业甲级、建筑行业（建筑工程）甲级、工程勘察专业类［岩土工程（勘察、设计、物探测试检测监测）］甲级、测绘乙级资质证书。集团公司设有线路、站场、桥涵、隧道、地质、路基、通信信号、接触网、供变电、机务、车辆、房建、给排水、暖通、电力、工经等近 20 个专业均授予 A 生产单位予以承揽。

2022 年，A 生产单位实现全年营业收入 40 000 万元，占集团公司营业收入总额的 11%，A 生产单位净利润 4 168 万元，占集团公司净利润的 12%，全年营运资金 5 970 万元。现以 A 生产单位 2022 年全年的资金使用情况为例，具体说明本集团资金自平衡的应用情况。

1. 账户分置

各单位收款账户统一纳入集团公司财务部管理，生产单位专设付款账户（以下简称"专户"），核算其日常资金支出和缺口调剂款。

2. 核定拨付资金

（1）首批启动资金的拨付。

集团公司实行生产单位资金自平衡当年，根据规定，核定了拨付给 A 生产单位的资金，核定依据是根据 A 生产单位上年度营业额、"两金"余额、职工人数并考虑其正负相关性，其中营业额、职工人数为正相关性，分别占比 10%、40%，"两金"余额为负相关性，占比 −50%；为加大"两金"压降力度，充分调动 A 生产单位清收清欠的积极性和主动性，加大了"两金"余额占比，人数核定为每人 10 万元，计算公式如下：

核定拨付所属单位资金 = 营业额 × 10% + 职工人数 × 10 × 40% − "两金"余额 × 50%。

在核定拨付资金时，集团公司考虑到自重组以来经历了生产架构调整、子改分、内部单位合并整合等因素，在尊重历史事实的基础上，确定剔除内部往来中的以前年度转交的利润或亏损，将其差额转入了期初调整明细科目，不参与启动资金的清算。

2022 年，A 生产单位首批拨付资金核定数为 819 万元。

（2）常规资金的拨付。

集团公司收到 A 生产单位提交的资金分割申请表后，根据规定扣留了资金占用费、日常调剂款、管理费、预算利润，将剩余资金在一个工作日后拨付至 A 生产单位账户，在每季度末予以清算。清算金额如多余或不足清算的，应在下次收款认领时据实清算，依次递延，直至达到季度清算金额为止。

需要说明以下两点：

①为了确保资金的正常运行及提高资金使用效率，在季度初期阶段，集团公司会根据实际情况，每次暂按收款额的 10% 确定应扣留金额，待次季度初根据审批的资金分割表清算。年度清算金额以资金支付据实结算，应在确定年度利润时完成。

②当年年度预算指标未下达前，集团公司扣留金额暂按收款额的 10% 计算，待下达后据实清算。

3. 上缴资金

集团公司各单位上缴资金包括两部分：一是费用及往来类，包括上缴集团公司缺口调剂款、管理费、资金占用费，内部往来清算；二是按年初下达的预算指标计算应上缴的利润，其中各季度上缴比例分别为 5%、20%、30%、45%。

（1）费用及往来类。

费用及往来类按季度清算，共计向集团公司上缴资金 638 万元。包括集团管理费 298 万元、资金占用费 0、内部往来清算 340 万元。

（2）上缴利润。

如表 1 所示，A 子公司 2022 年全年上缴至集团的利润资金 3 950 万元。

表 1　　　　　　　　　2022 年 A 子公司上缴利润资金情况　　　　　　　单位：万元

项目	预算利润指标	第一季度	第二季度	第三季度	第四季度
金额	3 950	197	790	1 185	1 778

4. 资金分割

集团公司根据收款情况进行通报，A 生产单位在完成收款认领经确认无误后，将计算完毕的资金分割申请表经过本单位财务部、计经部、分管领导、主要领导签字后，交至集团公司财务部，再经集团公司计经部门、集团公司财务部，以及集团公司总会计师审批。

集团公司扣留的上缴利润遵照按次扣留、季度结算、年度清算的原则进行，计算公式如下：

（1）每次扣留金额 = 年度考核利润 × 每次收款额/年度收款计划。

（2）季度结算金额 = 年度考核利润 × 季度上缴比例 - 季度内累计每次扣留金额。

（3）年度清算金额 = 年度实际实现的利润 - 季度累计清算金额。

2022 年，集团公司扣留 A 子公司资金共计 869 万元。

5. 集团代付

2022 年 A 生产单位共计委托集团公司代付保证金等资金共计 189 万元，并于当季度业主实际退还，故集团公司未收取资金占用费。

6. 资金调剂

根据合同约定，存在业主应付未付或合同无约定，但存在已开票未收款的情况，集团公司原则上不予以调剂资金，生产单位应督促所属单位或项目及时组织开展"双清"行动，及早回笼资金。

对确因客观原因，如经审计部门认定亏损的单位，不能做到资金自平衡的，经生产单位申请，履行审批程序后，集团公司可给予资金调剂。

资金调剂类别分为永久性调剂和时间性调剂。永久性调剂是指经集团公司审计认定的亏损，且已厘清原因、分清责任并进行了责任追究，该类资金调剂无须生产单位偿还、不收取资金占用费；时间性调剂指因资金临时周转困难，一个季度内可从业主收回资金形成的时间性差异，该类资金调剂须生产单位偿还并收取资金占用费。

资金调剂方式主要包括：一是生产单位借款；二是集团公司开具商业汇票或以取得的商业汇票贴现。

2022 年 A 生产单位由于暂时性分包费的支出，对集团公司提出申请，进行了时间性的调剂申请，调剂资金共计 300 万元，满足了临时性的资金需求。

（四）实施资金自平衡的重难点

勘察设计类项目现金流自平衡工作的推进与企业的经营状况和资金状况息息相关。由于受制以下条件：一是地方政府财政显性债务规模持续上升，新项目投资意愿下降，投资规划项目越来越少，口袋中的资金都紧张，大家都面临资金困局。二是"一带一路"受全球政治环境影响，不稳定因素较大，"走出去"困难，项目落地困难，项目实施难上加难。三是集团公司任务储备不足，存量和增量项目合同额均不大，抗风险能力弱。因此，企业只有通过不断加强资金预算管控，整体统筹项目现金流自平衡管理，才能兼顾新开项目与在建项目之间实现现金流自平衡。实施项目现金流自平衡管理的过程中会存在客观和主观方面的问题，表现如下。

1. 主观方面存在的问题

（1）资金自平衡方案执行不到位。资金自平衡方案执行过程中存在执行不到位的情况。例如，个别经生产单位本部审批的项目方案不存在临时性的资金缺口，但因项目建设单位阶段性资金短缺等情况，急需解决项目涉诉事项、中小企业欠款等事宜确需救助资金的，未及时上报变更后的项目资金自平衡方案并进行重新审批，导致具体实施过程中存在部分项目未严格按照方案要求按期足额归还公司本部给予的临时性救助资金，资金自平衡方案的执行刚性不足，过程管控有待加强。

（2）资金自平衡考核激励不足。科学合理的管理制度需要强有力的考核激励机制进行约束才能发挥实效。资金自平衡管理推行过程中，生产单位本部对各个项目部资金自平衡管理状况的考核激励不足，部分项目管理层绩效薪酬等未与资金自平衡方案实施的工作成果、扶持资金是否按期收回相挂钩，对未及时还款给企业造成损失的追责力度不够，考核过程中更侧重对超额上缴资金的奖励，对逾期还款项目的惩罚措施不到位，容易导致资金自平衡方案执行不到位。

2. 客观方面存在的问题

（1）资金流入存在一定的不确定性。从近期看，勘察设计类企业资金普遍紧张，从地方层面来看，随着房地产市场的回落走稳，各地方政府依靠土地财政支撑融资投资的传统模式后继乏力，再加上地方债高企致使投资风险加大、国家经济通货紧缩压力攀升等多重环境因素影响下，使各地方基建市场"无钱"可投成为普遍现象，且短期内看不到扭转迹象。反映到企业，就是勘察设计市场的"寒意阵阵"、无标可投。从市场层面来看，各大综合设计院前期经营沟通等传统做法已经改变，市场投标行为趋于无序，报价打折底线一再突破，大院争小项目成为常态。

（2）项目外欠款延期支付导致成本增加。部分项目在勘察设计过程中由于业主验工计价滞后、资金拨付延迟等情况，存在未按照合同条款约定按期支付供应商欠款等情况，项目期间可能普遍通过延期的方式缓解项目资金压力，项目也在这种惯性拖欠的状态下保持基本正常的运转。使用资金自平衡管理方案，按照前期约定的合同条款会产生临时性资金缺口需要企业扶持，或者按照低支付比例延期付款时需要考虑资金成本调高合同价格，因这种惯性和理性的矛盾而产生直接的资金缺口或成本增加都是勘察设计类企业需要解决的问题。

（3）项目资金收支匹配管控存在难度。不同类型项目，合同约定的过程支付比例及业主的资金到位情况也有所不同。在项目资金收支过程中，存在一些项目资金充裕对外支付也相对宽松，而另一些项目资金紧张对外支付也相对收紧的现实状况。企业虽然可以采取统一控制外包、采购、租赁等对外支付比例来加以约束，但由于项目较多且业主对资金管控的主观性不尽统一，债务支付标准很难确保一致，集团公司对债务支付的整体统筹把控能力不强，若不能对分包队伍、供应商及债务支付进行集中管控，将增加项目现金流自平衡管理的整体把控难度。

四、取得成效

（一）预算资金管理更加合理

在资金的管理上，生产单位必须严格地遵循细化资金预算、保证重点、兼顾一般、坚持以收定支、统筹平衡的原则，不断地强化资金收支管理的计划性与约束力。还要不断地建立和完善企业资金预算管理制度，在进行年度的资金预算计划制订时，可以通过年初进行各项经济技术指标的分析与下达来进行。在此基础之上，坚持先筹后用、量入为出的原则来制订具备高度可行性的资金收支计划。在管理的过程中要做好资金回笼规划，根据需要，可以规划到以周为单位，倒逼资金计划的一步一步兑现，并且要进行及时的掌控与记录，防止资金收支的无序管理现象。每月月末，还要进行实际资金使用情况的分析，并且与计划资金使用进行对比，找出问题出现的原因并及时进行总结与改正，这样才能有效地保障资金使用的有序性、严肃性，实现有限资金的最大效益。由此可以看出，要实现资金自平衡，资金收支计划的准确度在实际的资金管理中发挥着巨大的作用。

（二）资金管理更加有效

企业在资金自平衡的指导下进行财务核算工作，可以实现高效的资金管理。资金集中于集团公司，首先，在集团层面做好资金集中管理，可以提升资金安全保障能力，提升企业资金风险抵抗能力，也就是平常说的集中力量办大事；其次，可以通过资金的统一管理，提升企业资金使用效率，规避资金的闲置问题；最后，资金集中管理也是落实企业在项目管理层面"权责利"相统一的集中体现与要求，可以全面提升企业及项目经营能力。另外，在实际支付资金环节，专户资金原则上由生产单位履行内部审批程序后支付，各生产单位要结合本单位实际情况完善资金收支计划，控制好对外付款支付比例。原则上集团公司不代付各类资金，如确因生产经营需要，由集团公司代付的，生产单位要于每季度末决算前偿还，对于季度末未偿还或未完全偿还的，集团公司将于次月起按实际占用天数收取资金占用费。

（三）应收账款的清欠得到进一步加强

在加强资金收支管理上，若存在业主应付未付或合同无约定，但存在已开票未收款的情况，由于集团公司原则上不进行调剂，故生产单位做到了督促所属单位或项目及时组织开展"双清"行动。在具体操作中，根据"应收应付一起管"工作要求，加大长账龄应收账款、逾期应收款治理工作，强化项目回款，全力以赴抓好收款工作；同时全力做好应付账款管理、民营企业中小企业账款支付工作以及内部债权的快速公平协调解决，有效传导应收压力。

五、实施资金自平衡的建议

（一）加强项目成本管控，千方百计增效益

项目是企业创效的源泉，离开项目，资金自平衡就成了无源之水、无本之木。聚焦挖潜增效，全面提升创效水平。实施资金自平衡的单位，一是要全面了解项目管理现状和存在问题，分析问题根源，总结成功经验，梳理优化制度办法、工作流程和运行机制，确保项目管理提升措施落实到位；二是要充分发挥企业总部的业务优势和区域总部的属地优势，深度开展业务督导帮扶，不断缩短收尾管理周期，提升项目创效水平。同时，还要明确项目部实施资金自平衡管理的主体责任，坚持以"正向现金流"为导向，深挖项目部的内生动力，提升单个项目现金流自平衡的综合管控能力，倒逼项目部加强成本管控，提高项目经营效益，进而促进企业整体实现现金流平衡。

（二）加强债务支付管控

勘察设计类企业实施项目资金自平衡管理过程中要坚持"以收定支、快收缓支"

的现金管理理念，依据业主合同约定的资金支付比例、付款期限等条件，拟定劳务、材料等债务支付比例和付款期限，综合考虑成本效益，争取对项目有利的合同价格和最佳支付方案。在合同签订环节要严格管控债务支付比例，努力提升合同谈判水平，实现资金少付、缓付。合同执行过程中要加强公司本部管理，建立项目债务支付管控台账，及时掌控各项目部的债务支付情况，提升债务支付集中管控能力，加大债务支付管控力度，倒逼项目做好清收清欠工作，杜绝出现超合同约定比例支付情况。

（三）加大清收清欠力度

勘察设计类企业应加大清收清欠力度，确保合同内收入应计尽计，合同外收入努力创收，对合同外已完未验部分及时办理签认确权，对分包方的预付或应扣款及时扣回，加大久竣未结项目消减力度，加快锁定目标利润，做实企业利润，加速资金回笼。在具体操作方式上，应注重收款时期、收款方式、收款策略、收款奖罚，组织专人定期对收尾项目情况进行梳理摸排，对因人员调离、离职的收尾项目及时进行管理和清收清欠责任补位，杜绝收尾项目清收清欠无人问、无人管的现象发生。同时，还应重点落实逾期应收款项回收、长期已完未验资产确权，提升应收账款周转率，加速资产价值变现流动，提高企业资产质量。

（四）完善激励考核机制

勘察设计类企业应建立健全项目收尾管理机制，完善项目收尾和竣工结算制度，强化责任落实和考核，将项目现金流自平衡管理落实到项目经理部管理层，进一步完善项目现金流自平衡管理考核机制，并将项目现金流自平衡管理纳入企业对生产单位的绩效考核范围。此外，还要制定有效的激励奖惩措施。对能够完整执行现金流自平衡方案或虽有资金扶持但能够按时收回的项目，给予管理团队一定的奖励；对未严格执行现金流自平衡方案或因实施资金缺口扶持而未及时还款给企业造成损失的项目，厘清原因并追究责任。

（中铁第六勘察设计院集团有限公司　郝利坤　王海双

张培勇　戴玲玲　张睿雨）

以资金为主线　项目现金流自平衡可视化助力境外资金监管见成效

——以中海外为例

【摘要】自"一带一路"倡议实施以来，我国各大企业践行"走出去"的发展目标，迎接国际市场的机遇与挑战，面临更加激烈的竞争环境和更为严苛的管理要求。作为外经事业的先行者，中海外全部业务布局于境外市场，自 2020 年中国中铁改革重组以来，持续履行"两翼"带飞职能。在外部竞争日益加剧的新时代，将信息化融入项目管理成为企业转型的关键节点，其中海外项目的精细化管理和资金监管是"走出去"企业长期以来的难点和痛点。作为国际工程承包管理公司，中海外承建项目主要位于亚非拉及南太平洋地区，大多为不发达地区；经营区域涉及多个国别，项目所在地分布较为分散；同时受各地区金融环境、政治因素、人员配备等客观因素影响，项目所在地信息化手段发展相对落后，公司总部难以对境外项目的资金信息拥有快速和直观的掌握。随着境外合规要求的日益严格和企业会计信息化的深入推进，中海外聚焦于探索如何做到对境外项目资金的收、支、余等关键信息及时获取和高效分析，及时作出预警提示，并反馈和作用于项目管理，这些核心需求的解决显得尤为重要和紧迫。在管理会计数字化转型的背景下，为进一步加强国际工程项目的精细化管理，提升境外项目资金的管理水平，中海外围绕"一切工作到项目"的管理要求，自主建立项目现金流自平衡管理体系。该体系的核心思想是运用 Python、Excel 等信息化手段，梳理建立境外项目基础数据库，建立预警指标，通过数据分析，按月作出预警判断，并生成风险应对建议。这一管理工具的投入使用实现了从项目预算和资金收支角度出发，穿透项目管理全流程，为管理层决策提供支持建议，进而提高项目管理水平。

一、背景描述

（一）单位基本情况

中国海外工程有限责任公司（以下简称"中海外"）是一家具有独立法人地位的国有综合企业。公司成立于 1987 年，前身为中国成套设备进出口集团有限公司剥离重组成立的中成海外公司，1992 年更名为中国海外工程总公司。2003 年经国务院批准，重组并入中国铁路工程集团有限公司，成为中国中铁股份有限公司（以下简称"中国中铁"）专事国际工程承包的全资子公司。2006 年公司整体改制，更名为中国海外工程有限责任公司。2020 年中国中铁对海外体制机制实施重大改革，中海外成为中国中铁战略部署"一体两翼 N 驱"之一翼，履行"两翼"带飞职能。

中海外是最早进入国际工程承包市场和劳务输出领域的中国国有企业之一，拥有中华人民共和国对外劳务合作（外派劳务）经营资格证书，具备国家住建部颁发的建筑工程施工总承包一级资质、铁路工程施工总承包一级资质、市政公用工程施工总承包一级资质、公路路面工程专业承包一级资质，以及北京市住建委颁发的建筑装修装饰工程专业承包一级资质。

自中海外成立以来，承建的大、中型项目逾千个，涉及房建、公路、桥梁、农田水利、新能源等领域。中海外在巴布亚新几内亚、东帝汶、马里、科特迪瓦、毛塔、肯尼亚、赞比亚、博茨瓦纳、刚果（金）、加蓬、尼泊尔、摩洛哥、土耳其、秘鲁等多个国家和地区设立了 35 家子分公司，开展工程承包和市场开发等业务，同时开拓其周边国家和地区市场，进行项目追踪。截至 2022 年末，公司注册资本金 20 亿元人民币，资产总额 26 亿元人民币，在建项目 34 个，年营业额超过 12 亿元人民币，企业从业人员 880 人，其中在职员工 273 人。

公司先后荣获"中国对外承包工程企业市场开拓奖"等多项荣誉，以及"对外承包工程行业 AAA 级信用企业"等多项荣誉称号，并入选美国《工程新闻记录》全球最大 225 家国际工程承包商行列，在非洲、南部太平洋、东南亚、东欧等区域市场上，中国海外工程有限责任公司（COVEC）已发展成为著名的国际工程承包商品牌。2020 年公司改革重组以来，中海外不断增强企业核心优势，秉承"崇尚价值创造、铸造优质品格"的发展愿景，树立"大海外""大市场""大项目"的经营理念，积极践行"秉承两翼带飞、构建三足鼎立、聚合优势资源、驱动创新发展"的发展战略，加快企业转型升级，提升企业国际影响力，促进企业高质量发展。

（二）单位管理现状分析及存在的问题

中海外历经 36 年生存发展，主要以国际承包工程为主业，从企业多年的项目经营管理经验总结看，在资金管理、经营管理以及资源配置等多个方面可发现如下问题。

1. 外币结算汇率变动影响项目利润的确认问题

中海外多年以来的主要业务市场都在境外，承揽实施的项目主要以外币结算并付款，受美元、欧元等国际主要流通货币汇率变动影响，项目资金在不能时实兑换为人民币的情况下，无论是项目收款还是成本支出，都在不同程度上受到汇率变动的影响，尤其是大额的成本采购，汇率变动会直接影响项目最终形成的人民币利润额。

2. 属地化管理资金监管不足问题

中海外所施项目全部进行属地化管理，为规范账户使用和管理工作、防范财务风险、加强货币资金的监督和管理、保障资金安全，中海外制定了相关管理办法，并采取一系列措施加强账户管理。按照管理要求，项目可在所在国（地区）按照中资银行、国际大型跨国银行、境外机构所在地银行的顺序，选择信用良好且具有相应资质的银行开立自由可兑换货币和当地币账户。但境内财务管理系统无法对接境外银行网银系统实现账户"收、支、余"的时实查看功能，削弱了公司总部对境外资金的监管力度。

3. 境外时差影响信息传达时效问题

中海外所施项目多分布于亚非拉地区的国家，项目所在国（地区）与中国存在 1～10 个小时不等的时差。在财务系统信息化建设无法满足企业经营需求时，时差这个客观存在因素，影响了信息上传下达的及时性。信息传达不及时降低了企业决策的准确性，相关政策措施难以快速落实。

4. 项目工程款拖欠影响公司资产质量

中海外所施项目中一部分项目业主为所在国（地区）政府，项目资金来源主要为政府预算，部分项目受业主资金预算影响，收款时间存在滞后的情况。尤其进入项目收尾阶段，大量琐碎的工作需要完成，项目管理人员迅速减少，末期结算或尾款跟踪不到位，造成工程尾款拖欠的现象时有发生。无法按期收回全部欠款，影响公司资产质量。

5. 项目无法按期回款降低资源配置效率问题

工程项目在运行的全过程中，由于项目前期资金投入大、预付款或工程款不能及时到位等原因，会出现项目周转资金短缺情况，造成工期拖延、成本增加。面对这种情况，以项目实际运行情况为前提，结合项目资金需求，由公司总部研究讨论并决定是否对项目下拨专项救助资金，如项目无法按期收回外部欠款，总部下拨的专项救助资金会变成项目实际损失，直接降低了公司资源配置效率。

（三）选择相关管理会计工具方法的主要原因

1. 项目精细化管理需要

中海外对工程项目实施分级管理，由国别公司负责项目资金的日常收支往来，并在项目收付款后将相关凭据结转至项目。由于国别公司不负责项目成本核算，也致使国别公司对项目成本的细节把控不到位，项目精细化管理难度提升。特别是委托管理模式的项目，在项目成本管理上一直存在细节漏洞。为弥补这个漏洞，需要转变思路，结合项目现金流自平衡管理的有关要求，规范项目收支往来的会计核算，运用信息化手段，站在国别公司层面加强对项目资金支出把控力度，把控项目成本。

2. 提升项目资金管控意识

资金是企业经济运行的血液，合理有效的资金管控手段会促进企业发展，提升企业经济运行能力。加强工程项目资金管控有利于促进实现项目利润有资金保障这一根本管理目标，以筑牢资金管理安全红线为底线意识，通过严控关键节点，按照"早预警、早发现、早解决"的监管要求，不断优化资金管控手段，完善资金管控机制建立，提高资金使用效率，控制项目资金断链风险，从而达到对项目资金动态监控的目的。

3. 加强资金风险防范意识

工程项目运行的全过程中，资金管理安全风险防范是首要任务之一。考虑到资金收支业务的合法性、准确性、可靠性、真实性和及时性，结合国际承包工程的业务特点，提升对项目资金收支的过程管控，能有效防范境外政治、法律、税务等风险，有利于促进境外资金合规管理、有利于加强国有资产安全保障、有利于企业生产业务稳定开展、有利于提升项目经济效益。

二、总体设计

（一）项目现金流自平衡管理目标

1. 加强过程管控，为项目管理赋能

项目现金流自平衡管理目标是通过过程管理，从项目资金管理入手，加强项目的精细化管理，提升项目盈利能力。中海外参与实施的项目主要在亚非拉以及南太平洋岛国等地区，受当地金融环境落后、网络设施不发达、人员配备少等客观因素影响，总部尚无有效的信息化手段对境外项目进行精细化管理。通过项目现金流自平衡管理手段，要求项目经理部做好项目的成本测算和项目全周期的收支预算，并在过程中可根据项目执行进度和资金收支情况反馈预算设计的合理性，以自平衡的管理手段，为项目管理赋能。

2. 加强项目资金管理，防范资金风险

项目现金流自平衡管理可以进一步强化公司经营性现金流管控力度，有利于加强树立"现金为王"理念。通过现金流自平衡管理手段，可以快速获取在建项目的资金收、支、余等信息，通过预警指标反馈项目管理，提升项目资金管控意识，保持施工期间业主资金支付与成本支出之间的现金收支平衡，为竣工后经营性现金净流量与利润相匹配提供保障，进一步促进中海外可持续、高质量发展。

（二）总体思路

1. 体系搭建

为推进项目现金流自平衡的工作，中海外建立了自平衡管理机构，由自平衡机构制定实施细则，引导各项目编制自平衡方案，同时按照管理层级，在总部、区域公司（直属国别公司）两级管理机构分别设立自平衡委员会，在区域公司所属国别公司设立自平衡领导小组，项目经理部则是自平衡方案制订、执行的基层单位。

中海外设立的三级议事机构，由自平衡委员会履行"审""知""管"的职责，协同联动各职能部门总部层级设立自平衡办公室，做好合同评审，确保业务源头优质；提前策划，制订自平衡方案；过程管理，做好资金保障；建立救助、追责以及奖惩机制等，统筹协调推进自平衡管理工作。

2. 业务开展

项目现金流自平衡工作开展需要执行层面和总部层面自下而上的协同配合，即"项目经理部—区域公司（直属国别公司）—中海外总部"。工作具体内容涉及"项目确认—项目收支计划编制—项目收支核算—填/报项目现金流自平衡监管报表—项目收支分析—项目资金救助—项目救助资金回收"等环节，按照此管理要求保证新中标项目及时纳入现金流自平衡管理。详细步骤如表1所示。

表1　　　　　　　　　　　　　自平衡工作开展流程指引

阶段	工作内容	境外财务部	境外业务部门	公司总部财务部	区域公司自平衡委员会	公司总部自平衡办公室	公司总部自平衡委员会
项目确认	确认项目名称/项目部名称	√	√				
项目收支计划	编制项目收支预算（责任成本预算）		√				
	填写项目收支预算	√					
	调整——项目收支预算（责任成本预算）		√				
	填写【调整后的】项目收支预算	√					
	每年1月上旬，【按月】分解当年项目收支预算	√					
项目收支核算	申请开立核算账套（会计科目申请）			√			
	申请——项目名称/项目部名称加入财务共享系统	√					
	项目名称/项目部名称加入财务共享系统	√					
	填报"项目财务信息统计表"	√					
	结转中标前该项目各项投标费用	√					
	核算项目收入	√					
	核算项目支出	√					

续表

阶段	工作内容	境外财务部	境外业务部门	公司总部财务部	区域公司自平衡委员会	公司总部自平衡办公室	公司总部自平衡委员会
填/报报表	下载项目收支明细账	√					
	填报项目月度实际收支	√					
	自平衡报表——报区域公司、国别公司、项目部领导	√					
	上报公司总部财务部	√					
项目收支分析	关注项目日常收支余情况并分析	√					
	公司总体现金流自平衡分析			√			
	与境外机构预警项目问题进行沟通			√			
	自平衡报表——报公司领导及相关部门（工管/审计）			√			
项目资金救助	填报项目时间性救助申请表	√	√				
	项目时间性救助审核	√	√		√		
	项目时间性救助上报审批	√					
	项目时间性救助审核——总部			√		√	
	项目时间性救助审批——总部						√
	项目时间性救助审批下达——总部						
	项目时间性救助审批下达及入账——境外	√				√	
	若项目为永久性救助					√	
	公司自平衡办公室审核					√	
	公司自平衡委员会审议						√
救助基金催收	偿还时间性救助本金/利息——时间提醒	√		√			
	偿还时间性救助本金/利息——账务处理	√					

3. 管理分析

通过规范项目资金收支核算和启动项目现金流自平衡监管报表，中海外所有在施项目可以在国别公司层面实现项目资金集中核算和监控。以管理需求为前提，在监管报表中设置了计划现金流入、计划现金流出、实际现金流入、实际现金流出、节点现金净流量（当月）、开累现金净流量等12个主数据指标，以项目现金流数据库为基础，搭建"项目现金流监管体系平台"，按月输出10个模块内容：

模块1——本月项目现金收支：本模块可快速获取公司所有在建项目当月收支总额和剔除救助资金后的实际净流量。

模块 2——时间性救助总额：本模块展示公司履行时间性救助项目的救助金额及其偿还情况。

模块 3——各区域公司救助情况：本模块从区域公司视角展示项目救助情况。

模块 4——本月月末开累现金流余额：本模块从项目视角和区域公司视角按月输出开累现金流余额和月末节点现金流余额，并对收不抵支项目和存在资金缺口的项目进行风险预警。

模块 5——本月末节点现金流余额：本模块从项目视角呈现本月月末节点现金流余额，统计节点收不抵支项目占比，统计区域公司收不抵支项目个数和金额。

模块 6——尚未偿还救助金项目：本模块展示尚未偿还救助金的项目金额及项目占比。

模块 7——本月收款项目：本模块统计本月收款项目信息和金额。

模块 8——本月付款项目：本模块统计本月付款项目信息和金额。

模块 9——项目年初至今的收、支、余总额：本模块统计每年年初至今的项目收支余金额及年度有收、支、余的项目个数。

模块 10——项目启动至今的收支余总额及近 3 个月收入预警：本模块从项目视角和区域公司视角统计项目启动至今的收支总额及近 3 个月的收入预警信息。

通过上述 10 个模块的信息输出，可以按月统计项目各类资金信息，并据此形成管理意见书，对存在收不抵支和资金缺口的项目进行及时预警和风险提示，提醒项目管理人员加强过程管理，夯实管理基础。

（三）管理会计工具及方法

1. 预算管理应用

在编制项目现金流自平衡方案伊始就要统筹考虑项目全周期的收支预算，保证收入合计数与不含税的合同额相匹配。项目经理部根据工程项目现金流自平衡方案，调整全周期资金预算和编制本年度资金计划，并分解为季（月）度资金预算，在工程项目的施工过程中，进一步根据项目进度和施工安排对收支预算的编制、执行动态分析，及时纠偏和调整，从而优化企业资源配置，提高资金的使用效率。

2. 管理会计信息化建设

在项目现金流自平衡监管报表应用过程中，中海外按照项目在国别公司层面依靠财务共享系统的记账数据，运用 Python 工具进行数据获取、汇总、加工，建立项目收支信息数据库。以该数据库为基础，运用 Excel 数据透视功能，建立项目现金流自平衡 BI 分析表，对所有项目的收、支、余等信息进行统计和监控。为方便分析工具的推广使用，编写人员将测试完成代码转换为 ".exe" 文件，便于不同人员的操作使用。

（四）应用的创新点

1. 提升项目管理水平

以工程项目为起点，自下而上推动现金流自平衡管理机制。项目中标后，境内外业务部门要组织相关管理部门和业务人员仔细研读工程设计、概预算资料，编制收支预算。在项目执行过程中，如果出现资金缺口或收不抵支等预警信息，财务部可以将信息反馈至业务部门，提醒相关部门做好项目的验工计价及欠款清欠工作，为项目管理提供支持建议。

2. 加强项目资金管理水平

通过搭建项目现金流自平衡数据分析平台，能及时掌握公司整体的在建项目收支情况、资金结余情况以及项目救助情况等资金信息。对存在预警提示的项目，要求境外财务部门要坚持"以收定支"，严格按照业主付款的情况进行确定对供应商的支付比例、付款期限等具体内容，优化资金支付方案，尽量在合理合法的前提下，实现对分包单位资金的少付、缓付，可以在一定程度上缓解施工项目的短期资金压力。对存在资金救助的项目，可以及时掌握尚未归还的救助资金余额，重点关注救助项目的清收清欠工作，掌握资金回流信息。

三、应用过程

（一）架构与制度

1. 制度建设

项目现金流自平衡体系的建设离不开正式制度的保障。项目现金流自平衡是指项目在工期内依靠自身收入而非通过借款完成项目资金的收支平衡。需要强调的是，在项目现金流自平衡管理中，现金流不限于库存现金，而是涵盖了与工程项目相关的所有收支资金。项目现金流自平衡相关制度内容包括方案的拟订和调整、救助决策、执行分析、预警纠偏、非自平衡救助责任和考核奖惩等。

2. 组织架构

项目现金流自平衡管理主要由公司总部财务部牵头，工程管理部配合，自上而下分为公司总部层级、区域公司层级和国别层级，如图1所示。组织层级越高，自平衡专项组织越多。在公司总部层级，自平衡委员会对重大事项进行讨论和决议，自平衡办公室负责日常自平衡工作的统计整理和上传下达，总部财务部定期追踪和分析公司所有在施项目的现金流收支状况。在区域公司层级，自平衡委员会对本区域公司的项目进行定向管理和风险控制。在国别公司层级，项目自平衡管理的工作依托于财务部和业务部门，无须为项目现金流自平衡工作新增部门或岗位。可见，项目现金流自平衡管理工作充分利用企业现有人力资源，贴合资金管理的现实诉求和根本需要，能够有效为管理会计工作赋能。

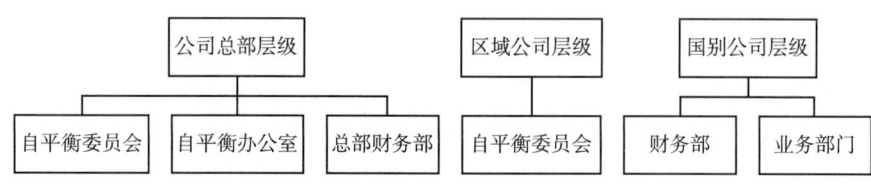

图1　项目现金流自平衡管理的组织架构

3. 工作机制

项目现金流自平衡管理实行可视化统计分析，其不但能够简明扼要地呈现所有工程项目现金流的基本情况，而且通过柱状图、饼图、子母图等多种图示，迅速直观地传达各类数据的统计含义。利用 Excel 的数据透视和绘图功能构建项目现金流自平衡 BI 分析报表，该表由"1＋N"个 Excel 工作簿组成，即 1 个公司总部层面的汇总工作簿和若干个区域公司层面的工作簿。汇总工作簿包含区域公司层面的大部分数据，N 个区域自平衡报表针对 N 个区域公司设立，汇总相应区域所有项目的收支明细账以及若干关键指标，清晰地展现过去每个时期的实际收支数据和预算数据。

"1＋N"个 Excel 工作簿的数据基础是基于 Python 处理生成的基础数据库。基础数据库建设是实现项目现金流自平衡管理统计和分析工作的基石。根据项目现金流自平衡的实践经验，该工作的内容分为基础业务和管理分析。国别公司负责办理项目现金流自平衡的基础业务，包括确认项目名称、填列项目收支预算、项目收支核算和项目资金催收等日常工作，以及每月月末填写和上报自平衡报表数据。公司总部和区域公司负责宏观管理和分析，主要包括每月月初分析辖区的现金流自平衡状况，与预警项目沟通，并上报公司决策。此外，还负责审批项目的各类资金救助。对项目基础数据加工的目的是深入观测项目现金流的基本状况，更为重要的是，要对现金流已经出现问题的项目进行预警。

（二）管理会计工具部署要求

1. 资源环境

（1）海量数据与风险管理。

中海外的经营发展离不开工程项目的运行和实施，每一个工程项目都拥有海量的项目数据，其中，与财务相关的数据最为庞杂繁复，对数据处理的需求最为突出，面临的风险挑战也最为复杂。基于丰富的项目数据资源，项目现金流自平衡监管报表，可以进行成本控制和财务分析，实现对风险的识别评估、监测预警和研判处置，为企业打造数字经济新优势。

（2）迫切的现实需求。

中海外的日常运营需要同时对多地多个项目进行统一的综合管理。对于不同施工进度、不同经营模式、不同时区的工程项目，公司总部难以及时了解资金动向，由于汇率的不同，不同币种的数额也难以横向对比，更难以汇总各项目数据的总额。实际上，财务会计积累了大量真实可靠的资金流向数据，可惜的是，这些数据往往只停留在会计记录的层面，尚未发挥辅助企业管理层提前决策的效能，数据价值有待进一步挖掘。

究其原因，这是因为深入的财务数据分析和初期的数据库建设需要较多的时间精力，并且涉及计算机领域的专业知识，跨专业学习的挑战较大。项目一线财务人员的工作负荷重，往往难以满足这一要求。然而，如果不开启数据库建设，财务人员的思维仅仅从"业"向"财"的单向传送，而无法在项目过程中让财务数据反哺和引导业务运转和管理决策，难以真正做到"业财融合"。

（3）丰富的管理会计信息化经验。

长期以来，中海外持续探索会计实务与数据分析的有机结合方案。目前为止，中海外开发了上百个财务模型工具，功能涵盖了数据填报、监控财务指标、财务测算等众多方面，有效提高了对会计数据的利用效率和解读效果，积累了丰富的数据管理经验和成果。这些预见性和实用性的工作不仅为数据结构的布局思路奠定了坚实的基础，磨炼了信息化建设的技能，而且深化了信息化思维，管理会计数据库建设的顶层设计初具雏形。

2. 信息化条件

（1）贯穿全流程的信息化思维。

对于从事国际业务的财会人员而言，开阔的思维和视野有利于激发创新活力，灵活调用和快速分析会计数据的迫切诉求推动了对新方案的积极探索。在技术支持和工作需求的共同作用下，财会思维与信息化思维碰撞融合，推动了数据构架、指标预警、编程逻辑等数据库建设要素的逐步达成。

（2）核心建设人员的编程基础。

数据分析产品的实用性和功能性不断增强，有利于数据资产的挖掘和利用。计算机语言不再是理工领域的专属工具，Python 等编程语言入门简单，数据处理高效快速，并拥有 Pandas、OpenPyXL、NumPy 等丰富数据分析功能库。实际上，通过公式嵌套和进阶功能，Excel 在数据可视化上也拥有出众的表现。超链接功能和查询类公式两者融合，能够实现单元格数据的自动更新和点击跳转到其他工作簿。切片器和连接报表一起组合使用，可以同时控制多个透视表的筛选条件。数据透视和定义数据区域有机联动，能实现快速更新所有的透视表。可见，数据分析产品适用于国际工程数据的管理分析，以小成本撬动大发现。

（3）反馈机制与动态优化。

数据库的建设不仅需要技术投入，而且需要用户的反馈与建议，从而动态更新、不断优化。环境在变化，需求在发展，数据库的建设需要适应需求的变化。一方面，需要调动参与人员的积极性，鼓励提出建议和意见，同时，保持反馈路径的通畅；另一方面，技术方面保持跟进，基于财务人员和配合部门的反馈，及时增加新版功能，完善原有功能，解决已知的问题。实现健全有效的反馈机制，开启良性循环，才能提升管理会计信息化工具的性能，保持工具的生命力，在动态优化中稳步增强数据库的服务能力。

（三）具体模式和应用流程

1. 基础数据库建设的具体步骤

（1）项目基础数据汇总。

项目收支的基础数据来自"预算"和"实际"两个维度，这样每个项目每期的原始数据只有 4 个数据，即预算流入、预算流出、实际流入和实际流出。前 2 个数据由项目部提供，后 2 个数据来自共享系统按每个项目核算的明细账，即取自会计科目本期合计的借方发生额和贷方发生额。每月月初，国别公司从共享系统导出上个月的明细账，填入项目表和区域总表，总部人员通过 Python 等数据分析工具对区域总表进行读取和合并，实现多张表到一张表的统计。

（2）汇率转换。

不同于面向国内市场的公司，国际公司的项目分布在不同国家和区域，记账本位币通常是当地货币或合同币种。国际公司的多币种特征就导致不同币种的金额不能直接进行大小比较和数学运算。针对这一问题，基础数据库添加了汇率数据，根据年月和币种，让金额与对应汇率相乘，生成以人民币计量的数据子库，实现从多币种计量到人民币统一计量。

（3）统计分析。

统计分析环节能够生成新颖和实用的分析指标，对数据处理能力的要求较高。一般来说，处理数据的步骤越复杂，或者重复的操作越多，Python 等编程软件对提升工作效率的帮助越大。根据实践探索的经验，基础数据经过整理后可以得到如表 2 的分析指标。

表 2 项目指标及其含义

指标名称	指标含义
开累现金净流量	从项目启动至今累计的实际现金净流入
节点现金净流量	本期的实际现金净流入

指标名称	指标含义
资金救助流入	收到的资金救助金额
资金救助——已偿还本金	资金救助中已偿还的本金
资金救助——已偿还利息	资金救助中已偿还的利息
救助余额	未偿还的救助本金
现金流入计划差异	本期实际现金流入减本期计划现金流入的数值
现金流出计划差异	本期实际现金流出减本期计划现金流出的数值
预计下月支出	上上月、上个月和本月这 3 个月实际现金流出的平均值

2. 衍生指标分析，强化项目收支预警功能

（1）项目现金净流量与"收不抵支"预警。

项目现金净流量是指在一定时间内单个项目的资金流入减去资金流出的金额。当现金净流量小于 0，即该期间项目的资金流入小于资金流出，"收不抵支"预警被触发。根据时间区间的不同，现金净流量可以分为开累现金净流量和节点现金净流量。对于不同类型的现金净流量，触发的"收不抵支"预警具有不同的含义。

开累现金净流量是指项目从项目启动至今累计的实际现金净流入。一旦出现开累现金净流量的"收不抵支"预警，则说明项目本身的现金净流量为负，正在借用项目所属公司总部或其他项目的资金。此时，项目现金流存在一定风险，预警提示为"暂停项目支付！请工程部门分析项目亏损隐患，判断是否需要资金救济？请等待恢复支付。"

对于开累现金净流量的"收不抵支"预警，财务部门和项目部需要高度重视，并立即采取应对措施。对于财务部门而言，最先考虑的是立即停止支付，避免项目现金净流出进一步扩大，此外，财务人员还应检查该项目是否存在尚未偿清的资金救助。如果存在待偿救助，则说明在本次出现"收不抵支"预警前，项目就出现过资金问题。这次出现"收不抵支"预警意味着该项目不仅将项目本身的资金流入全部对外支出，而且还额外花费了待偿救助金的全额。如果不存在待偿救助，公司总部则比照过去期间计划现金收支与实际现金收支，判断预算偏差程度，并结合未来计划现金收支，综合判断是否批准该项目的资金救助。对于项目部而言，最重要的是深入分析项目亏损隐患，挖掘资金问题的根本原因，判断该问题能否顺利解决、超额支出是否合理、预计耗时以及相关风险因素是否可控，积极破解关键难题，为管理层的科学决策提供有效数据和可靠依据。

节点现金净流量是指某一项目本月或本期的实际现金净流入。节点现金净流量的"收不抵支"预警意味着现金流处于短期的亚健康状态。低频率出现这类预警是很正常的，因此针对这类情况的预警提示为"请加强现金流管理！建议：控制异常支出、大额支出，并加快清欠工作。"财务人员和业务部门可以参考预警提示的建议，在工

作中留意资金流动的新近情况。

（2）预计下月支出与"资金缺口"预警。

单个项目的预计下月支出等于该项目近3个月实际资金流出额的平均值。如果本月的开累现金净流量金额小于预计下月支出金额，则"资金缺口"预警被激活，并预警提示为"据预测，下月存在收不抵支风险！请与项目部沟通下月项目收支预算是否需要调整！"财务部门和项目部应特别关注未来一期的资金收支情况，把握项目现金流自平衡的风险动态，避免下个月预警升级为"收不抵支"。与此同时，如果项目的长期盈利能力较强，国别公司财务部可以向上级单位申请资金救助，度过偶发性的资金缺口期。

（3）节点现金流入与近3月收入预警。

节点现金流入是指项目本月或本期的资金收入总额。如果近3个月中，某个项目节点现金流入为0的情况出现2次及以上，那么，近3月收入预警被激发，预警提示为"请注意！近3个月有2（或3）个月的节点收入为0。"这意味着被预警的项目近期出现月度收入为0的频率较高，资金的连续流入存在明显隐患，财务人员需要追踪应收款项的最新进展，并提前梳理和更新下个月资金流入的风险信息。

3. 资源投入

（1）人员投入。

初期的核心建设团队成员为总部财务部的专业骨干及从区域公司借用的信息化人才。参与人员需要优先完成日常本职工作，往往需要利用工作外的时间进行探索调试和交流讨论。当数据库体系顺利通过基础功能的多轮测试后，邀请项目一线会计人员参与使用，实现所有在施项目的全覆盖。总部财务部向公司主要领导进行专题汇报，与总部工程管理部互通信息资源，并逐渐形成按月定期汇报交流。通过公司各层级、各部门的共同努力，项目整体历时近半年完成。

（2）技术投入。

项目现金流自平衡数据库的技术内容主要包含四个方面。第一，编程环境的配置方面，这是为了使计算机编程顺利调用相关功能库，这需要专业编程人员的参与。第二，Python数据分析功能库的学习、应用和测试，这需要建设人员具有编程基础，攻坚克难，根据问题寻求解决方案，发现和修正代码错误。第三，Excel进阶功能方面，公式嵌套、文件跳转、数据透视等能利用数据之间的关联，深入挖掘信息价值。第四，UI设计方面，设计者需要优化用户界面，突出关键指标，提升可视化和人机交互的体验。

（3）资金投入。

项目现金流自平衡数据库依托现有的人力资源和智力资本，关键要素在于技术，但考虑到公司内部存在同时了解财务知识和编程知识的人员储备，因此选择由内部人员先行探索尝试，而没有进行外包，也未聘用额外的技术人员。与此同时，Python的基础功能免费，能够支撑基础数据库的建立与分析，不产生相关费用。截至 2023 年上半年，建设项目现金流自平衡体系做到了充分利用已有资源，未产生额外的成本费用和资金投入。

（四）建设成果

1. 项目资金监控表

项目资金监控表是所有现金流自平衡 BI 分析报表中信息量最大的可视化界面，也是汇总工作簿中最核心的板块。该表由 0 号表和 1 ~ 8 号表共 9 个子表模块组成，如表 3 所示。数据的整体架构大体分为三种范围和三类指标，前者分别是全体项目的节点情况与具体项目的开累情况和节点情况，后者分别是收支净额、收支金额和救助情况。

表 3　　　　　　　　　　项目现金流自平衡 BI 分析的数据布局　　　　　　　　单位：万元

A. 全体项目总计	节点	净额		收、支		救助	
		序号	内容	序号	内容	序号	内容
		0 号表	现金净流量 在施项目数 预警项目数	1 号表	本月流入 本月流出 待偿救助总额	2 号表 3 号表	救助总额 区域分布
B. 具体项目（双视角：项目视角、区域公司视角）	开累	净额		收、支		救助	
		序号	内容	序号	内容	序号	内容
		4 号表	双视角 收不抵支预警 预计下月支出 资金缺口预警	9 号表	项目年初至今 收、支、余	—	—
				10 号表	项目启动至今 收、支总额		
	节点	净额		收、支		救助	
		序号	内容	序号	内容	序号	内容
		5 号表	双视角 收不抵支预警	7 号表	本月收款	6 号表	双视角 收不抵支预警
				8 号表	本月付款		

0 号表至 3 号表是对公司全体项目的整体分析。0 号表简要展示使用者最关心的数据，包括节点现金净流量、在施项目数量以及开累预警的项目数量。需要留意，此处的节点现金净流量需要剔除救助的影响，以展现项目依靠自身经营能力产生的收支。1 号表列示本月所有项目的实际收支，并配图对比实际收支与待偿救助总额。值得注意的是，即使大量现金流入，也可能是因为大额救助金入账，而不是项目本身创收，需要谨慎乐观。2 号表和 3 号表围绕资金救助展开，分别采用总额视角和区域分

布视角，如图2所示。

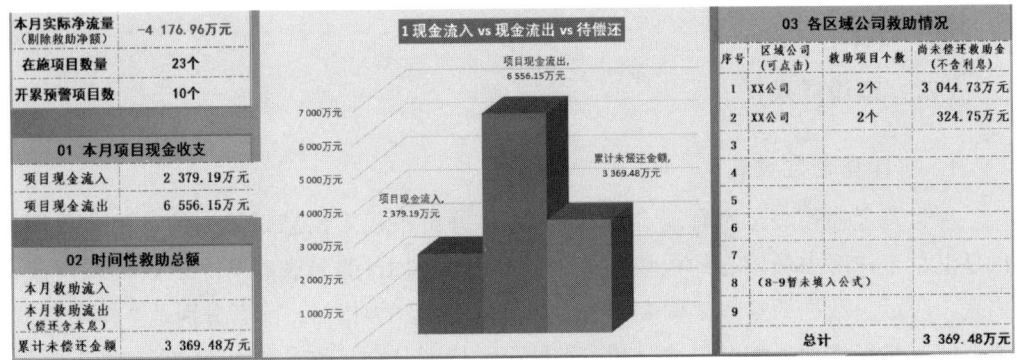

图2　1~3号表模块内容展示

从4号表开始，对具体项目的分析不仅着眼于项目本身，还关注区域公司层面，即同时使用双视角。4号表和5号表观测项目现金流净额。6号表聚焦资金救助，列出了各个救助项目和金额，便于追踪尚未偿还救助的最新进展。7号表和8号表围绕收支金额展开，直观呈现出本月发生收支的项目以及具体金额。针对查阅单个项目明细的需求，数据透视表和超链接可以有机融合，实现自动排序、点击自动打开并跳转指定的工作簿，从而快速查阅该项目的详情。同理，也可以点击表中的区域公司名称，实现一键跳转。在整个资金监控表中，所有出现了项目名称和区域公司名称的单元格都已设置这样的跳转功能，最大程度将自平衡项目表自动化。

2. 折算汇率走势表

为实现不同国别项目记账本位币的统一汇总和分析，公司总部基于记账各币种汇率的数据进行定期维护更新。此外，折算汇率走势表还能帮助财务人员掌握外汇资讯，主动应对汇率风险，如图3所示。当流动资金金额较大时，财务人员可以在不同币种的已有银行账户中，优先选择币种汇率较高的银行，减少汇兑损失，甚至获取汇差收益。此外，该表结合切片器的功能组件，可以切换查看不同币种的汇率走势。

3. 用于更新数据的exe格式软件

为了方便数据更新和推广使用，完成编写并通过测试的代码被转化压缩为exe格式软件。通过这一操作，数据更新无须安装编程软件，不要求编程基础，也无须连接网络。并且，由于通过Python编程，该exe格式软件可以跨平台传输，在Windows、MacOS和Linux操作系统下都可以运行。负责更新数据的财务人员只需双击启动，软件即可自动处理数据，数据更新耗时仅为2秒。此外，还可以自定义输出界面的字体、字号，并自动记录更新时间和金额量级单位。自此，即使基层财务人员没有编程技能，管理会计工作也可以从传统的简易电子台账模式，升级转型成为多期、多项目自动汇总分析模式。

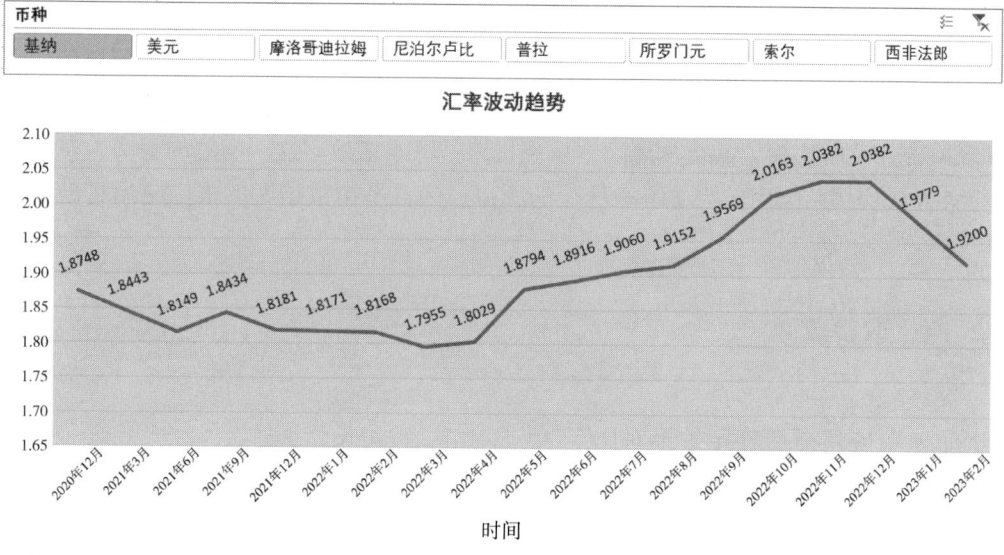

图3 折算汇率的波动趋势

（五）实施问题和解决方法

1. 数据填报错乱及其解决方法

数据填报过程中容易出现录入错误或混乱，其中最典型的问题是录入时数据类型有误。例如，如果将金额数据录入为文字型，这往往会导致代码运行报错。数据填报错乱的根本原因是财务人员对数据库知识了解较少，无法发现数据类型不匹配，也认识不到这一情形对代码运行的影响。针对这一根源，一方面，中海外组织培训讲解、编写《项目现金流自平衡管理报表使用手册》、整理发布《常见问题及对策》，通过多渠道、多形式的沟通交流，降低数据填报的错误率。另一方面，在开始数据分析之前，先对收集的数据进行数据校验，及时发现并提醒修正。借助以上对策，数据填报错乱的问题得到明显改善。

2. 数据更新卡顿及其解决方法

为了实现丰富的数据分析功能，数据库建设时综合使用了多种的数据分析工具，调用功能较多，更新过程繁复，数据更新时计算机常常会出现卡顿。随着数据量的逐期增加，卡顿情况会进一步加重。为解决这一难题，数值判断和运算的工作将由 Excel 转移至编程软件，通过运用具有循环结构的代码，快速完成计算，避免卡顿，且能够支持对逻辑结构更复杂的指标进行批量计算。通过这一方案，由原始数据生成预警数据的更新时间从 1 个小时压缩至了 2 秒。

3. 数据应用与推广

财务人员不一定具备编程知识和能力，难以读懂编程代码，这一问题的解决方法是，由兼具财务知识和编程知识的人员完成代码编写和测试，并将编程代码转化为

exe 格式软件。该软件可独立运行和自由传输分享。即使使用者不具备编程基础，也可以顺利使用 exe 格式软件，实现预期的数据分析功能，快速生成财务预警提示。一线财务人员、项目管理部能够读取和运用管理会计信息，落实预警建议，采取措施阻断风险源，及时止损，甚至从风险中发现机遇，降本增效。这一问题的解决，打消了"会计人员使用数据库需要学习编程"的顾虑，为自平衡数据库的推广应用打破了技术困境。

四、取得成效

（一）应用前后直接效果对比

1. 应用前存在的情况

应用前：不能以项目为单元获取境外项目的可用资金余额；不能对存在资金缺口和收不抵支的项目及时预警，削弱了公司总部对境外资金的管控力度；不能及时掌握境外项目信息库和资源情况，导致公司的资源不能够形成有效的配置；不能准确反映项目期间汇率的变动对项目盈亏的影响。

2. 应用后取得的效果

应用后：通过对项目数据的监控，能够及时发现存在资金缺口和收不抵支的项目，并将预警信息及时反馈给公司管理人员，及时作到风险提示；根据预警情况，对需要救助的项目，有针对性地制订救助方案，进行专项救助，并进行监管，确保了专款专用，提高了资源配置的效率；将项目的合同和结算币种转换为人民币，并建立折算汇率走势表，能够发现项目的盈亏是由于汇率变动形成的还是项目自身形成的。

（二）项目现金流自平衡应用效果评价

本案例的实施较为直接地解决了境外项目面临的资金监管问题，体现了中海外搭建项目现金流自平衡管理体系和建立管理机制的作用，具有一定的应用实践性，同时也在以下几个方面取得一定成效。

1. 实现项目精细化管理，奠定工作开展基础

通过本案例的实施，不仅规范了区域公司、国别公司及项目经理部层级的资金往来核算，也针对总分包管理类项目、自营项目和比例合作项目等不同类型的项目资金核算要求做了明确的要求，细分核算类别，从资金角度实现项目精细化管理，同时也进一步加强对公司所属项目资金收支的过程管控，做好项目资金预警，为全面落实工程项目现金流自平衡工作部署奠定基础。

2. 筹划项目预算管理，强化预算过程管控

通过项目现金流自平衡管理工作，倒逼项目经理部提前筹划全周期的资金收支预

算，确保收入合计数与不含税的合同额相匹配，同时落实了年度资金计划的编制以及按月度分解，过程中实现了单体项目的资金收支计划与实际情况的按月对比，提醒项目经理关注预算编制的准确性和合理性。

3. 落实大商务管理要求，促进项目效益提升

通过案例实施，按照一切工作到项目的大商务管理要求，秉持事前重基础、事中重交流、事后重应用的原则，编制启用项目现金流自平衡监管报表，加强过程中的资金管理，强化项目履约、成本管控、确权结算、考核激励等各环节，贯通穿透管理，形成上下联动、多方协同，促进项目效益提升。例如，项目现金流自平衡监管报表纳入计划盈利率和现金盈利率等指标，与收入、利润相结合，在项目管理过程中树立了"创利、贡献"意识。

4. 提供预警分析作用，强化资金过程管控

本案例的实施，实现了以项目为单元的资金的实时可抓，通过节点和开累的现金流净额情况以及预警通知，参与到项目资金的管理之中，加强了资金的过程管控。例如，月末节点现金流净额为负，则说明该项目本月流入小于流出，出现收不抵支预警，此时应重点关注大额支出和异常支出；如果出现开累节点现金流净额为负，则说明项目已出现资金垫支，此时应该启动"暂停支付"程序，分析亏损隐患。基于此，公司出台了《关于进一步加强境外资金监管的通知》，提出"八禁止"的管理要求，建立长效机制，确保公司赖以生存的"血液"不出现"缺血、贫血"现象。

5. 促进"双清"工作开展，反馈业主信用情况

通过项目现金流自平衡监管报表的应用，对存在资金缺口和收不抵支的项目，财务部门可以督促工管（工经）部门关注项目验工计价及收款工作，倒逼项目"双清"责任的落实，抓实过程"双清"，同时根据业主付款周期，可以判断业主的信用，为后续项目追踪提供支持。

6. 助推公司资源配置，提供管理决策支持

根据项目现金流自平衡监管报表的数据分析，对项目存在资金缺口的项目履行救助手续时，可以通过项目未来的资金收支计划，判断是否需要对项目进行救助，并对救助金额、期限以及还款保障进行分析，为管理层的救助批复提供决策依据，优化企业资源配置。

五、经验总结

（一）工具应用的基本条件

1. 提升项目管理的需求

通过项目现金流自平衡管理，能够及时发现境外项目管理中在资金收支方面存在

的问题，并针对其制定关于资金收支方面的制度办法，要求境外各单位严格执行制度办法。通过对境外项目资金的监管，确保能够实现有"现金流"的项目利润。

2. 实现项目现金流自平衡的需求

通过项目现金流自平衡监管报表，能够及时判断出非自平衡的项目，并根据数据分析出是临时性的还是永久性的，采取措施"对症下药"，对境外项目给予督导，实时跟进，以便其实现项目现金流自平衡。

（二）工具应用成功的关键因素

1. 规范核算

为确保所使用的数据的统一和便于数据的收集，为分析工作提供数据依据。对境外各单位账套中项目资金往来核算作出规范，统一列账科目，明确各国别公司为项目资金核算的主体单位，实现国别公司项目资金余额实时可视。

2. 完善收支预算

为便于将实际收支和预算收支进行对比分析，要求境外各单位财务部门统筹协调工管（工经）部门，根据项目实际情况，做好项目现金流的流入流出总体计划和各月的具体计划，并确保项目含税合同额与总体收支计划流入保持一致。

3. 统一管理模板

通过设计统一的管理报表模板，从资金计划收支、资金实际收支、计划和实际收支差额、节点现金流及开累现金流等关键会计信息维度，全流程统计并监测每个项目的资金变化和流量趋势，进而形成了项目现金流自平衡信息化模板。

（三）改进应用效果的思考

1. 丰富 BI 报表模块内容

目前建立的 BI 分析报表一方面展示了整体项目的资金收支以及救助情况；另一方面是从具体项目视角，细分为区域公司和国别公司，展示资金的收支以及救助情况，主要是资金收支角度内容的体现，后续可根据管理需求，纳入具体项目的利润保障度指标，例如，计划盈利率和现金盈利率等指标，可以实现按月监控具体项目自平衡方案实施效果。

2. 扩大 BI 报表应用范围

目前建立的 BI 分析报表主要是应用于中海外总部层面，从公司整体角度对在施项目的资金收、支、余进行统计分析，为管理者提供决策支持。下一步可以考虑在境外区域公司层面直接应用，建立区域公司层级的分析工具，更直接地反馈给项目管理。

（四）可持续改进的建议

1. 持续加强业财融合，确保预算准确

目前应用的监管报表中，要通过预算收支数据与实际收支数据进行对比，从而进行分析。有些项目虽然编制了全周期资金预算和本年度资金计划，但在实际生产过程中因重视程度不够，预算编制浮于表面，与实际情况存在一定偏差，导致后续分析偏失。因此财务部与工管部协调联动，深入项目现场，不断收集、积累项目信息，以对项目有充分的了解，同时将项目预算与项目实际情况相结合，过程中及时纠偏，提高项目预算的准确性和完整性。

2. 持续加强信息化建设，寻求系统支持

本案例目前的应用实施，主要是在国别公司层面，依靠账载数据，运用 Python 等工具进行数据获取和加工，从而建立的资金预警的可视化平台，为实现区域、国别所属项目的收、支、余等信息统计和监控，该过程仍需各单位手动填报收支数据后人工审核更新数据，后续可开发项目现金流自平衡管理系统，对接财务共享系统，实现基础数据的快速抓取和自动更新，并推送至管理报表展示界面。

（中国海外工程有限责任公司　李　毅　谭　韵

孙　丽　曲鹏昆　孟　孟　林承群）

管理会计在企业培训管理中的应用探讨

【摘要】 在经济社会飞速发展的今天，传统财务会计已经越来越难以满足新时代企业发展需要，业财融合能更好地实现企业战略目标，应用并践行以创新为动力的管理会计，这已成为各大企业提高管理水平和发展质量的一个有效靶点。全面预算是管理会计中的一项重要功能，已被许多企业所运用并付诸实践，它对于企业实现战略目标，提高经济效益具有不可取代的作用。管理会计与企业内控管理二者也具有紧密的关系，能实现高度融合。管理会计在企业管理中得到了日渐广泛的应用。内控管理的实践过程，可以巧妙灵活地应用管理会计，实现长远的良好发展。

基于此，本文将对管理会计在企业培训管理中的应用展开探究。首先，对管理会计在企业培训管理中相关概念进行概述。其次，对管理会计在企业培训中的应用现状进行了分析，在此基础上采用案例分析法，以武汉铁路桥梁职业学院培训管理为例，论述了管理会计在学院培训管理的全面预算方面、内控方面发挥的作用和优势。

一、管理会计的相关理论

（一）管理会计的概念

管理会计是指在企业内部，为管理决策提供有关成本、收益、利润和其他财务信息的一种会计体系。它是针对企业内部管理需要而设计的会计体系，主要目的是为企业管理层提供有关企业经营情况的决策支持。管理会计的主要任务包括：收集和处理有关企业经营活动的数据，以便管理层作出决策；提供成本、收益、利润和其他财务信息，以便管理层评估企业经营状况；为管理层提供预算、计划和控制工具，帮助管理层有效的管理企业；提供有关企业内部运营的信息，帮助管理层了解企业内部运作的情况，以便作出决策。

管理会计与财务会计不同，财务会计主要是为了向外界报告企业的财务状况，而管理会计则主要是为了内部管理决策提供支持。

（二）管理会计的特点

管理会计有以下几个特点。第一，为内部管理决策服务，管理会计主要是为企业内部管理决策提供支持，而不是为外部报告财务状况。因此，管理会计的信息更倾向于提供未来的预测和规划，以便企业管理层能够作出更好的决策。第二，信息灵活、多样化。管理会计的信息需要根据不同的管理需求进行设计和提供，因此信息的形式和内容相对较为灵活和多样化。管理会计不仅包括财务指标，还包括非财务指标，如市场份额、客户满意度等。第三，面向管理层，管理会计的信息主要是为企业管理层提供的，因此需要符合管理层的需求和特点，包括精简、易懂、及时、准确、可靠等。第四，重视成本管理，管理会计在企业管理中重视成本管理，通过对成本的分析、核算和控制，帮助企业实现成本优化和效益提升。第五，以预算为基础，管理会计以预算为基础，通过制定预算和控制预算执行情况，实现企业目标的达成。预算是管理会计的重要工具之一，能够帮助企业管理层对企业未来的经营情况进行规划和控制。

二、案例分析

（一）武汉铁路桥梁职业学院概况

学院始建于1958年，前身为武汉桥梁工程学院。2016年3月，湖北省人民政府批准设立武汉铁路桥梁职业学院，教育部于4月下文同意学院备案，武汉铁路桥梁职业学院正式成立。2016年9月，武汉铁路桥梁职业学院（高职）、武汉铁路桥梁学校（中专）、武汉铁路桥梁高级技工学校（技校），三校在武汉市汉南校区合并办学，"一套班子，三块牌子"，拥有事业单位法人证书。学院是继哈尔滨铁道职业技术学院之后中国中铁举办的第二所全日制高等院校，同时也是全国第一所以"桥梁"命名的高职院校。

武汉铁路桥梁职业学院、武汉铁路桥梁学校和武汉铁路桥梁高级技工学校（以下简称为"桥院""桥校""技校"）于湖北省武汉市汉南校区集中办学，三校均为独立的事业单位。三校各有独立财务账户，接受举办单位、湖北省教育厅等拨款独立列支，至今均按照办学层次独立进行招生，为集中办学，未曾合并。

目前拟将桥校（中职）并入桥院（高职），合并后保留桥院（高职）、技校。措施为将财政厅桥校一级账户进行销户，建立教育厅二级账户：武汉铁路桥梁职业学院（武汉铁路桥梁学校），并在账户建立后将桥校撤销处理。同时，技校不纳入合并计划的原因在于技校账户为人社厅账户，与教育厅非同一系统，无法进行合并处理。

学院有28个管理部门、系部和下属单位。其中，机关管理部门8个，包括纪委、工会、团委3个党群部门，以及院长办公室（党委工作部）、人力资源部（党委干部部）、财务部、基建部、发展规划部5个行政部门。教学专业管理部门9个，包括学生工作部、教务处、教学督导室、教育研究室、招生办公室、就业指导办公室、保卫部（武装部）、后勤管理中心、继续教育中心。专业系部设置7个，包括桥梁工程系、建筑工程系、机电工程系、材料工程系、铁道运输系 5 个系部，以及思政课部、公共课部 2 个课部。教辅部门 3 个，包括图文信息中心（图书馆）、计算机管理中心、培训中心。

另外，学院还有校办企业 1 个，为湖北明达测绘公司，是一家以测量劳务为主营业务的乙级测绘公司，主要从事各类工程建设测绘科技咨询与测绘技术服务，综合营业利润率 3% 左右。

截至 2023 年 5 月底，学院在职人员共计 294 人，正式员工 238 人，聘用员工 56 人。任课教师 187 人，其中校内任课教师 180 人，校外兼课教师 7 人。高级职称任课教师 78 人，中级职称任课教师 53 人，初级职称任课教师 56 人，"双师型"教师 72 人。

学院目前开设铁道桥梁隧道工程技术、道路与桥梁工程技术、建筑工程技术、土木工程检测技术、铁道交通运营管理、建设工程管理、工程造价、新能源汽车技术、机电设备技术、城市轨道交通工程技术、工程测量技术、电子商务、城市轨道交通运营管理、道路工程检测技术、智能控制技术等共 15 个专业，其中国家示范专业 1 个，省级示范、重点、特色专业 1 个。

学院铁道桥梁隧道工程技术专业一直处于全国职业院校的领先地位，先后被评为全国职业院校交通运输类示范专业点、教育部创新发展行动计划骨干专业，该专业现有在校生数量居全国第一，在"金平果"2020 年、2021 年中国高职院校分专业竞争力排行榜位居榜首。桥梁工程技术专业群成功入选湖北省"高水平专业群建设单位（C 档）"立项建设名单，专业建设优势凸显。

学院坚持"立足高职、一体两翼、相互促进、协调发展"，形成了以全日制职业教育为主、继续教育与职业培训为辅的"一体两翼"办学格局。力争把学校办成"规模适度、管理规范、特色鲜明、结构合理、质量上乘"的高职院校和中国中铁技术技能人才优质培养基地。实现学院发展"三年打基础、五年出特色、八年树品牌、十年创一流"美好愿景。

截至 2023 年 5 月底，学院固定资产 3.28 亿元，其中教学设备总值 3 788 万元。占地面积 341 亩，建筑面积 9.4 万平方米，其中包括教学（实训）楼 4 栋、综合办公楼 1 栋、体育馆 1 栋、后勤楼 1 栋、宿舍楼 7 栋、培训楼及其他附属楼共 21 个建筑单体。建有满足科研、教学和实习实验使用的道路桥梁工程施工、铁路桥梁与隧道工程、工程测量、高速铁路精调精测、铁路客运、土建工程检测、汽车、机电应用技术、电子商务、BIM 实训中心、BIM 培训中心、安全 VR 体验中心、工管实训基地等 13 个先进的校内实训基地，秦环兵测量技能大师工作室和刘琴梅试验技能大师工作室 2 个工作室，以及 46 个实训室。其中建筑工程实训基地为国家级实训基地，道路与桥梁工程施工实训基地和土建工程检测实训基地为省级实训基地。学院还建有覆盖行政办公场所、实验实习教学场所、学生宿舍、教职工生活区的校园网；图书馆藏书 40 余万册，电子期刊 1 万余种。

从 2022 年度武汉铁路桥梁职业学院（合并）财务报表和分析中不难看出，2022 年培训不含税收入 1 401 万元，占学院总收入的 14.71%，所以培训管理对于学院可持续发展起着至关重要的作用。

（二）管理会计在企业培训全面预算管理中的应用

全面预算主要是根据既定的经营目标，充分并且全面地预测在未来一段时间之内的各项经营活动以及相应的财务结果，然后科学、合理地配置企业拥有的财务及非财务资源。通过严格管控预算的具体执行过程，来深入分析并有效对比，全面预算管理的实际完成情况和既定预算目标之间的差距，从而更好地改善和调整企业的经营活动，进而帮助企业实现自身的战略目标。

为了全面预算编制更加准确，必须建立和完善学院预算中心体系。实现学院战略目标需要各部门的共同配合，各部门在建立和完善预算管理中心、发挥预算管理中心作用的前提下，能切实地履行职责，强化部门间交流，衔接部门功能，重视信息中心模块管理与制约，确保学院预算管理工作的有序推进，这就需要发挥管理会计在预算中的应用。

根据全面预算的构成，管理会计在培训全面预算中的具体应用现状可以分为以下几点：

1. 在业务预算方面

武汉铁路桥梁职业学院培训中心在每年 10～11 月根据当年完成的培训业务情况，向上级预报下一年度业务预算，包含培训项目、培训期数、培训人数、培训费标准、培训收入（见表 1）。第二年年初根据中铁国资执教培训部每年下达的预算指标，制订培训年度工作计划、分解全年经营指标，督导各项目实施推进情况。学院还制定了《武汉铁路桥梁职业学院培训管理制度》，包含《培训中心岗位职责》《培训中心培训管理制度》《培训中心教学管理制度》《培训中心学员管理制度》《培训中心考核评估制度》《培训中心档案管理工作制度》《培训中心设备管理制度》《培训中心教室管理规定》《培训中心客房管理制度》《突发事件应急处理预案》《培训考试管理规定》等，《培训内控制度》旨在提高培训质量，明确任务分工，降本增效；同时成立武汉铁路桥梁职业学院培训工作应急小组，由学院各个部门抽调人组成，在筹备高规格或者大型培训班时，将小组成员调配至培训班的各个环节，方便互通信息，可以降低培训班培训过中的运行风险，确保高质量完成培训任务。

对培训的各项目实际分类预算、全面总结、强化控制，建立预警机制，警惕成本超标。在进行业务预算时，时刻确保业务和财务高度结合，从横向方面保证预算管理相关部门之间的密切配合。

表1　　　　　　　　　　　　　**培训收入预算表**

××年　　　　　　　　　　　　　　　　　　　单位：元

学校		序号	培训项目	培训期数	培训人数	培训费标准（培训费/人）	培训收入	备注
2		1						
2		2						
2		3						
2		4						
2		5						
2		6						
2		7						
2		8						
2		9						
2		10						
2		11						
2		12						
2		13						
2		14						
2		15						
2		16						
2		小计		0	0		0	

2. 在财务预算方面

财务预算作为培训管理的总预算和全面预算体系收尾环节，能把业务预算的成果以价值视角概括体现出来，并直观鲜明地展现预算执行状况。学院根据《中铁国资资产管理有限公司职教单位成本管理办法》和《职业教育单位营业收入核算指引》，从培训收入、培训成本直观地反映培训带来的收益。

在编制财务预算时，明确培训收入包含哪些方面，收入的计量确认方式也是至关重要的，培训收入是包括学院举办各类培训班取得的收入，举办职业技能大赛、职业技能等级认定、组织现场教学实训取得服务收入，组织社会化考试等取得的相关收入、各级政府为购买培（实）训服务支付的对价。培训收入确认、计量应当遵循权责发生制原则，培训收入应在培训班已实际举办后确认。如果培训班举办期间不足1个月且未跨月的，应在举办的当月一次性确认收入；如果跨月举办的，应当在举办的主要月份或开发票时一次性确认为收入；如果培训期在 2 个月或以上的，应按月分次确认收入。

培训成本费用归集采用完全成本法，与培训收入配比，按照直接和间接成本费用进行归集。

直接成本费用指与培训收入直接相关，不需分配就可以直接归集的培训成本费用。主要包括：第一，培训部门人员费用：职工薪酬、差旅交通费、办公费用（办公用品、邮寄费、电话费）、临时用工劳务费。第二，培训师资费用：外聘老师劳务费及其差旅费；因参与培训业务单独发放的内部人员课时费、监考费用。第三，组织培训费用：信息化费用、大赛材料费、培训教材费、考试费、办证费、宣传费、业务费、学员餐饮费、培训中心用品费、防疫费等。第四，场地租赁费及车辆使用费：职教院校为组织校外培训发生的场地使用（租赁）费、车辆使用费用。第五，相关税费：与培训收入相关的城建税、教育费附加、房产税、城镇土地使用税等税费。

间接成本费用指与培训收入相关，需按照一定比例进行分摊后应由培训业务承担成本费用。主要包括：第一，分管领导薪酬费用：分管培训的院校领导相关薪酬费用按其职责比重合理分摊，其他领导人员费用均不计入培训费用。第二，场地租赁费及车辆使用费：非专门用于培训的场地使用费、车辆使用费用，应按实际使用天数进行分摊。第三，其他应分摊费用：对水电费、非专门人员费用应按照具体天数、人次合理进行分摊。

在培训预算编制过程中，财务部门与培训部门相结合，根据企业的实际状况进行测算。提前预知的培训项目，全面分析每一个项目收取的培训费是多少，产生的培训成本是多少，以及减少可能产生的财务风险，保证利润率。成本预算作为成本管理开始之处，也是预防经营风险的关键之处，只有切合实际、合理地进行成本预算，同时配以严谨有序的预算控制流程，后续成本管理才会得以顺利实施。对其中各项间接费用还需要结合学院其他各个部门、各个岗位进行综合全面的统筹规划，对其各种功能和经济活动进行梳理分析，以适应企业经营总目标，实现决策目标具体化、系统化、定量化，如后勤管理中心、人力资源部等。

财务预算还有更为重要的一个环节，就是资金预算。资金预算包括经营性资金预算、投资性资金预算、筹资性资金预算。学院响应中铁国资资产管理有限公司发展战略，合理有效地筹措、分配、使用资金，加强对内资金使用的监督和管理，保证资金的安全，提高资金的使用效益，成立了资金预算管理制度，旨为加强财务内控管理、防范资金安全风险、加强监管资金预算执行情况的有效管理工具和机制。通过建立和落实资金预算管理制度，坚决做到"无预算不支出"，加强对资金预算执行情况过程监控、预警，有效发挥资金预算在全面预算管理工作中的基础和关键作用。资金预算管理工作由学院财务部主责，基于预算内容与各部门职能的对应关系，由相关部门按照制度的规定进行资金预算管理。财务部要严格控制货币资金支出，要严格审查各项付款业务的合法性、真实性和审批手续的完整性。学院实行资金预算管理后，若因特殊原因付款项目未列入预算内的，经部门主管申请，财务部长审核，上报院领导审核批准后方可支付；对于无审批手续及不合理、不合法的付款业务，一律不予支付。培训部门在上报资金预算的时候，需要考虑本部门的实际情况，常规费用按以往季度平均数编制，培训部门的人工成本费、差旅交通费、办公费、业务资料费、劳务费、车辆租赁费、教学设备材料费、学员餐饮费、零小购置费、工具用具客房用品费、维修费、宣传费、低值易耗品、防疫费等每一项费用按季度平均数编制使用计划，并严格按其执行，如遇到预算执行过程中出现的不平衡，对于由于客观实际变化所引起的预算变化和出现的新情况、新问题，及时妥善地调整预算。

管理会计定期比较财务预算实施过程中预算指标与经营指标之间的差异，如果发现有影响指标均衡的偏差，需及时纠正，保证企业全部活动经济指标保持可控范围。针对培训项目而言，在财务预算执行过程中，储备充足资金以确保项目正常运行，而且还要实现指标管控与资金管控协同管理。此外，为了预防财务风险的发生，财务预算在执行过程中需要根据各月、季度和半年的指标，适时对工作计划和方案进行调整，把年度预算和月度控制密切结合起来，在财务信息化平台支持下，加强每个培训项目全生命周期现金流预算管理，严把周、月资金计划与项目周、月资金收支关，防止企业资金流失。

培训因其自身的特殊性，每次需要先开发票，待培训完成之后再支付培训费用，所以在培训业务中也会出现应收款项，而"两金"压降是国有企业近几年的一个热点问题，也成为各省国资委对下属企业进行评估的一个重要方面。这些应收款项的在长期存在有一定的坏账风险和经济负担，学院通过业财共享系统，将培训部门与所有客户的应收款项都一一列出，一目了然，学院和培训部门签订"两金"压降责任目标，与绩效考核挂钩，将应收款项的风险得到进一步控制。

（三）管理会计在企业培训内部控制管理中的应用策略

管理会计与企业培训内部控制管理二者具有紧密的关系，能实现高度融合。管理会计在培训管理中得到了日渐广泛的应用。培训的开展、内部控制管理的实践过程，都可以巧妙灵活地应用管理会计，提升自身的经济效益，实现长远的良好发展。管理会计实现了对管理学知识和会计学知识的紧密结合。内部控制产生的契机，是由于企业经过发展进步，其所有权和管理权发生分离，需进一步加强内部管理。管理会计与内部控制二者具有相同的基础，均是为了满足企业内部管理的具体需要，同时，二者具有一致目标。管理会计作为管理活动，主要为企业开展各项经济活动提供科学预测、合理决策、统筹规划和有效控制，其主要工作是为企业决策者提供真实可靠的参考依据。内部控制则是企业内部制衡机制的重要构成，在实施内部控制过程中强调对监控体系的科学设置和有效执行，注重保障财务报告相关信息的真实有效，进而促进企业在合法合规的前提下，良好实现预期的发展目标。因此，二者均服务于企业管理，其最终目标在于帮助企业建立健全经营管理模式，并增强综合效益。

建立和完善职业培训管理，将管理会计融入其中，能够提高培训质量，明确任务分工，降本增效；可以降低培训班在培训过中的运行风险，确保高质量完成培训任务。

武汉铁路桥梁职业学院培训中心结合企业规划部一起制定了内部控制培训管理的流程，并绘制了内部控制流程图（见图 1），从培训项目开发到培训费用结算，我们可以看出管理会计的作用无时无刻贯穿其中。同时列举了可能存在的培训风险，制订好解决方案，确保每一个培训项目顺利实施有据可循，从纵向保证预算管理领导和业务部门之间的密切配合（见表 2～表 4）。

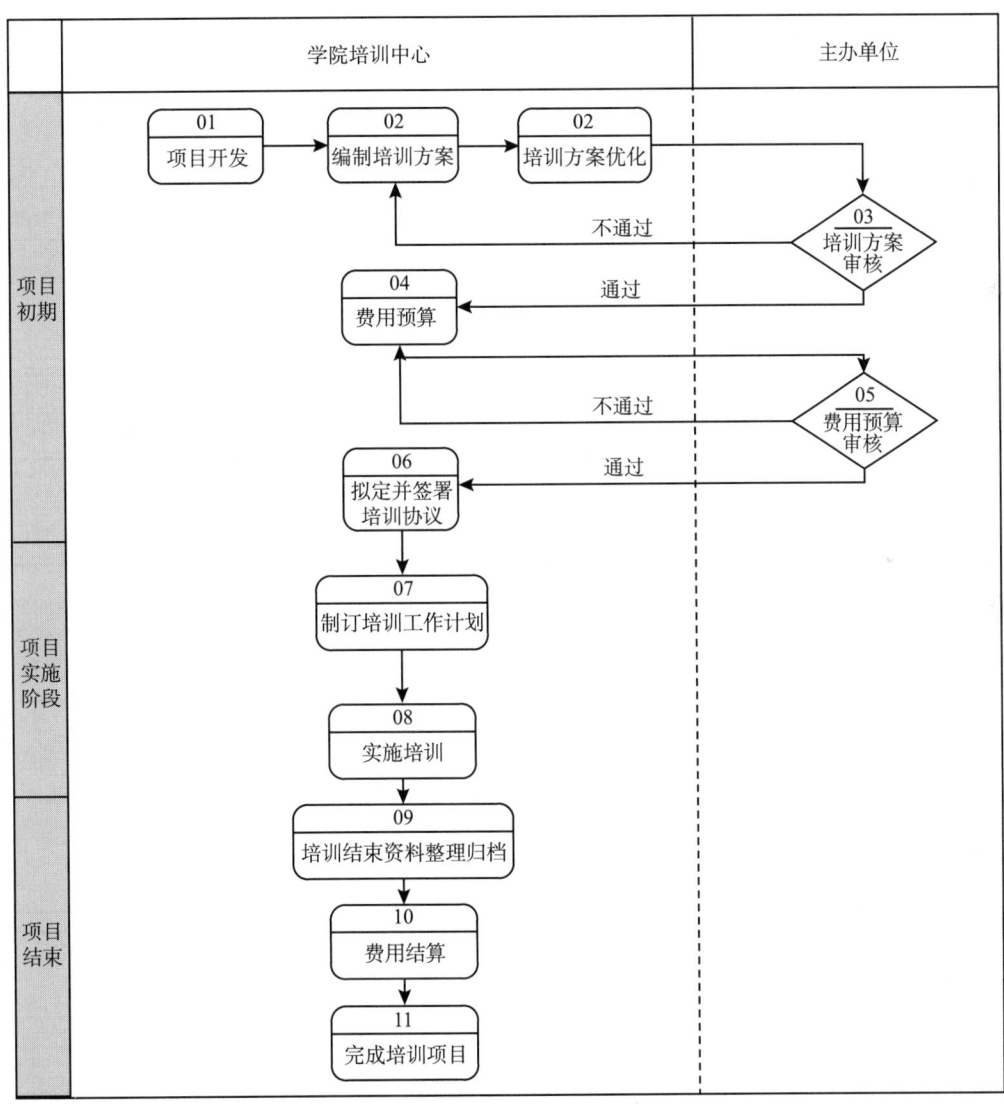

图 1　培训管理内部控制流程

表2 风险控制矩阵

目标编号	控制目标	风险编号	风险描述	控制措施编号	控制措施
T01	培训方案	R01	受不可控因素影响，培训场地、师资、后勤保障无法满足参培单位（企业）需求	C01	提前做好（场地、师资、食宿等）备用方案和应急保障相关措施，责任到人
T02	培训协议	R02	培训过程中临时增加项的费用资金超出协议总费用	C02	协议中整体费用体现出不含临时增项费用，如增项需签署补充协议
T03	学员人身安全	R03	培训过程中学员发生人身意外	C03	与培训单位、参培学员签订安全承诺书
				C04	项目负责人加强培训班班级管理，责任到人
				C05	参培单位需配合承训单位要求学员遵守承训单位相关培训管理制度
				C06	培训期间设立医疗保障组和应急保障措施，责任到人
T04	培训费用结算	R04	培训相关费用未按协议规定期限付款引起纠纷	C07	充分沟通，积极联系对接
				C08	双方友好协商，避免纠纷发生

表3 风险数据库

风险编号	风险描述	风险类别					发生可能性（1~5）	影响程度（1~5）	风险等级	对应重大控制编号
		战略风险	经营风险	报告风险	合规风险	资产安全风险				
R01	受不可控因素影响，培训场地、师资、后勤保障无法满足参培单位（企业）需求		√				1	1	低	
R02	培训过程中临时增加项的费用资金超出协议总费用		√				1	1	低	
R03	培训过程中学员发生人身意外		√				1	1	低	
R04	培训相关费用未按协议规定期限付款引起纠纷		√				1	1	低	

注：风险评估等级1~5对应：低风险、较低风险、中等风险、较高风险、极高风险。

表4   控制文档

控制类别	控制措施编号	控制措施描述	控制类型（事前/事中/事后）	控制方式	控制频率（随时/日/月/季/年）	实施证据	责任部门	责任岗位
一般控制	C01	提前做好（场地、师资、食宿等）备用方案和应急保障相关措施，责任到人	事前	人工	随时	《武汉铁路桥梁职业学院培训管理制度》	培训中心	项目管理部
一般控制	C02	协议中整体费用体现出不含临时增项费用，如增项需签署补充协议	事前	人工	随时	《培训协议》	培训中心	经营开发部
一般控制	C03	与培训单位、参培学员签订安全承诺书	事前	人工	随时	《武汉铁路桥梁职业学院培训管理制度》	培训中心	项目管理部
一般控制	C04	项目负责人加强培训班班级管理，责任到人	事前	人工	随时	《武汉铁路桥梁职业学院培训管理制度》	培训中心	项目管理部
一般控制	C05	参培单位需配合承训单位要求学员遵守承训单位相关培训管理制度	事前	人工	随时	《培训协议》	培训中心	项目管理部
一般控制	C06	培训期间设立医疗保障组和应急保障措施，责任到人	事前	人工	随时	《武汉铁路桥梁职业学院培训管理制度》	培训中心	综合服务部
一般控制	C07	充分沟通，积极联系对接	事后	人工	随时	《培训协议》	培训中心	经营开发部
一般控制	C08	双方友好协商，避免纠纷发生	事后	人工	随时	《培训协议》	培训中心	培训中心主任

1. 培训项目开发

项目开发由培训中心主任牵头负责，旨在发挥学院专业、场地等优势，对接中国中铁二级与三级公司、政府机构、中国中铁系统外其他企事业单位相关部门，开发拓展培训考试业务。管理会计在培训项目开发上起到的是科学合理判断企业的投资决策。

2. 编制培训方案

由项目管理部根据培训单位（企业）需求，制订培训方案。管理会计通过计算内部报酬率、净现值、投资回收期、投资报酬率、获利指数等决策指标的分析，科学合理地判断培训投资决策，根据企业风险承受能力和投资回报预期，选择最佳培训方案，有效降低培训发生的风险。

3. 培训方案审核

结合培训单位（企业）培训需求和学院资源，优化培训方案。

4. 培训费用预算

由培训中心经营开发部负责，根据对方单位及学院实际情况合理编制费用预算，既要保证对方单位的实际需求，也要满足学院培训管理的预算。此次培训项目预算定稿后，在后续的办班支出中，财务部门将严格按照预算执行，通过业财共享平台，每个培训班级设置工号，培训收入成本一一对应，由培训部门自行发起报销流程，流程情况可在共享平台上查看，执行全面预算管理，临近预算成本，将采用报警机制，严格把控资金，降低每个培训班成本，做到利润最大化。

5. 培训协议拟订

起草培训协议，培训协议审核并签署协议。

6. 培训项目实施

制订培训工作计划，明确项目负责人，根据项目管理部要求，做好培训单位后勤保障工作，做好培训前资料、场地准备协调工作，培训中临时突发应急保障，培训结束数据、资料收集归档工作等。

7. 培训费用结算

与参培单位、供应商对接完成培训费用结算工作。在培训结算时，成本的控制尤为重要，通过与预算成本的比对，确定该培训项目预期目标的偏离度，从而有效控制风险。培训项目付诸实际后，也需要定期跟进培训项目收益情况，与前期预算预判指标进行比对、分析，及时对差异进行修正。

（四）管理会计在企业培训管理绩效考核中的应用

管理会计本身有着融合的特点与优势，因此可以从财务数据支撑角度入手，对培训经营绩效的考核指标进行有效控制，可达成指标的数据化衡量的目的，促进培训业务的健康发展。对于绩效考核的构建与完善来讲，管理会计的最大作用就是可以将绩效考核指标量化，而且还可以对其进行精细化处理，并直观呈现。因此，将管理会计应用于培训绩效考核中，通过综合分析能够将评价数据指标变得更加精细，不仅能够展现数据优势，而且为企业绩效考核指标制定与应用提供了便捷性。

学院在对培训部门人员在进行绩效考核时，学院管理人员需要足够详细的数据对培训部门员工进行考核，鉴于此种情况，管理会计可以借助业财系统中的数据，包含培训收入、成本，参照培训考核文件将数据提供给学院领导。同样，管理会计将培训全面预算管理设置一系列的预算目标，基于预算目标完善绩效目标，将目标利润的完成情况作为绩效考核的重点，优化和提升了预算与绩效考核的深度结合，成果显著，充分展现学院管理会计在绩效考核中的实际应用。这样，管理会计就可以做到事前把关、事中把控、事后监督全过程闭环成本管控流程。

三、取得成效

管理会计应用于学院培训管理中，培训收入 2020～2022 年实现稳步增长（见表 5）。2020 年培训收入 530.72 万元，培训总人次为 6 288 人，利润率为 38.72%；2021 年培训收入 1 205.8 万元，较 2020 年增长 127.2%，培训总人次 13 750 人，较 2020 年增长 118.67%，利润率 39.86%，较 2020 年增长 1.14%；2022 年培训收入 1 454.56 万元，较 2021 年增加 20.63%，培训总人次 27 152 人，较 2021 年增长 97.47%，利润率 41.31%，较 2021 年增长 1.45%。

表 5 　　　　　　　　　武汉铁路桥梁职业学院培训情况

年份	培训天数（天）	培训总人次（人）	培训班期数（期）	培训收入（万元）	利润率（%）
2020	185	6 288	48	530.72	38.72
2021	290	13 750	53	1 205.80	39.86
2022	284	27 152	71	1 454.56	41.31

通过 2020～2022 年的培训情况不难发现：第一，管理会计系统模型加以改良，不再使用旧的模式，通过业财系统中显示的培训项目比对，使培训收入更加明确，使成本分摊方式更加科学化，同时帮助学院培训业务精确分析市场定价，增加业务优势，增加校企合作。在控制成本的同时，大大提高了竞争能力。第二，助力绩效考核公平规范。利用管理会计科学的计算系统和有效的考核制度，实现了对各生产要素的跟踪问效。第三，合理规划资产配置，通过管理会计应用可以降低培训业务的投资风险，实现利益最大化。

四、经验总结

在当今全球经济一体化过程中，企业要想发展就必须转变过去管理模式，重视管理工作创新，从而提高企业经济效益和推动企业发展。如今社会经济呈几何倍数增长格局，受此形式驱动，企业要想在其领域内处于有利地位，唯有不断提升综合竞争实力，为了促进成长速度，将管理会计工具应用到企业全面预算管理当中，以充分发挥管理会计功能、规范财务管理、提升企业内控水平等，也能够在某种程度上填补预算和规划的分歧，加快企业转型升级的步伐，对企业可持续发展起着至关重要的影响。

通过本文对武汉铁路桥梁职业学院的案例分析，可以明确管理会计在学院培训管理中的应用研究是非常重要的。它可以帮助学院培训更好地管理和控制成本，实现收益最大化，同时明确各个部门和个人的职责，制订有效的预算目标和计划，实现预算控制。这些方面的应用可以帮助培训管理实现全面预算管理的目标，进一步推动学院的可持续发展。因此，学院应该注重管理会计在培训中的应用，不断优化预算管理体系，提高管理效率和经济效益，以应对市场变化和未来挑战。

（武汉铁路桥梁职业学院　刘　宇）

本量利分析及敏感性分析在成都地铁项目管片厂的应用

【摘要】 根据《中国中铁大商务管理体系建设指导意见》和《中国中铁项目管理效益提升三年行动方案》，全面建设大商务管理体系，要求成本管理工作要全面升级，在利润为王的大时代背景下，与先进管理技术接轨，提高盈利水平成为企业的核心要务。本文简要介绍了中国中铁、中铁城投在成都地铁市场十余年的发展历程，为中铁八局管片厂成本管理工作做了背景阐述。随后，分析管片厂的生产能力、内部管理和生产组织架构、成都地铁 13 号线项目管片生产供应工作流程等基本情况，通过对成都地铁 13 号线管片项目的成本管理现状进行分析，发现管片生产所需直接材料支出占成本 70.18%，钢筋、混凝土作为管片生产最主要的材料占比最大。结合成本数据分析发现目前存在的主要问题有：成本管理粗放、成本核算不够完善以及部门间缺乏沟通共享。

本文基于本量利分析基本原理，对中铁八局管片厂成本核算全过程进行重新设计。首先根据《管理会计应用指引第 401 号——本量利分析》总则，阐述本量利分析基本理论。其次引入本量利分析基本模型和优化模型，分别在投标阶段、生产阶段阐述本量利分析的具体应用。结合中铁八局管片厂实际情况，分析本量利模型应用的作用：本量利分析是大商务管理的需要、本量利分析是提高企业决策效率的需要，本量利分析是提高企业盈利能力的需要。以中铁八局成都地铁 13 号线项目作为测算分析案例，探讨了建立固定成本库、变动成本库的重要性和可行性，同时在地铁 13 号线项目管片生产中，通过测算销售价格、销售量、单位变动成本和固定成本的敏感性系数，对各因素敏感性系数做对比分析，提高了管片厂的成本控制水平与管理决策水平。最后，本文总结了成都地铁应用本量利分析与敏感性分析的经验，分别针对固定成本、变动成本提出成本控制策略，为中铁八局管片厂管片项目提高盈利能力、经济决策水平、成本核算质量以及业务与财务有机融合方面提出了建设性意见，该意见具有一定的科学性、可行性。企业的成本管理重在增强企业成本管理的意识、不断创新成本管理方法及建立成本动态分析机制。

一、背景描述

（一）行业背景

随着我国经济发展进入新时代，经济社会发展取得了举世瞩目成绩的同时，能源消费结构发生了巨大变化，党的十八大以来，工业、交通、建筑等重点实体经济部门的能源消费结构逐步优化。在"双碳"目标下，加快降低碳排放步伐，有利于引导绿色技术创新，提升产业和经济的全球竞争力。党的二十大报告指出，推动绿色发展，促进人与自然和谐共生，需要进一步完善支持绿色发展的财税、金融、投资、价格政策和标准体系，发展绿色低碳产业。近年来，成都轨道交通项目快速发展，将绿色低碳融入成都的公园城市建设中，未来将深入贯彻党的二十大精神，继续着力加强绿色发展和经济发展的融合，紧扣国家绿色发展主旋律。

成都地铁仅用 10 年时间便走完了西方城市轨道交通 100 年的发展历程，目前已建成 557.8 公里的运营里程，为城市绿色低碳出行提供了有力保障。一方面，轨道交通出行为推动成都经济、旅游等方面发展作出了卓越贡献，成都地铁客运量逐年增加，目前平均每日客流量达 700 万人次，高峰期客流量日均高达近 800 万人次，累计客运量高达 100 亿人次，轨道交通为推动成都经济、旅游等方面发展作出卓越贡献；另一方面，轨道交通出行为"双碳"计划的实现作出了积极贡献，随着更多人选择乘坐地铁，私家车的使用频次减少，碳排放大幅度减少。成都地铁目前在建项目有 8 号线二期、10 号线三期、13 号线一期、17 号线二期、18 号线三期、19 号线二期、27 号线一期、30 号线一期工程等 8 个项目，总长 176.65 公里。中国中铁目前主要负责 8 号线二期、10 号线三期、13 号线一期的建设，中铁城投作为总包管理机构，统筹中铁各局在成都地铁完成施工建设任务，中铁八局负责这三条线的管片供应。

（二）成都地铁管片厂基本情况

2012 年中国中铁与成都市政府签订战略合作协议，先后承建了成都地铁 1 号线、3 号线、7 号线、8 号线一期、9 号线一期、10 号线三期、13 号线一期，8 号线二期，累计已建成地铁线路 205 公里，完成施工产值近 1 000 亿元。2012 年至今共使用管片 20 余万环，中铁八局管片厂为主要生产供应单位。

2010 年中铁八局为满足成都地铁管片需求，在成都市青白江区工业园区开工建设管片厂，占地面积 200 余亩，距成都市三环路平均距离 35 公里左右。建有三条管片流水生产线，年管片设计生产能力约为 27 000 环，厂内存储能力约为 5 000 环。

管片厂分为管理层和作业层。管理层分为"五部两室"，各司其职，相互配合完成工作，如图 1 所示。

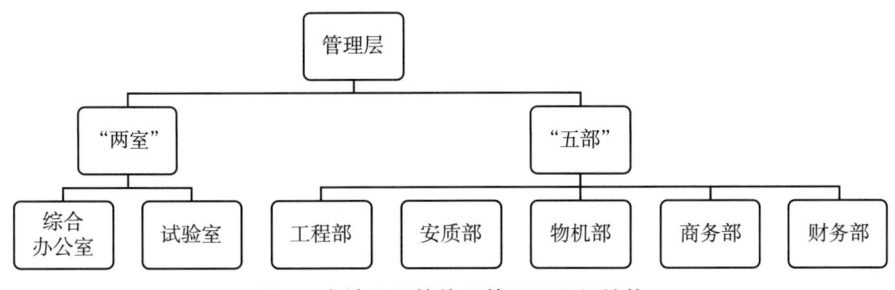

图1　中铁八局管片厂管理层组织结构

作业层又细分为自管班组和劳务分包班组，自管班组分为质检班、库管班、维修班、成品库管班、资料班、锅炉班、巡守班、综合班；劳务分包班组按照工序设置，有钢筋班、灌造班、转运班和发运班等。如图2、图3所示。

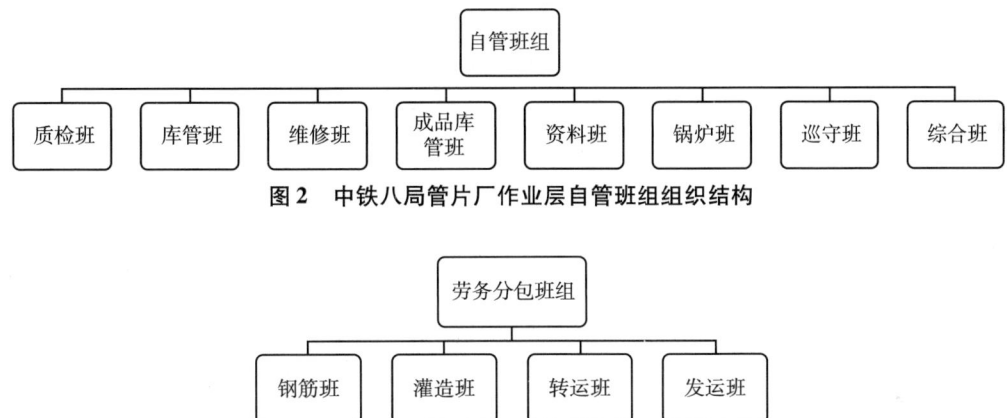

图2　中铁八局管片厂作业层自管班组组织结构

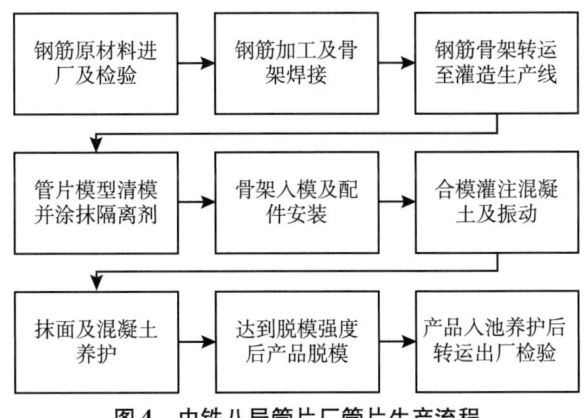

图3　中铁八局管片厂作业层分包班组组织结构

（三）管片生产供应工作流程

中铁八局管片厂生产流程如图4所示。

图4　中铁八局管片厂管片生产流程

（四）管片厂成本管理现状及问题

1. 管理现状

（1）成都地铁13号线一期管片需求概况。成都地铁13号线一期工程，起于瓦窑滩站，止于龙安站。线路全长约29.07公里，共设车站21座，全部为地下线。设龙泉车辆基地1座，主变电所2座。工程自七里沟站至龙华寺站，线路长28.85公里，设车站19座，项目投资236.44亿元，建设工期为5年。13号线一期工程位于成都市青羊区、武侯区、锦江区、龙泉驿区范围内，线路主要沿东坡路、青华路、青羊上街、锦里中路、小天竺街、致民东路、望江路、龙舟路、净居寺路及成龙大道敷设。

13号线使用的地铁管片直径为8.3米，中铁八局七公司管片厂作为我国西部最大的地铁管片生产基地，上线直径8.3米管片生产线。不同于其他地铁线路，13号线所需管片的弧度更大，拼接使用的块数越多，管片拼接的隧道直径也随之变大，在列车行驶速度方面，13号线从1、2、3号线的80公里/小时提高至140公里/小时；同时，车体宽度方面，隧道直径的增加，为13号线在列车采用方面提供了更多可能。

（2）成都地铁13号线管片项目成本构成分析。生产成本在中铁八局管片厂的总成本支出中占比较大，如图5所示，本文统计了地铁13号线管片项目的成本数据，并分为直接材料、直接人工、制造费用、管理费用四个部分。其中，直接材料包括管片生产中直接耗用的钢筋、混凝土、周转材料、其他材料等；直接人工包括直接参与到管片生产中的工人的工资、保险和福利费等；制造费用包括工程施工中修理人员的工资、机器设备的折旧费、低值易耗品的摊销费、安全生产费以及其他支出（水费、电费、试验检测、场内运输费用等）；管理费用包含管理人员工资、辅勤人员工资、办公费用等。

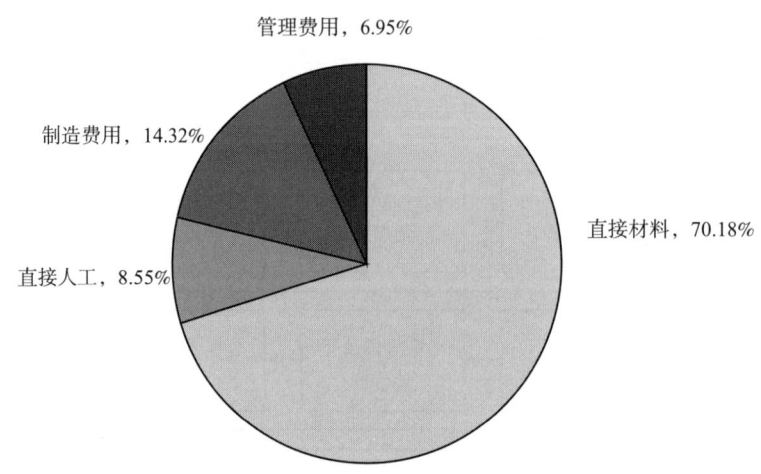

管理费用，6.95%

制造费用，14.32%

直接人工，8.55%

直接材料，70.18%

图5 成都地铁13号线管片生产成本构成分析

由图5分析可知，成都地铁13号线管片生产成本占比中管片生产所需直接材料支出占成本 70.18%，其中钢筋、混凝土作为管片生产最主要的材料占比最大；制造费用中机械设备的折旧费占比最大，然后是安全生产所需的必要费用；直接人工和管理费用占比较小，生产现场大多步骤采用人工操作、机械执行的方式，在提高生产效率的同时，也能在一定程度上保障员工作业安全。

（3）成都地铁 13 号线管片项目成本管理现状。成都地铁 13 号线管片项目目前比照传统施工项目进行成本核算和成本管理法。将成本分类为直接人工、直接材料、制造费用、管理费用等。按月归集全部成本，计算管片的个别生成成本。

对四个部分的成本费用每年下达成本预算，每季度核算已完工部分实际发生的金额，再对未发生的部分进行预算调整，作出对剩余未发生部分的预算，由此得出的成本费用具有一定的科学性和可靠性，为后期实际生产计划做准备。

2. 地铁 13 号线管片生产成本管理的主要问题

（1）成本管理方法运用过于粗放。管片厂在确定成本控制相关方法和规定的过程中，缺乏对项目生产实际情况的结合，导致成本管理水平在系统性和合理性方面有所缺失，成本管理方法运用过于粗放。管片生产所用生产原材料主要为钢筋和混凝土。生产流程的主要步骤有：钢筋加工、管片混凝土浇筑、起模、吊运、管片精度检验、水养护、转运储存等。其间所产生的边角料、废料较少，且实际生产中的废品率控制低于 0.05%，说明工艺和技术已经相对成熟。同时，生产期间直接参与生产的大部分员工为技术操作性工作，说明管片厂的生产已经通过引入专业机器设备一定程度上降低了人工成本。

管片厂的成本管理受传统施工项目成本管理模式的影响，没有区分固定成本、变动成本，更缺少对于各类成本细分要素的敏感性分析。通过区分固定成本与变动成本，增加要素敏感性分析，可以在原有的管理方法基础上进一步提升成本控制的效果。由此分析，管片生产的成本管理可以在未来将重点放在原材料的价格变动对利润变动的敏感性分析等方面，从而在相同的营业额下获得更高的利润率。

（2）部门间缺乏沟通及资料共享。更加有效的成本管理工作不是单个部门的任务，成本管理工作应该将责任分配到每一个部门，同时各部门之间加强信息沟通尤为重要。管片厂管理层分为"五部两室"，作业层分为自管班组和劳务分包班组。目前许多部门存在认为成本管理与自身岗位职责无关的认知误区，导致在成本控制的环节中各部门之间缺乏及时沟通和资料共享。加强部门间的信息、数据共享，可以提升各部门工作效率，长期看来有利于管片厂的发展。

二、地铁 13 号线管片生产项目成本管理总体设计

（一）本量利分析简介

1. 本量利分析理论

根据《管理会计应用指引第 401 号——本量利分析》总则第一条，本量利分析

指的是以成本性态分析和变动成本法为基础，运用数学模型和图式，对成本、利润、业务量与单价等因素之间的依存关系进行分析，发现变动的规律性，为企业进行预测、决策、计划和控制等活动提供支持的一种方法。其中，"本"是指成本，包括固定成本和变动成本；"量"是指业务量，一般指销售量；"利"一般指营业利润。对本量利分别进行分析测算，可以为管片厂的生产经营决策提供量化数据支撑。

2. 本量利分析模型

（1）本量利分析的基本数学模型。

$$营业利润 = （单价 - 单位变动成本）\times 业务量 - 固定成本$$

这个公式明确地表达了本量利之间数量关系的基本数学模型。它包含了 5 个相互联系的变量，只要给定其中任意 4 个变量，就可以通过模型计算出另外一个变量的值。

本量利分析可以应用于管片厂的生产决策、成本决策和定价决策等方面，也可以广泛地应用于投融资决策。应用本量利分析应该遵循《管理会计应用指引第 400 号——营运管理》中对应用环境的一般要求，建立健全营运管理的制度体系，明确营运管理各环节的工作目标、职责分工、工作程序、工具方法和信息报告等内容。同时，建立完整的业务信息系统，规范信息的收集、整理、传递和使用的环节等，有效支持管理者决策。

（2）本量利分析的优化模型。

盈亏平衡点即日常经营活动中全部的收入刚好覆盖全部成本时的产销量或者销售额。在这个分析中，企业需要计算固定成本和可变成本以及收入。企业的业务量等于盈亏平衡点的业务量时，企业处于保本状态；企业的业务量高于盈亏平衡点的业务量时，企业处于盈利状态，企业的业务量低于盈亏平衡点的业务量时，企业处于亏损状态。

$$盈亏平衡点的业务量 = 固定成本/（单价 - 单位变动成本）$$
$$边际贡献率 = 1 - 变动成本率 = 1 - （单位变动成本 \times 销售量）/（单价 \times 销售量）\times 100\%$$

目标利润分析是在本量利分析方法的基础上，计算为达到目标利润所需达到的业务量、收入和成本的一种利润规划方式，该方法应反映市场的变化趋势、企业战略规划目标以及管理层需求等。设定目标利润，在假定其他因素不变时，通常会选择提升销售数量和销售价格，或者降低固定成本或者变动成本。

$$实现目标利润的业务量 = （目标利润 + 固定成本）/（单价 - 单位变动成本）$$

3. 本量利分析在管片厂全面预算管理方面的运用

全面预算管理涉及企业经济活动的方方面面，是一项全员参与、全方位管理、全过程控制的综合性、系统性管理活动。全面预算包括：经营预算、投资预算、财务预算。本量利分析在全面预算管理中应用使得管片厂在经营、投资、财务等方面工作效率得到提升，成本控制贯穿整个过程，成本核算更具科学性、可靠性。

（1）预算阶段。管片厂计划运用目标利润分析，根据目标利润模型：目标利润＝销售量×（销售价格－单位变动成本）－固定成本，可以推算目标利润销售量。同时，科学划分单位变动成本、固定成本，计算完成目标利润需要达到的销售量，在考虑管片厂实际生产能力、储存能力的基础上，规划管片厂整体经营计划，从而使得管片厂的经营利润有所提升。

（2）执行阶段。管片厂通过成本性态分析，细化成本控制指标，从而实现成本管理控制；通过对管片生产关键要素敏感性分析，估计成本变动对利润的影响，及时调整营销策略；通过盈亏临界点分析，测算保本销售量、保本销售价格，确保管片厂经营安全边际，为管片厂生产经营保驾护航。

本文基于成都地铁 13 号线项目本量利分析模型的应用程序具体分为五个步骤如图 6 所示。

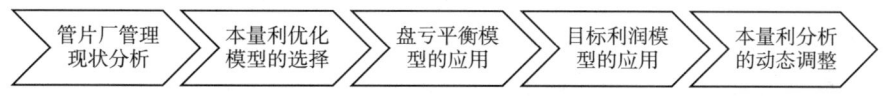

图6　地铁13号线本量利分析实施步骤

4. 运营本量利分析的必要性和作用

（1）本量利分析是大商务管理的需要。根据《中国中铁大商务管理体系建设指导意见》和《中国中铁项目管理效益提升三年行动方案》，全面建设大商务管理体系，对项目进行高效策划、组织、协调、控制，实现"功能指标业主满意，成本效益企业满意"的活动过程。大商务管理要求从项目标前经营开始至清欠销号为止的全生命周期，将商务思维贯穿于经营开发、项目履约、分包分供、风险防控、考核兑现等全过程、全环节，实现企业各层级、各系统按照职责分工协同联动。

不同于传统的成本管理，其涉及的内容更广、要求更高，主要包括以下几大方面：主合同预结算管理（投标预算、过程计量确权、施工图预算、主合同结算、签订与索赔）、项目成本管理（投标成本管理、责任成本下达、商务策划、过程成本管理、商务成本核算、成本考核与兑现、潜亏风险项目管理）、分包管理（招议标管理、分包合同管理、分包结算管理、内部总分包管理）、物资管理（物资分类、分供商管理、采购管理、项目物资管理、物资管理考核）、项目创效管理（创效策划、创效立项、创效实施、创效考核与兑现）、计量中心管理（薪酬管理、考核管理、保密工作）、岗位风险抵押金管理、项目目标管理责任书后评价管理、信息化管理等（见图7）。本量利分析的完善使得主合同预结算管理、项目成本管理等方面的工作都有极大的提升作用。

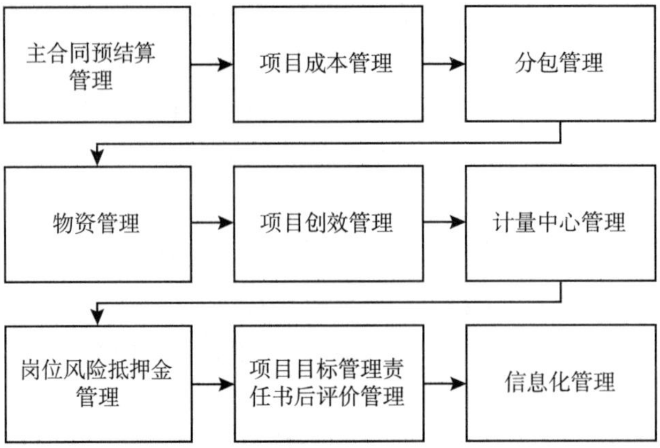

图7　中铁大商务管理体系

（2）本量利分析是提高企业决策效率的需要。本量利分析对于管片厂在生产经营决策上有着重要作用。管片生产通过将成本规范分类为固定成本、变动成本，即可根据模型计算出保本点，当售价高于变动成本时，即可考虑接受订单。

（3）本量利分析是提高企业盈利能力的需要。本量利分析方法实质是在成本性态分析和变动成本计算模式的基础上，通过研究管片厂在一定期间内的成本、业务量和利润之间的内在联系，揭示变量之间的内在规律性，为企业预测、决策规划和业绩考评提供必要的财务信息。可以在一定程度上帮助管片厂降低产品成本、规避原材料价格风险，从而提升盈利能力。

（二）本方法的创新之处

目前，在国内外通过本量利分析改善营运管理工作的方法较为成熟，但通过敏感性分析对具体成本要素量化分析再将理论付诸实践的企业还是少数。本文以中铁八局成都地铁13号线项目作为测算分析案例，简要探讨了建立固定成本库、变动成本库的重要性和可行性，同时在地铁13号线项目管片生产中，通过测算销售价格、销售量、单位变动成本和固定成本的敏感性系数，对各因素敏感性系数作出实质性分析，在一定程度上使得管片厂的成本控制与管理力度有所加强。此外，本文在分析管片厂传统成本管理下成本分类核算时，将目前管片生产成本划分为直接材料、直接人工、管理费用以及制造费用，将管片厂的燃动费、场内运输费有效归类，有助于提升成都地铁13号线管片项目成本核算的准确性。在此角度来看，本文具有一定的创新性。

三、本量利分析在管片厂应用步骤与效果

（一）分别建立固定成本和变动成本库

根据管片厂财务、商务、技术、物资设备等部门提供的数据和信息，本文将成都

地铁 13 号线管片项目生产成本按照实际情况划分为固定成本、变动成本。分别建立固定成本库、变动成本库，再将实际数据汇总分析，为本量利分析提供数据基础。

由表 1 可以看出，管片生产的固定成本主要包括管理人员薪酬、办公费用、设备折旧、厂房等基础设施折旧等。其中管理人员包含"五部两室"内的所有管理人员，设备主要包含管片生产设备、管片厂内运输设备等，厂房包含管片生产区、原材料堆放区、成品堆放区等。

表 1 管片厂 13 号线项目管片固定成本明细

序号	费用科目
一	管理费用
1	管理人员及辅勤人员薪酬
2	办公费用
二	设备折旧
三	厂房等基础设施折旧

由表 2 可以看出，管片变动成本主要包括劳务分包费、材料费、机械费中的燃动费、修理费、试验检测费、产品运输以及安全生产费等。其中燃动费包含了日常所需的水电费等，试验检测费主要包含厂内检测管片质量的费用，产品运输费中包含厂内转运管片的费用。

表 2 管片厂 13 号线项目管片变动成本明细

序号	费用科目
一	分包工费
二	材料费
1	钢筋
2	混凝土
3	周转材料
4	其他材料
三	机械费
1	燃动费
2	维修费
四	其他直接费用
1	试验检测
2	运输费用
五	安全生产费

成本库数据每季度更新，并经项目部各部门会商确认。

（二）招投标过程应用本量利分析确定投标价格

在招标采购的实施过程中，投标报价是投标单位以标书编制的预算价为基础，综合考虑各种因素后对预算标价进一步修订的报价，可以在标书中列报，也可以以降低函的形式另报。投标报价一般要占整个投标书分值 60% ~ 70%，对是否中标产生较大的影响。在确定投标报价之前，需要根据所作工程预算认真分析、反复比较，充分考虑各种可能性，从而使所确定的最终报价更为合理，只有报价足够合理，才能提高中标率，为企业带来后续的经济利益。

以成都地铁 13 号线投标为例，在成都地铁投标时，结合管片厂成本库数据，精准确定投标价格。中铁八局管片厂预测地铁 13 号线管片生产固定成本如表 3 所示。

表 3　　　　　　　　　　管片厂年固定费用支出　　　　　　　　　　单位：万元

序号	费用科目	金额
一	管理费用	1 960
1	管理人员及辅勤人员薪酬	1 800
2	办公费用等	160
二	设备折旧	540
三	厂房等基础设施折旧	500
	合计	3 000

其中，假定平均每年生产 15 万方管片，故固定成本分摊到每方管片上的金额为 200 元。综合生产管片所需要的变动成本，可知，生产每方管片所耗用的成本金额为 1 871.37 元/方。假定目标利润率为 6.34%，根据目标利润分析模型计算得出确定投标报价为 1 998 元/方，该价格能够公允地反映管片成本、管片利润，具有一定的科学性。

（三）在项目进场之初确定管片的生产计划

1. 管片厂现有生产能力分析

成都地铁 13 号线管片所需总量为 28 000 环（约 416 052 方），其中中铁八局管片厂负责自主生产 18 000 环（约 267 462 方），计划工期为 2 年整，计划年最大需求为 10 000 环（约 14 859 方）左右，为中铁八局管片厂最大产能的 1/3。在保证保证管片表面平整度、预埋孔位、拼装间隙等细节完全达标的情况下，管片厂现有生产能力足够满足现场需求。

此外，中铁八局管片厂管片成品最大储存量为 5 000 环（约 74 295 方），成都地铁 13 号线项目采用分次采购，预先告知的模式，故目前的储存量可以满足该项目的日常需求。

2. 生产组织计划决策

本文根据管片厂的生产能力、储存能力分析，并将现场需求的不均衡性纳入生产计划考虑范围，计划针对 13 号线管片生产项目，启动两条管片流水生产线，进行双线单班生产工作，使月产量达 750 环（约 11 144.3 方）。同时，备用生产计划在现场需求紧张时，开启可双线双班生产的工作模式，使月产量达 1 500 环（约 22 288.5 方）。

管片厂要实现目标利润，在假定其他因素不变的情况下，通常应提高销售数量或销售价格，降低固定成本或单位变动成本。管片厂月盈亏平衡点的业务量 = 固定成本/（单价 – 单位变动成本）= 2 500 000/（1 998 – 1 671.37）= 7 653.92（方）。假设管片厂生产月目标利润为 439 670 元。实现目标利润的月业务量 =（目标利润 + 固定成本）/（单价 – 单位变动成本）=（439 670 + 2 500 000）/（1 998 – 1 671.37）= 9 000（方），即管片厂当月应当销售至少 9 000 方管片才能实现目标利润。

（四）针对性的成本控制策略

1. 固定成本控制策略

固定成本（fixed cost）指的是成本总额在一定时期和一定业务量范围内，不受业务量增减变动影响而能保持不变的成本。固定成本通常可区分为约束性固定成本和酌量性固定成本。管片厂目前的固定成本主要为约束性固定成本，即为维持管片厂生产经营能力而必须开支的成本，如厂房和机器设备的折旧、房屋租金、管理人员的工资等。

固定成本的控制可以从两个方面着手，一方面，依据传统的成本管理策略在保证生产能力的前提下，尽量压低固定成本。一是压缩生产总工期，在不超过存储能力的前提下，保持均衡生产，确保生产总工期控制在预算范围内；二是减员增效，根据生产情况在后期及时分流管理人员，减少管理费用支出。另一方面，启用固定成本战略管理，从扩大产量、提高设备利用率降低单位成本等角度控制固定成本，提升生产经营利润。

2. 变动成本控制策略

变动成本（variable cost）指支付给各种变动生产要素的费用，如购买原材料、电力消耗费用和工人工资等。这种成本随产量的变化而变化，常常在实际生产过程开始后才需支付。

变动成本主要依靠定额消耗量与压低材料单价降低单方管片的生产成本。具体策略分为三个方面：一是精准计算管片钢筋配筋，确保选定定尺长度是合理的、科学的，从而达到减少钢筋损耗的目的；二是加强对混凝土灌造工序控制，减少混凝土报废数量，提高材料利用效率；三是加强收料管理，尤其是地材收料时，严格按照合同约定扣除水分；四是选择在钢材价格低位时进行适当储备，规避原材料价格风险。

（五）敏感性分析

《管理会计应用指引第 402 号——敏感性分析》总则中，将敏感性分析定义为对影响目标实现的因素变化进行量化分析，以确定各因素变化对实现目标的影响及其敏感程度。敏感性分析具有广泛适用性，有助于帮助管片厂识别、控制和防范短期运营决策、长期运营决策等相关风险。

敏感性分析主要是研究单位变动成本、固定成本、销售价格和销售量这些因素变动对目标利润的影响程度。本文用敏感性系数来衡量以上因素变动对目标利润的影响程度。根据以往学者的研究，可知销售价格对利润影响最大，然后是销售量，之后是单位变动成本，固定成本对利润影响最小。以下将结合成都地铁 13 号线管片生产项目做敏感性分析。

调研发现，管片厂月销售量 9 000 方（约 600 环），销售价格为 1 998 元/方，单位变动成本 1 671.37 元/方，当月摊销的固定费用为 2 500 000 元。

单位边际贡献 = 销售价格 − 单位变动成本 = 1 998 − 1 671.37 = 326.63（元/方）；

经营利润 = 销售量 × 单位边际贡献 − 固定成本 = 9 000 × 326.63 − 2 500 000 = 439 670（元）。

销售量对利润的敏感性系数测算分析：

销售量增加 10% 时，经营利润 = 9 000 × (1 + 10%) × 326.63 − 2 500 000 = 733 637（元）；

销售量对利润的敏感性系数 = 利润变动百分比/销售量变动百分比 = (733 637 − 439 670)/439 670/10% = 6.6861。

销售价格对利润的敏感性系数测算分析：

销售价格上涨 10%，经营利润 = 9 000 × [1 998 × (1 + 10%) − 1 671.37] − 2 500 000 = 2 237 870（元）；

销售价格对利润的敏感性系数 = 利润变动百分比/销售价格变动百分比 = (2 237 870 − 439 670)/439 670/10% = 40.8989。

单位变动成本对利润的敏感性系数测算分析：

原材料、直接人工等价格随市场行情的变化而变化。现在钢筋、混凝土以及其他配件等材料的市场价格都比较透明，所以材料下降幅度不大，但不同的地区、不同的供应商、不同的时期，仍然存在轻微价格差异。同时，目前管片生产成本中原材料的占比较大，故降低变动成本也需要纳入生产决策的考虑范围。

单位变动成本下降 10%，经营利润 = 9 000 × [1 998 − 1 671.37 × (1 − 10%)] − 2 500 000 = 1 943 902（元）；

单位变动成本对利润的敏感性系数 = 利润变动百分比/销售价格变动百分比 = (1 943 902 − 439 670)/439 670/10% = 34.2128。

固定成本对利润的敏感性系数测算分析：

固定成本下降 10%，经营利润 = 9 000 × (1 998 - 1 671.37) - 2 500 000 × (1 - 10%) = 689 670 (元)；

固定成本对利润的敏感性系数 = 利润变动百分比/销售价格变动百分比 = (689 670 - 439 670)/439 670/10% = 5. 6861。

各因素变动敏感性分析如表 4 所示。

表 4　　　　　　　　　　　　各因素变动敏感性分析

因素	变动规律	变动前利润（元）	变动后利润（元）	利润变化率（%）	敏感性系数
销售量	增加 10%	439 670. 00	733 637. 00	6. 68	6. 6861
销售价格	增加 10%	439 670. 00	2 237 870. 00	40. 90	40. 8989
单位变动成本	降低 10%	439 670. 00	1 943 902. 00	34. 21	34. 2128
固定成本	降低 10%	439 670. 00	689 670. 00	5. 69	5. 6861

通过上述计算分析可以看出，销售价格的敏感性系数为 40.8989，销售量的敏感性系数为 6.6861，单位变动成本的敏感性系数为 34.2128，固定成本的敏感性系数为 5.6861，销售价格的敏感系数为销售量敏感性系数的 6 倍多，意味着如果将管片每方的销售价格下调 10%，那么在销售量上需要增加 60% 多才能够弥补经营利润；单位变动成本的敏感系数为固定成本敏感性系数的 6 倍多，意味着如果将管片每方的单位变动成本下调 10% 可以获得固定成本下调 10% 情况之下的 6 倍多的经营利润。

对于地铁 13 号线项目而言，市场综合价格为 42 100 元/环（约 2 833.30 元/方）（见表 5），1 998 元/方的定价相对较低，管片厂可以通过适当提升管片销售价格来提升经营利润。而对于销售量，结合目前管片厂的生产能力和储存能力，也可以小幅增加，但是重点应当放在提升销售价格方面，带来的效果会更加显著。

表 5　　　　　　　　　　　　管片市场综合价格　　　　　　　　　　　单位：元

管片规格	综合价格
直径 8 300 环宽 1 500	42 100
直径 6 000 环宽 1 500	22 940

四、取得的成效

（一）管片盈利能力大幅提升

本文应用本量利基本模型、优化模型以及敏感性分析模型对管片厂管片成本管理各方面进行了分析。分析发现：管片厂成都地铁 13 号线管片项目的销售量需要达到 7 653.92 方/月才足以达到盈亏平衡点；月销售量需要达到 9 000 方即可完成 439 670 元的目标利润，使管片厂的经营利润达标；通过计算销售量、销售价格的敏感性系数，发现成都地铁 13 号线管片销售价格与变动成本的敏感性系数更大，在提升管片厂经营利润的方案计划中将重点聚焦在管片销售价格与变动成本控制方面，有助于快速、高效提升管片厂的经济效益。

（二）经济决策水平大幅提高

通过本量利分析帮助管片厂更好地进行投资决策、经营预测、生产计划、管理控制，具体包括企业新项目、新业务拓展计划、固定成本投入计划，产品生产计划与定价计划、销售规划以及在销量和单价固定的情况下如何控制固定成本、变动成本以实现目标利润等。

通过计算管片厂生产管片的固定成本、变动成本以及相关因素敏感性系数，细化分析管片厂生产能力、储存能力，综合考虑后制订生产计划，使得成本得到有效控制，管片厂利润达到最大化。

（三）成本核算更为科学合理

成本核算是管理工作的重要组成部分，它是将企业在生产经营过程中发生的各种耗费按照一定的对象进行分配和归集，以计算总成本和单位成本。成本核算的精确与否，直接影响企业的成本预测、计划、分析、考核和改进等控制工作，同时也对企业的成本决策和经营决策产生重大影响。成本核算过程，是对企业生产经营过程中各种耗费如实反映的过程，也是为更好地实施成本管理进行成本信息反馈的过程，因此，成本核算对企业成本计划的实施、成本水平的控制和目标成本的实现起着至关重要的作用。

本文通过本量利分析，跳出传统的成本核算构架，同时建立固定成本、变动成本动态更新库，更为精准地核算生产成本。同时，通过敏感性分析，研究发现管片厂单位变动成本敏感性系数和销售价格敏感性系数较大，成本核算变动成本构成时，将其细分为若干类别进行分析。在此基础上进行成本核算，有助于测算出更为科学合理的管片成本，有助于控制管片生产成本、进一步提高盈利空间。

（四）业务与财务有机融合

当业务的经营与财务的管理有机融合时，可以利用财务管理的手段结合业务经验去引导业务发展向前。多部门合作将业财融合渗透到各项工作中。业财融合往往需要量化数据的支撑，财务部门需要做到"跳出财务看财务，回到财务做财务"，充分利用业财融合，为财务工作指明发展方向。即通过对财务数据整合，配合先进模型测算分析，为管理决策提供更为科学的技术支持。

五、经验总结

（一）增强企业成本管理的意识

成本是企业生产和运营过程中不可避免的支出，直接影响到企业利润和竞争力。增强成本管理意识有助于更好地理解和掌握成本结构、成本驱动因素以及降低成本的机会。通过增强成本管理意识，能够更好地了解各项费用在整个价值链中的分布情况，并对高耗费环节进行优化和改进。将有助于提高资源利用效率，降低生产和运营成本。

管片厂可以建立适当的激励机制：设立奖励制度，鼓励员工提出降低成本的创新想法，并将其付诸实践。公开表彰那些在节约资源、降低费用方面取得显著贡献的个人和团队。同时，建立有效的监控与反馈机制：建立成本管理的监控体系，及时掌握各项费用的变化情况，并根据实际情况进行调整和优化。同时，定期向管理层汇报成本管理的效果和改进方向。

（二）完善制度建设，优化部门合作

确保制度修订的科学性、全面性十分关键，制度修订要按照横向业务全覆盖，纵向管控全过程，内容设计全要素的总体思路，要对照股份公司的制度、对照各部门职责、对照精细化制度体系，确保各项工作有章可循、有据可依。各工作部门需要协调配合，进一步优化部门间的合作，提升工作效率。

（三）建立动态分析机制

管片厂建立固定成本库、变动成本库后，需要实时更新成本相关数据，精准把控敏感性因素变动情况。建立动态分析机制有助于企业在瞬息万变的市场中有效规避风险。钢筋、混凝土等主要原材料的价格直接作用于单位变动成本，且测算发现，管片项目中单位变动成本的敏感性系数较大，对经营利润会产生较大的影响，故把握主要原材料的价格波动趋势对管片项目的发展十分重要。动态分析机制有利于管片厂及时跟进市场变化，调整生产经营策略，规避价格风险。

（中铁城市发展投资集团有限公司成都轨道交通工程指挥部　张晶磊）

建筑企业集团以财务价值创造为导向的资金自平衡管理

【摘要】近年来，建筑企业外部受到宏观经济下行、业主单位投资不到位、合同付款条件苛刻等因素的影响，同时内部管理粗放未得到根本性改善，企业资金高度紧张。部分企业日常生产经营高度依赖外部借款和金融工具，极大地增加了企业资金成本和债务风险。中铁六局针对建筑企业面临的这些突出问题，以提升财务价值创造为目标，在集团范围内构建以资金自平衡管理的制度体系和组织体系为保障，以资金自平衡方案为抓手，在业务层面上不断推动与经营开发管理、"双清"管理、物资集采管理和责任成本管理的系统融合，持续提升资金统筹管理和全周期资金筹划效果，以非自平衡救助、金融工具支付、全过程考核评价为支撑的"三层级、四体系、四融合"的资金自平衡管理系统。通过资金自平衡管理，提升了项目履约能力和项目管理水平，增强了企业核心竞争力，推动了企业高质量发展。

一、建筑企业集团以财务价值创造为导向的资金自平衡管理实施背景

（一）单位基本情况

中铁六局集团有限公司是国有大型建筑施工企业，隶属于世界500强企业——中国中铁股份有限公司。2004年1月6日正式重组挂牌成立，2007年9月17日成为中国中铁股份有限公司的全资子公司。注册资本金22亿元，下设北京、太原、呼和铁建等16个子分公司，集团公司业务范围覆盖铁路、公路、建筑、市政、地铁等各专业化施工领域，拥有铁路工程、公路工程、建筑工程施工总承包特级，市政、公路、机电工程等多领域施工总承包一级，桥梁、隧道、公路路基、铁路铺轨架梁等专业承包一级等共70余项资质，以及铁道、公路及建筑行业设计甲级"三特三甲"资质，环保、钢结构等施工、设计、开发资质75项，国家（CMA）计量认证资质、公路工程试验检测综合乙级等资质，能够提供建筑全产业链一揽子综合服务的大型现代化建筑集团。目前在建项目200余项，年施工生产能力在300亿元以上。

（二）工程项目资金自平衡管理应用基础

近年来，新冠疫情形势延宕反复，为拉动内需，稳定经济发展基本盘，国内基建投资板块有所回暖，习近平总书记强调，"基础设施是经济社会发展的重要支撑，要

统筹发展和安全，优化基础设施布局、结构、功能和发展模式，构建现代化基础设施体系，为全面建设社会主义现代化国家打下坚实基础"①。基建投资是拉动内需的"主力军"，还是"稳增长"的重要抓手，但项目属性和资金来源是制约基建投资的两大重要因素。新冠疫情以来，国家出台各项有力优惠政策，缓缴社保、住房公积金，小规模纳税人减免增值税，增值税留抵退税等，客观上进一步压缩了地方财政、税收收入。由于地方政府本身财力有限，加之多年累计的债务负担极重，基建项目资金极为紧张，建设资金不到位导致施工企业垫资施工成为常态，且合同约定工程款也存在长期拖欠情况，给施工企业带来巨大资金压力。同时，之前快速城镇化建设带来大规模骨干基础设施建设需求已逐渐减少，而以地方政府投资为主的民生改善型基础设施建设逐渐成为基建投资的主旋律，投资项目逐渐成为主流，施工企业在负责施工的同时还需要负责融资，进一步增加了运营成本和资金风险。因此，强基固本，通过强化自身管理，尤其是通过强化企业财务管理，发挥管理会计职能，降低运营成本、控制财务风险，提升企业价值创造能力成为施工企业的必然选择。

（三）选择推动工程项目资金自平衡管理的主要原因

当前，施工企业经过多年发展，尽管施工能力显著提升，但管理粗放的模式未得到根本性改善，重现场轻管理的矛盾依然突出。一是施工企业经过多年发展，工程承揽能力和施工水平得到极大提升，但绝大部分施工企业发展至今，已逐步形成施工工艺日渐趋同、技术难度不断下降、部分工程施工工艺替代性强、产品输出同质化的市场现状，施工企业之间竞争空前激烈。企业间白热化竞争导致施工企业在合同谈判中处于劣势地位，要承揽工程就必须接受业主方越来越严苛的合同条款，过程中合同约定的工程款也往往难以到位，"活好干，钱难要"成为施工企业长期以来的痛点。因此，企业需要通过资金自平衡管理，将资金的"开源"和"节流"进行动态管理、平衡匹配，明确各层级管理责任，形成高度适配、权责统一的激励约束机制，倒逼各层级管理者履职尽责，促进管理水平提高，持续提升企业竞争力，在激烈的市场竞争中取得优势。二是中铁六局作为国有大型施工企业，所承接的工程项目以铁路基建项目为主，铁路工程很大比例存在前期受征地拆迁影响停工窝工，后期为保证工期不计成本赶工抢工，增加资源投入，导致成本失控，极大地造成了企业的损失。同时，施工企业所属工程项目众多，分布广且工程项目施工周期长，管理难度大，项目整体效益持续下滑，极大地制约了企业的可持续发展。而部分工程项目虽然有账面利润，但竣工后的剩余款项长期难以收回，也难以形成有效的企业积累。企业效益下滑最直观的体现就是资金短缺，从集团层面来看，近年来中铁六局对工程项目每年的资金支持均大于集团从工程项目收取的资金，且差额呈现急剧上涨态势。工程项目对集团资金

---

① 习近平的小康情怀 ［M］. 北京：人民出版社、新华出版社，2022：183.

支持的高度依赖导致了集团整体的外部融资规模迅速上涨，既增加了资金成本，也带来了巨大的资金风险，且不具有可持续性。项目亏损、现场停工、举债经营等企业面临的实际情况都与提升价值创造的管理要求背道而驰。因此，通过资金的流动，引导企业的动态管理和资源的有效配置，实现工程项目管理从结果考核向过程管控转变，通过管理能力提升保障施工生产顺利进行，是提高项目经济效益，提升企业发展质量的重要抓手。

二、建筑企业集团以财务价值创造为导向的资金自平衡管理总体设计

（一）实施资金自平衡管理工作目标

中铁六局在对企业现状进行深入分析的基础上，从企业预算管理、成本管理、营运管理、绩效管理等方面出发，通过应用全面预算管理、目标成本管理、本量利分析、关键指标法等管理会计工具，明确以资金自平衡为目标的现金流管理系统作为企业确保生存，进而实现发展规划目标的重要战略支撑。

（二）明确资金自平衡管理策略

一是推动"三层级"构建"四体系"管理系统，通过完善组织保障和制度保障体系，推动资金自平衡管理落实落地。二是推动资金自平衡管理与经营开发、责任成本管控、"双清"管理、物资集采管理系统的"四融合"，充分发挥系统协同效应。三是以工程项目资金自平衡方案为抓手，提升资金管控能力。四是不断深化工程项目全周期资金筹划和统筹管理，充分发挥资金管理的前瞻性和计划性管控作用，实现资金管理的良性循环。五是完善非自平衡资金救助的管控机制和责任追究机制，通过合理运用金融工具，健全自平衡考核评价机制，保障资金自平衡管理系统高效运行，推动施工生产有序可控、降低企业资金成本和资金风险，实现优化资源配置、提升财务价值创造、促进项目管理提升，助力企业全面提升核心竞争优势。

（三）构建资金自平衡管理系统组织框架

中铁六局以资金自平衡管理制度体系和组织体系为保障，以资金自平衡方案为抓手，在业务层面上推动资金自平衡管理与经营开发管理、责任成本管理、"双清"管理和物资集采管理的融合，不断提升资金统筹管理和全周期资金筹划效果，以非自平衡救助、金融工具支付、全过程考核评价为支撑，在全局范围内形成全层级、全周期、全过程的资金自平衡管理系统，如图1所示。

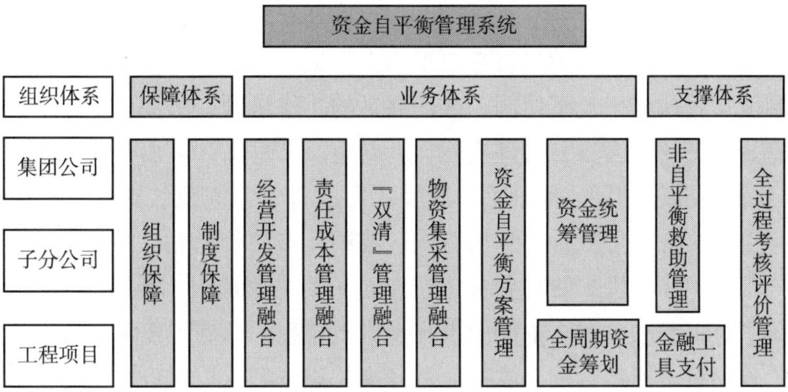

图1　资金自平衡管理系统

（四）创新资金自平衡管理组织体系

资金自平衡管理并不是孤立的资金管理行为，而是对企业分散的施组策划、成本测算、合同管理、结算管理、资金预算、债务管理、业绩考核等管理手段的整合与优化。因此，为有效推行资金自平衡管理，中铁六局在顶层设计方面创新了全层级、全系统、全覆盖的组织管理体系，集团公司、子分公司、项目部三个管理层级分别成立了资金自平衡领导（工作）小组，各单位主要领导为第一责任人，各业务系统协同配合实施资金自平衡管理，确保自平衡管理落实落地，在职责分工上三个管理层级各有侧重。集团公司是资金自平衡管理的总控层，主要负责构建、完善全集团资金自平衡管理系统，对集团整体的资金收支进行管控和筹划，拓展融资渠道，适时提供资金支持，确保集团层面的资金链安全。三级工程公司是资金自平衡管理的主责层，主要负责根据本公司工程项目的特点细化资金自平衡管理要求，推动所属工程项目开展资金自平衡管理，从公司层面对所属工程项目资金收支进行平衡与匹配，根据项目需求进行资金调剂，实现公司层面的资金自平衡。项目部是自平衡管理的实施层，负责落实资金自平衡管理各项工作要求，以资金自平衡方案为抓手，在项目全周期管理中推动各业务系统融合，强化资金收支的预判、预估，前瞻性开展资金收支筹划，推动本项目实现资金自平衡。通过各管理层级各自负责体系机制有效运行，形成了上下畅通、内外协同的管理体系，从而快速构建了职责清晰、分工明确、协调顺畅的资金自平衡管理系统。

（五）完善资金自平衡管理制度保障体系

针对工程项目管理周期长、过程中资金管理情况复杂的现状，中铁六局以优化整合管理资源、减少冗余管理层级和管理链条，理顺规范前后台管控职能、提升各层级资金管理水平为目的，针对企业当前资金管理现状，不断完善、优化资金自平衡管理制度保障体系。一是在现有的集团公司、子分公司、项目部三级资金管理制度体系基础上，制定了中铁六局资金自平衡管理办法，对各管理层级、各业务系统管理职责进行了明确和规范，建立工程项目资金自平衡方案编制、审批、监督、分析与考核管理体系，以制度形式构建了上下协同、部门联动的工作机制，确保资金自平衡管理取得实效。二是子分公司结合自身管理实际，针对资金自平衡管理出台实施细则，对不同类型的项目分别制定工作标准和业务流程，形成科学、规范、细致、严谨的工作细则。尤其是进一步细化了资金自平衡方案的编制、审核、批准、监督等相关工作流程及相关业务部门工作职责和管理责任，确保自平衡方案有针对性和可操作性。同时，进一步细化了对工程项目资金支持的上报及审批流程。明确了要将工程项目日常资金往来和对工程项目生产经营资金支持区分开来，规范了工程项目资金支持应当进行内容分析并经公司业务部门重点审核，工作流程及职责划分更加清晰、顺畅，为自平衡工作开展奠定了基础。三是通过多种方式对资金自平衡管理理念进行宣贯，使资金自平衡理念深入人心。首先，中铁六局通过全局视频会议对资金自平衡管理文件进行了宣贯。对文件中实施背景、工作职责、业务流程、考核评价等重点内容进行了详细解读。其次，中铁六局通过网络云学堂对项目关键管理岗位管理人员开展了全员必参与、必考评的专项培训，其中资金自平衡管理作为重点内容进行了详细讲解。最后，集团公司对子分公司和重点项目定期开展资金自平衡管理工作专项督导检查，同时在各类综合、专项检查中均对自平衡工作理念和制度进行再宣贯。通过这些方式，使各层级、各系统管理人员树立了资金自平衡管理理念，明确了工作职责，为推动自平衡管理打下了坚实基础。

三、建筑企业集团以财务价值创造为导向的资金自平衡管理应用过程

（一）推动业务系统"四融合"，发挥资金自平衡引领作用

1. 推动市场开发与自平衡管理融合，源头把好资金入口关

工程项目在招标阶段为后期创造良好的经济效益和可靠的现金流是资金"开源"的基础。为此，中铁六局通过超前筹划、深度运作、严格把关，从源头提升工程项目经营质量。一是严格履行项目经营决策程序。在项目经营过程中，对可研评审、标前测算、投标评审、合同签订全过程均认真履行两级评审和集体决策程序，坚守经营底线红线，科学合理筛选投标项目，坚决杜绝先天亏损项目。二是将项目资金能否实现自平衡作为投标关键依据。在投标评审管理办法中明确"涉及垫资或变相垫资施工项目及工程进度款支付比例＜80%的项目"原则上不得参与投标。项目投标阶段，公司重点关注业主资信状况、项目资金来源、履约保证金缴纳方式、过程中资金支付比例等关键条款，从严把控资金风险，避免承揽资金风险高、大额或高比例垫资等难以实现资金自平衡的项目，从源头上把好项目资金入口关。三是不断提升标前联动效

果。通过推动投标项目标前联动，努力做好优选标段的联动、工程量清单（工程数量）编制的联动、项目概预算编制的联动、重大施工方案经济比选的联动、"亏"变"盈"的联动、重大措施费的联动、合同收款条款的联动等，切实通过标前联动，提高可计量、有效益的收入组织能力，为企业增加经济效益，也为资金回流创造良好条件。

2. 推动项目责任成本管理与自平衡管理融合，确保资金支出可控

工程项目在施工过程中如果缺乏有效的成本管控，必将造成项目效益流失和资金流失。中铁六局多年来通过责任成本管理，有效地控制了工程项目成本支出。在推行资金自平衡管理以后，将自平衡管理与责任成本管理有机融合，起到了较好效果。一是提高工程项目前期策划质量。从工期安排、资源配置、工序衔接、队伍选用、资金筹划等方面下功夫，严格执行"方案决定成本"的策划理念，注重施工组织方案经济比选，选用队伍时严格落实资金自平衡方案中的支付比例，推动自平衡管理与施工组织有机融合。不断优化施工组织设计及方案，避免过程中停工、窝工、抢工、赶工情况，杜绝隐性成本浪费。通过科学合理施工组织，提高施工组织效率，降低施工成本。二是合理编制责任成本预算。责任成本预算是项目施工过程中成本控制的主要依据，同时也是项目对外资金支付的重要依据。因此，预算是否与项目实际情况相符是预算能否充分发挥管控作用的首要条件。对新中标项目，中铁六局会在完成工地调查、市场调查和前期策划的基础上，按照工作量清单，分成本要素编制责任成本预算，保证预算科学、合理。同时，在相关管理制度中明确责任成本预算必须在项目开工三个月以内下达，确保预算的及时性。在项目施工过程中，如果工作内容、市场环境等外部因素发生重大变化则对责任成本预算及时进行修正。通过准确、及时编制项目责任成本预算和过程中动态调整，为项目降本增效提供了有力保障。三是提升过程管控效果。项目部对下达的责任成本预算按照成本要素分解到各责任部门，通过各责任部门对劳务、物资、机械等直接费用的量价双控降低直接成本，通过加强现场经费预算的管控力度，降低非生产性支出。通过施工全过程的成本管控，降低对外资金流出，推动项目实现资金自平衡。四是严格考核奖惩。中铁六局建立了完善的责任成本考核机制，每季度按完成工作量对项目进行责任成本计价和考核，考核结果与项目部全员绩效薪酬挂钩。通过及时兑现考核奖惩激励项目降本增效，确保项目实现经营目标。

3. 推动"双清"管理与自平衡管理融合，扩大企业资金来源

抓好清收清欠，确保资金来源，是实现资金自平衡的有力保障。中铁六局牢固树立"一切为双清，双清保一切"的管理理念，建立健全长效工作机制，常态化、制度化抓好"双清"工作。一是不断完善清收清欠管理机制，通过建立组织机构、健全责任体系、明确各层级管理职责；做到各单位主要领导亲自抓、分管领导具体抓、项目经理全程抓，形成了分工包保、各司其职的清收清欠管理局面。二是深化"两经融合"机制。工程项目工经部门每月及时登记已完工未计量台账，准确掌握已完

工未计价及已完工待清算变动情况。财务部门作为清收工作发起人，定期与工经部门分析已完工未结算状况，明确清收工作重点，制订清收工作方案，协同做好财政评审、二次经营、竣工验交等工作。同时，将清收清欠工作目标分解细化到每一个具体人员，做到压力与任务层层分解、层层传递、层层落实，不断提升"双清"工作效果。三是抓好在建项目验工计价和资金回收。中铁六局始终把"已完工未计量"的确权工作作为"双清"工作的重中之重来抓，做实做细验工计价和变更索赔基础资料，确保足额收回合同约定的工程预付款、备料款、施工进度款，加快收取估验工程款，积极争取超前计价收款，加快资金流入，与项目施工生产形成良性循环，确保施工生产有序推进。四是加快收尾项目清理销号，抓好收尾项目清概索赔工作，确保尽快完成末次验工计价。强化项目经理对项目收尾管理"终身制"责任，按照"谁主管谁负责，谁形成谁清欠"的原则，对每笔尾工款明确盯控责任人，下达清理回收时间。对存在的尾工、克缺整治、交验手续不全、审价分歧等问题，积极与业主沟通，组织力量专门解决，消除回款障碍。五是创新"双清"工作思路，对拖欠时间较长的应收款项，针对不同业主情况，充分运用经济、行政、法律和市场等手段，千方百计清欠回款。抓住国资委清理拖欠民营企业账款的时机，充分利用内外部资源和舆论监督，加强与业主的沟通、联系，推动债权清理。认真梳理长期债权现状，认真分析业主资信情况，对于资信差、恶意拖欠的业主，形成清欠方案专题研究后，果断开展法律清欠。

4. 推动物资集采管理与自平衡管理融合，提升物资集采管理效能

中铁六局以降本增效为目标，积极开展物资集中采购管理，通过物资集采，一是通过物资集采模式，扩大水泥、钢材等主要原材料采购规模，通过严格招投标管理，紧盯市场价格波动行情走势，加大与资源厂家的沟通协调力度，针对不同情况采取不同的定价机制，如参照网价或者厂家挂牌价等，就近择优选择供应商，最大化降低运输费用，确保价格成本受控。二是推动辅助材料及零星材料通过电商平台采购。通过电商平台对合格供应商的筛选，在保证质量的前提下比选价格，择优采购，在降低成本的同时提高采购效率。三是根据项目付款能力设置差异化回款方案，加大资金较好项目提前回款力度，适当放宽回款较差在建项目及收尾项目支付条件，缓解其存量债务支付压力，帮助项目资金自平衡方案落地，保障项目实现均衡生产。

（二）合理编制资金自平衡方案，提升项目资金管控能力

1. 编制项目资金总平衡方案

中铁六局对工程项目的生产经营实施目标管理。工程项目中标后，公司及时完成测算并下达项目经营责任目标，项目部根据公司下达的各项责任目标，结合施工产值进度安排，测算各年度各项费用结算负债金额，根据"以收定支"原则，测定各项

结算负债支付比例及资金流出，在此基础上形成项目资金总平衡方案。对于盈利项目，确保项目全周期及各年度资金自平衡；对于亏损项目，确保实现开工初期及项目建设期内资金自平衡。

（1）预测资金收入。根据各年度产值计划、产值计价率、承包合同中支付条款、支付时间、预付款条款和质保金条款测算项目全周期、分年度预计收到的工程款，扣除应上缴上级单位管理费、预留最低资金保证金后为项目可分配资金。

（2）预测资金支出。资金支出考虑各种比例型资金支出和刚性资金支出等性质，比例型资金支出包括劳务费、材料费和机械费等支出，可按照比例卡控支出；刚性资金支出包括农民工工资、职工工资、税务费用和现场经费等支出，须及时足额支付。同时考虑合同资产、存货等因素影响，测定各项结算负债支付比例，支付比例不得超过上级公司规定的上限。

2. 编制项目资金分类平衡方案

项目资金总平衡方案确定后，须在人工费、材料费、机械费等分类项目间进行分配，以全周期自平衡方案中确定的分类现金流出为资金分配上限，在保证年度现金流入大于现金流出的原则下由各部门灵活测定各项费用结算负债的付款比例和付款金额，确保支付比例总体均衡。同时要考虑各分类成本在过程付款、封闭后付款、预留款支付、质保金返还等不同期间的支付比例，将支付比例和支付时间准确分摊至相关年度。

3. 落实资金支付条款

资金自平衡方案中的付款条件必须落实和体现在"招议标"要约及各类经济合同中，而不是通过"长期拖欠"等方式执行，不能因此影响企业的社会声誉，甚至形成诉讼风险。因此，项目部对自平衡方案中确定的付款时间、付款比例和付款方式等条款，要在统筹考虑项目所在地各种材料物资、协作队伍、机械租赁等通行的或约定俗成的市场规则基础上，与外部供应商、劳务队伍进行谈判协商，争取对项目有利的合同价格和支付方案。为此，中铁六局通过大规模集中采购提升议价能力，并选择综合实力强的物资供应商、劳务队伍建立长期合作关系，通过树立合作、互利、共赢的管理理念，以给任务、给技术、给协作等多种方式使其接受项目部的合同价格和支付方案，共同实现资金自平衡。

4. 履行决策程序

项目资金自平衡方案报施工企业审定后，应当履行企业的集体决策程序后正式发布。通过正式的决策程序将资金自平衡管理的理念和意识深植于每个管理人员的心里，推动资金自平衡工作有效开展。同时，项目部要将自平衡方案进行责任分解，横向分解到各年度，纵向分解到各部门、工区（或作业队）、站、场等，并明确责任，确保自平衡方案落实落地。

（三）推动项目全周期资金筹划，实现资金管理良性循环

1. 深化工程项目全周期资金筹划

建立以资金自平衡为目标的工程项目资金筹划基本逻辑，将资金筹划思维从"以支定收、简单向上传导压力"转换到"以收定支、先收后支、不收不支"的原则上来。注重资金筹划与目标营业收入、责任成本目标、目标利润等项目目标管理的紧密衔接、协调统一。资金筹划主要包含开源与节流两个方面，其中资金支付控制是资金自平衡管理的核心。企业通过对资金支付的统筹管理，将有限的资金用在"刀刃"上，通过落实分年度资金筹划方案，强调项目资金使用的计划性、针对性和效益性，推动现场有序生产，最终实现施工生产与资金收支的良性循环。

（1）严格资金预算管理。资金自平衡管理从实质上来说，是以工程项目责任成本管理和债务支付筹划为一体的项目资金预算管理。工程项目通过资金预算管理，以现金流为"镜子"，及时暴露工程项目建设过程中存在的突出问题，为公司统筹治理和资源配置提供抓手。企业要在进一步细化、分解资金自平衡方案的基础上，针对工程准备阶段、工程初期、工程施工高峰期、工程收尾阶段的不同资金需求，对资金支付进行预估、预判，按月滚动编制资金收支预算，统筹协调各种资源，减少浪费。严禁无预算使用资金，不断提高资金分析预测能力，强化预算刚性执行能力，从而减少资金管理的盲目性和随意性，坚决杜绝心中无计划、收入没把握、支出无原则的粗放模式，逐步消除项目部执行力低、管理松懈、效率低下的情形。

（2）提高资金使用效率。项目部将有限的资金根据不同时点的主要需求在材料款、劳务费、机械租赁费、现场经费等款项间区分轻重缓急进行支付，掌握好支付节奏，提高资金使用效率，从而保证现场施工有序推进。同时，工程项目通过加强施工组织能力，不断优化施组方案，合理安排施工生产，及时计量、确认工作量，快速回笼资金，由此在施工现场形成"施工生产有序推进→快速收回资金→资金支出均衡合理→施工生产有序推进"的良性循环。

（3）控制债务支付风险。项目部在施工过程中严格按照自平衡方案及相关合同控制债务支付比例，不得突破。在做好付款控制的同时，也要把好结算关，严格控制超定额数量计量、违规劳务结算、超合同范围和超定额数量供料以及窝工、抢工、阻工、返工、"撤场经济"等现象，严肃结算纪律，增强契约精神。同时，做好对合作方的主动服务，降低心理预期，取得理解信任，从源头降低债务风险。

（4）推动资金集中管理。中铁六局高度重视资金集中工作，通过中国中铁内部账户、银企直联和间接资金集中多种方式努力实现工程项目银行账户资金集中，充分发挥资金沉淀效应，提高资金使用效率。对于资金充裕的项目，公司通过激励政策导向和债务支付卡控，为公司贡献现金流。项目部根据资金状况，合理使用其他支付方式，如通过开展电子承兑汇票、云信和供应链金融等支付方式做大"资金池"，延缓

资金支出，缓解资金压力。

2. 提高公司资金调剂能力

中铁六局建立了公司层面资金筹划机制，加大资金集中管控力度，加强项目债务集中管理，提升资金内部统筹调剂能力，做好公司层面资金自平衡工作。一是全面掌握所属工程项目"双清"动态，及时掌握所属工程项目的施工进度与资金到位情况，专人盯控重点工程项目"双清"工作进展，积极推动"双清"工作，为统筹管理资金努力"开源"。二是不断优化工程项目资金计划及拨款审批制度，提高工程项目结算负债集中统筹管理力度，在不推高债务风险的基础上延缓对外资金支付，缓解资金压力。三是做好在建项目之间的短期资金调剂管理，提升资金在公司内部循环的速度和流畅度，提高资金运营效率。四是设立资金池，做好短期融资统筹规划。在推进银行承兑融资基础上，发挥商业承兑汇票低保证金的优势，加大商业承兑支付比例，尤其是针对老项目、账龄较长的债权、物贸欠款等，加大商业承兑运用筹划、合理审慎使用应付账款保理、融资租赁等供应链融资产品，延缓资金支付，做大资金池。

（四）完善自平衡管理支撑体系，保障资金自平衡管理系统高效运行

1. 建立非自平衡救助体系

工程项目受到建设周期长、内外部环境复杂的多种因素交织影响，在实施资金自平衡管理的情况下依然有部分项目在过程中难以实现自平衡，甚至少数亏损项目最终也无法实现自平衡。对这些项目，公司在资金短缺原因分析清楚、管理责任明确的基础上适时给予资金支持，保障现场实现均衡生产。为此，中铁六局建立了对项目资金缺口进行救助的管理流程和集体决策程序，针对项目资金缺口，必须分清是"时间性缺口"还是"永久性缺口"。"时间性缺口"是项目实施过程中暂时的周转性缺口；"永久性缺口"则是项目经营亏损导致的资金缺口。对"时间性缺口"资金支持要明确还款期限，相关责任人要背书承诺到期归还；对"永久性缺口"必须分清资金短缺的管理责任，对应承担管理责任的人员在进行责任追究的基础上方可给予资金支持。通过履行资金支持的决策程序，分析原因、厘清责任，倒逼项目管理者履职尽责，形成高度适配、权责统一的激励约束机制，进而促进项目整体管理提升。

2. 合理运用金融工具

中铁六局在全面推进资金自平衡管理的基础上，积极拓展融资渠道，采取灵活有效的金融手段和金融工具，合理筹集资金，作为自平衡管理的有益补充，增强了公司资金调剂能力。一是合理运用金融工具，通过资产证券化、应收账款保理等业务拓展流动资金来源。近年来，中铁六局积极与各类金融机构、中铁资本、中铁信托等单位合作，灵活运用各类供应链金融工具，拓展融资渠道，在控制综合费率的基础上，通过应收账款保理及资产证券化业务，为重点工程项目顺利推进提供了资金保障。二是

实行债务集中管理，提高各单位办理票据额度，通过合理使用银行承兑票据及商业承兑汇票对外支付，在提高全局资金存量的同时延缓债务支付，缓解资金紧张导致的暂时困难。三是合理、审慎运用应付账款保理业务，缓解短期内资金压力。在合理控制风险的前提下与债务方充分沟通，与商业银行、中铁保理等单位合作，通过办理应付账款保理，延长资金支付期限，加快资金周转，提高资金使用效率，提升了债务风险管控能力。

3. 健全监督及考评体系

完善的监督考评机制是资金自平衡管理工作得以落实的重要保障。中铁六局通过监督检查与考核的结合，推动子分公司和项目部自平衡管理工作取得实效，逐步消除各单位制度失灵、管理失控、效率低下等现象。一是建立季度总结通报制度。子分公司每季度对公司整体及选定的重点项目"自平衡落实情况、存在问题、经验做法和有关意见建议"等进行总结上报。集团公司对子分公司的执行情况进行审核汇总，对推动落实较好及较差的单位进行通报，促进整体提升。二是通过资金救助申请对非自平衡项目的情况进行把握，要求非自平衡项目在上报资金救助申请时要对自平衡开展情况、资金缺口产生的原因等情况进行详细分析，促进自平衡工作的开展。三是定期不定期对各单位资金自平衡工作进行检查，并将资金自平衡管理纳入财务监察、经济活动分析及各项财经检查中，对发现的问题要求及时整改，形成闭环。同时，在检查过程中和被检查单位对执行过程中存在的疑惑和问题进行沟通交流，通过答疑解惑来宣贯文件，推动自平衡管理工作与实际工作紧密结合。四是建立考核机制。将子分公司、项目部的资金自平衡工作纳入考核体系，合理设置考核指标，原则上，项目经理、书记30%兑现（绩效）薪酬与资金筹划工作成果、救助资金是否按期收回挂钩。通过考核机制，建立责权利清晰的资金管理体系，激发正向激励机制。

四、建筑企业集团以财务价值创造为导向的资金自平衡管理实施效果

中铁六局通过构建资金自平衡管理系统，明晰各层级前后台职责分工，加强后台管理、前台控制措施，发挥资金自平衡管理引领作用，强化工程项目全周期资金筹划，提升资金运营管理能力，带动项目管理整体提高，价值创造成果日益凸显。

（一）提高了资金统筹管理能力

一是提升了清欠效能。公司通过明确"双清"工作目标，压实"双清"工作责任，定期通报"双清"进展、适时开展"双清"工作督导等手段措施，取得了较好的清欠效果，提升了清欠管理水平。2021年，集团公司累计收回资金335亿元，较2020年的313亿元增加22亿元。二是推动了资金预算管理与施工生产的紧密融合。通过自平衡方案的制定、审批与分解落实，提升了资金预算对整体及分阶段资金收支

的预测、管控作用，同时通过在施工过程中根据项目实际情况进行动态调整，充分发挥了资金预算管理的前瞻性和针对性，有效提升了资金预算的管控效果。2021年中铁六局实现经营性净现金流量4.95亿元。三是增强了项目风险防控能力。各工程项目在细化自平衡方案的基础上，将资金收支筹划与现场施工生产紧密结合，有效保障了施工生产的顺利进行，避免了停工导致的成本增加、资源浪费及对企业声誉造成的影响，保障了重点工程项目均衡生产，按时兑现节点工期。2021年下半年，南沙港、丰台站等一批重点项目在资金高度紧张的情况下，依然完成了保工期节点的任务。同时，对静兴、宜彝、成自、和邢等项目在履行决策程序后进行了资金支持，保障了重点工程项目均衡生产，兑现节点工期，截至2023年9月，各项目均按照明确的还款时间如期归还借款。

（二）增强了企业核心竞争能力

中铁六局通过加强资金自平衡管理，缓解了企业资金紧张的局面，提升了项目经营管理能力，增强了企业的核心竞争能力。一是通过资金自平衡管理与业务管理深度融合，实现优化资源配置，高效兑现合同履约，彰显了企业管理水平，提升了对外营销竞争力，以此带动了企业"双清"管理、物资管理、责任成本管理等模式不断优化，形成了推动企业发展的高效运转机制。二是通过开源与节流并重的自平衡管理，强化了以项目为起点的现金流管理，明确了各层级管理责任，形成高度适配、权责统一的激励约束机制，倒逼各层级管理者履职尽责，以此推动项目全周期高效运转，促进整体管理提升。三是围绕"一切工作到项目"的总基调，改善了粗放管理模式，企业管理聚焦到工程项目，以资金管控为抓手，通过资金的流动，引导了企业动态管理和资源的有效配置，实现了工程项目管理从结果考核向过程管控转变，保障了施工生产顺利进行，提升了企业管理能力和履约能力。

（三）提升了财务价值创造能力

中铁六局通过综合运用自平衡管理理念，及时把握自平衡执行情况，做到及时发现问题并及时预警，实现由上而下进行财务资源配置，提升财务价值创造能力。一是通过有效发挥现金流的"晴雨表"作用，透析企业发展质量情况，警惕出现账面盈利、实际资金严重匮乏情况，确保企业现金流正向流动常态化。二是通过平衡资金收入与支出，及时采取措施应对项目资金缺口，提升了工程项目资金管理的计划性、前瞻性，避免了工程项目因资金断流导致停工，保证项目高效运转，提升企业声誉。三是通过"双清"管理与债务管控，严控资金支付，通过开源与节流并重，加快资金流入，均衡对外资金支出，实现资金的高效使用，减少外部融资需求，降低企业资金成本，实现企业价值提升。

五、建筑企业集团以财务价值创造为导向的资金自平衡管理经验总结

中铁六局通过制定系列措施，在工程项目管理中不断推进资金自平衡管理，取得了一定成果，但仍有需进一步总结完善的方面，具体包括以下几个方面。

（一）资金自平衡管理基本应用条件

工程项目在保证管理费上缴，确保农民工、职工工资及时支付的前提下，依靠业主支付的资金和对业主的债权，通过合理筹划结算负债，实现项目资金收支平衡，保障生产经营有序推进，全面兑现合同义务。

（二）资金自平衡管理成功应用的关键因素

各工程项目要建立健全考核机制，明确财务会计部、商务管理部、物资管理部、机械管理部等各部门职责，引导工程项目各责任部门加强资金筹划，倒逼工程项目部改善现金流，努力实现资金自平衡。始终坚持项目经理是工程项目部现金流自平衡管理工作的第一责任人，统筹资金管理，全面落实工程项目部现金流自平衡管理工作。如遇项目经理变更，新任项目经理要做好与前任项目经理自平衡管理工作的交接，坚决杜绝"新官不理旧账"的现象发生。

（三）对改进资金自平衡管理应用效果的思考

为了保障资金自平衡管理在工程项目落地，首先要求各施工项目优化施组方案，加强项目前期策划，合理安排施工生产，及时计量、确认工作量，保证高效优质，确保工程资金及时足额流入。同时项目经理要对项目任务、合同约定、收款条件、支付需求、上缴目标了然于胸，并通过自平衡总方案、分类方案的形式进行明确，进而落实项目管理各环节的资金管理责任。持续强化项目"铁三角"驾驭外部环境不确定性的能力，减少资金管理的盲目性和随意性，消除程序空转、制度失灵、管理失控、效率低下等现象。

（四）资金自平衡管理在应用中的优点

工程项目资金自平衡管理以工程项目为起点，自下而上有效推动现金流的正向流动，有效防范化解各类重大资金风险，促进企业高质量发展，其自平衡管理优点主要体现在三个方面。一是资金管控能力突出。规定项目经理部不对上级单位负债、不对金融机构负债，依靠业主拨付工程款保证安全、质量、工期。项目经理部基于合同对业主的债权，依靠结算负债进行自平衡，实现以项目为起点的现金流管理，自下而上推动现金流正向流动。二是资金配置能力突出。在总平衡、分类平衡方案因不经济、难以为成本支出对象接受等原因不能完全执行时，规定可由经理部书面申请，上级单

位可给予资金救助，确保资金对点配置。三是风险防控能力突出。能够及时把握自平衡执行情况，做到及时发现问题并及时预警，实现由上而下进行财务资源配置。通过有效发挥现金流的"晴雨表"作用，透析企业发展质量情况，警惕出现账面盈利、实际资金严重匮乏情况，确保企业现金流正向流动常态化。

（五）对发展和完善资金自平衡管理的建议

为解决工程项目切实存在的资金紧缺的问题，应从源头抓起，做好前期项目筹划，确保资金自平衡管理理念在工程项目落地开花，全面提升工程项目的创效能力。树立自平衡管理理念，倒逼各级管理人员、项目各管理环节处处讲自平衡、用自平衡。重点以实现资金自平衡为管理主线反向推动，使其达到预期目标，促进各项管理制度不断优化，最终实现资金盈余、利润提升、管理完善等多重收获的显著效果。

（六）对推广资金自平衡管理应用相关的建议

集团公司要适时召开工程项目现金流"自平衡"管理工作现场交流会，要求各三级公司及直属项目总结前期工作开展情况、存在问题及下一步工作计划，并在会议上进行通报交流，进一步提升自平衡管理水平。

（中铁六局集团有限公司　李密福　陈　静　齐　明　聂克坚　李　旭）

第五篇

投融资管理

类 REITs 模式下资产证券化在 PPP 项目投融资管理中的应用

【摘要】本文介绍了类不动产投资信托基金（REITs）模式下资产证券化在 PPP 项目投融资管理中的应用。针对施工企业 PPP 项目前期投资大、现金流回流慢、项目周期长、融资难等问题，防控 PPP 项目运作的回购风险与违约掉期风险，案例公司计划通过代理人在全国银行间债券市场发行 PPP 项目资产支持票据（类 REITs）进行融资，可以实现盘活存量资产、规避项目回购风险、提前收回投资收益、促进投资项目良性滚动发展的目标。

一、背景描述

（一）单位基本情况

甲公司是世界 500 强企业全资子公司，具有铁路、公路、市政公用、建筑工程施工、铁路铺轨架梁、桥梁、隧道、公路路面、公路路基、环保工程、设计和测绘等多项资质，是大型综合施工企业。

案例项目（某市区海绵小镇 PPP 项目）所在区域是该省唯一入选国家首批海绵试点城市的重点区域，项目总投资额为 16.6 亿元，涉及的子项目有游客集散中心、海绵城市展览馆、海绵论坛中心、市政基础设施等共计 8 个子项目，目前 8 个子项目均已完成完工验收进入运营期。运营期 18 年（项目整体 2021 年进入运营期，剩余运营期 16 年）。

某市区海绵小镇 PPP 项目付费机制是使用者付费和政府付费，政府付费包括可行性缺口补助及运营费用。项目付款方区政府 2022 年财政总收入和公共财政预算收入总量均排该市第一，一般公共预算收入全省排名第 8 位。本项目为该市区首个以海绵城市为主题的 PPP 项目，投资运营流程规范，政府付费正常。PPP 项目已收取 2019~2021 年三期政府可行性缺口补助合计 1.46 亿元；2022 年可行性缺口补助已上报，上报金额 1.3 亿元，政府方正在审核中。各子项目投资及运营情况如表 1 所示。

表 1　　　　某市区海绵小镇 PPP 项目各子项目投资及运营情况

编号	项目名称	预计总投资（万元）	进入运营时间	剩余运营期（年）
A	游客集散中心	11 843.63	2021 年	16
B	海绵城市展览馆	16 661.34	2019 年	14

续表

编号	项目名称	预计总投资（万元）	进入运营时间	剩余运营期（年）
C	海绵论坛中心	12 130.00	2021 年	16
D	科创中心	15 452.53	2022 年	17
E	海绵聚落	8 298.11	2021 年	16
F	花溪景观带	26 931.90	2019 年	15
G	市政基础设施	26 760.61	2020 ~ 2021 年	15 ~ 16
H	市政道路及管廊	32 747.99	2021 年	16
	合计	150 826.11		

（二）存在的主要问题

项目公司由政府方出资 0.37 亿元，持股 10%；甲施工企业出资 0.74 亿元，持股 20%；私募股权基金出资 2.6 亿元，持股 70%；合计股权出资 3.71 亿元。其中，私募股权基金出资中有 2.3 亿元来源于信托募集资金，成本较高。此外，项目公司存量银行贷款 10.4 亿元。综合来看，项目公司股权和债权加权综合融资成本约为 5.6%/年。根据 PPP 协议，本项目政府付费金额与绩效考核 100% 挂钩，难以通过政府提前确认债务方式转化成长期应收款，因此，无法通过 PPP 长期应收款资产支持证券化（ABS）模式进行发行。经研究，立足于项目公司股权中原有基金结构，且基金融资成本较高，在不改变项目公司现有股权结构的基础上，可通过将基金有限合伙人（LP）份额作为盘活标的发行类 REITs，置换高成本资金。

类 REITs 融资适用于基础资产权属清晰、权益无瑕疵、可转移和法律隔离、已通过竣工验收、有持续稳定的现金流的项目，该模式在甲施工企业内部实属首次，行业内可借鉴过往的案例较少，在交易方案结构设计、操作环节落实等方面存在一些困难，需多方机构保持沟通、通力合作，实现共赢。

（三）选择类 REITs 模式下资产证券化的主要原因

从政府方面来看，近年来随着经济发展进入新常态，经济增长的速度放缓，随之而来的是地方政府的税收收入相继减少，同时政府隐性债务清理、银行贷款受限且各类城投债审批趋严，政府面临较大的财政支出压力。在当前企业杠杆率高企、信用违约风险增加，且经济下行压力并未完全缓解的市场背景下，资产证券化作为将优质的低流动性资产转化为流动性相对较强的证券资产，不仅能盘活大量的存量资产，还能通过外部增信等方式降低投融资风险。因此，在降低企业融资风险的基础上支持实体经济的发展，需要资产证券化来充分发挥资本市场在投融资方面的作用，达到防范和降低系统性金融风险的目的，可以说，政府部门对 REITs 的盘活基础设施资产和债务化解功能寄予厚望。

近些年，为了促进企业规模和效益的持续增长，施工企业普遍通过投资、建设、运营一体化的形式，以获取相应的施工份额实现营业收入的转化，并通过持续 10 ~ 20 年的运营，实现投资本金的逐步回收与投资收益的逐步实现。早期投资的 PPP 项目陆续进入运营期，企业由于持有大量的长期资产，降杠杆、减负债压力加大，再投资机会减少。而资产证券化产品的期限分割、流动性强等特点与 PPP 项目投资回收期长、资本流动性不足等特点有很高的契合度，可促进企业资本—资产—扩大资本—扩大资产的滚动和可持续循环发展，实现降杠杆、减负债的目标。通过开展 PPP 项目资产证券化工作，促进 PPP 项目的良性滚动发展，对深度参与基础设施领域国有施工企业原始权益人而言，现实意义重大。

某市区海绵小镇 PPP 项目公司股权结构为：政府投资占比 10%、甲施工企业投资占比 20%、私募基金投资占比 70%，私募基金是股权结构架设的结构化基金。政府付费与绩效考核 100% 挂钩，且项目资产计入无形资产科目，目前以长期应收款为底层资产发行应收账款 ABS 存在困难，且项目公司中架设基金结构，综上所述，本项目优先通过类 REITs—资产支持票据（ABN）形式实现资产盘活。

二、总体设计

（一）管理目标

某市区海绵小镇 PPP 项目投资额较大，项目周期长，银行贷款审批严格，政府财政支出压力大，项目资金紧张。通过研究项目的实际情况，应用类 REITs 模式下资产证券化盘活存量资产，增加项目现金流，达到"盘存量""去增量""降负债"的目标。

（二）总体思路

近年来，国家发改委、财政部、国资委、证监会等监管机构均陆续发文表示要加大对存量基础设施项目的盘活力度，拓宽 PPP 项目规范化、市场化退出渠道，形成基础设施领域存量资产和新增投资"能投会退"的良性循环。甲施工企业积极响应号召，在基础设施项目"投、建、营、退"一体化全产业链经营中积极探索，敢于创新，加大资产盘活研究力度，从项目运营情况、股权架构、融资成本等方面进行系统性梳理和分析，选取具备盘活条件的海绵小镇 PPP 项目作为重点盘活对象，通过类 REITs 方式盘活项目；从投资端，公募基金、理财资管等可以投资权益产品的机构投资者，能够通过投资大型优质基础设施项目获取稳定分红。

某市区海绵小镇 PPP 项目资产证券化工作主要分两步：第一步先由甲施工企业受让私募基金中信托募集资金的全部份额，使甲施工企业成为私募基金全部 LP 份额持有人，合并私募基金和项目公司；第二步再以全部基金 LP 份额和甲施工企业对项目公司的关联方借款作为标的资产发行资产支持票据。

三、应用过程

（一）组织架构情况

PPP 项目资产证券化是一项政策性极强且复杂交错的系统工程，涉及政府方、原始权益人、中介机构、金融机构等多个利益相关者，需要各方齐心协力才能顺利实施。为了统筹规划、有效推进，自项目立项起，专门召开海绵小镇 PPP 项目资产证券化推进会，邀请证券机构、律师事务所、会计师事务所、评级评估机构、税务机构等单位共同参加；并组建工作领导小组，负责统筹推进类 REITs 要素体系构建、资源协调、设定目标、制订计划与方案等。

（二）选择中介机构

类 REITs 资产证券化是一个专业、复杂的过程，甲施工企业作为国有控股公司开展类 REITs 资产证券化除了需满足证券监管要求外，还需同时遵循国资监管要求及审批程序，在政策法规理解的准确性、决策过程的合规性、交易程序的专业性等方面有着较高的要求。为了确保项目依法合规运作，甲施工企业聘用乙专业团队作为代理人，该团队具有非常丰富的经验，同时该团队与律师事务所、会计师事务所以及评估机构等经验丰富的专业机构有合作关系，乙团队主要负责就项目的具体实际情况与当地相关单位进行沟通配合，由各专业机构为前期可行性论证、尽职调查方案、现金流预测、交易结构与要素设计、回复监管机构问询、策划发行方案等提供专业服务。

（三）充分开展尽职调查

充分完善的尽职调查，是开展类 REITs 资产证券化的必经步骤。对类 REITs 资产证券化的尽职调查以《证券公司及基金管理公司子公司资产证券化业务管理规定》《政府和社会资本合作（PPP）项目资产证券化业务尽职调查工作细则》为指引，明确规定尽职调查的对象、内容、调查方式及相关方配合要求。基础资产选定后，原始权益人（某市区海绵小镇 PPP 项目）全面配合律师事务所、评级机构等中介机构，通过查阅、访谈、列席会议、实地调查等方法开展尽职调查，对海绵小镇 PPP 项目的历史沿革、组织构造及法人治理、股东构成、PPP 项目合同、主营业务情况、财务状况及偿债能力、资信状况等进行翔实考察与调查，以及对其现金流状况进行评估，并出具相应的法律意见书与信用评级报告。

（四）方案设计

1. 构建基础资产

资产证券化是以基础资产现金流为偿付来源的结构化融资产品，因此基础资产是从发起机构全部资产中剥离出来的特定资产。基础资产的选择是 PPP 项目资产证券化的关键。本文中股权结构架设基金，基础资产＝基金份额＋项目公司关联方借款。

2. 设计产品交易结构

项目公司政府投资占比 10%、甲施工企业投资占比 20%、私募基金投资占比 70%（见图1）。根据 PPP 项目合同约定至 2038 年结束，本方案在项目公司层面股权结构不变前提下，以私募基金对应的全部 LP 份额和甲施工企业对项目公司的关联方借款作为标的资产发行类 REITs，基金和项目公司同时出表。

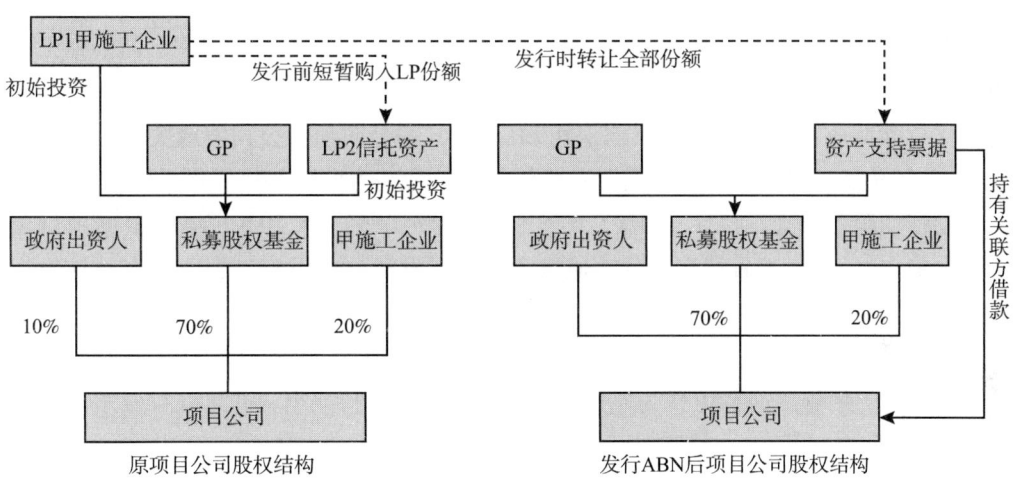

图 1　类 REITs 方案结构

3. 确定产品基本要素（见表 2）

表 2　　　　　　　　　　　　　　类 REITs 基本要素

要素	说明
基础资产	基金份额＋项目公司关联方借款
底层资产	基金对应持有的项目公司权益＋项目公司关联借款
底层 PPP 项目	某市区海绵小镇 PPP 项目
发起机构/资产服务机构	甲施工企业
发起机构之代理人	乙专业团队

续表

要素	说明
发行规模	以基金份额转让对价 + 对项目公司发放关联方借款置换拟入池项目对应银行贷款作为基础资产，预计可发行规模 14 亿 ~ 16 亿元，其中优先级 13.3 亿 ~ 15.2 亿元；次级 0.7 亿 ~ 0.8 亿元
证券分档	根据与会计师沟通情况，确定次级占比及次级自持比例
发行期限	16（1 + 1 + ⋯ + 1）年/（3 + 3 + ⋯ + 1）年/10 + 6 年（根据项目剩余期限确定），每年设置续发条款
票面利率	具体发行利率通过簿记建档确定
还本付息方式	每年付息一次，按还本计划还本
增信措施	甲施工企业股东及外部担保公司
申报场所	交易商协会

发行规模：甲施工企业通过发放关联方借款置换全部存款银行借款，以甲施工企业持有的基金份额作为基础资产发行 ABN，融资规模预计 14 亿 ~ 16 亿元，其中 2.3 亿元（以实际收购价格为准）收购信托 LP 份额，剩余向项目公司发放关联方借款置换 10.4 亿元存量银行借款（以实际存量银行借款余额为准）并提供增量融资。

发行期限：16（1 + 1 + ⋯ + 1）年/（3 + 3 + ⋯ + 1）年/10 + 6 年（根据项目剩余期限确定），每年设置续发条款。通过续发模式发行，由甲施工企业股东及外部担保提供增信。

增信措施：交易环节甲施工企业需提前安排回购基金 LP 份额，存在暂时性回表安排。以此，甲施工企业可作为原始权益人发起资产支持票据，并可获得股东增信。

四、取得成效

（一）降低融资成本，实现增量融资

本次资产盘活前，项目公司加权融资成本为 5.6%/年，发行类 REITs 证券产品后项目综合融资成本降低至 4%/年，下降约 160BP，可大幅节约项目融资成本，同时置换银行借款后可以新增借款，以保持甲施工企业工程款的及时回收，降低表内"两金"资产。

（二）提前收回资金，实现投资收益

发行类 REITs 模式资产证券化产品可使甲施工企业充分利用项目公司自身现金流实现资产融资，可通过出售基金份额一次性确认投资收益，同时可扩大企业未来投资额度，提升资金使用效率。

（三）践行绿色金融新发展理念，树立专业品牌形象

项目本身带有绿色属性，经和专业绿色评估机构沟通，可为产品贴上绿色标签，助力降低融资成本的同时还可以体现企业践行绿色金融高质量新发展理念，利于甲施工企业在资本市场的良好形象，增强投资者对该市经济环境和政府投资项目信心。

五、经验总结

（一）类 REITs 产品融资的优势

类 REITs 产品作为基础设施投资建设的重要融资模式，相较于其他金融产品，具有显著优势：一是流动性较高，一方面目前 PPP 项目已从前期的快速投入阶段转入存量运营阶段，由于 PPP 投资项目更多为基础设施建设投资，投资期限长，投资回报慢，同时没有完善的交易市场，因此流动性相对较低，一定程度上存在流动性差、难以及时变现的问题，或者变现也是在已有损失的前提下。另一方面，类 REITS 产品以 PPP 项目为标的资产，投资类 REITS 产品，等同于间接投资 PPP 项目，能够获取 PPP 项目运营所产生的投资收益以及资产升值，同时，投资人可以在市场上随时赎回或者转让持有的投资份额，较为便捷地实现资金退出，其变现难度及成本相较于直接投资 PPP 项目大大降低。二是投资风险较低。类 REITs 产品以 PPP 项目为标的资产，PPP 项目多为优质资产，具有稳定现金流，风险相对较低，同时还有资产升值空间，且类 REITs 属于投资组合产品，并不集中在某一项目上，对标的资产地域、行业等方面进行尽可能地分散，大大降低了风险集中度，保障了投资人在获取相对稳定的投资收益基础上，进一步降低整体投资风险。

（二）相关建议

首先，要重视申报和募集使用合规性。在首届长三角 REITs 论坛暨中国 REITs 论坛 2022 年会上，中国证券监督管理委员会副主席李超指出，为加快推动市场高质量发展，走好中国特色的 REITs 市场发展之路要重点做好以下工作：保持常态化发行，充分发挥规模效应、示范效应；完善市场体系，推进多层次市场体系建设；强化事中事后监管，促进市场平稳运行；完善法制制度，夯实市场长远发展基础。对于 REITs 市场来说，越来越规范和严格。另外，国家发改委等主管部门高度重视基础设施公募 REITs 底层资产合规性，以及募集资金用途，即需用于基础设施补短板项目领域，因此在项目申报及审核过程中，要高度关注 PPP 项目的成熟度和合规性。选取类 REITs 底层资产时重点关注 PPP 项目的运营状态和产权状态，项目运营状态良好，经测算能够产生持续的、稳定的现金流以维持资产支持证券的支付，并且项目产权明晰，无归属纠纷，才是较为优质的底层资产。

其次，要积极争取更优的税收政策。基础设施类 REITs 设立环节、存续环节到终止环节，每个环节都是独立运作，在运行过程中涉及所得税、增值税、城建税、印花税的缴纳。而当前我国现行税制涉及 REITs 的税率和征税类别没有明确规定，因此在发行 REITs 时可能面临重复征税的问题。例如，转让基础资产时被认定为出售资产，所得税按照公允价值与历史成本差额计算，会造成较高的所得税负担，因此应加快完善类 REITs 发行相关税收政策和制度，在资产所有权转让环节加大税收优惠，在运行期间部分业务可以允许进行特殊性税务处理，让原始权益人获得较优的优惠。

最后，第三方机构监督的重要性。在专项计划运作过程中，各参与主体决策人的知识、经验、判断、决策、技能有差异，这些可能会对专项计划产生影响。第三方机构就原始权益人底层资产合法合规性、公司股权结构重大纠纷、国有财产转让手续的审批以及授信等方面进行详细调查，这关系到资产支持计划是否成功发行。第三方机构由于独立在专项计划之外，不参与专项计划利益的分配，只收取原始权益人的中介费，因此与基金管理人、专项计划管理人、托管银行间不存在利益冲突。在这种情况下，第三方机构将更加客观全面地评估各参与主体，更加严格地监督各参与主体，这将有助于完善专项计划的监督体系。同时第三方机构也可引入资产运营环节监督原始权益人，并对基础资产进行后续的运营管理。专业化的第三方机构管理能够提高项目运行效率，促进专项计划运营的精细化。

（中铁一局　杨育林　薛　峰　温永钦

袁　胜　温少轩　崔晶晶　游少杰）

约束资源优化工具在融资成本控制中的应用
——以 GN 大道项目为例

【摘要】基础设施作为国民经济发展和人民物质生活的基础，对社会发展具有举足轻重的作用。EPC 总承包模式在国家的推动鼓励下是目前我国工程项目中广泛使用的管理模式，将融资与 EPC 总承包模式相结合可以很大程度弥补 EPC 总承包模式中的不足，然而也面临着融资成本大、融资风险高、回购周期长等问题。传统的工程项目融资方案设计已远远不能满足项目需求，如何压缩融资规模、降低融资成本、优化融资结构进而控制融资成本已成为工程项目面临的重大课题，也是提升工程项目管理效益的关键环节。

  GN 大道项目为融资与 EPC 总承包模式，积极响应并落实中国中铁及中铁五局推行大商务管理，开展项目管理效益提升的战略部署。将约束资源优化工具运用于项目的融资成本管理，在技术资源、财务来源、资金投入时间资源、劳务资源、物资资源等多资源约束下，发挥业务和财务的合力，并针对性地解决制约项目融资成本的瓶颈，对资源进行合理配置。业财融合，优化施工设计方案，压缩融资规模；优化融资计划，降低融资成本；在不同时间、不同时期、不同环节及不同业务流程不断动态优化调整。多资源约束下融资管理优化后，项目压缩了 3 568 万元以上的融资规模、降低了项目融资利息 255 万元以上，提升了项目的管理效益，降低了项目的融资成本。同时，项目的管理水平及施工质量得到了业主及地方政府的认可，树立了公司信誉，对公司市场开发起到助力作用，将进一步提高公司的经营效益。

一、背景描述

（一）单位基本情况

  GN 大道项目为投融资＋施工（F＋EPC）总承包项目，建设期资金来源由企业自筹，由中铁五局集团有限公司（以下简称"中铁五局"）与中铁信托有限责任公司（以下简称"中铁信托"）组成联合体中标 GN 大道南康Ⅰ、Ⅱ标，项目建设期 2.5年，回购期 5 年，合同金额 20 亿元。中铁信托成立项目公司负责建设期资金筹集，业主按 6% 支付中铁信托项目公司融资费用，中铁五局负责工程施工。GN 大道项目管理机构属于实体型，下设五部二室（工程部、安质部、物机部、商务部、财务部；办公室、试验室），并下设 2 个综合队、1 个预制场，定员 83 人。项目建成后将与多条纵向快速通道连接，极大方便了周边来往百姓的出行，对提升城市功能品质、增强中心城区辐射带动能力意义重大。项目采取的"F + EPC"模式，全程结构如图1所示。

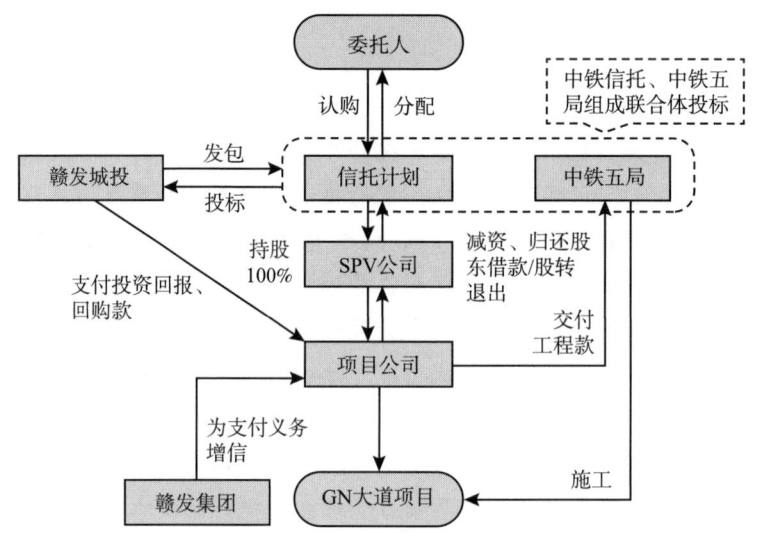

图1　GN 大道项目"F + EPC"模式相关方结构

项目涉及的各方关系为：中铁五局中标该项目，负责项目设计、采购、施工等一体化；投资方中铁信托发行信托计划用于设立特殊目的（SPV）公司，SPV 公司再下设项目公司，项目公司将信托资金用于支付 GN 大道项目建设的费用；业主方赣州发展城镇投资开发有限责任公司及担保方赣州发展投资控股集团有限责任公司按约定向项目公司支付项目总费用。项目公司最终将信托资金用于支付所在市中心城区快速路工程——GN 大道Ⅳ标南康段项目建设的工程费用，工程内容包括道路工程、桥梁工程、排水工程、电气工程等。

（二）融资成本控制面临的问题与挑战

1. 融资成本较高

GN 大道项目为投融资 + 施工总承包项目，建设期资金来源为企业自筹。项目为保证建设期资金，引入中铁内部保理，同时为了辅助业主发行 ABS 计划，为后期回购创造条件引入发投供应链、发投保理作为项目融资手段。其中，以中铁五局第二工程有限公司（以下简称"二公司"）为核心企业，依托欠供应商应付账款进行反向保理，保理综合年化费率9%，其中3%在放款之前先行扣除，剩余6%以打折受让的方式计算，到期收取；采用发投供应链公司作为主要材料供应商解决项目材料供应，确保施工过程中材料不断供，采取年化费率9%，延期三年后付款的采购模式，合同单价采取浮动价；以中铁五局及二公司应付账款发起反向保理，GN 大道项目供应商通过提交相关资料、注册打通支付渠道后保理直接支付资金到供应商银行账户，中铁保理综合年化费率为 5.8%，其中包含每年 0.5% 手续费，在每笔支付时一次性收取三年共 1.5% 费率，剩余保理利息可按年度协商支付，到期（三年）后支付保理借款本金。表 1 是 2023 年 7 月国有四大银行一至三年的贷款利率，都是 4.75%，GN 大道项目最低融资利率 5.8%，可见项目的融资成本较高。

表1   国有四大银行商业贷款利率

序号	银行	利率（%）
1	中国工商银行	4.75
2	中国农业银行	4.75
3	中国建设银行	4.75
4	中国银行	4.75

2. 项目融资风险较大

"F + EPC" 投融资模式带给 GN 大道项目融资方面新的方向，但是相对而言融资风险也会不断增加，主要体现在：项目前期盈利能力和债务偿还需求无法合理匹配，随着施工进度的不断加快，项目融资规模在不断增加，但项目获得的资金绝大部分都是用于施工上，存在融资本息到期应偿还时，回购资金不能回流，到期债务无法支付的风险，一旦风险发生，将损失公司信用，影响公司经营发展。

3. 项目回购期较长

GN 大道项目建设期 2.5 年，回购期 5 年，合同金额 20 亿元。项目回购期甲方按季度分五年还本，并按季度支付融资费用，项目回购时间较长，建设期融资偿还资金流与回购期资金回流不匹配。同时，项目的内外部融资成本较高，不利于项目后期融资本息偿还。

（三）应用约束资源优化工具进行融资成本控制的原因

首先，GN 大道项目通过约束资源优化工具实施融资成本控制与管理，可以降低项目的融资风险，实现有效融资。融资成本控制与管理工作上的成功，将会为该项目其他工作环节展开提供更好的参考及借鉴。其次，寻找有效的项目管理工作的开展也是需要相应成本投入的，而通过融资成本控制获得项目施工经营所需资金之后，将会进一步保障 GN 大道项目管理工作顺利推进。最后，GN 大道项目通过实施融资成本控制与管理，不仅可以合理地压缩项目的融资规模，更重要的是项目获得了融资所需的资源，包括融资渠道多样化、内源融资得到保证、资金使用效率较高等。这保障了项目施工、管理等有条不紊地进行下去，不断形成并增强该项目施工水平和施工能力，从而提升项目的管理效益。

二、总体设计

（一）总体目标

科学有效的融资成本控制设计对 GN 大道项目总体目标的实现、公司在赣州可持续的经营有关键意义。GN 大道项目 2022 年 2 月成立项目部再到 2022 年 6 月开始正式施工以来，由于项目建设期资金来源属于公司自筹，项目前期资金较为短缺，为了保证工程进度，顺利完成产值计划。项目部通过延期对供应商的支付，利用供应商杠杆，从而保证项目材料供应，完成前期临建工程，保障了项目施工生产必要条件。通过与供应商友好协作沟通，合理利用供应商杠杆能力，保障了项目施工生产。同时，GN 大道项目采用约束资源优化工具对项目的融资成本进行管理，进行资源优化配置，降低项目融资规模，从而减轻项目的现金流压力，提高项目融资成本管理水平；控制融资风险，从而达到降低项目融资成本，提高项目的管理效益。

（二）设计思路

GN 大道项目在多部门的协同下，通过业务与财务的结合，第一，明确该项目的资源，划分为技术资源、劳务资源、物资资源、财务资源、资金投入时间资源；第二，围绕项目的总体目标，对约束融资成本控制方案的资源进行分析，运用内部评审法识别出融资成本控制设计方案过程中的约束资源；第三，寻找有效的突破方法，切实控制融资成本，再协同非约束资源，提高融资管理水平；第四，通过合理配置约束资源开展融资活动，对融资成本进行测算从而发现项目融资和约束资源配置存在的问题，采用约束资源优化工具改善约束资源配置，进而压缩融资规模、降低融资成本、提高融资效益。项目融资管理优化流程如图 2 所示。

（三）设计原则

（1）规模适度原则。在多资源约束下，无论通过何种渠道、采用何种方式进行融资，都需要先确定合理的融资需求，使融资需求和施工需求相互平衡，防止融资不足而影响施工的正常开展，同时也避免融资过剩而降低融资效益。

（2）成本节约原则。在突破资源限制进行融资方案设计时，必须认真地选择融资来源和方式，综合考虑不同融资渠道与融资方式的难易程度、资金成本等因素，降低融资成本，提高融资效益。

（3）时机得当原则。在多资源约束下融资方案设计过程中，按照投资机会来把握融资时机，从资金投入的时间安排上，确定合理的融资计划与融资时机，以避免因取得资金过早而造成投资前的闲置，或者取得资金的相对滞后而影响投资计划。

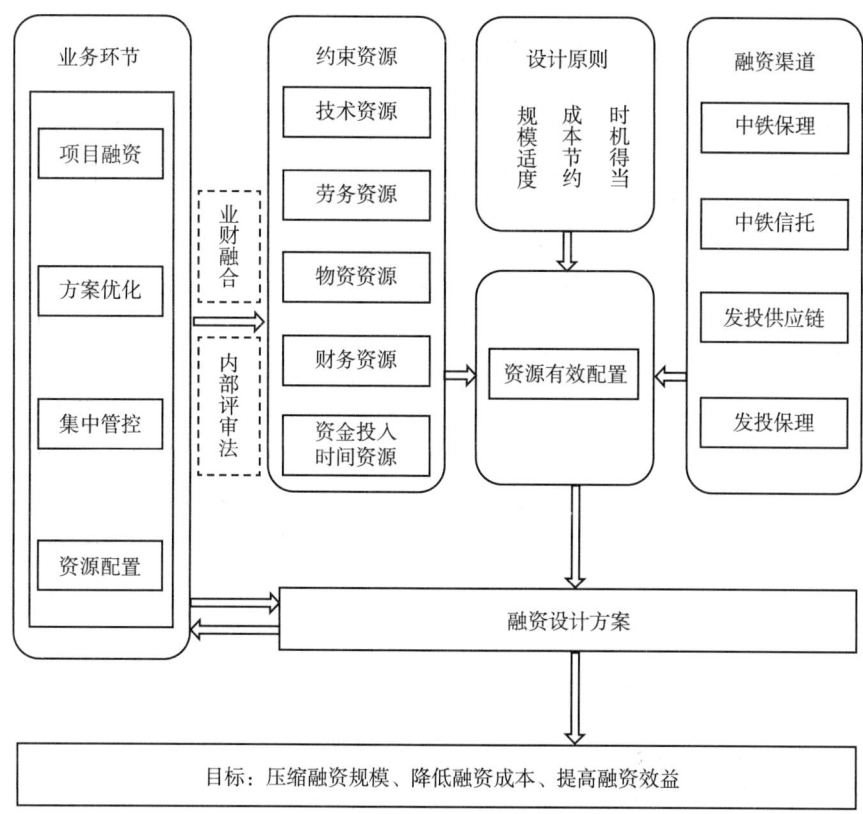

图2 GN大道项目融资管理优化流程

三、应用过程

（一）成立管理会计项目小组

GN大道项目控制融资成本，需要成立专门的管理会计项目小组，便于职责分明。该项目在明确项目约束资源后，利用内部人员调整，成立了专门的融资成本控制管理会计项目小组，如图3所示，各部门各司其职，共同管理项目的融资成本控制工作。

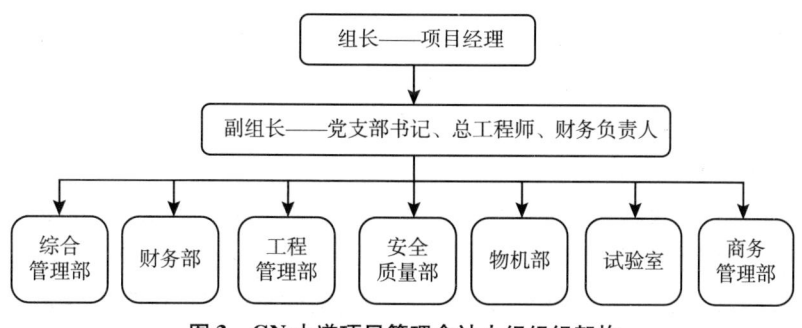

图3 GN大道项目管理会计小组组织架构

（二）寻找突破方法，识别约束资源

GN 大道项目融资成本控制管理会计小组反复集中研讨，并结合公司领导的意见，围绕提高项目融资效益，提升项目管理效益这一目标，对约束融资成本控制方案的资源进行分析，并提出相关的突破方法，如表 2 所示。

表 2   GN 大道项目资源及其突破方法

资源	突破方法
财务资源	当 GN 大道项目约束资源为财务资源时，可以通过拓宽融资渠道，如中铁信托、中铁保理融资等形式；制订融资平衡方案，把握融资资金时机得当，确定合理的融资计划与融资时机进而消除项目财务资源的限制
劳务资源	项目部分包合同额约 6.3 亿元，从源头上要杜绝没有施工能力和施工水平差的队伍。当约束资源为劳务资源时由管理会计项目小组组长牵头组建劳务成本控制小组，进而消除项目因劳务管理不到位，劳务队伍过于众多而导致效率低下，成本过高，进而增加项目的融资成本
技术资源	当约束资源为技术资源时，可以通过提高项目的技术水平、采取技术研发、改进新技术等方法消除制约因素，进而降低项目在融资成本控制中的资金投入
物资资源	当约束资源为物资资源时，可以通过询价、集中采购，严格控制物资消耗等控制成本方式缓解资金压力，进而消除物资资源所带来的瓶颈资源
资金投入时间资源	GN 大道项目投资的标段包括 GN 大道快速路工程Ⅳ标南康Ⅰ标段和南康Ⅱ标段，当约束资源为资金投入时间资源时，通过业务和财务的融合，明确项目的投资预算、产值进度和金额安排，制订合理的融资计划，使融资金额与资金投资需求相互衔接

（三）业财协同管控，控制融资成本

GN 大道项目为了系统分析约束资源成因和涉及的实施责任主体，制订约束资源优化的针对性实施方案，建立实现约束资源优化的长效机制，促进约束资源能力不断提升，进行了多次专题研讨会议，使各个部门充分结合了 GN 大道项目的投资方案和实际经营情况。

1. 优化设计方案，压缩融资规模

GN 大道项目面对技术资源约束时，需要有针对性地改进以降低成本，减少项目的融资需求。为有效降低项目成本，提升融资效益，压缩融资规模，项目管理会计小组参与施工组织方案设计，把握融资规模，在保证融资资金及时、足额到位的同时，最大限度地节约人力、物力、财力，以减少融资需求。

（1）临建工程优化降成本。

GN 大道项目主线高架桥全长 8.8 千米，为预制拼装类结构，需要囤积大量的预制梁片。但受周边发展限制，项目附近难以找寻上百亩的空地，考虑项目地处工业园区，现有辅路通行压力大，后续预制构件长距离运输至施工区域阻碍很大。经过项目管理会计小组多次现场实地考察研究，结合技术经济指标，反复论证，协调有关部门

并征得市重点办、赣州发投和地方政府的同意，最终确定以租赁方式确定了使用的地块，采用1个集中预制场＋外部临时倒存方案，确保了项目的施工计划要求。通过预制场建场选址优化比选，节约梁场临建费用近670万元，节约管理人员费用72万元，节约设备投入和模板投入200万元，节约倒运箱梁运转费796万元以及节约材料费54万元，合计节约融资需求约1 792万元，同时缩短了建设周期，实现了雨季施工一个半月投产的工效，极大地降低了项目运营成本，压缩了项目融资规模。

（2）挂篮防护方案优化降成本。

GN大道项目上跨大广高速连续梁1座，采用挂篮施工工艺。常规方式为在高速公路上搭设防护棚架，且在初步设计阶段已明确使用防护棚架防护。项目管理会计小组针对上跨高速现场条件搭设防护棚架存在的不利因素，同时积极对接设计，提出搭设防护棚架可能造成挂篮施工期间净空无法满足桥梁设计要求，需重新调整连续梁标高和跨径等，项目部随即邀请专家对挂篮兜底方案进行安全性论证，取得了高速路政和高速交警的同意，最终同意采用挂篮＋兜底的方式施工。这一方案优化减少防护棚架材料投入及安拆过程对高速的导行措施费等费用，共节约融资需求约200万元。

2. 优化融资计划，降低融资成本

GN大道项目面对财务资源和资金投入时间资源约束时，在项目产值计划确定的情况下，各种财务资源的选择需要根据资金投入时间安排考虑层次性。项目的融资方式分为通过中铁内部自有的保理、信托进行内源融资和为了辅助业主发行ABS计划，为后期回购创造条件引入的外源融资，其中外源融资包括了发投供应链、发投保理。通过管理会计小组的研讨，项目第一选择来源是内源融资，在内源融资不能满足项目需要时，才会考虑外源融资。内源融资资金成本低，操作简单，沟通良好、放款速度快，同时资金流流入项目部，满足项目现金需求；外源融资资金成本较高，一次性扣除三年手续费9%，供应商无法承担，付款周期相对较长，手续烦琐，也增加了资金占用时间。这使得内部融资成本低于其他融资方式，并且GN大道项目在融资方案设计过程中，尽量先使用中铁内部融资，再进行业主提供的融资方案，降低了融资成本约500万元。同时，该项目根据不同时期突出的约束资源进行调整，寻找相应的突破方案，进一步实现资源优化配置，对融资方案进行动态调整。GN大道项目根据财务、资金投入时间约束资源，以融资成本控制为导向，不同时期对融资方案进行动态优化调整。投资年限决定融资期限，投资期限越长，融资期限也就越长。项目管理会计小组根据项目的实际投资情况及对融资成本控制的考量，利用二公司及中铁五局的贷款信用、局领导与公司领导积极与各金融机构进行洽谈，一定程度上减少了借款利息，降低了融资的成本。

3. 集中劳务资源，减少资金成本

GN大道项目总造价约20亿元，其中劳务分包合同额约6.3亿元，从源头上杜绝了以往存在的小队伍、多队伍、差队伍等问题，而是需要能够完成高产值的优秀分包队伍。面对项目劳务资源约束时，项目部严格落实劳务资源集中管理要求，由公司牵头，项目部配合，引进优秀分包企业、合理划分施工任务、积极运用公司指导价、100% 在阳光平台和中铁鲁班商务网公开招标，确保已进场的分包队伍劳务合同费用超千万的基础上，进一步下调了 5 个百分点的支付比例，同时项目部坚持以服务现场为根本，确保进场队伍有足够的作业面，让劳务队伍通过资源整合降低自身管理费用，减少窝工、停工索赔，充分发挥分包队伍的资源优势，达到以量降价的目标。

4. 严控物资消耗，缓解资金压力

GN 大道项目是投融资项目，施工过程中，业主无进度款拨付，前期项目工程建设中，钢材和混凝土的物资供应成为难题。项目需用钢材约 6 万吨，混凝土需用量约 35 万立方米，两大主材金额约 4.2 亿元。做好钢材及混凝土的消耗控制是物资管理的重中之重，是项目控制融资成本的关键环节。为此，项目部一方面设置钢筋集中加工中心，非预制构件的钢筋由加工中心加工并发放半成品至钢筋绑扎队伍，每周建立发放周报，每月物资部、工程部派人员与架子队材料员、技术员一同对库存物资进行盘点，对协作队伍每月进行详细的汇总盘点核算。建立短钢筋利用微信群，群成员包含协作队伍及主要管理人员，及时沟通短钢筋资源库存信息，管理人员督促协作队伍及时调拨使用。钢筋网片定制尺寸，减少了裁剪上的浪费。另一方面对临建构造物，严格控制其尺寸及标高，尤其是路面硬化的标高。主体结构物严格控制模板拼装尺寸。箱梁面、盖梁面标高影响后续桥面混凝土铺装的标高控制，从而也影响混凝土数量的消耗，进行重点把控，对进场的混凝土进行过磅查验。同时，预制场的混凝土做到每车过磅，其他管段的混凝土抽查验证。项目通过对物资消耗严格的管控，钢材共节约 713.71 吨，节约资金约 328 万元；混凝土共节约 6 875.06 立方米，节约资金约 298 万元，如图 4、图 5 所示。

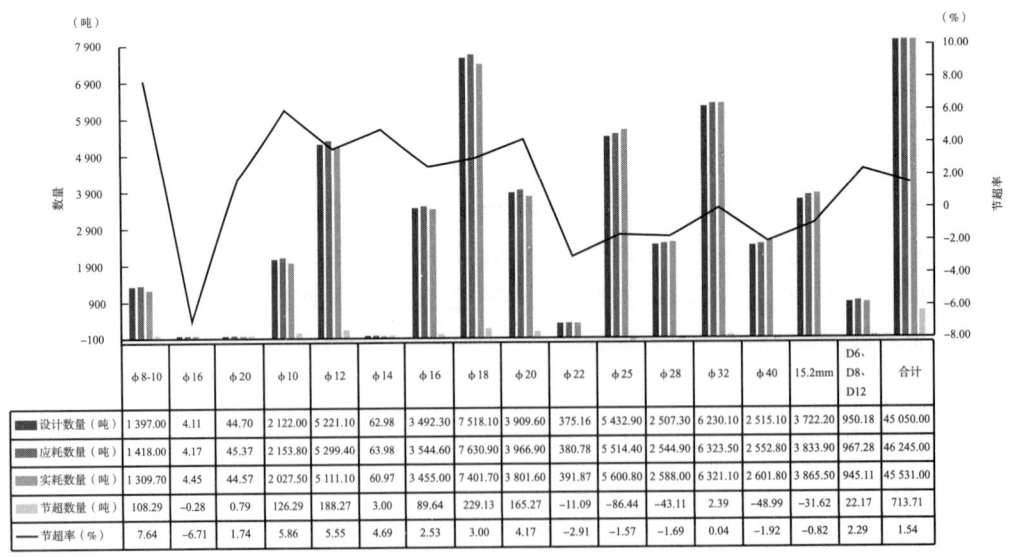

	φ8-10	φ16	φ20	φ10	φ12	φ14	φ16	φ18	φ20	φ22	φ25	φ28	φ32	φ40	15.2mm	D6、D8、D12	合计
■ 设计数量（吨）	1 397.00	4.11	44.70	2 122.00	5 221.10	62.98	3 492.30	7 518.10	3 909.60	375.16	5 432.90	2 507.30	6 230.10	2 515.10	3 722.20	950.18	45 050.00
■ 应耗数量（吨）	1 418.00	4.17	45.37	2 153.80	5 299.40	63.98	3 544.60	7 630.90	3 966.90	380.78	5 514.40	2 544.90	6 323.50	2 552.80	3 833.90	967.28	46 245.00
■ 实耗数量（吨）	1 309.70	4.45	44.57	2 027.50	5 111.10	60.97	3 455.00	7 401.70	3 801.60	391.87	5 600.80	2 588.00	6 321.10	2 601.80	3 865.50	945.11	45 531.00
■ 节超数量（吨）	108.29	-0.28	0.79	126.29	188.27	3.00	89.64	229.13	165.27	-11.09	-86.44	-43.11	2.39	-48.99	-31.62	22.17	713.71
— 节超率（%）	7.64	-6.71	1.74	5.86	5.55	4.69	2.53	3.00	4.17	-2.91	-1.57	-1.69	0.04	-1.92	-0.82	2.29	1.54

图 4　钢材消耗核算

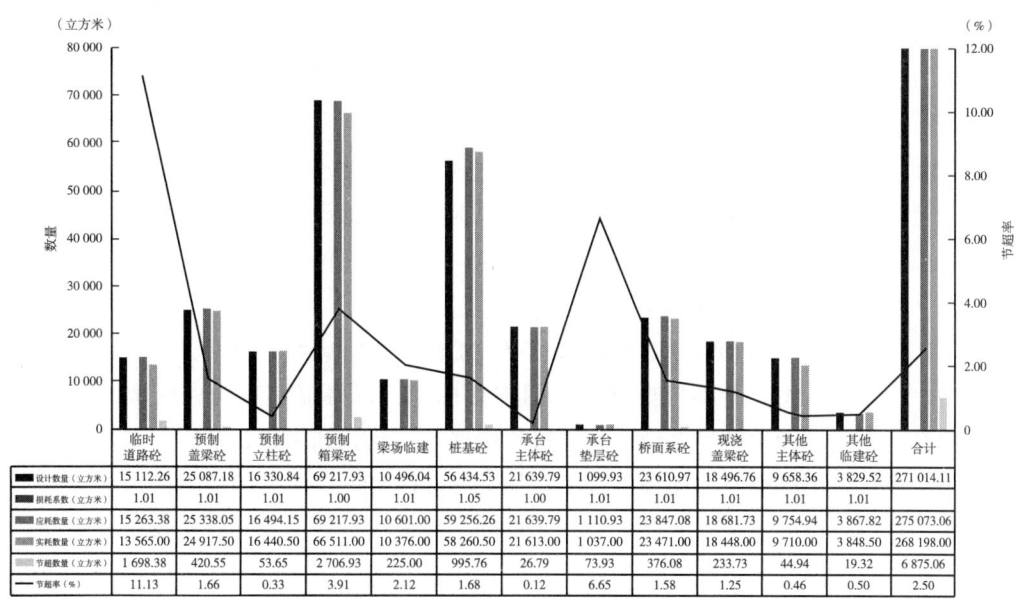

图5　混凝土消耗核算

	临时道路砼	预制盖梁砼	预制立柱砼	预制箱梁砼	梁场临建	桩基砼	承台主体砼	承台垫层砼	桥面系砼	现浇盖梁砼	其他主体砼	其他临建砼	合计
■ 设计数量（立方米）	15 112.26	25 087.18	16 330.84	69 217.93	10 496.04	56 434.53	21 639.79	1 099.93	23 610.97	18 496.76	9 658.36	3 829.52	271 014.11
■ 损耗系数（立方米）	1.01	1.01	1.01	1.00	1.01	1.05	1.00	1.01	1.01	1.01	1.01	1.01	
■ 应耗数量（立方米）	15 263.38	25 338.05	16 494.15	69 217.93	10 601.00	59 256.26	21 639.79	1 110.93	23 847.08	18 681.73	9 754.94	3 867.82	275 073.06
■ 实耗数量（立方米）	13 565.00	24 917.50	16 440.50	66 511.00	10 376.00	58 260.50	21 613.00	1 037.00	23 471.00	18 448.00	9 710.00	3 848.50	268 198.00
■ 节超数量（立方米）	1 698.38	420.55	53.65	2 706.93	225.00	995.76	26.79	73.93	376.08	233.73	44.94	19.32	6 875.06
— 节超率（%）	11.13	1.66	0.33	3.91	2.12	1.68	0.12	6.65	1.58	1.25	0.46	0.50	2.50

（四）协同非约束资源，防范融资风险

项目部根据约束资源优化的解决方案，重新安排其他资源和活动，确保非约束资源的协同利用。根据约束资源的运作节奏，调整和改变原有的管理措施和其他资源的配置，利用倒排的方法对其他资源进行调整，确保非约束资源的运作与约束资源同步，实现各个环节的衔接，协调整个项目管理流程。项目管理会计小组依照投资阶段和融资计划，对融资方式、融资顺序合理安排，进一步控制融资成本，避免融资资金不必要闲置问题，切实控制融资成本。参考专业学者研究的融资成本控制计算方法，确定计算方法如下：

$$融资成本 = 融资利息 / 融资金额$$

每季度 GN 大道项目会对融资成本进行核算，并与上期以及同期比较，研究变化原因，及时发现问题。另外根据项目施工计划的调整和项目的施工进度等因素，不断修订项目约束优化工具的核算指标，约束资源优化工具不是一次性工具，它是一个持续的改进和提升的过程，只要 GN 大道项目还在施工运营，就存在约束资源优化工具的使用循环，改进过程就不会消失，核算对比过程也不会消失。准确计算项目各季度的融资成本，通过比较，找出融资成本变化的原因。融资成本较上期增加，需要分析增加的原因，找出改善方法；融资成本下降，要总结经验，更好地控制融资成本。

（五）评价实施效果，促进约束资源优化工具的应用

GN 大道项目定期分析确认约束资源的资源能力改善情况，密切关注并防范融资

风险。首先是资金投入大，流动资金偏低，建设资金严重依赖债务融资。其次是 GN 大道项目投资回收期较长，运营初期收益较低，导致将面对巨大的还本付息压力，甚至会有资金链断裂的风险。目前项目正积极推动大商务管理，以项目全周期资金筹集与支付计划为基础，从项目成本管控、税务管理、资金融资平衡管理三个方面强化项目周期资金管理，进而增强项目的运营能力，提高项目的经济效益，以避免因资金短缺造成项目施工进度受阻问题，防范停工风险，力争业主付息、回购资金流与融资本息偿还平衡，促使项目可持续发展。

GN 大道项目的融资成本核算都是以季度为单位，所以运用约束资源优化工具的过程中，组长和副组长会不定期对各部门进行抽查，以督促其对约束资源的合理配置，提高约束资源使用效率，针对实施过程中遇到的问题和困难，及时召集各部门负责人开会讨论解决办法，在实施过程中，加强各部门对突发事件的应急处理能力，及时接纳各部门提出的意见，并进行有效的反馈，将数据进行横向和纵向对比，发现并及时解决存在的融资管控问题和约束资源匹配问题，切实落实融资成本的控制。中铁五局及二公司不定期对项目进行融资成本管理指导和融资效果的后评估，包括融资方式合理性、资金成本、还款对项目利润、现金流和融资结构的影响、偿付能力及融资风险等，提出应对和改进措施，将项目融资还款计划纳入预算管理，确保按期还款，维护和提升公司信贷信用。同时，积极维护融资渠道，与中铁信托、中铁保理以及业主金融机构等建立和保持良好的合作关系，积累金融信用和合作伙伴，拓宽融资渠道，助力公司市场开发，经营创效。

四、取得成效

（一）直接效果

项目部在实施多资源约束下对融资方案优化后，改变了项目部融资规模不能有效把控、融资成本较高、融资风险较大、回购期较长等融资效益低下的现状，提升了融资效益，进而促进项目效益最大化。

1. 极大压缩了融资规模

项目部将资源约束优化理论引入融资方案设计，通过深入业务前端，参与项目施工建设计划，提高技术标准，突破技术资源约束，改进和完善施工技术及选用更具有经济效益的方案，使业务、财务数据实现深度融合、高度集成和有效利用，在压缩融资规模方面成效显著。GN 大道项目在融资方案设计中，管理会计小组成员积极参与施工组织方案设计，运用成本数据分析挖掘成本动因，协助业务部门做好成本管控，通过对 GN 大道项目临建工程优化和挂篮防护方案优化两项举措，分别节约融资需求 1 792 万元和 200 万元，极大压缩了项目的融资规模，提高了融资效益。

2. 有效降低了融资成本

GN 大道项目通过对融资策略、施工方案实施过程持续跟进，根据不同时期突出的约束资源进行动态调整和优化，融资时机的合理选择，有效地降低了融资成本。项目集中资源配置，在项目劳务队伍和物资采购方面集中管控，有效降低了融资成本。其中，项目部在分包队伍劳务合同费用超千万的基础上，进一步下调了 5 个百分点的支付比例。截至 2023 年 6 月 30 日，项目节约现金流 3 000 万元以上，预计总减少现金流 4 250 万元，减少融资利息 255 万元以上。同时，项目部在物资消耗上进行严格把控，经过经济指标对比，钢材共节约 713.71 吨，节约资金约 328 万元；混凝土共节约 6 786.66 立方米，节约资金约 298 万元。由于项目在建设期内的资金来源为自筹，需要寻找融资来源，项目前期在没有融资资金到位的情况下，物资供应采用"供应链"模式极大地解决了项目部前期缺乏资金启动施工生产的问题，不仅降低了采购成本约 950 万元，而且还扩大了业务范围，缓解了项目资金压力，为中铁五局及二公司物资公司带来了无资金流压力的业务，增加了经营流水，扩大了产值规模，并且供应链回流的多余资金可以为公司其他项目提供采购资金支持。

截至 2023 年 6 月 30 日，在产值基本与测算一致前提下，通过融资计划数据测算与融资实际数据测算进行对比发现（见表 3、表 4），GN 大道项目实施约束资源工具对项目的融资成本进行控制取得了一定成效，有效降低了项目的融资成本，缓解了资金压力，为项目的后续施工提供了强有力的支撑。

表 3　　　　　　　　　　　四种融资渠道融资计划数据测算

（截至 2023 年 6 月 30 日）

序号	融资单位	计划总放款金额（万元）	利率（%）	计划首次放款时间	计划支付利息（万元）	融资成本（万元）
1	中铁信托	18 608.47	8.5	2022 年 11 月	666.83	0.0358
2	中铁保理	12 921.61	5.3	2022 年 8 月	339.92	0.0263
3	发投供应链	21 557.76	9.0	2022 年 8 月	1071.70	0.0497
4	发投保理	13 360.06	9.0	2022 年 12 月	428.14	0.0320

表 4　　　　　　　　　　　四种融资渠道融资实际数据测算表

（截至 2023 年 6 月 30 日）

序号	融资单位	实际总放款金额（万元）	利率（%）	首次放款时间	实际应支付利息（万元）	融资成本（万元）
1	中铁信托	11 416.00	8.5	2022/12	402.82	0.0353
2	中铁保理	15 141.83	5.3	2022/8	385.31	0.0254

续表

序号	融资单位	实际总放款金额（万元）	利率（%）	首次放款时间	实际应支付利息（万元）	融资成本（万元）
3	发投供应链	28 527.95	9.0	2022/6	1240.50	0.0435
4	发投保理	4 768.53	9.0	2023/1	138.08	0.0290

3. 为提前回购创造条件

GN 大道项目汽车城高架桥段为独立成桥部分，项目利用招商合同中提前回购条款约定，在进场之初就做好了本段提前通车运营回购的筹划，项目主动谋划对该单独段编制子单位工程专项施工组织设计、工期倒排计划，在施工过程中针对汽车城段配足人、材、机，大干快上迅速地推进施工生产，项目部重点人员盯守，保证了施工现场持续性的施工高产，取得了一个又一个领先全标段的成绩，汽车城段高架部分于2023 年 5 月达到通车条件，并取得质监、建设单位子单位工程竣工验收证书，顺利开通，项目部根据招商合同条款，主动对接业主进行提前回购约 1.3 亿元，经多次洽商预计可达成回购意向，为后续项目资金提供了保证。

（二）间接效果

1. 促进财务职能转变

自股份公司及中铁五局推行大商务管理，开展项目管理效益提升三年行动以来，GN 大道项目财务部快速响应，主动融入，与其他部门之间的联动更为密切，财务工作由传统的会计核算逐渐变为"会计核算 + 管理控制"相结合的管理模式，积极参与到项目经营管理活动中，站在新的高度参与业务管理。同时将财务管理理念渗透到业务管理过程中，与各业务部门实时沟通、紧密合作，在理解业务的基础上以数据分析说话，基于对数据的分析和合理预测，使公司及项目领导更加科学地看待问题、分析问题，并提出有价值的建议，为项目决策提供较好参考。与此同时，强化了其执行和监控职能，管理职能得以充分发挥。

2. 优化财务管理流程

GN 大道项目管理小组将施工方案计划作为业财融合切入点，不单独依靠财务部门，而是各个部门积极参与，以施工方案计划作为融资方案的切入点，并在融资管理过程中不断调整、沟通和反馈，实现融资方案的优化，降低项目的融资成本。财务流程具有程序性、制度性，然而在约束资源优化融资方案流程中需根据不同时期、不同业务环节、不同约束资源、不同业务部门并结合项目的施工计划适时优化调整。GN大道项目约束资源优化工具的实施，极大地优化了项目财务管理流程。

3. 助力企业经营开发

GN 大道项目全体干部职工高举"开路先锋"大旗，以"敢于胜利、勇争第一"

的项目精神，连续取得了全线"十个第一"的好成绩，赢得了地方政府、业主、代建单位和设计监理的交口称赞，成功中标赣州市南康区龙回镇万亩果园道路改造工程，中标合同价 6 000 万元。后续项目与江西区域指挥部、赣州经营分部紧密结合、联动经营，正在密切追踪的项目还有赣州市机场连接线城区段高架工程、上犹城市改造 PPP 项目等，合同总价近 25 亿元，在融资、建设等方面与业主深度合作，助力企业经营开发，经营创效。

五、经验总结

（一）约束资源优化应用的基本条件

GN 大道项目压缩融资规模、降低融资成本的整个过程是一项复杂的工程，在实施中受到多种资源的约束。约束资源优化融资方案，通过业财深度融合，先识别制约融资方案的瓶颈资源，再对相关资源进行动态化的调整以及有效的配置，借助数据之间的比对，进而发现应用约束资源优化工具有利于提升企业的融资效益。结合约束资源优化工具在 GN 大道项目的应用，可以发现应用工具的基本条件是企业的资源具有多样化、财务与业务有紧密的联系、缺口相对稳定、数据可以获取且完整。同时，企业领导对应用约束资源优化工具的主观意识比较强，能够有效推动工具的整个应用。

（二）成功应用约束资源优化工具的关键因素

1. 上级的支持和推动

公司及项目领导的决策对 GN 大道项目的施工进度发挥着关键的作用，在应用约束资源优化工具的过程中，同样也起着非常关键的作用。约束资源优化工具的应用需要上级领导监督和指导，给职工灌输相关的知识，推动管理人员踊跃参与，使得约束资源优化的观念深入人心。

2. 确保内外信息的沟通与交流

项目管理人员应积极、及时地获得外部信息资源，信息资源表面上看起来很容易获取，实则不然。有些信息资源需要项目管理人员深度挖掘、思考后才能获得，项目管理人员应及时跟利益相关者进行沟通，明确项目自身的优势和劣势、机会和威胁，才能更有针对性地作出有利于项目发展的决策。如项目物资部管理人员在购买相关材料时要不定期进行询价或者观察浮动价，以最优价格购买相应的材料；项目商务管理人员积极与业主进行沟通，督促验工计价的流程，尽快取得产值计息；项目财务人员积极对接业主，确保业主应支付的利息进行及时的回收。

3. 结合每季度经济活动分析，不断改进和完善

每季度的经济活动分析可以直接反映项目取得的成效以及不足，只有在意识到自

身不足的基础上，才能有针对性地进行改善。GN 大道项目在应用约束资源优化工具的过程中，按季度进行经济活动分析、总结取得的成效以及不足，针对这些不足，采取措施，更好地运用约束资源优化工具，取得成效的地方要继续保持，从而使得资源最优化。

（三）对改进约束资源优化工具应用的思考

约束资源优化工具的应用会涉及多个部门、多个责任主体，如 GN 大道项目涉及财务部、商务部、物资部、工程部以及各部门的负责人等。同时，应用约束资源优化工具需要财务部门与业务部门紧密合作，深度融合，工具的应用才能达到预期效果，便于实施工具后总体目标的实现。因此，企业应用约束资源优化工具前，可以建立起各部门之间的信息渠道，使企业内部人员全面参与到融资成本控制与管理机制中，便于各部门之间进行信息交流，避免出现信息壁垒而导致的数据误差，进而影响工具的应用效果。

（四）约束资源优化工具应用的难点

1. 约束资源难以划分

GN 大道项目在使用约束资源优化工具进行融资管理时，需要明确项目存在的资源，划分到不同资源种类去，在这个过程中，由于某些资源的性质不是特别明显，导致其划分存在争议。如工程师应划分在人力资源还是技术资源中，从某一方面来说工程师属于员工，应该归属于人力资源，但从另一方面来说其具备的工程技术又使其具有技术资源优势，可归属到技术资源。所以在进行资源划分时，需要明确资源的特有属性，不然划分就存在一定的争议和困难。

2. 约束资源难以具体量化

约束资源限制项目的发展，因此更需要注意对约束资源进行量化，量化约束资源，更能让管理人员意识到危机的存在，提高约束资源的利用效率。这对于约束资源优化工具的应用，起着推动作用，使企业最大程度上、利用优化工具、解决项目的问题。制约 GN 大道项目实现生产经营目标的财务资源涉及多个业务部门、各个业务部门之间的信息存在不对称，造成协调沟通难度大，各自部门的责任主体不同，责任界定不明确，对瓶颈资源无法进行识别，约束资源工具应用受到限制，不能准确地找到瓶颈资源的所在。GN 大道项目融资成本控制在约束资源工具应用中，由于涉及范围广，导致相关的数据难以完整，此时对相关数据的定量要求较高。

（五）对发展和完善约束资源优化工具的建议

1. 明晰约束资源

GN 大道项目运用约束资源优化工具在为约束资源划分种类时，要求综合管理部给约束资源进行定性定量分析，突出约束资源独有优势，并做好记录，再进行划分。如在划分工程师资源时，明确虽然工程师的主要工作还是技术服务，但获取这项资源的成本是固定的工资和考核，给项目带来的价值也是不断上升的，这就是它所具有的特定优势，而技术资源在获取后价值是不断下降的，所以工程师最终还是划分为人力资源。

2. 强化约束资源的具体量化

GN 大道项目应用约束资源优化工具对融资成本进行控制时，数据的收集和整理范围较广，对于融资成本的计算具有的一定的困难。项目需要对数据进行具体的量化，建立起一套约束资源优化工具应用融资的数据库，每月定期进行整理分类，保证数据的可靠性和具体性。

（六）对推广应用约束资源优化工具的建议

约束资源优化工具应用的关键因素在于财务与业务的深度融合，同时也要求相关负责人对企业的经营状况及目标具有全面的了解。所以企业可以组建一支财务和业务深度融合的人才队伍，如 GN 大道项目约束资源优化融资成本控制实践中使管理会计小组成员深入工程部、物资部、商务部等业务部门，了解项目的物资采购成本、劳务队伍的分包形式及支付比例、工程部门的产值计划及施工进度等，与项目的业务部门高度融合，将财务部门数据与业务数据有效结合，获取完整有效的融资数据。所以，企业可以让融资管理人员参与到企业的日常业务中，使融资管理人员充分了解企业的总体目标、经营状况等，便于在融资控制实践上能够正确应用相应的工具，从财务角度提出专业意见，建立满足企业融资需要的业务和财务深度融合的人才队伍。

（中铁五局集团有限公司　李　杰　曾夏梁）

管理会计在铁路防腐配件生产项目投资决策中的应用

【摘要】中铁六局集团丰桥桥梁有限公司（以下简称"丰桥公司"）是中国中铁三级基建类子公司，在巩固传统铁路桥梁制运架铺及相关混凝土构件生产市场的同时，积极向外探索。目前，丰桥公司在铁路防腐配件方面的现状及存在的问题有：（1）外部采购铁路防腐配件质量不稳定。（2）丰桥公司在北京市原有一处铁路防腐配件生产基地，因北京市环境保护标准提高，环保监管力度加大，以及"非首都功能"疏解不断推进，业务发展面临困境，原有设备及人员需要承接。（3）外部采购成本较高。

为了稳定预制件产品质量，服务预制梁主业，逐步承接原北京铁路防腐配件生产基地生产及经营转移，降低采购成本，通过 SWOT 模型以及 PEST 模型分析，丰桥公司具有众多的内部优势以及外部机会，在内部劣势方面虽然需要获得 PCA 防腐技术专利授权、重新进行 CRCC 认证，但丰桥公司具有相关技术人才以及技术储备，预计获得授权及认证难度不大，另外丰桥公司可以通过融资解决新增投资问题；在外部威胁方面，部分企业已经取得认证，存在一定的竞争，但目前新标准铁路防腐配件尚处于初期阶段，市场需求较大，且丰桥公司内部具有充足的需求，产品销售价也较为稳定，预计不会出现大幅下滑。丰桥公司应当采取增长型战略，进入铁路防腐配件市场。

结合本量利及投资回收期分析，丰桥公司铁路防腐配件项目产量每年不低于 2 820.3847 吨即可保本，丰桥公司内部市场即可满足要求。测算本项目投资回收期为 3.58 年，综合来看此项目具有良好的经济效益。项目最终选址为山东省德州市宁津县张大庄镇。地方政府明确表示将积极协助丰桥公司办理营业执照及环评等手续，并给予丰桥公司相关税收优惠政策。

丰桥公司铁路桥梁防腐配件项目投产以来，已经出售预制件产品 4 000 余吨，极大地降低了丰桥公司防腐配件采购成本，获得收益 900 余万元，取得了良好的经济效益。在满足内部供应的同时已销售给中铁建、中交等单位，部分产品已经出口到泰国，拓展了外部市场，促进了公司的经营发展。

一、背景描述

（一）单位基本情况

丰桥公司是中国中铁三级基建类子公司，可承接各种混凝土 T 梁、箱梁、各型号轨枕、岔枕及其成型钢模型和配套设备、各类大中型铁路铺轨架梁工程施工；各种非标钢结构、预拌混凝土以及部分专业施工的综合性企业。现今的丰桥公司产品和服务涉及铁路、公路、市政等多领域，在巩固传统铁路桥梁制运架铺及相关混凝土构件生产市场的同时，积极向外探索。

（二）管理会计应用基础

丰桥公司现有职能部门 13 个，员工 882 人，各类专业技术及管理人员 674 人，其中高、中级技术职务 333 人。企业生产用地 40 万平方米，各种机械设备 595 台，其中施工机械 558 台。目前，企业拥有铁路预制梁场 11 处，分布山西、河北、天津、山东、安徽、广东等多个省份，梁场分布在华北地区较为集中，具有年生产铁路混凝土桥梁 2 000 孔以上，箱梁架设 2 000 孔，T 梁架设 5 000 孔的施工能力，铁路防腐配件作为施工生产必不可缺的原材料，年需求量在 5 000 吨左右。

（三）单位管理现状分析及存在的问题

（1）外部采购铁路预埋件质量不稳定。目前丰桥公司施工生产预埋件以外部采购为主，部分厂家未严格遵循生产制造规程，省略工序，产品质量参差不齐，甚至会影响桥梁生产许可认证及业主抽样。丰桥公司的施工生产如果直接采购这些外部厂家的产品，也将面临较大的生产经营风险。

（2）承接既有产能及人员。丰桥公司在北京市原有一处铁路防腐配件生产基地，因北京市环境保护标准提高，环保监管力度加大，以及"非首都功能"疏解不断推进，业务发展面临困境，原有设备及人员需要承接。

（3）外部采购成本较高。目前，中国国家铁路集团有限公司（以下简称"国铁集团"）对防腐配件要求严格，生产新标准的防腐配件需要获得 PCA 防腐专利技术授权，之后才能进行中铁铁路产品中心（CRCC）认证，生产企业需要一定的专业技术，市场售价普遍较高，增加桥梁生产成本。

二、总体设计

（一）应用相关管理会计工具方法的目标

（1）克服外购防腐配件质量参差不齐的弊端，服务丰桥公司预制梁主业。

（2）实现铁路桥梁防腐配件项目承接原北京生产基地的设备及人员的目标，适应市场发展潮流。

（3）实现铁路桥梁防腐配件产品满足内部市场需求和拓展外部市场兼顾的目标，促进丰桥公司进一步发展壮大。

（二）应用相关管理会计工具方法的总体思路

（1）通过态势分析（SWOT）模型以及宏观环境（PEST）模型，分析丰桥公司内部优势以及外部机会，同时找出存在的内部劣势和外部威胁。判断目前铁路防腐配件处于的市场周期，作出正确的战略选择。

（2）结合本量利及投资回收期分析，测算丰桥公司铁路防腐配件项目盈亏平衡点以及动态投资回收期，实现丰桥公司在铁路防腐配件项目上的经济效益最大化。

（三）应用相关管理会计工具方法的内容

（1）SWOT分析即基于内外部竞争环境和竞争条件下的态势分析，就是将与研究对象密切相关的各种主要内部优势、劣势和外部的机会和威胁，通过调查列举出来，并依照矩阵形式排列，然后用系统分析的思想，把各种因素相互匹配起来加以分析，从中得出一系列相应的结论，而结论通常带有一定的决策性。运用这种方法，可以对研究对象所处的情景进行全面、系统、准确的研究，从而根据研究结果制定相应的发展战略、计划以及对策等。S（strengths）是优势、W（weaknesses）是劣势、O（op-portunities）是机会、T（threats）是威胁。按照企业竞争战略的完整概念，战略应是一个企业"能够做的"（即组织的强项和弱项）和"可能做的"（即环境的机会和威胁）之间的有机组合。

（2）PEST分析法是战略外部环境分析的基本工具，它通过政治的（politics）、经济的（economic）、社会的（society）和技术的（technology）角度或四个方面的因素分析从总体上把握宏观环境，并评价这些因素对企业战略目标和战略制定的影响。

（3）本量利分析是对成本、业务量、利润之间相互关系进行分析的一种系统方法。这种分析方法是在成本性态分析的基础上，运用数学模型以及图表形式，对成本、业务量、利润与单价等因素之间的依存关系进行具体的分析，为企业经营决策和目标控制提供有用的信息，广泛应用于企业的预测、决策、计划和控制等活动中。本量利分析中最为人们熟悉的形式是盈亏临界分析或称保本分析。这种分析方法可以用来预测企业的获利能力；预测要达到目标利润应当销售多少产品（或完成多少销售额）；预测变动成本、销售价格等因素的变动对利润的影响等。

三、应用过程

（一）参与部门及人员

丰桥公司具有完备的职能部门，本课题由财务部牵头负责，市场部负责市场需求调查，商务部负责测算相关成本数据，设备部负责设备调研及采购，工程部与科技部负责前期基础设施建设规划和前期技术资料准备及支持，公司单独成立项目组负责项目前期筹备及后期营运。

（二）应用相关管理会计工具方法部署要求

（1）树立以构建完善大商务系统为提升管理、实现管理会计功能的重要载体。

（2）明确参与各部门及人员在项目中的职责。

（3）建立信息沟通渠道，及时传递信息，促进沟通和协作。

（三）管理会计具体应用模式和应用流程

1. SWOT分析

从整体上看，SWOT可以分为两部分：第一部分为SW，主要用来分析内部条件；第二部分为OT，主要用来分析外部条件。利用这种方法可以从中找出对自己有利的、值得发扬的因素，以及对自己不利的、要避开的因素，发现存在的问题，找出解决办法，并明确以后的发展方向。根据这个分析，可以将问题按轻重缓急分类，明确哪些是急需解决的问题；哪些是可以稍微延后处理的事情；哪些属于战略目标上的障碍；哪些属于战术上的问题，并将这些研究对象列举出来，依照矩阵形式排列，然后用系统分析的思想，把各种因素相互匹配起来加以分析，从中得出一系列相应的有一定决策性的结论，有利于领导者和管理者作出正确的决策和规划。

（1）优势（strengths）。①内部市场需求充足。丰桥公司既有存量需求5 000榀箱梁，主要是梅龙、宣绩、石衡沧港、成自等在建项目以及雄商、雄忻代建、京滨、津潍等新中标施工项目。②了解熟悉相关产品，有经验和技术优势。丰桥公司之前已获得CRCC产品旧标准认证证书，了解熟悉相关产品，有一定的技术储备，根据之前的经验，预计丰桥公司在PCA防腐专利技术授权以及CRCC新标准认证过程中有一定的经验、人才储备和技术优势。③设备先进、产品质量高。目前，铁路防腐配件生产厂家设备普遍陈旧，产品质量参差不齐。本次丰桥公司拟投资全新设备，产品质量及效率将高于市场平均水平。

（2）劣势（weaknesses）。①已获得的是CRCC旧标准的认证，暂未获得新标准认证。全部新中标的箱梁，预制梁通图中关于预埋件执行标准都是旧标准，但是业主已经陆续通过设计变更、技术交底或甲方会议纪要等形式明确执行新标准。丰桥公司于2020年底获得CRCC产品认证证书，该证书执行的产品标准为TB/T3274（以下简称"旧标准"）。②暂未获得PCA防腐专利技术授权。中国铁道科学研究院集团有限公司（以下简称"铁科院"）目前正在加速推出新的国铁集团企业标准Q/CR 749. 3（以下简称"新标准"），其防腐措施使用的是铁科院的自有专利技术——"PCA防腐技术"。铁科院认证中心于2021年发布了《CRCC产品认证实施规则特定要求—铁路桥梁附属钢结构》，该认证规则把所有铁路桥梁用附属钢结构（包括预埋件及后安装的附属钢结构）全部纳入了产品认证范围，产品标准执行新标准，而获得新标准认证的前提是先获得 PCA 防腐专利技术授权。③现有生产设备不足。目前，铁科院正在加速推进新标准的应用，因此丰桥公司需要加快推进获得 PCA 防腐专利技术授权，并通过新标准的 CRCC 产品认证工作，否则将失去全部新的铁路防腐配件市场，但是目前现有相关生产设施不足。

（3）机会（opportunities）。①公司外部铁路市场。现在正值国内新一轮铁路建设高峰，2022 年底集中新开了一大批铁路项目，这些铁路项目都将执行新的标准。另外在铁路运维方面，既有线的桥面系附属钢结构，例如，钢横梁、钢栏杆、吊围栏等锈蚀比较普遍，需要逐步进行更换，市场前景广阔。②逐步开发路外市场。主要是公路行业、煤炭行业、污水处理等行业，正在逐步从热镀锌防腐向渗锌防腐过渡。

（4）威胁（threats）。①部分企业已经取得认证，存在一定的竞争。目前，通过查询中铁检验认证中心官网得知，获得新标准认证的企业一共 15 家，每个企业获得认证单元的数量为 1～6 个不等，证书有效期为 1～5 年不等，市场存在一定的竞争，如表 1 所示。②民营企业反应速度快，容易被其抢占市场。在目前已获得新标准认证的企业中，基本上都是民营企业，其自身市场意识及反应速度快，在新标准市场不成熟的情况下，容易被其抢占市场。③后期铁路防腐配件销售价格存在下跌风险。预计未来 3～5 年后，随着新标准的日益成熟，相关市场不断完善，供给增多，产品的销售价格存在一定下跌风险。

表 1　　　　　　　　　　　　　新标准获证企业名录

序号	企业名称	获得认证单元	发证日期	备注
1	河南省欧亚实业有限公司	混凝土箱型梁预埋件，混凝土 T 型梁预埋件，梁缝钢盖板	2022－11－17	两年有效期
2	安徽省新铁铁路科技有限公司	混凝土箱型梁预埋件，混凝土 T 型梁预埋件，吊篮围栏，梁缝钢盖板	2022－11－10	两年有效期
3	常州畅韵工程材料有限公司	混凝土箱型梁预埋件，人行道支架及栏杆，高铁桥面钢栏杆	2022－10－27	一年有效期
4	湖南华成铁建新材料有限公司	混凝土箱型梁预埋件，吊篮围栏	2022－10－09	四年有效期
5	青岛海力威新材料科技股份有限公司	混凝土箱型梁预埋件，吊篮围栏	2022－08－25	两年有效期
6	山东荣亮新材料技术有限公司	混凝土箱型梁预埋件，混凝土 T 型梁预埋件，梁缝钢盖板	2022－06－13	五年有效期
7	衡水荣华橡塑有限公司	混凝土箱型梁预埋件，混凝土 T 型梁预埋件，梁缝钢盖板	2022－06－13	一年有效期
8	陕西正鑫工程材料股份有限公司	混凝土箱型梁预埋件，混凝土 T 型梁预埋件，吊篮围栏，高铁桥面钢栏杆，梁缝钢盖板	2022－06－13	两年有效期

续表

序号	企业名称	获得认证单元	发证日期	备注
9	安阳市工务器材有限责任公司	混凝土箱型梁预埋件，混凝土 T 型梁预埋件，梁缝钢盖板	2022 - 03 - 30	两年有效期
10	河北华虹工程材料有限公司	混凝土箱型梁预埋件，混凝土 T 型梁预埋件，吊篮围栏，高铁桥面钢栏杆，人行道支架及栏杆，梁缝钢盖板	2022 - 03 - 18	四年有效期
11	安徽尚德轨道设备制造有限公司	混凝土箱型梁预埋件，人行道支架及栏杆，高铁桥面钢栏杆	2022 - 03 - 17	五年有效期
12	河北东风世景轨道有限公司	混凝土箱型梁预埋件，混凝土 T 型梁预埋件，吊篮围栏，梁缝钢盖板	2022 - 02 - 10	两年有效期
13	福建宏贯路桥防腐科技股份有限公司	混凝土箱型梁预埋件，混凝土 T 型梁预埋件，吊篮围栏，梁缝钢盖板，人行道支架及栏杆，高铁桥面钢栏杆	2022 - 01 - 28	一年有效期
14	河北星辰工程科技有限公司	混凝土箱型梁预埋件，人行道支架及栏杆，高铁桥面钢栏杆	2022 - 01 - 05	一年有效期
15	天津先知邦科技股份有限公司	吊篮围栏	2022 - 06 - 27	五年有效期

丰桥公司 SWOT 分析情况如图 1 所示。

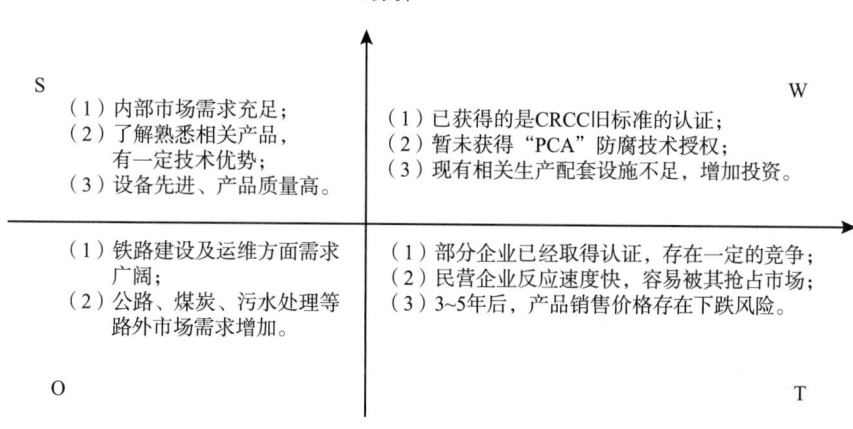

图 1　SWOT 分析

2. PEST 分析

（1）P 即 politics，政治要素，是指对组织经营活动具有实际与潜在影响的政治力量和有关的法律、法规等因素。当政治制度与体制、政府对组织所经营业务的态度发生变化时，当政府发布了对企业经营具有约束力的法律、法规时，企业的经营战略必须随之作出调整。法律环境主要包括政府制定的对企业经营具有约束力的法律、法规，如反不正当竞争法、税法、环境保护法以及外贸法规等，政治、法律环境实际上是和经济环境密不可分的一组因素。处于竞争中的企业必须仔细研究一个政府和商业有关的政策和思路，同时了解与企业相关的一些国际贸易规则、知识产权法规、劳动保护和社会保障等。这些相关的法律和政策能够影响到各个行业的运作和利润。

为了维护铁路运输安全，加强铁路产品认证工作管理，根据《铁路运输安全保护条例》《中华人民共和国认证认可条例》等有关法律规定，2012年原铁道部下发《铁路产品认证管理办法》，对铁路产品中直接关系铁路运输安全的铁路专用产品，对国家未设定行政许可事项的有关铁路产品实行产品认证管理，由具备法定资质的认证机构对相关铁路产品是否符合标准和技术规范要求实施合格评定活动。由中国国家认证认可监督管理委员会（以下简称"国家认监委"）负责铁路产品认证工作的监督管理和综合协调工作，国铁集团负责铁路产品采信工作和认证产品在铁路使用领域的监督管理工作。国家对铁路产品认证采取强制性产品认证与自愿性产品认证相结合的方式，实行强制性产品认证管理的，依照国家有关强制性产品认证法律法规的规定执行。实行自愿性产品认证管理的，依照采信目录执行认证管理。

铁科院目前正在加速推出新的国铁集团企业标准Q/CR 749.3，其防腐措施使用的是铁科院的自有专利技术"PCA防腐技术"。铁科院认证中心于2021年发布了《CRCC产品认证实施规则特定要求—铁路桥梁附属钢结构》，该认证规则把所有铁路桥梁用附属钢结构（包括预埋件及后安装的附属钢结构）全部纳入了产品认证范围，产品标准执行新标准。

（2）E即economic，经济要素，是指一个国家的经济制度、经济结构、产业布局、资源状况、经济发展水平以及未来的经济走势等。构成经济环境的关键要素包括GDP的变化发展趋势、利率水平、通货膨胀程度及趋势、失业率、居民可支配收入水平、汇率水平、能源供给成本、市场机制的完善程度、市场需求状况，等等。由于企业是处于宏观大环境中的微观个体，经济环境决定和影响其自身战略的制定，经济全球化还带来了国家之间经济上的相互依赖性，企业在各种战略的决策过程中还需要关注、搜索、监测、预测和评估本国以外其他国家的经济状况。

①防腐配件产品销售价格行情。目前新标准产品的应用尚处在初期阶段，产品销售的定价主动权，掌握在已经获取证书的生产厂家手中。在PCA防腐专利授权方的整体运作调控下，防腐配件的价格都不低于13 500元/吨，目前市场上销售均价为14 500元/吨，个别单元产品例如吊围栏达到16 500元/吨。

②防腐配件销售产量预计。内部市场需求：仅考虑丰桥公司在建的梅龙、宣绩、成自、石衡沧港以及新中标的雄商、雄忻代建、京滨、津潍的5 000榀。预计丰桥公司获得授权的单元为箱梁及桥面钢栏杆，每榀32米箱梁的相应防腐配件用量为：支座预埋板、防落梁预埋板、防落梁挡块、接触网支柱预埋件及下锚拉线预埋件合计用

量约 1.6 吨，桥面钢栏杆用量约 1.4 吨。以上 5 000 榀箱梁预计丰桥公司取得铁路防腐配件认证前已生产 400 榀，剩余 4 600 榀箱梁的新标准预埋件需求量为 13 200 吨。按照公司内部需求总量计算，结合箱梁预制施工进度计划，获取证书后的产量预计如下：第一年 3 500 吨，第二年 4 800 吨，第三年 4 900 吨。

外部市场需求：每新建 1 000 千米客专或客货共线铁路，桥线长度比按 72% 计算（北方约 85%，南方因隧道较多约 65%，），梁长加端缝全部按 32.7 米计算，得出共有 22 018 跨，每跨的防腐配件用量（未统计角钢支架、伸缩缝等配件）为：

新建 1 000 千米高铁，防腐配件用量至少为：$22\,018 \times 1.52 = 33\,468$ 吨。

获得认证证书正式投产后，综合考虑内外部市场后，每年销售数量预估如下：第一年 3 800 吨，第二年 5 800 吨，第三年 6 000 吨，第四年 6 000 吨。

（3）S 即 society，社会要素。是指组织所在社会中成员的民族特征、文化传统、价值观念、宗教信仰、教育水平以及风俗习惯等因素。构成社会环境的要素包括人口规模、年龄结构、种族结构、收入分布、消费结构和水平、人口流动性等。其中人口规模直接影响着一个国家或地区市场的容量，年龄结构则决定消费品的种类及推广方式。

近年来科技发展迅猛，人们的生活水平日益提升。但是随之而来的是环境的破坏，森林过度砍伐，大气污染，河流干枯，工业废气，食品垃圾。习近平总书记指出"绿水青山就是金山银山"，得到了全社会的关注与支持。人民群众对美好生活的向往中很重要的一部分就是良好的生活环境。丰桥公司铁路防腐配件技术和设备成熟、质量可靠，满足相关标准要求。所采用的技术，在正常使用的过程中能保证安全生产运行，达到环境保护要求，对工作人员没有伤害，不存在水灾、爆炸、毒气扩散等危险因素。在注重所采用的技术设备先进适用性、安全可靠性的同时，考虑经济合理性，降低项目投资和产品成本，提供综合经济效益。

（4）T 即 technology，技术要素。技术要素不仅仅包括那些引起革命性变化的发明，还包括与企业生产有关的新技术、新工艺、新材料的出现和发展趋势以及应用前景。

①新标准产品认证单元划分。《CRCC 产品认证实施规则特定要求—铁路桥梁附属钢结构》，编号：CCRCC‐13WCRCC‐13W‐032：2021，将认证产品划分七个单元，分别是混凝土箱型梁预埋件、混凝土 T 型梁预埋件、吊篮围栏、高铁桥面钢栏杆、人行道支架及栏杆、梁缝钢盖板、高铁装配式桥面预埋件。七个单元所涵盖产品为全部铁路桥梁用附属钢结构，包括各种预埋件及后安装的各种梁体预埋件、墩身预埋件及桥面系施工时安装的附属钢结构，一共 26 种产品。

经沟通，铁科院同意授权丰桥公司两个单元，丰桥公司优先选择了箱梁和桥面钢栏杆两个单元。主要基于当下及长远的市场需求考虑：

箱梁必选，该单元包含的产品有：支座预埋板、防落梁预埋板、防落梁挡块，接触网支柱预埋件、下锚拉线预埋件、声风屏障预埋件，这些是丰桥公司制架梁的必需配件。没有选择 T 梁，是因为 T 梁的市场过小。

钢栏杆的选择。钢栏杆及吊围栏，都是丰桥公司目前需求量很大的产品，从长远看，钢栏杆的市场远大于吊围栏。混凝土栏杆质量差，安全隐患多，从设计的角度，正在用钢栏杆替代混凝土栏杆。目前国内正在运营的高铁达 4.2 万公里，加上在建的高铁里程，合计约 4.5 万公里，线路中桥梁占比按照 50% 计算（北方平原地区占到 85% 左右），桥梁长度为 2.2 万公里。每榀 32 米梁的钢栏杆用量为 1.35 吨（不含预埋板），计算得到每公里桥梁的需求量为 $1.35 \div (32.6 + 0.01) \times 1\ 000 = 41.284$（吨）。2.2 万公里的钢栏杆需求量为 90.8257 万吨。总体来说，钢栏杆的市场前景比较广阔。

②新标准认证申请必备条件。专利授权。这个新标准的防腐处理技术使用的是铁科院金属及化学研究所的专利技术，这个专利需要中国铁道科学研究院集团有限公司金属及化学研究所（以下简称"铁科院金化所"）、中铁工程设计咨询集团有限公司桥梁院及中国铁路经济规划研究院有限公司标准所三方共同授权，其中以铁科院金化所为主。所以，生产企业需要在获得技术专利授权之后，才能进行新标准的 CRCC 产品认证。

环评手续。新规则明确要求，在申请产品认证时，需要提供建设项目环境影响评价报告书/表（包含机加工、表面清理、多元合金粉末共渗、钝化及封闭工序）、排污许可证及所在地环境保护部门的环境保护批复文件。

3. 技术可行性分析

（1）工艺设计原则。

①先进性原则。优先采用先进技术和高新技术。第一，在产品质量定位方面，必须做到质量可靠、技术含量高、有创新并适应市场需要；第二，在工艺水平方面，要求生产工艺能够确保产品质量合格，并能提高生产效率，节能减排效果明显；第三，在设备水平方面，应尽可能地提高设备自动化程度，所选设备能够满足生产工艺的需要，能提高生产效率且能确保合格率。

②安全、环保原则。技术和设备成熟、质量可靠，满足相关标准要求。所采用的技术，在正常使用的过程中能保证安全生产运行，达到环境保护要求，对工作人员没有伤害，不存在水灾、爆炸、毒气扩散等危险因素。在注重所采用的技术设备先进适用性、安全可靠性的同时，考虑经济合理性，降低项目投资和产品成本，提供综合经济效益。

（2）工艺流程。多元素粉末共渗是经过真空加温，锌粉、锌铝合金粉、镁铝合金粉、纳米稀土氧化物、助渗活化剂的多元渗剂，在渗锌炉内恒温 400℃ 以上，其中的金属原子通过相互扩散在钢铁表面形成多元合金渗层的表面处理工艺。钝化处理是指对金属渗层外表面在 60℃ 左右进行化学转化，使渗层表面更致密，提高防锈性能。封闭处理是自动把水性漆浸涂或喷涂于工件表面，然后经过 140℃ 左右恒温半小时烘干。

（3）项目布局。项目最终选址为山东省德州市宁津县张大庄镇。首先，此地距离丰桥公司及周边项目近，运输成本低。其次，此地占地面积56亩（兼顾钢结构生产及其他发展规划用地），合同期限20年，到期后可续租。此处地上物为农作物及少量树木，无房建及其他构筑物拆迁，征用拆迁成本低。最后，此地营商环境较好。地方政府明确表示将积极协助丰桥公司办理营业执照及环评等手续，给予丰桥公司相关税收优惠政策。

工艺布局按照生产流程要求做到布置合理、紧凑，有利于生产操作，并保证对生产过程进行有效及时的管理，满足生产、安全、环保及文明施工生产等方面的要求。生产区内成品料及半成品运送路线尽量短，减少二次倒运。生产区内设备布置按照流水线安排，力求做到占地面积小，操作便捷。车间内采光、通风、降温、除尘等设施设置合理，对散发热量、气味的设施和操作，单独布置。

从选址到获得认证证书，预计9个月。公司一旦立项，立即成立筹备组，全面开展选址、设备调查、方案论证及整体规划，加快土建施工招标及设备采购招标工作。从动土施工到完成试生产预计四个半月，第五个月完成产品型式检验，第六个月完成认证申报受理，第七个月认证专家进厂实地核查，第九个月获得认证证书。

4. 经济可行性分析

（1）本量利分析。

①项目建设初始投资情况。合计初始总投资 2 680 万元，其中：56 亩土地 20 年使用费 280 万元；机械加工及渗锌防腐处理设备购置费 1 000 万元；新建 3 000 平方米办公及生活楼 235 万元；13 000 平方米厂房及库房钢结构 485 万元；配套附属设施、企业形象规划及地面硬化 180 万元；营运资金 500 万元。

②成本性态分析（以支座预埋板为例，分析铁路 CRCC 认证产品的成本）。主要固定成本：土地使用权 280 万元，按 20 年摊销，每年 14 万元；设备、厂房及附属设施 1 900 万元，综合按 6% 考虑增值税后 1 792 万元，按 10 年摊销，每年 179 万元；每年城镇土地使用税 15 万元，房产税 7 万元，合计 22 万元；20 名管理人员工资，每人每年（含社保）25 万元，每年合计 500 万元；认证、试验检测及监督检查费、安全文明生产措施费，每年合计 100 万元；设备维修及办公费用每年 150 万元，综合按 6% 考虑增值税后 142 万元；

每年固定成本合计：14 + 179 + 22 + 500 + 100 + 142 = 957（万元）。

主要变动成本：钢材每吨进厂价 4 690 元（"我的钢铁网"采购信息价），钢材损耗率 3%，每吨加工件需钢材 4 831 元，按 13% 扣除增值税后 4 275 元，渗锌辅材及能耗每吨 1 800 元，按平均 6% 扣除增值税后 1 698 元，主辅材合计 5 973 元/吨；不含税每吨人工费（含下料、机加工、抛丸渗锌、焊接、钝化、封闭、装卸、打包等）合计 1 000 元/吨；运输费平均按 500 公里计算，0.614 元/吨/公里，计算得出 307 元/吨，按 9% 扣除增值税后运输费为 282 元/吨；专利使用费为合同销售价格 6%，按照目前的最低限价 13 500 元/吨计算，该项费用扣除 6% 增值税后专利使用费为 764 元/吨；

单位变动成本合计：5 973 + 1 000 + 282 + 764 = 8 019 元/吨。

（2）其他相关资料预计情况。

销售价格：目前最低限价 13 500 元/吨，不含税 11 947 元/吨。

（3）年度盈亏平衡分析。盈亏平衡点（break even point，BEP）又称零利润点、保本点、盈亏临界点、损益分歧点、收益转折点。通常是指全部销售收入等于全部成本时销售收入线与总成本线交点的产量。以盈亏平衡点为界限，当销售收入高于盈亏平衡点时企业盈利；反之，企业亏损。盈亏平衡点可以用销售量来表示，即盈亏平衡点的销售量；也可以用销售额来表示，即盈亏平衡点的销售额。

盈亏平衡点分析利用成本的固定性质和可变性质来确定获利所必需的产量范围。如果能够将全部成本划分为两类：一类随产量而变化；另一类不随产量而变化，就可以计算出给定产量的单位平均总成本。因此从概念上来看，将固定成本看作成本汇集总额是有益的，此汇集总额在扣除可变成本之后，必须被纯收入所补偿，这种经营才能产生利润，如果扣除可变成本之后的纯收入刚好等于固定成本的汇集总额，那么这一点或是这样的销售水平被称为盈亏平衡点。精确地来说，正是因为在销售进程的这一点上，总的纯收入刚好补偿了总成本（包括固定成本和可变成本）。低于这一点就会发生亏损，而超过这一点就会产生利润。一个简单的盈亏平衡点结构图。横轴代表产量，纵轴代表销售额或成本。假定销售额与销售量成正比，那么销售线是一条起于原点的直线。总成本线在等于固定成本的那一点与纵轴相交，且随着销售量的增加而成比例地表现为增长趋势。高于盈亏平衡点时，利润与销售额之比随每一售出的产品而增加。这是因为贡献呈一固定比率，而分摊固定成本的基础却扩大了，如图 2 所示。

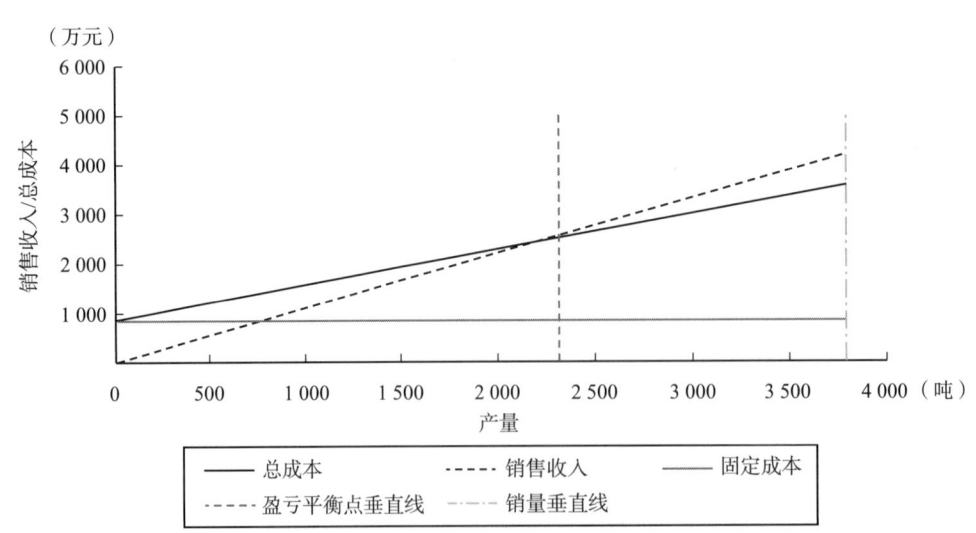

图 2　本量利关系

结合上述成本性态分析，丰桥公司铁路防腐配件生产项目：

第 1~4 年的盈亏平衡点销售量分别为：2 436.35 吨；2 558.17 吨；2 686.08 吨；2 820.38 吨。

第 1~4 年的盈亏平衡点销售额分别为：2 910.71 万元；3 056.25 万元；3 209.06 万元；3 369.51 万元。

（4）投资回收期分析。投资回收期（payback period）就是使累计的经济效益等于最初的投资费用所需的时间。投资回收期指标容易理解，计算也比较简便；项目投资回收期在一定程度上显示了资本的周转速度。显然，资本周转速度越快，回收期越短，风险越小，盈利越多。这对于那些技术上更新迅速的项目、资金相当短缺的项目或未来的情况很难预测而投资者又特别关心资金补偿的项目进行分析是特别有用的。

①产量预计。仅考虑丰桥公司在建的梅龙、宣绩以及新中标的石衡沧港、雄商、雄忻代建、京滨、津潍的 5 000 榀。在丰桥公司获取防腐配件证书之前，按生产完成 400 榀计算，剩余 4 600 榀。预计丰桥公司获得授权的单元为箱梁及桥面钢栏杆，每榀 32 米箱梁的相应防腐配件用量为：支座预埋板、防落梁预埋板、防落梁挡块，接触网支柱预埋件及下锚拉线预埋件合计用量约 1.52 吨；桥面钢栏杆用量约 1.35 吨。

以上 4 600 榀箱梁的新标准预埋件需求量为 13 200 吨，结合箱梁预制施工进度计划，获取证书后内部需求量预计：第一年 3 500 吨，第二年 4 800 吨，第三年 4 900 吨。考虑外部市场后预计：第一年 3 800 吨，第二年 5 800 吨，第三年 6 000 吨，第四年 6 000 吨。

②其他信息。固定成本：第一年为 957 万元，以后每年增长 5%；利息：项目投资 2 680 万元，利率按 5% 考虑，每年利息 134 万元（见表 2）。营运资本：500 万元，项目投资后，营运资本的投入为下一年销售收入的 10%。所得税税率：25%；公司加权平均资本成本为 10%。

表 2   **项目投资资金动态回收期测算**   单位：万元

序号	项目	数量关系	年限				
			0 年	1 年	2 年	3 年	4 年
1	初始投资		-2 180				
2	销售数量（吨）			3 800	5 800	6 000	6 000
3	销售单价（万元/吨）			1.1947	1.1947	1.1947	1.1947
4	销售收入	4 = 2 × 3		4 539.86	6 929.26	7 168.2	7 168.2
5	单位变动成本（万元/吨）			0.8019	0.8019	0.8019	0.8019
6	总变动成本	6 = 2 × 5		3 047.22	4 651.02	4 811.4	4 811.4
7	固定成本			957	1 004.85	1 105.0925	1 107.8471
8	销售现金流入	8 = 4 - 6 - 7		535.64	1 273.39	1 301.7075	1 248.9529

续表

序号	项目	数量关系	年限				
			0 年	1 年	2 年	3 年	4 年
9	税金	9 = 8 × 25%		133.91	318.3475	325.4269	312.2382
10	折旧费用			179	179	179	179
11	利息费用			134	134	134	134
12	利息抵税	12 = 11 × 25%		33.5	33.5	33.5	33.5
13	销售年度现金净流入	13 = 8 − 9 + 10 + 12	0	614.23	1 167.5425	1 188.7806	1 149.2147
14	营运资本		− 500	− 692.926	− 716.82	− 716.82	− 716.82
15	营运资本增量		− 500	− 192.926	− 23.894	0	0
16	年度现金净流量	16 = 1 + 13 + 15	− 2 680	421.304	1 143.6485	1 188.7806	10149.2147
17	折现系数（P/F，10%，N）		1	0.909	0.8264	0.7513	0.683
18	年度现金流现值	18 = 16 × 17	− 2 680	382.9653	945.1111	893.1309	784.9136

投资回收期 = [2 680 − (382.9653 + 945.1111 + 893.1309)]/784.9136 + 3 = 3.58 年

5. 分析结论

结合 SWOT 模型以及 PEST 模型分析，丰桥公司具有众多的内部优势以及外部机会，在内部劣势方面虽然需要获得授权、重新进行 CRCC 认证，但丰桥公司具有相关技术人才以及技术储备，预计获得授权及认证难度不大，新增投资丰桥公司可以通过融资解决；在外部威胁方面，部分企业已经取得认证，存在一定的竞争，但目前新标准铁路防腐预埋件尚处于初期阶段，市场需求较大，且丰桥公司内部本身具有充足的需求，产品销售价也较为稳定，不会出现大幅下滑。丰桥公司应当采取增长型战略，进入铁路预埋件市场。

结合本量利及投资回收期分析，丰桥公司铁路防腐预埋件项目产量达到每年 2 436.35 吨即可保本，丰桥公司内部市场即可满足要求，测算本项目投资回收期为 3.58 年，综合来看此项目具有良好的经济效益。

四、取得成效

（一）稳定预埋件产品质量，服务预制梁主业

丰桥公司铁路桥梁防腐配件项目投产以来，质量稳定可靠，在铁路预制桥梁生产认证、业主抽检中防腐配件全部合格，克服外购防腐配件质量参差不齐的弊端，很好地服务了预制梁主业。

（二）逐步承接密云分公司生产及经营转移

丰桥公司铁路桥梁防腐配件项目已经完全承接了原北京生产基地的设备及人员，适应了市场发展潮流。

（三）拓展防腐配件市场

丰桥公司铁路桥梁防腐配件产品，在满足内部供应的同时已销售给中铁建、中交等单位，部分产品已经出口到泰国，拓展了市场，促进了公司的经营发展。

（四）获得了较好经济效益

丰桥公司铁路桥梁防腐配件项目投产以来，已经出售预埋件产品 4 000 余吨，极大地降低了丰桥公司防腐配件采购成本，获得收益 900 余万元，取得良好的经济效益。

五、经验总结

（一）相关管理会计工具方法的基本应用条件

1. 企业发展的内部需求

内外部市场对铁路防腐配件的需求量日益增多，并且对于丰桥公司而言，铁路防腐配件的质量对施工生产的质量有较大影响。丰桥公司能否投资铁路防腐配件的生产是摆在管理者面前的一个急切的课题。基于管理会计的应用，通过 SWOT 模型进行分析，确定丰桥公司自身的优势、劣势、机遇以及挑战；通过 PEST 模型进行分析，了解丰桥公司面临的当前政策、经济、社会、科技等宏观环境。最后基于相关预测数据的基础上，通过投资回收期以及盈亏平衡点的计算，确定丰桥公司铁路防腐配件生产设备投资具有可行性。

2. 经营形势的外在压力

铁路企业市场竞争程度日益激烈是管理会计工具应用的形势要求，迫切需要铁路企业通过提高内部的投资决策能力来增加行业竞争力。

（二）相关管理会计工具方法成功应用的关键因素

（1）SWOT、PEST 模型分析是企业管理层作出决策的有效工具。铁路企业做强做大的压力显而易见，市场竞争已进入白热化阶段，公司管理者要向市场看齐，摒弃往日等靠要的惯性思维，在外部市场份额扩大较难的情况下，努力提升内部成本管理水平是企业增强竞争力的有效途径。

（2）本量利分析和投资回收期测算有着广泛的应用基础。大商务管理是企业管理体系的重要组成部分，推行大商务管理是中国中铁高质量发展的必然要求，是效益提升的内在要求，是增强企业核心竞争力的有力保障。随着大商务管理的持续有效推进，为丰桥公司本量利分析和投资回收期的测算提供了精准有效的预测数据，避免由于数据失准导致决策失误。

（三）对改进相关管理会计工具方法应用效果的思考

SWOT、PEST 模型分析以及投资回收期和盈亏平衡点的测算过程中，需要企业对内外部微观、宏观环境有清晰的认识和了解，同时对相关数据提供较为精准的预测。因此，依靠大商务管理体系，实现经营开发、合同管理、项目策划、组织模式、施组方案、设计优化、成本收入、财金税务等业务管理的综合集成，突出成本效益主线，打造全员、全要素、全过程、全管理环节的大商务管理体系，才能够使相关管理会计工具在企业中得到更好的应用。

（四）相关管理会计工具方法在应用中的优缺点

（1）优点：SWOT、PEST 模型分析考虑问题全面，是一种系统思维而且可以把问题的"诊断"和"开处方"紧密结合在一起，条理清楚，便于检验。投资回收期以及盈亏平衡点的优点是计算简便，容易理解。

（2）缺点：相关管理会计工具的应用是基于较高的经营管理水平之上的，管理人员及职工在短时间内难以达到较高的水平，对于提高企业管理会计工具方法应用效果应是一个循序渐进的效果。

（五）对推广应用相关管理会计工具方法的建议

企业应在提升全员参与大商务管理的意识上下功夫。大商务管理体系的建设不仅局限于管理层，还要让全员都理解深入推进大商务管理工作对于企业经营发展的重要性。只有依靠完善的企业管理体系，管理会计工具才能在企业的应用中发挥最大的效力，才能为企业的长远发展和战略决策提供有力支持。

（中铁六局集团丰桥桥梁有限公司　杨　磊　景　斌　宿彦品　李天强）

加强资金预测管理　合理开展供应链金融业务

【摘要】 在经济回暖缓慢、政府财政吃紧、地方化债趋严背景下，XZ 高速项目投资额大、工期紧，涉及分包单位和供应商多，资金供需矛盾突出，在此条件下项目公司充分运用管理会计工具，科学开展资金盈缺预测工作，并借力供应链金融来缓解资金压力，全力确保投资进度的正常推进。本文以 XZ 高速项目融资管理为案例，分析基建投资项目的资金预测管理和供应链金融业务开展的必要性及可操作性，以资借鉴。

一、背景描述

（一）单位基本情况

中铁西昌西昭高速公路有限公司（以下简称"西昭公司"）是为实施 XZ 高速公路 BOT 投资项目成立的项目公司，于 2019 年 12 月 31 日经西昌市市场监督管理局批准登记注册。设置董事会，包括董事长 1 名，董事 4 名。设置监事会，包括监事 3 名。股东为中国中铁股份有限公司（以下简称"股份公司"），以及中铁城市发展投资集团有限公司（以下简称"集团公司"）。西昭高速公路项目起于川滇两省交界的牛栏江口，与 G7611 线云南段相接，止于西昌市小庙乡，接已建 G5 京昆高速公路，路线全长 182.622 公里，工可估算总投资约 300.12 亿元，初设批复概算约 314.17 亿元。施工图批复预算 312.7425 亿元。

（二）管理会计应用基础

1. 现状分析和存在的主要问题

西昭高速公路项目是西昭公司作为社会方与政府方合作的 PPP 项目，政府方以车购税专项资金作为建设期补助，并以高速公路特许经营权作为支付对价，以此作为社会方的投资本金和回报的补偿。从《国务院关于加强地方政府性债务管理的意见》开始，到《财政部关于进一步推动政府和社会资本合作（PPP）规范发展、阳光运行的通知》，加之处于深化"放管服"改革、减税降费优化地方营商环境等政策背景之下，地方政府面临综合财力趋紧，还债压力加大的双重困境。因此，中央车购税专项资金虽为中央直达资金，但囿于地方政府财政困境，极大增加了中央车购税专项资金到位时间和金额的不确定性，也使西昭公司资金链产生极大压力。除此以外，目前正处于国有企业改革深水区，在"两金"压控、降杠杆背景下，西昭公司的融资额度受限。

综合来看，西昭公司面临政府补助到位的不确定性和融资额度受限的刚性约束双重困境，为保证投资进度的正常进行，增强资金预算管理、提高资金预测的科学性和准确性，进而通过金融工具解决资金短缺问题具有强烈的现实意义。

2. 内部环境

西昭公司组织结构科学，公司制度完善，突出"资金为王"财务管理理念，针对资金管理出台了多个管理办法，为资金预算工作的开展奠定了坚实的基础。

3. 理论阐释

（1）资金预算管理。对于一个企业而言，财务管理的核心是资金管理，而资金管理的重点是资金预算管理，资金预算管理也是全面预算管理的重要组成部分。资金预算管理是现代企业运用现代管理理论和方法在科学经营预测与决策的基础上围绕企业战略目标，以市场为导向，以业务预算和资本预算为基础，以经营利润为目标，以资金或资金等价物为中心，遵循收付实现制的核算原则，按照经营活动、投资活动和筹资活动分别从资金流入和资金流出两个方面为实现未来一定时期内企业经营目标所需投入的资源及产出的效果、预期财务状况、经营成果、资金运用与筹措进行计划和规划，使企业的生产经营活动按照预定的计划与规划运行，确保企业经营目标实现的有效管理机制。

（2）供应链金融。供应链指的是围绕核心企业通过对信息流、物流、资金流的控制，将供应商、制造商、分销商、零售商等直到最终用户连成一个整体的功能网链结构，如图1所示。供应链管理打破了企业边界，将资源管理的范畴从单一企业资源拓展到社会资源，极大激发了市场交易活力，促进了市场经济的发展。

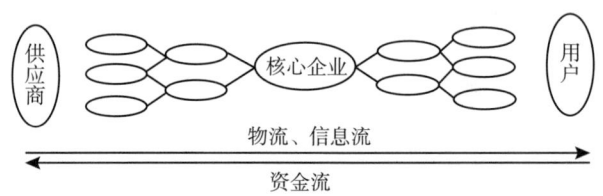

图1 供应链的网链结构模型

供应链涉及"三流"：货物与服务流、信息流和资金，其中资金链是最为关键之处，若上游供应商不能及时回款，将导致整个网络系统的崩溃。基于此背景，为改善供应链资金管理，供应链金融应运而生。供应链金融指的是人们为了适应供应链生产组织体系的资金需要而开展的资金与相关服务定价与市场交易活动。首先，从广义上讲，供应链金融是指对供应链金融资源的整合，它是由供应链中特定的金融组织者为供应链资金流管理提供的一整套解决方案。在静态上，它包含了供应链中的参与方之间的各种错综复杂的资金关系；更为重要的是，在动态上它倾向于指由特定的金融机构或其他供应链管理的参与者（如第三方物流企业、核心企业）充当组织者为特定供应链的特定环节或全链条提供定制化的财务管理解决服务。供应链金融活动必须能够实现通过整合信息、资金、物流等资源来达到提高资金使用效率并为各方创造价值降低风险的作用。

其次，从供应链金融具体产品来看，它主要是第三方金融机构提供的信贷类产品，包括对供应商的信贷产品，如存货质押贷款、应收账款质押贷款、保理等，也包括对购买商的信贷产品，如仓单融资（供应商管理库存融资）、原材料质押融资。此外，还包括供应链上下游企业相互之间的资金融通，例如，购买商向供应商提供的"提前支付折扣"，供应商向购买商提供的"延长支付期限"等产品。除了资金的融通，金融机构还提供财务管理咨询、资金管理、应收账款清收、结算、资信调查等中间业务产品。

最后，从供应链金融市场来看，从表1可知，供应链金融产品基本上属于短期的货币市场，其供求双方通常为商业银行、非银金融机构和工商业企业、供应链上下游企业。

表1　　　　　　　　　　　　　供应链金融产品一览

针对供应商	针对购买商	融资产品	中间业务产品
存货质押贷款	供应商管理库存融资	存货质押贷款	应收账款清收
保理	商业承兑汇票贴现	保理	资信调查
提前支付折扣应收账款清收	原材料质押贷款	提前支付折扣	财务管理咨询
资信调查	延长支付期限	供应商管理库存融资	资金管理
结算	国际国内信用证	原材料质押融资	结算
应收账款质押贷款	财务管理咨询	延长支付期限	贷款承诺
	结算	应收账款质押贷款	汇兑

（三）管理会计工具选择的原因

1. 加强资金管理，科学预测资金余缺

资金预算管理的对象是资金，资金是企业财产物资的货币表现，是企业的命脉与血液，抓好资金预算管理也就等于抓住了企业的生命线。对于西昭公司而言，资金预算管理的重要性不言而喻。只有通过利用资金预算管理会计工具，站在期初资金余额的起点上，科学预测资金的流入和流出，量化资金余缺，为接下来的投融资活动未雨绸缪。

2. 降低资金成本，稳妥推进投资进度

精准识别资金余缺情况，提前应对资金链紧张风险。在各方的配合之下合理利用供应链金融管理会计工具，既不占用融资额度，又降低了资金综合成本，同时也使得供应链上的企业形成命运共同体。在经济形势不景气，基建投资疲软的大环境中，与供应链上下游企业形成紧密联系，确保投资进度的稳妥推进。

二、总体设计

（一）目标

在经济不景气、地方政府财政压力大的背景下，通过合理使用资金预算管理工具和供应链金融工具，最大化资金使用效率，降低综合融资成本，缓释资金链紧张风险，力保投资进度的正常推进。

（二）总体思路

合理应用资金预算管理工具科学预测资金余缺情况，在此基础上应用供应链金融工具解决资金短缺问题，进而实现最大化资金使用效率，降低综合融资成本，缓释资金链紧张风险，力保投资进度的正常推进的目标。

（三）相关管理会计工具方法

1. 资金预算管理

（1）建立资金预测模型。在期初余额的基础上，全面梳理资金的流入和流出细项，并设置模型校验公式，做到逻辑自洽。

（2）盘点可用资金余额。全面、细致盘点存量资金，剔除民工工资保证金、两平衡资金等受限资金，得到可用存量资金余额。

（3）列明资金支出细项。增强和业务部门沟通，对未来支出项逐一核对，做到合理合据。

（4）合理规划支出次序。为提高资金使用效率，降低资金成本，尽量使得资金延后支付，将紧急而重要的资金支出提前，将不紧急或不重要的资金支出押后。

2. 供应链金融

（1）合理选择供应链金融工具。在可选的供应链金融工具里，选择适合项目特征的工具，并与相关服务方洽谈，签订业务合同。

（2）加强对供应链金融的业务宣传。为了确保工具的可用性，得到供应商的认可，加大对所用金融工具的普及说明。

（3）对供应链金融工具进行跟踪分析。为了确保供应链整体资金安全，确保资金用到实处，避免资金冗余和资金滥用，定期或不定期对供应链金融工具进行跟踪分析。

（四）创新点

1. 应用资金预算管理工具的常态化

不将资金预算管理局限于定期开展的场景，而是常态化地开展，将其作为稳妥推进投资进度的有力抓手。

2. 应用供应链金融工具的多元化

在具体业务的开展过程中，不局限于某一种供应链金融工具，而是随时跟踪最新情况，以降低资金成本。

三、应用过程

（一）参与部门和人员

西昭公司的资金预算管理由融资财务部牵头，商务管理部和建设管理部等相关业务部门配合。西昭公司的供应链金融工具实施由集团公司牵头，西昭公司具体实施。

（二）应用相关管理会计工具方法的部署要求

首先，西昭公司有完整而严密的管理制度，为资金预算管理工作的开展提供了制度性条件。其次，中铁业务与财务共享平台为西昭公司的业务和财务数据提供了安全高效的载体，为资金预算管理和供应链金融工作的开展提供了信息化条件。最后，中铁商业保理有限公司推出的供应链金融平台，为西昭公司应用相关管理会计工具提供了便捷的开展渠道。

（三）具体应用模式和应用流程

1. 开展资金测算工作

基建投资项目的特殊性使得其资金测算工作也具备特殊性。资金流出的相对确定性。工程造价可分为建筑安装工程费、设备及工器具购置费、工程建设其他费用、预备费以及建设期利息五个部分。其中，建筑安装工程费可按造价形成分为分部分项工程费、措施项目费、其他项目费、规费和税金。工程建设其他费用通常含土地征用及迁移补偿费、建设单位管理费、研究试验费、生产职工培训费、办公和生活家具购置费、联合试运转费、勘察设计费等细项。因此，根据可行性研究报告的投资估算、初步设计图的投资概算、施工设计图的投资预算或内部投资控制等文件，可得知列项的性质和金额。在此基础上，可以据此测算项目全周期的资金需求和余缺情况。

除此以外，可根据集团公司下达的投资计划，计算项目全年的资金需求和余缺情况。第一，西昭公司在投资计划的基础上，通过和商务管理部、建设管理部等相关业务部门的密切沟通，确定全年的产值计划（按月）。第二，西昭公司根据施工合同和资金管理办法规定，并在和参建单位友好协商之下，按照收付实现制原则确定工程款项年度付款计划（按月）。第三，在融资财务部牵头下，和相关业务部门再三讨论，确定其他工程费用全年付款计划（按月），如土地征用及迁移补偿费、青苗等补偿费及安置补助费、勘察设计费等。第四，按照存量贷款余额和执行利率估算建设期利息，确定年度建设期利息费用（按月）。第五，在目前的资金测算模型基础上，按照紧急性和重要性的原则，并结合项目实际，考虑相关费用支出的次序，调整个别支出项目。资金测算模型如表 2 所示。

表 2 　　　　　　　　　　　　　　　　　年度资金测算模型

序号	资金收支项目		1 月	2 月	3 月	……	10 月	11 月	12 月	总计
1	期初资金余额									
2	资本金									
3	银行贷款									
4	车购税补贴									
5	留抵退税									
6	……									
7	资金流入									
8	进度款	建安产值								
9		降造后产值								
10		调整计价								
11		计价合计								
12		工程款支出								
13	预付款									
14	土地征用及迁移补偿费									
15	勘察设计费									
16	建设单位管理费									
17	建设期利息									
18	……									
19	资金流出									
20	期末资金余额									

2. 应用供应链金融工具

通过资金预测分析，可以得到每个月的资金余缺情况，并据此采用合适的金融工具或权益工具解决资金短缺问题。西昭公司的资本金和建设期补助按投资进度投入，但由于政府补助到位时间和金额的不确定性，导致资金出现时间性差异。在融资额度刚性约束背景下，西昭公司创新解决问题思路，在集团公司的统筹领导下，决定充分利用供应链金融工具，解决资金缺口问题。第一，认真研究股份公司和集团公司关于开展供应链金融业务的管理办法，将供应链金融工具的选择限定在规定范围之内，加之后期经市场调研，决定使用中铁E信来开展供应链金融业务。中铁E信是股份公司及所属成员企业向供应商开具的体现交易双方基础合同之间债权债务关系的电子信用凭证，为中国中铁供应链上下游企业提供了一种全新的结算方式和便捷、低成本的融资新渠道，具有高信用、自由拆分、自主转让、任意贴现、安全、高效等特性。中铁E信的本质类似商业承兑汇票，合作伙伴有中国工商银行、中国建设银行和中国农业银行等众多全国性和区域性银行。第二，再三和服务平台公司（中铁商业保理有限责任公司）、保理行（中国工商银行等商业银行）沟通，确定授信额度和融资利率，签订授信合同。第三，依据施工合同等的约定，西昭公司积极和各参建单位和供应商沟通，详细说明中铁E信的本质、使用方法和特性，增强其可用性和接受度。第四，在股份公司供应链金融平台开具中铁E信票据，并对后期票据流转情况进行跟踪监管。中铁E信的交易结构如图2所示。

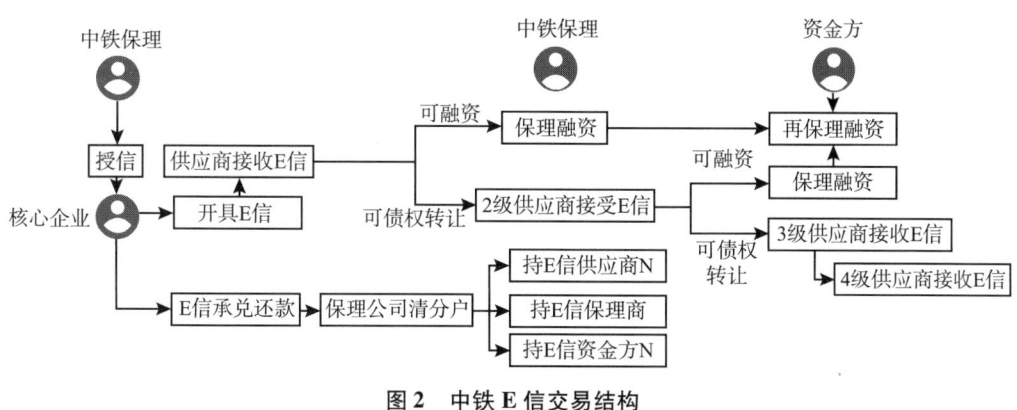

图2 中铁E信交易结构

（四）主要问题和解决方法

1. 主要问题

（1）资金预测需理解业务本质。由于基建投资项目的特殊性，在开展资金预测工作时，容易对工程造价相关知识形成理解偏差，如对工程预付款及其扣回、工程计价的延后性等。

（2）中铁E信票据不按资金计划流转。对参建单位开具票据后，其不按照资金计划背书转让，或被上级单位截留，导致外部供应商不能如期票据贴现，可能造成物资供应的短缺等情况发生。

（3）供应链金融工具预期形成刚性负债。供应链金融工具虽然解决了企业对资金需求的燃眉之急，但随着时间的消逝，终究会成为企业的刚性债务，如果没处理好资金平衡问题，后期会引发资金链断裂风险。

（4）供应链金融工具可接受度有限。西昭公司在集团公司内部是第一家使用中铁E信的子分公司，且参建单位和供应商对前期100%的资金支付产生依赖心理，加之对中铁E信的不甚了解，导致其可用性有限。

2. 解决方法

（1）和相关业务部门多加沟通，加强对业务知识的学习，并注意根据收付实现制原则进行资金流测算。

（2）严格票据流转审核，让票据流转到真正的资金需求者手中。西昭公司经和平台服务商反复沟通，定制格式化的数据输出成果，便于逐一核实票据流转情况。建立票据支付问题台账，要求违规流转票据者出具整改报告，如表3所示。

表3 票据支付问题台账

标段	E信编号	接收方	实际支付金额	资金计划金额	尚未转让金额	存在问题	
						实际支付与计划不符	疑似被上级单位截留
	1						
	2						
	1						
	2						
……	1						
	2						

（3）合理进行资金预测，将供应链金融工具未来支付义务（包括本金和利息等）考虑到资金测算模型中，形成未来的资金流出事项。同时，西昭公司在开具中铁E信时，注意对期限的把控，把到期刚性债务考虑到未来资金压力较小的期间。

（4）在供应链企业中，加大对中铁E信和供应链金融的宣传普及，增强其对西昭公司和中铁E信的信任，提高其对中铁E信的接受性。

四、取得成效

（一）应用资金预算管理和供应链金融工具前后情况对比

通过应用资金预算管理工具和供应链金融工具，西昭公司极大地降低了资金成本，并增强了各参建单位和供应商的工作积极性，产生了巨大的社会效益。

（二）对解决单位管理问题情况的评价

通过运用中铁 E 信工具，并通过对票据流转的审核，增强了各参建单位对资金计划的重视程度，便于西昭公司对建设资金流向的管控。

（三）对支持单位制定和落实战略的评价

灵活应用资金预算管理工具和供应链金融工具，落实了股份公司以"六个必须"为战略导向，推进实施"123456"发展策略，坚持实现由债务驱动发展向积累和创新驱动发展转化，从传统生产经营向资产经营和资本运营转化的"两个转化"经济路线，致力成为铁肩担当型大国重器、基建领军型开路先锋、绿色发展型产业链长、品牌影响型跨国公司、社会尊重型现代企业的新时代"五型中铁"的方针政策。

（四）对提升单位管理决策有用性的评价

对创新型金融工具的应用，开辟了管理决策新思路。对于资金需求问题，不再局限于资本金、政府补助和银行贷款，增加了对供应链金融等工具的了解和认识。

五、经验总结

（一）基本应用条件

1. 安全可靠的供应链金融服务平台

一个安全可靠的供应链金融服务平台，是正常应用供应链金融工具的基础硬件条件。服务平台应具备以下几个特征：第一，确保数据安全。随着供应链金融业务的开展，相关的业务信息会上传平台，大部分交易信息都是商业秘密，如果不能确保数据的安全，会给供应链企业造成难以估量的损失。第二，具备自动或人工审批机制。供应链金融业务的开展，必须基于真实合法的商业交易，平台对此应有相应的审批机制，以防基于虚假的交易信息而开展的业务。第三，能定制化输出供应链金融工具流转明细。供应链金融工具的应用只是开始，对于基建投资行业而言，更多的是对流转节点进行定期或不定期复核，以防建设资金挪用。

2. 供应链资金风险释放机制

供应链上的相关企业都是命运共同体，不管是哪一个环节出了纰漏，都会连带影响整个供应链系统的安全和稳定。因此，为了确保供应链金融业务的可持续性，必须定期释放风险。第一，增强对供应链金融平台成员单位的审核。对于信用条件较差的企业应拒之门外。第二，加强对供应链金融工具的全流程监管。为确保投资进度的稳妥推进，必须合理利用资金或金融工具，将之放到真正的项目投资建设上，对于中途不按计划用途使用资金、私自挪用资金的成员单位，应及时纠偏释放供应链上存在的风险。

3. 开展供应链金融业务的前提条件

对于西昭项目而言，后期能顺利开展供应链金融业务，在相关施工合同里对工程款项支付的形式的约定至关重要。在项目前期，可在施工合同里约定后期工程款项支付形式包括现金和供应链金融工具等。

（二）成功应用的关键因素

1. 力争资金测算的全面性

在构建资金测算模型时，应将资金流入和流出项目考虑全面，尤其是资金流出项目。

2. 保持供应链金融的稳健性

供应链金融就如同血液，流经整个供应链每个企业节点，如果一处节点出现血栓，那么将很容易导致整个系统的堵塞和崩溃。事前，谨慎选择供应商开通供应链金融服务。事中，认真核实交易的真实性，将支持合理商业目的的合同、发票等证据上传服务平台，以备核查。事后，定期核查供应链金融工具的流向，确保资金的专项用途。

（三）对应用效果的思考

1. 丰富供应链金融工具的多样性

目前开展的供应链金融业务较为单一，可利用的供应链产品较为有限，可增进对其他供应链金融工具的了解，增加可选择性。

2. 构建可分析型财务智能系统

对于公司内部而言，尽量避免"数据孤岛"现象的发生，打通各业务系统的连接，增强资金测算的准确性和预测性。对于公司外部而言，可对接各商业银行供应链金融服务平台，实现资源共享，优势互补。

（四）在应用中的优缺点

1. 优点

（1）资金预测模型将未来资金流入流出分布较为直观地呈现出来，并可以掌握每月的资金余缺情况，方便企业及时进行资金筹集或利用闲余资金投资。

（2）供应链金融工具的应用极大地降低了企业的融资成本，缓解了局部资金压力，拓宽了管理思维和眼界，并将供应链整体意识植入相关企业，间接促进了投资项目的平稳运行。

2. 缺点

供应链金融业务开展的本质是将企业的债务风险滞后，会随着时间的流逝形成未来的刚性债务，如果到期偿付能力不足，将会导致积聚的债务风险集中爆发，对整个供应链和投资项目的影响不可估量。

（五）对发展和完善资金预算管理和供应链金融工具的建议

（1）应注重强化供应链金融的风险防范，基于区块链、大数据等新一代信息技术健全供应链金融风险防范体系，提高风险识别、风险防控的准确性和时效性，降低核心企业开展供应链金融承担的风险。

（2）应提升资金测算模型等的自动化程度，将模型与业财共享平台、资金平台等信息化平台对接，能对经验数据进行有效的分析，并对未来决策提供建设性建议。

（六）对推广应用资金预算管理和供应链金融工具的建议

1. 培养资金流意识

资金的测算基于收付实现制原则，测算对象是资金流。对于会计专业人员而言，应突破企业会计准则的权责发生制的思维桎梏，培养资金流意识。

2. 增强对供应链金融工具的宣传推广

供应链金融工具的可用性，极大程度上取决于被供应商信赖的程度。为了保证后期顺利开展业务，应在日常工作中加强对供应链金融工具的宣传和推广工作。

（中铁城市发展投资集团有限公司川西南分公司　温　遥）

中铁上投投资项目全生命周期融资成本压降实践

【摘要】中铁（上海）投资集团有限公司（以下简称"中铁上投"）成立于 2016 年 7 月，2022 年 3 月与原中铁发展投资有限公司合并重组为新的中铁上投，布局江苏、浙江、安徽、山东、山西、河南和上海六省一市，总部设在上海，服务长三角一体化发展、东部率先发展、黄河流域生态保护和高质量发展战略，是中国中铁在东部及黄河流域高质量的投资集团和资产经营平台。中铁上投主营业务范围包括大型、综合型项目投资、建设、运营管理和总承包项目承揽，股权投资、基金管理、工程设计咨询等，提供建筑业全产业链产品和服务。

截至 2023 年 6 月，中铁上投管理项目 34 个，项目投资总金额 3 818.82 亿元。面对众多投资项目，全生命周期成本管控成为中铁上投的重中之重，融资成本作为投资项目成本的重要组成部分，中铁上投一直以来高度重视，通过加强制度及组织保障、引入融资专业人才、加强与金融机构的战略合作、积极推进企业主体信用评级、前置融资测试、充分引入市场竞争性机制、制定融资成本压降目标等措施，将成本控制大商务管理理念深入融资成本管控的各个环节，不断降低投资项目融资成本。中铁上投通过与项目公司上下联动，各投资项目对比可研融资成本降低了 98.9 亿元，部分投资项目的长期贷款利率在 5 年期 LPR 下浮 100 基点以上，大幅地提高了投资项目的收益率水平，全生命周期管理理念及效益至上思维得到了很好的普及和传播。

一、背景描述

（一）单位基本情况

中铁上投是世界 500 强企业——中国中铁股份有限公司（以下简称"中国中铁"）的全资子公司。中铁上投成立于 2016 年 7 月，2022 年 3 月为落实中国中铁全面深化改革发展战略，原中铁（上海）投资与原中铁发展投资合并重组为新的中铁上投，布局江苏、浙江、安徽、山东、山西、河南和上海六省一市（以下简称"六省一市"），总部设在上海市，服务长三角一体化发展、东部率先发展、黄河流域生态保护和高质量发展战略，是中国中铁在东部及黄河流域高质量的投资集团和资产经营平台。下辖 8 个子分公司、6 个区域经营指挥部、25 个项目公司和 40 个项目总包部。集团本部共设置 12 个职能部门、2 个事业部、1 个直属单位，现有正式员工 465 人，注册资本 50 亿元，总资产 884 亿元，净资产 207 亿元，总投资额近 3 900 亿元。拥有市政、建筑、公路施工总承包一级资质 5 个，主营业务范围包括大型、综合型项目投资、建设、运营管理和总承包项目承揽，股权投资、基金管理、工程设计咨询等，提供建筑业全产业链产品和服务。企业坚持以高质量发展为第一要务，深度参与长三角一体化发展、东部率先发展、黄河流域生态保护建设，推动企业发展质量不断提升。

（二）单位管理现状分析和存在的主要问题

1. 内部优势

（1）发展质量持续向好。中铁上投坚持以高质量发展为第一要务，深度参与长三角一体化发展、东部率先发展、黄河流域生态保护建设，推动企业发展质量不断提升。成立七年来，累计完成新签合同额 4 295 亿元（投资经营 3 372 亿元、总包经营 923 亿元），完成营业收入 921 亿元，实现利润总额 60 亿元。在投资经营上，累计中标 3 031 亿元。中铁上投平均资金集中度保持在 85%，时点集中资金超 120 亿元，位居中国中铁各二级企业前列。在中国中铁业绩考核中，连续四年排名最高等级 "A" 级，且连续 5 年被评为纳税信用 A 级企业。

（2）产融结合优势明显。中铁上投拥有较强的资金实力和融资优势，具备全链条产融结合能力。目前银行综合授信额度近 2 500 亿元，与中国银行、农业银行、工商银行、建设银行、中国农业发展银行、中铁信托等多家商业银行、政策性银行、信托、证券公司、基金公司建立了战略合作伙伴关系。公司持有私募基金管理人牌照，在管基金规模 4.1 亿元，先后为滁宁城际、宁马城际等投资项目引入股权资金约 13 亿元，实现以融助投。中铁上投及旗下中铁发展均获评 AAA 主体信用评级，中铁上投是中国中铁第一家首评即获得最高等级的投资公司，可直接对接资本市场，拓宽融资渠道，降低融资成本。

（3）项目建设平稳可控。中铁上投坚持优化项目管理模式，夯实项目管理基础，致力打造示范项目和品牌工程。升级编制《项目总承包管理手册》（2.0 版），系统总结总包管理经验，规范总包管理体系。建立上下贯通的大商务管理体系，覆盖"投建营"全生命周期，不断强化项目成本管控。实施风险分级管控和隐患排查治理双重防控机制，构建了立体协同的常态化安全质量监管模式。杭州地铁 7 号线以两年零七个月的工期刷新了全国地铁建设速度新纪录，先后获国家优质工程金奖 1 项，国家优质工程奖 2 项，省部级优质工程 5 项，省部级安全文明标准化工地 12 项，省部级绿色环保类奖 12 项。

（4）运营管理规范有序。中铁上投不断强化运营体系建设，提升整体运营管理能力。新设投资运营中心，细分基础设施、城市综合开发两个运营部，建立了合理的运营业务管理模块，并通过做好双向提前介入、运营开通筹备、交（竣）工验收、政府绩效考核等重点工作，确保投资收益和可持续性。同时强化运营风险防范，以投建营一体化信息平台建设为抓手，推动存量项目风险预警机制常态化、自动化、联动化。目前，杭海城际、芜湖轨道交通1、2号线，以及新伊高速、濮新高速菏泽段已开通运营，江阴新城镇项目、临汾规划三街项目、潍坊高铁新片区项目、张家港客运枢纽项目等5个PPP项目均有子项目进入运营，滁宁城际、濮新高速宁沈段今年将陆续进入运营期，各项运营管理工作均有序、有效开展。

（5）党建文化强根铸魂。中铁上投坚持党的领导，加强党的建设，强化文化引领，筑牢了企业的"根"和"魂"。编制《党建品牌创建指导手册》，发布"投资人"党建品牌及10个党建子品牌，形成并不断丰富中国中铁首个党建业务双融合党建品牌矩阵，实现党建工作与生产经营同频共振。广泛开展党建大联盟，定期举办"古田铸魂"培训班，建立"学创行"项目管理实验室，共创形成"铸魂、战略、规范、示范"党建大战略。同时积极培育特色鲜明的企业文化，长期以来，不仅传承和发扬了中国中铁"开路先锋"精神，而且融会和吸收了上海城市精神，塑造出"海纳百川、和合共荣"的优秀企业管理文化，成为凝聚全体员工的核心价值体系。

2. 内部劣势

（1）建设管理有待加强。项目生产进度推进不均衡，新开项目开工迟缓，一些项目因政府审批、征地拆迁等外部因素制约，生产建设进度较慢，无法快速形成实物工作量；设计管理体系尚未健全，总包部对建安成本管控偏弱，建设阶段提质增效还有很大空间。另外，安全质量管理力度不足，部分项目甚至给企业声誉造成负面影响。

（2）运营管理专业度不够。运营专业化是实现投资公司"四化"发展的关键环节，但目前，中铁上投运营管理经验仍较缺乏，自主运营项目偏少，相关人才储备不足，针对不同业态、不同运营模式的运营管理体系还不成熟，多数项目运营跟进不及时、收益回流延缓，运营创效效果还未充分显现。

（3）财务资源日益紧张。现有的财务资源与项目推进严重不匹配，财务资源不足与企业稳增长之间存在较大矛盾。一方面融资预算缺口较大，另一方面注册资本金不足，对资金杠杆使用、资本市场表现、风险防控等方面都造成了不利影响。

（4）人才资源相对匮乏。投资、融资、运营、新兴业务等领域的专业人才、精英人才、领军人才匮乏依然是制约企业高质量发展的突出问题。

3. 外部机遇

（1）后疫情时代经济快速复苏。随着疫情防控平稳转段和经济政策效果持续显现，国内生产需求明显改善，市场预期加快好转，中国经济增长正在企稳向上。中央经济工作会议和《政府工作报告》都将着力扩大内需放在全年经济工作的首位，作为扩内需、提信心、增后劲的重要支撑，基础设施建设将继续发挥对经济增长的托举作用。

（2）财政货币政策激发市场主体经济活力。积极的财政政策，稳健的货币政策尤其是央行不断下调贷款利率，加大政策性基金注入为市场注入金融活水，引导更多更有效的市场化投资为企业丰富融资渠道、降低融资成本提供了条件。

（3）区域性投资导向政策赋能区域市场竞争力。日前，国务院关于在超大特大城市推进城中村改造的政策（8个超大城市、11个特大城市，上投区域共有7个），以及中国中铁对城市开发项目的城市选择（中国中铁支持GDP万亿元以上城市开展城市综合开发投资业务，全国24座GDP总量超过万亿元的城市，中铁上投管理区域占11座），都为身处发达地区的上投提供了难得的机遇。

4. 外部挑战

（1）国际市场竞争加剧。欧美经济通胀加剧，经济下行压力全球蔓延。根据美国近几年劳工统计局公布相关数据显示，美国居民消费价格指数（CPI）同比一直处于上涨趋势，通胀数据纪录屡次刷新。美国高企的通胀数据预示着美联储接下来将会加快升息步调，以促进资本回流美国，但这将会增加全球经济不确定性。除此之外，俄乌战争正在通过大宗商品、能源、贸易和金融渠道产生连锁反应；再加上三年疫情全球蔓延，削弱了全球各国进出口贸易，并加剧通胀。

（2）国内经济下行压力加大。最近三年，面对繁杂的国际环境及国内疫情多发散发的现实，不利影响明显加大，国内经济下行压力明显，部分民营企业尤其是房企债务高企，面临破产风险。

（3）建筑企业两极分化明显。对于建筑企业来说，自2018年修订《中华人民共和国预算法》及2014年国家严管地方隐性债务开始，建筑市场开始发生根本性变化，项目越来越多需要社会资本加入，建筑企业从纯施工转变为"垫资施工""投资施工"，项目模式越来越多地出现社会资本投资驱动的PPP、ABO、EOD、TOD等模式，而这一现象也不断刺激市场竞争力强劲的公司专项投资领域，基建投资公司面临激烈的竞争环境。

（三）实施融资压降管理的主要原因

当前国内经济下行压力巨大，基础设施建设成为稳增长的主要抓手。国家层面多次要求金融机构要加大信贷投放力度，加大金融支持实体经济力度，推动降低企业综合融资成本，为中铁上投投资项目融资成本压降创造了难得的机遇。

（1）实施融资压降管理是实现中铁上投高质量发展的重要抓手。中铁上投投资区域包括长三角及晋鲁豫区域，经济发达、竞争激烈，在当前竞争背景下，公司面临生存与发展的巨大压力，全周期管控融资成本是实现投资公司"四自""四化"发展的重要管理抓手。

（2）实施融资压降管理是提高中铁上投内部管理水平的内在要求。中国中铁起源于建筑施工，经过数十年发展主业依然是建筑施工，投资公司管理团队人员大多来自施工企业，习惯于"挣快钱"，工程思维严重影响了投资公司规模化的前进步伐，而全周期融资管控恰好深刻地改变了管理团队的固有思维，引导内部管理逐步向全生命周期投资性管理思维转变。

二、中铁上投融资压降管理体系总体设计

（一）应用融资压降管理的目标

中铁上投拟通过投资项目全生命周期融资成本管理，实现以下基本目标：

（1）突出全周期效益导向，树立全生命周期管理理念。

（2）夯实企业资产质量，确保国有资产保值增值。

（3）提高企业核心管理能力，提升企业市场竞争力。

（4）多元化低成本拓展资金来源，满足企业规模化扩张需求。

（5）规范企业项目运作，打造系统标杆投资公司。

（二）应用融资压降管理的总体思路

（1）建立健全制度及组织保障体系。

（2）积极推进企业主体信用评级。

（3）全面加强与金融机构战略合作。

（4）坚持前置投资项目融资测试。

（5）发挥业绩考核指挥棒导向作用。

（6）充分引入市场竞争性机制。

（7）做好过程关键环节控制。

（8）推进融资专业人才建设。

（9）及时总结提炼推进管理提升。

（三）融资压降管理的主要内容

中铁上投融资压降管理的主要内容包括投资项目全过程中通过前端经营、融资管理、后端置换等管控手段实现融资成本节约，进而提升中铁上投投资收益的管理行为。

一方面创新融资结构，全周期筹划融资管理应用渠道，利用多种融资应用形式，尤其是投资项目重视前期贷、项目贷差异化成本融资组合管理，丰富企业的资本应用手段，解决上下游的资本需求。通过全周期的资本筹划运用，创新各类产品组合。另一方面高度重视与金融机构对接合作，持续提高合作层级、引入有效竞争机制，大力引进并培养专业融资人才，综合运用一系列措施办法可以有效降低融资成本，提高资金使用效率。

（四）融资压降管理创新内容

（1）发挥绩效考核激励作用。将融资成本管理纳入公司考核体系，定目标、明举措、压责任、严奖罚；根据各投资项目所处区域、建设内容、股权结构等不同，"一项一策"制定融资成本压降目标，推行专项考核，并与年度绩效考核挂钩；定期晾晒压降成绩单，推动融资管控理念走深、走实。

（2）发挥集团属地金融中心优势，引入竞争机制。加强与区域内金融机构协同联动，要求属地银行与上海分行组成内部银团，拉平区域内金融价差；采用公开招标或竞争性磋商谈判等方式开展融资采购，通过充分竞争引导融资成本下行。

（3）把握国家政策机遇，持续压降融资成本。抢抓国家政策机遇和金融货币政策红利，积极推进融资压降成果落地。原所属太原西北二环项目，通过融资利率结构化设计、延长宽限期等方式，先后三次降低融资成本。

三、中铁上投融资压降管理应用过程

（一）事前酝酿，建立健全机构组织

中铁上投为加强融资管理，设立了集团主要领导挂帅的融资方案评审委员会，并在集团内部专门设立融资管理职能部门资本经营部，出台投资项目融资管理办法，对融资经营、融资落地、融后管理进行了规范，尤其关注融资实施过程关注点及重点进行了规范，统筹推进全集团项目融资工作。融资管理工作更加系统化、制度化、规范化。各子分公司及项目公司分别设立以各单位主要领导为组长的融资管理工作领导小组，负责具体的融资压降管理工作。全级次机制、制度体系不断完善。

（二）事中监督，融资压降管理实施

中铁上投自2022年与中铁发展重组以来，面对集团公司数十个投资项目，结合集团公司改革发展、经营规模的变化，不断完善融资管理体系，主要分为集团及所属单位两个层面。

1. 集团层面建立健全管理机制，发挥核心统筹作用

（1）充分引入市场竞争性机制。为控制债务融资成本，集团公司采用公开招标、竞争性磋商或两者结合的方式规范投资项目债务融资的采购。充分发挥上海金融中心优势，原则上项目所在地金融机构应先与其在上海的分支机构组成内部银团后，方可参与采购竞标，提高集团公司立足上海辐射东部的金融资源整合能力，竞争机制的引入对于降低融资成本发挥了至关重要的核心作用。

（2）积极推进企业主体信用评级。为打通与资本市场直接融资的通道，进一步

降低融资成本，中铁上投集团本部于 2022 年 12 月获得联合资信评估公司主体评级 AAA 等级，属于中国中铁投资公司中首家首评即评 AAA 单位。中铁上投下属的中铁发展在 2021 年取得 2A＋的主体信用评级后，2022 年再接再厉，获得了 3A 的主体信用评级。两级主体 AAA 评级为后续公司融资创效以及用好资本市场金融工具打下坚实基础。

（3）全面加强与金融机构战略合作。中铁上投定期加强与区域内的外部金融机构以及中铁资本、中铁财务公司、中铁信托等金融机构沟通，深入开展业务对接，建立战略合作关系，做到商业银行对接全覆盖、股份制银行对接全覆盖、主要非银金融机构全覆盖。特别是 2022 年 5 月疫情期间，中铁上投与中国农业银行江苏、浙江、安徽、山东、河南、山西、上海、青岛六省二市（以下简称"六省二市"）分行通过线上、线下结合的方式，召开业务推动会并签署战略合作协议，并以片区开发项目融资研究为契机成立银企专项课题组，银企合作深度和广度得到进一步拓展。

（4）坚持前置投资项目融资测试。为保障投资项目的融资落地，中铁上投在投资项目经营阶段提前谋划项目融资可行性，以融资落地为目标，开发、融资、财务多系统联动推进项目可行性研究。项目投资条件基本稳定后，根据投资项目各种情况建立融资测试模型，向各大金融机构征求融资意见和建议，摸清金融机构底线和融资要求，为下一步的融资落地、融资成本管控下好先手棋。

2. 所属单位层面做好管理执行

一是强化中铁方影响力，不仅在并表单位，在表外项目公司增加对投资项目融资工作管控，对项目收益影响股东收益回流的参股项目公司章程增加融资成本管理一票否决权，增强中铁方参与度，发挥央企融资管理优势。二是各投资项目融资采购严格贯彻中铁上投文件及融资压降工作要求，根据项目情况在公开招标、竞争性磋商、逐一谈判模式中按序择优选择，同时强化上海区域金融资源介入，通过跨区域融资联动降低融资成本。三是充分研究项目投资协议合同条款及属地业主要求，制定符合企业发展利益的融资管控招标条款。

（1）加强中铁融资信用实力。中国中铁作为央企基建排头兵，具备国内领先的项目资源整合、产业聚合等综合开发运作能力，业务范围可覆盖 PPP 项目全产业链、全生命周期。中铁上投主责全国六省一市投资市场，具备雄厚的投融资实力、履约能力和市场影响力，区域市场金融资源储备丰富，具备保障投资计划可行、投资成本可控的资本运作能力。强大的股东背景及央企实力，对中铁参与项目融资带来隐形信用加持作用。2022 年中铁上投与中国农业银行在疫情期间举行"六省二市"战略协议签约，对区域内融资成本压降形成了很大的促进，以甬舟项目为例，在中国农业银行尤其是农行上海分行的支持下，本项目融资取得了较大的压降成果，刷新中国中铁中长期贷款成本新纪录，另外工行、中行、建行也在推进区域战略合作事宜，共同开启当前经济新形势下的综合合作新篇章。

（2）瞄准金融机构核心诉求。一是增强金融机构参与感。银行参与大型投资项目也是一种业务机遇，参与银团合作并作为牵头行对银行后期推进同类型业务也是业绩支撑依据，项目融资规模较大的可以考虑双牵头银团安排。一般情况下，银行的总授信额度会超出银团贷款的额度，在签订银团协议时可以对信誉较高或者放贷速度快的银行予以额度分配倾斜；对于只想参与且目的性不强的银行的份额予以调减分配；银团协议份额签订时为暂定分配额，若后期有参与行不能满足放贷条件，牵头行可以重新分配额度或追加授信额度后予以补充。在谈判条件设置上，对优先批复信贷额度的银行承诺基本户在该行开立，充分发挥基本户的吸引力，引导银行的成本压降潜力。二是换位思考，转化部分成本为银团服务费。将银行融资成本拆分为两部分：执行贷款利率和银团服务费。银行业绩考核对执行利率的考核比例是有限的，主要考核内容是所属领导在任期内的收入管理，故通过银团服务费来约束银行的效果将会凸显。三是做好存款安排的平衡。银行的性质也是企业，也有绩效考核情况，故瞄准银行核心诉求在适当的时候为银行解决部分可以协调解决的问题，项目公司与银行相互理解才可以把关系处理得更加融洽。银行的存款任务与资金集中是一个矛盾点，这就需要与银团牵头行协调好，考虑双方的存款需求，银行一般是在上级单位监察或者银行领导考核时需要存款，其他时间对存款的需求是偶发的，而中铁方可以通过调整银行部分时点存款安排，实现双方需求共赢。

（3）保持政策敏感。2022年6月29日，国务院常务会议决定，运用政策性、开发性金融工具，通过发行金融债券等筹资3 000亿元，用于补充包括基础设施领域重大项目资本金。除此之外，各大险资、大型投资公司、央企积极响应国家部署，均出台一系列政策，运用各类基金、债券充实资本金，激发投资前端市场活力。同时，银行金融资本支持建设领域政策频频出台。根据央行金融统计数据，疫情后经济复苏以来，我国当前金融总量稳定增长，流动性合理充裕，金融机构加大贷款投放力度，信贷资金成为稳定宏观经济大盘的主要资金来源。另外，金融产品创新运用屡开硕果。应收账款资产证券化、供应链金融、无追保理、联合保理等手段层出不穷，这些金融工具优化了资本结构，丰富了资本市场应用手段。面对长周期的工程建设投资项目，各大央国企、政府平台、社会资本的"降两金、控负债"需求强烈，各金融机构、理财子公司、信托公司、券商纷纷响应基建行业资产盘活需求，积极推进基础设施不动产投资信托基金（REITs）、类REITs、ABS/ABN等融资方式，助力资本—资产—资本的转换，实现资本回收再投入，畅通了资本进出工程建设行业通道。市场融资活力受政策影响活力明显。

项目公司管理团队需充分掌握政府部门新增投资项目，做好项目跟踪，同时还要主动邀请银行参与，了解调研获批信息，为后续银企合作增加动力和信心，营造长效合作的新局面；同时要重点关注周边既有投资项目融资成本情况，从而达到融资成本能低则低、能降则降的预期效果。不定期组织银企交流座谈会，实现银企全方位、深层次的交流合作，组织调研组深入了解现场形象进度，让金融机构对产品按期交付放心。项目公司管理团队要积极研判国家现行有关财政与货币政策，利用国家降低存款准备金、政策性开发性金融工具，积极争取国家政策性银行及国有银行贷款利率下调优惠。

（4）制定详细方案促落实。项目公司制定融资工作推进方案，按时间节点划分推进目标，具体对以下事项展开节点规划：与金融机构初步洽谈、撰写融资招标采购文件、发布融资招标采购文件、成立评审小组并评选方案、意向银行授信批复、银团合同谈判及签订、首笔贷款发放等。一是先行融资摸底，汇总整理审批资料。优选政策性银行和国有银行进行初步接洽谈判摸底，介绍项目基本情况，说明融资需求；充分了解金融机构对项目融资态度，对关键性条款接受程度，判断授信批复的可能性及条件高低。按金融机构要求安排专人，汇总整理银行授信审批所需支撑性资料。二是打磨编制融资贷款采购文件。对任何具备竞争性条件的项目单位，以竞争性谈判结果为指引，编写具体贷款采购文件，从采购邀请、参选人须知、融资条件、评选及中选、评选办法五个方面，详尽阐述融资采购项下的一系列具体要求、条件及办法。重点突出融资条件，包括融资方式、贷款额度、贷款综合成本、贷款期限、还款方式、授信审批时间、担保方式、提款要求、存款利率、运营期购买服务、过渡性资金支持、开户条件、特色服务、资金集中等。三是评比选择融资方案，确定银团参与行。成立包括项目公司方案评审小组，小组成员要覆盖关键岗位及股东方融资专家，对金融机构提交的融资方案进行评选，按分值高低确定银团候选机构。候选机构应在约定的时间取得融资授信审批，并提报具体服务方案。视候选银行完成授信审批情况，确定牵头行及银团参与行。四是审议贷款合同，完成首次提款。与银团进行贷款合同细节谈判，经项目公司董事会、股东会批准后，与银团签订融资贷款合同。根据贷款合同，提交贷款发放完整资料，实现银团首次贷款提款。五是建立全周期融资管理理念。建设期，强调投资、建设与融资进度匹配；运营期，在合同中明确有利的还款节奏与额度，着眼融资成本空间上和时间上的优化，合理安排资金使用和还款时间，以充分利用资金并降低融资成本。

（5）预判问题制定措施。项目公司提前对各自的问题进行梳理，如银行完成授信批复的不确定性，融资工作将存在较大变数。一是各金融机构审批授信，特别是对大额授信审批层级不同，客观上延长了授信审批的时间线，导致部分排名靠前的金融机构无法在约定的时间完成审批，从而退出竞争。如省行审批与总行审批在时间上的差异。二是PPP合同或投资协议对贷款的相关限制性规定，如合同中明确具体期限前完成贷款合同签订，进一步加剧金融机构授信审批的紧迫性。三是贷款合同中有关贷款方违约条款的设置争议较大。贷款合同中，通常仅约定借款人的违约责任，弱化银行方违约罚则。为减轻借款人的负担，增加金融机构违约成本，确保金融机构及时足额放款，项目贷款合同中明确银团承诺及对借款人的违约责任及罚则。该事项在金融机构内部审核上存在较大障碍，可能引起合同签订日期滞后。四是贷款合同签订后，银团参与行因贷款额度不足，存在无法及时完成后续放款的风险。五是部分区域项目融资银行高价抱团。

为防范预判的问题，制定以下措施。一是对于审批层级至总行的国有银行，且评选排名靠前的适当放宽授信审批时间。二是在充分考虑银行报价的基础上，结合 PPP 合同对贷款落地时间的要求，预留两周授信审批时间。三是整合中铁上投区域金融资源，充分竞争，提高合同谈判的主动权。用好与区域金融机构战略合作关系，讲好区域合作带来的优势故事，通过高层对接，实现有利于己方的合同条款。四是在贷款合同中明确银团参与行贷款额度的分配，以确保每个参与行都能够按照合同约定及时放款，同时约定提前协调额度方式：银团参与行存在贷款额度不足的问题，可以提前与借款人协调，调整贷款额度的分配，以确保及时完成放款。五是对抱团报价行为，项目公司与后方公司组建的融资团队引入上海、杭州和宁波等地优势金融资源机构，并利用囚徒效应，成功瓦解联盟。

（三）事后总结，提炼经验持续推广

一是加大考核激励，发挥业绩考核指挥棒导向作用。中铁上投根据每个投资项目所处区域、建设内容、股权结构等因素，制定详细的融资成本压降目标，压实各级融资工作责任，加大对各投资项目融资成本压降专项考核力度，通过与年度绩效考核挂钩，并定期在集团内网、微信公众号、会议宣传等方面晾晒各投资项目融资压降的成绩单，引导融资管控大商务管理理念走深、走实。二是持续分析各层级融资工作经验教训。中铁上投所属项目数十个，每个项目融资有成功经验也有教训，主要体现在中铁方影响力、中间业务费等安排上，横向对比更显差异，中铁上投通过定期对比分析及宣传，推进投资项目融资压降水平不断提升。

四、取得成效

（一）上下联动强实施，投资项目全周期投资收益大幅提升

中铁上投通过与项目公司上下联动，各投资项目对比可研融资成本降低了 98.9 亿元，部分投资项目的长期贷款利率在 5 年期 LPR 下浮 100 基点以上，大幅提高了投资项目的收益率水平。

1. 存量项目融资成本持续下降

以集团所属西北二环项目公司为例，通过对项目建设期、运营期融资利率结构化设计、延长宽限期等方式，先后三次降低融资成本，实现存量项目已签署贷款合同前提下的融资成本管理突破，贷款成本由原来的 5 年期以上 LPR 减 50 基点优化至 5 年期以上 LPR 减 110 基点，预计项目建设期较可研节约建设期利息 4 亿元，运营期较可研减少利息支出 30 亿元，合计创效约 34 亿元。

2. 新增项目融资屡创新低

以参股投资的宁马城际项目、甬舟铁路项目、济南雨污项目等为例，中铁上投通过跨区域金融资源调配、竞争性采购程序引用、关键条款谈判等措施，分别落地融资成本下浮 121 基点、152 基点、185 基点，屡次领先刷新项目贷款成本新低，全周期提供企业效益分别为 16 亿元、27 亿元、15 亿元。

（二）牵头多股东打破区域垄断，央企品牌实力凸显

中铁上投通过多项目经验总结创新形成一套独具特色的融资压降管理方式方法，并及时转化为投资项目前沿控制指引，在其他建筑央企、地方省属投资集团等单位中引起广泛好评。以甬舟铁路项目为例，本项目由中铁、中铁建组成社会资本方，联合浙江省交投集团成立多元股东项目公司，没有合并控制方。本项目中铁方股权比例虽然较低，但做联合体牵头人，中铁上投坚持以中国中铁整体利益最大化为出发点，牵头组织各股东单位，围绕股东价值最大化目标，精心策划、稳定控盘，打破金融地方保护，通过前置融资测试、精心研究实施方案、过程严密把控等措施，最终实现了项目 190 亿元银团贷款顺利组团，并刷新中国中铁长期融资最低成本新纪录。

1. 打破地方保护，充分发挥竞争机制

项目中标后，中铁上投坚持使用银团公开招标方式，以投资人利益最大化为原则推进项目银团招标。一方面根据 PPP 合同社会资本融资义务条款，克服地方金融保护困难，顶住来自政府方、合作方等外部压力干扰，设计上海浙江两地金融机构内部银行招标响应要求，顺利纳入上海金融资源介入条款。利用集团属地上海金融资源优势及前期摸底的金融机构响应报价成本，打破地区银行抱团利益联盟，促成更为充分竞争的市场报价格局。

2. 发挥牵头作用，精心组织招标

中铁上投始终坚持靠前谋划、过程调度，牵头制定多项招标工作预案，占据融资工作绝对主动权地位。过程中，中铁上投主动联系中国铁建方以及政府主要出资代表浙江省交投等单位融资团队，做好各方利益协调，促成各方股东达成一致行动目标。先后组织各大金融机构就招标工作，特别是贷款成本进行 3 次摸底，并根据摸底情况调整招标方案评分办法，引导利率下行、贷款条件优化。考虑本项目贷款总额 190 亿元，金额巨大，为保证银团额度稳定及放款稳定，设置"双牵头行 + 5 参贷行"模式，要求各银团成员批复额度合计达贷款总金额两倍以上，做到额度充足、分配均衡、便于调节；同时要求所有银团成员出具放款承诺书，约定不履约放款的具体罚则，为项目提款提供保障。

（三）吃政策、强创新，融资困难项目不断破局

中铁上投积极贯彻落实国家长三角一体化发展战略，加强财政和金融政策研究，

破解片区开发项目融资困局。以集团所属博望片区综合开发项目为例，中铁上投组织项目团队积极争取中央财政预算专项资金支持，为项目投资建设注入资金动力，同时让各大银行增加融资合作和投放的政策信心。

中铁上投牵头组织项目公司积极研究中央财政预算专项资金支持政策，自2021年开始多次与安徽省财政厅、发改委汇报争取中央财政预算专项资金支持；2023年6月，最终以项目子项"宁博创智谷配套路网项目"为载体申报"（长三角一体化发展方向）中央预算内资金"成功获得国家发改委审批，获得中央预算内资金支持5 000万元。同时利用子项目科创平台科技孵化器职能，协同博望区发改委于2021年12月申请到省级科技创新补贴2 180万元。利用国家稳经济大盘政策，以示范区拟开建的道路项目为依托，协同马鞍山市发改委于2022年8月申请到二期农发基础设施基金25 400万元，期限18年。这些政策性资金的获取提升了中铁上投的央企信誉，展现了实力，更争取到了各级银行的融资支持。有上述政策资金赋能，在国内融资严控背景下，中铁上投积极开拓融资思路，主动对接多家金融机构，努力克服《中国银保监会关于印发银行业保险业绿色金融指引的通知》等一批金融严控政策影响，在严格落实中国中铁"不担保、不增资"要求基础上，实现项目一期投资项目融资全覆盖。一是以地方大股东授信、收益权质押等形式申请农发行10亿元融资支持，实现片区开发融资破冰；二是以项目收益按年结算特点，申请农商行流贷5 000万元，解决阶段性资金需求；三是先后多次邀请地方省市银保监局专家亲临现场研讨项目合规，坚定引入建行、农行等商业银行资金支持，融资利率实现基准至下浮40基点，通过竞争机制实现企业收益的提高。

五、经验总结

（一）全生命周期管理思维是融资成本压降的先导

"思路决定出路"，当前经济全球化大背景下，国际竞争不断加剧，如果一个企业不具备系统思考能力，仅仅停留在"暴发户"式工作思维，必将被时代淘汰，而系统思维在投资项目管控上具体表现为全生命周期成本管控。当前各投资项目合作期短则7~10年，长则40年以上，有的如建设—拥有—经营（BOO）模式甚至不约定特许经营期，而融资成本作为此长周期中的第一大成本控制必将是企业经济效益的重要管理因素，这也倒逼企业管理者强化投资项目全生命周期管理思维，从思想上紧绷融资成本压降之弦。

（二）创新差异化融资组合是融资成本压降的重要方式

差异化必然是优势互补且趋利避害型组合，形式表现为商业银行、政策性银行差异化，前期贷、周转贷、流贷或供应链融资与项目固定资产贷款差异化，金融资源优势区域与落后区域差异化，央企品牌总部效益与地方投资公司差异化，还包括投资前中后端不同时期替代性融资产品差异化。商业性银行对项目融资判断主要是看项目第一还款来源，若项目缺乏市场化运营收入，大部分收益来自土地出让收入，就难以市场化贷款融资，而政策性银行主要是看项目组合整体现金流，可以实现打包组合后整体现金流覆盖整个项目融资还款，同时政策性银行在融资放款审批方面条件苛刻，但商业性银行在放款方面相对政策性银行就容易一些。企业要考虑综合不同银行的差异化利弊条件，将融资标的进行梳理并选择性组合，选择差异化融资，规避不利条件，争取融资利益最大化。

（三）竞争性是融资成本压降的重要抓手

竞争是最大的公平，没有竞争极易产生垄断或者腐败，竞争最终体现为企业的议价和经济增值能力，企业价值的创造有赖于市场的合理竞争。投资项目融资采购根据项目情况在公开招标、竞争性磋商、逐一谈判模式中按序择优选择，总部要加大采购模式管控和融资成本控制，对所属单位投资项目融资采购原则上必须采用招标方式，对不具备竞争性采购的片区开发类等可融性不强的项目，要加强集团管控指导，一事一议慎重采取单一来源采购模式。同时要在关键岗位关键议事规则等方面强化对影响融资成本的管控力度，通过重大事项监督管理实现融资成本压降目标实现。

（四）健全有效的组织机构是融资压降管理的基本保障

融资压降管理是一个系统工程，需要企业各部门各层级全员参与。领导重视与否，对融资压降管理的实施效果至关重要。中铁上投以规范的公司法人治理结构为标准，从部门设立、办法发布、考核监督等角度出发，建立了一套有效的融资压降管理组织体系，对提高投资项目融资压降工作发挥了重要作用。企业应树立融资压降管理理念，建立一个全员参与，业务范围全面覆盖、管理流程全程跟踪的综合管理系统。该管理系统应坚持"业财融合"理念，以责任分工为基础、各相关职能部门相互配合、各管理层级密切联动，形成分工明确、责任清晰、相互协同、高效配合的工作机制和责任机制。

（五）人才是提高融资压降管理水平的重要基石

金融活则经济活，金融兴则经济兴，在金融成为资源配置和宏观调控的重要工具，成为推动经济社会发展的重要力量的今天，金融人才队伍建设不仅对金融业发展至关重要，也对企业持续发展有着重大的影响。只有打造一支数量充足、结构合理、素质优良的金融人才队伍，才能更好地为企业长久发展提供源源不断的人才动力。习近平总书记深刻指出，"发展是第一要务，人才是第一资源，创新是第一动力。"[①] 企

---

① 习近平. 发展是第一要务，人才是第一资源，创新是第一动力 ［EB/OL］. www. gov. cn/xinwen/2018 - 03/07/content_5272045. htm，2018 - 03 - 07.

业要强化培训力度，通过集中培训、专业化的研究，培养专业化管理人才，营造良好的人才生态圈，提升研究总结推广应用能力。

（六）对发展和完善融资成本压降工作的建议

融资压降工作第一要务需要深入研究多方政策，重点是学习国内外先进理论，落脚点是统筹多流程管理。基于前述的各项关键因素理论，坚定全生命周期投资管理思维，深入分析融资工具并选择最优差异化组合，刚性强化竞争性工作举措，建立健全融资压降工作机制，大力培养融资专业人才，多管齐下多措并举推进融资压降工作落到实处。

（七）对融资压降工作推广应用的建议

国家政策层面顶层设计牵引，与时俱进配套符合时代需求的金融政策，引导资本流向，鼓励社会高效率高效益融资，刺激经济复苏发展。具体而言，国家层面应设置融资发展的"红绿灯"，科学控制融资逐利的"速"与"度"，趋利避害，扬长避短。一方面，要配备有效监管体系，健全融资行为的宏观审慎管理架构和政策工具，防范系统金融风险；另一方面，要充分发挥国有投资性资本引导作用，推动更多资金进入重大投资领域，通过正确的宏观调控政策全面引导融资支持社会整体发展。社会参与主体积极运用创新融资应用，通过实践给予政策操作案例，修正完善融资政策，实现社会整体融资水平和融资效率提升。具体而言，一是要创新融资及组合结构，全周期筹划融资应用渠道，丰富企业的融资应用手段，解决全社会融资需求。二是要鼓励国内各层级参与主体经验共享，尤其是人才资源丰富的大型企业集团，通过融资论坛、融资案例研究、融资培训等形式普及至中小企业，形成社会层面整体融资水平提升，让政策在基层、经济薄弱点处得到最大宣传，让经济活力在社会各个角度得到广泛激发，提升各市场参与主体竞争力。

（中铁（上海）投资集团有限公司　刘增光　邱冰泉　孟晓伟

商宜鹏　温　杰　张晓萌　曹明华　徐冬冬）

管理会计在片区开发项目投融资管理中的案例研究

【摘要】投融资活动是企业重要的经济活动，往往直接关系到企业的运行状况和发展前景。随着社会经济的不断发展，管理会计作为一种新型的财务管理手段，逐渐和企业经营管理过程有效结合起来。企业必须重视投融资管理工作，借助管理会计工具来有效提升投融资决策的科学性，实现企业战略目标与投融资活动的有机统一。

目前，片区开发项目因投资体量大、涉及子项多、经济活动复杂，常面临资金需求大、融资落地难、现金流紧张等问题。尤其是 2015 年以来，随着国家对地方政府隐性债务监管趋严，加之 PPP 项目在经历短暂快速发展之后因受地方财政空间限制于 2023 年 3 月起暂停入库，片区开发项目对于现金流的管理面临前所未有的挑战。在这种新时代发展背景之下，提高投融资决策水平，降低投融资风险，提升投融资管理效率，实现对项目全流程的控制显得尤为重要。

本文以 LP 项目公司为例，介绍了其在投融资管理过程中，将贴现现金流法、可比分析法、敏感性分析法等管理会计工具和方法相结合，创新搭建"现金流动态评价"工作模型，并取得了一定成效。通过使用该模型实现对企业经济项目进行全流程的控制，帮助企业及时有效应对各项风险，并将风险控制在企业可承受的范围内，创造投融资项目价值最大化。

一、背景描述

（一）单位基本情况

N 市片区开发项目的运作模式为"特许经营 + 联合开发"，当地区政府平台公司作为特许经营者，与中铁联合体共同组建 LP 项目公司，实施联合开发。LP 项目公司成立于 2020 年 12 月 15 日，下设 8 个职能部门，定编人数为 42 人，主营业务为片区开发范围内的房建工程、公建工程、市政工程及绿化工程的设计、建设及运营服务。项目建设期 4 年，运营期 10 年。案例单位组织架构如图 1 所示。

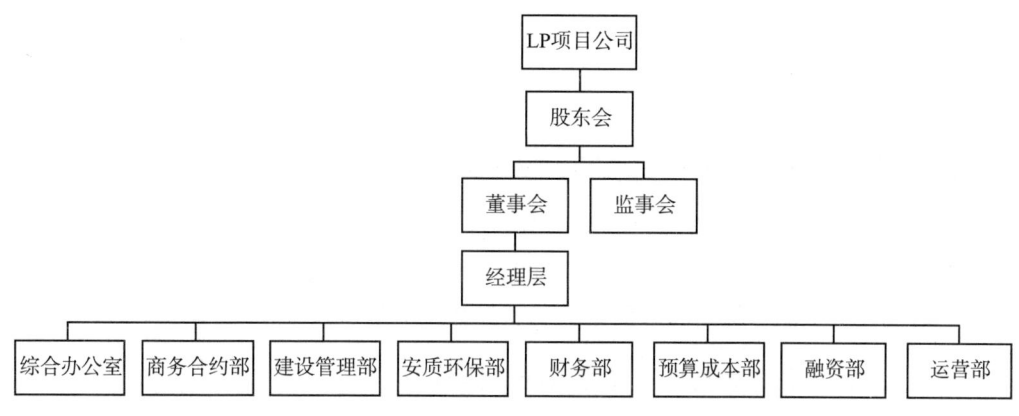

图 1　LP 项目公司组织架构

（二）单位管理现状分析及应用基础

N 市片区开发是横跨"投、融、建、营、退"的全生命周期开发项目，具有综合性强、资源整合度高的特点，是一项复杂的系统性工程。随着国家对地方政府隐性债务监管趋严，加之 PPP 项目在经历短暂快速发展之后因受地方财政空间限制于 2023 年 3 月起暂停入库，如何运用管理会计提高投融资决策水平，降低投融资风险，提升投融资管理效率，实现对项目全流程的控制显得尤为重要。

本文中提到的管理会计工作，能充分发挥作用主要基于以下几点：一是在组织机构上，通过组建 LP 项目公司实现"投建营"一体化管理；二是在岗位安排上，通过设置独立的管理会计岗位参与管理、辅助决策；三是在工具应用上，通过"现金流动态评价"专项工作，帮助企业制定科学有效的投融资方案；四是在体系建设上，通过构建管理会计报告分析体系和财务预警机制充分保障管理会计在实际工作中发挥作用；五是在人才梯队培养上，要求会计人员不仅要懂财务会计，熟悉相关会计准则，还要懂战略会计、战略规划，并具备财务分析能力，为投融资决策提供依据。

（三）选择相关管理会计工具方法的主要原因

N 市片区开发项目的资金具有很强的分散性，如果未能实现统一集中管理，一方面会干扰投资决策，致使融资困境频繁出现，阻碍正常的投资进度；另一方面如果出现资金沉冗，资金效率发挥不出来，还会造成现金流动性差等问题，则会导致财务成本增加、风险增大。

"现金流动态评价"作为一项复合型管理会计工具，符合片区开发项目投融资管理中全流程、全方位的管理要求，有助于企业及时发现潜在风险，提前采取应对措施，为企业经营决策提供更加全面、完整的财务与业务信息数据，增强项目管控实效。

二、总体设计

（一）应用相关管理会计工具方法的目标

LP 项目公司将贴现现金流法、可比分析法、敏感性分析法等管理会计工具和方法相融合，在片区开发项目的实施过程中进行"现金流动态评价"专项工作，旨在为企业加强投资控制、提高经济效益、从而为最优决策而服务。

（二）应用相关管理会计工具方法的总体思路

坚持管理会计在投融资管理过程中的三大原则。一是价值创造原则，应以持续创造企业价值为核心。二是战略导向原则，应符合企业发展战略与规划，与企业战略布局和结构调整方向相一致。三是风险匹配原则，应确保投融资对象的风险状况与企业的风险综合承受能力相匹配。

（三）应用相关管理会计工具方法的内容

1. 贴现现金流法

贴现现金流法作为"现金流动态评价"的主要数据处理工具，对项目全生命周期的现金流进行预测和分析。该方法运用的原理是基于时间价值因素，选择恰当的贴现率计算未来各期现金流入、流出折算到期初的价值，最终输出的指标一般包括动态回收期（PP）、财务净现值（NPV）和项目收益率（IRR）。

2. 可比分析法

可比分析法一方面可以纵向对比两期或者连续数期的同一指标，明确增减变动的数额、方向和幅度等，充分反映企业财务状况，输出定基动态比率、环比动态比率等指标；另一方面可以横向对比两个或多个近似项目的指标数值变化，计算差异额，以此分析片区开发项目的财务情况，输出偿债能力、营运能力、盈利能力、发展能力等评估结果。

3. 敏感性分析法

敏感性分析法是指从众多不确定性因素中找出对投资项目经济效益指标有重要影响的敏感性因素，并分析测算其对项目经济效益指标的影响程度和敏感性程度，进而判断项目承受风险能力的一种不确定性分析方法。通过研究不确定性因素变动，如引起项目经济效益值变动的范围或极限值，判断项目承担风险的能力。

（四）应用相关管理会计工具方法的创新

1. 多方法结合

LP 项目公司通过融合贴现现金流法、可比分析法、敏感性分析法等多个管理会计工具，形成一套适合片区开发项目投融资管理工作的复合型管理工具——"现金流动态评价"工作体系。相较于传统的管理会计工具，其能够更方便系统地供企业有效记录每一阶段现金流情况，及时监控风险，针对偏差进行分析并形成方案供管理者决策使用。

2. 多部门联动

"现金流动态评价"工作作为一项复合型管理会计工具，在实施过程中不是财务部或者融资部等某个单一部门的工作，而是需要各部门联动配合的工作。LP项目公司通过提高"现金流动态评价"工作的应用层级，获得领导对该项工作的重视，最终形成全员参与的统一认识。在不断运行该体系的过程中，加强了各部门对现金流风险的理解，有助于财务管理工作的进一步推进。

3. 多步骤闭环

"现金流动态评价"模型一共分为六大步骤，从项目决策阶段到建设运营阶段，再到移交阶段形成一个以项目生命为周期的闭环管理工具。通过对每个项目运用"现金流动态评价"，不仅可以收集分析数据，辅助项目自身决策，同时也可以在移交阶段宏观复盘项目整体的投资效益，对日后的再投资决策起到参考作用，达到真正意义上的投融资工作闭环管理。

三、应用过程

（一）管理会计专门组织机构及运作方式

LP项目公司将"现金流动态评价"作为一项重要的专项工作，定期对现金流进行预测和管控。通过可行性分析、现金流动态评价、财务预警机制、管理会计报告分析体系、提供决策方案及投资后评价六大步骤（见图2），将管理会计工作贯穿项目

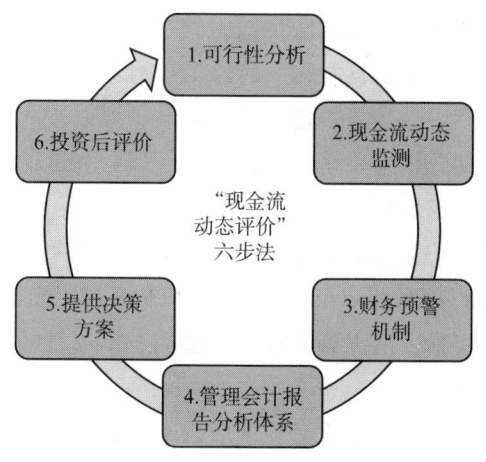

图2 "现金流动态评价"的步骤

全生命周期，包括决策阶段、建设阶段、运营阶段、移交阶段。并且从融资成本、建设成本、运营成本、时间成本等多个角度在不同阶段的测算，对企业现金流状况进行实时监控调整。

（二）参与部门与人员

LP项目公司"现金流动态评价"工作的牵头部门为融资部，配合部门主要包括财务部、建设管理部、商务合约部和预算成本部，其他部门根据需要提供配合。

（三）应用相关管理会计工具方法部署要求

1. 思想认同性

在思想上，明确"现金流动态评价"工作的必要性和重要性，将其作为一项贯穿项目始终的管理工具推进。

2. 部门统筹性

在组织上，需要管理会计发挥统筹职能，协调各个部门之间相互沟通配合。

3. 人员专业性

在分工上，因为"现金流动态评价"工作需要较强的综合素质，在工作分配时需要考虑到相关人员对财务管理、投融资管理、战略管理等多方面能力的需求。

（四）"现金流动态评价"工作的具体应用流程

"现金流动态评价"工作分为以下六个步骤：

1. 可行性分析

在决策阶段，管理会计的工作就已经介入项目的投融资管理工作中。由于企业投融资活动具有一定的系统性，需要采取合理的方式对投融资方案进行分析和评估，从而保证投融资管理工作的有效进行，应运而生的可行性分析就为管理人员判断项目实施的合理性提供了可靠的参考依据。这一阶段的可行性分析一般包括该投资在技术和经济上的可行性、可能产生的经济效益和社会效益、可以预测的投资风险以及落实投资的各项保障因素等。其分析结果是保证投融资管理顺利进行的重要前提，也将成为后续投融资管理的重要参考依据。

"现金流动态评价"在这一阶段的特点是项目尚未正式实施，需要充分了解项目的具体情况，基于项目的自身特点确定影响现金流入和流出的边界条件，预估现金流、贴现期、贴现率三要素，从无到有地建立适用于本项目的现金流模型，以科学合理的方式对其进行全面分析。

N市片区开发项目在预估现金流时，从项目全投资、项目自有资金投资、中铁方投资三个视角建立现金流模型，具体如表1所示。

表1　　　　　　　　　　　**N 市片区开发项目现金流量模型（简表）**

项目全投资现金流量表	项目自有资金现金流量表	中铁方现金流量表
一、现金流入	一、现金流入	一、现金流入
设施可用性服务费	设施可用性服务费	股权退出
运维缺口补助	运维缺口补助	投资收益
使用者付费	使用者付费	施工利润
二、现金流出	二、现金流出	二、现金流出
征地支出	项目资本金	实缴资本
建设投资支出	债务本金偿还	基金通道费
运营成本	债务利息偿还	税金及附加
税金及附加	运营成本	企业所得税
企业所得税	税金及附加	—
—	企业所得税	—
三、净现金流量（流入－流出）	三、净现金流量（流入－流出）	三、净现金流量（流入－流出）

项目全投资现金流量表反映项目投资所带来的资产总额的变化，通过指标计算，可以得出项目的投资价值；项目自有资金现金流量表主要用于分析各类融资方案的优劣，为决策层提供融资方案的取舍依据；中铁方现金流量表是站在股东方的角度计算自身投资收益率，是投资人决策的重要指标。需要注意的是，本项目中社会资本方不参与项目分红，投资收益主要来源于融资授信服务费，对于其他项目需要根据其《投资开发协议》《股东协议》等合同文本进行调整设立。

现金流模型的建立一般包括现金流与贴现期的合理估计，此外还需要选择合适的贴现率计算货币的时间价值。贴现率通常以无风险报酬率即对应期限的国债利率为基础，根据标的资产的投资风险、政策风险、市场风险等特定风险水平进行调整后确定。项目投资决策中，贴现率是项目投资的必要报酬率，也是机会成本。合理估计三要素之后，根据估计结果在贴现期内采用恰当的贴现率对现金流进行贴现，分别计算三种视角下的内部收益率、净现值、回收期等指标论证项目的可行性，以供决策者使用。将管理会计的理念融入投融资行为的价值分析中，能够有效降低风险，减少企业融资成本，使企业的投资能够获取更高的效益。

2. 现金流动态监测

通过可行性分析之后，完成合同签订标志着项目从决策阶段正式进入建设阶段。片区开发项目的投资体量大部分是在几十亿元投资以上，其中一部分的投资体量甚至达百亿级。而项目投资主要发生在前期，财税收入、产业经营收入则集中在运营期，具有前期投入大、开发周期长、资金回流慢的特点。无论是财政资金还是社会资本，前期的收支缺口均较大，给资金筹集及使用带来较大压力，因此资金的管理对投融资项目的成败具有重大影响。

　　LP 项目公司进行现金流动态监测的周期通常为 2~3 周，如果有重大边界条件发生变化也需要进行数据的更新，如表 2 所示。

表 2　　　　　　　　　　LP 项目公司现金流动态监测——边界参数表

项目名称：

序号	内容			单位	参数取值	备注
1	建设期			年	4	
2	运营期			年	10	
3	总投资估算			亿元		
3.1	工程费用			亿元		
3.2	工程建设其他费用			亿元		
3.3	征地拆迁费			亿元		
3.4	预备费			亿元		
3.5	建设期利息			亿元		
4	资金筹措及来源					
4.1	项目资本金		比例	%		不低于 20%
			金额	亿元		
4.1.1	资本金出资结构	政府平台公司	股比	%		
			金额	亿元		
		财务投资人	股比	%		
			金额	亿元		
		中铁方	股比	%		
			金额	亿元		
		小计	股比	%		
			金额	亿元		
4.2	银行贷款		比例	%		
			金额	亿元		
5	融资利率			%		
6	报价指标					
6.1	工程造价下浮比例			%		
6.2	投融资回报率			%		
7	税后工程利润率			%		

续表

序号	内容		单位	参数取值	备注
8	税率	建安工程增值税综合税率	%		
		工程其他费增值税综合税率	%		
		运营成本增值税进项税率	%		
		项目公司增值税销项税率	%		
		城建税税率	%		
		教育费附加税率	%		
		所得税率	%		
9	全投资折现率（期望报酬率）		%		
10	自有资金折现率（期望报酬率）		%		
11	中铁方折现率（期望报酬率）		%		

现金流动态监测以可行性分析中的现金流模型为基础和目标，进行实时数据的更新，并设置动态监测趋势图（见图3）和动态监测汇总表（见表3），旨在一目了然地对项目进行动态监控，确保在第一时间发现投融资过程中的风险及问题，从而及时制订相应的解决方案，帮助企业做好投融资筹划。与此同时，企业也可以根据现金流动态评价结果，划分更加详细的任务，进行精细化管理，这样有利于高效管控企业投融资项目过程中的成本费用，完善其投资成本结构，为企业赢得更多的经济收益。

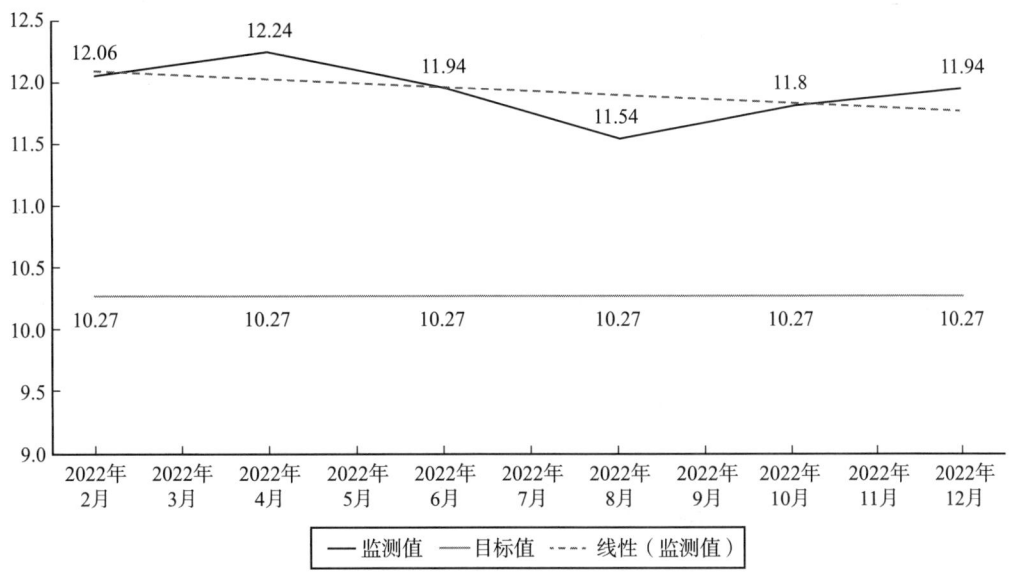

图3 动态监测趋势图（全投资内部收益率）

表3 现金流动态监测汇总表

序号	指标	可行性分析中的目标值	监测值						备注
			1	2	3	4	5	...	
1	项目全投资内部收益率（%）								
2	项目全投资回收期（年）								
3	项目自有资金内部收益率（%）								
4	项目自有资金回收期（年）								
5	中铁方内部收益率（%）								
6	中铁方回收期（年）								

3. 财务预警机制

建立财务预警机制是对第二步"现金流动态监测"结果的进一步运用，是对现金流动态评价模型的一种补充，是完善企业管理会计工作体系和投融资管理体系的一部分，能够有效保证管理会计在投融资管理的过程中充分发挥职能，帮助决策者及时发现问题并纠正偏差，提高项目管控实效，规范集体决策和流程控制。投融资项目在各阶段可以设立的预警指标如表4所示。

表4 各阶段预警指标

序号	预警指标	内容描述
1	"两金"指标	①指标内容："两金"指标一般包括：应收票据、应收账款、存货、合同资产之和 ②预警条件：连续3个月发生亏损且较期初增速超过营业收入同比增速，或者超预算30%且同比增长幅度高于营业收入增长幅度
2	经营性现金净流量	①指标内容：经营性现金净流量＝经营性现金净流入量－经营性现金净流出量 ②预警条件：在一个会计年度内，经营性现金净流量连续6个月负增长或11月份仍然不能实现正向流入的
3	营业收入、净利润	①指标内容：完成预算进度＝年累实际完成数÷预算数 ②预警条件：连续3个月未完成预算进度；会计年度1~12月份预算进度分别为5%、10%、20%、25%、30%、40%、45%、55%、65%、75%、85%、100%
4	资金集中度	①指标内容：资金集中度＝财务公司各项存款/货币资金总额 ②预警条件：在一个会计年度内，资金集中度连续3个月低于预算
5	内部收益率	①指标内容：累计净现值为0时候的贴现率 ②预警条件：在一个会计年度内，连续3个月低于决策时的期望指标
6	资产负债率	①指标内容：资产负债率＝负债总额/资产总额 ②预警条件：在一个会计年度内，连续3个月高于决策时的期望指标

序号	预警指标	内容描述
7	营业现金比率	①指标内容：营业现金比率 = 经营性现金流入/营业收入 ②预警条件：在一个会计年度内，连续3个月未完成预算进度
8	净资产收益率	①指标内容：净资产收益率 = 净利润/平均净资产，平均净资产 = (年初净资产 + 年末净资产)/2 ②预警条件：在一个会计年度内，连续3个月低于决策时的期望指标
9	研发经费投入强度	①指标内容：研发投入强度 = 研发支出/营业收入 ②预警条件：在一个会计年度内，连续3个月未完成预算进度
10	全员劳动生产率	①指标内容：全员劳动生产率 = 劳动生产总值/从业员工人数 ②预警条件：在一个会计年度内，连续3个月未完成预算进度

　　LP 项目公司根据自身情况设立了适应自身需求的财务预警指标，从风险控制方面进行风险识别、风险评估及风险应对。当"现金流动态评价"结果触发预警，则会引起管理层的高度重视，很大程度上可以帮助企业提升投融资决策水平和风险管控效率，有效降低因为信息丢失、权力责任分配不清晰等各种原因造成的投融资风险。

　　除了以上财务指标之外，对于非财务指标也应该纳入预警机制中。如涉及重大诉讼案件且造成严重后果的；涉及违规担保问题的；投资项目建设期及运营期考核不达标，影响投资足额、及时回收的；投资项目（含子项）初步设计概算、施工图预算在工程完工至50%时还未取得批复的；"四证一书"办理不及时，影响项目融资及竣工验收的；材料、设备认质认价批复滞后、影响工程施工进度的；变更设计、洽商签证预算文件批复滞后3个月的；工程工期进度滞后达1个月的；项目竣工验收后8个月未完成竣工决算的；项目竣工验收后12个月未完成竣工决算的，等等。

　　4. 管理会计报告分析体系

　　除了财务预警机制，LP 项目公司还建立了管理会计报告分析体系。管理会计报告分析工作一般由财务部牵头，其他各部门配合，侧重于对现金流动态监测的结果进行分析。通过查找问题、分析问题、解决问题的工作流程将"现金流动态评价"工作的效用落到实处。管理会计报告分析体系最终输出的成果包含管理会计分析报告和召开管理会计报告分析会两大部分。

　　LP 项目公司一般至少于每个季度编制一份管理会计分析报告，也可根据需要编制不定期管理会计分析报告，主要用于反映重要项目节点、特殊事项和特定项目的投资管理情况。报告应确保内容真实、数据可靠、分析客观、结论清楚，为报告使用者提供满足决策需要的信息。形成管理会计分析报告后，由融资部牵头组织管理会计报告分析会，各部门负责人及管理层参加，向管理层汇报分析结果。

　　管理会计分析报告通常利用可比分析法、敏感性分析法等符合片区开发项目投融资管理中全流程、全方位管理要求的方法，对最新的现金流动态评价结果进行分析，内容上通常分为经济运行分析、筹资管理报告、投资管控报告、绩效考核报告四个方面。

（1）经济运行分析。汇报公司整体财务状况，包括资产负债情况、经济效益情况、现金流量情况等；汇报公司全面预算执行情况；分析投融资项目的资产负债情况、经济效益及利润分配情况；根据存量项目投资回收情况、资本金出资情况、贷款还款计划等分析公司投资增长空间，为决策者提供投资承受能力动态分析报告。

（2）筹资管理报告。片区开发项目通常投资额较大，需要在社会筹集资本进行投资，筹资报告有利于企业进行筹资规划以及对现有筹资方式进行评价。LP项目公司的筹资报告通常包括目前贷款情况、筹资成本分析、未来筹资计划等。

（3）投资管控报告。投资管控报告反映的是企业对项目筹集资金的利用，包括投资规模、投资结构、预期收益等方面。LP项目公司的投资报告通常包括进度管控、概预算管控、设计变更管控、产品运营管控等。进度管控，是指对投资实际执行进度方面的规范与控制，主要由建设管理部门负责。概预算管控，指初步设计概算与施工图设计预算的控制，其实质上是工程造价的预期价格，主要由预算成本部负责。设计变更控制，是指对已批准的初步设计文件、技术设计文件或施工图设计文件所进行的修改、完善、优化等活动，主要由设计管理部门负责。产品运营管控，主要是通过在建设期的质量管控和设计优化，为运营期降低成本的做法，主要由建设管理部门负责。

（4）绩效考核报告。绩效管理报告体系应当将财务指标与非财务指标综合在一起考虑，主要反映项目公司经营状况，营收情况等。LP项目公司作为片区开发主体，其建设期的绩效考核内容主要包括投融资管理、设计管理、项目管理、安全控制、质量控制、进度控制、其他施工方面及社会影响等方面，运营期的绩效考核内容主要由公建及房建类、市政类、绿化类三个大类的考核组成。

5. 提供决策方案

在投融资管理过程中运用"现金流动态评价"工具，一方面，能够及时有效地了解既有的投融资方案落实情况，全面有效发挥管理会计在企业投融资管理中的指导意义；另一方面，通过全面多样的数据分析，预估项目各时期的现金流量，从而纠偏年度投资计划，进而有效减少企业运营管理风险和财务资金风险，避免决策失误为企业带来不必要的经济损失。

LP项目公司一般由建设管理部牵头，编制年度投资计划。投资计划的内容一般包括编制依据、上年度投资任务执行情况、本年度投资计划、投资子项的类别及名称、各项目投资额的估算及资金来源构成等，并纳入企业全面预算管理。融资部根据年度投资计划，统筹各项收支，编制年度融资计划（见表5），并据此分解至季度和月度融资计划。必要时根据特定项目的需要，编制专项融资计划。融资计划的内容一般包括融资计划制订、融资决策分析、融资方案的实施与调整、融资管理分析等。

表5　　　　　　　　　　　　　　LP项目公司2022年度融资计划

序号	开工子项个数（个）	项目规划范围	建安费支付比例（％）	资金周期	总投资			总融资		
					投资类别	预计投资额	资金需求	融资类别	融资需求	资金来源
方案一	29	全年计划开工项目	％	全年	1. 建安费			债权融资		银团贷款
					2. 工程建设其他费					
					3. 土地费用			股权融资		资本金
					合计			合计		—
方案二	18	年内必须开工项目	％	全年	1. 建安费			债权融资		A行剩余前期贷＋新的前期贷
					2. 工程建设其他费					
					3. 土地费用			股权融资		资本金
					合计			合计		—
方案三	11	必保重点项目	％	全年	1. 建安费			债权融资		A行剩余前期贷＋新的前期贷
					2. 工程建设其他费					
					3. 土地费用			股权融资		资本金
					合计			合计		—
方案四	11	必保重点项目	％	半年	1. 建安费			债权融资		A行剩余前期贷
					2. 工程建设其他费					
					3. 土地费用			股权融资		资本金
					合计			合计		—

投资计划与融资计划是相辅相成的关系，投资计划需要以融资计划的可融范围和金额为限制，融资计划需要以投资计划的时间安排和进度进行调整。融资安排通常实行年度统筹、季度平衡、月度执行的管理方式，根据战略需要、业务计划和经营状况，预测现金流量，执行融资方案。

6. 投资后评价

"现金流动态评价"工作的最后一步就是应用于投资后评价。按照相关工作要求，在完成投资并正常运营一段时间后，需要对投资项目进行全面性、综合性评价。投资后评价是加强国有资本投资监管、提高投资决策水平、实现理想投资效益的关键管理环节，主要内容一般包括投资过程回顾、投资绩效和影响评价、投资目标实现程度和持续能力评价、经验教训和对策建议等。通过准确评价来判断项目是否达到预设目标、预期效益等并进行相应分析，提出对策和建议，以提高企业投资管理和决策水平，实现资本保值增值。

通过"现金流动态评价"专项工作的前五个步骤，此时管理会计人员已经掌握了该项目全生命周期内现金流量的历史数据及分析结果。在此基础上，项目公司可以从决策阶段评价、实施过程评价、经济效能评价三个阶段来进行深入分析。

（1）决策阶段评价。主要是分析在"现金流动态评价"工作的第一步进行可行性分析的时候是否做好了前期调研工作，是否充分考虑了对现金流流入和流出的影响因素及影响程度，如合作企业的经济实力和资信情况、市场条件和政策变化等对项目的影响，为公司日后的投融资决策提供参考。

（2）实施过程评价。本项评价需要结合第一步可行性报告、第二步现金流动态监测与第四步管理会计报告分析体系的成果开展综合研究，在分析比较中寻找差异，并分析差异产生的具体原因。如果差异较大，则需要反思第三步财务预警机制是否充分发挥作用，以及第五步提供决策方案的时候，是否帮助决策者通盘考虑并作出最优选择。

（3）经济效能评价。财务评价是衡量投资项目经济效能的指标之一，其中对项目投资收益率和资产保值增值率等指标的测算，需要以"现金流动态评价"的结果为依据展开。项目投资收益率可以体现企业日常经营活动的平均利润总和与投资者的初始投资额之间的比率。在对投资收益率剖析时，应明确对回报率的期望，并将其作为评价的标准。资本保值增值率可以反映企业所投资金的运作情况和效益。一般来说，比率越大，表明企业的获利情况越好，管理运营能力越强，资本升值的速度越快，也就意味着企业发展前景越好。

（五）在实施过程中遇到的主要问题和解决方法

1. 主要问题：多部门合作，配合难度大

解决方法：一方面，提高对管理会计的认知，将管理会计和企业组织管理体系进行充分联系，针对企业各项业务和各部门特点来开展精细化管理；另一方面，明确风险控制对企业整体发展的重要性，强调"现金流动态评价"专项工作需要全员参与。强化各个部门之间的相互联系，既可以增强员工对企业的认同感和工作热情，又可以激发员工的主人翁精神，让员工为企业发展和运营管理出谋划策。

2. 主要问题：专业性强，人才紧缺

解决方法：加强对人才的培养，建设管理会计队伍。管理会计需要的是战略型会计，要求会计人员能够准确把握经营全局，洞察本企业、本行业，乃至经济整体运行态势。定期对相关人员进行职业技能培训，完善其知识体系，帮助其掌握先进的管理会计理论。

四、取得成效

（一）应用相关管理会计工具方法前后情况对比

"现金流动态评价"工作六大步骤的实施频率如表6所示。

表6   六大步骤实施频率

序号	名称	项目阶段	实施频率
1	可行性分析	决策阶段	1 次
2	现金流动态监测	建设、运营阶段	2~3 周
3	财务预警机制	建设、运营阶段	2~3 周
4	管理会计报告分析体系	建设、运营阶段	季度
5	提供决策方案	建设、运营阶段	年度
6	投资后评价	移交阶段	1 次

传统财务会计多以结果为导向，主要是对已发生的经济业务进行事后核算。这种事后管理模式具有一定滞后性，不利于风险的提前发现与预防，使得企业对风险的敏感性较差，易遭受不必要的损失。而"现金流动态评价"工作重视事前预测、事中控制、事后反馈，这种全流程、全方位的管理工具，可以使企业及时发现潜在风险，提前采取应对措施，将风险的影响降低到可承受的范围内。

（二）对解决单位管理问题情况的评价

企业在管理中引入"现金流动态评价"，可以获得更加科学全面的信息、强化企业各个部门之间的相互联系、帮助企业在第一时间察觉经济项目流程中暗藏的风险和问题。因此，运用"现金流动态评价"工具能够为企业决策给予准确有效的信息支持，使企业决策更加科学。

（三）对支持单位制定和落实战略的评价

为贯彻落实党的二十大关于加快构建新发展格局、着力推动高质量发展的决策部署，国资委对中央企业提出了"一增一稳四提升"的年度经营目标，要求推动中央企业提高核心竞争力，加快实现高质量发展，建设世界一流企业。

"现金流动态评价"工具通过加强全员、全方面、全过程管理，深入挖掘数据价值，有力支撑科学决策和战略落地，符合国资委对中央企业"要有利润的收入和要有现金的利润"的监管要求，有利于落实国有资产保值增值责任。相较于传统会计的管理方式，"现金流动态评价"工具更加关注企业的可持续投资能力，从而全面提高企业经营业绩的"含金量"，真正实现高质量的发展，实现企业战略目标与投融资活动的有机统一。

（四）对提升单位管理决策有用性的评价

在项目建设期中，每发生一个可能影响项目收益率的事件，都可以将事件值代入"现金流动态评价"工作的模型中，改变局部条件进行试算，如果对收益率有正向的影响，则积极促进该事件的发生；如果对收益率是负面影响，则尽量避免，以保证项目的收益率。通过上述操作，能基本实现项目的动态监测，管理者能够全面掌握企业的经营状况，准确判断自身的优劣势，从而及时调整经营策略，强化优势、弥补劣势。

LP 项目公司对影响内部收益率的主要因素进行了分析和总结，如表 7 所示。

表7　　　　　　　　　　　　　影响内部收益率的主要因素

序号	主要变量	变化方向	内部收益率变化方向	备注
1	建安费总额	提高	上升	现金流能覆盖的前提下
2	建安费支付	推迟	上升	—
3	工程建设其他费	降低	上升	—
4	工程建设其他费支付	推迟	上升	—
5	建设单位管理费	上升	上升	—

通过敏感性分析可知，在该项目中，敏感度排序为：工程建设其他费＞建安工程费用＞建设单位管理费＞建安工程支付进度＞工程建设其他费支付进度。在合同谈判时，总投资不变的前提下，增加建安费的总额可以优化投资结构，提升施工利润空间，进一步提升投资收益率。而且争取将建设单位管理费列入项目的总投资中，对项目投资收益的提升也非常明显。

在实际工作中，工程建设其他费的资金投入，可能在开工后一次性支付完毕，也可能在开工前几个月支付，这就导致工程建设其他费的敏感性更高。因此，在投资管理过程中，对工程建设其他费的把控非常重要。在不违约以及不影响项目进度的情况下，尽可能控制工程建设其他费总额并延迟支付工程建设其他费，使本项目取得了正向的收益变化。

（五）对提高单位绩效管理水平的评价

片区开发项目的现金流管理过程周期长，不确定性也相应增大，运用"现金流动态评价"模型实现对风险的识别与量化，通过将可能影响现金流的事件代入模型中测算，进而确定风险因素、估算风险承担成本、对管理者决策提出科学意见与方案，显著提高了单位投融资绩效的管理水平。

五、经验总结

（一）相关管理会计工具方法的基本应用条件

1. 系统管理现金流的需求

片区开发项目因投资体量大、涉及子项多、经济活动复杂，常面临资金需求大、融资落地难、现金流紧张等问题。积极应用管理会计手段，提高现金流管理水平，降低投融资风险，对项目实行全流程的控制，才能更稳健地推动企业平稳向好发展。

2. 重视风险把控，提升投融资管理效能

片区开发项目如果未能实现资金统一集中管理，一方面会干扰投资决策，致使融资困境频繁出现，干扰正常的投资进度；另一方面如果出现资金浪费、现金流动性差等问题，则会导致财务成本增加、风险增大。

（二）相关管理会计工具方法成功应用的关键因素

LP项目公司管理层对管理会计的理解较为深入，有助于"现金流动态评价"工作落实到位，保障管理会计工具真正作用于企业的经营管理，将分析判断的结果作为企业投融资管理的依据，使企业投融资管理的整体效率及质量得到提升。

（三）对改进相关管理会计工具方法应用效果的思考

1. 优化组织机构，完善相关管理制度

企业应结合管理会计实施要求，对组织机构进行科学优化，设置管理会计专职岗位与部门。除此之外，完善相关管理制度，针对新情况、新问题对制度作出相应的调整，从制度层面保证管理会计的顺利实施。

2. 重视管理会计信息系统的建设工作

目前，企业内部不少部门对于管理会计工作的作用及定位的认识存在一定局限性，一味地把管理会计工作看作财务部门的事情，和自身所属的部门关系不大。实际上，在投融资项目进行过程中，大部分业务流程都会涉及资金流入流出，和企业经营管理关系十分密切，对于企业经济效益也有着重要影响。在大数据时代背景之下，企业应当积极主动运用大数据等先进的信息技术，构建管理会计信息系统。企业优化健全企业管理会计信息系统，也有利于企业投融资管理的各项作业顺利运行。

（四）相关管理会计工具方法在应用中的优缺点

1. 优点

（1）通用性高。一方面，对于绝大部分投融资项目，"现金流动态评价"均可发挥为企业决策给予准确有效的信息支持，使企业决策更加科学的作用；另一方面，在整个"现金流动态评价"工作过程中产生的数据信息也具有较强的通用性，这些信息是企业绩效、投融资评价及战略决策分析所必需的基础条件。

（2）内嵌性强。"现金流动态评价"工作能够内嵌于企业的管理活动，对企业的会计数据及相关资料进行准确的分析，进而帮助管理者作出更加合理的经营决策。

2. 缺点

（1）管理要求高。如果应用企业没有将管理会计的职能和工作内容从财务会计中独立出来，也没有设置相应岗位或部门，则会导致管理会计专业性、权威性不够，"现金流动态评价"工作任务难以得到真正的贯彻落实。

（2）技术含量高。与财务会计工作相比，"现金流动态评价"作为一项管理会计工作体现出较高的技术含量，需要从事该项工作的人员掌握管理会计知识，培养战略化思维与意识，才能为企业管理提供有力的参考依据。

（五）对发展和完善相关管理会计工具方法的建议

对"现金流动态评价"工作的发展和完善可以从加强信息化方面考虑。随着项目周期的推进，"现金流动态评价"工作将形成大量的数据信息资源。因此，为更好地利用数据资源，需要加强对信息技术的应用，构建一个"战略管理＋管理会计＋信息技术"的管理平台，把产生的信息数据汇总到同一数据库，从而实现数据分析自动化、图表一键可视化等，更好地满足管理会计对信息资源的需求。

但信息化的管理模式，也提高了数据外泄风险，必须采取必要的信息安全管理措施，保护数据信息的安全与完整。例如，制定相应保密条例，对管理系统操作人员的权限作出要求，规定具体的授权等级，并限制信息共享的范围，以此来避免非授权人员接触敏感数据。

（六）对推广应用相关管理会计工具方法的建议

要想使用好"现金流动态评价"工具并且进一步将其完善和推广，就要认识到人才的重要性，并且一定要主动进行人才教育和培训工作。首先，需要从思想层面进行教育，使工作人员意识到管理会计工作职能的重要意义，增强工作责任心。同时，鼓励工作人员积极采取管理会计措施进行事前计划、事中控制及事后评价，以帮助企业提升经营管理效率效果，提高经济效益。其次，管理会计的工具方法种类繁多，在实际应用中各自的优势并不相同，企业管理会计人员需要针对自身的经济业务特点选择合适的工具。最后，宏观政策环境及行业市场环境的不断发展变化，要求企业对工作人员定期进行培训，以提升工作人员专业素养以及工作技能。

附　录

附表1　　　　　　　　　　　现金流动态监测——边界参数

项目名称：　　　　　　　　　　　　　　　　　　　　　　人民币单位：

序号	内容	单位	参数取值	备注
1	建设期	年		
2	运营期	年		
3	总投资估算	亿元		
3.1	工程费用	亿元		

序号	内容			单位	参数取值	备注
3.2	工程建设其他费用			亿元		
3.3	征地拆迁费			亿元		
3.4	预备费			亿元		
3.5	建设期利息			亿元		
4	资金筹措及来源					
4.1	资本金出资结构	政府平台公司	股比	%		
			金额	亿元		
		中铁方	股比	%		
			金额	亿元		
		小计	股比	%		
			金额	亿元		
4.2	银行贷款		比例	%		
			金额	亿元		
5	融资成本					
5.1	融资利率			%		
6	报价指标					
6.1	工程造价下浮比例			%		
6.2	投融资回报率			%		
7	税后工程利润率			%		
8	税率	建安工程增值税综合税率		%		
		工程其他费增值税综合税率		%		
		运营成本增值税进项税率		%		
		项目公司增值税销项税率		%		
		城建税税率		%		
		教育费附加税率		%		
		所得税率		%		
9	全投资折现率（期望报酬率）			%		
10	自有资金折现率（期望报酬率）			%		
11	中铁方折现率（期望报酬率）			%		

附表 2　　　　　　　　　　现金流动态监测——投融资进度

B2 – 1　投资进度

序号	项目	单位	金额	2019 年	2020 年	2021 年	2022 年	2023 年	总额预计
一	静态投资								
1	工程费用	万元							
2	工程其他费用	万元							
3	预备费	万元							
二	建设期利息	万元							
三	流动资金	万元							
四	动态总投资	万元							
附	建设期进项税额	万元							

B2 – 2　筹资进度

序号	项目	单位	金额	2019 年	2020 年	2021 年	2022 年	2023 年	总额预计
一	资本金	万元							
1	政府方	万元							
2	社会资本	万元							
2.1	中铁方	万元							
2.2	其他方	万元							
2.3	引入基金								
2.3.1	中铁方认购								
2.3.2	其他方认购								
二	项目融资	万元							
1	融资金额								
2	融资成本	—							
3	还款期限	年							
4	还款方式	—	贷款协议						
另	基金通道费								

附表 3　　　　　　　　　　现金流动态监测——成本费用明细

B3 – 1　还本付息

序号	名称	合计	建设期 2019 年	建设期 2020 年	建设期 2021 年	建设期 2022 年	建设期 2023 年	运营期 2024 年	运营期 2025 年	运营期 2026 年	运营期 2027 年	……
1	期初借款余额											
2	当期还本付息											

续表

B3 – 1	还本付息		建设期	建设期	建设期	建设期	建设期	运营期	运营期	运营期	运营期	运营期
序号	名称	合计	2019 年	2020 年	2021 年	2022 年	2023 年	2024 年	2025 年	2026 年	2027 年	……
其中	还本											
	付息											
3	期末借款余额											
附	贷款金额		已贷金额		未贷金额							
	贷款利率											
	还款年限											

B3 – 2	折旧摊销		建设期	建设期	建设期	建设期	建设期	运营期	运营期	运营期	运营期	运营期
序号	名称	合计	2019 年	2020 年	2021 年	2022 年	2023 年	2024 年	2025 年	2026 年	2027 年	……
1	期初原值											
2	当期摊销											
3	期末余值											
附	无形资产原值											
	摊销年限											

B3 – 3	经营成本		建设期	建设期	建设期	建设期	建设期	运营期	运营期	运营期	运营期	运营期
序号	名称	合计	2019 年	2020 年	2021 年	2022 年	2023 年	2024 年	2025 年	2026 年	2027 年	……
1	基金通道费											
2	委托运营成本											
3	管理人员工资											
4	生产负荷											
5	进项税额											
6	合计											

附表 4　　　　　　　　**现金流动态监测——收入及税费**

B4 – 1	收入估算表		建设期	建设期	建设期	建设期	建设期	运营期	运营期	运营期	运营期	运营期
序号	名称	合计	2019 年	2020 年	2021 年	2022 年	2023 年	2024 年	2025 年	2026 年	2027 年	……
一	使用者付费											
1	生产规模											

B4－1	收入估算表		建设期	建设期	建设期	建设期	建设期	运营期	运营期	运营期	运营期	运营期
序号	名称	合计	2019 年	2020 年	2021 年	2022 年	2023 年	2024 年	2025 年	2026 年	2027 年	……
2	销售单价											
3	销项税额											
二	可行性缺口补助											
1	可用性付费											
2	运营服务费											
3	销项税额											
三	合计（含税）											
	合计（不含税）											
附	回报机制											
	运营模式											

B4－2	税费估算表		建设期	建设期	建设期	建设期	建设期	运营期	运营期	运营期	运营期	运营期
序号	名称	合计	2019 年	2020 年	2021 年	2022 年	2023 年	2024 年	2025 年	2026 年	2027 年	……
一	应纳增值税额											
1	进项税额											
2	销项税额											
3	当期抵扣额											
4	留抵进项税											
二	税金及附加											
1	城市维护建设税											
2	教育费附加											
3	地方教育附加											

附表 5   现金流动态监测——利润表

序号	名称	合计	建设期	建设期	建设期	建设期	建设期	运营期	运营期	运营期	运营期	运营期
			2019 年	2020 年	2021 年	2022 年	2023 年	2024 年	2025 年	2026 年	2027 年	……
1	经营收入											
2	财政补贴收入											
3	其他收益											

序号	名称	合计	建设期 2019 年	建设期 2020 年	建设期 2021 年	建设期 2022 年	建设期 2023 年	运营期 2024 年	运营期 2025 年	运营期 2026 年	运营期 2027 年	运营期 ……
4	税金及附加											
5	总成本费用											
6	利润总额											
7	弥补以往年度亏损											
8	应纳税所得额											
9	所得税											
10	净利润											
11	期初未分配净利润											
12	提取法定盈余公积											
13	可供投资者分配的利润											
14	各投资方利润分配											
其中	政府方											
	社会资本方											
	其中：中铁											
15	未分配利润											
附	息税前利润											
	累计盈余公积											

附表 6 　　　　　　　　现金流动态监测——项目全投资现金流量表

序号	名称	合计	建设期 2019 年	建设期 2020 年	建设期 2021 年	建设期 2022 年	建设期 2023 年	运营期 2024 年	运营期 2025 年	运营期 2026 年	运营期 2027 年	运营期 ……
1	现金流入											
1.1	经营收入											
1.2	财政补贴收入											
1.3	其他收益											
1.4	回收固定资产余值											

续表

序号	名称	合计	建设期 2019 年	建设期 2020 年	建设期 2021 年	建设期 2022 年	建设期 2023 年	运营期 2024 年	运营期 2025 年	运营期 2026 年	运营期 2027 年	运营期 ……
1.5	回收流动资金											
2	现金流出											
2.1	建设投资											
2.2	流动资金											
2.3	经营成本											
2.4	税金及附加											
2.5	增值税											
2.6	维持运营投资											
3	所得税前净现金流量											
4	累计所得税前净现金流量											
5	调整所得税											
6	所得税后净现金流量（不含施工利润）											
7	累计所得税后净现金流量											
8	施工利润											
9	所得税后净现金流量（含施工利润）											
10	累计所得税后净现金流量											
11	全投资税后 IRR（不含施工利润）											
12	全投资税后 IRR（含施工利润）											
13	项目全投资静态投资回收期（不含施工利润）											
14	项目全投资静态投资回收期（含施工利润）											

附表 7　　　　　　　　　现金流动态监测——自有资金现金流量表

序号	名称	合计	建设期 2019 年	建设期 2020 年	建设期 2021 年	建设期 2022 年	建设期 2023 年	运营期 2024 年	运营期 2025 年	运营期 2026 年	运营期 2027 年	运营期 ……
1	现金流入											
1.1	经营收入											
1.2	财政补贴收入											
1.3	其他收益											
1.4	回收固定资产余值											
1.5	回收流动资金											
1.6	短期借款											
2	现金流出											
2.1	项目资本金											
2.2	借款本金偿还											
2.3	借款利息支付											
2.4	经营成本											
2.5	税金及附加											
2.6	增值税											
2.7	所得税											
2.8	维持运营投资											
3	净现金流量（不含施工利润）											
4	累计净现金流（不含施工利润）											
5	施工利润											
6	净现金流量（含施工利润）											
7	累计净现金流（含施工利润）											
8	自有资金财务内部收益率（不含施工利润）											

续表

序号	名称	合计	建设期 2019 年	建设期 2020 年	建设期 2021 年	建设期 2022 年	建设期 2023 年	运营期 2024 年	运营期 2025 年	运营期 2026 年	运营期 2027 年	运营期 ……
9	自有资金财务内部收益率（含施工利润）											
10	项目自有资金静态投资回收期（不含施工利润）											
11	项目自有资金静态投资回收期（含施工利润）											

附表 8　　　　　　　　　现金流动态监测——中铁方现金流量表

序号	名称	合计	建设期 2019 年	建设期 2020 年	建设期 2021 年	建设期 2022 年	建设期 2023 年	运营期 2024 年	运营期 2025 年	运营期 2026 年	运营期 2027 年	运营期 ……
1	现金流入											
1.1	实分利润											
1.2	资产处置收益分配											
1.3	租赁费收入											
1.4	税后施工利润											
2	现金流出											
2.1	实缴资本											
2.2	租赁资产支出											
2.3	其他现金流出											
3	净现金流量											
4	累计净现金流											
5	自有资金财务内部收益率（含施工利润）											
6	中铁方项目静态净收益											

附表9　　　　　　　　　现金流动态监测——参数与指标对比表

序号	指标名称	单位	决策参数	本次参数	差异值	变动依据
一	合作期限					
1	建设期	年				
2	运营期	年				
二	投资构成					
1	总投资	万元				
2	建安费用	万元				
3	工程建设其他费	万元				
4	基本预备费	万元				
5	建设期利息	万元				
三	投融资结构					
1	社会资本方出资	万元				
2	政府方出资	万元				
3	贷款额	万元				
4	利息支出	万元				
5	贷款利率	%				
四	成本收入					
1	运营利润率	%				
2	投资收益率	%				
3	使用者付费	万元				
4	政府可行性缺口补助	万元				
4.1	可用性服务费	万元				
4.2	运维绩效服务费	万元				
5	运营成本	万元				
6	运营期净利润	万元				
7	施工利润率	%				
8	施工利润	万元				
五	适用税率					
1	增值税率	%				
2	税金及附加税率	%				
3	企业所得税税率	%				
4	运维阶段增值税税率	%				
六	收益指标					
1	全投资内部收益率	%				

续表

序号	指标名称	单位	决策参数	本次参数	差异值	变动依据
2	自有资金内部收益率（不含施工利润）	%				
3	自有资金内部收益率	%				

附表 10　　　　　现金流动态监测——其他资料清单

序号	资料内容
一	投资额变动详细情况
1	建安费
2	工程建设其他费
3	预备费
4	征拆
二	资本金到位情况
1	集团公司资本金到位时间及金额
2	中铁系其他股东资本金到位时间及金额
3	中铁系外社会资本方股东资本金到位情况
4	政府方资本金到位情况
三	融资到位情况
1	每笔融资的到位时间及金额
2	融资利率
3	贷款合同（主要看还款约定和期限）
四	建设期各年度资金支付总额
1	建设期各年度建设期利息支付总额
2	建设期各年给施工总承包单位的付费总额
3	建设期其他投资各年支出总额
五	运营期的变动情况
1	按最新项目包填报运营成本构成
2	按最新项目包填报经营收入构成
六	截至目前各年度投资回收时间及金额
七	截至目前各年度留抵退税时间及金额

（铁工投资　吴新运　赵　丹）

资本成本分析在房地产企业融资管理中的应用

【摘要】 房地产开发行业是我国国民经济的支柱性产业，对我国国民经济发展、国计民生保障等都具有非常重要的作用。房地产作为一个资金密集型行业，筹集充足的资金是房地产企业健康、可持续发展的基本需求，而房地产企业在融资过程中面对多样化的融资渠道如何选择融资产品，直接影响房地产企业的融资成本。为促进房地产企业稳健发展，亟须通过不断创新融资方式、拓宽融资渠道、降低融资成本，推动企业高质量发展。

2022年以来，央行逆回购，贷款市场报价利率（LPR）持续下调等政策，不断向市场释放资金流动性；从"三支箭"① 到今年的724政治局会议，国家不断给予房地产金融政策支持，促进房地产稳健发展，房地产企业面临新的机遇和挑战。为进一步优化企业融资结构，A公司认真研究金融政策，积极与金融机构沟通，合理运用融资工具，并运用数智化手段对金融资源管理与配置，搭建司库管理系统，针对项目产业业态和开发阶段的资金需求，分析不同融资工具特点，择优选择融资产品，为企业战略发展目标创效赋能。

一、背景描述

（一）A公司基本情况

A公司致力于特色地产开发、打造国内一流城市综合投资开发运营商，业务涵盖城市产业、城市生活、城市更新、城市服务、文旅康养、乡村振兴、生态修复治理等领域，投资开发住宅、商业、会展、文旅、康养、城市综合更新、代建代开发等项目。

（二）管理会计应用基础

房地产行业融资现状及存在的问题包括：一是房地产属于资金密集型行业，开发建设中资金需求量大、占用时间长；二是在新形势下，房地产企业受行业调控及金融政策调整的影响，其融资结构将受到不同程度的影响；三是房地产业态较为复杂，适用的融资产品多元化，融资期限和成本也存在差异。

---

① "三支箭"分别指：信贷支持、民营企业债券融资支持工具、民营企业股权融资支持工具。

（三）选择相关管理会计工具方法的主要原因

1. 融资渠道有待拓宽

传统融资方式使用期限和范围有限，亟须拓宽融资渠道。银行贷款是我国房地产企业开发建设中的主要融资方式，然而银行贷款存在以下现状，成为房企融资的困扰。一是融资难度大。大部分房地产企业将银行融资作为唯一的融资方式，在过于依赖银行融资的情况下，银行出于对企业"三道红线"① 指标的评估，使房地产企业的银行融资难度加大。二是融资金额受限。银行向房地产企业放贷时，为了降低房贷风险，往往需要结合企业的资产负债、经营情况、信用等级及资产状况等一系列指标，综合评估后给予贷款额度，仅靠银行贷款无法满足整个项目开发建设资金需求。三是融资范围有限。银行开发贷款是为项目住宅等业态开发建设提供资金，无法满足基础设施、商业不动产板块、自持物业项目的资金需求。

2. 融资成本亟待降低

房地产企业由于行业经营特性，资产负债率普遍较高，开发建设中资金需求日益增长，针对目前存在资金需求量大、资金占用时间长的特点，融资成本压降能有效提升企业经济效益，是房地产企业现阶段必须研究的课题。如何在行业下行、国家机构给予金融政策支持的大背景下，适应新形势，应对新挑战，不断优化融资结构，降低融资成本，保证企业经营生产是房地产管理的关键工作。

二、总体设计

（一）应用相关管理会计工具方法的目标

（1）通过研究房地产金融政策，实施创新融资业务，拓宽融资渠道，不断为企业发展"输血补气"。

（2）通过对标可利用的融资渠道，按照"成本优先"的原则，择优选取低成本融资方式，实现经济效益最大化。

（3）通过搭建司库管理系统，应用大数据理念，实现对企业金融资源的实时监控和统筹调度。

（二）应用相关管理会计工具方法的总体思路

通过探索研究融资政策与融资工具，按照项目业态、开发阶段、政策支持等因素，分门别类地选用每个阶段适用的融资工具，积极创新融资模式；在同一业态适用的多种

---

① 所谓"三道红线"，是指中央银行为了限制房地产行业风险而推出的政策，具体包括：（1）剔除预收款后的资产负债率不超过70%；（2）净负债率不超过100%；（3）现金和短期债务比不小于1。

融资方式中，秉承成本最优原则，灵活确定最优融资方式，推动企业高质量发展。

（三）相关管理会计工具方法的内容

资本成本分析法，是指筹集和使用资金的成本率，或进行投资时所要求的必要报酬率，一般用相对数即资本成本率表达。

A公司利用数智化手段整合业务流程，搭建司库建设平台，向管理层及时提供融资规模、融资成本等信息，利用资本成本分析法管理会计工具，选取最优融资方式，实现价值创造。

（四）应用相关管理会计工具方法的创新

在财务管理数字化转型的大背景下，运用现代网络信息技术，结合房地产板块的特殊性，搭建司库体系融资系统，对融资、授信及担保进行统筹管理，包含融资计划与融资申请、融资管理、额度管理、贷后跟踪、融资分析等内容。

三、应用过程

（一）参与部门和人员

A公司开展融资业务，由财务部门提出实施方案，由法律部门对交易文件进行审核，投资、运营、营销、成本等相关业务部门配合访谈、尽调等事项，内外联动、上下协同、合力推动。

（二）应用相关管理会计工具方法的资源、环境、信息化条件等部署要求

（1）根据国家出台的金融政策，研究各项政策适用的条件，根据房地产开发阶段，选用与开发模式相匹配的融资方式。

（2）梳理各类融资方式下的具体流程，遴选优质合作机构并明确机构的职责。

（3）建立信息沟通渠道，及时传递信息，促进沟通和协作。

（4）秉承"智能友好、穿透可视、功能强大、安全可靠"十六字的建设理念，助力数智化财务管理、推动业财融合，更好践行财务金融支撑战略、支持决策、服务业务、防控风险、创造价值的职能，驱动房地产企业高质量、可持续发展。

（三）具体应用模式和应用流程

近年来，A公司坚持守正创新、与时俱进，研究学习国家出台的相关政策，并推动实施创新融资模式，各阶段开展的融资业务及流程包括以下几个方面。

1. 项目投拓阶段

项目投拓阶段的主要融资模式有并购贷、权益融资及股东借款。各类融资的模式

及流程如下：

（1）并购贷款，是指金融机构向并购方发放的，用于支付并购交易价款的贷款。其中并购是指境内并购方企业通过受让现有股权、认购新增股权，或收购资产、承接债务等方式以实现合并或实际控制已设立并持续经营的目标企业的交易行为。

（2）权益融资，是指房地产企业拟获取土地储备时，通过合作开发模式，降低自有资金出资的融资方式。

（3）股东投入，是指股东通过资本金投入或借款形式投入项目公司，是"招拍挂"项目竞买土地款资金的主要来源。

2. 项目建设阶段

项目开发建设阶段的主要融资模式有开发贷款、供应链金融 ABS、中期票据、保债计划、永续债、票据等。各类融资的模式及流程如下：

（1）开发贷款。项目公司向银行沟通融资需求，各家银行出具融资方案，项目公司通过综合考虑贷款利率、金额、期限、增信方式、还款节奏等因素，选取综合条件最优的银行办理开发贷款。

（2）供应链金融 ABS。具体可分为资产端供应链金融 ABS 和负债端供应链金融 ABS。

第一，资产端供应链金融 ABS 是指以应收账款资产所产生的现金流为偿付支持的资产支持证券业务。

A 公司已成功发行购房尾款 ABS 产品，具体流程包括：一是投资者将认购资金委托资管机构管理，管理人设立并管理专项计划，认购人取得资产支持证券，成为资产支持证券持有人；二是管理人向原始权益人购买基础资产；三是资管机构委托原始权益人作为资产服务机构，对基础资产进行管理，包括但不限于现金流回款的资金管理、现金流回款情况的查询和报告、购房合同的管理、资料保管等；四是资产服务机构根据《服务协议》的约定在每个循环购买日购买新增基础资产；五是在现金流划转日将基础资产产生的现金划入专项计划账户，并将该现金流回款与 A 公司的自有财产及管理的其他财产严格区分并分别记账；六是托管人应根据管理人的分配指令划付专项计划费用及投资者收益。交易结构如图 1 所示。

第二，负债端供应链金融 ABS 是利用各级单位在金融机构授信、提供增信或对债务确权等信用支持，将相应结算负债转为刚性兑付负债的行为。

A 公司已成功发行应付账款 ABS 业务，具体流程如下：一是供应商（原始债权人）因向 A 公司下属公司（原始债务人）提供境内货物/服务贸易或境内工程承包/分包服务等基础交易而对原始债务人享有应收账款债权。二是供应商（原始债权人）与保理机构、原始债务人签署了《保理业务服务合同》，约定由原始债权人将其享有的对原始债务人的应收账款债权及附属担保权益（如有）转让予保理公司。三是原始债务人与 A 公司签署《债务转让协议》，将标的债务转让给 A 公司承担，且上述转

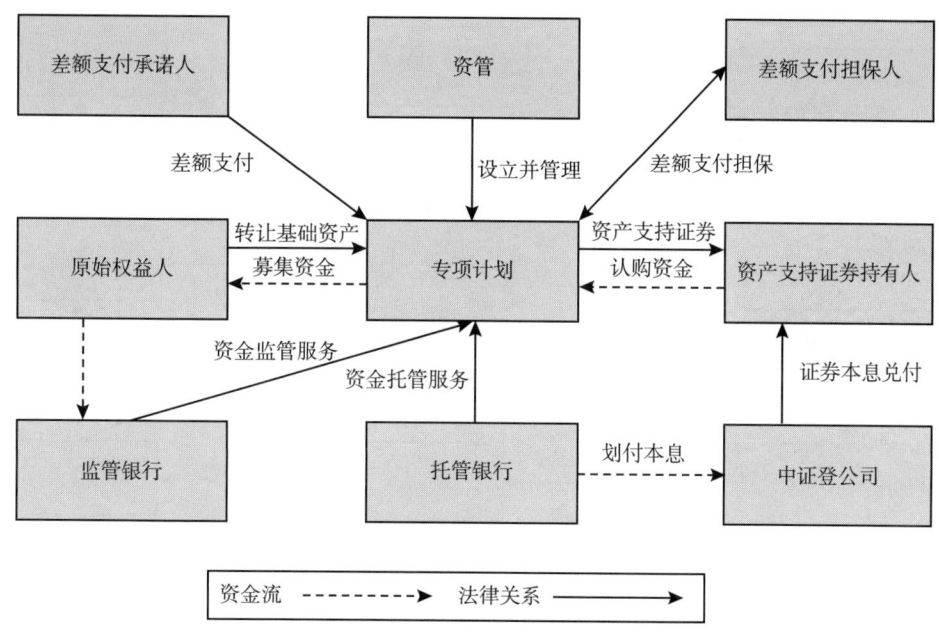

图1 资产端供应链交易结构

让已经取得债权人保理公司的书面同意，转让完成后，标的债务的债务人变更为 A 公司。四是原始权益人依据基础交易合同和保理合同对债务人享有的应收账款债权及其附属担保权益（如有）。保理公司就债权转让事宜向 A 公司发出《应收账款债权转让通知书》，并取得 A 公司出具的《买方确认函》。五是证券公司（作为计划管理人）与认购人签订《认购协议》，认购人支付认购资金，并持有资产支持专项计划份额；证券公司作为管理人设立并管理该专项计划。证券公司（作为计划管理人）与保理公司（作为原始权益人）签署《基础资产买卖协议》，根据协议将专项计划资金用于向原始权益人购买基础资产。交易结构如图 2 所示。

（3）中期票据。中期票据是指具有法人资格的非金融企业在银行间债券市场发行的，约定在一定期限还本付息的债务融资工具。

中期票据发行流程：一是沟通确定实施方案。根据 A 公司融资需求，与多家机构沟通，通过对比交易结构、融资成本、时间安排等因素，确定合作机构与融资方案。二是组织通过会议决策。融资方案确定后，并通过公司审批程序。三是协调提供资料。内部决策程序结束后，按照评级机构、律师事务所、券商等机构的要求，梳理工作清单，协调公司各部门及下属公司提供相关资料，组织完成法律尽调、主体及产品评级、编写申报文件等工作。四是组织报送交易所审批。跟踪督促券商向交易所报送，并积极与协会沟通，加强券商与协会的沟通机制，压缩协会批复时间。五是积极沟通投资者。为了吸引广大投资者，举办路演活动，增强了投资者的信心。

（4）保债计划。保债计划是保险债权计划，是指保险资产管理公司发起设立的投资产品，向保险公司等委托人募集资金，投资主要包括交通、通信、能源、市政、

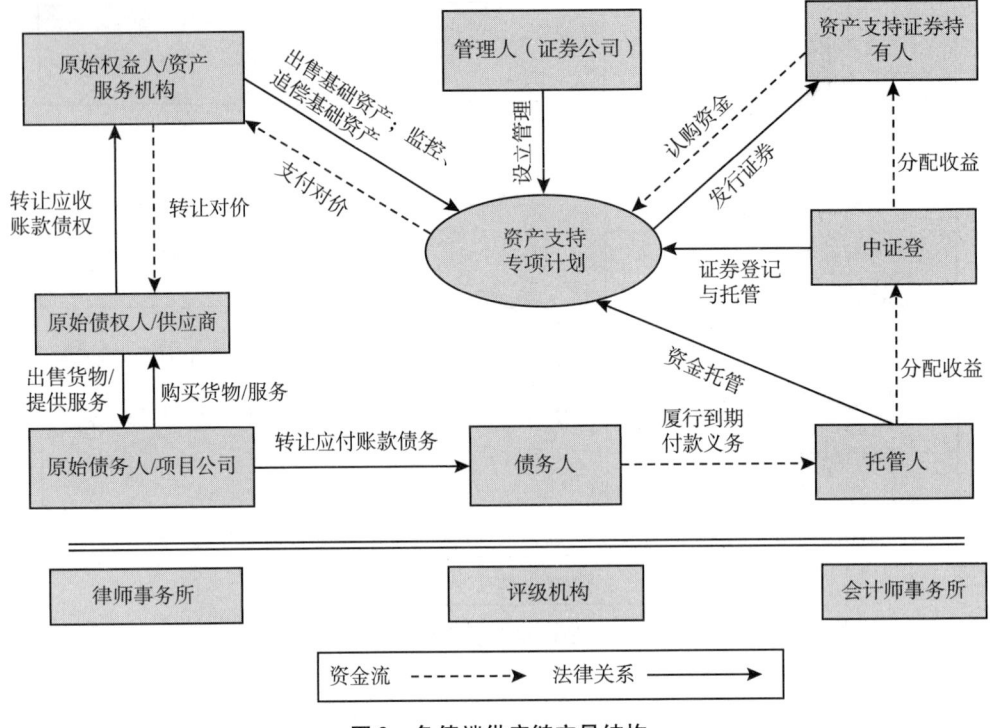

图 2　负债端供应链交易结构

环境保护等国家级重点基础设施或其他不动产项目，并按照约定支付本金和预期收益的金融工具。通过保险公司设立债权投资计划，募集资金后用于基础设施和不动产的开发建设。

（5）票据。票据是一种商业信用工具，指由债务人向债权人开出的、承诺在一定时期内支付一定款项的支付保证书。

3. 商业自持阶段

（1）CMBS 业务。商业房地产抵押贷款支持证券（CMBS）是指以单个或多个包括写字楼、酒店、会议中心、商业服务经营场所等商业物业的抵押贷款组合包装而构成的基础资产，通过结构化设计以相关地产未来收入为主要偿债本息来源的资产支持证券产品。

A 公司以项目公司物业资产为标的资产，以标的资产项下 A 公司持有债权为基础发行 CMBS 产品。CMBS 的交易结构如下：一是债权设立。A 公司与借款人项目公司签署《借款协议》，并向借款人提供借款形成标的债权。二是专项计划设立。证券公司作为计划管理人与认购人签订《认购协议》，认购人支付认购资金，并持有资产支持专项计划份额；证券公司作为管理人设立并管理该专项计划。三是基础资产转让。证券公司资管代表专项计划与原始权益人 A 公司签署《基础资产买卖协议》，根据协议将专项计划资金用于向 A 公司购买基础资产，即原始权益人享有的对项目公司的借款债权。标的债权本息偿还主要来源于标的物业的运营收入并以标的物业作为抵押物，以标的物业运营收入作为质押物为借款本息兑付提供担保。交易结构如图3所示。

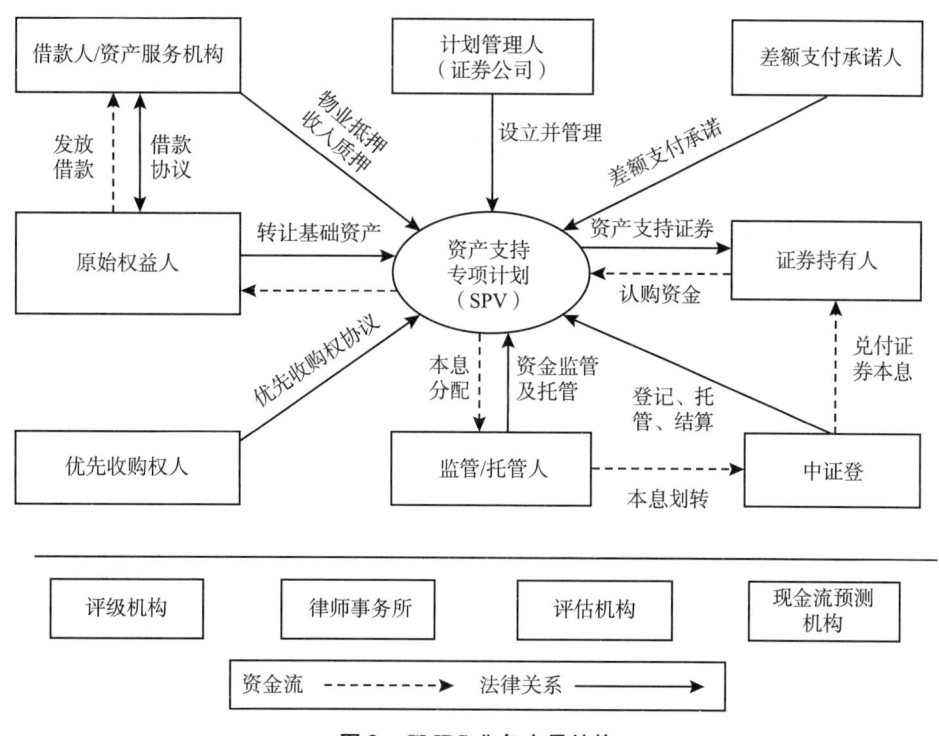

图3　CMBS业务交易结构

（2）售后回租。售后回租是指承租方以融资为目的，向从事融资性售后回租业务的企业出售资产后，从事融资性售后回租业务的企业将该资产出租给承租方的业务活动。

（四）在实施过程中遇到的主要问题和解决方法

（1）金融政策约束，限制融资渠道。在房地产企业开展融资活动的过程中，金融政策是制约其实现快速融资的重要障碍之一。在法律方面，《中华人民共和国证券法》《中华人民共和国公司法》都对企业的融资活动予以规范，发行债券往往对主体信用评级、"三道红线"指标、盈利水平提出明确要求，这些严格条件使很多房地产企业难以筹集到必要的资金。

（2）行业波动大，融资成本较高。房地产企业周转时间长，金融机构提供资金支持承担的风险大，近年来房地产不断爆雷，给市场传出了负面消息。这些现象一方面促使部分金融机构收紧对房地产企业融资政策支持力度；另一方面使资本市场投资者对房地产行业的信心不足，从而使房地产企业陷入融资成本高的困境。

（3）区域融资环境不同，融资成本差异较大。一方面从开发贷款来看，北上广深融资成本相对较低，东北、西南地区融资成本相对较高，A公司通过与各大银行总行对接，跨区域引入低成本资金，降低融资成本；另一方面A公司积极在资本市场公开发行产品，与券商、投资者加强沟通，通过开展专题路演等活动，吸引广大投资者关注发行产品，以簿记建档方式压降融资成本。

（4）人员水平不均衡，也是信息化过程中不可忽视的问题，业务人员没有信息化意识，研发人员不了解业务情况，这些认知的局限，往往会阻碍企业的数字化转型。

四、取得成效

（一）应用相关管理会计工具方法前后情况对比

近三年通过拓宽外部融资渠道，2022年末外部融资占比较2020年增长26个百分点；通过优化资本结构，少数股东权益较2020年大幅增加，融资成本持续降低。

1. 项目投拓阶段

近年来，A公司通过引入外部投资者拓展项目，一方面可借用合作方的资金，减少自身的资金投入，减轻企业资金压力；另一方面可以学习合作方的优秀经验，提升自身开发能力。主要的合作头部和标杆房地产企业有保利、华润、龙湖、华侨城等。

2. 项目建设阶段

通过银行竞标、跨区域引入资源，降低开发贷融资成本。东北、西南地区开发贷款成本较高，A公司跨区域协调金融机构，通过与各大银行总行对接，引入优质资源，将东北、西南地区开发贷成本压降110个基点；北京、上海两市开发贷融资成本与其他地区相比较低，北京、上海两市办理开发贷款，A公司与多家银行沟通开发贷需求，通过银行竞标方式，将北京、上海两市开发贷成本降至3%以下。

商业不动产开展保债计划拓渠道、降成本。A公司通过发行保债计划成功取得融资资金，规模大、借款利率低、期限长，与股东借款利率相比，可节省大量融资成本。

公开市场发行中期票据，相较开发贷款相比，融资成本较低。A公司利用银行间协会窗口期，积极组织发行中期票据，成功募集资金，低于区域内开发贷款利率。

利用供应链金融结算工具，解决建安工程款资金需求，2023年初A公司成功募集资金，低于同期同区域开发贷款利率。

3. 项目自持阶段

盘活资产提升资产变现能力。A公司以商业、办公物业为租赁标的物与融资租赁公司及其合作方开展售后回租业务募集资金；以持有的物业资产为标的资产，发行CMBS产品募集资金。通过以上方式，将沉淀资产有效盘活，提升了企业资产变现能力，释放企业现金流。

（二）对解决单位管理问题情况的评价

近三年，不断研究实施金融政策，通过发行保债计划、售后回租、中期票据、发行 CMBS、供应链金融 ABS 等方式。一方面拓宽了融资渠道，丰富了融资方式；另一方面较以往的融资结构相比，压降了融资成本。

（三）对支持单位制定和落实战略的评价

近年来，A 公司紧紧抓住政策窗口，积极主动作为，深挖大客户资源，克服重重困难，运用多种手段创新融资，有效为项目开发建设提供资金保障，使项目自身的销售回款满足投拓项目的资金需求，支撑了企业在北上广深等核心区域核心地块战略布局；首次取得主体信用 AAA 评级和发行中期票据，不仅有利于提升企业的形象和竞争力，也将在企业拓展融资渠道、降低融资成本、创新融资业务等方面发挥积极作用，对企业高质量发展具有重要的里程碑意义。

（四）对提升单位管理决策有用性的评价

全面利用司库系统对 A 公司和各成员单位的融资、授信及担保数据进行深度挖掘、专业分析，结合实际需要与市场环境，形成融资分析成果，为管理决策提供数据支撑。

（五）对提高单位绩效管理水平的评价

近年来 A 公司不断拓宽融资渠道，通过多种方式筹集财务资源，支持企业经营发展。近三年 A 公司平均融资成本呈现逐年下降趋势。

五、经验总结

（一）相关管理会计工具方法的基本应用条件

（1）提升管理的内部需求。对房地产而言，降低融资成本是摆在管理者面前的一个严峻的挑战。基于同一开发阶段可选用不同渠道，利用资本成本分析管理会计工具选择成本最优的融资方案，提升经济效益，实现价值创造。

（2）经营形势的外在压力。由于融资成本的增加必然形成对利润的侵蚀，而房地产企业面临行业下行的挑战，在此环境下，房地产企业降低融资成本势在必行；有房地产企业陆续爆雷，需要调整融资结构，降低债务风险。

（二）相关管理会计工具方法成功应用的关键因素

拓宽融资渠道关键因素有以下三个方面：一是需要及时准确解读金融政策，积极研究探索融资渠道；二是需要加强业财融合，财务与投资、运营、营销、商务等业务部门同频共振，通过积极联动形成合力；三是需要加强与内外部金融机构沟通，及时收集数据，理性分析融资成本，选用最优融资产品。

（三）对改进相关管理会计工具方法应用效果的思考

借助司库管理平台，建立健全资本成本分析模型，实时更新各项产品及区域间对标数据，动态分析提示合理化建议，全方位压降融资成本。

（四）相关管理会计工具方法在应用中的优缺点

（1）优点：提升了资本市场影响力，拓宽了融资渠道，优化了资本结构，降低了融资成本，提升了经济效益。

（2）缺点：融资成本信息来源不直接，缺少有效途径获取各金融机构对不同房地产企业融资产品投资的偏好力度以及最低回报率等信息，影响获取低成本融资的工作效率。

（五）对发展和完善相关管理会计工具方法的建议

利用大数据带来的优势，进一步展示已合作的金融机构融资成本等信息，便于各级单位实时掌握有效数据，在开展融资业务时获取更低成本渠道，同时对到期融资债务进行预警提示，对存在资金缺口的单位提前实时预警，确保资金链安全。

（六）对推广应用相关管理会计工具方法的建议

新环境下，房地产开发企业应紧随时代发展及政策环境变化，在提升全员降低资金成本的意识上下功夫，抓准时机积极探究有效的融资对策，大胆突破融资困境，多渠道筹措储备资金，靶向发力突破"输血"之困。同时，还应根据自身特点，合理制定出有效的融资策略，在减少融资成本支出的同时，将融资风险降至最低，促进房地产开发企业健康发展。

（中铁置业集团有限公司　牛光辉　尹佳杰　于　滨

宁晓鹏　张珈宁　王亚琴　王卓慧　魏乔林）

管理会计视角下运用资产证券化盘活基础设施存量资产

【摘要】近年来我国不断加强基础设施领域投资与建设，形成了一大批存量资产，为经济社会发展提供了重要支撑和保障。有效盘活存量资产，形成存量资产和新增投资的良性循环，对于提升基础设施运营管理水平、拓宽融资渠道、合理扩大有效投资以及降低企业负债水平、降低政府隐性债务等经营风险具有重要意义。本文在管理会计视角下通过梳理资产盘活的各类模式，总结基础设施资产证券化盘活方式的操作要点及流程，积极探索盘活基础设施存量资产实施路径，充分发挥财务公司内外部金融资源桥梁纽带作用，并通过存量资产盘活具体应用，协助中国中铁及所属企业释放财务资源占用、优化财务资源配置、实现项目投融管退全流程管理，对中国中铁的长期发展具有重要意义。

一、基础设施存量资产盘活研究及实施背景

（一）企业简介

中铁财务有限责任公司（以下简称"中铁财务公司"）是经中国银行保险业监督管理委员会（简称"银保监会"）批准，2014 年 2 月 28 日在国家工商行政管理总局注册成立的非银行金融机构。2014 年 3 月 16 日正式开业运营。公司注册资本金 90 亿元，其中：中国铁路工程集团有限公司（以下简称"集团公司"）出资 4.5 亿元，占比 5%；中国中铁股份有限公司（以下简称"中国中铁"）出资 85.5 亿元，占比 95%。截至 2022 年 12 月 31 日，公司现有员工 86 人，其中研究生以上学历 41 人，占员工总数的 47.7%；中级职称以上人员 65 人，占员工总数的 75.6%。

公司秉承"专业至精、合作至诚"的经营理念，努力打造成为"融资＋融智""专业＋专注"的综合金融服务商，竭诚为中国中铁及其成员单位提供契合产业特征的专业化金融服务。公司业务范围涵盖资金结算、存款、票据承兑与贴现、流动资金贷款、委托贷款、保函、保理、同业拆借、即期结售汇等传统业务，并积极研发创新业务，通过联合保理业务为成员单位"盘活应收账款，降低资产负债率"，利用长期资产收购业务为成员单位解决项目资本金出资及出表需求。同时，公司先后担任中国中铁本外币债券发行、信用评级、资产重组、基础设施公募 REITs 及 PPP 项目资产证券化等项目财务顾问，为多个大型项目提供中铁财务方案。公司拥有核心业务系统

N9、集团财务共享中心资金管理系统 G6、数据分析监控系统 BI，已形成本外币、境内外、全级次的资金管理体系，实现对中国中铁各核算主体结算业务全覆盖。

（二）建筑行业基础设施资产盘活面临的主要问题

我国基础设施投资已成为经济发展的重要支撑，经过多年快速发展，取得了极大成就。根据国家统计局对基础设施投资的定义和数据测算，2010~2021 年基础设施投资累计接近 130 万亿元，假如按 65% 的固定资本形成率计算，将形成 80 万亿元以上的存量资产规模。这些存量资产可以通过不动产投资信托基金（REITs）、政府和社会资本合作（PPP）模式、并购重组、产权交易等多种方式进行盘活，存量资产类型丰富，潜在盘活规模巨大。

但基础设施行业外部融资途径有限，仍以债务融资为主，对社会资本而言易形成偿债压力，资产负债率压力大制约业务持续发展。同时，受过去粗放管理模式影响，运营项目实际与可研存在偏差，部分资产使用效率低下并沉淀着大额有息负债，资金周转效率低，已无法有效满足企业新增投资的需要。自 2019 年实施更大规模的减税降费以来，虽有力促进了消费、投资总额不断上升，产业结构不断优化，但同时也使各级财政压力陡增。政府需要履行给建筑企业的支付义务难以得到落实，使得以政府付费为主的投资项目还款压力较大，还款来源无保障成为未来建筑央企面临的最大冲击。

在此背景下，盘活存量资产无疑是最好的防范化解地方政府隐性债务风险，提升再投资能力的重要途径。建筑类央企只有从大量存量资产入手，有效盘活存量资产，倒逼企业资源重新有效利用，提质增效，提高基础设施运营管理水平，合理释放有息负债，扩大有效投资，才能推动企业投资内生增长。

（三）选择投融资管理会计工具方法的主要原因

管理会计本身也是企业的战略、业务、财务一体化的有效工具。通过管理会计视角，运用投融资管理会计工具分析出基础设施资产盘活过程中的具体模式和难点问题，进而让企业产生更大社会效益和经济效益。

1. 资产盘活是社会发展的阶段性要求

2012 年以来，我国经济增长速度由过去的两位数高速增长转变为中高速增长，社会融资规模及货币投放增速逐步放缓，国内经济迈入发展的新常态，进入产业结构调整、发展动力转换的变革关键时期。《2015 国务院政府工作报告》中，提出宏观经济政策，要注重微调和定向调控，用好增量，盘活存量。同时要加快资金周转，优化信贷结构，提高直接融资比重，降低社会融资成本，让更多的金融活水流向实体经济。这突出表明了存量资产调整对解决目前我国社会资金配置存在的结构性矛盾和融资结构调整的必要性。

资产盘活是当前中国国内投资模式转变的主要工具和方向之一。随着经济社会发展的不断加速，传统的资本积累模式已经无法适应市场的新需求，社会需要从存量资产中挖掘价值，以实现可持续发展。资产盘活的本质是将存量资产转化为增量效益，提高投资产出效率，增加收益。通过资产盘活的方式，可以实现资源的合理配置，实现增长和效益的双赢。在未来的发展中，资产盘活将成为企业实现可持续发展的重要手段之一，助力中国经济的高质量发展和人民生活的改善。

2. 资产盘活是中央企业考核经营指标的内在要求

经营业绩考核向来被称为央企经营活动的"指挥棒"和"风向标"，而考核指标的变更与调整折射出的是发展理念的重大转变。2023 年 1 月 5 日，国资委召开中央企业负责人会议，提出"一利五率"的中央企业 2023 年经营指标体系：利润总额、净资产收益率、资产负债率、研发经费投入强度、全员劳动生产率和营业现金比率。要求央企在接下来的经营过程中，一方面要加大投资，担好稳经济、促发展的任务；另一方面，也不能盲目迈大步铺规模，必须兼顾投资有效性与资产运营质量。

通过存量资产盘活可持续深化促进国有企业改革，有效促进低效资产提质增效，提升企业不断关注权益资本的投入产出效率，重视自身为股东创造价值的能力，最终达到利润总额及净资产收益率的改善；存量资产沉淀的大额有息负债将予以释放，有助于央企优化资产负债率，降低经营性风险；同时，存量资产盘活将有助于提高资产质量，在经营过程中除了关注账面利润，更应关注现金流的安全，注重可持续投资能力的提升，助力实现有效回款，提高营业现金比率，从而全面提高企业经营业绩的"含金量"。

二、基础设施存量资产盘活总体设计

（一）应用投融资管理会计工具方法的目标

应用投融资管理会计工具方法中的贴现现金流进行分析测算，PPP 项目公司按照使用者付费、政府付费、可行性缺口补助等不同类型，以能够给项目带来现金流的收益权、合同债权作为基础资产，发行资产证券化产品，旨在通过创新金融工具的运用搭建企业轻资产运营平台。

（二）应用投融资管理会计工具方法的总体思路

为持续推进中国中铁体系内 PPP 项目资产的盘活工作，财务公司积极借鉴、灵活运用以往 PPP 项目资产证券化的成功经验，结合 PPP 项目类型、期限、合同条款、存量贷款利率等核心要素，优化交易条款、丰富投资者结构，作为总牵头人协助中国中铁各二级单位挖掘、梳理存量 PPP 项目，并打包探索 PPP 证券化产品"储架发行"

模式。中铁财务公司也将发挥专业优势，基于不同 PPP 项目的自身属性灵活调整发行期限及交易安排，助力各二级单位快速、批量盘活存量资产，增强证券化业务产品生命力与市场竞争力。

（三）应用投融资管理会计工具方法的内容

贴现现金流法是以明确的假设为基础，选择恰当的贴现率对预期各期现金流入、流出进行贴现，通过贴现值的计算和比较，为财务合理性提供判断依据的价值评估方法。应用贴现现金流法在资产证券化中，将缺乏流动性但能在未来产生可预见的稳定现金流的资产或资产组合出售给特殊目的公司（SPV），由其通过一定的结构安排，分离和重组资产的收益和风险并增强资产的信用，转化成由资产产生现金流担保的可自由流通的证券，销售给金融市场上的投资者。

（四）应用投融资管理会计工具方法的创新

PPP 资产证券化产品与传统应收账款资产证券化不同，其底层资产为基于项目所在地政府方付款义务的 PPP 项目资产，发行标的以所在地政府方付款义务为底层现金流来源，而非传统工程/贸易类应收款。发行前提则需所在地政府对应付金额予以明确，具有灵活选择产品发行期限（最长不超过 PPP 项目运营年限，滚动或一次发行）、发行利率相对较低（短期限可续期产品为 2.5%～3.0%/年）、原则上无须中国中铁提供担保的特点（可通过外部或联合担保方式）。

三、基础设施存量资产盘活应用过程

（一）资产盘活参与机构与运作方式

在中国中铁的整体部署和安排下，中铁财务公司可担任中国中铁内部原始权益人代理人、投资者等重要角色：作为原始权益人代理人承担牵头组织、协调各内外部相关方（包括中国中铁内项目公司，外部机构如券商、会计师事务所、律所、评级机构等）的相关职责，并针对项目的发行方案、交易结构以及对中铁方提供建议。一是，基于中铁财务公司近年来在中国中铁存量资产盘活以及金融服务顾问方面积极探索并储备了一定经验，落地案例有一局肇庆项目 PPP 资产证券化、五局盼盼路项目 PPP 资产证券化、南投项目专项债、隧道局、上海局可续期公司债。二是，中铁财务公司作为中国中铁"内部银行"，对金融市场政策、外部金融机构和成员单位的具体信息都较为熟悉，同时在成员单位债券承销与发行、银团贷款、联合保理等融资业务方面具有丰富的经验，与专业发行 PPP 项目资产证券化（PPP‑ABS）产品头部券商合作密切，可充当外部金融机构与成员单位有效沟通的桥梁，为成员单位提供方案设计、顾问咨询、撮合交易等服务，提高成员单位议价能力。三是，如发行 PPP‑ABS

（银行间市场），财务公司可作为投资者参与 AAA/AA＋档证券认购，进一步通过金融市场工具降低集团和成员单位融资成本。

（二）开展 PPP 资产证券化项目条件

对中国中铁体系内存量 PPP 项目资产进行梳理，选择目前有明确意向发行 PPP 资产证券化产品且符合开展标准的项目开展资产证券化工作。项目筛选标准如下：

（1）PPP 项目已按规定完成 PPP 项目实施方案评审及必要的审批、审核或者备案等相关手续，且已取得 PPP 项目的立项批复、可行性研究批复、竣工验收备案、环境影响评价等根据法律规定应当履行的手续或应当取得的资质证明文件，项目公司与政府方已经签署有效的"PPP 合同"。

（2）项目公司已经履行并遵守了"PPP 合同"项下的义务，已经完成 PPP 项目建设并按照相关规定或协议约定经验收或者政府方认可并开始运营，有权按照规定或约定获得收益。

（3）"PPP 合同"对项目公司转让 PPP 项目应收款项未作出限制性约定或项目公司已经满足解除限制性约定的条件。

（4）基础资产对应的"PPP 合同"项下政府方的付费已经纳入该政府本级或本级以上政府财政预算、政府财政规划。

（5）项目公司真实、合法、有效拥有基础资产，且除既有质押外基础资产、PPP 项目上未设定抵押权、质权、其他担保物权或任何第三方权利等权利负担，如已经设有抵押、质押等权利负担的，能够在产品设立后一定期限内予以解除。

（6）项目公司与政府方不存在因"PPP 合同"的违约、不可抗力因素且 PPP 项目未出现重大安全事故、被政府回购，以及其他重大变更等事项影响 PPP 项目持续运营或导致付费机制重大调整等情形；也不存在因"PPP 合同"或其他相关协议及其他重大纠纷而影响项目持续运营，或可能导致付费机制重大调整的协商、调解、仲裁或诉讼等情形。

（7）政府方不存在依法可以向项目公司主张抵销的任何到期债权。

（8）除项目公司未按照"PPP 合同"履行协议项下义务外，政府方在"PPP 合同"项下不享有任何主张扣减或减免"PPP 合同"项下的政府付费款项的权利。

（9）PPP 项目不存在政府方违约提供担保，或者政府方采用固定回报、回购安排等、明股实债方式进行变相债务融资情形。

（10）基础资产不涉及国防、军工或其他国家机密。

（三）资产证券化模式和操作流程

中铁财务公司将借鉴、运用以往市场成功经验，以"批量化""循环化""低成本""少增信"为原则，重点探索投资项目资产证券化落地实施方案如下：

（1）交易结构：中铁财务公司作为原始权益人代理人，协调并代表中国中铁各二级单位将 PPP 项目资产转让给管理人/受托人并设立证券化产品。在完成证券化产品发行后，募集资金将按照各二级单位提供资产的情况按比例分配。

（2）底层资产：二级单位为 PPP 项目的社会资本方向政府提供设计、建设、投融资、运营维护等服务而对政府确认享有的应收账款债权及经营权收益（一般适用于政府付费类项目，在取得会计师同意的前提下尽可能纳入经营权收益部分）。

（3）产品规模：在审慎考虑规模控制要求以及 PPP 项目资产盘活诉求等条件，本次产品拟采用储架发行模式，申报总规模不超过 50 亿元额度。

（4）产品期限：最短为 6 个月，最长不超过 PPP 项目运营年限。

（5）信用级别：优先级资产支持证券债项评级为 AAA，规模占比约 95%；次级资产支持证券无债项评级，规模占比约 5%。具体的分层结果根据尽调后评级机构及会计师事务所共同确认。

（6）增信措施：产品采用①优先劣后分层与现金流超额覆盖机制；②AAA 级外部担保公司（首选）或中国中铁作为担保方，对优先级资产支持证券提供担保。

PPP 项目资产证券化交易结构如图 1 所示。

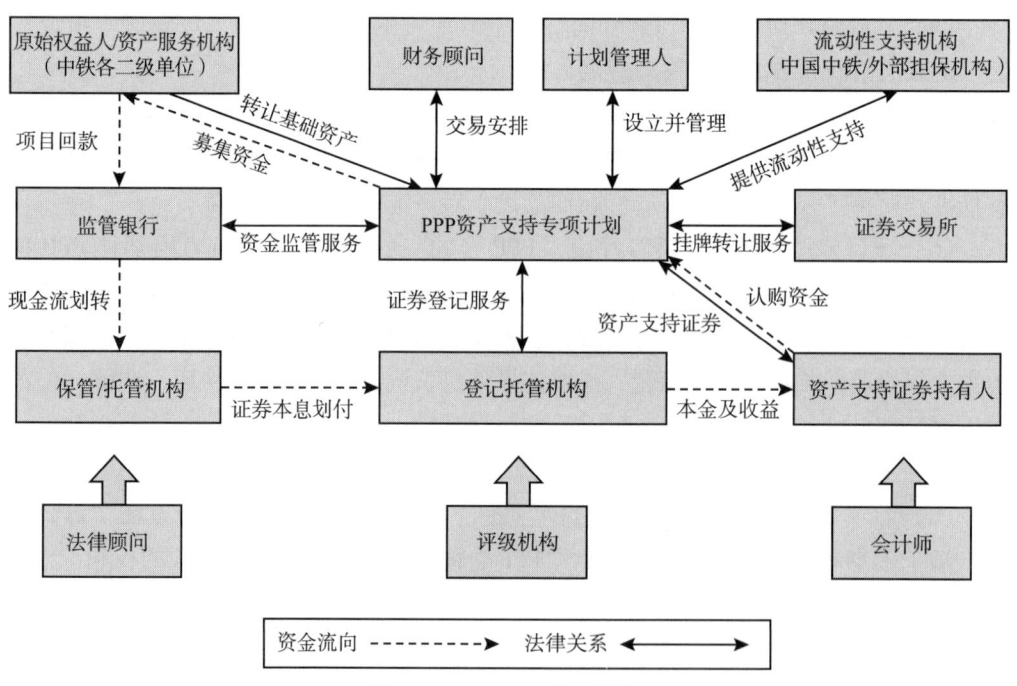

图1　PPP–ABS 交易结构

（四）在实施过程中遇到的主要问题

（1）基础资产选取：根据 PPP 项目资产证券化对基础资产的要求，只有建设完成且正常运营 2 年以上，能够产生稳定、可持续现金流的 PPP 项目才能进行资产证券化。因此，基础资产的选择是 PPP 项目资产证券化的关键。随着 PPP 模式的快速发展，其所涉及的领域范围在不断扩张，而不同领域、不同类型的 PPP 项目其运营模式和盈利能力存在较大差异，不同项目的回报率也不尽相同，因此对于基础资产的选择标准也难以统一。

（2）资产端与证券端期限错配问题：在实操过程中，PPP 项目资产证券化一直因为资产端和投资端期限错配问题较难落地，PPP 项目投资周期长，项目期限均在 10 年以上。目前国内资产证券化的投资群体主要是商业银行、券商、公募/私募基金、财务公司等金融机构，这些机构偏好于不超过 3 年的中短期限固定收益产品。对于资金期限不匹配的解决方案，最常用的方法是增加投资人回售选择权机制，如期限结构 3 + 3 + 3 + 3……的方案，即每满三年由社会资本方回购后再滚动发行 3 年。这种模式下，该投资人回售选择权利可能被会计师事务所视为原始权益人的一项潜在义务。会计师事务所需要进一步测算该潜在义务被触发的概率以及该潜在义务对 PPP 项目收益权终止确认是否产生实质影响，一般对于 ABS 产品设置投资人回售选择权且无第三方机构回售期提供兜底安排的情形，会判断无法实现出表。

（3）社会资本方增信问题：如 PPP 项目资产证券化产品期限与 PPP 项目资产期限一致，则产品长达 10 年期以上，只有保险资金才有购买产品的能力，而保险机构对产品的安全性要求非常高，一般需要社会资本方提供差额支付承诺等增信措施，因此出表型 PPP 项目资产证券化需要解决社会资本增信问题。

（4）报表处理问题：PPP 项目资产证券化会计确认首要应确认基础资产的转让是作为"真实销售"还是"担保融资"处理。如果作为销售处理，基础资产将实现出表，从原始权益人的财务报表中移除，同时确认销售收入和损失。根据《企业会计准则第 23 号——金融资产转移》第七条："企业已将金融资产所有权上几乎所有的风险和报酬转移给转入方的，应当终止确认该金融资产。终止确认，是指将金融资产或金融负债从企业的账户和资产负债表内予以转销。""出表"就是终止确认金融资产，而终止确认的充分必要条件是金融资产所有权上几乎所有的风险和报酬转移。

（5）政府沟通难度：政府方作为 PPP 项目公司的股东方，须出具决议予以明确支持 PPP 项目资产证券化，且发行资产证券化产品对政府回购及时性会产生一定约束，所以沟通难度较大。

项目进入运营期后，与政府方（业主）的沟通密度与合作关系明显弱化，导致在资产盘活的过程中很难调动政府方（业主）的积极性与配合力度。

（6）项目端政府审计进度滞后：PPP 项目的付费基本均按经政府审计的工程投资为未来付费的计算基数，审计无法按时完成将导致政府付费金额在未来存在极大的不确定性。

（7）运营期考核影响：按照财政部《关于规范政府和社会资本合作（PPP）综合信息平台项目库管理的通知》要求"项目建设成本不参与绩效考核，或实际与绩效考核结果挂钩部分占比不足 30%"的项目不予入库。导致 PPP 项目（政府付费类）

中可用性付费的金额与运营期每年的考核情况挂钩，政府付费存在不确定性，使 PPP 项目的运营期现金流难以稳定、持续。

四、基础设施存量资产盘活项目实施效果

（一）应用投融资管理会计工具方法前后情况对比

1. 中铁一局肇庆二期 PPP 项目资产证券化

（1）PPP 项目概况。中铁一局肇庆二期 PPP 项目，项目合同招标总投金额 27.24 亿元，特许经营期 20 年，其中建设期 2 年，运营养护期 18 年。合同约定，运营期内肇庆市政府每年向 PPP 项目公司支付可用性服务费 2.62 亿元。2016 年 9 月 9 日，北京中铁华瑞、中铁一局与政府出资代表肇庆市畅达路桥建设有限公司共同组建 PPP 项目公司，即肇庆铁畅投资建设有限公司（以下简称"肇庆铁畅"），肇庆铁畅的注册资本金为人民币 1 亿元。肇庆铁畅负责项目的投融资、建设、维修与养护管理、移交。肇庆铁畅的股东结构中畅达路桥持股 10%，不计利息回报，不参与分红，主要负责报批报建和征地拆迁等前期工作；中铁一局持股 5%，主要负责项目的施工总承包，不参与运营管理；北京中铁华瑞持股 85%，主要负责资本金投资。2018 年 8 月项目顺利建成通车，进入运营期。

（2）交易要点。

一是肇庆铁畅股权转让阶段。中铁一局拟收购北京中铁华瑞对肇庆铁畅的全部股权，肇庆铁畅将成为中铁一局的并表子公司。

二是专项计划发行阶段。肇庆铁畅作为原始权益人将 PPP 项目全运营周期的收益权让予专项计划（真实出售、实现资产下账出表，目前 PPP 项目前期投资记账为"长期应收款"）。计划管理人通过设立专项计划向资产支持证券投资者募集资金，并以专项计划募集到的资金向肇庆铁畅购买 PPP 项目全运营周期的收益权；同时代表专项计划，按照专项计划文件的约定对专项计划资产进行管理、运用和处分。计划管理人委任肇庆铁畅作为专项计划的资产服务机构，为专项计划提供资产管理服务。

肇庆二期 PPP 项目资产支持专项计划发行规模达 27.92 亿元，以优先级 4.9%/年，次级 8%/年进行计算，待偿还银行贷款 21.14 亿元，清偿股权资金 5.29 亿元。同时，中铁一局可提前收回利润约 4.80 亿元，且投入股权产品中的 1.21 亿元也可提前收回，实现了良好的资产盘活效果。肇庆二期 PPP 项目资产证券化通过引入长期限、低成本险资，实现国内首单 15.5 年期出表型 PPP 资产证券化，打通投融资管理"投资、融资、建设、运营和退出"全链条中"最后一公里"的"退出"环节，实现投融资全链条管理，是中国中铁基础设施投融资项目在资产盘活阶段的创新尝试。

肇庆二期 PPP 项目交易结构如图 2 所示。

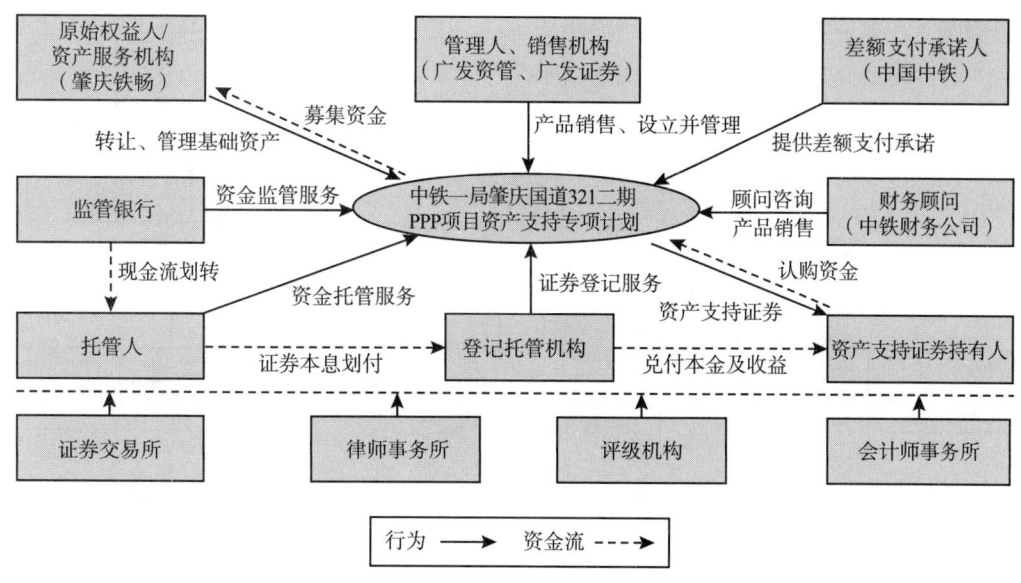

图2 中铁一局肇庆二期 PPP 项目交易结构

2. 中铁五局长沙盼盼路 PPP 项目资产证券化

（1）PPP 项目概况。长沙经济技术开发区盼盼路及其片区改造 PPP 项目为片区改造开发项目，位于长沙经济技术开发区范围内。PPP 项目总投资约为 14 亿元，合作期限为 16 年，其中建设期 4 年、运营期 12 年，具体运作方式为设计—建设—投融资—运营—移交（DBFOT）。PPP 项目建设内容包括 20 个子项目，于 2017 年 11 月至 2020 年 11 月陆续开工建设。截至 2021 年 12 月末，18 个特定子项工程已通过竣工验收。项目于 2022 年 1 月 1 日进入运营期。

（2）交易要点。

一是交易结构。原始权益人五局长沙市政公司委托原始权益人之代理人中铁财务公司转让基础资产给管理人，五局长沙市政公司作为资产服务机构为专项计划提供与基础资产及其回收有关的管理服务及其他服务。

二是底层资产。项目基础资产为原始权益人在专项计划设立日转让给计划管理人、原始权益人依照有关法律法规、《长沙经济技术开发区盼盼路及其片区改造 PPP 项目合同》等有关协议的约定，因其实施长沙经济技术开发区盼盼路及其片区改造 PPP 项目中特定子项工程，于基准日起所享有的获得政府方支付可用性服务费的部分应收债权。

三是产品规模及发行结果。项目发行规模为 10.50 亿元，期限不超过 11.25 年，其中优先级票面利率为 3.90%/年。

四是分层级信用评级。优先级资产支持证券债项评级为 AAAsf，规模占比为94%；次级资产支持证券无评级，规模占比为 6%。

五是增信措施。项目主要安排了优先级/次级分层机制、基础资产产生现金流的超额覆盖和差额补足安排 3 种信用增级措施。

长沙盼盼路项目交易结构如图 3 所示。

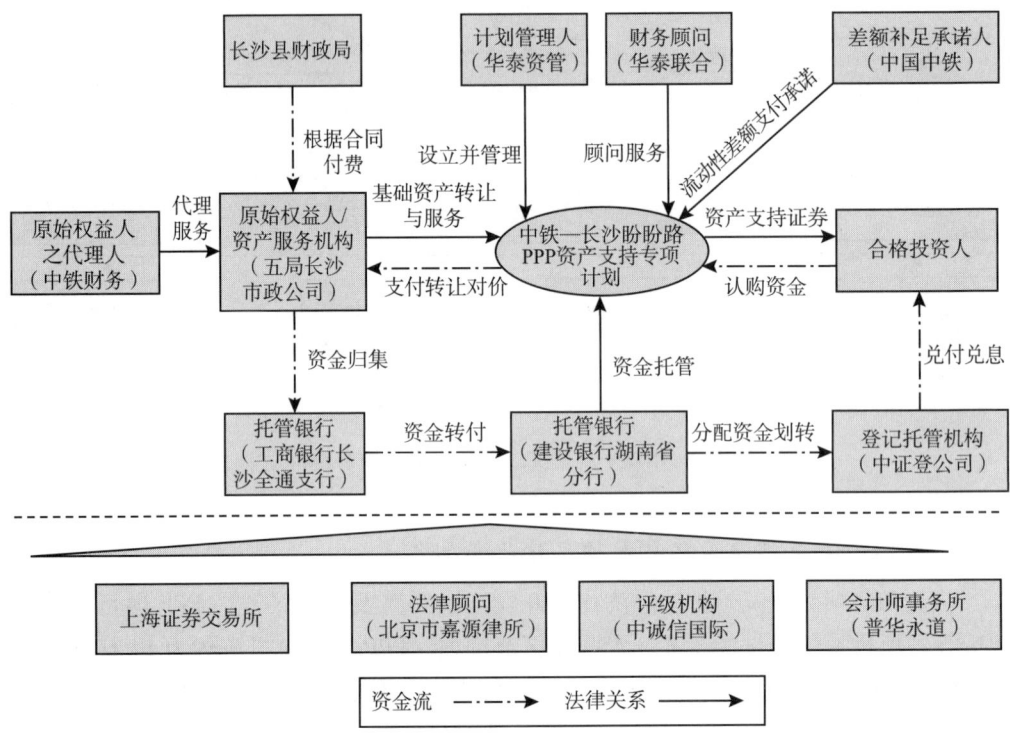

图 3　中铁五局长沙盼盼路 PPP 项目交易结构

本项目通过 ABS 进行存量资产融资盘活，一方面可置换存量银行借款（89 880 万元）且提前回收 15 120 万元的资本金出资款；另一方面降低综合融资成本达 80BPS，财务优化效果显著。本次项目是继中铁一局肇庆项目成功落地后，中国中铁在基础设施存量资产盘活方面又一创新尝试。在项目推进过程中，中铁财务公司作为中国中铁内部金融企业，在加强政策和形势研判的基础上，主动摸排挖掘成员单位 PPP 资产证券化融资需求，充分发挥持牌金融机构的专业优势、资金优势和信息优势，以内部财务顾问（原始权益人之代理人）身份参与项目发行过程中各方的沟通协调工作，此次项目顺利发行，凝聚了中国中铁体系内部合力，有效凸显了中央企业专业化整合的资源优势、效率优势，在项目推进过程中取得了良好成效。

（二）对解决单位管理问题情况的评价

PPP 项目资产证券化落实了国务院、国家发展改革委、财政部、证券交易所等各部门推广支持政府和社会资本合作（PPP）项目资产证券化的政策要求，是一种政策鼓励的融资渠道，能够从融资层面带动鼓励更多资本参与 PPP 项目。对盘活 PPP 项目存量资产、加快社会投资者的资金回收、吸引更多社会资本参与 PPP 项目建设具有重要意义。各成员单位通过 PPP 资产证券化，可以有效盘活存量资产，释放财务资源占用、优化财务资源配置、激发企业经营活力、实现项目投融管退全流程管理，形成存量资产和新增投资的良性循环，对中国中铁的长期发展具有重要意义。

（三）对提升单位管理决策有用性的评价

各成员单位在不增加地方政府债务的情况下，盘活存量资产，扩大有效投资，形成存量资产和新增投资的良性循环，是当前解决新建项目投资资金不足的一个有效途径，是推动基础设施高质量发展的重要手段。中国中铁作为特大型建筑产业集团，存量 PPP 项目达万亿规模，充分挖掘发起设立公募 REITs、PPP 资产证券化等创新存量资产盘活模式的政策机遇和窗口期，真实发挥转让基础设施项目股权盘活效用，建立企业直接面向资本市场进行融资的创新举措。

五、经验总结

（一）资产证券化应用条件

1. 资产证券化政策鼓励支持

推动政府和社会资本合作（PPP）项目投融资模式创新，更好吸引社会资本参与，2014 年以来，国务院、国家发展改革委、财政部、证券交易所等各部门已陆续发文推广支持 PPP 项目资产证券化。2016 年 12 月，国家发展改革委和证监会联合发布《关于推进传统基础设施领域政府和社会资本合作（PPP）项目资产证券化相关工作的通知》，要求各省级发展改革委与中国证监会当地派出机构及上海、深圳证券交易所等单位加强合作，充分依托资本市场，积极推进符合条件的 PPP 项目通过资产证券化方式实现市场化融资，提高资金使用效率，更好地支持传统基础设施项目建设。

2. 资产盘活内部需求

中国中铁作为建筑行业的龙头企业，以"投建营一体化的全产业链经营"为方向，不断增强 PPP 项目的资金投放力度和质量，目前已形成较大规模的存量 PPP 资产。限于 PPP 项目初始投入金额高、运营模式复杂、资金占用时间长等特点，存量资产已对二级单位的资金周转造成较大掣肘，且有限的财务资源与投资需求的矛盾较为突出，部分存量项目融资方案难以落地，对企业的持续经营带来较大影响。因此开展资产经营，推进存量 PPP 项目资产的盘活工作迫在眉睫。

（二）PPP 项目资产证券化成功应用管理会计工具的关键因素

当前可实施 PPP 资产证券化试点项目均属收益稳定的"优质资产"，各成员单位应组织梳理存量资产，优先选择通过竣工验收并进入运营期、政府付费情况良好、运营期绩效考核达标、与政府方联系较为密切的项目，逐点突破、稳妥推进，分区域、分行业、按类型建立本企业存量基础设施投资项目库。充分利用"可操作性强"项目探索实施路径，并测算盘活资产成本与原有投资模式及银行贷款下的比较优势，为后续盘活大量存量项目奠定基础。

基于对于 PPP 项目基础资产中所含未来现金流的测算，应选取比较符合 PPP 项目风险的折现率系数，通过未来现金流折现模型就能够计算当期 PPP 项目的现值。但是 PPP 模式的运营周期都非常长，一般至少为 10 年的周期，并且涉及的利益非常广泛，如政府相关机构与社会各路资本等。而且在 PPP 项目的资产管理计划存续期间，市场利率不是一成不变的，它具有一定的波动性。一般来说，如果在时间较短的情况下，利率波动是可以忽略不计的，但是 PPP 项目的运营周期往往都是长达 10 年或者 20 年以上，对于未来现金流的折现现值的影响显然是巨大的。因此，应该选取构建比较合适的 PPP 资产证券化价值评估模型。

（三）投融资管理会计工具方法在应用中的优缺点

一般资产证券化项目估值方法分为静态现金流折现法、静态利差法、期权调整利差法，这三种模型都是依据价值评估原理，从现金流与利率两个角度出发，但不同的方法对现金流和利率分析考量存在差异，三种方法存在各自的优点和缺点。正是基于此，具体应用项目时应充分考虑项目实际情况，综合考虑现金流和利率脱节的风险，合理估算项目价值，达到资产证券化发行预期目标。

（四）对投融资管理会计工具方法的建议

针对目前市场长期限低成本资金稀缺的实际情况，投资人相对集中，且对于差额补足主体信用要求较高，仅认可中国中铁信用。在中国中铁担保额度有限的前提下，目前的差补额度难以满足各单位的资产盘活需求，需要各单位积极探索外部担保、联合担保等新模式，通过结构化的创新提升盘活能力。同时，各成员单位也应积极沟通外部评级机构，争取评级提升，增强自身在资本市场的融资能力。

（中铁财务有限责任公司　王　云　杨　武　韩　超　李雨纯　厉　洁）

约束资源优化在基础设施建设投资中的应用

【摘要】本文介绍约束资源优化工具方法在基础设施建设投资中的应用。案例单位是以大型基础设施建设为主要产品的施工企业。针对其合同造价高、资金需求大、建设周期长、成本管理难度大、项目回收期限与施工期限不匹配、毛利率普遍偏低等问题，甲公司采用约束资源优化工具方法，识别出管理模式、资金、成本管控、信息系统、人员激励等方面的约束因素。针对制约因素，制定相应方案，创新管理模式及机制、通过现金流自平衡管理及拓展融资渠道解决资金紧张困境、通过物资设备及劳务分包精益管理、加强信息系统建设以及考核与激励等方面进行资源整合，较大程度上节约了基础设施建设运营成本，提升了基础设施建设投资回报率，实现了国有资产保值增值。

一、背景描述

（一）单位基本情况

甲公司是国务院国资委监管的中央企业，是集设计、施工、科研、房地产开发于一体的多功能、大型企业集团，年施工生产能力 2 000 亿元以上。甲公司具有铁路工程、公路工程、建筑工程、市政公用工程施工总承包特级资质，机电工程施工总承包壹级等资质。甲公司承建的工程项目分布在全国 31 个省、自治区、直辖市。

（二）存在的主要问题

甲公司产品是大型基础设施建设，其合同造价高、资金需求大、建设周期长、成本管理难度大、项目回收期限与施工期限不匹配、毛利率普遍偏低，仅仅依靠原有的目标责任成本在一定程度上难以实现管理目标的要求。

近年来，受经济下行的影响，施工企业融资费用高，资金紧张的局面一直未能得到有效解决。2020 年习近平总书记在第 75 届联合国大会一般性辩论上宣布，我国力争 2030 年前实现碳达峰，2060 年前实现碳中和。为实现这一长远愿景，国家正大力推进产业和经济结构转型升级，国家政策将向绿色金融倾斜。这让甲公司融资难的问题更加雪上加霜，投资与回报不匹配、投资回报水平较低等问题更加突出。

（三）选择约束资源优化工具方法的主要原因

约束资源优化能帮助企业通过识别制约其实现生产经营目标的瓶颈资源，并对相关资源进行改善和调整，优化企业资源配置、提高企业资源使用效率。针对管理水平低下，基础设施建设投资回报率不高等问题，甲公司采用约束资源优化工具方法，识别基础设施建设投资管理中的瓶颈问题和制约因素，并针对相关资源进行改善，有利于提高投资回报率，提升甲公司投资经济效益和核心竞争能力。

二、应用过程

通过运用约束资源优化工具方法，甲公司识别在基础设施建设投资过程中各个阶段的瓶颈和制约因素，针对性制定相应方案，有效突破瓶颈，回归投资本质，以高质量投资和高效率运营，实现降本增效、持续充盈的现金流和可观的综合收益，形成资金、资产、资本良性循环的局面。

（一）识别约束资源

采用内部评审法识别约束资源。甲公司通过内部组织开展评议、审查识别约束资源。甲公司组织投资部、财务部、商务部以及其他相关部门组成内部评审小组，通过集中研讨等方式，逐一识别制度体系、产品、市场、资金、原材料、设备、人员、成本管控、信息系统等方面，评估基础设施建设投资各个阶段制约投资目标的不利因素，最终识别出管理模式、资金管理、成本管控、信息系统以及人员激励等方面的约束因素。

（二）制定优化方案

在识别约束资源的基础上，甲公司比较约束资源的资源能力差距，搜集约束资源的相关数据等信息，系统分析约束资源形成的原因和涉及的实施责任主体，制定了如图1约束资源优化的实施方案（见图1），建立实现约束资源优化的长效机制。

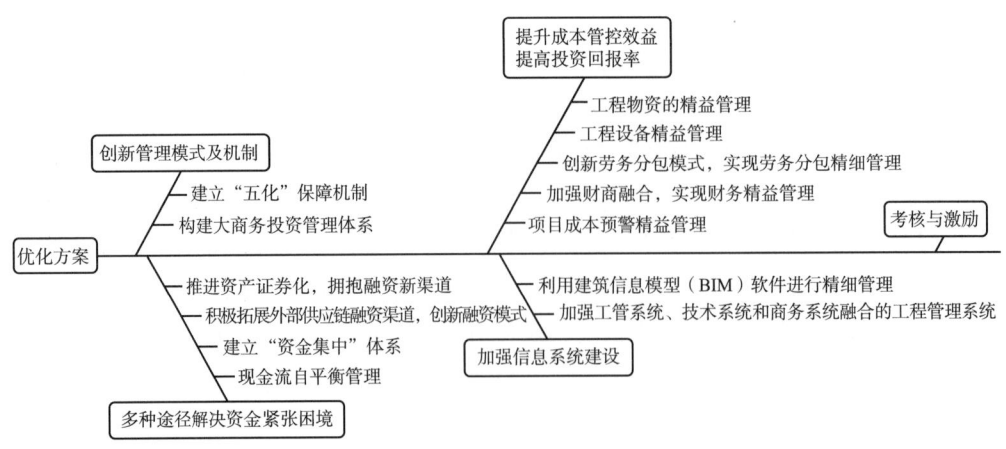

图1 优化实施方案

1. 创新管理模式及机制

（1）建立"五化"保障机制（见图2）。

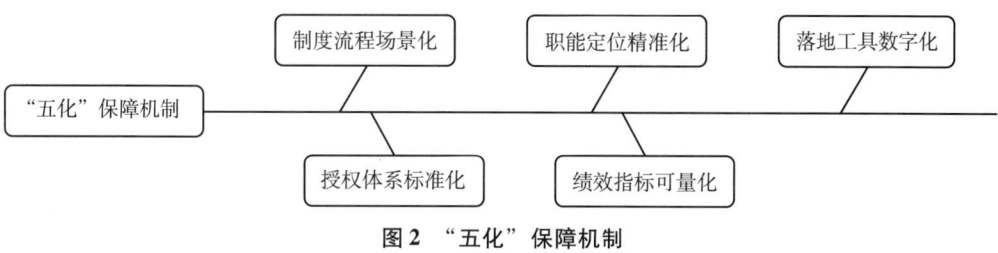

图2 "五化"保障机制

一是制度流程场景化，围绕投资重点管控事项，以特有风险为导向，兼顾差异性和同质性，实现投资管控制度及流程场景化。基于已确定的集团管控模式，充分考虑组织协同，充分运用新兴技术和管理方案，梳理并优化现有核心管控流程。

二是授权体系标准化，通过对管控模式、职能范围、业务领域等因素进行分析，建立科学合理的授权体系，确保业务管理过程中参与人员权责清晰，激发其积极性和主动性，提升投资业务整体经营效率。

三是职能定位精准化，通过建立职能权责矩阵，明确投资各流程节点责任人，包括业务发起部门、责任部门、决策部门等，明确各部门在投资业务事项及流程中的管控重点。

四是绩效指标可量化，因基础设施建设的经营特点，建立分类分层的个性化指标库，激发管控过程中所有参与人员的主动性和积极性，提升整体绩效，保障投资目标的实现。

五是落地工具数字化，将权责界面、业务流程、经营指标、沟通机制等固化到运营平台，提升管控能力。

（2）构建大商务投资管理体系。将局、指挥部、子分公司、项目公司各管理层高度协调统一，各管理环节穿透协同，实现投资板块和传统施工板块的效益协同和管理协同，实现项目公司层面的投资排期、投资收益、现金流量以及投资回收与项目部层面的施工成本效益、安全质量进度等相互渗透和促进，实现投资收益和施工利润双双达标，打造全员、全要素、全过程、全管理环节的投资业务管理体系。项目"铁三角"（项目经理、总工程师、商务经理）全程参与，牵头组织投标团队尤其是技术人员、报价人员及询价人员参与投标文件的编制审核工作。通过对制度的解读、实例的分析，切实做到标前联动测算成本"算"和"估"的有机结合，确定最可能成本、最悲观成本，以成本情况作为报价的基础数据，最终确定有竞争力的投标报价。从而实现提升标前联动工作质量、提升创效空间、有效控制投标风险的目的。另外，通过周例会、专题会等方式组织梳理协调结算存在的问题，组织各部门及标前联动小组对现场进行反复调查，准确掌握各类基础信息，让标前成本测算达到责任成本预算的细度，实现对盈亏点、机会点、风险点的准确把控，有效指引后续标前联动工作推进。

2. 化解资金紧张困境

通过现金流自平衡管理、资金集中、供应链融资、资产证券化解决资金紧张困境。大力弘扬全员价值创造文化，以"现金流自平衡管理"为载体，从"资金集中、建立供应链融资渠道、拥抱资产证券化新融资渠道"等方面切实解决资金紧张局面。具体措施和解决方案如图 3 所示。

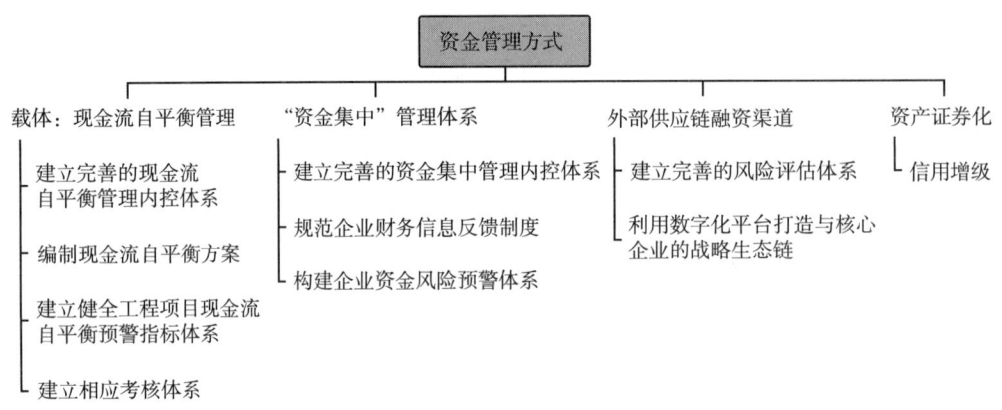

图 3　资金管理方式

（1）现金流自平衡管理。

项目现金流自平衡是指树立"现金为王"理念，工程项目在施工过程中依靠业主支付的资金支付，通过合理筹划结算负债，保持施工期间业主支付资金与成本支出之间的现金收支平衡及竣工后经营性现金净流量与利润匹配，实现项目现金流自平衡。

①建立完善的现金流自平衡管理内控体系，成立现金流自平衡管理委员会。甲公司制定《工程项目现金流自平衡管理办法》，成立"自平衡"管理委员会。现金流自平衡管理流程如图 4 所示。

②编制现金流自平衡方案。在各施工项目执行项目现金流自平衡管理时，需要根据项目不同阶段的资金需求，避免项目资金前松后紧带来的前后期资金支付严重失衡、现场进度与资金余额严重不匹配的问题。各期间业主拨付预付款及工程款资金流入预算依据合同有关条款及年度预计完成投资额、施工组织设计和下达的施工计划编制，项目资金流入细化到月度、季度、全周期。

项目部根据项目施工组织策划、工程量清单计算月度、季度、全周期的劳务分包、物资采购、外部租赁、现场经费、税费、上交款等各项资金支出的金额。资金自平衡方案的编制以财务部牵头，商务部、工程部、物机部及综合办公室等部门协调配合，提供资金流入情况及相关成本费用预测，在满足上级公司资金上缴任务，确保农

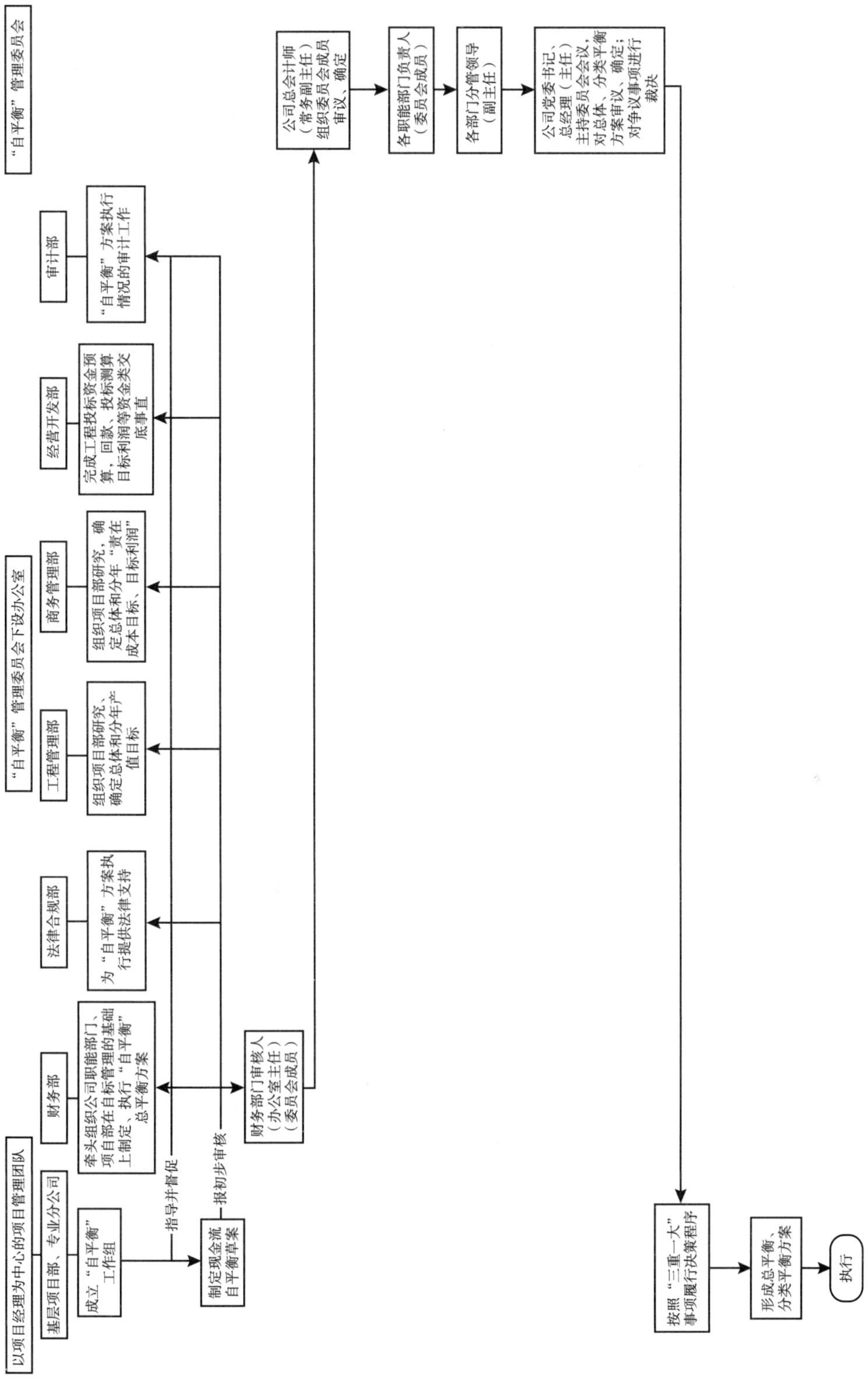

图4 现金流自平衡管理流程

民工、职工工资保险及时支付的前提下，依据以收定支的原则，合理确定工费、料费、机械费的支付比例，达到收支平衡的状态，并形成分阶段、全周期的资金自平衡方案，使之在施工全过程中成为指导及卡控项目资金使用的依据。

项目部将资金自平衡方案中阶段性结算负债规模、方案落实在公开"招议标"要约与承诺上，体现在"分包协议、机械租赁协议、材料采购协议"中。严格控制付款比例，余款约定在工程竣工经业主验收合格后支付；支付方式优选供应链金融、汇票等金融工具。通过多种手段延缓资金流出，充分利用资金流转，以达到施工过程中的收支平衡及工程竣工后的最终盈利。

③建立健全工程项目现金流自平衡预警指标体系。甲公司分别建立了总平衡方案以及分类平衡方案预警指标体系。总平衡方案相关预警主要由工管部、商务部及财务部负责。总平衡方案预警指标体系及其部门分工如图5所示。

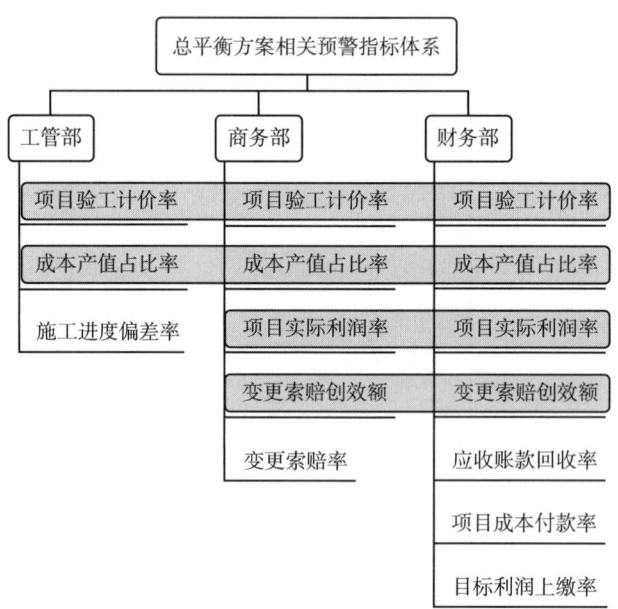

图5　总平衡方案相关预警指标体系

分类平衡方案相关预警指标主要由工管部、商务部、物设部、法规部及财务部负责。分类平衡方案预警指标体系及其部门分工如图6所示。

④建立相应考核体系。将自平衡方案执行情况纳入年度绩效考核范围。对完整执行现金流自平衡方案、有资金救助但能按时回收的，结合项目实际情况，对指挥部管理团队人员给予奖励。

（2）建立"资金集中"体系。

推行"集中资金、集中结算"的资金管理模块，利用资金系统上收下划、银行后台资金实时归集等手段方式，实现资金运作的集约化，提高公司闲置资金的综合利用效率。

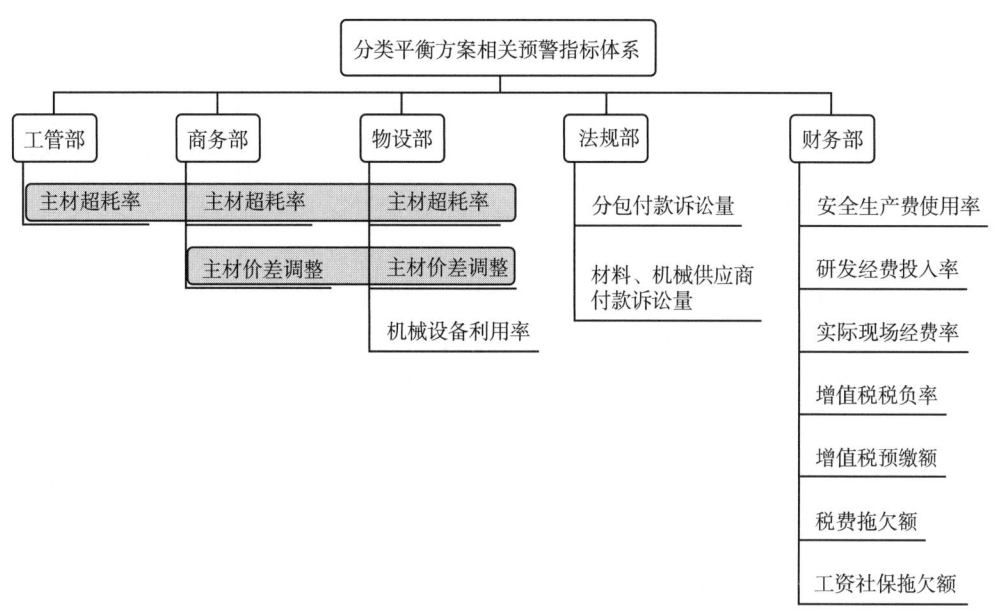

图6 分类平衡方案相关预警指标体系

首先，建立完善的资金集中管理内控体系。基于不相容岗位相分离的原则，对资金集中管理机构的岗位配置进行明确界定，不断完善健全责任制度，细化工作人员的岗位职责与义务，为甲公司的资金集中管理工作开展提供有力支持，对甲公司的资金运行风险进行科学规避与防范。针对具体的工作环节进行内部控制管理，如企业各部门的资金上缴环节、资金拨付环节、资金管理记录环节、资金使用审核环节、资金管理评估环节、资金集中管理执行环节等，确保各个环节的工作得到有序落实。

其次，规范财务信息反馈制度。为保证甲公司资金集中管理内控制度运行的有效性，则需要在企业内部建构科学严谨的信息反馈制度与要求，如集团下属子公司运行时，应当定期向集团总部汇报单位的财务管理现状与相关数据资料。为提升甲公司资金集中管理的有效性，主动规避资金集中管理风险，在具体工作开展阶段，应当针对大额资金收付、项目投资等业务，开展严格的审批管理，在得到集团总部的审批通过后，分子公司才可以开展具体业务。

最后，构建资金风险预警体系。构建专业的资金风险预警体系，并定期针对资金集中管理工作进行全面的风险评估，以保证内部控制的有效性与安全性。在企业财务部门开展后续相关工作时，应当契合对应的风险评估报告，进而不断对资金集中管理制度与模式进行完善优化，保证资金集中管理工作可发挥出一定的工作价值与优势。例如，进行较高风险的项目开发时，在项目投资前，必须对相关项目的开发风险进行全面深入的调研与评估，保证事前了解项目开发的具体风险，以保证项目投资的可行性与经济性。在具体资金集中管理工作落实阶段，一旦公司的资金链出现问题，基于资金风险预警体系的运行，可以快速识别对应的风险，并及时发出相关的预警信息，便于资金集中管理风险的有效控制，避免对甲公司的整体经营发展造成较大的负面影响。

（3）积极拓展外部供应链融资渠道，创新融资模式。

采用供应链管理模式可以与上下游企业之间通过资源整合与信息共享加强合作与黏性，共同实现效益的最大化，解决了甲公司在生产过程中的融资困难和瓶颈，创造金融价值，降低融资成本。供应链融资作为一种新的融资方式，丰富了融资渠道，同时基于对核心企业的信任，对上下游提供贷款，助力甲公司建立数据资产，延长甲公司的付款账期，减少资金与现金流压力，提高了风险抵抗能力。

首先，建立完善的风险评估体系。在融资过程中，不仅保证甲公司的信用体系健康，并对供应链上下游所有合作商的运营情况进行定期评估。充分利用信息化工具和大数据技术，广泛收集供应商的经营状况、生产状况、财务状况、重大法律纠纷等可能影响其供应保障和服务能力的重大事项，实施预警管理。通过评估结果来选择合作伙伴，这样既可以提高核心甲企业自身的竞争力，也可以降低整个供应链的融资风险，提高供应链的抗风险能力。

其次，利用数字化平台，打造与核心企业的战略生态链。通过加入核心企业供应链平台及长期限的共享共担，增强了上下游企业与核心企业黏性，有利于打造合作共赢的战略生态链，推动产业链的发展。为了能够让供应商顺利加入供应链管理，甲公司招标文件注明供应链付款条件，分供商在响应招标文件时进行投标，表明已接受向供应链支付的方式。中标后，再要求配合办理各类供应链产品付款时相对更容易。同时，联合内部金融机构以及施工企业等，加强供应链金融服务的协同设计，与外部金融机构共同开发适合甲企业供应链运行特点的供应链金融产品；针对不同交易背景的融资模式，研究设计具备不同融资比例、期限、利率以及风控条款的个性化融资工具，为内外部企业提供基于真实贸易背景的供应链融资服务。

实现供应链融资的主要方式是以供应链金融服务平台作为载体，甲公司作为核心企业，核验上下游的资质、运营能力和经济能力并进行判断；供应链产品与核心企业连接，通过数据对比，筛选准备办理供应链产品的下游供应商；通过筛选的数据，直接对应金融机构，依托核心企业信用担保，下游供应商向金融机构办理票据线上保贴业务、商业保理、信用证等各类融资业务流程。

（4）推进资产证券化，拥抱融资新渠道。

资产证券化作为一种创新的融资方式，从主体信用到资产信用，使用了风险隔离和信用增级的手段，有可能发行高于企业本身信用级别的在融资方面可以摆脱企业自身信用条件的限制（即一个主体信用为 BBB 级的企业可以通过资产证券形式发行 AAA 级债券），弱化了发行人主体的信用，更多地关注基础资产的资产信用，可以突破发行人自身情况的限制进行融资。当基础资产信用等级不足时，可以通过信用增级方式进行增信。

信用增级方式包括内部信用增级和外部信用增级。内部信用增级通过交易结构设计、调整证券化结构，重新分配现金流实现，包括证券优先/劣后级分层，现金流超额覆盖，超额抵押，保证金/现金储备账户等。外部信用增级通常为第三方担保，主要是机构担保、差额支付承诺、回购承诺和流动性支持，如表1所示。

表1　　　　　　　　　　　　　　　主要信用增级方式

分类	信用增级方式
内部增信方式	证券优先/劣后级分层
	现金流超额覆盖
	超额抵押
	保证金/现金储备账户
外部增信方式	机构担保
	差额支付承诺
	回购承诺
	流动性支持

信用等级越高，发行利率越低。AAA级能比AA级降低发行利率1个百分点，AA级能比A+级降低债券发行利率0.2个百分点。甲集团的信用等级高于甲公司，甲公司将基础资产合并于甲集团共同发行资产证券化，降低了融资成本。

3. 提升投资回报率

通过工程物资的精益管理、工程设备精益管理、劳务分包精益管理、财商融合、成本预警精益管理等手段严控成本，提升成本管控效益，实现投资回报率的提高，如图7所示。

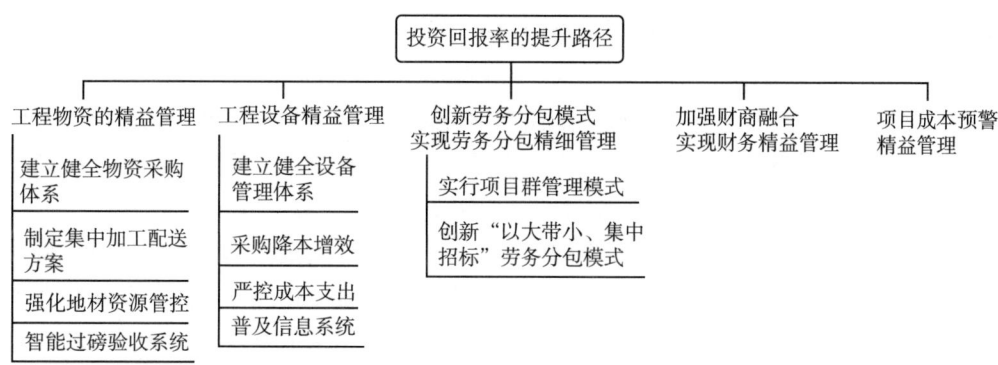

图7　投资回报率提升路径

（1）工程物资的精益管理。

牢固树立"以经济效益为中心"的发展思想，强化系统建设、优化资源配置，深挖集采效益，压降超耗成本，有力提升物资管理整体水平。

①建立健全物资采购体系。总包部及项目部分别制定总包部集中物资采购管理办法、项目物资采购制度，从制度上规范了物资采购流程，保障了物资采购的有序性、合规性。

②与战略供应商合作，创新定价模式，并制定集中加工配送方案。一是与战略供应商签订集采物资供应服务协议，协议中约定采取到站价等于"基准价 + 优惠幅度 + 运费 + 综合服务费 + 账期资金成本"的模式对供应物资定价，设立更加公开透明的定价模式，有效降低项目成本。二是由战略供应商负责对公司的工程材料进行加工并配送至施工指定现场，施工材料按照甲公司验收的成品数量进行结算，不给予加工损耗。通过集中加工配送大商务协同管理，实现了工程材料由分散变为集中，最大化地减少了原材料的浪费，节约了资金的占用成本。除此之外，建立集中采购仓储区域，有效避免物料短缺或不合理的仓储成本。

③强化地材资源管控。通过深度策划，创新供应模式，强化过程管控、预防成本风险等多项措施，策划地材自加工供应方案。根据市场资源调查及供需关系情况分析，结合项目地材储备情况，摒弃了全部外采的单一供应方案，制定了"自产为主、外购为辅"双重保供方案。首先，在项目进场初期，趁资源充足，立即启动招标采购程序，提前锁定价格，防止各标段全面开工后涨价风险。其次，立即启动地材加工厂建设准备工作，组织物资、技术、商务人员进行市场调研，评估各种潜在风险。经反复论证，精细成本测算，最终在自建、联建及委外加工制作等多种模式中因地制宜，以较低成本完成了材料采购。为有效控制库存，大型施工企业应根据实际施工作业制定最优库存采购集，以满足特殊数量、特殊工程项目的需要。

④智能过磅验收系统助力项目降本增效。智能过磅验收系统针对物资进场环节进行全方位的管控，通过为地磅加装摄像头、电脑主机、红外、打印机等硬件，用物联网信息化技术手段采集物资验收数据，并同步上传到成本管理系统，排除人为因素对现场物资验收工作的干扰，堵塞现场物资管理环节的漏洞。

（2）工程设备精益管理。

①建立健全设备管理体系。进一步完善设备管理等相关管理制度，确保设备管理上下同步。编制设备管理工作手册或作业指导书，提高现场设备管理标准化、精细化水平。

②激发创效动能，深挖采购降本增效潜力。一是构建安全稳固的供应链条，将采购份额向优质供应商倾斜或集中，培育一批长期合作的优质供应商群体。不断提高大宗设备集中采购，提升集采层规模和集采质量效应。二是采取有效措施降低和减少采购供应链资金、运储、管理费用等各项隐性成本，用好供应链金融工作，平衡好付款和采购价格，做到综合成本最低。三是落实采购供应价格成本管控责任，准确评价集采供应的降本创效能力，纳入项目专项考核体系，强化机械使用费的责任成本考核和奖惩兑现。

③持续精耕细作，严控成本支出。一是加强设备进退场管理，推动项目统筹把握各类物资设备进退场节奏，严格设备验收、仓储和管理。二是加强设备使用管理，建立健全消耗节超奖惩激励制度，切实履行管控主体责任，项目消耗核算小组要严格落实消耗控制目标和控制责任，明确划分与分包队伍的消耗管控"界限"。三是加强限制设备调剂与清理，坚持资源共享，先内后外原则，运用市场调剂和制定调拨等手段，充分盘活现有设备资产，提升设备利用率，节约使用成本。

④普及信息系统，促进提高项目管理效能。全面加强设备管理信息系统应用，确保新开项目应用尽用，各功能模块应用尽用。一是加大推进应用工程项目综合管理信息系统，定期收集并反馈系统在应用中存在的问题，及时向运维单位提出优化建议。二是充分利用信息技术手段开展风险管控，增强风险识别的精确性和时效性，及时发现问题、堵塞管理漏洞，降低风险发生概率。三是开展数据分析应用，通过对既有数据的研判，建立业务分析模型，提供市场价格信息、行情走势预测、采购结果评估、供应商信息等服务，为提升项目管理效能提供信息支撑。

（3）创新劳务分包模式，实现劳务分包精细管理。

①创新管理模式，实行项目群管理模式。项目群管理模式（以下简称"区域化经理部"），即在一个市场区域内设置一个项目经理部，统一管理区域内若干个项目。此模式有利于劳务队伍施工机械的资源调配，减少大型机械设备进出场费用，提高机械、周转材料使用效率，减少劳务队伍的外流，保持劳务队伍的人员稳定，有利于劳务队伍降低成本，从而提供更优惠的单价。

以区域化管理进行分包策划。一是根据各专业工程类型如交安照明工程、路基土石方、给排水工程、桩基工程、下部结构等进行分类招标。二是把部分前后衔接紧密的分部分项工程如承台、墩身与现浇梁施工，路基土石方与给排水施工等合并在一个包件进行招标。三是根据分包金额的大小，合理划分分包标段，保证规模效应。四是根据利润情况合理搭配分包包件，对一些利润率比较低的项目搭配一些利润率较高的项目进行分包，平衡好分包包件的整体利润水平。

以区域化管理合理进行劳务分包定价。劳务招标前做好成本测算控制好各分包单价，以区域化管理思路来确定分包单价。在招标时充分考虑片区项目内的施工资源，如土石方调配资源、施工机械及周转料资源等。如可将本项目土方开挖与邻近项目填土方进行调配，也可将本项目施工机械等资源的使用与其他项目进行综合调配，以此降低分包单价，降低分包成本。

②创新"以大带小、集中招标"劳务分包模式。围绕分包内容、标段划分、招标方式、计划招标时间等方面提前进行详细策划，并报公司商务部评审。公司商务部仔细研究实际情况后，对工程数量、梁型、计划开工时间、分包标段划分等信息进行统计梳理，并和项目部反复沟通研究，采用"以大带小、集中招标"的方式进行本项目的劳务招标，通过将小标段和大标段捆绑、多个项目集中招标，化解小标无人投、分包价格不可控的不利因素。初步方案确定后，公司商务部分别征求工管部、法

律部、财务部等业务部门意见，确保无法律合规风险。

（4）加强财商融合，实现财务精益管理。

利用税收政策，合理进行纳税筹划。《财政部 税务总局关于进一步加大增值税期末留抵退税政策实施力度的公告》规定：符合条件的企业可以自 2022 年 4 月纳税申报期起向主管税务机关申请退还增量留抵税额。公司财务部本着"应抵尽抵，应退尽退"的原则，要达到留抵退税要求，增量留抵税额须连续六个月符合有关条件，才可以申请留抵退税。自全面实行留抵退税制度以来，公司财税人员积极研究并认真学习领会国家出台的留抵退税等税收优惠政策，统筹策划留抵退税工作，酌情利用实务中专票认证时间的调节空间尽量将进项税额合理分配至不同月份使其满足留抵退税的条件。"留抵退税"退的是当进项税额大于销项税额时所产生的未能抵扣的进项税额，所以及时足额取得增值税专用发票，增加进项是关乎增值税留抵退税工作成果的重中之重，对增值税专用发票强化要求，坚持"应取尽取，应抵尽抵"原则，为留抵退税留足空间。

（5）项目成本预警精益管理。

为了加强工程项目成本精益管理，全面掌握项目成本管理，甲公司制定了《工程项目成本管理监控及预警管理办法》，对工程项目实施过程中影响成本的相关指标进行实时监控预警。监控指标包括（但不限于）以下十二项指标：其中管理类指标包括施工进度偏差、被动更换项目经理、安全事故、质量事故、经济纠纷、班子成员违纪违规问题、结算久拖不清；财经类指标包括项目综合收益、责任成本预算偏差、"已完工未计量"、利润偏差、企业垫资。两级公司根据办法中规定的预警等级，分级对项目部责任成本执行情况进行预警，发出成本管理预警通知书。项目部迅速制定整改措施报上级公司审批并进行落实。

4. 加强信息系统建设

通过加强工管系统、技术系统和商务系统融合的工程管理系统以及利用建筑信息模型（以下简称"BIM"）软件等方面加强信息系统建设。

（1）加强工管系统、技术系统和商务系统融合的工程管理系统。

工管系统、技术系统和商务系统融合，开发基于在建项目工程量的工程管理系统。

第一，各项目根据清单分解录入各工程细部工程量，通过系统的运算及整合，各类工程量在线上进行审核和审批，实现信息的集中管理。在录入工程量的同时，录入劳务队伍的相关信息。当现场完成某部位的使用后，现场技术管理人员可立即使用手机确认完成部位并录入实际消耗材料的数量等信息。系统自动归集信息，并随时调用某个劳务队伍某段时间内的实际完成工程数量及主要材料消耗数量，提升管理效率。

第二，该系统具备材料计划自动提报功能。技术人员可以点取各部位工程，系统自动归集这些部位的各项材料数据并汇总，快速生成材料计划清单，避免反复计算所带来的偏差和时间上的滞后。

第三，该系统具备施工产值计划自动生成功能。在录入各部位工程量及材料的同时，可录入该部位的清单产值，并根据施工计划确定系统中每个工程各部位计划开始与完成时间，系统自动生成每日产值计划。

第四，该系统具备自动生产产值完成情况报表。现场技术人员确认某部位完成后，产值自动归集，并在每日固定时间形成日完成情况报表。报表中体现实际完成产值与计划产值情况的偏差，对项目管理人员进行预警，督促制定相应措施进行改进。

第五，系统还具备主要物资超耗统计及预警功能。通过项目一线管理人员在每次现场完成钢筋绑扎、混凝土浇筑等工序后第一时间的数据录入，系统能自动分析汇总各部位的材料超耗情况。一旦超过设定阈值，系统会自动发送信息至各级管理人员，同时提醒商务系统在下月结算中扣除相应费用，大大提升了物资消耗核算的管理效率。

（2）利用建筑信息模型软件进行精细管理。

随着信息技术的快速发展，BIM软件已经成为建筑业的重要工具。基本建立了以科学技术部为主体、以子分公司专业分中心为骨干、以示范项目为依托的BIM技术研究体系。BIM 5D管理是以BIM技术为核心，集成全专业模型，并以集成模型为载体，关联施工过程中的进度、合同、成本、质量、安全、图纸、物机等信息，为项目提供数据支撑，实现有效决策和精细管理，从而达到减少施工变更、缩短工期、控制成本、提升质量的目的。

一是定期对项目组成员进行BIM系统的培训和教育，提高员工对BIM技术的理解和应用能力；二是制订详细的BIM实施计划，明确BIM技术在项目各阶段的应用，并指定专门的BIM管理人员，负责监督和协调BIM实施过程；三是利用BIM软件进行使用进度模拟，提前发现潜在问题，制定相应解决方案；四是利用BIM协同平台，实现跨部门、跨公司的数据共享和沟通，建立多方协作机制；五是定期评估BIM技术在项目评估应用效果，及时调整实施策略。

①BIM技术规则异形板数控下料节材。

采用BIM技术对模型文件进行深化设计，优化后的切割方式提高了零件的加工数量，钢板零件利用率提高了6.7%，钢板损失率减少了4.44%，如表2所示。

表2 改进项目数据对比

改进项目	优化前	优化后	对比	备注
穿孔次数（次）	2	1	减少50.0%	以切2个零件为例
切割长度（毫米）	791	706	减少10.7%	
加工时间（分钟）	2.04	1.67	减少18.2%	
钢板零件数量（个）	375	400	增加6.7%	
钢板损失率（%）	33.28	28.84	减少4.44%	

以表 2 数据为基础，以年产 10 万吨的钢结构公司为例，规则异形板零件约占总量的 8%，以此进行分析。在优化下料方案后，无论在人力、物力、财力等方面都将大大节省资源。如表 3 所示。

表 3 优化前后具体对比

优化项目	每吨单价（元）	年产量（万吨）	优化前 合价（万元）	优化后 优化异形下料比例（%）	对应提高比例（%）	合价（万元）	效益（万元）
下料用气费	80		800		10.70	793.15	6.85
下料人工费	100	10	1 000	8	18.20	985.44	14.56
下料用钢费	3 400		34 000		6.70	33 815.04	184.96
总价	—	—	35 800	—	—	35 593.63	206.37

由表 3 可知，以年产 10 万吨工作量计算，采用共边工艺对异形零件下料节约成本 206.37 万元，产生了较好的经济效益，为公司创造了企业价值。

②节地与施工用地保护。

导入 BIM 实景软件自动生成的高精度、高分辨率三维实景模型。效果逼真，满足测量精度要求。施工技术人员，可以在办公室利用 BIM 技术 + 倾斜摄影技术生成的实景模型，查看临时工程施工前的场地情况，快速准确地量取场地坐标、距离、面积和体积，将场地与周边建筑物和道路结合起来设计规划。极大地提高场地的合理性，根据现场的实际需要，将每一个位置的作用标记出来，将规划完的实景文件导入 BIM 软件 MicrostationCE，与 BIM 三维临工程模型结合，可以检验规划的正确与否，做到不浪费一寸土地，从而达到利用 BIM 技术 + 倾斜摄影规划临时工程节约用地目标。通过合理的规划节约了大量土地，避免了征拆附近的房舍，为项目部节约了征拆费用，也为项目的顺利施工提供了强有力的保障。

5. 考核与激励

建立价值创造和经济效益紧密挂钩的考核分配机制，并通过开展考核兑现专项检查工作，充分发挥全员参与的积极性，创造更多的价值。

（1）加强项目管理团队建设，构建"4+3+X"项目组建模式，推动生产管理体系提升。一是根据公司《项目管理团队建设推进方案》及《关于明确工程项目人员配备及薪酬分配管理要求的通知》，按照对所属项目管理团队摸底调查、本部资源要素平台搭建、项目管理团队初步达标及基本达标四个阶段推进项目管理团队建设。二是全面优化项目人员配备，构建"4+3+X"项目组建模式，其中"4"即项目经理、项目书记、总工程师、商务经理，是项目管理团队核心层，相对固定，由公司选定人选并任命；"3"即项目商务部部长、物设部部长、财务部部长，实行公司派驻制管理，由公司相应系统部门建立专业人才库并实施集中管理，以派驻形式在项目任职；"X"即项目其他人员，以项目核心层自主选聘为主，公司相关部门辅助配合的方式配备。三是以公司资源要素平台建设与项目管理团队建设双向考核达标为基础，着力打造公司大项目管理团队。

（2）同岗位差异化薪酬分配管理，拓宽专业技术人才职业发展通道，强激励，促项目增收创效。一是为进一步规范员工薪酬分配管理，提高员工激励和约束机制效果；二是研究建立全员业绩考核与企业新签合同额、营业收入、经营性现金流等核心指标相挂钩的考核运行机制，推动企业效益与个人收益同向联动，充分激发员工活力；三是模拟测算、对比分析，确保薪酬核定标准在工资总额框架内实现差异化分配；四是广泛宣传与解读，选择部分项目试行，查缺补漏，发挥薪酬激励约束效能。同时，拓宽专业技术干部职业发展通道，对于潜心研究先进技术应用、施工组织优化、核算管控到位的优秀党员干部，提拔任用到项目书记岗位兼任所擅长专业的项目班子副职，继续发挥其专业特长。

三、在实施过程中遇到的问题

（1）原有观念根深蒂固，思想转变困难。相较于传统成本管理，精益成本管理体系对基础设施建设突出各环节贯通穿透管理，要多方协同联动才能赢得市场与业主认可，进而提升企业经济效益和核心竞争力，但从目前实施情况来看部分项目管理人员依然故步自封难以适应新观念、新模式，还是使用老思维、老办法进行项目管理，没有按照要求形成及时、高效、良性沟通，部门间互联互动情况不够理想，为大商务管理体系的推行增加难度。

（2）管理体系庞大复杂，过程监督难度大。大商务管理体系涉及经营开发、项目履约、成本管控、确权结算、安全管理、考核奖励等多方面联动，管理面广、管理内容复杂，给过程监督及业绩评价考核带来难度，这就需要企业在实行大商务管理的同时完善监督考评机制，坚持责任落实。

（3）人员素质要求高，部分项目管理人员不能满足要求。精益成本管理体系给工程项目管理提出了更高标准的要求，只有业务能力强、沟通能力强、执行能力强的工程管理队伍才能满足大商务管理要求，结合实际推行情况来看，部分工程管理人员不能满足体系需要，需要进一步加强。

四、取得成效

通过识别基础设施建设投资中的约束资源，针对约束资源逐项进行优化，整合甲公司现有资源，突破约束资源瓶颈，实现了基础设施建设投资效率的提升。

建立健全了项目现金流自平衡管理、成本精益管理、人员考核相关流程及制度，提升了管理协同效率，优化了工管系统、技术系统和商务系统融合的工程管理系统以及 BIM 软件等方面的信息系统建设，较大程度上节约了基础设施建设运营成本，提升了基础设施建设投资回报率，实现了国有资产增值保值。

五、经验总结

我国建筑工程基础设施项目在进行投融资过程中，已经拥有相应投资规模，并且在投资过程中可以促进地区经济快速发展。但是，在进行投资的过程中，需要各个部门给予大力支持，这样能够对项目风险进行削弱，同时，为项目投资营造良好的氛围。在投资时，要将统筹管理的理念融入其中，为相应投资工作提出针对性的建议，从而增强工程人员风险防范意识。对于工程各级管理人员而言，要不断提高人员素质以及风险防范能力，培养复合型管理人才，对项目风险要做好相应的评估，根据项目实际情况制定出风险管理措施，从而有效提高项目投资收益率。

（中铁九局　龙丽莲　李洪亮　宋　强　董　文　周　琳　刘雨竹）

贷款利率对 PPP 项目投资测算指标的影响及融资成本控制的研究

——以东北地区 PPP 项目为例

【摘要】 近年来，我国积极推进政府和社会资本合作（PPP）模式，将其作为优化资源配置和融资工具的方式，在大型基础设施和公共服务项目中得到日益广泛的应用与认可。尽管 PPP 模式在推动国民经济发展方面发挥了积极作用，但也引发了一定的社会风险。

目前，我国 PPP 项目资金来源主要依赖债务融资，其中银行贷款是主要的融资手段。尽管融资主要由社会资本或项目公司负责，但政府作为合作伙伴也需考虑投资金额、资金来源、时间等因素。项目融资问题涵盖建设和运营阶段，需综合考虑资金来源、利率、流动资金、股权回报等要素。项目融资管理还需要综合管理投资和融资决策、结构设计、谈判等环节。

在项目的整个生命周期中，融资成本是至关重要的因素，而贷款利率则是影响融资成本的关键要素。较高的贷款利率会影响项目的投资和运营阶段的收益。因此，降低贷款利率有助于降低项目的融资成本，提高资本回报率，从而实现社会资本方与政府方的双赢局面。

针对这一挑战，DB 公司制定了"融资先行"的策略，通过组织融资推介会和竞争性谈判等手段，成功将项目的贷款利率从较高水平降低至更为优惠的水平。在项目策划阶段，DB 公司与金融机构进行协商，实现了降低项目贷款利率的目标，从而对项目投资计算指标产生了积极影响。尤其是 DB 公司在某一项目中引入了贷款利率降低的分成机制，进一步提升了投资回报。这一创新性的机制设计为社会资本方创造了更有吸引力的投资回报，增强了他们对项目的投资信心。这种机制不仅增强了社会资本方的激励，也减轻了政府方的财政压力，实现了项目利益的双赢。这种具体的贷款利率降低机制，为类似项目的可持续发展提供了有益的经验借鉴。通过四个项目贷款利率变化对关键投资测算指标影响的测算，证明降低贷款利率有助于增加投资回报、提高资本回报率，减少政府支出，从而为项目的可持续发展创造了有利的财务环境。

总体而言，通过降低贷款利率，PPP 项目可以降低融资成本，提升资本回报，为社会资本方和政府方创造更加有利的投资环境。然而，贷款利率管理必须充分考虑项目的实际情况，并在政府、社会资本方和金融机构之间建立紧密的合作关系，以确保项目的长期稳健发展。这一成功案例为未来的PPP项目提供了宝贵的经验，强调了合理降低贷款利率和引入创新机制的双重重要性，以实现可持续的合作模式和最终目标。

一、背景描述

（一）东北地区项目基本情况

东北地区的PPP项目在当前呈现出一种积极的发展态势。随着国家对基础设施建设和公共服务领域合作模式的推动，东北地区的PPP项目得到了广泛的关注和支持。东北地区在基础设施建设、城市发展以及公共服务提升方面积累了丰富需求，因此PPP模式在这里得到了广泛的应用。

目前，东北地区的PPP项目涵盖了交通、水务、环保、能源等多个领域。这些项目的合作期限一般在20～25年之间，充分体现了其可持续性和长期规划的特点。大部分项目的资金需求较高，其中约80%的资金依赖银行贷款。此外，政府在一些项目中也提供了可行性缺口补贴、土地使用权等支持，以鼓励私人资本的参与。

尽管东北地区的PPP项目在融资上面临一定的挑战，如贷款利率、资金回收等，但随着融资工具和机制的不断完善，项目融资环境逐渐趋于成熟。项目公司在融资方面的专业能力不断提升，积极寻求多元化的融资途径，包括债券融资、股权融资等。

在东北地区的PPP项目中，政府和社会资本共同合作，推动了项目的顺利进行。虽然项目的融资和合作过程中面临一些风险和挑战，但积极的政府政策、专业的融资团队以及市场对这些项目的认可，为项目的成功实施提供了有力保障。

（二）贷款利率现状和存在的主要问题

目前，东北地区的PPP项目在融资中普遍采用银行贷款作为主要融资方式，贷款利率成为项目融资的重要指标。然而，贷款利率的现状呈现出一些特点，同时也存在一些问题。

首先，贷款利率存在一定的波动性。由于市场利率的变化以及宏观经济环境的影响，银行贷款利率在一定时期内可能会有所上升或下降，这会对项目的融资成本产生直接影响。

其次，贷款利率在不同银行和不同项目之间存在差异。不同银行对于贷款利率的定价策略可能不同，而且项目的风险评估、信用担保情况等因素也会影响利率的确定，导致同一地区的不同项目之间存在利率差异。

目前东北地区的PPP项目在贷款利率方面也存在一些主要问题。首要问题是高贷款利率对项目融资成本的不利影响。较高的贷款利率会增加项目的融资成本，导致项目的投资回报率下降，可能影响项目的可行性和盈利能力。

此外，在项目公司的融资过程中，贷款利率的不确定性成为一个重要问题。市场因素的波动以及政策变化等因素使得项目公司难以准确预测贷款利率的未来走势，这给融资决策和风险管理带来一定挑战。目前，许多 PPP 项目在融资中面临较高的贷款利率，这可能导致项目的总成本增加，增加融资的难度，甚至影响项目的可行性和后续运营效益。主要问题涵盖高利率对项目现金流的影响、可能的偿债压力上升，以及投资者对项目风险评估的不利影响等。这些问题限制了项目的发展潜力，因此需要有针对性的改进措施来解决。

（三）PPP 项目需要降低贷款利率的主要原因

降低 PPP 项目贷款利率的主要原因是为了实现项目的可持续发展、优化财务状况以及提升项目的吸引力。贷款利率作为融资成本的重要组成部分，在项目的整体运营中扮演着关键角色。以下是选择降低 PPP 项目贷款利率的主要原因。

（1）降低融资成本。项目的融资成本直接影响项目的投资回报率和盈利能力。通过降低贷款利率，可以减少项目的融资成本，从而提升项目的投资回报率。这有助于吸引更多的投资者参与项目，提高项目的竞争力。

（2）优化项目财务结构。较低的贷款利率可以减少项目的融资支出，在项目运营初期特别是建设期，减轻项目的财务负担。这有助于项目在早期阶段更好地规划资金运用，降低项目的财务风险。

（3）提高项目可行性。降低贷款利率可以改善项目的资金流入和流出状况，从而增强项目的可行性。项目在运营期间更有可能实现稳健的盈利，提高了项目的长期可持续性。

（4）增加社会资本回报。降低贷款利率导致项目运营成本的降低，进而增加项目的净利润。这将使社会资本方能够分享更多的项目利润，提高其投资回报率，从而激发其对项目的持续兴趣。

（5）增强政府财政可持续性。降低贷款利率可以减少项目的总投资额，从而减轻政府的资金压力。这对于政府来说是一种有效的财政管理手段，有助于提高财政资源的可持续运用。

（6）提升项目吸引力。降低贷款利率可以使项目更具有吸引力，吸引更多金融机构的参与，进而提供更多的融资选择。这有助于为项目融资提供更有利的条件，从而实现更好的融资效果。

二、总体设计

本文旨在以 DB 公司在东北地区所管辖的一系列 PPP 项目为案例，深入探讨贷款利率变动对项目投资测算指标的影响，并进一步研究如何根据指标的变化来提升项目收益。通过此案例，将构建一个标准的实际操作管理路径，清晰地呈现 PPP 项目在确定融资利率方面的指导性和规范性模式。通过统一的操作流程，旨在促进 PPP 项目的健康发展。

DB 公司在东北地区负责管理四个不同市区的项目（甲项、乙项、丙项、丁项），所有这些项目均采用 PPP 模式，项目的合作期介于 20～25 年之间。在这些项目中，约 80% 的投资资金来自银行贷款。项目的回报机制一致，即通过使用者的付费和政府的可行性缺口补助来实现收益。尽管这四个项目在投资模式、融资方案以及回报机制等方面存在相似性，贷款利率的变动对投资测算指标的影响也有相似之处，但在项目公司的 PPP 合同中，对于可行性缺口支付的利率确认存在一些差异。具体而言，甲项目的合同中规定，社会资本方通过降低利率获得了分成机制，并将这一安排明确写入了合同。然而，乙项、丙项、丁项三个项目的 PPP 合同对可行性缺口的支付是根据实际情况确认的，属于同一类处理方式。

笔者通过财务模型测算 DB 公司所管理的四个 PPP 项目的情况，发现贷款利率的变化对它们的投资测算指标产生类似的影响。鉴于这些类似性，决定选择甲项目作为代表，以深入研究贷款利率降低对投资测算指标的影响。

在这四个项目中，贷款利率是一个重要的财务因素，直接影响项目的融资成本和资金流入等财务指标，如项目的资本金收益率、净利润、偿债能力，政府可行性缺口等，都与贷款利率密切相关。因此，通过选择代表性的甲项目进行研究，可以更全面地了解贷款利率变化对投资测算指标的影响机制。

（一）项目情况简介

甲项目是东北某市启动城市转型、打造宜居城市的重点基础设施建设项目，采用 PPP 模式，由中标社会资本方与政府方出资代表共同组成项目公司负责项目的建设、运营、移交，中标价 207 150.61 万元，合作期 20 年，其中建设期 0.5～2 年，运营期 18～19.5 年。各子项工程在完成竣工验收后分别进入运营维护期。项目建设内容包括道路、桥梁、交通工程、智慧停车工程、景观绿化工程、市政管网工程等 15 个工程子项。

1. 总投资情况

项目总投资合计 119 956.38 万元，其中建安费 92 942.00 万元、建设工程其他费 7 400.00 万元、征地拆迁费 8 760 万元、预备费 7 266 万元、建设期利息 3 588.38 万元。

2. 融资情况

项目公司资本金合计 24 056.38 万元，全部为注册资本金，占总投资的 20.05%，债务融资通过银行贷款的方式解决，贷款金额约 95 900.00 万元，占总投资的 79.95%。

3. 项目回报机制

为使用者付费 + 政府可行性缺口补助，收益来源包括停车场、充电桩、通信排管、灯杆广告及驿站等实现的运营收入和所在市政府提供的可行性缺口补助。项目竣工验收通过后由实施机构支付项目公司可行性缺口补助，补助金额根据绩效评价结果及经审定的总投资进行计算。

4. PPP合同中建设期利息及可行性缺口补助约定

PPP合同约定，已经批复的实施方案测算的5.0%为上限，实际贷款利率高于5.0%的，产生的风险由项目公司承担，实际利率低于5.0%时，按照下列相应条款执行。

实际支付的年可行性缺口补助金额，以2022年4月20日全国银行间同业拆借中心受权公布贷款市场报价利率（LPR）4.6%为基准，按照以下两种情形择一进行计算：

情形一：当实际贷款利率≥5%或4.6%≤实际贷款利率<5%时，按照如下公式计算实际年可行性缺口补助：实际支付的年可行性缺口补助=［中选社会资本投报的年可行性缺口补助+（经政府审定的实际项目总投资-招标时项目总投资）×0.063］×K1×K2-运营期当期长期贷款余额×（5.0%-核定的贷款年利率）-超额营业收入政府分成（含增值税）。

情形二：当实际贷款利率<4.6%时，按照如下公式计算年可行性缺口补助：实际支付的年可行性缺口补助=［中选社会资本投报的年可行性缺口补助+（经政府审定的实际项目总投资-招标时项目总投资）×0.063］×K1×K2-运营期当期长期贷款余额×（4.6%-核定的贷款年利率）-超额营业收入政府分成（含增值税）。

其中，核定的贷款年利率根据上述两种不同情形，分别进行认定：

（1）情形一：当实际贷款利率≥5%或4.6%≤实际贷款利率<5%时，实际贷款利率的认定原则：

①当实际贷款利率≥5%核定贷款利率时，实际贷款利率等于5%；

②4.6%≤实际贷款利率<5%时，核定贷款利率等于实际贷款利率。

（2）情形二：当实际贷款利率<4.6%时，核定贷款利率的认定原则为：

核定贷款利率=实际贷款利率+（4.6%-实际贷款利率）×（1-政府方扣减比例）

政府方扣减比例按照表1计取。

表1   **政府方扣减比例**

序号	实际贷款利率	政府方扣减比例（%）
1	4.6%-10基点≤实际贷款利率<4.6%	95
2	4.6%-20基点≤实际贷款利率<4.6%-10基点	85
3	4.6%-30基点≤实际贷款利率<4.6%-20基点	75
4	4.6%-40基点≤实际贷款利率<4.6%-30基点	65
5	实际贷款利率<4.6%-40基点	55

（二）贷款利率的变动对投资测算指标的影响

鉴于甲项目在与政府方的 PPP 合同谈判中实现了利率降低分成机制的创新突破，本文旨在通过考虑两种不同的政府支付可行性缺口补助模式（即据实确认利率和利率分成），探讨利率变化对甲项目投资测算指标的影响。通过此案例分析，笔者旨在揭示利率变动对项目的具体影响，尤其着重比较两种不同的政府支付模式在利率变化下的差异。这不仅有助于理解甲项目中利率变化对财务状况的影响，还能为其他类似项目在融资决策和合同谈判阶段提供有益的经验和参考。

现将贷款利率分别假设为 4.9%、4.3%、3.3%、2.9%，来测算甲项目全周期主要投资测算指标的变化。

1. 利率据实确认模式

该模式下贷款利率的变动对投资测算指标的影响，如表 2 所示。

表 2　　　　利率据实确认模式下贷款利率影响主要测算指标变动情况

指标	4.9%	4.3%	3.3%	2.9%	2.9% ~ 4.9%变化值
总投资（万元）	119 884	119 452	118 733	118 445	− 1 439
建设期利息（万元）	3 516	3 084	2 365	2 078	− 1 439
运营期利息（万元）	53 055	45 979	34 600	30 196	− 22 859
收入（万元）	223 360	217 062	207 000	203 131	− 20 229
利润总额（万元）	15 048	16 840	19 808	20 987	5 939
净利润（万元）	10 551	12 026	14 401	15 346	4 795
资本金收益率（%）	12.14	12.18	12.21	12.22	0.08
全投资收益率（%）	5.67	5.49	5.20	5.09	− 0.58
资本金静态回收期（万元）	4.96	5.14	5.49	5.66	0.7

2. 利率分成模式

该模式下贷款利率的变动对投资测算指标的影响，如表 3 所示。

表 3　　　　利率分成模式下贷款利率影响主要测算指标变动情况（包含利率分成）

指标	4.9%	4.3%	3.3%	2.9%	2.9% ~ 4.9%变化值
总投资（万元）	119 884	119 452	118 733	118 445	− 1 473
建设期利息（万元）	3 516	3 084	2 365	2 078	− 1 475
运营期利息（万元）	53 055	45 979	34 600	30 196	− 23 214
利息分成收入（万元）	—	5 874	11 254	13 338	13 338

指标	4.9%	4.3%	3.3%	2.9%	2.9%~4.9%变化值
收入（万元）	223 360	217 062	207 000	203 131	−10 087
利润总额（万元）	15 048	16 840	19 808	20 987	15 551
净利润（万元）	10 551	12 026	14 401	15 346	12 398
资本金收益率（%）	12.14	12.18	12.21	12.22	2.08
全投资收益率（%）	5.67	5.49	5.20	5.09	−0.28
资本金静态回收期（万元）	4.96	5.14	5.49	5.66	0.41

3. 主要指标影响分析

通过表2、表3数据测算结果可以看出，当贷款利率从较高水平（如4.9%）降低至较低水平（如2.9%）时，项目的投资测算指标会出现一系列变化，这反映了贷款利率对项目经济效益的直接影响。

（1）资本金收益率。资本金收益率是投资者从项目中获得的收益与其投入的资本金之比。从表2、表3可以看出，无论是据实确认模式还是利率分成模式，贷款利率降低都会稍微提升资本金收益率。这意味着投资者可以获得更高的投资回报，吸引更多的资本参与项目。

（2）利润总额和净利润。降低贷款利率会减少项目的融资成本，从而在项目运营期间减少利息支出，进而提升净利润和利润总额。在表2中，随着利率降低，利润总额和净利润呈现逐步增加的趋势。在表3中，利润总额和净利润的增加更为显著，因为利率分成模式下，降低贷款利率会直接提高利润分成额。

（3）收入和总投资。贷款利率的降低会减少项目的融资成本，从而减少债务偿还压力。然而，降低利率也可能导致政府支出减少，影响项目收入。这可以从表1和表2中看出，收入在降低贷款利率的情况下均有所减少，尤其在表2中，收入减少较为明显。总投资在表2中稍有减少，但在表3中相对稳定。

（4）利息支出。降低贷款利率会减少项目的利息支出，对项目运营期的现金流产生积极影响。在表2、表3中，建设期和运营期的利息支出均随着利率降低而减少。

（5）全投资收益率和资本金静态回收期。这两个指标反映了投资回报的速度和程度。在表2、表3中，贷款利率降低导致全投资收益率稍微下降，资本金静态回收期略有增加。这表明降低贷款利率会影响投资回报的速度。因为全投资收益率是衡量整个项目的回报率，它包括了项目从建设到运营的整个周期内的收益情况。当贷款利率降低时，虽然项目的利润和净现金流会增加，但由于资金成本下降，项目的回报收入也会相应减少，因此，全投资收益率会略有降低且回收期稍微延长。

总体而言，贷款利率的降低在项目的投资测算指标中产生了多方面的影响，包括资本金收益率、利润、收入、总投资、利息支出、投资回报等。利率分成模式在降低利率的情况下更加明显地提升了项目的财务表现，特别是在利润总额和净利润方面。然而，需要综合考虑收入和支出的变化，以便全面评估贷款利率变化对项目的影响。

（三）利率降低对 PPP 项目的积极作用

降低贷款利率对 PPP 项目的产生的积极作用主要表现在以下几个方面。

（1）成本减少。降低贷款利率导致建设期利息和运营期利息的减少，从而降低了总投资成本。特别是在运营期，由于运营期利息的大幅降低，项目的运营成本大幅减少，增加了项目的净利润。

（2）利润提升。由于项目的运营成本降低，净利润随之增加。在这个案例中，采用贷款利息分成模式，使得利润从 15 048 万元增加至 30 599 万元，增幅尤为显著。

（3）股东回报增加。高利润意味着更多的利润可以分配给股东，包括社会资本方和政府方。这有助于提高股东的回报率，尤其是社会资本方的回报率。

（4）投资吸引力提高。降低贷款利率能够提高项目的投资回报率，从而增加项目的吸引力。这可能吸引更多投资者参与类似的项目，为项目的可持续发展提供更多的资金支持。

（5）政府支出减少。降低贷款利率降低了项目总投资，从而减少了政府的支出。这对于政府来说是一个积极的变化，有助于降低项目的财政负担。

总的来说，降低贷款利率对甲项目的影响是积极的，它不仅提高了项目的盈利能力和股东回报率，还增加了项目的投资吸引力，为社会资本方和政府方带来了双赢的结果。

三、应用过程

通过对案例的深入分析，可以得出在优化 PPP 项目投资测算指标以及提升 PPP 项目的可持续性方面，降低融资贷款利率显得尤为迫切和必要。为实现这一目标，可以在两个关键领域进行努力。首先，与金融机构展开积极的谈判，旨在降低项目融资贷款的利率水平。通过合理的谈判策略和竞选方法，以争取到更有利于项目的融资利率，从而降低项目的融资成本，提高社会资本方的投资回报。其次，在与实施机构（政府方）进行合同谈判的过程中，可以积极争取引入利息分成机制。这样，当项目运营阶段产生收入时，社会资本方可以从中获得一部分利息分成，进一步增加其投资回报。这两方面的努力将协同作用，有效降低项目的融资贷款利率，并通过合理的利息分成机制提升项目的可持续性和吸引力。

（一）采用融资推介会、竞争性谈判相结合

DB 公司在降低贷款利率方面采用了两种主要方法：融资推介会和竞争性谈判。这两种方法的结合有助于有效地降低融资成本，从而提高项目的投资回报率。具体

来说：

（1）融资推介会。融资推介会为项目公司提供了一个有利的平台，使其能够与多家金融机构进行直接的交流和沟通。通过这种方式，项目公司能够详细介绍项目的潜力、规模、预期收益等重要信息，从而吸引更多感兴趣的金融机构。融资推介会不仅促进了项目价值的传达，还让金融机构更深入地了解项目的核心内容，为他们提供了更精准的融资方案。这为项目进入后续的竞争性谈判阶段奠定了坚实的基础。

（2）竞争性谈判。竞争性谈判方法鼓励多家金融机构参与，通过提供最有利的融资条件来争夺项目。这种方法保证了谈判过程的公开透明和公正公平。项目公司可以明确设定评审标准和权重，基于这些标准客观地评估金融机构提供的融资条件，以选择最佳方案。通过竞争性谈判，金融机构被鼓励提供更有竞争力的条件，例如，更低的利率和更灵活的还款方式，从而使项目公司能够选择对其最有利的融资条件，实现降低融资成本的目标。

（3）条件设置的综合利用。通过结合融资推介会和竞争性谈判，项目公司可以通过设定一系列条件，进一步降低项目在实施过程中与金融机构相关的隐性成本。例如，可以"一揽子"约定前期短期贷款与中长期贷款的贷款条件，减免金融机构的银团费、安排费、承诺费、代理费等，简化放款提款所要求的要件和流程，免除项目建设期和运营期的保函费用等。这些利好条件的实现无疑为项目的融资成本优化提供了有力支持。

（二）合同谈判，引入利率分成机制

成功降低贷款利率对于 PPP 项目的社会资本方而言，意味着可以在投资收益率、利润分红等方面获得更大的优势。然而，在实际运作中，如果项目实施机构仍然坚持按照据实确认利率的原则支付可行性缺口补助，社会资本方可能会因此失去一部分由利率降低所带来的额外收益。这种情况下，社会资本方会错失将投资回报进一步提升的机会。

为了克服这一问题，社会资本方在项目中标后，需要积极与项目实施机构进行沟通和合作。在合同谈判的过程中，在实施机构确定建设期利息不大幅调整的前提下，社会资本方可以提出引入利率分成机制的建议。通过这一机制，项目实施机构在支付可行性缺口补助时，将考虑实际降低后的贷款利率，从而确保社会资本方能够充分享受到利率降低所带来的经济效益。

这种利息分成机制的引入有助于实现贷款利率降低的最大化效益，同时也能够提高社会资本方的投资信心。通过明确的合同规定，社会资本方可以在利润分配中获得更大的份额，从而弥补可能因实际利率确认方式而造成的潜在损失。综合而言，社会资本方在确保降低贷款利率的同时，通过合同谈判引入利息分成机制，将能够更好地保障其投资收益，确保投资回报的可持续增长。

四、取得成效

通过 DB 公司的积极努力，所管辖的四个项目在融资成本的控制方面取得了显著的成效。通过有效的组织和策略，DB 公司成功地采用了融资推介会和竞争性谈判作为核心方法，使甲项目的贷款利率从实施方案的 5% 降至 3.05%，相当于 LPR 下降了 115 个基点，并成功免除了银行保函费用，这为项目融资成本的降低注入了强劲的动力。

这一降低贷款利率的举措直接影响了甲项目的投资测算指标。项目的净利润得到了显著提升，增加了 11 703 万元，同时也成功减少了建设期利息 1 368 万元以及运营期利息 21 571 万元。这不仅增加了项目的现金流，还提高了资本金收益率，为社会资本方带来了可观的经济效益。

值得一提的是，DB 公司通过成功引入利率分成机制，甲项目在降低贷款利率的基础上获得了额外的利息分成收入，总额达 12 545 万元。这一机制的引入充分发挥了降低贷款利率所带来的效益，使社会资本方能够充分享受到利率优惠的全部经济红利。

综合来看，DB 公司在甲项目中的降低贷款利率和引入利息分成机制的举措，不仅直接提升了项目的盈利能力和投资回报，还进一步增强了社会资本方的信心和参与积极性。这一成功案例为公司未来在 PPP 项目中的融资管理提供了有力的借鉴，展示了在合作中实现双赢的可行路径。

五、经验总结

回顾 DB 公司在东北地区所管辖的 PPP 项目的成功案例，不仅能够窥见其策略的巧妙，更能从中得出宝贵的经验教训。这一案例充分展示了降低贷款利率的重要性以及引入创新机制的潜力，为优化 PPP 项目的社会资本方投资回报和项目的可持续性提供了明确的路径。

DB 公司通过运用融资推介会和竞争性谈判等方法，成功将项目贷款利率从较高水平降低至更为优惠的水平。这一举措在提高资本金收益率、增加利润总额、净利润和资金利用效率等财务决策指标方面产生了显著影响。然而，DB 公司的智慧不仅限于此，DB 公司还通过引入利率分成机制，创造性地提升了社会资本方的投资回报。这一机制为社会资本方带来了额外的利息分成收入，进一步提高了其参与项目的动力。这种创新的机制设计体现了 DB 公司在项目合作中与实施机构共同探索、共同发展的务实态度。

然而，这一案例也提醒我们，贷款利率的降低和利息分成机制的引入虽然能够带来丰硕的回报，但在实践中仍需注意合同的具体条款。确保项目合作各方的权益平衡，避免信息不对称和合同解释上的分歧，是项目成功的关键。特别是在社会资本方和实施机构就合同条款进行谈判时，引入利息分成机制的细节需要精心设计，确保所有相关方都能在这一机制下获得合理的利益。

从这一案例中，可以得出明确的结论：降低贷款利率和创新机制的引入是促进PPP项目可持续发展的双轮驱动。前者直接提升了项目的投资测算指标，为社会资本方带来了直接的经济回报；后者则在经济层面外，通过激发社会资本方的积极性和创新意识，推动了项目合作模式的进一步优化和升级。因此，在今后的PPP项目合作中，可借鉴DB公司的经验，将降低贷款利率和引入创新机制作为优化项目合作的双重策略，促使实现双赢局面，为社会资本方和政府合作伙伴创造更大的共同价值。

（中铁东北投资发展有限公司　杨文才　于喜艳　周　磊

夏龙兵　庞大帅　王海元）

约束资源优化在"投建营"一体化投资集团经营管理中的应用

【摘要】中铁交通投资集团有限公司是中国中铁最早成立的专业投资建设、运营服务管理类全资子公司，是中国中铁高速公路板块投资、建设、运营的专业化公司。拥有公路工程、市政公用施工总承包一级资质，主营高速公路投资、建设、运营，交通、市政等基础设施项目投资、建设，土地整理开发，城市轨道交通及铁路总承包，房地产开发。自 2007 年成立以来中铁交通业务快速扩张，资产成倍增长，目前公司注册资本金 80 亿元，净资产 214 亿元，管理总资产超过 669 亿元。在快速成长的阶段，中铁交通呈现出财务资源不足、盈利增长受限、投资建设管理水平不高、高速公路运营管理亏损等发展受限问题，亟须优化资源配置，加快改革步伐，提高核心竞争力，聚焦主责主业，以改革创新驱动高质量发展。通过约束资源识别，中铁交通针对资本投资来源限制、生产管理水平限制、运营盈利能力限制制定了约束资源优化方案，通过具体优化方法操作落实，中铁交通在财务指标优化、"投建营"一体化长效机制建立，及运营板块创新发展等方面取得了较好的成效。

一、应用背景

（一）企业基本情况

中铁交通投资集团有限公司（以下简称"中铁交通"）前身是中铁西南投资管理有限公司，于 2007 年 12 月 28 日在广西南宁市注册成立。2012 年 7 月更名为中铁交通投资集团有限公司，是中国中铁最早成立的专业投资建设、运营服务管理类全资子公司，是中国中铁高速公路板块投资、建设、运营的专业化公司。拥有公路工程、市政公用施工总承包一级资质，主营高速公路投资、建设、运营，交通、市政等基础设施项目投资、建设，土地整理开发，城市轨道交通及铁路总承包，房地产开发。2022 年，中国中铁确定中铁交通"全力建设国内领先、行业一流的高速公路产业集团"专业定位，维持现有建制不变，公司运营业务不受区域限制（综合投资业务重点在湖南、江西、广西），持续做强做优高速公路投资运营业务。截至 2023 年 9 月，中铁交通注册资本金 80 亿元，净资产 214 亿元，管理总资产超过 669 亿元，项目累计投资及新签合同 3 216 亿元。

中铁交通经营业务有四大板块：一是高速公路"投建营"一体化板块；二是城

市基础设施建设板块；三是城市轨道交通及铁路板块；四是房地产及片区开发板块。其组织架构具体如图1所示。

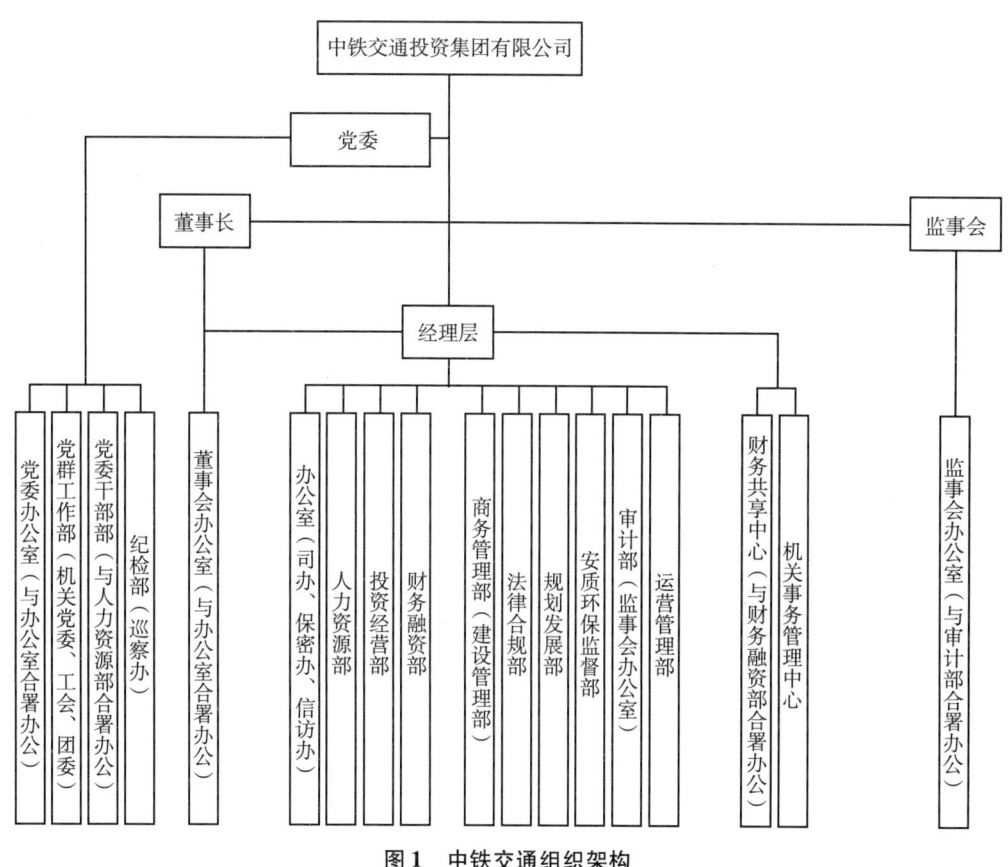

图1 中铁交通组织架构

成立的前十年，中铁交通依托股东优势、自身管理能力以及资本实力，在中南区域的发展和布局不断深入，先后承揽、投资建设市政BT项目6个，中标市政PPP项目4个，高速公路项目4个，成立房地产置业公司1个；在上级单位的战略部署下，重组并购运营高速公路11条，并购平台公司1个。截至2017年末，中铁交通资产总额498亿元，净资产90.73亿元，资产负债率81.78%；年营业收入72.98亿元，净利润3.26亿元，收入净利润率4.47%，净资产收益率3.59%。快速发展的同时，公司资产负债率快速攀升，公司融资与偿债能力受限，盈利能力和资产周转率不高，亟须加快改革步伐，提高核心竞争力，聚焦主责主业，以改革创新驱动高质量发展。

2019年，中铁交通将旗下11条高速公路打包和招商公路合作，盘活了资产，腾挪出投资空间。2020年，结合行业政策与各业务板块的市场前景变化，中铁交通从发展实际出发，制定了"十四五"规划"竞争能力领先、经营效益领先、创新发展领先、运营管理领先"的战略目标，在业务战略层面致力于打造推动产业结构优化调整，形成以高速公路产业为核心、城市基础设施、轨道交通、新兴产业为补充的投资、建设、运营一体化产业格局。

（二）约束资源优化应用的主要原因

约束资源是指企业拥有的实际资源能力小于需要的资源能力的资源，即制约企业实现生产经营目标的瓶颈资源，如流动资金、原材料、劳动力、生产设备、技术等要素及要素投入的时间安排等。约束资源优化有助于企业识别制约其实现生产经营目标的瓶颈资源，并对相关资源进行改善和调整，以优化企业资源配置，提高企业资源使用效率。

在"十四五"规划发展期间，中铁交通面临的实际资源能力小于资源能力需求，主要体现在三方面：

1. 投资规模扩张，财务资源不足

中铁交通"十四五"规划期间拟投资超过 1 000 亿元，未来几年内公司投资规模将继续处于上升阶段，债务融资规模需要保持较高增长。但受政策环境影响，中铁交通融资规模与资产负债率受到严格管控，债务融资不能随着投资增加而无限扩张；同时若无法控制债务规模，也将对公司偿债能力带来较大压力。由此，中铁交通投资扩张所需的财务资源严重不足，传统的项目贷款融资不能满足业务扩张需求，投资资金来源受限。

2. 利润增长受限，内生动力不足

（1）受政策影响，BT 项目已无法实施，房地产项目推进困难，各地轨道交通建设项目受政府财政预算不足影响，规划较慢，目前新的利润增长点主要依靠 PPP 项目新签合同额转化。而 2023 年开始，国家 PPP 项目也进入检查整改阶段，中铁交通建设项目收入、利润增长受限。

（2）运营的部分边远省份高速公路通行车流量不理想，加之新冠疫情与免通行费政策影响，项目通行费收入不达预期，亏损严重。截至 2022 年末，中铁交通参股的招商中铁运营的 11 条高速公路累计亏损 49.54 亿元，集团自运营的 4 条高速公路累计亏损 29.92 亿元，直接影响集团盈利能力与盈利水平的提升，影响集团留存收益的增加，拉升集团资产负债率。

3. 外部融资约束，资金回笼缓慢

2021 年以来，受债务风险管控趋严影响，基建投资企业融资端受限，负债增速持续下降。加之新冠疫情及全球经济下行，地方政府土地财政收入急剧减少，财政资金紧张严重影响回购资金回收，直接影响付费基数确认和项目结算确权，PPP 项目资金回购任务难度大，项目收益无法转变为实实在在的权益与有效资产，影响集团的投资能力及资金链安全。

针对上述债务规模受限、盈利能力不高、资金周转较慢等问题，中铁交通采用约束资源优化的工具方法，识别经营管理过程中的瓶颈问题与制约因素，对相关资源进行改善整合，有助于集团资金周转效率提升、价值创造与企业战略目标落实。

二、约束资源优化总体设计

（一）应用目标

通过约束资源优化设计，提升项目管理水平，减少运营项目亏损，提高资金使用效率，促进资产加快周转，满足公司持续快速发展的资源保障要求。

（二）总体思路

中铁交通各部门、各业务团队通力协作，调动项目管理人员投资、建设、运营管理的积极性、主动性、创造性，发挥非约束性资源协同，充分挖掘各业务板块发展潜力，优化资源配置，提升项目管理运作效率，提高资金周转与盈利能力，推动集团公司平稳有序、快速健康、持续发展。

（三）方法内容

1. 约束资源识别

采用内部评审法识别约束资源。由集团投资、财务、生产建设、运营、规划等部门集中研讨，从公司发展阶段与战略全局出发，审视集团所拥有的资源与能力，以及在发展进程中实现战略目标所面临的政策环境与不利因素，最终识别出三个关键性约束资源。

（1）资本投资来源受限。国家对金融风险、债务风险管控力度加大，融资难度更大，资金风险凸显，合规经营政策趋严，监管处罚力度加大，资本投资来源受限。

（2）生产管理水平受限。"十三五"期间，中铁交通尽管在规模、实力、影响力方面取得了质的飞跃，但在市场经营、业务布局、项目管控、资产运营等方面还存在短板，呈现出大而不专、重投轻管、揽干分离、建营分离、收益欠佳等不利局面，原有的分散发展、粗放经营、末端管控的发展方式已经不能适应市场环境。

（3）运营盈利能力受限。投资项目收益和工可偏离度较大，商业模式创新能力不足，商务体系还不够完善，投资、建设、运营尚未打通形成一体化、全周期管控模式，全产业链成本控制能力较弱，运营盈利能力受限。

2. 优化方案制定

在识别约束资源的基础上，通过分析约束资源的形成原因、涉及的实施责任主体，比较约束资源的能力差距，制定约束资源优化实施方案。

（1）优化财务结构，加速资金周转，突破资本投资来源约束。一是从项目来源设计上优化财务结构，优选有少数股东权益参与及快速盈利、能在短期带来现金回流的项目，增加权益端积累，减少债务资源占用。二是加速存货周转，应收款项回款，加强资金收支管理，融资成本管控，切实提高资金周转与使用效率。

（2）加强"投建营"管控，突破生产管理水平与盈利能力约束。一是加强建设项目的投、建管理，优化项目设计，节约建设成本，增加项目利润，减少投后摊销。二是探索运营管理创新模式，建立高速公路运营全产业链发展融合，减少运营亏损，提升盈利能力。

三、约束资源优化配置具体做法

（一）优化投融资方案突破资金来源限制

1. 投资决策

（1）从追踪项目开始，严把项目论证决策关，将项目短期盈利及现金回流作为首要筛选指标，加快权益性资金的循环内生；对于自身可引入外部权益性资金、财务投资人的项目可切实降低集团资产负债率，减少财务资源占用，在互斥项目的筛选中可优先考虑；对于需要大额、长时间占用财务资源且短期不能实现盈利与资金回流的项目，需要结合集团投融资能力实际，进一步论证、筛选。

（2）对新开通运营的高速公路项目研究合适的资产证券化方案，将重资产转向表外，提前收回投资本金，加快集团资金周转、提质增效。

2. 筹资方案

（1）资本金来源方面，着重实现以"两平衡"为价值创造导向的自有资金出资控制。根据投资项目过会决策"两平衡"方案要求，项目建设期实现的两级利润（总、分包利润）应覆盖中铁方资本金，实现"利润平衡"；通过利润平衡、建设过程中利润上缴，实现利润资金回笼覆盖资本金过程出资的"资金平衡"。在项目不能实现利润与资金平衡的情况下，由投资公司以其他总包项目的利润及资金回收进行"两调节"。在实现利润平衡方面，充分发挥集团公司"投建营"一体化工作部署，积极开展设计变更优化工作，在确保工程质量的前提下，最大限度增加项目负变更，从源头上降低项目总投入；通过全面开展地材自采、结合市场情况提前锁定钢材价格，充分发挥投资公司牵头带动作用，形成施工现场上下一盘棋、大力推动项目节约施工成本，帮助施工标段提高施工利润，共同充分挖潜、降本增效，以实现过程利润覆盖资本金出资需求的价值创造。在实现资金平衡方面，项目建设初期，要基于概算批复数重新制定便于执行的"两平衡"实施方案，结合项目过程推进，及时上缴总包利润、动态归集资金、暂扣施工单位施工利润，倒逼项目整体以收定支、控成本保利润，在利润实现的基础上确保资金归集总额覆盖中铁方资本金出资。

为减少自有资金出资压力，结合投资项目条件，可以央企"互投"基金的形式，增加项目少数股东权益，优化资本结构，减少债务规模占用；也可以项目基金的形式，引入财务投资者，为企业成长提供资金来源，减少项目初期资本投入压力，支撑业务扩张；有条件的高速公路项目还可争取车购税资金补助，以车购税资金充当资本金的形式，增加项目外部权益，降低负债规模与资产负债率。

（2）债务资金来源方面，积极加强对金融市场和金融政策的研究，通过市场规则、创新融资手段等，推动优化债务结构。一是将应付账款等无息负债保持在合理的水平，参照同行业应付账款占营业收入比重，及同行业应付账款结算支付比例，通过合同协议约定，制定结算支付办法，加强建设过程结算与支付进度管理，控制应付账款规模；二是严格控制有息负债增速，根据投资计划及企业生产经营安排，合理测算资金收支和筹资规模，对资金进行有序安排，严控融资节奏、融资规模，避免资金闲置、资源浪费；三是通过内部资金集中、调剂，降低经营性贷款需求；四是结合项目授信储备情况，综合考虑成本效益，合理规划项目融资长短期借款搭配，即要获取低息贷款、减少融资成本，又要合理规划贷款到期日，避免集中到期，减少兑付风险。

（二）丰富盘活举措提升资金周转效率

1. 推动竣工结算，创造"双清"条件

为确保年度清收清欠任务的完成，全力推进项目交竣工结算，责任到人，逐级包保。各子公司、总包部成立专门的交竣工验收及预结算小组，合理制定交竣工及预结算推进时间节点，责任到人。项目交竣工及预结算进度与内部计量支付相挂钩，倒逼各项目主动推进交竣工及预结算工作。对因前期手续欠缺和受征地拆迁影响，不能全部交竣工验收结算的项目，积极跟政府相关部门沟通协商，以专题会议方式同意容缺交工验收，确保预结算工作顺利推进，为实现"双清"目标创造条件。

2. 创新回款形式，加快资金回笼

（1）积极运用政府隐性债政策，灵活转换回款形式。例如，南宁龙岗项目利用政府隐性债化解政策，对接北部湾银行，以无追索应收账款保理形式将回购款 2.3 亿元收回；衡阳项目以商票保贴的形式收回回购款 4 亿元。

（2）推动保函置换质保金工作，例如，江西公司昌九快速路、昌西大道通过保函置换质保金，提高业主支付比例至 85%，促进工程款加快回收。

3. 尝试周转新举措，促进资产盘活

（1）优劣资产结合，引入战略投资者长期持有，共同发挥各自业务优势，盘活资产。例如，2019 年中铁交通与招商公路合作，将原有运营的 11 条高速公路打包出售 51% 股权，整体剥离高速运营板块转让评估基准日经审计的合并资产总额 370.06 亿元，剥离负债总额 259.43 亿元，股权出售后中铁交通资产负债率降低约

11 个百分点。

（2）大力开展资产证券化，积极协调中铁信托、中铁资本等机构，优选入池资产，截至 2022 年末，实施资产证券化 30.26 亿元，有效盘活资产、提前收回应收账款 30.26 亿元，大幅压降了"两金"。

（3）使用银行承兑汇票、商业承兑汇票、信用证、云信等金融工具，增加业主回款、减少应付款项现金支付，满足企业存量资产盘活需求。

（三）统筹大商务管理促进经营提质增效

1. 控融资换存量，降低资金成本

（1）严控融资规模与成本：加强融资规模与成本的管控，根据经营生产及项目建设资金需求情况安排融资，避免资金闲置；在融资方案中，通过询价比选的方式优选利率较低的融资机构，降低融资成本。

（2）进行存量高息贷款置换工作：按照项目类别、融资成本、还款计划等梳理出已形成的、成本高的存量贷款，多渠道、多形式进行降息工作或用他行低息贷款进行置换，以减轻还本付息压力；同时也可进行贷款展期等工作，调整优化债务结构，储备优质授信资源，确保新旧贷款顺利链接，流固结合，降低融资成本。

（3）开展区域联动、联合压降融资成本相关工作。对于融资成本高于同期同类项目的项目融资方案调整，可通过与其他同类项目打包形成融资调整方案，增加贷款基数、扩大影响力，联动谈判，以争取项目平均贷款利率水平整体调整下浮。自 2021 年以来，中铁交通持续加强对金融市场研究，掌握市场动态、关注财金政策，以低成本融资置换高息借款、争取地方金融优惠政策等措施，切实降低资金成本。目前表内建设项目银行贷款合计 162.7 亿元，平均融资成本 3.63%，最低融资成本 2.5%。

2. 精设计强组织，严控投资成本

（1）精准施工图设计，严控项目投资。项目中标后，组织设计院开展设计交底工作，对标对表过会决策边界条件，明确优化目标，制定优化方案，从线路规划、平纵面线型设计、桥梁结构设计、隧道围岩精准设计等方面展开优化工作。加强与省交通厅的协调沟通力度，组织省交通厅相关专家踏勘现场，了解现场实际情况，介绍方案优化的原则、依据和必要性，推动项目优化设计落地见效，取得成果。牵头动态设计，创造优化价值。组织设计、施工、监理开展动态设计工作，积极推行负变更。如炉慈桑龙高速公路项目全线隧道优化变更 631 份，创造效益 3.2 亿元，分配施工单位 1.63 亿元。统一桥涵结构形式，提高模板使用效率，优化预应力结构材料，降低施工单位成本投入。贯彻落实投、建、营发展战略，努力实现高速公路"投建营"整体价值创造。隧道照明设计采用直流供电设计，全生命周期预计节约电费 1.4 亿元，研究分析运营阶段管理需求，充分吸纳运营管理团队对设计提出的意见、建议，优化

完善服务区功能设计、管理中心房建设计、机电工程设计，更好地满足了运营功能，减少运营维护投入，实现全生命周期的大商务管理。

（2）优化施工组织，提高生产效能。高度重视项目建设目标策划，统筹施工组织设计，优化"路、桥、隧"施工工序，提前贯通部分桥梁和隧道工程，畅通土石方调配通道。统筹梁场规划建设，全线所有梁场设在主线路基上，减少临时用地使用数量，节约临时用地费及复垦费。挖掘资源禀赋，开展地材自加工。统筹各施工单位建设砂石料生产线，确保日均产能满足现场施工需求；积极应用新工艺进行地材加工，利用高强母岩、鹅卵石生产高品质机制砂替代河砂，配置制梁高标号混凝土，砂石料实现了100%自采，大幅节约施工成本费用。

（3）统筹物资集采，降低施工成本。一是组织实施钢材、水泥等大宗物资集中采购，采购价较市场价降低5%~8%，特别是水泥集采价格，较市场价低35元/吨，为施工单位降本作出积极贡献。二是精准预判市场形势，分多批次在钢材价格低点开展备料锁价工作，有效防控物价波动风险。三是在国家全面推行电子雷管前，提供专项资金，提前采购、储备普通雷管，满足项目现场推进需求，有效防范国家政策变化导致成本增加风险。

（4）加强科技创新，赋能高效生产。组织推广智慧生态制梁技术，创新"工序固定、流水作业"的预制梁生产模式，进一步提高梁场生产效率，减少临时用地。推广应用隧道二衬防脱空报警装置、台车端头半钢模、电缆沟整体式台车等工装，实现"机械化换人、自动化减人"目标，在高质量发展中创造新的价值。

3. 转观念促营销，实现引流开源

转变"守株待兔、靠天吃饭、管理粗放、市场放任"的简单粗暴惯性做法，强化市场观念，主动开展营销工作。一是练好"两表六图"基本功：建立两个"圈层表"即司机车主、后台车队、物流公司、重点企业等客户"圈层表"和平行线等竞争对手"圈层表"，有效打通客户链条，精准识别对手优劣势，形成引流穿透力；绘制六张"施工图"即车辆流量调查图、区域经济分析图、公路网络及车流路径分析图、沿线旅游资源分析图、沿线物流节点分析图、沿线路域资源分析图，按图作战，打通客户痛点、堵点。二是实施产品、价格、促销、分销"4P"营销策略组合，不断提升营销实战效果。通过商品促销、特产展销、媒体宣传、"形象大使"推介、客户走访、差异化收费、平行线治理、人气路线打造、"食住行旅"分销渠道拓展、公路链联动、"公铁水空"协同等方式惠及客户、满足客户，实现引流开源。

4. "路内""路衍"齐抓，促进产业升级

路内流量经营寻求突破的同时，必须让路"衍"起来，带来新增量、激发新动能。通过发展路衍经济，多渠道盘活资源、回笼资金，可减轻资金压力，弥补主业亏损，实现"路内不足路外补"，形成良性循环。一是做好路域资源开发规划。按照沿线路域资源分析图，系统梳理闲置站房、土地资源、管道线缆、桥下空间等资源，深

挖服务区、出入口、匝道区、互通点等场地潜能，充分利用每寸土地和空间，最大限度释放公路交通溢出效应，有效盘活存量资源。二是逐步完善"服务区 +"。按照"区城融合、地企契合、简约实用、经济艺术、绿色温馨、智慧便捷"的规划理念，精准把握市场态势，主动适应市场需求，引领消费升级。当好平台运营商，整体负责服务区商业平台的开发运营，统一规划、统一招商、统一营销、统一运营标准，通过逐步丰富经营业态，完成服务区从保障型、标准型到拓展型的三级有序迭代。三是统筹推进"高速公路 +"。通过补链、延链和强链进一步谋划交旅融合、通道物流、双碳经济、智慧交通、交通装备制造、乡村产业等六大发展场景，构建公路交通与相关产业融合发展的良好格局。

（四）抢抓政策红利加强资源整合优化

1. 加强税务筹划，争取增值税留抵退税应退尽退

2019 年以来，党中央、国务院施行减税降费政策，增值税期末留抵税额可有条件地申请退税（以下简称"留抵退税"），退税资金全部直达企业，有力地为企业提供现金流支持。为抢抓政策红利窗口期，集团与项目公司统筹策划留抵退税工作，采取一系列措施确保优惠政策应享尽享：一是提前介入税务筹划，各项目公司在成立之初即完成全周期税务筹划，并对财税政策研究、纳税信用等级评定、纳税义务发生时间判断、纳税申报、税务风险防控、财税优惠政策享受等方面重点管理，做好事前税务筹划工作；二是超前规划信用等级，充分做好税务资料备案、规范会计核算与纳税申报，积极策划建设期间取得收入等工作，满足项目公司纳税信用等级 B 级及以上的退税条件；三是增值税专用发票"应取尽取"，积极推行"待结算进项税额"清零行动，助力项目公司累积进项税额，对应取得专票而未取得的，一律重新开具，养成所有员工主动开具增值税专票的良好习惯；四是加强税务政策研究，针对 2022 年财政部、国家税务总局《关于进一步加大增值税期末留抵退税政策实施力度的公告》，集团公司第一时间组织研究，并以此为指导项目进行税务筹划与变更工作，各项目公司反复沟通取得了税务局从公司全生命周期的角度对行业划分的认可，将行业由原先的"建筑业"变更为"交通运输业"，并按营业收入和从业人数两个方面的条件划型为"小型企业"，成功地将原先"半年一申请、每次退税 60%"的状况转变为"月月全额"退税，实现了退税额的爆炸式增长；五是规范财税核算与申报，严格按照财税政策、会计核算办法进行价税分离、进项转出、特殊业务处理及账表核对与清理，同时依据审计、财务监察、第三方咨询机构及税务机关意见和建议积极开展税务整改工作，日常税务管理自查工作举一反三并及时纠偏，防范因财税核算与申报不规范影响退税工作的风险；六是引入中介参与管理，由中介机构对各项目公司的涉税事项进行审核、财税咨询、纳税申报表复核、税务内控管理制度建立、税务稽查问题解答及税务管理培训等，解决了项目财务人员税务知识、能力及经验不足问题，有效降

低了各公司的税务风险；七是建立税企互信机制，在税务机关"放管服"政策调整背景下，企业税务风险逐步加大，为有效发挥事前风险防控与及时落实风险规避措施，各单位积极探索沟通，与税务机关建立了良好的税企互信机制。

2. 积极申报国家政策性基金，缓解资金需求

2022年6月29日国务院常务会议首次提出"确定政策性、开发性金融工具（以下简称'政策性基金'）支持重大项目建设的举措"，由人民银行支持进出口银行、农业发展银行分别设立金融工具，国家发展改革委牵头审核确定备选项目清单，按市场化原则依法合规、自主投资，通过股权投资、股东借款等方式投放基金。2022年8月，集团公司组织炉慈桑龙项目赶在国家第二批政策性基金政策出台时抢抓机遇，及时联系当地政府部门、金融机构，加快办理，集团公司于2022年9月29日、10月12日分别收到进出口银行、农业发展银行发放的炉慈桑龙项目政策性基金贷款10.4亿元、10亿元，贷款期限20年，利率3.15%。该部分政策性基金于2022年10月末前全额向项目作为资本金出资，缓解了集团公司大量项目集中上马的资金压力，减少融资预算规模占用20.4亿元；同时，该资金作为资本金注入项目公司后，项目公司延缓了原计划贷款的使用，大大节约了项目建设期资金成本。

3. 落实车购税资金提前到位，控总投、降负债率

为满足项目建设资金需求，节约建设期利息，有效控制项目总投资金额，项目高度重视车购税补助资金的申请，分别根据与当地交通运输厅反复沟通的结果，提前安排部署，由项目总经理或分管领导专项负责，财务部门专人跟进，积极落实股份公司投资决策对车购税补助资金到位的前置条件，梳理车购税补助相关政策文件、操作程序并制定跟进方案和风险防控措施，针对车购税补助资金在预算、审核、报批、下达、拨付等流程上，采取层层策划、超前谋划、全流程沟通、全过程跟踪、全金额争取。交通运输部批复的太原西北二环项目车购税补助60.8亿元、炉慈桑龙项目车购税补助66.7亿元，截至2023年第二季度末，太原西北二环车购税资金60.8亿元已全部到位，炉慈桑龙项目车购税资金到位50.7亿元。按照到位时的投资建设进度计算，两个项目的车购税资金提前到位60.77亿元，合计节约建设期利息3.25亿元；炉慈桑龙项目2022年收取车购税补助资金41.7亿元后，中铁交通资产负债率由69.42%降至64.61%，降低4.81个百分点。

车购税资金的合规使用有两种方式：第一种方式是按交通厅要求，签订三方监管协议，专户对车购税资金进行专款存放与使用；在列账上对车购税资金可以银行明细账的形式单独区分，确保专款专用、账务清晰、有据可循。第二种方式是在取得省交通运输厅和外部监管银行同意的前提下，将账户内大量沉淀资金全额、实时归集至集团内部财务公司，变外部银行专户受托支付为自行管理，大量扩充集团公司资金池，大幅提高项目公司资金使用灵活性。

四、实施效果

（一）财务指标优化

中铁交通自投自建的高速公路项目在实施"投建营"一体化战略后，成本控制成效显著，设计优化成果突出，通过整体策划，南横项目批复施工图预算较批复概算减少 12.21 亿元，湖南炉慈桑龙项目通过设计优化实现了报审的施工图建安费较批复设计概算中建安费减少 1.14 亿元。资金成本显著降低，中铁交通本部和南横项目公司积极利用广西壮族自治区人民政府"桂惠贷"优惠政策，直接享受 200 个基点贴息；陕西绥延高速公路项目累计置换存量高息贷款 78.4 亿元，利率降低 59 个基点，年节约利息支出 0.46 亿元；广东揭汕高速公路项目累计置换存量高息贷款 52 亿元，利率降低 50 个基点，年节约利息支出 0.26 亿元；集团所属子公司和参股公司用好用活增值税留抵退税政策，收到留抵退税款合计 56.75 亿元，有效弥补了项目建设资金缺口。

2018～2022 年中铁交通各项经济指标保持高位增长势头，新签合同额年平均超过 370 亿元；资产规模稳步增加，板块重组后的近三年平均增长超过 80 亿元，资产负债率控制在 72% 以内；营业收入及利润呈增长态势，收入规模年平均超过 155 亿元，营业收入利润率与净资产收益率获得大幅提升；自运营高速公路通行费自 0.09 亿元增长至 0.79 亿元，流量经营和差异化思路有效促进收入显著增长；经营性净现金流每年保持正流向，年平均经营性现金净流入超过 37 亿元。

（二）长效机制建立

通过约束资源优化升级，构建了管理更加科学、流程更加优化、运作更加规范、监督更加有效的"投建营"一体化管理体系。将运营思维带入可研、初设、施工图、建设等项目各个阶段，真正实现高速公路"投建营"全生命周期管理，从源头提升投资项目质量。建立了投资、建设、运营全周期贯通，经营开发、项目履约、成本管控、确权结算、考核激励各环节穿透的大商务管理体系，统筹、策划、联动的算计能力显著增强，创效水平显著提高，做到优承揽，强建管，重运营，细算账，足应收，巧激励，重协同。经营性净现金流保持为正，有效确保企业经济稳定，国有资产保值增值。

（三）开疆拓土转型

通过"投建营"一体化战略实施约束资源优化，形成以高速公路产业为核心、基础设施和轨道交通为两翼的投资、建设、运营产业链集群，业务地域从原来的 3 个省份发展到现在遍布广西、湖南、江西、陕西、山西、广东、四川、云南、贵州、山东、河南、内蒙古、吉林、青海、新疆、北京、重庆等 17 个省、自治区、直辖市。运营管理 15 条高速公路，总投资 963 亿元，运营总里程 1 388 公里；接管中国中铁委托运营高速公路 12 条，总投资 1 376 亿元，总里程 1 349 公里；同时在投在建 11 条高速公路，总投资 1 541 亿元，建设里程 1 024 公里。高速公路运营板块积极推进延链、补链、强链，全面激活产业链价值，依托资源集群优势发展高速公路路衍经济业态，成立了中铁高速公路管理有限公司；拓展高速公路能源产业链新业务，与中石化广西分公司合资成立了中铁石化能源发展有限公司；着眼高速公路养护业务运行质量和资源配置效率提升，与中铁隧道局合资成立了中铁交通投资集团公路养护科技有限公司。新成立的 3 家单位全面涵盖高速公路中下游产业链，是集团公司增强经营创效能力的"先行军"，为增强经营创效能力和全产业链一体化发展能力奠定基础。城市基础设施建设板块以 BT、PPP 以及总承包模式投资建设市政项目从原来的 10 余个项目发展至目前的 32 个项目，总投资约 853 亿元。城市轨道交通及铁路板块发展至总建安约 300 亿元规模。从高速公路市场到市政、轨道交通，从省内市场到国内市场，企业自我积累实现了多元化，发展内涵不断集聚。

五、经验总结

（一）应用条件与成功关键

（1）对企业的内外部机遇挑战、自身能力优劣势有清晰的定位，能够对企业的受限资源作出准确的识别。

（2）针对受限资源突破，能够找到有用的非约束性资源替代，能够提出有效的解决方案。

（3）企业的运行机构执行力强，能够抓住解决方案要点，切实落实与执行非约束性资源协同，发挥资源配置最优效能。

（二）约束资源优化应用的优缺点

（1）优点。约束资源优化是一种点对点的改善管理水平的优化方法，可以针对性地对企业受限资源、不利因素进行管理，帮助企业实现资源的最优化配置，提高企业的效率和竞争力。

（2）缺点。一是约束资源优化是一种复杂的优化方法，通过考虑各种限制条件来寻找最优解，需要针对不同的问题进行具体的分析和应用；二是约束资源优化的系统性管理不强，以点带面地推动企业全局性发展存在较多限制，缺乏视角全面性与系统连贯性，需要协调企业各业务板块、各管理系统联动推进；三是约束资源优化需要通过分析企业当前的财务状况、经营成果，结合管理存在的问题，加以制定优化方案，管理层面存在一定的滞后性。

（三）对发展和完善约束资源优化方法的建议

（1）建立健全与集团战略目标动态适配运行的资源管理优化机制。约束资源优化需立足企业不同发展阶段与产业不同发展规律，连续不断地推进优化方案的形成、实施、反馈、评价与调整。

（2）加大业财融合力度，对各项目决策经济指标的实现过程加强管控、及时预警，财务分析要贯穿业务开展、市场环境、行业展望与政策趋势，对企业的业态发展与风险管理增加前瞻性与预见性。

（中铁交通投资集团有限公司　刘晓东　欧阳婷）

央企管理会计案例精选

管理会计案例精选

（中国中铁篇）下册

孙　璀　蒋占华 ◎ 主编

中国财经出版传媒集团

经济科学出版社

Economic Science Press

·北 京·

图书在版编目（CIP）数据

央企管理会计案例精选．中国中铁篇：上下册/孙
璀，蒋占华主编．－－北京：经济科学出版社，2023.11
ISBN 978－7－5218－5361－2

Ⅰ．①央… Ⅱ．①孙…②蒋… Ⅲ．①铁路企业－企
业集团－工业企业管理－管理会计－案例－中国 Ⅳ.
①F279.23②F532.6

中国国家版本馆 CIP 数据核字（2023）第 214118 号

责任编辑：何　宁　程辛宁　王文泽
责任校对：隗立娜　郑淑艳　杨　海　齐　杰
责任印制：张佳裕

央企管理会计案例精选（中国中铁篇）（下册）
YANGQI GUANLI KUAIJI ANLI JINGXUAN（ZHONGGUO ZHONGTIE PIAN）(XIACE)
孙　璀　蒋占华　主编
经济科学出版社出版、发行　新华书店经销
社址：北京市海淀区阜成路甲 28 号　邮编：100142
总编部电话：010－88191217　发行部电话：010－88191522
网址：www.esp.com.cn
电子邮箱：esp@esp.com.cn
天猫网店：经济科学出版社旗舰店
网址：http://jjkxcbs.tmall.com
北京季蜂印刷有限公司印装
787×1092　16 开　99.75 印张　2250000 字
2023 年 11 月第 1 版　2023 年 11 月第 1 次印刷
ISBN 978－7－5218－5361－2　定价：298.00 元
（图书出现印装问题，本社负责调换。电话：010－88191545）
（版权所有　侵权必究　打击盗版　举报热线：010－88191661
QQ：2242791300　营销中心电话：010－88191537
电子邮箱：dbts@esp.com.cn）

目 录
CONTENTS

下册

第六篇　绩效管理

第七篇　风险管理

第六篇

绩效管理

建筑集团改革子公司业绩评价体系，赋能企业价值创造
——基于E集团公司案例分析

【摘要】 E集团公司是中国中铁旗下一家大型建筑施工企业集团，主要业务为基础设施建设，其核心成员由12家施工类子公司构成。一段时间内E集团公司经济效益持续下滑，经济发展质量持续变差，集团公司、多数子公司面临全面资金紧张，其原有施工类子公司年度绩效考评和年度净利润考核的业绩评价体系由于自身缺陷，已严重不适用企业管理需要。2020年E集团公司为响应央企业绩改革要求和落实国企改革三年行动，力图扭转生产经营困难局面，以业绩评价体系改革为抓手，建立了以经营性净现金流为核心的业绩评价体系，建立健全了业绩评价保障机制，通过集团公司、子公司共同努力，在新的业绩评价体系引导下，企业发展面貌出现了可喜变化：新签合同额、净利润、经营性净现金流等主要经济指标较上年有了明显进步，尤其是现金流历史性实现了由负转正，整个集团资金紧张态势有所缓解。本文以E集团公司业绩体系改革的相关做法和经验为案例进行分析，以期为建筑施工行业业绩改革提供一种思路。

一、案例背景

（一）企业概况

E集团公司是中国中铁旗下一家大型建筑施工企业集团，年施工生产能力超1 000亿元，主要业务板块为基础设施建设，其核心成员由12家施工类子公司构成。管理模式上按照集团公司、子公司、项目部三级模式管理，截至2021年上半年分布全国各地的存续项目超过1 100个。E集团公司主要履行集团管理职能，12家施工类子公司主要负责施工任务履约。集团母公司利润来源于子公司利润分配及对下属各子公司收取的总承包收益，施工类子公司利润主要来源于承揽的工程项目。

（二）原有考核体系简介

2014～2019年，E集团公司实际上建立了两套业绩评价体系。一套是兼顾效益与管理的年度绩效考核；另一套是考核子公司经济效益的年度净利润考核。两套业绩评

价体系分别对应施工类子公司领导人员年度薪酬 3 个工资单元中的年度绩效薪酬和年度利润提成奖，另一个是年度基本薪酬。

1. 兼顾效益与管理的年度绩效考评

E 集团公司年度绩效考评涉及经济绩效类、管理绩效类和党建工作三大模块，权重分别为：60%、30%、10%，共计 24 个量化指标，体现了公司管理层对施工类子公司生产经营、企业管理、党务管理等方面的全方位关注。具体根据三大模块加权得分，作为施工类子公司领导人员年度绩效考核薪酬的计算依据（正职年度绩效考核薪酬 = 年度考核薪酬计划 × 年度绩效考核得分）。

经济绩效类指标分为经营规模、经济效益、资金管理、费用控制、风险化解、风险管控、所得税管控七大板块，具体细分为新签合同额、营业额、净利润等 14 个具体经济指标，如表 1 所示。

表 1　　　　　　　　　　　　经济效益类考评指标明细　　　　　　　　　　　单位：分

项目	经营规模		经济效益		资金管理			费用控制	风险化解			风险管控		所得税管控
	新签合同额	营业额	毛利率	净利率	资金上缴	资金集中度	经营性现金净流量	管理费用	清收完成率	清欠完成率	"两金"余额	资产负债率	信贷额度	所得税税率
分值	12	5	16	8	4	8	8	4	8	4	8	5	5	8

管理绩效考核指标分为劳务分包及项目管理、安全管理、质量管理、科研管理、节能减排管理、项目成本管理、物资管理、设备管理、内控风险、依法合规经营十大模块，共计 10 个具体指标，如表 2 所示。

表 2　　　　　　　　　　　　管理绩效考核指标明细　　　　　　　　　　　单位：分

项目	劳务分包及项目管理	安全管理	质量管理	科研管理	节能减排管理	项目成本管理	物资管理	设备管理	内控风险	依法合规经营
分值	25	15	10	7	3	10	10	5	10	5

党群工作指标考核采用强制排序法，根据党建工作情况评价结果，由好到差单一序列，排序第一位的为 100 分，每递减一位扣 0.2 分，以此类推。

2. 考核经济效益的年度净利润考核

E 集团公司同时建立了以业主验工计价确认收入的年度净利润考核模式，作为业绩评价体系及施工类子公司领导人员年薪的重要组成部分。

年度净利润 = 年度验工收入 − 年度成本费用 + 调整金额

具体根据表 3 列示比例，分段累进计算年度净利润考核提成奖。其中，验工计价收入是根据 E 集团公司工经部核定的子公司所有项目开累验工收入减去上年考核确认的开累验工收入作为当年验工收入。成本费用为子公司年度财务报表列报的主营业务成本与期间费用之和。特殊事项主要是子公司缴纳总承包收益、资金占用费等调整事项。

表3   年度净利润提成奖计算

企业/企业类型	考核净利润（万元）	计提比例（%）	备注
工程施工企业	考核净利润≤3 000 部分	0.5	
	3 000＜考核净利润≤6 000 部分	0.6	
	6 000＜考核净利润≤9 000 部分	0.7	
	考核净利润＞9 000 部分	0.8	

（三）业绩改革的主客观形势

1. 原有考核体系存在缺陷，不能反映真实业绩

2014 年实施以来，年度绩效考评、考核净利润两种考核方式越来越不适应管理需要，实际操作中暴露出多种问题。主要有以下两点：

（1）考核体系过于复杂，未能突出管控重点。考核指标涵盖了施工企业管理方方面面，指标设置过于宽广，考核权重过于分散，而对市场经营、规模效益、财务资金等关键性指标关注度不够，导致"眉毛胡子一把抓"，模糊了 E 集团公司及施工类子公司管控重点。

（2）存在利润调剂空间，不易反映真实业绩。考核净利润依据工经部门审定的验工收入扣除财务报表成本方式并考虑调整事项确定。这样给了子公司通过工程项目"超验收入，控制成本"人为调整的空间，再加上项目建设期内验工收入、成本费用不确定性因素较多，导致考核结果不能反映真实业绩。

2. 考核正向激励作用不强，考核兑现缺乏时效

2020 年以前，受施工类子公司普遍经济效益较差，其正职领导年度基本薪金 18 万元左右，年度绩效考核薪酬基数仅有 15 万元，年度利润提成奖也仅有少数企业能兑现，与同类型同规模企业薪酬水平存在较大的差距。普通员工收入水平与同行业相比也处于较低水平。同时，年度绩效考评、年度净利润考核涉及两级公司人力部、财务部、工经部、工程部、安质部及党群部门等多个部门，考核数据复杂，审核环节过多，导致考核效率不高，考核结果往往次年 8 月才上会审议。上述情况，导致业绩考评难以起到正向激励作用。

3. 企业经济效益持续恶化，面临全面资金紧缺

由于原有业绩评价体系过多地关注如何确保施工生产，如何做大营业规模，而对盈利能力、现金流等关系企业效益的指标考核力度相对较弱，再加上年度净利润考核业绩不真实，更加剧了 E 集团公司经济效益、资产质量的持续下滑。2019 年，E 集团公司经营性净现金流为 39.46 亿元，"两金" 489.58 亿元比上年增加 58.34 亿元，带息负债 149.9 亿元。以经营性现金流为负、"两金" 占用高、带息负债高为标志的"两高一负" 已成为影响整个集团公司经济健康运行的顽疾。12 家施工类子公司，经营性净现金流为负的单位 X 家，"两金" 超预算的单位 Y 家，同时不少单位存在较大的潜亏，50% 以上的项目难以实现资金自平衡。上述情况，反映了两级公司一段时间内经济效益、资产质量变差，现金流持续恶化，资金链安全受到严重威胁。

4. 响应央企业绩改革要求，扭转生产经营困局

2019 年 3 月，为引导中央企业实现高质量发展，国务院国资委修订印发了《中央企业负责人经营业绩考核办法》，特别强调"质量第一，效益优先""少而精选取指标" 等原则，强化了"业绩升、薪酬升，业绩降、薪酬降" 考核精髓，突出了考核正向激励作用。为此，2020 年 3 月，鉴于原有业绩评价体系缺陷及企业生产经营困局，E 集团公司管理层决定改革现有业绩评价体系并作为推动企业深化改革、扭转困局、实现高质量发展的关键一招，希望通过建立更为科学合理的考评体系，调动干部职工干事创业精神，引导施工类子公司聚焦关键管理要素，提升管控水平，增强经济效益。

5. 落实国企改革三年行动，推动企业高质量发展

2020 年 6 月中央全面深化改革委员会第十四次会议审议通过了《国企改革三年行动方案（2020—2022 年）》，是新时代深化国有企业改革的科学行动指南。原有业绩评价体系已不能适用企业管理发展需求和改革精神要求。为此，E 集团公司把改革业绩评价体系作为落实国企改革三年行动的抓手，以全面增强企业活力，提高生产效率，扭转困难局面，实现提质增效和高质量发展。

二、案例内容

（一）改革目标

1. 总体目标

建立"以价值为本，以奋斗者为荣" 为导向的激励与约束机制，促进施工类子公司做强、做优、做大，引导管理层聚焦关系企业长远发展与价值提升的经营开发、经济效益、财务资金等关键要素，不断提升管控水平，改善资金状况，增强经济效益，确保"十四五" 时期 E 集团公司实现高质量发展。

2. 具体目标

（1）建立以经营性净现金流、净利润、新签合同额、营业收入为核心的施工类子公司量化指标考核体系。

（2）客观评价施工类子公司经济效益情况，考核结果作为施工类子公司年度业绩评价、领导绩效考核、职务晋升基本依据。

（3）树立"真实业绩论英雄"价值导向，引导施工类子公司聚焦管理要素，着力经营开发，提升规模效益，改善资金状况，不断提升经济发展质量。

（4）营造"以价值为本，以奋斗者为荣"企业文化，通过建立科学合理的施工类子公司业绩评价体系并抓好落实，倒逼子公司深化企业改革，推动高质量发展。

（二）总体思路

业绩考核体系改革坚持以"质量第一，效益优先"为核心，综合考虑内部管理需要、企业发展要求等因素，围绕"资金"这一关系企业生存发展的核心要素，识别并提炼出最能驱动施工企业价值创造的关键性指标，以经营性净现金流为核心，以新签合同额、净利润、营业收入等指标为辅，既要考核年度预算完成情况，又要考核较上年进（退）步情况，运用定量定性评价方法，客观评价施工类子公司及其领导班子业绩表现，严格奖惩兑现，强化业绩评价对企业管理行为的导向功能，起到正向激励作用。

（三）业绩考核体系构建

1. 业绩体系构建原则

（1）按照年度预算指标完成程度定优劣的原则。业绩管理实质是预算管理延伸，两者相辅相成，因此 E 集团公司将经济预算指标完成情况作为业绩评价体系的基本部分，加大了预算考核权重，引导子公司努力完成预算。

（2）以经营性净现金流作为考核体系核心的原则。首先，2019 年 E 集团公司资金状况持续紧张，子公司、项目部普遍面临严重资金短缺，经营性净现金流出现大额负数，严重威胁了资金链安全。其次，考虑到施工行业特性，收入、利润考核不易核实等客观困难。最后，鉴于"资金"难以作假、易于核实等特性，E 集团公司综合考虑建立了以经营性净现金流为核心的业绩考核体系，考核权重40%。

（3）考虑主要经济指标较上年变动定进（退）步幅度的原则，"较上年进步得分，较上年退步扣分"的机制主要基于以下背景：多数施工类子公司经济效益较差，预算完成难度大，激励调动它们深化改革，通过努力奋斗扭转企业困难，增强经济效益；同时鼓励少数优秀企业奋发图强，继续做强、做优、做大。

（4）基于六大主要经济指标定贡献大小的原则。主要考虑 12 家施工类子公司营业规模、经济效益及对 E 集团公司贡献程度都不同，为确保业绩考评公平合理，鼓励子公司多作贡献，建立了贡献系数调整业绩考核结果的机制。

2. 业绩考核体系框架

E 集团公司按照"需要什么，就预算什么；预算什么，就考核什么"的理念，对照经营开发力度不够、规模效益较差、经济质量下滑、财务资金紧张等现状和管理需求，设置"经营规模、经营效益、资金状况"三类考核指标，共计9项量化经济指标。业绩评价模块分为年度预算考核、较上年进步考核、贡献系数调整三个部分。考核结果根据三者权重加权计算得来。

年度预算考核主要考核9项年度经济预算指标。目的在于引导它们更加关注经济预算完成情况，通过规范预算管理和强化业绩考核，倒逼子公司紧盯预算目标，深化企业改革，抓实生产经营，最终实现价值创造和企业的提质增效。

进步考核主要考核6项经济指标较上年进（退）步情况。目的在于通过"进步能得分，退步要扣分"的考核机制，激励落后企业转变发展方式，创造更多利润；鞭策优秀企业更上一个台阶，实现高质量发展。

贡献系数调整主要是考核子公司对集团公司新签合同额、营业收入、净利润、经营性净现金流的贡献度。其中，经营性净现金流贡献权重50%，就是为了鼓励子公司多向集团公司贡献现金流，改善整个集团资金状况。

具体计算过程如下：

（1）年度业绩考核得分＝预算考核得分×80%＋进步系数考核得分×20%。

（2）业绩综合考核得分＝年度业绩考核得分×综合贡献系数。

具体如图1所示。

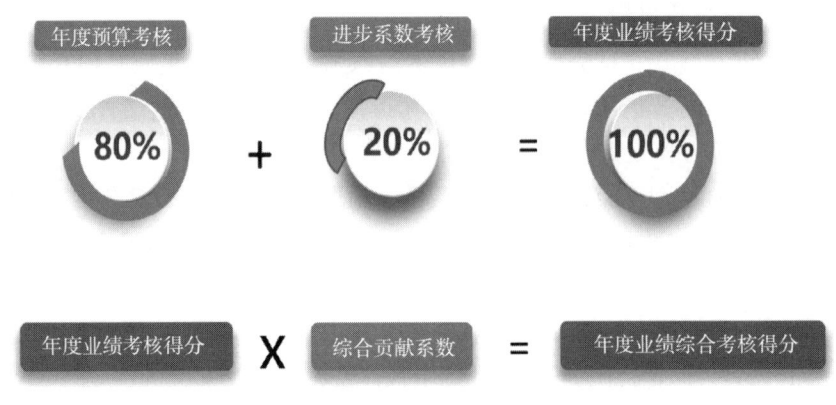

图1　施工类子公司业绩考核框架

3. 指标设置及考核规则

根据管理需要及发展要求，E集团公司共设置新签合同额、营业收入、净利润、经营性净现金流、内部借款、资金集中度、供应链金融通用额度、已完工未结算款占营业收入比、资金上交共计9项量化指标作为年度预算考核指标。其中，6项主要同时考核较上年进步情况。

（1）年度预算考核（权重80%）。考核E集团公司下达的年度预算指标完成情况：

①新签合同额：评价经营开发成效。完成值为各单位考核年度新签合同额与自主

承揽额按 75%∶25% 权重计算。完成值每低于预算值 1 个百分点扣 0.5 分，扣完为止，即完成率在 60% 及以下得 0 分。

②营业收入：评价子公司营业规模。完成值为各单位考核年度财务报表营业收入。完成值每低于预算值 1 个百分点扣 0.2 分，扣完为止，即完成率在 50% 及以下得 0 分。

③净利润：评价子公司盈利能力。完成值为各单位考核年度财务报表净利润。完成值每低于预算值 1 个百分点扣 0.5 分，扣完为止，即完成率在 60% 及以下得 0 分。

④经营性净现金流：评价考核子公司经营性现金获取能力，共有 4 个季度考核节点，预算值分别为年度预算值的 20%、45%、70% 和 100%，权重分别为 1∶2∶3∶4。每期完成值每低于目标值 1 个百分点扣 0.2 分，扣完为止，即完成率在 -100% 以下得 0 分；考核年度经营性净现金流得分按照每期得分 1∶2∶3∶4 的权重加权计算。

⑤内部借款：评价子公司内部借款压降情况。完成值每低于预算值 1 个百分点扣 0.05 分，扣完为止，即完成值低于预算值 100% 时得 0 分。

⑥资金集中度：考核子公司资金集中管理情况。完成值每低于预算值 1 个百分点扣 0.5 分，扣完为止，即完成率低于目标值 10 个百分点时得 0 分。

⑦供应链金融通用额度：作为内部借款考核项的扣分项，考核子公司财务资源占用控制情况，完成值每高于预算值 1 个百分点在内部借款得分基础上扣 0.05 分，扣完为止。

⑧已完工未结算款占营业收入比：作为净利润考核项的扣分项，考核子公司清收工作情况。实际值为考核年度财务报表已完工未结算款占营业收入比。实际值较预算值每增长 1 个百分点在净利润得分基础上扣 1 分，扣完为止。

⑨资金上交：作为经营性净现金流考核项的扣分项，考核子公司是否及时足额缴纳总承包收益。完成值每低于预算值 1 个百分点在经营性净现金流得分基础上扣 0.1 分，最多扣 10 分。

具体如图 2 所示。

图 2　年度预算考核规则

（2）年度进步考核（考核权重20%）。根据新签合同额、营业收入、净利润、经营性净现金流、财务资源占用、资金集中度6项指标完成值，较上年实际值增减幅度设定进步系数，进步系数乘以该项指标标准分值为进步系数考核得分。

$$进步系数考核得分 = \sum 各项指标标准分值 \times 该项指标进步系数$$

①新签合同额：新签合同额完成值与上年持平，进步系数为0，较上年增长3%（降低6%），进步系数加（减）0.1，增长30%及以上（降低60%及以上）进步系数为1（-1）。

②营业收入：营业收入完成值与上年持平，进步系数为0，较上年每增长3%（降低6%），进步系数加（减）0.1，增长30%及以上（降低60%及以上）进步系数为1（-1）。

③净利润：收入净利率完成值与上年持平，进步系数为0，较上年每增加0.1（减少0.2）个百分点，进步系数加（减）0.1，增加1（减少2）个百分点及以上进步系数为1（-1）。

④经营性净现金流：经营性净现金流占营业收入比完成值与上年持平，进步系数为0，较上年每增加0.2（减少0.4）个百分点，进步系数加（减）0.1，增加2（减少4）个百分点及以上进步系数为1（-1）。

⑤财务资源占用："内部借款"余额与上年年末持平，进步系数为0，较上年年末每减少（增加）0.1亿元，进步系数加（减）0.1，减少（增加）1亿元及以上进步系数为1（-1）。

⑥资金集中度：资金集中度较上年每增加（减少）0.5个百分点，进步系数加（减）0.1，增加（减少）5个百分点及以上进步系数为1（-1）。

（3）年度综合贡献系数考核。根据新签合同额、营业收入、净利润、经营性净现金流4项指标完成值对E集团公司业绩的贡献大小设定贡献系数。每项贡献系数，完成值最低的单位系数设为0.8，完成值最高的单位系数设为1.2，其余单位根据完成值高低在系数0.8~1.2之间用内插法计算取值。

综合贡献系数 = 新签合同额贡献系数×20% + 营业收入贡献系数×10% + 净利润贡献系数×20% + 经营性净现金流贡献系数×50%。

4. 业绩考核结果定性

（1）定性考核等级设置。按年度业绩考核得分，将相应工程施工类子公司定性为A类（优秀）或B类（良好）或C类（合格）或D类（不合格）。

（2）定性考核标准。年度业绩考核得分在80分（含）以上为A类；65分（含）以上80分以下为B类；50分（含）以上65分以下为C类；50分以下为D类。

5. 业绩考核结果运用

（1）定量结果运用。年度业绩综合考核得分用于核定各单位主要领导绩效薪酬。

（2）定性结果运用。作为对各单位开展各类评先、表彰的前提或条件设置的重要参考。

作为评价各单位主要领导及班子成员履职能力、成绩的重要依据，以及各单位主要领导及班子成员职务晋升、任免的重要参考。

（四）业绩体系运行

1. 宣贯业绩改革办法精神，营造干事创业氛围

业绩考核体系改革后，E集团公司在经济活动分析会、月度大交班会、各类专题会及全集团业务干部培训中宣贯业绩改革办法，同时党群部门及各子公司纷纷利用各类会议培训、新媒体平台积极向工程项目部、全体职工宣贯业绩改革精神，传达E集团公司管理导向，引导全体职工树立"以价值为本、以奋斗者为荣"的价值导向，营造浓厚的干事创业氛围。

2. 科学合理下达预算指标，确保预算先进可行

为与新的业绩评价体系有机衔接，确保业绩考核结果公正合理，2020年E集团公司统一了新签合同额、营业收入、净利润、经营性净现金流等预算指标测算标准，确保下达的预算具有"先进性、可行性、适应性、导向性、系统性"等特点，预算指标间相互勾稽，极大压缩了人为调节空间，同时能够调动施工类子公司扎实开展生产经营，通过自身努力完成年度预算目标。

3. 建立经济运行预警机制，做到预算过程纠偏

为督导施工类子公司加强预算指标过程纠偏，及时发现经济运行中存在的主要问题、隐患和主要矛盾，E集团公司制定出台了《经济运行预警管理办法》，按照预算完成与时间同步原则，对施工类子公司新签合同额、营业收入、净利润、经营性净现金等9项经济指标进行月度预警。根据年度预算完成滞后时间、滞后程度及滞后指标数量，设立"单独预警""通报警示""'通报+约谈'警示"三种预警形式，并建立了相应警示整改机制。其中，"单独警示"由财务部门拟定，总会计师签发。"通报警示"由财务部门拟定，总会计师复核，总经理签发。"'通报+约谈'警示"由财务部部门拟定，总会计师复核，总经理签署，董事长签发，约谈由公司董事长或总经理主持。

4. 全面改革薪酬管理制度，建立干部评价机制

鉴于与同行业相比施工类子公司领导人员薪酬水平过低，为与业绩评价体系改革做好衔接，E集团公司同步修订了施工类子公司薪酬管理制度，规定领导人员薪酬由基本薪酬、绩效薪酬、特殊奖励三个单元构成。将基本薪酬提升一个档次不等，并明确绩效薪酬标准根据年度业绩综合考核得分情况计算。同时建立了中层干部个人业绩评价机制。施工类子公司领导正副职分别要接受E集团公司领导班子成员、部门正职及考核对象所属单位部门正职及下属单位正职进行360°评价打分。根据得分情况，子公司领导人员正职个人绩效评价等级分别为 A、B、C、D 级，绩效薪酬分别按照年度绩效薪酬标准的 110%、105%、100%、90% 计发。薪酬管理制度一方面提升了基本薪酬水平，另一方面又与施工类子公司领导人员绩效薪酬与所属企业业绩表现和个人工作业绩表现紧密挂钩，压实了施工类子公司领导人员管理责任，激发了改革热情。

5. 建立季度模拟考核机制，形成比学赶超氛围

E 集团公司同步建立季度模拟考核机制，季度结束后，E 集团公司财务部门根据季度经济数据，将年度预算目标转化为季度目标，据此模拟测算 12 家施工类子公司业绩考核结果，并将模拟考核结果在全集团范围内通报，树立标杆企业，通报落后企业，12 家施工类子公司形成了浓厚的比学赶超氛围。

6. 建立业绩审核审计机制，确保结果真实公正

首先，E 集团公司经营部门、财务部门分别根据中标合同、财务报表数据并根据前期调整事项台账审核 12 家施工类子公司业绩考核数据，形成考核结果初稿。其次，E 集团公司组织财务部门到子公司开展现场数据复核，提升审核效率，确保数据准确无误，形成较为准确的业绩考核结果。最后，审计部门对部分单位业绩考核结果进行了现场利润审计，核实子公司真实盈亏情况，并根据审计情况调整考核结果。

（五）202×年业绩考核结果

202×年 12 家施工类子公司业绩考评得分从 –3.12 ~ 94.68 分不等，评选出了 3 家优秀企业、2 家良好企业，2 家合格企业，5 家不合格企业。对比 2019 年绩效考评结果，202×年业绩考核结果更为合理公正，并拉开了优秀企业、良好企业、合格企业、不合格企业之间的差距，正确反映了各单位 202×年度真实经营业绩。考核优秀的单位将戒骄戒躁以确保来年更为优秀，考核较差的单位更能清醒地发现自身在经营开发、资金管控、经济效益等方面存在的差距与管控漏洞，让子公司管理层能够更加聚焦企业管理的核心要素，采取措施提升管控成效，如表 4、表 5 所示。

表4　　　　　　　　　施工类子公司 2019 年度绩效考核评分　　　　　　单位：分

序号	单位	绩效考核得分情况				备注
		经济指标考核得分（60%）	管理指标考核得分（30%）	党群工作得分（10%）	总分	
1	YI 公司	70.00	90.77	97.68	79.00	
2	ER 公司	70.00	93.55	96.74	79.74	
3	SAN 公司	73.00	88.02	98.02	80.01	
4	SI 公司	73.00	105.36	100.03	85.41	

序号	单位	绩效考核得分情况				备注
		经济指标考核得分（60%）	管理指标考核得分（30%）	党群工作得分（10%）	总分	
5	WU 公司	70.00	97.49	99.43	81.19	
6	LIU 公司	70.60	87.25	93.44	77.88	
7	JZ 公司	80.36	93.34	93.26	85.54	
8	DW 公司	79.27	99.72	95.02	86.98	
9	XY 公司	77.30	96.13	98.89	85.11	
10	SZ 公司	71.00	98.57	98.39	82.01	
11	ZX 公司	72.90	100.63	92.01	83.13	
12	CT 公司	70.00	94.38	96.42	79.96	

表5 **施工类子公司202×年度业绩考核结果**

指标类别	具体指标	DW公司	SI公司	XY公司	JZ公司	SZ公司	ZX公司	LIU公司	CT公司	YI公司	WU公司	ER公司	SAN公司
预算考核（80%）（分）	新签合同额	17.6	20.0	18.5	20.0	20.0	5.9	13.2	17.8	20.0	10.9	10.2	3.7
	营业收入	10.0	9.7	10.0	10.0	9.3	7.4	7.1	8.8	9.5	10.0	10.0	7.8
	净利润	20.0	9.7	20.0	20.0	20.0	20.0	—	—	—	—	—	—
	经营性净现金流	40.0	36.8	30.6	31.6	20.0	20.0	28.1	20.0	8.4	6.6	—	—
	财务资源占用	5.0	5.0	5.0	5.0	0.9	5.0	5.0	—	—	1.4	—	—
	资金集中度	3.5	—	1.5	—	—	—	—	—	—	—	—	—
	资金上交	—	—	—	—	—	—	—	—	-5.0	-4.1	—	—
	预算考核总得分（分）	96.1	81.2	85.5	86.6	70.3	58.2	53.4	46.5	32.8	24.9	20.2	11.4
进步考核（20%）（分）	新签合同额	20.0	20.0	-2.2	20.0	20.0	20.0	5.5	20.0	20.0	20.0	20.0	-13.9
	营业收入	10.0	10.0	7.7	10.0	10.0	10.0	-2.5	-3.2	-1.8	7.3	1.1	0.4
	净利润	—	—	—	—	—	—	—	—	—	—	—	—
	经营性净现金流	-9.1	40.0	40.0	-7.0	38.1	40.0	40.0	40.0	40.0	39.0	37.5	-40.0
	财务资源占用	5.0	2.9	5.0	1.9	-5.0	0.8	5.0	-5.0	-5.0	-3.0	-5.0	-5.0
	资金集中度	-5.0	-5.0	5.0	-5.0	-5.0	-5.0	5.0	-5.0	-5.0	-5.0	-5.0	-5.0
	进步考核总得分（分）	20.9	67.9	55.5	19.9	58.1	65.8	53.0	46.8	48.2	58.2	48.5	-63.5
业绩考核得分（分）		85.05	80.47	83.54	77.25	71.84	63.74	53.31	46.58	35.92	31.55	25.87	-3.56

续表

指标 类别	具体 指标	DW 公司	SI 公司	XY 公司	JZ 公司	SZ 公司	ZX 公司	LIU 公司	CT 公司	YI 公司	WU 公司	ER 公司	SAN 公司
定性考核等级（分）		A	A	A	B	B	C	C	D	D	D	D	D
综合贡献系数（分）		1.1132	1.1583	1.1060	1.1443	1.1452	1.0109	1.0769	1.0458	1.0172	1.0190	0.8792	0.8758
年度业绩综合得分（分）		94.68	93.21	92.33	88.40	82.27	64.44	57.42	48.71	36.54	32.15	22.74	-3.12
排名		1	2	3	4	5	6	7	8	9	10	11	12

（六）案例创新点

1. 建立以经营性净现金流为核心的考评体系

E 集团公司面对一段时间内经济效益下滑、资产质量变差、现金流持续紧张的困难局面，牢牢抓住"资金"这一核心要素，利用"资金"难以作假、易于核实特性，围绕经营性净现金流建立起了全新的业绩评价体系，充分发挥业绩评价和预算管理指挥棒作用，引导施工类子公司充分认识到资金短缺的根本性原因在于生产经营管理出现问题，加强收支管控，倒逼企业不断深化经营开发、工程管理、成本管理、物机管理、财务会计等方面的改革。同时，建立了四个季度考核节点，压缩人为调节空间，引导企业现金流回归常态。

2. 既考核预算完成度又考核进（退）步情况

E 集团公司针对 12 家子公司经济效益参差不齐的现状，结合管理实际，建立起了较上年进（退）步考核机制。一方面，照顾了大多数经济效益较差的单位，调动了它们深化改革、有所作为的积极性，实现企业发展局面的转变；另一方面，也是对少数优秀子公司的鞭策，鼓励它们锐意进取，不断奋斗，继续做强、做优、做大。

3. 同步建立了无缝衔接的业绩考评保障机制

E 集团公司在改革业绩评价体系的同时，同步调整了集团公司、子公司管理职能，明确了管理界限，对薪酬管理、干部业绩评价机制等方面进行了全方位改革，压实两级公司本部管理职责，强化了全面预算管理，建立、健全了经济运行预警纠偏机制，提升了薪酬待遇水平，激发了干部职工干事创业、改变企业面貌的积极性，多项举措相互衔接，确保了业绩评价体系改革实现目标。

三、案例取得的成效

（一）建立了"以价值为本"管理文化导向

2023 年 E 集团公司主要领导在多种场合、多种平台宣贯了"秉持客户至上、聚焦价值创造、勇当开路先锋"的核心价值观，统一了全体干部职工思想，明确了企业深化改革的方向。通过改革业绩评价体系及过去一年常态运行，对 12 家施工类子公司分别给出"优秀企业""良好企业""合格企业""不合格企业"的不同评价，向全体干部职工充分展示了核心价值观的真实内涵：企业要实现价值创造，国有施工企业更应创造价值。这极大激发了干部职工的改革热情，起到较大的正向激励作用。

（二）集团公司主要经济指标出现可喜变化

202×年 E 集团公司完成新签合同额 1 336 亿元，较上年增长 14.97%；实现营业收入 733 亿元，较上年增长 14.35%；实现净利润 4.64 亿元，较上年增长 184.99%；经营性现金净流入 6.66 亿元，较上年增加净流入 46.34 亿元，历史性实现了由负转正的转变；资产负债率 81.74%，较上年年末下降 8.52 个百分点。多项数据说明 E 集团公司在新的业绩评价体系加持下，经营开发、规模效益、资产质量均有所进步和提升，尤其是经营性现金流有了较为根本性的好转。

（三）提升了施工类子公司企业管理水平

202×年 E 集团公司通过改革业绩评价体系倒逼 12 家施工类子公司不断深化企业改革，提升企业管理水平。一是控制住了亏损源头。多数单位停止了投垫资标、亏损标，精耕细作，提升自主经营开发能力。二是捂紧了钱袋子。多数单位对资金收支管控有了更为深刻认识。一方面狠抓清收清欠及"两金"压降，加速资金回笼，另一方面又合理控制债务支付，严禁超合同、超结算、超比例等违规支付行为，促进收支平衡。三是更加重视经济质量。多数单位一方面加强项目现场管控，确保工期进度的同时，更加重视工程项目二次经营、责任成本管控，弥补效益流失的短板，从源头上改善企业经济发展质量。

四、总结与展望

业绩考核具有导向、激励和控制作用，开展业绩考核工作是保障国有资产保值增值，推动企业提质增效，提高企业竞争力的重要手段。随着中国经济进入新常态，从要素投资驱动转向创新驱动，E 集团公司适时转变经营思路，通过改革业绩评价体系，增强考核办法的具体性与操作性，引导施工类子公司转变发展方式，重视效益效率，提高创新能力，走上高质量发展之路。

2022 年是我国现代化建设进程中具有特殊重要性的一年。为更好引导推动中央企业实现高质量发展，国资委坚持问题导向和目标导向，进一步推动中央企业完善考核体系，突出对"一利五率"指标的考核力度，以引导企业加快推进高质量发展，进一步提高经营效益和运营效率，实现可持续健康发展。"一利"是指利润总额；"五率"指的是资产负债率、净资产收益率、全员劳动生产率、研发投入强度、营业现金比率。

因此，为充分发挥业绩考核对推动企业高质量发展的重要作用，按照国务院国资委对中央企业"一利五率"指标考核要求，并结合近几年业绩评价体系运行中出现的新情况、新问题，2023 年 E 集团公司按照新时代开路先锋文化内涵，聚焦价值创造这一导向，拟在原有修订基础上从两个方面再次进行修订。

一是调整预算考核与进步考核权重，改进整体考核架构，预算考核主要评价子公司的资产质量与效益水平；进步考核主要是驱动优秀企业持续进步，引导困难企业逐步脱危解困，走上正常发展轨道。

二是更加突出企业价值创造，删除部分考核指标，增加相应分值至重点关注指标，引领施工类子公司进一步提升资产质量与效益水平。

"船到中流浪更急，人到半山路更陡"。全面改革的蓝图已经绘就，全体干部职工正奋战在一线。相信 E 集团公司在"十四五"时期能够继续不断深化企业改革，抓好生产经营管理，用好业绩评价这一指挥棒，全面提升施工板块经济效益，实现企业高质量发展。

（中铁二局集团有限公司　魏道洪　王占学　纪贤林　陈　静　蒋成碧）

EVA 导向在大型设备投资绩效评价中的应用
——以朔黄铁路联合运输项目为例

【摘要】 大型设备投资具有投资额大、投资回收期较长、设备使用期内运行维护费用高、设备利用率存在较大不确定性等特点，这使得大型设备投资绩效评价往往面临较多的可变因素，从而导致难以科学地作出投资绩效评价。××公司自 2001 年开始参与朔黄铁路联合运输项目，近年来朔黄铁路运输能力持续提升，2022 年运量达到 3.5 亿吨，成为我国继大秦铁路之后第二条重要的西煤东运能源运输干线。朔黄铁路所使用的牵引电力机车属于大型设备，目前已由早期 5 000 吨牵引力的韶 4 改型直流电力机车逐步过渡到 10 000 吨牵引力的和谐型交流电力机车，在单台机车牵引力提升的同时，机车购置原值从韶 4 改型的平均 927 万元/辆提高到和谐型的平均 2 950 万元/辆，设备的高等级维修成本也随之大幅提高，其中 C5 修费用约 650 万元/次，C6 修费用约 1 450 万元/次。2014～2022 年期间，××公司累计购置和谐型电力机车 16 台，设备原值 4.71 亿元。在大型设备投资绩效评价上，结合电力机车运用维护特点以及对朔黄铁路运营形势的综合分析，创造性地应用经济增加值（EVA）导向作为投资绩效评价方法，有效提高了投资绩效评价的科学性、合理性。在合理作出设备投资绩效评价的基础上，充分把握投资机会，通过自筹资金积极加大投资力度，使和谐型电力机车配属占比从 2014 年的 2.8% 逐步提升至 2023 年的 9.6%，配属占比提高 6.8 个百分点，增幅在所有联运单位中位居第一。在持续加大设备投资的过程中，运输收入和经济效益保持了同步增长，并为今后持续经营创效奠定了扎实的运能基础，取得了较为理想的投资效果。

一、引言

铁路运输是国家综合运输体系的重要组成部分，是国民经济重要的支柱产业。在各种运输方式中，铁路运输具有明显的节能、环保优势。经测算，同样的货物运输量，铁路能耗比是公路的 1/7，污染物排放的 1/13。国务院办公厅 2018 年 10 月印发的《推进运输结构调整三年行动计划（2018—2020 年）》中明确提出："2018 年底前，环渤海地区、山东省、长三角地区沿海主要港口和唐山港、黄骅港的煤炭集港改由铁路或水路运输；2020 年采暖季前，沿海主要港口和唐山港、黄骅港的矿石、焦炭等大宗货物原则上主要改由铁路或水路运输。"在宏观经济政策层面，确保了铁路运输在煤炭等大宗物资运输中的主体地位。

近年来，为贯彻国家高质量发展战略部署，××公司积极探索转型发展，持续加大电力机车等大型设备投资力度，成效显著。然而，电力机车运行达到一定年限或者里程数时的高等级维修成本也相当高昂，导致投资项目的绩效呈现异常大幅波动，甚至引起会计师事务所的关注，这也对公司下一步投资决策造成较大困扰。基于此，××公司为了对电力机车投资绩效进行更为客观的评价，引导公司进行科学合理的投资决策，提升资源配置效率，创新地提出基于 EVA 价值导向的铁路运输项目投资绩效评价方法。

二、背景描述

（一）应用单位基本情况

××公司是隶属于中国中铁股份有限公司旗下的一家专业化三级公司，主要经营业务包括铁路铺架、城市轨道、铁路运输及相关多元业务，现已逐步形成主业突出、多元发展的产业布局。公司于 2001 年成立朔黄铁路运输分处，成功中标入围朔黄铁路运输联合体，并伴随朔黄铁路的持续发展而不断成长，至今已连续参与朔黄铁路联合运输 23 年。

朔黄铁路西起山西省神池县神池南站，东至河北省黄骅港市黄骅港口货场，正线总长 598 公里，设计年运输能力为近期 3.5 亿吨，远期 4.5 亿吨，于 1999 年 11 月建成通车，是我国西煤东运第二大通道和国家能源集团矿、路、港、电、航、油一体化工程的重要组成部分，承担着保障国家能源供应的重要责任，现已逐步承担起全国铁路 10% 以上的煤炭运量、西煤东运 20% 的份额，是目前世界上设备最先进、运输效率最高、社会和经济效益最好的重载铁路之一，在全国铁路网中占有举足轻重的重要地位。

朔黄铁路以煤炭为主要运输货物。从我国煤炭供需两端来看，产销错配较为严重，且伴随供给侧结构性改革的完成，上述错配格局呈现进一步扩大的态势，造就煤炭运输在较长时间均存在较为旺盛的需求，从而形成了西煤东运、北煤南运的运输格局。而在西煤东运铁路通道的整体格局中，朔黄铁路天然具备路径最短、最优、最经济的运输线位优势，且与黄万、黄大铁路组成正线全长 889 公里的运输大通道，东达黄骅港、北上天津港、南连龙口港，不仅完善了"多路接一路、一路连三港、正反向互济"的运输格局，也形成了联通山西、河北、山东、天津四省市的铁路网。自2000 年开通运营以来，朔黄铁路年运输量保持持续增长态势，运营首年运量仅有 536 万吨，2006 年运量首次突破 1 亿吨，2013 年突破 2 亿吨，2017 年突破 3 亿吨，2022 年运量达到 3.5 亿吨，实现了运量的阶梯式增长。

国能朔黄铁路发展有限公司是朔黄铁路的经营主体，在生产组织上创新性采取将线路、"四电"等固定设备与机车、车辆等移动设备分离，并在此基础上引入市场竞争机制，通过招标择优选择了6家铁路运输企业，组成运输联合体，构建共同完成朔黄铁路运输生产任务的"朔黄模式"。××公司作为6家运输联合体成员中的一员，主要业务包括自购电力机车并配备乘务人员，提供货运机车牵引运输服务以及机车车辆检测维修、车站相关辅助作业等。

（二）应用单位存在的主要问题

目前朔黄铁路所使用的电力机车已由早期5 000吨牵引力的韶4改型直流电力机车逐步过渡到10 000吨牵引力的和谐型交流电力机车，在单台机车牵引力提升的同时，机车购置原值也从原来的平均927万元/辆提高到平均2 950万元/辆，设备运用维修成本也随之大幅提高，高等级C5修程周期为100万～120万公里，不超过8年，以先到为准，修理费用约650万元/次；高等级C6修程周期为200～240万公里，不超过16年，以先到为准，修理费用约1 450万元/次。

2014～2022年，××公司共购置和谐型电力机车16台，其中用于朔黄铁路14台，靖神铁路2台，设备原值4.71亿元，按股份公司统一设定的折旧年限10年计算，目前每年须计提折旧费用约4 470万元。我们以2020～2022年实际收入利润情况为例，2020年营业收入2.29亿元，营业成本中固定资产折旧2 651万元，C5、C6修费用1 664万元，合计4 315万元，账面利润2 332万元；2021年营业收入2.6亿元，营业成本中固定资产折旧4 612万元，C5、C6修费用402万元，合计5 014万元，账面利润2010万元；2022年营业收入2.87亿元，营业成本中固定资产折旧5 432万元，C5、C6修费用2 038万元，合计7 470万元，账面利润363万元。从中可以看出，年度折旧额和高等级维修费用的高低会直接影响年度利润的高低，如果按照现行年限平均法以10年期计提电力机车折旧，同时对高等级维修费用在支出当年做费用化处理，将会使每年账面利润发生较大的波动。由于机车使用成本在联合运输项目总成本中所占比重较大，在机车高等级维修较为集中的年份，当年的折旧和修理费用总额大，年度经济效益会显著减少，极端情况下甚至会出现账面亏损，例如，2022年仅实现利润363万元，而如果当年发生的高等级维修费用较少或者在后期已提足折旧继续使用期间，则年度经济效益又将会显著提高，例如，2020年虽然营业收入2.29亿元低于2022年的2.87亿元，但实现利润2 332万元却远远高于2022年的363万元，形成2022年增收减利的财务核算结果。

根据铁路机车运用管理规程，在完成规定修程正常使用的情况下，和谐型电力机车的正常使用年限为20～25年。从朔黄铁路联合运输项目经营的情况来看，目前已持续经营23年，并且在可以预见的未来，尚未发现影响持续经营的不确定因素，因此我们可以谨慎合理预估和谐型电力机车的预计使用年限为 20 年。通过查阅机车行驶里程情况记录，以 2022 年为例，16 台和谐型电力机车的行驶里程分别在 21.1 万～25.9 万公里之间，平均行驶里程 24.3 万公里，对照 C5、C6 修程周期标准中以行驶里程与使用年限先到者为准，可以判断行驶里程较使用年限先达成条件，而实际机车的修程周期也是按照行驶里程达成的，如按使用年限来看，C5 修的周期实际均不超过 5 年，C6 修的周期实际均不超过 10 年。同时 C5、C6 修每次维修费用基本稳定，变动幅度较小。

综上所述，当前的财务核算结果并不能客观准确地反映朔黄铁路联合运输项目的经营成果，主要是受到现行固定资产折旧政策和高等级维修费用化处理方式的影响，造成费用支出不均衡和前高后低，从而导致年度利润额出现异常的大幅波动。这一状况已经引起了年报审计会计师事务所的关注，需要作出相关的沟通解释。更为重要的是对投资绩效评价和后续投资决策也造成了一定的困扰。

（三）EVA 价值引领的投资绩效评价方法

1. EVA 的概念

经济增加值（economic value added，EVA），由税后净营业利润扣减资本成本形成。由于现行企业会计准则要求，按照谨慎性原则提取各项准备金、研发和广告费用的费用化，这些都会使企业当期利润减少，但是这种利润的下滑并不意味着公司业绩的下降。因此，EVA 主张将某些费用资本化，如研发费用、培训费用、广告费用和咨询费用等，EVA 则视其为投资，予以资本化。此类支出对公司未来和长期发展有贡献，发挥效应的期限并非只是这些支出发生的当期，全部计入当期损益不合理，而且计入当年费用容易打击管理者对此类费用投入的积极性，不利于公司长期发展；这些包含大量的知识投入的资本能够在很大程度上增强企业在未来持续成长的潜力，因此 EVA 指标也反映了企业的成长性。

2. EVA 绩效评价

目前，EVA 在我国的应用已经具备了坚实的现实基础和理论依据。2009 年，国务院国有资产监督管理委员会在对《中央企业负责人经营业绩考核暂行办法》的修订中，将净资产收益率替换为经济增加值，启动中央企业全面实施 EVA 考核。欧佩玉和孙俊勤（2018）的研究发现，2009 年引入 EVA 评价办法后，中央企业的非效率投资水平显著降低。何威风和刘巍（2017）发现，当管理者拥有较低权力、较高能力以及较多薪酬激励时，实施 EVA 业绩评价制度后中央企业会更积极承担风险。余明桂（2016）研究发现央企的创新水平在 2009 年新政策实施后得到显著提高。刘凤委和李琦（2013）发现 EVA 考核对于公司的过度投资有显著的抑制作用。池国华等

（2016）发现 EVA 考核有利于公司价值的提升，而作用途径也主要在于抑制过度投资。汤谷良和戴天婧（2015）从制度认知度、经营理念文化差距、总部控制能力、管理制度与经营战略匹配性四个维度探索了不同公司 EVA 实施效果的差异。上述研究结果表明，将 EVA 运用于企业业绩评价，可以降低企业非效率投资，提高风险承担能力，提升企业的创新能力。

3. EVA 价值管理

汤谷良（2007）提出，EVA 是在重申股东价值主义的浪潮中基于对传统系统经济利润指标（剩余收益）的改进应运而生的。时至今日，EVA 已被应用于管理目标设定、持续管理改进、业绩评价和报酬计划设计等管理领域，而形成了一个以组织分权为特征的 EVA 管理体系。埃巴（2001）认为，EVA 不仅是一个公司的业绩指标，而且是全面财务管理和薪酬激励的框架，能够指导公司作出一切决策，改善组织内部每一个人的工作和生活，并帮助他们为股东、为客户、为自己创造更多的财富。池国华和邹威（2015）以价值管理为基础，以 EVA 为核心搭建了一个价值管理会计整合框架。

4. 基于 EVA 导向的投资项目绩效评价方法的核心思想

基于 EVA 价值管理的逻辑，××公司将铁路运输项目大型机车的高等级维修费用进行资本化，视为投资。大型机车的高等级维修成本与研发费用、培训费用等支出有以下共同点：（1）此类支出会使得企业当期利润大幅度减少；（2）此类支出导致的利润下滑并不意味着公司业绩的下降；（3）此类支出对公司未来和长期发展有贡献，发挥效应的期限并非只在这些支出发生的当期，全部计入当期损益不利于管理者作出科学合理的投资决策，不利于公司长期发展。综上所述，基于 EVA 导向的投资项目绩效评价方法能够更为合理地引导企业科学投资决策，促进企业不断提升价值创造能力和可持续发展能力。

三、总体设计

为应对大型机车设备运行达到一定年限或者里程数后，高昂的高等级维修成本导致的投资项目绩效异常大幅度波动给公司投资绩效评价和决策带来的困扰，××公司提出基于 EVA 导向对设备高等级维修成本进行资本化，并折现计入设备原始投资参与折旧摊销，进而更为客观地衡量和谐型电力机车投资真实的经营绩效，引导公司进行科学合理的投资决策，提升资源配置效率，促进企业高质量发展。总体研究思路设计框架如图 1 所示。

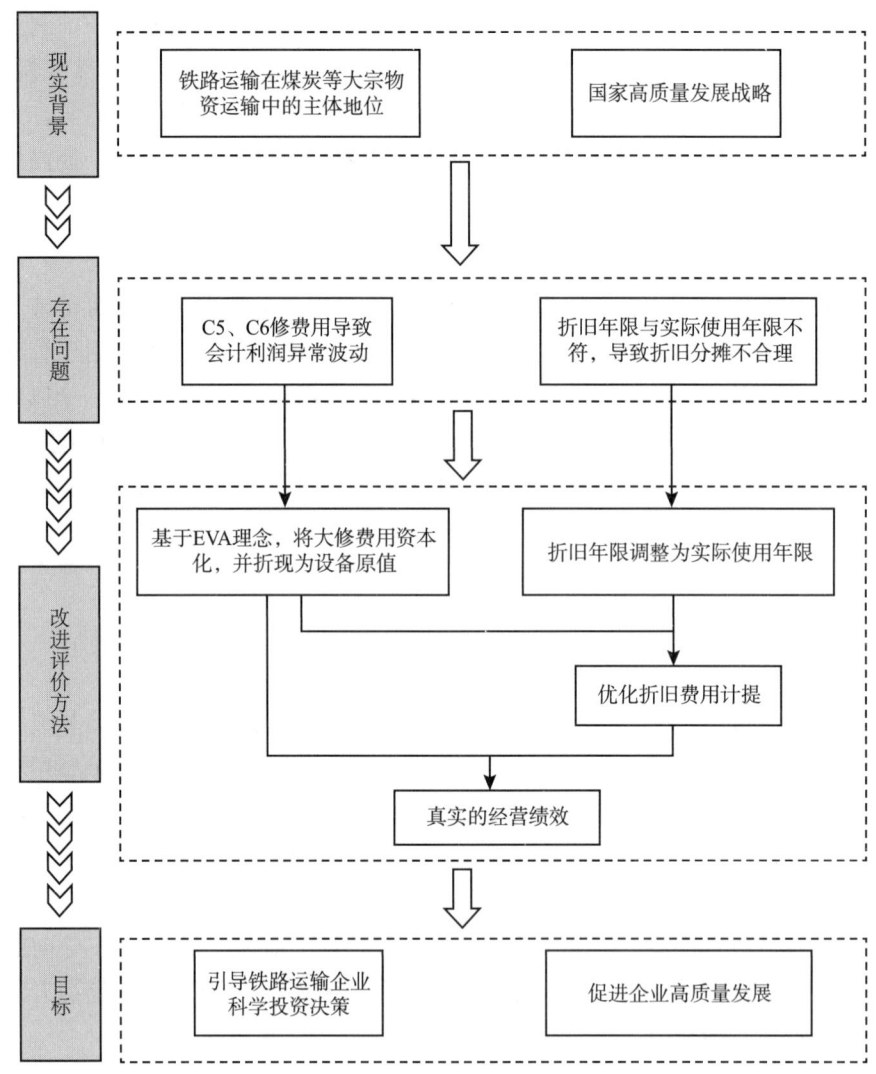

图1　总体研究思路设计框架

（一）基于 EVA 导向，将高等级维修费用进行资本化

××公司和谐型电力机车高等级维修程包括 C5 修和 C6 修两类，其中 C5 修程周期为 100 万~120 万公里，不超过 8 年，以先到为准，修理费用约 650 万元/次；高等级 C6 修程周期为 200 万~240 万公里，不超过 16 年，以先到为准，修理费用约 1 450 万元/次。按照现行会计准则规定此类大修费用从当期利润中直接扣除，这样会直接导致大修费用发生的年度，当期会计利润大幅度降低。然而此类支出导致的利润下滑并非企业经营所致，且此类支出对公司未来和长期发展有贡献，发挥效应的期限并非只在这些支出发生的当期，全部计入当期损益不利于管理者作出科学合理的投资决策，不利于公司长期发展。基于 EVA 价值管理理念，此类支出应该予以资本化。

此外，由于大型机车设备投资具有投资金额大、投资周期长的特点，因而其在使用过程的大修费用在资本化后需要考虑资金的时间价值，折现并入设备初始投资额，最终以折旧方式分摊计入项目运营成本。

（二）优化折旧费用计提

2014～2022 年，××公司共购置和谐型电力机车 16 台，其中用于朔黄铁路 14 台，靖神铁路 2 台，设备原值 4.71 亿元，按中国中铁统一确定的折旧年限 10 年计算，目前每年预计提折旧费用约 4 470 万元。而根据我们前面的分析，和谐型电力机车的预计使用年限为 20 年。

会计核算按折旧年限 10 年计提折旧费用，而和谐型电力机车的实际使用年限预计为 20 年，这就使电力机车运营的前 10 年和后 10 年存在高额折旧费用差异，导致项目利润前低后高，而这种差异并非企业经营所致，不能真正反映联合运输项目的实际经营绩效。

为了更科学客观地反映实际运营成本，公司在此提出了"（两次 C5 修费用和一次 C6 修费用的现值 + 机车购置原值 - 预计残值的现值)／机车正常使用年限"的折旧费用计算方式。

（三）经过调整后计算项目投资绩效

综合上述分析，同时考虑 C5、C6 修费用资本化和优化后的折旧费用，经过调整后计算基于 EVA 导向的项目投资绩效，从而引导公司进行科学合理的投资决策，提升资源配置效率，促进企业高质量发展。

四、应用过程

通过财务数据分析，××公司发现近年来铁路运输业务板块的利润率呈现异常大幅波动，而主要负责运输业务的朔黄运输分处日常经营情况却较为稳定。进一步分析后发现，利润波动主要是由于 2014 年至今陆续有 16 台和谐型电力机车投入使用，造成运输分处每年的折旧成本成倍增长，同时 2018 年以前投入运营的多台机车在近两年较为集中地进行高等级维修，相关费用较高但未达到资本化条件，费用化处理导致了账面利润的大幅减少。此外后期预计在 2025 年将集中发生 C5 修费用 5 000 多万元，2030 年将集中发生 C6 修费用超 1 亿元，高等级维修费用的集中发生无疑将导致运输业务当年利润率大幅下降甚至出现亏损。

在此基础上，为明确朔黄运输分处实际经济效益情况，科学合理地对电力机车投资绩效作出评价，××公司成立了以战略规划部牵头，由运输管理部、财务部、物机部、商务管理部、朔黄运输分处共同参与的投资绩效评价联合工作组。针对财务报表数据不能客观公允反映真实效益，难以客观对电力机车投资绩效进行评价的实际情况，创新性引入 EVA 管理理念对投资项目绩效进行评价分析，建立投资绩效分析模型，力求科学合理地开展联合运输业务的绩效评价。

（一）全周期投资成本

会计准则规定的固定资产投资成本是指企业购建某项固定资产达到预定可使用状态前所发生的一切合理、必要的支出。而如果不考虑和谐型电力机车在运营过程中的高等级维修费用，则不能准确地评估项目全周期投资成本。根据和谐型电力机车的投入和运营情况可知，和谐型电力机车采购价格和修理价格长期稳定，不存在大幅变动的迹象，也无须考虑减值的情况，全周期投资成本可以考虑为初始投资成本与高等级维修费现值之和减去变价收入现值的净值。

全周期投资成本 = 初始投资成本 + 高等级维修费现值 − 变价收入现值

和谐型电力机车投资使用公司自有资金采购且在短期内支付完成，不存在融资因素，单台设备初始采购价值 2 950 万元。

高等级维修费用分为 C5 修和 C6 修，C5 修预计在运营期的第 5 年和第 15 年发生，单次修理费用金额约为 650 万元；C6 修应当在第 10 年发生，修理费用约为 1 450 万元。我们在计算初始投资的过程中对高等级维修费用进行资本化处理，将高等级维修费用按实际支出的时间和资金综合成本率进行折现，并将高等级维修费用和变价收入折现计入机车的投资成本。采用资金综合成本率6%进行折现，计算得出高等级维修费用计入初始投资成本的金额为 1 566.61 万元。

变价收入根据预计的资产处置收益计算，假设和谐型电力机车在投入使用后第 21 年以 300 万元的金额对外售出，按资金综合成本率6%进行折现计算后的金额为 88.25 万元。

经以上计算后确定和谐型电力机车全周期投资成本为 4 604.86 万元，计算过程如表 1 所示。

表 1 全周期投资成本计算 单位：万元

时期	合计	第 0 年	第 5 年	第 10 年	第 15 年	第 21 年
初始投资成本	2 950.00	2 950.00				
高等级维修费用	2 750.00		650.00	1 450.00	650.00	
变价收入	300.00					300.00
现金流量净额	6 000.00	2 950.00	650.00	1 450.00	650.00	300.00
现金流量现值	4 604.86	2 950.00	485.72	809.67	271.22	88.25

（二）设备年金成本

根据现有信息合理预计，和谐型电力机车的平均使用寿命为 20 年，超过 20 年的车辆基本都不在日常运输过程中使用，一般作为备用机车或集中处置，作为备用机车一般不产生收入且对经济效益不会造成影响。不同于会计核算中运输设备按 10 年折旧，我们以电力机车在生产经营中正常使用寿命 20 年进行设备年金成本的分摊计算，更符合公司绩效评价的实际。

朔黄铁路整体货运量呈稳定上升趋势，和谐型电力机车每年的运输里程较为稳定，运用年限平均法作为折旧的计算方法，能较为准确地计算出项目每年应承担的设备年金成本。考虑到时间价值，我们运用"每年应分摊的设备年金成本 = 全周期投资成本/年金现值系数（P/A，6%，20）作为机车每年折旧成本"采用公式计算每年分摊的设备年金成本，（P/A，6%，20）= 11.4699，可得每年分摊的设备年金成本为 386.09 万元。

（三）基于 EVA 计算投资绩效目标

基于 EVA 导向来计算投资绩效，在经过合理预估营运收入和营运成本的基础上，扣除设备年金成本，得出每年预计 EVA 值，计算过程如表 2 所示。从中可以看出，单台电力机车每年预计 EVA 从第 1 年的 179.83 万元至第 20 年的 303.87 万元，呈现稳定增长趋势，不受高等级维修费用的影响，据此能够合理确定电力机车投资每年的 EVA 绩效目标值。

（四）对比分析

1. 报表数据的局限性

基于会计准则的投资项目绩效计算如表 3 所示，表 3 中和谐型电力机车运营期前 10 年报表利润稳定在 300 万元左右，后 10 年报表利润直接提高至 600 万元以上，运营期第 5 年发生第一次 C5 修利润为 −340.41 万元，运营期第 10 年发生 C6 修利润为 −1 108.87 万元，运营期第 15 年发生第二次 C5 修利润为 5.10 万元。与单台机车实际效益情况差异较大。

财务利润由于运营期前期折旧和高等级维修费用严重影响报表利润，甚至导致账面出现大额亏损。财务报表数据不能公允地反映联合运输项目实际效益情况，将对公司年度绩效考核、投资决策分析和长期战略规划的拟定等方面产生不利的影响，进而影响企业的短期效益和长远发展。新投入和谐型电力机车的收益情况不能正确反映，依据财务报表数据可能导致后续机车购置不能作出正确的投资决策，进而影响公司的战略布局和投资机会把握。

单位：万元

表2　基于EVA的投资项目绩效计算

项目	合计	营运期																			
		第1年	第2年	第3年	第4年	第5年	第6年	第7年	第8年	第9年	第10年	第11年	第12年	第13年	第14年	第15年	第16年	第17年	第18年	第19年	第20年
营运收入	17 871.34	808.32	816.73	825.06	833.81	842.40	851.25	860.36	869.22	878.09	887.22	896.09	905.86	915.01	924.89	935.06	944.50	954.04	964.06	974.47	984.90
营运成本	5 355.45	242.40	244.97	247.44	249.94	252.56	255.11	257.71	260.47	263.10	265.84	268.63	271.56	274.28	277.19	279.96	282.90	285.87	288.73	291.85	294.94
设备年金成本	7 721.72	386.09	386.09	386.09	386.09	386.09	386.09	386.09	386.09	386.09	386.09	386.09	386.09	386.09	386.09	386.09	386.09	386.09	386.09	386.09	386.09
EVA法利润	4 794.17	179.83	185.67	191.53	197.78	203.75	210.05	216.56	222.66	228.90	235.29	241.37	248.21	254.64	261.61	269.01	275.51	282.08	289.24	296.53	303.87

单位：万元

表3　基于会计准则的投资项目绩效计算

项目	合计	营运期																			
		第1年	第2年	第3年	第4年	第5年	第6年	第7年	第8年	第9年	第10年	第11年	第12年	第13年	第14年	第15年	第16年	第17年	第18年	第19年	第20年
营运收入	17 871.34	808.32	816.73	825.06	833.81	842.40	851.25	860.36	869.22	878.09	887.22	896.09	905.86	915.01	924.89	935.06	944.50	954.04	964.06	974.47	984.90
营运成本	5 355.45	242.40	244.97	247.44	249.94	252.56	255.11	257.71	260.47	263.10	265.84	268.63	271.56	274.28	277.19	279.96	282.90	285.87	288.73	291.85	294.94
折旧成本	2 802.50	280.25	280.25	280.25	280.25	280.25	280.25	280.25	280.25	280.25	280.25										
高等级维修费	2 750.00					650.00					1 450.00					650.00					
报表利润	6 963.39	285.67	291.51	297.37	303.62	-340.41	315.89	322.40	328.50	334.74	-1 108.87	627.46	634.30	640.73	647.70	5.10	661.60	668.17	675.33	682.62	689.96

2. EVA 运用于投资项目绩效评价的优点

基于 EVA 导向来进行投资项目绩效评价，将高等级维修费用和变价收入资本化，并求出运营期内的设备年金成本，将特殊年份的大修理费用和折旧费用分摊不均的问题得到了较好的解决。每年的效益情况将不受机车高等级维修费用的影响，且不存在因前 10 年和后 10 年折旧费用差异而对利润产生影响，能够合理反映各年度电力机车运营效益情况。这有利于科学合理进行投资项目绩效评价，为投资项目效益考核、投资决策和长期战略规划等方面提供了公允客观的基础数据。

五、取得成效

（一）合理确定经营目标，客观评价投资绩效

如按照传统会计利润来评价铁路运输项目经营业绩，由于会计折旧年限 10 年低于电力机车的正常使用年限 20 年，使得计提折旧期间成本高、效益低，而提足折旧继续使用期间则成本低、效益高，在集中发生 C5 或 C6 大中修的年份，当年经济效益将会大幅减少，这就使得难以简单通过会计利润数据进行年度铁路运输经营业绩评价。通过引入 EVA 模式来实施年度业绩评价，我们对于铁路运输项目年度经营业绩形成了较为客观合理的评价目标和评价结果，如我们应用 EVA 模式计算 2022 年朔黄运输分处实现的经济增加值，当年和谐型机车发生折旧和高等级维修理费用共 6 508 万元，按设备年金成本 6 177 万元（16 × 386 万元/台）进行调整，则当年 EVA 为 694 万元（会计利润 363 万元 + 折旧和高等级维修费用 6 508 万元 − 设备年金成本 6 177 万元），说明按 6% 的资本成本计算，当年 EVA 仍为正值，投资实现的经济效益符合目标。

（二）把握投资发展机遇，稳步提升机车份额

通过采取 EVA 模式进行业绩考核，使得我们对于电力机车的投资效益有了较为准确的把握，同时在充分分析研判铁路运输市场未来发展趋势的基础上，进一步坚定了投资信心，在内部形成了投资共识。在此基础上，公司坚定把握每一次投资机遇，积极筹措资金，持续加大电力机车投资力度。自 2014 年首次购置 2 台和谐型电力机车以来，已累计购置和谐型电力机车 16 台，设备采购原值 4.71 亿元。和谐型机车总量配属占比从 2014 年的 2.8% 逐步提升至 2023 年的 9.6%（朔黄铁路机辆分公司份额保持在 50% 以上），机车配属占比净提高 6.8%，在所有联运单位中增幅位居第一。通过机车份额的稳步提升。为今后持续经营创效奠定了扎实的运能基础。相比之下，部分其他联运单位对和谐号电力机车的投资意愿不强，出于资金、效益等各方面考虑，未能坚定投资信心，和谐型机车份额占比出现下降，随着今后韶 4 改型机车陆续

到龄退出运营，部分联运单位后续将会面临收入逐年萎缩的不利局面。

六、经验总结

通过应用 EVA 导向对铁路运输项目投资绩效进行评价，使得对于铁路运输项目的利润分析较传统会计利润更加符合实际情况，从而有助于合理制定经营目标和客观评价投资绩效，同时有助于我们作出正确的投资决策，降低投资决策风险。在应用EVA 导向进行设备投资绩效评价时，主要须考虑以下一些因素，这些因素将会直接影响 EVA 模式在投资绩效评价中的应用效果：

（一）设备投资所创造的收入和变动成本能够较为准确地预计

无论是测算会计利润还是 EVA，都需要以收入、成本为基础，而设备投资作为资本性投资，将在其预计的经济使用年限内持续为企业带来收入。设备的运转能力、预计运转效率以及所生产产品的价格和变动成本情况，这些都会影响设备投资在未来创造的效益。就朔黄铁路联合运输项目而言，其电力机车在预计生命周期内的牵引能力、运转效率、运输单价和变动成本率都能保持相对稳定或者逐步提高，这是基于多年来在朔黄铁路联合运输积累的运营经验和铁路运输市场综合分析的基础上形成的预测，因此具有较高的确定性。而如果我们将此种方法应用于大型施工机械，如盾构机、TBM 等设备的投资辅助决策时，由于这些设备未来获取收入的能力取决于今后获取施工订单的情况，存在较大的不确定性，因而此类设备只有在尽量消除设备未来使用方面的不确定性后，方能适用。

（二）设备的预计使用年限或预计总工作量能够合理预计

会计折旧中年限平均法和工作量法的概念是基于对固定资产未来使用寿命或者预计完成总工作量的假设，这种假设一般而言较为粗略，很难准确对应到某项具体设备。这就要求我们在进行设备投资分析时，针对每一项具体设备的实际情况，作出客观合理的预计。例如，我们依据和谐型电力机车检修规程和电力机车每年实际平均行驶里程数据，综合测算得出电力机车的预计使用年限为 20 年，这一预计同时也基于会计谨慎性原则，通过适当低估电力机车的预计使用年限以尽量避免预测数据不准确带来的风险。

（三）设备大修理费用等影响设备使用成本的重大因素能够合理预计

大型设备除了日常使用维护以外，达到一定条件时一般需要进行大中修，从而使设备能够继续保持正常的工作状态，最终达到或超过设备预计使用年限。而大中修费用往往一次性支出金额大，是大型设备使用成本的重要组成部分，我们依据已经实际发生的修理费用和市场调查情况确定了和谐型电力机车 C5、C6 高等级维修的预计费用，并且根据机车运转情况合理预计了全生命周期内可能发生的高等级维修次数。在进行其他大型设备的投资评价时，也需要合理预计大修理将要发生的费用。

（四）资本成本率的高低直接影响投资决策的结果

应用 EVA 进行投资项目效益评价时，需要合理设定资本成本率。设定的资本成本率高低将直接关系到投资项目计算出的 EVA 值，进而影响到最终的投资决策。根据国资委发布的《经济增加值考核细则》，对于中央企业资本成本率原则上定为 5.5%，因此我们在进行投资效益评价和投资决策时，出于谨慎性原则，将资本成本率设定为 6%。

（中铁四局集团有限公司第八工程分公司　唐　浩　林　用

章贤荣　付　博　方　磊　张　瑛　满　杰）

平衡计分卡在项目绩效考核管理中的应用

——基于××公司的分析

【摘要】建筑行业市场竞争愈发激烈，这对建筑企业经营提出了新的要求。本文通过对××公司近年来的发展情况分析，结合××公司当前生产经营的现状和未来发展目标，认为可以使用平衡计分卡来设计合理的绩效考核办法。本文描述了平衡计分卡的内涵和使用方法，在评价原则的指导下，依据××公司的"十四五"时期战略目标，绘制战略地图。以战略地图为基础，构建××公司的绩效评价指标，具体分为财务、客户、内部流程、学习与成长四个层面。通过参阅资料和专家研讨，确定绩效各指标目标值及比重，借助××公司历年的经营数据，对 2019～2021 年期间××公司的绩效情况进行详细分析。通过 2022 年××公司绩效情况的对比分析，发现平衡计分卡在××公司的项目绩效考核管理应用中成效明显。借助平衡计分卡进行绩效评价后，公司的财务指标有所好转，提高了开拓新客户的能力，优化了内部流程，工作效率提升，员工忠诚度上升，且研发投入大幅上涨，但仍有部分指标存在改善空间。最终，得出××公司应用平衡计分卡的保障措施：组建绩效部门、完善绩效制度、建设企业文化、构建信息系统。

一、应用背景

（一）建筑行业情况

截至 2023 年 6 月 30 日，建筑行业企业个数达 139 740 家，同比增长 7.91%，同时 2023 年累计签订合同额为 514 959.22 亿元，同比增速为 5.03%。通过图 1 与图 2 对比可以看出，建筑行业企业数量在持续上涨，同时建筑业签订合同额虽同时上涨，但上涨幅度较小，因此建筑行业呈现出竞争愈发激烈的现象。这对建筑企业经营提出了新的要求，建筑企业需要抛弃以往"野蛮生长"的经营模式，转为降本增效、防范风险的模式。因此，考虑到建筑行业具有资金投入大、施工周期长、安全风险高等特殊性，需要量身定做更为合理的绩效考核办法。

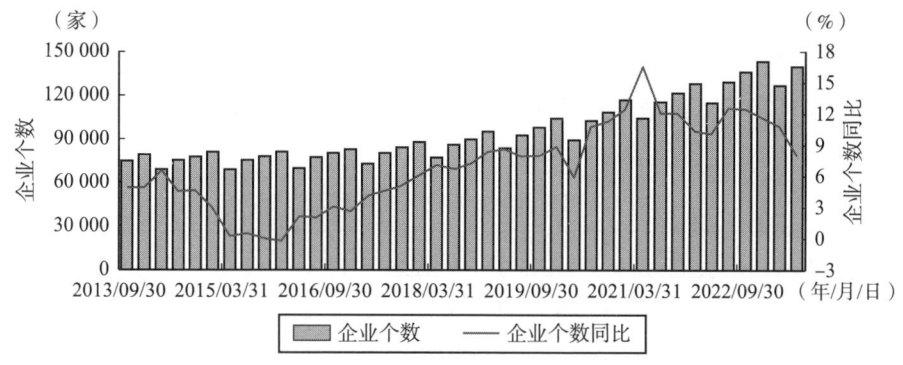

图1　历年建筑行业企业数

资料来源：Wind 数据库。

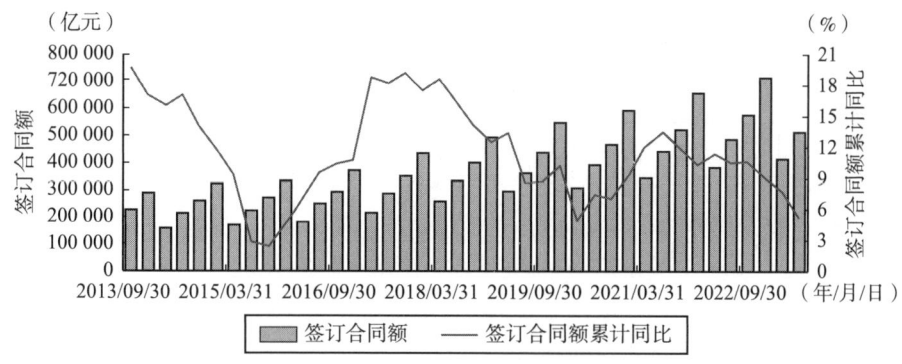

图2　历年建筑行业签订合同额

资料来源：Wind 数据库。

（二）××公司概况

　　××公司是世界500强企业的成员单位。具有铁路、市政公用工程施工总承包一级，桥梁、隧道、公路路基工程专业承包一级资质。××公司现有员工2 500余人，其中各类专业技术人员1 800余人；拥有大型施工机械900余台（套）；企业综合实力排名中国中铁系统最前列。在"十四五"规划中，公司是中国中铁主力三级工程公司重点建设企业。公司业务分布在广东、广西、江西、福建、贵州、云南、湖北、辽宁等20多个省区市和海外的委内瑞拉、巴拿马等中南美洲国家。在高速铁路、轨道交通、高速公路、市政工程、水环境治理等领域共有70余个重点项目在建。

（三）2019年以前××公司项目绩效管理情况

　　××公司成立以党委书记、总经理任组长、公司领导及相关部门负责人为组员的绩效考核领导小组，按季度对项目经理部进行绩效考核工作。考核指标方面由季度绩效工资基数、季度平均人数、季度人均生产率调节系数、季度指标考核得分四项指标组成（见表1），考核领导小组于季度末次月 7 日内根据各项目的指标完成情况，对项目进行量化考核，经分管领导审核后，于季度末次月 10 日内报公司人力资源部汇总，计算出各项目季度绩效工资总额，经考核领导小组组长审批后正式下文执行。

表1　　　　　　　　　　2019 年以前××公司项目绩效管理情况

考核内容及分数	考核指标	考核方法	加分项
上缴款 （10 + 5）	开累上缴款完成比例	开累上缴款完成比例达到100%的，得基本分10分。 开累上缴款完成比例低于100%的，按实际完成比例计算得分，即得分 = 实缴款/应缴款×10	开累上缴款完成比例高于100%的，每超额完成1%，加0.5分，但总加分不超过5分
责任成本 （10）	开累利润率	开累利润率达到或超过公司下达责任成本利润率的，得10分。开累利润率大于零且低于公司下达责任成本利润率的，按实际完成比例计算得分，即本项得分 = 开累利润率/责任成本利润率×10	
安全质量 （40 + 5）	安全质量事故次数	季度内未发生一般及以上安全质量事故的，得基本分40分。季度内被局以上单位下发通报的，每次扣10分，扣完为止；被局下发全局通报或告知书的，每次扣5分，扣完为止。季度内被公司下发通报的，每次扣3分，扣完为止；被公司下发专项通知的，每次扣2分，扣完为止	季度内未被局以上单位下发通报、告知书及专项通知的，加5分
施工生产 （40 + 10）	施工产值完成率	施工生产指标的考核分两步进行： 1. 计算本季度施工产值得分：施工产值完成率达到100%的，得基本分40分。施工产值完成率低于100%的，按实际完成比例计算得分，即：本项得分 = 季度实际完成产值/公司下达的季度计划产值×40 2. 在计算出施工产值得分的基础上，与本季度验工计价占产值比例挂钩，计算出最终得分	施工生产产值计划完成率高于100%的，每超额完成1%，加1分，但总加分不超过10分
	验工计价目标比例		

该项目绩效考核标准存在一定问题，无法满足××公司未来发展规划。首先，该绩效考核标准没有明显体现××公司的战略目标或发展战略，不利于公司未来发展战略的执行。该绩效考核标准将公司的发展战略作为一句空话，没有分门别类地设定合适的微观指标，要求职工采取实际行动去执行战略目标；其次，该绩效考核标准过于注重财务指标，考核不够全面，即使是在施工生产方面，也是以财务指标的形式呈现，没有考虑到公司客户、内部流程、员工学习成长这些非财务指标因素给公司带来的影响；最后，该绩效考核标准仅仅考虑企业内部因素，没有衡量企业外部因素对企业带来的影响。除了企业自身之外，市场、政府、社会都会对企业经营产生影响，因此企业不但要改善自身，还要想办法减少外部环境对企业经营的影响，这也要加入绩

效考核的标准中。

二、平衡计分卡的内涵与评价方法

（一）平衡计分卡的内涵

平衡计分卡（balanced score card，BSC）旨在从企业的财务、客户、内部流程、学习与成长四个方面来衡量绩效。平衡计分卡的"平衡"一是表现为财务与非财务的平衡，在财务指标的基础上，引入非财务的评价指标；二是表现为内部与外部的平衡，既衡量企业内部财务、流程、员工状况，也衡量企业外部的客户情况；三是表现为短期和长期的平衡，在选取指标上，不但对企业短期经营的财务、流程情况有所要求，还加入长期经营的客户、员工学习成长指标，使企业在经营过程中保持短期和长期目标的均衡，既追求短期利益，也保持长远发展的水平；四是战略和行动的平衡，平衡计分卡从企业战略出发，对战略目标进行分解，从四个方面选定合适指标，确定合理的评价体系，在绩效考核的过程中能够体现企业的战略目标，有助于指导企业的实际经营，更好地实现绩效目标。

财务方面，衡量的是企业财务状况和一段时间的经营成果，重点针对企业投入的成本和资金的使用情况，有利于降本增效。

客户方面，客户是企业产生收入的来源，也可视作企业的一项重要资源，因此维护好客户关系十分重要，在制定绩效评价标准需要考虑客户满意度、拓展客户速度、客户忠诚度等重要指标。

内部流程方面，作为企业经营的重要组成部分，对企业内部流程进行改造，能够有效提高企业的经营效率和效果。当前时代发展速度快，产品、技术等不断革新，也促使着企业需要持续创新，才能跟上市场形势，保持自身竞争力。因此，从内部流程的层面考虑，企业应当将创新、创造作为重要的绩效指标，如产品的优化、服务的优化等。

学习与成长方面，主要考核企业对员工持续成长的投入情况，员工的能力、素质等对企业绩效有关键性的影响。企业需强化员工管理、培训，提升其专业能力、思想道德、工作经验等。平衡计分卡学习与成长方面，通过显示个人学习目标、成长目标的完成情况及与其他员工目标完成的差异、差距等，分析个人不足，明确个人学习及成长的方向，再通过相应的管理（如薪酬激励、奖惩机制等）、培训来实现学习及成长目标，缩短差异、差距。这四个方面相互联系，互有补充。企业员工不断学习成长，才有能力优化企业内部流程，从而更高效地拓展和维护客户，最终体现为降低成本，增加企业利润，提高资金使用效率的财务指标上。

（二）平衡计分卡的评价原则

1. 战略导向原则

在设计平衡计分卡的评价体系时，应充分考虑企业的战略目标。企业的战略目标是企业未来的发展方向，对企业经营具有重要的指导作用，但将战略目标直接作用于实际经营中具有一定困难。在使用平衡计分卡选定绩效评价指标前，应从财务、客户、内部流程、学习与成长四个方面入手，确定每种类型指标的评价方向、数量等。在确定指标比重时，也应结合企业的发展战略，确定各种指标对公司经营的重要性，使公司战略逐步演化为具体可行的各项指标。

2. 成本效益原则

在设计平衡计分卡的绩效评价体系时，应注意投入成本与产出效益情况。在指标选定过程中，可供企业选择的指标数不胜数，但应考虑到企业的实际情况，应对相关指标的统计与获取难度具有一定预期。绩效评价作为企业经营过程中的一个组成部分，不应耗费企业大量的人力、物力，应尽量选择简易可行的衡量指标与标准，提高工作效率。

3. 持续沟通原则

在使用平衡计分卡进行绩效评价的过程中，应建立合适的沟通反馈机制，确保绩效评价结果可靠。企业的绩效评价体系不应是一成不变的，也不应"闭门造车"，这会导致绩效评价结果失真。市场始终是在不断变化的，对处于市场中的企业来说，经营战略和发展目标也应不断更新，这就要求平衡计分卡所涉及的指标和比重不断地更新换代，从而匹配企业新的战略目标，提高绩效评价结果的可靠性。同时，绩效评价体系在设计时可能会忽略一些问题，从而在使用中暴露出来，这就需要建立合适的反馈机制，确保在绩效评价实际过程中发现的问题能够得到有效改善，在下一次绩效评价过程中避免问题的重复出现，从而提高绩效评价的效率和结果的真实性。

4. 量化指标原则

在选定平衡计分卡所用指标时，应尽量选择可量化的指标，或将定性指标转化为定量指标。绩效评价方法要对企业经营产生效果，就需要将不同期间公司的绩效评价结果进行对比，因此绩效衡量标准应保持前后一致，减少相关人员主观判断的影响。这就需要确保选用指标能够进行量化，从而客观公正地对公司经营绩效进行评价。当面临无法量化的指标时，如客户满意度、员工积极性等指标，可以采取发放问卷调查的形式，确定问卷问题，固定时间发放并收回问卷，统计指标，从而将定性指标转化为定量指标。

（三）平衡计分卡的评价流程

1. 选定绩效考核指标

选定合适的指标是绩效考核的关键环节，需要在平衡计分卡的指导下，结合企业的实际情况进行选择。可供企业选择的绩效考核指标众多，但不是每个都适合特定的企业，这需要依据企业所属行业、持有资源、发展情况、主要业务等条件进行选择。合适的绩效考核指标能真实可靠地展现出企业的运营情况，发现企业经营过程中存在的问题，为企业经营提供帮助。不合适的指标会对企业管理层评估企业产生误导，导致作出错误决策，无法体现出平衡计分卡在公司绩效考核中的作用。在选定指标时，应根据平衡计分卡的四个层面分别选取，确保指标可以定量分析，以及数据能够及时获取，不存在失真情况。除了需要依据绩效考核相关理论进行指标选取，还要与企业管理层进行交流，明确指标的内涵和意义，确定选取的指标对企业是有价值的。

2. 确定指标权重

确定指标权重需要根据企业的实际情况，针对不同层面的不同指标，分别设置合适的权重。目前，比较权威计算指标权重的方法包括主观和客观分析法，主观分析法是行业专家和企业管理人进行商讨，针对企业的具体情况，考虑各指标对企业的重要性，以及指标能否真实反映企业情况，来进行最终选定。这一方法比较权威，能够与企业实际联系起来，且方法简单，比较容易推广使用。客观分析法主要基于客观样本数据对权重进行赋值，包括熵值赋权法、因子分析法、主成分分析法等。

3. 评价与反馈

构建绩效评价体系不是唯一重点，还需要根据使用过程中获得的评价与反馈，及时修改绩效评价的具体内容。企业经营不是一成不变的，随着企业发展进程和外部环境的不断变化，企业的绩效评价体系也需要与时俱进，不断改良。并且，绩效评价体系在构建时，可能难以考虑到使用时面对的一些实际问题，这都需要在实际使用中，通过使用者的评价和反馈来了解。因此，在构建绩效评价体系的同时，公司还应建立起合适的评价与反馈渠道，及时倾听在绩效评价过程中所产生的问题。收到问题后，应衡量问题的真实性与可靠性，要评价这些问题是否真正影响到绩效评价的正常进行。如果确实存在较大问题，就要迅速改善，针对问题尽快解决，完善企业的绩效评价体系。

三、××公司平衡计分卡的绩效管理实践

（一）战略地图绘制

根据××公司制定的战略目标，结合平衡计分卡的四个维度，可以绘制出公司

的战略地图。财务方面，××公司坚持实施创新、价值双轮驱动，计划提高企业的资金节约和获利能力，这就要求公司进一步优化资金使用以及获利效果。客户方面，××公司打算在工程建设、投资和境外领域发展，不但在工程主业上深耕，还要拓展其他业务。这不但要求××公司要服务好现有客户，维护好客户关系，还需要对公司品牌进行宣传，提高公司影响力，投入人手拓展新业务和新客户，为多元化发展打下基础。内部流程方面，××公司的战略目标是提高公司的治理能力和经营管理能力，提高竞争优势，打造现代化企业集团，这要求××公司不断优化内部工作流程，提高工程效率与质量，降低安全风险，按时高质量地完成工程项目。学习与成长方面，××公司打算创建学习型组织，升级人力资源，这要求××公司不断优化职工结构，投入资金，建设良好的企业文化，为有意愿的职工提供进一步学习深造的机会，提供思想和技能上的多样培训，为公司留下更多具有高技术和熟练技能的人才。具体如图3所示。

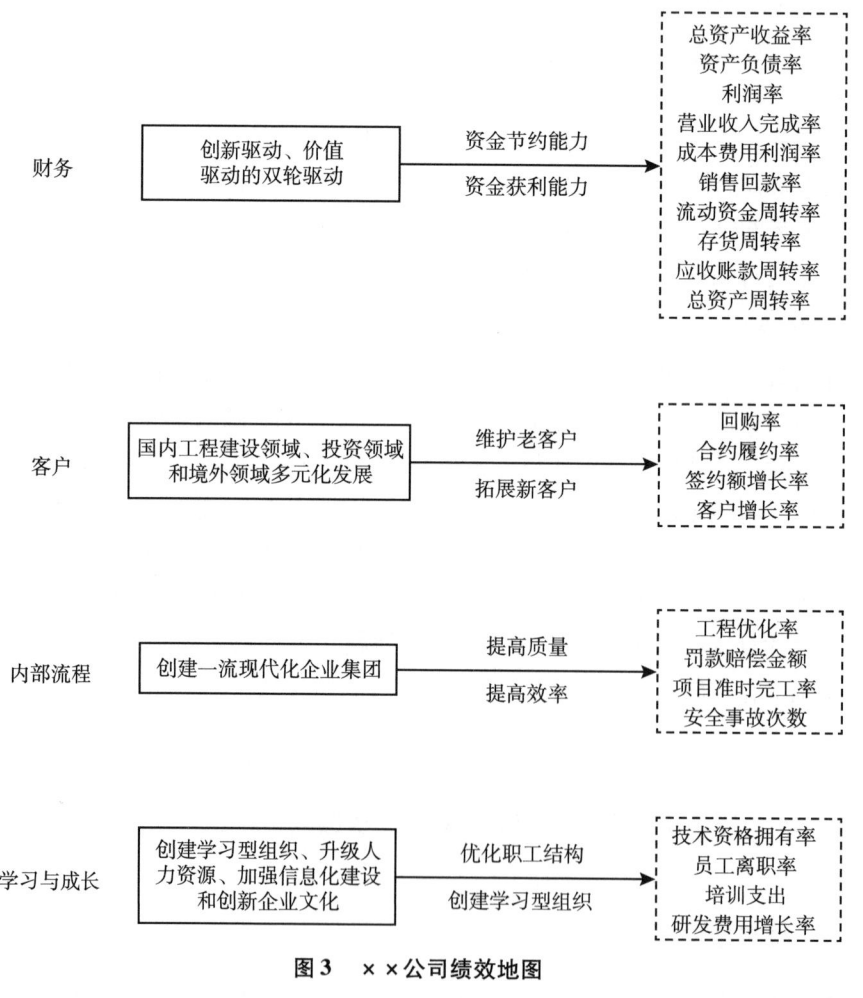

图3 ××公司绩效地图

（二）构建绩效评价指标

1. 财务层面

作为平衡计分卡的财务绩效评价指标，需要体现出××公司战略目标中要求的资金节约和获利能力。总资产收益率用于衡量公司持有资产的回报情况，其反映了公司的资产使用效率，一定程度上代表公司对于资本利用能力的高低，工程公司作为重资产施工单位，往往持有价值较高的资产，如若使用效率不高，将会导致大量的折旧损失，使得资本运作能力下降。资产负债率用于衡量企业的资本风险情况，建筑行业具有施工周期长、投入大、资金回收慢的特点，公司往往需要举债经营，来维持现金流的稳定。当公司经营过于冒进，承担较多项目时，就会占用大量的资金，导致需要承担高昂的债务以稳定公司的经营，这也会体现在公司的资产负债率上，一旦资不抵债，公司就会面临破产的风险。利润率作为公司经营能力的衡量指标，是股权和债权人考察公司的重要指标，良好的利润率能够帮助公司提高资金获利能力，获得充足的资金，帮助公司进一步拓展业务。成本费用率指的是公司成本费用和收入之比，作为建筑行业，在经营项目时需要投入大量成本，其中就存在成本节约的空间，设置成本费用率指标，能限制公司职工浪费材料、能源等行为，节约一定资金，提高资本运作的能力。建筑行业施工项目往往回款较慢，因此有能力快速收回款项的公司，会在承接业务上更具竞争力，能具有更强大的现金流，以便同时开展更多项目。因此，在承接项目时，公司不但要考虑项目的利润，还要考虑项目的回款速度，尽量不承接或者少承接赊销期限过长的项目，这能让公司少垫付项目资金，提高资金的使用效率。

流动资金周转率和应收账款周转率展示的是公司资金流的风险水平，由于工程项目需要占用公司的流动资金，且由于行业惯例，项目收入一般是分阶段由业主支付，因此会形成应收账款。这两个周转率较高时，表示公司的资金链风险较低，流动资金较为充裕，且应收账款回收较快，资本运作能力较强。但如果这两个周转率出现异常下降的情况，公司管理层应注意公司现金流问题，这时很可能出现资金运转不及时，导致无法支付债务而出现资金危机的情况。存货周转率和总资产周转率衡量的也是公司的资本运作能力，由于项目施工时，需要耗费大量的物料，若等到进场施工时准备则太晚，因此工程公司往往会留有大量的物料存货，一方面可以及时送往施工场地，另一方面大量采购也能在一定程度上降低成本。但如果存货周转率较低，则说明公司的存货管理能力不强，购买的物资没有及时消耗，不仅会占用库房空间，也会产生大量储存和折旧支出。总资产周转率可以展示公司通过资产获取收入的速度，是企业资本运作能力的重要体现，高周转率说明公司业务多、收入快，资产使用效率高。财务指标的计算方法如表2所示。

表2   平衡计分卡的财务指标

维度	指标名称	计算方法
财务	总资产收益率	税前利润/平均资产×100%
	资产负债率	负债总额/资产总额×100%
	利润率	本期营业利润/本期营业收入×100%
	营业收入完成率	本期营业收入/总公司要求收入×100%
	成本费用率	成本费用总额/本期营业收入×100%
	销售回款率	实收销售款/销售收入×100%
	流动资金周转率	销售收入/平均流动资金余额
	存货周转率	营业收入/平均存货余额
	应收账款周转率	销售收入/平均应收账款余额
	总资产周转率	销售收入/平均资产总额

2. 客户层面

在客户指标上，需要着重关注有关维护老客户和开拓新客户的指标，以帮助××公司开展多元化经营。签约额增长率主要是针对××公司主业建筑行业的指标，在开展多元化经营的同时，公司主业也需要进一步发展，通过衡量建筑合同签约收入额的变化，可以明显看出在建筑市场公司业务的经营情况，如果公司建设项目质量较差或品牌知名度差，都会导致签约额难以增长或者下降。客户增长率衡量的是公司总客户的增长，在新老业务领域，公司都要积极宣传业务，开拓潜在客户。客户是公司收入的来源，只有开拓了新客户，公司才能稳固好自身在建筑领域的市场地位，同时也能保障新业务的顺利开展。回购率是客户中同一个客户重复签约次数之和与当期总签约数之比，这是客户对公司评价的重要体现，在竞争市场下，市场主体众多，客户会用"脚"选择合适的公司进行合作。只有为客户提供一流的服务，同时建设出高质量的项目，才能得到客户的信任，获得重复签约，从而长期合作。合同履约率是公司对客户服务质量的体现，如果公司合同履约率较低，就会给客户带来效率低下或信誉较差的现象。因此，在签订合同时，公司应该初步评估项目的可行性，确保合同能及时有效履约。客户指标计算方法如表3所示。

表3   平衡计分卡的客户指标

维度	指标名称	计算方法
客户	签约额增长率	(本期建筑合同签约收入额 – 上期建筑合同签约收入额)/上期建筑合同签约收入额
	客户增长率	(本期客户总数 – 上期客户总数)/上期客户总数
	回购率	重复签约次数/总签约数
	合同履约率	本期已履约合同总数/本期签订合同数

3. 内部流程层面

为创建一流现代化企业集团，在内部流程层面的绩效评估中，需要选用能提高企业效率和质量的指标。在××公司内部流程运行效率的指标上，选用项目准时完工率指标。项目准时完工率可以展现××公司准时完工项目的个数，工程项目由于施工周期长，工作量较大，往往会涉及较长的流程链条，当公司内部工作效率较低时，就会导致流程耗费时间过长，如办妥手续、采购、招聘等工作，从而使项目无法按时完工，这不利于公司的市场信誉。当企业由于项目质量不过关或不安全时，就会面临行政处罚或民事诉讼，从而可能会承担赔偿或罚款，所以，当罚款赔偿金额较大时，说明公司的工程质量工作可能存在一定问题，需要及时进行整改。工程效率是验工计价总值和施工总产值的比值，差异程度越大，说明最后竣工价值与原先价值存在不同，前者较高时，则说明项目花费有所上升，可能是公司主动对项目质量进行提高或优化。内部流程指标计算方法如表4所示。

表4 平衡计分卡的内部流程指标

维度	指标名称	计算方法
内部流程	项目准时完工率	本期准时完工项目数量/本期完工项目总数
	罚款赔偿金额	被行政处罚或诉讼要求赔偿金额
	工程效率	验工计价总值/施工总产值

4. 学习与成长层面

××公司计划创建学习型组织，升级人力资源，加强信息化建设和企业文化建设，一方面需要加强员工继续教育，优化职工结构；另一方面需要加大信息化建设投入。在衡量职工结构时，需要了解公司是否具有一定比例的高技术人才，技术资格拥有率可以展示中高级技术职称在职工中的比例，比例越高，说明公司拥有的技术人才越多，满足××公司对人力资源的要求。员工离职率则是从员工忠诚度的角度出发了解公司对职工的待遇是否能满足职工的要求，公司的企业文化是否合适，当员工离职率较高时，会使公司人员流动较大，导致工作效率降低。因此，公司需要时刻注意是否对员工关注不够，需要努力提高员工待遇，使其有意愿继续为公司作贡献。培训支出则用于衡量公司是否真正投入创建学习型组织，培训支出越高，说明公司组织员工参加继续教育培训的次数越多、质量越高。研发费用增长率则是针对公司的信息化建设，信息化建设能够大幅提升公司的工作效率，降低工作成本，符合未来公司的发展方向，只有持续地投入研发，构建好信息化系统，才能为未来的工作发展打下基础，添砖加瓦。学习与成长指标计算方法如表5所示。

表5 平衡计分卡的学习与成长指标

维度	指标名称	计算方法
学习与成长	技术资格拥有率	中高级职称人数/总员工人数×100%
	员工离职率	本期离职员工总数/本期员工总数×100%
	培训支出	当期用于培训的支出金额×100%
	研发费用增长率	(本期研发费用 – 上期研发费用)/上期研发费用×100%

（三）确定绩效指标目标值及比重

在选定财务、客户、内部流程、学习与成长四个层面的指标后，需要为各个指标设定目标值，确定目标值后，才能进行比较。在确定考核标准时，参阅现有论文以及行业平均标准，通过专家和公司管理层数次商讨后，最终确定各个指标目标值，如表6所示。

表6 平衡计分卡指标目标值

维度	指标名称	优	良	中	较差	差
财务	总资产收益率	≥4%	>3%	>2%	>1%	≤1%
	资产负债率	≤70%	<80%	<85%	<90%	≥90%
	利润率	≥2%	>1.5%	>1%	>0.5%	≤0.5%
	营业收入完成率	≥100%	>95%	>90%	>80%	≤80%
	成本费用利润率	≤96%	<97%	<98%	<99%	≥99%
	销售回款率	≥80%	>75%	>70%	>65%	≤65%
	流动资金周转率	≥14	>12	>10	>8	≤8
	存货周转率	≥30	>25	>20	>15	≤15
	应收账款周转率	≥10	>8	>6	>4	≤4
	总资产周转率	≥2.5	>2	>1.5	>1	≤1
客户	签约额增长率	>15%	>10%	>6%	>3%	≤0
	客户增长率	>15%	>10%	>6%	>3%	≤0
	回购率	≥50%	>40%	>20%	>10%	≤10%
	合同履约率	100%	≥95%	>90%	>80%	≤80%
内部流程	项目准时完工率	100%	≥90%	>80%	>70%	≤70%
	工程效率	≥100%	>98%	>92%	>85%	≤85%
	罚款赔偿金（万元）	≤10	>10	>40	>70	≥100

维度	指标名称	优	良	中	较差	差
学习 与成长	技术资格拥有率	≥40%	>35%	>30%	>20%	≤20%
	员工离职率	≤1%	>1%	>2%	>4%	≥5%
	培训支出（万元）	≥200	>150	>100	>50	≤50
	研发费用增长率	>10%	>6%	>3%	>0	≤0

在确定各项指标目标值后，将绩效评分分配至四个层面共 22 项指标中。经过课题组与专家进行会议研判后，认为可将绩效评分满分定为 100 分，其中财务绩效指标由于重要性高，涉及指标面广，是公司运营成果的直接体现，可占 40 分。客户、内部流程、学习与成长三个层面共 12 个指标，每个层面分配 20 分。同时，将各层面分数平均分入各指标的目标值中。最后，得出绩效评分分配方法：财务层面每个指标最高可达 4 分，最低等级为 0.8 分，每升一个等级提升 0.8 分。客户、学习与成长中每个指标最高可达 5 分，最低等级为 1 分，每升一个等级提升 1 分。内部流程上，项目准时完工率和罚款赔偿金各占 8 分，最低 1.6 分，每升一个等级提升 1.6 分，工程效率占 4 分，最低等级为 0.8 分，每升一个等级提升 0.8 分。

（四）2019～2021 年××公司绩效评价情况

如图 4 所示，2019 年××公司绩效评价总分达 73.4 分，但接下来的两年却持续下滑，至 2021 年已低至 62.8 分，共下降 10.6 分。下降幅度如此之大，说明××公司在 2020～2021 年期间公司经营遭到比较严重的冲击。因此，下文按照"现状分析—原因探讨—提出建议"的路径，通过具体的指标分析，找到××公司受影响比较大的地方，针对其加以改进。

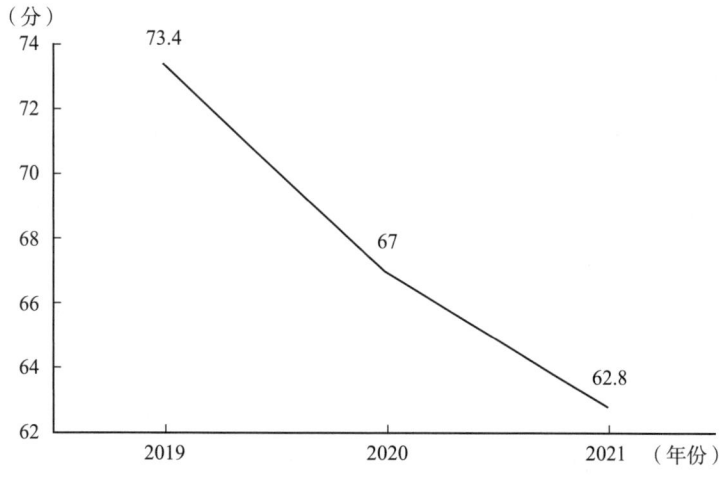

图 4　2019～2021 年××公司绩效评价总分

1. 财务层面

如表 7 所示，××公司于 2019～2021 年期间财务绩效评分同样下降剧烈，从 2019 年的 34.4 分下降至 2021 年的 24.8 分。从详细指标上看，可以发现大多数指标均存在不同程度的下降，说明受市场竞争和外部环境影响，××公司的资金节约和获利能力都受到严重的影响。

表 7 **2019～2021 年××公司财务绩效情况** 单位：分

指标名	2019 年	2020 年	2021 年
总资产收益率	4.0	3.2	2.4
资产负债率	4.0	3.2	3.2
利润率	3.2	1.6	2.4
营业收入完成率	4.0	4.0	4.0
成本费用利润率	1.6	0.8	1.6
销售回款率	4.0	2.4	2.4
流动资金周转率	4.0	3.2	1.6
存货周转率	4.0	2.4	1.6
应收账款周转率	3.2	2.4	3.2
总资产周转率	2.4	3.2	2.4
小计	34.4	26.4	24.8

究其原因，是疫情导致的消费需求下降，导致施工项目较少，××公司的收入迅速下滑。并且，由于疫情管控，复工复产困难，在建工程进度缓慢，无法按时完工，导致众多应收账款未收回，且库存材料堆积，耗费大量资金，体现为存货周转率、应收账款周转率、总资产收益率下降。此外，受疫情影响，市场资金不充足，引发资金流问题，体现为销售回款率、流动资金周转率、资产负债率下降。

不过，也能看到 2021 年××公司的利润率和成本费用利润率分数比上年均有上涨，说明××公司在此年度注重节约成本，在收入受到限制的情况下尽可能地扩大利润，从而实现利润率指标的独立上涨。这带来一个重要启示：即便是收入受到市场或外来事件的影响，通过控制成本、压缩支出的方式，仍然可以为公司创造收益，这是××公司应该注重的一点，持续减少成本会为公司带来强有力的竞争力。

2. 客户层面

2019～2021 年××公司客户绩效总分略微下降，2020～2021 年保持稳定在 13 分。拆分具体指标来看，受疫情影响，居民和公司持币意愿强，消费欲望低，导致市场需求十分不足，可以看到公司签约额增长率剧烈下滑。但是，客户增长率于 2021 年有所回升（见表 8），即便是签约额没有同样上涨，也能说明××公司仍在积极开拓新客户，这能为××公司在之后的发展中快人一步，在消费需求恢复时迎来签约额的大幅上涨。

表8

表8　　　　　　　　**2019～2021年××公司客户绩效情况**　　　　单位：分

指标名	2019年	2020年	2021年
签约额增长率	5	2	1
客户增长率	5	2	3
回购率	5	4	5
合同履约率	1	5	4
小计	16	13	13

并且，回购率的稳定和合同履约率的上升，都说明在疫情期间，××公司仍在努力服务好客户，维护好与客户的关系，将客户留了下来，并进一步优化自身的服务，合同履约率较2019年有大幅提升，提高了公司信誉，提升了公司品牌。

3. 内部流程层面

如表9所示，2019～2021年期间××公司内部流程绩效总分保持稳定，没有太大波动，说明其内部工作流程没有受到外部冲击，但也表明××公司自身内部流程变化不大。

表9　　　　　　　　**2019～2021年××公司内部流程绩效情况**　　　　单位：分

指标名	2019年	2020年	2021年
项目准时完工率	1.6	3.2	1.6
工程效率	4.0	4.0	4.0
罚款赔偿金额	6.4	6.4	6.4
小计	12.0	13.6	12.0

具体指标上，可以看出××公司项目准时完工率较低，是首要改进的地方。项目准时完工率关系到客户对公司专业能力的信赖程度，如果无法按时交付项目，可能会在工程市场上形成不良口碑，这对××公司来说，无论是维护老客户还是开发新客户都会产生影响。并且，项目无法准时完工，公司往往需要承担额外的现场经费支出，这对于需要严格控制成本的建筑行业来说是十分不利的，也会影响公司继续承接新项目的能力。

因此，对于××公司来说，尽快提高自身项目准时完工率很有必要，需要公司内部进行讨论，在工程项目的内部流程上下功夫，该减少的环节果断减少，该加速的手续就要加速，同时协调好采购、招聘、财务等工作，确保不存在某一部门拖后腿的现象。这不仅是对客户负责，也是公司优化自身流程，进一步节约成本，提高工作效率的基本条件。

4. 学习与成长层面

在××公司学习与成长层面，3 年来该层面绩效得到大幅上涨，其中公司技术资格拥有率、培训支出都得到了较大的改善。技术资格拥有率是描述公司总员工中拥有中高级职称的职工比例，该指标绩效评分达到 5 分（见表 10），说明目前已有 40% 比例的员工拥有中高级职称，这些职工是公司的技术人才，公司应相应提高这部分人群的待遇，将其留下来，继续为公司发展出力。

表 10　　　　　　　　2019 ~ 2021 年××公司学习与成长绩效情况　　　　　　单位：分

指标名	2019 年	2020 年	2021 年
技术资格拥有率	3	4	5
员工离职率	2	3	2
培训支出	5	2	5
研发费用增长率	1	5	1
小计	11	14	13

从表 10 可以看出，2021 年员工离职率有所上升，××公司应注意维护员工利益，保障职工权益，让其对公司有归属感，能减少主动离职率，提高员工忠诚度。对于培训支出，即使是在公司收入不佳的情况下，××公司仍能大幅提高用于员工的培训支出，说明××公司确实是朝着努力打造学习型组织的战略目标前进。

员工是公司前进的动力，为员工进行培训，能帮助其在未来的工作中更加得心应手，提高工作效率。通过培训，还能开阔员工视野，为员工培训新技能，为未来多面型人才做储备。

四、平衡计分卡的应用效果

通过表 11 可以看出，2022 年公司绩效情况与 2019 ~ 2021 年绩效情况进行对比，就能清楚地看到平衡计分卡在公司项目绩效考核管理中应用的效果优劣。从总分来看，2022 年公司的绩效评分总分达 73.6 分，相比较 2021 年的 62.8 分提高了 10.8 分。分类来看，财务层面相较 2021 年提高了 3.2 分，虽不如 2019 年，但仍说明公司的财务情况有好转的趋势。其中，相较 2021 年，销售回款率及周转率指标皆有提升，说明在市场逐渐好转的情况下，公司的业务渐渐回暖，销售收入大幅攀升，资本运作能力有所提高。由此，也会提升公司的偿债能力，但通过指标可以看出，总资产收益率、资产负债率、利润率、成本费用率分数均有不同程度的下降，综合这几项指标来看，可看出在市场业务变多的情况下，公司扩张有些迅速，资金不太充足，承担了大量的债务。并且在债务的压力下，在选择业务上有些不太谨慎，承接了一些利润较低且成本较高的项目，导致资金被大量占用。总之，市场业务量增加，公司的资金节约和获利能力得到好转，能够朝着实施创新驱动、价值驱动的双轮驱动进一步前进，但公司在选择业务上仍需谨慎，保证现金流的稳定。

表 11   **2022 年××公司平衡计分卡绩效情况**   单位：分

维度	指标名称	分数
财务	总资产收益率	2.4
	资产负债率	2.4
	利润率	1.6
	营业收入完成率	4.0
	成本费用率	0.8
	销售回款率	3.2
	流动资金周转率	4.0
	存货周转率	3.2
	应收账款周转率	4.0
	总资产周转率	2.4
	小计	28.0
客户	签约额增长率	5.0
	客户增长率	5.0
	回购率	2.0
	合同履约率	2.0
	小计	14.0
内部流程	项目准时完工率	3.2
	工程效率	4.0
	罚款赔偿金额	6.4
	小计	13.6
学习与成长	技术资格拥有率	5.0
	员工离职率	3.0
	培训支出	5.0
	研发费用增长率	5.0
	小计	18.0
总计		73.6

客户方面，公司绩效总分得到小幅上涨，在维护老客户和拓展新客户上产生效果。具体来看，公司的签约额和客户增长率都得到大幅上涨，这都得益于消费市场的复苏，工程项目业务量的增加，表明公司在开拓新客户的方面卓有成效，前期保持的客户增长为其带来了签约额的增加。但是，可以看到，在回购率和合同履约率上，公司的绩效得分大幅下降。其中固然有业务量和客户激增带来的影响，但公司也需要注意到，这两项指标是维护老客户的重要因素，仅仅只靠开拓新客户所带来的收入并不稳定，只有为客户提供更好的服务，才能进一步改善品牌形象，将新客户转化为老客户，维持公司收入的稳定性。

内部流程方面，公司的绩效总分小幅增长，这是由于公司项目准时完工率有所提升所带来的。在使用平衡计分卡计算绩效的过程中，公司在内部流程上发现了自身的短板，也意识到准时完工对公司的重要性，因此有计划、有针对性地提高项目准时完工率。此外，公司在罚款赔偿金额上也有提升的空间，作为工程公司，在施工时应注意质量和安全问题，遵纪守法，避免受到行政或诉讼处罚。二者完善后，公司势必能成为一流现代化企业集团。

在学习与成长层面，公司存在一定幅度的增长，绩效得分从2021年的13分提升至2022年的18分，共提升5分。具体分析发现，公司显著改善了员工离职率过高的问题，说明在平衡计分卡的使用过程中，其管理层已发现员工离职过多对公司带来的不良影响，在提高员工忠诚度上下功夫，减少了员工的离职率。并且，公司支出了大量的研发费用，相比2021年增长了10%以上，这部分支出会帮助公司早日实现创建学习型组织、升级人力资源、加强信息化建设和创新企业文化的战略目标。

五、应用平衡计分卡的保障措施

（一）组建绩效部门

实施平衡计分卡绩效评价需要保持独立性公司应该组建单独的绩效评价部门，选用合适的人员，开展绩效评价工作。合适的人员能保障平衡计分卡的有效应用，这需要公司从上至下配合进行。首先，管理层应该给予足够的重视。绩效考核管理作为项目评价的重要环节，能保证公司项目有序进行，提高质量，减少风险。其从计划到实施很大程度上体现了管理层的意志，这就需要管理层思想高度统一，对平衡计分卡的推广和实施给予高度认可和支持，将建立并执行平衡计分卡绩效考核体系作为公司的一项重大改革事项来抓。其次，公司管理层要制定合适的发展战略，为公司确定正确的战略目标，用战略思维审时度势，提高科学决策的能力，优化公司资源配置。公司管理层重视，员工才能意识到平衡计分卡对公司发展的重要性，才能积极地将平衡计分卡应用到实际工作中，发挥正确的绩效评价作用。绩效部门应对绩效工作负责。作为落实绩效考核的主要部门，应该要严格执行公司的发展战略，依据发展战略的指导，传达公司的价值观和战略目标。应具备绩效评价的专业素质和能力，学习领会平衡计分卡的内涵，减少使用过程中的失误。

（二）完善绩效制度

平衡计分卡的有效应用，离不开合适的绩效制度保障。在实施平衡计分卡的过程中，为了确保考核客观公正、绩效结果及时反馈、相应诉求合理解决，需要企业内部的各项刚性制度来配合保障。

第一，健全监督机制。公司需保证项目绩效考核过程中的公平性和客观性。企业应当通过公司纪检监察部门牵头成立绩效监督委员会，制定绩效考核监督制度并颁布执行。同时通过利用外部监督部门一同落实，比如引入项目绩效审计制度，在进行外部审计时加入绩效审计的业务，从第三方的视角审查监督是否存在违规行为。

第二，完善反馈机制。企业设置绩效考核的目的除了为项目评价提供合理依据外，最主要的是将其作为一种工具反馈绩效结果，通过绩效结果检查项目的工作情况和结果了解项目各环节的执行情况，及时纠正战略执行偏差，真正利用绩效考核优化项目工作。因此，企业应当重视绩效反馈的作用，建立并完善反馈机制。项目人员可以以书面或当面沟通的形式及时向考核领导汇报绩效结果，总结工作成果，针对不足之处反思分析原因，制定下一个考核周期的目标。考核人员应当据此开展绩效辅导并及时给出意见建议，制定未来工作计划和绩效目标。

第三，建立申诉机制。在考核过程中，如果项目人员认为自己的利益受到损失或者对考核结果有质疑，考核部门需要建立申诉机制来处理纠纷和矛盾，及时解决问题。申诉时可以先向上级负责人进行反馈，仍有异议可以通过提交申诉表至绩效考核委员会，绩效考核委员会应当在规定期限内及时复核处理。

第四，落实考核结果应用机制。依据理论部分提到的目标管理理论，在进行绩效考核时，应当为每个项目设立自身目标并积极实现，激发项目人员主观能动性来完成绩效目标。因此需要制定考核结果应用制度并兑现，多元化应用考核结果，设定项目预期值，获得良好绩效分值的项目应当获得更高的评分，相关人员可以获得更高水平的绩效薪资、更高的职位等。项目表现不佳的人员应受到相应惩戒。

（三）建设企业文化

优秀的企业文化，能够保证员工工作积极性和责任感，能保障平衡计分卡的有效运转。再先进的绩效考核措施都需要在匹配的企业文化中才能发挥作用。如果企业建设积极向上的工作环境，不断提高领导及员工的精神内涵，实施绩效考核改革就有良好的外部条件。文化建设是企业管理的一个重要组成部分，优秀的企业文化使员工确立共同的价值观念和行为准则，增强企业内部的凝聚力，促使员工自我约束和自我激励，同时营造和谐积极的工作氛围，有效减少人员流失，为实施绩效考核改革提供环境保障。具体措施如下：第一，培养员工归属感和成就感。建设绩效文化，首要就是塑造有归属感的氛围，激发员工的责任心，认同企业的理念，获得成就感。具体来说，管理层需要培养员工的归属感，让员工熟知公司的经营理念、运营状况和战略发展，使员工认可企业的核心价值和理念，产生对企业的责任感，让员工形成与企业为利益共同体的信念，营造员工的归属氛围，激发员工工作热情，贯彻执行公司的目标和要求。第二，加强培训。通过调查发现，公司存在部分员工对绩效考核作用认识不深，对公司战略了解模糊的情况。在实施平衡计分卡考核的过程中，员工对考核方案的理解和支持至关重要，这就需要公司通过培训宣传绩效考核的目的和意义，解释考核方案的可靠性，争取员工的认同和支持，通过双向沟通来推行考核工作，减少公司各级员工对绩效考核的认知偏差，让员工树立正确的考核责任意识。同时进行绩效管理系统化的知识培训，让员工充分了解平衡计分卡考核体系的应用步骤，为实施环节奠定基础。

（中铁四局五公司　赵　标　薛财林　蔡君优　万鸿宇）

基于平衡计分卡的建筑施工企业
绩效指标修订应用

【摘要】本文介绍了平衡计分卡工具在建筑企业中的应用。本文中的案例企业是建筑施工央企三级子公司，主业是基建、公路、铁路、市政、水利等工程。本文以该公司为例，介绍了该公司针对在企业易地搬迁，适应新环境、新市场的战略变更中出现的问题，解决过去指标导向扭曲的问题，引入平衡计分卡，按照新形势、新导向、新制度的设计思路，在多个方面更新覆盖全员的平衡计分卡绩效评价体系，并逐步完善整体的绩效管理，使之成为常态化的战略管理工具，由上而下贯彻公司整体战略，促进了公司经营目标的实现和业绩的不断提升。

一、背景描述

（一）单位基本情况

公司原属铁路局下工程公司，地处于中原地区历史古城，后改组为央企三级子公司。2020 年，集团公司党委高瞻远瞩、超远谋划，作出公司搬迁珠三角大湾区的战略布局，这是集团公司布局华南、资源重置的战略性举措。目前公司拥有铁路总承包一级资质、桥梁工程专业承包一级资质、隧道工程专业承包一级资质、公路路基工程专业承包一级资质，近年搬迁后又增加了市政一级、建筑二级资质。现有正式及劳务派遣员工 917 人，其中高级职称 62 人，中级职称 189 人；一级建造师、造价工程师、安全工程师等各类持证人员 62 人。公司共计各类在建项目 24 个，其中华南地区 18 个。在建项目以市政、公路项目为主，年施工生产能力 35 亿元。

（二）存在问题

公司成立于 20 世纪 70 年代，历史悠久，但从 2010 年至今经营情况欠佳，历史包袱较为沉重。在搬迁之后，公司紧紧围绕"迎挑战、聚合力、善创新、重实效"的工作主线，结合公司搬迁至广州市的历史机遇和发展方位，面临诸多新形势下的新挑战。目前公司所处的大湾区处于改革开放的前沿，公司战略由"计划经济"向"市场经济"转变，经营区域也由过去的河南省和西北地区转向华南地区。公司的主营业务也由"两条铁轨"向公路、市政、水务、房建、绿化环保等领域转变。同时公司也面临"新风险"，诸如对新思想的"无所适从"、对新市场"乱花迷眼"、对新区域的"水土不服"、对新领域的"不知所措"，以及管理层面知识储备不足和经匮乏等带来的问题。

（三）采用平衡计分卡理论完善绩效体系的原因

公司原有的绩效评价指标主要集中在提高企业产值目标上，采用营业收入财务业绩作为绩效评价的主要指标。该指标的建立缺陷在于片面追求产值，忽视利润质量，对顾客维度、内部业务流程维度、学习与成长维度的指标涉及极少。这样无法从全局出发，对全面实施战略促进作用有限，导致生产管理者仅重视产值数值，忽视利润、质量、安全、品质、员工这些能促使企业获得长久竞争力的关键性指标，不利于企业长远的战略发展。

二、总体设计

（一）平衡计分卡概述

作为一种组织绩效评价方法，平衡计分卡主张从财务维度、顾客维度、内部业务流程维度、创新与学习维度来综合评价组织绩效的整体表现。该分析框架突破了传统绩效评价方法只注重组织当前财务表现的局限性，通过强调对与企业战略紧密相关的非财务、未来绩效的关注，实现了组织绩效评价工作的平衡性，因而受到广泛的赞誉。

1. 财务维度

对大多数组织而言，财务状况反映了其在市场竞争中的生存能力和竞争地位，具有非常重要的参考价值。平衡计分卡分析框架中的财务指标一般包括销售收入增长率、总资产增长率、投资回报率、现金周转率、应收账款周转率、负债率及利润等。

2. 顾客维度

顾客满意度是衡量企业服务与生产水平的主要标准，间接影响着企业在市场上的绩效表现，通常通过顾客满意度、顾客忠诚度以及顾客保留率等具体指标来测量。

3. 内部业务流程维度

企业业务流程是指从原材料、信息、资金等投入到产品和服务生成这一过程所涉及的相关活动，它反映了企业将投入转化为产出的效率和效果。

4. 创新与学习维度

将创新与学习维度纳入考评范畴是出于对企业当前绩效与未来绩效关系的重新认识，尤其是在知识经济条件下，企业竞争主要靠知识管理，而要保证企业获得持续竞争优势必须确保员工具备不断创新和学习的能力。企业培训投入比例、员工生产率、员工满意度和研发投入比例等指标反映了企业在创新与学习方面的绩效状况。

（二）平衡计分卡绩效评价体系的特点

基于平衡计分卡的组织绩效评价系统是以多目标绩效最大化为管理导向，它强调利益相关者多元目标的平衡，具体而言，包括以下特点。

1. 强调与企业战略挂钩

在平衡计分卡导向下，组织进行绩效评价的关键成功因素和关键绩效指标均来自对企业战略目标、组织使命和战略愿景的分解，同时这些指标的评价结果又被运用到下一阶段组织战略目标的调整与员工目标的修订，从而确保了组织绩效管理始终与组织战略保持一致。

2. 突出平衡观理念

平衡计分卡分析框架将长期目标与短期目标、企业内部需求与外部需求进行整合，用不同指标来测量组织在各方面的综合表现，突出了组织绩效考评的平衡观理念。

3. 倡导绩效评价的动态性

评价指标的选择与权重处理都需要依据战略目标的调整及时修正，从而使组织绩效评价能够随着组织战略柔性而变动，确保了绩效评价与组织战略调整的同步性。

4. 彰显智力资本的价值

通过将创新与学习指标导入评价范畴，促成企业对智力资本投入与产出绩效关系的认识，并以此引导企业管理者对知识管理的重视。

三、应用过程

（一）财务维度关键指标更迭

公司在 2020 年度以前，虽然也承担部分经营开发任务，但更多的是完成集团公司分包的合同，定位更接近于一个成本中心。根据上级对三级公司考核的主要指标来说，年产值小于 30 亿元的公司将纳入合并销号的计划，为了持续生存，公司当时将财务维度的指标主要放在了营业收入方面。

随着市场竞争加剧，原有考核指标弊端逐步凸显，利润指标下滑，甚至出现部分项目空有产值但利润为负，资金缺口巨大的情况。从经济增加值角度考虑，无法弥补对应的资金成本。加之 2020 年搬迁大湾区之后，公司组建了较大的经营开发团队，新中标项目及待建合同产值逐渐增多。根据企业整体战略，财务维度指标转变为净利润、资产周转率、净现金流等，更贴合公司新战略需要。公司财务部在上级"大商务管理"精神指导下，结合商务部、工程管理中心等部门实际工作内容，将主要考核指标集中在两个方面。

1. 财务指标更注重提高企业的运营能力

"双清"指标：建筑施工企业经营范围涉及房建、铁路、交通等多个领域，在建项目工程量比较大，存在合同履约时间长、资金占用大的现象。企业在施工环节中要管理好应收账款的周转，做到资金链的安全，才能够保证资金的正常周转，所以我们使用国企常用的"双清"指标进行考核，将资产周转率细化为收入计价率、计价收款率等指标，进一步揭示合同资金流入与成本支出的对比，2020～2023年针对"双清"工作严肃奖罚纪律，提高奖励标准，以期从源头扭转资金紧缺的局势。

资金集中度：因项目众多，资金存量大但分散于全国各地，资金浮游量无法发挥应有作用，损失不少资金收益。公司努力落实提高资金集中度的任务，对项目作相应的权重考核，设置专项奖励，利用好公司的项目规模效应。

现金流自平衡：根据现金流自平衡方案，对项目占用资源进行考核，促进项目树立独立经营的理念，明确项目经营的目标。通过现金流自平衡项目对公司的借款收回等，贯彻经济增加值的概念。

上述三类指标拟定占财务绩效指标的70%，权重分别为40%、20%、10%。

2. 结果考核指标注重企业的盈利能力

盈利能力：公司引入的是主营业务收入和净利润这两个指标。净利润，是衡量企业资本积累的指标，而主营业务收入是体现一个国有建筑施工企业实施项目履约的能力。这两个指标中净利润指标的重要性为首位，高质量的净利润尤为重要，是解决公司历史问题最终来源，是衡量企业销售收入获益水平的标准。

合理降低公司成本率：建筑企业体量比较大，项目较多，毛利率偏低，相应的其工程成本体量也非常大。显然，企业努力提升管理水平，希望在合理范围内降低企业的成本，是企业经营发展，提高企业价值最大化的一个方面。项目成本是公司的主营业务成本，其作为一个度量公司业绩的指标直接有效。公司定期开展经济活动分析，力求在保障安全、质量、环保等要求下，在合理的范围内降低工程成本，体现在财务指标上是各项成本、三项费用等占比下降。

上述两类指标拟定占财务绩效指标的30%，权重分别为20%、10%。

（二）顾客维度指标重要性提升

1. 顾客维度的基本情况

企业的利润源自客户，企业生产的产品和提供的服务都是为了满足客户的需求，客户是企业的消费者和服务对象。客户的满意度以及忠诚度构成了客户维度考核的指标，市场增长率在一定程度上也可以反映企业客户维度的指标。因此企业的产品及服务开发，都应基于客户的喜好和需求出发。

2. 公司绩效考核中顾客维度存在的问题

目前公司绩效考核体系中侧重财务预算指标，主要体现在营业额完成率、净利润完成率等指标，对顾客维度的指标缺乏关注，仅设立了新签合同额及属地经营等关于市场经营的预算指标，未设立专门考核业务单位开发并维持目标客服能力的指标，这会导致公司的绩效考核指标选取片面，考核的结果也必然难以反映出公司全面的状况。

3. 公司引入顾客维度的必要性

工程项目的顾客一般为项目业主，业主一般为地方政府、铁路系统各站段的相关部门等公共事业职能机构，也有 PPP 项目中的投资者。由于施工产品建设周期长、难度大、要求高，整个施工过程都面临着大量的质量检查，项目业主也可随时参与其中提出建议或投诉，可以看出业主在项目中占据主导地位。所以公司要围绕经营方式开展模式创新，想业主之想、急业主之急，以好谋良策赢得地方政府及业主的信任，不断扩大市场占有。另外，为了实现公司绩效评价系统化的需求，避免绩效考核角度片面、内容分散，设置顾客维度使得平衡计分卡的四个方面层层相扣，联系紧密，串联而成一个完整的系统。

4. 顾客维度预算指标设计思路

首先是确定顾客维度的具体指标。在遵循指标具体、可度量、相关性、可实现的原则下，同时与公司经营开发系统及人力资源管理系统管理人员充分沟通后，结合公司从河南市场进入广东市场的新时机，公司制定了业主满意度及提升企业形象两个关键考核指标对顾客维度进行考核。

业主满意度指标从以下三项进行细分考核：（1）业主满意度。业主对完工项目的满意度是个定性指标。一般通过业主对项目的实际评价与预期值来衡量。通常由项目经营管理部记录的有关业主反馈的资料和信息进行测量评价。（2）监理投诉次数。在建筑施工企业，通常由监理单位驻地施工现场代表业主方对工程进行监督，确保施工方按规定进行施工作业，由监理与施工单位接洽工程施工的流程和细节。因此项目完工后除了公众和政府部门可以对项目进行监督投诉，监理单位也有权就施工的问题提出检举，要求抗议和索赔。（3）节点工期合同履约率。工程施工之前，建筑公司（承包方）和建设单位（发包方）就双方权利义务签订有关勘察、设计、施工、结算等合同，工期内项目部应完成的合同项数与总合同数之比就是合同履约率，该指标用来反映项目部合同履行的情况，是衡量企业信用等级的重要指标。一旦项目部不能在约定工期内完成合同的约定义务很可能会带来合同纠纷，甚至发生经济赔偿，造成公司信用等级下降，降低业主满意度。因此该指标可以用来衡量业主层面对项目部的评价。

提升企业形象指标从以下两项进行细分考核：（1）文明施工。文明施工体现的是建筑施工企业的社会责任以及企业的社会形象。工程施工作业中会产生扬尘、噪声、废气、废水等污染，有的需要开垦农业耕地，产生废渣、弃土弃料等建筑垃圾，而项目部定期面临建设部门各项文明施工检查，因此应该重视并按照规范实行文明施工，保护环境，履行企业的社会责任，树立企业良好形象，杜绝因施工文明不达标造成的公众投诉，努力为企业博得正面宣传，改善外部"软环境"。（2）媒体正面宣传。新闻宣传能够帮助企业塑造良好的品牌形象。一个企业的品牌形象是其在公众心目中的印象和信任感。通过新闻宣传，企业可以向公众传递积极的信息。新闻宣传是提升企业知名度的重要手段，在市场竞争如此激烈的今天，只有通过有效的宣传才能让企业脱颖而出。

5. 顾客维度预算指标分值及权重确定

顾客维度预算指标分值及权重确定及积分规则如表 1 所示。

表 1 顾客维度预算指标分值及权重确定积分情况

考核指标	业主满意度（共10分）			提升企业形象（共10分）	
	业主满意度	节点工期合同履约率	监理投诉次数	媒体正面宣传	文明施工
权重（%）	30	60	10	60	40
分值（分）	3	6	1	6	4
计分规则	年度内收到业主表扬函5次及以上得满分；5次以下得2分；未获得得0分	100%完成节点工期履约得6分；80%至99%得2分；低于80%得0分	年度内未收到监理投诉得1分；收到1次及以上得0分	主责部门在上级考核中评为"优秀"的，得6分；在上级部门考核中评为"良好"的，得4分；在上级考核中评为"一般"的，得2分；其他不得分	年度内收到公众投诉2次以上不得分；收到1次得2分，未收到公众投诉得4分

（三）内部运营维度指标的落实

1. 战略分解：内部运营层面

原有的内部运营维度主要指贯穿企业经营管理的一系列工作流程、管理机制等。针对项目部具体工程建设的实施流程，不同于其他企业是按照固定的运营流程运行的，而是针对施工建筑企业中不同业态工程管理的各个方面来统筹运作，因此遵循"一切工作到项目"的工作原则，将"内部运营层面"调整为"项目运作层面"将会更加符合项目部的运作实际情况。公司对项目部的运营提出要全面深入贯彻落实项目管理效益提升三年行动方案，各项目应根据具体任务、指标进行量化分解，强化目标管理，切实抓好落实，确保项目管理效益提升三年行动目标顺利完成。企业战略分解到工程项目部这一层面，项目部主要考虑施工管理、质量管理、安全管理、环保管理、成本管控五个方面。

依据工程项目的运作内容，施工单位的主要任务就是按进度保质保量地完成工程，顺利验收后竣工结算。因为工程项目管理的综合性和复杂性，影响施工项目绩效管理的因素有很多，根据对公司战略的分解，本文主要从施工过程中的施工管理、质量管理、安全管理、环保管理、成本管控五个方面进行指标设计。

（1）施工管理。在工程施工阶段，首先要做好工程进度的规划工作，整个施工阶段的工作都围绕进度计划展开，做好进度预测工作有利于把握施工进程。而且工程资金流动性大，许多工程资金到位情况差，需要建筑企业先行垫资施工，一旦施工进度缓慢，不能按时完成各个阶段的任务，工程款无法结算，就会变成施工单位的沉重负担，造成资金断流。因此需要进度控制，评估进度执行情况，及时调整工期进度。

前期策划。施工企业进行前期策划是确保项目顺利、高效、成功实施的基础，能够帮助企业规避风险、优化资源、提升客户满意度，并在项目整个生命周期内取得更好的绩效。策划方案交底：未对全体项目管理人员进行交底或交底不及时，扣 0.5 分，按时进行加 0.5 分；严格执行前期策划与否：严格按照前期策划方案执行加 1.5 分，未按照策划执行扣 1 分。策划进行调整后，履行变更或者调整手续视为按策划执行。按时梳理调整前期策划与否：前期策划定期梳理、调整。项目对前期策划定期（半年）进行梳理，发现执行过程中的偏差，分析原因并制定整改措施。按时梳理加 1 分，未按时扣 0.5 分；重大变更申请组织次数/未组织次数：策划实施过程变更及二次策划（1 分）策划实施过程中，发生影响策划目标实现的重大变化时，应履行变更或应申请进行二次策划，按时组织加 1 分，未组织擅自更改的扣 1 分。

（2）施工方案。制定施工方案对于施工企业来说是至关重要的，它为项目的顺利实施和成功交付提供了全面的规划和指导，有助于优化资源、提高质量、控制成本、降低风险，并最终实现项目的成功：项目方案按时/不按时编制，方案辨识及计划编制：项目方案分级管理并按时编制加 0.5 分，方案分级错误或者未按时编制影响现场施工扣 0.5 分；是否召开方案编制研讨会，方案编制及审批：方案审批前，召开方案编制研讨会，加 0.2 分，未召开扣 0.2 分。方案进行经济必选（大临工程量清单及预算）加 0.3 分，未进行扣 0.3 分；是否履行内部审批流程，内部评审 0.5，履行内部审批流程加 0.5 分。未召开或者伪造开会资料扣 0.5 分；方案是否按时交底/梳理执行情况：方案交底按时交底加 0.5 分，未交底或交底不及时扣 0.2 分；方案动态管理：每月按时对方案执行情况进行梳理，对比执行情况，按时加 0.3 分，不按时扣 0.3 分；方案是否执行/实行闭环管理：是否按照方案执行（进度、人员物资设备材料配置）、日常检查记录及整改闭合，严格按方案执行并闭环管理加 1 分，未执行或者闭环不及时扣 1 分。

（3）施工组织。施工组织在项目实施中起到了组织、管理、协调和执行的关键作用，它能够确保项目的顺利进行与高质量完成，避免问题和风险的发生，从而实现项目的成功交付：产值完成率 = 完成产值/年度施工任务产值，按照公司下达的年度施工产值任务，完成90%及以上不扣分；完成90%以下，完成比例每减少1%扣0.5

分，扣完为止；未达成业主要求目标个数/不利通报约谈次数，主要节点工期目标不满足业主要求，每个扣2分；收到业主施工生产组织不利通报或约谈，每次扣5分，扣完为止；年度产值，年度产值完成4亿元以上，每超过1000万元，加0.5分，最高加5分。

（4）质量管理。抓好工程质量是集团到公司从上到下严格落实的硬性要求，质量保证是每个施工建筑企业的立足之本、发展之道，也是施工企业获得资质的必备条件：发生各等级工程质量事故次数：发生工程质量30万元（不含）以下责任事故的，扣1分；发生工程质量30万元（含）以上100万元以下责任事故，扣2分；年度内重复发生时，累计扣分，直至此项扣完。质量管理导致外部问责次数：因质量管理不到位，受到外部发函、约谈和通报的，每件扣0.2分，造成企业停标或被省级及以上媒体播报或列入不良信用，导致企业生产经营被动的，扣0.5。质量管理导致内部问责次数：被业主或上级机构安全监管部门约谈的，每件扣0.2分，被上级机构下发督查督办的，每件扣0.2分，被公司交班约谈的，每件扣0.1分。抽查不合格问题数：对被国铁集团红线督导组抽中接受检查的项目，发现红线问题的扣1分，仅发现不良行为的扣0.5分。参与公路信用评价的项目，结果未达到预期目标的，扣1分。

（5）安全管理。安全管理的指标包括工伤死亡人数和重大事故次数。项目安全是政府和工程业主最为关心的问题之一，安全管理从始至终是项目管理的第一位。工程一旦发生重大事故将要付出巨大的代价，相关政府部门将勒令项目停工整改并予以行政处罚，导致耽误工期，增加施工成本。不仅如此，如果发生安全事故导致工人伤亡，将会面临巨额赔偿款，影响资金回流，遭受经济损失。发生各等级工程安全事故次数：发生3人以下重伤事故以及交通、机械设备、压力容器爆炸、食物中毒及公共安全责任事件或重大不良事件造成经济损失30万元以下的，扣2分；发生3人（含）以上9人以下重伤以及其他一般生产安全责任事故，铁路交通一般D类责任事故，交通、机械设备、压力容器爆炸、食物中毒及公共安全责任事件或重大不良事件造成经济损失30万元（含）以上100万元以下的，扣3分；年度内重复发生时，累计扣分，直至此项扣完。安全管理导致外部问责次数：因安全管理不到位，受到外部发函、约谈和通报的，每件扣0.2分，造成企业停标或被省级及以上媒体播报或列入不良信用，导致企业生产经营被动的，扣0.5分；安全管理导致内部问责次数：被区域指挥部或集团公司交班约谈的，每件扣0.2分；被集团公司下发督查督办的，每件扣0.2分；被公司交班约谈的，每件扣0.1分。抽查不合格问题数：对被国铁集团红线督导组抽中接受检查的项目，发现红线问题的扣1分，仅发现不良行为的扣0.5分。参与公路信用评价的项目，结果未达到预期目标的，扣1分。

（6）环保管理。文明施工体现的是建筑施工企业的社会责任以及企业的社会形象。工程施工作业中会产生扬尘、噪声、废气、废水等污染，有的需要开垦农业耕地，产生废渣、弃土弃料等建筑垃圾，而公司面向市场主要为南方地区，建设部门各项文明施工检查频次较高，因此应该重视并按照规范文明施工，保护环境，履行企业的社会责任，树立企业良好形象，杜绝因施工文明不达标造成的公众投诉，努力为企业博得正面形象，改善外部"软环境"。发生环保处罚次数：环保问题被外部处罚的每件扣0.1分；被地方政府通报或列入不良信用或被约谈的每件扣0.2分；被纳入黑名单的每件0.5扣分。年度内重复发生时，累计扣分，直至此项扣完。环保管理导致外部问责次数：因环保管理不到位，受到外部发函、约谈和通报的，每件扣0.2分；造成企业停标或被省级及以上媒体播报或列入不良信用，导致企业生产经营被动的，扣0.5分。环保管理导致内部问责次数：被区域指挥部或集团公司交班约谈的，每件扣0.2分；被集团公司下发督查督办的，每件扣0.2分；被公司交班约谈的，每件扣0.1分。对被国铁集团红线督导组抽中接受检查的项目，发现红线问题的扣1分，仅发现不良行为的扣0.5分。参与公路信用评价的项目，结果未达到预期目标的，扣1分。

(7) 成本管控。项目部的一切施工行为都是围绕与业主签订的合同进行的。施工单位签订承包合同后，应当依据合同条款履行施工义务，及时进行合同变更、合同索赔以及结算工程款项，妥善处理合同争议和纠纷，确保合同顺利实行。物资设备集采率=固定要求物资设备采购金额/物资设备采购总金额，物资上网采购90%、设备上网采购率85%、物资集中采购率90%、设备集中采购率90%。低于目标值3%的，减0.2分，低于5%的，减0.5分，扣完为止。溢价率=(采购价 – 市场价)/市场价，年度采购物资、设备价格高于市场价2%，扣0.5分，超市场价3%以上，扣1分，扣完为止。物资实际损耗率=(损耗量/总用量)×100%，钢筋、混凝土实际损耗与定额损耗率、合同规定损耗率对比，实际损耗率大于定额或合同规定5%，扣0.5分，超5%以上，扣1分，扣完为止。周转料/机械设备利用率=[(期末存货 – 期初存货) + 购进材料]/购进材料×100%，在用周转材料利用率达70%、在用机械设备利用率达80%，不扣分，每降低5%，扣0.1分，扣完为止。

2. 指标数据来源

项目运作层面。项目管理中心负责前期策划、施工方案等指标绩效考核及评分工作；工程管理部负责营业收入完成、信用评价等指标绩效考核及评分工作；安全质量监察部负责安全、质量、环保等指标绩效考核及评分工作；物资设备管理部负责物资设备集采率、采购成本、物资消耗、周转料机械设备等指标的绩效考核及评分工作。

查阅过往十年的项目经营考核，考核指标仅分为财务绩效考核指标与其他管理绩效考核指标，如收入、利润等指标。虽然安全质量环保等项不可谓不重视，但经常作为"一票否决"项存在，如此起不到警示和防微杜渐的作用，将这几项考核指标纳入平衡计分卡规则之后，项目经理人员不会因已发生的问题而放弃对以后工作的重视。在平衡计分卡的引导下，绩效管理维度从财务、其他扩展为财务、客户、内部运营和学习与成长，从更丰富的角度衡量一个项目的经营情况。

（四）学习和成长维度指标的促进

近年公司上下都达成了"企业的竞争归根到底是人才的竞争"这一共识，所以，企业加强员工培训，提升员工的综合素质和专业水平，并定期开展相关活动，提升员工的归属感，同时建立健全公平客观透明的晋升机制，提升员工对于企业的信任，是企业发展的最大动力来源。

企业的发展离不开员工，所以学习与成长主要就是从员工的角度出发。公司的绩效评价系统只是简单地对员工的考勤、工作态度、技能水平等进行定性的评价，与企业的薪酬奖励结果关系甚微。这样会导致员工丧失工作积极性，同时，员工的个人发展与企业的战略目标错位，会使员工消极怠工，不愿担责，出现出工不出力的现象，只利用企业资源来提升自身，但对企业成长并无贡献。

公司探索将学习与成长作为一个考核量化指标，由公司人力资源部门、财务部门、联合工会协同作战，将企业的目标与员工的价值实现统一起来，提高员工在企业的价值感，通过与薪酬奖惩制度相结合，让员工明确战略方向，促进企业的可持续发展。

1. 指标设计

学习与成长维度是站在员工的角度衡量"如何保持变革和进步的能力"。主要是企业对员工的培养和发展，包括提高员工技术、素质、创新等能力，激发员工潜能，创造和谐氛围。员工持续地学习和成长，能够提升企业内部运营的效率，满足顾客需求，持续提升并创造股东价值，获得长久的竞争力，为企业发展作出贡献。根据中铁集团公司企业文化应用理念，公司坚持广纳人才、培育人才、激励人才，坚持持续深入学习，不断提高员工综合素质，为企业高质量发展提供动力。

结合建筑企业的实际情况，建筑工地施工环境艰苦，施工作业条件差，导致青年员工离职率高，从业时间普遍较短，同时员工满意度及员工忠诚度整体偏低，另外，建筑工程质量要求高，对技术人才的需求不断增加，但技术人才容易流失，在人才培养及人才梯队建设方面面临较大阻碍，针对这种情况，员工保留率、员工满意率、继续教育、员工整体素质成为建筑企业绩效评价活动中的关键性指标。因此公司尝试在平衡计分卡应用学习和成长维度下设置 5 个指标：员工保留率、高级技术人员占比、员工培训合格率、员工满意度、全员劳动生产率。

2. 指标数据来源

员工保留率、高级技术人员占比、员工培训合格率、全员劳动生产率由项目部职能部门负责人配合办公室依据项目部人力资源报表统计得出。员工满意度由内部问卷调查统计得出。

3. 定义衡量指标和目标值

企业的人力资源是一项无形资产，对企业的贡献与有形资产同等重要。企业战略的实现需要依靠全体员工的共同努力，每一位员工都是企业战略的具体执行者。为了激励员工为企业创造效益，需要重视员工培训和学习，提高员工综合素质，发展和提拔优秀人才，优化人员结构，还需要促进内部协调，创造和谐氛围，建设团结队伍，最终提高项目战略执行效率，真正做到战略落地实施，最终提高企业发展力。综合以上分析，项目部学习和成长维度的指标初步计划权重应当在20%以上，具体内容如表2所示。

表2　　　　　　　　　　　　项目部学习和成长维度的指标设计

维度	维度权重	评价指标	指标权重
学习成长维度	22%	员工保留率	4%
		高级技术人员占比	5%
		员工培训合格率	6%
		员工满意度	4%
		全员劳动生产率	3%

（1）优化员工结构。

①员工保留率。员工保留率是指当年年末在职员工人数占当年员工总数的比例。该指标通过确定当年内离职人员数占全体员工总数的比重来反映企业人力资源的保持状况，为人力资源管理提供依据，进一步优化员工结构。计算公式为：员工保留率 = 年末在职人数/当年年初员工总数 ×100%。

②高级技术人员占比。高级技术人员占比是指工作在项目部施工一线岗位上的、具有突出技术和专长能力的、能够处理突发事件和复杂问题的综合素质人才占比。只有不断引进、培养高技术人才，才能持续为项目提供动力，保障项目工程管理。计算公式为：高级技术人员占比 = 项目部高级技术人数/项目部员工总数。

公司层面下达文件，对公司急缺岗位针对性发布了《职业资格管理办法》《实验检测执业资格认证奖励办法》等文件，系统性明确了高级资格人员待遇提高、注册维护、服务期限等细则，在原来基础上提升奖励幅度，达到同行业较高水平，鼓励全员通过自发学习提升专业素质。

（2）重视员工培训学习。员工培训合格率是指参与培训并且培训考核合格的员工人数占培训员工总数的比例，该指标可以反映项目部员工的培训完成质量。指标比例越高，说明项目中培训达标员工越多，员工技术能力和专业素质就越有保障。计算公式为：员工培训合格率 = 培训合格人数/参与培训人数。

（3）促进内部协调。员工满意度是一种主观价值判断，为定性指标。公司内部主要通过设计问卷来调查员工满意度，了解员工的诉求，引导员工的行为，为企业适应性改变提供依据，创造和谐工作环境，减少员工流失，提高忠诚度，促进内部良性循环，提高企业经济效益。计算公式为：员工满意度＝实际感受值/期望值。

（4）落实战略执行。绩效考评合格率是项目部员工绩效考核的合格人数占项目部员工总人数的比。企业战略的实现需要依靠全体员工的共同努力，每一位员工都是企业战略的具体执行者。只有把企业的战略落实到每一位员工，执行到每一个岗位，把企业的宏观战略与员工建立联系，使其深入员工内心，才能促进战略实现。计算公式为：全员劳动生产率＝项目部年度产值/年平均从业人数。

四、取得成效

（一）经营效果逐年提升

在建筑业高速发展的今天，公司以战略目标为基础，对公司绩效考核体系作出及时调整，整体绩效指标更新以来，公司连续三年取得了突破性的经营业绩。产值利润逐年创新高。2020～2022年新签合同额分别为54.28亿元、37.69亿元、82.37亿元，营业收入为8.74亿元、21.62亿元、25.23亿元，利润率稳定在3%左右。

通过兼顾顾客维度的年度预算指标，增强了绩效考核的科学性，顾客维度考核指标的增加一方面加强了经营开发系统人员的主观能动性和工作的积极性，进一步落实了集团公司区域化经营战略，强化了主营市场的竞争力，提升了市场开发规模和品质，实现了持续经营；另一方面，顾客维度相关考核指标在项目经营管理过程中也起到了积极作用。项目施工过程中，重视业主满意度、信用评级工作，履行工期、质量、安全、环保等承诺，开展"平安工地""安全标准工地"创建活动，确保建工程在该系统的信用评价及履约考核等评价等级，建造品牌工程，争取省部级荣誉，争取"国家优质工程奖""土木工程詹天佑奖""建设工程鲁班奖"等国家级奖项，树立企业形象，提升企业信誉，提升企业竞争力。在遵循"条块结合、权责明确、区域经营、奖罚考核"的管理思路下，突出了积极开发的理念，有效激励，奖罚分明。顾客维度的增加使绩效评价考核体系更加完整，其目标是与战略目标紧密结合，使公司项目部绩效管理更加科学。

（二）职工素质稳步进步

一线员工一级建造师、各类管理岗位职称大幅度增加。在各类激励措施的带动鼓励下，2022年和2023年各类职称考试通过人数屡创新高；在研发方面，获得发明专利授权、实用新型专利授权多项，并首次申请海外发明专利。荣获省部级工法多项，股份公司工法多项，其中，"大跨径波形钢腹板PC组合梁桥异步施工关键技术"荣获股份公司科学技术奖二等奖，"钢腹板梁桥自吊式异步挂篮施工技术"荣获中施企协第二届微创新大赛特等奖，并首次代表集团公司参加中国中铁实用技术发布，被纳入中国中铁实用技术名录，实现中国中铁级实用技术零的突破。公司还参编国家标、行业标，主编部分地方标准，在标准制定上也实现了零的突破。

（三）各系统协调更为紧密

通过内部业务流程的重塑、加强，结合中国中铁"大商务管理"要求落地，内部各系统职责明确、互相补位，为项目生产提供有效服务保障。公司坚持顶层谋划、经理层主责推动、项目层落地实施的模式，将经济管理纳入"一把手"工程，重构优化管理职能7项，出台大商务管理配套制度4项，形成各司其职、各负其责、协调运转、有效制衡的治理机制；牢牢把握转型升级和提质增效两条发展主线，以捕捉市场机遇、抢占市场份额为龙头，大力推广"BIM＋智能建造"，全面推进履约、安全、质量等精益管理，聚焦"价值创造和效益提升"主线，科学合理下达责任成本，既要项目管理团队"够得着"、有动力，又要"踮起脚"、有压力。紧扣"项目平均利润率每年提高0.5%以上"的目标，最大限度挖掘标前一次经营创效空间，通过财商融合，节约了税费支出，保持了稳中有升、稳中提质的良好发展态势。

通过关注内部运营流程，企业得以识别并改进不必要的烦琐环节，提高流程的效率和执行力，减少浪费和时间成本。运用项目运作指标，项目得以通过制定明确的质量标准和控制措施，更有效地监控施工质量，提高质检合格率，减少质量事故和返工率，增强项目质量信誉。公司通过指标分析，合理分配人力、材料、设备和资金等资源，提高了资源的利用效率，降低资源的浪费。通过内部运营维度，公司更好地规划项目的工作流程和时间表，确保项目按时交付，满足客户需求。在内部运营维度的评价指标帮助下公司审查施工过程中的成本，识别成本异常和浪费，采取措施有效控制成本，降低成本偏差率，提高盈利能力。通过关注指标，公司可以更好地预防和管理潜在的风险、减少项目执行过程中的不确定性。

（四）公司竞争力日渐增强

经过2021～2023年在华南片区深入经营，公司接连获评黄埔区建筑业"骨干企业"、广东省"2021年度纳税信用A级纳税人"、2022年广州市市政行业协会5A级信用评价等，参建的开放大道项目荣获"广东省工人先锋号"等多项荣誉。基建板块逐渐不再依赖铁路项目，水利水务环保板块新签合同额占比从7%提升至22%，房建项目从0提升至22%，公路项目稳中有升，从42%提升至55%。

五、经验总结

公司原有的绩效指标简单易懂，但它是静态的指标体系，过于单一导致公司在战略制定和执行上存在难以转弯的情况，同时不足在于，很多部门是不能通过任务分解的，例如，财务部门、人力资源部门，无法全面适应社会和市场对企业越来越高、越来越多的期望和需求。

（一）优点总结

通过引入平衡计分卡理念进行多维度绩效指标制定，平衡财务与非财务指标的关系，逐步助力公司减少短板，全面提升；通过关注内部运营维度指标，公司提高施工效率，减少重复劳动，优化工作流程，提升项目执行效果；通过注重顾客维度的指标，不断提升市场美誉度，实现属地经营战略发展；通过加大学习与成长维度的投入，打造一支高水平素质且生生不息的队伍，这将是企业未来可持续发展最大的依靠。

（二）实施遇到的问题

应用平衡计分卡进行绩效评价的也有相应的局限性：建立绩效评价体系所消耗的人力物力非常庞大，每年根据战略及时进行更新比较吃力；评价指标所包含内容过于复杂繁多，找寻适合企业自身发展的评价指标，对企业来说工作量相当庞大，确定指标过程有很大的难度。此外，需要确定财务指标权重，权重不能随意分配，需要找寻相关方法，结合企业自身，进行合理分配，督促企业应做好充足准备，应对权重分配问题。

同时平衡计分卡体系管理对公司信息化管理的水平提出了新的要求，它关注信息流程和系统的效率，促使公司采用信息化手段不断提升内部管理水平和数据交互流转效能，建设配套的信息化平台势必是一项耗费较高的成本。

（中铁七局集团广州工程有限公司　张　哲　何国强

石森中　黄娅萍　董宁宁）

建筑施工企业工程项目模拟股权考核分配体系设计与实施

【摘要】党的二十大报告指出要坚持以推动高质量发展为主题，作为建筑施工企业，盈利能力是衡量发展质量的重要指标，而项目盈利能力更是支持建筑施工企业的根本。推广使用工程项目模拟股权考核分配体系是对项目传统绩效考核的一次创新，该方法能更好地激发项目干部员工的工作活力，提升工作责任心，增强工作积极性，实现从"要我干"到"我要干"的转变，能更好地促进项目降本增效，实现企业和员工的"双赢"。本文以长春 A 快速路工程为例，以模拟股权考核分配体系的设计七大关键核心和分析解决实施过程的六大痛点为主线，系统介绍了工程项目模拟股权考核分配体系的设计思路和实施关键，从企业推广的情况来看，以项目模拟股权为基础的考核分配体系，能够对企业管理提升和效益创造起到积极的促进作用。

一、背景描述

（一）单位基本情况介绍

1. 单位基本情况

W 公司是国有建筑施工企业的三级子公司，公司注册资本金 3 亿元，拥有铁路、市政、公路、桥梁等多项施工资质，属于综合性建筑施工企业，企业员工 1493 人，年度产值 50 亿元以上，正在实施的工程项目 27 项，主要分布在山东、天津、河北、内蒙古、吉林、福建、海南等省份；海外市场涉足泰国曼谷、清莱和宋卡等地区。公司工程项目分布广，施工条件较为艰苦，尤其是铁路项目、公路等项目普遍地处偏远。

2. 模拟股权项目背景介绍

长春 A 快速路工程属于上跨城际铁路立交桥，为长春市内市政快速公路工程。该工程合同金额为 19 673 万元，项目建设期 1.5 年，实际实施周期 3 年（含回款期）。2018 年 5 月公司成立项目部，组建项目管理团队；2018 年 8 月完成此项目成本测算工作，确定了利润目标；2018 年 9 月确定了模拟股权方案；2019 年 12 月完成了项目验收；2020 年 12 月完成了业主的审计及末次验工计价同步退还了模拟股权股金；2021 年 2 月清欠回款完毕；2021 年 4 月完成了公司内部审计工作并完成项目最终末次模拟股权考核兑现工作。

此项目部设有经理1名、书记1名、副经理1名、安全总监1名、总工1名，下设工程技术部、财务部、物设部、合同预算部、安质部和综合办公室，项目整体人员为23人（含市场化、劳务派遣人员，不含见习生、实习生和外聘职工）全部参与模拟股权，项目审计后最终验工计价18 579.77万元；项目实现盈利3 467.61万元，项目利润率18.66%，实现超额利润2 538.62万元。项目层面共缴纳模拟股金480万元，项目部员工股金分红额1 015.45万元，结合项目持股周期计算投入股金年均收益率为30.07%。

（二）单位管理现状分析和存在的主要问题

疫情过后，受中央财政政策收紧、全球经济下行等客观因素影响，基建项目投资缩减，建筑施工企业竞争异常激烈，企业要想在激烈的竞争中寻求更好的发展前景，创造更高的经济效益，需不断突破原有的经营管理模式，运用科学的、现代化的企业管理思想、方式和方法，建立健全行之有效的激励约束机制，使工程项目高效、快速、顺畅地运转，促进工程项目降本增效、提高劳动生产率和人员使用率、实现企业效益价值最大化。

一是工程项目效益下滑。由于国内建筑市场收紧，同业竞争日趋激烈；投资环境复杂多变，基建开发投资开始缩减，各级平台资金状况持续紧张，项目实施资金压力不断增加；建筑行业工程项目多处于偏远地区，施工环境恶劣，施工现场环境复杂多变，项目成本投入不确定性增加；建筑施工企业项目施工地点分布全国各地，公司对项目跨区域进行管理，日常管控难度大；工程项目实施工序复杂多变，现场管理粗放，基础管理相对薄弱，导致工程项目效益出现下滑趋势。

二是工程项目利润目标确定存在争议。工程项目施工周期长，施工内容多样，项目实施受地质环境影响较大，施工难度易出现变化；工程项目最终结算随实施内容存在变数，不确定性因素较多，收入存在不确定性，工程成本管控压力大，员工对所参与的工程项目效益预期了解不深，项目经济目标的确定存在一定程度上的争议。

三是项目员工未充分发挥工作积极性。对于项目公司后台管控措施有限，日常管理主要依靠现场管理人员进行，项目人员业务能力参差不齐，项目激励和约束机制不足，造成员工工作积极性不高，干劲不足，责任意识不强，员工对工程项目的归属感欠缺，无法真正发挥项目员工工作的内在价值。

四是工程项目考核结果运用不足。工程项目人员调整调动频繁，前任、后任责任不易划分，推诿扯皮造成项目经济效益流失；工程项目实施周期长，在实施过程中绩效考核工作存在不及时的情况，导致项目效益认定严重滞后，工程项目员工无法及时取得项目兑现；项目绩效考核结果仅与员工薪酬挂钩，个人工作成绩、职位晋升与项目业务关联不足。

（三）工程项目模拟股权考核分配体系设计与实施的主要动因

1. 推动企业高质量发展的必然要求

习近平总书记在党的二十大报告中强调："高质量发展是全面建设社会主义现代化国家的首要任务。发展是党执政兴国的第一要务。没有坚实的物质技术基础，就不可能全面建成社会主义现代化强国。"充分发挥绩效管理作用，通过工程项目模拟股权考核分配体系设计与实施，让工程项目绩效管理更为合理、有效，有助于公司向高质量高效益企业转型升级。

2. 促进企业做强做优做大的内在需要

企业生存的根本目的是效益，建筑施工企业的效益来源依赖工程项目的利润实现，工程项目利润的高低，是评判企业发展质量的关键。突出工程项目创效能力，突出超额利润在绩效管理中的重要地位，通过模拟股权考核分配体系的构建，推动企业做强、做优、做大，促进国有企业体制机制改革，更是企业实现提质增效的内在要求。

3. 实现员工价值的自发需求

员工工作主要是为了赚取劳动报酬，其根本来源也是通过项目利润来实现。企业文化、工作环境、工资待遇、个人发展空间及家庭平衡性等因素，从宏观上影响着员工的价值贡献度和工作积极性。在项目生产经营管理中，员工积极主动地投身项目管理和被动消极地进行管理，对项目生产经营的价值贡献是截然不同的。工程项目模拟股权考核分配体系可以使所有员工成为项目的主人，利益全员化是员工积极工作的原生动力，是发挥员工价值贡献的内生需求。

4. 构建公平公正考核分配的约束保障

总结公司发展中走过的弯路、分析公司发展阶段，通过工程项目模拟股权考核分配体系设计与实施，进一步规范考核分配的程序，完善相关配套政策，从制度体系上为绩效管理工作提供保障，本着实事求是与互利共赢的原则确定项目利润目标，切实带动员工参与工程项目管理，促进企业的管理提升，提高企业发展质量。

二、工程项目模拟股权考核分配体系总体设计和部署

（一）管理会计工具应用基础

绩效管理是指企业与所属工程项目、员工之间就绩效目标及如何实现工程项目效益目标达成共识，并帮助和激励员工获取更多的效益，从而实现企业管理目标的过程。根据《管理会计应用指引第 600 号——绩效管理》，绩效管理的核心是绩效评价

和激励管理。绩效评价，是指企业运用系统的工具方法，对一定时期内企业营运效率与效果进行综合评判的管理活动。绩效评价是企业实施激励管理的重要依据。激励管理，是指企业运用系统的工具方法，调动企业员工的积极性、主动性和创造性，激发企业员工工作动力的管理活动。激励管理是促进企业绩效提升的重要手段。

（二）工程项目模拟股权考核分配体系设计的总目标

模拟股权考核分配体系的设计始终以完善绩效评价流程和发挥激励管理作用为核心，主要目的是充分调动项目员工的管理积极性，实现从"要我干"向"我要干"的转变，推动项目绩效管理改革升级，促进企业制度进一步完善，使员工和企业协同发展、相互成就，提升项目的利润水平，促进企业的高质量发展。

（三）工程项目模拟股权考核分配体系设计的原则

1. 坚持效益提升导向原则

企业管理是以效益提升为载体，全过程参与，全系统联动，根本目的是全面提高工程项目利润水平。模拟股权激励的核心是通过建立健全内部考核分配体系，使各工程项目能够高效运转，促进项目降本提质增效，实现项目利润最大化。工程项目模拟股权考核分配体系应坚持效益导向原则，项目的职责和使命就是创造经济效益，通过模拟股权激励构建项目效益与员工利益正相关的考核分配体系，增强项目的综合管理能力和管理活力，聚焦项目效益提升，激活项目管理新动能，锻造项目部盈利和创效的硬实力。

2. 坚持成本全过程管控原则

工程项目层是成本管理的执行层，是成本管控的主体，模拟股权考核分配体系的实施，贯穿项目管理的全过程，效益的提升必须坚持成本全过程管控原则。建立健全以创效为导向，围绕项目成本管理关键环节开展全过程、全系统增收创效和降本增效活动，深入分析项目盈利点、亏损点、风险点和索赔点，科学制定应对措施，实现项目效益最大化。

3. 坚持全员参与原则

项目管理团队中的每一位员工都是项目管理和创效的责任人，坚持全员参与，将个人利益与项目效益相挂钩，赋予项目员工充分的决策权、管理权及监督权，提升项目员工的参与度，树立项目员工的"主人翁"意识，最大限度地激发项目全体员工的工作积极性和创造性，促进项目效益持续提升，激发广大员工干事创业激情，提高全员创效能力。

4. 收益权与分红权分离

参与模拟股权项目的员工，出资入股项目，员工只根据出资比例享有项目盈利的收益权，但没有项目资产的所有权，员工的入股不代表员工对项目资产的持有，不能以此换取项目的资产，员工仅参与本项目的盈利兑现。

（四）工程项目模拟股权考核分配体系设计与实施的总体思路

在绩效管理基础上构建工程项目模拟股权考核分配体系，将全员纳入工程项目的全周期管理中，将项目效益与全员利益绑定，实现公司与员工共赢的总体目标思路。通过设计工程项目模拟股权体系形成一套全覆盖的绩效管理制度，模拟股权考核分配体系设计与实施总体分为两部分内容。

1. 设计七大关键核心

通过介绍设计与实施的条件、人员参股范围界定设计、参股比例问题的设计、薪酬结构组成设计、分红与补亏的设计、兑现节点设计、考核结果的应用设计七大主要核心要素的设计思路，实现工程项目模拟股权全流程的管控。

2. 实施六大痛点

通过对该项目组织实施模拟股权分配机制，总结出了项目利润目标确定难、项目团队组建难、项目成本要素配置难、人员变动股权调整难、分红兑现难、过程监督保障机制建立难这六大实施痛点。通过分析这些痛点形成的深层次原因，提出解决方案。

（五）工程项目模拟股权考核分配体系设计与实施的内容

在工程项目模拟股权考核分配体系设计与实施中，通过优化总体设计思路，设计模拟股权考核分配管理的实施过程。模拟股权设计实施的过程如图1所示。

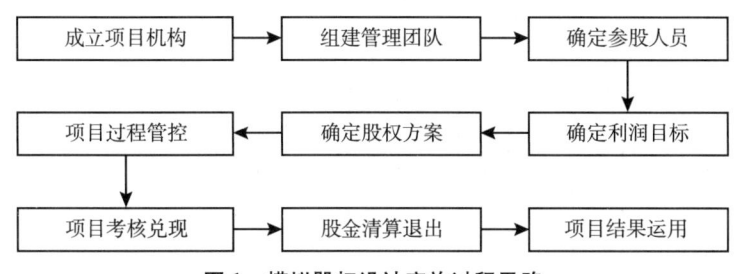

图1 模拟股权设计实施过程思路

（1）成立项目机构，主要根据项目中标时间和合同约定的合同工期及时完成项目机构的设置，为后续工作开展提供实施架构。

（2）组建管理团队，主要确认项目领导班子正职、副职、部门负责人、一般员工，提供模拟股权实施的基本人力保障。

（3）确定参股人员，确认项目核心管理人员，并为缴纳股金做准备。

（4）确定利润目标，通过测算、决策确认项目利润目标，为后续考核兑现中的超额利润提供基准点和目标点。

（5）确定股权方案，通过方案的确立，规定项目管理团队各成员股金缴纳金额，实施的责任约束。

（6）项目过程管控，项目的最终目的是实现利润，这离不开项目日常过程管控，这也是项目模拟股权实施过程中的重点，只有加强日常管理，才能实现更高的超额利润，员工才能拿到更多的股金分红。

（7）项目考核兑现，是员工最关心的问题，超额利润股金分红是职工收入的重要组成部分，也是模拟股权实施过程中员工的最终目的和最渴望的利益。

（8）股金清算退出，是模拟股权的中股金的终点。

（9）项目结果运用，项目模拟股权实施完毕，项目的结果将运用到后续公司管理中，项目管理经验为职工的晋升提供强有力的依据。

三、应用过程

（一）组织机构及其职责

为保障模拟股权考核分配体系设计和实施顺利进行，发挥各业务部门的管理职责，协同合作，高效解决工作推进中的问题和争议，由分管领导牵头，成立绩效管理考核小组，考核小组机构架构设置如图 2 所示。

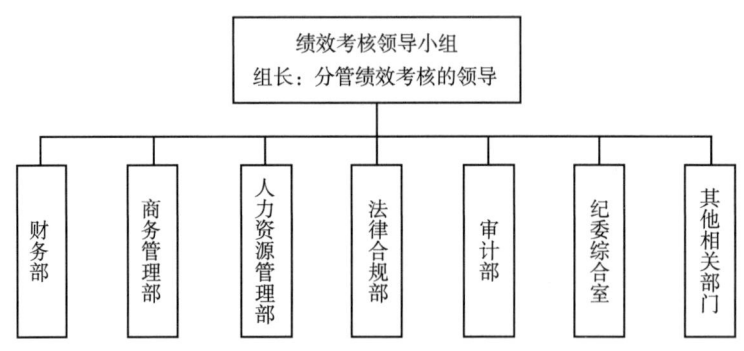

图 2　考核小组机构架构

（1）领导小组职责。制定模拟股权考核分配管理办法等相关规章制度；审议项目模拟股权考核分配实施方案；统筹、支持、协调推进模拟股权考核分配工作。

（2）财务部职责。拟定工程项目模拟股考核分配实施方案；组织签订项目模拟股权合同；负责模拟股权个人股金申请的核查、统计、汇总；负责项目股金的收缴、清算、返还。

（3）商务管理部职责。组织测算工程项目利润目标；负责项目过程经济活动分析管理工作；监督劳务队伍准入、队伍招投标及选用；负责对项目经济运营进行评价。

（4）人力资源管理部职责。下达工程项目机构令；核准项目部人员岗位定编设置、人员调配；组织项目人员选聘工作；负责项目申购模拟股权股金个人身份的核实；负责项目员工薪酬管理工作。

（5）法律合规部职责。对模拟股权考核分配管理的依法合规性进行监督和指导。

（6）审计部职责。负责组织项目节点、年度及最终效益审计认定；牵头界定划分项目盈亏的主客观因素分析（重点亏损责任的划分）；提供内部审计报告为奖罚兑现提供可靠的依据。

（7）纪委综合室职责。负责对项目设立、实施、竣工的全过程的监督工作；负责防范项目违法违纪行为，发现问题及时纠正、问责。

（8）其他相关部门职责。其他部门从部门职责入手，帮助、推动、服务工程项目解决现场问题；对工程项目实施过程进行指导、监督、检查。

（二）工程项目模拟股权考核分配体系设计与实施的部署要求

工程项目日常生产经营管理对项目的收入和利润的影响是方方面面的，员工的价值贡献在项目生产经营管理中的影响也是多方位的，有些影响是直接的，有些影响是潜在的。从项目效益的成因分析，员工的价值贡献最终体现在项目的日常施工进度、日常安全质量、日常成本管控以及项目最后的盈亏，是一项综合性生产经营管理过程。为了充分调动员工积极性，发挥员工在项目生产经营管理中的作用，工程项目模拟股权考核分配体系设计主要从以下七大关键核心进行设计。

1. 设计与实施的条件

由于工程项目施工规模不同、施工工期长短不一、施工过程复杂和难易程度不一致，对推行实施工程项目模拟股权存在条件上的不同，会存在难易度的差异。原则上各类工程项目是均可以推行模拟股权的，但结合公司管理水平和工程项目特点，可以从易到难逐步进行选择。

（1）优先实施的项目。项目施工周期 3 年以内，合同额 5 亿元以内，无较大的急、难、险、重工程，施工难度较为适中。此类项目较多，属于公司的常规项目，项目工期、合同金额适中，与人员更替、晋升的周期相适应，符合公司的正常管理水平，占公司的较大份额，是采取模拟股权的主要对象。

（2）可选择实施项目。项目施工周期 3~5 年，合同金额大于 5 亿元，部分单项工程施工难度大，部分工期、节点要求高，存在部分不可控的客观因素。此类项目属于公司的重难点工程，对项目管理团队要求高，施工组织难度大，需要公司后台更多的支持和配合，在剥离部分影响项目实施的客观因素后，可以选择性地采取模拟股权的方式。

（3）分阶段实施项目。项目施工周期 5 年以上，高原高海拔施工，项目整体施工难度远高于常规。此类多属于企业战略类项目，突破常规工程类型，对企业人员、技术、资源的投入均具有挑战性，可对此类项目设置节点目标，将长工期划分为短工期，将项目整体考核转化为分部、分项考核。

2. 人员参股范围界定设计

项目模拟股权遵循利益共享、风险共担的原则，项目中标后，确认人员入股的范围。原则上项目核心管理人员必须全部参与入股。从人员类型上，项目模拟股权股东应包括参与项目管理的正式职工、市场化职工、劳务派遣职工等在内的全部人员；而见习生、实习生、外聘人员一般为项目临时人员，仅是短期在项目上进行学习或从事司机、厨师、保洁等服务型岗位，不参与项目实质管理工作，可不纳入参股范围。

3. 参股比例问题的设计

（1）项目股金缴纳范围。为统一项目管理思路，考虑实施模拟股权的公平、公正性，在同一项目仅采取一种考核分配模式，所以入股范围内的项目管理团队必须全员入股。

（2）项目股金限额。一方面考虑股金要有一定的分量，才能足够引起员工的重视程度，另一方面考虑兑现的额度一般为超额利润的 5%～10%，所以在设置参股金额时，最低缴纳总股金不得低于 200 万元，最高缴纳总股金不得超过 600 万元。员工个人的入股金额结合员工岗位职责，和员工家庭的承受能力设置在 2 万～40 万元之间。

（3）项目股金支付方式。考虑为员工提供更为便利的缴纳条件，更易调配资金进行入股，设置了分段缴纳的机制。股金缴纳最多可分两次到账，项目模拟股权合同签订后 30 日内到账不少于投股金额的 30%，剩余金额 3 个月内应全部到账。如 3 个月内尚未全部到账，则调整股金未到位人员岗位，调离实施模拟股权的项目。具体缴纳金额及比例如表 1 所示。

表 1   股金缴纳金额和比例分配

序号	职务	出资金额	占正职比例（%）	管理层占比（%）
1	项目正职	20 万～40 万元	100	15～20
2	项目副职	14 万～36 万元	70～90	20～25
3	部门负责人	8 万～24 万元	40～60	25～30
4	一般员工	2 万～12 万元	10～30	25～30

注：根据项目实际情况调整、增补。

4. 薪酬结构组成设计

（1）传统项目分配模式。未实施模拟股权的项目员工薪酬以"基本薪酬＋绩效薪酬＋特别奖励"构成，其中基本薪酬为员工日常基本收入来源，是员工的最低保障；绩效薪酬是根据工程项目年度整体综合考核（各项业务考核）结果计算得出，各员工根据职位不同按比例取得薪酬；特别奖励是公司对部分员工作出的突出贡献的奖励，往往不确定性较高。一般情况基本薪酬占总薪酬的 40%～50%，绩效薪酬和特殊贡献占总薪酬的 50%～60%，由于薪酬结构的相对固定，项目经济效益对薪酬的影响值有限，项目对超额利润的追求劲头不足。

（2）模拟股权项目分配模式。模拟股权项目采取以基本薪酬＋模拟股权分红为主，绩效薪酬、特别奖励为辅的收入分配原则。其与传统分配模式的主要区别就是大大提高了模拟股权分红的收入占比，基本薪酬的构成基本一致，但其他薪酬的占比理论上可达传统的 2～5 倍，主要来源就是项目实现的超额利润分成。员工根据出资比例共享项目收益、共担项目风险，实现工程项目效益与个人利益挂钩，实现项目效益最大化，员工利益最大化，充分提高、带动项目管理团队的工作积极性和责任感。

5. 分红与补亏的设计

（1）分红的设计。当项目完成公司下达的利润目标，实现了超出既定目标的超额利润，根据工程项目超额利润的多少不同，工程项目超额利润在公司与项目之间实行阶梯分成、分段超额累进计算，对不同额度超额利润确定员工与公司的分成比例。超额利润绝对值相对较低时，员工多分公司少分，鼓励员工体现个人价值；超额利润绝对值相对较高时，公司分配比例提高，提高公司的获利金额，但由于项目员工人员数量有限，虽然分配比例降低了，但员工个人的收入绝对值仍然远高于超额利润绝对值较低时分配到的收入。

为了鼓励项目层面多缴纳股金，增加项目管理团队的责任意识和压力传递程度，实现更高的项目效益和职工利益，设置项目正职股金缴纳上下限，阶梯分成、分段超额分红随之上下浮动。当项目正职按照 20 万元缴纳时，项目整体股权利润阶梯分成按表 2 中最低分成比例执行，正职股金缴纳金额每增加 1 万，股权收益分成对应的阶梯增加 0.5%（即正职缴纳 40 万元时，比例分成执行最高分成比例）。模拟股权超额利润的分红方案可根据项目实际情况调整，应与总股金缴纳方案相匹配。

表 2　　　　　　　　　　　阶梯分成、分段超额累计比例

超额利润额度（万元）	公司与项目部最低分成比例	公司与项目部最高分成比例
超额利润额度 < 100	2∶8	1∶9
100 ≤ 超额利润额度 < 300	4∶6	3∶7
300 ≤ 超额利润额度 < 500	5∶5	4∶6
500 ≤ 超额利润额度 < 800	6∶4	5∶5
800 ≤ 超额利润额度 < 1 000	6.5∶3.5	5.5∶4.5
1 000 ≤ 超额利润额度 < 2 000	7∶3	6∶4
超额利润额度 ≥ 2 000 以上	8∶2	7∶3

为了排除项目利润目标确定后，在项目实施过程中出现的不确定因素，综合考虑公司项目之间、公司上下级之间的薪酬差异，将项目班子正职在项目全周期内年度工资总额设定为不高于 600 万元，且年度不超过 150 万元，其他管理人员根据持股同比例调整。

（2）补亏的设计。为将项目经济效益切实与每位员工挂钩，形成收益共享、风险共担的机制，项目分配需要增加部分补亏的机制，当项目未完成公司下达的目标利润目标时，项目不予进行股权分红，考虑职工个人收入状况和经济承受能力，项目亏损部分（剔除不可抗力因素），由项目全体股东按亏损额的 3%～10% 进行同比例赔偿。项目班子正职作为主要领导者，应该承担主要责任，须承担最高为出资额的 2～3 倍的赔偿；项目班子副职和部门负责人，是项目的管理骨干成员，需承担最高为出资额的 1～2 倍的赔偿；项目其他项目员工，考虑其经济承受能力，需承担最高为出资额的赔偿。

6. 兑现节点设计

模拟股权分红兑现实行节点或年度考核，每年至少一次提倡两次，具体"一项目一方案"在模拟股权合同中明确。为了加强项目过程管控能力提升、提高项目管理团队的过程积极性、缓解模拟股权管理团队的经济压力，项目股金分红按照"3、3、3、1"模式兑现。

第一阶段：项目完成施工产值达 50% 及以上，实现超额利润，按照项目应分配超额利润总的 30% 进行兑现。此时，项目进度已过半，项目运行的成效已初步显现，适时地予以激励，有利于调动项目员工的工作积极性。

第二阶段：工程主体完工，实现超额利润，按照项目应分配超额利润总的 60% 进行二次兑现。此时，项目主要施工内容已完毕，项目最终成本状况已基本上可以预期，此时完成兑现 60%，公司对项目结果基本可控。

第三阶段：工程竣工、对外债权债务确认完毕、与业主清算完毕并取得清算资料、完成档案（包括业主和公司相关职能部门）移交，实现超额利润的，按照项目应分配超额利润总额的 90% 进行三次兑现（无审计的按 100% 兑现）。此时，项目收入、成本均已锁定，项目管理团队的现场工作基本完毕，理应拿到绝大多数兑现。

第四阶段：项目末期审计结束，兑现项目应分配超额利润总额的剩余部分。此时，项目管理成果已最终确定，工程尾款随合同逐步履约，项目兑现完成，项目管理团队解散。

7. 考核结果的应用设计

工程项目模拟股权考核分配体系有效地改变了公司传统的考核方式，对所属各工程项目全员起到激励作用，建立了有效的激励和约束机制，进一步规范了考核评价工作机制。项目实现了超额完成预期利润目标，是对降本增效、管理提升的最好诠释。通过项目锻炼了队伍，可从中选拔杰出代表纳入公司优秀人才储备库，在日后提拔任用中优先考虑；对在项目管理中作出突出贡献的人员，公司应给予评优、评先和奖励倾斜；公司针对项目运行过程，进行全面的复盘和总结，研究更佳的对策，作为此类项目管理经验。

（三）在设计与实施实践过程中遇到的主要问题和解决方法

1. 项目利润目标确定难

公司与项目之间就利润目标的确定很难达成一致，项目团队不认可公司确定的利润目标，认为公司设定的目标无法实现，公司若进行强推将导致项目员工失去信心，破罐破摔，造成项目经济效益的更多流失。

解决措施：一是招标实施。项目实施团队自主进行项目利润测算，向公司报价执行，公司与项目团队友好协商，公司承包给价格高者。二是合理报价。公司追求的是合理利润，应维持公司的获利的基本盘，同时鼓励员工创效，追求更高收益，结合公司平均利润状况，适度让利给员工。如本项目预计利润率约8%，公司平均项目利润率5%，公司按照基本盘5%对项目设定目标，能够满足公司基本利润的需求；项目最终实现利润率18%，扣除分红后，公司实际获得的利润率为13%，大大超出预期。

2. 项目团队组建难

项目管理成败主要取决于管理团队的选择，由于建筑施工企业的快速发展，造成优秀人员紧缺，项目团队组建成为一大难题。管理团队组建程序不科学，思路不开阔，未打破常规思维组建项目管理团队，项目领导正职、领导班子的确认均由公司会议研究后决定，缺乏竞争意识，有时在实施项目模拟股权过程中存在主观拒绝想法，易造成项目责任的推诿扯皮，阻碍模拟股权推行的力度。

解决措施：项目核心管理团队的确认，采取双向选择的方式，一是项目领导班子正职，实行公开竞聘上岗，有意愿参选的人员均可竞争上岗，经公司决策会议，从候选人中研究确定人选。二是项目其他领导班子，由公司人力资源部举荐候选人，同时项目领导班子正职有权推荐能够胜任的人员，公司充分听取项目领导班子正职意见后，经公司决策会研究确定项目其他领导班子成员。三是项目各业务部门负责人。从公司人力资源库中选择符合条件的人员，项目领导班子正职具有选择权。四是项目一般人员。一般人员配置数量由项目领导班子确定，原则上应控制在项目定编之内，根据项目班子正职建议可以减少人员配置数量。一般人员由公司根据公司人员状况配备，项目领导班子可对不满意人员的提出调整申请，公司同意后可予以调换。

3. 项目成本要素配置难

项目成本的主要构成是人工成本、物料成本、机器设备，项目组织实施的主体责任在于项目现场，目前干涉项目现场管理的其他因素过多，往往项目团队不能自主支配、管理项目各项管理资源，造成了项目成本的增加，给项目带来更多不确定性。

解决措施：对项目管理层适度放权，让项目管理团队自主选择相应的合作单位，鼓励项目团队发挥自己的智慧和对外谈判能力，充分发挥自己的主观能动性，想方设法降低成本、扩大收入，提高项目效益。如劳务队伍选择，凡是在公司准入清单内的单位均可由项目团队优先选择；未在准入清单内的队伍，公司给予该队伍准入评审机会，按照公司准入标准，履行准入评审程序，评审合规后可正常使用。

4. 人员变动股权调整难

由于工程项目实施周期较长，虽有原则上不调整的规定，但执行过程中，往往会出现各类特殊因素调整的情况，由于人员的调入、调出，难免会打破项目原有的平衡关系。

解决措施：明确人员调整机制，一是项目开累完成施工产值比例30%或施工三个月及以内、员工放弃股份份额，领导小组审批，无息退还全部股金。该员工不再享有该项目超额利润分配的权利，不承担项目亏损赔偿的义务。二是项目开累完成施工产值比例30%或三个月以上、95%（含95%）以下，经本人申请、领导小组审批，按照剩余施工产值比例，无息退还相应比例股金。该员工按所持股份份额，享有超额利润分配的权利，承担项目亏损赔偿的义务。三是项目开累完成施工产值比例在95%以上的，股金不予返还。该员工与本项目其他员工同等享有超额利润分配的权利，承担项目亏损赔偿的义务。四是项目正职在施工产值比例30%以上调出本项目，必须经公司审计部门对任期经济责任予以认定后方可退出。

5. 分红兑现难度大

由于工程项目施工周期长，项目最终结算收入不确定性高，公司对考核管理的人员配置不足，难以保障及时、准确地进行利润的责任认定，造成工程项目兑现的严重滞后，项目员工迟迟无法拿到应有的劳动报酬，对项目员工的工作积极性是一种较大的挫伤。

解决措施：根据设置的"3、3、3、1"兑现分配节点，当项目满足兑现节点条件要求时，由项目部准备好兑现认定的基础资料，向公司提报兑现申请，自申报之日起三个月内，公司未能给予考核认定结果的，项目部可按申请的金额的50%发放分红奖励。公司将此要求列入考核制度，通过制度约束，由项目倒逼公司加快项目考核认定节奏，提高项目兑现及时性。

6. 过程监督保障机制建立难

项目部各部门之间存在成本情况不透明的情况，可能会出现成本确认不及时或成本超支现象，在项目经济效益认定的过程中，易出现弄虚作假的行为，导致项目前期盈利，后期亏损的状况发生。

解决措施：采取外部、内部监督相结合的方式，加大项目监管力量。一是公司层面针对工程项目加大日常管控力度，发挥各业务系统的监督管理作用；畅通项目员工的举报机制，联合审计、纪委对项目成本弄虚作假的行为，严肃处置；二是可发动项目员工做好内部监督，要求项目部每季度召开一次项目股东会（即项目经济活动分析会），由项目员工直接参与项目经济运营成果的分析过程中，对项目经济运营成果公开、透明。

四、取得成效

（一）项目效益普遍提升

近年来公司陆续推行模拟股权考核模式项目8个，通过已竣工项目对比分析，模拟股权项目全部实现了高额的超额利润，均达到了公司综合管理的目的，均实现了公司预期的利润目标，为企业发展积攒了更多的财富。实行模拟股权的项目超额利润率普遍高于非模拟股权项目。通过工程项目模拟股权考核分配体系公司层管控能力不断增强，工程项目层管理水平不断提升。有效地强化了公司在快速发展进展中，更加注重工程项目成本管控能力的信心，工程项目降本增效作用增强，公司整体的经营管理水平、利润上不断提升。

（二）员工收入明显提高，主观能动性明显增强

执行模拟股权的项目，员工工作的积极性得到了提升，职工价值贡献得到明显激励和发挥，员工参与项目管理积极性得到了明显提高，全员管理、全员建言献策、全员安全等意识明显提高。"项目的效益就是自己的利益"的观念越来越强。在项目生产经营管理中职工的主人翁意识进一步加强，管理创新意识也得到有效刺激，同时对项目降本增效的自我控制意识和监督意识也得到了提高，全员树立了"保安全质量、促进度、降成本、增效益"意识。项目管理团队具有更强劲的战斗力和凝聚力，提升了项目盈利能力的同时，员工自身的收入也获得了大幅的提高，实现了企业与职工的双赢。

（三）劳动生产效率明显提高

通过模拟股权，全员参与的方式方法，公司所属项目各项指标逐年向好，履约创效能力显著提升，降本增效意识不断增强，安全质量问题不断减少，品牌影响力不断提升，综合能力逐步加强，现场管控能力的提升也进一步提高了项目的人均产值，劳动生产效率明显提高。通过工程项目模拟股权考核分配体系的设计和实施，项目人员数量明显减少，现场经费大幅降低；员工对现场成本的管控力度加强，成本节约的意识提高，二次经营收入创效等各方面积极性、主动性也有所提升，工作的效率明显得到提高。

（四）工程项目模拟股权考核分配体系设计与实施前后的对比

表 3 选取了同类型、同期间的实行模拟股权和未实行模拟股权的项目，从人员数量、人均产值、超额利润、项目分红、年人均收入等几个指标方面进行了对比。

表 3 工程项目对比分析

序号	项目名称	项目类型	人员数量（人）	人均产值（万元）	超额利润（万元）	项目分红（万元）	年人均收入（万元）	备注
1	长春×快速路	市政	23	826.09	2 538.62	1 015.45	29.71	模拟股权
2	平邑×道路	市政	17	276.17	257.73	103.09	21.58	模拟股权
3	济宁×高速	公路	19	729.89	470.54	308.5	28.21	模拟股权
4	临沂×道路	市政	26	228.07	−215	0	15.13	非模拟股权
5	邯郸×高速	公路	25	603.4	−902	0	16.15	非模拟股权
6	张家口×高速	公路	20	291.16	−394	0	14.17	非模拟股权

从表 3 对比分析可以看出，工程项目模拟股权考核分配的设计与实施，是一种管理创新，不但能降低项目人员数量，增加了人均产值和劳动生产率，还能实现大额的超额利润，更能增加员工的人均收入，提升业主、企业和员工满意度，项目利润达到最大化的新模式。

五、工程项目模拟股权考核分配体系设计与实施经验总结

（一）工程项目模拟股权考核分配体系的优缺点

1. 优点

施行模拟股权的项目，与未施行模拟股权的项目对比，优点明显，员工把项目管理工作真正地当成自己的事情，把"要我干"变成了"我要干"，积极性、主动性得到了充分的发挥，项目管理团队的进取心、战斗力、凝聚力和主人翁意识也越来越强，对现场的管控水平明显提升，工程项目效益和综合管理水平得以持续提升。项目劳动生产率大幅提高，企业效益得到了充分的保障甚至远远超过了预期，员工的利益也得到了保障，实现了企业员工的双丰收。

2. 缺点

一是适用范围受限：不是所有的项目都适合推行模拟股权模式，部分项目受限于各种因素，推动难度较高，如无图纸边设计边施工项目、项目预期效益难以确定的项目等。二是推行矛盾点多：公司与项目之间就基础利润目标很难达成一致、公司与项

目管理团队构建选择权存在分歧、公司与项目层面关于成本要素管理决策权力的冲突等，需要公司有相对完善的配套政策支持。

（二）工程项目模拟股权考核分配体系成功应用的关键因素

实施模拟股权成功的关键就在于设计的七大关键核心要素和实施过程的六大痛点，把握住了这十三个方面，模拟股权就成功了一大半，再加上相关的文件制度措施落实到位，项目能够成功，都能实现超额的利润。公司与项目管理团队之间充分互信，目标一致，相互支持，项目要完成利润目标，公司要及时兑现承诺。公司既要对项目充分授权，又要把握核心关键要素；公司既要完善配套制度支持，又要让项目敢于突破传统界限；公司既要给予项目权力，又要全过程监督，以防权力被滥用。

（中铁十局集团有限公司　孙晓峰　代月森　李兴金　王增一　张　驰）

中铁隧道集团一处有限公司总部部门绩效管理体系建设

【摘要】 施工企业一般采用职能型组织模式，总部部门负责合同承揽，资源分配，内部审批，为工程项目部提供服务、指导、协调、监督、考核等职能，是企业的管理后台。工程项目部负责具体施工项目的生产履约，服从部门管理，是企业管理的前端。随着企业规模的不断扩大和管理能力的提升，总部部门在企业管理中的作用凸显，部门既是企业生产决策的大脑，也是驱动企业不断发展进步的引擎。将《管理会计应用指引第 600 号——绩效管理》的理论及相关管理工具应用于企业实践，通过对总部部门绩效管理的创新研究，实现绩效管理体系的客观、公开、公平、透明、可量化，有利于调动部门的积极性、主动性和创造力，营造主动工作、比学赶超的良性竞争氛围，实现部门工作目标与企业战略的有机统一，助推企业实现高质量发展。

一、背景描述

（一）单位基本情况

中铁隧道集团一处有限公司（以下简称"中铁隧道局一处"）成立于 2008 年 3 月，前身为铁道部隧道工程局第一工程处，公司注册资本金 3 亿元，现有员工约 1 800 人，公司坚持以隧道与地下工程为主业，以隧道施工机械化配套技术为核心，致力打造隧道和地下工程领域第一品牌。

中铁隧道局一处依据绩效管理理论，在确定公司总部部门绩效量化考核管理优化思路和框架的基础上，成立绩效管理优化推进组织机构，明确各项推进职能，针对绩效量化考核管理优化面临的难点，从构建业绩定量考核指标体系、建立科学合理的考核程序、优化绩效验证评价机制、完善验证方法和内容、优化绩效沟通反馈机制推动持续改善等方面着手改进，使绩效管理方法更加系统、更加科学、更加规范、更加注重过程、更加量化公正，从"不失时、不失衡、不失真、不失效"四个方面充分保障绩效管理工作的有序推进和绩效管理效果的充分发挥，为实现企业各项年度目标和战略发展规划奠定基础。

（二）适应行业发展变革，激发企业创新创效活力的需要

随着市场竞争加剧，建筑行业已进入微利时代，施工企业作为建筑行业的下游企

业感受深刻，迫切需要通过管理创新创效实现企业低成本运行和持续健康发展。企业总部是企业的管理核心，总部部门是企业的管理中枢，企业管理创新创效离不开总部部门的理念引领和工作推进。中铁隧道局一处作为传统国有企业在管理创新创效方面与先进企业相比还存在短板与不足，突出表现为总部部门工作开展习惯于按部就班、管理创新创效意识不足、管理思路和方法需要快速跟上行业变化需要等问题。如何建立有效的绩效考核管理体系和激励机制激发企业内部活力，调动总部部门管理创新创效积极性，通过管理改进强化总部部门高效服务意识、风险防控水平和降本增效能力，是企业发展面临的新课题。

（三）优化总部考评，由定性评价转变为定量考核的需要

过往对于总部部门的考核评价，多采用下级单位和上级领导共同评分的方式，评价指标以优、良、中、差定性评分为主，评分的主观性较强。同时，下级单位对总部部门的评分都相对"友好"，存在人情分的情况，不能真实反映各部门业绩差距；且下级单位对公司资源管理部门接触较多、相对熟悉、对行政和后勤等部门缺乏足够了解，同样公司领导也存在对分管部门较为熟悉、对其他部门业绩掌握较少的情况，在考评时难免受到过往印象和远近亲疏等因素影响。因此科学优化总部部门考评机制，由结果定性评价转变为业绩定量考核，减少人为主观因素影响，提高考核的公平性和公正性，是十分有必要的。

（四）针对总部部门不同职能，建立定量考核体系的需要

企业总部部门较多，有生产要素部门、监督部门、行政部门、政工部门、后勤服务部门等，部门业务差异性很大。总部部门考核就相当于将"长跑""游泳""滑雪"等不同类型的项目放到一起评比，考核难度很大。如何建立科学合理又行之有效的业绩定量考核体系，需要进行深入研究。

二、总体设计

（一）总部绩效管理目标

施工企业部门业务差异性很大，对企业的贡献度难以准确量化，为充分发挥总部系统管理的职能作用，通过绩效考核调动总部各单位的工作积极性、主动性和创新性，提高管理和服务水平，督导总部各单位改进工作作风，提升管理绩效，保障公司管理目标刚性落实和持续健康发展，在改进完善总部绩效考核体系时应以客观、公正、激励为原则，科学设置考核体系，使总部各单位考核指标与公司管理目标密切关联，全面覆盖各项日常工作，通过绩效考核的激励约束作用，督导总部各单位努力完成公司下达的各项目标指标，确保总部各部门绩效考核结果与公司管理成效保持一致。

（二）考核方式优化

在考核方式方面，要彻底转变过往由上下级管理人员对定性评价指标基于个人感受进行主观考核评分的方式，避免人为定性评价的"人情分"或"好人主义"等不利因素造成考核结果有失公允或大家都好的情况，要建立更加完善科学合理的定量考核体系，采取以定量考核指标为主，用切实完成的工作指标数据，客观真实反映各部门的管理绩效，确保总部各部门绩效考核结果的公平公正。

（三）考核内容优化

在考核内容方面，要充分激励总部各部门履行好不同的管理职能，提高总部各部门"计划任务"完成质量、"高效服务"工作意识、"风险防控"管理能力和"降本增效"创新贡献，督导总部各部门实现管理业绩的全面提升。

（四）考核运用优化

在考核结果运用方面，要建立总部各部门薪酬与绩效考核结果挂钩的绩效薪酬评定机制，通过刚性执行总部绩效考核拉开不同管理绩效部门的薪酬水平，切实发挥绩效考核的激励约束作用，将绩效考核结果运用到实处，通过绩效考核薪酬奖惩机制进一步督导总部各部门提高工作质量，保障公司各项管理目标的实现。

（五）机制方法优化

通过不断完善绩效管理的激励机制、优化绩效管理的过程管控，实现全员改善和持续改善。根据"事前制定标准、事中跟踪效果、事后兑现奖罚"的总体要求，在考核工作机制、方法和手段上明确具体工作原则，以定量考核从机制建设层面保障总部部门绩效管理"不失时、不失衡、不失真、不失效"，最终实现"静者考其守、动者考其行、有言考其用、有事考其功"的全面评价目标。

（六）考核保障优化

在考核推进方面，由企业"一把手"主抓推进，绩效考核要有鲜明的导向性、突出关键环节、推动改革创新，出发点是实现企业最大利益，体现"一把手"管理举措。考核涉及利益纠葛，考核体系的公平性、考核指标设置的合理性、评分标准的科学性很容易受到质疑，很难让各方都满意。因此，要用"一把手"的思路来统领全过程，要靠"一把手"的意志来消除争议。要做到这一点，"一把手"对考核体系及考核指标的设置要完全理解并高度认同，考核过程要重点参与，"一把手"对考核中出现的分歧和争议要有明确的主张，"一把手"若态度不坚决，考核不但容易流于形式，而且容易造成内部不和谐。

（七）考核优化的工作要求

总部部门业绩定量考核优化坚持"四个结合"的工作要求。

1. 与提质增效管理改进的有效结合

突出企业的提质增效管理目标，与提质增效的思想和理念有效融合。提质增效管理改进并不是要另起炉灶，而是在立足现状的基础上不断挖潜，提高价值，因此，企业推进绩效管理优化也并非推翻和颠覆原有的绩效管理，而是优化完善绩效管理的做法和手段，营造全员持续改善的文化氛围，激发企业持续提升的内生动力。

2. 与目标管理的有效结合，突出企业的动态化管理

绩效管理体系优化的目的是作为一种管理手段帮助企业达成阶段性目标，从而最终实现企业的战略目标。因此，在推进过程中，注重绩效与企业目标的有效结合，应建立完善的目标分解机制和绩效指标量化机制，通过量化考核保障目标的有效实现。

3. 与过程管理的有效结合

从绩效考核向绩效管理转变，强化对工作推进过程中的重点、热点问题的挖潜和捕捉，对过程难点问题进行跟踪、分析，通过过程量化评价，保障过程管理可控。

4. 与持续改善的有效结合

通过优化激励机制，在总部开展持续改善，不断发现问题、解决问题，评价总部部门业绩并不是最终目的，而是为了以总部部门工作绩效的不断提升来促进企业整体绩效的提升。

三、应用过程

根据《管理会计应用指引第 600 号——绩效管理》，结合施工企业管理实际及总部部门绩效管理的特点，以问题为导向，解决管理中的难点与痛点。以关键绩效指标法为主体，结合经济增加值法、平衡计分卡、绩效棱柱模型等管理工具和理论，制定公平、客观、可量化的绩效管理体系，实现绩效管理的持续创新，不断提升总部部门的后台管理能力。

（一）明确绩效管理的原则

为保障绩效管理体系建设有序推进，运行保持良性状态，实现既定的管理目标，必须遵守以下必要的原则。

1. 战略引领原则

绩效管理要实现部门管理目标与企业的管理战略的有机统一，通过战略目标分解，与部门工作目标相结合，形成部门合力，可以保障企业战略的实现。因此，绩效

指标的设置要突出效益优先，针对部门间的管理冲突和利益偏离，应围绕企业战略进行协调与平衡，通过指标分解与分值、权重的合理设置，实现目标的统一。

2. 客观公正原则

绩效指标的设定应该遵循客观、公平、可量化原则，尽量避免主观评价，部门间指标的分值设置、实现难易程度应做到均衡。在考核环节，绩效指标的收集要做到实事求是，保证相关数据真实准确。对考核结果的应用，应做到公平公正，奖罚适当。

3. 规范统一原则

绩效管理应制定规范的程序和流程，并严格执行，通过程序合规、完善，保证绩效管理的结果客观公正。绩效制度设置应保持统一、明确，各考核对象应纳入统一的考核体系，指标设置、考核程序、考核兑现等应保持各部门的一致和各时期的延续性。

4. 科学有效原则

绩效管理既要结合最新的管理理论研究和成功实践，又要注重与企业的管理实际相结合，在保证实现管理目标的前提下，尽量做到简单易行。制度设计和成果应用要做到激励与约束并重，过程管理与考核兑现相结合，通过目标分解、过程干预、刚性兑现，实现管理目标的最终实现。

5. 持续改进原则

绩效管理是实践科学，需要在实践中不断地改进和完善。在实际工作中，既要保持绩效指标的延续性，又要结合企业实际和理论创新不断更新调整。因此，不能追求一步到位和完美主义，要先让系统运行起来，基于企业的管理实际，建立绩效管理的制度框架和指标模块，在试点运行的基础上不断持续提高。

（二）成立总部部门业绩定量考核管理优化工作推进机构

为高质快速推进总部部门业绩定量考核优化工作，成立考核领导小组，党政"一把手"党委书记、总经理任组长，副组长为总会计师，组员为副总经理、总工程师、总经济师、纪委书记、工会主席。考核领导小组负责批准考核办法，听取各部门的年度指标完成情况和述职报告，批准年度绩效考核结果。

为开展好总部部门业绩定量考核优化日常推进工作，成立考核工作小组，组长为总会计师，组员为企管部、纪委、审计部、公司办、党工部、人力部，下设考核管理办公室和考核监督办公室，并明确各成员职责。

（1）总会计师负责主持召开考核工作小组会议，审议和制定总部绩效考核指标，审核考核指标的完成和得分情况。

（2）考核管理办公室设在企管部，负责制定和完善考核办法，组织召开考核工作小组会议，收集汇总各项考核信息，做好考核各项日常工作的推进。

（3）考核监督办公室设在纪委，负责对绩效考核的开展过程进行再监督，收集反馈基层各单位和自身掌握的考核信息。

（4）审计部负责提供审计过程中发现的总部各部门存在的管理问题，并提出考核建议。

（5）公司办负责统计线上管理流程审批的时效性，收集外部单位发出的各项投诉信息，考核反馈总部各部门行政工作督察督办情况。

（6）党工部负责考核反馈总部各部门党委工作督察督办情况。

（7）人力部负责考核结果的运用和兑现。

（三）优化构建总部部门业绩定量考核指标体系

绩效指标体系的建立是绩效管理的核心，是保证绩效管理客观公平的基础，是绩效计划、考核报告、绩效评价等工作的主要内容。绩效指标的制定应根据最新的管理理论，遵循绩效管理原则，灵活应用各类管理工具，结合企业战略目标分解和各部门的职责分工等制定，并根据运行情况定期评价，不断改进提高。

考虑施工企业部门设置细，专业差异大，职责分工和贡献度可比性差，绩效难以量化等特点，应建立统一模块和差异化分值相结合的指标体系，在对部门进行分类的基础上，明确各模块设置和分值的权重设置。

1. 构建"A + B"考核指标体系

总部部门业绩管理优化运用"A + B"的绩效目标与考评模式，推动企业整体目标的落实。其中 A 项考核目标为基础工作部分，由企业的基本目标分解至各个部门，通常为部门的基本工作职能，由部门具体实施和完成，通过达成定量目标和避免违规事项发生的方式进行行业绩考评，是总部部门必须完成的基础性工作，考核得分权重为 90 分。B 项考核目标为管理提升部分，是企业的关键绩效目标和本阶段的重点工作，经分解确定为部门关键目标，也可以是跨部门合作完成的具体事项，突出企业短期重点、难点、热点问题的解决和关键绩效的实现，根据完成情况进行加分或扣分。

2. 结合部门职责划分主考核模块、确定基础工作考核指标

企业总部部门在职责定位上各有侧重，在基础工作考核指标设定过程中，按照突出重点、差异化设置的方法，将基础工作考核指标分为"计划任务""降本增效""高效服务"和"风险防控"四个模块，形成"四位一体"的考核体系。

根据职能分工的不同，总部部门大致可以分为要素部门、服务部门和监督部门三类见图 1（a）。要素部门负责业务承揽、生产履约、设备物资、商务、财务、人力等方面的管理，发挥运营与管理支持、资源分配、管理指令下达等职能，居于管理核心地位，主要围绕企业价值创造开展工作。服务部门主要负责总部及项目层面的各种服务的提供与管理支持，内外部的关系维护，处理各种事务性工作，主要包括办公室、社会事业中心、党、群、团组织，宣传部门等。监督部门对项目及企业总部部门进行

监督管理，包括安质部门、审计部门、纪委监督部门、法规部门等，主要负责企业合规与风险管理。

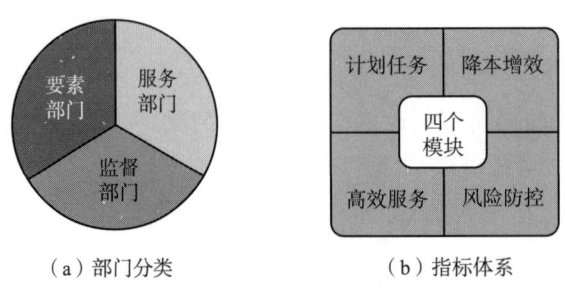

（a）部门分类　　　　　　　　　（b）指标体系

图 1　主考核模块

根据部门的分类，将绩效指标体系分为四个模块，分别为：计划任务、降本增效、高效服务、风险防控见图 1（b）。计划任务模块作为统一模块，各部门的分值相同。作为总部部门，均有降本增效、高效服务、风险防控的职能，但各部门工作各有侧重，对应部门分类，设置不同的分值，如要素部门主要负责业务运营和管理支持，降本增效的分值应高于 50% 的权重，其他模块分别设置较低的分值。

"计划任务"模块为各部门在公司年度计划分解中应完成的基础性工作，以及公司安排和领导交办的年度重点任务。

"降本增效"模块主要突出经济效益，考核对象主要为市场营销、成本控制、财务管理和资源提供相关部门，评价各部门在公司经济效益相关分解指标中作出的工作成效。

"高效服务"模块主要突出公司层面管理体系运行效果和对基础单位的服务质量，考核对象主要为公司行政、党群和后勤保障部门。

"风险防控"模块主要突出对公司风险管控、事故事件和违规违纪事项的防控情况，考核对象主要为安全质量管控、法律合规、纪委、审计等部门。

总部各部门根据职能分工侧重，在"降本增效""高效服务"和"风险防控"中确定一项主考核模块，主考核模块考核得分权重为 50 分，余下两个考核模块考核得分权重各为 10 分，"计划任务"模块各部门考核得分权重均为 20 分，四个模块组成基础工作部分指标，合计 90 分。基础工作部分指标为各单位日常基础性工作，主要为公司规章制度执行和部门日常业务，完成即得相应分数，不设置加分，未完成按照评分标准扣分。

基础工作部分各部门主考核模块划分及考核得分权重划分情况如表 1 所示。

表 1 总部年度绩效考核基础工作部分指标体系表

序号	考核指标模块		主/辅责单位	被考核单位名称	权重
1	基础工作部分	计划任务	—	总部各单位	20 分
2		降本增效	主责单位	营销部、工程部、设备部、物资部、成本部、财务部、人力部、设备物资分公司、试验分公司、测量分公司	50 分
			辅责单位	主责单位以外的单位	10 分
3		高效服务	主责单位	公司办、党工部、综合事务管理中心、工会、企管部	50 分
			辅责单位	主责单位以外的单位	10 分
4		风险防控	主责单位	安质部、法规部、纪委、审计部	50 分
			辅责单位	主责单位以外的单位	10 分

3. 根据公司管理提升重点确定总部部门管理提升部分指标

"管理提升部分"为各部门共有的指标，是在基础性工作之上，体现管理改进创新、核心指标超额完成和获得国家级荣誉等情况，主要包括产值、新签、成本、利润等核心定量指标及企业层面重点工作落实情况、管理改进创新等指标，与公司的发展质量高度契合，需要各部门在管理上作出切实改进和创新才能实现，该部分指标的完成能够助力公司经营生产迈上更高的台阶，完成难度相对较大。考核时，根据实际效果进行评分，单项指标设得分上限，总分不设上限，是决定总部部门绩效排名的关键。

"管理提升部分"模块，根据部门职责分工，有的部门涉及较少，有的部门涉及较多，指标涉及较多的部门得高分概率大，但完不成指标的压力也大，得低分的概率也大；反之，指标涉及较少的部门得高分的概率小，但同时压力也小，得低分的概率也小，充分体现了风险与收益对等原则，解决了总部各部门因管理职责不同导致关键性的工作量不等，无法统一定量考核的问题。

4. 根据企业关键环节确定具体量化考核指标

绩效考核指标设置不能面面俱到，尤其是不能从各部门日常工作中摘抄几条便于量化、便于考核评分的内容作为考核指标，指标要突出关键环节，只有突出关键环节才能保证考核的导向性、才能发挥出绩效考核应有的作用。在制定具体考核指标时，从企业当前发展亟须解决的问题、需要做的业务和提质增效要求中选取关键环节，对建筑施工企业来说，新签合同额、施工产值、成本指标、盈利指标、设备物资消耗指标等就是关键环节，在考核体系中要居决定性地位。对于关键环节能够定量评价的必须定量考核，不能完全定量评价的可以采用定量与定性相结合的考核方式，坚决不能回避和放弃对关键环节的考核。

关键环节要从企业层面着眼，站在企业整体利益的立场选取指标，并按照职责分工落实到相应部门，涉及多个部门的要根据责任大小设置不同的权重。企业在不同时期面临的问题不同，工作的重点也不同，因此关键环节是动态的，考核指标也要相应调整。抓住了关键环节，企业整体发展就有保障，考核才能真正落地。突出关键环节就要破除部门之间的利益壁垒，不能摊薄责任、利益均沾，与生产经营密切关联的部门付出更多，也更容易脱颖而出。服务保障部门要有格局，深刻认识到生产经营关联部门的业绩越好，企业发展才能越好，部门的整体利益才能有保障。

（四）优化完善科学合理的考核程序

1. 绩效考核指标制定发布

基础工作部分指标。由各部门制定基础工作部分四个模块的各项考核指标和评分标准，编制"总部年度绩效考核基础工作部分指标表"，提交分管领导确认后，报考核管理办公室汇总，经考核工作小组审议后发布。

管理提升部分指标。由考核工作小组制定发布，根据公司层面管理提升重点事项设置考核指标及评分标准，编制"总部年度绩效考核管理提升部分指标表"，作为各部门共用的评价指标。

2. 过程绩效考核监督

为掌握总部部门各项指标的完成情况，建立季度考评机制。总部各部门在季度末向考核管理办公室反馈各项指标完成情况，重点反馈管理提升部分指标完成情况，并附上工作完成证明材料，经审查汇总后向公司领导汇报，并在公司信息系统公布季度考评情况，督导各部门认真开展各项工作。

为进一步加强对总部部门的考核监督，强化总部部门服务意识和质量，建立基层单位考核信息反馈渠道。公司各基层单位可以随时向考核监督部办公室反馈总部各部门不作为、慢作为等情况，考核监督部办公室对反馈信息进行核实和考核，并及时将处理情况反馈至信息来源的单位或个人。基层单位反馈的信息涉及总部各部门已有考核指标的，将对相应考核指标进行扣分；反馈的信息无对应考核指标的，由考核工作小组商议形成考核扣分建议，提交考核领导小组审批。

3. 年度绩效考核评价

年底，各部门对照各项指标开展自评，并附上相关指标完成情况说明，编制绩效考核述职报告，经分管领导审核后反馈至考核管理办公室。考核监督办公室对考核过程开展监督，并提供基层单位反馈的考核信息。考核管理办公室组织召开考核工作小组会议审议各单位考核结果，在审议本单位考核结果时，考核工作小组对应组员须回避。考核工作小组形成年度考核结果建议后，报公司考核领导小组审批。

4. 年度述职及绩效考核结果发布和兑现

公司考核领导小组召开总部年度绩效考核考评会议，由各部门向考核领导小组汇报各项指标自评分情况，进行年度述职汇报。公司考核领导小组结合各单位述职情况，对考核结果建议进行调整和核定，批准后发布绩效考核文件。

部门员工绩效薪酬与考核相关联，根据考核得分情况分为 A、B、C 三个等级，对 A 等的部门员工结合工作质量和效果开展正向激励，对 C 等的员工开展负向激励。在考核兑现时根据考核得分和评价等级确定奖罚标准，具体考核兑现金额在考核文件中明确。通过总部绩效考核的激励约束作用，拉开了不同绩效总部部门员工的收入水平，通过绩效考核的目标导向作用，引导各部门不断改进创新、提升管理能力、实现提质增效。

（五）优化绩效验证评价机制，完善验证方法和内容

为解决总部各职能部门在绩效考核管理过程中存在的理解不一致，绩效主观判断、绩效尺度不统一等问题，对绩效验证评价机制进行了优化，对现有的考核指标验证途径、验证方法、评价方法、考核标准进行系统整合，保障绩效评价公正、客观，确保绩效管理的有效实施，充分发挥绩效管理的激励效果。

1. 确定绩效验证方法

绩效目标尽量采用定量目标，不能完全定量的目标，采用定量与定性相结合的方式。定量目标通过对目标结果采取数据校验的方式进行绩效验证；定量与定性相结合的目标，在数据校验的基础上，结合目标实施计划、工作过程及效果进行综合评价，采取评审、资料查阅、系统验证、监督验证等方法进行验证。评审形式包括季度考评会议审议、考核工作小组会议审议、考核领导小组会议审议、年审述职会审议等方式。资料查阅是按照痕迹化管理的要求查阅工作过程中保留的基础资料或各类文件通报的事项结果，对工作的执行情况进行监督、检验，查看工作过程留下的记录和依据，对执行的符合性、有效性进行判定。系统验证是对可测量的目标借助公司 OA 办公系统、成本信息管理化系统对目标结果进行验证。监督验证是指具有监察职能的部门对总部各部门违规违纪事件进行验证。

2. 明确验证机构

验证机构包括部门、职能部门或考核办公室、外部机构三个层级。部门对本部门的目标和计划执行情况开展自检自查，对工作过程和成效进行自评验证，并接受公司分管领导的审核评价。职能部门或考核办公室对各部门的目标和计划开展监督检查，对工作开展情况进行抽查验证。外部机构是企业接受的各项外部检查，例如，公司管理体系内审、外审，上级单位各类检查、审计，业主监理单位各类正式函件，政府职能部门检查督导等。

3. 确定分级验证模式

部门绩效由职能部门组织开展验证，职能部门绩效由考核工作小组组织开展验证及评价，所有部门绩效均由分管领导确认，所有层级的绩效评价均接受外部机构监督

审核结果的输入。坚持"关联回避"原则，当考核部门与被考核部门发生重叠时，原则上考核部门不能对本部门工作提出评价结论，由考核办公室组织其他部门进行调研、验证及评价。

（六）优化绩效沟通反馈机制推动持续改善

1. 建立反馈机制，明确沟通重点

有效的沟通反馈能够帮助大家了解现状、发现问题、找准提升方向，是开展持续改善的基础。通过建立有效的沟通反馈机制，找准沟通反馈的重点，有效解决因信息不对称带来的沟通成本增加、实施效果不佳、过程开展不顺畅等问题。

（1）由考核办公室定期召开季度考评会议，向各职能部门进行季度绩效考评结果反馈。主要是对季度绩效考评结果进行详细说明，找出各部门阶段性工作开展的亮点和不足，总结工作整体推进情况，反馈考核工作中遇到的难点，评价考核指标设置的科学性、适宜性和均衡性，针对问题研究优化完善的措施。

（2）由各职能部门根据绩效考核工作安排，不定期对归口管理的考核指标评价情况向被考核部门进行绩效反馈和说明。主要目的是针对职能部门归口管理的工作进行绩效分析，包括考核结果与被考核部门的沟通确认、考核结果体现的部门业绩优劣、工作中出现的失误和改进方向、下一步业绩提升的争取途径等内容，对考核结果出现偏差的情况进行申诉、沟通、协调和论证。

（3）由各部门自行组织开展部门例会，向部门员工反馈本部门绩效考核情况。主要目的是将部门绩效考核的压力传递到部门人员，将工作落实到人，帮助员工找到提升工作绩效的途径和方法，反馈内容包括考核结果、目标的实现情况及下一阶段工作目标的确定。

2. 建立全过程的绩效沟通机制

在绩效目标的确定与调整、绩效目标的分解、工作计划的实施、工作效果的评价等各阶段均需要反复沟通，在绩效评价的各个阶段，考核办公室需对整体绩效管理的状况、趋势、考核结果的兑现等内容与各考核职能部门进行充分沟通，有效传达企业管理意图，正确传递考核导向。考核职能部门需对绩效管理过程中出现的问题及评价结果与各部门进行充分沟通和反馈，有效传导公司压力，对提升方向和空间提出意见，针对过程中发现的问题督促各部门改进或提升绩效。

四、取得成效

（一）形成了一套行之有效的绩效定量考核管理新模式

通过创新"A + B"的目标与绩效相结合的定量考核模式，通过优化构建业绩定

量考核指标体系、建立科学合理的考核程序、优化绩效验证评价机制、完善验证方法和内容、优化绩效沟通反馈机制推动持续改善的管理手段，使企业的绩效管理体系更加系统，过程管理更加规范，绩效评价更加定量客观和科学严谨。

（二）企业提质增效和管理创新的氛围和动力明显增强

通过开展以"创新、增效"为核心的总部绩效定量考核体系建设，公司的基础管理水平及思路做法得到进一步夯实。通过优化和健全绩效定量考核管理体系，使总部部门收入分配更加合理，部门的权责利更加清晰，工作思路更加开阔，管理改进创新氛围更加浓厚，充分发挥总部部门是企业管理中枢和"智囊团"的作用，整体精神面貌和工作状态焕然一新。通过绩效管理机制的激励作用和方向引导，各类管理创新举措不断涌现，如大型工程项目组织机构扁平化管理、工程项目基于核心管理指标的年度绩效考核、火工品直供及自有资质爆破施工、物联网智能技术在设备管理中的应用、"机构扁平化＋自主选配"的人力资源管理、标前测算全覆盖及经济承包半年度考核、两阶段项目精细策划、临时工程标准化施工管理、培育忠诚与担当核心价值观的企业文化建设等十多项管理创新模式，涵盖了工程、设备、物资、成本、人力、财务、项目管理、绩效考核、党建、纪检监察等各方面，使企业的基础管理水平明显提升。

（三）企业发展质量明显提升，战略目标得以有效实现

2022 年企业各项主要经济指标均得到巩固和提升，在集团公司年度绩效考核中名列前茅。公司全年新签施工合同额 201.52 亿元，市场经营全面开拓，经营规模质量持续提升。公司全年完成施工产值 100.17 亿元，超额完成 10.17 亿元，全年完成产值再创新高，企业生产规模稳步提升。公司年内获得省部级优质工程奖 5 项，其中重庆市巴渝杯 2 项，山西省优质工程奖 1 项，中铁杯 2 项；省部级安标工地 4 项；获全国质量管理小组优质成果 7 项、省部级成果 16 项，在行业内均名列前茅。

五、经验总结

在总部部门绩效考核中精心挑选凸显关键环节的指标，而非简单地从日常工作中提取内容，能够确保考核体系的导向性。新签合同额、施工产值、成本、盈利等关键指标的选取，使得考核过程聚焦企业发展的关键因素。对于定量难以评估的方面，将定量与定性相结合，保证了考核的全面性和准确性，避免了过于简单的评价方式。

通过优化绩效考核程序和验证评价机制，建立了对各部门绩效的监督体系，从而激发了部门间的协同与创新，使得价值创造型总部的理念得以落地，资源的合理分配和业务的协同成为可能。

在考核机制的探索和完善方面，坚持不断实践创新。从定量目标的设定到数据校

验的实施，再到绩效沟通反馈的完善，不仅注重自上而下的反馈，还注重部门间的信息交流，以确保考核结果的客观性和准确性。在这个过程中，发挥绩效考核的激励和导向作用，对于引导部门不断改进创新、提升管理能力具有明显的推动作用。

将管理会计中的绩效管理理论应用于企业总部部门考核既拓展了相关管理理论的适用范围，也解决了部门定量评价难、部门与企业战略脱节、部门本位化等管理难题，为企业高质量发展提供了可供参考的实践。

（中铁隧道集团一处有限公司　殷小建　邢拥华　张东阳

刘运锋　曹高峰　吕武洋　张　洪　宁　艳）

大型建筑施工企业绩效管理案例分析

——以 ZT 公司为例

【摘要】建筑行业是国家基础设施建设的主力军，是其他衍生行业赖以生存与发展的基础性产业，是国民经济增长的重要支持产业。建筑行业是劳动密集型行业，其特点是就业容量大，可提供大量就业机会，与其他产业关联度高，关系到国家的经济发展和人民生活的改善，在国家建设、经济发展和社会进步的过程中发挥着重要的作用。"十四五"期间，受益于双循环新发展格局加速构建，建筑行业仍有较大发展空间。机遇与风险并存，建筑行业迎来大好的市场前景的同时要面对行业间的激烈竞争，在最严厉的环境保护法影响下施工投入越来越大，利润空间压缩，整个行业已进入微利时代。同时，新型建筑工业化、绿色建筑、智能建造三大领域的创新与应用不断。建筑企业如何快速适应新的市场环境，如何顺势可持续发展，把握市场机遇，迅速做强做优做大，成为建筑企业共同面临的问题。绩效管理作为现代化企业的一种管理工具，日益受到企业的关注，企业通过有效的绩效管理体系，可以找出自身存在的优劣势，从而建立有效的经营管理机制，提高核心竞争力，提升综合实力，实现企业高质量发展战略。在此背景下，本文以 ZT 公司为分析对象，从大型建筑企业集团的视角来探讨如何建立一套科学合理、行之有效的绩效管理体系，对于规范企业基础业务活动、强化绩效评价激励作用、深化企业绩效管理意识、提高企业管理水平、提升企业综合竞争实力具有一定的借鉴意义。本文以 ZT 公司绩效管理体系为基础，对绩效计划制订、绩效考核评价、绩效结果应用与反馈再到绩效目标提升进行了深入系统的分析，总结了 ZT 公司通过绩效管理取得的成效和收获的经验。本文认为，ZT 公司构建了一个完整全面的绩效管理"生态链"，在改善企业整体运营、实现企业发展目标等方面具有重要的意义，对建筑施工企业颇具借鉴意义。

一、背景描述

（一）行业背景

"十四五"期间，建筑行业仍有较大发展空间。在 2020 年 10 月 29 日中国共产党第十九届中央委员会第五次全体会议通过的《中共中央关于制定国民经济和社会发展第十四个五年规划和二〇三五年远景目标的建议》中，多次提及基础设施建设领域。政治因素方面，一系列国家战略和新型城镇化等部署深入推进，生态文明、交通强国、海洋强国、乡村振兴、军民融合等系列国家重大战略及京津冀、长三角、粤港澳大湾区、成渝地区双城经济圈、长江中游城市群等区域发展战略加快推进，为企业带来较大业务增量空间。基础设施和生态环保等领域补短板工程、川藏铁路及西部陆海新通道等重大工程、重大引调水及沿边沿江沿海交通等重大项目加快实施，带动建筑业规模持续扩大。经济因素方面，经济发展环境稳中向好、长期向好的基本趋势不变。预计"十四五"期间 GDP 增速仍将承压放缓，但长期应能维持在稳定合理区间。受益于双循环新发展格局加速构建、固定资产投资地位稳固、宏观政策连续和稳定性，基础设施投资呈现区域性、结构性机会，中西部发展空间较大，新型基础设施、民生公共设施、交通水利等重大工程需求旺盛。

机遇与风险并存，建筑行业在迎来大好市场前景的同时，要面对行业间的激烈竞争。一是建筑业企业产值利润率处于各行业较低水平，长期在 3.5% 左右徘徊，建筑业粗放式发展方式还未实现实质性转变；二是建筑企业尤其是大型建筑企业间的竞争将进一步加剧，企业竞争逻辑正在发生深刻变化，愈发体现为人才、资源、品牌、资本等方面的竞争，加快技术和管理创新、实施产融结合、全方位提升企业高质量发展能力成为制胜关键；三是新型建筑工业化、绿色建筑、智能建造三大领域的创新与应用不断。建筑企业如何快速适应新的市场环境，如何顺势可持续发展，把握市场机遇，迅速做强做优做大，成为建筑企业共同面临的问题。

（二）ZT 公司概况

ZT 公司是一家大型国有建筑企业，总资产超过 400 亿元，年综合生产能力超过 600 亿元。全公司共有正式员工 10 304 人，其中，中高级职称 3 729 人，一级建造师 613 人，高技能人才 600 余人。

ZT 公司主营业务范围包括高速铁路、城市轨道交通、高速公路、市政水务环保、建筑安装和投资业务等。现有各类施工资质 70 项，设计资质 3 项。其中，拥有铁路、房建、公路、市政工程施工总承包 4 项特级资质；同时还拥有机电工程施工总承包一级资质，桥梁、隧道、公路路基、铁路铺轨架梁、钢结构工程专业承包一级资质，城市轨道交通工程专业承包资质等。ZT 公司先后参建了以京九、青藏、武广、京雄、蒙华、玉磨等为代表的 50 余条国家重点铁路工程。ZT 公司先后荣获中国建筑工程鲁班奖 21 项，中国土木工程詹天佑奖 19 项，国家优质工程金奖 11 项，全国市政金杯示范工程 21 项，省部级优质工程 110 项。拥有国家专利 583 项，国家级工法 9 项、省部级工法 97 项，国家重点环保实用技术 2 项，省部级科技进步奖 85 项。

（三）ZT 公司管理现状

ZT 公司的管理现状，确切地说是公司高质量发展中的突出问题和主要矛盾。ZT 公司既有建筑施工企业普遍存在的利润率低的共性问题，也有自身固有的个性问题。

从外部环境讲，受疫情影响，我国经济运行持续恢复的基础不牢固、经济增长前高后低、经济下行压力持续加大、地方政府债务居高不下、大宗商品和原材料价格波动等压力和风险叠加，绿色发展、"双碳"经济对企业高质量发展提出更高要求。当前，建筑行业进入全方位竞争，建筑央企规模不断扩张，地方国企纷纷抱团拼抢，在各自传统优势领域和新兴领域争夺异常激烈。与此同时基建投资强度放缓、传统项目投放迟滞，进一步加剧市场竞争，持续做大规模压力倍增。

从企业内部条件讲，一是企业利润流失环节多，盈利能力弱；二是企业创效能力不足，投入产出比低；三是项目现场管理粗放，成本意识淡薄；四是企业积累薄弱，资金压力大；五是管理资源紧缺，管理能力不足。

外部环境和内部条件双重压力，已严重制约企业高质量发展，这些风险挑战将对企业造成长远而根本性的影响。ZT 公司管理方面存在的主要问题表现为以下几个方面：

1. "两金"余额居高不下

"两金"的特点是占用资源多，周转速度慢，一旦出现资产瑕疵，则变现能力差、减值风险大。一是"应收账款"由于合同约定付款比例低，业主单位资金紧张付款周期长，到期债权不能及时收回，导致"应收账款"体量只增不减。二是"合同资产"遍及各个项目，有的是因为业主单位计量周期长造成时间性"合同资产"挂账；更有的是合同外工程量施工未及时得到业主单位确认被迫挂账，能否得到业主单位确权变现存在很大的变数。"两金"占资问题已成为 ZT 公司高质量发展的沉重包袱和巨大障碍，严重影响 ZT 公司资产质量，降低资产运转效率。

2. 经营性现金流正向困难，资金压力巨大

ZT 公司在集团内部成立起步时间晚，公司积累薄弱，资金存量低，加之受经济下行压力，业主普遍资金支付比例低，且到期债权不能及时收回，资产变现能力减弱，公司投资项目垫付资金巨大，大型铁路项目亏损占用大量资金，项目资金自平衡能力弱，公司办理金融票据到期刚性支付，融资渠道、权益资金来源日趋枯竭。在多重压力下，ZT 公司经营性现金流每况愈下，资金链越绷越紧，资金压力巨大，严重制约公司发展的运作空间。

3. 项目盈利能力低

受外部环境影响，ZT公司项目盈利能力下降明显。一是受铁路项目的地材价差、水泥钢材差外差、大临费用不足、隧道定额消耗量水平低等政策性影响发生亏损。二是受铁路概算水平影响，铁路项目普遍出现亏损。三是参与的公路、地铁及股份公司投资项目普遍面临外部降造、内部收费问题、支付比例低等因素，导致项目中标后面临很大的成本压力。

4. 项目现场管理粗放，成本管控不够精细

由于项目现场管理粗放，制度执行不到位，致使管理成本支出很大，项目精细化管理亟须加强。一是临时工程标准把控不严，一些项目在临时驻地、搅拌站、钢筋加工厂、梁场等建设上盲目追求高标准。二是施工生产不均衡，由于施工组织不合理、施工过程中关键节点组织不力等因素，导致后期成本加大。三是劳务分包管理粗放，退场补偿、违规补偿、调价、超结算、材料应扣未扣等。四是材料消耗控制不力，存在应耗量提供不准确、盘点核算不真实、隧道喷射砼消耗居高不下等。五是物资采购价格管控不严、机械设备使用效率低等。

5. 人才储备不足

一是现场管理人员不足，企业发展规模在不断增长，分摊到每个项目的管理人员数量严重不足，不能有效满足现场管理需要，如项目经理、总工程师以及投融资、工经、财会、法务、复合型党群人才等供给不足的问题十分突出。二是人才递进式培育不够，年龄分化现象严重，项目缺少中坚力量，多数是工作5年及以下的员工，经验积累不足。三是人才结构上本科及以上学历、高级职称人才数量占比少，整体素质偏低。

（四）ZT公司绩效评价的主要问题

随着"由高速发展转入高质量发展的新经济"时期的来临，企业发展战略更加注重发展质量、效率，企业间的竞争表现为长期、综合竞争能力的竞争，绩效评价已被看作是企业计划与控制的有机组成部分，受到了越来越广泛的关注。ZT公司经过几年的思考和实践，逐步搭建了考核体系、明确了考核实体、完善了考核制度、实施了考核设计，建立了企业竞争和激励机制。但在绩效管理过程中，绩效评价体系仍存在诸多不足，绩效评价的效能没有正确有效地实现。主要问题表现在以下几个方面。

1. 绩效管理与绩效评价概念混淆

绩效管理是企业发展战略的延伸，它是由绩效计划、绩效监控、绩效评价和绩效反馈四个环节构成的一个闭环管理。通过这四个环节的良性循环，能够确保企业员工

的工作活动与企业的目标保持一致，不断改进企业和员工的绩效水平，促进企业战略目标的实现。ZT 公司将绩效管理与绩效评价概念混淆，对于绩效管理的认识更多停留在绩效评价层面，将绩效评价等同于绩效管理。在工作中，单纯追求绩效评价办法的完善和健全，过分突出绩效评价，忽略了绩效管理其他环节的建设，降低了绩效管理战略整体作用的发挥，制约了绩效管理对于企业整体战略目标实现的促进作用的发挥。

2. 偏重财务数据

传统的绩效评价财务指标占比过大，重点评价企业发展规模、经济效益、运行效率和债务风险，非财务指标涉及非常少，使评价体系难以全面、真实地反映企业绩效。财务指标易受到会计政策选择的影响，存在很大的人为因素，过于强调财务指标，会使企业经营管理者盲目追求高财务指标，只注重短期发展能力的提高，而忽视企业长期发展战略目标。并且财务指标是过去发生的滞后指标，我们只能通过财务指标来判断企业业绩的上升或下降，评价企业经营决策和活动，但不能揭露导致问题存在的原因。企业经营环境波诡云谲，同业间竞争日益激烈，企业要想在长期的竞争中获得战略优势，处于不败之地，应该以企业长期发展战略为导向，财务指标与非财务指标相结合，除关注财务因素外，还应充分重视诸如客户满意程度、技术创新、人才培养等方面的影响。

3. 绩效评价的目的偏离

绩效考核是绩效管理的一个环节，是绩效管理过程的一种控制手段。绩效管理的目的是提高企业和员工的绩效能力，绩效考核的目的是了解掌握员工、企业的绩效，发现问题，解决问题，提升员工绩效和改善企业管理，促进企业和员工共同进步。

ZT 公司目前进行考核的主要目的在于将考核结果作为薪酬调整的依据，忽视了评价在绩效管理过程中纠偏作用的发挥。这种单一的目标定位能够对员工带来一定的激励作用，在一定程度上改善员工行为，但从根本上，这样的目标定位与现代企业管理理念不相适应。考核的主要作用应该是发现问题并采取措施加以解决，进而避免问题扩大化，最终目的是充分调动员工工作积极性，改善员工工作行为，催生企业发展内生动力。如果考核不能明确为员工指出工作中的优秀表现和存在不足，那绩效考核对提升员工绩效和实现企业整体目标的作用将微乎其微。

4. 绩效评价结果反馈渠道不畅

绩效评价结果反馈的目的是让员工了解自己在绩效周期内的业绩是否达到所定的目标，行为态度是否合格。绩效评价结果反馈是绩效沟通的最主要形式，绩效评价结果反馈最重要的现实手段就是管理者与员工之间的有效沟通，让企业和员工双方达成一致的看法，双方共同探讨绩效目标未完成的原因并制订改进计划，同时企业要向员工传达期望，双方对绩效目标进行探讨，为下一绩效周期准备。

ZT 公司未建立有效绩效评价结果反馈渠道，对于绩效周期结束后进行的正式反馈不够重视，即使是履行绩效结果评价反馈，也只是由人力资源部把员工的绩效评价转发给部门负责人，部门负责人与部门员工的正式有效沟通尚属空白。这种情况使员工不能通过一个畅通的渠道了解自己的工作绩效，更不清楚下一步努力的目标，对于优势和不足只能私下揣测，对待工作只能凭感情和自觉。

（五）建立公司平衡计分卡与员工"KPI"相结合绩效管理体系

平衡计分卡的目标和评价指标来源于企业战略，它把企业战略转化为有形的目标和衡量指标。根据企业的总体战略目标，平衡计分卡分为财务、客户、内部业务流程和学习与成长四个层面，通过这四个层面指标之间相互驱动的因果关系展现组织的战略轨迹，将企业战略分解为不同的目标，并为之设立具体的绩效评价指标和行动方案。平衡计分卡要求从财务和非财务的角度去思考企业战略目标和考核指标，反映了财务与非财务衡量方法之间的平衡。平衡计分卡既关注短期的经营目标和绩效指标，也关注长期的战略目标与绩效指标，反映了长期目标与短期目标之间的平衡。平衡计分卡将绩效评价的视线范围由传统上只注重企业内部评价，扩大到企业外部，反映了外部和内部的平衡。平衡计分卡既注重对经营目标完成程度的管理，又注重对经营目标实现过程的管理，反映了结果和过程平衡。平衡计分卡强调企业既要关注能反映企业过去绩效的滞后性指标，也要关注能反映、预测企业未来绩效的领先指标，反映了过去指标和未来指标的平衡。所以平衡计分卡能全面反映企业综合经营状况，使业绩评价趋于平衡和完善，利于企业长期发展。

关键绩效指标（KPI）是把企业的战略目标分解为可操作的具体工作目标，确定实现企业战略目标的业务重点，运用头脑风暴法找出重点业务的关键指标，把绩效考核简化为对几个关键指标的考核，确定每个岗位的工作职责，确保企业员工"人人手里握指标，人人肩上扛责任"。

二、总体设计

（一）总体目标

通过绩效管理理念的灌输和绩效评价体系的运用，使每个部门以及个人都对公司的经营目标负责，从每个员工做起，从每个岗位做起，有效的绩效考核能够优化企业的管理流程、提升企业的管理水平，增强企业的战略落地实施。同时，通过绩效考核，发现员工岗位工作存在的突出问题，以问题为导向，为员工指明工作的目标和努力的方向。绩效考核结果的应用重点在将员工聘用、职务升降、培养发展、工资薪酬和绩效相结合，充分调动员工积极性，激发员工潜能，催生内生动力，培养员工积极进取的工作精神，提升员工自我规范的工作能力，促进员工和企业的共同进步。在整个绩效管理循环过程中，包括绩效目标设定、绩效要求达成、绩效实施修正、绩效评价体系改进、再制定目标的循环，不断督促员工实现工作目标。

（二）总体思路与原则

为保证企业综合绩效评价体系的系统性、科学性和合理性，在确定评价体系过程中，从 ZT 公司发展战略出发，以目标为导向，依据一定标准，遵循相应的原则。

1. 科学性和实践性相结合原则

评价体系的设计要遵循客观规律，体系中各个指标的关系要能够正确反映事物之间的关系。具体指标的选取应建立在充分认识、系统研究的科学基础上。指标体系不仅能反映企业战略发展目标的内涵和实现程度，而且要繁简适当，计算方法简便，表述规范、明确，容易操作。

2. 系统性和层次性相结合原则

建筑施工企业综合绩效评价是一个标准的系统工程，在建立评价体系时更应考虑指标体系的系统性。而且评价体系要具有一定数量和层次的指标，基于不同角度和维度，各个指标的设计既要具备企业自身的特点，又能体现出建筑施工企业的行业特点。

3. 战略性原则

绩效评价体系不仅是企业战略的有效传播和沟通的工具，而且也是监控、衡量企业战略实施情况，保证企业战略目标实现的重要手段。因此，评价体系的设计必须以企业发展战略为导向，引导企业将其战略付诸实施，并进行有效的战略控制。

4. 横向比较和纵向比较相结合原则

建筑施工企业的综合绩效评价不仅要和自己比，还要和同行业比，进行横向比较可以了解自己在整个行业中所处的位置，了解自身的不足与优势，找出不足，"找差距、补短板"，充分利用自身优势，赶超先进企业，同时也有利于客观评价经营者的绩效，建立有效的激励与约束机制。

5. 定性分析和定量分析相结合原则

任何事物都是质和量的统一体，单从一个方面评价，无法准确地反映其全貌。绩效评价指标的制定单纯使用定量或定性的方法，势必会影响评价结果的客观性和公正性。对于一些容易量化的指标通常采用定量指标计量，但是定量指标不能包含所有要测评的信息，如客户满意度、企业文化兼容性等这些不容易量化的指标则应采用定性指标反映。

（三）绩效管理创新

1. 强化绩效考核评价

树立实干、实绩导向，突出对新签合同额、营业收入、净利润、生产经营性有息负债、经营性现金净流量五大指标的考核。将专业工程公司的专业集中度、综合工程公司战略性新兴业务培育、国际化能力提升作为重要考核指标，以正向激励为主纳入企业年度业绩考核范围。

2. 引入贡献（投入产出）系数考核，设计贡献（投入产出）系数表

为衡量和评价子分公司贡献回报和价值创造效率，设计贡献（投入产出）系数考核。根据各单位年度各项财务资源投入，计算财务资源贡收、贡效、贡献，结合计算结果，对照资源贡献系数表查找相应的系数值。根据各单位年度人力资源投入，计算人力资源贡收、贡效、贡献，结合计算结果，对照资源贡献系数表查找相应的系数值。将六大系数值相乘，计算各单位年度业绩综合贡献（投入产出）系数。

3. 分年累和季度期间对经营性现金净流量考核

"没有现金流的盈利是没有保障的盈利""正向现金流""工程项目现金流自平衡"体现出现金流对企业的重要性。结合企业实际情况，调整经营性现金净流量考核标准，按年累和季度期间两个维度进行考核。

三、应用过程

绩效管理的应用实施不能只依靠某一个部门或某一部分人来执行，它也不是一个单一的考核过程。绩效管理的有效实施，企业需要完成制定的各项目标，公司每一位员工需要完成相关指标工作，需要全员参与。

（一）公司层面绩效评价指标体系

结合 ZT 公司"服务社会、造福人类、建设祖国、福利员工"的发展愿景，以"追求利润最大化"为核心价值观，跻身中国建筑企业先进行列，实现企业均衡、务实、可持续、高质量发展。以"通过实施精品战略、深化精细管理、创新人才机制，深化改革创新，提升治理能力，建设具有较强抗风险能力、实现规模与效益协同发展的现代建筑企业"为战略。从"基本指标、风险控制指标、专项管理指标"三大类考核指标体系入手，创新引入"财务资源占用贡献系数"，实现"质量变革、效率变革、动力变革"。同时设计确保安全生产、规范成本管理、建立稳定客户关系、推动流程创新、维护职工合法权益五个关键内部流程，来实现财务层面"扩大企业规模、提升经济效益、提高资金使用率、降杠杆减负债"的价值主张，满足"市场维护、战略管控、新签合同"的客户主张，并以"提升职工整体素质、推进信息化建设、提升执行力、建设昂扬积极向上企业文化"等作为内部关键流程的有力支撑，推动企业效益提升、质量改善，增强企业价值创造及抗风险能力，以此保障 ZT 公司战略目标全面实现。ZT 公司平衡计分卡各项指标如表 1 所示。

表1　　　　　　　　　　　　　ZT公司平衡计分卡

层面	目标	指标
财务层面	扩大企业规模	营业收入
	提升经济效益	净利润
	提高资金使用率	经营性现金净流量
		现款上缴
		营业收入收现率
		金融票据兑付
		清欠完成率
		应收票据
		资金集中度
		项目现金流自平衡
	降杠杆减负债	"两金"余额
		速动比率
客户层面	市场维护	项目管理不善造成停标
		工程创优
		依法合规经营
	战略管控	开发新客户，发展新兴业务
	新签合同	新签合同额
内部流程层面	确保安全生产	安全质量环保
		节能减排
	规范成本管理	工程项目管理
		物资集中采购
		物资战略采购实施总量
		已完工未计量
		二次经营
		竣工结算
		投资管理
	建立稳定客户关系	清理民企拖欠
	推动流程创新	科技创新
		三项制度改革
	维护职工合法权益	工资发放及"五险一金"缴纳
学习与成长层面	提升职工整体素质	保密工作
	推进信息化建设	网络安全与信息化
	提升执行力	年度重点工作
	建设昂扬、积极向上企业文化	廉洁从业

（二）员工绩效考核评价体系

员工绩效考核管理工作，是当前管理模式下建筑施工企业基层管理的必备环节，是围绕着企业提质增效、管理提升开展的系统工程之一。ZT 公司推行"员工能进能出、职位能升能降、收入能增能减"三项制度改革，旨在创新员工绩效考核管理体系，将企业发展与个人利益挂钩，将责任落实到企业各个岗位和每位员工，激发企业内生动力，提高企业管理效率和整体执行力，为企业提质增效、转型升级和可持续发展打下坚实基础。根据 KPI 的指导思想和 ZT 公司员工结构，将 ZT 公司的员工分为高层管理人员、中层管理人员、普通员工，针对不同工作岗位的人员设计具体的绩效考核指标。

1. 建立工作清单和责任矩阵

结合企业实际，优化各项管理工作分类，全面梳理管理工作，对各项管理工作进行标识和定义，层层分解，细分到具体可以交付。组织员工充分认识工作责任，并且建立履行工作责任意愿，培养履行责任的能力。通过岗位人员与工作清单中各项工作对接，建立工作与管理岗位之间的对应关系，形成管理工作责任矩阵。责任矩阵为管理者标识出每一个岗位在管理工作执行过程中所承担的责任。

2. 量化工作清单和责任矩阵考核指标

KPI 指标作为定量评价部门和业务单元业绩完成情况的关键指标，统一设置指标名称和定义、计算方法、计算单位、指标权重、考核目标、考核标准、考核周期、考核信息来源、考核方式和考核主体等要素，分别对 KPI 指标和考核方式进行明确，并作为指标的标准规范操作。根据 ZT 公司员工工作清单和责任矩阵内容，形成生产技术类、营销类、财务类、物资机械类、党建类等指标，根据企业年度管理目标进行分解，具体量化员工 KPI 指标。员工依据量化后的工作清单和责任矩阵内容，制定本人 KPI，并根据每一项 KPI 设置相应权重，权重合计为 100%。通过 KPI 制定落实，起到压力层层有效传递、任务层层落实分解的作用。

（三）绩效考核应用流程

绩效管理是一个系统管理工程，具备完善的应用操作流程，达到管理闭环。通过企业管理者与员工共同参与的绩效考核目标制定、绩效管理过程实施、绩效考核评价、绩效考核评价结果反馈、绩效考核评价结果应用等过程，明确 ZT 公司绩效管理流程，实现企业绩效管理水平不断提升，全面完成企业年度经营管理目标。

1. 绩效考核管理制度修订

根据绩效考核管理体系，结合部门分工，企业发展部修订企业所属机构业绩考核评价管理办法，将业绩考核评价指标及考核评价办法通过制度进行明确。人力资源部修订企业管理者及员工薪酬管理办法，将薪酬与岗位责任相匹配、与企业经营业绩挂钩。

2. 绩效考核目标制定

绩效考核目标制定，是绩效管理的起点，也是最为重要的环节。绩效考核目标值要结合企业经营管理目标确定，不宜过高，也不宜偏低。目标值过高，完成难度大，企业管理者和员工萌生放弃心理，在工作中产生惰性，不利于企业发展。目标值偏低，企业管理者和员工很容易完成，绩效考核丧失激励作用。绩效考核目标确定后，还需要每项指标的分值。根据指标的重要程度、不同岗位的工作性质对企业发展的影响因素分析，坚持"突出重点，兼顾一般"的原则确定每项指标在整个绩效考核指标体系的权重，根据权重赋予相应的分值，以此达到绩效考核的合理性、科学性。指标分值与工作目标的重要程度成正比，工作目标越重要，指标分值越高。

3. 绩效管理过程实施

绩效考核目标确定后，企业管理者和员工要立即按照既定的目标开展工作。为了最大限度保障企业绩效管理目标的顺利实施，需要定期对绩效考核目标执行情况进行通报预警，根据外部环境的变化及企业内部重要影响因素及时调整绩效考核目标。

4. 绩效考核评价

ZT 公司按照新的绩效管理办法及薪酬管理办法，针对不同岗位的员工进行绩效考核评价，按照新的绩效考核评价指标进行绩效考核评价工作。企业中层管理干部及以下员工实行半年度考评，企业管理者按照企业年度经营业绩考核评价工作实行年度考评。在绩效考核评价过程中，考评人与被考评对象进行有效沟通，对考评影响因素存在异议的情况互换意见，达成统一意见。

5. 绩效考核评价结果反馈

绩效管理的目的是不断激发企业内生动力，提高企业员工整体执行力，提升企业管理效率和价值创造。通过绩效考核评价结果沟通反馈，找出绩效管理结果不理想的原因，提出建设性改进建议，促进企业绩效管理水平提升。一般员工 KPI 考评结果由部门正职审核无误后进行公布，中层干部 KPI 考评结果经公司主要领导批准后行文公布，所属机构年度经营业绩考评结果经公司总经理部办公会审议通过后行文公布。

6. 绩效考核评价结果应用

绩效考核评价结果得到有效利用，才能真正发挥绩效管理的激励、约束作用。结合 ZT 公司的实际情况，绩效考核评价结果一般应用在以下几个方面。

（1）绩效薪酬的分配。员工薪酬中绩效工资是体现薪酬激励和约束的主要方式，员工绩效考核结果是确定绩效工资的主要依据，强调员工收入与岗位价值和贡献相匹配。

（2）职务调整。考核结果为 A 类的，作为评优、职务晋升的重要依据。中层正职第一年排名后 2 位的，由集团公司主要领导、干部部长对其约谈；中层副职第一年排名后 3 位的，由集团公司分管领导、干部部长对其约谈；一般员工半年度或年度考核最后 1 名且考核分数低于 85 分的，由所在部门负责人、人力资源部相关人员对其进行约谈。一般员工有一次考核评价为 C 类的或连续 2 次排名最后 1 名且考核分数低于 85 分的，另行安排工作。

（四）绩效管理实施过程中存在的问题及解决方法

1. 存在的问题

ZT 公司建立了完善的绩效管理体系，但在实际工作中，受多种因素制约，绩效管理在实施过程中难免存在一些问题。

（1）绩效考核目标难以确定。ZT 公司下属有多家子企业，各家单位历史沉淀不同，规模大小不一，盈利水平高低不同。用统一标准确定绩效考核目标，造成绩效指标没有反映各家单位实际情况，造成指标过高或偏低。如净利润指标，按照营业收入预算的固定比例计算，没有真实反映各家单位的盈利水平。

（2）员工绩效内容笼统。每个工作岗位，都会存在工作内容、工作量大小、难易程度、工作风险等差异。将所有岗位的绩效考核内容统一制定为"工作能力、工作态度、工作纪律"等分权重进行考评，考评时容易出现主观臆断，考评工作的严肃性和公正性大打折扣。

2. 解决方法

（1）完善绩效考核目标体系。ZT 公司修订全面预算管理办法，明确各项指标分解原则，通过召开预算管理交底会，对各项指标分解原则进行详细解读。对于各项主要经营业绩指标分解的原则，做到公开透明、公平公正，并在以后的办法中确立下来。按照当年度各单位营业收入、净资产、人工成本三要素的一定权重分解净利润指标，同时结合各单位存量风险资产现状和当年度营业收入水平以及投资业务收入情况，同步下达相关单位风险资产处置消化目标。

（2）量化员工绩效目标，与能力素质指标相结合。ZT 公司每位员工根据各自岗位职责，制定岗位责任矩阵和工作清单，以此量化员工绩效管理目标。能力素质指标包括工作计划完成情况、业务水平、主动性或创新精神、责任意识、团队意识、劳动纪律和企业规章制度执行情况、意外情形的反应速度与应对能力、工作作风与日常行为、政策规范掌握程度共 9 项指标，涉及学习、工作及个人综合素质的各个方面。通过 KPI 指标和能力素质指标相结合进行考核，既解决了传统考核指标难以量化的问题，又在绩效考核中兼顾个人业绩和综合能力素质表现，考核指标的设置更为科学、合理，建立了多方位、立体的考核指标体系。

四、取得成效

（一）推动企业发展战略实施，促进企业效益增长

通过绩效管理创新，构建充满竞争力和凝聚力的企业氛围，建立良好的企业生态环境，推动企业生产经营战略、人才发展战略的实施，保障企业快速发展。2022年，集团公司实现营销额超800亿元，营业收入超500亿元，净利润7.9亿元，分别同比增长17%、18%、30%。优异成绩的背后是绩效管理紧贴企业战略发展、经营目标，通过绩效管理体系的创新，将责任落实到各岗位和人员，有效提高了企业管理效率和整体执行力，为企业提质增效、转型升级和可持续发展打下坚实基础。

（二）对绩效考核指标数量和权重进行调整，使绩效考核重点更加突出

ZT公司调整前的绩效考核指标比较笼统，重点不突出。通过绩效管理创新，ZT公司调整绩效考核指标，坚持目标导向和结果导向，遵照"依法合规、高质量发展、分类考核、激励约束"基本原则，分为"基本指标、风险控制指标、专项管理指标"三类考核指标。将"基本指标"按"发展规模、经济效益、盈利（运营）质量"依次权重为20%、30%、50%设置基本考核指标，按标准分"百分制"考核并引入投入产出（贡献）系数。绩效考核指标和权重调整前后对比如表2、表3所示。

表2　　　　　　　　　　　调整前绩效考核指标数量及权重

指标分类	指标名称	权数分值
客户指标	新签合同额	10分（超额加分上限10分）
	市场维护	±10分
运营指标	营业额	12分（超额加分上限12分）
	工程管理	6分
	安全管理	9分
	质量管理	7分
	科技创新	2分（加分上限3分）
	已完工未计量	1.5分
	竣工结算完成率	1分

续表

指标分类	指标名称	权数分值
财务指标	总资产周转率	5 分
	综合税负率	2.5 分
	净利润	10 分
	盈余现金保障倍数	6 分
	有息负债总量	3 分
	资金集中度	8 分
	"两金"余额	5 分
	现款上缴完成率	12 分（超额加分无上限）
发展指标	年度重点工作	±3 分
	依法合规管理	0 分至减 2.5 分
	节能减排	±3 分
	廉洁从业	0 分至减 3 分
	投资管理	±2 分
	法人治理	0 分至减 3.5 分
其他指标	二次经营	±2 分
	票据兑付	0 分至减 5 分
	班组长安全质量责任制	0 分至减 5 分
	人均创收	0 分至加 3 分
	人均创效	0 分至加 5 分

表3　　　　　　　　　　　　调整后考核指标数量及权重

指标分类	指标名称	权数分值	备注
发展规模	营业收入	20 分	执行标准分计分（关联投入产出系数）
经济效益	净利润	30 分	
盈利质量	经营性现金净流量	20 分	
	现款上缴	20 分	
	营业收入收现率	5 分	
	"两金"余额	5 分	
风险控制	安全质量环保	0 分至减 12 分	执行加减分制计分
	市场维护	0 分至减 10 分	
	票据兑付	0 分至减 3 分	

指标分类	指标名称	权数分值	备注
专项管理	战略管控	0 分至加 5 分	执行加减分制计分
	新签合同额	±10 分	
	工程管理	3 分至减 10 分	
	物资集中采购管理	0 分至减 2 分	
	年度物资战略采购实施总量	±3 分	
	已完工未计量	0 分至减 5 分	
	二次经营	4 分至减 5 分	
	竣工决算	±5 分	
	清欠	±3 分	
	应收票据	0 分至减 2 分	
	资金集中度	0 分至减 3 分	
	速动比率	0 分至减 2 分	
	项目现金流自平衡	0 分至减 2 分	
	投资管理	1 分至减 5 分	
	科技创新	5 分至减 2 分	
	节能减排	0 分至减 3 分	
	工程创优	0 分至加 5 分	
	依法合规经营	0 分至减 3 分	
	清理民企拖欠	0 分至减 3 分	
	三项制度改革	0 分至减 2 分	
	工资发放及"五险一金"缴纳	0 分至减 3 分	
	保密工作	0 分至减 2 分	
	网络安全和信息化建设	1 分至减 2 分	
	廉洁从业	0 分至减 3 分	
	年度发展重点工作	0 分至减 5 分	

（三）将企业经营目标层层分解落实到责任单位和具体岗位，促进企业与员工共同进步

创造性地将工作清单和责任矩阵运用于项目绩效考核管理中，通过重新梳理流程，尤其是对交叉流程的梳理和分工，可以避免相互推诿、扯皮的现象，解决了层级、部门和岗位之间职责不清、责任不明问题，增强了整个团队的沟通、合作意识。明确了管理层次，结合岗位职责，按照管理层次，把梳理出的各项工作进行分工，保

证"人人有事做、事事有人做"。通过将绩效考核结果与员工聘用、职务升降、培养发展、工资薪酬相结合，充分调动员工积极性，激发员工潜能，催生内生动力，培养员工积极进取的工作精神，提升员工自我规范的工作能力，促进员工和企业的共同进步。

五、经验总结

（一）绩效管理应用的关键因素

1. 制定绩效管理目标，明确工作重心

随着中国经济发展进入新发展阶段，ZT 公司面临做大总量、做优质量的双重艰巨任务，企业发展正处在一个船到中流浪更急、人到半山路更陡的关键时期，不进则退、慢进也是倒退。ZT 公司要全面立足新发展阶段、贯彻新发展理念、构建新发展格局，将企业"十四五"发展规划作为指导方向，精心布局，精准制定企业绩效管理目标，注重实效，将企业规模发展与效益提升一体推进，重点突出新签合同额、营业收入、净利润、经营性现金净流量管理目标分解，压实各层级管理责任，确保企业各项经营活动围绕为实现企业战略规划目标开展。

2. 加强落实，确保各项工作有序推进

绩效考核是企业管理工作的一个载体，是推动企业各项工作的一种手段，是评定各项工作成果的一把标尺，关键在于抓落实。执行力是决胜的"最后一公里"，没有过硬的执行力，工作往往"行百里者半九十"。一个企业制度建立再完善，如果没有执行力，一切都是空谈。为进一步推动实现企业高质量发展各项工作目标，ZT 公司根据年度发展规划目标，聚焦"效益提升、价值创造"，制定年度重点工作任务并分解下达，明确了具体工作内容、主责领导、主责部门、协办部门（单位）、完成时限。通过季度经济运行预警手段，及时发现企业管理中存在突出问题，制定相关整改措施，切实督促各单位做好风险防控，高质量完成全年目标任务。

3. 严肃绩效考核，完善奖惩措施

绩效考核是绩效工作闭环管理的最后一个环节，建立绩效管理刚性约束机制，强化绩效管理指挥棒作用。ZT 公司相继修订《ZT 公司所属机构业绩考核评价管理办法》《ZT 公司所属机构负责人薪酬分配管理办法》《ZT 公司员工薪酬分配管理办法》，以目标导向和正确的业绩导向，"真考核，考真绩"，坚持"一把尺子量到底"，做到客观、公平、公正，将员工收入与绩效挂钩，激励促进，推动企业短期经营目标和长期战略目标实现。

（二）绩效管理应用优缺点

1. 优点

（1）绩效管理是以企业发展战略目标为依据，对企业战略目标具体量化，层层分解，将员工工作清单和责任矩阵与企业管理目标有机结合起来，从企业和员工两个层面进行考核。通过考核约束激励机制，充分发挥员工工作积极性和创造性，以完成每一个小目标保障企业整体战略目标实现。

（2）绩效管理是企业与员工达成一致意见，构建自上而下的工作目标分解体系、自下而上的执行反馈体系。通过反馈、预警手段揭示企业管理过程中存在的问题，不断完善企业内控管理体系，规范管理流程、提升管理水平、适应市场竞争、建设昂扬积极向上企业文化。

2. 缺点

（1）容易将绩效管理简单理解为绩效考核，为追求目标结果而忽视过程，造成企业短期行为，不利于企业长远规划战略目标。

（2）绩效考核目标容易倾向于定量化指标，缺少定性指标，且一些定量指标的计算过程比较复杂，不便于计算，考核过程只是简单将数据对比，没有考虑人为因素和外部环境影响，导致绩效考核陷入数字游戏。

（三）完善绩效管理的建议

1. 强化预算管理，推动绩效管理完善创新

预算管理是推进企业管理的重要支撑和手段，既事关指标、事关当年，也事关全局、事关长远。ZT 公司要进一步完善预算管理体系，强化预算管控手段，创新预算编制方法，科学下达预算目标，加强预算过程管控，将预算管理与绩效管理一体推进，协同统一。

2. 以问题为导向，持续改善绩效管理存在的问题

通过绩效管理总结会议，共同探讨绩效管理过程中存在的深层次问题，建立由上至下的指导建议机制和由下至上的信息反馈机制，在纵向和横向两个管理维度发现问题、分析问题、解决问题。

（四）推广应用绩效管理的建议

1. 强化领导，建立健全绩效管理组织体系

绩效管理是企业发展战略管理的重要一环，是完成企业内控体系，提升全要素劳动生产率，实现企业战略目标的有力抓手。企业主要领导是推行绩效管理的"第一责任人"，广大干部职工是绩效管理的主体，要主动参与、积极配合绩效管理，自觉改进和完成个人绩效。企业要将绩效考核与干部职工岗位职责有机结合，发挥正确的目标导向作用，在绩效管理过程中总结经验，研究解决工作中存在的问题，推动绩效管理工作不断完善和深入开展。

2. 设定可行的绩效管理目标，提高员工参与度

企业任何一项制度都需要人来实施，绩效管理也不例外。绩效管理目标的设定是一个协调过程，是对企业战略目标的层层分解落实。员工绩效目标要来源于企业战略目标，绩效考核目标应尽可能量化。只有这样，才能保证每位员工以同向坚定共同追求，以同行凝聚整体合力，以同甘激发内在动力，以共苦磨砺团结合力，充分发挥团队的整体战斗力，保证企业战略目标真正得到落实。

（中铁上海工程局集团有限公司　孟凡胜　李　锋

陆　勇　焦云飞　袁志国　陈文涛）

关键绩效指标法在投资项目管理中的体系构建与运用

——以 T 项目为例

【摘要】本文通过案例主要介绍了关键绩效指标法在投资项目管理中的体系构建与运用。案例单位为 PPP 项目公司，属于生态保护和环境治理行业。案例投资项目具备规模大、周期长、业态复杂等特征，对公司管理者水平提出了较大挑战。针对投资项目管理中出现的管控目标认识不清、绩效考核重点不突出等问题，本文以关键绩效指标（KPI）考核为主线，从实施主体外部绩效评价和企业内部管控评价两个方面进行总体设计，考核体系涉及公司每一位员工，KPI 考核与职工薪酬紧密联系，旨在强化激励和约束，促进公司高质量发展。案例单位通过构建和运用关键绩效指标，取得了融资快速落地、减税降费、运营增收、成本压降等突出成绩，项目投资收益优于可研方案，安全质量环保管控平稳有序，赢得了良好的社会声誉，形成了较好的样板经验，起到了积极的示范作用。

一、背景描述

（一）单位基本情况

在习近平总书记"绿水青山就是金山银山"理念的号召下，建设美丽中国功在当代、利在千秋，全国生态保护修复乘势而上，T 市山水林田湖草生态保护修复工程应势而生，T 水生态环境治理项目（以下简称"T 项目"）是其重要组成部分。工程采用"移交—经营—移交（TOT）"+"建设—经营—转让（BOT）"运作方式，中标社会资本方负责项目投资、建设及运营。项目总投资约 57.68 亿元，合作期 15 年（其中建设期 1 年，运营期 14 年）。项目运维成本 8 760 万元/年，供水（满负荷）收入 2.17 亿元/年，采砂收益 1.50 亿元/年，污水处理收入 0.91 亿元/年。合作期内中标社会资本方通过使用者付费和政府可行性缺口补助回收投资及获取合理回报。合作期满项目设施无偿移交给政府方指定机构。主要建设内容包括：三河（S 河、M 河、Z 河生态修复工程）、两网（T 市排水管网改造、S 河流域雨污分流）、一库（W 水库供水工程）、一厂（污水处理厂提标改扩建工程），其中 W 水库、污水处理厂含部分存量工程。

2019 年 7 月，T 项目中标联合体各方共同组建 A 项目公司，以水生态环境治理工程项目投建营、城市公园管理服务和生态保护服务为主营业务，项目公司共设置 6 个职能部门，分别负责项目建设管理、商务管理、财务管理、安全质量管理、运营管理等业务。项目公司拥有健全的公司治理体系，股东会、董事会、监事会以及经理层分工明确、制度完备、运转正常。董事会下设薪酬考核委员会、安全与应急管理委员会等，公司经理层成员实行任期制和契约化管理。公司机构设置齐全，岗位职责清晰，运转高效，较好地发挥出现代化企业管理优势。

（二）存在的主要风险

1. 项目建设点多面广，工期履约压力很大

T 项目工程建设期仅有 1 年，且包含新建、续建、改建、扩建等内容，施工种类多，工艺多样。施工区域涵盖 T 市全部主要城区，跨度大、范围广，雨污分流管网改造和清淤管道工程近 400 公里，施工点多达 130 余处，主要集中在城区人口密集地段，环境复杂，容易产生沟槽坍塌，车辆行人剐碰围挡等事件；三条河流治理贯穿整个 T 市，河道修复工程汛期内施工难度大，有效施工时间短，施工任务异常艰巨。工程征地拆迁、管线迁改以及苗木迁移的数量较大，不可预见的因素多，尤其 S 河、M 河规划红线较宽，需征用大量河道沿岸用地，拆迁难度大。施工实施过程中涉及的产权单位多、手续烦琐，时间紧、任务重，工期履约压力较大。同时，由于项目工期时间短，按可研项目固定资产贷款融资方案，审批时间无法满足工程建设资金需求，项目建设期筹资压力巨大，按期完成竣工交付面临诸多挑战。

2. 示范项目影响突出，安全生产形势严峻

T 项目作为国务院生态保护修复试点项目，是 S 省打造的生态保护修复重点项目，项目采用"投建营一体化"全链管理模式，建设施工和运营生产受社会各界人士高度关注和持续监督。本项目是涵盖水利、市政、房建、景观工程等多专业融合的大型综合性项目，建设过程中存在有限空间作业、跨线顶管作业、深基坑、涉铁涉路等多项高风险工程，施工内容复杂、质量标准高、安全要求严；运营过程中存在有限空间作业、河道水库涉水、河道行洪、景区设备用电等多项安全风险，业态内容复杂、运营范围广、管理难度大。本项目建设施工和运营生产位置均位于 T 市城区内，同市民日常生活工作、交通出行、休闲娱乐等息息相关，一旦发生安全生产事故，不仅仅会造成公司财产的损失，甚至会发生人员伤亡的惨痛悲剧，引发强烈的社会舆论，对公司形象造成严重负面影响，并对后续的工程推进和投资经营造成不可挽回的局面。

3. 工程总量大幅缩减，施工利润实现困难

T 项目招标时图纸和工程量清单部分中标价为 34.68 亿元，未完成施工图设计部分 9.64 亿元，建安费用共计 44.32 亿元，其中雨污分流工程为 23.48 亿元，占总建安费用的 52.98%。项目中标后，雨污分流子项实施主体 T 市城管局，对工程招标设计图纸进行了二次重新设计，新建管网大幅调减、管道清淤变更为非开挖清淤及非开挖修复，河道清淤工程内容进行了变更，原计划实施排水管道约 741 公里（管径 DN300～DN2000），其中市政污水及雨水管 326 公里，地块内污水及雨水管 415 公里；同时进行管道清淤 667 公里，河道清淤 27 105 立方米，并建设雨水提升泵站一座。重新设计后实施排水管道约 71.80 公里，管径 DN300～DN2000，其中，市政污水及雨水管 60.63 公里，地块内污水及雨水管 11.17 公里；同时进行管道清淤 209.58 公里，管道修复 0.8 公里，河道清淤约 4.7 公里，新建橡胶坝一座，拦水堰 5 座。重新设计后雨污分流项目工程费用由 23.48 亿元缩减至 3.66 亿元，缩减额 19.82 亿元，缩减幅度高达 84.41%，施工利润较可研大幅减少。

4. 项目运营业态复杂，绩效达标难度较高

T 项目涉及运营业态较多，既有污水，又有河道、管网、水库等，且每个运营业态的情况也较为复杂，例如，污水处理部分，运营包括工艺调控、设施设备维护、厂区安全管理、水质水量控制、污泥处置及监控管理等，专业性强，水质指标高，运行控制压力大。T 项目非污水部分运营收入主要包括采砂收入和供水收入，项目中标后，项目团队经过实地调研，采砂收入受政府政策性影响较大，供水收入下游缺乏使用单位，研判此两类收入实现难度较高，如果此两项收入无法实现，将导致政府需以可行性缺口补贴形式予以兜底支付，该部分政府支出无财政预算，回收风险较高，同时也存在增加政府隐性债务的风险。T 项目运营绩效考核指标繁多，考核达标压力较大，根据 PPP 合同约定，对污水处理厂有 8 个大项 33 个小项考核指标；非污水处理部分按照河道、道路桥梁、绿地、管网及水库分为 18 个大项 74 个小项考核指标；且管网建设多为点源、堵点、难点治理，不能形成整体化，运营权限不明，新旧管网交叉，责任不清，老旧管线质量不可控。

5. 项目涉税种类繁多，综合纳税负担较重

PPP 项目在我国已实施多年，出台了诸多的财税政策，涉及增值税、企业所得税等重要税种。目前，我国与 PPP 项目相关的税收政策散见于各行业领域的相关税收法规之中，但并没有制定专门的法规政策来解决 PPP 项目的涉税问题。T 项目所涉及业务类型繁多，在税收规定及优惠政策上存在多重适用性，在投建营及退出各环节的涉税认定上还存在税收政策未明确规定之处。T 项目属于生态环境治理 PPP 项目，实施模式为混合模式，适用税收政策区别于传统的工商、工业企业，项目公司行业分类成为税务筹划的关键，增值税税率的认定、企业所得税优惠政策的适用等均以此为基础；由于本项目的长期性和刚性，且涉及业态多，地方政府和税务局对于 PPP 项目

的税收政策的理解和把控也存在一定的不确定性，合理合法的税收分类较为困难。T项目总投资中征拆费占比较大，按约定支付至实施主体后，仅能取得行政事业性往来收据，无法取得合规的增值税抵扣凭证，进一步提高了项目的增值税税负。根据《企业会计准则第22号——金融工具的确认和计量》，T项目金融资产摊余成本确认利息收入前高后低，但是投资回款前低后高，导致所得税税负与资金回流均存在错配，极大影响前期营运资金的统筹使用。

6. 管理人员缺乏经验，核心管控目标不清

纵观同业PPP项目公司，大多数均存在标前策划团队与标后管理团队人员不统一的问题，T项目亦是如此，营销人员与项目管理人员是两套人马，在项目中标前后及项目公司组建过程中缺乏有效的接洽，核心项目谈判信息没有充分交底，导致项目管理团队在项目进行过程中受到"信息差"的影响，对某些核心条款认识不足，造成管理脱节。同时T项目管理人员均是来自联合体各方派驻以及社会招聘，涉及8家企业管理人员的组合，情况比较复杂，团队磨合难度较大，且公司领导团队以及核心从事投融资及运营业务人员均来自传统施工单位，整个团队管理人员缺乏相应的投资项目管理经验，对投资项目全周期的"投、融、建、营、退"各环节均比较陌生，面对复杂的投融资及运营业务无法有效地对可能存在的风险进行提前研判及规避，最重要的是对投资项目核心管控目标不清晰、不明了，可能会出现因为前期的一些偏离核心的目标管控而对投资项目整体考核及指标带来不良影响，存在较大的管理风险。

（三）选择以关键指标法为核心的业绩考核体系的主要原因

从客观条件来看，T项目规模大、周期长、业态复杂、点多面广，易出现重复考核，考核针对性不强、考核重点不突出等问题；从考核需要来看，实施主体绩效评价决定是否足额收回投资，同时需满足上级单位投资项目后评价要求。因此选择关键绩效指标既是企业经营业绩考核的必要选择，也是投资项目内外管控的需要。为促进公司高质量发展，激励广大员工的积极性，公司以关键绩效指标作为考核主线，结合项目公司全生命周期突出考核重点，进行综合评价，形成较为成熟完善的全员关键绩效指标（KPI）考核体系建设。

二、总体设计

（一）以关键绩效指标考核为主线

公司考核以关键绩效指标（KPI）为主线。基于投资项目规模大、周期长、风险高等行业特征，公司确定了"依法合规、高质量发展、分级管理、分类考核、激励约束"的全员业绩考核规定，建立以绩效导向为核心、成本管控为抓手、降本增效

为目标的激励与约束机制，更加突出 KPI 在全员业绩考核中的主导地位。根据《公司经理层成员经营业绩考核管理办法》《公司员工绩效考核管理办法》等规定，将个人 KPI 指标作为年度绩效薪酬清算的主要依据。公司以经理层成员业绩考核为切入点，分解关键绩效指标至各对口业务部门和人员，层层压实责任，层层参与考核，工作重点更加突出，方向更加明确，较好实现了经营业绩考核全员覆盖，激励广大员工投入干事创业的热潮中。

（二）内部评价与外部评价相结合

PPP 投资项目建设期投入大量的人力、物力、财力，运营期面临还本付息、运营回款等压力，直接影响项目公司的经营效益和生存发展。公司在设置 KPI 指标时，充分考虑内外部评价。实施主体在建设期和运营期的绩效考核评价，决定项目公司运营期是否能够足额收回投资回款。在投资项目内部评价中，投资的效益和效率是评价投资项目实施优劣的关键指标。一个项目是否值得投资、投资的动态效益如何，项目的投资收益率涵盖了诸多影响因素。公司内部评价以投资项目收益率为考核起点，衍生出影响投资项目收益率的相关指标，作为个人 KPI 考核的主要依据。

（三）结合项目全生命周期动态评价

基于投资项目在建设期、建设与运营重叠期、运营期和退出期重点工作有所差别，公司制定 KPI 指标是一个动态调整的过程。例如，在项目建设期，主要以建设工期履约、安全质量管理、融资落地等指标为考核重点；在项目运营期主要以运营安全、运营质量指标为考核重点，旨在建立突出重点工作和全生命周期评价的动态 KPI 考核体系，如表 1 所示。

表 1　　　　　　　　　　　**公司 KPI 考核体系示例**

KPI 分类	一级	二级	三级
外部核心 KPI	以实施主体绩效考核为导向	建设期绩效考核	安全质量
			工期履约
			融资落地
		运营期绩效考核	运营安全
			运营质量
内部核心 KPI	以项目投资收益率为导向	全投资税后财务内部收益率 自有资金内部收益率（含施工利润） 自有资金内部收益率（不含施工利润）	施工利润
			财务成本
			税务成本
			运营成本
			投资回收

三、应用过程

公司成立了薪酬绩效考核委员会，负责组织对经理层成员和员工的业绩考核。薪酬绩效考核委员会每半年召开一次专题会议，半年度会议主要对 KPI 指标执行情况实施预评估，对客观情况发生重大变化的考核指标目标值据实调整，对考核目标完成进度严重滞后的人员提出预警。年度会议主要对全年 KPI 完成情况进行通报，对考核结果进行复盘检查，形成指导意见。

在薪酬考核委员会领导下，公司成立绩效考核领导小组，负责日常工作，办公室设在财务金融部，具体负责公司全体员工的 KPI 考核，包括 KPI 指标设定以及完成情况考核管理，形成了目标一致、分级实施、部署统一的管理体系。每年年初，绩效考核领导小组根据上级单位下达的年度预算，结合公司发展实际情况，科学制定考核指标体系，并提交公司相关会议审议，报上级单位审批。绩效考核领导小组由公司主要领导担任组长、领导班子副职担任副组长，各业务部门负责人为组员。

（一）建立健全业绩考核制度体系

公司为进一步增强业绩考核的科学性、针对性和有效性，制定完善了《公司经营业绩考核管理规定》《公司经理层成员经营业绩考核管理办法》《公司单位负责人薪酬与绩效考核管理办法》《公司员工绩效考核管理办法》《公司员工薪酬管理办法》等，以公司、经理层、员工三个层面为考核抓手，严格落实制度管理办法，建立健全了全员业绩考核制度体系。为建立有效的激励与约束机制，客观全面地反映员工工作业绩，提高公司员工工作效率，充分调动工作积极性，优质高效地完成公司制定的各项目标任务，公司绩效考核遵循公平、公正、公开原则；坚持工作绩效与能力、素质相结合的原则；坚持考核结果与员工岗位聘任、薪酬调整相结合的原则。具体体现在以下方面：

经理层成员坚持年度考核与任期制考核相结合的原则。根据公司与上级单位签订的《经理层成员年度经营业绩责任书》各项指标完成情况，对公司进行年度成果综合评价，确定经理层成员年度绩效工资标准，主要反映当期效益。公司经理层成员签订《经理层任期制与契约化经营业绩考核责任书》，用于考核经理层成员在一定任期内的工作质量和经营业绩，确定经理层成员任期绩效薪酬，主要反映长期效益。公司部门责任人和其他员工根据岗位职责和分工，确定个人年度 KPI，用于确定其年度绩效薪酬。

（二）设定全员业绩考核责任目标

1. 公司经理层经营业绩考核

根据《公司经理层成员经营业绩考核管理办法》等文件规定，公司积极组织经理层成员开展年度和任期制经营业绩考核，主要设置个人 KPI、主要工作业绩、年度专项任务、综合评价四个方面的指标，个人 KPI 在项目建设期、建设和运营重叠期、运营期和退出期反映不同阶段的工作重点，突出个人 KPI 的核心地位，用于经理层成员考核，更具针对性和导向性。一般情况下，经理层成员任期制考核同任期内第一年经营业绩考核同步进行，签订责任书。示例如表 2、表 3 所示。

表 2　　　　　　公司经理层成员年度（任期）经营业绩考核指标表示例

序号	考核指标	指标名称	考核目标	权重	得分
1	个人 KPI	分管工作指标	根据实际工作设定	60%	1. 实际值/目标值 ×100 × 权重；2. 以定量为主，定性与定量相结合
2	主要工作业绩	企业经营业绩指标	根据实际工作设定	20%	
3	年度专项任务	年度重点专项工作	根据实际工作设定	10%	
4	综合评价	能力、素养、品德	德才兼备，以德为先	10%	
5	合计			100%	

表 3　　　　　　负责生产副总经理年度（任期）经营业绩考核指标表示例

序号	考核指标	指标名称	考核目标	权重	得分
1	个人 KPI	建设期绩效考核	得分≥90 分，满足全额回款	30%	1. 实际值/目标值 ×100 × 权重；2. 以定量为主，定性与定量相结合
2		工期履约	按节点计划完成施工任务	15%	
3		安全重量管理	无安全事故，平稳可控	15%	
4	主要业绩	企业经营业绩指标	根据实际工作设定	20%	
5	年度专项任务	年度重点专项工作	根据实际工作设定	10%	
6	综合评价	能力、素养、品德	德才兼备，以德为先	10%	
7	合计			100%	

2. 公司部门经营业绩考核

根据总体设计，以绩效考核和投资收益率作为 KPI 考核的核心指标，各部门围绕核心指标开展相关工作。根据项目所处阶段，科学设置部门负责人个人 KPI 指标。考核按照实际值/目标值 ×100 × 权重确定，以定量为主，定性与定量相结合。各部门分解 KPI 指标示例如表 4、表 5 所示。

表4 公司部门 KPI 指标表示例

序号	指标名称	考核目标	主责部门
1	建设期绩效考核	得分≥90分，满足全额回款	建设管理部
2	运营期绩效考核	得分≥90分，满足全额回款	运营管理部
3	工期履约	按节点计划完成施工任务	建设管理部
4	安全质量管理	平稳可控、获得社会荣誉	安全质量环保部
5	融资落地	融资方案落地，保障项目实施	财务金融部
6	施工利润	≥可研指标	商务管理部
7	财务成本	财务费用压降××%等目标	财务金融部
8	税务成本	减税降费××万元等目标	财务金融部
9	运营成本	成本管控，满足效益最大化	运营管理部
10	投资回收	≥预算指标	运营管理部

表5 建设管理部部门负责人业绩考核指标表示例

序号	考核指标	指标名称	考核目标	权重	得分
1	个人 KPI	建设期绩效考核	得分≥90分，满足全额回款	30%	
2		工期履约	按节点计划完成施工任务	15%	1. 实际值/目标值×100×权重；2. 以定量为主，定性与定量相结合
3		征拆管理	合法合规、手续齐全、维稳	15%	
4	部门管理成效	部门建设	部门制度建设齐全、队伍建设、作风建设良好等	30%	
5	综合评价	能力、素养、品德	德才兼备，以德为先	10%	
6	合计			100%	

3. 公司员工经营业绩考核

公司员工 KPI 主要以部门职责分工进行确定，结合年度部门重点工作，分解指标至员工个人，用于年度考核。以公司财务金融部为例，示例如表6所示。

表6 公司员工业绩考核指标表示例

序号	岗位	考核指标	指标名称	考核目标	权重	得分
1	税务岗	个人KPI	减税降费	例如,做好纳税筹划,确保增值税留抵退税××万元;企业所得税优惠××万元;个人所得税返还等	50%	1. 实际值/目标值×100×权重; 2. 以定量为主,定性与定量相结合
2		基础工作管理	纳税评级	纳税评级达到B级及以上	20%	
3			纳税申报	按期申报,杜绝偷税漏税	20%	
4		综合评价	能力、素养、品德	德才兼备,以德为先	10%	
5		合计			100%	
1	资金岗	个人KPI	财务费用压降	例如,紧跟政策窗口期,充分享受银行贷款利率下调优惠,压降××%	20%	
2			项目融资	保障项目融资××亿元,确保项目推进实施	30%	
3		基础工作管理	资金使用	按时编制资金计划,资金管理安全平稳等	40%	
4		综合评价	能力、素养、品德	德才兼备,以德为先	10%	
5		合计			100%	

(三) 规范业绩考核程序机制方法

经理层成员年度业绩考核在次年4月底前完成,任期业绩考核一般结合任期届满当年年度业绩考核一并进行。经理层成员应在最晚不得超过次年的3月底前向绩效考核领导小组提交年度经营业绩考核自我评价报告。公司部门责任人和其他员工于每年年底上报个人工作述职报告,总结年度个人业绩指标完成情况,形成书面报告,上报至绩效考核领导小组。绩效考核领导小组按照考核分工组织相应职能部门进行考核。绩效考核领导小组汇总并拟订考核报告提交相关会议决策后上报薪酬考核委员会,由薪酬考核委员会审议并提交公司董事会决议,形成考核结果与奖惩意见。

(四) 明确业绩考核结果运用追溯

公司以KPI为主线的业绩考核得分作为绩效薪酬发放的主要依据,也是公司职工职业发展、提拔任用、工作调整和评优评先的重要参考。根据规定,考核得分评价标准示例如表7所示。

表7 公司年度业绩考核评级定性

职务	考核得分	评价定性	个人绩效考核系数
经理层成员	$90 \leqslant a \leqslant 100$	A 类（一类）	0.015 × 考核得分 − 0.45
	$70 \leqslant a < 90$	B 类（二类）	0.01 × 考核得分
	$a < 70$	C 类（三类）	0
其他人员	$a \geqslant 90$	A 类（优秀）	1.2
	$85 \leqslant a < 90$	B 类（良好）	1.1
	$70 \leqslant a < 85$	C 类（称职）	1
	$a < 70$	D 类（不称职）	0

考核完成后，如发现被考核人员业绩考核有不实或不准，由审计部牵头、财务金融部和业绩考核指标主责部门参与成立联合调查组，对各项业绩考核指标"实际值"的真实性、准确性进行调查、分析并作出结论，履行必要程序后修正考核结果。修正后的考核结果逊于原考核结果的，根据修正后的考核结果重新计算、确定考核定性结果分档；对于弄虚作假，违反财经纪律的，一经发现，给予经济和行政处罚，否决当期考核结果，并追回所属考核期的薪酬。

四、取得成效

（一）融资方案优化，保障项目实施

根据政府实施机构与社会联合体签署的 PPP 合同约定，由项目公司负责实施的 T 项目的征地拆迁费用约为 8.08 亿元、工程预付款约为 12 亿元。项目前期账面自有资金存在较大缺口，且贷款银行对此类工程项目贷款提供的相应贷款资料审核比较严苛，受制于前期项目合规手续办理进度较慢、短时间内很难满足银行无缺放款的条件。项目公司融资小组创新工作思路，优化了原项目贷的融资方案，采取了"前期贷 + 项目贷"的模式，即在项目刚进入建设前期申请项目固定资产贷款的同时，果断引入短期流动贷款，因银行短期流动贷款门槛较低、限制较少、审批流程较快，项目公司在项目正式建设后仅用 1 月时间即 2019 年 9 月 10 日就实现了银行贷款期限不超 1 年、利率不低于 3.85%、金额不超 17 亿元的融资授信批复，根据项目建设进度，同年 12 月初首笔银行短期贷款 6 亿元成功放款，极大地减轻了项目公司在项目实施初期阶段的资金短缺问题，为 T 项目的顺利推进提供了极大的资金保障。由项目融资小组撰写的《建筑企业参与 PPP 项目的融资问题及对策研究》还曾荣获中施协 2021 年度建筑财税优秀论文。

（二）新增子项止损，变更索赔增效

为解决投资额缩减、施工利润减少问题，项目公司积极构建并维护与 T 市政府的政商关系，主动出击、积极作为，牵头组织施工单位与政府机构谈判，灵活博弈。经过反复磋商和多轮谈判，将 P 河生态保护修复工程项目、Z 河上游工程、T 市污水处理厂备用污水管网建设工程纳入 PPP 项目中，新增工程投资额约 9.83 亿元，其中建安费用为 7.79 亿元，施工利润率 23.46%，高于原投标项目的 20.97%，有效弥补了建安费用缩减造成的投资收益损失。同时为确保各参建单位利益，项目公司积极研究合同条款，想方设法减亏增盈，T 项目累计变更金额达 8.5 亿元。经系统梳理、全面排查、充分调研、科学论证，精准找出四个切入点：一是工程所用主要材料价格波动幅度超过了合同约定的 ±5%；二是在属地Ⅰ、Ⅱ级疫情防控响应未解除的情况下，积极响应号召，率先复工复产，可以主张防疫用品及隔离措施等费用补偿；三是疫情、环保等非项目公司原因导致工期延长增加的管理费；四是渣土消纳存放地点与投标时发生了较大变化，导致费用增加。项目公司以此四个切入点与政府实施主体经过多次大量深入细致的沟通谈判，突破原 PPP 合同条款约定内容，在疫情补偿、项目工期延长增加的管理费、土方增运上取得了决定性突破，增补建设费用 1.94 亿元，其中材料调差金额 1 697 万元，疫情补偿 250 万元，工期延长补偿项目公司管理费 701 万元，土方调增运费 16 730 万元。

（三）着力开源节流，污水收益提升

一是加强管理，多方举措，获取试运行收入。针对 T 项目 PPP 合同对试运营相关内容及费用不明确的问题，项目公司主动出击，与实施机构多次沟通，签订补充协议，明确试运营时间及相关费用标准。项目试运行期间严格按照补充协议规定，加强管理，梳理各项试运营支出，并整理支撑资料，上报实施机构审核，最终获得试运营收入 451 万元。二是依据污水处理费按照固定单价的结算的方式，项目公司通过对比分析发现，增加日处理量可以提高污水处理收入。与实施机构积极沟通，提高日处理水量，部分月份高峰时已超过 12 万吨/方（设计水量），为增收奠定基础。选取前两年运营数据与投标数据对照，实际处理水量比投标增长 1 735 万吨，增长率为 37%；运营收入比投标增长 7 294 万元，增长率 63%。三是合理组织生产运营，降本增效常抓不懈，根据污水处理厂生产运营特点，将功率大、可间断工作的设备，根据电价浮动规律，采用错峰运行模式，安排在晚上运行，降低电费支出。控制成本的同时也提升了污水处理厂的收益，实现了开源节流。

（四）运营考核达标，顺利投资回款

一是加强日常管理，逐步提升运维管理水平，将绩效考核的标准贯彻到日常检查

中，确保日常工作标准化，标准工作日常化；二是依据各类运维标准及规范，积极沟通，合理解释运维检查中存在的问题，积极整改，确保绩效考核达标；三是做好运营工作的检查、维护及保养，确保各类设施设备运转正常；四是积极应对各类突发事件，加大沟通协调力度，确保运营工作有序可控。截至 2023 年 8 月底，污水处理项目运营期绩效考核 7 次，绩效考核分数分别为 95 分、93.5 分、94.5 分、96分、95.5 分、94.5 分、92 分，全部达标，满足全额回款要求。非污水处理项目运营期绩效考核 5 次，前三次绩效考核分数分别为 90.65 分、92.62 分、92.16 分，后两次得分暂未公布，通过与绩效考核单位的沟通，后两次考核基本达标，满足政府可行性缺口补贴全额回款要求。截至 2023 年 7 月 31 日，污水处理厂累计应收运维服务费 23 025 万元，累计支付 20 393 万元，资金支付率 89%；非污水项目投资回收，2022 年投资回款 2.4 亿元全部收回，2023 年在本年度 12 月 31 日之前支付。

（五）财务费用降低，减轻付息压力

项目公司融资小组紧密围绕"融资创效"的核心主题，不同于同业项目公司采取让贷款银行自行组团，最后选择条件最优银团的融资模式。项目公司通过融资推介会的模式，向有意向参与 T 项目的融资机构发送邀请函，让其独立成团报送竞争性谈判文件，最终通过银行一对一的谈判后选出三家条件最优的金融机构参与 T 项目，较可研数据的 4.9% 利率调整为了 4.185%，下浮率约为 14.6%。根据全周期 39.22 亿元的融资贷款总额计算（见表8），预计较可研节省 1.99 亿元的利息费用。在 T 项目推进过程中，原首批引入三家金融机构之一的交通银行由于自身银行放款审批程序问题，未能及时履约，故退出参与 T 项目。由此项目公司开启了第二轮银行贷款竞争性谈判，最终引入了中国银行，银行贷款利率也由开始的 4.185% 下浮至 4%。同时，项目公司在运营期根据市场经济形势变化以及针对 T 项目投资回款较为稳定的特点引入了贷款银行末位置换的模式，进一步降低银行贷款利率，由建设期的 4% 下浮至3.5%，在原较可研节省 1.99 亿元的利息费用的基础上又实现了 1.76 亿元的财务费用压降，即合计实现了较可研节省 3.75 亿元的利息费用，为 A 企业在 T 项目的运营阶段减少了还本付息的压力，极大地体现了项目公司主张的"融资创效"的核心主题。

（六）创新工作思路，留抵全额退税

T 项目 2022 年实现两次增值税留抵退税，累计退税金额 1.8 亿元，通过企业行业变更真正意义上实现了退税率达 100%。一是积极跟进纳税信用评级变化情况，快速实现第一次留抵退税。项目公司通过与属地税务局有效沟通，待公司纳税信用评级

表8　　　　　　　　**T 项目可研与实际付息对比**

单位：亿元

项目	建设期	运营期												合计
	2020 年	2021 年	2022 年	2023 年	2024 年	2025 年	2026 年	2027 年	2028 年	2029 年	2030 年	2031 年	2032 年	
期末贷款余额	39.22	36.75	34.15	31.42	28.56	25.56	22.41	19.11	15.64	12.01	8.19	4.20	0.00	—
可研付息（一）	0.96	1.86	1.74	1.61	1.47	1.33	1.18	1.02	0.85	0.68	0.49	0.30	0.10	13.59
首次调整利率后付息（4.185%）（二）	0.82	1.59	1.48	1.37	1.26	1.13	1.00	0.87	0.73	0.58	0.42	0.26	0.09	11.60
末次调整利率后付息（3.5%）（三）	0.82	1.33	1.24	1.15	1.05	0.95	0.84	0.73	0.61	0.48	0.35	0.22	0.07	9.84
可研与首次调息对比付息差（四=一-二）	0.14	0.27	0.26	0.24	0.21	0.20	0.18	0.15	0.12	0.10	0.07	0.04	0.01	1.99
首次与末次调息对比付息差（五=二-三）	0.00	0.26	0.24	0.22	0.21	0.18	0.16	0.14	0.12	0.10	0.07	0.04	0.02	1.76
可研与末次调息对比付息差（六=一-三）	0.14	0.53	0.50	0.46	0.42	0.38	0.34	0.29	0.24	0.20	0.14	0.08	0.03	3.75

调整为 B 级后，仅用 4 天时间，成功办理首笔增值税留抵退税 0.83 亿元；二是创新工作思路变更行业类型，短时间实现第二次留抵退税，退税率达 100%。根据税务政策变化，将项目公司行业类型从不适用全额留抵退税的"建筑业"变更为可适用全额留抵退税的"水利、环境和公共设施管理业"，将现有增值税留抵 0.97 亿元进行退税，实现增值税留抵退税率 100%，避免了出现常规 PPP 项目公司在整个建设期账面存在大额进项留抵而无销项税额的尴尬局面，同时也有效地化解了 PPP 项目在建设后期收尾阶段资金不充足的风险，为项目建设尾期的竣工交验、审计、决算提供了极大的资金保障。

（七）积极有效沟通，征拆进销平衡

T 项目在实施过程中，存在征拆费用代收代付经济业务，项目公司深入研究项目合同条款、创新工作思路、突破制度空白，实现征拆费用对应增值税销项税等额抵减。前期，属地税务局以"无政策文件明确规定及省内无先例"为由，拒绝土地费用回款不开具发票的诉求。过程中，经过与属地税务部门近半年持续对接，将征地拆迁费代收代付的业务性质进行了充分说明，并提供属地财政部门审定金额报告、实施机构收款开具省级资金往来结算票据等证明资料。最终于 2022 年 9 月底，属地税务局同意项目公司诉求，以收据代替增值税发票。T 项目征拆费用上限为 8.08 亿元，按运营收入 6% 税率计算，预计可节增值税及附加税 0.51 亿元，如表 9 所示。

表 9   征拆部分不开票较可研节税对比

序号	项目	可研数据	实际数据	差额
1	征地拆迁费用（亿元）	8.08	8.08	0
2	增值税税率（%）	6	0	6
3	增值税金额（亿元）	0.46	0	0.46
4	附加税（税率 12%）（亿元）	0.05	0	0.05
5	税额合计（亿元）	0.51	0	0.51

（八）精准深度筹划，项目税收降本

通过超前谋划，深入学习各项税务管理政策文件，采取灵活多变的工作方式，项目公司通过税率调减、"三免三减半"、加计扣除等多种方式，预计可实现节税32 469 万元。一是将 T 项目污水处理费增值税税率从 13% 调减至 6%，缺口补贴从9% 调减至 6%，预计运营期可实现节税约 29 735 万元（其中污水部分 8 245 万元、非污部分 21 490 万元，具体数据见表 10、表 11）；二是采用"沟通+实地调研"方式，邀请属地税务局实地调研，获取 T 项目污水处理厂污水处理所得收益可享受"三免三减半"税收优惠政策，预计整个周期可节省企业所得税 1 133 万元（具体数

据见表12），同时，有效避免了潜在税务稽查风险；三是深入研究《关于深化增值税改革有关政策的公告》《关于明确生活性服务业增值税加计抵减政策的公告》等政策文件，根据 T 项目运营收入主要为提供污水处理服务取得收入的特点，获得属地税务局对适用 15% 加计抵减政策的认可，预计可加计抵减增值税额 707 万元。

表 10 　　　　　　　　　　污水处理部分全周期预计节税情况

序号	项目	可研数据	实际数据	差额
1	全周期预计金额（万元）	125 972	125 972	0
2	增值税税率（%）	13	6	7
3	增值税金额（万元）	14 492	7 130	7 362
4	附加税（税率12%）（万元）	1 739	856	883
5	税额合计（万元）	16 231	7 986	8 245

表 11 　　　　　　　　　　非污水项目全周期节税情况

序号	项目	可研数据	实际数据	差额
1	可行性缺口补助（万元）	738 943	738 943	0
2	增值税税率（%）	9	6	3
3	增值税金额（万元）	61 014	41 827	19 187
4	附加税（税率12%）（万元）	7 322	5 019	2 303
5	税额合计（万元）	68 336	46 846	21 490

表 12 　　　　　　　　　　"三免三减半"优惠政策节税情况

序号	项目	2021 年	2022 年	2023 年	2024 年	2025 年	2026 年	合计
1	污水处理收入（万元）	5 318	5 694	5 694	5 694	5 694	5 694	33 791
2	污水处理成本（万元）	1 345	2 827	2 827	2 827	2 827	2 827	15 479
3	无形资产摊销（万元）	1 813	2 190	2 190	2 190	2 190	2 190	12 764
4	利润总额（万元）	2 160	678	678	678	678	678	5 548
5	企业所得税（万元）	540	169	169	169	169	169	1 387
6	可减免比例（%）	100	100	100	50	50	50	—
7	可减免税额（万元）	540	169	169	85	85	85	1 133

（九）安质管理高效，社会荣誉显著

项目公司始终"以人为本"，坚持"人民至上、生命至上"，坚持"安全第一、预防为主、综合治理"方针，建立健全安全质量管理体系和管理制度，厘清"五方"

主体责任，严格责任落实考核机制，保障了安质体系顺畅运转。监管过程中，秉承安全质量"重奖重罚、利剑高悬"原则，坚持"把隐患当作事故对待"，坚持"打卡式、查酒驾式"管理模式，把控重大风险管理；积极运用《记分管理办法》与现场安全培训、警示、防护、工序验收、隐患排查、分包队伍、应急管理、安全措施等深度衔接，确保日常监管稳中可控；以监理为抓手，充分发挥监理在项目建设的监督管控作用，定期对监理单位进行履职检查、考核评价、召开监理工作例会，有效确保项目安全质量形势持续向好。本项目立足"三高六化"管理，先后荣获 S 省安标工地、优质结构工程、环保示范工程等省级荣誉 4 项，股份公司安标工地、安全生产先进集体、绿色科技示范工程等股份级荣誉 3 项。同时，项目建设成果被 CCTV-12《见证》栏目进行了专题报道，新华社、《人民日报》、《光明日报》、《科技日报》等 10 余家中央级媒体也进行了集中报道。

五、经验总结

一是通过构建关键绩效指标，严格运用过程，形成了一套较为完整的考核体系，管理会计工具的作用突出，公司治理水平不断提高，管理人员素质普遍提升；在公司业绩不断攀升的同时，员工收入同步上涨，形成了良性循环，有效发挥出 KPI 考核的激励约束作用，在业内树立了标杆和榜样，为投资项目管理提供示范样本以及可复制管理经验。

二是投资项目管理聚焦效应明显，项目矛盾和风险得到重点关注，投资收益有效锁定。T 项目建设期和运营期绩效考核得分均 90 分以上，绩效考核全部达标，股东权益得到可靠保障；经测算，T 项目全投资税后财务内部收益率达 6.91%，自有资金内部收益率（含施工利润）达 12.14%，自有资金内部收益率（不含施工利润）达 5.89%，均高于过会可研测算的指标。

（中国铁工投资建设集团有限公司　张江涛　吴美丽　郑　军　李　凯

魏家博　吕宝红　冯　维　张云天　张军帅）

关键指标聚焦导向下的投建营
一体化企业集团绩效考核

【摘要】为贯彻落实中央企业监管和考核要求，建立以绩效导向为核心、成本管控为抓手、降本增效为目标的激励与约束机制，进一步增强绩效考核的科学性、针对性和有效性，促进中央企业高质量发展，确保实现战略目标，绩效考核体系的创新与实践显得十分紧迫。本文采用关键绩效指标法，对投建营一体化的中国铁工投资下属的各单位绩效考核评价的原则、方法、指标与分值的设置进行了探索，总结在企业集团各单位的运用与实践，尤其在基本指标、贡献系数、专项指标的选择和运用方法上，对类似及相关企业提供了借鉴意义，旨在进一步促进中央企业完善绩效考核体系。

一、背景描述

（一）单位基本情况

中国铁工投资建设集团有限公司（以下简称"中国铁工投资"）成立于 2019 年 12 月，注册资本金 50 亿元，总部设在北京，是中国中铁的全资子公司，是中国中铁在生态环境治理与城市空间建设开发等领域着力打造的新型发展平台，是中国中铁转型升级、高质量发展的新增长极。公司现拥有职工 3 078 人；拥有资产总额 360 亿元；各种先进机械设备 599 台（套），总功率 6 056.1 千瓦；拥有施工特级资质 1 项、施工总承包资质 17 项、施工专业承包资质 9 项、设计资质 7 项、运营资质 2 项；拥有 1 个国家高新技术企业、1 个省级技术创新中心、1 个工程研究中心、1 个 CMA 国家检验检测机构。新增授权专利 95 件、参编国家标准 1 项、地方标准 1 项，主编团体标准 3 项；荣获各类安全、质量、环保、工程类奖项国家级 15 项，省部级 82 项。

中国铁工投资始终秉承"新领域、新业态、新模式、新思维、新组织、新气象"的"六新理念"，聚焦水务、水环境、绿色资源、城市综合开发四大业务板块，全力打造国内一流的生态环境系统服务商和现代城市投资运营商，践行"生态合作，融合发展"的初心，充分发挥产业研究、规划设计、科技研发、投融资、建设管理、运营维护、咨询服务等一体化系统性优势，携手各地政府、企业、高校、科研机构等合作伙伴，共同为社会缔造美好空间、为人民创造幸福生活。

中国铁工投资建立包括董事会、经理层、监事会、党组织在内的完善法人治理结构。董事会设战略与投资委员会、薪酬与考核、审计与风险 3 个专门委员会。

截至 2022 年末，中国铁工投资所属境内单位共 68 家（不含集团公司），管理层级有 5 级，根据中国中铁股份有限公司为一级企业、中国铁工投资为二级企业的层级划分标准，三级企业 15 家，包括法人公司 11 家、分公司 3 家、合伙制企业 1 家。其中法人公司中全资、控股企业 7 家，参股企业 4 家；四级企业 37 家，包括法人公司 34 家、分公司 3 家。其中法人公司中全资、控股企业 19 家、参股企业 15 家；五级企业 16 家，包括法人公司 7 家（均为控股企业）、分公司 9 家。

（二）管理会计应用基础

中国铁工投资拥有健全的管理会计应用基础。一是建立了完善的考核分配制度体系，分类施策，从多个维度对下属单位进行考核；二是建立了专业的管理团队，在财务金融部下设置了考核分组，由专业的考核分配团队进行考核管理。同时，中国铁工投资拥有信息化程度较高的智能共享平台，为绩效考核工作提供了信息化技术支撑。

（三）选择关键绩效指标法的主要原因

中国铁工投资是一家集合了设计、投资、建设、运营一体化多业态的中央企业，下属既有专门从事施工的子公司和直管总承包部，又有负责投资和运营的子分公司，还有负责具体项目的 SPV 公司，特殊目的的公司（SPV 公司）在全周期管理的不同阶段投入与产出分别不同，这给考核工作带来了挑战。中国铁工投资采用关键绩效指标法对不同业态的下属单位进行考核：一是有助于企业战略目标的实现，在企业内形成统一的战略导向；二是有助于将下属单位的绩效目标与企业整体的经营和财务目标统一起来，聚焦企业中心任务；三是有助于企业抓住关键性工作，事半功倍，增强绩效考核的科学性、针对性和有效性。

二、总体设计

（一）应用关键绩效指标法的目标

关键绩效指标法是指将组织战略目标经过层层分解而产生的、具有可操作性的、用以衡量组织战略实施效果的关键性指标体系。中国铁工投资采用关键绩效指标法，目标是建立一种机制，将组织战略转化为内部流程和活动，从而促使组织获取持续的竞争优势。

（二）应用关键绩效指标法的总体思路

中国铁工投资建立关键绩效指标体系的基本思路是通过对组织战略的分析，找出组织获得成功的关键成功领域，再把关键成功领域层层分解为关键绩效要素。为了便于对关键绩效要素进行量化考核和分析，还需将要素细分为各项指标，即关键绩效指标。把战略置于绩效管理的核心，用关键绩效指标来推进绩效管理实践，以发挥战略导向的牵引作用。中国铁工投资通过五个步骤设计出一个完整的基于关键绩效指标的绩效管理系统，即确定关键成功领域、确定关键绩效要素、确定关键绩效指标、构建组织关键绩效指标库、确定下属单位绩效考核目标值。

（三）关键绩效指标法的内容

1. 确定关键成功领域

建立关键绩效指标体系的第一步是根据组织的战略，通过分析，寻找使组织实现战略目标或保持竞争优势所必需的关键成功领域，即对组织实现战略目标和获得竞争优势有重大影响的领域。

确定组织的关键成功领域：一是找到企业取得成功的原因；二是分析在过去的成功过程中，使企业在未来持续获得成功的因素，以及可能会成为组织成功障碍的因素；三是明确组织未来追求的目标、未来成功的关键因素。这实质上是对组织的战略制定和规划过程进行审视，对所形成的战略目标进行反思，并以此为基础对组织的竞争优势进行剖析。

2. 确定关键绩效要素

关键绩效要素提供了一种描述性的工作要求，是对关键成功领域的解析和细化。它解决了每个关键成功领域包含的内容、如何保证在该领域获得成功、取得该领域成功的关键措施和手段、达到该领域成功的标准等问题。

3. 确定关键绩效指标

对关键绩效要素进一步细化，经过筛选，关键绩效指标便得以确定。在选择关键绩效指标时应遵循三个原则：（1）指标的有效性，即所设计的指标能够客观地、最为集中地反映要素的要求。（2）指标的重要性，通过对组织整体价值创造业务流程的分析，找出对其影响较大的指标，以反映其对组织价值的影响程度。（3）指标的可操作性，即指标必须有明确的定义和计算方法，容易取得可靠和公正的初始数据，尽量避免凭感觉主观判断的影响。

4. 构建组织关键绩效指标库

在确定了组织关键绩效指标之后，就需要按照关键成功领域、关键绩效要素和关键绩效指标的三个维度对组织的关键绩效指标进行汇总，建立一个完整的关键绩效指标库，作为整个组织进行绩效管理的依据。

5. 确定下属单位绩效考核目标值

中国铁工投资根据集团整体的关键绩效，细分、拆解关键绩效目标，根据不同下属单位的实际情况，确定下属单位绩效考核目标值。集团整体目标的实现需要所有下属单位的支持，对集团整体关键绩效指标的承接和分解是制定下属单位绩效指标的关键环节。

（四）应用关键绩效指标法的创新

为了更加客观、公正地反映企业负责人的年度、任期绩效，既立足当前，又关注长远，避免企业负责人的短期行为，中国铁工投资采用关键绩效指标法，探索确立了"'不同业态'+'基本指标+专项指标+风险控制指标'"的"年度考核+任期考核"的立体考核评价体系，使关键绩效指标法的应用更加贴合企业实际需求。

三、应用过程

（一）参与部门和人员

绩效考核工作由中国铁工投资财务金融部牵头负责，各部门按职责配合、协同实施。

（1）财务金融部负责牵头绩效考核工作，制定和修改绩效考核办法；依据各单位上报的考核指标申请值，组织各项指标主责部门审核、征询反馈考核指标目标值，经相关会议决策后下达考核指标目标值，组织签订《绩效考核责任书》，各项考核指标原则上纳入预算进行管理；组织实施绩效考核，统计考核得分，起草绩效考核报告。

（2）其他部门基于考核指标与各部门管理职责的对应关系，审核、征询反馈被考核单位绩效考核目标值，按照有关规定，完成相应指标的考核工作。

（二）确定关键成功领域和考核原则

中国铁工投资的企业使命是"致力美丽中国建设，服务人民美好生活"，定位为生态环境和城市空间领域的全产业链系统服务商，集合了设计、投资、建设、运营一体化多业态。根据企业的使命、定位、业态特点，中国铁工投资确定了三个关键成功领域，一是引导企业负责人树立正确的考核导向，激发企业负责人保持干事创业的热情与活力；二是规范、约束企业各个业务系统树立底线思维和努力方向；三是控制风险。

为了在关键领域取得成功，中国铁工投资确定了四个考核原则。一是依法合规，贯彻党和国家政策，遵守法律、行政法规、规章和上级公司相关规定要求，准确把握监管边界，依法依规履行职责，有效落实管理责任；二是高质量发展，要结合企业中长期战略规划和发展定位，突出主业特点，立足创新发展、绿色发展，加快质量变革、效率变革、动力变革，不断提升企业核心竞争力和抗风险能力的原则制定可量化、可执行、符合引导企业高质量发展的考核体系及考核指标；三是分类考核，根据企业功能定位、发展阶段、企业管理短板等个性化特点，客观公平公正，实行"一企一策"的考核体系，分别设置考核指标和权重；四是激励约束，坚持责、权、利相统一，建立与企业负责人选任方式相匹配，与企业功能性质相适应、与绩效相挂钩的契约化激励约束机制，实现绩效增减决定薪酬升降。

（三）确定关键绩效要素

根据已经确定的企业关键成功领域，进行解析和细化，确定了关键绩效要素。一是为了引导企业负责人树立正确的考核导向，激发企业负责人保持干事创业的热情与活力，要重点关注企业规模、效益、质量、可持续发展能力、培养竞争力、创新能力，即基本指标。二是为了规范、约束企业各个业务系统树立底线思维和努力方向，要重点关注各个专业、业务系统的制约性、目标性、导向性行为，即专项指标。三是为了控制风险，要重点关注在基本指标、专项指标之外确立的约束性指标和企业的风险性指标。

（四）确定关键绩效指标

为了更加客观、公正地反映企业负责人的年度、任期绩效，既立足当前，又关注长远，避免企业负责人的短期行为，中国铁工投资探索确立了"'不同业态'+'基本指标+专项指标+风险控制指标'"的"年度考核+任期考核"的立体考核评价体系。

1. 基本指标

分值采用百分制的形式，指标的选择主要基于企业规模、效益、质量、可持续发展能力、培养竞争力、创新能力等角度进行统筹考虑。

（1）投资运营类公司的基本指标的确定。投资运营类公司既涉及投资项目的选取、投资项目回报指标是否达到企业预设的指标、投资风险是否可控，又涉及运营资产考核达标、投资回收款（特指政府付费部分）能否列入中长期财政预算、运营资产安全等内容，还要突出营业收入、净利润、"两金"规模控制指标等。

（2）施工类公司的基本指标确定。对于该业态下的子分公司，首先要考虑在市场上承揽任务份额，这是决定了以后年度是否手上有存量任务可以施工，不至于企业生存都成为问题；其次要将营业收入、净利润、经营性现金净流量、资金集中和上缴，亏损项目治理作为考核指标，企业可以根据管理需求和发展战略将其中的部分指标加大考核权重。

（3）SPV公司的基本指标的确定，在建设期阶段，根据项目完成投资额的比例，将建设期划分为前、中、后期。建设前期将合规手续办理、银行授信批复、设计管理作为主要指标；建设中期将投资额完成、利润实现、现金流管理作为主要指标；建设后期将投资控制、竣工验收、建设期考核、运营筹备作为主要指标。项目进入运营期后将运营管理、绩效考核达标、投资回收、管理费用率作为主要指标考核。

（4）表外项目公司管理团队基本指标确定，考核指标的选择参考SPV公司的主要指标，由于表外项目不并表，重点考核对集团内部参与建设单位计价拨款及时性，考核对集团内部单位的协同支撑、项目管理能力、培养对投资项目操盘能力涉及的相关指标。

（5）总承包部的基本指标确认，主要选取验工计价的及时和足额、营业收入、资金上缴和集中、净利润及"两金"控制等指标，达到施工利润的快速实现，保障资金集中和对上级资金足额上缴。

2. 专项指标

专项指标主要采用扣分制，少数创效、创优、增强企业品牌力的指标适当设置加分项。指标的选择侧重于各个专业、业务系统的制约性、目标性、导向性行为而设立的指标，是为了更好地规范、约束企业各个业务系统树立底线思维和努力方向，与基本指标形成立体全面的考核评价体系。这类指标的设置包括依法合规经营、物资集采率、资产负债率、带息负债规模、纳税信用评级、税负率、专项回款、工程创优、科技创新成果、投资项目法人治理等方面。

3. 风险控制指标

风险控制指标是在基本指标、专项指标之外确立的约束性指标和需要企业关注风险性指标，例如，安全、环保与失信行为，被考核单位发生较大及以上安全质量责任事故、环保事件或发生重大失信行为被限制行业（省级区域）市场准入的；投资回收总额低于应收总额的80%；年度现款上缴完成率低于80%；资产证券化规模上限等。

对于任期考核主要考核企业责任人在任期内应当实现的营业收入、净利润、经营性现金净流量、营业收入利润率、全员劳动生产率（全员劳动生产率=劳动生产总值/年末平均从业人员数）等指标，可以根据承接国资委考核的要求，设置国有资产保值增值率（国有资产保值增值率=任期期末净资产总额/任期期初净资产总额×100%）、经济增加值（EVA指标=税后净营业利润–资本成本）、总资产周转率指标。

（五）构建组织关键绩效指标库

在确定了关键绩效指标后，中国铁工投资按照三个关键成功领域、分解的关键绩效要素和细分的关键绩效指标这三个维度对组织的关键绩效指标进行汇总，建立了一个完整的关键绩效指标库，作为整个集团进行绩效管理的依据。

（六）确定下属单位绩效考核目标值

在考核体系建立后，对于考核指标目标值的确定就显得尤为重要，另外，如何设置计分规则，怎样全面、公平、公正地评价企业负责人绩效和经营成果，是对下属单位绩效考核工作的重中之重。

1. 考核目标值的确定

考核目标值的确定既要遵循企业实际又要对标行业、企业内部单位先进水平，可以采用企业近3~5年的该指标实际完成值乘以相应年份不同的权重，年份越近的权重可以设置比例越高，但整体权重为1，在这个基础上乘以适当的增长率（增长率的设置可以参考企业近几年实际增长率加对标先进单位的增长率或是企业内部拟订的五年规划增长率，分别赋予不同权重计算求得）。

2. 计分方法

主要的计分公式为：年度绩效考核得分=基本指标得分×投入产出系数+专项考核得分+风险控制指标得分。

（1）每年年末将实际完成值与考核目标值的完成比率乘以相应分值计算基本指标得分。

（2）专项指标得分结合计分规则经主管部门复核审定后量化得分。

（3）风险控制指标得分结合指标完成值计算得分，涉及触发一票否决的指标，年度绩效考核得分计0分。

（4）投入产出系数可以选用营业收入、净利润、经营性现金净流量除以财务资源占用（财务资源=净资产+带息负债+资产证券化金额+对外提供担保+负债端融资等其他财务资源）、人力资源占用（人力资源=各级领导班子成员占用工资总额×根据企业实际设定倍数+其他员工占用工资总额）后的6个数据的相乘之积取得。对于表外项目管理团队的投入产出系数可以根据管理团队的贡献大小划分几个档，取值范围在0.8~1.5之间，在实务操作过程中，可以结合企业实际来设置。

任期绩效考核得分的计算方法同年度考核得分计算方法，把任期内指标完成情况代入公式求结果即可。

除了可以采用计分方法评价下属单位经营成果外，还可以考虑采用系数法等方法进行评价，系数法可以是选择基本指标、专项指标、风险指标完成系数相乘求得。

3. 考核评价认定

年度绩效指标考核得分、任期绩效指标考核得分在90分及以上者为A类（优秀）；80分及以上90分以下者为B类（良好）；70分及以上80分以下者为C类（一般）；70分以下者为D类（较差）。

4. 考核评价与结果运用

集团对下属单位考核评价、考核得分结果运用是确定领导班子人员绩效薪酬的主要依据，也是领导班子成员职业发展、提拔任用、工作调整和评优评先的重要参考。

5. 绩效考核结果追溯

集团如发现下属单位、团队提供资料不实或不准、总部测评部门有弄虚作假，违反财经纪律的情形，一经发现，给予企业内部处罚，经相关会议决策后否决当期考核结果，并追究当期任职主要责任人的相应责任，追回所属考核期的薪酬。

四、取得成效

（一）应用相关管理会计工具方法前后情况对比

采用关键绩效指标法前，中国铁工投资的考核体系较为单一，对于不同业态的下属单位未按照业态特点分类拟订关键绩效考核指标，部分绩效指标的设置对实现企业发展战略的关联度不高，导向意义不强。

通过采用关键绩效指标法，中国铁工投资系统建立了"'不同业态'＋'基本指标＋专项指标＋风险控制指标'"的"年度考核＋任期考核"的立体考核评价体系。通过运用关键绩效指标法，实现了下属单位绩效目标和公司整体发展战略的有机统一，更加客观、公正地反映了下属单位企业负责人的年度、任期绩效，既立足当前，又关注长远，避免企业负责人的短期行为。

（二）对解决单位管理问题情况的评价

由于中国铁工投资集合了设计、投资、建设、运营一体化多业态，下属既有专门从事施工的子公司和直管总承包部，又有负责投资和运营的子分公司，还有负责具体项目的 SPV 公司，并且 SPV 公司在全周期管理的不同阶段投入与产出分别不同，因此对于不同业态、不同阶段的下属单位的考核具有挑战。通过采用关键绩效指标法对不同业态的下属单位进行考核：一是符合集团公司整体的发展战略；二是有利于集团整体绩效与下属单位绩效的协调一致；三是有助于组织抓住关键工作。

（三）有助于制定和落实战略

采用基于关键绩效指标法的考核体系有助于制定和落实企业战略。一方面，指标体系直接源于集团的整体战略，有利于整体战略目标的实现。首先通过分解战略找出关键成功领域，其次确定关键成功要素，最后通过对关键成功要素的分解得到关键绩效指标，这个过程有助于在集团内部形成一致的行动导向，从而助推集团战略目标的实现。另一方面，集团通过使关键绩效指标体系与组织战略保持动态一致性，确保在集团环境或战略发生转变时，关键绩效指标会相应地进行调整以适应组织战略的新重点，确保集团战略对绩效管理系统的动态化牵引，这有利于提升绩效管理系统的适应性和操作性。

（四）有助于提升单位管理决策有用性

采用基于关键绩效指标法的考核体系，有助于中国铁工投资抓住关键性工作。关键绩效指标强调目标明确、重点突出、以少带多，克服了由于指标庞杂、工作重点不明确而导致关键工作受忽视或执行不到位的现象发生，有助于提升单位管理决策的有用性。

（五）有助于提高单位绩效管理水平

采用基于关键绩效指标法的考核体系，有助于集团整体绩效与下属单位绩效的协调一致。下属单位关键绩效指标是通过对集团整体关键绩效指标的层层分解而获得的，努力达成下属单位绩效目标就是助推集团整体绩效实现的过程，也是助推集团战略目标实现的过程。因此，采用关键绩效指标法建立的考核体系有利于确保下属单位绩效与集团整体绩效保持一致，有利于实现集团与下属单位的共赢，提高了单位绩效管理水平。

五、经验总结

（一）关键绩效指标法的基本应用条件

应用关键绩效指标法，一是应遵循《管理会计应用指引第 600 号——绩效管理》中对应用环境的一般要求；二是应综合考虑绩效评价期间宏观经济政策、外部市场环境、内部管理需要等因素，构建指标体系；三是应有明确的战略目标，战略目标是确定关键绩效指标体系的基础，关键绩效指标反映战略目标，对战略目标实施效果进行衡量和监控；四是应清晰识别价值创造模式，按照价值创造路径识别出关键驱动因素，科学地选择和设置关键绩效指标。

（二）关键绩效指标法成功应用的关键因素

一是要明确企业战略目标，根据发展战略确定关键成功领域。二是要解析和细化关键成功领域，确定关键绩效要素。三是对关键绩效要素进一步细化、筛选，选择关键绩效指标。上述三个环节是关键绩效指标法成功应用于企业考核的关键因素，在分解过程中应始终坚持战略导向。

（三）对改进关键绩效指标法应用效果的思考

为了改进关键绩效指标法的应用效果，在实际过程中，一是应明确企业的发展战略、使命愿景，建立强有力的战略导向；二是根据战略目标判断关键成功领域时，应充分了解行业信息、优势企业特点，抓准关键成功领域；三是加强过程管控，关注发展趋势和实际问题，在实施过程中动态调整相关指标。

（四）关键绩效指标法在应用中的优缺点

关键绩效指标法在实际应用中存在优势：一是强调战略导向；二是有利于组织整体绩效与组织成员绩效的协调一致；三是有助于组织抓住关键工作。但在实际应用的过程中，关键绩效指标法也存在诸多问题：一是关键绩效指标的战略导向性不明确；二是关键成功领域相对独立，各个领域之间缺少明确的逻辑关系；三是关键绩效指标对绩效管理系统的牵引方向不明确；四是关键绩效指标过多关注结果，忽视了对过程的监控。

（五）对发展和完善关键绩效指标法的建议

发展和完善关键绩效指标法：一是明确发展战略，树立鲜明的战略导向；二是合理分析出关键成功领域，并拆解出关键成功要素；三是要加强对于关键绩效指标法应用过程的监控，动态调整相关指标。

（六）对推广应用关键绩效指标法的建议

建筑类企业使用的考核体系和计分方法各不相同，其中中央企业、民营企业的考核体系差异可能更大，但如何发挥好考核指挥棒的作用，激励企业负责人树立正确的绩效观，引导企业高质量发展，实现战略目标是大家需要共同面对的课题与挑战。本文对建筑业绩效考核体系的建立、考核原则、计分方法、评价，以及关键绩效指标法在中国铁工投资的实际运用进行了探索与实践，且取得了比较好的效果，随着国资委对中央企业的绩效考核提出新的要求，明确了考核导向，紧紧围绕"五利一率"细化考核指标成为趋势，期待本文的实践与探索能为其他建筑类企业提供有意义的参考。

（中国铁工投资建设集团有限公司　李继高　吴美丽

郑佐印　张惠花　韩雅辉）

岗位分红激活力，绩效管理增效益
——中铁科研院基于关键绩效指标法的案例研究

【摘要】 近年来，随着经济的飞速发展，市场竞争愈发激烈。企业面临的生存与发展压力倍增，很多企业都在寻求提升竞争力的方法和途径。企业发展除了资金和科技创新等资源外，人力资源也是非常核心的一个要素。如果没有人去掌握、应用及创造企业发展所需的资源，那它就不能充分发挥作用。所以在这个知识经济时代，重视人力资源就是紧紧抓住发展的命脉。

绩效管理作为企业人力资源管理的一部分，对企业发展起着至关重要的作用。员工作为企业价值创造的核心要素，对企业的绩效实施管理离不开对员工的管理。只有充分发挥员工绩效管理的抓手和引擎作用，才能带动企业整体绩效的提升。

关键绩效指标法是绩效管理中的重要方法，它是基于企业战略目标，通过建立关键绩效指标（key performance indicator，KPI）体系，将价值创造活动与战略规划目标有效联系，并据此进行绩效管理的方法。关键绩效指标是对企业绩效产生关键影响力的指标，是通过对企业战略目标、关键成果领域的绩效特征分析，识别和提炼出的最能有效驱动企业价值创造的指标。所以它是符合"二八原理"的：从企业价值来看，80%的价值创造由20%的关键要素贡献，20%的关键人员可以创造企业80%的价值；从员工自身来看，80%的工作任务是由20%的关键行为完成的。所以必须要抓住20%的关键部分并对其分析和衡量，这样才能抓住绩效管理的重点。

本文正是运用了关键绩效指标法，基于文物技术保护中心的人力资源战略目标，设计了岗位分红的关键绩效指标体系，对关键绩效指标体系实施成效做了详细的阐述，并据此总结了关于该方法的一些经验。

一、背景介绍

中铁科研院文保业务源起于1992年，以中铁西北科学研究院有限公司（以下简称为"西北院"）的优势专业技术——地质灾害治理技术为基础，以文物环境整治为切入点，进行文物保护技术研究、技术集成与推广应用，开展石窟文物保护工程技术集成与应用研究和文物保护业务工作。2004年，取得第一批文物保护勘察设计甲级资质与文物保护施工一级资质，于2011年成立西北院文保中心（以下简称为"Y中心"）。Y中心现拥有科研、规划、勘察设计、影响评估、检测监测等全链条业务，业务范围逐步由文物载体保护向文物本体保护深入、由文物保护的外围向核心区渗透，为世界文化遗产和重点文物保护单位提供优质的技术服务。Y 中心现有人员 68 人，其中正式职工 29 人，劳务派遣员工 39 人，平均年龄 28 岁，是一支富有活力的年轻团队；员工队伍具有较高的学历层次与职称水平，其中高级职称 13 人，中级职称 16 人；硕士研究生 18 人，本科生 37 人；同时还拥有国家文物局专家库专家 2 名；人员专业方向涉及岩土工程、工程力学、文物保护、地质工程、结构工程、城市规划、建筑学、水文地质、材料学、工程管理、测绘学、工程经济等，具备承担大型、复杂、综合性文物保护项目的能力。

（一）风起尘埃

2020 年 6 月，疫情愈发肆虐，各行业经济发展受到了巨大冲击，人民生活面临严重的挑战。

老王，兰州人，"985"高校硕士研究生毕业，现任 Y 中心的研发员。生活幸福，工作稳定体面，这是认识的人对他的印象。但是现在只有他自己明白，因为疫情的到来，生活已经发生了巨大的变化，经济压力带来的一连串问题已经让他愁容满面：父母感染新冠住院，妻子因企业破产而失业，弟弟被困异地向其求助，如此种种单靠目前的薪资已经无法支撑。岳父托人联系了以前的同学，为他谋求了一份高薪工作。但老王认为目前经济局势下，到哪里都存在风险，如果贸然离职，不仅得不到自己想要的，还可能失去现有的。妻子觉得老王学历高，经验丰富，应该接受自己父亲的好意，毕竟现在已经 35 岁了，在公司干了 4 年依然还是一个普通的研发员，并没有太大的前途，于是便时常因为这件事与其争吵。老王不得不作出决定。

（二）追本溯源

2020 年 8 月，Y 中心负责人望着丢在桌上的离职审批，心里又气又急，这已经是今年第三个提出离职的人了，前两个是干了没到半年就要走，他们还没有真正认同公司文化和价值，这能够理解，但是为啥老王也要走？

文保行业本质属于人才密集行业，是否拥有高水平技术、高素质的员工是这类企业发展的关键所在，所以做好公司的人力资源管理十分重要。

公司的人力资源战略目标是打造"专·家"文化，即"专心科研，争做学术大家；专注技术，争做技术专家；专业服务，争做业务行家；共建创新之家、和谐之家、幸福之家"。这种"专·家"文化是对"风火山精神"等优秀传统文化的继承和发扬，高举科研大旗，不忘初心，继续前行；是对"人才是企业最宝贵的核心资源"这一理念的强化和升华，营造尊重人才、鼓励创新的文化氛围，激励大家争当专家型员工；是对企业形象和品牌的重塑，擦亮"专家"这张市场名片，就能提升企业的核心竞争力。

科研人员要潜心科学研究，着力科技创新，争做在专业领域有一定影响力的学术大家，以高水平、高价值的科研成果，打造名副其实的中国中铁研究院；技术人员要瞄准行业技术前沿，专注技术创新发展，破解工程技术难题，争做各专业系统的技术专家，以过硬的本领、一流的技术，服务国家基础设施建设；全体员工要立足岗位尽职履责，争做各业务系统的行家里手，提供优质高效的专业服务，为打造国内领先、国际知名的科技型企业集团贡献积极力量；各级组织要群策群力，为努力培养出数名行业知名的学术大家、数十名省部级以上技术专家、数百名各系统的业务行家，创造积极条件，共建中铁科研院创新、和谐、幸福之家。

于是 Y 中心负责人委派人力资源部开展了近一个月的调查研究，基本摸清了全体员工的意见，结果显示跟老王一样想法的员工不下 70%。当人力资源部部长把这个调查结果报告给老胡时，他突然意识到，一场薪酬改革势在必行了！

二、方案确立

2020 年 11 月底，Y 中心经过多番调研论证，最终确定了岗位分红激励实施方案。该方案以企业管理会计中的绩效管理——关键绩效指标法为理论指导，将企业经营目标、目标人员的绩效、目标人员的能力素质作为关键驱动要素，突出"关键少数"创新人员的作用发挥，以效益和贡献为核心，以增量发展为目标，采取静态分配与动态调整相结合的方式，确定激励额度和激励水平。

2021 年 2 月，Y 中心提交上级单位审核通过后，正式下发《Y 中心创新激励试点实施方案》文件，主要内容如下。

1. 方案目标

为深入贯彻习近平新时代中国特色社会主义思想、"三个转变"重要指示和党的十九大、十九届五中全会精神，落实创新驱动发展理念，建立健全自主创新和科技成果转化激励机制，充分调动科研、技术和管理人员的积极性、主动性和创造性，激发核心研发人员、关键技术人员和核心经营管理人员工作热情，推动科技创新发展，促进科技成果向经济效益转化，加快推进文物保护技术研发与科技成果转化产业化，打造"中铁文保"品牌，努力实现文物保护业务向文化旅游产业发展。Y 中心根据《国有科技型企业股权和分红激励暂行办法》《中国中铁股份有限公司科技型企业股权和分红激励管理规定》文件指引，运用关键绩效指标管理方法，结合自身实际情况制订了岗位分红激励实施方案。

2. 工作机构与职责

西北院成立科技型企业股权和分红激励工作小组（以下简称"工作小组"），组长由西北院主要领导担任；副组长由西北院科技创新的分管领导和 Y 中心的分管领导担任；成员由西北院人力资源部、综合办公室、科学技术与信息化部、财务部、经营开发部、安全质量监督与生产管理部等部门负责人和 Y 中心主要负责人组成。负责制定 Y 中心岗位分红实施方案；负责对实施方案的合法性、合规性及实施效果进行评价；负责 Y 中心岗位分红激励方案的实施；负责研究、决定与岗位分红激励有关其他事项等。

工作小组下设办公室，西北院人力资源部负责人担任主任，负责牵头拟订 Y 中心岗位分红激励方案，提交相关会议研究，并向中铁科研院备案；负责实施工作开展情况的分析、总结；负责岗位分红激励相关日常管理工作。

3. 激励对象

突出"关键少数"创新人员的作用发挥，激励对象应与西北院签订了劳动合同，处于 Y 中心班子成员、核心研发人员、核心经营管理人员等核心岗位，按照人员条件选择确定，确定的关键核心岗位人员不超过在岗职工的 40%。

4. 激励方式

Y 中心按照企业自行进行职务科技成果转化，以形成的收益为标的，采取净利润增加值分段累进计提的方式，核定的净利润预算目标原则上不得低于近三年实际完成的平均水平。

5. 激励期限

Y 中心拟在 2021 年实施，期间若发生重大变化，不具备实施条件时，即行调整或终止。

6. 激励额度与激励水平

（1）年度创新激励额度的计提。在完成年度下达的净利润预算目标的基础上，对超额净利润采取分段累进计提的方式考核确定创新激励额度，考核确定的创新激励额度不得高于当年净利润的 15%。年度创新激励额度计提如表 1 所示。

表 1　　　　　　　　　　　Y 中心年度创新激励额度计提

序号	超额净利润（L，万元）	计提比例（T，%）	年度创新激励额度（Q，万元）
1	L≤100	55	0～55
2	100＜L≤200	45	55～100
3	200＜L≤400	35	100～170
4	400＜L≤700	25	170～245
5	700＜L	20	245 起

年度创新激励额度 Q = 超额净利润 L × 计提比例 T × 年度考核系数 N。

- 超额净利润 L 和计提比例 T 采取分段累进方式进行计算。
- 年度考核系数 N = 净利润增长完成率 × 0.3 + 盈余现金保障倍数完成率 × 0.3 + 研发费用占营业收入完成率 × 0.15 + 职工人均营业收入完成率 × 0.25

①每项指标取值范围分别为 0.6~1.0，大于 1.0 的，按 1.0 确定，低于 0.6 的，按 0.6 确定；

②在激励期内，净利润年度增长率的基数为 20%；盈余现金保障倍数的基数为 1.0；研发费用占营业收入的基数为 3.5%；职工人均营业收入基数按照上年度实际职工人均营业收入增长 5% 进行确定。

● 年度职工平均工资较上年度未增长则不予兑现年度创新激励额度。

（2）年度个人激励金额 $J = Q \times$ 个人岗位系数 $F \times$ 个人绩效考核系数 $K / \sum (F \times K)$。

● 个人岗位系数 F 按照创新激励人员任职条件进行确定，确定的人员和岗位系数报西北院备案。

● 个人绩效考核系数 K 按照签订的激励对象个人年度绩效合约进行考核确定。确定方式如下：

①年度绩效考核结果为 90 分（含）至最高得分之间的，在 1.0（含）~1.05 之间确定；其中，90 分系数为 1.0，最高得分系数为 1.05，90 分至最高得分之间的按差值法插入计算系数。

②年度绩效考核结果为 60 分（含）~90 分（不含）之间的，在 0.6（含）~1.0（不含）之间确定；其中，60 分系数为 0.6，60~90 分之间的按差值法插入计算系数。

③年度绩效考核结果为 60 分以下或受党纪政纪处分的，取消当年创新激励资格并退出激励序列，从后备人选库按照排名递补。

● 年度个人激励金额不超过其近三年内任一年度薪酬总额最高值（不含创新激励所得）的 2/3，超出部分的计提创新激励金额不再分配。

（3）当年创新激励额度应当在次年度内进行兑现，激励期满 1 年后未兑现部分不再兑现。同时，兑现应满足经营性现金流为正并具备支付激励额度能力的条件。

（4）Y 中心年度实施的创新激励额度计入单列工资总额，不占当年工资总额。

三、实施过程与结果

（一）2021 年激励对象的确定

针对激励对象的确定条件，Y 中心召开了多次会议，深思熟虑了各方面可能存在的问题，一方面担心新制度的出台员工会接受不了；另一方面也想使员工的工资分配更合理、更有序。通过细致分析主要负责人、核心研发人员、核心经营人员、核心生产人员和核心管理人员五大类人员的工资分配问题，认真测算每个工种的工资，前后沟通酝酿长达两三个月之久才最终确定。如此还不够，为了避免引起不必要的议论纷争，Y 中心还召集全体员工进行了一次全员宣贯大会，将此次薪酬改革的政策、出发点、如何界定享受人员名单和最终的目的进行了全员宣贯，将所有涉及薪酬改革的事项都放在了明面上，让每个人心中都有一本账，自己能干什么，将来向哪个方向努力，自己也可以进入岗位分红名单中，让每一个人都明白岗位分红欢迎每一个足够努力和为中心带来经济效益的人，这就是准入门槛，打消所有人心中的不平衡，为薪酬改革试水打好前战。

最终经公司党委会、总经理办公会研究讨论、公示，选定 11 名职工作为 2021 年度激励对象。

（二）2021 年岗位分红激励额度计算结果

（1）2021 年度，Y 中心新签合同额预算完成率为 113%，营业收入预算完成率为 116%，净利润预算完成率为 112%，如表 2 所示。

表 2   2021 年 Y 中心生产经营指标完成情况对比

指标名称	年度目标值	1~4 季度完成值	完成率
新签合同额（万元）	20 000	22 601	113%
营业收入（万元）	12 000	13 933	116%
净利润（万元）	1 000	1 116	112%
净资产（万元）	12 500	4 755	38%
投资回报率（%）	16	23.47	147%
经营性现金净流量（万元）	1 040	1 124	108%
研发费用（万元）	420	606	144%
职工人数（人）	40	40	100%

（2）年度创新激励额度 Q = 超额净利润 L × 计提比例 T × 年度考核系数 N = 62.2 × 0.88 = 54.7360（万元）。其中超额净利润 L × 计提比例 T = 100 × 55% + （1 116 − 1 000 − 100）× 45% = 62.2（万元）。

年度考核系数 N = 净利润增长完成率 × 0.3 + 盈余现金保障倍数完成率 × 0.3 + 研发费用占营业收入完成率 × 0.15 + 职工人均营业收入完成率 × 0.25 = 0.6 × 0.3 + 1.0 × 0.3 + 1.0 × 0.15 + 1.0 × 0.25 = 0.88。

其中，净利润增长完成率 = （1 116/1 021 − 1）/20% = 0.47 < 0.6，取值 0.6；盈余现金保障倍数完成率 = 1 124/1 116 = 1.01 > 1.0，取值 1.0；研发费用占营业收入完成率 = （606/13 933）/3.5% = 1.24 > 1.0，取值 1.0；职工人均营业收入完成率 = （13 933/40）/（12 000/40）− 1/5% = 3.22 > 1.0，取值 1.0。

（3）激励对象按照 2021 年度签订的《绩效合约》分"整体业绩指标、个人

KPI、个人能力素质"三个维度进行考核。

（4）个人激励金额 J = 激励额度 Q × 个人岗位系数 F × 个人绩效考核系数 K/ $\sum$（F × K），合计奖励金额 54.7 万元。

四、尘埃落定

2022 年 4 月，Y 中心召开了岗位分红激励实施方案总结大会，会上老王作为员工代表发言：

"感谢公司给我的这次机会。在得知我被确定为激励对象的时候，我是真的不敢相信，但是比起考虑这个问题，我现在想得更多的是如何发挥自己的最大价值。作为 Y 中心川渝地区核心负责人，2021 年我还担任了新成立的成都工作站站长，虽然肩上承担的担子比之前更重了，个人时间也明显压缩了，但心里却更加踏实了，因为每一天都在忙碌中度过，干劲儿十足，效率也明显得到了提升。这次改革很明显对我们技术型人才给予了充分肯定，让我们每一个享受政策红利的人都感受到了企业尊重人才、爱惜人才的初衷，大家的归属感一下子提升了许多，我们 11 个人就好比 Y 中心的 11 杆枪，只有瞄准目标提高命中率，才能发挥最大的引领示范作用，也给未进入到这项政策红利的每个人带好了头。"说罢，会场响起了热烈的掌声！

习近平总书记在党史学习教育动员大会上指出：江山就是人民，人民就是江山。Y 中心的发展是为了职工，Y 中心的发展同样也依靠职工。Y 中心负责人对 2021 年岗位分红激励实施方案做了总结汇报。

Y 中心岗位分红激励实施方案工作开展以来，成效显著。主要体现在以下几个方面。

（一）提升了企业经济效益，财务关键指标增长明显

通过实施创新激励，让公司突破疫情封锁，在国内经济发展遇到较大冲击的情况下，继续加强和完善"技术经营、区域经营、协作经营、合作经营、平台经营"的经营思路，拓宽市场开发模式，建立与协作方"共赢、多赢"的诚信经营理念，积极与全国各省文博单位、院内外兄弟单位、高校、企业沟通，同心协力、资源共享，实现疫情期间经营业绩最大化。不仅巩固了既有市场，还成功拿下文物资源丰富的山西市场，让多年来经营的宁夏市场也有了零的突破。而这些成绩的取得有赖于这场方案的实施，它是我们经营业绩上升的催化剂。

2021 年新签合同额同比增长 173.45%，较年度目标值增长 13.01%；营业收入同比增长 79.02%，较年度目标值增长 16.11%；净利润同比增长 55.87%，较年度目标值增长 11.06%；经营性净现金流同比增长 42.63 倍，较年度目标值增长 8.08%，现金流获得极大改善，如表 3、表 4 所示。

表3   2020年与2021年主要经济指标完成情况对比

主要经济指标	实际完成情况（万元）		增长额（万元）	增长率（%）
	2020年	2021年		
新签合同额	8 265.00	22 601.00	14 336.00	173.45
营业收入	7 783.00	13 933.00	6 150.00	79.02
净利润	716.00	1 116.00	400.00	55.87
经营性净现金流	−27.00	1 124.00	1 151.00	4 262.96

表4   2021年主要经济指标实际完成情况与目标值对比

主要经济指标	年度目标值（万元）	实际完成值（万元）	增长额（万元）	增长率（%）
新签合同额	20 000.00	22 601.00	2 601.00	13.01
营业收入	12 000.00	13 933.00	1 933.00	16.11
净利润	1 000.00	1 116.00	116.00	11.60
经营性净现金流	1 040.00	1 124.00	84.00	8.08

（二）强化了人才队伍建设，吸纳了大量优秀人才

公司2021年共引进了11名优秀的"双一流"高校毕业生，且无一人流失，占中铁科研院人才引进总量的1/4，其中博士1名、硕士7名，涉及地质工程、建筑与土木工程、城乡规划学、桥梁与隧道工程等各类专业，同时新增省级文物局专家4名，为文保业务高质量发展提供了强有力的人才保证和智力支撑。

（三）充分调动了员工积极性，实现双赢

该方案实施以来，公司的核心技术骨干能把更多的时间用在了经营市场和文物保护施工及勘察设计方面，大大地提升了工作的积极性和主动性。

（四）增强了"中铁文保"品牌影响力

2021年公司承接了山西省盂县藏山祠周边危岩体抢险加固工程、新疆维吾尔自治区新和县乌什喀特古城抢险加固工程、通江县千佛岩石窟本体修缮建设项目以及山西、新疆、四川、重庆、宁夏等省份一大批优质的文物保护项目，多次被中国新闻网、新浪财经、四川在线、甘肃零距离和中原新闻网等外部媒体报道，所打造的"中铁文保"品牌力量已在国内文物保护领域拥有了广泛和较强的影响力。

（五）扩大了科研成果，引导了科研资源的优化配置

实施该方案以来，公司又成立了"中铁文保特种材料与文物修复技术创新工作

室"，受理发明专利申请 6 项，发表相关科技论文 5 篇，在编专著 1 部；荣获中国中铁股份有限公司优秀工程设计一等奖 2 项，优秀工程勘察二等奖 1 项、三等奖 1 项；同时公司通过引导优秀技术人才向企业一线流动，推动产学研深度融合，倒逼科研资源优化整合，培养科技创新人才，促进科研成果转化。2021 年公司以企业技术升级及成果转化等需求和产业发展实际为导向，大力发展产研融合项目，包括战区毛主席塑像修缮施工项目、东华门遗址（外场）本体保护施工项目、金沙遗址土遗址勘察设计项目，并依托典型项目，推动微生物病害防治技术、防风化材料及工艺、水害防治技术、本体保护数字化技术等得到深入研发和推广应用。

为庆祝本次大会圆满召开，Y 中心负责人赋诗一首，与大家共勉：

> 文保十年功，古物千秋屹。
> 不畏前路险，但恐人有遗。
> 调研求论证，广泛集民意。
> 上下同齐心，典型树十一。
> 分红促激励，管理增效益。
> "专家"聚贤才，科研强院企。
> 中铁好男儿，高远志当立。
> 凭风扶摇起，开路三万里。

话音刚落，会场响起了雷鸣般的掌声，既是送给领导，也是送给将来的自己！

五、经验总结

关键绩效指标法与企业战略目标联系密切，反映企业未来的发展方向，引导企业资源的优化配置，传递企业的价值导向，从而使企业战略目标落地形成企业具体的内部活动和过程。在企业的绩效管理实践中，管理会计工具——关键绩效指标法的应用发挥着不可替代的作用。通过 Y 中心的案例，对绩效管理及关键绩效指标法的运用有了更深的认识。

（一）绩效管理不是一成不变的，而是一个动态更新的管理过程

只有不断地优化改进，才能充分发挥绩效管理的作用。Y 中心的岗位分红激励方案并不是一蹴而就，而是经过多番讨论决策，不断更新改进才最终确定下来的。如果未来经济形势或企业战略发生变化，那选取的关键绩效指标也会跟着适时而变。

（二）关键绩效指标的选取要充分结合企业自身实际

对于发展成熟的企业来说，绩效管理已经自成体系，诸如关键绩效指标法、经济增加值法、平衡计分卡等方法就可以直接应用；但是对于发展不是那么成熟的企业而

言，选定一种绩效管理方法后还要结合自身情况进行改进，这样才能使其完全适用于企业状况，确保顺利开展工作。很多企业就是因为前期在制定绩效指标时照搬照用，直接套用成熟的指标体系而没有从实际出发，导致绩效指标在企业实际运作中缺乏可操作性，后期绩效管理工作完全无法进行。Y中心在选取关键绩效指标的时候，就是基于企业考核目标、人才管理定位、个人绩效情况等多角度出发的，这样不仅完成了企业整体目标，还在传统考核的基础上实现了创新突破。

（三）绩效管理目的要自上而下达成共识

对于管理者而言，要清楚地明白企业的总体战略是什么，并要分解为全面的具体目标下达下去，不能只关注单方面的绩效或者业绩，防止视野局限，忽略了企业内部的合作与发展；对于执行者来说，上级分解下来的目标自己也要有明确的认识，并作为工作方向努力去完成。Y中心在确定岗位分红激励方案之前，专门召开了全体员工大会进行宣贯，让每个人清楚未来的工作方向。

（四）绩效管理要有相应的激励机制支撑

只有对应的激励手段，才能确保员工正确理解绩效管理的目的，同时也有利于激励机制的良性运作，促进企业发展。当然，这种激励手段不仅包括工资奖金，还有精神奖励、职位晋升、个人发展等。而Y中心的岗位分红激励方案是直接从员工收益角度出发，激发活力。自从实施以来，员工工作积极，干劲儿十足，创造了更大的收益。

（五）绩效管理的过程应该公开透明

包括标准的确定、实施过程、实施结果，这样有利于增强管理过程的监督，确保结果的有效性，同时也有利于员工了解执行过程，加大认可度，更加利于管理的执行。

（六）绩效管理要走持续健康发展之路

企业要将对"关键少数"的重点激励扩展为具有普适性的深度激励，要更加合理地评估全业务链条中各环节的价值贡献。

（中铁西北科学研究院有限公司　刘恒书　刘建华　杨　军　王　强

邢一松　雍　礼　王永胜　冯　波　刘金彩）

基于市场化薪酬分配机制的设备公司开展岗位分红绩效管理的案例分析

【摘要】 随着我国经济发展进入新常态，经济发展由高速增长阶段转向高质量发展阶段，企业作为微观经济的主体，对推动宏观经济发展起着重要作用，实现高质量发展就必然要求企业实现高质量发展。而在市场竞争日趋激烈的环境下，人才逐渐成为企业高质量发展的战略性资源，是企业发展、效益提升的内驱力。但是我国多数企业的员工激励机制存在着针对性不强、力度不够、形式单一、公平度不足等问题，严重影响了员工激励机制实际效力的发挥。只有建立科学合理的激励机制，才能为企业吸引、保留人才，确保企业战略目标的实现。而管理会计可以帮助企业更有效地设计、实施和监控员工激励计划，从而实现绩效激励和资源分配的优化。本文以中铁工程装备集团隧道设备制造有限公司（以下简称"设备公司"）为例，从方案设计、实施情况、取得成效和问题建议四个方面分析其岗位分红绩效管理，总结经验并提出符合我国国情的合理化建议。

一、引言

建立健全市场化薪酬分配机制，激发企业活力是国企改革三年行动"三项制度"改革的重要任务，也是科改示范行动的必然要求。市场化薪酬分配机制是将员工薪资与市场供求关系和绩效表现挂钩，通过市场对标、岗位价值评估等方式科学合理地对企业薪酬总额进行切分的机制。这意味着企业根据行业标准和市场数据确定员工的薪酬水平，以及根据个人绩效和贡献调整薪资，从而更公平地反映员工的价值和市场价位。

近年来，设备公司深入学习贯彻习近平总书记关于国有企业改革发展和党的建设重要论述，坚决贯彻落实党中央、国务院重大决策部署，根据国资委的工作要求，全面推进国企改革三年行动，积极构建市场化薪酬分配体系，并在其基础上开展岗位分红激励机制。依据《国有科技型企业股权和分红激励暂行办法》《中央科技型企业实施分红激励工作指引》及《财政部 科技部 国资委关于扩大国有科技型企业股权和分红激励暂行办法实施范围等有关事项的通知》政策精神，经中国中铁批复同意，中铁工程装备集团隧道设备制造有限公司自 2020 年 1 月 1 日起在技术研发、市场开发骨干人员中实施了岗位分红激励，实施时间为 3 年。

二、岗位分红基本情况

（一）岗位分红绩效管理方案设计

1. 考核目的

完善公司内部管理，形成良好均衡的价值分配体系，激励公司核心技术骨干人员、经营管理人员及关键市场人员诚信勤勉地开展工作，保证公司业绩稳步提升，实现公司高质量发展。

2. 考核原则

考核评价必须坚持公开、公平、公正及动态调整的原则，严格按照本办法和激励对象的业绩进行评价，以实现岗位分红激励计划与激励对象工作业绩、贡献紧密结合，从而提高管理绩效，实现公司利益最大化。

3. 考核范围

本办法适用于岗位分红激励计划所确定的所有激励对象（须与公司签订劳动合同），包括但不限于核心技术人员、经营管理、关键市场开拓骨干及售后一线人员。

4. 绩效考评评价指标及标准

（1）政策层面业绩考核要求。分红激励实施期间，公司当年净利润增长率应不低于10%且应当高于近三年净利润增长率复合平均值。同时，应满足集团公司对其业绩考核不低于75分的要求，否则将终止分红激励计划。

（2）公司层面业绩考核要求。实施岗位分红激励期间，设备公司岗位分红总额提取与公司经营业绩考核挂钩。即岗位分红总额 = 计提总额 × 公司考核系数。

公司经营业绩考核具体要求及方式如表1所示。

表1　　　　　　　　　　　设备公司经营业绩考核

指标类别	考核指标	权重	目标值			评分标准
			2020年	2021年	2022年	
效益类	净利润增长率	50%	15%	15%	15%	（1）完成目标值，得满分（100分）； （2）实际值＜目标值，每低于目标值的5%，扣10分
管理类	核心人才保留率	25%	80%	85%	90%	（1）完成目标值，得满分（100分）； （2）实际值＜目标值，每低于目标值的1%，扣2分
科技创新类	研发费用占营业收入比重	25%	3.5%	4%	4.5%	（1）完成目标值，得满分（100分）； （2）实际值＜目标值，每低于目标值的0.2%，扣5分

根据公司当年的业绩考核结果、激励总额上限进行总额的提取管理。公司考核系数由公司经营业绩考核得分决定，具体计算方式如表2所示。

表2 公司考核系数

年度考核得分	考核系数计算公式	考核系数
得分≥90分	1.0	1
90分＞得分≥80分	[0.7+（考核分数−80）/10×0.3]	[0.7, 1)
80分＞得分≥70分	[0.5+（考核分数−70）/10×0.2]	[0.5, 0.7)
70分＞得分≥60分	[0.4+（考核分数−60）/10×0.1]	[0.4, 0.5)
得分＜60分	0	0

（3）个人层面业绩考核要求。在设备公司业绩考核合格的基础上，根据激励对象所在项目的每年业绩贡献度确定激励额度。

岗位激励分红人员按照项目制工作原则开展激励分红，根据设备公司产品状况，划分为悬臂掘进机项目组、刀具项目组、水平运输项目组、凿岩台车湿喷台车项目组、海外项目组、新产品研发项目组六个项目组，责任领导统筹项目组运营及考核指标的设定。凿岩台车湿喷台车项目组为除悬臂掘进机、顶管机、掘锚一体机以外的其他专用设备产品。营销、高新装备（售后）类人员单列于各个项目组外，待业绩分红时，根据项目组情况予以分红。

业绩贡献度考核以项目整体考核为基准，根据年度经营指标、项目组人数、项目经营难度，设定分红金额为1，各个产品考核系数如表3所示。

表3 项目考核系数

项目考核得分	考核系数计算公式	考核系数
得分≥90分	1.0	1
90分＞得分≥80分	[0.7+（考核分数−80）/10×0.3]	[0.7, 1)
80分＞得分≥70分	[0.5+（考核分数−70）/10×0.2]	[0.5, 0.7)
70分＞得分≥60分	[0.4+（考核分数−60）/10×0.1]	[0.4, 0.5)
得分＜60分	0	0

以整体项目签署团队绩效合约书，目标无法完成部分的项目分红金额不再转增给其他项目。关于各项目的二次分配可根据项目内个人完成比例实施；项目内研发、营销、售后人员分红占比最终由党委会、总经理办公会、执行董事办公会研讨决定。

5. 考核期间与次数

（1）考核期间：激励对象获取岗位分红当年度。

（2）考核次数：岗位分红激励计划期间每年度一次。

6. 考核流程

（1）实行单位审核、员工自愿、四个公开原则并接受群众监督。激励对象要经公司审核，同时尊重员工意愿，遵循自愿原则。不愿参加的，按照递补原则办理。在此基础上，实行四个公开，即分红激励方案公开、激励对象公开、激励对象考核任务书及完成情况公开、兑现方案及个人兑现额度公开。四个公开均不少于 5 天公示，接受群众监督、举报。

（2）任务启动。

①每年 12 月份（视工作开展情况而定），领导小组办公室组织受激励项目团队拟订年度考核任务书。

②受激励项目团队按照可测量、可量化、挑战性原则，提出团队年度岗位分红专项考核指标或根据年度任务进行分解，报岗位分红办公室审核。

③岗位分红办公室组织设计研发、营销、售后专业评审小组，按照可测量、挑战性原则进行审核，并与项目团队双向沟通、达成一致。

④领导小组办公室收集、汇总，形成议案提交公司党委会、总经理办公会、执行董事办公会审核、审批。

⑤领导小组办公室对公司审批通过的激励对象及其年度任务书进行公示。

⑥次年 1 季度，领导小组办公室负责激励项目团队的考核及考核分数的计算、考核结果的材料汇总。

⑦各项目分管领导负责项目内激励对象的二次分配方案，并提交至领导小组办公室。

⑧领导小组办公室形成方案，提交领导小组研究、审议并将结果进行公示。

⑨领导小组办公室根据领导小组审议结果，结合分红激励分案拟订兑现方案，按程序提交党委会、总经理办公会、执行董事办公会审核、审批。

⑩领导小组办公室将兑现方案进行公示并兑现分红激励。

（二）2020 年岗位分红基本情况

1. 满足政策要求

2020 年设备公司净利润为 1 122 万元，同比 2019 年 125 万元净利润增长797.6%，满足"分红激励实施期间，公司当年净利润增长率应不低于 10% 且应当高于近三年净利润增长率复合平均值"条件。同时，满足集团公司对其业绩考核不低于 75 分要求，如表 4 所示。

表4   设备公司 2020 年经营业绩考核

指标类别	考核指标	权重	目标值	实际值	得分	评分标准
效益类	净利润增长率	50%	15%	797%	50	（1）完成目标值，得满分（100分）； （2）实际值＜目标值，每低于目标值的5%，扣10分
管理类	核心人才保留率	25%	80%	88%	25	（1）完成目标值，得满分（100分）； （2）实际值＜目标值，每低于目标值的1%，扣2分
科技创新类	研发费用占营业收入比重	25%	3.5%	5.12%	25	（1）完成目标值，得满分（100分）； （2）实际值＜目标值，每低于目标值的0.2%，扣5分

2020 年符合《中铁工程装备集团隧道设备制造有限公司岗位分红激励方案》和《中铁工程装备集团隧道设备制造有限公司岗位分红激励计划考核管理办法》文件要求的分红条件。

2. 2020 年分红总金额

2020 年设备公司年初定的净利润为 1 122 万元，根据《关于发布中铁工程装备集团隧道设备制造有限公司岗位分红激励方案的通知》文件要求，分红金额不超过年净利润的 15% 计算，结合设备公司实际，经研究按照净利润的 5% 进行分红，金额为 56.1 万元。

3. 2020 年各个项目组完成情况及分红金额（见表 5、表 6）

表5   设备公司 2020 年各项目组完成情况及考核得分

项目	新签合同额任务数值（万元）	新签合同额实际数值（万元）	截至5月未启动合同金额（万元）	扣除未启动合同实际新签（万元）	回款率（%）	考核得分（分）	考核系数
悬臂掘进机项目组	19 500	28 926.22	6 031.92	22 894.3	42.34	96.8	1
凿岩台车湿喷机项目组	18 500	9 546.08	53.5	9 492.58	19.18	20	0
刀具项目组	20 000	25 487.27	6 799.83	18 687.44	43.59	92.8	1
水平运输项目组	25 000	38 395.49	6 278.8	32 116.67	57.83	98.4	1
新产品研发项目组	主要指标为研发项目阶段成果达成率、样机整体设计评价、工期计划完成率、图纸质量					100	1
海外项目组	2 000	3 153.07	—	—	52.26	98.4	1

注：考核文件规定考核分数大于 90 分，考核系数为 1；小于 60 分，考核系数为 0；为了体现分红的真实性，设备公司党委研究决定，各项目组实际新签，按照合同的实际执行情况，扣除了截至 2021 年 5 月份未启动合同的金额。

表6　　　　　　　　　　设备公司 2020 年项目组分红金额

岗位分红总金额（万元）	项目组	分配系数	首次分配金额（万元）	剩余分红金额（万元）	新签超额（万元）	超额比例（%）	二次分配金额（万元）	合计分配金额（万元）
56.1	悬臂掘进机项目组	0.21	11.78	23.56	3 394.30	29.10	6.86	18.64
	凿岩台车湿喷机项目组	0.42						0.00
	刀具项目组	0.11	6.17			0.00	0.00	6.17
	水平运输项目组	0.11	6.17		7 116.67	61.01	14.38	20.55
	新产品研发项目组	0.30	7.29					7.29
	海外项目组	0.02			1 153.07	9.89	2.33	3.45
合计			32.54		11 664.04			56.10

（三）2021 年岗位分红基本情况

2021 年设备公司净利润为 2 277 万元，同比 2020 年增长 32%，中铁装备对设备公司的业绩考核得分高于 75 分，针对设备公司的考核结果满足《中铁工程装备集团隧道设备制造有限公司岗位分红激励方案》和《中铁工程装备集团隧道设备制造有限公司岗位分红激励计划考核管理办法》文件要求的分红条件，具体如表 7 所示。

表7　　　　　　　　　　设备公司 2021 年经营业绩考核

指标类别	考核指标	权重	目标值	实际值	得分	评分标准
效益类	净利润增长率	50%	15%	32	100	（1）完成目标值，得满分（100 分）；（2）实际值＜目标值，每低于目标值的 5%，扣 10 分
管理类	核心人才保留率	25%	80%	83	100	（1）完成目标值，得满分（100 分）；（2）实际值＜目标值，每低于目标值的 1%，扣 2 分
科技创新类	研发费用占营业收入比重	25%	3.5%	3.98%	100	（1）完成目标值，得满分（100 分）；（2）实际值＜目标值，每低于目标值的 0.2%，扣 5 分

根据《中铁工程装备集团隧道设备制造有限公司岗位分红激励方案》业绩考核要求：

（1）分红激励实施期间，公司当年净利润增长率不低于 10%，方可兑现激励总额；

（2）实施岗位分红激励期间，在满足岗位分红激励总额兑现条件的基础上，基于企业长期发展规划要求，岗位分红激励总额启动须满足中铁装备针对设备公司年度业绩考核要求，年度业绩考核得分不低于 75 分时，方可兑现激励总额。

2021 年各项目组因考核指标未达到分红条件要求：一是截至考核日期新签合同转化率未达标；二是截至考核日期回款率未达标；三是各项目组综合得分未达 60 分。因而中铁装备设备公司 2021 年度分红金额为 0，具体如表 8 所示。

表 8 　　　　　　　　　设备公司 2021 年各项目组完成情况及考核得分

序号	项目组	新签合同额任务数值（万元）	回款指标（%）	指标占比以及评分标准	新签合同绩效数值（万元）	回款率绩效值（%）	得分（分）	业绩考核要求
1	刀具	33 000	70	（1）新签指标（占 48%）：每少完成任务的 5% 扣 5 分，低于任务的 80% 不得分 （2）回款率指标（占 32%）：截至考核日期，每少完成 10% 扣 2 分，低于 30% 不得分 （3）设计质量及安全指标（占 10%）：因为产品导致的质量事故：质量问题及一般质量事故扣 2 分；出现较大质量事故扣 4 分；出现严重质量事故扣 6 分；出现重大质量事故不得分。因为产品导致的安全事故：一般 D 级安全事故扣 2 分；一般 C 级安全事故扣 4 分；一般 B 级安全事故扣 6 分；一般 A 级以上事故不得分。无论是质量还是安全事故，单项分数扣完为止 （4）售后服务满意率指标（占 10%）：服务满意率达 98% 以上，低于此目标扣 10 分	22 297.83	56.67	50.4	①业绩核定以商务部归档为准。截至考核日期无发货订单，不予计算。②业绩考核均为外部新签。③内部和外部合同认定以及不同经营单位合同比例分配，以集团公司核定为准。④贴牌产品不予计算。⑤截至考核日期，实际新签发货不能低于上年数额，否则不能分红。⑥各项目组综合得分低于 60 分，考核系数为 0
2	水平运输	36 000	70		21 745.35	27.04	20	
3	悬臂掘进机	32 400	70		12 642.55	51.01	50.4	
4	凿岩台车及湿喷台车	27 600	70		12 341	17.46	20	
5	海外	4 300	70		2 318.14	100	52	

（四）2022 年岗位分红基本情况

1. 2022 年生产经营和科技创新的有关情况

2022 年设备公司实现新签合同额 16.98 亿元，同比增长 11.4%，营业收入 8.02 亿元，同比增长 23.1%，净利润 0.55 亿元，同比增长 143.7%，企业高质量发展再上新台阶；2022 年设备公司不断加大科技投入，全年投入研发经费 3 235 万元，实现研发费用占比超 4%，两项科技成果通过中铁工业科技成果评价，达到国际领先水平；CTR450 悬臂式掘进机通过河南省首台套重大技术装备认定；设备公司成功入选"2022 年河南省制造业重点培育头雁企业"，成功申报"河南省工业设计中心"，《硬质合金绿色钎焊与界面可靠连接关键技术及应用》《隧道智能化凿岩机器人研制》项目分别荣获中国机械工业科学技术二等奖和三等奖；申请专利 24 项，授权专利 13

项，设备公司"知识产权智慧管理平台"正式上线，公司技术创新硕果累累。

2. 2022年收入分配和创新激励制度体系建设情况

2022年设备公司以三项制度改革和对标世界一流管理提升行动为契机，从工资总额、员工薪酬、中长期激励等方面着力构建灵活高效的市场化收入分配机制。一是修订完善了员工薪酬管理办法，坚持以岗定薪，按业绩取酬，进一步优化了员工绩效考核结果的应用；二是分灶吃饭，制定了设备公司三大事业部负责人薪酬及工资总额管理办法，按照产品线独立考核，将事业部人员绩效与整体绩效考核挂钩，赋予事业部二次考核分配权限，建立了产品线激励制度；三是实施了隧道专用设备产业"同心圆"激励计划，将产业链上的核心骨干员工均列为激励对象，进一步扩大了激励范围，提高了激励力度。

3. 2022年计划推动岗位分红激励情况

一是制定发布了《设备公司2022年度岗位分红激励计划考核管理办法》，明确了公司层面及项目组层面岗位分红业绩考核要求，进一步压实目标责任，充分发挥岗位分红的激励效果，促进公司实现高质量发展；二是建立岗位分红业绩考核指标库，以定量指标为主，坚持可量化、可衡量的原则，提升岗位分红的业绩"含金量"。

三、岗位分红整体实施情况

（一）近三年激励实施总体概况

2020年，中铁装备被纳入"科改示范行动"科技型企业，各项改革举措加速推进，"科改"要求企业要强化市场激励约束机制，多举措全方面推进中长期激励体系建设，设备公司作为中铁装备在隧道专用设备领域的重要支撑企业，应该要也必须要在科技型企业中长期激励探索方面先行先试，勇于创新，充分激发和调动隧道专用设备产业链上骨干员工的工作热情；为此，设备公司以"科改"和企业三项制度改革为契机，统一思想，推动中长期激励理念在企业落地生根，岗位分红实施以来极大地促进了公司生产经营和科技创新再上新台阶，总体实施情况较为平稳，主要得益于以下几个方面。

1. 统一思想，根植中长期激励理念观念

设备公司在岗位分红实施之初就注重营造良好的企业氛围，一是凝聚领导层共识，公司领导班子意识到，企业发展和产业成长离不开高素质人才队伍的支撑，而中长期激励作为企业薪酬体系的重要补充，有利于吸引和保留核心骨干人才，将企业长远发展与个人利益深度绑定，推行岗位分红有了坚定的组织支撑；二是充分讨论，方案制订之初，中铁装备公司领导、人力资源部多次赴设备公司开展岗位分红专题调研和座谈交流，讲解政策，统一思想，设备公司内部也组织了多次岗位分红业务研讨会,从实施背景到方案制订进行了充分的沟通交流,一定程度上消除了顾虑,减小了阻力;三是透明公开,从岗位分红激励方案到激励对象,从项目考核指标设置到分配额度兑现,严格按照要求进行公开公示,接受广大干部职工群众的监督。

2. 制度先行,构建中长期激励制度体系

岗位分红作为设备公司薪酬体系的重要补充,实施之初就要考虑到对公司薪酬体系的冲击与融合,要在充分发挥对核心骨干人员激励作用的前提下,避免重复激励和无效激励,因此要坚持制度先行,构建合理的中长期激励体系:一是制定了设备公司《岗位分红激励方案》,明确了岗位分红的实施期限、激励对象及激励金额,坚持增量激励的原则,打通与公司整体薪酬体系的接口;二是制定了《岗位分红激励计划考核管理办法》,明确了分红激励实施期间公司层面和个人层面的业绩考核要求,组织各项目组签订绩效合约书,将岗位分红的业绩考核拼图补充完整。此外,设备公司针对性地修订和完善了员工薪酬和绩效考核管理办法,避免了制度间相互冲突、执行不顺畅的现象,为岗位分红的顺利实施提供了制度保障。

3. 强化考核,健全中长期激励约束机制

坚持岗位分红是"激励"而不是"福利",设备公司与岗位分红激励项目组一一签订了绩效合约书,强化业绩考核,健全了中长期激励约束机制。一是建立岗位分红业绩指标库,按照可量化、易衡量的原则,选择新签合同额、回款率、设计工期完成率等经营和技术关键指标纳入指标库,各项目组考核指标须在指标库中选取,有机分解公司经营业绩及科研指标至各项目组,各项目组再分解至团队成员,指标层层分解,压力层层传递,共同承担企业成长发展的重担;二是及时关注各项目组业绩完成进度,加强沟通,积极给予业绩辅导,设备公司为每个参与岗位分红的项目组配备了一名责任领导,负责沟通和解决项目推进过程中的各项事宜,反馈考核结果,帮助各项目组查找不足,补齐短板,提升业绩;三是坚持不考核不兑现、业绩不达标不兑现,员工兑现分红额度的前提除企业要实现相应的经济效益指标外,各项目组和项目团队成员也要达到业绩考核的要求,设备公司2021年度企业经济效益实现了相应的增长要求,但因项目组考核未达标,因此当年度未兑现分红额度。严格按照岗位分红激励方案中业绩考核要求执行。

4. 及时总结,用好中长期激励政策工具

设备公司作为股份公司首家试点推行岗位分红激励的单位,注重中长期激励的典型示范意义和经验的可复制性,方案实施之初相对注重问题查找和经验总结:一是每年度归纳总结岗位分红实施情况,从业绩考核指标设定到分红额度的兑现,认真总结经验,及时纠偏;二是拓展工作思路,针对岗位分红无法激励骨干劳务人员等问题,主动求新,在岗位分红的基础上拓展实施激励范围更广的"同心圆"激励计划,为探索建立企业中长期激励体系积累了宝贵经验。

（二）企业和激励对象各自的权利义务以及与激励对象约定的业绩条件完成情况

根据设备公司岗位分红激励实施方案，企业和激励对象的权利义务及与激励对象约定的业绩完成情况如下。

1. 企业的权利和义务

（1）公司有权要求激励对象按其所聘岗位的要求为公司工作，若激励对象不能胜任岗位或者考核不合格，经公司批准，取消激励对象尚未提取的岗位分红激励所得。

（2）若激励对象因触犯法律、违反职业道德、泄露公司机密、失职或渎职等行为严重损害公司利益或声誉，经公司批准，取消激励对象尚未提取的岗位分红所得。

（3）公司根据国家税法等法律法规的规定，代扣代缴激励对象应缴纳的有关税费。

（4）公司应当根据岗位分红激励方案以及国家有关规定，积极落实满足激励对象按方案提取个人岗位分红激励所得。但若因国家政策原因造成激励对象未能按自身意愿提取并给激励对象造成损失的，公司不承担责任。

（5）法律法规规定的其他权利义务。

2. 激励对象的权利和业务

（1）激励对象在本方案有效期内一直与公司保持聘用关系，且未出现损害公司利益的行为，在依照激励对象管理的有关规定下，按照本方案享受岗位分红激励。

（2）公司的财务会计文件有虚假记载的，负有责任的激励对象应将自该财务会计文件公告之日起从本方案所获得的全部分红利益返回给公司。

（3）激励对象因本激励方案获得收益，应按照国家税收政策缴纳有关税费。

（4）法律法规规定的其他相关权利义务。

3. 与激励对象约定的业绩完成情况

实施岗位分红期间，设备公司分别从财务类、科技创新类和管理类三个维度设置指标，确定了激励总额的兑现考核要求，同时设备公司岗位分红按照项目制工作原则开展激励分红，首先根据公司产品状况，划分为悬臂掘进机项目组、刀具项目组、水平运输项目组、凿岩台车及湿喷台车项目组、新产品研发项目组、海外项目组，各项目组按照价值创造的原则确定不同的项目分红系数，再由各项目组根据激励对象每年业绩考核情况确定激励额度，设备公司 2020～2022 年经营业绩考核得分分别为 100 分、99.25 分、89 分（预估），满足分红要求；各项目组 2020～2022 年业绩考核得分如表 9 所示。

表 9　　　　　　设备公司 2020～2022 年各项目组业绩考核得分　　　　　单位：分

项目组	业绩考核得分（满分100分）		
	2020 年	2021 年	2022 年
悬臂掘进机	96.8	50.4	62.4
刀具	92.8	50.4	86.1
水平运输	98.4	20.0	97.8
凿岩台车及湿喷台车	20.0	20.0	90.8
新产品研发	100.0	——	——
海外	98.4	52.0	100.0

（三）激励总体兑现、内部分配以及列支渠道和会计核算等情况

1. 激励总体兑现情况

设备公司岗位分红激励兑现额度与业绩考核情况紧密关联，从公司层面来看，设备公司近三年净利润增长率分别为 797.6%、102.9%、143.7%，且近三年公司年度业绩考核得分均不低于 75 分［2020 年 117.18 分，2021 年 100.82 分，2022 年 110 分（预估）］，满足分红的政策要求；从项目组层面来看，各项目组 2020 年业绩考核得分均高于 60 分，满足分红要求，共兑现岗位分红激励 56.1 万元；2021 年度业绩考核得分均低于 60 分，当年度未兑现岗位分红激励；2022 年度正在组织开展业绩考核，预计可兑现分红激励 100 万元（最终分红额度依据考核结果确定）。

2. 内部分配情况

设备公司已兑现岗位分红激励额度各项目组分配情况如表 10 所示（不含 2022 年度）。

表 10　　　　设备公司 2020 年、2021 年各项目组分红激励额度分配情况

项目组	分红激励额度分配情况			
	人数（人）	激励额度（万元）	占比（%）	人均额度（万元/人）
悬臂掘进机	18	18.64	33.2	1.04
刀具	6	6.17	11.0	1.03
水平运输	11	20.55	36.6	1.87
凿岩台车及湿喷台车	——	——	——	——
新产品研发	5	7.29	13.0	1.46
海外	9	3.45	6.1	0.38

从项目组来看，水平运输项目组累计实现新签合同额 3.8 亿元，创造价值最大，获得激励额度最高；从人员类别来看，参与分红激励的设计研发人员共 21 人，获得激励额度 41.46 万元，人均 1.97 万元，售后服务人员 6 人，获得激励额度 4.88 万元，人均 0.81 万元，市场营销人员 6 人，获得激励额度 9.76 万元，人均 1.62 万元，分红激励主要集中于骨干设计研发人员。

3. 列支渠道和会计核算

设备公司岗位分红激励额度均纳入当年度企业工资总额预算管理，按照企业财务决算结果开展了激励额度兑现工作，兑现额度经上级单位审核认定后实行单列管理，未纳入工资总额基数。

四、岗位分红取得的成效

（一）优化市场化薪酬分配机制

设备公司通过实施岗位分红激励进一步与市场化薪酬分配机制相结合，产生积极的协同效应，通过强调团队合作、业务贡献和业绩共享，进一步激发员工的工作动力，提升企业的整体绩效。通过这种组合，企业可以更加有效地实现激励与业务目标的双重平衡。

（1）激励对绩效的关注。市场化薪酬分配强调绩效与薪酬的关联，而岗位分红可以将绩效激励引入更具体的团队或岗位层面。这使得员工更加关注自身在岗位上的表现，从而实现个人绩效与薪酬的更紧密联系。

（2）强化团队合作。市场化薪酬分配强调绩效与薪酬的关联，而岗位分红可以将绩效激励引入更具体的团队或岗位层面。这使得员工更加关注自身在岗位上的表现，从而实现个人绩效与薪酬的更紧密联系。这与市场化薪酬分配相结合，可以在激励个体的同时，强调团队的协同作用，进而推动整体业务绩效的提升。

（3）引导资源优化。市场化薪酬分配强调个人绩效与市场价值的关系，而岗位分红可以在此基础上引导员工关注岗位的业务贡献。这有助于优化资源分配，将资源投入到能够产生更大业务价值的领域。

（4）提升员工投入度。岗位分红可以使员工更加投入到自己的工作中，追求业务目标的同时，也在市场化薪酬分配机制下追求更高的薪酬回报。这有助于增加员工的工作投入度和承诺度。

（5）业绩共享。岗位分红机制强调业务团队的业绩，让员工能够分享业务成果的回报。当市场化薪酬分配与岗位分红结合时，员工能够更明显地感受到自己对业务增长的贡献，从而增强动力。

（二）促进管理会计融入企业管理

实施岗位分红将管理会计引入绩效激励和资源分配的核心领域，从而使其在企业管理全局中发挥更重要的作用。管理会计不再仅仅是财务数据的记录和分析，而是支持绩效管理、决策和战略实施的关键工具。

（1）完善绩效评估体系。管理会计可以帮助监控岗位分红计划的绩效，进一步完善绩效评估体系，明确衡量员工、团队或业务单位绩效的关键指标，实时对绩效指标和关键绩效数据的跟踪分析，更精准地调整岗位分红计划，根据实际绩效情况进行决策，以达到更好的激励效果，确保分红计划的目标得以实现。

（2）优化资源配置。实施岗位分红有利于管理会计进一步参与企业资源分配，通过目标设定、差异分析、绩效评估等手段监测实际绩效与预算绩效之间的差异，及时调整绩效管理和分红策略，确保岗位分红计划的透明度和公平性，避免主观判断，让分红决策更有根据，确保资源投入到对企业贡献最大的岗位和团队，进一步优化企业的资源配置。

（3）业务模型优化。实施岗位分红有利于管理会计帮助企业重新审视和优化业务模型，确保岗位分红与企业战略的目标相一致，提高业务的可持续性和盈利能力。

（三）实际成效

2020～2022年，设备公司共61名骨干员工被纳入岗位分红激励计划，累计激励78人次，累计分红金额156万元（含2022年分红金额预估）；方案实施3年来，公司生产经营和设计研发蓬勃发展：一是经济效益稳步增长，截至2022年底，设备公司实现新签合同额16.98亿元，较2019年底增长104.6%，实现营业收入8.02亿元，较2019年底增长77.3%，实现净利润0.55亿元，较2019年底增长4 338.4%，企业高质量发展再上新台阶；二是科研实力与日俱增，设备公司聚焦市场需求，深度融合集成产品开发（IPD）思维，世界首台全断面矩形硬岩盾构机"掘进号"横空问世，世界首创U盾架管机"雄安号"应运而生，多榀拱架台车、拱锚一体台车、经济版湿喷台车、大熔深焊接技术等多项新产品、新技术相继亮相，两项科技成果达到国际领先水平，两项科技成果斩获我国机械工业领域最高的行业科学技术奖——中国机械工业科学技术奖，顺利获批河南省工业设计中心，再次入选河南省制造业重点培育头雁企业，企业科研能力稳步提升；三是高素质人才不断涌现，截至2022年底，设备公司共拥有设计研发人员132人，占员工总数的18.3%，较2020年初增长1%，高级职称及以上34人，占员工总数的4.7%，较2020年初增长100%，企业人才结构更趋合理，对高素质人才的吸引力进一步加强。

五、岗位分红绩效管理的问题及建议

（一）相关问题

1. 进一步拉大收入差距的问题

岗位分红的政策虽好，但是针对设备公司来说，受正式工名额的限制，拥有大量的劳务用工，占公司的2/3，分布在各个系统。这部分人是公司发展的重要力量，劳务工和正式工目前还不能实现同工同酬，相对于正式工，劳务工收入较低，岗位分红激励政策进一步拉大了同等岗位的收入差距。

2. 员工队伍在利益分配中的利益再平衡问题

受制于国家岗位分红实施不超过员工总数的30%比例的限制以及针对特定的激励对象，本次激励对象主要是与本企业签订劳务合同的部分技术、经营以及一线售后骨干人员，仍有相当部分技术骨干不能纳入。在实际的工作中，生产、质量、人力、党群、成本等系统的管理骨干也发挥着很大的作用。如何实现员工队伍内部再平衡，是我们需要破解的难题。

3. 制度设计和实践存在差距

制度与实践的发展相比，存在滞后性。对于研发人员的考核，理想化的设计应是一人一绩效合约、合约里量化每个人考核任务。但研发本身存在诸多不确定性主客观因素，很大程度上要靠研发人员主观上自发自觉地去工作。制度上的量化要求与实践中的不宜量化存在矛盾。

（二）相关建议

岗位分红在吸引和保留设备公司核心骨干员工、促进企业效益增长方面发挥了重要作用，结合应用实际，有必要继续搭建和完善公司中长期激励体系：

一是要长短结合，岗位分红激励周期为3年，而企业对于高素质人才的培养、对于新业务的培育时间远长于这一周期，因此要补充配套股权激励等长周期的激励方式，将企业发展与员工成长紧密绑定。

二是要点面结合，岗位分红激励对象只涵盖了部分设计研发、经营及售后服务人员，对于其他岗位上的骨干员工暂未实行中长期激励，下一步设备公司将以奋斗者为本，探索项目收益分红、超额利润分享等多种激励方式相结合的综合利益分享机制，把绝大多数员工团结起来，让各个系统的奋斗者同心同向、共同发力，完成上级赋予的企业使命，实现企业的发展愿景。

三是适时开展非激励人群的配套政策以及做好总体的统筹。针对不能纳入激励的营销人员，做好经营奖励、营销提成和岗位分红的合理统筹；对于不能纳入激励的研发人员，实施相对合理的配套方案，做好科研奖励、岗位分红的合理统筹。

六、结语

企业要想实现高质量发展这一长远目标，必须把握市场发展的规律，坚持以人为本，做好改体制、转机制，从根本上释放改革红利、激发员工动力、增强企业活力。同时，应该充分认识到管理会计对企业发展的意义与价值，完善绩效考核机制，加强先进技术引进与应用，推动财务人员转型，进而不断深化管理会计在企业管理中的作用，为企业持续健康发展提供保障。

（中铁工程装备集团隧道设备制造有限公司　周俊全）

第七篇

风险管理

风险清单在建筑企业财会监督中的应用

【摘要】 财会监督是依法依规对国家机关、企事业单位、其他组织和个人的财政、财务、会计活动实施的监督，是党和国家监督体系的重要组成部分。企业内部财会监督是企业对本单位经济业务、财务管理、税务管理、财经纪律、会计行为等实施的监督，既是企业风险管理体系的重要组成部分，也是国家财会监督体系重要组成部分。中铁一局集团有限公司作为国有特大型建筑企业集团，始终高度重视企业内部财会监督体系建设，近年来通过财务监察等方式，强化企业内部财会监督。在推进全面从严治党、维护政令畅通、规范企业内部经济秩序、提升会计信息质量、促进企业健康发展等方面发挥了重要作用。但是建筑行业管理模式呈现地域分布广、层级多、管理链条长的特点，传统财务监察一方面难以实现"全覆盖"财会监督，另一方面主要为事后监督检查，难以实现"全过程"财会监督。随着信息技术的发展，大型建筑企业集团普遍组建了财务共享中心，通过创新财务监察方式，实施线上线下相结合的方式，为解决传统财务监察"时空"限制，提升财务检查效率提供了基础。2014年财政部印发《关于全面推进管理会计体系建设的指导意见》，中铁一局积极利用管理会计工具，通过利用相关信息，有机融合财务与业务活动，服务于企业内部规划、决策、控制和评价等方面的管理活动。特别是《管理会计基本指引》《管理会计应用指引》的相继发布，中铁一局在财会监督领域积极利用风险清单开展财务监察工作，通过实践探索，目前已建立了以风险为导向的，风险、内控、监察"三位一体"的财会监督新模式，为建筑企业集团加强财会监督提供示范。中铁一局根据自身战略、业务特点和财会监督管理要求，在企业内部控制和全面风险管理整体框架内，以表单形式进行财会监督领域的风险识别、风险分析、风险预警、监督检查、问题整改、报告和沟通等财务监察活动。一方面，内部财会监督精准性和有效性大幅提升；另一方面，事前、事中监督与事后监督相结合，积极推动内部财会监督实现全过程、全方位、全覆盖。

一、风险清单在建筑企业财会监督中应用的背景

（一）企业基本情况

中铁一局集团有限公司（以下简称"中铁一局"）是世界500强企业中国中铁股

份有限公司的全资子公司。中铁一局具有铁路、公路、市政公用、建筑工程施工总承包特级资质，铁路铺轨架梁、桥梁、隧道、公路路面、公路路基、环保工程专业承包一级资质等，同时还具有市政、建筑行业甲级设计资质和测绘甲级等多项资质。截至2022年底，中铁一局员工总量24 805人，其中各类专业技术人员14 407人，高级职称2 236人（其中，正高职称132人，享受国务院政府特殊津贴4人）；拥有各类机械设备7 614台（套），其中各类型号盾构机49台。资产总额达665亿元，净资产141亿元。2022年，实现新签合同额2 560.07亿元，企业营业额1 322.72亿元。作为共和国铁路建设的排头兵，中铁一局始终致力于国家基础设施建设。70多年来，参建干、支线铁路150多条，铁路运营线路铺轨4.6万余公里，约占新中国铁路铺轨总量的1/7；累计修建公路9 000余公里；完成房屋建筑4 400余万平方米。业务范围覆盖除台湾以外的全国各省、自治区、直辖市，并在新加坡、巴基斯坦、斐济、马来西亚等十多个国家开展海外工程承包业务。

（二）财会监督管理现状及存在的问题

建筑企业各种工程项目建设有其安全、质量、环保各项要求，且普遍具有工期长、规模大、数量多、资金需求大、受经济环境和政策影响大等特征，财务风险、资产安全风险等风险点多，以资金安全风险来说，建筑企业普遍采用"项目法"管理模式，尤其是大型的建筑企业集团，其工程项目数量多、分布广，遍布全国各地甚至全世界，资金密集、银行账户多、日常资金收支结算量大、企业资金管理的链条长，资金内控关键环节多，资金管理风险点多，新形势下资金安全风险隐患更加复杂、隐蔽和多样，资金安全形势和任务更加严峻。这些都对财会监督提出了较大的挑战。

传统财会监督与风险管理难以实现有机融合，财会监督计划不能有的放矢，财会监督过程不能有效发挥风险预警、控制作用。传统财会监督仍以事后检查为主，针对既定的财务会计结果进行检查，没有对事前、事中的行为进行监督，不能未雨绸缪，不能及时发现并纠正问题。财会监督的主要方法、手段比较陈旧，习惯于通过对报表、账册、凭证手工查账来进行。

（三）财会监督中选择风险清单的主要原因

风险清单能够清晰直观反映企业风险情况，简单、易于操作，能够适应不同类型的企业、不同层次的风险、不同风险管理水平的风险管理工作。中铁一局利用风险清单工具方法，实施财务风险、财务内控与财会监督一体化管理的主要原因如下：一是中铁一局利用风险清单比较全面详细地反映了企业面临的财务风险，且能够直观展示逐层分解的过程，便于企业了解财务风险具体类别以及所处的具体层级、业务活动和业务环节，也有助于企业全面掌握财务活动风险因素和重要程度。二是风险清单以表单形式对财务风险识别、分析、控制、监督的过程进行统一管理，有助于形成风险管理标准化语言，为企业风险管理的规范化和标准化建立基础，为后续风险预警、比对、分析、处置奠定基础。

（1）选择风险清单持续强化财会监督是落实上级决策部署的重要举措。党的十八大以来，党中央、国务院围绕新发展理念、高质量发展、防范化解重大风险、国有企业改革、健全党和国家监督体系等作出一系列重大决策部署。特别是2023年2月，中共中央办公厅和国务院办公厅联合印发《关于进一步加强财会监督工作的意见》，将财会监督作为党和国家监督体系的重要组成部分，该意见从明确财会监督的内涵和工作要求、构建财会监督体系、健全工作机制等方面，搭建起财会监督的"四梁八柱"。国务院国资委和股份公司就贯彻一系列决策部署提出相应的指导意见和具体要求。要贯彻新发展理念，防范化解重大风险，落实上级决策部署，为组织实现目标提供合理保证，必须构建和完善与之相适应的财会监督体系和运行机制，结合自身实际建立权责清晰、约束有力的内部财会监督机制和内部控制体系，明确内部财会监督的主体、范围、程序、权责等。坚持风险和问题导向，强化对本单位经济业务、财务管理、会计行为的日常监督。

（2）基于风向导向更高质量地开展财会监督是企业高质量发展的内在要求。财会监督实质是企业在财务职能部门的财务、会计管理环节开展风险管理活动。传统财会监督与风险管理、内部控制及企业战略联系不紧密，主要目标是对企业财会行为的监督和检查上。随着商业环境发生了巨大变化，竞争环境、新技术的不断演变，新型风险层出不穷，企业管理层对财会监督的效率和效益提出了更高要求。

（3）信息技术的发展为基于风险导向的财会监督带来了重要机遇。随着"互联网＋"时代的来临，移动互联、云计算、大数据为代表的新一代信息技术与传统产业深度融合。中国中铁"一中心、两平台"财务信息化加速推广和应用。财务共享平台的建立，推动了企业"架构科学化、核算集中化、控制自动化、决策智能化"，它支持组织扁平化调整，强化了组织内部通信、监控协调能力，会计核算从分散到集中。司库业务平台的建立，资金等金融资源全部线上流程化管理，资金实现可视、可溯、可控、可查，实现资金等金融业务全面监控。以"业财融合、数据资产、互联互通、深度挖掘"为目标的，财资税深度融合的财务管控决策分析中心加快建立，可以实现财务信息、金融资源的智能分析、穿透预警。这些信息化、数智化成果，对财务管理理论和方法产生了关键作用，对财会监督内容和财会监督方式带来深刻影响，也为高效开展财会监督提供了数智支撑。

二、风险清单在建筑企业财会监督中应用的总体设计

（一）风险清单在建筑企业财务监督中的应用目标

企业应用风险清单工具方法的主要目标，是使企业从整体上了解自身风险概况和存在的重大风险，明晰相关部门的风险管理责任，规范风险管理流程，并为企业构建

风险预警和风险考评奠定基础。中铁一局在企业全面风险管理和内部控制管理框架内，财务部门在财务监察中引入风险管理清单，实施风险导向的财务监察，实现以下目标：

（1）确保将财务风险控制在企业总体目标相适应并可承受的范围内。

（2）编制和提供真实、可靠的财务报告，提高会计信息质量。

（3）遵守会计等相关法律法规，合理保证财务管理合法合规。

（4）确保企业有关财务规章制度和为实现财务管理目标而采取的重大措施的贯彻执行，保障财务管理的有效性，提高财务管理效率和效果，降低实现目标的不确定性。

（5）评估、检查等过程中发现相应的风险和问题，及时针对性处置，需要建立长效机制的及时完善财务管理内控制度，实现财务内控持续改进。

（二）风险清单在建筑企业财务监督中应用总体思路

在财务监察计划、方案及具体实施过程中，引入风险管理理念，以风险管理清单为载体，以重大财务风险的识别、评估、应对为工作主线，创新实践财务风险管理、财务内部控制、财务监察，"三位一体"的财会监督模式（见图1），发挥财会监督效能，实现财会监督目标。

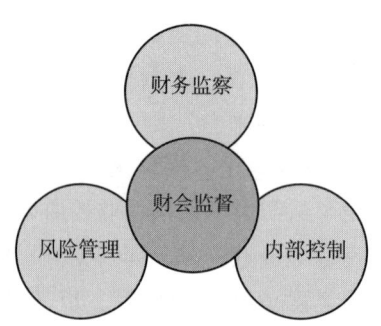

图1 "三位一体"的财会监督模式

（三）风险清单主要内容

风险清单，是指企业根据自身战略、业务特点和风险管理要求，以表单形式进行风险识别、风险分析、风险应对措施、风险报告和沟通等风险管理活动的工具方法。企业一般按照企业整体和部门两个层级编制风险清单。中铁一局财务部根据企业全面风险管理整体框架以及企业整体风险清单，梳理出与职能相关的重大风险，形成中铁一局财务部门风险清单。基本框架包括风险识别、风险评估、风险应对，具体包括风险类别、风险描述、关键风险指标、关键影响因素、可能产生的后果、风险责任主体、风险发生的可能性、风险后果严重程度、风险重要性等级、风险应对措施等内容。

（四）风险清单在财会监督中的应用创新

（1）统一领导，分级管理。中铁一局建立集团公司统一领导，集团公司和子分公司分级管理的财会监督体制，集团公司和子分公司分别根据自身发展战略、财务管理职能定位分别建立财务风险清单，分别开展风险识别、评估、应对，集团公司对子分公司财会监督情况进行再监督。

（2）以风险为导向，有的放矢开展财务监察。在财务监察计划制订环节，识别出最可能发生的财务风险及其影响程度，确定财务监察对象和财务监察内容；财务监察过程中，警惕相关方面存在的风险，发现风险迹象，及时向管理层报告并采取进一步检查措施。

（3）创新财会监督方式，向全流程监督转变。线上监察与线下监察相结合，由注重事后监察转变为注重事前、事中、事后全流程财务监察；通过整改，把财务监察与财务管理结合起来，提升企业的管理水平。

三、风险清单在建筑企业财会监督中的应用过程

（一）应用环境

1. 强化风险管理意识

中铁一局强化风险管理意识，形成与本企业经营状况相适应的风险管理理念，培育和塑造了良好的风险管理文化，建立了风险管理培训、传达、监督和激励约束机制，将风险管理意识转化成员工的共同认识和自觉行动。

2. 健全风险管理体系

中铁一局为规范企业经营管理活动，提升企业风险防范能力。根据财政部等五部委颁布的《企业内部控制基本规范》《企业内部控制配套指引》和国务院国资委颁布的《中央企业全面风险管理指引》《关于加强中央企业内部控制体系建设与监督工作的实施意见》，以及《中国中铁股份有限公司内部控制体系运行管理办法》等的要求和风险管理的需要。建立健全以风险管理为导向，以合规管理为准绳，以内控制度为主体，以管理流程为载体，以信息化管控为支撑，以重大风险报告与预警机制为保障的风险、内控、合规"一体化"风险管理体系。

3. 规范风险组织体系

（1）中铁一局建立健全规范的治理结构，形成了高效运转、有效制衡的监督约束机制。明确集团公司董事会是内部控制与全面风险管理的最高决策机构，全面负责风险、内控、合规体系的建立健全和有效实施；负责"三重一大"事项决策、重大经营事项专项风险评估、内控体系有效性评价、内控体系文件和重要规章制度

以及内控体系工作报告和评价报告的审议发布等工作；明确集团公司监事会负责对董事会建立与实施内控体系情况进行监督；明确集团公司经理层负责组织领导内控体系的日常运行；负责规范重要岗位和关键人员在授权、审批、执行、报告等方面的权责。

（2）中铁一局明晰风险管理职责，形成了职责清晰、相互协作的运行机制。战略规划部是风险管理和内控体系运行的归口管理部门，主要负责组织集团公司层面重大、重要风险的定期评估，负责重大经营风险事件报告的收集、整理、上报工作，负责组织内控体系的日常维护和持续改进，负责组织风险管理、内部控制相关知识培训，风险清单应由企业风险管理部门牵头组织实施，明确风险清单编制的对象和流程，建立培训、指导、协调、考核和监督机制；审计部是内控体系监督评价的归口管理部门，主要负责组织实施内控体系评价工作，负责开展内部控制专项审计工作等；法律合规部是合规综合管理部门，主要负责公司决策会议议题议案、规章制度、合同、重要经济活动等事项的合规性审核，负责组织识别、分析、防范和应对合规风险，编写年度合规管理报告等；财务部门主要是财务风险、财务内控体系运行的主体，主要负责职责范围内各项管理制度和管理流程的建立与执行、监督与评价、修订与完善，负责职责范围内的风险识别与风险评估工作，建立财务风险预警指标库和风险事件库，负责财务风险防控措施实施、重大财务风险预警、重大财务风险事件报告与处置工作，协助并参与内控评价工作，负责职责范围内缺陷确认，并按期完成整改，在日常经营管理中，结合各项业务活动和监督检查工作，对下属业务系统内控体系运行情况实施监督检查。

4. 完善风险管理制度

（1）建立健全各类内控制度，定期开展内控制度监督与评价，根据企业内外部环境变化，及时修订完善，持续改进。

（2）建立重大风险预警和报告制度，中铁一局建立常态化的重大经营风险监测报告工作机制，明确专人负责，定期编制《企业风险分类监测指标体系》，明确具体风险类别、风险预警指标、增减变动情况、具体情况说明等信息。中铁一局树立主动风险管理的意识，实现由被动承担风险、事后处置风险的模式向主动选择风险、积极安排风险的模式转变，通过对风险进行主动管理，将风险管理措施与业务运营相结合，寻找业务收益与承受风险之间的平衡点，实现风险管理经济价值最大化。

5. 加强信息系统建设

企业应加强信息技术在风险管理中的应用，建立与业务财务相融合的信息系统。2016年，中铁一局根据股份公司的安排部署，成立财务共享中心建设实施团队，组建中铁一局集团公司财务共享服务中心。2018年，中铁一局财务共享中心全面上线。一方面，规范了财会业务标准，实现了会计核算业务的集中处理、资金集中管理与支付、财务信息的集中共享。另一方面，财务共享平台对数据的收集与处理建立了统一标准，打破了数据"孤岛"现象，提升了数据信息的全面性和可靠性，为数据深度共享和开发利用提供了可能。财务共享平台以现代信息技术为支撑，有效利用网络高速、快捷的特点，获取业财数据的时间更少，内容更准确，利用财务共享平台持续开展线上稽核监督、风险预警使财会监督更加精准高效。

（二）具体应用流程

1. 收集财务风险管理初始信息

中铁一局财务部门按照风险管理基本流程的第一步，广泛地、持续不断地收集与本企业风险和风险管理相关的内外部初始信息，既包括历史数据，也包括战略规划、年度财务预算等未来预测。分析财务风险，广泛收集国内外企业因财务风险失控导致的危机的案例，并收集本企业以下重要财务信息。

第一，负债、或有负债、资产负债率、偿债能力；第二，现金流、"两金"及其占收入比率、资金周转率、营运能力；第三，毛利率、净利率、净资产收益率、盈利能力；第四，会计核算、资金结算、现金管理业务中曾发生或易发生错误的业务流程或环节；第五，与本企业财务管理相关的法律、法规、规章、制度等信息。

2. 建立并动态调整风险清单

中铁一局财务部部门根据业务职能和企业财会监督的总体目标，并结合企业全面风险管理及重大经营风险监测制度等相关要求建立了财务部门风险清单，基本框架包括风险识别、风险评估、风险应对，具体包括风险类别、风险描述、关键风险指标、关键影响因素、可能产生的后果、风险责任主体、风险发生的可能性、风险后果严重程度、风险重要性等级、风险应对措施等（具体见表1）。中铁一局财务部门风险清单根据企业内外部环境变化适时调整。

（1）风险识别方面，对风险类别实施分级管理，一级风险划分为财务风险和财务合法合规风险两级，财务风险又具体划分为盈利、偿债、运营、发展等方面的风险，财务合法合规风险又具体划分为金融管理、预算管理、报告管理、产权管理、税务管理等方面的合法合规风险。分别进行风险描述和关键风险指标定义。

（2）风险评估方面，对各类风险从关键影响因素、可能给企业带来的后果、风险管理责任主体、风险后果严重程度、风险重要性等级的维度开展风险评估。

（3）风险应对方面，按照风险类别逐一确定风险应对措施，包括定期风险分析、预警，持续、定期监督检查等措施。

表1

中铁一局财务部门风险清单

风险识别								风险评估						风险应对
风险类别														
一级风险		二级风险		风险描述	关键风险指标	关键影响因素	可能产生的后果	风险责任主体	风险发生的可能性	风险后果严重程度	风险重要性等级			应对措施
编号	名称	编号	名称											
1	财务风险	1.1	盈利能力	盈利能力不及预期	收入净利润率；经营性净现金流占收入比；EVA	成本费用管控不到位，亏损得不到有效遏制等	盈利水平不高甚至亏损	集团公司及子分公司	很可能	严重	综合评定分A、B、C、D四类			定期风险分析、预警
		1.2	偿债能力	偿债能力不及预期	现金流动负债比率；资产负债率	资本结构不合理，经营性现金流不足等	资不抵债，信用损失，破产清算	集团公司及子分公司	很可能	严重	综合评定分A、B、C、D四类			定期风险分析、预警
		1.3	运营能力	运营能力不及预期	"两金"占收入比；收入资产配置率	应收账款、存货增速高于收入增速等	资产运营效率低，资产质量不高	集团公司及子分公司	很可能	严重	综合评定分A、B、C、D四类			定期风险分析、预警
		1.4	发展能力	发展能力不及预期	收入增长率	经营萎缩，合同履约不到位等	丧失发展机遇	集团公司及子分公司	很可能	较重	综合评定分A、B、C、D四类			定期风险分析、预警
2	财务合法合规风险	2.1	金融管理	金融管理不合规	违规担保、融资未经过规定程序审批等	金融管理法律法规执行不到位	经济损失	集团公司、子分公司、项目部等	很可能	严重	一般			持续、定期监督检查
		2.2	预算管理	预算管理缺失、约束力不强	定性指标	预算管理制度执行不到位	经营缺乏约束，资源配置不合理，预算管理流于形式	集团公司、子分公司、项目部等	很可能	较重	一般			持续、定期监督检查
		2.3	报告管理	会计报告不真实、不完整	定性指标	会计准则等会计制度执行不到位	会计信息质量不高	集团公司、子分公司、项目部等	很可能	严重	一般			持续、定期监督检查

续表

风险类别				风险识别				风险评估					风险应对
一级风险		二级风险		风险描述	关键风险指标	关键影响因素	可能产生的后果	风险责任主体	风险发生的可能性	风险后果严重程度	风险重要性等级		应对措施
编号	名称	编号	名称										
2	财务合法合规风险	2.4	产权管理	产权管理不合规	资产损失及定性指标	产权管理制度执行不到位	资产损失	集团公司、子分公司、项目部等	很可能	较重	一般		持续、定期监督检查
		2.5	税务管理	税务管理违法违规	定性与定量指标	执行不到位	税务罚款、滞纳金等行政处罚	集团公司、子分公司、项目部等	很可能	较重	一般		持续、定期监督检查
		2.6	其他管理	会计基础工作等其他财务管理工作违规办理	其他管理合法合规风险	执行不到位		集团公司、子分公司、项目部等	很可能	较重	一般		持续、定期监督检查

3. 实施财会监督

（1）依托财务共享平台等信息化手段实施线上持续常态化财会监督。中铁一局线上财会监督，主要由财务共享中心组织实施，执行审核、复核、稽核"三级联控"机制（见表2），对财会业务合法合规风险实施持续监督。

表2 财务共享中心"三级联控"财会监督职责体系

岗位	财会监督具体职责
审核岗	负责对任务单中的原始单据影像文件的合规性、完整性、准确性进行审核；负责对任务单中的业务信息、财务信息与原始单据影像文件的一致性和匹配性进行审核；负责对任务单据中的经济事项类型、金额等会计核算要素的合规性、准确性进行审核，及时生成预制凭证；负责及时反馈审核结果，将审核不合格的单据驳回并写明驳回理由
复核岗	负责对任务单中的原始单据影像文件的合规性、完整性、准确性进行复核；负责对任务单中的业务信息、财务信息与原始单据影像文件的一致性和匹配性进行复核；负责对任务单据中的经济事项类型、金额等会计核算要素的合规性、准确性进行复核；负责对预制凭证的摘要、科目和金额进行复核；负责及时向审核制证岗位及业务财务反馈审核结果，将审核不合格的单据驳回并写明驳回理由
稽核岗	负责对凭证复核岗的审核过程进行稽核；负责对凭证的合规性、完整性、准确性进行稽核；负责对共享单据的业务信息、财务信息与影像信息的一致性和匹配性进行稽核；规范共享中心业务处理行为，提高会计基础工作质量，防范会计核算风险；按月对稽核中发现的问题进行汇总分析并及时反馈给各科室；负责对共享平台使用单位财务制度和内部控制制度的执行情况进行监督；负责对稽核中发现的问题及时下达整改通知书，重大问题及时报告
财会监督决策辅助及信息化服务职责	负责财务共享平台数据资产的管理及应用，提供包括实时监控、风险预警、数据统计分析、管理建议书等服务，负责财务共享平台上智能财务监察信息系统设计、开发，为开展线上财务监察提供信息化服务

（2）分级实施财务风险分析、预警。中铁一局根据管理实际将财务风险分析、预警管理分为两个层级：集团公司对子（分）公司、直管指挥部层面；子（分）公司对其自管项目层面。财务风险分析、预警模型相应也划分为公司层级（见表3）和项目层级（见表4）。

表3 公司层级财务风险分析、预警模型

指标类别		指标名称	分值	是否核心指标	指标算法
一般指标	盈利能力指标（25%）	收入净利润率	3	否	净利润/营业收入×100%
		管理费用率	2	否	管理费用合计/营业收入×100%
		经营性净现金流占收入比	10	是	经营性净现金流/营业收入×100%
		EVA	10	是	税后净营业利润−调整后资本成本

指标类别		指标名称	分值	是否核心指标	指标算法
一般指标	资产质量指标（40%）	应收款项占收入比	10	是	应收款项平均余额/营业收入×100%
		已完工未结算占收入比	15	是	已完工未结算平均余额/营业收入×100%
		预付账款占收入比	2	否	预付账款平均余额/营业收入×100%
		收入资产配置率	10	是	营业收入/资产总额平均数×100%
		货币资金占收入比	3	否	货币资金平均余额/营业收入×100%
	偿债能力指标（25%）	速动比率	5	否	（流动资产合计－预付款项－存货－一年内到期非流动资产－其他流动资产）/流动负债合计
		现金流动负债比率	10	是	经营活动现金净流量/流动负债×100%
		资产负债率	10	是	负债总额/资产总额×100%
	发展能力指标（10%）	主营业务收入增长率	10	是	（本期营业收入－上期营业收入）/上期营业收入×100%
		整体风险评价合计	100		
辅助指标（单项辅助指标每负偏离3%，加1分，每个指标最多加3分）		已完工未结算率比率指数			报告期已完工未结算收入比/基期已完工未结算收入比
		应收账款指数			报告期应收账款占收入比/基期应收账款占收入比
		其他应收款指数			报告期其他应收款占收入比/基期其他应收款占收入比
		预付账款指数			报告期预付账款占收入比/基期预付账款占收入比
		各类保证金指数			报告期保证金占收入比/基期保证金占收入比
		有息负债指数			报告期有息负债占收入比/基期有息负债占收入比

表4 项目层级财务风险分析、预警模型

指标类型	指标名称	指标算法	预警值	危险值
核心指标	建造合同百分比与实际完工进度的差异（%）	建造合同百分比与实际完成进度差异＝开累确认的主营业务成本/预计合同总成本×100%－开累实际完成产值/预计合同总收入×100%	5%	10%
	应收账款占工程结算比率	应收账款占工程结算比率＝期末应收账款/开累工程结算	业主合同价款预留比例	业主合同价款预留比例＋5%
辅助指标	已完工未结算与已完工未计价偏差率	已完工未结算与已完工未计价偏差率＝（已完工未结算－已完工未计价）/已完工未计价×100%	5%	10%
	责任成本预算节超率	责任成本预算节超率＝（项目实际成本－项目责任预算成本）/项目责任预算成本×100%	5%	10%
	利润偏差率	利润偏差率＝（财务确认利润－项目综合利润）/项目综合利润×100% 项目综合利润＝业主开累验工计价－超前验工计价＋滞后验工计价＋预计可批复变更计价－开累实际成本	5%	10%

公司层级基础财务预警指标的参数分为标准值、预警值和实际值。集团公司通过财务共享平台选取所属各单位作为样本总量，去掉一个最高值和最低值计算出平均值，平均值确定后再以平均值为参照系数，将大于平均值的样本量提出计算出"先进平均值"，将小于平均值的样本量提出计算出"落后平均值"。

标准值根据"先进平均值"与行业相关指标的平均值相结合来确定。预警值根据"落后平均值"与行业相关指标相结合来确定。

基础财务预警指标的计分，按照基础财务指标变动所揭示的趋势不同，可划分为两种类别：一种是"愈大愈好型"指标，定义为极大型变量；另一种是"愈小愈好型"指标，定义为极小型变量。

极大型变量计分规则：

$$\begin{cases} 预警值＞实际值，单项预警指标得分＝指标权重 \\ 标准值＞实际值＞预警值，单项预警指标得分＝指标权重－(实际值－预警值)/ \\ \qquad\qquad\qquad\qquad\qquad\qquad (标准值－预警值)×指标权重 \\ 实际值＞标准值，单项预警得分＝0 \end{cases}$$

极小型变量计分规则：

$$\begin{cases} 实际值 > 预警值，单项预警指标得分 = 指标权重 \\ 预警值 > 实际值 > 标准值，单项预警指标得分 = (实际值 - 标准值) / \\ \qquad\qquad\qquad\qquad\qquad (预警值 - 标准值) \times 指标权重 \\ 标准值 > 实际值，单项预警指标得分 = 0 \end{cases}$$

辅助财务预警指标计分规则：辅助财务预警按照该指标和基期变化的负偏离程度，每偏离3%加1分，每个指标最多加3分。

财务预警的总体评价规则：根据财务预警总体评价得分情况，将子（分）公司风险等级划分为四类：A类重警（总体评价得分≥60分）、B类中警（45分≤总体评价得分<60分）、C类轻警（30分≤总体评价得分<45分）、D类无警四个类别（总体评价得分<30分）。

如果有三个以上预警非核心指标处于危险区域，视情况将评估单位的风险等级提升一个级别。如果两项核心指标存在重大经营性风险，无法在短期规避，将视情况将评估单位的风险等级提升一个级别或直接划入重警等级。

项目层级财务风险预警评价项目财务预警指标的参数分为实际值、预警值和危险值。预警值危险值根据企业积累的历史数据和管理经验估计。工程项目财务预警指标的预警值和危险值暂定如下：

工程项目警度划分为A类重警、B类中警、C类轻警、D类无警。

项目财务风险评级的基本原则：当项目出现亏损时，直接纳入B类中警管理；当项目发生重大市场、法律及财务风险或其他变化时，根据风险大小直接确定警度；项目风险评级首先根据核心指标对警度进行初次评级，再根据辅助指标对风险初次评级结果进行修订，最终确定警度。

项目财务风险初次评级原则：当两个核心指标同时进入危险区域时，确定为A类重警；当任一核心指标进入危险区域或者两个核心指标同时进入预警区域确定为B类中警；当任一核心指标进入预警区域，确定为C类轻警。

项目财务风险初次评级的修订原则：当初次风险等级评定为D类无警，辅助指标中任一指标进入预警区域时，风险评级修正为C类轻警；当初次风险等级评定为C类轻警，辅助指标中任一指标进入危险区域时，风险评级修正为B类中警。

（3）组织开展现场财务监察。

年初根据识别、评估的财务风险，共享中心线上持续常态化财会监督发现的共性问题，以及风险预警结果，制订年度财务监察工作计划，明确年度财务监察重点内容、重点监察对象、财务监察方式等内容；年内根据财务监察计划，成立财务监察小组、制订专项财务监察方案、实施财务监察、记录财务监察底稿、形成财务监察报告等，实施过程中高度警惕诸如内部控制薄弱环节等可能引发风险的机会，在合理的成本基础上，推动建立健全有效的内部控制。

四、基于风险清单开展财会监督实施效果

（一）财会监督实现"全过程、全业务、全覆盖"

打破了事后监督为主的传统财会监督方式，会计监督程序有效前置，并且做到了全过程、全业务的监督，对合法合规风险的识别和防范有了显著的提高作用；基于财务共享平台的财务监察不受时间与空间的限制，可以实现日常财务监察"全覆盖"，使财务监察获取业财数据的时间更少，内容更准确，财务监察成本明显降低，财务监察效率有了显著提升。

（二）财会监督更精准，财会监督效能明显提升

利用风险清单开展财务监察，有效引导财会监督工作方向，突出财会监督工作重点，从而使财会监督决策更科学、目标更有针对性、结论更加精确。财务部科室之间以及与财务共享中心之间建立起畅通密切的工作协调机制，财会监督工作与其他财务管理工作实现有机融合，提升了预算管控、资金集中、制度执行、风险防控等财会监督效能。

五、经验总结

（一）推行"互联网 + 监督"模式

要基于财务共享平台开发财会监督信息系统，将预警体系嵌入，明确接口设置、权限配置及嵌入的系统环节和权责细则，通过该系统能进行数据收集，按照预警指标的运算规则、范围、期间等条件计算实际值并与预警指标数据对比，自动进行风险预警和监控。通过采集、查询、对比、分析、预警、评价相关财务核算信息和预算管理信息。进一步开放和整合资金系统、报表系统、成本系统、税务系统、机械系统、电商平台，逐步建立具备大数据处理能力的财会监督云计算平台，全面覆盖资金收支管理全过程业务，全力打造具有财会监督专属特色的自动化监测平台、智能化分析平台，实现持续性监督、数据分析与挖掘等核心功能。

（二）完善财会监督共享体系

进一步打通横向间、纵向间的"数据孤岛"，一是打通不同职能部门之间、不同管理流程环节之间的信息壁垒和信息不对称，提高信息处理效率。二是打通各层级管理对象之间的信息壁垒实现全景式持续性的数据收集和整理。强化分析方法和技术应用，促进财务数据库动态更新和维护。加快探索建立经常性财会监督机制，促进财会

监督与审计监督、巡视巡察、纪检监督等内部监督融合，形成"大监督"格局。

（三）加强财会监督队伍建设

选派政治坚定、业务扎实、作风过硬、清正廉洁的优秀人才，进一步充实财会监督力量。优化财会监督队伍知识结构，重视提升队伍的综合素质和专业素养。加强对财会监督队伍的日常管理和考核评价，健全与财务监察工作成效挂钩的激励约束机制，强化监督队伍履职保障。

（中铁一局集团有限公司　杨育林　薛　峰　陈生平　景天昊　白星红）

风险清单在 PPP 投资项目
税务风险管理中的应用

【摘要】本文介绍了风险清单工具方法在 PPP 投资项目管理中的应用。案例单位是中型建筑工程施工企业,主业是建筑工程施工及设计、城市生活垃圾经营性服务、工程管理服务、以自有资金从事投资活动及建筑材料销售、技术咨询服务等。针对原管理体系下税务风险管理前瞻性、系统性、合规性、标准化不足,不能满足新形势下税务风险管理需要的问题,案例单位引进风险清单法,按照前期阶段、建设阶段、运营阶段和移交阶段的生命周期顺序,有计划地建立起多层次、全覆盖的风险清单管理体系,并逐步发展为公司战略管理工具,激发各层级管理人员的积极性、主动性、创造性,促进公司税务管理水平不断提升,助推企业战略目标实现。

一、背景描述

(一)单位基本情况

A 公司成立于 2019 年,是一家主要从事建筑工程施工及设计,城市生活垃圾经营性服务,工程管理服务,以自有资金从事投资活动及建筑材料销售,技术咨询服务等的有限责任公司。A 公司组织架构采用"直线职能制"形式,公司部门设工程部、商务部、综合部、财务部四个业务部门。各部门日常工作主要涉及技术支持及过程管控、预算编制及验工计价、融资贷款及内业管理、经费管理等四个方面。A 公司管理 PPP 投资项目的工程运作模式为"建设 – 运营 – 移交"(BOT)模式,即社会资本方与政府出资代表共同出资组建 A 公司,政府出资代表与 A 公司签署 PPP 投资项目合同。社会资本方主要负责项目施工、部分资本金出资,政府出资代表主要负责办理项目的相关审批手续、征地拆迁等前期工作,不参与 A 公司分红。合作期内,A 公司负责融资、设计、建设及运营维护投资项目,通过"使用者付费 + 可行性缺口补助"收回投资及获得合理回报。合作期满,A 公司将投资项目资产无偿移交给当地政府或政府指定机构。

A 公司所投资运营的 PPP 投资项目承担起重大的社会责任,通过新建管廊及路网将市核心区、高速公路入口道路接续和相关外联道路打包推进,重点解决新区各核心区域的基础道路建设和交通瓶颈,以核心区域的发展辐射带动周边发展,是新区谋求大发展的重大建设项目。

（二）存在的主要问题

因 PPP 投资项目管理涉及政府方、社会资本方、A 公司、总承包方、银行、基金等多个投资主体，项目全周期涉及前期准备、建设、运营、移交等多个阶段，每个阶段可能涉及增值税、企业所得税、印花税、土地增值税、房产税、土地使用税等多税种风险。

1. 前期准备阶段

（1）增值税是否计入建设投资总额。投资相关部门发布的《建设项目经济评价方法与参数（第三版）》等均在营改增之前，且 PPP 投资项目目前尚未出台明确的税收政策，在项目实施方案编制等阶段，建设投资是否含税操作上各有千秋。A 公司投资额若含税，则增值税税率调整阶段，收益相对减少，同时加大了政府支付负担。

（2）前期费用税票取得。在 A 公司筹备期间发生的前期费用，例如，土地征用及拆迁费用等成本都会被列入项目的总投资中，无论是政府补助还是使用者付费来承担，都会负担这两种成本的增值税。社会资本方在与政府谈判时，要留意投资项目的前期费用及拆迁费用发票扣除。A 公司所属 PPP 投资项目土地取得及征拆工作由政府负责组织，以可研为限，所需费用由 A 公司按国土部门（市征地拆迁综合办公室）牵头核定的实际金额支付给政府相关职能部门，超出可研的部分由政府方另行安排资金，与 A 公司无关，但政府方相关部门不能开具增值税发票。据此，A 公司可以向税务机关提出政策诉求，针对征地拆迁费用可以计算抵扣进项税或实行差额纳税。

（3）西部大开发优惠政策的选择。如果符合政策规定的条件，A 公司可以申请享受西部大开发的优惠以及国家重点鼓励的基础设施项目所得"三免三减半"的优惠，但是由于 A 公司的特殊性，其承接的项目虽然符合《西部大开发产业目录》，但其核算并非以项目建设确认主营收入，而是以项目建设为依据所取得的回报确认收入，营业收入能否满足条件需与当地税务机关沟通。A 公司营业执照范围已明确涵盖建筑工程施工，但收入性质确定有待与当地税务机关沟通。

2. 建设阶段

（1）增值税进项税留抵。自 2019 年 4 月 1 日起，国家试行增值税期末留抵税额退税制度，但 A 公司本身主营收入取得较滞后，如何提升 A 公司纳税信用等级至 A 级或 B 级尤其重要。A 公司通过变更主营业务范围，积极与当地税务机关沟通，以提供总承包甲供材的方式，使得纳税等级晋升至 B 级，满足申请退还增量留抵税额的条件，将阶段性申请退回增值税额约 7 000 万元，降低了 A 公司的资金成本。

但 A 公司在享受公共基础设施企业所得税"三免三减半"优惠政策时，当地税务机关若认定提供甲供材料取得收入即为第一笔运营收入，则对公司正式进入运营期的税费减免将产生重大影响。A 公司应提前积极与税务机关沟通，争取不以部分运营收入作为享受税收优惠的时点，待整个项目达到运营条件，并取得第一笔运营收入的时点为准计算"三免三减半"的优惠政策期间。

（2）土地的获取和使用。对于常见的 PPP 投资项目，例如，高速公路、城市地下综合管廊、地下铁路线路、市政道路、市政广场等，取得土地的方式为划拨方式，待合同经营期满后，连同公共设施一并移交政府。合同约定 A 公司 PPP 投资项目的土地归属政府方所有，社会资本方在合作期内享有土地的使用权，土地用途为市政基础设施工程用地。项目合作期满移交，政府方无偿收回项目的土地使用权。A 公司无须缴纳土地使用税和契税，但在施工过程中需按照《中华人民共和国耕地占用税暂行条例》缴纳耕地占用税，A 公司应与税务机关争取相关免征或减征的优惠政策，并以保函形式缴纳耕地占用税，减少项目资金压力。

3. 运营阶段

根据 PPP 投资项目的付费机制，A 公司在运营阶段取得的收入应提前与政府方及税务机关沟通。目前因地下综合管廊工程收入特殊，不同地方税务局核算方式差异较大。较为常见的核算方式包括：入廊费收入可按照不动产租赁 9% 或让渡无形资产使用权 6% 缴纳增值税，日常维护费收入可按现代服务 6% 缴税，管网运维服务费收入可按照建筑服务 9% 或管理服务 6% 缴税，管廊可用性服务费也可按照建筑服务 9% 或管理服务、贷款服务 6% 缴税，不同性质收入影响其对应的投资成本能否全额扣除进项税。A 项目收入由"使用者付费和政府可行性缺口补助"组成。使用者付费主要是管廊使用单位支付的入廊费和管廊维护管理费。A 公司应提前与当地税务机关沟通按照收入性质就低分别缴纳不同税率的增值税，避免项目整体利润率降低。

（三）选择风险清单的主要原因

因税务成本贯穿于 PPP 投资项目的整个生命周期，对企业的盈利能力、现金流、项目的投资回报产生重大影响。A 公司 PPP 投资项目预算编制，主导单位为投融资部门，其他各职能部门只是预算编制的辅助部门。运用风险清单管理，可以从全局角度识别可能影响 A 公司管理目标实现的因素和事项，在各部门的配合下共同识别风险、评估风险，建立风险信息库及预警体系，做到全面梳理，全员参与，动态调整，尽可能地规避风险，实现企业利润最大化。

二、总体设计

（一）管理目标

针对 PPP 投资项目的固有特征，有效识别和评价项目中潜在的风险，对风险进行动态化的跟踪与及时防范，有效减缓 A 公司在参与 PPP 投资项目过程中所需承担的税负，找出与自身实际情况相匹配的筹划措施，避免税务风险造成大范围影响。

（二）总体思路

本文首先，对 A 公司的成立背景及运作模式做汇报；其次，从 A 公司所属 PPP 投资项目的前期阶段、建设阶段、运营阶段、移交阶段四个时点分析梳理可能存在的风险框架；再次，从项目全周期对 A 项目的业务流程，相关税收政策细分二级、三级税务风险清单，同时利用风险矩阵预测不同风险发生的概率及影响程度，对风险发生的可能性和后果的严重程度进行评估与排序；最后，对可能发生的税务风险应对划分职责范围，对发生概率高的风险进行预防，做到风险管理的事前预防，对难以控制的风险做到及时处理，减少风险带来的问题。力求根据全周期过程中可能出现的不同等级的税务风险，提出加强人力资源建设、健全企业内控体系、科学应用税务规划、打通增值税抵扣渠道等应对策略，实现企业利润最大化。

三、应用过程

（一）组织机构及方式

风险清单体系的试运行阶段，A 公司成立了由总经理任主任、总会计师任副主任的考评管理委员会，下设财务部负责人任组长、各相关部门主要负责人参加的考评管理领导小组，试点项目按进度成立了以项目负责人为组长的工作团队。

（二）资源、环境、信息化条件

（1）强化理论学习，建立骨干团队。A 公司从公司相关部门和试点项目抽调业务骨干组成攻坚团队，通过邀请专业财经机构进行企业投资项目税务风险控制链剖析、风险清单运用的专题讲座，配发《管理会计案例示范集》《管理会计应用创新》《管理会计案例》等相关专著，强化团队的理论基础，为风险清单管理的成功落地提供了人才保障。

（2）研究方法。A 公司组织骨干团队收集 5 个投资项目的相关资料，涵盖投资项目识别和准备阶段、建设阶段、运营阶段和移交阶段全过程，组织成员对风险矩阵、风险清单、全面风险管理、风险分析框架等多种风险管理工具进行比较研究，学习和借鉴示范集中的经典案例，重点研究如何将风险清单法转化为具体的可量化的指标、数据和行动方案。

（三）应用流程

1. 风险识别

（1）建立风险框架。A 公司税务风险领导小组根据 PPP 投资项目的不同阶段，将税务风险划分为前期策划风险、建设期风险、运营期风险和移交时点风险。A公司针对不同的阶段深入挖掘PPP投资项目潜在的税务风险，对相关风险源和风险因素进行风险分类和分解，在此基础上编制形成了PPP投资项目不同阶段的三级税务风险框架，共包含风险类别4类，二级风险11个、三级风险16个，具体如表1所示。

表1 A公司PPP投资项目税务风险框架

项目阶段	风险类别	二级风险	三级风险
前期策划谈判阶段	前期策划风险	总投构成策划	总投构成含税减少收益风险
前期策划谈判阶段	前期策划风险	税收优惠策划	不能享受税收优惠风险
前期策划谈判阶段	前期策划风险	税收优惠策划	阶梯税率无法适用低税率风险
前期策划谈判阶段	前期策划风险	税收优惠策划	不能加计扣除风险
前期策划谈判阶段	前期策划风险	收入确认策划	无法实施留抵退税风险
前期策划谈判阶段	前期策划风险	成本确认策划	前期费用涉税风险
建设阶段	建设期风险	总包方计税方式选择	合同涉税条款影响收入风险
建设阶段	建设期风险	供应商计税方式选择	合同涉税条款影响成本风险
建设阶段	建设期风险	实缴出资方式选择	企业所得税纳税风险
建设阶段	建设期风险	建设期利息核算	企业所得税纳税风险
建设阶段	建设期风险	项目用地方式选择	契税管理风险
建设阶段	建设期风险	项目用地方式选择	印花税管理风险
建设阶段	建设期风险	项目用地方式选择	耕地占用税管理风险
建设阶段	建设期风险	项目用地方式选择	城镇土地使用税管理风险
运营阶段	运营期风险	明确政府补贴范围	企业所得税纳税风险
移交阶段	移交时点风险	明确移交方式	补缴税费风险

（2）建立风险数据库。A公司组织领导小组成员和专业财经机构人员，以PPP投资项目全周期为时间跨度，针对不同的阶段对PPP投资项目在该阶段面临的主要风险进行逐一识别和分析，列出风险清单，形成结合企业自身实际较为全面的在公司内部具有一定指导意义的税务风险数据库，共梳理风险因素5条，具体如表2所示。

2. 风险分析

A公司后台管理人员及PPP投资项目管理人员以税务风险数据库为依据，结合前期收集的相关信息，通过集体讨论、网上咨询等方式逐条逐项对比风险库风险，最终形成与项目实际相适应的税务风险清单，如表3所示。

表2

A 公司 PPP 投资项目税务风险库

项目阶段	风险类别	二级风险	三级风险	风险因素	风险描述
前期策划谈判阶段	前期策划风险	总投构成税策划	总投构成含税减少收益风险	当地政府要求及税务风险意识	社会资本方在进行财务投资测算时较少考虑含税成本或简单地延续营业税制下投资测算方法，造成前期投资测算出的项目投资收益与实际收益大相径庭，甚至产生项目自由盈转亏的情形
前期策划谈判阶段	前期策划风险	税收优惠策划	不能享受税收优惠风险	当地政策及税筹意识	享受西部大开发优惠政策采取"自行判别、申报享受、相关资料留存备查"的办理方式，留存备查资料是指与企业享受优惠事项有关的合同、协议、凭证、证书、文件、账册、说明等资料，不慎损毁将不能享受西部大开发优惠政策
前期策划谈判阶段	前期策划风险	税收优惠策划	阶梯税率无法适用低税率风险	当地政策及税筹意识	城建税根据纳税人所在地的不同，分别适用 7%、5%、1% 等不同税率。若提前未进行税务筹划，随意选择投资项目建设地可能导致投资项目使用较高税率的城建税，提高税负水平，降低投资收益
前期策划谈判阶段	前期策划风险	税收优惠策划	不能加计扣除风险	当地政策及税筹意识	享受加计扣除的税收优惠政策既要求符合研究开发费用加计扣除的适用范围，又要满足研发费用会计处理要求。对于未设立专门的研发机构项目同时承担生产经营任务的投资项目，若未对研发费用和生产经营费用分开进行核算，准确、合理地计算各项研发开发费用支出，将导致研发费用与建造成本划分不清的，不得实行加计扣除
前期策划谈判阶段	前期策划风险	收入确认策划	无法实施留抵退税风险	税筹意识	施工单位向 A 公司开具增值税专用发票，增值税金构成 A 公司的进项税额。由于 PPP 投资项目建设投资较大，周期长，税率较高，可能会产生两个问题：一是增值税进项税额较大对企业造成较大损失；二是增值税进项税额在项目合作结束时仍不能完全抵扣
前期策划谈判阶段	前期策划风险	成本确认策划	前期费用涉税风险	税务筹划能力	前期费用支付由地方财政资金支付，后期通过 PPP 投资项目前期承担此 PPP 投资项目前期费用作共赢，并约定由资金往来收据支付的各项费用。如果取得资金往来本收据，企业所得税税前扣除无依据，无法取得增值税专用发票，无法抵扣，但因计入投资总额（政府付费方式），可能涉及增值税
建设阶段	建设期风险	总包方计税方式选择	合同涉税条款影响收入测算	合同管理	增值税计税方法不同，建筑企业工程项目对应的税前造价及适用税率也不同。A 公司作为 PPP 投资项目的运营和建设管理方，从影响建筑项目全流程造价的角度考虑增值税不同计税方法会影响建筑项目生命周期造价，需要从 PPP 投资项目日常考虑的影响，为此进行相关税务的测算

续表

项目阶段	风险类别	二级风险	三级风险	风险因素	风险描述
建设阶段	建设期风险	供应商计税方式选择	合同涉税条款影响成本风险	合同管理	简易计税和一般计税不同的计税方式下，应根据项目实际在合同中明确业主及供应商保持合同含税价或不含税价不变，若不约定或约定不明确则可能导致税率变动影响投资项目收益情况
建设阶段	建设期风险	实缴出资方式选择	企业所得税纳税风险	管理能力	根据《中华人民共和国企业所得税法实施条例》第二十七条规定，凡企业投资者在规定期限内未缴足其应缴资本额的，该企业对外借款所发生的利息，相当于投资者实缴资本额与在规定期限内应缴资本额的差额应计付的利息，其不属于企业合理的支出，应由企业投资者负担，不得在计算企业应纳税所得额时扣除
建设阶段	建设期风险	建设期利息核算	企业所得税纳税风险	管理能力	A公司建设期投入的资金，政府方依据约定的利率给予一定的投资补偿。A公司在会计核算中若对计息方式及支付时点不明确，或未采用适当的会计计算方式则在汇算清缴时无法享受利息调减应纳税所得额的情况
建设阶段	建设期风险	项目用地方式选择	契税管理风险	当地政策及筹税意识	建设期间须明确项目用地的方式，对符合划拨用地目录的PPP投资项目，其建设用地可以通过划拨方式取得，但划拨土地不得改变土地用途。对不符合划拨用地目录的项目，可通过出让方式及作价出资、租赁方式及作价入股方式取得土地使用权，但项目需支付相应的契税、印花税、耕地占用税、城镇土地使用税等税费
建设阶段	建设期风险	项目用地方式选择	印花税管理风险	当地政策及筹税意识	
建设阶段	建设期风险	项目用地方式选择	耕地占用税管理风险	当地政策及筹税意识	
建设阶段	建设期风险	项目用地方式选择	城镇土地使用税管理风险	当地政策及筹税意识	
运营阶段	运营期风险	明确政府补贴范围	企业所得税纳税风险	税务筹划能力	政府补贴费用首先须明确取得是否符合不征税收入条件，未加以辨别而作不征税收入处理后，尤其在做不征税收入处理后，未在规定期限、规定条件下使用或形成费用后则须补征纳税风险，可能导致补缴税款
移交阶段	移交时点风险	明确移交方式	补缴税费风险	税务筹划能力	资产移交前须明确移交方式，若属于A公司将项目资产无偿或有偿移交给政府，政府所有权属有形式和实质上发生改变，政府不视同销售确认收入，不作税务处理，涉及到增值税、土地增值税、契税、印花税、土地增值税等

表 3

2022 年 A 公司 PPP 投资项目税务风险清单

序号	项目阶段	风险类别	二级风险	三级风险	风险因素	风险发生后的影响
1	前期策划谈判阶段	前期策划风险	总投构成本策划	总投构成本减少收益风险	当地政府要求及税务风险意识	造成前期测算出的项目投资收益与实际收益大相径庭，甚至产生项目由盈转亏的情形
2	前期策划谈判阶段	前期策划风险	税收优惠策划	不能享受税收优惠风险	当地政策及税筹意识	先天条件或后期招管理不符合西部大开发优惠政策，将导致不能享受或补缴前期因西部大开发优惠政策减免的税费
3	前期策划谈判阶段	前期策划风险	税收优惠策划	阶梯税率无法适用低税率风险	当地政策及税筹意识	随意选择投资项目建点地址可能导致投资项目使用较高税率的城建税，提高税负水平，降低投资收益
4	前期策划谈判阶段	前期策划风险	税收优惠策划	不能加计扣除风险	当地政策及税筹意识	对于未设立专门的研发机构项目同时承担生产经营任务的投资项目，若未对研发费用和生产经营支出合理地计算各项研究开发费用支出，将导致研发费用与建造成本划分不清的，不得实行加计扣除
5	前期策划谈判阶段	前期策划风险	收入确认策划	无法实施留抵退税风险	税筹意识	可能会产生两个问题：一是增值税进项税额较大产生的资金成本对企业造成较大损失；二是增值税额在项目合作结束时仍存在完全抵扣
6	前期策划谈判阶段	前期策划风险	成本确认策划	前期费用涉税风险	税务筹划能力	如果取得资金任未收据，企业所得税税前扣除有潜在风险。前期费用作为投资成本，无法取得增值税专用发票，无法抵扣，但因计入投资总额（政府付费方式），可能涉及增值税
7	建设阶段	建设期风险	总包方计税方式选择	合同涉税条款影响收入风险	合同管理	增值税计税方式不同，建筑企业工程项目对应的税前造价及适用税率也不同，最终将会影响建筑项目成本
8	建设阶段	建设期风险	供应商计税方式选择	合同涉税条款影响成本风险	合同管理	若不约定或约定不明确则可能导致税率变动影响投资项目收益情况
9	建设阶段	建设期风险	实缴出资方式选择	企业所得税纳税风险	管理能力	企业对外借款所发生的利息，相当于投资者实缴资本额与在规定期限内应缴资本额的差额应计付的利息，其不属于企业合理的支出，不得在企业应纳税所得额时扣除

续表

序号	项目阶段	风险类别	二级风险	三级风险	风险因素	风险发生后的影响
10	建设阶段	建设期风险	建设期利息核算	企业所得税纳税风险	管理能力	会计核算对计息方式支付时点不明确，或不采用适当的会计核算方式则在汇算清缴时无法享受利息调减应纳税所得额的情况
11	建设阶段	建设期风险	项目用地方式选择	契税管理风险	当地政策及税筹意识	不符合划拨用地目录的项目，可通过出让方式、租赁方式及作价出资、无偿使用或者入股方式取得土地使用权，但项目需支付相应的契税、印花税、耕地占用税、城镇土地使用税等税费
12	建设阶段	建设期风险	项目用地方式选择	印花税管理风险	当地政策及税筹意识	
13	建设阶段	建设期风险	项目用地方式选择	耕地占用税管理风险	当地政策及税筹意识	
14	建设阶段	建设期风险	项目用地方式选择	城镇土地使用税管理风险	当地政策及税筹意识	
15	运营阶段	运营期风险	明确政府补贴范围	企业所得税纳税风险	税务筹划能力	导致税收费虚增或形成滞后纳税风险，或在做不征税收入处理后导致要补缴税款
16	移交阶段	移交时点风险	明确移交方式	补缴税费风险	税务筹划能力	资产移交前未明确移交方式，可能需要正常纳税，涉及到增值税、企业所得税、契税、印花税、土地增值税等

3. 风险评估

A 公司建立了自己的风险评估制度，根据建立的风险清单，A 公司后台管理人员和 PPP 投资项目管理人员从风险发生的可能性和风险后果严重程度两个方面综合考量风险。一方面，保证了公司风险评估的规范性和科学性；另一方面，维持了 PPP 投资项目的决策与公司的经营理念、风险偏好和风险承受度相一致。

具体风险评估规则如表 4、表 5 所示。

表 4　　　　　　　　　　　　　　　　　风险发生可能性

项目		评分				
		1	2	3	4	5
标准		几乎不可能	不太可能	可能	很可能	基本确定
举例	日常运营中可能发生的潜在风险	一般情况下不会发生（每 3 年发生 1~2 次）	极少情况下才会发生（每年发生 1~2 次）	某些情况下发生（每季度发生 1~2 次）	较多情况下发生（每月发生 1~2 次）	常常会发生（几乎每周发生）
	适用于可通过历史数据统计出风险发生概率的情况	发生概率在 10% 以下	发生概率为 10%~30%	发生概率为 30%~60%	发生概率为 60%~90%	发生概率在 90% 以上

表 5　　　　　　　　　　　　　　　　　风险后果严重程度标准

项目		评分				
		1	2	3	4	5
标准		极低	低	中	高	极高
举例	对区域经营的影响	对当地政府或相关部门几乎没有影响，对企业区域化经营战略没有影响	对当地政府或相关部门产生较小影响，通过沟通协调不产生长远影响，没有对企业区域化经营战略影响	对当地政府或相关部门产生一定影响，通过沟通无法达成一致，投资项目作出让步，对企业区域化经营战略产生负面影响	与当地政府或相关部门产生不可调和的矛盾，双方意见无法协调一致，导致当地政府或相关部门的对企政策产生长远影响，使企业区域化经营战略作出较大调整	当地政策与企业利益不可调和，继续经营将对企业造成无法挽回的损失，使企业作出放弃对该区域经营的战略决策
	对 A 公司的影响	对 A 公司经营情况几乎没有负面影响，不影响 A 公司税务等级，不影响 A 公司管理的其他投资项目运营	对 A 公司经营情况产生较小影响，依据 A 公司管理制度能够解决，不影响 A 公司管理的其他投资项目运营	对 A 公司经营情况产生一般性影响，A 公司年度预算目标需要进行一定调整，一定程度上影响 A 公司管理的其他投资项目运营	对 A 公司经营情况产生较大影响，严重影响 A 公司年度经营计划，同时对 A 公司管理的其他投资项目运营产生较大影响	对 A 公司经营情况产生巨大影响，导致 A 公司无法正常经营，使 A 公司管理的其他投资项目停止运营
	对投资项目运营的影响	对投资项目收入、成本几乎没有影响	对投资项目收入、成本有较小影响，对收益造成的损失在 3% 以下	对投资项目收入、成本产生一定影响，对收益造成的损失在 10% 以下	对投资项目收入、成本产生较大影响，对收益造成的损失在 30% 以下	对投资项目收入、成本巨大影响，对收益造成的损失在 50% 以上

4. 风险应对

根据风险评估结果，A公司结合项目实际对风险清单内风险制定风险管理策略，提出了切实可行风险解决方案，明确公司后台责任部门，对项目管理人员进行风险管理交底，如表6所示。

四、取得成效

（一）前期策划阶段

在PPP投资项目的整个生命周期中，前期准备阶段是决定投资项目经营成果的关键阶段。PPP投资项目的前期阶段包括项目识别和项目准备。该阶段税务筹划最主要的是主合同条款的谈判和项目各阶段税负测算。

A公司运用风险清单工具，对项目前期阶段存在的税务风险进行梳理，识别出了四个主要税务风险，对风险发生的概率进行评估分析并制定了相应的措施，在项目前期建设阶段运用制定方法取得了以下成效。

A公司在主合同中增加了政府参股出资、征地拆迁费、风险分担机制等条款，完善合同条款，减少后续税务风险。具体包括：第一，若政府采取非货币性资产投资入股，则需要明确税费的承担情况。例如，政府方以房屋或土地出资，产权承受方即A公司可能需要缴纳契税、城镇土地使用税等。第二，征地拆迁费一般有两种情况，政府负责、社会资本方垫资，或者社会资本方负责，委托政府代为征拆。前者不计入投资总额，后者计入投资总额。对于前者，A公司可以作为代收转付处理，仅对由垫资行为而取得的收益按照利息收入适用6%的增值税税率。对于后者，应与政府方协商，争取单独签订征拆协议，不计入投资总额，参照前者情形处理。第三，PPP投资项目是基于目前相关税收政策签订的，对后期由于税收政策的变动对项目收益的影响，可分国家层面的政策影响和地方层面的政策影响谈判，约定了造成的损失的分担机制。第四，以公司章程形式明确股东实缴出资的时限，并对因未及时出资导致的借款利息费用无法税前扣除的损失明确由过错方股东承担。相关条款的细化也降低了后期出现税务风险的可能性。

（二）项目建设阶段

A公司最主要的成本构成为外包建筑工程，也就是总承包方的建筑收入，而总承包方往往是社会资本方的全资子公司或直属项目部。在此情况下，社会资本方，既作为项目投资者，又作为项目实际建造施工方，需要综合考虑全链条的税务支出。

表6

重大风险应对情况

序号	风险类型	风险因素	三级风险	风险影响	风险管理策略	风险解决方案	责任部门
1	前期策划风险	当地政府要求及税务风险意识	总投构成合税减少收益风险	造成前期测算出的项目投资收益与实际收益大相径庭，甚至产生项目由盈转亏的情形	风险控制	社会资本方应在现有的财务投资测算基础上，根据PPP投资项目的招标文件、工程概算、可研报告，结合项目的融资方式、付费机制和退出方式等情况，对项目的各阶段的税负、利润及现金流进行测算分析	投资运营管理中心
2	前期策划风险	当地政策及税筹意识	不能享受税收优惠风险	先天条件或项目后期管理不符合西部大开发税收政策或受补缴前期因西部大开发优惠政策减免的税费	风险控制	寻找政策依据，符合西部大开发税收优惠目录的及时对接税务管理机关，做好备案	财务部
3	前期策划风险	当地政策及税筹意识	阶梯税率无法适用低税率风险	随意选择投资项目建点地址可能导致投资项目使用较高税率的城建税，提高税负水平，降低投资收益	风险控制	将A公司注册地设立在距离市区近且交通方便的西部社区或行政村，选用最低税率的城建税	投资运营管理中心财务部
4	前期策划风险	当地政策及税筹意识	不能加计扣除风险	对于未设立专门的研发机构同时承担生产经营任务的投资项目，若未对研发费用和生产经营费用分开进行核算，准确、合理地计算各项研发费用支出，将导致各项研发费用与建造成本划分不清的，不得实行加计扣除	风险控制	A公司严格执行A公司研发费用核算管理办法，制定研发费用投入使用计划，A公司发挥公司后台的管理职能，确保研发费用核算准确规范	生产技术部财务部
5	前期策划风险	税筹意识	无法实施留抵退税风险	可能会产生两个问题：一是增值税进项税额较大产生较大损失；二是增值税进项税额在项目合作结束时仍不能完全抵扣	风险控制	提前规划A公司经营范围，实现建设期内有其他合理的营业收入，通过提高A公司纳税信用等级实现留抵退税	投资运营管理中心财务部

续表

序号	风险类型	风险因素	三级风险	风险影响	风险管理策略	风险解决方案	责任部门
6	前期策划风险	税务筹划能力	前期费用涉税风险	如果取得税资金在未来据，企业所得税税前扣除有潜在风险，无法抵扣前期增值税专用发票，无法计提入投资总额，但因计入投资总额（政府付费方式），可能涉及增值税	风险控制	前期谈判时，就应考虑税收问题，如果由人投资总额，需要补偿税费承担，与税务沟通作为代收付款项；与政府自行事后，政府沟通补偿取得合法税前扣除凭证	投资运营管理中心
7	建设期风险	合同管理	合同涉税条款人风险	增值税计税方法不同，建筑企业工程项目对应的税前及适用税率也不同，最终将会影响建筑项目成本	风险控制	建筑企业应积极应对，提前做好准备，与业主和合同价款和供应商做好沟通，包括发票开具和合同价款的调整，尽量能够在此次税制改革中获得最大利益	投资运营管理中心 法律合规部
8	建设期风险	合同管理	合同涉税条款影响成本风险	若不约定或定不明确则可能导致税率变动影响投资项目收益情况	风险控制	在合同涉税条款中明确业主合同价不变，即业主不调价，原合同价不含税价下调；供应商调价，不含税价不变，含税价下调	投资运营管理中心 法律合规部
9	建设期风险	管理能力	企业所得税纳税风险	企业对外借款所发生的利息，相当于投资者实缴资本额内的差额部分，其中属于企业投资者应计付的利息，应由企业投资者合理负担，不得在计算企业应纳税所得额内扣除	风险控制	以公司章程形式明确股东实缴出资的时限，并对因出资不及时导致的借款利息费用无法税前扣除的损失明确由过错方股东承担	发展规划部 法律合规部
10	建设期风险	管理能力	企业所得税纳税风险	会计核算对付息方式支付时点不明确，或未采用适当的会计核算方式则在汇算清缴时无法调减应纳税所得额的情况	风险控制	A公司在企业所得税汇算时应对会计核算确认的利息调减税所得额，但此种方式导致会计利润季度申报时，按会计利润预缴企业所得税，导致汇算清缴方序生退税	投资运营管理中心 财务部

续表

序号	风险类型	风险因素	三级风险	风险影响	风险管理策略	风险解决方案	责任部门
11	建设期风险	当地政策及税筹意识	契税管理风险	不符合划拨用地目录的项目，可通过出让方式及租赁方式、作价出资、无偿使用或者入股方式取得土地使用权，但项目需支付相应的契税、印花税、耕地占用税、城镇土地使用税等税费	风险控制	在PPP施工合同中明确项目用地方式，明确政府方承担契税、印花税、城镇土地使用税等税费成本	投资运营管理中心财务部
12	建设期风险	当地政策及税筹意识	印花税管理风险				
13	建设期风险	当地政策及税筹意识	耕地占用税管理风险				
14	建设期风险	当地政策及税筹意识	城镇土地使用税管理风险				
15	运营期风险	税务筹划能力	企业所得税纳税风险	导致税费提增或形成滞后纳税风险，或在做不征税收入处理后导致补交税款	风险控制	首先根据《财政部 国家税务总局关于专项用途财政性资金企业所得税处理问题的通知》(2011年)判断是否符合政府补贴标准，在做不征税收入处理后，在5年（60个月）内应支尽支，对无法支出部分应及时缴回财政部门，防止因逾期纳入年度应税收入总额征收企业所得税	投资运营管理中心
16	移交时点风险	税务筹划能力	补缴税费风险	资产移交前未明确移交方式，可能需要正常纳税，涉及到增值税、企业所得税、土地增值税、契税、印花税等	风险控制	事前明确移交方式	投资运营管理中心

PPP 投资项目主合同是项目实施机构与 A 公司签订，约定项目合作主要内容和双方基本权利义务的协议，其目的是在项目实施机构与社会资本方之间合理分配经营风险，保障双方能依据合同约定主张权利、履行义务，确保项目在整个生命周期内的顺利实施，是 PPP 投资项目的核心。因此，主合同条款的谈判对税收成本至关重要。

税法规定对于未设立专门的研发机构且同时承担生产经营任务的投资项目，若未对研发费用和生产经营费用分开进行核算，准确、合理地计算各项研究开发费用支出，将导致研发费用与建造成本划分不清的，不得实行加计扣除，A 公司基于此政策，对于建设期发生的研发费用将与经营费用分别核算，可以减轻整体税负。

（三）运营阶段

1. 合理规划企业所得税申报

运营阶段主要风险点是企业所得税的申报与缴纳，特别对于政府补助部分，A 公司根据财政部文件判断是否符合政府补贴标准，在做不征税收入处理后，在 5 年内应支尽支，对无法支出部分应及时缴回财政部门或其他拨付资金的政府部门，防止因逾期纳入年度应税收入总额征收企业所得税，减少了运营期税务风险。

2. 合理规划收入

项目运营期的收入来源主要有运营收入与政府补助，有不同的运营收入时，A 公司合理区分收入的性质与来源，分别予以核算，以适应不同的税率与征收率；对收到的中央政府补助在计算应纳税所得额时予以扣除。

（四）移交阶段

项目运营期满后，根据 PPP 合同的不同约定方式，A 公司可能采取资产移交、股权转让等方式退出。PPP 投资项目周期较长，未来的事项具有不确定性，且缺乏明确的财税政策，所以资产移交前 A 公司明确移交方式，对涉及增值税、企业所得税、契税、印花税、土地增值税等进行明确，减少了移交时的税务风险。

五、经验总结

（一）提高税务风险认识，加强全流程风险识别

风险清单管理的首要流程是对风险的识别，因此 PPP 投资项目应切实加强全流程税务风险管理工作，准确认识税务风险对税务风险管理工作非常重要。一方面，提高对税务风险管理重要性的认识，全员树立税务风险防控意识，高度重视、认真组织税务风险管理工作，从制度、人员、设备和资金等方面给予税务风险管理工作提供支持和保障。另一方面，企业要加强对员工税务管理工作重要性及相关管理办法、管理

措施的宣传教育，全面提升管理人员税务防控水平，充分调动各部门配合、参与企业税务风险管理工作的积极性，加强部门间协调，确保税务风险管理工作的顺利、高效开展。尤其在项目前期阶段要对可能出现的风险进行识别。首先，对税负进行整体测算分析，避免后期税负测算不准确造成影响企业利润的情况；其次，对税务政策详细学习，前期积极向有利政策靠拢，以期降低企业整体税负；最后，对项目的选址以及研发费用的加计扣除应该重视，以免由于重视程度不足导致后期的税务风险。

（二）运用风险清单，加强全流程风险评估

A 公司应将税务风险评估纳入企业经营风险评估管理工作中，在对所有涉税工作流程梳理的基础上，结合自身经营特点及市场环境对各项风险进行分析研判，根据评估结果制定相应防控措施，强化各项涉税风险管理。

1. 建立税务风险评估小组

企业应当结合自身情况来设置专业的税务风险评估小组，以便能够有效排序与控制已经出现的税务风险，同时采取有效对策将经济损失降到最低。

2. 全面掌握企业财税状况，构建财税风险评估体制

相关财务税收人员需全面掌握企业的具体财税状况，做好监控工作，构建起系统的财税风险评估体制，以便于能够准确、合理地评估、识别与分析企业存在的税务风险。

3. 建立税务风险清单，为后期项目提供基础

PPP 企业要根据评估的相关结果，建立风险库，对风险发生的可能性和后果的严重程度进行评估、排序，对发生概率高的风险进行预防，做到风险管理的事前预防，对难以控制的风险做到及时处理，减少风险带来的损失。

（三）运用风险清单，建立税务风险预警体系

运用风险清单管理，在对风险进行初步识别和评估之后，根据自身实际情况建立税务风险预警体系。在税务风险体系构建工作中，一是要注重风险预警体系的创新性，采取正确方法对税务风险进行有效识别。二是要充分了解税务风险预警系统的功能及作用，结合企业情况构建，以促进预警体系功能的有效发挥。三是要强化风险预警体系的执行，充分做好税务风险准备工作，一旦发现存在税务风险马上进行处理，提高税务风险应对能力，确保建筑施工企业稳定发展。首先 PPP 投资项目要积极构建税务风险识别指标体系，主要包括行业特定指标、通用指标与参与评分指标这几方面内容。其中，行业特定指标指的是不同行业专用的特征值与指标；通用指标包括了财务指标类、生产经营类、税种关联类、税负类等指标；参与评分指标则尽可能采用容易在几大财税系统（如防伪税控系统、出口退税、重点税源直报系统以及综合征管软件）中取数的指标。其次，需要科学设置税务风险各项指标的预警值，运用纳

税人有关数据来将税务风险指标值计算出来，随后将其和行业中其他企业的指标预警值实施对比，结合具体偏离情况来明确此项指标具体得分，随后对其实施汇总获得企业的综合得分。最后，需要积极完善税务工作的个人责任制，将税务工作及风险管理责任落实到个人，切实起到预警与防控税务风险的作用。

（四）强化税务风险管理监督工作

税务风险管理工作效能的转换直接关系到企业经济效益的提升，进而影响企业的经营和发展。为有效提高企业税务风险管控质量，减小风险发生概率，必须积极提高防控税务风险监督力度，保证各项监督工作都能获得切实执行。税务风险清单以及预警机制的效果需要监督机制促进，因此企业要建立起合理的税务风险管理监督体制，以有效约束相关工作人员，及时发现税务风险中的不足或者隐患，从而有针对性地处理。

（中铁一局集团有限公司第三工程分公司　赵武刚

王振威　汪莲莲　刘祎鑫　白　莹）

基于资产风险分级管理
在"双清"管理中的应用

【摘要】以全面压降"两金"资产、降低企业债权风险为目标的"双清"管理工作，在建筑市场营销环境快速变化的影响下，出现了很多不同于以往的新特点：投资主体更加丰富，合同工期不断压缩，支付方式多种多样，结算周期久拖不决，由此导致传统清欠思路方法应对债权风险防控略显不足。本案例以中铁一局建安公司应对基建市场投资变化和国家政策调整为背景，详细分析了企业债权资产风险分类管理的基本思路，管理目标和具体应用过程。通过对施工企业债权资产风险分类管理，充分结合以往"双清"管理工作存在的不足，根据投资主体类别、合同履约情况、债权坏账风险等因素进行判断，将企业化解资产风险工作前置，为全面提高企业资产质量明确了工作重点，同时结合不同风险类别，也指出了下一步企业营销工作值得关注和改进的相关问题。

一、背景描述

（一）企业基本情况

中铁一局集团建筑安装工程有限公司（以下简称"建安公司"）为中国中铁股份有限公司所下属管理的三级子公司，先后承建了国内大批工业与民用建筑工程，拥有建筑工程施工总承包特级、机电工程施工总承包壹级、市政公用工程施工总承包二级，建筑装饰装修工程、起重设备安装工程、古建筑工程、钢结构工程、消防设施工程、电子与智能化工程、建筑幕墙工程、环保工程八个专业承包一级资质，具有建筑行业（建筑工程、人防工程）甲级设计资质。

作为中国中铁全资子公司，建安公司近年来不断深化企业改革，促进国有资产保值增值，探索完善清收清欠管理体系，公司营业规模和盈利能力不断增长，曾连续2年进入中国中铁股份有限公司三级专业施工企业20强，并荣获"中国中铁先进三级工程公司"称号，在中国中铁所属三级公司处于先进行列。

（二）基建投资及建筑市场新变化

从国内市场宏观环境来看：第一，近年传统基建市场规模逐渐收缩，国家对大型铁路、公路投资已趋于完善，建筑施工企业需要以市场为导向开辟高质量发展的新空间、新赛道。在持续巩固铁路、公路、房建、城轨、市政等传统优势业务的基础上，需要坚定不移地向新兴业务要增量，加快"第二曲线"市场突破。与此对应的是投资主体及建设资金来源发生了较大变化，在市场经历了 BT、PPP、EPC、EPC＋F 等投资模式的探索和积累后，对承建单位资金要求持续提高。第二，近年房地产调控政策加码升级，2020 年 8 月 20 日，住房城乡建设部、人民银行在北京召开重点房地产企业座谈会，明确了重点房地产企业资金监测和融资管理规则。2021 年 1 月 1 日起，人民银行和住房城乡建设部在全国房地产行业推行限制开发商融资的"三条红线"政策，部分房地产企业遭遇现金流危机。同时，国务院持续推进做深做实清理拖欠中小企业账款、保障农民工工资支付等相关工作要求，对企业工程资金管理提出了更高要求。第三，受近年新冠疫情及国内外经济环境供需不足影响，国内经济下行，政府债务压力增大。由此导致基建及房地产企业的建设投资来源收紧，对施工企业资金回笼产生巨大的影响。施工企业在当前环境下如何保证现金正向回流，降低债权资产风险管理，成为当下企业管理必须直面的重要课题。

（三）现阶段存在的主要问题

结合现阶段建筑市场新变化，传统债权资产风险管理面临着以下主要问题：一是施工企业对因市场资金收紧导致业主融资能力降低、资金链断裂形成的大额已完工未结算、工程款拖欠情况应对不足。二是工程项目合同标的金额较大、工期持续压缩、竣工决算周期偏长，导致施工尾款被"合理"滞压的现象尚未根本解决。三是传统债权资产回收方式效果有限，保函置换质保金、保留金数额不足，法律诉讼制约因素较多，且诉讼－判决－执行周期长，判决后可执行财产质量偏低。四是施工企业内部债权资产清收清欠考核指标制定、落实难度大，尤其是对风险资产清理激励效果有限。为有效解决上述问题，充分发挥风险防控预警机制效能，全面实现"双清"工作全周期管理，制定资产风险分级管理制度，能够及时反馈施工项目债权资产质量，提前判断资产存续风险，采取有效措施降低企业资产风险。

二、总体设计思路

（一）以降低施工企业新阶段资产风险为基本导向

经历了国家基建投资快速发展阶段，目前大型铁路、地方轨道交通项目投资收紧，较传统项目投资，新兴业务板块包括水利水电板块、清洁能源板块、生态环保板块、城市运营板块、机场航道板块、高标准农田/海洋/储能业务板块成为施工领域必须关注的重点，关乎施工企业生存发展、升级转型。现阶段，一是前期存量资产尚未全部清理，尤其是房地产市场政策、供需变化对建设资金投入降低的影响加速扩大，二是新兴业务板块、新领域投资模式、设计、建设以及运营缺乏足够经验，风险防控措施有限。以上情况急需企业在赛道转型的同时，降低资产风险确保企业发展质量。

（二）以风险类别评价作为分级管理的核心

根据以往建设施工合同履约过程中出现的风险要素，需正确识别中标合同全周期各阶段风险类型，包括业主单位性质、合同结算/支付条款、逾期欠款及账龄、业主管理人员/机构变化等，通过公司各部门、项目部对风险类别作出评价，对应相应风险等级，为公司制定对应措施提供预警。

（三）为项目清收清欠工作方案的制定与考核提供依据

以资产风险等级为标准，对不同风险类别债权资产清收清欠工作进行判断，风险等级较高的项目，应按照"一项一策"制定"双清"工作方案、措施，并对"双清"考核金额确定了奖惩金额范围，由公司重点管控，召开专项推进会予以督导推进。风险等级较低的项目，根据合同约定及项目部自身工作计划制定回收期间，公司作为日常关注动态管理。

（四）资产风险分级管理的主要内容

根据资产风险评价得分，风险评价80分以上（含80分）为红色预警项目；风险评价50~79分（含50分）为橙色预警项目；风险评价30~49分（含30分）为蓝色预警项目；风险评价小于30分（不含30分）为低风险类项目。根据资产风险分级不同，对应制定措施进行管理。

三、资产风险分级管理的应用过程

（一）单位组织构架情况

建安公司应对资产风险采取分级管理、上下联动的管理策略。公司管理层成立清收清欠工作领导小组，由公司财务部、商务部、经开部、投融资部、法律合规部、生产技术部、人力资源部等部门组成，全面负责公司"双清"管理工作，根据投标、合同签订、项目执行反馈情况，划分不同资产风险级别并提出处置意见，明确主责部门及责任人员。各项目部为具体执行层，负责及时反馈业主合同履约情况、运行风险等信息，并执行公司资产风险分级管理相关决策。具体组织架构如图1所示。

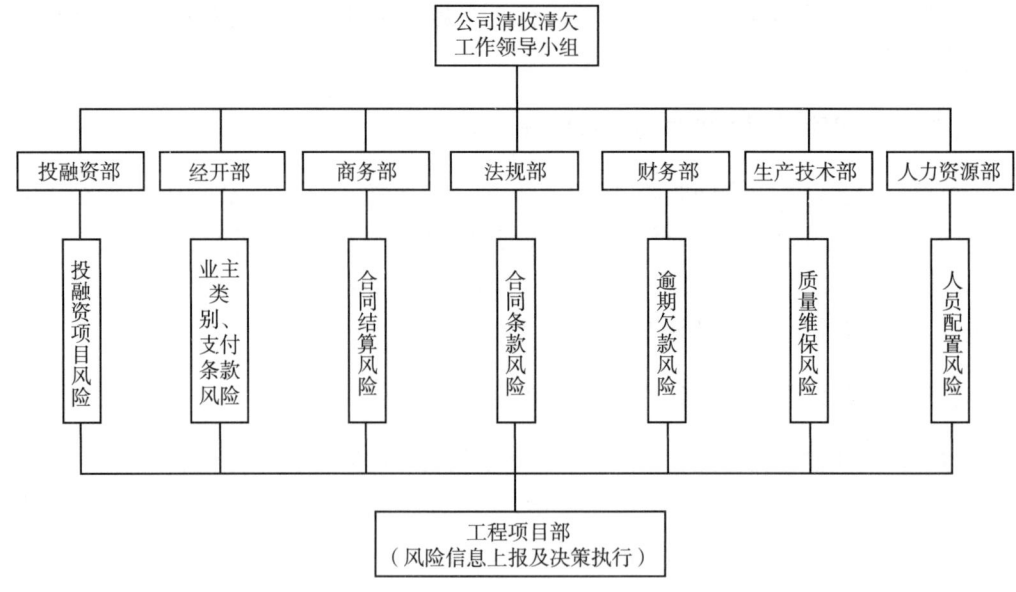

图1 "双清"工作组织架构

投融资部负责投融资项目的可研立项，投资收益，资金回收合同条款等风险评价。

经开部负责投融资以外基建项目投标，组织合同谈判，优化合同预收工程款、结算收款比例、收款周期及决算条款，投标保证金的回收等风险评价。

商务部负责业主合同计价、已完工未计价、变更确权以及收尾项目工程竣工结算或末次验工计价等风险评价。

战略规划法律合规部负责为业主合同基本条款、公司资产风险及"双清"工作提供法律保障，对涉诉项目提供法律意见，对风险处置过程中各种法律函件、证明等法律文书进行追踪，对移交法律事务部清收清欠的款项，组织调解、仲裁或诉讼。

生产技术部负责各项目施工产值计划，组织项目存货、已完工未结算实物量的盘点核对，对项目交付验收、竣工资料移交、实施消缺、维保工作等风险评价。

人力资源部负责项目人员的调配、协调，尤其是久竣未结项目人员管理风险。

财务部是风险资产分级管理在"双清"工作应用中的组织管理部门，负责根据各业务部门风险评估情况及项目部债权资产风险反馈信息确定风险级别，按照公司决策制定风险应对措施，监督、检查各项目"双清"工作执行情况，建立工作台账对债权资产动态管理。

（二）实施过程和具体内容

资产风险分级管理在"双清"工作中的应用，关键是针对债权资产风险作出准确评估，将债权资产风险防控工作前置，为公司决策、处置提供必要时间，为全周期各阶段"双清"工作重点提供依据，以资产全部收回为最终目标。

1. 资产风险分级管理的流程

资产风险分级管理贯穿于施工项目全阶段（见图2）。项目自中标后，应尽快组织项目管理人员研读拟签订合同的整体内容，尤其是涉及结算、支付和变更签证、决算等经济性条款，经各部门评审后最大程度消除合同潜在风险，根据资产风险分级管理要素进行初步分类。

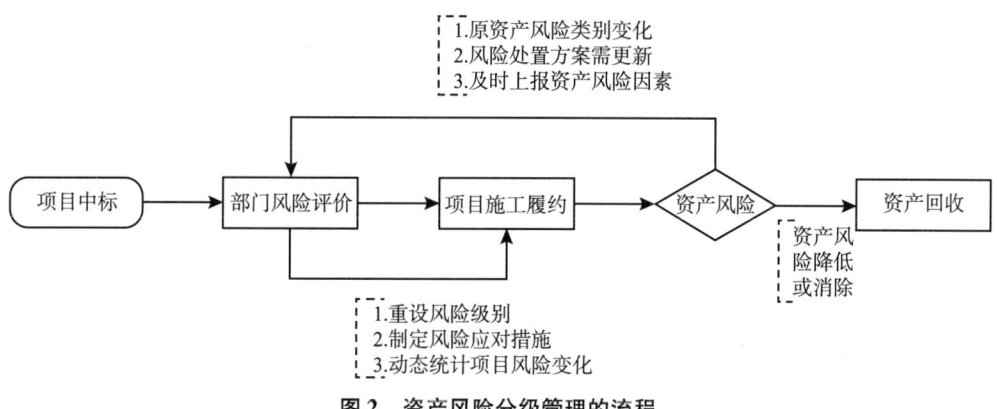

图2 资产风险分级管理的流程

项目施工及债权资产各存续阶段，根据业主合同履约情况，对资产风险分级进行动态调整，并对应采取措施直至资产全部回收。

2. 辨识资产风险指标

通过对公司管理层、项目层进行详细的商谈、记录，并结合公司项目实际以及行业特点等，对本企业风险评价指标进行了选择辨识及整理。最终建立公司风险框架（见表1），其中一级风险评价指标有3项，施工组织阶段风险、工程履约阶段风险以及决算收尾阶段风险，第二层级风险评价指标分别为节点支付风险、付款周期风险、工期拖延风险、结算滞后风险、欠款逾期风险、非合理维保风险、业主人员变动风险、决算周期风险、涉诉风险。

表1　　　　　　　　　　　　　　　　公司风险识别框架

一级风险		二级风险		
风险编号	风险名称	风险编号	风险名称	风险定义
R-SZ	施工组织阶段风险	R-SZ-JDZF	节点支付风险	合同按节点结算支付，存在短期垫资风险
		R-SZ-FKZQ	付款周期风险	除质保金以外工程款付款周期超过工期2年，存在业主变相融资及坏账风险

续表

一级风险		二级风险		
R-LY	工程履约阶段风险	R-LY-GQ	工期拖延风险	非施工单位原因形成的工期拖延、结算争议及滞后，由此形成的管理费用增加、已完工未计价无法确权的风险
		R-LY-JS	结算滞后风险	非施工单位原因形成的公司拖延，由此形成的管理费用增加、已完工未计价无法确权的结算滞后风险
		R-LY-YQ	欠款逾期风险	欠款逾期未支付，根据账龄分为 3 个月内，3 个月至 1 年，1 年以上，且坏账风险随逾期账龄大幅增加的欠款逾期风险
R-SW	决算收尾阶段风险	R-SW-WB	非合理维保风险	业主方涉及内部物业单位，会将物业上报问题尽量压给施工单位，以非合理维保事由将维修成本风险转嫁给施工方所产生的非合理维保风险
		R-SW-YZ	业主人员变动风险	业主方人员变动、机构调整造成双方沟通不畅引起后期工作无法进展的业主人员变动风险
		R-SW-JS	决算周期风险	决算周期越长，涉及双方管理人员变更、机构调整的可能性越大，涉及国家政策、标准调整的可能性越大，即引起各类风险增大的决算周期风险
		R-SW-SS	涉诉风险	合同履约过程中，或竣工后与业主单位有诉讼争议的项目风险加大

3. 基于层次分析法风险评价指标体系的构建

（1）按照要素之间的相互关联影响构建一个多层次的结构模型（见图 3）。

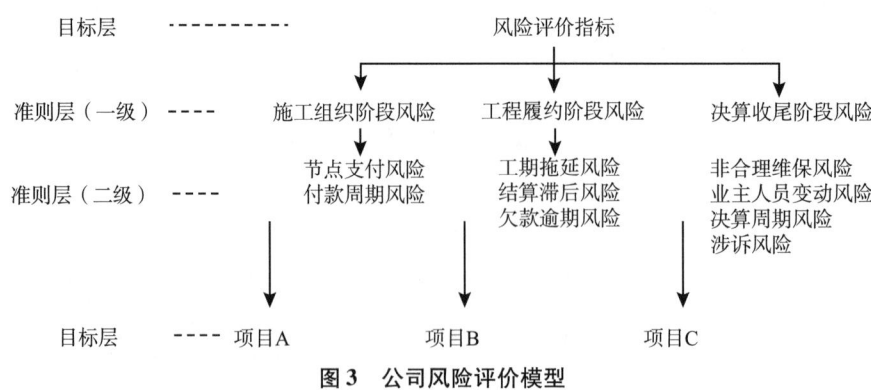

图 3 公司风险评价模型

（2）根据指标体系结构模型，构造两两判断矩阵如表 2 所示。

表 2   判断矩阵的表现形式

变量	a_1	a_2	...	a_n
a_1	a_{11}	a_{12}	...	a_{1n}
a_2	a_{21}	a_{22}	...	a_{2n}
...	...	...	...	...
a_n	a_{n1}	a_{n2}	...	a_{nn}

判断矩阵的标度以及含义如表 3 所示。

表 3   判断矩阵的标度以及含义

标度	含义
1	a_i 与 a_j 相比，两者具有相同重要性
2	a_i 比 a_j 稍微重要
3	a_i 比 a_j 明显重要
4	a_i 比 a_j 强烈重要
5	a_i 比 a_j 极端重要
判断矩阵性质	$a_{ij} > 0$，$a_{ij} = 1/a_{ji}$，$a_{ii} = 1$

（3）基于风险要素指标重要性判断。

因一级指标层包含二级指标层，公司选取项目及公司管理人员使用打分法，构造二级准则层各个指标判断矩阵。首先计算二级准则层各个因素的平均值，各个平均值两两相除（a_i/a_j）可得到节点支付风险、付款周期风险、工期拖延风险、结算滞后风险、欠款逾期风险、非合理维保风险、业主人员变动风险、决算周期风险、涉诉风险因素的相对重要性判断矩阵如表 4 所示。

表 4   二级指标的 AHP 判断矩阵

平均值	项目	节点支付风险	付款周期风险	工期拖延风险	结算滞后风险	欠款逾期风险	非合理维保风险	业主人员变动风险	决算周期风险	涉诉风险
1	节点支付风险	1.00	0.33	1.00	0.33	0.33	0.33	1.00	0.33	0.20
3	付款周期风险	3.00	1.00	3.00	1.00	1.00	1.00	3.00	1.00	0.60
1	工期拖延风险	1.00	0.33	1.00	0.33	0.33	1.00	3.00	1.00	0.20
3	结算滞后风险	3.00	1.00	3.00	1.00	1.00	1.00	3.00	1.00	0.60

续表

平均值	项目	节点支付风险	付款周期风险	工期拖延风险	结算滞后风险	欠款逾期风险	非合理维保风险	业主人员变动风险	决算周期风险	涉诉风险
3	欠款逾期风险	3.00	1.00	3.00	1.00	1.00	1.00	3.00	1.00	0.60
3	非合理维保风险	3.00	1.00	1.00	1.00	1.00	1.00	3.00	1.00	0.60
1	业主机构变动风险	1.00	0.33	0.33	0.33	0.33	0.33	1.00	0.33	0.20
3	决算周期风险	3.00	1.00	1.00	1.00	1.00	1.00	3.00	1.00	0.60
5	涉诉风险	5.00	1.67	5.00	1.67	1.67	1.67	5.00	1.67	1.00

按列归一化（即使列和为1），由公式

$$b_{ij} = \frac{a_{ij}}{\sum_{i=1}^{n} a_{ij}}$$

可得结果如表5所示。

表5　　　　　　　　　　　　　风险评价矩阵列归一化

项目	节点支付风险	付款周期风险	工期拖延风险	结算滞后风险	欠款逾期风险	非合理维保风险	业主人员变动风险	决算周期风险	涉诉风险
节点支付风险	0.043	0.043	0.055	0.043	0.043	0.040	0.040	0.040	0.043
付款周期风险	0.130	0.130	0.164	0.130	0.130	0.120	0.120	0.120	0.130
工期拖延风险	0.043	0.043	0.055	0.043	0.043	0.120	0.120	0.120	0.043
结算滞后风险	0.130	0.130	0.164	0.130	0.130	0.120	0.120	0.120	0.130
欠款逾期风险	0.130	0.130	0.164	0.130	0.130	0.120	0.120	0.120	0.130
非合理维保风险	0.130	0.130	0.055	0.130	0.130	0.120	0.120	0.120	0.130
业主机构变动风险	0.043	0.043	0.018	0.043	0.043	0.040	0.040	0.040	0.043
决算周期风险	0.130	0.130	0.055	0.130	0.130	0.120	0.120	0.120	0.130
涉诉风险	0.217	0.217	0.273	0.217	0.217	0.200	0.200	0.200	0.217

按行求和，由公式

$$V_i = \sum_{j=1}^{n} b_{ij}$$

可得特征向量 V_i，最后将 V_i 归一化，得出权重值 W_i。

最大特征值 $\lambda max = n = 9$。

定义一致性指标 $CI = \lambda max - n/n - 1 = 0$，层次分析结果如表6所示。

表 6 质量指标的 AHP 层次分析结果

项目	特征向量	权重值	最大特征值	CI 值
节点支付风险	0.39	0.04		
付款周期风险	1.18	0.13		
工期拖延风险	0.63	0.07		
结算滞后风险	1.18	0.13		
欠款逾期风险	1.18	0.13	9	0
非合理维保风险	1.07	0.12		
业主人员变动风险	0.36	0.04		
决算周期风险	1.07	0.12		
涉诉风险	1.96	0.22		

引入随机一次性指标 RI，定义一致性比例 CR = CI/RI，可得一致性检验结果如表 7 所示。

表 7 质量指标一致性检验结果

最大特征根	CI 值	RI 值	CR 值	一致性检验结果
9	0	1.45	0	通过

最后可得出准则层对于目标层的总排序，如表 8 所示。

表 8 准则层对目标层的总排序

项目	施工组织阶段风险	工程履约阶段风险	决算收尾阶段风险	总排序
节点支付风险	0.044			0.044
付款周期风险	0.131			0.131
工期拖延风险		0.070		0.070
结算滞后风险		0.131		0.131
欠款逾期风险		0.131		0.131
非合理维保风险			0.119	0.119
业主人员变动风险			0.040	0.040
决算周期风险			0.119	0.119
涉诉风险			0.218	0.218

（4）分项目板块，分账龄加入调整系数。

根据公司以往的经验：一是涉及周期和账龄的长短，其风险往往有所区别。欠款周期越长，资产风险越大；决算周期越长，涉及维保、发包人的风险越高；二是涉及项目板块不同，其风险也有所区别。民营企业在合同约定付款周期超过2年，其风险将快速增加，欠款逾期长，风险也会增加；而对股份公司内部企业来说，结算滞后的资产风险则相对降低。根据项目板块及账龄对风险因素权重加入调整系数，如表9所示。

表9 风险因素权重表及调整系数

项目	施工组织前期		工程履约阶段					决算收尾结算				
	工程款结算、支付条件（不含质保金）		合同工期/结算履约情况		逾期欠款			非合理维保事项	业主机构/人员变动	决算周期		是否诉讼
	按节点结算支付	付款周期超过工期2年	工期拖延	结算滞后/计价差异	3个月以内	3个月至1年	1年以上	存在	存在	1年以内	1年以上	是
基础权重	0.044	0.131	0.07	0.131	—	0.131	—	0.119	0.04	—	0.119	0.218
民营企业	0.044	系数1.5	0.07	0.131	系数2	系数1.5	系数2	0.119	系数2	系数0.5	0.119	系数1.25
地方政府/事业单位	0.044	系数1.5	0.07	0.131	系数0.5	0.131	系数2	0.119	0.04	系数0.5	0.119	0.218
国有企业	0.044	0.131	0.07	0.131	系数0.5	0.131	系数2	0.119	0.04	系数0.5	0.119	0.218
中国中铁内部单位	0.044	0.131	0.07	系数0.5	系数0.5	0.131	系数2	0.119	0.04	系数0.5	0.119	系数0.75

4. 资产风险分级与具体内容

综上所述，根据项目风险评价指标体系（见表10），以项目合同实施过程中出现的风险因素综合评价，设置债权资产风险等级包括：

红色预警：风险评价80分以上（含80分）；橙色预警：风险评价50~79分（含50分）；蓝色预警：风险评价30~49分（含30分）；低风险类：风险评价小于30分（不含30分）。

资产风险分级管理评价的主要因素，根据业主性质、施工组织阶段、工程履约阶段、决算收尾结算，需关注不同的风险因素。

业主单位性质分为民营企业、地方政府/事业单位、国有企业、中铁内部单位等主要类型。民营企业受建设资金来源、国家政策调控、市场变化影响较大，出现逾期欠款、诉讼等情况时资产风险高于其他类型单位。

表 10 资产风险分级管理模型

项目	工程履约阶段							决算收尾结算					风险等级			
	施工组织前期		合同工期/结算履约情况		逾期欠款			非合理维保事项	业主机构/人员变动	决算周期		是否诉讼	红色预警	橙色预警	蓝色预警	低风险类
	工程款结算条件（不含质保金）		工期拖延	结算滞后/计价差异	3个月以内	3个月至1年	1年以上	存在	存在	1年以内	1年以上	是	评价80分以上（含80分）	评价50～79分（含50分）	评价30～49分（含30分）	评价小于30分（不含30分）
	按节点结算支付	付款周期超过工期2年														
民营企业	5	15	5	10	10	15	20	10	10	5	10	25				
地方政府/事业单位	5	15	5	10	5	10	20	10	5	5	10	20				
国有企业	5	10	5	10	5	10	20	10	5	5	10	20				
中国中铁内部单位	5	10	5	5	5	10	20	10	5	5	10	10				

施工组织阶段，风险因素包括合同条款中结算、支付方式。合同按节点结算支付，存在短期垫资风险；除质保金以外工程款付款周期超过工期 2 年，存在业主变相融资及坏账风险。

合同履约阶段，风险因素包括：第一，非施工单位原因形成的工期拖延、结算争议及滞后，由此形成的管理费用增加、已完工未计价无法确权的风险；第二，欠款逾期未支付，根据账龄分为 3 个月内，3 个月至 1 年，1 年以上，且坏账风险随逾期账龄大幅增加。

合同决算收尾结算，风险因素包括存在非合理维保事项、业主人员/机构变动，以及决算周期久拖未决、诉讼解决争议等。

此外，除以上因素导致风险等级变化以外，当涉及项目施工板块政策出现重大变化、业主资信出现重大风险、逾期欠款金额较大且无回款动态等情况，应作为例外事项综合评价后对应调整项目风险等级。

风险分级在"双清"工作管理与考核的应用方面。债权资产风险分级管理，一是明确了施工合同各阶段主要风险因素，自项目中标开始，即重视资产风险分析与应对，及时采取措施保全资产、降低风险或防止持续损失；二是针对资产风险出现后，公司根据不同风险等级，采取对应措施，提高"双清"管理效能。

红色预警风险项目，以项目业主建设资金不足、长期大额拖欠且无回款动态的项目为主，公司列入重难点项目管理，按照"一项一策"制定"双清"工作计划、措施及奖惩金额，安排专班小组持续跟进项目推进情况、召开"双清"专项推进会协调资源解决项目困难。

橙色预警风险项目，以决算收尾阶段存在结算差异、久竣未结项目，以及出质保仍存在维保争议形成长期拖欠的项目为主，"双清"工作重点以项目资产确权、减少争议为主，根据收尾项目、"双清"工作相关制度结合项目实际，制定"双清"工作计划。

蓝色预警风险项目，以业主逾期账龄较短、金额较小以及过程结算滞后但未形成损失的项目为主，由项目清收清欠工作小组负责催收，并加快计价防止风险持续扩大。

另外，在公司清收清欠专项奖惩管理办法中，为加快红色预警风险项目债权资产回收，根据资产标的金额和回收难度设定奖励区间（见表 11），进一步提高了项目清欠人员"双清"工作积极性，切实推动重难点项目"双清"工作取得进展。

表 11 项目清欠奖励比例

标的债权金额	奖励比例		
	Ⅰ级难度	Ⅱ级难度	Ⅲ级难度
0 ~ 500 万元	5‰ ~ 10‰	4‰ ~ 6‰	3‰ ~ 5‰
500 万 ~ 1 000 万元	4‰ ~ 8‰	3‰ ~ 5‰	2‰ ~ 4‰
1 000 万 ~ 5 000 万元	3‰ ~ 6‰	2‰ ~ 4‰	1‰ ~ 2‰
5 000 万 ~ 1 亿元	2‰ ~ 3‰	1‰ ~ 2‰	0.5‰ ~ 1‰
1 亿元以上	1‰ ~ 2‰	0.5‰ ~ 1‰	0.1‰ ~ 0.5‰

（三）实施过程存在的主要问题和解决措施

资产风险分级管理在施工项目中的应用，主要包括以下问题：

一是对部分新领域工程项目风险因素考虑欠缺，由于公司初入新领域市场，项目施工合同、履约要求、决算形式示例有限，导致新领域工程项目风险因素识别不全面。

二是对部分资产风险因素的准确界定存在困难，除合同工期约定较为明确，其他涉及支付条件、逾期欠款形成日期、决算周期、维保事项等与业主易存在分歧。

三是针对风险提出的解决措施，以企业内部管理要求为出发点，部分项目受外部条件限制，风险处置结果未能实现最优。

四、取得的成效

通过风险分级管理对"双清"工作全周期应用，各阶段主责部门及人员均能够增强风险管控意识，将筹划"双清"工作前置，"双清"工作取得了部分成绩。

公司西安某院建设项目，在中标后与业主洽商合同阶段，坚持"合同谈判"是降低施工风险的起点，积极组织各部门研究招标文件计价、支付条款，深挖合同风险及各项不利因素，明确了合同谈判方向、相关依据和修改方案。由于涉及结算支付等经济类条款谈判时与建设方分歧严重，合同谈判过程中，项目部坚持"依据充分、整体全面、细致耐心，有进有退，保守底线"，从项目施工质量、工期风险、外部因素及创优创绩等多个方面积极沟通取得建设方的理解和支持，通过"合同谈判"在正式合同签订时，取得以下成果：

第一，项目前后共提出合同修改建议 37 项，获得建设方同意 29 项。

第二，原支付条款：±0.00 通过验收 60%、主体验收合格 60%、竣工验收或工程移交 70%、审计完成竣工资料移交 80%、出具审计报告 97%、缺陷责任期满 100%。调整为：±0.00 结构完成 70%、各单体结构封顶 70%、竣工验收或工程移交

70%、结算审核完成或竣工资料移交90%、出具审计报告97%、缺陷责任期满100%；提前了收款节点并提高了支付比例，较大降低了项目资金压力。

第三，增加支付条款："视资金到位情况，适时考虑按季度完成产值进行支付"，为实现提前收款提供了依据。

第四，修改原结算条款：材料价格按照招标当期的"信息价"。2021年春节后基建材料大涨，此项条款的修改避免了项目材料价差亏损。

第五，原结算条款：土方运距现场确认。调整为：最终运距以长安区建筑垃圾管理办公室最终审批路线为准。这确定了路线和运距，为结算固化了依据，土方亏损变为盈利。

第六，原暂列金条款：适用范围为变更、索赔和调价。调整为：不可预见内容的采购，变更、索赔、合同约定的工程价款调整和签证。扩大了暂列金使用范围，为合同的收入和利润增加均提供了通道。

项目合同金额12亿元，仅调整合同施工阶段支付比例一项，较原合同提前回款1.2亿元，有效降低了项目资金风险。

公司宁夏某政府投资项目，根据项目性质及运营目标，为防范后期决算审减、财审周期较长等风险因素，超前策划竣工验收事项，于工程交付前数月提前进行内部工程量价核对，收集整理交工资料，详细建立相关台账。另外，对工程造价指标、工程实物量、材料实际采购量、分包工程数量、项目成本进行分析，在确定项目成本的前提下，明确工程结算金额。为确保以上工作高质量完成，项目坚持责任到人，设定工程量、定额核对、资料收集等完成时间，按周分解计划，每周进行结算工作推进会，制定奖罚机制，充分调动结算人员积极性。待相关工作准备完成后，充分利用相关文件政策，经过与业主、财政局多次协商，最终调整结算前进度款付款比例为80%，较合同约定比例提高10%，提前回款1 156万元。

公司浙江某地铁车辆段项目，在项目临近质保金到期前，根据公司下达"双清"工作计划，积极筹划质保金收取事项，提前防范相关风险。在2023年春节假期前取得项目缺陷清单，对其进行原因分析，对不属于施工方问题进行据理反驳，对于质量缺陷形成问题及时协调维修人员，于春节前进行第一次整治工作。在春节假期短暂休息后，项目部收尾全体人员早于业主单位提前到岗工作。在进行缺陷责任期的终止申请书、终止问题整改确认书、终止审核表、终止证书签字过程中，先后与运营公司下各专业车间部门及建设分公司相关部门共计30余人进行缺陷责任期签字确认手续工作。在各项手续签认过程中，多次出现线上沟通及现场验收已通过，实际签认时出现反复的情况，通过总结相关经验，项目各业务归口部门负责人员反复核对上报资料及信息，逐项攻坚克难并积极沟通后，实现后期业主运营公司6个部门的签审流程，均在3天内快速完成的审批效率。在最终进入业主上级单位签审过程中，又提出甲供超供款项的扣款问题并引发争议，项目部全体收尾人员持续几天集中于业主上级单位确保第一时间回复相关问题，力争全部债权资产"颗粒归仓"。通过此次经历，业主对项目人员印象深刻，在之后的流程审批中，各部门审批流程也更加迅速，在质保金到期当月实现资金全部回收，按时完成了公司下达的"双清"工作计划。

近年来，公司"双清"工作通过债权资产分级管理，明确清收清欠重点，有效降低资产风险，加快督导并推进"双清"工作取得进展，共计 29 个项目完成债权资产回收销号，为公司营运资金提供了作出了有效补充。

五、经验总结

从资产风险分级管理在"双清"工作中的应用来看，防范风险因素的产生是降低企业资产风险的最优方案。

一是施工合同投标过程，优选资信条件较好的业主单位，且合同结算支付条款无重大风险，避免项目合同风险导致后期资产损失。

二是资产风险因素需更加全面并持续细化，符合建筑市场发展的新领域、新板块。

三是资产风险因素受政策变化、业主资金、现场沟通效率等一系列因素影响，风险等级的划分以及应对措施均需要动态调整，在企业规模快速发展阶段，项目数量快速增加，风险管理工作存在一定难度。

四是资产风险分级管理对"双清"工作的考核应进一步拓展。目前"双清"工作的考核以现行管理制度与年度"双清"工作方案相结合的方式进行，"双清"管理制度中对资产风险较高的重难点项目设定奖励区间，对其他项目及风险应对不力的情况，奖惩措施尚未有效关联。

（中铁一局集团建筑安装工程有限公司　程立胜　常思源　王　元　张俊草）

如何避免商票变成"伤票"

——建筑施工企业商票业务风险防控案例

【摘要】 本文以 ZTEJ 集团旗下的 EJ 建筑公司为案例,探讨了建筑施工企业在使用商业票据时所面临的风险以及相应的防控措施。随着房地产行业金融压力的增大,建筑施工企业使用商业票据的风险也在不断上升。本文介绍了票据市场的整体概况,以及商业票据的使用现状和商业票据业务实践背景。分析了该公司在使用商业票据时的持有现状及问题。文中指出,EJ 建筑公司使用商业票据的动因主要包括外部动因和内部动因。外部动因包括行业竞争加剧和电子票据推广等因素,而内部动因则涉及公司市场发展战略和生产发展要求。分析发现,EJ 建筑公司接受 HD 公司开具的商业票据主要是出于与 HD 公司的战略合作关系和高战略定位的考虑,以及符合公司生产发展要求的需要。然而,使用商业票据也存在一些问题,如收款周期长、逾期不兑付等,给企业生产经营带来了不小的伤害。为了更好地识别和防控这些风险,文中提出了一些建议,包括选择信誉好的承兑人、控制商业票据的金额和期限、加强法律意识和市场监测、加强内部控制和操作流程、提高信息披露和风险传导等。通过这些措施,可以帮助为建筑施工类企业更好地防控商业票据风险,促进企业的持续发展。

一、背景介绍

(一)案例介绍

ZTEJ 集团成立于 1950 年 6 月 12 日,是老一辈革命家亲手缔造并授予"开路先锋"大旗的新中国第一批铁路施工企业,是第一家建立现代企业制度和股票上市的铁路施工企业,是世界 500 强企业的龙头成员企业。公司现有全资及控股子公司 27 家,业务涵盖工程施工、基础设施建设管理、房地产开发、国际业务、勘察设计咨询、商业物业、物贸等板块,资质覆盖传统及新兴建筑行业各个领域。

EJ 建筑公司作为 ZTEJ 集团全资子公司,主营业务为建筑工程施工、市政工程、预制构件、钢结构、机电安装等。一直以来依托房地产行业,承揽房企的建筑施工任务达 90% 以上。近年来,由于外部房建宏观市场环境以及内部经营发展的需要等因素,致使 EJ 建筑公司使用了大量的商业票据。但随着房地产行业金融压力不断加大,建筑施工企业使用商业票据风险持续增加,为了更好研究建筑施工企业对商业票据业务风险的识别与防控措施，使本文研究根据有针对性和具体性，本文选取 EJ 建筑公司为案例，通过企业风险管理进行分析，以便为同类企业相关管理人员提供参考建议。

（二）票据使用背景

1. 票据市场的整体概况

票据作为一种金融工具，伴随着经济、金融与信用的不断发展，票据的基础设施、形式以及功能等都在不断地发生着变化。首先，是支撑票据交易、登记托管以及清算的服务机构逐渐建立了起来，为票据的交易提供了极大的便利，适应了社会发展的需求。其次，票据的形式从原来的纸质票据逐渐转变为电子票据，2009 年电子商业汇票系统的上线标志着我国开始进入电子票据的新时代。2016 年上海票据交易所的建立，进一步加速了全面电子票据时代的来临。截至 2020 年 1 月，电子票据的市场占有率高达 99%。同时上线的信息披露平台有效解决了因为承兑主体企业的信用缺少评估信息而造成的市场交易壁垒，有效加强票据市场信用体系建设，完善市场化约束机制，保障持票人合法权益，提升了商业票据的流通性、融资便利性以及为企业提供信用展示平台，降低融资成本，进而防范票据市场风险，规范推动票据市场良性发展。在市场环境和基础设施完善的前提下，票据的融资功能进一步强化。票据在设立之初更多的时候强调的是支付作用，随着经济的发展、信用评价体系的设立，背书、保证、贴现等带有融资功能的属性逐步凸显，越来越多的票据在票据市场获得贴现。

2. 商业票据的使用现状

据央行官方披露的季度支付体系运行情况统计的 2020 年第二季度至 2022 年第二季度商业票据支付情况发现商业票据应用范围呈现出扩大的趋势。具体表现在商业票据成交笔数、成交金额以及占总票据的比例三项指标均在逐年上升。截至 2022 年第二季度三项指标分别较 2020 年第二季度上涨 18.85%、29.40% 以及 9.39%。三项商业票据的指标的增长，正向反映出了商业票据的使用变得愈加频繁，越来越多地成为一种支付和信用工具，详见表 1。

表 1   **商业票据使用现状表**

项目	2020 年			2021 年			2022 年	
	第二季度	第三季度	第四季度	第一季度	第三季度	第四季度	第一季度	第二季度
商票成交笔数（万笔）	588.02	545.04	574.01	630.41	703.37	675.39	715.72	698.86
商业票据成交金额（万亿元）	4.66	4.91	5.23	5.93	5.17	5.54	5.9	6.03
票据成交总额（万亿元）	29.75	30.28	33.65	30.32	25.96	28.5	26.5	24.07
商票成交占总票据成交额占比（%）	15.66	16.22	15.54	19.56	19.92	19.44	22.26	25.05

3. 商业票据业务实践背景

商业票据广泛快速应用的同时，也给企业增加了许多风险。由于这些实践风险的存在，研究商业票据风险将为企业往后的发展提供具有前瞻性的引导作用。在实际发展中，商业票据业务的风险被分为了几类：一是商业票据逾期承兑后引发票据纠纷和诉讼带来的逾期信用风险。由于信贷政策的收紧，金融监管的趋严，过度融资的企业和过度承兑票据的中小金融机构资金链收紧、债务集中到期后引发的逾期兑付风险而给企业增加的信用风险。二是商业票据业务的市场风险管理难度大。由于我国票据业务兼具资金产品和信贷产品的特性，票据市场交易利率对市场流动性十分敏感，与其他货币市场利率相关性较强，受宏观经济政策的影响比较大，加上票据市场整体仍缺乏风险对冲工具，对票据市场定价机制的量化管理技术仍有待发展，管理难度较大。三是由于电子商业承兑汇票系统本身所带来的电子化环境下的信息系统风险以及交易控制风险。

二、EJ 建筑公司商业票据持有现状及问题分析

（一）商业票据使用动因分析

1. 外部动因

近年随着建设规模的扩大，建筑业市场蓬勃发展，建筑企业数量持续增加，行业竞争不断加剧。截至 2022 年底，全国共有建筑业企业 143 621 个，比上年增加 14 875 个，增速为 11.55%。国有及国有控股建筑业企业 8 914 个，比上年增加 1 088 个，占建筑业企业总数的 6.21%，比上年增加 0.13 个百分点。施工企业数量的上涨最直接影响就是行业竞争加剧，利润进一步摊薄，施工建设方的话语权减弱。一方面，商业票据基础设施逐步完善，上海票据交易所的建立以及后续票据交易所信息披露平台的搭建，完善了中央银行金融调控、改进货币政策传导机制、防范金融风险、服务实体经济发展的功能，不断推动票据向着规范化、市场化、专业化方向转型，在增强票据市场服务实体经济能力、防范票据风险、便利电子商业票据普及等方面起到了巨大的作用。另一方面，政府高度重视房企的资金监管问题，"三道红线"融资新规对房企的激进扩张行为进行了约束，房企融资被收紧，融资渠道变窄，以致部分房企陷入危机。于是，大量房企使用商票作为主要的支付手段。对 EJ 建筑企业而言，受外部经营市场环境以及业主方强势地位影响，在结算过程中，其不得不接受对方以票据、供应链金融支付工程款的对价，尤以 HD 项目为甚。

2. 内部动因

（1）公司市场发展战略的需要。为贯彻落实"走出去"的发展战略，加快公司

经营发展，快速占领市场。EJ 建筑公司先后划分了广东、南充、贵州、泸州、重庆等多个管理区域。在公司划分管理区域中，除贵州外，其余区域都主要承接了 HD 公司的项目。基于历史合作和公司长远战略部署的因素，EJ 建筑公司一直与 HD 公司保持良好的合作关系，合作初期并未出现逾期商业票据难以兑付的情况。因此，于 EJ 建筑公司所属集团战略定位而言，HD 公司被归类为战略合作伙伴，良好的合作关系加之高战略的定位，使得 EJ 建筑公司大规模接受 HD 公司开具的商业票据。

（2）符合公司生产发展的要求。自 2016 年与 HD 公司深化战略合作启动 7 年以来，EJ 建筑公司与 HD 公司的战略合作逐年加深，先后签署项目施工建设合同总额高达 105.84 亿元。期间，EJ 建筑公司的营收金额由 2016 年的 14.48 亿元跃升至 2020 年的 57.00 亿元。以 2020 年的峰值为比较基准，5 年营业收入增长率高达 293.64%，年化增长比率达到了 58.73%，由此项数据可以看出，与 HD 的战略合作符合公司的生产发展要求。

（3）满足公司支付结算需求。商业票据作为 HD 集团给付结算自身债务的重要方式，HD 公司给予 EJ 建筑公司商业票据进行工程款结算，也符合双方深化战略合作发展的需求，更符合房企支付工程款的趋势。同时，HD 公司对向 EJ 建筑公司开具的商业票据费用会有一定的贴息费用补贴，一定程度满足 EJ 建筑公司结算需要，促使 EJ 建筑公司愿意接受对方以商业票据支付工程款（详见表 2）。

表 2　　　　　　　　　　**2015～2022 年主要财务数据统计**　　　　　　单位：亿元

项目	2015 年	2016 年	2017 年	2018 年	2019 年	2020 年	2021 年	2022 年
资产总额	10.74	15.39	25.22	40.42	52.36	68.02	81.56	82.33
营业收入	12.04	14.48	21.36	39.34	40.14	57.00	44.61	29.82
净利润	0.22	0.35	0.25	0.54	0.36	0.67	0.30	0.40

（二）EJ 建筑公司商业票据的使用及规模分析

1. EJ 建筑公司商业票据业务处理流程

由于资质的限制，EJ 建筑公司使用商业承兑票据时必须选择以其集团公司名义开具或收受商业票据。从业务上来说，分为三种情况：一是集团公司以自身名义代 EJ 建筑公司接收外部企业开具的商业票据并持有至到期；二是集团公司以自身名义代 EJ 建筑公司接收外部企业开具的商业票据并背书转让给 EJ 建筑公司持有至到期并收到货款；三是集团公司以自身名义代 EJ 建筑公司接收外部企业开具的商业票据并背书转让给 EJ 建筑公司持有至到期票据逾期。

2. EJ 建筑公司接收商业票据规模

截至 2023 年 6 月，HD 公司因债务危机问题，到期欠付 EJ 建筑公司商业承兑汇票款 19.66 亿元。自 HD 公司项目票据逾期兑付以来，EJ 建筑公司应收 HD 公司的逾期票据款由 2021 年 13.68 亿元上涨到 2022 年 19.66 亿元，并持续至今。短短 1 年多时间，到期商业承兑汇票逾期增加 5.98 亿元，上涨幅度约 43.71%。从统计数据可以发现，EJ 建筑公司接受的商业票据余额十分巨大，巨量的商业票据金额给 EJ 建筑公司生产经营带来诸多问题及风险。

（三）EJ 建筑施工企业商业票据业务中存在的问题

1. 兑付周期长，持有规模大

截至 2023 年 6 月，EJ 建筑公司共持的 19.66 亿元商业票据中，兑付周期 6 个月以内的共计 0.38 亿元，占比 1.91%；兑付周期在 6~12 个月的共计 0.06 亿元，占比 0.30%；兑付周期为 1 年期的共计 19.24 亿元，占比 97.79%。通过数据分析发现，EJ 建筑公司收到的 1 年期商业票据中，承兑期为 1 年的占比极大。与此同时，EJ 建筑公司 2022 年营业收入为 29.82 亿元，商业票据金额（含逾期未能兑付）总计 19.66 亿元，占全年营业收入的 65.93%。巨额的商业票据持有，加之承兑期限过长，严重挤占公司现金流，同时造成公司账面资产过大，"两金"资产陡增（详见表 3）。

表 3　　　　　　　　　　持有票据兑付周期情况

兑付周期	金额（亿元）	占比情况（%）
6 个月	0.38	1.91
6~12 个月	0.06	0.30
1 年	19.24	97.79

2. 承兑企业较单一，依赖程度高

对 EJ 建筑公司来说，以 2021 年度为例，对其开具商业承兑汇票的 35 家单位中，其中有 33 家单位归属于 HD 集团旗下的子公司或者分公司，仅 2 家单位不是 HD 公司或不隶属于 HD 公司。承兑单位高度集中在同一家集团公司，在票据到期集中兑付时，往往存在着集中挤兑但无法兑付的风险。对 EJ 建筑公司来说，与 HD 公司的深度合作过程使其与 HD 公司深度绑定，导致 HD 公司经营发展对 EJ 建筑公司生存产生巨大影响。

3. 风险化解手段不健全，反应滞后

在与 HD 公司合作的前几年，EJ 建筑公司迎来快速的发展，营收、净利润以及资产总额都达到了空前的高峰，发展的红利期，让 EJ 建筑公司忽略了高营收、高增长下隐藏的风险，未能形成一套行之有效的事前预警、过程控制、事后化解风险控制体系。在面对 HD 公司债务危机时，更多的风险化解手段是在事后作出的。而 EJ 建筑公司在实际风险化解过程中，主要依赖诉讼保全方式，但实际操作过程中因信息差反应滞后或不具有可行性等问题，难以实际运用，而其余风险化解手段仅作为辅助，整体可行且有效的手段非常有限。例如，EJ 建筑公司在初始评估以物抵债可行性时，上级决策层更加偏向于取得现金或其他流动性更好的方式偿债，当明确 HD 公司确实无法以现金方式支付逾期的商业票据时，优良资产早已被其他单位通过以物抵债方式办理过户，严重影响以物（资）抵债进程和可行性。

4. 资金流动性降低，可使用流动资金减少

对于 EJ 建筑公司，因接受大量票据形成的应收账款占比过高存在各种不利影响，其中最为严重的就是大量逾期应收账款未能及时获得兑付，现金流入减少。同时，大量开出的到期刚性兑付商业票据需集中兑付，这使得本就有限的资金需要进一步统筹以兑付刚性到期商业票据，可使用的流动资金数量大大减少。

5. 债权追索权让渡，丧失建设工程价款优先受偿权

集团公司已将 HD 公司开具的票据背书给子公司，集团公司不再是商票持有人，而票据权利人为属于独立法人主体的子公司。基于票据法律关系与基础法律关系即建设工程施工合同法律关系各不相同，法院不可能抛开票据背书、持票人未行使追索权的事实，以及无视持票人的独立权利义务，而直接认定未承兑票据为未付工程款。法院较大可能的处理方案为：严格区分基础法律关系和票据法律关系，将已经背书的票据（未承兑）全部纳入已支付工程款，认为持票人可以票据纠纷另行主张未承兑票据的权利，导致该部分款项丧失工程价款优先受偿权。

6. 资金回笼困难，债务支付能力减弱

截至 2023 年 6 月 30 日，HD 公司逾期票据 19.66 亿元，由于持有大量商业票据无法及时兑现，资金无法回笼，可使用资金锐减，致使 EJ 建筑公司无法按合同约定支付分包商、供应商分包款及货款，导致公司陷入诉讼风险，公司基本户被法院冻结，受冻结资金金额巨大。

7. 陷入诉讼风险，影响企业经营规模扩大

由于企业无法按期支付债务导致深陷诉讼风险，致使基本户冻结，在生产经营过程中，所属项目账户随时面临被冻结和划转的风险，不可预见的资金限制致使甲方无法足够信任建筑企业能够保障建设款足额投入生产，进而拒绝续签后续合同，建筑企业难以取得订单，扩大经营规模，影响企业的持续生产经营。另外，由于部分项目投标保证金需通过公司基本户划转，基本户冻结造成无法划转保证金，错失中标优质项目机会，对公司经营发展产生了一系列不利影响。

从 EJ 建筑公司开展商业票据业务面临的风险可以看出，在接受商业票据前，接受单位应当建立成熟的评估与防控体系，完善风险全过程识别、防控、化解机制，有效规避或减小风险带来的损失。在对外开具商业票据时，应谨慎控制开票规模，加大

对外"双清"力度，增强企业到期票据承兑能力。

三、商业票据风险防控

（一）市场风险防控

1. 聚焦经济环境变化，规避经济周期波动风险

房地产行业作为我国经济长期稳健发展的重要支柱行业之一，长期以来受到政府和人民群众的密切关注，而 EJ 建筑公司的发展与行业状况密不可分。受新冠疫情及各类监管政策影响，"房是用来住的，不是用来炒的"政策愈发明确落实，促使房地产"脱虚向实"，将资金逐渐引流到实体经济，逐步成为未来房地产行业的发展趋势。建筑施工企业要尽快适应政策变换以及行业发展方向，并及时依据大环境来调整经营管理方向，对企业经营方式、成本规模等进行科学决策分析，必要时可聘请外部专家，找到适配方法，提前做好准备以应对未来发展变化带来的影响。

2. 利用内外部发展机会，降低市场竞争风险

随着国际环境变化，国内经济增长速度已明显趋缓。目前，部分建筑施工企业存在管理粗放、技术水平滞后、创新意识不强、资源浪费以及恶意竞价等问题，对行业的持续稳定发展带来了不良影响，也使得行业竞争日趋激烈。公司要结合自身发展状况，结合环境变化趋势，制定经营战略发展目标。例如，短期目标是解决项目回款问题，推进技术资质提升、加强安全施工管理；长期目标为构建全方位的发展战略措施，完善人才培养、薪酬制度、市场业务拓展等方面的制度体系构建。结合经营发展方向，对公司的发展制定总体战略、业务战略和职能战略。利用社会资源和自身优势，构筑战略同盟，规避直接竞争。谨慎选择建设项目，与政府事业单位积极合作，发展市政及其他建筑工程，提升项目效益，保证资金链正常流转，从而进行扩张发展。

3. 加速企业资金回流，降低财务风险

目前资金流紧缺是建筑行业存在的普遍现象之一，经济下行压力加大，居民购房意愿降低，部分楼盘销售困难，建筑行业要建立多渠道回款措施，除积极催收欠款外，还可以综合使用一些金融手段降低财务风险。例如，利用中介机构进行风险转移，引入更加专业的金融机构，借用第三方金融机构的专业能力，采用保理手段，将应收账款按一定折扣卖给保理机构，从而回收部分账款。另外，依靠银行的应收账款融资业务，进行债务变现，或者寻求接受应收账款转让的银行提供融资服务，在一定程度上弥补企业的资金缺口，回流资金，缓解企业部分资金压力，加快企业资金周转速度。

（二）信用风险防控

1. 健全制度体系，实现信用风险的全过程防控

构建票据业务全周期风险管理协同机制，将票据业务纳入企业全面风险管理框架。完善企业内部风险评估机制，利用系统互联、资源共享、联动营销等措施，建立风险预警、检测、管理制度，逐步推进风险监测、风险跟踪、风险自动预警机制，实现风险集中系统防控。强化企业内部联动，整合信息与人力资源对风险管理的支撑，加强票据单线系统与其他业务风险管理系统的互联，从加强票据业务与全公司系统管理关联度出发，实现票据业务系统与各类内外部风险信息系统的联动对接，达到企业内外各类系统信息互通，搭建完整高效的票据业务客户风险评估体系的目的，为业务发展和风险评估提供新型管理工具。

与此同时，制定商业票据业务管理办法，规范商业承兑汇票接收、背书和贴现等业务，防范商业承兑汇票逾期风险。持续跟踪承兑人经营状况、重大变动，定期进行数据分析。强化票据基础数据收集及整理工作，密切关注票据市场变化情况，为估算信用风险、操作风险等评估提供相应的数据支持，从而降低潜在的风险。

2. 严格业务审核，确保签收票据的规范性

强化审核业务，审查票据金额与承兑企业经营规模是否匹配，定期核实承兑企业存续能力，对其偿债能力进行分析，了解兑付企业现金流情况，分析承兑人实际经营情况，从而判断承兑人开具票面金额与其实际到期兑付能力以及开票金额与其经营规模是否匹配，密切关注票据交易所披露的兑付逾期名单，对逾期名单披露企业及出票企业超能力开出的票据予以拒收，及时上报，争取变更交易支付方式，规避风险。强化票据业务风险排查，加强非现场监测，对风险集中、额度较大、问题较多的区域重点关注，部署商业票据业务常态化风险排查，提高操作规范，做好自查、分析和整改工作，强化商业票据接收管理。

3. 设置专人专岗，减弱逾期票据兑付风险

持续做好商业票据到期管理，及时对到期票据进行分类，对逾期票据和已兑付票据进行分类管理，安排专人牵头管理并全面掌握商业票据业务到期还款兑付情况（及时兑付），余额不足的，督促专管人员加大催收力度，丰富催收手段，对于到期确实不能兑付、预计发生逾期的客户，要及时上报，加强与对方人员沟通，保证期间后续对逾期票据的催收工作顺利进行。对存在潜在风险的相关客户，要及时制定风险化解预案，符合条件的，充分利用相关政策做好风险化解工作。

4. 争取多方资产为票据担保，实现票据信用增级

一般来说，信用增级包括了内部信用增级和外部信用增级。内部信用增级更多的是强调自身的经营和发展、业绩的持续改善、资产结构的持续优化而获得信用评级的提升。外部信用增级是指通过第三方担保、信用证、保险等方式获得信用评级的上升。有效建立起信用评价机制、加强外部第三方对业主单位的信用评级，建筑企业在接受商业票据时，积极探索提升票据担保比例，以出票方资产或是第三方资产对票据提供担保，有利于降低签收单位的风险。

（三）操作风险防控

1. 严格业务流程，强化风险防控

认真梳理业务流程，强化风险防控，加强票据接收、兑付以及票据逾期管理等过程管控，全过程防范业务风险，加强对兑付人类型、经营状况以及业务规模等关键因素的了解，准确分析兑付人经营状况随自身经营状况而可能发生的违约风险，并依据其信用等级调整对应收债权的收回方式。

2. 加强内控管理，明确岗位职责

建立健全合理的内控制度，明确各岗位对应业务的分工与责任，规范各业务操作流程，严格实行权限管理，完善业务流程间相互制约机制。定期组织票据业务风险排查。制定排查方案，落实自查计划，上报排查结果及分析报告。一方面，明确各部门、各岗位职责，建立授信风险责任制度，细化责任、落实到人；另一方面，加大票据业务真实性、合理性、合规性的核查工作管理力度，加强业务跟踪，提升风险防控能力。

3. 强化业务培训，提高人员职业素养

强化人才配置，建立专业票据业务管理小组。加强票据从业人员业务技能培训，根据业务特点，组织培训技能课程，提升从业人员职业素养，从而提高票据从业人员识别风险的能力，进而有效防控票据风险；加强业务基础知识培训，组织相关人员系统学习制度文件，使每一位经办人员熟知自己承担的岗位职责和工作要求，强化风险意识教育。

4. 用好法律手段，确保工程价款优先受偿权

（1）及时提起诉讼，避免超过票据追索期。根据《中华人民共和国票据法》规定，持票人对票据的出票人和承兑人的权利，自票据到期日起 2 年；持票人对前手的追索权，自被拒绝承兑或者被拒绝付款之日起 6 个月；持票人对前手的再追索权，自清偿日或者被提起诉讼之日起 3 个月。商业票据的诉讼时效和追索期限在票据法律中有严格的要求，其本质上是为了督促持票人尽快行使票据权利，同时压缩持票人对前手背书人的追索时限以稳定票据交易市场秩序，并赋予持票人可通过另案诉讼的方式对其民事权利予以救济的特别时效规定。故而，及时提起诉讼，对维护公司的合法权益具有重要的意义。

（2）做好诉讼保全工作、快速取证及时止损。财产保全的目的在于迅速控制住被告方的财产，以保障最后如果本单位胜诉，能够使得胜诉的判决得到有效的执行。在现行的情况下，诉讼保全的手段主要有诉前保全、诉中保全和执行前的保全等几类。在诉讼保全前，最重要的是要了解对方的银行账户信息、不动产信息、动产信息以及应收账款信息，这些都可以是财产保全的重要方面。另外，应该积极联系相关单位，调取对方被诉单位的工商档案中的关键信息。最后本单位也应该同时准备好发票、合同、验工计价、拒付证明、退票理由书或者其他合法证明等合法证明资料，快速有效获取对本单位诉讼有效的证据，及时迅速止损，保护本单位合法的权益。

目前，对于未兑付的商业票据，法院对于接受的建筑施工企业是否具有基于真实债权债务而享有有限受偿权认定与理解不一。一般存在着两种观点：第一种是基于票据的无因性，施工企业在收受商业票据时也即是宣告双方基于建设业务的债权债务就消灭了，双方存在的仅为票据的权利和义务；第二种观点认为只有发包方对建筑施工企业实际兑付了商业票据，支付了相应的款项，其付款义务才履行完毕。

但是在真实司法判例中，集团公司将基于与 HD 公司真实的债权债务的商业票据背书给了 EJ 建筑公司，从而丧失了商业票据的优先受偿权。但是 EJ 建筑公司通过"反背书"的形式给集团公司，从而使得集团层面重新获取了工程款的优先受偿权。另外，在风险化解过程中，EJ 建筑公司可与第一背书人形成兑付凭证，转让票据索赔权至第一背书人，从而保障其优先受偿权。目前，已有 2 个项目取得了全面胜诉的生效判决，成功解决了背书商票视为已付工程款并不再享有优先权等问题，对 HD 公司案件处理具有很大参考价值。

5. 建立风险共担机制，绑定供应商

第一，可以通过办理债权债务转让，业主、集团公司、三级子公司、项目分供方签署债权债务转让的四方协议，将集团公司对业主债权转让给项目分供方，同金额抵偿本单位应付项目分供方债务，以达到压降"两金"余额，减少诉讼纠纷的目的，同时减小本单位债权债务风险。第二，与供应商建立深度合作，积极利用目前国家对中小企业的优惠扶持政策，联合中小企业，化零逾期票据，通过与下游供应商、劳务单位风险共担政策，催收逾期票据，从而达到化解逾期票据，完成债权回收。

（四）声誉风险防控

1. 利用商票披露平台，确保及时掌握出票企业信息

规范的商票签发不仅可以保障持票人及投资者的合法权益，也能推动票据在整个行业中的流通应用，企业要及时跟进商票信息披露平台（例如：上海票据交易所）披露的商业票据签发人的负债情况以及商业信用变化，及时了解接收对方开出票据可能带来的风险，降低信息差，及时更新承兑企业票据履约行为习惯、资产负债情况、商业票据签发总额度、未到期商业票据额度以及已到期商业票据暂未兑现额度等主要相关信息，并佐以相关法律制度附加实施力量以保障本单位合法权益。

2. 完善评级体系建设，建立商票信用评级机构

目前票据市场缺少具有公信力的票据管理体系和信用评级机构，因此企业接收票据只能根据自身内部条件进行自定评级制度以及对对方进行信用评级，在有限条件下，通过上海票据交易所建立信用评级标准或者信用积分制度，再通过将票据交易所商业票据披露机制及电子票据系统结合大数据技术实现票据评级或评分，综合得出企业商业票据信用评分，与此同时，也应将其与票据信息披露平台相配合，考量多因素尽量消除非系统性风险。

3. 利用法律诉讼手段，严惩逾期恶意拒付行为

加大对商票到期后故意延期支付的惩罚，反督促实现其自我约束行为，基于《中华人民共和国票据法》和《中华人民共和国电子票据法》已有的处理方法，再合理合适地针对性增加对恶意拒付的惩罚，目前为止，根据《中华人民共和国票据法》对待恶意拒付的惩罚规定是按票面金额对其处于 5% 但不低于 1 000 元的罚款，若在此基础上配合诉讼等手段短期内切断所有金融机构提供的部分金融服务，避免了恶意拒付的企业增加杠杆支付罚款或票据面额的可能性，在某种程度上也降低了不良企业高风险、高杠杆经营的潜在危险。

四、结论

本文以票据市场和商业票据的应用现状为理论背景开展，同时简要陈述了新宏观经济形势下，商业票据应用中所面临的一些困境。接着以 EJ 建筑公司为案例研究对象，从外部市场环境以及内部经营战略的需要等原因深刻剖析了 EJ 建筑公司大规模使用商业票据对其资金流动性、偿债能力等方面的影响。通过市场风险防控、信用风险防控、操作风险防控以及声誉风险防控四大层面中细分措施，详细阐述了各风险下建筑施工企业各自的风险防控方法。特别是票据背书丧失工程价款优先权上，打破了目前法院"将已背书商票视为已支付工程款，不再享有工程价款优先权"的主流观点，取得部分法院的生效判决，支持建筑施工企业请求，取得了可供参考的案例。

（中铁二局集团有限公司　赵　涛　唐　棋　张　涛）

风险矩阵在建筑企业投资承受能力评价中的实践探索

——以 ZTSJ 集团为例

【摘要】ZTSJ 集团是某特大型建筑央企的全资子公司，具有多项施工总承包特级、甲级资质，是国内领先的一流建筑企业集团。近年来，随着投资开发业务高位增长，企业投资总额快速攀升，沉重的出资义务不仅占用大量货币资金，也为企业流动性带来风险，制约企业高质量、健康发展。为切实防范"投资过度"风险、掌握企业投资能力、合理规划投资空间，ZTSJ 充分利用管理会计工具——风险矩阵，梳理了影响投资安全的各类指标，并根据影响程度划分了权重占比，同时通过市场调研、问卷调查、数据分析等设定了不同的风险系数，由此计算各类投资资产的加权风险乘数。本文创新性地提出了"核心资本覆盖倍数"作为衡量企业投资能力的指标，以实际投资支出为基数，综合各类投资资产加权风险乘数测算当前投资业务占用的企业核心资本，进而预测企业剩余投资空间，为企业科学规划剩余投资空间、实施投资决策行为等提供可靠、有效的战略支撑。

一、选题背景与研究意义

（一）选题背景

在国家深化基础设施投融资改革的趋势下，传统建筑企业由"承包经营"向"投资 + 承包"的模式转变不仅是顺应市场经济的主动变革，也是在激烈竞争环境下的不得已为之。从某种意义而言，承包经营能力是建筑企业生存的核心保障，而投资经营能力则决定着企业发展的上限。建筑施工行业属于充分竞争类行业，平均利润率较低，企业投资资源主要来源于有限的自身积累及信用类资金短期占用；与此同时，建筑施工企业普遍具有重资产、高负债、快周转等特点，投资期限与信用账期不匹配将引发"短贷长投"风险，进而影响企业流动性，甚至危害企业正常生产运转。因此，运用科学、合理的方法对企业投资能力（空间）进行测算就成为亟须解决的问题。

（二）研究意义

测算企业投资能力并合理规划投资空间，对于投资风险的事前防范、事中预警具有重要的指导意义。

（1）战略支撑。企业决策层根据投资承受能力设定投资战略（稳妥型、激进型、收缩型等），并规划未来3~5年投资空间，分解至各年度作为投资控制性指标。

（2）决策依据。企业管理层根据投资战略结合剩余投资能力，对拟投标项目进行决策。例如，企业剩余投资能力不足时，则优选所在区位好、业主实力强、投资杠杆高、回收风险小的投资项目。

（3）风险预警。企业执行层根据风险矩阵列示的风险维度、风险系数等提前做好投资回收的事前工作，并规避参与风险较高的投资项目。

二、现行评价方法分析

自2015年国家在基础设施投融资领域推行"PPP"模式以来，吸引了大量具有投资、建设、运营资质的国有企业、民营企业踊跃参与其中，但以东方园林、碧水源等为代表的少数企业因业务无序扩张，导致公司被逐渐枯竭的现金流和高昂的融资成本压得透不过气来，最终走向破产重组。为防范中央企业过度投资，国务院国资委出台了《关于加强中央企业PPP业务风险管控的通知》（2017年）（以下简称"192号文"），要求中央企业不得举债投资、严控投资规模。在此背景下，部分建筑施工行业央企子公司以国资委管控要求为指导，探索建立投资承受能力评价体系，目前主流的评价方法有以下三种：

（一）"净投资"控制法

192号文引入了"PPP项目净投资"的概念，即"直接或间接投入的股权和债权资金、由企业提供的担保或增信的其他资金之和，减去企业通过分红、转让等收回的资金原则上不得超过上一年度集团合并净资产的50%"，对于各中央企业集团实施PPP项目设立了明确的投资上限。部分建筑施工企业已借鉴以上规定，以全口径投资总额与企业净资产的关系建立了评价模型，具体如下：

$$全口径投资总额/企业上一年度合并净资产 = 控制指标$$

其中，控制指标根据企业自身实际情况及风险偏好设定，从50%~100%不等。该方法计算简便，易于操作，但主要存在以下不足：一是未划分不同投资业态的风险类别。PPP项目风险主要来源于政府付费能力不足或使用者流量不足，对于房地产开发业态、产业经营类业态及回购类业态等无法根据风险不同划分不同的风险系数；如仅按投资金额及净资产比值作为衡量企业投资空间的依据，则现实意义有限。二是永续债、并表ABN等权益类金融产品的使用可能导致企业净资产虚高。部分建筑施工企业为降低企业资产负债率发行了权益类金融产品，但其业务实质为债务性资金，负有到期刚性兑付的责任，如纳入评价体系可能导致评价结果失真。

（二）"资产负债率"管控法

192号文件规定，"不得因开展PPP业务推高资产负债率；资产负债率高于85%或近2年连续亏损的子企业不得单独投资PPP项目……"同时资产负债率红线管控也是国务院国资委的常态化要求。部分建筑施工企业建立了以"资产负债率"为管控目标的投资能力评价体系，将自身为第一大股东但会计核算为"表外"的投资项目纳入合并范围测算，以合并后资产负债率是否超限作为评价标准。

该评价方法容易陷入"投资陷阱"。一方面，不同类别的投资项目在不同实施阶段对企业资产负债率影响存在差异，测算结果不具备合理性；另一方面，企业参与"投资换施工"项目，该类项目一般占股比例较小，虽不存在推高资产负债率的情况，但大量实施则制约企业流动性。

（三）"可支配资金"测算法

"可支配资金"测算法的主要逻辑为企业是否拥有足够的自有资金用于投资开发业务。其测算方法为：

$$可支配资金 = 上一年末合并层面货币资金 - 受限资金（未集中资金、境外资金、\\ 供应链金融刚性兑付资金、监管资金）+ 预计本年现金净流量$$

若测算结果大于0则本年具有投资空间，反之则无。

该计算方法考虑了企业所有投资行为与自有资金存量可承受能力的匹配关系，规避了"举债投资"风险，但也有其一定的局限性：一是计算过程较为复杂，且对于须刚性支出的各类应付账款考虑不够充分（主要依靠预测）；二是"可支配资金"为时点数，且动态变化，企业管理层可通过短期资金调节增加长期投资支出，可能存在"寅吃卯粮"的现象。

三、研究方法与思路

（一）金融企业投资能力研究

纵观各行业投资风险控制措施，以银行为代表的金融企业及其监管机构在维护行业、市场的稳定性、系统性风险管控措施（力度）对建筑企业构建投资能力评价体系具有较强的现实指导意义。

1. 巴塞尔协议

20世纪80年代左右，债务危机的爆发助推了《巴塞尔委员会关于统一国际银行资本衡量和资本标准的协议》（即"巴塞尔协议Ⅰ"）的出台，奠定了银行监管的基石。2004年、2010年，巴塞尔协议Ⅱ、巴塞尔协议Ⅲ又分别出台，重新定义了资本的范围，扩大了风险的覆盖范围，其核心是分析核心资本与加权风险资产的比例关系，引出资本充足率的概念，并通过设置资本充足率下限，约束银行投放规模，达到风险控制的目的。因此，其实质是一种对银行业投资空间测算的方法。

2. 核心资本、加权风险资产与资本充足率

巴塞尔协议对银行资本充足率计算方法较为复杂，为便于理解及引用，本文仅对其中三个核心概念予以简述。

核心资本由普通股、优先股、资本溢价、未分配利润、可转换成股票的债券、呆账准备金以及其他资本储备所组成。其主要作用是吸收意外（坏账、呆账）时的缓冲功能，并对相关损失予以弥补。

加权风险资产：根据资产种类不同、获取收益的水平等因素设定不同的资产风险系数（一般为0%、20%、50%、100%四档），根据各项资产权重计算加权风险资产，公式如下：

$$加权风险资产（RWA）= \sum（资产类别 \times 风险系数）$$

资本充足率：从巴塞尔协议的更新变化可以看出，银行资本监管框架中始终围绕资本充足率这一指标在不断深化、完善。核心资本与加权风险资产的比值即为资本充足率，并提出了不得低于8%的警戒值，用于对银行业资产投放规模予以约束，公式如下：

$$资本充足率 = 核心资本/加权风险资本 \times 100\%$$

（二）风险矩阵在投资风险管理的运用

根据财政部《管理会计应用指引第701号——风险矩阵》相关定义，风险矩阵是按照风险发生的可能性和风险发生后果的严重程度，将风险绘制在矩阵图中，展示风险及其重要性等级的风险管理工具方法，不仅适用于企业各类风险重要性等级，也适用于各类风险的分析评价和沟通报告。具体到企业投资风险评估，可根据其基本原理，识别影响投资安全相关风险，衡量各类风险发生可能性，进而绘制出投资风险矩阵。

（1）风险识别及判断。识别影响投资风险的几类要素，综合考虑风险的性质、企业对风险的应对能力及企业风险偏好等，根据其对损失的影响程度判断其所占权重，分为微小、较小、较大、重大等，作为风险矩阵图横坐标。

（2）分析风险发生可能性。根据不同评判依据，参考相关历史数据，分析各类风险要素发生的可能性，分为不太可能、偶尔可能、可能、很可能等，作为风险矩阵图纵坐标。

（3）绘制风险矩阵图。将风险后果严重程度和发生可能性等级的乘积（即风险值）划分为与风险重要性等级相匹配的区间，最终形成可视化的风险矩阵图。

（三）思考与启示

银行等金融企业与传统建筑企业有一定的相似之处，例如均为重资产企业资产负债率较高、流动性风险突出等。因此可以借鉴其监管体系用以构建建筑企业投资能力测算模型。同时，风险矩阵的应用能够科学地测算各类投资行为占用的风险资产。综上，建筑企业根据自身需要、现状对相关核心指标重新予以定义，并结合企业投资实际情况设定风险权重、系数，最终建立投资能力评价体系模型。

四、模型设计

为研究建筑企业投资类资产与核心资本的关系，借鉴国资委 192 号文关于"净投资"指标的设定及银行监管体系关于"资本充足率"的考核要求，ZTSJ 集团总部主责部门经过多轮研讨与论证，创新性地设立了"核心资本覆盖倍数"（core capital coverage ratio，CCCR）的概念，用于构建建筑企业投资风险测算模型，具体如下：

$$CCCR = Core\ Capital / \sum (Investment\ Assets \times Risk\ Multiplier)$$

其中，Core Capital 指企业拥有的核心资本，Investment Assets 表示各类投资行为形成的资产，Risk Multiplier 为各类投资资产对应的加权风险乘数。核心资本与加权风险资本总额的比值即为核心资本覆盖倍数。

（一）指标说明

1. 核心资本

建筑企业所有者权益构成较为简单，主要有实收资本、资本公积、其他权益工具（优先股、永续债）、其他综合收益、盈余公积、未分配利润、少数股东权益等。鉴于核心资本的作用为"投资坏账、呆账"的安全垫，根据谨慎性原则，ZTSJ 集团将建筑企业核心资本构成限定为"股东投入的资本及企业通过自身积累形成的权益"，具体包括实收资本、资本公积、盈余公积、未分配利润。

2. 投资形成的资产

结合目前 ZTSJ 集团实际情况，投资业务主要包括固定资产投资、无形资产投资、房地产开发、土地一级开发、境内（境外）基础设施投资、产业投资。其中，固定资产投资、无形资产投资为企业提高施工生产效率、内部组织工作效率而发生的，不能直接为企业带来施工生产任务，故暂不纳入风险资产评价体系。即本文表述的投资形成的资产为企业为开展各类投资业务需投入股权性资金、债务性资金或因提供各类担保措施衍生的或有负债，主要包括股权投资类资产、金融工具投资类资产、股东借款等债权类资产，以及直接、间接提供的各类担保信用类资产。

3. 加权风险乘数

通过应用风险矩阵管理会计工具，首先，选取了影响投资资产回收安全的主要因素，并设定权重比例作为横坐标；其次，设置不同档次的风险系数作为纵坐标；最后，横坐标与纵坐标的乘积即为某类资产的加权风险乘数，在风险矩阵图中以区位形式予以可视化的展示。

4. 加权风险资本

投资形成的资产乘以该类资产对应的加权风险乘数，即为该项投资占用的企业加权风险资本。

（二）控制目标

经 ZTSJ 集团相关部门讨论，并经集团风险管理委员会审议，ZTSJ 集团根据自身经营实际情况、投资业务开发需求及风险偏好程度，将核心资本覆盖倍数设定为 1.5 倍。即如核心资本与加权风险资本总额的比值高于 1.5，表示 ZTSJ 集团有继续开展投资的能力；反之则无，需要加快投资回收及存量投资资产盘活工作以释放投资空间。

五、应用过程

（一）风险矩阵指标选取

通过对相关文献资料的整理，结合经验数据分析和调查问卷的反馈，ZTSJ 集团选取了四项可能影响投资资产安全的风险维度作为风险矩阵的横坐标，分别为项目所处区域财力情况、投资形成的资产类别、投资回收方式、剩余投资期限，并根据其对投资回收风险影响程度分别设定权重为 40%、30%、20%、10%。纵坐标为上述四类风险维度的分项指标，以风险发生的可能性划分为 100%、80%、60%、40%、20% 五个档次。

（二）分项指标设置及风险系数

1. 区域财力维度

项目所处区域财政能力情况是影响投资风险最重要的维度，一般而言，投资回收风险很少以个例形式发生，均为区域性、系统性风险。ZTSJ 集团根据项目所在区域上一年度一般公共预算收入的高低，分别设定 100%、80%、60%、40%、20% 五个档次风险系数。需要说明的是，根据谨慎性原则，一般公共预算收入确认为项目付费主体所在区域情况，非全口径数据。例如，A 市 2022 年度全口径财政收入 220 亿元，但某 PPP 付费来源为区级财政，其一般公共预算收入仅为 40 亿元，风险系数设置为 80%，具体如表 1 所示。

表 1   风险系数（区域财力）

风险系数	分项指标				
	一般公共预算 30 亿元以下	一般公共预算 30 亿元~50 亿元	一般公共预算 50 亿元~80 亿元	一般公共预算 80 亿元~100 亿元	一般公共预算 100 亿元以上
100%	√				
80%		√			
60%			√		
40%				√	
20%					√

2. 资产类别维度

ZTSJ 集团根据自身投资业务开展情况，将投资形成的资产划分为直接投资类股权资产、金融工具投资类股权资产、股东借款类债权资产、金融工具类债权资产、直接/间接提供的各类担保信用资产等。风险系数设置如下：

（1）权益类投资资产。根据经济学原理，权益类投资资产一般具有长期限、高风险、高回报等特点，企业须按照股权比例承担投资项目的风险及损失，仅从投资回收安全性分析，其风险系数远高于债权类资产。ZTSJ 集团将权益类投资资产根据投资方式分为直接投资类股权资产和金融工具投资类股权资产，考虑金融工具投资一般具有固定期限、对赌机制，且退出方式较为简便（无须进场交易），分别将风险系数设置为 100%、80%。

（2）债权类投资资产。主要为企业为实施投资业务为项目公司提供的股东借款、通过认购金融工具提供的各类借款等。因其具有固定期限、固定回报的特征，从投资回收风险角度分析，安全系数较股权类资产更高。其中：股东借款类债权资产风险系数为 60%；金融工具类债权资产因具有金融属性，风险系数为 40%。

（3）担保类投资资产。主要为企业为项目实施提供的连带责任保证担保、抵质押、差额补足等增信措施，因该类资产实质为企业或有负债，其风险系数设置为 20%。

风险系数具体如表 2 所示。

表 2   风险系数（资产类别）

风险系数	分项指标				
	直接投资类股权资产	金融工具投资类股权资产	股东借款类债权资产	金融工具投资类债权资产	各类担保信用资产
100%	√				
80%		√			

续表

风险系数	分项指标				
	直接投资类股权资产	金融工具投资类股权资产	股东借款类债权资产	金融工具投资类债权资产	各类担保信用资产
60%			√		
40%				√	
20%					√

3. 回收方式维度

ZTSJ 集团选取了建筑施工行业参与投资项目的主流模式，并根据回收方式不同分类设定风险系数。

（1）清算退出。清算退出指投资行为触发退出机制或已达投资协议约定期限后根据项目公司剩余财产分配、清算后回收。该类项目一般为同股同权，即股东须根据持股比例享有或承担项目所有的收益与风险；同时因投资周期一般较长，按现金流折现分析，存在较大损失可能性，风险系数设置为 100%。

（2）政府付费。项目回收来源于政府可用性付费、支付授权使用费、分期付费等，其代表投资模式主要有：政府付费类 PPP 项目、安置房代建、ABO 项目等。ZTSJ 集团根据政府付费类项目历史回收情况，将风险系数设置为 80%。

（3）业主回购。主要为"投资换施工"类项目，且项目业主、控股股东出具股权回购承诺。鉴于业主回购承诺函不具有法律效力，且大多为安慰函性质，对于约束业主回购行为作用有限，风险系数设置为 60%。

（4）使用者付费。根据市场调研情况，结合金融机构风险偏好，使用者付费项目回收安全性较高，其风险系数设置为 40%。

（5）房地产销售。建筑企业参与房地产开发项目一般为属地展业、员工自用等，结合 ZTSJ 集团房地产业务开发实际情况，其风险系数设置为 20%。

具体如表 3 所示。

表 3 风险系数（付费来源）

风险系数	分项指标				
	清算退出	政府付费	业主回购	使用者付费	房地产销售
100%	√				
80%		√			
60%			√		
40%				√	
20%					√

4. 剩余期限维度

投资剩余期限越长，则投资回收的不确定性越高，同时还会因时间价值导致投资回收现值远低于投资原值。ZTSJ 集团根据现有投资项目预计回收分布，剩余投资期限指标划分为 3 年以下、3～5 年、5～10 年、10～15 年、15 年以上五类，风险系数分别为 20%、40%、60%、80%、100%。具体如表 4 所示。

表4		风险系数（剩余期限）			
风险系数	分项指标				
	15 年以上	10 年～15 年	5～10 年	3～5 年	3 年以下
100%	√				
80%		√			
60%			√		
40%				√	
20%					√

（三）风险矩阵在加权风险资本测算的具体应用

1. 绘制风险矩阵图

根据上文划分的四项风险维度及风险发生可能性，ZTSJ 集团绘制了投资风险矩阵图（见图 1），图 1 内各区间表示某一项风险维度的风险乘数。四项风险维度对应的风险乘数之和即为某一投资资产的加权风险乘数。

100%	分项指标：15 年以上 风险乘数：0.10	分项指标：直接投资类股权资产 风险乘数：0.20	分项指标：政府付费 风险乘数：0.30	分项指标：30 亿元内 风险乘数：0.40
80%	分项指标：10～15 年 风险乘数：0.08	分项指标：金融工具投资类股权资产 风险乘数：0.16	分项指标：业主回购 风险乘数：0.24	分项指标：30 亿～50 亿元 风险乘数：0.32
60%	分项指标：5～10 年 风险乘数：0.06	分项指标：股东借款类债权资产 风险乘数：0.12	分项指标：使用者付费 风险乘数：0.18	分项指标：50 亿～80 亿元 风险乘数：0.24
40%	分项指标：3～5 年 风险乘数：0.04	分项指标：金融工具投资类债权 风险乘数：0.08	分项指标：房地产销售 风险乘数：0.12	分项指标：80 亿～100 亿元 风险乘数：0.16
20%	分项指标：3 年以内 风险乘数：0.02	分项指标：各类担保信用资产 风险乘数：0.04	分项指标：清算退出 风险乘数：0.06	分项指标：100 亿元以上 风险乘数：0.08

图 1　投资风险矩阵图

2. 计算加权风险资本

根据图 1 中选定的加权风险乘数，与投资形成资产的账面净值（投资原值 - 已收回本金）的乘积即为该项投资资产占用的加权风险资本。以 ZTSJ 集团投资建设的某 PPP 项目为例：

（1）剩余投资期限风险乘数。该 PPP 项目剩余 8 年，对应风险乘数为 0.06。

（2）资产类别风险乘数。ZTSJ 集团对该 PPP 项目投资为直接投资类股权投资，对应风险乘数为 0.2。

（3）回收方式风险乘数。该 PPP 项目为政府付费类项目，对应风险乘数为 0.3。

（4）区域财力风险乘数。该 PPP 项目付费层级为市级财政，2022 年度市本级一般公共预算收入为 86.52 亿元，对应风险乘数为 0.16。

（5）加权风险乘数。该 PPP 项目加权风险乘数为：0.06 + 0.2 + 0.3 + 0.16 = 0.72。

（6）加权风险资本。截至 2023 年 6 月末，ZTSJ 公司对该 PPP 项目股权投资账面净值 2 亿元，占用风险资本为：2 亿元 × 0.72 = 1.44（亿元）。

六、运用与分析

（一）ZTSJ 集团投资能力评价

1. 加权风险资本测算

以 2023 年 6 月末作为评价基准日，ZTSJ 集团根据投资形成的资产分类计算加权风险资本占用：

（1）直接投资类股权资产。加权风险资本 696 583 万元。

（2）金融工具投资类股权资产。加权风险资本 109 569 万元。

（3）股东借款类债权资产。加权风险资本 382 206 万元。

（4）金融工具投资类债权资产。目前已实施项目仅有景德镇市某项目，账面净值为 47 000 万元。江西省景德镇市一般公共预算收入 94 亿元，剩余期限 2 年，回收方式为业主回购，加权风险乘数为：资产类别风险系数 × 20% + 付费来源风险系数 × 30% + 区域财力风险系数 × 40% + 剩余投资存续期限风险系数 × 10% = 40% × 20% + 80% × 30% + 40% × 40% + 20% × 10% = 0.50，可计算出加权风险资本为 47 000 × 0.50 = 23 500（万元）。

（5）各类担保信用资产。目前已实施项目仅为徐州某 PPP 项目提供股权质押担保，担保余额 119 000 万元。该项资产加权风险乘数为资产类别风险系数 × 20% + 付费来源风险系数 × 30% + 区域财力风险系数 × 40% + 剩余投资存续期限风险系数 × 10% = 40% × 20% + 100% × 30% + 20% × 40% + 60% × 10% = 0.52，可计算出加权风险资本为 119 000 × 0.52 = 61 880（万元）。

综上，截至 2023 年 6 月末，ZTSJ 集团加权风险资本合计金额为：1 268 978 万元。

2. 核心资本覆盖倍数

截至 2023 年 6 月末，ZTSJ 集团合并层面核心资本为：实收资本 + 资本公积 + 盈余公积 + 未分配利润 = 827 270 + 606 041 + 161 878 + 490 904 = 2 086 093（万元）。

可计算出 ZTSJ 集团核心资本覆盖倍数（CCCR）= 2 086 093/1 268 978 = 1.64（倍）。

3. 测算结果修正

根据 ZTSJ 集团投资业务相关实际情况对测算结果予以修正，其中：对于投资回收发生违约事项、逾期超过半年的资产，按账面资产净值 100% 计算风险资本，合计调增 4 个 PPP 项目风险资本占用 113 880 万元；调减已确定转让股权投资，按转让后净值计算风险资本，合计调减 29 680 万元；对提供担保信用资产的风险资本计算调整。目前徐州某 PPP 项目已取得其他银行授信批复 15.5 亿元，待置换现有贷款后即可解除股权质押，调减担保信用风险资本 57 120 万元。

以上综合调增风险资本 27 080 万元，调整后 ZTSJ 集团 CCCR 倍数为 1.61 倍。

4. 投资能力评价

根据上述测算分析，截至 2023 年 6 月末，ZTSJ 集团核心资本覆盖倍数为 1.61 倍，在集团设定的控制指标（1.5 倍）以上，表示 ZTSJ 集团目前仍有投资能力，剩余投资能力为 94 671 万元。

5. 投资能力测算的年度调整

每年度终了后两个月内，ZTSJ 集团主责部门对投资能力（空间）进行调整测算。一是根据集团合并层面净资产调整核心资本金额；二是根据项目投资剩余期限调整相应风险系数；三是根据公布的地方财力情况调整区域财力风险系数；四是对投资实施具体情况的变化进行个别修正，如发生重大违约事项、投资回收情况、股权转让情况等。评价后的测算指标作为当年度投资开发业务的依据。

（二）相关情况说明

在 ZTSJ 集团以风险矩阵评价企业投资能力的应用过程中，相关部门、业务骨干对表内项目公司、全资子公司投资形成的资产是否需要计算加权风险资本产生不同异议，其中具有代表性的意见为：一是根据《企业会计准则——合并报表》，纳入合并范围的表内项目公司，其实收资本与企业长期股权投资需进行抵销，该部分股权投资资产无须计算风险资本；二是 ZTSJ 集团对所属全资子公司（如综合类工程公司、物资商贸公司、设计研究院等）的股权投资也应计算风险资本，否则可能导致涵盖范围不足，测算准确性失真。经召开多轮研讨会议及咨询外部专家，ZTSJ 集团对纳入风险资本计算范围确定了以下两条原则：

（1）表内公司投资资产也需计算风险资本。首先，如表内公司（特别是表内投资项目公司）投资资产不计算风险资本，可能导致企业大规模按"表内模式"实施投资项目，其实质上占用了企业大量流动资产（货币资金），挤压了投资空间；其次，虽然在合并报表上对长期股权予以抵销，但合并后会增加"其他非流动资产""长期应收款"等非流动性资产；最后，表内PPP项目公司的长期股权抵销后，其并入合并范围的有息负债不仅可能突破上级公司的预算考核指标，更会推高企业资产负债率。因此，在测算剩余投资空间的分析中需计算风险资本。

（2）表内公司投资资产不再计算风险资本占用的情形。一是当投资本金及收益按时、足额收回后，自动终止计算风险资本；二是当表内公司贡献（回流）资金的现值（NPV）高于投资本金时，将风险乘数调整为0，不再计算投资风险资本。

此外，ZTSJ集团部分领导认为：以企业目前实际投资额作为测算依据，未考虑在手投资项目未完出资义务，评价结果不公允。ZTSJ集团相关业务部门进一步测算、分析如下：一是将存量项目剩余出资义务纳入评价体系，并根据预计出资时限的不同风险系数进行测算；二是以出资时限最晚的年度为时点，分析当前年度至该时点数投资回收情况，结合上述两点分析与预测，ZTSJ集团预计投资回收金额略大于存量项目剩余出资义务，即不会对上述投资能力评价结果产生较大影响。

（三）风险矩阵在投资能力评价应用的分析

通过计算投资资产占用的加权风险资本，分析其与企业核心资本的比例关系，结合企业根据自身实际情况及风险偏好设置的控制性指标（ZTSJ集团设置为1.5倍），可得出企业在当前节点是否具有空间用于投资。但以该方法测算的剩余投资空间代表企业剩余核心资本，无法用准确数据衡量可用于投资的具体金额，但具有以下意义：

（1）揭示了风险资本与投资风险的关系。根据风险矩阵图可视化展示，投资风险与占用风险资本呈正相关关系，即投资风险越高，占用的企业风险资本越高。

（2）数据量化存量投资项目风险。通过单个投资项目计算其占用的加权风险资本，可通过数据量化展示不同项目的风险程度，督促相关主责单位加强事前防范、事中控制等措施，提前化解、减弱投资回收风险。

（3）加强投资风险源头防范。ZTSJ集团在风险矩阵图中列示了影响投资回收安全的四项维度、多个分项指标及其风险系数，可视化地展示了各种风险因素及其影响程度，引导经营机构事前关注项目可能发生的风险，有效规避投资风险。

（4）为企业管理层提供项目决策支撑。当企业剩余核心资本不足时，管理层须谨慎对拟参与投资项目进行决策。不考虑项目本身经济效益及市场占领等因素，仅从投资回收安全角度处罚，可利用风险矩阵图测算不同项目对企业风险资本的占用，为决策行为提供可靠、量化数据支撑。

七、结论与不足

（一）结论

研究表明，风险矩阵在建筑施工企业评价投资能力的应用中具有显著成效：一是为企业分析投资能力提供了量化测算标准；二是向企业决策层、管理层提供了可视化的风险矩阵图；三是有利于规避投资事前风险、防范及化解投资项目事中风险。ZTSJ集团为同行业企业评价自身投资承受能力提供了有效的模型参考，有助于其他同类企业防范"投资过度"风险。

（二）存在的不足

（1）风险矩阵的指标选取、系数设定存在主观判断因素。一方面，企业需要对投资风险相关重要性等级标准、风险发生可能性、后果严重程度等作出主观判断，可能影响使用的准确性；另一方面，应用风险矩阵所确定的风险重要性等级是通过相互比较确定的，因而无法将列示的个别风险重要性等级通过数学运算得到总体风险的重要性等级。

（2）未考虑其他监管指标对投资能力评价的影响。基于风险资本维度的投资能力测算仅分析了各项投资业务形成资产风险与核心资本之间的对应关系；但对建筑施工企业（尤其是建筑类施工央企）另外两项监管指标未予以考虑：第一，资产负债率指标。国务院国资委对各中央企业下达了资产负债率压降预算目标，中央企业集团也将资产负债率作为各二级企业考核兑现的"否决性指标"。从投资业务实施情况分析，参股投资行为一般不会推高集团合并层面资产负债率，但如需纳入"表内"核算，在股权投资与标的公司实收资本抵销后，必然推高资产负债率。第二，资产流动性要求。大部分地方业主对参与投标的建筑类企业有"营运资金"指标要求，即流动资产－流动负债>0；如因大量实施投资项目，导致流动资产（货币资金）大幅下降（变为非流动资产），进而可能影响企业正常经营投标工作。如何将资产负债率、营运资金两项指标纳入投资能力测算模型是下一步需继续研究的重点工作。

（中铁四局集团有限公司　王天军　李　峰　赵纯斌

李中元　余洋洋　朱文超　叶　健）

管理会计工具在建筑施工企业风险管理中的作用研究

【摘要】本文介绍了管理会计工具在建筑施工企业风险管理中的作用。案例单位是中铁七局集团郑州工程有限公司。在前期调研中发现，建筑施工企业由于自身业务的复杂性和不确定性导致其在风险管理中普遍存在风险管理内部环境建设不到位、风险识别存在片面性、风险评估体系单一等问题，影响企业经营成本、绩效考核和产值任务的完成。提高风险管理效率，保持良好的财务健康状况，增强企业的竞争力和可持续发展能力，本案例公司结合 COSO-ERM 模型，对案例公司在日常经营活动风险进行了剖析。通过采用风险矩阵的方法，有效识别企业所面临的环境风险、财务风险、业主风险、项目风险等各类风险，并采用风险矩阵图直观清晰地量化各类风险等级，进一步根据不同的风险点和风险等级制定差异化的风险管理策略。案例公司通过健全全面风险治理体系和风险监测系统，进行风险管理信息系统建设，营造全面风险管理文化等手段，加强企业风险治理，优化公司的风险管理结构，提高管理效率和效能，降低战略风险，从而保护企业利益和价值。

一、背景描述

（一）企业基本情况

A 公司是中国中铁股份有限公司旗下的一家全资子公司，成立于 1953 年。公司总部位于郑州市，是一家以铁路工程建设为主的大型企业。公司具备住房和城乡建设部颁发的铁路工程、公路工程施工总承包一级资质，拥有多项工程施工和设计专业承包资质一级资质。具备承建铁路、地铁、桥梁、隧道、公路等各类交通基础设施工程的能力。

公司资产总值达到 50 亿元以上，年生产能力百亿元以上。现有员工 2 318 名，其中各类专业技术人员 1 618 名，技术工人 700 名，具有中、高级以上技术职称的780 名，428 人取得了国家一级注册建造师、一级注册结构师、注册造价师等执业资格证书。目前公司主要从事铁路、公路、市政、房建、城市轨道交通、水利水电、城市综合开发等领域施工。主营业务占比如图 1 所示。

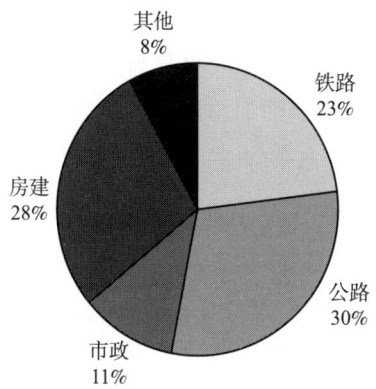

图1 A公司主营业务收入占比

A公司采用项目制管理，目前在建项目71个、尾工项目137个。公司始终以奉献精品、服务社会为己任，秉承"求真务实、开拓创新、诚信守法、团结奉献"的企业精神和"发展为本、效益至上、回馈员工、贡献社会"的经营理念，坚持体制创新和机制创新，面对新形势，抓住新机遇，深化改革，加快发展。

（二）风险管理现状分析

1. 风险管理内部环境建设不到位

A公司下设内部审计部门、法律合规部门、纪委监察部门作为风险管理的主要实施部门，但多部门领导对于风险管理工作的开展带来了考验。由于是平行部门设计，不管是风险管理目标的制定、风险策略的制定还是后期的监督控制优化都仅仅在各个业务部门内部开展。各部门按照自身需求进行风险管理计划的制定落实，不利于企业整体风险管理工作的开展，难以形成统一有效的风险管理效果。此外员工对于企业的风险管理组织体系并不了解，组织体系有待进一步优化。

2. 风险识别存在片面性

风险识别是企业风险管理的最关键步骤。提前识别并做好准备能够有效提高企业风险管理的效率。A公司此前风险识别采用的是PEST分析方法来进行，虽然对于企业面临的外部风险有了比较全面的认识，但是方法具有普适性，识别的风险缺乏针对性。A公司所处行业为建筑施工业，资金体量巨大，其资金风险应重点关注。但由于A公司为中国中铁下属全资子公司，受内部规定，难以通过二级市场进行融资，其资金来自上级母公司拨款和项目工程款，资金来源渠道较为单一，这可能会限制企业在实施战略和采取决策时的灵活性，在风险识别需特别关注。

3. 风险评估体系单一

就A公司而言，前期评价风险影响程度主要看风险发生后，对公司利润等主要财务指标的影响，但是风险的评价不能单一只考虑这一方面，还需考虑公司的市场开发经营、经营性净现金流、可持续发展能力、社会效应和内部成长提升等多个方面。从多角度设计风险评估体系能够使评估效果更为全面、客观。从评估主体来看，评估以部门内部评估为主，缺乏公司层面的总体风险评估。

4. 风险管理没有纳入公司绩效考核

在具体的风险管理的过程中，企业并未将风险管理纳入绩效考核，未将风险管理和公司业绩二者结合。员工的绩效考核主要以具体的项目进度、财务指标为主，缺乏风险管理等指标的考核。由于缺乏相应的激励机制，难以提高员工风险管理的积极性，从而导致企业风险管理效果不佳。

（三）建筑施工企业风险管理的必要性

建筑施工企业面临各种风险：技术风险、财务风险、安全风险、项目风险等。首先，建筑施工项目本身具有复杂性和不确定性，包括工期延误、成本超支、设计变更等。风险管理能够帮助企业识别、评估和控制这些项目风险，制定相应的控制策略，从而降低项目失败或损失的概率，并确保项目能够在预算限制下准时交付。其次，建筑施工现场涉及许多安全风险，如高处作业、电气事故、意外伤害等。风险管理有助于提前预防和控制这些安全风险，建立安全管理体系和标准操作程序，确保施工过程中员工和相关方的安全与健康。另外，建筑施工企业需要大量的资金来支持项目施工，而现金流的不足或管理不善可能导致项目停滞或中断。风险管理可以帮助企业管理和优化资金流，规避资金风险，保持良好的财务状况，确保项目持续建设。通过全面风险管理能够帮助企业识别和评估这些风险，并采取适当的措施进行管理和控制，减少项目停滞的可能性，确保项目按时交付，从而保护企业的利益、提高项目成功率，并增强企业的竞争力和可持续发展能力。

二、总体设计

（一）企业风险管理目标

风险管理旨在保护企业的利益和价值，防止或减少可能给企业带来损失或不利影响的风险事件的发生。通过合理的风险规避、转移或减轻策略，保护企业的财务和声誉。A 公司属于建筑施工企业，其风险管理的目标主要有：

1. 实现最大效益与风险承受度的平衡

实现最大效益与风险承受度的平衡意味着在追求盈利和成功的同时，考虑和管理组织所面临的风险。这种平衡的目标是确保组织能够最大限度地获得利益和回报，同时在风险控制的范围内保持可持续发展和稳定性。平衡效益和风险承受度通常需要进行折中和权衡，以确保即使在面临不确定性和风险的情况下，组织仍能够实现其长期目标并保持良好的财务和业务状况，在工程项目全过程推进精细化项目管理理念、提高项目风险意识，在实施中获得最高项目效益，树立企业信誉。

2. 全过程风险管理

全过程风险管理的目标是使组织能够有计划地处理各种风险，确保项目或组织在不确定的环境中取得成功并保持可持续发展。它强调风险管理的积极性，鼓励早期介入和前瞻性处理潜在风险，以避免或减少风险对项目或组织的不利影响。通过对项目的全过程建立风险识别、风险评估、风险应对与处置、监控以及涵盖风险信息沟通与编报，形成完整风险管理体系和风险控制方法，并通过实施使其不断改进与完善，在实践中提高工程项目风险管理和整体项目管理水平。

3. 培养核心管理人员

核心管理人员通常是组织中关键岗位的管理者，对组织的战略目标和运营有重要影响力。培养核心管理人员意味着组织致力于培养和发展那些具有潜力、能力和经验的管理者，使他们能够胜任重要的管理职位并为组织的成功作出贡献。通过培养核心管理人员，组织可以有效地培养出一支具备领导能力、适应变化、实现组织目标的管理团队。这不仅对于组织的长远发展至关重要，也有助于保持组织的竞争力和适应性。

（二）企业风险管理总体思路

A 公司进行全面风险管理的思路是将风险视为组织管理的整体问题，采取综合性、预见性和分级管理的方法，以综合考虑成本效益和持续改进的原则，全面识别、评估、应对和监测组织所面临的各种风险（见图 2）。

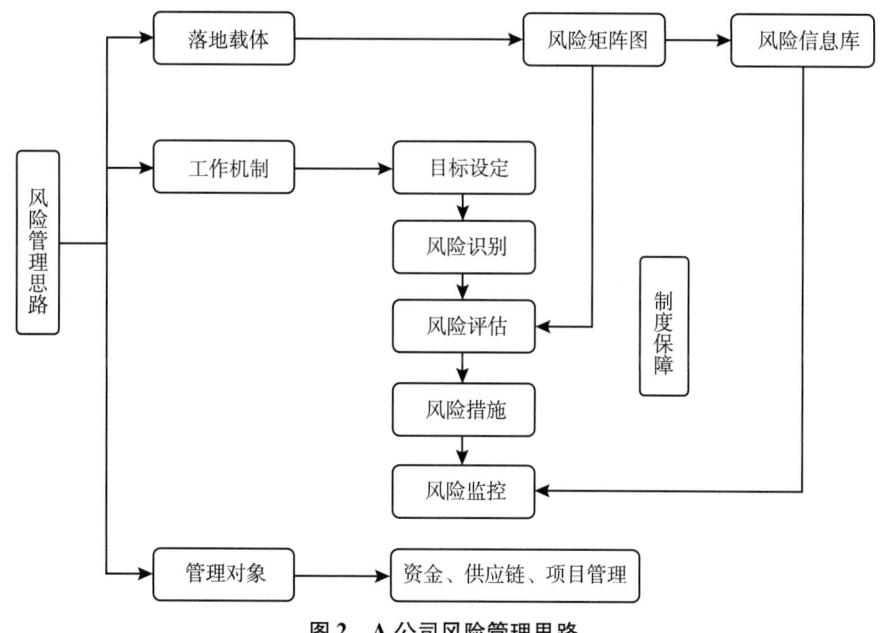

图 2　A 公司风险管理思路

具体包括以下五个方面：

（1）风险识别。识别并理解可能影响建筑施工企业的各种风险，包括市场环境、政策、财务、业主、技术等方面的风险。可以通过风险清单、经验教训总结、专家访谈等方法来识别风险。

（2）风险评估。对已识别的风险进行评估，包括评估风险的概率、影响程度和优先级。可以采用风险矩阵图的方法来评估风险，以便更好地理解其重要性和潜在影响。

（3）制定风险应对策略。根据风险评估结果，制定相应的风险应对策略。策略可以包括风险规避、风险转移、风险减轻和风险承担等方面的措施。不同风险需要采取不同的应对策略，综合考虑成本、效益和可行性。

（4）风险监测与反馈。建立风险监测与反馈机制，及时收集和分析风险信息，并进行反馈与调整。通过定期风险报告和风险评估会议等方式，对风险管理工作进行监测和评估，及时发现和应对新出现的风险。

（5）持续改进。建立持续改进机制，对风险管理工作进行定期评估和改进。通过总结经验教训、学习行业最佳实践、引入新的风险管理工具和技术等方式，不断完善和提升风险管理的效能。

（三）风险识别控制方法

风险矩阵图是一种用于可视化和分析风险的概率和影响的工具。它是通过将风险概率和影响程度映射到二维平面上的矩阵图来表示不同风险的类型和级别。风险概率指的是发生某个风险事件的可能性，通常以百分比或概率值表示。影响程度则表示该风险事件对项目、组织或业务产生的影响，可以是财务损失、生产中断、声誉受损等。风险概率和影响程度可以根据实际情况进行主观评估或基于历史数据和统计信息进行量化评估。风险矩阵图的目的是帮助评估和优先处理不同风险的重要性。不仅可以展示风险等级，还可以运用在风险评价和沟通报告环节。

三、应用过程

（一）组织架构及管理部门

A公司内部组织架构主要由管理层、职能部门及各项目部构成，下辖商务部、财务部、人力资源部、法规部、工程管理中心、物资部、审计部等12个职能部门，如图3所示。

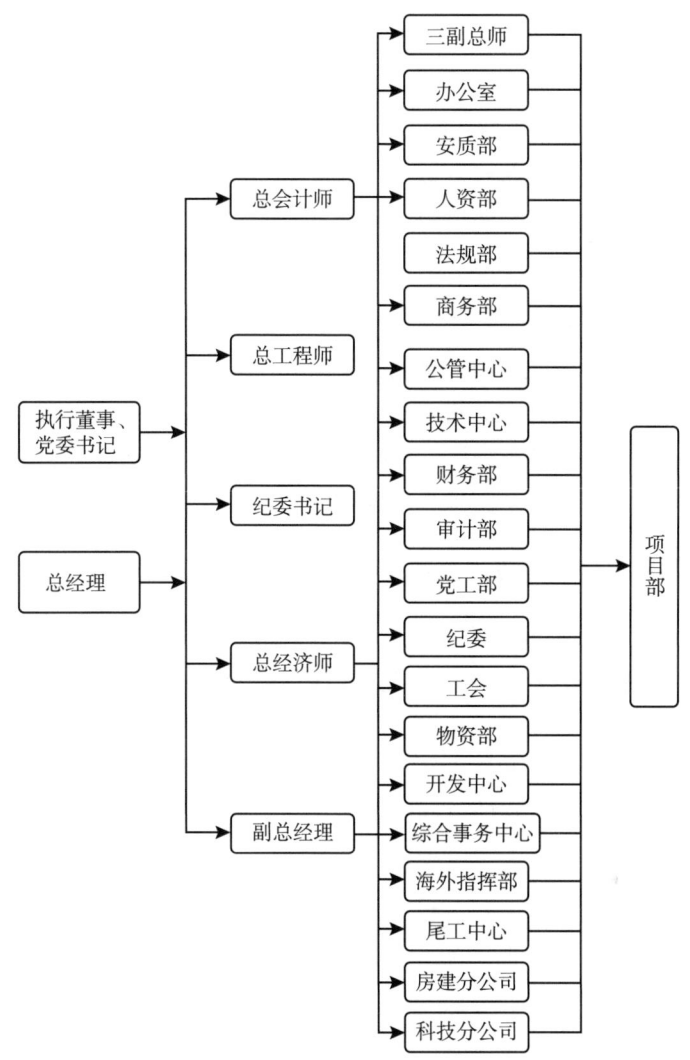

图3　A公司组织结构

　　A公司专门成立风险控制工作小组，工作小组由单位领导班子及各部门组成，具体牵头部门的主要是审计部、法规部和财务部，负责整体风险管理和制定风险控制策略。法规部负责制定和维护内部控制制度，确保组织的业务运作符合内部政策、法规和合规要求。职能部门如商务部、工管中心、人力资源部等，需要配合风险控制小组共同识别、评估并采取相应的风险控制措施。内部审计部门作为独立的审核部门，负责审计和评估组织内部控制和风险管理的有效性。在风险控制的过程中，牵头部门负责整体协调和推动风险管理工作，配合部门负责在各自职责范围内配合并执行相应风险控制措施。牵头部门与配合部门合作，共同识别潜在风险，评估风险的影响和优先级，并制定相应的风险控制策略和措施，这种合作和协同有助于确保组织有效应对风险，并最大限度地减少负面影响。

（二）工作部署

1. 培训骨干，做好人才储备

A 公司先后聘请国内知名专家多次对有关部门人员进行风险管理的培训讲座，并选派骨干人员到股份内优秀三级公司对标学习。公司还建立了内部定期培训制度，年累计培训 600 余次，为员工学习提供了渠道。

2. 广泛调研，确定研究方法

设定风险管理目标后，在前期培训的基础上，A 公司组织人员广泛讨论论证公司风险管理问题以及框架设计。分析常见的风险管理工具，如风险矩阵、风险等级册、SWOT 分析、Monte Carlo 模拟分析、AHP 层次分析法等，方法各有利弊。最后经比较选择用风险矩阵图，以直观清晰地表示各类风险。

（三）具体应用模式和应用流程

2018 年，我国财政部发布的《管理会计应用指引第 700 号——风险管理》指出，风险是指对企业的战略与经营目标实现产生影响的不确定性。A 公司涉及的业务很广，有铁路工程建设、公路工程建设、房屋建设、路桥等，企业需要全面识别和评估各种风险的概率、影响程度和优先级。通过深入了解风险的性质和可能带来的影响，以更准确地评估潜在回报与风险之间的关系。

1. 风险识别

风险管理的第一步就是进行风险识别。在前期充分调研收集资料的基础上，A 公司将对现有风险进行整理归类，将风险分类为一级风险并拆分相对应的二级风险，划分不同类别风险的责任主体。按照《中央企业全面风险管理指引》的要求，建立包括环境风险、财务风险、业主风险、项目风险、技术风险和管理风险在内的 6 个一级指标层。

（1）环境风险。

①政策风险。建筑业施工企业的发展与国家建设投资结构和规模密切相关，国家产业结构的调整对建筑业的需求会产生直接影响，同时也可能影响企业主营业务的拓展。政府对基础设施建设的规划和投资决策会直接影响建筑施工企业的市场机会和项目需求。政策调整涉及用地规划、环保要求、建筑标准等方面，可能会增加企业的成本，甚至取消或推迟项目。

②市场风险。受行业生命周期的影响，建筑施工行业的发展也呈现着一定的周期性，目前我国铁路公路建设路网已基本成熟，行业处于成熟期，未来增长空间尚难以确定。加之建筑市场的需求受多种因素影响，如宏观经济形势、政府政策、人口变化等。不确定的市场需求可能导致项目订单不稳定，建筑施工企业难以预测和规划业务。

③通货膨胀风险。通货膨胀风险指的是经济中货币流通供应量增加，导致货币贬值，物价普遍上涨的一种风险。它是指购买力下降，企业成本上升，投资回报率下降，债务负担加重等潜在风险。当通货膨胀风险增加时，物价上涨、建筑施工企业成本增加，人员工资上涨，势必会增加施工企业的成本从而降低利润，影响企业正常经营。

（2）财务风险。

①现金流风险。现金流风险是指企业在经营过程中，由于资金流动的不稳定性和不可预见的因素，导致现金流量出现短缺或不足以满足日常运营需求的风险。A公司在建项目71个，产值百亿元以上，项目工期多为3年以上，资金回收期较长，且部分工程项目业主拨款滞后，经常出现垫资施工的情况，企业现金流压力较大，对项目进展造成不利影响。工程项目常常受到各种不可控因素的影响，如极端天气、人力资源、工程变更等。若项目进度延迟，企业可能无法按计划收取进度款，导致现金流紧张。工程项目初期需要大量垫资购买原材料、支付劳务费用、租赁设备等，业主因验工计价规则，建设资金多于项目建设中期或竣工后拨付，建设期资金缺口较大导致现金流风险。通过对A公司的现金流量表分析，结合其他财务数据比较发现，A公司目前筹资渠道较为单一，近年来受到外部环境变化的影响，特别是疫情影响，垫资能力较差，需要强化企业现金流管理。

②税务风险。税务风险是指企业在纳税过程中可能面临的各种不利影响和潜在的财务风险。税务风险可能来自税法的变化、税收监管机构的审查、企业自身的税务管理等方面。A公司在生产经营过程中，在2022年开展的涉税风险自查自纠工作，共发现税务风险3项。由于A公司日常业务量大、往来单位多、业务流程复杂，涉及的现金流、合同流、发票流中任何一个环节的舞弊行为，都会使企业产生巨大的税务风险。

（3）业主风险。

业主风险是企业的外部风险之一，建筑施工企业和业主作为工程承包合同的双方，来自业主的风险贯穿项目的始终。具体体现在以下几个方面：

①信誉风险。一般来说，业主的资金实力与信誉度会影响到其合同履约能力。虽然在施工合同中明确了业主应当按照施工进度及关键施工节点付款。现实中，普遍存在业主延迟支付影响工程施工进度。对于企业来说虽然可以找业主索赔，但是为了后期保持良好的合作关系，一般选择自己承担风险。目前A公司的主要业主方来自于政府机关、事业单位、国有企业等，这些单位普遍具有较强实力及较好信誉，但是由于近年来政府支出的不断规范，使得这些业主单位在具体重要节点付款的时候更加慎重。

②延迟付款风险。建筑施工企业在接到项目的时候会先垫付一部分资金用于进场前的材料采购、人员配备、资产设备配置等。若垫资过多又同时面临着业主延迟付款，对于企业来说就会产生巨大的运营风险，不仅使企业资金周转紧张，直接影响企

业的效益；甚至出现拖欠工资，造成工人队伍不稳定及人才的流失。

③外部协作风险。工程项目牵涉面广，协作关系复杂，如各类审批手续的办理、征地拆迁需要政府和业主协调等。很多工程在进行的过程中由于协作单位的工作不到位，造成工期延误，工人误工，严重影响到合同目标的实现。

（4）项目风险。

①投标风险。项目招投标是建筑施工企业获取工程的主要途径，是企业风险把控的起点。在这一过程中，企业必须要提前做好调研，了解项目背景及业主背景资料，做好风险把控。这类风险通常表现为：

市场竞争风险：市场竞争激烈，同行业的竞争对手众多，导致项目中投标的企业数量较多，增加了获得项目的难度和成功率。

信息不对称风险：在投标阶段，企业可能无法获得完整、准确的项目信息，或者某些信息被其他竞争对手所掌握，从而影响企业的投标策略和准确性。

投标成本风险：投标准备和参与投标所需的费用及成本相对较高，若最终没有中标，则产生的成本将无法收回，对企业的财务状况产生不良影响。

预算风险：由于投标阶段只有有限的信息，可能无法准确评估项目的成本和风险，导致投标价格偏低或偏高，影响中标概率以及后续项目的盈利能力。

②监理风险。监理风险是指建筑施工过程中，由于监理人员的行为或监理机构的不当操作，导致施工项目的质量、安全、进度等方面出现问题，从而产生的经营风险。监理人员在施工现场应对施工质量进行监督和检查，但如果监理人员对施工质量的检查不严谨或不及时，或监理机构的专业能力不足，可能导致施工质量问题，进而引发工程质量纠纷和法律责任。有部分监理工程师或由于水平低或由于工作效率低，存在有意拖延支付或减扣的行为，导致施工方需要承担项目风险。

③安全风险。建筑施工企业面临多种安全风险，这些风险涉及工人的人身安全、现场设备的安全性以及环境的安全性。工人的人身安全风险主要是在建筑现场工人可能暴露在高处作业、施工机械操作、危险化学品接触等潜在的危险环境中。不正确的操作、安全意识不足、个人保护措施不当都可能导致工伤事故和人身伤害。施工设备的安全风险是指建筑施工过程中使用的大型机械设备、起重设备、施工工具等存在安全风险。设备操作不当、设备维护不到位、设备故障等可能导致事故发生，造成人员伤亡和财产损失。施工现场的安全风险是指建筑施工现场通常存在各种潜在的危险因素，如高空坠落风险、电气设备安全、消防安全、临时设施建设安全等。不合理的施工布局和管理不善可能导致事故发生，危及工人和现场的安全。安全事故的发生，会使施工企业面临停工整顿、罚款、降低资质等级、停止投标资格、吊销营业执照等处罚的风险。

④自然风险。建筑施工企业的作业环境多是在户外，受自然影响大，如台风、暴雨、洪水、地震等可能导致建筑施工项目的延迟、损坏或停工，也可能对项目质量和安全产生影响。恶劣天气情况下，施工现场可能出现安全隐患，如坍塌、水浸、地面

沉降、滑坡、岩石崩塌等可能对施工项目的安全和稳定性产生威胁。地下水位的变动也可能对基础设施的建设和土方工程产生不利影响。虽然这些风险发生的概率很小，但是一旦发生，造成的损失无法估计。即使这种风险损失由建筑施工企业和业主双方承担，但是建筑施工企业的风险也是极高的。

（5）技术风险。建筑施工企业在进行项目时，也面临着一系列技术风险，这些风险涉及技术操作、工程设计和施工过程中的技术问题。

①设计风险。建筑项目的设计是关键环节，包括结构设计、建筑设备设计等。设计不当、设计错误或设计缺陷可能导致工程质量问题、安全隐患以及工期延误等问题。

②新技术应用风险。建筑行业不断涌现新的施工技术和材料，虽然它们可能带来效率提升和质量改进，但如果在使用过程中缺乏了解和经验，也可能带来新的风险。施工企业需要进行充分的研究、测试和培训，以确保技术的正确应用。A公司作为行业内龙头企业中国中铁旗下的子公司，目前授权海外专利7项、国家发明28项、实用新型137项、外观设计5项，技术处于行业领先水平。

（6）管理风险。

①组织管理风险。A公司现有职工2 000多人，在建项目70余个，企业规模大、职工多、项目分布广，管理难度大。公司采用项目管理的方式，总部的管理触角并未完全延伸至项目部，出现问题和风险难以及时解决。

②人力资源管理风险。人员招聘、岗位培训、员工绩效管理等方面存在的问题可能导致人员素质和能力不匹配、员工流失、工作效率低下等问题。A公司虽然每年大量招聘新员工，但施工企业人员调动频繁，员工离职率高，依旧会出现人力资源不足的问题，容易出现运营风险。

③供应链管理风险。供应链管理风险是指与供应链相关的各个环节中可能发生的潜在风险和不确定性。主要有跨区域采购风险：建筑施工企业常常需要从不同地区采购材料和设备，需要提前运输中的损坏、丢失、延迟等可能导致物资无法按计划到达施工现场，影响施工进度和质量。物流风险：运输中的损坏、丢失、延迟等可能导致物资无法按计划到达施工现场，影响施工进度和质量。库存风险：过高的库存可能导致资金占用和存储成本增加，而过低的库存则可能导致物料不能及时供应，影响施工进度。

④合同风险。合同风险是指建筑施工企业与业主签订项目合同时，被业主利用签订了一些不利于建筑施工企业的条文，从而加大建筑施工企业的运营风险。施工企业与业主、供应商或其他相关方之间可能发生合同风险，如就合同履行、付款、质量等方面存在分歧和纠纷。合同争议可能导致诉讼或仲裁，并对企业的声誉和经济造成负面影响。此外，由于项目需求或其他原因，合同可能需要进行修改或变更，变更合同可能会带来额外的费用、工期延误或其他不确定性，施工企业也需要谨慎处理，并与业主协商达成一致。

根据以上分析建立 A 公司风险清单如表 1 所示。

表 1　　　　　　　　　　　　　A 公司风险清单

一级风险	风险点	风险描述	编号
环境风险	市场风险	市场竞争加剧	A1
	政策风险	国家产业结构的调整	A2
		政府干预及监督	A3
	通货膨胀风险	温和通货膨胀	A4
财务风险	资金风险	资金回收期长	B1
	税务风险	纳税项目核算多	B2
	现金流风险	筹资渠道单一，借款利率高	B3
业主风险	业主信誉风险	业主延迟付款	C1
	垫资风险	前期垫资过多	C2
	外部协调风险	业主协调能力不足	C3
项目风险	投标风险	市场竞争激烈，信息不对称	D1
		投标沉没成本	D2
		投标预算估计不足	D3
	监理风险	监理人员专业能力不足	D4
		监理人员职业道德风险	D5
	安全风险	工人的人身安全性	D6
		现场设备的安全性	D7
		施工环境的安全性	D8
	自然风险	台风等自然灾害误工	D9
技术风险	设计风险	设计不当或设计缺陷	E1
	新技术应用风险	新技术缺乏了解	E2
管理风险	组织管理风险	在建项目多、管理难度大	F1
		项目经理权力较大	F2
	人力资源管理风险	人手不足、调动频繁	F3
	供应链管理风险	跨区域采购风险	F4
		物流风险	F5
		库存风险	F6
	合同风险	合同争议风险	F7
		合同变更风险	F8

2. 基于风险矩阵的风险评估

风险矩阵图将风险概率和影响程度在二维平面上进行对应排列，形成一个矩阵。矩阵的纵轴表示风险概率，横轴表示风险影响程度。矩阵的每个单元格代表一个特定范围内的风险水平。根据风险的具体概率和影响程度，可以确定相应的风险级别，并采取相应的措施进行应对。其中，重大、较大、中等、较小和可忽略为风险影响程度的等级划分，基本不可能、较小、可能、较大、极可能为风险发生的概率等级划分，在每一个等级之间设定赋值数，具体标准如表2和表3所示。

表2 风险影响程度等级解释表

影响程度等级	风险影响程度代码	风险影响程度赋值
可忽略	a_1	1
较小	a_2	2
中等	a_3	3
较大	a_4	4
重大	a_5	5

表3 风险发生概率标准

风险发生概率	风险发生概率代码	风险发生概率赋值
基本不可能发生	b_1	1
较小可能发生	b_2	2
可能发生	b_3	3
较大可能发生	b_4	4
极大可能发生	b_5	5

为了将每一个风险因素进行准确的等级排序，对企业的322名员工及30名外部专家发放调查问卷，参与调查的人员依靠自身的职业敏感性对照表2、表3内容对以上风险发生概率及影响程度进行打分。结果如表4所示。

表4 风险影响程度等级结果及发生概率结果

一级风险	风险点	风险描述	编号	影响打分	影响等级	概率打分	概率等级
环境风险	市场风险	市场竞争加剧	A1	3.1	中等	3.2	可能发生
	政策风险	国家产业结构的调整	A2	2.4	较小	3.5	可能发生
		政府干预及监督	A3	2.6	较小	3.0	可能发生
	通货膨胀风险	温和通货膨胀	A4	0.7	可忽略	4.3	极大可能发生
财务风险	资金风险	资金回收期长	B1	3.6	中等	4.1	较大可能发生
	税务风险	纳税项目核算多	B2	3.8	较大	4.3	极大可能发生
	现金流风险	筹资渠道单一	B3	4.5	重大	4.4	极大可能发生
业主风险	业主信誉风险	业主延迟付款	C1	4.3	较大	3.9	较大可能发生
	垫资风险	前期垫资过多	C2	4.1	较大	4.1	较大可能发生
	外部协调风险	业主协调能力不足	C3	1.2	可忽略	2.7	可能发生
项目风险	投标风险	市场竞争激烈，信息不对称	D1	2.9	较小	2.4	较小可能发生
		投标沉没成本	D2	1.0	可忽略	1.5	基本不可能发生
		投标预算估计不足	D3	0.9	可忽略	1.0	基本不可能发生
	监理风险	监理人员专业能力不足	D4	2.7	较小	2.8	可能发生
		监理人员职业道德风险	D5	2.6	较小	1.2	基本不可能发生
	安全风险	工人的人身安全性	D6	2.3	较小	3.1	可能发生
		现场设备的安全性	D7	3.1	中等	2.5	较小可能发生
		施工环境的安全性	D8	3.0	中等	2.8	较小可能发生
	自然风险	台风等自然灾害误工	D9	4.0	较大	2.0	较小可能发生
技术风险	设计风险	设计不当或设计缺陷	E1	1.0	可忽略	0.5	基本不可能发生
	新技术应用风险	新技术缺乏了解	E2	0.5	可忽略	0.6	基本不可能发生
管理风险	组织管理风险	在建项目多、管理难度大	F1	4.4	重大	3.9	可能发生
		项目经理权力较大	F2	3.7	较大	3.4	可能发生
	人力资源风险	人手不足、调动频繁	F3	3.0	中等	3.3	可能发生
	供应链管理风险	跨区域采购风险	F4	3.3	中等	2.1	较小可能发生
		物流风险	F5	2.1	较小	2.0	较小可能发生
		库存风险	F6	2.5	较小	2.2	较小可能发生
	合同风险	合同争议风险	F7	1.7	可忽略	1.3	基本不可能发生
		合同变更风险	F8	1.5	可忽略	1.4	基本不可能发生

　　风险值是风险影响程度和发生概率等级评分的乘积，风险值越高，其重要性等级就越高。

　　风险值的计算公式为：$\sum a_n \times b_n$

　　其中，$a_n(n=1，2，\cdots，5)$ 表示风险发生程度；$b_n(n=1，2，\cdots，5)$ 表示风险影响概率；n 为风险个数。参照表5风险等级标准，确定风险等级统计结果，如表6所示。

表5　　　　　　　　　　　　　　风险等级标准

一级风险	风险点	风险描述	编号	风险影响	风险概率	风险值	风险等级
环境风险	市场风险	市场竞争加剧	A1	3.1	3.1	9.92	中等风险
	政策风险	国家产业结构的调整	A2	2.4	3.5	8.4	中等风险
		政府干预及监督	A3	2.6	3.0	7.8	中等风险
	通货膨胀风险	温和通货膨胀	A4	0.7	4.3	3.01	低风险
财务风险	资金风险	资金回收期长	B1	3.6	4.1	14.76	高风险
	税务风险	纳税项目核算多	B2	3.8	4.3	16.34	高风险
	现金流风险	筹资渠道单一	B3	4.5	4.4	19.8	高风险
业主风险	业主信誉风险	业主延迟付款	C1	4.3	3.9	16.77	高风险
	垫资风险	前期垫资过多	C2	4.1	4.1	16.81	高风险
	外部协调风险	业主协调能力不足	C3	1.2	2.7	3.24	低风险
项目风险	投标风险	市场竞争激烈，信息不对称	D1	2.9	2.4	6.96	中等风险
		投标沉没成本	D2	1.0	1.5	1.5	低风险
		投标预算估计不足	D3	0.9	1.0	0.9	低风险
	监理风险	监理人员专业能力不足	D4	2.7	2.8	7.56	中等风险
		监理人员职业道德风险	D5	2.6	1.2	3.12	低风险
	安全风险	工人的人身安全性	D6	2.3	3.1	7.13	中等风险
		现场设备的安全性	D7	3.1	2.5	7.75	中等风险
		施工环境的安全性	D8	3.0	2.8	8.4	中等风险
	自然风险	台风等自然灾害误工	D9	4.0	2.0	8	中等风险
技术风险	设计风险	设计不当或设计缺陷	E1	1.0	0.5	0.5	低风险
	新技术应用风险	新技术缺乏了解	E2	0.5	0.6	0.3	低风险

续表

一级风险	风险点	风险描述	编号	风险影响	风险概率	风险值	风险等级
管理风险	组织管理风险	在建项目多、管理难度大	F1	4.4	3.9	17.16	高风险
		项目经理权力较大	F2	3.7	3.4	12.58	高风险
	人力资源管理风险	人手不足、调动频繁	F3	3.0	3.3	9.9	中等风险
	供应链管理风险	跨区域采购风险	F4	3.3	2.1	6.93	中等风险
		物流风险	F5	2.1	2.0	4.2	低风险
		库存风险	F6	2.5	2.2	5.5	中等风险
	合同风险	合同争议风险	F7	1.7	1.3	2.21	低风险
		合同变更风险	F8	1.5	1.4	2.1	低风险

表6　　　　　　　　　　　　　　　风险等级统计结果

风险等级	风险值范围	管理措施
低风险	0～4	适度接受，同时进行监控管理
中等风险	4～9	不希望发生，同时进行决策管理
高风险	9～25	无法接受，同时立即采取措施

结合表5中的评估数据，根据各个风险坐标具体数值分别进行描点，以此为基础来完成风险矩阵图的制作。风险矩阵图如图4所示。

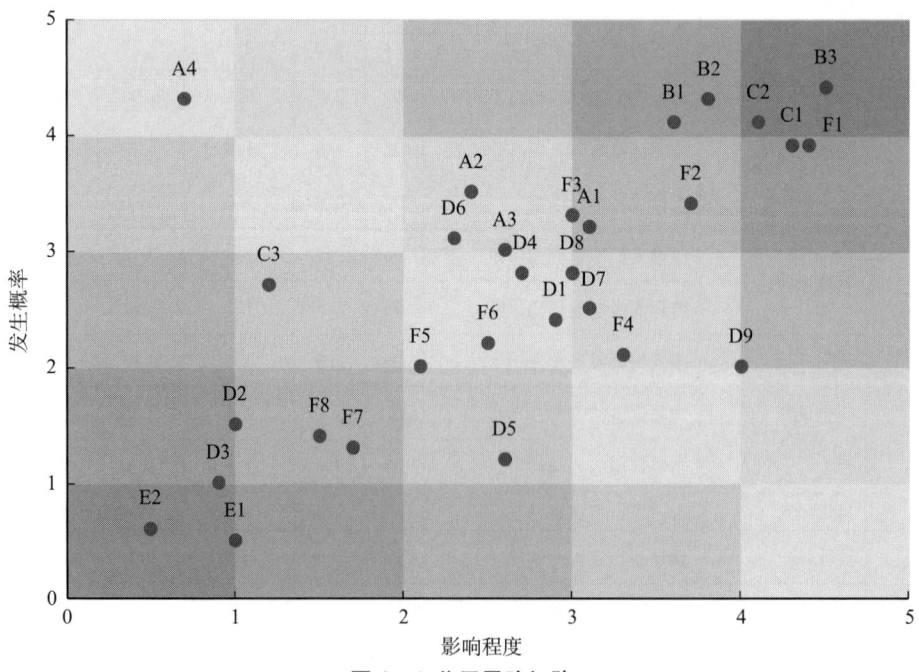

图4　A公司风险矩阵

3. 风险对策

通过对 A 公司的风险进行量化评估，整理出来上述环境风险、财务风险、业主风险、项目风险、技术风险和管理风险六大一级风险等级以及其下二级风险等级。从风险矩阵图中可以直观地看出哪些风险是企业亟须解决的风险，并以此为依据针对不同的风险点和风险等级制定差异化的风险管理策略，优化公司的风险管理结构。其中对严重程度高、发生可能性大的风险应当选择尽可能规避，防止风险的发生；对于严重程度或发生概率加大但程度稍轻的风险，即发生概率损失程度一般的，可以通过风险转移的形式予以应对；对于损失程度较重但发生可能性较低或者发生可能性高但损失较小的风险要加强风险管理，将风险发生可能扼杀在萌芽之中；对于严重性和可能性都较低的风险，企业在风险管理中为了经济性考虑，可以采取承受的做法。

（1）高风险点的控制对策。财务风险是 A 公司风险等级最高的风险，针对该类风险公司可以采取风险规避、风险对冲的控制策略。财务资金是公司的血液，保障公司正常运转。面对巨大的资金压力，A 公司主要采用以下措施控制财务风险，强化资金统筹管理：一是强化公司金融风险防控能力。建立风险监测预警机制，定期排查兑付风险，严控期限错配，做好刚性债务按期兑付工作；准确设定风险阈值，严防金融工具的过度使用，确保不发生系统性金融风险。二是积极开拓合作通道，加强与金融机构的合作，结合公司的经营需求寻找适合的融资渠道和方式，不断储备优质金融资源。三是严格控制资金使用风险，将有限的金融资源使用在周转效率更高的地方。确保有收益、短期内有资金回流项目的资金使用；尽量满足短期内有资金回流项目的资金使用；适度保障资金回流期限适中项目的资金使用；慎重控制资金回流期限较长项目的资金使用；严格控制无资金回流项目的资金使用。四是强力推进项目现金流自平衡管理工作。通过新开项目及部分在建项目的现金流正向流动，隔离资金正常项目和非正常项目，逐步化解补窟窿、挖墙脚导致项目资金异常的不利局面。

作为建筑施工行业的承包商或供应商，规避业主风险以保护自身利益并确保项目的顺利进行是非常重要的。企业通过与业主签订详细、清晰、有法律效力的合同，明确项目范围、工期、支付条件、变更管理等关键事项。合同应遵守当地法律法规，并与业主共同审查和确认。为避免业主延迟付款，要合理管理项目的资金流动，建立有效的收款机制，确保及时收到款项，并支付合规的费用。同时，密切关注项目的财务状况，预防潜在的支付风险。此外，要与业主保持良好的沟通和协商，及时沟通项目进展、变更和重大事项。解决问题时，遵循适当的沟通渠道和程序，确保双方的权益得到充分保障。

（2）中等风险点的控制对策。管理风险中组织管理的风险较大，A 公司主要采用以下措施控制财务风险：一是通过建立良好的内外部沟通机制，确保关键决策和信息能够及时传达给相关人员，减少误解和信息不对称风险，促进团队信息交流和合作。二是建立有效的项目管理体系，包括制定项目计划、监控和控制项目进展、核实结果等，确保项目能够按时、按预算和按质量要求交付。三是优化供应链规避风险。与供应商和合作伙伴建立稳定的合作关系，并进行供应链风险评估，确保供应链的可靠性和可持续性，减少因供应链中断而导致的风险。此外建立尽职调查和审查机制，对和组织有业务关系的供应商、合作伙伴和承包商进行可靠性评估。选择和合作信誉良好、经验丰富并符合规定的业务伙伴，以降低风险。

在项目风险方面，对于施工企业来说安全风险应重点关注。A公司一方面建立明确安全政策和程序，包括工作场所安全、个人防护装备使用、机械设备操作规范等，以确保施工过程中的所有工作都有合适的安全规范和执行步骤。另一方面建立定期的安全检查机制，对施工现场进行全面的安全审核和评估，及时发现和解决可能存在的安全隐患和问题，确保施工现场的安全环境。还应建立健全的安全监控和报告机制，鼓励员工积极报告潜在的安全隐患和事故，及时调查和处理事故，并采取纠正措施。

（3）低风险点的控制对策。环境风险对于A公司经营发展并没有显著影响，但也需要实时关注整体环境态势，对宏观政策、社会条件变化进行把握和分析，合理运用风险分担和风险接受的策略应对环境风险。及时关注政策信息，对于自身无法改变的政治经济政策，可以积极采取风险降低或接受策略控制政策变化带来的风险。

技术风险在A公司中风险等级较低，可以采用风险分担、风险规避的策略来控制。

4. 风险监测与控制

（1）健全风险管理治理体系。

①建立跨部门协调组织。为进一步强化企业全面风险管理，解决在风险管理中企业内部环境建设不到位的问题。A公司专门成立风险控制工作小组，工作小组由公司领导班子及各部门组成，主要职责是充分了解公司战略、业务及可能风险情况，坚持独立、客观、专业的原则，制定企业整体风险目标，并从各个领域对公司的风险管理建设提出专业建议。

在风险管理实施阶段，原有的平行部门组织设计，使不管是在风险管理目标的制定、风险策略的制定还是后期的监督控制，风险管理都仅仅在各个业务部门内部开展。建立跨部门协调机制确保所有相关部门明确共同风险控制目标，并为每个部门分配清晰的角色和责任，明确各部门之间的依赖关系和工作流程。通过创建有效的沟通渠道，如定期会议、沟通平台、跨部门邮件和实时协作工具等，使各部门能够及时、清晰地交流信息和共享进展。

②引入外部专家咨询。外部专家通常具备丰富的行业知识和经验，可以为建筑施工企业提供专业的指导和建议。他们可以根据自身专长和经验，在现有工作流程上进行梳理优化，并在每个环节中加强对可能遇到各类风险及其影响识别分析应对，帮助企业解决技术、管理和风险等方面的问题。外部专家咨询的独立视角和专业洞察力可以帮助企业识别和评估潜在的问题和风险，帮助企业及时采取措施，减少可能的风险和损失，减轻企业内部的工作负荷，节约时间和资源。

③健全公司监察体系。通过健全监察体系，公司能够及时发现和纠正违规行为，确保公司的正当经营和长期发展。一是明确各层级和部门在监督检查方面的职责、权限和流程，落实制度执行，严格按照监察目标、流程、节点等规定进行监督检查，加大监察力度，严肃查处形式主义现象。定期评估风险控制活动的有效性和成本效益，并根据监督结果及时采取纠正措施。二是通过培训、沟通、激励等方式，增强干部职工对于风险管理的意识和责任感，使其认识到风险管理对于实现战略和绩效的重要性。同时，更新监督检查方式和考评模式，使其与公司的战略目标、风险偏好和内外部环境相适应。三是加强公司内部审计，建立和完善先进的审计管理机制，并按照项目运营的前、中、后三个阶段进行全程审计监察，强化常规审计、不定期审计和管理审计，遏制违规现象。

（2）建立风险监测系统和流程。

风险监控需要一个完整流程，其中包括风险识别、风险分析、风险评估等，而且任何一个环节出现问题，都要及时向上级作出反馈。利用风险数据库进行相应数据信息调取，这样可以确保风险预警机制效用全面发挥出来。A公司利用风险矩阵法进行风险级别的判定，并将其作为预警级别设立的重要参考依据。各个部门根据具体数据等级，进行持续性监督，这样才能够确保真正做到及时发现问题，并采取有效措施使问题得到妥善处理。不仅如此，A公司还通过定期召开评审会议方式，了解财务风险发展状态。通过全员参与的风险监测，才能够达到良好的风险控制效果。

（3）进行风险管理信息系统建设。

风险管理信息系统（以下简称RMIS）集成了风险管理的各个方面，包括风险识别、评估、监控和应对措施等，以便在一个统一的平台上进行有效管理和跟踪。为提高风险管理的效率，防止风险管理的滞后性和盲目性，A公司着力推进和完善风险管理信息系统建设。A公司在中国中铁内部管理平台的基础上，进一步建设了税务风险预警系统、资金支付管控系统，通过定期对风险管理信息系统进行审计评价，检查系统是否符合组织的风险管理目标、愿景和战略，是否能够有效地识别、评估、应对、监控和报告风险，是否存在漏洞或缺陷。通过经验总结、案例分析、培训交流等方式，提高组织内部各个层级和部门的风险意识和能力，增强员工对系统功能、操作方法、数据来源等方面的理解和掌握。此外，A公司根据外部环境变化、内部业务发展、利益相关者需求等因素，及时调整风险管理信息系统的内容、结构、流程等方面，使之能够适应组织当前和未来的风险状况。通过建立一个有效的反馈机制，收集并分析来自各个利益相关者（如员工、业主、供应商等）对于风险管理信息系统运行情况的意见或建议，并根据其合理性和可行性进行采纳或改进。

（4）营造全面风险管理文化。

A公司明确提出将风险管理作为其核心竞争力之一，并将其纳入其战略规划和目标制定中，以实现企业价值最大化。公司通过建立有效的绩效考核和激励机制，使得员工在追求业务目标的同时也能够考虑到相关的风险，并奖励那些能够有效识别、评估、控制、应对风险的行为。通过建立风险偏好框架，明确企业在不同层级和领域所能承受的风险水平和范围，并将其与战略选择和业务目标相协调。

四、取得成效

（一）保护企业利益和价值，降低成本和损失

对于 A 公司来说，虽然风险管理带来的风险识别、评估和监管工作本身也需要一定的资源和投入，可能增加其运营成本。综合来看，通过采取风险控制和预防措施，可以减少风险事件的发生概率和可能造成的损失，从而降低潜在的成本风险。自通过风险矩阵图识别风险，制定风险策略后，A 公司在风险控制领导小组的带领下，对各项项目进行严格的风险控制，节约成本 1 000 余万元，挽回直接经济损失 300 余万元。截至 2023 年，公司在建项目现金流自平衡方案完成比例为 100%。通过提前税收统筹并加大与财税机关的沟通力度，2023 年上半年成功申请进项留抵退税 2 958.99 万元，自 2021 年以来公司合计实现留抵退税税金 12 235.2 万元。在经济复苏缓慢、融资金额不断攀升的不利形势下，A 公司通过有效的资金管控手段，确保了企业资金链安全，保障公司施工生产及管理的正常运营，实现公司经营规模和经济效益连创新高。

（二）提高管理效率和效能，降低战略风险

战略的执行过程中常常面临来自内外部环境的不确定性和变化。风险管理能帮助企业更好地应对这些不确定性和变化，并灵活地调整战略计划和行动措施，并最大限度地利用机会，降低潜在威胁。此外，通过风险管理能够促进决策的全面性和可靠性，通过对潜在风险的识别和评估，为企业的决策制定提供重要的信息和数据支持。A 公司成立专班工作组，加强项目风险统筹协调化解能力，能够更全面地评估不同决策方案的风险与回报，并基于风险管理的分析作出更可靠和明智的决策。在化解公司税务风险上，A 公司开展公司全级次的涉税风险自查自纠工作，全面排查公司在生产经营过程中的税务风险，针对每项风险制定对应的管理措施，设置责任人、整改时间，定期督导，全面整改。

（三）提升组织绩效，优化工作流程

风险管理有助于组织合理规划和分配资源，从而提高资源的利用效率。通过风险管理的评估和控制，组织能够更准确地确定资源投入的优先级和重点领域，避免资源的浪费或分散，提高组织的绩效和运营效率。A 公司通过风险管理的反馈和分析，能够深入了解潜在风险，并在实践中改进和优化工作流程，减少冗余环节和时间浪费，流程审批时间缩短 20%，员工工作效率和产出能力大幅提升，从而有助于提高组织

的绩效。

五、经验总结

建筑施工企业因其特有的行业特性普遍存在风险管理问题。本文以 A 公司为研究案例，基于风险矩阵法寻找评估建筑施工企业在生产经营活动中存在的各类风险点，根据风险等级提供合理建议，指引企业及时管理和控制风险点，为未来的风险管理工作提供操作指引。企业管理者需提高风险防范意识及控制能力，做好风险预警机制及项目的内部、外部风险防范、应对，完善各种制度，确保项目健康稳定发展。

（中铁七局集团郑州工程有限公司　徐水龙　杨星辉　路　波　王道军）

建筑企业风险债权案例研究
——以 A 公司雅竹项目为例

【摘要】受经济下行、市场需求回落影响，建筑行业发展趋缓。为占据市场份额，施工企业在承接工程项目过程中，竞相压低标价，降低付款标准。建筑施工行业普遍存在工程垫资、工程款拖欠严重的现象，应收账款金额居高不下。债权风险不断积聚，管控难度持续加大。本文将结合建筑企业的运营特点，分析建筑企业的主要债权风险，以中铁三级公司某项目为例，根据其在风险管理中存在的问题，通过事前、事中、事后多层次风险管控，从风险评估、风险管理策略选择、解决方案实施、风险管理的监督和改进，来验证企业的债权清欠效果，并提出债权清欠改进的对策措施。

一、引言

在中国经济新常态的推进下，我国经济增长速度放缓，"十四五"发展规划和党的二十大会议无不体现出中国经济应从"量"的扩张转向"质"的提升。近年来，随着我国经济结构调整，供给侧结构性改革持续深化，全球经济一体化进程加快，市场竞争日益激烈。高产值贡献和高就业容纳能力，使建筑业成为国民经济的支柱产业之一，但对经济增长和社会发展的巨大贡献，并不能掩盖它本身的基本特质——一个高度依赖外部要素投入拉动的劳动密集型产业。在我国现有政治和国民经济体制下，它高度依赖国家政策导向和宏观经济整体增长，行业整体表现为：效率低、收益差、负担重、竞争烈。

建筑行业竞争的特点是，市场整体处于过度竞争状态，而局部市场则表现出竞争不足（建筑行业各类型竞争状态如表 1 所示）。在工程数量巨大、竞争最为激烈的普通房屋工程领域，直观的竞争现象就是建筑行业内规模相当、业务相似企业的同类同质竞争。竞争手段主要以价格竞争为表现形式，并伴有为项目业主方垫付部分工程款项的融资条件竞争。

表 1　　　　　　　　　　　　建筑行业各类型竞争状态

工程类型	市场集中度	垄断、竞争状态
普通房屋工程、安装、装饰	低	无垄断、高竞争
超高层建筑、公共建筑	适中	区域垄断、适度竞争

续表

工程类型	市场集中度	垄断、竞争状态
矿山、机场、港口、能源	高	部门垄断、竞争低
铁路、隧道	高	部门和寡头垄断、竞争低
公路、桥梁	较高	部门垄断、竞争低

二、建筑企业运营特征

（一）建筑企业资产负债率普遍偏高

根据 2022 年披露的年报显示，中国中铁、中国铁建、中国建筑、中国能建、中国交建、中国电建六家大型建筑施工类央企的资产负债率分别为 73.91%、74.03%、74.34%、74.49%、72.19%、76.89%。建筑企业承揽的项目规模大，建造成本高，资金需求量大。同时，前期高额垫资和在项目实施各阶段需要缴纳的大量保证金给企业资金运转带来了一定的压力。再加上项目周期长、工程款支付进度慢的行业特性，决定了建筑行业普遍资产负债率高。

（二）债权形成过程中存在的问题

在会计核算中，建筑企业根据与业主签订的总包合同的相关进度条款进行验工确认债权，按合同约定支付比例收取工程款。在实际的结算过程中，验工计价主要存在以下两方面问题：一是过程中验工滞后，建筑企业前期施工的部分，未及时进行验工结算，无法形成应收账款；二是工程完工后，未能在一定的时间办理竣工决算，导致项目久竣未结，形成瑕疵资产。

按照目前施工行业的普遍合同条款，进度支付比例一般为结算金额的 70% ~ 80%，决算后付款比例为 97%，但实际支付金额由业主资金状况决定，目前建筑业普遍存在不按合同约定支付的情况，业主以各种原因拖延支付，并且拒绝办理决算，导致施工企业无法及时进行债权确认。

（三）建筑行业利润率较低

我国建筑行业的产值利润率一直处于较低水平，据中国建筑业协会发布的《2022年建筑业发展统计分析》数据显示，2022 年，我国建筑业企业实现利润 8 369 亿元，比上年减少 101.81 亿元，下降 1.20%。行业产值利润率（利润总额与总产值之比）自 2016 年达到 3.61% 以来，连续六年呈下降趋势（见图 1）。目前，建筑企业大多处于完全竞争市场中，大量企业为了赢得中标，不得不压低竞标价格。这种无序竞争方式使企业陷入高投入、高负债、低利润的恶性循环。近年来建筑材料、机械设备、劳务成本持续走高，加之受碳中和、碳达峰绿色发展政策的影响，施工成本难以压降，加剧了建筑企业资金缺口，杠杆率上行。

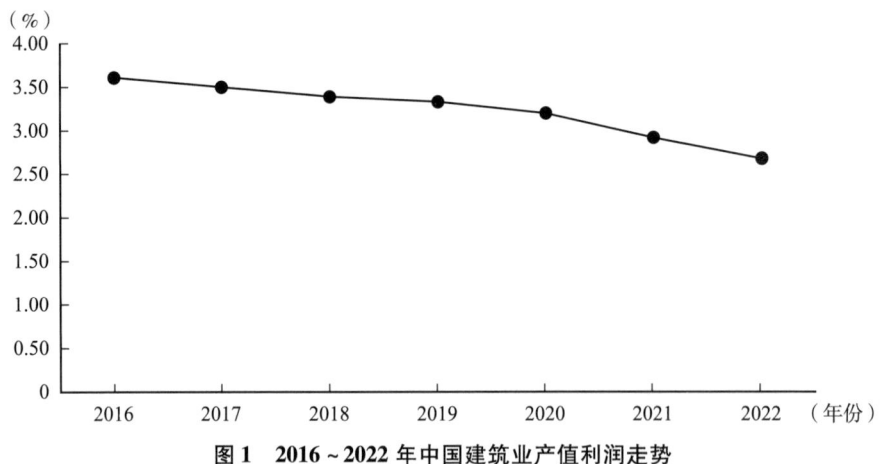

图1 2016～2022年中国建筑业产值利润走势

（四）债权管控复杂

按项目所处阶段不同，债权主要包含预付款、工程进度款、竣工结算款、质保金等，与之相对应的，既存在已完工未结算款的确权风险，也存在应收账款的回收风险，还要关注远期质保金的变现风险。这也意味着债权清欠过程需要商务部、安质工程部、法规部及财务部等多个部门联动配合，各司其职。同时，业主大量使用延迟支付金融工具，使得债权资金无法及时兑付；BT项目、EPC项目、PPP项目的实施，造成建筑企业应收账款日趋攀高；票据、以房抵债等非现金付款形式，也加大了债权管控的难度。

三、公司背景

（一）公司简介

A公司始建于1954年，前身隶属于铁路局工程总公司，是集房建施工、铁路站房及多元经营业务于一体的大型企业。公司现有建筑工程施工、市政公用工程施工等10余项总承包和专业承包一级资质，机电工程施工、电力工程施工等10余项总承包和专业承包二级资质，先后参与了成渝、兰新、沪昆、渝万、宝兰等40余条铁路新线以及成都、重庆、贵阳等60座全国大中城市的房屋建筑、市政公路等各类工程建设。公司先后荣获国家级优质工程奖4项、中国建筑工程鲁班奖3项、全国用户满意建筑工程奖20余项、省部级优质工程奖40余项以及市（局）级优质工程奖50余项。先后荣获国家级安标工地 1 个，省部级安标工地 30 余个，市（局）级安标工地 40 余个。

A 公司注册资本 6.5 亿元，系中铁某局集团有限公司全资子公司，2022 年实现营业收入 60 亿元，利润总额 1.26 亿元，经营性净现金流 1.32 亿元。

（二）A 公司"清欠"管理机制

为进一步加强"清欠"工作力度，切实压降"两金"，确保"清欠"工作目标全面实现，A 公司现结合公司和各项目实际，制定了公司"清欠工作考核方案"，成立"清欠"工作领导小组，由公司党委书记和公司总经理为组长，公司各副总经理为副组长，"清欠"工作领导小组下设办公室（以下简称"清欠办"），设在公司财务会计部，总会计师与总经济师任办公室主任，负责日常工作开展。

由总会计师牵头，每月定期组织重难点债权清欠工作推进会，按"一债一策"原则，制定清欠工作措施；每月汇总项目清欠工作动态，在公司工作群进行通报，并报送至集团公司财会部。集团公司财会部每月在集团公司公示栏对重难点债权清欠工作动态予以更新并通报，对完成不佳的单位进行预警。同时，各单位将考核落实到具体经办人员，并及时差异化兑现考核奖惩，充分调动责任人的积极性和创造性。

（三）A 公司"清欠"考核机制

结合各项债权实际情况，对重难点债权实施分类管控。根据债权性质、数额大小和拖欠日期等特点对风险债权进行科学分类，划分为Ⅰ类、Ⅱ类、Ⅲ类、Ⅳ类债权，并针对每一类风险债权预先制定出相应的考核策略，完成"一债一策"精准管控。"一债一策"风险债权管理策略如表 2 所示。

表 2　　　　　　　　　　"一债一策"风险债权管理策略

债权种类	具体债权内容	考核策略
Ⅰ类债权	账销案存类债权	只奖不罚，按目标完成金额的 5% 对相关责任人进行奖励
Ⅱ类债权	境外类债权、民营类债权和两年及以上的债权	以目标完成金额的 1% 对相关责任人进行奖励，以未完成金额的 0.5% 对相关责任人进行罚款。每项债权奖罚汇总计算，每项债权的奖励金额不超过 2 万元，罚款金额不超过 1 万元
Ⅲ类债权	其他重难点债权	对在建项目，以目标完成金额的 0.1% 对相关责任人进行奖励，以未完成金额的 0.1% 对相关责任人进行罚款；对收尾项目和停工项目，以目标完成金额的 0.5% 对相关责任人进行奖励，以未完成金额的 0.5% 对相关责任人进行罚款。每项债权奖罚汇总计算，每项债权的奖励金额不超过 2 万元，罚款金额不超过 1 万元

续表

债权种类	具体债权内容	考核策略
Ⅳ类债权	重点投融建类项目	（1）回购金额指投融建项目按合同条款约定到期回款部分，前融资金回款指项目助融资金到期未收回部分。以上两项到期未收回，对主责单位的主要领导，分管经营、财务领导的考核方案如下：以逾期金额为基数×当期 LPR 借款利息×逾期天数×10% 予以罚款。若逾期次月仍未收回，则每月较上月罚金上浮 1%。业主端保理回款指保理到期业主逾期部分。 （2）业主融资租回款指融资租赁到期业主逾期部分。以上两项若业主无法按期回款，对主责单位的主要领导，分管财务领导的考核方案如下：以逾期金额为基数×当期 LPR 借款利息×逾期天数×5% 予以罚款。若逾期次月仍未收回，则每月较上月罚金上浮 1%

四、案例概况

（一）项目概况

雅竹项目位于四川省资阳市内，总建筑面积约 54.39 万平方米，其中：地上建筑面积约 42 万平方米，地下建筑面积约 12.3 万平方米；包含 24 栋住宅楼（30 层/32 层）、商业（3 层/2 层）、幼儿园及小区配套设施、地下室等。工程共分为三期施工，第一期工程建筑面积约 13 万平方米，合同开工日期为 2014 年 6 月 1 日，建设期为 720 天，合同金额 12 000 万元。

2014 年 5 月 14 日，A 公司与雅竹公司签订《雅竹项目施工合同》，约定由 A 公司总承包雅竹项目。同时，A 公司与雅竹公司签订《账户及资金监管协议》，A 公司与雅竹公司、永鑫公司签订《建筑工程履约担保协议》，约定由永鑫公司对雅竹公司的款项承担连带保证责任。

合同签订后，A 公司成立雅竹项目经理部，项目组织机构有财务部、物机部、综合办公室、试验室、工程部、工经部、安质部等部室。项目部共计有人员 310 人，其中职工 26 人，外协队伍的施工人员 284 人（其中专业分包队伍 1 支合计 20 人，劳务分包队伍 3 支合计 264 人）。

A 公司按约进场施工，截至 2015 年 5 月 14 日已完成产值 5 796 万元，雅竹公司进行验工计价，早已达到合同约定的付款条件，但雅竹公司从 A 公司进场施工至 2015 年 5 月 14 日未支付任何款项，项目已实质停工。雅竹公司的行为已严重违约，并已达到合同约定和法律规定的解除合同的条件。

（二）雅竹项目参与方

1. 雅竹公司简介（债务方）

雅竹公司成立于 2008 年 9 月 22 日，注册资本 2 020 万元，经营范围包括基础设施（城市道路、桥梁、给水、排水）投资开发经营；工程项目投资；旧城改造；房地产开发；物业管理；建材销售；建筑工程设备租赁；土地整理开发。

2. 永鑫公司简介（担保方）

永鑫公司系 2011 年依法成立的民营股份制集团企业，位于四川省资阳市，注册资金人民币 2 亿元。公司是一家集饲料研发、生猪养殖、屠宰加工、肉制品加工、仓储物流、进出口贸易、林产经营于一体的农业产业化国家重点农牧企业。目前公司旗下拥有 6 家企业，另有 2 家公司纳入集团公司统一管理。公司现有员工 1 000 余人，资产总额实现 15.5 亿元。公司先后被评为四川省农副产品加工示范企业、四川省成长型中小企业、省级建设新农村示范企业、省级质量管理先进单位、省级建设创新型培育企业、省级农业产业化重点企业、农业产业化国家重点企业。

五、债权风险评估

全面风险管理是指通过诊断和识别影响企业价值的潜在因素，将其风险控制在合理可接受的范围内，以确保企业预定目标的实现的动态系统的过程。国务院国资委 2006 年颁布的《中央企业全面风险管理指引》提出风险管理的基本流程包括初始信息收集、风险评估、风险管理策略、解决方案实施、风险管理的监督和改进。该指引还明确提出了"三道防线"的概念，即各有关职能部门和业务单位为第一道防线、风险管理职能部门和董事会下设的风险管理委员会为第二道防线、内部审计部门和董事会下设的审计委员会为第三道防线。

（一）信用评价风险

在前期投标准备期间，市场营销部原则上需对业主单位各项情况指标进行调查及测评，包括企业基本情况、资质、业绩、工程质量和安全、合同履约、社会投诉和违法行为等情况。面对激烈的市场竞争，市场营销部的人员往往会放宽信用政策促成中标，在签订合同过程中，建筑企业也处于被动地位，对招标方合同中付款比例、付款条件、支付方式等条款的要求基本都会满足。事前信用管理重视程度低，为日后的债权回收工作埋下隐患。同时，企业没有定期对业主的信用和资金状态做资信调查，缺乏对信用风险的动态监控和预警，不能及时发现业主异常状态，以便作出应变反应。

雅竹公司作为民营企业，资金单薄，注册资本远低于工程合同造价，虽有永鑫公司作为连带责任保证人，整体来说偿债能力弱，债权回收风险大。

（二）债权日常管理风险

在债权的事中管理中，主要有以下几方面的风险：第一，工程结算滞后，某些业主单位对部分计量规则条款要求苛刻，形成大量已完工未结算。第二，合同变更导致的工程款增加问题，在建筑企业施工过程中，因业主施工设计变更而导致超合同额施工时，易形成合同清单外的已完工未结算款。第三，确权风险。一方面，建筑单位过程计量及结算对接不及时，导致计量周期较长，计量确认滞后。另一方面，受审批流程的制约，业主单位可能故意放缓、不给予工程量的审批确权，造成确权时间性差异。第四，付款环节的风险，可能会出现故意拖延支付或无理由拒付工程款的情况。

截至 2015 年 7 月 27 日已完成产值 5 796 万元，但雅竹公司尚未向 A 公司支付任何进度款项。虽 A 公司尽力垫资，但是对案涉工程的材料供应商、提供劳务的农民工工资还是无法结清。

（三）退场引发的风险

A 公司作为央企全资子公司，承担社会责任，退场将会导致雅竹工程成为烂尾楼，对购房者是一个沉重的打击，会直接影响央企的社会评价。当地政府及监管部门也不希望出现退场事件。

雅竹项目退场后，每到开学季、节假日等时间，A 公司甚至公司周边道路也被讨要欠款的人员围堵，不仅对 A 公司的经营秩序造成严重影响，而且也造成了严重的社会问题。农民工多次反映要求支付农民工工资，购房者也多次反映要求复工，此事给公司造成不良的社会影响，使 A 公司的形象严重受损。

（四）剩余债权回收风险

退场后如何收回债权是 A 公司的第一大难题，A 公司退场后即起诉雅竹公司，虽然一审已判决，但由于雅竹公司无力支付，导致判决无法顺利执行。

2018 年 4 月，由于雅竹公司未按判决履行工程款支付义务，A 公司向资阳中院提起了强制执行申请，同时查封了雅竹公司的土地、可预售房屋等。但因种种阻碍，该案被中止执行。

2019 年 4 月 16 日，A 公司申请资阳市中级人民法院予以恢复强制执行，同时，请求法院尽快对已查封的被申请人名下的预售房屋、在建工程及土地使用权进行评估、拍卖，以维护申请人的合法权益。在强制执行期间，多家公司拟参与雅竹项目重组。

2019 年 4 月 28 日，由于执行推进缓慢，对 A 公司造成了重大影响，A 公司向省高院执行局领导反映相关情况。

虽然 A 公司积极参与判决后各项事宜，但由于雅竹公司实在无力偿还，故最终债权的可能实现途径是资产重组。

六、风险管理策略

企业进行风险评估后，需要制定风险管理策略。风险管理策略，是指根据企业自身条件和外部环境，围绕企业发展战略，确定风险偏好、风险承受度、风险管理有效性标准，选择风险承担、风险规避、风险转移、风险转换、风险对冲、风险补偿等适合的风险管理策略，并确定风险管理所需人力、财力等资源配置原则策略。A 公司在工程过程中的风险管理策略如下：

（一）风险转移

风险转移是指企业通过合同将风险转移到第三方，企业对转移后的风险不再拥有所有权。转移风险不会降低风险可能的严重程度，只是从一方转移到另一方。A 公司在风险转移方面主要采取了担保和债权转让两种方式。

《民法典》第六百八十八条第二款规定：连带责任保证的债务人不履行到期债务或者发生当事人约定情形时，债权人可以请求债务人履行债务，也可以请求保证人在其保证范围内承担保证责任。A 公司、雅竹公司、永鑫公司签订《建筑工程履约担保协议》约定由永鑫公司提供工程款支付保证。永鑫公司为雅竹公司提供保证的范围是主合同项下的所有工程款。雅竹公司未能按照主合同的约定向 A 公司支付工程款项时承担保证责任。永鑫公司在保证范围内承担连带保证责任。

债权转让即在不改变债权关系的内容，通过协议将全部或部分债权转移于第三人的行为，通常该第三人的资金充裕，有较好的支付能力，能够更好地实现债权金额的回收。A 公司与武城公司签订债权转让协议，将 A 公司享有的对雅竹公司、永鑫公司的债权转让给武城公司，转让对价为 5 952 万元，武城公司分期支付转让款。

两项风险转移措施减少了 A 公司的债权风险，使在未来与雅竹公司债权无法实现时可以采取补救措施。

（二）风险规避

风险规避是指企业回避、停止或退出蕴含某一风险的商业活动或商业环境，避免成为风险的所有人。

风险规避是财务风险管理当中彻底解决风险问题的方式，能够将企业财务风险降至零。风险规避不仅能够实现对于风险的有效控制，避免其给企业带来经济损失，同时，也会降低企业收益。当企业面临巨大风险，并且自身难以承受相应风险结果，或者风险高于收益的情况下，会选择风险规避措施。

2015 年 4 月 20 日，A 公司由于雅竹公司长期未按合同约定支付工程款，造成现场资金短缺，劳务班组及工人管理失控，A 公司自 2015 年 5 月 14 日起，工程处于停工状态。为避免产生无法控制的后果，2015 年 8 月 10 日，A 公司向雅竹公司发出《解除合同告知函》，终止施工合同。

合同解除后，A 公司退场并起诉雅竹公司，当项目风险潜在威胁的可能性极大，并会带来严重后果且损失无法转移又不能承受时，风险规避是一种最有效的风险管理方式。

（三）风险补偿

风险补偿是指企业对风险可能造成的损失采取适当的措施进行补偿。风险补偿表现为企业主动承担风险，并采取措施以补偿可能的损失。风险补偿主要是指事前（损失发生以前）对风险承担的价格补偿。

A 公司与雅竹公司签订的《账户及资金监管协议》相关约定，其中，第二条为"雅竹公司将所有销售回款的 70% 进入共管账户，若销售资金的 70% 未进入共管账户的，视为雅竹公司方根本性违约，按未进入共管账户金额的 10% 承担违约责任"的约定。

七、提出和实施风险管理解决方案

（一）提出解决方案：法律诉讼

在经过一年的施工后，A 公司经发函、多次上访后仍无法收回工程款，已对 A 公司的声誉及社会影响造成重大危害。A 公司经公司内部决议向雅竹公司提起法律诉讼。诉讼时间线如下：

2015 年 8 月 15 日，A 公司向资阳市中级人民法院提起诉讼，请求法院依法判决雅竹公司支付工程款 5 796 万元、承担逾期付款利息和各种损失 1 352 万元，永鑫公司承担连带支付义务。

2015 年 8 月 19 日，法院正式立案。

2015 年 8 月 20 日，A 公司提出财产保全，冻结雅竹公司、永鑫公司在银行的存款 7 800 万元或查封、扣押相应价值的财产。

2017 年 12 月 19 日，资阳市中级人民法院作出了一审判决（四川省资阳市中级人民法院（2015）资民初字第××号判决书），判令雅竹公司于判决生效 10 日内支付工程款 5 309 万元、赔偿损失 479 万元，A 公司对案涉工程拍卖变卖享有优先权。一审判决后，双方均未上诉、一审判决生效。

（二）实现债权的途径

由于雅竹公司资金链断裂，A 公司在法院判决后，仍无法实现债权。A 公司通过各种途径查询到相关信息，梳理相关信息，对债权的实现总结了以下几种方案：

（1）雅竹公司自筹资金：由雅竹公司、永鑫公司自筹资金偿还债务。鉴于 A 公司调查结果，该途径实现可能性较小。

（2）处置永鑫公司资产：因为永鑫公司与公司签订了保证合同、对雅竹公司的债务承担担保责任，法院支持由永鑫公司承担连带支付责任。永鑫公司有 7 家对外投资公司，其中，四川永鑫食品有限公司的注册资本金为 1 亿元，现在依然在开展实际经营，具备一定的履约能力。

（3）变卖、处置资产：对本项目的在建工程、土地进行处置。一是拍卖、变卖本项目，由第三方接盘。拍卖、变卖后所得费用以偿还公司债权。二是经拍卖没有第三方接盘导致三次流拍，公司可以在充分论证前提下"接盘"。鉴于雅竹公司自身对外负债不明晰，直接承接项目公司存在巨大的不确定性。公司可以通过法院拍卖、变卖，以接受本项目净资产的形式接盘，从而有效隔离原项目债务，减少不确定性风险。

（三）最终债权实现方案

2018 年 4 月，由于雅竹公司未按判决履行工程款支付义务，A 公司向资阳中院提起了强制执行申请，同时查封了雅竹公司的土地、可预售房屋等。但因种种原因，该案被中止执行。

2019 年 4 月 28 日，由于执行推进缓慢，对 A 公司造成了重大影响，A 公司向省高院执行局领导反映相关情况。

2019 年 4 月 16 日，A 公司向资阳市中级人民法院申请予以恢复强制执行，同时，请求法院尽快对已查封的被申请人名下的预售房屋、在建工程及土地使用权进行评估、拍卖，以维护申请人的合法权益。在强制执行期间，多家公司拟参与雅竹项目重组。

2019 年 9 月起，武城公司开始参与项目债务重组。经协商，武城公司以债权转让的方式收购 A 公司对雅竹公司债权。

2020 年 5 月 18 日，A 公司与武城公司签订债权转让协议，将 A 公司享有的对雅竹公司、永鑫公司的债权转让给武城公司，转让对价为 5 952 万元，武城公司分期支付转让款，武城公司将其位于武侯区浆洗的房产作为支付转让款的担保。A 公司解除对雅竹公司、永鑫公司的查封，并送达债权转让通知。

2022 年 10 月 10 日，全部债权转让款已收回，A 公司总经理办公会通过法规部提出的关于《雅竹项目债权清收工作终结及办理解封手续》的议案，该案终结。

八、日常风险管理的建议

雅竹项目自 2015 年 8 月 15 日起诉至 2022 年 10 月收回全部款项，历时 7 年收回全部债权，该项目属于 A 公司重大难点项目，在过程中 A 公司付出大量人力物力，通过设定担保、抵押、诉讼、债权转让等手段维护了企业的利益，避免了国有资产流失。从雅竹项目的案例中出发，可以从以下几个方面来进行日常风险管理。

（一）加强信用风险管理

建立健全公司信用评价体系，对客户财务状况、经营能力和表现出的管理能力进行评价，拒绝与不良企业合作，减少瑕疵债权产生。

由于建筑行业的进入壁垒不高，导致开发商差异化严重，很多小开发商企业并无雄厚资金支持工程的开展，特别是民营企业债台高筑，借东墙补西墙。又没有资本兜底，导致建筑业出现停工、上访、烂尾等各种不良影响，这已成为建筑业的一大痛点。为了避免出现不可控风险，公司风险管理第一步就是选择优质客户，减少与小型民营企业的合作。

首先，要建立严格的队伍准入制度，把住源头关，从队伍的能力、信誉、工人的技术素质等方面把关；其次，明确严格的合同关系，合同是双方履行责任和义务的依据，合法的合同和明确的权责关系至关重要；再其次，严格过程控制，加大配合力度，在严格控制分包队伍的工期、质量的同时，也要做好配合，共同完成施工任务；最后，建立良好的队伍信誉评价制度，对不合格的分包队伍要及时进行清理。在民工工资支付板块，要强化监督。一方面，要加强劳动用工管理，通过分包方式招用农民工的，要督促分包单位依法订立并履行用工主体责任，全面实行民工实名制管理制度；另一方面，要全面规范企业工资支付行为。项目部要配备专门人员，实时掌握分包队伍的民工工资支付情况，坚决杜绝分包队伍将经营风险转嫁给农民工，提倡分包单位民工工资委托施工总承包单位直接代发的方式。

（二）加强债权风险日常管理

（1）建立重大风险预警制度。公司应安排专人负责债权的收回工作，及时监督业主的动向，若长期无法收回到期债权，则需考虑业主是否已出现资金危机，及时向公司沟通，采取进一步措施。

（2）建立健全企业法律顾问制度。企业要充分考虑法律风险管理的专业性，大力加强企业法律风险防范机制建设，企业可以设置总法律顾问，形成由企业决策层主导、企业总法律顾问牵头、企业法律顾问提供业务保障、全体员工共同参与的法律风险责任体系，完善企业重大法律纠纷案件的备案管理制度。

（三）加大清收力度，积极清理债权

公司加大对债权回收的奖惩，奖励与惩罚并存，安排专人蹲点打卡。一是实事求是科学制定清欠目标，对每项债权进行深度剖析，充分掌握每项债权实情，对清欠策略进行定位，把脉要害，科学制定清欠目标和清欠措施。二是落实责任人、强化奖惩制度。对纳入重难点债权项目制定奖惩措施，一案一策，每个项目均有责任领导和责任人。每项债权制定专项考核方案，明确了考核指标，加大了对责任人的经济责任考核。进行债权清收及相关风险化解，全面落实民营企业债权清收工作方案，推进债权清收、风险化解等工作。部门密切配合，全力实现债权清收工作。为有力推进联动方案，由法规部牵头，财会部、成本部、工程部、物机部、涉案项目部等部门全力配合，全公司无缝协同，集资源全力推进清收工作进程。

（四）开展债务重组，盘活资金

债务重组是指在不改变交易对手方的情况下，经债权人和债务人协定或法院裁定，就清偿债务的时间、金额或方式等重新达成协议的交易。也就是说，只要修改了原定债务偿还条件的，即债务重组时确定的债务偿还条件不同于原协议的，均作为债务重组。主要包括以资产清偿债务、债务转为资本、修改其他债务条件等。对业主确实无力偿还的债务，通过诉讼等方式仍无法收回的，可以通过以房抵债的形式进行，在公司内选择优质合作队伍对业主的房产进行认购，以物偿债，化解执行难题。

（五）建立风险管理流程

企业财务风险管理应建立全流程管理理念，增强企业人员的风险识别意识，确保企业能够提前捕捉到风险信号，及时采取有效风险应对措施。同时还应合理选择风险预警分析方法，构建风险预警模型。通过对企业财务情况的全面监控以及数据分析，能够提前对企业财务风险进行预警，为企业采取合理风险处置和应对措施预留充足的时间，最大程度降低企业损失。

（中铁八局集团有限公司　冉茂顺　朱文康　伍　琪

谭　希　冉　慧　谭红玲　刘　鑫）

建筑企业农民工工资风险管理研究

【摘要】建筑企业是我国国民经济的重要组成部分，随着时代的迅速发展，建筑行业也得到迅速发展，建筑企业的农民工数量正逐渐增多，与此同时管理漏洞会随之增加，农民工自身的权益保障会受到外界因素的影响。工资是农民工赖以生存的保障，能够直接影响施工进度、工程质量、地方经济发展等，建筑企业必须要将农民工工资风险管理工作作为重点工作之一。想要促进建筑企业与社会和谐发展，需要对建筑企业农民工工资风险管理会计案例进行深度剖析。本文就从以往的研究成果案例中分析农民工工作风险发生的原因与影响，挖掘风险因素，提出针对性防范措施，为建筑行业农民工工资风险管理提供参考。

甲公司系某市某区某施工项目的总承包单位，与承包人 M 签订了《建设工程分包合同》，约定甲公司将涉案工程的钢筋制作绑扎工作以清工的形式分包给承包人 M 的钢筋班组。承包人 M 的钢筋班组于 2018 年 11 月进入现场施工，于 2021 年 1 月撤离施工现场。其间，甲公司通过涉案项目的农民工工资专用账户向 39 名钢筋工人共计支付工资 1 384 568 元。然而，前述 39 名工人于 2021 年 12 月向某市某区人力资源和社会保障局投诉甲公司拖欠工人工资。某市某区人力资源和社会保障局受理后，向甲公司送达了《劳动保障监察询问通知书》，要求甲公司提供"（一）2021 年从业人员花名册（须注明姓名、岗位、身份证号码、进单位时间、劳动合同起止日等）；（二）涉案项目钢筋工班组所有工人的劳动合同书；（三）涉案项目钢筋班组的考勤记录；（四）涉案项目钢筋班组的工资表；（五）涉案项目钢筋班组的社会保险缴纳凭证等"。

甲公司收到《劳动保障监察询问通知书》后，积极配合劳动监察大队的调查，提供了相应材料并对涉案项目的情况做了详细的说明。劳动监察大队在查阅了甲公司提供的材料后，认为相关材料存在瑕疵，工资表上的多数签字均非工人本人签署，而是由班组长或同班工友代签，且考勤记录也存在记录不完整、部分工人已离开涉案项目但仍有考勤记录等情形，故而拒绝接收甲公司提供的相关证明材料及情况说明，并建议甲公司找寻专业律师帮助梳理该项目所存在的问题。

随即，甲公司便委托专业律师介入本案。律师在翻阅本案相关材料后，发现部分投诉工人的投诉材料中所载明的"已收款金额"与"欠付款金额"之和低于甲公司财务核实的"已付款金额"，换言之，甲公司存在超付部分工人工资的情形。随即，律师通过电话与相关工人核实，证实了部分工人的工资卡系由承包人 M 保管，每次发放工资时，由承包人 M 将工人工资卡中的钱取出后再用现金支付给工人，故而存在上述差额。

2021 年 1 月 12 日，甲公司将律师与工人的通话录音及书面情况说明再次呈交至某区劳动监察大队，劳动监察大队方才收受了相关材料，且基于甲公司了解到的这一新情况，劳动监察大队建议甲公司向某区派出所报案，若公安机关对本案予以立案，则劳动监察大队便中止对钢筋班组投诉事宜的处理。

2021 年 1 月 13 日，甲公司将刑事控告材料呈交至某区派出所，然而经派出所民警初步审查后，认为承包人 M 的行为构成侵占（侵占案件属于自诉案件），无法达到刑事立案的标准，故对本案不予立案。随后，甲公司积极向某区劳动监察大队反映了该情况，适逢 2022 年春节前夕，劳动监察大队依据《保障农民工工资支付条例》第三十条之规定"……分包单位拖欠农民工工资的，由施工总承包单位先行清偿，再依法进行追偿……"，责令甲公司于 2021 年 1 月 18 日前先行支付欠付钢筋班组工人的工资。

一、背景描述

（一）推广应用管理会计的重要性

随着我国社会经济的快速发展，全球经济一体化的形成，企业之间的竞争越来越激烈，管理会计的作用逐步得到了社会各界的重视，早在 2014 年，为贯彻落实党的十八大和党的十八届三中全会精神，深入推进会计强国战略，全面提升会计工作总体水平，推动经济更有效率、更加公平、更可持续发展，我国财政部发布了《关于全面推进管理会计体系建设的指导意见》，足以可见，推广应用管理会计对国家高质量发展是至关重要的。当然推广应用管理会计也是社会进步与科技发展的必然，是财务从做账工厂转型为管理型人才的必要要求。例如，德勤财务机器人可以 7 天 24 小时不间断工作，且只需要 3~4 小时就能完成 1 个财务人员 1 天的工作，并且它的开票率能够提升到 75%，往来结转与盘点 1 天就能做完 40 人的工作量，在如今大数据时代的背景下，决策者会重新界定财务岗位，基础财务人员会被智能化机器人所取代。会计信息的利用是未来管理决策支持的一部分，管理和决策不仅仅只是依赖会计信息，还会依赖大量的非会计信息，因此在未来的财务工作中，应该从会计处理转向信息利用，推广应用管理会计。

（二）民工工资风险管理会计的现状与存在的主要问题

图 1 显示，2018~2022 年我国农民工数量总体呈上升趋势，2022 年我国农民工总量 29 562 万人，比上年增加 311 万人，增长 1.1%。

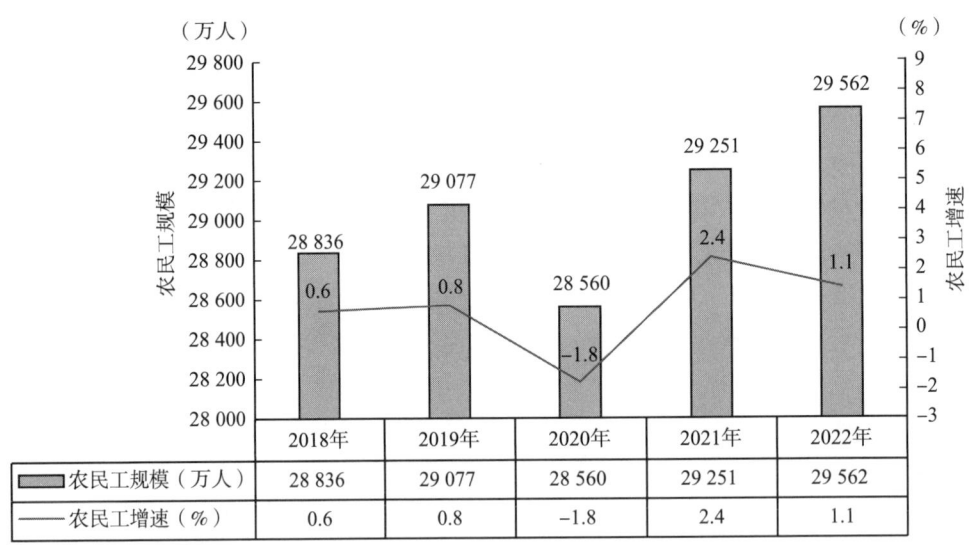

图1　2018～2022年我国农民工规模及增速

目前在我国建筑企业的农民工工资风险管理中存在突出问题，例如，农民工用工及工资支付制度不规范，建筑企业在一般情况下不会直接雇用农民工，而是把施工项目分包给劳务公司，由劳务公司招募农民工，在此现实情况下，建筑企业与农民工仅存在间接关系，在支付农民工的工资时很难切实有效地做好监督工作。另外，建筑企业的资金需求越来越高，农民工工资支付环节多、保障不足，建筑企业一般是按照施工进度支付农民工工资，其中劳务公司的劳务班组还会扣下一部分农民工工资，若建筑企业在施工建设过程中任何一个环节出现问题，就不能保证农民工工资按时支付，农民工工资得不到有效保障，导致拖欠农民工工资呈多发态势。例如，在我国2017年1～11月，全国各地区劳动保障监察机构共查处欠薪案件12.8万件，为281万名劳动者追发工资等待遇224.5亿元；山东省济南市农民工综合服务中心在2015～2018年为农民工讨回工资的金额约为7 450万元，其中建筑企业所占的金额数是最大的，高达6 548.6万元，占比87.9%。农民工欠薪问题迟迟得不到根本解决，当前保障农民工工资支付工作面临的压力依然很大。我国在2019年通过并发布了《保障农民工工资支付条例》，在条例中对农民工工作支付问题进行明确规定，要求落实农民工用工实名制。签订劳动合同、明确相关企业的支付方式、支付周期、保证金管理以及失信惩戒管理等，使得农民工欠薪案件数量、涉及劳动者、追讨资金数同比分别下降38.2%、14.0%、28.3%。

（三）民工工资风险管理会计方法

目前农民工工资风险问题有工资待遇低、劳动保护措施不严密、劳动条件差、劳动时间长、工作强度大以及参与社会保险比例低等问题，每个风险点均会给建筑企业造成不利影响，因农民工规模庞大，甚至会引起社会动荡。民工工资风险管理会计是对风险进行分析提出应对措施与控制的过程，通过分析制定完善的防范措施，从而使风险降低，管理会计是实现其目标、履行其职能的重要手段，在实际中方法比技术更重要，促进企业快速发展，进一步提升社会责任执行力，加强对农民工工资的保障力度，开展农民工工资风险管理会计工作的重点是通过管理信息掌握相关信息，需要用到概率论等数学工具，进行效果分析。

（四）风险产生的原因

我国大多数建筑企业在农民工工资发放与风险管理方面，存在不可忽视的问题，有的建筑企业并没有科学、合理、完善的风险管理措施，其发展受到严重影响。第一，部分建筑企业所属项目部会帮助农民工办理工资卡，并且发放到本人手中，但存在部分包工头以强硬手段控制农民工工资卡管理权的情况，这为劳务班组提供了随意克扣、挪用民工工资的"有利条件"。第二，虽然许多当地政府为农民工搭建了投诉信箱和平台，但许多时候上访时效性不能及时地满足农民工切实的需要。第三，更有部分建筑企业为了降低用工成本，在实际中采用包工头承包的用工模式，极大地加剧了农民工工资纠纷数量，增大风险。第四，有的劳务班组为了一己私欲，钻劳务承包合同无效、工地管理不规范以及工资标准不明等空子，常以农民工工资为借口向建筑企业索要劳务费，或私下组织农民工上门讨薪，引发安全事故，引起社会动荡。第五，部分建筑企业不重视不作为，没有完整的农民工工资风险管理体系，"任人唯亲"地选用信誉度不高、综合实力差、思想道德品质不好的分包队伍。第六，农民工本身权益意识不足，不会通过相关法律与制度保障自己的权益。

（五）风险发生造成的损失与影响

建筑企业农民工工资风险问题会导致一些负面影响出现，例如，加剧我国收入分配不平衡。自我国实行改革开放以来，我国收入分配差距的扩大已经开始伴随明显的"两极分化"的特点，如果收入差距持续扩大，将引发群体性贫困或区域性贫困，导致群体性矛盾和不同利益集团之间的冲突，从而有可能恶化社会秩序，威胁社会稳定。部分建筑企业会积极招聘特殊人才，但始终轻视普通的劳动者，尤其是农民工，没有全力保障农民工劳动者合法权益的意识，权利对分配产生了重大影响，部分建筑企业甚至会压低农民工的工资、减少劳动安全投资，以此来实现经济效益最大化。我国的农民工工资从20世纪90年代至今长期处于低水平。农民工工资风险发生之后会对建筑企业所属项目部以及企业利益造成巨大损失，阻碍建筑企业平稳发展，致使项目停工不能按时完成施工任务，如果与农民工产生纠纷，再加上新闻媒体的渲染，会导致建筑企业形象受到影响，建筑企业很难在本地区市场开拓。而且这个风险还会影响城市化发展的进度，影响就业结构的改善与产业结构的提升。

（六）农民工工资福利现状

目前在建筑企业中，农民工工资福利的现状主要是工作待遇较低，约40%的农民工没有与相关单位签订任何合同或者书面协议，约50%的农民工拿不到加班补贴，57%的农民工得不到工伤补偿，大多数农民工不能带薪休假，而且有将近80%的女职工不能带薪产假。劳动保护措施不严密，有13.86%的农民工反映雇主不能提供必要保护措施，11.79%的农民工每天工作时间超过12小时，74.81%的农民工没有参加任何保险，建筑企业农民工工资福利政策还存在一些严重问题，需要不断优化完善。

（七）风险管理体系

风险管理体系，包括风险管理策略、组织职能体系、内部控制系统与风险理财措施。

二、总体设计

（一）财务学习业务

通过加强财务管理学习能够有效提高业务素质，同时加强财务规划建设，使得相关工作人员的业务能力显著提升。例如，某集团组织全员参加财务知识培训，采用实际案例分析与实务操作相结合的方式高效解决财务人员在日常工作中遇到的困难与问题。让财务工作人员提高思想认识，树立正确的人生观、世界观、价值观，遵纪守法，恪尽职守，从实际工作中积累丰富的实践经验，有效提高自身的履职能力，努力钻研业务，加强相关理论知识学习，丰富自身的知识架构体系，提供更准确、真实、完整的会计信息。

（二）业务学习财务

不仅要求财务学习业务，还应要求业务学习财务。例如，攀钢集团公司委托会计学院办两期"工转财"培训，总培训时间为4个月，第一期2012年培训54人，其中25人转财务，25人是科长级别干部学习财务，第二期2015年培训后30人转岗财务。又如，贵州磷矿集团公司2020年8月送47人次学习财务3个月，转岗做财务工作。再如，国电集团举办5期储备干部集训班都加入了财务管理和管理会计课程。各行各业均在加强业务学习规范财务管理的意识。

（三）建立信息化与数字化平台

把信息化与数字化的平台整合业务流、财务流、信息流、实现"三流合一"，使得业财充分融合，以费用报销系统为例，将此思维转换到管控农民工工资风险系统，从用工打卡、到工资发放、再到工资签认，实现事前、事中、事后一整套信息化数字平台体系，做到在线监控，及时监管，防范化解风险。

（四）建立风险管理的组织体系

建筑企业农民工工资风险管理需要从企业的实际发展情况以及外部环境出发，围绕企业发展战略确定风险等级，针对不同风险等级提出最有效的风险管理措施。建筑企业建筑风险管理的组织体系，包括规范的企业法人治理结构、风险管理职能部门、内部审计部门、法律事务部门、其他相关职能部门、业务单位的组织领导机构及其职能。

（五）建立风险管控体系

建筑企业构建企业双重预防机制，建立农民工工资安全风险数据库，从组织、制度、技术以及应急措施等开展风险管控工作，让建筑企业农民工工资风险处于一个可控的范围，减少风险给企业造成的影响，促进建筑企业平稳发展。还可以建立完善的农民工工资风险公告制度，加强相关知识的培训。建筑企业建立健全完善双重预防机制的政府监督体系，对建筑企业农民工工资风险进行精准化动态监管，并对风险进行全面辨识与评估，能有效提高建筑企业安全保障能力，也保障了农民工的合法权益。此外还需强化政策引导与技术支撑，大力推进建筑施工安全责任保险制度，按时发放农民工工资，对建筑企业农民工工资风险进行管控。

（六）建立运行机制

建筑企业建立运行机制是全面风险管理体系的活力体现，其中包括决策机制，让风险管理部分有效行使决策权；执行机制，需要执行到位、不缺位、高效完成；制约机制，让风险管理体系相关工作人员有一定的决策权与执行权，规范工作人员的行为，严格按照企业规章制度开展相关工作，保证建筑企业农民工的合法权益，减小相关人员决策与执行不正确带来的影响；沟通机制，有效提高建筑企业农民工工资风险管理信息的传递效率，加强相关工作部门与工作人员之间的沟通，实现信息共享，从而健全建筑企业农民工工资风险管理信息系统；监控机制，加强建筑企业农民工工资风险管理，实现有效监控，让审计委员会与内部审计部门开展监控工作，分析农民工风险管理工作开展的情况，并针对问题提出建议；应急机制，对重大农民工工资风险进行预警，及时处理风险问题，降低损失；反馈机制，让决策者及时了解决策实施情况，根据信息反馈不断优化完善农民工工资风险管理；改进机制，有效提高农民工工资风险管理效率与质量，定期开展培训工作，不断提高风险管理水平；奖惩机制，对农民工工资风险管理的各种考核指标与风险事项进行考核，提高工作效率。

（七）建立制度体系

建筑企业建立的制度体系包括风险管理基本制度、风险管理具体制度、内部控制制度以及其他管理制度，规范建筑企业农民工工资风险管理行为，通过建筑企业农民工工资风险管理的实际情况开展相关工作，建立完善制度，保证建筑企业农民工工资风险管理工作正常顺利开展。

三、应用过程

（一）建立工资支付监控制度

建立工资支付监控制度，规范建筑企业的工资发放行为，维护农民工的合法权益，建筑工程项目部需要严格按照《中华人民共和国劳动法》与《工资支付暂行规定》等相关规定按时支付农民工工资，不能随意克扣或是拖欠农民工工资。规范建筑企业项目部发放农民工工资的行为，让项目部工作人员做到分工明确，明确分工到个人，规范考核制度，压紧压实责任，进一步确保建筑企业农民工工资按时发放、数额及领款人信息正确，保证建筑企业施工项目正常顺利进行。

（二）推行工资保证金制度

推行工资保证金制度，严格落实建筑企业农民工工资不拖欠的保证，建筑企业在当地人力资源社会保障行政部门核实工资保证金数额，在指定的银行建立工资保证金专用账户，实现推行工资保证金制度。人力资源保障行政部门每月对建筑企业农民工工资保证金缴纳和农民工工资发放情况进行监督，如果出现拖欠或克扣情况，应及时开展调查。例如，紫阳县建筑施工企业中已全面推行农民工工资保证金制度，累计征收农民工工资保证金 3 000 余万元，为 1 100 余名农民工追缴工资、开展法律维权，共挽回各项经济损失 4 474.5 万元，由此可见，推行工资保证金制度能有效减少拖欠农民工工资现象，建筑企业因农民工工资风险带来的不良影响也同时降低。

（三）推行企业劳动保障诚信制度

推行企业劳动保障诚信制度，规范建筑企业用工和工资支付行为。建立建筑企业劳动保障诚信档案，实行劳动用工"黑名单"制度，劳动行政部门把建筑企业划分成不同的信用等级，实现分类管理，以提高建筑企业的诚信度。劳动部门加大巡视检查力度，针对建筑企业农民工工资发放问题重点关注，建立一个完善的劳动保障诚信信息数据库，实现动态管理。创新管理方式，开展劳动保障诚信等级评价，在开展评价工作时相关工作人员遵循公平、公正、公开原则，对于失信的建筑企业要进行处罚。劳动保障部门需要加大普法教育力度，让建筑企业明白诚信的重要性，有效提高建筑企业的形象，规范建筑企业用工。

（四）全面推行劳动合同制度实施行动计划

全面推行劳动合同制度实施行动计划，建筑企业对招用的农民工都依法订立书面劳动合同，建立权利义务明确、规范的劳动关系，相关部门还建立完善基础的劳动用工登记制度，需要登记农民工签订、续订、解除以及终止劳动合同等情况，让建筑企业按照国家相关规定到当地劳动保障行政部门办理登记备案手续，如果建筑企业不依法履行相关义务，不改正问题，建筑企业将收到处罚。这样加大了对建筑企业签订合同情况的执法监察力度，有效提高建筑企业农民工劳动合同签订有效率。

（五）签订劳动合同

我国法律已经明确了所有的劳务人员如果不签订劳动合同就不可以进场施工，但是由于建筑企业农民工具有流动性与欠薪的可能性，劳动监察部门在开展工作的过程中存在很大的困难与阻碍。因此就需要让农民工与建筑企业签订劳动合同，让农民工与建筑企业按照《中华人民共和国劳动法》或者其他相关规定严格签订劳动合同，然后把合同签订制度落实到位，在农民工签订的合同中明确工资数额、工作岗位、录用时间等，建筑企业按时发放农民工工资。

（六）明确工资支付责任

建筑企业需要建立保障农民工工资支付协调机制与工资拖欠预防机制，加强建筑企业承包单位的劳动用工管理，消除建筑企业农民工工资支付的矛盾，对于建筑企业拖欠农民工工资的行为，让有关部门依法进行处罚，保障建筑企业农民工工资支付工作，实现无欠薪，明确建筑企业农民工工资支付责任。

（七）完善工资发放制度

完善工资发放制度，加强对建筑企业农民工薪资的监管，做到分工明确、责任到人，保证建筑企业农民工工资正常、顺利、准确地发放，建筑企业应该把工资直接发放到农民工手里，不需要让班组长或者包工头代领。建筑企业项目部也可以采用银行存折发放工资，或者让专业的工作人员监督农民工工资发放情况，如果出现拖欠现象，及时采取相应措施，降低影响。

（八）建立日常工作机制与监督机制

建筑企业建立日常工作机制与监督机制，加强对农民工工资风险管理，让建筑企业项目部有效开展相关工作，监督劳务施工班组依法支付农民工工资，消除欠薪现象，让农民工工资按时发放，建筑企业项目部也可以让项目部设立一个农民工工资保障专栏，让农民工能够依法维护自己权益，同时也保证建筑企业施工项目正常顺利进行，有效提高项目的施工质量与效率。

（九）提高农民工的法律维权意识

建筑企业可以提高农民工的法律维权意识，主动对农民工普及法治知识，加强法治宣传，通过相关培训教育活动，让农民工了解自己的权利，在工作过程中遇到问题时，懂得用法律武器维护自己的合法权益。建筑企业相关部门还可以要求总包单位在建筑项目施工现场或者是农民工日常休息区域设立告示牌，告示牌上展示的内容就是关于农民工工资发放的时间与形式、相关的方针政策与制度、法律法规、克扣与拖欠工资的投诉举报电话以及项目负责人的电话信息等，让农民工及时地反映自己遇到的问题，让建筑企业及时了解农民工的需求，及时采取措施解决问题。由于农民工具有分散流动性强的特点，建筑企业可以鼓励农民工建立工会组织，在出现建筑企业欠薪的问题时，让工会组织的代表人与建筑企业进行沟通，减少农民工与建筑企业之间的矛盾纠纷，切实维护农民工的合法权益，有效提高建筑的形象与市场竞争力，促进建筑企业高质量发展。

（十）加强队伍建设

加强队伍建设需要建筑企业定期开展相关培训活动，让相关工作人员积极参加，让工作人员明白农民工工资按时发放的重要性，明白建筑企业农民工工资风险管理的必要性以及对建筑企业发展的影响，提高工作人员的工作能力与专业素养，使得建筑企业农民工工资风险管理整体队伍开展工作的效率与质量提高。建筑企业与各级政府还需要提高农民工的综合素质，加强对农民工的综合培训，提高农民工的职业技能，让低水平的农民工通过培训并考核合格，对于建设项目需要严格要求，农民工需要持证上岗，这样建筑企业可以高效地招聘所需工人，充分认识自己，及时解决问题，提高建筑企业农民工的整体技能水平。

（十一）把支付农民工工资情况纳入绩效考核

建筑企业把支付农民工工资情况纳入绩效考核可以有效提高工作人员的工作效率与质量，降低工作失误率，也有效提高工作人员的工作兴趣与积极性，保证农民工按时足额地获得相应工资。

（十二）建设单位项目资金落实义务

建设单位项目资金落实义务，建设单位需要满足施工所需要的资金安排，如果不能满足，建设施工项目不能建设实施，政府投资项目所需的资金，需要按照国家有关规定落实到位，不能让施工单位垫资建设。建设资金保障是农民工工资保障的源头，如果建设资金不能满足施工需求，那么也就会出现建筑企业拖欠农民工的现象。通过规定建设单位资金保障义务，高效解决农民工工资拖欠问题，有效控制建筑企业农民工工资风险，提高农民工工资风险管理效率，保障农民工合法权益。

四、取得成效

（一）应用前后情况对比

目前，建筑企业农民工工资问题依然存在，并且对建筑企业会产生很大影响。建筑企业农民工工资支付的风险有社会信用风险、垫付信用风险、工程结算方式不完善以及农民工用工稳定性不足风险等，针对这些风险采取建立工资支付监控制度、推行工资保证金制度、推行企业劳动保障诚信制度、全面推行劳动合同制度实施行动计划、签订劳动合同以及明确工资支付责任等措施，有效解决问题，促进社会和谐稳定发展，为解决农民工工资风险管理会计提供借鉴与参考。

（二）有效评价

针对建筑企业农民工工资风险，我们深度剖析背景，分析风险产生原因，通过总体设计及整体应用过程，及时采取相应措施针对性解决风险问题，最大限度降低农民工工资风险带来的不利影响，促进当地经济发展。

五、经验总结

（一）农民工工资管理会计方法成功的原因

建筑企业农民工工资风险出现的原因有农民工自身的原因、建筑企业自身的原因、政府管理的原因以及社会原因，在本文的研究中，是针对这四个原因进行分析，并提出了有效解决措施，本文案例中农民工工资管理会计方法取得了有效成果。

（二）民工工资管理会计方法的优缺点

本次研究是针对建筑企业农民工工资风险管理的调查与分析，并对相关内容进行经验总结，对建筑企业农民工工资克扣与拖欠这一现象反复进行分析研究，通过数据分析问题，进行实践分析研究，找到了有效解决建筑企业农民工工资风险问题的措施，强调农民工工资风险的利害关系。

（三）对发展与完善农民工工资管理会计方法的建议

根据《中华人民共和国劳动法》《工资支付暂行规定》等相关规定，建筑企业农民工工资发放支付情况选择农民工工资管理会计方法，重视农民工工资管理，把农民工工资发放情况作为一项重要工作，加强对农民工工资的管理。

（四）对推广农民工工资管理会计方法的建议

相关企业加强农民工工资管理会计方法的学习，严格执行农民工工资支付制度，加大农民工工资管理会计方法的宣传力度，充分发挥网络的便利性，在宣传栏或者是广告牌上展示农民工工资管理会计的重要性以及包含的主要内容，引起相关企业与相关部门的重视。

（中铁八局集团有限公司　杨兢业　周用宽　康　旭　肖世莲　蒋姣馨）

强化"双清"考核　助力企业提质增效

【摘要】 国家战略转型在财经领域落脚点之一就是深化管理会计体系建设，管理会计为企业规划、决策、控制和评价提供有用信息，助推企业实现战略发展规划。财政部发布了"22＋7"项管理会计应用指引，其中绩效管理旨在激发和调动员工积极性，增强价值创造能力。近几年国家经济下行，基建行业"两金"持续攀升，资金周转出现困难，严重制约企业发展升级，"双清"成为企业发展规划各项工作重中之重。

本文以"强化'双清'考核、助力企业提质增效"为题，通过研究管理会计的基础理论，收集数据，现场走访，采取调查法、文献法及总结法相结合的研究方法，分析目前制约案例公司发展进程的瓶颈及其形成原因，从"两金"高企源头出发，围绕"唯实唯效、强基提质"工作主题，紧扣高质量发展，着力在解决企业"双清"难题上下功夫，以实现企业发展目标作为结果导向，充分分析掌握制约企业发展的关键因素，力求在制定考核方案时做到有的放矢，形成有效的考核制度，强化考核、压实责任，致力于打破瓶颈激发企业高质量发展内生动力，形成了"以清收促清欠，相互制约、相互补充"的新考核机制，助力企业提质增效，助推企业实现高质量发展。

一、背景分析

（一）管理会计背景简要分析

管理会计是管理学和会计学有机联系的应用性学科，服务于企业内部管理需要，利用管理会计工具方法，参与企业规划、决策、控制、评价活动并为之提供有用信息，推动企业实现战略规划，助力企业实现提质增效。

国家战略转型升级在财经领域落脚点之一就是深化管理会计体系建设，财政部2016年发布《财政部关于印发〈管理会计基本指引〉的通知》，2017年制定了《管理会计应用指引第100号——战略管理》等首批22项管理会计应用指引，2018年制定了《管理会计应用指引第202号——零基预算》等7项管理会计应用指引，指导企业管理会计实践，以促进企业加强管理会计工作，提升内部管理水平，促进经济转型升级。

绩效管理作为企业管理中的关键环节，通过约束、激励充分激发和调动员工参与企业管理的积极性，绩效管理最终落脚点在于绩与效，考核方案的设定不需要多么高深精准，而是要切合企业发展实际，以实现企业发展目标作为结果导向，充分分析掌握制约企业发展的关键因素，在制定考核方案时做到有的放矢，形成有效的考核制度。

（二）国家经济运行情况简要分析

自改革开放以来，国家经济发展实现40多年的高速增长，随着国家发展环境变化，经济发展转向聚焦发展质量，党的十九大报告明确指出，"我国经济已由高速增长阶段转向高质量发展阶段"，党的二十大报告指出"高质量发展是全面建设社会主义现代化国家的首要任务"。国家近年来经济运行总体上延续恢复态势，各地区深入贯彻党中央、国务院决策部署，坚持稳中求进工作总基调，着力推动高质量发展，稳增长、稳就业、稳物价政策效应持续显现，生产需求逐步恢复，就业和消费价格总体稳定，经济运行保持恢复态势，发展质量继续提升。但同时国际环境依然复杂严峻，世界经济增长乏力，国内经济恢复向好，但市场需求仍显不足，一些结构性问题比较突出，推动经济高质量发展仍需坚持稳中求进工作总基调，完整、准确、全面贯彻新发展理念，加快构建新发展格局，全面深化改革开放，着力恢复和扩大需求，加快建设现代化产业体系，推动经济整体好转，促进经济实现质的有效提升和量的合理增长。

（三）建筑行业现状分析

图1和表1显示，"十三五"期间，我国建筑业改革发展成效显著，全国建筑业增加值年均增长5.1%，占国内生产总值比重保持在6.9%以上，建筑业在国民经济行业中所占比重仅次于农业和工业，对我国经济发展具有举足轻重的作用。建筑业作为国民经济支柱产业，为促进经济增长、缓解社会就业压力、推进新型城镇化建设、保障和改善人民生活、决胜全面建成小康社会作出了重要贡献，但在取得成绩的同时，建筑业依然存在发展质量和效益不高的问题，最大的瓶颈在于"现金流"。

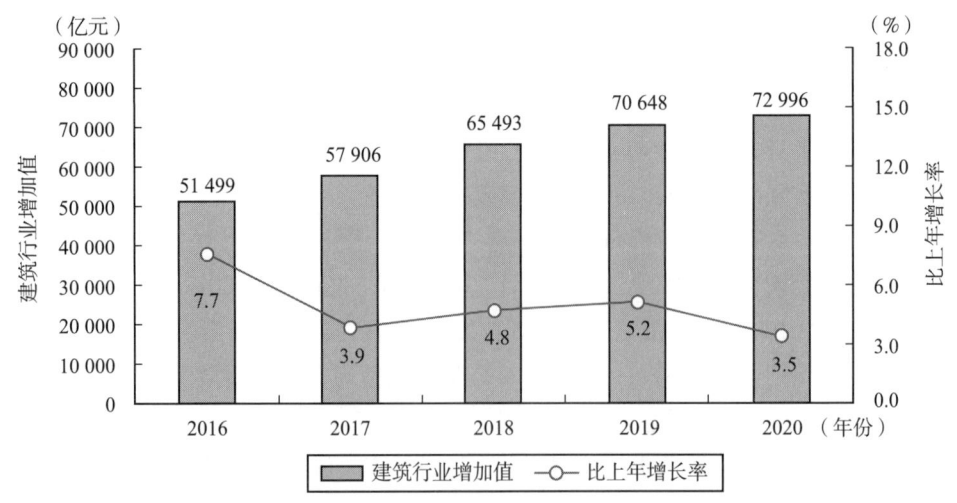

图1　2016～2020年建筑业增加值及其增长速度

表1   2016～2020 年建筑行业增加值占比情况

序号	年份	国内生产总值（亿元）	建筑行业增加值（亿元）	占比（％）
1	2016	746 395	51 499	6.90
2	2017	832 036	57 906	6.96
3	2018	919 281	65 493	7.12
4	2019	986 515	70 648	7.16
5	2020	1 015 986	72 996	7.18

二、施工企业"现金流"呈现的主要表现

（一）资金短缺，造血功能缺乏

现金流就像企业的"血液"，"血液"循环顺畅，企业才能健康发展。建筑企业经营处于中间两难地位，上游为各大地方政府平台等业主单位，下游为民营企业、农民工。自2020年新冠疫情以来，财政突发性救助支出加大，实体经济经营受到严重影响，房地产市场降温，财政收入减少，各地方财政吃紧，加上业主单位处于强势地位，建筑企业债权回收困难，现金流入降低，形成债权倒挂，企业资金周转能力下降，资金短缺严重制约企业发展进程。民营企业、农民工属于国家保护阶层，资金回流困难的情况下刚性支付压力加大，债务风险突增。目前大多数建筑企业疲于应对各类债务上访、投诉或诉讼等风险，生产经营步伐受资金牵制"迈不开腿"，甚至部分建筑企业出现职工工资、社保拖欠情况，资金不能有效回收实现良性循环，企业各项经营管理工作开展不利。

（二）垫资施工，加剧资金压力

自PPP项目开始实施引入"社会资本"概念以来，"前融＋建设期低比例支付或零支付＋延期支付"普遍存在，表面为投融建项目，实际上归根结底就是垫资施工项目。建筑行业市场竞争激烈，很多政府平台项目，项目启动前就要求施工单位协助融资或直接以缴纳诚意金、履约保证金等形式投入资金，谁愿出钱、谁多出钱、谁出钱最快，谁就有承揽项目优势，为了项目承揽，各建筑企业以大额现金投入为业主单位垫资征拆资金、启动资金，近几年因建设资金项目之间互相拆补，业主到期不能归还，资金长期被占用。项目承揽到手，合同约定施工单位建设过程中全垫资，或者按施工工序满足一定条件方可支付较低比例工程进度款，剩余工程款以竣工结算审计定案为节点延期支付。施工过程中项目建设手续滞后，融资未按计划及时落地，加上业

主结算不及时，以及竣工结算和审计定案启动晚，导致各节点进度结算周期延长，工程进度款、质保金不能按时足额回收。从承揽到完工结算全过程垫资金额大、周期长，债务风险集中至施工企业。

（三）政府隐债，资金回收困难

2023 年政府工作报告中提出各级政府要过紧日子，从 2022 年全国 31 个省份负债情况来看（见表 2），负债率 50% 以上的有 6 个省份，负债率最高的青海省高达84.3%，排名第二的贵州省负债率为 61.89%，贵州省人民政府研究发展中心更是在2023 年 4 月发布公告：化债工作推进异常艰难，靠自身能力已无法化债。实际上，各省地方政府均不同程度存在隐债，隐债更进一步加重了财政负担，隐债化解从2018 年开始推动，2020 年受新冠疫情影响，各地方政府财政收入下降，化解进程减慢，各政府平台公司融资发债困难，工程款拖欠情况加剧，施工企业资金回收困难重重，企业发展举步维艰。

表 2   2022 年各省份负债情况

排名	地区	债务总量（亿元）	GDP（亿元）	负债率（%）	排名
1	广东省	25 082.3	129 118.6	19.49	29
2	山东省	23 588.0	87 435.0	27.00	21
3	江苏省	20 694.1	122 875.6	16.80	31
4	浙江省	20 168.8	77 715.0	26.00	23
5	四川省	17 705.4	56 749.8	31.20	18
6	河北省	15 749.1	42 370.4	37.20	13
7	湖南省	15 405.1	48 670.4	31.70	17
8	河南省	15 103.8	61 345.1	24.60	26
9	湖北省	13 900.0	53 734.9	25.90	24
10	安徽省	13 304.1	45 045.0	29.50	20
11	贵州省	12 470.1	20 164.6	61.89	2
12	云南省	12 098.3	28 954.2	41.80	9
13	福建省	11 901.7	53 109.9	22.40	28
14	辽宁省	10 979.8	28 975.1	37.90	12
15	江西省	10 859.5	32 074.7	33.90	16
16	北京市	10 565.3	41 610.9	25.40	25

排名	地区	债务总量（亿元）	GDP（亿元）	负债率（%）	排名
17	重庆市	10 071.0	29 129.0	34.60	15
18	陕西省	9 782.2	32 772.7	29.89	19
19	广西壮族自治区	9 714.2	26 300.9	36.90	14
20	内蒙古自治区	9 339.8	23 159.0	40.39	10
21	天津市	8 645.5	16 311.3	53.00	5
22	上海市	8 538.6	44 652.8	19.11	30
23	新疆维吾尔自治区	7 852.7	17 741.3	44.30	8
24	黑龙江省	7 290.9	15 901.0	45.90	7
25	吉林省	7 167.6	13 070.2	54.80	3
26	山西省	6 285.8	25 642.6	24.50	27
27	甘肃省	6 087.5	11 201.6	54.30	4
28	海南省	3 486.6	6 818.2	51.10	6
29	青海省	3 044.3	3 610.1	84.30	1
30	宁夏回族自治区	1 996.3	5 069.6	39.40	11
31	西藏自治区	560.7	2 132.6	26.30	22

三、案例公司发展现状分析

（一）案例公司简介

案例公司为某大型建筑央企全资子公司，该公司具有各类资质共 10 项，其中，施工总承包资质 4 项、专业承包资质 6 项。公司产业结构主要分为建筑施工业和多元产业 2 个部分。其中，建筑施工业包括铁路、公路、市政公用、房屋建筑、轨道交通、水利水电等基础设施的施工；多元产业包括工业、租赁等，年施工能力在 100 亿元以上。

长期以来，案例公司扎根贵阳属地市场，深耕广西、江苏、河北等增量市场，聚焦房建、市政、公路等支柱产业，积极拓展城轨、第二曲线板块，致力于构建具有核心竞争力的一流综合性施工企业。公司始终坚持以经济效益为中心、以经营为龙头、以项目为根基、以改革为动力、以科技创新为驱动，紧紧围绕高质量发展主线，坚持促改革、强经营、提质效、抓党建、稳增长，努力践行大商务管理理念，企业发展态势持续向好。

（二）案例公司经营状况分析

从案例公司 2020～2022 年主要财务指标完成情况来看（见表 3），公司规模效益发展持续稳定增长，公司发展态势持续向好。从某大型建筑央企 2021 年股份 20 强三级子企业评比标准来看，由聚焦规模转向规模、效益、质量三者并重，更加强调"有质量的发展、有现金的效益"。

表 3   **2020～2022 年主要财务指标完成情况**

序号	指标项目		2020 年	2021 年	2022 年
1	新签合同额	集团预算（亿元）	1 500 000	2 130 000	2 540 000
		实际完成（亿元）	1 751 339	2 898 787	2 681 520
		完成比例（%）	116. 76	136. 09	105. 57
2	营业收入	集团预算（亿元）	500 000	650 000	700 000
		实际完成（亿元）	488 836	651 482	642 082
		完成比例（%）	97. 77	100. 23	91. 73
3	利润总额	集团预算（亿元）	10 000	13 600	15 000
		实际完成（亿元）	13 522	15 875	16 232
		完成比例（%）	135. 22	116. 73	108. 21
4	经营性净现金流	集团预算（亿元）	13 600	14 200	15 700
		实际完成（亿元）	21 408	56 503	22 548
		完成比例（%）	157. 41	397. 91	143. 62

案例公司自 2015 年以来，始终坚持"以经济效益为中心"的管理思路，强经营、重管理、促效率、出效益，持之以恒谋发展，"十三五"规划和"十四五"规划坚持高质量发展目标不动摇，守在贵州、广西、新疆等经济欠发达省份，经过十几年的努力，从亏损经营走向积累经营，从困境走向发展，但随着发展带来的"两金"攀升问题也成为制约公司发展的关键因素，突出表现在以下几个方面：

1. 业主结算滞后，已完未验压降困难

（1）收尾项目结算周期长。截至 2022 年末，案例公司已完未结、久竣未结项目共计 58 个，开累结算总额为 157.23 亿元，目标结算总额为 164.92 亿元，已完未验总额为 7.69 亿元。按完工时间分类：完工 5 年以上的项目 9 个，已完未验 5 930 万元；完工 4～5 年的项目 6 个，已完未验 4 060 万元；完工 3～4 年的项目 4 个，已完未验 3 918 万元；完工 2～3 年的项目 17 个，已完未验 20 327 万元；完工 1～2 年的项目 15 个，已完未验 37 913 万元；1 年以内的项目 7 个，已完未验 4 735 万元。从公司完工项目未结算总体情况来看，超 1 年以上未结算的项目占比 87.93%，项目完工结算周期普遍较长，已完未验长期挂账不能及时确权，收款比例不能提高，资金回收无源。

（2）在建项目结算滞后。案例公司经营属地贵州，近几年贵阳市场对公司产值贡献平均在40%左右，贵阳属于典型的"三边"工程，因手续不完善导致已完产值结算不及时，甚至出现因政策或设计的调整，项目暂缓建，结算严重滞后。部分项目因业主单位资金困难或融资不能及时到位，未能按合同约定定期办理结算。

2. 应收账款持续攀升，资金回收困难

（1）投融建项目整体收款比例偏低。案例公司从2020年开始，投融建项目承揽份额占比增加，大部分投融建已完工，过程中工程款支付比例偏低，完工后结算滞后不能及时确权提高支付比例，整体资金回收比例偏低，截至2022年末，投融建项目开累结算总额35.57亿元，累计收款17.39亿元，应收账款总额18.17亿元，收款比例仅48.89%。

（2）贵州片区项目欠款总额高。案例公司自2015年10月以来，通过自身努力树立优质高效的企业施工形象，属地经营取得良好的经营成果，截至2022年末贵州片区项目开累结算总额171.91亿元，累计收款126.9亿元，应收账款总额为44.95亿元，整体收款比例为73.82%。

四、强化"双清"考核，提升资产质量方案

2023年，是全面贯彻党的二十大精神的开局之年，是实施"十四五"规划承上启下的关键之年，案例公司要持续实现高质量发展，迫切需要解决"双清"问题。为切实调动员工工作激情，形成全员参与"双清"的积极氛围，案例公司着力在"双清"考核上下功夫，从实际出发优化"双清"考核方案，进一步明确指标、压实责任，形成了"以清收促清欠，相互补充、相互制约"的新考核机制，"一份责任，双重考核"，建立工作专班，实现上下联动，促进利润持续变现，提升企业资产质量。

（一）"双清"考核总体设计思路

1. 突出系统思维，整体谋划推进

案例公司将"双清"列为企业年度重点工作，全面梳理债权债务，并根据债权清收潜在风险，划分三个级别，制定针对性措施推进工作开展。一是成立以公司党政主要领导为组长的"清欠"工作领导小组，做好统筹指导协调，积极对相关工作进行统一部署，督促各级领导干部压实责任。二是针对重难点欠款的历史遗留问题，公司进行挂牌督办，充分发挥组织保障作用和督导帮扶作用，尤其是针对各单位在推进工作中出现的痛点、堵点问题，积极汇总反馈协调，加大公司"双清"工作推进力度。三是结合具体情况，按项目逐项制定"双清"计划，适时成立清欠工作专班，强化联动合作机制，打通信息传递通道，精准施策、主动出击、以点带面，扎实推进

重难清收清欠。

2. 突出制度引领，加快动力转换

公司深入分析梳理当前债权债务情况，结合实际，制定《××公司2023年"清欠"工作考核办法》，全面确保"双清"工作高效推进。一是明确清欠考核目标、考核对象，落实考核责任，确定考核周期，并将周期内完成情况纳入责任人年度KPI考核评分，倒逼责任人真抓实干、开阔思路。二是以2022年末既有债权项目为基础，按目标责任人任期内最高年度收入的一定比例，设定清欠风险考核标准保证金，同时明确若保证金缴纳不足，则考核兑现时只罚不奖。三是按考核办法要求，严格及时兑现奖惩，激发担当作为，过程中根据实际完成进度，动态开展奖罚考核，让奖励及时发到手里，罚款及时落到人头。同时，明确考核时限和标准，及时公开奖罚具体情况，让考核公正透明。

3. 突出齐抓共管，丰富考核模式

公司坚持分类施策、奖惩斗硬、有效激励，与责任人签订"双清"责任书，严格执行"奖罚对等"的考核机制。一是强化考核导向，公司将总体债权的一定比例作为考核奖励，并兑现相应保证金，确保奖励和约束并进，充分发挥考核"指挥棒"作用，形成共抓债权清理的良好局面。二是根据既有债权考核、新增债权考核、保理本息清欠三种性质债权，构建多种兑现模式，压实新形势下的责任链条。三是分类别制定考核标准，"一项一策"灵活执行。2023年公司既有债权清欠总体目标为40亿元，针对既有债权，除部分完工结算多年项目等直接设定奖励标准额度外，其他项目根据项目特性，分别设立一档1.2%、二档1%、三档0.8%的奖励比例，让干部职工"够得着"、有动力，科学加快债权转化。

4. 突出持续发展，激活争先动能

公司从对标提升和人才培养等方面入手，多措并举建立常态长效工作机制，为推动企业清收清欠工作提供人才支撑。一是定期召开"双清"工作会，进行业绩晾晒，促进干部职工牢固树立"清收就是创收、清欠就是贡效""现金为王""资金时间价值"的工作理念，进一步增强"双清"工作的紧迫感和责任感，形成你追我赶的积极氛围。二是建立健全培训培养和评价使用配套机制，使知识型、技能型、创新型专业化人才不断涌现，充分提升管理效率。三是持续强化人才队伍梯队建设，通过公司公开招聘吸纳各类人才，重点关注收尾项目、人才劳务中心人员，激发"鲶鱼效应"，盘活人才资源。

（二）应用过程

1. 建立健全工作机制，提供坚实的组织保障

（1）成立工作领导小组，建立健全工作机制。以总经理为组长，总会计师、分

管副总经理为副组长，财务会计部、商务管理部、市场营销部、工程管理部、物资机械部、法律合规部等相关部门负责人为组员的"双清"工作领导小组，并具体明确相应的职责，共享即时信息，确保"双清"工作部门间联动高效履职，为"双清"工作的开展提供坚实的组织保障。工作领导小组具体分工如下：

①组长。主要负责安排部署全司"双清"工作，监督全司"双清"工作开展情况。

②副组长。按照组长"双清"工作主要安排，负责安排部署所分管项目及所分管部门"双清"工作，同时监督所分管项目及部门"双清"工作开展情况。

③财务会计部。根据组长的统筹安排，在分管系统副组长的带领下，牵头负责全司"双清"工作中"清欠"部分，制定"清欠"考核方案，推进考核方案执行，监督项目"清欠"工作完成情况，根据"清欠"考核方案对各单位完成情况进行考核。

④商务管理部。根据组长的统筹安排，在分管系统副组长的带领下，牵头负责全司"双清"工作中"清收"部分，制定"清收"考核方案，推进考核方案执行，监督项目"清收"工作完成情况，根据"清收"考核方案对各单位完成情况进行考核。

⑤法律合规部。根据组长的统筹安排，在分管系统副组长的带领下，牵头负责全司法律"清欠"部分，负责法律诉讼全过程工作。

⑥其他相关部门。根据组长的统筹安排，在分管系统副组长的带领下，全面协调配合"双清"工作开展。

（2）建立健全"双清"工作责任体系。按照"谁放账、谁清收"等管控原则，明确存货、债权项目的压降领导和责任人，自下而上建立全系统、全级次、全覆盖的责任体系。实行"谁经办、谁负责"的"一站到底"管理责任制，遇有员工岗位调整时必须办理业务交接手续，确保所有应收款项都处于严格控状态。

2. 改变传统"双清"考核思路

（1）分类考核。

公司结合年初实际情况，同时充分发挥管理会计对未来的预测职能，转变考核思路，形成将债权分为既有债权和新增债权进行考核总体思路，其中既有债权指各项目已经完成施工内容且形成正式验工计价资料的债权，新增债权指预计将完成施工内容且形成正式验工计价资料的债权。在总体思路前提下，完善具体考核思路：一是新开工项目部按照公司工程部下达产值计划的80%为基数，根据合同约定收款比例计算，即为本年收款目标（该部分债权为新增债权）；二是在建项目部按照年初到期债权和2023年公司下达产值计划的80%为基数，根据合同约定收款比例，即为本年收款目标（年初到期债权为既有债权，按照2023年产值计划计算应收债权为新增债权）；三是收尾项目部根据公司商务部的结算目标为基数，扣除合同约定的质保金和年初开累已收款后，即为本年收款目标（该部分债权为既有债权）；四是完工已结算项目部按照年初债权余额全部下达，未到期质保金除外，即为本年收款目标（该部分债权为既有债权）。

（2）加大考核奖惩力度。

公司以往"双清"考核机制较为单一，单纯以回款金额乘以固定较低的奖励比例进行考核兑现，量、质不对等，对调动员工参与清欠积极性作用不大。经测算，以10亿元债权清欠目标为基数，资金未收回按照2023年8月21日中国人民银行公布的1年期贷款市场报价利率（LPR）3.45%计算，每年资金成本约3450万元，公司近三年平均每年收回45亿元左右资金，兑现的考核总额平均不到300万元，相较于资金成本来看，加大"双清"考核有利于促进资金快速回收，能有效降低资金占用对效益的蚕食。

2023年初，公司认真研判，结合管理会计中绩效管理应用，提出了对"清欠"考核加大奖惩力度的思路，针对既有债权，除部分完工结算多年项目等直接设定奖励标准额度外，其他项目根据项目特性，分别设立一档1.2%、二档1%、三档0.8%的奖励比例，极大地激发和调动员工"清欠"工作积极性，增强价值创造能力。同时新考核方案将项目经理、项目书记、项目财务部长、项目商务部部长作为项目指定"双清"责任人，并由项目经理自行组团纳入其他人员作为责任人，公司对既有债权考核预留责任人最高年度收入的20%作为"双清"风险金，未完成目标任务将按照未完成比例对应扣收风险金作为处罚，对2023年项目竣工结算目标和既有债权清欠目标均未完成，加扣目标责任人和项目其他领导班子次高年度收入的20%作为罚款。考核方案形成奖罚对等新机制，致力于多收重奖，将资金占用成本转变为公司效益同时，可适当提高职工待遇，这与公司提倡企业发展要有利于为职工谋福利发展目标一致，与管理会计要求通过激励调动员工积极性以实现企业发展战略目标一致。

（3）"清收清欠"挂钩考核。

结合公司项目"两金"构成情况来看，大部分项目在过程中或完工后业主结算滞后，按照业主结算与合同支付条款约定均显示已达到合同约定收款比例，实际上因为确权滞后问题导致公司"两金"攀升，一方面已完工未结算未及时确权导致不能及时向业主催收款项，另一方面结算工作推进较慢，无法提高收款比例，使得应收账款余额较大，清收严重制约公司资金回收。同时，项目收尾后因资金回收乏力导致债务到期刚性支付风险加大，企业发展信誉受到影响。针对上述情况，公司转变以往考核思路，将"清收""清欠"挂钩考核，既有"清收"目标又有"清欠"指标，以完成"清收"目标为前提，促进"清欠"指标实现，为此，公司将"清收""清欠"双重目标纳入同一份考核责任书，明确具体目标及责任，实现"一份责任，双重考核"，旨在提高全员"双清"意识，主动参与到"双清"工作中，实现以"清收"促"清欠"，相互制约、相互补充的新考核机制，两项指标均完成，可提高相应奖励比例，两个指标均未完成，加重处罚，奖惩分明。2023年公司累计完成64份"双清"责任书签订，明确了各项目指标情况，督促各项目全力保障"双清"工作开展，实现了挂钩考核。

3. 制定考核方案

（1）应收债权"清欠"考核方案情况。

2023年初，公司制定了"百亿清欠指标"考核方案，其中既有债权回收指标40亿元，新增债权回收指标61.21亿元，合计101.21亿元。

一是既有债权考核方案情况：结合公司2022年末应收账款构成情况，充分考虑清收目标节点影响，对照合同支付条款约定，公司下达既有债权清欠目标40亿元。

二是新增债权考核方案情况。2023年初公司产值计划102亿元，其中新开工项目50.69亿元，在建项目46.86亿元，实体单位、收尾项目、停工项目及已结算项目4.44亿元，根据考核思路下达新增债权回收指标61.21亿元，其中新开项目32.44亿元，在建项目26.03亿元，实体单位、收尾项目、停工项目及已结算项目2.74亿元。

（2）"清收"考核方案情况。

2023年初公司久竣未结项目共计58个，结合各项目实际情况，公司制定了"清收"考核方案，"清收"考核目标共计162.21亿元，其中2023年需完成"清收"目标的项目38个，目标合计98.06亿元，2024年需完成"清收"目标的项目20个，目标合计64.15亿元。

4. 考核方案的执行

（1）对考核方案进行常态化的宣贯和部署。

在年初"双清"考核方案制定后，案例公司逢会必谈"双清"，提出了"清收就是创收，清欠就是贡献""清欠是公司2023年重点工作中重中之重""抓实双清工作、严控'两金'是公司头等大事""公司领导及分管领导要亲自上手抓双清，项目责任团队要积极主动实现双清目标"等具体工作要求，旨在提高公司全员"双清"意识，上下协动参与到"双清"工作中，完成本年"双清"任务指标。

（2）注重过程管控。

针对2023年"双清"考核指标，公司商务部、财会部分别对各项目"清收""清欠"指标完成情况进行统计，并每周向公司领导班子进行通报，以此对项目形成强有力的督促。同时，针对重难点项目实行"一项一策""一项一议"，专题会议明确具体措施办法，加强公司对项目的帮扶指导，每周定期对完成较好或较差的项目进行复盘推演，针对问题明确具体上级帮扶领导，及时掌握推进进度，积极协调各类资源确保实现突破。同时丰富"双清"手段，从"压实责任、创新模式"上实现突破，及时约谈，明确节点目标，准确研判业主，做到早谋划、早动手，坚持"以打促谈""以打促收"两手上，两手都要抓。

（3）成立清欠工作专班。

公司本年成立清欠工作专班，强化联动合作机制，打通信息传递通道，精准施策、主动出击、以点带面，扎实推进重点、难点项目清收清欠工作。

（4）强化"双清"考核兑现。

针对公司年初制定的考核方案，公司采取过程预考核制度，严格按照年初制定的考核标准，本着不突破年度最高考核的原则，根据各项目完成情况，进行半年度预考核，严格考核兑现，突出奖惩力度，激发员工工作积极性。

5. 具体项目案例

（1）A项目"双清"案例。

A项目2022年末应收业主履约保证金5 700万元，其中逾期未收2 167万元，因业主资金困难一直未及时退还。公司清欠考核办法下达及责任书签订后，项目经理立即带领团队打破常规积极清欠，项目每日蹲守业主，但蹲守并非单纯向业主报到式完成任务，而是针对业主当前困难带着方案去与业主协商解决方案。业主融资困难重重，项目带去的方案一个又一个，期间有分歧、有争议，但项目团队始终意志坚韧，主动思考，积极协调，帮业主找金融资源，寻求上级政府支持，积极协助业主解决融资推进过程中遇到的种种难题。项目团队在清欠过程中充分发挥"钉子精神"，定期向业主及业主上级政府领导"吹风"，除上门蹲守外，定期短信向相关领导汇报工作和表达慰问关心，同时积极收集资料做好法律诉讼准备，并通过律师发函等方式向业主施压，在与业主谈判过程中始终坚持公司"以经济效益为中心"的经营方针，讲策略，避其锋芒，充分获得业主理解认可。经过努力，项目于2023年3月全额收回履约保证金5 700万元，同时全额收回逾期利息，成为第一个100%完成公司清欠目标的项目。按照2023年度清欠考核办法预考核最低应奖励项目40万元，项目履约保证金回收后，可卸掉包袱轻装上阵奔赴新的工作岗位，经历本次清欠后更能在新项目积极主动开展"双清"工作，为公司提质创效作出贡献。

（2）B项目"双清"案例。

B项目本年工期紧、任务重，根据业主工期要求，项目须于7月份前达到交付使用条件，同时，公司下达的产值任务指标及清欠指标重，在抢工期的同时不注重已完工程的结算确权，项目将难以完成清欠目标任务，资金不能及时回收，债务风险加大。公司制定"双清"考核方案并与项目签订考核责任书后，项目经理改变以往工作思路，成立"双清"工作团队，提高"双清"意识，强调"清收"工作的重要性，明确相关部门责任分工。在项目经理的带领下，团队成员主动工作、各司其职、通力协作。工程部主要负责按照图纸及工期安排，按时施工，同时在过程中及时收集完善验工计价所需原始资料，为验工计价提供坚实基础；商务部主要负责现场勘查项目实际完成情况，核对工程部验工计价原始资料是否齐全，根据原始资料编制验工计价资料，并及时报跟审单位及业主进行签认确权；财务部主要负责对接业主财务人员，跟进资金来源情况，根据合同约定及时向业主开具发票，完善对应拨款手续审批，回收款项。项目通过工作思路的转变，调动员工积极主动参与"双清"工作，重视"清收"与"清欠"，合理安排各项工作，项目"双清"工作取得成效。截至2023年6

月共计回收资金 2.45 亿元，其中 6 月单月回收资金 1.78 亿元，已完成公司年初下达清欠指标的 86%，超序时进度完成清欠指标，根据 2023 年度考核办法进行预考核应奖励项目 99 万元，更加提高了项目人员工作积极性。在本年"双清"考核制度的激励下，项目按照目前工作态势，预计 9 月底可提前完成公司本年下达的清欠指标，预计年底前可完成竣工结算工作，将超额完成公司本年下达的清欠指标。

6. 存在的问题及解决措施

公司 2023 年度"双清"考核办法已按照年初考核思路进行了制定，项目也按照考核方案具体执行，但在执行过程中存在一些不足，主要体现在：一是部分人员思想认识不高。大部分项目按照公司年初下达的具体指标方案，主动工作，2023 年已经取得了不错的成效，但是少部分项目人员思想意识不高，停留在等靠要的阶段，等公司安排，等公司给方案给策略，导致"双清"工作未取得进展；二是人员数量不够。目前公司经营规模在不断扩大，工程项目也在逐渐增多，人员上逐渐出现了短缺的情况，在财务系统中，很多财务人员均出现身兼几个项目的情况，虽然兼职项目大部分均为收尾项目，但是"清欠"工作作为"双清"工作中最后一个环节，对接业主财务完善拨款资料，大多是需要耗费精力去进行沟通对接的，但是财务人员只有一个，不能同时进行对接，导致收款进度滞后；三是部分人员素质不高。部分人员综合素质不高，业务不精，在清欠过程中不能及时调整思路，不能采取有效应对措施实现清欠。

针对应用过程中遇到问题，公司需要进一步加强以下方面：一是提高人员思想认识。公司及项目两层组织领导干部要加强思想认识学习，提高思想认识，认识到公司发展的形势任务，重点工作，积极主动开展"双清"工作；二是加强人才队伍建设。各系统要认真梳理人员定编定员情况，以需定员，合理向人资部门提交人员招录计划，确保人员数量足够，同时，加强系统业务培训，提高系统人员综合素质，各司其职，较好地完成本职工作。

五、取得成果

根据图 2 数据显示，案例公司 2020 年全年考核奖励净值 147 万元，全年清欠完成值 36.22 亿元；2021 年全年考核奖励净值 447 万元，全年清欠完成值 51.15 亿元；2022 年全年考核奖励净值 229 万元，全年清欠完成值 47.10 亿元。其中：2021 年全年考核奖励净值较 2020 年上升 300 万元，全年清欠完成值随之上升 14.93 亿元；2022 年全年考核奖励净值较 2021 年下降 218 万元，全年清欠完成值也随之下降 4.04 亿元。

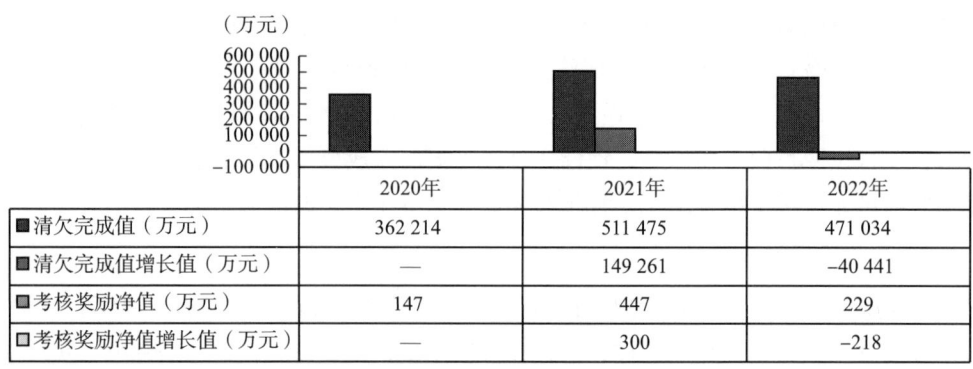

（万元）	2020年	2021年	2022年
■清欠完成值（万元）	362 214	511 475	471 034
■清欠完成值增长值（万元）	—	149 261	−40 441
■考核奖励净值（万元）	147	447	229
□考核奖励净值增长值（万元）	—	300	−218

图2　2020～2022年公司清欠完成值及考核奖励净值对比

根据图3数据显示，公司2020～2023年各年1～6月份清欠完成值相较前一年均有所增加，尤其是2023年受国家总体经济形势影响，2023年1～6月清欠完成值相比2022年1～6月清欠完成值有所增加，2023年1～6月全司共计回收资金20.84亿元，相较于2022年1～6月增长1.76亿元。

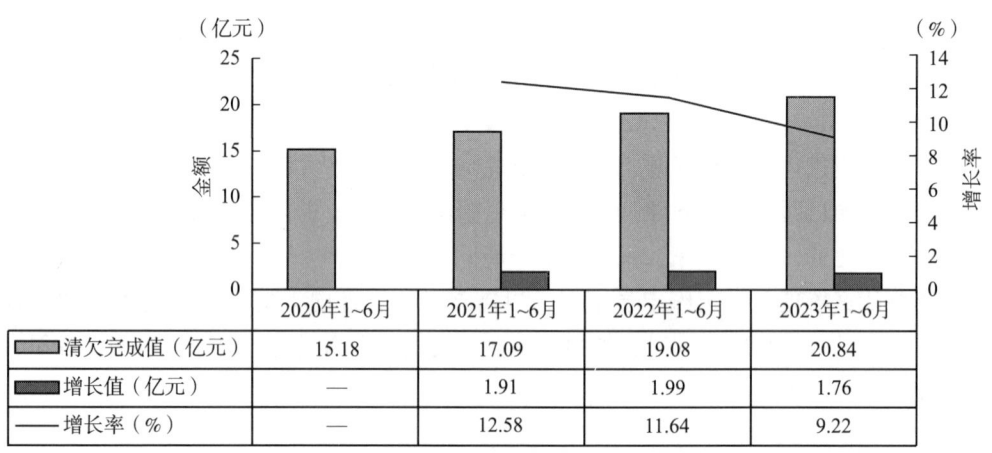

（亿元）	2020年1～6月	2021年1～6月	2022年1～6月	2023年1～6月
▦清欠完成值（亿元）	15.18	17.09	19.08	20.84
■增长值（亿元）	—	1.91	1.99	1.76
—增长率（%）	—	12.58	11.64	9.22

图3　2002～2022年上半年清欠完成值对比

综上所述，公司2020～2022年强化"双清"考核取得的效果，更体现了2023年强化"双清"考核的必要性。2023年，公司从转变考核思路、加大奖惩力度、"双清"挂钩考核三个方面，完善了适应当下公司状况的新考核机制。2023年1～6月清欠完成值按照新考核机制进行过程中预考核应奖励347万元，仅半年的奖励金额相较于2022年度全年奖励金额229万元已经增长了120万元，新考核机制的完善已经初步取得了可见的成效，并且也将在下半年充分发挥其作用，激励员工重视"双清"工作，加快企业资金回收，助力企业提质增效，助推企业实现高质量发展。

六、经验总结

"双清"工作完成得好与坏，不仅关系到公司的"两金"压降目标，还直接关系到公司能否完成"任务开发、营业收入、利润、资金上缴、透支归还、贷款压降、到期票据兑付、年末经营性净现金流，以及公司的资产负债率压降、风险控制和化解"等年度预算指标。案例公司这些年以依约主张债权、依法维护权益为指导思想，既积极清收又讲究策略，既要收回资金又要维持客户关系。编制清收清欠方案应以"加快营业收入确认，加速应收款项变现"为原则，对拖欠工程款的项目，要逐一分析，找出拖欠原因，确定工作目标，制定实施方案，根据业主的资金、信用状况，采取不同的清收方法，根据收款的难易程度及拖欠时间长短，制定清收节点和回款比例，坚持依法行权原则，保证最大限度收款。做好基础资料收集，随时记录工程进度与施工中发生的变更信息，归集整理履约过程中的一切商洽文件，形成规范的证据资料，为索赔、清收做准备，确保清收计划完成。结合绩效考核体系，根据方案兑现奖惩，调动各方积极性。通过一系列提升企业资产质量的方法、措施，公司呈现出任务开发成绩显著、"双清"工作不断强化、"两金"规模切实压降、资金管控成效初显、项目资金自平衡逐步形成常态机制，经营性现金流同比有较大改观的良好局面。

（中铁八局集团有限公司 蒲 毅 钟传坤 温 权 唐 思 孔玉梅
刘琼政 何勤江 代高欢 宋 阳 汪 云 林 鑫）

风险清单在工程项目重点财税风险管理中的应用

【摘要】 建筑企业借助管理会计风险管理的思维与工具，在财税风险管理中对风险的化解与防范中取得了显著的成效。S公司遵循管理会计风险管理原则及财税风险管理实际，基于管理流程分析法编制风险清单，再进一步建立风险等级模型，构建基于项目与财税风险等不同风险管控主体及对象的风险清单，根据风险清单有针对性、策略性地进行财税风险的管控。S公司的实践表明，创造性地应用管理会计的风险管理工具，是国企财税风险管控的有效方式之一。

一、背景描述

（一）单位基本情况

S公司是一家兼具专业优势和综合能力的工程公司，主要业务包括：承接各类工程建设活动；特种设备安装改造修理；道路货物运输（不含危险货物）；预应力混凝土铁路桥梁简支梁产品生产。业务范围涵盖管片生产、桥梁制运架、轨道板生产、矿山采剥、商品混凝土供应、大型设备租赁等专业板块和综合性工程（铁路、地铁、市政、高速公路、房建）。具有市政公用工程施工总承包一级、水利水电工程施工总承包二级、建筑工程施工总承包二级、公路路面工程专业承包二级共4项施工资质，累计申请国家专利82项。目前公司在建项目32个，施工地域遍布13个省及自治区，年度营业额40亿元以上，纳税评级A级。

（二）单位管理现状分析和存在的主要问题

因公司规模较大且发展迅速，经营业态丰富，治理结构及业务板块外延式增长，急需多业态专业人员，但目前企业多为建筑施工类专业人员，其他业态类人才急缺，能力不齐，加之各项法律和税收政策不断变化等因素影响，企业面临的财税风险较难预判，主要体现在收入与核算类、发票管理类及企业纳税类等方面。

二、总体设计

（一）管理目标

因 S 公司规模较大，业态丰富且施工复杂多样，各机构及项目较分散（涉及多个省市），企业涉税风险较多，企业应用风险清单工具方法的主要目标，使企业从整体上了解自身风险概况和存在的重大财税风险，明晰各相关部门的风险管理责任，规范风险管理流程，并为企业构建风险预警和风险考评机制奠定基础，降低财税风险，提高企业盈利能力。

（二）总体思路

风险清单原则上为解决问题，通过编制风险清单对企业内外部环境进行全面分析，识别可能影响企业目标实现的各种潜在风险，将识别到的潜在风险进行分类和归纳，以便更好地理解和管理这些风险；对每个潜在风险进行评估，确定风险可能发生的概率和对企业的影响程度，将识别和评估的潜在风险记录在风险清单中，按照风险的重要性和优先级进行排序，制定相应的风险管理策略和措施并确保风险管理策略执行和落实，最终达到降低企业涉税风险的目的。

（三）方法内容

企业风险清单基本框架一般包括风险识别、风险分析、风险应对三个部分。风险识别部分，主要包括风险类别、风险描述、关键风险指标等要素；风险分析部分，主要包括可能产生的后果、关键影响因素、风险责任主体、风险发生可能性、风险后果严重程度、风险重要性等级等要素；风险应对部分，主要包括风险应对措施等要素。企业构建风险清单基本框架时，可根据管理需要，对风险识别、风险分析、风险应对中的要素进行调整。

风险清单法作为管理会计在风险管理中的一个工具方法，其目的是使企业从宏观上发现自身可能存在的重大风险，并且提出解决思路和方案。

（四）应用方法创新

（1）整合多维度风险。传统的管理会计工具方法通常侧重于成本管理和财务风险管控，而风险清单管理会计工具方法可以将多维度的风险因素纳入考虑，包括市场风险、供应链风险、法规风险等。通过综合考虑多个风险维度，可以更全面地评估和管理企业的财税风险。

（2）数据驱动决策。创新的应用风险清单管理会计工具方法可以基于大数据、人工智能等技术，对大量的数据进行分析和挖掘，从而提供更准确、实时的风险评估和决策支持。

（3）引入智能化工具。创新的应用风险清单管理会计工具方法可以引入智能化工具，如风险模拟和预测模型、智能风险警示系统等。这些工具可以帮助企业更准确地识别和预测风险，及时采取相应的措施进行风险管理。

三、应用过程

（一）单位组织架构基本情况

在 S 公司组织架构中，由专业较强的人员组成管理会计组织机构（团队），为单位的经营决策提供信息支持和分析，并对单位的成本、利润、效率等进行监控和评估。该机构的职责包括：设定和实施管理会计制度和管理会计政策；执行成本控制和管理，并提出成本降低方案和效益提升的建议；提供管理会计信息和分析报告，帮助决策者作出准确的决策；监控和评估单位的经营绩效，并提供改进建议；协助制定预算和预测，进行经济分析和风险评估；提供管理会计培训和指导，提升单位内部员工的管理会计能力；与其他部门合作，协调和整合相关数据，确保管理会计信息的准确性和及时性。

管理会计组织机构的运作方式通常包括以下几个方面：

（1）内部流程和制度：建立管理会计工作的内部流程和制度，明确工作流程、责任分工和信息传递渠道，确保管理会计工作有规可循并且高效运作。

（2）数据收集和整合：管理会计机构负责收集、整理和分析相关数据，包括成本数据、各类财税数据、绩效数据等，为决策者提供准确的信息支持。

（3）报告和分析：管理会计机构根据需求制定相应的报告和分析，包括资金及成本报告、预算报告、绩效报告等，以帮助决策者评估单位的经营状况和制定相应的改进措施。

（4）培训和指导：管理会计机构可以提供培训指导，帮助单位内部员工理解和应用管理会计的概念和方法，将科学系统的管理转变成适应企业实际管理的管理实际，不断提升管理会计能力和各系统综合业务能力。

（5）信息系统支持：管理会计机构可以与内外部的信息技术部门合作，建立、整合、维护和提升相关的信息系统，提供自动化的数据收集和分析工作。

（6）决策支持：管理会计机构通过提供准确的管理会计信息和各类分析报告，为决策者提供决策支持。可以根据单位的战略目标和需求，进行预测、模拟和评估等分析，帮助决策者作出更全面的决策。

（7）监控和评估：管理会计机构负责监控和评估单位的经营绩效，通过制定关键绩效指标和评估体系，对单位的资金、成本、利润、效率、风险等进行全方位监控和评估。他们还可以提供管理的改进建议，帮助单位优化业务流程和提升绩效。

（8）与其他部门合作：管理会计机构需要与其他系统部门进行深度合作，业、财、法、商、税融合融通，共享数据和信息，确保管理会计信息的准确性和完整性。可以与财务部门、市场部门、生产部门等进行协调和沟通，共同推进单位的管理会计工作。

（二）选择风险清单管理会计工具方法的主要原因

（1）企业需求。选择风险清单工具方法的主要原因是风险清单满足企业对风险管理的特定需求。不同的企业有不同的风险管理目标和优先级，因此需要根据企业自身需求选择适合的风险清单工具方法。

（2）适用性和可操作性。选择风险清单工具方法的原因之一是其适用性和可操作性。工具方法应该能够适应企业的业务环境和管理实践，并且易于理解和操作。选择适用性强的工具方法可以提高风险管理的有效性和效率。

（3）可靠性和准确性。选择风险清单工具方法的另一个原因是其可靠性和准确性。工具方法应该基于可靠的理论和数据，能够提供准确的风险识别和评估结果。选择可靠性和准确性高的工具方法可以增强风险管理决策的科学性和可信度。

（4）经济性和效益性。选择风险清单工具方法的考虑之一是其经济性和效益性，工具方法的成本应该合理，并且能够为企业带来实际的风险管理效益，选择经济性和效益性好的工具方法可以最大限度地提升风险管理的价值和回报。

（5）可持续性和持续改进。选择风险清单工具方法的最后一个原因是其可持续性和持续改进性，选择具有可持续性和持续改进性的工具方法可以确保风险管理的持续有效性和适应性。

（三）参与部门和人员

（1）公司设立风险管理委员会，负责对公司的总体风险管理进行监督，并将之控制在合理范围内，以确保公司能够对与公司经营活动相关联的各种风险实施有效的风险管理计划。

（2）公司组建独立的管理会计协调机构，负责管理会计的相关工作。人员构成涵盖工程、商务、物设、财务、法务及相关专业，负责制定和实施管理会计制度、分析和报告财务和非财务数据，为管理层提供决策支持并在项目管理过程中分析实际情况与策划发生偏差的原因，消除不良影响。

（3）项目财税风险管理由项目财务人员专门负责，落实日常具体工作，项目相应的其他部门配合形成项目财税风险管理清单，联系上级管理会计协调机构进行风险的处理工作。

具体部门和人员情况如图1所示。

一、风险管理委员会	负责对公司的总体风险管理进行监督，并将之控制在合理范围内，以确保公司能够对与公司经营活动相关联的各种风险实施有效的风险管理计划

二、管理会计协调机构	负责管理会计的相关工作。人员构成涵盖工程、商务、财务、法务等专业，负责制定和实施管理会计制度、分析和报告财务和非财务数据，为管理层提供决策支持并在项目管理过程中分析实际情况与策划发生偏差的原因，消除不良影响

三、项目财税风险管理	项目财务人员专门负责，落实具体工作，项目其他部门配合形成项目财税风险管理清单，联系上级管理会计协调机构进行风险的处理工作

图 1 部门和人员情况

（四）资源、环境、信息化条件等部署要求

（1）人力资源。确保拥有具备相关知识和能力的人力资源，包括风险管理专家、会计师、业务专家和数据分析人员等。

（2）技术设备。提供必要的技术设备和工具，包括计算机、服务器、网络设备和数据共享库等。这些设备应具备足够的存储和运算能力，以支持数据的收集、处理和分析。

（3）数据源和信息渠道。建立有效的数据源和信息渠道，确保获取准确、完整和及时的数据。可包括内部财税系统、各项信息报告、市场数据和外部市场信息及研究报告等。

（4）数据分析工具。主要使用情景分析法和财务报表法，辅助流程图法等以支持风险清单的建立和分析。

（5）信息化平台。建立信息化平台，用于集中存储和管理风险清单相关的数据和信息，可以提高数据的一致性和使用的便捷性。

（五）具体应用模式和应用流程

在 S 公司，管理会计团队定期对所辖项目进行风险排查，建立项目风险清单，提前识别和评估潜在的项目财税风险，并制定相应的风险应对方案。

1. 确定目标和范围

明确风险清单的应用目标和所涵盖的范围。包括确定风险管理的重点领域、目标和关键业务流程等。

首先，在S公司内部各部门之间进行充分讨论和研判，对公司面临的主要财税风险来源进行识别，确定风险管理的主要目标。其次，通过部门间、部门与项目之间的讨论，适当时候可寻求上级或外部结构征询意见，最终确定财税风险的范围，形成涵盖各单元及各项目的风险数据库。最后，整合各系统的数据，形成较为全面的企业风险数据库。

2. 风险识别

识别潜在的风险，包括内部和外部的风险因素。可以通过多种方法进行，如专家意见、数据分析、文献研究、会议讨论等。

在风险识别中，S公司通过收集和整理与单位财务和税务相关的信息，包括财务报表、纳税申报记录、税务政策法规及日常管理的实际问题等内容，对收集到的信息进行分析整理，识别可能存在的风险因素，确定了施工企业本部和跨区域经营项目所涉及的16个涉税风险，最终形成S公司的风险清单，并将风险清单下发到公司所属项目部进行调查反馈，根据反馈结果对风险清单的概率和可能造成的后果进行评估。

3. 风险评估

评估已识别的财税风险的概率和影响程度，可以使用风险评估矩阵或其他评估工具来进行定量或定性评估，并为每个风险分配适当的风险等级，并根据实际情况和发展变化，及时评估更新风险清单，调整应对策略。

在风险矩阵方法中，风险发生可能性即被调查对象根据经验对风险发生概率（P）大小的定义。S公司对已识别的财税风险程度根据该项风险发生的概率分为很可能、可能、偶尔、不太可能、不可能五个等级（见表1），分别对应赋予相应分值，分值为5、4、3、2、1。

表1　　　　　　　　　　　　　　　　风险发生概率分值

评分	1	2	3	4	5
标准	不可能	不太可能	偶尔	可能	很可能
	一般情况下不会发生	极少情况下才发生	某些情况下发生	较多情况下发生	常常会发生
举例	今后10年内发生的可能少于1次	今后5~10年内可能发生1次	今后2~5年内可能发生1次	今后1年内可能发生1次	今后1年内至少发生1次

在风险矩阵方法中，风险后果综合评定（见表2）将发生风险的后果（D）按照从小到大排列为1、2、3、4、5。

表2 风险后果评定打分值

评分	1	2	3	4	5
标准	极轻微的	轻微的	中等的	重大的	灾难性的

搭建风险矩阵：将某项财税风险的风险等级设定为（L），某项风险的分值由S公司管理会计专门组织机构根据历年项目税务风险发生程度和概率进行赋分，根据公式 $L = P（概率）\times D（程度）$ 得出税务风险分值，然后生成风险等级评价表，具体风险清单和风险等级评价如表3和表4所示。

表3 风险清单情况

风险清单	赋分
1. 收入与核算方面	根据企业实际情况
风险1：建筑劳务收入确认不及时	根据企业实际情况
风险2：兼营与混合销售未分别核算	根据企业实际情况
……	根据企业实际情况
2. 发票管理方面	根据企业实际情况
风险3：取得虚开增值税发票的风险	根据企业实际情况
风险4：缺失合法有效的税前扣除凭证	根据企业实际情况
风险5：取得虚开、代开的普通发票列支成本费用的风险	根据企业实际情况
……	根据企业实际情况
3. 企业纳税方面	根据企业实际情况
风险6：列支跨期费用的风险	根据企业实际情况
风险7：跨区项目未按要求预缴企业所得税	根据企业实际情况
风险8：取得预收款项未按规定预缴税款	根据企业实际情况
风险9：跨省项目人员未办理全员全额扣缴	根据企业实际情况
风险10：发生纳税义务未及时申报缴纳增值税	根据企业实际情况
风险11：施工过程中产生扬尘未按规定缴纳环境保护税	根据企业实际情况
风险12：计提未取得发票便进行成本所得税前扣除的风险	根据企业实际情况
风险13：以电子形式签订的各类应税凭证未按规定缴纳印花税	根据企业实际情况
风险14：简易计税项目取得增值税专用发票并申报抵扣	根据企业实际情况
风险15：承租建筑施工设备取得发票的项目税率易出错	根据企业实际情况
风险16：施工项目使用的土地不主动缴纳耕地占用税和城镇土地使用税	根据企业实际情况
……	根据企业实际情况

表4   风险等级评价

风险程度	风险等级评价
V（21~25分）	特别重大风险
IV（16~20分）	重大风险
III（10~15分）	中等风险
II（5~9分）	一般风险
I（<5分）	低风险

4. 风险优先级排序

公司根据风险的概率和影响程度，对风险进行优先级排序。S公司对每个风险都进行进一步的分析，了解其根本原因、可能造成的影响和现有的控制措施，然后，确定适当的风险控制策略，如避免、减轻、转移或接受风险。

5. 实施和监控

S公司根据风险应对计划，实施相应的控制措施，并定期监控风险的状态和效果，包括定期的风险审查和评估，以及监控关键风险指标和预警信号。

6. 持续改进

企业财税工作是企业稳定、持续高质量发展的重要工作之一，风险清单编制后，财税工作更加制度化、标准化，但是由于税收法律制度更新迭代速度快、企业业务不断丰富等因素，已制定的风险清单不能完全满足企业工作需要，企业应根据实际情况和经验总结，不断改进风险清单的应用和管理，使企业财税风险做到实时动态更新，为企业高质量发展提供有力保障。

（六）实施过程中遇到的主要问题和解决方法

通过对上述应用风险清单进行风险识别和评估，对不同风险进行赋分，按照前述风险等级评价进行风险评估测算，可以有效识别企业管理风险。但在实施过程中也遇到了部分问题，例如，部分人员仍不够重视，人员业务结构稍显单一却要面对多元化的业务、多样的纳税模式，参与人员业务水平参差不齐。可以尝试突破财务培训多以专业培训方式在财务人员中开展的局限，采用通俗易懂的语言，面向企业领导和中层管理人员开展培训及宣讲。例如，可以介绍经营管理人员比较关心的利税、利润、税金的构成及数据来源，可以通过会计六要素恒等式介绍资产负债表、利润表的构成及数据形成过程，可以通过一项资产的购置过程，介绍财税风险产生的关键点和应对工作等。通过培训，可以向管理人员更好地普及财务基础知识，强化其对财务内控流程的认识，增进业务部门对财税风险应对的能力。同时也可以查摆根源，制定有效措施，通过梳理特殊合作模式项目的管理要点，编制了适用于该类合作项目的《合作及特殊模式项目财税作业指导书》，通过横向交流、工作会等加强培训解读、落实执行，努力提升财务人员业务素养。

（七）应用相关管理会计工具方法结果反馈

（1）税收成本控制。S公司通过进行财税风险清单排查，帮助项目解决项目各类财税疑难问题，在增值税、印花税、耕地占用税、城镇土地使用税、企业所得税等涉税事项20余次，年度依法合规减少缴纳各类税款合计560余万元，协助各项目合法降低税收成本，提高企业的盈利能力，取得了较好的成效。

（2）税收风险管理。S公司由财税风险管理办公室组织、监督财税风险管理，制定了项目从开工建设到收尾结束全流程财税管理制度与操作规程。梳理在项目建设、合同签订、发票开具、确认债权到债权清理全过程中的涉税事项，实现多部门联合作战。对项目进行前期纳税筹划，分析总结财税风险，组织人员学习法律法规，有理有据同财税局进行纳税沟通，施工过程中严格监督落实合同的签订，发票的开具和收取、传递工作，公司2022年累计排查30余项财税风险，发现解决风险问题37项，有效降低企业财税风险。

（3）财税纳税信用评价。S公司通过风险清单对财税风险进行排查管控，保障企业遵纪守法、诚信纳税，推动形成公司良好的税收秩序和纳税意识，结合不同的板块管理要点努力将企业管理行为与税收政策对接，搞懂吃透政策的精髓和关键卡点。公司多年保持纳税等级评级A级，取得了较好的纳税信用，为企业长远发展贡献了财税智慧。

四、取得成效

（一）应用相关管理会计工具方法前后情况对比

（1）风险识别。在应用风险清单管理会计工具方法之前，企业对风险的识别研判相对较为模糊，往往只关注一些显而易见的风险。而在应用风险清单管理会计工具方法后，企业可以通过系统性的风险识别过程，将潜在的财税风险全面地纳入考虑，更好地了解企业所面临的各种风险。

（2）风险评估。在应用风险清单管理会计工具方法之前，企业对风险的评估比较主观，缺乏科学的依据。而在应用风险清单管理会计工具方法后，企业可以通过制定量化的风险评估指标和模型，对各项风险进行定量分析和评估，提高评估的准确性和可比性。

（3）风险管理措施。在应用风险清单管理会计工具方法之前，企业对风险的管理措施相对分散和不系统，往往只在发生风险时采取临时性的对策。而在应用风险清单管理会计工具方法后，企业可以通过制定风险管理计划和措施，对各项风险进行预防和控制，并及时调整和改进管理措施，提高风险管理的系统性和持续性。

（4）决策支持。在应用风险清单管理会计工具方法之前，企业的决策主要基于经验和直觉，缺乏科学的数据和分析支持。而在应用风险清单管理会计工具方法后，企业可以通过对风险的识别和评估，为决策提供更全面和准确的信息，帮助管理层更好地理解和权衡风险与回报，作出更明智的决策。

（5）效益评估。在应用风险清单管理会计工具方法之前，企业的效益评估主要关注财务主要经济指标，如利润和收入增长，对纳税等其他因素的效用和贡献掌握不全面。而在应用风险清单管理会计工具方法后，企业可以通过制定风险管理绩效指标和评估体系，对财务所有指标风险管理的成效进行定量评估，为管理层提供更全面的效益评估标准。

（二）对解决单位管理问题情况的评价

通过使用风险清单和风险矩阵，S公司能够更加深入地了解企业财税存在的问题和潜在风险，从而增强全员对风险管控的认识和意识，有助于形成风险防控的共识，推动企业在管理问题上更加敏锐和主动；风险清单管理会计工具可以帮助单位收集、处理和分析财务信息，为单位管理者提供决策所需的准确信息，帮助解决财务管理和财税管理问题；风险工具可以帮助单位进行成本控制和效率提升，通过税收优惠、留抵退税等方法，帮助单位进行成本管理，优化资金等资源配置，提高单位盈利能力，提高单位市场竞争力。

（三）对提升单位管理决策有用性的评价

有效运用风险清单进行财税风险管理能够为决策者提供更可靠的数据和更全面的信息，帮助管理者作出更明智的决策，提升决策质量；传统的决策过程可能需要大量的时间和人力资源，而使用风险清单管理会计可以帮助管理者快速收集和分析数据，提高决策效率；通过使用风险清单管理工具，可以更好地识别和评估潜在的风险，并采取相应的措施进行风险管理，降低决策的风险程度。

（四）对提高单位绩效管理水平的评价

风险清单可以帮助单位识别潜在的风险和问题，包括内部和外部的风险因素，提高单位对风险的认识和理解，为绩效管理提供全面的风险评估基础；风险清单可以帮助施工单位识别财税风险对企业效益的影响，有助于单位合理配置资源，降低资源浪费和损失，提高绩效管理的效率和效果。

风险清单的应用使得项目施工策划变得更加精准有力。S 公司坚持未雨绸缪、注重前期策划，对于重点、新开工项目，S 公司坚持进行全过程风险策划识别监督，以管理会计工具助力项目和公司工作良性开展。

五、经验总结

（一）风险清单基本应用条件

（1）具有明确的目标和计划。风险清单通常用于识别和管理与特定目标或计划相关的风险。因此，在应用风险清单之前，需要确保公司项目已经制定了明确的目标和计划。

（2）风险识别的需求。风险清单的主要目的是识别潜在的风险。因此，在应用风险清单之前，需要明确识别风险的需求。

（3）风险评估的能力。风险清单通常需要对风险进行评估和排序，以确定其重要性和优先级。因此，在应用风险清单之前，需要具备进行风险评估的能力，例如使用适当的评估方法和评估工具。

（4）风险管理的支持。风险清单不仅仅是一个识别风险的工具，还需要在识别风险后采取相应的管理措施。因此，在应用风险清单之前，需要确保有足够的支持和资源来实施风险管理措施。

（5）持续更新和监控的能力。风险清单应该是一个动态的工具，需要不断更新和监控以反映项目或组织的实际情况。因此，在应用风险清单之前，需要具备持续更新和监控的能力，例如定期审查和更新风险清单。

（二）风险清单成功应用的关键因素

（1）企业文化和意识。管理会计在 S 公司形成企业文化。所有员工对管理会计的重要性有清晰的认识，并且愿意积极参与和支持管理会计的应用。企业注重培养相关员工的管理会计意识，提供相关的培训和教育，使其具备管理会计的基本知识和技能。

（2）公司高层支持和承诺。公司的高层管理人员给予管理会计全面支持和积极参与。公司多次召开全员会议明确表达对管理会计的重视，并提供必要的资源和指导培训，确保管理会计工具的成功应用。

（3）跨部门合作和沟通。管理会计的成功应用需要各个部门和利益相关方的参与和合作。各个部门和利益相关方通过共同努力，共享信息和经验，确保管理会计的全面性和准确性，有效的沟通机制保证了管理会计相关信息的传递和共享，促进不同部门之间的协同配合与融洽。

（三）对改进相关管理会计工具方法应用效果的思考

通过观察风险清单管理会计方法在工程施工项目中重点财税风险管理中的应用，从中可以很清晰、系统地了解工程施工项目中重点财税风险管理中的风险类别、风险分析、风险应对措施。风险管理部门可根据风险清单形成风险管理报告，将风险清单所呈现的风险信息及时传递给项目、公司领导层、风险相关部门，确保各责任主体准确理解相关的风险信息，有效开展风险防控管理活动。

（四）风险清单管理会计工具方法在应用中的优缺点

（1）风险清单的主要优点。风险清单能够直观反映企业风险情况，易于操作，能够适应不同类型企业、不同层次风险、不同风险管理水平的风险管理工作；可以减少重复工作，避免人工登记遗漏和计算出错，提高企业的工作效率和准确性；全面掌握企业的资产收支情况，及时了解到企业的财务状况，帮助企业避免财务风险和经济损失的发生；可以准确记录企业的各项支出，包括物料采购、工资发放、税费缴纳等，确保企业的费用核算准确无误；支持税务管理，帮助企业进行完备的报税工作，避免税务管理问题。

（2）风险清单的主要缺点。风险清单通常是基于已知的风险和过去的经验，因此可能无法涵盖所有的风险。未知的风险或新兴的风险往往无法在清单中得到充分的考虑。此外，风险清单也可能受到个人主观意识和认知的限制，导致一些风险被忽略或低估，风险重要性等级的确定可能因评价的主观性而产生偏差。

（五）对发展和完善风险清单管理会计工具方法的建议

建筑企业经营管理随着政策环境的变化，管理难度在不断加大，建筑项目工程管理涉及面宽，业务关系和发展环境较为复杂。建筑企业在经营管理的实际操作过程中难免会面临税收处理不当的问题，因而必然产生税收管理风险，建筑企业的发展肩负着社会责任，建筑企业应树立依法管理控制财税风险的现代企业经营理念，不断创新财税风险管理制度，不断丰富财税风险管理的内容，积累有效控制税收风险的经验，将企业的财税风险降到最低。

（六）对推广应用相关管理会计工具方法的建议

（1）明确目标。在推广应用风险清单管理会计工具之前，明确目标可以更好地制定推广策略和衡量推广的效果。

（2）培训和教育。在推广应用风险清单管理会计工具之前，确保管理会计部门成员对风险清单工具的使用和功能有足够的了解。可以通过组织培训课程、提供教学案例或安排专家演讲等方式来提高团队成员的知识储备和技能水平。

（3）示范和演示。以实际案例或场景演示应用风险清单管理会计工具的效果，让团队成员亲身体验工具的优势、价值和实实在在的成果。

（4）持续支持和反馈。推广应用风险清单管理会计工具不仅仅是一次性的活动，而是一个持续的过程。提供持续的支持和反馈机制，帮助公司其他成员解决问题、分享经验和改进。

（5）跟踪和评估。在推广过程中，应及时跟踪和评估推广的效果，包括工具的使用率、反馈建议等，根据评估结果，及时调整和改进推广策略。

（中铁九局　蔡亚超　闫国兴　马　娜　张　瑾）

风险清单在境外收并购业务中的应用

【摘要】本文介绍了风险清单在境外收并购业务中的应用，案例单位 W 公司为增强其境外工程承包业务的资质和业绩，拓宽经营范围，快速提升公司的境外市场竞争力，启动了对 U 公司的境外收并购业务。境外收并购业务结构复杂、风险点多，如何运用系统化的方法来管理和应对各种风险，减少甚至消除各类决策失误，对境外收并购业务至关重要。案例单位 W 公司结合境外收并购业务的特点，构建了境外收并购业务风险清单基本框架并建立了相关风险数据库，根据风险发生概率及风险影响程度确定了风险清单中各类风险的重要性等级，并针对识别出的各类风险采取相关举措进行积极的风险应对。同时，W 公司依托风险清单管理工具建立了适用于境外收并购业务的风险管理流程，构建了适用于境外收并购业务的风险管理体系，成功实现了风险清单在境外收并购业务中的应用。

一、背景描述

（一）基本情况

1. 收购单位基本情况

W 公司为专业从事境外工程承包的国有企业，近几年随着中国"一带一路"倡议和"走出去"战略贯彻的不断深入，W 公司境外市场稳步增加，业务已遍及秘鲁、巴西、阿根廷、智利、哥伦比亚和墨西哥等多个拉美地区国家，业务范围已从最初单一的铁路建设延伸到矿山开采、公路、房建、港口、通信设施及石油基建等多个领域，逐步实现了从单一项目运作向产业链项目运作的转变，在拉美区域形成一定规模效应。

2. 收购动因

W 公司经营区域拉美市场有大量的施工设计一体招标的项目，该类型项目要求竞标方具备设计相关的资质和业绩。W 公司作为工程承包单位，并未具备相应的设计资质和业绩，在参与类似项目时均需要寻求其他设计公司的合作。虽拉美区域各国别也有属地的设计公司，但规模一般较小，资质业绩以及财务指标较难满足体量较大项目的招标要求，也缺乏投标竞争力。与国际化设计单位合作，不仅要接受对方严苛的合作条件，对设计成本 W 公司也难以进行有效地把控。因此，收购一家资质业绩完善的设计企业能够直接有效地提高 W 公司在拉美现汇市场的竞争力，W 公司能够实行设计施工板块一体化经营，从而获得更大的规模效益。

3. 被并购单位基本情况

被收购单位为 U 公司，设有西班牙总公司及秘鲁、哥伦比亚和墨西哥国别公司。U 公司 90% 左右的设计业务来自拉美市场，其在道路、机场、河道、港口等基础设施建设的设计、管控、环评以及特殊结构的测量方面具备丰富经验。该公司股权结构较简单，项目业绩丰富，人员精简，业务在拉美区域多国别市场均有开发，与 W 公司在拉美市场布局高度吻合。此外，该公司专业技术人员和资质齐全，涵盖道路、水务、机场、港口、铁路、大型结构物的设计、咨询和监理等，业务一直呈现出向上、高质量的发展态势，十分符合 W 公司未来的发展需求。

（二）境外收并购业务存在的主要问题

随着全球化的加速发展，境外收并购在全球范围内成为企业发展的重要策略。通过境外收并购获得行业内的优质标的，能够使得中资企业快速进入国际市场，提升企业在全球市场的占有率，实现"弯道超车"。境外收并购因交易结构复杂，涉及资产评估、税务筹划、法律风险评估、可行性分析、投后整合管理等大量工作，交易潜在风险大，利益关联方多，也面临着一系列的问题和挑战。

一是境外收并购业务中，中资企业的经验相对较少。中资企业在国际工程承包市场相较于发达国家起步较晚，且中资企业在境外收并购业务上往往缺乏灵活性，需获得境内发改委、商务部门的核准或备案和银行的外汇登记，以及国资委的核准或备案等，决策流程较长。境外收并购也涉及不同国家和地区的企业之间的交流和合作，语言和文化差异会给企业的谈判、合同签订、管理和运营等方面带来很大的挑战，在境外收并购方面经验不足，中资企业往往难以有效地应对这些挑战。

二是境外收并购业务存在着较高的风险。企业在进行境外收并购时需要全面评估各种风险因素，并制定相应的风险管理策略。不同国家的政治环境、法律法规和文化背景差异巨大，给收并购业务带来了很大的不确定性，政治动荡、政策变化、法律制度不完善等因素也会对企业的经营产生负面影响。境外收并购业务还存在着较大财务风险，境外收并购涉及跨国资金的往来，汇率波动和外汇管制等因素都可能对企业的财务状况产生影响。

三是境外收并购业务往往时间跨度长，整合难度大。不同国家和地区的文化背景、价值观和行为习惯存在差异，这给收并购完成后企业的融合带来了很大的挑战。境外收并购往往涉及不同国家和地区的劳动法律，员工的背景、技能和工作习惯可能存在差异。不同国家和地区的市场环境和行业竞争情况存在差异，同样会增加收并购整合存在难度，并会影响到收并购整合后企业的运营和发展。

（三）选择风险清单工具方法的主要原因

风险清单，是指企业根据自身战略、业务特点和风险管理要求，以表单形式进行风险识别、风险分析、风险应对措施、风险报告和沟通等管理活动的工具方法。W公司在境外收并购业务中采用了风险清单工具方法，主要原因是：

一是风险清单以表单形式进行风险管理，应用步骤清晰，能够直观地展示境外收并购业务各个环节中的风险类别，有助于W公司在境外收并购各阶段全面掌握各业务活动的风险因素和重要程度。

二是风险清单基本框架一般包括风险识别、风险分析、风险应对三个部分，能够系统地反映公司所面临的各类风险及成因、影响、重要性、应对措施等风险管理信息，有助于实现W公司风险管理的规范化及标准化。

三是风险清单的运用需要各业务部门通力配合，有助于W公司全员形成条理清晰的风险认识，提高公司整体风险管理水平。

二、总体设计

（一）应用风险清单工具方法的目标

境外收并购项目风险大、落地难，应用风险清单工具的主要目标是充分、全面考虑项目执行过程中各种风险因素变量，使企业全面掌握不同阶段境外收并购业务的风险概况和风险重要程度，有利于企业提前采取系统化的方法来管理和应对各种风险，使企业在风险可控的前提下有效地开展境外收并购业务。

（二）应用风险清单工具方法的总体思路

W公司根据各职能部门的专业职责，进行明确的分工，确立收并购项目各环节的责任单位，并根据管理层次和任务分工的不同，督促各职能小组运用风险清单管理工具对收并购项目推进过程中的各风险因素进行识别，形成风险清单基本框架。

另外，结合境外收并购业务节奏特点，按照时间阶段进行风险识别，建立风险数据库。利用外部律师事务所等咨询机构协助，评估并分析风险产生的后果、可能性及严重程度，并对风险重要性等级进行评定。针对识别、分析出的各类风险，各职能部门及工作小组针对各类风险对识别出的风险制定应对策略进行风险应对，以最大限度地避免收并购过程中风险的发生，降低风险发生的影响程度，确保收并购U公司目标的顺利实现，并根据风险应对执行情况对境外收并购U公司项目风险情况进行全面总结。总体思路如图1所示。

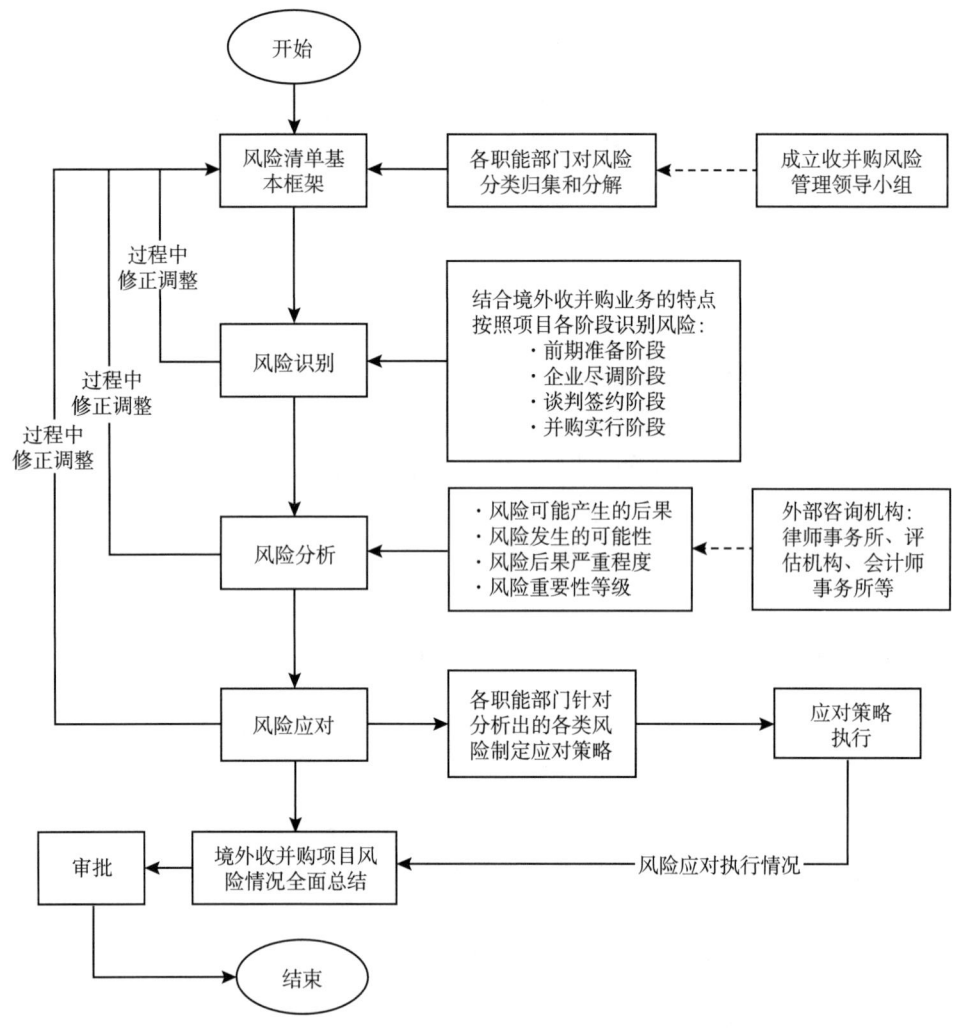

图1 风险清单应用总体思路

三、应用过程

（一）参与部门及人员

1. 风险管理职责分工

为更好把控境外收并购业务风险，W公司成立了收并购风险管理领导小组，风险管理领导小组是公司实施境外收并购风险管理的领导管理机构，负责W公司境外收并购风险管理日常管理工作，并对W公司党委及经理层负责。公司党工委书记及总经理担任收并购风险管理领导小组组长，组员为公司各业务分管领导。同时，根据收并购各业务板块，W公司分别成立了投融资小组、财税金融组、法律尽调组、商务营销组、人力资源组等专业小组。

关于收并购业务风险管理各组织机构具体职责分工如表 1 所示。

表 1 **W 公司风险管理职责分工**

组名	人员构成	职责分工
财税金融组	财务部负责人；会计师事务所财税经理；咨询机构估值专家	负责对 U 公司进行财务尽职调查，以评估其财务状况和盈利能力。对 U 公司境外资产进行评估和估值，以确定其合理的收购价格。在境外并购完成后，需要对合并后的财务报表进行整合和分析，以确保财务信息的准确性和可靠性
法律尽调组	法务部负责人；律师事务所高级经理	负责对收购目标的法律合规性进行审查，以确保收购过程的合法合规，评估并解决与境外法律体系和法规相关的问题，并确保交易文件的合规性和有效性。参与合同谈判和起草，以保护企业的利益并规避潜在的法律风险
商务营销组	商务部负责人；市场营销负责人；律师事务所尽调经理	负责对收购目标 U 公司进行市场调研和竞争分析，以评估其市场地位和竞争优势。制定并评估收并购完成后的 U 公司市场开发策略，以确保收购后 U 公司在既有市场及新开发市场上合理拓展业务
人力资源组	人力资源部负责人	负责对收购目标 U 公司的人力资源状况进行评估，以确定是否存在人力资源冲突或不匹配的问题，制定并执行人力资源整合计划，以确保员工的顺利过渡和文化融合
投融资小组	投资部负责人	结合境外收并购业务特点，负责将境外收并购全周期业务实施步骤分解至各职能部门
风险管理领导小组	公司主要领导及业务分管领导	负责审核境外收并购风险管理工作计划、各职能部门提交的重大风险管理策略及解决方案

2. 收并购 U 公司工作计划表

W 公司结合收并购业务实际、实施周期以及各业务节点制定了 U 公司收并购工作计划。前期准备阶段计划完成收并购项目内部立项审批、各部位的报批备案工作；企业尽调阶段与前期准备阶段时间部分重叠，完成各外部咨询机构选聘，完成尽调、估值及可研各类报告等工作；谈判签约阶段，完成与标的公司的约束性要约谈判以及交易合同文本的确定和签署；并购实行阶段完成股权交割和管理工作团队整合工作。计划如表 2 所示。

表 2 **收并购 U 公司工作计划**

项目阶段	事项	责任部门	事项内容及要求	计划完成时间
前期准备阶段	立项请示	投融资小组	集团公司立项评审后，报股份公司申请立项	2021 年 5 月 15 日
前期准备阶段	并购请示	各小组	完成可研报告等工作后，向股份公司提交并购请示	2021 年 9 月 15 日

续表

项目阶段	事项	责任部门	事项内容及要求	计划完成时间
前期准备阶段	部委报批	投融资小组、法律尽调组	履行境内监管部门备案和境外监管部门审批程序	2021 年 9 月 30 日
企业尽调阶段	机构选聘	法律尽调组、商务营销组、财税金融组、投融资小组等	聘请具有相应资质、专业经验和良好信誉的咨询机构（律师事务所、会计师事务所）	2021 年 5 月 15 日
企业尽调阶段	尽调报告	法律尽调组、商务营销组、财税金融组、投融资小组等	组织上述机构开展财税、法律、技术及商业等尽职调查，形成尽调报告	2021 年 8 月 15 日
企业尽调阶段	估值分析	财税金融组	与选聘的咨询机构共同对并购标的进行估值分析	2021 年 8 月 20 日
企业尽调阶段	可研报告	投融资小组、法律尽调组等	在尽调和估值基础上，针对交易结构、交易条件、重要协议条款等关键问题与卖方商谈，编制可行性研究报告	2021 年 9 月 10 日
谈判签约阶段	约束性要约	投融资小组、法律尽调组及各部门	通过股份公司决策审批后，根据决策意见，依法合规办理相关手续，并报出约束性要约	2021 年 9 月 15 日
谈判签约阶段	交易谈判	法律尽调组及各小组	组织双方谈判，起草交易文件，做好签约前各项工作	2021 年 10 月 25 日
并购实行阶段	并购交割	各小组	组建交割和管理工作团队，按照协议约定，办理股权交割及变更等手续，并报股份公司备案	2021 年 12 月 1 日
……	……	……	……	……

（二）具体业务流程

1. 风险识别

（1）构建风险清单基本框架。

构建风险清单基本框架时，W 公司具体考虑了风险类别、项目阶段、细分风险等要素。

W 公司收并购风险管理领导小组在 Estudio Muniz 律师事务所及德勤事务所的指导和协助下，结合境外收并购业务的特点，将收并购业务根据收并购项目周期分为前期准备阶段、企业尽调阶段、谈判签约阶段、并购实行阶段。

根据每个阶段的周期特点，领导小组按照实施程序步骤及涉及相关风险因素分别进行了风险分类归集和分解，最终编制形成了收并购业务的风险框架（见表 3），共包含风险类别 24 类、细分风险 85 个，其中企业尽调阶段识别细分风险 31 个，并购实施阶段识别细分风险 25 个，分别占识别细分风险总数的 36.5%、29.4%，为项目实施风险高发时段。

表3 境外收并购业务风险框架

项目类型	项目阶段	风险类别	细分风险
境外收并购项目风险	前期准备阶段	项目所在国前期尽调风险	政治环境风险
境外收并购项目风险	前期准备阶段	项目所在国前期尽调风险	经济环境风险
境外收并购项目风险	前期准备阶段	项目所在国前期尽调风险	法律法规风险
境外收并购项目风险	企业尽调阶段	企业估值风险	信息不对称风险
境外收并购项目风险	并购实行阶段	资金风险	汇率风险
境外收并购项目风险	并购实行阶段	资金风险	融资落地风险
境外收并购项目风险	并购实行阶段	企业整合风险	控制权风险
境外收并购项目风险	并购实行阶段	企业整合风险	核心人员流失风险
……	……	……	……

（2）建立风险数据库。

风险管理领导小组组织律所及事务所专家针对各阶段所面临的主要风险进行了详细识别和分析，并针对细分风险涉及的风险因素进行了具体风险描述，形成了较为全面的境外收并购业务风险数据库（见表4）。

表4 境外收并购业务风险数据库

项目类型	项目阶段	风险类别	细分风险	风险因素	风险描述
境外收并购项目风险	前期准备阶段	企业尽调阶段	信息不对称风险	成长性评估	中资企业对标的公司成长性认识不足，盲目地用国内市场的成长速度来衡量收购标的
境外收并购项目风险	前期准备阶段	企业尽调阶段	信息不对称风险	尽调团队	尽职调查往往依赖当地或国际资深调查机构的意见，但当地机构和标的物公司有可能存在良好的合作关系，较难验证其独立性
境外收并购项目风险	前期准备阶段	企业尽调阶段	信息不对称风险	信息质量	财务尽职调查能够透视标的企业提供财务数字后的经营状况、管理质量、战略实施成效等，但企业财务报告及数据很难对标的物企业财务整体状况作出全面评价。加之标的企业可能会对财务数据进行人为粉饰，造成财务信息的歪曲
境外收并购项目风险	并购实行阶段	企业整合风险	交割风险	审批备案	境外收并购需完成国资委、发改委、商务部、外汇管理局等部委审批、备案的流程，审批备案时间超出预期，交割日期及股权变更时间一再拖后，造成收购资金及时间成本增加
……	……	……	……	……	……

2. 风险分析

（1）风险清单。

依托建立的风险清单基本框架，结合境外收并购业务推进中收集新增的各类风险信息，采用风险管理领导小组组织各业务小组集中讨论的方式，对 U 公司收并购业务面临的主要风险因素、风险发生的原因及风险发生后的影响进行分析，形成了详细的风险清单（见表5）。

表5　　　　　　　　　　　　　境外收并购项目风险清单

项目阶段	风险类别	二级风险	风险成因	风险发生后的影响
并购实行阶段	企业整合风险	核心人员流失风险	各国法律对于劳动者工作时间等劳动标准不同，加之企业并购后管理层变动会对职工稳定性产生影响	设计咨询公司最重要的资本是专业人才团队，如未及时对关键员工的激励、安抚和挽留，可能面临核心人员流失导致的公司业务能力的下降
并购实行阶段	企业整合风险	文化融合风险	因各国地理环境、人文发展和经济发展水平不同，各国企业文化存在较大差异。跨国别企业间文化差异往往会导致企业整合时存在不小阻力	因企业文化、国别文化的差异以及无法实现两家企业文化整合，中方管理人员与属地员工会存在严重的沟通障碍。中方管理人员会倾向于进行含蓄表达并期望下级可以自我领悟领导意图并主动进行工作，但这种沟通方式往往不适用于属地职工，中方管理人员依赖国内传统管理理念，导致属地人员对工作任务的认知不明确，影响了标的公司的正常运转
……	……	……	……	……

（2）风险发生概率及影响程度。

W 公司各职能小组根据收并购管理目标、公司政策规定及风险承受度出发，对风险清单中各个风险发生的可能性（见表6）和后果严重程度（见表7）逐一进行分析，并确定风险重要性等级。

表6　　　　　　　　　　　　　风险发生可能性

标准	非常低	低	中等	高	非常高
风险发生概率情况	发生概率10%以下	发生概率10%~30%	发生概率30%~70%	发生概率70%~90%	发生概率90%以上

表7　　　　　　　　　　　　　风险后果影响程度

标准	非常小	小	中等	大	非常大
风险后果影响	对公司成本效益产生轻微影响（<50万元）	对公司成本效益产生较小影响（50万~100万元）	对公司成本效益产生一般影响（100万~300万元）	对公司成本效益产生较大影响（300万~800万元）	对公司成本效益产生较大影响（>800万元）

风险发生概率越高且风险影响程度越大，风险重要性等级越高（见图2），W公司根据风险发生概率及影响程度将风险区分为不可接受风险、可接受风险、一般风险。

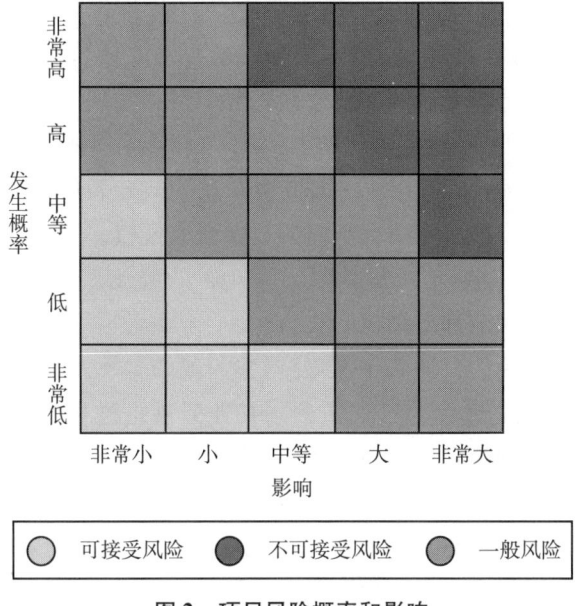

图2　项目风险概率和影响

3. 风险应对

W公司风险领导小组及各业务小组通过风险识别及风险分析后，对风险重要性等级进行进一步评估。梳理出估值风险、法律法规风险、汇率风险、企业整合风险等不可接受风险，并针对以上重点风险提出了具体应对措施。

（1）估值风险应对。

①风险描述。收购交易价格取决于收购方对标的企业未来盈利能力的估计，估值风险主要来源于信息不对称、估值不充分等因素。基于信息不对称理论，收购双方之间存在信息壁垒，特别是对于跨境收购，由于交易双方所处的政治经济法律环境不同，W公司短时间内可能无法通过尽职调查对U公司的技术水平、盈利能力、资产负债等情况充分了解，在收购未完成前难以获得U公司按照中国企业会计准则编制的详细财务资料，也就无法准确地判断U公司资产价值的盈利能力，从而增加并购后的整合难度。

②风险应对。W公司聘请了专业机构做详尽的尽职调查，对收购资产进行专业评估、审计，没有过分依赖U公司提供的数据，充分了解了对方的真实情况，该专业机构采用直接法对U公司进行了初步估值。

（2）法律法规风险应对。

①风险描述。在跨境并购的过程中，境外政治风险和法律风险是无法回避的，跨

境并购的审批程序复杂、约束较多，处理不善将对企业跨境并购进程造成较大影响。如果无法及时获得相关政府部门的批准、核准或认可文件，可能会导致交易延迟，甚至是交易终止。

具体来说，W公司的母公司为中国注册成立的国有企业，在本次交易中需获得发改委系统、商务主管部门以及外汇主管部门的批准、核准或认可。同时，由于U公司在全球开展经营业务，其总部注册于西班牙，需相关外国政府的经营者的批准以及外商直接投资审批的批准。根据2020年3月17日西班牙通过的"08/2020号"决议和2020年3月31日通过的"RD11/2020号"决议规定暂停了在西班牙开展外国投资的自由制度，也就是说在特定情况下需要提前获取授权，方可开展投资活动。鉴于W公司属于国有企业，拟收购U公司51%～70%的股比，投资额大于100万欧元，因此需要在交易前获取相应部门授权。

②风险应对。收购标的公司属于W公司主业范围，不在国家和公司相关负面清单内，境内法律法规风险较低，同时W公司在业务推进过程中将聘请跨国律所机构以确保交易在法律层面的合规性。西班牙与中国历来没有外交摩擦，政治和经济状况也非常稳定，仅因欧盟法律烦琐复杂，W公司在业务推进过程中将雇佣专业机构以确保交易在法律层面的合规性，规避法律风险，同时将认真研究相关法律法规及政策，此外还将在收购协议当中加入相应免责条款。

（3）汇率风险应对。

①风险描述。汇率风险是指在跨境并购过程中，持有外汇的经济主体因汇率变化而产生的经济利益偏离预期的可能性，表现为汇率升高所带来的融资成本、支付成本的提高，汇率风险带来的影响贯穿并购全程。收购支付币种对本位币的汇兑价格可能随着时间的推移发生波动。收购支付币种的升值或贬值都有可能对并购融资和支付成本带来不利影响，当签订并购协议的日期与现金交割结算日存在较大的时间跨度时，可能出现较大的汇率波动。本次收并购交易计划以欧元作为支付的货币单位，随着时间的推移，在并购交割时点前面临一定的汇率波动风险。

②风险应对。W公司的汇率风险主要是由于汇率波动引起支付成本或融资成本的变化，进而间接影响财务风险。对于汇率风险，企业可以通过购买与并购交易反向的期货、期权、远期等套期保值工具和其他金融衍生工具来中和汇率波动风险。但使用金融衍生工具通过风险对冲来降低风险本身具有不确定性，因此并购双方在利用金融衍生工具对并购交易进行套期保值的同时，也要注意其中的风险防范。鉴于本项目并购额较小，W公司考虑采用短期借贷加自有资金的方式进行支付收购资金。

（4）企业整合风险应对。

①风险描述。跨境整合风险主要包括无法取得绝对控制权风险、收购预期效果风险、核心人员流失风险等。

W公司拟收购U公司51%～70%的股权，作为大股东实现对U公司的控制权。但是依据西班牙的公司法，W公司很难将U公司直接视为下属企业实现完全管理，只能通过董事会行使大股东防风险、做决策、管大局的作用。

U 公司的经营主体位于境外西班牙，与 W 公司在所处的法律环境、会计税收体系、企业组织文化等经营管理环境方面存在区别。根据 W 公司规划，收购 U 公司后仍将保持 U 公司经营实体的存续并保持其原管理团队。但 W 公司和 U 公司在经营管理、组织文化、资源管理、业务管理、财务管理以及客户管理等方面还需进一步协同融合，最终并购整合能否顺利进行并达到预期效果，存在不确定性。

U 公司作为一家较为著名的设计咨询公司，维持该公司运转的最重要的资本并非固定资产而是专业人才团队。因此，收购的重点是防范核心人员的流失风险，若忽略对员工的工作职责和工作能力的分析研究，忽视对关键员工的激励、安抚和挽留，可能面临核心人员流失导致 U 公司业务能力的直接下降。

②风险应对。为保障控股权、表决权、决策权的一致，W 公司拟在后期收购过程中，在律所的协助下，对 U 公司章程进行重新修订，明确法人治理结构和议事规则，从而确保 W 公司拥有 U 公司的绝对控制权，并以此作为交易的前提条件。

为使收购后的企业能进行有效整合，W 公司从战略整合、组织整合、财务整合、人员整合和文化整合五方面拟定了初步的整合管理思路，并将及时成立整合小组，专门负责整合管理。U 公司已制订了其 2021 年至 2025 年的五年发展规划，将由 W 公司整合小组综合两家公司的发展规划，为其拟定新的企业发展战略，规划制订过程中 W 公司将始终与 U 公司高层保持沟通，避免制订不切实际的计划，也避免将 W 公司现有规划生搬硬套，从而最终使得 W 公司发展战略向其自然延伸、兼容拓展。具体执行规划将继续由 U 公司现有管理团队自主管理设计和咨询板块，确保正常发展，W 公司可派驻董事会主席、总经理、财务总监、监事等重要管理人员，从董事会到经理层均实现双重管控。

留住关键人员是并购后人力资源整合的重中之重，这些关键人员是 U 公司的战略性资产，是企业未来整合成功、战略落地的关键。W 公司将应采取切实可行的措施，保持并购后人力资源的稳定性，例如在交易阶段对 U 公司高层的留存比例作出约定，并采取薪资等激励手段，留住原有关键岗位人才。

（三）风险清单应用过程存在问题及解决措施

在 W 公司推进 U 公司收并购业务，履行风险识别、风险分析、风险应对等风险管理手段后，W 公司发现企业整合阶段各细分风险远大于预期。W 公司收并购风险管理领导小组认为收并购 U 公司后公司治理与管控方面存在较为严重的风险敞口：W 公司中方管理人员对于 U 公司的指标制定没有考虑到 U 公司的实际情况。中方管理人员缺乏对西班牙式公司文化，尤其是对中西两国企业不同的上下级关系和任务指派方式的了解，可能会导致西方人员对工作任务的认知不明确，影响 U 公司的正常运转。未对 U 公司的员工进行详细的工作职责和工作能力的分析研究，没有制定对关键员工激励、安抚和挽留措施。

进一步梳理企业整合阶段各细分风险后，收并购领导小组对既有风险清单进行重新梳理和调整，并对收并购后对 U 公司的公司治理与管控方面提出解决措施：

（1）在并购前提前与 U 公司的股东和高管沟通，规定并购后董事会与高管的分工，明确是否指派高管对标的企业进行管理。

（2）进一步了解 U 公司现有业务，弄清 U 公司核心团队对未来业务的预期，从而设置符合 U 公司实际的激励方法与激励方式、业绩考核的指标与方式。

（3）注意双方企业文化的差别，尽量不影响 U 公司正常的公司运作，为 U 公司管理人员保留必要的自由和权限。

（4）在交割前我方内部和与 U 公司股东需要进行深入沟通，了解关键员工的组成，就调整变更任命书及法定义务，核心人员的留任、授权、激励与薪酬等方面进行探讨和协商。

四、取得成效

在应用风险清单工具方法前，W 公司并未设立专门的境外收并购业务风险管理机构，也未系统性开展收并购业务风险识别、分析、应对管理工作，导致收并购风险管理工作难以落实。对境外收并购业务的风险管理内控缺失，对境外收并购业务存在的风险认识不全，缺乏对于境外收并购业务重大风险的识别和分析。

境外收并购业务引入风险清单工具方法进行风险管理后，W 公司境外收并购业务开展更为规范。同时，因各职能小组中各业务部门的协同参与，也使得收并购业务各专业职能管控不断增强，企业对境外收并购业务的风险管理水平不断提升。风险清单工具方法的应用有助于公司更有效地评估境外收并购业务过程中的各类风险，并采取有效的应对举措。通过有计划、有步骤地开展境外收并购业务的风险管理工作，W 公司能够更安全、有效地开展境外收并购业务。

通过风险清单工具方法等风险管理举措的实施，能够进一步推动 W 公司国际业务转型。企业的收并购业务等重大决策需要建立在准确把握风险并提供有效风险控制措施的基础上。风险清单等管理工具的使用，收并购风险管理领导小组的组建，使得 W 公司管理层全程参与风险清单管理工具的使用，为管理层和决策层更有效地树立了风险管理观念。

五、经验总结

（一）风险清单工具方法成功应用中的优缺点

应用风险清单工具方法对境外收并购业务的风险管理，可总结出风险清单工具方法的优点。一是风险清单能够全面地识别和评估潜在的风险。通过系统地列举和分析各种风险因素,有助于组织更好地了解整体风险状况,并采取相应的风险管理措施。二是风险清单通常是结构化的,按照一定的分类和层次进行组织和呈现。这使得企业可以更容易地理解和分析风险,并制定相应的应对策略。三是风险清单可以帮助企业建立风险管理的标准和流程,使得企业在未来的收并购过程中能够更加高效和有效地管理风险。

风险清单工具方法的缺点:一是风险清单具有主观性,风险清单的使用往往依赖于人们的主观判断和经验。这可能导致不同人对风险的评估存在差异,从而影响到最终的风险管理结果。二是风险清单在实际应用中,往往难以获取到完整和准确的信息,特别是在境外收并购过程中,存在语言和文化差异,这可能会影响到对风险的准确评估和有效管理。

(二)风险清单工具方法成功应用的关键因素

(1)全面的风险识别和评估。使用风险清单工具方法前,需要进行全面的风险识别和评估,只有全面了解和评估境外收并购业务潜在的风险,才能更好地应对和管理。

(2)内部组织的合作和沟通。境外收并购是耗时极长且业务模块极其复杂的过程,需要各业务板块和职能部门之间的密切合作和沟通。风险清单的任务交叉能够促进各职能部门的沟通和协作,从而更好地应对境外收并购过程中的各类风险。

(3)外部专业支持。境外收并购涉及跨国别的法律、税务和财务等方面的问题,内部资源往往难以满足专业需求,更需要外部专业的支持和咨询。在使用风险清单的过程中,公司应及时寻求外部专业团队的支持,帮助识别和评估潜在的风险,并提供相应的应对方案。

(4)持续的调整和更新。风险清单工具不是一次性成形的工具,境外收并购业务随着工作的推进,面临的风险也是不断变化的,风险清单工具也需要不断调整和更新。

综上所述,风险管理是企业在国际化过程中需要面对和应对的重要问题。企业应通过详尽的尽职调查、全面的风险评估和风险分析以及适时调整和创新风险清单来降低境外收并购项目风险的发生和影响。通过采取这些措施,企业可以更好地管理和降低境外收并购风险,加强企业管理层风险意识,提升风险管理能力,以应对不断变化的国际市场环境,确保企业境外收并购业务平稳落地。

(中铁十局集团有限公司 孙晓峰 杨尚晶 张 昊 李 哲)

应用管理会计工具强化集团
资金支付风险管控

【摘要】 2019 年，国务院国资委制定下发《关于加强中央企业内部控制体系建设与监督工作的实施意见》，旨在认真落实党中央、国务院关于防范化解重大风险和推动高质量发展的决策部署，充分发挥内部控制体系对中央企业强基固本作用，强化中央企业防范化解重大风险能力，加快培育具有全球竞争力的世界一流企业。2020 年中国中铁股份有限公司相继下发了系列文件，明确要求强化集团资金支付手段，有效降低资金支付风险，构建行之有效的资金管控体系，保障企业集团资金安全稳定运营，推进企业持续健康发展。结合当前，集团公司资金管理主要采取集中管控模式，因企业性质和结构特点，集团规模大，资金流量大而分散，面对激烈的市场环境，尤其是网络、信息化技术和人工智能的快速发展，现行模式及管控措施在应对资金风险方面还存在不足，给集团资金风险管理带来了新的挑战，亟待我们研究和解决。因此，我们组织开展"应用管理会计工具进一步强化集团资金支付风险管控"为案例进行研究和分析，主要采用风险清单的方法，通过风险识别归类统计 21 个风险项目，针对每个风险项目多维度评估和测试风险影响因素、后果严重程度、重要性等级及发生的可能性等，来综合测算整体风险大小，并为每个风险项目制定出应对措施实施有效的管控。实施以来，事前客商及银行账户信息准入制，到事中上收 U 盾、密码器和银行预留件集中管理以及大额资金支付提级审批，到事后检查复核支付完成情况，完成资金闭环管理。通过应用管理会计工具（风险清单）有效实行资金支付业务全过程管控，资金支付风险明显降低，在保障集团公司资金链的安全稳定运行方面发挥了积极的作用。

一、背景描述

（一）基本情况

中铁大桥局集团有限公司（以下简称"大桥局集团"）是 A + H 股上市的世界 500 强特大型中央建筑企业中国中铁股份有限公司（SH：601390，HK：00390）全资控股的二级企业集团，其主营业务以土建施工为主，并适度相关多元化发展，业务范围涉及铁路、公路、市政、桥梁、隧道等工程施工、勘测设计与咨询、BT \ BOT \

PPP 项目投资运营以及房地产开发、物流物贸等，下设 10 余家全资或控股子公司、8 个区域经营指挥部和近 10 家直属分公司。大桥局集团员工总数 1.3 万余人，在建工程项目近 300 个，分布在全国各地以及东南亚、非洲等国家和地区。大桥局集团是世界上建桥最多的企业，成立 70 年来，先后在世界各地修建桥梁 4 000 余座，总长 4 000 余公里，同时是中国唯一一家集桥梁科学研究、工程设计、工程建造、装备研发于一体的承包商兼投资商，具备在各种江河湖海及恶劣地质、水文等环境下修建各类型桥梁的能力，被誉为"建桥国家队"。大桥局集团参建了国内 88% 的长江大桥，25% 的黄河大桥，78% 的跨海大桥，97% 的公铁两用桥，超千米跨度桥梁参建率 80%，在公铁两用桥、多塔斜拉桥、多塔悬索桥、大跨度斜拉悬索桥和跨海长桥等方面建造技术世界领先。中铁大桥局是中国桥梁事业的领军者，公司一直引领着中国桥梁事业发展方向；拥有桥梁结构健康与安全国家重点实验室和博士后工作站，是国家认定企业技术中心，荣获中国质量奖。

大桥局集团管理会计模式历经粗放式分散管理阶段、财务集中化管理探索阶段、财务集约化管理阶段，目前，已实施财务共享服务模式，辅助解决传统管理会计模式下管理效率低下、财务资源分散、集团管控能力减弱等问题。希望用财务共享服务模式标准化、流程化、高效率、低成本的特点，再造集团管理会计新模式，支持集团管控，实现企业整体战略。

（二）当前资金支付风险及存在的主要问题

目前集团公司在资金管理方面主要采取资金集中管控模式，由企业总部结算中心实行"归集管理、集中采购、统一储备、统一结算"，负责协调总部与各成员单位的资金管理及其相互关系。下属各级子公司和分公司按照标准定时将现金收入上划至结算中心账户，这样资金全额集中于集团总部财务部门。另外，成员单位提出合理需求，结算中心核定各成员单位一定时期所需货币资金后，进行资金的统一拨付，并监控所拨付资金的流向，确保资金的使用方向符合既定要求，现金收支的审批权高度集中。每个核算期间开始前，各级公司要根据自身需求向总部提供资金使用的计划，总部财务部门据此拨付资金。但在资金管理中存在以下主要问题：一是资金预算与执行偏差大，在编制资金预算时，简单依据历史数据，而未充分考虑市场发展变化因素的影响，也未很好地评估该种影响的程度，造成具体执行预算的偏差增大，风险增加。二是集团公司银行账户多而分散，管理难度大。有纵向管理各层级单位和横向管理庞大的工程项目，拥有单个核算主体 1 200 多个，覆盖区域广，遍布全国各地、东南亚、非洲等多个国家。三是受相关法律法规和地方保护政策的影响，无法实施集中统一管控，外部干扰因素多，协调难度大。四是信息不对称和信息滞后，导致资金运营管理难度大。

（三）强化资金支付风险管控的主要原因

近年来，集团公司加快构建业财资税一体化、引进智能机器人、推进司库管理体系落地实施，将客商和银行账户管理、资金监控、资金预算、债务支付、票据管理等重点业务纳入信息系统平台管理，强化信息归集、动态管理和统筹调度，实现对全集团资金的集约管理和动态监控，提高资金运营效率、降低资金成本，防控资金风险，建设世界一流财务管理体系。为此，集团公司充分应用财务共享系统、资金管理系统、智能机器人和资金分析平台，发挥信息化管理优势，创新管理方法，加强源头治理，强化穿透监控，实现风险精准识别、及时预警、有效处置，为集团资金安全保驾护航。

二、总体设计

（一）强化集团资金支付风险管控的目标

依托信息化及大数据智能管控，进一步强化集团资金风险管控能力，提高资金支付的安全性和效率性，保障集团企业资金高效运行。一是健全资金管理制度，建立完善的资金管理和风险防控长效机制，提高企业集团整体资金安全性能。二是提高资金使用效益，进一步加强资金集中与调度管理，强化管理的效率和效益。三是推进企业持续稳定发展，强化资金管控能力，有助于企业资金和核心资源的有效集中与合理利用，优化企业集团资源配置，构建适应国有企业集团发展需要的资金管理机制，为企业发展以及社会经济发展带来更多契机。

（二）强化集团资金支付风险管控总体思路

中铁大桥局集团有限公司在资金支付管控方面主要采取资金集中管控模式，由企业总部结算中心实行"归集管理、集中采购、统一储备、统一结算"，负责协调总部与各成员单位的资金管理及其相互关系。在此基础上充分应用管理会计工具——风险清单的方法，来强化集团资金支付风险管控，降低支付风险。通过使用风险清单的方法识别到主要风险集中在：资金计划、银行账户管理、现金管理、票据管理和支付流程审批五个方面。为有效识别和准确评估并采取行之有效的措施来增强资金管控能力，组织企业规划部、财务部（含财务共享中心和资金中心）、审计部、本部开户银行（建设银行）和3个项目部与风险、财务及资金管理相关的人员，共同研究、分析、评估和测试，列举了六个维度来揭示风险大小、发生可能性、严重程度及风险等级等。为应对以上识别的风险及评估的影响因素，采取了一系列的应对措施，主要包括：一是补充、修订完善制度建设；二是建立共享平台与资金管理平台互联互通信息共享，联动管控资金支付风险；三是开发财务共享、资金平台新功能，调整、优化共享平台表单设计和审批流程；四是实施大额资金支付提级审批制度；五是集中统一管理各单位银行账户的出纳权限；

六是实行资金智能分析平台，实时动态监控银行和账面余额差异预警。

（三）强化集团资金支付风险管控的内容

在应用管理会计工具之风险清单的方法后，对风险清单进一步筛选细化最终确定了 21 项内容（21 项内容指风险类别包含的 21 项，见表1），并对每项都进行了风险描述和关键风险指标列示，分别从关键影响因素、可能产生的后果、风险责任主体、风险发生的可能性、风险后果严重程度及风险重要性等级进行分析、测试和评估。针对每项识别出的风险及风险分析的结果和当前的外部环境、技术条件、人员组织情况采取一系列有效措施，切实有效降低资金支付风险。

1. 风险类别中的 21 项内容的组成

一是从集团公司挑选 10 家有代表性的单位包括集团财务科、项目管理科、预算科、资金中心、共享中心、子公司本部、局项目部、子公司项目部、集团所属分公司、地产项目公司进行问卷调查、实地调研，通过对 10 家单位反馈的信息进行筛选、比对，按出现频次较多的名称汇总后得出此 21 项内容。二是综合分析前五年财务监察、内部审计、上级单位及外部审计发现的整改问题情况。三是根据共享中心近两年来因资金支付相关的问题、风险导致流程被驳回的，按照驳回率占比由高到低的顺序分类统计。

2. 风险分析 21 项内容

为客观全面地分析 21 项内容导致的风险，采用关键影响因素、严重程度、重要等级及发生的可能性共六个维度进行测试和评估。结合实际情况，组织企业规划部、财务部（含财务共享中心和资金中心）、审计部、本部开户银行（建设银行）和 3 个项目部与风险、财务及资金管理相关的人员进行研究、分析。经统计，风险等级为一级的有 6 项，二级的 10 项，三级的 3 项，四级的 2 项，中低级风险占比较高为 47.62%，高风险占比为 28.57%；后果严重性重大的 6 项，严重的 10 项，一般的 3 项，较小的 2 项，中等严重程度的占比较高为 47.62%，重大程度占比为 28.57%；发生的可能性中较高的 5 项，一般的 4 项，较小的 12 项，发生风险可能性较小的占比 57.14%，发生风险的可能性较高的为 23.81%，综合评估发生风险的可能性较小，总体资金支付风险可控。

3. 风险应对措施

结合当前的实际情况，在风险应对措施方面，主要采用信息化技术 + 智能系统（共享平台、资金管理平台和资金分析平台）进行管控，一是优化共享平台对接资金管理平台，源头管控客商银行账户信息准入，支付过程中双系统间自由自动推送收款单位银行账户信息，一站式完成支付，杜绝人工干预。二是出纳权限分级集中统一管理，集团本部单位出纳权限集中到共享中心统一管理，子公司所属单位集中到子公司本部财务部统一管理，管理流程统一为：付款业务流程→共享中心审核→出纳集中管理审核→业务财务复核（网银系统）→支付完成。三是大额资金提级审批制度，在建

表1　集团企业资金支付管理风险清单

编号	风险类别 名称	编号	风险识别 名称	风险描述	关键风险指标	关键影响因素	可能产生的后果	风险责任主体	风险发生可能性	风险后果严重程度	风险重要性等级	风险应对措施
一	资金计划	1	年度预算、月度资金计划	根据管理要求，定期编制年度预算和月度资金计划，为保障全局施工生产所需的资金进行统筹和调配提供充分的依据，为投融资项目管理提供支撑性数据。资金预算和计划的全过程管控，关系到资金链的全局运营	资金预算、计划是否严格执行	编制计划与实际支付偏差大	资金计划失效，资金链断裂	有实际管理权限的单位	较小	重大	一级	实行预算管控，对大额资金支付采用专项审批制；由专人负责审核通过系统填报的年度，月度资金计划表，并定期分析资金计划执行情况
		2	资金周报	反映每周资金收付款情况，可以动态调整资金收付款的计划，合理做出以收定支方案，能及时作出有效决策、弥补年度、月度资金管控的缺陷，有效反馈资金风险，为资金链的安全提供有力措施	有无按期执行	统计数据偏差	重要事项未及时掌握，未有效实施措施	资金集中管理单位	较小	重大	一级	实施资金职能分析平台，实时动态监测银行存款余额异常预警。通过手机短息、微信提示银行账户资金流动情况，及时发现风险并采取措施
		3	资金专项会议	资金专项会议主要对资金管理特定事项进行会议讨论，做出决策和部署，结合实际情况，应及时组织研究并作出有效措施减少损失，否则会导致重大损失或造成成本不利影响	能否形成有效决策措施	能否及时组织会议部署安排	造成损失，产生不利影响	有实际管理权限的单位	较小	重大	一级	通过建立财务风险预警、现金流预警机制，及时上报传递预警信息，在不能及时组织会议研讨部署的情况下也能通过线上，线下办理审核审批，采取应对措施，降低风险减少损失

续表

编号	风险类别		编号	名称	风险描述	风险分析							风险应对措施
	名称					关键风险指标	关键影响因素	可能产生的后果	风险责任主体	风险发生可能性	风险后果严重程度	风险重要性等级	
二	银行账户管理		1	银行账户开立	从严管控账户开户数量，没有充分必要理由的一律不得开户。应选择国有商业银行、上市银行，优选中国中铁资金管理系统有直连的合作银行。由本单位直接开口的财务经办，禁止非财务人员办理。按文件要求续并手办理开户审批手续并在资金中心备案	缺少有效的监管环节	外部单位干扰大，无法纳入集中统一监管	资金外存，无故流失	有实际管理权限的单位	一般	一般	二级	集中统一审批开户许可并归口管理提供开户资料。通过共享平台和资金管理平台，实行共享和资金账户信息由集中管理平台统一资金至共享平台，避免开人工录入信息，全程由系统管控
			2	网银密码管理	网银密码是资金支付的钥匙，任何人取得密码都可以完成支付，网银密码设置初始审核和复核两个审核环节，由不同的人员办理；由本人保管、使用，严禁将账号和密码交由他人代为操作。并配备专用保险柜存放密码卡、U盾和印鉴等	—	初审和复核未分离	资金流失	开通网银账户的单位	较高	严重	二级	通过分析银行账户管理模式，将全集团银行账户分类为开通网银账户（银企直连）和非直连、非银企直连网银账户（票据等）、其他电子支付凭证账户，充分运用共享中心和资金管理平台，人工+智能的方式，分级实施全账户管控
			3	结算卡管理	随结算卡和密码在限额内可以自由支取现金，主要用于办理税费缴纳和临时采购时采购支付	—	支付现金过程简单，缺少监管环节	资金流失	开通结算卡的单位	较高	一般	三级	严格审批开通结算卡的流程，需提供充分的支撑资料，严控受限付的额度，尽可能降低自由支出的金额。采用登记开通结算卡的单位及经办人员，对银行余额管理，在每月月核对账面余额差异时，重点关注结算卡交易流水

续表

编号	风险类别 名称	编号	名称	风险描述	关键风险指标	关键影响因素	可能产生的后果	风险责任主体	风险发生可能性	风险后果严重程度	风险重要性等级	风险应对措施
二	银行账户管理	4	预留印鉴管理	在票据及相关支付凭据上盖预留印鉴，可自由从银行支取现金。在一人保管的情况下，缺少监督、监管，容易引发舞弊事件	—	未分开分人保管	资金流失	有实际管理权限的单位	较高	严重	二级	统计全集团使用预留印鉴办理实际资金支付的单位，按照实际资金管理权限划分为由财务共享中心和各子公司财务部门上收集中管理，采取集中管理和审批
		5	月度对账	月度对账是完成月度资金支付闭环管理的重要环节。应在每月结束后及时取得银行对账单，与账面核对并填写余额调节表，确保账账、账证和账实相符	—	未及时取得对账单，未核对清楚余额	资金去向不明，流失	有实际管理权限的单位	较小	严重	二级	通过资金职能分析平台，实时动态监测银行存款余额与账面差额异常预警。每月末定期通报各单位的差异情况，针对差异较大的银行余额单独调取，查看当月的银行流水及科目明细账，分析原因并下发整改通知
		6	变更和销户	账户变更、销户是否有具体条件；是否按要求办理审批、报批手续	—	未审批、报批或不符合要求	资金冻结或流失	有实际管理权限的单位	较小	严重	二级	集团公司及所属单位账户开立、核销、变更等均由集团公司集中审批、登记和备案
三	现金管理	1	现金管理制度	涉及现金支付业务的单位均制定了现金管理制度，制度及要求应与单位的实际情况及要求紧密联系，能指导、规范具体业务操作	现金支付、库存额度	制度的合理性及执行情况	资金流失	有实际管理权限的单位	较高	严重	二级	在共享中心和资金中心双重管控下，现金业务呈逐然下降，除个别特殊项目（海外和西藏项目），其他单位均取消了现金业务，一律通过银行转账结算支付

续表

风险识别					风险分析							风险应对措施
编号	风险类别 名称	编号	名称	风险描述	关键风险指标	关键影响因素	可能产生的后果	风险责任主体	风险发生可能性	风险后果严重程度	风险重要性等级	
三	现金管理	2	现金收支范围合规性	现金收支业务应在规定的范围内使用，不得超越适用范围，严格执行现金管理制度	—	外部环境限制只能用现金	现金流出手续不齐不全	使用现金的单位	较高	严重	二级	加大常规性资金管理和专项资金安全风险审计、纪委等部门建立联动监督检查机制，及时收集相关问题和相关业务反馈的问题和相关业务风险，有效防范现金业务风险
		3	坐支现金	严禁坐支现金，按照收支两条线核算现金收支业务。收到现金及时入账并登记日记账，支付现金履行相关的审批手续	—	出纳与会计岗位实质未分离	现金收支混乱	使用现金的单位	一般	一般	三级	建立网银支付系统，减少现金业务量；加强出纳与现金职位职责分离，做到会计岗位职责实质分离；加大现金管理专项监督检查频次
		4	库存限额及盘点	每日库存现金余额不得超过制度规定指标值，超过部分及时存入银行，不得留存保险柜中，降低现金被盗的风险。做到每日一盘库，仔细填写现金盘点表并签字手续，严格履行监盘程序	—	是否履行现金盘点程序	现金缺失	使用现金的单位	较小	较小	四级	建立网银支付系统，减少现金业务量；加强出纳与现金职位职责分离，做到会计岗位职责实质分离；加大现金管理专项监督检查频次
		5	现金存放	根据现金管理制度的要求，现金须规定放置在保险柜中，不得放置在其他任何地方，保险柜应放置在较为安全隐蔽的角落里，门窗保险应安装防盗设施。开启保险柜应有意遮蔽输入密码谨防泄露，保险柜钥匙妥善保管，确保安全	—	安全措施有没有形态或虚设建设	现金被盗	使用现金的单位	较小	较小	四级	建立网银支付系统，减少现金业务量；加强出纳与现金职位职责分离，做到会计岗位职责实质分离；加大现金管理专项监督检查频次

续表

风险识别				风险分析							风险应对措施
风险类别		编号	名称	风险描述	关键风险指标	关键影响因素	可能产生的后果	风险责任主体	风险发生可能性	风险后果严重程度	风险重要性等级	
编号	名称											
四	票据管理	1	票据预算管控	票据主要包括银行承兑汇票、商业汇票、支票、云信和E信通，按照票据办理的审批流程，申请开具票据业务，超出预算额度的原则上不得办理	禁止超出预算额度	未能按期兑付	信誉受损，授信额度减少	使用票据工具的单位	较小	重大	一级	资金中心是票据业务管理的归口部门，负责预算控制、审核办理、额度管控和年终考核全流程管理。财务管理科负责会计核算和台账登记管理，每月定期核对账务签认，确保票据业务及时收款、按期兑付
		2	到期兑付管理	办理票据业务有缴纳保证金和信用办理两种。票据到期前一周通知债务单位及时兑付，票据到期指定的银行兑付账户，确保票据公司或集团公司垫付资金，维护债务单位信用等级及信誉	—	债务单位资金短缺，无法按期支付款	集团公司垫付资金	使用票据工具的单位	一般	严重	二级	根据供应链金融业务管理有关事项的通知，未按期支付到期兑付款的，集团公司直接从该账户中扣款，不足扣划的转为调剂款，且每月扣划的比例提高5%，保证金缴存比例高10%，调剂利率上浮10%，保证金存优，业绩考核、评先评优、资信评定等均扣分
五	支付流程审批	1	审批流程	涉及资金支付的业务有固定的审批流程和资金审核，完成每个业务审核环节才可支付，严禁支付由个人一人具备完成审核人员的全部权限或负责。审核人员相互独立，固定审批流程均由集团公司统一管一管，不得随意修改、更改	—	借用他人账号或委托他人自己用的账号办理审核	资金流失	出借或委托他人办理	较小	重大	一级	通过共享和资金管理平台对业务及资金支付的业务均配置固定的审批流程，须经业务端的经办人、审核人和审批人审核签字确认后，再流转资金审核岗，由资金审核专员负责审核或重能机器人进行审核，多重审核环节审核才能完成支付

续表

编号	风险类别 名称	编号	名称	风险描述	关键风险指标	关键影响因素	可能产生的后果	风险责任主体	风险发生可能性	风险后果严重程度	风险重要性等级	风险应对措施
						风险识别		风险分析				
五	支付流程审批	2	大额支付审批	根据制度要求，应该执行大额审批流程的是否有意躲避，将大额资金拆分多笔逐笔支付；审核人员是否认真、严格按制度执行；审批流程执行、违规情况	限额内多笔支付	制度不熟悉或故意避开	超额支付	有大额支付业务的单位	较小	严重	二级	通过优化共享平台付款业务审批流程，实行集中审批，按照大额资金审批中审核的控制条件，金额不同处置审批不同执行不同审批流程；审批节点处设置业务办理权限，金额不同层级的审批流程从而实现大额逐级审批
		3	出纳轮换	经办资金支付业务相关部门及岗位的设置应权责分明，相对独立、相互制衡，遵循"不相容岗位相分离"原则。严禁未经授权的机构或人员办理资金支付业务。出纳岗位应按制度要求定期轮换，避免长时间驻留同一岗位而引起账票、差错及舞弊风险	—	一人兼多岗或岗责交叉	缺少监督资金流失	有实际权理权限的单位	一般	重大	一级	严格依据制度执行，定期检查岗位轮换记录，检查轮岗后的业务办理流程与轮换记录前进行对比，是否与系统轮换记录一致；通过系统设置轮岗到期定期提示，或者轮岗制超过业务处理时长、停止办理业务权限；纳入部门年度绩效考核与薪酬挂钩
		4	系统管理员职责	系统主要包括共享平台、资金管理系统、资金分析平台等，管理员职责是授权业务人系统平台的权限，涉及授权业务人，坚持线上线下同岗同一人；调整、更换和撤销权限的，应提供有效的支撑依据，不得随意变动	—	未严格履行岗位职责	资金流失	有实际管理权限的单位	较小	严重	三级	通过共享系统业务岗+资金岗双重审核，发生风险的概率较小。资金支付业务流程的关键审核点，审批节点已纳入共享业务审核岗要点，须经资金复复核付款审核，基本确保付款审批流程是齐全合规的，符合集团公司内控及管理要求

续表

风险识别			风险分析								风险应对措施
风险类别		名称	风险描述	关键风险指标	关键影响因素	可能产生的后果	风险责任主体	风险发生可能性	风险后果严重程度	风险重要性等级	
编号	名称	编号									
五	支付流程审批	5	银行回执审核	资金支付是否完成，是否与业务一致，关键要核对银行支付的最终结果，也是资金闭环管理的重要环节。无银行回执或银行回执与业务不一致都会引起资金安全风险	—	未及时核对银行回执	资金流失	有实际管理权限的单位	较小	严重	二级	共享系统将审核银行回执作为一项监督职能，系统中固化流程变成刚性约束，实现资金支付业务事前、事中和事后业务全过程管控，完成付款业务闭环管理，有效防范支付风险

项目单笔支付金额 500 万～1 000 万元（含）的经集团公司财务部长审批；1 000 万～3 000 万元经集团公司总会计师审批；3 000 万元以上的经集团总会计师、总经理审批。收尾项目单笔支付金额 50 万元（含）至 500 万元经集团公司财务部长审批；500 万元（含）以上的经集团公司总会计师审批。四是实施资金分析平台，对接电脑和手机端查询银行账户的实时动态信息，实时掌握资金的动态安全，实时预警对个人大额支付和定期通报银行账户余额与账面余额差异情况。五是审核银行回执单，完成资金支付业务事前、事中和事后全过程管控，实现资金支付流程闭环管理，充分保障资金支付安全高效。

三、应用过程

（一）参与部门和人员

强化资金支付管控能力是进一步巩固资金防御系统，筑牢资金安全屏障，提升资金管控水平。强化资金支付管控能力成立了以集团公司总会计师为领导小组组长、财务部、规划部、审计部部长、分部子公司和项目部主要领导为成员的领导小组，以财务部牵头，相关部门、其他单位配合的工作小组，还包括思源技术专家和其他软件开发人员，共同推进资金支付管控能力落到实处，取得实效。

（二）资源、环境、信息化条件等部署要求

1. 制度保障

为应对资金支付引起的风险，进一步强化资金支付管控能力，根据股份公司关于共享中心建设的系列文件精神，结合集团公司信息化建设的要求，与思源和其他供应商合作开发、优化了共享平台多项功能，按要求执行共享中心管理网银密码和实施资金分析平台，落实大额资金提级审批制等，为强化资金支付管控能力提供了强有力的制度保障。

2. 信息化保障

通过日常办公用的财务共享平台、资金管理平台和资金分析平台及信息化技术，有效保障应对措施落实落地。

3. 人员保障

主要参与人员有共享中心各科室、财务科、预算科、项目管理科、资金中心资金结算科负责人，还有思源技术专家和其他单位派出人员，有充足的人员保障。

（三）应用模式和应用流程

1. 开发、优化共享平台新功能

（1）共享系统准入管控客商信息，源头保障信息真实。通过共享系统顶层设计，

对客商付款需要将客商及收款信息添加到共享系统内，而共享系统管理客商有严格的审批流程，首先需要在共享公共数据中查找，共享公共数据是中国中铁范围内共享的数据信息，其中所包含的信息均是中国中铁内部单位使用过的，经过中国中铁核实准录的单位和信息，真实可靠，该信息包括单位名称全程、银行账户名称、账号和开户行名称，通过简单操作，便可以添加到本单位作为常用的客商信息，用于日常的财务核算和款项支付所需，基本可以保证支付资金的安全性，同时也能提高对客商信息审核效率和准确性。其次，共享公共数据中没有所需的组织客商信息，只有通过在共享平台线上申请，填写客商的单位名称和营业执照的统一组织机构代码，经中国中铁财务共享中心审核不属于不合格供应商，也不存在虚假供应商等，经审核通过，才确定准入作为有效客商，从源头管控客商信息的真实性，基本保障与其相关的业务和资金交易的安全性。最后，共享公共数据中没有所需的个人客商，也只能通过共享平台线上申请，填写客商的个人姓名和身份证号，经中国中铁财务共享中心审核不属于不合格个人客商，也不存在虚假身份信息等，经审核通过，才确定准入作为有效客商，全覆盖从源头管控客商信息的真实性，有效保障了业务和资金交易的安全性。

（2）共享系统全程推送收款信息，封闭管理信息可控。通过共享平台的智能管控，款项支付必须按照共享系统内置支付管理程序，主要包括以下三个方面：第一，对共享系统内的组织和个人客商支付款项，只需从共享平台选项中选择正确的收款人名称，与收款名称相关联的银行账户信息自动读取出来，全过程不需要手动输入任何收款方信息，也不得做任何更改，确保最终输出收款单位和收款信息与系统内置信息一致性；第二，因特殊情况，对方单位需要委托其他单位收款时，且收款方以及相关的收款信息未植入共享平台中，导致无法从系统中选取，这种情况下有两种解决方式，一是线上申请添加组织客商，按照客商准入的相关规定和程序操作便可添加准入；二是需要通过手动录入收款方全称和银行账号等信息，但是收款银行名称必须从共享系统中选取，不得手动录入，如果系统中无法找到该单位的收款银行，说明收款银行不存在或有问题，须暂停支付，以上两种方式基本覆盖对共享系统外的银行账户支付管理，有效管控外部银行账户信息的真实性和可靠性，避免利用虚构单位或虚假银行账号套取资金，导致利益受损和资金流失；第三，经共享中心授权，取消大部分共享表单对系统外部单位和银行账户直接支付款项的功能，如需要对外部单位和银行账号付款，应按照第二种方式操作（客商申请或手动输入信息），如果是日常业务付款，应申请客商信息准入，便于后期付款操作，有利于保证客商和收款信息的真实和一致性。

（3）审核银行回执单，完善资金闭环管理。审核银行回执单是指，付款的流程结束后，业务财务将银行付款的回执单上传共享系统，经共享审核通过后，会计凭证才能归档并打印出来。未经共享审核银行回执单的，该笔流程无法完成会计凭证归档和打印，说明该笔业务流程未结束，付款业务未闭环。通过共享审核银行回执单上的收款方信息、支付金额、日期和银行签章等，进一步监督、核实付款与业务实质和原始凭据上的收款信息是否一致，降低支付风险，完善资金闭环管理。审核银行回执单是共享系统的一项监督职能，经固化流程变成刚性约束，既能发现问题又能预防和震慑，实现资金支付业务事前、事中和事后全过程管控，充分保障资金支付安全高效。

2. 出纳权限集中管理

根据银行账户管理模式不同，将集团所属的银行账户分类为银企直联支付、网银支付和票据支付三类账户，结合各类账户的管控要点及支付方式，分别采取以下管控措施。

（1）银企直连支付账户，指银企直连支付和集团资金中心内部账户，不存在其他途径付款的银行账户，经共享系统和资金系统全程线上双重管控。该类账户发生的支付业务由经办人在共享平台发起付款流程，经业务单位财务审核并发起付款指令，经共享中心审核有效性、合规性后，再进入资金审核岗，审核收款单位的账户信息无误后，共享系统自动将付款指令推送至 G6 资金系统，再由付款单位的财务负责人登录 G6 资金系统履行资金支付指令复核程序，最后经资金中心审核无误后，完成实际支付。在共享系统和资金系统双重管控下，付款指令及付款信息全程系统管控。

（2）网银支付账户，指开通网银使用 U 盾和密码办理支付的银行账户，不存在其他途径付款。该类账户发生的支付业务由经办人在共享平台发起付款流程，经业务端审核审批推进共享中心后，经共享中心审核有效性、合规性完毕后（流程可能未结束），业务单位财务发起"申请单"索取付款密码，分别有：①集团本部所属单位经共享中心"资金指令复核岗"审核该笔业务流程是否经共享中心审核通过，只有通过的才能发送支付密码；②子公司所属及有实际管理权限的单位采用同样的方式，经其子公司本部财务部"资金指令复核岗"审核是否经共享中心审核通过，只有通过的才能发送支付密码。业务单位财务收到付款密码并录入支付系统，才能完成最终的支付。在共享业务审核和"资金指令复核岗"双重管控下，保障了网银支付的安全性。

（3）票据支付账户，均为线下办理的业务，指通过支票、电汇等凭证为媒介办理支付的银行账户，包括需要和不需要密码只加盖银行预留印鉴的支票、电汇凭证和其他支付凭证，不存在其他途径付款。该类账户发生的支付业务由经办人在共享平台发起付款流程，经共享中心审核有效性、合规性后，直至流程结束止，业务单位财务发起"申请单"索取票据付款密码或邮寄票据加盖银行预留印鉴，分别有：①集团本部所属单位经共享中心"资金指令复核岗"审核该笔业务流程是否符合审核标准，并核对收付款信息无误后发送付款密码或戳盖银行预留印鉴；②子公司所属及有实际管理权限的单位经其本部财务部"资金指令复核岗"审核无误后发送付款密码或戳盖银行预留印鉴。业务单位财务收到票据付款密码或收到戳盖银行预留印鉴的票据，到银行柜台办理最终支付。在共享业务审核和"资金指令复核岗"双重管控下，线下票据支付也能得到有效的管控。

出纳权限集中管理情况如表 2 所示。

表2   出纳权限集中统一管理汇总

序号	管理单位名称	银行账户集中管理数量（个）	资金指令审批人姓名	支付工具保管数量（个）		
				U盾	密码器	印鉴
1	集团公司共享中心	483	姜××	150	148	30
2			李××	182	167	46
3	一公司	21	孙××	10	2	17
4	二公司	40	曹××	34	33	2
5	四公司	22	李××	20	12	3
6	五公司	54	石××	52	31	3
7	六公司	61	郭××	45	23	19
8	七公司	132	胡××	27	15	1
9			徐××	7	—	—
10			桂××	20	7	—
11			程××	10	5	—
12	八公司	16	舒××	10	2	0
13			宋××	2	1	1
14			平××	2	3	0
15	九公司	20	段××、林××	15	5	—
16	上海公司	15	欧阳××	15	7	6
17	东北分公司	25	周××	19	6	11
18	特种公司	67	蒋××	56	3	34
19	地产公司	14	刘××	14	9	11
20	置业公司	35	赵××、陈××	13	21	3
	合计	1 005	—	703	500	187

3. 实施资金智能分析平台，强化资金安全流动

资金智能化分析平台是对接资金管理系统G6、N9、共享平台和通信手机，实时取数分析各单位银行账户实时余额与财务账面存款余额的差异，不定期对账实不符、大额对私支付的单位发出预警，并由财务共享中心负责预警处理、信息反馈和日常管理等工作。可进行重点监控，监控资金存量较大的单位，如银行账户资金存量前十的单位，重点监控该单位所属项目部账户的资金排名前十以及分布地区资金存量排名和近7天的资金余额变动情况；也可以在日常监督检查时，选择任意单位指定日期或全周期查询，能查询到每天的银行账户余额与账面余额的对比情况，实施持续动态监控。通过资金智能化平台，对接电脑和手机端查询银行账户的实时动态信息，实时掌握资金的动态安全。通过建立完善预警模型，对账实不符情况进行定期通报，针对存

在风险和问题的单位及时分析原因并整改，共享中心负责、督促落实。例如，2021年12月31日全集团银行账户数量为1 890个，账实不符的有131个，占比6.93%；2023年7月31日全集团银行账户数量为2 005个，账实不符的有8个，占比0.4%（见表3）。在资金分析平台的监控下，虽然账户数量增加了，但是账实不符的数量和占比大幅下降，资金支付管理更加规范，风险得到有效控制，明显减小。

表3　　　　　　　　　　　　　账实不符情况对比

序号	日期：2023年7月31日				日期：2021年12月31日			
	管理单位	银行账户数量（个）	账实不符数量（个）	账实不符占比（%）	管理单位	银行账户数量（个）	账实不符数量（个）	账实不符占比（%）
1	本部直属单位	102	0	0.00	集团直属单位	199	14	7.04
2	一公司	169	0	0.00	一公司	149	3	2.01
3	二公司	188	0	0.00	二公司	200	3	1.50
4	四公司	180	2	1.11	四公司	135	10	7.41
5	五公司	210	0	0.00	五公司	188	21	11.17
6	六公司	211	1	0.47	六公司	186	21	11.29
7	七公司	324	0	0.00	七公司	297	6	2.02
8	八公司	93	0	0.00	八公司	78	11	14.10
9	九公司	140	1	0.71	九公司	97	18	18.56
10	上海公司	90	0	0.00	上海公司	67	3	4.48
11	特种公司	73	2	2.74	特种公司	79	8	10.13
12	桥科院	26	1	3.85	桥科院	24	0	0.00
13	东北分公司	93	1	1.08	东北分公司	68	1	1.47
14	物资公司	36	0	0.00	物资公司	36	0	0.00
15	置业公司	45	0	0.00	置业公司	51	6	11.76
16	地产公司	21	0	0.00	地产公司	31	5	16.13
17	传媒公司	4	0	0.00	传媒公司	5	1	20.00
	总计	2 005	8	0.40	总计	1 890	131	6.93

4. 大额资金提级审批

为加大对大额资金支付的管控，实现资金的正向流动，促进内部交易形成的债务资金支付比例与外部欠款比例相匹配，通过共享平台付款业务审批流程集中管理，在付款流程上做了进一步优化，设置了不同金额大小的限制条件，根据金额大小执行不同层级审批的流程，从而实现大额资金支付提级审批目的。如在建项目单笔支付金额500万~1 000万元（含）的，履行项目内部审批程序后，应报集团公司（共享中心）复核、集团公司财务部部长审批后支付；单笔支付金额 1 000 万～3 000 万元（含）的，履行项目内部审批程序后，应报集团公司（共享中心）复核、集团公司总会计师审批后支付；单笔支付金额 3 000 万元以上的，履行项目内部审批程序后，应报集团公司（共享中心）复核、集团总会计师、总经理审批后支付。收尾项目单笔支付金额 50 万元（含）至 500 万元（不含）的，由集团公司财务部部长审批后支付；单笔支付金额在 500 万元（含）以上的，由集团公司总会计师审批后支付。实行大额资金提级审批，有效管控资金外流，有效降低大额资金对外支付的风险，如图 1 所示。

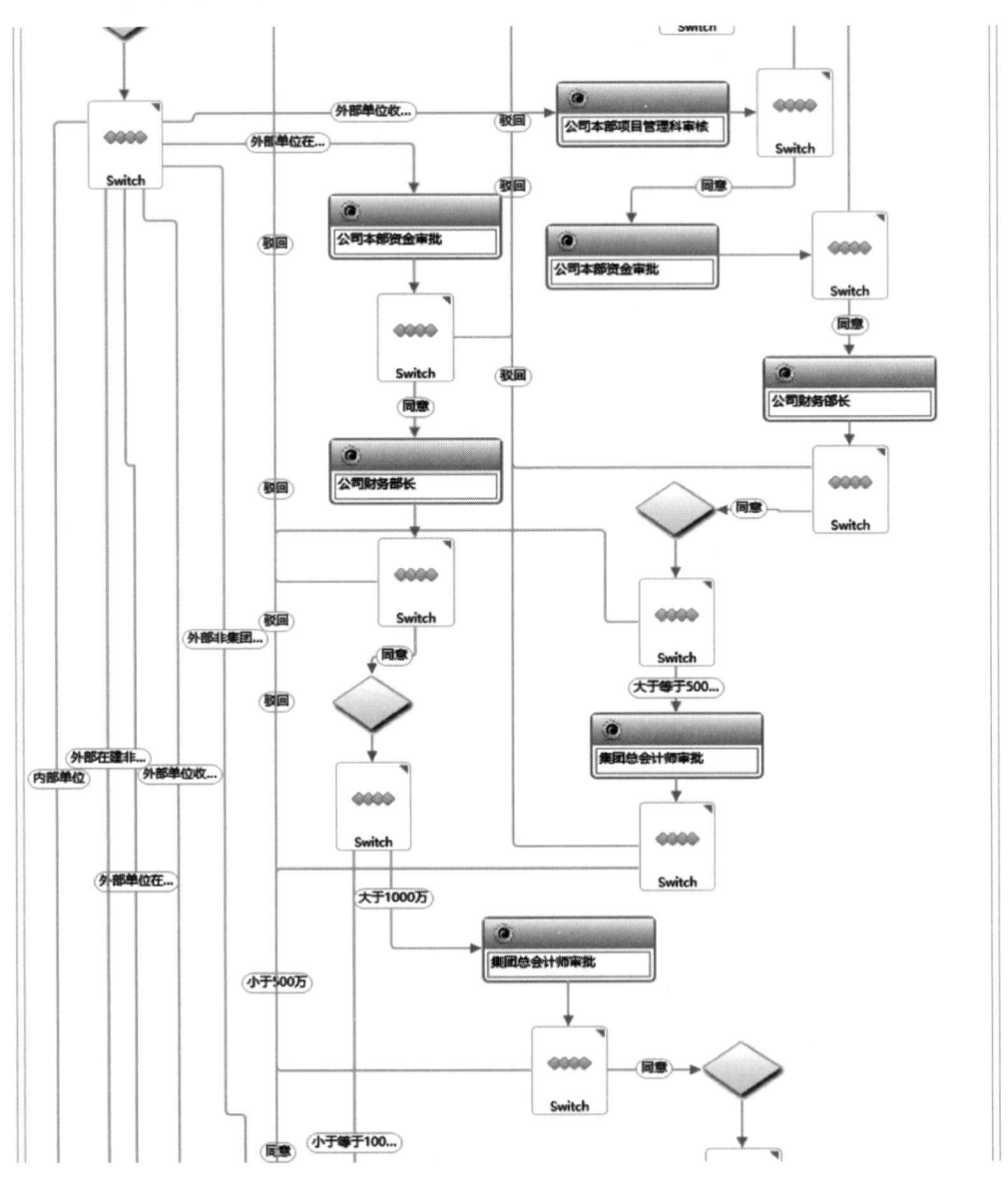

图 1 大额提级审批流程（系统截图）

四、取得成效

通过风险清单在资金风险管控方面的持续应用，进一步优化了国有建筑企业资金支付风险控制的管理手段。企业集团资金支付安全性能获得提高，资金高效运行得到保障，企业管理水平进一步提升。

（一）资金集中管控更具成效

依托于资金中心平台，推行两级三次资金集中管理模式，通过内部存款价格引导和资金集中度考核两大措施，逐步建立了上下联动、统筹协调、覆盖各级次的资金"大集中"体制，以此对资金等金融资源实施集中管控，资金金融风险得到严控。2022 年末，全公司货币资金存量创历史最高水平，集团资金管控能力显著增强，资金集中收益显著提升。

（二）资金风险防控更加智能

通过对资金支付的监测分析，各层级所有资金支付行为能够追溯至相应的业务表单、事项及审批流程，同时借助技术手段能够实时获取资金流水情况，实现了对资金支付行为实时预警监控，实现资金风险防控智能化。

（三）管理制度体系更加健全

借助风险清单对资金支付风险的梳理和分析，集团公司配套出台了系列的资金支付风险管控制度和措施，内容涵盖出纳管理、U 盾管理、银行账户管理、融资授信担保管理、供应链金融及票据管理、稽核管理等多个方面，进一步保障了企业资金链条安全，提升了公司内部控制的效率和刚性。

（四）风险管理理念更加普及

在资金支付流程中，全面融入风险管理的理念，通过在资金支付过程的风险识别、风险评估、风险应对的全过程中宣传贯彻、培训和研讨，公司全员风险管理意识和理念深入人心，逐步培养起具有公司特色的风险管理文化，风险管理和财务管理建设的专业人才队伍日趋成熟，专业化水平日益提升。

（五）促进公司发展战略的有效执行

对资金支付流程的进一步优化，符合公司以"现金为王"的发展理念，与公司战略规划和生产经营相适应。以资金支付过程中的关键重要节点为控制点，以点带面，延伸到企业资金管理全过程，公司上下做到全员参与、全流程覆盖，公司现金流管理效率和水平得到提升，能够促进公司发展战略的有效执行，实现稳健经营。

五、经验总结

通过应用管理会计工具提升集团资金支付管控能力，资金支付风险明显降低，支付效率逐渐提高。资金支付行为基本可溯，实现各层级所有资金支付行为能够追溯至相应的业务表单、事项及审批流程。银行账户动态和资金动态可视，资金风险基本可控。有效保障集团资金安全，推动资金管理模式创新升级，赋能集团公司核心产业、板块的发展，助力企业高质量发展。

（一）强化集团资金支付风险管控的基本条件

集团资金支付管控能力得到有效提升主要基于股份公司顶层设计、集团公司管理需求、财务管理健全的制度体系、财务共享中心和资金结算中心以及思源时代等其他单位的支持和协助。充分应用信息化技术，借助共享平台、资金管理系统、资金分析平台、机器人和移动端通信设备，部署完成由"系统 + 系统"联控和"系统 + 人控"双控的资金支付管控措施。

（二）强化集团资金支付风险管控的关键因素

集团正处于信息化发展的有利时机，有效提升集团资金支付管控能力的关键因素。第一，得到股份公司和集团公司领导的支持。第二，政策倾向，以股份公司顶层设计为引领，财务部充分发挥自身优势，紧抓集团公司大力推行信息建设的政策红利。第三，优质供应商。与其他合作商共同开发共享平台、资金系统多项新功能，引进资金分析平台和智能机器人，大力提升财务系统应用信息化技术管控资金风险的水平。第四，强化培训。首先，是对试点单位培训，其次，是分批次对部分子公司本部单位、集团本部单位和局属项目部；最后，通过网络视频方式进行专题培训全范围覆盖。第五，驳回率排名。每月定期公布集团各单位流程驳回率排名，有效激励各单位依法合规履行职责。

（三）强化集团资金支付风险管控的优缺点

（1）优点：一是促进集团公司资金管理更加规范，有效降低整体资金风险；二是提升应用信息化技术管控资金风险的水平，提高效率；三是进一步强化资金集中管理，做大做强两级资金池。

（2）缺点：提升集团资金支付管控能力并不能规避所有的风险，还需要从源头出发，激发员工的主观能动性，增强风险意识，主动辨别风险、规避风险、积极应对风险。

（四）强化集团资金支付风险管控的建议

提升集团资金支付管控能力只是完成资金风险管理的一小步，后期需要不断学习和研究，应用更好的方法，更智能的管理系统，规避资金风险，堵塞漏洞，扩大资金安全区域，确保集团资金安全受控。

（五）推广应用强化集团资金支付风险管控的建议

随着社会的发展，信息技术已得到广泛运用，强化集团资金支付风险管控能够充分发挥信息技术的巨大优势。借助共享平台、资金管理系统、资金分析平台、智能机器人和移动端通信设备，部署完成"系统＋系统"联控和"系统＋人控"双控的资金支付防御屏障，能做到资金支付业务事前、事中和事后全过程管控，实现资金支付闭环管理，充分保障资金支付安全高效，赋能集团公司做强做大核心产业具有很强的应用价值。

（中铁大桥局集团有限公司　李同杰　陈　华　孙　逊

江海亮　罗　音　张　敏　王丽李　万　怡）

PPP 项目投融资风险管理体系的构建与实践

——中铁隧道局管理会计应用推广案例

【摘要】 中铁隧道局集团有限公司（以下简称"中铁隧道局"）经过多年快速发展，已成为集投资、设计、科研、施工、修造、运维六大功能于一体的全产业链服务商，业务涵盖全部基建领域。近年来通过创新投融资商业模式，深化政企合作等方式，开创了企业投融资发展新格局。本文以 PPP 项目风险管理应用与实践为出发点，结合湖州 PPP 项目实际情况，运用管理会计工具方法有效识别项目所面临的内部、外部财务风险，并对识别出的风险进行量化分析，引出风险管理的防范措施，为项目策划、项目管理、项目业务决策等方面提供了有力支持。

一、案例背景描述

（一）我国管理会计发展历程概述

我国对于管理会计的引进，大约开始于 20 世纪末期，发展至今其在我国的研究和实践已经越来越深入，由最初的传统会计核算体系慢慢地向包含成本、价值、战略及决策等方面的管理体系靠近。越来越多的事实表明，管理会计在我国经济发展中的作用越来越大，是我国未来会计体系建设的新方向。

管理会计是一种为企业内部管理者提供信息和服务的会计，旨在帮助企业实现战略目标、提高经营效率、增强竞争力。近年来，随着我国经济转型升级的需要，管理会计在企业决策中的作用日益凸显，国家也出台了一系列政策和指引，推动管理会计体系建设和发展。

2014 年财政部颁布了《关于全面推进管理会计体系建设的指导意见》，强调了管理会计对于促进经济发展和转型的重要性。

2016 年财政部发布了《管理会计基本指引》，明确了管理会计的定义、目标、原则、内容和方法，其中管理会计工具方法是实现管理会计目标和发挥管理会计作用的重要手段，不仅在理论上而且在实践中也具有重要意义。此后，财政部相继出台了 30 多项相关管理会计应用指引文件，涵盖了投融资管理、成本管理、预算管理、绩效评价等多个领域，为我国管理会计体系建设提供了有力支持。

2020 年财政部发布了《管理会计行业调研报告及案例》，研究了新冠疫情下对于行业和企业的影响，强调了应重视管理会计应用帮助企业提质增效。

（二）企业基本情况

中铁隧道局是世界 500 强企业中国中铁股份有限公司的骨干成员企业，集聚全国资源组建的一支专注于隧道和地下工程施工的国家队。经过 40 余年的发展，集团已成为集投资、设计、科研、施工、修造、运维六大功能于一体的全产业链服务商，业务涵盖全部基建领域。年隧道施工能力超过 500 公里，累计建设各类隧道超过 10 600 公里，约占全国隧道总长的 10%。已建成 20 公里以上铁路隧道 12 座，数量占全国总数的 70%。

截至 2022 年末，公司注册资本 29.98 亿元，在建工程 300 余项。员工总数 14 824 人，拥有专业技术人员 8 494 人。投资项目总额近千亿元，涉足市政工程、公路工程、城市轨道、片区开发、环境治理等多个业务领域，业务范围遍布广东、浙江、河南、重庆、云南、贵州、湖南、山东等 18 个省、自治区、直辖市，成功投资建设了 40 个具有战略意义的基础设施项目，创造了良好的社会效益和经济效益。

（三）中铁隧道局应用管理会计工具方法可行性和必要性分析

1. 国务院国资委和企业战略的需要

2020 年 6 月国务院国资委发布了《关于开展对标世界一流管理提升行动的通知》，明确提出国有企业要与世界一流企业、行业先进企业进行对照并寻找差距，有针对性地采取相应措施强化管理体系和管理能力建设。

中铁隧道局作为国内地下工程行业标杆企业，为构建共赢发展的战略共享体系，积极与政府、高校、国内外企业开展战略合作，建立战略共享机制，搭建与合作伙伴稳定的交流平台，结合集团各项业务发展实际情况，参与行业标准制定，推动行业发展的转型升级和更高质量发展。同时中铁隧道局结合企业的实际情况搭建具有企业特色且权变的管理会计工具整合体系，以期达到管理会计对于企业发展战略的全方位支撑的目标，是企业可持续发展战略的重中之重。

2. 管理会计工具效用最大化的要求

管理会计工具是指在管理会计活动中使用的各种方法、技术和手段，帮助企业进行有效的成本控制、预算编制、绩效评价、战略决策等。随着市场环境的变化和企业需求的多样化，管理会计工具也在不断的更新和完善，以适应不同的行业和企业特点。中铁隧道局作为一家专业从事隧道建设的国有企业，面临着激烈的竞争和纷繁复杂的风险，因此需要运用管理会计工具来提高经营效率和管理水平。中铁隧道局在借鉴国内外优秀企业先进经验的基础上，结合自身的实际情况，迫切需要创新性地采用多种管理会计工具，且形成了一个综合的管理会计工具体系，从而实现了各管理会计工具之间的协调和互补，提高企业的核心竞争力和可持续发展能力。

3. 深入推进管理会计体系建设的要求

《会计改革与发展"十三五"规划纲要》强调要积极推进会计体系建设，尤其要在管理会计指引体系上深入研究，为企业及行政事业单位的会计工作提供参考依据及实践方向。同时要求，各企事业单位在不同的领域、层次和环节上融会贯通地运用恰当的管理会计工具，研究管理会计工具的整合应用，为深入推进管理会计体系建设作出贡献。

中铁隧道局通过实践筛选出符合企业自身发展方向的管理会计工具，在业财融合的基础上结合不同管理会计工具的优点进行整合创新，积极推进能够满足企业管理体系、业务范围及发展策略需求的管理会计工具的系统体系建设，对管理会计体系建设的理论研究及实践对其他企业具有一定的参考价值。

综上所述，随着国内管理会计工具的广泛应用和不断创新及管理会计工具不断充实和完善，如何运用管理会计工具来提高企业管理水平和价值增值是企业面对复杂的环境因素需提高竞争力必须作出的改变。

（四）企业投融资环境分析与面临的主要问题

中铁隧道局所处的建筑行业属于重资产行业，尤其受近年来国家基建投资模式的转变和地方政府债务率、政府隐性债务等强管控的宏观硬约束下，各级政府为稳就业促发展向社会推出了大量的社会资本方与政府方共同投建的基础设施投资项目，包括但不限于 PPP 项目、BOT 项目、EOD 项目等模式。此类投资项目共同特点为占用资金额大、工期长、回收慢，对资金的依赖性极强，这就对建筑类企业投融资管理水平提出了更高的要求。建筑企业为拉动主营施工业务，须因时而变，积极应对，调整企业的战略管理思路，转变经营投资理念，才能在市场得以生存。

同时，随着建筑市场投资项目模式、数量、规模的大幅增加，金融机构对投资项目债务融资的授信贷款也呈现出合规性要求高和项目准入标准提高的趋势。在确保主体企业不为其投建的项目的债务融资"担保、增信"的前提下，依托项目自身现金流取得债务项目债务融资，这就要求主体企业对项目投、融、建、运、退全生命周期精准管理，确保项目经济效益达到自身及项目相关利益方（金融机构）的预期诉求。

为提高新形势下企业资本运作能力，中铁隧道局结合自身实际情况，运用投融资管理、风险管理等管理会计工具，构建基于风险防控下的投资项目融资风险管理体系，有助于提升企业价值创造能力，助力企业高质量发展。

（五）选择相关管理会计工具方法的主要原因

1. 防范投资项目财务风险的需要

当前国内外的经济形势严峻，债务违约事件频繁发生，防控财务风险是中铁隧道局的一项重要工作。《管理会计应用指引第 700 号——风险管理》旨在通过对企业风险的有效识别、评估、预警和应对等措施，实现企业风险管理的目标。因此，有必要运用"风险管理"工具，对投资项目进行财务风险的分析和控制。

2. 对投资项目进行融资管理、防止投资项目风险外溢的需要

近年来，建筑市场投资项目数量的剧增，以及运作模式多样化，金融机构针对投资项目债务融资的审批和准入呈现出越加严苛的趋势，提高投融资管理水平是中铁隧道局顺应市场竞争的一项重要工作。《管理会计应用指引第 500 号——投融资管理》包括投资管理和融资管理两个部分。融资管理是指在风险匹配的原则下，对通过一定的融资方式和渠道筹集资金进行的管理活动，以实现企业既定的战略目标。因此，有必要应用这一管理会计工具提升 SPV 项目公司投融资管理水平。

二、总体设计

（一）应用相关管理会计工具方法的目标

应用相关管理会计工具方法的目标是提高企业的经营效率和效果，优化资源配置，增强竞争力，实现企业的战略目标。管理会计工具方法包括成本管理、预算管理、绩效评价、风险管理等。管理会计工具方法应根据企业的实际情况和需求进行选择和设计，以适应不同的内外部环境变化。

中铁隧道局应用相关管理会计工具方法的目的是以风险管理为导向，综合运用各种融资方式，构建合理的资本结构，在保证项目融资按计划到位的前提下，控制资金成本，保障投资项目投建营顺利开展。这一目标要求中铁隧道局在项目融资过程中，充分考虑市场环境、政策法规、项目特点等因素，选择适合企业自身发展战略和项目需求的融资模式，达到优化融资结构，降低融资风险，提高融资效率的目标。同时，中铁隧道局还需要加强对项目融资后管理的监督和评估，及时发现和解决可能出现的问题，确保项目融资的安全和稳定。

（二）应用相关管理会计工具方法的总体思路

1. 建立健全 SPV 项目财务风险管理流程

投资项目的 SPV 项目公司成立后，应按照股份公司、集团公司投资项目财务管理的要求，建立和完善 SPV 公司的财务资金管理体系。具体包括以下几个方面：一是制定和发布 SPV 公司的财务预算、报表、核算、审计等相关制度文件；二是定期向集团公司报送《SPV 项目公司财务风险防范工作情况报告》，反映项目的财务状况和风险控制情况；三是明确 SPV 公司风险管理的步骤，包括但不限于分析影响项目风险的因素、确定不同级别的项目风险预警指标、根据不同级别预警指标采取相应的风险应对措施、定期进行财务风险的监测、报告、评估。

2. 建立"表外项目表内管理"的"一揽子"融资管理体系

为统一集团公司的表内外融资管理，充分发挥集团公司各类金融资源的优势，提

高融资效率，降低融资成本，规避融资风险，优化资产负债结构，同时考虑到表外投资项目融资的独立性，中铁隧道局由投资事业部负责集团表外投资项目债务融资，并指导项目公司开展与项目属地金融机构进行债务融资谈判、议价、签订合同等事宜，达到降低集团整体融资成本目标。另外，梳理和规范投资项目表外融资管理流程也是重要工作之一，主要流程节点包括但不限于融资计划制定、融资决策分析、融资方案的实施与调整、融资管理分析有情。根据当前金融市场环境和企业实际情况，SPV项目公司通过多元化筹融资手段来筹措表外项目公司投资建设资金。

（三）应用相关管理会计工具方法的创新

1. 结合企业风险管理实践制定投资项目融资风险管理流程

投资项目在实施过程中包含的风险多种多样、纷繁复杂。要使得投资项目达到既定的经济效益目标，项目实施过程就不能放过任何一个风险。对可能影响项目融资的各种风险因素进行全面、系统和持续识别；对识别出的风险因素进行定性和定量的分析，评估风险因素的影响程度，从而确定风险的优先级；对风险评估结果，制定相应的风险对策，包括风险规避、转移、分散等，以及具体的控制措施。中铁隧道局根据多年来投资项目实操的经验并结合传统模式的项目施工面临的风险，并以网络问卷调查形式将投资项目主要风险形成项目风险汇总表，如表1所示。

表1 　　　　　　　中铁隧道局集团有限公司投资项目自查表

序号	检查内容		是否涉及	检查资料（包括但不限于以下资料）	相关文字描述
1	建设手续	工可报告	是/否	工可报告及政府批文	略
2		建设用地规划许可	是/否	用地预审及规划选址、建设用地规划许可证等	略
3		建设工程规划许可	是/否	建设工程规划许可证	略
4		建筑工程施工许可	是/否	建筑工程施工许可证	略
5	合规性	有无超原投资规模及范围，政府未重新履行决策程序	是/否	招标文件、PPP合同、审计报告、补充协议及政府决策的批文及相关的函件（如有）	略
6		有无违反政策法规且不利于社会投资人的合同条款	是/否	招标文件、投资协议、PPP合同等	略
7		政府付费是否与绩效考核挂钩	是/否	PPP合同及补充协议等	略
8		PPP合作范围内有无不适宜社会资本方承担的职责	是/否	PPP合同及补充协议等	略
9		入库手续是否完备	是/否	1. 项目实施方案；2. 项目财政承受能力认证；3. 项目物有所值评价	略
10		政府方是否向社会资本承诺固定回报或保障最低收益	是/否	合作协议相关内容	略

序号	检查内容		是否涉及	检查资料（包括但不限于以下资料）	相关文字描述
11	运营及回收风险	有无政府原因导致的竣（交）工验收缓慢造成进入运营期（回收）滞后	是/否	竣（交）工验收申请资料等	略
12		有无政府原因导致投资确认滞后	是/否	实施机构的投资确认表、过程中审计资料等	略
13	合同履约风险	有无政府或第三方原因导致项目履约风险	是/否	政府及其他第三方的函件等	略
14	政府财政风险	当地政府近三年债务率、一般公共预算收入、支出数据	是/否	数据查询评估	略
15		政府付费是否足额纳入财承报告政府支出责任	是/否	数据评估：项目可行性缺口补助、政府付费金额＋政府出资代表应出资额－纳入财承的政府支出责任总额	略
16		财承报告预测的一般公共预算支出增长率是否过高	是/否	数据评估：与近三年当地政府一般公共预算支出增长率数据对比评估	略
17		财政支出责任是否向同级或下级政府转移	是/否	政府内部文件	略
18	财务风险	政府方资本金筹措	是/否	投资协议、银行回单	略
19		社会资本金筹措	是/否	投资协议、银行回单	略
20		融资风险	是/否	1. 集团公司出具或签署融资支持性文件（含担保和安慰函）；2. 贷款合同；3. 融资落地情况	略
21		利率风险	是/否	是否按浮动贷款利率	略
22		偿债风险	是/否	依据 PPP 合同及银行贷款合同为基础编制借款还本付息表	略
23		税务风险	是/否	1. 增值税发票获取情况；2. 是否足额申报缴纳税款；3. 其他涉税风险	略
24		是否并表	是/否	是/否	略
25	开工手续	有无按照股份公司要求完善开工审批手续	是/否	开工证书等审批文件	略
26	决策要素条件执行情况	合同关键经济技术指标是否与投资决策一致	是/否	股份公司、集团公司批复文件，投资协议、股东协议，包括合同审批程序履行以及投资协议的技术、商务条款等	略
27		合同中有无对竣工审计时限的约定	是/否	PPP 合同等	略

序号	检查内容		是否涉及	检查资料（包括但不限于以下资料）	相关文字描述
28	收益风险	施工利润是否达决策预期	是/否	施工单位提供自测成本分析报告、集团公司或子公司阶段性审计报告等	略
29		投资收益指标是否达到决策预期	是/否	集团公司阶段性审计报告、财务部提供的投资收益计算表等	略
30	超概风险	有无征地拆迁费超概情况	是/否	征地拆迁合同、支付凭证、费用台账等	略
31		有无前期费用超概情况	是/否	前期费用有关合同、支付凭证、费用台账等	略
32		建设工程其他费用超概情况	是/否	相关合同、管理费列支情况、支付凭证、费用台账等	略
33	工期滞后风险	是否因自身施工组织原因导致工期滞后	是/否	施工合同、项目策划书、施工组织设计、形象进度、目前项目进展情况等	略
34	运营风险	有无运营成本超支风险	是/否	可行性研究报告、决策指标、运营成本调研材料、运营承包合同（如有）等	略
35		有无运营绩效考核不达标影响投资回购的风险	是/否	PPP合同、运营绩效考核办法等	略
36	采购合规风险	招标手续是否合规完善	是/否	合同台账、招标手续资料、上级单位相关批文等	略
37	变更设计	设计变更审批手续是否完善	是/否	设计变更台账、设计变更审批资料	略
38	安全管理风险	是否按照股份公司、集团公司安全管理办法执行安全监管责任	是/否	安全管理办法、日常安全管理资料等	略
39	内控风险	立项至交底前决策程序是否完善	是/否	立项评审表、营销交底资料	略
40	法人治理	《公司章程》制定、修改是否符合《中华人民共和国公司法》《中华人民共和国民法典》规定，有无到属地工商部门登记备案	是/否	《公司章程》、备案登记证明	略
41		股东会、董事会、总经理办公会程序是否符合《公司章程》，决策程序、事项内容、会议资料是否规范	是/否	会议通知、议案、会议记录、会议纪要	略
42		股东代表授权管理	是/否	《授权委托书》、会议议案、会议表决情况汇报	略
43		项目公司人员任职	是/否	《人事聘任令》	略
44		制度体系建设	是/否	《制度清单》及制度文件	略

2. 构建项目个性化的融资风险指标体系

基础设施投资项目一般具有建设周期长、运营时间长、参与方较多等特点，根据项目属性、特点、合同、运作模式等构建各个项目融资风险指标体系，归纳总结项目投融资的主要风险，有助于项目管理者动态评估掌握各阶段项目面临风险，并有效拟定项目风险管理措施。

3. 采用管理会计工具方法对影响项目效益指标的因素进行动态敏感性分析

根据项目的投资额、建设期、运营期、收入模式以及 PPP 合同约定相关经济指标等，计算出项目的基准经济效益指标。动态敏感性分析可以通过建立项目效益指标与影响因素之间的数学模型，分析不同情景下影响因素的变化对项目效益指标的影响程度，从而确定项目的关键影响因素和敏感性系数，为项目管理提供有价值的信息和建议。根据历史经验和专家问卷意见，对影响项目基准效益指标的主要风险因素进行归纳总结。

三、应用过程

（一）管理会计专门组织机构和人员

1. 融资风险管理机构

中铁隧道局投资项目财务风险管理机构分为三个层级，分别为：集团总部相关部门、投资事业部系统相关部门，SPV 项目公司系统相关部门。

（1）集团公司总部相关部门是投资项目财务风险管理领导机构，负责制定全集团财务风险的相关管控制度。

（2）投资事业部系统相关部门负责制定 PPP 项目、BOT 项目、EOD 项目及其他投资项目财务风险相关管控制度。

（3）SPV 项目公司系统相关部门负责制定本项目财务风险相关管控制度，同时 SPV 项目公司总经理是项目财务风险第一责任人，相关部门负责人是项目财务风险的主要责任人。

2. 项目融资管理机构

根据《中铁隧道局境内 PPP 项目融资管理办法》，中铁隧道局融资管理委员会是集中投资项目融资业务的决策机构。集团公司总经理任融资管理委员会主任，总会计师任副主任，成员包括集团公司财务部、投资部、审计部、法规部等系统部门。融资管理委员会下设投资项目融资管理办公室，日常办事机构设在集团财务部，负责审核投资项目融资方案和其他日常工作。

（二）项目融资风险管理流程

项目融资风险管理流程包括风险因素识别、设定风险预警等级、实施预警措施、风险定期报告以及风险管控评价等环节，如图1所示。

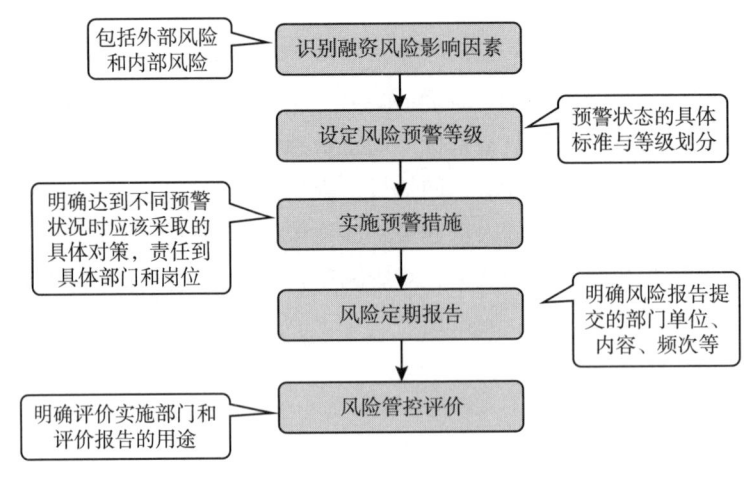

图1 财务风险管理流程

1. 识别引发项目融资风险

识别引发项目融资风险的因素是项目管理的重要任务之一。根据项目PPP合同、项目属性、项目施工等，采用专家头脑风暴法，对项目的融资风险进行了个性化的分析和评估。建立项目融资风险指标体系，包括外部风险和内部风险两个层面。外部风险主要涉及政治风险、金融风险、项目外延风险等因素，如政策变化、利率波动、项目范围变更等。内部风险主要涉及合同/文件风险、施工风险、运营风险等因素，如合同条款不明确、施工进度延误、运营收入不达标等。识别这些风险，可以帮助项目制定有效的风险防范和应对措施，保障项目的顺利实施和运营。表2展示了我们的项目融资风险指标体系示例。

表2   **项目融资风险指标**

指标	内容
政治风险（U_1）	政府信用风险（U_{11}）
	法律不可抗力风险（U_{12}）
	税收政策变化风险（U_{13}）
	环保风险（U_{14}）
	行业重组引起的项目风险（U_{15}）

指标	内容
金融风险（U_2）	通货膨胀风险（U_{21}）
	利率波动风险（U_{22}）
	外汇汇率波动风险（U_{23}）
合同/文件风险（U_3）	合同/文件风险（U_{31}）
施工风险（U_4）	建造期长时间停工风险（U_{41}）
	第三方违约风险（U_{42}）
	完工风险（U_{43}）
	管理风险（U_{44}）
	费用支付风险（U_{45}）
项目外延风险（U_5）	市场需求变化引起的风险（U_{51}）
运营风险（U_6）	类似项目的竞争风险（U_{61}）
	运营期长期停运风险（U_{62}）
	收费价格调整的风险（U_{63}）
	运营成本的增加（U_{64}）

2. 设定融资风险预警状态

设定融资风险预警状态是指根据项目的财务状况和宏观金融市场环境，确定一系列的风险指标和阈值，当某些指标超过阈值时，触发预警机制，及时采取应对措施，避免或减轻融资风险对项目正常生产经营的影响。设定融资风险预警状态的目的是提高项目的风险管理能力，保障项目的正常运营和发展。

按照融资进展进度、项目合规性手续办理、施工进度等对项目生产经营运转的影响程度，设定不同等级的预警状态，具体包括正常、关注、可疑、危机四种状态。预警状态根据项目不同阶段面临的宏微观环境等因素综合分析论证后判定。定期对项目进行评估和调整，以达到项目的顺利推进和风险管控目的。

3. 针对不同等级预警状态采取应对措施

针对不同等级融资风险预警状态采取应对措施，是项目管理者在融资过程中必须面对的重要问题。不同的风险等级意味着不同的融资压力和风险程度，因此需要制定相应的应对策略。

（1）正常状态。正常状态下，项目的融资需求和融资能力都处于平衡状态，加强投资施工管理和市场调研，注重项目经济运行质量分析。

（2）关注状态。关注状态下，项目的融资需求迫切或者出现了一些不利的融资环境变化，需强化主要风险措施整改落实，进一步加大债权及股权融资力度，控制项目投资强度。

（3）可疑状态。可疑状态下，项目融资出现对项目正常推进的负影响，但尚未造成实质性损失。针对这种状况，需成立以项目公司、投资事业部党政正职为组长的两级风险化解领导小组，负责对面临的重大风险源进行化解，并组建融资工作专班，落实项目年度融资预算等一系列开源节流措施。

（4）危急状态。危急状态下，项目的融资出现重大问题或者面临严重的融资危机，需要紧急寻求外部帮助或者进行内部调整。项目公司拟定"经营危机报告"，上报上级管理单位及项目业主，积极寻求业主支持，同时采取一切可能手段全面化解项目风险。

4. 项目财务风险的定期报告

SPV 项目公司应当定期对项目的资金流、收益率、偿债能力等指标进行监测和预测，及时发现和控制可能出现的融资财务风险。SPV 项目公司应当以季度为周期，对本项目可能面临的各种融资财务风险进行系统的分析评估，制定有效的防范化解措施，并将其分配到相应的责任部门和责任人，确保风险控制的落实和执行。同时，SPV 项目公司应当在每个季度结束后的次月 15 日之前，向投资事业部提交财务风险评估报告，报告中应当包含本季度的风险识别、评估、控制和监测的情况，以及下一季度的风险预警和应对策略。

5. 财务风险管控考核评价

投资事业部对项目融资财务风险进行定期检查和评估，根据评估结果制定相应的预防和应对措施，并指导 SPV 项目公司按照要求执行。同时投资事业部定期组织专家对 SPV 项目公司的财务风险管理进行审计和评价，提出改进建议和意见，帮助 SPV 项目公司提高财务风险防控能力。此外，SPV 项目公司的财务风险管理水平也将作为投资事业部考核 SPV 项目公司创优争先的重要考核指标之一。

（三）项目融资管理的实施流程

项目融资管理的实施流程是指在项目开发、建设和运营过程中，对项目的资金需求、筹集、使用和回收进行有效的规划、控制和监督的一系列活动。SPV 项目公司融资业务范围包括：项目前期贷、项目贷款、应收账款保理、应付账款保理等业务。融资管理采取逐级审批制。按照融资计划制定、融资决策分析、融资方案的实施与调整、融资日常监管与分析等程序进行。如图 2 所示。

1. 融资计划制定

融资计划制定是项目融资管理的重要环节，它涉及项目的资金需求、资金来源、资金用途、资金成本和资金风险等方面。融资计划制定的目的是保证项目有足够的资金支持其经营活动，同时又能够控制资金的成本和风险，提高企业的财务效率和盈利能力。

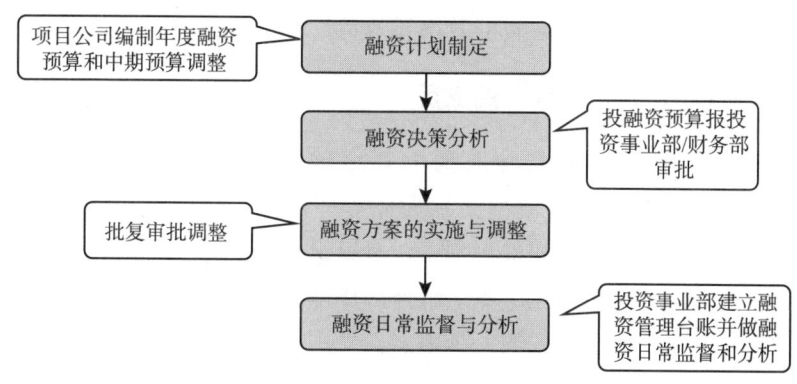

图2　集中融资管理流程

SPV 项目公司根据自身年度投资预算和专项预算，测算资金需求，编制年度融资预算和季度分解预算，同时详细说明：融资用途、融资时间、额度、期限、建议融资方式、使用计划及还款安排，上报融资管理办公室初审。

2. 融资决策分析

SPV 项目公司在进行融资活动时，根据自身的财务状况、市场环境、投资计划等因素，运用财务管理理论和方法，对不同的融资方案进行比较、评价和选择，以实现项目收益最大化的过程。融资方案的选择应该考虑融资成本、融资风险、融资效率等多方面的影响。

投资事业部负责对提交的融资方案进行分析并提出具体意见，并报融资管理委员会审批。集团公司融资管理委员会对申报的项目融资方案进行综合考虑，统筹安排，以合理的融资额度、融资方式、融资成本实施，以达到投资项目既定经济效益。

3. 融资方案的实施与调整

融资方案的实施与调整涉及 SPV 项目公司的资金筹集、使用和回收，直接影响到投资项目的财务状况和经济效益，是项目经营管理中的重要环节。融资管理办公室将融资管理委员会审批确定后的融资方案下达给项目公司。项目公司按批复的融资方案并结合项目投资进度和资金需求提交融资申请，并履行相应审批程序。投资事业部负责督导帮扶项目公司与意向金融机构签订融资合同以及融资贷款申请发放。

4. 融资日常监管与分析

为有效地管理项目融资，项目公司应建立一套完善的融资管理台账，记录和监控项目融资的各项指标和流程。投资事业部与项目公司保持密切沟通，定期对融资管理台账进行审核和更新，及时发现和解决融资管理中的问题和风险。项目公司和投资事业部还应定期进行融资管理分析，从多个角度评估项目融资的效果和影响，包括还款计划的合理性、还款期限的安排、资本成本的控制、偿付能力的提升、融资潜在风险的识别和应对措施的制定等。通过建立和分析融资管理台账，项目公司可以优化项目融资的结构和策略，提高项目融资的效率和效益。

（四）"PESTEL 分析模型" 的应用

PESTEL 是在 PEST 分析基础上加上环境因素（environmental）和法律因素（legal）形成的。PESTEL 分析模型又称大环境分析，是分析宏观环境的有效工具，不仅能够分析外部环境，而且能够识别一切对组织有冲击作用的力量。它是调查组织外部影响因素的方法，可以帮助组织了解外部环境的变化趋势，识别机遇和威胁，制定适应性的战略。每一个字母代表一个因素，采用 PESTEL 分析法，可以对投资项目的外部环境的政策（policy）、经济（economic）、社会（social）、技术（technology）、生态（environmental）和法律（legal）六大类进行分析。PESTEL 分析的步骤包括：确定分析的目的和范围，收集相关的信息和数据，分析每个因素对组织的影响，综合评价宏观环境的总体状况，提出相应的建议和措施。具体应用 "PESTEL 分析模型"管理工具，分析解决内外部宏观环境对项目主要经济指标的影响。如图 3 所示。

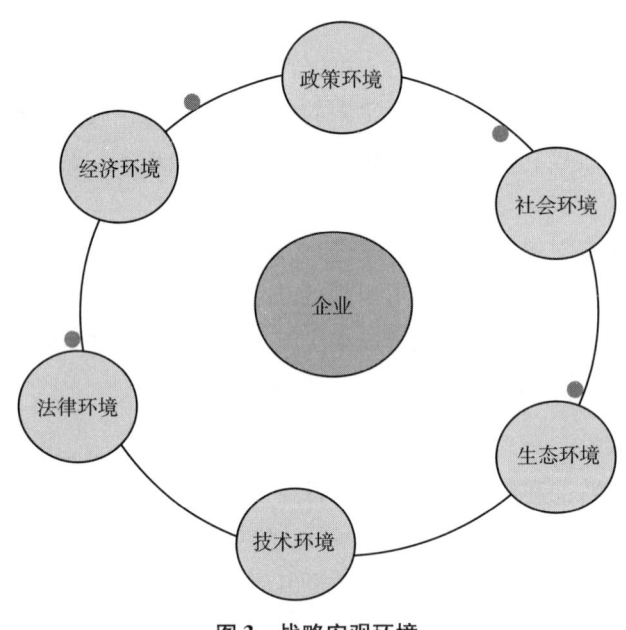

图 3　战略宏观环境

1. 政策环境分析

为了有效地分析政策环境，按以下四个步骤：

（1）收集政策信息。通过官方文件、新闻报道、专家评论等，获取与实施投资项目相关的政府政策、法律法规等信息。

（2）确定政策变量。从收集到的信息中，提取重要影响的政策因素，如投资项目相关政策"资管新规""明股实债""小股大债"等。

（3）评估政策影响。根据政策变量的现状和变化趋势，分析对项目经营目标和经营活动的影响程度和方向，如增加成本、降低收入、创造其他机会等。

（4）制定政策应对措施。制定相应的对策，利用或避免政策环境带来的影响，如加强合作关系、调整投资强度、优化施工设计等。

2. 经济环境分析

经济环境包括宏观经济和微观经济，结合微观经济来看，以地方政府财政实力、债务情况、区域经济发展水平、财政支出责任占比为主要分析依据。示例如表3所示。

表3   2019~2022年××市主要经济指标

年度	GDP（亿元）	人均GDP（元）	财政收入（亿元）	一般预算收入（亿元）	财政支出（亿元）
2022	3 849.95	112 902	674.50	387.30	601.90
2021	3 645.90	107 534	683.80	413.52	524.50
2020	3 203.90	95 579	582.10	336.56	484.40
2019	3 122.27	94 816	540.60	316.07	466.90

根据表3，横向对比其他同行政级别城市主要经济数据，得出结论，××市财政收入强劲而稳健，经济实力雄厚，总体经济环境较好。

3. 社会环境分析

××经开区是一个经济发达、政府实力强、诚信度高的区域，拥有2 700多家各类企业，税收稳定，能够保障长期还款来源。××经济开发区管委会与中铁隧道有着良好的合作关系，履约记录优秀，当地金融机构对本项目融资非常支持。本项目是一个利用政府和社会资本合作（PPP）模式投资运作的项目，符合当前国家和地方的发展战略和方向，具有较低的风险和较高的回报，是一个投资运作PPP项目的良好契机。

4. 技术环境分析

技术是企业生产经营的重要影响因素，也是工程项目建设的基本要求和约束。技术环境分析是指对企业所处的社会环境中的科技要素及与该要素直接相关的各种社会现象的集合进行系统的评估。

5. 生态环境分析

生态环境保护可以提高工程质量和效益。通过合理规划、设计、施工和运营，避免或减少对环境的污染和破坏，提高资源利用率和能源效率，降低成本和风险，增强工程的可持续性和竞争力。

6. 法律环境分析

法律环境的完善和稳定是 PPP 项目顺利实施的基础和保障之一。《项目采用 PPP 模式实施的批复》是政府部门对项目采用 PPP 模式的可行性和合理性的审批意见，它是项目实施的前提和保障。《项目实施方案的批复》是政府部门对项目实施方案的审核意见，它是项目实施的指导和依据。财政部门《对物有所值评价和财政承受能力论证报告审核通过意见》是财政部门对物有所值评价和财政承受能力论证报告的审核意见，它是项目融资和回报的保证。

（五）在实施过程中遇到的主要问题与解决方法

投资项目风险管控是一项重要的工作，需要在项目实施的各个阶段进行有效的监测和应对。为了提高项目风险管控的效率和效果，中铁隧道局根据集团公司总部相关部门、投资事业部、项目公司三级机构的职责和协作，制定了《××投资项目风险管控清单》。该清单详细列出了项目实施过程中可能出现的各类风险，以及相应的预警状态和应对措施。通过数据统计和分析，结合历史经验和专业知识，确定了合理的预警状态判断标准，以便及时发现和处理风险。同时也制定了具体的应对措施，包括预防、减轻、转移、承担等策略，以便有效地控制和消除风险。通过《××投资项目风险管控清单》的实施，中铁隧道局能够更好地保障投资项目的顺利进行和成功完成。

四、取得的成效

在通过构建投资项目融资风险指标、项目融资风险预警机制、项目融资管理制度流程建设以及内外部宏观环境分析等管理工具，进一步促进了业财融合，湖州 PPP 项目同时也达到了预期管理目标。

（一）案例概述

湖州经济技术开发区基础设施工程 PPP 项目（以下简称"湖州项目"）是投资部参与投资的一个典型案例。该项目由隧道局与中铁建信组成联合体中标于 2015 年 11 月，项目总投资估算约 21.48 亿元。项目特许经营期 12 年，其中建设期 2 年、政府付费期 10 年。按照合同约定，联合体于 2016 年 1 月在湖州经济技术开发区成立中铁隧道湖州投资建设有限公司（以下简称"湖州项目公司"），注册资金 5 000 万元，经营期限 15 年。湖州项目公司负责项目的建设、运营和维护，以及与政府的合同履行。

（二）管理成效

1. 引入财务投资人，实现项目出表，扩大投建比

一是项目通过引进财务投资人中铁华瑞，实现集团公司实际出资 0.925 亿

元，募集资金 16.542 亿元（资本金 2.602 亿元、债务性融资 13.94 亿元），杠杆比 1：17.88；同时获取 18.42 亿元，投建比 1：19.91。二是通过项目公司股权比例及议事机制设置，顺利实现项目公司表外运作。

2. 创新融资，实现项目"前期贷"顺利落地

为满足项目建设资金需求的时效性要求，项目公司创新债务性融资固有模式，在建设银行长期贷款未批复前，先行获取 1.35 亿元"前期贷"贷款，解决了长期贷款审批周期长、项目建设资金紧张的问题，同时降低了资金成本，对后续长期贷款的顺利批复奠定了基础。

3. 集团支持，有效降低融资成本

2018～2019 年建设银行停止发放长期贷款期间，获得集团公司大力支持，通过应收账款保理融资方式在中国银行、交通银行、民生银行获取短期借款约 7.67 亿元，保证项目正常推进的同时有效降低了融资成本。

4. 转变思路，取得融资新突破

2022 年 12 月，贷款行建设银行提出授信批复的条件为"采用外部银团方式且投放额度不得超过 50%"。为使贷款顺利完成投放，项目积极对接工商银行、农业银行、中国银行、交通银行、平安银行等商业银行均反馈无法保证通过审批的前提下，开阔思路与地方商业银行湖州银行洽商合作模式及条件，并加快跟进，实现了提交资料起算 23 天完成放款的"奇迹"。同时，进一步加大与湖州银行的合作力度，2023 年 3 月再次提交 1.35 亿元授信申请，于 2023 年 6 月底完成放款。

5. 树立算大账意识，实现融资成本节约

自项目公司成立树立以"投融资策划引领投资项目创效"的总体思路，定期对项目全周期投融资进行滚动测算，以"贷款额度、资金成本、投资回收"三个方面为抓手，实现了与项目可研对比的"双降超回收"管理成效。

6. 分子项回购，提升投资回收效率

利用合同条款中各个子项工程单独竣工验收及回购的有利条件，逐一终审锁定收入，未完成终审的按照送审金额核定回购费用，对先行完成的工程提前终止缺陷责任期，同时提前回收投资。

7. 利用甩项条款，化解风险增加效益

提前分析子项工程多、征地拆迁滞后等风险因素，依据合同甩项条款向政府方提交甩项报告，同时引导政府方将甩项工程进行更换，调整后较原投资计划减少前期费用投入 2.148 亿元，增加建安工程费约 3.218 亿元。

8. 投资回收管理方面

（1）提前筹划，实现项目滚动投建。合同谈判阶段，积极争取，结合项目多子项打包的特点科学合理进行合同条款设置，增加"本项目按照单项工程分别实施、分别验收、分别购买服务、分别移交的原则进行运作"，避免了子包工程内各子项工程因完工时间不一因素而影响购买服务期投资回收，实现了首批子项目于2018年1月开始回款，极大缓解了2018年以来受资管新规影响，资本金和银行贷款无法到位情况下的投建资金来源。

（2）总结经验，努力争取有利条款。本项目合同谈判阶段，项目积极总结以往集团公司BT项目因未财政终审而影响回款的实际条件，多次与实施机构法律团队进行对接，实现投资回收款支付节点与财政审计挂钩的软约束，即竣工验收满12个月开始支付第一笔款项，有终审按终审为基数，无终审按送审为基数，无送审按预算为基数，确保项目按时足额进行对应收款进行确权并回款。

（3）超前谋划，积极运作提前回款。一是积极研究国家政策，就西南小学项目配合政府方争取国家教育专项资金，实现提前回收6 000万元；二是利用中秋、春节等有利节点，与政府方协商前期费用退还事宜，实现前期费用本金退还14 848万元，较计划回款提前回款4 108万元。

9. 税务筹划方面

湖州项目于"营改增"前中标，但大部分子项目在"营改增"之后开工，政府审计部门要求按子项目分别进行确定采用一般计税或简易计税。考虑到项目上游施工费用无法具体分开，如按照地方审计部门意见，一般计税子项目将无增值税进项来源，使项目整体税负增高约7%～8%。

项目实施期间，抓住有利时机联合北京城建（湖州PPP二标）与开发区审计局、开发区国税局召开专题会议研究、探讨解决方案，最终于2018年3月政府方同意其购买服务费按照建筑工程简易计税开具3%增值税发票，上游总承包工程发票得以正常差额抵减。

五、结论与启示

投资项目的正确决策不仅需要运用合理有效的管理工具，还需要考虑项目的市场前景、技术创新、社会效益等因素，以便有效地降低投资风险，提高经济效益。这样的决策过程需要有清晰的目标、充分的信息、科学的方法和合理的评价，才能保证投资项目的成功。

（一）相关管理会计工具方法的基本应用条件

1. 融资管理目标明确

充分分析评估内外部条件的基础上，制定了清晰的融资目标：首先是防范控制融资财务风险。其次是降低资金成本。融资管理目标明确，在此基础上采取一系列有效的措施，包括优化融资结构、拓展融资渠道、提高融资效率等，最终获得期望的融资效果。

2. 融资管理机构健全，分工明确

融资管理机构的完善，对于提升融资效率，降低融资成本，保障融资安全具有重要意义。建立融资管理委员会，可以明确划分融资流程中各个部门和单位的职责。融资管理机构还应该与其他相关部门保持紧密合作，如财务部门、法律部门、市场部门等，建立有效的沟通和协作机制，共同实现企业的融资目标。

3. 有效地识别和分析项目风险

分析引发项目融资财务风险的内外部因素。再根据项目面临的宏微观环境等因素综合分析论证后确定不同等级的财务风险预警状态的判断标准，并制定应对措施。

（二）相关管理会计工具方法成功应用的关键因素和进一步思考

1. 财务战略清晰明确

中铁隧道局高度重视项目融资和财务风险管理工作，以明确的战略目标为指导，不断完善投资项目融资管理和财务风险管理体系，积极探索创新，形成了一套有效的方法和机制。在多年的实践中，中铁隧道局在项目融资和财务风险管理方面积累了丰富的经验，取得了显著的成效。

2. 制度健全得力

为防范融资财务风险，中铁隧道局先后制定《中铁隧道局境内 PPP 项目融资管理办法》《中铁隧道局集团债务融资管理办法》《中铁隧道局投资建设项目管理办法》《中铁隧道局资金集中管理办法》等一系列规范性文件。健全的管理制度为中铁隧道局投资项目的有效运行提供了坚实的制度保障，使相关管理工具能够在实践中得到充分地发挥和利用。

3. 流程详细，可操作性强

中铁隧道局针对投资项目提出了多项切实可行的具体应对措施，详细的、可操作性强的流程设计是相关管理工具成功应用的必要条件。管理会计工具的成功应用，需做大量的基础工作提供支撑。战略的支持、制度的健全、流程的建设是决定成败的关键因素。

（三）成果推广应用价值

中铁隧道局 PPP 项目投融资风险管理体系构建与实践在建筑企业投建投资项目中有着很大的推广应用价值。基础设施投资项目具有投资长、周期长、见效慢、负债率高的特点。针对基础设施投资项目的特点，运用风险管理和投融资管理的方法，有效地规避了项目的财务风险，提高了项目的收益率和资金回收率。中铁隧道局通过引入"风险管理"和"投融资管理"两大管理会计工具，有效地防控了投资项目财务风险，具有典型的行业示范作用，对广大建筑企业具有很高的借鉴价值。

（中铁隧道局集团有限公司投资发展事业部　王凌涛）

风险清单与风险矩阵在铁路
四电企业中的应用
——以 A 公司为例

【摘要】 在建筑施工行业快速发展的过程中，各种战略、财务、市场、运营、法律等风险问题的出现不仅影响企业效益，也阻碍了企业达到预期目标。为了适应现代技术的迅猛进步，建筑施工企业的风险管理也需要与时俱进，以促进企业的发展。本文将以×市电气化工程公司（以下简称"A 公司"）为例，该公司是一家主要从事铁路四电系统集成项目和电气化改造的工程单位。为了健全风险管理机制并提高企业对风险管理的意识，A 公司采用风险清单和风险矩阵作为管理会计工具，建立了自己的风险数据库。通过这一体系，A 公司形成了一套规范、适用性强的风险管理流程和表单体系，涵盖了风险识别、分析和处置等全过程。这样的措施确保了公司能够规避和减少风险带来的潜在损失，并提高了风险防范和控制水平，从而保证了公司经营目标的实现。

一、背景描述

（一）单位基本情况

A 公司，成立于 2002 年 1 月 1 日，是世界 500 强企业中国中铁旗下某局集团全资子公司，是一家集市场开发、施工管理、科技创新、器材生产、产品销售为一体的管理密集型企业，业务领域涵盖铁路四电、城市轨道交通、地铁维管、建筑工程、市政工程、新能源及铁路四电专业施工器具研产。

公司的战略目标是打造国内一流轨道交通建设服务企业，公司坚持以战略思维谋划全局，从成立之初的京津冀地区，到业务区域覆盖山西、湖南、云南、广西、甘肃、青海、西藏以及香港、澳门等地区，拥有 7 个项目分公司、5 个生产型专业分公司、2 个服务型分公司以及 1 个附属机构，是国家电气化铁路建设主力军，公司目前实现了向多方面、全方位、多层次跨越式发展迈进。

（二）公司管理现状和存在的主要问题

A 公司在发展质量方面与同行业其他公司存在较大差距，主要原因是公司风险管控意识薄弱。具体问题，在工程项目管理方面表现为投标项目流标、收尾项目无法竣工，这是由于内外部不确定性因素在投资决策、设计、招投标、施工、竣工验收等环节导致的；在采购与供应链管理方面存在物资机械超标超配、高价采购等问题，导致"两金"压降目标难以实施，清收清欠压力得不到缓解，亏损项目治理不够有效，一些项目的亏损势头无法遏制；在内部整合和协同风险方面，战略、人事、财务、采购、业务发展等缺乏协同，导致内部资源缺乏有效规划和整合，在生产、营销和管理等环节中缺乏有效连接，各自为政无法发挥企业整体效力。

这些问题严重侵蚀了企业效益。由于不确定风险因素的影响，A 公司的实际收益与年初设定的预期收益发生负背离，降低了企业的整体盈利水平，导致巨大经济损失。因此，A 公司迫切需要加强风险管理意识和控制能力，以应对各个环节中的潜在风险，并采取适当的措施来改进项目管理、采购与供应链管理、内部整合和协同，从而提高企业综合效益和竞争力。

（三）选择相关管理会计工具方法的主要原因

1. 提供综合性风险信息

风险清单和风险矩阵能够提供全面的风险信息。风险清单列出了可能存在的各种风险，包括内部和外部的潜在风险，使管理层能够全面了解可能影响业务的各种风险。而风险矩阵则将风险按照概率和影响程度进行分类，帮助管理层确定哪些风险是最重要且需要优先处理的。

2. 组织风险优先级

风险清单和风险矩阵以表格或图形的形式展示，使得风险信息更加直观、易于理解和分析。通过可视化呈现，管理层可以更快速、准确地识别和理解不同风险的重要性和优先级。

3. 优化资源分配

风险矩阵将风险按照其概率和影响程度进行分类排序，这有助于管理层有针对性地制定应对措施和资源分配策略，并将有限的资源集中在最重要的风险上，以降低潜在影响和损失。

4. 提供决策支持

通过使用风险清单和风险矩阵，管理层能够更好地评估和比较不同风险之间的优先级和影响程度。这为管理层提供了决策依据，使他们能够作出基于数据和事实的决策，并针对性地应对和管理风险。

二、总体设计

（一）应用相关管理会计工具方法的目标

本文以 A 公司为案例，旨在应用风险管理理论指导铁路四电企业的管理实施，并通过使用风险清单和风险矩阵工具识别影响公司工程项目经济效益的风险因素，分析原因，采取相关应对措施，完善制度体系，补全管理漏洞，实现风险防控有序、管理能力及效果显著提升，实现降本增效，提高企业经济效益。同时，本研究还将在实践中积累经验，努力帮助铁路四电公司建立自身的风险数据库，为类似公司的管理提供参考。通过这些努力，我们将推动铁路四电企业在风险管理方面取得实质性的进步，并促进整个行业的发展。

（二）应用相关管理会计工具方法的总体思路

应用风险清单及风险矩阵工具方法的思路是通过系统地收集信息、评估风险概率和影响程度、确定重要风险、制定应对措施，并定期监测和更新，以提高企业对风险的识别和管理能力，促进企业的稳健发展。

（三）相关管理会计工具方法的内容

1. 风险矩阵

风险矩阵，是指按照风险发生的可能性和风险发生后果的严重程度，将风险绘制在矩阵图中，展示风险及其重要性等级的风险管理工具方法。它的基本原理是根据企业风险偏好，判断并度量风险发生可能性和后果严重程度，计算风险值，以此作为主要依据在矩阵中描绘出风险重要性等级。

2. 风险清单

风险清单，是指企业根据自身战略、业务特点和风险管理要求，以表单形式进行风险识别、风险分析、风险应对措施、风险报告和沟通等管理活动的工具方法。

A 公司将风险矩阵和风险清单作为管理会计工具方法，针对各类风险进行全面地识别、评估和管理，从而提升其风险管理能力，并在决策过程中有针对性地应对潜在的风险挑战。

（四）应用相关管理会计工具方法的创新

传统的风险清单通常列出已知的风险，并为每个风险提供详细描述和评估，A 公司通过扩展风险清单的范围，将更多的风险因素考虑在内，例如，运营风险、市场风险、法律风险，采用更系统化的方法来编制风险清单，有利于 A 公司更准确地识别和评估风险，为管理者提供更全面的信息和决策支持，有助于改善公司的风险管理水平，实现从被动应对风险到主动防范风险的转变，提高整体管理水平。

三、应用过程

（一）参与部门（包括牵头部门和配合部门）和人员

图1显示，公司自身建立了风险管理有关职能部门和各单位（项目部）组织实施为"第一道防线"，风险管理归口职能部门、法律合规部门以及审计部的协调指导、法律审核、审计监督为"第二道防线"，风险管理委员会审议决策为"第三道防线"。

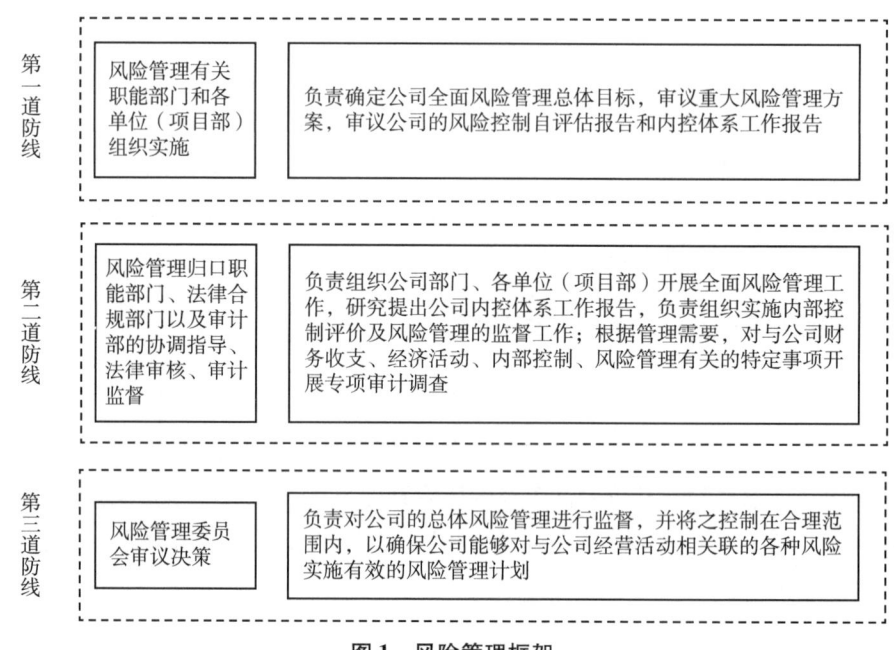

第一道防线	风险管理有关职能部门和各单位（项目部）组织实施	负责确定公司全面风险管理总体目标，审议重大风险管理方案，审议公司的风险控制自评估报告和内控体系工作报告
第二道防线	风险管理归口职能部门、法律合规部门以及审计部的协调指导、法律审核、审计监督	负责组织公司部门、各单位（项目部）开展全面风险管理工作，研究提出公司内控体系工作报告，负责组织实施内部控制评价及风险管理的监督工作；根据管理需要，对与公司财务收支、经济活动、内部控制、风险管理有关的特定事项开展专项审计调查
第三道防线	风险管理委员会审议决策	负责对公司的总体风险管理进行监督，并将之控制在合理范围内，以确保公司能够对与公司经营活动相关联的各种风险实施有效的风险管理计划

图1 风险管理框架

（二）应用相关管理会计工具方法部署要求

（1）建立积极的风险文化，鼓励员工主动参与风险管理，提高风险意识和责任感。

（2）获取管理层决策支持，需要组织层面的支持和承诺，将风险管理纳入组织战略和决策流程中，并提供必要的资源和权力支持；风险管理需要跨部门、跨岗位的沟通和合作，在管理层决策支持下便于各部门间共享和协同工作。

（3）进行数据收集与分析时需要建立数据收集和分析的机制，确保收集到全面和准确的信息用于风险管理。此外，风险管理中涉及大量敏感信息，需确保数据的安全性和保护措施，符合相关的隐私和法律要求。

（三）风险清单与风险矩阵的应用流程

A 公司风险清单与风险矩阵的应用流程分为三个步骤（见图 2）：第一步编制风险清单；第二步建立风险矩阵；第三步沟通风险信息，制定风险管理方案。

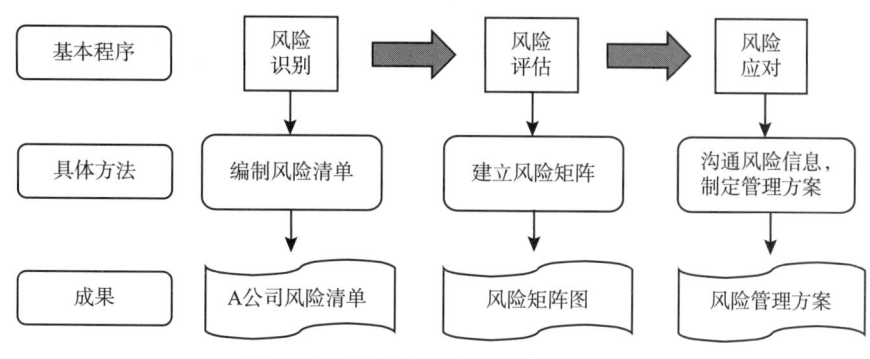

图 2　风险清单与风险矩阵的应用流程

1. 编制风险清单

风险数据库的形成需要全体人员的参与。首先，在 A 公司内部各部门进行讨论，对公司面临的主要风险来源进行识别，形成各部门的经营风险数据库。其次，通过部门间的讨论，以公司工作流程为主线，详细列出运营过程中存在的各种风险。最后，整合各部门的数据，形成较为全面的企业风险数据库，并将风险分为五大类：战略风险、财务风险、市场风险、运营风险和法律风险。

潜在风险的识别主要采用文件资料查阅和员工访谈等方式。各部门收集和整理公司的内外部相关影响因素，包括宏观经济状况、政治情况、行业政策变化和市场竞争状况。同时，还会考虑企业发展战略、组织架构、近三年的财务报表和审计报告，以及近一年内公司承接项目的投资运营进展和成效评价分析等。通过与前期企业风险数据库对比，识别当前及未来一段时间内企业可能存在的风险。

基于潜在风险的识别结果，归纳和整理之前收集的各类相关风险信息。通过多次开会等方式，针对公司面临的风险类型及其可能造成的后果进行讨论。最终形成 A 公司的风险清单，并将风险清单制作成问卷形式进行调查分析。具体问卷样本参见本文附录附表 A1。

2. 建立风险矩阵

采用风险矩阵对 A 公司风险因素进行评估。按照风险发生可能性和风险后果严重程度两个维度设定等级并赋予不同的分值，最后综合风险发生可能性和风险后果严重程度两个因素构建风险矩阵。

（1）风险发生可能性等级设计。

风险发生可能性即被调查对象根据经验对风险发生概率大小的定义。A 公司对风险发生可能性划分等级并赋予分值（见表1），分为极低、低、中等、高、极高五个等级，分别对应赋予相应分值。

表1　　　　　　　　　　　　　　　　　风险发生可能性

项目	评分				
	1	2	3	4	5
标准	极低	低	中	高	极高
发生概率	一般情况下不会发生	极少情况下才发生	某些情况下发生	较多情况下发生	常常会发生
举例	今后 10 年内发生的可能少于 1 次	今后 5～10 年内可能发生 1 次	今后 2～5 年内可能发生 1 次	今后 1 年内可能发生 1 次	今后 1 年内至少发生 1 次

（2）风险后果严重程度等级设计。

风险后果严重程度即被调查对象根据经验认为风险造成后果的严重程度。A 公司对风险后果严重程度划分等级并赋予分值（见表2），分为极轻微、轻微、中等、重大、灾难性五个等级，分别对应赋予相应分值。

表2　　　　　　　　　　　　　　　　　风险后果严重程度

项目		评分				
		1	2	3	4	5
	标准	极轻微	轻微	中等	重大	灾难性
举例	财务损失	直接经济损失可以忽略	直接经济损失 30 万元及以下	一般工程质量事故或其他原因导致直接经济损失 300 万元以下，30 万元以上；或直接导致运营线路发生一般事故，或对运输生产和安全产生影响	发生大事故或其他原因导致下列情况：直接经济损失 300 万元及以上，1 000 万元以下；或直接导致运营线路发生行车安全大事故、险性事故或对运输生产和安全产生较大影响	重大事故或其他原因：直接经济损失 1 000 万元以上
	企业日常运行	不受影响	轻微损害，对运营没有影响	有损害，业务延误	严重损害，业务中断少于或等于 2 天。企业失去一些业务能力，但无致命影响	损害范围较大；业务中断多于 2 天的重大业务失误，情况失控，给企业致命影响

续表

项目		评分				
		1	2	3	4	5
标准		极轻微	轻微	中等	重大	灾难性
举例	企业声誉	负面消息在企业内部流传，企业声誉没有受损	负面消息在当地局部流传，对企业声誉造成轻微损害	负面消息在某区域流传，对企业声誉造成中等损害	负面消息在全国各地流传，对企业声誉造成重大损害	负面消息流传世界各地，政府或监管机构进行调查，引起公众关注，对企业声誉造成无法弥补的损害
	法规	极轻微的行政违规	因疏忽而导致的轻微行政违规（不受行政处罚）	行政处罚（不罚款）	行政处罚（含罚款）	刑事起诉；多起行政处罚（含高额罚款）；承担相应的法律责任
	安全	轻伤3人以下	一次重伤3人以下	一次重伤3人以上	一次死亡1－3人	一次死亡3人以上

（3）搭建风险矩阵。

企业发展部组织A公司员工进行了风险调查问卷测评。具体流程参见图3。

根据回收的公司风险清单调查问卷，A公司按照风险发生的可能性得分与风险后果严重程度得分的乘积计算企业风险得分，创建风险级别评分汇总表（参见本文附录中附表2），然后按照得分所在的风险区域确定各个风险类别，构建出企业风险矩阵。

$$风险评估得分=风险发生可能性评分\times 风险影响重大性评分$$

其中，重大风险：得分≥10；中等风险：10>得分≥4；一般风险：得分<4。

根据回收的公司风险清单调查问卷，A企业按照风险发生的可能性得分与风险后果严重程度得分的乘积计算企业风险得分，创建风险级别评分汇总表（参见本文附录中附表2），然后按照得分所在的风险区域确定各个风险类别，构建出企业风险矩阵。

$$风险评估得分=风险发生可能性评分\times 风险影响重大性评分$$

其中，重大风险：得分≥10；中等风险：10>得分≥4；一般风险：得分<4。

根据绘制出的风险矩阵（见图4），风险等级排序中重大风险为：工程项目管理风险；市场变化和市场竞争风险；安全生产、质量、环保、稳定风险。

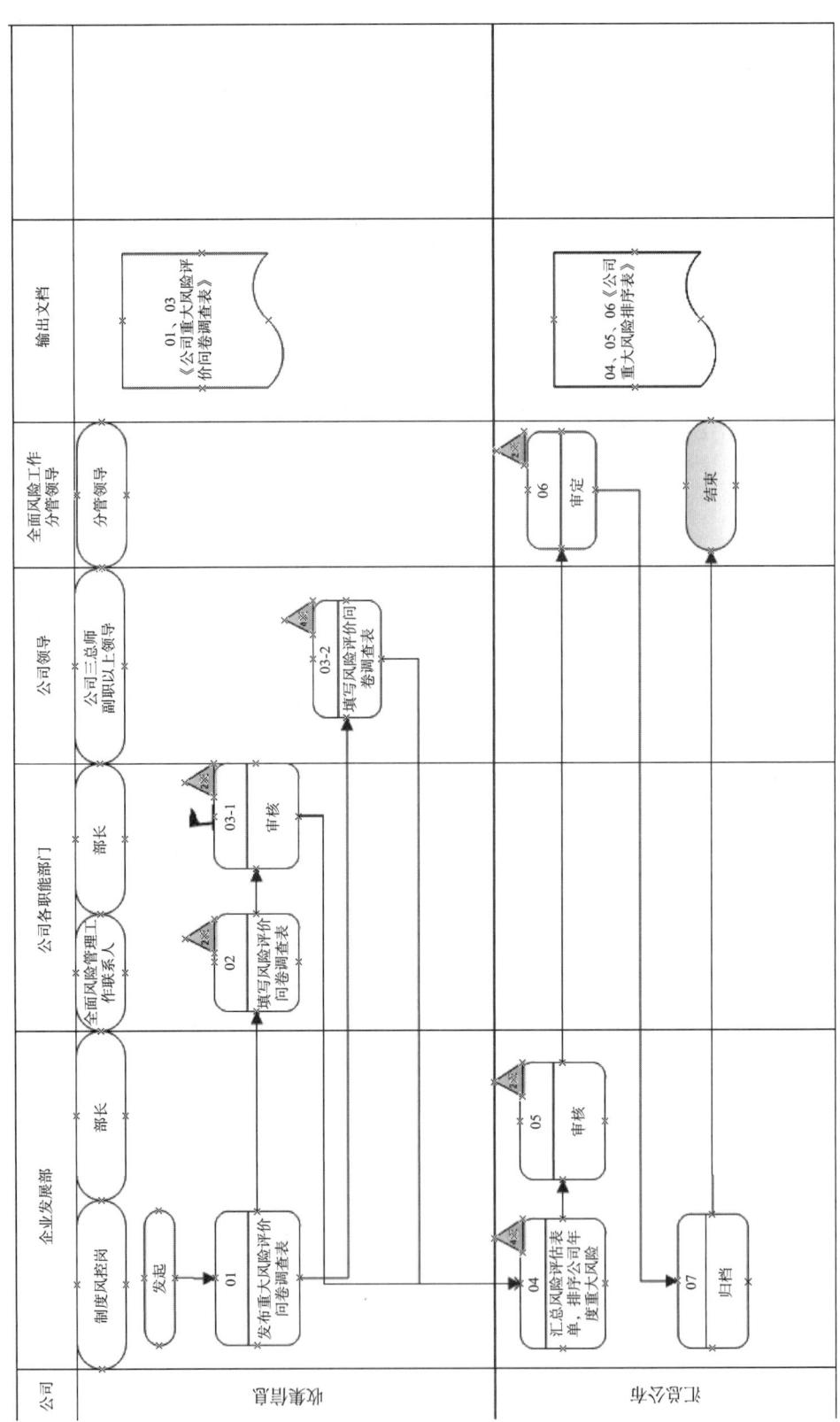

图3 调查问卷流程

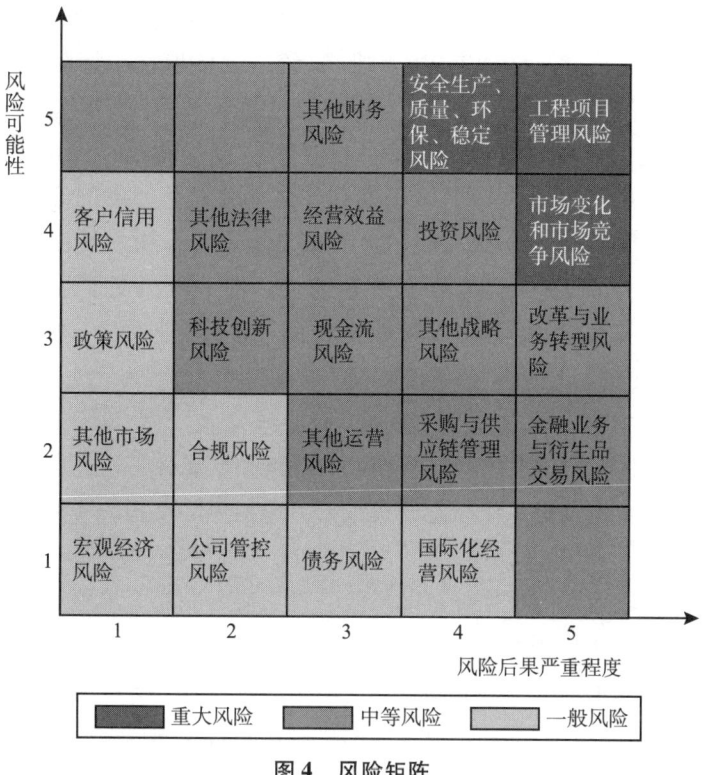

图 4 风险矩阵

3. 制定风险管理方案

（1）公司内部环境。

为确保公司战略目标及核心价值的实现，A 公司积极创造良好的控制环境，不断完善内控制度，使企业各项重大经营管理行为有序进行。

①组织机构：A 公司通过党委会、总经理办公会、领导班子会等对公司相关事项作出决策，各业务部门及相关单位按照职责和会议要求执行相关决定要求。公司设有职能管理部门 15 个；1 个机关附属机构，14 个分支机构，7 个项目分公司，5 个专业分公司，2 个专业服务分公司。

②发展战略：A 公司坚持以习近平新时代中国特色社会主义思想为指导，全面贯彻中央"国企改革三年行动方案"和国务院国资委"对标世界一流管理提升行动"等相关要求，坚决落实集团公司工作部署，立足新发展阶段，贯彻新发展理念，融入新发展格局，转变发展方式，补齐发展短板，筑牢发展根基，奋力打造国内一流轨道交通建设服务企业。

③人力资源：截至 20×× 年底，A 公司共有集团编制员工 724 人，一级建造师 53 人，注册造价工程师 11 人，注册安全工程师 22 人，注册质量工程师 4 人，中级职称 219 人，高级职称 77 人。举办公司级内部培训 6 期，培训 249 人次，参加股份公司、集团公司以及其他外部培训 26 期，参培 638 人次。

④企业文化：进一步加强项目驻地文化建设，完成了重点项目企业文化的宣贯布置，印发了集团公司《党员活动室 VI 手册》，统一了驻地标识标牌。结合项目建设实际情况，加大宣传报道力度，开办了政策解读、深化改革三年行动、保密课堂、廉政专栏等宣传专栏，开展"喜迎二十大，奋进新征程，做新时代企业文化建设者"专题讲座，综合利用《电化先锋》电子期刊、微信公众号、微信群等新媒体，扩大对外宣传力度，截至 20××年底完成中央级稿件 141 篇，树立了良好的对外企业形象。同时，在项目上策划开展项目子品牌启动会，进一步深化了"中国电气化"品牌内涵，扩大了品牌影响力，通过品牌载体进而丰富了企业文化，使企业文化更具层次、更具效果。

（2）针对重大风险，成立重大风险主控职能部门。

A 公司针对评估出的重大风险，根据业务特点和职能分工，确定了重大风险主控职能部门。该部门负责制定总体风险管理策略，包括风险承担、风险规避、风险转换和风险控制等方面。

重大风险主控职能部门根据确定的风险管理策略，制定了风险管理方案。方案包括风险描述（包括产生原因和造成的影响）、涉及的管理业务流程、风险管理责任主体，以及风险事件发生前、中、后的具体应对措施。这些方案随着年度风险管理报告一起报送给公司的企业发展部。企业发展部将制定包含全面风险管理内容的风险管理方案，并将其纳入内控工作报告。

公司的重大风险主控职能部门会持续不断地监测重大风险，并制定具体关键风险指标及预警线。该职能部门会及时发布预警信息，并根据情况变化调整风险管理方案。

各单位（项目部）应关注产品实现过程中各种风险的变化情况，并建立相应的风险预警指标。一旦工程进度、质量、安全、成本、外协队伍、环境等方面发生重大变化，应当及时向公司相关业务部门报告，并与业务部门一起评估风险并制定风险防范和控制措施，以避免重大风险的发生。

对于被评估为主控重大风险所涉及的业务流程各环节，以及其他风险所涉及的业务流程关键节点，重大风险主控职能部门会采取相应的内控措施。这些内控措施通常包括岗位授权、批准规定、重要岗位权力制衡和内控审计检查等。具体来说：

"岗位授权"需要明确定义授权的对象、条件、范围和额度等。

"批准规定"需要明确规定批准的事项、程序、条件、范围、额度、必备条件，以及有权批准的部门、人员和相应责任。

"重要岗位权力制衡"需要明确规定授权批准、业务经办、会计记录、财产保管和稽核检查等不相容职责分离。

A公司针对中等风险和一般风险建立了风险管控信息台账（参见本文附录中附表A3），并根据台账进行日常排查。风险管控信息台账的排查清单包括风险部门、风险辨识、失职部门/失职人员、风险管控政策、排查时间、排查责任部门/责任人、防范措施及落实情况。

A公司按照预定的频率，每月进行日常排查工作。公司将台账中的风险清单作为参考，检查各个方面的风险情况，并记录在台账中。一旦发现问题，及时采取纠正措施并跟进落实情况。此外，公司定期更新风险信息台账，以确保台账的完整性和准确性。这样可以提供一个全面的视图，帮助管理层作出明智的决策。

通过风险管控信息台账，A公司能够持续追踪和记录风险信息，及时采取必要的措施进行风险管理和控制。同时，日常排查也成为公司的常规工作，帮助发现和纠正潜在的风险问题，确保风险管控措施的有效性和可行性。

（四）在实施过程中遇到的主要问题和解决方法

一是风险信息收集困难，在组织结构中，不同部门可能对特定领域或任务负有不同的权限和责任。这种模糊性会导致在涉及跨部门事项时，难以确定谁应该承担主导责任和提供必要的信息。A公司为了解决信息收集难的问题，首先，获取了组织层面的支持和承诺，并提供必要的资源和权力支持；其次，建立了信息共享机制，定期举行跨部门会议和沟通活动，加强各部门之间的互动和交流，促进跨部门合作和沟通，以克服不同部门权限和责任模糊性所带来的困难。

二是风险评估缺乏客观性，不同人员对风险的评估可能存在主观差异。A公司的解决方法是在运用风险矩阵工具前，建立明确的评估标准和共识，即对风险进行客观量化分析。A公司首先根据公司的业务类型和商业模式，初步确定了风险后果严重程度的五个衡量指标，包括财务损失、企业日常运行、企业声誉、法规和安全。随后，A公司参考各部门相关历史数据，将五个指标具体量化并进行持续修订，最终制定了评分标准，减少了主观性的影响，提高了风险评估的客观性和一致性。

三是缺乏持续监测和更新，风险清单和矩阵需要持续监测和更新，以反映组织内外环境的变化。A公司为了确保风险管理的有效性和持续改进，首先，要求重大风险管控主责部门定期自查并纠偏，对风险管理方案的实施情况和措施的有效性进行评估。其次，对各职能部门进行分工，例如：法律合规部、审计部、纪委综合室等进行监督检查，以确保风险管理措施的有效性，当发现方案与实施效果存在较大差距时，重新评估风险管理方案；企业发展部对风险管理工作的实施有效性进行总结评价；审计部对风险管控工作及效果进行审计监督评价。

A公司通过设定明确的目标和责任，确保每个部门的角色和职责清晰明确，公司能够持续监督和评估风险管理工作的有效性，及时发现问题并进行修正，以保障风险管控的质量和效果。

四、取得成效

（一）应用相关管理会计工具方法前后情况对比

1. 应用前

公司的组织架构相对分散，不同部门之间的风险管理存在较大差异；缺乏明确的风险评估和管控方法，导致风险管理活动的一致性和效果有限；风险管理流程不够规范和标准化，存在重复劳动、信息传递滞后以及决策推迟的情况，影响运行效率；缺乏有效的风险管理手段导致潜在风险无法及时发现和控制，面临较大的经济损失和声誉风险。

2. 应用后

A 公司建立了更系统化和标准化的风险管理制度，组织架构得到优化，促进了各部门之间的风险沟通和协作；日常管理中风险管理活动更高效，避免了重复劳动、信息传递滞后以及决策推迟的情况；风险评估和管控方法得以明确化，使公司能够更好地识别、评估和应对各类风险，增强了风险管理的一致性和效果；由于有效的风险管理，A 公司能够更好地识别和管理风险，从而减少了潜在的经济损失和负面社会影响，提升了公司的声誉和竞争力。

（二）对解决单位管理问题情况的评价

1. 提升风险管控意识

通过使用风险清单和风险矩阵，A 公司能够更加深入地了解存在的问题和潜在风险，从而增强全员对风险管控的认识和意识。这有助于形成风险防控的共识，推动整个组织在管理问题上更加敏锐和主动。

2. 优先处理重点问题

通过风险矩阵的评估，A 公司可以确定哪些问题是最重要和紧迫的，从而有针对性地制定解决方案和采取措施。这有助于优先处理存在较大风险和影响的问题，提高整体的管控效果。

3. 有效调整优化管理策略

风险矩阵的评估结果可以作为监测和评估风险改进效果的依据。通过定期检查风险清单和重新评估风险矩阵，A 公司可以了解改进措施的有效性，并及时调整和优化管理策略。

4. 全面识别风险类别

风险清单和风险矩阵为 A 公司提供了一个清晰的框架，使得企业可以针对每个问题制定相应的对策和改进措施。例如，在物资机械管理方面，可以建立规范的采购和租赁流程；在商务管理方面，可以加强合同管理和成本控制；在技术管理方面，可以优化台账记录和数量准确度。

（三）对支持单位制定和落实战略的评价

风险清单和风险矩阵的分析结果为支持 A 公司提供了对未来可能发生风险的认知，有助于公司更好地构想远景和制定战略目标。通过对潜在风险的评估，A 公司可以考虑到可能的挑战和障碍，并相应地确定远景愿景和目标，以使战略制定更加具备前瞻性和可持续性。

（四）对提升单位管理决策有用性的评价

风险清单和风险矩阵为 A 公司提供了决策过程中的科学依据和参考。同时，管理会计工具的应用使工期节点得以高效兑现，实施重点项目资源倾斜和帮扶倾斜。A 公司坚持重大施工组织方案专家会诊，充分发挥生产推进会的"调解器"作用，以确保公司大干项目高效开通，新中标项目有序开工。

风险评估的应用使得施工策划变得更加精准有力。A 公司坚持未雨绸缪、注重前期策划，并由公司领导班子进行分工负责。对于重点新开工项目，A 公司进行全过程策划评审，以有效增强项目风险管理效能。

（五）对提高单位绩效管理水平的评价

A 公司结合风险管控信息台账，通过目标设定、绩效监测评估、反馈奖惩机制和发展机会等方式对员工绩效产生影响。通过有效利用台账中的风险信息，组织能够对员工的绩效进行更准确、客观和有针对性的评估与管理，从而促进风险管控措施的有效实施。

五、经验总结

（一）相关管理会计工具方法的基本应用条件

1. 内部管理需求提升

铁路工程项目具有长线路、长周期、大投资和复杂环境等特点，面临众多风险。对铁路施工企业而言，有效管理和控制这些风险至关重要。通过应用管理会计工具，能够识别各部门的风险，并提出相应的防范措施，实现风险的有效管控。

2. 经营形势的外在压力

随着铁路企业市场化改革的推进，提高内部管理水平成为增强行业竞争力的迫切需求。在这种情况下，应用风险清单与风险矩阵的工具和方法能够帮助铁路企业更好地应对外部经营压力，优化资源配置和决策，提高企业整体风险管理水平。

（二）相关管理会计工具方法成功应用的关键因素

1. 注重理论与实践结合，选出先进的管理人才

管理会计具有很强的理论性，但在实践中需要根据企业的实际情况和需求进行定制化应用。为此，企业须选出熟悉企业生产流程和市场的管理人才，他们能深入了解企业的运作过程，并选择适合企业的管理工具。同时，培养专业的管理会计人员可以更全面地挖掘数据价值，提高管理会计的应用水平。

2. 完善管理会计信息系统，塑造良好的应用环境

传统式管理会计方法在大数据时代面临一些困难和不足。为了更好地满足管理会计工作对数据的及时性和准确性要求，企业应建立管理会计信息化系统，并掌握信息化技术的应用。这样能够快速、真实、精确地筛选出有用的经营信息，为决策者提供决策依据，优化生产经营并保持竞争优势。

3. 完善公司管理体系，加强部门协同配合

建立现代企业制度下，公司需要明确企业目标，并在市场机制的作用下形成完善的管理体系。同时，加强组织机构架构，明确各部门职能，提高多部门间的协同配合与融洽。通过完善的公司管理体系，风险清单与风险矩阵的应用能够更好地实施，并为企业的发展提供支持。

（三）对改进相关管理会计工具方法应用效果的思考

改进风险清单和风险矩阵的应用效果需要不断的优化和完善。通过合理的分类、详细的描述、权重设置、数据分析和定期更新等措施，可以提高其准确性、实用性和指导性，从而更好地支持组织的决策和风险管理工作。

企业在编制风险清单和风险矩阵时，应从整体的角度出发，构建风险信息库，包括可能影响风险管理目标实现的因素和事项。在各个部门的积极配合下，应深入辨认风险，并编制准确反映风险点的风险清单。同时，对风险清单中的风险信息要进行及时传递与沟通，确保企业各个责任主体准确理解风险信息，并积极展开风险管理活动。这样的综合性方法能够有效提升企业的风险管理能力。

（四）相关管理会计工具方法在应用中的优缺点

1. 优点

能够把定性描述与定量分析紧密结合起来，可以表示企业各类风险重要性等级，也可以对各类风险的分析评价和沟通报告，能够把复杂的问题简单化。

2. 缺点

一是需要对风险重要性等级标准、风险发生可能性、后果严重程度等作出主观判断，可能影响使用的准确性；二是应用风险矩阵所确定的风险重要性等级是通过相互比较确定的，因而无法将列示的个别风险重要性等级通过数学运算得到总体风险的重要性等级。

（五）对发展和完善相关管理会计工具方法的建议

发展和完善风险清单与风险矩阵需要注重全员参与、整合内外部信息源、精细化风险分类、建立评估标准和指标体系、强化风险沟通与共享、定期审查与更新，并借助技术工具提升效率。

（六）对推广应用相关管理会计工具方法的建议

为了加强全员风险意识，企业应采取措施来让所有员工了解和理解风险管理的重要性。首先，进行培训和教育，确保员工正确理解和使用这些工具。其次，制定明确的指导方针和操作手册，以确保一致性和标准化。与公司内部各个部门和利益相关者密切合作，分享信息和报告，建立共识并获得支持。再其次，在推广过程中进行实践和验证，选择代表性的项目或部门应用工具，并不断改进和优化方法。最后，持续监测和更新工具，以确保其与最新的风险趋势和业务需求保持一致。

为了确保风险管理能够得到有效执行，并使全体员工具备应对风险的能力，企业应从实际出发，追求实效。将风险管理要求融入企业管理和业务流程中，与企业的经营规模、业务范围和竞争状况相适应。这样可以确保风险管理成为一个有力的驱动力，帮助企业有效应对风险，为提升企业效益，实现可持续发展作出贡献。

附录

附表1

公司风险清单调查问卷（20××年）

单位：　　　　　　　　　　　　　　　　　　　　　　　　　　　　　　　　姓名：

填报时间：　　　　　　　　　　　　　　　　　　　　　　　　　　　　　联系方式：

风险管理指引大类	序号	风险类别	风险解释	风险发生可能性评分（1～5分）	风险影响程度评分（1～5分）	风险得分＝风险发生可能性×风险影响程度
战略风险	1	宏观经济风险	宏观经济风险，是指由于国际经济环境、政治关系、贸易壁垒，以及国内经济形势、物资资源状况、市场供求关系或其他因素发生变化，可能导致公司面临不利的市场环境，产品市场占有率下降，长期合同违约或预期经营收益带来的不确定性公司正常运营、持续经营收益带来的不确定性			
	2	国际化经营风险（包括中美贸易摩擦、合规风险、汇率风险）	国际化经营风险，主要是指由于受国际政治形势、外交政策变化、政府行政干预、经济、社会、环境或技术变化等因素的影响，使公司海外施工项目不能正常进行汇率风险，是指一定时期内的国际经济交易当中，以外币计价的资产与负债，由于汇率的波动而引起其价值涨跌的可能性			
	3	政策风险	政策风险，是指由于公司所处地理位置受国家或区域产业政策、环保节能政策、税收政策以及用工政策等的变化等，可能导致生产成本提高，正常业务经营和产业发展受阻，而给公司经营收益带来不确定性			
	4	科技创新风险	科技创新风险，主要是指由于客观的社会、经济和技术环境发生变化，企业自身研发管理不力以及存在难以克服的技术困难导致公司研发失败，遭受经济损失的可能性			
	5	改革和业务转型风险（包括混合所有制风险、资产重组风险）	业务结构和转型风险，是指由于环境变化（尤其是巨变），企业实施的将改变企业经营方向和成长路径的重大变革，可能给公司实现未来持续发展带来不确定性			

续表

风险管理指引大类	序号	风险类别	风险解释	风险发生可能性评分（1～5分）	风险影响程度评分（1～5分）	风险得分＝风险发生可能性×风险影响程度
战略风险	6	公司管控风险	公司管控风险，是指企业在发展过程中未及时及根据企业的发展及外部环境变化调整对分公司的管控模式风险直接影响企业的经营收益而造成的风险，管控模式风险影响企业的经营收益和战略目标			
	7	其他战略风险	其他战略风险，是指由于战略决策机制不健全、不合理，议事规则和工作细则制定不规范，缺乏对行业、市场研究，决策论证依据不充分，审批权限界定不明确，未设立战略落实监督机制，执行不到位，战略环境变化及时评估与调整战略目标，战略评估机制不健全、不合理，评估程序履行不严格，不及时等原因，可能导致战略目标不可行或无法实现，而给公司实现未来持续发展带来的不确定性			
财务风险	8	金融业务与衍生品交易风险	金融业务风险，是指公司从事的金融业务由于宏观经济环境变化、政策法律变化、汇利率波动、内部控制机制缺失、风险控制机制缺失，风险意识薄弱，公司出现交易失败的可能性，缺乏专业金融业务人才队伍出现经济损失的可能性；或由于违规从事未经国家政策法规允许的金融业务而遭受相关监管机构造成处理的可能性 衍生品交易风险，是指由于宏观经济环境、汇利率变动、市场供求关系变化等变化等外部因素和企业内部控制机制缺失、套期保值风险控制机制不完善，缺乏专业衍生品交易人才以及风险意识薄弱、违规操作等企业内部因素造成的公司形象声誉受损，公司资产损失以及被有关监管机构造成责任处理的可能性			
	9	债务风险（包括负债率高企风险、债券违约风险、融资性贸易风险等）	债务风险，是指宏观环境变化、财务结构不合理、融资不当等因素使公司可能丧失偿债能力而导致企业所有者权益下降，甚至面临破产违约，债券违约的风险			

续表

风险管理指引大类	序号	风险类别	风险解释	风险发生可能性评分（1～5分）	风险影响程度评分（1～5分）	风险得分＝风险发生可能性×风险影响程度
财务风险	10	现金流风险	现金流风险，是指企业对于现金流管理不当，无法满足经营中及时付款、投资支出或偿还公司债务的要求，导致公司面临经济损失或者信誉损失的可能性			
	11	其他财务风险（包括关联财务管理风险、关联交易风险、担保风险等）	财务管理风险，是指企业在会计核算、财务报告编制、会计科目设置等各项财务活动中，由于内外部因素，使企业面临经济损失、经营损失或遭受行政处罚的可能性；关联交易风险，是指企业在关联交易控制过程中，由于缺乏法定批准程序、关联方界定不准确、关联交易定价不合理、会计核算不规范，存在利益输送等问题，导致公司及股东利益受损、遭受外部监管机构处罚的可能性；担保风险，是指公司在担保业务操作过程中，由于各种不确定性因素（主观的和客观的）的影响而遭受损失的可能性			
市场风险	12	市场变化和市场竞争风险	市场变化和市场竞争风险，是指企业在市场竞争中，由于不确定性因素的影响，使市场收益与预期收益发生背离，从而蒙受经济损失的可能性			
	13	客户信用风险	客户信用风险主要是指由于业务合作伙伴，工程项目业主方等市场主体因履行合同约定，影响公司财务收入，造成公司应收账款增加，呆坏账增加，影响公司项目进度，导致公司财务损失的可能性			
	14	其他市场风险（价格风险、利率风险）	价格风险，是指受国际国内宏观经济的影响，与公司相关的人力、物资材料以及服务等的市场价格存在不确定性、市场价格波动时影响公司的生产经营成本控制，增加公司生产经营成本，导致公司利润被压缩甚至出现亏损；利率风险，是指公司的盈利能力因利率变动可能出现价值贬值、经济亏损的可能性			

续表

风险管理指引大类	序号	风险类别	风险解释	风险发生可能性评分（1~5分）	风险影响程度评分（1~5分）	风险得分＝风险发生可能性×风险影响程度
	15	经营效益风险（包括重要子分公司效益大幅下滑和连续亏损风险等）	经营效益风险，是指重要子分公司因外部环境变化或内部经营管理不善，效益大幅下滑、连续亏损给公司经营效益带来的影响			
	16	投资风险	投资风险，是指由于外界不可控因素、项目投资前未经充分研究论证，项目实施前期管理不到位，外部宏观环境政策等因素的重大变化带来的投资效果不确定性，以及公司投资项目增多带低于预期目标规模风险或投资失败的风险；其中海外投资风险指企业海外投资受到当地社会、政治、经济、文化、政策法规等，国内配套政策以及企业国际化人才储备等因素的影响，可能产生投资失败、投资回报低于预期、人员安全保障低，企业声誉受到保障等投资风险			
运营风险	17	安全生产、质量、环保、稳定风险（包括安全生产风险、健康稳定风险、生产质量风险、环保风险、稳定风险）	质量风险，是指在产品的生产周期中存在的不确定性，及这种不确定性造成公司形象受损，经济损失以及遭受外部监管处罚的可能性。产品质量低劣，侵害消费者利益，可能导致企业巨额赔偿、形象受损，甚至破产 健康安全环保风险，主要是集中在建筑施工程项目的施工安全风险方面，分包管理、设备、事故处理等方面由于缺乏有效管理而可能导致发生重大生产安全事故，存在安全隐患的风险。环境保护投入不足，资源耗费大，造成环境污染、甚至停业 生产管理风险，是指企业由于原材料、设备、技术人员、生产工艺及生产组织等方面难以预料而产生的风险 法按预定成本完成生产计划而产生的风险 稳定风险，促进就业和员工权益保护不够，可能导致员工积极性受挫，影响企业发展和社会稳定			

续表

风险管理指引大类	序号	风险类别	风险解释	风险发生可能性评分（1~5分）	风险影响程度评分（1~5分）	风险得分＝风险发生可能性×风险影响程度
运营风险	18	采购与供应链管理风险	采购与供应链管理风险，是指在采购、供应链过程中由于各种意外情况的出现，使采购的实际结果与预期目标相偏离的程度和可能性			
	19	工程项目管理风险	工程项目管理风险，是指工程项目在投资决策、设计、招投标、施工、竣工验收等各环节，因国内外部环境不确定性因素，可能遇到的风险			
	20	其他运营风险　公司治理风险	公司治理风险，是指由于公司治理制度设计不合理或运行机制不健全，以及与公司治理相关的内外部环境的变化，对公司治理目标实现产生的影响			
	21	人力资源风险	人力资源风险，是指在人力资源规划、人员招聘、绩效考评、薪酬管理、员工管理等各个环节由于主客观因素影响导致的公司人才流失，员工培训，生产经营效率低下，公司战略发展目标难以实现的可能性			
	22	公共关系风险	公共关系风险，是指企业文化有悖于社会价值观，缺乏公共关系风险意识，法制观念淡薄，决策、活动相关方权益，损害公众利益，面对公众关系风险意识、处理的摩擦纠纷处理不当等导致企业公共关系发生恶化，企业声誉受损或遭受监管调查，处罚的风险			
	23	廉洁风险	廉洁风险，是指企业人员利用职权谋取私利给企业带来危害性或负面影响的可能性			
	24	企业文化风险	企业文化风险，是指公司缺乏统一的、积极向上的企业价值观、经营理念和行为规范，导致员工缺乏企业认同感；文化建设盲目追求形式而忽略文化内涵，脱离企业实践，忽略文化创新，企业文化存在口号化、表象化、僵化；缺乏风险意识，可能导致企业发展难以实现，影响可持续发展；缺乏诚实守信的经营理念，忽视企业信誉，可能导致舞弊事件的发生，造成企业损失、影响企业品牌形象；忽视企业间的文化差异和理念冲突，可能导致并购重组失败			

续表

风险管理指引大类	序号	风险类别	风险解释	风险发生可能性评分（1~5分）	风险影响程度评分（1~5分）	风险得分＝风险发生可能性×风险影响程度
运营风险	25	内部整合和协同风险	内部整合和协同风险，是指企业内部资源缺乏有效规划、整合，或者管理的不同环节、不同阶段，各自为政无法有效发挥企业整体效力的风险，或者企业内部存在大量经营主体，战略、人事、财务、采购、业务发展等缺乏协同，导致出现资源内耗的风险			
	26	品牌与声誉风险	品牌和声誉风险，是指企业缺乏品牌宣传、宣传对象、方式选择不当导致企业品牌宣传欠佳，或者由于公司经营、管理及其他行为或对外部利益相关方对公司负面评价的风险			
	27	舆情风险	舆情风险，是指公司对外新部闻报道和舆论引导工作不到位，虚假舆论、负面舆情和社会谣言监测，反馈不足、化解不到位，导致公司形象声誉遭受损失的可能性			
	28	其他运营风险　保密风险	保密风险，是指保密工作机制不健全或缺乏可操作性、保密范围划分不合理，保密方式不当，密级设定不合理，缺乏对保密情况的定期评估、检查机制，日常商业信息保密责任体系缺失，或者员工缺乏保密意识导致信息安全缺乏保障，重要信息泄露，使企业遭受监管处罚、企业声誉受损的风险			
	29	敏感信息风险	敏感信息风险，是指企业运营管理过程中，对敏感信息识别、保护不当，对客户、员工个人信息搜集、使用不当，敏感信息安全保护机制不健全，缺乏敏感信息授权访问机制，从而导致敏感信息为社会所知悉的，具有实际或潜在价值的企业经营、个人，人信息发生丢失、不当使用或未授权访问，给企业、个人、社会造成危害的风险。敏感信息包括个人隐私信息、企业经营信息、财务信息、人事信息，IT维护信息等			
	30	仓储物流风险	仓储物流风险，是指企业利用自建或租赁库房、仓储保管、装卸搬运、配送货物的过程中，因内外部因素的不确定性，使企业蒙受经济损失的可能性			

续表

风险管理指引大类	序号	风险类别	风险解释	风险发生可能性评分（1~5分）	风险影响程度评分（1~5分）	风险得分＝风险发生可能性×风险影响程度
运营风险	31	其他运营风险 信息系统风险	信息系统风险，是指信息系统缺乏或规划不合理，可能造成信息孤岛或重复建设；系统开发不当，可能导致无法实施有效控制；授权管理不当，可能导致用信息技术实施有效控制不到位，可能导致安全措施不到位，可能导致信息泄漏或毁损，系统无法正常运行			
	32	合规风险	合规风险，是指公司因为各种自身原因主导地违反法律法规和监管规定、相关标准、合同，有效治理原则或道德准则而遭受法律制裁、监管处罚、重大财产损失和声誉的损失			
	33	知识产权风险	知识产权风险，是指专利、商标、商业机密等在研发、生产经营、使用过程中产生的被非法占有、流失、遭受侵权纠纷等			
法律风险	34	其他法律风险 土地、房屋等权属风险	土地、房屋等权属风险，是指企业的财产权因产权关系不清晰、合同约定不明确、交易方式不合理，产权手续办理不及时等问题导致企业面临纠纷、经济利益受损的可能性			
	35	诉讼风险	诉讼风险，在公司设立、运营过程中，由于主客观原因而产生法律纠纷诉讼的可能性，及法律纠纷给公司资金、形象、声誉等方面带来的不确定性影响			
	36	合同风险	合同风险，是指由于合同管理无力，合同对方不愿意履行合同或由于其他不可抗力事由导致公司合同履约异常，公司面临法律纠纷及经济损失的可能性			

附表 2

风险级别评分汇总

风险类别	序号	风险名称	评分情况（可能性）												风险可能性	评分情况（影响程度）												风险后果严重程度	总体得分	风险级别
			企业发展部	经营开发部	商务管理部	财务部	人力资源部	物资部	法律合规部	纪委综合室	党委工作部	安全质量环保部	生产技术管理部	审计部		企业发展部	经营开发部	商务管理部	财务部	人力资源部	物资部	法律合规部	纪委综合室	党委工作部	安全质量环保部	生产技术管理部	审计部			
1. 战略风险	1.1	科技创新风险	1	2	2	1	1	1	1	5	4	1	2	3	2.0	2	1	1	2	1	2	3	1	2	5	4	1	2.1	4.17	中等风险
	1.2	改革与业务转型风险	1	1	5	4	2	1	1	2	1	1	2	1	1.8	1	2	2	2	2	2	3	1	2	4	3	3	1.8	3.21	一般风险
	1.3	公司管控风险	2	1	2	1	1	2	1	3	1	2	2	1	1.8	1	2	2	1	1	1	1	2	1	3	4	1	1.8	3.21	一般风险
	1.4	国际化经营风险	1	1	2	3	2	2	1	4	2	1	2	3	1.7	1	2	2	1	2	2	2	1	2	2	3	2	1.8	2.92	一般风险
	1.5	宏观经济风险	3	3	2	1	2	1	3	2	2	1	2	1	1.7	3	2	2	2	2	2	2	1	1	2	2	1	1.7	2.78	一般风险
	1.6	政策风险	1	1	2	1	2	2	1	2	1	1	1	1	1.3	1	2	2	1	2	2	1	2	2	5	4	1	2.0	2.50	一般风险
	1.7	其他战略风险	2	3	3	4	2	2	3	2	2	2	2	2	2.1	2	1	2	2	2	2	2	2	2	1	1	1	1.2	2.43	一般风险
2. 财务风险	2.1	现金流风险	1	1	4	3	1	1	1	2	1	2	3	3	1.8	1	3	4	2	2	2	2	2	2	2	2	2	1.8	3.36	一般风险
	2.2	金融业务与衍生品交易风险	2	1	1	3	1	1	4	2	2	2	2	2	1.7	1	2	1	2	4	3	2	1	2	1	2	2	1.8	2.92	一般风险
	2.3	债务风险	2	3	1	1	2	2	2	2	1	1	1	1	1.5	1	5	1	2	2	1	1	2	2	1	1	2	1.9	2.88	一般风险
	2.4	其他财务风险	3	2	2	4	1	1	1	2	1	2	1	1	1.9	1	1	2	2	2	1	2	2	1	1	1	1	1.4	2.72	一般风险
3. 市场风险	3.1	市场变化和市场竞争风险	2	3	3	4	4	3	4	4	3	4	5	2	3.4	3	4	4	4	4	3	4	3	3	2	5	3	3.3	11.39	重大风险
	3.2	客户信用风险	1	2	2	1	1	2	2	2	1	2	2	1	1.7	2	1	2	2	2	2	2	2	1	3	3	1	1.8	3.06	一般风险
	3.3	其他市场风险	1	1	2	1	1	2	1	2	1	2	1	4	1.6	1	1	2	2	2	2	2	2	2	1	1	1	1.5	2.38	一般风险
4. 运营风险	4.1	工程项目管理风险	3	3	3	3	4	4	4	3	4	4	3	4	3.4	2	4	3	3	3	4	4	3	3	4	4	3	3.5	11.96	重大风险
	4.2	安全生产、质量、环保、稳定风险	1	2	3	4	4	3	4	3	4	3	3	4	3.3	5	4	4	3	4	4	3	4	3	3	4	4	3.6	11.65	重大风险
	4.3	投资风险	2	2	4	2	2	4	2	4	2	4	3	3	2.8	2	1	2	3	5	3	1	3	3	4	4	4	3.1	8.74	中等风险
	4.4	经营效益风险	1	1	5	1	1	5	1	5	1	5	4	4	2.8	2	1	5	5	2	1	5	1	5	1	3	3	2.6	7.32	中等风险

续表

风险类别	序号	风险名称	评分情况（可能性）												风险可能性	评分情况（影响程度）												风险后果严重程度	风险总体得分	风险级别
			企业发展部	经营开发部	商务管理部	财务部	人力资源部	物资部	法律合规部	纪委综合室	党委工作部	安全质量环保部	生产技术管理部	审计部		企业发展部	经营开发部	商务管理部	财务部	人力资源部	物资部	法律合规部	纪委综合室	党委工作部	安全质量环保部	生产技术管理部	审计部			
4. 运营风险	4.5	采购与供应链管理风险	1	3	2	1	1	2	1	2	1	1	3	4	1.8	3	1	2	1	2	1	2	2	2	1	2	4	1.8	3.36	一般风险
	4.6	其他运营风险	4	2	4	1	2	1	1	1	2	1	2	1	1.8	1	2	1	2	1	2	2	2	2	2	2	1	1.5	2.75	一般风险
5. 法律风险	5.1	合规风险	3	1	1	2	1	1	1	1	5	1	5	1	1.9	1	5	1	5	1	5	2	1	1	1	1	5	2.4	4.63	中等风险
	5.2	其他法律风险	3	3	1	2	1	1	1	1	2	1	2	1	1.6	1	2	1	2	1	2	2	1	1	1	1	1	1.4	2.24	一般风险

注：重大风险：得分≥10；中等风险：10＞得分≥4；一般风险：得分＜4。

附表 3   风险管控信息台账排查清单

风险部门	序号	风险辨识	失职部门、失职人员	风险管控措施	排查时间	排查责任部门/责任人	防范措施落实情况
公司	1	宏观经济风险					
	2	国际化经营风险					
	3	政策风险					
	4	改革与业务转型风险					
	5	科技创新风险					
	6	公司管控风险					
	7	其他战略风险					
	8	金融业务与衍生品交易风险					
	9	债务风险					
	10	现金流风险					
	11	其他财务风险					
	12	客户信用风险					
	13	其他市场风险					
	14	经营效益风险					
	15	投资风险					
	16	采购与供应链管理风险					
	17	其他运营风险					
	18	合规风险					
	19	其他法律风险					

（中铁电气化局集团有限公司　石　跃　苏晓真　谢文英　厚亚斌　暴庆峰　李伟红　冯娅楠　甄婉君）

以风险清单发挥项目负现金流管控
更大价值的应用与实践

【摘要】风险清单，是指企业根据自身战略、业务特点和风险管理要求，以表单形式进行风险识别、风险分析、风险应对措施、风险报告和沟通等管理活动的工具方法。风险清单适用于各类企业及企业内部各个层级和各类型风险的管理。企业应用风险清单工具方法的主要目标，是使企业从整体上了解自身风险概况和存在的重大风险，明晰各相关部门的风险管理责任，规范风险管理流程，并为企业构建风险预警和风险考评机制奠定基础。工程项目负现金流是第一时间反映项目亏损和其他重大管理问题的项目管理指标，一般来说，工程项目负现金流产生的原因主要分为合同条款原因、业主资金原因、结算滞后原因、项目亏损原因（含潜亏）等，加强项目负现金流预警管控，有助于尽早发现项目亏损点和潜在管理问题，并针对性采取应对措施，有效实施源头管理，真正落实项目治亏减亏，对企业的持续高质量发展具有重要意义。本案例以 J 建筑工程集团为研究对象，首先介绍了企业的基本情况、管理现状、存在的问题以及采用风险清单对施工项目负现金流进行全流程风险管理的原因，接下来对应用风险清单的总体思路、内容、创新点以及应用过程进行了介绍，着重阐述了公司通过使用信息化手段抓取项目现金流数据，综合运用风险清单实现项目负现金流风险识别、评估、预警、应对等风险管理活动过程，并就风险清单应用过程中存在的问题提供了详细的解决方案。通过对负现金流项目实施穿透式风险清单管理，及时进行风险预警，倒逼管理提升和重心转移，引领项目的成本控制、利润产出、资金收支管理，扮演好财务系统在企业管理中主动揭示问题、促进建立自我修复机制的角色，保障企业资金链弹性稳固安全，努力实现正向现金流常态化，推动企业高质量发展。最后做的经验总结，包括风险清单的基本应用条件、成功应用的关键因素、应用的优缺点，以及对发展完善、推广风险清单的思考与建议。

一、背景描述

（一）单位基本情况

J 建筑工程集团是世界 500 强企业——中国中铁股份有限公司的全资子公司，企业注册资本 103.91 亿元。公司具有建筑、铁路、公路 3 项施工总承包特级资质，31 项施工一级资质，10 项工程设计甲级资质，1 项工程勘察甲级资质，2 项工程监理甲级资质，1 项城乡规划甲级资质，2 项房地产开发一级资质。聚焦于投资融资、设计咨询、工程建造、城市运营以及工业制造五大业务领域，统筹协调路内、路外、海外三大市场，形成了投资、设计、施工、安装装饰、运营管理一体化的全产业链发展优势。

公司被授予新中国成立 70 周年工程建设行业"功勋企业"，7 项工程入选"新中国 60 周年百项经典暨精品工程"，3 项工程荣获"百年百项杰出土木工程"，3 项工程荣获"改革开放 35 周年百项经典暨精品工程"，2 项工程入选"北京当代十大建筑"；累计获得国家级工程奖项 253 项，其中鲁班奖 88 项（含内部参建 33 项）、国优奖 56 项、詹天佑奖 17 项（含参建奖两项）；取得国家级科技进步奖 1 项，169 项发明专利，1 742 项实用新型专利；开发国家级工法 11 项，省部级工法 248 项。

（二）单位管理现状和存在的主要问题

1. 单位管理现状

自 2021 年中国中铁股份有限公司推行工程项目现金流自平衡管理工作以来，J 建筑工程集团积极推进落实，健全管理体系，制定《工程项目现金流自平衡管理暂行办法》，强化对工作的组织领导，成立相关工作领导小组。公司制定了《现金流自平衡及负流管控方案》，建立了工程项目现金流自平衡及负现金流三级管理体系，各子分公司根据负现金流性质、负现金流金额等情况实行分级分类管控，负现金流达到 3 000 万元以上的，各子分公司需召开总经理办公会，对负现金流产生原因进行分析，并按照问题成因分类移交相关责任部门，制定整改提升措施，定期跟踪提升效果。为保证规范工作实施，制定了自平衡管理方案编制说明和建议方案模板，优化管理流程，采用"两上两下"程序开展自平衡方案审核审批，为所属各单位更好、更快、更高质量地落实自平衡管理提供政策指引。强化财商联动，结合大商务管理要求，运用大商务管理系统思维和策划思维，要求自平衡管理方案与项目现金流策划同步，建立有机联系，将自平衡管理理念贯穿项目策划、合同管理、履约收支、绩效考核等项目管理全过程。确立标杆重点，选取标杆单位，根据业务类型确定重点项目，更好地发挥以点带面的示范效果。提高资金使用效能，强化资金有偿使用，明确资金收支两条线管理、子分公司与工程项目的收费原则。加强检查督导，通过"双清"工作及自平衡管理检查、经济运行督导检查、大商务管理督导检查等，对所属单位自平衡管理推进情况进行专项检查，并提出具体指导意见。完善考核机制，集团公司将自平衡管理执行比例和实施效果列为重要考核内容，纳入所属单位业绩考核体系，同时结合大商务管理，制订递进式提升方案，持续强化资金管理，推动价值创造。

2022 年，J 建筑工程集团新签合同额 2 621 亿元，营业收入 1 002 亿元，实现利润总额 15.16 亿元，经营性现金净流量 26.78 亿元，现金流管理成效明显。

2. 存在的主要问题

（1）项目负现金流预警管控体系尚待完善。公司虽然建立了工程项目现金流自平衡及负现金流三级管理体系，根据负现金流性质、负现金流金额等情况实行分级分类管控，对负现金流达到3 000万元以上的，各子分公司召开总经理办公会，分析负现金流产生原因。但是该体系主要侧重项目全周期现金流预算方案的策划、编制、执行，对于项目执行过程中因业主资金、合同签订、结算滞后、项目亏损等原因出现负现金流时如何及时、有效识别风险进行预警，进而能反映和揭示经营管理中存在的问题和风险，采取针对性措施，促成自我修复和及时纠偏，倒逼管理提升，尚缺乏全级次、全链条预警管控体系。

（2）项目现金流"自平衡"方案执行缺乏有效监督。部分项目"自平衡"方案编制质量不高，与现实情况严重脱节，方案编制完成后就束之高阁，未能真正发挥指导和管理作用，出现"两张皮"现象。部分项目未对过程执行情况进行监测预警，出现偏差未及时进行分析调整，纠偏措施或措施效果不明显，刚性约束力不强，实际执行效果不理想。部分单位对项目资金救助缺乏计划性，未按照规定程序进行性质认定，对项目实施救助后，后续跟踪管理不到位，救助资金未能按期回收，规模无序增长。

（3）管理手段无法满足穿透性预警管理需求。公司整体经济运行中存在的问题，基本源于项目或最基层的经济单元。然而公司层面发现的问题，往往是笼统的、综合性的。等到发现问题时，早已错过问题解决的最佳时期，甚至是时过境迁，连亡羊补牢都谈不上。如何抓住现金流这根敏感的神经线，利用财务数据优势和相对的信息优势，快速有效获取项目、基础经济单元层面现金流数据，实施穿透式监督，及时发现问题并进行风险预警，"治未病、治早病"，管理中减少亡羊补牢的事情，尚缺乏有效的管理措施。

（三）选择风险清单的主要原因

项目经济运行中出现的问题，往往体现在财务指标上，最直接的体现是在现金流指标上。虽然现金流指标能反映业务真实情况，但是要想揭示数据背后的深层问题，仍需以现金流指标为线索，并对项目相关指标进行延伸分析，做好数据的业务归因。只有让数据"会说话、会思考"，才能穿透表象看到实质，让决策者"看得明、听得懂"，采取的改进措施才更精准、更有效。

风险清单作为风险管理的工具之一，能够直观反映项目负现金流管控中的风险识别、评估、预警和应对的全过程，系统地识别和记录项目经济运行中的风险，能准确识别项目出现负现金流的主要矛盾点，更好地作出决策和制定目标，能够适应不同类型项目、不同层次风险、不同风险管理水平的风险管理工作，更好地引导和加强企业各层级对风险管理的关注和重视，增强风险意识，同时该方法易于操作，清晰明了。

二、总体设计

（一）应用风险清单的目标

1. 解决项目负现金流管理存在的问题

通过使用风险清单这一管理会计工具，全面系统梳理当前企业在项目负现金流管理中存在的风险点，主要解决以下问题：一是建立一套反应灵敏、行之有效、符合企业实际的工程项目负现金流管控的风险管控机制，明确职责边界；二是利用现有技术手段，找到及时准确获取工程项目开累现金流数据的路径，确保数据真实可靠，为后续风险评估、归因分析、风险应对打好基础；三是通过对工程项目负现金流情况的预警及业务归因，利用风险清单，形成责任矩阵，定期跟踪问题解决进度，形成闭环管理；四是强化企业各层级风险管理意识，形成与本企业经营管理实际相适应的风险管理理念，培育促进企业高质量发展的风险管理文化。

2. 提供经验参考

通过应用风险清单进行工程项目负现金流管理，总结管理实践中的经验与不足，不断完善负现金流管控机制、管控手段，及时堵住项目经济运行中的"失血点"，提高项目效益。同时也为建筑施工企业工程项目负现金流管控提供一定的经验参考，促进风险管理水平共同提升。

（二）应用风险清单的总体思路

1. 第一阶段：风险识别预警阶段

此阶段主要实施主体是集团公司、子分公司，目的是及时准确获取项目开累现金流数据，结合项目非财务信息，精准识别项目风险，作出风险预警。

主要实现方法是以业财共享平台为抓手，定期获取项目负现金数据，开展统计分析，筛选风险项目，根据负现金流金额等信息划分风险等级，列出风险清单，并发送子分公司、项目部。

2. 第二阶段：风险评估分析阶段

此阶段主要实施主体是子分公司，目的是对所列出风险清单中的项目负现金流产生的原因进行归因分析，评估风险。

主要实施步骤是组织业务部门对项目负现金流原因进行诊断，找出存在问题，评估可能对项目现金流管控目标实现产生不利影响的潜在风险。

3. 第三阶段：风险应对阶段

此阶段主要实施主体是子分公司、项目部，目的是针对分析出项目产生负现金流的业务原因采取相应对策，消除项目管理中的风险点。

主要实施步骤是根据负现金流业务归因分析，落实责任部门和责任人，研究制定问题解决措施并付诸实施，实现项目现金流管理目标。

4. 第四阶段：总结评价阶段

此阶段主要实施主体是集团公司、子分公司、项目部，目的是对风险应对措施实施效果进行评价。

具体实施步骤是集团公司、子分公司两级联动，定期对负现金流项目跟踪检查，评价负现金流管控措施执行情况和执行效果；项目部定期分析项目现金流情况，若未达到管控目标，及时采取纠偏措施。

（三）风险清单的内容

风险清单，是指企业根据自身战略、业务特点和风险管理要求，以表单形式进行风险识别、风险分析、风险应对措施、风险报告和沟通等管理活动的工具方法。

企业风险清单基本框架一般包括风险识别、风险分析、风险应对三个部分。风险识别部分主要包括风险类别、风险描述、关键风险指标等要素；风险分析部分主要包括可能产生的后果、关键影响因素、风险责任主体（以下简称"责任主体"）、风险发生可能性、风险后果严重程度、风险重要性等级等要素；风险应对部分主要包括风险应对措施等要素。企业构建风险清单基本框架时，可根据管理需要，对风险识别、风险分析、风险应对中的要素进行调整。

风险管理部门应从全局角度识别可能影响风险管理目标实现的因素和事项，建立风险信息库，在各相关部门的配合下共同识别风险。风险识别过程应遵循全面系统梳理、全员参与、动态调整的原则，对识别出的风险进行详细描述，明确关键风险指标等。

风险清单的主要优点是能够直观反映企业风险情况，易于操作，能够适应不同类型企业、不同层次风险、不同风险管理水平的风险管理工作。主要缺点是风险清单所列举的风险往往难以穷尽，且风险重要性等级的确定可能因评价的主观性而产生偏差。

（四）应用风险清单的创新

1. 实现了管理工具与负现金流管控体系的融合

通过运用风险清单法，帮助企业搭建出一套贯穿集团公司、子分公司、项目部全级次负现金流管理体系。在前期体系建立阶段，运用梳理重要风险点，确立项目负现金流风险管理目标，增强项目负现金流风险管控体系的针对性；在体系运行阶段，运用风险清单法将项目现金流管理风险识别预警、评估分析、风险应对、效果评价进行了全流程串联，实现了风险清单与项目负现金流风险管理全过程融合。

2. 实现了业财融合开展风险管控新模式

财务部门通过选取现金流这一关键财务指标，以项目现金流管控为抓手，使用信息化手段提取项目真实业务数据，准确识别项目管理中的风险点，及时发出管理预警。在预警管理的基础上，业务部门对负现金流形成原因进行深入分析，剖析业务管理中出现的问题，组织拟定专项应对措施，完成了第一次业财融合。财务部门对负现金流项目定期跟踪分析，根据项目现金流指标变化情况对项目整改措施的执行效果进行初步评价，反馈业务部门进行深入分析，对未实现管理目标的项目拟定专项纠偏措施，形成闭环管理，完成了第二次业财融合，最终目的是通过业财融合，形成有效业务联动，实现项目管理效益最大化。

三、应用过程

（一）各参与管理层级职责分工

集团公司、子分公司成立"工程项目负向现金流管理"领导和办事机构，各级单位行政负责人是落实本级资金负现金流管理的第一责任人，总会计师是主要责任人，各业务系统分管领导是相关责任人，财务部门是负现金流项目日常管控的牵头部门，各责任主体负责协调相关部门和所属单位共同推进工作措施的落实。各管理层级具体职责分工如下：

1. 集团公司

（1）协调资源。从上往下推动各层面落实现金流自平衡管理，协调自有资金、外部融资、供应链金融（票据）等内外部财务资源，实现集团资金整体平衡和对各单位财务资源合理配置。

（2）调研交流。出具配套政策指引，搭建沟通平台，组织经验交流学习，固化先进管理办法。

（3）创新"双清"。深化传统"双清"手段实施效果，创新金融收款方式，管控资金回收风险，提前收回工程款，改善现金流。

（4）过程监督。监测各单位现金流整体情况，预警跟踪大额负现金流项目，分析重点项目资金策划有效性，确保策划工作有效实施。

（5）督促整改。定期分析各单位现金流情况，发现资金管理中存在的问题，督导所属单位整改提升。

2. 子分公司

（1）统筹安排。严格执行资金和现金流管理规定，结合财务承受能力控制总体垫资或投入规模，合理调剂内部资金和使用金融工具，统筹发挥、整合资源价值，防范资金风险。

（2）资金管控。基于工程项目现金流自平衡方案，做好资金预算和计划控制，监督资金收支计划执行情况，推进受限资金盘活，提高资金使用效率。

（3）过程管理。施工单位审核批准项目现金流自平衡方案，实行负现金流项目重点管控，预警项目资金和成本风险，分析项目资金预算执行的有效性，严控负现金流总额。

（4）"双清"回款。明确"双清"管理机制，通过统筹策划、重难点攻关、定期会议、下达指标、考核引导等方式提高项目清收清欠能力和积极性，尽早回收款项。

3. 项目部

（1）策划先行，以项目履约为主线，依托项目管理策划方案，开展项目资金策划，编制和执行项目现金流自平衡方案，根据实际进展，适时调整纠偏，确保目标完成。

（2）完美履约，根据收款节点优化施工进度计划，确保工期节点全面受控，实现对外品质履约。

（3）提早确权，提高在建项目过程确权率和实际收款率，推动竣工未结算项目快速结算。

（4）尽早收款，做好催收清欠工作，分析甲方付款履约能力，及时采取措施，保证我方早收款，甲方能付款。

（5）平衡开支，按照资金预算和计划，合理控制每期支出规模和支出平衡性，严格落实资金支付管控。

（二）风险清单应用的资源、环境、信息化条件等部署要求

1. 实施环境

成立"工程项目负向现金流管理"领导和办事机构，制定项目负现金流管控方案，为项目负现金流管控提供体系机制保障。

2. 资源条件

集团公司、子分公司、项目部均有较为充足具备相关业务知识和技能的管理人员。

3. 信息化条件

充分利用业财共享平台，集团公司可穿透式提取项目部开累现金流情况，为项目负现金流管控提供真实可靠的数据资源。

（三）风险清单具体应用模式和应用流程——以 J 建筑工程集团某公司部分项目为例

1. 第一阶段：风险识别预警阶段

由集团公司按季度从业财共享平台提取项目开累现金流数据。基本业务逻辑是，

站在工程项目的角度来分析，在统计时点，项目部对上级机构和企业内部其他机构的资金流出（含材料调拨、票据等非现金广义财务资源，下同）小于上级机构和企业内部其他机构对本项目部的资金流入（资金救助），则项目部为财务资源净占用方，即项目开累现金流为负向现金流，也就是本文预警对象。反之，则项目部为财务资源净贡献方，即项目开累现金流为正向现金流。根据工程项目会计核算特点，项目部与上级机构和企业内部其他机构资金流动均通过"内部往来"科目（3001）和"应付票据"科目（2201）等核算。在此业务逻辑基础上，利用业财共享平台标准化数据资产优势，以项目部为基本单元，批量提取项目"内部往来"科目和"应付票据"科目余额数据，计算统计试点工程项目开累现金流数据。需要特别指出的是，若内部往来科目包含了项目部对上级机构上转会计利润（非上缴指标款），因上转利润不属于内部资金流动，需要在提取数据时将此项剔除（项目负现金流预警表格式范例见表1）。

表1 　　　　　　　　　　　　　**项目负现金流预警表**　　　　　　　　　单位：万元

序号	公司名称	项目名称	项目状态	开累净现金流
1	××公司	××机场扩建市政配套项目	在施	−4 494
2	××公司	××铁路职工住房C地块项目	在施	−1 448
3	××公司	××医院新院区建设项目	在施	−6 841
4	××公司	××场馆群项目	竣未结	−8 266
5	××公司	××健康城项目	竣未结	−1 878
6	××公司	××城中村改造项目	竣已结	−7 569
7	××公司	××住宅项目	停缓建	−7 272
合计	—		—	−37 768

集团公司在提取数据的基础上，筛选出负现金流项目，下发各子分公司，根据负现金流金额分级预警，集团公司将负现金流超过500万元的项目纳入监测范围，对各子分公司大额资金负现金流的在施项目、竣工项目集团公司风险清单，及时进行风险预警督办。

2. 第二阶段：风险评估分析阶段

子分公司、项目部收到负现金流项目预警清单后，项目部组织开展项目负现金流业务归因专项分析。专项分析既要有对项目负现金流原因类型的准确判断，又要有产生该类原因的详细分析，最终形成详细的分析报告。一般情况下对于项目负现金流原因类型可分为合同约定原因、业主资金原因、工期原因、竣工未结算、项目亏损、竣工未验收、验工计价批复不及时、变更索赔未确认、收付款期限错配、项目涉诉等。项目负现金流原因分析到此仍未结束，仍需对深层次的原因进行进一步分析。例如，项目因亏损原因产生负现金流，则需进一步分析是经营亏损、管理亏损还是结算亏损，若对于管理亏损需继续剖析是施工组织方案不科学、不经济造成的，还是安全质量原因，或是成本管理等原因造成的，若对于成本管理原因造成的亏损，则需进一步分析是哪个成本分项、哪个施工部分发生了亏损，是数量亏损还是价格亏损……总之原因分析要精确要细致。需要注意的是，一个项目造成负现金流的原因可能同时有上面几个，在做归因分析时要抓主要矛盾并兼顾次要矛盾，例如，某项目负现金流初步分析原因是业主资金短缺、验工计价批复滞后，此时要对每一大类原因进一步分析，若验工计价批复滞后非项目方原因造成，则业主此时可能存在通过延迟验工计价批复时间延缓支付工程款的目的，主要矛盾仍是业主资金短缺。对于负现金流达到3 000万元以上的，各子分公司需召开总经理办公会，对负现金流产生原因进行分析。归因分析完成后按照问题成因分类移交相关责任部门，此阶段工作任务完成（项目层项目负现金流归因分析明细表格式见表2、公司层项目负现金流归因分析汇总表格式举例见表3）。

表2 项目层项目负现金流归因分析明细

项目名称：××项目

单位：万元

序号	负现金流原因大类	对应负现金流金额	问题产生详细原因	责任部门
1	亏损原因（含潜亏）	−563	人工费上涨	商务管理部
2	亏损原因（含潜亏）	−528	材料费调差	商务管理部
3	亏损原因（含潜亏）	−262	定额争议	商务管理部
4	亏损原因（含潜亏）	−525	设计延误增加费用	商务管理部
合计	—	−1 878	—	—

表3 公司层项目负现金流归因分析汇总

单位名称：××公司

单位：万元

序号	项目名称	负现金流金额	负现金流原因				
			合同条款原因	业主资金问题	结算滞后原因	亏损原因（含潜亏）	其他
一、在施	—	−12 783	−6 841	−4 494	−1 448	—	—
1	某机场扩建市政配套项目	−4 494		−4 494			
2	某铁路职工住房C地块项目	−1 448			−1 448		
3	某医院新院区建设项目	−6 841	−6 841				
二、竣未结	—	−10 144	—	—	−8 266	−1 878	—
1	某场馆群项目	−8 266			−8 266		
2	某健康城项目	−1 878				−1 878	

序号	项目名称	负现金流金额	负现金流原因				
			合同条款原因	业主资金问题	结算滞后原因	亏损原因（含潜亏）	其他
三、竣已结	—	-7 569		-7 569	—	—	—
1	某城中村改造项目	-7 569		-7 569			
四、停缓建	—	-7 272		-7 272	—	—	—
1	某住宅项目	-7 272		-7 272			
合计	—	-37 768	-6 841	-19 335	-9 714	-1 878	—

3. 第三阶段：风险应对阶段

问题移交相应的责任部门后，业务部门要根据项目负现金流归因清单及分析报告，制订综合性整改提升方案，落实责任人，由子分公司监督、项目部负责具体实施（项目层负现金流整改提升措施清单格式举例见表4、公司层项目负现金流整改措施汇总表格式举例见表5）。

表4 **项目层负现金流整改提升措施清单**

项目名称：××项目 单位：万元

序号	负现金流原因	对应负现金流金额	整改措施	责任部门	责任人	完成情况
1	人工费上涨	-563	项目成立结算治亏专项小组，收集因新冠疫情及抢工人工费上涨资料，与业主、分包开展结算谈判	商务管理部	×××	目前已完成人工费上涨资料整理上报工作，正与业主开展结算谈判；分包结算阶段已同意部分让利
2	材料费调差	-528	项目成立结算治亏专项小组，整理施工过程中业主材料认价单等，与业主开展结算谈判	商务管理部	×××	通过寻找合同约定条款、洽商记录等，该部分争议已与业主达成共识，得到解决
3	定额争议	-262	项目成立结算治亏专项小组，咨询专家、定额站等，获取有力支撑依据，与业主开展结算谈判	商务管理部	×××	目前已咨询当地定额站，计价依据基本锁定，等待与业主进一步谈判
4	设计延误增加费用	-525	项目成立结算治亏专项小组，对施工过程中发送的联系函、会议纪要等文件资料进行整理，与业主开展索赔谈判	商务管理部	×××	目前正进一步补充因设计延误增加费用的资料
合计		-1 878	—	—	—	—

表5　　　　　　　　　　　　公司层项目负现金流整改措施汇总

单位名称：××公司　　　　　　　　　　　　　　　　　　　　　　　单位：万元

序号	项目名称	负现金流金额	负现金流原因	整改措施	完成情况	责任部门
一、在建	—	-12 783	—	—	—	—
1	某机场扩建市政配套项目	-4 494	业主资金	对业主财务情况开展调查，向业主发催款函	经调查，业主账面无流动资金，项目已与业主达成共识，提前结算	财务部
2	某铁路职工住房C地块项目	-1 448	结算滞后	针对新冠疫情期间人工费、材料价格上涨的问题，项目经理牵头组织与业主开展洽商谈判，完成调价工作	业主同意先对主体结构工程的人工及材料进行调查	商务管理部
3	某医院新院区建设项目	-6 841	合同条款	与业主沟通谈判，提高过程付款比例	合同约定收款比例为50%，目前经协商沟通一致，后期付款比例已调整至75%	商务管理部
二、竣未结	—	-10 144	—	—	—	—
1	某场馆群项目	-8 266	结算滞后	项目由项目经理牵头，商务管理部具体实施，与建设单位及第三方咨询单位核对工程量	项目已完成工程量核对	商务管理部
2	某健康城项目	-1 878	结算滞后	项目成立结算专项小组，对结算争议事项积极准备支撑资料，与业主开展结算谈判	目前材料费调差已与业主达成共识，人工费分包已部分让利；人工费上涨、定额争议、设计延误索赔正与业主谈判	商务管理部
三、竣已结	—	-7 569	—	—	—	—
1	某城中村改造项目	-7 569	业主资金	持续关注甲方资金动向，与业主积极沟通，利用财务自身专业优势帮助业主拓顺融资渠道，开展工程款催收工作	目前已协调业主采用应收账款无追索保理方式，收回部分工程款	财务部
四、停缓建	—	-7 272	—	—	—	—
1	某住宅项目	-7 272	业主资金	项目部与公司法务部及时沟通配合向法院提起诉讼	鉴定机构出具鉴定报告，等待开庭	法律合规部
合计	—	-37 768	—	—	—	—

　　同时，通过大商务综合管理举措实施，提高项目经济效益，促进项目现金流正向流动，消除项目经济运行中的风险点。具体可包括：

（1）因项目亏损原因（含潜在亏损）造成的负现金流。

查找亏损点，针对性制定措施方案，对于施工、方案存在不科学、不合理、不经济的，应当组织有关专家充分论证优化，进行技术经济比选，制订适合项目特点、经济合理、技术可行的施工方案；对于成本管理制度执行不力的，应当严格内控管理，狠抓制度执行，全面提高项目的执行力和公司后台管控力；对工程分包数量、价格存在明显偏差的，应当采取措施坚决进行纠正；对于变更索赔存在差距的，应当研究制定变更索赔策略，进一步细化、量化每项变更索赔事项方案，落实责任人和完成时间，确保实现变更索赔目标。

（2）因合同签订原因造成的项目负现金流。

根据项目管理实际，通过设计变更、二次经营等方式，积极与业主沟通协调，以工程签证变更、补充协议的形式实现合同约定付款的合理比例和支付时间，在工程进度可覆盖的前提下，策划适度超前验工提前回款。

（3）因业主资金问题造成的项目负现金流。

通过多种方式清理清收欠款，包括加强与业主沟通以取得业主理解与支持，协助业主拓宽融资渠道，向业主发催款函等，同时对于资金保障严重不足的项目，要及时降低施工速度或暂停施工，防止项目继续失血。

（4）对于结算滞后造成的项目负现金流。

成立项目结算专项工作小组，梳理项目结算中的难点、痛点、堵点，加强商务与技术、工程、物资、财务等部门联动，一项一策制订项目结算方案，解决影响项目结算事项，配合考核兑现，加速项目结算。

4. 第四阶段：总结评价阶段

项目部定期（按月/季）对项目负现金流整改提升措施执行情况进行分析评价，重点对推进过程中的重点、难点、堵点进行分析，找出未完成原因，有针对性地调整策略，采取纠偏措施，确保现金流管控目标最终完成。

集团公司、子分公司通过定期分析项目负现金流数据，有的放矢开展督导检查，重点对负现金流情况未见好转甚至恶化的项目进行现场督导帮扶，帮助项目深入分析问题，找出执行效果不佳的原因，对项目部提供智慧支持、资源支持，扭转不利局面。对于负现金流管控效果明显的项目，组织进行经验交流，形成可复制、可推广的管控经验，促进项目管理水平共同提升。

（四）在实施过程中遇到的主要问题和解决方法

1. 遇到的主要问题

（1）项目真实负现金流数据及时、准确获取存在困难。传统的数据分析统计手段效率低、数据真实可靠性难以保证，靠传统数据统计分析手段公司层难以实现对项目部穿透式预警管控，无法及时发现最基本经济单元的管理问题，后台管控作用不能充分发挥。

（2）一张风险清单无法满足对项目负现金流全流程管控。因项目负现金流成因复杂，纵向上需要集团公司、子分公司、项目部进行联动管控，横向上需要各业务系统密切配合，管理链条较长，每个环节侧重点不同，如何根据预警管控环节涉及差异化风险清单成为挑战。

（3）项目部现金流管控意识、管控理念尚待加强。部分单位和项目对股份公司、集团公司的管理导向认识不足，并没有真正意识到现金流管控、"自平衡"管理对于企业资金链安全和高质量发展的重要意义，仍然按照之前"走一步算一步""有钱就花、无钱就等"的落后管理思路干项目、管资金，管理模式粗放，管理人员的主观能动性无法有效发挥。

（4）业财融合不够深入。工程项目负现金流管控是一项系统性、复杂性、长期性的工作，根植于项目管理业务端，体现在资金的收支管理上，需要各业务系统共同参与。但在实操过程中仍存在项目"铁三角"重视程度不够、业务部门参与度不高、部门间协同难度大的现象。

2. 解决办法

（1）充分运用信息化管理手段。跳过传统的数据统计上报分析手段，利用业财共享平台，穿透式获取项目现金流第一手数据，保证了数据获取的及时性、可靠性。同时，提升各管理层级工作效率，管理人员将更多的精力投入到价值创造中。

（2）设计个性化风险清单。根据项目负现金流管控阶段的工作重点和各层级的职责分工，分别设计满足不同风险管理阶段、不同管理层级使用的风险管理清单，确保风险清单重点突出、层次清晰。

（3）推动业财深度融合，运用大商务管理的策划思维，将项目现金流管理与大商务管理深度融合，统筹现金流与经济效益的关系，加强横向协同和纵向联动，强化商工融合、业财融合和财商融合，全面提高项目现金流管理整体质量。

四、取得成效

（一）应用风险清单的前后情况对比

通过对项目负现金流实施风险清单预警管理，负现金流情况得到好转，各级单位现金流入与现金流出的总体平衡能力进一步提升，现金流自平衡项目个数占比逐步提高。具体如表6所示。

表6 负现金流管理情况 单位：万元

序号	公司名称	项目名称	第一季度开累净现金流	第二季度开累净现金流	变动情况
1	××公司	××机场扩建市政配套项目	−4 494	−4 294	200
2	××公司	××铁路职工住房C地块项目	−1 448	−1 079	369
3	××公司	××医院新院区建设项目	−6 841	−4 827	2 014
4	××公司	××场馆群项目	−8 266	−7 027	1 239
5	××公司	××健康城项目	−1 878	−529	1 349
6	××公司	××城中村改造项目	−7 569	−4 758	2 811
7	××公司	××住宅项目	−7 272	−7 272	0
合计		—	−37 768	−29 786	7 982

通过项目负现金流管控，实现现金流预警管理引领项目成本控制、利润产出、资金收支管理，进一步促进了业财深度融合，提升了各业务系统现金流"自平衡"管理意识，推动项目现金流管理从"以支定收、简单向上传导压力"向"以收定支、先收后支、不收不支"转变。

（二）对解决单位管理问题情况的评价

1. 强化源头管控，提升经营质量

通过加项目负现金流预警管控倒逼企业强化营销源头治理，在追求新签合同额的同时必须考虑经营质量，不投亏损标。推动企业坚持"营销策划全覆盖"原则，强化营销策划、标前联动、营销交底，做到一二次经营协同联动。促进营销部门牵头组织，技术、商务、法务、财务、物资设备等系统协同联动，项目拟任"铁三角"全程参与，加强项目标前成本测算，坚守"禁投""慎投"底线，从源头杜绝亏损项目，严防"未干先亏"，从源头上保证项目自我造血和自我平衡能力。

2. 提升"双清"成效，倒逼项目回款

通过项目负现金流预警管控，倒逼企业做好清收清欠工作，充分发挥子分公司"三总师"作用，加强项目施工生产、结算确权、二次营销、款项回收的全过程管理，一项一策制定项目的清收清欠指标，分解传导管控压力，促进项目回款，保证项目现金流源头活水不断流入，促进由工程项目到子分公司、子分公司到集团公司现金流正向流动。

3. 强化履约管控，提高盈利能力

通过负现金流项目预警管控，倒逼工程项目围绕资金管理这条主线，统筹项目安全、质量、工期、绿色和经济效益五大目标，重点从项目的组织模式、方案施工组织、分包分供、工期管理、临建设施、安质环保、收入组织、成本管控、二次经营、资金税务等方面做好项目管理策划和商务策划，以现金流"自平衡"管理为抓手，对各类采购招议标等商务活动形成刚性约束，不断优化各类施工资源配置，合理安排施工组织，管控各类成本，加速验工确权进度，促进工程款快速回流，通过优质履约提升项目效益。

（三）对提升单位管理决策有用性的评价

体现了财务部门"扮演好主动揭示问题、促进建立自我修复机制的角色"工作职能。秉持"一切工作到项目"的管理理念，充分利用其自身具有的天然的数据优势和相对的信息优势的特点，运用穿透式预警管理方法，选取经济运行中最灵敏、最能反映问题的指标——现金流，直接深入建筑施工企业最基本经济单元——项目部，主动去揭示企业经济运行中存在问题，让决策者及时准确掌握真实有效经济信息，帮助决策者在处理问题的最佳时间窗口作出正确决策，促进企业做强、做优。

五、经验总结

（一）风险清单成功应用的关键因素

1. 全面收集风险信息

成功应用风险清单的第一步是全面收集和记录潜在的风险。这包括对企业内部和外部环境进行分析，识别可能发生的各种风险。确保风险清单包含所有可能的风险，以便能够全面评估和管理。

2. 定量和定性评估

风险清单的成功应用需要对风险进行定量和定性评估。定量评估可以使用风险度量指标和分析方法，如概率和影响矩阵、风险影响概率图等，量化风险的严重程度和可能性。定性评估则可以采用专家判断、经验评估等方法，对风险的特征和特定情况进行描述和评估。

3. 有效的优先级排序

风险清单应根据风险的严重程度和优先级对风险进行排序。这可以帮助企业确定哪些风险是最紧迫和最重要的，以便优先处理和分配资源。

4. 利益相关者的参与

风险清单的成功应用需要与企业的各类利益相关者进行合作和交流。这些利益相关者可能包括企业内部的员工、管理层、业务部门以及外部的合作伙伴、客户等。他们可以提供有关风险的信息和意见，帮助识别和评估风险。

5. 持续更新和监测

风险清单应随着企业发展的变化而变化，识别新的风险，并对已有的风险进行重新评估。定期的监测和报告可以确保及时发现和应对风险的变化和新情况。

6. 整合到决策过程中

风险清单应与企业的决策过程相结合，成为决策的依据之一。风险清单可以帮助决策者更全面地考虑风险因素，量化和评估风险对决策的影响，从而作出更明智的决策。

（二）风险清单运用的有效性与局限性

1. 风险清单运用的有效性

（1）提高风险识别能力。风险清单可以帮助企业全面收集和记录潜在的风险，有助于识别可能发生的各种风险。通过全面收集和记录风险信息，企业可以更好地了解风险的性质、来源和潜在影响。

（2）优化风险评估和优先级排序。风险清单可以为风险评估提供依据，帮助企业评估风险的严重程度和可能性。同时，风险清单可以对风险进行优先级排序，提供了一种基于风险优先级的资源分配和管理依据。

（3）促进沟通和合作。风险清单可以作为利益相关者讨论和合作的基础，促进各方之间的沟通和合作。通过与利益相关者的交流和协作，可以获取更多关于风险的信息和意见，提高风险管理的效果。

（4）便于监测和更新。风险清单可以帮助企业定期监测和更新风险情况，以反映企业风险的变化。定期的监测和更新可以帮助组织及时发现和应对风险的变化和新情况，保持风险管理的有效性。

2. 风险清单运用的局限性

（1）有失细节和深入性。风险清单通常是对风险的简要概述，无法提供足够的细节和深入分析。这可能导致遗漏或低估某些风险的潜在影响，从而影响风险管理的准确性。

（2）缺乏定量化和客观性。风险清单通常是基于主观判断和经验的，缺乏定量化的数据和客观性。这可能使风险评估过于主观化，难以进行可靠的定量分析和比较，从而影响风险管理的决策。

（3）可能存在偏差和错误。由于风险清单是基于人的主观意识和主观判断，可能存在偏差和错误。这可能导致对某些风险的过度关注或低估，从而导致风险管理的偏差。

（4）需要耗费时间和资源。风险清单的维护和更新需要耗费时间和资源。如果没有足够的资源和专业知识来维护和更新风险清单，可能导致风险管理的效果降低。

（三）对发展和完善风险清单的建议

1. 建立标准化的风险清单模板

制定统一的风险清单模板，包括风险分类、评估指标和处理措施等内容。这样可以确保不同企业内单位之间的风险清单具有可比性，方便交流和分享经验。例如，在进行负现金流项目预警分析时，应通过设置标准化清单模板，贯通预警管控、原因分析、整改提升全过程。

2. 结合数据分析和智能化技术

利用大数据分析和智能化技术，可以更有效地收集、分析和管理风险数据。通过结合数据分析和智能化技术，可以更准确地识别和预测潜在风险，并提供更及时和精确的风险管理措施。项目负现金流管控预警难点在于及时准确获取真实数据，目前利用业财共享平台等信息化成果可以随时高效穿透式获取项目现金流真实数据，为预警管理提供数据支撑。

3. 强调风险管理的全员参与

风险清单的应用需要企业的全员参与和支持。重点强调风险管理的重要性，并鼓励员工参与风险识别、评估和控制的过程。建立跨部门的风险管理团队，促进全员参与和协同合作。在项目负现金流预警管理中，通过财务部门发现问题，及时预警，完成风险管理第一步，但是更重要的是需要系统间横向联动，进行业务归因分析，落实整改措施，化解项目资金风险。

4. 定期审查和更新

风险清单需要定期进行审查和更新，以反映风险环境的变化和企业发展的变化。定期的审查和更新可以确保风险清单的准确性和时效性，并帮助企业及时调整风险管理策略和措施。

5. 建立风险教育和培训机制

为了提高风险清单的有效性和广泛应用，可以建立风险教育和培训机制，培养员工的风险意识和风险管理能力。通过培训和教育，可以增强员工对风险管理的理解和参与，提高企业整体的风险管理水平。

6. 应用案例的分享和宣传

定期组织分享会和宣传活动，邀请已成功应用风险清单的企业分享他们的经验和成果。这样可以增加其他组织对风险清单的认可和兴趣，促进其应用和推广。

（中铁建工集团　江永璞　高　帅　姚　佳）

风险清单法在财务共享
风险预警中的应用

【摘要】财务共享服务已成为大型企业集团广泛采用的领先、成熟的财务管理模式，其在降本增效、强化管控、防范风险及推进财务转型等方面的管理效益和优势得到了实践的检验。随着财务共享服务模式逐渐走向成熟，企业不断发掘财务共享服务在新阶段的新价值，为管理会计的实施和管理会计工具的运用提供了有利条件，这也契合了企业高质量发展需求下对财务管理改革的需求。国务院国资委 2019 年印发的《关于加强中央企业内部控制体系建设与监督工作的实施意见》指出，"建立健全以风险管理为导向、合规管理监督为重点，严格、规范、全面、有效的内控体系。将风险管理和合规管理要求嵌入业务流程，促使企业依法合规开展各项经营活动，实现'强内控、防风险、促合规'的管控目标，形成全面、全员、全过程、全体系的风险防控机制"。财政部 2018 年印发了《管理会计应用指引第 700 号——风险管理》《管理会计应用指引第 702 号——风险清单》，系统地指引了企业在风险管理时应遵循的原则、应用环境、应用程序。SHJ 集团公司财务共享服务中心不断实践与创新，积极应用先进管理会计工具，采用风险清单法构建规范的、适用性和可操作性强的风险预警机制，通过将标准化风险清单嵌入业财共享平台，成为信息化、集成化应用模块，全流程信息化、共享化实时处理风险预警，完整展现风险预警效果，筑牢财务共享服务中心风险防线。2020 年 4 月开始筹建风险清单，2021 年 10 月实现风险预警电脑版和移动版成功上线，经过近三年实践运行，实现了风险精准识别、及时预警、有效处置，在内部控制方面取得了良好的管理效果。

一、背景描述

（一）单位基本情况

SHJ 集团公司是一家大型建筑施工企业集团，业务覆盖广泛，涵盖铁路、城市轨道、水务环保、市政房建、投融资和海外业务等，下辖 15 个子分公司，在建项目超 420 个，员工逾万人，遍布全国各省以及马来西亚、匈牙利、所罗门群岛等国家，近五年来，营业收入复合增长率 16.2%。SHJ 集团公司规模持续扩张、施工区域不断扩大，组织机构复杂，风险管控条线长，其工程项目外部环境复杂、投资规模大、建设周期长，产生风险的因素数量多且种类繁杂，因此财务管理工作质量受到限制。SHJ集团公司财务组织结构是"集团公司—子分公司—项目部"三层级管理，集团公司财务部负责资金管理、资产管理、预决算、税务管理、财务分析、财务风险管理等工作，同时负责指导子分公司的财务管理工作；子分公司实行独立核算，财务部也设置资金管理、资产管理、税务管理、报表编报等工作；项目部独立核算，设置项目财务主管、会计、出纳等岗位。

2018年5月SHJ集团公司在集团层面建立统一的财务共享服务中心（以下简称"共享中心"），2020年实现了境内外所有核算主体全覆盖。目前，共享中心管理核算主体近1 400个，银行账户超3 500个，年业务量近130万笔。经过五年多发展，共享中心实现了业财初步融合，会计核算业务的标准化、流程化、自动化，并且在智能技术应用、数据资产建设、风险防控、人才队伍建设取得了良好成效。

（二）存在的主要问题

在财务共享模式下，通过建立统一信息化平台，将大量重复、易于标准化和流程化的业务进行集中化处理，审核业务是其中最基础、工作量最大且重要的一项，涉及企业管理的各个环节，不仅能较直观地体现共享中心的管控成果，也能呈现企业内部控制活动的实际情况。但就共享审核业务来说，还存在着以下问题：

（1）风险识别不全面。在财务共享模式下，原来分散在各个环节的业务、财务信息集中到共享中心规模化、批量化处理，并且是随机派单，共享审核人员依据电脑中的电子图像和电子数据进行审核，远离经济业务发生事项的地点和所处的环境。共享审核人员脱离业务现场，不能全面掌握经济业务事项的真实性、可靠性，导致风险识别不全面，未能及时发现某项关键风险。另外，各单位业务量不断增大，共享审核人员疲于应付海量的审核业务，机械性的审核可能造成思维定式，较难静下心对其他部门的业务工作进行有效的梳理和深层次的思考，较难识别潜藏的业财风险，或对伪合理数据放松警惕，进而影响风险识别。

（2）风险识别差异大。首先，共享审核人员专业知识水平、实践经验等方面的差异，对政策制度的把握标准不同，对同一种经济业务可能会作出不同的判断。其次，业务类型复杂，不同业务的核算侧重点不同，风险控制要点不同，不同审核人员难免有不同的理解和判断，识别风险的能力差异大。例如，共享审核人员对固定资产改良支出和大修理支出概念理解模糊、界定不清，审核时难以作出正确判断，报账人员错误地将固定资产改良支出作为大修理支出费用化，或错误地将大修理支出作为改良支出划入固定资产价值，就会造成资产账实不符、资产损失风险，影响企业财务状况及经营效果。

（3）风险分析不准确。首先，风险分析与风险识别不同，风险分析要求的是分析的深度而非广度，尤其是找准影响风险发生的关键因素。共享审核人员需要对风险的重要性、风险后果的严重程度作出主观判断，导致最终确定的关键因素可能因分析的主观性而产生偏差。其次，夸大或缩小风险的后果和严重程度，直接影响风险管理的重点方向，会导致整体风险管理偏离主线，应该关注的重点风险没有得到充分重视。例如，预付账款是一项重要的流动资产，共享审核人员在审核时，不仅要查看会计核算是否错误，所涉及的业务是否有合同与之相对应，还要深度挖掘、分析大额预付账款占合同总额比例是否异常，是否存在不及时结转至成本费用从而调节利润，是否长期未取得发票无法销账等，不同形成原因，不同责任主体，产生不同后果，采取不同应对措施。

（4）风险信息传递效率低。集团化经营管理层级较多，从识别风险、分析风险、管控风险、报告风险、整改验收等全流程依靠人工记录，再进行整合归类，层层上报审核，风险信息收集成本高、风险事件报告不及时，管理时效性弱，且风险信息共享性差，联动管控效果差，无法及时有效协同实施风险应对。

（5）缺乏系统、科学的风险管理工具。风险管理信息化水平滞后，缺乏系统、科学的管理工具，风险管理活动往往是瞬间或间断性的，很多时候意识到了才进行管理或在无意识状态中进行，缺少流程化管理体系，风险控制流程不闭合，且没有形成统一的标准。另外，风险分析复杂、风险评估业务量大，人工模式难以覆盖深入到各个业务流程中，也无法保留完整的证据链，可追溯性差，不利于数据积累和沉淀，在一定程度上制约了风险报告价值的发挥。

（三）选择风险清单法的主要原因

（1）风险清单法能比较全面详细地反映了 SHJ 集团公司面临的业财风险，且直观地展示风险的层层分解过程，应用步骤清晰，便于了解风险的类别及所处的具体层级、业务活动和业务环节。

（2）风险清单法展示了业财风险及其重要性等级，帮助 SHJ 集团公司聚焦重大风险和关键风险因素，有助于对此类风险进行及时、有效监控和分析。

（3）风险清单法以表单形式对 SHJ 集团公司业财风险进行识别、分析、应对和监控的过程及结果进行管理，有助于统一风险管理语言和标准，实现风险管理的规范化和标准化。

（4）风险清单法为后期业财风险信息的快速查阅、筛选、比对、分析等奠定坚实的基础。有助于总结风险的变化机理和规律，建立风险预警机制，实现对风险长期有效的监控活动，提高整体风险管理水平。

二、总体设计

（一）应用风险清单法的目标

共享中心业务审核既是业财风险控制的最后一道屏障，又是前端业务风险控制过程和结果的监控器，采用风险清单法构建财务共享风险预警机制，可实现以下目标：

（1）提升风险识别能力。SHJ集团公司共享中心树立和强化管理制度化、制度流程化、流程信息化理念，将集团公司内控合规管理要求形成风险清单，从整体上掌握业财风险概况和存在的重大风险，并严格按照风险清单标准审核执行，确保共享审核风险标准统一，提升风险识别能力，降低风险发生概率。例如，各类合同是否符合法律、法规及集团公司制度要求，是否在综合管理系统按流程完成合同评审；劳务结算是否在成本管理信息系统中完成相应的工程量、劳务费用验工计价等录入前置工作，业务部门各项流程审批是否合规，是否在成本管理信息系统发起债务支付申请，是否在业财共享平台申请资金计划，是否按照流程审核或程序付款；业务招待费的范畴是否符合中央八项规定精神，是否超标准接待等。

（2）实现风险管理信息化。业财共享平台是内控合规管理最重要的承载平台之一，通过制度与流程、流程与业务、业务与风险、风险与管控在信息技术的相互衔接和支持，风险清单能及时快捷地将系统出现的风险在各层级及时显现，且随用随调风险预警模块，节约信息传递与沟通成本，实时传递风险信息，高效便捷。针对不同类型、不同程度的风险，建立分类、分级风险评估和应对机制，揭示风险隐患和内控缺陷，及时发布预警，将风险管理由事后核查转变为事先预防，实现风险"早发现、早预警、早处置"。

（3）提升风险管理效果。利用风险预警模块，统一形成风险事件库、统一形成风险台账、统一形成制度库、统一形成表单库、统一风险管理语言，提供了全面的、准确的、实时的风险图谱，帮助风险排序，安排应对方案，提升风险应对效果。同时，在线全流程展现风险识别、分析、应对、报告全过程，实现风险防控规范化、体系化。

（4）完整量化展现共享价值。共享审核人员在日常业务审核中，利用风险预警模块开展风险管理活动，记录、控制、报告并量化风险额，形成以风险识别为起点，最后监督和评价为重点的闭环风险管理系统，客观展现其解决问题能力，完整量化展现财务共享价值，增强共享财务人员工作成就感，提升财务共享服务的客观评价度和影响力。

（二）应用方法的创新

案例主要的创新点在于依托财务共享审核全覆盖业财信息的独特优势，研究利用风险管理领域管理会计工具方法——风险清单，构建体系化的财务共享风险预警机制。通过创建风险清单并将其嵌入业财共享平台系统，设置独立的流程和表单，完成电脑版与移动版风险预警模块的体系化建设。该预警模块的建立，可实现共享审核人员在审核表单过程中发现风险预警事项时，通过调用业财共享平台风险预警模块，系统自动对比预警值与预警级别划分标准值，识别预警级别和预警对象并对其进行标准化、信息化预警处理，实现依托业财共享平台全流程信息化展现风险识别、分析、应对、报告等全过程管理，提升财务共享风险管理效率和效果。

三、应用过程

2020年4月SHJ集团公司共享中心筹建风险预警清单，线下探索实践，在线下应用成熟的基础上，2021年10月成功研发了电脑版和移动版风险预警系统、流程和表单，实现了实时在线信息化预警。

（一）风险清单法含义

《管理会计应用指引第702号——风险清单》中对风险清单法的定义为：企业根据自身战略、业务特点和风险管理要求，以表单形式进行风险识别、风险分析、风险应对措施、风险报告和沟通等管理活动的工具方法。风险清单法作为管理会计在风险管理中的一个工具方法，其目的是使企业从整体上了解自身风险概况和存在的重大风险，明晰各相关部门的风险管理责任，规范风险管理流程，并为企业构建风险预警和风险考评机制奠定基础。风险清单法的应用程序一般分为三个步骤：第一步，编制风险清单；第二步，沟通与报告；第三步，评价与优化。

（二）风险清单法内容

1. 编制风险清单是风险清单法的第一步

风险清单基本框架一般包括风险识别、风险分析、风险应对三部分。

（1）风险识别是指风险管理人员运用相关知识和专业方法，在风险事件爆发前识别出将会影响企业正常经营的风险因素。风险识别是一个长期的、连续的过程，要随着环境的不断变化识别出不同的风险，主要包括风险类别、风险描述、关键风险指标等要素。风险识别并非要将所有风险全部挖掘出来，需要查找重要经营活动及其重要业务流程中有哪些风险，找出对企业影响较大的风险。不是简单地将所找出的风险罗列出来，还需要进行系统归纳分类，将相同或相近的风险合并提炼，分层级列进风险清单。同时，对识别出的风险进行描述，简明扼要地描述风险的成因和表现形式。然后，找出衡量风险大小的指标，直观反映风险的可能性大小。

（2）风险分析是编制风险清单的核心，主要包括可能产生的后果、关键影响因素、风险责任主体、风险发生的可能性、风险后果严重程度、风险重要性等级等要素。在第一步风险识别的基础上，在与相关部门沟通后，分析风险可能产生的后果，确定引起该后果的关键影响因素及责任主体。各责任主体基于风险偏好和风险应对能力，逐项分析风险清单中各类风险发生的可能性和后果的严重程度，确定风险重要性等级。风险重要性等级直接影响企业风险管理的重点方向。

（3）风险应对主要包括风险应对措施等要素。首先，企业资源有限，不可能将所有的资源放在风险防控上，也不可能对所有的风险点进行防控，合理运用有限资源，集中主要力量防范重要性高的风险。其次，应对措施应当明确到责任主体，不应拘泥于现行业务流程和制度框架，消除公司内部信息壁垒，优化业务流程与部门间的分工协同。

2. 沟通与报告是风险清单法的第二步

形成风险清单后，风险管理部门应将风险清单所呈现的风险信息及时传递给相关责任主体，确保各责任主体准确理解相关的风险信息，有效开展风险管理活动。建立风险报告制度，明确报告的内容、对象、频率和路径。

3. 评价与优化是风险清单法的第三步

根据风险管理职责设置风险管理考核指标，并纳入企业绩效管理，建立奖惩制度，以保证风险管理活动的持续性和有效性。风险管理部门会同各责任主体定期或不定期地根据企业内外部环境变化，对风险清单是否全面识别风险并准确分类、是否准确分析风险成因及后果、是否采取了恰当的风险应对措施等进行评估，及时对风险清单进行更新调整。

（三）参与部门和人员

SHJ 集团公司总部相关职能部门负责归口范围内各类风险的识别、分析、评价和改进工作，对口指导、监督所属各单位相关风险管理改进工作；共享中心汇总风险、更新风险信息库，对业务处理的规范化及合规性进行审核，并发布业财风险预警报告。

（四）构建原则

（1）系统性原则。在选择预警指标时，以工程项目业务工作流程为主线，风险预警应覆盖所涉及的风险类型、业务流程、操作环节和管理层级与环节，具有先进性和全面性，做到预警指标不重复、不遗漏，真实反映风险状况程度。

（2）可辨识原则。依托业财共享平台提供的数据和信息，共享审核人员应当能够辨识的业务和财务风险事项作为风险预警事项。

（3）重要性原则。对风险进行评价，以重大风险、重大事件和重大决策、重要管理及业务流程为重点，有针对性地实施重点风险监测，及时识别、应对。

（4）平衡性原则。根据风险与收益相平衡的原则，确定风险管理的优选顺序。

（5）预警审批原则。共享审核人员发现的风险预警事项需根据风险级别采取不同层级的复核审批，确保风险预警事项的质量。

（6）动态调整原则。对风险管理信息实行动态管理，定期或不定期根据企业内外部环境变化，对新的风险和原有风险的变化重新评估。

（五）具体应用流程

1. 风险识别

风险识别是风险管理工作的第一步，工程项目风险复杂多变，风险识别的质量直接关系着风险管理工作质量。共享中心成立专家小组，广泛收集与业财风险管理相关的内外部相关风险信息，包括集团公司内控合规要求、内外部审计、巡视巡察、监察监督、综合大检查、内部稽核、近年来企业自身及同类型企业发生的典型案例等，采用政策分析、资料查阅、现场访谈、集体讨论、专家咨询等多种方式，反复开展系统内研讨和系统外征求意见，多次循环直至取得较为统一意见。然后，对识别出的业财风险进行归类和深层次分解，专家形成共识后确定当前及未来一段时间存在的主要风险源、风险因素。最终，确定以工程项目业务流程为主线的三级风险框架。

一级预警类别 13 项，分别为：合同管理、收入管理、成本费用管理、债权债务管理、资金管理、备用金管理、存货管理、固定资产管理、无形资产管理、薪酬管理、税务管理、会计核算、内控管理风险。

二级预警子目 55 项，是对一级预警类别所包含的业务问题按一定类别分类，例如，一级预警类别"合同管理"分为"合同签订、合同履行"2 个二级子目；鉴于备用金违规违纪风险较大，将备用金管理单独划分作为一级预警类别，分为"借支、清理、冲销"3 个二级子目。

三级风险细目 83 项，是对二级风险的进一步细化，例如，资金管理是财务风险管理的核心内容，资金风险贯穿整个生产经营，根据风险因素发生的可能性和后果严重程度，确定"出借账户、大额提现或交现、擅自对外出借资金、无合同约定又无正当理由支付预付款、未执行资金支付分级审批、贷款未专项使用、企业资金存入职工个人银行卡"等 20 个三级风险细目；成本费用管理复杂烦琐，按照重要性原则、平衡性原则，突出关键风险指标，将二级子目"归集与分摊"分为"超合同结算、未按合同约定扣款、人为调剂成本费用、经济业务处理不及时"等 8 项三级风险细目。

2. 风险分析

以风险识别结果为依据，结合前期收集整理的相关风险信息，采取邀请相关职能部门集体讨论、专家咨询等方式对风险预警细目进行细致分析，包括描述风险特征、风险发生原因、风险发生可能性的高低、可能产生的后果、风险后果严重程度、关键影响因素、风险责任主体、风险重要性等级等，形成风险清单。相关职能部门包括物资、机械、商务、工程管理、人力资源、法律合规、财务等部门，为风险评估提供必要资料和技术支持，保证风险评估的准确性。

（1）确定关键风险预警指标。全面梳理 83 项风险预警细目所对应的风险预警依据，包括国家相关政策法规、集团公司内部规章制度等，做到预警细目必有依据支撑。根据风险预警依据，以定量为主，定性为辅确定关键预警指标。例如：基于集团公司制度规定"劳务分包合同支付须基于验工计价，不得办理无验工计价或超越验工计价金额的支付"，设置关键预警指标"超付款"；依据合同管理制度，设置关键预警指标"违反合同管理制度造成重大经济损失额"。

（2）确定风险预警值、预警级别。综合考虑风险后果严重程度和发生的可能性，对风险预警细目按照重要性原则划分不同等级的预警级别、预警级别标准，预警级别从高到低划分为特级、Ⅰ级、Ⅱ级、Ⅲ级，特级和Ⅰ级分别对应集团公司总部不同层级，Ⅱ级对应子分公司，Ⅲ级对应项目层级。预警值划分标准与预警级别相匹配，划分标准采用定量与定性相结合的风险评估标准，在确定量化指标阈值时充分考虑了集团公司管理目标、风险承受度，确保符合集团公司实际情况，无法量化的风险事项从危害程度和发生概率两个维度进行经验赋值，确保了风险评估的规范性和科学性。再根据风险预警细目业务特点确定预警频次。例如，"未签订工程分包施工合同先进场施工"风险细目，按照关键预警指标"结算额"划分以下4个等级：特级为"劳务（专业）分包结算额100万元（含）以上未签订合同"，对应集团公司财务部门正职；Ⅰ级为"劳务（专业）分包50万元（含）以上100万元以下未签订合同"，对应集团公司财务部门副职；Ⅱ级为"劳务（专业）分包10万元（含）以上50万元以下未签订合同"，对应子分公司总会计师和财务部门负责人；Ⅲ级为"劳务（专业）分包10万元以下未签订合同"，对应项目负责人和项目财务部门负责人。分包管理是集团公司重点管控内容，预警频次确定为实时预警。

3. 风险应对

针对风险预警级别确定对应风险预警对象，按风险预警级别从高到低分别对应集团公司、子分公司、项目层级，以防范风险、提出应对措施。例如，"个人所得税未及时扣缴"风险细目，根据业务特点划分为以下2个等级：Ⅱ级为"计税工资10万元（含）以上"，预警对象为子分公司总会计师、财务负责人；Ⅲ级为"计税工资10万元以下"，预警对象为项目负责人、项目财务负责人，该风险事项主责部门是财务部门，涉及补税、滞纳金、罚款风险，解决方案是严格按照个人所得税法要求，按月办理扣缴申报，并在次月15日内上缴当地税务局。

4. 形成风险清单

按照上述步骤，确定风险预警类别、风险预警依据、关键预警指标、预警对象划分标准、预警级别、预警频次、预警对象等要素，最终形成风险清单，指导风险预警路线的确定，促进风险预警过程有序有效进行。

5. 建立风险预警模块

将标准化风险清单内置于业财共享平台系统，设置独立的流程和表单，并可穿透、追溯、控制源表单；建立分类、分级风险评估和应对机制，按重要程度不同的风险事项选择不同的应对策略。风险预警模块有风险预警指标设置、风险预警单、风险预警台账 3 个功能（见图 1）。通过"风险预警指标设置"，灵活设置风险预警指标，使风险预警指标规范化；通过"风险预警单"，共享审核人员在审单时发现业务风险，可进行风险识别、风险分析、风险应对和风险记录与沟通；通过自动生成的"风险预警台账"，统计风险预警信息，并进行展示，为生成预警报告提供依据。

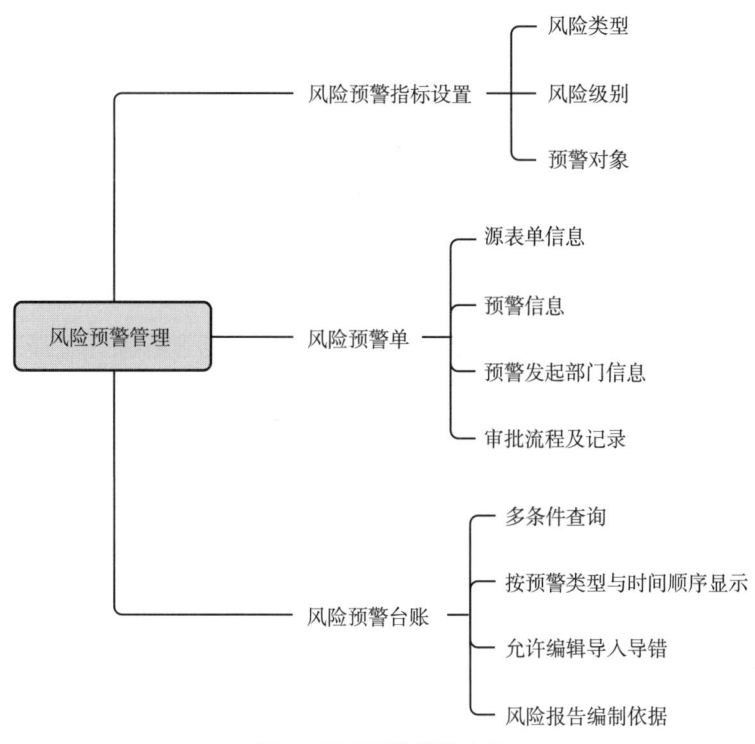

图 1　风险预警模块功能

6. 风险预警模块运行

共享审核人员发现风险预警事项，调用业财共享平台风险预警模块（见图 2），按业财信息确定预警指标值，系统自动与预警级别划分标准值比对，识别预警级别和预警对象，共享审核人员可通过选择手工挂起源表单或驳回等方式，确保风险预警事项整改验收后，源表单才能继续运行处理。

风险预警线上流程管理如下：共享审核人员在审核时，发现风险预警事项，点击风险预警按钮，直接发起【风险预警单】（见图 3）。【风险预警单】分为源表单信息、预警信息、发起预警部门信息、影像区域、审批记录。源表单相关信息自动带出，预警单编号自动生成，共享审核人员手动录入风险问题描述、预警值，选择预警类别，直接带出对应的预警级别、预警对象以及相关规定重要条例。共享审核人员根

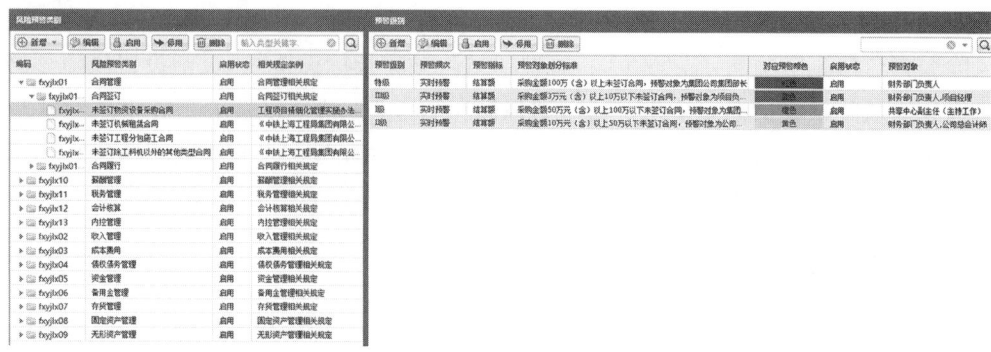

图 2　风险预警模块界面样式（系统截图）

图 3　风险预警单界面样式（系统截图）

据业务实际情况综合考虑风险性质，手动选择预警处理方式，预警处理方式分为 4 种：风险提示、影像驳回、手动挂起、表单驳回。预警事项流转至相应级别的预警对象，被预警单位制订整改方案，经子分公司财务部确认后，由相关责任人进行整改，共享中心验收后归档。【风险预警单】流程完毕，源表单才能继续运行处理。

7. 沟通与报告

根据【风险预警单】中的信息，自动生成的风险预警台账，可从所属单位、预警事项、预警类别、预警值、预警级别、预警提报人、处理方式、预警流程状态、预警开始和结束时间、预警达到效果等多维度全流程提取重要信息，支持多条件查询。根据风险预警台账，形成风险预警报告。风险预警报告分为定期和不定期报告，定期报告包括季度报告、月度简报、周快报等，展现风险管理工作开展与完成情况，揭示存在的业财风险，提出合理化建议，分别向管理层、相关部门提供，协同推进风险管理水平提升。

8. 评价与优化

风险预警清单不是一成不变的，共享中心持续对风险管理信息进行动态管理，根据国家政策法规、SHJ集团公司内部管理制度办法等变化，定期或不定期实施风险识别、风险分析，对风险预警模块运行效果进行全面系统性评价，对新的风险和原有风险的变化重新评估，提升其适用性和效果。

四、取得的成效

SHJ集团公司共享中心使用风险清单法前，风险预警工作的系统性、全面性、规范性、持续性和及时性均不足。使用风险清单法后，共享财务能够对所面临的风险进行全面、细致、清晰的识别，合理的分析和积极有效的应对，形成了特色的常态化风险预警机制，有效地提升了风险管理的效率和效果，扩大了财务共享价值影响力。

一是通过对工程项目业财风险因素进行筛选和确认，结合专家意见，获取了较为完整的风险清单，划分13个类别作为一级预警指标，向下细分为83个三级预警细目。基于风险清单，共享中心通过对业财风险进行高效识别、精准把控项目关键点风险、选择应对风险措施，实现了风险预警全流程信息化、共享化实时处理、完整量化风险预警效果。

二是协同推进风险管理水平提升。建立风险清单及风险预警线上流程管理，满足了跨职能部门、业务单位的风险管理综合要求，打破了财务审核只是财务的事，与业务无关的惯性思维，财务共享风险控制不仅仅依赖财务审核，将风险控制前移至前端业务，提升业务的规范性，还同步加强了前端业务部门审查职责。

三是建立了常态化风险预警报告机制。自财务共享风险预警机制运行以来，定期向各层级领导、业务部门提供多周期、多层次业财风险预警报告，已累计出具月简报34期，季度报告11期，提供重大风险管理建议264个，减少损失和管控风险额16 518万元。还建立了风险预警问题落实整改责任清单，限期督导整改闭合。

四是与个人绩效考核挂钩。共享中心个人绩效考核增加"预警贡献"指标，审核人员使用风险预警模块对风险事项进行预警，实际预警数量与标准预警量对比，利用绩效考核导向，激发责任心和积极性，充分发挥审单控风险保护企业价值的作用。

五是引导树立风险意识。每年从风险案例库提炼典型案例，已印制 3 本典型案例集，对业务人员开展警示教育，提升业务质量和预控风险的能力。制定风险预警专题培训课件，全面、系统开展专题业务培训，掌握各自从事工作的内控和合规的基本内容和要求，提升敏感度和风险意识。

五、经验总结

财务共享服务是风险与合规管控最重要的承载平台之一，其流程管理具有跨组织、跨职能的特点，对业务和财务流程的接口及控制风险点的把握更加清晰，SHJ 集团公司共享中心依托业财共享平台，采用风险清单法构建财务共享风险预警机制，在强化集团协同管理、风险防范与合规保障等方面发挥了强有力的支撑作用，同时有效提升了财务管理水平，展现了财务共享风险管控的能力和价值。

从案例中不难看出其主要优点：编制风险清单将文字融入表格中，表达更加精练、思路更加清晰，能够直观反映建筑施工项目业财风险情况，易于操作。但也存在着缺点：一是工程项目面临的业财风险多种多样，风险清单所列举的风险难以穷尽，不够全面，且风险重要性等级的确定可能因评价的主观性而产生一定偏差。同时，风险识别是长期、连续的过程，还具有不确定性和可变性，未能完全考虑。二是共享审核人员发现的风险预警问题不仅是财务问题，更多是业务问题，由财务部门间接督导同级业务部门整改闭合，影响了问题整改闭合的力度和效率。

展望未来，财务共享服务需要领先、灵活的技术应用作为支撑，探索先进技术与财务实践相结合，期望实现数据与模型进行风险评估、预测和预警，强化共享中心与业务、经营前端在风险防控方面协同，帮助企业实现更智慧、全面的风险控制。

（中铁上海工程局集团有限公司　程迎胜　周　曼）

BI 环境下风险矩阵在中铁南方清欠工作中的应用

【摘要】 目前，我国经济已由高速增长阶段转向高质量发展阶段，推动高质量发展是公司当前及未来发展的迫切需求，而公司的清收清欠工作是关系到公司是否能够实现高质量发展的重要工作内容。随着公司办公信息化水平不断提高、各项数据不断积累，已经形成了以历史数据为核心的公司数据资产，为公司清收清欠管理决策提供了数据支撑。本案例以中铁南方在清欠工作中的风险管理为例，充分利用公司数据资产，引入信息化技术手段，结合风险矩阵对公司的应收款项质量进行评级，区分清欠工作风险类型、评估清欠工作风险等级、提供风险应对决策支撑与建议，进而帮助公司聚焦清欠工作的重难点，有条不紊地推动公司清收清欠工作的顺利开展。

一、背景描述

党的二十大报告指出，高质量发展是全面建设社会主义现代化国家的首要任务，指明了我国经济已由高速增长阶段转向高质量发展阶段的客观形势。对公司而言，推动高质量发展是当前及未来发展的迫切需求，而公司的清收清欠工作是关系到公司是否能够实现高质量发展的重要工作内容，"双清"工作的成效直接决定了公司的发展质量，是公司开拓市场领域、扩大生产经营规模的重要前提。"双清"成效不佳将无法为企业高质量发展提供充足的货币资金，进而影响"营业收入收现比""经营性现金净流量""资金周转效率"等企业高质量发展核心指标。在公司的清欠工作中，对应收款项风险的识别和预警是公司实现应收款项有效管理的重要基础。如何有效、及时地识别和反馈清欠工作中的应收款项风险成为企业亟待解决的问题。

风险矩阵是企业风险管理中常用的管理会计工具，在审计、企业管理及其他业务中应用广泛，得到业内人士的普遍认可。中铁南方投资集团有限公司（以下简称"中铁南方"）是世界 500 强企业中国中铁股份有限公司全资子公司，是中国中铁在华南区域设立的专业化投资集团，为更好地进行风险管理，在清欠工作中引入风险矩阵，采用风险矩阵的方法作为进行风险识别的工具，对公司的应收款项质量进行评级，区分清欠工作风险类型、评估清欠工作风险等级并提供风险应对决策支持与建议，帮助公司聚焦清欠工作的重难点。同时，随着公司业财一体化平台、BI 数据分析系统等数字化应用平台的搭建，办公信息化水平不断提高，实现了各项业务数据的积累与互通，已经形成了以历史数据为核心的公司数据资产，可以为公司清收清欠管理决策提供数据支撑。有鉴于此，中铁南方将商业智能（business intelligence，BI）数据分析系统作为展示平台，通过对以业财一体化平台中存储的数据为核心的公司数据资产进行分析，有效实现了对应收款项风险的识别和预警，为公司清欠工作提供了数据支持，有力支撑了公司清收清欠工作的顺利开展。

二、总体设计

为有效、及时地识别并反馈清欠工作中的应收款项风险，中铁南方将 BI 数据分析系统与风险矩阵工具相结合，借助信息化手段为管理会计工具赋能。具体而言，在 BI 环境下风险矩阵在清欠工作中应用的总体设计是依照以问题为导向的设计思路，搭建风险矩阵应用架构，进而利用梳理应收款项风险类型、确定风险评级、提供风险评价及应对建议，最终使用 BI 数据分析系统进行可视化展示与预警。

（一）设计思路

中铁南方在清欠工作中始终以问题为导向，通过对问题的层层剖析，聚焦工作重难点。具体而言，首先明确的是公司在对应收款项进行管理、开展清欠工作时，第一步应当对公司应收款项进行分析，明确开展后续工作重点。在这过程中，中铁南方在应收款项管理中引入风险矩阵，通过对业财数据进行勾稽分析，完成对公司的应收款项质量的评级，明确风险点、区分风险类别、评估风险等级，做好清欠工作的前期准备。

第二步则是需要根据管理需求，对应收款项的风险情况进行实时展示与预警。中铁南方利用已有 BI 系统作为可视化平台，将风险分析结果按项目、风险类型、风险等级等多个维度进行展示和预警，充分满足不同场景下不同管理人员、业务人员的使用需求。

第三步是根据应收款项风险类别与等级的不同，剖析风险产生原因，给出不同的风险应对建议，进而为公司设计清欠工作方案、制订清欠工作计划、推动清欠工作进度给出数据支撑和管理建议。

（二）构建风险矩阵应用架构

风险矩阵是从风险暴露损失和风险暴露概率这两个维度绘制的矩阵图，是对风险进行展示和排序的工具。根据业务需求的不同，风险矩阵可以用列表的形式，也可以用图谱的形式。中铁南方采用风险矩阵作为量化公司应收款项风险的工具，根据应收款项风险管理的需求，其应用架构在包含风险暴露损失和风险暴露概率两个维度的基础上，还需要考虑数据环境、风险评估流程、可视化展示、风险评价及应对建议知识库等多方面的内容。

其中风险矩阵应用的核心内容依旧是风险暴露损失和风险暴露概率这两个维度，

按照应收款项管理的实际需求对两个维度进行细分，可以从风险分类、风险评级两个方面去衡量风险暴露概率，风险暴露损失则需要考虑到应收款项回款逾期导致的资金成本增加和无法收回应收款项带来的重大损失。

（三）梳理风险类型

风险分类是量化风险暴露概率的重要影响因素，不同类型的风险给清欠工作带来的风险暴露概率是不同的，梳理应收款项风险类型是利用风险矩阵进行风险管理的重要准备工作。例如，被股份公司列为"双清"工作挂牌督办项目的业主，与其相关的其他项目应收款项风险暴露概率较其他正常回款项目要高。

对风险类型做进一步分解，可以细分为多个风险因素。例如，被股份公司列为"双清"工作挂牌督办项目的业主，相应的应收款项存在业主信用风险，而被股份公司列为"双清"工作挂牌督办项目只是确认该应收款项存在业主信用风险的影响因素之一，其他可能导致确认该风险的影响因素还有业主历史支付违约、合同违约、法律诉讼情况等。在应收款项管理中，应收款项质量往往受到多个风险因素的交叉影响。通过对风险因素进行分析可以确定该应收款项面临的风险类型，而根据风险类型的不同，公司作出的风险应对措施也不一样。

（四）确定风险评级

考虑到实际业务的复杂性，应收款项可能面临多个风险因素的交叉影响，为明确其风险类型以采取恰当的应对措施，需要对各个风险因素进行量化评价，然后得出该应收款项的风险等级。在风险评级过程中分为风险因素量化与确定风险等级两个阶段。

在风险因素量化阶段，需要通过定性与定量相结合的方法对风险因素进行量化，例如，可以采用定性方法进行量化的风险因素有业主是否被股份公司列为"双清"工作挂牌督办项目、款项是否逾期、是否现金支付款项、合同是否存在争议等；可以采用定量方法进行量化的风险因素有逾期未收回金额、回款逾期时间、清收逾期时间等。

在确定风险等级阶段，通过对风险因素量化结果进行加权汇总，不但可以确定该应收款项的风险类型，也可以确定风险等级，进一步在应收款项管理中突出重点，进而为实现预警奠定基础。

（五）提供风险评价及应对建议

对根据风险等级被列为清欠工作重点的应收款项，需要对其面临的风险作出评价。一方面，是 BI 数据分析系统会综合考虑风险暴露概率和风险暴露损失后，根据风险类型自动给出评价；另一方面，也可以通过财务人员根据实际情况作出详细的补充说明。在对应收款项面临的风险有所认知后，BI 数据分析系统根据风险评价得出的结论会自动给出预设的风险应对建议，为后续清欠工作的开展提供建议。

（六）BI 可视化展示与预警

中铁南方采用 BI 数据分析系统进行数据的采集、清洗和分析，同时也将其作为可视化展示的平台。利用 BI 数据分析系统的灵活性，配合有效的权限管理，可以按管理人员、业务人员不同的需求进行可视化展示页面的按需定制，向管理人员展示其更加关注的"两金"压降预算完成情况、清欠重点工作进度等内容，而向业务人员则可以展示具体应收款项的风险类型、风险因素、风险应对建议等。

在数据可视化展示的基础上，进一步可以完成对"两金"压降预算完成进度、应收款项逾期金额等公司管理层关注指标的展示与预警。

三、应用过程

为实现设计目的，有效、及时地识别和反馈清欠工作中的应收款项风险，BI 环境下中铁南方集合财务共享中心、财金部等多个部门的力量，按照风险矩阵应用架构，进行需求收集、业务梳理、模型搭建和 BI 开发。具体应用流程是从数据环境开始，利用包括风险矩阵、风险评估流程、风险评价、可视化展示及风险应对建议知识库在内的各项功能，实现应收款项的风险管理，为公司清欠工作提供数据支撑与决策支持。

（一）数据环境

1. 业务平台

中铁南方在 2018 年选择采用中国中铁业财共享平台作为财务核算软件，实现了集团公司本部、各分子公司、各项目部财务数据的统一存储与管理，为中铁南方形成和利用数据资产提供了数据来源。为充分利用公司数据资产，中铁南方和帆软公司合作，部署搭建了 BI 数据分析系统，通过调取系统数据进行清洗、分析，以提升工作效率、满足公司管理需求。中铁南方在 BI 环境下利用风险矩阵对应收款项进行风险分析就是以 BI 数据分析系统为平台，从中国中铁业财共享平台获取数据，以风险矩阵为抓手进行数据分析的过程。

2. 数据获取

在数据获取过程中，主要是通过 Kettle 等 ETL 工具进行数据获取，按照业务需求搭建相应的数据仓库，实现 BI 数据分析系统从业财一体化平台的数据采集。业财共享平台是中铁南方的财务核算软件，也是 BI 数据分析系统的主要数据来源，但也并非 BI 系统的唯一数据源。通过权限设置及流程管理，中铁南方实现了各分子公司、项目部填报数据的合并汇总，主要涉及如股份公司"双清"工作挂牌督办项目清单、应收款项到期日、清收计划日期等业务数据，作为系统取数的有效补充。

3. 数据仓库

数据清洗是重新检查和验证数据的过程，旨在删除重复信息，纠正现有错误并提供数据一致性。在通过中国中铁业财共享平台等来源获取数据后，首先需要进行数据清洗，查找因系统自身、业务操作、手工填报等原因造成的重复数据、空白数据、错误数据，并按照实际情况进行删除或修改。

完成数据清洗后，按照业务需求对数据进行预处理并搭建数据仓库。数据仓库是人为创建的数据存储集合，为满足企业的分析性报告和决策支持等需求而创建，通过对多样的业务数据进行筛选与整合，数据仓库将各个异构的数据源数据库的数据给统一管理起来，并且完成了质量较差的数据的剔除、格式转换，最终按照一种合理的建模方式来完成源数据组织形式的转变，以更好地支持到前端的可视化分析。数据仓库的输入方式是各种各样的数据源，最终的输出用于企业的数据分析、数据挖掘、数据报表等方向。中铁南方在后续进行应收款项风险评估的过程中，会直接从数据仓库中调取数据。

（二）风险矩阵

风险矩阵从风险暴露概率和风险暴露损失两个维度对风险进行评价，考虑到中铁南方是在清欠工作中通过风险矩阵来协助应收款项管理，因此需要对应收款项的风险进行解构分析。

1. 风险暴露概率

应收款项的风险暴露概率受到多个风险因素的影响，在确定风险暴露概率时需要对每一个风险因素进行量化，同时这种量化结果也会确定该应收款项属于何种风险类型、处于何种风险等级，不仅能够通过风险矩阵来具体展现应收款项风险，更能借助BI数据分析系统从多个维度对应收款项风险进行展示。

（1）风险因素。

中铁南方将应收款项面临的风险因素分为四个大类，包括业主信用风险、管理风险、合同纠纷风险、坏账核销风险。

其中业主信用风险是指因债务方原因导致的应收款项回款逾期或者无法回款的风险，具体包括是否有项目被股份公司列为"双清"工作挂牌督办项目、是否现金支付款项和历史回款是否逾期等三个风险因素。这三个风险因素中，是否有项目被股份公司列为"双清"工作挂牌督办项目是需要重点关注的指标，若有项目被股份公司列为"双清"工作挂牌督办项目，这说明该业主的支付能力已经受到上级单位质疑，该业主所招标其他项目的应收款项的回款风险将大幅提升；是否现金支付款项也是需要纳入考虑的风险，因为在建筑领域如果出现非现金支付的款项，特别是业主为非国有企业的房地产企业，考虑到大量房地产企业暴雷违约的时代背景，则可能反映出业主现金流紧张的情况，如果业主支付方式为商业承兑汇票，则回款风险将大幅提升；历史回款是否逾期则是通过历史数据得到的经验教训，若业主历史回款经常逾期，则需要考虑提前布置清欠任务，提高应收款项周转率。

管理风险是指因公司内部管理问题导致的应收款项回款逾期的风险。清欠工作与清收工作密不可分，特别是考虑到公司管理层对"两金"（应收账款、存货）压降的高度关注，清欠工作中的应收款项不仅应当考虑账面已经确认的应收账款、长期应收款等内容，还应当将投资项目的合同资产、存货确权纳入考虑中，通过合同中里程碑、回款期、政府回购条件等条款规定与实际进度的对比，可以将清欠工作的管理风险具体分为施工进度滞后、清收进度滞后、财审进度等前期工作滞后等三个风险因素。这三个风险因素来自清收清欠工作流程的三个节点，具有前后因果关系。其中，施工进度滞后主要体现为施工进度、竣工结算的滞后，可能导致清收进度滞后；清收进度滞后体现为在工程形象进度达标或竣工结算完成后进行已完未验工程的确权进度滞后，可能导致收款逾期；财审进度等前期工作主要涉及与政府合同的 PPP、BOT 投资项目，包含项目实施机构审核、财政局审批、第三方审计、发改局审批、向财政局请款等多项前期工作，财审进度等前期工作滞后将会直接影响项目回款进度。

合同纠纷风险是指合同双方因合同条款有异议导致的应收款项回款风险，包括合同约定不明确、合同履约风险两方面的因素。合同约定不明确是指合同签订时一些关键条款约定有歧义或未作明确约定，导致双方对款项支付条件有所异议，进而影响款项支付；合同履约风险是指合同双方对既有合同条款约定无异议，但合同一方希望对合同条款进行更改或者附加额外条件导致的回款进度滞后或回款逾期风险增加。

坏账核销风险是指因应收款项逾期时间过长，导致可以确定该款项无法收回的风险，包括业主状态风险和长期逾期风险。业主状态风险是业主明确表态拒绝支付或者业主单位破产清算导致无法收回款项的风险，长期逾期风险是业主虽然未明确表态但该款项已经长时间逾期导致可能无法收回款项的风险。需要说明的是，应收款项逾期会给企业带来损失，但这种损失更多的是资金被占用发生的资金成本，而坏账核销带来的损失则是应收款项本金的回款核减或完全无法收回带来的亏损。因此，坏账核销风险和其他风险因素的量化指标上可能有交叉但有着本质上的不同。

（2）风险类型。

中铁南方将清欠工作中遇到的应收款项风险因素分为四个大类，但由于应收款项风险具有复杂性，可能受到来自不同类别风险因素的共同作用。有一些应收款项虽然受到多个风险因素的影响，但主要风险点突出，可以直接分类；但有一些应收款项情况则较为复杂，属于由多个风险因素主导的混合型风险。因此中铁南方在进行风险分类时，参考了风险因素的类别，也考虑到了风险因素对应收款项风险的影响权重，在风险因素的四个分类基础上，加入了混合型风险，将风险类型划分为混合型风险、业主信用风险、管理风险、合同纠纷风险、坏账核销风险等五个类别。

（3）风险暴露等级。

考虑到风险暴露概率很难用具体数值进行描述，中铁南方使用风险暴露等级对应收款项的风险大小进行表述。风险暴露等级是通过风险因素的量化进而对风险暴露概率进行衡量的可能性等级，分为极低、低、中等、高和极高五个等级。

应收款项风险暴露等级会综合考虑风险因素量化的得分后得出，需要说明的是，应收款项风险往往受到多重因素的共同影响，而不同风险因素自身的重要性与对应收款项的影响程度皆有区别，在得到风险因素量化得分后，最终结果并非简单地加总得出，而是需要考虑到权重进行加权汇总。

2. 风险暴露损失

风险暴露损失是指风险发生后给公司带来的经济损失，在清欠工作中的应收款项风险管理中，风险暴露损失包含两方面的内容，一方面是项目回款逾期给公司带来的被占用资金成本，另一方面是基本确认无法收回款项带来的坏账损失。公司的风险暴露损失由资金成本与坏账损失构成，在最终的风险评价过程中，两者所占的权重则有所不同，根据公司管理层的实际管理需求，可以调节两者的权重。因为考虑到坏账损失的性质要远较资金成本恶劣许多，因此在进行风险评价时，中铁南方给了坏账损失更大的权重比例。

（1）资金成本。

当应收款项的回款发生逾期，对业主方来说相当于占用了公司的部分资金形成了无息负债，对公司来说则需要考虑被占用资金的资金成本。在测算资金成本时，需要考虑资金成本率的选择，比较常见的有一年期银行贷款基准利率、五年期银行贷款基准利率、政府回购项目的合理报酬收益率、项目可研自有资金收益率等，对于投资项目而言，政府回款逾期也可以考虑实际贷款利率。

中铁南方从集团层面考虑，为方便对不同应收款项被占用资金成本的比较，对施工总承包项目的回款逾期按照拖欠时长选定相应的银行贷款基准利率，如回款逾期不满一年的款项选择一年期银行贷款基准利率，回款逾期超过一年但不超过三年的选择三年期银行贷款基准利率等；对投资项目则按照具体融资途径的实际资金成本率进行选择或加权计算，包括专项贷款利率、专项债利率等。

（2）坏账损失。

当应收款项基本确定无法收回时，则需要确认坏账损失。坏账损失的确认分为部分确认和全额确认，其中坏账损失部分确认的情况包括业主审减、业主债务重组等，本质上就是公司出于保回款、保市场等多方面的考虑，同意核减业主债务的情况。

（三）风险评估流程

在风险评估过程中，中铁南方按照设计好的风险矩阵进行数据的采集、清洗和分析，具体实施流程包括风险识别、风险分析和风险评级三个主要流程。

1. 风险识别

风险识别是风险评估流程中的第一步，在清欠工作的应收款项风险管理过程中，识别的风险主要是回款风险，若要通过数据分析自动识别相关风险，则需要将风险因素量化，将自然语言中的风险转化为机器语言中的指标。

（1）风险量化指标。

中铁南方以风险矩阵中归纳总结的四个大类、十种风险因素为基础，分别进行风险因素的量化，根据已采集到的数据，设置风险量化指标。在设置风险量化指标的过程中，中铁南方充分运用定性和定量分析的方法，具体风险量化指标详见表1。

表1　　　　　　　　　　　　　　　风险量化指标明细

风险因素类型	风险因素	风险量化指标	风险量化方法	取值范围	是否需要提供附加说明
业主信用风险	是否有项目被列为"双清"工作挂牌督办项目	是否有项目被列为"双清"工作挂牌督办项目	定性	是/否	
	是否现金支付款项	支付方式	定性	网银、代付、甲供、支票、银行承兑汇票、信用证、商业承兑汇票	
		业主企业性质	定性	央企、地方政府、地方国有企业、私营企业	
	历史回款是否逾期	历史回款是否逾期	定性	是/否	是
管理风险	施工进度滞后	施工进度是否滞后	定性	是/否	是
	清收进度滞后	清收进度是否滞后	定性	是/否	是
		清收逾期时间	定量		
		清收逾期金额	定量		
	财审进度等前期工作滞后	财审进度等前期工作是否滞后	定性	是/否	是
		涉及金额	定量		
合同纠纷风险	合同约定不明确	合同约定是否不明确	定性	是/否	是
	合同履约风险	是否存在合同违约情况	定性	是/否	是
坏账核销风险	业主状态风险	是否明确拒绝支付	定性	是/否	是
		业主企业状态是否正常	定性	是/否	是
	长期逾期风险	应收款项账龄	定量		

（2）风险识别模型。

在完成风险因素的量化后，开始构建风险识别模型，旨在通过已经量化的风险指标对采集到的数据进行分析，进一步实现风险大小的数字化，识别该应收款项是否存在风险、存在何种风险、风险暴露概率大小等要素。

在风险识别过程中，风险识别模型会对定性分析和定量分析的风险量化指标采用不同的识别方法。对定性分析指标来说，一些简单的是否判断指标，会给"是"的选项赋值为1分，给"否"的选项赋值为0。一些比较复杂的定性分析指标则会根据选项的不同而赋值不同的分数，例如，是否现金支付款项这一风险因素是通过支付方式和业主企业性质两个量化指标进行综合判断，其中支付方式这一指标包含"网银、代付、甲供、支票、银行承兑汇票、信用证、商业承兑汇票"等七个选项，可以对网银、代付、甲供等三种支付方式赋值0，支票、银行承兑汇票、信用证赋值1分，商业承兑汇票赋值2分；业主企业性质包括"央企、地方政府、地方国有企业、私营企业"等四个选项，可以对央企赋值0，对地方政府、地方国有企业赋值1分，对私营企业赋值2分。通过对这些选项进行赋值后相乘，可以对是否现金支付款项的风险进行量化，例如，某项目的业主为私营企业，然后约定通过商业承兑汇票支付工程款，则该应收款项在"业主信用风险"大类中的"是否现金支付款项"风险得分为4分，而若为网银支付，则风险得分为0。

对定量分析指标来说，由于很难确定一个风险标准，中铁南方采用的是排序加权的赋值方式，将定量分析指标按从大到小排序，金额越大、逾期时间越长的指标风险自然越大，赋值分数也就越高。

2. 风险分析

在完成风险因素的量化、风险指标的赋值后，下一步便是进行风险分析，包括加权分析和风险分类。

（1）加权分析。

加权分析通过给风险指标赋予不同的权重，体现风险因素对应收款项风险影响程度的不同。中铁南方充分考虑业务实际和管理需求，给不同的风险量化指标以权重，以完成对应收款项风险的精准分析。

加权分析分为两种：一种为一般加权，主要用于按日常管理需求和实际业务情况对风险因素影响程度进行体现；另一种为特殊加权，主要是在考虑特殊条件下对风险因素进行额外加权的情况，例如，随着房地产企业大量爆雷，对于支付方式为商业承兑汇票或者项目性质为房地产施工项目的应收款项，其相关风险量化指标会给予一个房地产业主额外加权，以凸显风险程度。

（2）风险分类。

在利用加权分析反映风险程度的同时，也可以利用量化指标数据进行风险分类。中铁南方在进行风险分类时，参考了风险因素的类别，也考虑了风险因素对应收款项风险的影响权重，在风险因素的四个分类基础上，加入了混合型风险，将风险类型划分为混合型风险、业主信用风险、管理风险、合同纠纷风险、坏账核销风险等五个类别。按照各个风险因素量化指标数据在总体得分中的占比，可以根据风险因素的类型确定应收款项自身的风险类型。中铁南方在设定风险分类规则时，当某类风险因素类型的各个风险因素量化指标数据占比超过总体风险得分50%，则可以确定该应收款项的风险类型；若没有风险因素类型的指标数据超过总体风险得分的50%，则可以确定为混合风险。

3. 风险评级

（1）风险暴露概率的确定。

由于风险暴露概率的测算缺乏直接的数据支撑，中铁南方使用风险暴露等级对应收款项的风险大小进行表述。风险暴露等级通过加权分析得出的风险得分总数进行衡量，为方便管理报表使用者理解，中铁南方将加权分析得出的风险得分以理论上不考虑特殊加权的风险得分加总的最高分为100分进行百分化换算，并按20分一级的方式设定极低、低、中、高和极高五个风险可能性等级的确定分数，例如，得分在20分以下，则风险可能性等级为极低；得分在80分以上，则风险可能性等级为极高，详见表2。

表2　　　　　　　　　　　　　　　　　　风险评价

风险评价		风险暴露损失		
		一般损失	严重损失	重大损失
风险暴露概率	极低	无须关注风险	无须关注风险	一般关注风险
	低	无须关注风险	一般关注风险	一般关注风险
	中	一般关注风险	一般关注风险	重点关注风险
	高	一般关注风险	重点关注风险	特别重点关注风险
	极高	重点关注风险	特别重点关注风险	特别重点关注风险

需要说明的是，对于一些可以对该应收款项风险可能性等级产生决定性影响的风险因素，例如，业主状态风险中，若业主已经明确拒绝支付款项，则无论其他指标如何，该应收款项的风险可能性等级都应当被列示为极高。中铁南方为简化风险测算流程，采用的是加权分析的特殊加权方法进行功能的实现，例如，对业主状态风险的某些量化指标赋予了极高的权重，在保证数据分析结果准确的情况下，简化了操作流程。

（2）风险暴露损失的确定。

在进行风险暴露损失的确定时，考虑到预测的未来可能逾期时限不一定准确、假设的资本成本率不一定贴合实际，因此风险暴露损失只是用于确定风险大小的参考数值。中铁南方将风险暴露损失在 1 000 万元以上的列示为重大损失、100 万 ~ 1 000 万元（包含）的列示为严重损失、100 万元（包含）以下的列示为一般损失。

（四）风险评价

结合风险暴露概率和风险暴露损失的大小，BI 数据分析系统可以自动地得出风险评价。中铁南方将自动风险评价分为特别重点关注风险、重点关注风险、一般关注风险和无须关注风险，风险评价与风险暴露概率、风险暴露损失之间的关系见表2。

除自动生成的风险评价外，BI 数据分析平台还支持业务人员对风险评价结果进行补充说明，使得风险评价更加准确、清晰。

（五）风险应对建议

中铁南方根据以前年度的清欠工作经验，针对不同类型的风险，提出了相应的风险应对建议。对业主信用风险提出了包括加强业主沟通、争取风险更小的回款方式，用被业主占用的无息负债为筹码去争取其他方面的优惠条件等；对管理风险提出了加强绩效考核约束，将责任落实到个人，推动清收清欠工作的顺利开展等；对合同纠纷风险提出了关键条款提前梳理、将合同谈判责任分工落实到个人，建立健全更加有利于己方的合同范本等；对坏账核销风险提出了采用资产抵押等多种方式实现资产保值等；对混合型风险则充分考虑风险因素，针对性地提出风险应对建议。

（六）可视化展示

借助 BI 数据分析系统强大的可视化展示功能，中铁南方在进行清欠工作的应收款项风险管理中可以从多个维度、按照不同使用者的需求进行全方位展示，包括风险矩阵、面对管理者的风险管理驾驶舱和面对业务人员的风险明细及应对措施展示等。

1. 风险矩阵

根据风险暴露损失和风险暴露概率，借助 BI 系统，中铁南方将风险矩阵呈现如图 1 所示。

2. 风险管理驾驶舱

按照管理人员需求，中铁南方定制了管理人员的风险管理驾驶舱，如图 2 所示。

3. 风险明细及应对措施

业务人员可按需求对具体应收款项的风险类型、应对建议进行查询，以满足业务人员工作需求，如图 3 所示。

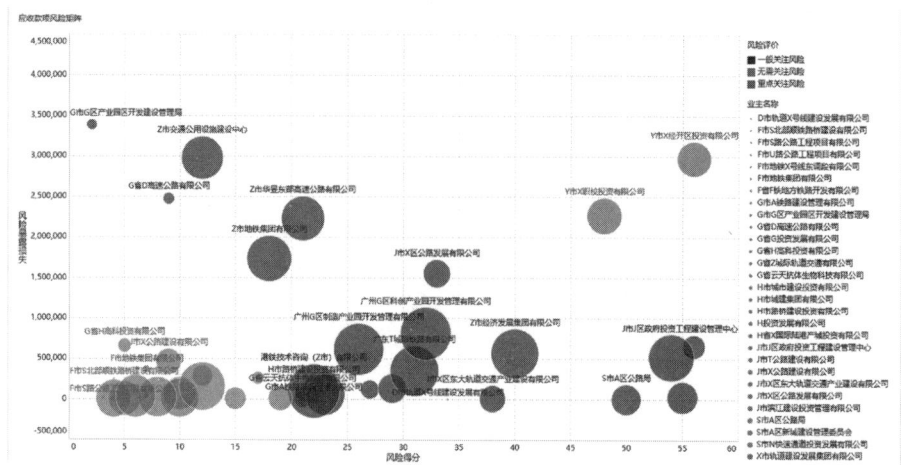

图1　风险矩阵（系统截图）

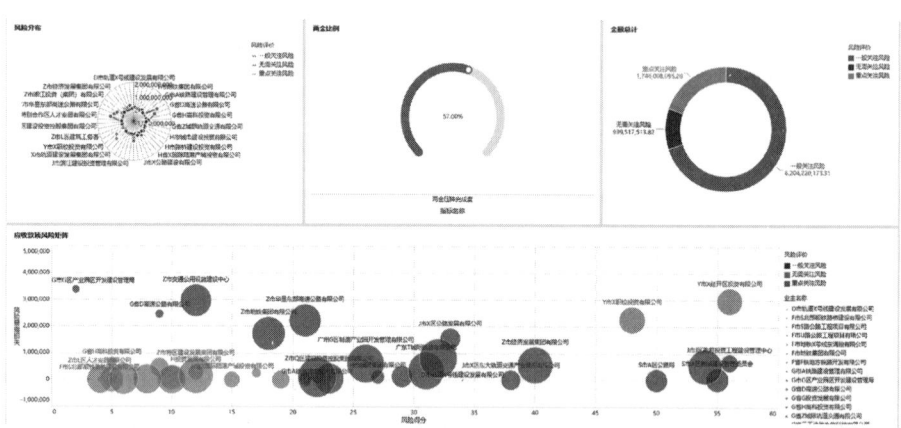

图2　风险管理驾驶舱（系统截图）

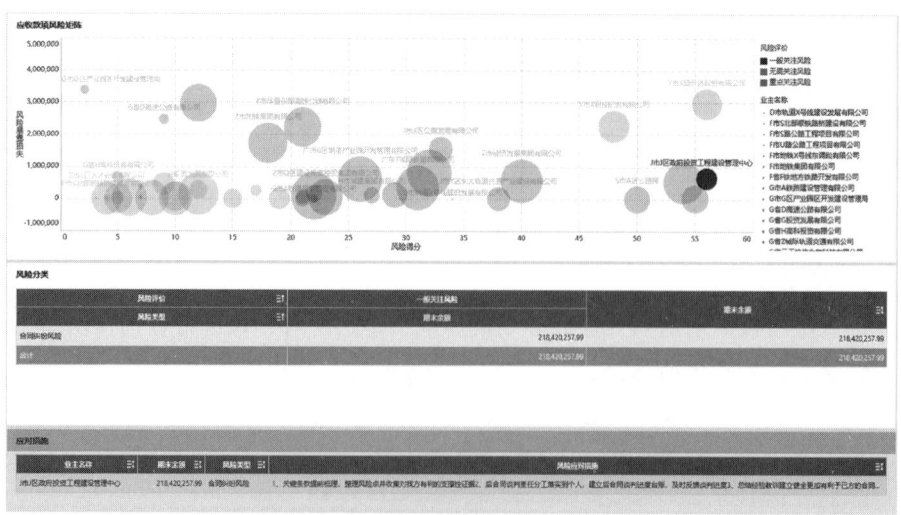

图3　风险明细及应对措施（系统截图）

四、总体成效

（一）更加精准地识别风险，实现分层管理

通过风险矩阵及信息化手段，中铁南方实现了更加精准的风险识别，进而能够进行分层管理，在202×年，中铁南方在40多个业主的数百笔应收款项中精准定位了重点关注风险，帮助公司聚焦清欠工作重点，提高清欠工作效率。

（二）强化了过程跟踪，增强业务把控能力

借助BI系统的实时数据更新能力，使得中铁南方管理人员能够在第一时间掌握清欠工作进度，强化了过程跟踪，增强了管理人员的业务把控能力。

（三）取得了"双清"工作的初步成效

借助风险矩阵等分析工具，202×年公司上下主动作为，全力攻坚，全年共收回资金200多亿元，实现经营性现金净流量正向流动几十亿元，营业收入收现率90%以上。

对重点关注风险项目，中铁南方实时跟踪、稳步推进，在202×年取得重大突破，收回应收款项近10亿元，超过重点关注风险项目总金额的50%。资产流通速度进一步加快，有效地保证了公司经营生产工作有序推进。

五、经验总结

中铁南方在BI环境下运用风险矩阵工具实现清欠工作中的应收款项管理，在取得一定成效的基础上，总结了一些成功经验，更着眼于未来，对未来发展有了初步的想法。

（一）BI环境下风险矩阵工具应用的基本条件

1. 总结了清欠工作风险类型与风险因素

中铁南方利用风险矩阵工具对清欠工作的应收款项风险进行了分类，将泛指的风险按照风险因素类型、风险因素、风险因素量化指标的层级进行细化，实现了风险类型的识别与风险大小的量化，提升了中铁南方对风险的认知程度，帮助公司更加有针对性地采取风险应对措施，助力清欠工作的高效开展。

2. 利用信息化手段实现应收款项风险识别与分类

中铁南方通过与软件公司合作，引入BI数据分析系统，通过信息化手段实现了

应收款项风险的自动识别与分类，减少了人为因素导致的信息失真，提高了清欠工作中应收款项风险管理的工作效率。

（二）风险矩阵工具应用的关键因素

1. 通过 BI 系统实现数据多维度的可视化展示

风险的识别和分析结果是服务于需求者，对于中铁南方不同管理层级的管理人员及业务人员而言，他们在使用风险管理相关信息时的需求是有所不同的。对于集团公司管理层而言，可能会更加关注集团公司总体指标，例如"两金"压降、挂牌督查督办项目、重大风险款项等；对分子公司管理层而言，则会更加关心分子公司自身的指标完成情况、清欠工作进展等；对业务人员而言，会更加关注每一笔款项面临的风险因素和应付方案。

中铁南方通过 BI 数据分析系统的多维度可视化展示功能及有效的权限管理，实现了对不同角色人员进行风险展示的按需定制，让系统呈现使用者想要看到的内容，最大可能地减少信息的冗杂程度，降低公司内部沟通成本。

2. 财务人员参与系统开发，提升财务人员数据处理能力

中铁南方在使用 BI 数据分析系统实现风险管理的过程中，财务人员大量地参与了系统的定制开发，更多地充当了产品经理的角色，对公司数据库架构、数据库管理软件、数据仓库的取数过程及数据库管理语言 SQL 都有了进一步的了解和掌握，并自行搭建风险识别模型，提高了财务人员的数据处理能力，能够做到软件公司人员离场后对数据仓库、风险识别模型进行自行维护，在业务需求发生变化的情况下能够快速响应，以最快的速度实现系统的功能迭代。

（三）改进风险矩阵应用的思考

1. 继续优化风险识别模型

目前中铁南方将清欠工作中的风险因素分为四个大类、总计十种，在完成风险因素量化后，主要通过加权分析的方法构建风险识别模型。因为中铁南方是按照自身所涉及业务所遇到的或可能遇到的问题进行的风险因素识别，模型中使用的数据分析方法也是按照满足目前管理需求的加权分析，涉及的风险类型、风险识别方法可能并不全面，也非最优。随着未来公司业务的拓展和管理水平的提升，风险识别模型也需要进行不断地更新迭代，以满足未来的清欠工作管理需求。

2. 加强业务系统信息化建设

在进行清欠工作的风险识别过程中，由于公司各业务领域的信息化建设计划有先后、进度有快慢，在进行清欠工作相关数据的获取时，除了财务数据外，相当一部分数据都是通过业务人员手工录入。未来随着公司信息化水平的提高，各个业务领域信

息化系统建设完成并投入使用，能够极大地优化数据获取效率，提高不同领域交叉数据项的业务勾稽关系，使数据分析结果更加准确。

（四）风险矩阵应用的优缺点

风险矩阵应用的优点在于能够帮助企业有条理地梳理企业的风险点，通过风险暴露损失和风险暴露概率对企业面临的风险进行量化，帮助企业聚焦工作核心要点。

风险矩阵应用的缺点也很突出，在于风险判断的主观性很强，对数据分析的利用不够，所反映的企业风险可能不够客观。

（五）完善风险矩阵工具的建议

1. 利用信息化手段提升风险分析的客观性

为避免主观因素对风险矩阵分析结果的影响，应当充分利用信息化手段，用数据说话，通过数据分析预测手段提高风险分析的客观性，使风险矩阵反馈的企业风险能够更加准确和客观。

2. 建立企业数据中台，强化业务系统间数据勾稽关系

在 BI 环境下或其他信息环境下利用风险矩阵衡量清欠工作中应收款项的风险，所涉及的数据来源不单纯是财务数据，更非全部的财务数据，在这过程中涉及大量的数据清洗和数据仓库的搭建工作。为了在后续的数据分析工作中提高工作效率，未来将搭建数据中台，实现从各个业务系统中自动获取数据、清洗数据、分析数据，然后将分析结果反馈到各个业务系统，实现业务系统与分析系统的高度集成。

3. 总结积累风险矩阵使用经验，建立知识库

目前风险矩阵的使用，没有考虑过去模型构建、指标权重、风险应对建议等相关信息的积累和保存，通过建立风险矩阵知识库，积累数据环境下的风险矩阵使用经验，可以对以后年度工作的开展提供指导。

4. 引入机器学习算法，提升智能程度

中铁南方目前在通过信息化手段使用风险矩阵的过程中，只是初步建立了一套风险识别与应对体系，智能化程度还有待提升。未来将着力于引入人工智能技术，调用分类算法、随机森林算法、神经网络算法等机器学习算法，实现更加精准的应收款项业主画像，为公司管理层提供更加有效的决策建议。

（六）推广风险矩阵工具的建议

1. 推动风险矩阵工具的信息化发展

企业是务实的，对管理会计工具的应用未来会更多地强调实时性、准确性、支撑性。对大型企业而言，要想做到信息反馈的实时性、准确性和支撑性，引入信息化手

段是必由之路。对风险矩阵而言，风险分析的客观、准确、及时更是少不了企业数据资产的支撑、数据分析手段的优化以及企业风险的可视化展示。强化风险矩阵工具的信息化发展是推广风险矩阵工具的重要途径之一。

2. 建立以风险矩阵为核心、纳入企业绩效考核的风险管理体系

通过对文献研究及中铁南方目前的风险矩阵使用经验进行总结，风险矩阵的使用仍停留在业务辅助阶段，没有建立从风险源头、风险识别、风险分析、风险应对到绩效考核的管理闭环。对企业而言，单纯管理会计工具使用起到的效果有限，但若是以管理会计工具为核心构建的管理体系则大为不同。未来风险矩阵工具的发展和推广，应当逐步建立完善的绩效管理体系，把风险矩阵的使用、风险防控管理纳入绩效考核管理中去，不仅要有效地识别风险、从制度上杜绝风险，也要通过有效的奖惩手段督促员工主动地去控制风险、解决风险隐患。这样才更有利于风险矩阵工具的推广应用。

（中铁南方投资集团有限公司　白　沂　周龙地　康　莽）

基于风险清单的投资项目财务风险管理

——以中铁南方为例

【摘要】中铁南方投资集团有限公司是中国中铁的控股子公司，代表中国中铁开展区域内基础设施的市场开发、投融资、建设管理及运营服务工作。随着企业投资规模的不断扩张，项目实施中的成本管控、风险预测评估方面的问题逐渐凸显，本案例通过对企业投资项目风险防控管理现状进行分析，应用风险清单法梳理投资项目中的财务管理风险点，初步探讨风险清单法在企业投资项目风险管理防控中的应用，并提出投资单位应加强信息化水平应用，建立与业务财务相融合的风险管理预警信息系统等建议，以推动相关管理会计工具方法在投资项目风险管理领域的有效应用。

一、背景描述

（一）单位基本情况

中铁南方投资集团有限公司（以下简称"中铁南方"）成立于 2008 年，注册资本金 50 亿元，是中国中铁股份有限公司的控股子公司，代表中国中铁开展区域内基础设施的市场开发、投融资、建设管理及运营服务工作。公司以"成为中国中铁投资领域创新型领军企业"作为企业愿景。坚定投资主业，回归投资本位，扎实推进市场化、专业化、差异化、实体化发展，努力打造资产质量实、专业能力强、运营效益佳、投资回报高的"投建营一体化"平台，力争成为股份公司投资板块商业模式最新、业务结构最优、发展质量最高的创新型领军企业。

公司以"十四五"发展规划为引领，围绕高质量发展这一首要任务，聚焦投资公司主责主业，公司共中标投资项目 15 个。从行业分布看，涉及城市轨道交通、高速公路、市政、房建、产业园等，其中，城市轨道交通 1 个、高速公路 1 个、市政 6 个、房建 1 个、产业园 6 个；从地区分布看，广东省 13 个、福建省 1 个、贵州省 1 个。

（二）投资项目管理现状及存在的问题

1. 投资项目管理现状

（1）业务管控情况。

公司严格贯彻国家政策文件及股份公司监管要求，依法合规开展投资业务，建立了较为完善的投资管理体系，制定了系列配套办法；投资经营开发中心作为中铁南方营销业务归口管理部门，财金部、法律合规部、商务部等业务部门对投资经营工作的开展提供了专业指导和帮助，推动形成了中铁南方投资管理体系，实现投资项目全周期动态管理；项目投资均纳入年度投资计划管理；"项目实施过程中专项治理＋日常业务检查"的方式对投资项目开展财务监察、审计评价、巡视巡察和专项行动检查。

（2）合规经营情况。

所有投资项目的立项、可研、业务开展均履行了公司集体决策并得到股份公司决策审批，投标报价条件均与决策通过条件一致。投资业务主要投向城市轨道交通、高速公路、市政、房建、产业园等领域，属于主业投资范围。投资方向、投资主体均得到上级单位批复，符合管控规定，未涉足负面清单情况。

（3）流程管控情况。

公司所实施的投资项目完成并通过了物有所值评价、财政承受能力论证评价、实施方案审核；项目的实施以将政府付费纳入中长期财政规划及年度财政预算并经人大批复为前提条件；均已完成可行性研究，可研论证充分完整，项目经济性、风险性评估适当，与政府风险分摊合理；项目实际投资主体均符合相关资格条件要求，具备财政承受能力；项目投融资安排均已落实到位；相关合同约定的项目回报机制及投资建设运营责任与可研论证一致；项目的退出机制能够覆盖企业投资风险。

2. 投资项目管理存在的问题

（1）随着近年来内外部环境不断调整，一些存量和新上投资项目财务风险开始不断凸显，管理会计意识不足，企业在管理思路上侧重于投资项目的前期策划，而在项目实施中的成本管控、风险预测评估方面意识淡薄，从而导致投资项目管理面临多方面的风险。

（2）在项目投资规模、建设内容发生较大变化，建设标准或设计方案发生重大变更，由此导致项目出现超估算、超概算管理投资项目，财务管理成本增加；在投资项目出资不到位的情况下，股东仅部分履行其承诺的出资义务，未能补足出资。

（3）项目筹资活动中因项目条件不佳等原因向金融机构筹集的资金不足；考核评价指标不科学、制度不合理等都增加了项目运营绩效考核的压力，容易导致无法正常开展考核工作或者考核不达标，进而影响项目正常付费。

投资项目风险管理的思想相对欠缺，较大程度影响管理会计方法的应用，因此要改变被动应对风险的不利局面，主动提升风险识别、分析和应对的风险管理能力，促使管理会计工具更好满足企业发展的需要。

（三）选择风险清单的主要原因

（1）为加强企业财务风险管理，降低投资项目财务管理风险，公司根据《管理会计应用指引第 702 号——风险清单》，梳理投资项目中的财务管理风险点，对业务流程进行改造，建立和完善从项目可研论证、投资决策、融资管理、预算管理、建设管理、后期运营、投资回收、投资退出的事前、事中、事后全方位全过程风险管控体系，依法合规开展项目运作，落实"投、融、建、营、退"责任，扎实开展风险识别、跟踪、监督、检查、评估、防控和预警工作。

（2）投资项目前期工作重视策划定位、规划设计、开发节奏的准确性、落地性，严格落实融资方案、风控措施、退出机制和"僵局"处理机制，实现各类投资业务从前期运作到决策流程，从过程监管到项目运营，从资产盘活到投资退出的全过程制度化和规范化。

（3）风险清单管理的相关理论非常适用于公司现阶段业务模式现状，风险清单业务可按照风险类别分为不同风险等级，提出风险应对措施，最终破解投标定价和收益分析两大直接问题，再通过业务流程再造，优化资源配置，实现公司整体效率和效益的提升。

二、总体设计

（一）应用风险清单的目标

为了防范和控制投资项目财务管理风险，及时修正投资项目财务管理行为，集团公司根据投资项目管理特点和风险管理要求，建立投资项目风险清单，堵塞管理漏洞，强化财务管理事前、事中、事后监控，保证投资项目财务管理规范可控。

（二）应用风险清单的总体思路

一是风险识别。全链条、全过程、多角度分析研究投资项目各个环节可能存在的风险，对风险进行分类整理。二是风险分析。在风险识别基础上，组织业务部门联动，对引起财务管理风险的可能性及具体影响因素进行分析，结合总结第三方审计等外部监督和内部审计、业务处自查等内部监督中发现问题，对可能产生的后果及严重性进行评估。三是风险应对。在分析风险基础上，针对风险的可能性和严重性，统筹考虑投资项目管控模式、财务管理实际情况、成本效益等因素，有针对性地建立风险防控机制。

（三）应用风险清单的基础

（1）明确管理会计方法在投资项目风险管理中应用所遵循的原则：一是全面性原则。投资项目风险防控应覆盖所涉及的投资风险全过程管理，风险类型、业务流程、操作环节和管理层级与环节。二是契合性原则。投资项目风险管理应与企业、行业"十四五"发展规划、行业发展前景、单位发展计划、所要实现的目标与业务流程等相结合。三是重点性原则。投资项目风险防控应对风险进行评价，确定重要的风险点，并有针对性地实施重点风险评级及监测，及时识别、应对。四是效益性原则。

企业单位在选择风险应对方案时应权衡成本与回报之间的关系。

（2）运用管理会计中的风险清单法对投资项目的风险进行识别、分析、应对及投资项目甄别方面，具有数据量大、精度高，受国家政策、内部环境、人员调整等因素变动影响较大的特点，因此运用管理会计方法中的风险清单法进行风险识别、风险分析、风险应对，从而尽量规避和减少项目实施风险，明晰参与部门的风险管理责任，规范风险管理操作，为投资项目构建风险预警平台和风险考评平台奠定基础。

①风险识别主要包括投资项目整个执行过程中风险因素、风险因素的不确定性描述、关键风险指标等要素。

②风险分析主要是对投资项目所具有的风险因素进行跟踪评价，对风险发生的可能性、可能产生的后果、风险后果严重程度、影响关键因素、责任主体、风险重要性等级等进行评价和监控。

③风险应对包括以下内容。第一，风险规避。通过采取保障措施，如改变策略、健全人财物等内部控制管理机制，预防风险发生。第二，风险转移。在投资项目申请中，可以根据项目的特点，选择行业领先的头部企业参与投资项目管理，充分行业领导者的领域优势，既避免风险反复发生，提高资金周转效率，达到强强联合，实现风险的降低转移。

④风险承担。项目实施过程中可能发生的风险因素出现了，并且造成影响和损失，那么投资者就要承担投资项目可能实施失败的结果。

投资项目风险防控管理中的风险清单，具体如表1所示。

表1　　　　　　　　　　　投资项目风险防控管理中的风险清单

风险类别		风险识别		风险分析					
一级风险名称	二级风险名称	风险描述	关键风险指标	可能产生的后果	关键影响因素	责任主体	发生可能性	后果严重程度	重要性等级
项目前期准备	可研基础	盈利或亏损	项目现状	不能通过评审	项目现状	投资者	偶尔可能	较小	可接受的风险
	国家政策法律、行业规定	投资项目变动，标准修订	政策变动	不能通过评审	目标方向	投资者	偶尔可能	较小	可接受的风险
	经济效益评价	条件制约	可研指标	不能通过评审	可研指标	投资者	可能	较大	要关注的风险
项目评审	可研目标	投资项目可研数据不达预期	可研目标	投资项目投资价值不高	可研测算目标	投资者	很可能	重大	重大风险
实施过程管理	投资项目实施进度	实施进度不达预期	进度目标	实施进度目标不切实际	时间进度、资源配置、资金使用的合理性	投资者	很可能	重大	重大风险

风险类别		风险识别		风险分析					
一级风险名称	二级风险名称	风险描述	关键风险指标	可能产生的后果	关键影响因素	责任主体	发生可能性	后果严重程度	重要性等级
项目后期管理	项目后期结果评价	与预期不符	结果评价	出现不可控情况项目终止或未达预期效益	效益指标	投资者	很可能	重大	重大风险
	成果转化推广	利益分成有争议；缺乏转化推广价值	市场需求	与市场脱节，难以转化推广	目标与社会生产实践的贴合性，与市场需求的紧密性	投资者	可能	较大	要关注的风险

投资项目风险防控管理中的风险清单，具体如表 2 所示。

表 2　　　　　　　**投资项目风险防控管理中的风险清单**

风险类别		风险应对措施
一级风险名称	二级风险名称	
项目前期准备	可研基础	外部或内部专家咨询客观评估，对项目及行业现状有正确的判断，开展后续工作
	国家政策、法律、行业规定	对于投资项目涉及的政策变动、标准修订、行业内外研究动态必须时时了解把握
	经济效益评价	（1）做好项目可研测算工作；（2）研究国家相关政策，对项目整体情况有深刻把握；（3）牵头及配合部门应建立完善的管理机制，例如，设立重大投资项目管理领导小组，从而提高决策水平，规范决策程序，增强项目风险防控意识
项目评审	可研目标	（1）树立项目风险管理理念，项目的参与人员结合自己部门职责工作，将可能出现的风险在日常管理中梳理出来，与可研编制工作紧密结合；（2）要制定行之有效的项目管理风险防控内控制度，形成相互支持、相互监督、相互制约的防控格局；（3）对于项目的整体规划，更要强化资源、技术等方面的客观评估论证，制订多个备选方案，从中选择最优方案；（4）加强信息化技术在风险防控管理中的应用，建立从项目立项到项目完结转化的全过程项目信息化管理平台，并将风险因素管理流程嵌入，建立投资项目全面风险预警系统，使得项目管理流程透明化
实施过程管理	投资项目实施进度	（1）在制定目标时，要对合同中应对风险的范围界定清楚，明晰各项条款，这对于项目执行中遇到的风险因素的解决是很有帮助的；（2）制定融资方式、资金使用方案，规范资金支出；（3）资源供应要保障投资项目的进度需要；（4）参与主要管理人员不能随意更换调整；（5）投资项目一般周期比较长，要制定切实可行的全项目周期时间进度规划，时间进度控制要根据项目内容把握好；（6）做好项目资料归档收集，也是投资项目管理的重要因素

续表

风险类别		风险应对措施
一级风险名称	二级风险名称	
项目 后期管理	项目后期 结果评价	大型的投资项目涉及面广、参与单位多，协调难度大，项目风险大，可能可研编制中，对指标设置过高，导致项目无法达到预期；或在投资项目实施过程中使用了新材料、新工艺、新技术等使项目延期完成；或者出现技术不成熟问题。在项目执行过程中动态监控各项任务指标的完成度，及时进行市场监测、绩效评价和国家政策的调整，将项目不确定性风险降低
	成果转化推广	项目与可研进行对比分析时，要考虑与项目实际情况的贴合性、紧密性，加强投资后评价成果转化意识，做好分析评估。同时要加强部门联动，推广先进、防范风险，制订切实可行的后评价工作方案，提高项目管理效率，提高收益

（四）应用风险清单的创新点

本案例通过对企业投资项目风险防控管理现状及存在问题进行分析，对业务流程进行改造，建立和完善"风险识别、风险分析、风险应对"全方位全过程风险管控体系提高了项目管理效率，为投资项目财务风险管理提供了一种新思路。

三、应用过程

（一）组织框架及运作方式

公司实行"集团本部＋区域（专业）市场经营和项目集群管控平台"模式（见图1）。公司本部设行政管理部门12个、党群机构4个、事业部1个、直属单位2个。下设建设指挥部1个、区域子公司3个、分公司5个，按照"投建营运"一体化原则，实现区域市场经营和项目管理的集群管控。其中财金部是管理会计专门应用机构，使用各类管理会计工具，聚焦重点领域，在投资业务风险化解上全面发力，筑牢企业安全发展"防火墙"。

（二）参与部门和人员

为确保项目有序高效推进，公司专门成立了风险防控领导小组，负责组织、协调、具体落实相关工作。工作小组由财务与金融管理部部长担任组长，投资经营开发中心、商务部小组为成员，研究决策风险识别评估结果和风险防控措施。同时抽调业务骨干组成业务小组，梳理识别风险点，分析风险发生可能性的高低以及对财务风险的影响程度，制定风险应对措施。

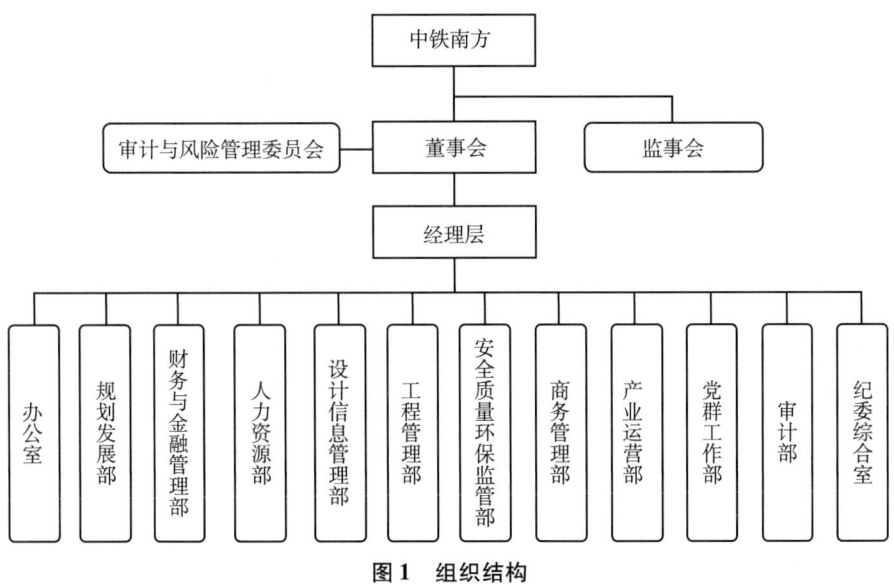

图1　组织结构

（三）实施部署要求

1. 清晰的风险管理目标

为确保公司风险防范体系建设的有效运行，公司建立了风险防范的多重防线，对公司风险防范进行统筹管理。党委会负责把方向、管大局、促落实；董事会负责定战略、做决策、防风险；经理层负责谋经营、强管理、抓落实。在风险防范程序上，公司党委会对涉及内部控制及风险管理的重大事项进行前置性研究；总经理对风险防范体系建设和有效性向董事会负责。董事会下设审计与风险管理委员会，为董事会有关决策提供咨询或建议，向董事会负责并报告工作。公司设立风险防范领导小组，定期听取风险防范工作进展情况，对运行中的重要事项进行决策。公司董事会、监事会及经理层严格遵照《公司章程》《董事会议事规则》《监事会议事规则》《总经理办公会议事规则》等法人治理规章制度要求，紧紧围绕公司年度工作中心任务，相互协同、密切配合，持续推动公司稳步高质量发展。

2. 相对成熟的业务模式

公司成立以来，坚持高点定位、高端合作、高配团队，风险防范能力不断增强，业务模式在不断探索中逐渐成熟。在投资领域，只做强基础设施领域业务，做优城市综合开发和特色地产业务，突破生态环保、水利及能源、新基建业务的"一强二优三突破"业务战略；以广东为核心，海南、福建为补充的"一体两翼"区域战略；围绕投资经营、产融结合、建设管理、大商务管理、运营管理、风险防控的工作目标，围绕深化组织建设、突出人才强企、完善激励机制、优化制度管理、健全财务体系、聚焦信息化建设、加强品牌文化建设职能战略，综合考虑项目投入回报、资本效率、回购风险、现金流、运营风险、产值转化、营收保障和公司财务资源情况等各方面因素，严把投资超概（预算）、合同缺陷、运营缺口等风险，优选、精选收益稳定、回款有保障的优质投资项目，严禁承揽"先天不足"的投资项目，严禁超越财务承受能力的投资行为。

3. 信息系统支持

公司应用司库平台管理系统、工程项目管理系统、财务共享平台管理信息系统内含多个模块。多套系统的组合应用还可为风险清单管理财务数据测算分析体系构建提供数据和信息技术支持。

4. 复合型人才队伍

构建风险清单测算分析体系是业财融合的典型案例，参与人员既要有较丰富的财税、管理会计专业知识，又要全面掌握公司业务模式的各个环节，专业化、复合型人才队伍是项目成功落地实施的最重要保证。公司财务与金融管理部精心筹划，组员多数为研究生以上学历且具有金融机构、一线领导管理岗位等工作背景，高素质的人才队伍为项目成功落地提供了智力保障。

（四）风险清单的应用模式和应用流程

1. 确定目标思路

（1）工作小组组长召集组员讨论研究公司业务模式，调查分析存在的难题，认真总结近几年巡察、审计、业务自查等各项检查中发现的问题，从人员能力、管理制度、信息化技术多角度分析原因，识别可能影响投资项目风险的因素和事项，建立风险信息库，识别风险，进行风险归类。

（2）技术小组在与部门沟通后，分析各类风险可能产生的后果，确定引起该后果的关键影响因素及责任单位（部门）。

（3）各责任单位（部门）逐项重点分析风险清单中各类风险发生的可能性和后果严重程度，确定风险重要性等级。

（4）技术小组以风险重要性等级及客观评价结果为依据，确定影响投资项目管理的重大风险。

（5）技术小组会同责任部门结合实际工作，制定研究投资项目负面清单体系和建立财务管理建议书制度的风险应对措施。

（6）技术小组将投资项目财务管理风险清单及时传递给相关责任处室，确保各责任部门有效开展工作。

2. 整理基础数据

小组成员内部做好分工，由财务与金融管理部对基础数据进行统一归纳整理，技术小组、投资经营开发中心、商务部根据风险清单风险点，研究制定监控指标、监控点、预警规则等，对流程系统升级改造。投资项目风险防控管理中的风险描述，如表 3 所示。

表 3　　　　　　　　　　投资项目风险防控管理中的风险描述

类别	风险名称	风险描述
1. 行业风险	1.1　行业风险	轨道交通、市政工程、公路、城际铁路等行业发包人主管部门不同，有关技术、安全、质量、验收、计价、资金等行业标准和管理规定均存在较大差异。各类基础设施项目在招投标、投资控制、工程计量和结算审计等环节管理流程和管理要素不尽相同，如行业融入度不足，可能会发生较大管理成本支出
	1.2　项目投资超概风险	如概算编制缺项漏项、征地拆迁补偿费考虑不足、设施功能定位不明确、产业业态考虑不充分、设计图纸存在缺陷等产生的超概（预算）风险
2. 营销风险	2.1　项目策划运作风险	项目信息收集不全面，信息失真或更新不及时，可能导致投资方向偏离公司发展战略，影响投资目标实现
	2.2　投标报价风险	如投标报价缺乏整体策划、体系联动不畅或投标成本测算偏差，投标时在有限时间内对招标文件、施工规范、合同条件、费用组成和图纸等研究不充分。以及由此导致投标报价技巧运用不当，可能导致投标潜亏、履约、现金流、结算、运营成本偏离等风险
	2.3　商务条件设置风险	如项目前期运作介入滞后、运作质量不高，对项目研究不深，投标时在有限时间内商务条件设置不合理，可能导致项目亏损、履约困难、合同无法执行等风险
3. 市场风险	3.1　市场环境风险	地方政府财政收入、债务管控，财政资金使用、土地政策和疫情影响，对项目实施可行性构成风险
	3.2　市场价格风险	在项目建设过程中缺乏对勘察设计、施工监理、造价咨询、专项评价等专业服务费用，工程保险、融资成本等金融服务费用，以及劳务、材料机械、设备等生产资源的市场价格充分地了解及预测等，可能是导致项目直接及间接成本增加，企业利益受损的风险
4. 管理风险	4.1　设计管理风险	综合类投资项目大多具有总投资控制管理责任，如不能对前期水文地质勘查、方案设计、初步设计、施工图设计和专业深化设计全方位介入，提前进行方案审查、限额设计与设计优化，仅靠传统出图后的双优化创效，成本风险、项目投资控制风险将加大
	4.2　投资风险	企业资本过度集中，对财务风险的认识不足，没有做好充分准备，导致企业正常资金周转受阻，降低企业经济收益增加企业财务风险，导致亏损等风险
	4.3　成本控制风险	在工程实施过程中缺乏对成本的有效控制或缺乏降低成本的有效方法，或者未恰当运用既定的成本控制方法，从而引发建设成本超过同行业平均水平，企业效益流失的风险
	4.4　工程分供风险	如分供合同不严密，或分供商选择不当，或未对分供商实施有限监督管理，可能导致工程分供管理失控，从而导致分供成本大幅上涨的风险
	4.5　工程结算风险	如合同管理不严格、结算资料不完备、竣工验收不及时、人员责任不到位或双方对工程质量、进度、总投资基数认可存在差异等原因使得工程结算产生纠纷，可能导致结算时间延迟，正常结算受阻的风险

续表

类别	风险名称	风险描述
5. 运营风险	5.1 运营标准变化风险	行业标准或地方政府规章规定的运营标准在项目实施过程中发生变化，以及人材机等价格波动导致运营成本增加风险
	5.2 收费价格变化风险	由于政策调整、市场改变、价格波动等因素，导致收费价格变动或收费价格调整无相应弹性，造成运营收入不足的风险
	5.3 运营产品风险	运营资源在运营期间出现功能缺失，或质量不达标，造成运营质量不符合标准，导致的运营收入降低及运营成本额外增加风险
	5.4 绩效考核风险	由于运营绩效考核不达标不能足额取得可用性服务费、缺口补助、运营补贴、运营维护服务费的风险
	5.5 产业导入风险	由于政策调整、支持力度不够等原因，导致产业导入滞后或导入产业质量不高，园区预期收益无法实现的风险

3. 体系优化完善

使用信息化系统分析公司已完结业务，运用历史数据对模型进行验证，在实践中逐步提高模型和整个测算分析体系的可靠性和完备性，进而取得更全面有效分风险清单指标库。

4. 结果分析利用

对投资项目全流程的结果进行研究分析，数据显示可通过风险清单提升整体收益的业务模式，形成专门分析意见供管理层参阅。近年来，通过应用风险清单，公司通过测算财务风险后，压缩和调减投资项目实施计划，对风险较高的投资项目进行了果断压减，项目实施条件与原可研比较发生重大变化等因素影响导致财务指标条件不再具备实施条件，触发风险清单事项的合同投资额××亿元。

（五）在实施过程中遇到的主要问题和解决方法

1. 风险清单类别繁复

风险清单所列举的风险很难穷尽，且风险重要性等级的确定可能因评价的主观性而产生一定偏差。因此投资项目的管理者可结合自身的项目风险管理目标和实际情况，单独或综合应用风险清单、风险矩阵等管理工具方法进行风险防控的管理，以保证风险管理活动的持续性和有效性。

2. 风险识别人才短缺

风险识别领军人才、复合型人才短缺，风险识别根源不准确，不能及时排查原因，提出应对方案，出具的财务管理建议指导性不强。针对以上问题，公司举办两期专题培训，对全体财务人员、投资人员进行业务培训和软件培训，较好地解决了此类问题。

四、取得成效

风险清单和财务管理建议书制度的实施，增强了公司投资项目风险意识，投资项目实施前主动对照风险清单事项，投资项目管理进一步规范、资产质量进一步提升。2022 年，公司新签合同额中，公路工程、城市轨道交通和城市综合开发板块屡创新高。由此可见，风险清单下的有序拓展，中标一批有体量、有质量的项目对公司的高质量发展起到了突出的支撑作用。

（一）防范财务风险，提升工作效率

风险清单设定了风险因素管理清单，风险清单将风险类别、风险因素、重要等级、应对措施等多类风险因素整合为一个清单体系，只需管理人员按照要求对照分析，便可得出应对方案，显著提高了公司对投资项目效益判断的精度和时效性。风险清单中在满足公司项目收益分析用途外，也为研究对手投标策略提供了有效参照信息。风险清单推广以来，投资项目风险把控难、不准确的问题得到有效缓解，为公司抓关键、提效益奠定了基础。

（二）优化管理体系，破解风险难题

风险管理清单通过财务管理体系延伸，涵盖了各类盈利指标和现金流指标，有利于对业务开展多维度的盈利能力分析和现金流分析，与企业投标分析、投资分析、运营分析、管理指标分析及账款回收管理有机结合，初步形成了覆盖各维度、各主体的业务评价体系和多层次经营决策信息支持体系。

（三）坚持战略定位，培育核心能力

风险清单应用以来，在系统分析投资项目管理经验的基础上，公司对多项经营业务进行了系统梳理，重新组合和改进流程管理，对新兴业态业务有所取舍，做优做强高价值项目，果断舍弃低收益项目，优化了企业战略资源配置，进一步培养和提升了企业的核心竞争力。

（四）丰富绩效考核，激发生产活力

风险清单分析体系中多元化、多维度、有针对性的指标，为中标优质项目，对后续绩效指标设置提供了方向和依据，丰富了绩效考核的着力点。责任链条更为清晰、收益贡献清晰明了，为全员绩效奠定了基础。

五、经验总结

（一）风险清单的基本应用条件

企业参照财政部 2018 年 12 月针对企业制定印发的《管理会计应用指引第 702 号——风险清单》，根据投资项目特点和加强财务管理需求，从整体上了解投资项目风险概况和存在的重大风险，明晰各相关部门责任，规范业务管理流程，构建风险预警体系，在全集团推广应用，得到了广泛的肯定和支持。

（二）风险清单成功应用的关键因素

一是强有力的组织保障。投资项目风险清单实施对象为公司所属各类投资项目，涉及投资项目控制环节各个领域，政策性强，实施难度大，需要多方配合、协同推进。公司成立领导小组和技术小组，形成强有力的协调机制，保证工作顺利推进。二是强有力的制度保障。建立风险管理决策、执行、监督与评价等职能既相互分离与制约又相互协调的运行机制和制度体系，主要包括业务会商制度、财务管理建议书制度、内部审计制度等。三是强有力的技术保障。借助信息化手段，建立与业务、财务相融合的信息系统，使投资项目的全生命周期管理与财务管理融为一体，为投资风险防控提供信息技术支持。

（三）对风险清单应用效果的思考

风险清单应用涉及信息系统、管理制度、操作流程、内部控制等方面因素，业务环多、流程审批长、风险点多、风险隐蔽性强，依据传统经验性的风险判断、识别、防范的方法，往往应接不暇，不能全面、整体、高效实现对风险的识别、防范、补救等管理。投资项目风险清单管理是依据《管理会计应用指引》，建立起的一套系统、科学、整体、全程的风险管理体系。从取得的成效看，投资风险清单能够明显降低企业管理风险，提高应用单位财务管理水平。

（四）风险清单的优缺点

（1）主要优点。风险清单能够从企业整体生产经营流程的视角研究企业生产环节的多个风险节点，能够直观反映投资项目管理的风险情况，方便管理者对照应用，便于操作。

（2）主要缺点。风险清单所列举的风险门类多，且风险重要性等级的确定可能因评价的主观性而产生一定偏差。因此，投资项目的参与及管理者可结合自身的项目风险管理目标和实际情况，单独或综合应用风险清单、风险矩阵等管理工具方法进行风险防控的管理，以保证风险管理活动的持续性和有效性。

（五）对改进和发展风险清单的建议

（1）建议完善风险应用指引。风险评估方法类别多，例如，模糊综合评价法、风险因素分析法、定性风险评价法等，但是对一般人员来说难度较大，日常风险评估还是依靠个人主观判断，受主观因素影响验真，制定具体可操作性强的应用指引，有利于风险清单工具的广泛使用、有利于各种类型单位有效应对重大风险挑战。

（2）通过将风险清单在投资项目管理中的运用，进一步证明了不同类型的单位可以根据自身战略、业务特点和风险管理要求，应用风险清单。风险清单不仅适用于多类型单位整体风险管理，也适用于企业内部各个层级和各类型风险的管理。

（3）借力信息技术手段。风险清单识别风险类型工作量大、较复杂，数据分析模型多，测算分析工作量大，如借助信息化技术手段，应用效果将大幅提升。

（中铁南方投资集团有限公司　范沛霄　康　莽　王绍华）

针对合同纠偏 优化 PPP 项目"双清"工作的实践与思考
——以新都区天府动力新城基础设施和公共服务配套一期 PPP 项目为例

【摘要】 近年来，政府和社会资本合作（public-private partnerships，PPP）模式在国内基础设施和公共服务建设领域的应用愈发广泛，PPP 模式对于作为社会资本方的企业，在优化企业资源配置、推动企业转型升级、实现企业高质量和可持续发展等方面，起到愈发积极的作用，成为企业投融资业务的重要组成部分。现阶段国内 PPP 项目已逐步完成转段，运营期投资回收管理、"双清"管理是一套整体性、连续性较强的系统工作，是影响 PPP 项目投资收益评价的重要基础，而大部分 PPP 项目实施情况与前期可研及合同约定易存在诸多差异，使项目投资回收面临新的挑战。本案例以成都市新都区天府动力新城基础设施和公共服务配套一期 PPP 项目为例，阐述以合同为抓手优化"双清"工作的管理方法。通过总结案例项目的主要风险要素及应对措施，多维度分析"双清"管理的工作环节，包括实施主体的资金来源、按效付费的考核条件、资产确权的交割条款、税务风险的转移等工作，从而实现 PPP 项目"早收、多收"的管理目标。为类似项目提供管理借鉴，从而保障社会资本方投融资收益。

一、背景描述

（一）项目概况

本项目位于成都市新都区，距离成都市主城区 16 公里，西邻郫都区，北接彭州、广汉，东南与成都市龙泉驿区、金牛区、成华区接壤。新都区为省委、省政府确定的"成—德—绵高新产业技术产业带"的重要组成部分，国务院批复的成都市总体规划中新都区被确定为成都市北部新城。

本项目属于新都区"天府动力新城"产业园区，成都市新都区聚力"北改"部署，促进产业业态、城市形态的有机融合更新，在位于东南部石板滩镇，按照"产城一体"的理念，聚焦轨道交通、航空动力产业，规划建设"天府动力新城"，努力打造产业新城标杆。

本项目东至兴业大道，西至成青金高速公路，北至三木大道，南至既有铁路线，东西方向长约 7 公里，南北方向长约 2 公里，项目规划总占地面积约 14 平方公里。项目共由 5 个子项目构成，具体如下：

（1）道路工程子项目：8 条市政道路工程子项目（含路灯、排水管网、钟家湾河道改造 3.07 公里）总计约 19.02 公里。

（2）活力公园子项目。

（3）电力迁改子项目：包括团辉线 110 千伏电力迁改、团车线 110 千伏电力迁改和石木路 10 千伏电力架空线路下地工程三项，迁改长度共计 7.2 公里。

（4）燃气迁改子项目：包括威青线、石斑线和围城线 3 条燃气管线迁改，共计 12.06 公里。

（5）安置小区项目：项目规划用地面积为 121.4 亩，总建筑面积为 341 056.09 平方米，其中地上计容面积为 233 782.1 平方米，地上不计容面积为 4 354.18 平方米，地下建筑面积为 102 919.81 平方米，容积率为 2.89。

项目于 2018 年 6 月 25 日开工建设，其中，道路、活力公园、电力迁改、燃气迁改子项目陆续于 2020～2022 年期间完成交工验收工作，截至 2023 年 6 月 30 日，除安置房外其余子项目已全部进入运营，并已收到政府可行性缺口补助合计 1.88 亿元。

（二）项目基本信息

（1）建设投资：本项目合同投资额 35.78 亿元（含工程费用和工程建设其他费用），其中征地拆迁费 3.34 亿元。

（2）合作期限：合作期分为建设期和运营期，其中建设期为 2 年，运营期 15 年。

（3）项目实施模式：本项目为政府和社会资本合作（pbulic-private partnerships）模式，即 PPP 项目投融资模式，采用建设—运营—移交（BOT）模式实施。

（4）项目公司股权结构：政府委托授权代表与社会资本共同组建项目公司。项目公司资本金占建设投资的 20%，其中，政府方占股比例为 5%，社会资本占股比例为 95%。股东方根据项目实际建设进度及资金需求投入资本金，截至 2023 年 6 月 30 日已收到股东方注资合计 4.17 亿元。

（5）项目融资：项目融资由社会资本方负责，本项目采用银团贷款模式借款融资，合同授信额 28.60 亿元，根据实际建设进度及资金需求，按照同资本金 1 比 4 配比进行借款，截至 2023 年 6 月 30 日已收到银行借款 14.81 亿元。

（6）施工总承包：由中标社会资本作为承包方与项目公司签订施工总承包合同。

（7）付费机制：本项目付费机制为政府可行性缺口补助＋使用者付费。

（8）项目资产权属：本项目资产所有权归政府方所有，项目公司拥有特许经营权、使用权和收益权。

（9）实施机构：成都市新都现代交通产业功能区管理委员会。

（三）回报机制

本项目属准经营性项目，采用"可行性缺口补助"的回报机制。政府补贴自本项目开始运营日起，政府根据绩效考核办法的约定予以考核，在每个运营年结束后的1个月内（财政支付关闭期除外），支付上一运营年可用性付费的70%。在每个运营年结束后的2个月内，将上一运营年度的可行性缺口补助计算过程、运营维护相关资料、相关数据及补助申请以书面报告形式报实施机构审核，实施机构会同当地财政部门在20个工作日审核完毕后，根据当年运营期绩效考核结果，将上一年度可行性缺口补助剩余部分予以支付。

年可用性付费由资本金部分投资收益与融资部分还本付息组成。

1. 资本金部分

在任一子项目工程完工验收且经政府审计机构出具审计结果后，双方应按以下公式计算年度资本金部分投资收益，并经成都市新都区政府相关部门核定后作为支付依据：

$$A = \frac{P_1 \times i_1 \times (1 + i_1)^n}{(1 + i_1)^n - 1}$$

其中，A 为年度资本金部分投资回收即收益；i_1 为资本金投资收益率，在中标人投标文件中投报的收益水平下，资本金投资收益率为 7.35%；n 为 15 年；P_1 为本项目资本金。

2. 融资部分

在任一子项目工程完工验收且经政府审计机构出具审计结果后，任一子项目年度融资部分还本付息，由甲方按照以下公式计算，并经区财政局核定后作为支付依据：

任一子项目运营开始日至第 3 年，计算公式为：

$$B = P_2 \times i_2$$

任一子项目第 4 年开始，计算公式如下：

$$B = \frac{P_2 \times i_2 \times (1 + i_2)^n}{(1 + i_2)^n - 1}$$

其中，B 为年度融资部分还本付息；i_2 为年化融资利率，除项目资本金之外的融资，以项目公司实际与金融机构签订的融资文件确定的资金成本年化利率计算，且资金成本年化利率以 5.64% 为上限；n 为 12 年；P_2 为融资金额，任一子项目融资部分还本付息的融资金额 = 该子项目总投资 - 该子项出资项目资本金。

3. 运营维护付费

政府实际支付的运营维护付费公式为：运营维护付费 = 运营维护成本 ×（1 + 4.35%）。

4. 绩效考核结果与可用性付费的关系

政府支付的运营补贴中的可用性付费与运营维护付费，根据建设期考核的结果与运营期绩效考核的结果对运营补贴支付金额进行调整，以考核的结果确定调整系数。

政府实际年结算付费计算如下：

$$\text{任一子项目政府实际年结算付费数额} = \lambda_2 \times \left(\lambda_1 \times \text{该子项目年可用性付费} \times 30\% + \text{该子项目年运营维护付费} \right)$$

$$+ \lambda_1 \times \text{该子项目年可用性付费} \times 70\%$$

其中，λ_1 为可用性付费绩效考核中的该子项目建设期考核调整系数；λ_2 为该子项目年可用性付费与年运营维护付费运营期绩效考核调整系数。

本项目建设期考核得分 ≥ 80 分，运营期绩效考核得分 ≥ 80 分，即可全额收到运营年可用性付费。

二、总体设计

新都区天府动力新城基础设施和公共服务配套一期 PPP 项目为 2019 年四川省省级 PPP 示范项目，也是新都区 PPP 项目的率先推进项目，具有较强的示范效应。该项目是典型的可经营性程度有限的公益类市政 PPP 项目，其主要收益是在项目资产达到可使用状态时，项目公司在运营期按照 PPP 合同约定的特许经营权对项目资产进行运营维护，政府实施机构根据运营期绩效考核结果对项目公司支付可用性付费。该部分付费同时包括社会资本方的建设资本金以及合理回报，以及贷款部分的还本付息。

运营的"双清"管理即可用性付费的申请工作，需要经过充分、细致的规划。本案例通过总结案例项目的"双清"工作经验，阐述以合同为抓手优化"双清"工作的管理方法，以期为社会资本方 PPP 项目实施提供参考与借鉴。

（一）优化运营期"双清"管理工作的总目标

尽管 PPP 项目的合同对政府实施机构及社会资本方进行了较为明确的职责划分，并对项目投资建设及运营阶段的工作均作出了明确指示。然而，由于 PPP 项目具有投资规模大、交易结构复杂、环节较多、实施过程复杂等特点，项目实施过程中依旧容易出现偏离合同的情况，如手续不全、超工期、概预算、财审、绩效评价、实施机构偏离合同等问题，这些问题都会影响项目运营期"双清"工作。

运营期投资回收管理、"双清"管理是一套整体性、连续性较强的系统工作，是影响 PPP 项目投资收益评价的重要基础，而大部分 PPP 项目实施情况与前期可研及合同约定易存在诸多差异，使项目投资回收面临诸多问题，给社会资本方带来了不同程度的投资风险。

因此，针对合同纠偏，以合同为抓手，完善并优化运营期"双清"风险应对策略，有利于社会资本方扫清投资回收风险与障碍，保障后期的运营考核和可行性缺口补助按时落地。

通过分析该项目的主要风险要素及应对措施，多维度分析并优化"双清"管理的工作环节，包括落实实施主体的资金来源、按效付费的考核条件、资产确权的交割条款、税务风险的转移等工作，从而实现 PPP 项目"早收、多收"，达到预期收益率的管理目标。

（二）优化运营期"双清"管理工作的总体思路

针对项目实施过程中出现的各类风险问题及合同偏离，例如，资金管理风险、业务管理风险、政府信用风险等风险敞口，逐一从合同条款出发，在项目转段、运营期绩效考核、上报财政预算等工作节点和流程上，同政府方开展二次谈判工作，从而确保项目投资本金及收益能够按时按效足额回收。

最终通过签订补充协议的方式，将谈判成果予以固化，有效解决"两金"资产"前清后欠，增而不减"的问题，为后期投资回收保驾护航。

（三）申请政府可行性缺口补助的流程解析图

图 1 为目前较为标准化的可用性付费申请流程图。

三、应用过程

（一）"双清"管理的组织架构

项目公司继承了社会资本方联合体的 PPP 合同权利与义务，是 PPP 项目的投资建设运营的主责单位，也是 PPP 项目"双清"管理的主责机构。

投资项目的"双清"管理是业财融合的典型案例，同时也需要一线管理单位与后台管理单位高度联动，合力攻坚克难，逐一疏通各流程难点痛点，才能实质化推进请款流程。

针对此情况，三级公司调配内部资源，由公司领导班子、部门负责人、项目公司负责人、业务财务核心人员共同成立"双清"专项工作组，将各工作内容逐条分解，确定工作时限、落实各项责任人，如遇突发情况随时汇报、及时处理。面对合同纠纷及请款问题，及时同第三方专业咨询机构对接并开展专题会，就财政支付的前置上报流程、投资项目的确权工作、可行性缺口补助的计算工作，逐项分析并制订解决方案，从而形成了项目公司、三级公司、外部咨询公司互相联动"双清"管理架构。具体主体关系如图 2 所示。

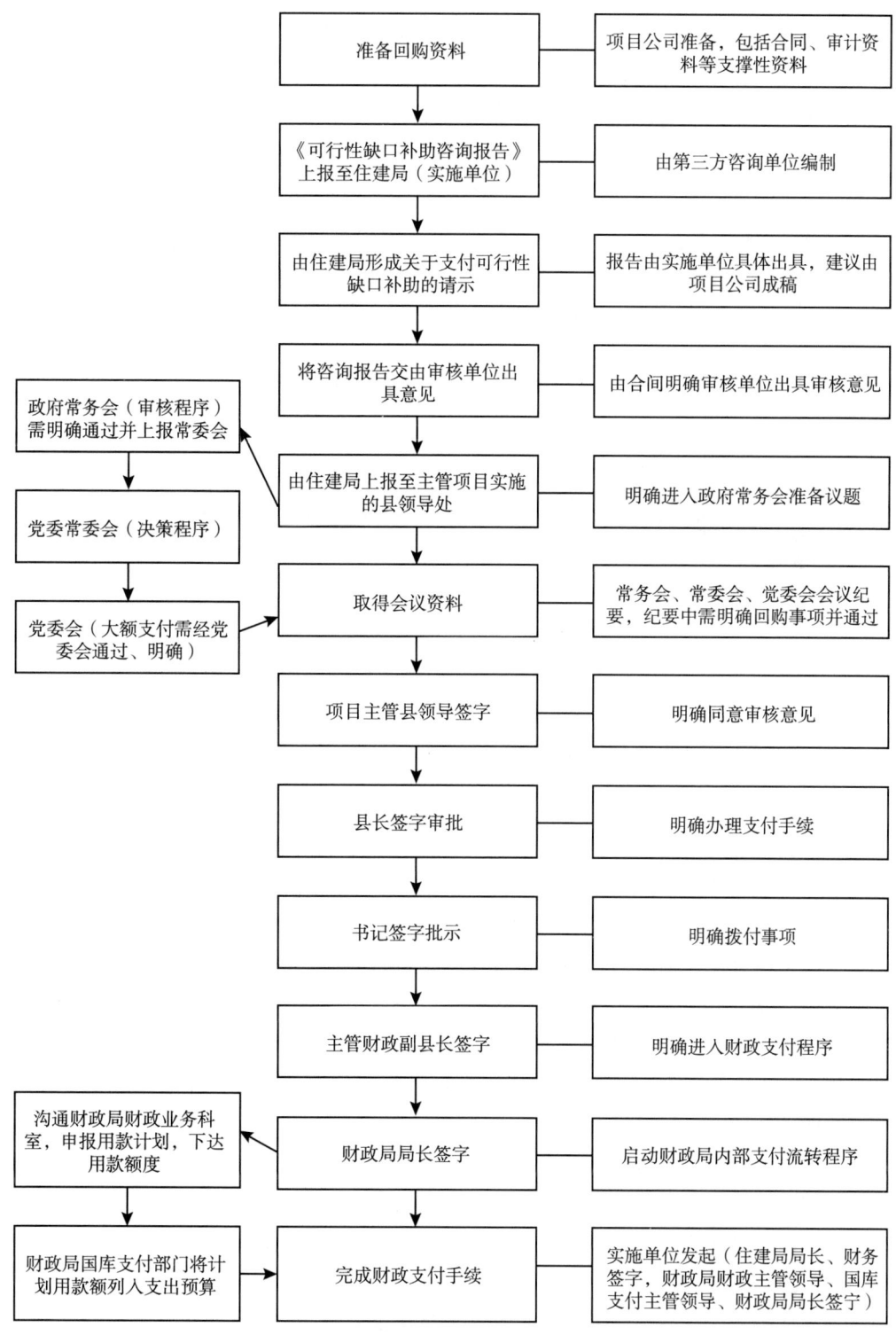

图 1 可行性缺口补助申请流程解析

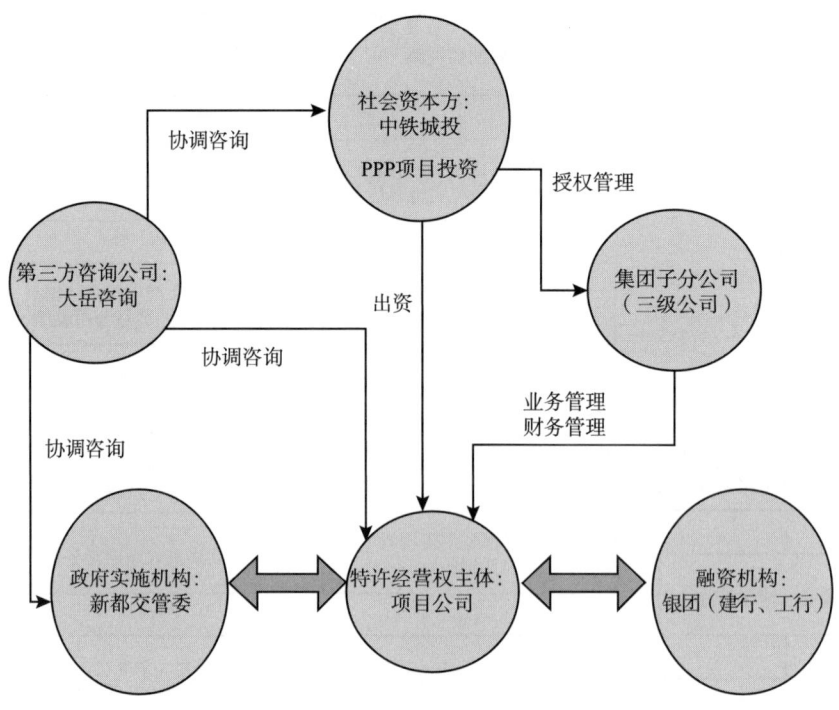

图 2 PPP 模式主体关系

（二）参与部门和人员的职责划分

"双清"管理专项工作组由三级公司、项目公司及财务、业务管理人员组成。

三级公司主要领导负责积极对接新区政府相关分管领导，积极推进政府分管领导将新都 PPP 项目 2023 年可行性缺口补助纳入本年财政预算，并推进政府方执行预算审批流程，最终报区人大常委会审批。

三级公司总会计师、分管领导负责配合好主要领导工作，积极对接新都现代交通产业工程区委员会，保障实施机构已将本年资金支付计划上报至区财政局，并积极按照此前已协商一致的会议精神（征拆资金划入已运营项目、税费补偿、支付时间阶段、暂计投资额等事宜）履行实施机构支付对运营付费的职责，保障年度付费按时足额落地。

三级公司财务部长、项目负责人负责配合好分管领导工作，及时关注业主方对项目的考核工作，积极主动督促业主方按时完成绩效考核评价，按照合同要求支付项目公司可行性缺口补助。并且推进运营招标工作，推进运营成本结算工作，保障 2023 年运营维护收入的确认。

三级公司及项目公司财务、商务管理人员负责对接交管委业务人员，及时按照实施机构要求，填写财政预算相关支撑材料，并及时根据项目进度变化调整可行性缺口补助测算表，及时准备政府付费相关的各类材料，并在第四季度及时进行请款流程，保障可用性付费在 12 月 15 日财政封账日前及时落地。

（三）实施过程中的主要问题及解决措施

1. 落实政府方资金来源

"双清"管理专项工作组逐项理顺政府财政审批流程，抓牢时间节点推进实施机构的预算上报工作，从而保障落实政府付费的资金来源。

项目管理人员提前掌握到政府各部门前一年 10 月份开始编制次年政府财政预算，次年第一季度政府两会批准确定当年财政预算。为此，财务人员 2022 年 10 月份就积极与项目实施机构沟通，取得实施机构对项目财政支付预算的认可，完善实施机构财政预算上报资料，并紧盯实施机构财政预算编制上报工作，在政府两会期间及时掌握当年 PPP 项目财政预算审批情况，全过程落实政府付费资金来源。每年提前报送政府年结算付费申请材料，积极配合政府审核工作。同时，积极响应政府预算调整工作，在付费当年就实际运营资产情况，及时更新当年付费计算基数及金额，并督促实施机构实时向上级财政机关调整其当年预算，确保 PPP 项目付费资金充足。

2. 对合同查缺补漏，修订合同"运营年"的定义

业财人员深研合同，理顺绩效考核程序，奠定回款基础。PPP 项目管理人员多次组织对 PPP 合同进行专题研究，及时发现合同中可能影响回款的条款，做到查漏补缺。

通过研究发现，原合同约定每一自然年度支付当年全年的政府付费，然而实施机构的运营绩效考核工作只能在当年第四季度结束后于次年开展考核，然而可用性付费必须根据绩效考核结果进行支付，并且财政的关账日期为 12 月 15 日，导致当年年底无法支付运营付费。

经过与政府实施机构沟通，项目公司最终通过 PPP 合同补充协议对"运营年"进行了修订，即"运营年统一为每年的 10 月 1 日至次年 9 月 30 日"，在每年第四季度完成前三季度的考核工作后，支付当年前三季度与上年第四季度的运营付费。这一修订，使得政府的绩效考核、运营付费报审有了充分的工作时间，与每年政府财政预算支付必须在 12 月 15 日前完成的规定相契合，为项目的顺利回款奠定了坚实基础。

3. 分段验收，优化运营转段运营条件

项目涉及的子项和专业较多，各子项政府前期工作进展差别较大，经研判，项目无法按照整体建设期 2 年、运营期 15 年实施，为实现"快收"目标，三级公司采取了以开工条件为主线，开启了逐项开工、分段验收、逐项运营的实施方案谈判工作。

一是掌握转段主动权。在项目 PPP 合同谈判阶段，三级公司充分借鉴以往经验教训中由于建设合规程序不完善，一些项目完工后迟迟无法竣工验收，从而影响项目

进入运营期的经验教训。将原合同约定须完成竣工结算审计才可进入运营的条件，更改设定为由项目公司主导的完工验收通过后，即可申请进入运营期，避免了由于实施机构等原因造成项目完工无法及时办理竣工验收，导致不能按时投入运营的问题，为工程完工及时转运营创造了有利条件。

二是优化转运限制，打通原合同中道路工程的完工验收投入运营限制，原 PPP 合同约定 8 条道路必须全部完工方可进行完工验收，大大延迟了道路工程投入运营时间。项目公司顺应政府急需道路开通使用的需求，通过积极协商将完工验收条件修改为任一子项目具备完工条件后应组织完工验收。其中，道路工程完工验收以能够满足独立使用功能的道路段落为验收单元逐个组织完工验收，使得已完工道路子项目能够及时进入运营，实现了"早收"的目标。

4. 解决前期费用及征拆费用的争议事项

经过梳理和研究，新都动力新城项目 PPP 协议中关于前期费用及征拆费用存在较大争议问题，具体如下，本项目所属安置房子项目因土地手续等问题开工时间延期至 2023 年初，导致该子项目整体建设期从 2 年变成 6 年，但前期已投入征拆资金 2.91 亿元计入安置房项目投资，该笔资金将产生大量建设期利息，甚至出现总投资超原合同 10% 的重大风险。

项目管理人员制订优化方案，将安置房子项目拆迁费用 2.91 亿元根据实施机构实际使用情况调整纳入已完工的 4 个子项目投资结算金额。根据该方案并迅速成立由三级公司主要领导挂帅沟通协调小组与新都区政府、审计单位、咨询机构等进行高频次对接。坚持防范"审计风险"立场，经过不懈努力，政府方最终同意上述方案并同意签订补充合同。此项争议的解决，将有效保障投资收益。经估算，该项方案的实施不仅控制了因建设期延长导致的投资总额超概风险，也满足了企业及时回款的需求。

5. 探究政策税务风险，从合同角度寻求补偿

本项目 PPP 合同约定政府支付的可用性付费为含税价，增值税率为 6%，在合同执行过程中新都区税务局要求运营期项目公司回收建设期投资本金时，建安部分本金增值税应按建筑服务业 9% 缴纳增值税，向政府支付的征拆费用也比照提供建筑服务处理，按 9% 缴纳增值税，与合同约定税率有较大偏差，增加了项目公司税负，经初步测算项目公司需多缴纳增值税费。

通过反复沟通，政府方同意补偿超出合同约定的 6% 部分的税金，目前已与实施机构、咨询机构、新都区财政局达成一致意见。对于补偿事宜，已经过新都现代交通产业功能区建设指挥部 2022 年第五次办公会会议纪要固化，明确 PPP 项目公司按相关法律法规缴纳相应税金，政府方按时结算。若本项目可用性付费含税价的增值税税率高于 6%，则由政府方承担；若本项目可用性付费含税价的增值税税率低于 6%，由政府方从可行性缺口补助中扣除相应金额。该条款的设置有效化解了实操过程中因

地方税局对 PPP 项目纳税模式理解不同带来的潜在风险，避免项目公司多承担额外税费损失。

6. 据实核算运营维护成本，确保运营维护收益

根据原合同约定，项目公司在运营期对各子项目进行维护的过程中，须保证各子项目实际运营维护成本不得高于合同约定的维护成本上限金额。然而，已完工的道路、活力公园、燃气迁改、电力迁改子项目的实际运营维护范围、内容及标准较合同签订初期已发生实质性变化，原合同约定的运维成本上限金额已无法覆盖实际成本，导致投资方运营维护可能产生亏损的风险。

项目"双清"管理专项组仔细梳理合同条款，多次与政府方就运营维护成本事宜展开二次谈判，寻求咨询机构意见。最终向政府方明确该项目实际运营维护内容较原合同已发生较大变化，需重新核算运维服务单价及方量的上限。通过收集周边区县运维服务单价的相关资料，确保实施机构认可项目公司实际运维成本，做到据实调整，保障运营维护收益。

截至当前，项目公司已收到政府指定会计师事务所出具的运营维护成本审核报告，明确高于原合同上限的费用也计入运维成本，并按照合同约定利润率（4.35%）向项目公司支付运营补贴。同时，在 PPP 项目补充协议中明确交由实施机构会同财政、发改、审计、统计等区相关部门与项目公司协商确定运营成本上限金额调整事宜，从而固化谈判成果，保障投资收益。

四、取得成效

（一）优化"双清"管理前后对比

1. 项目总投资得到控制

经过积极的二次谈判，明确本项目分段分项目验收，并以项目公司为主导的交工验收时间作为转段运营的时间节点，本项目已运营的 4 个子项目均在合同工期 2 年内完成投资建设，未造成建设期利息的浪费，并在原概算范围内略有结余。

同时，因安置房子项目投资规模增加，建设期延长较多，前期投入的征拆资金形成资金沉淀，本项目面临总投资超原合同额 10% 需重新立项的重大风险。

"双清"管理专项工作组制定的将前期投资的安置房子项目拆迁费用 2.91 亿元根据实施机构实际使用情况调整纳入已完工的 4 个子项目投资结算金额的优化方案，大大减少了该笔资金的沉淀成本，提前终止了建设期利息，使项目总投资得到有效的控制，经初步测算节约建设期利息约 3 000 万元。如表 1、表 2 所示。

表1 方案优化前预计利息金额

投资构成项（万元）		付款时间	建设期利息（万元）	备注
安置房 前期拆迁款	5 000	2019 年 7 月 30 日	1 241	预订完工时间：2024 年 12 月 31 日 拆迁款占用利息合计：6 337 万元
	3 000	2019 年 9 月 27 日	723	
	11 000	2019 年 12 月 20 日	2 534	
	5 000	2020 年 9 月 27 日	975	
	2 750	2021 年 2 月 8 日	490	
	2 250	2021 年 5 月 17 日	373	

表2 方案优化后预计利息金额

投资构成项（万元）		付款时间	建设期利息（万元）	备注
安置房 前期拆迁款	5 000	2019 年 7 月 30 日	738	预订完工时间：2022 年 12 月 31 日 拆迁款占用利息合计：3 468 万元
	3 000	2019 年 9 月 27 日	422	
	11 000	2019 年 12 月 20 日	1 439	
	5 000	2020 年 9 月 27 日	487	
	2 750	2021 年 2 月 8 日	224	
	2 250	2021 年 5 月 17 日	158	

2. 项目经济效益得到显著提升

本案例项目于 2018 年 6 月 25 日起各子项目陆续开工，并于 2020 年 6 月 1 日起各子项目陆续交工验收并进入运营期。

经过优化"双清"管理的实践操作，以交工验收为时间节点，各子项目及各条道路分段运营的解决方案，已完工的 8 条道路、活力公园、燃气迁改、电力迁改，分别独立计算运营期可用性付费金额，大大降低了运营付费延期的风险，显著提升了项目的经济效益，使得社会资本方及时足额收到了投资回报。本项目于 2021 年、2022 年分别全额收到可行性缺口补助 7 854 万元、10 965 万元。同时，前期 2.9 亿元征拆资金的分批工作，也使得项目已确权资产规模显著提升，经测算，保证了企业的合理收益。

项目增值税费补偿条款的落实，有效化解了实操过程中因地方税务局对 PPP 项目纳税模式理解不同带来的潜在风险，避免项目公司额外多承担税费损失，巩固了该项目的经济效益。

（二）对解决单位管理问题情况的评价

案例的实践与应用提升了项目公司精细化管理水平。深挖合同条款、查缺补漏、优化"双清"管理本就属于精细化管理范畴，其关注的重点和高标准流程化的过程审查拓展了项目投融资管理的内涵与外延，通过理解掌握项目投资回收的内涵，项目公司"双清"行动力得以提升，参与人员的综合素质也得到了全面提升，业务与财务人员的专业技能也得到了更好的融合，推动了项目公司及投资公司精细化管理水平。

（三）对提升单位管理决策有用性的评价

在国家基础设施投资政策的激励下，PPP项目依旧会是一定周期内较为主流的基础设施投资模式。由于市场规模不断增长，以及前期存量项目转段运营的规模扩大，投资项目的各类风险问题也逐步突出。传统的"双清"管理及投融资管理模式不能很好地适应投资需求增长的要求，投资公司需要更加精细化的投融资及"双清"管理制度，以实现央企"压降两金，提质增效"的发展目标。

本案例以合同为抓手，通过二次谈判、签订补充协议的方式来优化"双清"管理工作，使得企业投资项目投资回收不再以政府方单方面为主导，拓展了项目"双清"的思路与方法，增强了企业决策的科学性和合理性。

五、借鉴思考、经验总结

本案例项目着重合同纠偏，以合同抓手，积极开展二次谈判，对"双清"工作的优化及投资项目效益提升起到了显著效果。其中创新工作办法，通过本次新都动力新城PPP项目合同纠偏，实现了项目投资"早收""多收"目标，为"双清"工作的推广应用提供了鲜活的范例。

现总结以下三点经验启示，为各单位开展"双清"工作实践提供借鉴。

（1）高层良性互动，推动项目争议实质性化解。起初，在解决付费周期、征拆费用及税费承担等争议时，项目方也遇到政府实施机构、财税、审计等主管部门意见不一，导致问题陷入无法解决的"死循环"状态。为此，项目方应及时调整思路，借助联合党委平台，有效打通了企业内部与区政府高层的沟通渠道，从源头上为项目争议解决扫清了沟通障碍。

（2）熟悉和吃透合同条款，是解决项目争议的法宝。PPP合同专业性极强，涉及合同、法务、财税、土地等多个专业，这就需要专业人才和专业团队。面对项目纠纷及不明确的事项，应当以合同条款为基础，拒绝政府实施机构的不合理要求。项目管理人员必须要充分理解和熟悉合同条款，吃透合同条款才是解决项目争议的真正法宝。

（3）实行动态合同管理，及时进行合同纠偏是关键。将优化后的可用性付费申请支付流程、转段运营条件、绩效考核支付、资产确权及付费计算原则修订至合同补充协议，从而固化管理成果，同时为后续的PPP项目合同谈判提供优质蓝本。

然而，签署PPP项目合同只是"万里长征走完了第一步"，后续PPP项目过程管控更为关键，要建立起项目全流程的指标预警机制。随时关注实操内容与合同条款约定、可研报告指标之间的偏差，及时发现问题，提出整改建议，扫除风险盲点。

合同管理贯穿于投资项目管理的全过程，合同管理更是企业增收创效的重要阵地。分公司实行全过程动态投资合同管理，持续发力合同偏差，切实防范投资项目财务风险，推进投资项目提质增效"加速度"。

加强"双清"工作制度建设，依法合规开展"双清"工作能够有效保障项目经营性现金流的稳定，有效降低项目费用总支出。本案例项目管理人员聚焦效益提升，抓实合同纠偏，实现了项目投资"早收""多收"的目标。该项工作是中国中铁大商务管理与项目效益提升三年工作中的重要一环，是建筑类央企提质增效的重中之重，只有切实落地的清收清欠工作才能保障与提升项目的经济指标，提升项目的效益水平。

建立投资项目风险预警体系，实现对投资项目全过程风险管控，持续加大优化"双清"工作力度，实现助力投资公司高质量发展。

（中铁城市发展投资集团有限公司成都分公司　刘　生

林鸿钦　石　佳　倪小童）

风险清单在 PPP 项目公司中的应用

【摘要】 长期以来，为特定项目服务所成立的 SPV 公司存在组织架构精简、人员配置较少的特点，一般未设立风险管理部门统筹管理公司的风险防控事宜。这也就导致了基层项目公司风险管理存在诸多隐患，一旦风险意识不足，较容易造成经济损失，并对项目后续运营及管理效益的提升产生负面影响。因此，亟须采用一种门槛低、适用性强的工具方法管理项目公司的风险。甲公司成立于 2022 年 3 月 9 日，是为了投资、建设、运营 A 县全域水网地表水灌溉 PPP 项目所成立的项目公司。为规避 PPP 项目全生命周期推进中的风险，结合建设项目自身特点及其所处阶段，甲公司利用风险清单建立了本公司的风险管理体系。清单编制前，成立风险管理小组，建立了风险管理的运行机制。建立风险框架进行风险识别，对识别的风险进行分析，分析其风险因素、风险发生可能性、风险的影响程度、风险后果等级，结合项目实际提出风险应对措施，建立风险管理清单，不断完善公司的风险管理，提升风险防控能力。风险清单的应用促进了甲公司风险管理体系建设，提升了部门之间协同工作的效率；风险管理与绩效考核挂钩则大大提高了工作人员风险管理的意识，对企业内部控制及外部风险防控起到了积极的作用；同时对企业落实年度计划、提升单位管理决策具有不可替代的作用。

一、背景描述

（一）单位基本情况

甲公司是为了投资、建设、运营 A 县全域水网地表水灌溉 PPP 项目（以下简称"A 县项目"）所成立的项目公司，公司主营范围包括但不限于水利灌溉服务、水资源管理、水利基础设施运营、水资源开发利用等。甲公司董事会 5 人，其中 4 位董事为各股东方委派，1 位董事为职工代表；监事会 5 人，其中 3 位监事为各股东方委派，2 位监事为职工代表；经理层 5 人，其中总经理 1 人，副总经理 3 人，财务总监 1 人；下设 5 个部门含其他管理人员 13 人。

A 县项目包括东南片区、西北片区、东北片区共 3 个子项，是将全县农田水系、道路、绿化同时打造的综合工程。主要建设内容为渠系、泵站、道路、绿化、坑塘、智慧灌溉等。项目估算总投资 12.83 亿元，其中工程费用 10.2 亿元，工程建设其他费 1.09 亿元，预备费 1.1 亿元，建设期利息 0.44 亿元。A 县项目合作期 20 年，其中建设期不超过 2 年，运营期为 18 年，目前处于建设期。

（二）存在的主要问题

PPP 模式作为公共服务领域成熟的运营模式，通过与具有投资、建设、运营能力的社会资本合作，在减轻政府财政压力的同时提高公共服务供给的效率和质量。如一般基建项目，PPP 项目具有建设周期长、投资规模大、需求资金多、易受到项目所在地经济环境和政治环境影响等特征。就 PPP 项目本身而言，存在制度环境不完善、地方政府缺乏诚信、项目收益低且不确定、监管滞后、审批牵扯多个部门、退出机制不完善等问题。这就导致了 PPP 项目在投资、建设、运营的过程中面临着来自政治、社会、金融、经济、环境等多方位的风险，对甲公司的风险管理提出了较高的要求。

甲公司作为项目公司，本身的组织架构及人员配置较少，没有专门的风险防控部门，只有相关的合规管理人员。这种相对简单的模式有利于节省企业的人力、物力、财力，但是不利于企业本身风险管控能力的提升，因此甲公司急需适用性强且门槛低的风险管理工具方法。

（三）选择风险清单工具方法的主要原因

为了能够明确 A 县项目在投资、建设、运营过程中所面临或者可能面临的各种风险，高效规范企业的风险识别、分析、应对和预警全过程，甲公司采用了风险识别清单，主要原因如下：

一是风险清单较为直观，能够全面、准确地反映企业生产经营过程中所面临的各类风险，风险的类别、层级关系、内容、与之相关的业务工作以及应对措施等，便于企业全面把握不同生产环节中的风险因素，厘清企业风险状况，利于企业内部防控责任的落实。

二是风险清单是以表格单据的形式为企业的风险管理保驾护航，形式较为灵活多样，门槛低，步骤清晰，具有较强的适用性。

三是根据风险程度的不同，将风险划分为多个层次，同时根据风险发生频率确定风险应对重点。这将有利于风险评估分析的开展和集中人力、物力等资源应对风险、监管风险。

四是风险清单能够以表格单据的方式将企业的风险识别、评价与分析、应对及监管全过程和应对结果进行管理，对于企业风险管理语言的统一、企业风险管控的统一化及标准化等方面具有重要意义。同时，风险清单能够实时反映风险因素的消减情况，为后期的查阅、对比、分析等提供了数据支撑，便于风险管理方面的经验总结，建立起企业的风险预警机制。

二、总体设计

（一）应用风险清单工具方法的目标

一是实现风险因素的全过程管控，使得企业能够从宏观上了解本身的风险概况以及存在的重大风险因素、从微观上了解具体的风险点，不断提升甲公司自身的风险管理能力，及时解决已发生的风险、避免潜在风险的发生，减少企业因风险而导致的经济损失。

二是通过风险清单工具方法将风险层层分解，明确各相关业务部门的风险管理责任，将责任落实到具体的部门及个人，将风险消减情况与绩效考核相结合，激发员工的风险管控积极性，提高企业风险管理整体水平。

三是规范风险管理流程，实时更新风险消减情况，结合风险清单总结风险管理经验，为企业风险预警机制的构建奠定坚实的基础。

（二）应用风险清单工具方法的总体思路

结合甲公司所处建设期及其工作实际，以风险识别作为风险管理工作的切入点，以风险分析作为基础，风险应对措施作为关键，编制甲公司风险清单。再通过风险监督与评价机制改进风险管理，促进风险管理的动态更新。

企业编制风险清单的关键在于风险清单基本框架的构建。一般而言，风险清单基本框架包括风险识别、风险分析以及风险应对三部分内容。具体内容如图 1 所示。

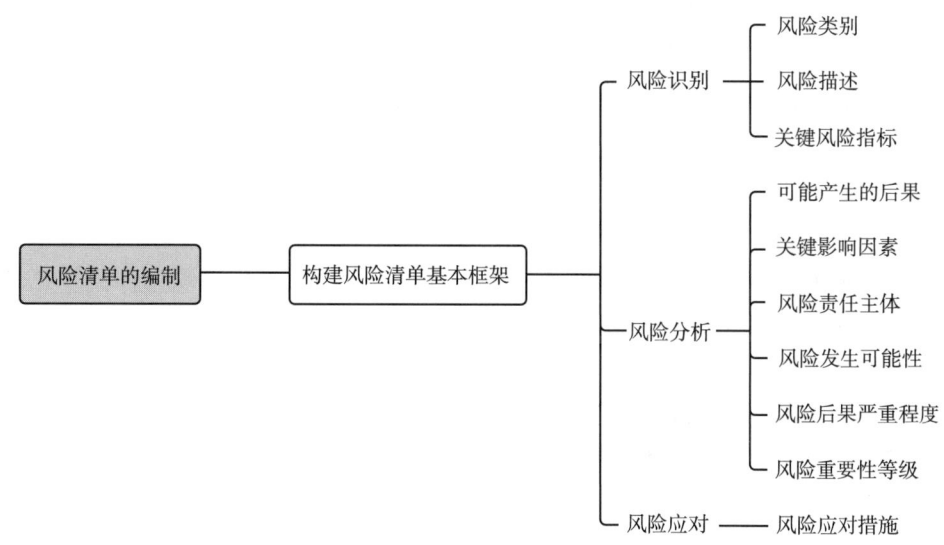

图 1　风险清单基本框架

（三）风险清单工具方法的内容

1. 风险清单的含义

风险清单，是指企业根据自身战略、业务特点和风险管理要求，以表单形式进行风险识别、风险分析、风险应对措施、风险报告和沟通等管理活动的工具方法。

2. 风险清单的应用程序

根据《管理会计应用指引第 702 号——风险清单》的有关规定，风险清单的应用程序简述如下：

（1）风险清单应用程序：风险清单编制、沟通与报告、评价与优化等。

（2）风险清单层次：企业整体和部门。企业整体风险清单编制流程：基本框架构建、识别风险、分析风险、制定措施等。部门根据企业整体清单，梳理与本部门有关的风险，依上述流程进行。中小企业可不区分部门和企业整体编制。

（3）风险清单基本框架：风险识别、分析、应对措施。风险识别包括风险种类、描述等因素；风险分析包括可能的影响后果、发生可能性、责任主体、风险重要性等级等；风险应对包括应对措施等。

（4）风险管理部门在有关部门的配合下，共同识别对风险管理存在影响的因素，建立风险信息库。识别过程遵循系统梳理、全员参与、动态调整原则。

（5）风险管理部门对识别出的风险归类、编号，并根据风险性质、指标是否可以量化进行归类，填写完善清单基本框架中的风险种类、描述等要素。

（6）风险管理部门根据已填写风险识别内容，与有关部门沟通后，分析其后果、成因、责任主体，并于风险清单基本框架中填写。

（7）责任主体依据风险应对能力和风险偏好，逐项分析各风险发生可能性和后果，并于风险清单中填写上述要素及风险重要性等级。

（8）风险管理部门要以风险重要性等级作为确定企业整体重大风险的基准，报风险管理决策层批准后反馈给有关责任主体。

（9）风险管理部门及各责任主体根据企业的风险偏好等，确定风险的应对措施，并于风险清单基本框架中填写，完成企业整体风险清单。

（10）依据企业整体风险清单，风险管理部门及各责任部门可细化各部门业务流程，强化具体措施应对，切实将风险管理落实到具体业务和岗位上。

（11）风险管理部门要及时将风险清单中的风险传递给有关责任主体，确保其准确理解，便于风险管理活动的有效开展。

（12）依据企业内外部环境的变化，风险管理部门应协同各责任主体定期或不定期对风险清单进行更新完善。

三、应用过程

（一）参与部门及人员

由于甲公司作为项目公司，规模较小、人员配备较少，并未设立专门的风险管理部门，具备风险管理相关知识的业务人员，日常在财务金融部、商务管理部工作。应用风险清单开展风险管控工作时，甲公司由公司负责人牵头，抽调相关部门负责人及具备风险管理专业知识的工作人员成立风险管理小组，作为临时的风险管理部门履行职能。

另外，需要明确的是，甲公司作为仅为特定单一项目服务的项目公司，组织架构简单，人员配置较少，故不区分编制企业整体风险清单和部门清单。

（二）具体应用流程

1. 风险识别

（1）建立风险框架。

甲公司本身属于投资类项目公司，是为了投资 A 县项目而成立，业务较为单一，主营范围聚焦于水利基础设施的建设和运营。因此，根据项目本身推进的不同时间阶段来划分风险，可以分为项目前期风险、建设期风险、运营期风险、退出期风险。另外，A 县项目现处于建设期，故风险清单的编制以建设期风险为主。

甲公司在上级公司专业人员的指导检查下，结合项目本身的特点以及所处的建设阶段，根据风险清单实施程序的相关步骤，对存在的风险因素及风险源等进行了总结归类和深层次分解，在此基础上，编制完成了 A 县项目的三级风险框架，风险类别共计 9 类，二级风险 15 个，三级风险 32 个，详见表 1 风险框架示例。

表1　　　　　　　　　　　　　　甲公司风险框架

项目名称	项目阶段	风险类别	二级风险	三级风险
A 县全域水网地表水灌溉PPP项目	项目前期	前期考察风险	项目前期考察风险	经济环境考察评估风险
	项目前期	前期考察风险	项目可行性研究分析风险	投资模式合规性风险
	项目建设期	前期考察风险	项目前期考察风险	商业信用环境考察评估风险
	项目建设期	建设期施工风险	项目设计及变更风险	初步设计变更风险
	项目建设期	建设期施工风险	生产管理风险	安全管理风险
	项目建设期	建设期施工风险	生产管理风险	质量管理风险
	项目建设期	建设期施工风险	生产管理风险	工期延误风险
	……	……	……	……

（2）建立风险审核清单。

组织甲公司领导班子、各部门负责人及具备风险管理专业知识的工作人员，根据项目推进实际情况，对 A 县项目前期及建设期可能存在的主要风险进行了详细的识别、分析及评价，以甲公司各部门职责为基准制定了相对详细的风险清单，可以作为甲公司风险审核清单，共计涵盖风险因素 96 条，详见表 2 风险审核清单示例。

表 2   甲公司 A 县项目风险审核清单

项目名称	项目阶段	风险类别	二级风险	三级风险	风险因素	风险描述
A 县全域水网地表水灌溉 PPP 项目	项目前期	前期考察风险	A 县项目考察风险	经济环境考察评估风险	经济水平	由于在项目前期未能对投资所在县用于衡量地区经济发展水平的重要指标进行评估，例如，地区生产总值、人均生产总值、政府财政收入与支出、用于 PPP 项目的财政支出等，导致项目在后期运营维护时，成本及收益会难以及时收回，不仅会导致项目运营产生困难，更会使得项目还本付息迟延，可能会导致项目运营被迫停止，给项目带来较大的经济损失
	项目建设期	建设期施工风险	生产管理风险	安全管理风险	现场施工安全	由于施工单位未能严格地执行有关安全生产的法律法规，未能履行其安全生产管理职责，对于施工现场管理松懈。一方面，会对现场作业的工人的生命安全造成严重的威胁，另外对于公共设施的毁损、附近居民生活等均有一定不利影响；另一方面，会导致有关政府部门对于事故的调查，不利于企业社会形象的树立，严重影响工程进度的推进，进而可能导致工期延误等不利后果
	项目建设期	建设期施工风险	生产管理风险	质量管理风险	工程质量	由于施工单位质量意识淡薄、监理单位监督管理不到位、原材料质量控制不到位等多重因素综合作用下，使得工程质量存在隐患，这会导致建筑物安全、使用功能等存在安全风险，会使得后期运营维护成本上升，不利于企业经济效益的提高
	……	……	……	……	……	……

（3）2022 年度风险识别。

通过查阅资料、现场调研、会议召开等多种形式，收集并整理项目公司以及 A 县项目内部、外部的风险信息，包括宏观的政治、经济、社会等发展态势，PPP 行业政策，属地政府相关政策。具体如本身的生产经营计划、人员配置及组织架构、近年的审计报告及财务报表、水利设施同类型典型案例等。将之与风险审核清单进行对比，识别出公司在推进 A 县项目建设过程中可能存在的主要风险，详见表 3 风险识别示例。

表3　　　　　　　　　　　　　　　　风险识别示例

序号	风险因素	风险事件	项目阶段	风险类别	二级风险	三级风险	风险来源
1	社会资本方及政府出资代表资本金出资未及时到位	北京一家专门从事污水处理及再生利用的公司，作为某一PPP 项目的社会资本方，未能按照合同规定及时到位资本金。之后，PPP 项目实施机构及政府方出资代表在多次催告无果的情况下，将其诉至法院。法院最后裁定该公司行为构成重大违约，依法应当承担违约责任。项目资本金及时到位作为财务管理中的重要一环，对于项目开工、融资借贷等方面具有重要影响。在 PPP 项目中，若未按时足额缴纳项目资本金、以债务性资金充当资本金或由第三方代持社会资本方股份的，则可能存在被清退出 PPP 项目管理库的风险。及时督促项目公司各股东方及时、足额地到位项目资本金，是项目顺利推进建设的必要条件	建设期	财务管理风险	项目资本金风险	资本金迟延到位风险	外部因素
……	……	……	……	……	……	……	……

2. 风险分析

以上述风险识别的成果作为基础，并结合项目前期及建设期进展过程中收集的有关风险信息，通过咨询专家、集体讨论、情景分析等方法，对可能会导致风险发生的原因、风险产生后存在的影响等进行了详细的分析，形成了 2022 年度 A 县项目风险清单，详见表 4 风险清单。

3. 风险评价

（1）设计风险评估标准。

从风险发生的可能性及风险发生后的影响程度两个角度来评估甲公司所面临的风险。项目公司现阶段的风险评估方法是定性和定量法相结合。在确定量化指标时，考量了公司本身的生产经营目标、风险承受能力等因素，确保评价标准与甲公司实际相符。

①风险发生的可能性指的是某一个风险发生的频率或概率。根据此定义可知，在考量风险发生可能性之时，需要从风险发生的相对概率及绝对发生的次数两个方面进行考量。

表 4   2022 年度 A 县项目风险清单

序号	项目阶段	风险类别	二级风险	三级风险	风险因素	风险成因	风险产生后的影响
1	项目建设期	建设期施工风险	生产管理风险	工期延误	征拆风险	由于政府方征拆不到位等原因导致的暂停施工，进而导致工期延误	（1）违约责任的承担。根据 PPP 合同的约定，因政府方原因导致的工期延误，政府方须向甲公司承担违约责任，并支付 PPP 合同约定的违约金。 （2）工期延误必然会导致 A 县项目投入运营的时间相应延期，政府方可行性缺口补助支付迟延，会使得甲公司还本付息迟延，承担违约责任。 （3）成本增加。工期延长时，施工单位将投入相较于预期成本更高的实际成本，承受更长周期的资金回款压力。而投资单位甲公司则需要支付更多的管理人员的工资和办公费用，导致企业管理费增加。另外，工程建设项目的资金占用时间延长，融资成本和利息也会相应增加。 （4）工期延误会使得 A 县项目投入运营的时间推迟，导致项目的使用年限变短，企业经济效益降低
……	……	……	……	工期延误	……	……	……

按照风险发生的概率性，可将其划分为 5 个层次的概率（见表 5），由低到高可分为：极低、低、中、高、极高，分别对应评分 1、2、3、4、5。另外，在评估风险发生的概率时，还可考量以下因素：一是考量与风险有关的资产的变现的难易程度，若资产易变现，则其风险发生的概率性就较高，反之则较低；二是在生产经营管理过程中人的参与程度，人的参与程度越高，则自动化的程度就越低，风险发生的概率性就越高，反之则较低；三是生产经营过程中是否涉及大量的人工计算，若涉及，则风险发生的概率就较高，反之则风险发生的概率就低。

表 5   风险发生可能性

项目		评分				
		1	2	3	4	5
标准		极低	低	中	高	极高
举例	日常建设中可能发生的潜在风险	一般不发生（每五年发生一次到两次）	极少发生（每年发生一次到两次）	某些情形下发生（每个季度发生一次到两次）	较常发生（每个月发生一次到两次）	经常发生（几乎每周都发生）
	大型灾难或事故等不可抗力	今后 10 年内可能发生的次数少于一次	今后 5 ~ 10 年内可能会发生一次	今后 2 ~ 5 年内可能发生一次	今后 1 年可能发生一次	今后 1 年内发生一次以上
	可通过历史数据统计出风险发生概率的情况	发生概率在 10% 以下	发生概率在 10% ~ 30%	发生概率在 30% ~ 60%	发生概率在 60% ~ 90%	发生概率在 90% 以上

②风险发生影响程度。风险发生的影响程度指的是当风险失控时可能会对公司产生的影响程度，包括对公司形象、人员、财产、信誉、资质、可持续发展的影响，对社会、政治、经济、环境等的影响。从对目标实现的角度来看，风险发生的影响程度主要指的是风险对于目标完成的负面影响的程度。按照风险发生影响程度的高低，将其分为5类（见表6），由低到高分别为：极小、小、中、大、极大，分别对应评分1、2、3、4、5。风险的影响程度是相对于一个既定目标来说的，因此在做影响程度的评价分析前，应当明确风险分析相对应的目标是什么。甲公司作为项目公司，其在建设期主要任务或目标可以说是投资额的完成，运营期的主要目标则是运营维护好A县全域水网地表水灌溉工程，督促政府付费，及时收取经营性收入。

表6 风险发生影响程度

项目	评分				
	1	2	3	4	5
标准	极小	小	中	大	极大
具体描述	对企业生产经营目标的实现影响微弱	对企业生产经营目标的实现存在一定影响	对企业生产经营目标的实现存在中等影响	使得企业生产经营目标部分未实现	使得企业生产经营目标无法实现

若某一风险对于公司目标的实现，具有直接的、决定性的影响，那么就应当属于大或者极大的风险影响程度。相反，如果其对于公司目标的实现，只能够产生一些间接、非决定性的影响，那么就属于中、小或者极小的影响程度。综上所述，风险评估应当与企业自身的战略目标或者年度经营计划息息相关，故应当高度关注那些对于企业战略目标或年度经营计划存在重要影响的风险因素。除此之外，对于风险发生的影响程度还应当考量多方面的因素，需要打分人员根据自身的经验进行判断。

（2）组织开展评价打分。

依据风险识别、分析以及评估标准，甲公司制定了相对应的风险评价调查问卷，面向全公司的业务管理人员进行了打分评价。

（3）进行风险排序并确定风险等级。

项目公司在经过上述识别、分析、打分后，需要明确哪些风险是需要一般关注的、哪些风险应当引起重点关注的。对于应当重点关注的风险，还需要进一步划分，可以分为"重要风险"和"重大风险"。风险等级的判断是依据风险发生可能性和影响程度进行，二者均是取打分平均值。可以参考表7标准确定风险等级。

表7 风险等级判断标准

风险等级		风险发生影响程度				
		1	2	3	4	5
风险发生可能性	1	一般	一般	一般	一般	重要
	2	一般	一般	重要	重要	重大
	3	一般	重要	重要	重大	重大
	4	一般	重要	重大	重大	重大
	5	重要	重大	重大	重大	重大

（4）评分汇总表。

评分汇总如表8所示。

表8 评分汇总

序号	项目阶段	风险类别	二级风险	三级风险	职工A		职工B		职工C		职工D		……	平均值		风险等级
					发生可能性	影响程度	发生可能性	影响程度	发生可能性	影响程度	发生可能性	影响程度	……	发生可能性	影响程度	
1	项目前期	前期考察风险	项目前期考察风险	经济环境考察评估风险	2	4	3	3	2	3	3	2	……	3.2	3.9	重要
2		前期考察风险	项目可行性研究分析风险	投资模式合规性风险	2	4	3	3	3	2	2	3	……	2.3	3.6	重要
3		前期考察风险	项目前期考察风险	商业信用环境考察评估风险	2	3	3	3	2	4	2	4	……	3.1	3.4	重要
4	项目建设期	建设期施工风险	生产管理风险	安全管理风险	2	5	3	5	3	5	2	5	……	2.3	5	重大
5		建设期施工风险	生产管理风险	质量管理风险	3	5	2	5	3	5	2	5	……	2.5	5	重大
6		建设期施工风险	生产管理风险	工期延误风险	3	4	2	5	2	5	3	4	……	3.1	4.2	重大

序号	项目阶段	风险类别	二级风险	三级风险	职工 A		职工 B		职工 C		职工 D		……	平均值		风险等级
					发生可能性	影响程度	发生可能性	影响程度	发生可能性	影响程度	发生可能性	影响程度	……	发生可能性	影响程度	
7	项目建设期	财务管理风险	投资确认风险	超投资风险	2	5	3	5	3	4	3	4	……	3.2	4.4	重大
8		财务管理风险	投资确认风险	认质认价风险	3	3	2	4	4	2	2	4	……	3.2	3.8	重要
9		财务管理风险	投资确认风险	竣工结算审减风险	3	4	2	5	2	5	3	4	……	3.3	4.3	重大
10		财务管理风险	项目资本金风险	资本金迟延	2	4	3	3	3	3	2	4	……	3.1	3.6	重要
11	项目运营期	财务管理风险	成本及收益回收风险	经营性收益回收风险	3	4	2	5	3	4	3	5	……	3.1	4.8	重大
12		财务管理风险	退出风险	运营期回购风险	2	4	4	2	3	3	2	4	……	3.1	3.6	重要
……	……	……	……	……	……	……	……	……	……	……	……	……	……	……	……	……

4. 风险应对

（1）制定重大风险管理策略和解决方案。

甲公司在风险评估的基础上，组织领导班子、各部门负责人及具备风险管理专业知识的工作人员，结合项目公司投资完成及营收指标、风险发生的成因、影响后果等，制定出合适的风险应对策略和具体的风险解决措施。

①风险应对策略。

风险应对策略主要可以分为以下四种，分别是接受风险、减少风险、分担风险、规避风险。

接受风险，指的是不采取任何措施去干预风险的可能性或者影响程度。

减少风险，指的是采取措施减少风险发生的可能性或风险发生的影响程度，或者两者兼有之。

分担风险，指的是采取将风险转移或者将部分风险分担，以此来减少风险发生的可能性和影响程度。最常见分担风险的措施就是购买保险产品。

规避风险，指的是退出可能产生风险的各类活动。

②风险解决措施的考量因素。

一是风险解决措施的支出成本与未来收益的比较。

二是风险解决措施中可能存在的机遇与相应风险的比较。

三是风险解决措施是否和公司对风险的容忍度保持一致。

四是可以考虑多种风险解决措施的组合。

③重大风险应对表。

重大风险应对如表9所示。

表9　　　　　　　　　　　　　　　　　　　重大风险应对

序号	风险类型	风险描述	风险成因	风险影响	风险应对策略	风险应对措施	责任部门	责任人
1	财务管理风险	设计总承包单位延期支付与扣押工程款	设计总承包单位恶意拖欠工程款项或者其本身内部支付流程烦琐	（1）影响施工单位的运作，可能会导致工程进度慢，进而导致工期延误、社会资本施工利润无法及时收回等严重后果。（2）拖欠农民工工资，抹黑企业的社会形象	风险减少	（1）在总包合同内约定总包单位必须在施工所在地设立银行账号，并接受甲公司监管。（2）在总包合同内约定，如总包牵头单位未能按联合体协议约定，及时足额支付施工单位建安费，甲公司有直接支付建安费的权利。（3）甲公司加强对总包部资金过程监管，同时采用分笔支付，严禁大额支付，控制过程分笔支付金额，确保施工单位建安费足额及时支付到施工单位	财务金融部	××
2	财务管理风险	本项目已经审计的项目竣工决算中确定的项目总投资作为实际投资，竣工结算时存在审减的风险	（1）结算过程资料确认的不及时或者对结算所涉及的支持性过程资料存在缺失。（2）投标报价时的盲目使用不平衡报价致使结算时审减额度增加。（3）工程量清单核算时中标清单及图纸与实际施工图纸及清单不一致增补清单单价差异	不利于社会资本方的投资回收，对其预期经济效益的实现产生负面影响，进而对项目公司还本付息节奏产生不利影响	风险减少	（1）做好初设概算控制不能超估算总投资。（2）初设前期设计优化为施工图预算控制及利润做好铺垫。（3）引入跟踪审计单位，对建设全过程进行跟审，做牢做实变更签证等过程资料，避免后期的审减风险	财务金融部	××
……	……	……	……	……	……	……	……	……

（2）风险监控。

为了落实对于高风险领域及重要业务的控制效果，及时准确地将风险化解于源头，甲公司建立了符合公司业务特点的风险监控体系。根据风险评估结果，针对每一重大风险均设计了相关的控制指标，将监控区间根据具体数值划分为三个部分，即正常、关注、危险。同时，对于监控的频率、责任部门以及监控数据的来源等也是进行了确定，大大加强了项目公司风险管控能力。

（三）实施过程遇到的主要问题及解决方法

甲公司组织领导班子及业务人员对"风险发生的可能性"和"风险发生的影响程度"进行打分，以此来确定风险等级。这就导致了风险等级可能因为不同人评价的主观性而产生较大的偏差。

为了应对这一情况，风险管理小组在对打分的结果进行统计之时，剔除其中的极端数值，同时将具备风险管理职能的业务人员及重要决策人员的打分增加权重比，最后取平均值，保证打分的偏差性较小。

四、取得成效

（一）对解决单位管理问题情况的评价

（1）加强了甲公司对于风险的管控能力，明确了自身所存在的各类风险及防控措施，提升了公司对于风险的识别及应对能力。

（2）将防控责任落实到各主责部门，避免企业内部风险防控的职责不清，强化了公司风险防控职能，提高了风险防控的事前化解与事中控制。

（3）减少与外部单位的争议乃至纠纷，降低因风险发生而导致企业的经济损失，提高甲公司的管理效益。

（二）对支持单位制定和落实战略的评价

利用风险清单理清公司风险状况，通过建立常态化风险评估及监控机制，对公司战略目标存在重大隐患的风险进行实时监控，有效地提高了 A 县项目建设过程中风险管理的效率及成果，为公司完成年度产值及营业额计划奠定了良好的基础。

（三）对提升单位管理决策有用性的评价

风险清单的应用使得公司决策层能够高效、快速地查找到公司所面临的各类风险及其相关信息，包括风险因素、风险成因、影响、解决措施等，为决策者在面对突发风险或类似风险时制定针对性的措施提供有效可靠的范本。同时，公司决策层在做相关决策时，可以通过风险清单规避风险，提升了决策层的风险管控能力，为企业决策的制定提供了可靠的数据来源。

（四）对提高单位绩效管理水平的评价

风险清单工具方法的应用，将具体风险与风险防控的主责部门进行了深度的绑定，为风险管理与绩效考核挂钩奠定了坚实的基础。另外，绩效考核与风险防控结果挂钩，也会倒逼相关部门工作人员更加积极地防控风险，提高企业的风险控制水平，形成良性的循环。

五、经验总结

（一）风险清单工具方法的基本应用条件

一是风险管理的内在需求。作为投资 PPP 项目的公司，甲公司需要参与到 A 县全域水网地表水灌溉项目的投资、建设及运营这一全生命周期，在不同阶段所面临的风险并不相同，另外甲公司组织架构简单、人员配置较少，因此急需一个简单有效的工具来管理 PPP 项目全生命周期的风险。

二是经营的外在压力。随着基础设施市场的日益饱和，急切需要公司内部通过提高管理水平来增强自身的行业竞争能力。

（二）风险清单工具方法成功应用的关键因素

成功应用风险清单工具方法的关键因素在于企业内部具有良好的应用环境，包括但不限于领导重视、部门协作性强、文化建设及制度建设完备等。

（三）风险清单工具方法在应用中的优缺点

优点是能够直观清晰地反映公司的风险状况，同时易于操作，能够适应不同层次、不同类型以及不同管理水平的风险管理的工作。

缺点是风险清单之中的风险往往未穷尽列举，同时在确认风险等级之时存在因主观认知存在不同而导致偏差的情况时有发生。

（四）对改进风险清单工具方法应用效果的思考

由于公司各部门职能的不同，在应用风险清单工具方法评估企业风险时，风险管理人员对不同部门的业务或职能并不熟悉，因此在识别风险、分析风险以及评估风险之时，需要风险管理人员与职能部门业务能手相互配合，明确各部门的风险及其等级，避免风险识别、分析及评估与实际情况存在错位。

（五）对发展和完善风险清单工具方法的建议

公司应当在提升全体工作人员风险意识上发力。风险管理不仅是决策层关注的事项，还需要让全体职工都能够了解到风险防控对于企业生产经营的重要性，风险管理是企业长盛不衰、在市场竞争之路上越走越远的重要保障。

（六）PPP 项目常见重要风险总结

一是需要确保项目在 PPP 综合库，关注项目入库"能进能出"的动态调整的机制，需要在 PPP 合同中明确约定项目出库责任方的认定标准及出库后的处理原则。

二是确保将可行性缺口补助金额纳入财政报告政府支付责任即年度财政预算，且在中期财政规划中予以统筹考虑。另外，需明确政府付费周期，确保政府付费稍早于还本付息要求；同时约定不能按时足额支付时的违约罚则，确保补助按时足额到位。

三是统筹做好项目融资方案，提前制定项目融资不到位、财政补助未及时足额到位的应对措施，同时不得为项目提供融资担保和流动性支持等增信措施。

四是高度关注联合体合作风险，在联合体协议中明确各方的权利义务，做好资本金出资安排，避免互为连带责任。

五是高度关注项目设计和工程预算水平，项目施工图预算编制、批复取得，做好施工组织方案，加强成本管理；做好总投资的认定及竣工决算审计工作。

（石家庄云际生态保护管理服务有限公司　赵光跃

邯郸云际智慧水网管理服务有限公司　程　阳）

勘察设计企业 EPC 项目风险与财务管理应对
——基于 L 项目的单案例研究

【摘要】勘察设计咨询业务已进入低速增长阶段，业务总量和营收在相当一段时间内基本见顶，而工程总承包营收在勘察设计企业年度营收中的占比逐年增加，已逐渐成为勘察设计企业收入最大、增长最快、塑造行业竞争力最突出的业务。本文以 L 项目为例，结合风险管理理论，介绍案例项目财务风险识别、风险分析、风险防范，化解勘察设计企业 EPC 项目的财务管理风险。案例通过对勘察设计企业牵头 EPC 项目风险管理的研究，梳理了 EPC 项目管理存在的风险清单，对风险的理念、风险识别、风险分析进行了深入的剖析，提出有效的风险防范措施。

一、引言

随着我国勘察设计行业的不断发展，工程总承包已经广泛应用于勘察设计行业，以设计单位牵头的工程总承包项目也越来越普遍。全面有效的工程总承包项目财务风险管理成为众多勘察设计企业不可或缺的一部分。工程总承包项目新特征、业主新要求、业务新模式、市场新变化的涌现预示着新发展形式到来，将给企业管理带来新的风险、新的挑战，企业在新发展形式下财务风险应对能力直接影响公司的发展潜能和生死存亡。企业必须正确认识财务风险管理的积极作用，及时发现企业中存在的财务风险，深入分析与探讨应对财务风险的有效办法，提高企业应对财务风险的能力，通过相关手段对其进行有效管理与控制，促进各项财务活动的顺利开展，有效规避各种财务风险。本文以 L 项目为例，结合风险管理理论，介绍案例项目财务风险识别、风险分析、风险防范，化解勘察设计企业 EPC 项目的财务管理风险。

二、研究背景

（一）行业背景

随着"一带一路"倡议的提出，我国工程建设正大踏步走出国门，迈进国际市场。为改变我国建筑业"大而不强"的现状，积极"走出去"与国际接轨成为建筑业发展的迫切需求，缩短与国际工程总承包管理水平的差距，将"中国建造"打造成为中国建筑行业走向世界的新名片，工程总承包将成为助力我国建筑业走向更广阔市场的重要支柱。随着 2019 年底《房屋建筑和市政基础设施项目工程总承包管理办法》和 2020 年底《建设项目工程总承包合同（示范文本）》的出台，再加上正在征求意见的《房屋建筑和市政基础设施项目工程总承包计价计量规范》，推动我国工程总承包发展的"一体两翼"即将全部具备，总承包的制度框架已基本完善，未来的发展前景已是毋庸置疑。住房城乡建设部《全国工程勘察设计统计公报》数据显示，勘察设计咨询业务已进入低速增长阶段，业务总量和营收在相当一段时间内基本见顶，而工程总承包营收在勘察设计企业年度营收中的占比逐年增加，已逐渐成为勘察设计企业收入最大、增长最快、塑造行业竞争力最突出的业务。

（二）项目概况

L 项目功能定位为某景区旅游观光专线，对景区生态环境起到保护作用，实现"形象、引导、交通"三大功能。项目的建设对满足地方城市发展战略、提升景区品质、落实当地"十三五"旅游产业发展规划、完善地方综合交通体系、促进当地经济发展，有着重要的社会和经济意义。

L 项目联合体成员方由设计单位、三家施工单位、一家设备供应商构成，联合体与业主签订《EPC 总承包合同》，其中，设计单位作为牵头方负责项目的设计和统筹总承包项目部管理工作，施工单位负责项目的土建施工及机电安装工作，设备供应商负责项目专用系统设备的采购及安装工作。由牵头方统一向业主开具发票、收取工程款，联合体成员方再向牵头方开具发票。

L 项目线路全长 20 公里，其中高架线 0.8 公里，占线路全长的 4%；地面线 19.2 公里，占线路全长的 96%。项目共设车站 5 座，全部为地面站，最大站间距 11.7 公里，最小站间距 1.8 公里，平均站间距 5.1 公里。项目设游客中心车辆基地一座，控制中心位于车辆基地内。项目合同额 21.3 亿元，包括勘察设计、土建施工、机电施工等。

三、EPC 项目财务风险管理的基本理论

（一）EPC 项目的相关概念及特点

EPC（engineering-procurement-construction）是指设计、采购、施工工程总承包。是在业主的委托下，总承包人按照合同的约定，承包整个工程建设项目的设计、采购、施工以及试运行等阶段，并对项目的质量、安全以及造价等全面负责。相对于传统的工程建设承包模式，工程总承包模式有效改善了各个环节相分离的缺点，发挥了集中管理的优势。首先，有效地整合了设计、采购以及施工环节，便于各阶段的有效衔接和过渡，提高项目的运行效率。其次，突出强调了设计环节在工程总承包中的主导作用，有利于不断优化项目整体方案。最后，明确了工程质量责任主体及分工，有

利于追究工程质量责任的承担人。

在 EPC 工程总承包模式下的项目中，业主将设计、采购、施工、试运行等工作整体打包，由 EPC 总承包人负责整个项目各阶段的具体管理工作，实现项目设计、采购、施工等工作一体化，使设计、采购、施工能够在项目实施过程中得到深度交叉，并通过 EPC 总承包人的管理，实现项目的总体建设目标。

（二）风险管理理论及相关工具

风险管理是如何在一个必定有风险的环境里把项目或者企业风险降到最低的管理过程。对于工程项目，风险管理人员需充分运用各种各样的方法来有效识别项目风险，并展开进一步的分析、评估，采用预防和规避风险等多种手段对风险进行防范，使之化解，继而将风险造成的经济与风险损失降至最低。这种新兴的管理学科具备特殊的功能，在此基础之上，还把管理学的协调、计划等相关职能都涵盖在内。风险具备客观性，在每个工程项目中都是客观存在的。

风险管理的目标是风险管理人员对意外事故带来的风险损失进行有效控制，使风险控制效果达到最理想的水平，将风险造成的损失降至最低，用最小的成本实现安全和盈利的最大化，进而创造良好的社会效益与经济效益。

1. 项目风险管理具体环节

项目风险管理具体涉及如下五个环节。

（1）风险管理规划：即项目风险管理的整体计划。结合项目自身具体情况及特点，合理规划并制定各阶段需执行的风险管理活动。

（2）风险识别：即识别风险。可基于项目的不同阶段风险或者内外风险来识别并列出风险因素。

（3）风险评估：即利用分析法和建模来进一步研究所识别的各项风险的发生概率，及其给项目带来的影响。

（4）风险应对：即基于项目目标，将风险识别和风险评估的过程结合起来，对于发生概率高以及影响程度大的因素制定有效合理的应对措施和方案。

（5）风险监控：即充分运用有效的方法来检测所识别的项目风险，确认与之相应的应对策略是否有效。如应对策略不能完全化解风险，则需要对之前的策略作出修改，以免出现残留风险和新的风险。

2. 风险的处理常见的方法

风险的处理常见的方法有：

（1）风险回避：消极躲避风险。

（2）风险预防：采取措施消除或者减少风险发生的因素。

（3）自保风险：企业自己承担风险。例如，将小额损失纳入生产经营成本，损失发生时用企业的收益补偿。针对发生的频率和强度都大的风险建立意外损失基金，损失发生时用它补偿等。

（4）风险转移：在危险发生前，通过其他手段将风险转移出去。

3. 风险管理领域应用的管理会计工具方法

风险管理领域应用的管理会计工具方法，一般包括风险矩阵、风险清单等。具体如下。

（1）风险矩阵，是指按照风险发生的可能性和风险发生后果的严重程度，将风险绘制在矩阵图中，展示风险及其重要性等级的风险管理工具方法。风险矩阵的基本原理是，根据企业风险偏好，判断并度量风险发生可能性和后果严重程度，计算风险值，以此作为主要依据在矩阵中描绘出风险重要性等级。

（2）风险清单是在对潜在风险进行分析时，最经常和普遍使用的方法，其作用类似于备忘录。在清单上逐一列出企业所面临的风险，并将这些风险与企业的经营活动联系起来进行考察。

（3）实施全面风险管理，企业应广泛、持续不断地收集与本企业风险和风险管理相关的内部、外部初始信息，包括历史数据和未来预测。企业对收集的初始信息应进行必要的筛选、提炼、对比、分类、组合，以便进行风险评估。企业风险通常可以划分为运营风险、财务风险、战略风险、法律风险和市场风险。

四、基于 L 项目的 EPC 项目财务风险识别与分析

利用风险清单工具，结合 L 项目的具体实施流程，本文总结出 L 项目中的财务风险如表 1 所示。

表 1   L 项目中财务风险

		风险类型	风险描述	风险成因	可能性	影响程度
项目前期阶段风险	一、前期经营风险	1. 客户关系维护风险	一方面，承包人为了满足业主需求，可能选择让步等行为对企业自身产生不利影响。另一方面，EPC 项目客户需求发生变化也可能产生风险	承包方为满足业主需求进行让步	中	中
		2. 品牌和声誉风险	设计方案的质量问题可能会产生项目延期、增加成本、影响项目质量进而损坏企业声誉的风险	设计方案的质量问题	低	高
		3. 联合体成员选择风险	联合体成员方可能会存在技术、合同、财务方面的问题，无法胜任相关工作，对项目产生不利影响	联合体成员方缺少承担相关工作的技术能力和财务状况	低	高

续表

	风险类型		风险描述	风险成因	可能性	影响程度
项目前期阶段风险	二、预算风险	4. 投标报价风险	承包方与业主之间的信息不对称或承包方报价计算错误导致的报价过高或过低	承包方与业主之间的信息不对称	中	中
		5. 成本预算风险	成本预算中预估人工成本、材料成本、设备成本、工程保险成本、运输成本、检测与试验成本、其他直接费用和其他间接费用等产生的风险	成本预算时考虑不全面	低	中
	三、担保风险	6. 保证金风险	投标保证金被没收、被用于赔偿的风险	投标方在投标有效期内未能按照合同要求履行义务或出现违约行为	低	低
		7. 履约保函风险	履约保函被索赔、被业主超范围使用的风险	承包方未按照合同要求履行义务，导致业主权益受到损失	低	中
		8. 预付款保函风险	预付款保函被索赔的风险	承包方未按照合同约定使用预付款，业主向银行行权追回预付款	低	中
	四、筹资风险	9. 筹资风险	项目需要垫资，承包人筹资时产生的资金渠道风险和利率波动风险	筹资时选择的资金来源的可靠性和稳定性	中	高
项目施工阶段风险	一、履约风险	10. 履约风险	业主拖欠项目款的风险和其他原因导致的合同造价变更的风险	业主拖欠项目款；原材料、设备等采购价格上涨或者汇率的上涨导致工程实际造价高出合同造价	低	高
	二、成本风险	11. 项目设计变更带来的成本变动风险	项目设计方案变更导致成本增加风险	项目设计方案变更	中	中
		12. 项目材料采购的成本风险	采购环节出现的数量安排不合理、物料到货不及时、物料未达到施工标准等导致的成本增加风险	采购环节工作量大导致出现的各类问题	中	中

	风险类型		风险描述	风险成因	可能性	影响程度
项目施工阶段风险	三、税务风险	13. 联合体成员方开票滞后产生的风险	牵头方开票给业主后无法取得成员方相应的进项税发票进行抵扣，导致资金被占用产生的不利影响或企业所得税的缴纳金额增加	联合体成员方开票滞后	高	高
		14. 预收账款预缴税款滞后产生的风险	牵头方收到预收款未及时预缴税款，可能存在滞纳金的风险	预收账款预缴滞后	低	中
		15. 纳税主体设立风险	在项目所在地成立独立纳税机构会减少承包方在机构所在地税收缴纳金额，从而影响机构税费优惠政策，进而增加机构税费的风险	承包方成立独立纳税机构在项目所在地开票纳税	中	中
	四、现金流风险	16. 现金流风险	当项目资金紧张时，联合体各方常常会以"垫资"的形式去维持工程项目的正常运行，避免违约，垫付资金一旦无法及时收回，资金链势必收紧，加剧了资金链的断裂风险	联合体各方垫付资金超过企业能承担的范围	中	高
项目内部管理风险	一、信息化管理风险	17. 信息化管理风险	财务信息化管理系统在实际使用过程中，存在流程过长、信息反馈的及时性有待提高等问题，产生影响项目管理的风险	企业信息化管理流程过长	中	中
	二、财务管理风险	18. 财务管理风险	投标报价阶段很少有专业的财务人员参与工程项目的预算编制，存在管理费用预算不足，产生的成本管理风险	财务人员无法完全融入EPC项目	中	中

（一）项目前期阶段风险识别

1. 前期经营风险

（1）客户关系维护风险。在EPC项目中，与业主之间形成的"客户关系"是勘察设计企业资产的重要组成部分，建立和维护客户关系也是EPC项目前期经营的重要内容。L项目位于国内某旅游城市，为更好地服务于旅游市场及环保要求，地方政府特规划成立L项目投资计划，引进外部资源和技术力量，为L项目预可研提供决策咨询。为能够迅速在L项目上获得有利地位，多家国有企业不惜代价以优厚条件来吸引客户，对客户动之以情、晓之以理、诱之以利。虽然集团公司干线铁路在 L 项目上打下了良好的基础，但是在市场复杂多变的经营环境下，外部竞争仍然对关系维护、市场经营构成巨大的风险。

（2）品牌和声誉风险。在 EPC 项目中，品牌和声誉风险是业主和作为总承包方的勘察设计企业都需要关注的问题，主要包括产品质量问题。勘察设计企业作为工程总承包项目的牵头单位时，一方面面临设计方案问题导致的项目延期、成本增加、质量不合格等风险，另一方面会多承担工程施工及设备采购方面的安全质量风险，进而损坏企业声誉。

（3）联合体成员选择风险。在 EPC 项目中，选择合适的联合体成员对于项目的成功实施至关重要，存在着技术风险、合同风险、财务风险等多种风险。技术风险是指在选择联合体成员时，由于技术条件不符合项目要求或技术问题处理不当所带来的风险；合同风险是指在签订联合体协议时，由于合同条款的不完备或潜在的法律风险所带来的风险；财务风险是指在联合体成员的选择过程中，由于资金状况、支付能力等方面的问题所带来的风险。

2. 预算风险

（1）投标报价风险。EPC 工程项目的招投标阶段，工程承包人通常只能从业主那里得到该工程项目最为基础的信息，这些信息涵盖了对工程的功能性需求、工程完成时间要求等。仅有这些信息的承包人是无法就该工程项目进行准确报价，承包人还需要就该工程项目开展针对性的调查，并获取该工程中可能会对报价产生影响的一切信息，即便投标之前做了充足的调研工作，还是会存在投标报价偏高导致中标概率下降，或投标报价偏低导致项目实施过程中出现亏损的风险，因此，优质合理的报价是获取项目的重要条件。

（2）成本预算风险。在 EPC 项目中，成本测算是一个关键环节，关系到项目的盈利性和成功实施。然而，由于各种因素的影响，成本测算过程中存在着一定的风险。成本测算风险需要考虑人工成本、材料成本、设备成本、工程保险成本、运输成本、检测与试验成本、其他直接费用和其他间接费用等八个方面，需要进行全面分析和评估。在项目实施过程中，需要制定合理的风险管理策略，采取有效的措施进行成本控制和风险规避，确保项目的成功实施和盈利性。

3. 担保风险

工程领域推行工程担保制度是规范建筑市场秩序的一项重要举措，对规范工程承发包交易行为、防范和化解工程风险、遏制拖欠工程款和农民工工资、保证工程质量和安全等具有重要作用。对总承包项目的牵头方而言存在以下风险：

（1）投标保证金。在 EPC 项目中，投标保证金确保投标方在项目中履行义务而提供的一种担保方式。然而，投标保证金存在未能按照合同要求履行义务投标保证金被没收的风险、出现违约行为投标保证金被用于赔偿的风险，可能会导致投标人的利益受到损害。

（2）履约保函。在 EPC 项目中，履约保函是担保方为确保承包人履行合同义务而提供的一种担保方式。然而，履约保函存在承包方未按照合同要求履行义务履约保函被索赔的风险、履约保函被业主超范围使用的风险。

（3）预付款保函。在 EPC 项目中，预付款保函是担保方为确保承包方按照合同约定向业主支付预付款而提供的一种担保方式。如果承包方未按照合同约定使用预付款，业主可以根据预付款保函的约定向担保方索赔。如果担保方无法承担索赔金额，可能会导致承包方的信誉和资质受到影响。

4. 筹资风险

在总承包项目孵化过程中，部分业主因资金不足或资金来源受限等原因，需由承包人筹集资金完成工程项目，承包人筹资时存在资金渠道风险和利率波动风险。资金获取的渠道不顺畅，导致工程实施受阻，进而影响工程进度和资金回款；承包人通过贷款而获取的资金中，逾期不能还贷，将承担逾期罚息，从而加大了企业的负担。如果在一定的时期内国家的金融政策有较大的调整，例如，大幅度提高银行贷款利率，则承包人的银行利息及逾期罚息还会加大，从而构成较大的风险；承包人通过赊欠材料、设备款的做法来节省前期开支，如此，不但有时会难以保证所购置的材料、设备的质量，而且购买价格亦会与支付现金时有所不同，甚至有时还会出现被追讨材料、设备购置费的诉讼风险。

（二）项目施工阶段风险识别

1. 履约风险

在 EPC 联合体模式下，设计作为牵头人的风险主要表现在三个方面：一是设计费往往是和施工企业的工程款打包处理的，如果工程款回收出现困难，会牵连设计费回收困难；二是业主方往往要求设计单位与施工单位承担连带责任，而施工单位与业主方发生诉讼的可能性是极高的，设计单位会受到牵连，被拖入诉讼；三是履约成本增加，在设计单独承包的情况下，设计单位只要依据业主的要求，遵守国家强制性规范，埋头做好设计就行了。在联合总承包的情况下，设计牵头人需要与业主方、施工方保持沟通，相关协调工作是履约内容之一，会一定程度上增加工作量，拉长设计时间。

2. 成本风险

EPC 工程总承包项目的成本费用是指在项目实施过程中发生的设计、采购、施工以及试运营费用等。成本费用管理贯穿项目实施的全过程。在该模式下，由于合同总额既已确定，项目的盈利与否主要取决于成本费用的高低，如果成本费用超支，由承包方承担超支部分，承包方如不能有效地控制成本费用，必将导致财务风险的发生。

（1）项目设计变更带来的成本变动风险。在 EPC 模式下，项目的设计环节是最为重要的环节，项目设计方案的好坏很大程度上影响了后续施工环节的成本。勘察设计企业虽然在设计领域具有独特的技术优势，但是这并不意味着设计环节不会引发成本费用风险。在实际工作中，设计人员一般会根据实际调查情况，结合合同要求制订可行方案，最后完成项目的设计。在这个过程中，设计变更的情形时有发生，造成人力成本的浪费，部分变更甚至在施工阶段发生，这就可能导致之前的工程建设不符合设计要求，增加了不必要的成本费用。

（2）项目材料采购的成本风险。在项目采购环节，由于项目建设期间所需物料种类繁多，验收和移交工作量都十分巨大，在实际工作中，对物料采购的关注度又可能远远低于工程建设进度的关注，这样会导致采购环节发生诸多问题，增加成本费用。首先，采购数量安排不合理，出现材料短缺或过剩现象，影响施工成本；其次，采购物料到货不及时，影响工程进度，徒增成本；再次，检查工作不细致，物料未达到施工标准，造成成本浪费；最后，物料保管不得当，在等待施工期间，发生损耗或者损坏，影响施工。

3. 税务风险

（1）联合体成员方开票滞后产生的风险。一方面，如果联合体成员方开具发票滞后，牵头方开票给业主后无法取得相应的进项税发票进行抵扣，就需要垫支税款，当金额较大时可能会影响现金流量，产生风险；另一方面，根据《国家税务总局关于发布〈企业所得税税前扣除凭证管理办法〉的公告》（2018 年），如果支出属于增值税应税项目，那么除了特殊情况，都应该以发票为扣除凭证，所以发票作为判断业务真实性的一部分，应该取得而未取得的理论上就是不能税前扣除，因此企业所得税汇算清缴前未取得联合体成员方开具的发票，企业所得税的缴纳金额会增加。

（2）预收账款预缴税款滞后产生的风险。牵头方在收到预收款后，未支付联合体成员方预付款从而不能及时取得预付款发票或者异地纳税条件限制，不能及时在项目所在地预缴税款，可能存在垫付资金缴纳税款或滞纳金的风险。

（3）纳税主体设立风险。在新经济形势下，各地税务局逐渐出现提出让 EPC 项目中的承包方在当地设立分支机构并在当地开票的"准入门槛"，其目的是让税源留在当地。除了在分支机构所在地开具发票的增值税全部留在当地外，汇总纳税企业按照《中华人民共和国企业所得税法》规定汇总计算的企业所得税，包括预缴税款和汇算清缴应缴应退税款。50% 在各分支机构间分摊，各分支机构根据分摊税款就地办理缴库或退库；50% 由总机构分摊缴纳，其中 25% 就地办理缴库或退库，25% 就地全额缴入中央国库或退库。因此作为承包方的勘察设计企业存在新设分支机构增加管理成本的风险；同时，因不同区域享受的所得税税率优惠政策不同导致税赋增加的风险；另外，在机构所在地缴纳税费的减少，影响集团的税费优惠政策，从而增加集团税费的风险。

4. 现金流风险

在 EPC 工程总承包中，首先，现金流风险主要由于工程施工期限较长，存在发包方资金紧张、款项不能按时支付工程款，资金无法按时回笼的现象，导致企业没有资金进行正常的运营；其次，在约定的合同上，合同金额已经固定，但在实际的运营过程中，对一些人为无法操纵的因素不能进行预估，例如，材料市场价格上涨，人工费用的增加或者误工现象的出现，都会对施工成本造成影响，有可能造成入不敷出，产生资金损失；最后，在资金管理环节中，刚刚涉及 EPC 工程总承包方的财务人员没有财务风险理念，企业内部没有建立完善的风险监督系统，不能对风险进行监督管控，最终导致资金损失，阻碍了 EPC 工程总承包的发展与进步。

（三）项目内部管理风险识别

1. 信息化管理风险

信息作为当代的第一生产力，其重要性不言而喻。在财务管理上运用信息化平台是成本管理获取相关数据的关键一步，以 L 项目为例，企业采用的财务信息化管理系统在实际使用过程中，存在流程过长、信息反馈的及时性有待提高等问题，产生影响项目管理的风险。

2. 财务管理风险

以 L 项目为例，勘察设计企业 EPC 项目中财务管理最显著的问题就是财务管理无法完全融入 EPC 项目合同的订立全过程，这将直接影响项目的成本控制。该问题具体表现为以下几个方面：一是财务人员在 EPC 项目投标阶段参与度低，投标报价阶段很少有专业的财务人员参与工程项目的预算编制，存在管理费用预算不足的风险；二是项目实施阶段的财务管理制度不完善，造成项目的预算、执行、评价等与管理标准存在偏差，从而不能实现项目预定目标。

五、EPC 项目财务风险防范与应对研究

（一）项目前期阶段风险应对

（1）前期积极参与，及时预警风险。L 项目是集团公司总承包业务板块大力推行"规划引领、投资助推"经营思路以来，依托集团公司承担的干线铁路前期研究与地方政府结成了良好的商务关系，同时为配合地方政府进一步对铁路及轨道交通的推进工作，集团派员在当地政府发改委助勤挂职，依托良好的服务得到了地方政府的认可，从而获取了 L 轨道交通一期工程的前期工作。并积极建立客户关系维护机制，设立业主、供应商、分包商、监理公司、中介咨询机构等客户档案，由专门机构负责，对其信息进行跟踪收集，并通过满意度调查、邀请客户参观、定期拜访、举行活动等方式进行沟通和互动，再建立持久的信任关系，为对市场进行二次开发打下基础。L 项目部投标中将具有丰富 EPC 财务管理经验的人员列入投标和总体组名单，积极参

与业务前端。在招标过程中，要充分考虑融资成本、资金使用、材料价格波动等因素，做好成本管理。结合招标文件，对 EPC 项目负责人进行财税风险提示，未雨绸缪，掌握主动权。

（2）加强业主调研，重视合同谈判。L 项目在招投标和合同签订前，对业主的资信水平、财务状况、偿债履约能力、可提供担保资产量等进行评估，降低因业主原因不能兑付合同价款的违约风险。L 项目在签订合同时，财务人员积极参与合同谈判，针对合同报价、项目盈利性、资金结算方式等提出专业建议，进行税务筹划。在合同中有关索赔的条款，就具体索赔时间和方式，争取有利条件，增加预付款比例、明确进度款和质保金支付节点及金额，通过谈判，在合同中约定可以用保函置换质量保证金。

（3）做好尽职调查，谨慎选择伙伴。在选择联合体合作方时，需要充分了解和评估潜在的联合体成员的技术实力、技术能力和技术方案，确保选择的联合体成员具备必要的技术能力和经验；充分了解和评估潜在的联合体成员的财务状况和支付能力，确保选择的联合体成员具备必要的财务实力和支付能力；在签订联合体协议时，需要认真研究合同条款，确保合同内容的准确性和完备性，并充分考虑可能出现的法律问题和风险。同时，加强与联合体成员的沟通和合作，共同应对潜在的风险挑战，确保项目的顺利进行和成功实施。

（4）利用资信优势，降低资金占用。现有的大部分业主发包工程时，要求支付一定比例的银行保函，如履约保证金和担保保证金。设计院作为银行的优质客户，银行愿意向设计院提供无担保的信用保函，设计院作为 EPC 总承包人，应通过多个银行渠道申请不同到期日的银行授信额度，充分使用银行提供的信用额度开具保函，通过竞争机制与银行博弈，L 项目投标保证金、履约保证金和预付款保证金等均以银行保函的形式提供，减少了资金占用。

（5）优化资金使用，提高配置效率。从全局出发进行资金调配，好钢用到刀刃上，提高资金配置效率。在满足生产经营、投资及最优资本结构的同时，资金集中筹资有助于企业整理风险识别、风险分析及应对。具体操作层面，可要求各项目按周申报预计到款及资金使用计划，实时估算可用资金，并计算出最佳资金储备量。

（二）项目施工阶段风险应对

（1）加强资金流转，提高回收效率。在 EPC 工程总承包方承接项目时，风险管控人员需要考虑客户的信誉、资质，及时收取预付款及工程进度款，跟踪款项的进度，尽早办理工程决算及时收回质保金，避免在施工过程中产生资金链断裂或者造成尾款不能支付的情况，影响实际的施工工期与效果。以 L 项目为例，经营人员为提高资金周转效率，加强收款，主动和业主商议，将验工计价周期由一月一验调整为半月一验。

（2）提高设计质量，降低成本变动。项目施工成本的发生源于设计，好的设计是成本控制的源泉。设计质量管理应逐步加强，设计变更审批制度应不断强化，这样就能有效地减少不必要的设计变更。充分运用价值工程手段，强调概算控制预算，推行"设计限额"，为成本精细化管理奠定基础。作为 EPC 工程总承包项目，要想达到协同效应，设计和施工不应是简单的"先后"关系，必须充分沟通融合。

（3）集中采购原料，控制采购成本。针对采购成本较大的项目，在当地设立集中采购部门，建立区域材料供应库。选择长期合作供应商，集中采购材料，争取优惠力度，有效控制成本。针对材料价格波动，充分利用套期工具锁定原料采购价，通过购买商业保险等控制风险。

（4）严格审批制度，优化支付流程。一方面，企业应建立严格的付款审批制度，严格坚持"一支笔"原则，牢固树立"三重一大"风险意识；另一方面，要考虑到支付效率也会影响企业与分包方、企业与业主之间的关系。因此，作为承包方，企业应在严格控制支付流程的基础上，建立分包款支付优先级制度，将众多的分包付款按照轻重缓急进行划分，例如，对于涉及农民工工资的支付设定优先级。

（5）把握税收政策，避免税务风险。首先，公司成立专门的税务部门，不仅对国家最近出台的财务政策进行研究分析，也就重点业务开展地区的地方税务政策做到实时更新。L 项目将与项目所在地税务机关的协调工作作为项目税务风险管控的重点。根据项目管理经验，地方税务机关对于项目税务风险管理举足轻重，设定专员定期与地方税务机关进行对接，建立长期的沟通机制与良好的业务关系，实时掌握当地特殊的税务规定。其次，在总承包合同及分包合同签订前，对主要的业务人员进行基础的税务培训，提示税务控制点及风险点，树立"业财融合"向"业财税融合"发展理念。

（6）优化合同组成，避免从高纳税。针对 EPC 合同价款中，按勘察设计、设备采购、建安施工等不同业务所对应的不同增值税税率（6%、13%、9%），可利用税率差异进行筹划，优化税率业务的合理配置。

（7）重视地方税种，合法减少税费。签订合同时明确各项价款的不含税金额及税额。异地缴纳除了税，还存在各种地方特色基金、费用等，包括个人所得税，这些都可以提前沟通。如提供机构所在地的工会经费缴纳凭证、全员全额纳税申报资料，则可以避免很多异地缴纳问题。

（三）项目内部管理风险应对

（1）建立内控体系，实现成本监督。在 EPC 工程总承包中，成本的管理与控制不仅是财务部门的工作，还是建立健全内部控制和监督体系、加强 EPC 工程总承包方的内部管理工作，能够提高成本监督水平。可以从以下几个方面进行改善：首先，建立完整的内部监督制度，让员工有法可依、有章可循，完全按照规章制度工作；其次，建立内部审计部门，该部门直接对管理层负责，工作需要保证独立性，最主要的任务就是对整个项目以及各个部门进行成本费用监督，避免内部员工因为一己私利损害企业利益的情况出现。通过完善的内控监督，可以保证 EPC 工程总承包的顺利实施，承包方在兼顾社会效益的同时实现经济效益的最大化。

（2）搭建共享平台，实现业财融合。"巧妇难为无米之炊"，要想做好成本管理，必须是建立能获取准确、完整、及时的成本数据的基础上。为确保相关成本数据达到"可用性"目的，推进企业信息化数字化建设，搭建财务共享服务平台，为项目管控提供有力的数据支撑，实现"业财融合"。

六、管理成果

（1）巩固与业主的良好关系，拓展二次经营。集团公司作为铁路及轨道交通的领军企业，在该行业的市场认可度很高，通过 L 项目的深度合作，在业主资金筹集方面的出谋划策，在项目工程设计、质量、进度、安全等方面的严格把关，持续的优质服务和满意的品质工程，为企业在当地树立"一块金字招牌"，为深耕二次经营打下坚实基础。

（2）有效控制各类成本费用，提升项目效益。L 项目合同预期收益率为 2%，项目通过合同谈判、成本管控、资金预算、税务筹划等多种方式，最终收益率比预期收益率提高了 20%，由传统记账型财务管理迈入价值创造型财务管理，做到财务以价值最大化为目标，发挥财务管理对于价值衡量方面的天然优势，为公司的战略选择和业务经营决策提供支持和服务。

（3）提高项目资金使用效率，降低资金成本。L 项目通过调整合同结算周期的方式，将验工计价周期从一个月调整为半个月，将资金周转效率提升 1 倍，同时合理配置资金，减少闲置，加速资金周转，降低单位资金成本，通过资金的快速周转，进一步推进工程进度，缩短项目工期，直接减少单位固定变动成本，进而提升项目效益。

（4）增强风险识别能力，保证业务规范性。在风险分类、风险因素及风险事件识别的基础上，将项目所面临的风险重新进行汇总整理、分类排列，并详细列出引发各类风险的风险因素及风险事件，以清单的形式清晰地列出，即形成具体的设计牵头的工程总承包项目财务管理风险清单，通过风险清单，最大限度地化解财务管理风险。

七、小结

案例通过对勘察设计企业牵头 EPC 项目风险管理的研究，梳理了 EPC 项目管理存在的风险清单，对风险的理念、风险识别、风险分析进行了深入的剖析，提出有效的风险防范措施。随着社会经济脚步不停地向前迈进，我国当前的 EPC 项目承包市场竞争越演越烈，工程总承包项目企业的经营也具有较大的不确定性以及风险性。对于企业来说，只有增强自身的风险意识、不断完善具有的风险机制并加强财务风险的有效管控，让财务人员尽早、及时地参与到项目招投标以及合约签订过程中；在项目执行阶段能够通过敏锐的观察，重视财务预算，加强预算执行，采取风险转移等措施，从合同条款以及法律法规相关规定着手，实现追补索赔；在项目竣工阶段能够及时地进行项目竣工验收以及竣工结算等工作，才能尽可能地减少或规避风险，防止财务风险给工程项目带来较大的影响，造成较大损失。

（中铁二院　王　宏　张建峰　朱润嘉　吴　燕

苟　垒　苟林风　刘　雯　王长春）

企业盾构施工服务风险分析及风险管理

【摘要】 随着国内盾构机市场规模和基础设施建设盾构施工技术的进步，盾构施工服务广泛应用于隧道、地铁、抽水蓄能及采矿等各个施工领域，目前已经成为我国基础设施建设的重要一环。如何有效提升企业盾构施工服务的经营能力，降低盾构施工服务过程中存在的风险是当前该行业面临的重要问题。因此，为了提高盾构施工服务质量，提高企业综合竞争能力，促进企业长久稳定健康发展，企业应持续关注盾构施工服务过程中的风险管理，创新险管理模式。然而，目前大多数企业的盾构施工服务风险管理存在风险管理范围不全面、缺乏总体战略管理意识等问题，已经逐渐不能满足企业盾构施工服务高速发展的需要。而从价值链的视角开展风险管理工作，并在业财融合背景下发挥财务监督职能，能够拓宽企业风险管理范围，有效弥补这一缺陷。基于此，本文在阐述价值链理论的基础上，首先分析了盾构施工服务企业的价值链活动，其次研究了当前盾构施工服务企业风险管理中存在的问题，最后从价值链的视角提出盾构施工服务企业风险管理的优化对策，进而帮助企业在盾构施工服务板块提升综合竞争能力，促进企业整体可持续发展。

一、引言

在企业业务与财务深入融合的背景下，实现业财融合可促进企业业务部门与财务部门良好协同发展，有效降低业务开展中的风险，促进企业风险管理的发展。随着盾构设备的广泛应用以及盾构施工技术的不断研发，盾构施工服务业务在各个施工市场领域全面推广，造成企业盾构施工服务风险管控意识淡薄或风险管理机制滞后于业务，导致企业的经营风险问题日益凸显。面对风险不断加剧的情况，盾构施工服务企业唯有实现对风险的有效控制和管理，才有可能实现企业高质量发展。价值链理论和风险管理的结合为我们带来了对于盾构施工服务企业风险管理的一个切入点。在价值链理论以及业财融合背景下，财务部门通过对价值流程进行有效分析，将风险管理策略细化分解至价值链每一个环节上，提前筹备防范风险，为企业高质量发展保驾护航。

二、企业盾构施工服务价值链概述

（一）价值链概述

价值链主要是指能够增加企业商品或者服务价值的一系列活动。价值链理论认为企业的每一个经营环节都能够为企业的商品或者服务创造价值，因此在企业每一个经营环节当中产生的经济活动都会形成价值链。价值链理论认为，企业的竞争优势来自企业为消费者所创造的大于其成本部分的价值，即"竞争优势＝价值－成本"。价值链分析分为内部价值链分析和外部价值链分析，其中内部价值链主要讨论企业各价值活动在促成企业运作中的贡献以及各种活动之间的关系，企业更能在经营生产活动中实现可控。内部价值链分析分为两大类：基本活动和支持性活动。具体如图 1 所示。

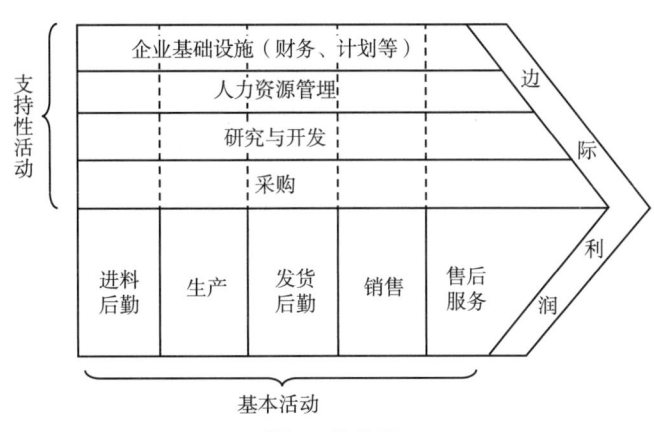

图 1　价值链

基本活动主要是涵盖生产经营环节的各种活动，与产品生产程序直接关联，是传统成本管理的研究对象。而支持性活动则为基本活动提供辅助支持，这些活动看似不直接影响产品的成本，实则是降低成本、提升效益的强有力支撑。价值链的各种活动在不同程度上促进了企业竞争优势的建立，不同企业建立竞争优势的实际情况不尽相同。

（二）企业盾构施工服务价值链分析

通过价值链分析，盾构施工服务企业风险主要集中在企业内部各价值链环节，因此，本文重点分析企业盾构施工服务的内部价值链（见表 1）。学术和实践上认为，内部价值链是由公司内部创造价值的各个环节形成的有机关联的"价值链"，需各部门共同参与。根据企业盾构施工服务的业务特点，其大致包括项目投标、合同管理、施工组织、责任成本管理、组织进场、施工进度控制、清收清欠、税收筹划、竣工结算等环节，如图 2 所示。

表 1　　　　　　　　　盾构施工服务价值链

投标环节	投标经营活动是盾构施工服务企业内部价值链的最初环节，在从事生产经营活动过程中，盾构施工服务项目需要依法进行投标活动

续表

合同管理环节	合同是公司经济业务开展的起点，贯穿整个业务发展的始终。合同管理包括合同谈判、合同评审、合同履约、合同封账以及合同资料的归档保存
施工组织环节	施工组织设计重点突出合同履约要求，以合同条件和技术标准为依据，以技术方案为基础，以计划管理为主线，以质量、安全、环保、资源等专业管理为保障措施，构成以计划管理为中心、履约管理为目标的生产组织体系
责任成本管理	责任成本管理是现代企业成本控制的重要方法，主要包括划分责任中心、制定责任成本预算、签订责任成本合同、进行责任成本核算以及责任成本考核
组织进场	施工组织进场的准备工作是盾构施工服务企业经营的重要组成部分，是对拟建工程目标的资源供应、施工方案选择、空间布置和时间安排等诸方面进行决策的依据
施工进度控制管理	在施工项目管理过程中，积极控制每个施工细节，也是保证规避或减少各种风险的有效手段，保障项目合同工期内交付和合同履约的实现。盾构施工服务企业应控制好施工项目的进度，组织协调采购、生产、财务等资源，体现企业资源组织管理能力
清收清欠、资金管理	资金是企业运营的重要血脉，清收清欠是企业盾构施工服务快速回笼资金、预防坏账风险、减少资金占用、优化资产质量的重要工作
税收筹划	项目的税收筹划工作主要依据税法及相关法律，结合本项目的经济业务特点，对项目涉税事宜进行策划，在国家税收法规、政策允许的范围内，通过事前筹划、事中控制，最大可能地减轻税收负担，获取一定的税收利益
竣工结算	竣工结算主要是在原合同造价的基础上，将建设工程中有增减变化的内容，按照双方签订的施工合同中约定的方法与规定，对原合同造价进行相应调整，进而确定实际工程造价，并将其作为最终结算价款的主要依据

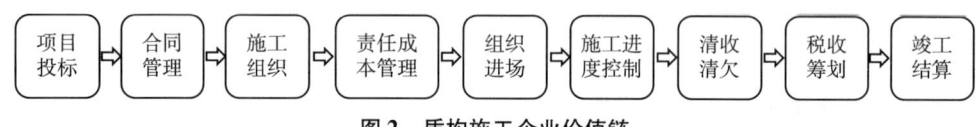

图2 盾构施工企业价值链

三、企业盾构施工服务价值链风险分析

价值链下的业财融合主要是指向业务活动及流程中引入财务管理思路及方法，将市场需求作为主要依据，将资金流与价值流作为主线，督促财务人员参与到价值链业务环节，例如，投标测算、合同评审、责任成本管理等业务前端环节，从而使企业科学制订资源计划及作出配置决策，减少战略风险以及业务开展风险，实现业务活动全过程财务管控。对盾构施工服务企业而言，价值链各业务环节中财务管理的风险管控主要体现在施工前、施工中、施工后和其他四个环节，如表2所示。

表2 盾构施工服务价值链主要风险点

环节	内容
施工前	标前测算
	合同评审及签订
施工中	资金自平衡
	责任成本
	清收清欠
	税收筹划
施工后	竣工结算
其他	采购风险、投标风险、安全风险

（一）标前测算风险分析

标前测算是投标前根据设计资料及招标文件等业主下发的资料，结合项目所在地市场调研和拟投入资源成本，按照企业标前施工组织设计所作出的测算资料。盾构施工服务标前测算主要包括施工组织和成本测算、税务筹划以及现金流测算三个方面，其主要风险也来自这三个方面。标前测算主要环节如图3所示。

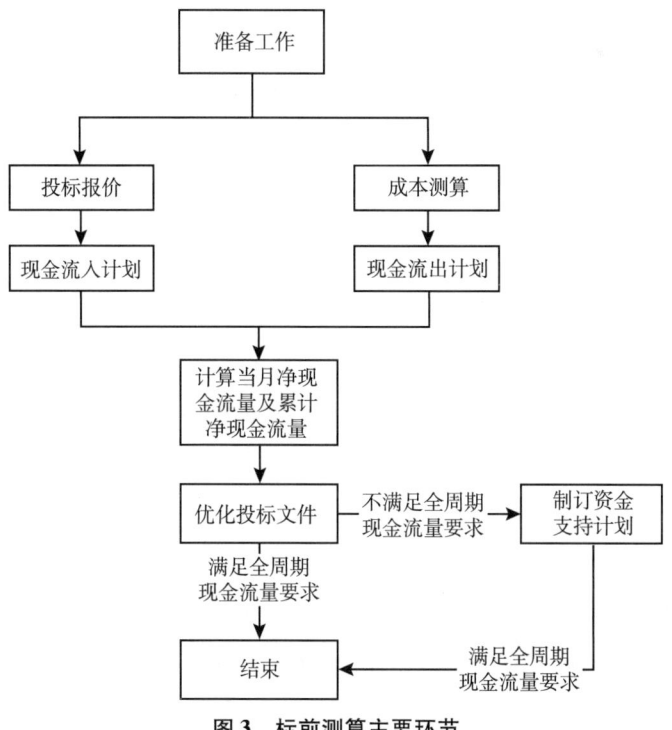

图3 标前测算主要环节

1. 成本测算风险

在实务工作中，财务人员总是习惯认为成本测算只是单纯地测算项目的盈利水平，成本测算工作仅局限于测算成本，而忽略了研究合同内容及细节。合同条款中对材料价格调整的约定、对施工边界的划分，直接影响到成本测算中如何采购材料、设备组织、人工等关键资源配置环节。同时，各种资源的市场价格波动也存在风险。人工、机械、材料等成本费用资源的投入，在目前税收政策下，对于供应商身份的甄别直接影响各种成本费用，如各种影响因素对投入资源不能精准核算，将失去对投标经营决策的支撑作用。

2. 现金流测算风险

实务中，盾构施工服务业务一般根据掘进前进场、掘进中、掘进后及收尾四个时间节点进行序时进度分析，以产值计划为基础，以计价和付款为条件测算盾构施工服务项目的现金流。为了缓解公司资金短缺，一般争取施工预付款项以支持项目前期净投入，如未争取到预付款项，前期投入资源成本不能及时形成有效产值收入时，将导致公司前期垫资资金的压力。同时，受经济大环境影响，目前施工项目收到计价款部分为金融工具，这就导致项目建设期间不能有效利用现金流，如公司贴息提前承兑将导致项目财务费用增加。另外，施工过程中计价款未按时进行拨付，也将导致资金短期内无法周转，资金链出现暂时性断裂。此外，因现场例外情况导致窝工或项目建设周期延长，势必导致现场经费增加，也将致使资金流的匮乏。

3. 税务筹划风险

盾构施工服务标前税务筹划工作主要包括增值税以及相关税种。盾构施工服务应提前筹划采购供应商身份、提供发票类型的甄别，以及相关施工现场采购人员的税务培训，防止粗放式管理，否则将导致施工现场为了减少开票流程的复杂度，在没有税务筹划意识下开具普通发票而增加相应采购成本。

（二）合同管理风险分析

与其他行业的现代企业一样，盾构施工服务企业的经济活动的起点在于合同的签订，合同的履行和结算贯穿整个企业价值链。企业盾构施工服务的合同管理的风险主要包括合同订立和合同履行两个方面。

1. 合同订立风险

企业盾构施工服务一般都会要求签订书面的合同，并且在合同签订之前审查合同主体资格、履约能力、处罚情况、诉讼情况、信用状况等，保证合同相对方具备相应的合同履约能力。在合同治谈期间，对公司业务影响较大、性质特殊的合同，应组织法务、业务、财务等专业人员参与谈判。因此，财务人员应该提前介入合同，在业务开展之前应熟悉合同，并参与合同评审、签订的全过程，真正实现合同贯穿价值链全链条，财务贯穿业务全流程。但是实际过程中，由于财务人员的个人素养以及对合同的重视程度不够，很可能造成监督缺位，引发合同订立风险。

2. 合同履行风险

企业在整个价值链上都应当遵循国家法律法规和商业道德的要求严格履行合同，对合同履行及时进行跟进，并对合同履行情况定期进行分析和效果检查，保障合同全面有效履行。在合同纠纷管理方面，应当按照国家有关法律法规，在规定时效内对合同相对方协商并按规定权限和程序及时报告，合同纠纷经协商一致的，应当签订书面协议，财务部门一切业务根据书面协议执行，超出合同范围外的应谨慎审核。在合同结算方面，公司财务部门应当根据合同中规定的结算条款与合同相对方进行结算，与合同规定结算条款存在不符的财务可以拒绝支付。

（三）责任成本管理风险分析

盾构施工服务项目责任成本的管理目标是以施工项目为依托，以可控成本费用为控制客体，以项目管理者为实施主体，以综合系统性的管理措施为手段的，横向到边、纵向到底的全员、全周期的项目成本管控。其主要风险包括责任成本确定不合理和成本控制意识薄弱两个方面。

1. 责任成本确定风险

责任成本的确定是责任成本考评的关键，但是在具体实施过程中依旧存在较多问题，不能够达到期望的效果。由于项目部与企业之间责任界定不清，责权利划分不明确，责任成本制定部门与项目之间的沟通较少、业务不熟练等原因，造成确定项目责任成本的方法不合理。

2. 责任成本控制风险

责任成本的控制需要依靠企业所有部门的通力配合，需要部门所有人员对成本的精细化管理。项目部人员的绩效考核均受到项目经理责任成本控制完成与否的影响，而一些项目经理责任书目标成本却只有项目经理知道，导致项目经理责任成本形同虚设。例如，专门负责技术的人员为了达到业主的技术要求，不惜增加盾构施工服务的企业成本。

（四）资金自平衡风险分析

1. 项目自平衡风险

一是存在收支不平衡风险。施工项目资金来源较为单一，主要依靠业主定期计价回款，业主计价付款周期一般滞后于现场施工进度，如施工投入成本不能及时计价回款，将导致项目短期资金流出现紧张。二是收支方式不匹配。近年随着国内经济环境影响，业主方为了缓解资金压力，开始频繁使用金融工具支付计价款，导致项目上资金来源受到限制，维持施工项目的投入成本大部分还是需要现金支付，这就造成收支方式不匹配。三是如盾构施工服务项目前期未争取到业主合同预付款，项目筹备前期需垫资投入资源，若付款合同采取宽容的付款周期和付款条件将导致项目前期资金出现阶段性"捉襟见肘"的困境。

2. 制度管控风险

在资金自平衡管理实施过程中，可能存在管控不到位的情况。一是对上游资源缺少合理统筹。例如，对上游供应商的赊销额度满额使用，致使回款好的经营单位或者项目，会受到影响无法及时供应。二是有的经营单位受投资企业影响，无法结算，结算款支付拖欠时间较长，但又必须结算上游采购款，否则，企业将会承担大额延期付款利息。三是对于资金计划的编制、执行和评价重视不够，资金计划编制缺乏合理性，存在以支定收的现象。收款计划与应收账款及逾期账款结合度不够紧密，付款计划编制不够严谨，存在当月供应情况不清，供应计划虚高，已到期应付款数据掌握不及时，增补计划频繁，付款计划调整缺少依据，收付款联动性不强。

（五）税务风险分析

1. 增值税风险

盾构施工服务企业项目点多面广，分布范围比较广，可能存在管理粗放的风险，再加上现场人员业务素质特别是税务风险意识淡薄，对于外购物资及服务采取简单化处理模式，例如，从零星采购供应商处开具普通发票或不能取得合规发票，导致增值税进项税额缺失，项目整体销项和进项税额不匹配。

2. 异地预缴风险

施工项目大部分都分布于外地，根据当地税务政策和业主单位要求，需要在施工项目所在地实现异地预交税款。根据增值税管理规定，一般纳税人跨县（市、区）提供建筑服务，适用一般计税方法计税的，以取得的全部价款和价外费用扣除支付的分包款后的余额，按照2%的预征率计算应预缴税款。对于存在劳务分包的项目，如不能及时对劳务分包单位进行计价结算和开具发票，导致当期预缴税款时不能及时抵减，增加项目当期税款流出；或者个别项目在项目末期对劳务分包实现一次性计价结算，将导致项目整体过程中无抵减、末期抵减资源的浪费。因此，项目存在合理筹划及时结算、上下游计价结算的均衡的风险。

（六）清收清欠风险分析

1. 内部风险

企业盾构施工服务存在多个方面的风险，其中施工企业内部风险主要体现在没有健全的清收清欠机制。我国多数盾构施工企业还没有成立独立清收清欠的部门，只是财务部门在执行此项任务，企业管理层及工作人员没有认识到"双清"工作的重要性，此项工作开展的积极性大打折扣。另外，施工企业项目清收清欠意识不够。例如，施工项目变更索赔事项经常发生，很多项目不能及时进行处理，没有按照法律法规规定的程序和时间进行上报，从而导致确权时效失效。

2. 外部风险

业主单位方面的各种问题是造成施工企业清收清欠不及时的主要外部风险。施工单位急于建设项目，很多项目资金还没有完全着落就开始进行招标，资金不足直接导致工程款支付滞后。另外，工程量确认不合理或搁置争议部分未及时计量，工程项目实施过程中，实际工程量与合同清单出入较大，并且不能及时进行确认，从而造成工程款支付拖延。

（七）竣工结算风险分析

1. 结算滞后风险

完成项目施工之后，需要对工程竣工验收及时办理，对工程竣工决算科学编制。但是，在诸多因素的综合作用下，导致不能够及时批复单项工程的变更或调整，有项目财务结算滞后问题出现。施工阶段后期业主资金不够丰富，这样施工企业及时收回工程结算尾款的难度也会变大，施工企业的资金负担加重，项目保修时间及报修费用也会延长和增加，项目成本提升，进而出现了财务风险。同时，质保期满后，不能及时催收质保金，会导致企业现金流不能及时收回，导致资金占用，降低资金使用效率。

2. 合同变更确认计价风险

由于盾构施工具有较大的不确定性，因此盾构施工服务企业经常面临合同变更以及争议事项，尤其是施工项目"二次经营"，需要财务人员以及业务部门在履约过程中，依据合同条款，最大限度地保护自己，从业主处获取更大的收益。但是在实际业务实施过程中，由于争议难度大，导致确权计价不能准确确定，造成清收风险。

（八）其他风险分析

在盾构施工服务企业经营过程中，价值链上的其他经济活动运行过程中也会有一些风险。例如，投标以及原材料采购过程中的内控风险，以及施工企业应该更为关注的施工安全风险。在实际的企业经营活动中，由于对于招标以及材料采购的管控不严，导致舞弊的发生，会给企业带来经济损失。同时，如果安全管控不到位，发生事故之后不仅影响工程进度，还会给企业形象造成不良影响。

四、盾构施工服务企业价值链风险管理

（一）标前测算风险管理

1. 理清合同边界，深入调查价格

财务人员应该仔细研究招标文件中的工程范围，所有包含在招标范围内的工程，都对应计入成本，避免漏项。另外，研究招标文件中的合同条款，确认材料价格调整方式。如材料价格进行调差，成本测算中可不考虑材料的涨价风险。如材料价格不调差，成本测算中选用材料价格时，应合理考虑材料的涨价幅度。同时，应该实地考察工程所在地的材料市场环境。从材料的质量、厂商的供货能力、材料价格比选等方面综合确定材料市场价格。

2. 做好税务筹划，规避税收风险

项目的税收筹划工作要依据税法及相关法律，结合每个项目的经济业务特点，对项目涉税事宜进行策划，在国家税收法规、政策允许的范围内，通过事前筹划、事中控制，最大可能地减轻税收负担，获取一定的税收利益。实务工作中（参考表3、表4），财务部门精研税法，根据目前部分地区试行建筑安装合同印花税3‰，提醒签订合同时务必签订价税分离合同，减小税基，避免价税不分离导致多缴税款。按照国家相关法律规定，项目在增值税申报时，按2‰就地预缴，回机构所在地汇算清缴。

表3　　　　　　　　　　　　　　　销项税预测

时间	不含税收入（元）	预计开票金额（元）	进项税率（%）	销项金额预测（元）	备注
全周期内	4 989.29	5 438.32	9%	449.04	施工服务9%税率

表4　　　　　　　　　　　　　　　进项税额预测

序号	项目		预计成本金额（元）	预计进项税率（%）	预计进项税（元）	备注
1	人工费用	一般计税成本	0	9	0	无劳务分包
2		简易计税成本	0	3.00	0	清包工劳务部分
3		无抵扣分包成本	917.07	0	0	劳务派遣无抵扣部分仅管理费用为专票
4		小计	917.07		0	

续表

序号	项目		预计成本金额（元）	预计进项税率（%）	预计进项税（元）	备注
5	材料费用	简易计税材料	0	3.00	0	混凝土、砂石、垫土等
6		一般计税材料	979.30	13.00	127.31	实现集采
7		普票采购	0	0	0	
8		小计	979.30		127.31	
9	机械费用	维修费	138.72	13.00	18.03	
10		设备采购	368.90	13.00	47.96	
11		零星配件		13.00	0	
12		油料费		13.00	0	
13		折旧	924.78	0	0	设备折旧
14		小计	1 432.40		65.99	
15	其他直接费	二次搬运费	224.00	9.00	20.16	
16		措施费	118.76	13.00	15.44	
17		普票部分	0	0	0	
18		小计	342.76		35.60	
19	间接费	专票部分	247.96	3.00	7.44	办公费、差旅费等
20		无票及普票部分	502.45	0	0	其他费等
21		小计	750.41		7.44	
22	其他	其他		0	0	
23	总计		4 421.94		236.34	
24	实际承担增值税				212.70	增值税销项税额 – 增值税进项税额
25	预交增值税				99.79	异地经营范围需在当地预缴税款
26	税金及附加				9.98	
27	城市建设维护税				4.99	
28	教育费附加				2.99	
29	地方教育费附加				2.00	
30	预交企业所得税				9.98	

3. 细化材料采购，完善内控体系

在采购施工材料时，提醒业务人员应尽量选择能够开具增值税专用发票的供应商。另外，要在一般纳税人及小规模纳税人所负担的采购成本之间选择税负最低、采购价格最低的供应商。此外，对于一些难以取得增值税专用发票的厂家，尽量要求其去当地的税务机关代开增值税专用发票。同时，要完善公司的内部管理体系，确保在有关程序中实施税收计划，以便有章可循、有据可依。加强对税务筹划工作各个环节的监督，有效避免税收计划工作的重叠和缺位，保证监督工作的全面性和有效性，充分利用监督职能，不断加大对税收计划工作各个流程的监管力度，形成更加完善的监管制度。

（二）合同管理环节风险管理

1. 做好合同审查，完善审查制度

公司应建立合同风险控制和法律审查制度，所有合同事项均经过事前审批，所有合同按照审查流程进行风险和法律审查，由合同经办部门、合同管理部门、财务管理部门、法律事务管理部门会审后，填写合同审查意见表，再根据公司授权审批权限提交相关领导层或权力机构批准。在合同审核流程中，财务部门要结合标签测算的结果进行审慎评估，对审核进行总体把控。

2. 加强补签管控，建立管控机制

要制定合同补签的标准和补签流程，并严格按照相关标准界定和管控合同补签。加大合同补签治理的力度，重点关注补签率较高的业务领域，将年度合同补签率控制在一定范围以内。超出比例的补签合同需要进行专门监督和审批，并且制定有效管控措施。同时，通过财务共享系统，对合同进行归档，实现合同的信息化管理，对价值链实现全面监督，并运用"以税控合同"的管理手段，要求业务部门在合同签订后30 日内把合同上传信息系统（见表5），要求合同评审和签订强制执行价税分离，降低税负的同时控制了税务风险。

表5　　　　　　　　　　　　合同信息系统台账　　　　　　　　　　单位：元

合同编号	对方单位	合同总金额	未付款金额	收款金额	未收款金额
×××	A 单位	37 960 853.42	37 960 853.42	0.00	37 960 853.42
×××	B 单位	10 502 150.00	10 502 150.00	0.00	10 502 150.00
×××	C 单位	7 359 300.00	7 359 300.00	0.00	7 359 300.00
×××	D 单位	2 535 309.74	2 535 309.74	0.00	2 535 309.74
×××	E 单位	13 438 880.00	13 438 880.00	0.00	13 438 880.00
×××	F 单位	1.00	1.00	0.00	1.00
×××	G 单位	68 437 200.00	68 437 200.00	0.00	68 437 200.00
×××	H 单位	77 138 114.00	77 138 114.00	0.00	77 138 114.00
……	……	……	……	……	……

（三）责任成本管理风险管理

1. 科学制定标准，准确下达要求

责任成本下达要客观真实、实事求是、科学合理，严格按照大商务管理要求，落实全员控制和全过程控制的全面控制原则。以责任成本测算与下达、签订经济承包责任书、奖惩兑现为抓手，做到责任成本预算务必下达、经济责任承包责任书务必签订、过程成本务必有效管控、奖惩务必及时兑现，扎实稳步地推动成本管理工作。以 M 项目为例，责任成本测算情况如表 6 所示。

表6　　　　　　　　　　　　　　M 项目责任成本测算

序号	类别	掘进前 2022 年 8 月~ 2023 年 8 月	掘进中 2023 年 9 月~ 2024 年 5 月	掘进后收尾 2024 年 6 月~ 2025 年 6 月	收尾	小计
一	目标营业收入	261.94	4653.75	73.60		4 989.29
二	责任成本目标	299.00	3 897.94	225.00		44 21.94
	其中：人工费成本支出		917.07			917.07
	材料费支出		979.30			979.30
	机械费支出		1 432.40			1 432.40
	其他直接费支出	149.00	118.76	75.00		342.76
	现场经费	150.00	450.41	150.00		750.41
三	目标利润	−37.06	755.81	−151.40		567.35

2. 进行动态管理，灵活管控成本

责任成本必须确保严肃性，即刚性约束原则，原则上不能调整。但是当出现非项目部管理原因的不可抗力对责任成本影响较大时，经过公司审批并经过总经理办公会同意后，调整责任预算，较为灵活地控制生产成本，更贴切实务的发展。上半年，施工服务项目根据"短、平、快"业务特点，通过高效组织资源、优化施工组织方案、成本费用管控等措施，形成降本增效的项目文化氛围，实现生产、材料、机械、安全等各个方面的密切配合，达到安全、质量、生产、工期齐抓共管，进一步提高履约意识，保证项目整体盈利能力。

3. 实行包干制度，加大问责力度

对核算的管理费实行包干制，人员多配少配均实行管理费包干制。施工服务项目通过责任包干，严控成本计划、严格成本核算、严肃成本分析，实时措施整改、实时动态管控、实时分级预警，堵塞管理薄弱环节，寻求降低成本空间（包括项目成本中的有利偏差的挖潜和不利偏差的纠正），提高项目盈利水平。

（四）资金自平衡风险管理

1. 进行全周期管理，防范资金风险

施工项目开展过程中要及时防范为项目资金困难、合同条款苛刻、项目亏损的客户垫资供应后形成的大额长期逾期账款。财务部门要关注年度投资、投资款筹措、工程进度、工程局验工计价等情况，用资金自平衡过程管理方式，为项目"保、缓、停供"作出依据，促进物资供应实现供应差异化。通过优化风险管理模式，对每一个项目进行全周期管理，将风险管控前置，实现每个施工项目的资金自平衡。公司上半年施工服务板块资金流量如表7所示。

表7　　　　　　　　　上半年公司施工服务板块累计资金流量　　　　　　单位：万元

项目	F项目	L项目	J项目	W项目	D项目	M项目	T项目	G项目	S项目	合计
资金流入	923.50	1720.00	390.00	1909.17	0	705.00	404.57	173.90	92.27	6318.41
资金流出	206.79	550.20	109.70	351.24	87.64	179.91	86.49	146.33	75.69	1793.99
其中：生产经营付款	78.88	395.20	15.90	156.30	5.60	67.13	28.66	28.85	45.60	822.12
职工薪酬	97.71	103.87	53.67	102.21	55.87	57.42	52.23	105.18	25.18	653.34
税金	0	21.83	0	35.13	21.57	0	0	0	2.03	80.56
其他	30.20	29.30	40.13	57.60	4.60	55.36	5.60	12.30	2.88	237.97
净流入	716.71	1169.80	280.30	1557.93	−87.64	525.09	318.08	27.57	16.58	4524.42

2. 坚持以收定支，合理分配资金

根据公司盾构服务项目"短、平、快"的特点，结合项目标前测算和责任成本数据，以合同履约为中心，根据现场施工组织进度，统一调配资金资源，实现财务资源的价值化和效益化。以M项目为例，根据前述责任成本测算数据，对该项目资金自平衡进行测算，数据主要源自责任成本测算表、履约合同条款、施工组织进度，对项目掘进前、掘进中、竣工验收和收尾四个阶段进行分析策划，过程中坚持及时确权计价和收款，对外支付采用金融工具方式支付或延长付款周期等形式，实现M项目资金自平衡，并能实现对公司整体资金资源的增补援助，如表8所示。

表 8		M 项目资金自平衡			单位：万元
类别	掘进前 2022 年 8 月 ~ 2023 年 8 月	掘进中 2023 年 9 月 ~ 2024 年 5 月	竣工验收 2024 年 6 月 ~ 2025 年 6 月	收尾	小计
当期实现产值计划（含增值税）	285.51	5 072.59	80.22		5 438.32
当期验工计价/结算计划（含增值税）		4 222.31	1 151.84		5 374.15
资金流入计划	200.00	3 177.84	1 765.93	131.39	5 275.17
收取的项目工程款/销售款（现款）	0	3 377.84	1765.93	131.39	5 275.17
收取履约金	0	0	0	0	0
利息收入	0	0	0	0	0
公司垫资（偿还用"–"表示）	200.00	–200.00	0	0	0
当期成本/费用计划（含增值税）	312.41	4 041.04	233.25		4 586.70
成本加权平均支付比例		0.50	0.50		1.00
成本资金流出计划	0	443.01	2 137.14	116.63	2 696.78
资金流出小计	156.29	2 122.37	1 098.35	353.45	3 730.46
资金流出按类型划分	156.29	2 122.37	1 098.35	353.45	3 730.46
其中：人工（分包）成本支出	70.54	775.99	70.54		917.07
材料费支出		500.00	606.61	0	1106.61
机械费支出		300.00	150.00	123.61	573.61
其他直接费支出	10.00	182.45	150.00	32.87	375.32
现场经费	75.75	363.93	121.20	196.97	757.85
结余资金小计	43.71	1 099.18	2631.86	2 409.80	

（五）税务风险管理

1. 完善风险预警，增强预警能力

在盾构施工服务企业的生产经营过程中，要进一步完善预警体系，增强预警水平和能力。一方面，盾构施工服务企业要建立企业预警工作领导小组，对税制改革背景下企业税务风险工作进行专门的研究和调研，成立独立性较强的税务风险管理部门，该部门职责由财务部门行使。另一方面，新时期盾构施工服务企业要树立创新的理念，对预警体系进行不断的创新和完善，在企业充足资金的保障背景下，积极研发税务风险预警体系，并结合公司实际，可开发相关软件系统实现高效、准确的可视化信息共享。

2. 利用税收红利，降低税务风险

盾构施工服务企业在税务风险管理的过程中，要通过加强"业、财、税"融合管理，充分利用税收政策红利统筹税务筹划，通过利用企业所得税汇算清缴计税基数中 500 万元以下设备器具一次性扣除、研发费用加计扣除、固定资产加速折旧摊销额纳税调减，以及高新技术企业减免企业所得税等政策，享受税收政策红利。例如，Z 公司本年利用河南省第一批全电发票试点工作的契机，将以前限制单张发票金额、按月领购发票等弊端消除，实现了全电发票无金额和张数的限制，提高了发票传送的安全性和及时性。经过对税收政策的研究以及对税收风险的有效识别与应对，Z 公司 2023 年上半年实现企业所得税较上年同期减少 39.94%，印花税较上年同期减少 44.24%（见表 9），不仅节约了现金流，而且降低了企业的税务风险。

表9   公司上半年施工服务板块累计资金流量

项目	2022 年 1～6 月			2023 年 1～6 月			同比增减（%）
	支付金额（万元）	占总税额比（%）	税负率（%）	支付金额（万元）	占总税额比（%）	税负率（%）	
增值税	109.20	13.34	0.38	142.24	24.26	0.38	30.26
城市维护建设税	5.10	0.62	0.02	9.20	1.57	0.02	80.39
企业所得税	650.83	79.49	2.28	390.91	66.69	1.05	−39.94
教育费附加	3.28	0.40	0.01	4.27	0.73	0.01	30.18
地方教育费附加	2.18	0.27	0.008	2.84	0.48	0.01	30.28
水利建设基金	0	0.00	0	0.14	0.02	0.0004	0
个人所得税	12.39	1.51	0.04	16.68	2.85	0.04	34.62
印花税	35.78	4.37	0.13	19.95	3.40	0.05	−44.24
合计	818.81	100	2.87	586.26	100	1.56	

（六）清收清欠风险管理

1. 提高工作认识，抓好"双清"工作

目前，我国盾构施工的"双清"工作压力很大，需要加强对清收清欠工作的认识，如果"双清"计划、实施不及时、不合理，企业可支配的资金相应减少，导致公司短期内资金出现"捉襟见肘"的困境，如长期资金困境未得到改善，公司整体生产经营将步入泥沼。例如，Z 公司从战略领导层到一线施工层面，全员自上而下必须转变思维和认识，将资金回笼提到企业中心工作层面上来，切实抓好"双清"工作，加快资金回笼，盘活资金。通过实施"双清"工作专项行动，在业务开展中重视对每个盾构施工服务项目的"双清"活动进行跟踪，整体实现清收比例的上升。2023 年上半年，通过对 Z 公司 9 个项目清收情况分析来看，除 T 项目、S 项目存在业主方客观因素影响计价结算滞后的现象，其他 7 个项目都能及时完成清收确权工作（见表 10）。

表 10　　　　　　　　　　　　上半年公司盾构施工服务清收比例

项目名称	累计产值（万元）	产值比例（%）	结算金额（万元）	清收比例（%）
L 项目	3 055.72	13.04	3 535.05	100
J 项目	5 595.40	23.87	5 595.40	100
F 项目	4 096.89	17.48	3 920.92	95.70
D 项目	4 303.11	18.36	3 194.50	74.24
M 项目	2 093.40	8.93	1 905.06	91.00
W 项目	2 329.89	9.94	2 320.51	99.60
G 项目	267.99	1.14	173.90	64.89
T 项目	1 460.01	6.23	625.30	42.83
S 项目	239.43	1.02	92.27	38.54
合计	23 441.84	100.00	21 362.91	91.13

2. 强化源头防范，加大监督力度

企业要强化源头防范，评估建设单位资金实力，避免盲目承揽项目，强化投标评审和合同评审。同时，企业应当避免盲目垫资，争取合同预收款项，对经营风险进行全面评估。另外，公司各归口职能部门对施工项目做好监督、指导和复核，统筹项目资源，保障安全、进度、计价等相关经济活动的协调发展，通过加强项目现金流资金自平衡管理，倒逼项目加强施工组织、成本管控、验工计价、清收清欠等工作，以项目内生资金能力促使项目管理提升。

3. 建立健全制度，完善内控制度

企业应建立健全内部控制制度，根据实际情况，在企业内部或者财务部成立清收清欠部门或岗位，进一步完善"双清"动态台账，健全清收清欠预警机制，并制定预警后相应的解决措施，修订"罚奖并举"制度。公司根据实际情况，修订"双清"管理办法及考核制度，并专门成立"清欠办"针对重难点项目攻坚克难，动态管理客户资源，使"双清"工作目的性和计划性增强。另外，对可能没有后续市场或企业状况持续恶化的业主由法务部门协同采取法律诉讼手段，保障清收清欠行动形成落地闭环。

（七）竣工结算风险管理

1. 及时进行结算，防范收款风险

应收账款的回款工作关乎企业的现金流入，及时收回工程款是防止资金链断裂的重要手段。对于长期合作的客户，做好客户关系维系，保证长期合作的可能性，可以适当放宽信用政策，根据企业制定的信用额度天数适当地向对方单位催收。对于长期拖欠工程款的单位，可以增加发送催收函的次数，催收程序应该更积极，必要时可以诉诸法律，向拖欠单位提起诉讼或者请求仲裁。

2. 加强合同管理，争取最大利益

财务人员需认真研读合同条款，监督合同履约完毕，对于因设计变更、索赔事项等内容需变更或补充合同的，及时督促业务部门及时完善合同审批手续，完成合同签订。同时，对于价款结算扣款事项，应保证证据链的完整性和真实性，不能盲目作出让步，以维护企业的最大利益。

（八）其他风险管理

1. 加强内控管理，强化过程管理

对于投标以及材料采购过程中可能出现的舞弊现象，企业应该加强内控建设，减少风险发生的概率。例如，组建专业的招投标、合同评审委员会，对于招标投标工作，需要通过委员会的透明、集中统一审核，作出招投标决定。对于业务事项，严格按照合同约定执行，核实应付款项真实性，严禁超付现象，防止舞弊风险。

2. 加强安全管理，保障安全投入

根据相关规定，安全费用投入和使用应符合各行业建筑标准。财务部门准确核算安全费用各项投入，协调安全部门做好安全费用的监督、指导和复核，以保证符合国家和行业标准以及合同履约要求。过程中定期通报各项目安全费用投入使用情况，防止安全费用投入不符合合同约定导致竣工验收审减价款的风险，规避政府单位检查通报风险。通过月度、季度和年度分析，及时跟进安全费支出情况，保障安全费用足额投入。

五、总结

企业盾构施工服务风险管理作为一种管理手段和方法，已经经历了几十年的探索和实践，其间不断有新的理论、方法和创新，使之逐步走向成熟，并得到越来越广泛的应用，减少和降低了行业生产经营的不确定性，对社会经济的发展起到了重要的作用。通过企业价值链上的风险预警以及管控，能够在一定程度上起到风险应对的作用，实现业财融合的深层融合，但是由于盾构施工服务具有复杂性、独特性等特点，在应用这些方法和工具时还应充分考虑实际情况，必要时作出调整和修正，或综合应用多种方法以达到施工项目风险管理的目标。

（中铁工程装备集团技术服务有限公司　乔　恒　杨煜煜）

第八篇

管理会计信息化

基于财务共享平台的应收账款信息系统在"两金"管控中的应用

【摘要】建筑施工企业"两金"资产是企业重要的流动资金来源,"两金"资产管理是企业财务管理的重要组成部分。中铁一局为解决"两金"资产管理手段单一、信息化水平低下、管理效率不高的问题,在财务共享平台基础上,创新应用应收账款信息系统,按照财务管理原则设置取数、运算规则,实现自动化计算和预警"两金"数据,从而提升"两金"管理效率,提高管理会计水平。

一、背景描述

(一)单位基本情况

中铁一局集团有限公司(以下简称"中铁一局")是世界 500 强企业——中国中铁股份有限公司(以下简称"中国中铁")的全资子公司。中铁一局前身为铁道部西北铁路干线工程局,1950 年 5 月始建于甘肃省天水市,后分别迁至兰州市、乌鲁木齐市,1970 年由乌鲁木齐市迁至西安市,2000 年改制为中铁一局集团有限公司。目前,中铁一局具有铁路、公路、市政公用、建筑工程施工总承包特级资质,铁路铺轨架梁、桥梁、隧道、公路路面、公路路基、环保工程专业承包一级资质等,同时还具有市政、建筑行业甲级设计资质和测绘甲级等多项资质。

截至 2022 年底,中铁一局员工总数 24 805 人,其中各类专业技术人员 14 407 人,高级职称 2 236 人,其中,正高级职称 132 人,享受国务院政府特殊津贴 4 人;拥有各类机械设备 7 614 台(套),其中各类型号盾构机 49 台。资产总额 665 亿元,净资产 141 亿元。2022 年,实现新签合同额 2 560.07 亿元,企业营业额 1 322.72 亿元。

作为共和国铁路建设的"排头兵",中铁一局始终致力于国家基础设施建设。70 多年来,参建干、支线铁路 150 多条,铁路运营线路铺轨 4.6 万余公里,约占我国铁路铺轨总量的 1/7;累计修建公路 9 000 余公里;完成房屋建筑 4 400 余万平方米。业务范围覆盖除台湾地区以外的全国各省、自治区、直辖市,并在新加坡、巴基斯坦、斐济、马来西亚等十多个国家开展海外工程承包业务。

中铁一局始终坚持"百年大计,质量为本"的方针,截至 2022 年底,共获得鲁班奖 27 项、詹天佑奖 27 项,国家优质工程奖 103 项(其中金质奖 11 项)。始终坚持科技兴企战略，共获得国家科学技术奖励、科技进步奖 19 项，省部级科技奖 428 项；新中国成立 70 周年"功勋企业"、全国守合同重信用企业、中国施工管理优秀企业、全国企业文化建设优秀单位等上百项荣誉。

（二）"两金"管理面临的现状及存在的问题

作为大型建筑央企，中铁一局"两金"资产，即应收账款和合同资产占流动资产的比重高达 45% 以上，成为企业最为重要的资产组成部分，是企业赖以生存的流动资金来源。近年来，随着建筑业市场的竞争加剧，以及投资模式的变化，营业规模在投资高速拉动的情况下持续扩张，"两金"资产也随之增加，年均增长比例 7% 左右。随着"两金"资产的持续增加，中铁一局面临着"存量不降、增量不减"的困境，资产管理难度逐年递增，管理成本持续增加。

国资委高度重视"两金"压降工作，连续下发了《2019 年中央企业存货和应收账款清理专项行动方案》《关于开展中央企业产业链清欠试点工作的通知》等文件。中国中铁先后下发了《中国中铁关于开展"打好双清攻坚战，确保正向现金流"专项行动的紧急通知》《中国中铁关于进一步加强"两金"专项考核的通知》等文件。逐年签订《双清目标责任书》，持续加大"两金"管控考核力度。在面临内部管理链条长、管理难度大，外部监管考核严的情况下，中铁一局充分研判"两金"资产管理形势，在深入调研的基础上，仔细分析应收账款管理存在的问题，主要包括以下几个方面。

1. 数据更新不及时使准确性难以保证

由于应收账款金额大，周期长，涉及客商多，人工逐级统计难度大，管理效率低下，数据质量无法保证。应收账款数据通常在每季度决算完成后统计更新。要想了解最新的情况，则需要抽出专人负责此项统计工作，数据更新滞后，统计周期较长，数据时效性差。

2. 逾期情况掌握不详尽，清欠靶向性不强

随着应收账款规模越来越大，加上合同结算支付条款多样化，人工统计汇总数据质量不高，导致逾期掌握不详尽，清欠工作方案无法准确制定下达，工作目标不准确、动态更新不及时，严重影响工作效果。

3. "两金"资产档案资料分散，过程管控不严

根据管理现状看，收尾项目应收账款管理效率最为低下。部分项目进入收尾阶段之后，由于项目机构撤销合并、人员变动，资料交接不完整、不及时，应收账款相关档案资料缺失，后期清欠或者诉讼证据不足、诉讼时效失效，导致回收困难。

4. "两金"资产统计分析困难，管控效率不高

应收账款详情仅通过人工报表掌握，其数据动态更新不能实时化，尤其是集团公

司、三级公司下达考核目标时参考数据已经过时，不能做到目标精准化；项目部落实清欠责任时责任不清晰，甚至个别款项无人问津；上级公司考核时没有精确的数据作为对照，工作被动，无法有效考核。

（三）应用应收账款信息系统管控"两金"资产的主要原因

应收账款信息系统基于财务共享平台进行取数加工，而财务共享平台的优势能够解决企业"两金"资产管理的难题，为企业"两金"资产管理中应用应收账款信息系统提供了最优保障。

1. 统一核算平台

将分散的各个账套集中到公司统一的服务器上，使数据汇总变得简单、全面，数据无遗漏。

2. 统一表单模板

使用统一表单将经济核算信息进行登记，经审核后自动转换成会计信息，保证了信息的准确性。

3. 统一审批流程

按照经济业务类型，设计符合审计、纪委要求的审批流程，保证业务的真实性、合法合规性。

4. 统一会计核算标准

将经济业务对应的会计分录预先设定在共享系统中，选择不同的经济业务，就会生成与之匹配的会计凭证，统一了会计核算，提高了财务数据可比性。

基于财务共享平台的应收账款信息系统，改变了因政策理解偏差、制度执行不一、人员素质不齐带来的问题，在全集团范围内推行统一的审批流程、统一的审批权限、统一的审核标准。因此，使用应收账款信息管理系统管控"两金"资产，具有明显优势，符合企业管理要求和管理现状。

二、总体设计

（一）总体目标

通过应收账款信息管理系统的应用，能够提升"两金"资产管理效率。支持用户自定义报表样式、移动端可视化展示，能够对清欠主要对象即到期应收账款、逾期应收账款的金额、账龄实时精准反馈，能够提供合同影像、结算条款、签认确权等全过程档案资料，能够对系统数据设置预警提醒。

（二）管理思路

应收账款信息管理系统将"两金"资产管理分为三个阶段：事前合同条款录入、事中结算管理和事后债权清欠。

1. 事前合同条款录入

通过法务系统、成本系统、共享系统等多种形式完善系统中债务单位的基本信息，包括开工、竣工时间，结算方式，结算比例，支付比例等合同条款及影像信息，形成一份较为完整的应收账款"电子身份档案"。

2. 事中结算管理

通过共享系统中业主验工计价单、建造合同执行情况表和收款单等表单、流程信息，实时动态地反映债权资料及账龄资料。

依据合同基本信息中的结算及付款条款信息，自动计算出应结算和应收款信息，与上述实际债权资料情况进行比对，低于合同约定结算和支付的应收账款单位实行预警，通过微信客户端等方式将该预警信息发送给债权负责人。

根据需要生成核对签认记录（债权债务往来对账函），相关责任人可依据统一的格式直接打印出签认记录并在业主签认后上传至应收账款信息管理系统，进一步与结算及收款等关联数据对比验证。

3. 事后债权清欠

项目竣工后，需加大对收尾项目债权监控，及时清理竣工项目应收账款，保证项目经营结果，可对重点的清欠项目单独做标识并进行统计分析。

三、应用过程

应收账款管理信息系统的应用，历经系统取数、组织测试、系统验证、系统修改等，通过不断迭代更新完善，最终全面上线，用以"两金"目标下达、过程督导和考核评价。

（一）配置"两金"资产取数表单流程

1. "两金"资产数据取数逻辑

根据"两金"资产的实际管理需要，梳理系统中相关数据清单和逻辑关系，制定计算公式，研究数据来源。公式设计分为项目基本信息、合同基本信息、应收账款账面信息和应收账款账龄信息等，共计120余项，系统设计的公式如表1所示。

表1 系统设计公式

分类	序号	字段名称	计算公式
项目基本情况信息	1	所属片区指挥部	合同信息维护单 – tab 合同信息 – 所属片区指挥部
	2	项目名称	合同信息维护单 – tab 合同信息 – 项目名称
	3	项目所在地	合同信息维护单 – tab 合同信息 – 项目所在地
	4	所属单位	合同信息维护单 – tab 合同信息 – 所属机构
	5	清欠责任人姓名	合同信息维护单 – tab 清欠责任人 – 清欠责任人姓名
	6	清欠责任人联系方式	合同信息维护单 – tab 清欠责任人 – 联系方式
	7	清欠责任人所在单位	合同信息维护单 – tab 清欠责任人 – 清欠责任人所在单位
	8	清欠责任人其他信息	合同信息维护单 – tab 清欠责任人 – 清欠责任人其他信息
	9	核算单元分组	合同信息维护单 – tab 合同信息 – 核算单元分组
	10	业务板块	合同信息维护单 – tab 合同信息 – 业务板块
	11	项目类别	合同信息维护单 – tab 合同信息 – 项目类别
	12	合同类型	合同信息维护单 – tab 合同信息 – 合同类型
	13	签订日期	合同信息维护单 – tab 合同信息 – 签订日期
	14	合同名称	合同信息维护单 – tab 合同信息 – 合同名称
	15	合同编码	合同信息维护单 – tab 合同信息 – 合同编码
	16	项目开工日期（实际开工令）	合同信息维护单 – tab 合同信息 – 项目开工日期
	17	项目竣工结算时间	合同信息维护单 – tab 合同信息 – 项目竣工结算日期
	18	项目实际完工日期	合同信息维护单 – tab 合同信息 – 项目实际完工日期
	19	缺陷责任期到期日	合同信息维护单 – tab 合同信息 – 缺陷责任到期日
	20	业主名称	合同信息维护单 – tab 业主信息 – 业主名称
	21	业主性质分类	合同信息维护单 – tab 业主信息 – 业主性质分类
	22	建设资金来源	合同信息维护单 – tab 业主信息 – 建设资金来源
	23	建设资金是否属实	合同信息维护单 – tab 业主信息 – 建设资金是否属实
	24	业主其他信息	合同信息维护单 – tab 业主信息 – 业主其他信息
	25	合同总价（含税）	合同信息维护单 – tab 合同信息 – 合同总金额
	26	合同税金	合同信息维护单 – tab 合同信息 – 税额
	27	固定税率/征收率	合同信息维护单 – tab 合同信息 – 固定税率
	28	合同预计总收入	合同信息维护单 – tab 合同信息 – 合同预计总收入
	29	合同预计总成本	合同信息维护单 – tab 合同信息 – 合同预计总成本
	30	合同约定的结算支付款比例	合同信息维护单 – tab 合同信息 – 合同月底付款条件
	31	合同约定的结算后付款条款简要描述	初始化时允许输入文字，摘写合同结算付款主要条款

续表

分类	序号	字段名称	计算公式
项目基本情况信息	32	结算后付款等待天数	合同信息维护单 – tab 合同信息 – 合同约定的付款等待天数
	33	预付款比例	合同信息维护单 – tab 合同信息 – 预付款比例
	34	预付款扣回条件	合同信息维护单 – tab 合同信息 – 预付款扣回条件
	35	完工进度	【合同履约成本 5601】借方开累发生数/合同预计总成本
	36	是否交付使用	合同信息维护单 – tab 合同信息 – 是否交付使用
	37	交付使用日期	合同信息维护单 – tab 合同信息 – 交付使用日期
账目取数及加工后数据	38	业主开累计价（含税）	取科目余额表 5801 – 02 贷方余额 + 2221 – 01 – 07 贷方开累发生数 + 2221 – 08 – 03 贷方开累发生数 + 待转销项税贷方余额 2221 – 06 + 待转简易计税贷方余额 2221 – 08 – 05
	39	开累确认收入	取科目余额表 5801 – 01 借方余额
	40	开累确认成本	取科目余额表 5601 – 01 – 03 贷方余额 + 5601 一级科目余额（此一级科目余额借为正数，贷为负数）
	41	业主开累拨款	1122 开累贷方发生
	42	已完工未结算	原理：开累确认收入减去开累业主计价（不含税） 5801 – 01 减去 5801 – 02 38 – 37
	42 – 1	已完工未结算：合同或清单内	每季度由工经口填报一次，与财务口径已完工未结算差异填列至"无实物工程对应量"列。因此，此 17 种分类之和与财务口径已完工未结算总额一致
	42 – 2	已完工未结算：无实物工程对应量	每季度由工经口填报一次，与财务口径已完工未结算差异填列至"无实物工程对应量"列。因此，此 17 种分类之和与财务口径已完工未结算总额一致
	42 – 3	已完工未结算：三方已签认齐全 – 设计变更	每季度由工经口填报一次，与财务口径已完工未结算差异填列至"无实物工程对应量"列。因此，此 17 种分类之和与财务口径已完工未结算总额一致
	42 – 4	已完工未结算：三方已签认齐全 – 价差调整	每季度由工经口填报一次，与财务口径已完工未结算差异填列至"无实物工程对应量"列。因此，此 17 种分类之和与财务口径已完工未结算总额一致
	42 – 5	已完工未结算：三方已签认齐全 – 政策性调整	每季度由工经口填报一次，与财务口径已完工未结算差异填列至"无实物工程对应量"列。因此，此 17 种分类之和与财务口径已完工未结算总额一致
	42 – 6	已完工未结算：三方已签认齐全 – 索赔费用	每季度由工经口填报一次，与财务口径已完工未结算差异填列至"无实物工程对应量"列。因此，此 17 种分类之和与财务口径已完工未结算总额一致
	42 – 7	已完工未结算：三方已签认齐全 – 其他调整	每季度由工经口填报一次，与财务口径已完工未结算差异填列至"无实物工程对应量"列。因此，此 17 种分类之和与财务口径已完工未结算总额一致

分类	序号	字段名称	计算公式
账目取数及加工后数据	42 - 8	已完工未结算：三方签认不齐全 - 设计变更	每季度由工经口填报一次，与财务口径已完工未结算差异填列至"无实物工程对应量"列。因此，此17种分类之和与财务口径已完工未结算总额一致
	42 - 9	已完工未结算：三方签认不齐全 - 价差调整	每季度由工经口填报一次，与财务口径已完工未结算差异填列至"无实物工程对应量"列。因此，此17种分类之和与财务口径已完工未结算总额一致
	42 - 10	已完工未结算：三方签认不齐全 - 政策性调整	每季度由工经口填报一次，与财务口径已完工未结算差异填列至"无实物工程对应量"列。因此，此17种分类之和与财务口径已完工未结算总额一致
	42 - 11	已完工未结算：三方签认不齐全 - 索赔费用	每季度由工经口填报一次，与财务口径已完工未结算差异填列至"无实物工程对应量"列。因此，此17种分类之和与财务口径已完工未结算总额一致
	42 - 12	已完工未结算：三方签认不齐全 - 其他调整	每季度由工经口填报一次，与财务口径已完工未结算差异填列至"无实物工程对应量"列。因此，此17种分类之和与财务口径已完工未结算总额一致
	42 - 13	已完工未结算：三方均未签认 - 设计变更	每季度由工经口填报一次，与财务口径已完工未结算差异填列至"无实物工程对应量"列。因此，此17种分类之和与财务口径已完工未结算总额一致
	42 - 14	已完工未结算：三方均未签认 - 价差调整	每季度由工经口填报一次，与财务口径已完工未结算差异填列至"无实物工程对应量"列。因此，此17种分类之和与财务口径已完工未结算总额一致
	42 - 15	已完工未结算：三方均未签认 - 政策性调整	每季度由工经口填报一次，与财务口径已完工未结算差异填列至"无实物工程对应量"列。因此，此17种分类之和与财务口径已完工未结算总额一致
	42 - 16	已完工未结算：三方均未签认 - 索赔费用	每季度由工经口填报一次，与财务口径已完工未结算差异填列至"无实物工程对应量"列。因此，此17种分类之和与财务口径已完工未结算总额一致
	42 - 17	已完工未结算：三方均未签认 - 其他调整	每季度由工经口填报一次，与财务口径已完工未结算差异填列至"无实物工程对应量"列。因此，此17种分类之和与财务口径已完工未结算总额一致
	43	合同负债（预收工程款）	取合同负债2204期末一级科目的贷方余额
	44	应收账款	1122借方余额
	45	应收账款账龄分布：6个月以内	合同信息维护单 - tab账龄信息 - 明细表账龄期间6个月以内的应收账款金额 + 取共享1122借方凭证与查询日期比较在6个月内的应收总金额 如制证日期为5月30日，在8月30日查询
	46	应收账款账龄分布：6个月至1年	合同信息维护单 - tab账龄信息 - 明细表账龄期间6个月至1年的应收账款金额 + 取共享1122借方凭证与查询日期比较在6个月~1年以内的应收总金额（当43的金额＜0时）- 小于0的金额

续表

分类	序号	字段名称	计算公式
账目取数及加工后数据	47	应收账款账龄分布：1~2年	合同信息维护单–tab账龄信息–明细表账龄期间1~2年的应收账款金额+取共享1122借方凭证与查询日期比较在1~2年内的应收总金额（当44的金额<0时）–小于0的金额
	48	应收账款账龄分布：2~3年	合同信息维护单–tab账龄信息–明细表账龄期间2~3年的应收账款金额+取共享1122借方凭证与查询日期比较在2~3年内的应收总金额（当45的金额<0时）–小于0的金额
	49	应收账款账龄分布：3~4年	合同信息维护单–tab账龄信息–明细表账龄期间3~4年以内的应收账款金额+取共享1122借方凭证与查询日期比较在3~4年内的应收总金额（当46的金额<0时）–小于0的金额
	50	应收账款账龄分布：4~5年	合同信息维护单–tab账龄信息–明细表账龄期间4~5年的应收账款金额+取共享1122借方凭证与查询日期比较在4~5年内的应收总金额（当47的金额<0时）–小于0的金额
	51	应收账款账龄分布：5年以上	合同信息维护单–tab账龄信息–明细表账龄期间5年以上的应收账款金额—从【合同信息维护】录入日期到查询日期期间共享凭证1122贷方凭证金额，取≥0时的金额，当小于0时，小于0的金额依从账龄分布4~5年金额减去
	52	应收账款逾期金额	（1）最后一个借方发生额凭证日期–系统日期>付款等待天数，取应收账款1122借方余额；（2）最后一个借方发生额的凭证日期–系统日期<付款等待天数，依次往上类推，测算倒数第二个借方发生额凭证日期–系统日期>付款等待天数，取凭证日期1122余额—凭证日期到系统日期之间的贷方发生额；（3）第三个找不到借方发生额的凭证直接取余额作为逾期金额
	53	应收账款逾期的账龄：6个月以内	逾期账龄也初始化。后续每发生一笔应收账款、应收质保金的借方金额，增加到逾期的最近账龄（6个月以内），每发生一笔应收账款、应收质保金的贷方金额，减少逾期的最远账龄。且根据系统当前日期，逐期递进
	54	应收账款逾期的账龄：6个月至1年	逾期账龄也初始化。后续每发生一笔应收账款、应收质保金的借方金额，增加到逾期的最近账龄（6个月以内），每发生一笔应收账款、应收质保金的贷方金额，减少逾期的最远账龄。且根据系统当前日期，逐期递进
	55	应收账款逾期的账龄：1~2年	逾期账龄也初始化。后续每发生一笔应收账款、应收质保金的借方金额，增加到逾期的最近账龄（6个月以内），每发生一笔应收账款、应收质保金的贷方金额，减少逾期的最远账龄。且根据系统当前日期，逐期递进
	56	应收账款逾期的账龄：2~3年	逾期账龄也初始化。后续每发生一笔应收账款、应收质保金的借方金额，增加到逾期的最近账龄（6个月以内），每发生一笔应收账款、应收质保金的贷方金额，减少逾期的最远账龄。且根据系统当前日期，逐期递进
	57	应收账款逾期的账龄：3~4年	逾期账龄也初始化。后续每发生一笔应收账款、应收质保金的借方金额，增加到逾期的最近账龄（6个月以内），每发生一笔应收账款、应收质保金的贷方金额，减少逾期的最远账龄。且根据系统当前日期，逐期递进

分类	序号	字段名称	计算公式
账目取数及加工后数据	58	应收账款逾期的账龄：4～5年	逾期账龄也初始化。后续每发生一笔应收账款、应收质保金的借方金额，增加到逾期的最近账龄（6个月以内），每发生一笔应收账款、应收质保金的贷方金额，减少逾期的最远账龄。且根据系统当前日期，逐期递进
	59	应收账款逾期的账龄：5年以上	逾期账龄也初始化。后续每发生一笔应收账款、应收质保金的借方金额，增加到逾期的最近账龄（6个月以内），每发生一笔应收账款、应收质保金的贷方金额，减少逾期的最远账龄。且根据系统当前日期，逐期递进
	60	应收质保金	【1531－05 长期应收款－质量保证金】借方期末余额
	61	应收质保金账龄：6个月以内	合同信息维护单－tab 账龄信息－明细表账龄期间 6 个月以内的应收账款金额＋取共享 1122 借方凭证与查询日期比较在 6 个月内的应收总金额 如制证日期为 5 月 30 日，在 8 月 30 日查询
	62	应收质保金账龄：6个月至1年	合同信息维护单－tab 账龄信息－明细表账龄期间 6 个月至 1 年的应收账款金额＋取共享 1531－05 借方凭证与查询日期比较在 6 个月至 1 年以内的应收总金额（当 43 的金额＜0 时）－小于 0 的金额
	63	应收质保金账龄：1～2年	合同信息维护单－tab 账龄信息－明细表账龄期间 1～2 年的应收账款金额＋取共享 1531－05 借方凭证与查询日期比较在 1～2 年内的应收总金额（当 54 的金额＜0 时）－小于 0 的金额
	64	应收质保金账龄：2～3年	合同信息维护单－tab 账龄信息－明细表账龄期间 2～3 年的应收账款金额＋取共享 1531－05 借方凭证与查询日期比较在 2～3 年内的应收总金额（当 55 的金额＜0 时）－小于 0 的金额
	65	应收质保金账龄：3～4年	合同信息维护单－tab 账龄信息－明细表账龄期间 3～4 以内的应收账款金额＋取共享 1531－05 借方凭证与查询日期比较在 3～4 年内的应收总金额（当 56 的金额＜0 时）－小于 0 的金额
	66	应收质保金账龄：4～5年	合同信息维护单－tab 账龄信息－明细表账龄期间 4～5 年的应收账款金额＋取共享 1531－05 借方凭证与查询日期比较在 4～5 年内的应收总金额（当 57 的金额＜0 时）－小于 0 的金额
	67	应收质保金账龄：5年以上	合同信息维护单－tab 账龄信息－明细表账龄期间 5 年以上的应收账款金额—从【合同信息维护】录入日期到查询日期期间共享凭证 1531－05 贷方凭证金额，取≥0 时的金额，当小于 0 时，小于 0 的金额依从账龄分布 4～5 年金额减去
	68	是否完工项目的判断	如果完工进度 34 列＝100％，则必须填 67 列中初始化表单中竣工计算日、移交使用日或者实际完工日的一个日期。否则系统报错

分类	序号	字段名称	计算公式
账目取数及加工后数据	69	应收质保金逾期金额	（1）若项目已经竣工结算，则竣工结算日－系统当前日期≥质保期的，视为质保金全部到期。如果该项目质保金未全额列转至工程款科目，提出警示。 （2）若项目未竣工结算，但已移交业主使用，则移交使用日期－系统当前日期≥质保期的，视为质保金全部到期。如果该项目质保金未全额列转至工程款科目，提出警示。 （3）若既未移交使用，也未办理竣工结算，则以实际完工日期－系统当前日期≥质保期的，视为质保金全部到期。如果该项目质保金未全额列转至工程款科目，提出警示。 取【1531－05 长期应收款－质量保证金】借方期末余额
	70	应收质保金逾期的账龄：6 个月以内	逾期账龄也初始化。后续每发生一笔应收账款、应收质保金的借方金额，增加到逾期的最近账龄（6 个月以内），每发生一笔应收账款、应收质保金的贷方金额，减少逾期的最远账龄。且根据系统当前日期，逐期递进。 若通过前列判断质保金无逾期，则此处为 0；逾期账龄分布之和应等于前列逾期总额
	71	应收质保金逾期的账龄：6 个月至 1 年	逾期账龄也初始化。后续每发生一笔应收账款、应收质保金的借方金额，增加到逾期的最近账龄（6 个月以内），每发生一笔应收账款、应收质保金的贷方金额，减少逾期的最远账龄。且根据系统当前日期，逐期递进。 若通过前列判断质保金无逾期，则此处为 0；逾期账龄分布之和应等于前列逾期总额
	72	应收质保金逾期的账龄：1～2 年	逾期账龄也初始化。后续每发生一笔应收账款、应收质保金的借方金额，增加到逾期的最近账龄（6 个月以内），每发生一笔应收账款、应收质保金的贷方金额，减少逾期的最远账龄。且根据系统当前日期，逐期递进。 若通过前列判断质保金无逾期，则此处为 0；逾期账龄分布之和应等于前列逾期总额
	73	应收质保金逾期的账龄：2～3 年	逾期账龄也初始化。后续每发生一笔应收账款、应收质保金的借方金额，增加到逾期的最近账龄（6 个月以内），每发生一笔应收账款、应收质保金的贷方金额，减少逾期的最远账龄。且根据系统当前日期，逐期递进。 若通过前列判断质保金无逾期，则此处为 0；逾期账龄分布之和应等于前列逾期总额
	74	应收质保金逾期的账龄：3～4 年	逾期账龄也初始化。后续每发生一笔应收账款、应收质保金的借方金额，增加到逾期的最近账龄（6 个月以内），每发生一笔应收账款、应收质保金的贷方金额，减少逾期的最远账龄。且根据系统当前日期，逐期递进。 若通过前列判断质保金无逾期，则此处为 0；逾期账龄分布之和应等于前列逾期总额
	75	应收质保金逾期的账龄：4～5 年	逾期账龄也初始化。后续每发生一笔应收账款、应收质保金的借方金额，增加到逾期的最近账龄（6 个月以内），每发生一笔应收账款、应收质保金的贷方金额，减少逾期的最远账龄。且根据系统当前日期，逐期递进。 若通过前列判断质保金无逾期，则此处为 0；逾期账龄分布之和应等于前列逾期总额

分类	序号	字段名称	计算公式
账目取数及加工后数据	76	应收质保金逾期的账龄：5年以上	逾期账龄也初始化。后续每发生一笔应收账款、应收质保金的借方金额，增加到逾期的最近账龄（6个月以内），每发生一笔应收账款、应收质保金的贷方金额，减少逾期的最远账龄。且根据系统当前日期，逐期递进。 若通过前列判断质保金无逾期，则此处为0；逾期账龄分布之和应等于前列逾期总额
	77	应收民工工资保证金	1221-04-03【其他应收款—民工工资保证金】借方余额
	78	应收履约保证金	1221-04-01【其他应收款—履约保证金】借方余额
	79	应收投标保证金	1221-04-02【其他应收款—投标保证金】借方余额
	80	应收其他保证金	其他应收款下：1221-04-04\1221-04-05\1221-04-06\1221-04-07\1221-04-08\1221-04-09\1221-04-10\1221-04-11\1221-04-12\1221-04-99\期末借方余额之和
	81	货币资金回款	系统自动判断，若贷方是应收账款（科目代码：1122一级科目）、合同负债（科目代码：2204一级科目），借方同时有银行存款时，则取该笔凭证的应收账款（科目代码：1122一级科目）、合同负债（科目代码：2204一级科目）贷方发生额。注意：共享要规范，银行收款凭证可以一借多贷，不允许一贷多借科目或多贷多借凭证生成。质保金到期后请及时转入应收账款，否则会造成系统取数不准确
	82	票据回款	系统自动判断，若贷方是应收账款（科目代码：1122一级科目），借方同时有应收票据（科目代码：1121）时，则取该笔凭证的应收票据借方发生额。注意：共享要对应收票据列账进行规范，严格按照手册一借一贷。质保金到期后请及时转入应收账款，否则会造成系统取数不准确
	83	资产证券化减少	系统自动判断，若贷方是应收账款（科目代码：1122一级科目），借方同时是内部往来—其他结算款往来（科目代码：3001），则取应收账款（科目代码：1122一级科目）贷方发生额。注意：共享要对资产证券化列账进行规范，严格按照手册一借一贷
	84	集中回款（内部往来）	系统自动判断，若贷方是应收账款（科目代码：1122一级科目），借方同时有内部往来（科目代码：3001）时，则取该笔凭证的内部往来借方发生额。注意：共享要对应收票据列账进行规范，严格按照手册一借一贷。 质保金到期后请及时转入应收账款，否则会造成系统取数不准确

2. "两金"资产表单信息录入

根据制定的计算公式，要对相关数据加以采集方能进行数据利用。为此，设计了《合同信息填报初始录入》表单，该表单的信息录入分为四个方面，即合同信息、业主信息、清欠责任人信息和收款初始信息。以合同、结算、账务等为依据，逐项目登记录入。

3. "两金"资产审批流程模型

根据管理的实际需要，初始化表单内的信息需要上级主管领导审核，方能在系统中进行登记。考虑登记的信息存在修改情况，于是设计了填报和修改的两个审批流程。

（1）合同信息初始填报的流程：项目财务人发起→公司财务部门审批→结束，如图1所示。

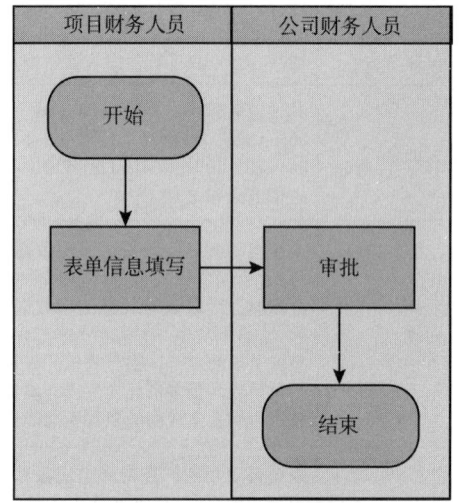

图1 合同信息填报流程

（2）合同信息修改流程：项目财务人发起→公司财务部门审核→集团财务部审批→结束，如图2所示。

4. "两金"资产数据预警通报

根据录入的合同初始化信息和账务会计凭证信息，应收账款系统会自动计算逾期金额，金额在合同初始预设的控制期间内不会触发预警，超过应收时间的逾期金额，则触发预警，针对逾期的金额进行预警提醒。

预警提醒是通过企业微信消息、Email信息两种方式进行提醒的。

5. "两金"资产数据推送展示

考虑管理层所处不同环境，管理者使用不同设备，以及外出时能够及时接收和查阅信息，设计了三种渠道进行数据的展示。分别是：电脑PC浏览器、企业微信、Email。

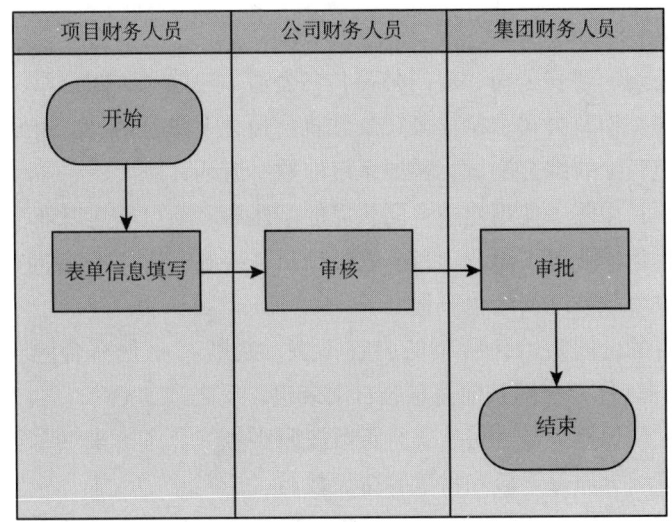

图2　合同信息修改流程

（二）分步开展数据测试验证

系统参数配置完成之后，组织所属单位开始测试。测试分为试点项目测试、试点单位测试、系统总体测试三个阶段。

1. 选取工程项目进行数据验证

根据计划安排，从铁建公司、建安公司中选取101个基建项目进行上线测试。选定的101个项目业主合同是集团外第三方和股份一级往来。包括托管、内部承建和自管项目，无论项目状态是在建、停工及收尾项目均在应收账款系统测试范围内。局内分包合同的应收账款因管理范围不在统计内，不参与此次测试。

测试的主要内容有：合同信息、业主信息、清欠责任人信息、收款初始信息的填写，影像信息的上传和系统自动计算公式的数据验证。首先，根据合同的实际内容，将各项信息填在《合同信息填报初始录入》中，进行应收账款系统数据登记。

其次，数据录入完毕，发起流程，经公司审核，审批流程结束后，可以在应收账款管理系统中查看到该项目的基础数据。以此验证应收账款系统框架设计。

2. 选取试点单位进行数据验证

根据计划安排，我们选定铁建公司、建安公司、厦门公司共358个项目，包含"基建"和"多项目基建"业态的项目进行上线测试。新加入测试的厦门公司项目需先进行"合同初始信息新增"，铁建公司、建安公司测试项目中业态为"多项目基建"的，需新发起"合同初始化信息修改"表单，进行二次录入，对之前录入的合同初始化信息进行补充与更正。数据录入完毕，系统再次取数，按照设计验证系统取数公式，达到与账面余额一致。

3. 所有单位全部上线运行

组织铁建公司、建安公司、厦门公司、二公司、三公司、四公司、五公司、电务公司、新运公司、市政公司、桥梁公司、城轨公司、天津公司、广州分公司基建类和非基建类项目进行上线综合测试，验证系统取数、逾期计算。

此次测试项目中除了使用建造合同核算的基建和多项目基建以外，还纳入生产经营、委托加工、运输业等工附营项目。这类项目需要在"非基建合同初始信息录入"表单中进行应收账款系统初始化登记。

非基建项目的合同初始化所填的内容不多，判断"是否有合同"，如有则选择"是"；选择合同名称，合同其他信息会自动带出，反之选"否"；客户性质根据客户名称自动带出；质保期天数、付款等待天数按照实际综合考虑来填写。（如果合同比较多，加权计算综合质保天数和付款等待天数。）

数据录入完毕，通过应收账款系统可以展现集团内全部基础建设单位的应收账款信息，再次与账务、报表中的数据进行比对验证，保证数据的正确性和完整性。

4. 测试过程中发现的问题与处理

（1）"合同初始信息新增""合同初始信息修改"和"非基建合同初始信息录入"在同一核算单元内不能同时发起，否则系统取数会重复。

（2）"合同初始信息新增"或者"非基建合同初始信息录入"明细表金额填"0"，其他数据按照必填要求不能为空。否则将无法正常取数。

（3）表单中字段引用公式需脚本控制，已有信息未带出，完善表单设计。

（4）合同信息初始表单填写不完整、信息不正确。

（5）账务核算不规范，取数不正确，或未取到，需要进行账务调整。

（6）验证公式：系统取数不完整，须对公式进行补充；取数错误，进行公式修改。

5. 根据测试验证结果完善系统

在测试过程中，我们发现了系统问题和缺陷。解决这些问题，弥补这些缺陷，不断地完善系统，目前已经达到设计的要求。

（1）应收账款系统增设以下功能。

增加能够读取历史数据的功能。比如2019年10月8日进入系统，能够查看2019年8月31日的数据；增加"开累收款、年累收款、货币资金回款、票据回款、资产证券化减少"的系统展示；增加货币资金回款、票据回款、资产证券化减少的取数期间。如提取2019年上半年回款额，即日起可选2019年1月1日至2019年6月30日。

在合同信息初始化表单和系统展示区增加"华南地区指挥部、西北地区指挥部、华东地区指挥部、西南地区指挥部、华北地区指挥部、东北地区指挥部、华中地区指挥部"的内容。

（2）应收账款系统修改计算公式。

应收账款开累收款：取共享平台应收账款凭证贷方累计发生额。

货币资金回款年累收款：取 2019 年 1 月 1 日之后，借：银行存款，贷：应收账款。

票据回款年累收款：取 2019 年 1 月 1 日之后，借：应收票据，贷：应收账款。

资产证券化减少年累收款：取 2019 年 1 月 1 日之后，借：内部往来，贷：应收账款。

（3）核算不规范影响系统取数正确，会造成系统数据遗漏，或者数据重复。

针对系统测试过程中不能取数或取数不正确的问题，经多方分析后发现，项目核算过程中存在收款业务出现负数核算，会计分录出现红字，银行科目未通过实体银行进行核算等未按会计核算进行账务处理等不规范行为，对此财务部门特下发通知规范核算后，问题得以解决。

（三）正式上线应用

1. 边录边测推进系统数据全部上线

组织各单位采用边录边测边修改的方式，不断对各类细节进行迭代完善。采用以测代训的方式培育各单位"上线骨干"。召集 14 家主要施工单位负责"双清"的相关人员，进行应收账款系统使用及操作培训。通过对各单位进行项目全覆盖的实际操作，每日总结分析，发现并解决问题，使参与人员快速掌握应收账款系统，为系统的推广使用培训出一批精通系统功能、熟悉业务管控规则的骨干人员。

2. 采用系统数据全面落实管控措施

年初编制《年度双清工作方案》时，根据系统显示的逾期金额，下达预算年度"两金"资产清欠工作目标；根据项目逾期金额大小，下达重难点项目清欠目标。按日通报系统上线情况，督导新开工项目及时进行初始化流程发起和初始化数据录入，确保项目上线率。不定期向主管领导和工作人员推送逾期金额。按季度根据系统显示的逾期金额，做"双清"工作预警通报。年末根据系统实时数据进行预算目标完成情况考评。

四、取得成效

（一）提升企业财务管理水平

1. 精准靶向清欠对象

应用应收账款信息管理系统准确、实时提供了清欠资产的到期情况、逾期金额、逾期时间等信息，让企业各层级了解应收账款的详情，提供了便捷可靠的方式。通过提炼汇集数据形成应收账款管理信息档案，标识重点清收清欠项目，加大对收尾项目应收账款的监控。支持根据管理报表中的数据维度对该报表进行条件查询，多维度的数据展现为经营决策提供准确的数据支持，精准靶向清欠对象。

2. 加强清欠工作过程管控

一是实时按照账务系统数据更新，按期预警通报：通过系统中表单、流程等信息，实时动态地增减债权资料及账龄资料，利用系统设计公式和模型自动实时计算出应收未收款信息，通过应收账款系统搭载的提醒功能，对低于合同约定结算和支付比例的应收账款所属单位实行预警，提醒债权负责人及时清欠。

二是多方验证，促进数据真实可靠：通过多个系统间的关联比对，对进入该系统的债权数据从多个方面进行验证以保障其真实有效性。

三是在系统中归档合同、结算单、签认单等基础资料，为清欠工作积累了丰富的支持性依据，安全系统地保留了清欠档案资料，加强了债权诉讼时效管理。

3. 助力清欠考核奖惩

清欠工作考核的基础是精准统计应收账款回款情况，据此下达目标、奖惩兑现。借助于应收账款信息管理系统的实时取数，能够及时对清欠工作进展情况进行监控监督，助力清欠考核奖惩制度有效落地执行。

（二）提高"两金"资产管控效率

1. 提高清欠数据统计效率

应收账款信息管理系统通过对共享数据资产二次开发利用，提高财务数据附加值，建设相应管理报表，利用报表自动取数等功能，支持相关人员做数据分析，操作简易、计算精准、演算迅速，有效提高工作效率。

2. 提高财务数据分析效率

针对传统财务分析过程中存在的低效率、碎片化、数据关联性差的问题，应收账款信息管理系统围绕共享平台大数据，通过智能处理算法，以标准化流程、规范化操作促进数据融合，将碎片化的财务数据有效关联起来，提高了财务数据分析效率。

五、经验总结

应收账款信息管理系统是基于财务共享平台建立的取数模型，能够实时计算分析反馈"两金"资产状况，便于信息使用者进行取数、加工、预警和分析，是中铁一局"两金"资产管理实现信息化、智能化的重要管理工具。实现该管理目标主要需关注两个方面：

一是需要建立全集团统一、标准的核算体系，能够实现从核算账套中抓取账簿数据，即财务共享数据要完善。

二是在建立应收账款信息系统模型时，需要建立单独数据库，将需要的数据提取后，按照"两金"管理的原则进行数据运算和加工，再生成所需要的管理数据。运算次数越多，系统越卡顿，所以建议将系统运算时间设置为 00∶00∶00，每天仅运算一次。

（中铁一局集团有限公司　杨育林

中铁一局集团有限公司财务部　薛　峰

文　强　杨祖文　张浩杰　李　洋　康俊峰）

中铁一局信息实施一体化管理研究

【摘要】本文描述了中铁一局集团在管理会计方面的实际应用经验。通过详细的描述，涵盖了该集团的背景、管理会计工具的选择和应用过程，以及取得的成效和经验总结。在应用过程中，集团充分发挥了管理会计工具的优势，优化了资源配置，改善了内部治理，强化了内控运作，为决策提供了有力支持，实现了价值创造，并促进了可持续发展。

一、背景描述

（一）单位基本情况

中铁一局集团是中国国内铁路建设领域的重要企业之一，拥有雄厚的实力和丰富的经验。作为国有企业，集团在铁路、地铁等领域拥有广泛的业务范围和多样化的项目。随着中国铁路事业的不断发展，中铁一局集团逐步壮大，成为国内建设行业的佼佼者之一。

集团在业务范围内涵盖了铁路线路、桥梁、隧道、车站等多个领域，从铁路建设、地铁施工到相关设备的制造和供应，形成了一个完整的产业链条。其项目遍布全国各地，不仅服务于国内的城市化建设，也在国际市场上取得了一系列的重要项目合作。

在组织架构方面，中铁一局集团充分意识到管理会计在项目管理和决策支持中的重要性，因此设立了专门的管理会计组织机构。这个组织机构负责管理会计的实施、数据收集、分析和应用，确保集团内部的各个项目都能够充分利用管理会计的优势，作出更加科学合理的决策，从而推动集团业务的持续增长。

在建设阶段，中铁一局集团不断扩大自身规模，为更好地适应市场需求，提高项目管理效率，增强内部协调，推动集团整体业务的高质量发展，积极引入管理会计的理念和方法，以期能够在资源分配、成本控制、决策支持等方面取得更大的优势。

中铁一局集团在管理会计的应用中，面临着如何在复杂的项目环境中实现资源的合理配置、成本的控制，以及如何更好地支持决策制定等挑战。因此，集团选择了一系列相关的管理会计工具和方法，以期能够更好地应对这些挑战，实现在竞争激烈的市场中的可持续发展。通过深入的应用，集团在管理会计方面取得了一系列显著的成果，不仅提高了项目的管理水平，也加强了内部的协调和沟通。

（二）管理会计应用基础

中铁一局集团在推进管理会计工作时，充分意识到现有的管理体制在资源配置和内部治理方面存在一些问题。这些问题包括资源分配不均衡、内部沟通协调不够规范等情况。为了解决这些问题，集团决定引入管理会计工具，通过优化现有的管理模式，以期更好地实现资源的合理分配和内部管理的有效推进。

在项目的不断扩大和业务的多元化发展过程中，集团面临着越来越多的决策问题。由于项目涉及的范围广泛，涵盖了铁路建设的多个环节，以及与之相关的各类业务，管理层需要更精确、更全面的信息来指导决策。传统的会计体系难以满足这种多元化、复杂化的需求，因此集团认识到管理会计的引入是迫切需要的。

管理会计工具的引入，为集团提供了更加翔实的数据和信息，使得管理层能够更准确地把握项目的运行状况，以及各项业务的财务状况。通过精细的成本分析，集团可以更清晰地了解各项业务的成本结构，找出不合理的开支，从而采取相应的措施进行调整。此外，管理会计的应用还使得集团能够更好地对不同项目进行绩效评价，从而更好地实现资源的合理配置，确保高效的资金使用。

在内部治理方面，管理会计的引入促使集团进行了一系列制度和流程的优化和改进。通过建立更严格的财务审批机制，集团可以更好地控制项目开支，防止资源的浪费。同时，管理会计的应用也促进了各个部门之间的沟通与协作，使得信息更畅通，协调更紧密，有助于提高项目的整体效率。

总体而言，中铁一局集团在管理会计应用基础方面，通过引入管理会计工具，着眼于解决现有管理体制存在的问题，优化内部流程，提高资源分配的效率，从而为集团的可持续发展打下了坚实的基础。管理会计的应用不仅使得集团更好地适应了快速变化的市场环境，也为集团在日益激烈的竞争中保持了竞争优势提供了重要的支持。

（三）选择相关管理会计工具方法的主要原因

中铁一局集团在选择相关管理会计工具方法时，充分考虑了项目工程建设的复杂性、资源配置的合理性以及决策支持的能力等多个因素。这些因素共同影响着集团在管理会计应用方面的决策，旨在应对现有的管理问题，并实现更高效的资源管理和内部治理。以下是集团选择相关管理会计工具方法的主要原因。

1. 工程建设的复杂性

集团作为铁路建设领域的重要企业，其项目涵盖范围广泛、环节复杂。不同的工程项目涉及各种资源的投入和分配，以及各种成本的支出。为了更好地管理这些复杂的工程项目，集团需要一套有效的管理会计工具，以确保资源的合理配置和成本的控制。

2. 资源配置的合理性

在资源有限的情况下，如何更合理地配置各项资源，使其能够最大限度地支持项目的顺利推进，是一个重要的挑战。集团希望通过管理会计工具的应用，实现资源的优化配置，避免资源的浪费和重复投入，从而提高资源利用效率。

3. 决策支持的能力

在项目的不同阶段，管理层需要作出许多关键决策，涉及资源的分配、投资的决策、合作伙伴的选择等。为了更好地支持这些决策，集团需要准确、及时的数据和信息，以便管理层能够作出明智的决策。管理会计工具能够为集团提供更深入的数据分析和综合性的信息，帮助管理层作出更有根据的决策。

4. 业务增长的挑战

随着集团业务的不断扩张和多元化发展，原有的管理模式已经无法满足新业务的需求。管理会计工具的引入，能够帮助集团更好地适应不同业务的管理要求，确保在不同项目和业务中实现资源的有效分配和管理。

综上所述，中铁一局集团选择相关管理会计工具方法的主要原因在于应对工程建设的复杂性、优化资源配置、增强决策支持的能力以及适应业务增长的挑战。通过选择适合的管理会计工具，集团期望能够更好地解决现有的管理问题，实现资源的高效利用和内部治理的优化。这将有助于集团在竞争日益激烈的市场环境中保持竞争优势，推动企业的可持续发展。

二、总体设计

（一）应用相关管理会计工具方法的目标

中铁一局集团在应用相关的管理会计工具方法时，明确了多重目标，旨在实现多方面的改善和增值。具体而言，集团在总体设计中确立了以下目标。

1. 优化资源配置

集团的管理会计工具应用旨在实现资源的优化配置。通过收集、整理和分析项目及业务数据，集团可以更准确地了解资源的使用情况，从而作出更明智的决策，将资源投入最有价值的领域，避免资源的浪费和重复投入。

2. 改善内部治理

管理会计工具的应用有助于加强集团内部的治理机制。通过建立更清晰的数据流程和信息传递渠道，集团可以更好地监控各项业务和项目的运行情况，减少信息不对称和管理漏洞，从而提高内部治理的效果。

3. 强化内控运作

集团希望通过管理会计工具的应用，加强内部控制体系的建设和运作。通过建立财务流程的透明度和标准化，集团能够更有效地预防和识别潜在的风险，确保公司的资产和利益得到保护。

4. 实现决策支持

管理会计工具的应用将为集团的管理层提供更丰富的数据和信息支持。这有助于管理层更准确地把握公司的经营状况，作出更有根据的决策，从而提高决策的准确性和有效性。

5. 助推价值创造

通过管理会计工具的应用，集团将能够更好地评估不同项目和业务的价值创造能力。通过分析项目的贡献和盈利能力，集团可以更有针对性地投入资源，优化业务结构，实现更大的价值创造。

6. 促进可持续发展

管理会计工具的应用有助于集团在经济、社会和环境方面实现可持续发展。通过更好地监控资源的使用和环境影响，集团可以更有计划地推动可持续发展战略的实施，为未来的长期发展奠定基础。

综上所述，中铁一局集团在应用相关管理会计工具方法的总体设计中，明确了一系列目标，旨在优化资源配置、改善内部治理、强化内控运作、实现决策支持、助推价值创造，以及促进可持续发展。这些目标共同构成了集团在管理会计领域的发展方向，将为集团的业务运营和发展战略带来积极的影响。

（二）应用相关管理会计工具方法的总体思路

中铁一局集团在应用管理会计工具方法时，采取了全面的思路，将这些工具有机地融入组织的运作。其总体思路可以概括为以下几个关键步骤。

1. 需求分析与规划

集团首先进行了对内部管理和业务需求的深入分析；其次明确了现有管理体制存在的问题，以及需要解决的痛点。基于这些分析，集团制订了全面的管理会计应用计划，确定了应用的目标、范围和时间表。

2. 工具选择与定制

在需求明确的基础上，集团选择了与其业务和管理需求相适应的管理会计工具。这些工具涵盖了成本控制、资金预算、大额资金支付等方面，以满足集团在不同领域的管理需求。根据实际情况，进行了工具定制，以确保工具能够准确地支持集团的管理目标。

3. 流程重构与整合

为了实现管理会计工具的有效应用，集团进行了内部流程的重构和整合。对财务和业务流程进行了优化，以适应新的工具和数据需求。通过将管理会计工具融入流程，集团实现了数据的无缝流转和信息的高效利用。

4. 数据采集与分析

集团重视数据的采集和分析，在应用过程中，建立了系统化的数据采集机制，确保各项数据准确可靠地输入系统。通过对数据进行深入分析，集团能够更好地了解业务运行情况，作出有依据的决策。

5. 技术创新与支持

在管理会计工具的应用过程中，集团引入了一些新的技术手段，以提高工具的效率和精确度。这些技术涉及数据分析工具、信息系统等，有助于加强数据的处理和应用，提高管理效果。

（三）相关管理会计工具方法的内容

在应用管理会计工具方法方面，中铁一局集团选择了与其业务需求相匹配的一系列工具方法，主要包括以下几个方面。

1. 成本控制

集团在工程建设领域面临复杂的成本管理问题，因此采用了成本控制工具。通过对项目成本的跟踪和分析，集团能够更好地掌握项目的实际情况，发现成本异常和风险，及时采取措施，确保项目成本的合理控制。

2. 资金预算

集团在资金管理方面应用了资金预算工具，以确保资金的合理分配和使用。通过制订详细的资金预算计划，集团能够更好地规划资金的流入、流出，确保各项业务和项目的正常运行。

3. 大额资金支付管理

集团在大额资金支付方面引入了相关工具，以规范和控制大额资金的支付流程。这有助于降低支付风险，确保资金的安全和合规性。

（四）应用相关管理会计工具方法的创新

在应用过程中，集团不仅选择了适合的管理会计工具，还创新性地引入了新的技术和方法，以提高工具的效率和精确度。例如，集团采用了数据分析工具进行成本和资金数据的挖掘，以发现潜在问题和机会；建立了信息系统，实现数据的集中管理和共享，提高数据的准确性和实时性。这些创新性的举措有助于加强数据的处理和分析能力，从而更好地支持集团的决策制定和管理需求。

三、应用过程

（一）参与部门和人员

在应用过程中，中铁一局集团明确了参与的各个部门和相应的人员，以确保协同合作和信息流通。在管理会计工具的应用中，涉及多个部门和层级的参与，以确保工具的有效运行和数据的准确采集。具体的参与部门和人员包括但不限于以下几个方面。

1. 管理会计组织机构

集团设立了专门的管理会计组织机构，负责统筹规划、协调各项管理会计工具的应用。这个组织机构可能包括管理会计部门、管理会计团队等，他们在应用过程中充当了牵头角色，确保了工具的顺利应用。

2. 财务部门

财务部门在管理会计工具的应用中扮演了重要角色，他们负责数据的采集、处理和分析，确保了管理会计数据的准确性和及时性。财务部门根据管理会计工具的需要，进行预算编制、成本核算、资金流动分析等工作。

3. 项目部门

对于工程建设等项目，项目部门在管理会计工具的应用中起到关键作用。他们负责项目成本的跟踪、支出的核实以及风险的评估。项目经理和项目团队成员会参与数据的录入和分析，确保项目的正常运行。

4. 业务部门

集团的业务部门也会参与管理会计工具的应用。他们根据业务需求，进行成本控制、资源调配等工作。业务部门的参与有助于将管理会计工具与实际业务紧密结合，提高工具的实用性。

5. 信息技术部门

在应用过程中，信息技术部门负责工具的技术支持和系统建设。他们确保工具的信息系统正常运行，提供数据采集和处理的技术支持，以及解决技术性问题。

以上部门和人员之间进行紧密的合作与协调，确保了管理会计工具的顺利应用。各个部门共同努力，共享信息和数据，以支持集团的决策制定和管理需求。在整个应用过程中，定期的沟通和协调也是不可或缺的，以便及时解决问题、调整策略，确保工具的最佳效果。

（二）应用相关管理会计工具方法的部署要求

为了成功应用相关管理会计工具，中铁一局集团在部署阶段提供了充足的资源、环境和信息化条件，以确保工具的顺利运行。以下是集团在部署管理会计工具过程中的主要要求和举措。

1. 资源支持

集团在应用过程中充分调配了必要的人力、物力和财力资源。人力资源方面，分配了专业的管理会计团队，由专业人员负责工具的操作、数据的采集和分析。物力资源方面，提供了必要的办公设备、软件工具等，以支持管理会计工具的运行。财力资源方面，确保了足够的预算用于工具的培训、技术支持等。

2. 环境营造

为了营造良好的管理会计应用环境，集团对组织结构和流程进行了优化和调整。进行了内部流程再造，以适应工具的应用需求。此外，加强了内部协作机制，以确保各个部门之间的合作和信息流通。

3. 信息化支持

集团在应用管理会计工具时，提供了相应的信息化支持。建立了信息系统，用于数据的采集、处理和分析。信息系统的建设包括数据接口的设计、系统界面的开发等，以确保数据的及时传递和准确性。

4. 培训和支持

为了保证工具的有效使用，集团开展了相关培训和技术支持。为相关人员提供了培训课程，使其掌握工具的操作和数据处理技能。此外，设立了技术支持团队，负责解答问题、处理异常情况，以确保工具的顺利运行。

5. 数据质量保障

为了确保管理会计工具产生的数据质量，集团建立了数据质量监控机制。设定了数据采集的规范和标准，以确保数据的准确性和一致性。此外，进行了数据核对和校验，以排除数据错误和异常。

总的来说，集团在部署管理会计工具时，充分考虑了资源、环境和信息化等方面的要求，以确保工具的顺利运行和有效应用。通过这些部署要求和举措，集团为工具的应用奠定了坚实的基础，为取得良好的应用效果提供了有力支持。

（三）具体应用模式和应用流程

中铁一局集团在应用管理会计工具时，详细描述了相关工具的应用模式和应用流程，确保工具能够在实际运作中充分发挥作用。以下是集团在应用过程中的具体应用模式和流程。

1. 应用模式设计

集团根据业务特点和管理需求，设计了相应的应用模式。选择了适合集团规模和业务特点的模式，如成本控制模式、资金预算模式等。应用模式的设计包括流程图、数据流向图等，以便在实际操作中能够清晰地指导操作流程。

2. 应用流程改造

在工具应用过程中，集团对现有的财务和业务流程进行了改造和优化。根据工具的要求，调整了数据采集、数据处理和数据分析的流程，以适应工具的应用需求。这涉及与财务、业务部门的协调合作，确保流程的顺畅进行。

3. 数据采集和处理

集团在应用过程中，建立了数据采集系统，用于收集各种与管理会计相关的数据。通过工程项目管理系统、财务软件等手段，实现数据的自动化采集。采集到的数据包括成本数据、资金流数据、工程进度数据等。

4. 数据分析和报告

应用过程中，集团通过工具对采集到的数据进行分析和加工。生成了各种报告和分析结果，如成本分析报告、预算执行情况报告等。这些报告涵盖了各个方面的信息，有助于决策者了解项目进展和资金使用情况。

5. 资源投入与调整

在工具应用过程中，集团根据实际情况进行资源的投入和调整。调配了专业人员，负责工具的操作和数据分析。此外，集团根据数据分析结果，进行资源的合理配置和调整，以达到更优的管理效果。

通过以上具体应用模式和应用流程的设计和实施，中铁一局集团能够在实际操作中充分利用管理会计工具，提升资源管理效率、加强决策支持能力，实现更好的管理效果。这些流程的落地应用为工具的有效应用提供了可靠的指导和支持。

（四）遇到的主要问题和解决方法

在管理会计工具的应用过程中，中铁一局集团也遇到了一些问题，但通过团队的合作和创新思维，成功地找到了解决方法。以下是集团在应用过程中遇到的主要问题以及相应的解决方法。

1. 数据整合难题

由于集团涉及多个业务领域和部门，数据可能分散在不同的系统和部门中。这导致数据整合的难题，影响了准确的分析和报告生成。

解决方法：集团采取了数据集成的方法，通过技术手段将不同部门的数据进行整合。建立了数据接口，实现了不同系统间的数据传输和共享。此外，还通过培训和指导，帮助各部门规范数据录入和管理，以减少数据不一致性的问题。

2. 应用流程调整

在实际应用过程中，集团发现原先设计的应用流程需要进行调整，以适应实际操作的需要。这可能导致一定的时间和资源成本投入。

解决方法：集团建立了一个灵活的应用团队，能够随时对应用流程进行调整和优化。团队与各个部门保持紧密合作，了解实际操作中的问题和需求，并根据反馈及时调整流程。这有助于确保工具的实际应用效果更符合实际情况。

3. 技术支持需求

在初期应用阶段，集团可能对工具的操作和技术支持需求较大，可能存在技术上的不熟悉问题。

解决方法：集团提供了培训计划，培训员工熟练操作管理会计工具。建立了技术支持团队，随时为员工解答工具操作中遇到的问题。此外，集团还积极与工具供应商合作，获得技术支持和指导，以确保工具能够得到有效应用。

4. 数据分析复杂性

在进行数据分析时，可能涉及大量的数据，需要进行复杂的计算和分析，需要投入较多的时间和人力。

解决方法：集团采用数据分析工具和软件，以提高数据分析的效率和准确度。集团拥有专门的数据分析团队，负责处理复杂的数据分析工作，确保分析结果的可靠性。

通过解决上述问题的经验和方法，中铁一局集团在应用过程中不断优化和完善管理会计工具的操作，确保工具能够在实际工作中充分发挥作用，取得预期的管理效果。这些问题的解决经验也为其他类似情况下的应用提供了有益的借鉴。

四、取得成效

（一）应用前后情况对比

经过应用相关管理会计工具，中铁一局集团在多个方面取得了显著的成效。对比应用前后的情况，可以看出工具的应用对集团产生了积极的影响：

在组织架构方面，集团实现了更好的协同合作和信息共享。不同部门之间的数据和信息流通更加畅通，有助于加强内部团队的合作，提高了整体的工作效率和响应速度。

运行效率方面，集团实现了业务流程的优化和简化。管理会计工具的应用使得信息的获取和处理更加迅速和精确，减少了烦琐的手工操作，从而提高了工作效率。

在经济及社会效益方面，集团取得了显著的改善。通过优化资源配置和提升内部治理水平，集团降低了成本，提高了效益。此外，集团在项目决策中能够更准确地估计风险和回报，从而更好地实现了价值创造。

（二）解决单位管理问题的评价

集团通过管理会计工具的应用，成功解决了一系列管理问题。原来存在的资源配置不均衡问题得以改善，各个部门的资源得到了更合理的分配。内部治理方面，工具的应用使得信息的传递更加透明和规范，加强了内部的控制和监督机制。这些改进有助于提升了整体管理水平。

（三）支持单位制定和落实战略的评价

管理会计工具的应用使得集团能够更好地支持战略的制定和落实。通过工具提供的数据和信息，集团能够更准确地评估市场环境和竞争态势，为制定战略提供了有力的依据。同时，在战略的执行过程中，工具的应用也能够为决策者提供实时的数据支持，有助于及时调整战略方向。

（四）提升单位管理决策有用性的评价

管理会计工具的应用为单位的决策提供了更多有用的信息和数据支持。决策者可以更全面地了解各个方面的情况，从而作出更明智的决策。工具所提供的数据分析和预测功能，有助于预测未来的发展趋势，使得决策更加精确和及时。

（五）提高单位绩效管理水平的评价

通过资源的优化配置和内部治理的改善，中铁一局集团在绩效管理方面取得了显著的提升。工具的应用使集团能够更精确地衡量业务绩效，发现问题并及时作出调整。绩效管理的透明度也得到了提高，有助于激励员工的积极性和创造力。

综合而言，通过应用相关管理会计工具，中铁一局集团在多个方面取得了显著的成效，实现了资源的优化配置、内部治理的提升以及绩效管理的提高。工具的应用为集团的管理决策提供了更多的支持和指导，使集团在竞争激烈的市场环境中保持了竞争力，并取得了可持续的发展。

五、经验总结

总结相关管理会计工具方法应用的经验和体会，提出进一步改进和发展的建议。此部分内容至少应包括以下几个方面。

（一）相关管理会计工具方法的基本应用条件

在经验总结阶段，中铁一局集团总结了成功应用相关管理会计工具方法的基本应用条件。这些条件涵盖了多个方面，确保了管理会计工具的有效应用：

首先，充足的资源保障是成功应用的基础。集团需要投入足够的财务、技术和人力资源，以支持工具的应用。资源的充足保障可以保证工具的顺利运行和数据的准确采集。

其次，信息化技术的支持是必不可少的。现代管理会计工具往往依赖于信息化系统，集团需要具备相应的技术基础，以确保工具的高效运行和数据的及时传递。

最后，具备相关领域的专业人才也是成功应用的关键。集团需要拥有具备管理会计知识和技能的人员，能够有效地运用工具进行数据分析和决策支持。

（二）成功应用的关键因素

集团总结了在成功应用管理会计工具时的关键因素。首先，团队合作是至关重要的。不同部门之间需要紧密合作，确保数据的准确传递和信息的共享。团队成员之间的协同工作有助于推动工具的有效应用。

其次，创新思维也是成功的关键。在应用过程中，集团引入了新的技术和方法，提高了数据的分析精度和决策的科学性。创新思维能够帮助集团更好地应对复杂的管理问题。

（三）改进应用效果的思考

在经验总结中，集团思考了如何进一步改进管理会计工具的应用效果。集团认识到，不断提高数据的精确性和及时性是关键。因此，集团计划进一步优化信息采集的流程，以确保数据的准确和及时。

（四）应用的优缺点

在集团对管理会计工具的应用中，经过全面的评价，总结了其优点和局限性，以便更好地理解工具的实际效果。

1. 优点

（1）数据分析能力的提升。管理会计工具的应用明显提升了集团对数据的分析能力。通过系统的数据采集、整合和分析，集团能够更深入地了解业务运营情况、资源利用效率等，从而为决策提供更精准的数据支持。

（2）决策的科学性增加。工具的应用使得决策制定更加科学和合理。管理会计的数据分析有助于揭示业务的关键因素和潜在风险，使决策者能够更好地预测可能的结果，从而作出更明智的决策。

（3）内部资源配置的优化。通过工具的应用，集团成功实现了内部资源的优化配置。对于资金、人力和物资等资源的分配，能够更精准地进行规划和调配，从而提高了资源的利用效率和整体绩效。

2. 局限性

（1）成本投入和人力支持。工具的应用需要一定的成本投入，包括技术设备、人力培训等。特别是在初始阶段，投入可能较大，需要集团充分考虑经济成本和资源分配。

（2）定制化需求。在面对复杂的业务情况时，通用的管理会计工具可能无法完全满足集团的需求，这就需要进一步的定制化开发，以适应特定的业务流程和数据分析要求。

（3）数据质量与准确性。工具的应用依赖于数据的准确性和质量。如果数据采集、整合过程中出现错误，就可能影响到后续的分析和决策，因此需要严格的数据质量管理。

（4）组织文化的适应。引入管理会计工具可能需要组织文化的一定调整。员工需要适应新的数据分析和决策模式，这可能需要一段时间的过渡。

在总结应用的优缺点时，集团认识到优点可以为业务发展带来显著的益处，但同时也要认识到局限性并采取相应的措施加以克服，以实现更好的管理会计应用效果。

（五）发展和完善的建议

在应用管理会计工具的过程中，集团从实际操作中得出了一些有益的经验，进而提出了一些建议，以便进一步发展和完善管理会计工具的应用。

1. 持续的研究和更新

集团意识到管理会计领域在不断变化的商业环境中具有重要性。因此，集团计划加强对管理会计工具的研究，紧密关注行业趋势，不断更新和升级工具，以确保其与市场的匹配度和适应性。

2. 精细化的应用场景定制

集团认识到不同业务场景可能需要不同的管理会计工具支持。因此，建议进一步深入挖掘各个业务领域的需求，针对性地定制化工具的功能，以满足特定业务的要求。

3. 加强数据质量管理

为了确保管理会计工具的有效应用，集团将加强数据质量管理。通过建立严格的数据采集、整合和核实流程，提高数据的准确性和可信度，从而为决策提供更可靠的支持。

4. 增强人才培养计划

集团认识到员工在管理会计方面的专业素养对工具的应用至关重要。因此，集团将加强人才培养计划，提供相关的培训和教育，使员工能够更好地理解和运用管理会计工具。

5. 推动跨部门协作

管理会计工具的应用通常涉及多个部门的协作。为了更好地发挥工具的效益，集团计划加强不同部门之间的合作和协调，确保信息的畅通流动，共同实现资源的最优配置。

通过这些建议，集团希望能够在未来的应用中不断完善和优化管理会计工具，以实现更高效、更精确的资源管理和决策支持。

（六）推广应用的建议

基于取得的成功，集团提出了推广应用管理会计工具的建议。集团计划将自身的应用经验分享给其他企业，帮助企业更好地理解和应用管理会计工具，从而实现类似的管理效益。集团还计划加强与相关机构的合作，共同推动管理会计的发展和应用。

（中铁一局集团天津建设工程有限公司　张卫军）

财务数智化在建筑企业的应用

——以中铁×局为例

【摘要】党的十八大以来，习近平总书记多次就数字中国建设作出重要论述、提出明确要求，习近平总书记多次强调，"没有信息化就没有现代化"①，"信息化是'四化'同步发展的加速器、催化剂"②。国资委加快部署推进国有企业数字化转型，制定发布一系列相关政策文件。中国中铁坚决贯彻落实党中央、国务院的战略部署，围绕建设世界一流企业目标，提出了加快建成"12347"③的世界一流财务管理体系，建立"四型四化"的财务管理框架和体制机制，企业数字化转型在中国式现代化背景下踏上"信息化、数字化"的赛道。中铁×局通过业财共享平台，统一会计核算标准，从制度设计、业务流程上进一步指导、规范业务行为，有效提升了会计基础工作，进一步增强高质量数据资源供给，通过加强数据资源跨地区、跨部门、跨层级的统筹管理、整合归集，全面提升了数据资源规模和质量，丰富了数据资产开发，充分释放数据要素价值，实现财务数据可视化和自动化，进一步实现了财务管理数字化和智能化的转型升级。

一、背景描述

深入学习领会党的二十大精神，完整、准确、全面贯彻新发展理念。党的二十大报告指出，要加快建设网络强国、数字中国。加快数字中国建设，就是要适应我国发展新的历史方位，全面贯彻新发展理念，以信息化培育新动能，用新动能推动新发展，以新发展创造新辉煌。国资委加快部署推进国有企业数字化转型，要求国有企业坚决贯彻落实党中央、国务院决策部署，积极布局数字化转型。中国中铁在2022年财务工作会议中指出围绕加快建成世界一流财务管理体系，持续完善"战略支撑型、

---

① 习近平谈治国理政［M］. 北京：外文出版社，2014：198.
② 习近平关于网络强国论述摘编［M］. 北京：中央文献出版社，2021：136.
③ "1"，坚持"一个目标"：建设行业领先、国内先进、世界一流的，支撑中国中铁高质量发展的财务管理体系。"2"，围绕"两条主线"：一是以构建大商务管理体系为重点推动项目管理效益提升；二是以"现金流"管控为重点推动资金管理水平提升。"3"，构建"三大能力"：一是构建系统科学的财务管理评价体系，不断巩固与改进预测、决策、计划、控制及分析能力；二是构建一支专业高效的财务团队，培养高端复合型人才；三是构建协同前瞻的数智化管理能力。"4"，严守"四条底线"：一是严守资金安全底线；二是严守资产负债率管控底线；三是严守不发生债务风险底线；四是严守财经纪律底线。"7"，完善"七大职能"：一是核算报告标准规范；二是资金平衡安全高效；三是成本费用精益可控；四是税务管理合规精准；五是数据赋能支撑发展；六是全面预算贯通引领；七是风控体系健全有效。

财商融合型、效益导向型、风险防控型"财务管理框架，以"规范化、标准化、集约化、数智化"的财务管理体制机制，全面助力企业高质量发展迈向新阶段。中铁×局是中国中铁的全资子公司，年产值近千亿元，生产规模大，子分公司多，项目层级关系复杂，数量繁多，管理层对集团整体财务情况不能实时掌控，相关管理报表数据按传统的自下而上、逐级上报、汇总再上报的手工填报统计方式进行，造成了财务部部分工作效率低下，大量精力被基础性工作占据，不能充分发挥财务管理职能。共享中心建设是财务管理数智化的前提，共享中心成立 5 个会计核算类科室进行业务审核，3 个管理支持类科室进行运维管理，健全组织机构，为业务发展提供组织保障，中铁×局共享中心成立后完成全面上线工作，集团内所有直管项目、各级公司机关及所属项目、经费单位等 2 500 个机构都在平台发起业务流程进行核算。共享中心共制定制度办法 30 多个用于规范业务行为、审核行为及数据规则。建立健全组织机构和制度办法，为共享中心业务稳定发展提供了有力保障。在共享平台接入资金系统、成本管理系统、税务系统等模块，形成各系统数据互联互通的"业财资税"一体化生态圈，但大量的数据资产在共享平台这个载体上形成却得不到挖掘利用。只有充分挖掘数据资产价值，采用信息化手段才能提高数据统计效率，实现财务数据实时可视化展示。

二、总体设计

总体目标是提高中铁×局整体财务管理工作效率，以打通信息孤岛为目的，充分利用信息化手段，一是将管理制度数字化，推进数据治理与数据标准的建立，以实现业财数据贯通；二是整合各项财务资源，对定期、重复报送、固定格式的重要财务管理信息实现自动处理；三是建立健全预警体系，使企业管理者能够及时发现、掌握重大财务事项风险并化解。以自动化智能化提高财务管理智能化水平，促进财务管理数智化转型，推动企业高质量发展。

三、应用过程

在明确总体目标后，中铁×局财务部与共享中心科室负责人进行研究部署，财务部以科室为单位分别梳理财务管理制度、梳理管理报表、梳理预警指标。经过多次会议研究形成对应的共享平台中的表单字段或者新建字段、管理报表单元格对应的取数公式及逻辑等内容的信息化语言。共享中心就信息化语言形成开发需求对接开发单位，以共享数据库为基础，在数据中心建立数据模型。考虑数据安全、操作简易、访问便捷等因素，搭载了内网服务器，建立新的访问服务，最终形成了独立的信息系统，信息系统全称是"中铁×局财务信息化建设平台"，达到了管理目标。

（一）制度流程数字化

以财务管理制度为依据，在表单中按照经济事项和结算方式等要素，对相关字段进行控制，分为强控和软控，软控需要提级审批，实现业务事中管控。按照表单业务类型设计审批流程，审批人可进行在线业务审批。同时将审批流程嵌入手机移动端，可通过手机实现移动审批，审批更加高效便捷。

（二）数智化开发应用

中铁×局财务信息化建设平台中建设了研发支出、财务人员管理、财务监察、局管项目、"双清"管理、银行账户管理、内部金融资源、备用金管理等模块，并在这些模块基础上形成可视化驾驶舱。

1. 研发支出管理系统（见图1）

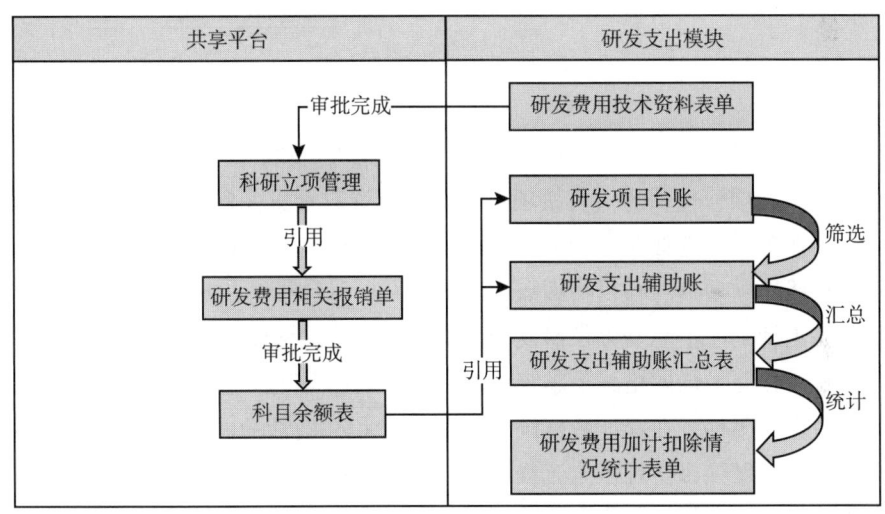

图1　研发支出管理系统流程

为充分享受国家减税降费政策，提高研发活动和研发支出的规范性，中铁×局开发了研发支出管理系统。系统针对科研立项项目全周期管理而制定，旨在通过系统减轻人员工作负担、提高数据准确性、增强数据的可视性。

该系统具备以下四项功能：项目立项无纸化审批；登记记录主要项目信息；归集分析研发费用；管理相应支持性材料。如图2所示。

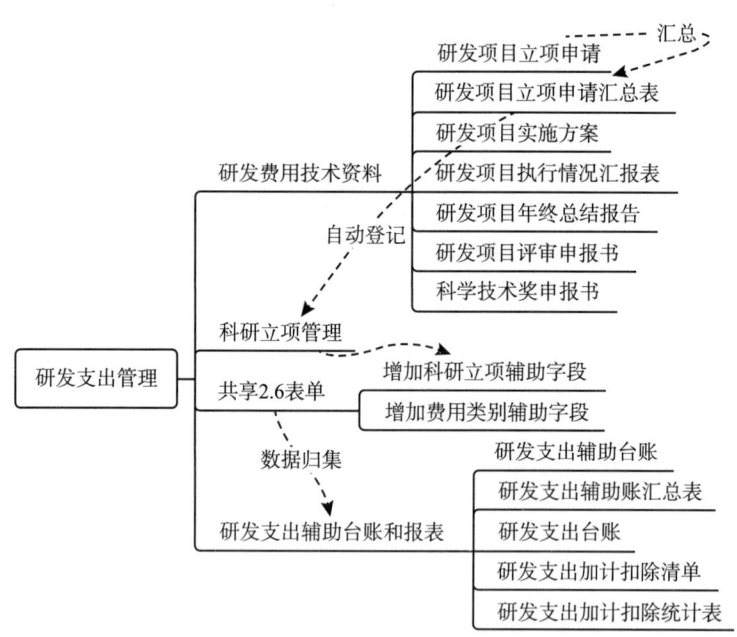

图 2　研发支出管理功能

通过发起研发费用技术资料清单，上传相应附件资料，经过审批流程，相关数据自动进入科研立项管理功能（可按项目查询申请资料及影像件信息）。当发生研发费用支出相关业务时，选择对应的科研立项项目，单据审批完成，生成凭证与科目明细账。根据科研立项项目与科目明细账，形成研发项目台账以及研发支出辅助账，从而形成研发支出辅助账汇总表以及研发费用加计扣除情况统计表。其中研发支出辅助账和汇总台账是按照税局的格式要求统计的数据，数据自动根据财务账生成，并可查看对应凭证及影像附件，在保证数据统计的及时性和准确性的同时，也方便税局备查。该系统对单体研发项目实现了全流程管理，同时兼具研发台账汇总功能，实现了从立项到台账输出的研发资料归集自动化。

研发支出相关财务共享平台表单改造，将财务共享平台涉及研发支出的表单通过增加科研立项项目名称字段，进行辅助核算。涉及研发支出的表单中，增加"科研立项"字段，下拉选择，数据来源于科研立项管理；涉及研发支出的表单中，增加"费用类别"字段，下拉选择；支持按照科研立项辅助生成辅助明细账。

目前已有 921 条立项登记在系统中，生成完整的研发项目台账，相较之前建立手工台账，有关研发加计扣除的减税工作成效得到了有力提升：一是引用账簿自动生成台账增强了研发管理的工作效率；二是引用税务局的表样，自动生成加计扣除清单和统计表，使系统更加贴合税务申报工作，促进企业在国家政策下充分享受减税降费。

2. 财务人员信息管理系统

为高效、及时地掌握集团内财务人员信息，分析财务人才结构，中铁×局建立了财务人员信息管理系统。该系统将财务人员信息登记、变更以填报的方式收集，并将所填信息通过数据处理自动生成财务人员信息查询台账，保证了数据信息的准确性，减少了信息收集统计工作，同时该系统对财务人员数据进行图表分析，能及时高效地向各管理层级提供所需人员信息如图 3 所示。

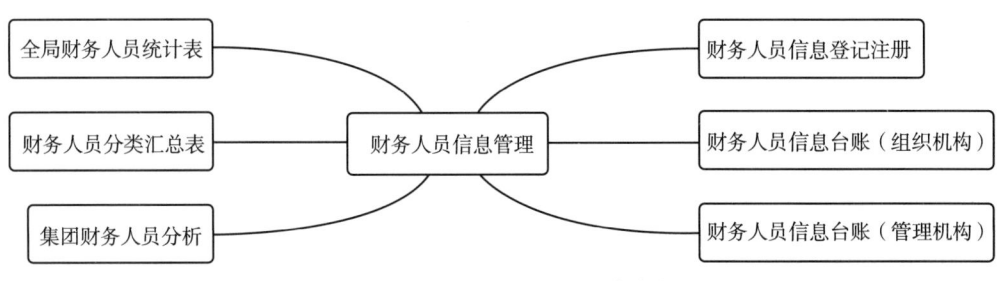

图 3　财务人员信息管理系统功能

通过设置《财务会计人员信息变更申请单》完成全集团财务人员信息登记注册工作，集团内所有财务人员都有填报权限，填报内容包括财务人员的基本信息、学历信息、职别职称、工作经历明细表等内容，填报信息可进行打印操作。

系统提取《财务会计人员信息变更申请单》数据，生成《财务人员信息台账》《全局财务人员统计表》及《财务人员分类汇总表》等内容，最后形成可视化的分析图表《集团财务人员分析》，对财务人员数据进行图表分析，更加直观地展示了职称、职务级别、学历、工作年限、年龄、性别的分布情况，并且配置穿透功能，点击相应分布区域，会查询到相应的明细结果，如图 4 所示。

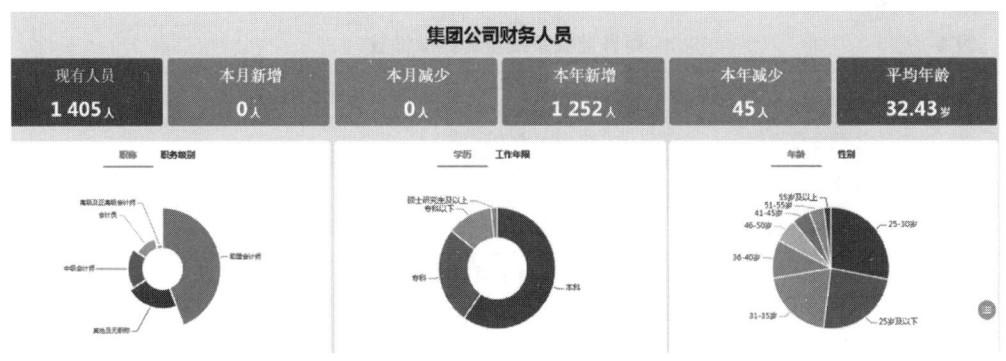

图 4　财务人员信息系统集团财务人员分析（系统截图）

系统上线后，全集团 1 400 余名财务人员在系统进行登记，实时掌握人员新增、调转、职称变更等动态，有效解决了信息上报的及时性、准确性，提高人员信息变更的实时性，统计分析的高效性等一系列问题，提高了财务人员管理的工作效率。

3. 财务监察系统

随着生产规模极速扩张，传统现场监察模式已经难以适应企业发展需求，为保障财务监察工作的及时性、完整性、闭环性，提高监察工作效率，改变传统监察模式，中铁×局组织开发了财务监察系统。系统针对财务监察中关注的重点问题进行预警，管理层通过分析预警事项，有效掌握异常业务动态，及时介入，避免财务风险的发生，如图5所示。

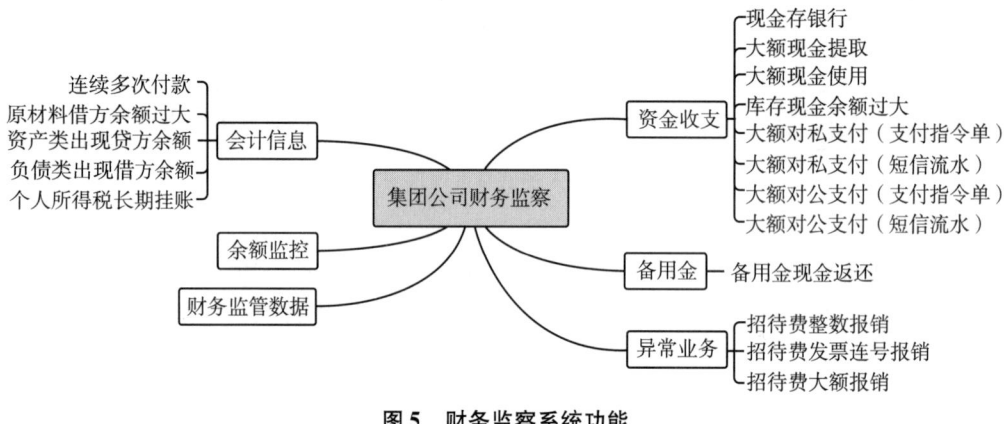

图5 财务监察系统功能

财务监察系统从不同维度对项目运行异常数据进行提取、归纳，并通过内部工作软件发送不同的主责人员。子分公司管理层或集团公司管理层对异常数据提取后督促项目层整改，整改完毕异常数据消除；财务预警标准设置如表1所示。

表1　　　　　　　　　　　财务监察系统预警标准设置

预警模块	预警指标名称	预警标准设置
资金收支	现金存银行	金额大于1万元
	大额现金使用	金额大于5万元
	大额对私付款	金额大于10万元
	大额对公付款	对集团外的单位付款金额大于2 000万元
	大额现金提取	金额大于5万元
	库存现金余额过大	库存现金余额大于5万元
异常业务	招待费整数报销	业务招待费报销金额以千元或者千元以上的整数倍业务
	招待费发票连号报销	业务招待费报销发票2张以上连号（不含定额发票）
	招待费大额报销	业务招待费报销金额大于3 000元且单张发票金额大于3 000元

续表

预警模块	预警指标名称	预警标准设置
会计信息	同一账户对同一外部供应商多次付款	同一账户对同一外部供应商近五日内 3 笔（含）以上付款
	资产类科目出现贷方金额	资产类科目出现贷方余额
	原材料借方余额过大	原材料余额大于 1 000 万元的业务
	负债类科目出现借方余额	负债类科目出现借方余额
	代扣职工个人所得税长期挂账，未及时缴纳	应个人所得税挂账超过 3 个月

自系统使用以来，已处理预警事项万余件，对异常业务进行了有效的事后监督，充分发挥了财务监督职能。系统对集团内本年发生的异常项进行可视化展示，并且可以穿透到触发预警机制的核算单元，不仅提高了监察工作效率，而且通过线上监察及时纠偏，有效避免了财务风险。

4. 局管项目系统

为提高项目财务管理水平，提升项目财务管理效率，及时发现项目预警事项，提前介入，减少财务风险，开发局管项目系统，对项目财务管理指标进行实时统计，及时预警。局管项目系统包含主要经济指标、资金信息、财务状况、验工拨款、供应链金融及预警信息等方面功能，通过设置公式自动取数，对项目财务的各方面进行数据统计与分析，无须项目重复上报，提升数据及时性和准确性。目前已能够完整掌握129 个项目的各项经济数据及预警数据，便于远程管理，如图 6 所示。

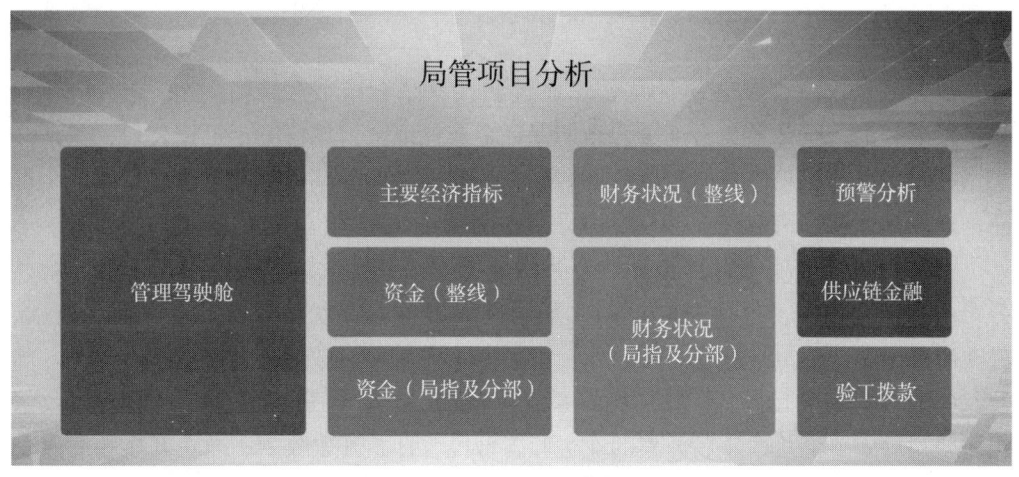

图 6　局管项目功能

部分功能应用介绍：

（1）主要经济指标。此功能主要用于查询项目整线和指挥部及分部的主要经济指标，通过对项目营业收入、总包收益、现款上缴、经费节超、资金集中五项指标的预算完成情况进行实时统计，帮助财务部对实施偏差进行及时了解、纠偏。

（2）预警分析。此功能主要用于每月对局管项目进行综合评级和项目预警管理，通过对项目完工百分比、收入完成率、项目利润率偏差、已完未验合同占比、应收账款无变化时间、现款上缴完成率、经费节超、内部借款、供应链金融、对参建单位账面超拨10个指标，根据重要性分配不同权重，整体划分为1～3级预警，并以红、橙、黄三色来进行标注。财务部可及时直观了解项目预警情况，并同步采取措施，及时纠偏堵漏。

5. "双清"管理系统

为满足中铁×局"双清"工作常态化管理需要，掌握下级各单位"双清"工作进展，进一步加强"双清"工作效率，提高数据质量，开发"双清"管理系统，实时收集"双清"数据，并形成"双清"报表，便于重点盯控，靶向清欠，如图7所示。

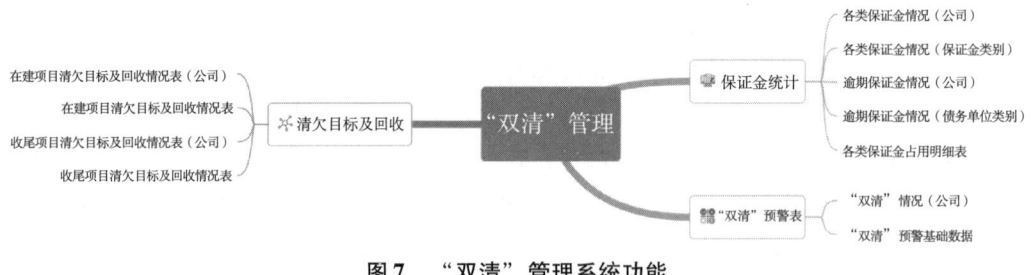

图7　"双清"管理系统功能

部分功能应用介绍：

（1）自动完成保证金统计工作。通过从共享平台取数生成各类保证金统计表，主要用于查询、统计各类保证金、逾期保证金及保证金占用情况，可按公司、保证金类型进行保证金汇总以及穿透项目层情况，按公司、债务单位类别进行逾期保证金汇总，以及穿透项目层情况。

（2）对逾期款项进行预警。结合账龄分析逻辑，生成预警表，用于查询、统计公司"双清"情况，包括合同总额、开累完成产值、应收账款情况、逾期工程款、逾期质保金等。

（3）掌握清欠目标及回收情况。系统可查询、统计在建项目清欠目标及回收情况，公司层主要汇总本年和开累的业主验工价税合计、开累收款、业主开累扣质保金（预留金等）、应收账款余额、开累回收比例（％）等情况；项目层扩展项目完工比例（％）、合同约定付款比例（％）及验工价税合计、开累收款、业主开累扣质保金（预留金等）、应收账款余额、开累回收比例（％）等情况；项目层扩展项目完工比例（%）、合同约定付款比例（%）等基础情况。

通过"双清"管理系统，可实时读取各项数据，并生成各类态分析表，提高了"双清"管理工作效率，提高了数据质量。集团公司可根据"双清"管理系统，对各单位"双清"工作进展情况进行实时监控、督导，可快速向公司管理层提供分析报告。在系统中可设置触发预警条件，定向对"双清"责任人发出预警信息，督促其尽快清欠。

6. 供方核查系统

中铁×局年产值近千亿元规模，在施工生产过程中涉及大量劳务分包厂商、物资及机械等供应厂商（以下简称"供方"），其中部分供方在履行合同过程中存在产品质量不合格、供应不及时及其他影响施工生产的行为，按照供方行为对施工生产的影响程度，将供方分为关注类供方和不合格供方，由相关业务部门按期提供供方清单，并根据相关规定与问题供方中止或终止合作。

为有效控制问题供方业务，增强业财共享，提高工作效率，中铁×局组织开发供方核查系统，该系统包含关注类供方变更单、关注类供方核查表、限制类供方变更单、限制类供方核查表及单一供方交易核查表，其中两种变更单为导入型清单，关注类供方核查表和不合格供方核查表是在导入相关变更单后进行更新，单一供方交易查询表用于单独查询某一问题企业的结算和付款情况。自系统应用以来，及时有效地掌握相关供方在企业生产经营中的结算及付款情况，责任单位明确，信息手段充分地发挥了财务管理监督职能，如图 8 所示。

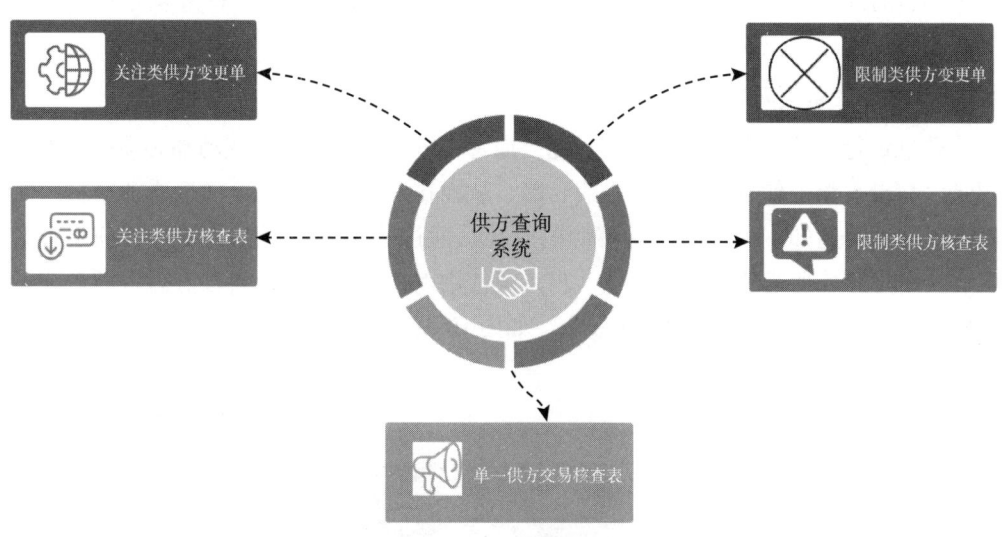

图 8　供方查询系统

7. 银行账户管理

中铁×局有近 3 000 个银行账户，账户数量多且分散，为了提高银行账户的管理，及时掌握账户动态，组织开发了银行账户管理系统，把银行账户开立、年审、注销等程序内置，并建立预警机制，防止"久悬"户出现。银行账户管理包括：管理机构设置、银行账户预警设置、银行账户管理、银行账户台账、预警查询台账等功能，如图9所示。

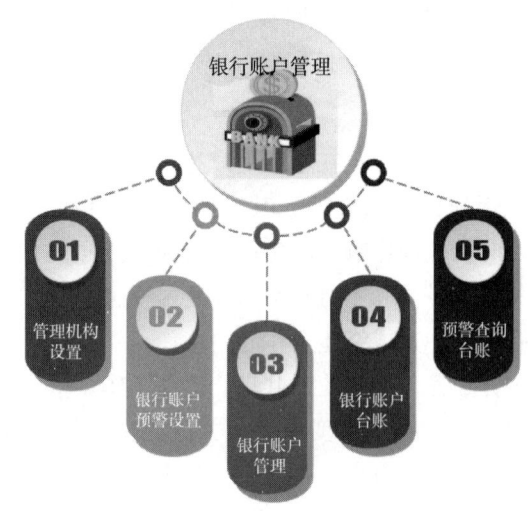

图9　银行账户管理功能

此系统开发实现了对实体银行账户登记、开立、注销、变更等业务审批功能，通过与财务制证数据相关联，及时获取账户的支付动态，形成全集团银行账户台账，并设置预警时间，实现了对"久悬户"的实时监管。自使用以来，每天发布银行预警动态给责任单位，及时有效地提高了银行账户监管效率。

8. 内部金融资源管理

通过银行承兑、内部借款管理功能，使每一笔银承和借款的变动都必须通过表单记录，在录入相关信息时可同时生成台账，从而在设置预警期间，关联企业微信，实现了提前预警通知，加强了金融资源的管控；通过管理报表展示，使各管理层可直观、及时地获取所需资金报表信息。自系统使用以来，自动生成各项金融资源台账近2 000条，提高了供应链金融工作效率，如图10所示。

图10　内部金额资源管理功能

部分功能应用介绍：

（1）供应链信息登记。通过新增功能，金融资源登记员将票据信息登记导入或新增到相应的管理机构中。信息包含申请单位、供应链业务编码、供应链金额、保证金比例、应收保证金金额、批示、上行文文号、登记时间、状态。

（2）供应链预警台账。结合到期还款情况，追溯相关机构的票据情况，如因办理银行承兑汇票造成的保证金敞口金额、到期支付方式、到期未还款的逾期金额等信息，并进行预警设置。

供应链预警台账，通过预警设置，对到期和超期的供应链金融业务进行预警台账展示。方便金融资源管理人员进行款项催收，如图11所示。

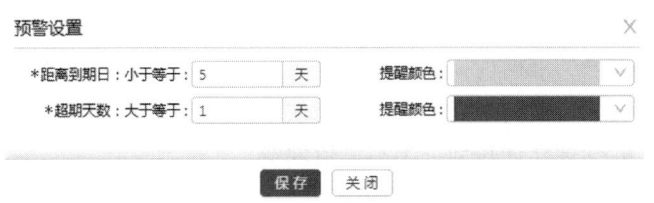

图11　内部金融资源管理供应链金融预警设置

9. 备用金管理

备用金管理模块是将母公司中国中铁股份有限公司已经开发投入使用的备用金管理功能集成到中铁×局信息化建设平台，方便管理入口的进入。此功能包括集团备用金情况、公司备用金情详情、机构备用金详情、职工备用金详情等功能，方便管理层按照不同的侧重点进行备用金管理。

10. 财务管理驾驶舱

基于上述各项功能开发了可视化财务管理驾驶舱：中铁×局财务DMV系统，该功能集成了主要经济指标、资金状况、财务资源、财务监察、项目财务管理、"双清"管理、财务人员、研发支出等主要经济事项，分类预警，逐级穿透。

企业管理者利用DMV系统能够实时、全面掌握财务信息，为管理决策提供数据支持，将财务管理工作重心由具体事务性工作转向管理性工作，带动中铁×局财务管理的转型升级。

四、取得成效

（一）增强资金管理规范化

一是通过全级次上线，严格付款流程，驳回不合规、不合理款项和手续不完备事项，资金使用的规范性明显提高。二是通过高强度监管倒逼结算以及票据取得的及时性，进一步提升了企业资金使用效率。三是对局指、代局指等合理配置资金，均衡项目拨款，保障了施工项目正常施工生产。

（二）倒逼企业管理合规化

一是对经济业务合规性进行事前核查，有效避免了报销票据的不合规现象。二是财务监察提前介入，为企业规范经营提供保障。信息化平台上线财务监察模块后，财务监察转变为线上监察，远程监察，相较传统监察模式，提高了财务监察效率。

（三）提高管理信息时效化

信息化建设成果应用，管理报表实现自动生成，财务状况实时监测，关键信息提醒到人，审批流程移动处理。一方面，数据自动从账务系统获取，相较人工填报更准确，提高了管理报表的准确性，使其更具有参考价值，能更有力地提供决策支持；另一方面，自动化极大地提高了财务管理工作效率，降低基础工作量，更好地发挥财务职能部门作用，向管理会计转型，参与价值创造。

（四）促进企业发展数字化

利用共享平台数据库形成的庞大数据资产，完成了各项信息化功能建设，集成了主要经济指标、资金状况、财务资源、财务监察、项目财务管理、"双清"管理、财务人员、研发支出八个模块的数据信息，通过可视化分析展示，让企业管理者清晰掌握企业财务状况，达到了服务企业、助力发展的目标。信息化系统的建设不仅促进企业适应和融入信息化、数字化、智能化的趋势，而且进一步加强信息互联互通，促进制度体系、组织体系和管控体系逐步相匹配，以系统建设促进跨部门、跨层级协同合作，推进系统高度集成，推动业财信息广泛对接和整合。

五、经验总结

（一）切实加强领导

集团公司领导高度重视财务信息化建设工作，将财务管理数智化转型作为推动集团公司高质量发展的重要途径，统筹安排部署，积极推进落实，要求以财务管理数智化转型为契机加强财务管理在提升集团公司竞争力、控制力和抗风险能力等方面的作用。

（二）抓好顶层设计

认真贯彻执行股份公司关于财务共享建设和数智化转型的工作部署，紧密结合中铁×局实际，经过多方讨论和广泛论证，确定了财务共享建设的总体架构和发展愿景：以业财资税一体化融合为方向，深入实施创新驱动发展战略，积极挖掘财务数据资产价值，加强财务信息系统与业务系统的有机贯通，持续深化业务与财务"双向融合、双向赋能"，充分发挥财务共享在加强内部管控、提升管理效率、降低运营成本等方面重要作用。

（三）坚持问题导向

建立"问题导向"思维，全面梳理财务管理职能工作，深挖财务信息化建设需求，提出完整优质的财务智能化建设方案模型并进行假设模拟，降低财务信息化建设过程中的试错次数；注重财务智能化应用的场景和实际效果，围绕"好用管用"和"共建共享"，实施新财务应用的跟踪及评价工作，构建基层财务人员诉求闭环解决机制，提升财务信息化建设的能力和水平。

（四）强力组织实施

将集团公司现行财务管理制度和财务共享运行规则有机结合起来，通过建章立制，从制度层面对财务信息化系统操作运用提出明确要求，确保财务信息化建设运用规范化；注重压实工作责任，狠抓工作落实，把所属单位支持、协助财务信息化建设作为重要考核指标，并纳入各单位年终目标进行量化考核，扎实推进财务信息化智能化建设。

（五）注重总结推广

立足中铁×局实际，积极研究并追溯中国中铁发布的财务共享平台新功能背后的业务逻辑，确保财务共享始终发挥最大工作效能；加快财务数智化新技术的引进与推广，按照业财融合要求，转变管理思维，优化内控机制，加大培训力度，有序高效实现创新技术落地；积极借鉴学习其他单位先进建设经验，结合企业实际进行研究优化，加快推动中铁×局财务数智化转型发展。

（中铁三局集团财务共享服务中心　白鲜平　贾宏瑶　李　梅）

基于项目全生命周期的债权
管理系统实践应用

【摘要】 国有企业是中国特色社会主义的重要物质基础和政治基础，是党执政兴国的重要支柱和依靠力量。《国企改革三年行动方案（2020—2022年）》推动国有企业提升资源配置效率。然而，随着我国经济进入 L 型发展态势，中央企业"两金"规模居高不下，极大影响了企业运行效率，加大了企业经营风险。因此，如何推动国有企业债权管理水平提升，直接影响着国有企业的资产质量和资源配置效率。

中铁四局作为具有综合施工能力的大型建筑企业，会计核算主体 3 600 多个，债权规模长期居高不下，严重影响资产流动性和营运能力。为此，集团公司基于业财协同的管理思路，研发了项目全生命周期债权管理系统。系统将业主合同条款、履约情况、企业管控等信息结构化，从而精准掌握全局债权管理情况；构建了各项指标算法及分析预警模型，开发出商务智能 BI，为各级管理层提供穿透可视数据服务；系统不仅横向整合各业务系统，还纵向贯通各基层单位，实现业财一体化管控，推动"双清"管理工作由传统人工方式向数智化方式转变。系统实现了债权管理的全过程策划、全方位管控、全口径考核，从而全面提升了企业债权管理效率，夯实了企业资产质量。

全生命周期债权管理系统具有较强的推广价值。系统的运行对施工企业债权管理提供全方面的支持，有利于提升企业资产质量和运营效率。系统的应用推广有利于防范微观企业风险的系统性传染，从而对提升我国企业风险防范能力、增强国有企业活力、提高企业经营效率、加快构建新发展格局，都具有重要意义。

一、案例公司背景介绍

（一）中铁四局集团基本情况

中铁四局集团有限公司（以下简称"中铁四局"）是具有综合施工能力的大型建筑企业，隶属于世界 500 强企业第 34 位的中国中铁股份有限公司，是其旗下最具品牌力和综合实力最强的标杆企业之一。持有铁路、公路、房屋建筑、市政公用工程 4 项施工总承包特级资质和铁道、公路、市政、建筑、风景园林、岩土工程（勘察）、测绘甲级 7 项设计、勘察、测绘甲级资质，是全国建筑行业为数不多、安徽省唯一一家"四特七甲"施工企业。除国内外基础设施工程建设外，业务范围还包括建筑勘察设计、新型材料制造、铁路运营服务、大型施工机械租赁、设备及材料出口、房地产开发、国家基础建设投资和运营维护、交通园林绿化、文化旅游等多个领域。2022年实现新签合同额 2 766 亿元，完成营业额 1 526 亿元，位列中国中铁、中国铁建两大建筑央企二级公司第一；累计 32 次荣膺铁路施工企业信用评价 A 类，全国领先；被列为国资委"国有重点企业管理标杆创建行动标杆企业"。

中铁四局财务共享运营管理中心是集团下属单位，是中国中铁财务共享建设的先行者，主要为集团内单位提供会计核算、资金收付、辅助管理报告、财务主数据管理等各类服务，推进全局会计业务标准化、流程化、信息化建设。共享中心以中国中铁业财共享平台为核心，遵循"业财一体化"的理念，充分集成资金、成本、物资、税务、资产等业务信息系统，通过优化、整合、构建业财共享生态圈，建设企业大数据资产。共享中心是中铁四局推进数智化财务管理体系建设，实现财务业务标准化、财务资源集约化管理的前沿阵地，为企业数字化转型升级提供强劲动力。

（二）中铁四局集团债权管理现状

1. 债权规模过大等问题突出，严重影响资产质量

近年来，受内外部环境影响，建筑企业债权金额不断攀升且变现困难，企业面临资金持续紧张的困境。中铁四局作为具有综合施工能力的大型建筑企业，规模巨大，目前集团所属单位会计核算主体 3 600 多个，债权规模长期居高不下，截至 2021 年 12 月 31 日，中铁四局应收账款占流动资产总额的 29.12%[①]，远高于行业平均数 10.54%[②]，严重影响资产流动性。

2. 项目周期长、人员调动频繁，致使债权管理脱位

建筑施工企业工程项目普遍存在项目区域分布广、类型多、周期长、人员调动频繁等特点，中铁四局在我国 31 个省（自治区、直辖市）287 个地级市拥有 3 200 多个项目，平均项目管理人员不到一年即更换项目，导致大量完工项目债权清欠责任人缺位，不能及时开展清欠工作，债权管理脱位。

3. 合同履约缺乏信息化管控，导致管控效率不足

建筑企业财务系统仅仅反映已计价确认的应收工程款项，无法核算合同约定的业主预付款等款项收款权利，导致企业不能实时掌控项目履约进度及工程款逾期信息。债权管理与实际施工合同条款约定、履约情况等关联度不高，无法反映合同履约情况、债权余额成因以及各业务部门工作情况。债权管理部门对企业债权结构、账龄不清楚，普遍依靠财务人员手动统计、层层上报的方式获取债权信息，管控效率不足。

---

① 资料来源：《中铁四局 2021 年报》。
② 资料来源：《中国建筑 2021 年财务分析详细报告》。

4. 业财融合程度不深，导致债权管理责任不清晰

传统工程项目各业务部门信息化系统以满足自身业务需求为主，施工进度、竣工决算进度等与债权管理相关信息未向财务系统推送，为债权管理提供支持不足。债权回收工作主要依靠财务部门开展，其他业务部门不清楚在债权管理工作中的职责、参与意愿不足，导致在业务端出现债权回收堵点。

5. 项目全生命周期风险预警支持管理决策缺失

在项目启动环节，业主履约能力与投标工作脱节，导致部分投标质量不高，造成债权管理先天性不足。在项目实施过程中，不能按合同约定及时测算应收工程款项，导致资金计划编制依据不足，不能合理调配资金。在项目业绩考核方面，不能全面反映项目管理人员清欠工作业绩，导致债权管理内生驱动力不足。

（三）中铁四局集团采用全生命周期管理债权的主要原因

1. 全面反映合同约定应收款项信息

债权管理系统可以全面揭示和披露工程项目债权信息，包括债权总体情况和各节点明细情况。除传统的工程尾款清欠外，同步关注工程预付款、工程进度款、文明施工措施费等其他应收业主款项的各类债权进度情况，有利于对工程项目债权全面信息进行动态监管，清欠工作效率可大幅提高。

2. 预警风险及时高效信息全面准确

债权管理系统自动采集数据、建立债权相关风险量化评估模型和动态监控预警机制，开发多维度债权管理分析模型，分析预警债权业务问题成因，为管理层提供营销方向、资源配置、绩效考核等决策支持信息。债权管理系统的数据直接来源于各业务系统，并且内置了大量的逻辑校验公式保证数据准确、完整。

3. 推动"大双清"工作的协同联动

债权管理系统通过对业主合同条款和履约信息等的自动分析，真实反映债权余额成因，并将影响因素责任分配到各业务管理部门。债权管理工作环环相扣，上下联动、部门协同，形成工作合力，快速推动债权回收。

二、中铁四局全生命周期债权管理系统总体设计

中铁四局通过将业主合同条款、履约情况、企业管控等信息结构化，构建各项指标算法及分析预警模型，开发商务智能 BI，建立从项目合同源头到项目最终销号全周期的动态债权管理体系，为各级管理层提供穿透可视化的数据。该系统横向整合各业务部门数据，实现全生命周期管理体系；纵向贯通各基层单位，实现业财一体化的管控。该系统推动中铁四局"双清"管理工作由传统人工方式向数智化

方式转变,如图 1 所示。

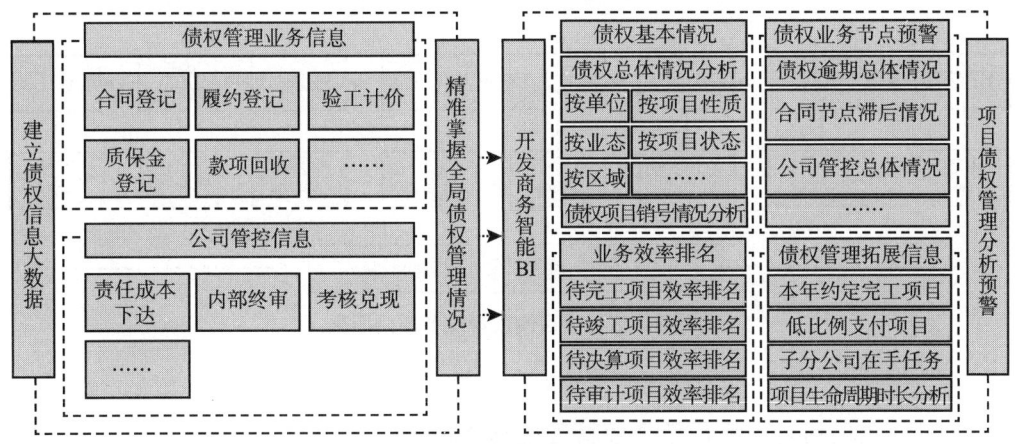

图 1　工程项目债权管理信息化体系

(一) 以加速债权变现、夯实资产质量为目标

通过开发债权管理系统,及时分析影响"双清"工作的原因,明确清欠工作责任,推动债权及时回收,降低"两金"规模,加速债权变现,改善经营性现金流状况,提高全局资产质量,防范金融性风险,如表 1 所示。

表 1　　　　　　　　　　　　债权管理系统建设目标

序号	建设目标	优先级
1	降低"两金"规模	AAA
2	加速债权变现	AAA
3	改善经营性现金流	AA
4	防范金融性风险	A

(二) 以业财协同管理、自动信息分析为思路

按照业财一体化和协同管控的思路,通过明确各业务部门的职责明确,为其设置相应的查询和管理权限,实现各工作节点环环相扣,压力自动传导,做到项目全过程管控,进而实现债权的全生命周期管理。

如图 2 所示,市场营销部门负责合同签订,商务管理部门负责责任成本下达和决算审价,工程管理部门负责过程施工管理、收尾完工和竣工交验手续,审计部门负责内部审计,考核管理部门负责考核兑现,财务部门负责组织清欠和全过程协同监督。

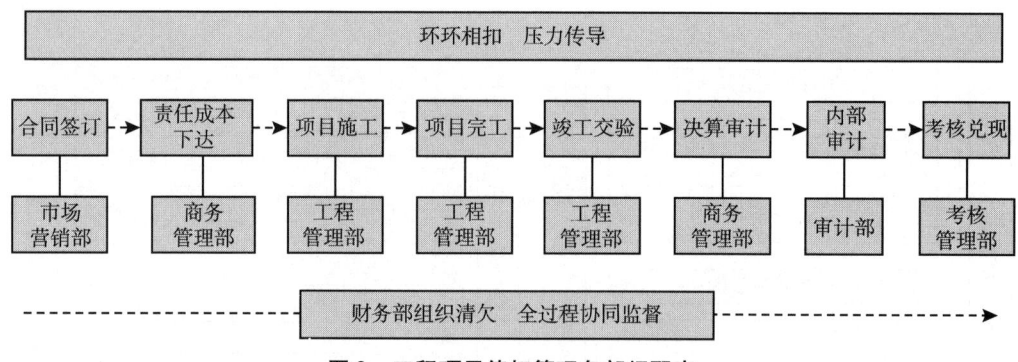

图 2　工程项目债权管理各部门职责

（三）以项目全生命周期债权管理理念为创新

建筑企业债权管理从招投标的时候就应开始筹划，并一直贯穿于项目整个生命周期。债权管理系统通过对从合同签订到最终收款完毕销号等项目全部节点的监控，建立各业务环节卡控机制，实现债权管理全生命周期管控，如图 3 所示。

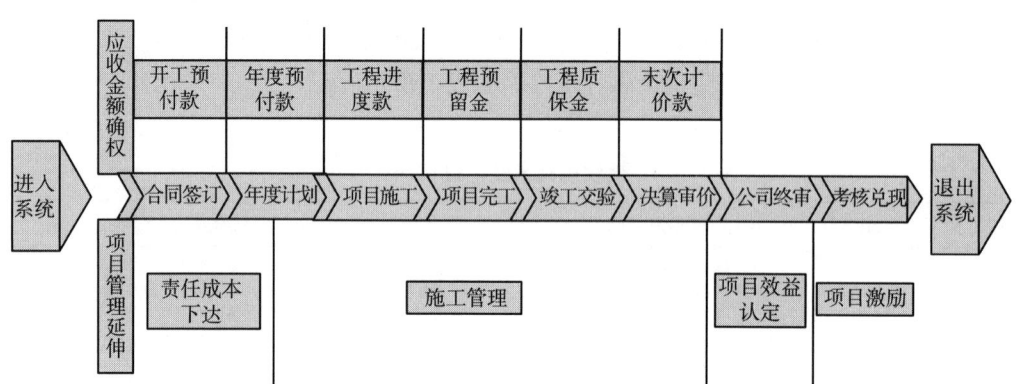

图 3　工程项目债权管理全周期管控

1. 合同签订

市场营销部门负责投标阶段的项目承揽与合同管理，明确项目结算与支付条款。

2. 年度计划

工程管理部门按照施工组织计划，负责下发年度施工计划。

3. 项目施工

工程管理部门确认已完成的合同工程量，配合商务管理部及时完成计价工作、办理竣工校验手续；商务管理部门负责工程项目全过程工程款的确权工作，包括工程项目责任成本下达、办理验工计价。

4. 项目完工

工程管理部门在项目完工后及时登记完工信息，并向下一管理节点推送竣工交验任务。

5. 竣工交验

工程管理部门在收到竣工交验任务后，及时组织办理竣工交验手续，并向下一管理节点推送决算审价任务。

6. 决算审价

商务管理部门在收到决算审价任务后，及时组织办理决算审价、对久竣未决项目跟踪督办等，并向公司审计部门推送审计任务。

7. 内部审计

公司审计部门负责及时对已决算项目进行内部审计。

8. 考核兑现

业绩考核部门负责对已审计项目开展考核兑现，实现项目债权最终销号。

财务部门在项目全生命周期中负责工程项目债权的全过程清欠工作，通过与各业务系统联动，及时推动项目履约及内部管控问题的解决，从源头解决债权问题。

三、中铁四局全生命周期债权管理系统应用过程

（一）项目成立时构建标准业务流程

1. 建立管理机构层级关系

由项目财务部门在项目成立时发起"管理机构设置"业务流程，如图4所示，通过管理机构设置录入项目名称、项目性质、项目实际管理机构等关键信息，构建业财共享平台与实际管理机构之间的对应关系。

2. 登记外部业主合同信息

由项目财务部门发起"业主合同登记表"业务流程，将业主合同付款条款信息由文本变为结构化数据。如图5所示，将合同约定的不同款项性质的付款节点、付款基数、付款比例等信息通过字典的形式一次性录入"业主合同登记表"，构建工程项目应收业主款项标准化结构计算模型。

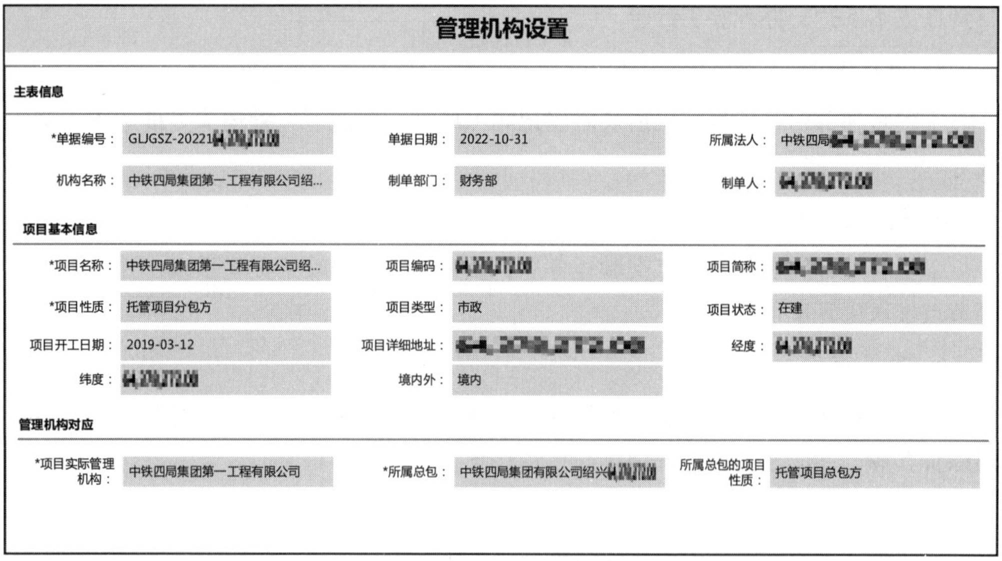

图 4　管理机构设置

图 5　业主合同登记表样

3. 登记施工项目责任成本下达信息

公司商务部发起"工程项目责任成本下达"业务流程，如图 6 所示，填写当前管理机构下各工程项目责任成本下达时间、文件号、局及公司收费比例等信息。

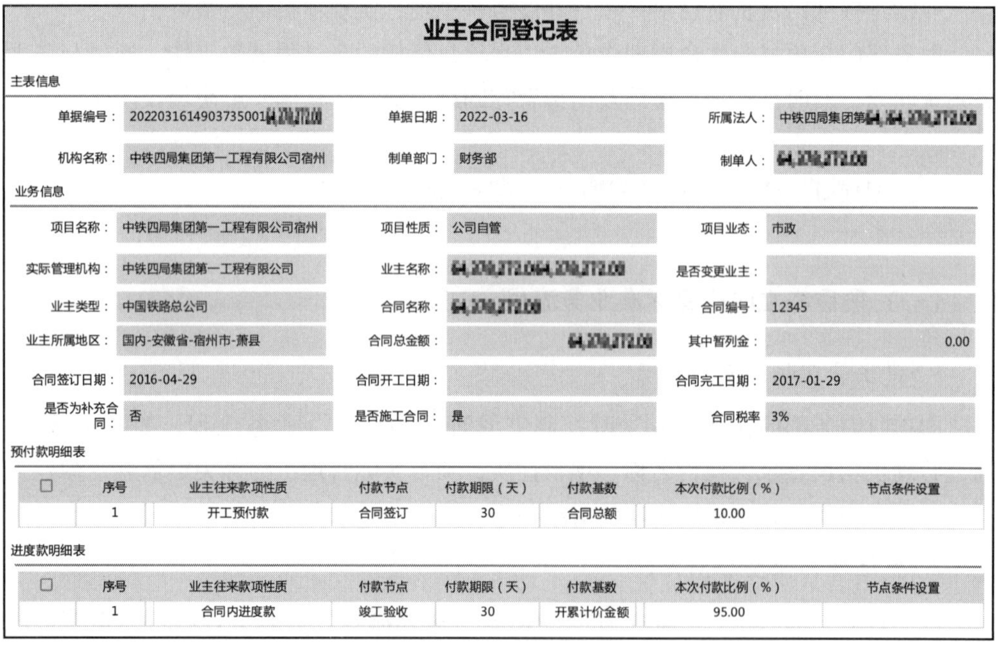

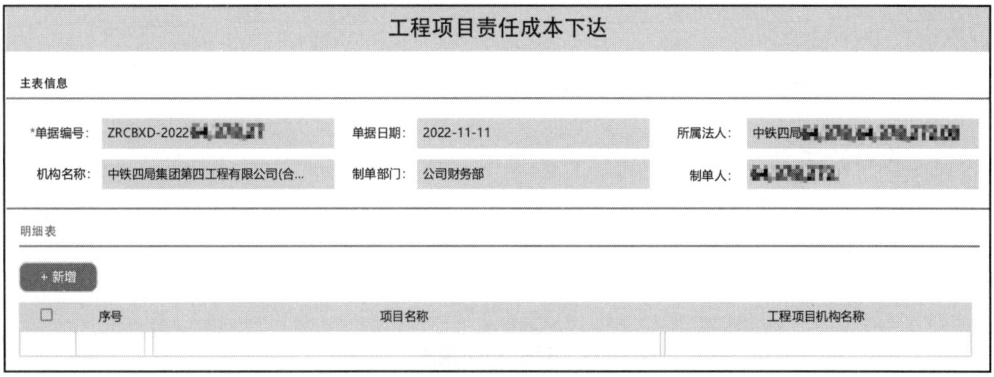

图 6　工程项目责任成本下达

4. 登记项目履约节点时间

统一全局状态为"在建、收尾、完工未竣工、竣工未决算、竣工已决算"五种状态。如图 7 所示，项目工程管理部门、商务部门和财务部门根据合同实际履约进度发起"履约信息登记表"业务流程，登记业主合同约定的各个付款节点时间信息。项目工程管理部门负责登记项目完工时间，项目商务部门登记项目竣工、决算时间，项目财务部门负责登记其他合同节点履约信息和项目责任人信息。系统根据项目履约时间自动判断项目状态，触发模型计算合同约定应收金额。

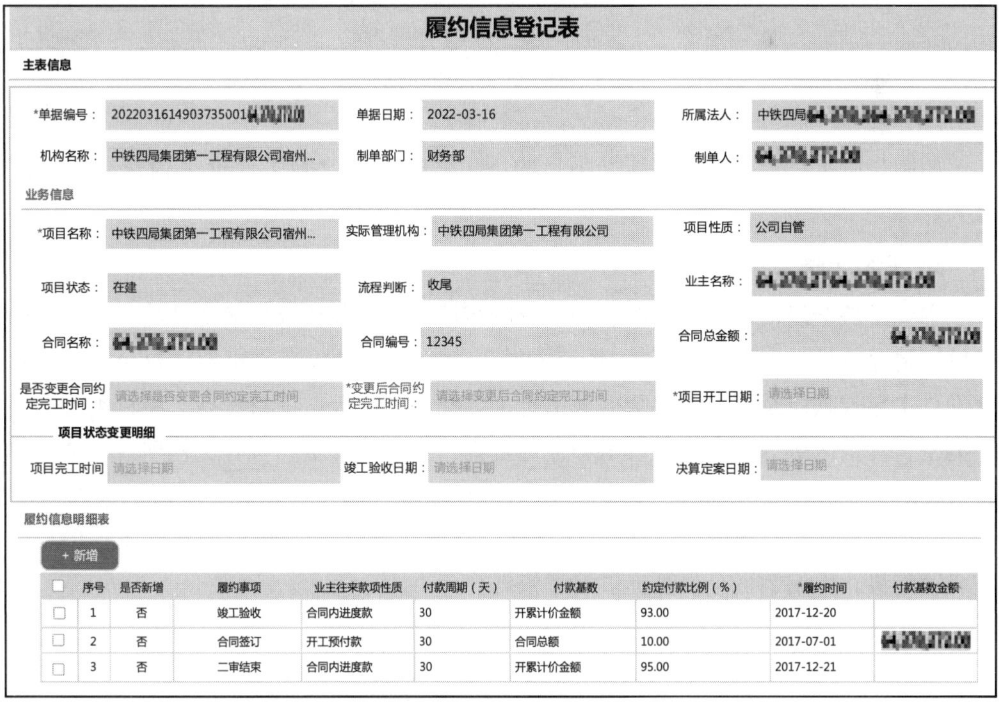

图 7　履约信息登记表样

（二）项目实施时透视实时债权情况

1. 获取验工计价信息

如图 8 所示，项目验工计价业务信息通过业财共享平台"验工计价（带明细）"和"其他业务收入（项目层）"自动获取，无须额外登记。

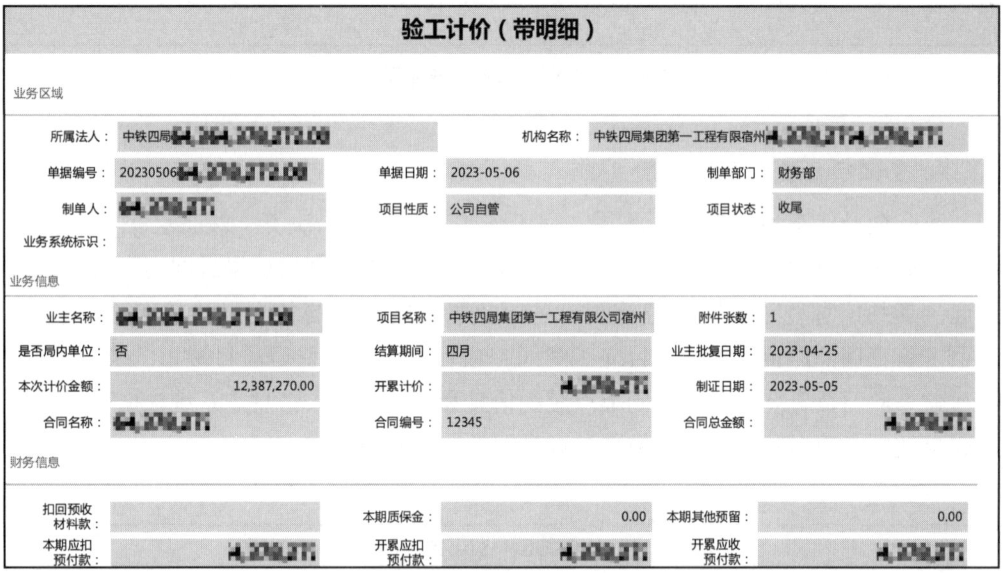

验工计价（带明细）

业务区域			
所属法人	中铁四局	机构名称	中铁四局集团第一工程有限公司宿州
单据编号	20230506	单据日期	2023-05-06	制单部门	财务部
制单人		项目性质	公司自管	项目状态	收尾
业务系统标识			

业务信息			
业主名称		项目名称	中铁四局集团第一工程有限公司宿州	附件张数	1
是否局内单位	否	结算期间	四月	业主批复日期	2023-04-25
本次计价金额	12,387,270.00	开累计价		制证日期	2023-05-05
合同名称		合同编号	12345	合同总金额	

财务信息			
扣回预收材料款		本期质保金	0.00	本期其他预留	0.00
本期应扣预付款		开累应扣预付款		开累应收预付款	

图 8　验工计价（带明细）

如图 9 所示，债权系统上线前项目的历史数据通过"验工计价（债权初始化）"录入。

2. 实时反映全局债权情况

主要反映全局债权总体情况、构成及分布情况，以及债权余额变动趋势：一是债权总体情况分析。如图 10 所示，系统能够展示全局项目数量、年初债权余额、本年计价、本年收款以及期末债权余额等信息，并按管理层级、项目状态、项目类型、业主类型、营销区域等维度进行展示和穿透查询，实时统计全局所有工程项目的债权总体情况。

二是债权变动趋势分析。如图 11 所示，系统能够实时反映全局和各单位债权余额变动趋势，为编制资金预算提供参考依据。

验工计价（债权初始化）

主表信息

*单据编号:	YGJJ-20220902-00001	单据日期:	2022-09-02	所属法人:	中铁四局集团有限公司（母公司合并）
机构名称:	中铁四局集团人才发展院	制单部门:	综合管理部	制单人:	

业务信息

*项目名称:	中铁四局集团人才发展院	实际管理机构:	中铁四局集团人才发展院	项目性质:	公司自管
流程判断:		*业主名称:	中铁四局集团有限公司	*合同名称:	一级建造师培训合同
合同编号:		合同总金额:			

验工计价明细表

+ 新增

序号	计价期数	本次计价金额（合同内）	本次计价金额（合同外）	本期计价总额	开累计价金额（合同内）	开累计价金额（合同外）	本期应扣回预付款	开累应扣回预付款	验工计价时间

图 9　验工计价（债权初始化）

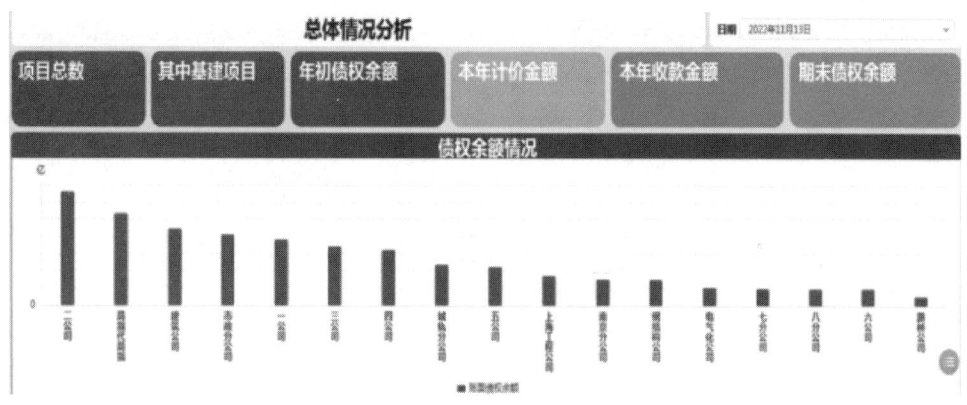

图 10　债权总体情况分析（系统截图）

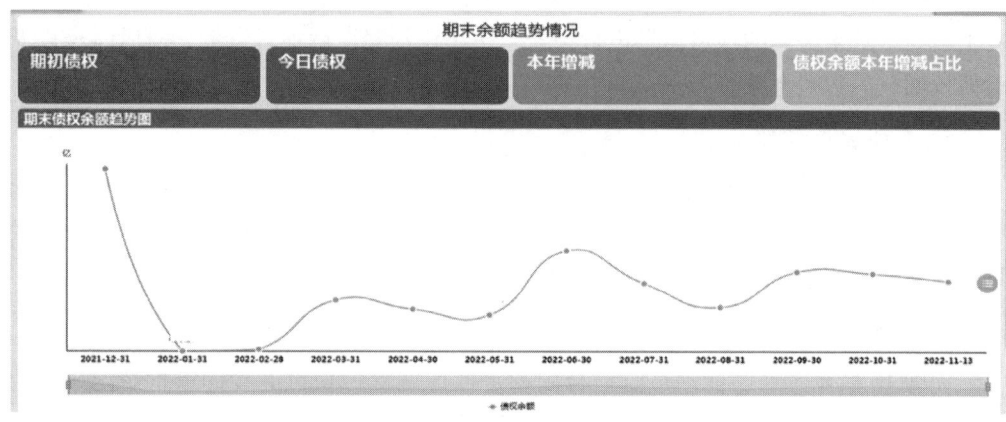

图 11　债权变动趋势分析（系统截图）

（三）项目节点时自动预警履约进度

1. 债权逾期预警

系统自动计算工程项目合同约定应收金额，对存在逾期收款的单位提供逾期项目数量、逾期金额、逾期账龄等预警信息。如图 12 所示，系统能够按业主性质、营销区域、项目状态等不同维度进行分析展示。

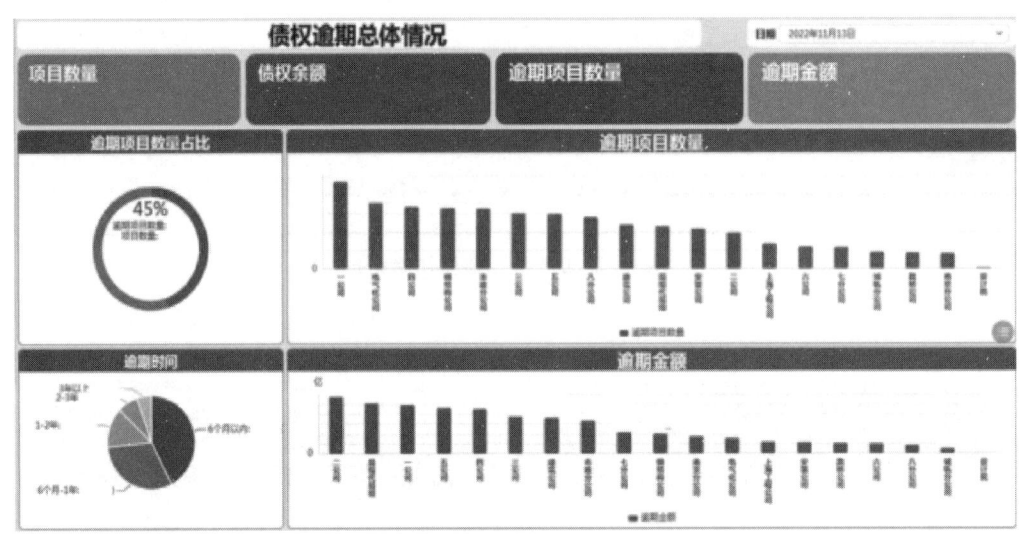

图 12　债权逾期预警（系统截图）

如图 13 所示，系统可实现穿透查询，直至最基层项目的所有合同、履约情况、逾期情况、逾期原因、责任人联系方式等信息。

2. 履约滞后预警

如图 14 所示，系统能够对全局按合同约定应完工未完工、完工后 6 个月未竣工、竣工后 6 个月未决算的项目信息进行预警，按单位预警滞后项目数量、滞后时长以及对债权回收的影响金额。

3. 内部管控预警

如图 15 所示，系统能够分别对开工后 3 个月未下达责任成本、决算后 6 个月未完成审计、审计后 6 个月未完成考核情况的单位进行预警，按单位预警滞后项目数量、滞后时长等信息。

4. 低支付比例项目预警

如图 16 所示，系统能动态监控合同约定低比例支付项目的投标审批情况、资金到位情况。系统对存在逾期的债权，将及时预警至上级管理部门。

图 13　债权逾期预警（单项目穿透预警）

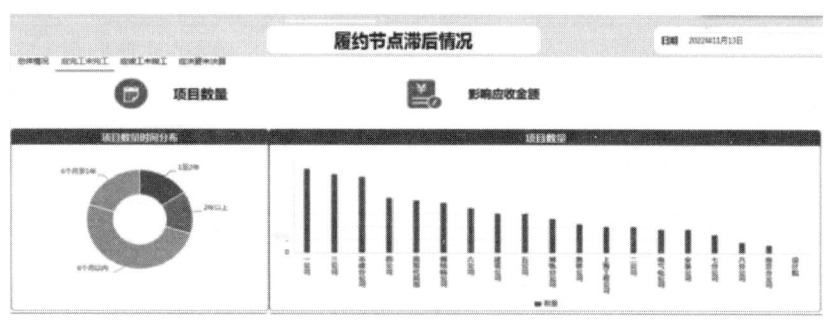

图 14　履约滞后预警（系统截图）

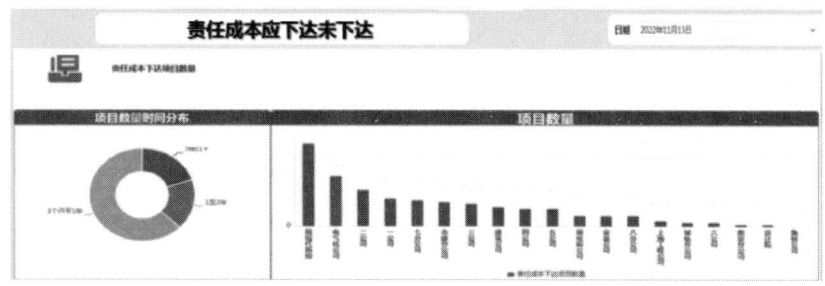

图 15　内部管控预警（系统截图）

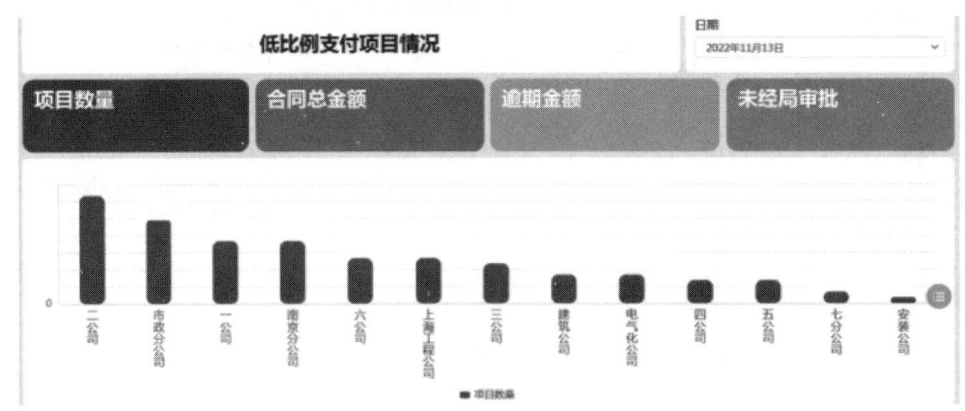

图 16　低支付比例项目预警（系统截图）

（四）项目完工后持续跟踪债权管理

1. 登记质保金信息

如图 17 所示，项目完工交验后工程质保期起算，项目财务部门发起"质保金信息登记表"业务流程，登记质保金总额、质保金开始时间、质保期以及质保金到期时间以及质保金返还比例信息。

质保金信息登记表

合同编号：12345　　　合同总金额：61,387,272.00　　　*账面应收质保金余额：

项目状态：竣工已决算

明细表

序号	*施工内容	*开累计价金额	*质保金比例（%）	质保金总额	*质保金开始时间	*质保金期限（年）	质保金到期时间	*本次返还比例
1	进度款	61,387,272.00	5.00	3,069,363.60	2018-12-31	1.0	2019-12-31	80.00
2	进度款	61,387,272.00	5.00	3,069,363.60	2018-12-31	2.0	2020-12-31	20.00

图 17　质保金信息登记表样

2. 登记完工并账信息

如图 18 所示，项目达到并账条件时，项目财务部门发起"并账项目机构对应表"业务流程，将并账前和并账后的信息合并，形成完整的项目履约信息。

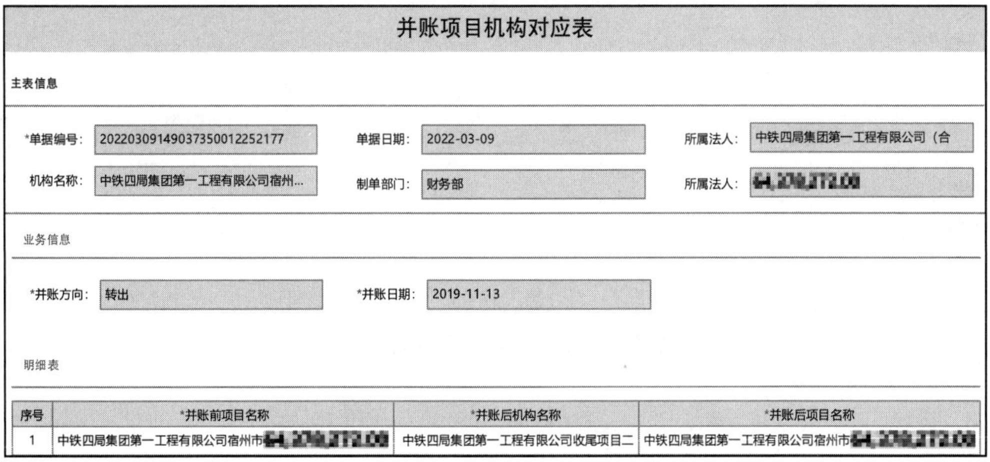

图18　并账项目机构对应表样

3. 登记内部审计信息

如图19所示，项目决算完成后，公司审计部门发起"工程项目内审信息登记"业务流程，登记管理机构下已完成决算的施工项目公司内审时间、内审文件号等信息，督促公司对决算项目按时完成内部审计工作。

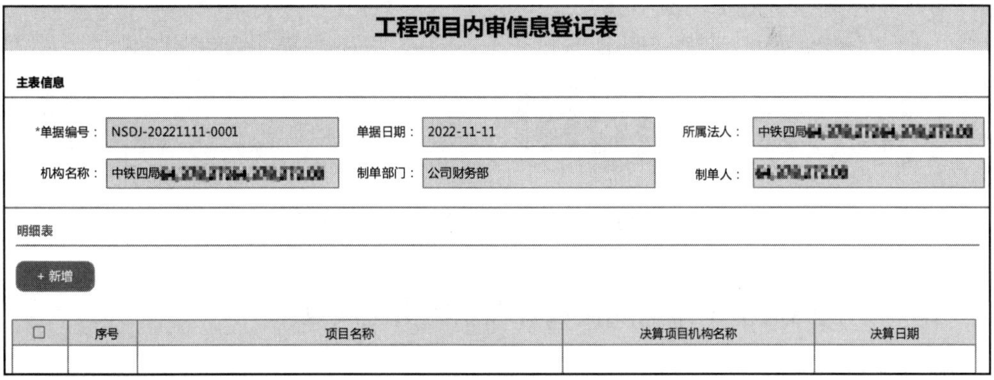

图19　工程项目内部审计信息登记表样

4. 登记考核兑现信息

如图20所示，项目审计结束后，公司主责考核部门发起"工程项目考核兑现登记"业务流程，登记管理机构下已完成内审的施工项目考核兑现时间、兑现文件号等信息，对项目债权管理工作的考核结果进行闭环。

工程项目考核兑现登记表

主表信息

| *单据编号： | KHDXDJ-20221111-00002 | 单据日期： | 2022-11-11 | 所属法人： | 中铁四局集团第一工程有限公司（合并 |
| 机构名称： | 中铁四局集团第一工程有限公司(合... | 制单部门： | 审计部 | 制单人： | |

明细表

+ 新增

☐	序号	项目名称	工程项目机构名称	内审时间

图 20　工程项目考核兑现登记表样

5. 完工未销号项目管理跟踪

如图 21 所示，系统对于存在长期已完工未竣工、久竣未结、应审未审以及逾期债权的项目持续跟踪、及时预警，督促各单位相关管理部门和项目部及时分析问题、明确责任、制定目标和问题解决方案，并实施相应激励或惩罚措施。

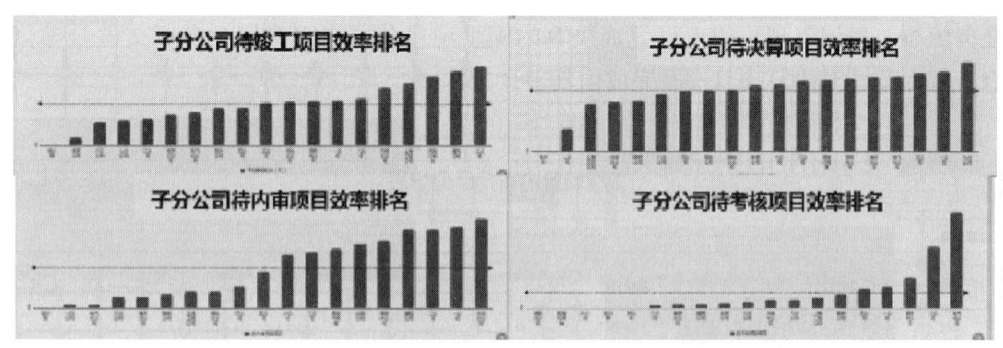

图 21　完工未销号项目管理跟踪（系统截图）

四、中铁四局全生命周期债权管理系统实施成效

（一）强化了企业业财融合的深度

债权管理系统涵盖商务、工程、审计、考核、财务等管理要素，使债权管理工作的链条向内延伸，将"双清"工作压力及时准确传导至各业务部门，构建了局、子分公司、项目经理部三级"纵向贯通、横向联动"管控机制，实现了债权的源头、过程、结果全周期管理。

1. 招投标工作方面

借助债权管理系统进一步为招投标选择提供数据支撑，对长期回收率低、履约能力较差的情况进行反馈，做好标前筹划工作。为防止片面追求市场份额和规模增长而忽视债权管理风险。

2. 资金资源配置方面

利用债权管理系统为管理者决策提供客观描述工程项目真实状况的债权详细指标和节点信息，预测债权回收期限，推动资金等资源调配和业务规划，包括项目资金配置、资金计划编制等内容。

3. 施工组织管理方面

利用债权管理系统，相关业务管理部门能推动施工进度，加快竣工交验和决算审价手续，为债权回收创造有利条件。

（二）提高了统计效率和数据质量

1. 统计效率方面

传统清欠工作开展情况需要手动统计、层层上报、汇总，不能有效地开展清欠工作管控。相较于传统账务系统中有限的债权信息，债权管理系统中按日对全公司所有项目数据自动统计、汇总、分析、预警，数据更新及时。

2. 数据质量方面

系统数据直接来源于各业务系统，避免了人工统计汇总数据造成的延误与差错。数据维度更加丰富全面，可以根据管理需要按不同维度自助查询分析，进行多层级穿透，直至最底层项目数据。

（三）夯实了企业债权资产的质量

借助债权管理系统，公司组织开展了"项目逾期债权"专项清欠、"中秋、国庆"专项清欠、政府专项债等多项专项"双清"活动，取得了良好成效，增加了企业现金流入，降低了债权规模和债务风险，为企业高质量发展提供了资金保障，如表2所示。

表2   债权管理系统夯实债权质量情况

序号	"双清"活动	参与项目数量（个）	2022年完成情况（亿元）
1	债权逾期项目专项清欠活动	1 245	收回61.11
2	"中秋、国庆"专项活动	2 657	收回256.45
3	地方政府专项债清欠	41	收回55.24
4	久竣未决项目决算专项行动	598	收回97.08

（四）掌控企业债权管理全面信息

相较于传统账务系统中有限的债权信息，债权管理系统可以根据管理需要按多维度自助查询分析，进行多层级穿透，直到最底层项目数据，实现从合同签订到最终收款完毕销号等项目全部节点的监控。

1. 实时反映项目所处周期

如图 22 所示，系统能准确获取项目所处周期（建设期、收尾期、考核期）及其历经时长，为管理资源配置提供参考依据。

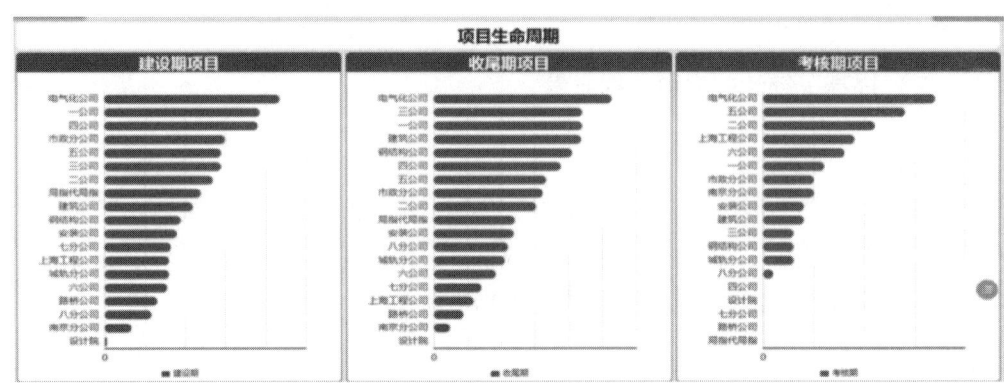

图 22　项目生命周期（系统截图）

2. 实时掌握本年计价收款情况

如图 23 所示，系统能自动获取各单位本月、本年计价和收款情况，为编制资金计划提供依据。

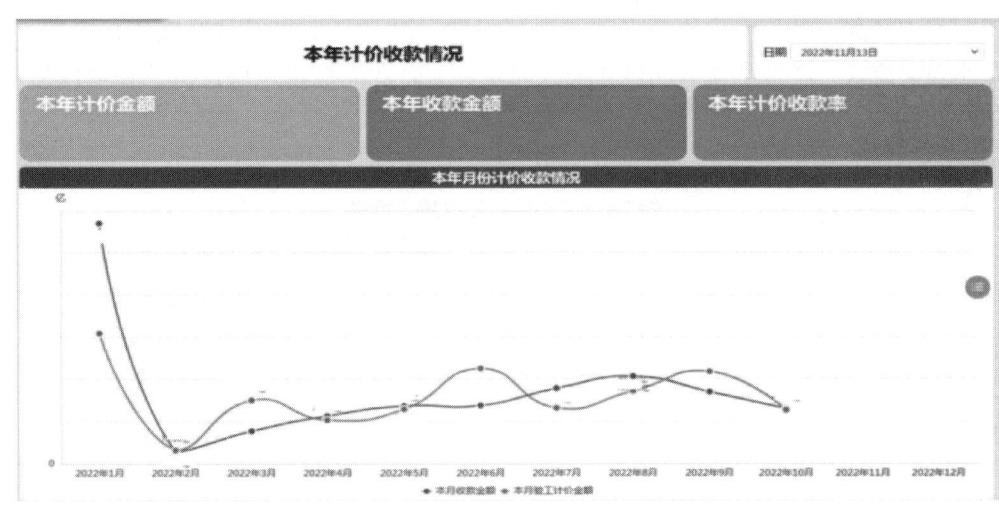

图 23　本年计价收款情况（系统截图）

3. 实时分析债权成因及影响金额

如图 24 所示，系统能够反映各业务系统工作开展对债权总额的影响，帮助各业务系统厘清债权回收责任。

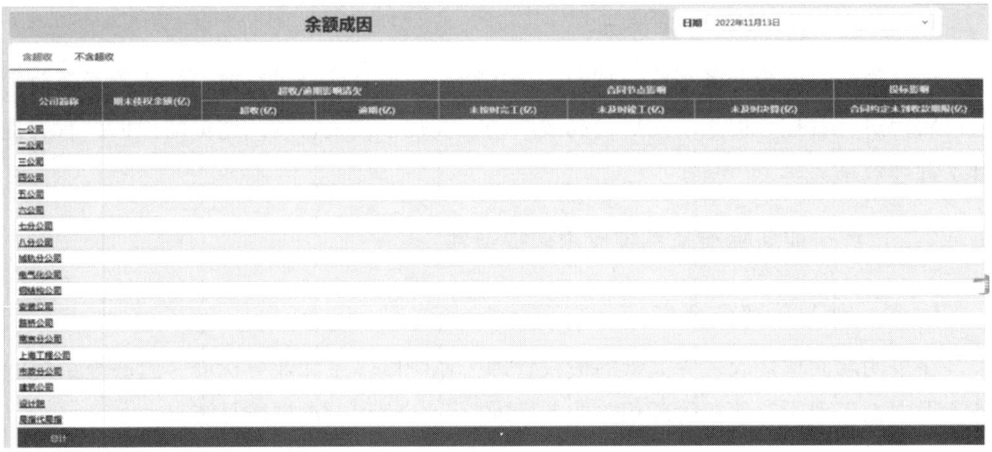

图 24　债权余额成因（系统截图）

（五）激发了"双清"工作的管理合力

1. 激发内生动力

工程项目债权管理责任人能通过系统随时掌握债权回收情况以及影响因素、任务完成情况排名，明确自身工作压力，激发"双清"工作内生动力。

2. 强化外生推力

上级公司依据债权管理系统预警信息，从而精准下达专项"双清"目标，层层压实责任，强化考核激励，进一步推动项目"双清"工作加快步伐。

债权管理工作的内生动力与外生推力方向一致，形成合力，使债权管理工作达到事半功倍的效果。

五、中铁四局全生命周期债权管理系统应用经验总结

（一）系统顶层设计是系统应用关键因素

1. 需要决策层支持

债权管理系统应用不能仅仅依靠某一业务部门来完成，涉及管理部门众多，在实施前必须得到上级领导的重视、理解和支持。

2. 系统顶层设计与集团战略管控相融合

债权管理系统的数据分析和预警模型，要以企业集团战略为导向，通过模型指标设计、责任部门落实、战略分解执行、表单持续改善、数据优化治理、实施评价激励等步骤，完成债权管理系统应用的落地实施。

3. 实现前后台联动管控督办

项目部通过前台业务系统办理业务，集团公司通过后台进行监控，所属子分公司通过后台进行管控，促进了前后台高效联动，实现了重大管理问题提前预估，有力提升了管理效率。

（二）统一业务标准是系统应用前提条件

1. 统一债权管理标准

在集团层面构建起较为完善的债权管理工作制度体系和业务标准，内嵌至系统业务流程中，实现所有债权管理相关业务标准、业务流程、数据质量统一。

2. 建立标准合同模型

通过对全局所有业主合同条款全面梳理，建立统一的工程项目业主合同管理模型，形成以款项性质、付款节点、付款基数、履约节点等属性的标准化字典。建立信息多维、穿透可视、自动智能的债权信息管理大数据，实现债权业务管理标准化。

（三）数据结构化处理是系统应用的核心

1. 采集多维结构化债权管理大数据

建立集团债权统一数据标准和业务流程，统一数据采集与交换规范，将债权业务信息与财务数据和管理内容集成衔接，工程项目合同信息转化为结构化数据，过程采集合同履约变动信息，形成穿透、可视、多维的债权管理大数据，提高工程项目债权数据的及时性、准确性和全面性。

2. 构建工程项目债权管理规则算法

基于合同条款、工程项目生命周期以及企业管理制度，制定相应的债权管理规则算法内置在系统中，融合管财报双口径内容，满足项目经营管理需求。

3. 债权管理数据指标分析和预警模型

建立债权相关风险量化评估模型和动态监测预警机制，开发多维度债权管理系统模型，并以BI视图优化展现方式，分析研究业务问题成因，为管理层提供决策支持和更多有价值信息。

4. 债权管理系统运维和数据治理

建立数据协同治理的管理机制，从机制上解决数据协同治理，从源头上解决数出多门、一数多源的顽疾，实现一数一源、一数一责、权责明确，保障数据质量。

（四）业财协同联动管理是系统应用推力

债权管理系统明确了债权管理工作的部门职责权限，各业务部门在债权管理系统的支持下各司其职，实现了清欠工作部门协同管控，共同促进债权回收，进一步提升集团企业债权管理工作的系统管理能力、专业配套能力、资源整合能力、商务策划能力、商法融合能力。

（五）全生命周期债权管理系统推广建议

当前，建筑企业普遍存在大量债权有待变现的问题，一方面债权金额越大，拖欠时间越长，企业损失的资金时间价值就越多；另一方面由于资金短缺，企业为了维持正常运转，不得不向银行等金融机构举债经营，付出较高的融资成本。强化"理债就是理财，管理创造效益"的思维，从这个角度来看，建筑企业进行高水平的债权管理，及时甚至提前收回资金，就是在理财，就是在为企业降本增效。

中铁四局研发上线的债权管理系统，是在工程实践中研发总结的能够解决制约项目的债权管理共性问题，可应用于全国所有建筑施工企业，具有独创性、进步性、实用性、效益性及推广性，目前应用良好并取得显著实施效果，全面提升了企业债权管理水平，且在行业内具有一定的超前性，推广前景广阔。

（中铁四局集团有限公司　王天军　李　峰　陈松俊　陈建藏　沈孝祥　孙　斌　

汪绍青　李兴伟　王　存　雷　波　邓升升　赵　洁　谢　晴　陈　杰）

管理会计信息化在进销项税
管控案例中的运用

【摘要】本文深入研究分析了建筑企业管理会计信息化中一个重要的议题：进销项税的管控。通过挖掘一个大型综合性建筑企业的案例，聚焦于如何充分利用信息化工具来优化税务管理策略。这个案例具体呈现了如何运用信息技术的力量，实现了税务管理的现代化和高效性。在这一案例中，该企业以自有财务共享系统为基础，融入自编公式的电子表格，将税务数据的提取和处理过程高度优化。通过设定合理的计算公式，企业能够精准地计算增值税留抵税额。同时，设置了阈值提醒功能，使得企业能够及时、准确地把握留抵退税的时机，从而最大限度地减少税务风险，案例中图表清晰地展示了这一信息化方法在实践中的成效。通过一系列信息化手段，企业成功申请了多次留抵退税，有效释放了被占用的资金，同时也降低了经营成本和机会成本。此外，本文以具体项目为例，呈现了企业如何运用财务共享平台分析数据，有针对性地进行税务筹划。通过优化管理模式、调整采购策略等方式，企业成功降低了税率，实现了税负的优化。本文通过探讨信息化建设和进销项税管控的关系，以一个具体企业案例进行印证分析，突出了信息化在建筑企业管理会计中的价值。不仅展现了信息化技术的威力，更为类似企业在税务筹划中提供了一系列宝贵的经验和指导，有力地推动了管理会计的现代化进程。

一、引言

（一）研究背景与意义

在当今全球经济环境中，建筑行业作为国民经济的支柱产业，在城市化进程、基础设施建设等方面发挥着不可或缺的作用。然而，建筑行业的特殊性和复杂性使得企业在日常经营中面临着独特的挑战。其中，进销项税管控作为财务管理的重要环节，对于企业的经济效益具有重要意义。

随着税收法规的不断变化和税务监管的加强，建筑企业在进销项税管控方面面临越来越多的挑战。传统的手工处理方式已经无法满足庞大的税务数据处理需求，容易引发错误和遗漏，进而导致税务风险和不必要的损失。因此，研究如何借助管理会计信息化建设来提升建筑企业进销项税管控水平，优化税务管理流程，显得尤为迫切和重要。

（二）研究目的与内容

本文的主要目的在于深入探讨管理会计信息化建设对建筑企业进销项税管控的影响。具体而言，我们旨在分析管理会计信息化建设对优化进销项税务流程、降低税收风险以及增强企业管理效率等方面所产生的实际影响。

研究内容包括以下几个方面：

（1）探究管理会计信息化建设在建筑企业进销项税管控中的应用现状和趋势；

（2）分析管理会计信息化建设对进销项税合规性的影响，以及如何降低税务风险；

（3）研究管理会计信息化建设在提升进销项税管理效率和精确度方面的作用；

（4）探讨管理会计信息化建设对建筑企业整体管理和可持续发展的促进效果。

二、建筑企业管理会计信息化概述

（一）管理会计的基本概念与特点

管理会计是一种面向内部管理决策的会计体系，为企业管理层提供定制化的财务和非财务信息，帮助他们作出有效决策。管理会计的主要受众是企业内部的管理层，重点关注如何优化资源利用、提高效率和盈利能力。通过提供数据、分析和报告，管理会计支持各种决策，包括投资、生产计划、成本控制等。同时，管理会计更关注未来，通过预测、规划和预算，帮助企业预测趋势并制定长远战略，强调成本分析和控制，帮助企业了解成本结构，发现成本节省的机会。此外，管理会计会提供绩效指标和报告，帮助评估项目、部门或整个企业的表现，还会通过资源的分配和优化，帮助企业实现资源的最佳配置。管理会计体系具有灵活性，能够根据企业的需要进行调整和定制。

总之，管理会计旨在提供有关企业内部运营和决策的信息，以支持管理层的决策制定和业务优化。它强调数据分析、成本控制、绩效评估等，以帮助企业实现长期成功。

（二）信息化对建筑企业管理会计的影响

信息化对管理会计领域的影响是不可忽视的。首先，信息化技术的引入使得管理会计数据的收集、处理和分析更加高效和准确。企业可以通过信息化系统实时地获取各种财务和业务数据，从而为管理决策提供更精准的支持。其次，信息化使得管理会计能够更好地应对复杂的业务环境。大数据分析、人工智能等技术使得管理会计可以从海量数据中挖掘出有价值的信息，帮助企业更好地理解市场趋势、竞争对手情况等，从而更有针对性地制定战略。此外，信息化也推动了管理会计的角色从传统的成本计算和报告转变为更注重数据分析、决策支持和战略规划。

总体来看，信息化为管理会计带来了数据的高效流通、更深层次的分析能力以及角色的转型。这有助于企业更好地适应变化莫测的商业环境，提高决策的准确性和效率，从而在竞争中取得更大优势。

（三）建筑企业管理会计信息化的发展现状与趋势

建筑企业管理会计信息化在过去几年有着显著的发展，并且未来的趋势也呈现出一些明显的特点。

1. 发展现状

（1）数字化转型。很多建筑企业已经开始进行数字化转型，采用先进的信息技术来改进管理会计流程，提高数据收集、处理和分析的效率。例如，中国中铁的财务办公软件系统。

（2）集成化系统。建筑企业越来越倾向于使用集成化的管理会计系统，将财务、成本、项目管理等信息整合到一个统一的平台上，实现信息的流畅共享和协同工作。例如，中铁八局财务共享中心平台。

（3）数据分析与业务智能。随着大数据和业务智能技术的发展，建筑企业管理会计越来越注重数据分析，利用数据挖掘、机器学习等方法来深入理解业务情况，从而作出更准确的决策。例如，中铁八局开发的单据审核机器人。

（4）移动化应用。移动应用的兴起使得建筑企业管理人员能够随时随地访问和分析管理会计数据，提高了管理的实时性和灵活性。例如，中铁 E 通移动客户端的开发使用。

2. 未来趋势

（1）人工智能与自动化。人工智能技术将在建筑企业管理会计中得到更广泛的应用，包括自动化数据收集、智能预测、风险识别等方面。

（2）区块链技术。区块链的去中心化和安全性特点将在建筑企业管理会计中发挥作用，增强数据的透明性和可追溯性。

（3）云计算。云计算将继续推动管理会计信息化的发展，使得数据存储和处理更具弹性和成本效益。

（4）数字孪生技术。数字孪生技术可以模拟和仿真建筑项目的各个方面，为管理会计提供更准确的数据支持，帮助决策制定。

（5）可持续发展。随着可持续发展理念的普及，建筑企业管理会计将更多关注环保、社会责任等因素的数据分析和报告。

综上所述，建筑企业管理会计信息化正朝着数字化、智能化、自动化的方向发展，越来越多的技术将被应用于该领域，为企业提供更强大的管理决策支持。

三、进销项税管理与控制的重要性

（一）进销项税管理与控制的概念

建筑企业进销项税管控是指在建筑企业的经营活动中，对涉及进项和销项税务事项的监管和管理制度。其包括记录和报告建筑材料、设备、劳务等进项和销项数据，核对数据的准确性和一致性，确保按照税法规定正确申报纳税，防止逃税和偷漏税行为，以维护税收的公平与公正。此外，建筑企业还需要合规地处理各类税务凭证和文件，以确保企业在税务方面的合法合规运营。

（二）进销项税管理与控制的重要性分析

建筑企业进销项税管控的重要性不容忽视，主要体现如图1所示。

总之，建筑企业进销项税管控的重要性在于确保合规性、降低风险、保障财务稳定性，同时为企业提供准确的财务数据和税收优惠，从而为企业的可持续发展创造有利条件。

（三）建筑企业在进销项税管理中存在的问题与挑战

第一，税法法规繁杂，不断变化，建筑企业需要及时了解并适应最新的税收政策，以确保正确申报纳税。第二，大规模的建筑项目涉及众多进销项数据，可能存在数据录入错误或遗漏，导致纳税计算不准确。第三，建筑企业涉及多个部门和业务环节，各部门间信息共享和协调可能存在问题，影响数据的准确性和一致性。第四，税务机关对建筑企业的税务监管力度逐渐加强，企业须保证完备的税务凭证和资料，以应对可能的税务审计。第五，一些建筑企业可能缺乏有效的财务和税务管理系统，导致数据处理和分析不够高效，影响进销项税管控的质量。第六，确保员工了解税收政策并正确操作税务流程需要投入一定的培训和管理成本，人员变动可能导致信息传递不畅或操作不规范。第七，若未能正确履行进销项税管控义务，建筑企业可能面临高额罚款，甚至被追究法律责任，影响企业声誉和经营稳定性，如图2所示。

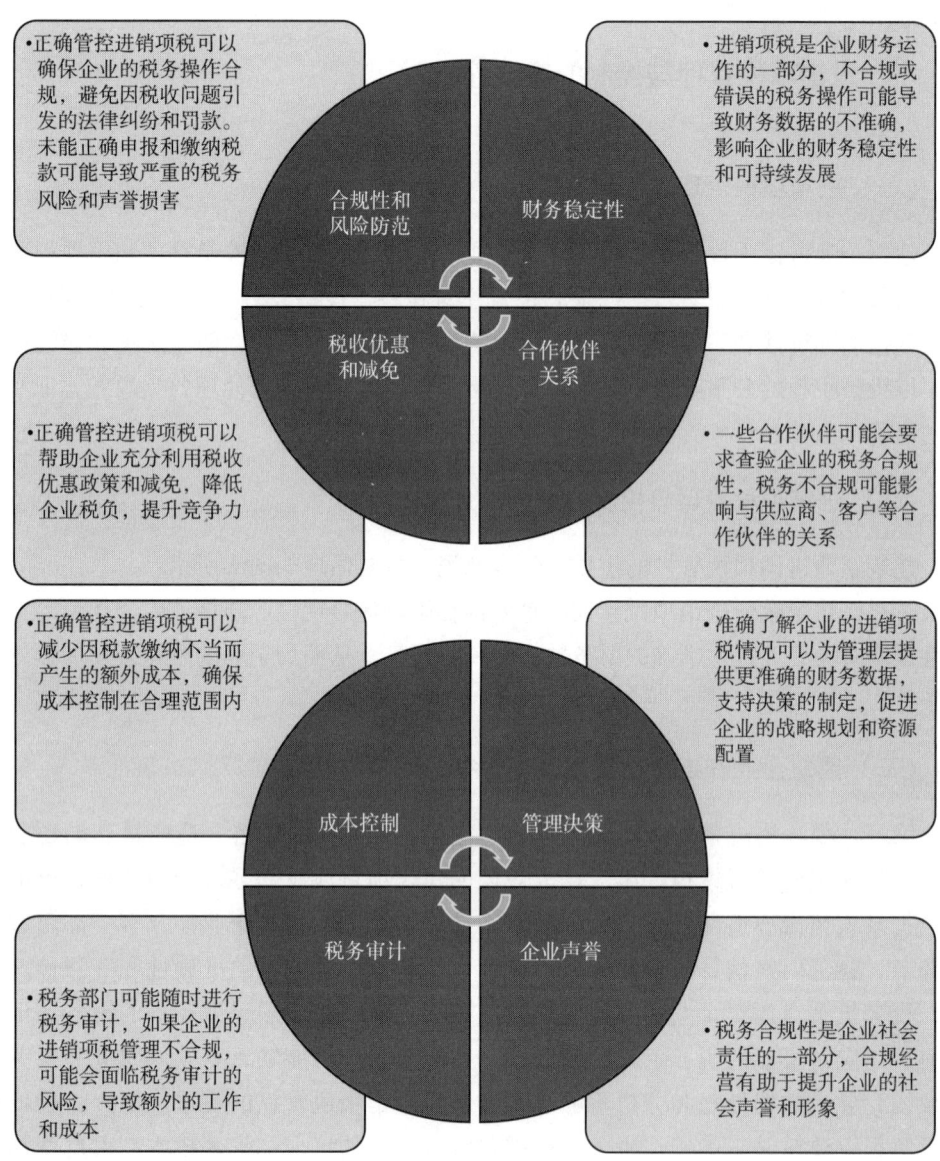

图 1 进销项税管控的重要性

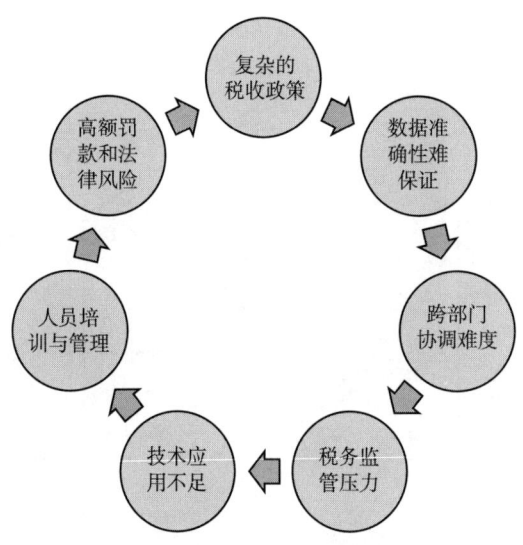

图 2   进销项税管控的问题与挑战

四、建筑企业管理会计信息化中的进销项税管控要点

（一）信息化对进销项税管控的影响与作用

信息化对进销税的管理与作用如图 3 所示。

（二）建筑企业管理会计信息化中的进销项税核算

在建筑企业管理会计信息化中，进行进销项税核算可以遵循以下步骤，如图 4 所示。

总之，进行进销项税核算需要充分利用建筑企业管理会计信息化系统的功能，确保数据的准确性、一致性和及时性，以保障企业的税务合规性和经营稳定性。

（三）进销项税数据的采集与处理

建筑企业可以通过以下步骤进行管理会计信息化建设，以实现进销项税数据的采集与处理，如图 5 所示。

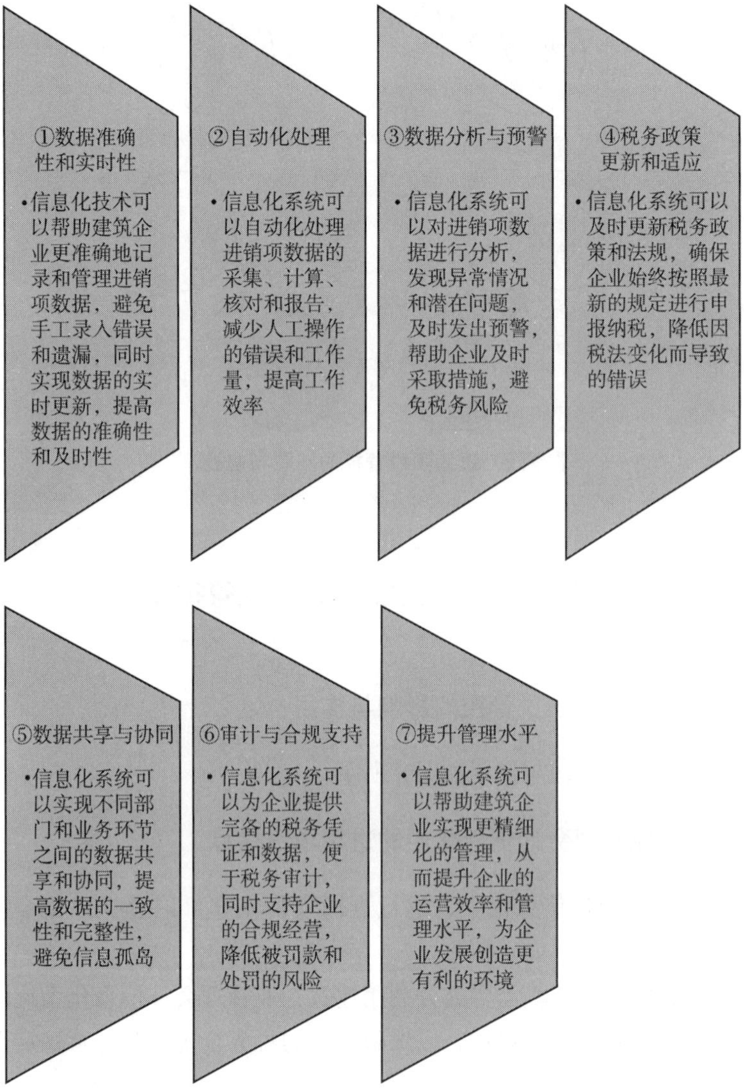

①数据准确性和实时性
· 信息化技术可以帮助建筑企业更准确地记录和管理进销项数据，避免手工录入错误和遗漏，同时实现数据的实时更新，提高数据的准确性和及时性

②自动化处理
· 信息化系统可以自动化处理进销项数据的采集、计算、核对和报告，减少人工操作的错误和工作量，提高工作效率

③数据分析与预警
· 信息化系统可以对进销项数据进行分析，发现异常情况和潜在问题，及时发出预警，帮助企业及时采取措施，避免税务风险

④税务政策更新和适应
· 信息化系统可以及时更新税务政策和法规，确保企业始终按照最新的规定进行申报纳税，降低因税法变化而导致的错误

⑤数据共享与协同
· 信息化系统可以实现不同部门和业务环节之间的数据共享和协同，提高数据的一致性和完整性，避免信息孤岛

⑥审计与合规支持
· 信息化系统可以为企业提供完备的税务凭证和数据，便于税务审计，同时支持企业的合规经营，降低被罚款和处罚的风险

⑦提升管理水平
· 信息化系统可以帮助建筑企业实现更精细化的管理，从而提升企业的运营效率和管理水平，为企业发展创造更有利的环境

图3　信息化对进销项税管控

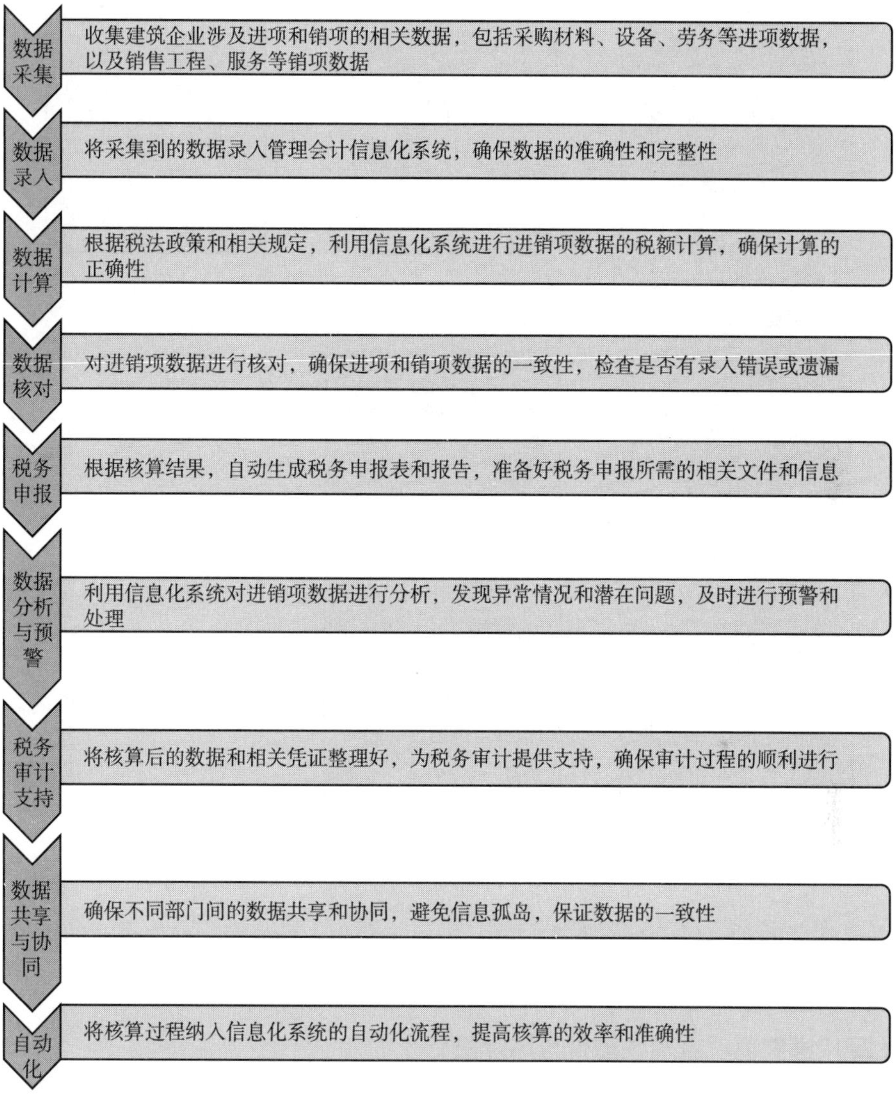

数据采集	收集建筑企业涉及进项和销项的相关数据，包括采购材料、设备、劳务等进项数据，以及销售工程、服务等销项数据
数据录入	将采集到的数据录入管理会计信息化系统，确保数据的准确性和完整性
数据计算	根据税法政策和相关规定，利用信息化系统进行进销项数据的税额计算，确保计算的正确性
数据核对	对进销项数据进行核对，确保进项和销项数据的一致性，检查是否有录入错误或遗漏
税务申报	根据核算结果，自动生成税务申报表和报告，准备好税务申报所需的相关文件和信息
数据分析与预警	利用信息化系统对进销项数据进行分析，发现异常情况和潜在问题，及时进行预警和处理
税务审计支持	将核算后的数据和相关凭证整理好，为税务审计提供支持，确保审计过程的顺利进行
数据共享与协同	确保不同部门间的数据共享和协同，避免信息孤岛，保证数据的一致性
自动化	将核算过程纳入信息化系统的自动化流程，提高核算的效率和准确性

图4　信息化中进销项税核算步骤

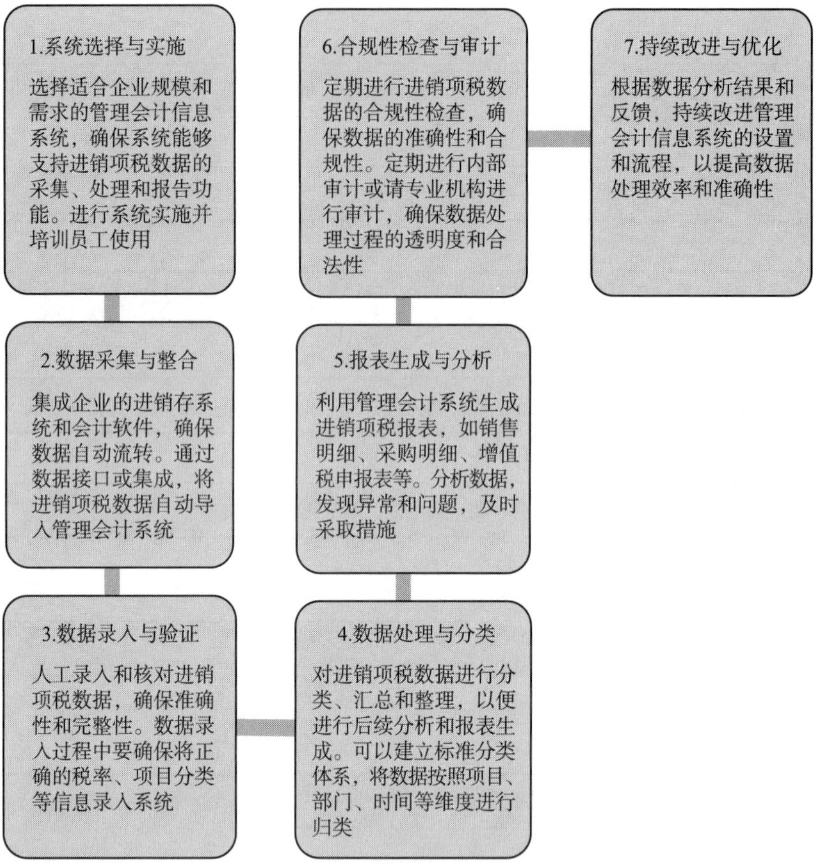

1.系统选择与实施	6.合规性检查与审计	7.持续改进与优化
选择适合企业规模和需求的管理会计信息系统，确保系统能够支持进销项税数据的采集、处理和报告功能。进行系统实施并培训员工使用	定期进行进销项税数据的合规性检查，确保数据的准确性和合规性。定期进行内部审计或请专业机构进行审计，确保数据处理过程的透明度和合法性	根据数据分析结果和反馈，持续改进管理会计信息系统的设置和流程，以提高数据处理效率和准确性

2.数据采集与整合	5.报表生成与分析
集成企业的进销存系统和会计软件，确保数据自动流转。通过数据接口或集成，将进销项税数据自动导入管理会计系统	利用管理会计系统生成进销项税报表，如销售明细、采购明细、增值税申报表等。分析数据，发现异常和问题，及时采取措施

3.数据录入与验证	4.数据处理与分类
人工录入和核对进销项税数据，确保准确性和完整性。数据录入过程中要确保将正确的税率、项目分类等信息录入系统	对进销项税数据进行分类、汇总和整理，以便进行后续分析和报表生成。可以建立标准分类体系，将数据按照项目、部门、时间等维度进行归类

图 5　进销项税数据采集流程

需要注意的是，以上步骤需要会计、税务等专业人员合作，确保企业的进销项税数据采集与处理工作顺利进行。

（四）进销项税合规性监督与风险防范

进销项税合规性监督和风险防范在企业的税务管理中扮演着重要角色，有助于确保企业在税务方面遵守法规，减少潜在的税务风险。图6是建议的做法。

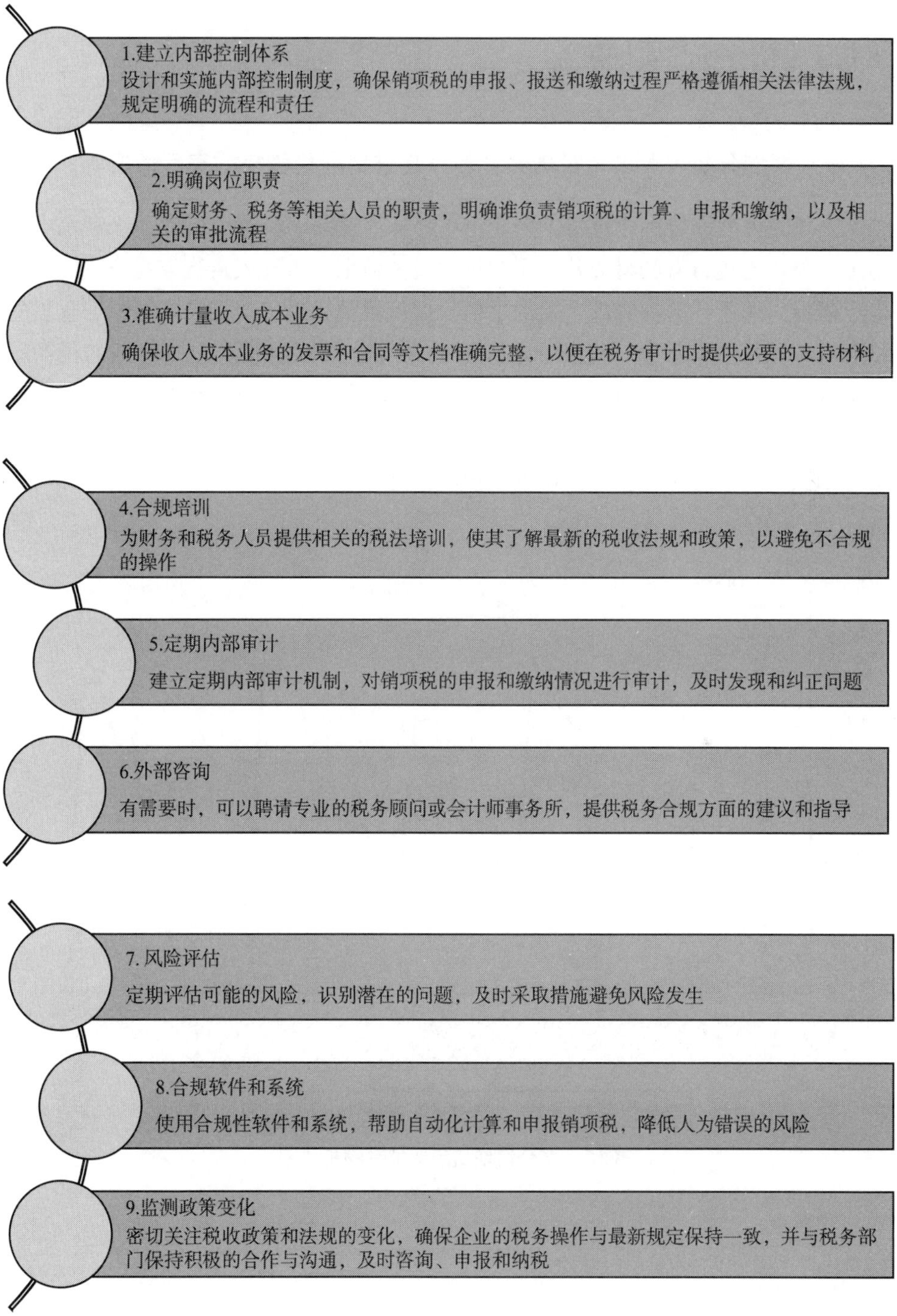

1.建立内部控制体系
设计和实施内部控制制度，确保销项税的申报、报送和缴纳过程严格遵循相关法律法规，规定明确的流程和责任

2.明确岗位职责
确定财务、税务等相关人员的职责，明确谁负责销项税的计算、申报和缴纳，以及相关的审批流程

3.准确计量收入成本业务
确保收入成本业务的发票和合同等文档准确完整，以便在税务审计时提供必要的支持材料

4.合规培训
为财务和税务人员提供相关的税法培训，使其了解最新的税收法规和政策，以避免不合规的操作

5.定期内部审计
建立定期内部审计机制，对销项税的申报和缴纳情况进行审计，及时发现和纠正问题

6.外部咨询
有需要时，可以聘请专业的税务顾问或会计师事务所，提供税务合规方面的建议和指导

7.风险评估
定期评估可能的风险，识别潜在的问题，及时采取措施避免风险发生

8.合规软件和系统
使用合规性软件和系统，帮助自动化计算和申报销项税，降低人为错误的风险

9.监测政策变化
密切关注税收政策和法规的变化，确保企业的税务操作与最新规定保持一致，并与税务部门保持积极的合作与沟通，及时咨询、申报和纳税

图 6　进销项税合规性建议

综合采取上述措施，建筑企业可以更好地监督销项税的合规性，降低潜在风险，确保税务事务的正常运行。

五、案例分析与实证研究

（一）案例分析：A公司管理会计信息化进销项税管控的实际情况

A公司为大型综合性建筑施工企业，主要从事铁路、公路、市政、水利水电等工程施工。公司通过自有的财务共享系统提取税务数据，再导入自行编写公式的税务筹划电子表格，用于计算和管理企业的增值税留抵税额存量。该工具能够根据收集的企业每期进项和销项税数据，按照提前设置的计算公式，测算出应该留抵的税额。此外，工具表格中设置了阈值，当留抵税额存量超过阈值时，将进行留抵退税提醒，以便税务人员及时做好留抵退税准备工作。图7、图8反映了A公司历年增值税留抵税额情况以及通过信息化手段进行留抵退税的情况。

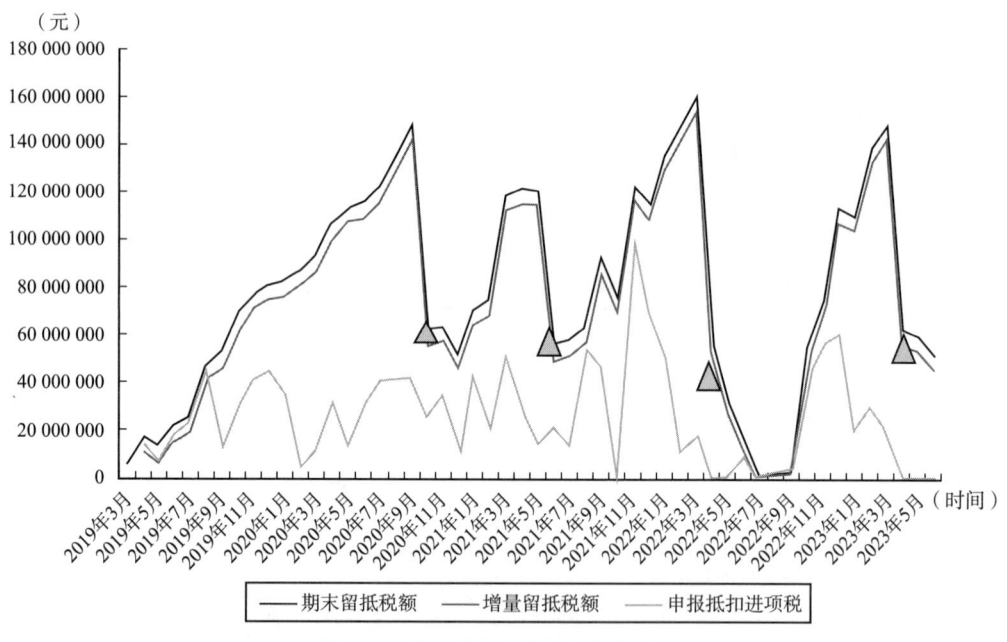

图7 A公司增值税留抵税额折线图

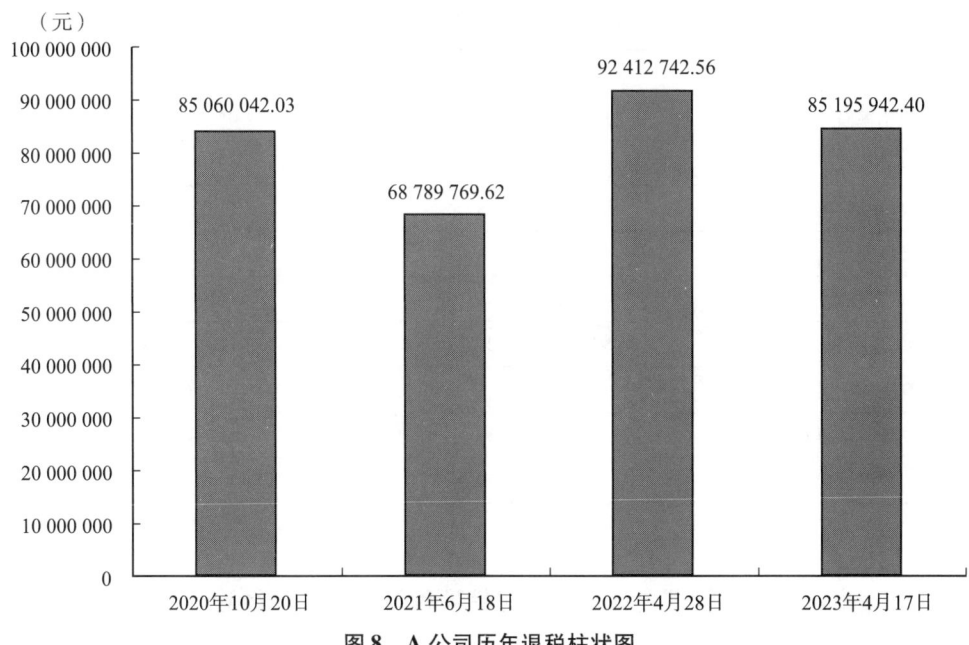

（元）

图8　A公司历年退税柱状图

通过引入信息化进行增值税留抵税额存量的管理，A公司取得了显著的实际成效和效益。经过财务共享中心和小工具的联合作用，公司自2019年来，及时申请留抵退税共计4次（折线图7中"△"位置），累计获得留抵退税款33 146万元。由此可以看出，对信息化的重视使公司能够减少高税额占用，提高了资金的可支配性，减少了存量税额，从而降低了资金的机会成本。另外，善于利用信息化也能够减少手工出错，准确进行税务工作。A公司利用信息化手段比对分析，对一些重点项目做了税务筹划。在某铁路项目中，A公司通过财务共享平台掌握的数据，测算出项目原定方案会增加税务负担，因此优化了管理模式，在综合成本最优的前提下，一是采用清包工的劳务分包方式，约定3%的税率，较原进项税率降低了6个点；二是砂石料等采用源头采购，以此取得3%的税率，较原进项税率降低了10个点；三是带操作手的施工设备租赁严格执行《财政部国家税务总局关于明确金融 房地产开发 教育辅助服务等增值税政策的通知财税》第十六条规定：纳税人将建筑施工设备出租给他人使用并配备操作人员的，按照"建筑服务"缴纳增值税。公司严格合同评审，对带操作手设备租赁合同取得9%的进项发票，较原设备租赁13%的税率降低4个点，同时收取的建筑服务租赁服务发票还可在预缴时差额扣除，减少了税金的流出。该项目通过类似以上举措减少了高税额占资的情形，增加了资金支配额度，不仅减少了2192.13万元进项税额支出，显著缓解了项目资金压力，更是优化了项目整体税负水平。表1反映了该项目利用信息化手段进行税务筹划前后的增值税情况和税负变化。

表1   A公司增值税税负筹划前后对比

项目	筹划前	筹划后
应税销售额（元）	1 051 730 879.80	1 051 730 879.80
销项税额（元）	95 424 512.10	95 424 512.10
进项税额（元）	132 156 688.68	110 235 418.64
进项税转出（元）	7 675.26	7 675.26
应纳增值税额（元）	− 30 182 103.41	− 14 803 231.28
待转销项税额（元）	10 783 486.24	10 783 486.24
待结算进项税额（元）	65 175.73	65 175.73
待认证进项税额（元）	12 444 773.62	12 444 773.62
增值税税负（%）	− 3.70	− 1.60

（二）案例分析：管理会计信息化进销项税管控的成功经验

上述案例中，信息化在A公司税务方面发挥了重要作用，主要体现在以下几个方面。

1. 数据整合与分析

通过财务共享平台和自制税务筹划表格等信息化工具，A公司能够将大量的税务数据进行整合和分析，快速准确地计算进销项税额存量、留抵税额等重要指标，为税务决策提供了有力支持。

2. 决策支持与策略调整

基于信息化分析，A公司能够及时发现进项税较销项税大的情况，并相应地提出留抵退税申请，从而优化税务筹划，降低纳税负担，避免大额交税情况发生。此外，信息化还支持A公司对重点项目进行税务调整，如优化劳务分包模式，减少进项税支出，有助于优化项目资金运用。

3. 留抵退税申请流程优化

信息化使得留抵退税申请流程更加高效和便捷。A公司能够根据数据分析结果，准确地填写留抵退税申请，加速审批流程，迅速获得税务款项，确保在纳税义务发生时具备足够的进项税额配比。

4. 风险管理与合规性

通过信息化手段，A公司能够实时监控待认证、待结算、待转销项税额等关键指标，降低了遗漏或错误申报的风险，提升了合规性。

5. 成本控制与效率提升

信息化工具的使用优化了税务筹划，减少不必要的进项税支出，从而降低了企业的税务成本，提升了财务效率。

综上所述，信息化在税务方面的应用不仅提升了税务管理的精度和效率，还为企业提供了更多的策略选择，有效降低了税务风险，优化了税务筹划，进一步促进了企业的可持续发展。

（三）案例分析：管理会计信息化进销项税管控的问题与挑战

A公司在运用信息化进行税务筹划过程中也遇到一些难题：

1. 数据质量和准确性

信息化所依赖的数据质量和准确性是关键。如果数据录入错误或不准确，会导致错误的税务决策和申报，进而引发税务风险。

2. 系统安全性

税务数据涉及敏感信息，因此系统的安全性非常重要。不当的数据访问控制、网络漏洞或恶意攻击可能导致信息泄露、篡改或丢失，对企业造成损害。

3. 系统复杂性和集成

公司使用多个不同的信息系统，将它们整合以确保数据一致性和流程协调是一项挑战。系统复杂性可能导致数据流程混乱，增加管理和维护的难度。

六、建议与对策

（一）建筑企业管理会计信息化进销项税管控的优化策略

在优化建筑企业的管理会计信息化进销项税管控方面，可采取以下策略。

1. 系统定制与功能扩展

针对企业特点，进一步定制和扩展管理会计信息化系统，增加更精细化的税务计算模块，以满足不同项目和地区的特殊税务需求。

2. 数字化数据分析

利用数据分析工具，深入挖掘企业内部的数据，发现更多优化进销项税管控的机会。通过对销售、采购、库存等数据的分析，提前识别税务风险并采取相应措施。

3. 移动化应用推广

推广移动化应用，使管理层能够随时随地查看进销项税数据和报表，更快地作出决策，及时调整税务策略，提高管理效率。

（二）加强建筑企业内部管理与流程优化

为了进一步优化管理会计信息化进销项税管控，企业可采取以下内部管理与流程优化策略。

1. 内部流程再造

审视现有的进销项税流程，找出不必要的环节和重复操作，进行流程再造，简化流程，提高操作效率。

2. 部门间协作加强

强化各部门之间的协作与沟通，确保数据的准确传递和共享，降低数据不一致性的风险。

3. 培训与人才培养

加强员工培训，提升员工对系统操作和数据分析的熟练程度，确保系统能够得到充分利用，从而优化进销项税管控。

（三）政府监管与政策支持

为了在管理会计信息化进销项税管控方面取得更好效果，建筑企业应考虑以下政府监管与政策支持策略。

1. 积极参与政策制定

建立与政府税务机构的密切联系，积极参与税收政策的制定和修订，争取更多税收优惠和减免政策的支持。

2. 定期政策培训

定期组织税务政策培训，确保企业全面了解最新税收政策，及时调整税务策略，避免因政策变化而导致的风险。

3. 政府支持项目申报

主动申请适用的税收减免政策，与税务机构合作，确保能够充分享受政府提供的税收支持。

七、未来发展展望

（一）建筑企业管理会计信息化进销项税管控的发展趋势

未来，建筑企业管理会计信息化进销项税管控将呈现以下发展趋势。

1. 智能化与自动化

随着人工智能和自动化技术的发展，管理会计信息化系统将实现更高程度的智能化，自动化计算和报告将更加准确和高效。

2. 数据驱动决策

数据分析技术的不断进步将使企业能够更好地利用进销项税数据，支持更精准的决策，优化税务策略，降低税负。

3. 移动化应用拓展

移动设备和应用的普及将促使建筑企业更广泛地使用移动化工具，实现随时随地的进销项税管控和决策。

（二）信息技术的创新与应用

未来的信息技术创新将为建筑企业管理会计信息化进销项税管控带来更多应用机会。

1. 区块链技术应用

区块链技术可以增强进销项税数据的安全性和可信度，实现交易的透明追溯，从而减少税务争议。

2. 大数据与预测分析

利用大数据和预测分析，企业可以更准确地预测税务风险，及早制定应对策略，降低潜在风险。

（三）建筑企业管理会计信息化进销项税管控的挑战与机遇

随着信息技术的不断进步，建筑企业在管理会计信息化进销项税管控领域将迎来一系列机遇。首先，数据分析技术的不断成熟将使企业能够更加深入地挖掘数据潜力，从而提升进销项税管控的精度和效率。通过准确分析销售、采购和库存等数据，企业能够更好地预测税务风险，制定相应应对策略，降低潜在风险。其次，移动化应用的广泛应用将使企业管理层能够随时随地查看进销项税数据和报表，更快地作出决策，及时调整税务策略，提高管理效率。此外，新兴技术如区块链将提供更高水平的数据安全性和可信度，为进销项税数据的存储和传输提供更加安全的环境，减少数据篡改和泄露的风险。

然而，建筑企业在管理会计信息化进销项税管控的发展过程中也面临着一些挑战。首先，随着税收政策和法规的不断变化，信息化系统需要持续升级以适应新的要求，这可能带来系统集成和适配的挑战。系统升级可能需要额外的资源投入和技术支持，以确保系统的稳定运行和适应性。其次，技术的引入和操作培训对于员工来说可能是一个新的学习过程，特别是在涉及复杂的数据分析工具时。员工可能需要时间来适应新系统的操作和功能，而在过渡期内，可能会面临操作困难和不适应的情况。此外，数据质量和准确性的问题仍然存在，不同部门的数据标准和格式可能不一致，这会导致数据的错误和不一致性。为了克服这些挑战，企业需要制订有效的培训计划，建立清晰的数据标准，以及与税务专家密切合作，以确保信息化系统的顺利实施和持续运行。

八、结论

（一）主要研究发现总结

本文通过对建筑企业利用管理会计信息化进行进销项税管控的实际情况进行深入分析，得出了以下主要研究发现：

（1）建筑企业引入管理会计信息化系统，能够显著提高进销项税管控的效率和准确性，实现数据集成和自动计算，减少了烦琐的手工操作。

（2）管理会计信息化系统支持实时监控和预警功能，帮助企业更好地遵守税法法规，降低税务风险。

（3）通过系统的数据分析和报表功能，建筑企业能够进行数据驱动的决策，优化进销项税管理策略，实现成本核算和风险防控。

（4）引入管理会计信息化系统后，企业能够更准确地申请和管理税务优惠政策，最大限度地降低税负，提升经营效益。

（二）研究的局限性与展望

尽管本文取得了一些有价值的研究发现，但也存在一定的局限性。

（1）样本范围有限。本文仅关注了特定范围内的建筑企业，因此研究结论可能不具备普遍性，未来研究可以扩大样本范围以获得更广泛的结论。

（2）数据真实性。由于数据的保密性和隐私问题，本文所采用的数据可能存在一定程度的不准确性或完整性问题，未来研究可以考虑更多的数据验证和核实。

（3）未来趋势的不确定性。本文对未来建筑企业管理会计信息化进销项税管控的发展趋势进行了初步探讨，但随着技术和政策的变化，未来的发展情况仍然存在一定的不确定性。

未来的研究可以进一步探索不同类型建筑企业的管理会计信息化进销项税管控实践，考察更多新兴技术在进销项税管理中的应用，以及深入分析税收政策变化对企业的影响。同时，可以结合更多定量数据和实际案例，从更多维度全面掌握建筑企业在利用管理会计信息化进行进销项税管控方面的情况。

（中铁八局集团有限公司　陈　阳　蔡景东　郑　健　吴比灵　夏　梦　李　斌）

财务数智化在建筑企业管理中的应用

【摘要】在全国要求建设世界一流财务管理体系的大环境下，甲公司在共享平台已平稳运行的基础上，搭建企业财务数据中心，开展管理数智化转型，并按照管理报表的模式从多个角度对数据中心进行应用。本文从数据中心搭建背景、建设目标、数智化应用、管理报表具体呈现模式、成效分析及总结和改进等方面详细阐述了财务数据中心在建筑企业中的数智化管理应用过程。重点在于如何以需求为导向，开展数智化管理应用，搭建数据中心展示模块。

一、背景描述

（一）单位基本情况

甲公司是国务院国资委监管的中央企业，隶属于世界 500 强企业中国中铁股份有限公司（以下简称"中国中铁"），是集设计、施工、科研、房地产开发为一体的多功能、大型企业集团，年施工生产能力 600 亿元以上。具有住房和城乡建设部批准的铁路工程、公路工程、建筑工程和市政公用工程施工总承包特级资质等 30 多项资质。在国内拥有 9 家子分公司及 2 家控股子公司；在沙特阿拉伯、马来西亚、刚果（金）、匈牙利、白俄罗斯等国家和地区设有 22 家子分公司。现有员工 1.1 万余名、专业技术职务人员 6 800 余名；拥有机械设备 7 200 余台套、总装备价值 26 亿元以上。

（二）建设历程及伴随的问题

基于企业发展需要，为进一步提升管理水平，提高企业竞争力，甲公司依照上级公司的统一部署，自 2017 年开始摸索筹建财务共享服务中心，通过参照兄弟单位的共享中心建造模式，甲公司于 2018 年 3 月正式挂牌运行财务共享服务中心。上线共享中心后，按照三步走的方式进行，第一阶段：统一核算标准，规范审批流程。在各层级经济业务事项均需通过共享平台发起的前提下，设置各类业务表单模板，设置审批流程节点，将各层级审批权限进行统一规范，将落实责任到各节点审批人。第二阶段：提高审核质量，提升运转效率。通过统一审核标准，审核人员轮岗等措施，提高审核人员业务水平。提高表单审核效率。结合上一阶段各层级共享平台使用经验，简化流程节点，提高表单流转速度。第三阶段，打造成熟的财务共享运营管理体系，提高共享中心在企业中的贡献，增强为企业创造价值的能力。甲公司构建了"1235"的财务共享管理体系目标："1"，坚持"一个目标"：建设行业领先、国内先进、世界一流的，支撑企业高质量发展的财务共享运营管理体系。"2"，围绕"两个平台"：一是以业财共享平台建设为核心，夯实共享中心服务与管控职能基础；二是以财务数据平台建设为驱动，推动共享中心价值创造与数智转型。"3"，构建"三大能力"：一是建立自我检视、持续提升、勇于革新的管理优化机制，不断巩固和改进控制与分析能力；二是坚持"以人为本"，不断培养共享人员战略性、系统性、综合性及信息思维能力；三是扩展职能边界，辐射前端业务，展现前瞻性规划、全过程管控，不断构建协同数智化管理能力。"5"，建设"五个中心"：一是健全中心运营机制，规范内部控制管理，筑建运营管理中心；二是丰富共享表单配置，提高系统增值服务水平，建立会计核算中心；三是探究体制机制问题，强化企业风险防控能力，构建风险防控中心；四是开发企业数据资源，助力企业管理决策，创建财务数据中心；五是推进财务人才培养，全力打造优秀财务团队，搭建人才培养中心。

为了成功达成第三阶段的建设目标，顺利建设数据中心，开展数智化应用，服务企业创造价值，甲公司不断摸索符合企业自身发展和需求的实现方式，目前尚有以下问题需要逐步探索并给予解决。一是共享中心已有的成熟的能力局限于会计核算业务，在助力企业决策、提高领导对共享中心重视方面有待提高。虽然集中了很多数据，但仍有很大的提升空间。二是共享中心在企业面临经营压力的时候需要提高自身价值以及为企业创造价值的能力，保持自身延续。三是财务数据存在滞后性、数据多、缺乏有效利用、费用控制不好等外部管理问题。企业在不同部门或不同时间收集的数据标准不统一，导致数据不可比较或存在误差，影响决策结果的准确性和可靠性。依据目前数据报表管理模式，如果完全依照人工计算结果再决策显得过于滞后，亟待借助信息技术解决。

（三）利用管理会计工具解决问题

国资委在《关于中央企业加快建设世界一流财务管理体系的指导意见》的"着重推动四个变革"中已经明确提出，"技术赋能、主动运用大数据、人工智能、移动互联网、云计算、区块链等新技术，充分发挥财务作为天然数据中心的优势，推动财务管理从信息化向数字化、智能化转型，实现以核算场景为基础向业务场景为核心转换，努力成为企业数字化转型的先行者、引领者、推动者，为加快产业数字化、数字产业化注智赋能"。中国中铁围绕国资委"一四五"框架，提出要"持续拓展共享中心服务广度及深度，建成中国中铁财务数据中心"。财务信息化是提高效率、强化管控、有效支持决策和促进实施企业财务战略的重要手段和工具。数字科技正在深刻改变着传统财务会计的活动便捷与价值管理，推动财务会计职能实现转型升级。财务数字化转型是企业在财务领域运用云计算、大数据等技术重构财务组合和再造业务流程，通过统一财务数据标准和建立财务大数据逐步实现业财融合，提升会计信息质量、工作效率合规程度及价值创造能力，推动财务管理职能由传统会计核算为主向经济管理和经营决策为主转型。数字化时代越来越依据分析结果做决策，需要通过管理会计工具梳理、过滤、捕捉有价值的信息，并将其转化为生产力。随着市场竞争日趋激烈，企业对财务信息和非财务信息的整合性、及时性和准确性提出了更高的要求。甲公司紧跟中国中铁战略部署，依托业财共享平台财务数据集中优势，着力搭建财务数据中心，将数据进行有效应用，支撑管理决策。数据中心的应用过程，就是财务信息化、数智化的应用过程，财务数智化是提高效率、强化管控、有效支持决策和促进实施企业财务战略的重要手段和工具。通过会计信息化的方法，对数据的来源进行筛选，对数据进行加工，向企业管理者呈现出管理需要和决策所需的数据，助力企业进行战略决策、预算考核、项目风险管理。

二、总体设计

为实现甲公司的数据中心顺利搭建，实现数智化转型，提升企业管理水平，应当根据企业自身特点和发展阶段，合理选择应用领域和进度，逐步拓宽数据中心的应用范围。甲公司共享中心以财政部和中国中铁要求为工作纲领，以企业管理层的主要关注点和各部门急需的数据为需求导向，利用共享平台管理报表功能对大数据资源进行使用，将独立个体的数据予以整合、分析，再通过技术手段展示给各层级管理人员，让各层级数据使用者能够更准确、直观、便捷地获取所需数据，为管理决策提供有力支撑。相关数据模块的呈现主要分为三个步骤进行。

（一）数据收集

甲公司数据中心的数据主要依托于共享平台以及与之相对接的资金模块、成本管理模块、税务模块，各项模块通过共享平台进行汇总对接，打通部门间信息壁垒，将建筑企业项目管理核算的关键数据通过数据中心进行汇总管理，方便管理者获取相关信息。

（二）数据加工

数据库汇总的信息数量多且复杂。需要对数据进行针对性地筛选再进行展现，以实现数据分析、数据对比、支持决策的作用。部分数据在收集时存在瑕疵，在应用时需要人工甄别处理数据后进行展现。而且报告数据通过数据中心进行取数，可以统一数据口径，避免一数多源，还能减少重复无效的数据汇总，提高数据应用的效率。

（三）数智化展示

以需求为导向，提供决策支持，防范决策风险。甲公司作为建筑企业，对企业的现金存量、现金流以及债权债务等数据指标格外关注，而且由于施工生产业务内容相近，各项目的管理指标类似，可以进行横向对比。甲公司通过设立数据中心，开展数智化转型应用，以各层级管理者的管理需求及战略财务、业务财务人员在财务管理工作中的实际需要为导向，运用前台展示与后台相结合的方式，充分利用大数据进行深入的分析和有效研究，结合具体情况，有针对性地进行设计、开发，即时呈现资金情况、应收应付情况、项目主要盈利指标等内容，提供过程监控，保障目标实现，使智慧财务理念下的财务工作取得更好的效果。

三、建设情况

（一）前期资源投入

在共享平台建设时签订的合同中包含由软件公司负责制作若干基础性质的管理报表的条款。软件公司技术人员在现场进行报表配置时，甲公司的共享平台维护人员安排专人对接并熟悉配置业务，掌握管理报表配置方法。因此，在软件公司完成任务撤离后，能够自行配置相关管理报表，极大方便了企业管理，减少了后续资金的投入。

（二）管理报表使用者

直接使用类报表，数据直接呈现给企业管理层。间接使用类报表，数据呈现给财务管理人员，经过数据加工和分析后支撑企业管理者决策。

（三）落实过程

1. 资金智能化模块搭建

（1）目的。流动资金是企业重要的"血液"，其流入流出及存量都是企业运行的关键数据。为及时向管理者提供企业资金信息，为领导者决策提供直观的支持，在上级单位的统一安排指导下，由甲公司开发资金智能化模块及相应的管理报表。

（2）数据采集。系统后台可以从甲公司上级公司搭建的财务公司资金系统自动取数，也可以通过专业设备读取各家银行的银行余额变动短信，智能识别各单位银行账户及资金情况。

（3）展现方式。

①"资金分析"管理报表。利用柱形图、折线图对当日资金收支存量以及一周内资金变动情况进行展示，同时可延伸透视到下级单位，了解各自分公司资金的存量及变动情况。

②"各银行账户信息数据查询"管理报表。作为资金分析报表的明细表补充，通过明细表模式按照日期查询下属各单位单个账户的账户管理信息。

③"各银行账户收支数据查询"管理报表。作为资金分析报表的明细表补充，通过明细表模式可按照日期查询下属各单位单个账户的收支信息及余额变动情况。

④"各单位资金分布查询"管理报表。作为资金分析报表的明细表补充，通过

明细表模式可按照所属机构查询各单位银行余额明细信息。

⑤"各银行资金分布查询"管理报表。作为资金分析报表的明细表补充，通过明细表模式可按照开户行查询在各家银行的存款余额信息。

⑥"银行账户数量分布查询"管理报表。作为资金分析报表的明细表补充，通过明细表模式可查询各单位银行账户数量以及是否联动等信息。

⑦"资金预警"管理报表。对大额资金支付业务进行专项统计，包括大额对私支付、对公支付等信息。大额资金支付作为资金管理重点监管事项，通过本管理报表对相关经济业务事项进行汇总显示，对经济事项进行实时监督，避免触及管理红线。

（4）效果。为进一步挖掘数据资产价值，实现全局资金有效管控，共享中心按照中国中铁《关于全面推广中国中铁资金智能化分析平台的通知》工作部署，着力构建了以资金存量实时化、资金分布多维化、账户信息准确化、收支动态系统化、数据分析可视化的"资金智能化分析平台"，实现了资金余额、银行账户信息、账户收支数据、账户资金分布、银行账户数量分布以及资金使用情况的实时统计，提高了管理报表时效性，降低了银行账户管理风险，有效提升了企业资金管理能力。

2. 风险预警模块

（1）目的。利用管理会计中信息化工具，提取相关项目的重要关注信息，作为管理会计的一项重要工作内容，对数据进行分析后向领导汇报，支撑决策依据。

（2）数据采集。自共享平台各单位账面数据采集。采集过程中需要关注如下事项：一是需要规范各单位利润结转方式，保证取数标准一致。二是利润上转后，子分公司汇总数据和项目数据要进行抵消。

（3）展现方式。

①三级公司所属单位亏损风险查询。该管理报表将甲公司管辖所有项目按管理层级进行分类，将各项目的收入、成本支出及利润进行逐项列示，方便使用者一目了然获取三级公司各个项目的经营状况，并进行横向对比，了解各公司的关键管理指标。

②三级公司所属单位资金平衡风险查询。随着社会整体经济发展，企业近期重点关注各个单位的资金流健康程度，对各个项目的资金流管理作出硬性要求。该管理报表通过明细表的模式，测算各单位潜在资金支出、资金收入，并按照管理层级进行汇总展示，预测各公司资金自平衡指标能否完成。

③货币资金风险查询。该管理报表按照库存现金、银行存款、备用金三个模块对货币资金管理关键指标报表进行汇总列示。使用者可直接对各公司相关数据进行查询，考核相关指标完成情况。

④业务招待费用风险查询。根据企业管理需求，对招待费发票信息进行专项整理，提取满足查询条件的业务单据，方便管理人员监督管控，为企业规避相关风险。

⑤预点冲销风险查询。根据财务管理需求，以明细表模式对预点冲销业务进行专项整理，时刻关注预点冲销情况，避免成本不实。

⑥账套年初余额转入差异查询。根据财务管理需求，以明细表模式对账套年初转入余额进行对比，筛查在结转年初余额是否存在错误操作，保证会计核算的准确性。

⑦凭证跨年调整差异查询。根据财务管理需求，以明细表模式对跨年调整的业务事项进行整理。

⑧共享表单风险问题清单。由共享中心审核人员负责，在审核过程中对部分需要关注或监督的业务表单进行标记，数据中心可在数据库中将此类表单筛选后在管理报表中呈现。通过将标记的表单列示，方便管理者对表单业务内容进行跟进复查。

（4）效果。该模块的管理报表由专职财务人员负责监督，定期对相应重点指标进行检查，并向管理层进行报告，如有突发事项发生则即时进行预警，有效利用管理信息化平台即时数据抓取能力，在问题发生中甚至发生前进行预警，最大限度地降低风险，挽回损失。同时经过数据分析，可以有效了解在企业投入相应资源后，各家单位的经营管理情况。对比各家不同单位的投资回报率，资金回款压力，及时调整经营方向和资源投入，助力企业决策。

3. 债权债务模块

（1）目的。将甲公司的应收应付款项情况进行列示，方便管理者便捷地了解企业资产负债分布情况，关注应收账款和应付账款，了解各单位的资金流压力，助力督促有关单位有效落实"双清"和"两金"压降工作。

（2）数据采集。通过对在共享平台核算的账套的财务账面数据进行采集。

（3）展现方式。

①应收账款分析平台。通过柱状图和饼状图的模式，按款项类别进行呈现各类应收款项占比情况；按各下属公司进行分类，展现各公司的应收款项余额，可通过明细表进行进一步的筛选分析，可根据管理单位、管理机构、对方机构等层层筛选，展现应收款项关键信息。

②应付账款管理。与应收账款类似，通过柱状图和饼状图的模式，按款项类别占比进行呈现应付款项总额，按各下属公司进行分类，展现各公司的应付款项余额，可通过明细表进行进一步的筛选分析，可根据管理单位、管理机构、对方机构等层层筛选，展现应付款项关键信息。

③债权债务模糊查询。以日期和企业名称关键字为筛选条件，对应收、应付款项的相关单位进行筛选，将债权债务同时列示。通过对全局债权债务数据的整合、分类，以债权债务单位客商名称数据为基础，通过客商信息关键字查询进行搜索，将同一客商关键字下的所有单位名称、法人单位、机构名称及债权债务开累发生额和余额展示出来，为上层管理者统筹决策提供直观、确凿的数据信息，为债权债务决策提供有力支撑。

（4）效果。该管理报表模块显著提升全局各层级应付账款统筹管控能力，加强大后台监督管理能力。通过对全局应收应付账款数据的抓取，并对包括各层级的应付工程款、劳务费、材料款等各类应付数据，打造按照款项类别、管理单位分布、全局前二十大等多维度报表展示平台，从而帮助管理者合理规划资金支付，加强对"两金"压降和"双清"工作的支持，可直观地将清收清欠落实到具体单位，提高监督办理能力，保障企业稳步发展。

4. 横向管理指标模块

（1）目的。业绩考核是企业管理的一个重要组成，财务工作考核作为企业业绩考核的一部分，通过拿出直观的数据指标来进行横向对比排名，直观地展现各公司的管理水平，可以更好地推进落实考核管控工作，使考核更加透明且公平公正，令人信服。

（2）数据采集。从共享平台数据库进行采集，单个报表为保障数据准确性需要数据加工后上传。

（3）展现方式。

①共享平台驳回率情况统计。驳回率是以各单位提单量、驳回量数据为基础，计算出的对比数据，作为共享平台管理使用的一项重要指标，可以直接反映通过共享平台发起的业务的准确性、财务核算的合规性。本表以全局驳回率为基准，将各个上线单位进行横向对比，直观地体现出驳回率对比情况，让落后单位看出自身差距，通过差距找出不足，以实现竞争式提升；通过表单驳回明细分析，反映出各单位管理人员业务薄弱点，进而有针对性地进行培训提升。

②各单位表单提单驳回明细统计。按照明细表模式，可以按照管理单位进行划分，将提单量、驳回量、驳回次数进行明细列示，方便对各单位进行横向对比。

③局属经费单位预算执行情况汇总表。将预算管理与信息化处理相结合，把经营部门的预算指标进行列示，方便进行横向对比各个部门的预算管理执行情况。为了让预算指标更为准确，方便准确考核，本表由财务人员人工进行上报后再统计汇总。

④共享平台长期未处理表单统计。长期未处理表单数量指标是考核共享平台表单效率的一项指标，其数量能够反映出各公司的共享平台运转顺畅程度。通过明细表的方式，将各公司长期未处理表单数量进行横向对比，作为考核各公司的表单批复效率的一项重要指标。

⑤共享平台未补扫表单统计。甲公司在设计平台流程时，为降低表单驳回率，提高业务审核效率，避免一些非重要影像缺失而造成过多驳回，导致表单运转效率慢，因此设立了影像补扫机制，可在业务完成后再对部分表单进行影像附件补扫，完成表单补扫后再结束该笔流程，完成会计凭证的归档工作。该管理报表通过柱状图的模式，将各单位未补扫表单数量进行列示。该指标数据的高低代表着各家单位对问题的更正速度，作为横向对比各个单位的未补扫数量和考核各公司问题整改速度的一项指标。

⑥工程项目主要财务指标情况表。根据管理需求及现有的数据统计模板，从数据

库中调取项目管理的关键性指标，以明细表的模式反映出项目的总体经营情况，方便数据使用者对各个公司项目进行横向对比考核。同时该管理报表可依据汇总数据来分析工程项目实际毛利率，并结合项目责任成本毛利率、上级管理单位、工程所在地区、完工进度等多维度对比分析，反映项目真实经营情况，督导工程项目切实提高自身履约创效能力。

⑦管理费用统计表。根据领导需求，从数据库中调取各单位管理费用发生额，以明细表的形式进行展示，为领导决策提供依据。

⑧研发费用占比统计表。根据领导需求，从数据库中统计各单位研发费用发生额，以明细表的形式进行展示，体现各单位研发投入，为领导决策提供依据。

（4）效果。利用共享平台的数据提取能力，为管理者的内部考核、各公司项目经营效果对比提供准确资料，方便管理者深度摸清企业自身发展脉络，及时了解过程中各类经营管理指标完成情况，对标先进、查找不足。

5. 共享中心运营模块

（1）目的。共享中心作为数据的直接管理者，对数据中心的数据使用有着更深入的理解和要求。因此，能够结合自身管理需求更加有针对性地利用好共享平台数据库，从共享中心内部业绩对比考核、表单审核压力预警等方面实现数据信息化应用。

（2）数据采集。从共享中心数据库中采集。

（3）展现方式。

①共享中心在途表单预警统计。将共享中心审核任务通过在途表单量、任务池待审量等指标进行提取和展示，通过前期测试的表单审核时长预测审核能否准时完成，方便及时规划调整审核人员，保证表单审核准时完成。

②共享中心审核单量统计。审核单量作为共享中心内部考核的重要指标，在本表进行直观列示，方便共享中心管理人员自行查阅某个时间段的所有人员审单数量情况。

③共享中心表单签退、挂起、驳回统计。由于不同的表单有着不同的审核难度，考虑到表单量跟绩效考核挂钩，为避免审核人员主动放弃难度较大的表单，或者完全不驳回而单纯追数量的行为，将表单签退、挂起的数据进行列示，对此类行为进行监督。

④共享中心表单审核预警统计。《共享中心在途表单预警统计》类似，将资金支付业务的数量进行列示，方便负责资金结算业务的人员提高审核效率，保证表单及时审核完成。

⑤表单待审预警。为保证企业运行效率，对积压在审核人员手中未审批超过限期的表单进行列示预警，避免表单长期积压。

⑥共享中心表单补扫未确认预警统计。将当前时点需要共享中心办理补扫的表单数据进行提取，从科室待补扫数量、个人待补扫数量的角度进行列示，方便各部门员

工及时发现本部门人员表单补扫情况，及时完成补扫工作。

⑦共享中心表单补扫超时统计。作为《共享中心表单补扫未确认预警统计》的数据补充，对某段事件内未能及时完成补扫的表单按科室和人员进行列示，方便进行内部考核。

（4）效果。该管理报表模块在提供给管理层使用的同时，也部分开放给共享中心业务审核人员。管理层通过该系列表单及时调配审核资源，落实内部考核评比，业务人员通过关注内部审核信息指标，及时提升审核速度及数量，发挥争先争优的奋斗精神，进一步提高共享中心服务质量和运营效率。

6. 服务管理类模块

（1）目的。满足管理者需求，针对性对部分数据进行采集和展示，从而满足管理者需求。

（2）数据采集。从数据库中采集，还有部分数据由本人上传归入数据库。

（3）展现方式。

①企业会计人员信息展示平台。将会计人员的职称、学历、注册会计师等信息以柱状图、饼形图的模式展现出来，体现全局财务人才能力分布情况，方便打造财务人才梯队。

②企业会计人员信息统计表。作为信息展示平台的补充，对会计人员工作相关信息进行展示。该表数据由全局财务人员自行填写表单后上传录入系统。随后由数据对采集到的会计人员信息进行展现，通过会计专业职称、全日制学历分布、高端人才分布等多维度信息展示，将繁杂内容图形化、表格化、数据化，为干部选拔、财务队伍培养、人才结构分析提供了数据基础。

③付款情况查询、差旅报销单计算抵扣统计等专用类报表。作为数据中心发展的进一步应用，开展数智化管理转型，根据财务部管理需求，为局资金中心、税务部门提供专项管理报表展示，提供部门管理所需数据。

④共享平台资料库。对涉及共享平台使用、管理的资料在独立网络页面中进行展示并提供下载链接，方便财务人员第一时间获取相关资料。为深度落实集团公司"放管服"要求，共享中心强化服务理念，通过开发共享平台资料库，对各层级所需的指导手册、管理办法、标准化模板、典型问题等资料汇总展示，供各层级下载学习使用，进而提高业务处理能力。为进一步发挥共享中心的风险管控作用，降低企业运行风险，全面提升服务质量，共享中心每季度对各三级单位共享平台运行情况进行分析，形成《企业共享平台管理建议书》并将其在数据管理平台发布，便于管理者查看、使用。共享中心通过管理建议书揭示业财共享平台运行中存在的各类问题，反映企业在发展运营过程中的各种体制、机制问题，对不当管理行为及时制止、纠偏，为企业健康发展提供有力保障。

⑤企业在建项目位置分布图。通过将全局在建项目信息数据的整合，以地图形式

和表格形式展现全局在建项目位置、合同额、完工比、联系人等信息，为各层级领导提供项目信息，为各类检查、巡察等工作更好地规划行程。

（4）效果。为满足不同管理单位对管理报表的特殊需求，共享中心按个性化要求，提供了专项定制服务，利用数据中心即时性、准确性的特点，提高汇表效率，可以第一时间发现管理关键数据变动情况，及时作出应对。

四、成效展示

通过不断探索、参照兄弟单位对数据库的应用，甲公司制作出管理报表70余个，利用信息化手段搭建甲公司的数据中心，开展数智化转型应用，并从资金管理、风险防控、绩效管理、预算管理多个角度对采集到的大数据进行应用，站在内部单位的前沿。主要涵盖以下应用方向。

（一）支持决策应用方面

为企业高级管理者推送管理报表，包括移动端和网页端。其中移动端的应用场景更加广泛，在企业领导层公务外出时可通过手机便捷准确地获取企业经营管理数据，让领导层胸有成竹，及时应对商场瞬息万变的形势，以数据为支撑，助力领导层作出正确的管理决策。

（二）服务企业管理方面

为企业管理者和业务人员推送管理报表，帮助完成业务管理需要的数据汇总、特殊事项上报等工作，解决了以往逐层上报的滞后性、人工误差等问题，显著提高了工作效率。通过将管理人员从高重复性的工作中解放出来，转而积极投入为基层项目提供服务、为企业创造更多价值的工作中。

（三）内部运营考核方面

绩效考核作为企业提高竞争力的重要工具，需要将考核目标与工作内容有效结合，才能充分发挥考核作用。通过数据中心的数据抓取功能，将部分绩效考核数据直接抓取出来，减少了人工处理过程，降低了绩效考核的争议性，有效推动了绩效考核措施的落实。

五、经验总结

（一）目前尚存在的问题

一是数据源准确性及可比性需要进一步提高。由于各公司管理模式存在差异，导致横向对比难度较大，需要人工进行调整还原，不利于实时呈现相关管理数据。还有部分业务数据不全，通过线下台账登记，无法全面展示经营情况。二是需要更多的数据处理人才，需要充分发挥数据分析能力。企业在财务共享视角下会计转型发展中，必须重视对会计人员专业能力的培养教育，并通过不断引进复合型人才，满足企业会计转型中多方面的需求，促进企业财务队伍的结构优化，推动企业整体层面的转型发展。基于共享平台搭建的数据中心是一个宝库，但目前仍处于对这个宝库的初级利用阶段，有待进一步发掘更多的管理数据应用方式。

（二）提升及展望

一是提高数据的质量及范围，进一步提升数据即时有效性。随着数据中心进一步搭建与发展，与其他部门数据的进一步联通，可进一步完善数据中心的数据源，提高其数据准确性及涵盖范围，从多方面多角度支撑管理层决策。二是加强数据中心人才培养。随着共享平台建设逐步完善，随着企业的"1235"的管理体系逐渐搭建完成，业财一体化已成为下一阶段的建设重点。基于数据中心平台，发挥财务人员对数字的敏感性，培养一批能够开展经营预测分析，辅助领导进行决策的人才，将业务与财务进行有机融合，推进企业财务管理转型，实现企业高质量发展，提升市场竞争力。

（中铁九局　陈　旭　曹德利　隋成志　孙胜学）

基于数据中心的智能化风险矩阵
在建筑企业的应用

【摘要】本文介绍了风险矩阵工具方法在建筑施工企业的运用。中铁十局集团为建筑施工企业，针对当前建筑市场日益充分的竞争环境和企业高质量发展的内在需求，该单位采用风险矩阵的工具方法，基于财务共享中心建立后形成的企业级数据仓库，根据风险发生的可能性、风险影响范围、预计风险带来的损失程度等要素，对企业识别到的风险进行定性描述和定量界定，同时依托于财务数智化建设，形成了智能化的风险管理矩阵，有利于企业实时、直观、准确地识别企业风险事项，进行有效的风险评估和风险应对，制定相应的风险管理对策，提升了企业整体风险管理水平。

一、背景概述

（一）单位基本情况

中铁十局集团有限公司（以下简称"中铁十局集团"）为世界双 500 强企业——中国中铁股份有限公司的骨干成员，是以工程施工总承包为主的跨行业跨国经营的特大型企业集团。作为国有大型建筑企业集团，公司拥有五项总承包特级资质，五项甲级工程设计资质。公司注册资本金人民币 38.36 亿元，资产总额 410.52 亿元，下设 21 个子分公司，员工 15 000 余人，共有各类专业人员 10 700 余人，其中高中级及以上专业技术职务人员 6 400 余人，一级建造师 1 300 余人，享受国务院政府特殊津贴 1 人。

公司承建的工程项目先后荣获"中国建筑工程鲁班奖""中国土木工程詹天佑奖""国家优质工程奖"等国家级优质工程奖 44 项，山东省"泰山杯"等省部级优质工程奖 247 项。获得国家级工法 13 项、省部级工法 346 项，专利授权 1274 项（其中发明专利 146 项、海外专利 5 项）。省部级科技进步奖（含社会力量授奖）152 项，省级以上技术创新优秀成果奖 253 项次。通过了"质量管理体系""环境管理体系""职业健康安全管理体系"认证，先后被授予"全国优秀施工企业""全国优秀诚信企业""全国文明单位""全国公路行业优秀施工企业""全国质量效益型先进施工企业""守合同重信用企业""'十一五'全国建筑业科技进步与技术创新先进企业""全国企业文化优秀成果""山东省企业文化建设十佳单位""富民兴鲁劳动奖状"等多项荣誉称号，连续多年保持山东省"最佳信贷诚信企业"称号。

（二）存在的主要问题

当前建筑市场竞争日益充分，国内各建筑企业的效益实现模式也渐渐由"依靠规模带动效益"转变成"对外向市场要效益，对内向管理要效益"的模式。建筑企业要想实现自身稳步发展，必须加强企业内部的风险管理。

中铁十局集团作为国有大型建筑产业集团，施工项目分布在全国各地。施工行业的特点和日趋复杂的市场环境使得企业的风险管理，尤其是财务管理风险难度日趋增加，主要体现在以下几个方面。

一是施工企业固有的"点多、线长、面广、流动、分散"特点必然导致了企业风险管理物理上的分散，这给企业集中风险管理带来了一定阻碍；

二是公司施工项目在国内外均有分布，不同地区的经济社会环境难以应用统一的风险管理策略；

三是在企业规模日趋增长的大前提下，单纯依靠人力进行风险管理的方式难以为继；

四是风险管理缺少系统化、智能化工具，风险管理智能化发展水平受限。

（三）选择智能化风险矩阵的主要原因

风险矩阵是企业按照风险发生可能性和风险发生后果严重程度，将风险绘制在矩阵图中，展示风险及其重要性等级的风险管理工具方法。为有效分析企业生产经营过程中所面临的各种财务风险，公司拟采用风险矩阵工具方法，主要原因如下：

一是公司作为深耕建筑领域数十年的综合性建筑集团，在建筑施工领域财务管理方面有着丰富的管理经验。风险矩阵通过对风险重要性的等级划分，按照识别出的风险重要程度进行分类，有利于实现对风险的及时监控。

二是风险矩阵能够直观地反映出公司风险状态，有利于对各项风险发生情况进行及时预警。

三是风险矩阵可以根据项目状态总结出项目开工—实施—收尾状态下各项目的风险变化，并对风险等级、风险和风险状态进行实时调整。

四是依托上线运行成熟的业财共享系统，公司的财务数智化水平得到了显著提升，这也为建筑企业建设基于数据中心的智能化风险矩阵奠定了坚实的基础，公司可以借助财务数智化手段实现对风险矩阵智能化的创新。

二、总体设计

（一）智能化风险矩阵的预计实现目标

公司通过对生产经营过程中风险的识别和分类，有针对性地制定各项风险预案，为公司确定风险应对策略提供可视化的参考工具。同时依托业财共享系统上线后形成的大数据仓库，实现对风险矩阵的智能化升级。公司依托基于数据中心的智能化风险矩阵，能够实现对各项风险的及时、精准识别，并针对性提出风险应对方案。

（二）智能化风险矩阵的总体设计思路

业财共享系统的全面上线标志着企业财务管理数智化转型进入一个新的阶段。公司在财务风险管理应用上借助形成的企业经济数据中心，实现对风险矩阵的自动生成和更新。利用可视化的风险矩阵，公司对风险实现自动识别和分类，有助于企业强化对风险事项的评价和处理。

（三）智能化风险矩阵的主要创新

有别于以往需要人工收集经济数据，在人工预警的基础上形成风险矩阵。基于数据中心的智能化风险矩阵实现了风险矩阵的智能化转型，企业经济数据能够自行抽取和加工，并在此基础上形成智能化风险矩阵，从而显著提升了风险预警效率。

三、应用过程

（一）参与部门

公司层面成立风险管理委员会，负责全公司范围内的风险识别和风险应对，并牵头组织对整个公司的风险管理工作。风险管理委员会设立风险管理智能化运用工作室，工作室设在财务共享中心，具体负责智能化风险矩阵相关工作的各项开展。公司其他业务部门在风险管理委员会的领导下，配合风险管理智能化运用工作室开展相关工作。

（二）智能化风险矩阵的应用流程

1. 确立风险度衡量标准

风险管理委员会将基于大数据中心，对企业现有的风险事项进行重新识别和分类，按照风险可发生的可能性定性为低、中、高，分别代表着此类风险项目发生的概率，并形成对照表，如表1所示。

表1 公司风险发生可能性说明

风险发生的可能性	可能性赋值标准	可能性说明
概率较低	0～1	此风险项目在5年内很少发生或几乎不发生
概率中等	2～3	此风险项目在3～5年内有可能发生1次或多次
概率较高	4～5	此风险项目在0～3年内有可能发生多次

2. 确定风险损失度量标准

风险管理委员会对企业现有的风险事项的影响范围、损失大小、涉及的业务系统、风险引起的损失进行度量，具体如表 2 所示。

表 2 公司风险损失定性说明

风险损失定性	风险损失赋值标准	风险影响范围	风险引起损失	风险影响业务系统
损失较小	0 ~ 1	范围较小	损失可预计	单个业务系统
损失中等	2 ~ 3	范围较大	损失可预计	涉及 2 ~ 3 个相关业务系统
损失较大	4 ~ 5	范围大	损失无法预计	涉及公司多个业务系统

3. 形成风险等级对照表

风险管理委员会根据风险发生的可能性和风险损失定性，确定风险事项的登记评测表，如表 3 所示。

表 3 公司风险定性对照

风险等级		风险发生可能性		
风险损失定性	定性赋值	概率较低	概率中等	概率较高
		0 ~ 1	2 ~ 3	4 ~ 5
风险损失较小	0 ~ 1	一般 (0 ~ 1)	一般 (0 ~ 3)	中等 (4 ~ 5)
风险损失中等	2 ~ 3	一般 (0 ~ 3)	中等 (4 ~ 9)	中等 (8 ~ 15)
风险损失较大	4 ~ 5	中等 (4 ~ 5)	中等 (8 ~ 15)	重大 (16 ~ 25)

4. 建立风险事项沟通和反馈机制

风险管理委员会负责梳理正在应用风险矩阵时发现的风险项目，并建立风险事项沟通和反馈机制，将风险事项进行通报，并跟踪该事项的整改及处理情况。

对于风险事项整改情况一般分为两部分：一是对单个事项整改。风险管理委员会以单个问题为切入点进行风险提示，各单位应及时对此项问题进行整改闭合，及时纠正暴露出来的问题及错误，消弭风险隐患。二是对关注长效机制的建立。对于接收到的风险管理委员会移交的风险事项，各单位应认真分析风险事项发生的成因，建立长效机制，巩固整改成效，切实防止此类问题继续发生。

风险管理委员会将风险按程度划分为一般类风险事项、重要类风险事项和关键类风险事项。对于一般性风险事项，风险管理委员会将问题发送至责任单位进行风险提示，并监督各责任单位对此风险事项的整改处理情况；对于重要类风险事项，风险管理委员会除将此事项通报至各责任单位外，还将通过定期召开风险事项研讨会的形式，与公司各部门一起对此类重要的风险事项进行研判，从顶层设计上强化风险管控；对于关键类风险事项，风险管理委员会将会同集团公司各部门，将此风险事项、风险影响范围和建议的风险应对策略汇总形成风险提示报告，报送公司的决策部门及董事会，自上而下强化对此风险事项的管理。

（三）部署要求

在业财共享模式下，公司实现基于数据中心的智能化风险矩阵需要以下几个先决条件。

1. 公司已经上线并运行成熟了财务共享服务

基于数据中心的智能化风险矩阵是企业管理数智化转型的一部分，上线业财共享服务是企业财务管理数智化转型的第一步。只有在企业上线了财务共享服务，并且运行一段时间并趋于成熟之后，才具备建设基于数据中心的智能化风险矩阵的基础。

2. 企业财务数据必须是可信且实时的

一方面，企业科学决策的基础是各项精确的经济数据。而数据只有在进行充分挖掘和清洗后，企业数据仓库中的数据才是对决策有支撑力的。在数据治理中要特别注意避免以下误区：避免数据发生"精准的错误"。数据的精准性和精确性是两个不同的概念。在数据治理中要尤其防止数据看上去精确，但与实际情况相距甚远的情况。另一方面，要着重加强数据的时效性。在大数据时代，面对瞬息万变的市场环境，公司的决策者需要对市场的变动作出及时、准确的反应。这就要求企业的数据能随时、高效地了解到自身企业当前阶段的各种情况，以实现精准、快速、科学的决策。"收集—上报—汇总"这种传统的模式无法满足当前企业决策的需要。

3. 企业各个业务系统必须是互联互通的

企业管理，尤其是企业风险管理绝不是一个部门或是若干业务部门的工作，需要企业各部门之间相互联动，有机融合。目前，公司各业务系统均上线了业务信息系统，但是要实现基于数据中心智能化风险矩阵的建设，必须打通各个业务系统之间的"数据屏障"，实现企业经济数据在各系统间无阻碍的流动。

4. 企业储备了较多专业复合型人才

打造一支复合型、专业型的人才团队是公司实现大数据条件下企业风险矩阵应用的成败关键。相关工作的参与者及执行者不仅需要有丰富的工作经验和充沛的业务知识，更应该具有创造性思维和大数据思维。

（四）基于数据中心的智能化风险矩阵应用模式及流程

要实现基于数据中心的智能化风险矩阵，公司需要按照风险矩阵的构建、数据中心的搭建、成果运用机制等路径，"三步走"建立智能化风险矩阵管理体系。下文将以中铁十局集团实际应用情况，阐述在大数据条件下，风险矩阵在建筑施工企业中的应用。

1. 风险矩阵构建

公司成立风险管理委员会，并在委员会的组织下，结合公司自身实际，对公司企业管理，尤其是财务管理方面进行了风险识别，并列明风险矩阵，具体如图1所示。

图1　工程项目风险矩阵

根据上文所述风险分类标准，公司对上述九大类财务风险进行进一步分类，分为重大风险（1项）、中等风险（5项）、一般风险（3项）。

重大风险主要是资金支付风险。公司风险管理委员会认为现阶段资金支付风险是公司在建工程项目较大的风险点。目前公司银行账户多，资金管理难度大，资金风险较易发生。而资金支付风险事项一经发生，则会给公司带来难以估量的直接经济损失。

中等风险项目识别为5项，主要是债权回收风险、债务支付风险、违反财经纪律风险、税务风险和信息披露风险。债权回收风险主要体现在对未到期债权无法及时确认及对已到期债权无法及时回收两方面；债务支付风险主要是由于到期债务无法及时支付引发的诉讼风险、投诉风险及社会信誉损失风险；违反财经纪律风险是指公司管理人员主观上因违反公司财经制度所产生的职业道德及廉洁从业方面的风险；税务风险是指在企业运行过程中因个别事项引发的依法纳税方面的风险；信息披露风险包括两个方面，一是企业相关商业数据和信息被不正当地披露或被无权人员获得，二是企业披露出的数据失真，无法准确向外界传递企业真实意图。

一般风险项目主要有 3 项，主要是资产管理风险、经费管理风险、预算完成风险。资产管理风险是指企业对在册实物及非实物资产管理过程中发生的资产登记、购置、使用、折旧方面的风险；经费管理风险是指在项目管理中存在的经费超支、经费不合规发生等方面的风险；预算完成风险指的是各单位无法完成全年预算目标，且与预算目标偏离较大的风险。

上述风险事项发生概率、影响范围不同，但一经发生，均会对企业产生不同程度的影响。结合公司自身实际识别出风险事项并研判出风险范围，是应用风险矩阵，强化风险管理的基础和关键。

2. 数据仓库的构建

依托于共享中心成熟运行后建立的企业级数据仓库，搭建并完善企业级的经济数据中心，是在业财共享条件下进行风险矩阵管理的关键，也是区别于传统风险矩阵管理的重要创新点。下面将以中铁十局集团实际运行情况为例，重点阐述企业级数据中心的建立对智能化风险矩阵的支持。

在上述风险识别中，公司识别出九大项风险类别，内容涵盖了财务管理、税务管理、人员管理等多个方面。为在企业层面形成管理合力，解决财务信息对企业生产经营决策支持力度较弱的问题，企业级经济数据中心的搭建势在必行。

2019 年，公司启动了财务数据中心建设，着力信息贯通，打破信息孤岛，构建涵盖多系统，深层次的管理报表体系。公司立足企业管理需求，深挖数据价值，推动财务数据中心由无到有，从有到优，逐步做深做实，目前已初步形成了"一个数仓、两个平台、三项深化、四个系统、九个模块、多个接口"的"1 + 2 + 3 + 4 + 9 + N"财务数据中心体系。

"一个数仓"是指公司基于上线的业财共享系统，充分发挥财务大数据优势，凝聚分散在各个业务系统中的有价值的数据，经过数据的深入挖掘和清洗，将企业运行过程中产生的有价值的财务数据提取出来，建立企业级经济数据仓库。数据仓库是数据中心建设的基础，数据中心中所有管理报表的开发均基于数仓中的数据。

"两个平台"是指公司经济业务中心不仅可通过传统的电脑端使用，同时可以通过专门开发出的移动端 App 实时查看，实现了"工程项目随我行""宏观分析尽在手""经济数据全掌握"三大优势功能。

"三个深化"是指企业数据中心通过深化三项业务，强化了对部分重点业务的关注力度。深化的内容不是一成不变的，可以根据企业的管理需求随时调整。目前公司深化的内容主要有"资金智能化监控系统""海外共享管理系统""共享单据智能审核系统"。

资金智能化监控系统采取"短信—资金系统—共享账务"相结合的取数方式，准确地反映出各单位银行账户的实时余额，实现了管理人员对资金动态的实时掌握。

同时，资金预警模块可以对账实不符、大额对公付款、大额对私付款、银行账户无动态情况提供专项预警，向财务人员揭示账户管理中的"高危风险点"，将风险化解于损失之前。资金智能化平台可按照实际管理机构的不同将分散在各个账套下的账户信息汇总起来，解决了以往由于实际管理机构的不同，无法一次性查询管理机构下所有数据的问题，进一步提升了资金智能化平台的管理支持力度。资金智能化系统的深化，显著提升了公司资金管理的数智化水平，切实提升了防范资金支付风险能力。

海外共享管理系统的全面上线。公司矢志打造全球化先进的建筑产业集团，在非洲、南美、大洋洲等地区的多个国家分别承揽了多项工程。随着国家"一带一路"倡议的实施，公司迈向世界的步伐日益加快。如何加强海外业务管控力度，确保海外项目效益"颗粒归仓"，是建筑央企"走出去"过程中急需面对的一个问题。由于地域跨度广、政治经济环境复杂、管理模式不统一等问题，海外项目管理信息化、数字化水平较低，公司层面难以实现对海外业务的实时监管，各主管业务部门也无法在项目集中管控上形成合力。海外项目监管的缺失阻碍了国际业务的进一步做优做强。海外共享管理系统的全面上线，是提高海外项目的管理创效水平和风险管控能力、全面增强海外项目核心竞争力，助力实现"创建国内一流、国际知名的现代建筑产业集团"的必然保证。目前海外共享模块涉及 11 个三级公司、16 个国别、23 种货币、7种语言、分布于 10 个时区，涵盖基建、物贸、矿石开采等多个业态。公司通过流程化审批、资金管控、汇率管理，税务筹划等多个维度，强化海外市场风险控制力，建立了风险预警机制。海外业财共享的上线，使得企业将管理触角延伸到基层海外项目，提升了海外项目风险管理水平。

共享智能审核系统全面推广。随着共享中心的建立和运行日趋成熟，人工审核暴露出"耗时、费力、易错"的短板，影响了业财共享平台在提升效率方面发挥的作用，以往仅由人工进行业务审核的方式已经越来越难以支撑企业发展的需要。公司积极利用数字化手段，上线多种智能化应用，智能审单系统是推进财务管理向数字化转型的重要切入点。3 类共 11 个智能审核机器人的上线，开启了共享业务审核的新模式。智能审核机器人利用机器人流程自动化（RPA）及光学自符识别（OCR）技术，结合企业的管理需求，内置标准化的审核规则，通过对票据、影像和业务内容进行自动对比，将传统人工审核转变为"智能审核 + 人工复核"的智能化处理，将不合规业务及时进行退回处理，实现对程序完整性、票据合规性、业务的合理性审查，提升了业务审核质量，为财务管理数字化转型注入"新动能"。公司针对只能审核的运行情况，将机器人自动驳回的业务进行分类，在公司层面汇总出风险点和易错点，建立专项管理报表，实现了对业务风险事项的过程中监控。

"四个系统"是指公司经济数据中心的数据不仅来源于业财共享系统，还通过系统之间的互联互通，实现了对成本管理系统、工程管理系统、法律合规系统的直接联通。

在财务共享中心成立后，公司所有财务业务的发生及资金支付，均须通过财务共享中心审核。财务共享系统中沉淀了企业大量的财务数据，因此数据中心的财务数据来源主要是业财共享系统。

成本管理系统是公司工经部门主管的业务系统，全公司工程项目的结算情况、扣款情况及业主验工计价情况都在该系统内汇总。工程管理系统作为综合性的管理系统，不仅涵盖了部分成本系统的内容，而且对施工现场的情况进行了进一步的细分和掌握。数据中心的直接成本和结算情况都来源于成本管理系统和工程管理型系统。

法律合规系统是公司进行合同评审和合规管理的业务系统。全公司的合同登记和评审都在此系统中进行。数据中心中关于合同信息部分主要来源于法律合规系统。

"九个模块"是指公司数据中心上线了内容涵盖资金支付监控、债权预警、债务预警、人员信息档案、税务预警、信息展示报表、资产管理预警、经费预警、预算预警九个方面的内容，全面地反映出风险识别的九个方面内容。数据中心根据这九个方面的管理报表，按照各单位的风险事项发生情况，自动将识别出的风险事项在风险矩阵中预警并赋值。

"多个接口"是指，公司数据中心在满足现阶段财务分析的同时，着眼未来，预留了多个系统接口。开放、可扩展的系统是基于大数据条件下风险矩阵应用的必然要求，也是系统旺盛生命力的来源。

3. 成果运用机制

成果运用机制层面主要分为两项内容。一是风险矩阵和数据中心的结合，二是对风险事项的反馈。

（1）风险矩阵和数据中心的结合。

风险管理委员会办公室负责将企业数据中心和风险矩阵相结合的具体工作。委员会办公室根据风险委员会识别的风险事项和风险等级，实时变更对风险事项的认定和风险等级的划分。同时根据调整后的风险矩阵，持续优化数据中心建设，使得数据中心更加贴合企业风险管理实际。

委员会办公室负责收集在数据中心和以业财共享系统为代表的各个业务系统运行过程中存在的问题，及时归纳提炼反馈至风险管理委员会，为风险管理委员会风险决策提供合理依据和有力抓手。

（2）风险事项的反馈。

风险管理委员会始终坚持"以问题为导向，以效益为中心"的原则，建立了对风险事项的通报及反馈机制，将大数据透视反映的问题作为公司各业务系统、各所属单位加强管理的有力切入点，风险事项的反馈和落实效率在财务数智化的加持下有了显著提升。风险管理委员会下发了《关于明确风险事项沟通与反馈机制的通知》，并以通报单的形式，向各单位预警在日常业务处理中发现的风险点，协助其封堵管理漏洞。

对于重要的风险事项，风险管理委员会定期组织由公司领导、各部门负责人参加的风险事项沟通机制会,从实际案例出发,与各部门一起查摆问题、探究对策、防范风险。对于部分关键性风险业务,风险委员会将风险分析报告提交至公司决策层,从公司层面为各业务系统提升管理提供了有力支撑,使得风险管理更好地服务于企业高质量发展。

通过对日常系统运行中发掘的风险事项进行汇总整理,风险管理委员会办公室提炼出各单位风险事项,编写并按季度向所属单位发送《风险预警报告》,报告中包含风险事项、风险登记及建议的风险应对策略等内容,充分利用了大数据环境下业务集中、数据集中的优势,让各单位深入项目管理有抓手,提高基础业务质量有标杆,全面提升各单位管理水平。

四、取得成效

在采取数据中心建设风险矩阵前,公司的风险矩阵管理存在风险事项识别能力弱、基础数据支撑不足、风险应对滞后等问题,基于传统的手动报送数据时效差、准确性低、标准不一致等问题困扰着企业风险管理能力的进一步提升。在重大事项预警和应急处理方面较为滞后,部分风险事项存在"亡羊补牢,为时已晚"的现象,给公司带来了一定的经济损失。在上线经济业务中心后,公司对于风险事项的识别效率和处理时效性得到了明显提高,公司在日常生产经营过程中存在的风险得到全面、清晰的评估,决策性也可实时针对评估出的风险事项及时制定风险应对策略,公司风险管理水平得到了明显提升。

在基于数据中心的智能化风险矩阵上线后,公司的风险管理水平有了明显提高。如某项目在施工所在地因违法用地被××自然资源局罚款486万元,该事项进入业财共享系统后,智能化风险矩阵自动激活,判断为资金支付风险,并列为高风险事项。风险管理委员会迅速介入,对该笔罚款的成因及后果等情况进行深入了解。在确定此笔罚款为不合规罚款后,风险管理委员会办公室联系所在公司组织协调,及时将此款项收回。经过两个季度,项目部已分三次收回全额罚款及相关利息,挽回了经济损失。

某项目在2023年初代付某劳务公司民工工资149万元,智能审单系统在审核中发现部分民工工资日薪过高,同时96人的民工花名册中有86人工种为"司机"。智能化风险管理矩阵在接收到预警信息后,判断为债务支付风险中的民工工资支付风险,并列为中风险事项。风险管理委员会迅速就此事项进行核实,确定为劳务公司在提供资料时未认真审核,导致出现了明显的逻辑错误。风险管理委员会将此项业务作驳回处理,并要求项目限期整改,据实报送。

五、经验总结

在采取数据中心建设风险矩阵的过程中，为进一步提升风险管理效能，公司总结出以下几点经验和体会。

（一）基于数据中心的智能化风险矩阵的关键

基于数据中心的智能化风险矩阵的关键在于数据中心的建立。在现代企业制度下，各企业，尤其是国有大中型企业基本已经建立了相关的风险管理制度，但是受制于各单位管理信息化发展程度的不同，风险矩阵的智能化水平也参差不齐。风险矩阵的智能化建设依赖于数据中心的建设，因此建设内容丰富、业务全面、结构科学的企业级数据中心是建设智能化风险矩阵的前提和关键。

（二）数据中心建设风险矩阵的优势和缺点

智能化的风险矩阵在风险识别效率、风险应对效率等方面具备着传统风险矩阵不可比拟的优势，基于企业运行过程中沉淀的管理数据，智能化的风险矩阵得以更科学、更高效的运行。但智能化的风险矩阵对企业管理水平要求较高，管理难度大，对复合型人才要求较多。

（三）数据中心建设风险矩阵的推广建议

建议相关企业在上线智能化风险矩阵前先做好风险管理的基础工作，对现行的风险应对策略有科学、深入的认识。同时企业自身信息化水平较高，相关业务系统的信息化已经基本成熟后，才具备推广智能化风险矩阵管理系统的条件。

（中铁十局财务共享中心　赵廷进　王振升　佟　娜　李明远）

中铁大桥局集团应用类 Excel 网络报表平台提升资金管理水平研究

【摘要】 当前我国已全面进入数字信息化时代，数据成为经济社会最重要的生产资料。企业所有的管理活动都是基于对数据的统计分析而开展的。企业的财务部门则是数据的集成地，管理者要从财务部门获取各类报表作为经营决策的参考，尤其近年来推行业财融合、管理会计、智能财务，财务部门从幕后走到台前，工作重心从决策分析前置为战略规划，财务报表的时效性和准确性更显得尤为重要。

中铁大桥局以集团资金结算中心（以下简称"资金中心"）为平台，通过"中国中铁资金管理系统"的资金池功能，将全集团的银行存款进行集中，在不改变资金所有权和银行同期收益权的前提下，模拟银行运作机制，对集团所属各单位资金实行集中管理和集中结算，建立了集团资金池。通过优化配置资源，降低财务费用，实现了资金管理效率最大化，取得了优异的成绩。为了有效组织各级管理人员开展资金集中工作、提高资金集中水平，资金中心需要及时掌握全集团的资金集中状况，生成资金管理报表，通过报表数据分析查找薄弱环节，同时为领导作出资金管理决策提供依据。

自电子计算机应用以来，中铁大桥局的财务系统历经 DOS 单机版、施易财务软件、诚易财务软件，发展到如今的资金管理平台、财务共享系统、浪潮报表三大系统共存，在一定程度上减轻了企业财务人员的工作负担，但这些报表是基本的、格式固定的、相互独立的，不能满足企业个性化管理的需要。为了有效整合原有信息化系统中的资金数据，更好地为公司领导决策提供及时、准确的信息，中铁大桥局财务人员通过积极探索报表信息化的新技术，采用新的类 Excel 网络报表平台软件开发了资金管理报表平台，有效整合了资金管理系统的数据，解决了传统报表人工劳动多、时效性不强的问题，进一步提升了资金集中管理工作的成效。

一、背景描述

（一）案例单位基本情况

中铁大桥局集团有限公司（以下简称"中铁大桥局"）隶属于世界 500 强中国中铁股份有限公司，前身是 1953 年 4 月为修建武汉长江大桥经政务院批准成立的铁道部大桥工程局，2001 年改制为现名，是中国唯——家集桥梁科学研究、工程设计、土建施工、装备研发四位于一体的承包商兼投资商，具备在各种江、河、湖、海及复杂地质、恶劣环境条件下修建各类型桥梁的能力。

近 70 年来，中铁大桥局经历了"建成学会、发奋图强、融入市场、追赶世界、领先世界"的发展历程，累计培养出 5 名院士、6 名桥梁设计大师，在国内外设计建造了 3 000 余座大桥，是世界上设计建造桥梁最多的企业。中铁大桥局创新"四位一体"质量管理体系，打造一大批优质精品工程，先后获国家科学技术进步奖 33 项，国际乔治·理查德森大奖 8 项、新中国成立 60 周年"百年百项杰出土木工程奖"18 项、中国建设工程鲁班奖 45 项、国家优质工程奖 32 项、中国土木工程詹天佑大奖 31 项、中国公路交通优质工程李春奖 6 项，国内外专利授权 1 453 项，质量管理得到国家高度认可，荣获第三届"中国质量奖"。2021 年新签合同额 1 279 亿元，完成营业额 450 亿元，实现归属母公司净利润 5.8 亿元。

作为一个企业集团，中铁大桥局管理着 21 家全资子公司、2 家控股子公司、13 家事业部中心和大量的工程项目部、片区指挥部等，各子分公司也分别设立了一些下属的管理机构，如图 1 所示，组织结构比较复杂，管理工作难度较高。

（二）企业资金管理工作现状与存在的问题

1. 资金数据缺乏时效

多年来，为满足资金管理要求，资金中心财务人员通过总结实践和探索，逐渐开发并形成了报表系统与 Excel 相结合的资金管理报表生成机制：每天早上由各级财务人员先在浪潮报表系统中录入本单位资金日报表，然后由集团公司资金中心财务人员将浪潮系统中生成的日报汇总表导出到 Excel 中，对原始数据进行核对、汇总分析后，生成集团资金管理报表。

该机制下首先要组织各层级财务人员在浪潮报表系统中填报数据，资金中心财务人员对数据进行层层汇总。为了保证资金管理报表的准确性，不能提前填报资金信息。其次由于现场财务人员经常要外出办理业务，不能保证及时填报资金信息，手工填报的数据准确性也不能得到保证。因此，资金中心并不能及时取得完整的资金相关数据，在汇总过程中要不断地检查数据是否完成，联系未填报资金报表的人员索取数据，还要核实数据的准确性，影响了资金管理报表的时效性。

近两年，受社会资金面趋紧的影响，建筑市场竞争更加激烈，建筑行业对资金的需求日益增大。为随时掌握集团公司资金情况、深化资金全过程管控，对全集团的资金管理要延伸至组织机构的最末级，以日为时间单位进行动态监控，对资金管理报表的时效性要求越来越高，依靠传统的资金管理报表生成机制已不能满足管理要求。

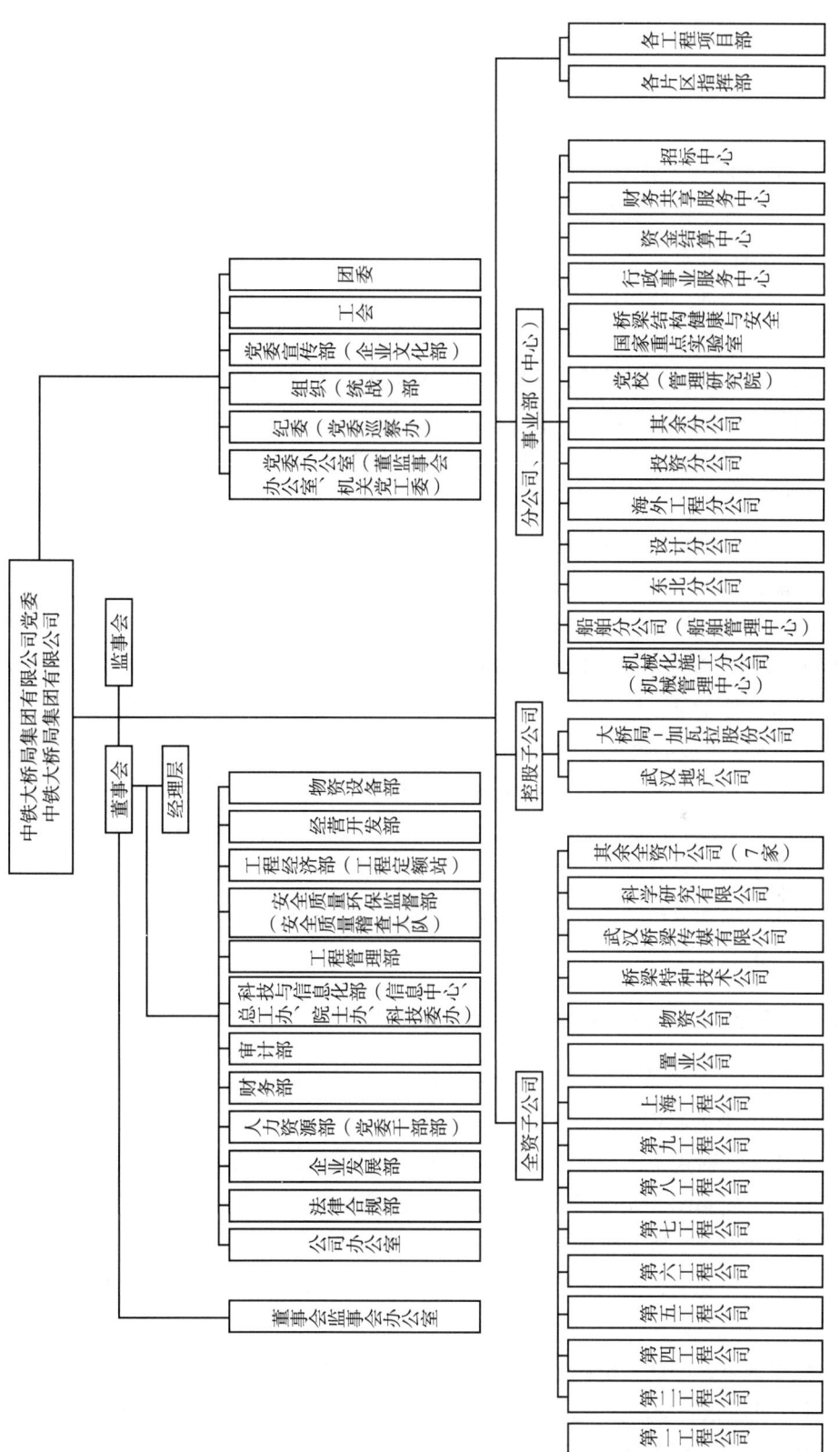

图1 中铁大桥局组织架构

2. 大量依赖人工劳动

传统的资金管理报表体系采用 Excel 进行汇总分析，需要大量的人工劳动，存在以下问题：

（1）数据量大、报表计算困难。资金中心成立之初，仅有几十个内部账户，要分清楚每个内部单位与资金中心的往来情况，只需要建立一个 Excel 文档并进行分类汇总就能实现，非常简单快捷。十多年来，随着企业规模日益壮大，业务不断拓展，新设机构不断增加，各单位在资金中心开立的内部账户也逐渐增多，且内部账户的种类日趋多样化。截至 2023 年 9 月，各单位有几百个账务核算主体、将近 700 个银行账户、超过 3 000 个内部账号，这使得报表资料的分类越来越复杂，单纯依靠手工制作 Excel 的方式已经无法满足日渐增长的填报需求。

（2）重复劳动多，容易出现口径不一致的情况。不但模板录入表的数据需要人工录入，索引表中的索引数据也需要业务人员维护。实际上，很多模板的索引数据都是一致的，不少模板的录入数据也是相同的。在 Excel 填报的过程中，由于模板分布在不同的岗位，无法实现共享，需要重复录入数据。这种情况增加了工作量，且容易因为索引数据维护错误带来报表结果不一致的风险。

（3）数据安全性不足。Excel 模板的一个典型缺点是容易遭到破坏。由于 Excel 的权限设置功能不足，模板中的公式缺少保护，使用过程中容易被改动，造成计算错误。同时 Excel 生成的报表是通过 QQ 等工具传送的，也容易引起数据泄露或是感染病毒的风险，近几年宏病毒的流行加剧了这种风险。

为了解决 Excel 报表的缺陷，有必要将报表模板固化到软件平台，建立专门的资金管理报表系统，充分利用既有资金管理系统的数据，通过数据库软件整合数据，固化报表模板、增加分析功能，提高报表填报效率及报表分析的深度，为资金管理工作提供强有力的数据支持。

（三）选择类 Excel 网络报表平台的主要原因

2017 年以来，为认真落实全面开展管理实验室活动的总体方案和机关"三化建设"的要求，推进流程信息化和信息集成化，中铁大桥局各级管理者着力于提升科学化管理水平，对规范部门工作流程、提高工作质量提出了更高的要求。资金中心财务人员认真落实集团公司管理实验室活动实施方案的要求，在固化管理流程的基础上，对既有的财务、资金管理系统进行深入研究，积极探索集成资金管理各个环节的数据，突出管控功能，实现数据共享，着力优化资金管理体系，推进流程信息化和信息集成化。

传统模式下，中铁大桥局财务人员通过 Excel 和纸质文件报送资金管理报表。由于 Excel 和纸质报表的局限性，为了确保报表数据安全、规避数据泄露风险，仅向集团公司领导和财务部领导报送报表。采用类 Excel 网络报表平台，可以通过分级授权的方式实现不同级次人员根据需要查看不同内容的报表，既可以满足信息安全的要求，又可以实现分级管理，让集团下属单位的管理人员也可以查看本单位的资金信息，提高下属单位的资金管理水平，进而提高全集团的资金管理水平。

二、总体设计及应用过程

（一）确定开发思路

经过充分的学习和调研，中铁大桥局资金中心财务人员确定了资金管理报表平台开发的基本思路。

1. 立足自身，自行开发

业务经办人员自身是最了解集团公司资金管理需求的，所以管理报表平台最好是由业务经办人员自行开发。同时，资金管理工作涉及资金中心的多个岗位，这些岗位的业务经办人员共同学习和掌握报表平台的开发方法，自行设计本岗位所需的报表，才能更快地实现开发目标。

2. 内容实用，满足管理需求

开发报表平台的目的是应用，报表的内容应该具有实用性，能够满足专项工作的需要。就资金中心而言，就是要满足资金管理工作的需要，通过对大量的原始数据进行分类、运算、汇总、对比，获取关键信息，生成各自独立又相互联系的系统报表，如账户管理、资金日报（月报）、调剂台账、对账平台、预算考核等。

3. 实时调整，适应管理变化

报表平台生成的各项表格结构应能够随时更改，根据上级领导的要求和不同时期资金管理关注的重点随时调整报表格式和运算规则，有针对性地输出所需报表。

（二）确定开发工具

管理会计信息化建设需要借助数据库技术和网页技术。近几年，随着计算机技术的发展，数据库技术和网页技术开始整合到一起，网络上出现了新型的报表软件，如勤哲 Excel 服务器、帆软网络报表平台、魔方网表等。

它们都是类 Excel 的网络报表开发平台，其共同特点主要有以下几点。

1. 操作简便、易于掌握

开发界面类似于 Excel 界面，软件功能已经形成固定模块，无须录入编程语句，系统兼容大多数 Excel 公式，可以通过 Excel 公式实现数据计算，对于熟悉 Excel 的人员来说，经过对表格的设置和公式引用，即可实现原来 Excel 模板所能实现的功能，大大降低了学习的难度。

2. 功能强大，支持实现多种需求

网络报表平台基于数据库开发，采用"表格＋绑定数据列"形式的操作界面，报表中录入的数据直接存入数据库，通过数据库强大的计算能力，可以实现大规模计算的效果，模板的容量远远大于 Excel。

3. 费用低廉，节约开发成本

网络报表平台的费用主要是采购平台的费用，一般为 20 万～30 万元，与传统软件动辄上百万元的开发费用相比，大大节约了软件成本。

使用类 Excel 网络报表平台开发报表，可以实现格式自定义、内容自定义、数据跨系统整合的效果，与传统的报表手段相比，形式灵活、成本低，更适合作为常规报表体系的有益补充，设置个性化的管理报表，整合不同平台的管理数据，提高管理的效率和效果。

（三）选择开发平台

经过对网络上的类 Excel 网络报表平台进行学习和比较，帆软网络报表除了简便易学和功能强大以外，还具有以下优点。

1. 数据传输方便，容易实现数据共享

采用 B/S 资源管理方式，可以通过浏览器直接展现报表，无须安装客户端。数据连接、服务器数据集、缓存、打印服务、邮件等功能均能通过在线服务管理平台灵活设置，并且提供了报表的多项日志信息以供用户查询。设计好的报表发布后即可通过网页登录报表平台，进行数据录入和检索。可以省略以往先人工进行扫描再通过 QQ 或 OA 传送的步骤，极大地减轻了工作量。

2. 数据分类管控，提高数据安全性

通过给不同的岗位设置不同的权限，可以实现分类、分级管控的目的，提高数据传输的安全性。解决了通过 QQ 或 OA 传送报表时数据泄露和感染病毒的风险。

3. 具有定时功能，可以自动生成报表

利用软件的定时功能，可以自动生成报表，极大地提高了报表报送的时效性。报表的数据会跟随数据库实现实时同步更新，对于改动频繁的报表可以通过定时任务管理设置成定时自动生成，减轻繁忙时查询数据对服务器造成的压力，减少频繁人工更新报表的工作量。

4. 兼容多种平台，实现更丰富的管理功能

支持多种数据源，且支持多个数据源同时呈现，方便实现不同系统的数据整合。还可以与 OA 等办公软件结合起来，实现更加复杂的管理功能。如下属单位开立账户时，可以先在网络报表平台中填写申报材料，上报时直接切换到 OA 平台进行流程流转。待流程结束后，网络报表平台还可以从 OA 服务器中抽取流程表单，归档至账户

管理台账。

基于以上优点，资金中心最终选择帆软网络报表作为中铁大桥局资金管理报表的开发平台。

（四）学习开发方法

1. 自主学习帮助文档

如图 2 所示，帆软网络报表提供了在线的帮助页面，软件开发所涉及的所有功能均已经公布到了帮助页面中。通过企业 QQ 提供在线的技术支持，使用过程中遇到的问题可以随时请求后台技术人员给予帮助。由于帆软网络报表本身几乎不需要使用编程语言，软件的学习变得非常简单，通过帮助网页和 QQ 在线支持，基本上可以掌握软件的开发设置技巧。

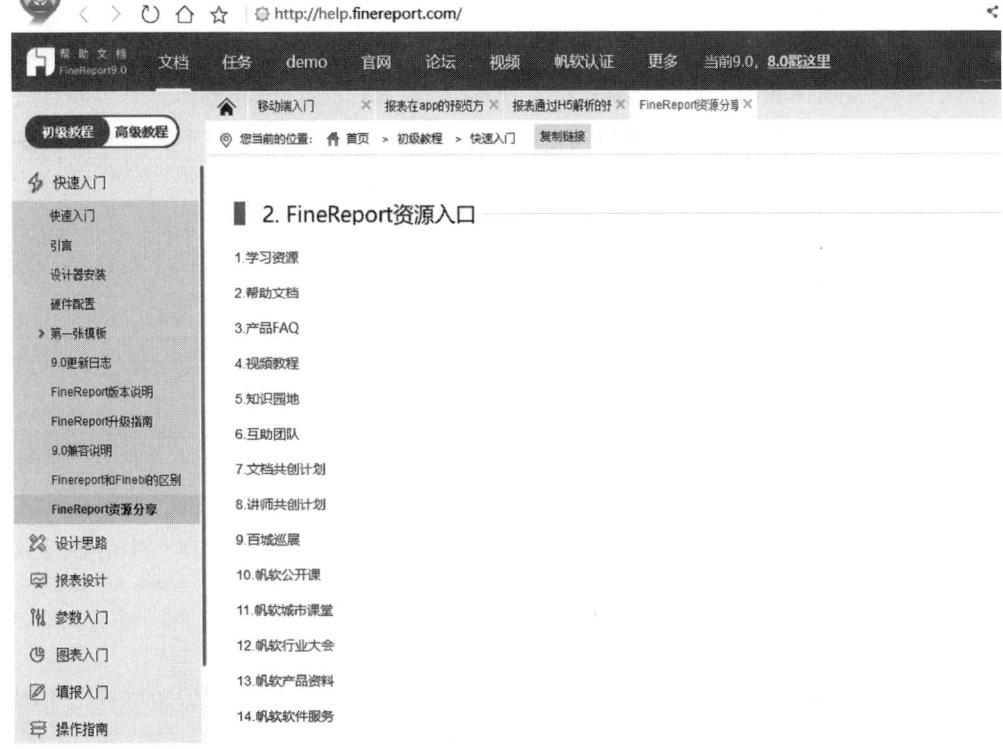

图 2　FineReport 帮助界面

2. 参加专项培训

帆软公司通过在网络上公布培训视频，在各城市开展巡展、巡讲活动等方法，帮助非专业人员学习软件开发进程，掌握基本的开发技巧，提供了进一步学习平台开发技巧的途径，有助于更快地上手网络报表平台的开发。

为了快速掌握软件开发技巧，开发人员主动学习了帆软公司提供的视频课程，并抽时间参加了帆软在武汉市的推广课程，加深了对帆软报表开发平台的了解。

（五）分析管理需求

网络报表平台开发的试点部门是集团公司资金中心，主要职责是组织开展集团公司的资金预算、资金集中、资金调剂、保险集中、预算考核等相关工作，具体包括以下内容。

1. 账户管理

账户管理是资金集中管理的基础。资金中心对集团公司各单位账户的开立、变更、年检和销户负有管控责任。账户管理的主要内容包括对各单位的账户业务进行审批，提供集团公司的开户资料协助各单位办理账户业务，组织、办理各单位银行账户信息登记和资金集中授权，建立集团公司全级次的账户信息台账，形成分析报告、预警账户风险、提供管理建议。

账户管理所需要的文件资料包括银行账户、内部账户的账户台账、授权账户信息台账、账户管理报表等。自共享系统推广使用以来，财务部门使用的账务系统和资金系统实现了信息对接，业务规则趋同，账户名称成为资金核算的基本辅助科目。因此，账户信息成为资金管理类数据的基础，资金管理报表、资金决算报表、资金分析报告的统计与分析都是基于账户信息。

2. 资金集中

资金集中是通过将集团各单位的资金集中到集团公司资金池，通过资金的统一调配、调剂余缺，实现集约化效益。资金集中的内容包括各单位在资金系统的资金结算、利息计算、资金集中收益核算等。

增值税全面推广以后，各单位在资金中心的内部存款一律执行外部商业银行基准利率。基于内部管理要求规定的优惠利率（即管理利率）与基准利率的差额，计入资金集中收益台账，并在财务业绩考核中予以调整。因此资金集中工作产生的各种数据，不仅要能反映各单位的内部资金状况，还要为业绩考核提供依据。

3. 调剂业务

调剂业务是将集团公司从外部金融机构借入的资金分拨给所属子公司或者将集团资金池自有资金调剂给资金不足的分公司、直属项目部等单位使用的行为。通过将调剂业务与资金集中结合起来，可以实现减少调剂规模、节约融资成本的目的。

调剂业务模块需要分类汇总集团公司对金融机构的统借资金和对子公司的分拨资金、对分公司和直属项目部的调剂资金等信息，生成调剂业务台账以及相应的管理报表。

4. 资金日报（月报）

资金中心专门设计了资金日报和月度管理报表等不同周期的报表格式，方便领导掌握集团公司各单位的头寸情况和资金中心的运行情况，为资金调拨、投资决策、调剂审批等管理决策提供依据。资金日报和月度管理报表的数据来自资金系统和账务系统两个平台，需要将两个平台的数据整合到一个报表中生成。

5. 决算对账

资金中心与内部单位之间的往来核对是决算工作内部往来合并抵消的重要内容。决算对账需要解决内部往来签认过程中数据的计算、签认的办理以及合并抵消资料的提供等工作。可以说，决算对账是一件时间紧、任务重的工作，急需信息化手段的支持。

6. 保险管理

保险管理主要是组织集团各单位办理工程项目保险的集中投保和索赔。要做好保险管理工作，重点是做好投保和索赔信息的收集与整理，形成管理报表、总结典型案例，为开展保险集中工作提供数据支撑。

（六）设计管理报表

1. 开发界面简介

从图 3 可以看出，帆软设计器的主界面与 Excel 的界面非常相似，在设计报表模板时，也非常简洁灵活，仅需要将左下角的数据集拖拽到相应的位置，再通过右侧的菜单为数据表格设置好属性就可以生成简单的报表。

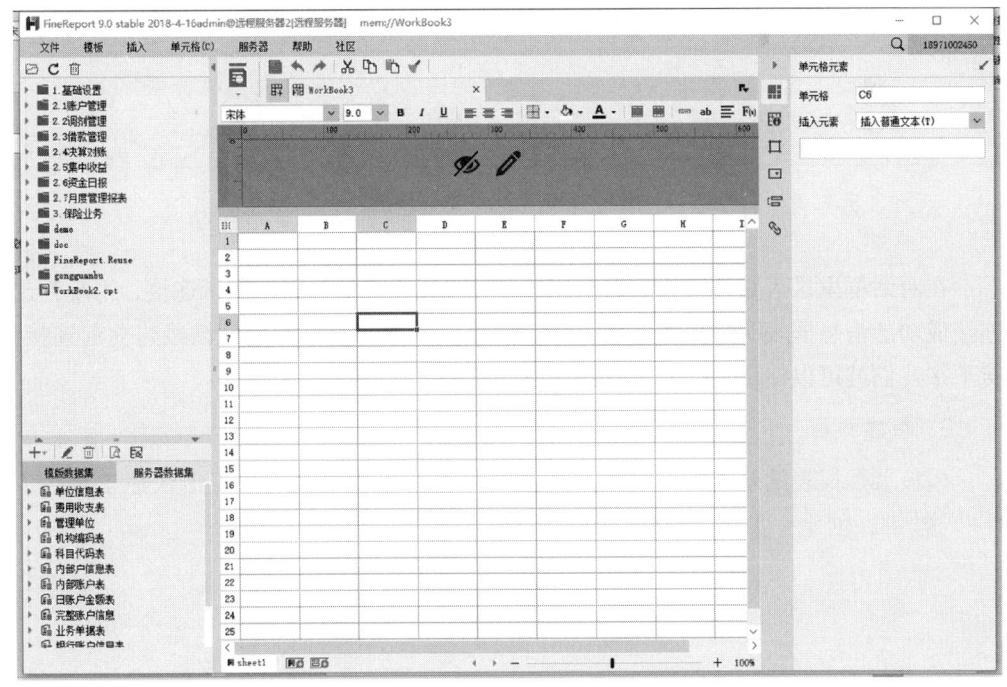

图 3　FineReport 开发界面

2. 建立数据连接

由于帆软网络报表采用"表格＋绑定数据列"形式的设置模式，所以首要是给设计器建立数据连接。数据连接是将数据库与设计器进行绑定，通过数据连接，报表就可以从数据库中读取、写入数据和修改数据等。

启动设计器后，点击菜单服务器＞定义数据连接，弹出一个定义数据连接的对话框，如图 4 所示。

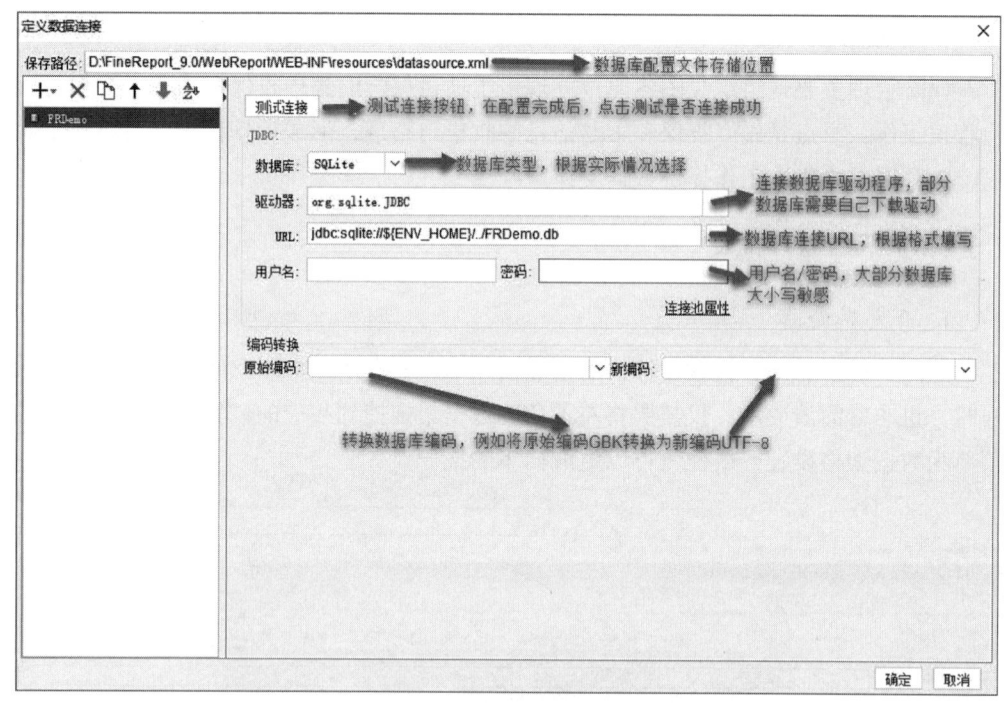

图 4　FineReport 数据连接

在对话框里录入数据存放的数据库信息，设置完成后，点击测试连接，系统弹出连接成功的消息框表明数据库连接正常，模板设计器与数据库之间已经建立起连接，接下来我们就可以使用数据库中的数据设计模板了。

3. 新建模板

模板就是报表的基本展现模式，点击文件＞新建普通报表或点击快速工具栏上"＋"按键，创建一张空白模板，如图 5 所示。

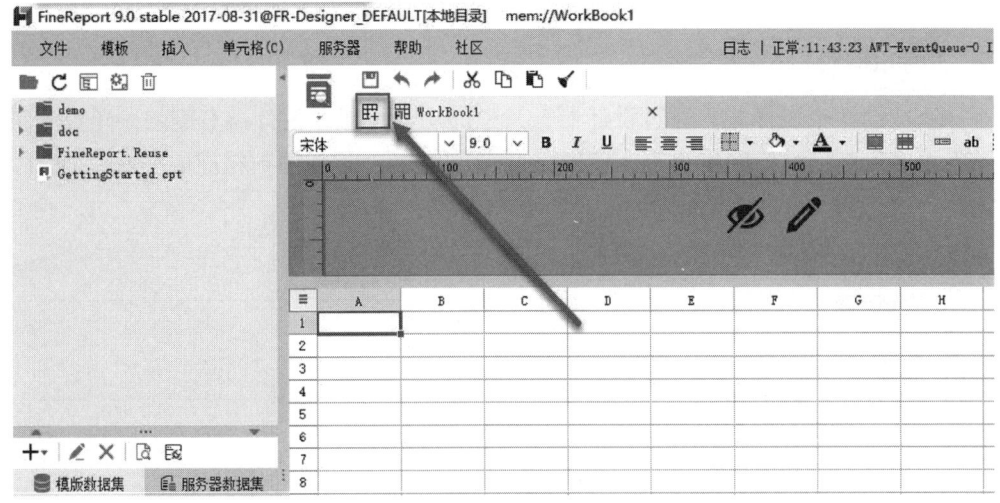

图 5　新建模板

4. 新建数据集

数据集是 FineReport 专有的，用来存储通过数据连接从数据库中读取出来的数据。数据集是一个二维数据表，可直接在数据集中看到数据表中的字段和数据。

报表左侧下方有模板数据集窗口，列出了该模板可用的所有模板数据集，点击"＋"按钮，增加模板数据集。以数据库数据集为例，点击数据库查询，新建数据集 ds1，输入相应的数据库查询语句，即可新建数据库数据集，如图 6 所示。

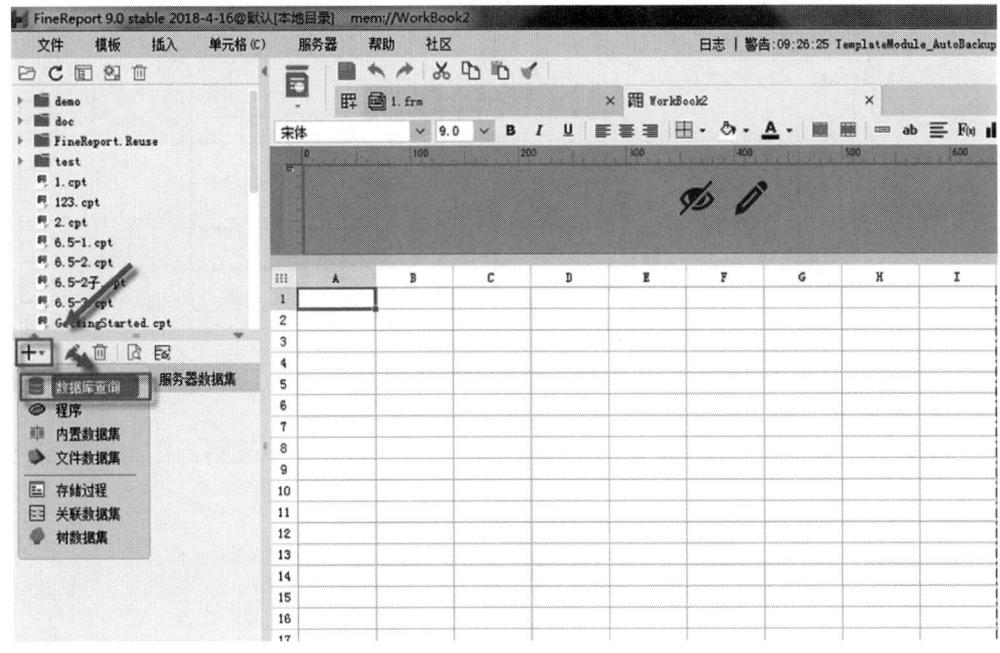

图 6　新建数据集

5. 设计模板

（1）设计报表样式。通过设计器工具栏的功能按钮或设计器右侧的菜单设置进行合并单元格、设置网格线等，设置完成点击确定，即可得到相应的样式，如图 7 所示。

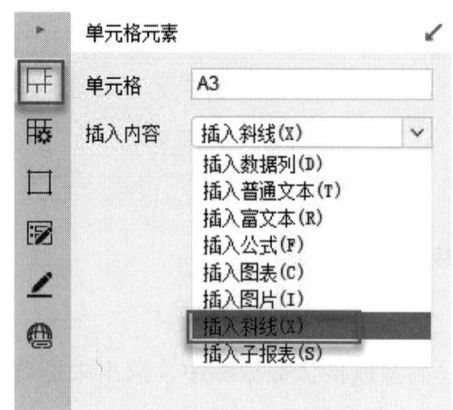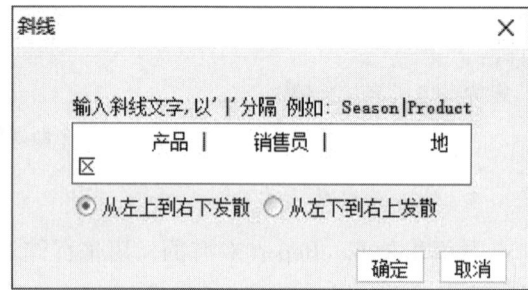

图 7　设计报表样式

模板设计效果展示举例如图 8 所示。

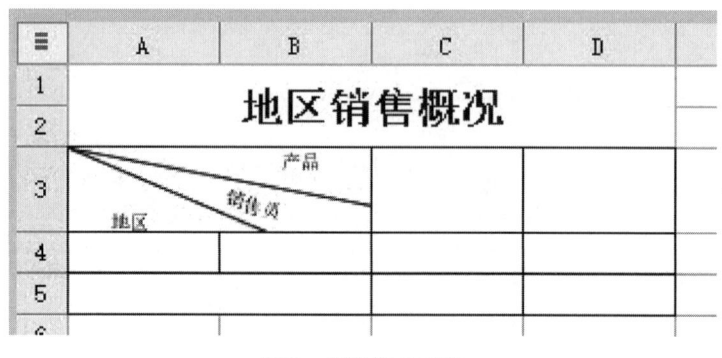

图 8　报表样式示例

（2）绑定数据列。将左下角已经设置好的数据列拖拽至单元格，并使用右侧菜单设置单元格的属性，设置位置及方法如图 9 所示。

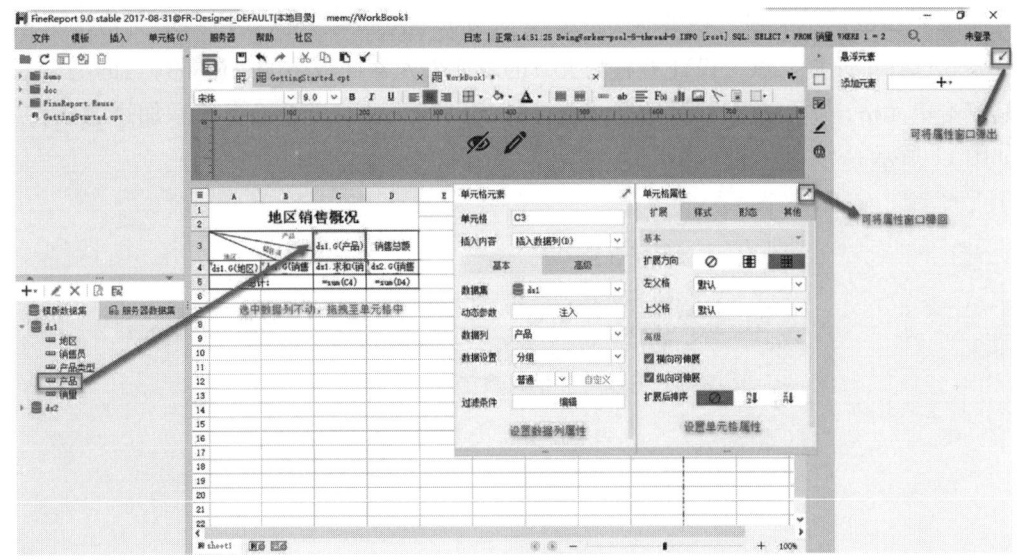

图 9　绑定数据列

按照图 9 的方法，将对应数据列拖入单元格中，在单元格元素中进行数据设置，在单元格属性中设置扩展方向、样式、形态等属性。

6. 数据过滤与汇总

数据库中的原始数据是全面而无序的，报表要展示的只是其中的一部分数据经过分类整理之后的结果。因此要使用参数和数据集关联过滤，来对数据进行过滤与汇总。

（1）设置参数。多数情况下，报表的查询结果需要显示满足一定条件的部分数据，这便需要用到参数。参数设计实际上就是一个动态过滤数据的过程，便于用户与数据能够实时交互。

帆软网络报表内置了一个默认的参数界面，用户可在内置的界面中，调整参数的位置，并通过控件设置得到各种不同的数据选择方式，如图 10 所示。

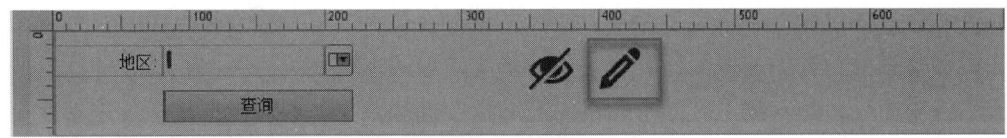

图 10　设置参数

点击参数界面，进入参数编辑界面，在控件设置的上方区域看到所有定义好的参数，点击添加，将会使用默认的布局形成参数界面。用户可以根据需要将参数界面调整到自己喜欢的样式。然后分别设置参数控件类型，数据格式等信息。

（2）多数据集关联。要将不同数据集的数据建立联系，需要用到单元格的数据过滤。选择单元格，点击设计器右侧上方的单元格元素面板中的过滤条件后的编辑或是双击单元格，弹出数据列对话框，选择过滤，打开过滤设置面板，添加过滤条件，如图 11 所示。

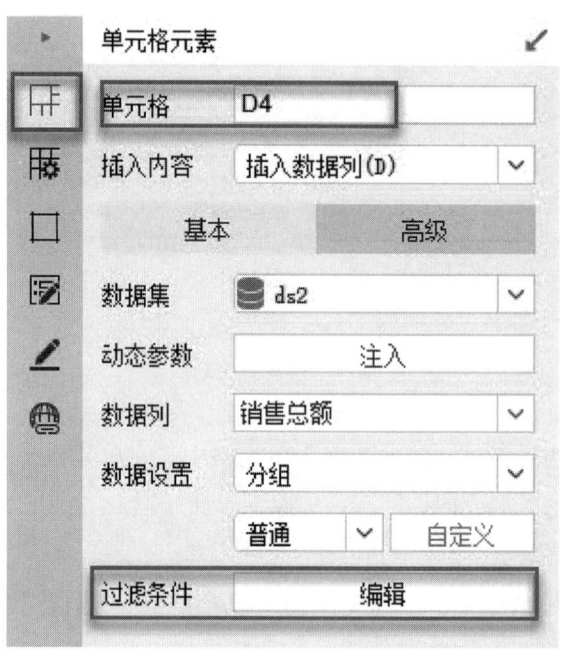

图 11　过滤面板

过滤面板中的数据设置，有分组、汇总等不同的展示方式。分组就是对原有的数据进行分类展示，汇总就是对同类数据进行汇总展示。经过过滤的数据，就能够展现出报表设置者想要的样子。

7. 定义图表

图表可以进一步丰富报表的展现方式，帆软网络报表中的图表与 Excel 中的图表非常相似。在设计界面选定单元格，选择菜单栏上插入 > 单元格元素 > 图表，弹出图表类型对话框，选择一种图标类型，点击确定，如图 12 所示。

选中图表，在右侧上方的单元格元素面板中选择数据，图表数据来源使用单元格数据，像在 Excel 中一样为图标设置分类轴、系列名和系列值等信息，点击保存，图表绘制完成。最后，还可以根据需要，给图表设置扩展属性。

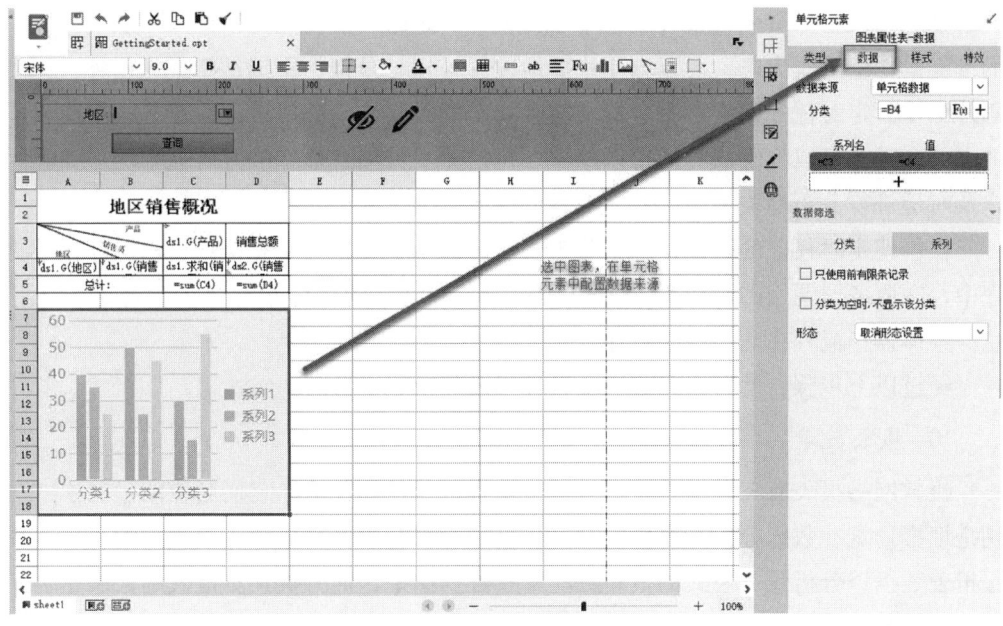

图 12 定义图表

8. 权限分配

权限管理就是指系统设置的安全规则或者安全策略，用户可以访问而且只能访问自己被授权的资源，不多不少。经过授权的人员可以看到并打开自己有权限的报表，并根据权限的不同对报表进行查看或者编辑。

系统中的权限管理从权限项和权限受体两个方面来分类描述。权限项就是指被分配的对象，指物，包括报表、平台管理、模板和数据连接。权限受体就是指将权限分配给谁，指人，包括部门职位和角色。

根据权限受体的不同可以将权限分配分为按部门职位和按角色分配权限。

（1）根据部门职位分配权限：部门职位是指从用户管理机构部门列表中加载过来的所有职位列表，以部门关系树状显示，其权限分配过程请查看根据部门职位分配权限。

（2）根据角色分配权限：角色是指从用户管理导入用户的角色选项中加载过来的角色列表和手动添加的角色列表，其权限分配过程请查看根据角色分配权限。

（3）分级授权：是指总的管理员将一些权限进行下放，使普通用户拥有分配权限的功能，将该普通用户所拥有授权的权限项分配给别的用户。使用分级授权功能，可以开展更丰富的报表编辑活动，比如超级管理员给多个开发人员设置不同的报表编辑权限，允许不同的开发人员分别在系统里设置自己的报表。

9. 定时任务

部分报表是需要定期产生、定时发布的，因此，需要定期做同样的事情来得到用户需要的报表，如资金日报、资金中心月报等。定时调度功能可以让用户从不厌其烦的重复操作中解脱出来，可以方便快捷地设置日报、月报、季报、年报等任务，无须额外工作。定时任务设定后服务器便会在指定的时间自动完成设定的任务，生成所需的文件，甚至可以将生成的结果以邮件、短信、平台消息通知的方式通知用户，让用户及时地进行分析与决策。

在创建定时任务的时候，总共分为四步，这四步设置的所有信息也都保存在数据库中，在服务器调用的时候都会从数据库中已经创建的表中选择之前保存的设置信息。具体操作流程在此不一一赘述。

经过以上步骤，就可以完成资金管理报表的设置。

10. 报表展示

帆软网络报表有三种报表展示方式：填报、分析和预览，它们对应的预览模式分别是填报预览、数据分析和分页预览。从名称可以看出，填报预览模式的报表可以填报报表数据，分析预览模式的报表只能查看数据结果，而分页预览模式的报表是为了加快显示速度，对分析预览模式的报表进行分页显示。

11. 报表发布

系统默认通过数据决策系统发布报表。

登录进去后，可以在管理系统界面将已经设置好的报表发布到数据决策系统中，经过发布的报表在下次登录数据决策新系统的时候，就可以进行查看和填报了。将所有的报表模板进行发布，并建立目录，修改数据决策系统的平台名称之后，就形成了本文所要达成的资金管理报表平台的样式。

报表发布以后，用户可以登录报表决策系统（资金管理报表平台），查看或者录入自己权限范围内的报表。

12. 报表填报

帆软网络报表支持手工录入报表数据，也支持从 Excel 中导入报表数据。同时还提供了数据接口，可以从其他系统的数据库直接抽取数据。

资金管理报表的数据主要取自资金管理系统，同时整合了账务系统和共享系统的部分数据。虽然可以实现自动从系统中抽取数据，但是考虑到财务数据的敏感性，在做报表模板时做了折中处理。每个报表模板均提供 Excel 整体导入的方式录入数据。需要的数据从资金、账务、共享等系统以 Excel 格式导出，然后再整体导入资金管理报表平台。这种做法相比以往的做法并没有增加工作量，但是仍然实现了整合不同系统数据的目的。同时保证了原有系统的数据安全。

13. 进一步开发支持

帆软网络报表是纯 Java 语言开发的系统，使用帆软开发的管理报表不仅可以通过数据决策系统直接发布，也可以通过标准接口嵌入其他报表系统中。例如，嵌入大桥局的 OA 平台中，方便管理人员直接在 OA 上面查看报表。

帆软网络报表还提供在移动端 App 上预览报表或者通过 h5 解析的方式预览报表。这样，除了可以在 PC 端查看之外，还可以在移动端，如 Phone，Pad 端进行帆软报表，让最终用户随时随地浏览查看系统中的报表，实时掌握企业的数据。

帆软所包含的功能是报表行业中比较普遍和典型的，能够满足用户绝大部分的需求，基本实现零编码的软件开发，但是为了满足千变万化的需求，实现个性化的功能，帆软网络报表还支持应用开发人员使用网页脚本、API 接口等进行深入的开发与控制，以满足其个性化的需求。

三、实施效果

通过研究和学习类 Excel 网络报表平台的使用方法，中铁大桥局资金中心完成了资金管理报表平台的自主开发，实现了数据共享，减轻了财务人员负担，提高了资金管控水平，探索了自主开发管理报表平台的可行性。

（一）信息集成、资源整合成绩显著

学习、研究利用类 Excel 网络报表平台开发管理软件以来，中铁大桥局资金中心已经通过类 Excel 网络报表平台开发设计了资金管理报表平台，目前账户管理、资金集中、调剂业务、资金日报（月报）、决算报表、保险管理等模块已投入使用，如图 13 所示。

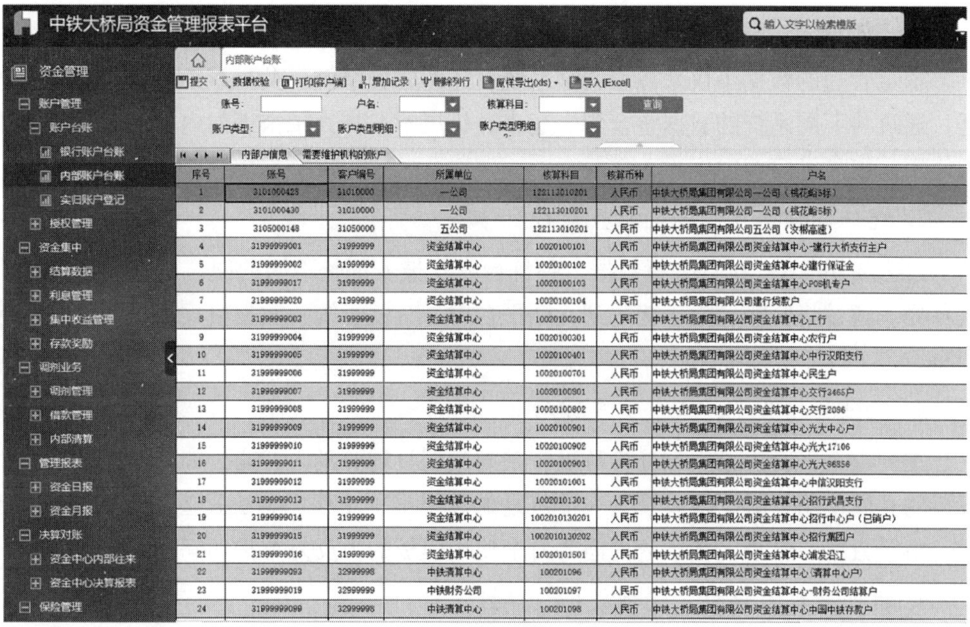

图 13　资金管理报表平台示例

资金管理报表平台逐步投入使用以来，向集团公司各层级报表使用者提供了报表查询、决算对账、集中收益台账计算等功能，将资金管理系统、浪潮报表系统、财务共享系统中涉及资金管理的数据集成在一起，突出专项管控，节约人力资源，使财务人员能够将着力点放在价值创造和效率提升上。

1. 建立业务台账

通过运用资金管理平台数据库强大的运算功能，建立了银行账户台账、内部账户台账、调剂信息台账、资金集中收益台账等备查账簿。为推动账户授权、调剂管理、资金集中等相关工作提供了翔实依据，为资金内控管理工作打下坚实基础。

2. 生成管理报表

平台建成后，实现了资金日报、调剂报表、融资报表等在线查询，为集团公司各单位财务部门负责人在头寸调度、大额资金支付、资金筹划等资金管理方面的决策提供依据。

3. 提供考核数据

根据管理口径和业务口径的差异生成资金集中收益数据，作为财务绩效考核中利润、经营性现金流、资产负债表项目的调整依据，并在子公司利润分配时予以兑现，促使各级管理者落实管理责任，实现集团公司的管理目标。

（二）数据共享、管控水平明显提升

资金管理报表平台的使用，规范了业务资料、减少了重复劳动、实现了数据共享、提高了工作效率，对于资金管理工作起到了很好的保障作用。

1. 整合数据资源、提高管控力度

资金管理的数据不仅来源于资金系统，还有账务系统、共享系统等其他系统的数据。通过将不同系统的数据整合到一起来分析展示，扩大了报表的内涵、促进了数据的使用，提高了管控力度。

2. 统一数据格式、规范业务资料

过去使用 Excel 统计分析数据，各种台账、报表都是不同的岗位自行设置的，格式各异。通过将台账、报表统一到一个平台中，有助于统一数据格式，进而规范业务资料。

3. 基础数据共享，减少重复劳动

在同一个平台中录入和分析数据，基础数据只需要录入一遍，即可实现各个分析模板的共同使用，减少报表录入人员重复的数据维护工作。解决过去使用 Excel 模板时，由于数据不共享，基础数据需要每个使用模板的人反复维护的问题。

4. 提高数据准确度，保证数据统一性

当每个岗位各自维护基础数据时，由于不同的人对业务的理解不一样，可能会引

起统计口径的差异；同时由于操作的人员多，出错的概率也大。使用同一个软件平台后，数据只维护一次，为了减少错误的概率，还在不同的地方处设置核对模板，帮助数据维护人员发现错误，提高准确度，最终保证了各个口径的数据统一。

5. 扩大报表使用范围，实现数据共享

以前在 Excel 中的资料由于传输不方便，仅提供给部门领导使用。现在的报表平台由于在网络平台上发布，可以将数据分权限开放给所属单位使用，各级管理者通过分析数据来作出管理决策，实现了数据共享，提高了数据利用效率。

6. 实行角色权限分配，提高数据安全性

Excel 虽然易于使用，但是其突出缺点是容易被破坏，尤其是需要固定的索引公式，基础资料等数据，极易被不小心破坏。相关模板转移到资金管理报表平台后，索引公式被隐藏，各种数据资料格式被规范，数据资料的操作权限被限制到特定人手中，业务数据不容易被破坏。报表平台强大的授权功能可以保证每个用户只能查阅权限范围内的数据，从而保证数据的安全性。

7. 减少人工劳动，提高工作效率

通过减少数据录入时的重复劳动，报表生成的速度更快。配合系统提供的定时任务功能，可以每天、每月、每季度自动生成日报、月报、季报等报表，自动推送到管理人员处。报表报出的时间更短，提高了工作效率。

（三）学以致用、自主开发切实可行

通过资金管理软件的开发过程，学习、掌握了类 Excel 网络报表平台的开发手段，证实报表平台开发可以摆脱编程语言的限制，仅掌握基础的几条数据库查询语句即可以实现，为以后设置其他管理类报表平台提供了经验借鉴。

1. 软件学习容易，方便推广使用

开发界面类似于 Excel 界面，兼容大多数 Excel 公式，支持通过拖曳进行模板布局的开发方式，整个开发过程仅需几条数据库查询语句，无须掌握复杂的编程语言。一般对 Excel 比较熟悉的人员均可进行开发，方便推广和使用。

2. 平台功能强大，满足管理需求

类 Excel 网络报表基于数据库开发，支持多种数据源，且支持多个数据源的同时呈现。报表中录入的数据直接存入数据库，通过数据库强大的计算能力和模板页面的灵活性来满足报表设计的需求，可以满足绝大多数的管理需求。

3. 网页展示报表，数据传输方便

设计好的报表发布后，即可通过网页登录报表平台，进行数据的录入和检索，无须安装客户端。数据连接、服务器数据集、缓存、打印服务、邮件等功能均能通过在线服务管理平台灵活地设置。以往需要人工进行扫描再通过 QQ 或 OA 传输的工作，

现在都可以省略，极大地减轻了工作量。

4. 分级授权管理，保证数据安全

以往通过 Excel 计算的数据，如果只传输其中一部分给特定人员，需要先删除其他数据，非常麻烦，还容易出错。现在通过在报表平台中给不同的岗位设置不同的权限，可以实现分类、分级管控的目的，提高数据传输的安全性。

5. 设置自动报表，缩短报送时间

利用报表平台的定时功能，可以实现报表自动生成，大大提高了报表报送的时效性。对于更新频繁的报表可以通过定时任务管理生成，减少频繁人工更新报表的工作量，提高报表报送的效率。

6. 内容随时调整、满足管理需求

由于类 Excel 网络报表平台的开发者和使用者可以是同一个人，便于随时根据需求更改模板设置。所以类 Excel 网络报表平台的设置更加灵活，可以随时满足管理者的需求。

7. 单价较为低廉、节约研发成本

与动辄几十万元的软件开发费用相比，类 Excel 网络报表开发的模式仅需要投入一次平台费用即可实现多次开发，整体成本不足 20 万元，大大节约了研发成本。

四、经验总结

（一）研究结论

本文通过研究和学习类 Excel 网络报表平台的开发使用方法，完成了资金管理报表平台的自主开发，实现了数据共享，减轻了业务人员的工作量，提高了资金管控水平，探索了自主开发管理报表平台的可行性。

企业集团由于管理级次复杂，下属单位数量多、分布广的特点，管理工作中存在获取数据难、时效性难以满足等问题，本文中的管理需求在企业集团的管理工作中具有普遍性，研究结果对于同行业其他单位和其他管理工作具有借鉴意义。

（二）创新与不足

1. 研究创新

在实际管理会计信息化建设工作中，主流的报表软件是为了解决财务工作的核心问题而开发的，并不能覆盖管理上的所有业务。实际工作中仍然有大量的报表是通过人工汇总分析形成的。类 Excel 网络报表平台由于学习门槛低、功能强大、支持随时调整报表模板，可以将主流报表软件没有实现的功能进行个性化设计，进一步促进管理工作的全面化、系统化、信息化、集成化，提高管理的效率和效果。

2. 存在的不足

本文以解决资金管理工作中遇到的实际问题为目标，研究内容以实证为主，缺少系统性的理论研究。同时，由于财务人员在信息化开发方面的技术储备不足，还没有应用一些最新的技术，如财务机器人等，管理报表平台还有进一步提升的空间。

（中铁大桥局集团有限公司　李同杰　陈　华　宋令威

徐　怡　李世骏　项凯涛　万　靖）

中铁隧道局财务共享数智化应用与实践

【摘要】 中国经济进入了发展放缓的新常态，让本已竞争激烈的建筑行业更加雪上加霜。对于大型建筑施工企业集团来说，如何通过管理提升实现降本增效，支持企业创新发展与高质量发展，已经是影响企业未来生存与发展的关键问题。人工智能在全球范围掀起了第四次工业革命，对社会经济生活产生了深远的影响。企业通过数字化、智能化转型，改变运营、工作和管理模式，形成新的竞争力成为大势所趋。管理会计体系建设是发挥财务管理职能，促进企业管理升级的重要举措。而将人工智能与财务管理深度融合的智能财务是管理会计体系建设的有效路径。中铁隧道局集团有限公司（以下简称"中铁隧道局"）通过智能财务的战略制定与落地实践，成功进入了财务管理转型的坦途，为未来描绘了壮阔的图景。2021年，中铁隧道局制定"一个目标、双智能、三大平台支撑体系"的智能财务战略并成功落地实施，通过数据中心平台、业财共享平台、Human-AI协同平台三大平台融合的信息化体系，落地流程智能和数据智能的双智能建设，实现"以智能化释放人力，探索人机协作的新职业发展方向，推动财务会计向管理会计转型"的核心目标。

一、背景描述

（一）单位基本情况

中铁隧道局位于广东省广州市，是世界500强中国中铁股份有限公司（以下简称"中国中铁"）的骨干成员企业，四十余年一直专注于隧道及地下工程建设，引领我国隧道科技实现四次跨越，是集设计、施工、科研、设备、物贸、投资六大功能于一体的综合企业集团，业务范围涵盖全部基建领域。年隧道施工能力超过500公里，累计建成各类隧道10 500余公里、约占全国隧道总长的10%。拥有隧道掘进机（TBM）、盾构机130台，是国内保有数量最多、门类最齐全的同类施工企业。具有铁路、公路、市政施工总承包特级资质，铁道、公路、市政行业甲级设计资质、甲级测绘资质，获得了中国建筑业协会、中国水利工程协会AAA级信用评价。

中铁隧道局注册资本 29.98 亿元，年营业收入近 600 亿元，在建项目 300 多个，全集团职工总数 14 633 人，拥有专业技术人员 8 167 人。迄今共有 790 余项科研成果通过鉴定、评审或验收，其中国家科技进步奖 17 项，省部级科技进步奖 390 余项；拥有国家级工法 27 项，获得知识产权 500 余项；累计获鲁班奖 22 项，詹天佑大奖 40 项，国家优质工程奖 58 项，全国市政金杯奖 11 项，国际项目管理银奖 1 项。拥有盾构及掘进技术国家重点实验室、国家级企业技术中心、博士后科研工作站、广东省重点实验室等。

（二）单位管理现状和存在的主要问题

2017 年初，中铁隧道局建成了财务共享服务中心（以下简称"共享中心"），实现了业财的初步融合和从业务流程到财务流程的标准化和数字化。随着共享中心运行逐步稳定，组织的业务、流程、信息标准化程度逐渐提升，并且积累了一定量的数据资产用于管理分析。在过程中中铁隧道局将财务内控、会计核算、税务处理、资金结算业务整合到共享中心，由共享中心统一进行处理。在数字化转型过程中，财务管理也存在很多痛点，尤其是业务场景中自动化程度较弱的复杂决策任务。

1. 繁重的数据采集任务

以中铁业财共享平台为例，其业务表单数字化和结构化了前端的经济业务场景，这些场景有大量以外部票据、内部凭证信息为基础的业务信息需要手工录入系统，自动化程度低，工作量大、容易出错。

2. 财务内控审核环节的问题

内控审核作为财务共享中心的核心任务，其问题在于，一是集中审核集团业务流程，工作量大且分布不均匀，存在明显的高峰期，人员临时性短缺；二是业务单一性容易导致疲惫心理，存在人为操作空间、质量问题和内控风险；三是在财务转型的大背景下，这类低效能工作不利于个人职业发展。

3. 数据资产应用问题

数据的积累与应用，是扩展企业决策能力的主要体现。财务共享中心也是企业的财务数据中心，在以往的运营分析上，遇到三个问题，一是数据维度不够足；二是数据质量不够高；三是数据应用范围不够广，导致数据分析和预测工作开展困难。

（三）财务共享数智化应用实践背景

1. 企业数智化转型的全球趋势和国家战略指导

新一代人工智能技术的发展为全球产业变革带来了深远的影响。无论是德国的"工业 4.0"、欧盟/日本提出的"工业/社会 5.0"抑或美国提出的《先进制造业国家战略计划》，都将人工智能与产业乃至社会的融合作为了国家战略。有研究指出，社会的数字化程度每提高10%，人均GDP就增长0.5%~0.62%。面临新一轮产业革命的挑战与机遇，我国分别于2015年和2017年发布了《中国制造2025》和《新一代人工智能发展规划》，2019年，又再次将"智能+"作为国家战略写入政府工作报告。2022年，国资委下发《关于中央企业加快建设世界一流财务管理体系的指导意见》，明确完善智能前瞻的财务数智体系。为积极响应国家智能化发展战略，各行各业正积极探索企业数智化战略的落地实施，以重塑行业竞争新优势。

2. 建筑行业降本增效和高质量发展的必然要求

在中国经济进入增速放缓的新常态，企业微利成为常态，尤其是建筑行业市场竞争激烈，传统的管理模式已经无法满足企业发展需求。如何提升管理效率、降低成本支出已经成为整个建筑行业所面临的首要问题。2021年是"十四五"规划的开局之年，随着国家"双循环"战略落地实施、《国企改革三年行动方案（2020-2022年）》推出，对企业的发展提出了更高要求。管理会计体系建设是企业实施精细化管理的有效工具，其精髓在于相应的信息适时提供给管理层，成为关键的支持决策信息系统。因此，在"数字化转型"和"智能建造"成为众多建筑企业集团转型升级重要战略的同时，财务智能化和管理转型无疑是这一战略的关键支撑之一，是"赋能新时代，展现新作为"的有力抓手。加强人工智能与财务管理的结合，释放人力、深化数据应用，进一步推动财务会计向管理会计转型，能够更好服务于企业创新发展和高质量发展。

3. 未来新的工作方式转变及会计职业发展需要

会计的传统核算业务，由于高度标准化正在逐步被计算机所取代，会计职业的转型升级迫在眉睫。2014年《财政部关于全面推进管理会计体系建设的指导意见》提出，"全面推进管理会计体系建设，是建立现代财政制度、推进国家治理体系和治理能力现代化的重要举措"。2016年，财政部将"推进管理会计广泛应用"作为"十三五"时期会计改革与发展的主要任务之一，在全国范围内掀起了财务共享服务建设的大潮。而财务共享仅仅是为管理会计体系建设打下了数字化基础。随着人工智能的发展，应用智能技术深化改造财务工作流程，进一步释放人力，并应用数据以提升决策精准性，实现管理会计工具与方法落地成为管理会计体系建设的又一热点。调查报告表明，人与人工智能正在成为智能时代的共生力量，2020年世界经济论坛的《未来就业报告》预计，到2025年，人和机器在目前我们正在进行的这些工作任务上所花的时间将持平，8500万个工作岗位可能会被机器取代，而9700万个新岗位可能会出现，这些新岗位更适应人、机器和算法之间的协作，这无疑为财务会计的管理转型和管理会计体系建设规划了新的愿景。

二、总体设计

（一）财务共享数智化应用与实践的目标

智能财务建设是推动企业管理数智化转型的基础，是将人工智能技术和财务管理各业务场景有机融合的产物。因此，中铁隧道局明确了"以智能化转型提质增效、释放人力，推动管理会计转型和数字化决策，以高质量财务管理助推企业高质量发展"的建设目标，旨在通过智能财务建设，实现财务管理的工作模式转变、财务会计向管理会计转型，助力企业管理转型升级。

（二）财务共享数智化应用与实践的总体思路

1. 基于财务共享的流程与数据双智能建设

基于业财融合型财务共享建设，将业务流程从数据采集、财务审核到风险管理、数据分析实现全流程人机协同的数智化应用。使财务共享中心在降低成本的同时，实现以降低业务风险保护企业价值、以提供优质服务提升业务运营效率、以促进数字化决策带动企业数字化转型的三大目标。

2. 财务共享与财务管理数据决策

基于业财融合型财务共享建设积累的数据，通过数智化建设不断的优化与扩展，作为财务管理数字化决策的信息基础。鼓励公司财务部、共享中心各业务科室积极思考数据管理思路，创新数据分析的管理思路，重视业务人才与信息人才的配合，广泛研究国内外案例形成具有先进性的设计。自主建设数字化团队，进行数据的清洗、挖掘、分析建模、智能分析训练等，部分高难度算法引进外力，共同实现落地，在与外力结合的工作中，尽量将知识与技术吸收，形成自主研发、应用、运维力量。

3. 财务共享与业务系统深度融合

充分发挥财务系统的平台优势，利用业财共享系统中现有的组织机构、人员等主数据标准，新增共享表单辅助采集业务系统数据，融合财务共享建设积累的数据，通过数智化建设不断的优化与扩展，作为业财融合管理数字化决策的信息基础，通过自主建设的数字化团队，按照业务系统的需求进行数据的清洗、挖掘、分析建模、智能分析等，为企业管理提供决策信息，促进业财深度融合，为企业高质量发展加油助力。

三、应用过程

（一）制定财务数智化转型规划

1. 确立财务数智化转型框架

财务管理是企业管理的中心环节，财务数智化转型是企业管理数智化转型的基础。财务数智化是将人工智能技术和财务管理各业务场景有机融合的产物。中铁隧道局认为，财务管理的智能化转型应在数字化建设的基础上进行，因此财务智能化转型无法脱离数字化建设而独立进行。中铁隧道局的财务数智化转型规划可概述为"一个目标、双智能和三大平台支撑体系"，如图1所示。

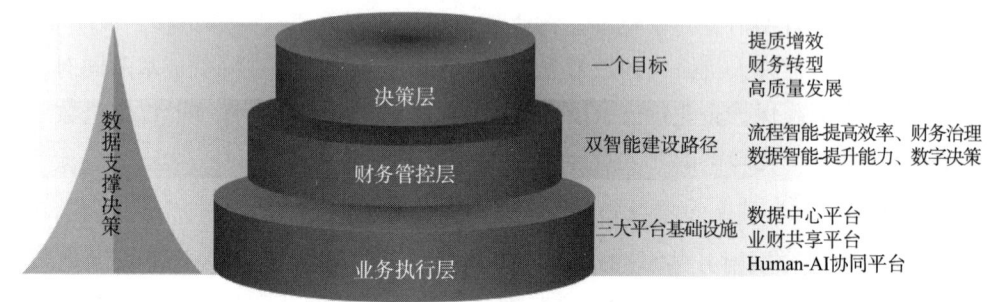

图1　财务数智化概念和路径框架

（1）确定财务数智化转型目标。"一个目标"是财务数智化的转型目标。中铁隧道局明确了"以智能化转型提质增效、释放人力，推动管理会计转型和数字化决策，以高质量财务管理助推企业高质量发展"的转型目标，旨在通过财务数智化转型，实现财务管理的工作模式转型、财务会计向管理会计转型，助力企业管理转型升级。

（2）探索财务数智化落地路径。"双智能"是财务数智化的落地路径。"流程智能"是梳理流程中需要智能化的工作场景，通过研发自主决策的智能财务机器人，逐步实现业务流程的全面智能化，提升工作效率；同时流程运行中嵌入财务管理的部分职能，在业务风险防控、工作标准化、信息质量控制等方面实现进一步优化。"数据智能"是提升数据应用的能力，借助算法实现数据分析和预测，推进数据应用的智能化，提升财务管理决策、业务决策的精准性，实现管理会计工具和方法的落地。

（3）搭建财务数智化实施工具。"三大平台支撑体系"是财务数智化的实施工具，包括数据中心平台（以下简称"数据中心"）、业财共享平台（以下简称"共享平台")以及"Human – AI 协同平台"(以下简称"协同平台")。其中:共享平台衔接各种业务系统成为业财资税流程中心;数据中心则汇集业财资税融合数据,以及获取的内外部业务数据,形成高质量的多维度数据资产;协同平台实现人和 AI 对共享平台和数据中心的协同作业,将财务工作模式与行为逐步数字化、智能化,构建人机协同的工作新范式,是实现财务数智化转型的核心,如图 2 所示。

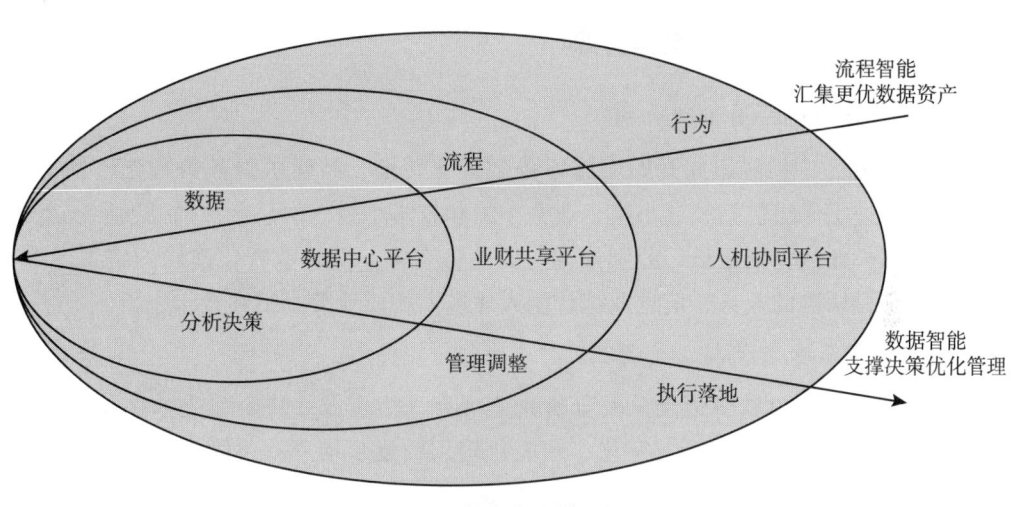

图 2　数字化支撑架构

如图 2 所示,流程智能将形成从外到内的行为、流程、数据一体化和自动化,向数据中心汇集更优质、更丰富的数据资产;数据智能将辅助管理决策,三大平台协同互动,从内到外实现分析决策、管理调整和执行落地。

2. 梳理流程智能的工作场景

共享平台的建设实现了业财融合和财务制证自动化,但是一些业务场景,如表单的业务端提单、财务内控审核、税务认证处理、资金支付等,完全由人工处理,既耗费了大量的人力和时间,信息质量又难以保证,不利于数据的分析应用。鉴于此,中铁隧道局对业务流程中可以智能化的工作场景进行了深入分析,有序开展流程智能建设。

3. 分析数据智能的管理痛点

数据的积累与应用,是管理会计工具方法落地的信息基础,是提升企业数字化决策能力的主要体现。中铁隧道局在对数据应用进行分析时发现主要存在三类管理痛点。

(1)数据资产的质量仍不够高。在人工处理的模式下,业务数据采集、财务处理的标准化程度、工作质量等难免会存在或多或少的问题,导致积累的数据资产质量不高，需要进一步治理和提升信息质量。

（2）数据资产的维度仍不够足。由于业财融合的深度和广度有限，向业务端和企业外部延伸还不够深入和全面，向非财务信息的延伸更是严重不足，分析维度不全面，最终会影响分析目标的实现。

（3）数据应用的范围还不够广。由于数据资产维度不足、质量不高，导致更深入的数据应用较少，部分数据分析即便应用了，也因效果不佳而很少用于企业实际决策，数据资产的决策支持作用未能充分发挥。

（二）保障财务数智化转型资源

1. 成立数智化转型推进机构

2020 年初，中铁隧道局开始实施财务数智化转型，组建了财务数智化转型推进工作组。推进工作组包括领导小组、业务小组和技术小组。由总会计师任领导小组组长，财务部长任执行副组长，分别抽调财务业务专家、擅长数智化建设的信息专家，以及完成项目所需的业务、信息及综合型人才进入相应业务小组和技术小组。

2. 整合财务数智化转型资源

在人才层面，中铁隧道局认真分析企业现有人力资源，决定引进数字化专业人才，并对企业现有人员进行数字化、智能化培训，逐步培养一批既懂业务又懂数字化的综合人才。在组织层面，通过交流、宣传等手段提升组织的数字化成熟度，塑造数字文化，特别是管理层的数字化思维，让管理层认识到数智化转型的重要性，提升转型工作推动的积极性。在外部合作层面，积极与咨询机构、科研院校等进行交流与合作，让各方的知识碰撞产生新的结晶。充分调研技术企业，招标选择具有针对性技术和相关经验的企业进行技术合作，为构建"三大平台支撑体系"打下良好基础。

（三）确立人机协同工作新范式

1. 搭建人机协同工作作业平台

中铁隧道局在现有共享平台和数据中心的基础上，搭建了实现人机协同工作的作业平台，即"Human–AI 协同平台"，进而形成三大平台融合的信息化支撑体系。该平台主要以"非侵入"的模式在共享平台外围形成作业平台，并将数据接入数据中心，为数据中心增加以 Python 机器学习库为基础的算法库，实现数据分析的算法应用，形成具有感知、认知、决策、行动能力的智能财务机器人和人机协同的交互界面。协同平台架构如图 3 所示。

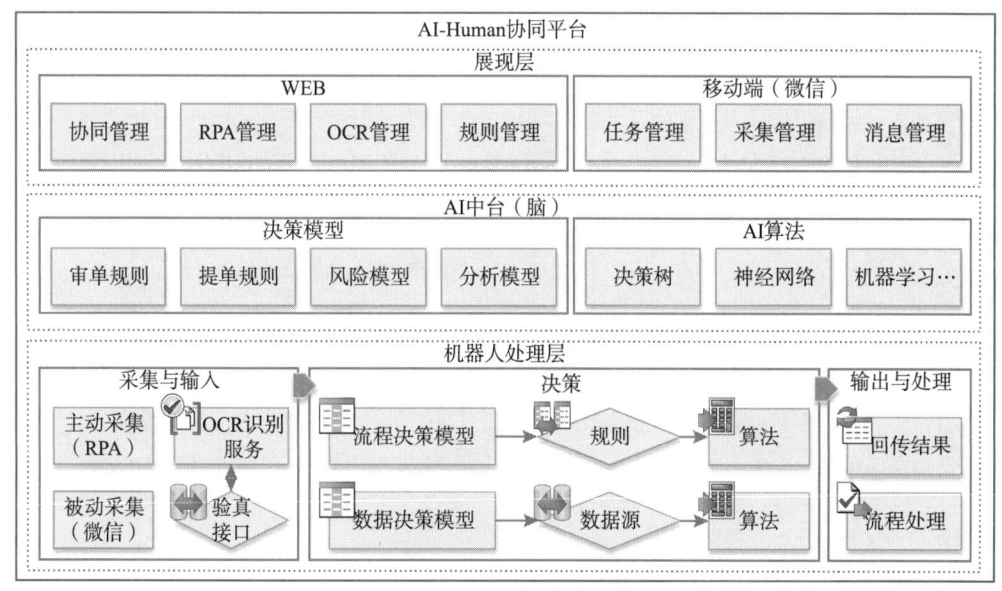

图 3　协同平台架构

协同平台规划了 AI 中台，在流程智能建设中支撑智能机器人的"大脑"开发。机器人采用云服务，避免了 PC 端逐一部署，其云端大脑采用以专家系统、机器学习为代表的类脑智能技术，设计感知、认知与决策模型，将业务专家的知识和经验数字化、结构化，变成机器人可以自主决策的规则库，实现自动处理信息、识别票据与凭证、自主决策执行任务。

2. 确立双智能人机协同新范式

（1）流程智能采取人机协同增强范式。基于协同平台和共享平台构建的智能财务机器人，混合了各类人工智能技术，具有"感知—认知—决策—行动"能力，能够与人一起完成较为复杂的流程化工作。它们被视为工作伙伴，增强人在一些程序化工作上的效率与质量，甚至替代一部分重复性的人类工作。在人机协同的增强工作范式下，通过设计协同决策模型，人与机器将形成协同决策的能力。不同的业务场景，采用不同的决策和算法模型。以智能审单和智能提单两个项目的协同决策模型为例说明，如图 4 所示。

为实现智能化的数据采集与合规性审核，中铁隧道局设计了人机协同智能提单、审单流程。在流程场景中，智能提单由人通过移动端上传票据，提单机器人进行识别、验真、填单、预审和初步的内控检查；智能审单在共享审核节点由审单机器人替代人工进行初审，对业务信息进行下载、识别、比对、决策与预警，对于不确定事项交由人工处理，形成人与机器协同工作的新范式。模型还考虑了业务中可能出现的未规则化风险，由算法分析被人工复审驳回的数据，支持业务专家的分析和稽核工作。

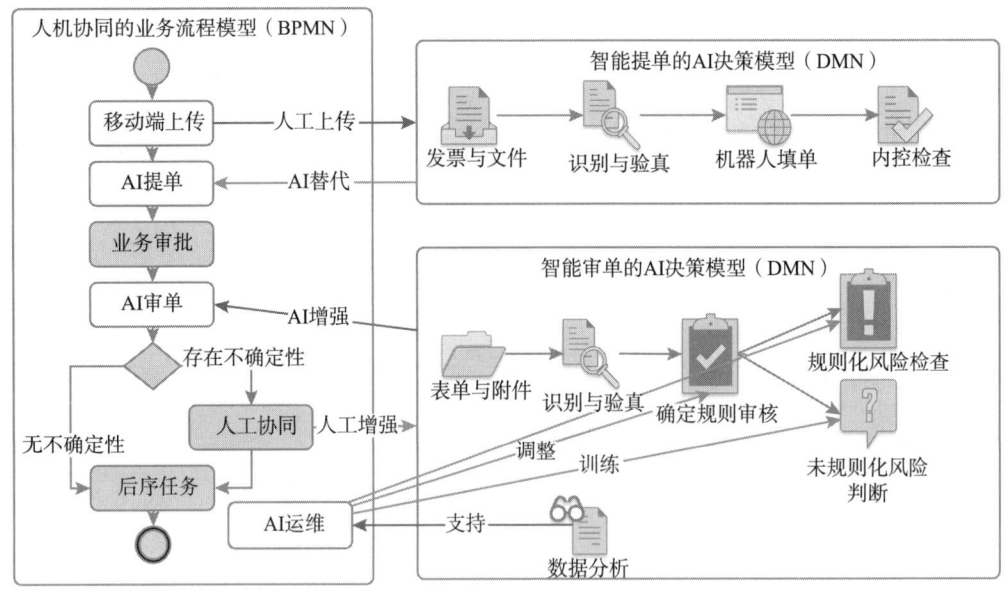

图 4　人机协同的业务流程模型

（2）数据智能采取人机协同组合范式。数据智能的人机协同是一种更为高级的协同范式，AI 负责数据处理等基础工作，人负责最终分析与决策。中铁隧道局的流程智能深化了业财数据、内外部数据的融合，扩展业务数据的智能化采集范围，优化数据中心的数据资产。随着对 Python 机器学习模块的深入研究，中铁隧道局开始尝试高级算法模型的应用，如进行风险预警和预测，为财务管理决策提供分析基础，以人机协同实现数据智能。如同智能算法运用到股票预测、汇率预测等金融场景，也可以运用到风险预警、资金缺口预测和成本预测等方面。

（四）以人机协同实现流程智能

流程智能是根据业务场景逐一建设的。中铁隧道局以人机协同的工作范式，逐步将审单、提单、资金支付、税务认证等业务场景的处理流程数智化。下面以智能审单和智能提单为例，对流程智能实现的过程、效果，以及逐步扩展的业务场景进行简单介绍。

1. 以人机协同实现智能审单

智能审单是将共享中心审核工作交由人和智能审单机器人共同完成，旨在替代共享初审的工作量，并通过预警提示，对后续的共享复审、资金支付、稽核等节点提供支持，达到提高审核效率和质量的目的。

（1）设计智能审单业务架构。业务架构决定了人机协同的具体工作模式。经过多次研讨，中铁隧道局决定采用完全模仿人类审单操作流程，基于协同平台开发智能审单机器人，以非侵入的方式模拟人类的行为操作共享平台、完成任务，其业务架构如图 5 所示。

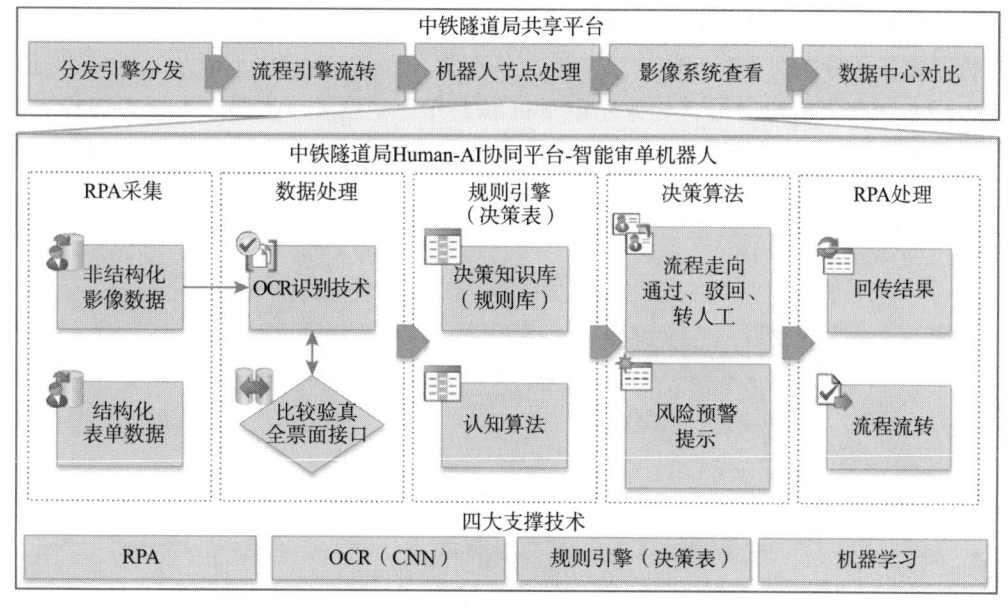

图 5　智能审单机器人架构

（2）确定审单机器人的自主决策方式和内容。在人机协同的工作范式下，需要机器人具有自主决策能力，并向人类反馈其详细的决策过程、依据与结果；对于无法判断、需要人工进一步核实的事项，着重反馈问题的具体呈现。其 AI 决策过程模型如图 6 所示。

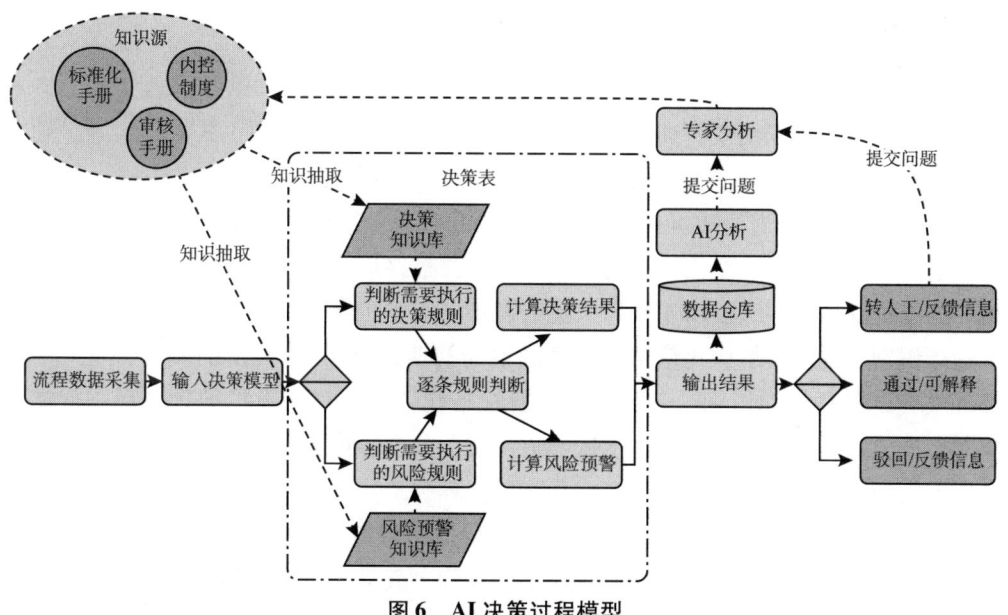

图 6　AI 决策过程模型

中铁隧道局认识到，AI决策过程的核心在于决策知识库（规则库）的可发展性和决策结果的可解释性，对于机器无法决策的事项交由人工处理，这也同步实现了人与机器的任务分工。

（3）再造人机协同流程。智能审单机器人开发完成后，需要嵌入业务流程，通过流程再造进入业务处理链条。中铁隧道局再造了审单工作流程，让智能审单机器人能够参与现有的数字化业务流程，完成对人类工作的替代或增强。智能审单的人机协同工作流程如图7所示。

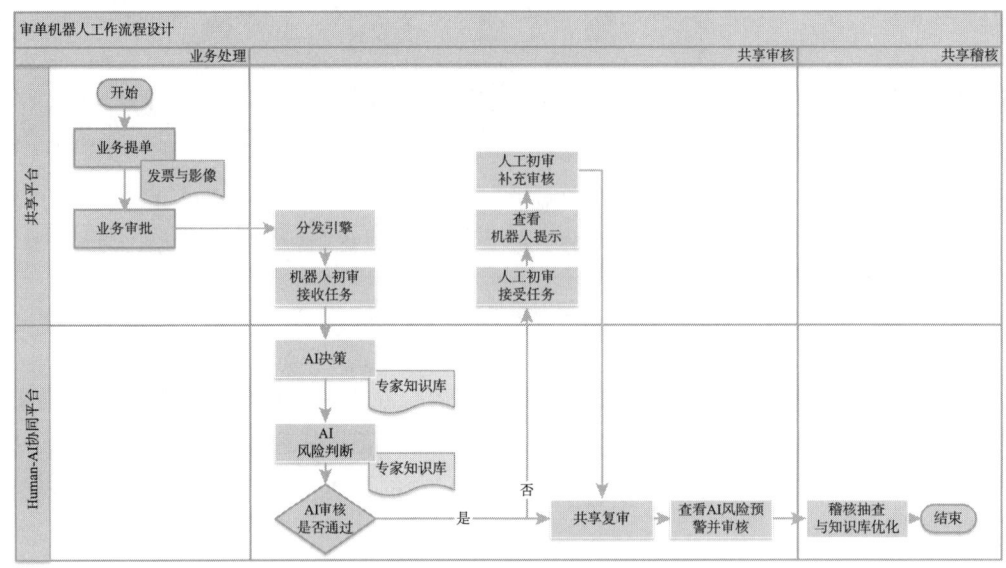

图7 智能审单的人机协同工作流程

（4）推动智能审单落地实施。中铁隧道局认真策划智能审单的落地实施，按照规则梳理与植入、识别模型训练、业务信息标准化、实验流程和正式流程实施、建立数据分析评估指标五个步骤有序进行。一是规则梳理与植入。基于《中国中铁会计核算手册》，中铁隧道局按可执行的数智化标准对业务流程进行重新梳理，将规则按执行条件、判断函数、结构输出的方式整理，并最终形成结构化规则，植入专家知识库。二是识别模型训练。由于数据采集的需求，需要机器人对通用票据和内部原始凭证进行识别，转换为结构化信息。中铁隧道局初期训练了20类识别模型，可应用于32个内部原始凭证的识别。三是业务信息标准化。继共享建设标准化之后，智能审单对标准化提出了更高的要求，中铁隧道局对业务支撑性附件、业务表单经济事项及其凭证模板等再次进行了标准化。四是实验流程和正式流程分步实施。智能审单覆盖的每一条流程，都经过实验流程转入正式流程。实验流程对现有业务流程的改造少，待实验流程满足上线标准后，切换转入正式流程。五是建立数据分析评估指标。中铁隧道局从协同平台和共享平台采集数据，进入数据中心，建立数据分析评估指标，监控人机协同的成效。评估指标对智能审单的实施、规则的调整起到了很好的指导作用，也成为共享运营数据智能转型的基础。

（5）验证智能审单成果。人机协同的智能审单模式覆盖了中铁隧道局69个业务表单，占业务总量的89%，实现决策和预警规则共计1 600余条。分析指标显示，机器人处理初审任务的时长平均约2分钟/单，单台机器人24小时可处理单量超过700单，对比人工初审8小时不足200单的工作量，效率提升3~5倍。随着规则的不断优化和提单质量的不断提升，机器人转人工率逐步降低至30%以下，即70%以上的初审任务被审单机器人所替代。机器人同时为人工复审和资金支付等后续节点提供预警，复审人员审单量从每天人均200单左右提升至400单以上，审核效率提升超过100%。

2. 以人机协同实现智能提单

在智能审单机器人运行成熟后，为进一步推进流程智能，提升服务业务的能力，中铁隧道局研发了智能提单机器人。智能提单机器人为业务端提供智能化数据采集服务，目标是最小化业务提单的录入信息量，并将内控审核前移，为财务岗位的初审工作提供预警信息，保障提单质量，避免无效流程的流转。

（1）设计智能提单业务架构。对智能提单的业务架构，中铁隧道局采取了"数据智能采集、最小化人工填报"的开发策略。基于协同平台研发的智能提单机器人，借助发票接口、光学字符识别（OCR）等实现数据的智能采集，采用审单的预警规则与算法进行预审，其业务架构如图8所示。

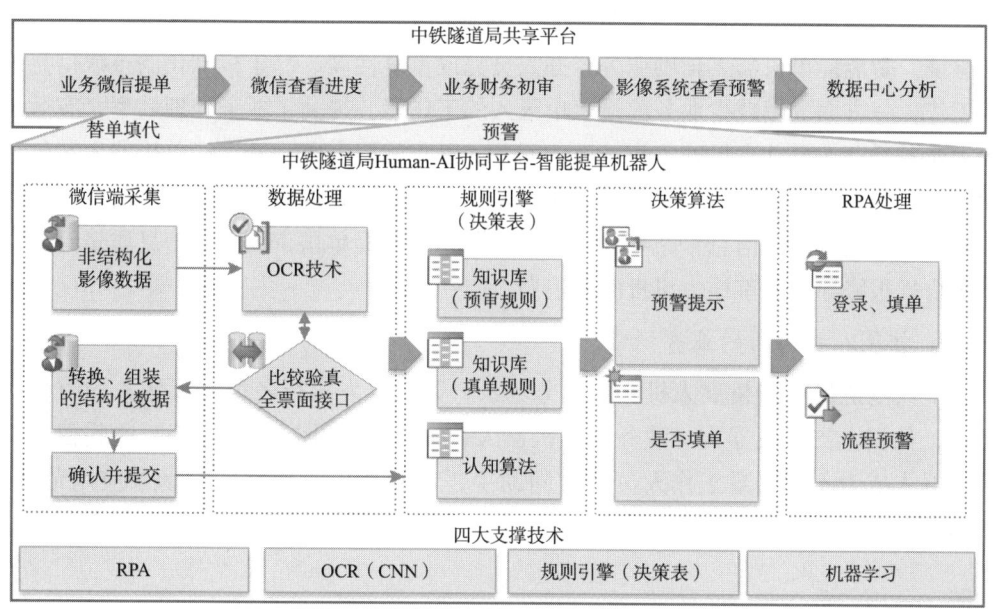

图8 智能提单机器人架构

（2）再造人机协同业务流程。中铁隧道局对智能提单的人机协同工作流程进行再造，业务人员仅需在移动端提供发票、内部原始凭证等影像资料，以及录入极少量的必填信息；提单机器人进行票据识别、验真和数据优化，调用预审模型进行合规性预审，调用填单模型代替人工填写业务表单，最后向移动端反馈结果。智能提单的人机协同工作流程设计模型如图9所示。

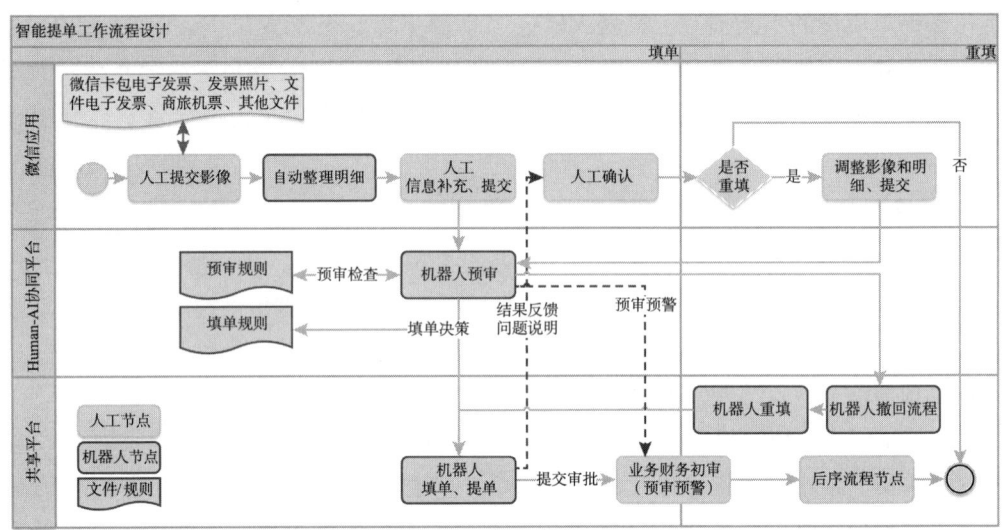

图9 智能提单工作流程设计

（3）验证智能提单结果。中铁隧道局对业财效率及质量双提升的预期目标进行了验证。智能提单机器人辅助业务经办人员完成重复性高、易于标准化的报账信息录入工作，一方面大幅减少业务前端表单录入的工作量，提高了业务处理效率，有效解决了业务经办人员共享报账工作量大的问题。以差旅费表单为例，提单机器人节约了70%以上的工作时间。另一方面通过移动端拍照识别、票据验真，提高了信息录入的准确性，有效解决了信息繁杂导致的错填问题，同时提单预审提升了信息质量，减少了不合规报账导致的审核、审批时效浪费。

3. 拓展人机协同的业务场景

中铁隧道局不断拓展人机协同业务场景，分批研发执行各类决策任务的财务机器人，如资金支付机器人、税务认证机器人、银行回单补扫机器人等，这些智能财务机器人成为不同场景工作人员的协同助手，不断拓展流程智能的场景应用范围，如图10所示。

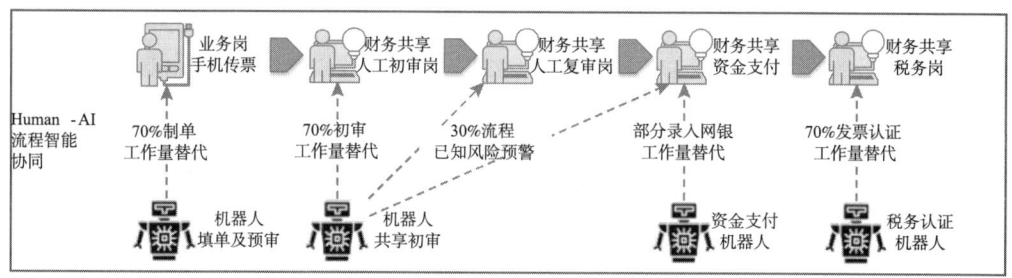

图 10　迈向一体化的流程智能

（五）以人机协同实现数据智能

数据智能是基于企业数据资产、提升数据综合应用能力以实现精准决策的智能化转型。中铁隧道局通过人机协同进行数据智能建设，实现了财务管理分析自动化和智能风险预警。

1. 不断提升数据资产质量

流程智能推动了数据治理，每个场景的流程智能建设都在一定程度上提升了数据质量。例如，智能提单减少了数据录入的错误；智能审单使财务核算更加规范，会计信息数据更加及时、准确、可靠；智能支付深化了外部数据与内部数据的数据融合，丰富了企业的数据资产维度，提升了资金这类关键业务数据的及时性和准确性；协同平台还提供了人机协同的行为数据等。中铁隧道局的流程智能建设逐渐平滑过渡到数据智能建设，如图 11 所示。

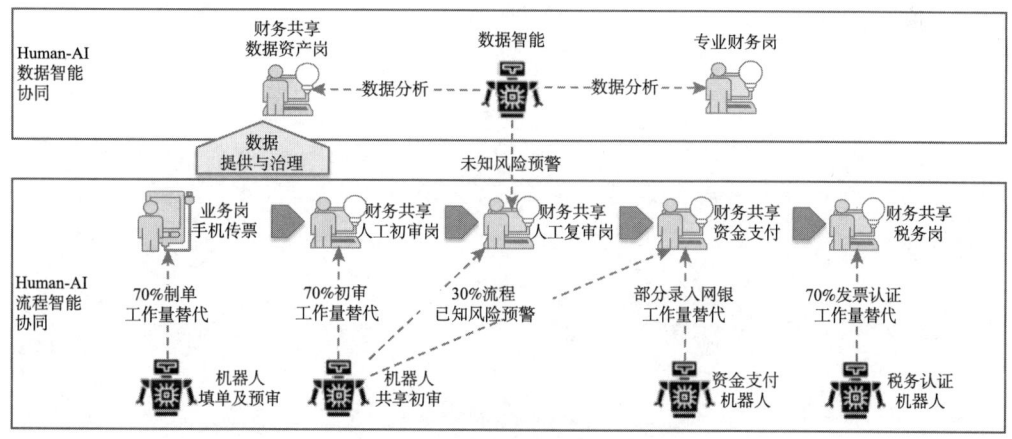

图 11　流程智能与数据智能

中铁隧道局的每个数据智能项目的建设，都设计了自动化数据采集策略、数据治理方案，以保证数据的及时性、准确性和获取的自动化。例如，在资金管理驾驶舱的项目中，设计了共享平台、资金系统、银行短信解析等多来源数据的自动比对策略，生成集团、子公司、项目部三级管理报表和数据核对表，便于高层监管和基层核对数据，共享中心根据问题反馈持续优化表单配置、自动制作模板、合并抵消模型和数据分析模型，不断优化、提升数据质量。

此外，中铁隧道局的财务数字化团队不断将数据服务向业务端扩展，与商务部共同开发对工程项目成本信息的补充采集应用，与科信部共同开发对科研项目的数字化管理应用等。这些服务将业务数据与财务数据进一步融合，并不断扩展数据维度，优化数据质量。

2. 不断提升数据应用效能

中铁隧道局的数据智能建设以"自主化、常态化"为策略，以提升数据应用效能为目标，基于数据分析平台，培养数字化团队，进行自主的数据清洗、挖掘、分析建模，为专业财务提供分析工具和技术支持。下面以人机协同的智能审单运营分析为例进行说明。

工作效率和质量分析是共享中心运营分析的核心。协同平台提供了人机协同的行为数据，为共享中心运营分析提供了新的分析维度。共享中心任务量运维分析如图 12 所示。

中铁隧道局通过从不同角度、不同维度和不同业务类型对任务总量、变化趋势、剩余任务的监控和分析，动态调整人员配置，充分保障业务处理的时效性。智能审单的数据分析架构如图 13 所示。

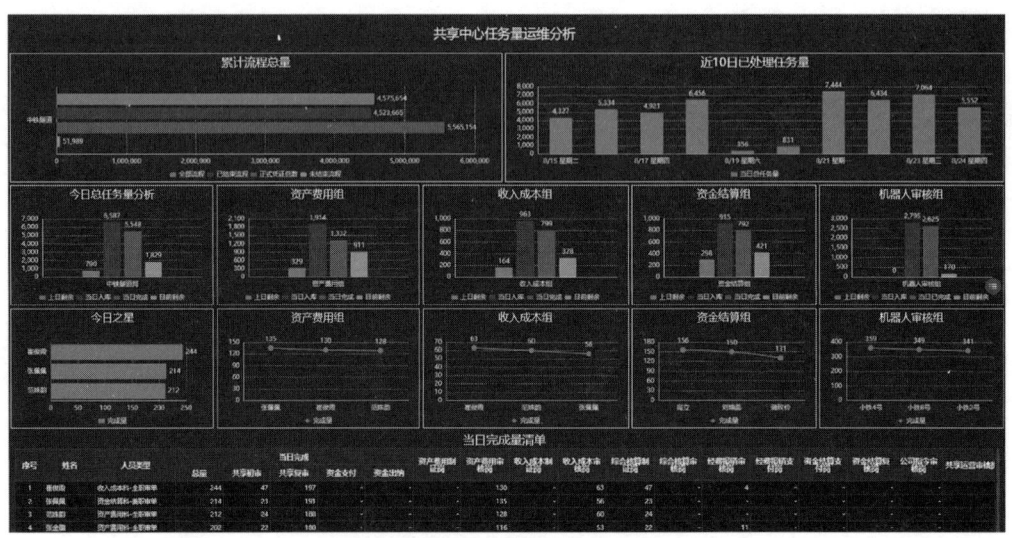

图 12　共享中心任务量运维分析

数据中心-机器人工效监控

效率评估指标

审单任务总量	机器人处理量
待办任务总量	机器人处理时长
已完成任务总量	异常情况

质量评估指标

人机审核一致率	转人工率
人机审核结果统计	流程预警率
人机审核结果分析	

Human-AI协同平台

超时单量	预警单量
数据抓取时长	OCR识别时长
回传处理时长	决策时长

业财共享平台

任务量	通过、驳回、转人工量
人工处理量	人机差异审核意见
机器人处理量	

图 13　智能审单的数据分析架构

结合共享平台数据智能生成的智能审单机器人实时运营报告，设置了机器人处理效率、人机审核一致率、预警率、转人工率等关键指标，可以直观呈现人机处理时长、人机处理的一致性和差异细节、AI 预警比例等。以转人工率指标为例，该指标计算不同业务流程中，机器人因无法自主完成决策，转入人工审核的流程比例，体现了机器人对人工初审工作的直接替代程度。人机协同的智能审单运营分析如图 14 所示。

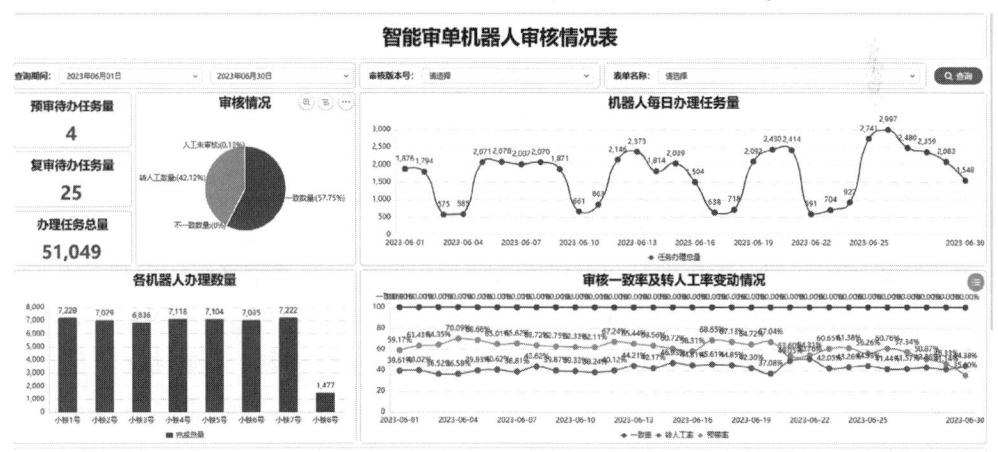

图 14　人机协同的运营分析

3. 实现财务风险智能预警

对于业务数据中风险特征的识别是未来研究方向之一。目前，大多数企业管理者通过经验来评估风险，评估结果可能存在偏差，而数据智能为企业提供了基于数据识别风险的思路。中铁隧道局基于统计的方法已经实现了多种风险预警报表，例如，针对资金管理的账实不符预警、大额对私付款预警、银行账户长期无动态预警等。这些实践正在为智能化的风险预警积累数据，未来可用于机器学习模型的训练，探索 AI 基于数据特征提供的更加智能、及时、精准的风险预警模式。

（六）构建财务数智化管理新模式

1. 转变财务人员数智工作思维

人是决定事情成败的关键性因素。中铁隧道局不断培养财务人员的数智化管理思维。借助形式多样的培训、公众号及"财经大学堂"等内外部学习、宣传平台，通过学习目标管理、学习型团队创建及畅通沟通机制等措施，鼓励财务人员学习前沿信息技术及管理理论，培养财务人员数智化管理思维。

2. 适应新的财务管理工作方式

人机协同的新工作范式为财务团队加入了新的合作伙伴，这必然会调整原有的工作内容、转变既有的工作模式。工作内容上，AI 逐步替代传统财务会计工作，同时完成部分既定规则下的管理会计工作内容；而人则着力于管理会计模型构建、管理会计行为及战略财务。工作方式上，人通过开发各类信息平台及智能机器人来完成重复性、可通过规则固化的财务管理行为，而人自身则着力于运用人类智慧及专家经验来完善提升机器人性能，同时将主要精力投身于机器人无法替代的复杂性工作。以智能审单为例，机器人替代初审岗 70% 的工作量后，富余人员将工作重点放在数据分析、决策建议、过程控制、风险防控等更高附加值的工作上。

3. 重塑财务管理工作组织架构

工作思维的转变、工作内容和工作方式的分工调整，必然带来组织架构的革新，需动态地予以调整优化。以中铁隧道局共享中心为例，在人员总量保持逐步压降的情况下，由原有的共享运维、业务审单岗位，新增了数据整理分析、业财协同项目开发等数据管理岗位，拓展了内外部综合代理记账、出纳业务集中管理、税务管理及咨询等系列业务及工作职能；组织架构也由初始的运营和业务审核单一科室，演化新增了司库管理、税务管理、数据资产开发、综合代理记账等相关科室。

4. 形成新的财务管理工作制度

中铁隧道局重新梳理业务场景，全面识别合规风险，对财务管理模式的变化以制度文件的形式予以固化。为促进业务及流程进一步标准化，发布《项目层业务表单操作指引》《业务表单审核要点》等；为进一步规范会计基础工作，发布《关于规范共享平台常用影像的通知》《关于明确共享业务影像上传及发票录入标准的通知》等；修订《流程管理办法》，将业务场景、审批流程、岗位（人员）职责等重新进行制度规范；修订《业务稽核管理实施细则》，增加审单机器人工作质量的稽核方案，形成防错纠弊的稽核机制；发布《运营质量提升方案》，建立机器人运行评估机制，共享财务、业务财务、战略财务三类人员从各自角度出发，按月对机器人和数据中心的运行情况进行检验、评估，提出优化建议。

四、取得成效

（一）工作分工进一步优化，财务工作效率显著提升

重塑了财务管理工作组织架构，优化了任务分工，部分岗位替代人工效应不断增强、场景不断拓展，实现了财务管理效率的大幅提升。以中铁隧道局为例，近两年来的统计数据表明，智能审单不仅自身单机日均业务处理量是人工的 3~5 倍，而且将复审效率提升了两倍；智能资金支付将原本由数百名基层单位出纳完成的网银制单业务，改由共享中心 7 人完成；智能提单（以差旅费为例）节约人员填单时间超过70%。

（二）数据资产进一步挖掘，数据支撑能力显著提升

流程智能推动了数据治理，实现了数据资产及时性和准确性的大幅提升，而且不断向业务前端延伸，向企业外部数据资产延展，数据资产的维度也大幅扩展，整体数据资产质量得到进一步提升。更优的数据资产质量在数据智能的驱动下，不断拓展应用场景，为业务财务、专业财务及各级管理者提供更精准、高效的数据支持，助力企业数字化决策。

（三）业财融合进一步深化，企业转型升级步伐加快

人机协同的财务数智化转型，形成了基于组织、人员、流程、数据决策分析、风险预警及价值创造等全链条数智化管理模式。通过深化业财融合，成为本企业数智化转型的引领者和推动者。中铁隧道局深入业务管理前端，以资金管理、成本管理等为切入点，带动多个部门实现了一定范围的人机协同，并实现了相关系统的互补增强。实践证明，人机协同的工作范式在提升管理效率、提高工作质量方面有着显著效果，应用范围的不断拓展必将助力企业实现全面数智化转型升级和高质量发展。

（四）管理会计体系进一步完善，经济效益显著提升

信息数据是管理会计体系建设的基础。中铁隧道局自成立共享中心以来，形成大

量数据资产，通过双智能建设持续不断地深化业财数据融合与扩展，运用统计分析方法、建模工具、智能化算法工具等锻炼专业财务数据应用的能力，辅助管理分析及预测。使得管理会计工具通过智能技术实现了升级，在发挥"支撑战略、支持决策、服务业务、创造价值、防控风险"等作用时更为高效，逐渐由人工经验型决策向数字智能化决策转型。以智能审单项目为例，中铁隧道局已从审单业务中释放人员 15名，按照年人均 30 万元费用估算，一年可直接节约成本近 500 万元。

五、经验总结

中铁隧道局财务共享数智化案例的成功应用与实践关键驱动因素，主要体现在以下几个方面。

（一）以问题为导向

以问题为导向，解决现实管理问题，可以凝聚企业最大合力，共同推动智能财务建设。建立领先优势是企业的远期目标，实现更大范围、更高质量的价值创造和价值保护，推动管理会计转型，是企业高质量、可持续发展的有力保障。

（二）以战略为引领

财务共享数智化建设不仅是一种财务管理模式的转变，更是一项具有引领性的组织变革，因此，不仅仅只是财务系统的事情，建设过程中需要各业务系统协同配合，共同推进企业的标准化建设；需要各级管理层高度重视并予以大力支持，甚至上升至企业战略层面，以智能财务建设引领整个企业的数智化转型。

科学、可行的智能财务战略方案是智能财务建设成功的前提，科学的顶层设计为财务管理模式演进指明了方向，更是智能财务建设能够成功的重要驱动因素。中铁隧道局制定了明确的智能财务建设战略规划，向企业全体人员明确传递了智能财务建设目标并对目标进行细分，准确判断了未来管理模式的发展方向为人机协同模式，并制定了详细的建设内容和落地路径。同时，联合业务系统对业务管理行为再次进行了标准化，奠定了业财数据高质量融合的基础。在数据质量不断提高、数据维度不断增加的情况下，为管理层提供了更高质量的管理会计数据，支撑了企业的数字化决策转型，初步实现了以智能财务建设引领整个企业的数智化转型，也在企业全体人员的心中种下了数智化转型的种子。

（三）打造驱动团队

人是决定一件事情成败的关键因素，中铁隧道局用内部选拔和外部招聘相结合的方式以最短的时间组织了一支数字化管理团队，并以智能财务建设为战场，不断培养这支团队的凝聚力和战斗力。内部选拔人员更了解企业现实需求，外部招聘人员更了解数字化、智能化技术方案。内外部人员的整合，让这支团队快速具有了更加贴近管理实践的战斗力。在实施过程中，优选技术合作伙伴，在定制化和成本之间形成最优方案，通过和技术团队形成新的合作模式，实现了双方的双赢局面。建立优良的问题解决机制，以单个问题的创新性解决，确保了团队大目标的实现。

（中铁隧道局集团有限公司　李献林　范站军　郑　骞　胡　婧
杨红军　古文锋　罗明茗　马一鸣　谢　天）

工程项目效益数字化管控体系建设应用

【摘要】 国务院国资委在 2022 年印发实施的《关于中央企业加快建设一流财务管理体系的指导意见》中明确指出，完善智能前瞻的财务数智体系，积极探索依托财务共享实现财务数字化转型的有效路径，推进共享模式、流程和技术创新，从核算共享向多领域共享延伸，从账务集中处理中心向企业数据中心演进，不断提高共享效率、拓展共享边界。为进一步突出财务管理"支撑战略、支持决策、服务业务、创造价值、防控风险"的功能作用，中铁电气化局基于财务共享管理模式，聚焦工程项目主业，围绕工程项目效益预算目标、成本控制、过程分析、风险防范与纠偏、绩效考核等环节存在的问题，充分发挥财务共享数据源优势，通过数字化技术的应用，建设科学的管理会计信息系统，串联工程项目效益全过程管理，搭建一套运行效率高、风险防范强、赋能价值高的数字化管控体系，推动业财数据融合利用，打造成为中铁电气化局工程项目效益管理最为重要的管理工具，并以此辐射提升工程项目建设质量管理，推动企业走上高质量发展道路。

一、背景描述

（一）基本情况

中铁电气化局集团有限公司（以下简称"中铁电气化局"）是世界企业和世界品牌双 500 强——中国中铁股份有限公司的全资子公司，于 1958 年伴随着中国第一条电气化铁路——宝成电气化铁路的建设而诞生，现已发展成为集工程建设、勘察设计、科研开发、工业制造、试验检测、工程监理、物贸物流、运营维管、房地产开发、投融资"十位一体"的大型企业集团。作为世界一流的轨道交通系统集成企业集团，参建了我国 70% 以上的电气化铁路，60% 以上的高速铁路和 70% 以上的城市轨道交通建设。中铁电气化局具有铁路工程、建筑工程施工总承包特级资质，具有机电工程、通信工程、市政公用工程、电力工程等 26 项施工总承包资质和 33 项专业承包资质，具有 5 项甲级设计资质及运输、测绘、试验检测等多项资质。

（二）管理现状与问题

为推进工程项目效益管理，中铁电气化局发布了工程项目成本管理、施工分包管理、绩效考核等系列管理办法，明确了集团公司、子分公司、项目部在工程项目效益管理方面的职能定位，确定了"优揽、精管、细算、足收"的工程项目总体管理思路，通过成本预算责任化、激励经营创收创效等措施调动各层级主动开展"开源创效、降本增效"的管理活动，一定程度上保障了集团公司工程项目整体经济的有序运行。但是，在取得一定项目效益的同时，对标行业先进企业，剖析管理现状，与企业高质量发展、项目科学管理的要求还存在一定差距，具体表现在以下方面。

1. 工程项目效益存在提升空间

（1）工程项目整体利润率不高。对标行业同类型的一流企业，集团公司近几年工程项目整体净利润率相对较低，在工程项目效益管理上还有较大提升空间。

（2）工程项目效益管理不均衡。集团公司工程项目地域分布广、管辖机构与管理团队不一，造成不同工程项目管理团队能力与水平参差不齐，同质项目实现效益结果差异较大，管理短板问题严重侵蚀着企业整体效益。

（3）工程项目效益管控不完善、集团公司在 2021 年初有 1 800 余个未销号的工程项目，数量较多，管理投入往往侧重于重点项目，对于零小项目、收尾项目的管理有所忽略，清收工作久拖不决，相关成本持续发生，不能实现颗粒归仓，项目前期利润持续被消耗。

2. 工程项目效益管理未成体系

（1）项目预算目标体系不健全。项目开工前，集团公司依据统一定额、子分公司内部管理定额分别给各项目下达标准利润目标和责任利润目标，但缺乏过程预算目标，且预算科目体系与核算科目体系不一致，无法在过程中开展执行追踪。

（2）项目成本控制体系不完善。在成本控制方面，一是控制端未衔接预算目标，对项目成本管控治理往往是"头疼医头、脚疼医脚"，极易形成"摁下葫芦冒起瓢"的现象，影响管控效果；二是控制端未对接预算科目，管控主体不明确，出现管理失位，出现问题后相互推诿；三是控制端未实施系统管控，人工统计效率较低，控制的及时性与准确性无法得到保证。

（3）项目效益过程分析体系不完整。在过程分析方面，一是缺乏完整的分析指标体系，无法构成项目效益立体描述分析数据；二是缺少统一的管理标准，无法开展同质项目对标、预算执行情况对比；三是缺少自动化分析管理工具，阻碍了分析的常态化开展。

（4）项目风险纠偏体系不及时。在风险纠偏管理方面，一是风险预警不及时，无法针对性地实施风险预警，往往发现问题在损失"无可挽回"的阶段；二是风险纠偏管理追踪力度不足，相关管理团队收到预警风险处置通知后，未有效分析，未及时实施纠偏，导致风险不断叠加。

（5）项目绩效考核体系不闭环。受预算编制与控制脱节、预算分析依据不充分等问题影响，工程项目效益绩效考核的导向作用无法得到有效发挥，项目整体绩效考核往往依赖项目管理团队与上级绩效考核团队的沟通，项目内部绩效考核因缺乏内部标准与执行对比数据，出现绩效考核失衡，不利于实现项目效益正向闭环效应。

3. 管理信息化建设有待优化

在项目效益信息化系统建设方面，一是未实施统一规则的信息化配置，缺乏统一的主数据，尤其是业务与财务系统分属不同的部门管理，在不同阶段搭建，造成业财系统割裂，形成数据孤岛；二是数据未实施标准化管理，尤其是业务与财务在成本管理科目口径的差异，阻塞业财数据的融合通道；三是存在重复开展数据，低效投入，同一指标在不同系统的数据值差异同时影响管理决策质量。

集团公司上述工程项目效益管理现状与问题，加上施工建筑业市场竞争日趋激烈、项目利润空间趋薄的影响，要想持续健康发展，就必须实施工程项目效益管理挖潜，以数字化技术赋能推动企业经济可持续发展。

（三）选择数字化技术应用的原因

1. 数字化时代提供了条件，技术已然成熟

从信息化建设、互联网发展到"互联网＋"的应用，再到如今数智时代的来临，从企业应用到政府治理，数字化俨然已经带动了新的产业革命，数字赋能价值日益凸显。各行各业都投身到数字化转型之列，对于建筑行业、建筑企业，如何把握好时代脉搏跳动，找寻自身企业发展路径，利用好数字化工具，推动企业实现高质量发展，迫在眉睫。

2. 数字化工具提供了载体，应用呼之欲出

中铁电气化局工程项目效益暴露出来的种种问题，很大程度受制于信息化程度不够高、系统建设缺乏集成、数据管理不规范、数据共享应用能力不足等因素，因此，科学应用数字化工具，解决项目效益全过程管控的问题，提升管理效率，成为建筑施工企业寻求提质增效的重要手段。

二、总体设计

（一）管理目标

立足自身实际，集团公司围绕工程项目效益管理难点、痛点，把握数字赋能主题，通过数字化技术应用，构建预算目标管理体系、成本控制管理体系、运行监测分析体系、风险纠偏预警体系、绩效考核管理体系，打造了一套全流程覆盖、全数字化

参与、智能化应用的工程项目效益数字化管控模式，助力工程项目效益提升。

（二）总体思路

1. 通过数字化技术应用构建科学预算目标管理体系

以预算目标为导向，从收入、支出、利润三个维度设置工程项目效益全周期总目标、过程追踪目标，以信息系统为载体，推进预算核定科学化、预算数据透明化、预算管控责任化，构建形成数字化的预算目标管理体系。

2. 通过数字化技术应用构建刚性成本控制体系

在统一业务与财务成本管理口径的基础上，借助数字化技术把业务系统的预算数据嵌入财务共享系统，实施成本的系统自动化控制，推动前端卡控，以业财数据融合连通业财业务联合，建立数字化的工程项目成本业财联控管理机制。

3. 通过数字化技术应用构建动态分析监测体系

以大数据分析技术为基础，以业务系统、财务共享系统为支撑，整合预算与执行数据形成数仓，以多周期、多维度的指标体系建设为载体，搭建多媒介展示、多样式展现的工程项目效益大数据分析平台，对工程项目效益开展立体的、实时的、自动化的监测分析，为多层级管理团队决策提供强有力的数据参考。

4. 通过数字化技术应用构建风险预警纠偏体系

依托大数据分析技术、信息化系统流程技术，实施"风险自动化预警 + 纠偏流程化追踪"的风险预警纠偏管理模式，确保工程项目效益风险管理常态化、防控过程化，有力遏制效益流失。

5. 通过数字化技术应用构建透明绩效考核体系

依托大数据分析技术，对工程项目建立多指标、透明化、体系化的绩效考核体系，并通过工程项目效益绩效考核导向推动各层级管理团队主动开展管理提升，主动实施风险纠偏，最终完成效益目标。

（三）应用的管理会计工具与其核心内容

1. 建立"统一 + 标准"的管理会计信息系统

在管理会计信息系统建设方面，集团公司立足自身实际，坚持系统集成、数据共享、规则可配、灵活扩展、安全可靠的管理会计信息系统建设和应用的原则，统一了工程项目口径，为工程项目的数据贯通"牵线搭建"；统一了数据管理标准，为数据的多次系统内复用、跨系统调用奠定基础；实施了系统集成，不断积累数据资产。

2. 实施"导向＋计划"的预算目标管理

立足工程项目特点，分别以工程项目合同经营、成本定额、施组计划为基础，建立以经营效益倒逼管理效益的预算目标、以成本定额核定过程绩效的预算目标以及以施组计划形成业务关联的预算目标。对预算管理目标划定全周期管理目标、年度管理目标、季度管理目标、月度管理目标，并将成本预算目标切分为人工费、材料费、机械费等科目明细，为工程项目预算的精细化管理奠定数据基础。对预算目标管理实施信息系统配置，上游连接生产系统、定额库，下游连接跨系统数据交互使用平台。

3. 实施"刚性＋动态"的成本控制管理

以财务共享系统为基础，以预算余额为限，校验成本费用发生，对工程项目成本实施"月度＋刚性＋不滚动"的过程控制管理策略，倒逼各层级尤其是项目层管理团队树立成本预算意识，强化预算编制水平，强化施组优化的主动性，通过"节流"实现"创效"。同时，围绕项目施组作业调整，对过程预算实施动态流程化审批，让过程预算更加贴近业务实际需求。

4. 实施"算法＋模型"的过程监测分析

通过经济业务协同平台整合多系统、海量的工程项目效益数据，搭建多层级的工程项目效益大数据分析平台，实现可视化展示。平台由指标算法与数据模型共同构成。将项目效益管理拆解为收入、成本、利润、计价、资金等多类指标，围绕板块、区域、周期等维度建立组合化的数据模型，实施标准化的数据驾驶舱、个性化的管理报表配置，全面满足工程项目效益过程监测分析的需求。

5. 实施"预警＋闭环"纠偏的风险管理

以大数据分析平台、办公系统为依托，对工程项目效益风险进行自动化预警和流程化纠偏管控。对工程项目效益出现的风险点进行指标设定，明确标准管控值，导入大数据分析平台，对指标发生值与标准管控值进行自动化校验，偏离标准值纳入大数据分析平台的预警区域。同时，通过办公系统自动接收预警信息，各级管理团队围绕风险预警问题开展原因分析、实施管理纠偏。

6. 实施"透明＋公正"的绩效考核管理

对工程项目效益相关指标值全过程透明化，相关的管理主体能够实时掌握工程项目效益目标执行状态。对工程项目实施工程项目超额利润奖励机制，透明绩效考核调动各层级管理团队创收创效的主观能动性。

（四）实施管理工具的创新点与实用面

1. 推动管理会计工具全面落地

基于效率提升、数据赋能的定位，以信息化系统技术、数据跨系统交互使用技术、大数据分析技术等数字化技术应用为底座，串联工程项目效益管理的"预算目标确定、成本过程控制、运行监测分析、风险预警纠偏、绩效考核"全过程，实现了多类管理会计工具在数字化技术应用背景下得到全面落地。

2. 数字化体系建设与管理体系完善协同推进

在推动管理会计信息系统建设和应用过程中，统一了数据管理标准，对数据的采集、共享引用、审核流程做了明确要求，一定程度上推动了管理制度表单化、流程化，推动了管理行为的规范化，通过系统反哺管理，实现系统建设与管理升级的协同推进。

3. 建立多层级、多维度、可视化的大数据分析平台

在开展大数据分析平台建设时，中铁电气化局围绕集团公司、子分公司、项目部等多层级，围绕项目所属板块、所属区域、管理状态等多维度，按"指标＋表格＋图样"数据展示思路精心设计，为管理决策者配置相关的数据决策参考平台。该平台主动对接决策参考需求，相关的管理团队能够依据平台内容发现问题、发现机会、持续提升，减少数据支持决策的"曲线"。

4. 聚合数据推进数据赋能迭代升级

系统打破了单系统业务数据界限，立足现有系统零散分布的现状，实现了业财数据跨系统交互使用。在财务、商务组合使用的基础上，物资、法务等多类数据不断聚合，不断积攒数据资产，推动决策参考功能的迭代升级。

三、应用过程

（一）项目准备

1. 成立建设管理组织

为全面领导、精心策划、科学推进工程项目效益数字化管控体系建设管理工作，2021 年初，中铁电气化局成立了工程项目效益数字化管控体系建设管理领导小组，组长由集团公司党政正职领导挂帅担任，副组长由集团公司总会计师、总经济师担任，集团公司财务部、商务管理部、物资部、信息技术中心等部门负责人为组员。领导小组下设办公室，由财务部牵头组织相关经济部门为具体业务管理办公室，由财务共享服务中心牵头组织成立系统建设开发团队。各子分公司、项目部领导及相关经济业务部门负责人组成具体管理团队，作为相关的应用主体，负责工程效益数字化体系管理运行工作。

2. 建立相配套的工作机制

（1）建立统一的成本定额管理标准机制。在数字化体系建设过程中，集团公司组织专家对近三年工程项目历史成本数据进行了分析梳理，对现有定额体系修订完善，建立了涵盖全集团各业态、各成本要素的统一定额指标体系，确保项目成本定额在集团公司"一把尺子量到底"。同时，各子分公司商务管理部围绕自身业务特点、企业内部管理标准，建立了本公司的成本要素定额，为开展责任化的预算目标核定奠定基础。

（2）建立分工明确的预算目标管理机制。对预算管理实施流程化管控，工程项目成本预算管理权限集中在集团公司，工程项目成本预算一经审核批准，子分公司、项目部无权调整，强化预算的严肃性。项目管理团队围绕预算缺口，制定相关纠偏措施，把相关调整事由纳入预算调整方案，通过实施流程化预算调整申请报集团公司审批后方可使用。对于零小工程项目（合同额 1 000 万元以下的工程项目）年度预算、非零小工程项目月度预算分配权，集团公司授权子分公司进行调整审批，集团公司履行监管职能。

（3）建立风险动态预警与定期督导机制。以项目效益相关指标为基础，设置预警标准值，实时监测成本状态和异常波动。当实际值触及预警标准值时，相关管理团队能够自动接收到预警信息，及时开展分析纠偏。集团公司、子分公司、项目部定期召开工程项目效益运行工作例会，围绕风险预警项，对项目风险纠偏情况进行督导检查，实现有风险必预警、有偏差必纠正。

（4）建立工程项目成本刚性管控机制。对所有未销号的工程项目实行成本预算刚性控制策略，非收尾项目围绕施组作业安排开展常态化的预算管控，对收尾项目实施"额度管控、限期使用"的预算管控策略。项目收尾结束后，不允许发生任何成本费用，堵住效益流失，以确保项目最终目标利润的实现。

（5）建立工程项目超额利润奖励机制。以工程项目"揭榜挂帅"为抓手，强化目标利润导向，同时发布了工程项目超额利润奖励管理办法，调动工程项目管理团队优化施组、强化管理、开源节流等积极性，对超额实现目标利润的管理团队进行超额利润奖励兑现。

（二）落地方案

为保障工程项目效益全过程体系运行通畅，中铁电气化局统一了数据规则标准，建立了预算目标管理系统（管理三化平台），在财务共享系统中配置了预算控制模块，通过建立经济业务协同平台整合财务、业务数据搭建了大数据分析平台（经济运行监控分析预警系统，以下简称"预警系统"），实现工程项目效益全过程管理系统化、数据使用共享化、数据资产价值化，如图 1 所示。

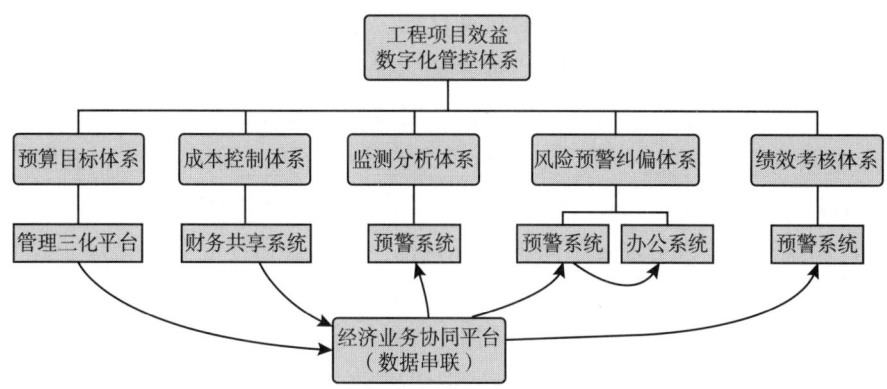

图1 工程项目效益数字化管控体系

1. 统一数据口径与标准

基于业财系统独立部署的现状，为实现业财数据融合的目标，中铁电气化局公司一是统一了工程项目编码规则，对工程项目进行跨系统映射，实现工程项目"诞生"的统一；二是统一数据管理标准，成本口径统一确定为财务核算口径，对工程项目效益指标采取部门归口管理，归口管理部门发布指标定义解释，明确具体数据来源，实现一次采集多次复用、跨系统调用；三是实施数据集成管理，搭建经济业务协同平台建立数据仓，聚拢多系统的海量数据，通过该平台实现数据组合应用；四是强化主数据使用要求，不断积累数据资产。

2. 建设管理三化平台的预算目标模块（见图2）

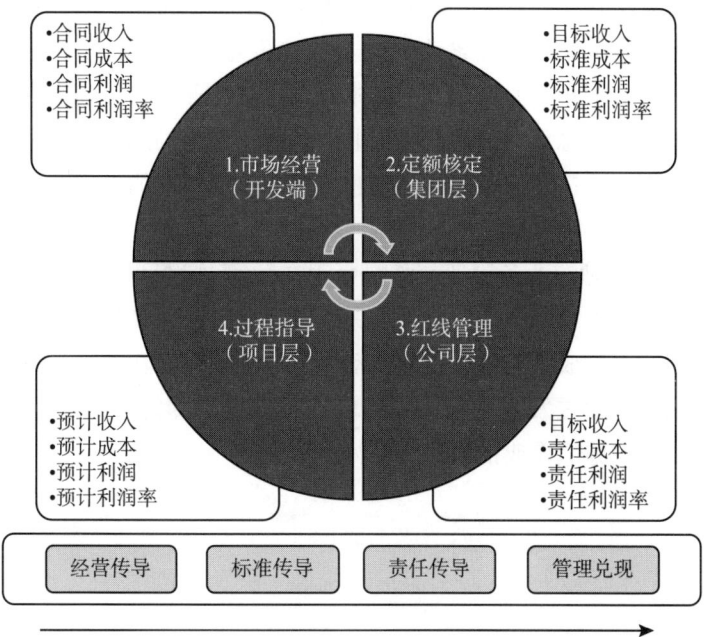

图2 工程项目预算管控目标结构

（1）以经营效益倒逼管理效益的预算目标。项目合同经营决定了其效益的天然"体质"，如何把优良"体质"做大，或是把非优"体质"补强，都需要通过管理提升来实现。中铁电气化局建立以市场经营合同效益倒逼管理效益的预算目标，促使"向上"管理姿态，透明合同利润，分离"天然体质"与"后天努力"，迫使工程项目效益管理主体围绕管理效益目标主动开展施组优化、管理提升。

（2）以成本定额核定过程绩效的预算目标。集团公司建立"一把尺子量到底"的标准成本定额。该定额为集团公司对近三年工程项目的成本数据总结，结合工程项目扩大分部分项形成标准成本预算。同时，结合在过程中变动的目标收入形成标准利润，作为集团公司指导下层子分公司开展责任利润的底线基础。

各子分公司围绕各自内部管控定额，以工程项目分部分项作业为基础，下达各工程项目责任成本预算，结合在过程中变动的目标收入形成责任利润预算，作为各项目部开展项目施组计划安排的成本红线、利润底线。将该成本目标作为项目成本过程执行监控、分析、预警的基础值。

（3）以施组计划形成业务关联的预算目标。各项目部围绕项目施组作业安排、物料机采购计划、作业方式选择等，在子分公司核定的责任成本基础上编制形成项目各周期成本预算，把额度落地到具体的分部分项作业，分解到月度时段，促使施工组织计划推进与成本预算保持时间上的联系，为预算过程执行、分析奠定基础。

3. 运用财务共享系统实施成本过程控制（见图3）

（1）实施成本过程刚性控制。在确定成本预算过程目标的基础上，在财务共享系统对预算实施过程预算的执行校验控制。为强化预算意识、提升预算管控效率，中铁电气化局对所有项目实施月度预算刚性、不滚动的控制策略。项目部业务部门在发起相关的成本列账表单时，本月累计（含本次）发生的金额超过本月预算时，无法启动表单发起程序，把相关的超预算的成本部分隔离在业务层。为实现成本准入，相关的业务人员须提前构思预算安排，或因非原预算范围内的成本事项及时启动预算调整程序。成本预算过程控制体系的建立遏止了成本失控情况的发生，强化了项目部人员的预算意识。

（2）推进成本管理向业务管理前移。由于在预算过程目标核定时实现了业务与预算的透明化关联，项目部围绕业务计划的调整而启动的预算指标调整工作变得更加有序，项目部因为刚性成本控制而更加主动实施业务优化。在工程项目施组作业推进的同时，相关成本也随之发生变化，项目成本数据变动即能够透视相关施组作业推进，成本管理工作与施组作业推进工作变得更加紧密。

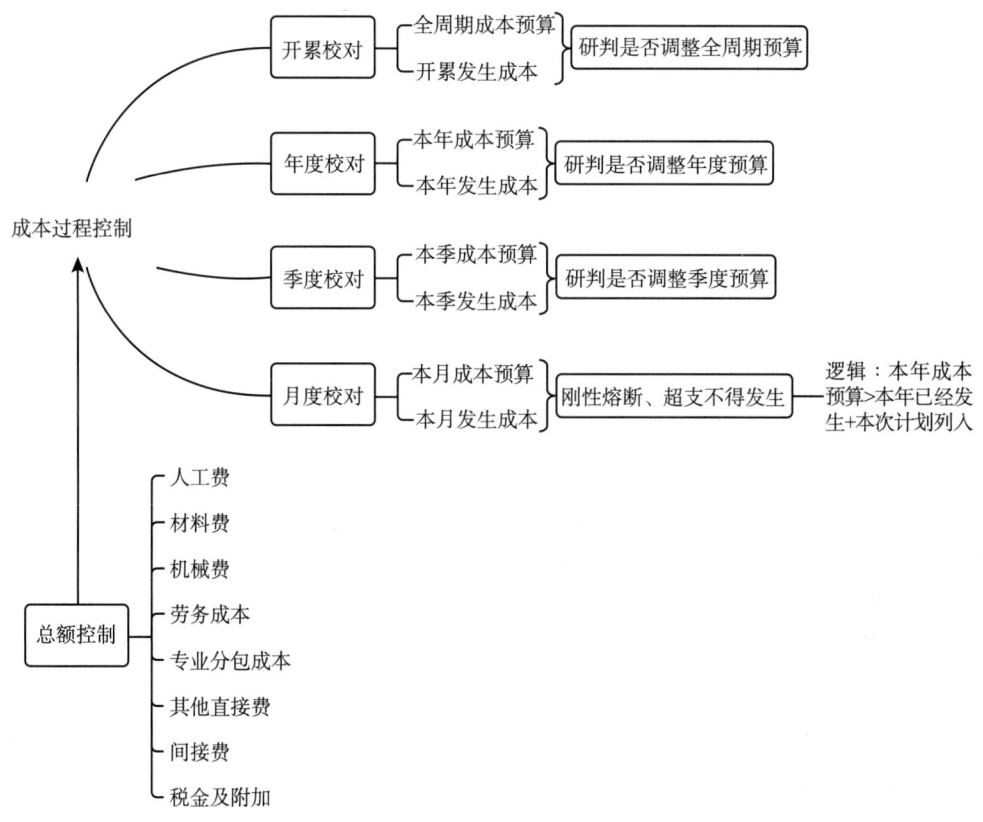

图3 工程项目成本过程控制逻辑

4. 通过预警系统开展项目效益监测分析（见图4）

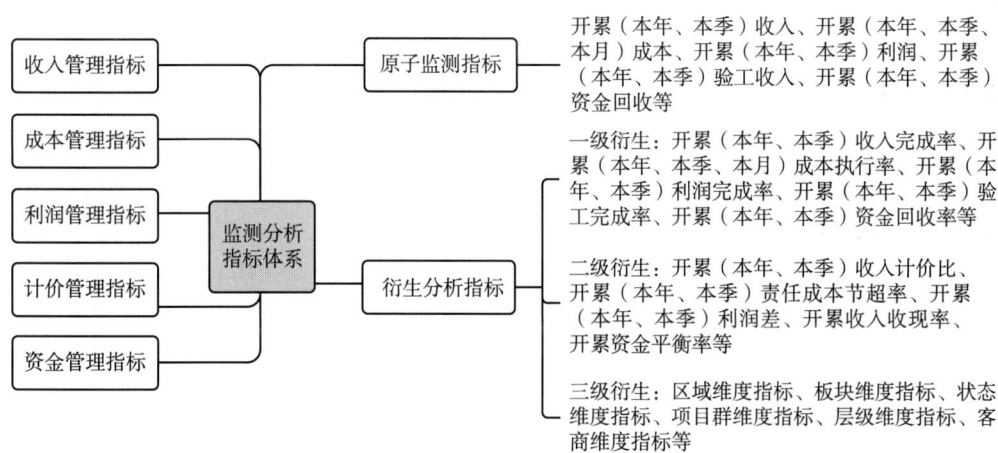

图4 工程项目效益监测分析体系

（1）开展成本预算过程执行监测分析。成本过程监测分析是成本控制的重要补充。中铁电气化局在预警系统建立了覆盖全周期、年度、季度、月度的总成本指标体系与明细科目指标体系，具体包括：开累（本年、本季、本月）成本、开累（本年、本季、本月）人工费（材料费、机械费等）等原子指标；成本预算执行率、责任成本计价、责任成本节超额、开累成本明细构成等衍生指标。通过建立预警系统一方面实现了成本管理过程的透明化，倒逼项目管理团队主动作为，科学规划成本预算，优化成本管理方式；另一方面建立了数据与业务的协同分析机制，推进预算过程调整，不断优化目标核定与过程执行。

（2）开展多维度的盈利监测分析。项目效益目标的实现一方面依赖在工程项目施工过程中，与项目业主对施工作业的内容确权，调增调价，做大收入；另一方面依赖成本控制，降本增效，最终做大项目利润。为实施动态盈利监测分析，中铁电气化局在预警系统中建立了项目盈利指标体系，配置了"开累（本年、本季）收入""开累（本年、本季）利润"等原子指标，配置了"开累（本年、本季）收入完成率""开累（本年、本季）利润完成率"等衍生指标。对项目盈利实施监测分析，既为相关管理团队提供项目的效益过程实现情况，从而有针对性地进行管理优化调整，又为项目效益最终兑现提供了依据。

（3）开展实时性的"两金"监测分析。为更加立体地监测分析项目效益，中铁电气化局引入"两金"监测分析指标体系，配置了"开累（本年、本季）验工计价收入""开累（本年、本季）业主拨款"等原子指标，配置了"开累（本年、本季）收入计价比""开累（本年、本季）资金回收率"等衍生指标。预警系统整体数据实现了每两个小时更新一次。开展"两金"监测分析既是为了从收入确权、资金回流的角度再次验证项目效益的质量，又为了督促项目尽快验工计价，推动资金尽快回流。

（4）打造层级化的效益监测分析平台。预警系统主要围绕集团层、公司层、项目层三层用户职能构建监测分析指标体系。集团层主要履行标准利润的核定、过程指导、风控与纠偏监督的统筹职能；公司层主要履行责任利润的核定、过程指导、风控与纠偏督导的管理职能；项目层履行项目效益的主体职能。针对不同的层级，在预警系统配置了不同的页面，集团层、公司层、项目层可以自上而下层层穿越访问，权限对等配置，保障数据安全使用。同时，围绕不同层级用户的关注重点配置了不同的指标组合样式，实现定制化的界面内容设计，打造层级化的数据监测分析平台。

5. 运用预警系统、办公系统开展风险预警纠偏（见图5）

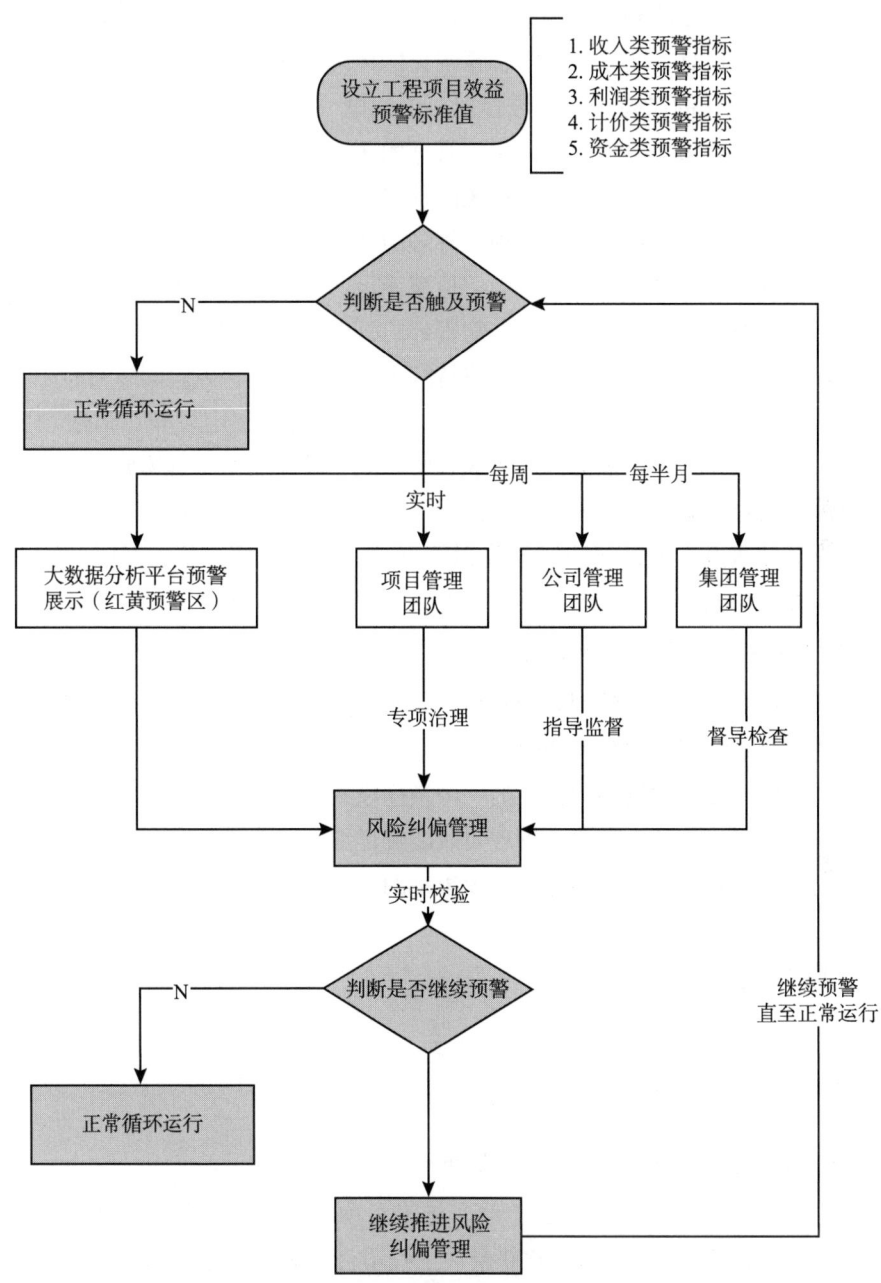

图 5　工程项目效益预警纠偏

（1）建立标准化的风险预警指标体系。为推进项目效益数字化的风险预警纠偏管理，中铁电气化局围绕工程项目效益配置了"责任成本超支""项目利润亏损""资金回收率低"等20余项风险预警指标，对相关指标按风险严重程度设置黄色预警标准值、红色预警标准值。项目运行过程中，一旦某项指标触及预警标准值，会自动启动预警。相关管理团队在预警系统的红色或黄色预警区查阅预警信息，其办公系统的消息弹窗就可以接收到预警消息，集团层、公司层管理团队可以掌握到所辖所有工程项目风险预警信息，实施针对性、系统化的风险纠偏改进督导。

（2）开展流程化的风险纠偏督导管理。中铁电气化局对风险预警纠偏处置配置了流程化表单，相关预警事项一旦发生，管理团队会在办公系统接收到风险预警处置单。集团层管理团队每半月接收到一次风险预警汇总消息提醒；公司层管理团队每周接收到一次风险预警汇总消息提醒；项目管理团队将在风险预警发生时实时收到风险预警处置单，并分析风险问题产生原因，检视不足，找出解决措施，并实施纠偏。各层级管理团队由财务部门、商务部门、物资部门、生产部门等部门人员共同组成。纠偏动作一旦成效，自动解除预警，否则将持续预警，直至预警风险问题销号。

（3）发布运行风险预警纠偏管控制度。中铁电气化局制定发布了风险预警纠偏管理办法，涉及风险纠偏组织的成立和职责的明确、风险纠偏的具体要求、风险纠偏的考核管理等内容。集团层、公司层按月召开经济运行例会，对预警事项进行专项通报，并形成督导通报。项目部围绕风险预警事项，开展专项分析，及时实施纠偏治理，并将相关的纠偏治理结果层层反馈到上级管理团队，实现风险的闭环管理。

6. 运用预警系统透明绩效考核管理

为调动项目管理团队创效创利积极性，切实提升项目效益，集团公司对工程项目实施超额利润奖励制度。超额利润奖励制度是对项目最终实现利润超过目标利润的部分，在公司与项目部按比例共同分享的一种激励模式。预警系统对各项目超额利润的计算构成予以透明化管理，相关的管理团队能够详细掌握形成超额利润的数据逻辑构成，透明化的超额利润奖励能够起到持续激励的作用。

四、取得成效

（一）应用成效总结

1. 经济效益整体提升，补齐管理短板

中铁电气化局2022年1月全面上线实施工程项目效益数字化管控体系，全部工程项目纳入系统管理，目前在库2 000余个工程项目。运行一年多以来，项目效益得到明显提升。2022年工程项目平均实现利润率较上年增长1.09%。集团公司工程项目的验工计价及时性得到显著改善，项目创收率超出年度目标2.44个百分点，创效率超出年度目标0.65个百分点，资金存量较历史同期明显提升。同时，由于工程项目成本管控不到位导致的效益流失问题得到有效遏制，整体经济管理健康有序运行。

工程项目效益数字化管控体系提供了标准化的管理"样本"，有效地解决了项目所属公司分布不均、项目分布区域广、人员管理水平不平衡导致的短板效益流失问题，各层级管理团队通过集团公司搭建的工程项目效益数字化管控体系开展项目效益的标准化管理。2022 年，系统累计推送风险预警信息 2 218 条，累计推动纠偏整改 600 余项，大大降低了管理短板造成的效益管理风险问题。同时，数字化管控体系透明了过程数据，实现数据共享，减少不同层级信息不对称引发的管理监督滞后问题，推动各层级共同致力于实现效益目标，增强目标协同管理效应。

2. 借助数字化形成闭环的项目效益管控体系

工程项目效益数字化管控体系从收入、成本、利润、计价、资金等角度实施了一系列管理动作要求。在目标收入指标驱动下，相关经营开发团队主动与业主开展施工合同的"应签尽签"；在成本预算刚性卡控驱动下，项目管理团队从预算编制、预算控制、预算调整等多环节，从人、料、机等多费用类别开展了一系列优化改进动作，成本浪费、收尾项目利润流失得到全面封堵，真正实现了预算指标管理的系统化落地；在利润指标驱动下，各层级管理团队实施动态追踪分析，主动增收节支，部分项目潜亏势头得到扭转；在计价指标驱动下，商务部门按相关节点与项目业主开展收入确权，久竣未结治理成效显著，2022 年中铁电气化局收尾创效率较上年提高 0.48 个百分点；在资金指标驱动下，财务部门按合同要求，加速资金回收，努力实现项目资金自平衡，确保利润的"含金量"。工程项目效益数字化管控体系串联了预算目标、成本刚性控制、过程监测分析、风险预警纠偏以及绩效评价管理，透明了所有过程数据，实现了不同环节间的数据衔接与互动，以数据成因串联工程项目效益管理全动作，实现了环环相扣、螺旋提升。数字化管控体系让各层级管理团队从对工程项目的"病号"管理向"强健"管理转变，倒逼理念根植全员，倒逼管理提升。

（二）应用成效评价

1. 数据资产赋能价值得到迭代

中铁电气化局借助工程项目效益数字化体系建设，积累了大量数据资产，并实施组合运用。一是完善了工程项目成本管理定额，为核定报价底线、确定标准成本预算提供了数据基础；二是畅通了财务系统、商务系统，聚拢大量数据，未来逐渐畅通与物料机管理、生产管理等系统的连接，推动数据聚合，增强决策支持力度和厚度；三是通过引入管理标准值，建立多类别风险预警数据模型，从风险"苗头""迹象"中强化提前研判能力，增强风险防范、风险应对能力；四是在建设过程中，倒逼企业管理主数据的形成，规范数据标准，畅通数据流通路径，实现数据流、业务流、价值流的健康循环。

2. 工程项目效益模式得到认可

中铁电气化局工程项目效益数字化管控体系是建立在信息化系统、数据跨系统交互使用技术、大数据分析技术等数字化技术应用基础上，围绕工程项目效益全过程而展开以数据为驱动力的"革命"，该模式适用于所有以项目预算和问题纠偏为导向、以过程管理为重点的工程项目，应用的数据量会随着企业工程项目效益管理深化而不断增大，同时适用于工程项目效益管理基础扎实和管理基础薄弱的组织。同时，系统具有一定的可伸缩性，既适合工程项目效益集群化管理，也适用于单个项目的具体管控。基于高效的系统运行、简洁的设计布局、长远的价值赋能，中铁电气化局工程项目效益数字化管控体系在服务建筑施工企业高质量发展方面具有较好的参考借鉴价值。

五、经验总结

（一）工具应用的基本条件

1. 科学的工程项目效益预算编制

工程项目预算既是工程项目效益管理的目标，又是过程管控的指导。只有科学的工程项目预算编制，才能支撑业务推进、效益目标完成的作用。相关层级管理团队应具备一定预算编制的能力，掌握相关项目的施工生产业务，熟悉成本定额。

2. 业财融合的管理体系的建设

业财融合是工程项目效益数字化管控体系运行有效的关键因素，需要统一业财数据标准，规范数据管理口径，实现业财系统对接、业务对接，增强多部门间的业务协同。

3. 具备一定的信息化系统应用基础

数据的赋能作用发挥建立在数据量基础上，而数据量来源于信息化系统的积累。工程项目效益数字化管控体系的构建依赖信息化系统实施预算目标的采集、收集与整合，依托信息化系统实施成本预算自动化的控制，依托信息化系统实施风险纠偏的闭环管理。

（二）工具应用成功的关键因素

1. 顶层精心设计，自上而下全面推进

数字化技术应用到工程项目效益管理是一次重大的企业管理改革，需要以全局视角对工程项目效益管理过程中各方面、各层次、各要素进行统筹考虑，需要协调各种关系，需要精心设计，需要顶层全力支持参与。在推行应用过程中，要实现数字化应用效果，就需要自上而下形成用好系统的合力，建立多层级、多部门联动的管理机制。

2. 业财部门联动，形成齐抓共管机制

在工程项目效益管理过程中，业务部门和财务部门是相辅相成的部门，需要建立业财联动的工作联调机制。一是搭建数据共享平台，减少信息不对称；二是统一管理目标，对部门业务边界进行梳理，实现共管、共治的良性互动；三是建立积极的反馈机制，分享相关的管理成果与不足，推动共同发展。

3. 数据透明化，管理追踪过程化

大数据分析平台充分运用驾驶舱展示技术和管理报表配置技术，自动分析工程项目效益情况，通过关键数据、表格数据、趋势图、构成图等实现对项目效益全貌展示，在不同的层级配置相应的关键指标，从不同维度掌握项目成本管理情况，全面满足各类需求。

4. 实施制度保障，确保体系有效运行

中铁电气化局发布实施了项目预算管理、成本控制管理、经济分析管理、超额利润奖励管理、系统推行与考核管理等制度，明确各职能部门在工程项目效益管理中的职责、管理的流程要求、管理的标准要求以及奖惩措施，保障了体系运行的有效性。

（三）改进应用效果的思考

1. 数字化技术提供了高效管理的载体

数字化技术是盘活管理、提升效率的有效工具，各信息系统的搭建应基于统一的设计，实现纵向环节的环环相扣，实现横向端口的数据共享。在数字化技术应用背景下，工程项目效益管理需朝着标准化、体系化、高效化不断前进。

2. 系统建设与业务管理的彼此协同优化

系统建设建立在业务管理土壤的基础上，需要不断完善组织机制、优化业务流程、改进企业文化，但同时，系统的建设又反哺带动业务管理，推动业务朝精细化方向前行，减少重复、低效业务投入，规避"矛盾"业务的发生。系统的建设与业务的管理需要在相互支撑中推动彼此提升，实现正向循环。

（四）可持续改进的建议

1. 增强预算编制能力，强化过程管控体系

管理提升是一个渐变的过程，需要不断积累经验，才能逐渐掌握业务内核实质。预算编制作为工程项目预算管理的基础，需要相关的管理团队，不断强化对业务的认知，增强对各类影响因素的把控能力，以更加准确地预算编制、更加高效地预算执行，增强项目创收创效能力。

2. 深挖数据价值，增强决策支持力度

随着数据的积累量、数据的成熟度、数据的类别不断累积，数据赋能作用将逐步增强，对工程项目效益的描述将随着指标的多样化、多维度变得更加生动立体。中铁电气化局将继续围绕工程项目效益的全周期管理，前端迈向经营源头，中端加大多系

统的数据集成，后端拓展数据的总结再使用，不断精细大数据分析平台的展示与查询，提升数据决策支撑价值。

3. 强化风险预警防范，从标准化走向个性化

基于每个工程项目所面临的环境、本身"基因"不同的特点，对于工程项目效益风险预警管理，需要在统一标准化的指标基础上，兼容项目的特殊性，做个性化的指标配置，形成更具针对性、更有深度的风险预警防范体系。

4. 提升分析报告质量，从数据服务走向管理服务

随着管理经验的不断积累，利用数字化技术实现多类指标组合分析，形成更具针对性的管理改进建议，自动生成相关的分析报告，提交到相关管理团队，真正从数据服务走向管理服务，从后台分析开始走向前台管理，将"数字治项"真正落地到工程项目效益管理提升实践中去。

（中铁电气化局集团有限公司 刘 娟 廖晨光 郝文明 李 季

王风梅 张 玉 张瀚森 李赛学）

企业集团管理会计数智化应用
——以中铁上海局为例

【摘要】 随着信息技术的迅速发展和应用，推动了企业商业模式、组织管理方式、工作模式变革，也推动了管理会计的广泛应用，成为当下推动企业管理创新的趋势和潮流，促进了财务共享模式升级和财务人员转型，将财务由核算型转向价值创造。我国企业应加快管理会计数智化应用进程，实现换道超车，跨越式发展，加快建设世界一流财务管理体系。中铁上海工程局成立财务共享服务中心后，为管理会计数智化提供了组织基础和数据基础，为大力推进数智化应用，推动管理会计落地提供了条件。经过不断探索，以"控风险、提效率、撑决策"为目标，按照"管理制度化、制度流程化、流程信息化、信息智能化"标准，依托财务共享平台，建成了工程项目资金计划管理、非直联银行账户指令录入机器人、指令推送机器人、智能报销、智能审核、自动收款、资金账务凭证生成与银行回单补扫自动化、资金动态预警、备用金动态预警、审单风险预警、智能稽核等数智化应用。

通过数智化应用，推动了管理会计应用落地，在资金管理、预算管理、风险防控、业务分析和决策支持等方面发挥了重要作用。企业资金计划管理能力不断增强，资金风险管控能力不断提高；审单风险预警能力不断增强，稽核效率和质量得到提升；财务工作自动化程度提高，释放了财务资源，解放了财务生产力；管理会计报表的应用减轻了财务人员工作量，提高了工作效率，也能快速地满足各级管理层对于财务管理信息的管理需求，支持决策，推动财务人员向价值创造转型。

一、背景描述

（一）基本情况

中铁上海工程局集团有限公司（以下简称"中铁上海局"）是世界企业和世界品牌双500强企业——中国中铁股份有限公司（以下简称"中国中铁"）所属全资成员企业，中铁上海局下辖15个子分公司。至2023年6月末，注册资本金23亿元，总资产452.3亿元，净资产62.1亿元，年综合生产能力530亿元，在建项目数量432个，在全国29个省份均有分布，其中境外马来西亚、匈牙利、所罗门群岛等8个项目，财务核算主体数量达1 300多个。集团主要从事高速铁路、城市轨道交通、高速公路、市政水务环保、建筑安装和投资业务等，拥有铁路、房建、公路、市政工程施工总承包4项特级资质。

（二）存在的主要问题

1. 行业竞争激烈，内控压力大，管理方式不能适应企业发展需要

建筑行业属于成熟市场，竞争激烈。中铁上海局成立十多年来，规模快速扩张，工程项目众多且分散、集中度低，运行管理成本高。财务人员结构偏年轻、财务资源紧张、整合度不高，资金监管和风险管控难度加大，亟须改进管理方式。

2. 管理会计应用研究成果缺乏系统化，应用效果不明显

客观上，建筑施工企业具有点多、线长、面广、施工周期长、工程类型多样等特点，管理会计在施工企业应用难度大，不花大力气很难落地，且占用大量管理资源，执行成本高。主观上，管理会计应用投入大、应用周期长，见效慢，且存在失败的可能性，沉没成本高，企业创新动力不足，不愿意冒险，导致对管理会计应用研究重视程度不足，应用成果偏少。

3. 建筑行业资金监管严格，资金风险较大

建筑行业资金使用监管严格，建设单位大多委托银行对建设资金及农民工工资专项资金进行监管，导致银行账户数量随着企业规模扩张快速攀升。资金安全管理需银行账户单位财务人员日清月结式手工对账，工作量巨大、效率偏低；上级单位财务部门飞行检查，成本投入高、耗时长，且受检查频次影响或无法及时发现、消除风险。既要保证工程项目资金结算业务畅通，又要保证资金风险可控，传统资金管控方式越发难以适应企业管理需要。

4. 传统人工操作方式工作量大，效率低

资金支付方面，传统资金支付需出纳人员频繁切换登录不同银行网银系统，操作复杂频繁、效率低下，且银行存款数据无法联动，上级单位财务部门不能及时、准确地掌握银行存款实时余额，更无法及时向管理层提供资金管理决策信息。财务稽核方面，传统稽核需稽核人员根据稽核任务，按照稽核要点逐个稽核，工作量大，发现问题难度大，稽核效率低、覆盖面不足，风险防控效果不尽如人意。

5. 存在"数据孤岛"、资源整合不足，数据利用低等情况

财务共享服务中心成立后，为财务数智化应用打下了较好基础，但集团公司业务部门管理粗放，业财信息系统集成度低、数据孤岛严重，数据资产利用低、支持决策不足，与世界一流企业财务管理水平差距大，管理会计数智化程度低成为企业高质量发展的掣肘。

（三）管理会计数智化的主要原因

1. 数智化应用是推动企业管理创新的趋势和潮流

随着信息技术的迅速发展，利用数智化应用推动企业管理创新成为当下的趋势和潮流。在数智化应用方面，我国企业与世界一流企业没有代差，中国庞大充满活力的市场，是我们的优势，应充分抓住这一历史机遇，积极探索数智化应用，以推动企业管理创新，促进企业管理变革，使企业保持竞争优势、实现可持续高质量发展。

2. 数智化应用助推管理会计落地，实现财务价值创造

管理会计借助数智化工具，能够实现更精细化的预算编制和成本控制，从而实现更有效的财务管理。通过数智化应用，企业能够更准确地评价绩效，洞察管控现状，优化资源配置。数智化应用还能够帮助企业进行更准确的风险评估和预测，提高财务决策的准确性和实时性。通过数据模型和算法的支持，可以更好地应对市场变化和不确定性，制定灵活的财务政策，降低经营风险。

3. 数智化应用是财务转型升级的重要手段

数智化应用是推动财务转型升级的重要手段，为企业财务管理变革带来了全新的机遇和优势，能够提升财务决策的精确性、财务流程的效率以及风险管理能力，为企业创造更大的价值。数智化应用可以更精确地预测市场趋势、客户需求以及业务风险，作出更准确的财务决策。可以使财务流程更加自动化和高效，降低了人为错误和成本，减少了重复性工作，释放出更多人力资源支持战略任务，推动财务转型升级，助推企业建成世界一流企业财务管理体系。

二、总体设计

中铁上海局管理会计数智化应用以"一切工作到项目"为原则，以创造价值为导向，以"控风险、提效率、撑决策"为目标，按照"管理制度化、制度流程化、流程信息化、信息智能化"标准，采取"重点突破，逐步推进"方案，拓展风险管控、数据资产管理、管理会计报告职能，推动战略财务、业务财务、共享财务三维价值驱动，实现财务管理功能定位由核算到价值创造，推进管理会计数智化应用落地，助力企业高质量发展。

以银行账户数智应用和工程项目月度资金收支计划管控为抓手，在确保资金风险可控的基础上有效提升资金使用效率；以审单风险预警和智能稽核为着力点，发挥财务共享服务中心事中审单预警和事后稽核风险监控作用，构建财务共享中心审单预警和稽核监控风险防控体系；建成以"基础台账 + 经济运行指标 + 风险监控"为核心，能够支持决策的多层次、多维度的管理会计报表体系，实现"助力各层级管理者决策支持"的管理目标。

三、应用过程

中铁上海局经过不断探索，现已建成了移动审批、智能报销、智能审核、资金动态预警、非直联银行账户指令自动录入、资金指令自动推送、自动收款、财务账转表、智能客服等自动化智能化应用，研发了工程项目《月度资金收支计划》、风险预警、关联交易、分供商诚信管理、管理报表等系统或功能模块，推动了管理会计数智化应用落地。下面以工程项目《月度资金收支计划》、审单风险预警和智能稽核模块，以及管理会计报表为例，介绍应用过程。

（一）以工程项目《月度资金收支计划》为抓手，实现项目资金有效管控

资金管理是财务管理的核心，也是管理会计的重要内容，工程项目是建筑施工企业的基本单位和落脚点，能否管好工程项目资金成为决定施工企业管理成败的重要环节。中铁上海局秉承"现金为王"的财务管理理念，把企业整体层面正向经营性现金流作为基本财务管理目标，推行"工程项目现金流自平衡"管理活动。

鉴于工程项目分散、投资额大、建设周期长，以及资金收支与生产周期不匹配等特点，手工编报项目月度资金计划并开展执行情况分析，往往无法有效倒逼成本管控，从而造成效益流失，甚至产生亏损。在月度资金计划的基础上，按合同约定综合编制每家客商资金支付预算，并依托财务共享平台开发了《月度资金收支计划》表单及计划执行情况查询等功能。与成本2.0系统推送的债务支付额度形成"月度计划"+"单次额度"双控管理模式，弥补成本系统推送的"债务支付额度"整体计划性、执行分析缺失的问题。推动工程项目形成以"月度资金收支计划"管理为抓手，以预算管理行为约束项目管理行为，打通项目管理脉络，增强项目自我造血能力，实现企业财务管理目标。

1. 工程项目《月度资金收支计划》的编制

在建筑施工企业，工程项目资金管理是保证项目顺利进行和企业健康发展的关键要素之一，资金计划控制是资金管理的重要手段，从项目启动，制定详细的全生命周期资金自平衡方案，明确各项支出和收入，并在项目执行过程中进行分解，按月制定月度资金计划对每月收支进行监控和控制。项目经理部根据资金自平衡方案相关要求，每月1~3日在财务共享系统使用《月度资金收支计划》表单编制资金计划，经过项目经理部、上级子分公司批复形成资金预算控制额度。

《月度资金收支计划》表单结构上分主表（见图1）、子表（见图2）和明细表（见图3）三部分，主表为表单通用信息及汇总信息，子表是按照集团公司文件工程项目《月度资金收支计划表》格式为模板进行设计，采用了便捷式类Excel格式，方

便用户填写，双击单元格即可编辑整行，点击回车键即可保存。子表采用固定格式，只有“编辑”“导出”栏，上级批准栏自动读取本月计划栏金额，上级单位批复时可根据项目资金当月计划情况进行调整，但不得大于本月计划金额；子表计划项目与明细表之间建立关联公式，自动计算汇总。明细表采用浮动行格式，是对子表支出项按往来单位明细智能填写，明细表包括对方单位名称、债务内容、合同金额、累计结算（采购）金额、累计付款金额、公司批准金额等 12 个字段内容，债务内容包括劳务费、材料采购费、设备租赁费、其他租赁费、征地拆迁款、其他 6 类。除计划支付金额、公司批准金额及计划采购金额（仅材料采购费可填）基本自动生成，方便基层单位使用。

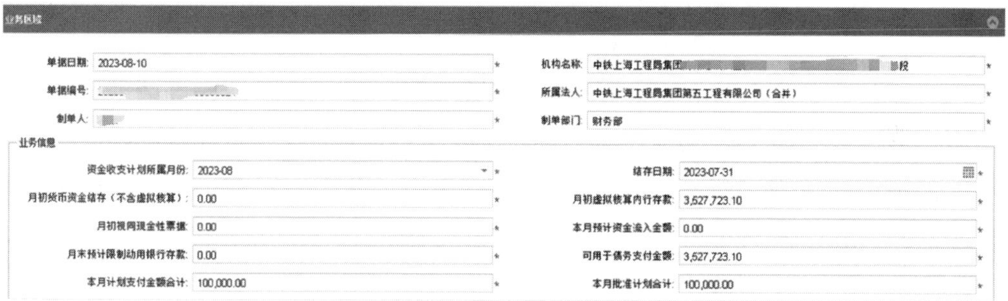

图 1　月度资金收支计划表——主表图示（系统截图）

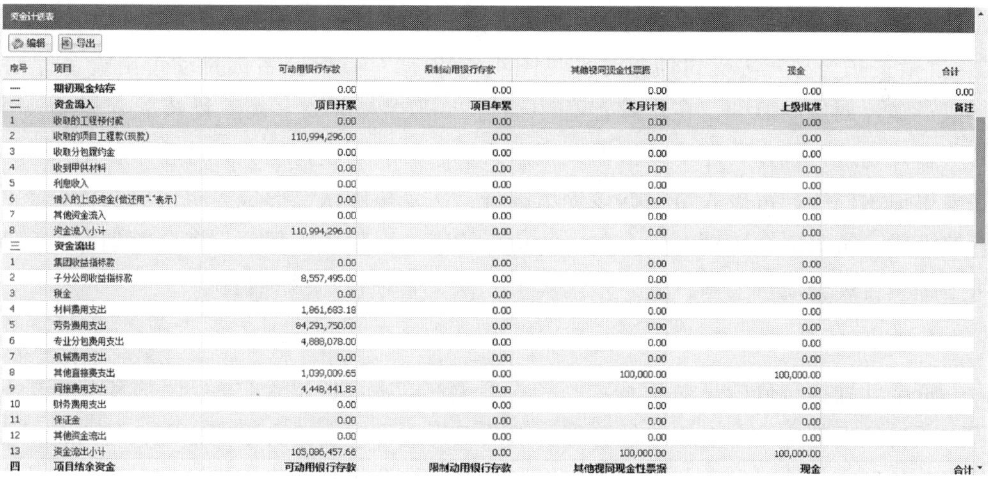

编辑　导出

序号	项目	可动用银行存款	限制动用银行存款	其他视同现金性票据	现金	合计
一	期初现金结存	0.00	0.00	0.00	0.00	0.00
二	资金流入	项目开累	项目年累	本月计划	上级批准	备注
1	收取的工程预付款	0.00	0.00	0.00	0.00	
2	收取的项目工程款(现款)	110,994,296.00	0.00	0.00	0.00	
3	收取分包履约金	0.00	0.00	0.00	0.00	
4	收到甲供材料	0.00	0.00	0.00	0.00	
5	利息收入	0.00	0.00	0.00	0.00	
6	借入的上级资金(偿还用"-"表示)	0.00	0.00	0.00	0.00	
7	其他资金流入	0.00	0.00	0.00	0.00	
8	资金流入小计	110,994,296.00	0.00	0.00	0.00	
三	资金流出					
1	集团收益指标款	0.00	0.00	0.00	0.00	
2	子分公司收益指标款	8,557,495.00	0.00	0.00	0.00	
3	税金	0.00	0.00	0.00	0.00	
4	材料费用支出	1,861,683.18	0.00	0.00	0.00	
5	劳务费用支出	84,291,750.00	0.00	0.00	0.00	
6	专业分包费用支出	4,888,078.00	0.00	0.00	0.00	
7	机械费用支出	0.00	0.00	0.00	0.00	
8	其他直接费支出	1,039,009.65	0.00	100,000.00	100,000.00	
9	间接费用支出	4,448,441.83	0.00	0.00	0.00	
10	财务费用支出	0.00	0.00	0.00	0.00	
11	保证金	0.00	0.00	0.00	0.00	
12	其他资金流出	0.00	0.00	0.00	0.00	
13	资金流出小计	105,086,457.66	0.00	100,000.00	100,000.00	
四	项目结余资金	可动用银行存款	限制动用银行存款	其他视同现金性票据	现金	合计

图 2　月度资金收支计划表——子表图示（系统截图）

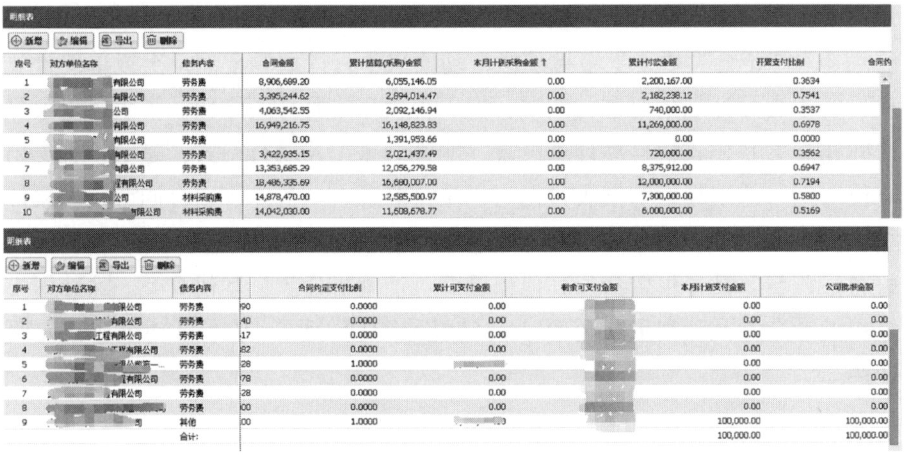

明细表

⊕新增 编辑 导出 删除

序号	对方单位名称	债务内容	合同金额	累计结算(采购)金额	本月计划采购金额 ↑	累计付款金额	开累支付比例	合同约
1	有限公司	劳务费	8,906,689.20	6,055,146.05	0.00	2,200,167.00	0.3634	
2	有限公司	劳务费	3,395,244.62	2,894,014.47	0.00	2,182,238.12	0.7541	
3	公司	劳务费	4,063,542.55	2,092,146.94	0.00	740,000.00	0.3537	
4	有限公司	劳务费	16,949,216.75	16,148,823.83	0.00	11,269,000.00	0.6978	
5	有限公司	劳务费	0.00	1,391,953.66	0.00	0.00	0.0000	
6	有限公司	劳务费	3,422,935.15	2,021,437.49	0.00	720,000.00	0.3562	
7	有限公司	劳务费	13,353,685.29	12,056,279.58	0.00	8,375,912.00	0.6947	
8	程有限公司	劳务费	18,486,335.69	16,680,007.00	0.00	12,000,000.00	0.7194	
9	公司	材料采购费	14,878,470.00	12,585,500.97	0.00	7,300,000.00	0.5800	
10	有限公司	材料采购费	14,042,030.00	11,508,678.77	0.00	6,000,000.00	0.5169	

明细表

⊕新增 编辑 导出 删除

序号	对方单位名称	债务内容		合同约定支付比例	累计可支付金额	剩余可支付金额	本月计划支付金额	公司批准金额
1	限公司	劳务费	90	0.0000	0.00	[illegible]	0.00	0.00
2	有限公司	劳务费	40	0.0000	0.00	[illegible]	0.00	0.00
3	工程有限公司	劳务费	17	0.0000	0.00	[illegible]	0.00	0.00
4	有限公司	劳务费	82	0.0000	0.00	[illegible]	0.00	0.00
5	[illegible]	劳务费	28	1.0000	[illegible]	[illegible]	0.00	0.00
6	程有限公司	劳务费	78	0.0000	0.00	[illegible]	0.00	0.00
7	有限公司	劳务费	28	0.0000	0.00	[illegible]	0.00	0.00
8	[illegible]	劳务费	00	0.0000	0.00	[illegible]	0.00	0.00
9	司	其他	00	1.0000	[illegible]	[illegible]	100,000.00	100,000.00
		合计:					100,000.00	100,000.00

图3　月度资金收支计划表——明细表图示（系统截图）

2. 工程项目《月度资金收支计划》的调整

工程项目《月度资金收支计划》经过上级单位批复后，项目部应严格执行，如出现符合计划调整情况时履行调整审批程序（限定一个月允许调整一次）。计划调整时包含原计划已支付部分，以保持月度计划的完整性。调整计划将在系统中对原计划自动覆盖。

3. 工程项目《月度资金收支计划》的控制

严控工程项目资金计划有利于合理配置资金，防止超支现象的发生，经过上级单位批复的资金计划形成工程项目资金支出控制标准，工程项目发起"项目付款单"（含批量关联交易）等支付债务时（见图4），根据对方单位名称自动带出资金计划，形成资金计划控制额度，在审核流程中通过"机器人审核＋人工复核"对资金支出与资金计划进行核查。即审核机器人根据系统内置规则进行校验，并将审核结果列示在表单提示栏中，审核人员根据该提示进行二次复核确认，形成人机协同的资金支付管控模式。筑牢资金计划对资金支出的预算约束，强化了工程项目资金筹划能力，促进工程项目现金流自平衡，进一步落实了"法人管项目"管理目标。

4. 工程项目《月度资金收支计划》的执行分析

资金计划执行分析是对工程项目资金预算的实际执行情况进行评估和分析的过程。项目经理部应结合上级单位管理要求及工程项目现金流自平衡方案，每月初对上月资金计划执行情况进行分析，制定纠偏措施，结合次月施工生产计划动态调整次月资金计划，不断提升月度资金收支计划编制水平和执行能力。上级单位根据其所属工程项目月度资金计划执行情况进行全面分析，分析计划编制的准确性、合理性、及时性，以及计划执行偏差、超出计划原因和影响等，重点是确保实际执行与计划的一致性，以及分析偏差的原因和影响，从而及时调整资金计划策略，保持工程项目现金流自平衡，如图5、图6所示。

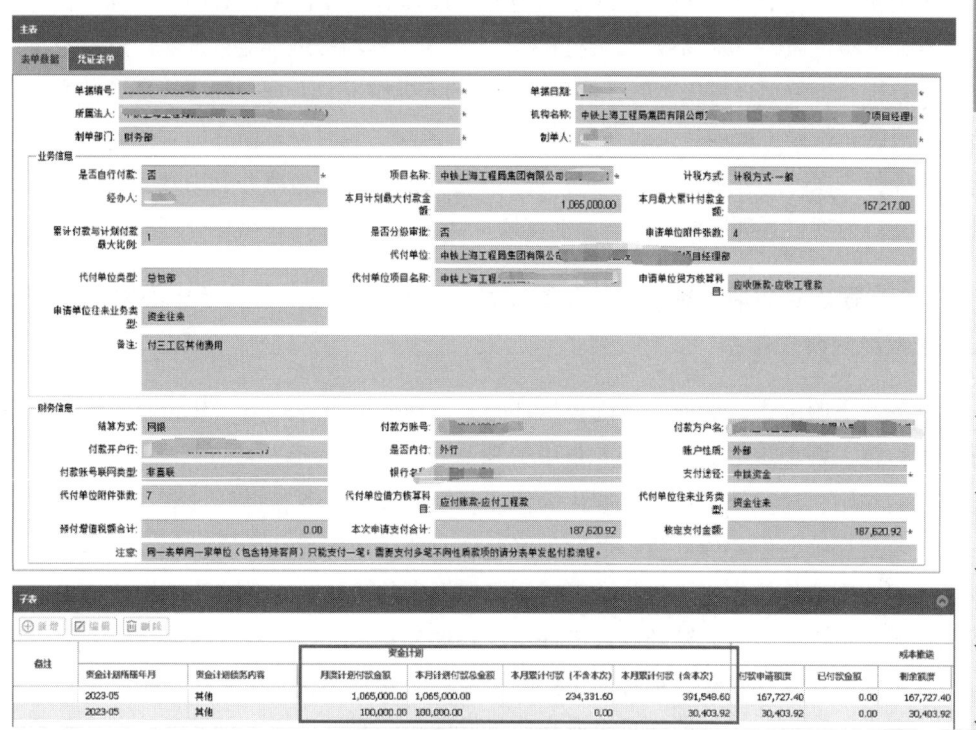

图4 项目付款单——资金计划（系统截图）

图5 资金计划执行情况台账（系统截图）

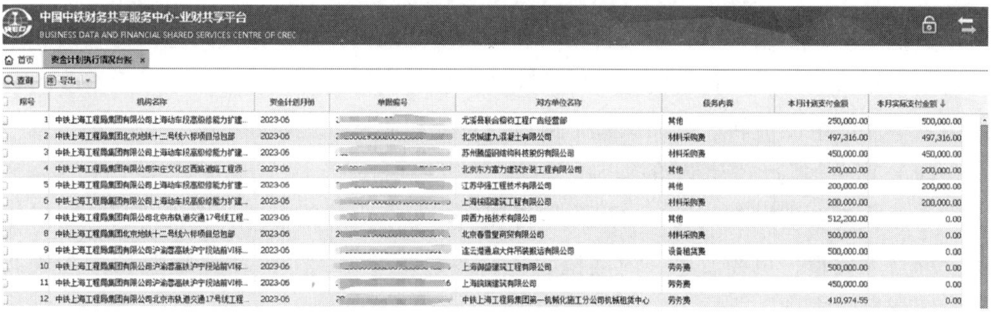

图6 资金计划执行情况台账（汇总查询）（系统截图）

工程项目资金计划执行分析对企业财务管理具有重要作用，有助于工程项目合理管理资金，防范风险，提高效率，支持决策，实现工程项目现金流自平衡。通过资金计划执行分析，工程项目可以及时了解各项支出的实际情况，合理分配资金资源，避免资金使用浪费；帮助工程项目及时发现潜在的资金风险，及时采取措施，对资金风险进行防控和处置，保障工程项目运转稳定；提高工程项目资金周转率和利用效率，增强项目管理效益；为项目管理层决策提供数据支持，调整管理思路，作出更合理的决策。

（二）研发审单风险预警模块和智能稽核模块，构建财务共享中心审单预警＋稽核监控风险防控体系

财务共享服务中心的业务范围包括基础业务和增值服务两类，基础业务体现在会计集中核算、资金集中结算、税务集中管理与财务决算集中，特点就是发挥集约化、标准化的作用，建立统一化、标准化的作业，规范各种业务，提升效率，降低风险。

财务共享服务中心成立后，如何做好基础业务，如何提高增值服务，发挥财务共享服务中心创造价值作用，是从业者需要思考探索的问题。在激烈的市场竞争下，企业风险无处不在，财务风险随着经济环境、管理方式、工作模式、新信息技术的快速应用等客观因素发生变化，也带来了新的风险，风险管控模式也需要与时俱进，积极创新，事后风险控制已不能满足企业高质量发展的需要。应通过研发审单风险预警模块和智能稽核模块，发挥财务共享服务中心事中、事后风险监管作用，构建财务共享中心审单预警＋稽核监控风险防控体系。

1. 研发审单风险预警模块，强化事中风险管控能力

财务共享中心审核人员在审核过程中，根据基础的业务规范、会计准则及管理规定等标准，对基础业务进行规范，强化了会计基础工作标准化水平，对于防范风险能起到一定作用。将企业内控要求、风险事项在共享审核过程中作为预警标准进行事中预警控制，在过程中对风险事项进行处置，避免事后造成既成事实后再发现处置，给企业造成损失，从而进一步发挥财务共享中心事中风险管控作用。经过不断调研、深入研讨，依托财务共享系统研发审单风险预警模块，将风险清单植入财务共享系统，在审单过程中发现风险事项进行预警时，自动调用风险预警模块，并根据业财信息分类细目设定的预警指标值，系统自动与预警级别标准值比对，进而判定预警级别和预警对象，再按照设定的预警流程，对风险处置状况进行跟踪，针对重大风险整改闭合后源表单才能继续流转，从而有效平衡风控管控和业务处理时间要求。

（1）审单风险预警清单的编制。

一是收集整理风险信息，对风险进行识别，包括内外部审计、巡视巡察、监察监督、综合大检查、负面清单、内部稽核等，通过反复研讨、广泛征集意见，达成共识，固化风险事项。

二是在确定风险事项后，以风险问题为导向，按风险重要性从业务全流程梳理不

同层级、不同业态财务管理风险事项确定风险类别，涵盖合同管理、收入管理、成本费用管理、债权债务管理、资金管理、备用金管理、存货管理、固定资产管理、无形资产管理、薪酬管理、税务管理、会计核算、内控管理13个方面确定为一级预警类别，并细化为55个二级预警子目，83个三级预警细目。

三是对风险预警进行定级。按照风险清单对应的管理制度依据和条款确定预警指标，包括定量与定性指标，如结算额、损失额、支付额、拖欠时间等，并根据预警指标相应设定预警值，分为1～4个区间，分定量值与定性值。再根据预警值确定预警级别、预警频次、预警对象，预警级别从Ⅲ级到特级，预警频次分为实时预警和按月预警，预警对象分项目、子分公司、财务共享中心、集团公司财务部4个管理层级，如图7所示。

共享财务审核项目风险预警清单

序号	预警概述	一级预警类别	二级预警子目	三级预警细目	相关规定条例	预警级别	预警频次	预警指标	预警值	预警对象	典型案例或释义
84			履职待遇	领导人员履职待遇超标准	《中铁上海工程局集团有限公司企业负责人履职待遇、业务支出管理办法》（铁上海人力〔2019〕273号）第一节公务用车管理...第二节办公用房管理...第三节培训管理 ... 第四节租住用房管理 …	特级	实时预警	核销额	金额10万元（含）以上	集团公司财务部长	1.公务用车管理，如：超标准、超数量、无审批购置公务用车购置公务用车。2.培训管理，如：参加非计划内学历教育以及未取得学位而参加的在职教育费用在单位报销。3.租住用房管理，如：周转住房月租金超过3000元、水电煤气等费用在单位报销。
						Ⅰ级	实时预警	核销额	金额3万元（含）以上10万元以下	集团公司共享中心主持工作副部长	
						Ⅱ级	实时预警	核销额	金额3万元以下	公司总会计师 公司财务负责人	
85			业务支出	业务支出超标准	《中铁上海工程局集团有限公司企业负责人履职待遇、业务支出管理办法》（铁上海人力〔2019〕273号）第三章 业务支出 第一节 业务招待管理 第三十四条 对于非常重要的客户，宴请标准每次人均不得超过600元，（含酒水、饮料），赠送纪念品标准每次人均不得超过600元…第三十六条...不得赠送现金和购物卡、消费卡、商业预付卡等各种有价证券、支付凭证以及贵重物品等...第二节 国内差旅管理...第三节 因公出国（境）管理...第四节 通信管理…	特级	实时预警	核销额	金额10万元（含）以上	集团公司财务部长	1.业务招待管理，如：宴请、赠送纪念品超标准；违规报销购物卡、商业预付卡、高档礼品等。2.差旅管理，如：交通、住宿超标准；报销出差期间与差旅无关的费用。3.通信管理，如：超标准报销通讯费；发放通信补贴。
						Ⅰ级	实时预警	核销额	金额3万元（含）以上10万元以下	集团公司共享中心主持工作副部长	
						Ⅱ级	实时预警	核销额	金额3万元以下	公司总会计师 公司财务负责人	

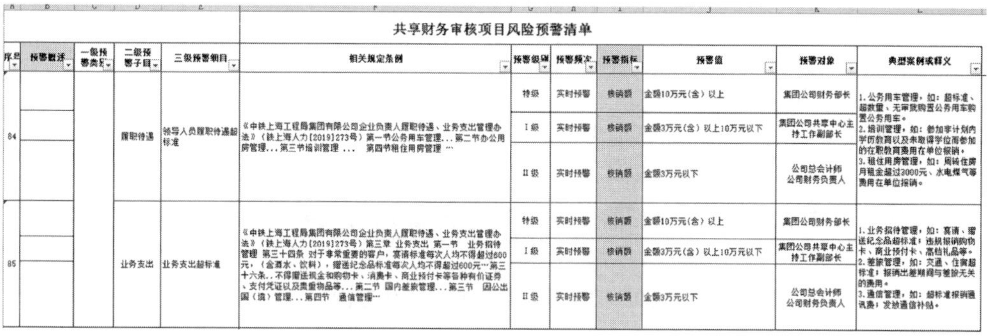

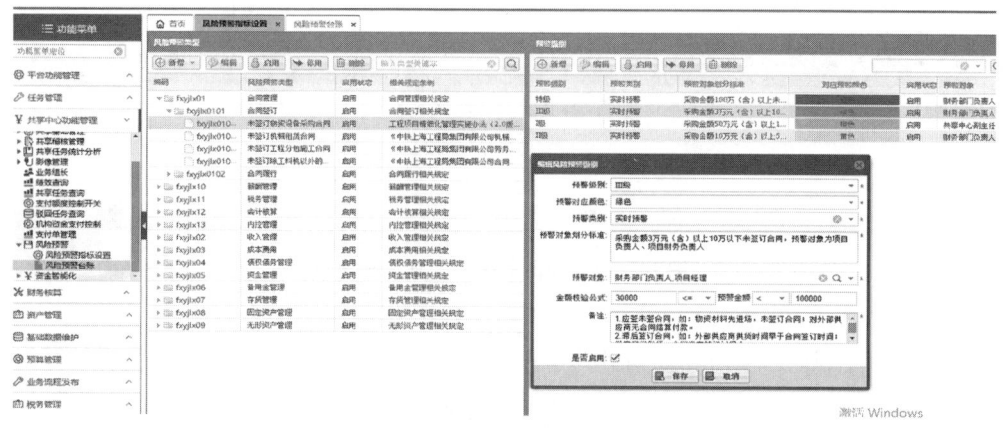

图7 风险预警清单（系统截图）

（2）审单风险预警指标设置。风险预警指标由集团公司统一进行设置、调整，打开风险预警指标设置后出现设置界面，左边区域为风险预警类别，右边区域为预警级别，先设置风险预警类别，再设置预警级别，并用不同颜色进行标识。风险预警指标设置完成后，风险预警单中的预警级别按照设置的指标进行选择自动带出，如图8所示。

图8 风险预警指标设置（系统截图）

（3）审单风险预警控制过程。在审单过程中发现了符合预警的事项后，在审核提交栏选择"风险预警"，自动跳转到"风险预警单"，风险预警单分为源表单信息、预警信息、预警人信息、影像区域、审批记录等部分，分别由预警人、预警科室负责人、审核人员填写。预警人发起风险预警单后，根据风险预警审批流程，经相关审批人审核后流程又回到风险预警登记，从而形成流程闭合，如图9、图10所示。

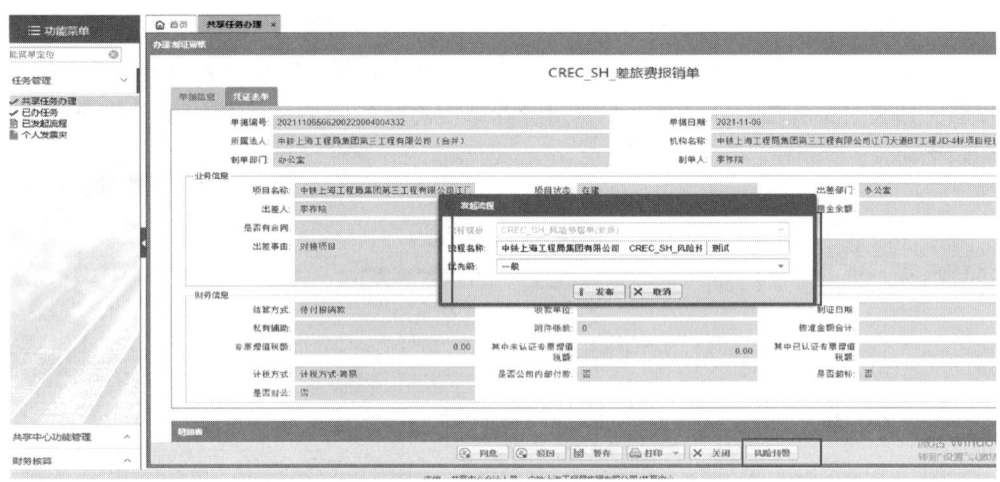

图9　风险预警单发起（系统截图）

图10　风险预警单填写（系统截图）

（4）审单风险预警分析。财务共享中心根据风险预警模块系统自动生成风险预警台账，包括预警风险事项、问题概述、所属单位、预警类型、预警指标、预警值、预警级别、预警人、预警源单号、处理方式、预警流程状态、预警开始结束时间等。

通过系统"风险预警"模块，实时信息化提供分类、分级风险预警事项处置情况报表，可以快速准确编制风险预警报告，供各层级管理人员管控和决策使用，如图11所示。

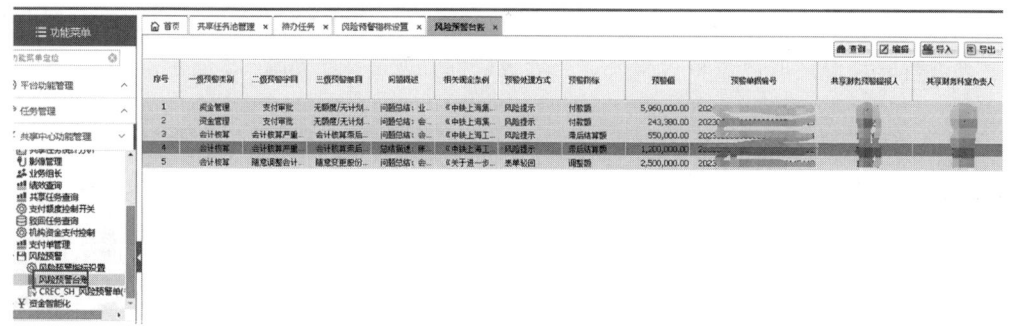

图11　风险预警台账（系统截图）

2. 研发智能稽核模块，强化事后风险监控能力

财务共享服务中心成立后，各子分公司及职能部门主要负责填报报销单据，其他会计业务如原始单据的审核、会计核算、资金结算、会计报表的编制等会计工作全部由业务财务和共享财务统一处理。战略财务、业务财务和共享财务的专业化分工，导致了核算工作与财务管理工作的分离，而共享财务脱离现场，对业务实质判断和发现隐藏问题的敏感度存在先天缺陷，增加了财务和经营风险。财务共享模式对控制环境、风险评估、控制活动、信息与沟通、监督内部控制五大要素均产生了不同程度的负面影响。

为减少财务共享模式对内部控制带来的不利影响，需要加强内部稽核，提高会计信息质量，防范财务风险。传统的稽核模式存在诸多问题，如稽核规则复杂，稽核人员需要查看单据的合规性、合理性、合法性等，人为判断因素制约着稽核的质量与效果；而且稽核人员数量与业务单据数量多矛盾明显，抽样比例仅能达6%左右，覆盖范围明显不足。

财务共享中心通过研发智能稽核模块，将余额表、明细发生额，以及会计基础工作要求等会计基础业务规范内置于系统，通过"财务机器人＋管理报表"定期与不定期根据最新的稽核规则进行筛选排查，对不符合规则要求的风险事项进行列示，由人工再进一步对风险事项进行专业判断，与被稽核对象进行沟通确认，并制定整改措施，跟踪整改过程，形成全流程闭合的稽核管理模式。

（1）智能稽核规则的制定。智能稽核信息化需要制定标准统一的稽核规则，并根据实际应用情况不断更新优化。制定智能稽核规则，一是制定稽核规则模板，确定好稽核规则相关要素，包括稽核类型、稽核内容、稽核频次、校验内容、校验规则、校验字段、处理方式、提示信息等。二是对智能稽核规则进行梳理，收集整理稽核规则信息，经过研讨、征集意见，形成统一口径的稽核规则。经过收集整理，确定了货币资金、债权债务、建造合同、财务费用、研发费用、安全生产费用、营业外收支、分包企业管理、供应商管理、业务支出、设备租赁限价管控等常规稽核规则，备用金、存货、固定资产、无形资产、薪酬核算、税务核算等专项稽核规则。三是需要根据稽核规则模板将收集整理好的稽核规则进一步细化，将校验内容、校验规则、校验字段进行联动设定取数逻辑检验公式，形成软件开发需求，如图 12 所示。

序号	稽核类型	稽核内容		稽核频率	需检验内容	检验规则	需检验字段	不合格处理方式	提示信息	备注
		一级	二级							
一、科目明细账										
92			其他税费	按季	教育费附加季末计提错误	当科目明细账，应交城市维护建设税，季末余额≠0	“应交教育费附加”季末余额	转人工	稽核异常	
93				实时	应交印花税	当科目明细账，应交印花税，期末余额方向=“贷”	“应交印花税”余额方向	转人工	稽核异常	
94				按季	印花税季末计提错误	当科目明细账，应交印花税，季末余额≠0	“应交印花税”季末余额	转人工	稽核异常	
95				按季	税金及附加	当科目明细账，税金及附加，期末余额方向=“贷”或季末余额≠0	“应交印花税”期末余额方向、季末余额	转人工	稽核异常	
二、分供商管理										
1	常规稽核	分包企业管理		实时	与不合格分包企业合作	“劳务结算单”-业务信息-客户名称=分供商诚信管理-不合格分包企业名录-分包企业名称；“其他直接费用结算单”-财务信息-供应商名称=分供商诚信管理-不合格分包企业名录-分包企业名称；“租赁结算单”-业务信息-机械供应商=分供商诚信管理-不合格分包企业名录-分包企业名称。 发票开票日期∈分供商诚信管理-不合格分包企业名录-限制交易期	“劳务结算单”-业务信息-客户名称、“其他直接费用结算单”-财务信息-供应商名称、“租赁结算单”-业务信息-机械供应商、分供商诚信管理-不合格分包企业名录-分包企业名称、发票开票日期、分供商诚信管理-不合格分包企业名录-限制交易期	转人工	稽核异常	或者直接采用此方式：发票销售方=分供商诚信管理-不合格分包企业名录-分包企业名称&物资设备采购限制交易供应商名录-供应商名称
2	常规稽核	供应商管理		实时	与限制交易供应商合作	“材料结算单”-业务信息-往来单位=分供商诚信管理-物资设备采购限制交易供应商名录-供应商名称；“其他直接费用结算单”-财务信息-供应商名称=分供商诚信管理-物资设备采购限制交易供应商名录-供应商名称；“租赁结算单”-业务信息-机械供应商=分供商诚信管理-物资设备采购限制交易供应商名录-供应商名称；“新增资产-固资”-财务信息-往来单位。 发票开票日期∈分供商诚信管理-物资设备采购限制交易供应商名录-限制交易期	“材料结算单”-业务信息-往来单位、“其他直接费用结算单”-财务信息-供应商名称、“租赁结算单”-业务信息-机械供应商、分供商诚信管理-物资设备采购限制交易供应商名录-供应商名称、“新增资产-固资”-财务信息-往来单位、发票开票日期、分供商诚信管理-物资设备采购限制交易供应商名录-限制交易期	转人工	稽核异常	
三、业务支出										
1	常规稽核	业务支出		实时	业务支出超标准	同一销售方，货物名称“餐饮”，开票日期非同一天，发票号码连号，且连号发票金额合计≥3000。	“业务费报销”-发票信息-发票号、价税合计	转人工	稽核异常	
四、主要施工设备租赁费										

图 12　项目业务稽核规则（系统截图）

（2）智能稽核应用过程。智能稽核模块由“财务稽核机器人”和“管理报表”两部分组成，根据稽核规则特点，将规则简单、频次低、工作量大的稽核任务由“财务稽核机器人”完成，将规则复杂、频次高、工作量小的稽核任务通过规则引擎建立管理报表定期自动出具稽核结果。

首先，“财务稽核机器人”根据选定的核算机构从财务共享系统抽取财务账面数据。其次，与内置的稽核规则比对、校验数据。如果数据检查通过，则财务稽核机器人操作稽核通过；如果出现异常结果，则转为人工稽核，形成人机协同的稽核工作模式。最后，与直接通过管理报表稽核结果一起构成总的稽核结果报表，形成完整的智能稽核管理报表，如图 13 所示。

（3）稽核报告。通过将稽核报告模板内置到智能稽核模块，可定期根据智能稽核结果自动出具稽核报告。“财务稽核机器人”自动抓取财务数据并遵循制定的规则和流程，从稽核任务启动到编制稽核报告，在人工辅助下自动化完成稽核流程。

通过智能稽核模块，系统自动提示异常原因，增加业务判断准确度，发挥了严把关、控风险的作用，提高了稽核质量。“财务稽核机器人”在财务共享系统自动抓取数据和稽核，扩大了稽核范围，改变抽样方法，可以实现全样本稽核，发现问题的能力增强，让风险无处可藏，管控风险能力增强；稽核规则可根据管理要求适时调整，灵活性强，效率高，节约成本，解放财务生产力，促进财务转型。

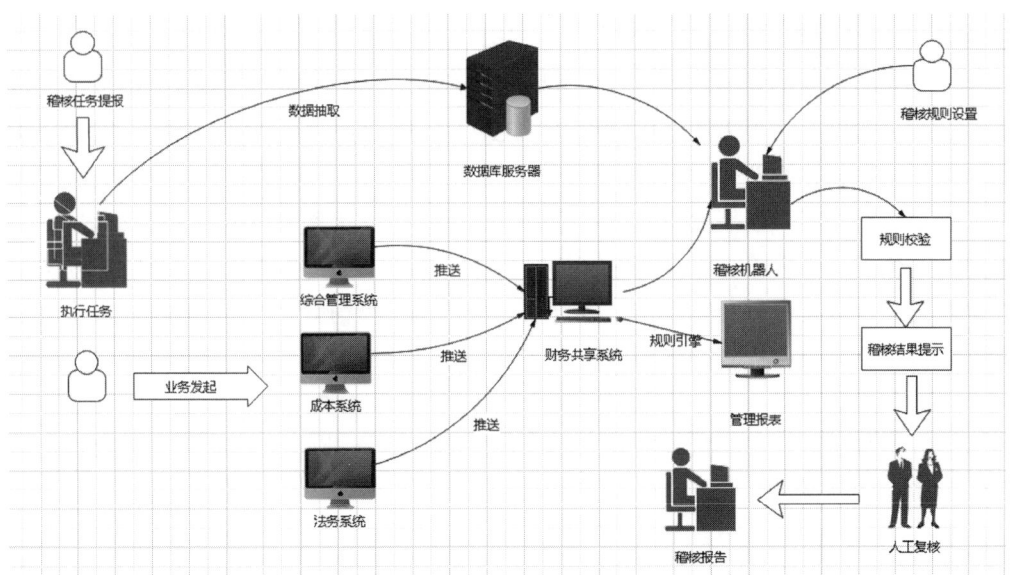

图 13　财务稽核机器人工作流程

（三）搭建"财务数据治理系统＋财务数据分析系统"，建立以"基础台账、经济运行指标、风险监控"为核心的管理会计报表体系

企业发展目标是建设管理会计报表体系的根本遵循。管理会计报表为企业各级管理者提供内部管理的相关信息，能有效完善企业治理体系，提高企业治理能力，实现企业发展目标。管理会计报表的使用对象主要是企业内部的各级管理者，具体包括企业战略层管理者、经营管理层管理者和业务层管理者，而每一层级的管理者所要达到的具体目标不同，对信息的需求也有差别。战略层管理者主要基于战略层面考虑企业长远的发展方向，关注企业战略目标；经营管理层管理者着重关注企业具体的运营管理情况，以使其所管理的单位能够取得良好的绩效，落实战略目标；业务层管理者主要关注其当前所面临的任务，关注项目的成本控制、施工进度、安全、质量和环境保护等。因此，中铁上海局建设管理会计报表体系所要实现的管理目标是"为不同层级的管理者实现其管理目标提供有用的决策信息"。

1. 建设目标

按照中国中铁信息贯通工程、数智升级工程，以及建设世界一流财务管理体系相关管理要求，根据集团公司业务发展、管理提升、数据赋能三条主线，以"业务驱动财务，管理规范业务，数据驱动管理"为路径，建成能够支持决策的多层次、多维度的管理会计报表体系。管理会计报表体系涵盖债权债务管理、资金日常管理、风险监控等方面，解决基层项目线下填报统计数据工作量大、重复、不及时的问题，并向各级管理层提供财务基础数据，提升决策支持能力，满足集团公司、子分公司、项目部三级管理层的内部管理需求，推动基于数据驱动的财务管理变革。

2. 规划总体框架

立足于数据驱动管理，搭建财务数据治理系统和财务数据分析系统，推进建设目标的实现。管理会计报表体系由"基础台账、经济运行指标、风险监控"三部分构成，基础台账包括合同、结算、银行账户、资金上缴、薪酬社保税费、财务人员管理等；经济运行指标包括债权债务比对分析、资金动态（大额收款、可用资金）、资金计划执行情况、涉诉银行账户情况、备用金管理情况、增值税情况等；风险监控包括长期挂账款项分析（预付款、未开票付款、待付职工报销款）、民企清欠风险监测分析、违规资金支付分析、银行账户风险监测、现金管理风险监测、备用金风险监测、资产处置风险监测等。通过建立多层级、多维度的数据分析和挖掘模型，实现财务服务业务、共享协同管理、精益决策支持和全面风险管控，以更好地促进企业数智化转型，服务企业高质量发展。

3. 财务数据治理系统

2020年4月9日，中共中央、国务院发布《关于构建更加完善的要素市场化配置体制机制的意见》，把数据与土地、劳动力、资本、技术并列为生产要素，凸显了数据这一新型、数字化生产要素的重要性。数据作为新型生产要素已成为推动数字经济发展的核心动力，数据资源为数字化转型提供基础条件，充分挖掘数据，让数据创造价值是关键。随着"数据即资产"的理念得到广泛认同，加强数据治理，提升数据质量被提到前所未有的高度，但并不是所有沉淀在财务共享服务中心的数据都有价值，数据价值与数据质量有关。高质量的数据是数据利用的前提条件，数据治理是保证高质量数据的重要路径，是数字化转型的必备基础。

（1）数据治理的目标。由于企业数据管理意识不强，存在数出多门、标准不一、碎片化存储、业务与财务系统割裂等问题。面对以上问题，结合数据具有量大、维度多、时效性强、复杂性高和价值密度低等特点，数据治理成为挡在数据利用面前的"拦路虎"，必须制定好数据治理目标，下大力气解决，才能保障数据质量，为数据挖掘利用分析创造条件。

企业数据治理的目标：一是完善数据管理制度，明确数据各责任主体的责权利关系，严格执行数据标准，建立数据共享机制，做到"一数一源，一源多用"，提升数据利用效率和应用水平，切实实现数据向业务赋能。二是构建完善的数据治理组织体系和管理制度体系，从组织和制度上防范风险的发生；加强数据监管，严格数据管理制度、标准与流程的执行，使得数据风险在可控范围之内，从而保障企业营运合规。三是企业可以把采集到的内外部数据进行标准化、规范化处理，经过清洗、建模等流程，剔除掉无效的噪声数据，按照业务场景需要形成相应的数据资产，实现数据资产化，形成企业核心竞争力，真正实现数据驱动管理、支撑决策，发挥数据创造价值作用。

（2）搭建财务数据治理系统。通过大量调研、反复研讨、广泛征集意见，与软件供应商北京思源时代科技有限公司合作研发财务数据治理系统。系统是在现有财务共享系统的基础上开发的最新3.0系统架构，界面友好，灵活易用，与现有系统完全兼容，从财务共享系统读取数据方便。

搭建财务数据治理系统对采集到的历史数据进行清洗。数据清洗是按照一定的清洗规则对零散、重复、缺失、错误、无用的原始数据进行管理性验证。通过数据清洗，去除或补全缺失数据，删除或修改格式内容错误数据，去除无用数据等，实现数据的唯一性、完整性、准确性、一致性以及有效性。只有经过清洗的数据才能形成数据资产，为预算管理、"双清"管理、资金管理、运营管理、成本管理、财务分析、风险监控等经营决策业务提供场景化的应用支持。

（3）财务数据治理系统的应用。通过财务数据治理系统将需要治理的数据在系统中清洗治理，治理数据时需根据数据质量情况采取不同的治理方法。目前，中铁上海局通过财务数据治理系统完成了对银行账户管理和业主计量拨款管理的治理，现以业主计量拨款管理为例。

①表单样式及主要功能（见图14）。业主计量支付台账由《业主计量拨款台账》《业主计量拨款台账预览》《业主计量拨款台账（年度）》三张表组成，主要功能包括验工计价统计、付款及费用分摊统计，保证金、预留金和其他统计3种数据清洗类别，债权余额、到期债权2项计算方式，以及查询明细台账。支持穿透查询表单、凭证等。

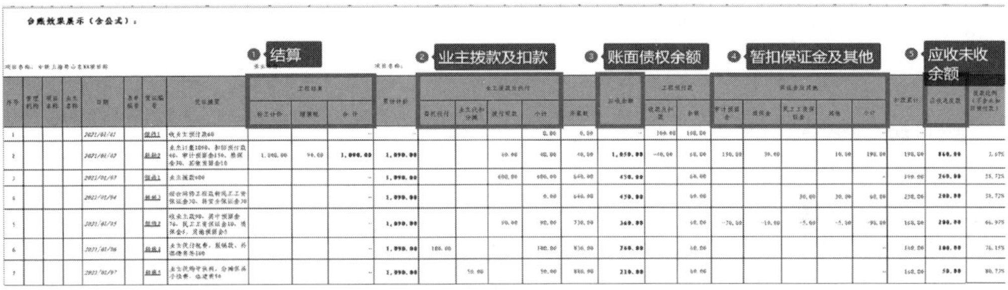

图14　表单样式（系统截图）

②数据清洗过程（见图15）。具体操作步骤如下。

第一步：核对台账与明细账。

在财务数据分析平台打开《业主计量支付台账》，选择需要对数据进行维护的时间期间，选择不同的项目名称、业主名称（多基建项目），点击查询并开始与明细账核对，找出台账错误数据（多余、缺失或数据在台账中位置错误等）。

第二步：多余数据剔除。

在中铁上海局财务数据治理系统发起业主计量拨款单表单。选择需要治理的数据期间，台账有数据而明细账无相关凭证的在"是否不纳入统计"处点击"是"，将多余数据排除在外，如图 16 所示。

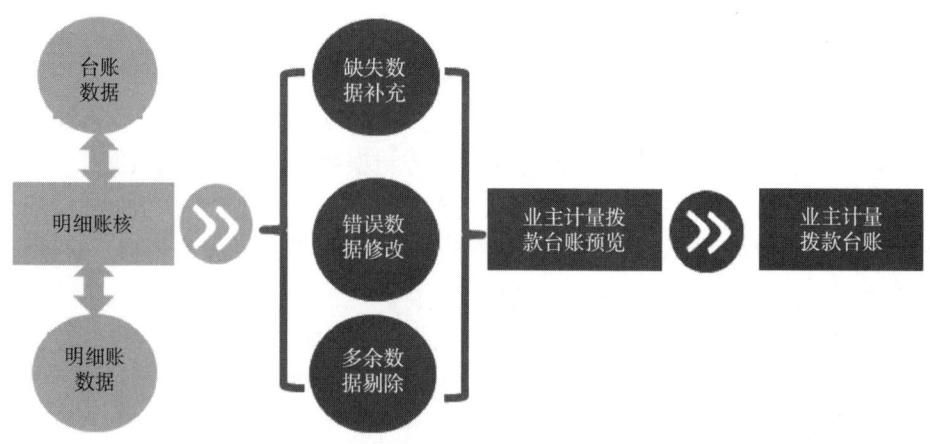

图 15　数据清洗流程

图 16　多余数据剔除（系统截图）

第三步：缺失数据补充。

明细账有相关凭证而台账无数据，点击凭证明细表"添加"按钮，弹出凭证引用窗口后，在快捷查询中输入表单号或凭证号查询，勾选查询到的需要的凭证添加到凭证列表中，在列表中勾选此凭证业务项目名称和业务发生日期，点击选中新增的凭证，在分录明细表点击"新增"，出现分录引用表，勾选需要填进台账的相关分录数据，编辑数据正负号及业务性质，以确定数据的正负号及其在台账中的位置，如图17 所示。

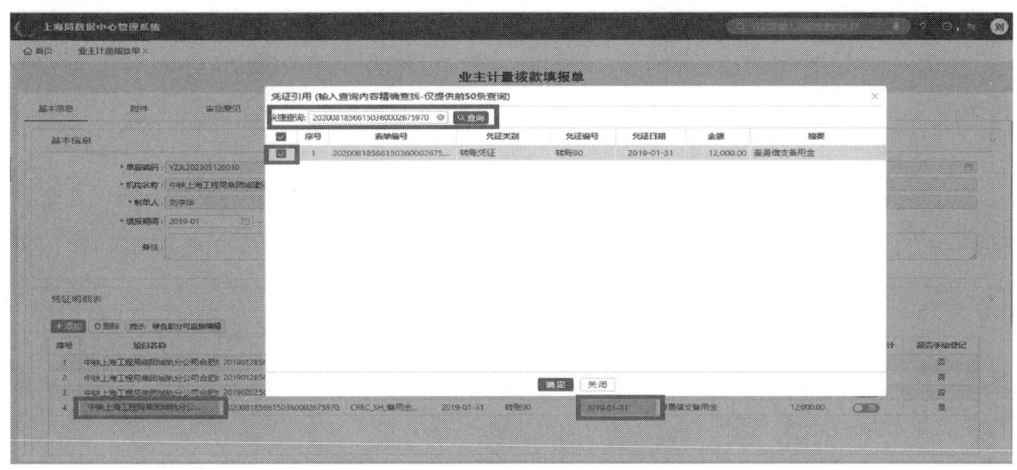

图17　缺失数据补充（系统截图）

第四步：错误数据修改。

凭证日期与实际经济业务日期不符的，在"经济业务发生日期"处修改；明细账有相关凭证，但是数据在台账中位置错误的，在凭证明细表单击选中此凭证。在分录明细表点击"新增"按钮，选中相应分录确定后，编辑分录数据的正负号及业务性质，以确定数据的正负号及其在台账中位置，如图18所示。

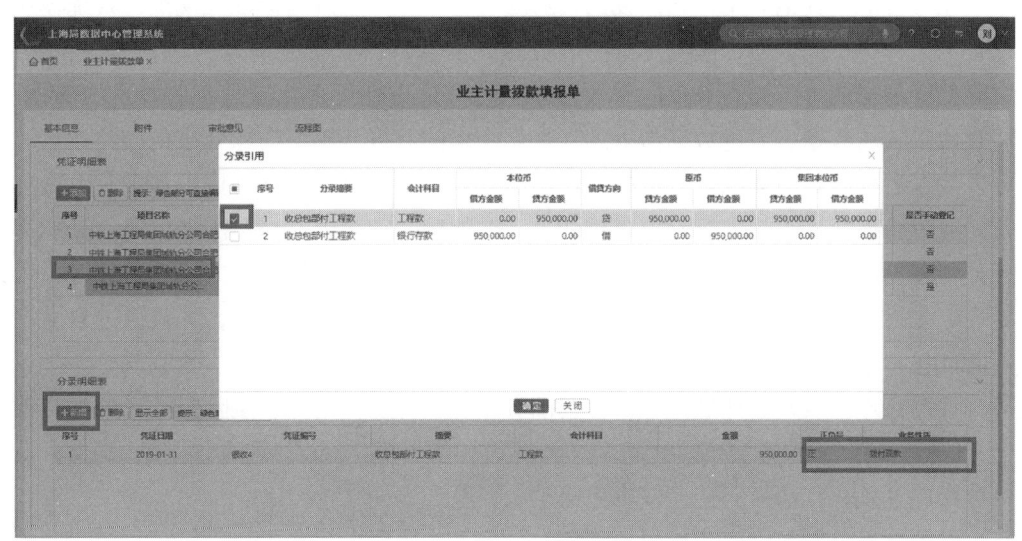

图18　错误数据修改（系统截图）

4. 财务数据分析系统

财务数据分析一般指财务分析，是指以财务报告及其他相关资料为依据，采用一系列专门的分析技术和方法，对企业等经济组织过去和现在的有关筹资活动、投资活动、经营活动、分配活动的盈利能力、营运能力、偿债能力和增长能力状况等进行分析与评价的经济管理活动。它为企业的投资者、债权人、经营者以及其他关心企业的组织或个人了解企业过去、评价企业现状、预测企业未来，作出正常决策提供准确的信息或依据。

财务数据分析系统是一个将营运资金管理理论应用于企业财务管理工作的计算机软件系统，解决的主要问题是围绕如何提高财务分析管理水平等相关决策问题展开的。利用大数据、人工智能、云计算等信息技术，对企业财务数据循环过程中流转渠道各成员的相关数据进行分析，为企业决策者甄别营运资金流转渠道各成员质量并对其进行筛选提供决策支持，从而提高营运资金管理决策水平，最终实现企业财务数据管理决策科学化、最优化。

财务共享服务中心成立后，改善了企业中数据孤岛、数据不通和数据利用不足的问题，将各个部门的数据进行整合，形成一个全面的数据汇总，为数据共享、数据利用打下了良好基础。为深入挖掘财务数据资产价值，加快推进管理会计应用，助力企业财务风险防控和经营决策，财务共享服务中心经过调研、业务研讨和征集意见，与北京思源时代科技有限公司合作研发了《中铁上海局财务数据分析系统》。

（1）搭建财务数据分析系统。《中铁上海局财务数据分析系统》基于大型企业级应用、多用户访问设计，高度支持主流的硬件平台、操作系统、应用服务器、数据库，充分考虑了其他应用系统建设的接口与融合，遵循主流的标准与规范，系统模块配置灵活，可扩展性强，能满足集中和分布式的管理模式，能满足分级管理的需要，以降低管理的成本，提高管理的有效性。从数据采集到可视化呈现有着紧密的衔接。将直接采集的数据、通过数据治理进入数据仓库的数据，用先进的分布式存储技术对业务数据进行有效的集成与安全的存储。当有业务需要时，数据将按需求进入数据集市，通过管理会计工具进行专项分析，分布式架构的计算中心将会用强大的计算能力保证处理速度。最终将分析结果呈现在可视化层，根据不同管理者的需求，进行分级呈现、多终端呈现。财务机器人将会全程进行智能监控，及时预警，并且通过自学习不断优化，丰富知识图谱。

按照管理报表开发计划拟订研发基础台账、经济运行指标、风险监控三大类共计45个报表，其中，基础台账类14个、经济运行指标类18个、风险监控类13个；计划分两期开发，目前第一期已基本完成。

财务数据分析系统架构如图19所示。

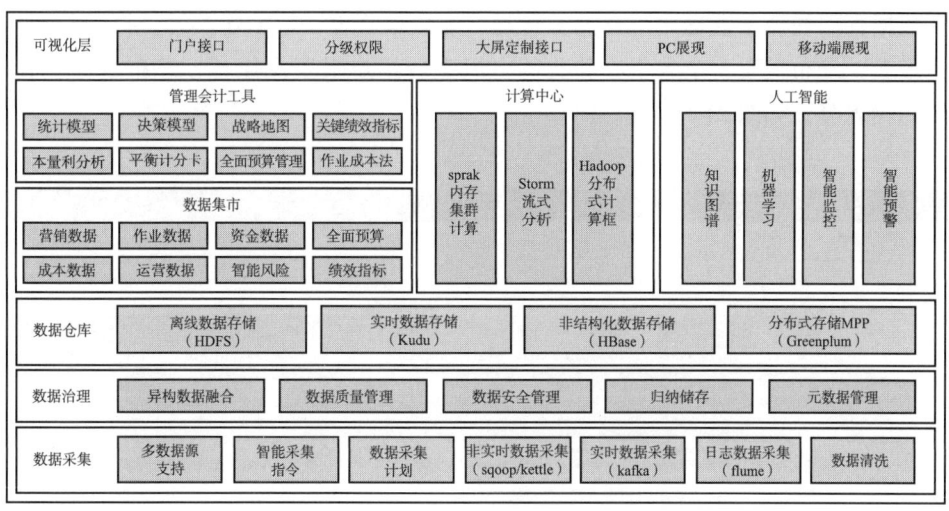

图19　财务数据分析系统架构

（2）财务数据分析系统的功能。

①系统的特点。系统具有以下特点：一是基础指标统一化。指标标准的统一为数据分析统一了数据口径，提高了企业数据分析的准确性。二是数据展示可视化。通过BI可视化的数据展现、灵活的指标配置、智能的指标预测、移动的展示平台，为企业管理者提供了一个适应企业不断变化管理需求的"一站式"决策支持的信息平台。三是技术先进性。基于Hadoop等前沿最新的大数据相关技术建设，底层使用Kerberos认证，实现了数据的安全性和隔离性。充分利用内存进行计算，减少与数据库的交互，大大提升效率。四是决策智能化。将符合建筑行业特点和管理特点的统计计算模型和分析统计工具以及对历史、数据、行业数据的智能分析和自学习，为企业提供更准确的数据分析和经营趋势预测，让企业决策更准确。

②系统功能。系统包括系统管理、个人中心、模型、数据、仪表板、我的等。系统管理包括机构管理、用户管理、用户标签、系统配置、报表发布、运维监控等。能够对管理机构、用户进行设置及授权，并可以进行标记，根据实际管理机构对管理机构进行重分类，满足总分包核算模式下跨法人管理需求，如图20所示。

图20　系统功能——系统管理（系统截图）

数据管理和模型管理用于数据源管理、元数据管理、数据建模等。报表管理用于新建报表、发布报表。个人中心和我的可以查看用户报表及任务、发布或分享我的、收藏的报表等，如图21所示。

图21 系统功能——我的（系统截图）

四、取得成效

财务共享服务中心自筹建以来，依托信息化技术，扎实推进管理会计数智化应用，自动化、智能化管理水平明显提升，资金管理、预算管理、风险管控能力得到加强，管理会计报表体系建设初见成效，正朝着"控风险、提效率、撑决策"的目标奋勇推进，推动财务向价值创造转型。

（一）资金计划管理能力不断增强，资金支付风险防控能力不断提高

通过将月度资金收支计划表单化，工程项目人员填报更加便捷，以工程项目"月度资金收支计划表＋债务额度"进行双控，抓住了资金管理的"牛鼻子"，扭转了项目资金计划管控不强的局面，项目资金计划管理能力增强，资金集中度得到提升，资金周转速度加快。通过资金管理动态预警，资金支付岗位风险有效降低；每个项目仅需1人开通银行短信提醒业务即可绑定多人进行短信提醒转发，节约了成本支出。推行工程项目"月度资金计划表"以来，集团公司资金管理更加规范，资金支付效率得到提升，集团对所属企业及项目部资金管控能力不断增强，企业资金管理健康平稳。

（二）审单风险预警能力不断增强，稽核效果明显提升

通过审单风险预警模块的应用，实现了实时在线预警和信息化全流程跟踪处理，

增强了审单风险过程的管控能力。从审单过程中发现风险到风险处置，全过程痕迹管理，数据可查可用，方便统计分析，提升了企业风险管理水平，有效防控（避免）大量损失。通过智能稽核模块的应用，将传统的人工稽核模式转型为人机协同的稽核模式，提高了稽核范围，稽核效率大大提升，风险发现能力提升，风险防控能力得到加强。

（三）自动化程度提高，解放了财务生产力

推行银企非直联账户机器人自动录入、资金推送机器人自动推送、银行回单打印与凭证生成自动化、智能稽核机器人定期自动稽核等智能化应用，减少了人工操作工作量和差错率，将从事基础的资金结算人员、稽核人员从传统的繁杂、低效、流程性的工作中解放出来，从事更有价值的业务。改变了传统的财务工作模式，保障了资金管理的安全性、准确性、及时性，提升了管理效率。解决了企业发展规模快速扩张，财务资源紧张的瓶颈问题，实现了降本增效。

（四）管理会计报表应用不断推进，管理水平不断提升

通过管理会计报表体系开发应用，减少了财务人员统计填报辅助台账、统计报表工作量，提升了工作效率和质量，也能快速地满足各级管理层对于财务管理信息的管理需求，支持决策，推动财务人员向价值创造转型。同时，也能有效缓解财务资源紧张，节约人工成本，为企业降本增效。

五、经验总结

随着数智化技术的应用深化，将有助于推动管理会计工具迅速落地，管理会计将能够更好地服务于企业的战略决策、资源优化和风险管理，进一步提升企业的竞争力和可持续发展能力。财务作为天数的数据中心，管理会计数智化将成为引领企业数智化应用的先行者，推动企业管理创新与管理变革，实现"控风险、提效率、撑决策"的财务管理目标，真正实现财务管理功能定位由核算到价值创造，财务管理模式由分散到集中，加快建成世界一流财务管理体系的总体发展目标。

（中铁上海工程局集团有限公司　杨　景　杨　锋）

中铁开发投资集团数字化转型
在财务管理中的应用

【摘要】随着数字经济全球化快速发展，数字技术支撑的新产品、新服务、新业态已经成为经济增长的主要贡献力量，"十四五"期间，数字经济的作用和地位将继续提升，成为经济增长的重要源泉，成为提高全要素生产率的重要途径。在国家新基建加速推进的背景下，数据中心、云计算、物联网、大数据、区块链、人工智能、无线基站等信息基础设施建设，给传统企业带来更大的机遇和挑战，给产业升级带来更大的发展空间。通过对信息系统的集成整合、数据的融合共享，打破信息孤岛，形成管理协同、简单易用、决策高效的信息系统新生态，为实现企业发展目标提供信息化支撑。本文根据中铁开发投资集团财务智慧中台整体规划，以中铁开投财务管理体系改革和财务融资部的数据管理、数据应用需求为基础，详细介绍了中铁开投财务智慧中台建设的工作思路与实施步骤，通过财务智慧中台的建立，把信息化建设与数字化转型融入企业的财务管理中，通过信息化升级，实现管理升级，助推企业提质增效和高质量发展。

一、背景描述

（一）中铁开发投资集团的基本情况

1. 发展历程

中铁开发投资集团有限公司（以下简称"中铁开投"）是世界双 500 强企业——中国中铁股份有限公司（以下简称"中国中铁"）控股子企业中铁云南建设投资有限公司（以下简称"中铁云投"）的全资子企业。2011 年 4 月 8 日，为修建昆明轨道交通 3 号线西标段工程，中国中铁在云南省昆明市成立了中铁昆明轨道交通工程指挥部和 3 号线西标段项目经理部；2011 年 12 月 8 日，中国中铁以昆明轨道交通工程指挥部和 3 号线西标段项目经理部为班底，成立了"中铁泛亚建设投资有限公司"；2012 年 3 月 2 日，中铁泛亚公司更名为"中铁昆明建设投资有限公司"；2016 年 12 月 8 日，中铁昆明公司更名为"中铁开发投资有限公司"；2018 年 1 月 16 日组建集团，更名为"中铁开发投资集团有限公司"；2022 年 10 月 8 日变为由中国中铁控股子企业中铁云投的全资子企业。

2. 组织架构

中铁开投实行两级管理，即公司—子（分）公司、指挥部（项目部）管理模式。设全资子公司 4 个，控股子公司 10 个，分公司 4 个，项目工程建设指挥部 42 个，参与管理参股项目公司 23 个。公司本部设置职能部门 10 个、事业部（中心）5 个。

3. 经营范围

中铁开投注册地为云南省昆明市呈贡区，注册资本 50 亿元，拥有市政公用工程、公路工程、建筑工程三项工程施工总承包一级资质。主要经营范围有：投融资（不含互联网金融）；各类工程建设活动；房地产开发经营；商业综合体管理服务；文化旅游项目开发经营（不含旅行社业务）；物业管理；物业服务；城市公共交通运输；铁路及设施运营；公路管理与养护；陆地管道运输；市政设施管理；工程管理服务；教育、信息技术、工程造价、工程技术咨询服务；住宿服务；餐饮服务；机动车充电销售；铁路运输辅助活动；石油制品销售（不含危险化学品）；金属结构制造；矿产资源（非煤矿山）开采；港口经营；土地整治服务；停车场服务；物流仓储服务；物资设备采购租赁（依法须经批准的项目，经相关部门批准后方可开展经营活动）。

4. 核心竞争力

中铁开投作为中国中铁综合性投资企业，代表中国中铁负责云南、贵州、湖北、重庆三省一市以及面向南亚、东南亚的基础设施和"基础设施＋"各类项目的投资、建设、运营管理和重大总承包项目承揽，统筹区域内中国中铁投资融资、勘察设计、施工安装、工业制造、地产开发、资源开发、物资贸易等业务板块，提供规划、设计、咨询、投资、建设、运营一体化的建筑业全产业链产品和服务。

中铁开投主责经营的"三省一市"区位优势突出，建设面向南亚、东南亚辐射中心，生态文明排头兵，民族团结示范区，西部大开发、成渝双城经济圈、长江经济带等多重机遇叠加，建设容量巨大，经过十余年的发展，主责区域市场深耕成效明显，公司信誉度和美誉度植根区域，品牌影响力和市场竞争力大幅提升，在滇黔渝鄂投资建设市场逐步形成了领先优势。中铁开投目前管理的项目总投资规模近 4 000 亿元，重点打造"城市建设、轨道交通、公路工程、水利水电、健康养老、口岸建设、绿色建材、新基建"多元化投资格局，建设"行业领先、国内一流，具有国际竞争力"的投资建设集团。

中铁开投秉承"中铁建造铁肩担当"的企业使命，坚持"高起点谋划、高标准建设、高效率推进"和"施工现场标准化、管理信息数字化、驻地区域园林化、工地文化特色化"的"三高四化"建设管理标准，积极发挥建筑领域专业优势和产业集成优势，奉献精品工程、精益服务。中铁开投先后荣获云南省建筑业协会"优秀企业"、云南省"五一劳动奖状"、重庆市"五一劳动奖状"、贵州省"五一劳动奖状"等称号，投资建设的重点工程项目荣获"中国建筑工程鲁班奖""詹天佑奖""国家优质工程奖""全国建设工程项目施工安全生产标准化工地"等多项荣誉。

（二）中铁开发投资集团财务管理数字化转型的主要原因

1. 管理现状

中铁开投发展至今，不同程度存在生产关系不够顺、基础管理不够实、经营水平不够高、创效能力不够强、资产质量不够优、风险防控不够准等阶段性问题。就现阶段而言，由于内部各板块、各单位协同配合不足，资源配置效率不高，"数智化"推行缓慢，区域经营、滚动经营成效不够明显，"两金"居高不下，年度经营指标完成压力大，应收账款、房地产存货、投资项目形成资产占用大量资源等多种问题存在，制约企业实现高质量发展。

相对于公司其他业务板块，财务体系最具"综合性"，财务体系所反映的经济指标能够覆盖或延伸至公司所有经济活动领域，通过优化财务管理职能，消除内部壁垒，建立资源流动、优势互补、整体推进的财务运行体系，最大限度地增强合力，减少外部环境施加的影响和干扰。基于上述原因，公司财务系统迅速行动起来，对内进行组织架构及岗位设置改革，以求更好地为公司高质量发展提供强有力的支撑。

2. 原因分析

在数字经济时代，数据已经成为新型生产要素，成为提升企业核心竞争力的关键动能，只有通过实现财务数智化转型才能发挥财务管理对企业经营全过程的战略支持、服务业务、决策支撑与价值创造。《管理会计基本指引》中提出管理会计应用需考虑适应性原则，即"管理会计的应用应与单位内外部环境和性质、行业、规模、发展阶段等自身特征相适应，并随内外部环境和自身特征的变化及时进行相应调整"。中铁开投在选择管理会计工具方法时遵循适应性原则，选择"以数字技术与财务管理深度融合为抓手，充分发挥财务作为天然数据中心的优势，推动财务管理从信息化向数字化、智能化转型"。中铁开投将财务数据辅助决策应用作为突破口，坚持财务共享与司库运行相结合，使用云计算、大数据、区块链、物联网及可视化分析等技术手段，搭建中铁开投财务智慧中台，有效开展项目履约全过程引导和项目财务管控及分析，成为企业数字化转型的先行者、引领者和推动者。

3. 管理会计工具与方法的选择

（1）全面预算管理。中铁开投构建了涵盖投、融、建、运各个节点为一体的全面预算管理体系，具体由财务融资部牵头，采取"二上二下"的流程并按照"统一部署、上下结合、分级编制、逐级汇总"的程序开展预算编制工作。首先由各项目公司及指挥部以年度为单位编制各存量项目的投资、融资、建安产值、内外验工、现场费用支出、运营收支等预算，编制范围涵盖表内、表外所有项目；其次由公司各职能部门分别从市场经营、施工管理、投资开发、房地产开发、物资集采、运营管理等方面对各项目预算进行审核并编制业务预算；最后汇总至财务融资部编制收入、利润、现金流量、资产质量等财务预算。

（2）数字化管控系统。中铁开投在 2019 年底提出了"数字开投"的信息化建设目标，以公司各业务系统管控重点为基础，积极推进信息贯通工程。截至目前，财务智慧中台已通过创建接口、接驳通道、Excel 表格导入、人工录入等多种方式将数据从财务共享系统、久其报表系统及诚信系统中引入数据湖，实现财务内部跨系统数据集成。同时，工程部的施工产值数据、商务部的合同台账及验工计价数据、投资部的投资完成数据正在陆续引入财务智慧中台，并逐步实现财务数据与业务数据的统一与连通，为实现预算指标的实时监控提供了数据支撑。在健全数据库的同时，公司将全面预算管理从编制到执行再到考核的管理架构在智慧中台中进行重塑，各单位、各部门预算方案的编制、汇总工作已全部在数据中台中完成，预算指标的实时监控及预警推送已逐步实现，中铁开投财务管理迈入数字化管控时代。

二、总体设计

（一）中铁开发投资集团财务管理数字化转型的目标

在现代信息技术和数字技术的推动下，实现核算会计和管理会计的融合与变革，通过搭建财务智慧中台整合财务领域涉及的各方面资源，并进行优化与创新，构建新时代背景下全新的财务生态系统，预期达到"整合数据资源，提高数据质量，提高工作效率，增强数据安全，辅助管理决策"的目标，发挥数据价值，赋能业务管理升级，帮助公司实现价值创造，实现高质量发展。

（二）中铁开发投资集团财务管理数字化转型的总体思路

财务管理数字化转型按照"统一规划、试点上线、优化提升"的思路，结合公司实际情况开展。旨在通过财务智慧中台，实现自动化提取数据、分析数据、汇总数据、多维度显示数据，达到降低财务人员工作强度，提高报表质量和工作效率，最终实现以"数智"提升"财智"的管理目标。

中铁开投财务智慧中台的建设规划是以财务数据管理和应用需求进行智能分析决策平台建设，首先满足财务应用需求，同时完成智慧中台的基础能力搭建；其次在基础能力建设完成的基础上，不断优化基础平台、应用系统，汇聚更多业务板块数据以及网络信息、物联网数据，推进各业务板块的决策智能化，让数字数据赋能业务场景、业务点，辅助业务规则调优，完成业务数据化、数据资产化、资产价值化的数据资产管理和应用体系，助力企业完成数字化转型升级。

（三）中铁开发投资集团财务管理数字化转型的内容

1. 调整组织机构

为了转变固有的以建设为重心的思维模式，打造中铁开投管理会计体系，2021

年公司财务系统率先完成组织架构及岗位设置改革：一是公司财务融资部成立五个管理中心，强化集中管控，明晰权责分工，落实财务工作统筹管理。二是公司四个管辖区域设立总会计师制度，区域总会统筹辖区内的财务管理、协同经营及风险管控。三是各区域成立区域财务管理中心，统一管理 SPV 公司建设和运营财务工作，管控投资效益。如图 1 所示。

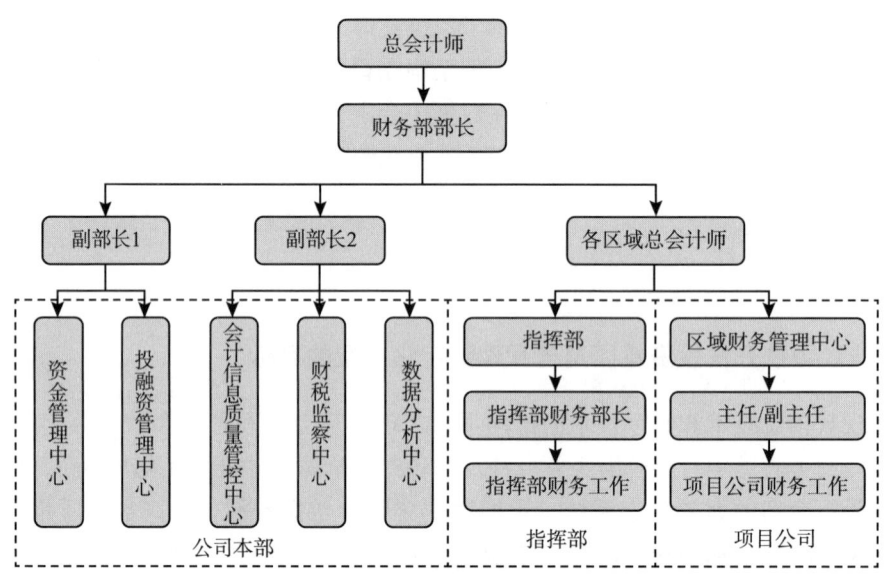

图 1　中铁开投财务管理体系组织架构

在新的组织架构模式下，中铁开投财务系统通过会计核算、决算管理、债务管理、资金管控、投融资风险管控五大集中，实现对项目合规管理、政策研究、数据分析、税务统筹及财务队伍建设工作的五大加强，为公司打造一支覆盖项目全周期的新型财会队伍，实现从决策执行向决策支撑转变；从价值核算向价值驱动转变；从传统财务操作向数智化转变；从职能管理向一体化协同管理转变；从传统会计思维向管理会计转变；从事后监督向源头治理转变；从单一专业知识向复合知识结构转变；从短期投资思维向项目全生命周期管控的转变。公司通过实现会计核算集中，将项目会计核算全部收归会计信息质量管控中心，70% 的财务会计人员从传统的财务会计转型为公司管理会计，基层财务人员从基础的会计核算、决算工作中解放出来，有更多的精力去从事管理会计工作。

2. 确定转型原则

（1）目标导向原则。财务管理数字化转型符合公司发展战略规划及愿景目标要求，坚持质量第一效益优先；坚持市场化方向；坚持依法依规；坚持业财融合与全员参与；坚持短期目标与长远发展的有机统一。

（2）数字赋能原则。以大数据、云计算、人工智能为代表的新技术不断发展，为财务及业务流程的再造、财务数据质量的提升、财务对经营管理决策的支撑能力带来新的变革。

（3）数据共享原则。利用信息化手段广泛收集公司各职能部门的数据，积极推动业财融合，实现业务流、资金流、信息流等数据源的及时共享，从而实现合理配置资源，建立合理规划、控制、考核、评价、预测、决策的数据基础。

（4）角色转变原则。重新定义财务体系各角色的职能与职责，制定数字化人才战略及管理框架，建立"一专多能"的复合型财务队伍，让财会人员从传统的会计、记账、编表向参与企业战略转变。

3. 数字化转型的具体内容

中铁开投财务管理数字化转型以搭建财务智慧中台为核心，全面整合公司业务数据资源，抓取外部关键数据，建立从业务层到管理层再到决策层的数据智能分析体系，以便经营决策层能够及时掌握全面的经营状况，迅速作出科学决策。

中铁开投财务智慧中台通过建立数据中台为财务管理提供高效的数据服务，为企业经营决策、精细化运营提供数据支撑，并通过数据安全区块链保障核心数据的真实、不可篡改、可溯源，提高数据资产的安全性和可靠性。通过组织人员保障体系、安全保障体系、规范标准体系、运维运营体系的建设，保障中铁开投智慧中台的规范化建设以及运维运营管理，如图 2 所示。

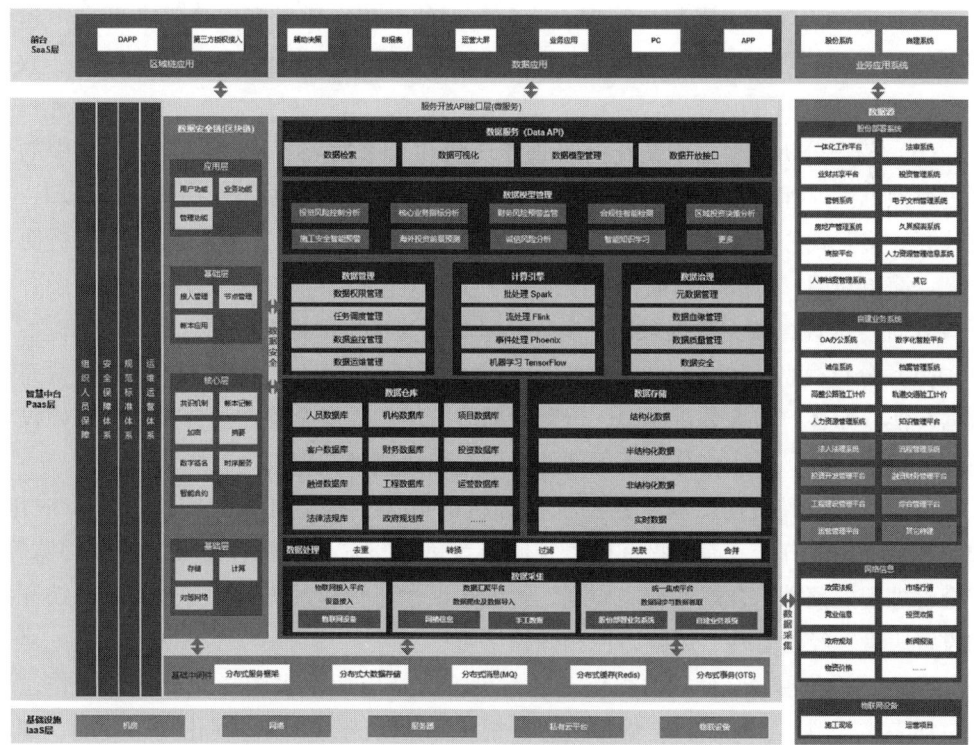

图2　智慧中台架构（系统截图）

中铁开投财务智慧中台具体包括以下内容：

（1）数据来源。内部数据主要是公司现有业务系统、新建业务系统、中国中铁授权公司使用的信息化系统、公司内部物联网系统等产生的数据，包括系统数据库、文件和实时流等形式，还包括公司内部的各类文档、文件、通信记录和知识资料，以及未形成系统的线下业务数据，外部数据主要是通过互联网信息和文件等获取的数据。

（2）采集集成加工。对公司各类数据统一集成，外部数据主要通过网络爬虫抓取和手工导入的方式采集，网络爬虫辅以搜索引擎和翻译引擎抓取海外关键数据；内部数据采集主要通过原有系统迁移、接口导入和实时流等方式，通过数据汇聚平台完成数据的抽取、清洗、规范化和上链、入库等加工流程。

（3）数据安全链。利用区块链技术不可篡改、可追溯等技术特点，实现对核心数据的加密上链，确保管理数据的真实、不可篡改、可溯源，提高数据资产的安全性和可靠性。

（4）数据仓库。基于湖仓一体（Data Lakehouse）数据存储架构，兼具数据仓库和数据湖的优势，满足未来从业务系统、互联网、填报上传、物联网设备等采集的结构化、半结构化、非结构化数据的存储和计算分析需求，同时它也能为公司进行数据治理带来更多的便利性。通过开投集团云平台，部署分布式数据库和分布式文件系统，统一为数据仓库提供计算和存储服务。采用人工、接口、前置机等多种数据接口方式全方位获取数据源。

（5）数据治理。加强数据管理、确保数据的准确、质量和安全，在平台中建设数据治理平台，提供主数据管理、元数据管理、数据质量管理、数据标准管理、数据安全管理等服务。

（6）挖掘分析。根据中铁开投的业务现状和未来发展需求，对数据仓库中的数据进行预见性处理，通过 Hive、Spark、Flink、Presto 等为数据中台提供从批处理、流式计算、交互式分析到机器学习等多引擎计算能力。实现湖 & 仓数据关联分析协同计算，简单易用，打破数据墙，在湖内基于统一数据目录，可基于数据湖实现融合分析 &AI 训练推理，减少数据搬迁，实现海量数据快速价值挖掘分析。

（7）分析模型。除并行化算法模型库之外，还将自定义开发部分分析模型完成数据转换，如客户需求分析模型、运营业绩分析模型、安全管理预警模型、海外投资环境分析模型等，最后将分析所得到的可用知识集成到知识管理系统。

（8）决策支持应用。基于数据挖掘分析的成果，构建开投集团决策支持应用，如区域投资决策分析、海外投资前景预测、竞争策略辅助分析、财务风险预警监管、安全管理智能预警、合规性智能检测、智能知识学习管理系统等，有效支撑中铁开投的投资决策、经营管理、风险防控和知识学习。

（9）可视化展现。使用可视化工具为决策支持应用提供图形化界面和操作，展示包括表格、图形、地图、三维模型等可视化元素功能，以及可视化交互查询、管理驾驶舱等操作，在 PC 端、手机端、PAD 端和电视端等呈现。

(四) 中铁开发投资集团财务管理数字化转型的创新

1. 在预算管理方面

一是以年度预算编制方案为切入点，将中铁开投核心指标分析植入财务智慧中台；二是联合云南财大，运用现代数据分析处理技术和方法建立预算推演模型，形成创新课题研究成果；三是健全预算与执行的数据链条，实现自动预实比对与费用控制，强化预算执行监控；四是将预算考核体系植入财务智慧中台，防止人为干预。中铁开投已建设了较为完善的预算编制数据板块和预算考核数据板块。

2. 在成本管理方面

通过与建信融通搭建诚信系统，完善财务智慧中台对参建单位资金监管与成本分析功能模块；同时建立金票占比、流向、持有到期、偏离度预警分析功能，防止项目建设资金被挪用，实现成本管理的精细化。

3. 在风险管控方面

一是通过大数据为风险管控提供智慧化支撑，有效挖掘数据价值，帮助企业科学决策；二是建设风险预警功能，通过信息平台功能的构建，提供风险预警、新闻舆情等与各业务部门紧密相关的数据和信息资源，并通过财务智慧平台，实现数据的集中管理和统一标准，消除数据孤岛，并通过数据风险识别等功能，建立安全预警机制。

三、应用过程

(一) 参与部门和人员

牵头部门：数字化中心。

主责部门：财务融资部。

参与人员：中铁开投原总会计师汪志鹏、现总会计师贺传亮、数字化中心全员、财务融资部全员、中铁惠信基金公司全员。

(二) 资源、环境、信息化条件的准备

1. 资源条件

在公司总会计师亲自挂帅、指导与督导下，数字化中心牵头，财务融资部联合云南财经大学、热点科技公司、北京思源科技公司成立联合工作小组，明确工作职责，确定了财务智慧中台的实施路线图。工作小组发挥融合优势，做到边建边试边改，合力攻关、同向发力，推动财务管理实现数字化飞跃。

2. 环境条件

在国家新基建加速推进的背景下，数据中心、云计算、物联网、大数据、区块

链、人工智能、无线基站等信息基础设施建设，给传统企业带来更大的机遇和挑战，给产业升级带来更大的发展空间。一是云南省政府工作报告指出：要科学谋划"数字云南"总体布局。强化、抓紧制定五年发展规划和行动计划，以全省经济社会各领域全面数字化为目标，以资源数字化、数字产业化、产业数字化为主线，坚持特色化、差异化、协同化发展，加速推动信息技术与实体经济深度融合，大力打造数字经济、数字技术的试验场、聚集区。二是企业信息系统建设目标已经从辅助工具、提高效率、流程管控，逐渐过渡到管理提升、数据挖掘、大数据分析和辅助决策支持方面。通过智慧中台的建设，为公司提升数据资产管理与数据分析应用能力提供基础支撑。三是在股份公司大力推动信息化建设的大背景下，公司各业务系统通过使用股份公司推广系统或管控需要自行开发系统，正在逐步实现本系统数字化转型。为了进一步推进企业高质量发展、提高信息化水平，中铁开投近年来在基础设施建设、系统应用及数据管理方面不断投入，依托中国中铁"信息贯通工程"建设项目，以财务数据治理为切入点，将财务数据辅助决策应用作为突破口，全力推动财务信息化向数字化、智能化转型。

3. 信息化条件

（1）信息化内在需求。根据组织的项目踏勘和需求调研，以及结合公司现状发现以下问题：

首先，中铁开投数据来源广，业务板块较多，且各业务板块联系分散，各部门有各自使用的系统，缺乏投资开发、财务融资、工程建设、运营管理、物资采购等核心业务系统。同时，由于没有统一的数据信息化平台，缺乏统一的数据仓库，没有形成数据资产管理体系，存在业务的线下上报与手工填报，数据需要层层核实，业务过程烦琐，业务展现不直观，缺少业务数据标准体系与标准业务链。

其次，中铁开投数据分析决策支持弱，获取成本高，相关标段、指挥部、项目公司、运营公司、分公司等数据依靠各个部门人员跟催收集，再通过相关台账或整合报告进行汇总分析，形成各个部门跨部门或对上汇报对外输出的主要手段，整体在业务运营与分析决策支持上比较低效与耗费较大人力，且数据管理较为分散在各自科室与人员电脑中，不便集团级整合分析与跨部门支持，外部数据只能通过手工收集，无法批量采集互联网的有用信息。

最后，各个部门数据管理与数据分析需求、对于先进信息化技术手段的渴望（如利用大数据网络爬虫寻找资讯、政策、行业情报；利用大数据进行财务预警分析等）没有大数据平台的支持，缺乏大数据分析能力。

（2）信息化的总体规划。搭建的智慧中台是一个可扩展的数据平台，全面整合公司业务数据资源，抓取外部关键数据，建立从业务层到管理层再到决策层的数据智能分析体系，以便经营决策层能及时掌握全面的经营状况，迅速作出科学决策。

中铁开投财务智慧中台为公司的发展提供高效的数据服务，为企业经营决策、精细化运营提供数据支撑，并通过数据安全区块链保障核心数据的真实、不可篡改、可溯源，提高数据资产的安全性和可靠性。通过组织人员保障体系、安全保障体系、规范标准体系、运维运营体系的建设，保障中铁开投智慧中台的规范化建设以及运维运营管理。

（3）信息化基本的开发经验。中铁开投财务智慧中台开发项目组具有丰富的大数据、区块链、信息化项目的研发、实施经验，这些经验帮助财务智慧中台实现信息化功能，如帮助企业内部资源的集成、整合、分析与评价，实现企业内部全要素闭环管理、数据资产化管控、数据决策分析基础能力等功能。

（三）具体应用模式和应用流程

1. 具体步骤

中铁开投根据"信息贯通工程"建设项目全要素闭环管理、数据资产化管控、数据决策分析基础能力，把信息化建设与应用融入财务管理中，通过信息化升级，实现管理升级，具体步骤如下。

（1）搭建数据中台。

一是集成内外数据，提升数据便捷。中铁开投结合现有的信息化建设现状，通过对财务数据应用需求和相关系统的数据关联进行需求分析，按照符合现状、针对性强、可行性高的原则进行集成方案设计。

按照需求方案，中铁开投通过实现企业内部各个业务系统的数据互联互通，利用数据汇聚和交换的能力从物理上打破了"数据孤岛"的问题。将异构数据源通过源和目标参数配置，实现数据入湖、入仓，以及存储介质的转换，降低人工脚本处理带来的风险和维护成本。构建统一的数据集散中心，打破数据孤岛。当面对有来自多个不同系统的数据源、来自异构源的异构数据情况时，中铁开投数据中台通过打破数据库本身在数据存储上的数据处理体系结构，对大量分散、独立数据进行规划、平衡、协调和编辑，并将数据进行标识并汇编成目录，确定元数据模型，使得数据能够在集成的系统中分布和共享。

二是数据入湖清洗，优化数据运用。中铁开投同时搭建数据仓库、数据湖两种存储架构，帮助企业处理多条不同的数据管道，在不破坏数据完整性的前提下支持多人多部门的读写事务，保证数据分析师和数据科学家可以在同一个数据存储中对数据进行操作，为公司进行数据治理带来更多的便利性。

在数据清洗方面，中铁开投将各类数据统一集成，外部数据主要通过网络爬虫抓取和手工导入的方式采集，网络爬虫辅以搜索引擎和翻译引擎抓取公司所需的关键数据；内部数据采集主要通过原有系统迁移、接口导入和实时流等方式，通过数据汇聚平台完成数据的抽取、清洗、规范化和上链、入库等加工流程，并利用工具进行数据清洗，主要包括，规则制定：包括内置规则和外部引入规则。清洗预览：包括预览规则效果和运行中清洗预览。清洗监控：包括图形化运行监控和清洗作业逻辑监控。主数据匹配：利用整合好的主数据进行匹配和以主数据管理系统为优先级最高。

中铁开投在数据建设过程中采用提取—加载—转换（ELT）的模式，将数据抽取后直接加载到存储中，再通过大数据和人工智能相关技术对数据进行清洗和处理。相较于提取—转换—加载（ETL）的方式，提高了数据传输效率，防范了一些有价值的数据被清洗的问题。

（2）建立分析模型。根据中铁开投管理决策需求，财务智慧中台目前设计了八大分析板块模型，内容涵盖核心指标变动分析、预算完成预警分析、资金归集情况分析、投资控制分析、资金刚兑保障分析、工程款拨付分析、诚信系统成本管控分析等，并对分析板块涉及的具体指标赋予不同的数据算法。例如，根据中国中铁在2022年提出的"四增两控四提升"指标要求，首先将相关指标完成数据、同期对比数据按年或按月取出，其次采用同比、环比等计算方法对数据深度加工，反映指标的历年数据趋势、增减变动情况、目标达成预测等，发挥了数据在财务管理中的深度价值，更好为领导决策提供数据支撑。

通过建立从业务层到管理层再到决策层的数据智能分析体系，解决现在报表人工处理工作量大、不及时，数据来源不统一等问题，有效地提高了数据指标的及时性及准确性，辅助经营决策层能够及时掌握全面的经营状况，迅速作出科学决策。

（3）实现实时取数。当前中铁开投财务数据主要以业财共享平台为主，还有少量诚信系统的数据。业财共享平台是财务系统数据的主要来源，财务数据的应用分析的数据也主要来源于业财共享平台。基于当前财务管理的需要从业财共享平台获取数据，以及未来财务数据分析的需求考虑，采集业财共享平台的序时账数据，业务应用需求的数据统一由数据中台进行分析统计，既能够实现财务数据上链防篡改的问题，又能够满足未来数据统计分析的需求。

首先，为了不影响共享平台的运行，业财共享平台将数据推送到中铁开投内网中间库，搭建起符合发展要求的智能分析平台，具体的业财共享平台数据集成内容包括：基础数据推送，即所有单位的核算机构、核算部门、人员、用户、客商、客商银行账号、会计科目七个部分；核算部门、客商及银行账号、会计科目、合同登记表、财务凭证、序时账等数据定时推送至中铁开投内网指定中间库。再通过加密后进行数据加密上链，确保数据的真实、不可篡改、可溯源，提高数据安全性和可靠性。

其次，通过数据订阅服务和数据消费服务进行实时数据转换，其中数据订阅服务通过数据的订阅和读取、任务实例的启停控制等功能，并采用插件式设计思路，支持扩展不同类型的数据订阅读取。以 TCP 通信方式和数据订阅方式进行数据读取和传输，经过任务配置的过滤、转换等功能写入目的端数据源中。

最后，设置经济指标预警规则，建立自动化预警机制，实时跟踪全面预算执行进度，实现刚柔并重的预算控制。

（4）赋能业务场景。财务智慧中台通过数据资产目录建设，给出业务场景和数据资源的关联关系，降低数据应用门槛，方便数据跨系统、跨部门、跨场景产生价值。实现了数据资产管理可视，支持钻取、溯源等。通过数据资产目录，实现数据资产的数据血缘和数据全景可视，提供数据智能搜索和运营监控。数据地图围绕数据搜索，服务于数据分析、数据开发、数据挖掘、数据运营等数据表的使用者和拥有者，提供方便快捷的数据搜索服务，拥有功能强大的血缘信息及影响分析。

完成数据资产的管理后，财务智慧中台进行数据辅助决策分析能力建设，构建多层级数据分析体系，充分挖掘数据价值，提升数据决策的科学性、智能化、有效性和前瞻性。为公司在决策分析、经营管理、项目争取、投融资管控、工程建设、运营监管、流程优化、知识赋能以及风险管控等方面提供智慧化支撑，有效挖掘数据价值。

（5）数据展示推送。结合数据特征，财务智慧中台选择不同的图形、图表来反映数据的趋势，按时间维度、空间维度以更清晰、易懂的可视化形式呈现。智慧中台实时取数，直观快速地进行数据展示分析，在提升工作效率的同时，较好地传递了数据价值。例如，在工程款拨付分析板块中对各项目建设期工程款的拨付情况进行监控，页面中列示中铁开投所辖四大区域管理的各项目应拨和已拨款的柱状图分析，表内所有数据均为实时取数，每发生一笔计价或一笔拨款均能实时统计并进行预警发布。按照合同主体不同，面板列示了业主对指挥部的拨款、指挥部对标段的拨款两类数据，全面动态呈现工程款拨付情况，帮助使用者透视全公司、全区域或某一项目的资金流向，预警资金风险，实现工程款的可视、可控。

2. 财务和业务流程改造

（1）财务流程改造。中铁开投以财务管理、数据应用需求为基础，进行数据汇聚、数据处理、数据存储、数据管理、数据分析应用能力建设，通过建设财务智慧中台，改善财务工作流程：一是从账房先生转型为"数字神经网络"，财务团队从传统的分散、手工模式，转化为在企业经营和管理中发挥重要作用的信息中枢。再通过财务将业务前端进行延伸，打通会计和业务、会计和外部利益相关者的界限，实现信息的集成和实时控制。二是当财务和业务融合时，需要运用到管理会计中的价值应用理论，关注到业务链条中不增值的环节和节点，从而做到信息化和智能化的管理衔接平衡如图 3 所示。

数据汇聚。整合统一集成平台，完成与关联系统的系统对接，汇聚业务系统数据，拓展数据采集、数据处理能力，以及完成核心数据的加密上链与管理，并将汇聚的数据根据数据分类与数据仓库规划分类存入大数据系统数据仓库。

大数据系统。基于 Hadoop 分布式系统基础架构建设中铁开投大数据系统，基于湖仓一体（Data Lakehouse）数据存储架构，建设数据仓库系统，满足未来从业务系统、互联网、填报上传、物联网设备等采集的结构化、半结构化、非结构化数据的存储和计算分析需求，同时它也能为公司进行数据治理带来更多的便利性。通过 Hive、Spark、Flink、Presto 等为智慧中台提供从批处理、流式计算、交互式分析到机器学习

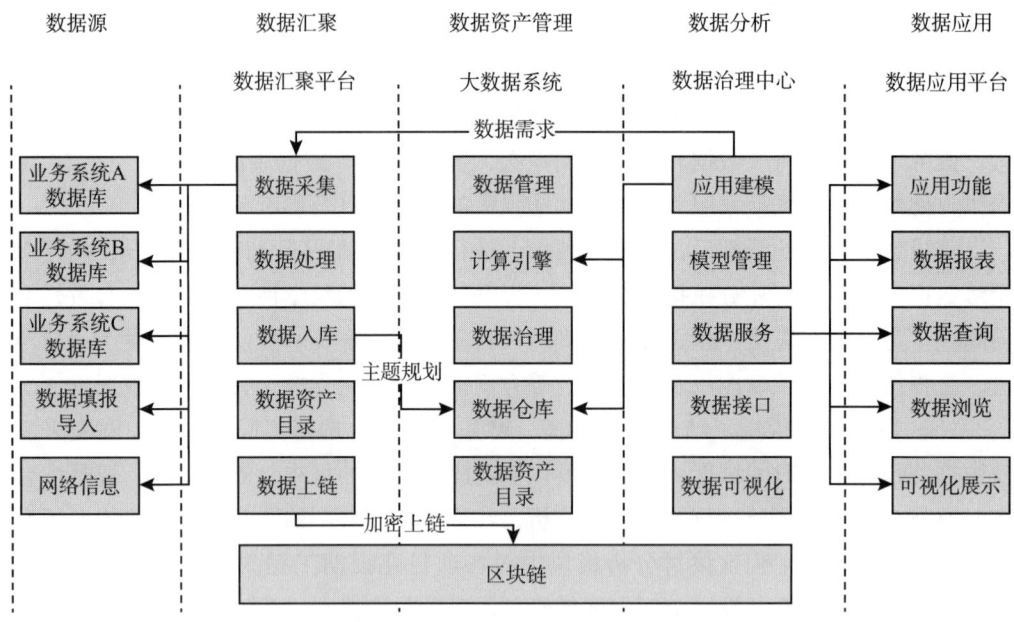

图3　数据资产与数据分析流程

等多引擎计算能力。实现湖 & 仓数据关联分析协同计算，简单易用；打破数据墙，在湖内基于统一数据目录，可基于数据湖实现融合分析 & AI 训练推理，减少数据搬迁，实现海量数据快速价值挖掘。

数据治理。在平台中建设数据治理平台，提供主数据管理、元数据管理、数据质量管理、数据标准管理、数据安全管理等服务。满足中铁开投智慧中台数据管理、数据治理、数据分析应用，以及根据业务发展，在区域投资决策分析、海外投资前景预测、竞争策略辅助分析、财务风险预警监管、安全管理智能预警、合规性智能检测等方面逐步增加数据应用的统一管理需求。

区块链。基础 Hyperledger 区块链框架，开发公司联盟许可信息区块链，对上链的数据信息进行区块存储。确保管理数据的真实、不可篡改、可溯源，提高数据资产的安全性和可靠性。

数据应用。根据财务融资部数据应用需求，建设财务数据应用平台，完成基础数据、业务信息的数据填报管理，上链数据的数据变更审核，以及数据检索浏览、报表自定义设计、报表分发、报表管理、数据可视化等数据应用。

（2）业务流程改进。

对于中铁开投的业务流程需要进行信息化改造，首先从投标到项目中标、投资协议签订到资金投入、资金落地到项目建设，每一个业务流程需要按照信息化要求进行全面梳理，对每个流程都有标准化的要求，同时流程向前端、后端延伸，在业财交互节点上把业务与财务连接起来，连通"数据孤岛"，通过"IT + DT"的双轮驱动，为公司提供更多的数据服务，实现财务管理数字化转型。

（3）业财融合。

利用信息化广泛收集企业中各职能部门的数据，积极推动业财融合，实现业务流、资金流、信息流等数据源的及时共享；收集国家、行业、竞争对手的外部数据，从而实现合理配置资源，建立合理规划、控制、考核、评价、预测、决策的数据基础。在业务数据的支持下，实现数据的深度挖掘和分析。

3. 资源投入

（1）通过与现有业务系统的对接，集成到财务智慧中台的各业务系统数据，包含业财共享平台的财务凭证序时账数据、高速公路验工计价系统和轨道交通验工计价系统的项目基础信息数据、诚信系统的金票数据。

（2）通过财务数据应用平台的数据填报功能填报的各类业务数据。获取的数据通过对数据进行关联比对，对数据进行更新。

（3）根据需求分析，建立相关的信息资源库，为应用系统提供数据支撑。本期的信息资源根据获取的内外部信息进行分类管理，可分为基础信息、业财共享、业务数据等主题。

根据业务需求的实际情况和信息分类再进行分类存储，采用逐步规划，以需求导向为思路，结合应用需求进行逐步梳理。

（四）在实施过程中遇到的主要问题和解决方法

中铁开投在数字化转型过程中，实现了财务数据资产入湖管理和数据应用优化，中铁开投信息化基础建设已处于中国中铁内及同行业领先水平。但财务智慧中台从开发到使用不到两年，没有成熟的信息系统可以借鉴，唯有在一次次试错中不断积累经验，寻求与投资公司本质相适应的建设思路。目前，财务智慧中台在建设和使用过程中遇到的主要问题及相应的解决方法如下。

1. 数据治理缺乏顶层规划，且主动性不足

（1）问题描述。在数字化转型过程中，中铁开投各业务应用系统的建设，基本由上级单位相关业务部门自主发起，缺乏统筹和技术控制。且各系统间割裂严重，未建立数据共享、业务交互的通道，呈"烟囱式"建设特征，数据治理主动性不足。

（2）解决方法。财务智慧中台进一步推进了中铁开投内外部数据治理建设顶层规划，建立了有效的数据治理管理制度和管控体系，以及有长期规划、覆盖数据生命周期的全链路，实现流程化、系统化解决数据治理问题，保持数据长期发展可控，进一步建设和推广了数据治理，化被动为主动。

2. 数据标准存在壁垒，数据采集机制不完善

（1）问题描述。中铁开投各部门、各专业管理视角不同，并且管理对象颗粒度不一致，描述方式也不统一，这会导致部门之间的数据产生不一致、不可兼容或数据重复存储等问题，致使部门之间数据的交换和共享困难，降低数据的质量和可靠性，

不利于部门之间的协作和决策，影响工作效率。同时，中铁开投各部门在采集某些特定类型数据时，依靠人工收集或与其他部门线下传递的方式进行，这类方式一方面缺乏主动性，数据获取效率较低；另一方面采集的数据可能存在完整性、需求覆盖程度不足、丧失时效性等问题。

（2）解决方法。为确保不同部门的数据具有可比性和可兼容性，财务智慧中台进一步建立了统一数据标准和规范，具体而言，根据业务过程与工作领域对数据资产进行梳理与重组，抽象出通用的数据框架与定义规范。在此基础上，将分散、孤立的数据源有机关联，实现企业内各系统的数据衔接与互通，形成统一的数据体系，提升数据在企业内部流转与交换的速度，提高数据的连通性与利用率，打破了数据标准壁垒。同时进一步建立了更加完善的数据采集机制，提高数据质量。

3. 数据资源欠缺，信息平台功能不健全

（1）问题描述。以往财务智慧中台所获取的数据资源仅限于财务系统的数据信息，不能满足各部门的数据和信息需求，且缺乏企业数据资产化的一些平台功能，导致工作效率较低。

（2）解决方法。财务智慧中台利用爬虫技术，对经营区域重点规划信息、同类型央企经营数据、目标网站的新闻、政策、区域经济运行指标、招投标信息等外部网络信息数据的采集入湖。同时，充分运用区块链技术，保障数据的真实、不可篡改、可溯源，实现有价值的数据资产入湖，做足做优司库级数据湖。具体而言，增加了相关政策、法律法规、领导人重要讲话等具有指导性和业务相关性的政策信息提取和解读；增加了宏观经济指标信息、行业内其他上市公司财务数据和战略规划体系、薪酬水平等情况、相关前沿动态、咨询机构发布的行业分析报告和年度分析报告等竞争性信息和数据；增加了材料动态价格信息、风险预警、新闻舆情等与各业务部门紧密相关的数据和信息资源。同时，财务智慧中台完善了企业数据资产化的功能，如增加了各类数据的高效检索、预警提示、可视化分析、个性化对比分析、信息提醒（如关键事件提醒和日期提醒）、数据溯源，以及部门之间信息共享等功能。

4. 数据共享程度低，存在"数据孤岛"现象

（1）问题描述。以往中铁开投尚未形成公司数据资产规范化管理的标准和规范，业务部门信息系统接口尚未打通，在数据链方面存在断点、堵点，内外部数据不能高效利用，各业务数据无法有效地与财务数据进行连接，同时数据信息分散、失真和滞后，离信息贯通的要求差距很大，中铁开投整体数据应用水平不高，对企业发展决策的效率和效用尚未有效发挥。

（2）解决办法。财务智慧中台通过评估不同类型数据对各业务板块和各管理层级的价值，在企业内部建立数据共享机制，鼓励不同部门和业务领域之间交换与分享数据资源，推动跨部门协作；通过合理调整企业的组织架构，加强部门之间的沟通和协作；通过采用先进的信息化技术，提高数据处理和管理的效率和质量。根据以上措施，中铁开投挖掘了数据潜在价值，拓展了数据在业务中的应用场景，进一步提高数据的共享程度，使集团信息化的发展与集团业务的快速发展更好匹配，能更好为管理决策赋能，避免了"数据孤岛"现象。

四、取得成效

（一）在经济效益方面的成效

1. 提升工作效率，降本增效

通过建立财务智慧中台实现了对公司内外部数据的精准和快速采集，减少了各业务部门信息数据收集和整理的人工工作量，提高了数据收集的精准度和时效性，有效降低了办公成本。

2. 提升数据资产管理和分析能力

在瞬息万变的时代背景下，市场与经营均处于不断变化的状态，企业外部经营环境不确定性增加、内部经营环境日趋复杂。为应对多变的新环境，智慧中台需要迅速根据新需求，链接业务场景、抽取场景中的通用数据重新建立新模型，为企业提供多维度、多场景的数据查询与分析服务。以中国中铁对投资公司的业绩考核指标体系为例，财务智慧中台可以利用已有数据，计算出新考核指标数值，以图表形式将其列示于分析看板内的业绩考核指标板块中，并保证数据每月联动更新、完成值比率跟进变化，按照新业务场景形成所需的数据资产包，让数据资产化、为管理分析赋能。

3. 提高企业决策水平，降低企业经营风险

通过建立从业务层到管理层再到决策层的数据智能分析体系，提升数据分析与数据应用的科学性、准确性、及时性，提高数据分析的准确度，降低了因为盲目投资、风险控制不当带来的经营风险。如在核心指标管控分析、成本管控分析、工程款拨付情况分析等看板数据展示中，列示着一些带颜色的指标或凸显成红色的模块，这些带颜色的数据是根据预设的预警情形作出的预警提示。一旦某指标触发预警，则对触发预警的区域或项目相关人员进行 PC 端和手机端预警推送，并要求相关区域或项目及时反馈出现问题的原因。在中台数据应用模块内的指标监控和财务监察模块中，能够统计一定时期内各项目触发财务预警的次数、问题反馈情况以及预警消除情况，方便开展下一步监察任务，实现管理闭环。

（二）在社会效益方面的成效

1. 提高社会的数智化水平

推进企业数字化转型，是积极响应国家信息化发展的号召，企业的信息的建设能

有效地促进和推进社会信息化水平的提升。

2. 提升企业经营理念

以品牌建设为抓手，以践行央企责任为根本，提高企业运营水平，提升企业经营理念，不断提升企业核心竞争力，服务地方经济社会发展。

3. 丰富企业文化的内涵及提高员工的精神面貌

通过数字化转型，提高工作效率，提高员工的精神面貌，提高员工的工作满意度，将企业建设成为和谐的大家庭，为创造社会主义和谐社会贡献力量。

五、经验总结

（一）基本应用条件

在中铁开投相关管理会计工具运用的过程中，良好的信息化环境条件和完善的管理会计流程体系是保证该应用及管理会计信息化运作的重要基础。

（二）成功运用的关键因素

从整体运作过程上看，人才、技术和制度是保障管理会计工具应用能够有效实现的关键性因素，项目管理模式、考核机制与监督是保证财务智慧平台有效运作的基础性因素。

（三）相关方法在应用中的优缺点

财务智慧中台对预算指标进行时间及预警标准设置，通过从财务共享平台取数与预算目标的比对，精准反映预算指标执行情况，发现指标偏离及时预警，但中铁开投全面预算编制方法还不够科学，前瞻性、执行力不足，需要借助数字化工具建立现代化预算管理体系。

（四）对发展和完善相关管理会计工具方法的建议

1. 重视顶层设计

各业务应用系统的建设应建立统筹的技术控制，避免各系统间割裂严重，强化数据共享、业务交互通道的构建，实现整体协调性和统一性特征。

2. 制定统一的数据标准

数据标准的统一，有利于数据的交换和共享，规避不一致、不可兼容和重复存储的问题，提升了数据的质量和可靠性，便于部门之间的协作和决策，提高管理效率。

3. 完善数据采集方式

人工采集数据具有不客观、随意性的弊端，因此采用自动化形式的数据采集方式有利于提升数据的完整性和需求覆盖程度，时效性特征显著，进而提高了数据质量。

（五）对推广应用相关管理会计工具方法的建议

2023 年 1 月，国资委在《优化中央企业经营指标体系 推动加快实现高质量发展》中提出：2023 年国资委将围绕建设世界一流财务管理体系，要求中央企业高质量推进司库体系建设各项工作，确保 2023 年底前基本建成"智能友好、穿透可视、功能强大、安全可靠"的司库信息系统，确保资金安全高效运营，同时借助先进信息技术和算法模型，深入挖掘数据价值，有力支撑科学决策和战略落地。中铁开投针对上述工作部署，结合财务智慧中台的使用情况与实际管理需求，制定工作目标与建设方向。这一数字化转型的思路和方法应用对于大型基础设施建设开发投资企业具有一定的参考价值，有利于降低投资风险、提高项目投资效益。

（中铁开发投资集团有限公司　刘　葵）

实现高效决策与资源优化：
中铁设计经济运行与决策分析平台建设案例

【摘要】 中铁工程设计咨询集团有限公司（以下简称"中铁设计"）作为国内行业领先的勘察设计国有企业，近年来规模不断发展壮大，业态不断丰富，管理难度不断增加，传统的财务管理模式已无法满足公司建设成为世界一流勘察设计施工企业的需求。为了提高公司的财务管理水平，科学地将管理会计方法运用到企业管理当中，中铁设计基于财务共享中心的信息化系统，运用大、智、移、云等先进技术，进行管理会计信息化建设，充分挖掘数据价值，搭建"经济运行与决策分析平台"，将各类台账、管理报表等数据源纳入统一平台，改变了原来手工录入的方式，极大地提高了数据的准确性和数据采集、数据可视化展示的效率，在预算与成本控制、绩效评估与激励机制、风险管理与合规性等管理会计方法方面提供强有力的信息化支持，为管理决策提供了强有力的数据支撑，助力企业实现高质量发展。

一、背景描述

（一）公司基本情况介绍

中铁工程设计咨询集团有限公司（以下简称"中铁设计"）始建于1953年，前身是铁道部专业设计院，是集工程规划、勘察、设计、咨询、总承包、监理、产品和科研开发于一体的特大型综合勘察设计咨询企业，是世界500强企业——中国中铁股份有限公司的控股子公司。2017年，作为国务院国资委中央企业首批十户员工持股试点企业之一，中铁设计以增资扩股方式成功完成了员工持股及同步混合所有制改革。

中铁设计服务领域涵盖铁路、城市轨道交通、公路、市政等交通基础设施，建筑、冶金、产品及技术研发等，可为建设工程项目提供规划、勘察、设计、咨询、设计施工总承包、专项承包、投资、项目管理、工程监理、工程检测、项目后评价、运营管理等全过程服务。在铁路标准设计、航测遥感、客运专线桥梁、高速铁路道岔、城市轨道交通轨道系统、跨座式单轨交通系统等方面一直保持领先的技术优势。是北京市科学技术委员会认定的国家高新技术企业和北京市设计创新中心。

公司设有14个职能部门、7个事业部制单位、2个社管后勤机构。在北京市设有12个专业分公司，在济南市、郑州市、太原市设有3个综合分公司。拥有7个全资子公司和3个控股子公司。在全国设有七大经营区域，在全国30多个省、自治区、直辖市设有驻外经营机构，正逐步向大型集团公司迈进。

（二）公司经营管理现状及问题

1. 企业管理难度加大

中铁设计服务领域涵盖铁路、城市轨道交通、公路、市政等交通基础设施，建筑、冶金、产品及技术研发等，勘察设计咨询项目小、广、多的特点比较突出，合同金额小、项目分布较广、数量众多，受管理机制、手段、距离等因素制约。近年来集团公司规模不断壮大，业务范围不断扩展，业态逐渐丰富，形成勘察、设计、咨询、总包综合业态模式，企业管理难度逐年增大，内部控制的有效性较低，项目风险无法得到有效控制，财务监管难度相对较大。

2. 财务信息化水平不高

公司财务信息化水平整体不高，缺乏项目管理系统、成本管理系统、商旅系统等业务信息化平台支持，数据分散、决策信息存在滞后、控制不足现象，人力资源系统、合同管理系统、法务系统等业务系统与财务共享系统也没有形成接口，"数据孤岛"严重。各部门数据各自统计导致难以形成合力，数据存在反复提供、反复校验的情况。

3. 财务人力资源紧缺

近年来公司规模不断壮大，而财务队伍人员增长缓慢，截至2022年集团公司共有从业人员5 000余人，而财务人员总共不超80人，占比仅为1.6%，远低于行业内3.5%的平均水平，特别在当前工程总承包业务快速发展的情形下，财务人员紧缺的情况日益凸显，利用信息化手段来提高财务人员工作效率和精细化管理水平，尤其是通过信息化手段来促进传统会计向管理会计转型显得尤为重要。

二、总体设计

（一）管理会计信息化建设目标

为提高中铁设计管理水平，为战略决策和业务运营提供更为量化、科学、高效的支撑，中铁设计运行与决策分析平台建设拟实现以下几点目标。

1. 战略、决策支持

根据企业战略顶层设计，将各项模块所产生的各项数据通过经济运行与决策分析平台的数据中台、管理驾驶舱等工具更准确、更及时地投影至PC端、手机端帮助管理层更好地分析市场、评估机会与风险，发现隐藏在数据中的规律和趋势，预测未来的市场变化和经营风险，帮助企业作出更优的决策，并制定相应的策略。

2. 强化控制

依托财务共享平台将企业年度预算指标植入形成有效控制，同时利用管理会计信息化对企业的各项成本和收益进行精确控制和核算，通过持续预测检视业务成果，能够及时发现和解决问题，确保企业运营平稳。

3. 提高透明度

经济运行与决策分析平台与财务共享平台相关建设拟通过数据穿透、流程控制工具等手段实现使用者实时、透明地使用，充分了解任务进度、数据情况减少信息不对称和误解误传，提高企业内部沟通和合作的效率。

4. 降本增效

经济运行与决策分析平台与财务共享平台相关建设，引入自动化处理技术、大数据技术和人工智能技术，拟实现提高信息的收集、处理、存储和查询效率，从而减少手工操作和重复性工作，缩短业务处理周期和人力成本，找出成本控制和降低的机会，助力企业提高盈利能力

5. 推动业财融合

经济运行与决策分析平台与财务共享平台相关建设，通过流程可视化、绩效评估驾驶舱等工具模块，努力贴近业务，让财务部门更好地了解业务情况，为业务提供更好的服务和支持。同时，也让业务部门更好地开展工作，推动企业的整体发展。

管理会计与财务共享融合蓝图方案如图1所示。

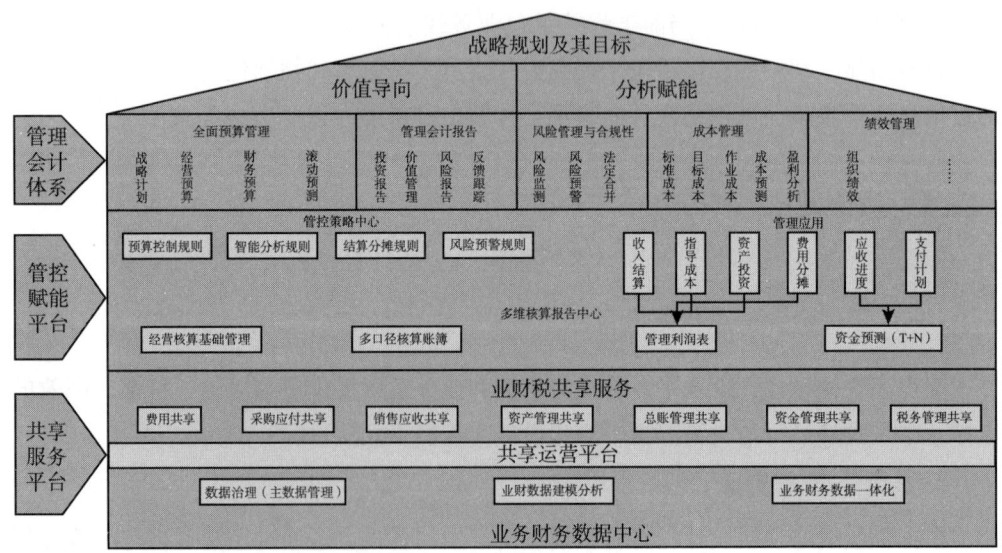

图1　管理会计与财务共享融合蓝图方案

（二）管理会计信息化建设的总体思路

中铁设计管理会计信息化建设的总体思路是以财务共享平台为数据基础，以企业管理需求为导向，以管理会计方法为指导，分阶段实现项目经济数据分析、合同执行情况经济数据分析、内部清算考核指标体系、资金风险控制、现金流管理、成本预算管理等功能模块，以满足战略管理层的顶层设计，实现各模块数据采集标准、统一，实现大数据库的数据归集，为未来各模块与各业务系统互联互通相关准备，形成战略、业务、管理多层级的综合驾驶舱与分布式仪表实现准确、高效的数据展示。

（三）管理会计信息化建设的创新

中铁设计为了提高管理会计的信息化水平，实现业财融合，采用外部专业软件公司加信息化人才自培养模式对平台进行开发，基于财务共享平台系统开发上线了"经济运行与决策分析平台"，充分整合数据资源，挖掘数据价值，在预算与成本控制、绩效评估与激励机制、风险管理与合规性等管理会计方法方面提供强有力的信息化支持，为管理决策提供了强有力的数据支撑，助力企业实现高质量发展。在"经济运行与决策分析平台"的开发建设过程中，一方面自培养人才全程参与平台的数据采集、数据标准化、数据可视化配置等工作；另一方面还聘请外部数据分析专家对培养人才进行数据抽取、数据清洗、数据建模等数据分析技能的实操培训，该模式既提高了数据管理的自主可控性和安全性，又能够大大降低企业成本，为企业创造价值收益。

三、经济运行与决策分析平台的建设过程

（一）建设经济运行与决策分析平台的基础条件

2018 年中铁设计财务共享中心挂牌成立，财务共享中心依托"业财共享平台"进行数据标准规范、业务规范、流程规范，采集并沉淀了 108GB 的数据资产，为中铁设计管理会计信息化建设奠定了坚实的数据基础。

（二）建设过程

1. 需求分析

（1）业务分析。中铁设计主业为勘察设计咨询，近年来工程总承包项目也不断发展，企业原来对项目的管理比较薄弱，勘察设计咨询业务没有按项目核算，工程总承包项目也没有分账套核算，导致项目收入、成本、利润、预算执行情况等经济指标不能按照项目进行细分统计分析，管理模式比较粗放，不利于精细化管理。为此，中

铁设计从管理会计方法运用出发，结合合同执行情况、项目经济运行情况、全面预算管理、风险控制与合规性管理、绩效考核管理等多方面的实际管理需求进行业务分析和需求梳理，明确信息化建设要达到的目标。

（2）现有系统评估。中铁设计财务共享中心对公司现有的财务系统、业务系统进行了一次全面的梳理和评估，包括财务共享平台、资产管理系统、合同管理系统、法务系统、人力资源管理系统等，发现财务共享平台除了与资产管理系统实现了数据互联互通之外，与其他业务系统都还没有实现互通，各业务系统与财务共享平台之前存在机构主数据不一致、客商主数据不一致、人员主数据不一致等情况，对实现数据互联互通造成较大的影响。

2. 系统选择与开发

根据集团公司现有的信息化基础和数据基础，综合考虑开发效率、成本控制、数据安全、使用习惯等多方面的因素，中铁设计决定选择财务共享平台现有的"大数据中心"作为管理会计信息平台的软件基础，通过后台数据库建模，前端数据可视化展示的方式，逐步开发"项目经济数据分析""合同执行情况经济数据分析""内部清算考核指标体系""资金智能化管理""现金流分析"等几大数据可视化功能模块，同时，考虑系统的可扩展性和生命力，通过"外部支持 + 自主培养"的模式，保持数据开发的自主可控性。

3. 实施与部署

（1）数据整合与标准化。为了提高数据的准确性和及时性，中铁设计基于财务共享平台系统对现有系统数据进行了整合和标准化建设工作。

在数据整合方面，由于中铁设计缺乏完善的项目管理系统和合同管理系统，合同信息缺失，为了整合项目信息，财务共享中心采取批量导入和手工录入的方式，将10 530个承揽合同和2 793个委外合同补录进共享系统，完成了合同编号、合同名称、合同类型、合同金额、保函信息等30多个合同维度信息的补充维护。同时，利用系统工具将项目名称与合同进行一一对应，为在"项目管理台账"中集中统计和展示项目的收入、成本费用、利润等关键指标提供数据基础。

中铁设计财务共享系统2018年才开始上线，为了保持合同数据的完整性，共享中心通过批量导入和配置表单补录的方式，总计补录了21 000多条合同进款、验工计价、合同付款、发票明细等数据，确保"项目经济数据分析"和"合同执行情况经济数据分析"功能模块各项目指标数据的完整性。

在数据标准化方面，中铁设计缺乏科研项目管理系统，科研项目预算无法实现信息化管控，为了实现科研项目预算信息化管控，巧妙利用共享平台的预算模块功能，将科研预算科目标准化管理，实现科研预算科目序号与科研项目编号保持一致，并通过表单将科研预算科目与科研项目形成一一对应的关系，最终生成"科研项目预算执行情况表"，从而实现业务端和财务端能够协同查询掌握科研项目的全生命周期预算执行情况和年度预算执行情况，有效做到科研项目预算卡控。

在业务表单标准化方面，财务共享平台的数据采集动作主要是通过业务表单来实现的，共享中心上线初期，采取先统一再特色的建设策略，为了规范数据标准，共享中心根据业务类型配置专业化表单，随着业务范围不断拓展，表单也随之进行调整，共享平台专业化表单数量从上线初期的30多套增加至78套，表单的专业化和细分化为数据标准化奠定了坚实的基础。

在业态标准化方面，为了区分统计勘察设计咨询和工程总承包业态的经济指标情况，中铁设计积极推动账套拆分工作，将工程总承包业务从勘察设计咨询业务中拆分出来，独立账套核算，拆分核算单元11个，实现分业态管理，达到分业态进行数据分析的目的，提高精细化管理水平。

（2）培训与宣贯。信息化系统开发建设的重要一环就是推广和使用，中铁设计为了加强管理会计信息化系统建设的推广使用力度，采取分批上线、分批培训宣贯的模式，形成战略、管理、业务、财务四个方面的使用和培训手册、视频共十余份，每完成一个子功能模块都组织线上、线下、录屏等多途径、多模式的培训和宣贯会议，共组织开展了12次相关培训，实现财务共享平台全员上线，经济运行与决策分析平台日在线使用人员500余人。

4. 反馈与改进

中铁设计财务共享中心建立了问题反馈群，收集用户反馈信息，并及时评估反馈的意见，对系统进行持续的优化和升级。同时，定期到生产单位进行调研，听取使用单位和用户的意见和建议，加速系统的更新迭代速度。

四、取得成效

经济运行与决策分析平台建成项目管理、合同、资金、现金流、科研、考核管理、运营分析七大可视化功能模块，对收入、成本、利润、现金流量、清算指标、合同执行情况等共计300个指标进行了展示，帮助公司各部门和管理层获得更及时、准确、全面的财务和管理信息，更好地掌握企业的运营状况和市场需求，从而作出更科学、合理的决策；帮助企业更好地掌握各项资源的实际使用情况和成本构成，实现资源的优化配置和成本的有效控制，提高企业的经营效益；实现对企业各项业务的实时监控和风险评估，及时发现和解决内部管理问题，有效防范和化解资金风险、合同执行风险等各项风险。下面从预算与成本控制、绩效评估与激励机制、风险管理与合规性三个方面介绍经济运行与决策分析平台在中铁设计管理会计方法中的应用成效。

（一）预算与成本控制

经济运行与决策分析平台建立之前，通过单一会计科目难以及时精准定位预算实际执行情况，所有预算的编制、预算执行情况统计分析等工作都是通过手工填制 Excel 表格的形式来完成，特别是对于预算执行情况的统计分析，只能在事后定期手工统计与分析，数据不但容易出错，而且统计效率低，预算执行数据严重滞后于生产，财务会计人员根据已完成账务处理的账务信息进行事后分析，过程中参与程度不高，既不能时时掌握预算数据的动态变化以提供决策信息，又难以实现预算的刚性控制。

随着经济运行与决策分析平台的建立，数据取得及分析的效率大幅提高，业财融合效率得到极大提高。经济运行与决策分析平台能够可视化实时展示各单位预算执行情况，业务部门、财务部门、公司决策层都能够通过平台实时掌握预算执行情况，同时通过数据引用和预算刚性策略卡控以确保预算执行的可控性。通过信息平台预算管理专项模块，财务人员可以实现合同进款预算、成本预算与成本控制、工程总包项目全生命周期预算管理、科研项目管理预算在下达、执行、统计与调整的全流程参与，提供决策信息，实现全面预算管理闭环。具体表现在：

1. 收入预算管理

通过上线使用经济运行与决策分析平台的"合同数据分析"模块，中铁设计合同管理工作实现了业财数据共享，在编制预算过程中提高了数据的准确性和可靠性，大量减少了过往在合同数据取得时反复核对及沟通联络等工作，极大地提高了合同收入预算编制效率，平均预算编制时间缩短了 70%。

"合同数据分析"模块通过采集预算数据和实际发生数据实时展示各合同本年验工计价（收入）、进款、开票金额等指标的完成百分比和汇总预算完成情况。各单位决策层可根据"承揽合同年度指标执行情况表"安排生产进度和清收清欠工作，同时也为绩效考核部门提供准确的关键指标承揽合同台账，如图 2 所示。

图 2 承揽合同台账（系统截图）

2. 成本预算管理

中铁设计通过财务预算管理模块实现成本预算管控,通过经济运行与决策分析平台实时的预算执行情况统计报告,预算单位的业务人员能及时把握本单位预算的执行情况,做到业务与预算紧密结合,进一步规范成本费用发生的合理性和实效性。

通过信息化平台和预算管理模块对共享中心内数据的抓取,各项预算的完成情况能够第一时间得到体现,既能取得已完成审批流程的成本费用数据,也能归集已提交表单但尚在流程中的成本费用数据,全面覆盖了预算的实际执行情况,及时提供预算执行信息。通过预算报表汇总查询功能,从预算单位全年度总预算的执行情况总览到单项预算的完成情况可以根据不同统计需求合并或分列,或做连续期间内的同比与环比分析,为财务人员进行数据分析提供多角度的数据支撑,也便于各级决策层及时了解公司预算执行情况。

3. 工程总包项目预算管理与成本控制

随着中铁设计工程总包项目不断增多,对总包项目预算的管理也提出了较大的挑战。工程总包项目既要严格把控项目全生命周期的预计总收入、预计总成本、现金流自平衡等关键指标,又要对各年度关键预算指标进行精准卡控。在财务集中管理核算模式下,对工程总包项目管理效率及信息化提出了更高的要求。为此,中铁设计整合共享平台数据和业务部门数据,集成项目信息、合同台账信息、账务信息,开发了"项目经济数据分析"数据模块,包含"项目管理台账"和"工程总包项目明细台账"(见图3)两套数据可视化报表,分别从合同预计总收入、预计总成本、预计毛利率、完工进度、开累收入、开累成本、开累毛利、开累进款、开累验工计价等30多个关键指标全方位、实时展示各个工程总包项目的经济运行情况和预算执行情况,

图3 工程总包项目明细表样(系统截图)

为各工程总包项目管理决策提供实时准确的数据支撑。经济运行与决策分析平台助力中铁设计克服财务人员紧缺的困难，在全集团不到80名财务人员的现状下，管理着超过300个在施工程总包项目，极大提高了工程总包项目的财务管理水平。

4. 科研项目全生命周期预算管理与成本控制

中铁设计作为一家高新技术企业，科研投入逐年增加，科研项目数量也连年增加。多数科研项目既是生产业务，又承担研发职责，支出审批流程各异且涉及人工成本等费用分劈过程复杂，财务人员工作量大，项目统计分析时间较长。为了进一步精准化管理科研项目预算执行情况，中铁设计开发了"科研项目预算执行情况"数据模块，通过抽取财务共享平台账务数据、预算数据、科研立项数据等信息，集成展示科研项目、预算科目、项目总预算、总支出、本年预算、本年支出总金额、支出明细等指标数据，财务部门、科研管理部门、业务部门能够同时查看科研项目预算执行情况，科研管理部门根据"科研项目预算执行情况表"（见图4）进行相关事项审批，实时掌握全集团公司1 000余个科研项目运行情况，为科研项目的预算管控与成本分析提供了数据支撑，提高了科研项目管理的精准度和时效性。

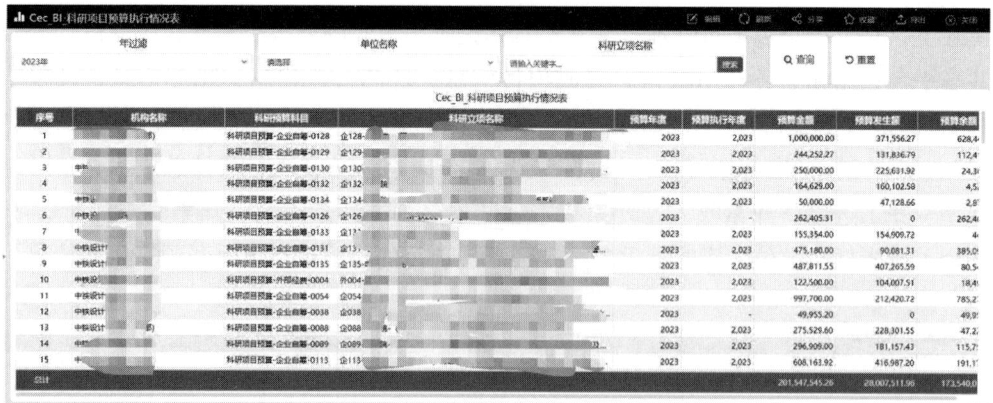

图4　科研项目预算执行情况表样（系统截图）

5. 资产管理系统

固定资产、无形资产、低值易耗品等资产管理是企业管理中的重要组成部分，也是业财融合的重要业务组成部分，具有价值高、使用周期长，使用点分散，管理难度大等特点。传统模式下，各项资产的点收、摊销、调拨、报废、盘点等流程通过线下签批，纸质资料传递方式完成，流程时间较长，财务人员难以参与事前控制，事后核算及时性也受到一定影响；资产采用线下台账形式管理过程中，资产类别、型号等各项资产信息采集标准难以统一，难以满足日益增多的资产精细化统计管理需求，同时由于勘察设计业务特点，各单位、项目之间资产调动与划拨有着较高的频率，为会计核算、处置报废及期末盘点带来了较大工作量。

为了解决资产管理难点和痛点，中铁设计开发上线了《资产管理系统》，逐步实现了集团公司固定资产、无形资产、低值易耗品等资产从计划预算到购置新增、组固、折旧摊销、变更调拨、盘点、处置清理等资产管理业务线上操作与审批，大幅提高信息传递效率，推动了资产全生命周期信息化、自动化管理。资产管理系统与共享系统无缝对接，实现业财数据共享，提供了丰富的报表查询和图表展示，能及时、准确、全面地掌握在册资产信息。在实物资产管理方面，系统设置了资产标签打印、移动设备盘点、资产履历查询等功能，解决了异地盘点难的问题。资产系统实现了资产系统管控流程线上化、无纸化，实现了年度购置计划总把关、购置业务事前有控制、验收入库有审核、处置清理有审批、过程变更有记录、清查盘点有方法。

（二）绩效评估与激励机制

按照中铁设计的绩效评估等相关办法规定，公司财务部门每月不仅要出具集团层面的财务报表，还需完成各业务部门所需的考核报表，其中包含了由各核算单元组成的一整套考核报表。绩效评估办法需要的考核数据包括进款、收入、成本、利润等考核指标，同时要求相关数据要准确、及时提供至公司绩效考核部门进行月度考核，绩效考核部门根据上述财务数据计算每月预清算奖金数，各业务部门根据绩效考核部门下发的预清算奖金额度进行次月奖金发放工作。未上线经济运行与决策分析平台前，财务部门通过手工登记台账的方式统计各业务部门的考核数据信息，涉及各业务部门的进款、自揽项目分成后收入、集团综合项目分成后收入等100多项子指标，因参与编制报表的人员众多，理解不一致，导致填报质量参差不齐，上报时间难以保证，导致提供时间难以确定，无法及时辅助管理层决策。经济运行与决策分析平台上线之后，各项考核数据实现平台支持，实现系统化、可视化，核对各项数据工作可以随时进行，各管理层均能实时掌握相关绩效考核的信息，对工作开展形成强指导作用。

未上线经济运行与决策分析平台前，财务部门和业务部门的收入、进款确认体系简陋，缺乏系统支撑，且勘察设计单位进款存在潮汐现象异常严重，大量进款均集中在年末，业务部门和财务部门的各项工作都处于集中收官期，这导致进款的核对工作因业财不够融合导致难以相互理解，形成障碍。在经济运行与决策分析平台上线之后，各业务部门的进款、"两金"、收入等关键指标流程可视化，这些问题迎刃而解。在收到进款后，财务人员即可通过系统发单通知业务人员进行进款确认，业务人员能够高效准确在平台内选出合同归属，同时对于发票、委外等情况及时确认，实现业财共同参与，共同推进流程闭合，极大地缓解了年底集中核对进款造成的工作压力，也保证了相关数据的准确性。

中铁设计的经济运行与决策分析平台实现实时展示每个合同的验工计价、进款等明细情况，能协助业务部门核对各合同的执行、未来工作量、预计进款等指标完成做好排期，有利于第二年预算指标的预测；经济运行与决策分析平台也实现分板块提供管理报表，使管理层清晰掌握勘察设计板块和基建板块的各项指标完成情况，为管理层的决策及时地提供了支持。

（三）风险管理与合规性

在大数据时代，勘察设计企业资金管理面临着互联、精细、智能三大趋势。随着数字化潮流和技术创新发展，管理层对财务数据支持决策的需求更加迫切，信息化是实施管理会计的必备条件。如果缺乏信息化手段，很难实施精细管控。中铁设计从集团自身实际情况及管理需求出发，积极探索数据挖掘和应用，为生产经营提供有效支撑的同时，创新了财务管理的内容、路径、手段，开展了一系列的资金管理信息化建设工作，充分利用经济运行与决策分析平台与财务共享平台加强资金管理，防控风险。

1. 全面推行资金支付银企直连模式

通过共享平台与资金 G6 系统的互联互通，实现了从"表单发起—业务审核—资金支付—凭证生成"全流程线上闭环管理，2022 年通过 G6 系统累计实现线上支付 65 073 笔，共计金额 58.79 亿元，90% 的资金收支业务均通过共享中心线上闭环处理。为实现所有收付业务的监管，保证资金安全的有效监管和运行，统一合规标准、强化财务内控，中铁设计积极开发各类表单，根据企业的管理及核算需求，配置了往来付款单、批量托收单等 11 套业务表单，截至 2023 年，已经基本实现全业务全口径、全级次的管理及监测，有效防范了资金风险。

除资金收付实现共享系统闭环处理外，中铁设计积极利用平台加强各类资金业务的管理工作。中铁设计保函业务最初管理模式为线下申请，保函出具后由办理人员登记台账。在信息传递的过程中容易出现丢失、不及时等现象。共享中心上线后，中铁设计积极开发保函申请表单，实现了保函业务的全线上流程审批，同时增加了保函信息的登记及归档功能。仅 2022 年，中铁设计累计处理各类保函申请超千份，累计金额超 7 亿元。中铁设计依托智能化管理平台的管理台账，对各单位的保函业务进行集中管理，对投标、履约等各类保函办理情况进行汇总，实时掌握集团经营情况。对各商业银行的授信额度、手续费率、时效形成可视化数据，为精细化分析，动态化管理提供便利，实现与各商业银行高效合作，统筹精确使用在中国中铁下达的授信额度。截至 2022 年，商业银行合作由最初的 6 个增加至 11 个，范围涵盖了国有银行及大型股份制银行，签约授信达 40 亿元。通过平台大数据分析对比与各商业银行对接进行保函手续费谈判，将保函手续费率从年平均 2.4‰降至 1.5‰，仅 2022 年度就节约相关财务费用超千万元。

此外，随着基建业务的增多，预付款保函占比逐渐提高，在保函业务管理过程中，亟须对分包方开立保函的智能化管理及监督，中铁设计通过经济运行与决策分析平台合同信息模块，与保函业务及付款业务有效关联，严格管理分包单位保函业务，防范分包单位违约风险责任。

2. 构建资金智能化管理模块

通过建立资金智能化分析模块，中铁设计实现各层级资金的实时分析、监控，加强了项目现金流管理，降低资金安全风险。

中铁设计截至2022年底共有外部银行账户150余个，财务公司内部银行账户50余个。为实现对各银行账户资金的动态监控，中铁设计通过资金智能化分析模块与短信通知、银企直连相结合等方式，实现全公司各层级各单位的银行存款余额实时掌握，同时支持分币种、分单位、分银行、分地区的穿透查询，直到每一笔流水。实现了对各个银行账户的监督与管理，加强对资金的统一筹划与调用。同时通过分析平台将资金数据形成智能化分析模型，满足管理需求，有效降低财务风险。

现金流板块在企业发展中的地位日益提高，成为资金管理中最重要的一部分。中铁设计利用司库系统的现金流分析模块，实现 T + 1 日分区间、分单位、分类别的三大现金流量穿透查询，提高对项目现金流的动态监督和分析能力，提高了项目现金流自平衡的管理能力。

3. 实施资金集中管理

集团公司下属各成员单位发展规模、经营情况不同，不同时期对资金的需求也会有所不同。中铁设计依托财务公司 N9 系统对各单位实施资金集中管理，吸收各单位闲置资金，高效配置资金，实现内部资金的合理调剂，提升了资金使用效率，避免出现了高存款、高贷款、高财务费用的现象，降低了集团的融资成本。2022年通过 N9 系统为子分公司累计调剂资金约 2.06 亿元，有效支持集团公司各分、子公司的生产经营活动。在股份公司资金集中的存量月均 10 亿元，年末时点集中率 80%，完成了股份公司下达的资金集中度的目标。

五、经验总结

（一）明确目标

管理会计信息化建设的成功在很大程度上取决于目标的明确性。在项目开始之前，明确信息化建设的目的和预期效果，从而能够设计和选择适合本企业的建设方案。

（二）加强沟通

建立跨部门的沟通机制，确保信息的流通和问题的及时解决。管理会计信息化的建设过程需要多个部门和团队的紧密合作，涉及技术、管理、人力资源等多方面的问题。只有综合考虑各种因素，才能确保信息化建设的成功。中铁设计在管理信息化的建设过程中，积极与各单位、各部门进行需求对接、业务标准和业务流程梳理、用户问题反馈、历史数据梳理等工作，并多次开展系统使用调研工作，积极推动系统达到可用、好用、好评的效果。

（三）用户参与

用户是系统的终端使用者，他们对于业务流程、信息需求和操作习惯有着深入的了解，加强用户的参与度不仅可以提高项目的成功率，更重要的是让用户了解系统背后的逻辑和设计思路，建立用户的信任和认同感，确保系统在实际使用中能够发挥最大的效益。在管理会计信息化建设过程中，通过需求调查、调研反馈、系统试运行、培训与宣贯来增加用户的参与度。

（四）持续优化

中铁设计一直将管理会计信息化建设视为一个持续的开发项目，而不是一次性的任务。公司既确定了总体建设目标，又制定了循序渐进采用分阶段、逐步实施的策略，系统的每一个子功能模块上线后，都要制订一个长期的改进和优化计划，定期与系统的主要用户进行交流，收集他们在日常使用过程中遇到的问题和需求，根据用户的反馈和业务的变化，对系统进行持续的优化和升级。同时，在每年的年度预算中，为系统的维护和更新预留出足够的预算资金，关注行业内的大、智、移、云等技术和趋势，及时引入新的技术和工具，保证系统与时俱进和旺盛的生命力。

（五）人才培养

在管理信息化建设的过程中，中铁设计始终注重培养既懂财务业务，又了解集团整体经济运行业务，而且还懂信息化技术的复合型人才，提高数据的自主管理和分析能力。在数据采集端，共享中心数据管理部人员掌握表单配置技能，善于巧用共享平台的现有功能，实现财务数据和部分业务数据的标准化管理和表单配置工作，实现数据的高质量采集。在数据建模和可视化展示方面，共享中心数据管理部人员全程参与相关工作，共享中心采取外部专业技术公司提供"数据分析 + 人才培训"的模式，所有后台数据分析工作均在专业人士的带领下在实践中学习。实践证明，既懂业务又懂信息化技术的复合型人才能更好地理解需求、实现需求，从而更有效地保持管理会计信息化的生命力和持续更新迭代能力。

（中铁工程设计咨询集团有限公司　吴成红　黄琰延

王丽娜　陈　琪　张　爽　袁伟清）

基于 ERP 业务与财务共享中心数据集成的业财一体化管理模式

【摘要】中铁宝桥（南京）有限公司（以下简称"南京公司"）是国内专业生产铁路道岔产品的高新技术企业，为中铁高新工业股份有限公司（以下简称"中铁工业"）下属中铁宝桥集团有限公司的全资子公司，是国资委辖属大型国有企业中国中铁股份有限公司（以下简称"中国中铁"）的四级子公司。公司成立于 2009 年 10 月 22 日，坐落于中国长江三角洲重要城市江苏省南京市经济技术开发区，主要经营铁路道岔及配件、城市轨道交通产品的研发、制造、安装铺设、技术服务、技术咨询、仓储等。南京公司占地面积 26 万平方米，拥有 5 000 吨液压模锻压力机、56 米双龙门铣大型数控加工设备，拥有国际一流的生产、技术装备 166 余台，修建铁路专用线 4.2 公里。年生产能力为整组道岔 2 000 组（以 60 ~ 12 提速道岔为代表产品，其中高速、客运专线道岔 300 组）。在公司的运营管理中，南京公司率先实施完成了 ERP 系统，并建立了完善的 MES 系统，通过建立完整的信息化管理手段，南京公司近五年来产量、产值、利润逐年翻升，通过引用先进的管理思想、理念和管理流程，全面实现了南京公司管理的流程化、信息化、智能化，公司正向"国内领先，国际一流"的建设目标稳步迈进。随着中国中铁逐步实施的财务共享中心系统的投入运营，南京公司在财务共享系统平台上线后，发现业务人员和财务人员都需要在两套系统中进行许多重复性的原始数据录入，尤其在材料结算等核心业务上。为避免重复性的劳动，提升公司财务部门和业务部门的工作效率，从而促进业财融合的高效发展运营，通过前期的调研并且结合中国中铁财务共享系统软件对于财务核算规范的要求，南京公司实施并打通 ERP 业务模块与财务共享中心平台通道，实现原材料结算、产成品销售等业务数据自动传递融通共享，以 Web Service 为载体传递到共享平台实现自动传递功能，有效避免了财务人员在两套系统中重复做账及业务人员多次输入原始数据。通过该过程的融合把财务管理融入业务管理中，并不断完善和改进，实现南京公司整体管理价值的提升，使南京公司整体业务数据和财务数据实现实时高效传递，及时发现相关问题并整合相关业务流程，具有积极普遍的推广价值。

一、实施背景

（一）现代工业企业发展环境需求

制造业是国民经济的主体，是立国之本、兴国之器、强国之基。18世纪中叶开启工业文明以来，世界强国的兴衰史和中华民族的奋斗史一再证明，没有强大的制造业，就没有国家和民族的强盛。打造具有国际竞争力的制造业，是我国提升综合国力、保障国家安全、建设世界强国的必由之路。

新中国成立尤其是改革开放以来，我国制造业持续快速发展，建成了门类齐全、独立完整的产业体系，有力推动工业化和现代化进程，增强了综合国力并支撑了世界大国地位。然而，与世界先进水平相比，我国制造业仍然大而不强，在自主创新能力、资源利用效率、产业结构水平、信息化程度、质量效益等方面差距明显，转型升级和跨越发展的任务紧迫而艰巨。

"德国工业4.0""新工业法国""美国工业互联网"等创新战略下，中国提出了"中国智造2025"以加快推动新一代信息技术与制造技术融合发展，把智能制造作为两化深度融合的主攻方向；着力发展智能装备和智能产品，推进生产过程智能化，培育新型生产方式，全面提升研发、生产、管理和服务的智能化水平。现代高科技日益发展，很多企业的管理方式很难适应当前信息化时代发展的需要，且随着利润在竞争的态势下不断摊薄的实际情形，这些不与时俱进的企业很难在科技高度发达的当代完成蜕变，管理模式不能适应发展就不会有持续进步的动力。

南京公司应紧跟国家战略，以先进的ERP信息化管理系统为基础搭建一个现代化的信息化管理平台。通过流程化管理使部门、岗位职责清晰、明了，内部数据高度共享，实际业务流程可实时追溯查询，以实现管理的透明化、高效化和科学化，促进南京公司管理水平提升。ERP系统优化和重组了南京公司的组织机构和各部门的管理职能，使内部各部门间可以实时、快速地传递生产经营信息；物流、资金流、信息流和工作流的集成消除了人力、物力等资源的内部消耗；理顺了部门间的工作关系和工作流程，降低了管理成本提高了运转效率，使企业市场竞争力和占有率迅速提升；同时也提高了管理人员的管理水平和业务素质，从本质上提高了公司管理水平。

财务共享服务是以流程化处理业财为基础，以信息技术为依托，目的是规范流程、提高流程效率、优化组织结构、降低运营成本，并以市场化的视角为内外部客户提供专业化生产式服务的管理模式。财务共享中心数据集成管理是南京公司发展的重要支持手段，其中财务共享和ERP业务的联通使得财务管理能够更加精细化，避免重复性的数据核算，能够极大地提升财务部门工作效率，解放财务人员，从而使财务部门的管理重心向监督业务、注重分析的方向发展。

（二）南京公司内部管理亟待需求

ERP 系统作为公司的主导，现已运营在公司管理的各个方面，成为南京公司运营管理的主要工具，ERP 是以生产为主线，从材料采购到产品销售的公司化横向管理过程，其更多执行的是财务数据的收集、核算功能。财务共享中心是先统一财务核算，再倒推业务规范数据的一个反向过程，它主要是以集团化的纵向管控为主。ERP 系统的财务管理模块被抽取出来，进入财务共享系统核算，各个子系统中与费用相关的业务全部交给财务共享中心管理。这就要求 ERP 系统要实时准确地为财务共享所需的信息提供支撑，同时财务共享系统要不断地对财务共享信息系统提交信息交互的数据需求，以求达到实时的信息数据采集。财务共享中心是将相关 ERP 中财务核算功能集中管理，由事后核算向事中控制和数据挖掘及决策职能转移，其颠覆了传统财务会计的工作方式，建立了类似流水线的运作过程，借助精细化的专业分工、标准的流程和发达的信息技术，以"服务"为定位从事业财融合的发展。

基于南京公司前期已具备成熟的 ERP 系统，如何实现 ERP 与财务共享系统的数据集成的互联互通，实现业务数据的高效共享是南京公司内部信息化管理的亟待需求。通过前期的调研并且结合中国中铁财务共享中心核算规范的要求，确定 ERP 系统与财务共享中心数据高效融合和统一的需要，打通 ERP 财务模块与财务共享中心系统的通道，更好地实现业务和财务的高度融合，是实现南京公司价值管理和效益管理亟须解决的途径。实现企业的业财一体化是现代工业发展的趋势，ERP 信息系统、财务共享信息系统参与南京公司管理和生产经营的信息化水平的高低，结合的紧密度往往决定了公司的管理水平以及公司最终实现价值的高低，信息化运用越好，公司在日益激烈的竞争中越容易脱颖而出，从而在未来的经济大环境下占尽先机，财务与业务的结合，为南京公司的经济快速提升搭建了融合的平台。

近年来随着产值已经达到基本产能，南京公司近期内很难有较大的突破，这就要求我们在管理制度和信息化上创新，从而更好地实现成本的控制，减少不必要的支出，同时利用信息化的集成管理，提高材料等物资的利用率，信息化的发展又会作用于目前公司的管理，会减少人员的需求从而降低人工成本。这对基于 ERP 业务与财务共享中心数据集成的业财一体化管理模式提出迫切的要求。

二、内涵与主要做法

（一）成果内涵

通过基于 ERP 业务与财务共享中心集成的业财一体化管理模式，规范各类业务处理流程，降低财务核算工作量，实现公司财务管理模式和公司整体管理价值提升的需要，主要目标是：一是实现材料结算单（计划）、产品销售收入确认单、产品销售成本结转单、材料预点及冲销单、发料汇总表、产成品入库单、在途（委托加工）物资入库单7项表单数据自动传递，并在共享平台自动发起表单；二是不断完善接口，实现对业务数据和质量的实时监控；三是实现南京公司标准化的管理，将业务流程标准化、数据标准化；四是提高财务核算的效率，提升成本核算的精细度；五是提高财务信息质量，保证及时性、真实性和完整性。

目前财务共享中心系统和ERP系统的基础数据集成以及业务/财务数据集成已经研究实施完毕，相关数据可在两大系统中实现互通，并通过测试，已平稳运行。ERP系统的基础数据能够实时实现在财务共享系统之间实时快速传递，财务共享中心能够实时获取经过ERP系统处理的相关数据，在一定程度上提高了财务处理的工作效率，进一步提升了南京公司的业财共享水平。

基于ERP业务与财务共享中心集成的业务一体化管理模式是在ERP系统、财务共享中心系统运行良好的基础上实现财务模块的整体运用，同时根据管理需要打通了与两款软件的接口通道，在保证业务与财务结合的基础上又满足了集团化管控的需求，实现了财务与业务数据共享融合，具有在行业内全面推广的意义。

基于ERP业务与财务共享数据集成管理的业财一体化管理模式，对于业务产生对应的经济数据，通过接口程序可以实时地传递到财务共享系统中，实现了从业务到财务的全过程自动化管理。通过梳理、简化、规范各类业务核算流程，提升了南京公司运营能力和管理新效能。通过对业务流程提出的流程再造的理念，使得以前的业务流程标准化并写进制度管理中，标准化的业务流程操作使产生的财务数据标准化，倒逼前端业务系统规范化，为业务系统统筹提供有力依据，两者相辅相成，实现数据标准化管理，推动南京公司的现代化管理模式的创新，促进了管理效率的提升。目前公司的管理水平得到了质的飞跃，在管理流程创新、管理方法创新上取得了丰硕的成果，使南京公司产值、产量、利润持续攀升。通过对各系统采集上来的数据进行挖掘、分析与加工，形成BI系统及大数据分析系统，为经营决策提供数据支撑，对业务数据进行实时分析，提高了公司的整体管理水平，提升了公司管理效率，具有行业排头兵的作用。基于ERP业务和财务共享中心数据集成管理的业财一体化管理模式，实现了业财的高效融合发展，实现了管理制度化、制度流程化、流程表单化、表单自动化的发展趋势，在现行的公司管理模式下具有较好的推广意义。

（二）主要做法

1. 结合南京公司各业务数据及流程进行分析，梳理汇总财务实施需求，制订切实可行的开发方案

（1）通过前期的调研并且结合中国中铁财务共享中心系统以及ERP信息系统对于财务核算规范的要求，确定实现材料结算单（计划）、产品销售收入确认单等7项表单数据自动实时传递。

南京公司 ERP 系统于 2011 年 10 月 26 日正式上线运行后，目前已经稳定运行在管理的各个层面，为生产经营提供了全面完善的管理流程。

南京公司财务共享信息系统是基于中国中铁全面实施财务共享系统而建立的财务共享系统，成立初期南京公司就为财务共享中心建立的试点单位，全程参与中铁工业财务共享中心前期上线试点测试工作，从最初平台开发设计到试点上线，南京公司全员积极全程配合财务共享中心梳理业务流程，测试流程表单，查找发现流程表单设计漏洞和缺陷，及时反馈测试结果，并结合业务操作实际按期提供合理化建议，保证了财务共享平台工作能持续有效推进。运行初期 ERP 系统的业务数据只能通过手工方式录入到财务系统中，严重阻碍了管理效率与管理水平的提升，所以必须打通两套系统的数据接口，以实现财务共享数据集成的业财一体化的管理模式创新。

目的：实现 Oracle ERP 系统的业务数据实时传递至财务共享系统中，从而实现南京公司 Oracle ERP 系统与财务共享系统的集成。

（2）打通 ERP 财务模块与财务共享中心系统通道，避免财务人员在两套系统中重复做账，后续在使用中不断完善和改进，把财务管理融入业务管理中，更好地实现业财一体化。

为满足中国中铁整体的财务信息化管理需求和南京公司自身的管理需求，解决南京公司 ERP 系统和财务共享中心系统的数据不互通，造成了财务人员重复工作的问题，财务共享信息系统完成基础数据集成和组织架构层，ERP 主动向共享中心映射；业务数据层，共享中心主动向 ERP 获取，以上过程不需要人工干预，系统自动完成，不仅提高了财务人员的工作效率，也保证了数据准确性。

整体思路：建立 ERP 系统与财务共享中心系统交互接口，实现两套系统间基础数据、凭证数据的对接。方案要按照"便于实现、操作简单"的原则进行设计，具体思路如下：一是完成基础数据集成和组织架构层，ERP 主动向共享中心映射；业务数据层，共享中心主动向 ERP 获取；二是对于需要从业务系统端进入 Oracle ERP 系统的数据，设计和定义系统需要的数据内容与格式、接口标准，按照上述需求的内容与格式自动从业务系统提取出所需要的数据，并传递到接口层；三是对于需要从 Oracle ERP 系统端进入外围系统的数据，需及时明确和定义外围系统所需要的数据内容与格式，从 Oracle ERP 系统提取出所需的数据，并传递到接口层；四是系统接口开发完成后，需要与 ERP 系统进行联调集成测试。安排集成测试计划，安排有关资源配合 Oracle ERP 系统测试，完成业务系统与 Oracle ERP 系统的集成测试；五是财务共享平台与 ERP 系统的接口实施，主要实现相关表单数据的实时传送自动发起。

根据中国中铁信息系统的整体要求和南京公司信息系统建设情况，鉴于 Oracle ERP 系统与财务共享系统的集成方案如图 1 所示。

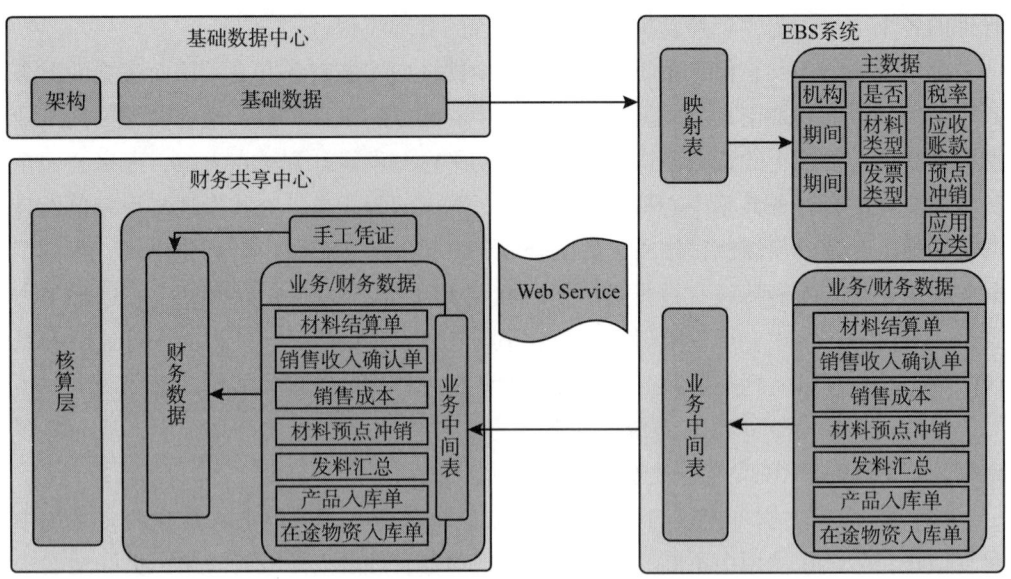

图1 ERP（Oracle ERP）系统与财务共享系统的集成

根据项目的集成方案，主要分为基础数据集成和组织架构层，ERP 主动向共享中心映射；业务数据层，共享中心主动向 ERP 获取，如表1所示。

表1 业务数据层

序号	数据项	发出方	接收方	频次	解决方案
1	机构（部门）	数据平台	ERP	按业务	接口同步（同步映射表） 需提供推送的程序接口（dblink 数据表）
2	客商	数据平台	ERP	按业务	接口同步（开弹性域，接口同步 ID）
3	预算期间	数据平台	ERP	按业务	值列表（日历界面开弹性域）
4	是否	数据平台	ERP	按业务	值列表（值集）
5	材料类型	数据平台	ERP	按业务	映射表（映射）
6	发票类型	数据平台	ERP	按业务	值列表（映射）
7	税率	数据平台	ERP	按业务	映射表（映射）
8	应收账款	数据平台	ERP	按业务	值列表（映射）
9	预点/冲销	数据平台	ERP	按业务	值列表（映射）
10	应用分类	数据平台	ERP	按业务	映射表（映射）
11	用户	数据平台	ERP	按业务	接口同步（手工创建用户， 根据身份证号自动映射员工姓名）

为确保基础数据同步成功，要将南京公司 ERP 系统中的数据与中铁工业基础数据平台的数据要求进行匹配，确保在 ERP 中的数据达到以下的要求：

ERP 中的各数据项的内容在基础数据平台上都存在，基础数据平台上必需的数据项信息在 ERP 中的各项数据上信息完整且符合规范，材料类型需要通过分类集的方式匹配类别、用户、人员的身份证号码等信息，基础数据信息的补充和完善需要在具体设计框架结构前完成。

业务、财务数据集成：在 ERP 里新开 7 个 FORM，展现以下 7 个表单，如表 2 所示。

表 2   **ERP 7 个 FORM**

序号	数据项	发出方	接收方	频次
1	材料结算单（计划）	ERP	共享中心	按业务
2	产品销售收入确认单	ERP	共享中心	按业务
3	产品销售成本结转单	ERP	共享中心	按月
4	材料预点及冲销单	ERP	共享中心	按月
5	发料汇总表	ERP	共享中心	按月
6	产成品入库单	ERP	共享中心	按月
7	在途（委托加工）物资入库单	ERP	共享中心	按月

2. 财务共享中心系统集成、ERP 系统应用功能扩展设计——接口数据初始化方案

"数据初始化方案"，是对 ERP 中需要接口同步的历史数据（用户、客商）字段与中国中铁财务共享服务中心——业财共享平台的主数据建立对应关系，更新 ERP 历史数据。通过更新供应商、客户、用户三个映射表中的思源 ID 号，形成初始化映射表，如图 2 所示。

具体措施和步骤是将供应商、客户历史数据更新至对应的映射表。

当映射选项为供应商/客户时：

ERP 编码：纳税登记编号　客户或供应商编号

ERP 描述：供应商/客户名称

CWGXPT 描述：共享平台客商名称

CWGXPT_ID：共享平台数据 ID

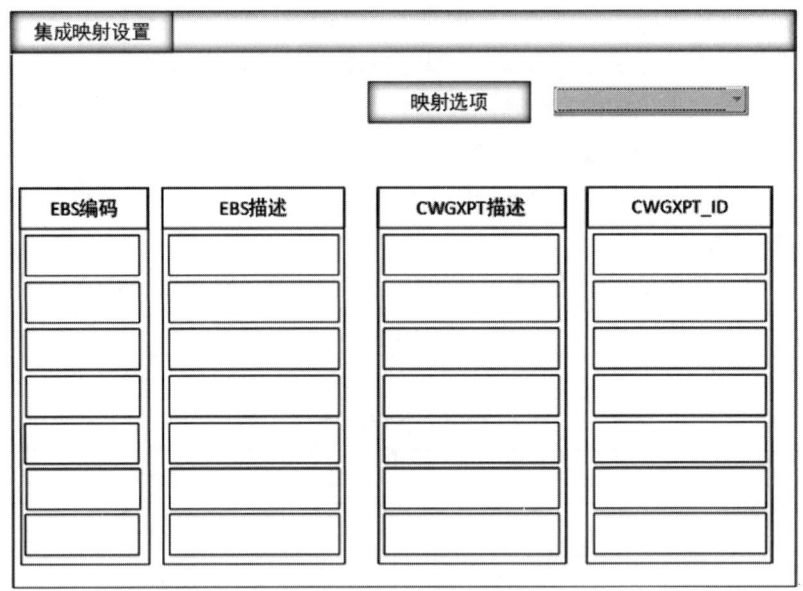

图 2　初始化映射表样

3. 财务共享中心系统集成、ERP 系统应用功能扩展设计——集成映射方案实施

"集成映射方案"，是将 ERP 的部分数据（含不限于供应商、客户、税率、产品名称、施工号等）字段与中国中铁财务共享服务中心——业财共享平台的主数据建立映射关系，并实现部分映射的自动更新。

基本业务需求包括：开发 FORM，实现跨平台的字段映射；

有条件地实现增加跨平台自动映射如图 3、表 3 所示。

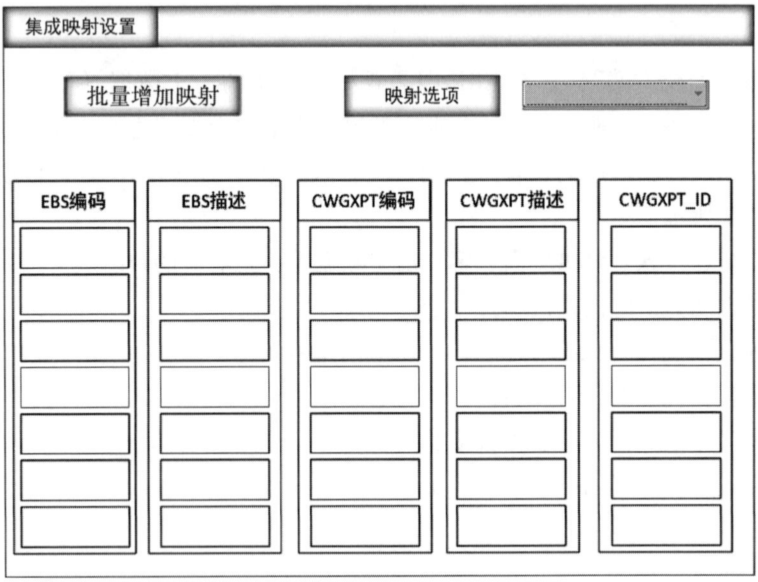

图 3　批量映射表样

表3 集成映射方案

序号	映射选项	说明（ERP➡GXZXPT）	自动更新	GXZXPT 链接
1	机构	跨平台映射法人	否	Dblink
2	材料类型	跨平台多对一映射子库名称	否	字典
3	发票类型	跨平台多对一映射说明性弹性域	否	字典
4	税率	跨平台映射税率代码	否	Dblink
5	应收类型	跨平台映射应收事务处理类型	否	字典
6	预点/冲销	跨平台映射 PO 接收	否	字典
7	应用分类	跨平台映射会计科目或其他	否	字典
8	用户	跨平台映射用户姓名	是	Dblink
9	工号	跨平台映射推送工号信息	是	Web Service
10	产品名称	跨平台映射推送产品名称	是	Web Service
11	合同号	跨平台映射推送合同信息	是	Web Service
12	私有辅助	跨平台映射推送私有辅助	是	Web Service

4. 财务共享中心系统集成、ERP 系统应用功能扩展设计——材料结算单（计划）方案实施

"材料结算单（计划）方案"，实际上是将 ERP 的采购发票头、行的相关字段与中国中铁财务共享服务中心——业财共享平台的单据"材料结算单（计划）"建立映射关系，通过 Web Service 传递到共享平台。基本业务需求：开发 FORM，实现单项或批量传送；FORM 界面可以直接调用请求按照要求的格式展示传输数据；可以主动通过 Web Service 获取传送状态。

"材料结算单（计划）方案"主要功能包括：开发 FORM，实现单项或批量传送；FORM 界面可以直接调用请求按照要求的格式"展示"或"传送"数据；可以主动通过 Web Service 获取传送状态；在 AP_INVOICE 记录传送状态，并及时更新状态；如状态为"未传送成功"，可以生成新的单据号并传送；建立数据表（所有传送字段按照传送顺序逐一排列），将传送共享平台的明细数据进行后台保存。材料结算单（计划）流程如图4所示。

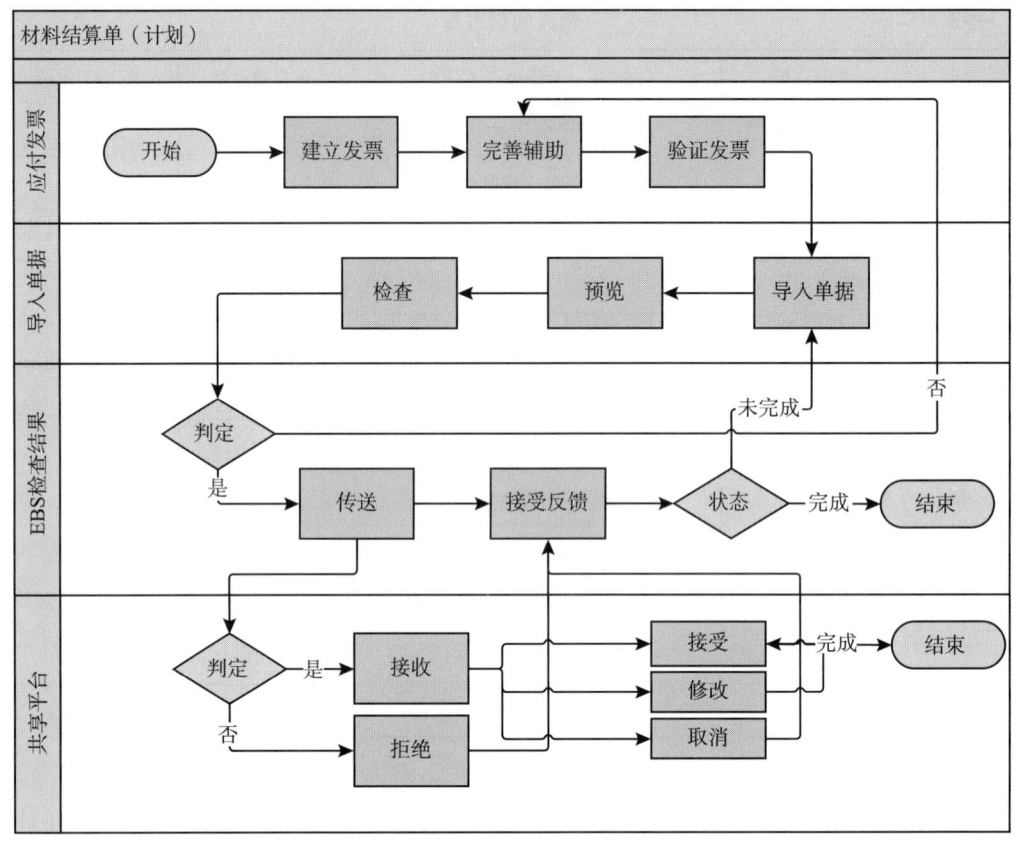

图4　材料结算单（计划）流程

5. 财务共享中心系统集成、ERP 系统应用功能扩展设计——产品销售成本结转单实施

"产品销售成本结转单方案"，实际上是将 ERP 的销售订单的发运事务处理的数据以及客制程序的销售成本差异分摊金额，按照产品销售成本结转单的格式整理，通过 Web Service 传递到共享平台。

基本业务需求包括：开发程序，实现按选填参数进行传送。主要功能包括：利用请求的方式进行传送；传送请求按照要求的格式"展示"或"传送"数据；可以主动通过 Web Service 获取传送状态，并将 Web Service 反馈的状态记录在请求日志中；如状态为"未传送成功"，可以生成新的单据号并传送。建立数据表（所有传送字段按照传送顺序逐一排列，多行明细的情况下，需要按照明细逐行记录），将传送共享平台的明细数据进行后台保存。产品销售成本结转单实施流程如图5所示。

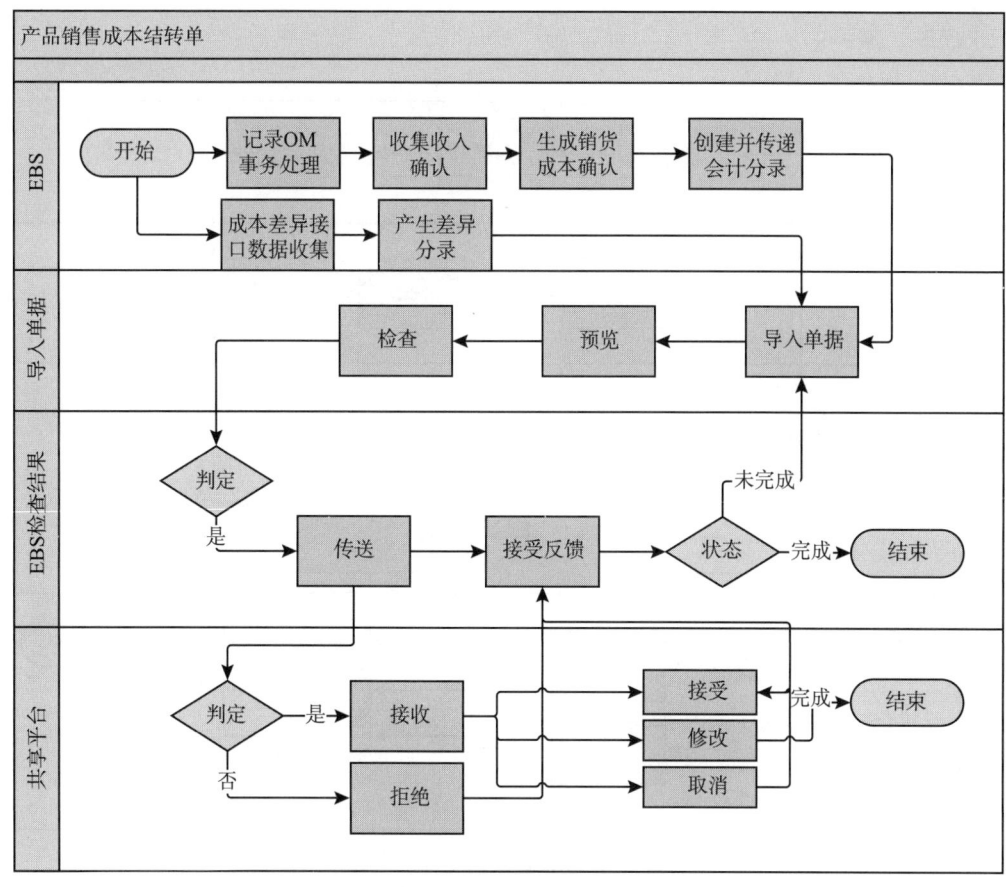

图5 产品销售成本结转单实施流程

6. 财务共享中心系统集成、ERP 系统应用功能扩展设计——产品销售收入单实施

"产品销售收入单方案",实际上是将 ERP 的应收事务处理的头、行等相关字段与中国中铁财务共享服务中心——业财共享平台的单据"产品销售收入单"建立映射关系,通过 Web Service 传递到共享平台。

产品销售收入单基本业务需求包括:开发 FORM,实现单项或批量传送;FORM界面可以直接调用请求按照要求的格式展示传输数据;可以主动通过 Web Service 获取传送状态。

主要功能包括:开发 FORM,实现单项或批量传送;FORM 界面可以直接调用请求按照要求的格式"展示"或"传送"数据;可以主动通过 Web Service 获取传送状态;在事务处理记录传送状态,并及时更新状态;如状态为"未传送成功",可以生成新的单据号并传送。

建立数据表(所有传送字段按照传送顺序逐一排列),将传送共享平台的明细数据进行后台保存。具体流程如图 6 所示。

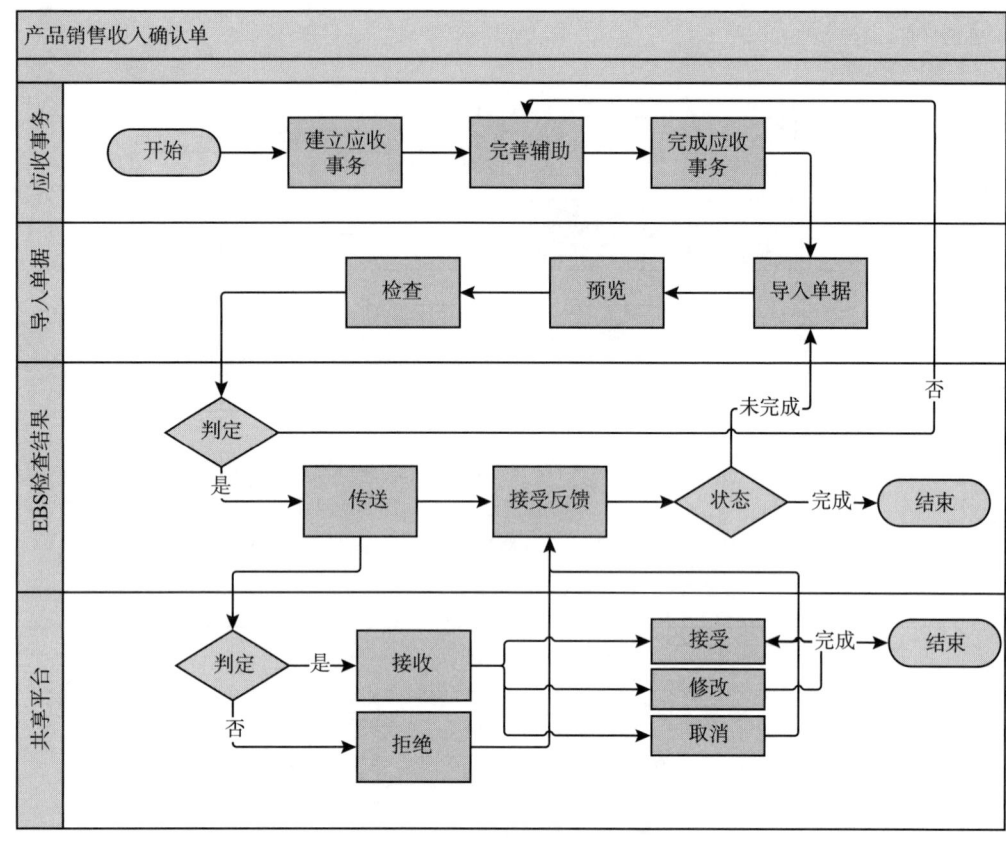

图6 产品销售收入单方案流程

7. 财务共享中心系统集成、ERP系统应用功能扩展设计——成品入库单实施

"成品入库单方案"，实际上是将ERP的WIP完成、退回物料分配数据以及客制程序成品部分分摊的差异，按照成品入库单的格式整理，通过Web Service传递到共享平台。

基本业务需求包括：开发FORM，实现单项或批量传送；FORM界面可以直接调用请求按照要求的格式展示传输数据；可以主动通过Web Service获取传送状态。

主要功能包括：开发FORM，实现单项或批量传送；FORM界面可以直接按照要求的格式"展示"或"传送"数据；可以主动通过Web Service获取传送状态；在客制化table记录传送状态，并及时更新状态；如状态为"未传送成功"，可以生成新的单据号并传送。

建立数据表（所有传送字段按照传送顺序逐一排列，多行明细的情况下，需要按照明细逐行记录），将传送共享平台的明细数据进行后台保存。具体流程如图7所示。

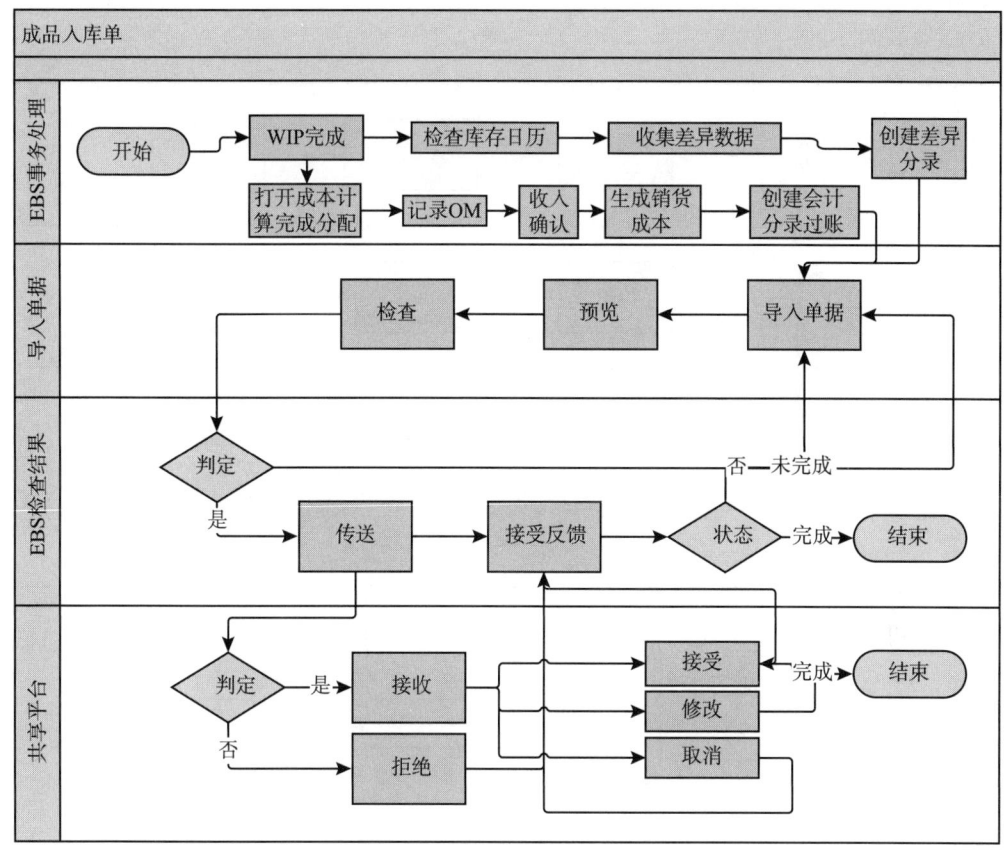

图7 成品入库单处理流程

8. 财务共享中心系统集成、ERP 系统应用功能扩展设计——在途（委托加工）物资入库单实施

"在途（委托加工）物资入库单"方案，实际上是将 ERP 的委外加工类型业务的物料分配数据，按照在途（委托加工）物资入库单的格式整理，通过 Web Service 传递到共享平台。

基本业务需求包括：开发 FORM，实现单项或批量传送；

FORM 界面可以直接调用请求按照要求的格式展示传输数据；可以主动通过 Web Service 获取传送状态。

主要功能包括：开发 FORM，实现单项或批量传送；FORM 界面可以直接按照要求的格式"展示"或"传送"数据；可以主动通过 Web Service 获取传送状态；在客制化 table 记录传送状态，并及时更新状态；如状态为"未传送成功"，可以生成新的单据号并传送。

建立数据表（所有传送字段按照传送顺序逐一排列，多行明细的情况下，需要按照明细逐行记录），将传送共享平台的明细数据进行后台保存。具体流程如图8所示。

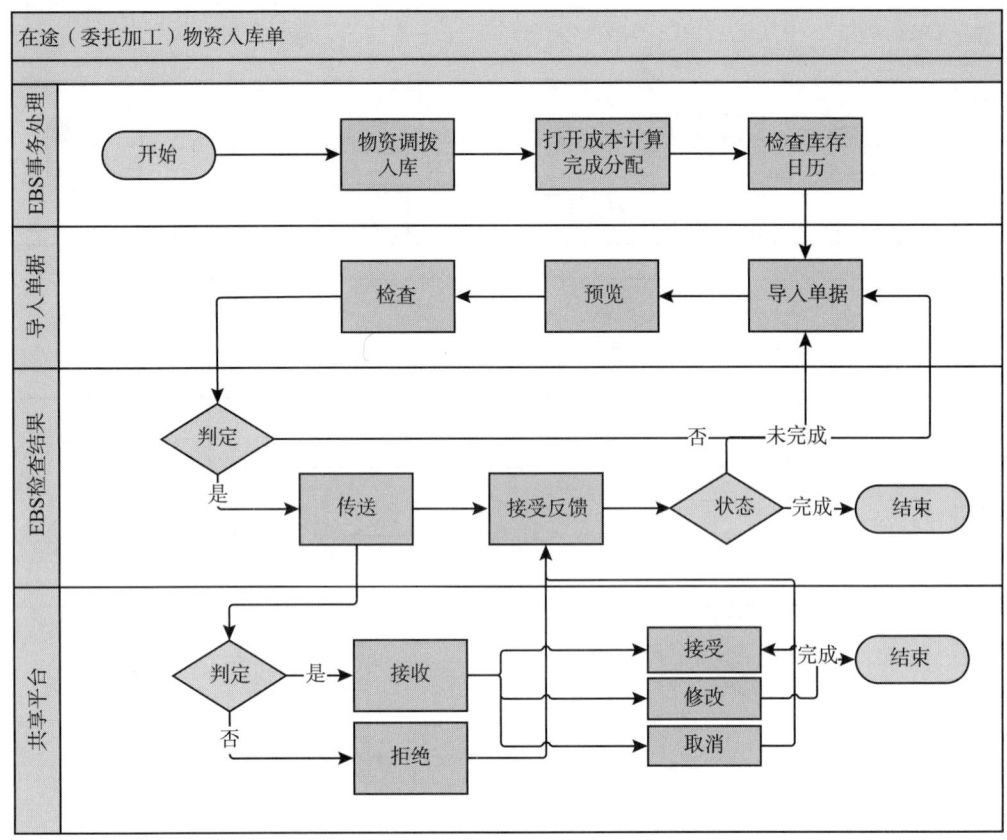

图8 在途（委托加工）物资入库单流程

财务共享中心系统集成、ERP 系统应用功能扩展设计中的客商导入接口、数据初始化、集成映射方案以及 7 种表单数据实时导入功能的开发实施耗费了大量的人力物力，所有业务的细节必须经过讨论验证后才能形成最终的方案，整个过程是辛苦的，最后在同事和相关协助开发单位的共同努力下，各个模块运行良好，实现了业务和财务的高度融会贯通，后期会根据实际情况进行完善和维护，确保后期良好运转，提升南京公司的管理效率，实现公司管理价值提升。

9. 财务共享中心系统集成、ERP 系统应用功能扩展设计——产品结算系统实施

为配合集团结算系统上线运行，建立结算系统数据同步接口，该系统用于区分结算开票订单，实现 ERP 发运出库后，系统自动推送出库开票数据至结算系统，同时建立可视化界面，维护集团产品代码，展示当前数据同步情况。目前该同步接口开发完成并已经完成上线，同时也在 ERP 中建立可视化界面，可供物流进行及时核查，如图9 所示。

图 9 产品结算系统（系统截图）

三、实施效果

（一）管理效益

1. 梳理、简化、规范各类业务核算流程，提升运营能力

通过基于 ERP 业务与财务共享数据集成管理的业财一体化管理模式，实现了从业务到财务的全过程自动化管理，降低了财务人员的核算强度，在生产过程中减少了人员的干预，保证了各类业务数据的客观准确性，提高了数据提取和运用效率。同时对于运行流程中有问题的业务进行优化整理，进一步完善管理机制，对于业务处理流程的规范又会反作用到公司的整体管理中去，最终提升了南京公司运营管理能力。

2. 推动管理提升、倒逼业务流程、实现数据标准化管理

财务、销售、库存、采购、生产等业务环节业务数据的统一管理，避免以前销售、库存、采购、生产等环节业务数据与财务模块的孤立、形成"信息孤岛"，不利于信息的共享，不利于公司的整体信息化管理。通过此举措施，使南京公司在业务管理方面实现了及时性、可视性、提前性管理，满足了当前业财一体化的要求，对各项业务、各项数据的统一管理、分析和决策提供了最真实的数据库，并且极大地降低了沟通成本。ERP 系统虽有利于生产流程标准化管理但是不利于集团化管控的实现，财务共享系统能够实现集团化管控，通过倒逼业务进行改革，从而实现达到财务共享中心的标准要求。财务共享中心高度标准化的核算标准，倒逼前端业务系统规范化，为业务系统统筹提供有力依据。

通过对南京公司业务流程模式的重塑与再造，运用标准化、专业化和集约化的业务处理模式实现规模经济效应，提高工作效率，降低管理成本。有效落实集团财务政策实施，避免在传统财务管理模式下集团下属分子公司同样业务会计处理却不同的状况，进而提高财务信息质量，规避财务风险。通过对业务流程提出了流程再造的理念，使以前的业务流程进行标准化改进并写进制度管理中，标准化的业务流程操作使得产生的财务数据更加标准化，两者相辅相成，推动了南京公司的现代化管理模式的创新。

3. 实现 ERP 与财务共享系统相关表单数据的实时传递

对于 ERP 业务产生的经济数据，通过开发接口可以实时将 ERP 中产生的相关数据传递到财务共享系统中，在满足集团化管控要求的同时减少了财务人员的工作量。相关表单自动传递功能的实现可以帮助财务人员在实施过程中发现业务的不规范行为和不合规处理方式，从而加以纠正和梳理，起到管理监督作用。

4. 实现业务与财务的集成管理，实现由传统管理模式向极具创新性的现代化管理模式的转换

彻底改变之前由于实际业务与业财的分离状态，从而造成的不利于数据等信息的管理，容易形成"信息孤岛"的问题，实现实际业务与业财的集成对于公司管理人员对业务的整体把握有根本性的扭转，能够准确及时地反映公司经济事项，同时相关岗位分析业务时也可以更加便利地进行数据库调取。充分利用先进信息技术，提高自动化、智能化水平的财务共享服务中心集中化的运行模式能够很好地与先进信息处理技术融合，使大量重复性的财务工作实现自动化。业务和财务的融合发展将极大地实现两者的高度集成，相互促进实现高效发展，实现公司节约型的管理新模式以及创新性的现代高效管理模式。

5. 推动财务管理体系重构，推进财务共享系统与业务融合发展

ERP 系统实现了公司业务数据管理的规范化，财务共享服务中心为财务提供了一种降低管理成本、提高管理效率的运行模式，实现 ERP 业务与财务共享中心数据集成的业财一体化管理，将众多业务、财务重复性劳动消除，降本增效，顺应时代潮流，真正实现业财融合科学发展，更好地采集数据、加工数据和分析数据，实现财务数字化转型和真正的业财融合发展，助推南京公司经营发展，实现公司价值管理不断提升。

（二）经济效益

1. 实现南京公司管理效率提升，助力管理转型升级

南京公司 ERP 系统与财务共享中心系统数据集成一体化的运行，以 ERP 系统为扩展的信息化建设工作，促进了管理效率的提升。目前公司的管理水平得到了质的飞

跃，在管理流程创新、管理方法创新上取得了丰硕的成果。南京公司产值、产量、利润持续攀升。

员工工作效率的提升可以适度地减少人员的占用，人尽其用，减少公司在同等产值规模下的人工成本；信息化的高度发展可以减少过程中的资源浪费，减少分摊成本，成本降低了也就提升了产品的竞争力，无形中创造了经济效益。管理效率的提升极大地推动了公司在管理创效方面积极探索尝试，保证了南京公司创新性的理念发展，坚持在管理创新中实现管理价值的提升。

2. 保障公司生产经营管理决策提供科学依据

ERP 系统与财务共享中心数据集成的业财一体化管理模式，把南京公司管理和生产经营活动的高层决策分解转化为执行计划，每一名员工都在执行统一的计划。南京公司管理者以统一的计划统筹经营运作，通过执行的进展状况，以及决策与执行之间的实时交汇，使 ERP 系统为公司决策提供科学依据。财务共享系统根据业务传输数据及时进行数据分析，及时发现当中问题，积极反馈信息作为决策参考，能够让中层管理者从繁重的基础工作中解放出来，把更多的精力投入到方案的解决、流程的优化和管理的提升中。

近两年南京公司开始进行大数据建设，充分利用业务数据、产品过程数据，利用现场 UWB 物联系统数据、各智能终端测量设备，对各系统采集上来的数据进行挖掘分析与加工，形成 BI 系统及大数据分析系统，为公司的决策提供数据支撑。

3. 提高工作和生产效率，加速市场的反应能力

通过 ERP 系统的应用，简化了部门间业务的工作、沟通、传递方式，提高了公司管理工作效率。Oracle 数据库使技术部门对用户个性化订单的技术准备周期大大缩短，能够迅速对定制产品作出技术响应。物资需求计划（MRP）的齐套性使产品以最短的周期进行生产，保证了产品的交货期。ERP 系统的产品信息档案能够快速地对用户提出的产品质量信息给予响应，提高了用户满意度。总之 ERP 系统的应用让公司在管理的各个方面都加快了运转效率，加速了公司对市场的响应能力。

4. 生产组织的扁平化管理和生产过程的实时化、透明化管理

通过 ERP 系统的引入，南京公司逐步建立了以合同订单和计划为导向的扁平化生产组织管理模式，公司生产安全部通过信息系统直接将生产任务发放至车间各工段、各工序和各设备作业点。所有的生产环节以计划为导向，通过计划与执行的结合，使生产过程做到了透明化、精细化和可视化管理，使生产过程做到了实时掌控。简化了管理链条，切实提供了生产组织的管理效率和管理水平。

（三）社会效益

1. 提升南京公司管理效率，拉动行业管理效能提升

伴随着高铁行业的快速发展，各相关企业之间的竞争非常激烈，实现 ERP 系统

管理是大势所趋，是现代制造业企业的必经之路。通过基于 ERP 业务与财务共享中心数据集成的业财一体化管理模式，对业务数据进行实时分析，提高了公司的整体管理水平，提升了南京公司管理效率，具有行业"排头兵"的作用，使行业内的企业进行自我淘汰、自我竞争、自我创新发展，拉动行业的整体管理效能提升。

2. 产品品牌形象提升、市场竞争力加强

南京公司率先在国内外同行业中对道岔制造过程与管理采用了喷码与条码技术。ERP 系统和喷码、条码的结合将数据信息与信息标识技术有机地结合起来，通过标准化的产品喷码与条码信息，实现了生产过程和现场用户的规范和统一，同时喷码与条码应用又使质量控制的载体得到了保证，避免了因标识不清造成的浪费和损失。而且喷码与条码的应用还使产品的品牌形象得到了质的飞跃，在实际应用中得到了用户的广泛好评，极大地提升了产品的市场竞争力。

3. 实现业财一体化融合发展社会管理效益

通过基于 ERP 业务和财务共享中心数据集成管理的业财一体化管理模式真正做到业务与财务管理的结合，以业务驱动财务，以财务来推动业务的标准化、专业化管理创新改革已经成为南京公司现代化管理的重要手段。

未来社会的企业管理创新是信息化、自动化、数字化和智能化的融合。数据成为企业的重要资产，也成为社会管理核心能力建立的重要基础。如何在社会发展中积极掌握新兴技术，更快更好地采集数据、加工数据和分析数据，实现数字化转型的新型社会，真正帮助企业经营管理，实现企业价值管理不断专业化、标准化、流程化和自动化，从而持续推进社会持续高效发展，是社会发展的必然趋势。基于 ERP 业务和财务共享中心数据集成管理的业财一体化管理模式，实现业财的高效融合发展，达到业财一体化融合发展社会管理效益，在现行的公司管理模式下具有较好的推广意义。

（中铁宝桥集团有限公司　邓　峰　李向飞

中铁宝桥（南京）有限公司　高苏会　商文杰　胡　红　王　蓓）

建筑业央企保理公司数智化建设探索与研究

——以中铁供应链金融业务为例

【摘要】商业保理业务是基于真实贸易背景形成的应收账款转让、管理业务，是一项方便灵活的综合性金融工具，目前商业保理线上化、智能化、数字化成为必然趋势。本文基于建筑业央企保理公司探索数字化商业保理业务的应用情况，对业务开展必要性、开展模式和基于数字化的商业保理业务平台模式进行分析，提出利用金融科技，推进数字化商业保理赋能各板块业务发展的架构，为建筑行业开展数字化商业保理业务提供借鉴。

一、建筑业央企保理公司实施背景与发展现状

当前，我国正着力构建以国内大循环为主体、国内国际双循环相互促进的新发展格局，国资委将中央企业 2023 年主要经济指标由原来的"两利四率"调整为"一利五率"，用净资产收益率替换净利润指标，用营业现金比率替换营业收入利润率指标，引导中央企业更加注重投入产出效率，更加关注现金流的安全，由于建筑业企业经营性现金流普遍紧张，供应链上的企业资金周期不同导致生产周期与付款周期、支付需求与财务资源的矛盾更加明显，发展供应链金融有利于解决建筑业供应链管理中的难题，有效解决供应链上中小企业融资难和供应链失衡的问题，同时也促进供应链上中小企业与核心企业建立长期战略合作关系，提升供应链的竞争能力。从中小企业视角来看，由于普遍经营规模比较小、抗风险能力差、资信水平低、信息化程度低，融资困难或从银行机构直接获取贷款的融资成本比较高，供应链金融有利于缓解信息不对称的程度，可以显著地缓解企业内部的资金压力。从供应链主导企业的视角看，可以将"供应链金融"作为切入点提供"基于供应链的全程服务"，深化客户关系管理，提高业务盈利水平和对供应链的控制力，促进供应链整体发展，强化企业以及供应链的竞争优势。实现这一稳定局面离不开产业与金融的深度融合。供应链金融借助核心企业的信用外溢与流程牵引，将高等级的信用与高质量的数据结合，提高了供应链上中小微企业的金融资源可获得性，缓解了全链条的资金紧张和生存压力，在打通上下游堵点、提高链上资源配置效率、构建竞争有序的市场体系方面，充分凸显了我国产业体系齐全的优势。中央企业顺应产业数字化发展趋势，陆续推出供应链金融平台，立足产业链，服务上下游。在建筑业央企中，中国中铁、中国铁建、中国电建，先后从自身需求特点出发，构建开发了各自的供应链金融平台。

二、中国中铁供应链金融发展面临的主要问题

中国中铁作为一家集基建建设、勘察设计与咨询服务、工程设备和零部件制造、房地产开发、铁路和公路投资等特大型企业，共有 50 多家二级公司，500 余家三级公司，也同样面临在当前环境下建筑产业链整体资金不足的困境，面临应收未收、应付难付的尴尬局面。如果通过外部第三方供应链金融服务平台进行融资，又将面临以下问题。

（一）信息安全的有效性

在未搭建自建平台之前，央企主要使用第三方平台融资，因为保理业务是基于真实的贸易背景，相关业务的合同、发票、结算单、供应商综合情况等关键信息将直接被第三方平台所掌握，交易信息、支付数据这些敏感信息也被第三方平台获取，一旦造成信息泄露，对处于中国中铁供应链上下游的万千供应商将是沉重打击，也会对中国中铁的信用造成巨大的损失。

（二）合同履约的及时性

中国中铁整体供应链条长，参与主体多、合同金额大，稍有一个支付环节出问题，就会带来连锁反应，影响债权债务支付，在物资集采、劳务工资等方面给施工单位的资金流带来压力和挑战，进而可能引发诸如诉讼、讨薪等恶性事件发生。

（三）应收账款的紧迫性

常规工程款和质保金清收难，因地方政府和平台公司普遍资金紧缺，导致大量应付未付的工程款和质保金长期挂账；工程项目计量和结算拖延造成收款滞后，大量"已完工未结算"长期挂账，造成资金清收滞后；部分垫资项目资金回笼不畅，地方政府平台在财政吃紧的情况下，出资换施工，推出了一系列类似 EPC + F 项目，因项目资金后续来源迟迟不能解决，导致项目被迫停工或是出资不能如期履约偿付。

（四）外部平台经营风险

目前市场主流第三方供应链金融平台主要是科技金融公司作为平台运营方，以银行作为资方为中小微企业提供融资服务，但第三方平台由于涵盖底层资产良莠不齐，无法做到对应收账款进行精细化管理，对应收账款催收能力较弱，容易产生因平台公司自身经营不善带来的系统性风险。此类风险会造成平台开具未到期的信类产品的兑付、融资失败，甚至平台停业倒闭，会给核心企业、金融机构与供应商带来普遍性恐慌甚至造成损失等一系列系统性风险，进而可能会引发群体性事件。

目前常见的第三方平台（云链、航信等）运维公司均处在连续、巨额亏损期，

其亏损原因除科技系统初始搭建研发成本过大之外，大规模的"铺人做量"造成人工成本过大也是亏损的重要原因，结合纯平台业务收费模式分析看，很难找平自身盈利点。在无法找到合理盈亏平衡点时，第三方平台在运行到一定规模后，势必结合其寡头垄断优势做业务模式的调整转型，如抬高收费额、借助自身大数据优势变相开展其他类业务等，甚至通过大数据违规换取利益等。

（五）平台控制的独立性和适应性

第三方平台因面向各大核心企业设计更偏标准化，如果进行大规模推广使用第三方平台的话，各级用户无法完全控制平台的功能、流程和政策，也无法在标准化基础上结合自身行业特点做个性化优化；无法根据特定业务需要进行定制开发，以满足不同行业内部流程和业务规则的要求。在流程设计、数据模型、功能模块、接口集成等方面无法满足特定的风险控制要求，削弱了风险管控能力。

综上所述，对于供应链条较长且丰富的建筑型央企来说，自建平台模式更适合其自身供应链金融发展需求和现状，从而更好地保障数据安全、结算稳定。同时面对服务国家战略的要求。支撑实体经济发展的需求，商业保理业务及供应链金融服务在宏观、微观层面都有效提升实体经济主体的现金流循环效率；在维护产业链的稳定、保障供应链的有效运行方面发挥着不可替代的重要作用，下面以中铁资本保理公司"中铁供应链金融平台"作为案例，对其发挥的作用和产生的效果进行进一步的分析探讨。

三、"中铁供应链金融业务"案例及效果分析

（一）"中铁商业保理"基本情况

中铁商业保理有限公司于 2018 年 2 月 7 日在广州市南沙保税港区注册成立，由中铁资本有限公司（持股 90%）和中铁隧道集团有限公司（持股 10%）联合设立，注册资本金 10 亿元。中铁商业保理有限公司（以下简称"中铁资本保理公司"）是中国中铁响应国家号召，为完善金融产业链，提供市场化、产业化、线上化融资服务的一家新型产融结合的供应链金融服务公司。中铁资本保理公司以促进建筑央企供应链良性发展为目标，大力发展供应链金融，于 2019 年 9 月推出"中铁 E 信"供应链金融产品，上线运行"中国中铁供应链金融平台"，以供应链融资为立足点，以核心企业信用为依托，以真实交易为背景，优化中国中铁所属单位对外支付方式、最大化提升中国中铁信用流转价值，提升整个供应链的综合效益。截至 2023 年 6 月，中国中铁供应链金融平台已实现开户企业 35 000 余家，E 信开具 263 亿元，E 信融资放款 188 亿元，反向保理放款 118 亿元，累计实现业务投放并带动相关产业逾 300 亿元。下面就中国中铁供应链金融平台的数智化建设进行系统分析。

（二）"中铁供应链金融平台"产生背景

随着市场经济进步和国企改革持续深入推进，不同企业之间尤其是各企业集团之间的竞争，已从以往个体之间的竞争转变为体系和供应链的竞争。企业竞争力除体现在收入、产值等个体化指标外，还取决于其整合产业链条上各个企业的资金、物资、信息和人力等资源的能力，集中体现在构建和谐产业生态圈的综合实力。随着中国中铁业务领域的不断拓宽、产业规模的快速增长，高频次、大体量的资金支付压力成为阻碍企业发展的一大难题。各工程局居于中国中铁供应链的中游，工程项目周期长、回款进度慢，而上游供应商账期要求相对较短，导致各工程局对下游业主主动和被动地赊销与对上游供应商的赊购导致资金的时间错配缺口压力相对集中，造成生产周期与付款周期之间的突出矛盾，形成综合负债升高、经济效益降低、融资成本不透明、议价能力减弱等不利局面，阻碍企业高质量发展。

为加快供应链上下游环节中的堵点，带动产业链上下游企业协同发展，中铁资本保理公司聚焦产融结合，认真分析建筑业供应链管理的现状及发展需要，通过"供应链金融"作为切入点提供"基于供应链的全程服务"，以供应链融资为立足点，以核心企业信用为依托，以真实交易为背景，借助产业链、供应链场景为上下游客户提供的融资服务，为中国中铁构建紧密的产业金融生态，促进供应链上所有企业协同发展，提高产业链供应链的竞争力。

（三）"中铁供应链金融平台"建立和部署

中铁资本保理公司设计了以数据化传统保理及支持拆转融的电子信用凭证（以下简称"中铁E信"）为依托的供应链金融管理体系，采用数字化和信息系统互联互通技术手段，依托"以主业为主体、真实贸易为基础、风险管理为核心、投后监控为手段、资金融通为驱动、兼容现有模式"的设计思想研发了中铁供应链金融平台，其涵盖核心业务、智能审批、电子合约、信用评价、银行存管、发票验证、会计核算、决策支持八大功能模块，通过各模块功能联运实现中国中铁工程局应付账款中铁E信的流转及凭证的拆、转、融，使中国中铁工程局及上下游企业之间实现了债权债务关系支付。以工程局为供应链核心企业，将其作为供应链信用的支撑点，使工程局及上下游企业有机贯通起来，将物流、商流、信用流、资金流有效地整合到供应链管理中，以真实贸易为前提，为供应链各环节的企业提供安全可靠的资金融通和风险管理等各种金融服务，创新了供应链金融服务模式。

2019年7月，中铁资本保理公司召开公司中铁供应链金融平台工作推进启动会，会议明确提出了在要求工期内完成中铁供应链金融平台研发并投入使用。为加强研发力度、加快研发进程，成立了供应链金融平台建设项目领导组、工作组，并明确责任分工及基本工作机制。

领导组负责全面指导中铁供应链金融平台建设工作，听取公司中铁供应链金融平台建设情况，对有关重大事项进行决策。工作组负责制订实施项目计划、进行需求调研、提出建设方案，组织立项研发协调、进度控制、质量监督，后期测评等相关工作，保证工作目标的如期实现；负责业务环节需求提出的可行性研究，供应链金融业务相关制度的建设及流程建设；负责统筹业务标准、业务模式的设计，制定风险计量缓释工具的设计及测试，中铁供应链金融平台集成的协议制定；负责第三方对接平台的沟通协调、资金方的商务谈判等工作。

中铁资本保理公司通过对中国中铁的核心企业属性及成熟的市场竞争环境进行分析，共设计了两种产品；传统保理的 12 种业务模式；中铁 E 信支持标准化反向保理业务；以服务中国中铁主业为主体，支撑上下游 N 家企业，对接 ABS 投资方、直接保理银行方等 N 家金融机构的"2 + 1 + N + N"模式（即 2 种产品、1 家核心企业、N 家上下游企业、N 家资金方），实现资产到资金的无缝对接。

中铁供应链金融平台的参与角色包括中国中铁工程局、供应商、中铁资本保理公司、再保理银行等投资机构，通过各参与角色在平台上根据核心业务的流转实现交互，具体的工作原理如图 1 所示。

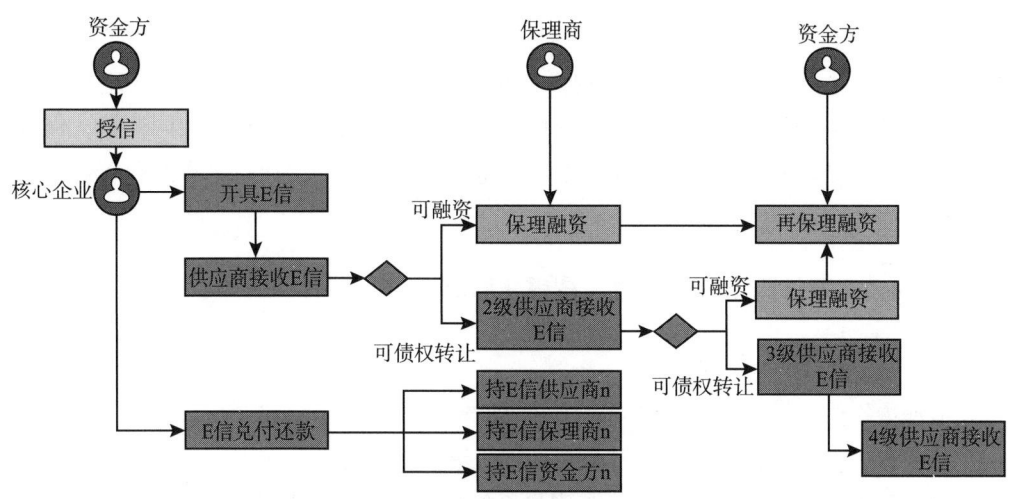

图 1　中铁资本保理公司中铁 E 信产品逻辑

（1）中铁资本保理公司基于企业客户评级通过平台智能授信额度管理给工程局进行授信，或工程局与银行、保理公司签订三方授信及业务合作协议，为集团进行整体授信，授信是开具中铁 E 信的依据和控制要素。

（2）工程局根据业务开展需要，通过智能额度管理将银行授信分配给各下属企业，拥有授信额度，即可根据实际的交易背景通过平台核心业务功能向供应商开具中铁 E 信，同时在线签署协议，约束上级单位为开具的 E 信提供担保，平台智能投后管理机制会定期自动通知还款，逾期未还的，平台的资金分簿账户体系提供资金代付操作，并追索下属的待还款项，平台提供全链条的电子合约支撑追责。

（3）供应商企业在通过供应商前端系统收到中铁 E 信后，可以根据 E 信可支付、可拆分、可流转的特性，一是可以持有票据直至还款日；二是可以作为平台上企业用户间的结算工具，支付给平台其他注册法人企业，如二级供应商、三级供应商等；三是可以利用持有的中铁 E 信向平台保理公司发起保理融资。

（4）持有中铁 E 信的供应商企业通过前端系统向保理公司发起融资申请，保理公司根据后端管理平台集成的审查规则判断是否符合买入标准，通过智能审批引擎审批通过后，与供应商签订保理融资协议，买入应收账款，并放款到供应商的收款账户。

（5）中铁供应链金融平台研发了完备的投后管理体系，可以对保理公司买入的基于中铁 E 信的应收账款实现到期管理，以及三梯度的投后资产管理，保障资金回笼，一是保理公司将买入的应收账款持有到期，开票方按约定的日期还款给保理公司，保理公司实现资金回笼；二是保理公司将买入的应收账款，以再保理的方式转让给商业银行，银行向保理公司放款，实现资金回笼；三是保理公司将买入的应收账款，以资产证券化的方式转让给专业的资产管理公司，资产管理公司向保理公司放款，实现资金回笼。

（6）平台研发了再保理和 ABS 功能模块，保理公司通过再保理、资产证券化全线上功能将电子资产转让给金融机构，在对应的中铁 E 信到期后，开票人应将还款资金汇入分簿账户体系的虚拟账户，虚拟账户由保理公司和金融机构共同监管，保理公司无法随意划转资金，只能用于还款给指定金融机构，平台通过集成的存管银行清分体系，完成自动清分还款。

（四）"中铁供应链金融平台"智能化管理

1. 核心业务智能化管理

根据中铁供应链金融管理需要，中铁供应链金融平台还集成了传统保理、中铁 E 信业务流程，设计平台入口端、平台管理端、第三方集成端。

（1）平台入口端。平台门户、工程局系统端、供应商系统端、投资机构系统端、公共企业信息管理功能。平台基于合同法逻辑确保客户的线上操作的合法化，平台收集客户企业证照及线下签署的相关协议完成客户开户操作，客户通过平台查找业务对象，并上传财务共享生成的审批单、基础贸易合同、发票等影印资料，系统基于 OCR 技术自动识别结构化数据，基于数字签名技术的内嵌合约在提高业务处理效率的同时保证 E 信开具、转让、融资等业务操作合法合规性。

（2）平台管理端。集成 CRM 管理、授信管理、E 信管理、融资管理、资产卖出管理类、还款管理、清算管理、运营管理等。

CRM 管理：即客户关系管理，保理公司通过对客户提交的公司信息、法人信息、管理人员信息及线下签署的授权等相关协议进行审核无误后，客户完成开户并生成身份证书。

授信管理：包含授信企业、授信变更、授信调整等主要管理手段，保理公司基于分析模型分析并测算出核心企业中铁E信开具的控制额度，并签署相应协议，平台中基于此额度进行E信开具控制，核心企业可以授权中铁资本保理公司为核心企业下属单位分配、调增、调减可使用额度，并对额度使用情况进行实时监控。

E信管理：包含E信开具抽查、E信转让抽查、全部E信、E信冻结及解冻。为保证E信业务的贸易真实性，业务部门可以对开具E信及转让E信进行抽查，可以查询所有E信的当前状态，当每E信或其拆分出来的子E信存在异常状态等情况时可以进行E信冻结，冻结后对应E信无法做相应操作，从而降低业务风险。

融资管理：客户基于中铁E信，提供发票等保理融资要素信息，以保理业务的方式发起融资后，由平台进行业务的合规性审查，并进入智能审批流程，经过资金审查、签约审批、放款审批后，将资金投放至客户虚拟账户中。

资产卖出管理：资产卖出可能涉及多投资方买入资产，考虑业务灵活性，设计为半自动化功能，中铁资本保理公司以保理业务买入资产后，根据资金需要，进行资产卖出操作，包括对资产池管理，再保理及ABS资产卖出等业务控制。投资机构通过其前端子系统进行线上资产买入，线下放款。

还款管理：为提高资金效率，平台集成中信银行虚拟账户体系，中铁E信到付款承诺日时，开具中铁E信的核心企业直接还款至平台的清分账户，完成还款后，平台进行清分处理。

清算管理：还款清分涉及资金安全，平台设计清算前的扎账处理，对E信进行扎账后，E信状态不允许发生变化，通过平台业务控制实现E信持有企业的资金兑付。

运营管理：提供给运营人员做贷后的日常管理，及时提示运营人员待清算项目、逾期项目情况等信息。

（3）第三方集成端对接资金存管接口、身份认证及签章接口、短信接口、邮件接口、发票验真接口、OCR识别接口、电子发票开具接口等功能，实现从线上化到自动化的核心业务功能。

2. 智能审批流

中铁资本保理公司结合公司业务管理制度、操作规程，将所有业务模式按照相应的操作实施进行梳理整合，并加入智能判断机制，基于工作流引擎平台实现，支持跨单据工作流处理，可实现多个相关单据的工作流统一处理。前端子系统的业务流程驱动基于状态机技术，采用业务节点触发，保证业务单据准确性。平台结合管理制度、操作指南根据不同审核审批权限通过权限管理子系统进行了权限管理和划分，设置内部不同权限岗位10余类，根据中国中铁总部及二、三级公司的复杂组织架构，实现分层管理，规划了组织节点和业务实体概念并进行标准化嵌套，目前平台实现角色管理20余个，智能判断流程30余项，实现了高效率办理业务，强控制操作风险，规范化业务行为标准，随着公司内部管理体系的不断优化，智能化流程引擎也随之进一步优化。

3. 智能电子合约

供应链金融业务线上化，要求交易协议的签订是高效的，同时又要保证协议的有效性和法律效力，中铁供应链金融平台集成了中国金融认证中心（CFCA）的PKI公钥基础设施，以RKCS公钥加密标准为规范，将电子印章和数字签名技术完美融合，在嵌套进平台的保理融资、中铁E信流转等业务场景中，工程局采用颁发硬件证书方式，供应商通过对接短信渠道调用场景证书方式，解决了业务电子化过程中协议签署身份的确认性、电子文档信息的完整性、公章签章人的不可抵赖性，从而确保了平台线上化电子合约的高效率、强安全。

4. 信用评价管理

中铁供应链金融平台立足供应链金融业务特征，建立客户准入机制，注重对授信主体和交易信息的并重调查，在加强对主体经营情况、财务状况及还款能力调查的同时，深入了解客户经营动态和交易情况，认真调查贸易交易的基础背景、核实购销合同的真实性、分析交易的连续性，全面、客观地反映客户真实的经营情况。

中铁供应链金融平台建立了完善的系统内部信用评估及授信体系，在前期尽调的基础上，对各二级集团企业严格核定可开具的信用凭证的总额度、对各二级集团企业的承付压力进行总量控制。平台通过利用大数据，制定了相关管理办法，对工程局评级、额度核定、额度分配方法等要点进行规范，保证各单位可使用的信用资源与其企业实力、经营情况尤其是与开具主体的回款情况保持一个良好的匹配度，提高工程局的资金统筹规划能力，避免信用凭证的过度使用，严控信用风险。

5. 智能清分体系

平台账户体系是供应链金融业务开展、实现线上交易所需的基础条件，实现平台内业务资金闭环，同时也是业务高效率运转的核心保障。中铁供应链金融平台集成了中信银行的资金分簿账户体系，根据拆转融业务管理诉求，通过API接口实现线上开户、指令转账、指令出金、在线余额查询、交易记录查询、接口回单打印等功能。中铁E信的可拆、可转、可融特性将提高E信的流通性和持有多样性，到期还款后的资金清算实现了持有同一批债权的用户直接获得还款。截至2023年6月底，通过该核心功能执行交易指令35 153余笔，线上化放款188亿元，清分资金184亿元，通过平台的账户体系功能打破了资金流管理的壁垒，显著提高资金处理效率，具体业务逻辑如图2所示。

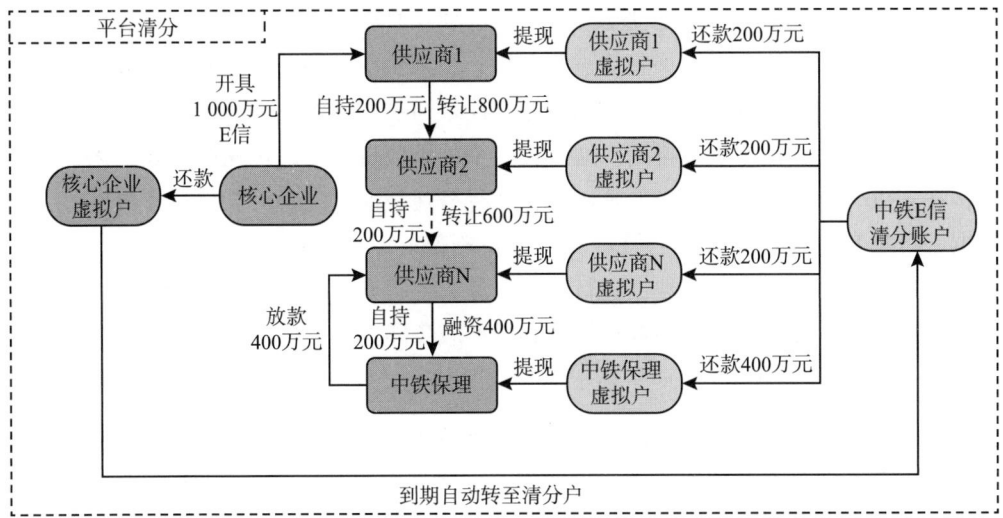

图2　中铁资本保理公司供应链金融平台清分业务逻辑

6. 自动识别验证

保理业务的基础是贸易背景支撑，而发票是贸易背景支撑的重要一环，如何高质量在平台实现发票数据获取，提高查验效率是平台能够大批量、高效率处理资产的首要目标。通过对保理业务场景进行分析，首先需要集成移动端拍照并具有自动识别功能，识别完成通过接口将识别后的发票数据传递至平台系统中，然后需要 OCR 图片识别及发票查验接口，实现在平台系统对发票数据的采集工作。通过广泛调查研究和数据比对后，平台采用了集成百旺金赋的电子发票 OCR 识别和自动验证技术，实现了增值税打印发票识别率达 92% 以上，电子发票识别率达 100%，验证率达 100%，通过抽取 OCR 上线前后 500 笔中随机 20 组数据测算，从发票数据填写至验真结束，平均时间由 2 分钟缩短至 5 秒，大大提高了客户融资环节的业务处理能力，保证了贸易背景真实可靠。

7. 会计核算支持

中铁供应链金融平台的中铁 E 信凭证在记账方式和会计核算上与传统记账方式有相应调整，平台经过多次研讨及自身实践建立起中铁 E 信的一套会计核算体系，并由平台系统提供的银行回单打印功能支撑会计核算操作。并依托平台的多功能特性，完成了公司两大业务系统——保理业务核心系统及中铁供应链金融平台与财务共享系统的对接工作。在保理业务大体量、碎片化的基础上为财务核算提供了有力支撑，同时可以极大地减少业务收、放款中的人工出错率。对接完成后已可实现影像资料传输、保理本息金额导入、会计凭证生成等功能。

8. 智能决策支持

中铁供应链金融平台通过业务数据的积累，将科技与供应链场景深度融合，通过整合相关主体的交易历史和习惯，并对交易背后的信息进行跟踪，分析主体交易行为，通过对目标主体业务开展趋势进行分析，预测供应链各环节的业务趋势，资金缺口，为中国中铁供应链管理提供数据支撑，反之通过对上游业务开展趋势分析预测下游融资需求，提前做好资金排期。通过把整个的供应链交易的过程链条数字化、可视化，在多维、动态、海量信息的基础上，通过搭建智能算法，对客户财务数据、生产数据、订单数量、现金流量、资产负债、投资偏好、成败比例、技术水平、研发投入、产品周期、销售分配等数据进行全方位计算，提升客户画像能力，从而提升信用评估准确率和业务效率，提高客户筛选和精准服务能力。

9. 开放式平台支持

中铁供应链金融平台在完善"自融"方面的同时，在现行供应链金融大发展的趋势下，不断完善平台功能，主动构建银企直联业务板块，截至 2023 年 6 月，已累计完成 8 家银行系统对接，累计上线 16 家核心企业开展直融业务，累计开具规模42.66 亿元，累计融资规模 26.77 亿元。除了在银行直融发力以外，中铁资本保理公司还创新性地和盛业保理公司合作，成功实现联合保理业务系统的成功对接，并为中铁内部单位承建的综合交通枢纽一体化建设工程项目提供 300 万元保理融资款。通过在银行端开展的银企直联业务和盛业保理开展的全线上联合保理业务，真正实现了业务标准化、流程化、制度化，对中铁供应链金融数字化发展具有重大的意义。

（五）"中铁供应链金融平台"实施效果分析

1. 创新了供应链金融服务模式

中铁供应链金融平台为中国中铁成员单位提供一整套信用管理与支付结算工具，通过信用生产优化企业内部资源配置；通过信用生产将企业传统的合同结算、现金支付两个环节，改造成为合同结算、信用支付、现金承兑或变现三环节，赋予企业债务流动性，提升债务价值，从而相应降低采购成本；通过信用流转及兑现实现外部产业链资源整合，利用互联网技术搭建的平台传导作用，缓解了供应商融资难、融资贵困难，有助于构建更具市场竞争力的建筑产业链生态圈。通过中铁 E 信产品提供了一种新型结算方式，弥补了传统保理业务的不足，主要体现为以下方面：一是不改变反向保理业务性质，通过工程局确权前置，简化工程局结算支付操作；二是金融服务突破单级限制，可穿透服务多级供应商，服务范围更加广阔；三是账期锁定，E 信开具时会锁定账期，便于工程局头寸管理，提高供应商接受程度；四是提高业务黏性，E信仅由工程局开具，工程局已提前进行增信，实现信用传递，可为供应商提供更为优质的服务，同时增加供应商的黏性；五是强化时效性，互联网化的供应链金融业务，如无不可抗力因素，可缩短放款时间，切实保障放款时效。

通过开展中铁 E 信模式的供应链金融业务，一方面可拓宽保理公司业务空间；

另一方面能够为集团内部单位和各级供应商提供有效的金融管理手段。同时，以集团为核心，依托保理公司作为运营主体，引入银行等众多资金方，以多级供应商为服务主体，建立良性的产融生态体系，实现多方互惠共赢。

2. 提升了中国中铁产业链供应链的稳定性和竞争力

中国中铁依托其产业集群优势，通过供应链金融平台，以供应链融资为立足点，以核心企业信用为依托，以真实交易为背景，借助产业链、供应链场景为上下游客户提供了融资服务，构建紧密的产业金融生态，促进供应链上所有企业协同发展，提高产业链供应链的竞争力。一是提高了供应链核心企业整体运作效率。中铁供应链金融平台通过金融工具将供应链核心企业（如工程局）信用资源注入上下游企业，使核心企业及其下游企业有机贯通，将物流、商流、资金流、信息流有效整合到供应链管理中，通过提供供应链金融服务，促进整个产业链的高效运作。二是缓解核心企业资金支付压力。供应链核心企业将"中铁 E 信"作为支付手段，在不增加自身融资余额基础上，有效延长了付款周期，缓解了资金使用压力。三是有效解决中小企业融资难、融资贵问题。借助中铁供应链金融平台核心企业信用，解决了中小企业的融资问题，增强中小企业开展生产和提升经营的能力，也增强了与核心企业的黏性，有助于稳固双方的合作关系。供应商使用核心企业的商业承兑汇票融资成本普遍在 9% ~ 15%，通过"中铁 E 信"支付的融资成本平均降低 700 基点。

3. 提高了中国中铁供应链金融的社会影响力和责任感

通过建立中铁供应链金融平台，中铁资本保理公司获得 2020 年中国供应链金融"星熠奖"，被授予"供应链金融卓越业务实践企业"称号；2021 年 3 月，中铁资本保理公司在第八届中国供应链金融年会上获得"2020 中国供应链金融应用与创新奖"。在解决供应商"最后一厘米"融资难的问题的同时，有效扩大了社会和政治影响力。在中小微企业中赢得了良好的口碑和信誉；在后疫情时代，开展商业保理业务更是被视为一项纾困惠企的重要措施，支持上游供应商进行应收账款融资，完成国有企业主动承担社会责任的使命，可促进建筑行业生态圈的良好发展。

四、总结与建议

随着国资委为加快培育世界一流企业，围绕建设世界一流财务管理体系为目标，各个央企都在以司库体系为抓手，增强高质量发展的内在动能，在确保资金安全高效运营的同时，积极借助先进信息技术和算法模型，深入挖掘数据价值，全面推动供应链金融平台的数字化、智能化建设。

除了积极升级供应链金融平台的功能外，各家保理公司正在积极摆脱确权思维，布局场景类供应链金融，聚焦供应链科技赛道，从依赖产品、客户、营销向依托技术推动平台生态化发展，本文以"中铁供应链金融平台"数智化建设为依托，分析央企供应链金融平台的实施和作用，并对产生的效果进行积极的分析，在看到自身发展壮大的同时，也看到相较于市场上同行业保理公司而言，中铁供应链金融平台仍然在规模化、金融科技化、多场景产品搭建等方面具有深厚的发展潜力。

通过采用先进的金融科技架构，构建数智化商业保理服务平台，在细分产业领域为中小企业客户群提供方便快捷的融资服务，可使行业上下游形成良好的产业生态圈。通过引入物联网、区块链、人工智能等数字技术，对贸易信息进行数字留痕、线上确权、转让登记、智能识别、自动预警等，能够将核心企业的信用、低成本融资资源传导给链上的中小企业，解决上游供应商的资金需求难题。随着互联网技术的不断进步、共享经济理念的不断推广，通过业务创新，利用金融科技赋能，智慧数字化平台的优势越来越明显。央企保理公司数智化供应链平台已经成为供应链金融体系中的中坚力量，依托其自身优质场景和丰富金融合作优势，正在引领供应链金融新的发展方向。

（中铁资本有限公司　何　川　李永杰　皮越澜　黄少键　章兆欣　刘芳苑

邹　磊　戴　萌　路　畅　卢俊阳　田　晴　李天雅　韩　悦）

中铁物贸数智化财务应用实践
助力财务管理能力提升

【摘要】 在中铁物贸信息化建设及数平化转型的过程中，随着业务协同平台（BCP）、财务共享平台（FSSC）、物贸在线（智链协同）等系统建设趋于成熟并实现了各系统的互联互通，中铁物贸财务工作重心逐步向智能化管理导向价值创造转变。通过数据中台建设，实现业务、财务数据深度融合，开展业财数据一体化提升的专项工作，实现财务对业务的综合数据支撑；通过资源配置优化方案，实现现金流自平衡和综合管理；围绕风险管控需求，搭建中铁物贸数字化财务风险预警模型，埋点覆盖重点业务流程；构建以决策支持为核心的指标体系，借助定制化、标准化数据实现提升决策效率，实现业务整体营收提升；财务自动化智能机器人（RPA）聚焦财务票据信息填写、财务单据审核、财务票夹①等业务流程，打通了当前工作上的断点、堵点，实现业务操作自动化，大幅度提升了工作效率。运用数智财务手段，助推财务应用场景深化，实现业务流程化、流程系统化、系统数字化、业财一体化，并为构建价值创造型、业财融合型、决策支撑型、数字智能型的中铁物贸财务管理体系作出有力支撑。

一、背景

（一）顺应数字经济时代的要求

信息技术发展日新月异，全球互联网正在向下一代升级，云计算、物联网、"智慧地球"等方兴未艾，这些既为管理会计信息化发展提供了新的动力，也对会计行业信息化建设提出了新的挑战。

管理会计信息化建设的核心是依托量化数据信息，支持管理决策。在"互联网＋"时代，企业需要处理大量的数据，要求管理会计不仅能够对结果进行分析，还需要对过程进行周密探讨。这个过程往往需要获取并分析大量的数据，而这些数据往往隐藏着我们所要寻找的本质原因。此外，在"互联网＋"时代，企业的管理需要更加精细化，整个供应链都需要更为精细化的管理，这使得管理会计的信息化建设需要更加深入的进行，以支持企业的精细化管理。

---

① 财务票夹就是存储发票的一个工具。

然而，企业财务管理信息化建设还处于相对不健全的机制结构中。虽然计算机和互联网技术已经广泛地应用于财务管理，但是管理会计的信息化建设仍然存在许多问题，如企业财务管理烦琐、缺乏财务管理信息化建设人才、财务数据库不统一等问题。这些问题严重阻碍了企业的发展，使得管理会计的价值未能得到最大化的发挥。

因此，未来的管理会计建设中，不可或缺的环节就是以信息化建设为支撑，通过现代化的信息技术手段，充分实现会计和业务的有机融合，支撑管理会计的应用和发展。通过管理会计信息化建设，加快会计职能从核算到管理决策的转变，用数据支持相关决策，为企业创造价值。

（二）落实国资委及中国中铁的要求

国资委在《中央企业加快建设世界一流财务管理体系的指导意见》中提出，要加快建设世界一流的财务管理体系，推进财务管理数字化、智能化发展。同时，中国中铁也需要通过数智化管理会计提升，提高企业内部管理效率和质量，增强企业竞争力和市场地位。这就要求中铁物贸尽快建立智能前瞻的财务数智体系，推进数字化转型，提高会计工作效率和质量，实现财务管理智能化，有效地提升企业内部管理会计水平，提高企业效益和竞争力，以符合国资委和中国中铁的要求。

（三）单位基本情况

中铁物贸集团有限公司（以下简称"中铁物贸"）是中国中铁的全资子公司，是中国中铁旗下唯一专业从事物资贸易和物资集中采购的二级企业集团，是中国中铁战略采购和区域集采的实施主体，公司主要开展建筑业全品类物资采购管理服务及进出口业务，逐渐形成了以供应链管理与物资集采、大宗物资交易与电子商务、供应链金融、招标与物资代理、国际供应链与海外业务、互联网与大数据服务、投资业务等八大业务为主的经营格局。中铁物贸主动拥抱"互联网＋"，持续推进"数字中铁，智慧物贸"战略。自主开发建设鲁班采购电子商务平台、集物平台。鲁班采购电子商务平台是中国中铁官方唯一采购电子商务平台，为中国中铁全系统提供采购管理全流程信息化集成服务，年交易额突破5 000亿元，注册供应商超30万家。集物平台是中铁物贸打造的建筑业供应链全品类数字化生态平台，通过线上到线下（OTO）的商业模式聚焦终端用户服务，以产业化电商模式，为用户提供集交易、金融、物流、仓储、数据、SaaS化服务于一体的解决方案。中铁物贸以"连接、协同、共享"为理念，开发的业务系统平台（BCP）和财务共享系统，实现了业、财、资、税一体化目标，通过上下游客户互联互通，构筑了开放立体的全方位供应链生态圈。

（四）单位管理现状分析和存在的问题

从中国中铁体制内的政策性业务，逐步走向外部建筑行业市场的过程中，易变性、不确定性、复杂性和模糊性的供应链现象对供应链业务产生了巨大影响，尤其是在占建筑业务工程造价50%以上的物资供应领域。例如，差异化的复杂的客户需求、短频突发的采购要约、从300亿元走向1000亿元的自身运营体量的快速增长、从服务中国中铁为主到面向整个建筑行业市场、自身业务能力提升的短板等，无一不对中铁物贸的进一步高速发展形成了巨大的挑战。

（五）管理会计应用基础

财务管理是企业管理的中心环节，是企业实现基业长青的重要基础和保障。国资委始终高度重视中央企业财务管理，出台了一系列制度，指导企业持续加强资金管理、推行全面预算管理、完善财务信息化等工作。中央企业认真贯彻落实，不断提升财务管理水平，有力支撑了企业持续健康发展。

部分中央企业存在集团化财务管控建设不到位、财务管理功能发挥不充分、财务管理手段落后于技术进步等问题，与新时期中央企业高质量发展目标不匹配、与建设世界一流企业的要求不适应。同时，新一轮科技革命和产业变革深入发展，数据已成为新的生产要素，财务管理工作面临新的机遇和挑战。为进一步深入开展对标世界一流管理提升行动、加快提升财务管理能力水平，中铁物贸积极开展了管理会计体系建设，例如，配备专业的人才、以高科技设备等资源做支持、在财务基础夯实的基础上，建设数字化、智能化财务，在战略管理、预算管理、成本管理、营运管理、投融资管理、绩效管理、风险管理七大领域开展管理会计活动，推动中铁物贸在日益复杂的经济环境中实现可持续发展。

（六）选择相关管理会计工具方法的主要原因

1. 财务数据平面化，未形成立体财务体系，不能满足精益化财务管理需求

随着中铁物贸数平化转型发展，企业的平台化运营，多元化产品或服务体系越来越多，组织结构越来越复杂，深度分析产品、客户、渠道等多维度的盈利情况，企业绩效管理、投资决策等方面需要强有力的财务管理决策支撑。传统以法人账套为对象主体进行分析，已不能满足精益化财务管理需求。

2. 业财数据口径不一致，财务数据倒推业务数据难，难以支撑财务经营决策分析

在信息化发展过程中，企业建立了多个业务系统、财务系统，数据资产越来越丰富，但是企业面临数据口径不一致问题，进行财务核算和经济效率分析评价时，很难有业务贯穿到财务的精细化数据支撑。

二、总体设计

为进一步深入开展对标世界一流管理提升行动，加快提升财务管理能力水平，中

铁物贸积极开展了管理会计体系建设工作，着力推动了财务管理理念变革、推动财务管理组织变革、推动财务管理机制变革、推动财务管理功能手段变革。持续完善了纵横贯通的全面预算管理体系、全面有效的合规风控体系、智能前瞻的财务数智体系、系统科学的财务管理能力评价体系、面向未来的财务人才队伍建设体系。具体在战略管理、预算管理、成本管理、营运管理、投融资管理、绩效管理、风险管理七大领域开展了管理会计活动。

（一）应用相关管理会计工具方法的目标

1. 通过建立数据中台，实现各业务系统、财务系统数据共享，解决业财数据口径不一致问题

数据中台是一个集中的数据管理平台，可以整合和共享不同业务系统和财务系统的数据。数据中台可以提供数据清洗、标准化和整合功能，确保数据的准确性和一致性。通过数据中台，可以制定统一的数据口径和标准，确保不同业务系统和财务系统之间的数据可以相互匹配和对接，避免数据重复和冲突，提高数据的质量和可用性。此外，数据中台可以提供数据共享功能，将不同业务系统和财务系统的数据进行整合和共享，确保数据的实时性和可用性，方便不同部门之间的数据交流和协作，提高工作效率。通过提供数据分析和挖掘功能，数据中台还可以对不同业务系统和财务系统的数据进行深入分析和挖掘，可以发现隐藏的数据价值和业务洞察，为企业的决策提供支持，帮助企业更好地应对市场变化和竞争挑战。

2. 应用智能化手段，实现财务风险实时预警，加强风险过程管控

一是通过人工智能技术建立财务风险评估和预测模型，基于企业的财务数据和非财务数据，对企业的财务风险进行评估和预测。模型可以自动分析财务数据，识别出潜在的财务风险，并实时发出预警，提醒企业管理者采取相应的措施。二是通过建立财务风险预警系统，将企业的财务数据与预设的警戒线进行比较，一旦发现财务指标超出警戒线，系统会自动发出预警。预警的方式可以多样化，如短信通知、邮件提醒等。三是通过应用大数据技术进行风险过程管控，对企业的财务数据和非财务数据进行实时监测和分析，发现异常情况及时提醒管理者。例如，通过分析企业现金流数据，可以及时发现资金流动异常情况，如资金链紧张等，从而加强风险过程管控。四是通过建立风险过程管控平台，将企业的财务数据和非财务数据整合在一起，实现对企业运营全过程的监控和管理。平台可以实时监测各项财务指标的变化，及时发现异常情况，并自动提醒管理者采取相应的措施。

3. 应用智能化手段，实现全面预算管理自动化，实时掌握关键指标完成情况

一是通过使用人工智能和数据分析技术，自动化预算编制过程。系统可以根据历史数据和业务预测，自动生成预算草案，并提交给管理者审核和调整。这可以大大缩短预算编制的时间、减轻人工工作量。二是通过与财务系统集成，实现实时预算监

控。系统可以跟踪实际开支并与预算进行对比，提供实时报告和分析，让管理者能够及时掌握预算执行情况。三是在预算执行过程中，系统可以根据实际业务数据进行自动预算调整，确保预算与实际执行保持一致。这样可以减少人工干预和错误，提高预算的准确性和透明度。四是通过设置风险预警规则，系统可以实时监测关键指标，如预算超支、收入未达预期等，并及时向管理者发出预警。这可以帮助管理者及时发现问题并采取应对措施。五是通过将预算执行数据可视化，如使用图表、仪表板等，系统可以提供直观的报告和分析，帮助管理者更好地理解预算执行情况，并作出决策。

（二）应用相关管理会计工具方法的总体思路

通过对关键指标法、全面预算管理方法的运用，设定所属单位关键指标目标值，利用智能化手段实现预算指标完成情况系统实时监控，及时发现业务过程中存在的问题。通过对风险管理框架方法的运用，利用智能化手段从财务视角识别价值链各个业务环节中的潜在风险，实时监测重点风险事项，发挥好财务防错纠弊的作用。

（三）应用相关管理会计工具方法的内容

（1）全面预算管理，是利用预算对企业内部各部门、各单位的各种财务及非财务资源进行分配、考核、控制，以便有效地组织和协调企业的生产经营活动，完成既定的经营目标。

（2）绩效管理领域关键指标法，是指基于企业战略目标，通过建立关键绩效指标体系，将价值创造活动与战略规划目标有效联系，并据此进行绩效管理的方法。通过关键指标法，使企业业绩评价与企业战略目标密切相关，有利于企业战略目标的实现；通过识别价值创造模式把握关键价值驱动因素，能够更有效地实现企业价值增值目标；评价指标数量相对较少，易于理解和使用，实施成本相对较低，有利于推广实施。

（3）风险管理框架。风险管理领域运用自动设计生成的各种管理报表台账，如进销存台账、收付款台账、应收账款情况表、资金预警、资金周报、资金占用费情况表等，为管理运营决策提供数据支撑和决策依据。

（四）应用相关管理会计工具方法的创新

1. 业财数据一体化专项提升

为避免业财数据口径不一致，开展财务专项应用之前，需要以财务指标为导向，探查业务数据情况，明确财务分析指标的数据来源、数据所在系统、数据收集频率、数据维度、归集关系和统计口径，拉通口径差异，建立贯穿经营管理链条的数据、指标。例如，为实现各项单据之间价格口径一致，可通过合同价格来估算获取不到的数据以保证完整性，使得财务数据反映业务真实情况，进而实现财务数据支撑业务决策。再如，利用财务数据反映合同的签订执行匹配情况，分析数据差异及时反映业务问题，驱动业务部署优化决策。

2. 风险管控主题财务深化应用

内外部环境的变动带来一系列不确定性，中铁物贸一边快速主动应对，一边承受多重风险管控挑战。在财务风险管控与预警方面，首先确定中铁物贸层面的整体风险偏好，其次锁定关键财务风险管控指标，最后制定阈值预警规则。

设计搭建中铁物贸数字化财务风险预警模型，埋点覆盖订单交付、开票管理等重点业务流程，从财务视角识别中铁物贸价值链各个业务环节中的潜在风险，包括但不限于违规采购、虚假采购、虚假开单、违规退款、虚开发票、虚假客户、低信用客户、利益冲突、虚假费用支出、逾期债权等，在运营管理大屏上展示风险预警模型的输出结果，实时监测重点风险事项，发挥好财务防错纠弊的作用。

识别了潜在风险问题之后，通过数据推送风险预警预测，前置管理措施，消除或弱化风险的价值影响，及时分析纠偏、执行控制与评价管理，深化业务分析，体现财务价值，保证中铁物贸财务风险管控与预警体系的完整与闭环，在业财融合、战财融合的进程中提供风控保障。财务风险管控与预警框架如图1所示。

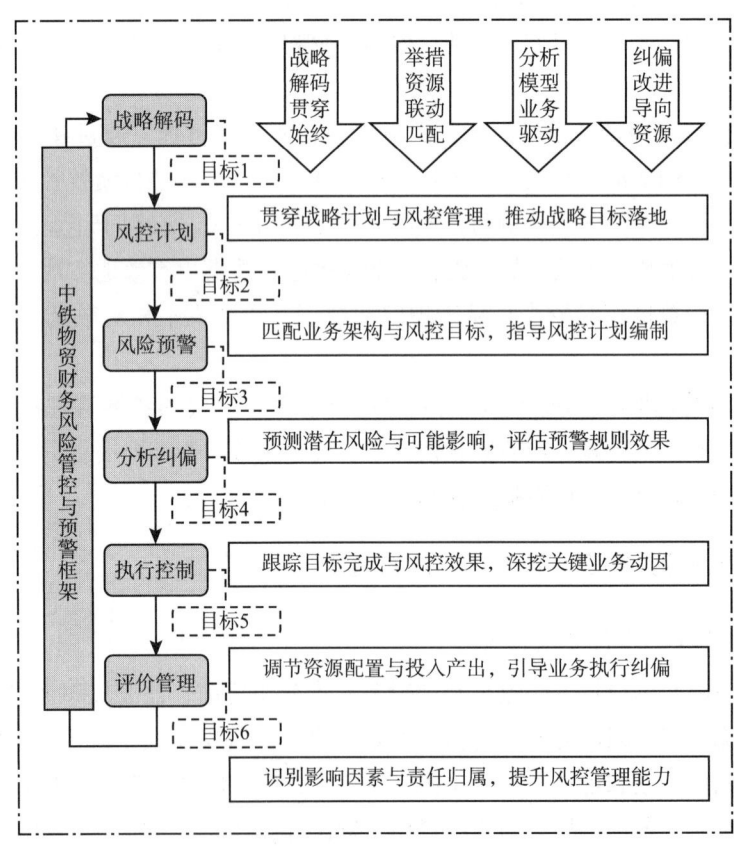

图1　财务风险管控与预警框架

3. 决策支持主题财务深化应用

在财务工作由核算会计向管理会计转型时，财务部门应当深度参与公司经营管控中的各个业务模块，作出决策支撑。为此，聚焦中铁物贸决策层、管理层的重点关切与主要工作，设计贴合业务实际的财务管理主题场景，如降本增效、营收增长等，锁定场景，构建以决策支持为核心的指标体系。其中，重点聚焦资产周转率、营业收入增长率、收入收现率、"两金"总额等管理指标。

有效的决策支撑和业财融合管控需要全方位监控分析来达成，对于实际绩效及预算目标的年度、月度、季度结果，应当依据决策层、管理层的不同需求定制化分析与呈现，同时保证分析内容的标准化，包括但不限于实际同比分析、趋势分析等；且应保证分析方法的多样化，包括但不限于标杆分析、结构分析、仪表盘分析等。

此外，通过模式化学习方法训练切实有效的分析预测模型，并运用历年真实数据进行回测，逐步实现对未来经营情况的准确预测，可靠输出量化决策支持建议，最终在运营管理大屏上呈现整体分析结果，直接提供相应场景的决策支持数据与量化决策支持建议，供领导层作决策参考。具体流程如图2所示。

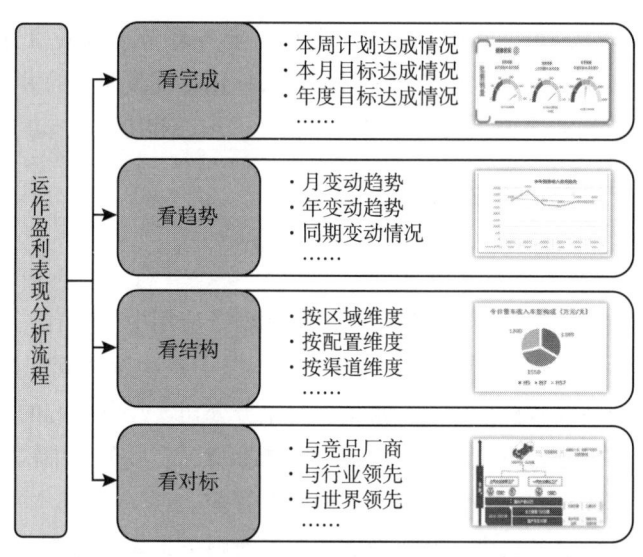

图2 运作盈利分析流程

三、应用实践过程

（一）建立制度体系，明确组织架构职责及分工

1. 完善财务制度体系

为适应企业高质量发展需求和财务数智化转型，中铁物贸修订了资金管理办法、

全面预算和业务考核管理办法，制定经济运行预警管理规定，进一步完善预算和绩效考核机制，加强财务风险制度保障。

2. 明确职责及分工

数据管理中心负责协商各部门职责和需求，统筹规划数据中台的建设，并持续进行优化升级；所属子公司——鲁班科技公司负责具体的功能开发和运维，根据数据管理中心提出的开发需求组织开发，并保障数据中台正常运转；财务共享中心负责设计满足管理需求的各种管理报表、绩效考核指标和风险预警指标，并对数据中台数据的准确性进行日常检查和校对。各子分公司负责不定期关注本单位财务指标预警情况，及时组织相关部门对预警情况进行分析，积极采取措施予以纠正。

（二）应用相关管理会计工具方法部署要求

（1）树立以信息化、智能化建设为基础，作为提升管理、实现管理会计功能转变的重要载体。

（2）建立全面预算管理体系，加强过程管控，绩效考核管理，以更好实现企业战略目标。

（3）建立风险管理框架和预警系统，明确各业务环节的风险点并落实责任到相关具体人员，设置预警指标的监控人，明确在信息化系统载体下的大数据监管职责。

（4）建立信息沟通渠道，及时传递信息，促进沟通和协作。

（三）具体应用模式和应用流程

1. 智能财务报表生成与分析

智能财务报表生成与分析在中铁物贸数智化财务应用中扮演着关键角色。实现了动态的、实时的绩效考核分析。依托数据中台，以中铁物贸的管理运营需求为出发点，对中铁物贸的绩效考核指标进行落地，对子分公司、经营中心的主要数据指标进行下钻，实时反映子分公司、经营中心的经营指标情况，服务于中铁物贸领导和各职能部门管理者，达成有效的决策支撑和业财融合管控。

自动生成多样化财务报表。基于数据中台，对财务报表设计的原始凭证、表单等数据抽象形成原子指标、复合指标，并基于自动调动任务，对财务原始单据数据录入、修改能自动进行追溯，自动生成多样化的财务报表，如利润表、资产负债表、现金流量表等，财务报表的生成变得高效且准确，不再依赖繁复的手工操作，从而节约了大量时间和人力资源。

智能财务报表分析能够为企业管理者提供更加直观、深层次的剖析。通过对相关财务数据的收集、整理和分析，可以发现财务报表中隐藏的问题、企业经营发展的趋势和异常变化，从而帮助管理者更清晰地了解企业的财务状况。例如，分析财务报表中的关键指标，如资产负债率、应收账款周转率等，能够快速评估企业的偿债能力和营运能力。通过分析这些指标的变化趋势，能够发现企业管理中存在的问题，及时采取措施调整管理策略，以保障企业更健康的发展。

2. 智能预算与成本控制

智能预算与成本控制是中铁物贸数智化财务应用的战略重点。通过引入智能化技术，建立了更精确的预算模型，充分考虑多种因素的影响，实现全面而灵活的预算编制。这一策略的核心在于构建智能预算系统，该系统能够与其他业务系统实时连接，确保及时获取各部门的数据，并结合历史数据和市场情况建立科学的预算模型。通过实时更新数据，预算能够更具实时性和准确性，帮助管理层更好地把握企业的实际经营情况。

智能预算系统还制定相应的监控规则和预警机制，实时监控实际支出，及时发现和预警异常情况，发送给相关责任人警示，使管理者发现预算偏差和超支情况，及时采取调整措施，以确保企业整体预算目标的实现。通过辅助分析工具的应用，企业还能发现成本较高的环节和不必要的支出，从而针对性地采取措施优化成本结构和节约开支。

3. 智能风险管理框架和预警系统

智能风险管理框架和预警系统是中铁物贸数智化财务应用中的重要策略。

构建了经济运行预警分析看板和经济运行预警分析月报，依托数据中台，实现各业务系统、财务系统、税务系统、资金系统数据的互联互通，从系统中自动抓取数据，实现了各种管理台账、关键指标和预警指标的自动生成，财务风险实时预警，加强了风险的过程管控，避免了烦琐的手动查询汇总，规避了可能存在的经营风险。

开发了以财务数据为依托的管理台账，如应收账款情况表、预付账款情况表、资金占用费情况表、票据使用台账等管理报表，有利于对影响企业经营、长期发展的各项指标的监控和调整管理；开发了以全面预算管理体系为依托的总分析类报表，如主要指标预算完成及变动情况表、营业收入完成及变动情况表、主要资产负债变动情况表、"两金"占用情况表，有利于对企业日常整体经营情况和偏离预算目标情况，更直观、实时地分析了解；开发了预警指标体系，如资金预警、经营净现金流预警、票据开具预警、信用证预警、预付账款预警、应收账款预警等，智能化系统每天定时把预警指标信息推送到相关责任人的移动客户端上预警提示，企业管理层根据预警指标及时调整经营方案，有利于规避企业在日常经营活动中存在的风险。

4. 智能数据挖掘在财务中的应用

智能数据挖掘在财务中的应用是提升中铁物贸数智化财务水平的重要工具。

搭建客户信用评估模型，基于中铁物贸业务的特性，对中铁物贸客户创建评分评级模型，形成中铁物贸的客户评价体系，根据业务形态、业务执行情况、业务反馈等内容，对客户的合同规模、合作连续性、回款情况、应收情况进行精细管理。

从2017年开始，中铁物贸逐步引入智能化系统，实现了财务数据的自动采集和整理。各部门的财务数据、销售数据、成本数据等信息都自动上传至系统，取代了以往的手工录入，减少了数据处理的时间和错误率。另外，智能数据挖掘系统对财务数据进行深度挖掘和分析，识别出销售额与利润之间的相关性。通过数据挖掘技术，企业发现在某些特定条件下，销售额增加对利润的贡献较大。于是，调整了销售策略，针对不同客户群体制订了个性化的营销计划。例如，对于潜在高利润客户，企业加大了市场推广和服务力度；对于低利润客户，采取了适度的折扣措施以增加销量。这些措施的实施使中铁物贸近几年体量成倍增长，外部市场份额逐步增长，从而增强了企业的竞争能力。智能数据挖掘系统还能进行数据分类和聚类分析，帮助企业发现不同客户群体的特征和需求。中铁物贸通过智能数据挖掘技术，将客户分为几个不同的类别，并针对不同类别的客户制订了差异化的服务方案。例如，对于高忠诚度的老客户，企业提供了更多的增值服务；对于新客户，提高服务的质量和适当让利取得价格优势。这些差异化的服务措施帮助企业提高了客户满意度和忠诚度，增加了客户的回购率，促进了企业的稳健发展。

（四）在实施过程中遇到的主要问题和解决方法

1. 数据质量差

数据中台需要处理的数据通常来自不同的数据源，数据质量参差不齐。为了解决这个问题，可以制定数据清洗和数据质量检测的规则，建立数据质量监控体系，保证数据的准确性和完整性。

2. 数据重复建设

由于不同的业务部门或项目团队可能会独立建设数据系统，导致数据重复建设，浪费资源。为了解决这个问题，可以建立统一的数仓建设和管理规范，对数据进行标准化和统一管理，避免重复建设。

3. 协作问题

不同的业务部门和团队之间的协作、沟通不畅，会影响数据中台的推进。为了解决这个问题，可以建立有效的沟通机制和协作流程，加强团队之间的合作和配合。

4. 技术难度大

数据中台需要处理的数据量巨大，处理过程复杂，技术难度较大。为了解决这个问题，可以引入成熟的数据处理技术和工具，建立高效的数据处理流程，提高数据处理效率和准确性。

5. 缺乏专业人才

数据中台的推进需要具备数据技术和业务知识的专业人才，但可能存在人才短缺的问题。为了解决这个问题，可以加强内部培训和人才引进，建立完善的人才培养机制，提高团队的专业水平和技术能力。

四、取得成效

（一）应用相关管理会计工具方法前后情况对比

1. 智能财务报表生成与分析

应用前：财务人员需要手动开具大量销售发票，重复处理多个采购和销售结算的凭证，要手动结转人工费、材料费，手动结转利润凭证，结转完后从传统财务软件上查询数据，再手动填写到财务报表中，生成季度财务报表上报。

应用后：采购结算单、销售结算单会从业务系统发起后，经过审批自动推送到财务共享系统。需要开发票的销售结算单，走完审批流程后，会计人员点击发票申请单按钮，开票信息自动上传到发票申请单，推送到税务系统开发票，开完发票的发票信息自动回写到销售结算单中。财务共享系统还设置了季度末自动结转凭证功能，季度末会自动结转，一键生成财务报表。

2. 智能预算与成本控制

应用前：公司每个季度末从合并财务报表上获得公司总体的经营成果情况，年度运行中没法很好把控各项成本费用数额，年终结果必然与年初设想的有所偏差。

应用后：将战略目标细化，分解到各个业务指标，通过对预算的监控，保障战略目标的实现。预算的编制过程是双向和反复的，最终敲定的是最合理的业绩指标，管理层可以对各个业绩指标的动态实施过程予以监控和管理，及时发现预算实施过程中的偏差和问题，有效纠偏和解决，能够最大限度地控制风险和提高效率。

3. 智能风险管理框架和预警系统

应用前：对影响企业生存发展的一些关键指标，如应收账款情况、预付账款情况、资金使用成本等没有直接的数据和分析，不利于企业管理层根据财务数据作出决策。

应用后：通过自动生成各种管理台账如应收账款情况、预付账款情况等关键指标，增加自动生成预警模块、资金智能化模块等功能，有效地降低了管理中存在的各种风险，为企业管理提供战略决策支撑。

（二）提升了绩效考核管理效率

通过引入智能化技术，建立更精确的预算模型，充分考虑多种因素的影响，实现全面而灵活的预算编制。以中铁物贸的管理运营需求为出发点，对中铁物贸的绩效考核指标进行落地，充分地反映了企业的总体情况；对子分公司、经营中心的主要数据指标进行下钻，反映子分公司、经营中心的业务情况。该系统还能够与其他业务系统实时连接，确保及时获取各部门的数据，通过实时更新数据，能够及时发现偏差，及时调整，使预算能够更具实时性和准确性，帮助中铁物贸领导和各职能部门管理者更好地把握企业的实际运营情况，达成有效的决策支撑和业财融合管控，提升了绩效考核的管理效率。

（三）财务应用赋能经营管理人员，清晰掌握公司财务全局表现、有力把控重点财务工作

围绕经济活动分析线上化及财务主题深化应用，二期项目财务模块最终落地 13 个场景模块、55 张智慧大屏、合计 182 个各类指标，全方位强化物贸集团数据洞察能力。财务业务专项深化了财务应用场景，通过开展业财数据一体化提升的专项工作，实现财务对业务的综合数据支撑；通过资源配置优化方案，实现现金流自平衡和综合管理；围绕风险管控需求，搭建中铁物贸数字化财务风险预警模型，埋点覆盖重点业务流程；构建以决策支持为核心的指标体系，借助定制化、标准化数据实现提升决策效率，实现业务整体营收提升。为构建价值创造型、业财融合型、决策支撑型、数字智能型的中铁物贸财务管理体系作出有力支撑。

（四）效率提升、价值创造

财务报销需填写发票及各类票据信息，填写字段多，操作频繁；财务审单环节涉及费用报销类、收付款类、供应链金融类三大类业务，共 34 类单据，600 余条审核规则，财务审核人员需要核对每个影像中的信息与表单信息进行比对，极易出错，效率非常低下。财务自动化智能机器人上线应用后，通过 OCR 识别、自动化流程机器人协助，将报销提单人工耗时可由 3 小时/单提升至 4~5 分钟/单，效率可以提升近98%。

五、经验总结

（一）相关管理会计工具方法的基本应用条件

1. 精细化财务管理的需求

财务职能由记账算账型转变为经营管理型，财务工作由先前的事后管理型转变为事件全过程、全方位、全频率的事前、事中控制及事后总结型。财务管理工作从高层管理型转变为全体员工参与型。通过"三个转变"，从先前的被动管理到现在的主动管理，增加对财务管理的重视比重。同时，具有突破意义的是事后管理向事前、事中管理的转变，可以真正对风险进行预测，并认真对生产过程进行控制，从而规避风险，增加企业的效益，这些都需要各种管理会计工具方法的应用，以提升企业管理水平。

2. 经营形势的压力

在国家政策与数据赋能趋势的双驱动下，企业对于财务管理体系的转型与优化建设需求愈发强烈，财务职能一方面对战略绩效管控、各事业部的资源配置、各业务单元的经营运作等起到牵引作用；另一方面贯穿事前、事中、事后，为企业塑造一个更透明、更规范的内部环境，以此激发业务增长活力。

3. 企业高质量发展的需求

目前还处于管理会计转型期间，从业务数据线上化到促进业财融合，进而提升财务能力，还需要在数智化落地成果的基础上继续深化建设，持续助力中铁物贸企业运行和经营效益实现质的有效提升和量的合理增长。

（二）相关管理会计工具方法成功应用的关键因素

1. 实现业、财、资、税一体化

共享系统与 BCP 系统、税务系统、资金系统对接，实现"业、财、资、税"一体化管理，做到了全集团公司的合同管理、业务管理、资金管理、预算管理和发票管理的全流程动态管控。各业务端把基础信息录入系统，形成数字化，各系统互联互通，信息共享，为管理会计工具方法的成功应用提供了数据提取的物质保障。

2. 全面预算管理有一定的应用基础

中铁物贸全面预算管理已经施行十多年，经过多年的实践运用，总结出一定的经验，具备了一定的管理基础，为管理会计工具方法成功应用提供了经验保障。

（1）统一思想行动。通过预算管理，使企业各部门和全体员工明确企业的经营目标和实现目标的具体措施，统一企业全体员工的思想认识和行动准则。

（2）规范生产经营管理。通过预算管理，使企业各部门和全体员工按照预算规定的要求，有序地开展工作，有利于企业建立良好的生产经营秩序。有序性等于有效性，良好的生产经营秩序对企业提高经济效益有很大作用。

（3）提高资金利用效果。通过预算管理，使企业在遵循资金运行规律的基础上，合理地安排和使用资金，把企业有限的资金充分运用好，发挥出最大的效能。

（4）降低成本费用。通过预算管理，花钱之前先做预算，先算账后花钱，精打细算对控制成本和费用非常有好处。

3. 领导对企业信息化建设的高度重视

领导对信息化建设的高度重视，有明确的态度和强有力的执行力，是一个企业信息化建设是否能正常推进的关键。信息化建设投入使用之初，新系统往往不稳定，数据录入工作量大，会给使用者带来一些麻烦，此时员工容易出现消极、懈怠，甚至抵触的情绪。企业领导的态度明确，高度重视信息化建设工作，通过办公会、系统会等各种会议或形式加大信息化建设重要性、必要性的宣传力度，形成集团高层领导带头营造信息化建设与应用的良好氛围，鼓励信息化的建设者、使用者，全面推进信息化建设进程，帮助企业度过信息化建设的阵痛期。领导对企业信息化建设的高度重视，为管理会计工具方法的成功应用提供了精神保障。

（三）对改进相关管理会计工具方法应用效果的思考

通过加强宣传和推广、建立完善的管理制度和流程、加强执行分析和监控、引入先进的工具和方法等措施，可以改进相关管理会计方法的应用效果，提高企业的财务管理水平和决策能力，推动企业的可持续发展和整体提升。

1. 预算管理

加强预算管理的宣传和推广，提高员工对预算管理的认知和理解，促进全员参与预算管理；建立完善的预算管理制度和流程，明确预算编制、执行和控制等环节的职责和要求，确保预算管理的全面性和有效性；加强预算执行的分析和监控，及时发现和解决预算执行中存在的问题和偏差，确保预算的合理性和准确性；引入先进的预算管理工具和方法，提高预算管理的效率和精度，实现预算的动态管理和实时监控。

2. 绩效管理

建立科学的绩效评估体系，结合企业的战略目标和业务特点，制定合理的绩效评估指标和评估标准；加强绩效管理的宣传和推广，提高员工对绩效管理的认知和理解，促进全员参与绩效管理；建立完善的绩效反馈机制，及时向员工反馈绩效评估结果，并提出具体的改进建议和措施；将绩效管理与个人发展和企业战略目标相结合，通过绩效管理推动个人发展和企业整体提升。

3. 业务流程优化

对业务流程进行全面梳理和分析，找出流程中的瓶颈和问题，提出具体的优化建议和措施；引入先进的业务流程管理工具和方法，实现业务流程的自动化和数字化，提高业务流程的效率和精度；加强业务流程的监控和分析，及时发现和解决业务流程中存在的问题和偏差，推动业务流程的不断优化；将业务流程优化与员工培训和企业文化建设相结合，通过优化业务流程提高员工的工作效率和企业的整体竞争力。

（四）相关管理会计工具方法在应用中的优缺点

1. 在数据中台应用过程中，相关管理会计工具方法可以发挥以下优点

（1）提高数据质量和分析精度。管理会计工具方法可以对数据进行清洗、整合和标准化，提高数据质量和分析精度，为决策提供更可靠的支持。

（2）优化资源配置。通过管理会计工具方法对数据进行全面分析，可以优化资源配置，提高资源利用效率和效益。

（3）发现潜在问题和机会。通过管理会计工具方法对数据进行深度挖掘和分析，

可以发现潜在的问题和机会，为业务提供更好的指导。

（4）监控业务运行状态。管理会计工具方法可以通过数据监测业务运行状态，及时发现异常和问题，保障业务的稳定运行。

（5）促进跨部门协作。管理会计工具方法可以促进不同部门之间的数据共享和交流，促进跨部门协作和团队合作。

2. 相关管理会计工具方法在数据中台应用过程中也存在一些缺点

（1）技术难度较大。管理会计工具方法需要具备一定的数据技术和分析能力，技术难度较大，需要专业人才支持。

（2）时间和成本投入。使用管理会计工具方法需要投入一定的时间和成本，包括数据采集、处理、分析和可视化等环节，需要充分考虑投入产出比。

（3）数据安全和隐私保护。管理会计工具方法需要处理敏感数据，需要加强数据安全和隐私保护措施，保障数据安全和隐私。

（4）需要建立完善的数据管理机制。管理会计工具方法需要建立完善的数据管理机制，包括数据采集、存储、处理、分析和可视化等流程，需要投入大量的时间和精力。

（五）对发展和完善相关管理会计工具方法的建议

1. 加强对管理会计工具方法的研究和推广

企业可以引进和吸收国内、国际先进的管理会计工具方法，结合本企业的实际情况进行改进和完善，推动管理会计工具方法的创新和发展。

2. 加强对管理会计人员的培训和教育

企业可以加强对管理会计人员的培训和教育，提高他们对管理会计工具方法的掌握和应用能力，推动员工学习和掌握最新的管理会计工具方法。

3. 建立完善的管理会计制度

企业可以建立完善的管理会计制度，明确管理会计的职责和职能，规范管理会计工作的流程和方法，为相关管理会计工具方法的推广和应用提供制度保障。

4. 建立管理会计平台

企业可以建立管理会计平台，整合各类管理会计工具方法，实现财务管理和业务管理的有效衔接，提高管理会计工作的效率和质量。

5. 加强与管理专家的交流和合作

企业可以加强与管理专家的交流和合作，引进先进的管理理念和方法，为企业的财务管理提供更全面和专业的指导与支持。

（六）对推广应用相关管理会计工具方法的建议

1. 加强对管理会计工具方法的宣传和培训

企业可以通过内部培训、讲座、研讨会等方式，向员工介绍相关管理会计工具方法的概念、原理、应用等内容，提高员工对管理会计工具方法的认识和掌握程度。

2. 结合企业实际情况选择适合的工具方法

不同企业的情况有所不同，需要根据企业的实际情况选择适合的工具方法，例如，预算管理、成本核算、绩效考核等，确保工具方法的合理性和有效性。

3. 建立完善的数据收集和分析系统

相关管理会计工具方法需要依靠准确的数据支持，因此企业需要建立完善的数据收集和分析系统，确保数据的准确性和及时性，为工具方法的成功应用提供有力的数据支持。

4. 结合企业的战略目标制订具体的实施计划

企业可以将管理会计工具方法与企业的战略目标相结合，制订具体的实施计划，明确实施步骤、时间安排、责任分工等，确保工具方法的顺利实施和应用。

5. 建立完善的考核和反馈机制

企业需要建立完善的考核和反馈机制，对工具方法的应用效果进行评估和反馈，及时发现问题和不足，不断完善和优化工具方法的应用。

（中铁物贸集团有限公司　于　雪　王文文　黄莹莹）